Dillerup/Stoi
Unternehmensführung

Unternehmensführung

von

Prof. Dr. Ralf Dillerup

und

Prof. Dr. Roman Stoi

4., komplett überarbeitete und erweiterte Auflage

Verlag Franz Vahlen München

der Unternehmensführung. Studierende können durch die Bearbeitung der Fallstudien ihr Wissen auf praktische Problemstellungen anwenden und sich dadurch gezielt auf ihre berufliche Tätigkeit vorbereiten. Der interessierte Praktiker erhält einen weitreichenden Einblick in die Konzepte der Unternehmensführung. Auf diese Weise kann der Leser sein Verständnis für die Anforderungen an eine moderne Unternehmensführung weiter vertiefen.

Für Hochschuldozenten steht zu diesem Lehrbuch ein **Powerpoint-Foliensatz** zur Verfügung, der die wesentlichen Inhalte und alle Abbildungen enthält. Er kann nach Registrierung auf der Homepage des *Verlags Vahlen* unter *www.vahlen.de* abgerufen werden.

Für die gute Zusammenarbeit möchten wir uns bei Herrn *Dennis Brunotte*, unserem Lektor im *Verlag Vahlen*, herzlich bedanken. Ein besonderer Dank gilt unseren Ehefrauen *Evelin Dolzer-Dillerup* und *Elvira Stoi* für ihre Unterstützung und Geduld bei der Überarbeitung des Buches.

Kritik und Verbesserungsvorschläge, aber natürlich auch Lob sind herzlich willkommen. Sie erreichen uns per Mail unter *dillerup@hs-heilbronn.de* und *stoi@dhbw-stuttgart.de*.

Wir wünschen den Lesern eine interessante und lehrreiche Lektüre!

Heilbronn und Stuttgart, im März 2013 *Ralf Dillerup* und *Roman Stoi*

Inhaltsübersicht

Vorwort V

Inhaltsverzeichnis IX

1. Grundlagen der Unternehmensführung 1
    1.1 Grundbegriffe der Unternehmensführung 3
    1.2 Theorien der Unternehmensführung 12
    1.3 System der Unternehmensführung 39

2. Normative Unternehmensführung 57
    2.1 Grundlagen 59
    2.2 Unternehmenswerte 62
    2.3 Unternehmensziele 100
    2.4 Unternehmenskultur 129
    2.5 Unternehmensverfassung 136
    2.6 Unternehmensmission 153

3. Strategische Unternehmensführung 161
    3.1 Grundlagen 163
    3.2 Wertorientierte Unternehmensführung 186
    3.3 Strategische Analysen 226
    3.4 Strategien 277

4. Planung und Kontrolle 331
    4.1 Grundlagen 333
    4.2 Strategische Planung und Kontrolle 370
    4.3 Operative Planung und Kontrolle 403

5. Organisation 439
    5.1 Grundlagen 441
    5.2 Strategie und Organisation 463
    5.3 Projektmanagement 519
    5.4 Prozessmanagement 555

Inhaltsverzeichnis

7. Informationsmanagement 715

  7.1 Grundlagen 717
   7.1.1 Bedeutung von Information und Kommunikation 718
   7.1.2 Aufgabenbereiche des Informationsmanagements 720

  7.2 Informationswirtschaft 724
   7.2.1 Informationsbedarfsermittlung 726
   7.2.2 Informationsbeschaffung 728
    7.2.2.1 Prognosen und Früherkennungssysteme 729
    7.2.2.2 Informationen aus dem Rechnungswesen 732
   7.2.3 Informationsübermittlung 734
    7.2.3.1 Berichtswesen 737
    7.2.3.2 Kennzahlen und Kennzahlensysteme 738
    7.2.3.3 Performance Measurement und Management 740
    7.2.3.4 Informationsdesign 744
   7.2.4 Informationsverwendung 750

  7.3 Informationssysteme und -technik 755
   7.3.1 Informationssysteme 756
    7.3.1.1 Datenmanagement und Prozessmodellierung 758
    7.3.1.2 Anwendungen 761
   7.3.2 Informationstechnik 764

  7.4 Koordination des Informationsmanagements 768
   7.4.1 Organisation und personelle Verantwortung 769
   7.4.2 Strategische Rolle des Informationsmanagements 771
    7.4.2.1 Leistungspotenzial und strategische Funktionen 771
    7.4.2.2 Neue Geschäftsmodelle durch moderne Informationssysteme 774
   7.4.3 IT-Controlling 776

8. Ausrichtungen der Unternehmensführung 781

  8.1 Qualitätsorientierte Unternehmensführung 783
   8.1.1 Qualitätsbegriff 783
   8.1.2 Evolution qualitätsorientierter Unternehmensführung 786
    8.1.2.1 Historische Entwicklung 786
    8.1.2.2 Total Quality Management 788
    8.1.2.3 Business Excellence 790
   8.1.3 Wirtschaftlichkeit des Qualitätsmanagements 793
    8.1.3.1 Qualitätscontrolling 794
    8.1.3.2 Qualitätsbezogene Kosten 796
    8.1.3.3 Nutzen des Qualitätsmanagements 800
   8.1.4 Qualitätstechniken und -werkzeuge 803
    8.1.4.1 Fehlervermeidung 804
    8.1.4.2 Fehlererfassung und -analyse 812
    8.1.4.3 Kontinuierliche Qualitätsverbesserung 814
   8.1.5 Erfolgsfaktor Qualität 822

8.2	Wissensorientierte Unternehmensführung	825
	8.2.1 Die Wissensgesellschaft	825
	8.2.2 Wissen als Wettbewerbsfaktor	826
	8.2.3 Was ist Wissen?	828
	8.2.4 Individuelles und organisationales Lernen	829
	8.2.5 Wissensmanagement	834
	8.2.5.1 Konzeptionen des Wissensmanagements	835
	8.2.5.2 Strategisches Wissensmanagement	837
	8.2.5.3 Operatives Wissensmanagement	839
	8.2.6 Erfolgsfaktor Mensch	850
8.3	Immateriell orientierte Unternehmensführung	853
	8.3.1 Immaterielle Werte werden zu Erfolgsfaktoren	853
	8.3.2 Begriff und Arten immaterieller Werte	855
	8.3.3 Besonderheiten immateriellen Vermögens	858
	8.3.4 Messung und Bewertung immaterieller Werte	861
	8.3.4.1 Externe Rechnungslegung	861
	8.3.4.2 Verfahren zur internen Messung und Bewertung	866
	8.3.5 Steuerung immaterieller Ressourcen	869
	8.3.5.1 Multiindikatorverfahren aus der Praxis	869
	8.3.5.2 Messung und Steuerung immaterieller Erlöse	872
	8.3.5.3 Die Wissensbilanz als Führungsinstrument	873
	8.3.6 Immaterielle Ressourcen als zentrale Werttreiber	876
8.4	Chancen- und risikoorientierte Unternehmensführung	883
	8.4.1 Begriffe und Bedeutung	883
	8.4.2 Führungsprozess des Chancen- und Risikomanagements	885
	8.4.3 Integrierte Führung von Chancen und Risiken	891
8.5	Internationale Unternehmensführung	899
	8.5.1 Begriffe, Entwicklung und Bedeutung	899
	8.5.2 Theorien der Internationalisierung	907
	8.5.2.1 Klassische Außenhandelstheorie	907
	8.5.2.2 Monopolistische Vorteilstheorie	909
	8.5.2.3 Standorttheorien	910
	8.5.2.4 Internalisierungstheorie	911
	8.5.2.5 Eklektisches Paradigma	912
	8.5.2.6 Diamantansatz der Internationalisierung	913
	8.5.2.7 Unternehmenslebenszyklus	916
	8.5.3 Internationalisierungsformen	919
	8.5.3.1 Export	921
	8.5.3.2 Kooperationen	922
	8.5.3.3 Ausländische Direktinvestitionen	923
	8.5.3.4 Internationalisierungsgrad und Länderrisiken	925
	8.5.4 Internationalisierungsstrategien	931

Literaturverzeichnis ... 939

Unternehmensverzeichnis ... 977

Inhaltsverzeichnis

Bildnachweise 979

Stichwortverzeichnis 985

Über die Autoren 1007

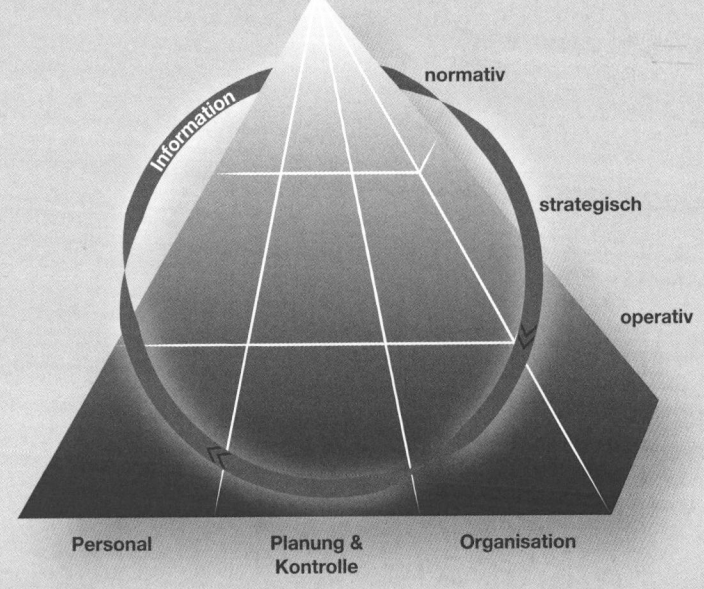

1. Grundlagen der Unternehmensführung

1.1	**Grundbegriffe der Unternehmensführung**	3
	1.1.1 Unternehmen	3
	1.1.2 Führung	8
	1.1.3 Unternehmensführung	9
1.2	**Theorien der Unternehmensführung**	12
	1.2.1 Industrieökonomie	14
	1.2.2 Ressourcenorientierter Ansatz	16
	1.2.3 Neue Institutionenökonomie	19
	1.2.4 Systemtheorie	28
	1.2.5 Evolutionstheorie	35
1.3	**System der Unternehmensführung**	39
	1.3.1 Führungsebenen	40
	1.3.2 Führungsprozess und -funktionen	44
	1.3.3 Integriertes Führungssystem	50

1.1 Grundbegriffe der Unternehmensführung

> **Leitfragen**
>
> - Was ist ein Unternehmen?
> - Was ist Führung?
> - Was ist Unternehmensführung?

1.1.1 Unternehmen

Es gibt eine Vielzahl von Definitionen eines Unternehmens. Diese unterscheiden sich durch unterschiedliche theoretische Perspektiven, unter denen ein Unternehmen betrachtet wird. So kann es z. B. als System, rechtliches Gebilde oder Ansammlung von Ressourcen und Fähigkeiten angesehen werden (vgl. Kap. 1.2). Jeder dieser Aspekte kann für die Beantwortung einzelner Fragestellungen hilfreich sein. Die Bestimmung des Begriffes Unternehmen beginnt deshalb mit der **Entstehung von Unternehmen** (vgl. *Kieser/Walgenbach*, 2010, S. 4 ff.):

Entstehung von Unternehmen

- **Altertümliche Gesellschaften** der Frühgeschichte entwickelten bereits Hierarchien. An deren Spitze standen z. B. Stammesälteste oder Heerführer. Diese Hierarchien waren meist durch verwandtschaftliche Strukturen geprägt. Bis ins frühe Mittelalter waren Herrenhöfe dominierende Institutionen. Beispielsweise gehörten bei den Germanen unfreie Bauern und das Gesinde zum Besitz des Grundherrn. Die Arbeiter des Herrenhofs konnten nur zusammen mit dem Land verkauft bzw. zu Lehen gegeben werden.
- **Mittelalterliche Zünfte** betrieben gewerbliche Produktion und versorgten Dritte mit ihren handwerklichen Produkten und Dienstleistungen. Sie regelten neben der Leistungserstellung aber auch andere Lebensbereiche. Sie bildeten daher eine soziale Schicht, ohne die Möglichkeit eines freiwilligen Ausscheidens oder dem Wechsel in eine andere Zunft.
- **Gesellschaften der Fernhandelskaufleute** waren die ersten Unternehmen Europas. Als Pionier gilt die 1380 gegründete *Große Ravensburger Gesellschaft*. Bis zum Beginn des 18. Jahrhunderts gab es nur wenige solcher Organisationen, die sich meist auf den Handel beschränkten. Einzelne Kaufleute konnten solchen Gesellschaften beitreten und diese auch wieder verlassen. Sie konnten entscheiden, ob sie ihre Geschäfte über die Gesellschaft abwickeln. Einige brachten neben Kapital ihre Arbeitskraft ein, während andere eher stille Gesellschafter waren.
- **Verlage und Manufakturen** waren die ersten Unternehmen der gewerblichen Herstellung von Produkten für den Fremdbedarf. Ihre Ausbreitung begann im 18. Jahrhundert.

Mit der Entstehung von Arbeits- und Kapitalmarkt entwickelten sich spezialisierte Institutionen, die sich ausschließlich auf ökonomische Aufgaben konzentrierten. Unter rechtlich zuverlässigen Rahmenbedingungen konnten sich zwischen diesen Verlagen, Manufakturen und Händlern **Marktmechanismen** entwickeln.

Marktwirtschaft

1 Grundlagen der Unternehmensführung

Ökonomisches Prinzip

Im Laufe der Zeit konnten sich Unternehmen auf diesen Märkten durchsetzen, da sie flexibler und effizienter entscheiden konnten. Sie konzentrieren sich auf die planvolle und rationale Bedürfnisbefriedigung und orientieren sich am **ökonomischen Prinzip**. Dieses kommt in folgenden Ausprägungen vor (vgl. *Dillerup*, 2009a, S. 31; *Wöhe/Döring*, 2010, S. 2):

- **Maximalprinzip**: Erwirtschaftung des maximalen Güterertrags mit gegebenem Aufwand.
- **Minimalprinzip**: Erbringung eines definierten Güterertrags mit minimalen Einsatzfaktoren.
- **Optimumprinzip**: Erwirtschaftung eines möglichst günstigen Verhältnisses zwischen Gütermenge und Einsatzfaktoren.

Unternehmen in diesem Sinne weisen folgende gemeinsame **Elemente und Merkmale** auf (vgl. *Dillerup*, 2009a, S. 32 f.; *Hummel/Zander*, 2008, S. 1; *Thommen*, 2008, S. 627 f.):

Ziele

- **Ziele:** Ein Unternehmen verfolgt dauerhafte Ziele. So haben Stahlproduzenten z. B. eine jahrhundertealte Tradition. Im Gegensatz dazu verfolgen z. B. Bürgerinitiativen für besseren Hochwasserschutz ebenfalls Ziele, welche jedoch keine Basis für eine auf lange Zeit eingerichtete Organisation sind.
    - **Zielgerichtet:** Menschen arbeiten in einem Unternehmen zweckbezogen zusammen, um Ziele zu erreichen. Daran richten sich die Aktivitäten und ihre Mitglieder aus. Hinsichtlich der Gewinnerzielungsabsicht wird zwischen gemeinnützigen und erwerbswirtschaftlichen Unternehmen unterschieden.
    - **Teilautonom:** Unternehmen legen ihre Ziele innerhalb bestimmter Grenzen bis hin zur Entscheidung über die Selbstauflösung selbst fest. Diese Selbstständigkeit erfordert Eigeninitiative, Verantwortung und die Übernahme wirtschaftlichen Risikos.

Mitglieder

- **Mitglieder:** Ein Unternehmen besteht aus Eigentümern, Führungskräften und Mitarbeitern. Diese Mitglieder arbeiten gemeinsam auf die Erreichung der Unternehmensziele hin. Das Unternehmen basiert auf vertraglichen Beziehungen: Eigentümer begründen durch Verträge ein Unternehmen und legen damit den Rechtsmantel fest. Sie oder eine von ihnen eingesetzte Unternehmensführung regeln in Arbeitsverträgen das Verhältnis zu den Mitarbeitern.
    - **Hierarchisch:** Die Mitarbeiter begeben sich in eine Abhängigkeit und akzeptieren ein Direktionsrecht des Arbeitgebers. Damit wird eine hierarchische Beziehung begründet, welche die Ausrichtung auf die Unternehmensziele ermöglicht.
    - **Sozial:** Die Zusammenarbeit von Menschen in Gruppen und Teilsystemen macht ein Unternehmen zu einem sozialen System (vgl. *Ulrich*, 2001, S. 157 f.; Kap. 1.2.3).

Aktivitäten

- **Aktivitäten:** Vertraglich bringen die Mitglieder ihre Arbeitskraft oder Kapital in das Unternehmen ein und verpflichten sich zur Ausführung bestimmter Handlungen. Sie werden aber nicht Bestandteil des Unternehmens, wie dies bei sozialen Schichten wie z. B. Zünften der Fall war. Unternehmen werden dadurch gezwungen, die Leistungen ihrer Mitarbeiter so zu präzisieren, dass die Unternehmensziele möglichst gut erreicht werden.
    - **Produktiv:** Unternehmen sind auf die Erstellung von Leistungen gerichtet. Durch die Transformation von Produktionsfaktoren (Arbeit, Kapital, Betriebsmittel) erzeugen sie eine Wertschöpfung (vgl. *Gutenberg*, 1984, S. 1). Während Haushalte nur ihren Eigenbedarf decken, erstellen die Unternehmen Leistungen für Dritte und betreiben damit Fremdbedarfsdeckung.

1.1 Grundbegriffe der Unternehmensführung

– **Offen:** Da Unternehmen nicht den eigenen, sondern fremden Bedarf decken, stehen sie in vielfältiger Weise zum Absatzmarkt und anderen Bereichen ihrer Umwelt in Beziehung. Da sie somit über ihre Systemgrenzen hinaus aktiv sind, werden sie als offene Systeme bezeichnet.

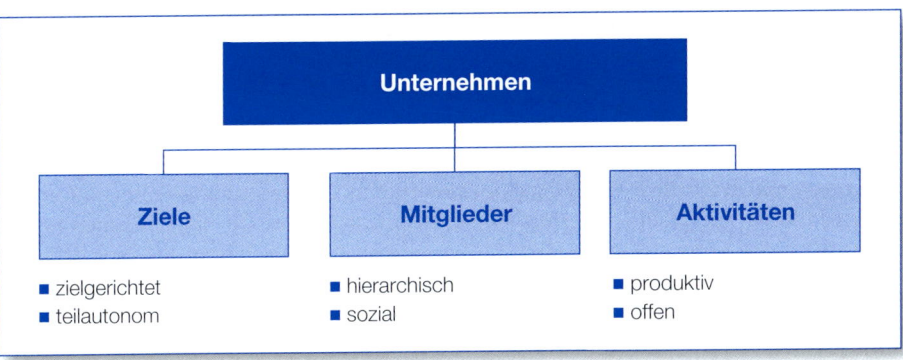

Abb. 1.1.1: Elemente und Merkmale eines Unternehmens

Diese drei Elemente und ihre Merkmale beschreiben ein Unternehmen. In einer systemorientierten Denkweise (vgl. Kap 1.2.3) bestehen Unternehmen aus einer Vielzahl an Beziehungen zwischen ihren Mitgliedern, Zielen und Aktivitäten. Diese Beziehungen sind laufenden Veränderungen unterworfen. Somit sind Unternehmen Systeme aus vielen verschiedenen Elementen, die sich im Zeitablauf ändern. Sie werden daher als **komplexe Systeme** bezeichnet.

> Ein **Unternehmen** ist ein komplexes System aus Zielen, Mitgliedern und Aktivitäten. Es strebt die Erreichung von Zielen an, die es zuvor weitgehend autonom festlegt. Seine Mitglieder bilden ein hierarchisches soziales System, welches auf die produktive Erbringung von Leistungen im offenen Austausch mit der Unternehmensumwelt gerichtet ist.

Unternehmen gibt es in unterschiedlichen Ausprägungen. Beispiele sind Dienstleistungsunternehmen, Krankenhäuser, Hochschulen, Verwaltungen oder Industrieunternehmen. Um deren Besonderheiten zu berücksichtigen, haben sich **spezifische Betriebswirtschaftslehren** mit unterschiedlichen Geltungsbereichen gebildet. Zur **Klassifikation** von Unternehmen werden folgende Kriterien herangezogen (vgl. *Kieser/Walgenbach*, 2010, S. 26):

- **Ziele**
  - **Privatwirtschaftliche Unternehmen** bzw. erwerbswirtschaftliche oder ökonomische Unternehmen verfolgen die Absicht, Gewinn zu erzielen. Dies ist für selbstständige Organisationen erforderlich, um ihre wirtschaftliche Unabhängigkeit zu gewährleisten.
  - **Gemeinnützige Unternehmen** bzw. Non-Profit-Unternehmen setzen sich andere Ziele. Im Vordergrund steht die Erfüllung eines gemeinnützigen Zwecks, wie z. B. kommunale Versorgungsunternehmen oder Behindertenwerkstätten.
- **Sektoren und Branchen:** Gemeinsamkeiten und Unterschiede von Unternehmen ergeben sich vor allem aus ihrem Tätigkeitsbereich. Daher ist eine Unterscheidung nach

Privatwirtschaftliche & gemeinnützige Ziele

1 Grundlagen der Unternehmensführung

Sektoren bzw. Branchen üblich. Beispiele sind Verkehrsbetriebe, IT-Unternehmen oder Maschinenbau-Unternehmen. In einer groben Branchengliederung werden folgende Unternehmenstypen unterschieden:

Sach- und Dienstleistungsunternehmen

– **Sachleistungsunternehmen** produzieren materielle Güter. Solche Industrie- und Handwerksunternehmen können weiter nach der Erzeugungsstufe unterteilt werden. Gewinnungsunternehmen erzeugen Rohstoffe und Veredelungs- und Verarbeitungsunternehmen stellen Endprodukte her.

– **Dienstleistungsunternehmen** produzieren immaterielle Güter. Dienstleistungen sind nicht lagerbar, kaum übertragbar und benötigen zur Erbringung einen Kunden.

Rechtsformen

■ **Rechtsformen:** Da die Aktivitäten eines Unternehmens über Verträge geregelt werden, wird häufig die Rechtsform als Unterscheidungsmerkmal für Unternehmen herangezogen. So kann z. B. nach Einzelunternehmen, Gesellschaften mit beschränkter Haftung, Kommanditgesellschaften, Aktiengesellschaften, öffentlichen Betrieben oder Genossenschaften unterteilt werden. Häufig wird auch von mittelständisch geprägten Unternehmen gesprochen, wobei weniger die Größenklasse gemeint ist, sondern vielmehr Unternehmen mit persönlicher Haftung der Unternehmensführung. Dies trifft z. B. für eigentümergeführte Unternehmen zu, welche aufgrund ihrer Rechtsform, der Haftung und der engen Verbindung zum Unternehmen in besonderer Weise unternehmerisch geführt sind.

Größenkriterien

■ **Größe:** Sie wird meist an den Kriterien Umsatz, Beschäftigtenzahl und z. T. auch der Bilanzsumme gemessen. So definiert die *Europäische Union* seit 2005 Unternehmen nach den Größengrenzen Beschäftigte und Umsatzerlös oder Bilanzsumme. Das *deutsche Handelsgesetzbuch* unterteilt Kapitalgesellschaften nach §267 HGB. Dabei dürfen mindestens zwei der drei Merkmale Beschäftigte, Umsatz und Bilanzsumme an den Abschluss-Stichtagen von zwei aufeinander folgenden Geschäftsjahren nicht überschritten werden. Aufgrund der Verwendung unterschiedlicher Kriterien ist die Zuordnung jedoch nicht immer eindeutig. Sehr häufig wird daher die Einteilung des *Instituts für Mittelstandsforschung* (vgl. *Brink/Wallau*, 2011) herangezogen, die nur auf den zwei Kriterien Beschäftigte und Umsatz basiert.

Kleine, mittlere und große Unternehmen

Größenklassen	Kriterien	Europäische Union	Deutsches HGB § 267	Institut für Mittelstandsforschung
Kleinstunternehmen	Beschäftigte	≤ 10		
	Umsatz	≤ 2 Mio. €		
	Bilanzsumme	≤ 2 Mio. €		
Kleine Unternehmen	Beschäftigte	10 bis 49	≤ 50	≤ 10
	Umsatz	2 bis 10 Mio. €	≤ 9,68 Mio. €	≤ 1 Mio. €
	Bilanzsumme	2 bis 10 Mio. €	≤ 4,84 Mio. €	
Mittelgroße Unternehmen	Beschäftigte	50 bis 249	50 bis 250	10 bis 499
	Umsatz	10 bis 49,9 Mio. €	4,85 bis 38,5 Mio. €	1 bis 49,9 Mio. €
	Bilanzsumme	10 bis 43 Mio. €	4,84 bis 19,25 Mio. €	
Große Unternehmen	Beschäftigte	> 250	> 250	> 500
	Umsatz	> 50 Mio. €	> 19,25 Mio. €	> 50 Mio. €
	Bilanzsumme	> 43 Mio. €	> 19,25 Mio. €	

Abb. 1.1.2: Elemente und Merkmale eines Unternehmens

1.1 Grundbegriffe der Unternehmensführung

Neben der reinen Größenunterscheidung wird häufig auch zwischen Großunternehmen und den **Klein- und Mittelständischen Unternehmen (KMU)** unterschieden. Großunternehmen erfahren viel Beachtung, was auch durch deren Umsatzanteil von rund 66 Prozent in Deutschland gerechtfertigt ist. Die überwiegende Zahl von 99,3 Prozent der Unternehmen gehört jedoch zu den KMU. Sie haben lediglich einen Anteil am Gesamtumsatz von 34 Prozent, aber einen Beschäftigungsanteil von rund 61 Prozent. Die Bedeutung der KMU ist somit insbesondere als Arbeitgeber sehr hoch. Darüber hinaus werden KMU häufig auch vereinfachend mit den eigentümergeführten Unternehmen gleichgesetzt. Diese zeichnen sich durch schnelle Entscheidungen, flache Hierarchien und i. d. R. Haftung der Eigentümer aus. Auch Großunternehmen können durch Eigentümerfamilien dominiert werden, wie z. B. die *BMW-Gruppe* von den Familien *Quandt* und *Klatten* oder die *Würth-Gruppe* von der Familie *Würth*. Eigentümergeführte Unternehmen sind jedoch die häufigste Form von KMU's. Deshalb werden sie auch oft als deutscher Mittelstand bezeichnet.

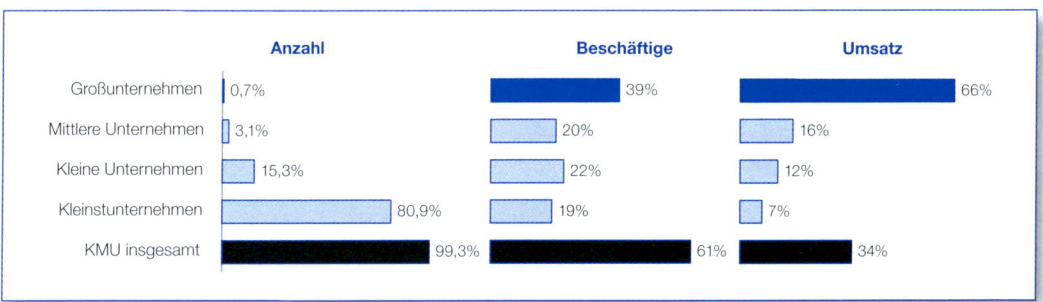

*Abb. 1.1.3: Verteilung von Unternehmen nach Größenklassen
(vgl. Statistisches Bundesamt, 2011)*

Umgangssprachlich werden die Begriffe **Betrieb** und Unternehmen meist synonym verwendet. Die Unterscheidung ist z. B. aufgrund des Gesellschafts- und Mitbestimmungsrechts erforderlich, da zwischen Unternehmens- und Betriebsverfassung differenziert wird. Betriebe sind ein Überbegriff für eine wirtschaftliche Einheit, die sowohl in Plan- als auch in Marktwirtschaften existieren und sich auf die Befriedigung von Bedürfnissen nach knappen Gütern konzentrieren. Betriebe sind demnach planvoll organisierte Wirtschaftseinheiten, welche sich mit der Erstellung und dem Absatz von Sachgütern und Dienstleistungen beschäftigen (vgl. *Wöhe/Döring*, 2010, S. 2, 35). **Unternehmen** sind eine besondere Form eines Betriebs, nämlich solche in marktwirtschaftlichen Wirtschaftssystemen (vgl. *Dillerup*, 2009a, S. 32). Sie legen ihre Ziele selbstständig und weitgehend unabhängig von staatlichen Einflüssen fest und sind erwerbswirtschaftlich ausgerichtet (vgl. *Gutenberg*, 1983, S. 507 ff.). Mit dem Niedergang des Sozialismus hat diese Unterscheidung an Bedeutung verloren. Heute ist das Unternehmen der Oberbegriff für autonome, rechtlich-wirtschaftliche Betriebe. Im Gegensatz dazu ist ein Betrieb eine technisch-organisatorische Einheit eines Unternehmens. Beispiele sind ein Werk, eine Verkaufsniederlassung oder ein Entwicklungsstandort. Ein Unternehmen kann somit aus mehreren Betrieben bestehen (vgl. *Wöhe/Döring*, 2010, S. 2 ff.). In der Organisationslehre wird ein strukturiertes System als **Unternehmung** bezeichnet. Juristen hingegen sprechen vom Unternehmen als rechtlicher Einheit. Auf diese Differenzierung wird in diesem Buch verzichtet und fortan der Begriff Unternehmen verwendet.

1 Grundlagen der Unternehmensführung

1.1.2 Führung

Führung ist im deutschsprachigen Raum ein sehr erklärungsbedürftiger Begriff. Er bezeichnet allgemein die unbedingte Autorität und Entscheidungskompetenz in einer Organisation. Der Begriff des „Führers" ist allerdings mit Befehlsgewalt und nationalsozialistischer Gewaltherrschaft belegt. Deshalb wird er häufig durch den englischsprachigen Begriff „Leader" ersetzt.

Management — Der angloamerikanische Begriff **Management** leitet sich aus dem englischen Verb „to manage" ab. Dieses hat viele Bedeutungen. So steht es je nach Kontext für etwas handhaben, durchführen, erledigen oder verwalten, aber auch etwas leiten oder zustande bringen. Der lateinische Ursprung des Wortes ist unklar. Es könnte abgeleitet sein von „manu agere" (mit der Hand arbeiten), von „manus agerer" (an der Hand führen) oder von „mansionem agere" (der das Haus bestellte). Diese weite Begriffsauffassung ist stark verbreitet und wird nicht nur in der Betriebswirtschaftslehre verwendet.

Leadership — In der englischsprachigen Literatur wird auch der Begriff des **Leadership** verwendet. Leadership umfasst die Entwicklung von Visionen und Strategien, die dem Unternehmen neue Richtungen geben. Leader befähigen ihre Mitarbeiter, bei der Umsetzung von Veränderungen herausragende Leistungen zu vollbringen (vgl. Kap. 6.3). Leadership stiftet durch Zukunftsvisionen (vgl. Kap. 2.2) bei den Mitarbeitern Sinn und führt zur Identifikation mit gemeinsamen Aufgaben und Zielen. Management ist dagegen vor allem für die Entwicklung und Umsetzung strategischer Maßnahmen und die Lösung dabei auftretender Probleme zuständig. Dort dominieren die Führungsfunktionen Planung und Kontrolle sowie Organisation, während beim Leadership die Personalführung im Vordergrund steht. Management und Leadership schließen sich nicht aus, sondern ergänzen sich im Idealfall gegenseitig. Die Unternehmensführung umfasst daher beide Aufgabenbereiche. In einem solchen Verständnis der Unternehmensführung existieren zwei **Bedeutungsvarianten** (vgl. *Hummel/Zander*, 2008, S. 1; *Staehle*, 1999, S. 65; *Steinmann/Schreyögg*, 2005, S. 6):

Funktionale Führung —
- **Funktionales Führungsverständnis** beschreibt Führung als Gesamtheit der Aktivitäten, um etwas zu bewerkstelligen. Dies umfasst die erforderliche Planung, Steuerung und Kontrolle der ausführenden Handlungen. Hierunter fallen somit alle Mitarbeiter, die ihren Aufgabenbereich verantworten und nicht ausschließlich ausführende Tätigkeiten erbringen. Führung umfasst danach alle Aufgaben und Handlungen zur zielorientierten Gestaltung, Lenkung und Entwicklung eines Systems.

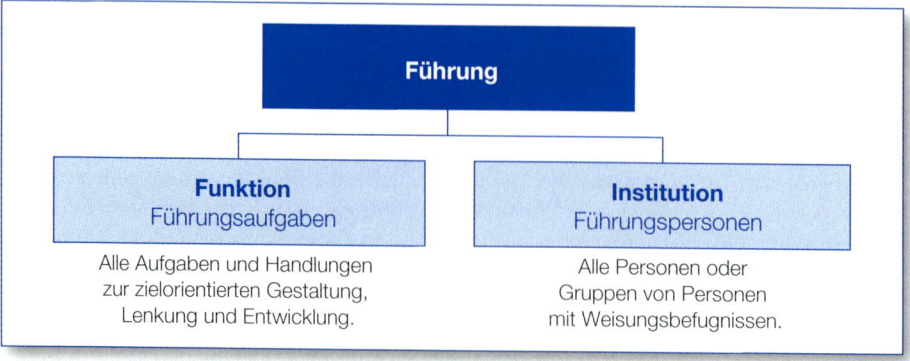

Abb. 1.1.4: Differenzierung des Führungsbegriffs

1.1 Grundbegriffe der Unternehmensführung

- **Institutionales Führungsverständnis** begreift Führung als eine Instanz, die eine Organisation führt. Solche Organisationen können z. B. Unternehmen, Verbände oder Parteien sein. Führung gibt es daher in allen hierarchischen Organisationen. Diese Institutionen verfügen über Entscheidungsgewalt, um Handlungen auf angestrebte Ziele auszurichten und können sowohl Eigentümer eines Unternehmens oder einer Organisation als auch eingesetzte Führungskräfte sein. Führung beinhaltet demnach alle Personen oder Gruppen von Personen, die mit Weisungsbefugnissen ausgestattet sind.

Institutionale Führung

Um einen systematischen Überblick der Unternehmensführung zu geben, wird diesem Buch das funktionale Führungsverständnis zugrunde gelegt und die Führungsaufgaben im Weiteren detailliert dargestellt. Daher wird Führung wie folgt definiert:

> **Führung** umfasst funktional alle Aufgaben und Handlungen zur zielorientierten Gestaltung, Lenkung und Entwicklung eines Systems.

1.1.3 Unternehmensführung

Die Allgemeine Betriebswirtschaftslehre setzt sich aus verschiedenen Funktionslehren wie z. B. Absatz, Produktion oder Forschung & Entwicklung zusammen. Eine solche Funktionslehre der Betriebswirtschaftslehre befasst sich mit der **Unternehmensführung**. Da diese die einzelnen Funktionsbereiche eines Unternehmens zu einer zielkonformen Gesamtheit zusammenfasst, übernimmt sie eine Querschnittsfunktion (vgl. *Steinmann/Schreyögg*, 2005, S. 8; *Wöhe/Döring*, 2010, S. 49). Sie steht im Mittelpunkt des betrieblichen Geschehens und konzentriert sich auf die Führung des Betrachtungsobjekts Unternehmen. Dabei wird ein Unternehmen durch die in Kap. 1.1.1 aufgezählten Elemente und Merkmale beschrieben. Die Führung wird in Kap. 1.1.2 in einem funktionalen Verständnis definiert und umfasst alle Aufgaben und Handlungen zur zielorientierten Gestaltung, Lenkung und Entwicklung.

Besondere Betriebswirtschaftslehre

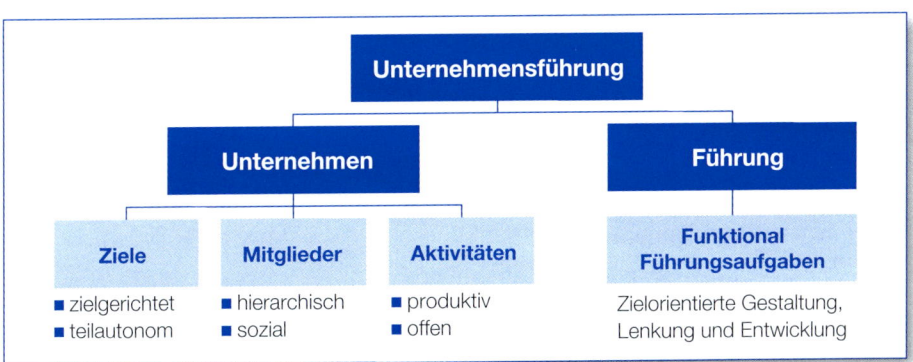

Abb. 1.1.5: *Unternehmensführung als funktionale Führung von Unternehmen*

Dieses Begriffsverständnis geht über die institutionale Führung hinaus. Mitarbeiterführung gewinnt für die Unternehmensführung zwar zunehmend an Bedeutung, bildet bei der Führung des Gesamtsystems Unternehmen allerdings lediglich einen Teilaspekt

General Management

1 Grundlagen der Unternehmensführung

(vgl. Kap. 1.3). Die Unternehmensführung umfasst neben den Mitarbeitern auch andere Perspektiven wie z. B. Markt, Wettbewerb, Kunden oder Wirtschaftlichkeit. Sie wird deshalb auch als **„General-Management"** bezeichnet.

> **!** **Unternehmensführung** umfasst alle Aufgaben und Handlungen zur zielorientierten Gestaltung, Lenkung und Entwicklung eines Unternehmens.

Diese eindeutige Definition ist erforderlich, da in Literatur und Praxis der Begriff Unternehmensführung sehr **uneinheitlich** gebraucht wird. Dies liegt auch daran, dass die Betriebswirtschaftslehre sich in vielen Bereichen an verwandte Disziplinen wie z. B. die Psychologie oder Sozialwissenschaft anlehnt. Die zugrunde liegenden Theorien werden in Kap. 1.2 näher erläutert. Ein Ausschnitt unterschiedlicher **Begriffsauffassungen**, die jeweils einzelne Aspekte der Unternehmensführung betonen, gibt folgender Überblick:

Begriffsauffassungen

- *Ansoff* (1966, S. 9): „Unternehmensführung ist eine komplexe Aufgabe: Es müssen Analysen durchgeführt, Entscheidungen getroffen, Bewertungen vorgenommen und Kontrollen ausgeübt werden."
- *Anthony* (1989): „Management consists of decision making and influence."
- *Drucker* (1986, S. 4): „Management is the organ of society specifically charged with making resources productive by planning, motivating, and regulating the activities of persons towards the effective and economical accomplishment of a given task."
- *Hahn* (1996, S. 37): „Unternehmensführung ist ein Prozess der Willensbildung und Willensdurchsetzung zur Erreichung eines Ziels oder mehrerer Ziele gegenüber anderen Personen unter Übernahme der hiermit verbundenen Verantwortung."
- *Schwaninger* (1994, S. 15): „Unternehmensführung ist zielgerechte Lenkung, Gestaltung und Entwicklung von Strukturen und Prozessen."
- *Stoner et al.* (1995, S. 4): „Management is the process of planning, organizing, leading and controlling the efforts of organizational members and the use of other organizational resources in order to achieve stated organizational goals."
- *Wild* (1971, S. 57): „Unternehmensführung kann definiert werden als die Verarbeitung von Informationen und ihre Verwendung zur zielorientierten Steuerung von Menschen und Prozessen."

Dieses Buch behandelt die grundlegenden Aufgaben der Unternehmensführung. Als Basis für deren Verständnis werden zunächst in Kap. 1.2 wesentliche Theorien der Unternehmensführung vorgestellt. Die Funktionen und der Prozess der Unternehmensführung werden dann in Kap. 1.3 erläutert.

1.1 Grundbegriffe der Unternehmensführung

> **Management Summary**
>
> - Ein Unternehmen ist ein komplexes System aus Zielen, Mitgliedern und Aktivitäten. Es strebt die Erreichung von Zielen an, die es weitgehend autonom festlegt. Seine Mitglieder bilden ein hierarchisches soziales System, welches auf die produktive Erbringung von Leistungen im offenen Austausch mit der Unternehmensumwelt gerichtet ist.
> - Führung umfasst alle Aufgaben und Handlungen zur zielorientierten Gestaltung, Lenkung und Entwicklung eines Systems.
> - Unternehmensführung umfasst alle Aufgaben und Handlungen der Planung, Steuerung und Kontrolle zur zielorientierten Gestaltung, Lenkung und Entwicklung eines Unternehmens.

Literaturempfehlungen

Kieser, A./Walgenbach, P.: Organisation, 6. Aufl., Stuttgart 2010.

1.2 Theorien der Unternehmensführung

> **Leitfragen**
>
> - Wie lässt sich die Entstehung von Unternehmen erklären?
> - Welche Theorien der Unternehmensführung sind zu unterscheiden?
> - Welchen praktischen Beitrag können diese Theorien leisten?

Für die Existenz, die Führung und das Wesen von Unternehmen gibt es eine Vielzahl theoretischer Erklärungen. Diese Theorien beschreiben und erklären zentrale Zusammenhänge und können die unternehmerische Gestaltung und Problemlösung unterstützen (vgl. *Müller-Stewens/Lechner*, 2011, S. 128). Sie dienen dazu, einzelne Aspekte wie z. B. Zweck, Entstehung, laufender Betrieb, Wandel oder Funktionsweise von Unternehmen besser zu verstehen (vgl. *Kieser/Walgenbach*, 2010, S. 29). In diesem Sinne gilt: Nichts ist praktischer als eine gute Theorie! Eine allumfassende Theorie der Unternehmensführung gibt es nicht. Daher ist der Komplexität der Unternehmensführung mit unterschiedlichen Theorien zu begegnen. Die Wahl der theoretischen Sichtweise entscheidet dabei maßgeblich, wie Probleme gelöst werden.

Bei den vorgestellten Theorien handelt es sich weniger um wissenschaftliche Theorien mit naturgesetzlichem Allgemeingültigkeitsanspruch, sondern um empirisch bestätigte Erfahrungen. Frühe Theorien der Unternehmensführung basieren vor allem auf persönlichen Erlebnissen der Autoren. Auf diese Weise stellte z. B. *Fayol* 1919 aufgrund seiner Tätigkeit als Direktor einer französischen Bergbaugesellschaft eine erste Theorie der Unternehmensführung auf. Andere Erklärungsansätze beruhen auf der Übertragung von Erkenntnissen anderer Wissenschaftsdisziplinen auf Fragestellungen der Unternehmensführung. Beispiele sind die Evolutionstheorie oder die Sozialwissenschaft. Weitere Theorien entstehen durch Verallgemeinerung von Beobachtungen erfolgreicher Unternehmen, sog. Best Practices. Was aber in der Vergangenheit für ein bestimmtes Unternehmen galt oder sich in einer anderen wissenschaftlichen Disziplin bewährt hat, muss für die zukünftige Gestaltung eines Unternehmens nicht richtig sein. Daher ist **keine Theorie generell gültig** (vgl. *Kieser/Walgenbach*, 2010, S. 30 f.).

Keine universelle Theorie

Neben *Fayol* kann *Taylor* als Begründer der Führungslehre betrachtet werden. Er führte 1911 das Experiment in die Betriebswirtschaftslehre ein. Aus kontrollierten Experimenten entwickelte er sein System der **„wissenschaftlichen Betriebsführung"** (Scientific Management). Er ging davon aus, dass Arbeiter dumm und faul sind und ihr Glück durch Konsum erreichen. Demnach lassen sie sich nur durch finanzielle Anreize motivieren und müssen strengen Regeln unterworfen werden. Weitgehende Arbeitsteilung, Ersatz von Erfahrungswissen durch Expertenwissen sowie Steuerung und Kontrolle durch Arbeitsrichtlinien und Pläne steigern nach dieser Auffassung die betriebliche Effizienz. Auf Basis der Erkenntnisse des Taylorismus entwickelte *Henry Ford* das Fließband, bei dem Arbeitsteilung, Bewegungsabläufe und Arbeitsrhythmen technisch vorgegeben sind.

Wissenschaftliche Betriebsführung

1.2 Theorien der Unternehmensführung

In der Folge entstanden eine Reihe unterschiedlicher Theorien der Unternehmensführung. Ihren Zusammenhang und ihre chronologische Entwicklung zeigt Abb. 1.2.1. Auf die dort weiß dargestellten Theorien wird in anderen Kapiteln des Buches näher eingegangen:

- Die **Entscheidungstheorie** stellt Wege zu einer rationalen Entscheidungsfindung unter bestimmten Annahmen dar. Sie bildet die Basis für eine Reihe von Führungstheorien. Ihre Grundzüge werden deshalb zusammen mit diesen Führungstheorien erklärt. Eine spezielle Entwicklungsrichtung stellen spieltheoretische Ansätze dar, bei denen für bestimmte Handlungen (Spielzüge) Empfehlungen abgeleitet werden. Zur Abbildung, Erklärung und Gestaltung von Entscheidungsprozessen wird von einer gegebenen Zielfunktion und der Bekanntheit der möglichen Umweltzustände sowie Handlungsalternativen ausgegangen. In diesem Fall lässt sich das Entscheidungsproblem durch die Anwendung mathematischer Optimierungsverfahren lösen.

Entscheidungstheorie

- Die **Selbstorganisationstheorie** wird im Zusammenhang mit der Gestaltung von Strukturen eines Unternehmens in Kap. 5.2.2.4 erläutert.

Selbstorganisation

- Die **Verhaltenstheorie** stellt den Menschen und sein Verhalten in den Mittelpunkt. Dabei wird ein durch sozial- und organisationspsychologische Erkenntnisse geprägtes Menschenbild zugrunde gelegt. Der Schwerpunkt liegt auf Fragen der Personalführung, weshalb die Verhaltenstheorie in Kap. 6.3 erläutert wird.

Verhaltenstheorie

- Die **Kontingenztheorie** unterstellt, dass wirkungsvolle Unternehmensführung von der jeweiligen Situation abhängt und durch verschiedene Einfluss- oder Kontingenzfaktoren gekennzeichnet ist. Sie wird deshalb auch als situativer Ansatz bezeichnet. In Abhängigkeit einzelner Kontext- und Gestaltungsvariablen werden Entscheidungsempfehlungen abgeleitet. So erfordern z. B. kulturelle Unterschiede zwischen europäischen und asiatischen Ländern einen unterschiedlichen Führungsstil. Auf die Kontextabhängigkeit der Unternehmensführung wird im Kapitel 6.3 eingegangen.

Kontingenztheorie

- Die **Gestalttheorie** bzw. Interaktionstheorie baut auf der Kontingenztheorie auf und betrachtet effektive Unternehmensführung in Abhängigkeit einer Vielzahl von gemeinsam einwirkenden Einflussfaktoren. Die Entwicklung der Unternehmen ist demnach vom Zusammenspiel struktureller und verhaltensbezogener Variablen sowie von Umweltfaktoren abhängig. Aus der gleichzeitigen Analyse einer Vielzahl von Variablen werden in sich stimmige Grundmuster (Archetypen) erfolgreicher Unternehmensführung abgeleitet.

Gestalttheorie

Die in Abb. 1.2.1 blau markierten Theorien werden nachfolgend vorgestellt:

- **Industrieökonomie** (Industrial Economics): Erklärung von Beziehungen des Unternehmens zu seiner Umwelt (vgl. Kap. 1.2.1).
- **Ressourcenorientierter Ansatz:** Unternehmen werden als Ansammlung von Ressourcen betrachtet (vgl. Kap. 1.2.5).
- **Neue Institutionenökonomie** (New Institutional Economics): Sie befasst sich mit vertraglichen Vereinbarungen, die anstelle von Marktbeziehungen wirtschaftliche Aktivitäten regeln. Sie unterteilt sich in Transaktionskostentheorie, Principal-Agent-Theorie und die Theorie der Verfügungsrechte (vgl. Kap. 1.2.2).
- **Systemtheorie:** Unternehmen werden als Systeme vernetzter Regelkreise verstanden (vgl. Kap. 1.2.3). Die Darstellung der Unternehmensführung in diesem Buch basiert auf der Systemtheorie.
- **Evolutionstheorie:** Erklärung von Anpassungs- und Entwicklungsprozessen von Unternehmen an veränderte Umweltbedingungen (vgl. Kap. 1.2.4).

1 Grundlagen der Unternehmensführung

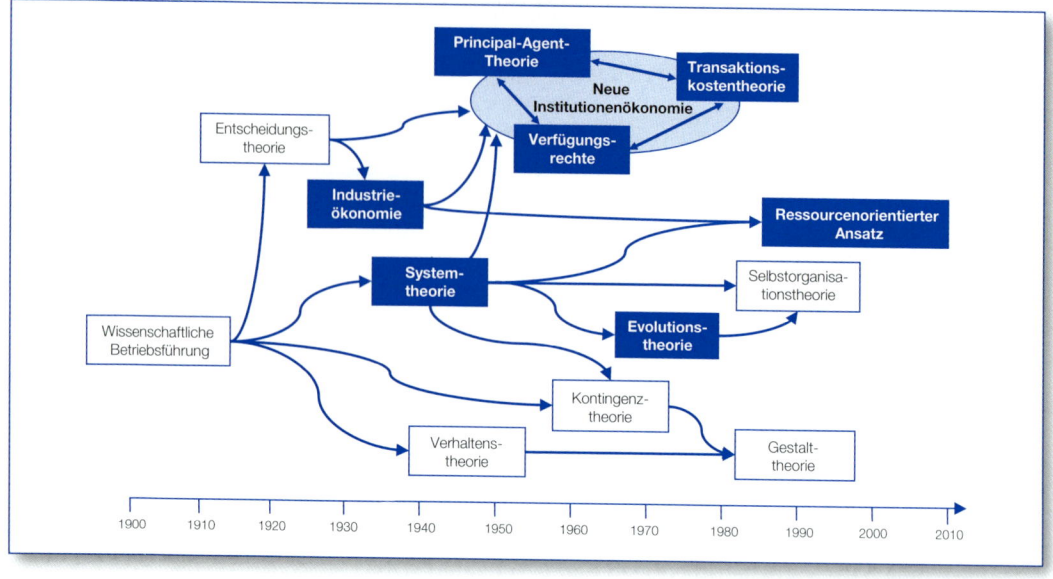

Abb. 1.2.1: Entwicklung von Theorien der Unternehmensführung
(vgl. Macharzina/Wolf, 2012, S. 117)

1.2.1 Industrieökonomie

Die **Industrieökonomie** (Industrial Economics oder auch Neoklassik) untersucht die Leistungsfähigkeit von Branchen. Im Mittelpunkt stehen Fragen nach Größenstruktur, Anbieterkonzentration oder Wettbewerbsintensität. Auslöser für diese Forschungsrichtung waren die Bemühungen zur Erklärung der Weltwirtschaftskrise (1929–1933) sowie die zunehmende Trennung von Eigentum und Verfügungsgewalt in der amerikanischen Großindustrie. Ausgangspunkt der Industrieökonomie ist das sog. **Structure-Conduct-Performance-Paradigma** von *Bain* (1993). Der Erfolg eines Unternehmens (Performance) wird dabei von zentralen Branchenmerkmalen (structure) abhängig gemacht, die das Verhalten der Unternehmen (conduct) bestimmen.

Structure-Conduct-Performance

Das Modell basiert auf vier **Grundannahmen** (vgl. *Müller-Stewens/Lechner*, 2011, S. 129):

Grundannahmen

(1) Unternehmen sind überdurchschnittlich erfolgreich, wenn sie sich besser an **veränderte Rahmenbedingungen anpassen** als ihre Wettbewerber.

(2) Alle Unternehmen eines bestimmten Branchensegments verfügen über **gleiche Ressourcenausstattungen** und verfolgen damit die gleichen Strategien.

(3) Die für die Umsetzung der Strategien erforderlichen **Ressourcen** sind **mobil**.

(4) Führungskräfte entscheiden **rational** und im Interesse des Unternehmens.

Die Industrieökonomie unterstellt, dass der Erfolg eines Unternehmens von Branchenmerkmalen wie z. B. Eintrittsbarrieren, Produktdifferenzierung oder Konzentrationsgrad abhängt und sich genau prognostizieren lässt. Unternehmen sollten sich deshalb in möglichst attraktiven Branchen positionieren. Welche Branchenstrukturen attraktiv

1.2 Theorien der Unternehmensführung

sind, wird durch volkswirtschaftliche Zusammenhänge erklärt. Die **Mikroökonomie** betrachtet Märkte als Gesamtheit ökonomischer Beziehungen zwischen Anbietern und Nachfragern einer Leistung. Das Nachfrageverhalten wird durch mikroökonomische Modelle beschrieben. Diese unterstellen, dass die Akteure rein rational-ökonomische Auswahlentscheidungen auf idealisierten Märkten vornehmen, auf denen das Kaufverhalten ausschließlich durch den Preis bestimmt wird. Wesentlicher Bestimmungsfaktor von Märkten ist danach die Marktstruktur. Sie wird durch die Anzahl der auf diesem Markt aktiven Anbieter und Nachfrager beschrieben. Eine Übersicht der daraus folgenden **Marktformen** gibt Abb. 1.2.2.

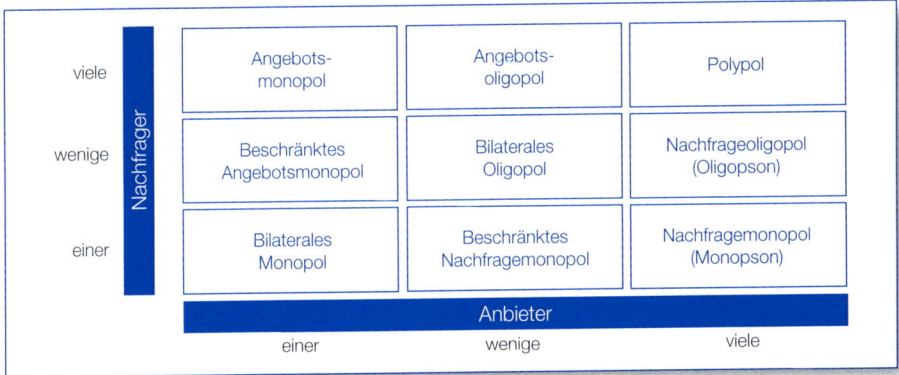

Abb. 1.2.2: Übersicht mikroökonomischer Marktformen (vgl. Kotler et al., 2007, S. 778 ff.)

Modelle des vollkommenen Wettbewerbs gehen von idealen Märkten mit Polypolsituation aus. Die Industrieökonomie betrachtet zudem dynamische Aspekte, indem die Veränderung von **Branchenstrukturen** mit berücksichtigt wird. Diese Dynamik von Strukturen kommt z. B. in Lebenszykluskonzepten zum Ausdruck (vgl. Kap. 3.3.1). Die Industrieökonomie erlebte in den 1980er Jahren durch *Porter* (1980) eine Renaissance. Daraus wurde das Konzept der fünf Wettbewerbskräfte entwickelt, mit denen die Attraktivität einer Branche bestimmt und Wettbewerbsstrategien abgeleitet werden (vgl. Kap. 3.3.3). Für jede Branche gibt es potenzielle neue Mitanbieter, die Eintrittsbedingungen erfüllen („General Conditions of Entry"). Ob sie in eine Branche eintreten, hängt von den vorhandenen **Eintrittsbarrieren** ab. Dies sind z. B. Kosten-, Betriebsgrößen- oder Erfahrungsvorsprünge bestehender Anbieter (vgl. *Buzzell/Gale*, 1989, S. 132 f.). Eintrittsbarrieren sind gleichzeitig zentrale Quellen für nachhaltige Wettbewerbsvorteile.

Während die klassische Industrieökonomie die Branche („Industry") betrachtet, verlagerte sich durch die Erkenntnisse und Konzepte von *Porter* der Anwendungsbereich auf das einzelne Unternehmen. Die sog. **moderne Industrieökonomie** untersucht in Abhängigkeit der Struktur und Entwicklung von Branchen die Verhaltensmöglichkeiten eines Unternehmens (vgl. *Müller-Stewens/Lechner*, 2011, S. 130). Dabei wird auch auf die **Spieltheorie** zurückgegriffen. Hier steht das Verhalten wechselseitig voneinander abhängiger Akteure im Vordergrund. Hilfreiche Erkenntnisse gewinnt die Unternehmensführung insbesondere aus dynamischen Spielen, bei denen die Spieler jeweils auf die Spielzüge der Mitspieler reagieren. Allerdings unterstellt die Spieltheorie **weitreichende Rationalität**. Die Annahme, dass die Wettbewerber ihre Handlungsweisen rational einschätzen („Common Knowledge Assumption") ist kaum realistisch. An diesem Kritikpunkt setzen die Weiterentwicklungen der neuen Institutionenökonomie an.

1.2.2 Ressourcenorientierter Ansatz

Resources-Conduct-Performance

Der ressourcenorientierte Ansatz (Resource-based View) baut auf den Überlegungen von *Penrose* (1995) auf, der Unternehmen als Bündel von Ressourcen ansieht (vgl. *Schendel*, 1996, S. 3). Er geht davon aus, dass Effizienz- und Wettbewerbsvorteile von Unternehmen weniger durch ihre Stellung auf den Produktmärkten, als vielmehr durch ungleiche Ressourcen bestimmt werden. Verfügt ein Unternehmen danach über Ressourcen, mit denen es einen Effizienzvorteil erzielen kann, so wirkt sich das auf den Erfolg des gesamten Unternehmens aus (vgl. *Müller-Stewens/Lechner*, 2011, S. 346). Die Einzigartigkeit von Ressourcen ist daher der Schlüssel für wirtschaftlichen Erfolg und macht den Unterschied zwischen Unternehmen aus. Dies wird im sog. **Resources-Conduct-Performance-Paradigma** („Ressourcen-Verhalten-Leistung") zusammengefasst. Es bildet einen Gegenpol zum „Structure-Conduct-Performance-Paradigma" („Leistungsstruktur-Verhalten-Leistung") der Industrieökonomie.

> **Ressourcen** sind die zur Leistungserstellung eines Unternehmens erforderlichen materiellen und immateriellen Güter (vgl. *Barney*, 1991, S. 101).

Im ressourcenorientierten Ansatz werden Unternehmen als Bündel von Ressourcen angesehen (vgl. *Kieser/Walgenbach*, 2010, S. 3). Diese Ressourcen sind unternehmensspezifisch und daher schwer imitierbar (vgl. *Teece* et al., 1997, S. 516). Sie bestimmen die Effizienz des Unternehmens. Der Erfolg von Unternehmen wird demnach durch heterogene Ressourcen bestimmt, die über einen längeren Zeitraum sog. Renten erwirtschaften. Diese entstehen, wenn ein Unternehmen seine Ressourcen in ein Geschäft einsetzt, in dem mehr verdient werden kann als die Ressourcen kosten oder in einem anderen Geschäft einbringen (Opportunität). So kann z. B. ein Monopolist einen höheren Preis für eine Leistung erzielen als deren Erstellung kostet.

> Eine **Rente** ist ein Ertrag, der die Opportunitätskosten des Ressourceneinsatzes übersteigt.

In der Neoklassik mit vollkommenem Wettbewerb und homogenen Inputfaktoren gleichen Angebot und Nachfrage den Markt aus, so dass es zu keinen Renten kommt. In der Industrieökonomie kommt es zu Renten aufgrund von Marktmacht, da Unternehmen die Mengen begrenzen und so Monopolgewinne einstreichen. Im ressourcenorientierten Ansatz entstehen Renten durch unvollkommene Inputfaktoren.

Ricardo-Rente

Die sog. **Ricardo-Rente** entsteht aus begrenzt verfügbaren Ressourcen. Um eine Ricardo-Rente erzielen zu können, muss die Unternehmensführung folgende **Aufgaben** erfüllen (vgl. *Müller-Stewens/Lechner*, 2011, S. 347):

- **Erschaffung:** Um wertvolle Ressourcen mit Rentenpotenzial zu erhalten, muss der Wettbewerb um die Ressourcen beschränkt sein. Wäre das zukünftige Potenzial einer Ressource am Markt bekannt, würde der Preis so weit ansteigen, dass der Ressourcenbesitz keinen Vorteil mehr bietet. Daher kann ein Unternehmen nur durch glücklichen Zufall oder weise Voraussicht in den Besitz wertvoller Ressourcen gelangen. Aufgabe der Unternehmensführung ist es, diese Ressourcen aufzuspüren (Resource-picking). Der Wettbewerb um wertvolle Ressourcen findet vor ihrer eigentlichen Beschaffung statt.

- **Nutzung** der Ressourcenvorteile im Wettbewerb.

- **Sicherung:** Wertvolle Ressourcen sind an ein Unternehmen zu binden und damit immobil zu machen. Der Verlust an Ressourcen kann z. B. durch Umstellungskosten, firmenspezifische Anforderungen oder die Kombination mit anderen Ressourcen verhindert werden. Zudem ist die Rente gegen Imitation und Substitution abzusichern. Dies kann z. B. durch Eigentumsrechte an seltenen Ressourcen, einmalige historische Anfangsbedingungen oder Informationsasymmetrien erfolgen.

Eine Weiterentwicklung der Ressourcenorientierung ist der **fähigkeitenorientierte Ansatz** (Capability-based View) bei dem die Fähigkeiten eines Unternehmens im Mittelpunkt stehen.

Capability-based View

> Die **Fähigkeiten** eines Unternehmens beinhalten erforderliches, anwendungsbezogenes Wissen, um Leistungen für den Kunden zu erstellen. Sie sind unternehmensspezifisch und ermöglichen es, Effizienzvorteile aus den vorhandenen Ressourcen zu erzeugen (vgl. *Amit/Schoemaker*, 1993, S. 35).

Ein Unternehmen kann danach erst durch seine Fähigkeiten eine Rente erzielen. Die Ressourcen bilden somit das Werkzeug, das mit Hilfe der Fähigkeiten geschickt einzusetzen ist (vgl. *Müller-Stewens/Lechner*, 2011, S. 348). Fähigkeiten sind an einzelne Menschen sowie Gruppen von Mitarbeitern gebunden. Sie müssen vom Unternehmen selbst entwickelt werden und sind deshalb unternehmensspezifisch. Sie lassen sich nur begrenzt übertragen oder erwerben. Fähigkeiten zeichnen sich durch folgende **Charakteristika** aus (vgl. *Teece* et al., 1997, S. 516):

- **Organisationale Routinen:** Fähigkeiten ermöglichen eine laufende, standardisierte Koordination der Handlungen von Individuen und Gruppen. Es sind wiederholbare Verhaltensmuster, mit denen sich spezielle Probleme erfolgreich lösen lassen. Je besser sie eingeübt werden, umso effizienter sind sie.

- **Normative Verankerung:** Die Koordination von Handlungen ist nicht nur in Prozessabläufen wie z. B. in einem Handbuch fixiert. Sie umfasst auch die normative Ebene der Unternehmensführung und drückt Selbstverständnis, Werte, Normen und Weltbilder eines Unternehmens aus. Fähigkeiten sind daher ein Erfolgspotenzial. Investiert ein Unternehmen in seine Fähigkeiten, dann erweitert dies seinen unternehmerischen Handlungsspielraum.

- **Pfadabhängige Entwicklung:** Fähigkeiten entstehen im Zeitablauf aus einer Reihe von Führungsentscheidungen. Daher ist die Entwicklung von Fähigkeiten abhängig von der Vergangenheit eines Unternehmens und vom bislang eingeschlagenen Entwicklungspfad („History matters").

- **Dynamische Anpassung:** Fähigkeiten entstehen in einem unternehmensinternen Entwicklungsprozess. Die Unternehmensführung muss daher permanent interne und externen Fähigkeiten und Ressourcen anpassen und integrieren.

Im ressourcenorientierten Ansatz entstehen Ricardo-Renten durch immobile Ressourcen. Der fähigkeitenorientierte Ansatz hat seinen Schwerpunkt dagegen auf der Erzie-

Kosten der Markttransaktion gegenüberstehen. Verträge können für ein Unternehmen günstiger sein, wenn Fähigkeiten, Wissen und Informationen zwischen den Teilnehmern ungleich verteilt sind. Betrachtet werden Institutionen, in denen ökonomischer Austausch betrieben wird. Beispiele sind Unternehmen, Märkte oder Rechtssysteme. Die Existenz und Veränderung von Institutionen wird durch menschliches Verhalten erklärt. Auf dieser Basis werden alternative Gestaltungsformen von Institutionen bewertet und verglichen (vgl. *Müller-Stewens/Lechner*, 2011, S. 133).

Verträge versus idealer Markt

Die neue Institutionenökonomie stellt allerdings keine einheitliche Theorie dar, sondern besteht aus mehreren verwandten, sich gegenseitig überlappenden Teiltheorien. Gemeinsame Elemente sind folgende **Annahmen** über menschliches Verhalten (vgl. *Welge/Al-Laham*, 2012, S. 44 f.; *Williamson*, 1991, S. 49 ff.):

Grundannahmen

- **Individuelle Nutzenmaximierung** besagt, dass Menschen als individuelle Akteure klar definierte Ziele verfolgen, die sich als Nutzenfunktion beschreiben lassen. Individuen streben danach, ihren eigenen Nutzen zu maximieren. Dieser Nutzen kann materieller oder immaterieller Art sein. Beispiele sind Einkommen, Prestige, Selbstverwirklichung oder Macht.

- **Begrenzte Rationalität** eines Akteurs entsteht dadurch, dass sowohl sein Wissen als auch seine Informationsverarbeitungskapazität begrenzt sind. Darin liegt der grundsätzliche Unterschied zur volkswirtschaftlichen Neoklassik, in der vollkommener Wettbewerb und rationale Akteure angenommen werden. Dieser Rationalitätsmythos (vgl. *Kieser/Walgenbach*, 2010, S. 43) wird beseitigt, indem der Begriff Rationalität nicht nur eine Zweck-Mittel-Beziehung beschreibt. Rationalität kann vielmehr unterschiedliche Formen annehmen.

- **Opportunistisches Verhalten** bezeichnet Handlungsweisen, bei denen ein Akteur zur Durchsetzung eigener Interessen einen potenziellen Schaden für andere Akteure wie z. B. Vertragspartner oder Vorgesetzte bewusst in Kauf nimmt.

Teiltheorien

Die neue Institutionenökonomie unterteilt sich in drei **Teiltheorien**, die sich mit unterschiedlichen Aspekten des Handelns in Institutionen beschäftigen (vgl. *Picot* et al., 2010, S. 38 ff.):

- Die **Property-Rights-Theorie** (Theorie der Verfügungsrechte) untersucht Fragen nach Verteilung, Nutzung und Übertragung von Verfügungsrechten an Ressourcen.

- Die **Transaktionskostentheorie** basiert auf der Überlegung, dass auch ein Markttausch nicht kostenlos ist (vgl. *Coase*, 1937, S. 395). Sie betrachtet die Kosten für Anbahnung, Vereinbarung, Durchführung und Kontrolle von Verträgen und Beziehungen.

Disziplin	Exemplarische Fragestellungen und Anwendungsfelder
Organisationslehre	■ Frage nach der optimalen Arbeitsteilung und Integration ■ Kooperationsformen
Finanzwirtschaft	■ Erklärung finanzieller Institutionen, z.B. Banken, Versicherungen ■ Auswahl an Finanzierungsinstrumenten
Marketing	■ Gestaltung von Distributionskanälen ■ Kontrahierungspolitik
Personalwirtschaft	■ Gestaltung von Arbeitsverhältnissen
Controlling	■ Transaktionskostenrechnung ■ Internationales Controlling ■ Performance Measurement

Abb. 1.2.5: Exemplarische Anwendungsfelder der neuen Institutionenökonomie

1.2 Theorien der Unternehmensführung

- Die **Principal-Agent-Theorie** (Agenturansatz) befasst sich mit Problemen, die durch unvollkommene Informationen im Rahmen von Aufgabendelegations- und Kooperationsbeziehungen entstehen.

Die neue Institutionenökonomie liefert für zahlreiche Fragestellungen der Unternehmensführung eine modelltheoretische Erklärung. Abb. 1.2.5 liefert einige Beispiele zu ihren möglichen Anwendungsfeldern.

<small>Anwendungsfelder</small>

1.2.3.1 Grundkonzept der Teiltheorien

Im Mittelpunkt der neuen Institutionenökonomie steht der Begriff „Institution".

> **Institutionen** sind sozial sanktionierbare Vereinbarungen und Erwartungen bezüglich der Handlungs- und Verhaltensweisen eines oder mehrerer Individuen (vgl. *Picot* et al., 2010, S. 38).

Institutionen informieren jedes Individuum sowohl über dessen eigenen Handlungsspielraum, als auch über wahrscheinliches Verhalten anderer Teilnehmer. Damit stabilisieren sie das Verhalten und erleichtern menschliches Zusammenleben. Dies gilt insbesondere für die arbeitsteilige Leistungserstellung. Solche Institutionen sind z. B. Gesetze, Normen und Verträge, aber auch Geld oder Sprache. Ein Unternehmen besteht aus einer Vielzahl solcher Institutionen im Sinne sozialer Vereinbarungen zwischen den Handelnden.

<small>Institution</small>

Die neue Institutionenökonomie erklärt ökonomisch die Entwicklung von Institutionen und deren Auswirkungen auf menschliches Verhalten. Daraus werden Regeln zur effizienten Gestaltung der Institutionen abgeleitet. Grundsätzlich wird angenommen, dass Institutionen immer dann eingerichtet werden, wenn dadurch alle Beteiligten einen höheren Nutzen erzielen. Dabei lassen sich folgende **Arten von Institutionen** unterscheiden (vgl. *Picot* et al., 2010, S. 39 ff.):

<small>Arten von Institutionen</small>

- **Selbst erhaltende Institutionen** müssen nicht überwacht werden, da abweichendes Verhalten für die Akteure in der Regel nicht vorteilhaft ist. Beispiele sind die Grammatik der Sprache oder das Rechtsfahrgebot auf kontinentaleuropäischen Straßen.

- **Überwachungsbedürftige Institutionen** sind dadurch gekennzeichnet, dass es für einzelne Akteure vorteilhaft sein kann, gegen sie zu verstoßen. Beispiele sind die Zahlung von Steuern oder Investitionen in den Umweltschutz. Dieser Sachverhalt lässt sich mit Hilfe des Gefangenendilemmas aus der Entscheidungstheorie erklären. Jeder Akteur versucht dabei, für sich das beste Ergebnis zu erzielen. Aus diesem Grund verhalten sich die Akteure nicht kooperativ, auch wenn es für alle Beteiligten die beste Lösung wäre. Das klassische Beispiel hierfür sind zwei Diebe, die verhaftet und anschließend getrennt voneinander verhört werden. Jeder Dieb kann die Aussage verweigern oder gestehen, d. h. seinen Mittäter verraten. Verweigern beide die Aussage, so droht ihnen maximal eine Strafe von drei Jahren. Gestehen beide, so werden beide mit je sieben Jahren bestraft. Gesteht einer der Diebe, so hat er aufgrund einer Kronzeugenregelung lediglich eine Strafe von einem Jahr zu erwarten, während sein nicht geständiger Kollege mit zehn Jahren bestraft wird. Unabhängig vom Verhalten des anderen Diebes, ist es dabei immer besser zu gestehen. Damit besteht ein Anreiz vom kollektiven Optimum abzuweichen und Abmachungen zu brechen. Folglich ist bei derartigen Institutionen insbesondere die Sanktionierbarkeit des Verhaltens von Bedeutung.

Grundlagen der Unternehmensführung

Wichtige Institutionen zur Lösung von Koordinations- und Motivationsproblemen bei überwachungsbedürftigen Institutionen sind Normen und Verträge. Darin wird festgelegt, wie sich Vertragspartner zu verhalten haben (Koordinationsaspekt) und welche Sanktionen zu erwarten sind, wenn sie nicht vertragskonform handeln (Motivationsaspekt).

> **!** Ein **Vertrag im ökonomischen Sinn** ist eine für die Vertragspartner bindende Vereinbarung über den Austausch von Gütern oder Leistungen. Sie wird zwischen den Vertragspartnern abgeschlossen, weil sie sich davon Vorteile versprechen (vgl. *Picot* et al., 2010, S. 42).

Folgende **Vertragsarten** können unterschieden werden (vgl. *Picot* et al., 2010, S. 42 ff.):

Klassische, neoklassische und relationale Verträge

- **Klassische Verträge** sind zeitpunktorientiert und beinhalten sämtliche zu regelnden Umstände. Die Vertragserfüllung ist objektiv feststellbar und ggf. gerichtlich einklagbar. Sie beziehen sich meist auf Standardgüter und werden für den kurzfristigen Leistungsaustausch zwischen anonymen Vertragspartnern abgeschlossen. Ein Beispiel ist der Kauf von Benzin an einer Tankstelle.
- **Neoklassische Verträge** sind zeitraumbezogen. Dabei ist es oftmals nicht möglich, alle Eventualitäten im Rahmen des Vertrags abzudecken. An die Stelle konkreter Bestimmungen können Regeln treten, die dem Vertrag mehr Flexibilität verleihen. So können z. B. bei Unstimmigkeiten neutrale Schlichter hinzugezogen werden. Beispiele sind mehrjährige Beschaffungsverträge oder zwischenbetriebliche Kooperationen.
- **Relationale Verträge** sind implizite Vereinbarungen. Sie basieren auf gemeinsamen Werthaltungen und gegenseitigem Vertrauen. Sie liegen bei Arbeitsverhältnissen oder zwischenbetrieblichen Kooperationsvereinbarungen zugrunde.

Im Verständnis der neuen Institutionenökonomie werden alle wirtschaftlichen Produktions- und Austauschprozesse durch Verträge organisiert. In diesem Sinne lässt sich ein Unternehmen als Netz dauerhaft angelegter Verträge zwischen wirtschaftlich abhängigen Individuen interpretieren. **Märkte** werden als Netz aus kurzfristigen Verträgen zwischen wirtschaftlich und rechtlich selbstständigen Wirtschaftseinheiten angesehen. **Kooperationen** beruhen auf mittel- bis langfristigen Verträgen zwischen rechtlich selbstständigen, aber wirtschaftlich abhängigen Partnern.

1.2.3.2 Property-Rights-Theorie

Die Theorie der Handlungs- und Verfügungsrechte an Gütern (Property Rights) betrachtet deren Wirkung auf das Verhalten von ökonomischen Akteuren (vgl. *Coase*, 1960; *Picot* et al., 2010, S. 46; *Welge/Al-Laham*, 2012, S. 44).

> **!** **Property Rights** sind die mit einem Gut verbundenen Handlungs- und Verfügungsrechte, die Wirtschaftssubjekten aufgrund von Rechtsordnungen und Verträgen zustehen (vgl. *Picot* et al., 2010, S. 42).

Der Wert von Gütern hängt von ihren Rechten ab. Die Handlungs- und Verfügungsrechte einer Person an einem bestimmten Gut schränken die Handlungsmöglichkeiten der anderen Individuen ein, die nicht über diese Rechte verfügen. Damit bildet die Verteilung der Rechte Anreize für das Verhalten von Individuen. Die an einem Gut bestehenden Rechte können in vier **Einzelrechte** aufgeteilt werden (vgl. *Welge/Al-Laham*, 2012, S. 44):

- **Usus:** Recht zur Nutzung eines Gutes.
- **Abusus:** Recht zur Veränderung der Form und Substanz eines Gutes.
- **Usus fructus:** Recht auf die Einbehaltung der aus einem Gut erzielten Gewinne und Pflicht zur Übernahme der aus einem Gut entstehenden Verluste.
- **Kapitalisierungsrecht:** Recht, das Gut an Dritte zu veräußern.

Rechte an Gütern

Ein Akteur kann all diese Rechte gemeinsam (vollständige Zuordnung) oder nur teilweise besitzen (unvollständige Zuordnung). Jedes einzelne Recht kann einem einzigen Individuum zugeordnet oder aber auf mehrere Individuen verteilt sein. **Verdünnte Property Rights** bezeichnen unvollständig zugeordnete und/oder auf mehrere Individuen verteilte Handlungs- und Verfügungsrechte (vgl. *Picot* et al., 2010, S. 46 f.). In diesem Fall können positive oder negative Wirkungen von Handlungen einem Individuum nicht angelastet werden. So entstehen z. B. aus der Nutzung von Wasser durch ein Unternehmen Auswirkungen (externe Effekte) für andere Nutzer. Dies kann z. B. eine Wasserknappheit oder schlechte Wasserqualität sein. Bei verteilten Handlungs- und Verfügungsrechten haben die Handlungen eines Individuums Auswirkungen auf den Nutzen der übrigen Akteure. Ein Beispiel sind Computernetzwerke, deren Nutzen für die einzelnen Teilnehmer von der Zahl der erreichbaren Personen abhängt. Jeder zusätzliche Teilnehmer verursacht positive externe Effekte für die Netzteilnehmer, da deren Austauschmöglichkeiten steigen. Das Recht zur Nutzung (usus) und die Einbehaltung des entstandenen Gewinns (usus fructus) ist dann verdünnt und vom Handeln vieler Personen abhängig.

Verdünnte Rechte

In einer Welt ohne Transaktionskosten wäre jede Verteilung der Handlungs- und Verfügungsrechte gleichermaßen effizient: Bei verdünnten Rechten würden die betroffenen Individuen solange miteinander verhandeln, bis alle externen Effekte einer Person zugeordnet wären (vgl. *Coase*, 1960). In der realen Welt entstehen jedoch **Transaktionskosten** bei der Herausbildung, Zuordnung, Übertragung und Durchsetzung von Handlungs- und Verfügungsrechten. Daher ist jeweils diejenige Verteilung der Rechte effizient, welche die Summe aus Transaktionskosten und externen Effekten minimiert. Prinzipiell sollten Property Rights möglichst vollständig verteilt werden. Dies schafft Anreize zum selbstverantwortlichen und effizienten Umgang mit Ressourcen. Die Property-Rights-Theorie eignet sich zur Analyse von Entscheidungen, die Handlungs- und Verfügungsrechte innerhalb eines Unternehmens verändern. Zudem gibt sie Hinweise zur Gestaltung von Organisationen und Kontrollsystemen. Damit hat sie eine starke Bedeutung für die Erklärung der Unternehmensführung (vgl. *Picot* et al., 2010, S. 47).

Transaktionskosten

1.2.3.3 Principal-Agent-Theorie

Im Mittelpunkt der Principal-Agent-Theorie (Agenturansatz, Agency Theory) steht die erfolgreiche Gestaltung von **Auftraggeber-Auftragnehmer-Beziehungen** (vgl. *Picot* et al., 2010, S. 55 ff.). Diese Beziehungen sind gekennzeichnet durch eine ungleiche („asymmetrische") Verteilung von Informationen. Ein Auftraggeber (Prinzipal) überträgt zur Realisierung seiner Interessen bestimmte Aufgaben und Entscheidungskompetenzen auf Basis eines Vertrags an einen Auftragnehmer (Agent). Dazu schließen beide einen Vertrag. Dieser enthält jedoch nicht alle zukünftig denkbaren Eventualitäten, da eine solche Vertragsgestaltung mit sehr hohen Kosten verbunden wäre. Der Agent handelt jedoch nicht immer im Interesse des Prinzipals, sondern verfolgt auch eigene Interessen. Dies kann auch zu Lasten des Auftraggebers erfolgen. Der Nutzen kann z. B. in Gehalt,

Auftraggeber und -nehmer

Karriere, Macht, Prestige oder Freizeit liegen. Der Agent kann seine eigenen Interessen auch unter Anwendung opportunistischer Praktiken verfolgen (sog. Moral Hazard). Beispiele sind Leistungszurückhaltung, Betrug, Täuschung und Vertragsauslegung im eigenen Interesse (vgl. *Kieser/Walgenbach*, 2010, S. 46). Der Auftraggeber ist sowohl über die Entscheidungsprämissen als auch über das Verhalten des Agenten nur unvollkommen informiert (vgl. *Müller-Stewens/Lechner*, 2011, S. 136). Solche Beziehungen bestehen z. B. zwischen Vorgesetztem und Untergebenem, Kunde und Lieferant, Eigentümer und Manager, Aufsichtsrat und Vorstand, Arzt und Patient, Student und Dozent. Unternehmen können folglich als Geflecht aus Principal-Agent-Beziehungen angesehen werden.

> **!** Die **Principal-Agent-Theorie** betrachtet arbeitsteilige Auftraggeber-Auftragnehmer-Beziehungen. Dabei führt ein Auftragnehmer (Agent) mit bestimmten Entscheidungskompetenzen eine Aufgabe für einen Auftraggeber (Prinzipal) aus. Auf diese Weise lassen sich institutionelle Auftragsbeziehungen beschreiben, erklären und besser gestalten.

Agency-Kosten

Ein wesentliches Kriterium für eine Principal-Agent-Beziehung sind die **Agency-Kosten**. Sie setzen sich zusammen aus:

- Überwachungs- und Kontrollkosten des Prinzipals,
- Signalisierungs- und Garantiekosten des Agenten sowie
- dem verbleibenden Wohlfahrtsverlust (Residualverlust).

Der Wohlfahrtsverlust kommt zustande, weil unvollkommene Informationen nutzensteigernde Maßnahmen verhindern. Die Kostenanteile verhalten sich gegenläufig. So kann z. B. der Residualverlust durch verstärkte Überwachungs- und Kontrollaufwendungen reduziert werden. Für die Abwicklung einer Leistungsbeziehung ist somit ein institutionelles Arrangement mit den geringsten Agency-Kosten vorzuziehen. Die zugrunde liegenden **Informationsasymmetrien** haben folgende Ursachen (vgl. *Picot* et al., 2010, S. 57 ff.):

Informationsasymmetrien

Hidden characteristics

- **Hidden characteristics:** Der Prinzipal kann die Eigenschaften des Agenten oder dessen Leistung vor Vertragsabschluss nur eingeschränkt beurteilen. Ein klassisches Beispiel hierfür ist ein Gebrauchtwagenkauf (vgl. *Akerlof*, 1970). Der potenzielle Käufer (Prinzipal) eines Gebrauchtwagens geht von einer marktdurchschnittlichen Qualität aus und leitet daraus seine maximale Preisvorstellung ab. Der Verkäufer (Agent) kennt die tatsächliche Qualität seines Wagens und wird folglich nur zum Verkauf bereit sein, wenn das Kaufangebot des Prinzipals darüber liegt. Derartige Probleme treten auch bei der Einstellung neuer Mitarbeiter oder bei Kreditverhandlungen auf. Ein Lösungsansatz ist der Abbau von Informationsasymmetrien zwischen Prinzipal und Agent. Hierfür sind folgende Maßnahmen denkbar:
  - **Signaling:** Der Agent kann dem Prinzipal seine Leistungsfähigkeit z. B. durch Arbeits- und Ausbildungszeugnisse oder Gütesiegel signalisieren.
  - **Screening:** Der Prinzipal kann sich zusätzliche Informationen über den Agenten verschaffen. Beispiele sind Einstellungstests, Anfragen bei Kreditauskunfteien oder Recherche im Internet.
  - **Self-selection:** Der Prinzipal bietet dem Agenten unterschiedliche Verträge an. Die Wahl des Agenten liefert Hinweise über dessen verborgene Eigenschaften. So können z. B. bei Versicherungsverträgen Selbstbeteiligungen in unterschiedlicher Höhe angeboten werden. Die Auswahl des Vertrags liefert dann

1.2 Theorien der Unternehmensführung

dem Versicherungsunternehmen Informationen über die Risikoeinschätzung des Kunden.

- **Hidden action:** Dieses Phänomen tritt nach Abschluss eines Vertrages auf. Dem Prinzipal sind ausschließlich die Ergebnisse der Handlungen des Agenten bekannt, aber nicht die hierzu durchgeführten Maßnahmen. Dies kann der Fall sein, wenn er das Verhalten des Agenten nicht beobachten kann oder ihm das Wissen fehlt, um dessen Verhalten zu beurteilen. So kann z. B. ein Aufsichtsrat (Prinzipal) nicht beurteilen, ob die gewählte Strategie des Vorstands (Agent) im Interesse der Eigentümer war, wenn er die verfügbaren Alternativen nicht kennt. Daraus resultiert die Gefahr des Moral hazard. Das bedeutet, dass der Agent seine Handlungsspielräume opportunistisch ausnutzt und gegen die Interessen des Prinzipals verstößt. Zur Eingrenzung von Moral hazard gibt es zwei Möglichkeiten:

  Hidden action und moral hazard

  - **Überwachung** des Agenten zum Abbau der Informationsasymmetrie z. B. durch Berichtssysteme und Kontrollinstanzen.
  - **Anreizsysteme** zur Angleichung der Interessen von Prinzipal und Agent. Dies kann z. B. durch erfolgsabhängige Entlohnung erfolgen.

- **Hidden intention:** Hat der Prinzipal nicht mehr rückgängig zu machende (irreversible) Vorleistungen erbracht, dann ist er nach Vertragsabschluss vom Agenten abhängig. Beispielsweise kann ein Lieferant für sein Angebot mit spezifischen Entwicklungsleistungen oder Anlagen in Vorleistung treten. Zur Lösung dieses Problems bietet sich ein Interessenausgleich durch Beteiligung des Agenten an der Investition an. Dies kann z. B. ein langfristiger Liefervertrag mit Kapitalverflechtung sein.

  Hidden intention

	Hidden characteristics	Hidden action	Hidden intention
Informationsproblem des Prinzipals	Leistungsqualität des Partners unbekannt	Anstrengung des Partners nicht beurteilbar	Absichten des Partners unbekannt
Problemursache	Verborgene Eigenschaften	Überwachungsmöglichkeiten und -kosten	Ressourcenabhängigkeit
Zeitpunkt	Vor Vertragsabschluss	Nach Vertragsabschluss	Nach Vertragsabschluss
Lösungsansätze	Signaling, Screening, Self-Selection	Überwachung, Anreizsysteme	Interessensangleichung

Abb. 1.2.6: Informationsasymmetrien (vgl. Picot et al., 2010, S. 60)

In der Unternehmenspraxis treten die genannten Informationsasymmetrien oft gemeinsam auf, so dass eine effiziente Lösung des Principal-Agent-Problems eine Kombination der Lösungsansätze erfordert. Wichtige **Anwendungsgebiete** in der Unternehmensführung liegen in der Gestaltung von Anreiz- und Informationssystemen (vgl. *Kieser/Walgenbach*, 2010, S. 46 f.; *Picot* et al., 2010, S. 59). Die abgeleiteten Gestaltungsempfehlungen sind leicht verständlich. Ihre Anwendung in der Unternehmenspraxis ist aufgrund der zugrunde liegenden Annahmen jedoch schwierig. So lassen sich z. B. Agency-Kosten nicht verlässlich messen und die Handlungsmöglichkeiten sowie die dabei auftretenden Probleme nur eingeschränkt beurteilen.

Anwendungsgebiete

1.2.3.4 Transaktionskostentheorie

Die Transaktionskostentheorie geht auf *Coase* (1937) und *Williamson* (1975, 1987) zurück und bildet den Kern der neuen Institutionenökonomie (vgl. *Müller-Stewens/Lechner*, 2011, S. 133). Im Mittelpunkt steht die Effizienz, während in der Industrieökonomie

1 Grundlagen der Unternehmensführung

ab (vgl. *Picot* et al., 2010, S. 53). Hierarchien (Unternehmen) haben unabhängig vom Spezifitätsgrad die höchsten fixen Transaktionskosten, stellen jedoch eine Vielzahl von Anreiz- und Kontrollmechanismen für spezifische Transaktionen bereit. Bei Markttransaktionen entstehen geringe Fixkosten, jedoch sind die variablen Transaktionskosten durch zusätzliche Spezifität relativ hoch. Anhand der beiden Kriterien Spezifität und Häufigkeit zeigt Abb. 1.2.7 die effizienteste Koordinationsform und daraus resultierende Empfehlungen.

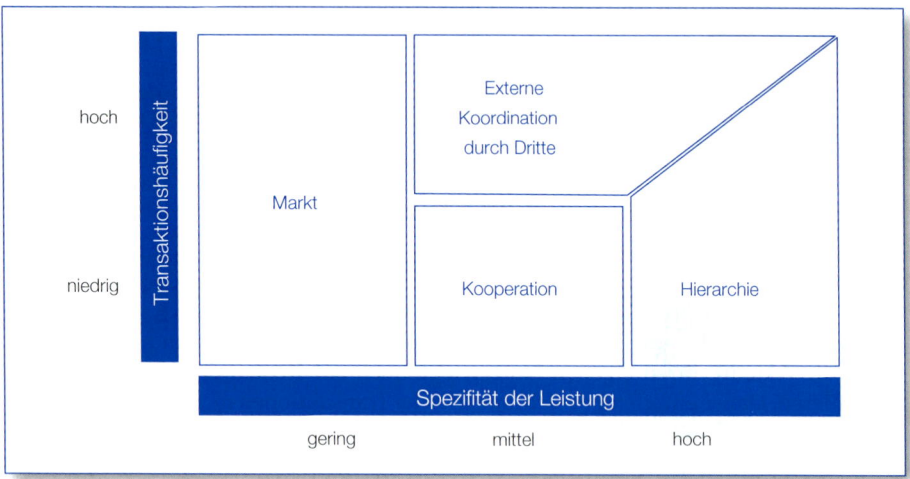

Abb. 1.2.7: Effiziente Koordinationsformen aufgrund der Transaktionskostentheorie (vgl. *Müller-Stewens/Lechner*, 2011, S. 133 f.)

Kritisiert wird an der Transaktionskostentheorie die Annahme opportunistischen Handelns der Akteure und die Ausrichtung auf die Effizienz des Leistungsaustausches (vgl. *Kieser/Walgenbach*, 2010, S. 51). Neben der Effizienz spielt auch die Machtverteilung zwischen den Transaktionspartnern eine Rolle. Darüber hinaus ist die Messung der Transaktionskosten schwierig.

Anwendungsgebiete

Anwendungsgebiete der Transaktionskostentheorie (vgl. *Müller-Stewens/Lechner*, 2011, S. 133) sind die Erklärung des Entstehens und Nutzens von Unternehmen (vgl. *Coase*, 1937) und Kooperationen (vgl. Kap. 5.3), der Aufbauorganisation (vgl. Kap. 5.1), der Corporate Governance (vgl. Kap. 2.5) und der Strategie (vgl. *Williamson*, 1991, S. 75). Darüber hinaus lassen sich auch Trends in der Unternehmenspraxis begründen und dafür Gestaltungsempfehlungen ableiten. Beispiele sind die wachsende Auslagerung von Aktivitäten (Outsourcing) oder die unternehmensübergreifende Zusammenarbeit.

1.2.4 Systemtheorie

Elemente und Beziehungen

Ein **System** ist eine geordnete Gesamtheit von Elementen, zwischen denen Beziehungen bestehen (vgl. *Ulrich*, 2001, S. 105). Es lässt sich in Teilsysteme aufteilen, die als Subsysteme bezeichnet werden. Ein System kann selbst Teil eines übergeordneten Systems sein. Beispielsweise unterteilt sich ein Unternehmen in Geschäftsbereiche (= Subsysteme) und ist Bestandteil einer Branche (= Systemumwelt). Die Systemelemente

1.2 Theorien der Unternehmensführung

bilden die kleinsten Bestandteile des Systems. Eine weitere Unterteilung der Elemente ist nicht sinnvoll bzw. möglich. Bei Unternehmen sind dies z. B. die Mitarbeiter. Als Beziehungen werden die Verknüpfungen zwischen den Elementen bezeichnet. Ein wesentliches Merkmal eines Systems ist, dass die Systemelemente einen gemeinsamen Zweck verfolgen. Die Systemgrenze bildet die Trennlinie zwischen den Systemelementen und ihrer Umwelt. Verfügt ein System auch über Verbindungen zu seiner Umwelt, so wird es als offenes System bezeichnet. Wie die Systemabgrenzung vorgenommen wird, ist vor allem vom Zweck der Betrachtung abhängig. Abb. 1.2.8 veranschaulicht die Bestandteile eines Systems.

> Ein **System** besteht aus Elementen, die miteinander in Beziehung stehen und einen gemeinsamen Zweck verfolgen (vgl. *Forrester*, 1971, S. 13 ff.).

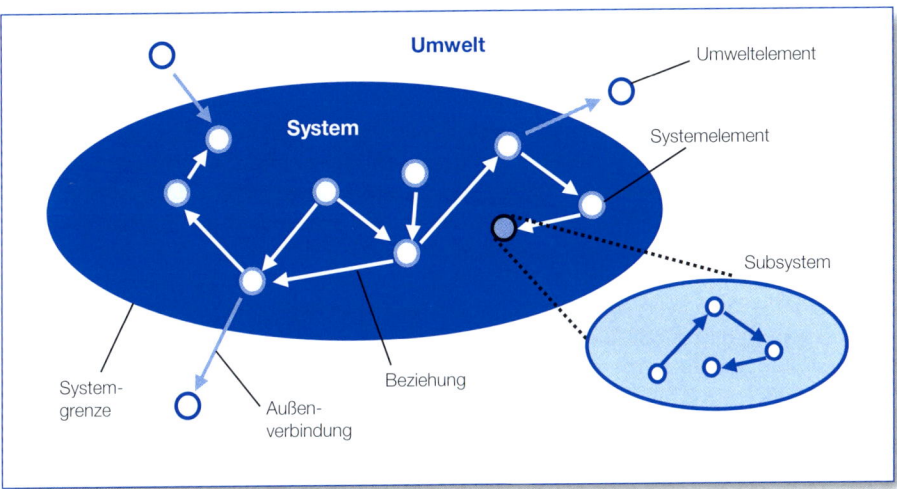

Abb. 1.2.8: Bestandteile eines Systems

> Die **Systemtheorie** beschäftigt sich mit Fragen nach gemeinsamen Eigenschaften, dem Verhalten und der Entwicklung von Systemen (vgl. *Ulrich/Probst*, 2001, S. 19).

Zur Beantwortung dieser Fragen sind die Elemente und deren Zusammenhänge zu klären. Die **Systemanalyse** nimmt dazu zwei Perspektiven ein:

- **Atomistische Sichtweise:** Das Verhalten eines Systems erklärt sich aus seinen Elementen. Hierfür wird das System in seine Elemente zerlegt und diese näher betrachtet. Im System „Fußballmannschaft" werden demnach die Fähigkeiten und Qualitäten der einzelnen Spieler untersucht.

- **Holistische Sichtweise:** Ein System ist nicht nur die Summe seiner Teile. Um die Elemente zu einem leistungsfähigen System zu formen, muss auf die Zusammenhänge zwischen den Elementen geachtet werden. Deshalb ist eine Gruppe guter Fußballspieler noch keine gute Mannschaft. Es kommt vielmehr darauf an, wie die Spieler miteinander harmonieren.

1 Grundlagen der Unternehmensführung

Holistische Sichtweise	Atomistische Sichtweise
Betrachtung als Gesamtsystem	Betrachtung der Teile
Analyse der Zusammenhänge	Analyse der Einzelteile
Integration der Systemelemente	Differenzierung der Systemelemente

Abb. 1.2.9: Holistische und atomistische Sichtweise

Ganzheitliche Betrachtung
Um die Wirkung und das Verhalten eines Systems zu verstehen, müssen beide Perspektiven kombiniert werden. Eine integrative Betrachtung berücksichtigt das Wechselspiel zwischen Teil und Gesamtheit. Dabei werden mehrere Systemebenen unterschiedlicher Differenzierung betrachtet. Dies wird als **ganzheitliche Betrachtung** bezeichnet (vgl. *Bleicher*, 2011, S. 52).

Kausalität
Für das Verhalten eines Systems sind kausale Zusammenhänge von zentraler Bedeutung. **Kausalität** bezeichnet eine unveränderliche Beziehung zwischen zwei oder mehreren Elementen und wird auch als Ursache-Wirkungs-Prinzip bezeichnet. Nach den Regeln der Beweisführung (vgl. *Mill*, 1965) wird etwas als Ursache bezeichnet, wenn diese immer im Zusammenhang mit einer Wirkung auftritt und ihre Veränderung zu einer geänderten Wirkung führt. **Einfache Ursache-Wirkungs-Ketten** unterstellen, dass Maßnahmen mit Sicherheit zu einem bestimmten Ergebnis führen. Dies gilt jedoch nur unter bestimmten Voraussetzungen. So kann ein technisches System unter gleichen Rahmenbedingungen durchaus immer das gleiche Ergebnis hervorbringen. In Systemen, die sich verändern und deren Wirkungsmechanismen mehrdeutig sind, lässt sich aber die Wirkung eines Eingriffs nicht mit Sicherheit vorhersagen (vgl. *Ulrich/Probst*, 2001, S. 60). Für Systeme wie z. B. Unternehmen, in denen Menschen handeln und die aufgrund des intensiven Austauschs mit der Systemumwelt ständigen Veränderungen unterliegen, sind lineare Kausalketten nicht sinnvoll (vgl. *Ulrich*, 2001, S. 52). Kreisförmige Vorstellungen bilden die vernetzte Struktur sozialer Systeme besser ab (vgl. *Bleicher*, 2011, S. 54).

Kybernetik
Ursache-Wirkungs-Zusammenhänge in Form von Kreisläufen werden durch sog. kybernetische Wirkungsmechanismen erklärt. Die **Kybernetik** ist mehrere tausend Jahre alt. Bereits *Plato* und andere Philosophen aus seiner Schule entwickelten sie als Kunst des Steuerns und Regelns (vgl. *Pauly*, 1990, S. 68). **Lenkung** als eine Kombination aus Steuern und Regeln richtet dabei ein System auf ein gemeinsames Ziel aus.

> **!** Bei der **Steuerung** gehen in ein System verschiedene Faktoren (Input) ein und es erzeugt als Ergebnis einen sog. Output. Damit ein System auf ein Ziel hin ausgerichtet wird, erfasst die Steuerung mögliche Störgrößen, welche auf das System einwirken können. Wird eine Störung festgestellt, so wirkt die Steuerung auf das System durch Stellgrößen korrigierend ein.

Beispiel hierfür ist ein Wasserbehälter, der auf einem bestimmten Füllniveau (Sollgröße) gehalten werden soll. Dafür muss sowohl der Wasserabfluss (Output) als auch der Zufluss (Input) bekannt sein. Dann kann z. B. über einen Wasserhahn als Stellgröße die Wasserzufuhr so eingestellt werden, dass der Sollwert erreicht wird. Tritt eine Störung wie z. B. eine Verringerung des Wasserdrucks auf, so kann diese durch stärkeres Aufdrehen des Wasserhahns beseitigt werden. Die Steuerung vergleicht somit Vorfeld-Informationen über bekannte Störgrößen mit den verfolgten Zielen und greift gegebenenfalls ein. Dies wird als Vorkopplung bzw. feed-forward bezeichnet. Abb. 1.2.10

1.2 Theorien der Unternehmensführung

veranschaulicht das Steuerungsprinzip. Bei isolierter Steuerung wird allerdings der Output nicht kontrolliert. Funktioniert das System nicht in der unterstellten Weise, dann wird der dadurch verursachte fehlerhafte Output nicht bemerkt. Dies ist z. B. der Fall, wenn der Wasserbehälter undicht ist und dies keine überwachte Störungsgröße ist.

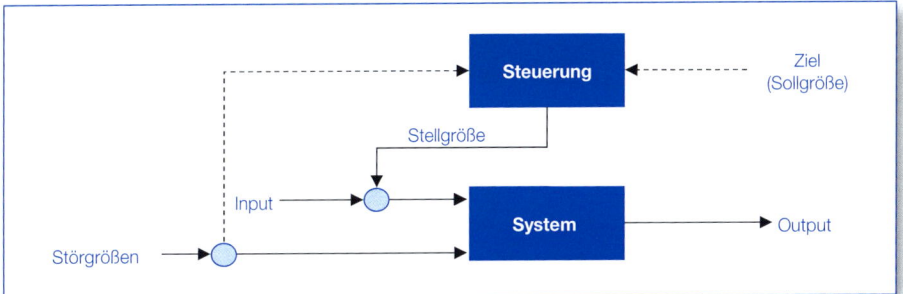

Abb. 1.2.10: Steuerungsprinzip

> Die **Regelung** unterscheidet sich von der Steuerung dadurch, dass der Output des Systems überwacht wird. Die Information wird erst nach Durchlauf des Systems erhoben, weshalb hier von Rückkopplung bzw. Feedback gesprochen wird. Der Regler vergleicht, ob das Systemergebnis mit den Zielvorstellungen übereinstimmt und greift bei Abweichungen ein.

Im Beispiel des Wasserbehälters könnte die Füllhöhe durch einen Schwimmer angezeigt werden. Ist die gewünschte Füllhöhe erreicht, so wird der Zufluss durch den Regler gestoppt. Sinkt der Schwimmer unter den Sollwert, so wird der Zufluss erhöht. Abb. 1.2.11 veranschaulicht dieses Regelungsprinzip. Da bei der Regelung lediglich das aufgrund vergangener Handlungen erzielte Systemergebnis festgestellt wird, kann sie auf Störgrößen nur mit einer mehr oder weniger hohen Zeitverzögerung reagieren.

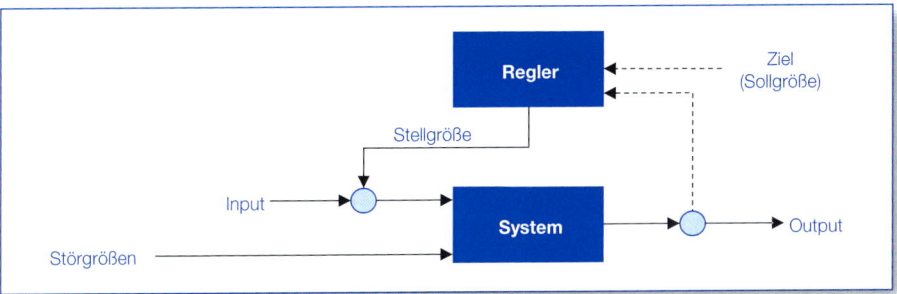

Abb. 1.2.11: Regelungsprinzip

Die isolierte Anwendung beider Prinzipien ist nicht zufrieden stellend, da bei der Steuerung die Ergebnisse und bei der Regelung die Störgrößen nicht beachtet werden. Daher ist es zweckmäßig, beide Prinzipien miteinander zu kombinieren.

1 Grundlagen der Unternehmensführung

> **!** **Lenkung** richtet Systemelemente auf ein gemeinsames Ziel aus. Durch Kombination von Steuerung und Regelung werden sowohl einwirkende Störungen im Vorfeld berücksichtigt als auch das Ergebnis des Systems kontrolliert.

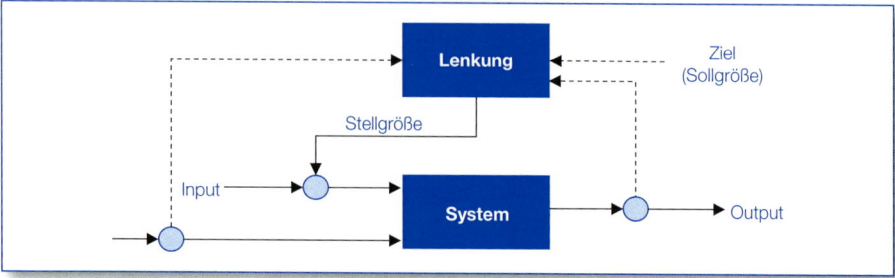

Abb. 1.2.12: Lenkung als Kombination aus Regelung und Steuerung

Rückkopplungen Die Lenkung beeinflusst das Verhalten eines Systems und ist für sein Funktionieren erforderlich. Sind die kausalen Systemzusammenhänge bekannt, so lässt sich das zukünftige Verhalten des Systems vorhersagen. Werden Kausalbeziehungen zusammengefügt sowie Steuerungs- und Regelungsregelkreise kombiniert, dann entstehen **integrierte Systeme**. Ihr Verhalten wird durch deren Strukturen geprägt (vgl. *Bleicher*, 2011, S. 53). Wirken Elemente über Ursache-Wirkungs-Zusammenhänge aufeinander ein, dann entstehen in integrierten Systemen Rückkopplungen. Dies kann graphisch in Form von Kausaldiagrammen dargestellt werden.

Wirkungsbeziehungen Das Beispiel in Abb. 1.2.13 zeigt kausale Strukturen des betrachteten Systems. Dabei werden nach ihren Effekten folgende **Wirkungsbeziehungen** unterschieden:

- **Positive bzw. gleichgerichtete Beziehungen** bewirken, dass sich Ursache und Wirkung in gleicher Richtung ändern. Beispielsweise führt eine Zunahme des Auftragsbestandes bei ausgelasteten Kapazitäten zu einer Erhöhung der Lieferzeit.

- **Negative bzw. entgegengerichtete Beziehungen** bewirken eine Veränderung der beeinflussten Variablen in die entgegengesetzte Richtung. Beispielsweise führt die Erhöhung der Lieferzeit in der Folge zu einer Abnahme des Auftragseingangs.

Negative Rückkopplungsschleife Aus der Verkettung mehrerer Ursache-Wirkungs-Zusammenhänge ergibt sich im Beispiel der Abb. 1.2.13 eine Kausalschleife. Ihre Wirkungsrichtung folgt aus der Multipli-

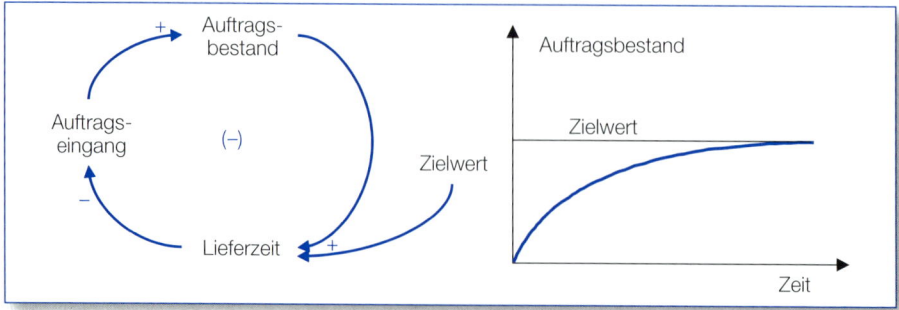

Abb. 1.2.13: Kausal- und Verhaltensdiagramm einer negativen Rückkopplungsschleife

kation der Vorzeichen (Polaritäten). Im Beispiel bewirkt ein höherer Auftragsbestand höhere Lieferzeiten (positive Beziehung), eine höhere Lieferzeit reduziert jedoch den Auftragseingang (negative Beziehung). Dieser beeinflusst wiederum den Auftragsbestand positiv. Insgesamt ergibt sich aus der Multiplikation der Vorzeichen eine **negative Rückkopplung**. Sie ist stabilisierend, da sie zu einer Annäherung an einen Zielwert führt. Negative Rückkopplungsschleifen streben danach, den Abstand zwischen Ist- und Sollzustand eines Systems laufend zu verringern.

Regelkreise mit positiver Polarität entfernen das betrachtete System dagegen immer weiter von seinem Anfangszustand (vgl. Abb. 1.2.14). Dieser Grundtyp wird wegen seiner destabilisierenden Wirkung auch als **selbstverstärkender Regelkreis** bezeichnet. Er führt zu exponentiellen Wachstums- oder Schrumpfungsprozessen.

Positive Rückkopplungsschleife

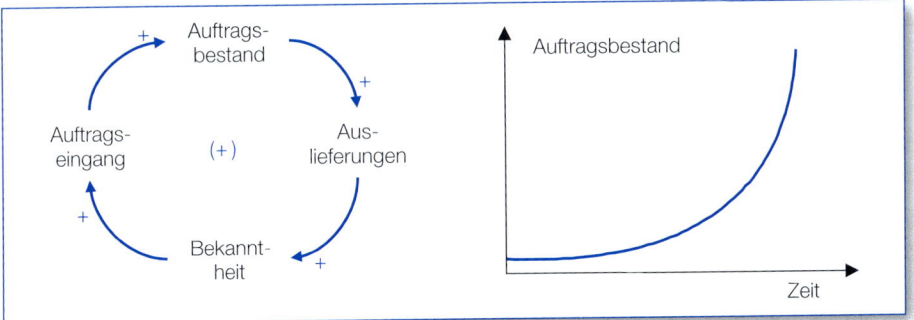

Abb. 1.2.14: Kausal- und Verhaltensdiagramm einer positiven Rückkopplungsschleife

Das Verhalten ist somit aus der Struktur des Systems erklärbar. Strukturen eines Systems bestehen aus zusammengesetzten Regelkreisen. Häufige Anordnungen von Regelkreisen werden nach *Peter Senge* als sog. **archetypische Strukturen** bezeichnet. Ihnen können typische Verhaltensweisen zugeordnet werden (vgl. *Senge*, 1990, S. 378 ff.).

Archetypische Strukturen

Neben den beiden Grundmustern exponentielles Wachstum bzw. Schrumpfung und Gleichgewichtssuche können einige komplexere Grundmuster in ihrer Struktur und ihrem Verhalten erklärt werden. So ist z. B. das S-kurvenförmige Verhalten eines Marktlebenszyklus (vgl. Kap. 3.3.4) eine Kombination aus einer negativen und einer positiven Rückkopplungsschleife. Werden viele Regelkreise miteinander verknüpft, so kann das Verhalten nur noch mit Hilfe von Simulationsmodellen vorhergesagt werden (vgl. *Forrester*, 1971). Ursache ist z. B. der unterschiedlich starke Einfluss einzelner Kausalschleifen auf das Gesamtverhalten eines Systems oder Zeitverzögerungen, die für unterschiedlich schnelle Wirkungen sorgen.

Hat ein System eine große Anzahl verschiedenartiger Systemelemente und Beziehungen, so wird es als **kompliziert** bezeichnet. Verändern sich diese Systemelemente und Beziehungen mit der Zeit, dann handelt es sich um ein **dynamisches** System. Treffen beide Eigenschaften zu, dann wird von einem **komplexen** System gesprochen (vgl. *Ulrich/Probst*, 2001, S. 59 ff.). Abb. 1.2.15 veranschaulicht dies. Komplexe Systeme verfügen aufgrund der großen Variabilität über vielfältige und schwierig vorherzusehende Verhaltensmöglichkeiten. Die Handhabung von Komplexität wird daher zum Kern der Lenkung eines Systems (vgl. *Bleicher*, 2011, S. 51).

1 Grundlagen der Unternehmensführung

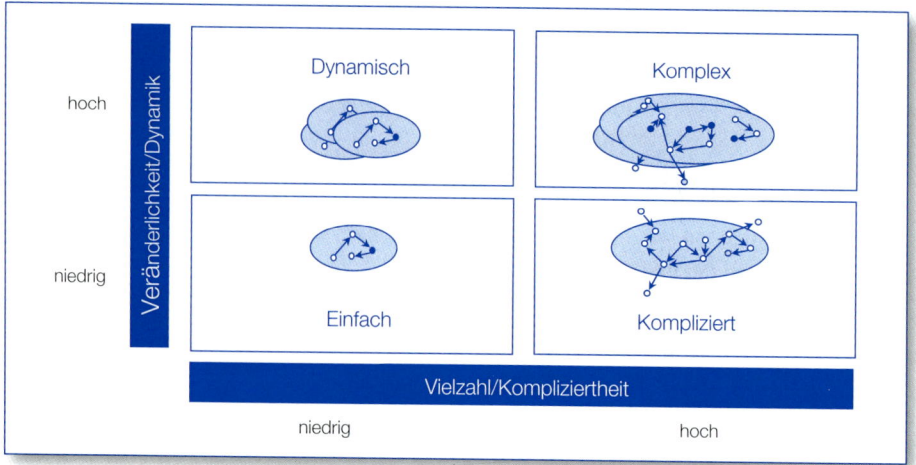

Abb. 1.2.15: Komplexitätsdimensionen (in Anlehnung an Ulrich/Probst, 2001, S. 61)

> **!** Ein **komplexes System** ist kompliziert und dynamisch. Es besteht aus vielen verschiedenen Systemelementen und Beziehungen, die sich im Zeitablauf ändern (vgl. *Bleicher*, 2011, S. 51).

Die Systemtheorie trifft Aussagen über Systeme jeder Art. Nach den Merkmalen von Systemen können verschiedene **Systemarten** unterschieden werden (vgl. *Ackhoff*, 1994, S. 175 ff.; *Malik*, 1999, S. 63; *Zahn/Dillerup*, 1995, S. 39 ff.):

Mechanistische, organismische und soziale Systeme

- **Mechanistische Systeme** haben keine eigenen Ziele und funktionieren nach dem Willen des Systembenutzers wie eine Maschine. Wird ein Unternehmen so verstanden, so würde es lediglich den Interessen seiner Eigentümer dienen. Ein solches System ist rational planbar, sofern seine Einzelteile und deren Zusammenwirken vollständig verstanden werden. Auf dieser Sichtweise basiert das Scientific Management nach *Taylor*.

- **Organismische Systeme** verfolgen selbst mindestens ein Ziel, z. B. Wachstum oder Überleben. Die Übertragung dieses Systemverständnisses auf Unternehmen ist weit verbreitet und spiegelt sich auch in sprachlichen Analogien wieder. So ist z. B. der englische Begriff „Corporation" vom lateinischen Wort „Corpus" abgeleitet. In der Vorstellung des Unternehmens als Organismus wird nicht mehr von der einfachen Austauschbarkeit der Ressourcen ausgegangen. Damit steigt der Wert der Mitarbeiter, die als schwierig zu ersetzende Teile eines Unternehmens im Sinne von Organen betrachtet werden. Unternehmen unterliegen ähnlich wie natürliche Organismen der Evolution als einer Anpassung an ihre Umwelt. Dadurch soll ihre Überlebensfähigkeit erhalten werden.

- **Soziale Systeme** bestehen aus Individuen, die zu eigenen und gemeinsamen Zwecken zusammenarbeiten und vielfältige Austauschbeziehungen mit ihrer Umwelt unterhalten. Das Unternehmen als soziales System zeichnet sich dadurch aus, dass sowohl das System als auch seine Elemente eigene Ziele verfolgen. Das Unternehmen ist Teil eines übergeordneten Systems und steht im Zusammenhang mit anderen Systemen wie z. B. Kunden, Lieferanten und Konkurrenten.

1.2 Theorien der Unternehmensführung

Aus der Anwendung der Systemtheorie auf die Betriebswirtschaftslehre ist die sog. **systemorientierte Managementlehre** entstanden. Pioniere waren *Beer* (1970), *Ulrich* (2001) und *Bertalanffy* (1973). Darin werden Unternehmen mittels systemtheoretischer Methoden ganzheitlich beschrieben, erklärt und gestaltet (vgl. *Zahn/Schmid*, 1996, S. 28).

> Ein **Unternehmen** ist ein **komplexes, sozio-technisches System**. Es besteht aus einer Vielzahl verschiedenartiger Elemente. Seine Elemente und deren Beziehungen ändern sich dabei laufend. Das Unternehmen beinhaltet technische Elemente und Menschen, welche auch eigene Interessen verfolgen.

Die Unternehmensführung ist ein Subsystem des Unternehmens, dessen Aufgabe die Koordination innerhalb des Systems sowie zwischen dem System und seiner Umwelt ist. Der **systemtheoretische Ansatz** analysiert und erklärt Unternehmen als Systeme mit dem Ziel der Komplexitätsbeherrschung (vgl. *Ulrich*, 2001, S. 105). Er basiert auf Regelkreisen zur Lenkung des Unternehmens. Dabei werden Sollvorgaben mit Istwerten verglichen, um bei Bedarf entweder Korrekturentscheidungen zur Maßnahmenänderung oder Anpassungsentscheidungen zur Zieländerung einleiten zu können. Damit Unternehmen ihren Systemzweck dauerhaft erfüllen können, kommt der Unternehmensführung neben der Lenkung auch die Gestaltung des zweckorientierten Systems Unternehmen zu (vgl. *Ulrich*, 2001, S. 182).

Systemtheoretischer Ansatz

In der deutschsprachigen Betriebswirtschaftslehre wurde das Systemdenken stark von *Ulrich* (2001) geprägt. Er begründete mit dem Systemansatz eine umfassende Konzeption für die Unternehmensführung, die z. B. zum *St.-Galler-Management-Modell* weiterentwickelt wurde (vgl. *Bleicher*, 2011). Die Systemtheorie ist heute ein weit verbreitetes Grundverständnis von Unternehmen und findet breite Anwendung in verschiedenen betriebswirtschaftlichen Disziplinen. Sie liefert das **Grundverständnis der Unternehmensführung** und erlaubt, Unternehmen als Elemente der Gesellschaft zu betrachten. Das systemtheoretische Verständnis bildet die Grundlage für die in diesem Buch verwendete Konzeption der Unternehmensführung (vgl. Kap. 1.3). Da Unternehmen komplexe Systeme sind, ist die Dynamik von großer Bedeutung für alle gestalterischen und lenkenden Eingriffe. Im Wechselspiel von Aktion und Reaktion geschehen Veränderungsprozesse. Daher ist die Systemtheorie durch die Evolutionstheorie zu ergänzen.

1.2.5 Evolutionstheorie

Die Unternehmensführung umfasst neben der Steuerung und Regelung auch die Gestaltung eines Unternehmens als evolutionären Prozess. Evolutionäre Überlegungen gehören mit zu den ältesten und am stärksten verbreiteten Theorien der Wissenschaft. Sie finden sich nicht nur in der Biologie, sondern u. a. auch in Recht, Soziologie, Volks- und Betriebswirtschaftslehre (vgl. *Müller-Stewens/Lechner*, 2011, S. 137). Die Unternehmensführung wird aus einer Mischung systemtheoretischer und evolutionsbiologischer Gedanken stark beeinflusst. Da Unternehmen komplexe Systeme sind, lässt sich die

Wirkung von Eingriffen nicht exakt vorhersagen. Damit ist der Gestaltungsspielraum der Unternehmensführung begrenzt (vgl. *Kieser/Woywode*, 2006, S. 101 ff.).

> **!** **Evolution** bezeichnet die allmählich fortschreitende Entwicklung eines Systems aus sich selbst heraus (vgl. *Witt*, 1994, S. 503).

Die meisten evolutionären Ansätze haben ihren Ursprung in der Biologie. Der Naturforscher und Philosoph *Lamarck* hatte 1809 als erster eine biologische Evolutionstheorie aufgestellt, nach der sich Organismen nach und nach vervollkommnen. *Darwin* stellte 1859 die **biologische Evolution** als zufälligen Prozess mit folgenden Phasen dar (vgl. *Kunzmann* et al., 1993, S. 187):

Variation
- **Variation:** Bei der Fortpflanzung werden durch Zufall andere Erbanlagen weitergegeben. Es entstehen genetische Mutationen in Form von abweichenden Lebensformen mit neuen Eigenschaften.

Selektion
- **Selektion:** Lebewesen zeugen mehr Nachkommen als zur Arterhaltung erforderlich. Deshalb kommt es zu einer Auswahl jener Lebensformen, die sich besser an die Umweltbedingungen anpassen können. Dieser Daseinskampf („Struggle for Life") ermöglicht die Weiterentwicklung der Art.

Retention
- **Retention:** Die Vermehrung der überlegenen Mutation und die damit verbundene Weitergabe ihrer günstigen Erbanlagen führen zu einer Ausbreitung und Verfestigung der veränderten Art. In der Tierwelt wird dies dadurch gewährleistet, dass sich nur die stärksten Männchen im Kampf um ein Weibchen durchsetzen und damit fortpflanzen können („Survival of the fittest").

Die Erkenntnis des Evolutionsprozesses war zunächst revolutionär. Die Bildung höherer Arten wird als das Ergebnis eines zufälligen Prozesses des Enstehens und Vergehens und einer schrittweisen Entwicklung von einfachen hin zu besser angepassten Arten verstanden. Die Evolutionstheorie kann damit Erklärungen für das Zustandekommen eines Zustands liefern, ohne zukünftige Veränderungen vorherzusagen (vgl. *Dillerup*, 1998b, S. 72). Solche Prozesse des Wandels betreffen nicht nur biologische Organismen. Ökonomische und biologische Systeme weisen wesentliche Gemeinsamkeiten auf und unterliegen daher ähnlichen Wirkungsmechanismen (vgl. *Zahn/Schmid*, 1996, S. 34). Entwicklung erfolgt als dynamischer Prozess, bei dem plötzlich auftretende Neuerungen die Systeme verändern. So bilden z. B. organisatorische Prozesse, Wissen und Fähigkeiten den „genetischen Code" eines Unternehmens. Selektionsmechanismen in Unternehmen oder der Markt sorgen für die Auswahl und Weiterentwicklung. Bei der **Übertragung** biologischer Phänomene **auf ökonomische Systeme** sind einige Unterschiede zu beachten. So werden z. B. die Zeitabstände der Veränderung in der Biologie in mehreren tausend Jahren gemessen, während sich unternehmerischer Wandel in Jahreszeiträumen vollzieht.

> **!** **Ökonomische Evolution** ist die Fähigkeit eines wirtschaftlichen Systems, Wandel aus sich selbst heraus zu erzeugen (vgl. *Witt*, 1994, S. 503 ff.).

Ökonomische und soziale Phänomene werden in der Evolutionstheorie als Veränderungsprozesse verstanden. Dabei wird nicht ein statischer Zustand zu einem bestimm-

1.2 Theorien der Unternehmensführung

ten Zeitpunkt, sondern die für dessen Entstehung verantwortlichen Mechanismen und Prozesse betrachtet (vgl. *Müller-Stewens/Lechner*, 2011, S. 137). Die Annahme einer vollständigen Plan- und Gestaltbarkeit von Unternehmen wird bei der **evolutionären Unternehmensführung** aufgegeben. Die Frage ist, wodurch sich das Überleben eines Unternehmens sicherstellen lässt. Es soll so gelenkt werden, dass es sich wie ein lebender Organismus erhalten, anpassen und verändern kann (vgl. *Schmidt*, 1992, S. 42). Hierfür sind zum einen die Grenzen der Beherrschbarkeit komplexer Systeme zu akzeptieren und zum anderen ganzheitliches Denken und Handeln erforderlich (vgl. *Ulrich/Probst*, 2001, S. 12). Unternehmen sind danach sich selbst steuernde und organisierende Systeme, in denen die Unternehmensführung wie ein Katalysator Rahmenbedingungen für günstige evolutionäre Veränderungen zu entwickeln hat. Aus diesen Überlegungen lassen sich folgende **Leitlinien** einer evolutionären Unternehmensführung zusammenfassen (vgl. *Malik*, 2002, S. 48 ff.; *Servatius*, 1991, S. 158):

Evolutionäre Unternehmensführung

- Unternehmensführung bezieht sich auf ein System und geht damit über die reine Menschenführung hinaus. Sie ist Aufgabe vieler Personen und sollte **ganzheitlich und vernetzt** vollzogen werden.
- Unternehmensführung kann die **Komplexität nicht vollständig beherrschen** und nicht alle Prozesse im Unternehmen direkt beeinflussen. Sie muss deshalb auch indirekt erfolgen, indem die Systemstruktur und die Rahmenbedingungen gestaltet werden.
- Unternehmensführung verfolgt auf der normativen Ebene das Ziel der **Anpassungs- und damit (Über-)Lebensfähigkeit** des Unternehmens.

Nach diesem Führungsverständnis haben sich verschiedene **Denkschulen** entwickelt. Im deutschsprachigen Raum sind dies der *St. Galler Managementansatz* (vgl. z. B. *Schwaninger*, 1994) sowie der *Münchner Managementansatz* (vgl. *Kirsch*, 1991). Im anglo-amerikanischen Raum ist es die sog. *Population Ecology Research* (vgl. *Welge/Al-Laham*, 2012, S. 65 ff.). Diese Modelle betonen die Bedeutung dynamischer Prozesse, ihre Komplexität und Abstraktion ist jedoch sehr hoch (vgl. *Müller-Stewens/Lechner*, 2011, S. 137). Für Fragestellungen wie z. B. nach selbstorganisatorischen Prozessen (vgl. Kap. 5.2.2.4), unternehmerischem Wandel (vgl. Kap. 6.4) oder der normativen Unternehmensführung (vgl. Kap. 2) liefert die Evolutionstheorie wichtige Erkenntnisse.

Während die Systemtheorie die Lenkung des Unternehmens und die Gestaltung des Systems der Unternehmensführung erklärt, wird in der evolutionären Unternehmensführung der Aspekt der nicht vollständigen Beherrschbarkeit von Systemen betont. Die Unternehmensführung hat daher auch die Entwicklung des Unternehmens zu beeinflussen und damit erst Gestalt- und Lenkbarkeit zu ermöglichen.

Management Summary

- Für die Existenz, die Führung und das Wesen von Unternehmen gibt es eine Vielzahl theoretischer Erklärungen. Dabei handelt es sich um Erfahrungen, um die Übertragung von Erkenntnissen anderer Wissenschaftsdisziplinen oder um die Verallgemeinerung von Beobachtungen erfolgreicher Unternehmen.
- Die Industrieökonomie folgt dem Structure-Conduct-Performance-Paradigma. Danach wird der Erfolg eines Unternehmens (Performance) durch zentrale Branchenmerkmale (Structure) erklärt, die das Verhalten von Unternehmen (Conduct) bestimmen.

1 Grundlagen der Unternehmensführung

- Die neue Institutionenökonomie befasst sich mit vertraglichen Vereinbarungen, die an Stelle idealer Marktbeziehungen den wirtschaftlichen Austausch zwischen Individuen regeln. Dabei maximieren die Individuen ihren Nutzen, sind begrenzt rational und opportunistisch.

- In der Resource-based View entstehen Erträge (Renten) aus knappen Ressourcen. Dazu sind Ressourcen zu erschaffen, zu nutzen und zu sichern. Im fähigkeitenorientierten Ansatz werden Renten auch durch die Fähigkeit erklärt, Ressourcen nutzbringend einzusetzen.

- Die Property-Rights-Theorie betrachtet die Wirkung von Handlungs- und Verfügungsrechten an Gütern auf das Verhalten ökonomischer Akteure. Es werden die vier Einzelrechte Usus, Abusus, Usus fructus und das Kapitalisierungsrecht unterschieden.

- Die Principal-Agent-Theorie betrachtet arbeitsteilige Auftraggeber-Auftragnehmer-Beziehungen. Dabei führt ein Auftragnehmer (Agent) mit bestimmten Entscheidungskompetenzen eine Aufgabe für einen Auftraggeber (Prinzipal) aus. Auf diese Weise lassen sich institutionelle Auftragsbeziehungen beschreiben, erklären und besser gestalten.

- Die Transaktionskostentheorie beschäftigt sich mit den Kosten der Übertragung von Verfügungsrechten auf Märkten. Je nach Ausprägung der Transaktionsmerkmale Spezifität, Veränderlichkeit der Vertragsbeziehung und Transaktionshäufigkeit lassen sich so unterschiedliche Ausgestaltungen zwischen Hierarchie und Markt erklären.

- Die Systemtheorie begreift ein Unternehmen als eine Anzahl von miteinander in Beziehung stehenden Elementen, die zu einem gemeinsamen Zweck miteinander operieren. Systeme können atomistisch, holistisch und integriert betrachtet werden. Ein System kann durch Lenkung auf Ziele ausgerichtet werden, wobei durch Steuerung die Störungen im Vorfeld berücksichtigt und durch Regelung die Ergebnisse des Systems kontrolliert werden.

- Das Verhalten eines Systems hängt von kausalen Zusammenhängen der Elemente ab. In einem integrierten System aus Rückkopplungsschleifen können Verhaltensmuster vorhergesagt werden. Ein komplexes System ist kompliziert und dynamisch, da es aus vielen Systemelementen und Beziehungen besteht, die sich häufig ändern. Ein Unternehmen ist ein komplexes sozio-technisches System.

- Evolution bezeichnet die allmählich fortschreitende Entwicklung eines Systems aus sich selbst heraus. Biologische Evolution ist ein zufälliger Prozess in den Phasen Variation, Selektion und Retention. Ökonomische Evolution ist die Fähigkeit, wirtschaftlichen Wandel selbst zu erzeugen. Evolutionäre Unternehmensführung umfasst das System Unternehmen, ist ganzheitlich sowie vernetzt, unterstellt keine vollständige Komplexitätsbeherrschung und gestaltet Rahmenbedingungen.

Literaturempfehlungen

Kieser, A./Walgenbach, P.: Organisation, 6. Aufl., Stuttgart 2010.

Müller-Stewens, G./Lechner, C.: Strategisches Management: Wie strategische Initiativen zum Wandel führen, 4. Aufl., Stuttgart 2011.

1.3 System der Unternehmensführung

> **Leitfragen**
>
> - In welche Ebenen lässt sich die Unternehmensführung unterteilen?
> - Welche Funktionen hat die Unternehmensführung?
> - Wie hängen Ebenen und Funktionen in einem Führungssystem zusammen?

Ein Unternehmen kann je nach theoretischer Perspektive (vgl. Kap 1.2) unterschiedlich definiert werden. Insbesondere die **Systemtheorie** (vgl. Kap. 1.2.3) leistet zum Grundverständnis der Unternehmensführung einen wesentlichen Beitrag. Ein System besteht danach aus Elementen, die miteinander in Beziehung stehen und einen gemeinsamen Zweck verfolgen. So kann beispielsweise ein Unternehmen in Geschäftsbereiche als Subsysteme unterteilt sein. Es ist aber auch in seine Systemumwelt wie z. B. der Branche eingebettet und unterhält Beziehungen zu anderen Systemen wie z. B. Kunden, Lieferanten und Konkurrenten.

Um Systeme zu verstehen, ist eine integrative Betrachtung sowohl durch Analyse der Systemelemente (atomistische Sichtweise) als auch durch Untersuchung des Zusammenwirkens der Elemente (holistische Sichtweise) erforderlich. Unternehmen bestehen aus einer Vielzahl an Beziehungen zwischen ihren Elementen, die dauernden Veränderungen unterworfen sind. Somit handelt es sich bei Unternehmen um **komplexe** Systeme. Unternehmen sind darüber hinaus auch **soziale** Systeme, da sie aus Individuen bestehen, die zu eigenen und gemeinsamen Zwecken zusammenarbeiten und vielfältige Austauschbeziehungen mit ihrer Umwelt unterhalten.

Systemtheoretisches Verständnis

In einem systemtheoretischen Verständnis werden Unternehmen mittels kybernetischer Methoden ganzheitlich beschrieben, erklärt und gestaltet (vgl. Kap. 1.2.4). Die Unternehmensführung ist dabei ein Subsystem des Unternehmens, dessen Aufgabe die Koordination innerhalb des Systems sowie zwischen dem System und seiner Umwelt ist. **Komplexe Systeme** verfügen aufgrund der großen Variabilität über vielfältige und schwierig vorherzusehende Verhaltensmöglichkeiten. Die Handhabung von Komplexität wird daher zum Kern der Unternehmensführung (vgl. *Bleicher*, 1994, S. 37). Dazu umfasst die Unternehmensführung, wie bereits in Kap. 1.1 definiert, alle Aufgaben und Handlungen zur zielorientierten Lenkung, Gestaltung und Entwicklung eines Unternehmens. Diese Aufgaben und Handlungen können nach der Art der Aufgaben und Führungshandlungen in zwei **Dimensionen** unterteilt werden:

- **Führungsebenen** unterscheiden nach der Tragweite der Führungsaufgaben die normative, strategische und operative Ebene der Unternehmensführung.
- **Führungsfunktionen** untergliedern die Unternehmensführung nach den Inhalten des Führungshandelns in Planung und Kontrolle, Personal und Organisation.

Ebenen und Funktionen der Führung

Diese beiden Dimensionen werden nachfolgend zunächst einzeln erläutert und dann zu einem System der Unternehmensführung zusammengefügt.

1 Grundlagen der Unternehmensführung

1.3.1 Führungsebenen

Arten von Führungsaufgaben

Die Aufgaben der Unternehmensführung lassen sich in Kategorien unterteilen. Zur **Abgrenzung der Führungsaufgaben** werden in der Literatur eine Reihe von **Kriterien** vorgeschlagen (vgl. *Bamberger/Wrona*, 2004, S. 10; *Hungenberg*, 2011, S. 4 ff.; *Johnson* et al., 2011, S. 3 ff.):

- **Grundsatzentscheidungen** haben wesentliche Bedeutung für die Entwicklung und den Erfolg des Unternehmens. Sie lösen weiteren Entscheidungsbedarf aus und schränken zukünftige Handlungsmöglichkeiten ein. Danach ist z. B. ein Unternehmenskauf eine Grundsatzentscheidung, die Festlegung der wöchentlichen Maschinenbelegung jedoch nicht.
- Die **Bindungswirkung** getroffener Entscheidungen beschreibt das Ausmaß, in dem Veränderungen wieder rückgängig gemacht oder modifiziert werden können. So hat ein Unternehmenskauf eine hohe Bindungswirkung, während eine Maschinenbelegung kurzfristig geändert werden kann.
- Die **zeitliche Reichweite** bzw. der Zeithorizont ist ein Maß für die zukünftigen Auswirkungen einer Entscheidung. Dabei wird in lang- und kurzfristig unterschieden. Die zeitliche Abgrenzung ist jedoch relativ und hängt insbesondere von der Branche ab. So ist für ein Modeunternehmen ein Zeithorizont von zwei Jahren langfristig, da dieser mehrere Kollektionen bzw. Produktlebenszyklen beinhaltet. Für einen Kraftwerksbetreiber ist jedoch ein Zeithorizont von fünf Jahren eine kurzfristige Betrachtung.
- Der **Geltungsbereich** bezeichnet das Ausmaß der Entscheidungswirkungen für das Unternehmen. Entscheidungen mit einem hohen Geltungsbereich, wie z. B. die Einführung einer neuen Produktgruppe, betreffen das Unternehmen als Ganzes. Entscheidungen mit einem niedrigen Geltungsbereich, wie z. B. die Reorganisation einer Abteilung, sind dagegen nur für Teile des Unternehmens von Bedeutung.
- Der **monetäre Wert** bezeichnet die Wirkung der Entscheidung auf die Vermögens- und Ertragslage des Unternehmens. So bedeutet die Entscheidung über die Entwicklung eines neuen Fahrzeugtyps in der Automobilindustrie ein Investitionsvolumen im Milliardenbereich, während z. B. die Entscheidung über die Beschaffung eines neuen Abteilungsdruckers nur einen Wert von mehreren hundert Euro umfasst.

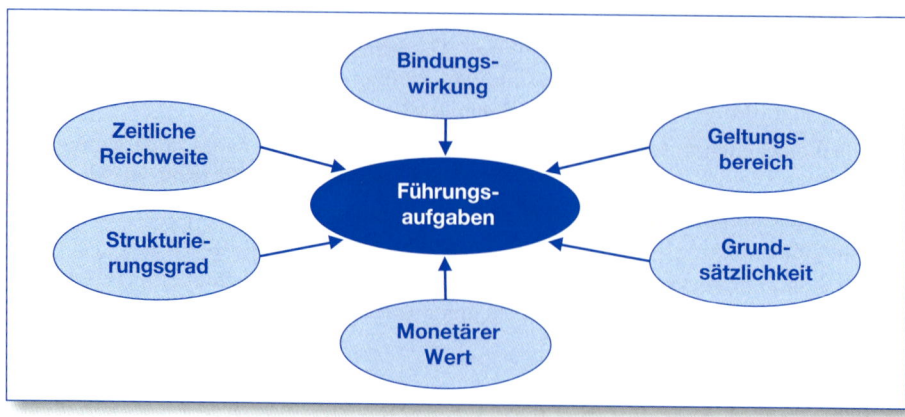

Abb. 1.3.1: Klassifizierung von Führungsaufgaben

1.3 System der Unternehmensführung

- Der **Strukturierungsgrad** kennzeichnet die Ungewissheit und Ordnung der Informationen, des Entscheidungsproblems und der Lösungsalternativen. Je höher der Strukturierungsgrad, umso besser können Entscheidungen standardisiert, delegiert und automatisiert werden.

Anhand dieser Kriterien lassen sich nach der **Tragweite** der Handlungen und Zielsetzungen verschiedene Handlungsebenen der Unternehmensführung unterscheiden. In der Literatur werden folgende **Handlungsebenen der Unternehmensführung** genannt:

Handlungsebenen der Unternehmensführung

- **Strategische und operative Ebene:** Diese Aufteilung findet sich insbesondere in der angloamerikanischen Literatur (vgl. *David*, 2011, S. 5; *Mintzberg* et al., 2003, S. 16 ff.; *Wheelen/Hunger*, 2010, S. 5). Das wesentliche Unterscheidungsmerkmal zwischen strategischer und operativer Ebene sind die Erfolgspotenziale eines Unternehmens als Kombination aus Produkten, Märkten und Technologien (vgl. *Zahn*, 1989, Sp. 1903 ff.). Die Aufgaben der Unternehmensführung werden nach den Begriffen Effektivität und Effizienz unterschieden. Effektivität bedeutet, die richtigen Dinge zu tun („Doing the right things"). Entscheidungen über die Effektivität gelten als strategische Aufgabe. Strategie ist demnach die Schaffung und Weiterentwicklung von Erfolgspotenzialen. Die operative Unternehmensführung befasst sich dagegen mit der möglichst optimalen Nutzung dieser Erfolgspotenziale. Zielsetzung ist es, die Dinge möglichst effizient, d. h. richtig zu tun („Doing the things right"). Die operative Ebene befasst sich mit den laufenden Aktivitäten eines Unternehmens.

- **Strategische, taktische und operative Ebene:** Eine Vielzahl von Autoren unterscheidet neben der strategischen und operativen Ebene noch eine dazwischen liegende taktische Ebene (vgl. *Bamberger/Wrona*, 2004, S. 9; *Szyperski/Müller-Böling*, 1984; *Töpfer*, 1976; *Wild*, 1982). Auf dieser Ebene sollen strategische Vorgaben konkretisiert und in die operative Ebene übergeleitet werden. Sie lässt sich jedoch nicht eindeutig gegenüber den Inhalten und Aufgaben der beiden anderen Ebenen abgrenzen und besitzt nur geringe praktische Relevanz (vgl. *Buchner*, 2002, S. 70; *Hahn/Hungenberg*, 2001, S. 104; *Mintzberg* et al., 2003, S. 11). Aus diesem Grund wird im Folgenden auf eine taktische Ebene verzichtet.

- **Normative, strategische und operative Ebene:** Bei dieser Unterscheidung werden die strategischen Aufgaben der angloamerikanischen Einteilung in zwei Ebenen unterteilt. Die normative Führung bestimmt übergeordnete Werte, Ziele und Verhaltensnormen. Diese sichern einem Unternehmen seine Existenzberechtigung und Überlebensfähigkeit (Legitimität). Die normative Ebene ist damit der Gestaltungsrahmen für die strategische Unternehmensführung im engeren Sinne. Die strategische Ebene beschreibt Leistungspotenziale und Vorgehensweisen zur Schaffung von Erfolgspotenzialen (vgl. *Bleicher*, 1995, S. 21 f.; 2011, S. 80; *Hungenberg*, 2011, S. 25 f.). Da sich diese Aufgaben stark unterscheiden, ist eine getrennte Betrachtung zweckmäßig und wird nachfolgend verwendet.

Nach dieser Systematik werden die Führungsentscheidungen zu homogenen Aufgabenfeldern zusammengefasst. Die Führungsaufgaben einer Handlungsebene bilden dabei jeweils den Rahmen für die Aufgaben der nachgeordneten Ebene. Dadurch entsteht ein **hierarchisches Ebenenmodell** der Unternehmensführung (vgl. *Bleicher*, 2011, S. 89 ff.; *Dillerup*, 2009a, S. 38 f.; *Schwaninger*, 1989, S. 191):

Hierarchisches Ebenenmodell

- Die **normative Unternehmensführung** prägt den Gestaltungsrahmen, der dem Unternehmen seine Persönlichkeit und Identität verleiht. Sie bestimmt die grundlegenden Ziele des Unternehmens, wie z. B. dessen Geschäftsfelder und deren Stellung im Gesamtunternehmen. Kernaufgabe der normativen Unternehmensführung ist die Gestaltung der Beziehung zwischen Unternehmensumwelt und Unternehmen. Entwick-

Normative Ebene

1 Grundlagen der Unternehmensführung

lungsfähigkeit bedeutet damit auch die Durchführung eines systematischen Wandels als Antwort auf Veränderungen der Unternehmensumwelt. Diese übergeordneten Entscheidungen haben den Charakter einer Norm. Sie beruhen auf den Wertvorstellungen der Unternehmensleitung. Zentrale Aufgabe der normativen Unternehmensführung ist es, das Selbstverständnis sowie die Werte und Ziele eines Unternehmens zu definieren. Dies wird in Form von generellen Werten, Zielen, Prinzipien, Normen, Verhaltensweisen und Spielregeln ausgedrückt und soll die Lebens- und Entwicklungsfähigkeit (Legitimität) des Unternehmens sichern. Seinen Ausdruck findet die normative Unternehmensführung in einer Unternehmensvision, welche das angestrebte Zukunftsbild des Unternehmens beschreibt. Welche Ziele daraus entstehen und wie sich das Unternehmen gegenüber Bezugsgruppen wie z. B. dem Staat, den Eigentümern und den Mitgliedern des Unternehmens positioniert, konkretisiert die Mission. Darin sind die grundlegenden Ziele und Werte für die Entwicklung des Unternehmens zu einem angestrebten Selbstbild zusammengefasst. Hinzu kommen die Unternehmenskultur sowie die Unternehmensverfassung bzw. Corporate Governance. Die Unternehmenskultur ist die Gesamtheit historisch gewachsener und gemeinsam gelebter Werte, Normen und Denkhaltungen, die im Verhalten, in der Kommunikation, bei Entscheidungen, in Handlungen, in Symbolen und anderen Ausdrucksformen sichtbar werden. Die Unternehmensverfassung bestimmt die Organe des Unternehmens sowie deren Rechte und Pflichten. Die normative Unternehmensführung ist damit in ihrer konstitutiven Rolle für alle Handlungen des Unternehmens maßgeblich. Vertieft wird die normative Unternehmensführung in Kap. 2 behandelt.

> **!** Die **normative Unternehmensführung** bestimmt die Identität eines Unternehmens in Werten, Zielen, Verhaltensweisen sowie organisatorischen Normen und fasst diese Elemente in einer Mission zusammen. Sie sichert die Lebens- und Entwicklungsfähigkeit des Unternehmens.

Strategische Ebene
- Die **strategische Unternehmensführung** ist dafür verantwortlich, die normativen Ansprüche an die Entwicklung des Unternehmens langfristig zu erfüllen. Innerhalb der normativen Vorgaben werden in den einzelnen Geschäftsfeldern Bündel an Maßnahmen zur Positionierung im Wettbewerb und zur Gestaltung der dazu erforderlichen Ressourcenbasis festgelegt. Auf diese Weise sollen Wettbewerbsvorteile gegenüber den Konkurrenten erzielt werden. Der Aufbau von Wettbewerbsvorteilen ist in den meisten Fällen nur langfristig möglich und erfordert umfangreiche Investitionen in personelle, geistige, finanzielle und materielle Ressourcen. Aus den Wettbewerbsvorteilen werden bestehende Erfolgspotenziale weiter entwickelt und neue Erfolgspotenziale geschaffen. Erfolgspotenziale sind produkt- und marktspezifische Voraussetzungen, um wirtschaftlichen Erfolg realisieren zu können und beschreiben z. B. Marktpositionen, Produkte, Technologien, soziale Strukturen und Prozesse eines Unternehmens (vgl. Kap. 3.1).

> **!** Die **strategische Unternehmensführung** ist auf die Entwicklung bestehender und die Erschließung neuer Erfolgspotenziale ausgerichtet und beschreibt die hierfür erforderlichen Ziele, Leistungspotenziale und Vorgehensweisen.

Operative Ebene
- Die **operative Unternehmensführung** greift den Handlungsrahmen der strategischen Unternehmensführung auf und sorgt für die Umsetzung der Strategie im Rahmen des sog. Tagesgeschäfts („day to day business"). Die operative Unternehmensführung

1.3 System der Unternehmensführung

befasst sich mit der Planung, Steuerung und Kontrolle der laufenden Aktivitäten eines Unternehmens, um die bestehenden Erfolgspotenziale möglichst effizient zu nutzen. Sie bestimmt und koordiniert konkrete Handlungen, um diese so effizient wie möglich auszuführen. Zu diesem Zweck sind detaillierte Ziele und Maßnahmen für die Funktionsbereiche eines Unternehmens zu erarbeiten und umzusetzen. Darüber hinaus werden die Handlungen zwischen den einzelnen Funktionsbereichen abgestimmt.

> Die **operative Unternehmensführung** befasst sich mit der Planung, Steuerung und Kontrolle der laufenden Aktivitäten eines Unternehmens, um die bestehenden Erfolgspotenziale möglichst effizient zu nutzen.

Die Ebenen der Unternehmensführung hängen eng miteinander zusammen. Zwischen ihnen finden deshalb vielfältige Abstimmungsprozesse statt. Vorgaben normativer und strategischer Art sind wegweisend für die operative Umsetzung, während umgekehrt operativ nicht realisierbare Ziele u. U. zu einer Anpassung der Zukunftsvorstellungen und Strategien führen können. Zusammengefasst besteht der **Zusammenhang zwischen den Führungsebenen** darin, dass normative und strategische Führung ein Unternehmen gestaltet, während die operative Führung das Unternehmen lenkt (vgl. *Bleicher*, 2011, S. 8).

Die Ebenen der Unternehmensführung beschreiben auch die **Tätigkeitsschwerpunkte** der hierarchischen Führungsebenen eines Unternehmens (vgl. *Bamberger/Wrona*, 2004, S. 9; *Bartlett/Ghoshal*, 1993, S. 23ff.; *Rahn*, 2012, S. 41f.):

- Die **oberste Führungsebene** bildet die Leitung des Gesamtunternehmens. Hierunter fallen z. B. die Geschäftsführung oder der Vorstand. Sie sind vorwiegend für die normative Unternehmensführung und die Umsetzung der dabei getroffenen Grundsatzentscheidungen auf der strategischen Ebene verantwortlich.
- Die **mittlere Führungsebene** hat ihren Aufgabenschwerpunkt in der strategischen Unternehmensführung und soll für deren Umsetzung in der operativen Führung sorgen.
- Die **unteren Führungsebenen** sind insbesondere für die operative Unternehmensführung verantwortlich, in deren Rahmen die Umsetzung der strategischen Vorgaben stattfinden soll.

Hierarchieebenen und Aufgaben

Die drei Handlungsebenen sind in Abb. 1.3.2 zusammengefasst.

Führungsebene	Normativ	Strategisch	Operativ
Aufgabe	Legitimität	Effektivität	Effizienz
Zielgrößen	Überlebens- und Entwicklungsfähigkeit	Wettbewerbsvorteile, Erfolgspotenziale	Wirtschaftlichkeit, Gewinn, Rentabilität
Inhalt	Ziele, Grundsätze und Werte	Aufbau von Erfolgspotenzialen	Ausschöpfung von Erfolgspotenzialen
Grundsätzlichkeit	Grundsatzentscheidungen	Richtungsentscheidungen	Einzelentscheidungen
Bindungswirkung	Sehr hoch	Hoch	Gering
Zeithorizont	Dauerhaft angelegt	Generell langfristig	Generell kurzfristig
Geltungsbereich	Gesamtunternehmen	Unternehmensbereiche	Unternehmensteile
Monetärer Wert	Sehr hoch	Hoch	Gering
Strukturierung	Schlecht strukturiert		Klar strukturiert
Hierarchieebene	Oberste Ebene	Obere und mittlere Ebene	Mittlere und untere Ebene

Abb. 1.3.2: Unterscheidung der Ebenen der Unternehmensführung

1 Grundlagen der Unternehmensführung

Abb. 1.3.3 veranschaulicht die Zusammenhänge zwischen den Ebenen der Unternehmensführung. Die Zunahme der Anzahl der Beteiligten bzw. der gebundenen Kapazitäten von der normativen hin zur operativen Ebene wird durch die Dreiecksform symbolisiert. Während die normative Ebene vorrangige Aufgabe der obersten Führungsebene ist, wächst die Zahl der beteiligten Führungskräfte und ausführenden Mitarbeiter über die strategische bis zur operativen Ebene an.

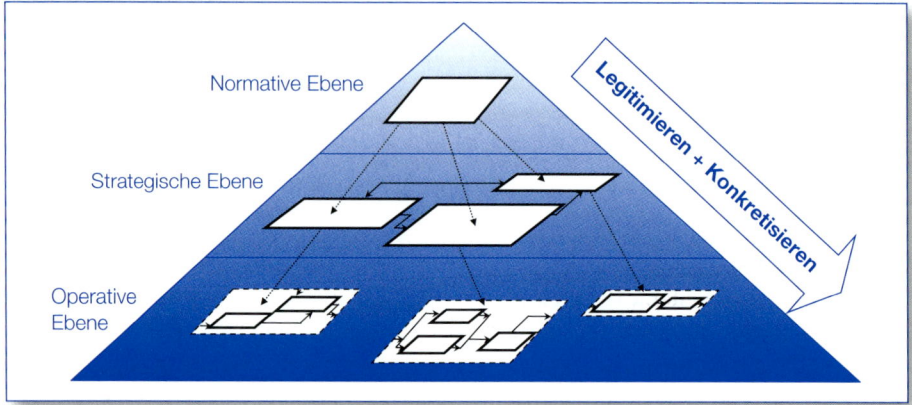

Abb. 1.3.3: Zusammenhang der Führungsebenen (vgl. Ulrich/Probst, 2001, S. 271)

1.3.2 Führungsprozess und -funktionen

Nach der Einteilung der Unternehmensführung in normative, strategische und operative Ebenen wird nun nach den Inhalten des Führungshandelns in **Führungsfunktionen** unterschieden.

1.3.2.1 Führungsprozess

Nach der **Kybernetik** kann Komplexität beherrscht werden, indem die Systemelemente durch Lenkungsmechanismen als Kombination aus Steuerung und Regelung auf Ziele ausgerichtet werden (vgl. Kap. 1.2.3). Lenkung im Unternehmen wird als Führungsprozess oder auch als Problemlösungsprozess bezeichnet. Dieser erfolgt im Unternehmen nach einem grundlegenden Ablauf, der in **Phasen** aufgeteilt werden kann. Die Schritte Entscheidung, Steuerung und Kontrolle sind dabei die Führungsaufgaben i. e. S. (vgl. Abb. 1.3.4).

Entscheidung **(1) Entscheidungsprozess:** Jeder Führungsprozess beginnt mit der Willensbildung. Dabei wird eine Entscheidung vorbereitet und getroffen. Dies kann auch als Planung im weiteren Sinne bezeichnet werden (vgl. Kap. 4.1). Ausgangspunkt ist die Bildung von Zielen. Sie definieren, was in welchem Ausmaß und bis wann erreicht werden soll und grenzen einen Problembereich ein. Um eine Aufgabenstellung richtig zu erfassen, ist zunächst eine Analyse der Problemstellung erforderlich. Für ein identifiziertes Problem, sind mehrere alternative Lösungswege zur Problemlösung zu suchen und zu bewerten. Dies stellt die Entscheidungsvorbereitung dar. Entscheidungen sind Wahlakte aus verschiedenen Alternativen. Eine wesentliche Aufgabe der Unternehmensführung besteht deshalb in der Suche nach Alternativen und deren möglichst rationaler Bewertung. Die Schritte von der Zielbildung bis zur Bewertung von Alternativen werden unter Planung i.e.S. zusammengefasst, an die sich die eigentliche Entscheidung anschließt. Allerdings werden in der Unternehmenspraxis Entscheidungen unter Zeitdruck gefällt. Da deshalb die Entscheidung nicht auf vollständigen Informationen beruht, wird sie unter Unsicherheit getroffen. Neben der verfügbaren Zeit ist die Qualität der Entscheidung auch abhängig vom jeweiligen Entscheidungsträger. Da menschliche Entscheidungsträger nicht vollkommen rational sind, werden Führungsentscheidungen nur mit beschränkter Rationalität getroffen.

(2) **Steuerung:** Für die ausgewählte Lösungsalternative sind Umsetzungsmaßnahmen zu bestimmen und so die Willensdurchsetzung vorzubereiten. Ausführende Mitarbeiter sind zu informieren und zu motivieren, da die Umsetzung meist nicht durch die Unternehmensführung selbst, sondern durch beauftragte Mitarbeiter erfolgt.

Steuerung

(3) **Umsetzung:** Festgelegte Maßnahmen werden durchgeführt und Ergebnisse erzielt. Die Umsetzung erfolgt in aller Regel durch die mit der Ausführung der Vorgaben betrauten Mitarbeiter, die durch die Unternehmensführung gesteuert werden. Wesentliche **Gründe für die Trennung zwischen Führungs- und Ausführungsebene** sind:

Umsetzung

– **Verständnis von Zusammenhängen:** Die Unternehmensführung soll dem gesamten Unternehmen und nicht einzelnen Teilbereichen dienen. Dies erfordert das Erkennen von Zusammenhängen und langfristiges, globales Denken. Den ausführenden Mitarbeitern fehlen häufig der Überblick, die übergreifenden Informationen und Kompetenzen.

Trennung von Führung und Ausführung

– **Fachkenntnisse:** Eine Vielzahl ausführender Handlungen erfordert umfangreiche Fachkenntnisse, die nur durch entsprechende Spezialisierung auf einen eng abgegrenzten Aufgabenbereich erreicht werden können. Aus diesem Grund spielen in der Ausführungsebene vor allem Fachkenntnisse eine Rolle, während in der Führungsebene soziale Fähigkeiten und Problemlösungskompetenzen im Vordergrund stehen. Fachkenntnisse treten für Führungskräfte mit steigender Hierarchie zunehmend in den Hintergrund.

– **Neutralität:** Kontrollen sind ein erforderlicher Bestandteil des Führungsprozesses. Sie dienen zur Erreichung geplanter Ziele und zur Verbesserung der Planung und Steuerung. Die Fremdkontrolle der Ausführung gewährleistet, dass die Mitarbeiter ihr Verhalten an den Plänen ausrichten und ihre Leistung beurteilt werden kann. Die personelle Trennung von Durchführung und Kontrolle sichert die erforderliche Distanz und Neutralität.

(4) **Kontrolle**: Die Ergebnisse der umgesetzten Maßnahmen werden bestimmt und mit der Zielsetzung verglichen. Dazu sind Kontrollpunkte festzulegen und Kontrollen durchzuführen. Die Kontrollinformationen ermöglichen Lernprozesse als Ausgangspunkt für die zukünftige Planung und Steuerung. Dies kann dazu führen, dass neue bzw. alternative Maßnahmen zur Zielerreichung erarbeitet werden oder die Zielsetzung verändert wird.

1 Grundlagen der Unternehmensführung

Führung	Entscheidungsprozess (Planung i.w.S.)	Zielbildung
		Problemanalyse
		Alternativensuche
		Alternativenbewertung
		Entscheidung
	Steuerung	Maßnahmenvorbereitung
		Instruktion und Motivation
Ausführung	Umsetzung	Maßnahmendurchführung
		Ergebniserreichung
Führung	Kontrolle	Kontrollvorbereitung
		Kontrolldurchführung

Abb. 1.3.4: Elemente im Führungsprozess

Führungsprozess am Beispiel einer Produktentwicklung

- **Zielbildung:** Ziel ist es, ein neues Produkt zu entwickeln, das sich erfolgreich vermarkten lässt.
- **Problemanalyse:** Das bestehende Produkt ist bereits seit vier Jahren auf dem Markt und die Produkte der Wettbewerber sind zwischenzeitlich technisch überlegen. Umsatz und Ergebnis des Produktes sind in den letzten beiden Jahren stark zurückgegangen. Das neue Produkt soll nicht nur zu bisherigen Konkurrenzprodukten aufschließen, sondern wesentliche Neuerungen enthalten.
- **Alternativensuche:** Auf Basis von Marktforschungsdaten werden daraufhin Produktanforderungen festgelegt, die von der Produktentwicklung in verschiedene Produktvorschläge umgesetzt werden.
- **Alternativenbewertung:** Diese werden in Kundenbefragungen auf ihre Markteignung und durch Wirtschaftlichkeitsrechnungen auf ihre ökonomische Auswirkung untersucht.
- **Entscheidung:** In einer Geschäftsleitungssitzung werden die Produktvorschläge diskutiert und danach ein Vorschlag ausgewählt.
- **Maßnahmenvorbereitung:** Für die nächsten Schritte wird das Entwicklungsprojekt geplant und eine Projektleitung bestimmt. Zudem werden Organisationsstrukturen und -regeln sowie Informationswege definiert.
- **Instruktion und Motivation:** Die Projektleitung entscheidet über die Zusammensetzung des Entwicklungsprojektes. Die Teilnehmer werden danach informiert und zur Mitarbeit motiviert.
- **Umsetzung:** Die Entwicklung erfolgt durch das eingesetzte Projektteam.
- **Kontrolle:** Zu festgelegten Zeitpunkten werden die Aktivitäten durch die Projektleitung kontrolliert, indem die Bearbeiter über den Stand der Aktivitäten und die erzielten Ergebnisse berichten. Gestaltet sich die Produktentwicklung schwieriger als geplant, sind ggf. zusätzliche Maßnahmen erforderlich, um die Markteinführung zum festgelegten Termin sicherzustellen.

Führung als Regelkreis

Wie das Beispiel zeigt, ist der Führungsprozess kein einmaliger und auch kein rein sukzessiver Durchlauf aller genannten Phasen, sondern vielmehr ein **Regelkreis**. Unternehmen sind im Verständnis der Systemtheorie integrierte, komplexe, soziale Systeme, die in ihren Wirkungszusammenhängen nicht vollständig vorhergesagt werden können (vgl. Kap. 1.2.3). Die Planung ist in die Zukunft gerichtet und kann die Realität nur bedingt vorwegnehmen. Sie ist deshalb immer mit Fehlern behaftet. Dies führt zu Abweichungen zwischen den geplanten und den tatsächlichen Ergebnissen, wodurch sich die Problemsituation im Unternehmen verändert. Um Ziele zu erreichen, sind daher Rückkopplungen erforderlich. Dabei werden Informationen über den Zustand eines

1.3 System der Unternehmensführung

Unternehmens und über Störeinflüsse während des Führungsprozesses laufend mit den Zielvorstellungen verglichen. Liegen Abweichungen zwischen Soll- und Ist-Zustand vor, so sind Entscheidungen über Gegenmaßnahmen zu treffen. Die Umsetzung der Maßnahmen führt zu Ergebnissen, deren Kontrollinformation in nachfolgende Führungsprozesse einfließt. Abb. 1.3.5 stellt den Führungskreislauf dar. Rückkopplungen ermöglichen dabei das Lernen aus Fehlern und die Verbesserung der zukünftigen Zielerreichung.

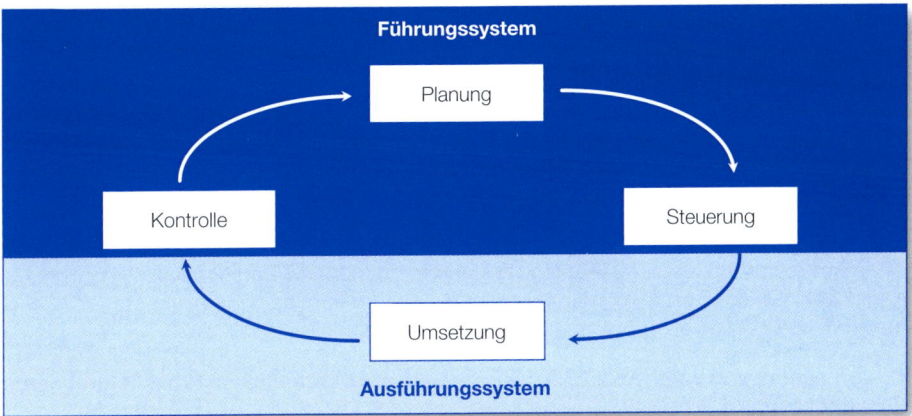

Abb. 1.3.5: Führungskreislauf

1.3.2.2 Ziele der Unternehmensführung

Der Führungsprozess bzw. die Lenkung ist im Rahmen der Unternehmensführung ein sich ständig wiederholender Prozess (vgl. *Wild*, 1982, S. 37). Bereits in Kap. 1.2.3 wurde Lenkung bereits wie folgt definiert:

> Die **Lenkung** durch die Unternehmensführung richtet das Unternehmen auf dessen Ziele aus. Durch eine Kombination aus Steuerung und Regelung werden sowohl einwirkende Störungen im Vorfeld berücksichtigt, als auch die Ergebnisse des Unternehmens kontrolliert.

Die Unternehmensführung besteht aus einer Vielzahl an Führungsregelkreisen, die aufeinander einwirken, miteinander verzahnt sind und ein komplexes Führungssystem bilden (vgl. *Zahn/Schmid*, 1996, S. 16). Um eine Lenkung in einem solchen System zu ermöglichen, müssen zunächst die Führungsregelkreise gestaltet werden (vgl. *Ulrich*, 2001, S. 182). Auch sind für neue Anforderungen an die Unternehmensführung ggf. Regelkreise zu ändern oder neu hinzuzufügen. Diese Aufgabe des Aufbaus von Führungssystemen wird als Gestaltung bezeichnet.

> Die **Gestaltung** dient dem Aufbau von Führungssystemen. Sie sichert die Handlungsfähigkeit der Unternehmensführung und ist damit eine Voraussetzung der Lenkung.

In Unternehmen als komplexen, sozi-technischen Systemen lässt sich die Wirkung des Führungshandelns nicht exakt vorhersagen. Dies liegt z. B. daran, dass die Reaktionen

1 Grundlagen der Unternehmensführung

Begrenzte Beherrschbarkeit

von Mitarbeitern oder Wettbewerbern nicht genau planbar sind. Die Unternehmensführung wird deshalb komplexe Unternehmen **nicht vollständig beherrschen** können. Sobald die Grenzen der Beherrschbarkeit komplexer Systeme akzeptiert werden, sind Unternehmen auch selbststeuernde und selbstorganisierende Systeme (vgl. Kap 1.2.4 und Kap. 5.2.2.4). Sie unterliegen einer ökonomischen Evolution und erzeugen auch aus sich selbst heraus ungeplante Veränderungen. Die Unternehmensführung hat dann wie ein Katalysator Rahmenbedingungen für günstige Veränderungen zu schaffen, damit Unternehmen sich wie ein lebender Organismus erhalten, anpassen und verändern können. Treten im Unternehmensumfeld gravierende Umbrüche und Krisen auf, dann ist dessen Anpassungsfähigkeit entscheidend. So waren z. B. viele Unternehmen durch die Finanz- und Wirtschaftskrise im Jahr 2009 mit Umsatzrückgängen von teilweise über 40 Prozent konfrontiert. Das flexible Anpassen an sich verändernde Umweltbedingungen (vgl. *Bleicher*, 2011, S. 73) und die Berücksichtigung evolutionärer und selbstorganisatorischer Prozesse ist Aufgabe der Entwicklung.

> ! Die **Entwicklung** des Unternehmens sichert die Überlebens- und Anpassungsfähigkeit und wirkt auf die Gestaltung und Lenkung der Unternehmensführung ein.

Zusammenfassend zeigt Abb. 1.3.6 die drei **Ziele der Unternehmensführung** und deren Zusammenspiel.

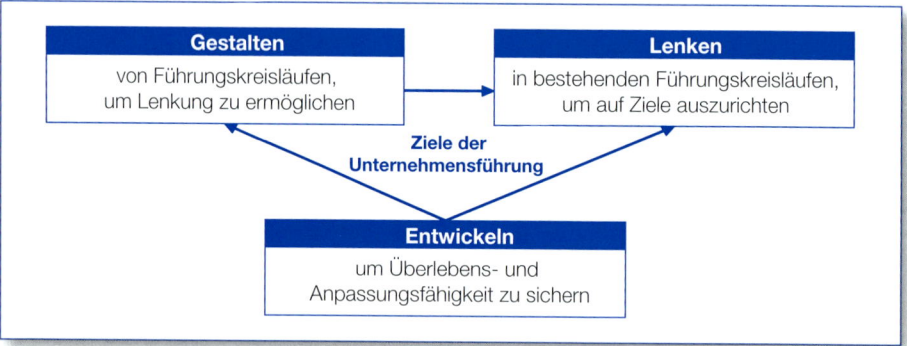

Abb. 1.3.6: Ziele der Unternehmensführung (in Anlehnung an Bleicher, 2011, S. 74)

> ! Die **Ziele der Unternehmensführung** bestehen darin, das Unternehmen erfolgreich zu lenken, seine Führungskreisläufe zu gestalten und es im Hinblick auf zukünftige Anforderungen fortzuentwickeln.

1.3.2.3 Führungsfunktionen

Funktionen der Führung

Die Lenkung, Gestaltung und Entwicklung des Unternehmens erreicht die Unternehmensführung mit Hilfe verschiedener **Führungsfunktionen**. Diese sind in allen Unternehmen unabhängig von deren Art, Größe und Branche mehr oder weniger stark ausgeprägt vorzufinden (vgl. *Bamberger/Wrona*, 2004, S. 7; *Bleicher*, 2011, S. 94 ff.; *Gälweiler*, 2005, S. 204):

1.3 System der Unternehmensführung

- **Planung und Kontrolle:** Planung ist ein systematisches, zukunftsbezogenes Durchdenken und Festlegen von Zielen, Maßnahmen, Mitteln und Wegen zur zukünftigen Zielerreichung. Kontrolle ist der beurteilende Vergleich zwischen zwei Größen sowie die daran anschließende Bestimmung und Analyse auftretender Abweichungen. Die Kontrolle ergänzt die Planung und erfolgt während bzw. nach der Planausführung. Planung und Kontrolle bilden somit eine Einheit (vgl. Kap. 4).

Planung und Kontrolle

- **Organisation** betrifft die zweckgerichtete Gestaltung betrieblicher Strukturen. Sie beschäftigt sich mit Regelungen, die den Aufbau des Unternehmens und den Ablauf der darin stattfindenden Vorgänge betreffen (vgl. Kap. 5).

Organisation

- **Personal:** Die Personalfunktion umfasst alle auf die Mitarbeiter bezogenen Planungs-, Steuerungs- und Kontrollaufgaben (Personalmanagement) sowie die Beeinflussung des Verhaltens der Mitarbeiter im Hinblick auf die Erreichung der Unternehmensziele (Personalführung vgl. Kap. 6).

Personal

Sämtliche Führungsfunktionen stützen sich auf Informationen. Die Entscheidungen der Unternehmensführung können deshalb nur so gut sein, wie die Informationen, auf denen sie basieren. Dies gilt in gleichem Maße für Planungs- und Kontrollprozesse, für die Organisation oder die Personalfunktion. Unternehmensführung ist somit ohne die erforderlichen Informationen nicht durchführbar. Die Informationen müssen in der richtigen Menge, Qualität, zum richtigen Zeitpunkt und am richtigen Ort vorliegen. Dies zu gewährleisten, ist Aufgabe des **Informationsmanagements** als einer zentralen Unterstützungsfunktion der Unternehmensführung (vgl. Kap. 7). Abb. 1.3.7 integriert die Ziele und Funktionen der Unternehmensführung. Die besondere Bedeutung der Information kommt dabei durch den umlaufenden Kreis zum Ausdruck, welcher die verbindende Wirkung für und über alle anderen Teilfunktionen veranschaulichen soll.

Informationsmanagement

Abb. 1.3.7: Ziele und Funktionen der Unternehmensführung

kungen zwischen Unternehmen z. B. in gesellschaftlicher, rechtlicher oder technologischer Hinsicht (vgl. *Ulrich*, 2001, S. 798 ff.) bewirken, dass die Bedeutung der Funktionen und Ebenen immer wieder neu aufeinander abzustimmen sind. Bilden die Elemente der Unternehmensführung ein koordiniertes System mit aufeinander abgestimmten Beziehungen, dann wird von einem **integrierten System** gesprochen. Dabei sind z. B. die Führungsteilfunktionen nicht unbedingt gleichberechtigt. In einem stabilen Umfeld mit immer wiederkehrenden Aufgaben kann die Organisation in Form von standardisierten Abläufen und Regeln dominieren. In einem dynamischen Umfeld kann dagegen die Personalfunktion zur Förderung unternehmerischen Denkens und Handels im Vordergrund stehen, während die Planung und Kontrolle nur eine untergeordnete Rolle spielt. Neben der Aufgabenorientierung erklärt auch der kulturelle Hintergrund unterschiedliche Schwerpunkte. So bevorzugen angloamerikanische Unternehmen meist Planung und Kontrolle, während z. B. Prozessabläufe weniger standardisiert sind. Asiatisch oder romanisch geprägte Unternehmen werden eher mit einem Fokus auf der Personalfunktion geführt. Während bei asiatischen Unternehmen das Gruppendenken dominiert, bevorzugen europäische Unternehmen eine patriarchalische Führung. In Deutschland wird z. B. meist stark auf fehlerfreie Prozesse geachtet und daher der Organisation ein hoher Stellenwert eingeräumt.

Die Integration der Führungsebenen ist aufgrund der gegenseitigen Abhängigkeit der Entscheidungen und sich wandelnder Umwelten von zentraler Bedeutung. Die Unternehmensführung ist für die Gesamtheit des Unternehmens und damit auch für die Fülle an Führungsaufgaben verantwortlich. Daher bedarf es einer laufenden Anpassung der Unternehmensführung in dynamischen Umfeldern. Dies erfolgt durch die **Koordination** des Systems der Unternehmensführung über alle Funktionen und Ebenen. So ist eine Strategie die Vorgabe für betriebliche Aktivitäten, wofür geeignete Strukturen und abgestimmte Personalaktivitäten erforderlich sind. Für die konsequente Ausrichtung eines Geschäftsbereiches kann z. B. eine organisatorische Verankerung als Sparte sinnvoll sein. Zudem kann die Umsetzung der Strategie mit abgestimmten Anreiz- und Entlohnungsmodellen gefördert werden. Eine solche Koordination der Funktionen ermöglicht eine **horizontal** abgestimmte Unternehmensführung. Da die Führungsebenen hierarchisch ineinander greifen, sind die Funktionen ebenso **vertikal** zu koordinieren (vgl. Kap. 1.3.1). Beispielsweise sollten sich die Strategien der Geschäftsfelder und die daraus resultierenden operativen Aktivitäten aus der Mission des Gesamtunternehmens ableiten.

Viele der **Koordinationsprozesse** innerhalb des Systems der Unternehmensführung basieren auf Plausibilitätsüberlegungen und lassen sich nur im konkreten Fall spezifizieren. Eine Ausnahme bildet das Planungs- und Kontrollsystem, welches sich vom Unternehmenswert bis hin zur operativen Budgetierung quantifizieren lässt. Abstimmungen horizontaler Art basieren im System der Unternehmensführung überwiegend auf qualitativen Überlegungen, Hypothesen über Ursache-Wirkungsbeziehungen und Plausibilitäten. So hat z. B. *Bleicher* (2011) die Integration durch Profile in der Ausprägung jedes Führungsbausteins beschrieben und diese miteinander verglichen. Auf diese Methodik wird im Rahmen des hier vorgestellten Führungssystems zurückgegriffen. Im Zusammenhang mit den jeweils behandelten Führungsfunktionen werden die hierfür relevanten Abstimmungsprozesse vorgestellt.

Je nach Größe, Branche oder Umweltsituation eines Unternehmens kann die Unternehmensführung eine hohe Komplexität annehmen. So können in einem stabilen Umfeld

1.3 System der Unternehmensführung

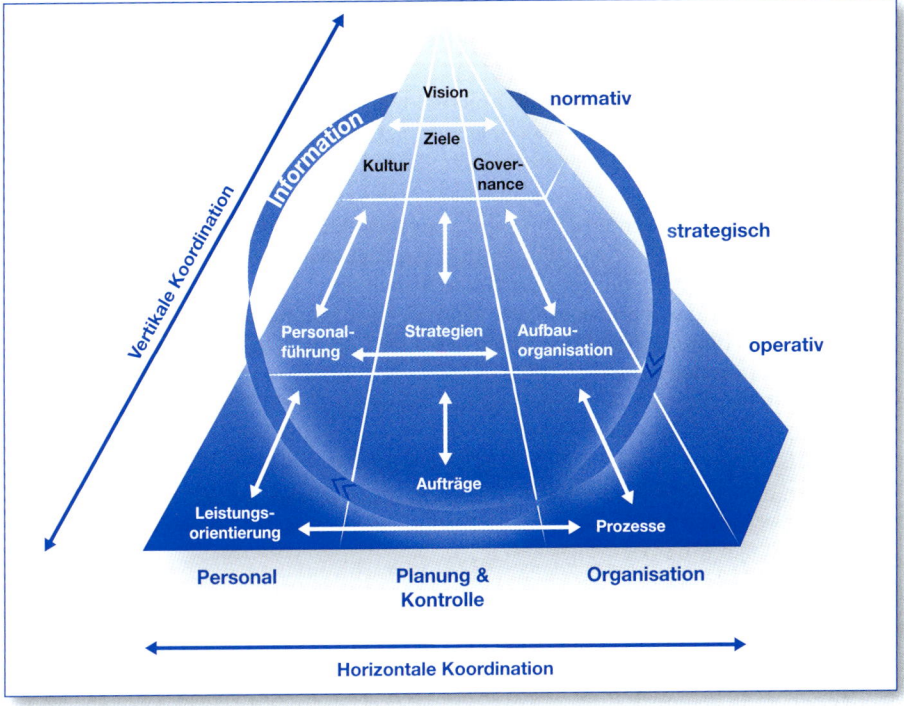

Abb. 1.3.10: Integriertes System der Unternehmensführung

die Aufgaben der Unternehmensführung in kleinen Unternehmen durchaus alle von einer Person ausgeführt werden. In größeren Unternehmen wird die Aufgabe der Unternehmensführung häufig auf mehrere Personen als gemeinsames Leitungsorgan verteilt. Zudem haben sich sowohl in der Literatur als auch in der Praxis für die Unternehmensführung auch **Unterstützungsfunktionen** entwickelt. Dabei handelt es sich um spezialisierte Institutionen, die der Unternehmensführung in einzelnen Aufgaben oder auch bei der Koordination von Funktionen und Ebenen Hilfestellung leisten. Sie unterstützen als spezialisierte Dienstleister mit Expertenwissen die Unternehmensführung bei der Bewältigung ihrer komplexen Aufgabe und stellen deshalb keine eigenständigen Führungsfunktionen dar. Daher sind sie auch nicht im integrierten System der Unternehmensführung aufgeführt. Unterstützungsfunktionen richten ein Unternehmen auf bestimmte Ziele wie z. B. die Qualität, den Markt oder die Wirtschaftlichkeit aus. Neben dem bereits erwähnten Informationsmanagement sind als weitere wesentliche Unterstützungsfunktionen zu nennen:

Unterstützungsfunktionen

- **Marketing** hilft der Unternehmensführung, die Bedürfnisse und Wünsche der Zielmärkte zu ermitteln und diese dann wirksamer als die Wettbewerber zufrieden zu stellen (vgl. *Kotler/Bliemel*, 2006, S. 25). Marketing ist ein Planungs- und Durchführungsprozess der Konzeption, Preisfindung, Förderung und Verbreitung von Ideen, Waren und Dienstleistungen, um Austauschprozesse zur Zufriedenstellung der Kunden herbeizuführen. Damit steht es für die Ausrichtung eines Unternehmens auf die Anforderungen der Märkte und Kunden und bedeutet weit mehr als den Verkauf von Produkten (vgl. *Kotler* et al., 2007, S. 40 f.).

Marketing

1 Grundlagen der Unternehmensführung

- Qualitätsmanagement
- **Qualitätsmanagement** unterstützt die Unternehmensführung dabei, alle Mitarbeiter und Unternehmensbereiche auf die Erfüllung der Kundenanforderungen auszurichten (vgl. Kap. 8.1).

- Logistik
- **Logistik** unterstützt die Unternehmensführung bei der integrierten Planung, Organisation, Steuerung, Abwicklung und Kontrolle des gesamten Material- und Warenflusses mit den damit verbundenen Informationsflüssen (vgl. *Jünemann*, 1989, S. 18).

- Controlling
- **Controlling** soll die Unternehmensführung bei der Erreichung der Ergebnisziele unterstützen. Es sichert die Rationalität von Entscheidungen durch Transparenz in Ergebnissen, Finanzen, Prozessen und Strategien. Es gestaltet und integriert das Planungs- und das Kontrollsystem, ohne dessen Inhalte zu bestimmen. Es koordiniert die Führungsfunktionen und -ebenen und sichert die dazu erforderliche Informationsversorgung (vgl. *Dillerup*, 2009b, S. 398). Damit trägt das Controlling zur Rationalitätssicherung der Unternehmensführung durch Entlastung, Ergänzung, Begrenzung und Ausrichtung auf die entscheidungsrelevanten Aspekte der Unternehmensführung bei (vgl. *Möller/Stoi*, 2002, S. 561ff.).

- Innovationsmanagement
- **Innovationsmanagement** unterstützt dabei, neuartige Produkte und Prozesse hervorzubringen und in Märkte oder betriebliche Prozesse einzuführen (vgl. *Hauschildt/Salomo*, 2007, S. V).

Management Summary

- Führungsebenen unterteilen sich nach der Tragweite der Führungsaufgaben in die normative, strategische und operative Ebene der Unternehmensführung. Sie bilden ein hierarchisches System. Die übergeordnete Ebene setzt den Rahmen für die untergeordnete Ebene, die dort konkretisiert und umgesetzt wird.

- Die normative Unternehmensführung bestimmt die Identität eines Unternehmens in Werten, Zielen, Verhaltensweisen sowie organisatorischen Normen und fasst diese Elemente in einer Mission zusammen. Sie sichert die Lebens- und Entwicklungsfähigkeit.

- Die strategische Unternehmensführung ist auf die Entwicklung bestehender und die Erschließung neuer Erfolgspotenziale ausgerichtet und beschreibt die hierfür erforderlichen Ziele, Leistungspotenziale und Vorgehensweisen.

- Die operative Unternehmensführung befasst sich mit der Planung, Steuerung und Kontrolle der laufenden Aktivitäten eines Unternehmens, um die bestehenden Erfolgspotenziale möglichst effizient zu nutzen.

- Der Führungsprozess gliedert sich in Planung, Steuerung und Kontrolle. Er ist das Grundmuster der Problemlösung im Rahmen der Unternehmensführung.

- Die Lenkung durch die Unternehmensführung richtet das Unternehmen auf dessen Ziele aus. Durch eine Kombination aus Steuerung und Regelung werden sowohl einwirkende Störungen im Vorfeld berücksichtigt, als auch die Ergebnisse des Unternehmens kontrolliert.

- Die Gestaltung dient dem Aufbau von Führungssystemen. Sie sichert die Handlungsfähigkeit der Unternehmensführung und ist damit eine Voraussetzung der Lenkung.

- Die Entwicklung des Unternehmens sichert die Überlebens- und Anpassungsfähigkeit und wirkt auf die Gestaltung und Lenkung der Unternehmensführung ein.

1.3 System der Unternehmensführung

- Die Ziele der Unternehmensführung bestehen darin, das Unternehmen erfolgreich zu lenken, seine Führungskreisläufe zu gestalten und es im Hinblick auf zukünftige Anforderungen zu entwickeln.
- Führungsfunktionen untergliedern die Unternehmensführung nach den Inhalten des Führungshandelns in Planung und Kontrolle, Personal und Organisation. Um diese Teilfunktionen erfüllen zu können, sind Informationen erforderlich. Die Gestaltung des Informationsflusses ist Aufgabe des Informationsmanagements als Unterstützungsfunktion der Unternehmensführung.
- Aus den Ebenen und Funktionen der Unternehmensführung entsteht ein integriertes System. Es kann als neungliedrige Pyramide mit umlaufendem Informationsfluss dargestellt werden.
- Die Unternehmensführung ist horizontal und vertikal aufeinander abzustimmen, um als integriertes System seine Wirkung entfalten zu können. Die Unternehmensführung kann Unterstützung durch Funktionen wie z. B. Marketing, Controlling oder Qualitätsmanagement erhalten.

Literaturempfehlungen

Bleicher, K.: Das Konzept integriertes Management, 8. Aufl., Frankfurt/New York 2011.

Hungenberg, H.: Strategisches Management im Unternehmen, 6. Aufl., Wiesbaden 2011.

Müller-Stewens, G./Lechner, C.: Strategisches Management: Wie strategische Initiativen zum Wandel führen, 4. Aufl., Stuttgart 2011.

Wöhe G./Döring U.: Einführung in die Allgemeine Betriebswirtschaftslehre, 24. Aufl., München 2010.

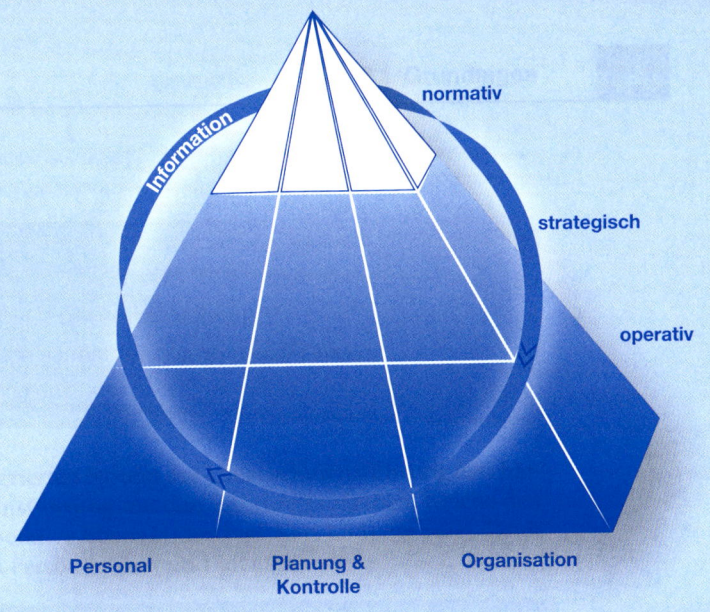

2. Normative Unternehmensführung

2.1	**Grundlagen**	59
2.2	**Unternehmenswerte**	62
	2.2.1 Philosophie, Moral und Ethik	63
	2.2.2 Unternehmensphilosophie	68
	2.2.3 Werteorientierte Unternehmensführung	71
	2.2.4 Nachhaltige Unternehmensführung	77
2.3	**Unternehmensziele**	100
	2.3.1 Globale Umweltanalyse	102
	2.3.2 Unternehmensvision	109
	2.3.3 Unternehmenspolitik	117
	2.3.4 Leitlinien und Ziele	123
2.4	**Unternehmenskultur**	129
	2.4.1 Ebenen und Funktionen	130
	2.4.2 Klassifikationen und Wandel	132
2.5	**Unternehmensverfassung**	136
	2.5.1 Formen der Unternehmensverfassung	136
	2.5.2 Corporate Governance	142
2.6	**Unternehmensmission**	153

2 Normative Unternehmensführung

2.2.4.1 Konzepte nachhaltiger Unternehmensführung

Nachhaltige Unternehmensführung basiert gleichzeitig auf den drei Dimensionen Ökonomie, Ökologie und Soziales. Diese werden auch als sog. **Tripple Bottom Line** bezeichnet (vgl. *Sawczyn*, 2011, S. 18). Das Zusammenwirken der drei Dimensionen und deren gleichberechtigte Berücksichtigung in der Unternehmensführung ist Gegenstand unterschiedlicher **Konzepte unternehmerischer Nachhaltigkeit** (vgl. *Schaltegger*, 2007):

Tripple Bottom Line

- Das **Drei-Säulen-Modell** stellt nachhaltige Entwicklung als Dach dar, welches auf den gleichberechtigten Säulen Ökonomie, Ökologie und Soziales ruht (vgl. *Hauff/ Kleine*, 2009, S. 118).
- Beim **Schnittmengen-Modell** werden die drei Dimensionen als Kreise dargestellt und deren innerer Schnittkreis stellt die nachhaltige Entwicklung dar (vgl. *Kleine*, 2008, S. 76).
- Das **Nachhaltigkeitsdreieck** nach *Schaltegger* (2007, S. 14) stellt hingegen die Abhängigkeiten der drei Dimensionen dar (vgl. Abb. 2.2.8).

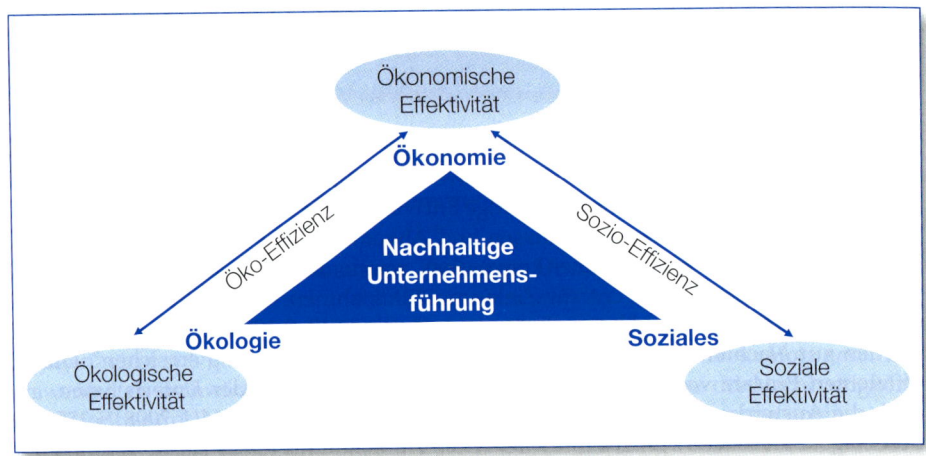

Abb. 2.2.8: Nachhaltigkeitsdreieck (vgl. Schaltegger, 2007, S. 14)

Für Unternehmen stehen die langfristige Existenzsicherung und die dadurch erforderliche ökonomische Effektivität im Vordergrund. Im Sinne einer ökonomischen Wertorientierung (vgl. Kapitel 3.2) ist die Dimension Ökonomie daher das übergeordnete Ziel, welches bei allen Entscheidungen der Unternehmensführung langfristig erreicht werden muss (vgl. *Weber* et al., 2012, S. 17). Um nachhaltig ökonomisch erfolgreich zu sein, sind die Ressourcen möglichst effizient zu nutzen. Natürliche Ressourcen in der ökologischen Dimension sowie Mitarbeiter und Gesellschaft in der sozialen Dimension sollen dabei effizient eingesetzt werden, so dass die ökonomischen Ziele bestmöglich unterstützt werden. Die Ökoeffizienz wird z. B. durch die Verringerung schädlicher Umwelteinwirkungen gesteigert und die Sozioeffizienz durch die Steigerung und Erfüllung sozialer Anliegen erreicht. Aber erst die **Integration** ökologischer, sozialer und ökonomischer Ziele führt zu einer nachhaltigen Entwicklung (vgl. *Schaltegger*, 2007, S. 17). Ökonomische Effektivität ist dann gegeben, wenn sich das Verhältnis zwischen Wertschöpfung und den ökologischen bzw. sozialen Auswirkungen verbessert (vgl. *Schaltegger*, 2007, S. 14).

Integration ökologischer, sozialer und ökonomischer Ziele

2.2 Unternehmenswerte

Eine nachhaltige Unternehmensphilosophie beinhaltet ökonomische, soziale und ökologische Grundwerte, welche je nach normativer Vorgabe und Relevanz für das Unternehmen unterschiedlich ausgeprägt sind. Sie sind zusammenfassend in Abb. 2.2.9 dargestellt.

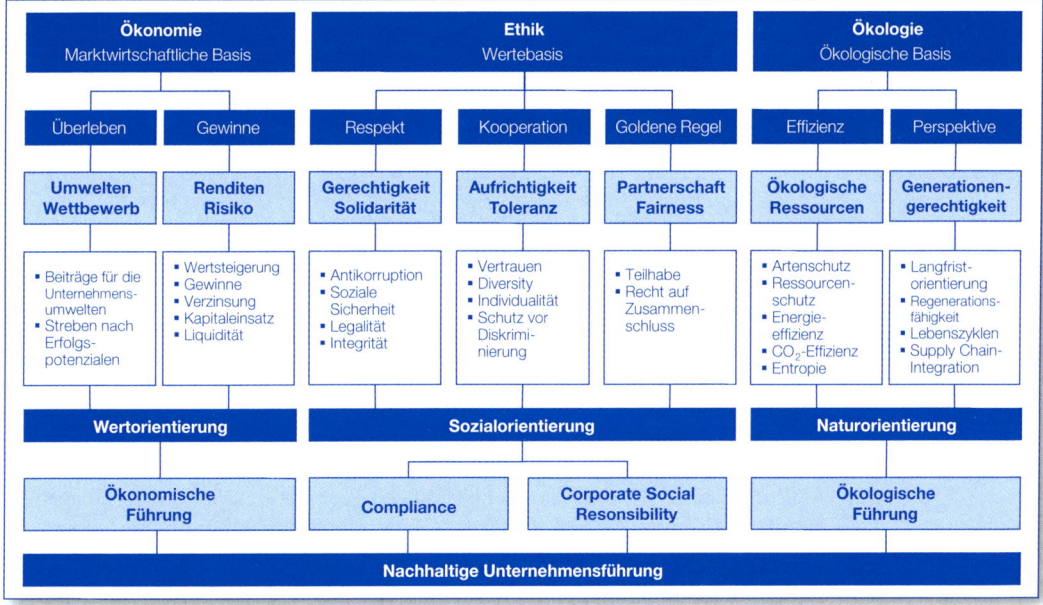

Abb. 2.2.9: Wert-, Sozial- und Naturorientierung als Basis einer nachhaltigen Unternehmensphilosophie

Die Integration der drei Dimensionen gelingt, wenn deren Ziele miteinander in Beziehung gesetzt und verknüpft werden. Den **Zusammenhang** zwischen der Erreichung ökonomischer Ziele und der Realisierung ökologischer und sozialer Ziele zeigt Abb. 2.2.10. Demnach lassen sich folgende **Ausprägungen unternehmerischer Nachhaltigkeit** unterscheiden:

- **Compliance-orientierte Nachhaltigkeit** erfüllt bei den ökologischen und sozialen Zielen lediglich gesetzliche oder gesellschaftliche Mindestanforderungen. Dies dient somit nur der Einhaltung der Compliance-Richtlinien und damit der Legalität unternehmerischen Handelns. Die getroffenen Maßnahmen sind unabhängig von deren ökonomischer Zweckmäßigkeit durchzuführen. In welcher Form die in Abb. 2.2.9 gestrichelt dargestellte Austauschbeziehung tatsächlich verläuft, ist unerheblich, da Punkt A als Mindeststandard erreicht werden muss. Beispiele sind Umweltschutzmaßnahmen zur Einhaltung gesetzlicher Emissionswerte oder die Erfüllung von Unfallschutzrichtlinien. Dies umfasst häufig sog. End-of-pipe-Maßnahmen, wie z. B. die Nachrüstung von technischen Anlagen, um vorgeschriebene Grenzwerte zu erfüllen. *(Compliance-orientiert)*

- **Nachhaltigkeit als Erfolgsfaktor** bedeutet eine Unternehmensführung im Bereich zwischen den Punkten A und B der Abb. 2.2.9. Dort existiert eine sich gegenseitig verstärkende Austauschbeziehung zwischen der Erreichung ökonomischer und ökologisch-sozialer Ziele. Dabei kann gleichzeitig sowohl der ökonomische als auch *(Erfolgsfaktor)*

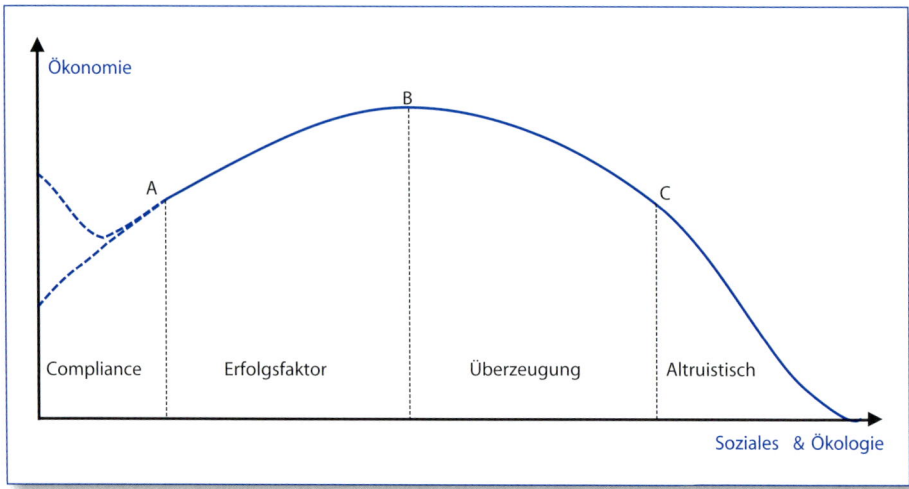

Abb. 2.2.10: Zielbeziehungen unternehmerischer Nachhaltigkeit
(in Anlehnung an Schaltegger/Hasenmüller, 2005, S. 6; Wall/Leitner, 2012, S. 256 f.)

der ökologisch-soziale Erfolg gemehrt werden. Den Kosten für ökologische oder soziale Maßnahmen stehen ökonomische Chancen gegenüber. Dies kann z. B. der Fall sein, wenn durch Investition in erneuerbare Energien sich die Energiekosten senken lassen und gleichzeitig die Umwelt von Emissionen entlastet wird. Soziale Aktivitäten können ebenfalls sowohl den Mitarbeitern als auch der Wirtschaftlichkeit zugute kommen. So können z. B. Maßnahmen zur Gesundheitsförderung auch die Krankheitskosten senken. Darüber hinaus lassen sich neue Kundengruppen ansprechen oder neue Produkte und Dienstleistungen anbieten. Nachhaltigkeit in dieser Form ist somit in jedem Falle unternehmerisch sinnvoll.

Überzeugung
- **Nachhaltigkeit aus Überzeugung** beinhaltet eine partielle Substitution des Erfolgs in verschiedenen Nachhaltigkeitsdimensionen im Sinne schwacher Nachhaltigkeit. Im Bereich zwischen den Punkten B und C besteht eine Austauschbeziehung zwischen der Erreichung ökonomischer und ökologisch-sozialer Ziele. Ökologische oder soziale Verbesserungen gehen zu Lasten des ökonomischen Erfolgs, wodurch sich das Unternehmen vom kurzfristigen ökonomischen Optimum entfernt. Dies entspricht einer traditionellen Sichtweise, nach der ökologische und soziale Aktivitäten reine Kostenverursacher sind. Dabei wird allerdings vernachlässigt, dass den Kosten häufig reduzierte Risiken gegenüberstehen. So kann beispielsweise auf zukünftige Ressourcenverknappungen, gesetzliche Auflagen oder Technologiewechsel schneller und besser reagiert sowie Image- und Akzeptanzverluste vermieden werden. Beispielsweise können umfangreichere Maßnahmen zum Gesundheitsschutz den sozialen Nutzen steigern, aber zu Lasten des kurzfristigen ökonomischen Nutzens gehen. In einer langfristigen Betrachtung kann jedoch der ökonomische Nutzen, z. B. aufgrund weniger Krankheitstagen und geringerer Fluktuation, ebenfalls verbessert werden. Diese Auswirkungen treten allerdings lediglich indirekt, mit Zeitverzögerungen und damit im Sinne eines möglichen langfristigen ökonomischen Erfolgs ein. Nachhaltigkeit in diesem Sinne bedeutet somit die Wahrnehmung unternehmerischer Verantwortung. So lange der ökonomische Erfolg nicht unter den Ausgangswert ohne Nachhaltigkeitsbemühungen in Punkt A bzw. C fällt, entspricht diese Nachhal-

tigkeit einer verpflichtenden Unternehmensphilosophie. Derartig ethisch-normative Beweggründe (vgl. *Jänicke*, 2010, S. 14) basieren auf der moralischen Verpflichtung des Unternehmens gegenüber seinen Stakeholdern und zumeist auf der persönlichen Werthaltung der Unternehmensinhaber. Vor allem in Familienunternehmen, in denen die langfristige Existenzsicherung das oberste Unternehmensziel darstellt, lässt sich häufig eine moralische Verpflichtung gegenüber den Mitarbeitern, der Gesellschaft und der Natur feststellen. Diese Grundeinstellung spiegelt sich seit dem 12. Jahrhundert im Ideal des „ehrbaren Kaufmanns" mit Vorbildcharakter und Werteorientierung wider (vgl. *Beschorner/Hajduk*, 2011, S. 6 ff.; *Schwalbach/Klink*, 2012, S. 219 ff.). Eine solche Pflicht des Unternehmers lässt sich auch dem deutschen Grundgesetz entnehmen, nach dem Eigentum verpflichtet und dem Wohle der Gesellschaft dienen soll (GG Art. 14 Abs. 2 S. 1).

- **Altruistische Nachhaltigkeit:** Über den Punkt C hinausgehende ökologisch-soziale Aktivitäten senken sowohl kurz- als auch langfristig den ökonomischen Erfolg. Ein solcher Altruismus, alltagssprachlich auch als Selbstlosigkeit oder Gutmenschentum bezeichnet, geht somit über die üblichen ökologisch-sozialen Maßnahmen hinaus. Ein solches Verhalten lässt sich in Non-Profit-Unternehmen gegebenenfalls noch vertreten. Da privatwirtschaftliche Unternehmen ohne ökonomischen Erfolg nicht überlebensfähig sind, können solche Nachhaltigkeitsmaßnahmen nicht im Interesse des Unternehmens sein.

Altruistisch

Verschiedene empirische Studien geben Einblicke in das Spektrum unternehmerischer Nachhaltigkeit in der Praxis. Nach einer Studie von *Deloitte* (2011) von 208 internationalen Unternehmen in zehn Ländern sehen 20 Prozent der befragten Unternehmen das Thema Nachhaltigkeit lediglich unter Compliance-Gesichtspunkten, während 70 Prozent es als einen Erfolgsfaktor betrachten. Lediglich 10 Prozent betreiben Nachhaltigkeit aus Überzeugung. Eine Studie unter vorwiegend deutschen Unternehmen (vgl. *Isensee/Henkel*, 2010) ergab, dass 20 Prozent Nachhaltigkeit Compliance-orientiert und 53 Prozent als Erfolgsfaktor sehen. 27 Prozent betreiben Nachhaltigkeit aus Überzeugung.

Die Einstellung eines Unternehmens zur Nachhaltigkeit wird stark durch die Werte der maßgeblichen Einflussgruppen, d. h. der Eigentümer, Führungskräfte und Mitarbeiter geprägt. Daneben spielt die Nachhaltigkeit in verschiedenen Ländern und Branchen eine unterschiedliche Rolle. So wurde in einer weltweiten Studie von *Accenture* unter 766 Unternehmen im Auftrag der UN die Bedeutung der Nachhaltigkeit für den zukünftigen Geschäftserfolg nach Branchen untersucht (vgl. *Lacy* et al., 2010, S. 19). Die höchste Bedeutung wird in den Branchen Automobilindustrie (100 Prozent Relevanz), Konsumgüterindustrie (98 Prozent), Banken (97 Prozent), Rohstoffgewinnung (96 Prozent) sowie Energie (94 Prozent) gesehen. In den Kommunikations-, Medien- und Unterhaltungsbranchen kommt der Nachhaltigkeit danach die geringste Bedeutung zu. In Verbindung mit der relativen Kompetenz des Unternehmens zur glaubwürdigen Umsetzung nachhaltiger Unternehmensführung lassen sich daraus die in Abb. 2.2.11 dargestellten **Nachhaltigkeitsstrategien** ableiten (in Anlehnung an *Schmid*, 1989, S. 129 ff.; *Schulz*, 2012, S. 280):

Nachhaltigkeitsstrategien

- **Defensive Nachhaltigkeitsstrategien** sind dadurch geprägt, dass ein Unternehmen eine geringere Nachhaltigkeitskompetenz als seine Wettbewerber besitzt. Somit lassen sich daraus keine Wettbewerbsvorteile erzielen. Ist dies in der Branche auch nicht relevant, dann ist eine Compliance-orientierte Nachhaltigkeit ausreichend. So ist z. B. für ein Medienunternehmen sicherzustellen, dass alle ökologischen Vorgaben eingehalten werden. Ist Nachhaltigkeit in einer Branche jedoch relevant, dann bedeutet dies einen Wettbewerbsnachteil, welcher zusätzliche Nachhaltigkeitsmaßnahmen zur

Defensive Nachhaltigkeit

Vermeidung von Risiken erforderlich macht. Das Unternehmen sollte insbesondere nicht zum Opfer der öffentlichen Meinung werden oder Vertrauen beim Kunden verlieren. Dies kann von schadensbegrenzenden Maßnahmen bis hin zum Rückzug aus solchen Geschäftsfeldern reichen. Exemplarisch kann ein Telekommunikationsunternehmen sich mit energiesparenden Technologien präventiv beschäftigen, um Risiken von Änderungen in der Gesetzgebung oder in der Wahrnehmung der Kunden zu begrenzen.

Offensive Nachhaltigkeit

- **Offensive Nachhaltigkeitsstrategien** eignen sich für Unternehmen mit hoher Nachhaltigkeitskompetenz. Haben diese in der Branche nur wenig Relevanz, so lassen sich dennoch ökologische und soziale Aktivitäten proaktiv nutzen. So kann z. B. für ein Unternehmen der Möbelindustrie eine hohe Nachhaltigkeitskompetenz Kostenvorteile und Imageeffekte mit sich bringen. Trifft eine hohe Nachhaltigkeitskompetenz auf ein Branchenumfeld, in dem Nachhaltigkeit besonders relevant ist, so kann daraus sogar ein Wettbewerbsvorteil entstehen. Es können sich neue Märkte und Kundengruppen erschließen, Prämien für nachhaltige Unternehmensführung in den Produktpreisen durchsetzen oder Imagevorteile ergeben. Die Elektromobilität in der Automobilindustrie oder Bio-Lebensmittel sind Beispiele für eine solche Nachhaltigkeitsstrategie als Wettbewerbsvorteil.

Abb. 2.2.11: Nachhaltigkeitsportfolio und Normstrategien
(in Anlehnung an Schulz, 2012, S. 278)

2.2.4.2 Nachhaltigkeitsprinzipien und -berichte

Nachhaltigkeitsprinzipien

Die Konzeption einer nachhaltigen Unternehmensführung basiert häufig auf den **Nachhaltigkeitsprinzipien des Global Compact** (vgl. *Deutsches Global Compact Netzwerk*, 2008, S. 4). Mit Beitritt zum *Global Compact* der *Vereinten Nationen* (vgl. Kap. 2.2.3) verpflichten sich die Mitglieder, die in Abb. 2.2.12 aufgeführten Prinzipien anzuerkennen, in Maßnahmen umzusetzen und in einer jährlichen Fortschrittsmitteilung über deren Umsetzung öffentlich zu berichten.

Nachhaltigkeitsbericht

Auf Initiative der *Vereinten Nationen*, des *Global Compact* sowie Standardsetzer, Unternehmensvertretern und Rechnungslegungsinstitutionen wird die Verknüpfung von Finanz- und Nachhaltigkeitsberichterstattung angestrebt. Dafür wurde im August 2010 das *International Integrated Reporting Committee (IIRC)* gegründet. Das IIRC verfolgt das Ziel, ein

2.2 Unternehmenswerte

Prinzipien des Global Compact	
Menschenrechte	
1	Unternehmen sollen den Schutz der internationalen Menschenrechte innerhalb ihres Einflussbereiches unterstützen und achten sowie
2	sicherstellen, dass sie sich nicht an Menschenrechtsverletzungen mitschuldig machen.
Arbeitsnormen	
3	Unternehmen sollen die Vereinigungsfreiheit und die wirksame Anerkennung des Rechts auf Kollektivverhandlungen wahren sowie ferner für
4	die Beseitigung aller Formen der Zwangsarbeit,
5	die Abschaffung der Kinderarbeit und
6	die Beseitigung von Diskriminierung bei Anstellung und Beschäftigung eintreten.
Umweltschutz	
7	Unternehmen sollen im Umgang mit Umweltproblemen einen vorsorgenden Ansatz unterstützen,
8	Initiativen ergreifen, um ein größeres Verantwortungsbewusstsein für die Umwelt zu erzeugen und
9	die Entwicklung und Verbreitung umweltfreundlicher Technologien fördern.
Korruptionsbekämpfung	
10	Unternehmen sollen gegen alle Arten der Korruption eintreten, einschließlich Erpressung und Bestechung.

Abb. 2.2.12: Nachhaltigkeitsprinzipien des Global Compact der Vereinten Nationen (vgl. www.unglobalcompact.org)

weltweit akzeptiertes Rahmenkonzept für eine **integrierte Berichterstattung** (Integrated Reporting) zu schaffen (vgl. *IIRC*, 2011, www.theiirec.org). Im September 2011 wurde ein Vorschlag einer integrierten Unternehmensberichterstattung gemacht (vgl. *IIRC*, 2011), welcher finanzielle Elemente mit umweltbezogenen und sozialen Informationen sowie Angaben zur Corporate Governance miteinander kombiniert (vgl. *Beyhs/Barth*, 2011, S. 2857 ff.).

Die Fortschrittsmeldungen zur Nachhaltigkeit orientieren sich daher zumeist an dem Rahmenkonzept der IIRC und werden in den Kriterien der **Global Reporting Initiative** konkretisiert (GRI; vgl. *Global Reporting Initiative*, 2006, S. 3). Mit deren Hilfe soll die Nachhaltigkeit eines Unternehmens zuverlässig und kontinuierlich gesteuert werden. Neben einer Stellungnahme der Unternehmensführung und der Beschreibung praktischer Maßnahmen zur Einhaltung der Prinzipien, sind auch messbare Ergebnisse in Form standardisierter Nachhaltigkeitsindikatoren vorzuweisen. Die Indikatoren sind unabhängig von der Rechtsform, Größe, Branche oder dem Standort eines Unternehmens. Ein **GRI-Nachhaltigkeitsbericht** umfasst die Prinzipien der Berichterstattung, gibt Einblick in die Organisation und Strategie des Unternehmens zur Erreichung der Nachhaltigkeitsziele und informiert über Schlüsselereignisse, Erfolge, Misserfolge, Auswirkungen, Risiken und Chancen. Die Leistungsindikatoren werden in Kern- und Zusatzindikatoren unterteilt, wobei nur die Kernindikatoren rechenschaftspflichtig sind. Folgende **Leistungsindikatoren** werden unterschieden (vgl. *BMW Sustainability Report*, 2011; *Global Reporting Initiative*, 2006, S. 7 ff.; www.globalreporting.org):

Global Reporting Initiative

Leistungsindikatoren

- **Ökonomische Leistungsindikatoren** stellen vornehmlich den Kapitalfluss dar und zeigen die wirtschaftliche Entwicklung des Unternehmens. Die benötigten Informationen stammen im Wesentlichen aus dem Jahresabschluss. Daran anknüpfend werden die Kategorien Ökologie und Soziales in den Jahresabschlussbericht eingebunden. Exemplarisch berichtet die *BMW*-Gruppe Indikatoren wie Finanzergebnisse, ROCE oder Pensionsrückstellungen.

2 Normative Unternehmensführung

Kategorien	GRI-Leistungsindikatoren	Anzahl
Ökonomie	Wirtschaftliche Leistung	4
	Marktpräsenz	3
	Mittelbare wirtschaftliche Auswirkungen	2
Ökologie	Materialien	2
	Energie	4
	Wasser	3
	Biodiversität	5
	Emissionen, Abwasser und Abfall	10
	Produkte und Dienstleistungen	2
	Einhaltung von Rechtsvorschriften	1
	Transport	1
	Gesamte Umweltschutzausgaben	1
Soziales	Arbeitspraktiken & menschenwürdige Beschäftigung, z.B. Chancengleichheit	14
	Menschenrechte z.B. Vereinigungsfreiheit und Kinderarbeit	9
	Gesellschaft z.B. Korruption und Einhaltung von Gesetzen	8
	Produktverantwortung z.B. Gesundheit und Datenschutz der Kunden	–

Abb. 2.2.13: Leistungsindikatoren der Global Reporting Initiative
(vgl. Global Reporting Initiative, 2006, S. 20 ff.)

- **Ökologische Leistungsindikatoren** stellen die Auswirkungen der Unternehmensaktivitäten auf die Ökosysteme zu Land, in der Luft und zu Wasser dar. Dies wird in insgesamt 29 ökologischen Indikatoren beschrieben, zu denen zusätzlich branchenspezifische Kennzahlen hinzukommen können. So berichtet z. B. die *BMW*-Gruppe über ihren Energie- und Wasserverbrauch und ihre CO_2-Emissionen.

- **Soziale/gesellschaftliche Leistungsindikatoren** umfassen 40 Kennzahlen, welche die sozialen und gesellschaftlichen Aktivitäten des Unternehmens erfassen. Für die *BMW*-Gruppe sind dies z. B. die Anzahl an Auszubildenden, die Altersstruktur und der Frauenanteil der Belegschaft, die Fluktuation oder Fortbildungstage.

Anwendungsebenen

Mit der standardisierten Berichterstattung kann eine nachhaltige Unternehmensführung vergleichbar mit einem Finanzrating in drei **Anwendungsebenen** unterteilt werden. Diese spiegeln die Abdeckung der Nachhaltigkeitsdimensionen wider: Die Kategorie C erfüllt mit mindestens 10 veröffentlichten Indikatoren die geringsten Anforderungen. In der Kategorie B sind mindestens 20 Indikatoren erforderlich. Für die Kategorie A müssen alle Indikatoren berichtet werden.

Die Ergebnisse solcher Rankings können sowohl nachhaltige Unternehmen bestärken, als auch Druck auf weniger nachhaltige Unternehmen ausüben. Darüber hinaus kann die Berichterstattung extern geprüft und bestätigt werden, was mit einem zusätzlichen Pluszeichen vermerkt wird und in der externen Kommunikation werbewirksam verwendet werden kann. Beispielsweise erreicht die *BMW*-Gruppe für ihre Nachhaltigkeitsaktivitäten ein solches „A+" (vgl. *BMW Sustainability Report*, 2011). Eine Studie der Wirtschaftsprüfungsgesellschaft *KPMG* (vgl. *KPMG*, 2011, S. 3 ff.) verdeutlicht, dass von den größten 100 deutschen Unternehmen bereits rund 90 Prozent eine systematische Nachhaltigkeitsberichterstattung erstellen. Zudem zeigt die Studie, dass deutsche Unternehmen weltweit in der nachhaltigen Unternehmensführung eine Vorreiterrolle einnehmen. Die Leitlinien der *Global Reporting Initiative* werden von 68 Prozent der befragten Unternehmen genutzt. Daneben gibt es weitere Standards wie z. B. die Schlüsselkriterien für Umwelt, Soziales und Unternehmensführung der *Deutschen Vereinigung für Finanzanalyse und Asset Management* (DVFA; vgl. *DVFA*, 2010, S. 18 ff.) oder der *Deutsche Nachhaltigkeitskodex* (DNK; vgl. *Rat für Nachhaltige Entwicklung*, 2011, S. 3 ff.).

Nachhaltigkeit bei Henkel

Henkel ist weltweit mit führenden Marken und Technologien in den drei Geschäftsfeldern Laundry & Home Care, Beauty Care und Adhesive Technologies tätig. Das 1876 gegründete Unternehmen hält mit bekannten Marken wie *Persil*, *Schwarzkopf* oder *Loctite* global führende Marktpositionen im Konsum- und Industriegütergeschäft. *Henkel* hat seinen Hauptsitz in Düsseldorf und beschäftigt weltweit rund 47.000 Mitarbeiter aus über 120 verschiedenen Nationen. 80 Prozent der Mitarbeiter arbeiten außerhalb Deutschlands (www.henkel.de).

Henkel hat sich als führender Konsumgüterhersteller früh den Nachhaltigkeitsherausforderungen der Branche gestellt. Die Leistungen des Unternehmens auf diesem Gebiet wurden in verschiedenen nationalen und internationalen Rankings mehrfach ausgezeichnet. Nach einem Vergleich des Bundesfamilienministeriums ist *Henkel* das frauenfreundlichste Unternehmen Deutschlands. Dabei wurden unter anderem der Anteil der Frauen in Führungspositionen und die Zielerreichung bei der Frauenförderung berücksichtigt. Im Jahr 2012 führte *Henkel* zum sechsten Mal in Folge die Nachhaltigkeitsrankings *Dow Jones Sustainability Index* (DJSI World) und *Dow Jones Sustainability Index Europe* (DJSI Europe) in der Kategorie „Kurzlebige Konsumgüter" an und ist damit das einzige Unternehmen seiner Branche, das sowohl im DJSI World als auch im DJSI Europe verzeichnet ist. Die Indizes analysieren die ökonomischen, ökologischen und sozialen Leistungen der Unternehmen, darunter Bereiche wie Corporate Governance, Risikomanagement, Markenpolitik, Ressourceneffizienz, Supply Chain-Standards und Arbeitsbedingungen.

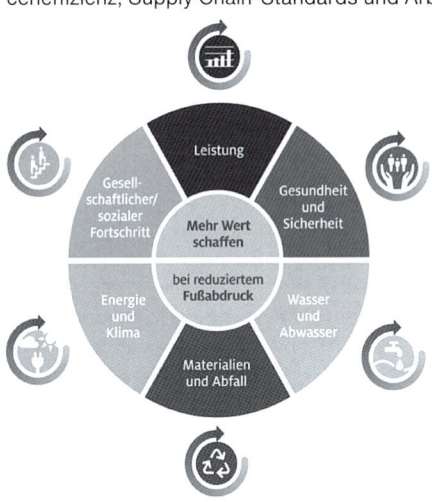

Mit seiner jahrzehntelangen Erfahrung im nachhaltigen Wirtschaften will das Unternehmen zusammen mit seinen Partnern, Kunden und Verbrauchern zukunftsfähige Lösungsansätze entwickeln. Die neue *Henkel*-Nachhaltigkeitsstrategie stellt dabei eine Aufgabe in den Vordergrund: Mit weniger Ressourcen mehr erreichen. Für *Henkel* bedeutet das, mehr Wert für Kunden, Verbraucher, das gesellschaftliche Umfeld sowie das Unternehmen selbst zu schaffen und gleichzeitig die mit seiner Wertschöpfung verbundenen Ressourcenverbräuche und Emissionen zu verringern. Auf diese Weise wird nachhaltige Unternehmensführung für einen Markenartikelhersteller zum Wettbewerbsvorteil. Bis 2030 will das Unternehmen den Wert verdreifachen, den es mit seiner Geschäftstätigkeit im Verhältnis zum ökologischen Fußabdruck erwirtschaftet. In der Umsetzung konzentriert sich *Henkel* dabei auf sechs Handlungsfelder: Energie und Klima, Wasser und Abwasser, Materialien und Abfall, Leistung, Gesundheit und Sicherheit und gesellschaftlicher/sozialer Fortschritt.

Derartige Rankings und Berichte über die Nachhaltigkeit bergen in der externen Kommunikation aber auch Risiken. Das sog. **Green Washing** bezeichnet den Versuch, ein nachhaltiges bzw. „grünes" Image durch Marketingmaßnahmen zu erreichen, ohne tatsächlich und wertschöpfungskettenübergreifend nachhaltig zu handeln. Eine solche Diskrepanz birgt, wenn sie von den Kunden oder der Öffentlichkeit entdeckt wird, die Gefahr erheblicher Reputationsverluste. Beispiele sind die schlechten Arbeitsbedingungen und unzureichende Bezahlung in den Textilfabriken von *Bangladesh*, in denen zahlreiche bekannte Markenbekleidungshersteller fertigen lassen oder beim taiwanesischen Elektronikproduzenten *Foxconn*, der unter anderem für *Apple* das *iPhone* herstellt.

Green Washing

2 Normative Unternehmensführung

2.2.4.3 Ökologieorientierte Unternehmensführung

Nachhaltige Unternehmensführung integriert die drei Kategorien Ökonomie, Ökologie und Soziales. Die ökonomische Orientierung als Grundlage jeglichen unternehmerischen Handelns wird im Rahmen der wertorientierten Unternehmensführung (Kap. 3.2) erläutert. Die soziale Komponente befasst sich neben den bei der werteorientierten Unternehmensführung genannten gesellschaftlich-ethischen Fragestellungen (Kap. 2.2.3) insbesondere mit der Gestaltung der Personalfunktion der Unternehmensführung (vgl. ausführlich Kap. 6). Da sich nahezu jegliches unternehmerisches Handeln auf die natürlichen Ressourcen auswirkt, sollten ökologische Aspekte auf allen Ebenen und Funktionen der Unternehmensführung berücksichtigt werden. Im Folgenden wird deshalb eine solche **ökologieorientierte Unternehmensführung** (Green Management) näher betrachtet.

Ökologieorientierte Unternehmensführung

Um die ökologischen Zusammenhänge besser zu verstehen, sind gewisse Grundkenntnisse der Thermodynamik erforderlich. Diese Wärmelehre befasst sich damit, wie durch den Wechsel energetischer Zustände eines Systems Arbeit verrichtet wird. Der Heilbronner Arzt und Wissenschaftler *Julius Robert Mayer* formulierte 1841 den ersten Hauptsatz der **Thermodynamik** zur Energieerhaltung (vgl. *Müller*, 2001). Demnach wird Energie nicht verbraucht, sondern lediglich in einen anderen Zustand umgewandelt. Einem Benzinmotor wird z. B. dieselbe chemische Energie in Form von Kraftstoff zugeführt, wie er Antriebsarbeit und Wärme abführt. Da auch die Antriebsarbeit durch Reibung schließlich in Wärme umgesetzt wird, landet am Ende die gesamte Energie des Kraftstoffs als Wärme in der Umgebung.

Thermodynamik

Durch die Umwandlung von Energie verändert sich jedoch der Zustand des Gesamtsystems. Die Verfügbarkeit von Energie wird diffuser und weniger gut nutzbar, bzw. die Anzahl der Energiezustände in einem System verändert sich. Wie viele Zustände ein System annehmen kann, wird durch die **Entropie** gemessen (vgl. *Knoche/Bosnjakovic*, 2012). Sie beschreibt eine thermodynamische Zustandsgröße eines physikalischen Systems. Mit dem zweiten Hauptsatz der Thermodynamik wird die Änderung zwischen dem Anfangs- und Endzustand eines Systems als Entropiedifferenz beschrieben. Der Wirkungsgrad eines Systems bezeichnet dabei das Verhältnis zwischen der entnommenen mechanischen Arbeit und der dafür aufgewandten Energie. Im Benzinmotor hat die zugeführte Energie im Kraftstoff dabei eine geringe Entropie (hohe Energienutzbarkeit), während die Abwärme eine hohe Entropie (niedrige Energienutzbarkeit) hat. Allerdings ist diese Energieumwandlung gleichsam eine Energieentwertung, da nach der Umwandlung die Arbeitsfähigkeit der Energie bei gleicher Energiemenge sinkt. Die Entropie als Maß für die Zahl der Anordnungen bzw. Systemzustände nimmt entsprechend zu. Aus dem zweiten Hauptsatz der Thermodynamik folgt somit, dass es nicht möglich ist, Wärme vollständig in Arbeit zu verwandeln. Deshalb kann es kein Perpetuum mobile geben und jede Nutzung von Energie in der Natur ist ein irreversibler, unwiederbringlicher Vorgang.

Entropie

Ökologische Systeme und Stoffkreisläufe stehen somit nicht in unbegrenztem Ausmaß zur Verfügung. Dennoch wurden die natürlichen Ressourcen in der Betriebswirtschaft und von den Unternehmen lange Zeit als **freies Gut** betrachtet und somit auch kaum beachtet (vgl. *Zahn/Schmid*, 1996, S. 106). Aus den grundlegenden physikalischen Zusammenhängen folgt jedoch die Notwendigkeit, möglichst effizient mit den ökologischen Ressourcen umzugehen. Vor dem Hintergrund des vor allem durch den CO_2-Ausstoß verursachten Klimawandels und der zunehmenden Ressourcenverknappung gibt es auch vermehrt politische Nachhaltigkeitsbestrebungen. So wurde 2012 in *Rio de Janeiro* auf der „Rio+20"-Nachhaltigkeitskonferenz der *Vereinten Nationen* unter dem Schlagwort **Green Economy** eine Deklaration für klimafreundliches Wirtschaften verabschiedet. Eine „grüne Wirtschaft" soll schonend mit natürlichen und knappen Rohstoffen umgehen und Verantwortung für den Erhalt einer gesunden und lebensfähigen Umwelt für die nachfolgenden Generationen übernehmen. Auch Unternehmen werden darin angehalten, verantwortlich mit ökologischen Ressourcen umzugehen (vgl. *BMU*, 2008, S. 9). Dies kann jedoch auch Preissteigerungen und Versorgungsrisiken zur Folge haben, was sich somit auch unmittelbar auf die ökonomische Dimension der Nachhaltigkeit auswirkt.

Green Economy

Die Produkte und Leistungen der Natur wurden bisher als selbstverständlich betrachtet und meist gratis genutzt. Die Endlichkeit von Naturressourcen und die Störungsanfälligkeit von Ökosystemen führen jedoch immer häufiger zu gesellschaftlichen Kosten. Die nachhaltige Nutzung von Natur und biologischer Vielfalt kann ökonomisch bewertet werden, was durch die internationale Studie TEEB (The Economics of Ecosystems and Biodiversity, vgl. *Kumar*, 2012) oder das deutsche Projekt „Naturkapital Deutschland" (vgl. *Naturkapital Deutschland – TEEB DE*, 2012, www.produktivkraft-natur.de) vorangetrieben wird. Damit soll verdeutlicht werden, dass eine vorsorgliche Sicherung unserer Lebens- und Wirtschaftsgrundlagen preiswerter ist als der Versuch, bereits zerstörte Ressourcen zu ersetzen. Könnte der Wert von **Naturkapital** gemessen werden, dann ließe sich dieser auch in privaten, unternehmerischen und politischen Entscheidungen berücksichtigen. Beispielsweise verlangt die Regierung von Ecuador für den Verzicht auf die Förderung riesiger Erdölvorkommen im artenreichen Biosphärenreservat *Yasuní* von der internationalen Staatengemeinschaft Ausgleichszahlungen in Höhe von ca. 3,6 Milliarden US-Dollar (vgl. *Käufer*, 2009).

> **Club of Rome: Grenzen des Wachstums**
>
> Der *Club of Rome* ist eine nichtkommerzielle Organisation mit rund 100 Persönlichkeiten aus Politik, Wirtschaft und Wissenschaft sowie über 30 Gesellschaften und Verbänden (vgl. www.clubofrome.org). Er verfolgt das Ziel, globale Fragen ganzheitlich zu betrachten und Lösungsansätze vorzuschlagen. Bereits im Jahr 1972 hat der *Club of Rome* die **Grenzen des Wachstums** aufgezeigt (vgl. *Meadows*, 1972). Nach damaliger Auffassung reichten die bekannten ökologischen Ressourcen des Planeten nicht aus, um der wachsenden Weltbevölkerung und deren zunehmenden Bedürfnissen gerecht zu werden. Auch wenn zwischenzeitlich neue Ressourcen entdeckt wurden und neue Technologien eine effizientere Ressourcennutzung ermöglichen, zeigt eine aktualisierte Untersuchung des *Club of Rome*, dass die ökologischen Grenzen des Wachstums überschritten sind (vgl. *Meadows et al.*, 1992, S. 11; S. 228 f.; *Peccei*, 2008). Abb. 2.2.14 macht deutlich, dass die Biokapazität der Erde nicht mehr ausreicht, um die menschlichen Bedürfnisse dauerhaft zu befriedigen.
>
>

Die für unser modernes Leben erforderliche ökologische Kapazität lässt sich mit Hilfe des von *Mathis Wackernagel* und *William Rees* entwickelten **ökologischen Fußabdrucks** (Ecological Footprint) beschreiben (vgl. *Wackernagel/Rees*, 1996). Damit wird die benötigte Anbaufläche ausgedrückt, um den Lebensstandard eines Menschen unter heutigen Produktionsbedingungen dauerhaft zu ermöglichen. Darin werden alle Ressourcenverbräuche für Energie, Wohnen, Abfall, Ernährung und Konsum in dafür benötigte Anbauflächen umgerechnet. Diese dienen zur Produktion von z. B. Kleidung oder Nahrung, zur Bereitstellung von Energie, zur Entsorgung oder dem Recycling von Müll oder zum Binden des freigesetzten Kohlendioxids. Die Werte werden in sog. „Global Hektar" pro Person und Jahr angegeben. Der ökologische Fußabdruck in Deutschland betrug im Jahr 2012 z. B. 4,6 Hektar pro Person und Jahr. Diese Werte sind in Relation zur sog. Biokapazität als verfügbare Anbaufläche zu sehen. Die Biokapazität beträgt z. B.

Ökologischer Fußabdruck

2 Normative Unternehmensführung

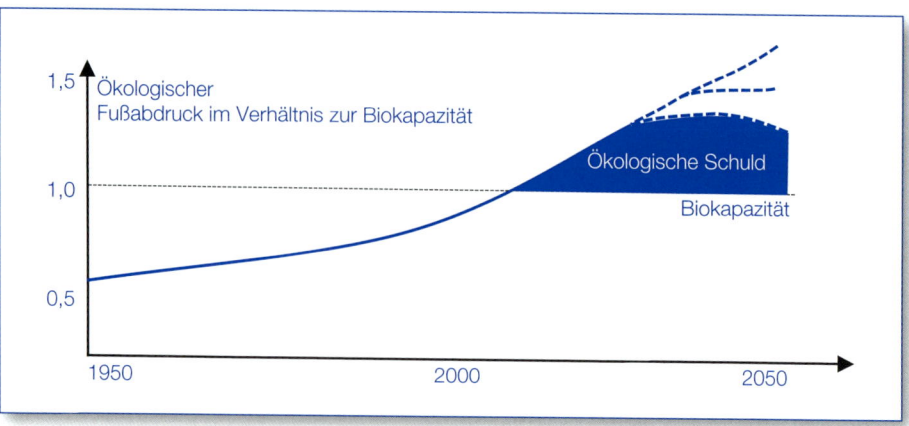

Abb. 2.2.14: *Grenzen des Wachstums und ökologischer Fußabdruck*
(in Anlehnung an Hails et al. 2008, S. 22; Müller, 2010, S. 3; Peccei, 2008)

in Deutschland 2,0 Hektar pro Person und Jahr, woraus sich eine Differenz zwischen Biokapazität und Verbrauch von fast dem Zweieinhalbfachen als sog. ökologisches Defizit ergibt. Ähnliche Ungleichgewichte bestehen auch zwischen Stadt und Land, in den meisten Industriestaaten sowie für die gesamte Erde. Die weltweite Inanspruchnahme zur Erfüllung menschlicher Bedürfnisse überschreitet heute je nach Berechnung die Kapazität der verfügbaren Flächen um insgesamt 30 bis 50 Prozent (vgl. *Hails et al.*, 2008, S. 22). Weltweit werden rund 18 Milliarden globale Hektar benötigt, wobei nur rund 12 Milliarden globale Hektar zur Verfügung stehen. Die Menschheit verbraucht damit 1,5-mal so viel natürliche Ressourcen, als jährlich erneuert werden können. Durch übermäßige Nutzung der Natur besteht somit bereits heute eine ökologische Schuld, welche die Möglichkeiten zukünftiger Generationen einschränkt. Mit anderen Worten werden weltweit mehr natürliche Ressourcen konsumiert, als reproduziert werden können und somit wird nicht nachhaltig gewirtschaftet. Prognosen der *Vereinten Nationen* gehen in den nächsten Jahren weiterhin von einem starken Wirtschaftswachstum von *China*, *Brasilien* und *Indien* aus und rechnen mit einem Anstieg der Weltbevölkerung bis zum Jahr 2050 auf knapp neun Milliarden (vgl. *BMU*, 2008, S. 9). In einem Szenario ohne massive Gegenmaßnahmen und Verhaltensänderungen folgt, dass die erforderliche Biokapazität mehr als doppelt so groß wäre als die Erde.

Motive
Unternehmen verfolgen mit der Ökologieorientierung nicht nur den Wunsch, die natürlichen Grenzen zu berücksichtigen. Darüber hinausgehende **Motive** sind (vgl. *Hardtke/Prehn*, 2001, S. 93 ff.; *Jänicke*, 2010, S. 15 f.; *Schaltegger/Hasenmüller*, 2005, S. 5 ff.):

- **Kostenreduktion:** Kosteneinsparungen oder Produktivitätssteigerungen können durch ökologische Maßnahmen entstehen. Aufgrund steigender Preise für knappe natürliche Ressourcen und Energie wird Umweltschutz damit zunehmend auch wirtschaftlich interessant. Durch die Optimierung des Material- und Ressourceneinsatzes oder Verfahrensinnovationen (Cleaner Production) lassen sich Energie- und Rohstoffverbrauch sowie Abfall und Emissionen reduzieren.

- **Reputation:** Ökologische Verantwortung verbessert bei den meisten Stakeholdern auf vielfältige Weise das Ansehen des Unternehmens. Ein solch positives Image kann sogar zu einem Wettbewerbsvorteil werden. Umgekehrt kann aber auch öffentlicher Druck z. B. durch die Ablehnung von Produkten oder Vorgehensweisen des Unternehmens zu einem Umdenken führen. Beispiele sind der Verzicht auf FCKW bei Kühlschränken oder auf Asbest in der Bauwirtschaft.

- **Kunden und Markt:** Durch die Sicherstellung ökologischer Produktion bei Lieferanten, Technologien und Produktionsprozessen entlang der Wertschöpfungskette kann eine ökologische Differenzierungsstrategie umgesetzt werden. Dadurch lassen sich neue Märkte oder Kundensegmente erschließen. Auch neue Produkte oder Dienstleistungen können zum Wachstum beitragen. Als Beispiel kann Biokleidung dienen. Die Augsburger  Unternehmerin *Sina Trinkwalder* wurde als „Social Entrepreneur der Nachhaltigkeit 2011" vom Rat für Nachhaltige Entwicklung der Bundesregierung für ihre Bio-Mode ausgezeichnet. Diese ist schadstoffarm, regional und kompostierbar. Biotextilien erschließen einen neuen Markt und Kundenkreis, in denen auch große Handelsketten wie *C&A* und *H&M* aktiv sind. Viele Unternehmen verwenden mittlerweile Biolabels wie das Gütezeichen *Global Organic Textile Standard* (GOTS, vgl. *Bandmann*, 2012), welches die Nachhaltigkeit der gesamten Wertschöpfungskette zertifiziert.

- **Risikoreduktion** durch Vermeidung oder Senkung umweltbezogener Gefahren, die hohe Kosten verursachen können. Dies ist auch deshalb sinnvoll, da solche Risiken meist nicht versicherbar sind und deshalb die Möglichkeit einer Risikoüberwälzung ausscheidet. Beispielsweise löste die Explosion der Ölbohrplattform *Deepwater Horizon* am 20. April 2010 eine Umweltkatastrophe aus, die für den verantwortlichen *BP-Konzern* auch finanziell dramatische Folgen hatte. Neben der Halbierung des Marktwerts verursachte dies dem Unternehmen Kosten von schätzungsweise über 40 Mrd. US-Dollar.

- **Politik:** Der Gesetzgeber verlangt von den Unternehmen zunehmend verstärkte Umweltaktivitäten z. B. hinsichtlich Energie, Abfälle, Gefahrenstoffe, Risiken und Verkehr. Die Politik fördert ökologische Maßnahmen daneben auch durch steuerliche Anreize oder Subventionen. Beispiele sind ökologische Ausgleichszahlungen in der Landwirtschaft oder die Subvention der Solarenergie und Elektromobilität.

Diesen ökologischen Herausforderungen lassen sich mit folgenden **ökologischen Basisstrategien** begegnen (vgl. *Martin/Kemper*, 2012, S. 53 ff.):

- **Ressourceneinsparung und Effizienzverbesserung:** Die Nachfrage nach natürlichen Ressourcen lässt sich durch Verzicht und Einschränkung des Konsums sowie durch deren effizientere Nutzung reduzieren. Diese Strategie basiert auf den Überlegungen von *Thomas Malthus* (1766–1834), der bereits 1798 mahnte, dass vor dem Hintergrund des wirtschaftlichen Fortschritts und der wachsenden Weltbevölkerung die natürlichen Ressourcen der Erde irgendwann nicht mehr ausreichen werden. Dies erfordert z. B. die Verringerung des Ressourcenverbrauchs durch Mehrfachnutzungen wie beim Recycling. Wertschöpfungssysteme sollten daher im Sinne einer Kreislaufwirtschaft von einer Durchfluss- zu einer Rückflussökonomie umgestaltet werden (vgl. Abb. 2.2.15). Analog kann der Energieverbrauch auch durch besseren Wärmeschutz oder effizientere Energieausnutzung verringert werden. So können z. B. Autos mit effizienteren Motoren bei geringeren Emissionen und weniger Kraftstoffverbrauch die gleichen Fahrleistungen erreichen.

Ressourceneinsparung und Effizienzverbesserung

- **Ökologische Innovation:** *Robert Solow,* Wirtschaftsnobelpreisträger von 1987, führt den Zusammenhang zwischen der Bevölkerungsentwicklung und dem Verbrauch natürlicher Ressourcen vor allem auf Innovationen zurück (vgl. *Solow*, 1956). Die zunehmende Nachfrage nach knappen Ressourcen führt zu steigenden Preisen. Dies

Ökologische Innovation

2 Normative Unternehmensführung

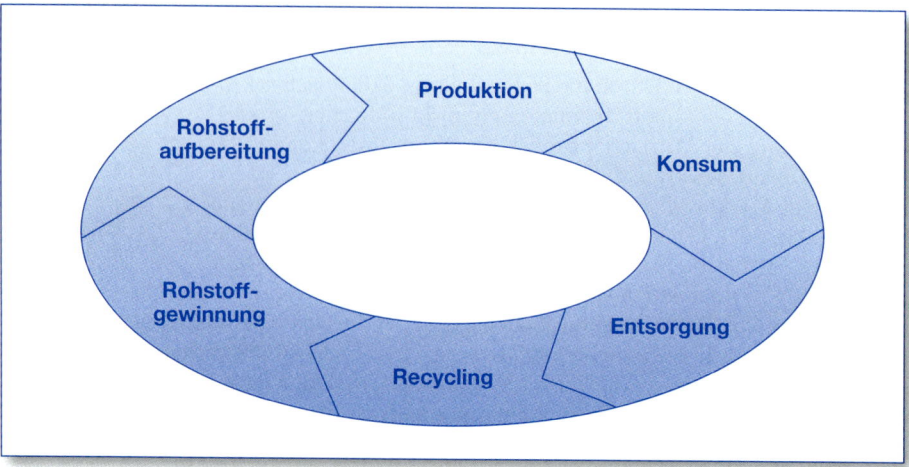

Abb. 2.2.15: Ökologieorientierte Wertschöpfungskreisläufe (in Anlehnung an Zahn/Schmid, 1996, S. 107)

treibt den technischen Fortschritt voran, der wiederum wirtschaftliches Wachstum erzeugt. Dabei stehen ökologische Innovationen („Green Innovation") im Sinne einer offensiven Nachhaltigkeit im Vordergrund. Diese verschieben die Grenzen des Wachstums immer weiter in die Zukunft. Abb. 2.2.16 verdeutlicht diesen Zusammenhang anhand einiger historisch bedeutsamer Innovationen. Die ökologische Herausforderung unseres Jahrhunderts wird demnach auch als Basis einer **nächsten industriellen Revolution** betrachtet (vgl. *Rifkin*, 2011). Dabei wird die Energieerzeugung und -verteilung zur Basistechnologie eines neuen technologischen Zeitalters. Beispielsweise könnte eine erneuerbare Energieerzeugung in dezentralen Mikro-Kraftwerken mit dezentraler Energiespeicherung erfolgen. Ergänzt wird dies durch innovative Technologien zum Management und zur Stabilisierung der Stromnetze in Analogie zur Internettechnologie. Daraus können fundamentale Umwälzungen in den Wertschöpfungsstrukturen folgen.

Die Basisstrategie der ökologischen Innovation nutzt die Ökologie als zentrales strategisches Element zur Schaffung neuer Wettbewerbsvorteile (vgl. Kap. 3.3 und 3.4). Demgegenüber basiert die Strategie der Ressourceneinsparung und Effizienzverbesserung insbesondere auf dem Schutz der natürlichen Umwelt. Zur Erfüllung der behördlichen bzw. gesetzlichen Auflagen sowie darüber hinausgehender Ziele ist meist die Einführung eines **Umweltmanagementsystems** erforderlich. Es besteht aus einer eigenen Organisation mit Stellen für Planung, Abläufen, Überwachungssystemen, Ressourcenzuordnungen und Technologien für den Umweltschutz (vgl. *Lauer*, 2009, S. 6; *Müller*, 2010, S. 9 ff.). Insbesondere ein Planungs- und Kontrollsystem zur Erreichung der Umweltziele, die Beeinflussung ökologieorientierten Verhaltens durch Personal und kulturelle Aspekte sowie Informationssysteme zur Ökologieorientierung sind dabei wesentlich. Die Ausgestaltung des Umweltmanagementsystems ist in internationalen Normen wie z. B. ISO 14001 ff. geregelt. Die EMAS-Verordnung *(Eco-Management and Audit Scheme)* der europäischen Union beschreibt das betriebliche Umweltmanagement und die Umweltbetriebsprüfung. Auch in der weitergehenden Norm ISO 26000 zur sozialen Verantwortung (Social Responsibility) finden sich Prinzipien und Handlungsfelder, wie sich diese in vorhandene Strategien und Systeme sowie Verfahrensweisen und Prozesse in das

2.2 Unternehmenswerte

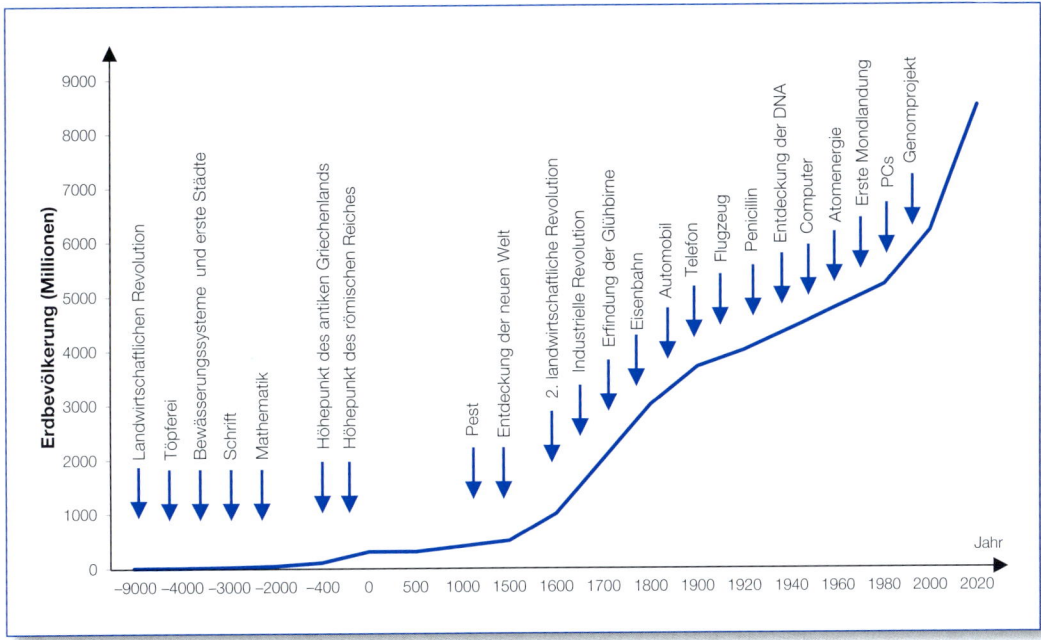

Abb. 2.2.16: Zusammenhang von Bevölkerungs- und Technologieentwicklung (in Anlehnung an Solow, 1956)

Unternehmen integrieren lassen. Ein Umweltmanagementsystem nimmt folgende **Aufgabenbereiche** wahr (vgl. *Schmiedeknecht/Wieland*, 2012, S. 259; *Schulz*, 2012, S. 280):

- Sicherstellung der Einhaltung behördlicher bzw. gesetzlicher Umweltschutzauflagen im Sinne einer **Nachhaltigkeitscompliance.** Dazu bedarf es der Messung von Umweltwirkungen, z. B. von Emissionen, Abwässern, Bodenverunreinigungen. Für die Relevanz solcher ökologieorientierter Maßnahmen ist nicht nur der Status Quo zu berücksichtigen, sondern die Entwicklung von Vorgaben, Richtwerten und Grenzwerten möglichst vorherzusehen. Somit können erforderliche Maßnahmen frühzeitig eingeleitet und durch zeitliche Vorsprünge gegenüber der Konkurrenz ggf. sogar Wettbewerbsvorteile aufgebaut werden. *Nachhaltigkeitscompliance*

- Identifikation und Nutzung sowohl ökologisch als auch ökonomisch vorteilhafter Maßnahmen. Im Sinne des Umweltschutzes als Erfolgsfaktor lassen sich **Initiativen** für ökologieorientierte Aktivitäten entwickeln, welche in verschiedenen Bereichen eines Unternehmens umgesetzt werden. *Initiativen*

- Durchführung von **Umweltschutzmaßnahmen:** Einige Umweltschutzaktivitäten können nicht verteilt in einem Unternehmen umgesetzt werden, sondern sind von einer Umweltschutzstelle zu bearbeiten. Dies umfasst z. B. technische Maßnahmen zur Verringerung der Umwelteinwirkungen, Vermeidung von nicht vertretbaren Umweltschädigungen und -inanspruchnahmen sowie Kommunikation und Berichterstattung gegenüber Mitarbeitern und Stakeholdern. *Umweltschutzmaßnahmen*

- Eine umfangreiche Aufgabe liegt im Koordinieren der ökologischen **Ausrichtung der gesamten Wertschöpfungskette** über das eigene Unternehmen hinaus. Dies erfordert den Einbezug vor- und nachgelagerter Stufen, der allerdings häufig schwierig ist. *Gesamte Wertschöpfungskette*

Die Glaubwürdigkeit eines als ökologisch auftretenden Unternehmens ist jedoch gefährdet, wenn z. B. preiswerte Rohstoffe eingekauft werden, die beim Lieferanten unter schlechten ökologischen Bedingungen gefördert werden. Insbesondere im Handel stellt die Verantwortung für die gesamte Wertschöpfungskette eine zentrale Herausforderung dar.

Instrumente Das betriebliche Umweltmanagement erfordert **Instrumente**, mit welchen ökologische Aspekte in die unternehmerische Entscheidungsfindung integriert werden können (vgl. *Müller*, 2010, S. 77 ff.). Hierzu gehören etablierte Werkzeuge wie z. B. das interne Rechnungswesen, das um umweltschutz- und lebenszyklusorientierte Aspekte erweitert und ergänzt wird. Ökologieorientierte Informationssysteme ermöglichen die Berücksichtigung von Umweltfragen bei unternehmerischen Entscheidungen. Hierzu gehören z. B. die Ökobilanzierung, die ökologische Buchhaltung, Materialflusskostenrechnung, Stoff- und Energiebilanzen, Technikfolgenabschätzung, Green Target Costing, Umweltverträglichkeitsprüfungen, Öko-Audits und Früherkennungssysteme. Exemplarisch und aufgrund ihrer Bedeutung werden nachfolgend die Ökobilanzierung in Form des Carbon Accountings und die Materialflusskostenrechnung erläutert.

In Analogie zum ökologischen Fußabdruck kann die Umweltbelastung auch als Kohlendioxid-Fußabdruck (carbon footprint) ermittelt werden (vgl. *Matthes* et al., 2009). Kohlendioxidemissionen gelten als eine wesentliche Ursache für die globale Klimaerwärmung.

Carbon Accounting Das **Carbon Accounting** (Treibhausgasbilanzierung) erfasst deshalb systematisch sämtliche CO_2- sowie weitere Treibhausgasemissionen eines Unternehmens. Ihren Treibhausgasausstoß müssen insbesondere Unternehmen mit Produktionsanlagen bilanzieren, die unter das Treibhausgas-Emissionshandelsgesetz (TEHG) fallen. Kohlendioxid wird dabei durch den weltweiten Emissionshandel einem Marktmechanismus unterworfen und die Umweltbelastung somit zum Rohstoff. Betrachtet werden alle Emissionen, die durch Verbrennung in eigenen Anlagen erzeugt werden, aus eingekaufter Energie (z. B. Strom, Gas, etc.) stammen sowie aus von Dritten erbrachten Dienstleistungen und erworbenen Vorleistungen resultieren. Darüber hinaus lässt sich auch für einzelne Produkte oder Dienstleistungen ein Kohlendioxid-Fußabdruck **(carbon footprint)** ermitteln (vgl. *Dierks*, 2012, S. 198). In die Betrachtung gehen dabei alle Treibhausgase ein, die über den gesamten Produktlebenszyklus freigesetzt werden. Durch das Carbon Accounting werden die wesentlichen Quellen für Treibhausgasemissionen identifiziert und können somit im nächsten Schritt gezielt verbessert werden. Auf dieser Basis können Produktentscheidungen unter ökologischen Aspekten getroffen werden.

Materialflusskostenrechnung Die **Materialflusskostenrechnung** wurde im Jahr 2011 als Teil der Umweltmanagementnorm DIN EN ISO 14051 geregelt. Dabei werden Material- und Energieflüsse in physikalischen Größen erfasst und monetär bewertet. Hierzu werden die Kostenarten Material, Energie, Systemmanagement (d. h. die Handhabung von Materialflüssen) und Abfallmanagement herangezogen (vgl. *Feifel* et al., 2009, S. 47; *Günther/Prox*, 2012, S. 38). Diese Kosten werden vollständig den Kostenstellen zugerechnet. Somit werden auch Gemeinkostenanteile sichtbar und der sonst schwer zuordenbare Ressourcenverbrauch z. B. für Abfall oder Energie wird an den Orten seiner Entstehung sichtbar (vgl. *Jasch*, 2009, S. 79 ff.; *Kunsleben/Tschesche*, 2010, S. 590). Transparenz in den Material- und Energieflüssen kann Verbesserungen in der Verfahrenstechnik, Fertigungsplanung, Qualitätssteuerung und beim Lieferantenmanagement ermöglichen. Letztendlich soll der Ressourcenverbrauch gesenkt sowie die Umweltbelastung verringert werden.

2.2 Unternehmenswerte

Zusammenfassend wird im Folgenden im Sinne eines Best Practice-Beispiels die nachhaltige Unternehmensführung am Beispiel der *HiPP GmbH & Co. KG* gezeigt.

Nachhaltige Unternehmensführung der HiPP GmbH & Co. KG

Die *HiPP GmbH & Co. KG* mit Sitz in Pfaffenhofen beschäftigt weltweit rund 2.000 Mitarbeiter und stellt Kinder- und Babynahrung sowie Babypflegeprodukte her. Das Unternehmen wurde 1932 durch *Georg Hipp* gegründet. Die Geschäftsidee wurde bereits 1898 vom Konditor *Joseph Hipp* aus der Not heraus geboren. Da seine Frau ihre Kinder nicht ausreichend stillen konnte, stellte er aus Zwieback und Milch den ersten Babybrei her. Dieser wurde dann auch unter der Marke „J. HIPP's Kinderzwiebackmehl" in seiner Konditorei verkauft und schnell über Pfaffenhofen hinaus bekannt. Sohn *Georg* verkaufte das Produkt in München und Umgebung von Tür zu Tür. Mit wachsendem Erfolg wurde der elterliche Betrieb zu klein und 1932 wurde in Pfaffenhofen eine eigene Firma gegründet. Von dort wurde das Kinderzwiebackmehl bis in die 1970er Jahre auf dem deutschen Markt angeboten. 1957 wurde Babynahrung nach amerikanischem Vorbild industriell hergestellt. Zunächst wurden vier Sorten in der Dose und ab 1959 in der praktischeren und hygienischeren Glasverpackung angeboten. Seitdem wurde die Produktpalette immer breiter und umfasst heute Milchnahrung, Beikost, Kindernahrung, Getränke und Pflegeprodukte für Kleinkinder.

Zeitgleich mit der ersten industriellen Erzeugung von Babynahrung begann *Georg Hipp* nach der damals noch wenig verbreiteten Idee der organisch-biologischen Landwirtschaft mit dem Anbau von Obst und Gemüse auf naturbelassenen Böden ohne Einsatz von Chemie. Dazu wurde der familieneigene Bauernhof auf **Bio-Erzeugung** umgestellt. 1967 übernahm mit *Claus, Georg J.* und *Paulus Hipp* die nächste Generation. Gemeinsam bauten die Brüder den ökologischen Gedanken weiter aus und überzeugten umliegende Bauern für die Biolandwirtschaft. Heute stehen ca. 6.000 Biobauern mit einer Anbaufläche von ca. 15.000 ha unter Vertrag. *HiPP* ist der weltweit größte Verarbeiter biologischer Rohstoffe mit Produktionsstätten in Deutschland, Österreich, Ungarn, Ukraine, Kroatien und Russland. Täglich werden in Pfaffenhofen rund 1,2 Millionen Gläschen Babynahrung gefertigt und an Lebensmittel-Einzelhändler, Apotheken und Drogerien in ganz Europa geliefert. Die Hälfte des Umsatzes wird im Ausland erwirtschaftet und mit einem Marktanteil von über 50 Prozent ist *HIPP* Marktführer bei Babynahrung in Deutschland. Da die Geburtenrate in Deutschland immer mehr abnimmt, bietet das Ausland und dabei insbesondere Osteuropa dem Unternehmen weitere Wachstumschancen. *HIPP* ist langfristig orientiert und wirtschaftlich erfolgreich.

Werte, Philosophie und Kultur des Unternehmens werden maßgeblich durch dessen Geschichte als Familienunternehmen durch die Familie *Hipp* geprägt. Seit 1967 leitet *Claus Hipp* das Unternehmen und ist seitdem die normativ prägende Kraft des Unternehmens. Als geschäftsführender Gesellschafter ist er sehr authentisch, berechenbar und glaubwürdig. Dies kommt z. B. in der Gesellschaftsform als voll haftender Geschäftsführer zum Ausdruck.

Um das Unternehmen *Hipp* besser zu verstehen, ist es erforderlich, etwas mehr über die **Person** *Claus Hipp* zu erfahren. Er wurde 1938 geboren, machte eine Ausbildung zum Maler und studierte Jura, worin er auch promovierte. Als Sportler konnte er von 1960 bis 1977 Erfolge bei internationalen Reitturnieren feiern und er züchtet bis heute Turnierpferde. 1964 trat *Claus Hipp* in den elterlichen Betrieb ein und übernahm drei Jahre später aufgrund des plötzlichen Tods seines Vaters im Alter von 29 Jahren die Geschäftsführung. Unter seiner Leitung entwickelte sich das Unternehmen zu einem der führenden Hersteller für Babynahrung, zum Pionier der Bio-Landwirtschaft und zu einem nachhaltigen Unternehmen. Neben dem Entrepreneur hat die Person *Claus Hipp* auch eine Reihe anderer Facetten:

2 Normative Unternehmensführung

- Als **Maler** ist er unter seinem Künstlernamen *Nikolaus Hipp* freischaffend tätig. In seinem Atelier, einem alten Forsthaus in der Nähe der Firma, entstehen gegenstandslose Bilder. Sein offizielles Werkverzeichnis umfasst rund 1.500 Gemälde, die u. a. in New York, Paris und Kiew ausgestellt werden und in zahlreichen öffentlichen Gebäuden wie z. B. in der Münchener Frauenkirche oder im Haus der Deutschen Wirtschaft in Berlin hängen. Sein Können gibt er heute als Professor für nicht gegenständliche Malerei an der Staatlichen Kunstakademie in Tiflis/Georgien weiter. Eine Leidenschaft für Dinge außerhalb des eigenen Tätigkeitsfelds ist aus seiner Sicht für die Kreativität und das selbstständige Denken erforderlich, um Lösungen für die Probleme von morgen zu finden.

- Als **Musiker** spielt er Oboe und Englischhorn in einem Orchester in München. Musisches Können ist für ihn auch ein Einstellungskriterium, denn er ist der Überzeugung, dass Musiker besondere Denkstrukturen und Fähigkeiten haben. Deshalb gehören zur Ausbildung junger Mitarbeiter auch Opern-, Konzert- und Theaterbesuche.

- Als **Staatsbürger** nimmt er Verantwortung in der Gesellschaft wahr. Herr *Hipp* ist Ehrenpräsident der Industrie- und Handelskammer für München und Oberbayern. Außerdem ist er Ehrenpräsident der Deutsch-Russischen Außenhandelskammer in Moskau. Seit 2008 ist er Honorarkonsul von Georgien für Bayern und Baden-Württemberg und Vorsitzender der Deutschen Wirtschaftsvereinigung Georgien. Für seine gesellschaftliche Verantwortung, aber auch als Unternehmer wurde er mit zahlreichen Ehrungen ausgezeichnet. Darunter der Bayerische Verdienstorden, der Verdienstorden der  Bundesrepublik Deutschland sowie verschiedene Umweltpreise wie der Deutsche Nachhaltigkeitspreis 2009 oder der Steiger Award. Im Jahre 2011 wurde er mit dem Mittelstandspreis „Entrepreneur des Jahres" als Unternehmer mit Risikobereitschaft und gesellschaftlichem Engagement geehrt. Schließlich bezieht er als Autor Position zu gesellschaftlichen Zukunftsfragen. In seinem Buch „Agenda Mensch" (*Hipp*, 2010) fordert er ein neues, solidarisches Bündnis zwischen Jung und Alt, um Leistungs- und Generationengerechtigkeit sicherzustellen. Eine gerechte Gesellschaft gehört demnach ebenso zur Nachhaltigkeit wie ökologisches Wirtschaften.

- Als **Katholik** bekennt er sich zu seinem Glauben und zu den christlichen Werten als Basis seines Handelns. Als praktizierender Katholik schließt er nicht nur morgens die Dorfkirche auf, sondern engagiert sich z. B. als Schirmherr der Münchner Tafel, welche armen Menschen eine warme Mahlzeit ermöglicht.

Claus Hipp ist ein vielseitiger Generalist, der wie sein Vorbild *Goethe* verschiedene Talente pflegt und eine zu starke Spezialisierung für gefährlich hält. Er lebt damit die Balance von Denken, Entscheiden, künstlerischem Wirken und sozialer Verantwortung vor: „Wir brauchen einen Ausgleich zur Pflicht. Wer nicht genießen kann, hat nichts verstanden". Seine Werte, Kontinuität, Verlässlichkeit und Glaubwürdigkeit sind im eigentümergeführten Unternehmen tief verwurzelt. Als Unternehmer kommuniziert er das nachhaltige Engagement konsequent nach außen. In der Werbung tritt er selbst für das Qualitätsversprechen des Unternehmens ein: „Dafür stehe ich mit meinem Namen."

Als Handlungs- und Orientierungsrahmen wurde im Unternehmen seit 1999 ein **Ethik-Management** entwickelt. Dieses basiert auf Werten, welche die christliche Tradition des Unternehmens unterstreichen. Christliche Werte und Ethik sind bei *HiPP* eine nicht zu trennende Einheit: „Christliche Verantwortung soll unser Handeln prägen." Seit 2006 hat das Unternehmen auch eine schriftlich fixierte **Ethik-Charta**, welche den Wertekodex des Unternehmens beschreibt und gegenüber Lieferanten, Kunden und Mitarbeitern kommuniziert. Jede Regel wird begründet und die daraus verbundenen Konsequenzen aufgezeigt. Die Verhaltensregeln beschreiben das Verhalten am Markt, gegenüber Mitarbeitern, Staat, Umwelt und Gesellschaft. Darüber hinaus dienen sie auch den Mitarbeitern als Verhaltensorientierung. Ein Verhaltenskodex gegenüber Lieferanten lautet z. B.:

2.2 Unternehmenswerte

„*HiPP* ist interessiert an fairen Beziehungen zu seinen Lieferanten, die auf Leistung und Gegenleistung beruhen. Treue wird dabei mit Vertrauen und Sonderleistung mit entsprechendem Entgegenkommen honoriert. Die Leistungsfähigkeit der Lieferanten wird laufend durch ein Bewertungsverfahren überwacht." Als Begründung wird auf die Qualitätsstrategie, gegenseitiges Vertrauen und Integrität verwiesen. Die *HiPP*-Einkäufer und der Agrarservice sollen mit den Lieferanten ein partnerschaftliches Verhältnis pflegen, in dem Qualität, Sicherheit und Wirtschaftlichkeit vorrangig sind. Geschäfte, welche sich nicht mit der Ethik des Unternehmens vereinbaren lassen, werden vermieden. Legendär sind die Preisverhandlungen in den 1990er Jahren mit der damaligen Drogeriemarktkette *Schlecker*. *Schlecker* war damals einer der wichtigsten Kunden des Unternehmens mit einem Umsatzanteil von 25 Prozent. Die Preisforderungen von *Schlecker* wurden abgelehnt, denn sie hätten dazu geführt, dass die Qualität der Produkte nicht mehr den hohen Standards von *HIPP* hätte genügen können. *Schlecker* listete die *HIPP*-Produkte in der Folge aus und das Unternehmen musste einen schweren Umsatzrückgang verkraften. Jahre später aber wurde *HIPP* zu seinen Konditionen wieder in das *Schlecker*-Sortiment aufgenommen.

Ähnlich konsequent wird die **soziale Nachhaltigkeit** auch hinsichtlich der Mitarbeiter verfolgt. Diese verpflichten sich, die Grundsätze der Ethik-Charta anzuerkennen, die im In- und Ausland gültig ist. Als Einstellungskriterium und in der Karriereentwicklung werden die Ziele des Unternehmens zugrunde gelegt, um eine möglichst hohe Identifikation der Mitarbeiter mit den Unternehmenswerten sicher zu stellen. Die unternehmerische Verantwortung gegenüber den Mitarbeitern nimmt das Unternehmen sehr ernst. Die Familienfreundlichkeit zeigt sich im sehr flexiblen Angebot an Arbeitszeitmodellen, Teilzeit, Jobsharing und Telearbeit. Serviceleistungen wie beispielsweise die Bezuschussung von Abos für Fitnessstudios oder eine Bio-Betriebsgastronomie, die den Mitarbeitern auch die Mitnahme des Essens für die Familie ermöglicht, runden das arbeitnehmerfreundliche Angebot ab. Zur Gesundheitsförderung bietet *HiPP* ein breites Spektrum wie z. B. Grippeimpfungen, Programme zur Stressbewältigung, kostenlose Seh- und Hörtests oder eine Reihe sportlicher Aktivitäten an.

Als Anbieter von Bio-Produkten stellt die **ökologische Nachhaltigkeit** für *HiPP* einen Erfolgsfaktor dar. Die grundlegende Motivation basiert aber auf dem Unternehmensziel der Herstellung gesunder Lebensmittel im Einklang mit der Natur. Als der Vater von *Claus Hipp* 1956 mit der ökologischen Landwirtschaft begann, war das sozusagen revolutionär. Die Bauern hatten damals gerade die industrielle Landwirtschaft für sich entdeckt und gelernt, wie sie ihre Erträge durch den Einsatz von Chemie wie z. B. Unkrautvernichter oder Dünger deutlich steigern konnten. *Georg Hipp* musste sie erst mühsam von seinen Ideen überzeugen. Als Pionier erprobte er dazu auf dem familieneigenen Bauernhof die biologische Landwirtschaft und verbreitete die Ergebnisse weiter. Bis heute wird der eigene Biohof immer wieder auch experimentell genutzt, seit 2009 z. B. als Musterhof für biologische Vielfalt. In diesem landwirtschaftlichen Musterbetrieb testet *HiPP* Umwelt- und Naturschutzmaßnahmen zur Verbesserung der biologischen Vielfalt. Ziel ist es, für alle *HiPP*-Erzeuger ein praktisches Modell zur Umsetzung im eigenen Betrieb zu entwickeln. Die mehr als 6.000 Vertragsbauern produzieren

heute biologisch gemäß den Vorgaben von *HiPP*, deren Einhaltung streng überwacht wird. *HiPP* war damit auch das erste Unternehmen mit eigenem Öko-Siegel. Die wesentlichen Einstellungen zur ökologischen Nachhaltigkeit sind in den 17. Punkten der Nachhaltigkeitsleitlinien zusammengefasst.

Seit 2009 betreibt das Unternehmen ein systematisches **Nachhaltigkeitsmanagement,** um kontinuierlich nachhaltiges Denken und Handeln weiter umzusetzen. Umweltleitlinien aus dem Jahr 1995 wurden dabei zu Nachhaltigkeitsleitlinien erweitert. Seit 2007 produziert *Hipp* in Pfaffenhofen CO_2-neutral. Dabei helfen erneuerbare Energien wie Wasserkraft, Sonnenenergie und Biogas, das aus den organischen Abfällen Strom produziert. Ein Fuhrpark mit abgasarmen, spritsparenden Fahrzeugen, die Verlagerung von Transporten auf die Bahn sowie der verstärkte Einsatz von Videokonferenzen als Ersatz für Geschäftsreisen sind weitere Maßnahmen zur CO_2-Einsparung. Im regelmäßig erscheinenden Nachhaltigkeitsbericht werden die Nachhaltigkeitsmaßnahmen und Erfolge des Babynahrungsherstellers veröffentlicht. Dazu gehören u. a. auch ein umfassendes Recycling sowie die Senkung des Energie- und Ressourcenverbrauchs bei Strom, Wasser, Abfall und Heizung und Maßnahmen zur biologischen Vielfalt. Auch wird der CO_2-Footprint für die Produkte systematisch betrachtet.

Nachhaltigkeit ist die ausgewogene Balance zwischen den drei Dimensionen Ökologie, Ökonomie und Soziales. Das Unternehmen *HiPP* präsentiert sich als ein Vorreiter, seine Umwelt, das soziale Leben und die Wirtschaft nachhaltig zu gestalten. Dies sichert nicht nur die wirtschaftliche Zukunft des Unternehmens, sondern auch die Chancen der nachfolgenden Generationen auf eine lebenswerte Existenz. Im Kunst-Lehrbuch von *Nikolaus Hipp* steht „Es ist einfach, aber nicht leicht" (*Hipp*, 2009, S. 24), dies kann analog für die Nachhaltigkeit gelten.

Management Summary

- Werte sind Vorstellungen, Ideen, Normen oder Verhaltensweisen, die in einer Gemeinschaft als wünschenswert anerkannt sind und den Menschen dieser Gemeinschaft Orientierung verleihen. Sie prägen das Verhalten auf allen Ebenen und Funktionen der Unternehmensführung und vermitteln die Sinnhaftigkeit des Handelns.

- Ethik ist eine wissenschaftliche Reflektion über das Ethos, ein kritisches Hinterfragen und gegebenenfalls eine Revision von tradierten Normen und Wertvorstellungen.

- Die Wirtschaftsethik reflektiert über ökonomisches Denken und Handeln und untersucht die Beziehung zwischen ökonomischen Grundlagen und gesellschaftlichen Werten, Sitten und Normen sowie die im Unternehmen bestehende Wirtschaftsmoral. Sie lässt sich in Ordnungs-, Unternehmens- und Individualethik untergliedern.

- Unternehmensethik umfasst grundlegende moralische Einstellungen, Überzeugungen und Werthaltungen, die das Denken und Handeln der Unternehmensführung beeinflussen. Sie legitimieren ein Unternehmen und bestimmen die moralische und gesellschaftliche Verantwortung eines Unternehmens.

- Unternehmen können nach ihrem ethischen Verhalten in unmoralische, legalistische, ethisch reaktive, ethisch engagierte und ethische Unternehmen eingeteilt werden. Kriterien ethischer Unternehmensführung sind dabei Professionalität, Glaubwürdigkeit und Konfliktlösung.

- Die Systeme zur Einhaltung und Durchsetzung der Unternehmenswerte sind Teil der Compliance. Aktivitäten, die auf die Erfüllung der übernommenen gesellschaftlichen Verantwortung von Unternehmen abzielen, lassen sich unter dem Begriff Corporate Social Responsibility (CSR) zusammenfassen.

- Ethikkodizes (Code of Ethics) können als Orientierung für die praktische Umsetzung einer Unternehmensethik dienen.

- Nachhaltigkeit berücksichtigt Ökonomie, Ökologie und Soziales und strebt inter- und intragenerationelle Gerechtigkeit an.

- Eine nachhaltige Entwicklung entspricht den Bedürfnissen der heutigen Generation und schützt die Ressourcen der künftigen Generation, ohne deren Bedürfnisse einzuschränken.

2.2 Unternehmenswerte

- Die Integration ökologischer, sozialer und ökonomischer Ziele führt zur nachhaltigen Entwicklung. Wenn das Verhältnis zwischen Wertschöpfung und den ökologischen bzw. sozialen Auswirkungen verbessert wird, ist die Rede von ökonomischer Effektivität.

- Die ökologischen Grenzen des Wachstums sind bereits überschritten und die Ökologieorientierung gewinnt daher zunehmend an Bedeutung.

Literaturempfehlungen

Bleicher, K.: Das Konzept integriertes Management, 8. Aufl., Frankfurt/New York 2011.

Global Compact: Gesellschaftes Engagement von Unternehmen in der Wirtschaft: Menschenrechte, Arbeitsnormen, Umweltschutz, Korruptionsbekämpfung, New York 2005.

Hemel, U.: Wert und Werte, Ethik für Manager, 2. Aufl., München 2007.

Schaltegger, S.: Nachhaltigkeitsmangement in Unternehmen, Berlin/Lüneburg 2007.

Empfehlenswerte Fallstudien zum Kapitel 2.2 aus Dillerup, R./Stoi, R. (Hrsg.)

2.1   Normative Unternehmensführung bei der Eder Möbel GmbH *(Dillerup, R.)*

2.3   Ethische Unternehmensführung am Fallbeispiel Klee und Berg GmbH *(Hemel, U.)*

2.3 Unternehmensziele

Leitfragen

- Was umfasst die Unternehmenspolitik?
- Wie lässt sich die Unternehmensumwelt analysieren?
- Was ist eine unternehmerische Vision und welche Rolle nimmt sie ein?
- Wie kommen Unternehmensleitlinien und -ziele zustande und wie sollen sie formuliert sein?

Die Unternehmensziele orientieren sich am normativen Rahmen, der durch die Unternehmenswerte vorgegeben wird. Sie legen die angestrebte grundsätzliche Entwicklung des Unternehmens fest. Dazu müssen sie entwickelt, formuliert, zueinander in Beziehung gesetzt, konkretisiert und im Rahmen der strategischen Unternehmensführung umgesetzt werden. Die Formulierung von Zielen hat somit Einfluss auf alle Führungsfunktionen und ist daher eine der Kernaufgaben der normativen Unternehmensführung.

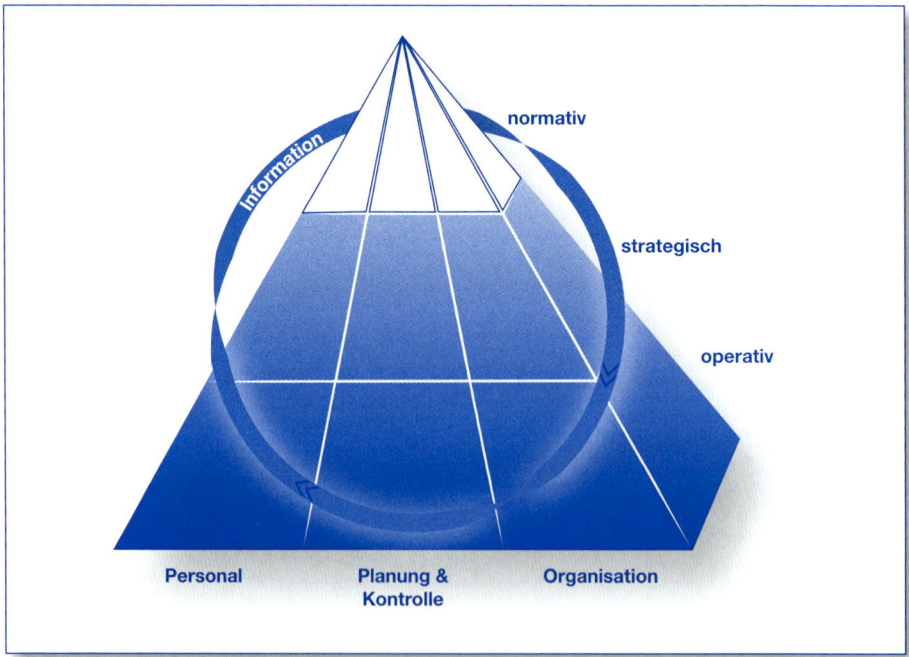

Abb. 2.3.1: Unternehmensziele im integrierten System der Unternehmensführung

Spezifische und zugleich anspruchsvolle Ziele für ein Unternehmen entstehen aus einem politischen Prozess des Interessensausgleichs. In der **Unternehmenspolitik** werden dabei die Anforderungen von Anspruchsgruppen wie z. B. Staat, Eigentümern oder Mitarbeitern an das Unternehmen abgewogen und die angestrebte Position des Unter-

2.3 Unternehmensziele

nehmens in Form von Leitlinien und Zielen beschrieben. Dabei kann auch eine interne Anspruchshaltung des Unternehmens als **Unternehmensvision** formuliert werden. Diese beschreibt ein angestrebtes Bild des Unternehmens in der Zukunft.

> **Unternehmensziele** sind normative Vorstellungen über einen zukünftigen Zustand, der durch Handlungen erreicht werden soll. Sie regeln das Verhalten innerhalb eines Unternehmens im Sinne von Grundsatzentscheidungen (vgl. *Heinen*, 1976, S. 45).

Unternehmensziele zeigen, was das Unternehmen mit seinen Werten erreichen will und geben ihm dadurch eine Richtung. Damit schaffen sie Sinn für jegliches Handeln und sollen Identifikation, Motivation und Engagement bei den Mitarbeitern auslösen. Nur wenn die Ziele klar vorgegeben sind, lässt sich auch der Weg dorthin sinnvoll beschreiben und planen. Die Auswahl von Zielen aus einer Anzahl möglicher Alternativen gehört nach *Heinen* somit zwingend zu jedem wirtschaftlichen Handeln. Dies schafft Klarheit darüber, was mit diesem Handeln erreicht werden soll (vgl. Kap. 1.3; *Heinen*, 1976, S. 28).

Welche Ziele eine Unternehmensführung berücksichtigt, kann als Ergebnis eines evolutionären Prozesses betrachtet werden. Dabei haben sich die **Perspektiven der Unternehmensführung** schrittweise erweitert (vgl. *Macharzina/Wolf*, 2010, S. 11 ff.): — *Normative Perspektiven*

- **Eindimensionale Innenorientierung:** In einer herkömmlichen Betrachtungsweise ist die Unternehmensführung auf die Innenbeziehungen eines Unternehmens gerichtet. Die vorrangige Aufgabe besteht in der Koordination der produktiven Faktoren eines Unternehmens zur optimalen Leistungserstellung oder bestmöglichen Faktorkombination. Das Zielsystem ist damit auf die Erzielung von Gewinnen (vgl. Kap. 3.2.1) ausgelegt. — *Gewinnorientierung*

- **Mehrdimensionale Innenorientierung:** Mit dem Auseinanderfallen der Unternehmensführung in Eigentümer und angestellte Führungskräfte erfolgte eine Erweiterung der innenorientierten Sichtweise. Dadurch sind neben den Eigentümern auch die Interessen der Führungskräfte zu berücksichtigen, deren Interessen nicht identisch mit denen der Eigentümer sind. Die Interessenskonflikte werden in der Principal-Agent-Theorie beschrieben (vgl. Kap. 1.2.3.3). Das Zielsystem ist daher sowohl auf die Erzielung von Gewinnen bzw. ökonomischen Wertbeiträgen ausgerichtet, als auch auf die Ziele der Führungskräfte, damit diese im Sinne der Eigentümer handeln. Dann wird von einem wertorientierten Führungssystem (vgl. Kap. 3.2) gesprochen. — *Wertorientierung*

- **Stakeholderorientierung:** Neben den Interessen der Anteilseigner und Führungskräfte werden auch Interessen anderer Gruppen wie z. B. Arbeitnehmer, Gläubiger oder Kunden berücksichtigt. Dabei besitzen die Mitarbeiter bzw. deren Arbeitnehmervertreter je nach Rechtsform des Unternehmens unterschiedlich starke, aber juristisch verbindliche Einflussmöglichkeiten auf die Unternehmensführung. Andere Gruppen wie z. B. Staat, Banken oder Kunden besitzen zwar keine formalen Mitbestimmungsrechte, können jedoch trotzdem großen Einfluss auf die Unternehmensführung ausüben. In einem solchen Fall wird von einem stakeholderorientierten oder nachhaltigen Zielsystem gesprochen. — *Stakeholderorientierung*

- **Proaktive Orientierung:** Hierbei werden nicht nur die Anforderungen der globalen Unternehmensumwelt reagierend einbezogen, sondern auch die Umwelt im Sinne des — *Proaktive Orientierung*

sind der Aufbau und die Stabilität des politischen Systems. Beispiele sind soziale Marktwirtschaft, Kündigungsschutz, Mitbestimmungsrechte, Unternehmensverfassung, Besteuerung, Produzentenhaftung sowie Investitions-, Umweltschutz- und Patentvorschriften. In den westeuropäischen Staaten ist die Stabilität der politischen Systeme relativ hoch. In anderen Ländern wie z. B. in Osteuropa oder Südamerika haben es die Unternehmen mit relativ instabilen Systemen und Rahmenbedingungen zu tun. In China nimmt z. B. die Regierung großen Einfluss auf die Wirtschaftsplanung, während dies in anderen Ländern in wesentlich geringerem Ausmaß erfolgt. Die Industrie- und Subventionspolitik eines Staates wirkt sich jedoch stets auf den Wettbewerb des Landes aus. So wurden z. B. in Mittel- und Südeuropa die nationalen Fluggesellschaften durch ihre Regierungen massiv subventioniert.

Ökonomie
- **Ökonomische Umweltfaktoren** beinhalten nationale und internationale volkswirtschaftliche Entwicklungen und haben unmittelbaren Einfluss auf die Absatz- und Beschaffungsmärkte. Wichtige Einflussfaktoren der ökonomischen Umwelt sind z. B. Konjunkturentwicklung, Zinsen, Inflationsrate oder Wechselkurs. Darüber hinaus sind z. B. Beschäftigung, Volkseinkommen oder Kapitalmarktlage von Bedeutung. Ökonomische Faktoren wirken auf Nachfrage, Wettbewerbsintensität, Kostendruck und Investitionsklima. Die Bedeutung der ökonomischen Umwelt bestimmt die Verteilung von Investitionen und Beschäftigung.

Gesellschaft
- **Gesellschaftliche Umweltfaktoren** beinhalten die Werte, Einstellungen und kulturellen Normen einer Gesellschaft. Das Unternehmen steht mit Mitarbeitern, Kunden oder Lieferanten als Mitgliedern der Gesellschaft in Beziehung. Aus diesem Grund ist es auch gesellschaftlichen Einflüssen ausgesetzt. Die Veränderungen im soziokulturellen Umfeld werden häufig als „Wertewandel" bezeichnet, auf den sich die Unternehmen einstellen müssen. Dies betrifft z. B. Einstellungen gegenüber der Arbeit (Arbeitsmentalität) oder bestimmten Produkten und Dienstleistungen, Umwelt- und Gesundheitsbewusstsein, Sparneigung, Individualitätsstreben oder Bevölkerungsentwicklung.

Technologie
- **Technologische Umweltfaktoren** sind vor allem für Industrieunternehmen von Bedeutung, die einem starken technologischen Wandel unterliegen. Die zunehmende Veränderungsgeschwindigkeit z. B. in der Mikroelektronik, Robotik, Lasertechnologie oder Gentechnik kann für ein Unternehmen sowohl Chance als auch Risiko sein. Solche Entwicklungen betreffen vor allem Produktions- und Produkttechnologie sowie Informationstechnik. Veränderungen der Informationstechnik können z. B. zu völlig neuen betrieblichen Abläufen führen. Beispielsweise wurden durch das Internet neue Geschäftsmodelle möglich und die Zusammenarbeit zwischen Unternehmen revolutioniert (vgl. Kap. 7.4.2.2).

Ökologie
- **Ökologische Umweltfaktoren** beziehen sich auf die natürlichen Umweltressourcen als menschliche Lebensgrundlage. Dazu zählt z. B. die Verfügbarkeit von Rohstoffen und Energie. Die Abhängigkeit von bestimmten Rohstoffen wie z. B. dem Erdöl bedeutet ein Risiko in vielfacher Hinsicht. Um der ökologischen Verantwortung des Unternehmens gerecht zu werden, sollte dessen Umweltbelastung erfasst und weitgehend minimiert werden. Eine ökologieorientierte Unternehmensführung rückt durch zunehmende Umweltbelastung und knappe Rohstoffe immer mehr ins öffentliche Interesse. Ein Beispiel ist die Reinigung von Industrieabgasen oder das Abfallrecycling. Umweltfreundliche Produkte können deshalb für Unternehmen zum Wettbewerbsvorteil werden.

2.3 Unternehmensziele

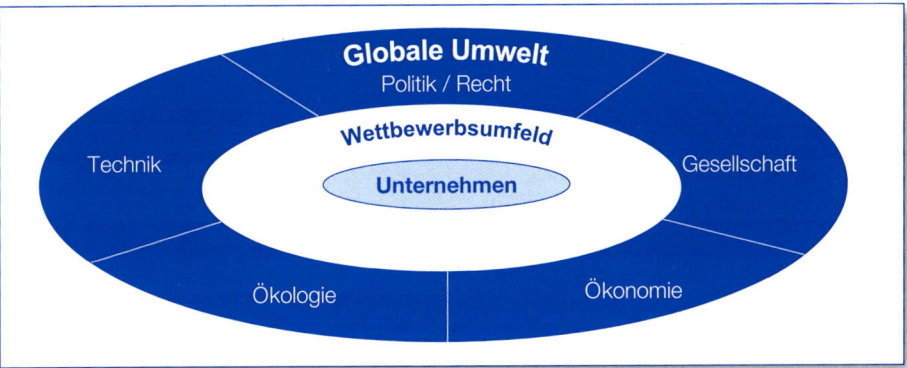

Abb. 2.3.3: Globale Umwelt des Unternehmens

Zur Analyse der Unternehmensumwelt wird diese in Segmente unterteilt und dort wirksame Einflussfaktoren bestimmt. Um die Informationsbedürfnisse jedes Unternehmens vollständig zu erfüllen, sind die Segmente und Faktoren weiter zu ergänzen und anzupassen. Dies könnten z. B. Sicherheitsaspekte oder Qualifikationen der Mitarbeiter sein. Für die Durchführung der **Umweltanalyse** kann die in Abb. 2.3.4 dargestellte Checkliste mit unternehmensspezifisch angepassten Faktoren verwendet werden. Dabei wird jedes Kriterium auf einer Skala bewertet und nach seiner Bedeutung gewichtet. Auf diese Weise soll der Status der globalen Umwelt dargestellt und analysiert werden. Im Anschluss wird prognostiziert, wie sich die einzelnen Einflussfaktoren verändern und bewertet, ob es sich dabei für das Unternehmen um eine Chance oder ein Risiko handelt. Daraus kann die Unternehmensführung dann erforderliche Maßnahmen ableiten (vgl. *Kreikebaum*, 2002, S. 40 ff.).

<small>Umweltanalyse</small>

Um Änderungen in den Umweltsegmenten wahrzunehmen, bedarf es einer systematischen Betrachtung. Die Analyse sollte keine reine Aufzählung von Umweltdaten sein, sondern die Einflussfaktoren und ihre Auswirkungen richtig interpretieren. Daher beginnt nach Unterteilung der globalen Umwelt in einzelne Segmente und Kriterien der in Abb. 2.3.5 dargestellte **Analyseprozess**. Die systematische Untersuchung sämtlicher Umweltsegmente kann sowohl kontinuierlich, periodisch als auch außerplanmäßig durchgeführt werden. Dynamische Umwelten und Segmente sollten kontinuierlich beobachtet werden. Weniger dynamische Segmente sollten zumindest periodisch analysiert werden. Bei auftretenden Krisen, wie z. B. einem Börsenzusammenbruch, sind außerplanmäßige Analysen erforderlich (vgl. *Welge/Al-Laham*, 2008, S. 193).

<small>Analyseprozess</small>

Nach der Definition der Umweltsegmente und der Analyse einzelner Segmente schließen sich im Analyseprozess folgende **Phasen** an:

- **Trendüberwachung** (Environmental Monitoring): Die bei der Analyse gewonnenen Daten über die Umweltentwicklungen werden aufgezeichnet, verfolgt und interpretiert. Daraus lassen sich historische Trendentwicklungen erkennen. Neben der reinen Informationserhebung finden auch Bewertungen über das Ausmaß der Trendänderung statt. Dabei wird auch die Relevanz der Daten und die Zuverlässigkeit der Datenquellen beurteilt. Weiterhin wird geprüft, ob Prognosen zu bestimmten Datenfeldern erforderlich sind. Beispielsweise konnten Unternehmen der Energiebranche in den letzten Jahren ein hohes Interesse an regenerativen Energien und verstärktes Engagement im Umweltschutz wahrnehmen. Sie beobachten diese Entwicklung und schließen daraus auf die zukünftige Bedeutung regenerativer Energien.

<small>Trendüberwachung</small>

2 Normative Unternehmensführung

Checkliste zur Globalen Umweltanalyse

Umweltfaktoren	Gewicht	Bedeutung	Situationsbeurteilung						Attraktivität	Prognose						Dynamik	Wertung	
	Insgesamt 100%	100% je Kriterium	nicht attraktiv 0	1	2	3	4	sehr attraktiv 5		stabil 0	1	2	3	4	unvorhersehbar 5		Chance	Risiko
1. Politik & Recht	21%	100%							1,40							1,05		
– Politische Stabilität		15%				x			0,45		x					0,30	x	x
– Parteipolitik		25%		x					0,25			x				0,25		
– Wirtschaftspolitik		20%			x				0,40			x				0,40		x
– Sozialgesetze		10%				x			0,30		x					0,10	x	x
– Arbeitsrecht		20%	x						0,00	x						0,00		x
– Gewerkschaftseinfluss		10%	x						0,00	x						0,00		
– …																		
2. Ökonomie	25%	100%							1,60							2,45		
– Volkseinkommen		20%	x						0,00		x					0,20	x	
– Internationaler Handel		20%			x				0,40			x				0,40	x	
– Wechselkurse		10%		x					0,10					x		0,40	x	
– Inflation		10%				x			0,30				x			0,30		x
– Kapitalmärkte		20%			x				0,40					x		0,80	x	
– Beschäftigung		15%			x				0,30			x				0,30		x
– Zinsen		5%			x				0,10		x					0,05	x	
– …																		
3. Gesellschaft	14%	100%							2,45							1,25		
– Wertewandel		20%			x				0,40		x					0,20		x
– Arbeitsmentalität		25%				x			0,75		x					0,25	x	
– Sparneigung		25%					x		1,00			x				0,50	x	
– Einstellung ggü. Produkten		10%		x					0,10		x					0,10		x
– Konsumeinstellung		10%		x					0,10		x					0,10		x
– Demographie		10%		x					0,10		x					0,10	x	
– …																		
4. Technologie	24%	100%							3,35							1,40		
– Produktionstechnologie		30%					x		1,20	x						0,30	x	
– Produktinnovationen		30%					x		1,20			x				0,60	x	
– Substitutionstechnologien		25%			x				0,50			x				0,50		x
– Recyclingtechnologie		15%				x			0,45	x						0,00		x
– …																		
5. Ökologie	16%	100%							2,15							0,95		
– Rohstoffverfügbarkeit		30%		x					0,30	x						0,00		x
– Energieverfügbarkeit		25%			x				0,50	x						0,00		x
– Umweltschutz		20%					x		0,80	x						0,20	x	
– Recycling		10%					x		0,40					x		0,30	x	
– Abhängigkeiten von Rohstoffen		15%	x						0,15					x		0,45		x
– …																		
	100%							Umweltattraktivität	2,19						Umweltdynamik	1,50		

Abb. 2.3.4: Checkliste zur globalen Umweltanalyse

Prognose der Umweltentwicklung

■ **Prognose der Umweltentwicklung** (Environmental Forecasting): In der Prognosephase werden die Entwicklungstendenzen der einzelnen Umweltsegmente ermittelt. Es stellen sich folgende Fragen: Wohin wird ein Trend führen? Wie wird die Zukunft sein? Die Prognose der Umwelttrends führt zu einem Zukunftsbild der Umwelt. Da-

2.3 Unternehmensziele

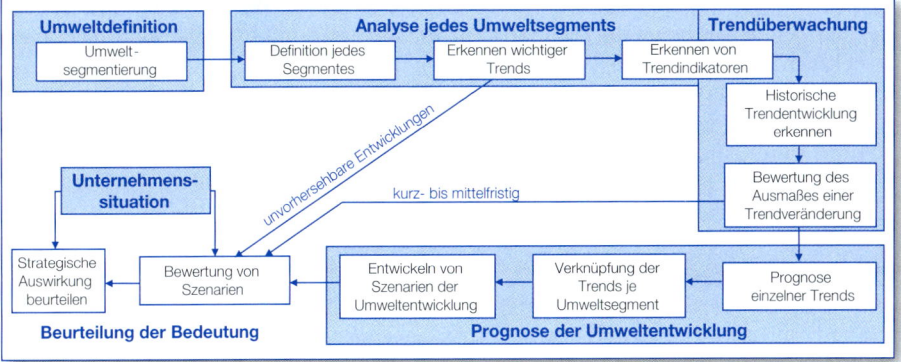

*Abb. 2.3.5: Prozess der globalen Umweltanalyse
(in Anlehnung an Welge/Al-Laham, 2008, S. 297)*

bei werden Richtung, Ausmaß und Geschwindigkeit ihrer Veränderung betrachtet. Instrumente hierfür sind die strategische Frühaufklärung und die Szenariotechnik (vgl. Kap. 7.2.2). Im Anschluss werden die verschiedenen Trends der einzelnen Umweltsegmente zu Szenarien verknüpft. Zum Beispiel prognostizieren Unternehmen der Energiebranche das zukünftige Potenzial regenerativer Energien. In Zukunft könnten sie die Atomkraft möglicherweise vollständig ersetzen. Daraus ergibt sich ein Szenario, in dem Unternehmen nur noch regenerative Energien erzeugen.

- **Beurteilung der Bedeutung** (Environmental Assessment): In der letzten Phase erfolgt die Bewertung der zuvor erfassten Entwicklungen. Dabei soll herausgefunden werden, ob und in welcher Form die Umweltentwicklungen eintreten und ob sie für das Unternehmen eine Chance oder ein Risiko darstellen. Darüber hinaus ist das Ausmaß der Chance bzw. des Risikos zu beurteilen. Ebenso muss bestimmt werden, wie auf eintretende Chancen und Risiken reagiert werden soll. Ein Instrument hierfür ist das in Abb. 2.3.6 dargestellte **Beeinflussungsportfolio** (Issue-Impact-Matrix). Es dient zur Bewertung und Priorisierung der Entwicklungen. Den prognostizierten Umweltfaktoren wird nach deren Eintrittswahrscheinlichkeit und Auswirkung auf das Unternehmen eine hohe, mittlere oder geringe Priorität zugewiesen. Höchste Priorität haben

Beurteilung der Bedeutung

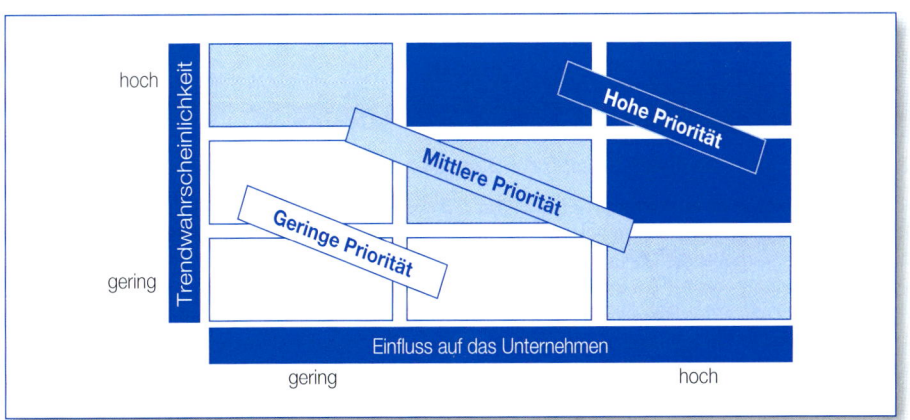

Abb. 2.3.6.: Beeinflussungsportfolio (in Anlehnung an Wheelen/Hunger, 2010, S. 81)

2 Normative Unternehmensführung

die Faktoren mit hoher Eintrittswahrscheinlichkeit und bedeutendem Einfluss auf das Unternehmen. Je höher die Priorität, desto umfassender und schneller sollte das Unternehmen handeln, um Risiken zu vermeiden und Chancen zu nutzen. Beispielsweise haben für die Energieversorger der vermehrte Einsatz der regenerativen Energien und die Abschaltung der Kernkraftwerke große Auswirkungen. Es entstehen hohe Kosten für die Stilllegung der Kraftwerke sowie für den Aufbau der regenerativen Energiequellen. Deshalb ist frühzeitig eine Strategie zu entwickeln, wie sich der Ausstieg aus der Kernenergie und der Aufbau alternativer Energien meistern lassen.

Globale Umweltanalyse bei der Eder Möbel GmbH

Die globale Umweltanalyse wird exemplarisch bei der Eder Möbel GmbH durchgeführt. Die Unternehmensführung der Eder Möbel GmbH ist ständig darauf bedacht, die globale Umwelt im Auge zu behalten und mögliche Trends sowie sich daraus ergebende Chancen und Risiken früh zu erkennen. Deshalb führt das Unternehmen kontinuierliche, aber auch periodische und bei auftretenden Krisen auch außerplanmäßige Analysen der globalen Umwelt durch. Die Analyse konzentriert sich auf den nationalen Markt, da das Unternehmen vornehmlich dort tätig ist. Weltpolitische Entwicklungen betreffen das Unternehmen im Regelfall nicht.

Checkliste zur Globalen Umweltanalyse

Umweltfaktoren	Gewicht	Bedeutung	Situationsbeurteilung (nicht attraktiv 0 – sehr attraktiv 5)	Attraktivität	Prognose (stabil 0 – unvorhersehbar 5)	Dynamik	Wertung Chance	Wertung Risiko
	Insgesamt 100%	100% je Kriterium						
1. Politik & Recht	16%	100%		2,10		3,10		
– Arbeitsrecht		20%	x (bei 3)	0,80	x (bei 4)	0,60	x	
– ...		...						
2. Ökonomie	30%	100%		1,40		2,90		
– Volkseinkommen		20%	x (bei 1)	0,20	x (bei 3)	0,60		x
– ...		...						
3. Gesellschaft	22%	100%		0,80		4,30		
– Sparneigung		25%	x (bei 0)	0,00	x (bei 5)	1,25		x
– ...		...						
4. Technologie	21%	100%		3,10		2,10		
– Produktionstechnologie		30%	x (bei 4)	1,20	x (bei 3)	0,90	x	
– ...		...						
5. Ökologie	11%	100%		1,20		2,40		
– Rohstoffverfügbarkeit		30%	x (bei 4)	1,20	x (bei 3)	0,90	x	
– ...		...						
	100%		**Umweltattraktivität**	**1,72**	**Umweltdynamik**	**3,02**		

Abb. 2.3.7: Auszug der Checkliste zur globalen Umweltanalyse für die Eder Möbel GmbH

Die Analyse der Umweltsegmente ergibt für die *Eder Möbel GmbH* ein zufriedenstellendes Ergebnis. Die Prognose der zukünftigen Umweltentwicklungen ergab, dass das Unternehmen in drei Bereichen Chancen sieht. Zum einen bieten bereits vorbereitete Gesetze zur Lockerung des Kündigungsschutzes dem Unternehmen Möglichkeiten zur Einstellung von Arbeitskräften, denen bei einer schlechteren Auslastung leichter wieder gekündigt werden kann. In neu entwickelten Produktionstechnologien vermutet das Unternehmen eine Chance zur Verbesserung der Qualität bei reduzierten Produktionskosten. Als dritte Chance beurteilt die *Eder Möbel GmbH* die zukünftig ausreichend vorhandenen Rohstoffe (Holz, Plastik). Andere Unternehmen haben bereits mit knappen natürlichen Ressourcen zu kämpfen. Zu einem Risiko kommt das Unternehmen im Bereich der ökonomischen und gesellschaftlichen Umweltfaktoren. Aufgrund des sinkenden Volkseinkommens und der Sparsamkeit der Bürger könnte der Umsatz zurückgehen.

Ein Unternehmen kann jedoch nicht sämtliche Einflussfaktoren berücksichtigen und eindeutig beurteilen. Deshalb wird die Analyse immer selektiv erfolgen. Dabei sollte jedoch stets die Umweltdynamik einbezogen werden (vgl. *Wheelen/Hunger*, 2010, S. 80 f.). Die Unternehmensführung sollte sich aus der Vielzahl einzelner Faktoren ein **Gesamtbild** der Unternehmensumwelt als Basis für ihre Entscheidungen schaffen.

Diese Faktoren der globalen Umwelt stellen für die Unternehmen branchenübergreifende Einflussgrößen dar. Der Unternehmenserfolg hängt auch davon ab, ob sich das Unternehmen an die Veränderungen seiner Umwelt anpassen bzw. diese mit gestalten kann. Eine solche **proaktive Unternehmensführung** kann z. B. durch Lobbyarbeit erfolgen, um auf die politische Umwelt einzuwirken. Das Verständnis der Unternehmensumwelten und der daraus resultierenden unternehmensexternen Anforderungen an ein Unternehmen ist ein wesentlicher Beitrag zur Entwicklung der Unternehmensziele. Unternehmen sollten darüber hinaus auch eine innere Anspruchshaltung besitzen, die in einer Vision ausgedrückt wird. Diese fließt dann ebenfalls in die Entwicklung der Unternehmensziele ein.

Proaktive Unternehmensführung

2.3.2 Unternehmensvision

Die Unternehmensvision ist eine **generelle Leitidee** und bildet eine wichtige Grundlage der normativen Unternehmensführung. „Visionen sind Zukunftsstoff" (*Höhler*, 1996, S. 201), der vor allem in Zeiten des Wandels gefragt ist (vgl. *Zahn/Dillerup*, 1995, S. 58). Visionen sind das **Leitmotiv des Handelns** und sind eine treibende Kraft für Veränderungen. Sie dienen der Erzielung von Übereinstimmung und Zusammenhalt, indem sie unternehmerischem Handeln einen Sinn geben.

Leitmotiv des Handelns

Was eine Unternehmensvision ausmacht, darüber gehen die Auffassungen in Literatur und Unternehmenspraxis weit auseinander: Das Spektrum reicht von einer Absichtserklärung aus der Strategieabteilung bis zum Leitmotiv des Handelns der Unternehmensführung. Nach dem Duden-Fremdwörterbuch ist die Vision „ein inneres Gesicht, eine Erscheinung vor dem geistigen Auge, auch Trugbild". Die Unternehmensvision ist demnach ein Modell zukünftiger Realität. Da es zukunftsbezogen ist, kann es aber auch nur ein Trugbild sein. Beispiele aus Politik, Geschichte und Wirtschaft zeigen, wie wirkungsvoll Visionen die Realität verändern können (vgl. *Coenenberg/Salfeld*, 2007, S. 20):

- *Christopher Kolumbus* wollte Indien über den Seeweg erreichen.
- *Mahatma Gandhi* wollte die Ketten des britischen Kolonialismus gewaltfrei abstreifen.
- *Gottlieb Daimler* wollte einen Fahrzeugmotor entwickeln, der Pferde ersetzen konnte.
- *Werner von Siemens* wollte das Leben durch Nutzung der Elektrizität erleichtern.
- *Ludwig Erhardt* wollte Wohlstand für alle.
- *John F. Kennedy* wollte einen Amerikaner als ersten Menschen zum Mond befördern.
- *Martin Luther King* hatte einen Traum von gesellschaftlicher Gleichberechtigung.

Eine Vision steht am Anfang des Weges in die Zukunft. Sie kann Menschen und Organisationen zu Höchstleistungen motivieren.

> Eine **Unternehmensvision** ist ein konkretes Zukunftsbild, das nahe genug ist, um als realisierbar angesehen zu werden, aber fern genug, um Begeisterung für eine neue, bessere Wirklichkeit zu wecken (vgl. *Boston Consulting Group*, 1988, S. 7).

2 Normative Unternehmensführung

Unternehmen	Unternehmensvision	Slogan
Boeing 1950er Jahre	Become a dominant player in commercial aircraft and bring the world into jetage	Delivering quality airplanes and world-class customer services
Nike 1960er Jahre	Crush Adidas	Just do it
General Electric 1980er Jahre	Number 1 or 2 in the industry	We bring good things to life
McDonalds	To be the world's best quick-service restaurant	Ich liebe es
Volkswagen 1990er Jahre	Die qualitativ besten und attraktivsten Autos entwickeln, kostengünstig herstellen und erfolgreich verkaufen	Drivers wanted
Procter & Gamble 2010	Das Leben der Verbraucher in aller Welt verbessern, jetzt und für zukünftige Generationen	Der Verbraucher ist der Boss
J.P.Morgan 2010	To be the world's most trusted and respected financial services institution	Doing only first-class business and that in an first class-way
Royal Dutch Shell 2010	To be the Top Performing and Most Admired Refinery in Asia	Surpassing Limits
bhp billton 2010	To be the first choice in pure Manganese. This means the first choice employer, supplier and customer.	Resourcing the future

Abb. 2.3.9: Beispiele für Visionen und Slogans
(vgl. Geschäftsberichte der Unternehmen; Coenenberg/Salfeld, 2007, S. 25)

mensvision die Aufmerksamkeit auf den Markt richten. Als US-Marktführer gab Firmengründer *Sam Walton* seinem Unternehmen *Wal-Mart* im Jahr 1991 die Vision „Become a USD 125 billion company by the year 2000". Diese Visionsformulierung ist schon als Ziel konkretisiert, allerdings mit einem sehr langen Zeithorizont. Ihre Verwirklichung bedeutete die Erreichung starker Marktpositionen auf allen wichtigen Absatzmärkten der Welt.

Kundenvisionen
- **Orientierung am Kunden:** Für Unternehmen aus der Konsumgüterindustrie oder Dienstleister eignen sich Unternehmensvisionen, die den Kunden in den Mittelpunkt stellen. So folgte z. B. *Apple* der Vision „*Apple … is defining the future of mobile media and computing devices*" (www.apple.com).

Geschäftsmodellvisionen
- **Orientierung am bestehenden Geschäftsmodell:** Steht die operative Exzellenz als Erfolgsfaktor im Vordergrund, so kann die Unternehmensvision unmittelbar darauf bezogen sein. *Motorola* stellt z. B. mit der Vision „Attain Six-Sigma Quality" (vgl. Kap. 8.1) die Verbesserung der Qualität in den Vordergrund.

Künftige Geschäftsmodellvisionen
- **Orientierung an künftigen Geschäftsmodellen:** Um strukturelle Umbrüche zu bewältigen oder in neue Geschäftsfelder vorzudringen, kann das künftige Geschäftsmodell Gegenstand der Unternehmensvision sein. *George Merck* formulierte in den 1930er Jahren die Vision seines damals noch jungen Unternehmens: „Transform this company from a chemical manufacturer into one of the most prominent drug-making companies in the world, with a research capability to rival any major university".

Um die genannten Funktionen zu erfüllen, ist es nicht mit der Abfassung einer Unternehmensvision getan. Erst wenn die Mitarbeiter die Vision verinnerlichen und ihr tägliches Verhalten danach ausrichten, kann sie ihre volle Kraft entfalten und das Un-

2.3 Unternehmensziele

ternehmen tatsächlich verändern. Deshalb müssen Unternehmensvisionen nicht nur formuliert, sondern im Unternehmen verankert und gelebt werden (vgl. *Senge*, 2011, S. 225 ff.).

Bei der **Visionsfindung** geht es darum, eine tragende Idee für die Zukunft zu entwickeln. Gerade bei kleineren Firmen oder Pionierunternehmen erfolgt dies häufig durch **visionäre Führungspersönlichkeiten** (vgl. *Rebmann*, 1996, S. 148; *Sashkin*, 1988, S. 123 ff.). Hier ist es meist die individuelle Vision des Eigentümers, welche das Unternehmen in die Zukunft leiten soll (vgl. Kap. 6.3). Historisch gesehen waren unternehmerische Pionierleistungen meist das Werk herausragender, visionärer Persönlichkeiten (vgl. *Magyar*, 1989, S. 5). Einige Beispiele sind *Gottlieb Daimler*, *Karl Benz*, *Werner von Siemens*, *Ferdinand Porsche* oder *Robert Bosch*. Die Unternehmensvision beruht in diesem Fall auf einem umfassenden Markt- und Branchenverständnis und den individuellen Überzeugungen des visionären Unternehmers. Sie wird allerdings selten in einem strukturierten Prozess aufgestellt. Der Visionär verkörpert seine Vision, die sein Handeln bestimmt. Diese Glaubwürdigkeit wirkt stark motivierend und integrierend. Das persönliche Vorbild und Vorleben sorgt für eine konsequente Realisierung der Unternehmensvision, sofern der Unternehmer die Macht hat, seinen Zukunftsentwurf durchzusetzen. Häufig sind diese Führungspersönlichkeiten daher Gründer oder Eigentümerunternehmer. So wirkte die Vision von *Walt Disney* („Make people happy") über seine Lebenszeit hinaus (vgl. *Coenenberg/Salfeld*, 2007, S. 29). Ähnlich verkörpert heute z. B. *Reinhold Würth* als Gründer und Eigentümer die Zukunft der *Würth-Gruppe*.

Visionäre Persönlichkeiten

Ist eine derartige visionäre Führungspersönlichkeit nicht vorhanden, dann ist in einem strukturierten Prozess aus den Ideen ausgewählter Führungskräfte und Mitarbeiter eine Unternehmensvision zu erarbeiten. Dies ist vor allem in Großunternehmen die übliche Vorgehensweise (vgl. *Bleicher*, 2011, S. 113 f.). Bei der **kollektiven Visionsfindung** erarbeiten Mitarbeiter aus allen Funktionsbereichen und Verantwortungsebenen gemeinsam die Unternehmensvision (vgl. *Coenenberg/Salfeld*, 2007, S. 30 f.). Bei der Auswahl geeigneter Teammitglieder sind sowohl kreative Köpfe als auch Multiplikatoren für die anschließende Verankerung im Unternehmen wichtig. Wie viele und welche Mitarbeiter beteiligt werden, hängt von der Größe und Organisationsstruktur des Unternehmens ab. Abweichungen zwischen Selbst- und Fremdbild eines Unternehmens können durch die unvorbelasteten Sichtweisen Unternehmensexterner wie z. B. Kunden, Lieferanten, Berater oder Wissenschaftler verhindert werden (vgl. *Hinterhuber*, 2004, S. 80).

Kollektive Visionsfindung

Um zu gewährleisten, dass die beteiligten Personen alle wesentlichen Vorstellungen und Interessen eines Unternehmens berücksichtigen, kann im Rahmen des **Entwicklungsprozesses** auch nach und nach ein größerer Kreis an Mitarbeitern eingebunden werden. Ob eine Vision wirklich erfolgreich ist, hängt letztlich davon ab, ob sie die Mitarbeiter begeistern kann und sich diese damit identifizieren. Dies setzt jedoch meist einen langwierigen Abstimmungsprozess im Unternehmen voraus, der in der Praxis oft umgangen wird. Doch dann ist die Gefahr groß, dass statt eines gemeinsamen Zukunftsbildes nur platte Slogans formuliert werden. So können beispielsweise mehrere Wettbewerber einer Branche danach streben, Marktführer zu werden. Derartige Unternehmensvisionen sind jedoch im besten Fall werbewirksam, beeinflussen das Handeln eines Unternehmens aber kaum (vgl. *Bleicher*, 2011, S. 115). Als Orientierung für die Formulierung einer unternehmerischen Vision dienen die erläuterten Anforderungskriterien. Zudem können die **Leitsätze** zur Visionsfindung in Abb. 2.3.10 genutzt werden.

2 Normative Unternehmensführung

Hinweise auf eine Überalterung der Unternehmensvision finden sich sowohl im Unternehmen als auch im Unternehmensumfeld. Interne Indikatoren können z. B. sein, dass die Ziele weitgehend erreicht sind oder sich als unrealistisch erweisen. Dann geht von der Vision kein Anreiz mehr aus. Die Wettbewerbssituation kann sich z. B. wegen Unternehmensübernahmen verändern. Darüber hinaus ist der Wandel von Technologien, Branchen oder Kundenbedürfnissen möglich. Die Unternehmensführung sollte deshalb bei Anzeichen beginnender Überalterung frühzeitig eine Überarbeitung einleiten (vgl. *Coenenberg/Salfeld*, 2007, S. 36). Wird ein **Visionswechsel** erforderlich, so ist dies eine tief greifende Veränderung. Die bisherigen Werte und die grundlegende normative Ausrichtung wandeln sich. Um Verunsicherung und Orientierungslosigkeit zu vermeiden, ist die rechtzeitige Entwicklung einer neuen Unternehmensvision von großer Bedeutung. Dies gilt umso mehr, je anhaltender und erfolgreicher eine vorausgehende Vision war (vgl. *Bleicher*, 2011, S. 120).

Visionswechsel

Visionen sind auch vom **Lebenszyklus eines Unternehmens** abhängig (vgl. *Bleicher*, 2011, S. 120 ff.; *Mann*, 1990, S. 37 ff.). Für die Gründung eines Unternehmens spielt die Unternehmensvision eine zentrale Rolle, da sie den Ausgangspunkt des unternehmerischen Engagements liefert. Im Zuge der Unternehmensentwicklung geht die Vision des Gründers zunehmend verloren. Es kommen neue Menschen hinzu, so dass aus der individuellen Prägung der Unternehmensvision eine kollektive Visionsfindung werden kann. In der Markterschließungsphase verlagern sich die Anstrengungen der Unternehmensführung auf die strategische und operative Umsetzung der Unternehmensvision. In der Reifephase nimmt die Vision bei normativen Überlegungen wieder mehr Raum ein. So kann eine Veränderung des Geschäftsmodells auch eine neue Unternehmensvision erforderlich machen.

Erfolgsfaktor Vision

Die Bedeutung von Visionen für den Unternehmenswert zeigt eine empirische Langzeitbetrachtung US-amerikanischer Unternehmen. Darin wird der kumulierte Aktienrückfluss, d. h. die langjährige Aktienwertsteigerung einschließlich Reinvestition der Dividendenzahlungen zwischen visionären und weniger visionären Unternehmen verglichen. Unternehmen, die eine formulierte Unternehmensvision definiert und verankert hatten, konnten über einen Zeitraum von ca. 60 Jahren sechsmal höhere **Wertsteigerungen** erzielen als Unternehmen der Vergleichsgruppe. Der Gesamtmarkt konnte von den visionären Unternehmen sogar um das 15-fache übertroffen werden (vgl. Abb. 2.3.12 und *Collins/Porras*, 2005, S. 5). Obwohl der Erfolg eines Unternehmens am Kapitalmarkt nicht eindeutig mit dem Vorhandensein einer Unternehmensvision erklärt werden kann, scheinen visionäre Unternehmen bessere Ergebnisse zu erzielen.

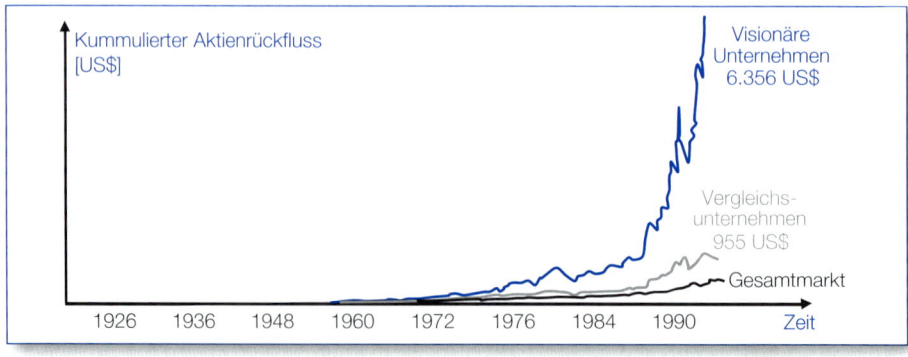

Abb. 2.3.12: Aktienentwicklung visionärer Unternehmen (vgl. Collins/Porras, 2005, S. 5)

Erklären lässt sich diese Erfolgswirkung damit, dass Unternehmensvisionen nicht nur Kräfte freisetzen, sondern auch über alle materiellen Anreizmechanismen hinaus individuelle Herausforderung, Spaß an der Arbeit sowie Selbstbestätigung durch die positive Entwicklung des Unternehmens vermitteln (vgl. *Würth*, 2001). Strategien, Strukturen und Kultur bekommen damit durch die Vision ihre grundlegende Ausrichtung (vgl. Abb. 2.3.13).

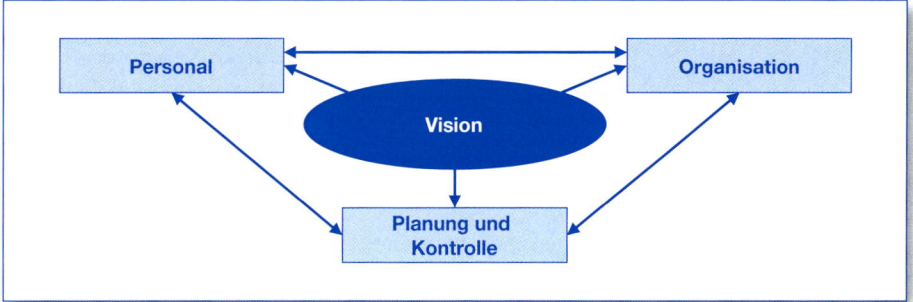

Abb. 2.3.13: Unternehmensvision als Bindeglied der normativen Führungsebene

Zusammenfassend sollen Unternehmensvisionen folgende **Funktionen** erfüllen (vgl. Bleicher, 2011, S. 111 ff.; Magyar, 1989, S. 5 f.; Rüegg-Stürm/Gomez, 1994, S. 12 f.):

Funktionen von Visionen

- **Fokussierung:** Eine Vision richtet ein Unternehmen auf eine gemeinsame Zielsetzung aus. Auf diese konzentriert sie die Fähigkeiten, Kräfte und Ressourcen des Unternehmens. Die Erreichung der Vision erfordert bestimmte Spitzenleistungen und sichert das langfristige Überleben des Unternehmens.
- **Legitimation:** Visionen sollen allen wesentlichen Anspruchsgruppen den Sinn und Zweck des Unternehmens vermitteln.
- **Identifikation und Motivation:** Die Mitarbeiter sollen durch die Vision den Sinn ihrer Arbeit als Beitrag zum Unternehmenserfolg erfahren. Dies schafft emotionale Bindung und soll zu Höchstleistungen anspornen.

Sofern eine Unternehmensvision besteht, rückt sie in das Zentrum der Entwicklung von Unternehmenszielen und integriert diese. Sie vermittelt dem Unternehmen einen Sinn und soll bei den Mitarbeitern für eine hohe Identifikation und Motivation sorgen.

2.3.3 Unternehmenspolitik

Im Prozess der Unternehmenspolitik werden die **Ziele eines Unternehmens** als zentrales Element der normativen Unternehmensführung festgelegt. Darin kann auch eine Unternehmensvision als generelle Leitidee konkretisiert sein (vgl. Kap. 2.3.2), sofern ein Unternehmen über eine Vision verfügt.

Unternehmen haben zunächst selbst keine Ziele. Ziele haben nur Personen, die mit dem Unternehmen in Beziehung stehen. Diese Individualziele werden zu Zielen des Unternehmens, wenn sie an ein Unternehmen herangetragen und von der Unternehmensführung verbindlich als solche festlegt werden (vgl. *Hungenberg*, 2011, S. 27). Daher kann zwischen Individualzielen, Erwartungen von Individuen an ein Unternehmen und Zielen des Unternehmens unterschieden werden (vgl. *Kirsch*, 1969, S. 665 ff.). Auf

2 Normative Unternehmensführung

ein Unternehmen wirken viele Einzelpersonen und Gruppen ein, die dabei jeweils versuchen, ihre Ziele im Unternehmen zu verankern. Die **Erwartungen und Ansprüche** an ein Unternehmen lassen sich in zwei Gruppen unterteilen (vgl. *Coenenberg/Salfeld*, 2007, S. 19 f.):

Erwartungen an Unternehmen

- **Interne Anspruchshaltungen** werden in der Vision zusammengefasst (vgl. Kap. 2.3.2). Sie schafft eine langfristig verbindliche Richtschnur, entlang der sich das Unternehmen entwickeln soll.
- **Externe Erwartungen** sind zu berücksichtigen, da ein Unternehmen Bestandteil verschiedener Umwelten ist. Die Erwartungen an den jeweiligen Beitrag des Unternehmens werden von unterschiedlichen Anspruchsgruppen, sog. Stakeholdern, an ein Unternehmen herangetragen. Sie stellen Anforderungen an ein Unternehmen. Beispielsweise erwarten Eigentümer eine angemessene Verzinsung ihres eingesetzten Kapitals und Mitarbeiter eine sichere Beschäftigung und gerechte Entlohnung.

Um die Identität eines Unternehmens zu bestimmen, ist neben der internen Anspruchshaltung in der Vision auch eine Auseinandersetzung mit den Erwartungen der Stakeholder erforderlich.

> **Stakeholder** sind Personen, Gruppen oder Organisationen, die mit einem Unternehmen in Beziehung stehen und Erwartungen gegenüber dem Unternehmen haben.

Stakeholder, auch Bezugs- oder Interessengruppen genannt, tragen ihre Anforderungen an ein Unternehmen heran. Sie lassen sich nach ihren Beeinflussungsmöglichkeiten einteilen in

Anspruchs- und Einflussgruppen

- **Anspruchsgruppen,** die in direkter Verbindung mit dem Unternehmen stehen und über direkte Gestaltungsmöglichkeiten verfügen sowie
- **Einflussgruppen**, die mit dem Unternehmen in Beziehung stehen, auf dieses aber nur indirekt Einfluss nehmen.

Abb. 2.3.14 veranschaulicht die Stakeholder-Kategorien und die jeweils zugeordneten Gruppen.

Abb. 2.3.14: Stakeholder eines Unternehmens

2.3 Unternehmensziele

Stakeholder verfolgen grundlegende **Interessen**, die als Ansprüche an ein Unternehmen herangetragen werden (vgl. *Coenenberg/Salfeld*, 2007, S. 36; *Hungenberg*, 2011, S. 28):

Interessen der Stakeholder

- **Eigentümer** stellen einem Unternehmen dauerhaft Kapital zur Verfügung und übernehmen das unternehmerische Risiko. Dafür erwarten sie eine angemessene Verzinsung und Einfluss auf die Unternehmensführung.
- **Führungskräfte** streben nach Macht, Prestige, Einkommen und im Idealfall auch nach dem Erfolg des Unternehmens.
- **Mitarbeiter** erbringen für ein Unternehmen Arbeitsleistungen. Dafür wollen sie sichere und hohe Einkommen, eine erfüllende Arbeit sowie sichere und angenehme Arbeitsbedingungen. Der Einfluss von Mitarbeitern kann neben den Einzelinteressen auch durch Mitarbeitervertretungen und Gewerkschaften an ein Unternehmen herangetragen werden. Diese bündeln die Interessen der Mitarbeiter und verstärken deren Einfluss.
- **Kunden** wünschen ein gutes Preis-/Leistungsverhältnis der Produkte, Versorgungssicherheit, Flexibilität und Serviceleistungen.
- **Lieferanten** versorgen ein Unternehmen mit Materialien und Dienstleistungen und erwarten ein entsprechendes Entgelt sowie eine langfristige Zusammenarbeit.
- **Fremdkapitalgeber** stellen dem Unternehmen zeitlich befristet Kapital zur Verfügung und sind an sicheren und regelmäßigen Zins- und Tilgungsleistungen interessiert.
- **Staat, Gesellschaft und interessierte Öffentlichkeit** schaffen rechtliche und kulturelle Grundlagen für ein Unternehmen. Als Gegenleistungen sind Steuern zu entrichten und gesetzliche Vorschriften einzuhalten. Es werden auch Arbeitsplätze, Beiträge zur Infrastruktur und Informationen über die Ziele und Maßnahmen eines Unternehmens gewünscht.
- **Geschäftspartner** wie z. B. kooperierende Unternehmen oder Berater können in vielfältiger Weise die Wertschöpfung eines Unternehmens unterstützen. Die Interessen der Geschäftspartner entsprechen weitgehend denen der Lieferanten.
- **Konkurrenten** sind an der Stärkung der eigenen Position interessiert. Hierzu nutzen sie Schwächen des Unternehmens aus.

Treten keine Konflikte zwischen den Interessen der Stakeholdergruppen auf, dann können diese als Ziele des Unternehmens berücksichtigt werden. Ansonsten sind die **Interessenkonflikte** zu klären. Dies kann auf zwei **Arten** erfolgen (vgl. *Hungenberg*, 2011, S. 29; *Müller-Stewens/Lechner*, 2011, S. 239):

Interessenkonflikte

- **Stakeholderorientierung:** Ziele von Unternehmen entstehen, indem die Interessen aller Anspruchs- und Einflussgruppen gleichberechtigt berücksichtigt werden. Dabei wird angenommen, dass alle Gruppen für die Existenz und das Handeln eines Unternehmens erforderlich sind. Deshalb sind sie berechtigt, die Ziele eines Unternehmens zu beeinflussen. Das oberste Unternehmensziel ist an den Interessen aller Anspruchsgruppen orientiert und wird in einem sog. Stakeholder Value zusammengefasst (vgl. *Janisch*, 1993).

Stakeholder versus Shareholder

- **Shareholderorientierung:** Die Interessen der Eigentümer (Shareholder) genießen Priorität. In einem marktwirtschaftlichen Wirtschaftssystem leitet sich danach das Recht zur Vorgabe von Unternehmenszielen aus dem Eigentum am Unternehmen ab. Das oberste Unternehmensziel ist dann der Shareholder Value, als materieller Wert eines Unternehmens für seine Eigentümer (vgl. Kap. 3.2).

2 Normative Unternehmensführung

Welcher Legitimationsansatz zugrunde gelegt wird, ist eine normative Fragestellung und hängt von den Unternehmenswerten ab. Meist wird den Eigentümerinteressen das Vorrecht eingeräumt, da diese Interessengruppe das unternehmerische Risiko trägt. Ihr steht der unsichere Gewinn aus der Unternehmenstätigkeit zu, der sich nach Erfüllung aller Verpflichtungen gegenüber anderen Gruppen ergibt. Zudem kommt ein Unternehmen und damit auch jede Beziehung des Unternehmens zu anderen Interessengruppen erst durch Eigentümer zustande, die bereit sind, ein Unternehmen zu gründen und unternehmerisches Risiko zu tragen. Eine gleichberechtigte Orientierung an einer Vielzahl von Zielen gemäß dem Stakeholder-Ansatz ist zudem schwierig umzusetzen. Wie können Entscheidungen getroffen werden, die einen kaum fassbaren Gesamtnutzen aller Stakeholder maximieren? Demgegenüber lässt sich der Shareholder-Value in monetären Größen ausdrücken (vgl. Kap. 3.2). Daher wird hier davon ausgegangen, dass Ziele der Eigentümer die primäre Grundlage für die Unternehmensführung sind. Dementsprechend ist es das **vorrangige Interesse** eines Unternehmens, den **Shareholder Value** zu erhöhen. Auf dieses oberste Unternehmensziel sind alle Entscheidungen und Handlungen auszurichten. Diese wertorientierte Unternehmensführung wird in Kap. 3.2 dargestellt.

Priorität des Shareholder Value

Dies bedeutet aber nicht, dass die Interessen der anderen Stakeholder unberücksichtigt bleiben und ausschließlich die Eigentümerinteressen verfolgt werden. Langfristig kann ein Unternehmen nur dann Wert für seine Eigentümer schaffen, wenn es auch den Interessen anderer Gruppen, wie z. B. Kunden, Lieferanten oder Mitarbeitern, ausreichend entspricht. Wertorientierte Ausrichtung zieht nicht grundsätzlich die Vernachlässigung der Interessen anderer Bezugsgruppen nach sich. Erfolgreiche wertorientierte Unternehmen können auch die Ziele anderer Bezugsgruppen besser erfüllen. Shareholderorientierung ist daher kein einseitiges und kurzfristiges Konzept, sondern zielt auf die langfristige Wettbewerbsfähigkeit des Unternehmens.

Erst wenn die Zielvorstellungen der Stakeholder in einem legitimierenden Prozess zu Zielen des Unternehmens werden, erhalten sie offiziellen Charakter als Unternehmensziele (vgl. *Kieser/Walgenbach*, 2010, S. 8). Unter vorrangiger Berücksichtigung der Eigentümerinteressen soll dabei mit den Interessen der weiteren Stakeholder ein Ausgleich gesucht werden. Dabei können unterschiedliche Gruppen auch Koalitionen eingehen, um ihre Ziele besser durchzusetzen (vgl. *Cyert/March*, 1964). So können z. B. Bürgerinitiativen sich mit Politikern zusammenschließen, um etwa ökologische Interessen wirkungsvoller zu vertreten. Die Unternehmensführung ist bei diesen **politischen Prozessen** des Interessenausgleichs in hohem Maße gefordert. Sie führt den Dialog mit den Stakeholdern, signalisiert Sensibilität für deren Anliegen und räumt Missverständnisse aus. Auf diese Weise lässt sich die Position eines Unternehmens transparent machen. Dadurch kann zwischen der eigenen Anspruchshaltung und den externen Erwartungen vermittelt werden (vgl. *Coenenberg/Salfeld*, 2007, S. 18).

Politische Prozesse

> **!** **Unternehmenspolitik** entwickelt die Unternehmensziele durch politische Prozesse des Interessenausgleichs.

Zielsuche

Die Abwägung der Interessen zu einer Unternehmenspolitik birgt erhebliches Konfliktpotenzial. Deshalb sollten die Unternehmenswerte mit einbezogen werden (vgl. Kap. 2.2). Diese **Zielsuche** umfasst die Bestimmung und Auswahl von Zielen aus der Fülle denkbar möglicher Ziele, die in einem Selektionsprozess in mehreren Stufen zu den letztendlich verfolgten Zielen des Unternehmens werden (vgl. *Wild*, 1982, S. 36 ff.). Doch wie können die widerstrebenden Interessen der Stakeholder zu Unternehmenszielen geformt wer-

2.3 Unternehmensziele

den? Unter der Annahme rationaler Entscheidungsfindung ist der Interessenausgleich mit den Unternehmenswerten relativ leicht, wenn die Geschäftsführung nur aus einer Person besteht. Besitzen jedoch mehrere Personen Einfluss, dann werden die Ziele ausgehandelt. In einem interessenpluralistischen Mehrpersonenunternehmen ist die Zielbildung daher ein Prozess der Suche nach konsensfähigen Unternehmenszielen. So kann z. B. eine Interessenkoalition versuchen, sich aufgrund ihrer Macht durchzusetzen. Ethische Überlegungen können dabei nicht nur einen Ausgleich schaffen, sondern sogar die Zielbildung bestimmen (vgl. *Müller-Stewens/Lechner*, 2011, S. 241).

Die Erreichung eines Interessenausgleichs ist Auftrag der normativen Unternehmensführung. Die Unternehmenspolitik sollte dabei die Besonderheiten menschlichen Verhaltens berücksichtigen. Der Interessenausgleich zwischen Unternehmen und seiner Umwelt erfolgt nicht nur rational, sondern ist auch durch Macht, Herrschaft und Konflikt geprägt. Druck und Gegendruck verschiedener Akteure und Gruppen bestimmen die politische Dimension der Unternehmenspolitik (vgl. *Fraenkel*, 1967, S. 232). Kritisch dabei ist, dass die Führungskräfte sowohl ihre eigenen, als auch die Interessen des Unternehmens vertreten. Dies kann z. B. im Falle einer Unternehmensübernahme zu einem offenkundigen Interessenkonflikt führen.

> **Unternehmenspolitische Prozesse** beschreiben, wie Ziele bei Interessenkonflikten durch Machtausübung festgelegt werden. **!**

Konflikte entstehen, wenn unterschiedliche Vorstellungen zur Grundausrichtung des Unternehmens vorliegen und die Unternehmensführung versucht, ihre Position als verbindlich vorzugeben. Dazu ist **Macht** erforderlich, die durch organisatorische Weisungsbefugnisse verliehen oder während des politischen Prozesses zwischen einzelnen Akteuren ausgehandelt wird. Macht ist das Regulativ, um sich bei unterschiedlich geprägten Vorstellungen im politischen Kräftespiel durchzusetzen (vgl. *Bleicher*, 2011, S. 155). Eine Voraussetzung für die Macht der Unternehmensführung ist die **Autonomie** des Handelns. Sie kann in Sinn- und Zeitautonomie unterteilt werden (vgl. *Luhmann*, 2006, S. 253 ff.): — Macht

- **Sinnautonomie** bedeutet, dass die Unternehmensführung auf Basis ihrer eigenen Unternehmenswerte handelt (vgl. Kap. 2.2). — Sinnautonomie

- **Zeitautonomie** beinhaltet zeitliche Freiräume im Verhältnis zur Unternehmensumwelt. Auf Ereignisse der Umwelt kann ein Unternehmen zeitnah reagieren oder Spielräume durch Voraussicht oder Verzögerung der Handlungen nutzen. Verliert ein Unternehmen seine Zeitautonomie, so gilt das sog. *Gresham*'sche Gesetz: Unwichtiges, aber zeitlich Dringendes, verdrängt Wichtiges, aber zeitlich nicht Dringendes. — Zeitautonomie

Beide Aspekte der Autonomie gewährleisten die **Handlungsautonomie** eines Unternehmens. Sie ermöglicht es, bei Interessenkonflikten Ziele auszuwählen und durchzusetzen. In Unternehmenskrisen bestehen z. B. Ressourcen- und Zeitbeschränkungen, weshalb die Handlungsfreiheit der Unternehmensführung stark eingeschränkt sein kann. Verfügt ein Unternehmen über ausreichend Handlungsautonomie, dann hat sie als normative Führungsaufgabe folgende **Spannungsfelder** der Unternehmenspolitik aufzulösen (vgl. *Bleicher*, 2011, S. 155 ff.): — Handlungsautonomie / Spannungsfelder

- **Unternehmen und Umwelt:** Unternehmen sind kein Selbstzweck, sondern erfüllen für ihre Umwelt eine Funktion. Um in einer komplexen und dynamischen Umwelt

2 Normative Unternehmensführung

überleben zu können, hat ein Unternehmen deshalb für die Stakeholder einen Nutzen bereitzustellen.

- **Integration der Unternehmensmitglieder:** In einer arbeitsteiligen Organisation sind die unterschiedlichen Interessen und Ziele der Beteiligten zu integrieren. Hinzu kommen die Vorstellungen der handelnden Personen über die eigene Zukunft und die des Unternehmens.

Die Unternehmenspolitik dient der Harmonisierung externer Interessen an ein Unternehmen mit den intern verfolgten Zielen und Ansprüchen. Dadurch soll die Unternehmensführung eine Übereinstimmung („fit") zwischen der Unternehmensumwelt und dem Unternehmen erreichen (vgl. *Bleicher*, 2011, S. 153).

Zieldialog bei Freudenberg: Im Spannungsfeld zwischen Wertebewusstsein und Wachstumsorientierung

Praxisbeispiel von *Christian Mosmann* (Mitglied des Vorstands und persönlich haftender Gesellschafter von *Freudenberg*) und *Alexander Vogl* (Projektmanager und Gesellschafter von *Management Partner*)

Als internationales Familienunternehmen mit Sitz in Weinheim und Niederlassungen in 59 Ländern beschäftigt die *Freudenberg & Co. KG* mehr als 37.000 Mitarbeiter in 58 Ländern. In 16 Geschäftsgruppen werden Kunden aus der Automobil- und Nutzfahrzeugindustrie, dem Maschinen- und Anlagenbau, der Textil- und Bekleidungsindustrie, der Bau-, Bergbau- und Schwerindustrie sowie der Energie-, Chemie-, Öl- und Gasindustrie mit maßgeschneiderten technologischen und innovativen Produkten sowie Dienstleistungen bedient (vgl. www.freudenberg.de).

Kreativität, Qualität, Vielfalt und Innovationskraft sind die Eckpfeiler des Unternehmens. Verlässlichkeit und verantwortungsvolles Handeln gehören zu den Grundwerten der mehr als 160-jährigen Firmengeschichte. *Freudenberg* setzt auf die Partnerschaft mit Kunden, auf langfristige Orientierung sowie auf finanzielle Solidität und die Exzellenz der Mitarbeiter. Das Unternehmen legt großen Wert auf seine Geschäftsgrundsätze als Leitlinien des Handelns. Gleichzeitig will das Unternehmen profitabel wachsen. Zwangsläufig geraten beide Ziele im geschäftlichen Alltag manchmal in Konflikt. Dieser Konflikt lässt sich nicht immer ohne weiteres auflösen. Um hier Klarheit für die rund 300 Top-Führungskräfte weltweit zu gewinnen und zu einem einheitlichen Verständnis der Werte und deren Anwendung in der Tagesarbeit zu kommen, machte die Unternehmensgruppe diesen vermeintlichen Gegensatz zum zentralen Thema ihrer turnusmäßigen Führungskräfteveranstaltung.

Zur Unterstützung band sie die Stuttgarter Unternehmensberatung *Management Partner* in Konzeption und Durchführung ein. Ihre Aufgabe war es unter anderem, mit einer Kaskade von Workshops und Konsolidierungskreisen die Vorbereitung der eigentlichen Veranstaltung maßgeblich zu begleiten. Dadurch wurden Mitarbeiter aus den unterschiedlichen Regionen und Geschäftsgruppen in den Prozess einbezogen. Daneben lieferte *Management Partner* auch entscheidende Ideen und Impulse sowie konzeptionelle Beiträge zur Didaktik und Dramaturgie der Zusammenkunft (vgl. www.management-partner.de).

Im Kern ging es um die Frage, wie mögliche Konfliktherde schon im Ansatz zu erkennen und wie sie in einem offenen Arbeitsprozess zu beherrschen sind. Grundlage waren reale, aus dem eigenen Arbeitsalltag gegriffene Konfliktsituationen, welche die Teilnehmer als Fallstudien in Kleingruppen zu bearbeiten hatten. Die Diskussionen waren lebhaft und von Offenheit geprägt. Dabei war es wichtig, keine Lösungen vorzugeben, sondern sie gemeinsam zu erarbeiten. Dazu wurden die Leitsätze auf den jeweiligen Problemfall angewendet. Letztlich ging es darum, eine Entscheidung zu treffen, die Ertrag und Wachstum bringt, zugleich aber auch mit den Unternehmenswerten in Einklang steht.

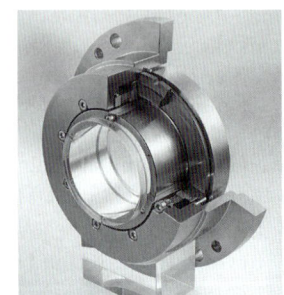

Es zeigte sich: In der Regel gibt es keine einfachen Antworten auf schwierige Fragen. Mehr noch: Manchmal erschließt sich überhaupt keine eindeutige

2.3 Unternehmensziele

> Antwort. In diesem Fall gilt es zu akzeptieren, dass alternative Lösungswege aus dieser Grauzone führen müssen. Im Extremfall führt das dazu, von einem Geschäft sogar ganz Abstand zu nehmen. Es kam dem Unternehmen dabei weniger darauf an, welche Antworten gefunden werden, sondern vielmehr darauf, dass die Führungskräfte in einen offenen Dialog treten und zu einem gemeinsamen Verständnis der Werte über Kultur- und Landesgrenzen hinweg finden. Die wesentliche Erkenntnis war jedoch, dass sich Wachstum und Werte nicht ausschließen. Im Gegenteil. Sie sind zwei Seiten ein und derselben Medaille. Nachhaltigkeit erweist sich dabei als Schlüsselwort. Schließlich geht es beim Thema Wachstum nicht nur um eine kurzfristige Umsatzsteigerung, sondern auch und vor allem um eine langfristige Gewinnentwicklung. Ohne Nachhaltigkeit aber ist ein stabiles Wertefundament überhaupt nicht denkbar. Als ein Ergebnis führte dies zu einer Dynamik im Unternehmen, die bis heute fortwirkt, nicht zuletzt als Differenzierungsmerkmal im Wettbewerb um die besten Nachwuchskräfte.

2.3.4 Leitlinien und Ziele

Im Prozess der Unternehmenspolitik legt die normative Unternehmensführung spezifische und zugleich anspruchsvolle Ziele für ein Unternehmen fest. Nur wenn diese klar vorgegeben sind, lässt sich auch der Weg dorthin sinnvoll beschreiben und planen. Die Auswahl von Zielen aus einer Anzahl möglicher Alternativen gehört somit zwingend zu jedem wirtschaftlichen Handeln. Sie schafft Klarheit darüber, was mit diesem Handeln erreicht werden soll (vgl. *Heinen*, 1976, S. 28). Erst durch die Vorgabe von Zielen wird es möglich, die Leistung des Unternehmens und seiner Führung zu beurteilen (vgl. *Hungenberg*, 2011, S. 27). **Unternehmensziele** besitzen somit grundlegende, normative Bedeutung. Sie sollten ein hohes Anspruchsniveau haben, um die Fähigkeiten und Kräfte eines Unternehmens zu mobilisieren sowie um Orientierung und Ansporn für jeden einzelnen Mitarbeiter zu sein. Gut formulierte Zielsetzungen sind konkret, verständlich und eignen sich als Maßstab für das bisher Erreichte. Zudem sollten sie ausreichend realistisch sein, um nicht demotivierend zu wirken.

> **Unternehmensziele** sind normative Vorstellungen über einen zukünftigen Zustand, der durch Handlungen erreicht werden soll (vgl. Heinen, 1976, S. 45).

Die Formulierung von Zielen ist daher eine Grundfunktion der normativen Unternehmensführung. Unternehmensziele legen die langfristige Entwicklung des Unternehmens fest. Sie müssen formuliert, zueinander in Beziehung gesetzt, konkretisiert und im Rahmen der strategischen Unternehmensführung umgesetzt werden.

Häufig sind Unternehmensziele weder vollständig, noch eindeutig und konsistent sind. Diese Unbestimmtheit kann jedoch auch beabsichtigt sein, um im Rahmen der Unternehmenspolitik überhaupt konsensfähige Ziele erreichen zu können (vgl. *Kirsch*, 1993, Sp. 4094 ff.). In diesem Fall wird von Unternehmensleitlinien gesprochen.

> **Unternehmensleitlinien** sind nicht vollständig konkretisierte Ziele eines Unternehmens.

Unternehmensleitlinien und -ziele erfüllen eine Reihe von **Funktionen** (vgl. *Bea/Haas*, 2009, S. 67 f. ; *Welge/Al-Laham*, 2012, S. 200 f. sowie Abb. 2.3.15):

- **Selektionsfunktion:** Ziele ermöglichen die bewusste Auswahl einer Handlungsalternative. Sie kennzeichnen damit die Handlungspräferenzen der Unternehmensführung.

- **Orientierungsfunktion:** Ziele richten sämtliche Aktivitäten auf ein oder mehrere übergeordnete Ziele aus. Verabschiedete Ziele dienen den Unternehmensmitgliedern als Rahmen für Handlungen und Entscheidungen.
- **Lenkungsfunktion:** Ziele ermöglichen die Lenkung durch Vorgabe von Leistungsgrößen, ohne die dafür notwendigen Handlungen und Entscheidungen vorgeben zu müssen.
- **Koordinationsfunktion:** Ziele stimmen die Aktivitäten der Unternehmensmitglieder aufeinander ab.
- **Motivations- und Anreizfunktion:** Ziele stellen Anreize dar, die zur Leistungssteigerung der Mitarbeiter führen können.
- **Bewertungsfunktion:** Handlungsalternativen lassen sich nur im Hinblick auf ihren Beitrag zur Zielerreichung bewerten.
- **Kontrollfunktion:** Ziele dienen der Beurteilung der erreichten Ergebnisse. Hierzu werden sie mit den gesetzten Zielen verglichen.

Abb. 2.3.15: Funktionen von Zielen

Operationalisierung

Voraussetzung für die Eignung von Zielen für die Zwecke der Unternehmensführung ist ihre Eindeutigkeit. Dazu sind sie hinreichend präzise zu formulieren, um sie umsetzbar zu machen (Operationalisierung). Erst wenn Ziele präzisiert wurden, kann der Zielerreichungsgrad gemessen und eine Erfolgskontrolle durchgeführt werden. Nach *Wild* (1982, S. 58) setzt die **Operationalisierung** die Bestimmung der in Abb. 2.3.16 aufgeführten Merkmale voraus.

Zielmerkmale	Fragestellung	Beispiel
Zielinhalt	Was soll erreicht werden?	Erhöhung des Marktanteils
Zielausmaß	Wie viel soll erreicht werden?	5 %
Zieltermin	Wann soll etwas erreicht werden?	Dezember 2015
Zielverantwortung	Wer ist für die Erreichung verantwortlich?	Geschäftsleiter Vertrieb
Zielort	Wo soll das Ziel erreicht werden?	Ländermarkt China

Abb. 2.3.16: Merkmale operationalisierter Ziele

Zielausmaß

Das **Zielausmaß** ist nicht immer das maximal erreichbare Ergebnis. Häufig werden auch nur ausreichend zufriedenstellende, sog. satisfizierende Lösungen angestrebt (z. B. Festigung des erreichten Marktanteils anstelle einer weiteren Erhöhung).

In der Phase der **Zielanalyse und -ordnung** werden Einzelziele aufgrund ihrer Beziehungen zueinander in eine Reihenfolge gebracht. Ausgangspunkt jedes Zielsystems ist eine funktionale Beziehung zwischen Zweck und Mittel. Diese Unterscheidung nach *Heinen* (1976) besagt, dass auf jeder Hierarchiestufe eines Zielsystems das jeweilige Ziel sowohl die Funktion eines Mittels als auch die eines Zwecks einnimmt: Untergeordne-

2.3 Unternehmensziele

te Ziele sind Mittel zur Erreichung höherer Ziele. Für untergeordnete Ziele stellen sie aber wiederum selbst das übergeordnete Ziel dar. Das Mittel-Zweck-Schema führt zu hierarchisch strukturierten Zielsystemen. Ziele können auf Basis folgender Kriterien zu einem **Zielsystem** führen (vgl. *Heinen*, 1976, S. 14 ff.):

Zielsystem

- **Rang** verdeutlicht den hierarchischen Stellenwert eines Ziels im Vergleich zu anderen Zielen. Rangunterschiede können sich in der Unterscheidung von Ober- und Unterzielen respektive Haupt- und Nebenzielen ausdrücken.
- **Prioritäten** bzw. Präferenzen drücken die Rangfolge der Wichtigkeit von Zielen aus. Leisten gleichrangige Ziele unterschiedliche Beiträge zur Erfüllung eines höherrangigen Ziels, so besitzen jene Ziele mit den höheren Beiträgen eine höhere Präferenz.
- **Zielbeziehungen** können in folgenden Ausprägungen auftreten:
  - **Zielneutralität** bedeutet, dass Ziele in keinem Zusammenhang stehen. So ist z. B. das Ziel eines Markteintritts in Südamerika unabhängig von einer angestrebten Unternehmensübernahme in Asien.
  - **Zielkomplementarität** besteht, wenn die Verbesserung einer Zielgröße auch eine andere Zielgröße fördert. Die Markteinführung eines neuen Produktes kann sich z. B. positiv auf das Ziel der Marktanteilsausweitung auswirken.
  - **Zielkonkurrenz** besteht zwischen konfliktären Zielen. Maßnahmen zur Erhöhung eines Ziels führen zur Absenkung des Erreichungsgrades eines anderen Ziels. Beispielsweise führen die erforderlichen Aufwendungen für eine Marktanteilsausweitung zu geringerem Periodenerfolg.
- **Zuordnungsbereiche** strukturieren Ziele nach den Unternehmenseinheiten, für die ein Ziel gilt. So kann z. B. zwischen Unternehmens-, Geschäftsbereichs-, Abteilungs- und Stellenzielen unterschieden werden.
- **Fristigkeit:** Ziele können kurz-, mittel- und langfristig gültig sein.

Nachdem Ziele eindeutig festgelegt wurden, ist ihre **Realisierbarkeit** zu prüfen. Hierbei kommt es auf ein realistisches Zielausmaß oder Anspruchsniveau an. Um motivierend zu sein, sollten Ziele weder zu einfach noch zu schwierig erreichbar sein. Ferner ist zu berücksichtigen, ob die geplanten Maßnahmen zur Verwirklichung der Ziele im Rahmen der zur Verfügung stehenden Ressourcen, organisatorischen Kompetenzen und dem Leistungspotenzial der mit der Realisierung beauftragten Personen möglich ist (vgl. *Wild*, 1982, S. 62). Dies kann allerdings erst nach der Bestimmung der Konsequenzen, der notwendigen Maßnahmen und des erforderlichen Ressourceneinsatzes zur Zielerreichung erfolgen. Um die **Durchsetzung von Zielen** zu gewährleisten, sind drei wesentliche **Voraussetzungen** zu erfüllen (vgl. *Wild*, 1982, S. 63):

Realisierbarkeit

Voraussetzungen

- **Verständlichkeit:** Ziele müssen von den für die Erreichung Verantwortlichen verstanden werden.
- **Identifikation:** Die Betroffenen sollten sich mit den Zielen identifizieren, um motivierend zu wirken.
- **Verfügbarkeit:** Die persönliche Qualifikation sowie die organisatorische Ausstattung mit Ressourcen und Kompetenzen sind für die Zielrealisierung erforderlich.

Zusammenfassend wird in der Praxis auch von **SMART**en Zielen gesprochen:

SMARTe Ziele

- **S**pezifischer Zielinhalt,
- **M**essbares Zielausmaß,
- **A**nspruchsvolles Zielausmaß und herausfordernder Zieltermin,

2 Normative Unternehmensführung

- **R**ealistisches Zielausmaß sowie
- **T**erminlich festgelegte Zielerreichung.

Inhaltlich lässt sich das System der Unternehmensziele auf einige wesentliche Fragestellungen reduzieren. Die Unternehmensziele lassen sich durch vier grundlegende **Dimensionen** erfassen. Nach *Bleicher* kann jede Dimension zwei gegensätzliche Ausprägungen annehmen (vgl. Abb. 2.3.17.; Bleicher, 2011, S. 164 ff.):

Zieldimensionen

- **Zielausrichtung auf Anspruchsgruppen:** Hierbei geht es um die Stakeholder- oder Shareholderorientierung eines Unternehmens. Es ist zu klären, in wieweit neben der Verpflichtung auf ökonomische Ziele („the business of business is business") auch gesellschaftlicher Nutzen erbracht werden soll. Dies hängt auch mit dem Zeithorizont der Zielausrichtung zusammen. So kann das opportunistische Erreichen kurzfristiger Ergebnisziele oder eine langfristige Nutzenstiftung im Vordergrund stehen. Letztere beruht nicht nur auf der Verwertung gegenwärtiger Erfolgspotenziale, sondern berücksichtigt auch die Entwicklung neuer Erfolgspotenziale.
- **Entwicklungsorientierung:** Dabei geht es um die Chancen- und Risikoperspektive der Unternehmensführung und um die Auseinandersetzung mit der Zukunft. Manche Unternehmen betrachten vor allem Chancen und Risiken in den bestehenden Geschäftsfeldern („konventionell"). Alternativ kann darüber hinaus eine kreative und innovative Auseinandersetzung mit der Zukunft auch außerhalb des bestehenden Geschäfts erfolgen („avantgardistisch").
- **Ökonomische Zielausrichtung:** Die ökonomischen Ziele der Unternehmensführung können an sachlichen Leistungszielen (Sachziele) oder an finanziellen Wertzielen (Formalziele) orientiert sein. Dem „Durchwursteln" (muddling-through) mit geringem wirtschaftlichem Anspruch steht die integrierte Berücksichtigung sachlicher und finanzieller Ziele („ökonomische Verpflichtung") gegenüber.
- **Gesellschaftliche Zielausrichtung:** Sie kann sich in unterschiedlichem Ausmaß an ökologischen und sozialen Ansprüchen orientieren. Neben der umweltorientierten Unternehmensführung wird dabei auch die Rolle des Unternehmens als verantwortliches Mitglied eines Gemeinwesens (Corporate Citizenship) festgelegt.

Abb. 2.3.17: Dimensionen der Unternehmensziele (in Anlehnung an Bleicher, 2011, S. 164)

2.3 Unternehmensziele

Alle vier Dimensionen der Unternehmensziele sollten in einer **integrativen Betrachtung** in sich konsistent sein. Die unternehmenspolitische Grundorientierung ermöglicht die Gestaltung der zukünftigen Unternehmensentwicklung. Diese können sich nach *Bleicher* zwischen den extremen Grundorientierungen „Opportunistisch" und „Verpflichtet" bewegen und sehr vielfältig sein. Allerdings ist in Europa ein Trend in Richtung verpflichtender Unternehmensziele festzustellen. Dies ist zweckmäßig, wenn ein Unternehmen dauerhaft Nutzen erbringen, Erfolgspotenziale schaffen und gesellschaftlich legitimiert sein soll.

Unternehmensziele sind kein starres System, sondern eine Orientierung für das unternehmerische Denken und Handeln. Mit ihrer Hilfe können unternehmensexterne und -interne Entwicklungen erfasst, Motivation und Engagement der Mitarbeiter gefördert und entsprechende Strategien festgelegt werden (vgl. *Hinterhuber*, 2004, S. 27). Darin kommen die Präferenzen für eine erstrebenswerte Zukunft zum Ausdruck. Die Festlegung der zukünftigen Unternehmensentwicklung im Sinne erfolgversprechender **Entwicklungspfade** basiert auf vergangenheitsgeprägten Erfahrungen und steht unter dem Einfluss der bestehenden Unternehmenskultur (vgl. Kap. 2.4). Die Unternehmenspolitik mündet in die Verdichtung und Vorgabe genereller Ziele und Leitlinien der Unternehmensentwicklung als Richtschnur des Handelns (vgl. *Bleicher*, 2011, S. 155). Sie kanalisiert die Entwicklung des Unternehmens, aus der sich Strategien und Maßnahmen ableiten (vgl. Abb. 2.3.18). Die Eingrenzung eines betrieblichen Entwicklungspfads kann sowohl durch positive, als auch durch negative Vorgaben erfolgen. Positive Vorgaben sind Zielvorgaben oder Leitlinien. Eine negative Vorgabe grenzt Verhaltensspielräume ein, indem unzulässige Aktionsfelder definiert werden. Dies kann z. B. ein Verbot von Korruption sein.

Entwicklungspfade

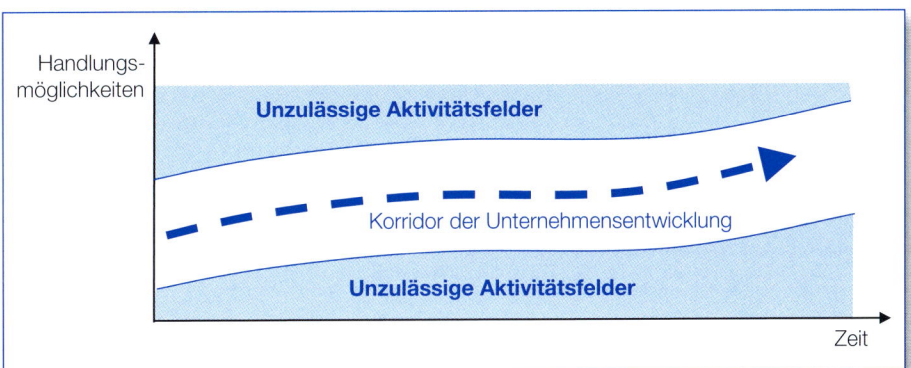

Abb. 2.3.18: Unternehmenspolitischer Entwicklungspfad (vgl. Pümpin, 1986, S. 41)

Management Summary

- Die globale Umwelt (Makroumwelt) umfasst übergeordnete Faktoren, die nicht nur für ein Unternehmen oder eine Branche, sondern für alle Unternehmen von Bedeutung sind. Sie bilden die rechtliche, ökonomische, ökologische, gesellschaftliche und technologische Umwelt der Unternehmen.

- Unternehmensvisionen sind Leitmotiv des Handelns und treibende Kraft der Veränderung. Eine unternehmerische Vision ist ein konkretes Zukunftsbild, das nahe genug ist, um die Realisierbarkeit noch sehen zu können, aber schon fern genug, um Begeisterung in einem Unternehmen für eine neue Wirklichkeit zu wecken.

2 Normative Unternehmensführung

- Erfolgreiche Visionen sind richtungweisend, anspornend, plausibel und prägnant. Eine Unternehmensvision kann durch visionäre Persönlichkeiten oder in einem kollektiven Prozess entwickelt werden. Neben der Formulierung ist die Verankerung im Unternehmen wichtig, damit sie allgemein bekannt sind und ihre Bedeutung den Mitarbeitern vertraut ist.
- Unternehmensvisionen haben einen Lebenszyklus. Sie sollten langfristig Bestand haben und rechtzeitig vor ihrer Überalterung modifiziert oder abgelöst werden.
- Erfolgreiche Visionen richten ein Unternehmen aus und bestimmen seinen Sinn und Zweck. Für die Mitarbeiter schaffen sie Identifikation und Motivation.
- Unternehmenspolitik umfasst die Bildung von Unternehmensleitlinien und -zielen durch politischen Interessenausgleich. Sie regelt das Verhalten innerhalb eines Unternehmens im Sinne von Grundsatzentscheidungen.
- Aufgabe der Unternehmenspolitik ist die Harmonisierung externer Interessen und intern verfolgter Ziele und Ansprüche. Dadurch soll die Unternehmensführung eine Übereinstimmung („fit") zwischen der Unternehmensumwelt und dem Unternehmen erreichen.
- Unternehmen haben neben den eigenen auch externe Erwartungen zu erfüllen. Diese werden durch Stakeholder an ein Unternehmen herangetragen.
- Vorrangiges Interesse eines Unternehmens ist es, seinen Unternehmenswert zu steigern. Dies ist nur dann nachhaltig möglich, wenn die Interessen der anderen Stakeholder ebenfalls ausreichend erfüllt werden.
- Unternehmenspolitische Prozesse beschreiben, wie Ziele bei Interessenkonflikten durch Machtausübung festgelegt werden.
- Unternehmensziele sind normative Vorstellungen über einen zukünftigen Zustand, der durch Handlungen hergestellt werden soll. Unternehmensleitlinien sind nicht vollständig konkretisierte Ziele eines Unternehmens.
- Ziele sollten spezifisch, messbar, anspruchsvoll, realistisch und terminiert sein.
- Die Unternehmenspolitik ist inhaltlich auf die Anspruchsgruppen, die zukünftige Entwicklung des Unternehmens sowie auf ökonomische und gesellschaftliche Ziele auszurichten.

Literaturempfehlungen

Bleicher, K.: Das Konzept integriertes Management, 8. Aufl., Frankfurt/New York 2011.

Coenenberg, A./Salfeld, R: Wertorientierte Unternehmensführung – Vom Strategieentwurf zur Implementierung, 2. Aufl., Stuttgart 2004.

Hinterhuber, H.: Strategische Unternehmensführung I, 7. Aufl., Berlin/New York 2004.

Welge, M.K./Al-Laham, A.: Strategisches Management: Grundlagen – Prozess – Implementierung, 4. Aufl., Wiesbaden 2008.

Empfehlenswerte Fallstudien zum Kapitel 2.3 aus Dillerup, R./Stoi, R. (Hrsg.)

2.1 Normative Unternehmensführung bei der Eder Möbel GmbH *(Dillerup, R.)*

2.2 Globale Umweltanalyse bei der Eder Gruppe *(Dillerup, R.)*

2.4 Unternehmenskultur

> **Leitfragen**
> - Was beinhaltet eine Unternehmenskultur?
> - Welche Wirkungen hat die Unternehmenskultur und wie lässt sie sich beeinflussen?
> - In welchem Zusammenhang stehen Unternehmenskultur und Unternehmensmission?

Die Unternehmenskultur ist für die Unternehmensführung ein erfolgbestimmender Faktor. Empirische Studien belegen dies (vgl. *Deal/Kennedy*, 1983, S. 498 ff.; *Peters/Waterman*, 2006). Eine empirische Studie in Deutschland konnte z.B. einen Zusammenhang zwischen den Werten des Unternehmens und dessen Erfolg nachweisen. Als die am stärksten gelebten Werte wurden dabei Verantwortungs- und Pflichtgefühl, Toleranz sowie Disziplin gegenüber Mächtigeren festgestellt (vgl. *Schönborn/Peetz*, 2004, S. 16). Allerdings führen diese Werte zu geringerem wirtschaftlichen Erfolg als Kulturen, die u. a. durch Vision und Tradition sowie durch Eigeninitiative und Ethik geprägt sind (vgl. *Herrmann* et al., 2004, S. 32).

> Die **Unternehmenskultur** ist die Gesamtheit der in einem Unternehmen vorherrschenden Wertvorstellungen, Traditionen, Überlieferungen, Mythen und Denkhaltungen, welche das Verhalten der Mitarbeiter prägen.

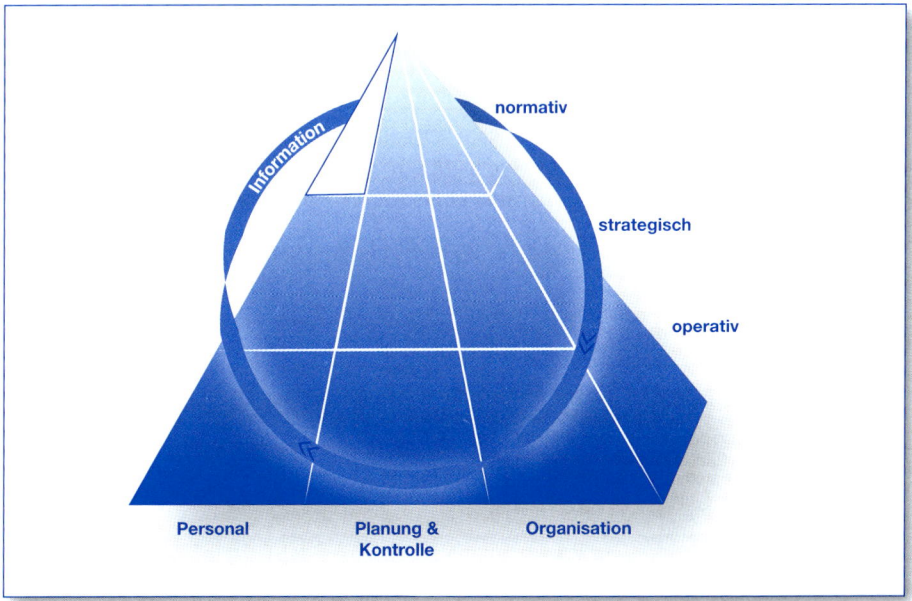

Abb. 2.4.1: Unternehmenskultur im integrierten System der Unternehmensführung

2 Normative Unternehmensführung

2.4.1 Ebenen und Funktionen

Gelebte Werte

Die Unternehmenskultur entsteht mit der Zeit und ist von der Geschichte des Unternehmens und seiner Umwelt abhängig. Sie wird wesentlich durch die Unternehmensvision und -mission sowie durch das Verhalten der Unternehmensführung geprägt (vgl. *Steinmann/Schreyögg*, 2005, S. 606 ff.) Sie spiegelt das erlebte Selbstbild eines Unternehmens wider und prägt dessen Fremdbild bei Führungskräften, Mitarbeitern und externen Stakeholdern. Während die Unternehmenskultur realisierte Werte beinhaltet, beschreiben die Unternehmenswerte (vgl. Kap. 2.2) ein Selbstbild mit angestrebten Werten und Verhaltensweisen. Die Unternehmenskultur wird daher der Personalfunktion auf der normativen Ebene zugeordnet (vgl. Abb. 2.4.1).

Die Unternehmenskultur beinhaltet neben den Verhaltensweisen auch nicht sichtbare Merkmale eines Unternehmens. Es können nach *Schein* drei **Ebenen einer Unternehmenskultur** unterschieden werden (vgl. *Hungenberg*, 2011, S. 40 f.; *Schein*, 2004, S. 3 ff.; Abb. 2.4.2):

Grundannahmen

- **Grundannahmen:** Basis der Unternehmenskultur sind gemeinsame Grundannahmen der Mitglieder. Diese betreffen das Menschenbild sowie die Einstellungen eines Unternehmens zur Umwelt und den Zweck eines Unternehmens. Sie bilden sich im Laufe der Zeit heraus und werden von den Mitgliedern eines Unternehmens als selbstverständlich angesehen. Es sind unbewusste und nach außen unsichtbare Werte und Überzeugungen, die von den Mitgliedern nicht hinterfragt werden. Pflichterfüllung kann z. B. eine solche gelebte Grundüberzeugung sein.

Normen & Standards

- **Normen und Standards** sind Auffassungen darüber, was wünschens- oder erstrebenswert ist. Diese Präferenzen sollen das Verhalten der Mitarbeiter bestimmen. Werden sie von der Mehrheit der Unternehmensmitglieder geteilt, dann werden sie zu Verhaltensmaximen im Sinne einer „Ideologie". Sie sind teilweise unbewusst und nicht immer sichtbar. Der sichtbare Anteil kommt z. B. in Regeln oder Verboten zum Ausdruck. Verhaltensmaximen können z. B. Pünktlichkeit bei Besprechungen oder Verhaltensvorgaben auf Geschäftsreisen sein.

Symbolsysteme

- **Symbolsysteme** (Artefakte) sind das sichtbare Element der Unternehmenskultur. Dazu zählen die von den Unternehmensmitgliedern entwickelten und gelebten Ver-

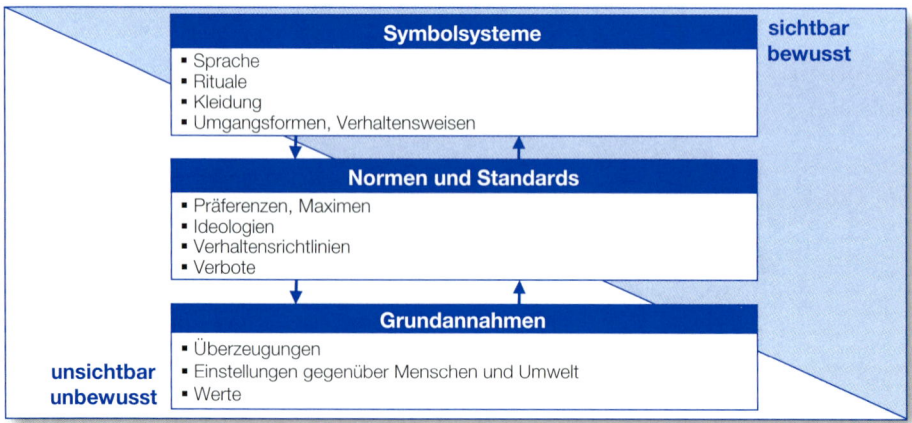

Abb. 2.4.2: Elemente der Unternehmenskultur (vgl. Hungenberg, 2011, S. 40)

haltensweisen und Umgangsformen sowie andere Symbole. Beispiele sind Sitten und Gebräuche (Rituale), Sprache, Kleidungsgewohnheiten, Büroeinrichtung sowie Statussymbole. Beispielsweise geben meist die Größe eines Firmenwagens und die Lage des Parkplatzes symbolhaft Auskunft über die hierarchische Stellung eines Mitarbeiters.

Aus dem Zusammenspiel der einzelnen Elemente entsteht die unverwechselbare Kultur eines Unternehmens. Eine starke Unternehmenskultur ist durch folgende **Merkmale** gekennzeichnet (vgl. *Hungenberg*, 2011, S. 42; *Schreyögg*, 1989, S. 370 f.):

Merkmale

- **Prägnanz:** Die Elemente der Unternehmenskultur sind klar verständlich und treten deutlich hervor, so dass die Mitglieder ihr Verhalten daran ausrichten können.
- **Verbreitung:** Die Unternehmenskultur ist den meisten Mitgliedern bekannt.
- **Verankerung:** Die Unternehmenskultur ist tief im Bewusstsein der Mitglieder verankert.

Die Unternehmenskultur erfüllt folgende **Funktionen** (vgl. *Hungenberg*, 2011, S. 42):

Funktionen

- **Sinngebung:** Die Unternehmenskultur liefert Maßstäbe, an denen das Handeln ausgerichtet und somit auch beurteilt werden kann. Bei starker Verbreitung kann ein „Wir-Gefühl" entstehen, wodurch Motivation und Leistung des Einzelnen gefördert werden.
- **Koordination:** Die gleichgerichtete Wahrnehmung und Interpretation von Informationen stimmt gemeinsame Ziele und Handlungen der Unternehmensmitglieder aufeinander ab. Auf diese Weise kann die Koordination durch Strukturen oder Pläne ergänzt werden.

Neben diesen positiven Effekten beinhaltet eine starke Unternehmenskultur aber auch **Risiken** für die Unternehmensführung. Sie kann den Blick auf Entwicklungen der Unternehmensumwelt versperren und erforderlichen Wandel (vgl. Kap. 6.4) behindern. Dies gilt insbesondere für Entwicklungen, die im Widerspruch zum bisherigen Wertesystem stehen. In diesem Fall neigen die Mitglieder dazu, diese Entwicklungen zu ignorieren. In einer dynamischen Umwelt kann dies das Überleben eines Unternehmens gefährden (vgl. *Scholz*, 1988, S. 243 ff.).

Risiken

Unternehmenskultur der Würth-Gruppe

Die *Adolf Würth GmbH & Co. KG* wurde 1945 durch *Adolf Würth* im süddeutschen Künzelsau (Baden-Württemberg) gegründet und ist das Mutterunternehmen der global tätigen *Würth-Gruppe*. In seinem Kerngeschäft, dem Handel mit Montage- und Befestigungsmaterial, ist der Konzern Weltmarktführer. Die *Würth Gruppe* besteht aus über 400 Gesellschaften in über 80 Ländern und beschäftigt mehr als 65.000 Mitarbeiter. Das Unternehmen bietet ein Verkaufsprogramm mit über 100.000 Produkten höchster Qualität und erwirtschaftet einen Umsatz von rund zehn Milliarden Euro.

Die *Würth-Gruppe* möchte optimistisch, dynamisch und verantwortungsbewusst handeln und ihre Kunden nicht nur zufriedenstellen, sondern begeistern. Leistung zu fordern und zu fördern, gehört fest zur Unternehmenskultur.

In der Firmenphilosophie werden die Werte des Unternehmens beschrieben. Demnach ist die Unternehmenskultur geprägt von gegenseitigem Vertrauen, von Berechenbarkeit, Ehrlichkeit und Geradlinigkeit nach innen und außen. Von den Führungskräften wird ein vorbildliches Verhalten erwartet. Eine wesentliche Grundannahme liegt in der dezentralen Ergebnisverantwortung nach der Devise „Je größer die Erfolge, desto höher die Freiheitsgrade". Daraus leiten sich die Normen Leistungs- und Zielorientierung ab. Die Zielerreichung eines Außendienstmitarbeiters wird z. B. durch unterschiedliche Firmenwagen oder durch Reisen als Anreize für Top-Verkäufer symbolisiert.

2.4.2 Klassifikationen und Wandel

Unternehmenskulturen können nicht nur nach ihrer Stärke, sondern vielen weiteren Kriterien differenziert werden. Nach ihrer Ausprägung unterscheidet z. B. *Bleicher* „opportunistische" und „verpflichtende" Unternehmenskulturen (vgl. *Bleicher*, 2011, S. 243). Eine empirisch fundierte Unterteilung mit hohem Aussagegehalt wurde von *Hofstede* entwickelt. Er unterscheidet vier **Dimensionen**, nach denen sich Unternehmenskulturen beschreiben und abgrenzen lassen (vgl. *Hofstede*, 2002, S. 16 ff.):

Machtdistanz
- **Machtdistanz** ist das Ausmaß, bis zu welchem weniger mächtige Mitglieder eines Unternehmens erwarten und akzeptieren, dass Macht ungleich verteilt ist. Dies äußert sich in sozialer Ungleichheit, dem Verhältnis zur Autorität und emotionaler Distanz zwischen Mitarbeitern und Vorgesetzten. Beispielsweise sind Unternehmen in Ländern mit selbstbewussten Mitarbeitern und Vorgesetzten meist durch einen kooperativen Führungsstil und eine geringe Machtdistanz geprägt.

Individualismus
- **Individualismus** spiegelt sich in Gesellschaften wider, in denen jeder für sich selbst sorgt. Beim **Kollektivismus** steht ein Gemeinschaftsgefühl im Vordergrund, das bedingungslose Loyalität verlangt. In den meisten europäischen Industriestaaten ist der Individualismus bestimmend, während in asiatischen Ländern das Gruppendenken betont wird.

Maskulinität
- Eine **maskuline** Gesellschaft ist geprägt durch männliche Werte wie z. B. Leistungsbezug, Geradlinigkeit, Härte, Konkurrenzdenken und materielle Orientierung. Eine **feminine** Kultur ist dagegen durch weibliche Werte wie z. B. Fürsorge und Kooperation gekennzeichnet.

Risiko
- **Risikovermeidung** bezeichnet den Umgang der Mitglieder mit Ungewissheit oder unbekannten Situationen. Durch Verhaltensvorschriften, Schutzmaßnahmen, Gesetze und Regeln wird versucht, das Risikoausmaß im Zaum zu halten und die Zukunft zu kontrollieren.

Nach der zeitlichen Ausrichtung des Unternehmens und seiner Mitglieder kann auch zwischen langfristiger und kurzfristiger Orientierung unterschieden werden (vgl. *Hofstede*, 2002, S. 19). Darüber hinaus können weitere Kriterien wie z. B. die Situationsabhängigkeit der Unternehmensführung oder religiöse Vorstellungen herangezogen werden (vgl. *Perlitz*, 2004, S. 313 ff.).

Mit der Klassifizierung nach *Hofstede* können Unterschiede zwischen nationalen Kulturen durch die Dimensionen Machtdistanz und Unsicherheitsvermeidung dargestellt werden. Die Mitglieder betrachten ein Unternehmen im Wesentlichen nach zwei **Gesichtspunkten:**

- Wer verfügt über die Entscheidungsmacht?
- Welche Regeln und Vorgehensweisen sind zu befolgen, um ein Ziel zu erreichen?

Kulturkategorien
Im Vordergrund stehen dabei kulturelle Normen, welche empirisch durch den starken Zusammenhang von Machtdistanz und Unsicherheitsvermeidung gekennzeichnet sind. Die beiden anderen Dimensionen, Individualität und Maskulinität, betreffen eher einzelne Mitglieder als das Unternehmen als Ganzes (vgl. *Hofstede*, 1993, S. 162). Durch eine Gegenüberstellung von Unsicherheitsvermeidung und Machtdistanz kann die grundlegende Ausprägung einer Unternehmenskultur bestimmt werden. Die Gruppierung beruht auf der Bestimmung von Schwellenwerten jeder Dimension und ist in Abb. 2.4.3 vereinfacht dargestellt. Die Gruppen von Unternehmenskulturen geben Auskunft darüber, wie

2.4 Unternehmenskultur

betriebliche Probleme im jeweiligen Land gelöst werden (vgl. *Hofstede*, 2002, S. 17 ff.). Diese Einteilung bildet auch die Grundlage der **interkulturellen Führung** (vgl. *Proff*, 2004, S. 89). Folgende **Kategorien von Unternehmenskulturen** können unterschieden werden (vgl. *Hofstede*, 2002, S. 198 ff.):

- Die Kultur des **Wochenmarktes** ist von einer geringen Machtdistanz und Unsicherheitsvermeidung geprägt. Aktivitäten werden wenig zentralisiert und strukturiert angegangen. Es herrscht weder eine starke Hierarchie, noch gibt es explizit einzuhaltende Vorschriften. Es wird situationsbedingt, flexibel und intuitiv gehandelt, wobei Koordination oft informell und im persönlichen Gespräch erfolgt. Charakteristisch für derartige Kulturen sind angloamerikanische oder skandinavische Länder, wie z. B. Großbritannien oder Schweden.   *Wochenmarkt*

- Charakteristisch für das **Familien**-Modell ist eine große Machtdistanz bei schwacher Unsicherheitsvermeidung. Der Geschäftsführer der Organisation symbolisiert die Vaterfigur. Aktivitäten werden wenig strukturiert, dagegen haben persönliche Autorität und soziale Kontrolle eine bedeutende Rolle. Diese Ausprägung ist insbesondere kennzeichnend für die ostasiatische Kultur wie z. B. in Indien oder Indonesien.   *Familie*

- **Gut geölte Maschinen** stehen für die Notwendigkeit, Aktivitäten zu strukturieren, ohne jedoch die Autorität der Unternehmensführung zu stärken. Gekennzeichnet ist diese Kultur durch eine starke Unsicherheitsvermeidung und geringe Machtdistanz. Insbesondere deutschsprachige Länder finden sich in dieser Dimension wieder, bei der ein Einschreiten des Vorgesetzten nur in außergewöhnlichen Fällen erfolgt. Probleme im Tagesgeschäft werden durch Prozessabläufe und Regeln bewältigt.   *Gut-geölte Maschine*

- Die **Pyramide von Leuten** sieht eine Zentralisierung von Autorität und die Strukturierung der Aktivitäten vor. Die Kultur entspricht einer bürokratischen Prägung mit steilen Hierarchien, Entscheidungszentralisation und großer Unsicherheitsvermeidung. Derartige Kulturen finden sich in romanisch geprägten Ländern, wie z. B. in Frankreich.   *Pyramide von Leuten*

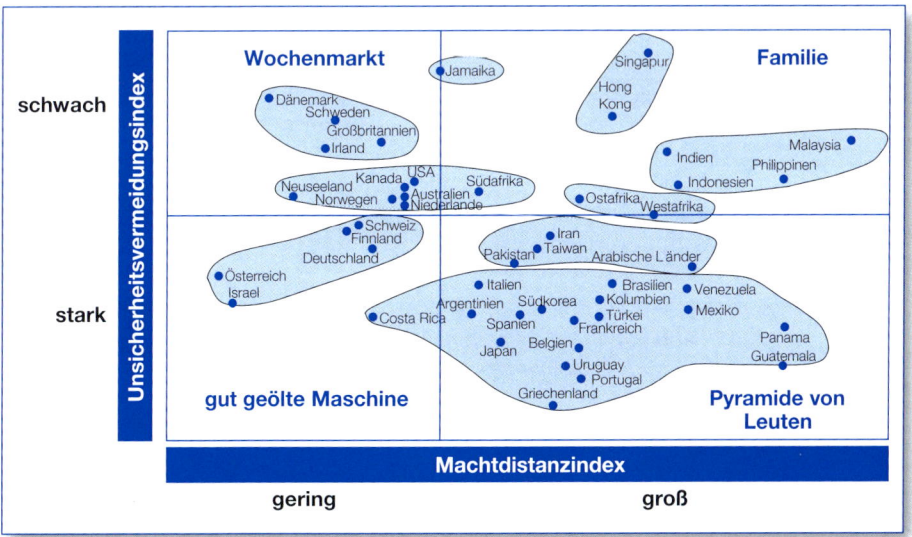

Abb. 2.4.3: Klassifikation von Unternehmenskulturen (in Anlehnung an Hofstede, 1993, S. 197)

2 Normative Unternehmensführung

Für die Unternehmensführung ist vor allem von Interesse, wie die Unternehmenskultur geprägt und gestaltet werden kann. Dies ist bei Abweichungen zwischen den angestrebten Unternehmenswerten (vgl. Kap. 2.2) mit den gelebten Werten der Unternehmenskultur oder bei Anpassungen an Umweltänderungen erforderlich. Die Werte der Unternehmensphilosophie sind dabei Vorgaben für die Unternehmenskultur (vgl. *Bleicher*, 1994, S. 57 ff.). Zur Kulturbeeinflussung spielen die **Unternehmensmission** (vgl. Kap. 2.6) und die **Unternehmensidentität** (Corporate Identity) eine zentrale Rolle.

Allerdings ist davon auszugehen, dass die Unternehmenskultur sich nicht direkt gestalten lässt. Sie entwickelt sich vielmehr in einem Prozess kultureller und sozialer Evolution (vgl. *Schwarz*, 1989). Die Kultur lässt sich somit nur indirekt, aber dennoch gezielt beeinflussen. Sie wird den Mitarbeitern vermittelt und nur selten bewusst erlernt. Kulturelle Traditionen werden übernommen, indem sich bestimmte Handlungsweisen als bevorzugt herausbilden (vgl. *Steinmann/Schreyögg*, 2005, S. 606). Reaktionen der Unternehmensführung auf kritische Ereignisse oder Verhaltensweisen sind sichtbare Einflussfaktoren, an denen sich die Mitarbeiter orientieren. Voraussetzung eines **Kulturwandels** ist die Identifikation der Führungskräfte mit den neuen Werten und Normen. Erst dann lassen sich auch die Einstellungen der Mitarbeiter verändern. Die Ausprägung und Gestaltung der verfolgten Strategien, Strukturen und Systeme beeinflussen ebenfalls die Unternehmenskultur (vgl. *Hungenberg*, 2011, S. 43 f.). Abb. 2.4.4 verdeutlicht den Verlauf eines Kulturwandels.

Kulturwandel

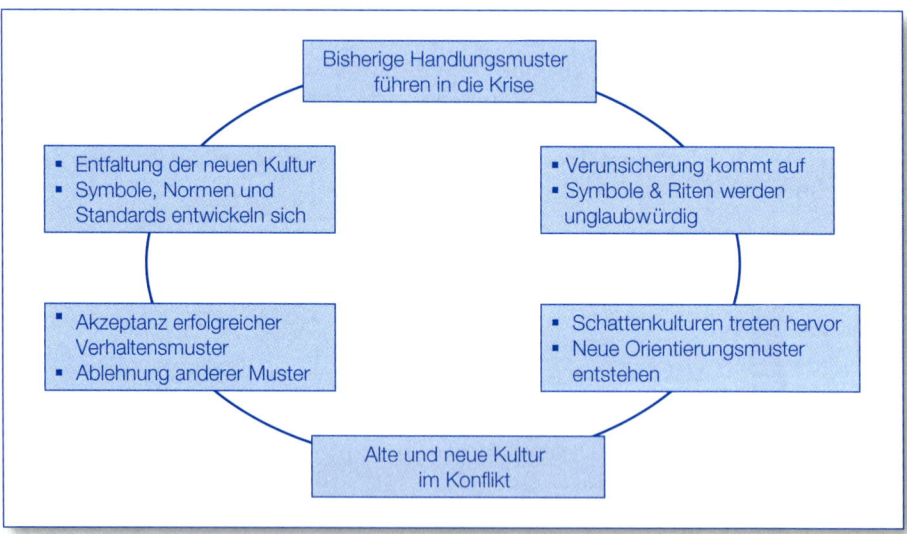

Abb. 2.4.4: Typischer Verlauf eines Kulturwandels
(vgl. Steinmann/Schreyögg, 2005, S. 607)

Management Summary

- Die Unternehmenskultur ist die Gesamtheit der in einem Unternehmen vorherrschenden Wertvorstellungen, Traditionen, Überlieferungen, Mythen und Denkhaltungen, welche das Verhalten der Mitarbeiter prägen.

2.4 Unternehmenskultur

- Eine Unternehmenskultur besteht aus drei Ebenen. Basis der Unternehmenskultur sind gemeinsame Grundannahmen eines Unternehmens. Normen und Standards sind Präferenzen und Beurteilungsmaßstab des Handelns. Symbolsysteme sind das sichtbare Element der Unternehmenskultur.

- Starke Unternehmenskulturen sind durch Prägnanz, Verbreitung und Verankerung geprägt. Sie stiften Sinn und wirken koordinierend, können aber auch Veränderungen des Unternehmens erschweren.

- Unternehmenskulturen lassen sich nach den Dimensionen Machtdistanz, Individualismus, Maskulinität und Risikovermeidung klassifizieren. Damit lassen sich auch interkulturelle Unterschiede erklären und grundlegende Typen von Unternehmenskulturen unterscheiden. Demnach gibt es eine Kultur des „Wochenmarktes", eine „Familienkultur", „gut geölte Maschinen" und „Pyramide von Leuten".

- Unternehmenskulturen sind nicht direkt gestaltbar, sondern werden in einem evolutionären Prozess entwickelt. Für einen Kulturwandel bedarf es zunächst einer eindeutigen und einheitlichen Identifikation der Führungskräfte mit den veränderten Werten und Normen.

Literaturempfehlungen

Bleicher, K.: Das Konzept integriertes Management, 8. Aufl., Frankfurt/New York 2011.

Hofstede, G.: Lokales Denken, globales Handeln: Kulturen, Zusammenarbeit und Management, 3. Aufl., München 2006.

Hungenberg, H.: Strategisches Management im Unternehmen, 6. Aufl., Wiesbaden 2011.

Empfehlenswerte Fallstudien zum Kapitel 2.4 aus Dillerup, R./Stoi, R. (Hrsg.)

2.1 Normative Unternehmensführung bei der Eder Möbel GmbH *(Dillerup, R.)*

2.3 Ethische Unternehmensführung am Fallbeispiel Klee und Berg GmbH *(Hemel, U.)*

2.4 Unternehmensnachfolge bei der Manufaktur für Druckstoffe GmbH *(Posselt, S./Schrumpf, R.)*

2.5 Unternehmensverfassung

> **Leitfragen**
> - Was beinhaltet eine Unternehmensverfassung?
> - Welche Grundformen von Unternehmensverfassungen stehen für deutsche und internationale Unternehmen zur Verfügung?
> - Womit beschäftigt sich die Corporate Governance?

Die **Unternehmensverfassung** beinhaltet grundlegende Regelungen über die Organe eines Unternehmens sowie deren Rechte und Pflichten. Sie bilden einen Ordnungsrahmen für die Organisation eines Unternehmens und sind damit der normative Teil dieser Führungsfunktion.

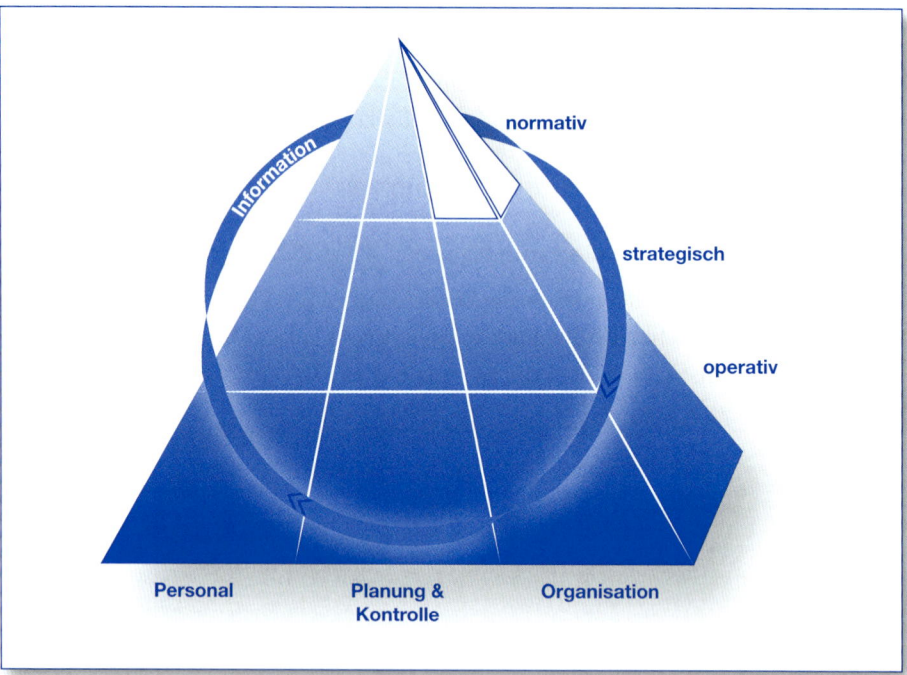

Abb. 2.5.1: Unternehmensverfassung im System der Unternehmensführung

2.5.1 Formen der Unternehmensverfassung

Je nach Rechtsform eines Unternehmens kann die Unternehmensführung im gesetzlichen Rahmen Gestaltungsspielräume nutzen, um die Unternehmensziele (vgl. Kap. 2.3) organisatorisch umzusetzen. Die Unternehmensverfassung trägt dazu bei, dass die Unternehmensführung tatsächlich im **Interesse der Eigentümer** handelt (vgl. *Hungenberg*, 2011, S. 33). Diese Ausrichtung an den Zielen der Eigentümer kann jedoch unterschied-

Eigentümerinteressen

2.5 Unternehmensverfassung

lich stark sein. Im Fall eines eigentümergeführten Unternehmens tragen die Eigentümer das Kapitalrisiko, besitzen die Verfügungsgewalt und haben vollen Anspruch auf den erwirtschafteten Gewinn. Diese Konstellation ist bei kleinen und mittelständischen Unternehmen häufig zu finden. Geben die Eigentümer die Unternehmensführungsfunktion an angestellte Führungskräfte ab, dann entsteht eine Trennung zwischen Eigentum und Verfügungsgewalt. Dies führt zu einem Regelungsbedarf, der im Rahmen der Unternehmensverfassung zu lösen ist. Er tritt überwiegend bei Großunternehmen auf. Die theoretische Basis hierfür bildet die neue Institutionenökonomie (vgl. Kap. 1.2.2) und insbesondere die **Principal-Agent-Theorie** (vgl. Kap. 1.2.2.3). Dort werden Zielkonflikte zwischen dem Auftraggeber (Prinzipal) und des zur Realisierung seiner Interessen eingesetzten Auftragnehmers (Agent) betrachtet. Die Unternehmensführung ist in diesem Falle ein Agent der Eigentümer. Sie handelt dabei jedoch nicht immer in deren Interesse, sondern kann auch eigene Zielsetzungen verfolgen und Informationen opportunistisch ausnutzen. **Lösungsansätze** dieses Zielkonflikts zwischen Eigentümern und angestellten Führungskräften sind (vgl. *Kieser/Walgenbach*, 2010, S. 46 ff.):

Principal-Agent-Problematik

Lösungsansätze

- **Anreizsysteme**, um die persönliche Zielerreichung der Unternehmensführung mit den Zielen der Eigentümer zu vereinbaren, wie z. B. durch die Entlohnung der Führungskräfte.
- **Überwachungs- und Kontrollinstrumente**, um die Information der Eigentümer zu verbessern. Dies können z. B. externe Wirtschaftsprüfer oder ein Aufsichtsrat sein.

Die Unternehmensverfassung orientiert sich neben den Unternehmenszielen (vgl. Kap. 2.3) auch an den gesetzlichen Anforderungen der Länder, in denen das Unternehmen tätig ist. In deutschen Kapitalgesellschaften können z. B. neben den Eigentümerinteressen auch die Interessen der Mitarbeiter in den Organen der Unternehmensführung vertreten sein. Gesetzliche Regelungen schreiben diese Mitbestimmung in der **Betriebsverfassung** vor. Damit ist sie Teil der Unternehmensverfassung. Je nach Ausprägung der Unternehmenswerte (vgl. Kap. 2.2) können weitere Interessengruppen in die Unternehmensverfassung einbezogen werden.

Betriebsverfassung

> Die **Unternehmensverfassung** bestimmt die Organe eines Unternehmens sowie deren Rechte und Pflichten (vgl. *Hungenberg*, 2011, S. 38).

Die Unternehmensverfassung besteht zum einen aus gesetzlichen Vorschriften (z. B. Gesellschafts- oder Arbeitsrecht, Betriebsverfassung) und zum anderen aus betrieblich frei gestaltbaren Elementen (z. B. Satzungen oder Geschäftsordnungen). Sie umfasst damit alle Regelungen, welche die Gründung und die Beendigung eines Unternehmens, ihr Außenverhältnis, grundsätzliche Entscheidungen sowie die Verteilung des ökonomischen Erfolgs betreffen. Insbesondere die Rechte der Spitzenorgane, wie z. B. deren Bezeichnung, Zustandekommen, Zusammensetzung, Zusammenwirken und deren Kompetenzen sind in der Unternehmensverfassung geregelt (vgl. *Bleicher*, 1994, S. 292). Die Unternehmensverfassung teilt Rechte und Pflichten speziellen Personengruppen zu. Sie legt damit auch fest, welche Personengruppen an der Unternehmensführung mitwirken.

Bestandteile

Die internationale Gestaltung der Unternehmensverfassung wird im Folgenden am Beispiel angloamerikanischer Aktiengesellschaften erläutert. Die deutsche Form der Unternehmensverfassung wird anhand deutscher Aktiengesellschaften und GmbHs vorgestellt.

2 Normative Unternehmensführung

Angloamerikanisches Modell

Die U.S.-amerikanische Unternehmensverfassung für Aktiengesellschaften (Stock Corporation) gilt als Prototyp des **angloamerikanischen Modells**. Die amerikanische Unternehmensverfassung für Aktiengesellschaften sieht zwei **Gesellschaftsorgane** vor und wird deshalb als zweistufiges Modell (two-tier) oder als „Board-Verfassung" bezeichnet (vgl. *Kieser/Walgenbach*, 2010, S. 55 ff.; Abb. 2.5.2):

Shareholders' Meeting

- Das **Shareholders' Meeting** (Aktionärsversammlung) entspricht weitgehend der deutschen Hauptversammlung und wird einmal jährlich mit folgenden Aufgaben einberufen:
    - Bestellung und Abberufung der Mitglieder des Board of Directors.
    - Erstellung und Änderung des Gründungsvertrags (Charter) und der Geschäftsordnung.
    - Beschlussfassung über besondere Angelegenheiten wie z. B. Fusion, Unternehmensauflösung oder Veräußerung wesentlicher Teile des Gesellschaftsvermögens.

Board of Directors

- Das **Board of Directors** (Verwaltungsrat) vereint die Leitungs- und Kontrollfunktion des Unternehmens. Innerhalb des Boards werden verschiedene Ausschüsse und Komitees gebildet, die inhaltlich abgegrenzte Leitungsaufgaben wahrnehmen. So ist z. B. das Audit Committee mit der Vorbereitung der Abschlussprüfung betraut. Die operative Unternehmensführung wird an Officers delegiert, die vom Board of Directors ernannt, überwacht und abberufen werden. Die Executive Officers (Chief Executive Officer (CEO), Chief Financial Officer (CFO) etc.) sind Mitglieder der Unternehmensführung, aber kein eigenständiges Organ der Gesellschaft. Häufig gehören sie ebenfalls dem Board an. Insbesondere der Chief Executive Officer übernimmt meist gleichzeitig die Funktion des Board-Vorsitzenden (Chairman). Im Board finden sich zwei Arten von Mitgliedern:

Managing & Outside Directors

- **Managing Directors** (Inside Directors) sind leitende Führungskräfte des Unternehmens, die zugleich hauptberuflich als Executive Officers dem Board angehören.
- **Outside Directors** werden in das Board gewählt und sind nebenamtlich tätig. Sie sollen eine Kontrollfunktion übernehmen. Es dürfen keine Fremdkapitalgeber oder Mitarbeiter des Unternehmens berufen werden.

Grundsätzlich ist die Bestellung und Abberufung der Mitglieder des Board of Directors die Aufgabe des Shareholders' Meeting. In der Praxis bevollmächtigen die Gesell-

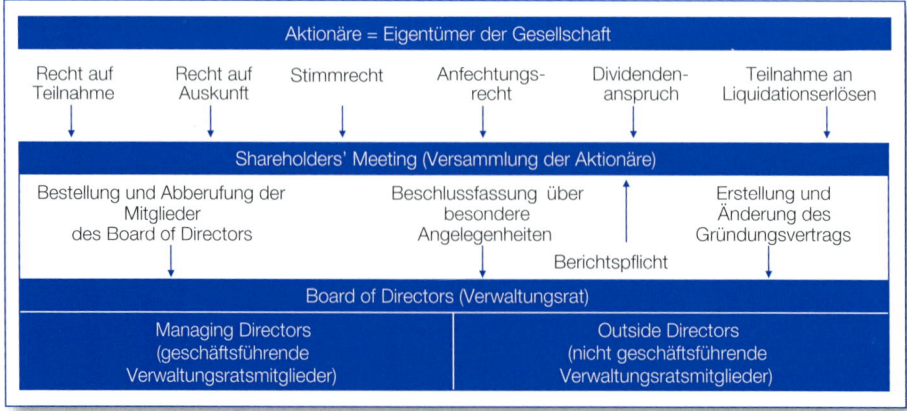

Abb. 2.5.2: Unternehmensverfassung amerikanischer Aktiengesellschaften

schafter häufig den Chief Executive Officer oder den Chief Financial Officer. Durch eine größere Zahl an Vollmachten können die Inside Directors dann selbst über die Besetzung des Boards bestimmen. Somit kann auch Einfluss auf die Auswahl und Bestellung der Outside Directors ausgeübt werden. Dies schränkt deren Kontrollfunktion ein. Die damit verbundene Machtkonzentration ermöglicht einerseits ein flexibles und schlagkräftiges Handeln, führt aber andererseits zu einer mangelnden Kontrolle der Unternehmensführung.

Im Gegensatz zum zweistufigen angloamerikanischen Modell besitzt eine deutsche Aktiengesellschaft drei **Organe** (vgl. *Hungenberg*, 2011, S. 33 ff.; Abb. 2.5.3): *Organe der AG*

- Die **Hauptversammlung** ist das Gesellschafterorgan, zu dem sich die Eigentümer des Unternehmens mindestens einmal im Jahr zusammenfinden. Der Aktienbesitz verleiht dem Aktionär das Recht, Auskunft über die Angelegenheiten der Aktiengesellschaft zu bekommen und Einfluss auf das Unternehmen zu nehmen. Diesen Einfluss nimmt er insbesondere über sein Stimmrecht wahr. Die Hauptversammlung wird in die Entscheidungen der Unternehmensführung nicht einbezogen. Analog zum Shareholders' Meeting hat die Hauptversammlung im Wesentlichen folgende Aufgaben: *Hauptversammlung*

    - Bestellung der Mitglieder des Aufsichtsrats, wobei in mitbestimmten Gesellschaften nur die Hälfte der Mitglieder von der Hauptversammlung und die andere Hälfte von den Arbeitnehmern festgelegt werden.

    - Entscheidung über die Verwendung des Bilanzgewinns, die Bestellung der Abschlussprüfer und die Entlastung von Vorstand und Aufsichtsrat.

    - Beschluss über grundlegende Maßnahmen wie z. B. Änderungen der Satzung, Kapitalerhöhungen, die Auflösung des Unternehmens, Fusionen, Umwandlungsmaßnahmen oder Übertragung der Aktiva.

- Der **Aufsichtsrat** kontrolliert für die Eigentümer die Unternehmensführung einer Aktiengesellschaft. Während in den USA überwiegend die Eigentümerinteressen durch das Board of Directors vertreten werden, handelt der deutsche Aufsichtsrat im Interesse der Eigentümer und Beschäftigten. Er ist für das langfristige Wohl des Unternehmens verantwortlich, wogegen sich das amerikanische Board of Directors vor allem auf die Steigerung des Aktionärsvermögens konzentriert. Deutsche Aufsichtsräte müssen sich zweimal im Halbjahr treffen, während amerikanische Boards of Directors dies üblicherweise sechsmal pro Jahr tun. Der Aufsichtsrat hat folgende Kompetenzen: *Aufsichtsrat*

    - Seine Hauptaufgabe ist die Überwachung des Vorstands. Er überprüft die Ordnungsmäßigkeit der Unternehmensführung. Die Überwachungstätigkeit beschränkt sich auf die Prüfung und Beratung der vom Vorstand vorgelegten Berichte. Darüber hinaus hat der Aufsichtsrat das Recht zur Einsicht und Prüfung der Bücher sowie der Vermögensgegenstände der Gesellschaft.

    - Feststellung und Prüfung des Jahresabschlusses sowie Erarbeitung eines Vorschlags über die Verwendung des Gewinns.

    - Einwilligung zu zustimmungspflichtigen Geschäften, die in der Satzung einzeln festgeschrieben werden. Dies sind z. B. Entscheidungen über den Erwerb oder die Veräußerung von Beteiligungen, die Expansion von Niederlassungen oder Betriebsstätten sowie die Aufnahme von Kooperationen.

    - Bestellung und Abberufung des Vorstands.

2 Normative Unternehmensführung

Vorstand
- Der **Vorstand** ist das oberste Führungsorgan der Aktiengesellschaft. Er übernimmt die Unternehmensführung und vertritt das Unternehmen eigenverantwortlich gegenüber außenstehenden Dritten. Seine Einflussmöglichkeiten werden nur durch die Rechte der Hauptversammlung und des Aufsichtsrats sowie durch gesetzliche Vorschriften beschränkt. Sämtliche Mitglieder eines Vorstands sind ausschließlich gemeinschaftlich zur Geschäftsführung befugt (Grundsatz der Gesamtverantwortung). Der Aufsichtsrat kann ein Mitglied des Vorstands zum Vorstandsvorsitzenden ernennen. Dieser repräsentiert den Vorstand nach außen und leitet die Vorstandssitzungen. Nach dem Gesetz ist der Vorstandsvorsitzende somit lediglich ein „Erster unter Gleichen" (primus inter pares). In der Praxis übt er allerdings häufig eine dominierende Stellung im Vorstand aus, da er durch die Aufgabenverteilung im Vorstand meist mit erheblichem Machtpotenzial ausgestattet ist. Vorstandsmitglieder können nicht im Aufsichtsrat tätig sein und umgekehrt.

Kennzeichnend für deutsche Aktiengesellschaften ist die institutionelle Trennung zwischen den Funktionen der Leitung (Vorstand) und der Kontrolle (Aufsichtsrat). Mit der Hauptversammlung gibt es in der deutschen Unternehmensverfassung insgesamt drei Organe. Deshalb wird sie auch als **dreistufiges Modell** bezeichnet. Es wird auch in den Niederlanden, Italien, Österreich und Frankreich angewendet.

Dreistufige Verfassung

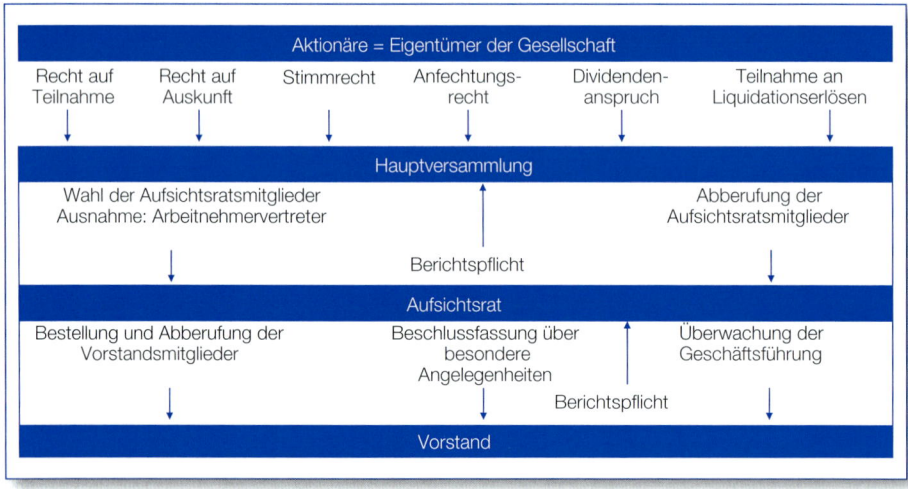

Abb. 2.5.3: Unternehmensverfassung deutscher Aktiengesellschaften

Zusammensetzung Aufsichtsrat

Eine weitere Besonderheit der deutschen aktienrechtlichen Unternehmensverfassung ist die Zusammensetzung des Aufsichtsrats. Obwohl den Fremdkapitalgebern kein gesetzliches Beteiligungsrecht am Aufsichtsrat eingeräumt wird, sind deutsche Großbanken dennoch häufig im Aufsichtsrat ihrer Kunden zu finden. Sie verfügen über beträchtliche Anteile an den großen deutschen Aktiengesellschaften. Obwohl der Anteilsbesitz der Banken an Unternehmen zunehmend reduziert wird, besitzen sie in den Aufsichtsräten hohen Einfluss. Zudem können sie aufgrund von Vollmachten der Aktionäre, deren Aktien sie verwalten (sog. Depotstimmrecht), vielfach die Beschlüsse der Hauptversammlung wesentlich mitbestimmen. Aus diesem Grund wird auch vom **Insider Control-System** (bankenorientierte Corporate Governance) gesprochen. Im Aufsichtsrat sitzen auch Arbeitnehmervertreter, die auf diese Weise ebenfalls Einfluss auf die Unter-

Insider Control-System

2.5 Unternehmensverfassung

nehmensführung ausüben (vgl. *Kieser/Walgenbach*, 2010, S. 54). Die **Mitbestimmung** der Arbeitnehmer ist in Deutschland wie in keinem anderen Land gesetzlich verankert. Auch hierüber wird kontrovers diskutiert. Diskussionspunkte sind z. B. die Rolle der Gewerkschaftsvertreter in den Aufsichtsräten oder der Einbezug von Mitarbeitern ausländischer Standorte in die Mitbestimmungsgremien (vgl. *Hungenberg*, 2011, S. 35).

Mitbestimmung

In der **Unternehmensverfassung einer GmbH** vertreten die Eigentümer ihre Interessen in der Gesellschafterversammlung. Sie hat ähnliche Aufgaben wie die einer Hauptversammlung, während die Aufgaben der Geschäftsführung mit der eines Vorstands vergleichbar sind. Die Geschäftsführung kann aber identisch mit dem oder den Eigentümern sein. Daher ist die Leitung und Kontrolle des Unternehmens nicht unbedingt getrennt. Die Gesellschafterversammlung kann im Gegensatz zur Aktiengesellschaft die Aufgaben der Geschäftsführung weitgehend bestimmen, so dass eine eigenverantwortliche Geschäftsführung nicht vorhanden sein muss. Ebenfalls kann ein Beirat eingerichtet werden, der vergleichbare Aufgaben wie ein Aufsichtsrat übernimmt. Die Trennung von Leitung und Kontrolle ist bei einer eigentümergeführten Gesellschaft allerdings weniger kritisch, da es in diesem Falle keinen Principal-Agent-Konflikt gibt. Bei einer großen GmbH kann es einen von den Gesellschaftern unabhängigen Beirat zur Überwachung der Unternehmensführung geben. Dann können die Überlegungen zur Unternehmensverfassung einer Aktiengesellschaft übernommen werden.

GmbH-Verfassung

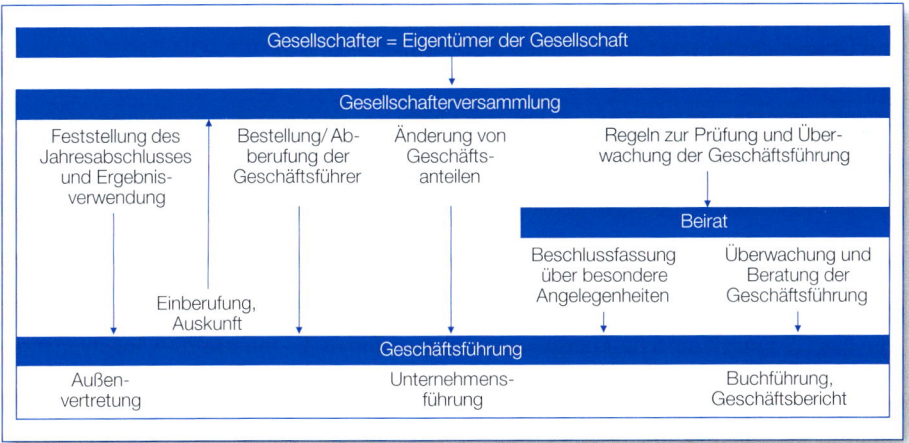

Abb. 2.5.4: Unternehmensverfassung deutscher Gesellschaften mit beschränkter Haftung

Besondere Regelungen erfordert bei **Familienunternehmen** der Einbezug der Eigentümer in die Unternehmensführung (vgl. *Wolter/Hauser*, 2001 S. 30). Diese sind durch eine langfristige strategische Orientierung, kurze Entscheidungswege, hohe Flexibilität sowie Kontinuität der Führung und Eigentumsverhältnisse gekennzeichnet. Prominente Beispiele für große Familienunternehmen sind die *Tengelmann Gruppe* oder die *Dr. August Oetker KG*. Um den Zusammenhalt und das Bekenntnis der Eigentümer zum Familienunternehmen zu erhalten, sind eine Reihe besonderer Aspekte zu beachten. Da die im Mittelstand vorherrschenden Familienunternehmen sehr verschieden sind, können die Unternehmensverfassungen weder verbindlich noch standardisiert sein (vgl. *Dörner/Wader*, 2003, S. 356). In Familienunternehmen hat die Rechtfertigung gegenüber der Öffentlichkeit, d. h. die Transparenz nach außen, einen deutlich geringeren Stellenwert.

Familienunternehmen

2 Normative Unternehmensführung

Aufgrund der zusätzlichen finanziellen, bürokratischen und personellen Belastungen haben sich in der Folge einige Unternehmen wie z. B. *BASF, Bayer, Eon, Infineon* und *Allianz* aus dem amerikanischen Kapitalmarkt zurückgezogen.

8. EU-Richtlinie

Auch das Europäische Parlament hat neue Gesetze zur Verbesserung der Corporate Governance erlassen. Mit der Modernisierung der **8. EU-Richtlinie** (EuroSOX) wurden die Anforderungen an die Kontrolle und Transparenz von Unternehmen verschärft und europaweit harmonisiert. So werden z. B. die Abschlussprüfungen von EU-Unternehmen weitgehend mit denen der USA gleichgestellt. Die europäische Neuregelung verstärkt die Überwachung und Wirksamkeit interner Kontroll-, Revisions- und Risikomanagementsysteme. Wesentlicher Bestandteil der Neuregelung ist die Ausweitung der Verantwortlichkeit des Aufsichtsrats. Innerhalb des Aufsichtsrats muss ein unabhängiger Prüfungsausschuss (Audit Commitee) gebildet werden. Zu dessen Funktionen zählen neben der Überprüfung der Wirksamkeit des vom Vorstand eingerichteten Risikomanagementsystems auch die Beaufsichtigung der Abschlussprüfung.

BilMoG

In Deutschland wurden diese Anforderungen der EU durch das **Bilanzrechtsmodernisierungsgesetz** (BilMoG) gesetzlich verankert, das seit 2010 rechtsgültig ist. Es umfasst eine Reihe von Neuregelungen und verpflichtet den Aufsichtsrat bzw. dessen Prüfungsausschuss auf die Überwachung der Wirksamkeit des internen Kontrollsystems, des Risikomanagementsystems und der internen Revision. Die Unternehmensführung trägt die Verantwortung für deren Einrichtung und Wirksamkeit.

Verhaltenskodizes

Neben diesen gesetzlichen Regelungen wurden in vielen Ländern und internationalen Organisationen sog. **Corporate Governance-Standards** entwickelt. Die Corporate Governance soll auf diese Weise nicht durch Gesetze vorgeschrieben, sondern durch **Verhaltenskodizes** verbessert werden (vgl. *Hopt/Merkt*, 2003, S. 32). Hierzu werden Grundsätze im Sinne sog. „Best Practices" formuliert, die in einem verantwortungsvoll geführten Unternehmen beachtet werden sollten. Die Verbindlichkeit eines Kodex kann von völliger Freiwilligkeit bis zu faktischem Zwang reichen. So kann z. B. die Erfüllung von Kodex-Regeln als Voraussetzung für eine Börsenzulassung vorgeschrieben werden (vgl. *Werder*, 2003, S. 16). Im Gegensatz zum Gesetzgebungsverfahren hat ein Kodex den Vorteil, dass er schneller an aktuelle Gegebenheiten angepasst werden kann. Außerdem kann er in begründeten Ausnahmefällen auch einzelnen Unternehmen erlauben, von diesen Standards abzuweichen.

Deutscher Corporate Governance-Kodex

Nachdem angelsächsische Länder derartige Kodizes entwickelt hatten, wuchs auch in Deutschland das Interesse an einem Corporate Governance Kodex (vgl. *Dörner/Wader*, 2003, S. 13f.). Diese Entwicklung wurde durch Forderungen ausländischer Investoren beschleunigt. Besonders für institutionelle Anleger, wie z. B. US-amerikanische Pensionsfonds und Versicherungen, waren deutsche Unternehmen aufgrund der unterschiedlichen Unternehmensverfassung und eines hochkomplexen Aktiengesetzes wenig attraktiv. In der Folge wurden mehrere privatwirtschaftliche Initiativen gestartet, um Corporate Governance-Regeln zu erarbeiten. Beispiele sind die *Frankfurter Grundsätze* oder der *Berliner Vorschlag*. Die Bundesregierung setzte die sog. *Cromme-Kommission* unter Vorsitz von *Gerhard Cromme* ein, dem damaligen Aufsichtsratsvorsitzenden der *ThyssenKrupp AG*. Im Jahr 2002 wurde als Ergebnis der **Deutsche Corporate Governance-Kodex** vorgestellt und im Jahr 2005 sowie 2010 aktualisiert (vgl *www.corporate-governance-code.de*). Das *Transparenz- und Publizitätsgesetz* aus dem Jahre 2002 verpflichtet börsennotierte Gesellschaften jährlich Stellung zu nehmen, inwieweit sie diesen Empfehlungen entsprechen. Damit richtet sich der Kodex insbesondere an börsennotierte Gesellschaften aller Größen sowie diesen zugeordneten Tochterunternehmen. Für nicht börsennotierte Gesellschaften wird die Anwendung des Kodex empfohlen.

Der Deutsche Corporate Governance-Kodex beinhaltet folgende **Regelungen:**

- **Muss-Vorschriften:** Wiedergabe wesentlicher gesetzlicher Vorschriften zur Leitung und Überwachung börsennotierter Gesellschaften.
- **Empfehlungen:** Gesellschaften können von diesen sog. „Soll-Regelungen" abweichen, sind dann aber verpflichtet, dies offen zu legen. Dies ermöglicht die Berücksichtigung branchen- und unternehmensspezifischer Bedürfnisse.
- **Anregungen:** Von diesen sog. „Sollte- und Kann-Regelungen" können die Gesellschaften ohne Offenlegung abweichen.

Ziele des Corporate Governance-Kodex sind (vgl. www.corporate-governance-code.de):   Ziele

- **Kommunikation und Dokumentation:** Die Zusammenfassung der verstreuten Regelungen und Standards in einem Kodex ist vor allem für ausländische Investoren hilfreich.
- **Transparenz und Nachvollziehbarkeit:** Damit soll das Vertrauen der Anleger, der Kunden, der Mitarbeiter und der Öffentlichkeit in die Leitung und Überwachung deutscher börsennotierter Aktiengesellschaften gefördert werden.
- **Qualitätsverbesserung:** Standards der Unternehmensführung, die das geltende Recht ergänzen, sollen das Vertrauen in die Führung und Überwachung deutscher börsennotierter Unternehmen stärken.

Aufgrund der jährlich erforderlichen Selbsterklärung der Unternehmen nach der Devise „comply or complain" (Anwendungs- oder Abweichungserklärung) besitzt der Kodex trotz fehlender Rechtsverbindlichkeit eine hohe Steuerungswirkung. Handelt ein Unternehmen nicht nach den Regeln des Kodex, dann sind negative Reaktionen des Marktes und der Öffentlichkeit (negative Presse) zu befürchten (vgl. *Hommelhoff/ Schwab*, 2009, S. 58). Wichtige **Inhalte** des Deutschen Corporate Governance Kodex sind: Inhalte

- **Stimmrechte:** Alle Aktionäre sollen gleiche Rechte erhalten, d.h. jede Aktie gewährt grundsätzlich eine Stimme. Höchst-, Vorzugs- und Mehrheitsstimmrechte sollten nicht bestehen. Ebenso sind alle Aktionäre bei Informationen gleich zu behandeln.
- **Vorstandsvergütung:** Die Vergütung des Vorstands sollte sowohl fixe, als auch variable Bestandteile umfassen. Die variablen Vergütungsteile sollten einmalige sowie wiederkehrende erfolgsgebundene Komponenten mit Anreizwirkung und Risikocharakter enthalten. Im Anhang des Konzernabschlusses ist die Vorstandsvergütung individuell und nach ihren Bestandteilen aufgegliedert auszuweisen.
- **Haftungsbegrenzungen** des Vorstands durch spezielle Versicherungen, insbesondere wenn sie vom Unternehmen bezahlt werden, sind im Konzernabschluss zu veröffentlichen.
- **Nebentätigkeiten** der Vorstandsmitglieder außerhalb des Unternehmens erfordern die Zustimmung des Aufsichtsrats. Dies gilt insbesondere für Aufsichtsratsmandate.
- **Interessenkonflikte von Aufsichtsratsmitgliedern** sollten offen gelegt werden. Beispielsweise wenn ein Aufsichtsrat gleichzeitig als Kunde, Lieferant oder anderweitiger Geschäftspartner mit einem Unternehmen verbunden ist.

2 Normative Unternehmensführung

Deutscher Corporate Governance Kodex (Fassung vom 26. Mai 2010)
1. Präambel
2. Aktionäre und Hauptversammlung
3. Zusammenwirken von Vorstand und Aufsichtsrat
4. Vorstand
5. Aufsichtsrat
6. Transparenz
7. Rechnungslegung und Abschlussprüfung

Abb. 2.5.5: Inhalte des Deutschen Corporate Governance Kodex (vgl. www.corporate-governance-code.de)

Corporate Governance der Dr. Ing. h.c. F. Porsche AG

Die *Porsche Automobil Holding SE* ist eine beteiligungsverwaltende Holding (www.porsche-se.com). Die Holding wurde zur Verwaltung der Beteiligungen am operativen Geschäft der *Dr. Ing. h.c. F. Porsche AG* und an der *Volkswagen AG* gegründet. Im Zuge der Schaffung des integrierten Automobilkonzerns von *Volkswagen* und *Porsche* wurde das operative *Porsche* Geschäft an die *Volkswagen AG* übertragen. Heute hält die *Porsche SE* die Mehrheit der Stammaktien an der Volkswagen AG und ist damit einer der Ankerinvestoren des Wolfsburger Automobilkonzerns. Die *Porsche SE* plant, weitere strategische Beteiligungen entlang der automobilen Wertschöpfungskette zu erwerben.

In der Entsprechenserklärung zum Deutschen Corporate Governance Kodex gemäß § 161 *AktG* erläutern Vorstand und Aufsichtsrat die Abweichungen von den im Kodex enthaltenen Empfehlungen und Anregungen. Die *Porsche SE* entspricht zwar grundsätzlich dem Kodex, erklärt 2012 jedoch auch Abweichungen:

- Der Empfehlung zur **Zusammensetzung des Aufsichtsrats** wurde nicht entsprochen. Da der integrierte Automobilkonzern mit der *Volkswagen AG* verwirklicht werden soll, wird mit den planmäßigen Neuwahlen der Anteilseignervertreter im Aufsichtsrat dessen Zusammensetzung verändert, anstelle hierfür Regeln zu erlassen. Konkrete Zielvorgaben für die Kandidaten des Aufsichtsrats, z. B. hinsichtlich der Erhöhung des Frauenanteils, werden abgelehnt. Über Kandidatenvorschläge soll jeweils im Einzelfall unter Berücksichtigung der zum jeweiligen Zeitpunkt zur Verfügung stehenden Kandidaten bzw. Kandidatinnen entschieden werden.

- Die Empfehlung zur Nachhaltigkeit der **Aufsichtsratvergütung** zur Vermeidung kurzfristiger Anreize wird abgelehnt. Die Begründung dafür lautet, dass die derzeitige erfolgsorientierte Vergütung der Aufsichtsratsmitglieder ausreichend langfristig orientiert und die Kodexempfehlung zu unbestimmt sei.

- Weitere Abweichungen betreffen die Veröffentlichung der von Organmitgliedern an der Gesellschaft gehaltenen Aktien und sich darauf beziehender Finanzinstrumente.

Kleine und mittlere Unternehmen

Der Deutsche Corporate Governance Kodex richtet sich in erster Linie an Aktiengesellschaften und damit überwiegend an Großunternehmen. Der Kodex lässt sich aber auch auf andere Unternehmen übertragen. Dazu sind Anpassungen vorzunehmen, um z. B. die Besonderheiten der **kleinen und mittleren Unternehmen** (KMU) zu berücksichtigen (vgl. *Werder/Talaulicar*, 2005, S. 846). KMU unterscheiden sich von Großunternehmen, denn bei ihnen sind Eigentum, Leitung, Haftung, Finanzierung, Risiko und Unternehmensführung häufig vereint (vgl. *Dörner/Wader*, 2003, S. 358; *Günterberg/Wolter*, 2002, S. 3). Dies wird auch in den vorwiegenden Rechtsformen des Mittelstands als einzelwirtschaftliches Unternehmen, OHG, KG oder GmbH deutlich.

2.5 Unternehmensverfassung

Zur Einhaltung der Grundsätze sind Mechanismen erforderlich, um die Ausnutzung von Spielräumen durch die beteiligten Akteure aufzudecken und Verstöße zu sanktionieren. Für die Überwachung der Corporate Governance stehen drei **Kontroll- und Sanktionsmechanismen** zur Verfügung (vgl. *Kieser/Walgenbach*, 2010, S. 52 f.; *Werder*, 2003, S. 12 f.):

- **Externe Kontrolle:** Der Markt bestraft schlechte Leistungen der Unternehmensführung, z. B. bei Aktiengesellschaften mit Aktienverkäufen, Kursrückgängen oder einer feindlichen Übernahme. Dieser externe Kontrollmechanismus erfolgt auch durch die Fremdkapitalgeber. Beispielsweise hat das Ergebnis eines Ratings nach den Bestimmungen von *Basel III* Einfluss auf die Finanzierungskosten eines Unternehmens.

Externe Kontrolle

- **Gesetzliche Kontrolle:** Verstöße gegen gesetzliche Vorschriften können zivil- und strafrechtlich verfolgt werden. Insbesondere in der U.S.-amerikanischen Rechtsprechung spielen Schadensersatzklagen und die persönliche Haftung der Unternehmensführung eine wichtige Rolle. Dies gilt auch zunehmend für die deutsche Corporate Governance.

Gesetzliche Kontrolle

- **Interne Kontrolle** (Organkontrolle): Durch Einsetzung interner Kontrollorgane sollen Risiken erkannt sowie Handlungs- und Entscheidungsbefugnisse der Unternehmensführung eingeschränkt werden. Kontrollorgane sind Personen, denen Informations-, Überwachungs- und Entscheidungsrechte zugeteilt werden. Beispielsweise ernennt und kontrolliert der Aufsichtsrat einer Aktiengesellschaft den Vorstand und kann bei einem Fehlverhalten einzelne Vorstandsmitglieder oder den gesamten Vorstand entlassen.

Interne Kontrolle

Der interne Kontrollmechanismus umfasst zwei **Perspektiven** (vgl. *Bleicher*, 1994, S. 295 f.; *Hungenberg*, 2011, S. 35):

- **Interne Corporate Governance** behandelt die Rollen, Handlungsbefugnisse und Funktionsweisen der Unternehmensorgane (Organverfassung), insbesondere die Gestaltung der Spitzenorgane eines Unternehmens. Zudem sollen die Beziehungen zwischen diesen Organen geregelt werden (Kooperationsverfassung). Beide Aspekte bilden zusammen die Unternehmensverfassung.

Interne & externe Governance

- **Externe Corporate Governance** richtet sich auf das Verhältnis des Unternehmens zu dessen wesentlichen Bezugsgruppen. Dabei geht es z. B. um die externe Rechnungslegung als Information nach Außen (Publizität).

Um beiden Perspektiven gerecht zu werden, bedarf es im Unternehmen einer Systematik wirksamer Kontrolle und Überwachung. Dazu wird meist auf das Kontrollsystem nach dem **COSO-Modell** zurückgegriffen. Es wurde vom *Committee of Sponsoring Organizations of the Treadway Commission* (COSO) aufgestellt, einer privatwirtschaftlichen US-amerikanischen Organisation, die interne Kontrollsysteme dokumentiert, analysiert und gestaltet. Das COSO-Modell aus dem Jahre 2006 ist ein von der *SEC* anerkannter Standard für interne Kontrollen zur Erfüllung des *Sarbanes-Oxley Acts* und weit verbreitet. Das Modell beschreibt die Prinzipien und den Prozess der internen Kontrolle. Die **Bestandteile des internen Kontrollsystems** sind demnach (www.coso.org):

COSO-Modell

- Das **Kontrollumfeld** (Control Environment) beschreibt das Kontroll- und Verantwortungsbewusstsein der Unternehmensführung, die Unternehmenswerte (vgl. Kap. 2.2) und daraus veröffentliche Ethikkodizes. Zudem wird das Kontrollumfeld durch organisatorische Strukturen geprägt. Dies sind Gremien und Stellen wie z. B. Aufsichtsgremien oder Kontroll- bzw. Revisionsabteilungen. Darüber hinaus umfasst dies auch interne Regelungen, Richtlinien und Arbeitsanweisungen.

Kontrollumfeld

2 Normative Unternehmensführung

Risiko-
beurteilung
- **Risikobeurteilung** (Risk Assessment) beinhaltet das System und den Prozess des Risikomanagements. Auf diese Themen wird in Kap. 8.4 näher eingegangen.

Kontroll-
aktivitäten
- **Kontrollaktivitäten** (Control Activities) sind alle Maßnahmen und Vorgehensweisen zur Überwachung bestehender Ziele und Vorgaben. Dies beinhaltet organisatorische Kontrollen z. B. in Form von Aufgaben- und Funktionstrennung, Einhaltung des 4-Augen-Prinzips, Sicherung von Dokumenten und Aufzeichnungen oder Zugangskontrollen. Wesentlich sind automatisierte Kontrollen innerhalb der Informationssysteme. Beispiele hierfür sind Freigaberoutinen, Zugriffsberechtigungen, Plausibilitätstests, Wertgrenzen, Schutz kritischer Transaktionen sowie Tests und Freigabeverfahren.

Informa-
tion & Kom-
munikation
- **Information und Kommunikation** (Information&Communication) sorgt dafür, dass relevante Informationen zeitnah und korrekt an die zuständigen Stellen berichtet werden.

Über-
wachung
- **Überwachung** (Monitoring) beinhaltet die periodische Überwachung der internen Kontrollen, deren Verbesserung und die Revisionsfunktion.

Diese Elemente des Kontrollsystems stellen die eine Dimension des COSO-Modells dar. Die zweite Dimension sind die organisatorischen Einheiten eines Unternehmens wie z. B. Gesamtunternehmen, Unternehmensbereiche, Geschäfts- oder Produktbereiche sowie Tochterunternehmen. Dadurch soll das gesamte Unternehmen erfasst werden. Die dritte Dimension bilden die Kontrollobjekte Transaktionen, Finanzberichterstattung und Compliance im Sinne der Einhaltung interner und externer Vorschriften. Die drei Dimensionen formen den sog. COSO-Würfel als umfassendes Kontrollsystem.

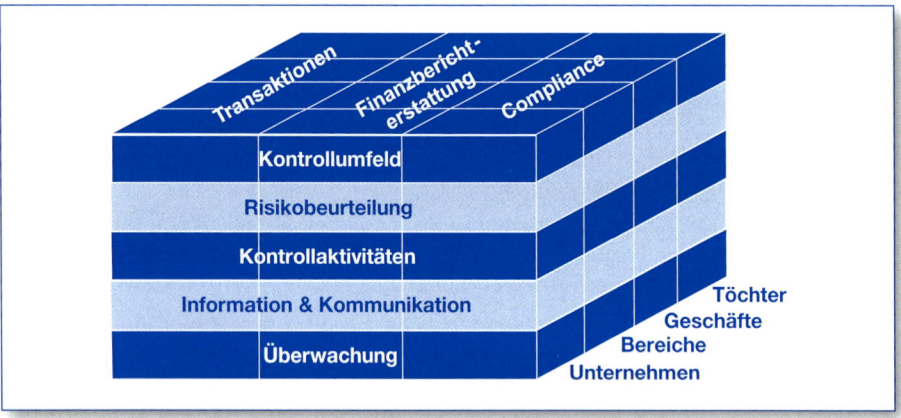

Abb. 2.5.6: COSO-Würfel (vgl. www.coso.org)

Um ein Kontrollsystem wie das COSO-Modell im Unternehmen zu betreiben, sind die Zuständigkeiten für einzelne Elemente des Kontrollsystems auf Bereiche und Funktionen zuzuweisen. Einige Aspekte, die von einem Kontrollsystem betrachtet werden, sind in der Unternehmensführung bereits integriert. **Inhalte** der Corporate Governance sind bereits in den Teilsystemen der Unternehmensführung verankert (vgl. *Werder*, 2003, S. 14). Werte und damit Verhaltensrichtlinien sind Gegenstand der Unternehmenswerte (vgl. Kap. 2.2). Die auf den Unternehmenswerten und -zielen (vgl. Kap. 2.3) basierenden Anreiz- und Motivationsstrukturen werden durch das Personalmanagement geregelt (vgl. Kap. 6.2.7). Schließlich ist die Finanzberichterstattung Inhalt, der Informationsversorgung des betrieblichen Finanzbereichs für interne und externe Adressaten (vgl. Kap. 7.2). Um eine umfassende **Corporate Governance** zu gewährleisten, sind über die genannten Aufgaben und Funktionen hinaus noch weitere **Teilbereiche** erforderlich:

- Das Kontrollumfeld wird maßgeblich durch die Strukturen und Regelungen der **Unternehmensverfassung** (vgl. Kap. 2.5.1) definiert. *Verfassung*
- **Risikomanagement** ist Teil des betrieblichen Chancen- und Risikomanagements. Dies ist eine fortlaufende Aufgabe der Unternehmensführung zur systematischen Erkennung, Analyse und Handhabung von zukünftigen Chancen und Risiken eines Unternehmens (vgl. Kap. 8.4). *Risikomanagement*
- **Interne Revision** unterstützt die Unternehmensleitung in ihrer Kontrollfunktion durch prozessunabhängige Prüfungen auf Ordnungsmäßigkeit hinsichtlich der Einhaltung gesetzlicher Regelungen und interner Standards wie z. B. Kodizes. *Interne Revision*
- **Compliance** (Regelkonformität) überwacht ebenfalls auf Ordnungsmäßigkeit, allerdings durch präventive, prozessintegrierte Kontrollen. *Compliance*
- Das **interne Kontrollsystem** eines Unternehmens verknüpft prozessinterne und -externe Kontrollen mit dem Risikomanagement zu einem umfassenden Gesamtsystem. Es umfasst damit alle systematisch gestalteten internen Maßnahmen und Kontrollen zur Einhaltung von Gesetzen und Regeln sowie zur Abwehr möglicher Schäden. *Internes Kontrollsystem*

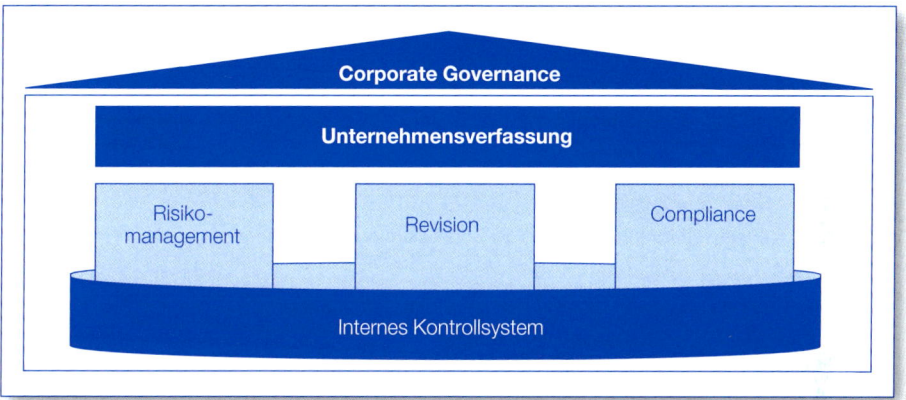

Abb. 2.5.7: Elemente der Corporate Governance

Ein **internes Kontrollsystem** (vgl. *IDW* Prüfungsstandard 260) umfasst alle von der Unternehmensleitung eingeführten Grundsätze, Verfahren und Maßnahmen, die zur Ordnungsmäßigkeit und Verlässlichkeit der internen und externen Rechnungslegung sowie zur Einhaltung der für das Unternehmen maßgeblichen rechtlichen Vorschriften führen. Hierunter fallen somit nicht die im Rahmen des Planungs- und Kontrollsystems stattfindenden Kontrollen, welche auf die Erreichung wirtschaftlicher Ziele ausgerichtet sind (vgl. Kap. 4.1). Die Kontrolle hinsichtlich der Ordnungsmäßigkeit kann anhand der Prozessbetrachtung aufgeteilt werden. Prozessunabhängige Kontrollen sind Aufgabe der Revision und prozessintegrierte Kontrollen Gegenstand der Compliance. Abb. 5.2.8 zeigt diese Differenzierung auf.

Wendemarke für die **Compliance** in Deutschland war die 2006 aufgedeckte Korruptionsaffäre bei *Siemens*. Das Landgericht München verhängte gegen *Siemens* eine Geldbuße von 201 Mio. Euro. Da *Siemens* den Regelungen des *Sarbanes-Oxley Acts* unterliegt, ermittelte auch die *SEC*. *Siemens* einigte sich Ende 2008 mit den US-Behörden auf eine Strafzahlung von 800 Mio. US-Dollar. Der Skandal hatte auch weitreichende personelle Konsequenzen bei Führungskräften, Vorstand und Aufsichtsrat. Seither haben mit einer Ausnahme alle DAX-Konzerne in Deutschland eine Compliance-Organisation eingeführt. Deren Einführung und Aufgaben zeigt das Beispiel der *Metro AG*.

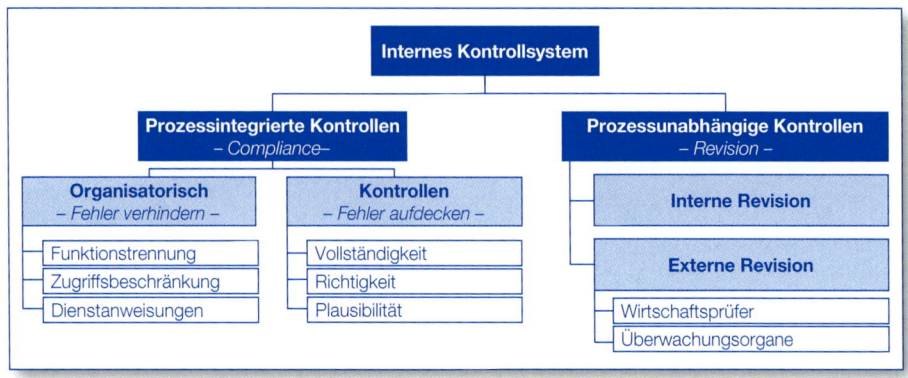

Abb. 2.5.8: Differenzierung des internen Kontrollsystems (in Anlehnung an Horváth, 2011, S. 694)

Compliance bei der METRO Group

Die *METRO GROUP* zählt zu den bedeutendsten internationalen Handelsunternehmen. An über 2.200 Standorten in 32 Ländern  Europas, Afrikas und Asiens arbeiten insgesamt rund 280.000 Mitarbeiter aus rund 180 Nationen. Die Geschäftsfelder der *METRO GROUP* umfassen:

- *METRO Cash & Carry* ist weltweiter Marktführer im Selbstbedienungsgroßhandel.
- *Real SB-Warenhäuser*.
- *Media Markt* und *Saturn* sind europaweit führend bei den Elektrofachmärkten.
- *GALERIA Kaufhof* ist Systemführer im Warenhausgeschäft.
- *METRO PROPERTIES* ist die Immobiliensparte des Konzerns.

Die Vertriebsmarken der *METRO GROUP* sind in ihrem jeweiligen Segment führende Marktpositionen. Dabei stellen sie täglich ihre Handelskompetenz unter Beweis. Verantwortung gegenüber Kunden, Kapitalgebern und der Öffentlichkeit prägen das unternehmerische Denken und Handeln und fördern die Innovationskraft, die zu den wesentlichen Erfolgsfaktoren gehört.

Die *METRO GROUP* hat ein Compliance-Programm als Präventionsinstrument eingeführt. Dabei geht es dem Unternehmen einerseits darum, Strukturen und Richtlinien zu schaffen und andererseits diese systematisch im Unternehmensalltag zu verankern. So soll regelgerechtes Verhalten unterstützt werden.

Seit 2005 baut die *METRO* eine Group Compliance auf und in allen wichtigen Ländern wurden eigene Compliance Officers verankert. Zunächst ging es beim Aufbau der Compliance um Inhalte, Geschäftsgrundsätze und eine Hotline, die von Mitarbeitern, Kunden sowie Lieferanten Hinweise auf unrechtmäßiges Verhalten entgegennimmt, sowie um klare Regeln für Mitarbeiter und Geschäftspartner. Seit 2010 ist Compliance zudem in der Unternehmensstrategie verankert. Maßnahmen zur Einhaltung von Rechtsvorschriften und selbst gesetzten Verhaltensstandards werden in einem konzernweiten Compliance Programm gebündelt. Dabei sind Compliance und Revision voneinander getrennt. Compliance sorgt für Prävention und betreut Mitarbeiter bei Compliance-Fragen oder konkreten Problemfällen. Die Revision überprüft hingegen die Einhaltung der Regeln mit dem Fokus auf Kontrolle. Compliance ist somit keine begleitende flächendeckende Überwachung, die alle Fehler von Mitarbeitern vermeiden könnte. Vielmehr kommt es darauf an, Compliance im Unternehmensalltag zu verankern, um die Wahrscheinlichkeit von Fehlverhalten zu reduzieren bzw. kriminelles Verhalten zu erschweren.

Management Summary

- Die Unternehmensverfassung umfasst grundlegende Regelungen über die Organe eines Unternehmens sowie deren Rechte und Pflichten. Sie verpflichtet die Unternehmensführung zur Erfüllung gesetzlicher Anforderungen und unterstützt die Erreichung der Unternehmensziele.
- Die Unternehmensverfassung setzt sich dabei aus gesetzlichen Vorschriften und betrieblich frei gestaltbaren Elementen zusammen.
- Das angloamerikanische Modell der Unternehmensverfassung sieht als Gesellschaftsorgane das Shareholders' Meeting und das Board of Directors vor.
- Das deutsche Modell der Unternehmensverfassung sieht bei einer Aktiengesellschaft drei Organe vor: Hauptversammlung, Aufsichtsrat und Vorstand. Kontrolle und Unternehmensführung sind voneinander getrennt.
- In der Unternehmensverfassung einer GmbH liegt die Unternehmensführung häufig bei den Eigentümern. Leitung und Kontrolle sind daher nicht unbedingt getrennt. Familienunternehmen benötigen deshalb eigene Corporate Governance-Regeln.
- Die Corporate Governance beschreibt die Grundsätze ordnungsgemäßer und verantwortungsvoller Unternehmensführung als Rahmen für die Leitung und Überwachung eines Unternehmens.
- Die Corporate Governance umfasst neben der Unternehmensverfassung auch Anreiz- und Motivationsfunktionen, Kodizes und Publizitätsregeln, deren Einhaltung durch Kontroll- und Sanktionsmechanismen überwacht wird.
- Gesetzliche Regelungen in Deutschland sind u. a. das KonTraG, Transparenz- und Publizitätsgesetz oder das Bilanzrechtsmodernisierungsgesetz
- Mit dem Sarbanes-Oxley Act wurden in den USA die Verantwortlichkeiten und die Haftung der Unternehmensführung ausgeweitet sowie die Anforderungen an Wirtschaftsprüfung und Publizität verschärft.
- Ergänzend zu den gesetzlichen Regelungen wurden Verhaltenskodizes wie bspw. der Deutsche Corporate Governance-Kodex aufgestellt.
- Die interne Revision unterstützt die Unternehmensleitung in ihrer Kontrollfunktion durch prozessunabhängige Prüfungen auf Ordnungsmäßigkeit hinsichtlich der Einhaltung gesetzlicher Regelungen und interner Standards wie z. B. Kodizes.
- Die Compliance (Regelkonformität) überwacht ebenfalls auf Ordnungsmäßigkeit, allerdings durch präventive, prozessintegrierte Kontrollen.

2 Normative Unternehmensführung

- Das interne Kontrollsystem eines Unternehmens verknüpft die Teilsysteme der Kontrollen zu einem Gesamtsystem und bezieht auch das Risikomanagement mit ein. Es umfasst damit alle systematisch gestalteten Maßnahmen und Kontrollen im Unternehmen zur Einhaltung von Richtlinien und zur Schadensabwehr.

Literaturempfehlungen

Hungenberg, H.: Strategisches Management im Unternehmen, 6. Aufl., Wiesbaden 2011.

Kieser, A./Walgenbach, P.: Organisation, 6. Aufl., Stuttgart 2010.

Werder, A.v.: Internationalisierung der Rechnungslegung und Corporate Governance, Stuttgart 2003.

Empfehlenswerte Fallstudien zum Kapitel 2.4 aus Dillerup, R./Stoi, R. (Hrsg.)

2.1 Normative Unternehmensführung bei der Eder Möbel GmbH *(Dillerup, R.)*

2.4 Unternehmensnachfolge bei der Manufaktur für Druckstoffe GmbH *(Posselt, S.; Schrumpf, R.)*

2.6 Unternehmensmission

> **Leitfragen**
> - Woraus besteht die Unternehmensmission?
> - Was ist ein Leitbild und welche Funktionen hat es?
> - Worin unterscheiden sich Mission und Leitbild?

Die **Unternehmensmission** beantwortet die Frage, warum ein Unternehmen existiert und was es erreichen will. Sie legt den Zweck des Unternehmens fest und konkretisiert dessen Entwicklung. Die Mission fasst die Unternehmenswerte, -ziele, -kultur und -verfassung zusammen (vgl. Kap. 2.1). Sie beschreibt den Auftrag der nachgeordneten Führungsebenen. Die Mission ist das angestrebte Selbstbild des Unternehmens und fasst alle normativen Aspekte der Unternehmensführung zusammen (vgl. Abb. 2.6.1).

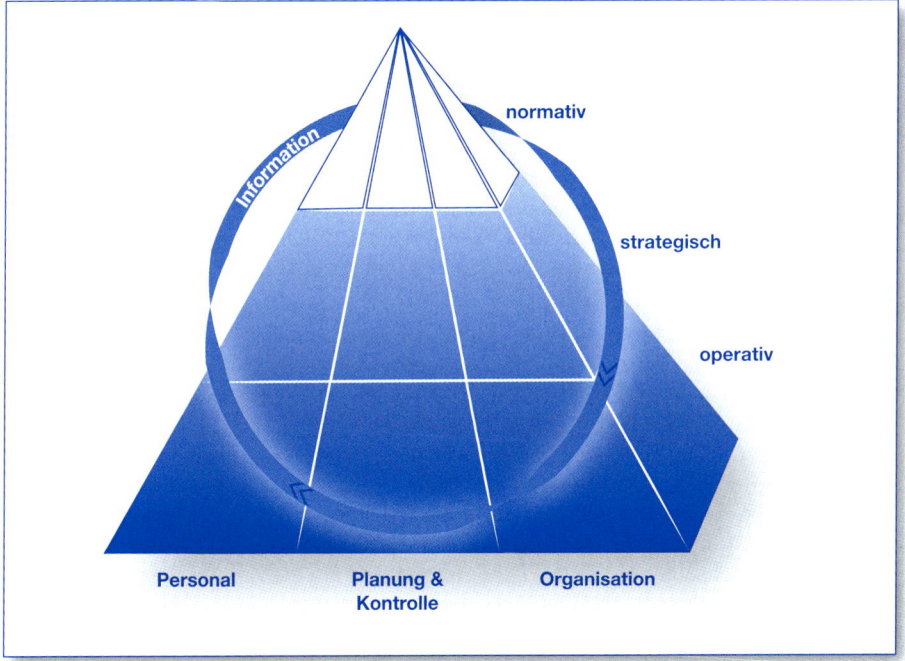

Abb. 2.6.1: Unternehmensmission im integrierten System der Unternehmensführung

> Die **Unternehmensmission** legt den Zweck eines Unternehmens fest und fasst dessen Werte, Ziele, Kultur und Verfassung zu einem angestrebten Selbstbild zusammen. **!**

Die Unternehmensmission ist die Basis der Unternehmensführung auf den strategischen und operativen Ebenen und für alle Führungsfunktionen. Sie gibt dem Unternehmen eine gemeinsame Richtung und Identität (vgl. *Bleicher*, 2011, S. 153). Dabei ist sie jedoch

2 Normative Unternehmensführung

Orientierung nicht als starres Regelwerk anzusehen, sondern sollte vielmehr als **Orientierung** das Denken und Handeln der Unternehmensmitglieder leiten. Mit Hilfe der Unternehmensmission lassen sich unternehmensexterne und -interne Entwicklungen steuern, Motivation und Engagement der Mitarbeiter fördern sowie geeignete Strategien bestimmen (vgl. *Hinterhuber*, 2004, S. 45). Die Mission dient gleichsam als Filter, um sich auf die betrieblich relevanten Entwicklungen zu konzentrieren.

Die Unternehmensmission besteht aus folgenden **Elementen** und **Inhalten:**

Werte
- Die **Werte** und der ethische Anspruch des Unternehmens, die in der Unternehmensphilosophie enthalten sind (vgl. Kap. 2.2). Sie beantworten die Frage, welchen Werten sich ein Unternehmen verpflichtet.

Ziele
- Die **Unternehmensziele** sind das Ergebnis der Unternehmenspolitik (vgl. Kap. 2.3) und definieren die Verantwortung eines Unternehmens u. a. gegenüber den Mitarbeitern, Kunden, Kapitalgebern, Lieferanten und der Gesellschaft. Sie beschreiben, was ein Unternehmen für seine Stakeholder erreichen will.

Kultur
- Die **Unternehmenskultur** ist die Gesamtheit historisch gewachsener und gemeinsam gelebter Normen und Denkhaltungen, die im Verhalten, in der Kommunikation, in Entscheidungen, Handlungen, Symbolen und anderen Formen sichtbar werden (vgl. Kap. 2.4). Die Kultur bestimmt, wie im Unternehmen gedacht und gehandelt wird.

Verfassung
- Die **Unternehmensverfassung** beinhaltet grundlegende Regelungen über die Organe eines Unternehmens sowie deren Rechte und Pflichten. Diese Regelsysteme (vgl. Kap. 2.5) legen fest, welcher Ordnungsrahmen einzuhalten ist.

Zweck
- Als zusätzliches Element wird in der Unternehmensmission auch ein **Unternehmenszweck** bestimmt. Er gibt an, warum ein Unternehmen existiert und beschreibt dessen Tätigkeitsfeld. Er gibt Auskunft darüber, welche Kundenbedürfnisse das Unternehmen befriedigen möchte und auf welchen Märkten es tätig sein will.

Alle diese Elemente, d. h. Werte, Ziele, Kultur, Verfassung und Zweck, bilden zusammen die Mission eines Unternehmens (vgl. *Müller-Stewens/Lechner*, 2011, S. 231 f.). Der Missionsbegriff wird in der Praxis jedoch häufig mit dem der Vision gleichgesetzt. Eine Vision beschreibt ein angestrebtes Ziel in Form einer neuen unternehmerischen oder auch gesellschaftlichen Zukunft (vgl. Kap. 2.3). Die Mission beinhaltet nicht zwangsläufig eine solche Zielsetzung, da nicht jedes Unternehmen über eine Vision verfügt. Eine Mission beschreibt den Zweck des Unternehmens als eine für sinnvoll erachtete Aufgabe. Sie kann über mehrere Jahre weitgehend unverändert bleiben. So kann ein Unternehmen auf die Befriedigung menschlicher Grundbedürfnisse ausgerichtet sein, wie z. B. gesunde Lebensmittel oder sauberes Wasser. Diese werden auch in der Zukunft weiterhin gelten. *Unternehmenszweck* Eine Mission enthält stets Angaben über den **Unternehmenszweck,** aber erfordert nicht zwangsläufig eine Vision.

Mit Ausnahme des Unternehmenszwecks wurden die anderen Elemente einer Mission bereits in den vorangehenden Kapiteln beschrieben. Der Zweck gibt an, wozu ein Unternehmen existiert. Eine Antwort auf diese Frage führt zum Kern unternehmerischen Handelns und zur Konkretisierung des Geschäftskonzepts (vgl. *Bleicher*, 2011, S. 120 ff.). Der Zweck eines Unternehmens besteht dabei nicht ausschließlich darin, Gewinne zu erzielen (vgl. Kap. 3.2). Er soll vielmehr den Sinn der Unternehmenstätigkeit aufzeigen. Ein Unternehmen sollte möglichst einen Zweck verfolgen, der die Lösung gesellschaftlich relevanter Probleme beinhaltet. Dies erzeugt bei den Mitarbeitern Motivation und setzt Kreativität und Inspiration frei. Auf diese Weise bekommen diese das Gefühl, eine sinnvolle Aufgabe zu erfüllen (vgl. *Müller-Stewens/Lechner*, 2011, S. 228 f.). So ist z. B. die

Erforschung von Medikamenten zur Bekämpfung von Krebs oder Aids ein Zweck, für den es sich lohnt, in einem Unternehmen zu arbeiten. Eine Unternehmensmission sollte folgende **Anforderungen** erfüllen (vgl. *Bleicher*, 1994, S. 512 ff.):

Anforderungen

- **Allgemeingültigkeit:** Sie sollte in vielen zukünftigen Führungssituationen anwendbar sein. Dabei sollte ausreichend Spielraum für die Konkretisierung auf untergeordneten Führungsebenen vorhanden sein.
- **Wesentlichkeit:** Sie sollte sich auf wichtige, bedeutende, grundsätzliche und die Zukunft beeinflussende Sachverhalte beziehen.
- **Konsistenz:** Sie sollte frei von inhaltlichen Widersprüchen sein.
- **Vollständigkeit:** Die anzustrebenden Ziele sowie einzusetzenden Leistungspotenziale sollten enthalten sein.
- **Wahrheit:** Sie sollte die tatsächlichen Auffassungen und Absichten der Unternehmensführung beinhalten, die sich in deren Handlungen niederschlagen.
- **Realisierbarkeit:** Die angestrebten Ziele und Verhaltensweisen sollten herausfordernd, aber grundsätzlich realisierbar sein.
- **Unmissverständlichkeit:** Sie sollte eindeutig und konkret formuliert sein. Hierfür sind zusätzliche, interpretierende Erläuterungen hilfreich.
- **Langfristige Gültigkeit**

Die Mission des Gesamtunternehmens kann weiter in **Teilmissionen** für Geschäftsfelder und/oder Funktionsbereiche differenziert und konkretisiert werden. Dabei finden sich einige Elemente der Unternehmensmission, wie z. B. die Werte, in allen Teilmissionen wieder. Andere Bestandteile, wie z. B. der Zweck, beziehen sich auf die spezifische Aufgabe des betreffenden Unternehmensbereichs. Die Aufgliederung der Unternehmensmission in Teilmissionen kann nach unterschiedlichen Kriterien erfolgen. Nach den betrieblichen Funktionsbereichen lassen sich z. B. Beschaffungs-, Produktions- oder Forschungsmissionen unterscheiden (vgl. *Bleicher*, 2011, S. 164 ff.; *Ulrich*, 1990, S. 167). Häufig werden Unternehmensmissionen für einzelne Geschäftsfelder konkretisiert, woraus die Missionen für deren Funktionsbereiche abgeleitet werden. Die einzelnen Missionen sollten ein integriertes und aufeinander abgestimmtes System bilden, um so die bestmögliche Wirkung zu entfalten (vgl. Abb. 2.6.2.).

Teilmissionen

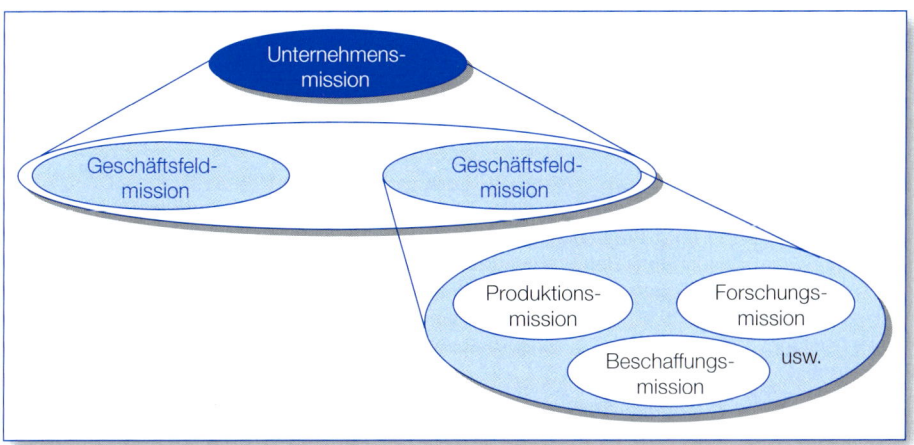

Abb. 2.6.2: Ableitung und Zusammenhang betrieblicher Missionen

2 Normative Unternehmensführung

Vorgaben

Missionen beinhalten generelle Ziele und grundlegende **Vorgaben** für die strategische und operative Unternehmensführung. Der Begriff Mission beinhaltet aber auch die Vorstellung, die Mitarbeiter des Unternehmens „missionarisch" von den angestrebten Zielen und Grundhaltungen zu überzeugen. Erfolgreiche Führungskräfte verbringen nach *Bleicher* mit dieser Aufgabe bis zu 50 Prozent ihrer Arbeitszeit (vgl. *Bleicher*, 2011, S. 164). Die Unternehmensführung ist auch Missionar der angestrebten Unternehmensidentität. Dazu kann eine Mission schriftlich in einem sog. **Leitbild** (Mission Statement) fixiert werden.

> ❗ Ein **Leitbild** ist die schriftliche Dokumentation wesentlicher Bestandteile der Unternehmensmission. Es wird unternehmensintern und -extern bekannt gemacht, um die Identifikation mit dem Unternehmen und seinen Zielen zu fördern.

Leitbildfunktionen

Leitbilder sind in der Praxis weit verbreitet. Empirische Studien zeigen, dass bis zu 90 % der Unternehmen ein Leitbild entwickelt haben (vgl. *Müller-Stewens/Lechner*, 2011, S. 231 f.). Damit sind Leitbilder eines der populärsten Konzepte der Unternehmensführung. Sie richten sich sowohl an die Mitarbeiter, als auch an andere Anspruchsgruppen des Unternehmens. Ein Leitbild soll eine von allen geteilte Vorstellung über Zweck und Entwicklung eines Unternehmens erzeugen. Mit dem Leitbild werden folgende **Funktionen** angestrebt (vgl. *Bleicher*, 2011, S. 275; *Müller-Stewens/Lechner*, 2011, S. 232 ff.):

- **Orientierung:** Ein Leitbild soll den Mitarbeitern eine Art Kompass sein, der ihr Verhalten koordiniert und ausrichtet. Dazu dienen gemeinsame Werte und Verhaltensstandards. Zudem werden der Zweck, die Tätigkeitsfelder sowie die angestrebte Unternehmungsentwicklung beschrieben.
- **Konkretisierung:** Die schriftliche Dokumentation zwingt die Unternehmensführung dazu, die Mission präzise zu formulieren. Dies erleichtert deren Kommunikation und fördert ihre Verbindlichkeit und Beständigkeit.
- **Legitimation:** Die Kommunikation des Leitbilds nach außen verdeutlicht die Ziele und den Zweck des Unternehmens gegenüber seinen wichtigsten Stakeholdern. Dies kann dazu dienen, Entscheidungen zu begründen.
- **Motivation:** Das Leitbild hilft den Mitarbeitern, sich besser mit ihrem Unternehmen zu identifizieren. Es soll deutlich machen, warum das Unternehmen als Arbeitgeber attraktiv ist. Das Leitbild wirkt somit motivierend.

Die Orientierung und Kommunikation der normativen Unternehmensführung durch das Leitbild wird im folgenden Beispiel der *Motor Service-Gruppe* anschaulich.

Leitbild der Motor Service-Gruppe

Die *Motor Service-Gruppe* ist die Vertriebsorganisation für die weltweiten Aftermarket-Aktivitäten von *Kolbenschmidt Pierburg*. Sie ist ein führender Anbieter von Motorkomponenten für den freien Ersatzteilmarkt mit den Premium-Marken KOLBENSCHMIDT, PIERBURG und TRW Engine Components. Ein breites und tiefes Sortiment ermöglicht den Kunden, Motorenteile aus einer Hand zu beziehen. Als Problemlöser für Handel und Werkstatt bietet sie darüber hinaus ein umfangreiches Leistungspaket und die technische Kompetenz eines großen Automobilzulieferers (www.ms-motor-service.com).

Das Leitbild der *Motor Service-Gruppe* ist in Analogie zur Abkürzung MS als Schiff dargestellt (vgl. Abb. 2.6.3). Dabei bilden die Werte den Rumpf des Schiffes und sorgen für Stabilität. Die Mission baut darauf auf und

2.6 Unternehmensmission

ist die Plattform, auf der die Ziele des Unternehmens ruhen. Diese können sich im Zeitablauf verändern, was durch die Container symbolisiert wird. Sie werden beim Erreichen der Ziele entladen und die Reise wird mit neuen Zielen fortgesetzt. Um den Kurs des Schiffes zu bestimmen, hilft die Vision als eine Art Suchscheinwerfer in die Zukunft. Zur Kommunikation des Leitbilds werden auch nautische Bezeichnungen verwendet. Beispielsweise übernimmt die Geschäftsführung die Rolle des Kapitäns und die Zielverantwortlichen sind die Containermanager.

Abb. 2.6.3: Leitbild der Motor Service-Gruppe (Alter, 2011, S. 370)

Zusammenfassend sollen mit einem Leitbild die Ziele und Grundorientierung der zukünftigen Unternehmensentwicklung dargestellt und kommuniziert werden. Diese Erwartung kann in der Unternehmenspraxis jedoch nicht immer erfüllt werden. Zu ehrgeizige, mehrdeutige und unklare Ziele können die Mitarbeiter demotivieren (vgl. *Bart*, 1997, S. 9 ff.). Ein Leitbild hat oft auch geringeren Einfluss auf Entscheidungen als die bestehenden Machtverhältnisse im Unternehmen. Dies bezieht sich z. B. auf die Verteilung der vorhandenen Ressourcen. Ein weiteres Problemfeld sind Abweichungen zwischen dem tatsächlichen und dem angestrebten Verhalten. Dies gilt insbesondere für das Handeln der Unternehmensführung. Abweichungen gefährden die Glaubwürdigkeit der angestrebten Werte. Das von der Unternehmensführung vorgelebte Verhalten ist deshalb oftmals flexibler veränderbar, als ein schriftlich fixiertes Leitbild (vgl. *Bleicher*, 2011, S. 255). Um unglaubwürdige und nichtssagende Formulierungen in Leitbildern zu vermeiden, sollten auch Führungskräfte mittlerer und unterer Hierar-

Probleme

2 Normative Unternehmensführung

chieebenen bei dessen Aufstellung einbezogen werden. Auf diese Weise lässt sich die Akzeptanz fördern (vgl. *Müller-Stewens/Lechner*, 2011, S. 233 ff.). Generell sind bei der Leitbildentwicklung dieselben Kriterien zu beachten, wie bei der Formulierung einer Vision (vgl. Kap. 2.3.2).

Ausschnitt Das Unternehmensleitbild stellt einen **Auszug aus der Mission** dar. Da es sowohl für die Mitarbeiter als auch für Geschäftspartner und Öffentlichkeit bestimmt ist, kann es nicht die gesamte Mission umfassen. Zudem werden im Vergleich zur Mission eher unpräzise und allgemeine Formulierungen verwendet. In einer Mission ist z. B. das Verhältnis gegenüber den Lieferanten durch Leistungsanforderungen und Bezugskonditionen konkret fixiert. Das Leitbild enthält dazu entweder kein konkretes Ziel oder überhaupt keine Aussage, um den Interessenkonflikt mit den Lieferanten nicht deutlich zu machen.

Unternehmensleitbild von Hewlett-Packard

Hewlett-Packard (HP) wurde 1939 gegründet und hat seinen Firmensitz in *Palo Alto*, Kalifornien (USA). *Hewlett-Packard* bedient mehr als 1 Milliarde Kunden in über 170 Ländern auf sechs Kontinenten. Das Unternehmen hat über 300.000 Mitarbeiter und erwirtschaftet einen Umsatz von mehr als 125 Mrd. US-Dollar. Der Unternehmenszweck ist die Schaffung neuer Einsatzmöglichkeiten der Computertechnologie für Privatpersonen, Unternehmen, Behörden und die Gesellschaft. Als weltweit größtes Technologie-Unternehmen bietet *HP* ein umfassendes Portfolio, das Kunden dabei hilft, ihre Ziele zu erreichen. Dazu gehören Lösungen in den Segmenten Drucken, Personal Computing, Software, Services, IT-Infrastruktur und Cloud- und Konnektivitätslösungen (vgl. www.hp.com).

„Zum Erzielen der höchstmöglichen Effizienz und Leistung müssen wir zusammen auf gemeinsame Zielsetzungen hinarbeiten und auf allen Ebenen am gleichen Strang ziehen." (*Dave Packard*). Die Zielsetzungen von *HP* leiten das Unternehmen bei der Führung seiner Geschäfte, seit sie von den Gründern *Bill Hewlett* und *Dave Packard* im Jahr 1957 niedergeschrieben wurden. Das übergreifende Unternehmensziel wird wie folgt zusammengefasst: „Wir verfolgen das Ziel, unseren Kunden die qualitativ hochwertigsten und wertvollsten Produkte, Services und Lösungen bereitzustellen, um dadurch ihren Respekt und ihre Loyalität zu erlangen und zu bewahren." Dazu sind folgende Aspekte im **Leitbild** näher ausgeführt:

- **Gewinn:** Wir verfolgen das Ziel, ausreichend Gewinn zu erwirtschaften, um das weitere Wachstum unseres Unternehmens zu finanzieren, unseren Aktionären angemessene Renditen zu sichern und um Ressourcen bereitzustellen, die wir zum Erreichen der anderen Unternehmensziele benötigen.
- **Marktführerschaft:** Wir wollen das Wachstum unseres Unternehmens sichern, indem wir Märkte, auf denen wir bereits vertreten sind, mit sinnvollen und innovativen Produkten, Services und Lösungen bedienen. Wir wollen in neue Bereiche vorstoßen, die auf unsere Technologien und Kompetenzen aufbauen und die Interessen unserer Kunden berücksichtigen.
- **Wachstum:** Wir sehen in den Veränderungen des Marktes eine Chance für mehr Wachstum, um unsere Gewinne und Fähigkeiten in den Dienst der Entwicklung und Bereitstellung innovativer Produkte, Services und Lösungen zu stellen, die den neu entstehenden Ansprüchen unserer Kunden gerecht werden.
- **MitarbeiterInnen:** Wir wollen MitarbeiterInnen von *HP* am Erfolg des Unternehmens beteiligen, der durch sie erst möglich wird. Wir bieten unseren MitarbeiterInnen leistungsorientierte Beschäftigungsmöglichkeiten und schaffen mit ihnen eine sichere und kreative Arbeitsumgebung, in der sowohl die Vielseitigkeit als auch die Individualität jedes Einzelnen geschätzt wird. Außerdem möchten wir dazu beitragen, dass unsere MitarbeiterInnen Zufriedenheit und Erfüllung bei ihrer Arbeit finden.

2.6 Unternehmensmission

- **Führungsqualitäten:** Wir wollen auf jeder Hierarchiestufe Führungskräfte fördern, die Verantwortung übernehmen für das Erreichen unserer Unternehmensziele und unsere Grundwerte personifizieren.
- **Gesellschaftliche Verantwortung:** Erfolg im Geschäftsbereich durch gesellschaftliches Engagement. Eine gute Einbindung in die Gesellschaft ist gut für *HP*. Wir kommen unseren Verpflichtungen gegenüber der Gesellschaft nach, indem wir uns an jedem unserer Standorte in der Welt als wirtschaftliche, geistige und soziale Institution etablieren.

Ergänzend dazu sind auch z. B. folgende **Unternehmenswerte** formuliert:

- **Einsatz für den Kunden:** Bei unserem Handeln und unseren Entscheidungen stehen Kunden immer im Vordergrund. Wir schaffen eine Unternehmens- und Managementkultur, die unsere MitarbeiterInnen motiviert und den Kundenanforderungen gerecht wird.
- **Vertrauen und Respekt:** Wir schaffen ein interessantes und inspirierendes Arbeitsumfeld, in dem sich jede(r) von uns einbringen und an den Aufgaben wachsen kann. Wir glauben, dass jede(r) MitarbeiterIn seine/ihre Arbeit optimal erledigen will und diese auch leisten wird, wenn er/sie das optimale Arbeitsumfeld vorfindet. Wir stellen hochbegabte und kreative Menschen verschiedener Herkunft und mit unterschiedlichen Qualifikationen ein. Im Team können sie außergewöhnliche Leistungen vollbringen.
- **Ergebnisorientierung:** Ergebnisorientierung und persönliche Leistungsbereitschaft bilden die Grundlage von *HP*. Alle MitarbeiterInnen sind engagiert, um die Erwartungen unserer Kunden zu übertreffen. Wir arbeiten ständig an der Verbesserung unserer Ergebnisse.
- **Geschwindigkeit und Flexibilität:** Kurze Entwicklungs- und Vermarktungszeiten, schnell realisierbare Umsätze und Gewinne. Diese Aspekte sind für unseren Erfolg entscheidend. Um schneller zu sein als unsere Mitbewerber, setzen wir die richtige Expertise ein, kennen unsere Entscheidungsprozesse, geben effizienten Lösungen den Vorzug und machen unsere MitarbeiterInnen in ihren Aufgabenbereichen zu Entscheidungsträgern.
- **Wegweisende Innovationen:** Als Technologieunternehmen liefern wir nützliche und innovative Lösungen. Wir haben erkannt, dass wir das Leben unserer Kunden im beruflichen wie im privaten Umfeld nur dann bereichern können, wenn wir uns auf die Lösung ihrer eigentlichen Probleme konzentrieren. Darunter verstehen wir angewandte Entwicklung, die keine Entwicklung zum Selbstzweck ist.
- **Teamwork:** Die effiziente Zusammenarbeit zwischen Teams und Organisationen ist für unseren Erfolg ausschlaggebend. Wir arbeiten als ein Team, um die Erwartungen von Kunden, Aktionären und Geschäftspartnern zu erfüllen. Wir glauben, dass das Können des gesamten Teams – einschließlich unserer Lieferanten und Vertriebspartner – für unseren Erfolg entscheidend sind.
- **Kompromisslose Integrität:** In unseren Geschäftsbeziehungen zeichnen wir uns durch Offenheit und Ehrlichkeit aus. Wir glauben, dass diese Eigenschaften wichtig sind, um das Vertrauen unserer Geschäftspartner zu gewinnen. Es wird erwartet, dass jede(r) Mitarbeiter/In den Ansprüchen unserer Unternehmensethik genügt.

Die Mission stellt das angestrebte Selbstbild und -verständnis eines Unternehmens dar. Die erlebbare **Unternehmensidentität** (Corporate Identity) kann jedoch von der Unternehmensmission abweichen. Die Unternehmensidentität als realisiertes Erscheinungsbild eines Unternehmens besteht aus mehreren Elementen (vgl. *Eichholz*, 1998, S. 8):

Unternehmensidentität

- **Verhalten** des Unternehmens (Corporate Behaviour), welches maßgeblich durch die Unternehmenskultur (vgl. Kap. 2.5) bestimmt wird.
- **Erscheinungsbild** des Unternehmens (Corporate Design), welches z. B. durch Farben, Logos, Brief- und Präsentationsvorlagen oder die Gestaltung der Arbeitsplätze die Außen- und Innenwirkung eines Unternehmens prägt.
- **Kommunikation** des Unternehmens (Corporate Communication) mit seinen Stakeholdern. Dies ist ein wesentliches Element zur Beeinflussung des Unternehmensimages.

Diese erlebbaren Elemente der Selbstdarstellung formen das Fremdbild eines Unternehmens **(Image)**. Abb. 2.6.3 verdeutlicht diesen Zusammenhang.

2 Normative Unternehmensführung

Abb. 2.6.3: Zusammenhang zwischen Unternehmensmission, -identität und -image (in Anlehnung an Eichholz, 1998, S. 6)

Management Summary

- Die Unternehmensmission legt den Zweck eines Unternehmens fest und fasst dessen Werte, Vision und Ziele zu einem angestrebten Selbstbild zusammen.

- Die Unternehmensmission kann in Teilmissionen von Geschäftsfeldern und/oder Funktionen differenziert und konkretisiert werden.

- Ein Leitbild ist ein schriftlich fixierter Auszug der Mission, der unternehmensintern und -extern kommuniziert wird, um Identität zu stiften. Es enthält Auszüge der Mission, die sowohl für Mitarbeiter als auch für Geschäftspartner und die Öffentlichkeit geeignet sind.

- Das angestrebte Selbstbild eines Unternehmens ist die Unternehmensmission. Die erlebbare Unternehmensidentität (Corporate Identity) wird vom Verhalten (Corporate Behaviour), dem Erscheinungsbild (Corporate Design) und der Kommunikation (Corporate Communication) eines Unternehmens geprägt. Diese Elemente der Selbstdarstellung formen das Fremdbild eines Unternehmens (Image).

Literaturempfehlungen

Bleicher, K.: Das Konzept integriertes Management, 8. Aufl., Frankfurt/New York 2011.
Hinterhuber, H.: Strategische Unternehmensführung, 7. Aufl., Berlin/New York 2004.
Müller-Stewens, G./Lechner, C.: Strategisches Management, 4. Aufl., Stuttgart 2011.

Empfehlenswerte Fallstudien zum Kapitel 2.6 aus Dillerup, R./Stoi, R. (Hrsg.)

2.1   Normative Unternehmensführung bei der Eder Möbel GmbH *(Dillerup, R.)*

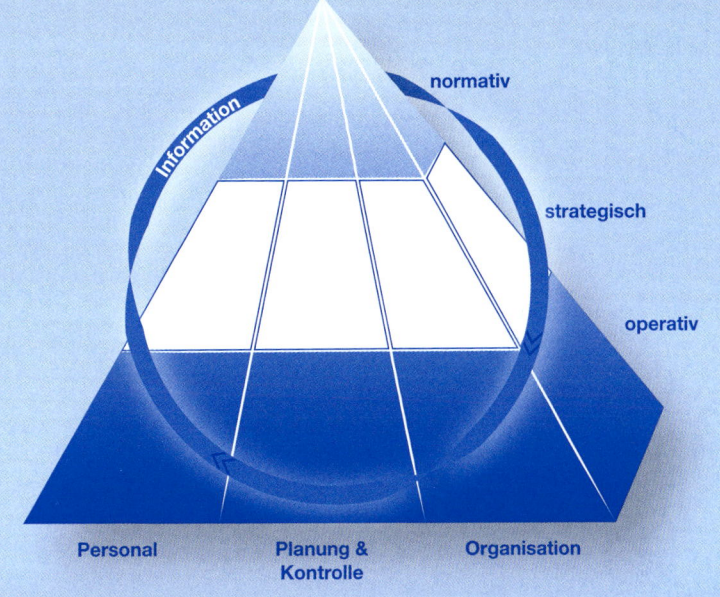

3. Strategische Unternehmensführung

3.1 Grundlagen 163
    3.1.1 Entwicklung und Konzepte 164
    3.1.2 Grundbegriffe und Strategiearten 168
    3.1.3 Elemente und Zusammenhänge 184

3.2 Wertorientierte Unternehmensführung 186
    3.2.1 Von der Gewinn- zur Wertorientierung 186
    3.2.2 Strategien zur Wertsteigerung 192
    3.2.3 Wertorientierte Steuerungsverfahren 196
    3.2.4 Bewertung 223

3.3 Strategische Analysen 226
    3.3.1 Grundlagen strategischer Analysen 227
    3.3.2 Umweltanalyse 230
    3.3.3 Unternehmensanalyse 260
    3.3.4 SWOT-Analyse 271

3.4 Strategien 277
    3.4.1 Grundlagen von Strategien 278
    3.4.2 Marktorientierte Strategien 287
    3.4.3 Ressourcenorientierte Strategien 314
    3.4.4 Strategiealternativen 327

3.1 Grundlagen

> **Leitfragen**
> - Wie hat sich die strategische Unternehmensführung entwickelt?
> - Was ist eine Strategie?
> - Was sind Wettbewerbsvorteile und Erfolgspotenziale?
> - Welche Arten von Strategien gibt es?

Die Aufgaben der Unternehmensführung lassen sich in die Handlungsebenen normativ, strategisch und operativ unterteilen (vgl. Kap. 1.3). Demnach sind strategische Entscheidungen der Unternehmensführung durch eine große Tragweite gekennzeichnet. Die normative Ebene ist der strategischen Unternehmensführung übergeordnet und verleiht einem Unternehmen seine Identität. Dort werden auch Unternehmensziele und -missionen festgelegt (vgl. Kap. 2.2). Auf der strategischen Handlungsebene geht es darum, Wege zur Erreichung der Ziele zu bestimmen. Dazu werden neue Erfolgspotenziale geschaffen und bestehende weiterentwickelt. Auf der operativen Ebene werden diese Erfolgspotenziale ausgeschöpft und der Erfolg eines Unternehmens erarbeitet. Die Führungsebenen hängen als ein integriertes System eng zusammen.

Handlungsebenen

> Die **strategische Unternehmensführung** ist auf die Entwicklung bestehender und die Erschließung neuer Erfolgspotenziale ausgerichtet und beschreibt die hierfür erforderlichen Ziele, Leistungspotenziale und Vorgehensweisen.

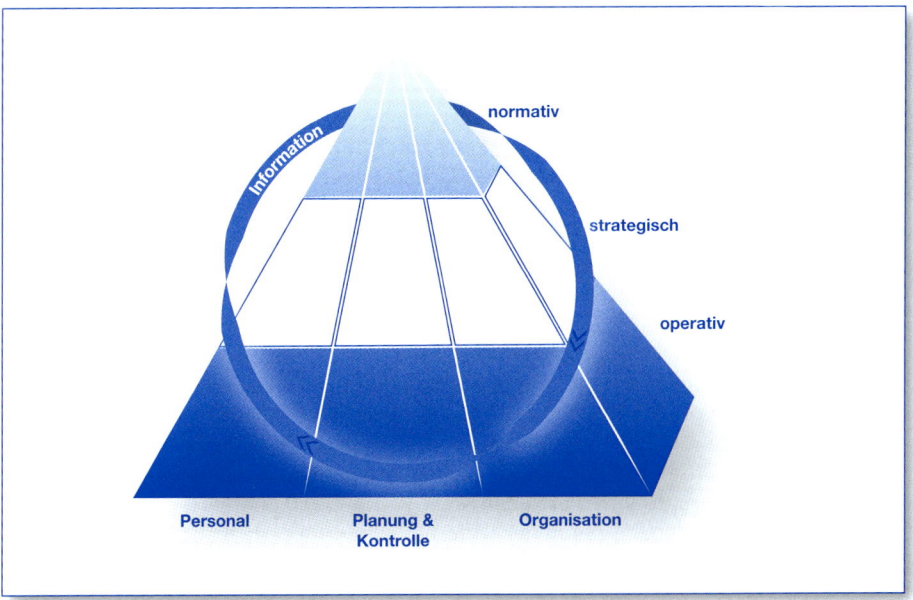

Abb. 3.1.1: Strategische Unternehmensführung im System der Unternehmensführung

3 Strategische Unternehmensführung

3.1.1 Entwicklung und Konzepte

Die Geburtsstunde der strategischen Unternehmensführung liegt um das Jahr 1960. Ausgangspunkt waren **grundlegende Arbeiten**, welche viele noch heute wichtige Fragen thematisierten:

Gründungsväter

- *Chandler* **(1962)** brachte den Strategiebegriff in die Unternehmensführung ein. Er konnte durch die empirische Untersuchung US-amerikanischer Großunternehmen zeigen, dass die Entwicklung der betrieblichen Strukturen sich an der Unternehmensstrategie ausrichtet („Structure follows Strategy"; vgl. Kap. 5.1).

- *Andrews* **(1971)** beschäftigte sich mit der Strategieanalyse und -entwicklung. Er begründete das klassische Strategieverständnis, nach dem Strategien auf Basis einer Analyse der Unternehmensumwelt und des Unternehmens (vgl. Kap. 3.3) entwickelt werden.

- *Ansoff* **(1965)** erarbeitete ein Modell zur strategischen Planung. Er beschäftigte sich mit der strategischen Ausrichtung sowie mit Wettbewerbsvorteilen und Synergien.

In der Unternehmenspraxis begann die strategische Unternehmensführung mit einer Konferenz an der *Universität Pittsburgh* im Jahre 1977. Deren Beiträge wurden in einem Sammelband mit dem Titel „Strategic Management" publiziert (vgl. *Hofer/Schende*, 1978). Dies gab den Anstoß für die Verbreitung strategischer Gedanken in der Praxis. Die **Entwicklungsstufen** strategischer Unternehmensführung können unterteilt werden in (vgl. Abb. 3.1.2; *Henzler*, 1988, S. 1286 ff.; *Knyphausen-Aufseß*, 1995, S. 14 ff.; *Zahn*, 1979, S. 148 ff.):

Entwicklungsstufen

Finanzplanung

- **Finanzplanung:** Nach dem zweiten Weltkrieg befanden sich die Unternehmen in einer Phase stabilen Wirtschaftswachstums. Die Entwicklungen im Umfeld der Unternehmen waren relativ stabil. Daher bestand die Aufgabe der Unternehmensführung vorrangig darin, das Wachstum eines Unternehmens auf Basis finanzieller Größen zu planen. Erlöse, Kosten und Finanzmittelbedarf wurden meist für ein Jahr in Form von Budgets vereinbart. Diese intern ausgerichtete Planung diente zur Koordination der Bereiche auf die Unternehmensziele.

Langfristplanung

- **Langfristplanung:** Anfang der 1960er Jahre stieß die Finanzplanung an ihre Grenzen, da Unternehmen mit immer höheren Wachstumsraten, aber auch mit veränderten Kundenbedürfnissen konfrontiert wurden. In einem solchen Umfeld wurde es erforderlich, die Zukunft weiter als für das nächste Jahr zu durchdenken. Daher wurde der betrachtete Zeithorizont für die Planung auf fünf Jahre verlängert. Die Budgets wurden z. T. mit Ziel- und Maßnahmenplanungen verknüpft und als Mehrjahresbudgets festgelegt. Doch blieb die Unternehmensplanung vor allem auf das Unternehmen selbst beschränkt. Die langfristigen Budgets wurden durch Fortschreibung vergangener Entwicklungen erstellt. Aufgrund zunehmender Trendbrüche und konjunktureller Schwankungen trafen diese langfristigen Pläne immer weniger zu. Ursache hierfür waren vor allem zwei Ereignisse des Jahres 1973: die erste Ölkrise und das Ende fester Wechselkurse durch Abschaffung des *Bretton-Woods-Systems*. Darüber hinaus beschleunigte sich der technische Wandel. All diese Herausforderungen machten ein flexibleres Agieren der Unternehmen erforderlich.

Strategische Planung

- **Strategische Planung:** Die Krise der Langfristplanung begründete die Zeit der Strategie. Die Planungstätigkeiten der Unternehmenspraxis änderten sich sprunghaft. Planung war nicht mehr nur auf das Unternehmen gerichtet, sondern bezog nun auch das Unternehmensumfeld mit ein. Aus dessen Entwicklung sollten Chancen und Risiken systematisch erkannt und daraus Strategien abgeleitet werden. Es setzte sich die Erkenntnis durch, dass mit Strategien flexibel auf Veränderungen der Umwelt reagiert und diese sogar langfristig gestaltet werden kann. Strategische Planung umfasst danach die Formulierung von Strategien und die Zuordnung von Ressourcen. Sie konzentriert sich auf das Planungs- und Kontrollsystem eines Unternehmens. Dafür wurden Konzepte und Instrumente wie z. B. Portfoliokonzepte sowie Wettbewerbsanalysen und -strategien (vgl. Kap. 3.3 und 3.4) entwickelt. Zudem wurde der Zusammenhang von finanziellen Größen mit der unternehmensweiten Ziel- und Maßnahmenplanung in umfassenden Planungssystemen dargestellt (vgl. Kap. 4). Die Umsetzung strategischer Pläne war jedoch in der Praxis ein Problem. Dies lag daran, dass die Strategien meist von Stäben der Unternehmensführung entwickelt und deshalb von den Linienmanagern nicht ausreichend akzeptiert wurden. Auch fehlte eine Integration von strategischer und operativer Planung und Kontrolle, da die strategischen und operativen Pläne isoliert voneinander erstellt wurden. Außerdem wurden die zur Umsetzung der Strategien erforderlichen Ressourcen, Strukturen und Mitarbeiter zu wenig berücksichtigt. Diese Probleme sind noch immer häufige Ursachen für das Scheitern von Strategien.

- **Strategische Unternehmensführung:** Aus den Problemen der strategischen Planung und Kontrolle folgte die Notwendigkeit, diese zu einer strategischen Unternehmensführung weiterzuentwickeln. Diese beschränkt sich nicht nur auf Planung und Kontrolle, sondern umfasst alle Führungsfunktionen. Damit erhielten die Funktionen Organisation und Personal ebenfalls strategische Bedeutung.

Strategische Führung

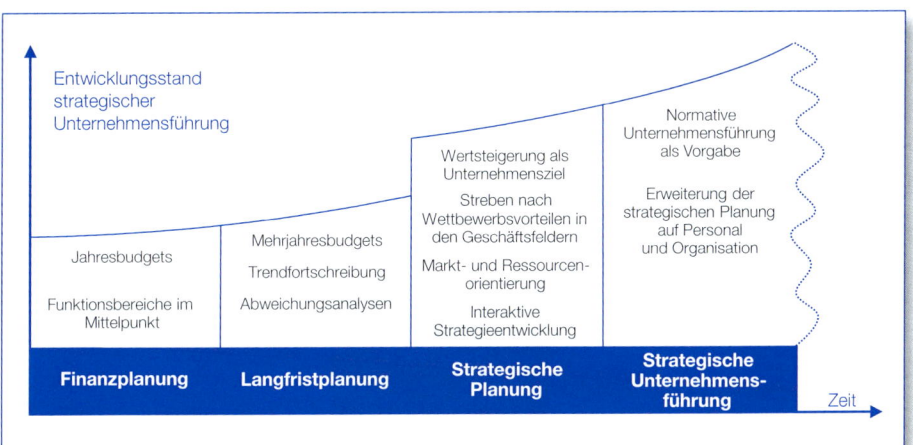

Abb. 3.1.2: Evolutionsstadien strategischer Unternehmensführung (in Anlehnung an Henzler, 1988, S. 1289)

Einige Autoren sehen in der strategischen Unternehmensführung nicht die letzte Stufe der Entwicklung. In dynamischen Umfeldern sind die Gestaltungsmöglichkeiten der Unternehmensführung begrenzt und deshalb gewinnen selbstorganisatorische und evolutionäre Veränderungsprozesse an Bedeutung (vgl. *Servatius*, 1991). Dies erfordert ein verändertes Führungsverständnis. **Evolutionäre Unternehmensführung** bezieht sich nicht auf die Vorgabe konkreter Handlungen, sondern gestaltet einen Rahmen, in dem

Evolutionäre Führung

3 Strategische Unternehmensführung

diese von den Verantwortlichen frei gewählt werden können. Dies ermöglicht eine höhere Flexibilität und Anpassungsfähigkeit des Unternehmens (vgl. *Kirsch*, 1997; Kap. 1.2.5 und Kap. 5.2.3).

Weiterentwicklung

Die Entwicklung der strategischen Unternehmensführung ist noch nicht abgeschlossen. Sie wird weiterhin vor allem durch veränderte Anforderungen der Unternehmenspraxis getrieben, die nach neuen strategischen Ansätzen sucht (vgl. *Hungenberg*, 2011, S. 56). Wissenschaftler, Unternehmensberater und die Unternehmen selbst entwickeln immer wieder neue Konzepte und Instrumente der strategischen Unternehmensführung. Dies führt jedoch auch zu **Modetrends**, die zunächst hoch gelobt werden und dann wieder aus der Diskussion verschwinden (vgl. *Kieser*, 1996, S. 23 ff.). So propagierte z. B. Anfang der 1990er Jahre das Lean Management den Abbau von Hierarchieebenen und die Rationalisierung der Prozesse. Dies stieß in Zeiten der konjunkturellen Krise bei den Unternehmen auf starkes Interesse. Zwischenzeitlich ist das Streben nach „schlanken" Prozessen jedoch wieder in den Hintergrund gerückt.

Konzept der Harvard Business School

Ein grundlegendes Konzept ist das der **Harvard Business School**. In der angloamerikanischen Literatur zur strategischen Unternehmensführung wird meist auf das Modell von *Andrews* (1971) Bezug genommen (vgl. *Hofer/Schende*, 1978, S. 20 ff.; *Johnson* et al., 2011, S. 15 ff.). Kernstück des Modells ist die Differenzierung des Strategieprozesses in Strategieformulierung und -implementierung. Bei der Formulierung steht das Treffen strategisch wichtiger Entscheidungen im Vordergrund. Faktoren wie Chancen und Risiken, Ressourcen, persönliche Wertvorstellungen der Unternehmensführung sowie die Verantwortung gegenüber der Gesellschaft beeinflussen die strategischen Entscheidungen. In ihrer Gesamtheit bilden sie die Unternehmensstrategie (vgl. *Welge/Al-Laham*, 2012, S. 33 ff.). Bei der Implementierung sind die Strategien in einzelne Maßnahmen zu übersetzen. Darauf sind Strukturen, Prozesse, Verhalten und die Personalführung auszurichten. Je besser dies gelingt, desto höher sind die Chancen, die Strategie erfolgreich umzusetzen. Abb. 3.1.3 zeigt diese Zusammenhänge im Überblick.

Abb. 3.1.3: Strategiekonzept der Harvard Business School (vgl. Andrews, 1971, S. 21)

3.1 Grundlagen

Besonders in der Unternehmenspraxis stieß das von der Unternehmensberatung *McKinsey* entwickelte **7-S-Modell** auf großes Interesse. Es ist das Ergebnis einer vergleichenden Untersuchung betrieblicher Erfolgsfaktoren von *Peters* und *Waterman* (1982). Grundgedanke des Konzepts sind die sieben übergeordneten Faktoren, die den Erfolg eines Unternehmens ausmachen.

7-S-Modell

Diese unterscheiden sich in drei sog. harte Faktoren (Strategie, Struktur, Systeme) und vier sog. weiche Faktoren (Selbstverständnis, Spezialkenntnisse, Stil, Stammpersonal). Dadurch wird betont, dass der Unternehmenserfolg nicht nur von expliziten, rationalen und quantitativen („harten") Faktoren abhängt. Vielmehr sind meist „weiche" Faktoren wichtiger, die eher implizit, emotional und qualitativ sind. Das 7-S-Modell macht den Übergang von der strategischen Planung und Kontrolle zur strategischen Unternehmensführung deutlich.

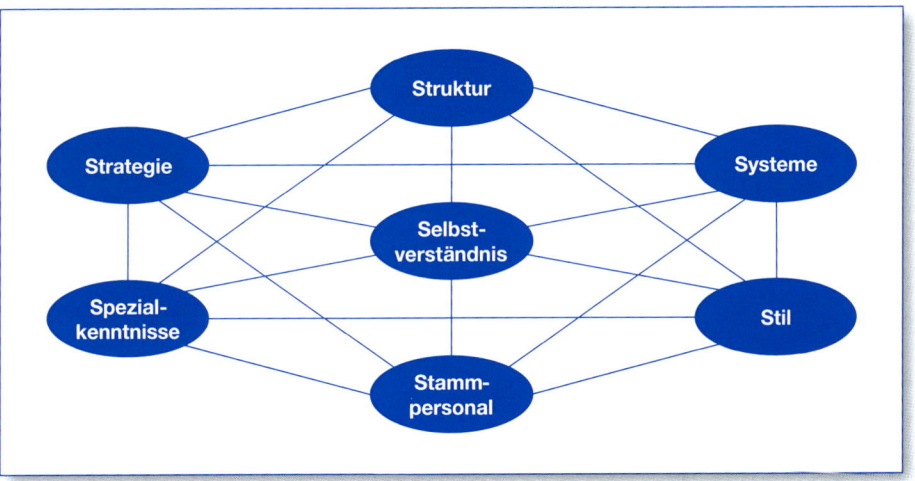

Abb. 3.1.4: Das 7-S-Modell (vgl. Peters/Waterman, 1982, S. 32)

In allen Konzepten aus Theorie und Praxis der strategischen Unternehmensführung stehen zwei **zentrale Fragen** im Mittelpunkt:

Zentrale Fragen

- **Wie gestaltet sich der Strategieprozess?** Diese Frage beschäftigt sich vor allem mit dem Ablauf der Strategieformulierung und -umsetzung (vgl. Kap. 4.2).
- **Welche Inhalte hat eine Strategie?** Dabei stehen die konkreten strategischen Entscheidungen im Vordergrund. Der Strategieinhalt wird relativ breit definiert und umfasst neben der konkreten Ausgestaltung von Strategien auch deren Einflussgrößen und Wirkungen. Dabei geht es im Wesentlichen um strategische Analysen und Ansätze der markt- und der ressourcenorientierten Unternehmensführung (vgl. Kap. 3.3 und Kap. 3.4).

3.1.2 Grundbegriffe und Strategiearten

Bevor die zentralen Fragen der strategischen Unternehmensführung beantwortet werden können, sind zunächst die strategischen Grundbegriffe zu klären. Dies umfasst die Begriffe Strategie, Wettbewerbsvorteil, Erfolgspotenzial sowie die verschiedenen Arten von Strategien.

3.1.2.1 Strategiebegriffe

Der Begriff Strategie wird in Theorie und Praxis uneinheitlich definiert und verwendet. Dies zeigen exemplarisch einige verbreitete **Definitionen** (vgl. *Coenenberg/Salfeld*, 2007, S. 78; *Hungenberg*, 2011, S. 5; *Welge/Al-Laham*, 2012, S. 15 f.):

Duden
- Der **Duden** beschreibt Strategie als genauen Plan des eigenen Vorgehens.

Etymologie
- Aus **etymologischer Sicht** kommt der Begriff Strategie aus dem Griechischen „Stratēgìa", dessen Wurzeln in den Begriffen „Stratos" (Heer) und „agein" (führen) liegen. Das Wort „Strategos" (Kunst der Heerführung) bezeichnete die Funktion des Generals im griechischen Heer. Später wurden damit die Fähigkeiten eines Generals bezeichnet, die auch außerhalb des Militärischen erforderlich waren (vgl. *Quinn*, 1992, S. 2). Im deutschen Sprachraum wurde der Begriff im militärischen Bereich vor allem durch *von Clausewitz* geprägt. Er bezeichnete eine Strategie als „den Gebrauch des Gefechts zum Zweck des Krieges" (*Clausewitz*, 2005).

Spieltheorie
- Eingang in die Wirtschaftswissenschaften fand der Strategiebegriff Mitte des 20. Jahrhunderts durch die **Spieltheorie**. Dabei werden Entscheidungen unter Berücksichtigung der Reaktion anderer Akteure (Spieler) analysiert. Eine Strategie ist danach ein vollständiger Plan, der für alle denkbaren Situationen eine richtige Wahlmöglichkeit beinhaltet (vgl. *Neumann/Morgenstern*, 2004, S. 1 ff.). Dieser Plan berücksichtigt sowohl eigene Aktionen, als auch die der gegnerischen Spieler.

Klassisches Strategieverständnis
- Die Verbreitung des Strategiebegriffs in der Betriebswirtschaftslehre erfolgte zunächst in den USA durch die Arbeiten von *Ansoff* (1965), *Chandler* (1962) und *Andrews* (1971) (vgl. Kap. 3.1.1). Sie prägten das **klassische Strategieverständnis**, nach dem eine Strategie das Ergebnis formalisierter, rationaler Planung und Kontrolle ist. Dieses Begriffsverständnis findet sich leicht verändert in den meisten angloamerikanischen Veröffentlichungen wieder. Folgende Beispiele belegen dies:
    – *Andrews* (1971, S. 28) versteht Strategie als ein Muster grundsätzlicher Ziele, Zwecke und wesentlicher Leitlinien sowie der Pläne für deren Erreichen.
    – *Chandler* (1962, S. 23) definiert Strategie als Maßnahmenbündel und Ressourcenzuordnung zur Erreichung grundlegender, langfristiger Ziele eines Unternehmens.
    – *Henderson* (2000, S. 28) betrachtet eine Strategie als nachhaltige Störung des wettbewerblichen Gleichgewichts. Ein bestehendes Wettbewerbssystem soll aktiv gestört und zugunsten des eigenen Unternehmens verändert werden. Ziel ist die Erlangung von Wettbewerbsvorteilen.
    – *Porter* (1999, S. 70 ff.) beschreibt Strategie als Aufbau einer einzigartigen und werthaltigen Marktposition des Unternehmens.
    – *Drucker* (1986) verkürzt Strategie auf die Devise: „Doing the right things!". Es geht demnach nicht darum, etwas richtig zu tun, sondern das Richtige zu tun. Kern-

aufgabe eines Unternehmens ist es, die Kunden mit den angebotenen Problemlösungen zufrieden zu stellen. Dies soll mit möglichst effizientem Ressourceneinsatz erreicht werden.

- *Johnson* et al. (2011, S. 3) definieren Strategie als langfristige Führung und Aufgabe eines Unternehmens mit dem Ziel, die Interessen der Stakeholder zu erfüllen und dazu die Ressourcen und Kompetenzen so zu konfigurieren, dass sich Vorteile ergeben.
- *Bea* und *Haas* (2009, S. 51) sehen Strategien als Maßnahmen zur Sicherung des langfristigen Unternehmenserfolgs an.

Bei aller Unterschiedlichkeit in den Begriffsauffassungen können einige gemeinsame **Merkmale von Strategien** zusammengefasst werden (vgl. *Hungenberg*, 2011, S. 5 ff.; S. 10 ff.; *Johnson* et al., 2011, S. 2 f.; *Welge/Al-Laham*, 2012, S. 18 ff.):

Merkmale

- Strategien stehen im Rahmen der Unternehmensführung in einem hierarchischen Verhältnis (vgl. Abb. 3.1.5). Insbesondere Unternehmensziele und -mission (vgl. Kap. 2.3 und 2.6) beinhalten die grundsätzliche Sichtweise der Unternehmensführung darüber, in welche Richtung sich das Unternehmen zu entwickeln hat. Unternehmensziele stellen die Vorgaben dar, die durch **Strategien als Wege zur Zielerreichung** erfüllt werden sollen.

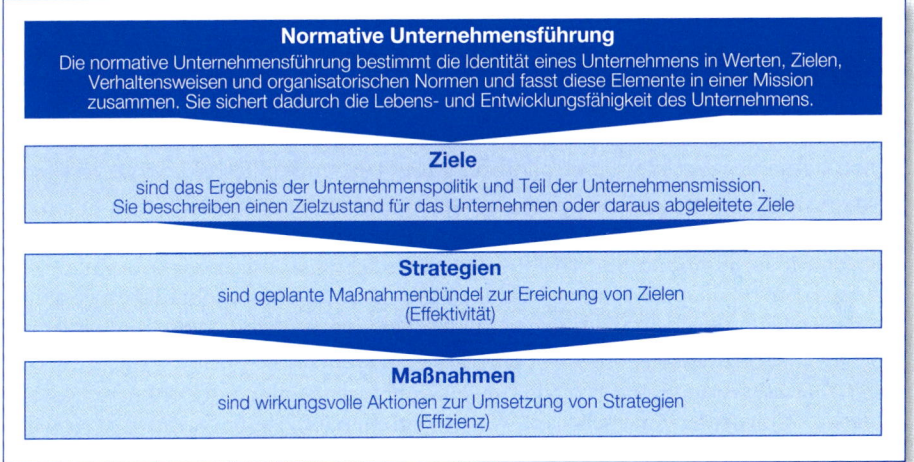

Abb. 3.1.5: Strategien als hierarchisches Element der Unternehmensführung

- Strategien sind Bündel zusammenhängender und miteinander zu kombinierender Einzelmaßnahmen oder -entscheidungen (vgl. Abb. 3.1.6). Sie enthalten Maßnahmen zur Erreichung einer angestrebten und vorteilhaften **Positionierung** im Wettbewerb (vgl. Kap. 3.1.2.2) sowie zur Gestaltung der dazu erforderlichen **Ressourcenbasis**. So sind z. B. zur Erhöhung des Marktanteils um 10 % in den nächsten drei Jahren Maßnahmen wie die Einführung neuer Produkte, der Aufbau neuer Vertriebskanäle oder der Ausbau der Produktionskapazitäten erforderlich. Jede dieser Maßnahmen beinhaltet eine Reihe von Aufgaben, welche zusammengefasst zu einem koordinierten Maßnahmenbündel die Strategie ergeben.

3 Strategische Unternehmensführung

Abb. 3.1.6: Kernelemente einer Strategie

> **!** Eine **Strategie** ist ein geplantes Bündel an Maßnahmen zur Positionierung im Wettbewerb und zur Gestaltung der dazu erforderlichen Ressourcenbasis. Auf diese Weise sollen Wettbewerbsvorteile erzielt werden, durch die neue Erfolgspotenziale geschaffen bzw. bestehende Erfolgspotenziale weiterentwickelt werden.

Wesentliche **Bestandteile einer Strategie** sind:

Strategiebestandteile

- **Maßnahmen zur Positionierung** zielen auf die Erlangung eines Wettbewerbsvorteils. Sie gewährleisten die inhaltliche Übereinstimmung (Fit) zwischen den Stärken und Schwächen eines Unternehmens und den Chancen und Risiken der Unternehmensumwelt. Eine Strategie beinhaltet somit die Aktionen, um eine angestrebte Position des Unternehmens in seiner Umwelt zu erreichen. Dabei sollen die Chancen der Umwelt genutzt und ihre Risiken vermieden werden. Auch gilt es, bestehende Stärken des Unternehmens einzusetzen und Schwächen zu beheben. Dies ist Aufgabe der marktorientierten Unternehmensführung und wird in Kapitel 3.3 und 3.4 vertieft.

- **Maßnahmen zur Ressourcengestaltung** sind erforderlich, um ein Unternehmen so zu gestalten, dass es seinen Aufgaben in der angestrebten Position gerecht werden kann. Auch die Positionierung im Wettbewerb erfordert Ressourcen wie z. B. finanzielle Mittel, Personalkapazitäten oder Fähigkeiten, die es zu entwickeln und zu gestalten gilt. Strategien sind damit immer auch Entscheidungen über die Verteilung knapper Ressourcen (vgl. Kap. 3.4.3).

- **Wettbewerbsvorteile** sind vorteilhafte Positionen gegenüber den Konkurrenten, aus denen Erfolgspotenziale generiert werden (vgl. Kap. 3.1.2).

- **Erfolgspotenziale** beschreiben Voraussetzungen für zukünftigen Erfolg (vgl. Kap. 3.1.3).

Gestaltung

Damit ist eine Strategie eine **gestalterische Aufgabe** der Unternehmensführung. Es sollen Kunden und Märkte gewonnen bzw. Wettbewerber verdrängt werden. Dies soll durch den Aufbau von Wettbewerbsvorteilen erreicht werden (vgl. Kap. 3.1.2). Gegenstand einer Strategie ist die Schaffung neuer und die Weiterentwicklung bestehender Erfolgspotenziale (vgl. Kap. 3.1.2.3). Durch sie sollen die Unternehmensziele erreicht werden. Diese Ziele sichern langfristig die Existenz des Unternehmens und können auf die Steigerung des Unternehmenswertes (vgl. Kap. 3.2) oder den Aufbau von Wettbewerbspositionen (vgl. Kap. 3.4) ausgerichtet sein. Erfolgspotenziale sollen ausgeschöpft und in einen konkreten operativen Erfolg umgewandelt werden. Dabei spielen die Strategieumsetzung (vgl. Kap. 4.2.2) und die Wandlungsfähigkeit des Unternehmens (vgl. Kap. 6.4) eine wichtige Rolle.

3.1 Grundlagen

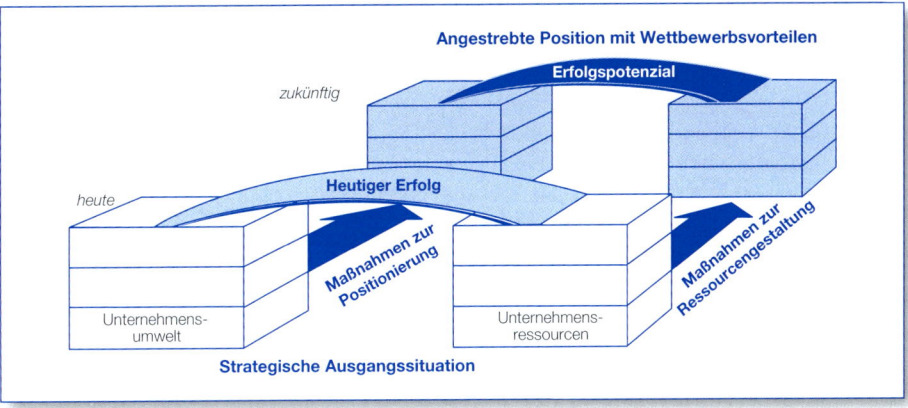

Abb. 3.1.7: Elemente einer Strategie

Strategien beinhalten langfristige, in die Zukunft wirkende Entscheidungen. Dies ist angesichts der schwierigen Prognostizierbarkeit der vielfältigen, komplexen und oft widersprüchlichen Einflussfaktoren überaus schwierig. Strategien beruhen daher in weit stärkerem Maße als die operative Unternehmensführung auf einem Abwägen von Argumenten und plausiblen Schlussfolgerungen. Es ist generell nicht möglich, die Zukunft eines Unternehmens vollkommen sicher zu gestalten. Vielmehr geht es darum, die Zukunft bzw. mehrere mögliche Zukunftsszenarien zu durchdenken. Daraus können Einflussfaktoren, Handlungsmöglichkeiten und resultierende Konsequenzen verdeutlicht und sichtbar gemacht werden (vgl. *Welge/Al-Laham*, 2012, S. 20 ff.). Strategische Unternehmensführung ist im Gegensatz zu einer ungesteuerten, rein zufälligen Entwicklung eher eine „**geplante Evolution**" (vgl. *Kirsch*, 1997, S. 290).

Mintzberg (1978) kritisiert aufgrund empirischer Beobachtungen die Annahme der rationalen Planbarkeit von Strategien. Nach seiner Auffassung sind Strategien nicht zwingend das Ergebnis formal-rationaler Planung. Er beschreibt mit den **fünf P's der Strategie** unterschiedliche Strategieverständnisse (vgl. *Mintzberg*, 1978, S. 11 ff.; *Mintzberg* et al., 2003, S. 3 ff.):

- **Strategien als Pläne (Plan)** beschreiben das bereits vorgestellte klassische Strategieverständnis eines rationalen Maßnahmenplans.
- **Strategien als Positionierungen (Position)** beschränken sich auf das Streben nach einer wettbewerbsfähigen Position des Unternehmens. Wird diese geplant, dann entspricht diese Auffassung dem klassischen Strategieverständnis. Häufig werden solche Wettbewerbspositionen jedoch zufällig erreicht. Dies ist z. B. der Fall, wenn sich Fehler der Konkurrenten zur Verbesserung der eigenen Position nutzen lassen.
- **Strategien als Perspektive (Perspective):** Eine Strategie kann auch als Denkhaltung in den Köpfen der Unternehmensführung vorhanden sein. Sie ist dann weder schriftlich dokumentiert, noch wird sie ausdrücklich kommuniziert. Sie ist vielmehr ein Bestandteil der Unternehmensphilosophie und beeinflusst die Einstellung der Unternehmensführung.
- **Strategien als List (Ploy)** charakterisieren Strategien im Sinne einer „Kriegslist". Sie sind spontane Maßnahmen, mit denen Konkurrenten überrascht werden sollen. In diesem Sinne sind insbesondere die Strategeme bekannt. Derartige Listen sind schlaue, außergewöhnliche und verblüffende Problemlösungen, bei denen manchmal auch

bewusst getäuscht wird. Ein Stratagem ist damit keine vollständige Strategie, kann aber in deren Rahmen eingesetzt werden. Stratageme stammen z. B. von römischen Politikern wie von *Frontinus* (* um 40 n.Chr., vgl. *Frontinus*, 1978) oder *Polyänus* (* um 100 n.Chr., vgl. *Polyaenus*, 1994). *Homer* lässt *Odysseus* auf seinen Reisen und Irrfahrten zahlreiche Listen anwenden. Beispielsweise ist das *Trojanische Pferd* zum Synonym einer strategischen List geworden. Besonders bekannt sind die 36 Stratageme des chinesischen Generals *Tan Daoji* († 436) aus seinem „geheimen Buch der Kriegskunst". Diese gehören heute in China zur Allgemeinbildung und gelten als Zeichen der Weisheit. Einige Beispiele aus den 36 **Stratagemen** lauten (vgl. *Magi*, 2009; *Matuschczyk*, 2009; *Senger*, 2006; *Yuan*, 1993):

- „**Mit dem Messer eines anderen töten**": Begründung des Vorgehens durch angeblich objektive Sachzwänge oder indirekte Schädigung, ohne selbst in Erscheinung zu treten. Ein typisches Beispiel ist es, zu Verhandlungen zwei konkurrierende Firmen einzuladen und gegeneinander auszuspielen.
- „**Aus einem Nichts etwas erzeugen**": Überbetonung von Eigenschaften, Erfinden von Gerüchten, gezieltes Steuern von Reaktionen durch eigene Aktionen. Manche chinesische Kaufhäuser beschäftigen Pseudokunden. Wenn dann ein echter Kunde unschlüssig ein Produkt betrachtet, drängen sich diese Pseudokunden vor und kaufen laut lobend das Produkt. Scheinfirmen und -geschäfte sind andere Ausprägungen dieses Stratagems. Die Vermarktung von Valentinstag und Halloween durch den Handel sind weitere Beispiele.
- „**Verrücktheit mimen, ohne das Gleichgewicht zu verlieren**": Sich dumm oder krank stellen, Sachverhalte ignorieren und Probleme aussitzen.
- „**Einen [dürren] Baum mit [künstlichen] Blumen schmücken**": Vorspiegelung einer tatsächlich gar nicht vorhandenen Kraft, Stärke, Größe oder Bedrohung. Viele Werbemaßnahmen nutzen dieses Stratagem. Bei Firmenverkäufen gibt es immer wieder Fälle, in denen die „Braut" zuvor systematisch hübsch gemacht, d. h. schön gerechnet wurde. Repräsentative Firmensitze können auch eine Ausprägung dieses Stratagems sein.
- „**Auf das Gras schlagen, um die Schlangen aufzuscheuchen**": Kommunikation in testender, warnender oder provozierender Weise. Wer mitten in einer Verhandlung seine Unterlagen zusammenpackt und den Raum verlässt, nutzt wahrscheinlich dieses Stratagem.

■ **Strategien als Muster (Pattern)** sind bei *Mintzberg* sehr häufig vorzufinden. Demnach entwickelt sich eine Strategie unbeabsichtigt aus dem Handeln und den Entscheidungen der Unternehmensführung. Diese sog. emergenten Strategien entstehen eher zufällig und sind erst im Nachhinein erkennbar. Dies ist dann der Fall, wenn ein zusammenhängendes Muster im Fluss der Entscheidungen deutlich wird.

Aus diesen Strategieverständnissen ergeben sich nach Auffassung *Mintzbergs* folgende **Grundmuster von Strategietypen** (vgl. *Mintzberg*, 1978, S. 945; Abb. 3.1.8):

- **Geplante Strategien** (intended) sind nach *Mintzberg* in der Praxis selten. Ein Teil davon wird tatsächlich umgesetzt (deliberate), während ein anderer Teil nicht realisiert wird (unrealized). Gründe hierfür sind z. B. unrealistische Annahmen über die Entwicklung der Umwelt oder fehlende Unternehmensressourcen.

- **Ungeplante Strategien** (emergent) im Sinne der Strategiemuster (Pattern). Sie kommen nach *Mintzberg* in der Praxis häufig vor.
- **Realisierte Strategien** (realized) sind die tatsächlich umgesetzten Strategien, die sowohl aus bewussten als auch ungeplanten Strategien bestehen.

In der Praxis bilden Strategien eine Kombination aus geplanten und ungeplanten Verhaltensweisen. Neben den formalen, geplanten Strategien, gibt es auch andere Wege, den strategischen Erfolg eines Unternehmens sicherzustellen. Die Unternehmensführung sollte deshalb auch ungeplante Strategien erkennen und diese gegebenenfalls unterstützen. Der Ansatz bietet jedoch wenig Hinweise für die konkrete Gestaltung von Strategien. Im Prinzip kann danach jede Entscheidung in einem Unternehmen als strategisch bezeichnet werden. Ungeplante Strategien sind zudem nicht geeignet, ein Unternehmen zielgerichtet zu führen. Demgemäß wird nachfolgend vom klassischen Strategieverständnis ausgegangen. Es stellt eine vereinfachte und idealtypische Konzeption der strategischen Unternehmensführung dar.

Strategie in der Praxis

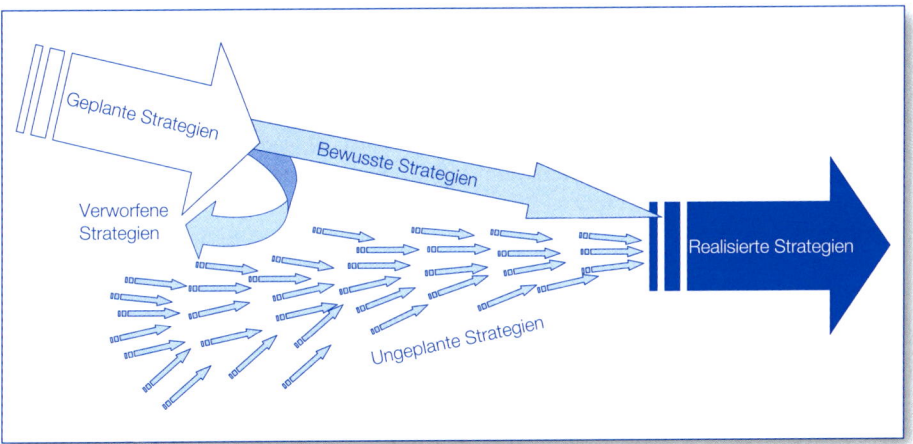

Abb. 3.1.8: Grundmuster von Strategien (vgl. Mintzberg et al., 2012, S. 26)

3.1.2.2 Wettbewerbsvorteile

Durch die in einer Strategie festgelegten Maßnahmen sollen Wettbewerbsvorteile geschaffen werden. Sie bilden damit das Herzstück einer Strategie. Strategische Unternehmensführung steht für ein Denken in Wettbewerbsvorteilen. Kunden und Märkte sollen dadurch gewonnen oder Wettbewerber verdrängt werden. Sie sind deshalb die Voraussetzung dafür, dass die Ziele einer Strategie erreicht und Erfolgspotenziale geschaffen werden können.

Intention

Zur Bestimmung von Wettbewerbsvorteilen bilden folgende **Akteure** ein sog. strategisches Dreieck (vgl. *Backhaus/Voeth*, 2007, S. 26 ff.; *Ghemawat*, 1997, S. 53 ff.; *Meyer/Davidson*, 2001, S. 331; *Simon*, 1988, S. 461 ff.; Abb. 3.1.9):

Akteure

- **Kunden:** Sie vergleichen das Preis-/Leistungsverhältnis der Produkte am Markt. Ein Unternehmen hat einen Wettbewerbsvorteil, wenn dessen Produkte einen höheren Kundennutzen bieten als vergleichbare Produkte der Wettbewerber. Diese Leistungsdifferenz muss allerdings vom Kunden auch wahrgenommen und als bedeutsam eingestuft werden. Mit Unterstützung des Marketings sollen derartige kundenbezogene

Alleinstellungsmerkmale (Unique Selling Proposition, USP) oder auch komparative Kundenvorteile hervorgehoben und gefördert werden.

- **Konkurrenten** versuchen, sich in den Augen des Kunden zu differenzieren. Zudem sind sie bemüht, die Wettbewerbsvorteile des Unternehmens z. B. durch Imitation oder verbessertes Preis-/Leistungsverhältnisses zu zerstören.

- **Unternehmen** verfolgen mit ihrer Strategie das Ziel, Wettbewerbsvorteile aufzubauen. Die Aktivitäten der Konkurrenten zwingen das Unternehmen zur Verteidigung und Erneuerung ihrer Wettbewerbsvorteile. Diese sind jedoch für das Unternehmen nur dann von Nutzen, wenn der Kunde bereit ist, hierfür einen entsprechenden Preis zu bezahlen. Dieser Mehrwert muss langfristig die damit verbundenen Kosten übersteigen.

> Ein **Wettbewerbsvorteil** ist ein aus Sicht des Kunden wahrgenommenes Leistungsmerkmal, das von der Konkurrenz nicht geboten wird und für das der Kunde bereit ist, etwas zu bezahlen (vgl. *Porter*, 1989, S. 31).

Kosten

Neben dem Kundennutzen ist die Kostenposition im Vergleich zur Konkurrenz ein wichtiges Wettbewerbsmerkmal. Selbst wenn kein zusätzlicher Kundennutzen entsteht, kann eine günstigere **Kostenstruktur** zu einer relativ besseren Wettbewerbsfähigkeit führen. Bei gleichem Umsatz fließt dem Unternehmen, das über einen Kostenvorteil verfügt, ein höherer Gewinn zu. Ein weiteres Merkmal ist die **Dauerhaftigkeit** des Wettbewerbsvorteils. Sie bezeichnet dessen Gültigkeitsdauer und die Möglichkeit, ihn gegenüber Veränderungen der Umwelt oder Angriffen der Konkurrenz zu schützen (vgl. *Meyer/Davidson*, 2001, S. 324 f.).

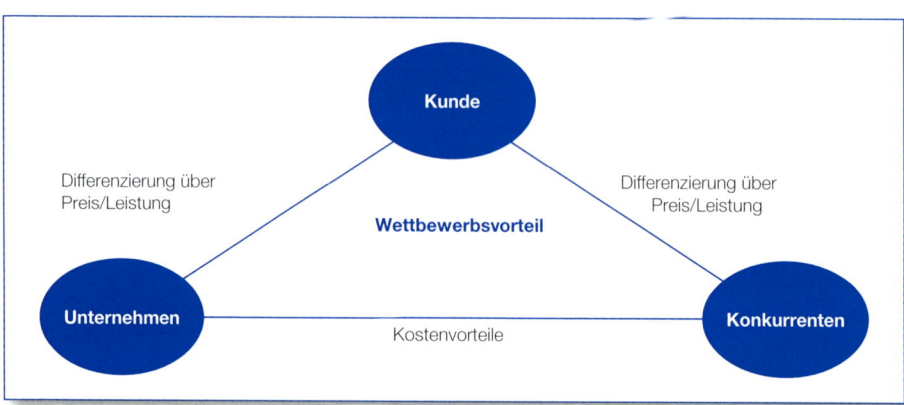

Abb. 3.1.9: Strategisches Dreieck der Wettbewerbsvorteile (vgl. Hungenberg, 2011, S. 196)

Quellen

Als wichtigste **Quellen von Wettbewerbsvorteilen** gelten:

- Objektive Leistungsvorteile wie z. B. eine besondere Produktqualität bei *Miele*.
- Subjektiv wahrgenommene Vorteile wie z. B. das Produktimage bei *Porsche*.
- Globale Präsenz wie z. B. bei *General Electric*.
- Hohes Preis-Leistungsverhältnis wie z. B. die Lebensmitteldiscounter *Aldi* oder *Lidl*.
- Kompetenzen, Ressourcen oder Kontakte wie z. B. Ölförderlizenzen bei *EXXON*.

3.1 Grundlagen

Diese Quellen von Wettbewerbsvorteilen können, wie in Abb. 3.1.10 dargestellt, nach den beiden Dimensionen Kunden- und Wettbewerbsorientierung **systematisiert** werden (vgl. *Day*, 1998, S. 84 ff.):

- **Kundenspezifische Wettbewerbsvorteile** weisen eine hohe Kunden- und eine geringe Wettbewerbsorientierung auf. Der Wettbewerbsvorteil besteht in einer überlegenen Kundenorientierung durch eine spezifische Problemlösung. Beispiele hierfür sind spezialisierte Fachhändler oder Sondermaschinenbauer. — Kundenspezifisch

- **Ressourcenbasierte Wettbewerbsvorteile** sind weder stark an den Kunden noch an den Wettbewerbern ausgerichtet. Die Quelle des Wettbewerbsvorteils ist vielmehr das Unternehmen selbst und dessen einzigartige Ressourcen. Dies können z. B. besondere Kompetenzen oder Standortvorteile sein. Beispielsweise basiert der Wettbewerbsvorteil von öl- und salzfördernden Unternehmen auf einer Förderlizenz als strategischer Ressource. Die ressourcenorientierte Unternehmensführung beschäftigt sich mit dem Aufbau und der Nutzung ressourcenbasierter Wettbewerbsvorteile (vgl. Kap. 3.4.3). — Ressourcenbasiert

- **Konkurrenzbezogene Wettbewerbsvorteile** sind weniger am einzelnen Kunden, sondern vielmehr am Wettbewerb ausgerichtet. Dies ist in Konsumgütermärkten wie z. B. der Getränkebranche der Fall. — Konkurrenzbezogen

- **Kombinierte (marktspezifische) Wettbewerbsvorteile** richten sich sowohl an den Kunden als auch an den Wettbewerbern aus. Derartige Wettbewerbsvorteile sind in Nischenmärkten anzutreffen. Ein Beispiel sind Beratungsgesellschaften, die jeden Auftrag kundenspezifisch ausführen und untereinander in intensivem Wettbewerb stehen. — Kombiniert

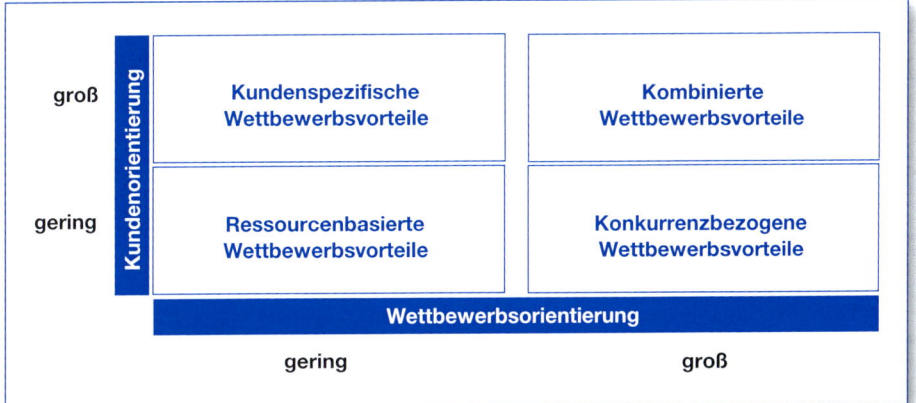

Abb. 3.1.10: Systematik von Wettbewerbsvorteilen (in Anlehnung an Day, 1998, S. 85)

3.1.2.3 Erfolgspotenziale

Erfolgspotenziale sind **Voraussetzungen** für **den zukünftigen Erfolg** eines Unternehmens. Dies macht sie zu Frühindikatoren für den derzeitigen Erfolg.

> **Erfolgspotenziale** sind sämtliche produkt- und marktspezifischen, technologischen und qualifikatorischen Voraussetzungen für den zukünftigen Erfolg eines Unternehmens. **!**

Erfolgspotenziale können unterteilt werden in (vgl. *Coenenberg* et al., 2011, S. 39; *Gälweiler*, 1987, S. 26; *Kieser/Walgenbach*, 2010, S. 114):

Externe und interne Potenziale

- **Externe Erfolgspotenziale** leiten sich direkt aus den angestrebten Wettbewerbsvorteilen ab. Sie sollen durch marktorientierte Strategien zur Erreichung einer angestrebten Wettbewerbsposition generiert werden. Beispiele sind Markt- oder Technologiepotenziale.
- **Interne Erfolgspotenziale** beschreiben das Kosten- bzw. Leistungspotenzial des Unternehmens. Sie sollen durch Maßnahmen zur Gestaltung der Ressourcenbasis aufgebaut werden. Verfügt ein Unternehmen über kostengünstigere oder leistungsstärkere Ressourcen als die Konkurrenz, dann ist das ein Wettbewerbsvorteil, aus dem interne Erfolgspotenziale generiert werden können.

Ebene der Unternehmensführung	Element der Unternehmensführung	Ziele	Beispiele
Normative Unternehmensführung	Unternehmenspolitik und -mission	Unternehmensziele	▪ Soll-Gewinn ▪ Soll-Wertbeitrag ▪ Soll-Liquidität
Strategische Unternehmensführung	Strategien	Wettbewerbsvorteile	▪ Markt-/Wettbewerbspositionen ▪ Leistungs- oder Kostenvorteil
		Erfolgspotenziale	▪ Ziel-Wettbewerbsposition ▪ Ziel-Ressourcenbasis
		Erfolgsfaktoren (Werttreiber)	▪ Marktanteil ▪ Kundenzufriedenheit ▪ Kostenposition
Operative Unternehmensführung	Maßnahmen	Erfolg	▪ Ist-Gewinn ▪ Ist-Wertbeitrag ▪ Ist-Liquidität

Abb. 3.1.11: Einordnung von Erfolgspotenzialen

Zusammensetzung

Abb. 3.1.11 ordnet den Begriff Erfolgspotenzial in das hierarchische Führungssystem und dessen Zielgrößen ein. Das **Erfolgspotenzial** eines Unternehmens setzt sich zusammen aus einem Bündel an materiellen und immateriellen Ressourcen, die entweder selbst geschaffen oder erworben wurden (vgl. Kap. 3.4). Erfolgspotenziale umfassen damit sämtliche produkt- und marktspezifischen Voraussetzungen für den zukünftigen Erfolg eines Unternehmens. Dies macht sie zu Frühindikatoren für den später im Rahmen der operativen Unternehmensführung erwirtschafteten Erfolg. Alle Entscheidungen zum Aufbau und zur Erhaltung von Erfolgspotenzialen wirken sich mit einem zeitlichen Vorlauf auf den späteren Erfolg aus. Ihr Aufbau erfordert einen langen Zeitraum, der sich kaum verkürzen lässt. Beispiele sind Produktentwicklungen sowie der Aufbau von Produktionskapazitäten, Marktpositionen oder Organisationsstrukturen.

Eigenschaften

Aus dieser Vorsteuerfunktion resultieren nach *Gälweiler* folgende **Eigenschaften** von Erfolgspotenzialen (vgl. *Gälweiler*, 1987, S. 26 ff.):

- Erfolgspotenziale stellen **Obergrenzen** für den realisierbaren Erfolg dar. Je höher diese sind, desto größer ist der Spielraum für den realisierbaren Erfolg.
- Erfolgspotenziale schaffen nur **Voraussetzungen** für hohe Erfolgschancen. Deren Ausnutzung ist Aufgabe der operativen Unternehmensführung und somit können Erfolgspotenziale auch ungenutzt bleiben.

- Jedes Unternehmen verfügt über Erfolgspotenziale, unabhängig davon, ob diese bekannt sind oder nicht. Häufig macht sich ein **Verlust von Erfolgspotenzialen** erst durch ein negatives Ergebnis oder Liquiditätsschwierigkeiten bemerkbar. Dann ist es allerdings für gegensteuernde Maßnahmen meist schon zu spät.
- Erfolgspotenzial, Erfolg und Liquidität sind miteinander verknüpft, beinhalten jedoch unterschiedliche **Steuerungsanforderungen** an die Unternehmensführung. Der Aufbau von Erfolgspotenzialen beeinflusst die finanz- und erfolgswirtschaftliche Situation des Unternehmens. Kurzfristig reduziert der Aufbau von Erfolgspotenzialen die Liquidität und den operativen Erfolg. Langfristig bilden Erfolgspotenziale aber die Voraussetzung für Erfolg. Beispielsweise verursacht die Entwicklung neuen Wissens zunächst Aufwand und reduziert damit das operative Ergebnis. Entstehen daraus marktfähige Produkte, dann kann das Unternehmen daraus operative Gewinne und Liquidität generieren.

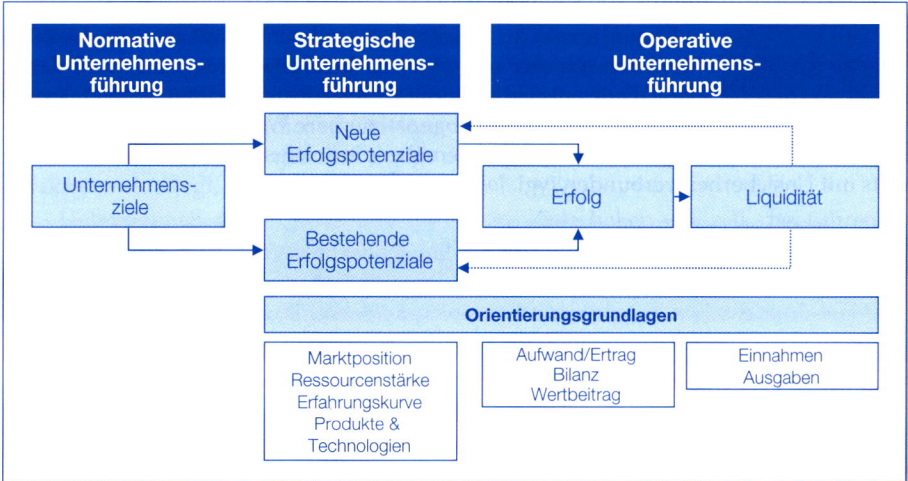

Abb. 3.1.12: Erfolgspotenzial als Vorsteuergröße (in Anlehnung an Gälweiler, 1987, S. 28)

Häufig werden Erfolgspotenziale und tatsächlicher Erfolg nicht ausreichend klar voneinander getrennt. Die strategische Unternehmensführung eines Unternehmens hat die Aufgabe, Wettbewerbsvorteile für ein Unternehmen zu generieren. Dazu sind neue Erfolgspotenziale zu schaffen und bestehende Erfolgspotenziale weiter zu entwickeln. Der Erfolg eines Unternehmens ist das Ergebnis effizienter operativer Unternehmensführung im Rahmen bestehender Potenziale. Er mündet in die Gewinn- und Verlustrechnung bzw. fließt dem Unternehmen als Liquidität zu. Diese Zahlungsströme werden als realisierbarer Erfolg in einer Unternehmensbewertung berücksichtigt. Die Verknüpfung zwischen Erfolgspotenzial und Erfolg kann durch die **Umsetzungsstärke** eines Unternehmens erklärt werden. Sie hängt von folgenden Faktoren ab (vgl. *Dillerup/Hannss*, 2006, S. 30 f.):

Umgang mit Erfolgspotenzialen

- **Volkswirtschaftliche Effizienz:** Die volkswirtschaftlichen Rahmenbedingungen beeinflussen alle Unternehmen eines Landes. Sie legen damit fest, wie gut Unternehmen ihre Potenziale in Erfolg umwandeln können. Bei ausgezeichneten Standortfaktoren stehen die Chancen für Unternehmenserfolg besser, als dies z. B. bei unstabilen politischen Rahmenbedingungen der Fall ist. Die volkswirtschaftliche Umsetzungseffizienz beinhaltet z. B. Faktoren wie langfristige Planungssicherheit,

Volkswirtschaft

3 Strategische Unternehmensführung

3.1.3 Elemente und Zusammenhänge

Die **Elemente strategischer Unternehmensführung** und deren wesentliche Zusammenhänge stellt Abb. 3.1.16 zusammenfassend dar.

Mission
- Ausgehend von der **normativen Unternehmensführung** (vgl. Kap. 2) hat die strategische Ebene die Vorgaben der Unternehmensmission umzusetzen. Die normative Ebene bestimmt die Zielsetzung, während die strategische Ebene die Wege zur Zielerreichung aufzeigt.

Wertorientierung
- Die **wertorientierte Unternehmensführung** (vgl. Kap. 3.2) knüpft an den Unternehmenszielen an und präzisiert die wirtschaftliche Zielsetzung eines Unternehmens. Unter Berücksichtigung des unternehmerischen Risikos wird ermittelt, welche Mindestverzinsung ein Unternehmen für seine Eigentümer zu erwirtschaften hat und ab wann der Wert des Unternehmens gesteigert wird.

Strategien
- **Strategien** (vgl. Kap. 3.3 und Kap. 3.4) werden auf Basis der Analyse der Unternehmensumwelt und des eigenen Unternehmens entwickelt. Die wertorientierten Zielsetzungen bilden dazu das Anforderungsniveau, welches durch die strategischen Alternativen erreicht werden soll. Sie beschreiben Wege, wie sich Wettbewerbsvorteile markt- oder ressourcenorientiert aufbauen lassen. Sie bilden damit die Vorgabe für die weiteren Elemente der strategischen Unternehmensführung.

Planung und Kontrolle
- Die **strategische Planung und Kontrolle** (vgl. Kap. 4.2) beschreibt den Prozess der Strategieentwicklung und das Vorgehen bei deren Umsetzung und Kontrolle. Die strategische Planung und Kontrolle ist Teil des Planungs- und Kontrollsystems des Unternehmens und bildet die Basis der operativen Planung und Kontrolle. Die strategische Planung und Kontrolle sollte eng mit dem strategischen Personalmanagement und der strategischen Organisation abgestimmt sein.

Organisation
- **Strategische Organisation** (vgl. Kap. 5.2) beschreibt die auf die Unterstützung einer Strategie ausgerichtete Organisation als Vorgabe für die operative Organisation, in deren Rahmen die Strategie umgesetzt werden soll. Darunter fallen strategiegerechte

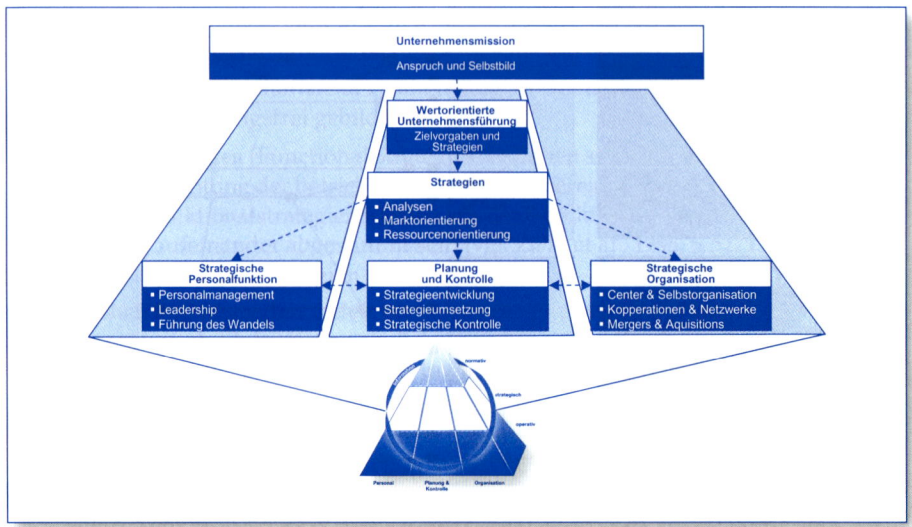

Abb. 3.1.16: Zusammenhänge und Elemente der strategischen Unternehmensführung

Formen der Unternehmensorganisation, Kooperationen, Netzwerke sowie Fusionen und Übernahmen.

- **Die strategische Personalfunktion** umfasst alle im Rahmen der strategischen Unternehmensführung anfallenden mitarbeiterbezogenen Aufgaben. Sie bezieht sich auf das gesamte Unternehmen und abstrahiert von einzelnen Mitarbeitern und Stellen. Hierunter fallen das strategische Personalmanagement (vgl. Kap. 6.1.2.2), Personalführung und Leadership (vgl. Kap. 6.3) sowie die Führung des Wandels (vgl. Kap. 6.4). Auch dabei ist eine enge Abstimmung mit der Organisation sowie der Planung und Kontrolle erforderlich.

Personalfunktion

Zusammenfassend schließt die strategische Unternehmensführung an die normative Ebene an. Strategien dienen dazu, die in Vision und Mission vorgezeichnete Ausrichtung zu konkretisieren. Dazu werden Wege bestimmt, um Wettbewerbsvorteile zu erzielen und die dazu erforderlichen Maßnahmen abgeleitet. Strategien bestimmen, wie Erfolgspotenziale aufgebaut und weiterentwickelt werden sollen. Die operative Unternehmensführung hat dann die Aufgabe, diese Erfolgspotenziale bestmöglich zu nutzen.

Management Summary

- Die strategische Unternehmensführung hat sich in einem Evolutionsprozess aus der Finanz- und Langfristplanung zur strategischen Planung entwickelt. Durch Einbezug der Funktionen Organisation und Personal entstand die strategische Unternehmensführung.
- Die strategische Unternehmensführung ist auf die Entwicklung bestehender und die Erschließung neuer Erfolgspotenziale ausgerichtet und legt die dafür erforderlichen Strategien fest.
- Eine Strategie ist ein geplantes Bündel an Maßnahmen zur Positionierung im Wettbewerb und zur Gestaltung der dazu erforderlichen Ressourcenbasis. Durch die Schaffung neuer und die Entwicklung bestehender Erfolgspotenziale sollen Wettbewerbsvorteile für das Unternehmen generiert werden.
- Strategien unterteilen sich in geplante, ungeplante und realisierte Strategien.
- Ein Wettbewerbsvorteil ist ein aus Sicht des Kunden wahrgenommenes Leistungsmerkmal, das von der Konkurrenz nicht geboten wird und für das der Kunde bereit ist, zu bezahlen.
- Erfolgspotenziale sind sämtliche produkt- und marktspezifischen Voraussetzungen, um erfolgreich sein zu können.
- Erfolgsfaktoren sind alle Faktoren, die den Erfolg oder Misserfolg direkt beeinflussen.
- Strategien sind ein Gesamtsystem aus Unternehmens-, Geschäftsbereichs- und Funktionalstrategien.
- Strategische Geschäftsbereiche sind möglichst isoliert funktionierende Ausschnitte des Gesamtunternehmens, die eigene Erfolgspotenziale sowie Chancen und Risiken aufweisen und für die eigenständige Strategien entwickelt und realisiert werden.

Literaturempfehlungen

Hungenberg, H.: Strategisches Management im Unternehmen, 6. Aufl., Wiesbaden 2011.

Mintzberg, H./Lampel, J./Quinn, J.B./Ghosahl, S.: The strategy process: Concepts, contexts, cases, 4. Aufl., Upper Saddle River/New York 2003.

Welge, M.K./Al-Laham, A.; Strategisches Management: Grundlagen – Prozess – Implementierung, 6. Aufl., Wiesbaden 2012.

3.2 Wertorientierte Unternehmensführung

Leitfragen

- Was bedeutet wertorientierte Unternehmensführung?
- Wann ist ein Unternehmen für Kapitalgeber attraktiv?
- Wie kann der Unternehmenswert gesteigert werden?
- Mit welchen Verfahren lassen sich Unternehmensbereiche, Strategien und Investitionen beurteilen?

Die wertorientierte Unternehmensführung präzisiert die wirtschaftliche Zielsetzung eines Unternehmens. Unter Berücksichtigung des unternehmerischen Risikos wird ermittelt, welche Mindestverzinsung ein Unternehmen für seine Eigentümer zu erwirtschaften hat und ab wann der Wert des Unternehmens gesteigert wird. Sie ist Bestandteil der strategischen Planung und Kontrolle im System der Unternehmensführung (vgl. Abb. 3.2.1).

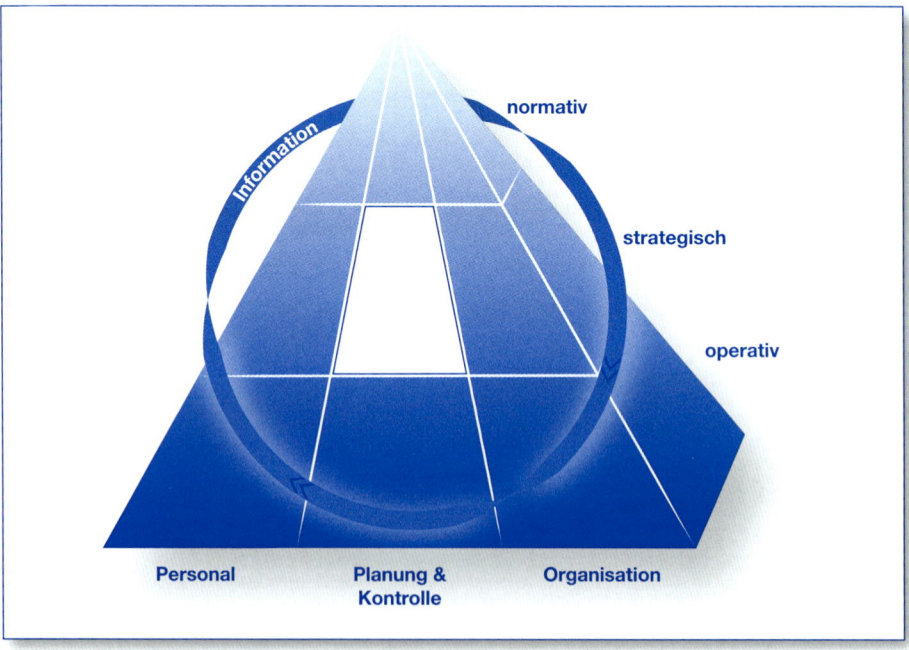

Abb. 3.2.1: Wertorientierung im System der Unternehmensführung

3.2.1 Von der Gewinn- zur Wertorientierung

Relevanz Als Leitbegriff moderner Unternehmensführung hat sich die Wertorientierung heute weitgehend durchgesetzt. Aus dem Betrachtungswinkel von Aktionären bzw. allgemein der Eigentümer ist ein Unternehmen dann erfolgreich, wenn eine risikogerechte Verzinsung des zur Verfügung gestellten Kapitals erwirtschaftet wird. Übertrifft der

3.2 Wertorientierte Unternehmensführung

Unternehmenserfolg die Kosten des eingesetzten Kapitals, dann entsteht eine Wertsteigerung (vgl. *Wehrheim/Schmitz*, 2001, S. 495). Werte zu schaffen, zu steigern und für das Unternehmen, eine Teileinheit, eine Strategie oder eine Investition zu messen, steht im Mittelpunkt der wertorientierten Unternehmensführung (Shareholder Value Management). Dieser **Grundgedanke** vom erforderlichen Mindestgewinn ist nicht neu und findet sich bereits bei den Gründungsvätern der Betriebswirtschaft wie *Eugen Schmalenbach* (1922) wieder.

Grundgedanke

Das Konzept des Shareholder Value wurde im angloamerikanischen Raum von *Rappaport* (1986), von *Steward* (1990) sowie von *Copeland* et al. (2002) ausgearbeitet. Insbesondere in den USA spielt der Kapitalmarkt eine wesentliche Rolle, da Aktiengesellschaften die dominante Unternehmensform darstellen. Die Entwicklung wurde in Deutschland Anfang der 1990er Jahre aufgegriffen und von der *VEBA AG* als Pionierunternehmen eingeführt. Zwischenzeitlich setzen nahezu alle deutschen Großunternehmen und zunehmend auch mittelständische Unternehmen wertorientierte Konzepte ein.

Historische Entwicklung

Das **Shareholder Value Management** zielt auf die Mehrung des Aktionärsvermögens bzw. allgemein auf die Eigentümer eines Unternehmens. Bei der Übertragung des amerikanischen Konzeptes auf die europäischen Anforderungen wurde die ausschließliche und kurzfristige Ausrichtung an den Interessen der Eigentümer kritisch diskutiert und immer wieder mit „inhumanem Turbokapitalismus" in Verbindung gebracht. In Deutschland wird daher der Begriff „**wertorientierte Unternehmensführung**" bevorzugt. Darunter wird die unternehmerische Notwendigkeit verstanden, einen Mehrwert für die Anteilseigner zu schaffen.

Ziel der wertorientierten Unternehmensführung ist die Zufriedenheit der Kapitalgeber. Die Verteilung des erwirtschafteten Mehrwerts sollte jedoch nicht auf die Kapitalgeber beschränkt sein. Eine gute und ausgewogene Unternehmensführung berücksichtigt deshalb auch andere Interessengruppen. Dies wird häufig als „**werteorientierte Unternehmensführung**" bezeichnet (vgl. Kap. 2.2). Der *Arbeitskreis „Wertorientierte Führung in mittelständischen Unternehmen"* der *Schmalenbach-Gesellschaft für Betriebswirtschaft e.V.* sieht die Kunden- und Mitarbeiterzufriedenheit als gleichwertige Unternehmenszielgrößen an (vgl. *Arbeitskreis „Wertorientierte Führung in mittelständischen Unternehmen" der Schmalenbach-Gesellschaft für Betriebswirtschaft e.V.*, 2004).

Ziel

Der Wertorientierung ist jedoch besondere Aufmerksamkeit zu widmen. Ausreichende finanzielle Ergebnisse sind erforderlich, um das langfristige Überleben des Unternehmens zu gewährleisten. Ausreichende Gewinne sind somit eine notwendige Voraussetzung, um auch andere Interessen wie die der Mitarbeiter, Kunden, Anleger oder der Gesellschaft zu erfüllen (vgl. *European Management Forum*, 1992, S. 397 ff.). Dabei sollte nicht, wie bei einigen börsennotierten Unternehmen, die kurzfristige Steigerung des Unternehmenswertes im Vordergrund stehen. Es geht vielmehr um eine langfristige Perspektive. Bonuszahlungen von Führungskräften können hierfür z. B. auf den kumulierten Wertbeiträgen der letzten drei Jahre basieren, um eine nachhaltige Komponente zu verankern.

> **Wertorientierte Unternehmensführung** bezeichnet die Notwendigkeit, eine aus Sicht der Eigentümer angemessene Rendite für das eingesetzte Kapital zu erwirtschaften. Die Steigerung des Unternehmenswertes dient zur langfristigen Existenzsicherung des Unternehmens.

3 Strategische Unternehmensführung

Kapital kennt heutzutage keine Ländergrenzen und der weltweite Wettbewerb um finanzielle Ressourcen verschärft sich. Daher gewinnt die Attraktivität eines Unternehmens für Kapitalgeber immer mehr an Bedeutung. **Gründe** hierfür sind (vgl. *Dillerup*, 2006, S. 81.1 ff.; *Günther*, 2007, S. 5 ff.; 54 ff.):

Gründe

- **Steigender Kapitalbedarf**, z. B. aufgrund von Globalisierung und Automatisierung.
- Unterbewertete Unternehmen sind ein attraktives Ziel für **Fusionen und Übernahmen**. Dies gefährdet somit die Unabhängigkeit des Unternehmens.
- **Professionelle und globale Kapitalanleger** haben höhere Anforderungen an die Unternehmen. Dies gilt für Eigenkapitalgeber, z. B. institutionelle Anleger oder Private-Equity-Gesellschaften, ebenso wie für Fremdkapitalgeber, z. B. durch verstärkte Kontroll- und Risikosteuerung aufgrund der Basel III-Anforderungen.
- Häufig werden die **Anreizsysteme** für Führungskräfte auf die Kapitalgeberinteressen ausgerichtet. Beispiele sind Aktienoptionen oder Beteiligungsformen. Dies kann bei Aktiengesellschaften ein dominierender Gehaltsbestandteil des Vorstands sein und wird mit entsprechender Aufmerksamkeit verfolgt.

Wertorientierte Führung

In den vergangenen Jahren hat deshalb die Wertorientierung in der Praxis große Verbreitung gefunden. Sie ist z. B. bei der *Volkswagen AG* neben Kundennähe, Nachhaltigkeit und Erneuerungsfähigkeit eine der Konzern-Leitlinien (vgl. *Schmall*, 2004, S. 202).

Paradigmenwechsel

Die wertorientierte Unternehmensführung bedeutet eine neue Ausrichtung des Unternehmens. Die Aufmerksamkeit wird vom Gewinn- auf die Kapitalrentabilität gelenkt. Dadurch wird die unternehmerische **Leistung aus dem Blickwinkel der Investoren** beurteilt. Erfolg heißt demnach, eine für das eingesetzte Kapital entsprechende Rendite zu erwirtschaften. Dieses Umdenken bedeutet einen **Paradigmenwechsel** in der Unternehmensführung (vgl. *Coenenberg/Salfeld*, 2007, S. 281).

Beispiel zum wertorientierten Paradigma

Die Harmonisierung der Interessen von Unternehmensführung und Eigentümern kann ein Beispiel verdeutlichen: Um den Marktanteil eines Unternehmens in einem ausländischen Markt zu steigern, stehen zwei Alternativen zur Wahl. Entweder Wachstum aus eigener Kraft oder Zukauf eines im Zielmarkt aktiven Unternehmens. Wird die Umsatzrentabilität als Maßstab verwendet und die Unternehmensführung entsprechend erfolgsabhängig vergütet, so belasten z. B. kostenintensive Marketingmaßnahmen zunächst den Erfolg, da Umsatzsteigerungen erst verzögert und nicht mit Sicherheit eintreten. Die Übernahme eines umsatzrenditestarken Unternehmens kann hingegen bereits kurzfristig den Erfolg erhöhen. Die Unternehmensführung würde daher die Akquisition bevorzugen. In wertorientierter Sichtweise kann unter Berücksichtigung des erforderlichen Kapitaleinsatzes die Entscheidung dagegen völlig anders aussehen.

Anwendungsmöglichkeiten

Das angeführte Beispiel zeigt, dass die wertorientierte Betrachtungsweise die Unternehmensführung in vielfältiger Weise bereichern kann. Wesentliche **Anwendungsmöglichkeiten** sind (vgl. *Dillerup*, 2006, S. 81.1–8.1.56; *Rappaport*, 1999, S. 91 ff.):

- **Messung der Managementleistung:** Welche Geschäftseinheiten bilden die „Säulen" für den Unternehmenswert? Welche Erfolgsvorgaben müssen gesetzt werden, damit eine Geschäftseinheit einen positiven Beitrag zum Unternehmenswert leistet?
- **Bewertung von Strategien:** Welche Strategien schaffen den höchsten Unternehmenswert? Wie wirkt sich eine strategische Option auf den Wert des Unternehmens aus?
- **Bewertung von Akquisitionen, Beteiligungen, Kooperationen und Fusionen:** Wie viel ist ein Übernahmekandidat für das Unternehmen wert? Welcher Preis kann maximal bezahlt werden? Welche Geschäftseinheiten haben nur ein geringes Potenzial und sind Kandidaten für einen Verkauf?

3.2 Wertorientierte Unternehmensführung

- **Beurteilung von Investitionen:** Welche Investitionen schaffen und welche vernichten Unternehmenswert?
- **Ermittlung erfolgskritischer Faktoren:** Welche Faktoren beeinflussen den Unternehmenswert? Wie reagiert der Unternehmenswert auf eine Veränderung dieser Faktoren?

Die Wertorientierung kann auch als eine Weiterentwicklung der Steuerungssysteme eines Unternehmens betrachtet werden (vgl. *Middelmann*, 2004, S. 7). Ausgehend von absoluten Ergebnisgrößen, wie z. B. Periodenergebnis oder Deckungsbeiträge, wurden bislang in den Unternehmen relative Größen für die Erfolgsmessung verwendet. Beispiele hierfür sind Umsatz- oder Eigenkapitalrendite. Die wertorientierte Unternehmensführung berücksichtigt zusätzlich auch das eingesetzte Kapital und nimmt somit eine investoren- bzw. anteilseignerorientierte Sichtweise ein. Die Steuerungskennzahlen berücksichtigen, dass eine **ausreichende und risikoadäquate Verzinsung des eingesetzten Kapitals** erforderlich ist, um aus Kapitalgebersicht attraktiv zu sein (vgl. *Pape*, 2010, S. 37 f.).

Weiterentwicklung der Steuerungssysteme

> Bei der wertorientierten Unternehmensführung steht die **Steigerung des Unternehmenswertes** im Mittelpunkt des Denkens und Handelns. Der Unternehmenswert wird nur dann gesteigert, wenn der „Return" aus einem „Investment" die von den Investoren als angemessen angesehene Kapitalverzinsung übersteigt (vgl. *Schneider*, 2004, S. 209).

Der zentrale Begriff der wertorientierten Unternehmensführung ist der **Unternehmenswert**. Dieser wird je nach Betrachtungszweck sehr unterschiedlich definiert. Ein Unternehmen kann zunächst als Summe aller Vermögensgegenstände aufgefasst werden. Diese Vermögensbasis ist aus der Bilanz ersichtlich und das Ergebnis vergangener Handlungen. Dieser sog. **Substanzwert** spiegelt sich in einer Bilanz, speziell nach den Rechnungslegungsvorschriften des HGB, nur unvollständig wider. Marktwerte und insbesondere immaterielle Vermögensgegenstände finden dabei keinen ausreichenden Niederschlag (vgl. Kap. 8.3).

Unternehmenswert

Für spezielle Bewertungsanlässe, wie z. B. die Liquidation des Unternehmens, werden in der Praxis Varianten des Substanzwertes eingesetzt. Im Sinne der wertorientierten Unternehmensführung ist der Unternehmenswert aber aus Sicht eines Investors zu betrachten. Es interessiert weniger die historische Substanz, als vielmehr das zukünftige **Potenzial des Unternehmens.** Die potenzialorientierte Ermittlung des Unternehmenswertes basiert auf einer kapitalmarktorientierten Betrachtung (vgl. *Günther*, 2007, S. 76 ff.). Dabei wird von rationalen, d. h. langfristig orientierten Aktionären ausgegangen. Kurzfristige, spekulative Aspekte des Aktienmarktes werden dabei nicht berücksichtigt. Folgende Überlegungen kennzeichnen die **Investorensicht**:

- Ein Investor hat beim Kauf einer Aktie einen Geldbetrag einzusetzen, der als Investition betrachtet werden kann. Auf dieses eingesetzte Kapital wird ein Rückfluss erwartet, welcher sich aus Dividenden und Aktienkurssteigerungen zusammensetzt. Beide Ergebniskomponenten im Verhältnis zum eingesetzten Kapital ergeben den „**Total Shareholder Return**" (TSR). Für den TSR sind nicht die durchschnittlichen Dividendenrenditen von ein bis drei Prozent ausschlaggebend, sondern vielmehr die Aktienkurssteigerungen.

Total Shareholder Return

- Aus Investorensicht ist eine dem Risiko der Investition **angemessene Verzinsung des eingesetzten Kapitals** erforderlich. Die Erwirtschaftung der Zinsen für

Angemessene Verzinsung

Eigen- und Fremdkapital ist eine Mindestanforderung, um Investoren gewinnen zu können.

- Der Aktienkurs spiegelt die Erwartung des Marktes über die zukünftige Entwicklung eines Unternehmens wider. Der Marktpreis bildet die durchschnittliche Erwartung aller Investoren ab. Die Marktteilnehmer bewerten individuell, welche Erträge zukünftig zurückfliesen, zinsen diese ab und basieren darauf ihre Kauf- oder Verkaufsentscheidungen. Der **potenzialorientierte Unternehmenswert** folgt demnach aus der erwarteten zukünftigen Ertragskraft des Unternehmens. Wird von diesem Wert des Gesamtunternehmens der Wert des Fremdkapitals abgezogen, so ergibt sich der Marktwert des Eigenkapitals. Demnach steigen der Marktwert eines Unternehmens und damit der Aktienkurs, wenn einem Unternehmen durch die Geschäftstätigkeit zukünftig mehr Erträge zufließen, als das eingesetzte Kapital kostet. Dieser Zusammenhang ist inzwischen auch empirisch nachgewiesen (vgl. *Coenenberg/Salfeld*, 2007, S. 117). Dieselbe Überlegung gilt auch für nicht-börsennotierte Unternehmen, deren Eigentümer grundsätzlich die gleichen Interessen haben.

Potenzialorientierter Unternehmenswert

Bei der wertorientierten Unternehmensführung steht die **langfristige Steigerung des Unternehmenswertes** im Vordergrund (vgl. *Langguth/Chahed*, 2004, S. 399). Die Wertermittlung ist deshalb nicht mehr auf klassische Bewertungsanlässe wie z. B. Kauf, Verkauf, Fusion oder Gesellschafterwechsel beschränkt. Der Transfer dieser kapitalmarktorientierten Sichtweise in das Unternehmen macht die Überprüfung der Wertschaffung zur permanenten Führungsaufgabe. Die Steigerung des Eigenkapitals wird zum Maßstab für die Bewertung von Unternehmen, Strategien und Investitionen (vgl. *Rappaport*, 1999, S. 80 ff.).

Langfristige Wertsteigerung

Der zentrale **Unterschied** zwischen gewinn- und wertorientierter Perspektive liegt in der Berücksichtigung der gesamten Kapitalkosten. Wie in Abb. 3.2.2 dargestellt, wird im Gegensatz zur buchhalterischen Sichtweise vom ökonomischen Gewinn und Verlust gesprochen. Bei wertorientierter Unternehmensführung steht also die zukunftsorientierte Wertsteigerung des Unternehmens im Vordergrund (vgl. *Rappaport*, 1999, S. 23).

Gewinn- vs. Wertorientierung

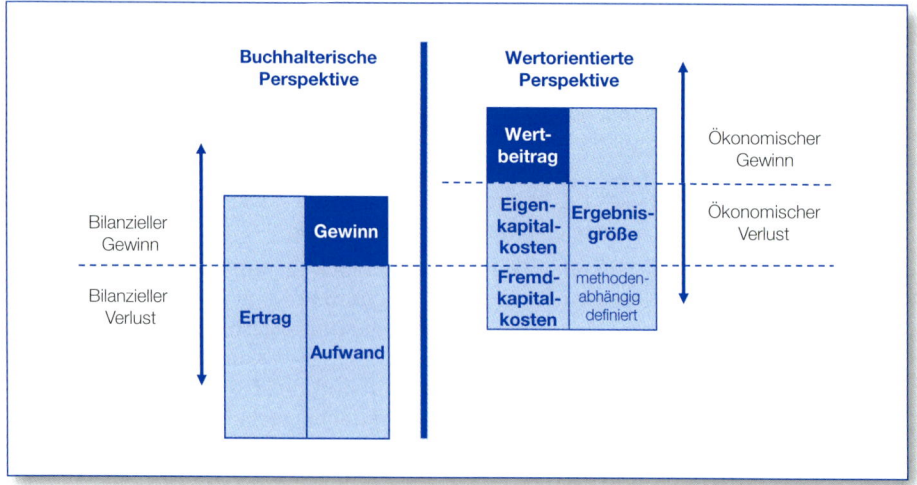

Abb. 3.2.2: Wertorientierter Perspektivenwechsel (in Anlehnung an Hauser, 1999, S. 400)

3.2 Wertorientierte Unternehmensführung

Wertorientierte Grundüberlegung am Beispiel einer Immobilie

Zur Veranschaulichung der Grundüberlegungen ein einfaches Beispiel, das in Abbildung 3.2.3 veranschaulicht ist: Ein Investor kauft eine Immobilie für 100.000 Euro. Dieser Betrag wird zur Hälfte fremdfinanziert, wozu ein Hypothekendarlehen mit fünf Prozent Verzinsung aufgenommen wurde. Die Fremdkapitalkosten betragen demnach fünf Prozent bzw. 2.500 Euro pro Jahr. Die andere Hälfte der Investitionssumme ist Eigenkapital, welches sich mit mindestens 6 Prozent verzinsen soll. Die Eigenkapitalkosten betragen demnach sechs Prozent bzw. 3.000 Euro pro Jahr. Diese Verzinsung würde der Investor auch für eine Alternativanlage am Kapitalmarkt mit vergleichbarem Risiko erhalten können. Insgesamt ergeben sich Kapitalkosten von 5,5 Prozent bzw. 5.500 Euro.

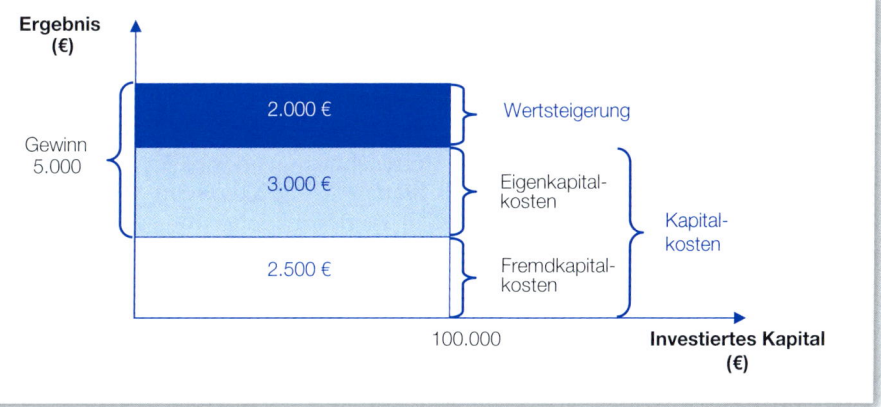

Abb. 3.2.3: Grundüberlegung zur Wertsteigerung

Aus Investorensicht ist die Immobilie nur dann attraktiv, wenn die Kapitalkosten mindestens gedeckt werden. Sie gleichen einer Mindesthürde, welche es zu übertreffen gilt. Angenommen die Immobilie wird vermietet und erwirtschaftet damit einen Rückfluss an den Eigentümer nach Berücksichtigung aller Kosten und Steuern von 7.500 Euro oder 7,5 Prozent pro Jahr. Dann ergibt sich unter Berücksichtigung der Kapitalkosten eine Wertsteigerung von zwei Prozent oder 2.000 Euro. Diese 2.000 Euro Wertbeitrag oder die Überrendite von zwei Prozent ist für den Kapitalgeber die ökonomisch maßgebliche Information. Der Gewinn berücksichtigt nur die Fremdkapitalkosten von 2.500 Euro und beträgt 5.000 Euro bzw. fünf Prozent. Würden die Rückflüsse lediglich 4.500 Euro betragen, so würde zwar ein Gewinn in Höhe von 2.000 Euro entstehen, das Eigenkapital wird aber nicht ausreichend verzinst. Dann erleidet der Investor trotz Gewinn einen Wertverlust von 1.000 Euro.

Neben der Berücksichtigung von Kapitalkosten gibt es noch weitere Unterschiede zur gewinnorientierten Betrachtung. So werden alle Vermögensgegenstände marktnah mit Zeitwerten bewertet und als Rechnungsgröße auch Zahlungen verwendet. Der Erfolg oder ökonomische Gewinn kann absolut als **Wertbeitrag** in Geldeinheiten oder relativ als **Kapitalrendite** in Prozent ausgedrückt werden. Die wesentlichen Unterschiede der beiden Sichtweisen stellt Abb. 3.2.4 gegenüber.

Unterschiede

> Unternehmen müssen für ihre Kapitalgeber eine Mindestverzinsung auf das eingesetzte Kapital erwirtschaften, um als Kapitalanlage attraktiv zu sein. In einer wertorientierten Sichtweise ersetzt eine risikoadäquate Kapitalverzinsung die traditionelle Gewinnorientierung.

3 Strategische Unternehmensführung

	Gewinnorientierte Sicht	Wertorientierte Sicht
Wertkomponente	Historische Anschaffungs- und Herstellungskosten oder Korrekturwerte	Zeitwerte, d.h. auch über historischen Kosten
Rechnungsgrößen	Erträge/Aufwendungen (extern) bzw. Leistungen/Kosten (intern)	Einzahlungen/Auszahlungen oder Erträge/Aufwendungen
Umfang des Vermögens	Aktivierungsfähige Vermögensgegenstände und Schulden	Alle Vermögensgegenstände und Schulden
Erfolgsdefinition	Erfolg = Gewinn = Änderung des Nettovermögens	Erfolg = Ergebnis über den Kapitalkosten = Steigerung des Unternehmenswertes
Zeitbezug	Gegenwart bzw. Vergangenheit	Zukunft

Abb. 3.2.4: Vergleich gewinn- und wertorientierte Sichtweise (vgl. Günther, 2007, S. 25)

3.2.2 Strategien zur Wertsteigerung

Zur **Wertsteigerung** stehen einem Unternehmen grundsätzlich vier Wege zur Verfügung (vgl. *Coenenberg/Salfeld*, 2007, S. 101 ff.; *Dillerup*, 2006, S. 81.1–8.1.56). Drei dieser sog.

Werthebel

Werthebel ergeben sich direkt aus dem Grundprinzip wertorientierter Unternehmensführung:

Profitabilität

- Die Steigerung der **Profitabilität** führt bei gleicher Kapitalbasis zu einem positiven Wertbeitrag. Beispielsweise konnte *Nokia* auf diesem Wege sehr erfolgreich seinen Total Shareholder Return steigern. Dabei steigt dort das eingesetzte Kapital nur unwesentlich, während der Kapitalumschlag und die Cashflow-Marge jährlich verbessert werden.

Wachstum

- **Wachstum** wirkt ebenfalls wertsteigernd, sofern die Kapitalrendite konstant gehalten werden kann. So gelingt es dem schwedischen Bekleidungsunternehmen *Hennes&Mauritz* bei nahezu gleicher Cashflow-Marge sowie gleichem Kapitalumschlag, seinen Total Shareholder Return zu steigern. Das Unternehmen eröffnete dazu neue Filialen und weitete so sein Geschäft aus. Das eingesetzte Kapital wächst entsprechend, da die die neuen Filialen ähnliche Margen erwirtschaften.

Kapitalkosten

- Eine dritte Möglichkeit besteht in der Reduzierung des eingesetzten Kapitals. Dies verringert die **Kapitalkosten** und mehrt so den Wertbeitrag. Erforderlich hierfür ist die Verringerung des Umlaufvermögens (Working Capital Management). Dabei wird mittels Vorratsreduzierung oder Verkürzung von Forderungslaufzeiten das gebundene Kapital gesenkt. Andere Ansatzpunkte können die Reduktion des Anlagevermögens oder die Optimierung der Kapitalstruktur sein. Die Prämisse dabei ist, dass die Profitabilität nicht in Mitleidenschaft gezogen wird. So bildet die durchschnittliche Forderungslaufzeit z. B. neben Umsatz und Marge eine zentrale Steuerungsgröße der *Würth Gruppe*. Analog zur Verringerung des eingesetzten Kapitals hat auch die Reduzierung des Kapitalkostensatzes einen positiven Einfluss auf den Wertbeitrag. Dies kann durch Verringerung des unternehmensspezifischen Risikos, der Fremdkapitalkosten oder der Steuerbelastung erreicht werden (vgl. Kap. 3.2.3.1).

Die ersten drei Möglichkeiten veranschaulicht Abb. 3.2.5. Die drei Möglichkeiten schließen sich nicht aus, sondern können miteinander kombiniert werden. Häufig wird daher von der Zielsetzung **profitablen Wachstums** gesprochen. So verfolgt die *Daimler AG* das Ziel, durch Profitabilität und Wachstum weltweit der Autobauer mit der höchsten Kapitalrendite zu werden (vgl. *Berni/Herz*, 2005, S. 15).

3.2 Wertorientierte Unternehmensführung

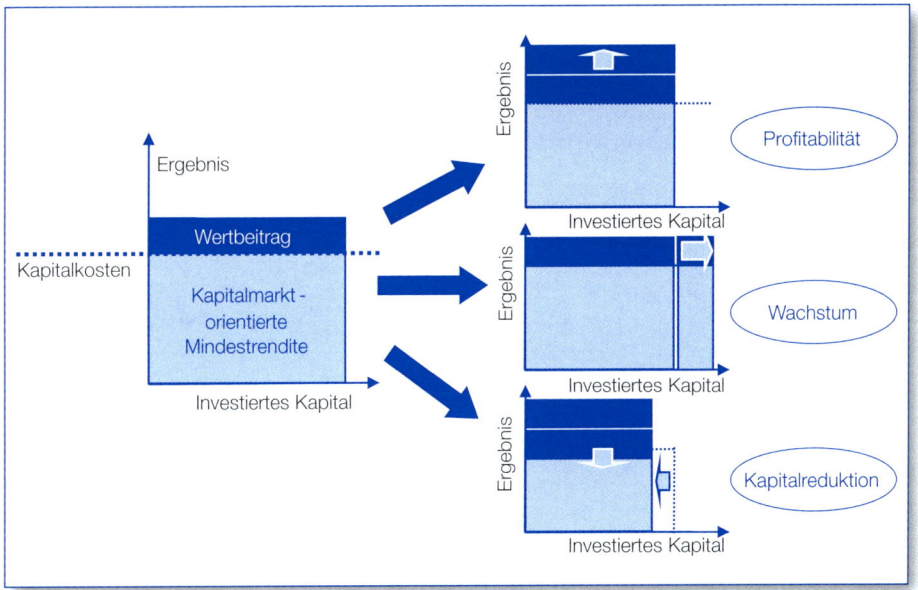

Abb. 3.2.5: Wertsteigerungshebel

Der vierte Ansatzpunkt zur Wertsteigerung ist das **Portfoliomanagement**. Während die ersten drei Möglichkeiten auf die Steigerung des Wertes einer bestehenden Organisation gerichtet sind, steht beim Portfoliomanagement die Gestaltung unterschiedlicher Geschäftsfelder im Vordergrund. Durch gezielten Aufbau, Rückzug, Fusionen oder Aufkäufe lässt sich das Geschäftsfeldportfolio eines Unternehmens unter Wertbeitragsgesichtspunkten verbessern. Ein zweiter Aspekt ist die Risikostruktur, welche sich durch entsprechende Portfoliogestaltung beeinflussen lässt. Auf diese Weise können z. B. unternehmensspezifische Risiken ausgeglichen und mithin die erforderlichen risikoadäquaten Verzinsungsanforderungen der Eigentümer gesenkt werden.

Portfoliomanagement

Wertorientiertes Portfoliomanagement orientiert sich an den beiden Dimensionen **Profitabilität** und **Wertbeitragsänderung**. Die Profitabilität kann entweder größer oder kleiner als die Kapitalkosten sein. Die Veränderung des Wertbeitrags im Zeitverlauf kann positiv oder negativ sein. Aus diesen zwei Dimensionen lässt sich, wie in Abb. 3.2.6 dargestellt, ein wertorientiertes Portfolio aufbauen.

Dimensionen

Für die Quadranten des Portfolios ergeben sich folgende **Normstrategien**:

- **Wert-Zerstörer** (value destroyer): Geschäfte, deren Profitabilität die Kapitalkosten nicht decken und die im Zeitablauf einen negativen Wertentwicklungstrend aufweisen, zerstören Unternehmenswert. Hier empfiehlt sich ein Rückzug oder ggf. eine radikale Sanierung.

- **Wert-Aufholer** (value backlogger): Aktivitäten, die zwar ihre Kapitalkosten nicht decken können, jedoch eine positive Wertentwicklung aufweisen, holen bei der Wertschaffung auf. Hier sollte der positive Trend durch reduzierten Kapitalaufwand und Profitabilitätssteigerung oder Wachstum unterstützt werden.

- **Wert-Abschmelzer** (value melter): Derartige Geschäfte sind zwar profitabel genug die Kapitalkosten zu übertreffen, doch folgt die Wertentwicklung einem negativen

Normstrategien

Trend. Geschäfte in diesem Quadranten können mit den gleichen Maßnahmen wie bei den Wert-Aufholern zur Wertstabilität oder sogar Wertsteigerung geführt werden.

- **Wert-Erzeuger** (value creator): Die beste Ausprägung des wertorientierten Portfolios ist die Situation eines mit positivem Trend wachsenden Geschäftes, welches mehr als seine Kapitalkosten erwirtschaftet. Diese Geschäfte sind zu bewahren und auszubauen.

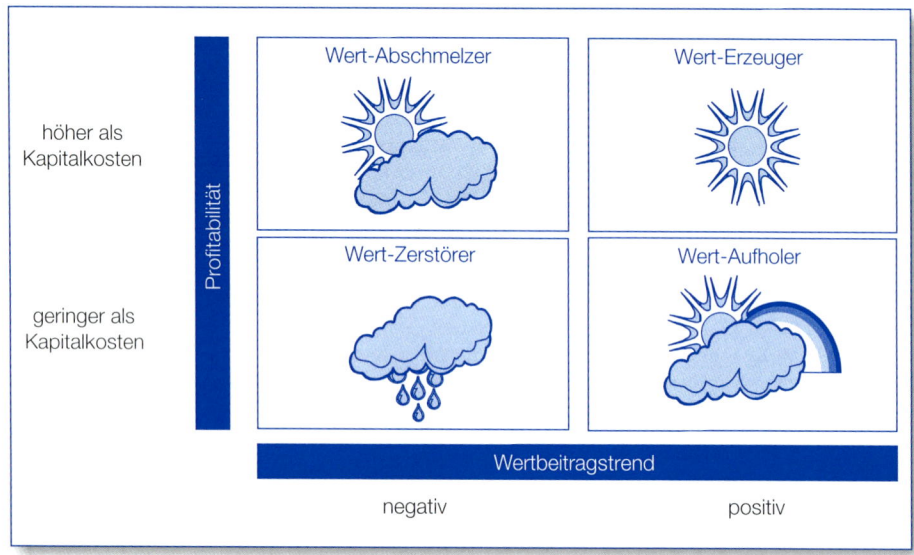

Abb. 3.2.6: *Wertorientiertes Portfoliomanagement (in Anlehnung an Günther, 2007, S. 361)*

Wertorientierte Unternehmensführung wird durch Werttreiber operationalisiert. Es muss zudem in bestehende Instrumente und in das Anreizsystem des Unternehmens integriert werden. Dadurch wird die wertorientierte Unternehmensführung zu einem geschlossenen Führungskreislauf. Wertbeiträge können als Steuerungskennzahl für Unternehmen, Geschäftsbereiche und Produktbereiche verwendet werden, da hier das erforderliche Kapital sowie die Ergebnisse eindeutig zugeordnet werden können. Für darunter liegende Einheiten, wie Abteilungen oder Gruppen, sind diese Voraussetzungen jedoch nicht gegeben. Hierbei ergänzen **Werttreiber** oder Wertgeneratoren die wertorientierten Zielsetzungen (vgl. *Rappaport*, 1999, S. 36). Vertriebseinheiten mit Umsatzverantwortung beeinflussen z. B. die Profitabilität, ohne umfassende Verantwortung für einen Wertbeitrag übernehmen zu können. Der Umsatz steht jedoch in einem eindeutigen kausalen Zusammenhang zum übergeordneten Wertbeitrag. Als Werttreiber eignen sich sowohl monetäre, als auch nicht-finanzielle Kennzahlen. Sie sollten bereits bekannte Steuerungsgrößen der operativen Unternehmensführung sein oder aus solchen abgeleitet werden können (vgl. *Stern* et al., 2002, S. 73 ff.).

Exemplarisch seien Liefertreue, Verfügbarkeit oder Bestandsreichweiten genannt. Wie die Werttreiber zusammenhängen veranschaulichen Werttreiber-Bäume. Abb. 3.2.7 zeigt ein Beispiel der *Robert Bosch GmbH*. Ein **Werttreiber-Baum** veranschaulicht transparent und verständlich die Zusammenhänge von Ursachen, Wirkungen und Beziehungen des Wertbeitrages. Er macht deutlich, wie der Wertbeitrag zu beeinflussen ist und wie die einzelnen Faktoren zum Gesamtergebnis führen.

3.2 Wertorientierte Unternehmensführung

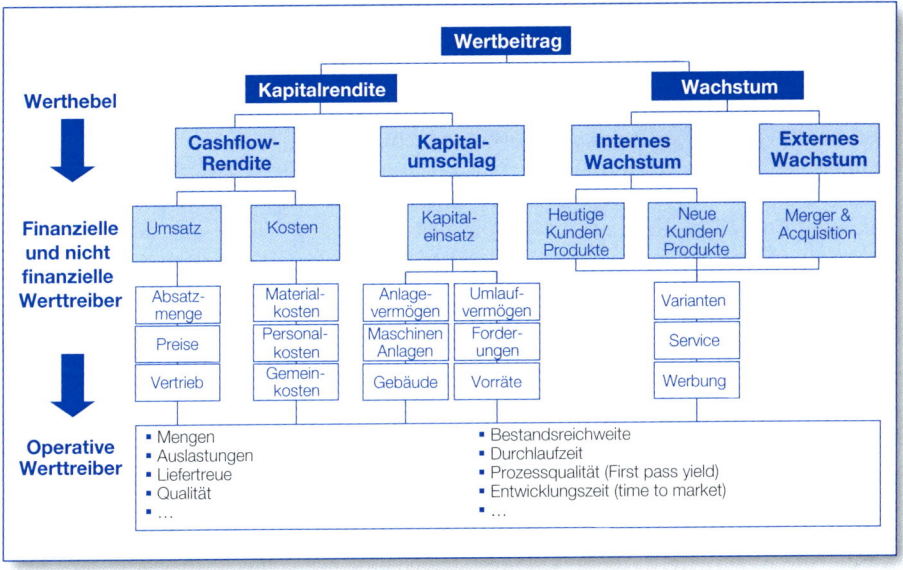

Abb. 3.2.7: Werttreiber-Baum (vgl. Hoffmann/Kirchhoff, 2001, S. 121)

Wertbeiträge und Werttreiber stellen wesentliche Bestandteile einer wertorientierten Unternehmensführung dar. Ablauforientiert kann Wertorientierung wie in Abb. 3.2.8 auch als **Führungskreislauf** verstanden werden (vgl. *Donlon/Weber*, 1999, S. 386).

Führungskreislauf

Abb. 3.2.8: Wertorientierter Führungskreislauf (vgl. Donlon/Weber, 1999, S. 386)

Die angestrebten Wertbeiträge sind ausgehend von den Unternehmenszielen und daraus abgeleiteten Teilzielen zu fixieren. Wie diese erreicht werden können, ist durch die passenden Strategien zur Wertsteigerung festzulegen. Die Strategien sind dann hinsichtlich ihrer Wertschaffung zu bewerten und auszuwählen. Für die verfolgten Strategien werden Werttreiber abgeleitet, um die operative Umsetzung zu gewährleisten. Diese sind weiter zu präzisieren und in konkrete Ziele zu überführen. Die Ursache-Wirkungs-Zusammenhänge zwischen den Werttreibern erlauben ggf. eine Priorisierung, um

Ursache-Wirkungs-Zusammenhänge

3 Strategische Unternehmensführung

eindeutige Vorgaben für die Umsetzung sicherzustellen. Jedes operative Ziel ist dann mit konkreten Zielausprägungen, Messpunkten und Sollwerten zu definieren, mit Anreizen zu koppeln sowie mit Maßnahmen zu hinterlegen. Im Anschluss bedarf es einer effizienten Steuerung und Überwachung (vgl. *Schneider*, 2004, S. 219).

Modelle in der Praxis

Der Ansatz der wertorientierten Unternehmensführung ist bei größeren und insbesondere börsennotierten Unternehmen weit verbreitet (vgl. *Coenenberg/Salfeld*, 2007, S. 6). Auch für nicht börsennotierte und mittelständische Unternehmen gewinnt das Konzept an Bedeutung. Die teilweise recht komplexen Modelle zur Berechnung der Wertsteigerung sollten jedoch vereinfacht werden. Ein Verzicht auf umfangreiche Bereinigungen und Anpassungen an die Rechtsform des Unternehmens wäre wünschenswert. Entsprechende Konzepte und Anwendungen zur wertorientierten Führung in mittelständischen Unternehmen wurden z. B. von der *Schmalenbach-Gesellschaft für Betriebswirtschaft e. V.* erarbeitet (vgl. *Arbeitskreis „Wertorientierte Führung in mittelständischen Unternehmen" der Schmalenbach-Gesellschaft für Betriebswirtschaft e.V.*, 2004).

Wertorientierte Führung

Die Verbindung zwischen strategischen und operativen Schritten im wertorientierten Führungskreislauf erfolgt durch die Werttreiber. Sie sind die wesentlichen Einflussfaktoren auf den Unternehmenswert. Sie machen Ursache-Wirkungs-Beziehungen deutlich und sind somit die Basis für die operative Steuerung. Flankiert wird das gesamte System durch Anreize, die wertorientiertes Verhalten belohnen. *Günther* (2007) veranschaulicht diese Elemente in der **wertorientierten Führungspyramide** (vgl. Abb. 3.2.9).

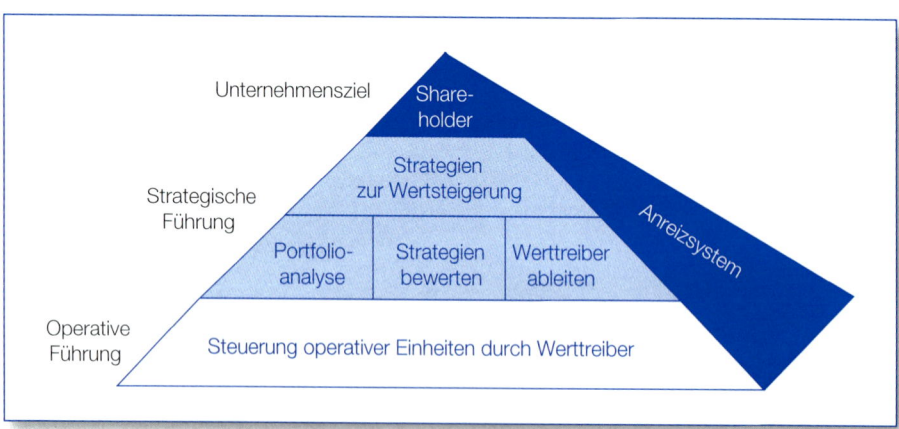

Abb. 3.2.9: Wertorientierte Führungspyramide (in Anlehnung an Günther, 2007, S. 4)

3.2.3 Wertorientierte Steuerungsverfahren

Methoden

Zur wertorientierten Unternehmensführung ist eine Messung der Wertsteigerung erforderlich. Grundvoraussetzung ist daher die Definition einer Wertkennzahl und eine entsprechende Methodik zu deren Ermittlung. Hierfür existiert eine große **Methodenvielzahl**, die aus dem ursprünglichen Konzept von *Rappaport* entstanden ist. Verschiedene Definitionen von Ergebnis und Kapitalkosten, sowie Differenzierungen durch Unternehmensberatungen und Wissenschaft, haben eine nahezu unübersehbare Anzahl an Methoden und Kennzahlen hervorgebracht.

3.2 Wertorientierte Unternehmensführung

In den USA entwickelte *Rappaport* (1999) ein Konzept, um Wachstumsstrategien und Kapazitätserweiterungen zu bewerten. Die New Yorker Unternehmensberatung *Stern Stewart & Co.* hat auf diesen Grundlagen die Methode des Economic Value Added (EVA) entwickelt, die ein eingetragenes Warenzeichen ist. Das EVA-Verfahren orientiert sich an marktnahen **buchhalterischen Werten** auf der Basis des US-GAAP. Die Daten der externen Rechnungslegung werden für die Ermittlung der Wertsteigerung und damit zur Messung der Leistung der Unternehmensführung herangezogen. In den USA ist internes und externes Rechnungswesen weniger stark getrennt als in Europa. Die amerikanischen Jahresabschlüsse richten sich auf den Schutz der Aktionäre, da sich die meisten Unternehmen am Kapitalmarkt finanzieren.

Historische Entwicklung

Amerikanische Rechnungslegung

Bei der Anwendung wertorientierter Unternehmensführung in Europa sind die **zugrunde gelegten Rechnungslegungsnormen** entsprechend zu berücksichtigen. In Deutschland richtet sich das externe Rechnungswesen auf Basis des HGB in erster Linie auf den Schutz der Fremdkapitalgeber, da diese die primären Kapitalgeber der Unternehmen sind. Aus diesem Grund beeinflusst das Vorsichtsprinzip sowie steuerliche Überlegungen die Rechnungslegung der Unternehmen. Somit besteht in Deutschland zwischen externer und interner Rechnungslegung ein ausgeprägter Unterschied. Für die Information der Unternehmensführung dient die Kostenrechnung, welche andere, kalkulatorische Bewertungen vornimmt. Der Vermögens- und Ergebnisausweis nach HGB ist daher von einer marktorientierten Darstellung häufig weit entfernt. Während die auf Buchwerten der externen Rechnungslegung basierenden Ansätze für Unternehmen mit IFRS- oder US-GAAP-Bilanzierung sinnvoll erscheinen mögen, ist deren Anwendung bei HGB-Bilanzierung nicht zweckmäßig.

Deutsche Rechnungslegung

Da der Cashflow frei von Bilanzierungs- und Bewertungswahlrechten ist, wurden zur Messung des Unternehmenswerts auch **cashfloworientierte Verfahren** entwickelt. Die **wesentlichen Unterschiede** zu den buchwertorientierten Verfahren lassen sich an den Berechnungselementen verdeutlichen:

Cashfloworient.-Verfahren

- **Investiertes Kapital:** Ausgangsbasis ist stets das Vermögen des Unternehmens, wobei hier entweder von Buch-, Markt- oder Wiederbeschaffungswerten ausgegangen werden kann. Zudem können Korrekturen der Bilanzsumme vorgenommen werden, um Abzugskapital oder ggf. stille Reserven oder Lasten einzurechnen.
- **Kapitalkosten:** Je nach Definition des investierten Kapitals und den Annahmen zur Bestimmung des Kapitalkostensatzes können die Kapitalkosten in ihrer Höhe variieren.
- **Ergebnis:** Es werden buchhalterische Gewinngrößen oder cashflowbasierte Ergebnisdefinitionen verwendet.

Elemente	Buchwertorientierte Verfahren	Cashfloworientierte Verfahren
Investiertes Kapital	Bewertung zu Buchwerten aus der Bilanz	Kalkulatorische oder marktorientierte Bewertung
Kapitalkosten	Kapitalkostensatz x investiertes Kapital zu Buchwerten	Kapitalkostensatz x investiertes Kapital zu Marktwerten
Ergebnisgröße	Jahresüberschuss gemäß Gewinn- und Verlust-Rechnung	(nachhaltiger oder freier) Cashflow

Abb. 3.2.10: Gegenüberstellung von buchwert- und cashfloworientierten Verfahren

Aus den beiden Verfahrensgruppen sind Mischformen entstanden, so dass die Methodenvielfalt noch größer wurde. Als zweites Kriterium zur Differenzierung der Methoden dient der **Zweck der Wertmessung**:

- So kann die **Wertsteigerung einer Periode** gemessen werden, z. B. um die Führungsleistung einer Geschäftseinheit zu beurteilen.
- Alternativ kann ein **Mehrperioden-Gesamterfolg** die kumulierte Wertsteigerung einer Strategie, einer Investition, eines Geschäftsbereichs oder des gesamten Unternehmens feststellen. Die Wertsteigerung kann dabei als absoluter Betrag oder als prozentuale Verzinsung angegeben werden.

Abb. 3.2.11 zeigt das Methodenspektrum auf und ordnet einige Verfahren exemplarisch ein. So zeigt der Übergewinn nach der **EVA-Methode** einen absoluten Periodenerfolg an. Ein relatives Maß ist der Return on Capital Employed (ROCE, Rendite auf das eingesetzte Kapital). Werden die EVA's über mehrere Perioden betrachtet und abgezinst, so kann ein Gesamterfolg errechnet werden. Der freie Cashflow stellt einen absoluten Periodenerfolg dar. In Relation zum investierten Kapital ergibt sich der **Cashflow Return on Investment** (CFROI). Auch bei den cashfloworientierten Verfahren kann durch Diskontierung eine mehrperiodige Gesamtsicht dargestellt werden, wozu meist ein **Discounted Cashflow-Verfahren** (DCF) angewandt wird. EVA, CFROI und Discounted Cashflow sind die bekanntesten Verfahren und weit verbreitet (vgl. *Langguth/Chahed*, 2004, S. 399). Deshalb wird nachfolgend auch auf diese drei Konzepte näher eingegangen.

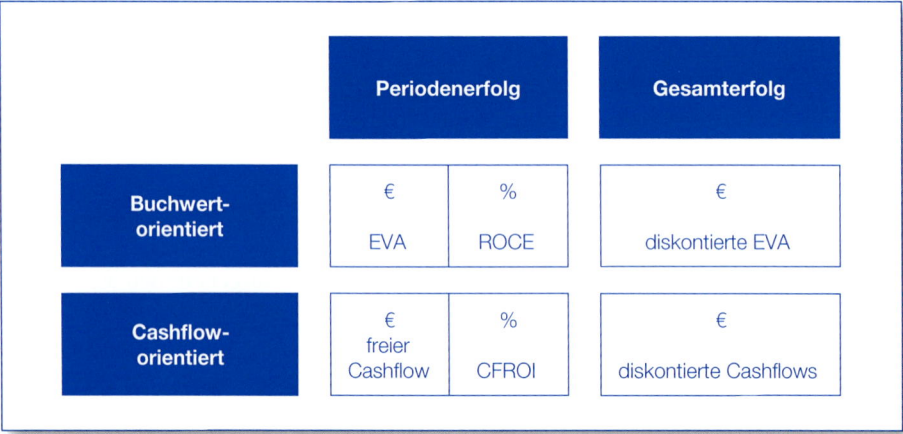

Abb. 3.2.11: Systematik wertorientierter Kennzahlen

3.2.3.1 Kapitalkosten

Die Bestimmung der Kapitalkosten ist eine Voraussetzung aller wertorientierter Steuerungsverfahren und wird deshalb zunächst näher erläutert. Ausgangspunkt der wertorientierten Unternehmensführung ist es, nicht nur die Kapitalkosten der Fremd- sondern auch der Eigenkapitalgeber zu berücksichtigen. Hierin liegt der **Innovationsgrad der Konzepte**, wobei die Ermittlung der Eigenkapitalkosten die eigentliche Herausforderung darstellt (vgl. *Studer*, 1998, S. 366).

3.2 Wertorientierte Unternehmensführung

Die Kosten für **Fremdkapital** können aus den Verträgen mit den Fremdkapitalgebern direkt bestimmt werden. Indirekt kann aus der Gewinn- und Verlust-Rechnung und den dort ausgewiesenen Zinszahlungen in Relation zum zinspflichtigen Fremdkapital der durchschnittliche Fremdkapitalkostensatz abgeleitet werden.

Fremdkapital

In einer bilanzorientierten Sichtweise steht Eigenkapital zinslos zur Verfügung. Daher kann aus der Finanzbuchhaltung kein Rückschluss auf die Kosten des **Eigenkapitals** gezogen werden. Die Kostenrechnung verwendet zum Teil kalkulatorische Zinsen, die als Opportunitätskostensatz unter Berücksichtigung des unternehmerischen Risikos zu bestimmen sind. Wie die Messung jedoch zu erfolgen hat, liegt im Ermessen des Anwenders und es gibt hierfür keine etablierten Verfahrensvorschläge (vgl. *Däumler/Grabe*, 2008, S. 145). Die Finanzwirtschaft kennt mehrere Ansätze, wie die *Arbitrage Pricing Theory*, das *Option Pricing Model* und das *Capital Asset Pricing Model* (CAPM).

Eigenkapital

Die ersten beiden Modelle sind hinsichtlich der erforderlichen Informationen und den enthaltenen Annahmen problematisch. Das CAPM ist nicht frei von methodischen Schwächen, aber dafür relativ plausibel und einfach in der Anwendung. In Ermangelung einer besseren Alternative hat es sich in der Praxis weitgehend durchgesetzt (vgl. *Studer*, 1998, S. 367 f.). Beim **CAPM** (zu deutsch: Preismodell für Kapitalgüter; vgl. *Günther*, 2007, S. 163 ff.) werden die **Eigenkapitalkosten** durch das mit dem Eigenkapitaleinsatz verbundene Risiko bestimmt.

Capital Asset Pricing Model

Im Jahre 1990 erhielten die Begründer *William F. Sharpe, Merton H. Miller* und *Harry M. Markowitz* den Nobelpreis für Wirtschaftswissenschaften für die Forschungen auf dem Gebiet der Preisbildungstheorie im Kapitalmarkt und das von ihnen beschriebene *Capital Asset Pricing Model* (CAPM). *Markowitz* entwickelte Berechnungsmethoden für die Klassifikation von Portfolios (vgl. *Markowitz*, 1952). Nach seiner Theorie ist ein **effizientes Portfolio** so zusammengesetzt, dass die Renditeentwicklung der einzelnen Vermögenswerte in guten

Historie

und schlechten Börsenzeiten möglichst wenig korreliert. Mit anderen Worten geht es um die Frage, welche Ertragsaussichten mit welchem Risikopotenzial erkauft werden. Die Antwort auf diese Frage lässt sich mit zwei Sätzen umschreiben:

- Bei gegebenem Ertrag ist das Risiko zu minimieren.
- Bei gegebenem Risiko ist der Ertrag zu maximieren.

Portfoliozusammensetzung

Sharpe entwickelte dabei die sog. *Sharpe*-Ratio, eine Kennzahl zur Messung des Rendite-Risiko-Verhältnisses von Kapitalanlagen für Gleichgewichtsmodelle unter Ungewissheit (vgl. *Sharpe*, 1964, S. 425 ff.). Danach stammt das **unternehmerische Risiko** aus zwei Primärquellen:

- **Unsystematische Risiken:** Die Grundidee im CAPM ist die Möglichkeit, durch Mischung von risikobehafteten Wertpapieren das Risiko des Gesamtportfolios zu verringern (Diversifikation). Modelltheoretisch wird hier von einem „markteffizienten" Portfolio ausgegangen. Ein Aktienkäufer gleicht sein Portfolio unter Risikogesichtspunkten immer so aus, dass bei gleichem Risiko nur die rentabelsten Papiere bzw. bei gleicher Rendite nur die risikoärmsten Aktien gekauft werden. Die durch Portfoliobildung bzw. Diversifikation ausgleichbaren Risiken werden als unsystematische Risiken bezeichnet. Auf ein Unternehmen übertragen bedeutet dies, dass unsystema-

Unsystematisches Risiko

tische Risiken durch aktives Risikomanagement (vgl. Kap. 3.3.7.2) beeinflusst werden können. Ein Beispiel ist die Abhängigkeit von Lieferanten. Dieses Risiko kann durch entsprechende Verträge mit den Lieferanten oder dem Aufbau weiterer Bezugsquellen verringert werden. Einige Risiken lassen sich auch im Unternehmen ausgleichen, indem das Portfolio an Aktivitäten unter Risikoaspekten gestaltet wird. So kann z. B. innerhalb einer Geschäftseinheit oder auch auf Gesamtunternehmensebene die Gestaltung der Kunden- und Lieferantenstruktur unter Währungsgesichtspunkten zu einem Risikoausgleich führen.

Systematisches Risiko

- **Systematische Risiken** sind der verbleibende Risikoanteil eines Unternehmens, nachdem unsystematische Risiken ausgeschaltet wurden. Diese resultieren zum Teil aus nicht ausgleichbaren spezifischen Risiken des Unternehmens, aber auch aus allgemeinen, finanziellen und makroökonomischen Entwicklungen einer Branche. Beispiele sind Energiepreise, ökologische Wagnisse oder Konjunkturen. Für die Übernahme derartiger Risiken verlangt der Eigenkapitalgeber eine Entschädigung.

Das CAPM berücksichtigt die Risikostruktur eines Unternehmens und bildet die systematischen Risiken ab. Dazu unterteilt es das vom Eigenkapitalgeber zu tragende systematische Risiko in drei **Elemente** (vgl. *Keown* et al., 2011, S. 412 ff.):

Risikofreier Zinssatz

- **Risikofreier Zinssatz** ist der Zinssatz risikofreier Anlagen als Basisgröße. Dafür werden Renditen für Anleihen bester Bonität verwendet, z. B. Staatsanleihen kreditwürdiger Industrienationen. Die Laufzeit der Anleihen orientiert sich am Betrachtungshorizont. Wird eine Strategie für die nächsten fünf Jahre bewertet, so wird als Basiszins ebenfalls die Rendite fünfjähriger Anleihen angesetzt.

Marktrisikoprämie

- **Marktrisikoprämie:** Aufbauend auf dem Basiszins wird die Risikosituation einer Branche oder eines Marktes betrachtet. Je nach Geschäft fordern die Anteilseigner eine unterschiedlich hohe Rendite für die Bereitstellung ihres Kapitals. Diese Marktrisikoprämie ist die Differenz zwischen der erwarteten Rendite eines Marktdurchschnitts und dem Basiszins. Zur Ermittlung der Marktrisikoprämie werden die Renditen des Aktienmarktes bzw. branchen- oder marktspezifische Segmente des Aktienmarktes herangezogen. Die USA verfügt über eine große statistische Grundgesamtheit börsennotierter Unternehmen. Deshalb sind die erwarteten Renditen für Branchen und Märkte in Indizes relativ verlässlich zu ermitteln. In Deutschland hingegen ist die Bestimmung der durchschnittlichen Marktrendite aufgrund der geringeren Anzahl börsennotierter Unternehmen und damit der kleineren Vergleichsgruppen schwieriger. Vergleiche mit spezialisierten Fonds und Indexwerten helfen, die Marktrisikoprämie einer betreffenden Branche näherungsweise zu ermitteln. Häufig ist auch nur ein Vergleich mit der Gesamtrendite des Aktienmarktes möglich.

Beta-Faktor

- **Unternehmensindividuelles Risiko** wird durch den **Beta-Faktor** berücksichtigt. Dieser zeigt, ob einzelne Aktien risikoreicher bzw. volatiler als der Gesamtmarkt sind. Statistisch kann dies aus der Gegenüberstellung des Aktienkurses eines Unternehmens zur Gesamtmarktentwicklung über einen langen Zeitraum ermittelt werden. Schwankt der Aktienkurs des Unternehmens stärker als der Marktindex, so messen die Aktionäre dem Unternehmen ein höheres Risiko als dem Gesamtmarkt zu. Ein Unternehmen mit einem Betawert von eins ist genauso risikoreich wie der gesamte Aktienmarkt. Aktien mit einem kleineren Betawert als eins sind demnach weniger riskant. Konkret sagt ein Betawert von 0,75 aus, dass der Aktienkurs eines Unternehmens sich um 7,5 Prozent vermindert oder steigt, wenn der gesamte Aktienmarkt um 10 Prozent sinkt bzw. steigt. Für nicht börsennotierte Firmen muss ein Surrogat-Beta

3.2 Wertorientierte Unternehmensführung

verwendet werden, der aus dem Wert eines vergleichbaren börsengängigen Unternehmens abgeleitet wird.

$$r_{EK} = r_f + \beta \cdot (r_m - r_f)$$

r_{EK} = Eigenkapitalkostensatz
r_f = risikofreier Zinssatz
β = Beta-Faktor
r_m = Martkrisiko-Zinssatz

Zusammenfassend berücksichtigt das CAPM die Risikostruktur eines Unternehmens, indem der Zinssatz risikofreier Anlagen als Mindestverzinsung für die Eigenkapitalgeber verwendet wird. Hierzu ist die Marktrisikoprämie zu addieren. Sie ist die Differenz zwischen der Marktrendite und dem Basiszinssatz. Der Beta-Faktor wird mit der Marktrisikoprämie multipliziert, um so das spezifische (unsystematische) Risiko zu berücksichtigen.

Risikostruktur

Grafisch zeigt Abb. 3.2.12 die Elemente des CAPM. Aufbauend auf dem Basiszinssatz wird hier eine Marktrisikoprämie addiert. Sie entspricht der durchschnittlichen Risikoprämie eines markteffizienten Portfolios. Im Beispiel wird von einem größeren Risiko als der Marktdurchschnitt ausgegangen. Der Beta-Faktor ist somit größer als eins. Damit ist das systematische Risiko des Unternehmens höher als die Marktrisikoprämie.

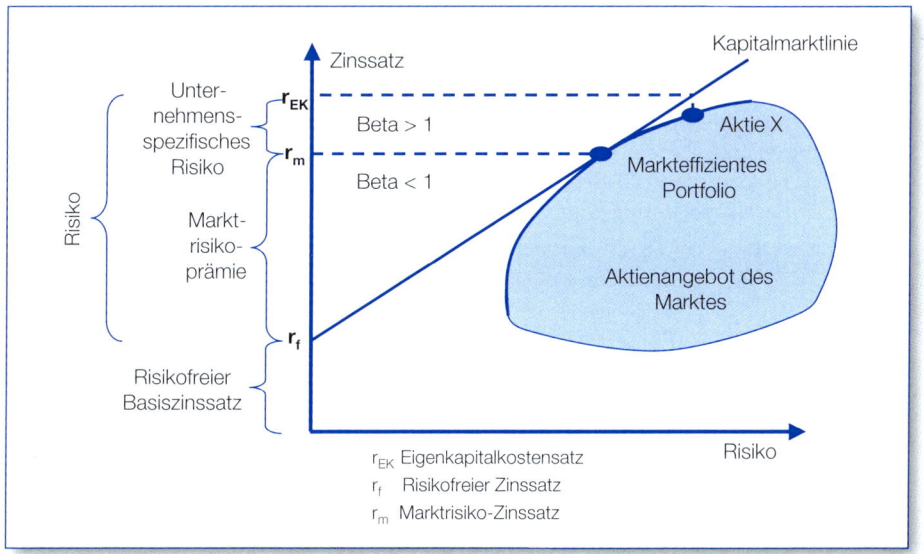

Abb. 3.2.12: Capital Asset Pricing Model (CAPM)

Aus Eigen- und Fremdkapitalkosten errechnen sich die gesamten Kapitalkosten als gewichteter Durchschnitt (vgl. nachfolgend z. B. *Coenenberg/Salfeld*, 2007, S. 179 ff.). Dieser **gewichtete durchschnittliche Kapitalkostensatz** (**WACC** Weighted Average Cost of Capital) repräsentiert die Verzinsungsansprüche der Fremd- und Eigenkapitalgeber.

WACC

3 Strategische Unternehmensführung

| Gewichteter Kapitalkostensatz | = | gewichtete Eigenkapitalkosten | + | gewichtete Fremdkapitalkosten |

$$WACC = r_{EK} \cdot \frac{EK}{EK+FK} + r_{FK} \cdot (1 - Steuersatz) \cdot \frac{FK}{EK+FK}$$

WACC = Gewichteter Kapitalkostensatz (Weighted Average Cost of Capital)
r_{EK} = Eigenkapitalkostensatz
EK = Eigenkapital
FK = Fremdkapital
r_{FK} = Fremdkapitalkostensatz
Steuersatz = Steuersatz des Unternehmens in Prozent
(1 – Steuersatz) = Steuereffekt (tax shield)

> **!** Bei der Berechnung der gewichteten Kapitalkosten wird die Eigen- und Fremdkapitalquote nicht auf Basis der Bilanzsumme, sondern im Verhältnis zum netto investierten Kapital berechnet.

Berechnung Zur Berechnung des Kapitalkostensatzes werden die Eigenkapitalkosten mit der Eigenkapitalquote und der Fremdkapitalkostensatz mit der Fremdkapitalquote gewichtet. Zusätzlich wird berücksichtigt, dass Fremdkapitalkosten aufwandswirksam sind und daher die Steuerlast des Unternehmens senken. Fremdkapital ist daher für das Unternehmen günstiger als Eigenkapital. Die Kapitalstruktur zur Gewichtung wird meist noch korrigiert, da zinslos zur Verfügung stehendes Kapital (Abzugskapital) nicht zu berücksichtigen ist. Zudem können Vermögensgegenstände zu Marktwerten bewertet werden, was in der Bilanz zu einer Mehrung des Eigenkapitals führt. Exemplarisch zeigt Abb. 3.2.13 diese Berechnungslogik am Beispiel der *Value GmbH*.

Kapitalkosten der Value GmbH

Zur Verdeutlichung wird die Berechnungslogik am Beispiel der *Value GmbH* aufgezeigt und erläutert. Das Fallbeispiel dient als Basis für die Erklärung der wertorientierten Steuerungsverfahren. Für die *Value GmbH* ist der Ausgangspunkt die in Abb. 3.2.13 dargestellte Bilanz mit den dortigen Buchwerten. Diese Bilanz unterliegt konservativen Rechnungslegungsstandards und -grundsätzen und enthält unterbewertete Vermögensgegenstände, sog. stille Reserven. Grundstücke und Gebäude wurden zu historischen Anschaffungswerten angesetzt. Sie beinhalten aufgrund des höheren Marktwerts erhebliche stille Reserven. Bei den Maschinen ist wegen gesetzlicher Abschreibungsvorgaben ebenfalls von höheren Verkehrswerten auszugehen. Zudem ist noch ein Unterschied bei der Vorratsbewertung enthalten. Um marktorientierte Werte zu erhalten, werden diese Anpassungen berücksichtigt. Es ergibt sich eine korrigierte Summe der Aktiva, welche einem höheren Eigenkapital auf der Passiv-Seite entspricht (vgl. *Rappaport*, 1999, S. 36 ff.).

3.2 Wertorientierte Unternehmensführung

Bilanz der Value GmbH
(in Mio EURO), Bilanzstichtag

	Buchwert		Anpassungen		Korrigierte Werte		Abzugskapital		Netto investiertes Kapital
AKTIVA									
Bilanzsumme	210	+	25	=	235				
Goodwill	20	+	0	=	20				
Grundstücke + Gebäude	10	+	15	=	25				
Maschinen	20	+	5	=	25				
Betriebs- und Geschäftsausstattung	10	+	0	=	10				
Anlagevermögen	**60**	+	**20**	=	**80**				
Vorräte	95	+	5	=	100				
– davon Rohmaterial	20	+	5	=	25				
– davon unfertige Erzeugnisse	30	+	0	=	30				
– davon fertige Erzeugnisse	45	+	0	=	45				
Forderungen	40	+	0	=	40				
Kasse und Bankguthaben	15	+	0	=	15				
Umlaufvermögen	**150**	+	**5**	=	**155**				
PASSIVA									
Bilanzsumme	210	+	25	=	235	–	75	=	160
Grundkapital + Gewinnrücklage	62	+	0	=	62	–	0	=	62
Gewinn/Verlust lfd. Jahr	13	+	0	=	13	–	0	=	13
Stille Reserven/Lasten	0	+	25	=	25	–	0	=	25
Eigenkapital	**75**	+	**25**	=	**100**	–	**0**	=	**100**
Verbindlichkeiten	100	+	0	=	100	–	70	=	30
– davon aus Lieferungen und Leistungen	60	+	0	=	60	–	60	=	0
– davon Anzahlungen	10	+	0	=	10	–	10	=	0
– davon langfristig	30	+	0	=	30	–	0	=	30
Rückstellungen	35	+	0	=	35	–	5	=	30
– davon Steuerrückstellungen	5	+	0	=	5	–	5	=	0
– davon andere Rückstellungen	30	+	0	=	30	–	0	=	30
Fremdkapital	**135**	+	**0**	=	**135**	–	**75**	=	**60**

Abb. 3.2.13: Bilanz der Value GmbH zum 31.12.

Im nächsten Schritt wird das zinslos zur Verfügung stehende Abzugskapital angerechnet. Die nicht zinswirksamen Verbindlichkeiten, insbesondere aus Lieferungen und Leistungen, Anzahlungen und einige Rückstellungen (z. B. Steuerrückstellungen) werden eliminiert. <u>Hierfür müssen keine Kapitalkosten erwirtschaftet werden.</u> In einigen Branchen spielt das Abzugskapital eine wichtige Rolle und kann einen bedeutenden Anteil des Gesamtkapitals ausmachen. So bezahlen z. B. die Kunden im Einzelhandel meist sofort, während die Lieferanten lange Zahlungsziele ohne Skonto akzeptieren müssen. Bei hoher Umschlagshäufigkeit des Umlaufvermögens kann so ein bedeutender Finanzierungseffekt entstehen. Dadurch verringert sich das zu Marktwerten bewertete eingesetzte und zu verzinsende Kapital der *Value GmbH* deutlich.

Der risikofreie Zinssatz wird durch die Rendite von Bundesschatzbriefen in Höhe von 4,5 Prozent mit einer langfristigen Laufzeit bestimmt. Die *Value GmbH* ist nicht börsennotiert und leitet daher ihr Marktrisiko am Kapitalmarkt ab. Für die Branche gelten dort 9,5 Prozent als Marktrisiko-Zinssatz. Die Marktrisikoprämie beträgt damit fünf Prozent. Im Vergleich zum Marktdurchschnitt weist die *Value GmbH* jedoch aufgrund ihrer Produktstruktur, der bearbeiteten Märkte und der Währungsrisiken ein um 10 Prozent höheres Risiko auf. Dies spiegelt sich im Betafaktor von 1,1 wider. Dies führt zu einem Eigenkapitalkostensatz von 10 Prozent.

$$r_{EK} = r_f + \beta \cdot (r_m - r_f)$$
$$10\,\% = 4{,}5\,\% + 1{,}1 \cdot (9{,}5\,\% - 4{,}5\,\%)$$

r_{EK}	= Eigenkapitalkostensatz	r_f	= 4,5 % (risikofreier Zinssatz)
β	= 1,1 (Beta-Faktor)	r_m	= 9,5 % (Marktrisiko-Zinssatz)

Die Fremdkapitalkosten für das zu verzinsende Fremdkapital der *Value GmbH* betragen durchschnittlich fünf Prozent. Dies kann den Darlehensverträgen entnommen werden. Der Wert kann auch aus der Gewinn- und Verlust-Rechnung im Verhältnis zum zinspflichtigen Fremdkapital abgeleitet werden. Der relevante Steuersatz beträgt 35 Prozent. Weil die Fremdkapitalzinsen im Gegensatz zu den Eigenkapitalkosten steuerlich voll abzugsfähig sind und eine Gesamtbetrachtung der Kapitalkosten angestrebt wird, ist der Zinsaufwand um die anteiligen Steuern zu korrigieren. Dies reduziert die Fremdkapitalkosten von fünf Prozent auf 3,25 Prozent, bzw. der Steuervorteil beträgt –1,75 Prozent.

Gewichtete Kapitalkosten

(in Mio. Euro) — Value GmbH

Eigenkapitalkosten			Fremdkapitalkosten	
Risikofreier Zinssatz	4,50 %		Fremdkapitalkosten	5,00 %
Marktrisiko-Zinssatz	9,50 %			
Marktrisikoprämie	5,00 %		Steuersatz	35,00 %
			Steuervorteil (Tax shield)	–1,75 %
Beta-Faktor	1,1			
Risikoprämie Unternehmen	5,50 %		**Fremdkapitalkosten nach Steuern**	**3,25 %**
Eigenkapitalkostensatz	**10,00 %**			

Netto investiertes Kapital

		Abzugskapital		Netto investiertes Kapital
Eigenkapital (korrigiert)	100	– 0	=	100
Fremdkapital (korrigiert)	135	– 75	=	60
Bilanzsumme (korrigiert)	235			160
Eigenkapitalquote	42,55 %			62,50 %
Fremdkapitalquote	57,45 %			37,50 %

Gewichtete Kapitalkosten WACC

Eigenkapitalkostensatz · Eigenkapitalquote	=	10,00 % · 62,50 % =	6,25 %
Fremdkapitalkostensatz · Fremdkapitalquote	=	3,25 % · 37,50 % =	1,22 %
Gewichtete Kapitalkosten WACC			7,47 %
Gewichtete Kapitalkosten WACC – gerundet			**7,5 %**
Kapitalkosten absolut (in Mio. €)	=	7,5 % · 160 =	12

Abb. 3.2.14: Gewichtete Kapitalkosten der Value GmbH

Mit diesen Angaben und den Bilanzstrukturen lassen sich die gewichteten Kapitalkosten in Höhe von 7,5 Prozent ermitteln. Dabei sind die korrigierten Werte sowie das Abzugskapital, d. h. die Kapitalstruktur des netto investierten Kapitals zu berücksichtigen. Würden fälschlicherweise Buchwerte verwendet, so würden sich lediglich 5,7 Prozent als Kapitalkostensatz ergeben. Dies spiegelt die Marktwerte nicht wider. In absoluten Werten ausgedrückt, d. h. durch Multiplikation mit dem netto investierten Kapital, bedeutet dies jährlich zu erwirtschaftende Kapitalkosten in Höhe von 12 Mio. Euro. Der Kapitalkostensatz wird im fortgeführten Beispiel für die Berechnung des Wertbeitrags nach den verschiedenen Steuerungsverfahren herangezogen. Abb. 3.2.14 zeigt den Berechnungsweg nochmals ausführlich auf. Abb. 3.2.15 veranschaulicht die Berechnung als Kennzahlenbaum.

3.2 Wertorientierte Unternehmensführung

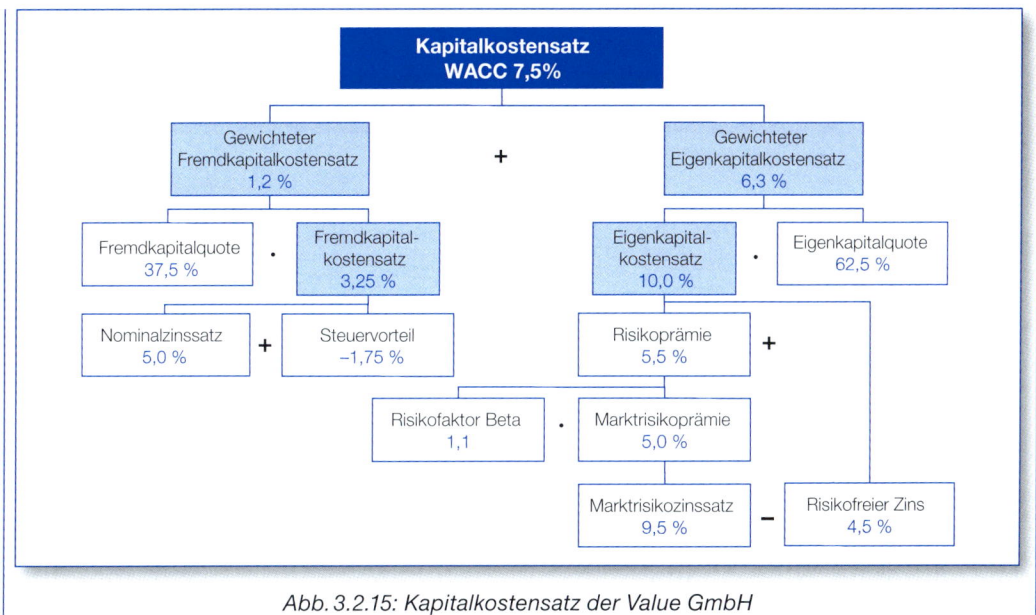

Abb. 3.2.15: Kapitalkostensatz der Value GmbH

Kapitalkosten der Puma AG

PUMA ist ein weltweit führendes Sportlifestyle-Unternehmen, das Schuhe, Textilien und Accessoires entwickelt. Das Unternehmen wurde 1948 gegründet und vertreibt seine Produkte mit mehr als 11.000 Mitarbeitern in über 120 Ländern. Die Firmenzentralen befinden sich in Herzogenaurach, Boston, London und Hongkong, aus denen die Geschäftsbereiche Fußball, Running, Motorsport, Golf und Segeln sowie die Marken *PUMA*, *Cobra Golf* und *Tretorn* gesteuert werden. Die Kapitalkosten der *PUMA AG* ermitteln sich wie in Abb. 3.2.16 dargestellt.

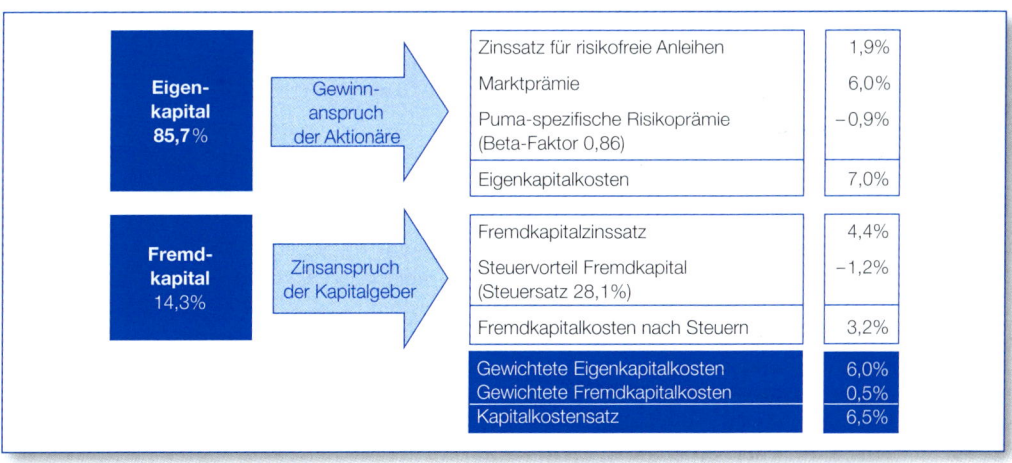

Abb. 3.2.16: Kapitalkosten der Puma AG (vgl. Geschäftsbericht der Puma AG 2011)

Da sich die Bilanzrelationen, Risiken und Marktfaktoren dynamisch entwickeln, sind die Kapitalkosten ebenfalls periodenabhängig. Abb. 3.2.17 zeigt dies am Beispiel der *Puma AG*.

Berechnung der Kapitalkosten (WACC)					Puma AG
Berechnung Kostensätze	**2011**	**2010**	**2009**	**2008**	**2007**
Risikoloser Zinssatz	1,9%	3,1%	3,8%	4,0%	4,3%
Marktprämie	6,0%	5,0%	5,0%	5,0%	5,0%
Beta (M-DAX, 24 Monate)	0,86	0,92	0,92	0,97	0,97
Eigenkapitalkostensatz	**7,0%**	**7,7%**	**8,4%**	**8,9%**	**9,1%**
Kreditrisikoprämie	2,5%	2,0%	3,0%	2,3%	1,3%
Fremdkapitalzins	4,4%	5,1%	6,8%	5,3%	5,6%
Steuersatz	28,1%	32,9%	44,1%	29,0%	29,0%
Fremdkapitalkosten nach Steuern	**3,2%**	**3,4%**	**3,8%**	**4,5%**	**3,9%**
Berechnung Anteile	**2011**	**2010**	**2009**	**2008**	**2007**
Marktkapitalisierung	3.370,7	3.715,3	3.496,7	2.116,1	4.341,5
Anteil Eigenkapital	**85,7%**	**87,8%**	**86,8%**	**79,1%**	**94,5%**
Zinstragendes Fremdkapital	563,4	514,9	535,8	561,0	251,9
Anteil Fremdkapital	**14,3%**	**12,2%**	**13,3%**	**21,0%**	**5,5%**
WACC nach Steuer	**6,5%**	**7,1%**	**7,8%**	**8,0%**	**8,8%**

Abb. 3.2.17: Kapitalkosten der Puma AG (vgl. Geschäftsbericht der Puma AG 2011)

3.2.3.2 Economic Value Added (EVA)

Buchwertorientiertes Verfahren

Das Konzept des Economic Value Added (EVA) ist ein **buchwertorientiertes Verfahren**. Danach wird ein zusätzlicher Unternehmenswert geschaffen, wenn eine über den Kapitalkosten liegende Rendite erzielt wird. Hierzu werden vom Gewinn einer Periode die Kapitalkosten abgezogen. Das Ergebnis wird als Economic Value Added (EVA), Residual- oder Übergewinn oder auch als Wertbeitrag bezeichnet. Der EVA wird aus Buchwerten ermittelt und dient meist zur Leistungsmessung einer Periode. Werden die prognostizierten zukünftigen Residualgewinne diskontiert, so kann auch eine Unternehmens- und Strategiebewertung erfolgen (vgl. *Young/O'Byrne*, 2001, S. 34 f.). Da die herangezogenen Informationen auf dem Rechnungswesen basieren, ist die Qualität der Kennzahl abhängig von den vorgenommenen Anpassungen. So werden z. B. gemäß HGB geleaste Vermögensgegenstände nicht bilanziert und verzerren somit die investierte Vermögensbasis. Ebenso können Bilanzierungseffekte bei Vorräten oder die kumulierten Goodwill-Abschreibungen Anlässe für Korrekturen sein.

Ermittlung

Die **Ermittlung des EVA** erfolgt gemäß der nachfolgenden Formel (vgl. *Stern* et al., 2002). Als Ergebnisgröße wird das bereinigte operative Ergebnis nach Steuern (Net Operating Profit After Taxes NOPAT) verwendet. Ähnlich ist auch der NOPLAT (Net Operating Profit Less Adjusted Taxes), welcher zudem auch Bereinigungen in Form von Rechnungslegungseinflüssen sowie Sondereffekte im Steuersatz berücksichtigt. Da von diesem Ergebnis die gesamten Kapitalkosten abgezogen werden, sind die Fremdkapitalzinsen kein Bestandteil des NOPAT. Zum gleichen Resultat führt auch der prozentuale Berechnungsweg. Dabei wird die Überrendite ermittelt als Rendite des investierten Kapitals **(Return on Capital Employed ROCE)** abzüglich der Kapitalkosten. Sie wird wiederum mit dem eingesetzten Kapital multipliziert, um einen absoluten Wertbeitrag zu erhalten. Das eingesetzte Kapital bezieht sich auf dieselbe Periode. In einigen Varianten wird jedoch auch mit dem Kapitalbestand der Vorperiode gerechnet. Neben der Bezugsgröße des aus der Bilanz abgeleiteten eingesetzten Kapitals (Capital Employed CE) kann

3.2 Wertorientierte Unternehmensführung

auch mit dem investierten Kapital (Capital Invested CI) gearbeitet werden. Hierfür wird die Summe aus dem Kaufpreis des Unternehmens und den Gesellschafterdarlehen angesetzt. Daraus wird dann der Return on Capital Invested (ROCI) als Rendite errechnet.

$$\underbrace{\text{Übergewinn der Periode}} = \underbrace{\text{Betriebsergebnis}} - \underbrace{\text{Kapitalkosten}}$$

$$EVA_t = NOPAT_t - (WACC \cdot C_t)$$
$$= (ROCE_t - WACC) \cdot C_t$$

EVA = Economic Value Added in EUR
NOPAT = Net operating profit after tax (Betriebsergebnis nach Steuern)
WACC = Weighted Average Cost of Capital (Gewichteter Kapitalkostensatz)
C = Eingesetztes Kapital
t = Periode
ROCE = Return on Capital Employed in Prozent

Das Konzept erfreut sich insbesondere in den USA großer Beliebtheit. Dort lassen sich die Ausgangsdaten für die Berechnung direkt aus der marktorientierten Bilanz und Gewinn- und Verlust-Rechnung ableiten. Neben der einfachen Berechnung bietet der EVA eine einheitliche und transparente interne und externe Datenbasis. Die Einheitlichkeit der Daten hat aber nicht nur Vorteile, denn bilanzpolitische Maßnahmen gehen so in interne Entscheidungsprozesse ein. Auch deutsche Aktiengesellschaften, die internationale Rechnungslegungsstandards nutzen, verwenden dieses Konzept. Beispiele sind *Volkswagen* oder *Daimler*. Es ist auch in Deutschland das meistgenutzte wertorientierte Verfahren (vgl. *Müller/Hirsch*, 2005, S. 83).

Praxisrelevanz

EVA der Value GmbH

Zur Erläuterung wird wiederum die *Value GmbH* als Rechenbeispiel herangezogen. Abb. 3.2.18 zeigt zunächst die Gewinn- und Verlust-Rechnung des Unternehmens.

Davon ausgehend werden vom operativen Ergebnis die Steuern abgezogen. Die *Value GmbH* konnte in der betrachteten Periode ein NOPAT von 16 Mio. Euro erwirtschaften. In Relation zum eingesetzten Kapital ergibt sich eine Nettokapitalrendite von 10 Prozent. Diese übertrifft die Kapitalkosten um 2,5 Prozent bzw. die Überrendite beträgt 2,5 Prozent. Als absoluter Betrag konnte ein Übergewinn in Höhe von 4,0 Mio. Euro erwirtschaftet werden. Abb. 3.2.19 zeigt die Berechnung.

Gewinn- und Verlust-Rechnung (in Mio. Euro)			Value GmbH
Umsatzerlöse	+	120	100%
Herstellungskosten	−	75	63%
Bruttoergebnis	=	45	38%
Gemeinkosten	−	12	10%
Abschreibungen	−	10	8%
Betriebsergebnis / Operatives Ergebnis (Earnings before Interest and Tax EBIT)	=	23	19%
(Fremdkapital-)Zinsen (Interest)	−	3	3%
Gewinn/Verlust vor Steuern (Earnings before Tax EBT)	=	20	17%
Steuer (tax) 35%	−	7	6%
Gewinn/Verlust nach Steuern (Earnings after tax EAT)	=	13	11%

Abb. 3.2.18: Gewinn- und Verlust-Rechnung der Value GmbH

3 Strategische Unternehmensführung

Die Berechnung des Übergewinns lässt sich auch als Kennzahlensystem darstellen. Damit können Veränderungsursachen und Beeinflussungsmöglichkeiten des Wertbeitrags aufgezeigt werden. Abb. 3.2.20 veranschaulicht dies für die *Value GmbH*.

ROCE und EVA (in Mio. Euro)		Value GmbH
Betriebsergebnis / Operatives Ergebnis (Earnings before Interest and Tax EBIT)		23,0
Steuer (tax)	−	7,0
NOPAT Net operating profit after tax (Betriebsergebnis nach Steuern ohne Zinsen)	=	16,0
Netto investiertes Kapital	:	160,0
Nettokapitalrendite (Return on Capital Employed ROCE)	=	10,0%
Kapitalkostensatz (WACC)	−	7,5%
Überrendite	=	2,5%
Netto investiertes Kapital	·	160,0
Übergewinn EVA		4,0

Abb. 3.2.19: EVA der Value GmbH

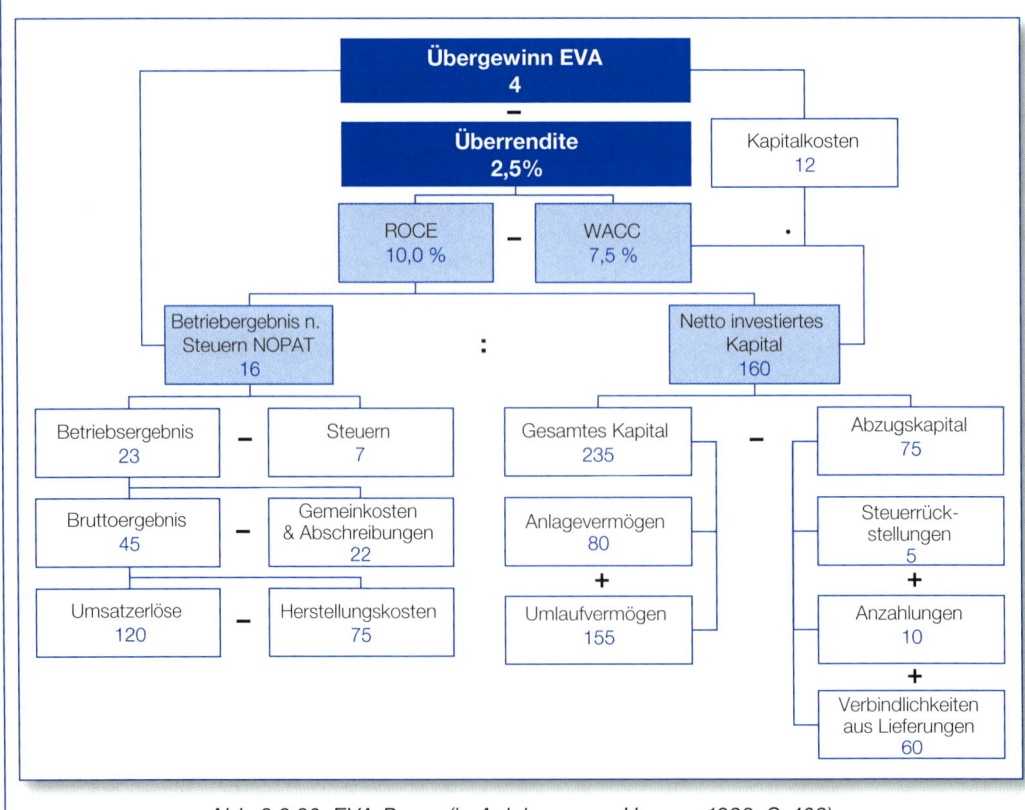

Abb. 3.2.20: EVA-Baum (in Anlehnung an Hauser, 1999, S. 403)

3.2 Wertorientierte Unternehmensführung

Neben der Leistungsmessung für eine Periode kann mit dem EVA-Konzept auch ein Gesamterfolg ermittelt werden. Hierzu werden die Wertbeiträge der Perioden diskontiert und zu einem Gesamterfolg zusammengefasst (vgl. *Schneider*, 2004). Die Berechnungslogik entspricht derjenigen des Discounted Cashflow-Verfahrens (vgl. Kap. 3.2.3.3). Allerdings fließen keine freien Cashflows, sondern Wertbeiträge gemäß der EVA-Methode in die Diskontierung ein. So kann z. B. das für ein Produkt zurechenbare und einzusetzende Kapital sowie die erwirtschafteten Ergebnisse über die Lebensdauer eines Produktes diskontiert und dieser Barwert als Entscheidungsgrundlage genutzt werden.

Gesamterfolg

Wertorientierung bei der METRO GROUP

Die METRO GROUP zählt zu den bedeutendsten internationalen Handelsunternehmen. An über 2.200 Standorten in 32 Ländern Europas, Afrikas und Asiens arbeiten insgesamt rund 280.000 Mitarbeiter aus rund 180 Nationen. Die Geschäftsfelder der METRO GROUP umfassen:

- METRO Cash & Carry ist weltweiter Marktführer im Selbstbedienungsgroßhandel.
- Real SB-Warenhäuser.
- Media Markt und Saturn sind europaweit führend bei den Elektrofachmärkten.
- GALERIA Kaufhof ist Systemführer im Warenhausgeschäft.
- METRO PROPERTIES ist die Immobiliensparte des Konzerns.

Die Vertriebsmarken der METRO GROUP sind in ihrem jeweiligen Segment führende Marktpositionen. Dabei stellen sie täglich ihre Handelskompetenz unter Beweis. Verantwortung gegenüber Kunden, Kapitalgebern und der Öffentlichkeit prägen das unternehmerische Denken und Handeln und fördern die Innovationskraft, die zu den wesentlichen Erfolgsfaktoren gehört.

Die METRO GROUP strebt nach kontinuierlicher Steigerung des Unternehmenswerts durch Wachstum und operative Effizienz bei optimalem Einsatz des Geschäftsvermögens. Um eine nachhaltige Wertschaffung sicherzustellen, setzt die METRO GROUP wertorientierte Kennzahlen zur Steuerung ein. Mit Anpassungen zur ursprünglich verwendeten Steuerungsgröße EVA soll die Nachvollziehbarkeit erhöht werden. Der Wertbeitrag wird mit der **modifizierten EVA-Kennzahl EBITaC** (EBIT after Cost of Capital) berechnet.

EBITaC = EBIT[1] – Kapitalkosten
= EBIT[1] – (Geschäftsvermögen x WACC)
EBIT[1] ist ein modifizierter EBIT, in dem Sonderfaktoren eines Effizienzsteigerungsprogramms (Shape 2012) periodisiert werden.

Als **Werttreiber** sind die Steigerung der operativen Effizienz, wertsteigerndes Wachstum und die Optimierung der Kapitalbindung definiert. Das Effizienz- und Wertsteigerungsprogramm „Shape 2012" trägt insbesondere zur Steigerung der operativen Effizienz sowie zur Optimierung des Kapitaleinsatzes bei. Wertsteigerndes Wachstum wird hingegen weiterhin durch die Strategie der METRO Group erreicht, nach der das Unternehmen in die renditestarken Wachstumsregionen Osteuropas und Asiens investiert.

Die **Kapitalkosten** werden mit dem gewichteten Kapitalkostensatz vor Steuern (WACC) ermittelt, der bei der METRO GROUP im Jahr 2011 bei 9,1 Prozent lag. Er entspricht der von den Kapitalgebern geforderten Mindestrendite auf das eingesetzte Kapital. Dieser Anspruch wird abgeleitet aus der Rendite, die Investoren aus einer alternativen Anlage in ein Portfolio von Aktien und Anleihen mit ähnlichem Risiko erzielen würden. Dabei erfolgt keine Kapitalisierung von Einmaleffekten innerhalb des Geschäftsvermögens wie bei der Ermittlung des Economic Value Added. Die Verwendung bilanzieller Werte zur Ermittlung des EBITaC erhöht die

3 Strategische Unternehmensführung

Nachvollziehbarkeit gegenüber der Berücksichtigung systembedingter Anpassungen bei der Berechnung des Economic Value Added. Infolge der Einführung des Immobiliensegments sind sämtliche Eigentumsstandorte der Vertriebslinien im Immobiliensegment ausgewiesen. Somit ist eine Vergleichbarkeit der Vertriebslinien auch ohne Berücksichtigung der Mietbarwerte im **Geschäftsvermögen** gegeben. Das Geschäftsvermögen wird grundsätzlich als Durchschnitt angesetzt und aus den Quartalsbilanzen berechnet, um auch unterjährige Entwicklungen des Geschäftsvermögens in die Kalkulation der Kapitalkosten einfließen zu lassen.

Eigenkapital				Fremdkapital			
Zinssatz für risikofreie Anlagen			4,3%	Zinssatz für risikofreie Anlagen			4,3%
Marktrisikoprämie		+	5,0%	Durchschnittlicher langfristiger Risikozuschlag		+	1,5%
Marktzinssatz		=	9,3%	Nomineller Fremdkapitalkostensatz		=	5,8%
Betafaktor (spezifische Risikoprämie)		·	1,0	Steuervorteil		−	1,5%
Eigenkapitalkostensatz		=	9,3%	Fremdkapitalkostensatz		=	4,3%
Gewichtung zu Marktwerten		·	50%	Gewichtung zu Marktwerten		·	50%
Konzern-WACC nach Steuern			**6,8%**				
Steuereffekt 1/(1 − 25,4%)		·	1,34				
Konzern-WACC vor Steuern			**9,1%**				
Gesamtkapital							

Abb. 3.2.21: Kapitalkosten der Metro Group 2011

EBITaC in Mio. €			Metro GROUP
	2011	2010*	2009
EBIT vor Sonderfaktoren Shape 2012	2.372	2.415	2.024
EBIT nach Periodisierung von Sonderfaktoren Shape 2012**	2.111	2.219	1.879
Geschäftsvermögen	16.698	15.895	15.798
Vorsteuer-WACC	9,1%	9,1%	9,1%
Kapitalkosten	−1.527	−1.454	−1.445
EBITaC	**584**	**765**	**434**

* Vorjahr vergleichbar gerechnet
** Die Wirkung der Sonderfaktoren wird grundsätzlich über vier Jahre verteilt

Abb. 3.2.22: Entwicklung des EBITaC der Metro Group

Die *METRO Group* setzte im Jahr 2011 ihr Geschäftsvermögen erfolgreich ein und erzielte ein positives EBITaC in Höhe von 584 Mio. €. Das um Sonderfaktoren bereinigte EBIT lag bei 2.111 Mio. €. Bei einem durchschnittlichen Geschäftsvermögen in Höhe von 16.698 Mio. € betrugen die Kapitalkosten 1.527 Mio. €. Der Anstieg des Geschäftsvermögens, der EBIT-Rückgang und die 2011 entstandenen Shape-Einmalaufwendungen führten zu einem Wertbeitrag unter Vorjahresniveau.

3.2 Wertorientierte Unternehmensführung

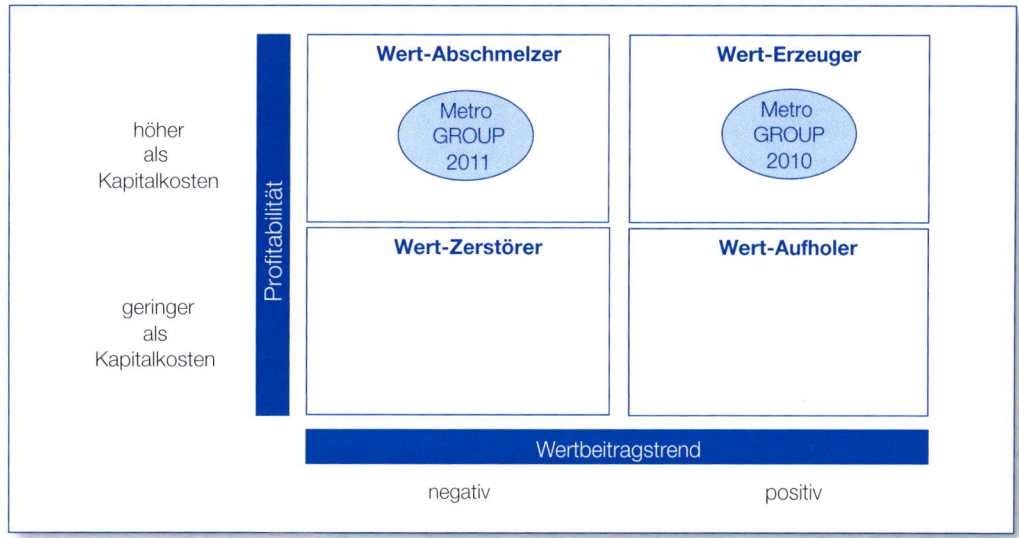

Abb. 3.2.23: Wertorientiertes Portfolio der METRO Group 2011 nach Bereinigungen

Das Anreizsystem für die Führungskräfte richtet sich nach dem EBITaC-System. Die Bereinigung von Sondereffekten soll dabei für langfristig wertsteigernde Entscheidungen sorgen. Lediglich kurzfristig rückläufige Ergebniseffekte führen deshalb nicht zu negativen Konsequenzen. Die Ergebnisse der Analyse des EBITaC werden unter anderem zur Steuerung des Portfolios der METRO GROUP sowie zur Allokation der Investitionsmittel eingesetzt. Entscheidend bei der Allokation ist die mittel- und langfristige Auswirkung auf die Wertschaffung. Das entscheidende Kriterium für alle Investitionen innerhalb der METRO GROUP ist daher der Barwert der zukünftigen Wertbeiträge. Um auch steuerliche Gesichtspunkte bei der Entscheidung über die zukünftige Expansion zu berücksichtigen, werden in diesen Fällen die Wertbeiträge nach Steuern kalkuliert. Neben der Wertschaffung soll auch die Liquidität sichergestellt werden, weshalb neben den Wertbeiträgen von Investitionsprojekten auch der freie Cashflow sowie die Amortisationsdauer als liquiditätsorientierte Kennzahlen unterstützend verwendet werden.

3.2.3.3 Cashfloworientierte Verfahren

Cashfloworientierte Verfahren werden insbesondere dann eingesetzt, wenn aufgrund der zugrunde liegenden Rechnungslegungsvorschriften eine marktorientierte Bewertung nicht möglich ist. Der generierte Cashflow eines Unternehmens ist **frei von bilanzpolitischen Maßnahmen**. Im Rahmen der HGB-Rechnungslegung wird dagegen der Periodenerfolg ebenso wie die Vermögensdarstellung von steuerlichen Überlegungen und dem Vorsichtsprinzip geprägt. Da keine Buchwerte verwendet werden (können), gehen auch die Transparenz und Einfachheit der EVA-Methoden verloren. Unternehmerische Aktivitäten werden auf ihre Auswirkungen hinsichtlich des Cashflows einer Periode zurückgeführt. Es handelt sich hier um eine strategische Betrachtung, da ebenfalls über die Allokation von Ressourcen nachgedacht wird.

Einsatz in der Praxis

Die **Berechnung des Cashflows** einer Periode (vgl. z.B. *Günther*, 2007, S. 112 ff.) kann durch direkte Gegenüberstellung aller betrieblichen Ein- und Auszahlungen ermittelt werden. Die direkte Methode geht von den liquiditätswirksamen Positionen der Gewinn- und Verlust-Rechnung aus. Dadurch ist sie besser geeignet, den Führungskräften die Entstehung der Umsatzüberschusspositionen und damit die Liquiditätsgenerierung offen zu

Berechnung

3 Strategische Unternehmensführung

legen. Als alternative Vorgehensweise kann der Cashflow indirekt errechnet werden. Dazu wird der Jahresüberschuss um nicht zahlungswirksame Aufwendungen und Erträge korrigiert. Die indirekte Methode, auch Praktikerdefinition genannt, geht von den nicht liquiditätswirksamen Positionen aus. Sie wird vor allem von Außenstehenden verwendet.

Cashflow der Value GmbH

Abb. 3.2.24 zeigt die indirekte Cashflow-Berechnung im Falle der *Value GmbH* in Anlehnung an IFRS. Ausgehend vom Gewinn/Verlust des Unternehmens wird zunächst der operative Cashflow ermittelt. Dazu werden die nicht zahlungswirksamen Aufwandspositionen korrigiert. Dies sind Abschreibungen, die Rückstellungszufuhr sowie ggf. Umbewertungen des Sachvermögens. Zudem werden die Fremdkapitalzinsen wieder addiert.

Kapitalflussrechnung (in Mio. Euro)		Value GmbH
Gewinn/Verlust nach Steuern (Earnings after tax EAT)	=	13
Fremdkapitalzinsen (Interest)	+	3
Abschreibungen (Depreciation)	+	10
Zunahme der Rückstellungen (Provisions)	+	2
Abnahme der Rückstellungen (Provisions)	–	0
Umbewertungen (Amortization)	+/–	0
Operativer Cashflow (Brutto-Cashflow)	=	28
Netto-Zunahme der Vorräte	–	2
Netto-Zunahme der Forderungen	–	2
Netto-Zunahme der Verbindlichkeiten aus L&L	+	0
Netto-Abnahme der Vorräte	+	0
Netto-Abnahme der Forderungen	+	0
Netto-Abnahme der Verbindlichkeiten aus L&L	–	2
Veränderung des Netto-Umlaufvermögens (Working Capital)	=	– 6
Investitionen in Sachanlagen	–	7
Investitionen in Firmenwerte & immaterielle Vermögenswerte	–	0
Erlöse aus Desinvestitionen	+	1
Veränderung des Anlagevermögens (Capital Expenditures CAPEX)	=	– 6
Investiver Cashflow	=	– 12
Freier Cashflow (Netto-Cashflow)	=	16
Zufluss an Finanzmitteln aus Finanzierungsaktivitäten	+	0
Abfluss an Finanzmitteln aus Finanzierungsaktivitäten	–	0
Cashflow aus Finanzierungstätigkeiten	=	0
Veränderung der Zahlungsmittel	=	16

Abb. 3.2.24: Freier Cashflow der Value GmbH

Der operative Cashflow dient dem Unternehmen auch dazu, Steigerungen des Umlaufvermögens zu finanzieren. Die *Value GmbH* hat die Vorräte, Verbindlichkeiten aus Lieferungen und Leistungen sowie Forderungen erhöht. Zudem ist die Investitionstätigkeit zu berücksichtigen. Die *Value GmbH* hat ihr Anlagevermögen um 6 Mio. Euro erhöht, wodurch der Cashflow sinkt. Der verbleibende freie Cashflow zeigt die erwirtschafteten Mittelrückflüsse an. Da keine Zinsen berücksichtigt sind, dient der freie Cashflow allen Kapitalgebern. Er zeigt an, wie viel flüssige Mittel zur Bedienung des eigenen und fremden zu verzinsenden Kapitals übrig bleiben. Freier Cashflow steht also sowohl für die Eigentümer, als auch für die Fremdkapitalgeber zur Verfügung.

3.2 Wertorientierte Unternehmensführung

Der **freie Cashflow** ist die Ausgangsbasis für die cashfloworientierten Verfahren. Bei manchen Methoden wird dieser noch korrigiert, indem die Investitionen einer Periode auf ein normalisiertes Niveau gebracht werden. So können Sondereffekte vermieden und auf ein langfristig übliches und für die Geschäftssituation erforderliches Maß angepasst werden. In diesem Falle wird von ökonomischen Abschreibungen und Investitionen gesprochen, welche dann zu einem **nachhaltigen Cashflow** führen. Dies könnte z. B. in einer Krisensituation mit vorübergehend stark gekürzten Investitionen zweckmäßig sein, um dauerhaft die Substanz des Unternehmens nicht zu gefährden.

Freier Cashflow

Nachhaltiger Cashflow

> Der **freie Cashflow** umfasst die in einer Periode erwirtschafteten, überschüssigen Zahlungsmittel, die an Eigen- und Fremdkapitalgeber ausgeschüttet werden können, ohne das Unternehmen in seiner Geschäftstätigkeit zu beeinträchtigen.

Für manche Betrachtungen kann der freie Cashflow noch verändert werden. Bei der Berechnung des Unternehmenswertes aus Eigentümersicht werden z. B. die Zinszahlungen für das Fremdkapital nicht einbezogen. In diesem Fall handelt es sich um den **freien Cashflow aus Sicht der Eigentümer**.

Prominentester Vertreter der cashfloworientierten Methoden ist der **Cashflow Return on Investment (CFROI)**. Er stammt von der Unternehmensberatung *HOLT Value Associates*, die heute zur *Boston Consulting Group* gehört. Das langfristige Ziel des CFROI-Konzeptes ist die Verbesserung des Total Shareholder Return, der die Verzinsung aus Sicht des Marktes darstellt (vgl. *Martin/Petty*, 2009, S. 113). Zur Ermittlung des CFROI, dem **internen Zinsfuß der Cashflows**, ist zusätzlich das investierte Kapital zu ermitteln. Hierfür wird im Gegensatz zu den buchwertorientierten Verfahren nicht das eingesetzte oder investierte Nettovermögen verwendet, sondern die sog. Bruttoinvestitionsbasis.

Cashflow Return on Investment

$$CVA_t = (CFROI_t - WACC) \cdot BIB_t$$
$$CFROI_t = FCF_t / BIB_t$$

CVA = Cash Value Added in EUR
FCF = Freier Cashflow
WACC = Gewichteter Kapitalkostensatz (Weighted Average Cost of Capital)
BIB = Bruttoinvestitionsbasis
t = Periode
CFROI = Cashflow Return on Investment in Prozent

Die **Bruttoinvestitionsbasis** beinhaltet kein zinsfreies Abzugskapital und besteht aus dem Netto-Umlaufvermögen sowie dem Anlagevermögen. Letzteres enthält aktualisierte Anschaffungswerte und ist analog zur internationalen Rechnungslegung um Leasinggegenstände erweitert. Zudem werden die Buchwerte mit den kumulierten Abschreibungen auf Höhe der Anschaffungskosten angesetzt sowie ggf. um eine Inflationsbereinigung auf Wiederbeschaffungswerte angepasst. Der freie oder nachhaltige Cashflow wird dann in Relation zur Bruttoinvestitionsbasis gesetzt. So lässt sich analog der Vorgehensweise der internen Zinsfußmethode der Cashflow Return on Investment als **Kapitalrendite** ermitteln (vgl. *Dillerup/Albrecht*, 2005a). Der CFROI abzüglich des Kapitalkostenkostensatzes ergibt die Überrendite. Wird diese mit der Bruttoinvestitionsbasis multipliziert, ergibt sich der **Cash Value Added** (CVA) als absoluter Wertbeitrag. Der CFROI definiert demnach die Wertsteigerung als cashflowbasierte Verzinsung der Bruttoinvestitionsbasis (vgl. *Young/O'Byrne*, 2001, S. 382 f.).

Bruttoinvestitionsbasis

Kapitalrendite

3 Strategische Unternehmensführung

CVA der Value GmbH

Im Beispiel der *Value GmbH* werden die Basisinformationen aus der Bilanz und dem Kapitalkostensatz (vgl. Abb. 3.2.13 und 3.2.14) sowie der Gewinn- und Verlust-Rechnung (vgl. Abb. 3.2.17) verwendet und mit der indirekten Methode der freie Cashflow ermittelt. Die Bruttoinvestitionsbasis ergibt sich aus dem marktorientiert bewerteten Gesamtvermögen. Es wird um das Abzugskapital verringert und um die kumulierten Abschreibungen erhöht. Letztere sind als ergänzende Information erforderlich, um den Bruttowert des investierten Kapitals zu errechnen. Der Vergleich mit den Kapitalkosten ergibt eine relative Wertsteigerung (spread) von 0,5 Prozent und einen absoluten Wertbeitrag von 1,0 Mio. Euro. Diese Werte sind deutlich geringer als in der EVA-Ermittlung, da das investierte Kapital mit den höheren Bruttowerten angesetzt wird und die *Value GmbH* keinen besonders hohen Cashflow erwirtschaftet hat. Abb. 3.2.25 veranschaulicht den Rechenweg.

CVA und CFROI (in Mio. Euro)		Value GmbH
Bruttoinvestitionsbasis		
Gesamtvermögen (korrigiert)		235
Kumulierte Abschreibungen	+	40
Abzugskapital	−	75
Bruttoinvestitionsbasis BIB	=	**200**
Kapitalkostensatz (WACC)	·	7,5%
Kapitalkosten (auf die BIB)	=	**15**
Cash Value Added CVA		
Freier Cashflow (Netto-Cashflow)		16
Kapitalkosten (auf die BIB)	−	15
Cash Value Added (CVA)	=	**1**
CFROI		
Freier Cashflow (Netto-Cashflow)		16
Bruttoinvestitionsbasis BIB	:	200
Cashflow Return on Investment CFROI	=	**8,0%**
Kapitalkostensatz (WACC)	−	7,5%
Überrendite	=	**0,5%**

Abb. 3.2.25: CFROI der Value GmbH

Analog zum EVA-Konzept kann auch das CFROI-Verfahren in einem Kennzahlensystem abgebildet werden. Abb. 3.2.26 veranschaulicht ein CFROI-Kennzahlensystem anhand der Werte für die *Value GmbH*.

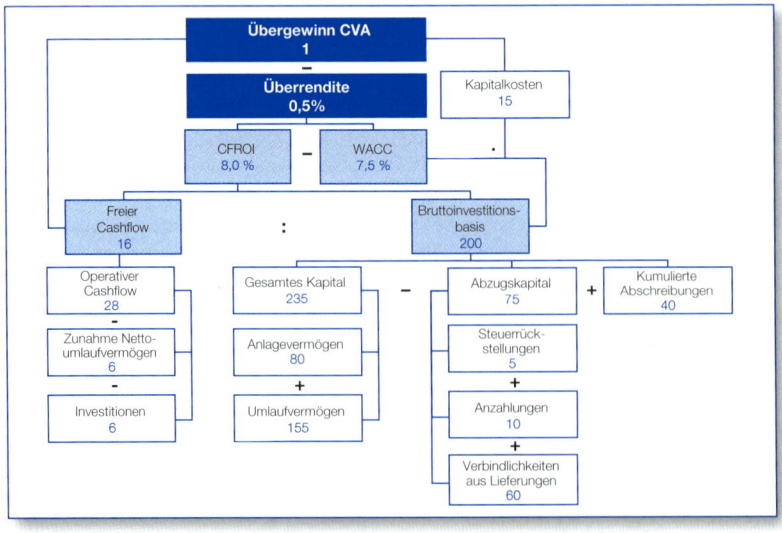

Abb. 3.2.26: CFROI-Baum

3.2 Wertorientierte Unternehmensführung

Der **CFROI** löst zunehmend das stark verbreitete *DuPont*-Schema mit der Spitzenkennzahl Return on Investment (ROI) ab. Der ROI (vgl. Kap. 7.2.3.2) ist definiert als Ergebnis vor Zinsen und Steuern (EBIT) dividiert durch das eingesetzte Anlagevermögen zu Buchwerten sowie dem erforderlichen Umlaufvermögen. Durch Abschreibungen mindern sich dabei bei konstantem EBIT die Buchwerte, woraus eine Verbesserung des ROI folgt. Nach Ende der Abschreibungsdauer steigt der EBIT zusätzlich, so dass es dann sogar zu einer noch größeren Verzerrung kommt. Durch die Verwendung der Bruttoinvestitionsbasis in der CFROI-Berechnung wird dieser Effekt vermieden.

CFROI

Wertorientierte Unternehmenssteuerung bei der Bosch Thermotechnik GmbH

Die *Bosch Thermotechnik GmbH* ist in Europa Marktführer und gehört weltweit zu den wichtigsten Herstellern von gasbetriebenen Heiz- und Warmwasserthermen mit den Marken *Bosch*, *Buderus*, *Junkers*, *Vulcano*, *Worcester*, *e.l.m. leblanc* und *Geminox*. Bosch Thermotechnik erwirtschaftet einen Umsatz von rund drei Mrd. Euro und ist mit ca. 13.000 Mitarbeitern an über 20 Fertigungsstandorten in Europa und Asien vertreten. Mit mehr als 150 Vertriebsstandorten und Niederlassungen verfügt es weltweit über ein herausragendes Vertriebsnetzwerk.

Die selbstständige *Bosch*-Tochter mit der Unternehmenszentrale in *Wetzlar* sieht sich einem Heiztechnikmarkt in Deutschland gegenüber, welcher überwiegend vom Ersatzgeschäft bei kaum wachsendem Marktvolumen geprägt ist. Daher zieht es die Unternehmen der Branche zunehmend ins Ausland. Zukünftiges Wachstum strebt *Bosch Thermotechnik* durch die Erschließung neuer Märkte in Osteuropa, Asien und Amerika an. Darüber hinaus sollen neue Technologien in der Brennwerttechnik und bei regenerativen Energien Wachstumsimpulse liefern.

Das Ziel von *Bosch Thermotechnik* ist profitables Wachstum. Die Innovations-, Ertrags- und Finanzierungskraft soll z. B. durch Effizienzsteigerung und Investitionen erhöht werden. Die wertorientierte Steuerung der *Bosch-Gruppe*, die auch bei *Bosch Thermotechnik* eingesetzt wird, nutzte bislang dazu das CVA-Konzept. So wurden Handlungsoptionen für kontinuierlichen Erfolg aufgezeigt. Der Wertbeitrag und seine Veränderung stellte die Spitzenkennzahl dar.

Als **Ergebnisgröße** wurde bis 2012 der sog. nachhaltige Cashflow verwendet:

- Der nachhaltige Cashflow ist die Summe aller operativen, mit der eigentlichen Geschäftstätigkeit erzielten Mittelzuflüsse abzüglich der operativen Mittelabflüsse. Er leitet sich aus dem sog. Brutto-Cashflow ab. Davon wird eine Tilgung des zur Geschäftstätigkeit eingesetzten Kapitals (ökonomische Abschreibungen) auf das Anlagevermögen abgezogen. Der Brutto-Cashflow wiederum ergibt sich aus dem Umsatz abzüglich aller auszahlungswirksamen Aufwendungen.

- Die Kapitalkosten entsprechen der Mindestverzinsungserwartung auf das gebundene Kapital. Hierzu wird der für das Unternehmen einheitlich festgelegte Kapitalkostensatz mit der Investitionsbasis multipliziert.

- Die Investitionsbasis besteht grundsätzlich aus dem gesamten Vermögen (alle Aktiva) abzüglich des kurzfristigen, unverzinslichen Fremdkapitals (Abzugskapital). Dabei fließt das planmäßig abschreibbare Sachanlagevermögen und das immaterielle Anlagevermögen zu Anschaffungs- und Herstellungskosten ein, um eine Verzerrung durch Abschreibungsmethoden zu vermeiden. Dadurch werden Renditeänderungen allein durch Alterung und Abschreibung während der ökonomischen Nutzungsdauer verhindert und eine vollständige Vergleichbarkeit mit der Investitionsrechnung erreicht.

3 Strategische Unternehmensführung

Wertbeitrag	Bosch Thermotechnik GmbH
−	Ergebnis vor Steuern
−	Steuern (auf bereinigtes Ergebnis vor Steuern)
=	**Ergebnis nach Steuern**
+	Handelsrechtliche Abschreibung
+/−	Erhöhung/Reduzierung der langfristigen Rückstellungen
=	**Brutto-Cashflow**
−	Ökonomische Abschreibungen auf Anlagevermögen (nach Steuern)
=	**Nachhaltiger-Cashflow**
−	(Kapitalkostensatz nach Steuern · Investitionsbasis)
=	**Wertbeitrag** (nach Steuern)

Abb. 3.2.27: Kalkulationsschema für den Wertbeitrag bei der Bosch Thermotechnik GmbH bis 2012

Die Entwicklung des Wertbeitrags muss über mehrere Perioden verfolgt werden, um eine Aussage über die Wertsteigerung oder -minderung treffen zu können. Ein positiver sog. Delta-Wertbeitrag (= Differenz der Wertbeiträge zweier Perioden) zeigt einen gesteigerten Unternehmenswert an, ein negativer Delta-Wertbeitrag eine Verschlechterung.

Zur Verankerung des Wertbeitrags als durchgängige Steuerungsgröße wird er, im Gegensatz zu der oben beschriebenen expliziten Methode, direkt aus der Ergebnisrechnung errechnet. In der Ergebnisrechnung sind die Kapitalkosten der Investitionsbasis und die ökonomischen Abschreibungen in den Zeilen „Planherstellkosten" und „Verwaltungs- und Vertriebsgemeinkosten" enthalten. Sie werden in der Kosten- und Leistungsrechnung direkt in den Kostenstellen erfasst. Bei der impliziten Methode lassen sich nachhaltiger Cashflow und Investitionsbasis nur retrograd ermitteln: Aus dem kalkulatorischen Ausgleich „Abgrenzung Kapitalkosten" (= Summe der Kapitalkosten) dividiert durch den Kapitalkostensatz ergibt sich die Investitionsbasis, aus dem Wertbeitrag zuzüglich der Summe der Kapitalkosten ergibt sich der nachhaltige Cashflow.

Der Wertbeitrag kann durch das „Betätigen" der beiden **Werthebel** „Renditeverbesserung" und „rentables Wachstum" gesteigert werden:

- Eine Renditeverbesserung kann durch eine Verbesserung der Cashflow-Marge (= Nachhaltiger Cashflow in % vom Umsatz) und durch eine Verbesserung des Kapitalumschlags (= Quotient aus Umsatz und Investitionsbasis) erreicht werden.
- Profitables Wachstum der Investitionsbasis ist möglich, wenn zusätzliche Investitionen mindestens die Kapitalkosten verdienen (Wertbeitrag > 0) oder der Geschäftsbereich insgesamt eine die Kapitalkosten übersteigende Kapitalrendite aufweist.

Der Wachstumshebel ist also nur dann zu nutzen, wenn der CFROI (Cash Flow Return on Investment) einer Wachstumsinvestition über ihrem Kapitalkostensatz liegt. Ist dies nicht der Fall, führt Wachstum zu einer Reduzierung des Wertbeitrags und damit zu einer Wertvernichtung.

Im Falle eines negativen Wertbeitrags sollte der CFROI, z. B. durch Kostensenkung oder die Erhöhung des Kapitalumschlags, verbessert werden. Erst wenn der CFROI den Kapitalkostensatz übersteigt, sollte in Wachstum investiert werden.

3.2 Wertorientierte Unternehmensführung

Mit dem Geschäftsjahr 2013 verändert die *Bosch-Gruppe* und damit auch die *Bosch Thermotechnik GmbH* die wertorientierte Berechnungsbasis. Das bisherige Konzept wurde vereinfacht, da es zwar sehr exakt, aber im Verständnis komplex war. Zudem erwies sich die Verwendung einer Größe nach Steuern in der operativen Führung als wenig steuerungsrelevant, da Steuerzahlungen z. B. nur bei größeren Investitionsentscheidungen wirklich entscheidungsbeeinflussend sind. Darüber hinaus waren die ökonomischen Abschreibungen schwer verständlich, aber nicht wesentlich aussagekräftiger als einfachere Konzepte wie z. B. die Verwendung linearer Abschreibungen.

Mit der vereinfachten Berechnung des sog. operativen Wertbeitrags (vor Steuern) wird eine Vorsteuergröße geschaffen, welche wie in Abb. 3.2.28 ermittelt wird.

Wertbeitrag	Wertbeitrag Neu
Bosch Thermotechnik GmbH	Bosch Thermotechnik GmbH
− Ergebnis vor Steuern	− Ergebnis vor Steuern
− Steuern (auf bereinigtes Ergebnis vor Steuern)	
= **Ergebnis nach Steuern**	
+ Handelsrechtliche Abschreibung	+ Handelsrechtliche Abschreibung
+/− Erhöhung/Reduzierung der langfristigen Rückstellungen	
= **Brutto-Cashflow**	
− Ökonomische Abschreibungen auf Anlagevermögen (nach Steuer)	− Interne lineare Abschreibungen auf Anlagevermögen (vor Steuern)
= **Nachhaltiger-Cashflow**	
− Kapitalkostensatz nach Steuern · Investitionsbasis	− Kapitalkostensatz vor Steuern · modifizierte Investitionsbasis
= **Wertbeitrag** (nach Steuern)	= **Operativer Wertbeitrag (vor Steuern)**

Abb. 3.2.28: Neues Kalkulationsschema für den Wertbeitrag bei der Bosch Thermotechnik GmbH

Die Berechnung erfordert die Verwendung eines Kapitalkostensatzes vor Steuern, weshalb dieser neu festgelegt wurde. Zudem wird mit linearen Abschreibungen vor Steuern anstelle der ökonomischen Abschreibungen nach Steuern gearbeitet. Die Investitionsbasis wird mit dem durchschnittlich gebundenen Kapital errechnet, was ebenfalls zu konstanten Abschreibungen und zu ähnlichen Effekten wie die ökonomische Abschreibung führt. Das Konzept wird zur Messung der Wertschaffung auf verschiedenen Führungsebenen verwendet und dient als Erfolgsmaßstab für die Erzeugnisklassen, Produktbereiche sowie die Geschäfts- und Unternehmensbereiche der *Bosch-Gruppe*.

Beim **Discounted Cashflow-Verfahren** (DCF) wird der Gesamtunternehmenswert ermittelt. Es basiert auf der Anwendung der Kapitalwertmethode aus der Investitionsrechnung auf Fragen der Bewertung von Projekten, Unternehmen und Strategien (vgl. *Dillerup/Albrecht*, 2005b). Die Anwendung des Verfahrens für die wertorientierte Unternehmensführung geht auf *Rappaport* (1999, S. 44 ff.) zurück. Im Discounted Cashflow-Verfahren wird die gesamte weitere Zukunft eines Unternehmens prognostiziert und hierfür ein Kapitalwert ermittelt. Abb. 3.2.29 illustriert das Vorgehen, bei dem die prognostizierten freien Cashflows auf den Gegenwartswert abdiskontiert werden.

Discounted Cashflow-Verfahren

Die Messung des Unternehmenswertes ist vom Marktwert des Eigenkapitals zu unterscheiden (vgl. z. B. *Pape*, 2010, S. 96 ff.). Dazu wird der Wert des gesamten Unternehmens oder Geschäftsfeldes ermittelt und der Marktwert des Fremdkapitals davon abgezogen. Gegebenenfalls ist noch der Marktwert nicht betriebsnotwendigen Vermögens zu berücksichtigen.

Marktwert des Eigenkapitals = Unternehmenswert − Marktwert des Fremdkapitals
Unternehmenswert = Σ Barwert freier Cashflows im Prognosezeitraum
  + Σ Barwert des Endwerts

3 Strategische Unternehmensführung

Für die Berechnung des Unternehmenswertes wird das Unternehmensgeschehen als eine Reihe von Zahlungen betrachtet. Dies ähnelt der aus einer (Sach-)Investition resultierenden Zahlungsreihe. Die Bewertung des Unternehmens erfolgt anhand der freien Cashflows, die auf den Bewertungszeitpunkt abdiskontiert werden. Zur Diskontierung wird dann der Kapitalkostensatz verwendet. Dieser kann dynamisch sein, wenn sich die Bilanzstruktur oder das Risiko in der Zukunft verändern. Wird eine Bewertung des Gesamtunternehmens vorgenommen, so werden die Zinszahlungen für das Fremdkapital berücksichtigt und mit dem gewichteten Kapitalkostensatz diskontiert. Erfolgt die Unternehmenswertermittlung aus Sicht der Eigentümer, so finden Fremdkapitalzinsen keine Berücksichtigung und für die Diskontierung wird der Eigenkapitalkostensatz verwendet. Der Betrachtungszeitraum teilt sich in zwei **Phasen**:

Phasen

- **Prognosezeitraum:** Je nach Bewertungszweck, Branche und Risiko wird ein Zeitraum detailliert betrachtet und die einzelnen Perioden prognostiziert. Üblicherweise beträgt der Planungszeitraum für eine Unternehmensbewertung fünf bis zehn Jahre. Im Falle einer Strategiebewertung erstreckt sich der Prognosezeitraum über die Dauer des strategischen Wettbewerbsvorteils. Die freien Cashflows werden für diesen Prognosezeitraum ermittelt, indem die Werttreiber als Bestimmungsfaktoren des Cashflows festgelegt werden. Beispiele sind Umsatzwachstumsrate, wesentliche Kostenblöcke, Steuerrate, Investitionen sowie die Kapitalkosten. Die freien Cashflows der Perioden werden auf den Planungszeitpunkt abgezinst, so dass ausschließlich mit Kapitalwerten gerechnet wird.

$$\text{Barwert der freien Cashflows im Prognosezeitraum} = \sum_{t=1}^{T} \frac{\text{Freier Cashflow}_t}{(1+\text{WACC})^t}$$

T = Prognosezeitraum
t = Periode
WACC = Gewichteter Kapitalkostensatz (Weighted Average Cost of Capital)

- **Endwert:** Nach dem Prognosezeitraum ist eine Annahme über die weitere Zukunft des Geschäftsfelds oder des Unternehmens zu treffen. Typischerweise ist dies entweder eine Liquidation bzw. Verkaufsstrategie oder die Annahme einer ewigen Fortführung. Im ersten Fall sind die Liquidations- oder Verkaufserlöse ebenfalls abzuzinsen. Dies können z. B. die nicht abschreibbaren Vermögensgegenstände, frei werdendes Umlaufvermögen oder ein Gesamtverkaufserlös sein. Meist wird jedoch die Fortführung („going-concern") angenommen. Zur Berechnung des Unternehmenswerts wird davon ausgegangen, dass die freien Cashflows im letzten Jahr des Prognosezeitraums auch in den folgenden Jahren fortgeführt werden. Mathematisch wird hierfür der Barwert einer ewigen Rente berechnet. Der Cashflow der letzten Planungsperiode wird zuvor normalisiert. Die Nettoinvestitionen sind nach Ende der Planungsperiode gleich Null oder entsprechen dem unterstellten Wachstum. Dies bedeutet, dass Investitionen nur noch in Höhe der Abschreibungen stattfinden. Auf diese Weise wird die Substanz des Unternehmens dauerhaft gewahrt. Die ewige Rente macht in der Regel den größten Teil des Gesamtwerts aus, weshalb kritisch zu überprüfen ist, ob die Prämisse eines ewig weiterlaufenden Cashflows sinnvoll ist. Der Endwert ist zudem stark abhängig vom gewählten Szenario und ist mit Prognoseunsicherheiten behaftet. Er sollte eine Lebenszyklusbetrachtung für Geschäfte, Branchen oder die zugrunde liegenden Technologien beinhalten. Die Abbildung als ewige Rente kann zudem noch um eine konstante Wachstumsrate für jede Periode erweitert werden.

3.2 Wertorientierte Unternehmensführung

Fall 1: Verkauf

$$\text{Endwert} = \frac{\text{Freier Cashflow aus Verkauf}_T}{(1+\text{WACC})^T}$$

Fall 2: Ewige Rente

$$\text{Endwert} = \frac{\text{Normalisierter freier Cashflow}_T}{\text{WACC}} \cdot \frac{1}{(1+\text{WACC})^T}$$

Fall 3: Ewige Rente mit konstantem Wachstum

$$\text{Endwert} = \frac{\text{Normalisierter freier Cashflow}_T}{(\text{WACC}-g)} \cdot \frac{1}{(1+\text{WACC})^T}$$

T = Prognosezeitraum
WACC = Gewichteter Kapitalkostensatz (Weighted Average Cost of Capital)
g = konstante Wachstumsrate je Periode in Prozent

Abb. 3.2.29 veranschaulicht die **Vorgehensweise** des Discounted Cashflow-Verfahrens. In Abhängigkeit des zugrunde liegenden Zukunftsszenarios werden Bilanzen sowie Gewinn- und Verlust-Rechnungen prognostiziert. Die daraus abgeleiteten freien Cashflows werden mit dem Kapitalkostensatz abdiskontiert. Ergänzend kommt der diskontierte Endwert hinzu. Im Anschluss ist von diesem Unternehmenswert der Marktwert des Fremdkapitals abzuziehen, um den Marktwert des Eigenkapitals (Shareholder Value) zu ermitteln.

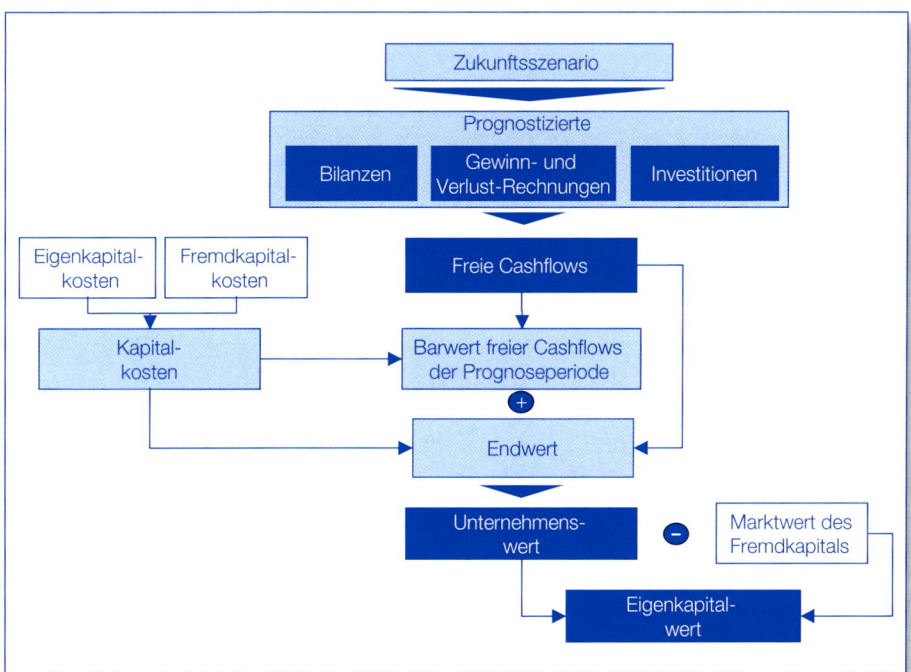

Abb. 3.2.29: Ermittlung des Eigenkapitalwerts mit dem Discounted Cashflow-Verfahren (in Anlehnung an Rappaport, 1999, S. 68)

3 Strategische Unternehmensführung

Merkmale Die wesentlichen **Merkmale des Discounted Cashflow-Verfahrens** sind zusammenfassend (vgl. *Günther*, 2007, S. 204):

- **Zahlungsorientierung:** Verwendung von Cashflows statt buchhalterischer Gewinne.
- **Marktorientierung:** Verwendung von Zahlungsgrößen (Marktwerte) statt Buchgrößen.
- **Risikoorientierung:** Risikoadäquate Diskontierung mit dem Kapitalkostensatz.
- **Zukunftsorientierung:** Betrachtung der Cashflows über einen mehrperiodigen Zeitraum. Berücksichtigung des Geld-Zeitwertes durch Abdiskontieren nominaler Cashflows mit dem Kapitalkostensatz.
- **Wachstumsorientierung:** Berücksichtigung des Finanzierungsbedarfs des zukünftigen Wachstums durch Investitionen in Anlage- und Umlaufvermögen.

Strategiebewertung Damit eignet sich die Discounted Cashflow-Methode vor allem zur finanziellen **Bewertung von Strategien**. Ist die Summe aller abgezinsten Barwerte abzüglich des Marktwerts des Fremdkapitals größer als Null, dann steigert die Strategie den Unternehmenswert. Der freie Cashflow wird somit zu einem maßgeblichen Erfolgskriterium. Zudem beeinflusst die Finanzierungsstruktur eines Unternehmens das Ergebnis. Dadurch wird die Verzahnung der Unternehmenssteuerung mit dem Finanzmanagement deutlich.

Discounted Cashflow der Value GmbH

Für die *Value GmbH* wird ein Szenario zugrunde gelegt, welches durch Umsatzsteigerungen, Kostenänderungen etc. gekennzeichnet ist (vgl. Abb. 3.2.30). Diese Wertgeneratoren beeinflussen die prognostizierten freien Cashflows im fünfjährigen Prognosezeitraum. Das fünfte Jahr ist dadurch normalisiert, dass sich Investitions- und Abschreibungsniveau angeglichen haben. Der Barwert des Prognosezeitraums beläuft sich auf 84,1 Mio. Euro. Dies macht rund 29 Prozent des gesamten Unternehmenswertes von 290,1 Mio. Euro aus. Der Großteil des Unternehmenswertes entsteht durch die ewige Rente. Nach Abzug des Fremdkapitals beträgt der Wert des Eigenkapitals 230,1 Mio. Euro. Die Berechnung veranschaulichen Abb. 3.2.30 und Abb. 3.2.31.

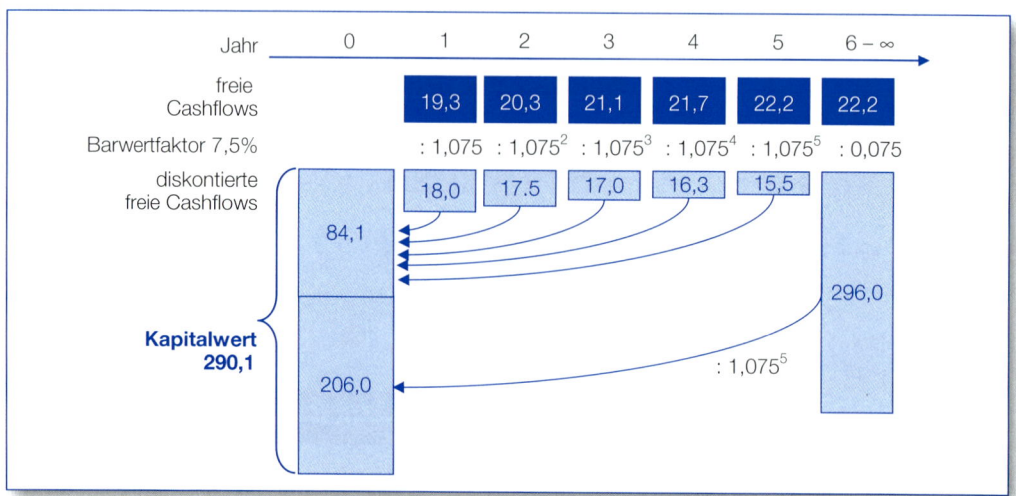

Abb. 3.2.30: Discounted Cashflow-Verfahren (vgl. Dillerup/Albrecht, 2005c)

3.2 Wertorientierte Unternehmensführung

Der Gesamtunternehmenserfolg kann auch in Anlehnung an die interne Zinsfußmethode als Zinsfuß ausgedrückt werden. Dann wird der Zinsfuß errechnet, welcher als Diskontierungsfaktor einen Kapitalwert von Null ergibt (vgl. *Dillerup/Albrecht*, 2005a). Für die *Value GmbH* ergibt sich für das gewählte Szenario ein interner Zinsfuß in Höhe von 34,75 Prozent. Unter Berücksichtigung der Kapitalkosten von 7,5 Prozent kann somit eine Überrendite für das Unternehmen in Höhe von 27,25 Prozent erwirtschaftet werden.

Discounted Cashflow
(in Mio. Euro) — Value GmbH

		IST	\multicolumn{4}{c	}{Prognosezeitraum}	Jahr 5 normalisiert	Anschlussperioden
		Jahr 0	Jahr 1	Jahr 2	Jahr 3	Jahr 4		
Umsatzszenario								
Umsatzerlöse	+	120,00	126,00	131,04	134,97	137,67	139,05	
Umsatzsteigerung zum Vorjahr			5%	4%	3%	2%	1%	
Kostenszenario								
Herstellungskosten	−	75,00	56,70	58,97	60,74	61,95	62,57	
Prozentual zum Umsatz		63%	45%	45%	45%	45%	45%	
Gemeinkosten	−	12,00	28,98	30,14	31,04	31,66	31,98	
Prozentual zum Umsatz		10%	23%	23%	23%	23%	23%	
Abschreibungen	−	10,00	10,50	10,92	11,25	11,47	11,59	
Steigerung			5%	4%	3%	2%	1%	
Operatives Ergebnis (EBIT)	=	23,00	29,82	31,01	31,94	32,58	32,91	
Zinsen	−	3,00	3,00	3,00	3,00	3,00	3,00	
Gewinn/Verlust vor Steuern (EBT)	=	20,00	26,82	28,01	28,94	29,58	29,91	
Steuersatz		35%	35%	35%	35%	35%	35%	
Steuer	−	7,00	9,39	9,80	10,13	10,35	10,47	
Gewinn/Verlust nach Steuern (EAT)	=	13,00	17,43	18,21	18,81	19,23	19,44	
Zinsen	+	3,00	3,00	3,00	3,00	3,00	3,00	
Abschreibungen	+	10,00	10,50	10,92	11,25	11,47	11,59	
Working Capital		22,80	23,94	24,90	25,64	26,16	26,42	
Prozentual zum Umsatz		19%	19%	19%	19%	19%	19%	
Netto-Zunahme des Working Capital	−	6,00	1,14	0,96	0,75	0,51	0,26	
Netto-Zunahme der Rückstellungen	+	2,00	0,00	0,00	0,00	0,00	0,00	Steigerungsrate
Investitionen	−	16,00	10,50	10,92	11,25	11,47	11,59	0% | 1%
Freier Cashflow (Netto-Cashflow)	=	6,00	19,29	20,25	21,07	21,72	22,18	22,18 | 22,18
Kapitalkostensatz		7,5%						
Jahr		0	1	2	3	4	5	
Barwertfaktor	·	1,00	0,93	0,87	0,80	0,75	0,70	
Diskontierter Freier Cashflow	=	6,00	17,95	17,52	16,96	16,26	15,45	
Multiplikator Ewige Rente								13,33 | 15,38
Kapitalwert Ewige Rente (Jahr 5)								295,71 | 341,21
Kapitalwert Ewige Rente (Jahr 0)								205,98 | 237,67
Kapitalwert Prognosezeitaum	+				84,14			84,14 | 84,14
Unternehmenswert	=							290,12 | 321,81
Fremdkapital	−							60,00 | 60,00
Eigenkapitalwert	=							230,12 | 261,81

Abb. 3.2.31: Discounted Cashflow-Berechnung für ein Szenario der Value GmbH

zu akzeptieren. Das Vorleben dieser Denkhaltung und die konsequente Umsetzung im Unternehmen beeinflussen den Erfolg wertorientierter Unternehmensführung maßgeblicher, als die Frage nach der richtigen Kennzahl. Dies erfordert ein entsprechendes Anreizsystem und die Ausrichtung auf die Besonderheiten des Unternehmens. Die Operationalisierung erfolgt durch Werttreiber. Auf diese Weise bildet die wertorientierte Unternehmensführung einen durchgängigen und geschlossenen Ansatz. Diesem Vorteil steht jedoch die rein quantitativ-monetäre Ausrichtung gegenüber. Die Fokussierung auf die Eigentümerinteressen ist zweifellos von zentraler Bedeutung, darf aber berechtigte Interessen anderer Stakeholdergruppen nicht in den Hintergrund drängen (vgl. Kap. 2.3). Die Euphorie der Shareholder Value-Anhänger hat in der Vergangenheit zum Teil zu einem kurzfristig am Aktienkurs ausgerichteten Verhalten geführt, welches durch Aktienoptionsprogramme noch begünstigt wurde. Diesem Typus eines ausschließlich kurzfristig monetär ausgerichteten Shareholder Value Managements fehlt die strategische Perspektive, was die langfristig-nachhaltige Ausrichtung des Unternehmens gefährden kann.

Management Summary

- Unternehmen müssen für ihre Kapitalgeber eine Mindestverzinsung auf das eingesetzte Kapital erwirtschaften, um als Kapitalanlage attraktiv zu sein.
- In einer wertorientierten Sichtweise ersetzt eine risikoadäquate Kapitalverzinsung die traditionelle Gewinnorientierung.
- Der Unternehmenswert kann für bestehende Geschäfte durch Steigerung der Profitabilität, durch Wachstum und durch Verringerung des Kapitaleinsatzes erhöht werden. Zudem lässt sich das Portfolio unter Wertgesichtspunkten optimieren.
- Wertorientierte Unternehmensführung wird durch Werttreiber operationalisiert. Es muss zudem in bestehende Instrumente und in das Anreizsystem des Unternehmens integriert werden. Dadurch wird die wertorientierte Unternehmensführung zu einem geschlossenen Führungskreislauf.
- Unternehmen, Strategien und Investitionen können wertorientiert beurteilt werden.
- Es existiert eine Vielzahl an wertorientierten Steuerungskonzepten. Die Kennzahlen unterscheiden sich in buchwertorientierte und cashfloworientierte Verfahren. Die Wertsteigerung kann für eine Periode oder einen Zeitraum gemessen werden.
- Die Kapitalkosten orientieren sich an der Kapital- und Risikostruktur eines Unternehmens und können als gewichtete Kapitalkosten (WACC) mithilfe des Capital Asset Pricing Modells (CAPM) näherungsweise bestimmt werden.
- Der Economic Value Added ist eine einfache und transparente Kennzahl. Sie eignet sich, wenn die externe Rechnungslegung für Führungsentscheidungen genutzt wird.
- Bei den cashfloworientierten Verfahren dient der freie Cashflow als Erfolgsmaßstab. Dieser ist frei von bilanzpolitischen Einflüssen und eignet sich auch für Unternehmen mit HGB-Rechnungslegung. Die Kapitalrendite kann über den Cashflow Return on Investment (CFROI) abgebildet werden.
- Die Messung des Gesamterfolgs einer Strategie oder die Ermittlung des Unternehmenswertes kann über die Discounted Cashflow-Methode erfolgen. Sie zeigt die Wertsteigerung auf und vermag unterschiedlichste Zukunftsszenarien zu beurteilen.

3.2 Wertorientierte Unternehmensführung

- Wertorientierte Unternehmensführung ist ein zukunftsträchtiges Konzept, welches auf die Kapitalgeberinteressen abzielt. Diese zu berücksichtigen, ist für ein Unternehmen unabdingbar. Dennoch sollte diese Sichtweise nicht das alleinige Erfolgskriterium des Unternehmens sein, sondern andere Ausrichtungen ausgewogen mit berücksichtigen.

Literaturempfehlungen

Coenenberg, A.G./Salfeld, R.: Wertorientierte Unternehmensführung, 2. Aufl., Stuttgart 2007.

Günther, T.: Unternehmenswertorientiertes Controlling, 2. Aufl., München 2007.

Rappaport, A.: Shareholder Value: Ein Handbuch für Manager und Investoren, 2. Aufl., Stuttgart 1999.

Empfehlenswerte Fallstudien zum Kapitel 3.2 aus Dillerup, R./Stoi, R. (Hrsg.)

3.1 Wertorientierte Unternehmensführung bei der Eder Möbel GmbH *(Dillerup, R.)*

3.2 Wertorientierte Unternehmens- und Strategiebewertung der MÜMÖ GmbH *(Dillerup, R.)*

3 Strategische Unternehmensführung

3.3 Strategische Analysen

> **Leitfragen**
> - Wie lässt sich die Unternehmensumwelt analysieren?
> - Welche Chancen und Risiken aus der Umwelt bestehen für Unternehmen?
> - Wie lässt sich das Geschäftsmodell eines Unternehmens analysieren und gestalten?
> - Was sind strategische Ressourcen oder Kernkompetenzen?
> - Welche relativen Stärken und Schwächen besitzt ein Unternehmen?

Strategien werden auf Basis von strategischen Analysen entwickelt. Die wertorientierten Zielsetzungen (vgl. Kap. 3.2) bilden dazu das Anforderungsniveau, welches durch strategische Alternativen (vgl. Kap. 3.4) erreicht werden soll. Um Strategien als Wege in die Zukunft bestimmen zu können, bedarf es einer realistischen Einschätzung der aktuellen Situation des Unternehmens und seiner Umwelt. Daneben bilden prognostizierte Veränderungen und Trends die Informationsbasis für die Strategiegestaltung.

> ! **Strategische Analysen** liefern ein realistisches Bild der Ausgangslage eines Unternehmens. Sie bestimmen die Chancen und Risiken aus dem Unternehmensumfeld sowie die Stärken und Schwächen des Unternehmens und zeigen den strategischen Handlungsbedarf auf.

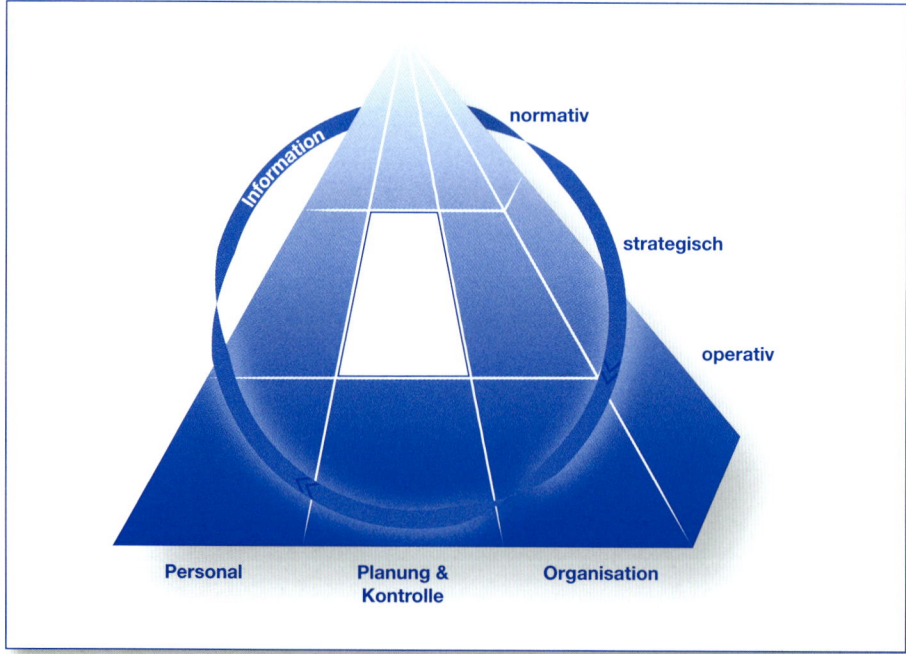

Abb. 3.3.1: Strategische Analysen im System der Unternehmensführung

3.3.1 Grundlagen strategischer Analysen

Wird für die Entwicklung von Strategien eine rationale Vorgehensweise gewählt, so kommt in der Theorie und Unternehmenspraxis ein Kombination aus Planungs- und Positionierungsschule zum Einsatz (vgl. Kap. 3.1.). Dadurch lässt sich ein idealtypischer Prozess beschreiben und Besonderheiten sowie Zusammenhänge der Strategieentwicklung lassen sich transparent und leicht verständlich darstellen. Somit orientieren sich die weiteren Überlegungen zur strategischen Unternehmensführung an einem präskriptiven, **idealtypischen Planungsablauf** (vgl. auch Kap. 4.2) der auf dem Führungsprozess basiert (vgl. Kap. 1.3.2). Die **Phasen** des strategischen Planungs- und Kontrollprozesses sind in Abb. 3.3.2 dargestellt (vgl. *Hungenberg*, 2011, S. 10 ff.; *Welge/Al-Laham*, 2012, S. 186 ff.): <!-- Idealtypischer Ablauf -->

- **Zielbildung:** Ausgangspunkt des strategischen Planungs- und Kontrollprozesses (PuK-Prozesses) sind strategische Ziele. Diese werden in den Unternehmenszielen (vgl. Kap. 2.3) als Teil der normativen Unternehmensführung festgelegt. Sie können in Geschäftsbereichs- und Funktionalziele aufgeteilt werden. Ein strategisches Ziel könnte z. B. die Verteidigung einer Marktführerschaft oder die Erreichung einer bestimmten Unternehmenswertsteigerung sein. <!-- Zielbildung -->

- **Strategische Analyse:** Um Wege zur Zielerreichung festzulegen, ist ein realistisches Bild der Ausgangslage eines Unternehmens erforderlich. Dafür werden in der Phase der strategischen Analyse die erforderlichen Informationen beschafft. Dies betrifft die gegenwärtige und zukünftige Stellung eines Unternehmens in seinen Umfeldern, in seiner Branche und seinen Märkten sowie im Verhältnis zu seinen Kunden und Konkurrenten. Diese Umweltanalysen sind Gegenstand der marktorientierten Unternehmensführung. Zudem sind die Stärken und Schwächen des eigenen Unternehmens im Vergleich zum Wettbewerb zu analysieren. Diese Analyse ist Gegenstand der ressourcenorientierten Unternehmensführung. Die Gegenüberstellung der Chancen und Risiken mit den Stärken und Schwächen verdeutlicht die strategischen Handlungsoptionen. <!-- Strategische Analyse -->

- **Strategieformulierung:** Aus der strategischen Analyse ergibt sich die Situationsbeschreibung eines Unternehmens. Darauf aufbauend sind Strategiealternativen zu entwickeln (vgl. Kap. 3.4). Da sich meist mehrere geeignet erscheinende Strategiealternativen ergeben, sind deren Wahrscheinlichkeit der Zielerreichung, ihr Risiko und der erforderliche Ressourceneinsatz möglichst umfassend zu bewerten (vgl. Kap. 4.2). Danach lassen sich diejenigen Alternativen auswählen, die sich am besten zur Zielerreichung eignen. Ausgewählte Strategien können ggf. noch zu strategischen Programmen gebündelt und dabei Wechselwirkungen berücksichtigt werden. Die Bewertung der Strategiealternativen und die Auswahl der umzusetzenden Strategie bilden die Phase der Strategieformulierung. <!-- Strategieformulierung -->

- **Strategieumsetzung:** Um eine Strategie zu verwirklichen, sind konkrete Maßnahmen zu planen und auszuführen. Dazu ist die Strategie mit den Führungsfunktionen Organisation und Personal abzustimmen. Zudem ist die Strategie mit der nachgeordneten operativen Planung und Kontrolle zu verknüpfen. Dadurch soll die Verteilung der betrieblichen Ressourcen nach strategischen Prioritäten und die operative Umsetzung der Maßnahmen sichergestellt werden. Da die Strategieumsetzung durch die Mitarbeiter erfolgt, ist deren Information und Motivation ein wesentlicher Erfolgsfaktor. <!-- Strategieumsetzung -->

- **Strategische Kontrolle** (vgl. Kap. 4.2.3) erfolgt nicht nur nach der Strategieumsetzung (Ergebniskontrolle), sondern bereits während der Umsetzung, um gegebenenfalls noch steuernd eingreifen zu können (Durchführungskontrolle). Die strategischen <!-- Strategische Kontrolle -->

3 Strategische Unternehmensführung

Prämissen sind bereits während der strategischen Planung und auch im Rahmen der Strategieumsetzung regelmäßig zu hinterfragen (Prämissenkontrolle).

Die strategischen Analysen sind, wie in Abb. 3.3.2 dargestellt, Bestandteil des Strategieprozesses. Sie dienen zur Bestimmung der strategischen Situation und zur Ermittlung von Veränderungen im Unternehmen, im Unternehmensumfeld und im Vergleich zur Konkurrenz.

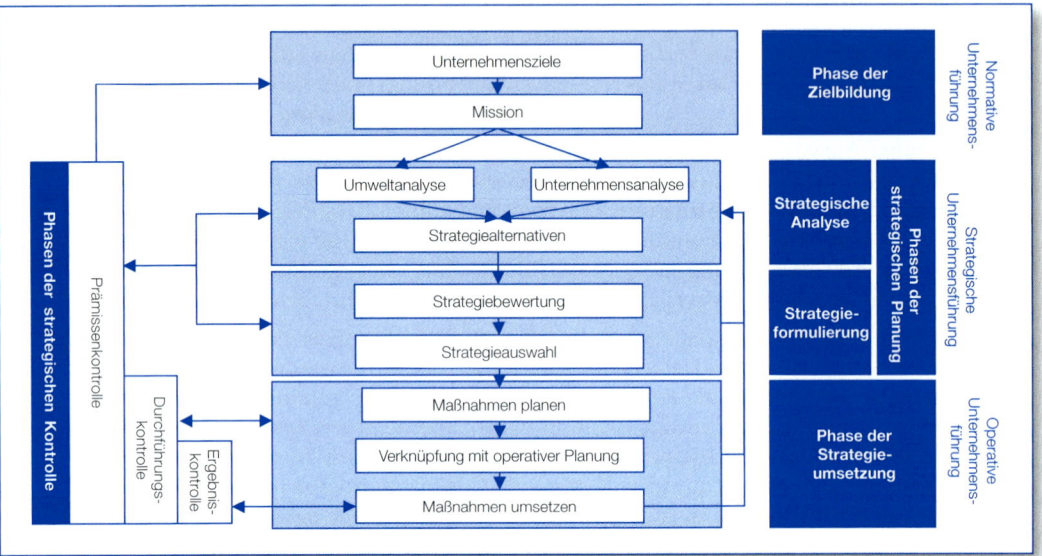

Abb. 3.3.2: Idealisierter Prozess strategischer Planung und Kontrolle

Strategische Analysen

Um ein umfassendes Bild über die Lage eines Unternehmens und eine solide Informationsbasis für die Strategieentwicklung zu gewinnen, sollten folgende **strategische Analysen** durchgeführt werden:

Umweltanalysen

- Unternehmen agieren in ihren Umwelten und müssen sich in diesen behaupten. Deren Untersuchung ist Gegenstand der strategischen **Umweltanalysen.** Die Betrachtung der Unternehmensumwelten zeigt Chancen und Risiken auf, welche sich für ein Unternehmen ergeben. Zu den Umweltanalysen gehören:

Globale Umweltanalyse

– Die **globale Umweltanalyse** untersucht Faktoren, die nicht nur für ein Unternehmen oder eine Branche, sondern für alle Unternehmen von Bedeutung sind. Sie bilden die rechtliche, ökonomische, ökologische, gesellschaftliche und technologische Umwelt der Unternehmen. Die globale Umweltanalyse wurde bereits im Rahmen der normativen Unternehmensführung erläutert (vgl. Kap. 2.3.1).

Branchenanalyse

– Die **Branchenanalyse** untersucht die Attraktivität und Dynamik einer Branche. Sie erklärt, warum die durchschnittlichen Renditen zwischen Branchen unterschiedlich sind und manche Unternehmen einer Branche erfolgreicher sind (vgl. Kap. 3.3.2.1).

Marktanalyse

– Die **Marktanalyse** baut auf der Branchenanalyse auf und beschäftigt sich mit der Attraktivität und Dynamik der Märkte einer Branche. Untersuchungsgegenstände sind die Rentabilität, Segmentierung, Struktur und Entwicklung der Märkte (vgl. Kap. 3.3.2.2).

3.3 Strategische Analysen

- Die **Kundenanalyse** rückt den Kunden als wesentlichen Erfolgsfaktor in den Mittelpunkt. Kunden sind eingebettet in Branchen und Märkte, weshalb diese im Vorfeld zu untersuchen sind. Bestehende und zukünftige Kundenwünsche und die langfristige Bindung wertvoller Kunden werden mit ihren heutigen und zukünftigen Anforderungen an ein Unternehmen analysiert (vgl. Kap. 3.3.2.3).

  Kundenanalyse

- Die **Konkurrenzanalyse** (vgl. Kap. 3.3.2.4) ist in doppelter Hinsicht für das Verständnis der strategischen Situation eines Unternehmens wesentlich. Einerseits sind Wettbewerber ein zentrales Element der Branchenumwelt, der Märkte und der Aufmerksamkeit der Kunden. Insofern sind die Konkurrenten als Teil der Unternehmensumwelt zu analysieren. Andererseits kann die Bestimmung der relativen Stärken und Schwächen eines Unternehmens nur im Bezug zu den Wettbewerbern erfolgen.

  Konkurrenzanalyse

■ In der **Unternehmensanalyse** werden die Stärken und Schwächen des Unternehmens im Vergleich zur Konkurrenz ermittelt. Sie befasst sich mit der heutigen und zukünftigen Situation des Unternehmens hinsichtlich seiner Prozesse, Ressourcen und Kompetenzen. Die Unternehmensanalyse setzt sich zusammen aus den Analysen des Geschäftsmodells, der Ressourcen und der Kompetenzen:

  Unternehmensanalyse

- Mit der **Geschäftsmodellanalyse** wird die Kombination der Aktivitäten und Ressourcen betrachtet, mit welcher die Leistungen des Unternehmens erbracht werden. Die Unterschiede in den Geschäftsmodellen ergeben sich aus dem Vergleich des eigenen Geschäftsmodells mit denen der Konkurrenz. Diese Gegenüberstellung kann den Erfolg oder Misserfolg eines Unternehmens erklären (vgl. Kap. 3.3.3.1).

  Geschäftsmodellanalyse

- Im Rahmen der **Ressourcenanalyse** werden Stärken und Schwächen eines Unternehmens in den betrieblichen Ressourcen gesucht. Jedes Unternehmen ist durch eine spezielle Ressourcenausstattung geprägt. Diese können es z. B. erlauben, bestimmte Aktivitäten besser oder billiger zu erbringen als die Konkurrenten. Die Bestimmung überlegener Ressourcen erfolgt in Kapitel 3.3.3.2.

  Ressourcenanalyse

- Durch die **Kompetenzanalyse** werden unternehmerische Fähigkeiten untersucht, mit denen die Ressourcen und Geschäftsmodelle eines Unternehmens entwickelt werden. Auch diese können Stärken oder Schwächen sein (vgl. Kap. 3.3.3.3).

  Kompetenzanalyse

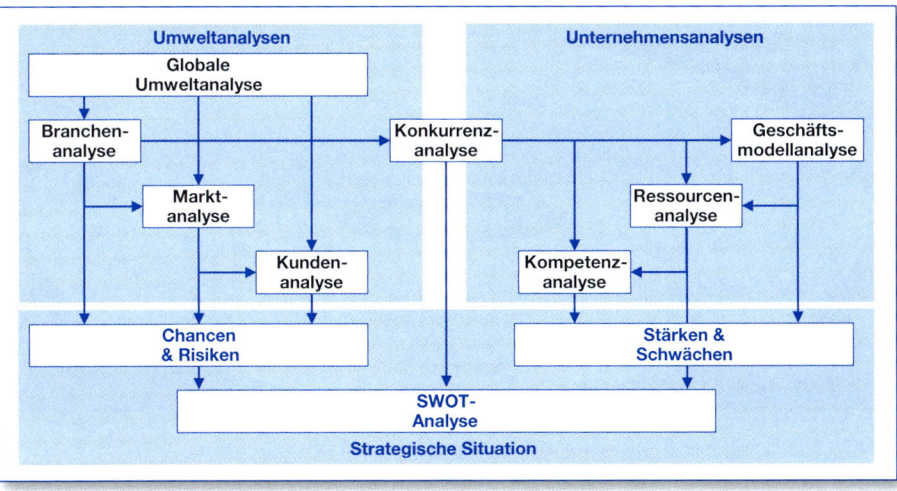

Abb. 3.3.3: Elemente und Zusammenhänge strategischer Analysen

3 Strategische Unternehmensführung

SWOT-Analyse
- Die Gegenüberstellung zwischen den Chancen und Risiken und den Stärken und Schwächen wird mit der **SWOT-Analyse** durchgeführt (vgl. Kap. 3.3.4). Sie kombiniert die Stärken (S = Strengths) und Schwächen (W = Weaknesses) eines Unternehmens mit den Chancen (O = Opportunities) und Risiken (T = Threats) der Umwelt. Auf diese Weise werden die Ergebnisse aller strategischen Analysen zusammengeführt und die strategische Situation dargestellt. Mit der SWOT-Analyse wird der Handlungsbedarf für die Entwicklung neuer oder die Überarbeitung bestehender Strategien (vgl. Kap. 3.4) aufgezeigt.

Abb. 3.3.3 zeigt die Elemente der strategischen Analysen und deren Zusammenhänge. Dieser Logik folgt auch der weitere Aufbau dieses Kapitels.

3.3.2 Umweltanalyse

Ausgangspunkt der Stateegieentwicklung ist stets ein grundlegendes Verständnis der Unternehmensumwelt. Im Rahmen einer Umweltanalyse wird deshalb deren Struktur und Entwicklung untersucht. Die Umweltanalyse bestimmt Chancen und Risiken eines Unternehmens und soll folgende **Fragen** beantworten:

Fragestellungen
- Wie ist die Position in der Branche, in den Märkten und gegenüber den Kunden?
- Wie entwickeln sich die Umwelten und welchen Einfluss hat dies auf das Unternehmen?
- Welche Chancen und Risiken ergeben sich aus den Umwelten für das Unternehmen?

Im Vordergrund stehen die unmittelbaren Umwelten eines Unternehmens, nämlich Branchen, Märkte, Kunden und Konkurrenten. Auf all diese Umwelten wirkt die globale Umwelt ein, welche branchenübergreifende Entwicklungen beschreibt. Deren Betrachtung und die Positionierung eines Unternehmens in der globalen Umwelt ist Aufgabe der normativen Unternehmensführung (vgl. Kap. 2.3.1). Die Umwelten werden dabei ausgehend von der Branche über strategische Gruppen und Märkte bis hin zu den Hauptkonkurrenten immer spezifischer. Sie werden gemäß dem Zwiebelmodell in Abb. 3.3.4 nachfolgend näher vorgestellt.

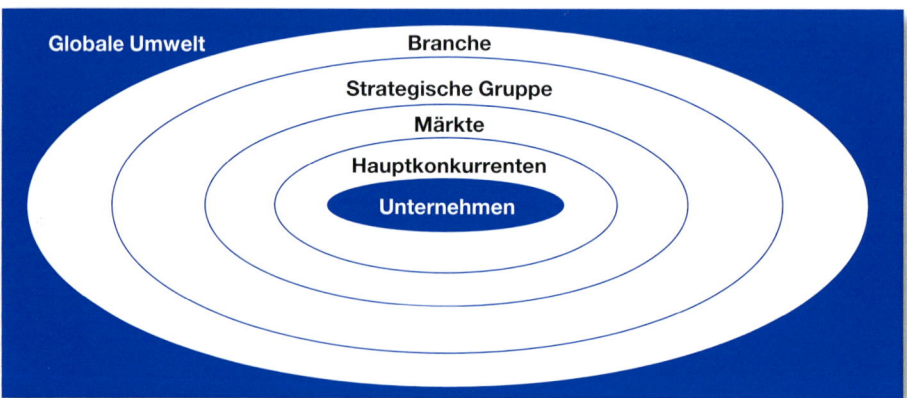

Abb. 3.3.4: Segmentierung der Wettbewerbsumwelt (in Anlehnung an Welge/Al-Laham, 1992, S. 92)

3.3 Strategische Analysen

3.3.2.1 Branchenanalyse

Als erste Teilanalyse der Umweltanalysen untersucht die Branchenanalyse die Attraktivität und Dynamik einer Branche. Sie erklärt, warum die durchschnittlichen Renditen zwischen einzelnen Branchen unterschiedlich sind und manche Unternehmen einer Branche erfolgreicher sind als andere. Folgende strategische **Fragestellungen** werden dabei behandelt:

- Welche Branchen sind attraktiv und rentabel?
- Welche strategischen Gruppen gibt es in einer Branche?
- Welche Wettbewerbsstrukturen herrschen in einer Branche vor?
- Wie kann sich ein Unternehmen erfolgreicher als seine Wettbewerber positionieren?
- Wie können Veränderungen einer Branche gestaltet und genutzt werden?

Branchenanalyse

Aus der Beantwortung dieser Fragen ergeben sich Chancen und Risiken für Unternehmen einer Branche, die in die SWOT-Analyse (vgl. Kap. 3.3.4) eingehen. Zudem ergeben sich Ansatzpunkte für Wettbewerbsstrategien (vgl. Kap. 3.4.2.1).

> Eine **Branche** ist eine Gruppe von Unternehmen, deren Produkte oder Dienstleistungen sich gegenseitig weitgehend ersetzen können (vgl. *Kotler/Bliemel*, 2006, S. 392). **!**

Basierend auf der Theorie der Industrieökonomik (vgl. Kap. 1.2.1) kann die **Attraktivität einer Branche** durch deren Struktur erklärt werden. Branchenstrukturen geben den Unternehmen darin ein Attraktivitäts- oder Renditeniveau vor, das durch die relative Position innerhalb der Branche und die Mitwirkung an der Veränderung dieser Strukturen gestaltet werden kann. Die Leistungsfähigkeit von Branchen und den Unternehmen darin wird durch das sog. Structure-Conduct-Performance-Paradigma von *Bain* (1993) erklärt. Der Erfolg eines Unternehmens (Performance) ist danach von Branchenmerkmalen (Structure) abhängig, welche das Verhalten der Unternehmen (Conduct) bestimmen. Es wird unterstellt, dass alle Unternehmen über gleiche und mobile Ressourcen verfügen und deshalb ihr Erfolg von ihrer Anpassungsfähigkeit an die Rahmenbedingungen der Branche abhängt (vgl. *Müller-Stewens/Lechner*, 2011, S. 129).

Branchenattraktivität

Welche Branchenstrukturen attraktiv sind, wird durch die volkswirtschaftliche Mikroökonomie erklärt. Sie soll die Funktionsweise wirtschaftlicher Austauschbeziehungen zwischen Anbietern und Nachfragern einer Leistung begreiflich machen. Von hoher Bedeutung ist dabei die Struktur der Branche und ihrer Märkte, welche durch die Anzahl der darin jeweils aktiven Anbieter und Nachfrager bestimmt wird. Wie bereits in Kap. 1.2.1 erläutert, lassen sich drei grundlegende mikroökonomische **Formen** unterscheiden (vgl. *Kotler* et al., 2011, S. 777 ff.):

Mikroökonomische Formen

- **Angebotsmonopol:** Die Leistung wird lediglich durch ein Unternehmen angeboten. Beispiele sind das ehemalige Briefmonopol der *Deutschen Post AG* oder die Quasi-Monopolstellung des Unternehmens *Microsoft* bei PC-Betriebssystemen. In einem Monopol können hohe Preise mit wenig Werbung und geringen Serviceleistungen durchgesetzt werden.
- **Angebotsoligopol:** In einem Oligopol wird von einer kleinen Zahl an Unternehmen ein weitgehend ähnliches Produkt angeboten. Beispiele für solche Branchen sind Stahl, Autos oder Computer. Die Unternehmen können sich untereinander z. B. durch Kosten, Service oder Qualität differenzieren. Auf diese Weise sollen innerhalb einzelner Segmente monopolartige Stellungen erreicht werden.

3 Strategische Unternehmensführung

- **Polypol:** Eine große Zahl an Wettbewerbern bietet für viele Kunden vergleichbare Leistungen an. Ein Beispiel sind Lebensmittel aus Supermärkten.

Beim Polypol wird ein vollkommener Wettbewerb unterstellt. Dabei stellt sich bei einem bestimmten Preis ein Gleichgewicht zwischen Angebot und Nachfrage ein. Aus betriebswirtschaftlicher Sicht hingegen birgt ein Monopol für das Unternehmen die größten Chancen, da prinzipiell jeder beliebige Preis am Markt durchsetzbar ist.

Moderne Industrieökonomie

Die **moderne Industrieökonomie** untersucht die betriebswirtschaftlichen Verhaltensmöglichkeiten eines Unternehmens, die von der Struktur und Entwicklung der Branche beeinflusst werden (vgl. *Müller-Stewens/Lechner*, 2011, S. 130). Der erste Schritt hierzu ist die möglichst exakte **Branchenabgrenzung**. Dazu sind diejenigen Produkte zu identifizieren, welche mit den Leistungen des Unternehmens vergleichbar und austauschbar sind (vgl. *Hungenberg*, 2011, S. 98 f.). Eine Branche lässt sich nach unterschiedlichen Kriterien in **Segmente** unterteilen. Diese sind in sich homogen und ihre Struktur weist leichte Unterschiede zu den anderen Segmenten der Branche auf. Merkmale zur Abgrenzung von Wettbewerbergruppen können z. B. der Spezialisierungsgrad des Produktangebots, die Ziel-Kunden-Segmente, die Vertriebskanäle oder das Qualitätsniveau der Produkte sein (vgl. *Hungenberg*, 2011, S. 126 f.).

Strategische Gruppe

Ein Branchensegment bestehend aus Unternehmen mit ähnlicher Strategie wird als **strategische Gruppe** bezeichnet. Normalerweise gibt es in einer Branche mehrere strategische Gruppen. Nur selten besteht die gesamte Branche nur aus einer einzigen strategischen Gruppe bzw. weist so unterschiedliche Positionen auf, dass jedes Unternehmen quasi seine eigene strategische Gruppe bildet (vgl. *Hungenberg*, 2011, S. 131). Gründe für die Bildung strategischer Gruppen sind unterschiedliche Ausgangssituationen hinsichtlich der Ressourcen oder Fähigkeiten von Unternehmen, aber auch abweichende Ziele und Risikoneigungen sowie der Zeitpunkt des Brancheneintritts. Die Branchenstrukturen können in verschiedenen strategischen Gruppen unterschiedlich ausgeprägt sein, weshalb die Analyse der Branchenstruktur für jede strategische Gruppe erfolgen sollte. Innerhalb einer strategischen Gruppe sind die Branchenstrukturen ähnlich. Allerdings können spezifische Unterschiede bestehen. So kann die strategische Gruppe der Premium-Automobilhersteller in Europa und in Nordamerika durch unterschiedliche Anbieter und Kundenbedürfnisse geprägt sein. Derartige Marktbesonderheiten sind Gegenstand der Marktanalyse (vgl. Kap. 3.3.2.2). Das Ergebnis stellt auf der einen Seite kritische Erfolgsfaktoren im untersuchten Branchensegment dar, auf der anderen Seite können strategische Alternativen für die zukünftige Ausrichtung des Unternehmens ermittelt werden (vgl. *Hinterhuber*, 2004, S. 118). So kann z. B. wie in Abb. 3.3.5 die Branche

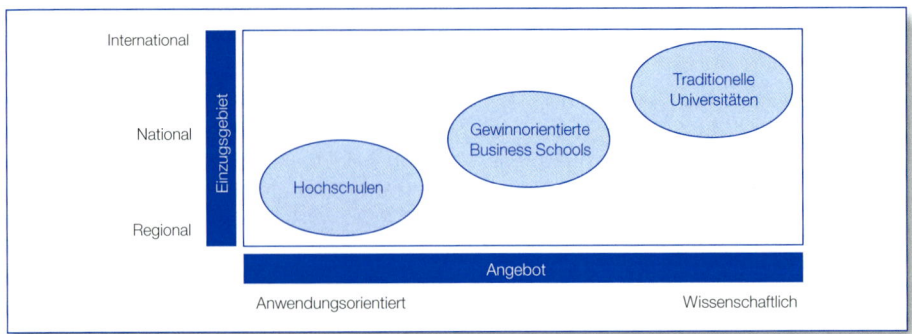

Abb. 3.3.5: Strategische Gruppen der MBA-Branche in den Niederlanden (vgl. Johnson et al., 2011, S. 74)

3.3 Strategische Analysen

der MBA-Anbieter in den Niederlanden durch das Einzugsgebiet der Studierenden und die inhaltliche Ausrichtung unterteilt werden. Innerhalb der Gesamtbranche bilden sich unterschiedliche strategische Gruppen, die durch verschiedene Branchenstrukturen gekennzeichnt sind (vgl. *Johnson* et al., 2011, S. 74).

Um innerhalb einer Branche geeignete Strategien ableiten zu können, sollte die Struktur der Branche bzw. der strategischen Gruppe bekannt sein. Durch eine **Analyse der Branchenstrukturen** sollen diejenigen Kriterien bestimmt werden, die auf die gesamte Branche Einfluss haben. Diese gemeinsamen Einflussgrößen werden als sog. **Wettbewerbskräfte** bezeichnet. Sie bestimmen die Intensität des Wettbewerbs und damit die Attraktivität einer Branche. Letztlich schlägt sich die Attraktivität einer Branche in der durchschnittlichen Rentabilität der darin aktiven Unternehmen nieder. Die Analyse der Branchenstrukturen sollte auch deren Dynamik mit einbeziehen (vgl. *Müller-Stewens/ Lechner*, 2011, S. 129).

Wettbewerbskräfte

Die Industrieökonomie erlebte in den 1980er Jahren durch *Porter* (1980) eine Renaissance und rückte die Analyse der Branchenstruktur in den Mittelpunkt der strategischen Unternehmensführung. *Porter* unterscheidet **fünf Wettbewerbskräfte einer Branche** (Five Forces Model; vgl. Abb. 3.3.6), welche die Attraktivität der Branche bestimmen. Sie beeinflussen die Preise, Kosten und Investitionen der Unternehmen und dadurch die Rentabilität der Branche. Die Analyse betrachtet nicht nur die aktuelle Ausprägung der Wettbewerbskräfte, sondern auch ihre zeitliche Veränderung und hierdurch erforderliche strategische Anpassungen (vgl. *Hinterhuber*, 2004, S. 118). Die **fünf Wettbewerbskräfte** sind (vgl. *Porter*, 1999, S. 28 ff.):

Porters 5 Wettbewerbskräfte

- **Verhandlungsstärke der Lieferanten:** Je intensiver die Verhandlungsstärke der Lieferanten, desto geringer ist die Gewinnspanne der Unternehmen. Die Lieferantenmacht ist unter anderem von der Situation auf dem Beschaffungsmarkt abhängig:

  - **Konzentration der Lieferanten** stärkt deren Einfluss, insbesondere wenn viele kleine Abnehmer einer geringen Anzahl von Lieferanten gegenüber stehen.

  - Geringe **Substitutionsmöglichkeiten** erhöhen die Position der Lieferanten ebenso wie die Lieferung wichtiger Produktbestandteile. Starke Lieferanten können z. B. durch die Androhung von Preiserhöhungen oder ihres Brancheneintritts (Vorwärtsintegration) Druck auf eine Branche ausüben. Mächtige Lieferanten sind z. B. in der Luftfahrtindustrie die Flugzeughersteller oder die Mineralölkonzerne. In der Pharmaindustrie hingegen haben die Grundstofflieferanten meist eine recht schwache Verhandlungsposition gegenüber den Pharmaunternehmen.

Lieferanten

- **Verhandlungsstärke der Kunden:** Die Verhandlungsstärke und damit die Machtposition der Kunden ist besonders hoch, wenn die zuvor aufgeführten Kriterien der Lieferantenstärke zugunsten der Kunden ausgeprägt sind. Beispielhaft stehen den Fluggesellschaften relativ starke Kunden gegenüber, wie z. B. Reiseanbieter oder Großunternehmen. In der Pharmaindustrie sind Medikamente häufig patentiert und werden deshalb nur von einem Anbieter hergestellt. Die Kunden haben in diesem Fall aufgrund fehlender Wahlmöglichkeiten und der eventuell lebenswichtigen Bedeutung des Medikaments eine sehr schwache Verhandlungsposition.

Kunden

- **Gefahr durch Substitutionsgüter** bezeichnet die Bedrohung, dass die Produkte einer Branche durch Güter anderer Branchen ersetzt werden können. Die Gefahr durch Substitutionsprodukte ist umso höher, je stärker sich das Preis-/Leistungsverhältnis

Substitutionsgüter

der Produkte annähert. Wichtig ist zudem, ob die Kunden zu einem Produktwechsel bereit sind und wie hoch die Umstellungskosten für den Kunden ausfallen. Im Beispiel der Luftfahrtindustrie besteht auf Kurzstrecken eine Substitutionsgefahr durch Bahnreisen. Dies begrenzt die Preise in der Branche. In der Pharmaindustrie gibt es jedoch bei vielen Medikamenten keine Substitutionsgüter. Nach Ablauf des Patentschutzes bieten Generika allerdings direkte Substitutionsmöglichkeiten für einzelne Medikamente.

Neue Konkurrenten

- **Bedrohung durch neue Konkurrenten:** Neben den vorhandenen Wettbewerbern einer Branche können auch neue Anbieter in den Markt eintreten. Der Erfolg eines solchen Markteintritts ist abhängig von der Höhe der vorhandenen Eintrittsbarrieren. Die Attraktivität der Branche steigt durch hohe Eintrittsbarrieren und einen leichten Branchenausstieg. **Eintrittsbarrieren** werden durch folgende Faktoren bestimmt:
    - **Skaleneffekte (Economies of scale):** Etablierte Unternehmen einer Branche besitzen Kostenvorteile durch Mengendegressionseffekte, die von neuen Anbietern zu kompensieren sind. Neben Kostenvorteilen in der Produktion können weitere Kostenvorteile z. B. aus der eingesetzten Technologie oder aus Synergien entstehen.
    - **Kapitalbedarf:** Der Einritt in die Branche verursacht häufig hohe Kapitalkosten. Meist sind dies Investitionen in Produktionsanlagen oder Forschung und Entwicklung. Einen hohen Kapitalbedarf erfordert z. B. die Pharmaindustrie.
    - **Umstellungskosten** bei einem Wechsel in die Branche, z. B. aufgrund von erforderlichen Produktanpassungen oder Zulassungen erschweren es potenziellen Wettbewerbern, in eine Branche einzudringen.
    - **Markenidentität und Käuferloyalität** basieren auf Vertrauen und Identifikation der Kunden mit den Produkten. Sie entstehen meist über einen längeren Zeitraum und sind deshalb eine gute Abwehr gegen neue Konkurrenten. Autokäufer zeichnen sich beispielsweise durch eine hohe Markentreue aus.
    - **Distributionszugänge** können bereits durch vertragliche Bindungen besetzt sein. So können Exklusivrechte den Zugang zu einem Vertriebskanal für neue Konkurrenten einschränken. Beispielsweise binden sich Restaurants häufig exklusiv an ihre Getränkelieferanten. Neue Wettbewerber müssen dann ein eigenes Vertriebssystem aufbauen, wozu oft hohe Anfangsinvestitionen erforderlich sind.
    - **Vertragliche Bindungen der Abnehmer** bewirken, dass die Kunden erst nach Ablauf der Vertragszeit zu einem Wettbewerber wechseln können. Dies ist z. B. in der Strom- oder Mobilfunkbranche oft der Fall.
    - **Staatliche Restriktionen:** Der Staat kann den Marktzugang fördern oder einschränken. So können z. B. gesetzliche Regelungen wie das Reinheitsgebot für deutsches Bier den Eintritt neuer Wettbewerber beschränken.

Rivalität

- **Rivalität unter den bestehenden Wettbewerbern** senkt die Attraktivität innerhalb einer Branche. *Porter* sieht die Rivalität unter den bestehenden Unternehmen als zentrale Triebkraft einer Branche an. Sie resultiert aus den anderen vier Wettbewerbskräften. Das Ausmaß der Rivalität hängt von folgenden **Faktoren** ab:
    - **Kapazitätsauslastung:** Die Rivalität steigt an, wenn die Kapazitäten der Unternehmen nicht ausgelastet sind. In diesem Fall versuchen die Unternehmen, durch aktiven Wettbewerb zu einer besseren Auslastung zu gelangen.
    - **Differenzierungsgrad der Produkte:** Die Wettbewerbsintensität sinkt, wenn die Produkte der einzelnen Anbieter sehr unterschiedlich sind.

- **Umstellungskosten** der Kunden beim Wechsel zu einem anderen Wettbewerber senken die Rivalität. Beispielsweise erfordert der Wechsel eines E-Mail-Programms einen hohen Zeitaufwand für Installation, Einarbeitung und Erfassung der Kontaktadressen.
- **Austrittsbarrieren** vergrößern die Rivalität zwischen den Wettbewerbern, da sie die Unternehmen daran hindern, die Branche zu verlassen. Derartige Austrittsbarrieren können z. B. branchenspezialisiertes Personal oder spezifische Anlagen sein.
- **Branchenkultur:** Traditionell gibt es Branchen, in denen ein besonders harter Wettbewerb besteht. Dies gilt beispielsweise für den Handel.
- Die Rivalität ist z. B. in der Luftfahrtindustrie hoch, da dort insbesondere die Kapazitätsauslastung der Flugzeuge entscheidend ist. In der Pharmaindustrie existiert Rivalität nur in den Fällen, in denen die Medikamente gleiche Anwendungsgebiete aufweisen.

Abb. 3.3.6: Wettbewerbskräfte einer Branche (vgl. Porter, 1989, S. 26)

Die **Stärke der fünf Wettbewerbskräfte** entscheidet über die durchschnittliche Rentabilität einer Branche (vgl. *Porter*, 1989, S. 23). In attraktiven Branchen erwirtschaften die Unternehmen hohe Gewinne. Dies gilt z. B. für die Pharmaindustrie, in der durchschnittlich zweistellige Renditen erzielt werden. In unattraktiven Branchen wie z. B. in der Luftfahrtindustrie oder im Einzelhandel können die Unternehmen dagegen nur geringe Renditen erzielen. Einflussgrad

Für die Durchführung der Branchenanalyse kann die in Abb. 3.3.7 dargestellte **Checkliste** verwendet werden. Darin wird zunächst die Gewichtung jeder Wettbewerbskraft festgelegt. Im Anschluss werden für jedes Kriterium der fünf Wettbewerbskräfte die Ausprägungen auf einer Skala bewertet und gewichtet. Bei der Rivalität ist z. B. das Kriterium „Branchenwachstum" stark gewichtet. Die Ausprägung wird auf einer Skala von „nicht attraktiv" (Punktwert 0) bis „sehr attraktiv" (Punktwert 5) bewertet. Die Multiplikation der Ausprägung mit der Gewichtung ergibt einen gewichteten Punktwert. Die Addition der gewichteten Punktwerte des Bereiches Rivalität ergibt im Beispiel 1,45 und Checkliste

3 Strategische Unternehmensführung

ist danach relativ gering, was sich negativ auf die Attraktivität der Branche auswirkt. Die Summe der gewichteten Wettbewerbskräfte ergibt eine Branchenattraktivität von eher unattraktiven 1,63.

Checkliste zur Branchenstrukturanalyse

Branchenstrukturfaktoren	Gewicht Insgesamt 100%	Bedeutung 100% je Kriterium	Situationsbeurteilung (0 nicht attraktiv – 5 sehr attraktiv)	Attraktivität	Prognose (0 stabil – 5 unvorhersehbar)	Dynamik	Chance	Risiko
1. Rivalität	32%	100%		1,45		2,10		
– Branchenwachstum		25%	x bei 3	0,75	x bei 3	0,75	x	
– Wettbewerbergröße		15%	x bei 1	0,15	x bei 3	0,45		x
– Austrittsbarrieren		15%	x bei 0	0,00	x bei 0	0,00		x
– Produktdifferenzierung		15%	x bei 1	0,15	x bei 0	0,00		x
– Fixkosten		20%	x bei 0	0,00	x bei 3	0,60		x
– Überkapazität		10%	x bei 4	0,40	x bei 3	0,30	x	
– ...								
2. Abnehmer	20%	100%		1,15		0,90		
– Konzentration		20%	x bei 2	0,40	x bei 3	0,60		x
– Umstellungskosten		10%	x bei 0	0,00	x bei 0	0,00	x	x
– Informationsgrad der Kunden		15%	x bei 1	0,15	x bei 0	0,00		x
– Gefahr einer Rückwärtsintegration		5%	x bei 0	0,00	x bei 0	0,00	x	
– Existenz Ersatzprodukte		20%	x bei 0	0,00	x bei 0	0,00		
– Preisempfindlichkeit		10%	x bei 2	0,20	x bei 3	0,30		
– Markenidentität		20%	x bei 2	0,40	x bei 0	0,00	x	
– ...								
3. Ersatzprodukte	14%	100%		0,85		1,80		
– Umstellungskosten Abnehmer		30%	x bei 0	0,00	x bei 3	0,90		x
– Preis-/Leistungsverhältnis		25%	x bei 1	0,25	x bei 0	0,00		x
– Eignungsgrad		30%	x bei 0	0,00	x bei 3	0,90		x
– Produkteinstellung Abnehmer		15%	x bei 4	0,60	x bei 0	0,00	x	
– ...								
4. Lieferanten	13%	100%		2,15		2,10		
– Lieferantenwettbewerb		20%	x bei 2	0,40	x bei 3	0,60	x	
– Auftragsvolumen		15%	x bei 1	0,15	x bei 0	0,00		x
– Standardisierungsgrad Input-Güter		25%	x bei 1	0,25	x bei 3	0,75		x
– Umstellungskosten		15%	x bei 3	0,45	x bei 0	0,00		x
– Gefahr einer Vorwärtsintegration		5%	x bei 4	0,20	x bei 3	0,15	x	
– Bedeutung für Endprodukt		10%	x bei 3	0,30	x bei 3	0,30	x	
– Einsatzstoffe		10%	x bei 4	0,40	x bei 3	0,30	x	
– ...								
5. Neue Anbieter	21%	100%		2,55		1,50		
– Bedeutung Economies of Scale		20%	x bei 0	0,00	x bei 0	0,00	x	
– Markenidentität Abnehmer		10%	x bei 4	0,40	x bei 0	0,00	x	
– Zugänglichkeit Distributionskanäle		20%	x bei 4	0,80	x bei 3	0,60	x	
– gesetzliche Restriktionen		5%	x bei 5	0,25	x bei 5	0,25	x	
– Kapitalbedarf		10%	x bei 5	0,50	x bei 5	0,50	x	
– Standardisierung Produktionsverfahren		5%	x bei 1	0,05	x bei 0	0,00		x
– Patente		10%	x bei 4	0,40	x bei 0	0,00	x	
– Austrittsbarrieren		5%	x bei 2	0,10	x bei 0	0,00		x
– Gefahr von Vergeltungsmaßnahmen		5%	x bei 1	0,05	x bei 3	0,15		x
– Kostenvorteile		10%	x bei 0	0,00	x bei 0	0,00	x	
– ...								
	100%		**Branchenattraktivität**	**1,63**	**Branchendynamik**	**1,69**		

Abb. 3.3.7: Checkliste zur Branchenstrukturanalyse

3.3 Strategische Analysen

Branchenstrukturanalyse der Eder Möbel GmbH

Die Branchenstrukturanalyse soll im Folgenden am fiktiven Beispiel der *Eder Möbel GmbH* als mittelständisches Unternehmen der Möbelindustrie dargestellt werden. Zur Branche der Möbelindustrie gehören alle Unternehmen, die Möbelstücke aus unterschiedlichen Materialien wie z. B. Holz, Metall oder Plastik herstellen. Für die *Eder Möbel GmbH* ist die relevante strategische Gruppe jedoch der Teil der Möbelindustrie, der sich mit Gartenmöbeln beschäftigt.

In der Gartenmöbelindustrie sind viele Anbieter mit gleichen bzw. ähnlichen Produkten tätig. Es herrscht daher ein polypolistischer Wettbewerb. Die Branchenstrukturanalyse zeigt die langfristigen Erfolgschancen der Gartenmöbelbranche und damit auch die der *Eder Möbel GmbH* auf.

Checkliste zur Branchenstrukturanalyse								
Branchenstrukturfaktoren	Gewicht 100% für Faktoren	Bedeutung 100% je Kriterium	Situationsbeurteilung (nicht attraktiv 0 – sehr attraktiv 5)	Attraktivität	Prognose (stabil 0 – unvorhersehbar 5)	Dynamik	Wertung Chance	Wertung Risiko
1. Rivalität	37%	10%		2,52		0,30		
– Branchenwachstum		10%	x (bei 1)	0,10	x (bei 3)	0,30	x	
– ...								
2. Abnehmer	13%	10%		2,30		1,60		
– Umstellungskosten		10%	x (bei 0)	0,00	x (bei 0)	0,00	x	x
– ...								
3. Ersatzprodukte	10%	30%		2,70		1,30		
– Eignungsgrad		30%	x (bei 1)	0,30	x (bei 0)	0,00	x	
– ...								
4. Lieferanten	18%	20%		3,58		0,60		
– Lieferantenwettbewerb		20%	x (bei 4)	0,80	x (bei 0)	0,00	x	
– ...								
5. Neue Anbieter	22%	20%		2,25		1,00		
– Zugänglichkeit Distributionskanäle		20%	x (bei 3)	0,60	x (bei 5)	1,00		x
– ...								
	100%		Branchenattraktivität	2,64	Branchendynamik	0,78		

Abb. 3.3.8: Auszug der Checkliste zur Branchenstrukturanalyse für die Eder Möbel GmbH

Das Wachstum der Möbelbranche wird zwar als relativ gering eingeschätzt. Da nachhaltig mit stabilem Wachstum gerechnet wird, liegt darin eine Chance für die Unternehmen der Branche. Für die Käufer von Gartenmöbeln fallen bei einem Wechsel des Herstellers keine Umstellungskosten an, sofern es sich nicht um die seltene Ersatzbeschaffung eines Möbelteils zu einer bestehenden Möbelausstattung handelt. Dies kann für *Eder* sowohl eine Chance als auch ein Risiko bedeuten. Eine Chance, neue Kunden zu gewinnen oder von den Konkurrenten abzuwerben. Aber auch ein Risiko, seine Kunden an die Konkurrenz zu verlieren. Da in der Branche viele gleichartige Produkte angeboten werden, hat *Eder* Schwierigkeiten, seine Kunden zu halten. Die *Eder Möbel GmbH* ist nicht in der Lage, Änderungen der Konkurrenzprodukte zu prognostizieren. Dies stellt ein unplanbares Risiko dar. Für Gartenmöbel gibt es kaum geeignete Ersatzprodukte, was eine stabile Chance bietet. Das Unternehmen bezieht seine Rohstoffe von mehreren Lieferanten, so dass nicht mit Beschaffungsproblemen zu rechnen ist. Der Einstieg in die Möbelbranche ist mit relativ hohem Kapitalbedarf verbunden, weshalb in absehbarer Zeit nicht mit neuen Konkurrenten zu rechnen ist. Dies macht die Branche attraktiver. Die Gesamtattraktivität der Branche setzt sich aus den fünf einzelnen Wettbewerbskräften zusammen und ergibt im Beispiel der *Eder Möbel GmbH* eine Bewertung von 2,64. Dies bedeutet, dass die Möbelbranche für bestehende Unternehmen mittlere Renditen verspricht.

Kritik

Die Branchenstrukturanalyse konzentriert sich auf eine abgegrenzte Branche. Die Grenzen einer Branche genau zu bestimmen, ist jedoch nicht eindeutig möglich und hängt von den verwendeten Kriterien ab. Ein weiterer **Kritikpunkt** der Branchenstrukturanalyse ist die fehlende Berücksichtigung individueller Stärken eines Unternehmens aufgrund besonderer Unternehmensressourcen. Zudem wird nur eine qualitative Analyse vorgenommen. Die Ergebnisse hängen somit von der subjektiven Einschätzung der Analysten ab. Dies ist insbesondere bei den Branchen kritisch, die sich stark verändern. Dort ist eine dynamischere Wettbewerbskonzeption erforderlich (vgl. *Welge/Al-Laham*, 2012, S. 309 f.). Zu bedenken ist, dass sich die Branchenstruktur durch die Handlungen der beteiligten Unternehmen verändert und auf diese Weise neu gestaltet werden kann. Es ist auch zu bezweifeln, ob die Rentabilität der Unternehmen tatsächlich vor allem von der Branche bestimmt wird. Studien belegen zwar einen engen Zusammenhang zwischen der Branche und der Rentabilität. Allerdings steigt der Einfluss der Unternehmen mit der Zeit an und die Bedeutung der Branche geht damit zurück (vgl. *Müller-Stewens/Lechner*, 2011, S. 173 f.).

3.3.2.2 Marktanalyse

Fragen

Die Marktanalyse untersucht die Attraktivität und Dynamik eines Marktes innerhalb einer Branche. Folgende strategische **Fragestellungen** werden dabei behandelt:

- Welche Märkte sind attraktiv und rentabel?
- Wie ist ein Markt einzugrenzen und in Marktsegmente aufzuteilen?
- Welche Marktstrukturen herrschen in einem Marktsegment vor?

Chancen und Risiken

Aus der Beantwortung dieser Fragen ergeben sich Chancen und Risiken für ein Unternehmen, die Eingang in die SWOT-Analyse (vgl. Kap. 3.3.4) finden. Auf dieser Basis werden auch die Marktstrategien des Unternehmens abgeleitet.

Historisches Vorbild des Marktes ist eine mittelalterliche Stadt, die das Recht besitzt, einen Handel zu organisieren. In diesem volkswirtschaftlichen Sinne ist der Markt ein Ort, an dem Angebot und Nachfrage zusammentreffen. Betriebswirtschaftlich werden unter dem Markt nicht nur die Anbieter und Nachfrager, sondern auch deren Austauschbeziehungen betrachtet (vgl. *Homburg/Krohmer*, 2009, S. 2 ff.).

> Ein **Markt** besteht aus den Nachfragern und Anbietern eines bestimmten Produkts sowie den zur Abwicklung des Leistungsaustauschs erforderlichen Beziehungen.

Marktelemente

Die **Marktstruktur** ergibt sich aus folgenden Elementen (vgl. *Kotler* et al., 2011, S. 49 ff.):

- **Nachfrager** bzw. Kunden bestimmen die Marktstruktur durch deren Anzahl, Beschaffungsvolumen, Verhalten und Preissensibilität. Die Nachfrager können in potenzielle und tatsächliche Kunden unterteilt werden. Um ihre Bedürfnisse zu befriedigen, fragen sie Leistungen auf dem Markt nach (vgl. vertiefend zur Kundenanalyse Kap. 3.3.2.3).

- **Anbieter** sind alle Unternehmen, die Leistungen für ein bestimmtes Kundenbedürfnis auf dem Markt zum Kauf anbieten. Nach ihrer Anzahl werden die Marktformen Monopol, Oligopol und Polypol unterschieden (vgl. Kap. 3.3.2.1). Die Anbieter stehen auf dem Markt im Wettbewerb und konkurrieren mit ihren Leistungen um die Kunden. Die Gesamtheit der Anbieter einer Leistung bildet eine Branche. Sie werden im Rahmen der Branchenanalyse betrachtet (vgl. Kap. 3.3.2.1). Auf die Konkurrenzbeziehungen der Unternehmen wird im Rahmen der Konkurrenzanalyse (vgl. Kap. 3.3.2.4) eingegangen.

- **Austauschbeziehungen** verbinden Anbieter und Nachfrager miteinander. Ein Verkäufer bringt seine Produkte auf den Markt und informiert darüber den Kunden. Beim Verkauf seiner Leistung erhält er dafür eine Gegenleistung, in aller Regel Geld.

3.3 Strategische Analysen

Mit Hilfe dieser Elemente können Märkte auf vielfältige Weise klassifiziert werden. Nach der Art der Nachfrager wird häufig zwischen Konsum- und Industriegütermärkten unterschieden. Im Vordergrund der Marktanalyse steht die Beziehung des Unternehmens zu seinen Nachfragern. Da sich Kunden z. B. in ihren Bedürfnissen, ihrer regionalen Herkunft oder anderen Kaufkriterien stark unterscheiden, ist der Gesamtmarkt auf den relevanten Markt einzuschränken (vgl. *Kotler* et al., 2011, S. 456 f.). Dieser umfasst die für eine Zielkundengruppe definierte Leistung, auf die ein Unternehmen seine Aktivitäten konzentriert.

Klassifikationen

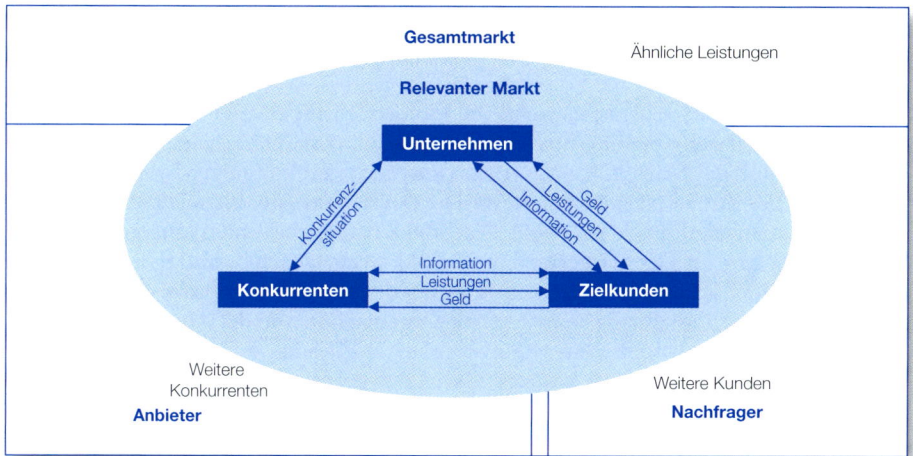

Abb. 3.3.9: Elemente eines Marktes (in Anlehnung an Schnettler/Wendt, 2006, S. 250 ff.)

> ❗ Der **relevante Markt** ist der Teil des Gesamtmarktes, auf den das Unternehmen seine Aktivitäten konzentriert und abstimmt.

Jedes Unternehmen sollte seinen relevanten Markt genau kennen. Dieser wird hierfür zunächst im Rahmen der **Marktsegmentierung** bestimmt und abgegrenzt (vgl. *Bruhn*, 2012, S. 18 ff.). Dabei erfolgt eine Unterteilung des Gesamtmarktes in homogene Teilmärkte, die als Marktsegmente bezeichnet werden (vgl. *Pepels*, 2002, S. 21). Ein Marktsegment sollte selbst weitgehend homogen sein. Gegenüber anderen Segmenten sollte es sich dagegen möglichst stark unterscheiden (vgl. *Bruhn*, 2012, S. 58 ff.). Die Marktsegmentierung bildet die Grundlage einer differenzierten Marktbearbeitung. Folgende **Voraussetzungen** sind dabei zu beachten:

Marktsegmentierung

Voraussetzungen

- **Eindeutige Abgrenzungskriterien** wie z. B. funktionale, ästhetische, physikalische oder symbolische Produktunterschiede.
- Der Gesamtmarkt erfordert eine **minimale Größe**, damit mindestens zwei Teilmärkte unterschieden werden können.
- Die Marktsegmente sollten möglichst **eindeutig zu unterscheiden** sein. Sie sollten z. B. unterschiedliche Anbieter oder Kunden haben. Darüber hinaus sollten Umsatzverluste durch eine nicht vollständige Aufteilung des Gesamtmarktes (Streulücken) und überlappende Segmente (Kannibalisierung) vermieden werden.

Die Marktsegmentierung wird in folgenden **Schritten** durchgeführt (vgl. *Bruhn*, 2012, S. 58 ff.; *Kotler* et al., 2011, S. 457; *Pepels*, 2001, S. 7 ff.; *Schnettler/Wendt*, 2006, S. 54 f.):

3 Strategische Unternehmensführung

Segmentbildung

- **Segmentbildung:** Aufteilung des Marktes in unterschiedliche Gruppen von Kaufinteressenten mit unterschiedlichen Bedürfnissen, Merkmalen und Verhaltensweisen. Wird die Segmentierung zur Abgrenzung gegenüber den Konkurrenten genutzt, dann kann sie zu einer besseren Marktbearbeitung und damit zu Wettbewerbsvorteilen beitragen. Es gibt eine Vielzahl von Methoden zur Segmentierung. Bei der Interdependenzanalyse werden z. B. Zusammenhänge zwischen verschiedenen Variablen untersucht, um die Strukturen eines Marktes aufzudecken. Die Faktoranalyse stellt dabei die Zusammenhänge zwischen Variablen als Wirkungsgeflecht dar. Um die wesentlichen Einflussfaktoren zu erkennen, lassen sich mit Hilfe einer Clusteranalyse Gruppierungen mit ähnlichen Merkmalen bilden. **Kriterien** zur Abgrenzung von Segmenten sind z. B.:
    - **Kundenmerkmale:** Je nachdem, ob die Kunden Privatpersonen oder Unternehmen sind, lassen sich Konsum- und Industriegütermärkte unterscheiden. Für Konsumgüter kann der Markt z. B. nach Alter, Geschlecht, Einkommen oder Kaufgewohnheiten der Kunden systematisiert werden. Der Industriegüterbereich wird nach Unternehmensmerkmalen aufgeteilt. Dies sind z. B. Branche, Unternehmensgröße oder Vertriebsregion. Der Industriegütermarkt kann auch nach Produktionsmerkmalen wie z. B. der verwendeten Technologie oder dem Produktionsprozess differenziert werden. Darüber hinaus kann auch die Organisation und der Ablauf des Einkaufs wie z. B. Einkaufspolitik oder Kaufkriterien der Kunden verwendet werden.
    - **Geografisch-regional** wird ein Markt z. B. in Kontinente, Staaten, Bundesländer oder Regionen unterteilt.

Bewertung und -auswahl

- **Segmentbewertung und -auswahl** beschreibt und analysiert die gebildeten Marktsegmente. Die Segmentbewertung erfolgt analog zur Branchenbewertung (vgl. Kap. 3.3.2.1). Darüber hinaus werden hierzu auch Instrumente der Kundenanalyse wie z. B. das Kundenportfolio (vgl. Kap. 3.3.3.3) eingesetzt. Eine wichtige Rolle spielen ebenso die Stärken und Schwächen des Unternehmens im Vergleich zu den Konkurrenten (vgl. Kap. 3.3.3.4). Unter Berücksichtigung dieser Aspekte sind die Marktsegmente auszuwählen und der relevante Markt festzulegen, in denen ein Unternehmen aktiv wird.

Marktpositionierung

- **Marktpositionierung** legt die angestrebte Stellung des Unternehmens innerhalb des Zielmarktes gegenüber seinen Konkurrenten fest. Es geht um die Bestimmung der Wettbewerbsvorteile des Unternehmens, der darauf ausgerichteten Marktbearbeitung und die Ableitung der Wettbewerbsstrategie (vgl. Kap. 3.4.2.3).

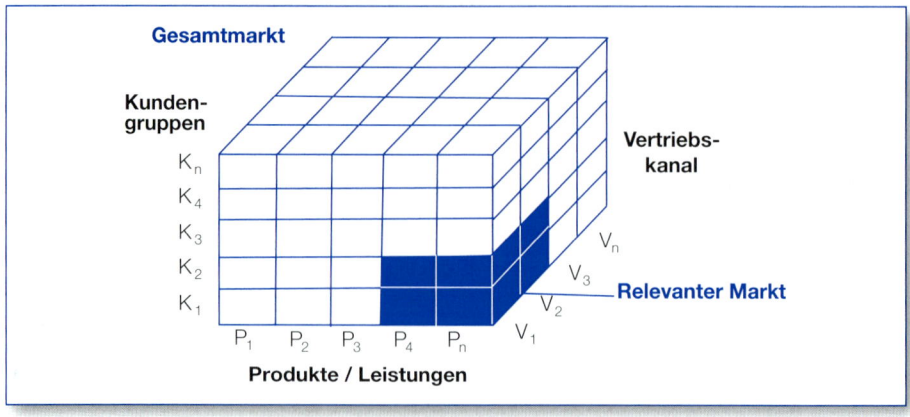

Abb. 3.3.10: Marktsegmentierung

Die eindeutige Festlegung des relevanten Marktes ist Voraussetzung für die Marktanalyse und die Festlegung der Marktbearbeitung durch eine Marktstrategie. Abb. 3.3.10 zeigt beispielhaft die Festlegung des relevanten Marktes mit Hilfe von drei Segmentierungskriterien. Dies verdeutlicht nochmals die Vielschichtigkeit der Marktsegmentierung.

Sowohl der Gesamtmarkt als auch dessen Segmente verändern sich aufgrund der **Evolution der Marktanforderungen** laufend (vgl. *Backhaus/Voeth*, 2007, S. 238 ff.). Die Unternehmen unterliegen dadurch einem Evolutionsdruck. Anbieter versuchen, die Anforderungen der Nachfrager zu erfüllen. Dies führt bei den Nachfragern zu steigenden Leistungsanforderungen. Aus diesem Grund sind die Unternehmen gezwungen, ihr Angebot weiterzuentwickeln. Das veränderte Angebot führt in der Folge zu weiter steigenden Leistungsanforderungen. Die Marktanforderungen durchlaufen in der Regel die folgenden **Evolutionsphasen** (vgl. *Zahn/Dillerup*, 1995, S. 4):

Phasen

- **Preis:** In der ersten Phase ist meist die Zahl der Konkurrenten begrenzt und deren Rivalität gering. Bei unterversorgten und weitgehend homogenen Märkten reagieren die Unternehmen mit der Ausnutzung von Erfahrungskurveneffekten (vgl. Kap. 3.3.1).
- **Qualität:** In der Folge sind die Märkte zunehmend gesättigt. Die Kunden fordern eine bessere Produktqualität. Unternehmen versuchen deshalb, durch Qualitätssteigerungen Wettbewerbsvorteile zu erlangen. Um den wachsenden Anforderungen gerecht zu werden, werden Qualitätsmanagementsysteme eingeführt (vgl. Kap. 8.1).
- **Flexibilität:** Die Kunden fordern zunehmend Produkte, die auf ihre individuellen Anforderungen ausgerichtet sind. Die Unternehmen reagieren darauf mit flexiblerer Produktion zur bedarfsgerechten Leistungserstellung und der Ausweitung des Angebots an Produktvarianten.
- **Zeit:** Die Kunden fordern kürzere Entwicklungs- und Lieferzeiten. Außerdem sollte ein Unternehmen schnell auf das Verhalten seiner Konkurrenten reagieren (vgl. Kap. 3.4.2.4). Der Faktor Zeit wird zur Quelle für Wettbewerbsvorteile.
- **Innovation:** Die laufende Änderung der Kundenbedürfnisse zwingt Unternehmen zur Innovation. Der Wettbewerbsvorteil ist die Fähigkeit, diese Bedürfnisse durch neue und bessere Lösungen erfüllen zu können.

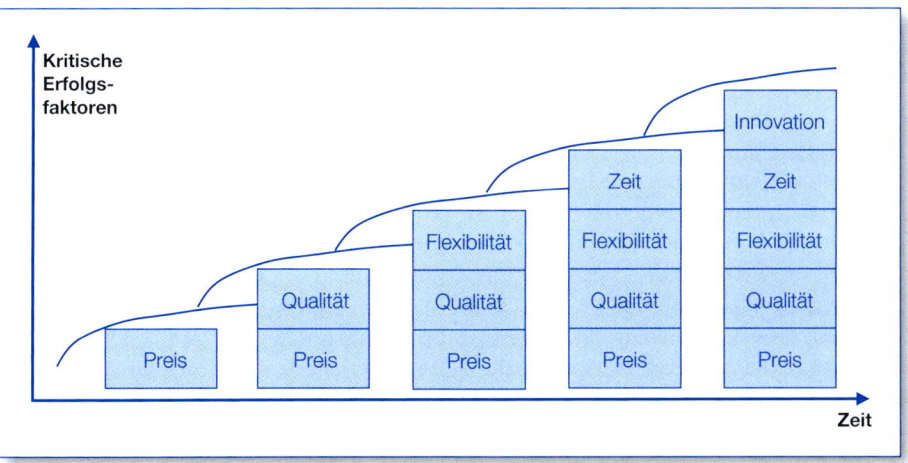

Abb. 3.3.11: Evolution der Marktanforderungen

3 Strategische Unternehmensführung

Praxisbezug
In der Praxis verläuft die Entwicklung der Marktanforderungen nicht so klar voneinander getrennt wie in Abb. 3.3.11. Der Evolutionspfad stellt die Unternehmen vor immer neue Marktanforderungen. Unklar ist jedoch, ob sich das Veränderungstempo dabei erhöht. Dafür sprechen z. B. die steigende Innovationsrate, sinkende Zeiträume zwischen Innovation und Markteinführung sowie verkürzte Produktlebenszyklen (vgl. Kap. 3.4.1.1). Allerdings gibt es Grenzen der Beschleunigung. In einigen Branchen und Märkten ist sogar eine „Entschleunigung" zu beobachten. So wurde z. B. in der Automobilindustrie der Produktlebenszyklus stark verkürzt. Allerdings steigt er in einzelnen Fällen auch an. Modelle mit sehr langen Produktlebenszyklen sind z. B. der *VW Golf* oder der *Porsche 911*.

Nach Abschluss der Marktsegmentierung wird für ausgewählte Segmente eine **Marktanalyse** durchgeführt. Dabei werden folgende **Merkmale** untersucht (vgl. *Fuchs/Unger*, 2007, S. 78 ff.):

Größe
- **Marktgröße:** Maßgröße ist das Marktvolumen als Summe der auf einem Markt realisierten Absatzmengen oder Umsätze. Eine mengenorientierte Messung erfolgt anhand von Stückzahlen oder technischen Größen. Stückzahlen sind z. B. die Zahl der neu zugelassenen Kraftfahrzeuge. Technische Größen sind z. B. der Gigawatt-Stromverbrauch eines Unternehmens. Die Messung in Mengengrößen ist einfacher und genauer als die Messung in Wertgrößen, da letztere zusätzliche Bewertungsprobleme mit sich bringen. Der Marktumsatz berücksichtigt neben der Mengenkomponente den durchschnittlichen Marktpreis. Daher tendieren Unternehmen mit unterdurchschnittlichen Preisen zu einer mengenorientierten Betrachtung, während für hochpreisige Anbieter eine wertmäßige Messung vorteilhafter ist. Neben dem derzeitigen Marktvolumen ist auch das Marktpotenzial von Bedeutung. Es gibt die Obergrenze der Gesamtnachfrage an und berücksichtigt neben der realisierten Absatzmenge auch das Ausmaß potenzieller Kunden. Das Verhältnis des Marktvolumens zum Marktpotenzial gibt Auskunft über die Wachstumschancen eines Marktes.

Dynamik
- **Marktdynamik** kennzeichnet die Entwicklung eines Marktes und ist für die Strategieentwicklung entscheidend. Die Marktdynamik wird meist durch das Marktwachstum gemessen, das die Zunahme der Marktgröße innerhalb eines festgelegten Zeitraums darstellt. Neben dem generellen Marktwachstum sollten auch konjunkturelle und saisonale Einflüsse in die Betrachtung einbezogen werden.

Struktur
- **Marktstruktur** beschreibt die Art und Anzahl der Marktteilnehmer. Auf der Anbieterseite gibt es Hersteller von Leistungen und dazugehörige Absatzmittler. Auf der Nachfragerseite stehen die Kunden. Zudem wirken die Konkurrenten auf die Marktstruktur ein. Die Marktstruktur kann analog zur Branchenstruktur (vgl. Kap. 3.3.3.1) analysiert werden. Dazu sind die fünf Wettbewerbskräfte zu bestimmen: Verhandlungsstärke der Lieferanten und Kunden, Gefahr durch Substitutionsgüter, Bedrohung durch neue Konkurrenten sowie die Rivalität unter den bestehenden Wettbewerbern.

Eigenschaften
- **Spezielle Markteigenschaften** spiegeln die besonderen Merkmale eines Marktes wider. Dies können z. B. besondere Anforderungen der Kunden hinsichtlich Produktqualität oder Service, spezifische Vertriebswege oder politische Einflüsse sein.

Position
- **Marktposition** wird durch den prozentualen Anteil des Unternehmens am Marktvolumen gemessen. Aussagekräftiger als der absolute ist der relative Marktanteil. Er drückt das Verhältnis eines Unternehmens zum größten Wettbewerber aus und verdeutlicht somit die Stellung des Unternehmens im Markt. So kann ein Unternehmen mit einem absoluten Marktanteil von 20 Prozent je nach Anzahl der Wettbewerber

3.3 Strategische Analysen

sowohl einer von vielen Anbietern (= relativer Marktanteil < 1) als auch Marktführer (= relativer Marktanteil > 1) sein. Alternativ kann auch definiert werden, dass der relative Marktanteil im Verhältnis zum Marktführer gemessen wird. Ist das eigene Unternehmen selbst Marktführer, so wäre der Maximalwert für den relativen Marktanteil nach dieser Definition 1. Daneben ist auch die Preisposition in einem Markt von Bedeutung. Sie wird durch die Preissensibilität der Kunden sowie die erwartete Preisentwicklung beurteilt und bestimmt wesentlich die Marktattraktivität.

Checkliste zur Marktanalyse

Marktfaktoren	Gewicht Insgesamt 100%	Bedeutung 100% je Kriterium	Situationsbeurteilung (nicht attraktiv 0 – sehr attraktiv 5)	Attraktivität	Prognose (stabil 0 – unvorhersehbar 5)	Dynamik	Chance	Risiko
1. Marktgröße	24%	100%		3,70		2,55		
– Marktvolumen		70%	4	2,80	3	2,10	x	
– Marktpotenzial		15%	4	0,60	3	0,45		x
– Abstand Volumen-Potenzial		15%	2	0,30	0	0,00	x	
– ...								
2. Marktdynamik	18%	100%		3,00		2,40		
– Marktwachstum		60%	4	2,40	3	1,80	x	
– konjunkturelle Schwankungen		20%	1	0,20	3	0,60		x
– saisonale Schwankungen		20%	2	0,40	0	0,00	x	
– ...								
3. Marktstruktur	12%	100%		3,20		0,60		
– Verhandlungsstärke der Lieferanten		20%	4	0,80	3	0,60	x	
– Verhandlungsstärke der Kunden		30%	3	0,90	0	0,00	x	
– Gefahr durch Substitutionsgüter		20%	3	0,60	0	0,00	x	
– Bedrohung durch Konkurrenten		10%	3	0,30	0	0,00	x	
– Rivalität unter den Wettbewerbern		20%	3	0,60	0	0,00	x	
4. Marktposition	21%	100%		3,30		3,15		
– absoluter Marktanteil		45%	3	1,35	5	2,25		x
– relativer Marktanteil		20%	1	0,20	0	0,00	x	
– Preissensibilität der Abnehmer		5%	5	0,25	0	0,00	x	
– Preisentwicklung		30%	5	1,50	3	0,90	x	
– ...								
5. Spezielle Markteigenschaften	25%	100%		3,50		2,50		
– Qualitätsanforderungen Abnehmer		50%	3	1,50	5	2,50		x
– Stärke politischer Einflüsse		50%	4	2,00	0	0,00	x	
– ...								
	100%		**Marktattraktivität**	**3,38**	**Marktdynamik**	**2,40**		

Abb. 3.3.12: Checkliste zur Marktanalyse

Für die Marktanalyse ist eine Vielzahl an Informationen zu erheben. Dies ist Aufgabe der **Marktforschung.** Häufig werden solche Auswertungen und Analysen von Branchenverbänden oder Marktforschungsinstituten erstellt. Stehen solche Informationsquellen nicht zur Verfügung, so sind Daten selbst zu erheben (Primärerhebung; vgl. *Backhaus/Voeth*, 2007, S. 238 ff.). Die Informationsbeschaffung ist ein kritischer Faktor der Marktanalyse. Zeitnahe Informationen zu den relevanten Marktmerkmalen sind für eine realistische Einschätzung der Entwicklung eines Marktes erforderlich. Abb. 3.3.13 fasst die wesentlichen Informationsquellen zusammen.

Datenerhebung

	Unternehmensintern	**Unternehmensextern**
Primär-quellen	• Außendienstinformationen • Eigene Marktforschungsstudien • Erfahrungswerte	• Auswertungen von Testmärkten • Umfragen
Sekundär-quellen	• Kundenstatistik • Verkaufsstatistik • Marktstudien einzelner Abteilungen	• Branchenverbände / Kammern • Umfrageinstitute • Analyse früherer Marktaktionen

Abb. 3.3.13: Informationsquellen der Marktforschung (vgl. Kohlöffel, 2000, S. 13)

3.3.2.3 Kundenanalyse

Kunden sind ein wesentlicher strategischer Faktor eines jeden Unternehmens. Sie spielen deshalb nicht nur bei der Analyse der Branche (vgl. Kap. 3.3.2.1) und des Marktes (vgl. Kap. 3.3.2.2) eine zentrale Rolle. Die Identifikation bestehender und zukünftiger Kundenwünsche und die langfristige Bindung wertvoller Kunden sind die Voraussetzung für eine erfolgreiche Strategie. Kundenbindung und -orientierung sind daher wesentlich für die strategische Analyse (vgl. *Kröger*, 2004, S. 178).

Kundenanalyse

Folgende **Fragestellungen** sind dabei relevant:

- Wer sind die bestehenden und potenziellen Kunden eines Unternehmens?
- Welche Anforderungen haben die Kunden und was macht diese „wertvoll"?
- Wie können bestehende Kunden gebunden und potenzielle Kunden gewonnen werden?

Aus der Beantwortung dieser Fragen ergeben sich Chancen und Risiken, die in die SWOT-Analyse eingehen (vgl. Kap. 3.3.4). Ausgangspunkt der Kundenanalyse ist die Frage nach den bestehenden und potenziellen Kunden.

> **!** **Kunden** sind einzelne Personen oder Gruppen, welche die Entscheidung zum Kauf einer Leistung des Unternehmens treffen.

Bestehende & potenzielle Kunden

Kunden können somit nicht nur Einzelpersonen, sondern auch Institutionen mit mehreren Entscheidungsträgern (sog. Buying Center) sein. Leistungen eines Unternehmens sind physische Produkte, Dienstleistungen oder eine Kombination daraus. Nach der Häufigkeit des Kaufes werden bestehende und potenzielle Kunden unterschieden. **Bestehende Kunden** kaufen die Leistung zum wiederholten Male (Wiederholungskäufer). **Potenzielle Kunden** haben bisher noch kein Produkt des Unternehmens erworben, kommen jedoch zukünftig als Käufer in Frage. Andere Definitionen fassen den Kundenbegriff weiter und schließen sämtliche potenziellen Produktinteressenten mit ein (vgl. *Spielvogel*, 2004, S. 50 f.). Diese Auffassung ist für die Zwecke der Kundenanalyse zu ungenau. Die Interessenten einer Leistung stellen vielmehr potenzielle Kunden dar. Eine Kaufentscheidung kann auch von mehreren Personen gemeinsam getroffen werden. Auf diese Entscheidungsträger wird als Kunden im engeren Sinne abgestellt, um den Kundenbegriff zu präzisieren. In der Praxis ist schwer feststellbar, wer die Kaufentscheidung tatsächlich trifft. So sieht sich z. B. ein Bekleidungshersteller mit den Wünschen des Zwischenhändlers, der Boutiquen und der Endkunden konfrontiert. Daher kann für jeden Vertriebsweg oder auch für die Glieder einer mehrstufigen Wertschöpfungskette der Kundenbegriff unterschiedlich definiert sein.

3.3 Strategische Analysen

Kundensegmentierung der Eder Möbel GmbH

Die *Eder Möbel GmbH* liefert Gartentische in den Modellen „Luxus" und „Standard". Diese werden über Einzelhändler wie Kaufhäuser, Discounter oder Möbelgeschäfte vertrieben. Der Kunde des Unternehmens ist demnach der Einzelhandel. Bei einer differenzierteren Betrachtung kann zwischen Einzelhandel und Endkunde unterschieden werden: Ohne die Aufnahme der Möbel in das Angebot des Einzelhandels kann ein Endkunde die Gartentische der *Eder Möbel GmbH* nicht kaufen. Neben dieser Erstentscheidung des Einzelhandels liegt die endgültige Kaufentscheidung beim Endkunden. Nur wenn die Artikel verkauft werden, wird der Einzelhändler weiter *bei der Eder Möbel GmbH* bestellen. Das Unternehmen orientiert sich aus folgenden Gründen vorwiegend am Einzelhandel:

- Endkunden wiederholen ihre Kaufentscheidung für Gartentische in großen Zeitabständen. Eine hohe Endkundenbindung ist deshalb nicht maßgeblich für den Unternehmenserfolg.
- Dem Einzelhandel liegen Informationen über die Endkunden vor. Für die *Eder Möbel GmbH* ist es allerdings schwierig, selbst an solche Informationen zu gelangen. Die Informationen, die der Einzelhandel über die Kundenbedürfnisse an die *Eder Möbel GmbH* weitergibt, sind daher unvollständig, gefiltert und durch dessen Eigeninteresse geprägt.
- Die Einzelhändler gehören z. T. größeren Ketten wie z. B. *OBI* oder *Praktiker* an und bestellen in hohen Mengen. Durch ihre Produktpräsentation und Werbung beeinflussen sie maßgeblich die Kaufentscheidung der Endkunden.

In vielen Branchen finden sich verschiedene Kundengruppen mit unterschiedlichen Anforderungen (vgl. *Hungenberg*, 2011, S. 127). Um homogene Kundengruppen zu erhalten, wird mit Hilfe produktbezogener Kriterien eine **Kundensegmentierung** vorgenommen. Generell wird zwischen Konsum- und Investitionsgütern unterschieden. **Konsumgüter** sind Güter und Dienstleistungen für den persönlichen Gebrauch (vgl. *Kotler/Bliemel*, 2006, S. 322). **Investitionsgüter** sind hingegen Güter und Dienstleistungen, die von Unternehmen beschafft werden, um damit andere Güter zur Fremdbedarfsdeckung zu erstellen (vgl. *Meffert/Bruhn*, 2012, S. 27). Die Kundensegmentierung lässt sich nach den Kriterien in Abb. 3.3.14 durchführen.

Kundensegmentierung

Kriterium	Konsumgütermarkt	Investitionsgütermarkt
Kundenmerkmale	- Alter - Geschlecht - Einkommen - Haushaltsgröße - Lebensstil	- Branche - Produkt-/Serviceangebot - Standort - Unternehmensgröße - Technologie
Kaufgewohnheiten	- Einkaufsmenge - Bedeutung des Kaufs - Markenloyalität - Nutzungsgewohnheiten - Entscheidungskriterien	- Einkaufsvolumen - Bedeutung des Kaufs - Einkaufshäufigkeit - Einkaufsverhalten - Entscheidungskriterien
Kundenbedürfnisse/ -präferenzen	- Preispräferenz - Markenpräferenz - Gewünschte Funktionen - Qualität	- Produkt-/Leistungsanforderungen - Markenpräferenz - Gewünschte Funktionen - Serviceansprüche

Abb. 3.3.14: Kriterien zur Kundensegmentierung (vgl. Hungenberg, 2011, S. 127)

Die gebildeten Kundensegmente besitzen für das Unternehmen unterschiedliche Attraktivität. Durch Untersuchung der Kundensegmente lassen sich deren Anforderungen, Kundenbearbeitungsstrategien und Kundenwerte ermitteln. Der **Kundenwert** soll dem Unternehmen die gewinnbringenden Kunden bzw. Kundensegmente aufzeigen, um

Kundenwert

3 Strategische Unternehmensführung

sich darauf zu konzentrieren (vgl. *Kotler/Bliemel*, 2006, S. 94). Für die Bestimmung des Kundenwertes sind das heutige und das zukünftige Potenzial der Kunden zu beurteilen. Neben den kundenspezifischen Erlösen sind auch die Kosten für die Beziehungspflege, Reklamationen, Werbung usw. mit einzukalkulieren. Zur Analyse des Kundenwertes stehen die in Abb. 3.3.15 aufgeführten Methoden zur Verfügung, die im Folgenden kurz erläutert werden.

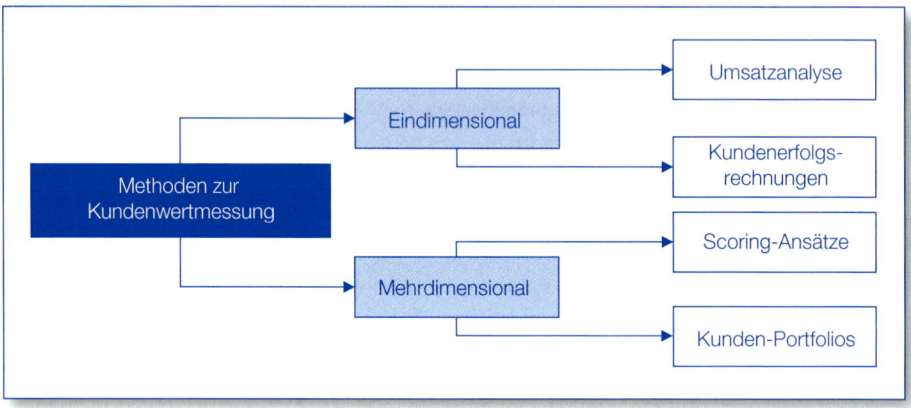

Abb. 3.3.15: Methoden zur Kundenwertbestimmung (vgl. Backhaus/Voeth, 2007, S. 175)

Umsatz- analyse
- **Umsatzanalyse:** Kunden werden, wie in Abb. 3.3.16 dargestellt, durch eine ABC-Analyse nach der *Pareto*-Regel in drei Gruppen unterteilt (vgl. *Schaper*, 2001, S. 27):
    - **A-Kunden** sind außerordentlich umsatzstark. Obwohl sie nur 20 Prozent der Kunden ausmachen, erwirtschaften sie rund zwei Drittel des Umsatzes.
    - **B-Kunden** umfassen ca. 35 Prozent der Kunden und erwirtschaften ca. 30 Prozent des Umsatzes.
    - **C-Kunden** sind die restlichen 45 Prozent der Kunden, die nur 5 Prozent zum Umsatz beitragen.

    Durch Einteilung der Kunden nach der Umsatzhöhe soll die Aufmerksamkeit auf die umsatzstärksten Kunden gelenkt werden. So lohnt sich z. B. für A-Kunden die Einrichtung eines speziellen Kundenbetreuers (Key Account Manager). In die Beziehung zu B-Kunden sollte weiter intensiviert werden. Die Bearbeitung der Masse an C-Kunden sollte dagegen so effizient wie möglich erfolgen.

Kunden- erfolgs- rechnung
- **Kundenerfolgsrechnungen:** Die einem Kunden zurechenbaren Kosten und Erlöse werden einander gegenüber gestellt und ein Kundendeckungsbeitrag ermittelt (vgl. *Schaper*, 2001, S. 51). Daraus lässt sich eine Rangliste der rentabelsten Kunden aufstellen. Kunden mit negativen Deckungsbeiträgen sind generell unrentabel. Da es sich allerdings um eine Momentaufnahme handelt, sollte die Kundenklassifikation mehrere Faktoren berücksichtigen. Dies könnten z. B. Angaben über Referenz- oder Wachstumskunden sein. Der Kundenerfolg lässt sich auch zukunftsorientiert als die Summe aller diskontierten Ein- und Auszahlungen eines Kunden ermitteln (Customer Lifetime Value). Die Schwierigkeit besteht in der Prognose der kundenbezogenen Ein- und Auszahlungen (vgl. *Meffert*, 2012, S. 74 f.).

3.3 Strategische Analysen

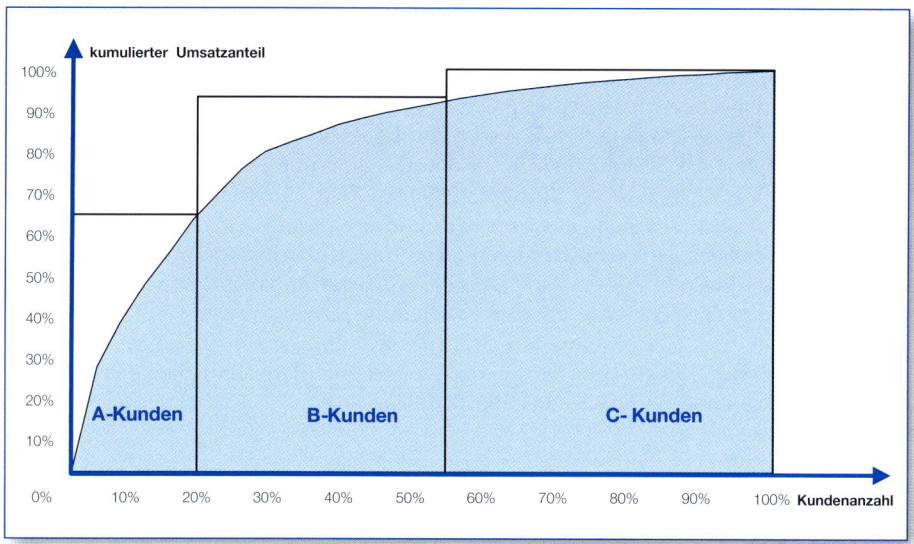

Abb. 3.3.16: Kunden-Umsatzanalyse

- **Scoring-Ansätze (Nutzwertanalyse):** Unterschiedliche Aspekte von Kundenbeziehungen lassen sich mit Hilfe sog. Scoring-Modelle systematisch erfassen und quantifizieren. Dabei werden wesentliche Merkmale einer Kundenbeziehung in einem Kriterienkatalog zusammengestellt. Die unterschiedliche Relevanz der Kriterien wird mit Gewichtungsfaktoren bewertet (Spalte „Bedeutung"). Die Erfüllung der einzelnen Kriterien wird mit Hilfe einer Punkteskala durch subjektive Beurteilung quantifiziert (Spalte „Ausprägung"). Die Gesamtbewertung erfolgt durch Gewichtung der ermittelten Punktwerte. Ein Beispiel für ein Scoring-Modell zur Kundenbewertung stellt Abb. 3.3.17 dar. Neben der gegenwärtigen Kundensituation beinhaltet es zusätzlich eine Prognose der Entwicklung sowie eine Einschätzung als Chance oder Risiko.

Scoring-Ansätze

- **Kundenportfolios** werden häufig ergänzend zur Kundenbewertung eingesetzt, wenn die Anzahl der Kunden überschaubar ist (vgl. *Backhaus/Voeth*, 2007, S. 181). In Anlehnung an das zur Marktanalyse eingesetzte *Boston Consulting-Portfolio* (vgl. Kap. 3.4.2.3) lassen sich die Kunden z. B. nach deren Attraktivität und relativer Lieferposition

Kundenportfolios

Checkliste zur Kundenbewertung																			
Kundenfaktoren	Bedeutung	Situationsbeurteilung							Prognose								Wertung	
		nicht attraktiv					sehr attraktiv	Attrak-tivität	stabil					unvorher-sehbar	Dyn-amik		Chance	Risiko
		0	1	2	3	4	5		0	1	2	3	4	5				
Kundenbewertung (intern)	**100%**							**3,20**							**0,45**			
– Rentabilität (Deckungsbeitrag)	45%						x	2,25	x						0,00			
– Auftragspotenzial	15%					x		0,60	x						0,00			
– Imagepotenzial	15%	x						0,00				x			0,45		x	
– Kundentreue	10%		x					0,10	x						0,00			
– Preisflexibilität (nach oben)	10%			x				0,20	x						0,00			
– Neukundenempfehlung	5%		x					0,05	x						0,00			
– …																		
				Kundenattraktivität				**3,20**			Kundendynamik				**0,45**			

Abb. 3.3.17: Scoring-Ansatz zur Kundenbewertung

klassifizieren. Die Kundenattraktivität kann z. B. aus folgenden Faktoren ermittelt werden: Kundendeckungsbeitrag, durchschnittliches Kaufvolumen, Umsatzwachstum, erzielbarer Verkaufspreis, Imagefaktor als Referenzkunde. Die relative Lieferposition gibt bezogen auf den jeweiligen Kunden das Verhältnis des Liefervolumens des Unternehmens zu dem des stärksten Wettbewerbers an. Entsprechend dem *Boston Consulting-Portfolio* ergeben sich für den Umgang mit den betreffenden Kunden analoge Normstrategien (vgl. *Kohlöffel*, 2000, S. 171 f.). Ein weiterer Portfolioansatz differenziert nach der Höhe des Umsatzes und der Branche der Kunden. Demnach können branchenspezifische Kundenanforderungen und Risikoaspekte verdeutlicht werden. Das Beispiel in Abb. 3.3.18 zeigt eine starke Abhängigkeit von Branche A und dass zwei Branchen nur geringe Kundenumsätze aufweisen. Dies könnte eine Chance sein, über Referenzkunden ein neues Kundensegment zu erobern oder ein Indikator dafür, dass die Einstellung der Belieferung dieser Branchen ein Potenzial zur Varianten- und damit Kostensenkung bietet.

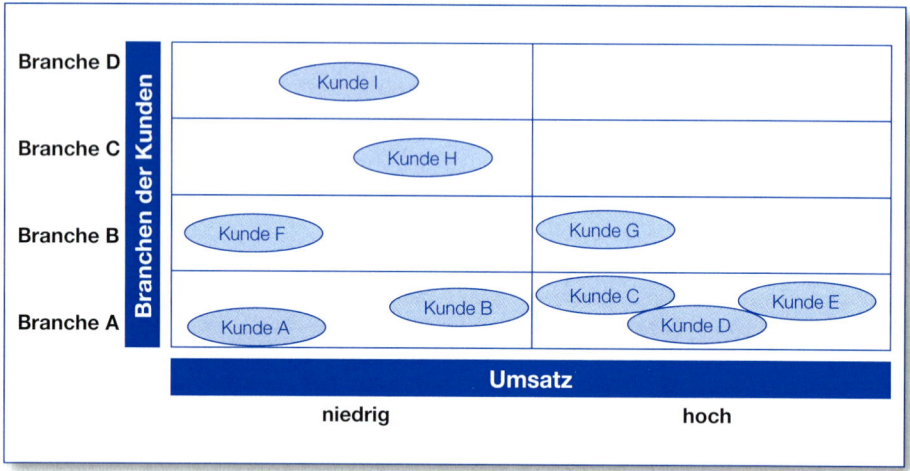

Abb. 3.3.18: Branchen-Umsatz-Kunden-Portfolio

Kundenkubus

Der Kundenwert kann weiter hinsichtlich des gegenwärtigen und des potenziellen Wertes differenziert werden. Werden diese Dimensionen mit dem komplementären Beitrag oder Referenzpotenzial, wie z. B. hinsichtlich Weiterempfehlung oder Image, kombiniert, so entsteht ein **Kundenkubus** (vgl. Abb. 3.3.19). Er bildet ein Wertbeitrag-Erfolgspotenzial-Kunden-Portfolio und vermag Kundengruppen mit Normempfehlungen zu definieren (vgl. *Alter*, 2011, S. 118 f.). Verzichtskunden haben weder gegenwärtig noch zukünftig Erfolgspotenzial und sind auch keine Referenz. Auf solche Kunden empfiehlt es sich zu verzichten. Am anderen Ende des Spektrums sind die sog. „Blue-Chip-Kunden", welche heute und zukünftig Wert schaffen sowie zudem als Referenz dienen.

3.3 Strategische Analysen

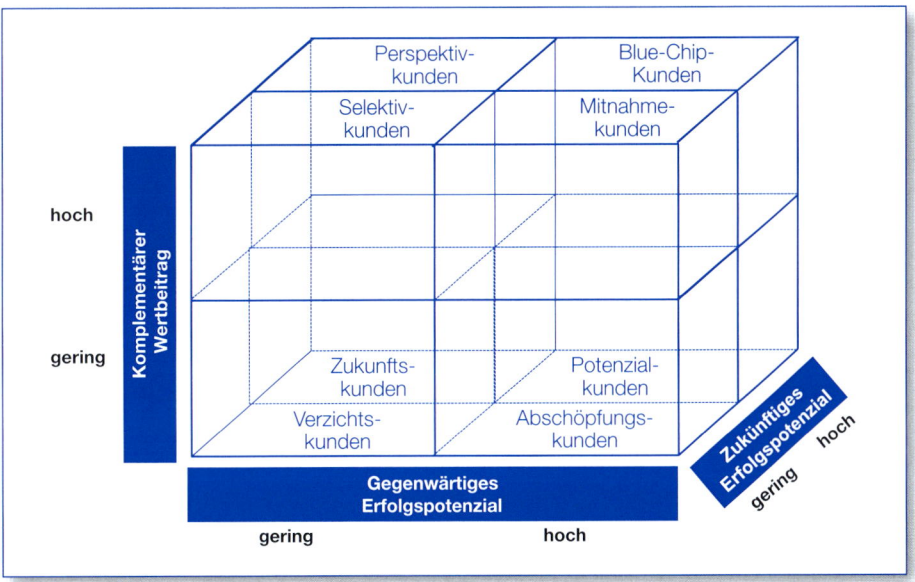

Abb. 3.3.19: Wertbeitrag-Erfolgspotenzial-Kunden-Portfolio (vgl. Alter, 2011, S. 119)

Kundenanalyse der Eder Möbel GmbH

Die *Eder Möbel GmbH* erzielte im letzten Jahr mit 45 Kunden einen Umsatz von 60 Mio. Euro. In der Controllingabteilung wurde eine Kunden-Deckungsbeitragsrechnung erstellt (vgl. Abb. 3.3.20). Damit konnten die profitabelsten Kunden ermittelt werden.

	Umsatz	Deckungsbeitrag
Möbelhaus Müller	12.000.000	2.280.000
Gartencenter Blumenland	5.808.000	1.161.600
Gartencenter Maier	2.400.000	504.000
Discounter Lodil	5.100.000	408.000
Gartencenter Max	1.800.000	378.000
Gartencenter Baumparadies	1.800.000	324.000
Freizeitmarkt Aktiv	1.200.000	242.400
Gartencenter Neudorf	1.200.000	222.000
Superlo	1.200.000	216.000
Handelskette Gartenkönig	1.380.000	193.200
Möbelhaus Weinmeier	942.000	178.980
....		
....		
Möbelhaus Schmidt	6.000.000	–660.000
moebelauktion.de	9.600.000	–1.056.000
	60.000.000	**9.164.040**

Abb. 3.3.20: Kunden-Deckungsbeitragsrechnung der Eder Möbel GmbH

Es gibt aber auch Kunden mit negativen Deckungsbeiträgen. Für diese ist zu überlegen, ob sie weiterhin zu den bisherigen Konditionen beliefert werden oder ob z. B. Preiserhöhungen vorzunehmen sind. Bei den Möbelhäusern *Schmidt* und *moebelauktion.de* handelt es sich um Kunden mit häufigen Reklamationen und hohen Transportkosten. Bei diesen überprüfte die *Eder Möbel GmbH* deshalb den Kundenlebenszyklus (vgl. Kap. 3.4.1.1). Eine Analyse der beiden Möbelhäuser mit der Checkliste zur Kundenanalyse (vgl. Abb. 3.3.17) ergab, dass Möbelhaus *Schmidt* ein Neukunde ist, so dass zukünftig mit einer Verbesserung der Rentabilität gerechnet werden kann. Der Kunde *moebelauktion.de* besitzt ein unterschiedliches Geschäftsmodell: Er vertreibt Möbel in Auktionen über das Internet. Daher überlegt die Unternehmensführung der *Eder Möbel GmbH*, wie dieses geänderte Geschäftsmodell die gesamte Kunden- bzw. Branchenstruktur beeinflusst und welche Antworten das Unternehmen darauf haben sollte.

Kundenorientierung

Im nächsten Schritt der Kundenanalyse ist zu klären, wie Kunden auf Dauer an das Unternehmen gebunden werden können und was sie vom Unternehmen erwarten. Die hohe Bedeutung der **Kundenorientierung** wird durch empirische Studien belegt. Diese zeigen, dass die Gewinnung eines Neukunden fünfmal so hohe Kosten verursacht, als einen bestehenden Kunden im Kundenstamm zu halten. Noch aufwendiger ist es, einen verlorenen Kunden zurückzugewinnen (vgl. *Kotler/Bliemel*, 2006, S. 82).

> **Kundenbindung** bezeichnet den Wunsch der Kunden, eine dauerhafte Beziehung zum Unternehmen aufrecht zu erhalten (vgl. *Gehrke*, 2003, S. 64 f.).

Die **Messung der Kundenzufriedenheit** kann direkt durch Kundenbefragung oder indirekt erfolgen. Indirekte Messungen sind z. B. die Befragung von Mitarbeitern mit Kundenkontakt oder die Analyse interner Daten wie z. B. Lieferzeiten, Kundenbeschwerden oder Garantiefälle. Die unmittelbare Befragung des Kunden nach dem Kauf ermöglicht eine schnelle Reaktion auf Beanstandungen und gilt als bester Weg, um ggf. die Zufriedenheit des Kunden wiederherzustellen.

Methoden

Zur Messung der Kundenzufriedenheit stehen folgende **Methoden** zur Verfügung (vgl. *Kotler/Bliemel*, 2006, S. 63 f.):

- **Qualitative Methoden** informieren über Probleme mit der Kundenzufriedenheit.
  - **Beschwerden und Reklamationen** beschreiben die (Un-)Zufriedenheit der Kunden. Allerdings beschweren sich lediglich rund fünf Prozent aller unzufriedenen Kunden.
  - **Methode der kritischen Ereignisse** (Critical Incident Method): Sämtliche Vorkommnisse, welche die Zufriedenheit des Kunden beeinflusst haben, werden erfasst und aus dessen Sicht bewertet. Die Durchführung erfolgt durch Interviews mit offenen Fragen.
  - **Sequentielle Ereignismethode:** Testkunden schildern ihre Gefühle, Gedanken und Erlebnisse in den Phasen des Kaufs und der Nutzung eines Produkts.
- **Quantitative Methoden** messen die Höhe der Kundenzufriedenheit.
  - **Diskrepanzmodelle:** Kundenbefragung zur Messung des Abstands zwischen den Erwartungen und der wahrgenommenen Produktleistung.
  - **Gesamtzufriedenheitsbefragung:** Mit Hilfe von skalierten Fragen, denen Zahlenwerte zugewiesen werden, erfolgt die Ermittlung einer Kundenzufriedenheitskennzahl. Der Kunde wird wie in Abb. 3.3.21 z. B. nach verschiedenen Produkteigenschaften befragt und vergibt dafür Schulnoten mit den Werten eins für „sehr gut" bis sechs für „ungenügend". Daraus lässt sich dann ein Durchschnittswert errechnen, der die Kundenzufriedenheit angibt.

3.3 Strategische Analysen

– **Multiattributive Messung:** Befragung nach einzelnen Produktattributen, die unterstellt, dass sich die Gesamtzufriedenheit eines Produktes aus der Zufriedenheit mit dessen einzelnen Eigenschaften und Merkmalen zusammensetzt. Die Bewertung der Produktattribute wird gewichtet und zu einem Gesamtwert zusammengefasst.

Bewertung	Sehr gut	Gut	Mittelmäßig	Ausreichend	Mangelhaft	Ungenügend
Fragen zu unseren Produkten						
Wie sind Sie zufrieden …						
mit der Qualität?	☐	☐	☐	☐	☐	☐
mit der Funktionalität?	☐	☐	☐	☐	☐	☐
mit dem Service?	☐	☐	☐	☐	☐	☐
mit dem Preis?	☐	☐	☐	☐	☐	☐
im Vergleich zu Konkurrenzprodukten?	☐	☐	☐	☐	☐	☐
Wurden Ihre Erwartungen in das Produkt erfüllt?	☐	☐	☐	☐	☐	☐
Wie fanden Sie die Informationen zum Produkt?	☐	☐	☐	☐	☐	☐
Fragen zu unserem Unternehmen						
Wie sind Sie zufrieden						
mit der Abwicklung Ihrer Aufträge?	☐	☐	☐	☐	☐	☐
mit unseren Serviceleistungen?	☐	☐	☐	☐	☐	☐
mit unserer Erreichbarkeit?	☐	☐	☐	☐	☐	☐
mit unserem Preis- und Bonisystem?	☐	☐	☐	☐	☐	☐
mit unseren Lieferzeiten?	☐	☐	☐	☐	☐	☐
mit unserer Kundenbetreuung?	☐	☐	☐	☐	☐	☐

Abb. 3.3.21: Aufbau eines Kundenfragebogens

Unternehmen, die sich nach DIN EN ISO 9001 zertifizieren lassen (vgl. Kap. 8.1), führen meist eine Kundenzufriedenheitsbefragung durch. Daher ist dies in der Praxis die häufigste Methode zur Kundenzufriedenheitsmessung. Oft werden auch mehrere Verfahren gemeinsam eingesetzt, um so eine verlässlichere Aussage über die tatsächliche Zufriedenheit zu erhalten. So lassen sich z. B. jährliche Kundenbefragungen, ein Beschwerdesystem und die Befragung ausgewählter Kunden nach kritischen Ereignissen miteinander kombinieren. Abb. 3.3.22 zeigt ein Beispiel für eine Kundenzufriedenheitschecklise. *Zertifizierung*

3 Strategische Unternehmensführung

Checkliste zur Kundenzufriedenheit									
Kundenzufriedenheitsfaktoren	Gewicht	Bedeutung	Situationsbeurteilung						
	Insgesamt 100%	100% je Kriterium	Ungenügend 0	Mangelhaft 1	Ausreichend 2	Mittelmäßig 3	Gut 4	Sehr Gut 5	Attraktivität
Produkt	67%	100%							4,05
– Qualität		15%				x			0,45
– Funktionalität		15%						x	0,75
– Service		15%					x		0,60
– Preis		20%						x	1,00
– Vergleich zu Konkurrenzprodukten		10%				x			0,30
– Erwartung in das Produkt		20%					x		0,80
– Produktinformationen		5%				x			0,15
– …									
Unternehmen	33%	100%							3,60
– Auftragsabwicklung		20%			x				0,40
– Serviceleistung		25%					x		1,00
– Preis- und Bonisysteme		25%					x		1,00
– Lieferzeiten		15%					x		0,60
– Kundenbetreuung		15%					x		0,60
– …									
	100%						**Kundenzufriedenheit**		**3,90**

Abb. 3.3.22: Checkliste zur Kundenzufriedenheit

Kundenzufriedenheitsanalyse der Eder Möbel GmbH

Auch die *Eder Möbel GmbH* misst ihre Kundenzufriedenheit durch Befragungen. Während bei der Kundenbewertung aufgrund der fehlenden Informationsbasis nur bestehende Kunden betrachtet werden, erfolgt die Zufriedenheitsmessung sowohl bei den Einkäufern der Einzelhändler, bei der Warenauslieferung und zweimal jährlich bei den Endkunden. Dazu nutzt die *Eder Möbel GmbH* drei verschiedene **Befragungsformulare**:

- **Einzelhandel**: Versand von Fragebögen differenziert nach Produktgruppen.
- **Warenauslieferung**: Befragung ausgewählter Einzelhändler durch den Außendienst hinsichtlich der Zufriedenheit mit Preis, Lieferung und Qualität.
- **Endkundenbefragung**: Interviews in Möbelhäusern nach dem Bekanntheitsgrad der Produkte, den Kundenwünschen und der Beurteilung der Produkte im Vergleich zur Konkurrenz.

Aufgrund der langen Nutzungsdauer der Produkte von ca. zehn Jahren steht bei *Eder Möbel* das Weiterempfehlungspotenzial der Kunden vor der Kundenbindung. Aus den Befragungen konnten wertvolle Informationen über Produktverbesserungen gewonnen werden. Aus den Kundenwünschen wurden zudem Ideen für neue Produkte abgleitet. Da die Wettbewerber keine Befragungen durchführen, versetzen derartige Informationen das Unternehmen in die Lage, besser auf die Kunden einzugehen. Darauf lässt sich der Erfolg der Produktlinie „Luxus" zurückführen.

Für wichtige Kunden können die strategisch relevanten Informationen zum Profil, zu Kauf-, Service- und Kontaktdaten sowie insbesondere zu den Interaktionen in einem Kundenprofil zusammengefasst werden. Abb. 3.3.23 zeigt ein Beispiel für ein Kundenprofil.

3.3 Strategische Analysen

Abb. 3.3.23: Inhalte eines Kundenprofils (vgl. Alter, 2011, S. 118)

3.3.2.4 Konkurrenzanalyse

Ein Unternehmen kann in der Regel nur dann dauerhaft erfolgreich sein, wenn es die Bedürfnisse seiner Kunden besser erfüllt als seine Konkurrenten. Die Wettbewerber sind deshalb das zentrale Element der Branchenumwelt (vgl. *Hungenberg*, 2011, S. 127 f.). Bei der Konkurrenzanalyse sind folgende **Fragestellungen** zu beantworten:

Fragen

- Wer sind die Konkurrenten?
- Was sind ihre strategischen Ziele?
- Worin liegen ihre Stärken und Schwächen?
- Welche Strategie verfolgen sie?

Aus der Beantwortung dieser Fragen ergeben sich Chancen und Risiken für ein Unternehmen, die Eingang in die SWOT-Analyse (vgl. Kap. 3.3.4) finden.

> **Konkurrenten** bieten Produkte an, welche die gleichen Kundenbedürfnisse befriedigen wie die Produkte des eigenen Unternehmens (vgl. *Hungenberg*, 2011, S. 132).

Die Definition der Konkurrenten aus Sicht des Kunden zeigt, dass deren Produkte die eigenen Produkte substituieren. Ein Unternehmen steht deshalb mit seinen Konkurrenten im Wettbewerb um die Kunden. Da die Konkurrenten gleiche oder ähnliche Zielsetzungen verfolgen wie das eigene Unternehmen, folgt aus einer höheren Zielerreichung der Konkurrenz eine schlechtere Zielerreichung des eigenen Unternehmens. Daher werden die Begriffe Konkurrent und Wettbewerber meist synonym verwendet. Eine **Unterscheidung der Konkurrenten** kann nach deren Marktpräsenz erfolgen in (vgl. *Backhaus/Voeth*, 2007, S. 186; *Porter*, 1999, S. 89):

Unterscheidungskriterien

- **Aktuelle Konkurrenten** sind bestehende Marktteilnehmer mit vergleichbaren Produkten. Die Substituierbarkeit eines Produktes kann durch die Kreuz-Preis-Elastizität der Nachfrage gemessen werden. Sie gibt an, wie sich eine einprozentige Preisänderung eines Produktes prozentual auf die Nachfrage nach einem anderen Gut auswirkt.

Strategische Unternehmensführung

	Unternehmensintern	Unternehmensextern
Primärquellen	• Außendienstinformationen • Technische Analyse von Konkurrenzprodukten • Marktforschungsstudien • Interne Expertenurteile	• Tagungen, Messen und Kongresse • Gemeinsame Kunden und Lieferanten • Simulierte Kundenanfragen • Konkurrenzmitarbeiter • Abwerben von Konkurrenzmitarbeitern • Branchenverbände, Kammern • Analyse früherer Konkurrenzaktionen
Sekundärquellen	• Daten der Kunden • Verkaufsstatistiken • Branchenstudien einzelner Abteilungen	• Presseartikel • Geschäftsberichte, Jahresabschluss • Produktbroschüren und Homepage • Patentveröffentlichungen

Abb. 3.3.26: Informationsquellen zur Konkurrenzanalyse (vgl. Backhaus/Voeth, 2007, S. 209)

bereiche für das eigene Unternehmen und den Konkurrenten beurteilt. In den Bereichen, in denen die Abstände besonders hoch sind, zeigen sich relative Stärken oder Schwächen gegenüber dem Konkurrenten und damit Ansatzpunkte für eine Konkurrenzstrategie. Die übliche Darstellung als Profil verbindet die einzelnen Beurteilungspunkte, auch wenn diese Verbindung keinen Informationsgehalt hat.

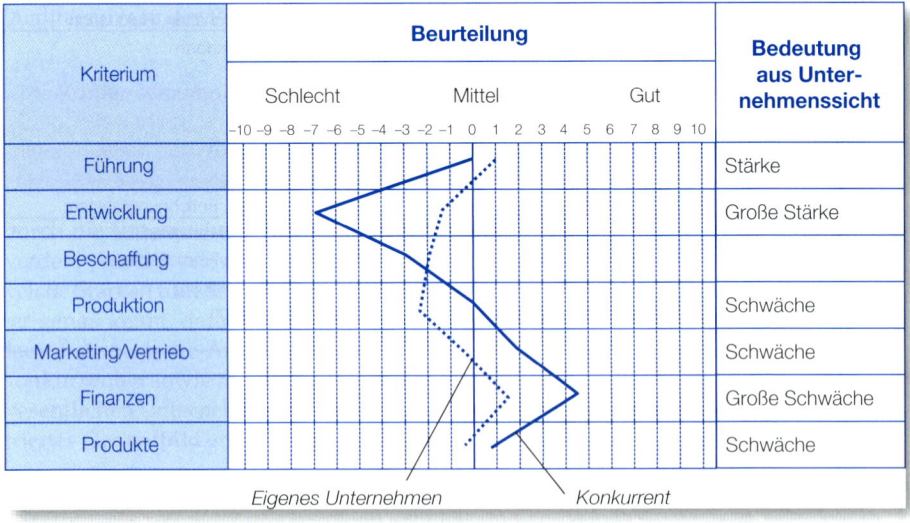

Abb. 3.3.27: Stärken-Schwächen-Profil im Wettbewerbsvergleich

Benchmarking

Die Stärken-Schwächen-Profile sind im Vergleich zu jedem relevanten Konkurrenten zu erstellen. Häufig wird dies noch verdichtet, indem für jedes Kriterium der stärkste Konkurrent herangezogen wird. Dieses Vorgehen orientiert sich am Gedanken des **Benchmarking** (vgl. *Camp*, 1994; *Hungenberg*, 2011, S. 133 f.). Benchmarking geht dabei über die reine Konkurrenzanalyse hinaus, denn Vergleichspartner können auch andere Geschäftsbereiche des Unternehmens sowie Nicht-Konkurrenten aus der gleichen oder einer anderen Branche sein. So kann beispielsweise für die Fakturierung ein Kreditkartenunternehmen und für die Logistik ein Versandhaus als Vergleichspartner dienen. Das Benchmarking

3.3 Strategische Analysen

versucht, für das Untersuchungsobjekt das erreichbare Leistungsniveau zu bestimmen. Dies wird als „Benchmark" im Sinne eines Bezugspunkts bzw. Maßstabs für die eigene Leistungsfähigkeit verstanden. Benchmarking kann sich darauf beschränken, die bestehenden Unterschiede bei Kosten, Zeit, Qualität oder Kundenzufriedenheit zu ermitteln. Erfolgversprechender ist es aber, die dahinter stehenden Ursachen zu analysieren. Durch den Vergleich mit den „Besten der Besten" soll aus deren Erfahrungen gelernt und dadurch für das eigene Unternehmen Ansätze für Verbesserungen abgeleitet werden (vgl. *Horváth/Herter*, 1992). Durch die Kombination von Konkurrenzanalyse und Benchmarking können nicht nur die Stärken und Schwächen im Vergleich zur Konkurrenz, sondern auch Maßnahmen zur Verbesserung der Wettbewerbsfähigkeit erarbeitet werden.

Die Informationen über wichtige Konkurrenten können wie in Abb. 3.3.28 in einem Konkurrentenprofil übersichtlich zusammengefasst werden.

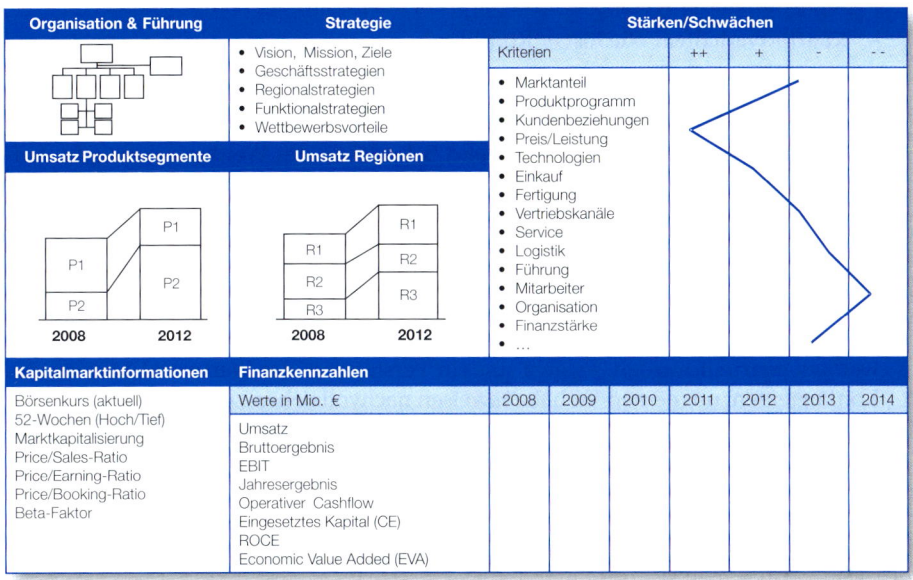

Abb. 3.3.28: Konkurrentenprofil (in Anlehnung an Alter, 2011, S. 124)

Operative Informationen über die Konkurrenten wie z. B. Anzahl der Mitarbeiter, Gewinn, Rentabilität oder Marktanteil sind meist einfach zu beschaffen. Dagegen sind deren voraussichtliche strategische Schritte und ihre Reaktion auf die eigene Strategie des Unternehmens nur schwer zu beurteilen. Die detaillierte Analyse einzelner Konkurrenten zielt vor allem darauf ab, ihr voraussichtliches Verhalten zu bestimmen. Ausgangspunkt ist deshalb die Beurteilung der jetzigen Situation der Wettbewerber und des Erfolgs ihrer gegenwärtigen Strategie (vgl. *Hungenberg*, 2011, S. 133). Ist beispielsweise die derzeitige finanzielle Situation eines Wettbewerbers unbefriedigend, so könnte dies einen Strategiewechsel nach sich ziehen. Zusammenfassend ist es daher das **Ziel der Konkurrenzanalyse**, die Strategie der Wettbewerber und deren Erfolgschancen zu beurteilen sowie ihre Reaktion auf Veränderungen der Branche vorherzusagen (vgl. *Porter*, 1999, S. 86). Die Konkurrenzanalyse sollte daher neben aktuellen und neuen auch ausgewählte potenzielle Konkurrenten umfassen. Dies können z. B. Innovationsführer oder bevorzugte Lieferanten von Schlüsselkunden sein.

Prognosevermögen

3 Strategische Unternehmensführung

- Einer der beiden potenziellen Konkurrenten wird wahrscheinlich in den nächsten Monaten eine eigene Produktlinie für Gartenmöbel einführen. Dessen große Überkapazitäten sowie erste Verhandlungen mit einzelnen Möbelhäusern bestätigen diese Annahme.
- Ein bestehender Konkurrent wird vermutlich mit einer neuen Produktlinie im Premium-Segment der Gartenmöbel versuchen, neue Marktanteile zu erobern. Dies könnte insbesondere zu einem Absatzrückgang der erfolgreichen Produktlinie „Luxus" führen.
- Aufgrund des Ergebnisses der Konkurrenzanalyse hat sich die *Eder Möbel GmbH* dazu entschlossen, langfristige Lieferverträge für die Produktlinie „Luxus" mit Möbelhäusern einzugehen. Dadurch soll es Wettbewerbern erschwert werden, sich im Premium-Segment zu etablieren. Die Möbelhäuser waren aber zu einer langfristigen Bindung erst bereit, nachdem ein zusätzlicher Rabatt auf die Produktlinie „Luxus" gewährt wurde.

3.3.3 Unternehmensanalyse

Der Markterfolg eines Unternehmens wird durch seine Ressourcen und Prozesse bestimmt, die gemeinsam das Geschäftsmodell bilden. Die Unternehmensanalyse beruht auf einer systematischen Sammlung, Verdichtung, Auswertung und Interpretation von Informationen über das eigene Unternehmen.

Relative Stärken & Schwächen

Die Aufdeckung von Stärken und Schwächen kann nur im Vergleich zu den Konkurrenten erfolgen. Dies setzt somit eine Konkurrenzanalyse voraus (vgl. Kap. 3.2.4). Die gegenwärtige und zukünftige Situation eines Unternehmens spiegelt **relative Stärken und Schwächen** wider.

Fragen

Die Unternehmensanalyse beantwortet folgende **Fragen**:

- Welche relativen Stärken und Schwächen besitzt ein Unternehmen?
- Wie lässt sich das Geschäftsmodell eines Unternehmens analysieren und gestalten?
- Welche Rolle übernimmt ein Unternehmen im Wertschöpfungsprozess?
- Was sind die strategischen Ressourcen und Kernkompetenzen des Unternehmens?

Gesamtbild

In der Unternehmensanalyse werden unterschiedliche Aspekte betrachtet, um ein **Gesamtbild der Unternehmenssituation** zu erhalten. Die betrachteten Untersuchungskriterien entsprechen denen der Konkurrenzanalyse aus Abb. 3.3.25. Im Vergleich zur Konkurrenz lässt sich daraus ein Stärken-Schwächen-Profil bestimmen, das bereits bei der Konkurrenzanalyse erläutert wurde (vgl. Kap. 3.3.2.4 und Abb. 3.3.24).

Abb 3.3.31 zeigt die Elemente und Zusammenhänge der Unternehmensanalyse. Der Erfolg des Unternehmens wird in kurzer Sicht von seinen Ressourcen und Prozessen bestimmt und wie gut diese auf die Marktanforderungen zugeschnitten sind. Die Kombination aus Ressourcen und Prozessen wird im Rahmen der Geschäftsmodellanalyse untersucht (vgl. Kap. 3.3.3.1). Die Spezifika der eingesetzten Ressourcen und deren strategische Bedeutung ist Gegenstand der Ressourcenanalyse (vgl. Kap. 3.3.3.2). Um schließlich Ressourcen und Prozesse gestalten zu können, sind Fähigkeiten und Kompetenzen erforderlich. Diese werden in der Kompetenzanalyse (vgl. Kap. 3.3.3.3) untersucht.

3.3.3.1 Geschäftsmodellanalyse

Ein Geschäftsmodell beruht auf der Vorstellung, dass sich die Leistungen eines Unternehmens aus einzelnen Aktivitäten zusammensetzen, in denen Ressourcen eingesetzt werden.

3.3 Strategische Analysen

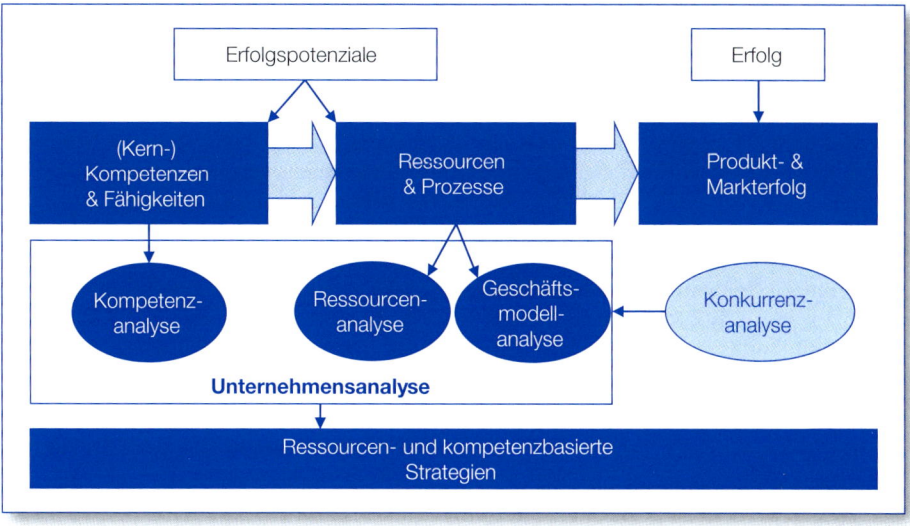

Abb. 3.3.31: Aufbau und Einordnung der Unternehmensanalyse

> Das **Geschäftsmodell** stellt die zur Leistungserstellung erforderlichen Aktivitäten und Ressourcen eines Unternehmens vereinfacht dar (vgl. *Hungenberg*, 2011, S. 258 ff.). !

Jedes Unternehmen verfügt über ein individuelles Geschäftsmodell. Für Unternehmen einer Branche sind jedoch in deren Aktivitäten meist ähnliche Grundstrukturen erkennbar. Die Unterschiede in den Geschäftsmodellen einer Branche können den Erfolg oder Misserfolg der Unternehmen erklären bzw. Erfolgspotenziale aufdecken. Die Analyse des Geschäftsmodells vermittelt damit ein Verständnis dafür, wie ein Unternehmen sein Geschäft betreibt.

Die wesentlichen **Elemente eines Geschäftsmodells** sind (vgl. *Alter*, 2011, S. 151):

- **Value Proposition:** „Welchen Nutzen stiftet das Unternehmen für die Kunden?"
- **Wertschöpfungsmodell:** „Wie wird der Nutzen zu wettbewerbsfähigen Kosten erzeugt?"
- **Erlösmodell:** „Wie und von wem wird das Unternehmen für seine Leistungen bezahlt?"

Das Geschäftsmodell eines Unternehmens kann mit Hilfe der **Wertkettenanalyse** (Value-Chain-Analysis) differenziert dargestellt und untersucht werden. Sie wurde von *Porter* (1989) entwickelt, um die Ursachen von Wettbewerbsvorteilen zu bestimmen. Ein Unternehmen wird dabei als Ansammlung von Teilaktivitäten angesehen, welche gemeinsam wie die Glieder einer Kette zur Wertschöpfung beitragen. Deshalb wird sie auch als Wertschöpfungskette bezeichnet. Sie beschreibt unter strategischen Gesichtspunkten die Tätigkeiten eines Unternehmens sowie deren Zusammenhänge (vgl. *Dillerup*, 1998b, S. 82; *Porter/Millar*, 1988, S. 26 ff.). Dabei geht es nicht um die Erstellung eines detaillierten organisatorischen Prozessmodells (vgl. Kap. 5.4). Es sollen vielmehr die strategisch relevanten Unterschiede des Geschäftsmodells aufgezeigt werden. Dazu sind die Wertschöpfungsaktivitäten so zu gestalten, dass die Leistungserstellung preisgünstiger und/oder qualitativ besser erfolgt als bei den Konkurrenten.

Wertketten-analyse

3 Strategische Unternehmensführung

> **!** **Wertschöpfung** bezeichnet die Differenz zwischen dem Wert der vom Unternehmen erstellten Leistungen und den Vorleistungen seiner Lieferanten.

Wertschöpfungsaktivitäten

Die Wertschöpfung misst die geschaffene Werterhöhung bzw. den Mehrwert (value added). Damit drückt sie die Eigenleistung eines Unternehmens aus. Der Gesamtwert eines Produktes oder einer Dienstleistung ist dabei der Betrag, den der Kunde dafür zu zahlen bereit ist. Übersteigt er die Wertschöpfung des Unternehmens und den Wert der Vorleistungen, dann erzielt es einen Gewinn. Die Prozesse des Unternehmens werden in **Wertschöpfungsaktivitäten** aufgeteilt. Sie ermöglichen die Analyse von Unterschieden im Vergleich zur Wertschöpfung der Konkurrenten. Die **Teilaktivitäten** sind, wie in Abb. 3.3.32 dargestellt, entlang des Wertschöpfungsprozesses angeordnet (vgl. *Porter*, 1989, S. 68):

Basisaktivitäten

- **Basisaktivitäten** bzw. primäre Aktivitäten beziehen sich auf die unmittelbare Versorgung des Marktes mit Produkten und Dienstleistungen. Sie gliedern sich nach den Stufen, die ein Produkt während seines Wertschöpfungsprozesses durchläuft:
  - **Unternehmensinterne Logistik** (Eingangslogistik) umfasst sämtliche Abwicklungsaktivitäten, die mit der Bereitstellung von Betriebsmitteln und Werkstoffen verbunden sind. Dies sind z. B. Disposition von Materialien, Eingangskontrolle oder Bereitstellung.
  - **Produktion** (Operationen) sind alle Produkterstellungstätigkeiten. Beispiele sind Materialumformung, Zwischenlager, Montage, Instandhaltung oder Verpackung.
  - **Unternehmensexterne Logistik** (Ausgangslogistik) beinhaltet die Abwicklungstätigkeiten zur Auslieferung des Produktes bzw. der Dienstleistung an den Kunden. Beispiele sind Fertigwarenlager, Transport und Auftragsabwicklung.
  - **Marketing** enthält alle Aktivitäten, um einen Auftrag zu erhalten. Beispiele sind Kundenakquisition, Kundenbetreuung, Werbung, Außendienst oder Preisfestlegung.
  - **Service** beschreibt sämtliche Tätigkeiten der Kundenpflege. Beispiele sind Reparaturdienst oder Ersatzteillieferung.

Unterstützende Aktivitäten

- **Unterstützende (sekundäre) Aktivitäten** halten die Basisaktivitäten aufrecht.
  - **Beschaffung** bezieht sich auf alle Einkaufsaktivitäten des Unternehmens. Beispiele sind Computerdienstleistungen oder Fertigungsmaterial.
  - **Technologie- und Verfahrensmanagement** beinhaltet alle Technologien und Verfahren, die ein Unternehmen benötigt. Beispiele sind Forschung- und Entwicklung, Bürokommunikation, Marktforschung oder Informationssysteme.
  - **Personalmanagement** umfasst alle auf die Mitarbeiter bezogenen Planungs-, Steuerungs- und Kontrollaufgaben (vgl. Kap. 6.2). Beispiele sind Personalbeschaffung, -einsatzplanung oder -entwicklung.
  - **Unternehmensinfrastruktur** sind Aktivitäten zur Planung und Kontrolle sowie zur Organisation. Beispiele sind Rechnungswesen oder Rechtsabteilung.

Mit der Wertschöpfungskette lassen sich Wertschöpfungsaktivitäten beschreiben und Ursachen von Wettbewerbsvorteilen identifizieren. Hierzu ist neben der Analyse des eigenen Unternehmens auch ein Vergleich mit der Konkurrenz erforderlich. Daraus ergeben sich Ansatzpunkte für die Gestaltung der Wertschöpfungskette. Diese reichen von der Optimierung der Gewinnspanne bis hin zur Umgestaltung des Geschäftsmodells.

Wechselwirkungen

Von besonderer Bedeutung sind die **Wechselwirkungen** und Abhängigkeiten unter den Wertschöpfungsaktivitäten. Sie bestimmen häufig den Gesamtwert für den Kunden.

3.3 Strategische Analysen

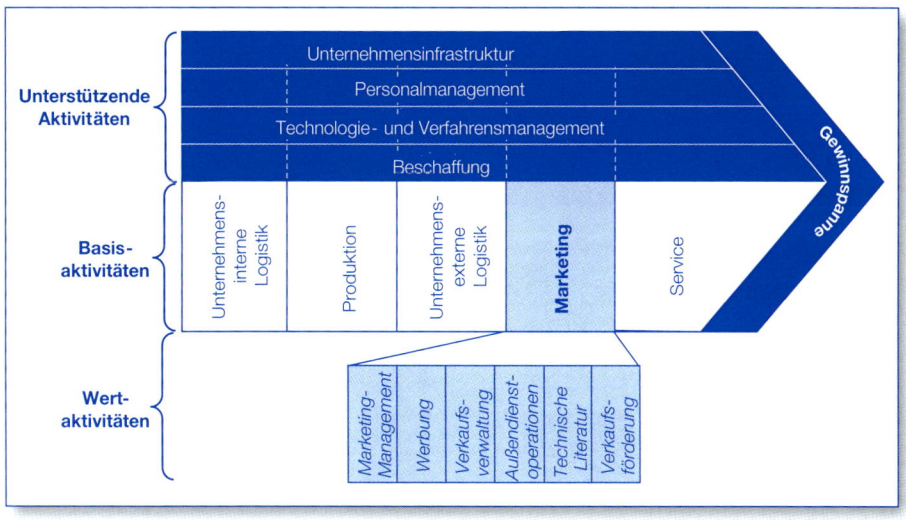

Abb. 3.3.32: Wertschöpfungskette nach Porter (vgl. 1989, S. 78)

So kann z. B. die Verknüpfung der Produktentwicklung mit der Fertigung wesentlich sein, um neue Produkte schnell und qualitativ hochwertig ausliefern zu können. Im Maschinenbau kann z. B. eine enge Zusammenarbeit von Kundendienst, Fertigung und Entwicklung erforderlich sein, um Maschinenausfälle beim Kunden möglichst schnell zu beheben. Die Wertkettenanalyse gliedert sich in die Analyse der

- eigenen Wertschöpfungsaktivitäten,
- Verknüpfungen zwischen den eigenen Wertschöpfungsaktivitäten,
- Wertschöpfungskette der Konkurrenten,
- Wertschöpfungskette aus Sicht der Kundenanforderungen und der
- Wertschöpfungskette aus Sicht angrenzender Wertschöpfungsstufen.

Analyseschritte

Zur **Optimierung der Wertschöpfungskette** können strategisch unbedeutende Aktivitäten auf andere Unternehmen ausgelagert werden (Outsourcing). Diese sind auf einzelne Funktionen spezialisiert und können die Aktivitäten somit kostengünstiger und meist auch qualitativ hochwertiger erbringen als das eigene Unternehmen. Auf diese Weise entsteht eine sog. **modulare Wertschöpfungskette**, bei der sich jedes einzelne Unternehmen auf seine **Kernkompetenzen** fokussiert (vgl. Abb. 3.3.33). Beispiele für auszulagernde Aktivitäten sind Anlagenwartung, Rechenzentrum, IT-Dienstleistungen oder Logistik (vgl. *Dillerup/Foschiani*, 1996, S. 40). Dies kann sogar zur Entstehung einer **virtuellen Wertschöpfungskette** führen. Diese ist zeitlich befristet und auftragsbezogen zusammengestellt, wozu häufig intensiv auf die Informationstechnik zurückgegriffen wird. Ein Unternehmen koordiniert die Prozesse und übernimmt lediglich als Generalunternehmer die Aktivitäten mit direktem Kundenkontakt (vgl. Kap. 5.2.4).

Wertschöpfungsketten

Die **Kritik an der Wertschöpfungskette** betrifft vor allem die fehlende Berücksichtigung des Menschen als wesentliches Element betrieblicher Prozesse. Zudem werden lediglich qualitative Aussagen gemacht, ohne diese z. B. hinsichtlich der Kostenanteile zu präzisieren. Schließlich unterstellt die Wertschöpfungskette einen linearen, schrittweisen Ablauf. Die Berücksichtigung ökologischer Aspekte sollte aber z. B. auch das Recycling als Kreislauf von Stoffen oder Energien beinhalten (vgl. *Schmid*, 1996, S. 154 ff.).

Kritik

3 Strategische Unternehmensführung

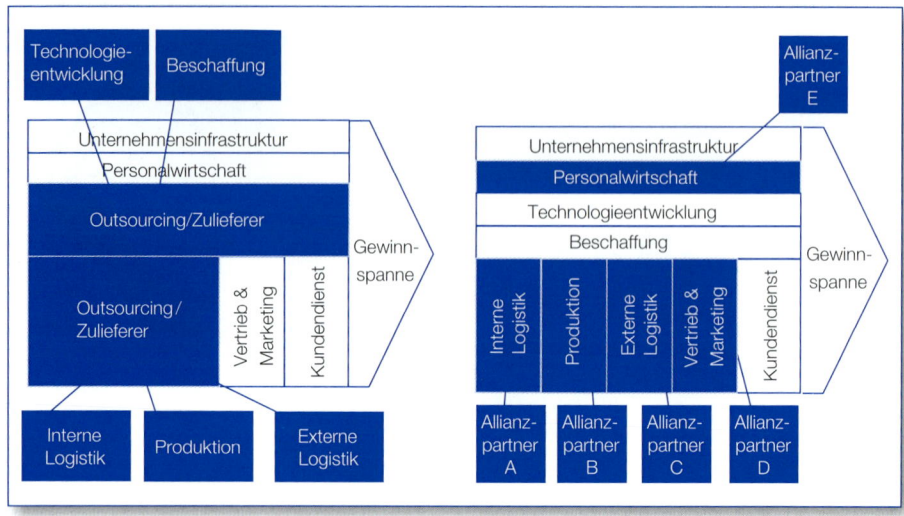

Abb. 3.3.33: Modulare und virtuelle Wertschöpfungsketten

Weiterentwicklung

Weiterentwicklungen setzen an diesen Kritikpunkten an. Dies betrifft insbesondere die Abkehr von sukzessiven Abläufen der Wertschöpfungsaktivitäten und deren Verknüpfung zu einem **Wertschöpfungsnetz** (vgl. *Hungenberg*, 2011, S. 115 f.). Damit können flexible Formen der Zusammenarbeit in Kooperationen und Netzwerken besser dargestellt werden. So lassen sich darin z. B. Aktivitäten aufgeben, die Rolle von Wertschöpfungspartnern verändern oder neue Aktivitäten bzw. Partner aufnehmen. Auf diese Weise können neue Geschäftsmodelle gebildet werden. Abb. 3.3.34 zeigt exemplarisch einen Ausschnitt des Wertschöpfungsnetzes des Möbelhauses *IKEA* (vgl. *Porter*, 1999, S. 56).

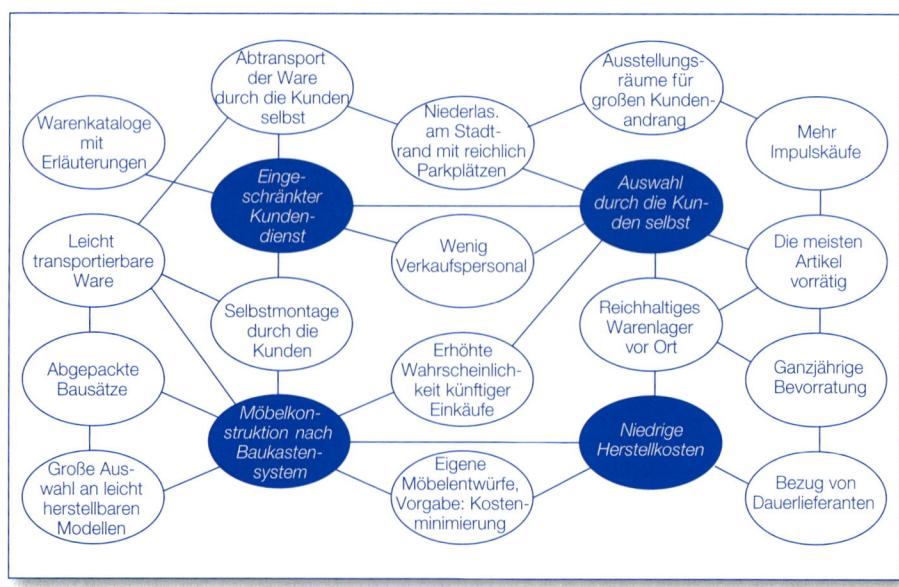

Abb. 3.3.34: Wertschöpfungsnetz am Beispiel von IKEA (vgl. Porter, 1999, S. 56)

3.3 Strategische Analysen

Wertschöpfungskette der Eder Möbel GmbH

Die *Eder Möbel GmbH* wird stark vom Unternehmensinhaber *Erwin Eder* geprägt. Die meisten Entscheidungen erfordern seine Zustimmung. Aufgrund der flachen Hierarchiestruktur und der überschaubaren Anzahl an Mitarbeitern werden Entscheidungen deshalb schnell und unbürokratisch getroffen. Die Organisationsstruktur prägt auch die einzelnen Wertschöpfungsaktivitäten im Unternehmen. Die meisten Mitarbeiter sind nicht nur mit ihren eigenen Tätigkeiten vertraut, sondern kennen auch die vor- und nachgelagerten Aktivitäten ihrer Kollegen. Die Führungskräfte sind oftmals für mehrere Funktionalbereiche verantwortlich, wodurch Wertschöpfungsaktivitäten schnell verknüpft werden können. Exemplarisch sind folgende Unterschiede im Geschäftsmodell der *Eder Möbel GmbH* im Vergleich zum Möbelunternehmen *IKEA* zu nennen:

- Im Gegensatz zum weltweit agierenden Einkauf von *IKEA* werden die Rohstoffe für die Produktion nicht von einer zentralen Einkaufsabteilung beschafft. Der Produktionsleiter bestellt die Rohstoffe bedarfsgerecht selbst bei einem langjährigen Lieferanten aus der Umgebung. Dies garantiert zum einen, dass die Rohmaterialien genau auf die Produktionsanlagen abgestimmt sind und zum anderen eine konstant hohe Qualität des Rohmaterials. Allerdings verursacht es hohe Beschaffungskosten.

- Auch in der Produktion gibt es starke Unterschiede zwischen den beiden Unternehmen. Die *Eder Möbel GmbH* fertigt ihre gesamte Produktpalette im eigenen Werk, um flexibel auf die Kundenbedürfnisse reagieren zu können. Die Wartung und Instandsetzung der Produktionsanlagen sowie die Montage der Möbel erfolgt durch eigene Mitarbeiter. *IKEA* hingegen lässt viele seiner Produkte von Fremdfirmen fertigen. Um die Herstellkosten zu optimieren, werden weltweit Fertigungsunternehmen beauftragt. Der Kostenvorteil wird durch langfristige Verträge abgesichert, was eine flexible Anpassung des Produktionsprogramms erschwert.

- Die *Eder Möbel GmbH* liefert und montiert die Möbel selbst und unterzieht sie danach einer eingehenden Qualitätskontrolle. Die Transporte zu den Kunden erfolgen mit einem eigenen Fuhrpark. *IKEA* überlässt den Transport und die Montage der Möbelstücke den Kunden. Für die Übernahme dieser Aktivitäten erhalten die Kunden allerdings einen günstigeren Preis.

- Der Vertrieb der Produkte erfolgt bei der *Eder Möbel GmbH* über eigene Außendienstmitarbeiter. Diese besuchen die Möbelhäuser, nehmen Markt- und Kundenbedürfnisse auf und bearbeiten Kundenreklamationen. *Ikea* hingegen vertreibt seine Produkte nur in eigenen Möbelhäusern. Auf diese Weise übernimmt das Unternehmen selbst die Wertschöpfungsstufe „Vertrieb an den Endkunden".

Aus diesen Beispielen lassen sich die Unterschiede im Geschäftsmodell der beiden Unternehmen erkennen. Bei der *Eder Möbel GmbH* ist die Verknüpfung zwischen Vertrieb, Fertigung und Produktentwicklung sowie zwischen Fertigung und Beschaffung von hoher Bedeutung. Darin liegen die Besonderheiten des Geschäftsmodells. Zusammenfassend ist die Wertschöpfungskette der *Eder Möbel GmbH* in Abb. 3.3.35 dargestellt.

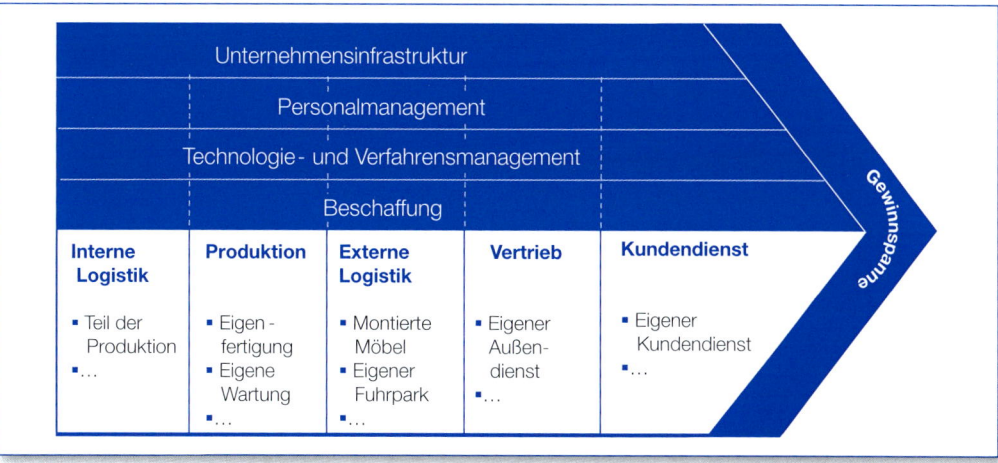

Abb. 3.3.35: Wertschöpfungskette der Eder Möbel GmbH

3 Strategische Unternehmensführung

Neben der Wertschöpfungskette eines Unternehmens ist im Rahmen der Unternehmensanalyse auch dessen Einbettung in die Branche zu untersuchen. Abb. 3.3.36 zeigt exemplarisch die Verknüpfungen innerhalb eines Wertschöpfungssystems.

> ! Ein **Wertschöpfungssystem** stellt unternehmensübergreifend die gesamte Wertschöpfung einer Branche dar (vgl. *Porter*, 1989, S. 65).

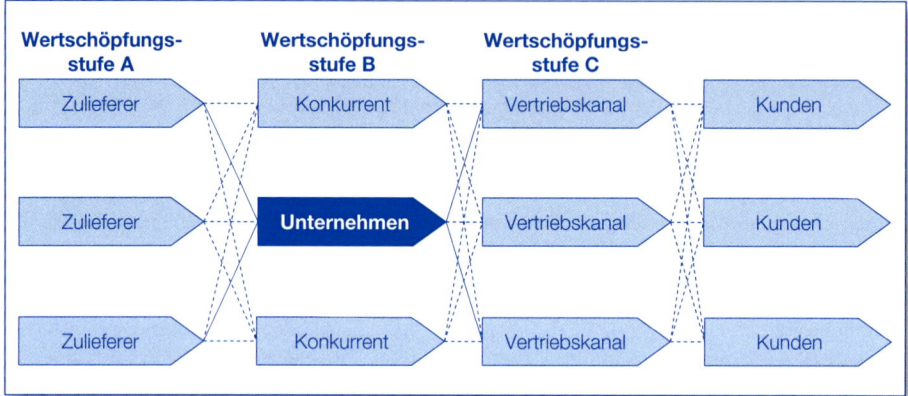

Abb. 3.3.36: Überbetriebliches Wertschöpfungssystem (vgl. Porter, 1989, S. 64)

3.3.3.2 Ressourcenanalyse

Basisannahmen

Die **ressourcenorientierte Unternehmensführung** (vgl. Kap. 1.2.5) basiert auf der Annahme, dass Unterschiede zwischen Unternehmen und damit auch deren Wettbewerbsvorteile durch die betrieblichen Ressourcen begründet sind. Jedes Unternehmen ist damit durch seine spezielle Ressourcenausstattung geprägt (vgl. *Schendel*, 1996, S. 3). Dieses Ressourcenbündel ist historisch gewachsen und unterliegt einem ständigen Wandel. Wettbewerbsrelevante Ressourcen ermöglichen es, bestimmte Aktivitäten besser oder billiger zu erbringen als die Konkurrenten. Wettbewerbsvorteile eines Unternehmens können also nicht nur auf dessen Marktstellung basieren, sondern auch auf seinen überlegenen Ressourcen.

> ! **Ressourcen** sind die zur Leistungserstellung eines Unternehmens erforderlichen materiellen und immateriellen Güter.

Immaterielle Ressourcen

Ressourcen können in Sachanlagen, Finanzanlagen und immaterielles Vermögen unterteilt werden. Im ressourcenorientierten Ansatz liegt der Schwerpunkt auf den **immateriellen Ressourcen** und deren Komponenten Human-, Kunden-, Beziehungs- und Strukturkapital (vgl. Kap. 8.3). Ihre strategische Bedeutung zeigt sich darin, dass sie häufig einen wesentlichen Teil des Unternehmenswertes ausmachen. Dies wird beispielsweise an der Differenz zwischen Markt- und Buchwert börsennotierter Unternehmen deutlich.

Die Ressourcen eines Unternehmens bestimmen darüber, welche Leistungen es erbringen kann. Sie unterscheiden es von anderen Unternehmen und machen es einzigartig

3.3 Strategische Analysen

(vgl. *Knyphausen*, 1993, S. 777 ff.). Die **Ressourcenanalyse** beschäftigt sich deshalb damit, diese Ressourcen zu identifizieren und zu klassifizieren. Ermöglichen sie einen Wettbewerbsvorteil, dann kann daraus eine ressourcenorientierte Strategie abgeleitet werden. Die **Identifikation und Klassifizierung** von Ressourcen kann nach deren Qualität und Anzahl erfolgen (vgl. *Hungenberg*, 2011, S. 148 f.). Ein Zeitvergleich deckt Veränderungen auf und macht deren Ursachen deutlich. Aussagekräftiger ist jedoch ein Konkurrenzvergleich, der Stärken und Schwächen der eigenen Ressourcen aufzeigt (vgl. Kap. 3.3.2.4).

Ressourcenanalyse

Die Kernaufgabe der Ressourcenanalyse besteht darin, die Ressourcen mit hohem Erfolgspotenzial zu bestimmen. Diese werden als sog. **strategische Ressourcen** bezeichnet. Dazu sind die in Abb. 3.3.37 aufgeführten **Kriterien** zu erfüllen (vgl. *Barney*, 2002, S. 149 ff.; *Hamel/Prahalad*, 1997, S. 309; *Knyphausen*, 1993, S. 777 ff.):

- **Überlegenheit** im Vergleich zur Konkurrenz ist die Grundvoraussetzung einer strategischen Ressource. Häufig entsteht diese Überlegenheit nicht durch eine einzelne Ressource allein, sondern erst durch die Kombination mehrerer Ressourcen.

  Überlegenheit

- **Einzigartigkeit** bezeichnet die Imitierbarkeit durch die Konkurrenten. Ressourcen können physisch einzigartig sein. Dies ist z. B. bei Schürfrechten zur Öl- oder Salzförderung der Fall. Eine Nachahmung ist auch schwierig, wenn Ressourcen über einen langen Zeitraum aufgebaut wurden. Beispiele sind Marken, Patente und technologische Fähigkeiten. Einzigartigkeit bedeutet auch, dass eine Ressource nicht am Markt erworben werden kann.

  Einzigartigkeit

- **Dauerhaftigkeit** beschreibt, wie lange sich der Vorteil aus einer einzigartigen Ressource aufrechterhalten lässt. Eine dauerhafte Ressource wie z. B. ein Salzförderrecht kann die Basis für eine Strategie bilden. Ressourcen mit kurzer Dauerhaftigkeit bieten dagegen kein strategisches Potenzial.

  Dauerhaftigkeit

- **Nutzbarkeit** beschreibt die Möglichkeit des Unternehmens, die aufgrund der Ressourcen erzielten Gewinne für sich zu behalten. Die Gewinnverteilung kann auch zwischen den Marktpartnern verhandelbar sein. So können z. B. Schürfrechte die Pflicht zur Abführung eines Großteils der erzielten Erträge beinhalten.

  Nutzbarkeit

- **Ersetzbarkeit** (Begrenzte Substituierbarkeit), d. h. die Ressource kann nur schlecht durch eine andere ersetzt werden. So kann z. B. die Entwicklung einer alternativen

  Ersetzbarkeit

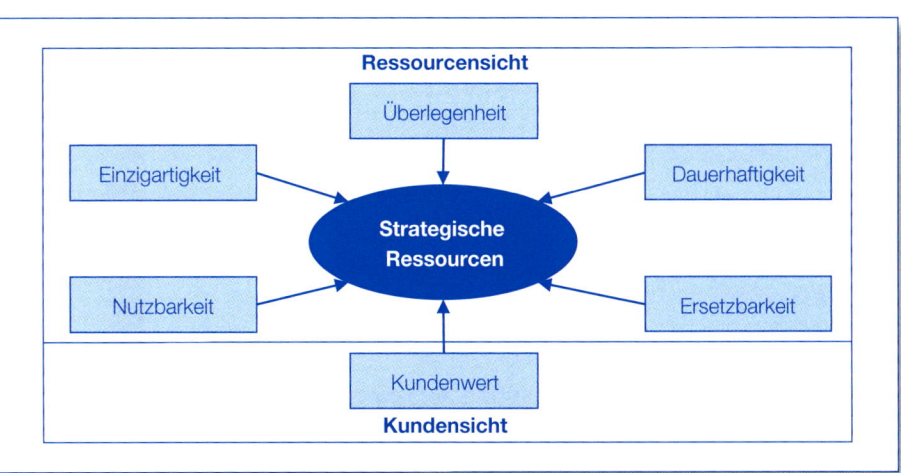

Abb. 3.3.37: Kriterien für strategische Ressourcen

3 Strategische Unternehmensführung

Technologie dazu führen, dass eine einzigartige Ressource stark an Wert verliert. Ein Beispiel hierzu ist die Entwicklung von Kunststoffen aus Erdöl, die einen massiven Preiseinbruch in den 1940er Jahren auf dem Kautschuk-Markt auslöste. Heute lohnt sich der Anbau von Kautschuk kaum noch, während er früher hochprofitabel war.

Kundenwert
- **Kundenwert** bedeutet, dass die Ressource für den Kunden zur Befriedigung seiner Bedürfnisse einen Nutzen bringt, für den er auch bereit ist, etwas zu bezahlen.

Ressourcenanalyse in der Dieffenbacher-Gruppe

Dieffenbacher ist eine international tätige Unternehmensgruppe, die Pressensysteme und komplette Produktionsanlagen für die Holzplattenindustrie sowie die Automobil- und Automobilzulieferindustrie fertigt und entwickelt. Als Systemlieferant bietet das Unternehmen seinen Kunden Komplettlösungen aus einer Hand. Das Unternehmen wurde 1873 mit Sitz in Eppingen gegründet und ist noch heute zu 100 Prozent in Familienbesitz. Es beschäftigt rund 1.700 Mitarbeiter und erzielt einen Umsatz von ca. 330 Mio. Euro. Davon werden über 70 Prozent im Ausland erwirtschaftet (www.dieffenbacher.de).

DIEFFENBACHER
Identifikation strategischer Ressourcen & Kernprozesse
Fragen zu den Prozessbeiträgen für Wettbewerbsvorteile
Prozessbezeichnung:
Musterprozess
Zutreffendes Ankreuzen

Einzigartigkeit/Nachahmbarkeit:
Ist der Prozess oder die darin enthaltenen Ressourcen für Wettbewerber schwer imitierbar? (z.B. enthaltenes Know-how, Patente, Technologien, Marken, …) **x**

Dauerhaftigkeit:
Nutzt sich der Vorteil aus dem Prozess bzw. der darin enthaltenen Ressourcen langsam bzw. kaum ab? (z.B. technische Veralterung, Wettbewerbsdynamik, …)

Nutzbarkeit:
Profitiert das Unternehmen von den Gewinnen/positiven Effekten des Prozesses bzw. der darin enthaltenen Ressource? (z.B. Marktmacht der Kunden, Lieferanten,…)

Ersetzbarkeit:
Kann der Vorteil aus dem Prozess bzw. der darin enthaltenen Ressourcen verdrängt oder substituiert werden? (z.B. Ersatztechnologie)

Überlegenheit:
Bietet der Prozess bzw. die darin enthaltenen Ressourcen wirklich einen Vorteil im Vergleich zur Konkurrenz? **x**

Knappheit:
Ist der Prozess bzw. die darin enthaltenen Ressourcen am Markt knapp?

Wesentlicher Einfluss:
Hat der Prozess bzw. die darin enthaltenen Ressourcen einen wichtigen Einfluss auf die erfolgskritischen Faktoren des Unternehmens?

Kundenbeziehung:
Beinhaltet der Prozess bzw. die darin enthaltenen Ressource eine wettbewerbsrelevante Kundenbeziehung?

Sofern es sich um keinen strategischen Prozess handelt, ist im Blatt 3 zu untersuchen, ob sich der Prozess standardisieren und verlagern lässt.

Abb. 3.3.38: Fragenkatalog zu strategischen Ressourcen der Dieffenbacher-Gruppe

3.3.3.3 Kompetenzanalyse

Als Weiterentwicklung des ressourcenorientierten Ansatzes rückt der **fähigkeitenorientierte Ansatz** (Capability-Based View) die Fähigkeiten eines Unternehmens in den Mittelpunkt.

> **Fähigkeiten** sind anwendungsbezogenes Wissen, das zur Lösung betrieblicher Problemstellungen eingesetzt werden kann. **Kompetenzen** entstehen, wenn das Handeln zur Lösung der jeweiligen Problemstellung geeignet ist (vgl. *North*, 2011, S. 32).

Wertvolle Ressourcen und darauf aufbauende Prozesse erlauben den Aufbau von Erfolgspotenzialen. Um an solche wertvollen Ressourcen zu gelangen und diese zu nutzen, sind Fähigkeiten erforderlich. Sie zeichnen sich dadurch aus, dass sie in betrieblichen Abläufen verankert, im Zeitablauf entwickelt und permanent angepasst werden. Fähigkeiten (capabilities) umfassen anwendungsbezogenes Wissen, welches Unternehmen in die Lage versetzen, technische oder organisatorische Leistungen zu erbringen. Beispiele für solche Leistungen sind die Chiptechnologie oder die Logistik eines Versandhandelsunternehmens. Fähigkeiten und Kompetenzen sind dabei nicht an eine einzelne Person gebunden, sondern beruhen auf einer Kombination aus Ressourcen und Wissen des Unternehmens (vgl. Kap. 8.2; *Coenenberg/Salfeld*, 2007, S. 234). Eine besondere Fähigkeit und Kompetenz ist es, Ressourcen aufzubauen und zu entwickeln.

Fähigkeiten als Grundlage

Die Erzielung von Wettbewerbsvorteilen kann durch den Zusammenhang von Ressourcen, Fähigkeiten und Kompetenzen erklärt werden. So kann z. B. der Markterfolg eines Unternehmens durch ein besonderes Produktionsverfahren begründet sein. Die hierfür erforderlichen Ressourcen sind z. B. spezifische Produktionsanlagen und -abläufe. Damit diese Ressourcen einen Vorteil bieten, sind Fähigkeiten erforderlich. So kann z. B. für die Konstruktion dieser Anlage spezifisches Wissen erforderlich sein. Auch die einzigartige Kombination von austauschbaren Anlagen durch besondere Prozesskenntnisse ist dafür ein Beispiel. In diesem Fall ist die Fähigkeit der wirtschaftlichen Gestaltung des gesamten Systems die zugrunde liegende Kompetenz. Oft sind es weniger strategische Ressourcen, die den Erfolg eines Unternehmens ausmachen. Häufig sind die unterschiedlichen Fähigkeiten zur Nutzung dieser Ressourcen ausschlaggebend (vgl. *Hungenberg*, 2011, S. 143). Im Vordergrund steht dabei die einzigartige Kombination von Ressourcen, die vom Kunden als Zusatznutzen empfunden wird. Dies kann sich entscheidend auf den Erfolg auswirken (vgl. *Hinterhuber*, 2004, S. 120). Deshalb ist es Aufgabe der **Kompetenzanalyse**, die Kompetenzen zu identifizieren und zu bewerten. Ziel ist die Entdeckung sog. Kernkompetenzen (core competences), die Wettbewerbsvorteile ermöglichen.

> **Kernkompetenzen** sind einzelne oder miteinander kombinierte Kompetenzen, aus denen ein Unternehmen Wettbewerbsvorteile erzielen kann.

Kernkompetenzen lassen sich von der Konkurrenz nur schwer imitieren, da sie meist nicht nur aus einer Kompetenz, sondern vielmehr aus einem umfassenden Bündel aus abgestimmten Kompetenzen und Ressourcen entstehen. Deshalb ermöglichen sie den Aufbau von dauerhaften Wettbewerbsvorteilen (vgl. *Hinterhuber*, 2004, S. 120). Die Kriterien zur Bestimmung von Kern-

3 Strategische Unternehmensführung

kompetenzen stimmen weitgehend mit denen zur Identifikation strategischer Ressourcen überein (vgl. Kap. 3.3.3.2). Eine Kernkompetenz liegt nach *Hamel* und *Prahalad* vor, wenn folgende **Voraussetzungen** erfüllt sind (*Hamel/Prahalad*, 1997, S. 309):

Voraussetzungen

- **Wertvoll**, d. h. Kunden sind bereit, für ihre Nutzung einen entsprechenden Preis zu bezahlen. Dann verbessern sie die Wettbewerbsposition und ermöglichen es, die Stärken des Unternehmens auszuschöpfen und die Risiken der Umwelt zu minimieren.
- **Einzigartigkeit** schafft Differenzierungsvorteile gegenüber den Konkurrenten.
- **Schlechte Imitierbarkeit:** Kernkompetenzen dürfen durch Wettbewerber nicht oder nur zu hohen Kosten nachzuahmen sein. Nur dann lassen sich Kompetenzvorsprünge und daraus resultierende Wettbewerbsvorteile dauerhaft verteidigen.
- **Breite Nutzbarkeit:** Kernkompetenzen sind in mehreren Bereichen nutzbar, d. h. sie lassen sich auf neue Produkte und Problemlösungen übertragen.

Identifikation

Zur Identifikation von Kernkompetenzen kann das in Abb. 3.3.39 dargestellte **Kompetenzportfolio** mit den Dimensionen Kundenwert und Kompetenzstärke dienen. Die relative Kompetenzstärke im Vergleich zu den stärksten Wettbewerbern erfordert eine Analyse der Wertschöpfungskette. Im Mittelpunkt stehen Kompetenzen zur Erbringung der für den Kunden wahrnehmbaren Leistungen. Die relative Stärke folgt aus dem Konkurrenzvergleich. Der Kundenwert der Kompetenzen folgt aus den gegenwärtigen und zukünftigen Kundenanforderungen (vgl. Kap. 3.3.5). Er setzt eine marktorientierte Betrachtung voraus. Im Kompetenzportfolio werden folgende **Kompetenzarten** unterschieden (vgl. *Coenenberg/Salfeld*, 2007, S. 247 f.):

Standardkompetenzen

- **Standardkompetenzen** haben für die Kunden keine große Bedeutung und werden von den Wettbewerbern gleich gut oder besser beherrscht. Das Unternehmen besitzt in diesem Fall keine besonderen Stärken. Dies sind z. B. Fähigkeiten zur Aufrechterhaltung des normalen Geschäftsbetriebs oder zur Abrundung des Produktangebots. Da Standardkompetenzen keinen Wettbewerbsvorteil ermöglichen, können sie zugekauft oder ausgelagert werden.

Kompetenzlücken

- **Kompetenzlücken** entstehen, wenn eine Fähigkeit für die Kunden eine hohe Bedeutung hat, aber das Unternehmen für diese nur geringe Kompetenz besitzt. Diese Lücke zwischen Marktanforderung und unternehmerischer Kompetenz ist von hoher strategischer Relevanz. Sie kann aus eigener Kraft durch Fusionen und Übernahmen (vgl. Kap. 5.2.4) oder durch Kooperation (vgl. 5.2.2) geschlossen werden.

Potenzialkompetenzen

- **Potenzialkompetenzen** werden zwar vom Unternehmen besonders gut beherrscht, allerdings erzielen sie für den Kunden nur einen geringen Nutzen. Ein Beispiel ist eine am Kundenbedarf vorbeigehende Produktentwicklung im Sinne technikverliebter Perfektion, die der Kunde nicht honoriert (Over-Engineering). Potenzialkompetenzen können entstehen, wenn sich die Anforderungen der Kunden ändern und bestehende Stärken nicht mehr erforderlich sind. Sie können in einer Kooperation von Nutzen sein.

Kernkompetenzen

- **Kernkompetenzen** beherrscht das Unternehmen besser als die Konkurrenz. Sie erzeugen einen hohen Kundenwert und bilden die Grundlage für kernkompetenzbasierte Strategien.

Umsetzung

Die Identifikation und Abgrenzung von Kernkompetenzen ist eine schwierige Aufgabe. Dabei besteht die Gefahr, dass alle denkbaren Fähigkeiten eines Unternehmens als Kernkompetenzen bezeichnet werden (vgl. *Welge/Al-Laham*, 2012, S. 267). Zu ihrer Überprüfung gibt es neben dem Portfolio eine Fülle weiterer Methoden. So können

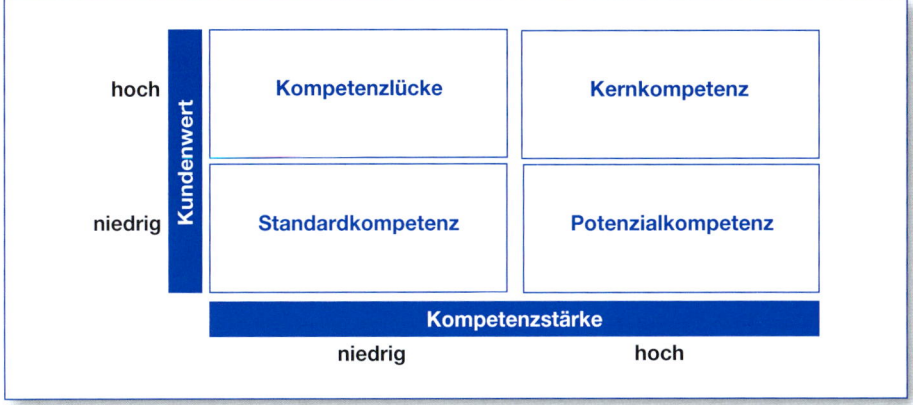

Abb. 3.3.39: Kompetenzportfolio (vgl. Hinterhuber, 2004, S. 128)

vertiefende Fragestellungen oder Checklisten eingesetzt werden. Da Kernkompetenzen meist nicht direkt als Verursacher von Wettbewerbsvorteilen erkennbar sind, können ihre Zusammenhänge mit Hilfe von Ursache-Wirkungsketten verdeutlicht werden (vgl. *Krüger/Homp*, 1997, S. 29 ff.). Anschließend werden sie den Erfolgsfaktoren aus der Umweltanalyse gegenübergestellt und daraus Gruppen von Kompetenzen bestimmt (vgl. *Coenenberg/Salfeld*, 2007, S. 245 f.).

3.3.4 SWOT-Analyse

Die Umweltanalyse (vgl. Kap. 3.3.2), in der Branchen, Märkte, Kunden und Konkurrenten untersucht werden, identifiziert die Chancen und Risiken eines Unternehmens. Aus der Unternehmensanalyse (vgl. Kap. 3.3.3) werden dessen Stärken und Schwächen deutlich. Die Zusammenführung der Analyseergebnisse zeigt den strategischen Handlungsbedarf auf. Dies erfolgt in folgenden **Schritten** (vgl. *Bruhn*, 2012, S. 41 ff.; *Davis*, 2005, S. 202 f.):

SWOT-Prozess

(1) **Zusammenfassung der Chancen und Risiken:** Aus den Umweltanalysen werden die als Chance oder Risiko bewerteten Entwicklungen und Einflussfaktoren zusammengefasst. Chancen sind z. B. Wachstumsmöglichkeiten, Bedarf an neuen Produkten oder neue Vertriebsmöglichkeiten. Beispiele für Risiken sind Preisverfall, neue Konkurrenten aus dem Ausland oder Substitutionsprodukte. Einige Chancen und Risiken lassen sich erst aus der Kombination der Ergebnisse im Gesamtbild der strategischen Ausgangslage erkennen. Beispielsweise kann ein Kostenrisiko entstehen, wenn gleichzeitig neue Konkurrenten auftreten und wichtige Rohstoffe teurer werden.

(2) **Zusammenfassung der Stärken und Schwächen:** Die in der Unternehmensanalyse ermittelten Stärken und Schwächen werden meist in einem Stärken-Schwächen-Profil zusammengefasst. Stärken sind z. B. hoch qualifizierte Mitarbeiter, internationale Marktpräsenz oder eine führende Technologieposition. Schwächen können z. B. langsame Entscheidungsprozesse oder fehlende Kooperationen sein.

(3) **Priorisierung:** Die Sammlung der Chancen und Risiken sowie der Stärken und Schwächen wird in eine Rangordnung gebracht, um sich auf die wesentlichen

Herausforderungen zu konzentrieren. Dies kann dadurch erfolgen, dass die Unternehmensführung in einem ersten Schritt eine Rangliste der wichtigsten Chancen, Risiken, Stärken und Schwächen aufstellt und später die weiteren Einflussfaktoren in die Überlegungen mit einbezieht.

(4) **Gegenüberstellung** der Chancen und Risiken zu den Stärken und Schwächen.

(5) **Ableitung von Normstrategien:** Mit Hilfe des Portfolios können Normstrategien abgeleitet werden. Dazu wird die Faustregel „Stärken betonen, Schwächen vermeiden" mit den wichtigsten Chancen und Risiken eines Unternehmens kombiniert. Es ergeben sich vier Felder mit den jeweils wichtigsten strategischen Handlungserfordernissen.

Die Gegenüberstellung von Chancen und Risiken mit Stärken und Schwächen wird mit der **SWOT-Analyse** durchgeführt. Sie kombiniert die priorisierten Stärken (S = Strenghts) und Schwächen (W = Weaknesses) eines Unternehmens mit den Chancen (O = Opportunities) und Risiken (T = Threats) der Umwelt. Aus einer anderen Reihenfolge der vier Elemente der SWOT-Analyse kann auch die synonyme Bezeichnung TOWS-Analyse verwendet werden. Die Gegenüberstellung der unternehmensexternen und -internen Sicht erfolgt in der in Abb. 3.3.40 dargestellten Matrix. Daraus können für alle Felder strategische Stoßrichtungen abgeleitet werden, welche anschließend zu einer Gesamtstrategie zu bündeln sind (vgl. Kap. 4.2.2 *Nieschlag* et al., 2002, S. 116 f.).

S-O-Strategien
- **S-O-Strategien** stellen den Idealfall dar. Die eigenen Stärken können genutzt werden, um Chancen auszuschöpfen. Das Unternehmen sollte seine Wettbewerbsposition dadurch **ausbauen**. So lässt sich z. B. die Stärke in der Produkttechnologie mit der Chance eines Marktwachstums in Asien zur strategischen Stoßrichtung „Expansion in Asien" kombinieren.

W-O-Strategien
- **W-O-Strategien** bezeichnen eine Situation, in der Unternehmen interne Schwächen beseitigen oder reduzieren sollte, um Chancen des Umfelds wahrnehmen zu können. Um eine S-O-Situation zu erreichen, sollte das Unternehmen deshalb **aufholen**. Die Überwindung der eigenen Schwächen wird durch die Nutzung externer Chancen ermöglicht. So kann ein Unternehmen mit schwacher Produktentwicklung in Zeiten hohen Marktwachstums z. B. durch Kooperationen seine Schwächen abbauen.

S-T-Strategien
- **S-T-Strategien** setzen eigene Stärken zum **absichern** ein, um Risiken abzuwehren oder deren Auswirkungen zu mindern. Beispielsweise kann eine führende technologische Position dazu genutzt werden, dem Risiko neuer Wettbewerber zu begegnen.

W-T-Strategien
- **W-T-Strategien** sind im Falle des Aufeinandertreffens von Schwächen und Risiken erforderlich. Um Existenz bedrohende Situationen aufgrund externer Risiken zu **vermeiden**, sollten die betreffenden Schwächen abgebaut werden. So ist z. B. bei einem Risiko von Engpässen bei produktionsnotwendigen Rohstoffen und eigenen Schwächen in der Einkaufs- und Logistikfunktion zu begegnen, um die riskante W-T-Situation zu vermeiden.

Vor- und Nachteile
Die Entwicklung strategischer Stoßrichtungen mit der SWOT-Analyse ist eine weit verbreitete und relativ einfache Vorgehensweise zur Ableitung strategischer Handlungsoptionen für einzelne Geschäftsfelder. Ein weiterer **Vorteil** ist der systematische Überblick über die strategisch relevanten Faktoren. **Nachteile** sind die subjektive Beurteilung der Rangfolge und die mangelnde Quantifizierbarkeit der Kriterien. Dies führt auch zu einer erschwerten Bestimmung der Entwicklungen der Faktoren. Darüber hinaus lassen sich Wechselwirkungen zwischen strategischen Optionen kaum erkennen (vgl. *Nieschlag* et al., 2002, S. 116).

3.3 Strategische Analysen

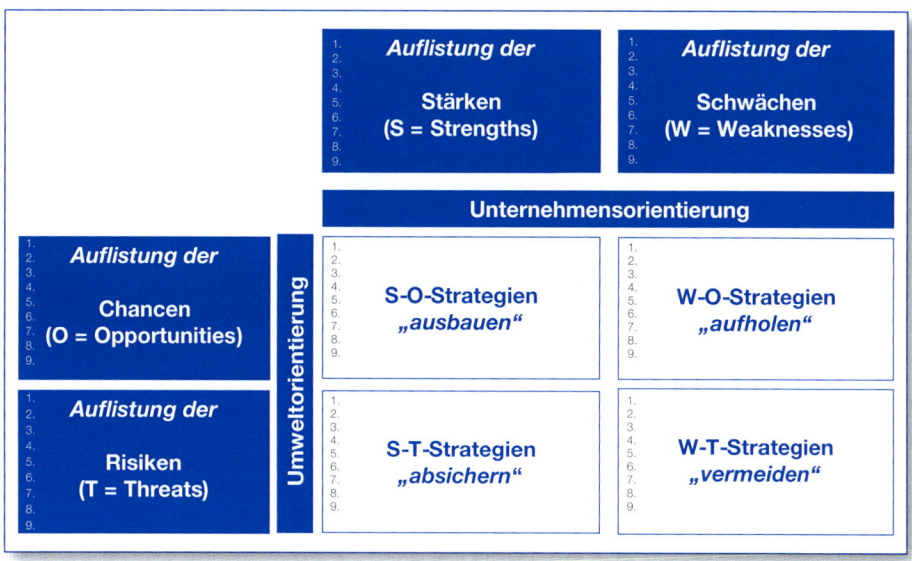

Abb. 3.3.40: SWOT-Matrix (in Anlehnung an Wheelen/Hunger, 2010, S. 144)

SWOT-Analyse der Eder Möbel GmbH

Aus den in den vorangegangenen Kapiteln dargestellten Analysen stellt die *Eder Möbel GmbH* ihre Chancen und Risiken zusammen. Abb. 3.3.41 zeigt einen Auszug daraus. In gleicher Weise werden die Stärken und Schwächen aus der Umweltanalyse zusammengefasst.

	Chancen	Risiken
Globale Umweltanalyse	• Änderungen des Arbeitsrechts • Neue Produktionstechnologie • Hohe Rohstoffverfügbarkeit • …	• Sinkendes Volkseinkommen • Hohe Sparneigung • Hohe Recyclinganforderungen • …
Branchenanalyse	• Hohes Branchenwachstum • Viele Lieferanten im Wettbewerb • Hohe Markteintrittsbarrieren • …	• Geringe Umstellungskosten für Abnehmer • Zugang zu Distributionskanälen • Hohe Preissensibilität • …
Marktanalyse	• Großes Marktvolumen • Geringe Macht der Lieferanten • Existenz alternativer Rohstoffe • …	• Geringer Marktanteil • Steigende Qualitätsansprüche • Starke Konjunkturabhängigkeit • …
Konkurrenzanalyse	• Langjährige Beziehungen zu Möbelhäusern (Premium-Segment) • Flache Hierarchien • Flexible Produktion • …	• Schlechtere Kostenstruktur • Steigender Wettbewerb/Überkapazitäten • Neue Produktlinien im Premium Segment • …
Kundenanalyse	• Fairer Preis • Hohe Qualität • Schnelle Lieferzeiten • …	• Informationen Produkt / Marke • Geringe Differenzierung von Konkurrenten • …

Abb. 3.3.41: Zusammenstellung der Chancen und Risiken der Eder Möbel GmbH

3 Strategische Unternehmensführung

In einer Geschäftsleitungssitzung hat die Unternehmensführung der *Eder Möbel GmbH* mit einer Reihe von Mitarbeitern über die Chancen und Risiken sowie Stärken und Schwächen diskutiert und diese in eine Rangfolge gebracht. Aus der Vielzahl an Merkmalen wurden im Anschluss jeweils die Wichtigsten ausgewählt. Die Gegenüberstellung in einer SWOT-Matrix ist exemplarisch in Abb. 3.3.42 dargestellt.

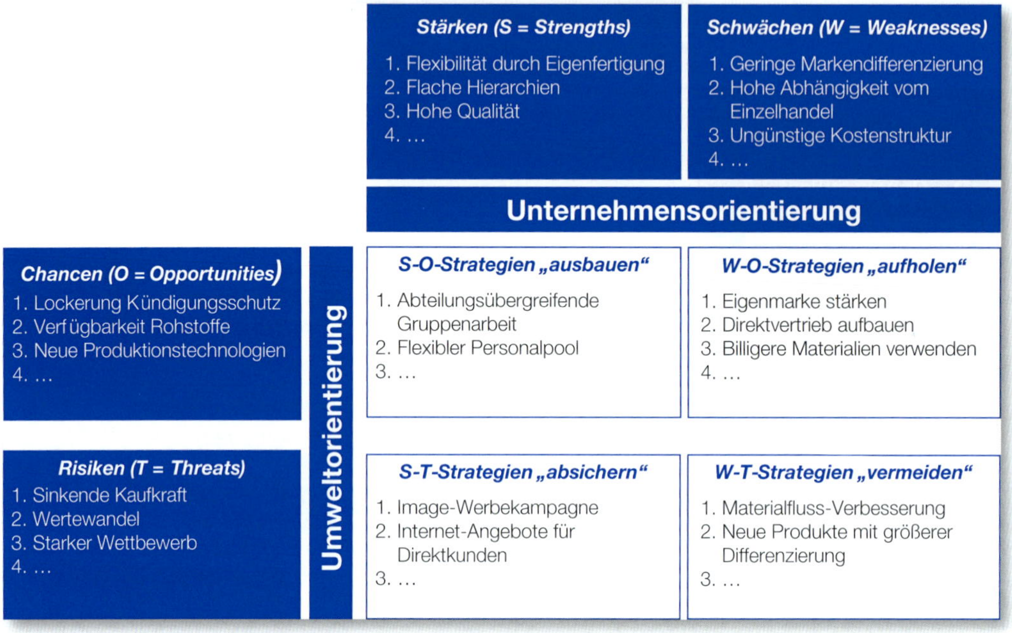

Unternehmensorientierung

	Stärken (S = Strengths)	**Schwächen (W = Weaknesses)**
	1. Flexibilität durch Eigenfertigung 2. Flache Hierarchien 3. Hohe Qualität 4. …	1. Geringe Markendifferenzierung 2. Hohe Abhängigkeit vom Einzelhandel 3. Ungünstige Kostenstruktur 4. …
Chancen (O = Opportunities) 1. Lockerung Kündigungsschutz 2. Verfügbarkeit Rohstoffe 3. Neue Produktionstechnologien 4. …	**S-O-Strategien „ausbauen"** 1. Abteilungsübergreifende Gruppenarbeit 2. Flexibler Personalpool 3. …	**W-O-Strategien „aufholen"** 1. Eigenmarke stärken 2. Direktvertrieb aufbauen 3. Billigere Materialien verwenden 4. …
Risiken (T = Threats) 1. Sinkende Kaufkraft 2. Wertewandel 3. Starker Wettbewerb 4. …	**S-T-Strategien „absichern"** 1. Image-Werbekampagne 2. Internet-Angebote für Direktkunden 3. …	**W-T-Strategien „vermeiden"** 1. Materialfluss-Verbesserung 2. Neue Produkte mit größerer Differenzierung 3. …

(Linke Spalte: **Umweltorientierung**)

Abb. 3.3.42: SWOT-Matrix der Eder Möbel GmbH

Intensive Diskussionen führten zu folgenden **strategischen Handlungsmöglichkeiten:**

- **S-O-Strategien:** Durch abteilungsübergreifende Gruppenarbeit in der Produktion sieht die Eder Möbel GmbH eine Möglichkeit, die Vorteile ihrer flachen Hierarchie und des hohen Qualitätsstandards bei der Anwendung neuer Produktionstechnologien zu nutzen. Zudem soll ein flexibler Personalpool aufgebaut werden. Die Produktionsflexibilität wird durch tarifrechtliche Erleichterungen weiter erhöht.

- **W-O-Strategien:** Um die hohe Abhängigkeit vom Einzelhandel zu reduzieren und direkte Kundenbeziehungen aufzubauen, soll die Marke „Eder Möbel" den Endkunden bekannter gemacht werden. Dazu plant die Eder Möbel GmbH mehr Präsenz auf Kundenmessen und den Aufbau eines Direktvertriebs. Durch neue Produktionsverfahren und günstige Materialen sollen die Kostenstrukturen verbessert werden.

- **S-T-Strategien:** Der sinkenden Kaufkraft und dem Wertewandel soll eine imagefördernde Werbekampagne entgegen wirken. Durch spezielle Angebote im Internet sollen auch preisorientierte Kunden direkt angesprochen werden.

- **W-T-Strategien:** Prozessoptimierungen im Materialfluss sollen zu einer Senkung der Herstellkosten und einer Reduktion der Fertigungszeit führen. Auf diese Weise soll auch besser auf saisonale Auftragsschwankungen reagiert werden. Zudem wird durch neue Produkte unter der Eigenmarke „Eder Möbel" eine stärkere Differenzierung gegenüber der Konkurrenz angestrebt.

Management Summary

- Die Umweltanalyse analysiert die Branche, Märkte, Kunden und Konkurrenten, um Chancen und Risiken zu entdecken.

- Eine Branche ist eine Gruppe von Unternehmen, deren Produkte oder Dienstleistungen sich gegenseitig weitgehend ersetzen können. Ihre Attraktivität kann durch die Analyse der fünf Wettbewerbskräfte (Verhandlungsstärke der Lieferanten und Abnehmer, Bedrohung durch neue Konkurrenten, Druck durch Substitutionsgüter und die direkte Rivalität unter den Wettbewerbern) bestimmt werden.

- Ein Markt besteht aus den Nachfragern und Anbietern eines bestimmten Produktes sowie den zur Abwicklung des Leistungsaustausches erforderlichen Beziehungen. Der relevante Markt ist der Teil des Gesamtmarktes, auf den das Unternehmen seine Aktivitäten konzentriert und abstimmt.

- In der Marktanalyse werden die Marktgröße, -dynamik, -struktur, -merkmale, -anforderungen und -position sowie deren Entwicklung untersucht.

- Kunden sind einzelne Personen oder Gruppen, welche die Entscheidung für den Kauf einer Leistung des Unternehmens treffen. Gute Kunden sind rentabel, wenig preissensibel und langfristige Geschäftspartner.

- Konkurrenten bieten Produkte an, welche die gleichen Kundenbedürfnisse befriedigen wie die Produkte des eigenen Unternehmens. Die Konkurrenzanalyse beschäftigt sich mit der systematischen Sammlung, Verdichtung, Auswertung und Interpretation von Informationen über die derzeitige und zukünftige Situation der Wettbewerber.

- Die Unternehmensanalyse bestimmt Stärken und Schwächen des Unternehmens im Vergleich zur Konkurrenz.

- Das Geschäftsmodell ist eine vereinfachte Darstellung der Aktivitäten und Ressourcen eines Unternehmens zur Leistungserbringung für seine Kunden.

- Die Wertkette bildet ein Unternehmen als Ansammlung von primären und sekundären Teilaktivitäten ab. Aus der Zusammenstellung der Aktivitäten kann das Geschäftsmodell eines Unternehmens gestaltet werden.

- Ressourcen sind die zur Leistungserstellung eines Unternehmens erforderlichen materiellen und immateriellen Güter. Strategische Ressourcen ermöglichen Wettbewerbsvorteile und zeichnen sich dadurch aus, dass sie Kundenwert stiften und als Ressource breit nutzbar, einzigartig, überlegen, dauerhaft sowie nicht ersetzbar sind.

- Fähigkeiten sind anwendungsbezogenes Wissen, das zur Lösung betrieblicher Problemstellungen eingesetzt werden kann. Kompetenzen entstehen, wenn das Handeln zur Lösung der jeweiligen Problemstellung geeignet ist.

- Kernkompetenzen sind einzelne oder miteinander kombinierte Kompetenzen, aus denen ein Unternehmen Wettbewerbsvorteile erzielen kann.

- Die SWOT-Analyse kombiniert die Stärken und Schwächen eines Unternehmens mit den Chancen und Risiken seiner Umwelt und leitet daraus strategischen Handlungsbedarf ab.

3 Strategische Unternehmensführung

Literaturempfehlungen

Hamel, G./Prahalad, C.K.: Wettlauf um die Zukunft, 2. Aufl., Frankfurt/Main 1997.

Hungenberg, H.: Strategisches Management im Unternehmen, 6. Aufl., Wiesbaden 2011.

Johnson, G./Scholes, K./Whittington, R.: Expolring Corporate Strategy, 9. Aufl., London, 2011.

Müller-Stewens, G./Lechner, C.: Strategisches Management, 4. Aufl., Stuttgart 2011.

Porter, M.E.: Wettbewerbsvorteile, 6. Aufl., Frankfurt/Main 2000.

Welge, M. K./Al-Laham, A.: Strategisches Management, 6. Aufl., Wiesbaden 2012.

Wheelen, T.L./Hunger, J.D.: Strategic Management, 12. Aufl., New York 2010.

Empfehlenswerte Fallstudien zum Kapitel 3.3 aus Dillerup, R./Stoi, R. (Hrsg.)

3.5 Branchenstrukturen in der Energiewirtschaft *(Weidler, A.)*

3.6 Kundenwertanalyse bei der LEICHT Küchen AG *(Hardock, P./Gutheil, S.)*

3.7 Marketingkonzept für die Cofbar GmbH *(Thurm, M.)*

4.1 Strategische Planung bei der Schlummer GmbH *(Stoi, R.)*

3.4 Strategien

> **Leitfragen**
> - Wie kann sich ein Unternehmen in seiner Branche positionieren?
> - Wie lässt sich eine marktorientierte Strategie entwickeln?
> - Wie können Wettbewerbsvorteile durch Kundenstrategien entstehen?
> - Welche dynamischen Strategien ergeben sich aus dem Wechselspiel mit der Konkurrenz?
> - Wie können Wettbewerbsvorteile aus einer Gestaltung des Geschäftsmodells entspringen?
> - Wie kann eine Ressourcen- und Kompetenzstrategie entwickelt werden?

Die inhaltliche Gestaltung von Strategien ist das Herzstück strategischer Unternehmensführung. Mit der Formulierung von Strategien werden Erfolgspotenziale geschaffen, indem Wettbewerbsvorteile aufgebaut werden. Dies lässt sich auch als Antwort auf die Frage umschreiben, welcher Weg zu einem Vorteil im Wettbewerb führt, wie sich ein Unternehmen besser als seine Konkurrenten positioniert oder wie es für den zukünftigen Erfolg sorgt. Es wundert daher nicht, dass die Diskussion um Strategien in Theorie und Praxis einen breiten Raum einnimmt. In Unternehmen werden für derartige Fragen gerne Berater hinzugezogen, um mit den besten Konzepten und Köpfen am zukünftigen Weg zu arbeiten.

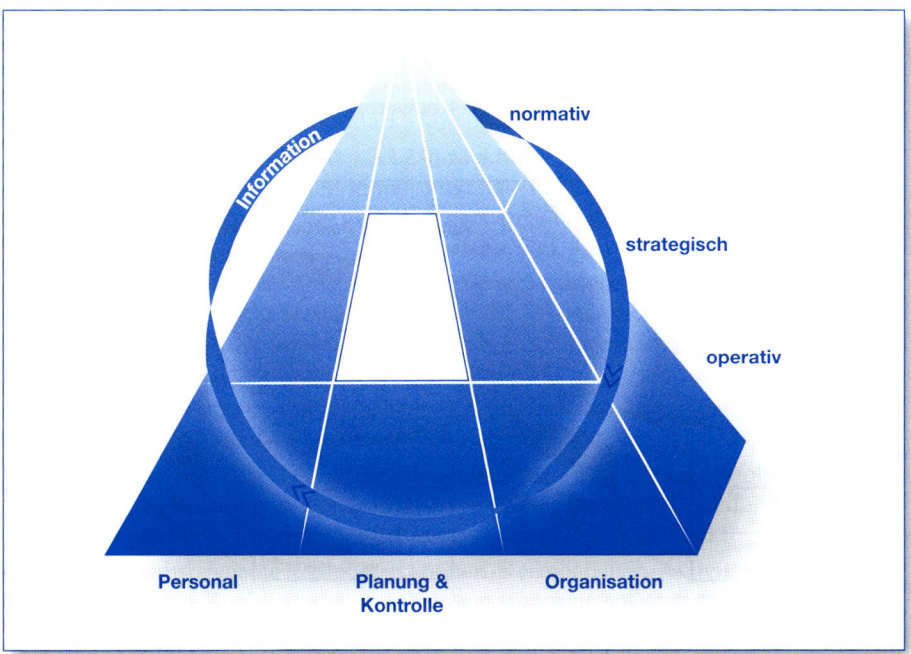

Abb. 3.4.1: Strategien im System der Unternehmensführung

– Durch eine Kompetenzanalyse (vgl. Kap. 3.3.3.3) werden unternehmerische Fähigkeiten untersucht, mit denen die Ressourcen und Geschäftsmodelle eines Unternehmens entwickelt werden können. Wie auf dieser Basis **Kompetenz- bzw. Kernkompetenzstrategien** gestaltet werden können, ist Gegenstand von Kap. 3.4.3.3.

Strategiealternativen

■ Abschließend ist die Fülle der **Strategiealternativen** zusammenzuführen und daraus konsistente Maßnahmenbündel zu bilden (vgl. Kap. 3.4.4).

Voraussetzung für das Verständnis der Strategien sind die grundlegenden Konzepte der Lebenszyklen und der Erfahrungskurve. Auf diesen beiden Grundkonzepten bauen viele Strategien auf. Zudem werden Strategien häufig mit der Portfoliotechnik entwickelt. Diese Konzepte und Techniken werden daher im Folgenden erläutert.

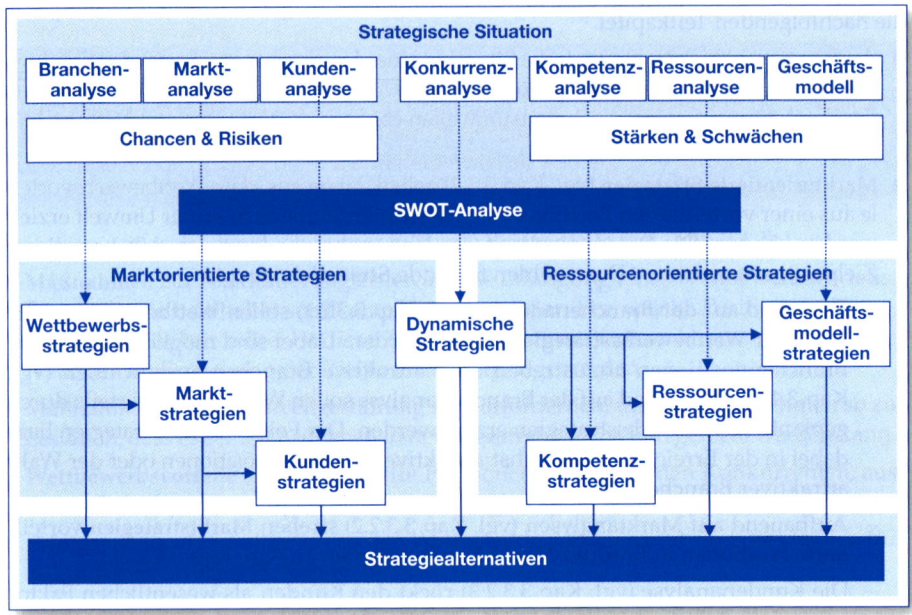

Abb. 3.4.3: Elemente und Zusammenhänge der Entwicklung strategischer Alternativen

3.4.1.1 Konzept der Lebenszyklen

Dynamische Veränderungen des Unternehmens und der Unternehmensumwelt werden in Lebenszykluskonzepten untersucht (vgl. *Müller-Stewens/Lechner*, 2011, S. 129) Sie basieren auf den Entwicklungsphasen eines Lebewesens und lassen sich z. B. in Geburt, Wachstum, Reife, Alter und Tod unterscheiden. Diese Unterteilung wird auf wirtschaftliche Objekte wie z. B. Produkte, Marken, Branchen oder Märkte übertragen. Wie im Rahmen der Evolutionstheorie in Kap. 1.2.4 dargestellt, gehören evolutionäre Überlegungen zu den ältesten und am weitesten verbreiteten Theorien der Wissenschaft. Die meisten wirtschaftlichen Objekte haben eine beschränkte Lebensdauer und sind dabei typischen, zyklusartigen Entwicklungen unterworfen.

! Ein **Lebenszyklusmodell** unterscheidet in Anlehnung an die Lebensphasen eines biologischen Organismus typische Entwicklungsstadien wirtschaftlicher Betrachtungsobjekte.

3.4 Strategien

Die Lebenszyklusanalyse versucht, für die jeweiligen Entwicklungsphasen möglichst allgemein gültige Gesetzmäßigkeiten zu bestimmen. Diese sollen als Anhaltspunkte für die marktorientierte Unternehmensführung dienen (vgl. *Bruhn*, 2012, S. 63). Lebenszyklusmodelle besitzen in der gesamten strategischen Unternehmensführung eine hohe Bedeutung. Das ursprüngliche Konzept ist der Produkt-Lebenszyklus (vgl. *Böcker/Thomas*, 2003, S. 211 ff.). Er beschreibt die Marktentwicklung eines Produktes bzw. einer Produktgruppe und ist unabhängig von deren absoluter Lebensdauer. Allerdings folgen nicht alle Produkte diesem idealtypischen Verlauf. In Abhängigkeit der Entwicklung des Umsatzes, des Grenzumsatzes und des Gewinns werden meist die in Abb. 3.4.4 dargestellten sechs **Lebenszyklusphasen** unterschieden (vgl. *Bruhn*, 2012, S. 63 f.).

Lebenszyklusphasen

(1) **Einführung:** In der Markteintrittsphase sind hohe Anfangsinvestitionen z. B. für Produktionsanlagen oder Werbemaßnahmen erforderlich. In dieser Phase ist der Grenzumsatz am größten, der absolute Umsatz jedoch noch gering. Das Produkt erzeugt Verlust.

(2) **Wachstum:** Der Umsatz steigt stark an und das Produkt erwirtschaftet nach Überschreitung der Gewinnschwelle (Break-Even) erstmals Gewinn. In dieser Phase sind die größten Marktanteilssteigerungen möglich.

(3) **Reife:** Sinkendes Umsatzwachstum und das Erreichen des Gewinnmaximums kennzeichnen diese Phase. Der Stückgewinn überschreitet sein Maximum und sinkt dann wieder. Mit dem Rückgang des Umsatzwachstums intensiviert sich der Wettbewerb. Die Wirkung von Marketingmaßnahmen lässt nach und die Senkung der Stückkosten gewinnt an Bedeutung.

(4) **Sättigung:** Der Umsatz eines Produktes erreicht seinen Höhepunkt und geht anschließend langsam zurück. Durch verstärkten Wettbewerb erreicht der Marketingaufwand sein Maximum. Zudem sind häufig Produktverbesserungen und damit zusätzliche Kosten in Entwicklung und Produktion erforderlich. Dadurch sinken die Gewinne.

(5) **Rückgang:** Der Umsatz sinkt und die Marketingmaßnahmen werden zurückgefahren. Die Gewinne stabilisieren sich auf niedrigem Niveau oder gehen in Verluste über.

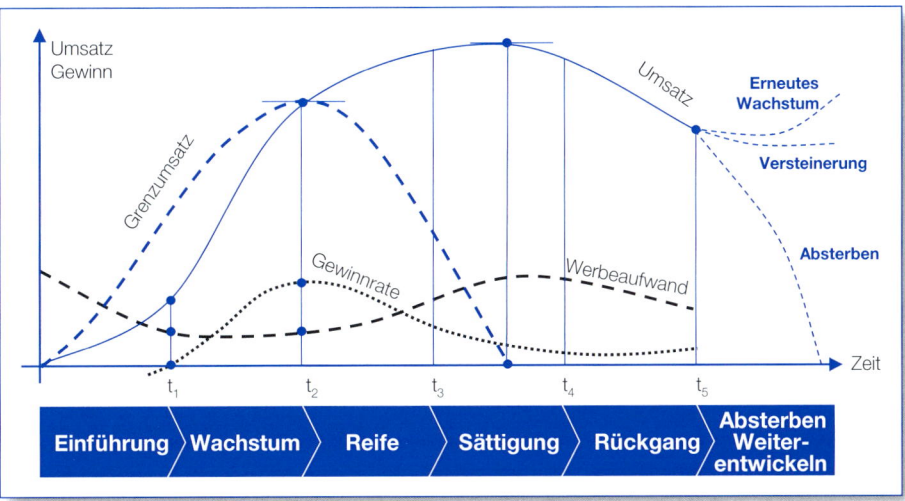

Abb. 3.4.4: Produkt-Lebenszyklus

(6) Absterben oder **Weiterentwicklung:** Die letzte Lebensphase kann die Einstellung der Produktion und den Ersatz durch ein neues Produkt bedeuten. Dies kann durch neue technologische Standards wie z. B. bei Mobilfunktelefonen oder Substitutionsprodukte wie z. B. bei Schallplatten bedingt sein. Auf der anderen Seite kann das Produkt auch im Rahmen eines sog. Relaunches entsprechend modifiziert werden und anschließend einen weiteren Lebenszyklus durchlaufen. Die Grenze zwischen einem weiterentwickelten und einem neuen Produkt ist allerdings nicht eindeutig zu ziehen. Außerdem kann sich der Umsatz auf einem bestimmten Niveau auch verfestigen (Versteinerung). Dies ist z. B. bei Grundnahrungsmitteln der Fall, für die ein dauerhafter Bedarf besteht.

In der Literatur werden diese Phasen teilweise mehr oder weniger stark differenziert. Einige Ansätze ergänzen den Marktzyklus noch um einen vorgelagerten Produktentstehungszyklus sowie einen nachgelagerten Nachsorgezyklus.

Produktprogrammgestaltung

Ein Unternehmen sollte sein Produktprogramm so gestalten, dass ein Ausgleich zwischen wachsenden und schrumpfenden Produkten erreicht wird (vgl. *Bruhn*, 2012, S. 65). Die Produkte eines Unternehmens sollten sich gleichmäßig auf alle Phasen des Lebenszyklus verteilen. Auf diese Weise gleichen sich die phasenspezifisch unterschiedlichen Kosten und Gewinne aus und eine stetige Entwicklung des Unternehmens wird ermöglicht. Um Liquiditätsengpässe zu vermeiden und das Unternehmen im finanziellen Gleichgewicht zu halten, ist daher in regelmäßigen Abständen eine Analyse der Lebensphasen der einzelnen Produkte erforderlich (vgl. *Baum* et al., 2011, S. 197). Mit dem Produkt-Lebenszyklus kann die zukünftige Produktentwicklung als Ausgangspunkt für die Produktprogrammplanung prognostiziert werden. Zudem liefert er Gestaltungsempfehlungen für die Produktpolitik (vgl. *Bea/Haas*, 2009, S. 125). Diese sind zusammenfassend mit den Merkmalen je Phase in Abb. 3.4.5 dargestellt. Allerdings handelt es sich um keine allgemein gültige Gesetzmäßigkeit, sondern vielmehr um einen häufig zu beobachtenden Verlauf. Daher kann ein Produkt sich im Einzelfall auch völlig anders entwickeln oder es können Schwierigkeiten bei der Phasenabgrenzung auftreten.

Kriterium	Einführung	Wachstum	Reife / Sättigung	Rückgang
Umsatzwachstum	hoch	hoch	sinkend	negativ
Stückgewinn	negativ	hoch	sinkend	gering/negativ
Wettbewerber	wenige	mehrere	viele	wenige
Marktanteil	sehr hoch	hoch	gering	gering
Marktstellung	Marktführer	Marktführer und -folger	Marktfolger/ Grenzanbieter	Grenzanbieter
Kosten pro Kunde	sehr hoch	durchschnittlich	niedrig	niedrig
Produktpolitik	Standardisierung	Markenpositionierung	Markendifferenzierung	Selektion
Preispolitik	event. Innovationsprämie	wettbewerbsorientiert	defensiv	wettbewerbsorientiert
Kommunikation	Bekanntmachung	Nutzenorientiert	Emotionalisierung	weniger wichtig
Distribution	Aufbauen	Intensivieren	Netz verdichten	Selektion
Zielkunden	Innovatoren	Erstkäufer	Erst- und Wiederholungskäufer	Wiederholungskäufer/Nachzügler

Abb. 3.4.5: Merkmale der Produkt-Lebenszyklusphasen (in Anlehnung an Kotler et al., 2011, S. 667)

3.4 Strategien

Neben Produkten lassen sich mit dem Lebenszyklus-Modell auch andere Betrachtungsobjekte wie z. B. Märkte, Technologien, Branchen und Volkswirtschaften analysieren. Diese Analysen sollten jedoch nicht getrennt voneinander betrachtet werden, sondern stehen in einem engen **Zusammenhang**. Produkte nutzen z. B. die zugrunde liegenden Technologien und werden deshalb auch vom Technologie-Lebenszyklus beeinflusst. Auf den Markt oder die Branche wirken wiederum die Lebenszyklen der Produkte und Technologien ein. Produkte der alten Technologie sterben ab und dadurch verändern neue Technologien auch den Markt und die Branche. So wird z. B. die Technologie der Videorekorder von Festplattenrekordern verdrängt. Da Volkswirtschaften häufig einseitig auf einzelnen Branchen beruhen, wirken sich die Lebenszyklen der Branchen und Märkte auch auf die konjunkturelle Entwicklung einer Volkswirtschaft aus. Deutschland ist z. B. in hohem Maße von der Automobil- und Maschinenbaubranche abhängig. Abb. 3.4.6 veranschaulicht diesen Zusammenhang.

Weitere Anwendungsgebiete

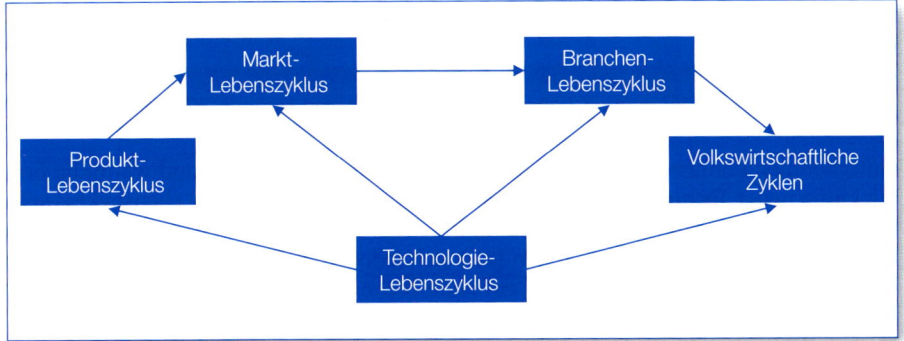

Abb. 3.4.6: Zusammenhang der Lebenszykluskonzepte

Der Markt- und Branchen-Lebenszyklus wird in den folgenden Kapiteln 3.4.2.1 und 3.4.2.2 näher erläutert. Eine Basis für diese Lebenszyklen ist der **Technologie-Lebenszyklus**. Technologien sind in vielen Branchen die Grundlage zur Herstellung konkurrenzfähiger Produkte und damit zur Erlangung von Wettbewerbsvorteilen. Beim Technologie-Lebenszyklus wird die Leistungsfähigkeit einer Technologie anhand ihrer Produktfunktionen bzw. Prozesstechnologien bewertet (vgl. *Baum* et al., 2011, S. 216 f.; Abb. 3.4.7).

Technologie-Lebenszyklus

Der Technologie-Lebenszyklus beschreibt die Entwicklung einer Technologie von ihrer Entstehung bis zur Reife. Diese **S-Kurve** verdeutlicht die Leistungsfähigkeit einer Technologie in Abhängigkeit des kumulierten Entwicklungsaufwands und damit den Reifegrad einer Technologie. Der Kurvenverlauf macht deutlich, dass zu Entwicklungsbeginn für eine Technologie häufig nur geringe Leistungsfortschritte zu beobachten sind. In diesem Stadium ist die Leistungsfähigkeit der Technologie noch niedrig, aber das Entwicklungspotenzial hoch. Darauf folgt eine Phase überproportionaler Leistungssteigerungen, in der sich das gesammelte Grundlagenwissen in Anwendungen übertragen lässt. Anschließend nähert sich die Technologie ihrer Leistungsgrenze und es werden kaum weitere Verbesserungen erzielt. Das technologische Potenzial ist somit gering. Anhand der Steigung der Kurve können potenzielle Leistungssteigerungen durch weitere Entwicklungsanstrengungen prognostiziert werden. Dabei sind auch die gegenwärtig in einer Branche verwendeten Technologien in die Betrachtung einzubeziehen.

S-Kurve

3.4.1.3 Portfoliotechnik

Portfolio-
technik

Bei der Entwicklung von Strategien kommt häufig die **Portfoliotechnik** zum Einsatz (vgl. *Hinterhuber*, 2004, S. 127). Dieses in Praxis und Beratung beliebte Instrument stellt komplexe strategische Zusammenhänge vereinfacht dar und unterstützt bei strategischen Entscheidungen. Es hilft dabei, das Unternehmen in seiner Umwelt zu positionieren (vgl. Kap. 3.1). Der Begriff Portfolio stammt vom französischen Wort „Portfeuille", welches einen Bestand an Wertpapieren bezeichnet. Die Zusammenstellung dieses Wertpapierbestandes wird z. B. durch die erwartete Rendite oder das Risiko der einzelnen Wertpapiere bestimmt (vgl. Kap. 3.2.3.1). Die Bezeichnung Portfolio wird in der Unternehmensführung auf die Zusammensetzung strategischer Entscheidungsobjekte angewendet, die vergleichbar mit einem Wertpapier-Portfeuille bestimmte Kriterien erfüllen soll. So wird z. B. das Produktportfolio eines Unternehmens nach den Lebenszyklusphasen unterschieden und eine möglichst homogene Verteilung der Produkte auf alle Lebenszyklusphasen angestrebt.

> **!** In einem **Portfolio** wird eine strategische Situation in zwei Dimensionen dargestellt, bewertet und aus der Positionierung der Betrachtungsobjekte standardisierte Normstrategien abgeleitet.

Portfolio-
aufbau

Die Portfoliotechnik ist ein anschauliches und praktikables Instrument, bei dem die Fülle an strategisch relevanten Informationen und damit die Entscheidungskomplexität auf zwei wesentliche Dimensionen reduziert wird. Der Grundaufbau eines Portfolios ist in Abb. 3.4.9 dargestellt. Eine Dimension beschreibt dabei eine von außen vorgegebene **Umweltvariable**, während die zweite Dimension eine durch das Unternehmen zu beeinflussende **Unternehmensvariable** als Reaktions- bzw. Aktionskomponente darstellt.

Erstellung

Die Erstellung eines Portfolios erfolgt in den folgenden **Schritten** (vgl. *Hinterhuber*, 2004, S. 127; *Müller-Stewens/Lechner*, 2011, S. 284 f.).

(1) **Objektauswahl:** Die in einem Portfolio betrachteten Objekte werden festgelegt. Dies sind z. B. Produkte, Märkte oder strategische Geschäftsbereiche.

(2) **Kriterienauswahl:** Es werden zwei Bewertungskriterien ausgewählt, nach denen die Objekte beurteilt werden. Davon ist ein Faktor unternehmensintern und einer unternehmensextern. Für diese sind Maßgrößen und deren Berechnungsweise eindeutig festzulegen. Die Maßgrößen können dabei auch aus mehreren Kriterien zusammengesetzt sein (Multifaktorenportfolio). Beispielsweise lässt sich die Marktattraktivität unter anderem durch das Marktwachstum, die Konkurrenzintensität und die Gefahr neuer Wettbewerber beurteilen. Es können auch qualitative Bewertungen vorgenommen werden. Häufig erfolgt eine Kategorisierung der Dimension in hohe und geringe bzw. in hohe, mittlere und geringe Ausprägung.

(3) **Bewertung:** Für die zu untersuchenden Objekte wird die Ausprägung der beiden Dimensionen möglichst quantitativ ermittelt. Bei fehlender Quantifizierbarkeit sind Schätzungen erforderlich, wie z. B. bei der Einordnung von Konkurrenzunternehmen.

(4) **Ist-Positionierung:** Aus den beiden Kriterien wird ein Achsenkreuz gebildet, in das die Objekte eingeordnet werden. Dabei sind die Abgrenzung der Ausprägungen sowie die Grenzwerte zwischen hoch, mittel und gering festzulegen. Zudem besteht die Möglichkeit, durch Variation der Größe der verwendeten Symbole eine dritte Dimension in die Betrachtung einzubeziehen. Bei Produkt- oder Unternehmensvergleichen wird z. B. häufig der Umsatz oder Deckungsbeitrag durch unterschiedlich große Kreise dargestellt.

(5) Strategieempfehlung: Aus der Positionierung der Betrachtungsobjekte im Portfolio lassen sich Rückschlüsse auf die bestehende Situation ziehen. Daraus können sog. Normstrategien abgeleitet werden. Dabei handelt es sich um standardisierte Empfehlungen, die sich aus der Positionierung der Objekte im Portfolio ergeben. Eine unreflektierte Übernahme dieser Normstrategien kann jedoch gefährlich sein. Folgen z. B. alle Unternehmen einer Branche den Normstrategien, so erfolgt keine Unterscheidung im Wettbewerb und es können Modetrends erzeugt werden. Für die Betrachtungsobjekte können darüber hinaus Ziele festgelegt und angestrebte Portfoliopositionen markiert werden. Die Entwicklung zur angestrebten Portfolioposition ist im Beispiel von Abb. 3.4.9 mit einem Pfeil gekennzeichnet.

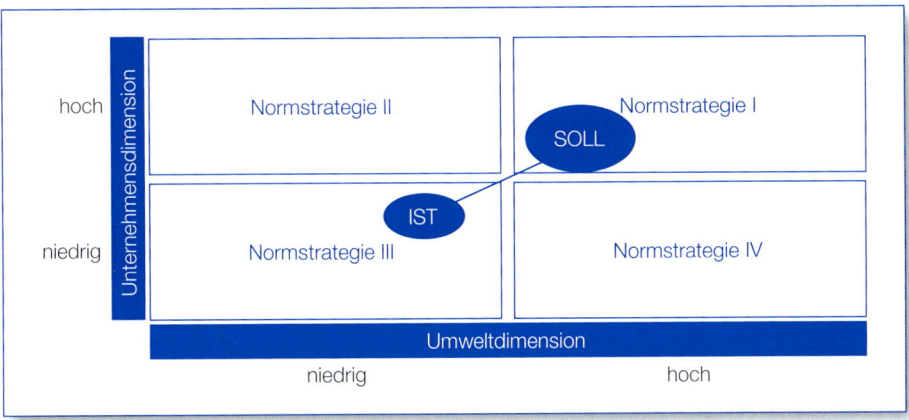

Abb. 3.4.9: Grundaufbau eines Portfolios

Portfolios bestechen durch ihre einfache Darstellung und tragen zu einem verbesserten Verständnis der Struktur des Unternehmens bei. Die für ihre Erstellung erforderlichen Daten sind meist ohne große Schwierigkeiten zu beschaffen. Portfolios sind anschaulich und eignen sich deshalb als Grundlage für strategische Diskussionen. Deshalb besitzen sie in der Praxis einen hohen Stellenwert. Die Ableitung von Strategien auf Basis des Portfolios wird durch die Normstrategien als Handlungsempfehlung unterstützt. Ein großer **Vorteil** ist die Möglichkeit, sowohl quantitative als auch qualitative Einflussfaktoren zu berücksichtigen. Durch die wenigen und einfachen Dimensionen wird die Unternehmensführung gezwungen, sich auf das Wesentliche zu konzentrieren. In der Beschränkung auf zwei bzw. drei Einflussfaktoren liegt auch der wesentliche **Nachteil** der Portfolio-Methode. Darüber hinaus werden Wechselwirkungen zwischen den Dimensionen nicht berücksichtigt. Dies betrifft z. B. Verbundeffekte zwischen Geschäftsbereichen. Die einfache Verständlichkeit und starke Verdichtung birgt die Gefahr, dass die Situation nicht ausreichend widergespiegelt wird und die Normstrategien deshalb unangemessen sind.

Bewertung

3.4.2 Marktorientierte Strategien

Das sog. Structure-Conduct-Performance-Paradigma stellt die grundlegende Annahme der **Industrieökonomie** dar (vgl. Kap. 1.2.1). Danach ist der Erfolg eines Unternehmens (Performance) von zentralen Umweltmerkmalen (Structure) abhängig, die das Verhalten

Structure-Conduct-Performance

der Unternehmen (Conduct) bestimmen. Unternehmen können somit Wettbewerbsvorteile erringen, wenn sie sich besser an veränderte Rahmenbedingungen anpassen als ihre Wettbewerber. Dabei wird davon ausgegangen, dass die Ressourcen eines Unternehmens leicht verändert und ausgetauscht werden können (vgl. *Müller-Stewens/ Lechner*, 2011, S. 129).

Marktorientierte Unternehmensführung erfordert zunächst ein grundlegendes Verständnis von der Unternehmensumwelt. Im Rahmen einer Umweltanalyse wird deshalb deren Struktur und Entwicklung untersucht. Aspekte dabei sind z. B. Eintrittsbarrieren, Marktstruktur, Produktdifferenzierung und Konzentrationsgrad. Im zweiten Schritt werden möglichst attraktive Positionen mit Wettbewerbsvorteilen und daraus abgeleiteten Verhaltensmöglichkeiten bestimmt. Dabei wird eine rationale Wahl aus den Verhaltensmöglichkeiten unterstellt **(Strategic choice)**. Allerdings ist die unterstellte Rationalität auch ein Kritikpunkt des Konzeptes, was zur Entwicklung der neuen Institutionenökonomie führte (vgl. Kap. 1.2.2).

3.4.2.1 Wettbewerbsstrategien

Informationsgehalt

Die Branchenanalyse ermöglicht ein besseres Verständnis über Situation und Funktionsweise des Wettbewerbs innerhalb einer Branche (vgl. Kap. 3.3.2.1). Auf diesen Informationen aufbauend kann ein Unternehmen erfolgversprechende Branchen auswählen und sich dort positionieren. Um eine günstige relative Wettbewerbsposition innerhalb der Branche zu bestimmen oder eine attraktive Branche auszuwählen, ist eine Branchenstrukturanalyse nicht nur unter dem Blickwinkel der gegenwärtigen Situation durchzuführen. Es bedarf vielmehr auch Informationen über die zukünftige Entwicklung von Branchen, Wettbewerbsstrukturen, kritischen Erfolgsfaktoren und Wachstumsmöglichkeiten. Hierfür ist auch die Situation und Entwicklung eines Unternehmens im Vergleich zur Konkurrenz bzw. zum Branchendurchschnitt realistisch zu beurteilen (vgl. Kap. 3.3.2.4). Zur Erreichung von Wettbewerbsvorteilen hat ein Unternehmen seine Kräfte und die benötigten Ressourcen auf eine

möglichst attraktive Branchenposition zu konzentrieren (vgl. *Müller-Stewens/Lechner*, 2011, S. 173 ff.). Porter nennt für die Erzielung nachhaltiger Wettbewerbsvorteile folgende

Wettbewerbsstrategien

grundlegenden Wettbewerbsstrategien (vgl. *Porter*, 1989, S. 19 f.; Abb. 3.4.10):

- **Kostenführer** bieten standardisierte Produkte zu einem vergleichsweise niedrigen Preis und mit einem hohen Preis-Leistungs-Verhältnis an. Dies erfordert relativ zu den Konkurrenten eine bessere Kostenstruktur, wodurch bei gleichem Preis eine höhere Rendite erzielt werden kann. Voraussetzung für eine Kostenführerschaft sind große Leistungsvolumina, Kapazitäten und Abnahmepotenziale des Marktes. Dies erfordert hohe Investitionen, Zugang zum erforderlichen Kapital sowie intensive Kostenkontrollen. Beispiele hierfür sind im Lebensmitteleinzelhandel die Discounter *Aldi* oder *Lidl*.

- **Differenzierer** streben nach einem Produkt mit einzigartigen Merkmalen, um sich dadurch von den Konkurrenten abzuheben. Für derartige Produkte sind die Kunden bereit, einen im Vergleich zur Konkurrenz höheren Preis zu bezahlen. Ist diese Preisprämie höher als die zusätzlichen Kosten zur Produktdifferenzierung, dann erlaubt die Differenzierungsstrategie ebenfalls überdurchschnittliche Renditen. Differenzierungsvorteile können beispielsweise aus Forschung und Entwicklung, Kundenloyalität, Technologien oder dem Markenimage entstehen. Im Lebensmitteleinzelhandel können dies z. B. Feinkost- oder Bioläden sein.

3.4 Strategien

- **Konzentration** auf Marktnischen, d.h. auf bestimmte Abnehmergruppen oder regional abgegrenzte Marktsegmente. Dort wird entweder eine Kostenführerschaft oder eine Differenzierung angestrebt. Eine segmentspezifische Positionierung kann somit als Variante der beiden erstgenannten Strategietypen angesehen werden. Im Lebensmittelhandel kann dies eine regionale Erzeugervermarktung wie z.B. Milch vom Bauernhof sein.

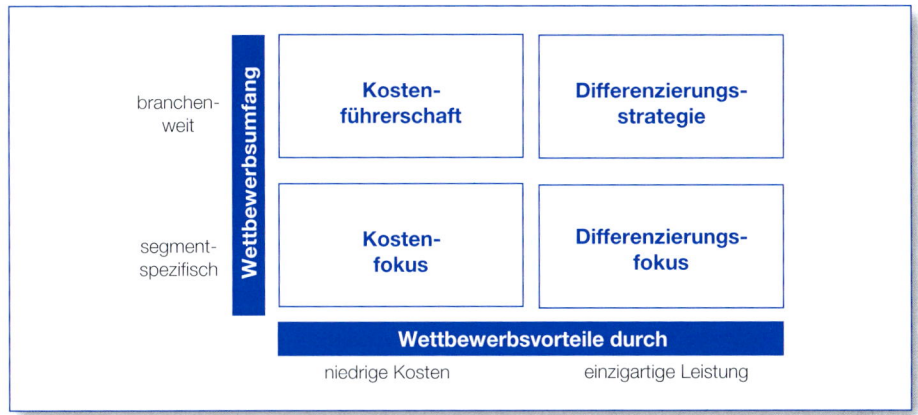

Abb. 3.4.10: Generische Wettbewerbsstrategien (vgl. Porter, 1989, S. 32)

Nach *Porter* müssen sich Unternehmen für eine der beiden Strategieoptionen entscheiden. Ansonsten besitzen sie keinen Wettbewerbsvorteil und sitzen damit gleichsam „zwischen den Stühlen" („stuck in the middle"). Dies hat eine geringere Wettbewerbsfähigkeit und Rentabilität zur Folge (vgl. *Porter*, 1989, S. 41 ff.).

Interpretation

In vielen Branchen ist zu beobachten, dass es zwar meist nur einen Kostenführer, aber mehrere erfolgreiche Differenzier gibt. Die Differenzierung kann nach *Mintzberg* auf unterschiedlichen Wegen wie z.B. durch Image, Design oder Qualität der Produkte sowie durch besondere Serviceleistungen erzielt werden. Jede einzelne Differenzierungsmöglichkeit kann für eine Kundengruppe ein spezifisches Bedürfnis erfüllen (vgl. *Mintzberg* et al., 2003, S. 121).

Neben der Positionierung ist auch die Veränderung einer Branche für das Unternehmen von strategischer Bedeutung. Branchen können einem **Branchenlebenszyklus** unterliegen (vgl. Kap. 3.4.1.1). Dabei lassen sich folgende charakteristische Verläufe unterscheiden, für die jeweils eigene Strategieempfehlungen gelten (vgl. *Simon*, 2000, S. 28 ff.).

Branchendynamik

- **Junge Branchen** sind neue Märkte, die durch neue Produkte, hohe Investitionen und häufig ungeklärte Rahmenbedingungen wie z.B. fehlende rechtliche Bestimmungen gekennzeichnet sind. Das Marktwachstum und die Anzahl der Wettbewerber sind hoch. Die Unternehmen haben die Chance, die Branchenstruktur aktiv mitzugestalten, um sich so eine stabile Marktposition aufzubauen. Ein Beispiel für junge Branchen sind regenerative Energien.

Charakteristische Verläufe

- **Reife Branchen** bestehen meist aus spezialisierten Unternehmen. Da das Marktwachstum gering ist, herrscht ein starker Wettbewerb um Marktanteile. Dies lässt die Gewinnmargen schrumpfen und den Kostendruck steigen. Deshalb ist es wichtig, die

Kosten zu analysieren, um unrentable Produkte aus dem Programm zu streichen und sich auf erfolgreiche Produkte zu konzentrieren. Oftmals ist es auch kostengünstiger, die Kontakte zu bestehenden Kunden zu intensivieren, anstatt neue Abnehmer zu suchen (vgl. Kap. 3.3.2.3). Ein Beispiel hierfür ist die Automobilbranche.

- **Schrumpfende Branchen** sind durch Umsatzrückgänge, harten Wettbewerbs- und Rationalisierungsdruck, zunehmende Betriebsstilllegungen sowie eine unsichere Entwicklung der Nachfrage geprägt. Die deutsche Baubranche befindet sich beispielsweise in solch einer Phase. Um die „Endspiel"-Strategie festzulegen, müssen Unternehmen ihre eigene Position bestimmen. Dafür wird die Attraktivität des Verbleibens in der Branche mit der relativen Stärke des Unternehmens verglichen. Rechnet ein Unternehmen mit einer Nachfrageerholung, kann es seine Position halten und einen Verdrängungswettbewerb führen. Ob sich das Unternehmen aus der Branche zurückzieht, hängt auch von der Höhe der Austrittsbarrieren ab. So hat sich z. B. die *Mannesmann AG* zum Rückzug aus der Stahlindustrie entschlossen, während die *ThyssenKrupp AG* eine Phase des Verdrängungswettbewerbs durchstanden hat.

Branchenbezogene Strategien

Branchen mit besonderen **Bedingungen** sind (vgl. *Simon*, 2000, S. 28 ff.):

- **Zersplitterte (fragmentierte) Branchen** sind durch eine Vielzahl kleiner und mittelgroßer Unternehmen gekennzeichnet. Kein Wettbewerber besitzt signifikante Marktanteile. Somit gibt es keinen Branchenführer, der die Struktur der Branche wesentlich beeinflusst. Die Analyse der Gründe für eine Zersplitterung der Branche kann Wege zur Überwindung und Umgestaltung der Branchenstruktur aufzeigen. Ein Beispiel ist die Optik-Branche, die ausgehend von einer hohen Zahl an handwerklich geprägten Optikergeschäften durch die Ausbreitung von Optik-Ketten wie z. B. *Fielmann* komplett verändert wurde. Ein weiteres Beispiel ist das Bäckerhandwerk, bei der viele kleine Familienunternehmen durch Großbäckereien wie z. B. *Kamps* verdrängt wurden.

- **Globale Branchen** sind Wirtschaftszweige, die eine weltweite Position der Wettbewerber erfordern. Weltweiter Wettbewerb setzt voraus, dass in mehreren Ländern ein entsprechendes Nachfragepotenzial für das Produkt existiert. Beispiele hierfür sind die Mobilfunkgeräteindustrie oder Automobilzulieferer.

Eine weitere Betrachtung des **Branchenlebenszyklus** unterscheidet Branchen nach ihren zeitlichen Stadien und Wachstumsraten. In Untersuchungen der Unternehmensberatung *A.T. Kearney* wurde festgestellt, dass eine Branche etwa 25 Jahre benötigt, um sich zu formen, zu konzentrieren, zu verfestigen und ins Gleichgewicht zu kommen (sog. „Endgame"-Stadium). Die globale Wirtschaft zwingt die Unternehmen, sich auf diese Konsolidierung einzustellen und sie erfolgreich zu durchlaufen. Auf dem Weg zur globalen Konsolidierung durchläuft eine Branche folgende **Stadien** (vgl. *Kröger*, 2004, S. 15; www.atkearney.de; Abb. 3.4.11):

Stadien

- **Eröffnung:** Die Entwicklung des Branchenlebenszyklus beginnt mit der Vorbereitung auf die Liberalisierung einer Branche (Zeitpunkt Null). Dabei treten neue Anbieter in die Branche ein. Die Konzentrationsrate der Branche, gemessen als Summe der Marktanteile der drei größten Unternehmen, sinkt. In dieser Phase befinden sich z. B. die Eisenbahnen.

- **Konzentration:** Die Unternehmensgröße gewinnt an Bedeutung. Hauptakteure bilden sich heraus und bereiten sich auf die Konsolidierung vor. Die Konzentrationsrate steigt auf etwa 45 Prozent. Es ist ein Trend zu globalen Branchen, wie z. B. im Pharmabereich, zu erkennen.

- **Verfestigung:** Erfolgreiche Unternehmen erweitern ihr Kerngeschäft und stoßen zweitrangige Bereiche ab. Durch Größenvorteile versuchen sie, die Konkurrenten zu überholen und abzuhängen. Die Verfestigungsphase entspricht etwa der Reife-Phase im Produktlebenszyklus. Ein Beispiel ist die Automobilbranche.
- **Gleichgewicht:** Wenige Unternehmen beherrschen die Branche. Sowohl in der Zigarettenindustrie, als auch in der Ölindustrie regieren die Branchenriesen. Da weitere Fusionen in diesem Stadium schwierig sind, bilden die großen Unternehmen Allianzen. Die Konzentrationsrate kann auf über 80 Prozent steigen.

Für die einzelnen Phasen gelten unterschiedliche Voraussetzungen und Handlungsempfehlungen. Unternehmen sind umso erfolgreicher, je besser sie diese Gebote kennen und befolgen. Nach einer Studie von *Kröger* und *Deans* (vgl. *Kröger/Deans*, 2004, S. 19) haben sich langfristig erfolgreiche Unternehmen daran orientiert, ihre Branche eindeutig und planmäßig zu konsolidieren. Beispiele sind *John Deere, Procter&Gamble* und *Pfizer*, welche auf diese Weise hohe Umsatz- und Wertsteigerungen erzielen konnten. Allerdings ist die Messung der Marktanteile nicht klar definiert. In den wenigsten Fällen liegt eine verlässliche Messung der Umsätze und Absätze der wesentlichen Akteure einer Branche vor. Zudem kann es schwierig sein, die drei größten Unternehmen der Branche zu ermitteln. Dies ist beispielsweise der Fall, wenn viele Unternehmen ähnliche Umsätze aufweisen. Abb. 3.4.11 ordnet einige Branchen in die sog. Endgames-Kurve ein.

Praxis-beispiele

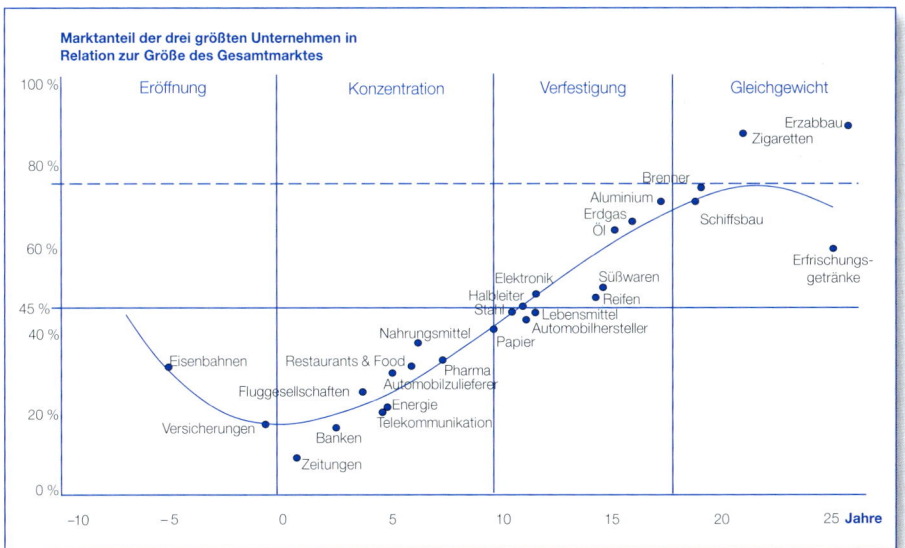

Abb. 3.4.11: Branchenlebenszyklus (vgl. www.atkearney.de)

Wettbewerbsstrategische Überlegungen bestehen nicht nur darin, sich die richtige Branche auszusuchen und die dortigen Wettbewerbskräfte besser zu kennen als die Konkurrenz. Unternehmen können diese Kräfte auch aktiv beeinflussen. Im Gegensatz zur traditionellen Industrieökonomik, die das Verhalten der Unternehmen überwiegend als Reaktion auf die Branchenstruktur betrachtet, betont die moderne Industrieökonomie die Gestaltungsmöglichkeiten der Unternehmen durch eine effektive **Wettbewerbsstrategie**. Um die Attraktivität einer Branche zu steigern, können Unternehmen z. B. potenzielle Allianzpartner zur Verbesserung der Wettbewerbssituation für sich

Wettbewerbsstrategische Überlegungen

3 Strategische Unternehmensführung

gewinnen und dann gemeinsam einen Wettbewerber verdrängen. So erklärt sich z. B. die Allianzbildung in der Luftfahrtindustrie.

Hybride Strategien
Die oben genannten generischen Wettbewerbsstrategien von *Porter* besitzen in vielen Branchen nach wie vor eine hohe Bedeutung. Doch umfassen sie heute nicht mehr alle Dimensionen von Wettbewerbsstrategien. Eine erste Erweiterung bilden die sog. **hybriden Wettbewerbsstrategien**. Sie gehen nicht mehr davon aus, dass sich Unternehmen kompromisslos entweder auf Kostenführerschaft oder Differenzierung konzentrieren müssen, um erfolgreich zu sein. Vielmehr kann es auch Unternehmen geben, die gleichzeitig sowohl eine Kostenführerschaft als auch eine Differenzierung erreichen (vgl. *Gaitanides/Westphal*, 1991, S. 247 ff.) Abb. 3.4.12 zeigt das daraus entstehende Spektrum an Wettbewerbsstrategien.

Breite & Segmentierung des Wettbewerbsfeldes	Dimension und Stärke der Wettbewerbsvorteile			
	Hoher Wert in keiner Dimension	Hoher Wert in einer Dimension		Hoher Wert in beiden Dimensionen
	Kein Vorteil	Kostenvorteil	Differenzierungsvorteil	Kostenvorteil & Differenzierung
Gesamtmarkt	„stuck in the middle"	Kosten-/Preisführerschaft	Differenzierung	Simultane Strategie
Konzentration auf verschiedenartige Segmente		**Hybride Segmentierung**		
Konzentration auf gleichartige Segmente		Kosten-/Preis-Fokus	Differenzierungs-Fokus	Simultan-Fokus

Abb. 3.4.12: Übersicht hybrider Wettbewerbsstrategien (in Anlehnung an Corsten/Will, 1992, S. 4 ff.)

Um einen simultanen Wettbewerbsvorteil zu erreichen, werden die Vorteilsdimensionen Differenzierung und Kosten meist in zeitlicher Abfolge aufgebaut und eine sog. **Outpacing-Strategie** verfolgt. Dabei können zwei **Varianten** unterschieden werden (vgl. *Gilbert/Strebel*, 1986, S. 4 ff.; *Zahn/Dillerup*, 1994, S. 39; Abb. 3.4.13):

Präventives Outpacing
- **Präventives Outpacing:** Unternehmen streben zunächst als Innovator eine Produktdifferenzierung an. Ausgehend von dieser Position versuchen sie, durch Produktstandardisierung zusätzlich zu einer Kostenführerschaft zu gelangen. Um eine überlegene Kostenposition zu erreichen, sind jedoch ausreichend hohe Stückzahlen erforderlich. Ein Beispiel hierfür ist die *Volkswagen AG*, die in der strategischen Gruppe „Golf-Klasse" Differenzierungsführer ist. Gleichzeitig wird daran gearbeitet, sich durch hohe Fertigungsmengen sowie Plattformkonzepten zur Vereinheitlichung von Komponenten und Prozessen auch zu einem Kostenführer zu entwickeln (vgl. Kap. 5.4). Dies erfolgt präventiv, um sich vor Angriffen von Wettbewerbern mit einer günstigeren Kostenstruktur zu schützen. Allerdings ist dieser eher europäische Weg des Outpacing mit Schwierigkeiten behaftet. Ein differenziertes Produkt kostengünstiger zu gestalten ist eine Herausforderung, wie das Beispiel *Volkswagen* auch zeigt.

Proaktives Outpacing
- **Proaktives Outpacing:** Ausgehend von einer Kostenführerschaft wird durch Produkterneuerungen zunehmend eine Differenzierung der Produkte vorgenommen. Dabei werden die Produktverbesserungen der Innovatoren nachvollzogen. Sofern

noch Differenzierungspotenziale vorhanden sind und diese auch von den Kunden honoriert werden, kann dies proaktiv erfolgen. Auf diese Weise soll entweder auf noch preiswertere Konkurrenten reagiert oder Differenzierungsführer angegriffen werden. Ein Beispiel für diese typisch asiatische Version des Outpacing ist *Toyota*. Aufgrund des berühmten *Toyota*-Produktionssystems verfügt das Unternehmen über die günstigste Kostenstruktur der Automobilbranche. Im Laufe der Zeit wurde die Produktqualität der Fahrzeuge Schritt für Schritt verbessert. Zudem tritt das Unternehmen mit der Serienfertigung von Hybridfahrzeugen auch als Innovator auf.

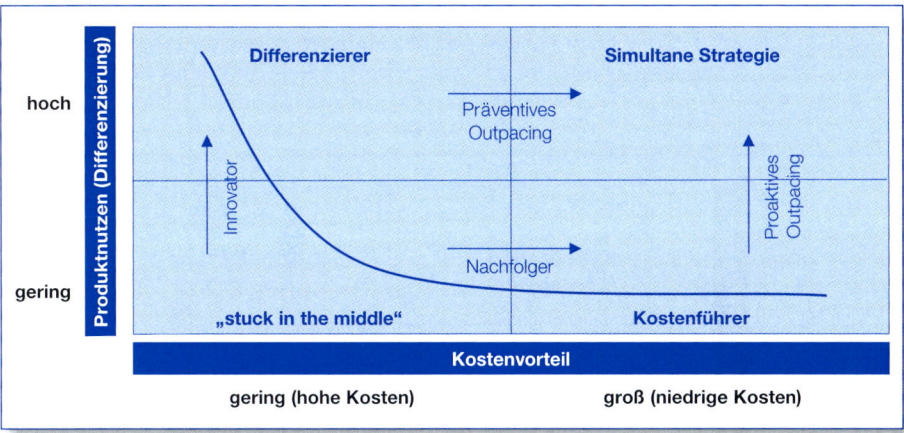

Abb. 3.4.13: Outpacing-Strategien (in Anlehnung an Reitsperger et al., 1993, S. 11)

Um Outpacing-Strategien erfolgreich umzusetzen, sind ausgezeichnete Branchenkenntnisse erforderlich und das Unternehmen muss die kritische Phase der Erweiterung der Vorteilsdimensionen beherrschen. Nach der bisherigen Konzentration auf einen Wettbewerbsvorteil, ist nun die Aufmerksamkeit auf zwei Dimensionen zu richten. Der bestehende Vorteil darf dabei nicht verloren gehen und das Unternehmen dadurch in eine „Stuck in the Middle"-Situation gelangen. Zudem ist der optimale Zeitpunkt für einen Wechsel der Strategie festzulegen. Dies kann durch eine räumliche Entkopplung geschehen, indem in einigen Märkten eine Kostenführerschaft verfolgt wird und in anderen an einer Differenzierung gearbeitet wird. So sind z. B. japanische Automobilhersteller im Heimatmarkt als Differenzierer aufgetreten, während auf den Exportmärkten anfänglich eine Kostenführerschaftsstrategie verfolgt wurde.

Umsetzung

Wettbewerbsstrategien lassen sich aber nicht nur bezüglich der verfolgten Wettbewerbsvorteile, sondern auch durch die Wahl der **Kooperationsausrichtung** erweitern. Im Wettbewerbsumfeld lassen sich vielfältige Formen des Zusammenwirkens von Marktteilnehmern unterscheiden. Die **Beziehungen** zwischen den Marktteilnehmern können dabei unterschiedlich sein (vgl. *Brandenburger/Nalebuff*, 1996, S. 82 ff.; Abb. 3.4.14)

Kooperationsausrichtung

Beziehungstypen

- **Monopol:** Eine Monopolsituation ist durch geringe Kooperations- und Wettbewerbsorientierung geprägt, da es keine Konkurrenten gibt. Zur Absicherung einer Monopolrente kann eine Wettbewerbsstrategie lediglich auf die Vermeidung von Substitutionsgefahren und die Absicherung der Branchenstrukturen gerichtet sein. Beispiel hierfür sind kommunale Wasserversorgungsunternehmen.
- **Wettbewerb** (Competition): Unternehmen, die nicht miteinander kooperieren, stehen in einer reinen Konkurrenzbeziehung. In einer solchen Situation sind generische oder

mehrdimensionale Wettbewerbsstrategien erforderlich. Beispiele sind Getränkeanbieter wie *Coca Cola* und *Pepsi*.

- **Kooperation** (Cooperation): In diesem Fall versuchen die Partner, durch Zusammenarbeit gemeinsam gegenüber ihren anderen Konkurrenten Wettbewerbsvorteile zu erzielen. Kooperationen sind zweckmäßig, wenn die Partner gleiche Interessen verfolgen und sich ihre Fähigkeiten in einer Kooperation ergänzen. Ein Beispiel ist die Zusammenarbeit zwischen *Intel* und *Microsoft*. Kooperationsstrategien werden in Kap. 5.3 vertieft.
- **Koopkurrenz** (Co-option): Unternehmen können zu anderen Marktteilnehmern sowohl kooperative als auch konkurrierende Beziehungen aufweisen. So stehen z. B. im Luftverkehr Fluggesellschaften beim Verkauf von Tickets im Wettbewerb, während sie bei Dienstleistungen wie Wartung, Verpflegung oder Bodendienste kooperieren.

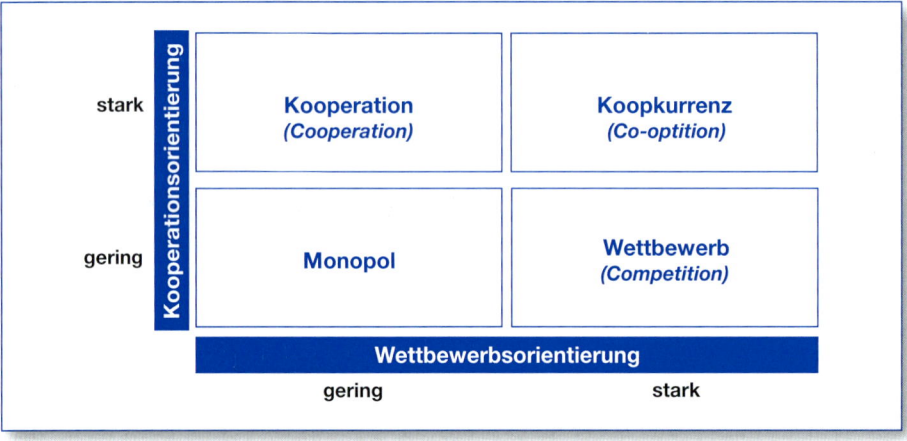

Abb. 3.4.14: Wettbewerbsstrategien im Koopkurrenz-Modell (in Anlehnung an Brandenburger/Nalebuff, 1996, S. 83 ff.)

Das Wettbewerbsumfeld eines Unternehmens wird im Koopkurrenz-Modell durch das Zusammenspiel der anderen Marktteilnehmer mit dem eigenen Unternehmen beschrieben. Ausgehend von der Spieltheorie (vgl. Kap. 1.2) werden vier Arten von Marktteilnehmern unterschieden, die das Wettbewerbsumfeld prägen: Kunden, Lieferanten, Konkurrenten sowie sog. Komplementoren (vgl. *Hungenberg*, 2011, S. 110 f.). Komplementoren sind jene Unternehmen, deren Produkte die des eigenen Unternehmens ergänzen oder erweitern. Sie können eine hohe Bedeutung für die Wettbewerbsfähigkeit eines Produktes ausüben. Im Falle von Computerspielekonsolen, wie z. B. *Playstation* oder *Xbox*, sind solche Komplementoren die Spielehersteller, wie z. B. *Blizzard* oder *Electronic Arts*. Die Anzahl und Qualität der für die jeweilige Spielekonsole angebotenen Programme entscheidet über deren Verkaufserfolg.

Häufig übernehmen Unternehmen allerdings gleichzeitig unterschiedliche Rollen in einer Koopkurrenz-Situation. In der Luftfahrtbranche sind z. B. Fluggesellschaften wie *Lufthansa* und die Partner der *Star Alliance* Konkurrenten um Passagiere oder Landerechte und Kooperationspartner in Beziehung zu ihren Kunden und bei der Bereitstellung von Flugverbindungen. Koopkurrenz-Strategien sind wie auch die generischen Wettbewerbsstrategien besonders für langsam wachsende oder stagnierende Branchen geeignet (vgl. *Hungenberg*, 2011, S. 113). In Branchen mit hoher Wettbewerbsdynamik versprechen dagegen dynamische Strategien (vgl. Kap. 3.4.2.4) mehr Erfolg.

Komplementoren werden nicht nur im Koopkurrenz-Modell betont, sondern können auch als sechste Wettbewerbskraft in die Branchenstrukturanalyse einbezogen werden (vgl. *Hill/Jones*, 2008, S. 91). Sie sind auch eine zentrale Erklärungsgröße im **Delta-Modell**. Demnach stehen folgende **Wettbewerbsstrategien** zur Verfügung (vgl. *Hax/Wilde*, 1999, S. 12 ff.; Abb. 3.4.15):

Delta-Modell

- **Produktorientierte Strategien:** Hierbei handelt es sich um die klassischen generischen Wettbewerbsstrategien, wonach sich Produkte entweder durch eine Kostenführerschaft oder durch ihre Einzigartigkeit (Differenzierung) auszeichnen.

Produktorientiert

- **Kundenorientierte Strategien (Kundenlösungsstrategie):** Unternehmen streben nicht das beste Produkt an, sondern spezialisieren sich auf umfassende, spezifische Kundenlösungen. Damit wird der Wettbewerbsfokus vom Produkt auf die Kunden verlagert. Aus einer Kombination mehrerer Teillösungen wird für den Kunden ein Mehrwert geschaffen, wobei keine der Teillösungen über eine besonders günstige Kostenstruktur oder Einzigartigkeit verfügen muss. Kundenspezifischer Mehrwert wird durch die Kombination der Leistungen erreicht, wodurch die Bedürfnisse eines Kunden besonders umfassend abgedeckt werden. Eine möglichst enge Integration der Leistungen in die Wertkette des Kunden, spezialisierte Schnittstellen, Kenntnis der Kundenbedürfnisse und gemeinsame Produktentwicklungen ermöglichen derartige kundenbezogene Wettbewerbsvorteile.

Kundenorientiert

Kundenorientierte Strategie der Würth Industrie Service GmbH & Co. KG

Die *Würth Industrie Service GmbH & Co. KG* ist als eigenständiges Tochterunternehmen innerhalb der *Würth-Gruppe* für die Belieferung von Industriekunden mit modular aufgebauten C-Teile-Systemlösungen verantwortlich. Am Standort Bad Mergentheim befindet sich auf einem Areal von über 122 Hektar das modernste Logistikzentrum für Industriebelieferung in Europa.

Im Rahmen einer kundenorientierten Strategie bietet das Unternehmen seinen Kunden auf deren spezifische Bedürfnisse individuell zugeschnittene logistische Beschaffungsdienstleistungen. Das Geschäftsmodell als umfassender C-Teile-Partner beinhaltet z. B. scannerunterstützte Regalsysteme, automatisierte elektronische Bestellsysteme oder eine Just-in-time-Versorgung mittels Kanban-Behältersystemen. Die Belieferung der Kunden erfolgt immer direkt an die Fertigungslinie in die Produktion. Ein spezialisiertes Sortiment aus mehr als einer Million Artikeln bildet die Basis für die industrielle C-Teile-Abwicklung. Die Artikel umfassen DIN- und Normteile, Verbindungs- und Befestigungselemente, Hilfs- und Betriebsstoffe sowie auf die Kundenanforderungen zugeschnittene Sonder- und Zeichnungsteile.

Den Kunden wird eine Komplettlösung aus kontinuierlicher Prozessoptimierung, maximaler Versorgungssicherheit sowie hoher Sicherheit der System- und Produktqualität geboten. Weltweite Ansprechpartner in mehr als 45 Gesellschaften und Ländern sorgen für eine flächendeckende, persönliche Beratung beim Kunden und eine reibungslose Projektumsetzung auf einem international einheitlich hohen Qualitätsstandard. Die *Würth Industrie Service GmbH & Co. KG* kann bspw. durch Skaleneffekte, Volumenbündelung im Einkauf und moderne Lagertechnik Wettbewerbsvorteile erzielen.

- **Systemorientierte Strategien (Strategie systemischer Wettbewerbsvorteile):** Wettbewerbsvorteile werden nicht über das beste Produkt oder eine kundenspezifische Lösung erreicht, sondern durch die Verlagerung des Wettbewerbs auf Produktsysteme.

Systemorientiert

3 Strategische Unternehmensführung

Ausschlaggebend ist nicht mehr die Leistungsfähigkeit eines Produktes. Es kommt vielmehr auf die Summe aus der Leistung des Unternehmens und der Leistungen der Komplementoren an. Diese verkaufen Produkte, die mit der Leistung des Unternehmens in Verbindung stehen und diese ergänzen oder erweitern. Ein Beispiel für derartige Produktsysteme bei Computerherstellern ist das Betriebsystem *Windows* von *Microsoft*. Die Systemanbieter stellen dabei Infrastruktur bereit und sorgen für die Leistungsfähigkeit des Gesamtsystems. Das Gesamtsystem ist aus Kundensicht dann attraktiv, wenn eine Vielzahl an ergänzenden Produkten und Dienstleistungen vorhanden ist. Daher ist es eine zentrale Aufgabe des Systemanbieters, möglichst viele Komplementäre zu integrieren (Complementor lock-in). Dazu sind diese gezielt anzuwerben, deren Investitionsbedarf möglichst gering zu halten, Schnittstellen bereit zu stellen und eine offene Systemarchitektur zu gewährleisten. Auf diese Weise entsteht ein Wettbewerb von Systemen, die jeweils über eigene Standards verfügen. Kann ein Standard am Markt durchgesetzt werden, dann lassen sich auch viele Komplementoren gewinnen. Dies ist z.B *Microsoft* gelungen, das nahezu eine Monopolstellung im Bereich der PC-Betriebssysteme aufbauen konnte. Dies gelang zunächst dadurch, dass *Microsoft* als Komplementor von *IBM* auftrat, der das Betriebssystem von *Microsoft* auf seinen Rechnern installierte. Auf diese Weise konnte das Betriebssystem sich als Standard etablieren. Die Hersteller von Anwendungssoftware waren somit gezwungen, ihre Programme auf dieses Betriebssystem auszurichten und agierten damit als Komplementoren von *Microsoft*. Dadurch wurde dessen Marktstellung weiter gestärkt. Eine erfolgreiche System-Strategie erfordert ebenfalls den Ausschluss der Wettbewerber (Competitor lock-out). Dazu ist das Produktsystem gegen Nachahmung zu schützen und die Wechselkosten sowohl für Komplementoren als auch für die Kunden möglichst hoch zu halten. So ist zwar das PC-Betriebsystem *Windows* eine offene Plattform für Anwendungssoftware, doch ist der Quellcode streng geheim. Zudem sind die Wechselkosten für Softwareanbieter und Kunden zu anderen Betriebssystemen wie z. B. *Linux* hoch genug, um die Dauerhaftigkeit des Wettbewerbsvorteils von *Microsoft* zu gewährleisten. Kunden müssten sich beispielsweise bei einem Wechsel in das neue Programm einarbeiten und könnten ihre Daten eventuell nicht mehr weiterverwenden oder mit ihren Geschäftspartnern austauschen (Customer lock-in). Die Softwareanbieter müssten hohe Investitionen aufbringen, um ihre Programme auf die neue Systemumgebung anzupassen. Der bisherige Marktanteil von *Linux* rechtfertigt diese Investitionen jedoch nur in seltenen Fällen.

Systemorientierte Strategie von Apple

Mit Hilfe einer systemorientierten Strategie ist es auch *Apple* gelungen, mit dem *iPhone* im Rekordtempo die Branche der Smartphones zu revolutionieren. Obwohl erst im Jahr 2007 eingeführt, erreichte das *iPhone* im Jahr 2010 bereits einen dominierenden Marktanteil von knapp einem Drittel gemessen am weltweiten Umsatz. Entscheidend ist dabei nicht etwa ein technologischer Vorsprung, sondern eher die besondere Bedienerfreundlichkeit, markantes Design und insbesondere die Zahl der sog. Apps. „App" ist die englische Kurzform für Application und bezeichnet kleine Anwendungsprogramme. Diese können im Internet heruntergeladen werden und erhöhen damit den Wert des Gesamtsystems *iPhone*. Die angebotenen Programme stammen zu einem großen Teil von Drittfirmen und freien Programmierern, für welche *Apple* kostenlos eine Entwicklungsumgebung zur Verfügung stellt und die nach einer Überprüfung durch *Apple* im sog. App-Store vertrieben werden. Ende 2012 standen bereits über 700.000 verschiedene Apps für unzählige Anwendungsbereiche zur Verfügung.

Innovations- Eine besondere Art von Wettbewerbsstrategien ist die Differenzierung durch eine **In-**
strategie **novationsstrategie** (vgl. *Müller-Stewens/Lechner*, 2011, S. 401 ff.). Innovationen sind Neue-

3.4 Strategien

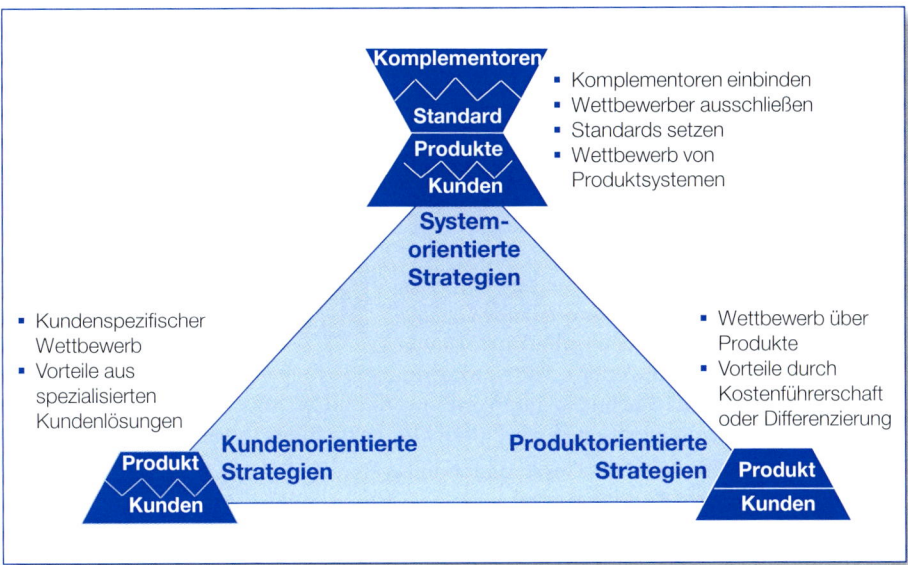

*Abb. 3.4.15: Delta-Modell der Wettbewerbsstrategien
(in Anlehnung an Hax/Wilde, 1999, S. 12 ff.)*

rungen und leiten sich vom lateinischen Verb innovare (erneuern) ab. Sie beginnen mit einer Erfindung (Invention). Solche neuen Ideen können zufällig oder aktiv aus kreativen Prozessen entstehen. Forschendes Suchen nach neuen Erkenntnissen oder der Lösung eines Problems führt zu neuen Ideen. Diese Inventionen werden dann zu einem Konzept weiterentwickelt und Machbarkeitsprüfungen durchgeführt. Dies kann innerhalb eines Unternehmens (geschlossene Innovation) oder unter Integration und Nutzung externer Informationen und Kompetenzen von Lieferanten, Kunden oder anderen Partnern (offene Innovation) stattfinden. Von Innovation im ökonomischen Sinne wird erst dann gesprochen, wenn eine Neuerung erfolgreich im Markt aufgenommen wurde (Diffusion). Eine solche Neuerung kann sowohl absolut neu im Sinne einer Weltneuheit als auch subjektiv neu aus Sicht eines einzelnen Unternehmens, Kunden, Mitarbeiters etc. sein (vgl. *Hauschildt/Salomo*, 2007).

> **Innovationen** sind Erfindungen, aus denen neue Produkte, Dienstleistungen oder Verfahren hervorgehen, die sich erfolgreich im Markt durchsetzen.

Innovationen können sich auf Produkte, Technik, Service, Design oder das Geschäftsmodell beziehen. Sie können zu Monopolstellungen führen, aus denen temporäre Wettbewerbsvorteile entstehen. Sie ermöglichen dadurch eine sog. Pionierrente, die sich aufgrund von Produktivitätsvorteilen durch Verfahrensinnovationen oder Preisprämien aufgrund von Produktinnovationen erzielen lässt.

Innovationen in Märkten und Leistungen können auch durch das Konzept der **Blue Ocean-Strategie** von *Kim* und *Mauborgne* entwickelt werden (vgl. *Kim*, 2004, S. 70 ff.; *Kim*, 2005). Basierend auf empirischen Studien haben sie mehr als 100 Fallbeispiele von Unternehmen untersucht, die neue ungenutzte Märkte erschlossen haben und dadurch dem

Blue Ocean-Strategie

bisherigen Wettbewerb entgehen konnten. Diese Strategie wurde zunächst aufgrund des Differenzierungsnutzens von Innovationen als „Value Innovation" bezeichnet. Die Blue Ocean-Strategie geht davon aus, dass erfolgreiche Unternehmen sich nicht am Wettbewerb orientieren, sondern durch Innovationen neue Märkte schaffen. Erfolgreiche Innovationen beruhen dabei weniger auf technologischen Neuerungen, sondern vielmehr auf einer neuartigen Gestaltung des Gesamtangebots, wie z. B. einer Neudefinition des Marktes oder des Kunden. „Ozean" steht dabei für den Markt. Blaue Ozeane (Blue Oceans) sind danach unberührte, neue Märkte, in denen es wenig oder keine Konkurrenz gibt. Rote Ozeane (Red Oceans) sind hingegen gesättigte Märkte mit hartem Wettbewerb und geringem Differenzierungspotenzial. Es gibt folgende **Optionen zur Entwicklung von Blue Ocean-Innovationen**:

- **Eliminierung:** Faktoren des Geschäftsmodells oder des Produkts werden weggelassen, um veränderte Kundenerwartungen zu erfüllen. So wird z. B. bei *Starbucks* nicht am Tisch bedient. Die Bedienung im Lokal entfällt.
- **Reduzierung:** Radikale Kürzung der Leistungen, um eine zu starke Differenzierung abzubauen, welche die Kosten in die Höhe treibt oder die Kunden überfordert. Bei *Starbucks* werden die angebotenen Speisen stark standardisiert und darüber findet keine Differenzierung statt.
- **Steigerung:** Elemente des Produkts über den Marktstandard anheben. Im Falle von *Starbucks* ist dies z. B. der freie Internetempfang in jedem Lokal.
- **Kreierung:** Neuerfindung von Komponenten eines Produkts. Bei *Starbucks* wird das Kaffeeangebot durch eine sehr große Auswahl an Kaffeesorten und Kombinationsmöglichkeiten neu definiert.

Beispiele für Blue Ocean-Strategien

Die Billigfluglinie *Ryanair* schuf einen neuen Markt, indem sie die Flugpreise drastisch reduziert, differenzierende Dienstleistungen gestrichen sowie Check-In-Zeiten und Abflugfrequenzen verbessert hat. Die Kunden wurden neu definiert, denn es sind nicht mehr primär Geschäfts- oder Urlaubsreisende, sondern Menschen, die im Alltag von A nach B kommen wollen. Die Preise sind mit der Fahrt mit Bahn oder PkW vergleichbar, allerdings ist die Reisegeschwindigkeit mit dem Flugzeug erheblich höher.

Ähnlich radikal hat sich der Zirkus *Cirque du Soleil* aus Montréal/Kanada einen neuen Markt geschaffen. Anders als in einem konventionellen Zirkus wird auf Tierdressuren verzichtet und stattdessen auf spektakuläre Artistik, opulentes Theater, fantasievolle Bühnenbilder und Livemusik gesetzt. Zielgruppe sind nun nicht mehr Familien mit Kindern, sondern vornehmlich Erwachsene. Dadurch hat sich der *Cirque du Soleil* zu einem Entertainment-Unternehmen mit weltweit 1.300 Artisten aus fast 50 Ländern und insgesamt über 5.000 Mitarbeitern entwickelt.

3.4.2.2 Marktstrategien

Basierend auf der Analyse der relevanten Märkte einer Branche (vgl. Kap. 3.3.2.3) werden Strategien für die bearbeiteten Märkte entwickelt. Dabei können eine Reihe von Portfolio-Techniken Hilfe leisten (vgl. Kap. 3.4.1.3). Das älteste und bekannteste Instrument ist das **Produkt-Markt-Portfolio** von *Ansoff* (1965) zur Ableitung von **Wachstumsstrategien**

3.4 Strategien

(vgl. blaue Felder in Abb. 3.4.16). Produkte und Märkte werden dabei danach beurteilt, ob sie durch das Unternehmen bereits hergestellt bzw. beliefert werden oder nicht. Daraus ergeben sich folgende vier **Wachstumsstrategien** (vgl. *Ansoff*, 1965; *Müller-Stewens/ Lechner*, 2011, S. 254 ff.):

Wachstumsstrategien

- **Marktdurchdringung** (Penetration): Intensivere Bearbeitung des gegenwärtigen Marktes mit den vorhandenen Produkten. Die strategische Stoßrichtung zielt auf eine Ausweitung des Marktanteils. Dies kann erfolgen durch:

    Marktdurchdringung

    - **Absatzsteigerung bei bestehenden Kunden,** z. B. wird von einer Zoohandlung bei Aquarienbesitzern durch Werbung der Wunsch nach neuen Zierfischen geweckt.
    - **Kundengewinnung von der Konkurrenz:** Schwächen der Wettbewerber werden ausgenutzt bzw. Kunden durch Prämien oder Preisnachlässe zu einem Anbieterwechsel veranlasst. Beispielsweise erhalten die Kunden beim Abschluss eines neuen Mobilfunkvertrags ein kostenloses Mobiltelefon.
    - **Gewinnung potenzieller Kunden:** Erschließung des ungenutzten Marktpotenzials im relevanten Markt. Beispielsweise könnte bei den bisherigen Kunden der Wunsch nach einem zweiten Mobiltelefon geweckt werden.

    Ist eine Marktdurchdringung nicht möglich bzw. sinnvoll und die gegenwärtige Marktsituation nicht zufrieden stellend, so empfiehlt sich ein Rückzug aus dem Marktsegment.

- **Produktentwicklung:** Entwicklung neuer Produkte für den bestehenden Markt. Die Produktentwicklung ist mit Risiken behaftet, weshalb diese strategische Stoßrichtung stets durch eine Marktdurchdringung ergänzt werden oder auf diese folgen sollte. Im Beispiel der Mobiltelefone könnte das Produktangebot durch unterschiedliche Klingeltöne oder Zubehör erweitert werden.

    Produktentwicklung

- **Marktentwicklung:** Erschließung neuer Märkte mit bestehenden Produkten. Auch bei dieser strategischen Stoßrichtung ist das Risiko größer als bei einer Marktdurchdringung, da der bisherige Markt verlassen wird. Folgende Möglichkeiten stehen dabei zur Verfügung:

    Marktentwicklung

    - **Neue Abnehmergruppen** durch Erweiterung des Marktes erschließen. Im Beispiel der Mobiltelefone könnte der Handel auf den gewerblichen Bereich ausgedehnt werden.
    - **Neue Distributionskanäle** entwickeln, indem z. B. dieselbe Zielgruppe eines Produktes über einen anderen Vertriebskanal angesprochen wird. So könnten die Mobiltelefone nicht nur in Fachmärkten, sondern auch über das Internet vertrieben werden.
    - **Geographische Erweiterung** der Märkte, z. B. durch Ausdehnung des Handels auf andere europäische Länder.

- **Diversifikation:** Mit neuen Produkten sollen neue Märkte erobert werden. Dies beinhaltet sowohl Markt- als auch Produktrisiken und ist deshalb die riskanteste strategische Stoßrichtung. Sie bietet sich an, wenn ein Unternehmen außerhalb seiner Tätigkeitsfelder auf eine viel versprechende Marktchance stößt, die mit den Stärken des Unternehmens vereinbar ist. Nach der Stellung in der Wertschöpfungskette lassen sich folgende Formen der Diversifikation unterscheiden:

    Diversifikation

    - **Horizontale Diversifikation:** Ausweitung auf Märkte der gleichen Wertschöpfungsstufe. So könnte z. B. ein Mobiltelefonhändler eine Buchhandlung eröffnen.
    - **Vertikale Diversifikation:** Ausweitung auf Märkte einer vor- bzw. nachgelagerten Wertschöpfungsstufe. Beispielsweise könnte der Mobiltelefonhändler als vorge-

lagerte Diversifikation Rasierapparate herstellen bzw. als nachgelagerte Diversifikation eine Fernsehreparaturwerkstatt eröffnen.

– Als **laterale (konglomerate) Diversifikation** wird eine Ausweitung auf Tätigkeitsbereiche bezeichnet, die in keinem Zusammenhang mit den derzeitigen Produkten, Fertigungstechniken und Märkten stehen. Sie hat keinerlei Bezug zur bisherigen Wertschöpfungskette und ist deshalb die riskanteste Form der Diversifikation. Für den Mobiltelefonhändler wäre das z. B. die Eröffnung eines Fast-Food-Restaurants.

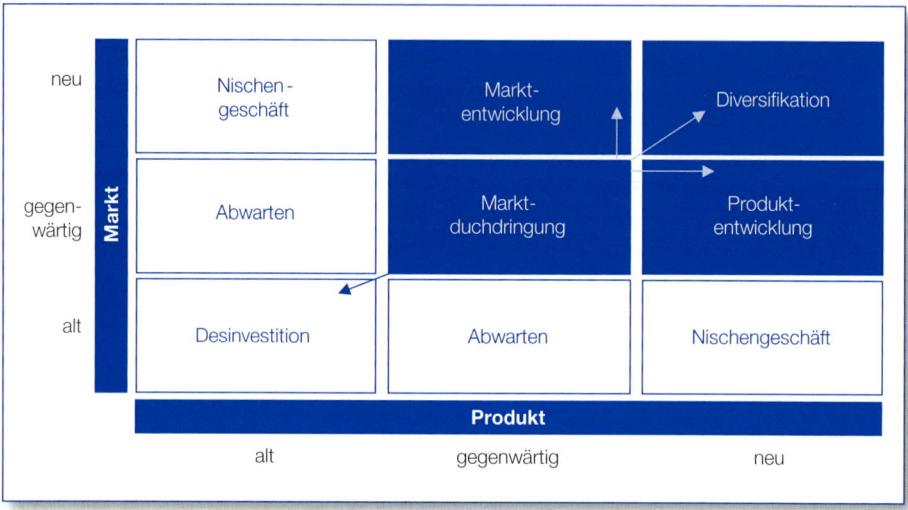

Abb. 3.4.16: Erweitertes Produkt-Markt-Portfolio
(vgl. Ansoff, 1965; Müller-Stewens/Lechner, 2011, S. 255)

Neben dieser klassischen Einteilung des **Produkt-Markt-Portfolios** ist der Einbezug der zusätzlichen Kategorie alte Märkte bzw. Produkte sinnvoll (vgl. weiße Felder in Abb. 3.4.16). Diese bilden Nischengeschäfte bzw. schrumpfende Geschäfte ab, welche das Wachstum bzw. die Rentabilität eines Unternehmens negativ beeinflussen können. Daher sind diese Kategorien im Sinne einer ausgewogenen Portfoliobetrachtung mit einzubeziehen.

Gap-Analyse Ein Instrument zur Untersuchung eines Bündels an Strategiealternativen ist die **strategische Lückenanalyse** (GAP-Analyse; vgl. *Welge/Al-Laham*, 2012, S. 414). Dabei wird die unter gegebenen Umständen zu erwartende Entwicklung einer Größe mit dem angestrebten Ziel verglichen. Beispiele für solche Zielgrößen sind Umsatz, Gewinn, Deckungsbeitrag oder Wertbeitrag. Die Ziele können sich dabei auf das Unternehmen, auf Produktgruppen, Produktlinien oder Geschäftsbereiche beziehen (vgl. *Munari*, 2006, S. 437). Die festgestellte Lücke wird in einen operativen und einen strategischen Bereich aufgeteilt. Der operative Bereich kann durch verbesserte Ausschöpfung bestehender Erfolgspotenziale im Rahmen der operativen Unternehmensführung geschlossen werden. Hierunter fallen die Maßnahmen der Marktdurchdringung wie z. B. Werbeaktionen oder die Erhöhung der Produktivität. Die verbleibende strategische Lücke erfordert dagegen neue Strategien. Die Lückenanalyse macht deutlich, welche strategischen Alternativen miteinander zu kombinieren sind, um ein vorgegebenes Ziel zu erreichen. Am Beispiel einer Marktstrategie kann die Lücke durch Expansionsstrategien der Produkt- oder

Marktentwicklung sowie durch Diversifikation geschlossen werden. Abb. 3.4.17 zeigt ein Beispiel für die strategische Lückenanalyse.

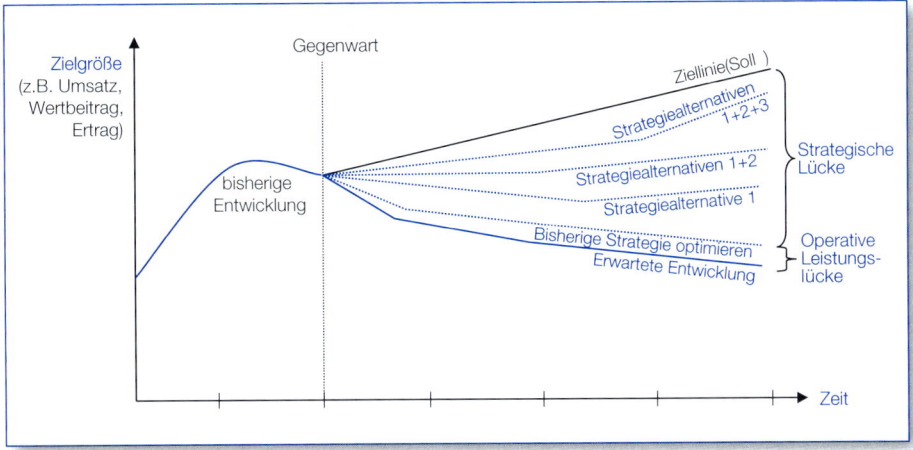

Abb. 3.4.17: Strategische Lückenanalyse (in Anlehnung an Baum et al., 2011, S. 18)

Ist die Zielwirksamkeit aller Strategiealternativen beurteilt, dann ist eine **Auswahlentscheidung** (Strategic Choice) zu treffen. Dabei werden die Alternativen mit der bestmöglichen Zielerreichung ermittelt (vgl. *Hungenberg*, 2011, S. 265). Das Vorgehen ist mit der Festlegung der Unternehmensziele vergleichbar und wurde bereits in Kap. 2.4.3 beschrieben. Die Auswahl von Strategien aus einer Anzahl möglicher Alternativen gehört somit zu jedem wirtschaftlichen Handeln. Sie schafft Klarheit darüber, was strategisch erreicht werden soll. Dies mobilisiert die Fähigkeiten und Kräfte eines Unternehmens und soll Orientierung und Ansporn für jeden einzelnen Mitarbeiter geben. Die Ergebnisse der Strategieauswahl sind verabschiedete Strategiepläne mit Maßnahmen, Terminen, Verantwortlichen und Kosten.

Auswahlentscheidung

Marktstrategien lassen sich auch aus dem Produktlebenszyklus (vgl. Kap. 3.3.1) ableiten. Die Beratungsgesellschaft *Boston Consulting Group* (BCG) entwickelte dazu das in Abb. 3.4.18 dargestellte **Marktwachstums-Marktanteils-Portfolio**. Es wird auch als BCG-Matrix bezeichnet und bietet je nach Positionierung des Geschäftsfelds im Portfolio unterschiedliche Normstrategien als Handlungsempfehlung an. Das Marktwachstum dient dabei als Indikator für die Phase des Produkt-Lebenszyklus, in dem sich das Produkt befindet. Der relative Marktanteil, als Quotient aus dem Marktanteil des Geschäftsfelds zum Marktanteil seines stärksten Konkurrenten, drückt die Marktstellung des Unternehmens aus. Damit verbunden sind auch Größenvorteile aufgrund von Erfahrungskurveneffekten (vgl. Kap. 3.3.1). Aus den beiden Dimensionen ergeben sich vier **Felder** (vgl. *Bruhn*, 2012, S. 71; *Welge/Al-Laham*, 2012, S. 477 f.):

BCG-Matrix

- **Fragezeichen** (Question marks) bezeichnen Geschäftsfelder in einem stark wachsenden Markt, in denen das Unternehmen jedoch nur über eine schwache Position verfügt. Normalerweise betrifft dies Produkte in der Phase der Markteinführung. Aus diesem Grund sind hierfür hohe Auszahlungen erforderlich, denen in dieser Phase noch geringe Einzahlungen gegenüber stehen. Je nach den Erfolgsaussichten des Geschäftsfeldes ist entweder eine offensive oder eine defensive Normstrategie empfehlenswert:

Fragezeichen

- **Offensivstrategie** erfordert hohe Investitionen, um den Marktanteil zu steigern und das Geschäftsfeld in die Position eines Sterns zu bringen. Sie ist für Geschäftsfelder mit guten Erfolgschancen geeignet.
- **Defensivstrategie** bedeutet den Rückzug aus dem Marktsegment und ist bei schlechten Erfolgsaussichten anzuraten.

Sterne ■ **Sterne** (Stars) sind die Hoffnungsträger des Unternehmens, da es auf diesen stark wachsenden Geschäftsfeldern eine vorherrschende Marktposition hat. Der relative Marktanteil sollte gehalten bzw. ausgebaut werden. Für diese **Investitionsstrategie** sind hohe Finanzmittel erforderlich, die jedoch weitgehend durch das Geschäftsfeld selbst erwirtschaftet werden. Im Produktlebenszyklus entspricht dies der Wachstumsphase, in der zunehmende Produktionsmengen zu Erfahrungskurveneffekten führen.

Melkkühe ■ **Melkkühe** (Cash cows) sind die Geldlieferanten des Unternehmens, da deren Einzahlungen die Auszahlungen weit übersteigen. Sie liefern die für die Fragezeichen erforderlichen Finanzmittel. Im Produktlebenszyklus entspricht dies der Reifephase, in der das Marktwachstum nur noch gering ist. Die strategische Empfehlung lautet, den Marktanteil zu halten und Gewinne mitzunehmen (**Abschöpfungsstrategie**). Investitionen beschränken sich auf die Erhaltung der bestehenden Wettbewerbsposition.

Arme Hunde ■ **Arme Hunde** (Poor dogs) verfügen auf einem unattraktiven Markt über eine schwache Marktposition. Im Produktlebenszyklus entspricht dies der Sättigungsphase. Sie erwirtschaften nur geringe Einzahlungen. Die Investitionen des Unternehmens beschränken sich auf das Mindestmaß. Aus derartigen Geschäftsfeldern sollte sich das Unternehmen langfristig zurückziehen (**Desinvestitionsstrategie**).

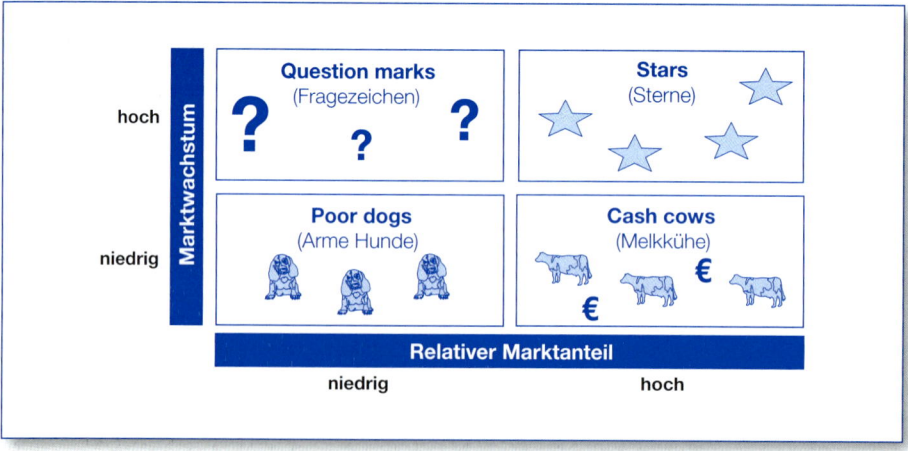

Abb. 3.4.18: Marktwachstums-Marktanteils-Portfolio (vgl. Wheelen/Hunger, 2010, S. 180)

Wettbewerbsvorteil Marktanteil

Im Marktwachstums-Marktanteils-Portfolio wird der Ursprung von Wettbewerbsvorteilen im Marktanteil gesehen, auf dessen Basis Erfahrungskurveneffekte realisiert werden. Ist ein Unternehmen in der Lage, seine Marktanteile schneller zu erhöhen als die Konkurrenten, dann drückt dies die Wettbewerbsstärke eines Geschäftsfeldes aus. Ein schnell wachsender Markt bietet größere Chancen zur Realisierung von Kostenvorteilen. Das Marktwachstum wird somit als Maß für die Attraktivität eines Marktes angesehen.

3.4 Strategien

Andere Faktoren wie z. B. Produktdifferenzierung oder Ressourcenvorteile werden nicht betrachtet. Daher ist dieses Portfolio vor allem für Volumenmärkte ohne Differenzierungsmöglichkeiten geeignet. Die Annahmen über die Finanzflüsse im Portfolio sind zwar prinzipiell richtig, dennoch können im Einzelfall auch Fragezeichen und Sterne positive Cashflows erwirtschaften (vgl. *Welge/Al-Laham*, 2012, S. 480 f.).

Eine Weiterentwicklung des Marktwachstums-Marktanteils-Portfolios ist das **Ampel-Portfolio** (Traffic light-Portfolio). Es erweitert die Dimensionen Marktwachstum zum strategischen Potenzial und den relativen Marktanteil zum Wertschaffungspotenzial. Die Dimensionen werden jeweils aus einer Reihe von Kennzahlen ermittelt, so dass z. B. Markteintrittsbarrieren, Branchenprofitabilität oder investiertes Kapital mit betrachtet werden können. Normstrategien für die strategischen Geschäftseinheiten sind je nach Positionierung die Prüfung des Ausstiegs, opportunistisches Halten und Abschöpfen, Ausbauen oder die operative Verbesserung. Für die indifferenten Felder sind Richtungsentscheidungen erforderlich, um strategische Geschäftseinheiten eindeutiger zu positionieren (vgl. *Alter*, 2011, S. 176 ff.).

Ampel-Portfolio

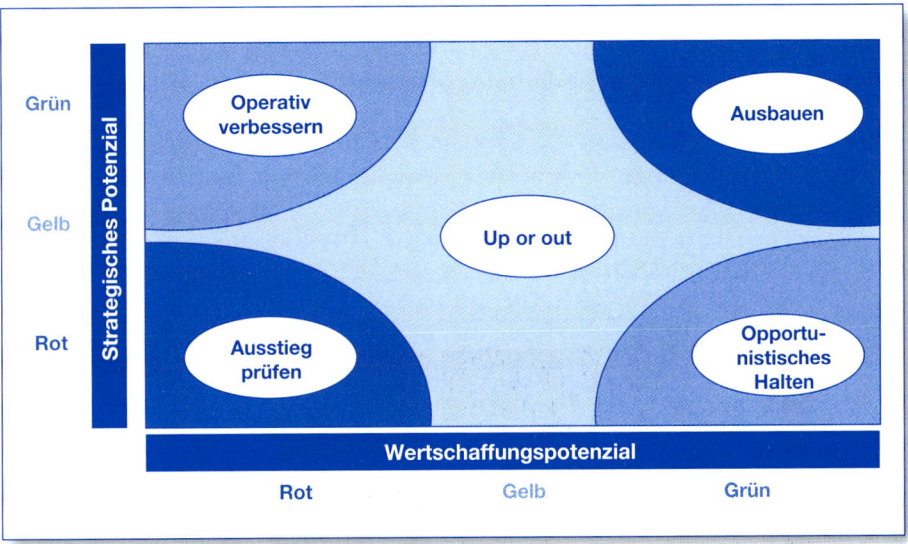

Abb. 3.4.19: Ampel-Portfolio (vgl. Alter, 2011, S. 180)

Die Unternehmensberatung *McKinsey* entwickelte zusammen mit *General Electric* das **Marktattraktivitäts-Wettbewerbsvorteil-Portfolio** (vgl. Abb. 3.4.21). Es unterscheidet sich vor allem dadurch, dass seine Dimensionen nicht aus einzelnen Kennzahlen bestehen, sondern aus mehreren gewichteten Maßgrößen bestimmt werden (Multifaktorenportfolio). Die Marktattraktivität wird u. a. aus Größe, Potenzial, Struktur, Wachstumsrate und Preisniveau des Marktes beurteilt. Die Unternehmensdimension wird durch dessen relative Wettbewerbsvorteile ausgedrückt. Sie werden u. a. aus den Größen relativer Marktanteil im Vergleich zum stärksten Wettbewerber, Kundenorientierung, Qualifikation der Mitarbeiter oder F&E-Potenzial ermittelt. Beispielhaft zeigt Abb. 3.4.20, wie sich anhand der Marktattraktivität und Wettbewerbsposition das strategische Potenzial ermitteln lässt.

McKinsey-Portfolio

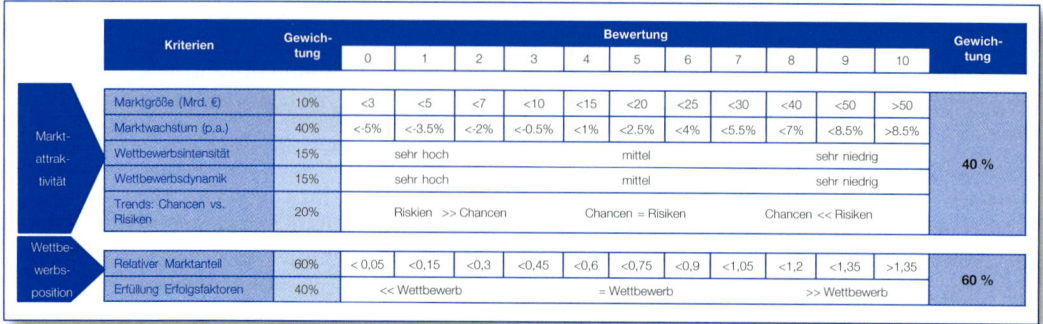

Abb. 3.4.20: Bestimmung von Marktattraktivität und Wettbewerbsposition
(vgl. Alter, 2011, S. 178)

Norm-strategien
Die Geschäftsfelder werden in einer Neun-Felder-Matrix positioniert, aus der sich die in Abb. 3.4.21 dargestellten **Normstrategien** ableiten (vgl. *Johnson* et al., 2011, S. 280 ff.):

- **Abschöpfungs- oder Desinvestitionsstrategie:** Unternehmen sollten keine bzw. geringe Investitionen durchführen und Gewinne so lange wie möglich abschöpfen. Drohen dagegen Verluste, dann sollte sich das Unternehmen von diesen Geschäftsfeldern trennen.
- **Selektivstrategien:** In diesen Geschäftsfeldern sollte das Unternehmen mit begrenztem Risiko und geringen Investitionen expandieren oder seine Wettbewerbsstärke verteidigen.
- **Investitions- oder Wachstumsstrategien:** Die starke Wettbewerbsposition dieser attraktiv positionierten Geschäftsfelder sollte ausgebaut bzw. verteidigt werden.

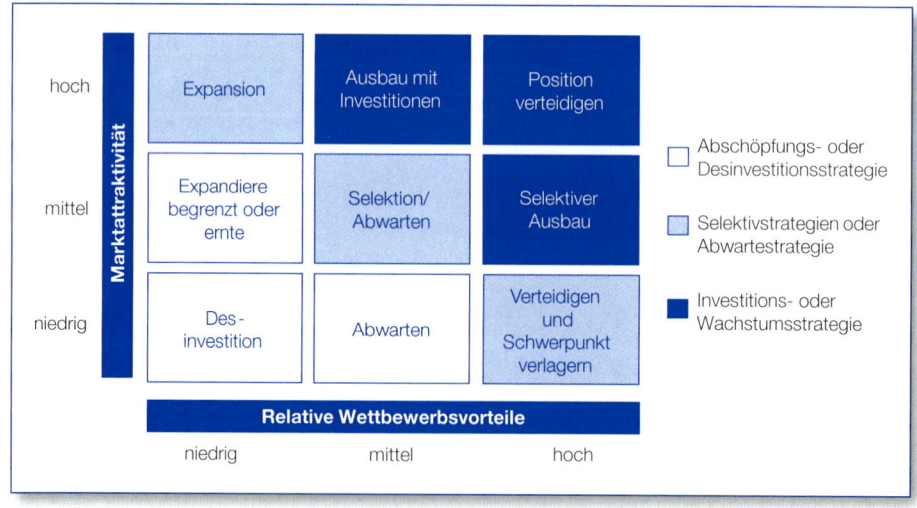

Abb. 3.4.21: Marktattraktivitäts-Wettbewerbsvorteil-Portfolio
(vgl. Wheelen/Hunger, 2010, S. 182)

Problematik
Die Problematik liegt in der Auswahl, Messung und Gewichtung der Kriterien, die in die beiden Dimensionen eingehen sollen (vgl. *Welge/Al-Laham*, 2012, S. 484). Hierzu werden

3.4 Strategien

Checklisten, wie z. B. in Abb. 3.4.20 verwendet, die allerdings stets subjektiv und kaum vergleichbar sind. Die erforderliche Unabhängigkeit der Kriterien kann häufig nicht sichergestellt werden. Zudem weisen sie aufgrund ihrer mehrdimensionalen Skalierung eine gewisse Tendenz zu durchschnittlichen Ergebnissen in der Portfolio-Mitte auf. Daher kommt der Bestimmung von Grenzwerten zwischen den Ausprägungen große Bedeutung für die abgeleiteten Empfehlungen zu.

Marktstrategien für die Eder Möbel GmbH

Exemplarisch werden im Folgenden Marktstrategien für die *Eder Möbel GmbH* aufgezeigt. Ausgangspunkt sind die Ergebnisse der Marktanalyse des Unternehmens (vgl. Kap. 3.3.2.2). Die Ableitung von Marktstrategien erfolgt bei der *Eder Möbel GmbH* auf Basis des Marktattraktivitäts-Wettbewerbsvorteils-Portfolios. Darin werden die Marktsegmente bzw. die beiden Produkte L (Luxus) und S (Standard) positioniert. Das Segment Premium-Möbel besitzt eine hohe Marktattraktivität. Allerdings werden die direkten Konkurrenten aufgrund von Vorteilen in der Fertigungstechnologie als sehr stark eingestuft bzw. die eigenen Wettbewerbsvorteile als niedrig. Die strategische Stoßrichtung zielt auf den Ausbau der Wettbewerbsvorteile durch Investitionen, um diese Position zu verbessern.

Im Marktsegment Standard-Möbel liegt die *Eder Möbel GmbH* sowohl bei der Marktattraktivität als auch beim relativen Marktanteil im Mittelfeld. Auch hier sind Maßnahmen zur Verbesserung der Position und der Marktattraktivität erforderlich.

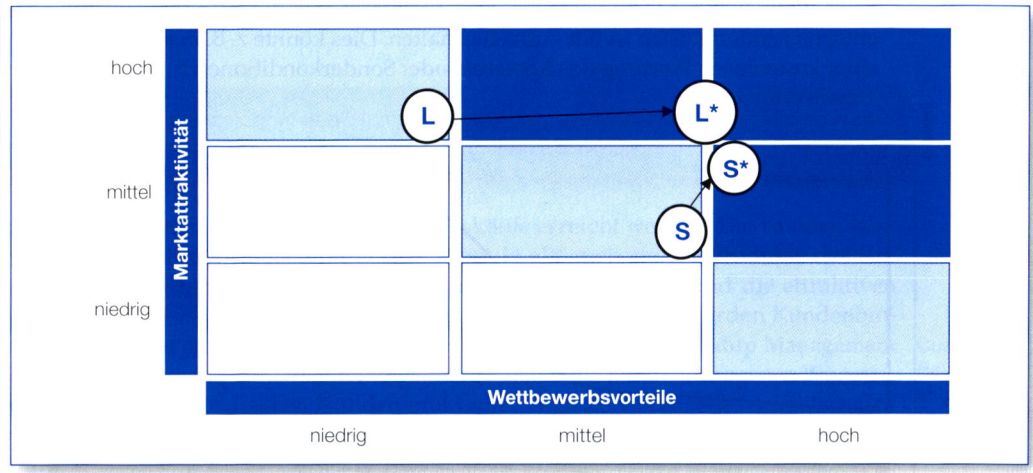

Abb. 3.4.22: Marktattraktivitäts-Wettbewerbsvorteil-Portfolio der Eder Möbel GmbH

3.4.2.3 Kundenstrategien

Ausgehend von der Kundenanalyse (vgl. Kap. 3.3.2.3) können Strategien für Kunden abgeleitet werden. Ein Ansatz dazu ist eine dynamische Betrachtung der Kunden bzw. des Kundenwerts. Der **Kundenlebenszyklus** (vgl. Kap., 3.4.1.1) unterteilt die Geschäftsbeziehung zwischen Unternehmen und Kunden in die folgenden Phasen (vgl. *Schaper*, 2001, S. 47; Abb. 3.4.23):

Kundenlebenszyklus

(1) **Kenntnisnahme:** Ein Unternehmen versucht, das Interesse eines Kunden an seinen Produkten zu wecken. Dies kann z. B. durch Außendienstbesuche oder Werbung geschehen. Dadurch werden jedoch hohe Kosten verursacht. Beispielsweise versucht ein Kopiergerätehersteller A seine Geräte über den Bürogeräte-Einzelhändler B zu vertreiben. Dazu nimmt der Kopiergerätehersteller über Vertriebsbesuche Kontakt mit B auf.

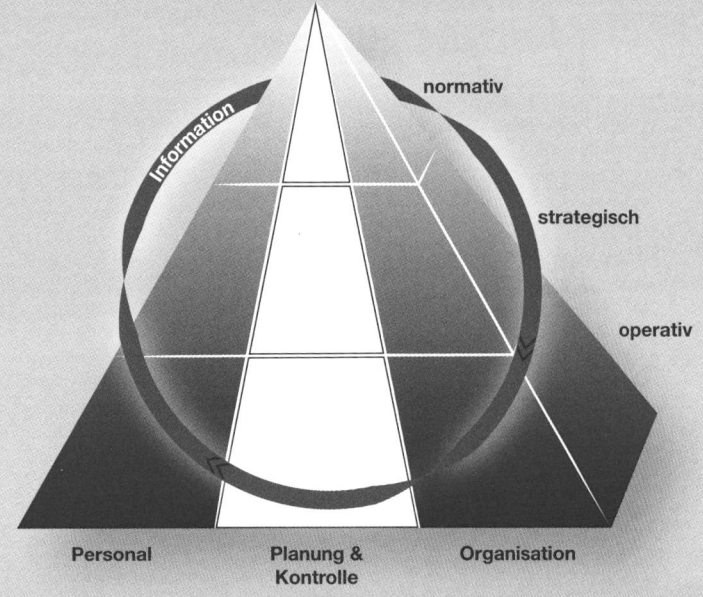

4. Planung und Kontrolle

4.1 Grundlagen 333
    4.1.1 Zusammenhang von Planung und Kontrolle 333
    4.1.2 Funktionen 335
    4.1.3 Grundbestandteile eines Plans 336
    4.1.4 Systematisierung 336
    4.1.5 Planungs- und Kontrollsystem 347
    4.1.6 Grenzen und Probleme 367

4.2 Strategische Planung und Kontrolle 370
    4.2.1 Strategische Planung 371
    4.2.2 Strategieumsetzung 382
    4.2.3 Strategische Kontrolle 399

4.3 Operative Planung und Kontrolle 403
    4.3.1 Aktionsplanung und -kontrolle 404
    4.3.2 Budgetierung 405
    4.3.3 Wirksamkeit und Fortentwicklung der Budgetierung 426
    4.3.4 Fazit: Was leisten Planung und Kontrolle? 436

4.1 Grundlagen

> **Leitfragen**
> - Welche Funktionen haben Planung und Kontrolle im Unternehmen?
> - Welche Formen der Planung und Kontrolle gibt es?
> - Was ist das Planungs- und Kontrollsystem und woraus besteht es?
> - Wo liegen die Grenzen und Probleme der Planung und Kontrolle?

4.1.1 Zusammenhang von Planung und Kontrolle

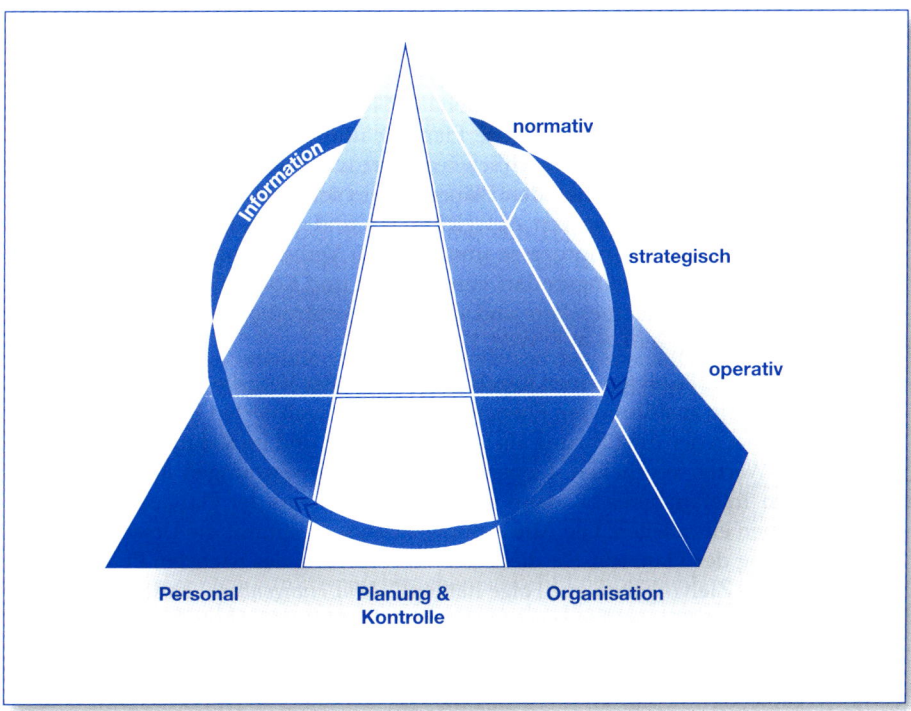

Abb. 4.1.1: Planung und Kontrolle im System der Unternehmensführung

In Kap. 1.3.2.2 wurden Planung und Kontrolle als wesentliche Funktionen der Unternehmensführung vorgestellt.

> **Planung** bezeichnet das systematische, zukunftsbezogene Durchdenken und Festlegen von Zielen, Maßnahmen, Mitteln und Wegen zur zukünftigen Zielerreichung (vgl. *Wild*, 1982, S. 13).

4.1.3 Grundbestandteile eines Plans

Plan — Das Ergebnis der Planung ist der **Plan** oder ein System von Plänen. Neben den Maßnahmen zur Problemlösung sollte ein Plan auch Angaben über die Problemstellung, Ziele, Wirkungszusammenhänge und erwarteten Ergebnisse sowie zu seiner Ausführung und Kontrolle beinhalten (vgl. *Klein/Scholl*, 2011, S. 4).

> ❗ Ein **Plan** beschreibt als Weg zum Ziel die gewählten Entscheidungsalternativen und legt die Aufgabenträger fest, die für die Zielerreichung verantwortlich sind.

Vorgabe — Der Plan ist im Gegensatz zur Prognose nicht nur ein Blick in die Zukunft. Er ist vielmehr eine **verbindliche Zielvorgabe** an die ausführenden Ebenen, um die Zukunft im Sinne des Unternehmens zu gestalten (vgl. *Horváth*, 2011, S. 150).

Planbestandteile — Ein Plan besteht aus folgenden **Bestandteilen** (vgl. *Wild*, 1982, S. 49 ff.):

- **Ziele** (Was, in welchem Ausmaß und bis wann): Welche Ergebnisse sollen bei welchen Größen bis zu welchem Zeitpunkt erreicht werden? Die Ziele stellen Soll-Werte dar, die im Rahmen der Kontrolle mit den Ist-Werten verglichen werden. Sie sollten operationalisiert werden (vgl. Kap. 2.3.4) und damit auch kontrollierbar sein.
- **Problemstellung** (Warum): Aus welchem Grund ist der bisherige Zustand unbefriedigend und welche Hindernisse stehen der Zielerreichung entgegen? Wo steht das Unternehmen (Soll-Ist-Abweichung) und als wie schwierig wird die Zielerreichung eingeschätzt?
- **Prämissen** (Unter welchen Bedingungen): Auf welchen Annahmen basiert der Plan?
- **Maßnahmen** (Wie): Auf welchem Weg soll das Ziel erreicht werden?
- **Ressourcen** (Womit): Mit welchen finanziellen, sachlichen und personellen Mitteln soll das Ziel erreicht werden und wie sind diese Ressourcen einzusetzen?
- **Termine** (Wann): Zu welchen Zeitpunkten sollen welche Maßnahmen durchgeführt, welche Ressourcen verwendet und welche (Teil-)Ziele erreicht werden?
- **Träger der Planerfüllung** (Wer): Welche Mitarbeiter und Organisationseinheiten sind für die Durchführung der Maßnahmen und die Zielerreichung verantwortlich?
- **Ergebnisse** (Welche Wirkung): Mit welchen Ergebnissen wird bei Erfüllung des Plans gerechnet? Welcher Nutzen entsteht daraus und welche Wirtschaftlichkeit ist unter Berücksichtigung der Kosten realisierbar?

Zum besseren Verständnis der Bestandteile eines Plans sind in Abb. 4.1.3 einige Beispiele für mögliche Planinhalte aufgeführt.

4.1.4 Systematisierung

Merkmale und Ausprägungen — Die Planung und Kontrolle eines Unternehmens ist äußerst komplex und vielschichtig. Die Unternehmensführung verfügt über eine Vielzahl von Möglichkeiten, um die Planung und Kontrolle entsprechend den Anforderungen des Unternehmens zu gestalten. Für ein besseres Verständnis sollen die wesentlichen **Gestaltungsmöglichkeiten** im Folgenden anhand unterschiedlicher Merkmale systematisiert werden. Es existieren sowohl Kriterien, die für beide gemeinsam gelten, als auch solche, die nur für die Planung bzw.

Grundbestandteile	Beispiele
Ziele	• Umsatzsteigerung im nächsten Geschäftsjahr um 10% • Erhöhung des Marktanteils bis in drei Jahren auf 20% • Ausweitung des Bekanntheitsgrads in einem Jahr auf 60%
Problemstellung	• Stagnierender Umsatz im laufenden Geschäftsjahr • Verzögerungen bei der Entwicklung neuer Produkte • Eintritt neuer Konkurrenten in den Markt
Prämissen	• Konjunkturelle Entwicklung • Devisenkurse • Konkurrenzsituation
Maßnahmen	• Marketingkampagne • Neueinstellungen von Entwicklungsingenieuren • Expansion ins europäische Ausland
Ressourcen	• 5 Mio. Euro für Marketingkampagne • Einstellung von zehn neuen Ingenieuren mit einem Bruttogehalt von 60 T€ p.a. • Entsendung von zehn Mitarbeitern und Bereitstellung von 20 Mio. Euro zum Aufbau einer Vertriebsgesellschaft in Spanien
Termine	• Marketingkampagne von März bis August des Planjahres • Einstellung der Entwicklungsingenieure zum Jahresbeginn • Aufbau einer Vertriebsniederlassung zum 1. Juli des Planjahres
Träger der Planerfüllung	• Vertriebsleiter verantwortet die Marketingkampagne • Bewerberauswahl der Ingenieure durch Personal- und Entwicklungsleiter • Bestimmung der Vertriebsmitarbeiter, die nach Spanien entsandt werden
Ergebnisse	• 3% Umsatzerhöhung im 2. Quartal durch Marketingkampagne • Beschleunigung der Produktentwicklung durch Ingenieure um drei Monate • Senkung der Herstellkosten um 5% durch Rationalisierungsmaßnahmen

Abb. 4.1.3: Beispiele für Planinhalte

Kontrolle von Bedeutung sind (vgl. *Al-Laham*, 1997, S. 281 ff.; *Pfohl/Stölzle*, 1997, S. 72 ff.). Merkmale, die sowohl für Planung als auch Kontrolle relevant sind und daraus resultierende Ausprägungsformen zeigt Abb. 4.1.4. Die Ausprägungen der einzelnen Merkmale charakterisieren das PuK-System (vgl. Kap. 4.1.5).

4.1.4.1 Betriebliche Bereiche

Die Unterscheidung der Planung und Kontrolle nach dem **betrieblichen Funktionsbereich** bezieht sich auf die Aufstellung von Plänen und die Durchführung von Kontrollen für funktionale unternehmerische Einheiten. Dies betrifft nicht nur die Grundfunktionen Beschaffung, Produktion und Absatz, sondern auch die Querschnittsfunktionen wie z. B. Personal, Controlling, EDV oder Forschung & Entwicklung. Die Gesamtheit der Pläne und ihre Beziehungen untereinander bilden ein Plansystem. Es ist das Ergebnis der Planung des Unternehmens bzw. des jeweiligen Geschäftsbereichs. Bei sukzessiver Planerstellung bildet meist die Absatzplanung als dominierender betrieblicher Engpass den Ausgangspunkt der Planung (vgl. zur Planerstellung Kap. 4.1.5.4.2).

Funktionen

Der **betriebliche Geltungsbereich** eines Plans kann sich auf das gesamte Unternehmen, einen Unternehmensbereich oder einzelne Stellen des Unternehmens beziehen. Dabei ist es erforderlich, den Zusammenhang der Pläne für die einzelnen hierarchischen Ebenen in vertikaler und horizontaler Richtung sicherzustellen. Die vertikale Abstimmung kann z. B. durch Ableitung der Teilpläne aus dem Plan der darüber liegenden Ebene erfolgen. Horizontal, d. h. zwischen organisatorischen Einheiten auf der gleichen hierarchischen

Geltungsbereiche

4 Planung und Kontrolle

Merkmal		Ausprägungen der Planung und Kontrolle
Betriebliche Bereiche	**Funktionen**	• Beschaffung • Produktion • Absatz • Personal • etc.
	Geltungsbereiche	• Gesamtes Unternehmen • Unternehmensbereiche • Stellen
Zeithorizonte		• Kurzfristig • Mittelfristig • Langfristig
Ebenen		• Strategisch • Operativ
Zieldimensionen		• Sachzielorientiert • Wertzielorientiert
Gestaltungsdimensionen		• Inhaltliche Aufgaben • Unterstützungsaufgaben • Formale Aufgaben
Gegenstände		• Potenziale • Programme • Prozesse

Abb. 4.1.4: Merkmale und Ausprägungsformen der Planung und Kontrolle

Ebene, kann die Abstimmung z. B. durch gemeinsame Gremien oder eine übergeordnete Stelle erfolgen (vgl. zur hierarchischen Ableitung Kap. 4.1.5.4.1). Für die Aufstellung, den Inhalt und die Erfüllung des Plans ist eine dem Geltungsbereich entsprechende Führungsebene verantwortlich (vgl. hierzu Kap. 4.1.5.3; *Klein/Scholl*, 2011, S. 17).

Generell sinkt die Detailliertheit der Pläne mit zunehmendem Geltungsbereich. Auf Ebene des Gesamtunternehmens findet meist eine Grob- bzw. Umrissplanung statt. Dabei wird den organisatorischen Einheiten lediglich ein Planrahmen vorgegeben, der die Gestaltung der Einzelheiten den verantwortlichen Stellen überlässt. Auf den unteren Ebenen erfolgt dann die Detail- bzw. Feinplanung (vgl. *Hentze* et al., 1993, S. 51).

4.1.4.2 Zeithorizonte und Ebenen

Zeithorizont
Geltungs-
dauer

Der **Zeithorizont** der Planung bezeichnet den Zeitraum, für den ein Plan aufgestellt wird und über den er sich erstreckt. Die **Geltungsdauer** eines Plans beschreibt den Zeitraum, in dem er Gültigkeit besitzt und somit bindend ist. Zeithorizont und Geltungsdauer können identisch sein, aber auch voneinander abweichen.

Lang-,
mittel- und
kurzfristig

Üblicherweise werden bei der Planung die drei Zeithorizonte **lang-**, **mittel-** und **kurzfristig** unterschieden. Aufgrund unternehmensspezifischer Besonderheiten wie z. B. der Branche, dem Technologielebenszyklus, dem Produktprogramm oder der Unternehmensgröße kann es keine verbindliche Festlegung der zu Grunde liegenden Zeitintervalle geben. Die in Abb. 4.1.5 aufgeführten, in der Praxis häufig üblichen Zeiträume, sollen deshalb lediglich als Anhaltspunkte verstanden werden.

4.1 Grundlagen

Da sich die Aussagen über die Planinhalte mit zunehmendem Zeithorizont auf weiter in die Zukunft liegende Sachverhalte beziehen, sind diese mit größerer Unsicherheit verbunden als Pläne, die sich auf die nahe Zukunft richten. Deshalb ist es aus Kosten-Nutzen-Gesichtspunkten wenig sinnvoll, weit in der Zukunft liegende Sachverhalte präzise zu planen. Je länger der Planungshorizont, umso geringer ist somit der Detaillierungsgrad der Pläne. Kurzfristige Planung ist meist eine Fein- bzw. Detailplanung, während für die langfristige Planung eine Grob- bzw. Umrissplanung ausreicht (vgl. *Mag*, 1995, S. 107 ff.). Danach richtet sich auch die Ausgestaltung der Kontrolle, deren Toleranzgrenzen mit zunehmendem Zeithorizont größer werden. Die mögliche Verkettung der Zeithorizonte wird in Kap. 4.1.5.4.3 erläutert.

Detaillierungsgrad

Planungsform	Üblicher Zeithorizont	Detaillierungsgrad der Pläne	Toleranzgrenzen der Kontrolle
Langfristig	≥ 5 Jahre	Gering	Hoch
Mittelfristig	1 Jahr bis 5 Jahre	Mittel	Mittel
Kurzfristig	≤ 1 Jahr	Hoch	Gering

Abb. 4.1.5: Ausprägungen der Planung nach dem Planungshorizont

Aufgrund der unternehmensspezifischen Festlegung der Planungshorizonte ist zur Charakterisierung der Anforderungen und Aufgaben der Planung und Kontrolle eine Differenzierung nach den **Ebenen** besser geeignet. Die Unterscheidung erfolgt dabei nach der Tragweite der getroffenen Entscheidungen und dem Ausmaß der geplanten Systemänderung. Die Planungsebenen bilden eine Hierarchie, wobei die übergeordnete Ebene jeweils den Rahmen für die nachfolgende Ebene vorgibt. Sie bilden das oberste Strukturierungsmerkmal sowohl für das gesamte Führungssystem (vgl. Kap. 1.3) als auch für das Planungs- und Kontrollsystem (vgl. *Pfohl/Stölzle*, 1997, S. 86).

Planungsebenen

Die **normative Planung und Kontrolle** bildet die oberste Planungsebene. Sie gibt den Rahmen für alle Teilplanungen und das ganze Unternehmen vor. Die darin festgelegten Sachverhalte gelten prinzipiell unbefristet, d. h. bis auf Widerruf für alle künftigen Entscheidungen. Die daraus abgeleitete **generelle Zielplanung** bzw. Grundsatzplanung ist der strategischen Planung vorgelagert und umfasst die qualitativ und quantitativ formulierten Leitlinien für die angestrebte Entwicklung des Unternehmens (vgl. *Hentze* et al., 1993, S. 56 f.; *Mag*, 1995, S. 156 f.). Wesentliche Inhalte der normativen PuK sind im zweiten Kapitel dargestellt und werden deshalb an dieser Stelle nicht weiter ausgeführt. Ziel der **strategischen Planung und Kontrolle** ist die Sicherung bestehender und die Erschließung neuer Erfolgspotenziale, während die **operative Planung und Kontrolle** die bestmögliche Nutzung bestehender Erfolgspotenziale anstrebt (vgl. Kap. 3.1.2). Weitere Unterscheidungskriterien zeigt Abb. 4.1.6.

Generell ist anzumerken, dass strategisch nicht mit langfristig und operativ nicht mit kurzfristig gleichgesetzt werden darf. Die strategische Planung und Kontrolle bezieht sich zwar auf ein langfristiges Konzept zur Nutzung der Erfolgspotenziale und umfasst somit meist einen langen Zeithorizont. Dennoch können auch kurz- und mittelfristig getroffene Entscheidungen hohe strategische Bedeutung besitzen (vgl. Kap. 1.3.1). Ein Beispiel wäre die Übernahme eines Konkurrenten oder die Fusion mit einem Wettbewerber, die oft nicht lange im Voraus planbar sind.

4 Planung und Kontrolle

Merkmale	Strategische PuK	Operative PuK
Zielperspektive	Effektivität („Die richtigen Dinge tun")	Effizienz („Die Dinge richtig tun")
Aggregation/ Differenziertheit	Wenig (Gesamtplan)	Stark (viele Teilpläne)
Detailliertheit	Globale Größen (Problemfelder)	Detaillierte Größen (Detailprobleme)
Präzision/Bestimmtheit der Informationen	Grobe Informationen	Feine („exakte") Informationen
Planungshorizont	Langfristig	Kurzfristig

Abb. 4.1.6: Unterschiede zw. strategischer und operativer PuK
(in Anlehnung an Pfohl/Stölzle, 1997, S. 87)

4.1.4.3 Dimensionen, Aufgaben und Gegenstände

Zieldimensionen

Planung und Kontrolle dienen der Erreichung der Unternehmensziele. Diese lassen sich anhand der **Zieldimension** unterteilen in (vgl. *Dambrowski*, 1986, S. 23 ff.; *Kosiol*, 1966, S. 212):

- **Sachziele**, die sich auf reale Objekte und Aktivitäten des Unternehmens beziehen und primär auf die ausführenden Handlungen gerichtet sind. Beispiele sind die Herstellung einer bestimmten Anzahl eines Produkts oder ein Wechsel der Fertigungstechnologie.

- **Wertziele**, die sich auf die finanziellen Auswirkungen von Handlungen beziehen. Beispiele sind Umsatz, Rentabilität, Kosten, Gewinn oder Wertbeitrag.

Bei der Planung und Kontrolle sind stets beide Zieldimensionen zu berücksichtigen. Daher lässt sich unterscheiden in (vgl. *Dambrowski*, 1986, S. 23 ff.; *Horváth*, 2011, S. 165):

Sachzielorientiert

- **Sachzielorientierte Planung und Kontrolle:** Befasst sich mit der Festlegung und Erreichung von Sachzielen und bestimmt hierfür Programme und Maßnahmen.

Wertzielorientiert

- **Wertzielorientierte Planung und Kontrolle (Budgetierung):** Konkretisierung, Vorgabe und Kontrolle monetärer Ziele. Sie bezieht sich auf Erfolgs- und Liquiditätsaspekte und zielt auf die Erreichung wertmäßiger Ergebnisse.

> **!** Bei der Planung und Kontrolle wird zwischen der sachzielorientierten **Aktionsplanung und -kontrolle** und der wertzielorientierten **Budgetierung** unterschieden

Budgets und Aktionspläne existieren auf allen Planungsebenen und müssen aufeinander abgestimmt werden. Der Detaillierungsgrad der Budgets nimmt von der strategischen zur operativen Ebene zu. Die Übergänge zwischen Aktionsplanung und Budgetierung sind fließend. Es bestehen häufig inhaltliche Überschneidungen und die Verantwortung liegt oft bei den gleichen Stellen (vgl. *Horváth*, 2011, S. 201 ff.).

Abstimmung zw. Aktionsplänen und Budgets

Hinsichtlich der **zeitlichen Reihenfolge der Erstellung von Aktionsplänen und Budgets** existieren zwei grundsätzliche Möglichkeiten. Entweder es werden zunächst die Aktionspläne aufgestellt und diese determinieren dann die Budgets oder die Budgets werden zuerst erstellt und bestimmen so die Inhalte der Aktionspläne (vgl. *Jung*, 1985, S. 69 ff.). Abb. 4.1.7 gibt einen Überblick über die Vor- und Nachteile beider Vorgehensweisen. In der Praxis dominieren Mischformen, die innerhalb des Unternehmens auch variieren

4.1 Grundlagen

können (vgl. *Horváth*, 2011, S. 206). Häufig werden die Maßnahmen und Programme zunächst nur global geplant. Durch die Budgetierung wird dann anschließend der nominale Handlungsspielraum festgelegt, in dessen Rahmen konkrete Aktionen durchgeführt werden können (vgl. *Dambrowski*, 1986, S. 24; *Koch*, 1977, S. 47 ff.).

Gestaltungs-variante	Vorteile	Nachteile
Budgets basieren auf Aktionsplänen	Sachziel-und Maßnahmenplanung können sich ausschließlich an der Marktsituation und den vorhandenen Marktchancen orientieren	Die aus den Aktionsplänen abgeleiteten Budgets entsprechen häufig nicht den verfügbaren Ressourcen, dem erforderlichen Liquiditätsbedarf und dem Rentabilitätsziel
Aktionspläne basieren auf Budgets	Aktionspläne sind stets auf die Realisation eines wirtschaftlichen Ergebnisses ausgerichtet	Nicht immer existieren geeignete Maßnahmenprogramme zur Verwirklichung der Budgets

Abb. 4.1.7: Abstimmungsmöglichkeiten zw. Aktionsplanung und Budgetierung (vgl. Jung, 1985, S. 69 ff.)

Ein wesentliches Kriterium zur Systematisierung der Planungs- und Kontrollaufgaben ist die **Gestaltungsdimension**. Dabei geht es um die Frage, ob es sich vor allem um formale oder um inhaltliche Aufgaben handelt (vgl. *Amshoff*, 1994, S. 249 ff.; *Pfohl/Stölzle*, 1997, S. 74 f.). Nach der Art der Verrichtung können drei **Hauptaufgaben** der Planung und Kontrolle unterschieden werden (vgl. *Szyperski/Müller-Böling*, 1984, S. 124 ff.):

- **Inhaltliche Aufgaben:** Aufstellung der Pläne und Durchführung von Kontrollen. Gegenstand ist der Inhalt der Planung und Kontrolle („Materielle Planung und Kontrolle").
- **Unterstützungsaufgaben:** Planung, Organisation und Steuerung von Planungs- und Kontrollprozessen. Dies kann auch als Management von Planung und Kontrolle bezeichnet werden. Gegenstand ist der PuK-Prozess.
- **Formale Aufgaben:** Gestaltung des Aufbaus der Planung und Kontrolle. Gegenstand ist das PuK-System. Da hier die Planung und Kontrolle selbst geplant und kontrolliert wird, wird dies auch als Metaplanung und -kontrolle bezeichnet.

Inhaltliche, unterstützende und formale Aufgaben

Jede Hauptaufgabe umfasst eine Vielzahl einzelner Aktivitäten. Abb. 4.1.8 gibt einen Überblick über die wesentlichen Planungs- und Kontrollaufgaben.

Neben den Gestaltungsdimensionen lassen sich die PuK-Aufgaben auch nach den **Phasen des Führungsprozesses** (vgl. Kap. 1.3.2.1) unterteilen. Danach besteht die Planung aus den Teilaufgaben Zielbildung, Problemanalyse, Alternativensuche und -bewertung sowie Entscheidung. Teilaufgaben der Kontrolle sind entsprechend die Kontrollvorbereitung und -durchführung. Für jede dieser einzelnen Teilaufgaben lässt sich wiederum eine Vielzahl von Aktivitäten identifizieren. Für nähere Erläuterungen sei an dieser Stelle auf die Darstellung des Führungsprozesses in Kap. 1.3.2.1 verwiesen.

PuK im Führungsprozess

Gegenstände bzw. Objekte der Planung und Kontrolle sind (vgl. *Klein/Scholl*, 2011, S. 15 f.):

- **Potenziale:** Träger eines Leistungsvermögens, das über einen längeren Zeitraum in Anspruch genommen wird. Dies können z. B. Maschinen oder Mitarbeiter sein. Die Planung und Kontrolle bezieht sich dabei z. B. auf Fragen der Finanzierung und Investition oder der Personalentwicklung.

Potenziale, Programme, Prozesse

4 Planung und Kontrolle

- **Programme:** Art, Menge und Qualität von Produkten und Dienstleistungen, die im Planungszeitraum hergestellt und abgesetzt werden sollen.
- **Prozesse:** Abfolge der Aktivitäten zur Zielerreichung. Beispiele sind Produktions-, Entwicklungs- oder Auftragsabwicklungsprozesse.

Abb. 4.1.8: Differenzierung der Planungs- und Kontrollaufgaben
(vgl. Horváth, 2011, S. 182; Szyperski/Müller-Böling, 1984, S. 124 ff.)

4.1.4.4 Häufigkeit, Planungsverbindlichkeit und -flexibilität

Neben den genannten Kriterien, die sowohl für Planung als auch für Kontrolle gelten, gibt es auch solche, die nur für die Planung relevant sind. Einen Überblick gibt Abb. 4.1.9.

Merkmal	Ausprägungen der Planung
Häufigkeit	• Laufend • Fallweise
Verbindlichkeit und -flexibilität	• Starr • Flexibel
Ablauf der Planerstellung	• Simultan • Sukzessiv
Hierarchische Ableitung	• Retrograd (Top-down) • Progressiv (Bottom-up) • Zirkulär (Gegenstrom)
Zeitliche Verkettung	• Reihung • Staffelung • Schachtelung
Rhythmus	• Anschließend • Rollend • Revolvierend

Abb. 4.1.9: Spezielle Merkmale und Ausprägungen der Planung

4.1 Grundlagen

Nach der **Planungshäufigkeit** wird unterschieden (vgl. *Hahn/Hungenberg*, 2001, S. 86 ff.):

- **Laufende Planung:** Der Planungsgegenstand wird regelmäßig in festen zeitlichen Abständen geplant. Der Planungshorizont bezieht sich stets auf einen festgelegten Kalenderzeitraum (periodische Planung).
- **Fallweise Planung:** Der Planungsgegenstand wird in unregelmäßigen zeitlichen Abständen bzw. einmalig geplant. Der Planungshorizont ist unterschiedlich und kann auch innerhalb einer Periode liegen oder sich über mehrere Perioden erstrecken (aperiodische Planung). Dies gilt insbesondere für die Planung von Projekten (vgl. Kap. 5.3.4).

Laufende und fallweise Planung

Unsicherheiten über die zukünftige Entwicklung des Unternehmens und seiner Umwelt nehmen tendenziell immer mehr zu. Die Frage ist, wie sich nach der Erstellung bzw. Verabschiedung des Plans eingehende Informationen berücksichtigen lassen, die zu einer Planrevision führen können oder gar müssen (vgl. *Dinkelbach*, 1989, Sp. 510 ff.). Bei einer **starren Planung** werden derartige Anpassungen nicht vorgenommen und die Pläne sind während des gesamten Planungszeitraums verbindlich. Diese unwiderruflichen Pläne engen den Handlungsspielraum und die Reaktionsfähigkeit des Unternehmens in hohem Maße ein. Aufgrund der ungewissen Zukunft ist ein solches Vorgehen meist wenig zweckmäßig (vgl. *Hentze* et al., 1993, S. 32). Daher sollte die Planung und Kontrolle möglichst so gestaltet werden, dass sie die Anpassungsfähigkeit des Unternehmens weiterhin gewährleistet. Dafür muss bestimmt werden, **wann**, **wie oft** und **in welcher Form** Pläne überarbeitet, aktualisiert und fortgeschrieben werden sollen.

Starre Planung

Grundsätzlich existieren zwei **Anpassungsmöglichkeiten** (vgl. *Hopfenbeck*, 2002, S. 546 ff.):

- **Nachträgliche** Änderungen durch Zyklenbildung im Planungsprozess und auf Basis der Kontrollergebnisse (Planungs- bzw. Anpassungsrhythmus, vgl. Kap. 4.1.5.4.4).
- **Vorheriger** Einbezug möglicher Anpassungserfordernisse (Planungsflexibilität).

Anpassungsformen

Um **Planungsflexibilität** zu erreichen, müssen folgende **Voraussetzungen** gegeben sein (vgl. *Pfohl/Stölzle*, 1997, S. 95 f.):

- **Handlungsspektrum:** Die Planung soll Alternativen aufzeigen, wie auf Veränderungen reagiert werden kann.
- **Reaktionsgeschwindigkeit:** Die Planung soll innerhalb eines vertretbaren Zeitraums anpassbar sein.
- **Prognosefähigkeit:** Die Planung soll relevante Veränderungen der Unternehmensumwelt wahrnehmen und abbilden, um deren Auswirkungen vorhersagen zu können.

Voraussetzungen

Durch die **flexible Gestaltung der Planung** wird versucht, die aufgrund eventuell eintretender zukünftiger Veränderungen erforderlichen Anpassungen bereits im Vorfeld zu berücksichtigen. Hierfür stehen der Unternehmensführung folgende **Möglichkeiten** zur Verfügung (vgl. *Horváth*, 2011, S. 176 ff.; *Pfohl/Stölzle*, 1997, S. 95 f.; *Wild*, 1982, S. 76 ff.):

- **Aufschiebung:** Die Verabschiedung des Plans wird so lang wie möglich hinausgezögert, um möglichst aktuelle Informationen in die Entscheidung einbeziehen zu können. Durch die zeitliche Aufspaltung der Pläne können Änderungen bis zum Beginn der nächsten Teilperiode berücksichtigt werden. Eine spezifische Ausgestaltung dieses Prinzips stellt z. B. die revolvierende Planung dar (vgl. Kap. 4.1.5.4.4).
- **Planreserven:** Durch die Berücksichtigung von Reserven (sog. „Slacks") werden Anpassungen im Rahmen des bestehenden Plans ermöglicht. Solche Spielräume lassen sich z. B. bei Fertigungskapazitäten, Mitarbeitern oder Finanzen einplanen.

Flexibilisierung

- **Alternativplanung:** Für eine Planperiode werden auf unterschiedlichen Prämissen basierende Pläne erstellt („Schubladenpläne"). Vor Beginn der Planperiode wird dann die Alternative ausgewählt, deren Prämissen der Realität am nächsten kommen.

- **Planänderungen:** Grundlegende Veränderungen der Prämissen können Anpassungen innerhalb des Geltungszeitraums eines Plans erforderlich machen. Derartige Planänderungen sollten jedoch nur in Ausnahmefällen durchgeführt werden, da sie u. a. die Glaubwürdigkeit der Planung gefährden und sich die Mitarbeiterleistung meist nicht mehr an der Planerfüllung messen lässt.

- **Von-Fall-zu-Fall-Planung:** Planungsgegenstände, die sich immer wieder stark ändern, können auch erst dann geplant werden, wenn solche Veränderungen eintreten.

Flexible Planung

Bei der sog. **flexiblen Planung (im engeren Sinne)** werden bei der Planaufstellung bereits alternative Handlungsmöglichkeiten und Folgeentscheidungen berücksichtigt. Endgültig entschieden werden aber nur die Vorgänge, die in der folgenden Periode realisiert werden. Darstellen lässt sich ein solches Entscheidungsproblem mit Hilfe eines Entscheidungsbaums, der Eintrittswahrscheinlichkeiten für die unsicheren Alternativen enthält. Da die Folgeentscheidungen in den späteren Perioden offen bleiben, führt dies zu einem höheren Flexibilitätspotenzial. Die praktische Anwendung setzt jedoch die Möglichkeit der sachlichen und zeitlichen Aufspaltung des Planungsproblems sowie die Anpassungsfähigkeit des Planungsgegenstandes (Maschinen, Mitarbeiter etc.) voraus. Darüber hinaus ist die Erfassung bzw. Abschätzung aller relevanten Alternativen und Zukunftslagen sowie deren Eintrittswahrscheinlichkeiten sehr schwierig und aufwendig (vgl. *Mag*, 1995, S. 103 ff.; *Pfohl/Stölzle*, 1997, S. 102 ff.). Eine Möglichkeit der Flexibilisierung ist auch die Verwendung **relativer Ziele**, die sich selbst an veränderte Umweltentwicklungen anpassen (vgl. Kap. 4.3.3.2). Das Unternehmen könnte z. B. ein Umsatzwachstum anstreben, das über dem Branchendurchschnitt liegt. Die weiteren Ausprägungsformen der Planung werden in Kapitel 4.1.5.4 im Rahmen des Planungs- und Kontrollprozesses erläutert.

Relative Ziele

4.1.4.5 Vergleichsgrößen, Zeitpunkte und Objekte der Kontrolle

Spezielle Merkmale zur Unterscheidung verschiedener Ausprägungen der Kontrolle zeigt Abb. 4.1.10. Nach dem **Kontrollzeitpunkt** lassen sich unterscheiden (vgl. *Krystek/Zumbrock*, 1993, S. 49 f.; *Küpper*, 2008, S. 211 ff.; *Wild*, 1974, S. 44):

Kontrollzeitpunkte

- **Prämissenkontrolle** (vorauseilende/antizipierende Kontrollen; Feed-forward): Geplante Werte werden **vor** der Durchführung mit prognostizierten Größen verglichen, um Planungsmängel zu erkennen. Diese Kontrollen sind erforderlich, da auf falschen Prämissen basierende Pläne sich meist nicht realisieren lassen.

- **Planfortschrittskontrolle** (mitlaufende Kontrollen): Geplante Werte werden **während** der Durchführung mit realisierten Zwischenergebnissen entweder bei Erreichung festgelegter Meilensteine oder zu bestimmten Zeitpunkten verglichen. Dadurch soll der Planfortschritt festgestellt werden. Treten gravierende Abweichungen auf, dann lassen sich frühzeitig Gegensteuerungsmaßnahmen einleiten, um die Planziele noch erreichen zu können bzw. die Verfehlung so gering wie möglich zu halten.

- **Realisationskontrolle** (nachlaufende Kontrollen; Feed-back): Geplante Werte werden **nach** der Durchführung mit den tatsächlich realisierten Endergebnissen verglichen, um Abweichungen und deren Ursachen feststellen zu können. Die Erkenntnisse der Abweichungsanalyse dienen der Verbesserung des Führungsprozesses.

4.1 Grundlagen

Merkmal	Ausprägungen der Kontrolle
Zeitpunkte	• Prämissen • Planfortschritt • Realisation
Vergleichsgrößen	• Ex-post (Ist-Ist) • Prämissen (Wird-Ist) • Prognosekonsistenz (Wird-Wird) • Ergebnis (Soll-Ist) • Zielerreichbarkeit (Soll-Wird) • Zielkonsistenz (Soll-Soll)
Objekte	• Ergebnis • Verfahren • Verhalten

Abb. 4.1.10: Spezielle Merkmale und Ausprägungen der Kontrolle

Als **Vergleichsgrößen** der Kontrolle können sowohl für die Kontrollgröße als auch für deren Vergleichsmaßstab drei unterschiedliche Kategorien verwendet werden: realisierte Ergebnisse (**Ist**), prognostizierte Werte (**Wird**) oder geplante Größen (**Soll**). Bei der Bezeichnung der Kontrollformen wird stets die Kategorie des Vergleichsmaßstabes in Beziehung zur Kategorie der daran gemessenen Kontrollgröße gesetzt. Werden also z. B. die geplanten Werte als gewünschte Zielausprägung (Soll) den realisierten Ergebnissen (Ist) gegenübergestellt, dann wird dies als „Soll-Ist-Kontrolle" bezeichnet. Die sechs sinnvollen Vergleichsmöglichkeiten führen zu den folgenden in Abb. 4.1.11 dargestellten **Kontrollformen** (vgl. *Amshoff*, 1994, S. 265 f.; *Küpper*, 2008, S. 212 ff.):

Vergleichsgrößen: Ist, Wird, Soll

Kontrollformen

- **Ex-post-Kontrolle (Ist-Ist):** Der nachträgliche Vergleich realisierter Größen kann sich auf unterschiedliche Zeitpunkte beziehen (Zeitvergleich) oder zwischen unterschiedlichen Einheiten zum selben Zeitpunkt vorgenommen werden (inner- oder zwischenbetrieblicher Vergleich). Beispiele sind die Betrachtung der Umsatzentwicklung der letzten Jahre oder die Gegenüberstellung des eigenen Marktanteils zum Marktanteil des größten Konkurrenten.
- **Prämissenkontrolle (Wird-Ist):** Durch den Vergleich prognostizierter Größen mit tatsächlich eingetretenen Werten wird festgestellt, ob die Annahmen der Planung zutreffend waren. Ein Beispiel ist der Vergleich des für das Planjahr prognostizierten durchschnittlichen US-Dollar-Kurses mit dem am Jahresende ermittelten tatsächlichen Durchschnittskurs. Erkenntnisse aus der Prämissenkontrolle können zur Verbesserung zukünftiger Prognosen beitragen.
- **Prognosekonsistenzkontrolle (Wird-Wird):** Ein Vergleich von Prognosewerten ist sinnvoll, wenn eine Größe mit unterschiedlichen Verfahren prognostiziert oder die Prognose aufgrund neuerer Informationen wiederholt wird. Die Überprüfung der Planungsprämissen ermöglicht es, widersprüchliche Erwartungen zu verhindern sowie unzutreffende Prognosen zu erkennen und bereits im Rahmen der Planrealisation zu korrigieren. Ein Beispiel ist ein unerwarteter Ausbruch eines internationalen Konflikts, der zur Erhöhung des Ölpreises und zu Währungsschwankungen führt.
- **Zielerreichbarkeitskontrolle (Soll-Wird):** Der Vergleich zwischen geplanten und prognostizierten Werten macht deutlich, inwieweit die Zielerreichung (noch) wahrscheinlich ist. Die Bestimmung von Soll-Wird-Abweichungen während der Durchführung ermöglicht eine frühzeitige Problemerkennung und Einleitung von Gegenmaßnahmen zur Sicherstellung der Zielerreichung. Ein Beispiel ist die unterjährige Prognose des Jahresabsatzes eines Produktes, die deutlich macht, dass aufgrund von Qualitäts-

problemen die geplanten Mengen ohne entsprechende zusätzliche Maßnahmen nicht abgesetzt werden können.
- **Zielkonsistenzkontrolle (Soll-Soll):** Die Gegenüberstellung von Plangrößen dient zur Bestimmung von Zielkonflikten und Widersprüchen in den Zielvorgaben. Diese Kontrolle bezieht sich auf die Planung selbst und nicht auf deren Durchführung. Ein Beispiel wäre der Vergleich des von der Konzernzentrale geplanten Umsatzes mit der Summe der geplanten Umsätze der strategischen Geschäftseinheiten des Unternehmens.
- **Ergebniskontrolle (Soll-Ist):** Die Überprüfung der Zielerreichung erfolgt durch Vergleich der realisierten Ergebnisse mit der gewünschten Zielausprägung. Die Ergebniskontrolle kann sowohl als mitlaufende Fortschrittskontrolle als auch nachlaufende Endergebniskontrolle stattfinden. Die festgestellten Abweichungen werden analysiert und können mitlaufend Gegenmaßnahmen auslösen bzw. dienen nachlaufend zur Verbesserung des Führungsprozesses. Ein Beispiel hierfür ist der Vergleich der geplanten mit den tatsächlichen Herstellkosten eines Produktes.

		Vergleichsmaßstab		
		IST	WIRD	SOLL
Kontrollgröße	IST	Ex-Post-Kontrolle (Ist-Ist)	Prämissenkontrolle (Wird-Ist)	Ergebniskontrolle (Soll-Ist)
	WIRD		Prognosekonsistenzkontrolle (Wird-Wird)	Zielerreichbarkeitskontrolle (Soll-Wird)
	SOLL			Zielkonsistenzkontrolle (Soll-Soll)

Abb. 4.1.11: Kontrollformen nach den Vergleichsgrößen der Kontrolle (in Anlehnung an Amshoff, 1994, S. 265)

Häufig wird unter dem Begriff Kontrolle nur die Ergebniskontrolle in Form des Soll-Ist-Vergleichs verstanden. Sie besitzt die höchste praktische Bedeutung und macht den unmittelbaren Bezug zwischen Planung und Kontrolle deutlich. Soweit die Kontrolle nicht näher spezifiziert ist, wird hiervon auch in der weiteren Darstellung ausgegangen.

Kontrollobjekte

Nach den **Objekten** der Kontrolle wird unterschieden zwischen (vgl. *Frese*, 1968, S. 61 f.; *Küpper*, 2008, S. 211; *Siegwart/Menzl*, 1978, S. 105 ff.):

- **Ergebniskontrolle:** Überprüfung der Zielerreichung durch Soll-Ist-Vergleich (s. o.).
- **Verfahrenskontrolle:** Überprüfung des Durchführungsprozesses, der zu den realisierten Ergebnissen geführt hat. Es wird analysiert, wie Prozesse abgelaufen sind und warum die gewünschten Ergebnisse nicht erzielt wurden. Auf diese Weise lassen sich Abweichungsursachen und methodische Mängel bei der Durchführung bestimmen.
- **Verhaltenskontrolle:** Prüfungsgegenstand ist das Verhalten der Personen, die für die Steuerung bzw. Durchführung der Prozesse verantwortlich sind. Im Gegensatz zur Ergebniskontrolle werden auch die Veränderungen der Rahmenbedingungen berücksichtigt. Verhaltenskontrollen sollen feststellen, ob die Erreichung bzw. Verfehlung der Ziele in der Verantwortung der Mitarbeiter lag oder diese auf Ursachen außerhalb ihres Einflussbereichs zurückzuführen ist. Dies können sowohl Entwicklungen der

Rahmenbedingungen als auch unrealistische Zielsetzungen, planerische Mängel oder Fehler bei der Auswahl der ausführenden Mitarbeiter sein. Verhaltenskontrollen dienen vor allem der personellen Leistungsbeurteilung.

4.1.5 Planungs- und Kontrollsystem

Planung und Kontrolle als komplexe, arbeitsteilige Vorgänge müssen selbst geplant und kontrolliert werden. Diese formale Planung und Kontrolle wird als **Metaplanung und -kontrolle** bezeichnet und bezieht sich auf das PuK-System. Die dabei zu beachtenden Aspekte werden im Folgenden erläutert.

Metaplanung und -kontrolle

4.1.5.1 Elemente und Gestaltung

> Das **Planungs- und Kontrollsystem** (PuK-System) beschreibt den Aufbau und Zusammenhang der Pläne und Kontrollen, die Aufgaben der an Planung und Kontrolle beteiligten Mitarbeiter, den Planungs- und Kontrollprozess sowie die dabei einzusetzenden Instrumente. Es liefert den Rahmen für die inhaltliche Planung und Kontrolle.

Ausgangspunkt der Gestaltung des PuK-Systems ist die im Unternehmen vorherrschende **Planungs- und Kontrollphilosophie**, welche die Rolle der Planung und Kontrolle bestimmt. Werden Pläne aufgestellt und Kontrollen durchgeführt, um innovative Lösungen zu finden, die Mitarbeiter zu motivieren und die Leistung des Unternehmens zu steigern oder dienen sie zur reinen Vorgabe und Überwachung in einem von Misstrauen geprägten Umfeld? Diese grundlegenden Einstellungen zu den Aspekten der Planung und Kontrolle werden weniger von unternehmensspezifischen Faktoren, als vielmehr von den individuellen Wertorientierungen der an Planung und Kontrolle beteiligten Mitarbeiter beeinflusst. Die PuK-Philosophie entsteht auf der normativen Ebene (vgl. Kap. 2). Zahlreiche im Rahmen der Planung und Kontrolle auftretenden Konflikte sind nicht auf Sachfragen, sondern auf Werthaltungen zurückzuführen. Die Wirkung unterschiedlicher Ausgestaltungen der Planung und Kontrolle ist jedoch nicht eindeutig bestimmt. Aufgrund der breiten Gestaltungsspielräume kommt der PuK-Philosophie deshalb eine hohe Bedeutung zu. Darüber hinaus beeinflussen spezifische externe und interne Kontextfaktoren die Gestaltung des PuK-Systems. Dies sind z. B. Unternehmensgröße, Branche oder Marktdynamik (vgl. *Hill*, 1989, Sp. 1459; *Müller-Böling*, 1989, Sp. 1319).

PuK-Philosophie

Planung und Kontrolle wird häufig nicht systematisch genug betrieben, sondern ist eher eine Aneinanderreihung mehr oder weniger aufeinander abgestimmter Entscheidungen. Um einen reibungslosen Ablauf sowie Effizienz und Effektivität der Planung und Kontrolle zu gewährleisten, sollte diese jedoch ebenfalls systematisch geplant und kontrolliert werden. Die wesentlichen **Aufgaben der Metaplanung und -kontrolle** sind (vgl. *Hill*, 1989, Sp. 1457 ff.; *Töpfer*, 1989a, Sp. 1516):

- **Gestaltung** (Wer plant und kontrolliert was, wie und womit?): Aufbau, Einführung und Anpassung des PuK-Systems. Dabei werden die Träger (wer?), Inhalte (was?), Durchführung (wie?) und Instrumente (womit?) der Planung und Kontrolle festgelegt. Darüber hinaus müssen die Führungs-, Motivations- und Anreizsysteme an die mit der Planung und Kontrolle verfolgten Ziele angepasst werden. Beispielsweise ist zu klären, ob der Grad der Planerfüllung mit Belohnungen bzw. Sanktionen gekoppelt ist.

Gestaltung

4 Planung und Kontrolle

Lenkung
- **Lenkung:** Sicherstellung der zweckmäßigen Wahrnehmung der PuK-Aufgaben. Die Steuerung der laufenden PuK-Prozesse umfasst die Regelung des zeitlichen Ablaufs und die Qualitätssicherung der Pläne und Kontrollen, die Koordination der Teilplanungen sowie die Genehmigung und Verabschiedung der Pläne. Darüber hinaus sollen Plananpassungen ermöglicht sowie eine positive Einstellung des Linienmanagements zur Planung und Kontrolle gefördert werden.

Analyse
- **Analyse:** Kritische Prüfung des Systems und der darin stattfindenden Aktivitäten im Rahmen eines PuK-Audits. Dieses kann aufgrund konkreter Probleme oder in regelmäßigen Abständen durchgeführt werden. Die bestehende Planung und Kontrolle wird in Frage gestellt und deren Auswirkungen bewertet. Dadurch soll sowohl die Gestaltung des PuK-Systems als auch die Steuerung der laufenden PuK-Prozesse langfristig verbessert werden.

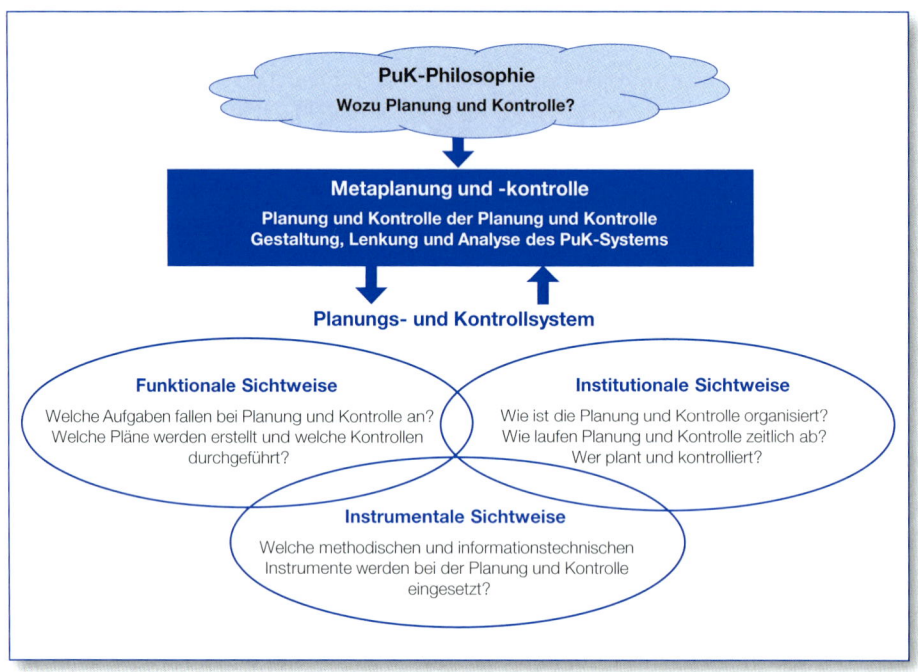

Abb. 4.1.12: Zusammenhänge und Elemente des PuK-Systems

Perspektiven
Das PuK-System lässt sich aus **drei Blickrichtungen** beschreiben, die als Subsysteme miteinander in Beziehung stehen (vgl. *Bircher*, 1976, S. 81 ff.; 1989, Sp. 1503 ff.; *Horváth*, 2011, S. 172 ff., 180 ff.):

Funktionen
- **Funktionale Sichtweise:** Was und wie wird geplant und kontrolliert?
    - **Pläne und Kontrollen**: Inhalte der Planung und Kontrolle
    - **PuK-Aktivitäten**: Aufgaben der Planung und Kontrolle

Institutionen
- **Institutionale Sichtweise:** Wer plant und kontrolliert was und wann?
    - **PuK-Organe:** Aufbauorganisation der Planung und Kontrolle
    - **PuK-Prozess:** Ablauforganisation der Planung und Kontrolle

- **Instrumentale Sichtweise:** Womit wird geplant und kontrolliert?
  - **Methodische PuK-Instrumente:** Methoden, Techniken, Verfahren und Modelle
  - **Informationstechnische PuK-Instrumente:** Computergestützte Informationssysteme

Abb. 4.1.12 fasst die Zusammenhänge und Elemente des PuK-Systems zusammen (in Anlehnung an *Bircher*, 1976, S. 81 ff.), die in den folgenden Kapiteln beschrieben werden.

In der Literatur existiert eine Vielzahl konzeptioneller PuK-Systeme (zum Überblick vgl. *Horváth*, 2011, S. 257 ff.; *Töpfer*, 1989a, Sp. 1519 ff.). Diese sog. **Denkmodelle** sind idealtypisch und sollen den Unternehmen als Gestaltungsvorschläge dienen. Konkrete, an die unternehmensspezifischen Erfordernisse angepasste PuK-Systeme aus der Praxis werden als **Betriebsmodell** bezeichnet. Ein Beispiel ist die Planung der *Robert Bosch GmbH*, die am Ende dieses Kapitels beschrieben wird.

Das in Abb. 4.1.13 dargestellte Denkmodell von *Hahn/Hungenberg* veranschaulicht die prinzipielle Gestaltung eines PuK-Systems (vgl. *Hahn/Hungenberg*, 2001, S. 96 ff.). Der Aufbau orientiert sich dabei an den Ebenen sowie den Zieldimensionen der Planung. Die Aufgaben und Bestandteile der Kontrolle werden in diesem Modell nicht weiter differenziert, beziehen sich aber auf die einzelnen Elemente des PuK-Systems.

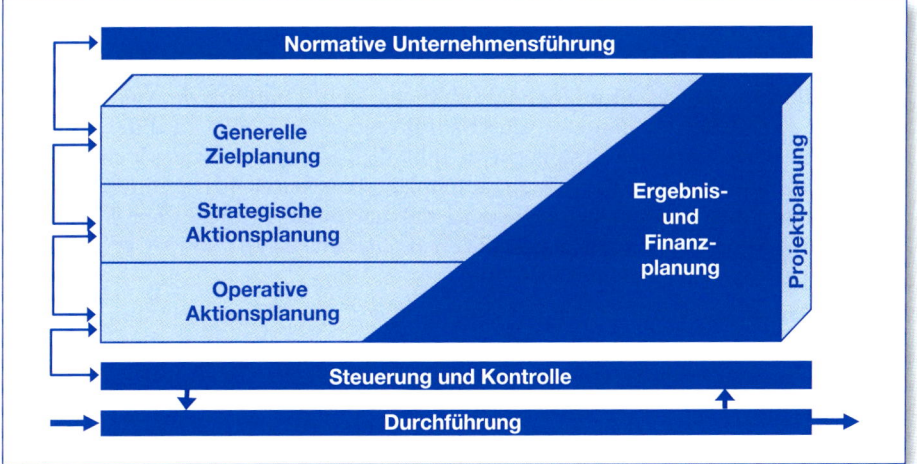

Abb. 4.1.13: Prinzipieller Aufbau eines PuK-Systems (in Anlehnung an Hahn/Hungenberg, 2001, S. 5)

Das PuK-System basiert auf den Zielen und Werten der normativen Unternehmensführung (vgl. Kap. 2) und besteht aus folgenden, aufeinander aufbauenden **Teilplanungen:**

- **Generelle Zielplanung:** Festlegung der grundlegenden Ziele des Unternehmens.
- **Strategische (Aktions-)Planung:** Festlegung der Sachziele für die Geschäftseinheiten sowie der hierfür erforderlichen Erfolgspotenziale.
- **Operative (Aktions-)Planung:** Festlegung der auszuführenden Aktionen zur bestmöglichen Ausschöpfung der bestehenden Erfolgspotenziale.
- **Ergebnis- und Finanzplanung:** Vorgabe und Bestimmung der Erfolgs- und Liquiditätsaspekte der in der Aktionsplanung festgelegten Maßnahmen. Diese wertzielorientierte Planung und Kontrolle verbindet die Teilplanungen miteinander. Ihre

Bedeutung und Detaillierung nimmt von der generellen Zielplanung bis zur operativen Aktionsplanung zu.

Die Teilplanungen werden periodisch, d. h. in regelmäßigen zeitlichen Abständen durchgeführt. Zusätzlich kann auf jeder Planungsebene bei Bedarf eine fallweise und meist mehrere Perioden umfassende Projektplanung (vgl. Kap. 5.3.4) erstellt werden.

Grundsätze ordnungsgemäßer Planung

Der *Bundesverband Deutscher Unternehmensberater (BDU)* hat einen Leitfaden zur Gestaltung von PuK-Systemen erstellt, die sog. **Grundsätze ordnungsgemäßer Planung** (GoP). Darin werden Anforderungen an die Planung und Kontrolle erläutert und Gestaltungempfehlungen für Unternehmen aller Größenordnungen und Branchen gegeben. Sie sollen als einheitlicher Standard dienen, um PuK-Systeme zu erstellen und zu beurteilen. Sie beinhalten Informationen zu gesetzlichen Grundlagen, Grundsätzen, Analysen, zur Ziel- und Strategiedefinition, strategischen und operativen Planung sowie zu Kontrollen und Prognosen. Mit einem nach diesen Grundsätzen gestalteten PuK-System erhalten die Unternehmen mehr Transparenz über ihre Planannahmen und den Grad der Planungssicherheit. Darüber hinaus verbessert ein solches PuK-System die Verhandlungsoptionen gegenüber Kreditgebern. Die Grundsätze ordnungsgemäßer Planung stehen auf der Homepage des *BDU* (www.bdu.de) frei zur Verfügung (vgl. *BDU*, 2009; *Gleißner/Presber*, 2010, S. 82 ff.).

4.1.5.2 Pläne und Kontrollen sowie Planungs- und Kontrollaktivitäten

Ausgangspunkt der Gestaltung des PuK-Systems ist die **funktionale Analyse**. Dabei sollen die zu erstellenden Pläne, die durchzuführenden Kontrollen, die PuK-Aufgaben sowie deren Beziehungen bestimmt werden. Inhaltlich geht es darum, das komplexe Planungsproblem in mehrere, überschaubare Teilpläne zu unterteilen. Die Differenzierung der Teilpläne kann dabei mehrdimensional z. B. nach unternehmerischen Funktions- und Geltungsbereichen, Zeithorizonten, Ebenen, Zieldimensionen sowie Gegenständen erfolgen (vgl. den Überblick in Abb. 4.1.4).

Um den Planungszusammenhang zu wahren sowie Zielkonflikte, Suboptimas und Widersprüche zu vermeiden, werden Teilpläne untereinander abgestimmt und zu einem Plansystem zusammengefasst.

Plansystem

> **!** Ein **Plansystem** ist die geordnete Gesamtheit aufeinander abgestimmter Teilpläne, die untereinander in Beziehung stehen (vgl. *Horváth*, 2011, S. 171).

Im Anschluss daran sind die auf das Plansystem bzw. die einzelnen Teilpläne bezogenen Ausprägungsformen der Kontrolle zu bestimmen. Als Basis für die Zuweisung von Verantwortlichkeiten sowie die Festlegung des Ablaufs der Planung und Kontrolle ist es erforderlich, die für die Aufstellung der Pläne sowie die Durchführung der Kontrollen notwendigen PuK-Aktivitäten systematisch zu beschreiben. Einige Differenzierungsmöglichkeiten wurden bereits in Kapitel 4.1.4.3 vorgestellt. Nach der Bestimmung der Aufgaben geht es um die Frage, wer diese im Unternehmen wahrnehmen soll (Aufbauorganisation) und in welcher sachlichen und zeitlichen Reihenfolge diese Aufgaben durchzuführen sind (Ablauforganisation).

4.1 Grundlagen

4.1.5.3 Aufbauorganisation: Planungs- und Kontrollorgane

Planung und Kontrolle sind im Unternehmen dauerhafte und komplexe Aufgaben. Die Unternehmensführung ist ab einer gewissen Unternehmensgröße aufgrund der Vielzahl unterschiedlicher Teilaufgaben, organisatorischer Einheiten sowie PuK-Ebenen nicht mehr in der Lage, alle anstehenden Aufgaben selbst durchzuführen. Deshalb werden diese Aufgaben teilweise oder vollständig an andere Stellen delegiert. Hierfür sprechen neben der zeitlichen Entlastung u. a. inhaltliche Detailkenntnisse, Methodenkompetenzen sowie eine höhere Objektivität durch Einbezug verschiedener organisatorischer Einheiten (vgl. *Fürtjes*, 1989, Sp. 1464 ff.; *Müller-Böling*, 1989, Sp. 1310).

> **Planungs- und Kontrollorgane** sind Personen oder organisatorische Einheiten, die an der Planung und Kontrolle dauerhaft oder fallweise mitwirken (vgl. *Hentze* et al., 1993, S. 79 ff.).

Ihre Funktionen und Kompetenzen werden von der hierarchischen Position und ihren spezifischen Kenntnissen und Fähigkeiten bestimmt. Die Kompetenzen beziehen sich auf das Recht zur Aufstellung, Entscheidung, Genehmigung und Kontrolle der Pläne. Insbesondere bei der operativen Planung sind diese Kompetenzen meist auf mehrere organisatorische Ebenen verteilt (vgl. *Töpfer*, 1989, Sp. 1542 ff.). — PuK-Organe

Bei der Auswahl der PuK-Organe sollten folgende **Grundsätze** beachtet werden (vgl. *Pfohl/Stölzle*, 1997, S. 194): — Auswahlkriterien

- **Optimale Distanz:** Die PuK-Organe sollten ausreichende Detailkenntnisse über das Planungsobjekt besitzen, auf der anderen Seite aber auch eine gewisse Distanz wahren, um die notwendige Übersicht und Neutralität zu gewährleisten.
- **Wertigkeit:** Je wichtiger der Planungsinhalt für die Zukunft des Unternehmens, umso höher sollte die zuständige hierarchische Ebene sein. Strategische PuK-Aufgaben sind auf den oberen Hierarchieebenen anzusiedeln, während operative PuK-Aufgaben auf den unteren Hierarchieebenen ausgeführt werden. Aufstellung und Kontrolle der operativen Pläne erfolgen häufig dezentral, die Entscheidung und Genehmigung sowie die strategische Planung dagegen durch die Unternehmensführung. So entstehen mehrstufige PuK-Systeme.

PuK-Aufgaben können von einer Vielzahl von Stellen im Unternehmen übernommen werden. Die Auswahl und Einrichtung der PuK-Organe hängen von der Unternehmensgröße, der Branche und dem jeweiligen Planungsproblem ab. Unverzichtbar sind die Beteiligung des Linienmanagements bei der inhaltlichen Planerstellung sowie die Genehmigung der Pläne durch die Unternehmensführung.

Mögliche **Planungs- und Kontrollorgane** sind (vgl. *Fürtjes*, 1989, Sp. 1464 ff.): — Mögliche PuK-Organe

- **Unternehmensführung:** Planung und Kontrolle sind laufende Aufgaben der obersten Führungsebene. Schwerpunkte sind die inhaltliche Planung übergeordneter Themenstellungen (z. B. Vorgabe grundlegender Unternehmensziele, Genehmigung von Teilplänen etc.), die Motivation der Mitarbeiter zur Planung und die Durchführung der Fremdkontrolle auf Gesamtunternehmensebene.
- **Linienmanagement:** Alle übrigen organisatorischen Einheiten mit Entscheidungs- und Weisungsbefugnissen sind für ihren jeweiligen Verantwortungsbereich mit der inhaltlichen Planung und der Kontrolle der Ausführung betraut. Dies umfasst z. B. die Erstellung von Planentwürfen oder die Einleitung von Gegenmaßnahmen bei

Abweichungen. Darüber hinaus sind sie für die Realisierung der Teilpläne verantwortlich.

- **Planungsstäbe und -abteilungen:** Diese Stellen werden speziell zur Wahrnehmung von Planungsaufgaben eingerichtet. Sie haben meist keine Entscheidungs- und nur geringe Weisungsbefugnisse. Dezentral unterstützen sie vor allem die Linieninstanzen bei der Überwachung und Kontrolle der Planerstellung und übernehmen z. T. auch inhaltliche Planungsaufgaben wie z. B. die Entwicklung und Bewertung von Planalternativen. Zentrale Stäbe und Abteilungen sind an der Metaplanung und -kontrolle sowie dem Planungsmanagement beteiligt. Beispiele sind die Koordination der Teilpläne oder Plananalysen. Sie unterstützen die Fachabteilungen bei der Planerstellung z. B. durch Informationen und Beratungsleistungen.

- **Controller:** Sind keine Planungsstäbe und -abteilungen vorhanden, so werden deren Aufgaben in der Regel vom Controlling als Unterstützungsfunktion der Unternehmensführung wahrgenommen. Darüber hinaus hat das Controlling die Planerfüllung zu kontrollieren, Abweichungen frühzeitig zu erkennen und deren Ursachen zu analysieren. Der Fokus der Unterstützungsleistung des Controllings liegt auf der wertzielorientierten Planung und Kontrolle (vgl. Kap. 4.3).

- **Planungskomitee (-kommission, -kollegium):** Sie sind dauerhaft angelegt und bestehen aus Personen unterschiedlicher Fachbereiche und hierarchischer Ebenen, welche sich regelmäßig treffen. Ihre Aufgaben sind die Koordination und Integration von Teilplanungen, die Erstellung von Ziel- und Maßnahmenvorschauen und die Diskussion von Alternativplänen. Ist die Unternehmensführung im Planungskomitee vertreten, dann werden dort in aller Regel auch die Pläne verabschiedet.

- **Planungsteams:** Temporäre, weitgehend hierarchiefreie Projektgruppen, die zur Lösung spezieller Planungsaufgaben wie z. B. für Szenarioanalysen gebildet werden.

- **Externe PuK-Organe:** Spezielle Teilaufgaben können auch von unternehmensexternen Organen wie z. B. Beratern, Marktforschungsinstituten, Verbänden oder einer Muttergesellschaft durchgeführt werden. Sie wirken vor allem als PuK-Informanten. Berater werden vor allem bei der Metaplanung und -kontrolle eingesetzt. Der Einfluss einer Muttergesellschaft reicht von der Vorgabe globaler Ziele bis zur Mitwirkung an der Detailplanung.

PuK-Informanten

PuK-Informanten sind alle unternehmensinternen und -externen Personen, die von den PuK-Organen um Informationen gebeten werden. Von den internen Informanten sind vor allem die Personen von Bedeutung, welche die Pläne ausführen oder davon betroffen sind. Sie verfügen meist über detaillierte Informationen über die Umsetzbarkeit und Auswirkungen von Planalternativen. Ihr frühzeitiger Einbezug ist auch aus Motivationsgesichtspunkten sinnvoll. Gründe für den Einbezug unternehmensexterner Planungsinformanten sind z. B. fehlende fachliche oder planerische Kenntnisse, der Bedarf nach einem neutralen Urteil oder Unsicherheiten über Planalternativen und deren Auswirkungen (vgl. *Mag*, 1995, S. 117 ff.).

Planqualität

Die **Qualität der Pläne** wird nicht nur durch die verfügbaren Informationen und eingesetzten Instrumente, sondern auch durch die Qualifikation der Planungsorgane bestimmt. Neben einer genauen Kenntnis des Planungsobjekts und der PuK-Instrumente sollten sie über ein ganzheitliches, kreatives und abstraktes Denken sowie über Führungskompetenzen im Bereich Kommunikation, Kooperation und Motivation verfügen (vgl. *Mag*, 1995, S. 115 f.).

4.1.5.4 Ablauforganisation: Planungs- und Kontrollprozess

> Der **Planungs- und Kontrollprozess** beschreibt die sachliche und zeitliche Abfolge der einzelnen Planungs- und Kontrollaktivitäten.

Dieser Prozess wiederholt sich im Unternehmen sowohl regelmäßig (zyklisch) als auch unregelmäßig. Gestaltungsaspekte sind die hierarchische Ableitung der Pläne, der Ablauf der Planerstellung, die zeitliche Verkettung der Pläne, der Planungsrhythmus und die Terminplanung.

4.1.5.4.1 Hierarchische Ableitung der Pläne

Da die inhaltliche Planung auf verschiedenen hierarchischen Ebenen des Unternehmens stattfindet, ist zu klären, welche Stellen, in welcher Reihenfolge und mit welchen Kompetenzen an der Planung mitwirken. Die Frage der Entstehung, Koordination, Integration und Durchsetzung von Plänen über verschiedene Hierarchieebenen wird als Hierarchiedynamik bzw. **Planungsrichtung** bezeichnet. Dabei wird bestimmt, wie die Planungsträger sachlich und zeitlich zusammenwirken, um einen reibungslosen Planungsablauf und ein bestmögliches Planungsergebnis zu gewährleisten.

Planungsrichtung

Grundsätzlich existieren drei alternative **Planungsrichtungen**. Ihr Prinzip wird am Beispiel einer dreistufigen Planungshierarchie in den Abb. 4.1.14 bis 16 veranschaulicht (vgl. *Scholz*, 1984, S. 97 ff.; *Wild*, 1982, S. 191 ff.):

- **Retrograde Planung (Top-down):** Die Planung wird in der Unternehmenshierarchie „von oben nach unten" durchgeführt. Die Unternehmensführung gibt die obersten Planziele in einem globalen Rahmenplan vor, der in den nachfolgenden Hierarchiestufen schrittweise für den jeweiligen Verantwortungsbereich konkretisiert wird. Dies ermöglicht eine rasche Planerstellung, die Durchführung tief greifender Änderungen und eine hohe Übereinstimmung der Planziele über alle hierarchischen Ebenen hinweg. Da die planenden Ebenen jedoch eine hohe Distanz zur Planausführung besitzen, verfügen sie nicht über ausreichende Informationen über die tatsächliche Realisierbarkeit der Pläne. Dies kann dazu führen, dass Wunsch und Wirklichkeit weit auseinander liegen. Die mangelnde Beteiligung der ausführenden Ebene an der Planerstellung kann sich auch negativ auf die Motivation der für die Planerfüllung verantwortlichen Mitarbeiter auswirken. Dies gilt insbesondere bei unrealistischen Planvorgaben.

Retrograd (Top-down)

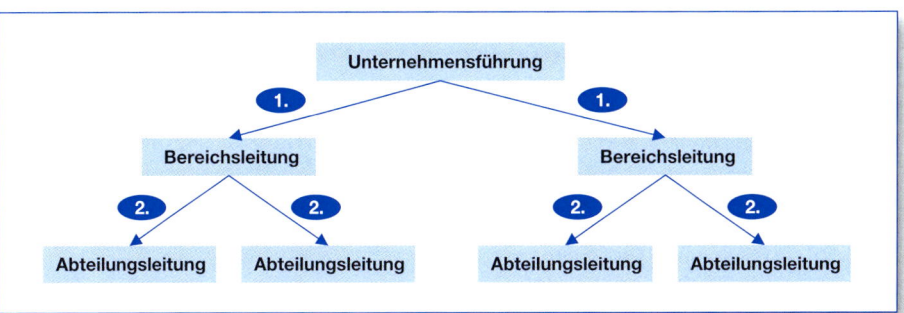

Abb. 4.1.14: Prinzip der retrograden Planung (Top-down)

Progressiv (Bottom-up)

- **Progressive Planung (Bottom-up):** Die Planung wird in der Unternehmenshierarchie „von unten nach oben" durchgeführt. Sie beginnt in den unteren hierarchischen Ebenen und bewegt sich dann schrittweise aufwärts. Jede Ebene plant ihre Ziele, Maßnahmen und erforderlichen Ressourcen und übergibt dann ihren Teilplan an die übergeordnete Ebene. Dort werden die Teilpläne koordiniert, kontrolliert, integriert, ergänzt und wiederum an die darüber liegende Ebene weitergeleitet. Nach Abschluss des Planungsablaufs ergibt sich daraus der Plan für das gesamte Unternehmen. Dieses Vorgehen eignet sich vor allem für evolutionäre Entwicklungen und wirkt auf die Mitarbeiter motivierend. Es ermöglicht die Identifikation mit den Planinhalten und durch den Einbezug des Wissens der ausführenden Ebenen eine bessere Realisierbarkeit der Pläne. Allerdings kann es passieren, dass Suboptimas und Zielkonflikte auftreten und die einzelnen Teilpläne nicht zum gewünschten Gesamtziel des Unternehmens führen. Die dezentralen Einheiten setzen sich meist wenig herausfordernde Ziele oder schreiben diese einfach fort. Die erforderlichen Abstimmungs- und Integrationsvorgänge erhöhen den Zeitbedarf für die Planerstellung.

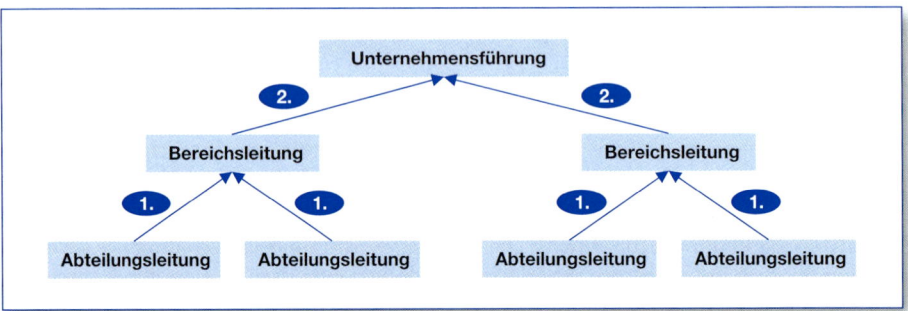

Abb. 4.1.15: Prinzip der progressiven Planung (Bottom-up)

Zirkulär (Gegenstrom)

- **Zirkuläre Planung (Gegenstromverfahren):** Durch Kombination von retrograder und progressiver Planung wird versucht, die Vorteile beider Vorgehensweisen zu vereinen, ohne deren Nachteile in Kauf nehmen zu müssen. Auf diese Weise soll das logische Zirkelproblem der Planung gelöst werden: Danach kann erst dann über untergeordnete Ziele und Pläne entschieden werden, wenn die übergeordneten Ziele und Pläne bekannt sind. Umgekehrt erfordern die übergeordneten Ziele und Pläne die Kenntnis der Realisationsmöglichkeiten auf den untergeordneten Ebenen. Die Kombination retrograder und progressiver Planung beginnt zweckmäßigerweise Top-down. Dabei werden von der Unternehmensführung zunächst vorläufige Oberziele und Orientierungsgrößen gesetzt und aus diesen durch die nachfolgenden Ebenen schrittweise Unterziele und Teilpläne abgeleitet und auf ihre Realisierbarkeit geprüft. Im anschließenden Bottom-up-Rücklauf werden ausgehend von der untersten Planungsebene die Pläne schrittweise koordiniert und zusammengefasst. Der Planungsprozess endet mit der Verabschiedung der Unternehmensziele und -pläne durch die Unternehmensführung. In der Praxis sind häufig mehrere Durchläufe erforderlich, bis der endgültige Unternehmensplan feststeht. Auf diese Weise plant jede hierarchische Ebene ihren Verantwortungsbereich und steuert gleichzeitig die Planung der nachgeordneten Ebenen. Das Gegenstromverfahren trägt sowohl zur Vermeidung von Zielkonflikten und Suboptimas als auch zur Sicherstellung der Realisierbarkeit der Pläne und Motivation der ausführenden Ebenen bei. Aufgrund der aufwendigen Abstimmung zwischen den zentralen und dezentralen Einheiten bindet es jedoch hohe Ressourcen und ist entsprechend langwierig.

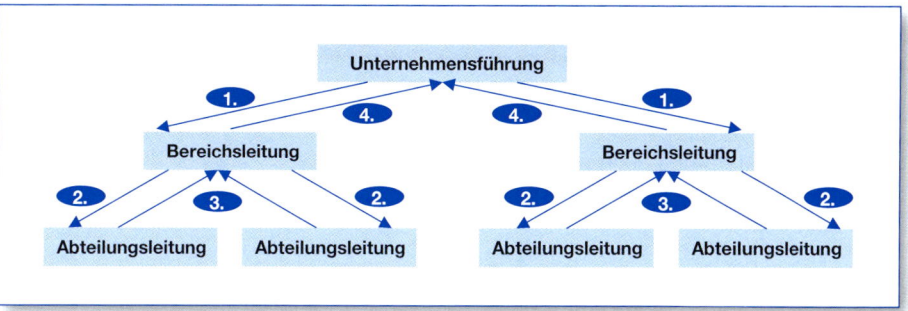

Abb. 4.1.16: Prinzip der zirkulären Planung mit Top-down-Eröffnung

Die Mehrheit der deutschen Unternehmen ermittelt ihre Zielvorgaben im Gegenstromverfahren. Dies bestätigen auch die empirischen Ergebnisse. Nach der Untersuchung von *Zyder* zur Gestaltung der Budgetierung in deutschen Unternehmen plant mit 72 % die große Mehrheit der befragten 280 Manager und Controller nach dem Gegenstromverfahren. Top-down (10 %) oder Bottom-up (18 %) wird dagegen relativ selten vorgegangen (vgl. *Zyder*, 2007, S. 153). Dies bestätigen auch die Ergebnisse des Controllerpanels der *WHU Koblenz*. Von den 400 befragten Controllern planen 78 % zirkulär und nur jeweils 14 % Top-down bzw. 8 % Bottom-up (vgl. *Weber* et al., 2010, S. 326 f.) Abb. 4.1.17 stellt die Vor- und Nachteile der Ableitungsrichtungen zusammenfassend gegenüber.

Empirische Ergebnisse

	Retrograde Planung (Top-down)	**Progressive Planung** (Bottom-up)	**Zirkuläre Planung** (Gegenstromverfahren)
Grundprinzip	Die Planung erfolgt in der Organisation „von oben nach unten"	Die Planung erfolgt in der Organisation „von unten nach oben"	Durch Vor- und Rückläufe werden progressive und retrograde Elemente verbunden
Realisierbarkeit der Planung	Ist nur teilweise erfüllt, da nur ein Mittelrahmen bekannt ist	Besser als bei retrograder Planung, da Pläne von den Umsetzenden entwickelt werden	Sehr gut, da Planung und Realisationsmöglichkeiten durchgehend abgestimmt werden
Mitarbeitermotivation	Vorgabecharakter kann demotivierend wirken	Planungsmitwirkung motiviert, Gefahr der Fortschreibung alter Ziele	Mehrstufiges Abstimmungsverfahren wirkt motivierend
Koordinationsmöglichkeiten	Koordinationserfordernis wird häufig nicht erkannt	Horizontale Koordination nicht gegeben	Vertikale und horizontale Koordination vorgesehen
Zeitaufwand	Rückkopplungen wegen Informationsbedarf der Führungsebene	Rückläufe und aufwendige Abstimmung/Integration	Aufwendigstes Verfahren durch mehrere Vor- und Rückläufe
Fazit	Frage: „Was müssen wir tun?": Gefahr der Suboptimierung, vertikale Abhängigkeiten erfordern Zentralisation	Frage: „Was können wir tun?": Gefahr der Suboptimierung, horizontale Koordination erforderlich	Kein einseitiger Denkansatz: Vermeidet Suboptimierung, berücksichtigt vertikale Abhängigkeiten, aber sehr aufwendig

Abb. 4.1.17: Vergleich der Planungsrichtungen (in Anlehnung an Wild, 1982, S. 191 ff.)

4 Planung und Kontrolle

4.1.5.4.2 Ablauf der Planerstellung

Inhaltliche Abstimmung

Bei der Festlegung des Planungsablaufs geht es primär um die **inhaltliche Abstimmung der einzelnen Teilpläne**. Die bestehenden Abhängigkeiten, z. B. zwischen Produktions- und Beschaffungsplanung, sollen so weit als möglich berücksichtigt werden. Um das Gesamtoptimum zu erreichen, müssten hierfür idealerweise alle Planinhalte gleichzeitig aufeinander abgestimmt werden (vgl. *Hahn/Hungenberg*, 2001, S. 81 ff.; *Horváth*, 2011, S. 193 ff.).

Simultan

Eine solche **simultane Planung** wird mit Hilfe optimierender Entscheidungsverfahren wie z. B. der linearen Programmierung durchgeführt. Deren praktische Anwendbarkeit bleibt aufgrund der Vielzahl von Entscheidungsvariablen der Planung, dem zeitlichen und finanziellen Aufwand sowie der laufenden Anpassungserfordernisse auf spezielle Fragestellungen wie z. B. die optimale Belegung einer Maschine beschränkt.

Sukzessiv

In der Praxis werden die Pläne deshalb sukzessive d. h. schrittweise nacheinander erstellt. Bei der **sukzessiven Planung** basieren die Teilpläne auf den sachlich und zeitlich vorgelagerten Plänen. Dort werden die Rahmendaten für die nachgelagerten Pläne festgelegt. Die Abstimmung erfolgt jedoch nur mit dem jeweils vorgelagerten Plan. Deshalb wird versucht, durch mehrfaches Durchlaufen (Iteration) eine Annäherung an das Gesamtoptimum zu erreichen. Dabei gilt es zunächst zu klären, mit welchem Teilplan begonnen wird und in welcher Reihenfolge die Teilpläne erstellt werden.

Orientierung am Engpass

Nach dem bereits von *Gutenberg* (1983, S. 163 ff.) formulierten **Ausgleichsgesetz der Planung** sollte derjenige Teilbereich zuerst geplant werden, der den Engpass des Unternehmens darstellt. Er begrenzt die anderen Teilplanungen (Minimumsektor). Hat ein Unternehmen beispielsweise Schwierigkeiten bei der Beschaffung erforderlicher Rohstoffe, dann wird die gesamte Planung hiermit beginnen. Auf längere Sicht sollte das Unternehmen versuchen, bestehende Engpässe z. B. durch Investitionen  zu beseitigen. Die Planung beginnt dann mit dem vorrangigen Unternehmensbereich. Dies ist in der Regel der Absatzbereich, da dieser die Erlöse bestimmt und der Absatz vom Markt beschränkt wird. Aus dem Planabsatz wird dann in der Produktionsplanung die Zahl der herzustellenden Güter festgelegt. Darauf aufbauend werden die hierfür erforderlichen Ressourcen bestimmt sowie weitere, daran anschließende Teilplanungen erstellt. Die in der Praxis am häufigsten anzutreffende **Abfolge der sukzessiven Planung** ist deshalb vereinfachend: Absatz - Produktion - Beschaffung. Im Detail wird hierauf im Rahmen der Budgeterstellung in Kap. 4.3.2.3 eingegangen.

4.1.5.4.3 Zeitliche Verkettung der Pläne

Zur zeitlichen Verkettung von Teilplanungen mit unterschiedlichen Zeithorizonten gibt es die in Abb. 4.1.18 dargestellten drei **Möglichkeiten** (vgl. *Mag*, 1995, S. 110 f.):

Reihung
- **Reihung** (isolierte zeitliche Stufen ohne Überlappung): Pläne gleicher bzw. unterschiedlicher Fristigkeit folgen lückenlos hintereinander, wobei sich die jeweiligen Planungshorizonte nicht überlappen.

Staffelung
- **Staffelung** (teilweise zeitlich-überlappende Stufen): Die Planungshorizonte aufeinander folgender Pläne mit gleicher bzw. unterschiedlicher Fristigkeit überlappen sich.

Schachtelung
- **Schachtelung** (zeitlich vollständige Integration der Stufen): Pläne unterschiedlicher Fristigkeit werden vollständig integriert, indem die Planungshorizonte der kurzfristigen in denen der längerfristigen Pläne eingebettet sind.

4.1 Grundlagen

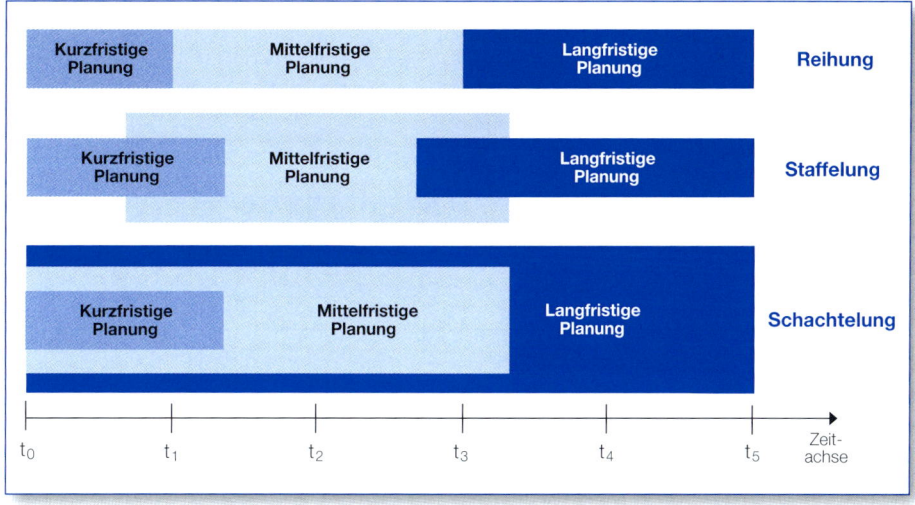

Abb. 4.1.18: Möglichkeiten der zeitlichen Verkettung von Teilplänen

Sowohl bei der Reihung als auch bei der Staffelung der Teilpläne ist deren inhaltlicher Zusammenhang nicht sichergestellt. Dies kann zu Widersprüchen und Zielkonflikten zwischen den Teilplänen führen. Bei der Staffelung stellt sich zudem die Frage, in welchem Ausmaß sich die Pläne überlappen sollen. Nur das Prinzip der Schachtelung gewährleistet die Integration der Teilpläne und stellt deshalb für die Unternehmenspraxis die einzig brauchbare Verkettungsform dar (vgl. *Mag*, 1995, S. 110).

Bewertung

4.1.5.4.4 Planungsrhythmus

Der Planungsrhythmus bestimmt, wann und wie oft verabschiedete Pläne geprüft, konkretisiert, überarbeitet und fortgeschrieben werden. Die Notwendigkeit einer Planänderung folgt meist aus den Ergebnissen der Kontrolle, wenn gravierende Abweichungen zwischen den Plandaten und den realisierten Ergebnissen (Plan-Ist) oder den aktuellen Prognosen (Plan-Wird) festgestellt werden. Darüber hinaus können auch Änderungen der Unternehmensumwelt eine Planrevision erforderlich machen. Der Planungsrhythmus hat somit entscheidenden Einfluss auf die Flexibilität der Planung (vgl. Kap. 4.1.4.4; *Horváth*, 2011, S. 194 f.).

Planungsrhythmen

Grundsätzlich sind die folgenden **Planungsrhythmen** zu unterscheiden (vgl. *Mag*, 1995, S. 111 ff.; *Pfohl/Stölzle*, 1997, S. 149 ff.):

- **Anschließende Planung:** Jeder Plan wird nur einmal erstellt und die einzelnen Pläne folgen unmittelbar und überschneidungsfrei aufeinander. Nachträgliche Plananpassungen sind nicht vorgesehen. Das Prinzip veranschaulicht Abb. 4.1.19 am Beispiel eines dreijährigen Planungshorizonts.

Anschließend

- **Rollende (rollierende/überlappende/gleitende) Planung:** Der Planungshorizont wird in zwei Abschnitte unterteilt. Der zeitlich näher liegende, kurzfristige Abschnitt wird detailliert und der nachfolgende, längerfristige Abschnitt grob geplant. Nach Ablauf des ersten Abschnitts wird auf Basis der Grobplanung der darauf folgende Planungsabschnitt detailliert geplant. Die restliche Planung wird bei dieser Gelegenheit aufgrund der neuesten Erkenntnisse überarbeitet und um den abgelaufenen Ab-

Rollend

4 Planung und Kontrolle

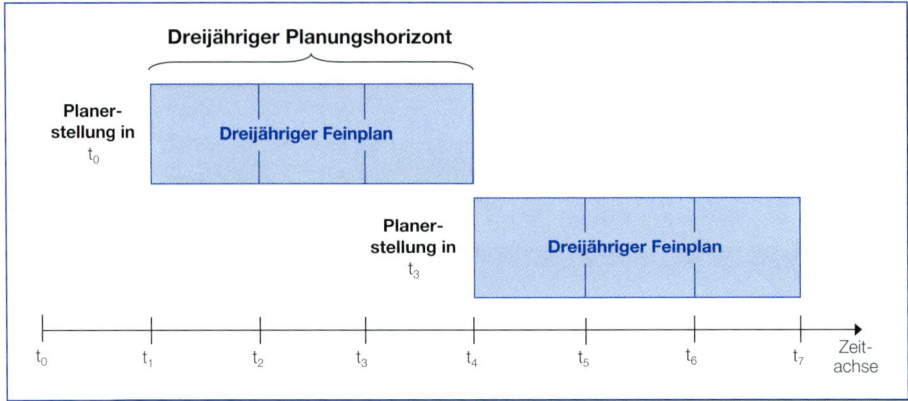

Abb. 4.1.19: Prinzip anschließender Planung

schnitt verlängert. Der Planungshorizont bleibt somit immer gleich. Wie in Abb. 4.1.20 dargestellt, besteht z. B. eine rollende Fünfjahresplanung aus einem detaillierten Plan für das erste Jahr und einem wenig differenzierten Plan für die darauf folgenden vier Jahre. Nach Ablauf der ersten Planperiode wird das Folgejahr detailliert geplant und anschließend der grobe Plan um ein weiteres Jahr verlängert. Am Ende liegt somit wieder ein Fünfjahresplan vor. Konkretisierung, Aktualisierung und Erweiterung der Pläne erfolgen dabei in einem festgelegten Rhythmus.

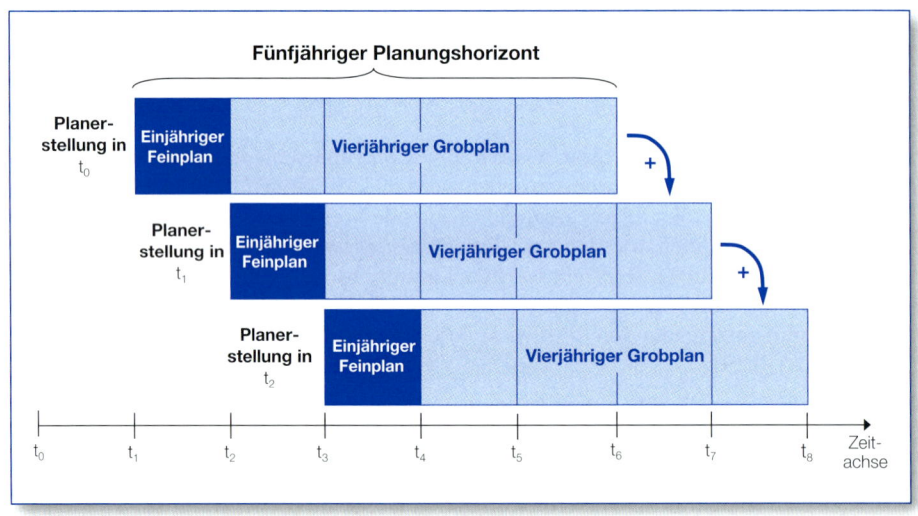

Abb. 4.1.20: Prinzip rollender Planung

Revolvierend
- **Revolvierende (rekursive) Planung:** Die revolvierende Planung ist eine Sonderform der rollierenden Planung mit einer höheren Planungsfrequenz für die zeitlich geschachtelten Pläne. Die Pläne geringerer Fristigkeit werden ebenfalls aus den längerfristigen abgeleitet und rhythmisch überprüft, aktualisiert und erweitert. Der Planungsprozess findet jedoch nicht nur einmal jährlich statt, sondern erfolgt mehrmals unterjährig und verlängert den Planungszeitraum dabei um den abgelaufenen

Teilabschnitt. Die Überarbeitung berücksichtigt die neuesten Informationen und ermöglicht somit eine aktuelle Planung. Wie in Abb. 4.1.21 am Beispiel einer dreijährigen Planung zu sehen, wird nach jedem Quartal ein detaillierter Plan für die nächsten vier Quartale und eine Grobplanung für die darauf folgenden Jahre erstellt. Damit umfasst die Feinplanung unabhängig vom Kalenderjahr immer ein komplettes Jahr. Die bevorstehenden Quartale werden nach den neuesten Erkenntnissen aktualisiert, was flexibleres Reagieren auf Veränderungen erlaubt. Die revolvierende Planung reduziert die bei rollender Planung z. T. auftretende „Jahresendproblematik": Am Ende eines detailliert geplanten Jahres wird von den Planungsverantwortlichen die Zielerreichung manipuliert, in dem Vorgänge wie z. B. Käufe oder Aufträge in nachgelagerte Zeiträume verschoben werden.

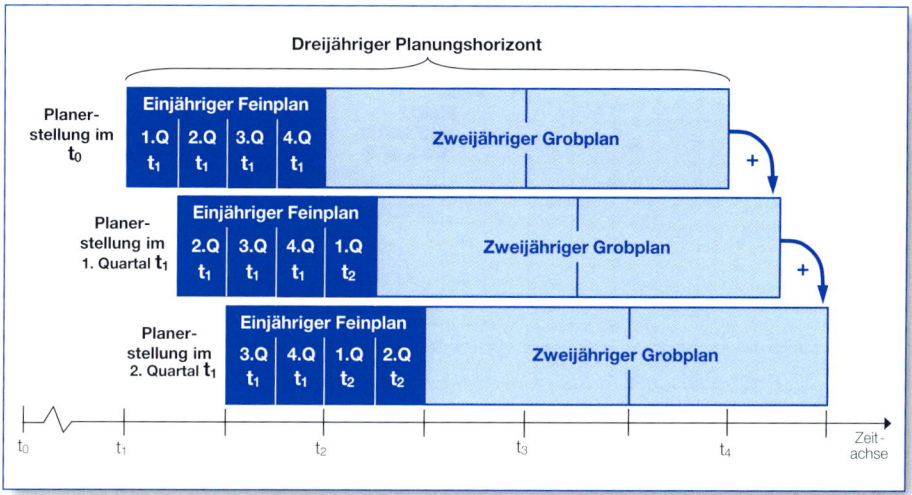

Abb. 4.1.21: Prinzip revolvierender Planung

4.1.5.4.5 Terminplanung

Die Terminplanung legt die Fertigstellungszeitpunkte und Ausführungsdauern der inhaltlichen Planungsaufgaben fest. Die verbindliche Vorgabe von Terminen ist für einen reibungslosen und zügigen Ablauf der Planung und Kontrolle erforderlich. Eine Reihe von Aufgaben in betrieblichen Teilplänen sind voneinander unabhängig und können parallel durchgeführt werden. Auf diese Weise lässt sich der Zeitbedarf der Planung verkürzen (vgl. *Perlitz*, 1989, Sp. 1304 ff.).

Der **Planungskalender** stellt den gesamten Planungsprozess übersichtlich dar. Er dokumentiert, wie die einzelnen Planungsaktivitäten aufeinander folgen, wie viel Zeit sie in Anspruch nehmen und wann sie begonnen und abgeschlossen sein müssen. Ebenso wird ersichtlich, welche Aktivitäten hintereinander ausgeführt werden und welche parallel ablaufen, wer für ihre Durchführung verantwortlich ist und welche Aktivitäten vor- und nachgelagert sind. Er ist somit ein wichtiges Instrument zur Überwachung des Planungsfortschritts und zur Koordination des Planungsablaufs. Ein Beispiel für einen Planungskalender zeigt Abb. 4.1.22. Die Planung kann als Projekt verstanden und selbst entsprechend geplant werden (vgl. Kap. 5.3.4). Um die Gesamtdauer der Planerstellung zu reduzieren, sollten die Planungsaktivitäten so weit als möglich parallel durchgeführt

Planungskalender

werden. Bei aufeinander aufbauenden Planungsaktivitäten ist auf strikte Termineinhaltung zu achten. Die Termine für die Durchführung regelmäßiger Kontrollen während und nach der Planausführung sind entsprechend festzulegen (vgl. *Mag*, 1995, S. 27 ff.).

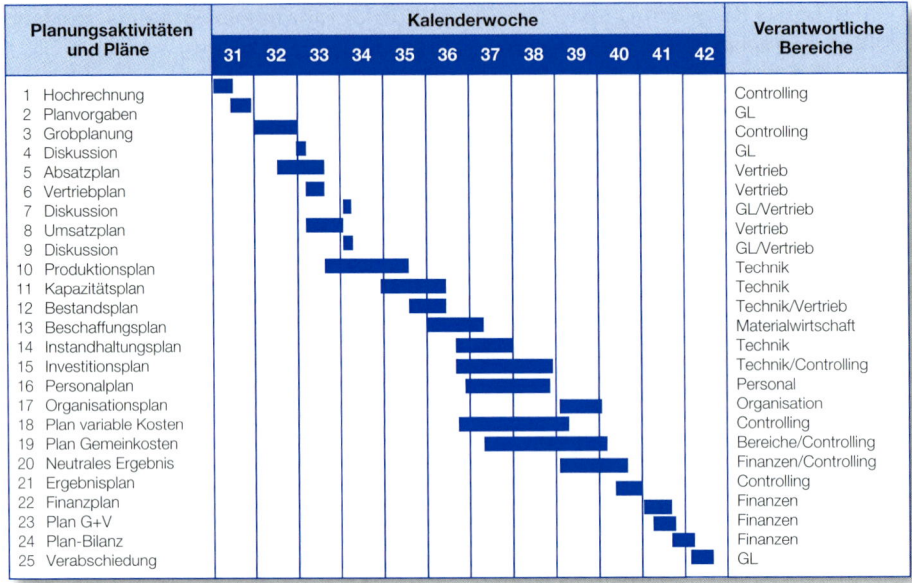

Abb. 4.1.22: *Exemplarischer Aufbau eines Planungskalenders (vgl. Schröder, 2003, S. 119)*

Planungsdilemma Das **Dilemma der Terminplanung** besteht darin, dass der Planungsprozess auf der einen Seite möglichst spät beginnen sollte, damit die Planung auf aktuellen Informationen erstellt werden kann, auf der anderen Seite aber auch noch genügend Zeit für die Suche und Bewertung von Entscheidungsalternativen zur Verfügung stehen muss (vgl. *Hahn/Hungenberg*, 2001, S. 799). Der Zeitbedarf der Planung steigt grundsätzlich mit dem Detaillierungsgrad der Pläne an. Eine Grobplanung lässt sich wesentlich rascher durchführen und kann deshalb durch einen späteren Anfangstermin auf aktuelleren Informationen basieren.

4.1.5.5 Instrumente

Zur Unterstützung der Planung und Kontrolle stehen viele Instrumente zur Verfügung. Diese lassen sich in zwei Kategorien einteilen (in Anlehnung an *Horváth*, 2011, S. 183):

- **Methodische Instrumente:** Methoden, Techniken, Verfahren und Modelle
- **Informationstechnische Instrumente:** Computergestützte Informationssysteme

Methodische Instrumente Das Spektrum an **methodischen Instrumenten** ist kaum zu überschauen. Gängige Differenzierungen werden nach den Phasen des Führungsprozesses, der primären Nutzung, der Exaktheit, der PuK-Funktion oder der Art des Denk- und Informationsansatzes vorgenommen. Letztere unterscheidet z. B. zwischen Analysen, Prognosen, Heuristiken, Bewertungsansätzen und Entscheidungsmodellen. Instrumente der Kontrolle werden dabei häufig nur am Rande genannt. Abb. 4.1.23 zeigt zwei mögliche **Einteilungen methodischer Planungsinstrumente** als Hilfsmittel zur Informationsgewinnung und -verarbeitung im Rahmen der Planung (vgl. *Buchner*, 2002, S. 83 f.; *Köhler*, 1989; *Pfohl/Stölzle*, 1997, S. 127 ff.; *Schlegel*, 1996, S. 42 f.).

> **Differenzierung nach der Art des Problembezugs**
> - **Planungsmodelle** als Abbildungen eines Originalzusammenhanges zur Problemstrukturierung
> - **Planungsmethoden** als grundsätzliche Ablaufregeln für bestimmte Klassen von Operationen zur Problemerkennung, Ermittlung von Planungsprämissen und Problemlösung
> - **Planungsverfahren** als geordnete Schrittfolge zur konkreten Umsetzung von Methoden z.B. mit Hilfe eines geeigneten IT-Systems
>
> **Differenzierung nach der Phase des Planungsprozesses**
> Planungstechniken zur
> - **Problemerkennung**, z.B. Gap-Analyse
> - **näheren Problemformulierung**, z.B. Relevanzbaumanalyse
> - **problementsprechenden Informationsbereitstellung**, z.B. multivariate Datenanalysen für Beschreibungs- oder Prognosezwecke
> - **Generierung von Planalternativen**, z.B. Scenario Writing
> - **Auswahl von Planalternativen**, z.B. Mathematische Programmierung

Abb. 4.1.23: Differenzierungsmöglichkeiten methodischer Planungsinstrumente (vgl. Köhler, 1989)

Eine praxisorientierte Einteilung orientiert sich an den **Phasen des Führungsprozesses** (vgl. *Weber/Wallenburg*, 2010, S. 121 ff.):

- **Analyseinstrumente:** Die Planung sollte stets mit der Beurteilung der gegebenen Ausgangssituation beginnen. Hierzu ist sowohl das eigene Unternehmen, als auch dessen Umwelt zu analysieren. Dabei eingesetzte Instrumente sind z. B. Erfolgsfaktoranalyse, SWOT-Analyse, Produktlebenszyklusanalyse, Erfahrungskurvenkonzept, Wertschöpfungskettenanalyse oder Benchmarking. *(Analyse, Prognose, Bewertung, Kontrolle)*

- **Prognoseinstrumente:** Sie sollen Vorhersagen treffen, wie sich Tatbestände zukünftig unter bestimmten Bedingungen entwickeln. Beispielhaft seien hier die Gap-Analyse, Kostenschätzmodelle, Nutzschwellenanalysen und Simulationsrechnungen genannt.

- **Bewertungsinstrumente:** Um zwischen mehreren Handlungsalternativen eine Auswahl treffen zu können, müssen diese im Hinblick auf ihren Beitrag zur Zielerreichung bewertet werden. Der Einsatz eines Bewertungsinstruments ist dabei von der Entscheidungssituation abhängig. Beispiele sind Kostenvergleiche, Deckungsbeitragsrechnungen, Investitionsrechnungen sowie Scoring-Modelle zur mehrdimensionalen Bewertung.

- **Kontrollinstrumente:** Sie dienen zur Beurteilung der Zielerreichung und zur Bestimmung von Ursachen festgestellter Abweichungen. Besondere Bedeutung kommt hier der Abweichungsanalyse zu. Um den Aufwand für die Erfassung der zur Kontrolle erforderlichen Ist-Werte zu begrenzen, existieren verschiedene Arten von Stichprobenanalysen.

Aufgrund der komplexen Zusammenhänge und der enormen Datenmengen ist die Planung und Kontrolle in heutigen Unternehmen ohne **informationstechnische Instrumente** nicht mehr vorstellbar (vgl. Kap. 7.3). Der Einsatz computergestützter Informationssysteme bietet der Unternehmensführung folgende **Möglichkeiten** (vgl. *Mag*, 1995, S. 29): *(Informationstechnische Instrumente)*

- Verbesserung der Informationsbasis für Entscheidungen,
- Entlastung von Routinetätigkeiten,

- Vergrößerung des Umfangs und der Detaillierung,
- Nutzung mathematisch anspruchsvoller Methoden (z. B. Simulationsmodelle, Operations Research, Realoptionen, statistische Analyseverfahren),
- Verkürzung des Zeitaufwands für die Planerstellung und -anpassung.

Die Unterstützungsleistung kann von der reinen Bereitstellung von Ist-Werten bis zur inhaltlichen Hilfestellung durch Experten- oder Business-Intelligence-Systeme reichen. Sie kann sich dabei auf eine isolierte Betrachtung eines Teilbereichs beziehen oder zu einer unternehmensweit integrierten Planung und Kontrolle ausgebaut werden (vgl. *Wall*, 1999, S. 275 ff.). Allerdings bergen informationstechnische Instrumente auch Gefahren. So kann die programmierte Planungssystematik für das Unternehmen nicht geeignet oder auch zu unflexibel sein. Insbesondere sollte die Unternehmensführung der Versuchung widerstehen, aufgrund der heute vorhandenen informationstechnischen Möglichkeiten alles bis ins kleinste Detail zu planen. Dies wäre für die Erfüllung der Aufgaben der Planung in höchstem Maße kontraproduktiv.

Instrumente unterstützen PuK

Der Einsatz von Instrumenten im Rahmen von Planung und Kontrolle dient nicht nur einer **sachlichen Unterstützung** zur Verbesserung der Entdeckung, Strukturierung und Lösung von Problemen. Vielmehr haben diese auch Auswirkungen auf das **Verhalten** der am Planungsprozess Beteiligten und die **organisatorische Gestaltung** des Prozesses. Die Verwendung von Instrumenten führt bei den PuK-Organen häufig zu einem geänderten Informationsverhalten. Methodische Instrumente stellen beispielsweise den Informationsbedarf ausdrücklich dar und ermöglichen so eine gezielte Informationsnachfrage (vgl. Kap. 7.2). Instrumente, die zur Auseinandersetzung mit verschiedenen Handlungsalternativen auffordern, verändern das Risikobewusstsein und können die Fähigkeit zur Einschätzung von Risiken verbessern (vgl. Kap. 8.4). Die Verwendung von Entscheidungsmodellen zwingt die Beteiligten, sich mit den Planzielen auseinander zu setzen und diese ausdrücklich zu dokumentieren. Einfluss auf die Organisation des Unternehmens haben Instrumente vor allem dann, wenn sie koordinierende Funktionen ausüben. Dies gilt z. B. für den Einsatz einer Planungssoftware, der ein bestimmtes Unternehmensmodell zugrunde liegt (vgl. *Köhler*, 1989, Sp. 1530 ff.; Kap. 7.3.1.1).

Einzelne Instrumente werden nachfolgend problemorientiert im Zusammenhang mit der strategischen und operativen Planung und Kontrolle dargestellt. Instrumente, die vor allem der Informationsversorgung der Unternehmensführung dienen, werden im Rahmen des Informationsmanagements (Kap. 7) erläutert.

4.1.5.6 Dokumentation

PuK-Dokumentation

Am Ende der Metaplanung und -kontrolle sollte eine **Planungs- und Kontrolldokumentation** erstellt werden, die den Aufbau des PuK-Systems darstellt. Sie beschreibt, wie, wann und durch wen die inhaltliche Planung und Kontrolle durchgeführt werden soll (vgl. im Folgenden *Dürolf*, 1988, S. 165 ff.; *Gälweiler*, 2005, S. 405 ff.; *Horváth*, 2011, S. 199 ff.; *Meyer*, 1989, Sp. 1446 ff.).

Die Dokumentation der Planung und Kontrolle erfüllt zwei **Funktionen**:

Richtlinie und Information

- **Richtlinie:** Verbindliche Regelung des inhaltlichen und zeitlichen Planungsablaufs sowie der Vorgaben, Verantwortlichkeiten und Planinhalte.
- **Information:** Darstellung aller Weisungen, Regelungen und Definitionen als Nachschlagewerk und Hilfestellung für alle PuK-Organe.

Die PuK-Dokumentation sollte folgende **Bestandteile** umfassen: — Bestandteile

- **Einleitung und allgemeine Hinweise:** Autorisierung der Dokumentation durch die Unternehmensführung und Verdeutlichung der Bedeutung, Möglichkeiten aber auch Grenzen von Planung und Kontrolle. Information über Zweck und Nutzung der Dokumentation, Verbindlichkeit der Regelungen sowie die PuK-Philosophie.
- **PuK-System:** Darstellung des Systems aus Plänen und Kontrollen sowie der Ziele, Inhalte, Bestandteile, Instrumente und Aufgaben aller Teilpläne.
- **PuK-Organe:** Wer hat welche Kompetenzen und Aufgaben im Rahmen der PuK.
- **PuK-Prozess:** Formalisierung des Planungsablaufs mit möglichst einfachen Hilfsmitteln wie z. B. einem Planungskalender. Checklisten dokumentieren PuK-Prozesse auf Basis praktischer Erfahrungen und sollen helfen, festgelegte Regeln und Abläufe einzuhalten.
- **PuK-Instrumente:** Überblick über die zur Verfügung stehenden Instrumente sowie Hinweise über deren Funktionen, Einsatzmöglichkeiten und die Interpretation der Ergebnisse.
- **PuK-Lexikon:** Alphabetisch geordnete Erklärung zentraler Begriffe, um ein gemeinsames Verständnis im Unternehmen sicherzustellen.

Die Dokumentation kann in schriftlicher Form als sog. **Planungs- und Kontrollhandbuch**, als Intranet-Lösung oder im Rahmen der eingesetzten Planungssoftware realisiert werden. Eine Intranet-Lösung hat gegenüber der gedruckten Version viele Vorteile. Alle an der Planung und Kontrolle beteiligten Mitarbeiter können jederzeit darauf zugreifen. Die enthaltenen Informationen lassen sich mit unterschiedlichen Zugangsrechten versehen. Sinnvoller ist es jedoch, sie allen Mitarbeitern frei zugänglich zu machen. Vorteilhaft ist auch die leichte und schnelle Aktualisierbarkeit z. B. beim Wechsel von Zuständigkeiten oder Ansprechpartnern. Über Hyperlinks lässt sich die Dokumentation interaktiv gestalten und es können verschiedene Sichtweisen wie z. B. für das Linienmanagement oder das Controlling vorgesehen werden. Denkbar wäre auch die Einrichtung eines internen PuK-Blogs, über den sich die beteiligten Mitarbeiter austauschen können.

PuK-Handbuch

Die Dokumentation der operationalen Planung sind die **Pläne**. Der jährliche Planungsprozess wird im **Planungsbericht** festgehalten, während die Kontrollinformationen im betrieblichen **Berichtswesen** dargestellt werden (vgl. Kap. 7.2.3.1). Das folgende Praxisbeispiel beschreibt das PuK-System und den Planungsprozess der *Robert Bosch GmbH*.

Die Planung der Robert Bosch GmbH

Die *Bosch*-Gruppe ist ein international führendes Technologie- und Dienstleistungsunternehmen. Sie gehört mit einem Umsatz von über 50 Mrd. Euro und mehr als 300.000 Mitarbeitern zu den größten Industrieunternehmen in Deutschland.  Das Unternehmen verfügt über eine starke weltweite Präsenz, denn mehr als die Hälfte der Mitarbeiter sind im Ausland beschäftigt. Die *Bosch*-Gruppe umfasst die *Robert Bosch GmbH* und ihre mehr als 300 Tochter- und Regionalgesellschaften in über 60 Ländern. Inklusive Vertriebspartner ist *Bosch* in rund 150 Ländern vertreten. Eine Besonderheit des Unternehmens ist seine gesellschaftsrechtliche Verfassung. 92 % des Stammkapitals der *Robert Bosch GmbH* sind im Besitz der *Robert Bosch Stiftung*. Diese fördert mit ihrem Gewinnanteil die Bereiche Gesundheitswesen, Völkerverständigung, Bildung, Erziehung, Kunst und Kultur. Die *Robert Bosch Stiftung* hat jedoch keine Stimmrechte, diese liegen zu 93 % bei der *Robert Bosch Industrietreuhand KG*. Dieses Gremium besteht vor allem aus aktiven und ehemaligen Mitgliedern der Geschäftsleitung, einem Vertreter der Familie *Bosch* sowie Vertretern aus der Wirtschaft. Die *Robert Bosch Industrietreuhand KG* hat lediglich eine Kapitalbeteiligung von 0,01 %, über die restlichen Anteile und Stimmrechte verfügt die Familie *Bosch* selbst.

4 Planung und Kontrolle

Die *Bosch-Gruppe* besteht aus den vier Unternehmensbereichen Kraftfahrzeugtechnik, Industrietechnik, Gebrauchsgüter sowie Energie- und Gebäudetechnik. Mit mehr als der Hälfte des Umsatzes dominiert dabei der Unternehmensbereich Kraftfahrzeugtechnik. Jeder dieser Unternehmensbereiche ist in mehrere ergebnisverantwortliche Geschäftsbereiche unterteilt. Diesen sind wiederum mehrere Gesellschaften vollständig oder anteilig zugeordnet. Dort werden die Produkte entwickelt, hergestellt und vertrieben. Reine Fertigungsstätten werden als „Werk" sowie rechtlich selbstständige Gesellschaften im Inland als „Tochtergesellschaft" und im Ausland als „Regionalgesellschaft" bezeichnet. Die Organisationsstruktur des Unternehmens zeigt Abb. 4.1.24.

Kraftfahrzeugtechnik	Industrietechnik	Gebrauchsgüter	Energie- und Gebäudetechnik
Gasoline Systems	Drive and Control Technology (Bosch Rexroth AG)	Power Tools	Solar Energy (Bosch Solar Energy AG)
Diesel Systems	Packaging Technology	Household Appliances (BSH Bosch und Siemens Hausgeräte GmbH)*	Thermotechnology (Bosch Thermotechnik GmbH)
Chassis Systems Control			Security Systems (Bosch Sicherheitssysteme GmbH)
Electrical Drives			
Starter Motors and Generators			
Car Multimedia			
Automotive Electronics			
Automotive Aftermarket			
Steering Systems (ZF Lenksysteme GmbH)*			

* Bosch-Anteil 50%

Abb. 4.1.24: Unternehmens- und Geschäftsbereiche der Bosch-Gruppe

Der Planungszyklus der *Bosch-Gruppe* erfolgt im Gegenstromverfahren mit Top-down-Eröffnung und Bottom-up-Rücklauf. Abb. 4.1.25 zeigt den Ablauf der Planung im Wechsel zwischen Gesamtunternehmensebene und Geschäftsbereichen. Der Prozess ist mehrstufig und interaktiv. Die Geschäftsbereiche gliedern sich ihrerseits in Produktbereiche mit zugeordneten Management-Einheiten in den Ländern. In den Einheiten wird für Planung und Controlling wiederum nach Kostenstellen/Abteilungen differenziert. Die Planung ist Top-down und Bottom-up angelegt. Zum besseren Verständnis wird die Planung an dieser Stelle aus Sicht der Konzernzentrale dargestellt.

Im Rahmen des **Corporate Development Meetings** (CDM) entscheidet die *Bosch*-Geschäftsführung im Frühjahr über die strategische Ausrichtung des gesamten Konzerns sowie seiner Unternehmens- und Geschäftsbereiche. Dabei wird beschlossen, welche strategischen Maßnahmen aus den im Vorjahr aufgestellten langfristigen Geschäftsfeldentwicklungsplänen umgesetzt werden und welche Ergebnis- und Wachstumsziele die Geschäftsbereiche erfüllen sollen. Die Leitungen der Geschäftsbereiche werden im Rahmen des sog. Contracting auf deren Einhaltung verpflichtet, die deren leistungsabhängige langfristige Vergütung bestimmt. Die operativen Ziele für das folgende Jahr werden im Rahmen des **Group Excecutive Meetings** (GEM) vereinbart und in den Geschäftsbereichen systematisch in einem Zielentfaltungsprozess (Policy Deployment) kaskadenförmig auf sämtliche Einheiten herunter gebrochen. Dabei werden auch Anpassungsregeln definiert, wie sich die Ziele bei Änderung bestimmter Eckdaten ändern. Bei der Erreichung eines höheren oder niedrigeren Umsatzes folgt daraus beispielsweise, wie sich die jeweiligen Ergebnisse entwickeln sollen. Werden diese Regeln eingehalten, so ist grundsätzlich keine Nachsteuerung mehr erforderlich, was der Planung eine höhere Flexibilität verleiht.

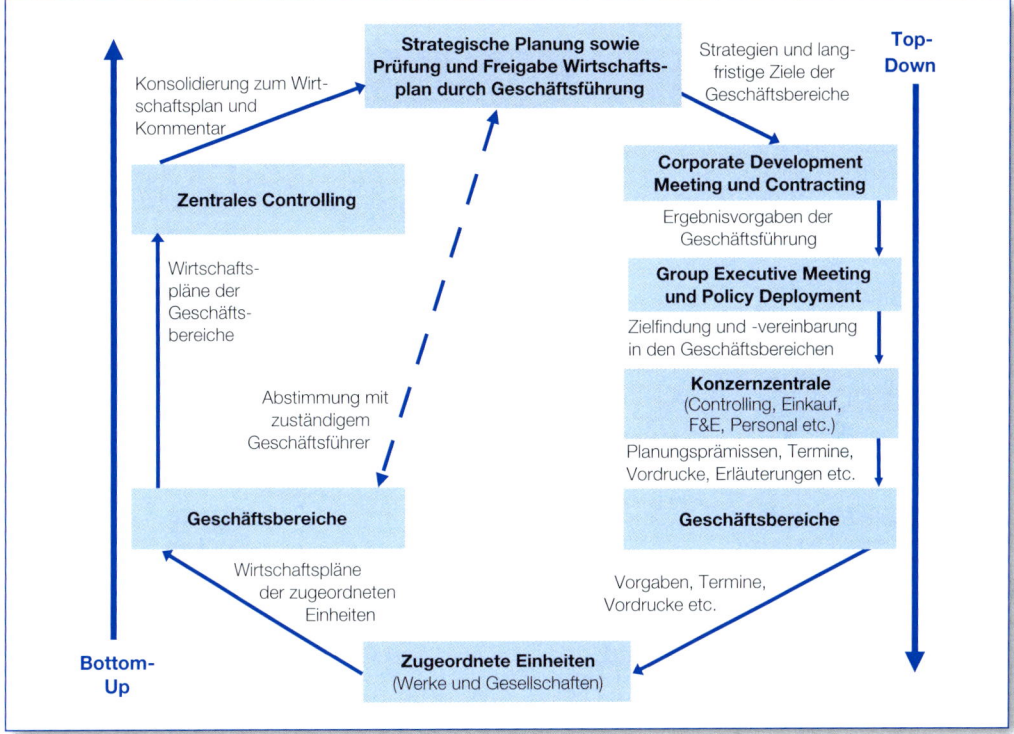

Abb. 4.1.25: Planungszyklus der Bosch-Gruppe

Die kurz- und mittelfristige Umsetzung dieser vereinbarten Ziele wird im Rahmen der sog. **Wirtschaftsplanung** festgelegt, die zwischen Ende Juni und Anfang Juli beginnt. Der Wirtschaftsplan umfasst einen Planungshorizont von zwei Jahren und wird jährlich rollierend erstellt. Das erste Planjahr wird zunächst wie das darauf folgende sog. Vorschaujahr auf Jahresbasis geplant und nach Freigabe der Planung auf Monate detailliert. Die Konzernzentrale erarbeitet hierfür die zentralen Planungsprämissen wie z. B. Rohstoffpreise, konjunkturelle Einschätzungen oder Wechselkurse. Für den Ablauf der Planung ist das zentrale Controlling verantwortlich. Hierzu legt es den Planungsprozess, sowie die einzuhaltenden Termine im Planungskalender fest, definiert Begrifflichkeiten und Formulare. Der Planungsprozess ist in Abb. 4.1.26 dargestellt.

Zu Beginn der Wirtschaftsplanung werden in den jeweiligen Geschäftsbereichen die sog. **Vertriebsplanzahlen** (VPZ) ermittelt. Dabei handelt es sich um die erwarteten, nach Regionen und Kunden gegliederten Absatzmengen der einzelnen Produktgruppen. Zusammen mit den Verkaufspreisen ergeben sich die Umsätze. Die Planung erfolgt weltweit in möglichst enger Abstimmung mit den Kunden sowie auf Basis von Marktprognosen.

Im Anschluss erfolgt die Bestimmung der **Produktionsplanzahlen** (PPZ). Auf Basis der Vertriebsplanzahlen und unter Berücksichtigung von konzerninternen Lieferungen wird festgelegt, welche Produktionsmengen gefertigt und wie diese auf die einzelnen Werke und Regionen aufgeteilt werden sollen. Damit wird auch bestimmt, welche Kapazitäten das jeweilige Werk für die Fertigung der Produkte bereitstellen muss. Darüber hinaus erarbeiten die Geschäftsbereiche Vorgaben für die operativen Einheiten. Dies sind z. B. Einführungsplanungen für Neuprodukte, Rationalisierungsvorgaben oder Investitionsplanungen.

4 Planung und Kontrolle

Parallel dazu beginnt bereits die **Kostenplanung in den Einheiten der Geschäftsbereiche**. Neben den Fertigungskosten aus den Produktionsstandorten werden in den Geschäftsbereichen die Gemeinkosten für Forschung & Entwicklung sowie Verwaltung und Vertrieb geplant. Wesentliche Aspekte der Kostenplanung sind die Planung von Materialkosten, Personalkosten, Beschäftigung, Investitionen und Sachkosten der Abteilungen.

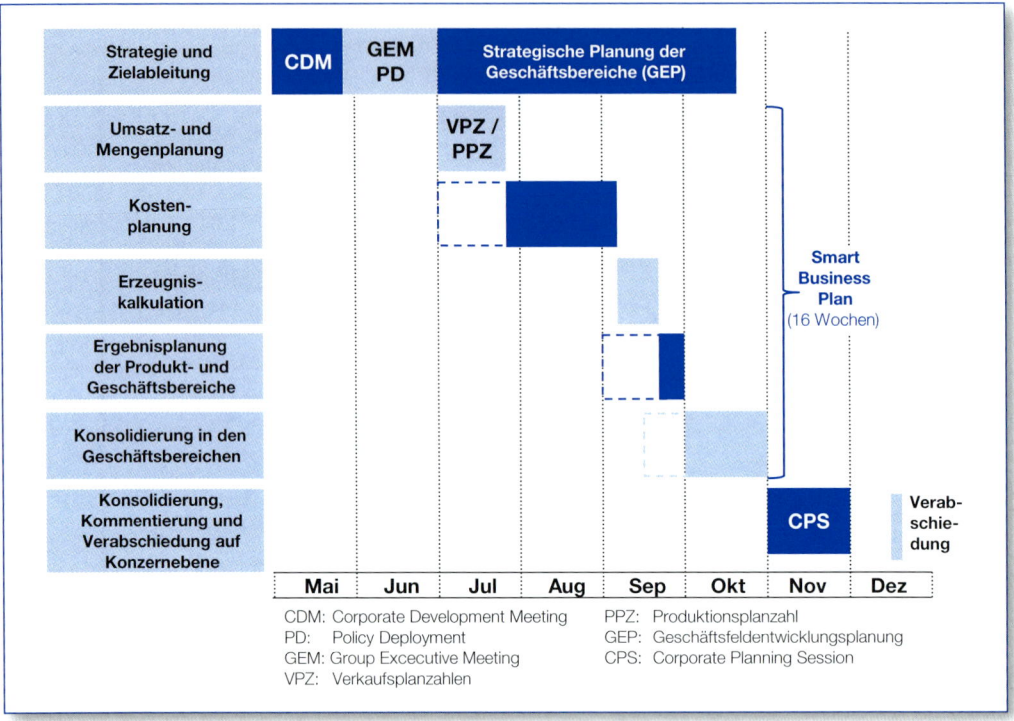

Abb. 4.1.26: Planungskalender der Bosch-Gruppe

Als Ausgangspunkt für die **Wirtschaftsplanung der fertigenden Standorte** werden Kostenziele vorgegeben. Die Kostenplanung und Kalkulation an den fertigenden Standorten erfolgt auf Basis dieser Kostenziele und Produktionsplanzahlen. Im Vorfeld festgelegte Stammwerke koordinieren für Erzeugnisse, die an mehreren Standorten gefertigt werden, den jeweiligen Kapazitätsaufbau und das technische Konzept. Der Werkwirtschaftsplan enthält die geplanten Herstellkosten für den gesamten Fertigungsstandort und für die dort gefertigten Produkte sowie die geplanten Investitionen, Bestände, Mitarbeiter sowie Gemeinkosten des Werkes. Gesellschaften mit Vertriebsverantwortung ergänzen die Planung um Umsatzangaben, Verwaltungs- und Vertriebskosten sowie ggf. um anfallende Entwicklungskosten und führen eine vollständige Ergebnisplanung durch. Die Standortleitung spricht den Wirtschaftsplan mit der Leitung und dem Controlling des Geschäftsbereichs durch. Dabei erfolgt ein Abgleich gegen die vorgegebenen Ziele und gegebenenfalls werden noch Änderungsauflagen festgelegt. Basierend auf der Kostenplanung und Kalkulation der zugeordneten Einheiten und der in den Produktbereichen geplanten Gemeinkosten für Forschung und Entwicklung, Vertrieb und Verwaltung erfolgt dann die Ergebnisplanung in den Produktbereichen.

Aus der Konsolidierung der Teilpläne (Fertigungsstandort, Produktbereich sowie Entwicklung, Vertrieb und Verwaltung der Geschäftsbereiche) ergibt sich der **Wirtschaftsplan des Geschäftsbereichs**. Der Wirtschaftsplan besteht aus einem Zahlen- und einem Verbalteil. Der Zahlenteil enthält Angaben zu den wesentlichen Eckdaten, insb. zu Umsatz, Ergebnis, Vorräten, Mitarbeitern, Investitionen, Forderungen und Marktanteilen. Der Verbalteil liefert Erläuterungen zum Zahlenteil, eine Analyse der gegenwärtigen und zukünftigen Situation sowie eine Beschreibung der wesentlichen Zielsetzungen und beabsichtigten Maßnahmen.

Im zentralen Controlling werden die Wirtschaftspläne der Geschäftsbereiche geprüft, abgestimmt und aufbereitet. Jeder einzelne Wirtschaftsplan wird als Entscheidungsbasis für die *Bosch*-Geschäftsführung ausführlich kommentiert. Zusätzlich wird eine Empfehlung gegeben, ob er in dieser Form oder nur mit Auflagen verabschiedet werden soll. Im zentralen Berichtswesen erfolgt derweil die weltweite Konsolidierung der Wirtschaftspläne, um konzerninterne Vorgänge zu bereinigen. Das Ergebnis ist ein **Wirtschaftsplan für den gesamten *Bosch*-Konzern**. Im Rahmen des Projektes „Smart Business Plan" ist es gelungen, den Zeitbedarf für die Erstellung des Wirtschaftsplans um rund 40 % auf 16 Wochen zu senken (vgl. hierzu Kap. 4.3).

Parallel zur Wirtschaftsplanung findet die **Geschäftsfeldentwicklungsplanung (GEP)** statt. Darin bestimmen die Geschäftsbereiche auf Basis der strategischen Vorgaben der Geschäftsführung ihre jeweiligen Strategien und langfristigen Ziele. Der Planungshorizont beträgt acht Jahre und die Planung umfasst mehrere Produkt- und Technologiegenerationen. Für alle bestehenden Geschäftsfelder werden die Markt- und Technologietrends sowie die gegenwärtige und zukünftige Positionierung beurteilt. Darüber hinaus werden auch neue Geschäftsfelder und Regionen sowie Wachstumsfelder und Innovationen betrachtet. Auf Basis der bewerteten Chancen und Risiken wird der Handlungsbedarf zur Erhaltung bzw. Verbesserung der Wettbewerbsfähigkeit abgeleitet. Die Geschäftsfeldentwicklungsplanung legt die langfristige Entwicklung der Geschäftsbereiche fest und ist die Basis des Corporate Development Meetings im darauf folgenden Jahr. Nach Abschluss der Kommentierung und Konsolidierung der Wirtschaftspläne wird für jeden einzelnen Geschäftsbereich jeweils eine eintägige **Corporate Planning Session (CPS)** durchgeführt. Dort stellen die Geschäftsbereiche sowohl den Geschäftsfeldentwicklungsplan als auch ihren Wirtschaftsplan vor. Auf Basis der Diskussion mit der Geschäftsleitung und der Empfehlung des zentralen Controllings erfolgt die **Freigabe des Wirtschaftsplans** und der damit verbundenen Ressourcen, ggf. jedoch verbunden mit Auflagen. Nach Einarbeitung der beschlossenen Plananpassungen erfolgt eine abschließende Konsolidierung zur Erstellung des Konzernwirtschaftsplans. Er stellt die verbindliche Vorgabe und die Basis der Erfolgsbeurteilung für alle Konzerneinheiten im nächsten Geschäftsjahr dar und liefert darüber hinaus eine Vorschau auf das folgende Jahr.

4.1.6 Grenzen und Probleme

Nicht alles lässt sich planen und kontrollieren. Planung ersetzt grundsätzlich den Zufall durch den Irrtum. Da sie sich auf die (nicht vorhersehbare) Zukunft bezieht, ist sie immer mit Unsicherheiten verbunden. Folgende **Grenzen der Planung** sind deshalb von der Unternehmensführung zu beachten (vgl. Arbeitskreis „Integrierte Unternehmensplanung", 1991, S. 812 ff.; *Bronner/Appel*, 1999, S. 592 ff.; *Buchner*, 2002, S. 62 ff.):

- **Prinzipielle Grenzen:** Generelle Grenzen und Widersprüche der Planung und Kontrolle an sich wie z. B. die Ableitbarkeit zukünftiger Entwicklungen aus Informationen der Vergangenheit, die deterministische Planung einer unsicheren Zukunft, die Einschränkung der Kreativität durch formalisiertes Vorgehen oder der Verlust an Flexibilität durch verbindliche Festlegung von Alternativen.

- **Personenbezogene Grenzen:** Die mit den Aufgaben der Planung und Kontrolle beschäftigten Mitarbeiter handeln generell nicht vollkommen rational. Zudem verfügen Menschen nur über begrenzte intellektuelle Fähigkeiten zur Vorhersage und Beurteilung zukünftiger Entwicklungen. Personenbezogene Einschränkungen können darüber hinaus auch durch mangelnde Motivation entstehen.

- **Sachbezogene Grenzen:** Probleme der Zugänglichkeit und Zuverlässigkeit von Informationen sowie der Leistungsfähigkeit von Instrumenten wie z. B. Prognosemethoden oder Planungsmodellen. Da Planung und Kontrolle selbst Ressourcen erfordert, sind auch finanzielle Grenzen zu beachten. Die entstehenden Kosten müssen in einem sinnvollen Verhältnis zum erzielten Nutzen stehen.

Prinzipielle, personenbezogene und sachbezogene Grenzen

Während die prinzipiellen Grenzen jedes Unternehmen betreffen, sind die personen- und sachbezogenen Grenzen unternehmensspezifisch. Beispiele sind eine hinderliche

4 Planung und Kontrolle

PuK-Philosophie, unternehmenspolitische Einflüsse oder ein unzureichendes PuK-System. Die Unternehmensführung sollte die Grenzen der Planung und Kontrolle realistisch einschätzen und entsprechend damit umgehen.

Praktische Probleme

In der Praxis treten bei der Planung und Kontrolle folgende **Probleme** auf (vgl. *Krystek/Zumbrock*, 1993, S. 96 ff.; *Schröder*, 2003, S. 126 ff.):

- **Planung und Tagesroutine:** Oft hat das dringende Tagesgeschäft für Linienmanager aufgrund des kurzfristigen Erfolgsdrucks Vorrang vor den Planungsaktivitäten.
- **Abneigung der Linieneinheiten gegen die Planung:** Pläne werden als zentralistische Vorgabe missverstanden, die ausschließlich zur Einschränkung des Handlungsspielraums der Mitarbeiter und deren Fremdkontrolle dienen.
- **Mangelndes Know-how:** Die Planungsorgane verfügen über keine ausreichende Erfahrung zur Einschätzung der unsicheren Zukunft und geringe Kenntnisse über die zur Verfügung stehenden Instrumente. Dies erklärt z. B. auch die Beliebtheit statischer Investitionsrechnungen in der Praxis. Teilweise werden Pläne auch auf unzureichenden Informationen erstellt.
- **Optimistische Planungsmentalität:** Manche Linienmanager schätzen zukünftige Entwicklungen zu positiv ein. Dies macht eine Realisierbarkeitsprüfung der einzelnen Teilpläne und notfalls eine Planrevision erforderlich.
- **Stille Reserven:** Auf der anderen Seite planen manche Linienmanager gewisse Sicherheitspuffer für unvorhergesehene Entwicklungen ein. Auf diese Weise können sie auch in ungünstigen Fällen ihre Ziele erreichen und ihre Leistungsprämien sichern. Teilweise werden sogar Informationen verschwiegen oder manipuliert.
- **Termineinhaltung:** Aufgrund des Tagesgeschäfts kann sich die Abgabe einzelner Teilpläne verzögern. Dies kann den Fertigstellungstermin des Plans gefährden.
- **Ressortegoismus:** Linienmanager versuchen, ihren Verantwortungsbereich zu optimieren und vernachlässigen dabei gesamtunternehmensbezogene Interessen.
- **Bürokratisches Verhalten:** Strikte Einhaltung formaler Planungsabläufe behindert die Kreativität und das Auffinden neuer Handlungsmöglichkeiten.
- **Vernachlässigung strategischer Aspekte:** In einigen Unternehmen dominiert die auf Effizienz und kurzfristige Ergebnisse ausgerichtete operative Planung, während für die Suche nach neuen Erfolgspotenzialen nur wenig Zeit bleibt. Die Strategien sind dann eher vage oder gar nicht explizit formuliert.
- **Strategieumsetzung:** Die Verknüpfung von strategischer und operativer Planung und damit die Umsetzung der Strategie in das operative Geschäft sind häufig unzureichend.

Die genannten Probleme verdeutlichen die Notwendigkeit eines integrierten PuK-Systems. Mögliche Lösungsansätze werden themenspezifisch in den beiden folgenden Kapiteln zur strategischen und operativen Planung und Kontrolle dargestellt.

Management Summary

- Planung bezeichnet das systematische, zukunftsbezogene Durchdenken und Festlegen von Zielen, Maßnahmen, Mitteln und Wegen zur zukünftigen Zielerreichung.
- Kontrolle ist der beurteilende Vergleich zwischen zwei Größen sowie die daran anschließende Bestimmung und Analyse auftretender Abweichungen.
- Planung und Kontrolle bilden eine Einheit. Eine Planung der Ausführung ist ohne Kontrolle zwecklos und eine Kontrolle der Planausführung ist ohne Planung nicht möglich.

4.1 Grundlagen

- Funktionen der Planung und Kontrolle sind Koordination, Motivation, Optimierung, Zukunftssicherung, Innovation, Flexibilität und Information.
- Ergebnis der Planung ist der Plan. Er besteht aus Zielen, Prämissen, Problemstellungen, Maßnahmen, Ressourcen, Terminen, Trägern der Planerfüllung und Ergebnissen.
- Die Gesamtheit der Pläne und ihre Beziehungen untereinander bilden das Plansystem.
- Planung und Kontrolle lassen sich nach einer Reihe von Kriterien systematisieren. Ihre Ausprägungsformen charakterisieren das betriebliche Planungs- und Kontrollsystem (PuK-System).
- Nach den Ebenen werden die strategische und operative Planung und Kontrolle unterschieden. Ziel der strategischen Planung und Kontrolle ist die Sicherung bestehender und die Erschließung neuer Erfolgspotenziale, während die operative Planung und Kontrolle die bestmögliche Nutzung bestehender Erfolgspotenziale anstrebt.
- Grundsätzlich lassen sich bei der Zieldimension Sachziele und Wertziele unterscheiden. Die Aktionsplanung ist sachzielorientiert und die Budgetierung wertzielorientiert.
- Im Rahmen der Planung und Kontrolle gibt es inhaltliche Aufgaben (materielle Planung und Kontrolle), Unterstützungsaufgaben (Management von Planung und Kontrolle) und formale Aufgaben (Metaplanung und -kontrolle).
- Planung und Kontrolle müssen selbst geplant und kontrolliert werden.
- Die Metaplanung und -kontrolle umfasst die Gestaltung, Lenkung und Analyse des PuK-Systems.
- Das PuK-System beschreibt den Aufbau und Zusammenhang der Pläne und Kontrollen, die Aufgaben der an Planung und Kontrolle beteiligten Mitarbeiter, den PuK-Prozess sowie die dabei einzusetzenden Instrumente.
- PuK-Organe sind Personen und organisatorische Einheiten, die an Planung und Kontrolle mitwirken.
- Die Ablauforganisation beschreibt die zeitliche Gliederung und Ordnung der PuK-Aktivitäten. Gestaltungsaspekte sind die hierarchische Ableitung der Pläne, der Ablauf der Planerstellung, die zeitliche Verkettung der Pläne, der Planungsrhythmus und die Terminplanung.
- Es werden methodische und informationstechnische PuK-Instrumente eingesetzt.
- Die PuK-Dokumentation dient als Richtlinie und zur Information.
- Bei Planung und Kontrolle existieren prinzipielle, personen- und sachbezogene Grenzen.

Literaturempfehlungen

Hahn, D./Hungenberg, H.: Planungs- und Kontrollrechnung, 6. Auflage, Wiesbaden 2001.
Pfohl, H.-C./Stölzle, W.: Planung und Kontrolle, 2. Auflage, München 1997.
Wild, J.: Grundlagen der Unternehmensplanung, 4. Aufl., Reinbek bei Hamburg 1982.

Empfehlenswerte Fallstudien zum Kapitel 4.1 aus Dillerup, R./Stoi, R. (Hrsg.)

3.3 Strategische Planung bei der FLEXITEC GmbH *(Steinhaus, H./Brehm, C.)*
4.1 Strategische Planung bei der Schlummer GmbH *(Stoi, R.)*
4.3 Planung und Kontrolle bei der Automotive GmbH *(Binder, B.)*
4.4 Operative Planung bei der Leisetreter GmbH *(Schiess, H.-F.)*
4.5 Operative Planung bei der Paul Zwerg KG *(Schiess, H.-F.)*

4.2 Strategische Planung und Kontrolle

> **Leitfragen**
> - Wie entstehen Strategien?
> - Wie können Strategien wirkungsvoll umgesetzt werden?
> - Wie lassen sich Strategien kontrollieren?

Strategieplanung und kontrolle

Eine Strategie ist ein geplantes Bündel an Maßnahmen zur Positionierung des Unternehmens im Wettbewerb und zur Gestaltung der dazu erforderlichen Ressourcenbasis. Strategien zielen auf Wettbewerbsvorteile, durch die Erfolgspotenziale geschaffen und weiterentwickelt werden. Die strategische Unternehmensführung wurde bereits in Kap. 3 behandelt. In diesem Kapitel werden der Ablauf der Strategieerstellung und die Kontrolle der Strategieumsetzung erläutert.

> **!** Die **strategische Planung und Kontrolle** beschreibt den Prozess der Aufstellung, Umsetzung und Kontrolle von Strategien.

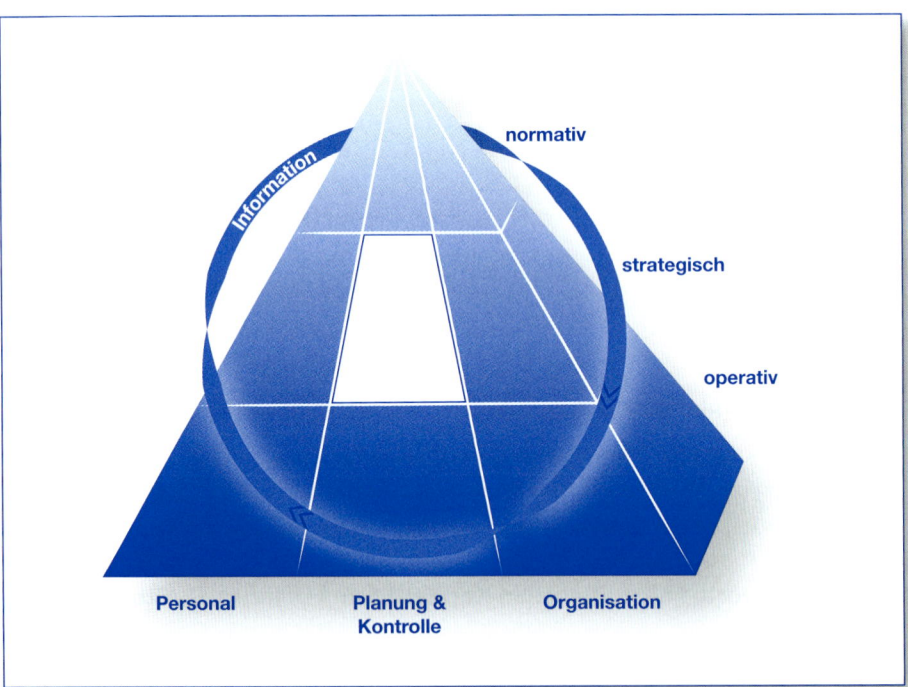

Abb. 4.2.1: Strategische Planung und Kontrolle im System der Unternehmensführung

4.2 Strategische Planung und Kontrolle

4.2.1 Strategische Planung

Strategische Planung beschäftigt sich mit der rationalen Strategieformulierung und -umsetzung. Dabei liegt der Schwerpunkt auf geplanten Strategien. In der Praxis gibt es aber auch ungeplante, sog. emergente Strategien (vgl. Kap. 3.1.1). Sie entstehen durch das Ergreifen auftretender Chancen und sind somit nicht Bestandteil einer systematischen strategischen Planung und Kontrolle (vgl. *Welge/Al-Laham*, 2012, S. 19 ff.). Im klassischen Strategieverständnis wird davon ausgegangen, dass Strategien geplant und kontrolliert werden. Dieser Prozess ist Teil des Planungs- und Kontrollsystems des Unternehmens und bildet den Ausgangspunkt für die operative Planung und Kontrolle (vgl. Kap. 4.3). Die strategische Planung und Kontrolle sollte eng mit den personellen und organisatorischen Führungsfunktionen abgestimmt sein.

Rationaler Strategieprozess

4.2.1.1 Prozess der Strategieentwicklung

Eine der ältesten Probleme der strategischen Unternehmensführung ist die Frage, wie Strategien entstehen. Zur Strategieentwicklung gibt es sehr vielfältige Ansichten. Diese lassen sich generell in zwei **Ansätze** unterscheiden (vgl. vertiefend *Johnson* et al., 2011, S. 400 ff.; *Müller-Stewens/Lechner*, 2011, S. 47 ff. Abb. 4.2.2):

- **Präskriptive Ansätze** verfolgen das klassisch-rationale Strategieverständnis, nach dem sich die Strategieentwicklung systematisch planen lässt. Auf dieser Basis werden Gestaltungsempfehlungen für einen möglichst effizienten Ablauf der strategischen Planung gemacht. Der Strategieprozess ist demnach eine systematische Abfolge von Teilschritten und Aufgaben der Unternehmensführung. Diese Modelle liefern Muster, Leitfäden und Schrittfolgen zur Strategieformulierung.

  Präskriptive rationale Perspektive

- **Deskriptive Ansätze** werden durch empirische Beobachtung konkreter strategischer Planungsprozesse aufgestellt. In der Praxis läuft die strategische Planung häufig nicht nach strengen Mustern und eindeutigen Schrittfolgen ab. Vielmehr hängen alle Elemente wechselseitig voneinander ab. Auch hat sich in der Praxis kein präskriptives Planungsmodell als generell wirkungsvoll herausgestellt. Teilweise wurden auch völlig andere als die rationalen Formen der Strategieentwicklung beobachtet. Deskriptive Ansätze beschreiben, wie Strategien in der Praxis zustande kommen. Sie konzent-

  Deskriptive empirische Perspektive

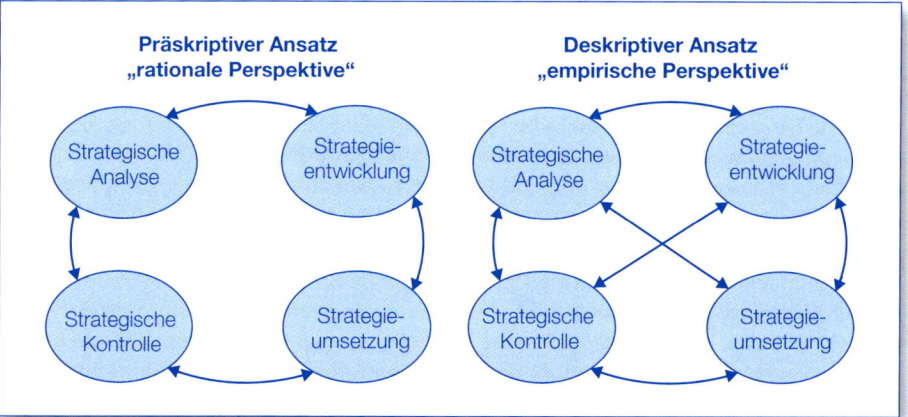

Abb. 4.2.2: Ansätze der Strategieentwicklung

rieren sich dabei jeweils auf spezifische Fragestellungen der Strategieentwicklung. Ihr Schwerpunkt liegt auf organisatorischen, psychologischen und politischen Aspekten.

Innerhalb dieser beiden Grundpositionen unterscheidet *Mintzberg* zehn sog. **Denkschulen** der Strategieentwicklung. Die verfolgte Denkschule prägt die Philosophie und den Ablauf der strategischen Unternehmensführung (vgl. Abb. 4.2.3; *Johnson* et al., 2011, S. 407 ff.; *Mintzberg* et al., 2012, S. 16 ff.; *Mintzberg* et al., 2003, S. 141 ff.; *Müller-Stewens/Lechner*, 2011, S. 57 ff.):

Denkschulen

■ **Präskriptive Ansätze**

Designschule
– Die **Designschule** ist das Konzept zur Strategieentwicklung nach der *Harvard Business School* (vgl. Kap. 3.1.1). Darin besteht der strategische Planungsprozess aus den Phasen Strategieformulierung und -umsetzung. Bei der Formulierung steht das Treffen strategisch wichtiger Entscheidungen im Vordergrund. Bei der Implementierung sind die Strategien in einzelne Maßnahmen zu übersetzen. Dazu sind Strukturen, Prozesse, Verhalten sowie der Führungsstil zu gestalten. Je besser dies gelingt, desto höher sind die Chancen, die Strategie erfolgreich umzusetzen.

Planungsschule
– Die **Planungsschule** ist eine Weiterentwicklung der Designschule, bei der das ursprüngliche Konzept in mehrere Phasen und Schritte wie z. B. in Abb. 4.2.4 unterteilt wird.

Positionierungsschule
– Nach der **Positionierungsschule** ist die Strategieentwicklung ein analytischer Prozess zur Bestimmung vorteilhafter Wettbewerbspositionen. Auf Basis von Analysen wird ermittelt, welche Strategien zu nachhaltigen Wettbewerbsvorteilen führen. Darüber hinaus wird dargestellt, welche Strategietypen in welcher Branchenstruktur am erfolgreichsten sind. Dazu werden eine Reihe von Analysetechniken und Konzepte vorgeschlagen, die in Kap. 3.3 und Kap. 3.4 erläutert sind.

■ **Deskriptive Ansätze**

Unternehmerschule
– Die **Unternehmerschule** stellt die Person des Unternehmers in den Mittelpunkt der Strategieentwicklung. Danach werden Strategien unmittelbar vom Unternehmer und dessen Vision (vgl. Kap. 2.3) geprägt. Ein solcher Unternehmer schaltet sich in die operative Unternehmensführung ein und kontrolliert direkt, ob das Unternehmen seiner Vision folgt. Dabei ist er flexibel und passt die Strategie situativ an.

Kognitive Schule
– Die **kognitive Schule** fasst die Strategieentwicklung als mentalen Prozess auf. Im Vordergrund stehen Wahrnehmungen und deren psychologische Verarbeitung im Rahmen der Strategieentwicklung. Die Denkprozesse, Schemata und Konzepte der Unternehmensführung erklären, wie Strategien entstehen.

Lernschule
– Die **Lernschule** beschreibt die Strategieentwicklung als laufenden Lernprozess, der von den Denk- und Verhaltensweisen sowie Handlungen der Unternehmensführung abhängt. Formulierung und Umsetzung der Strategie werden als untrennbar angesehen. Die Unternehmensführung soll diesen kollektiven Lernprozess und den dadurch ausgelösten Wandel unterstützen (vgl. Kap. 6.4).

Machtschule
– Die **Machtschule** versteht die Entwicklung von Strategien als Verhandlungsprozess. In der Unternehmenspraxis ist die Formulierung von Strategien häufig ein Akt der Machtausübung. Politische Winkelzüge und direkte bzw. indirekte Beeinflussungsversuche prägen die Bildung von Strategien. Dabei treten unterschiedliche Interessen auf. Deshalb entstehen wechselnde Koalitionen, die miteinander verhandeln und Konflikte austragen. Strategien sind demzufolge das Ergebnis eines politischen Prozesses.

4.2 Strategische Planung und Kontrolle

- Die **Kulturschule** betrachtet die Strategieentwicklung als kollektiven, sozialen Prozess, der durch die Werte des Unternehmens und die Unternehmenskultur geprägt wird (vgl. Kap. 2.2 und 2.4.). Die Mitarbeiter übernehmen diese Kultur, was strategisches Handeln in Übereinstimmung mit der bestehenden Kultur fördert.   *Kulturschule*

- Die **Umweltschule** kennzeichnet die Strategieentwicklung als reaktiven, von der Umwelt getriebenen Prozess. Die Umwelt ist dabei der bestimmende Faktor, an den sich das Unternehmen bestmöglich anpassen soll.   *Umweltschule*

- Die **Konfigurationsschule** nutzt einzelne Bestandteile der vorherigen Schulen und ordnet sie unternehmensspezifisch an. Ist diese Kombination bzw. Konfiguration über einen Zeitraum stabil, so bringt sie Strategien hervor, die zu diesem Muster passen. Die Strategieformulierung ist demnach je nach Zeit und Kontext entweder als formelle Planung, konzeptionelles Design oder im Sinne einer der anderen Schulen zu verstehen.   *Konfigurationsschule*

	Schulen	Strategiefindung
präskriptiv	Designschule	als konzeptioneller Prozess
	Planungsschule	als formaler Prozess
	Positionierungsschule	als analytischer Prozess
deskriptiv	Unternehmerschule	als visionärer Prozess
	Kognitive Schule	als mentaler Prozess
	Machtschule	als Verhandlungsprozess
	Kulturschule	als kollektiver Prozess
	Lernschule	als emergenter Prozess
	Umweltschule	als reaktiver Prozess
	Konfigurationsschule	als Transformationsprozess

Abb. 4.2.3: Denkschulen der Strategieentwicklung (vgl. Mintzberg et al., 2012, S. 17)

Die Einteilung der Vorschläge in zehn Denkschulen ist eine übersichtliche Klassifikation der Vorstellungen zur Strategieentwicklung. Allerdings ist sie nicht überschneidungsfrei. Beispielsweise spielen auch in der Unternehmerschule kognitive oder politische Phänomene eine Rolle. Ebenfalls stehen die Schulen nicht unbedingt im Widerspruch zueinander. Aus den vielfältigen Ansätzen wird deutlich, dass es nicht nur eine, sondern **verschiedene Möglichkeiten der Strategieentwicklung** gibt. Ein allgemein gültiges Modell existiert daher nicht. Tatsächlich ist die Formulierung von Strategien so komplex, dass sie aus verschiedenen Blickwinkeln zu betrachten ist und aus den Überlegungen aller Strategieentwicklungsschulen profitieren kann.   *Kombination der Schulen*

In der Theorie und Unternehmenspraxis dominiert die Kombination aus Planungs- und Positionierungsschule. Dadurch lässt sich ein idealtypischer Prozess beschreiben und Besonderheiten sowie Zusammenhänge der Strategieentwicklung lassen sich transparent und leicht verständlich darstellen. Daher orientieren sich die weiteren Überlegungen zur strategischen Planung und Kontrolle an einem präskriptiven, **idealtypischen Planungsablauf**. Er basiert auf dem Führungsprozess (vgl. Kap. 1.3.2) und ist ausführlich in Kap. 3.3 beschrieben. Abb. 4.2.4 gibt einen Überblick dieses idealisierten Strategieprozesses.   *Idealtypische Strategieplanung*

4 Planung und Kontrolle

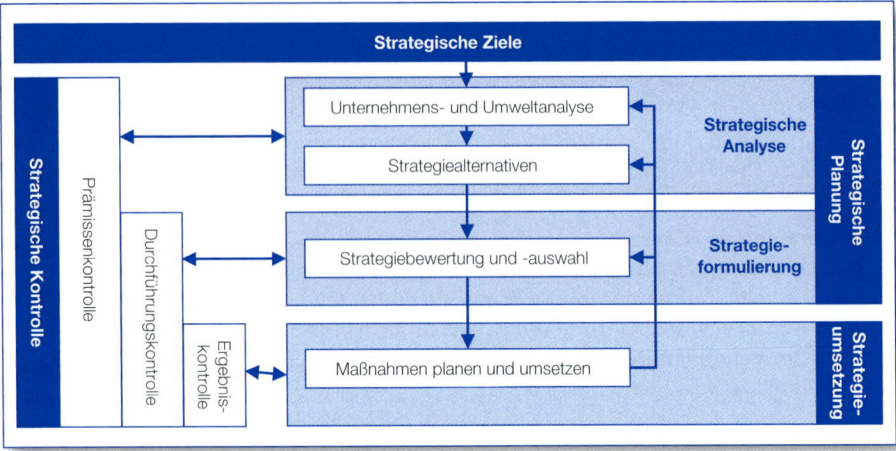

Abb. 4.2.4: Idealtypischer Prozess der strategischen Planung und Kontrolle

Ausgehend von strategischen Zielen sollen Wege zur Zielerreichung festgelegt werden. Dazu ist ein realistisches Bild der Ausgangslage eines Unternehmens erforderlich, welches durch die strategische Analyse erarbeitet wird. Aus Chancen und Risiken des Unternehmensumfelds sowie den Stärken und Schwächen des Unternehmens können dann Strategiealternativen abgeleitet werden. Die geeignet erscheinenden Strategiealternativen werden anschließend auf die Wahrscheinlichkeit der Zielerreichung, ihr Risiko und den erforderlichen Ressourceneinsatz bewertet. Nach der Entscheidung über die Strategiealternativen können diese noch zu strategischen Programmen gebündelt und Wechselwirkungen zwischen Strategien mit berücksichtigt werden. Die Bewertung der Strategiealternativen und die Auswahl der umzusetzenden Strategie bilden die Phase der Strategieformulierung. Zur Strategieumsetzung werden konkrete Maßnahmen geplant und ausgeführt. Die strategische Kontrolle (vgl. Kap. 4.2.3) erfolgt nicht nur nach deren Umsetzung (Ergebniskontrolle), sondern bereits während der Umsetzung, um gegebenenfalls noch steuernd eingreifen zu können (Durchführungskontrolle). Die strategischen Prämissen sind bereits während der strategischen Planung und auch im Rahmen der Strategieumsetzung regelmäßig zu hinterfragen (Prämissenkontrolle).

In diesem Prozess kommt der Grundgedanke zum Ausdruck, dass die **Strategie das übergeordnete Element** der strategischen Unternehmensführung ist. Sie gibt die Richtung für das strategische Handeln an, während die Führungsfunktionen Organisation und Personal dazu unterstützend beitragen. Daher sind Organisation und Personal strategiegerecht auszugestalten.

Zudem machen Rückkopplungen im Führungsprozess deutlich, dass die Phasen miteinander verknüpft sind, aufeinander aufbauen und sich gegenseitig beeinflussen. Beispielsweise bewirken unbefriedigende Ergebnisse in der Strategieumsetzung meist neue strategische Überlegungen, die zu veränderten Strategiealternativen führen können. Die erfolgreiche Umsetzung von Strategien verändert die Wettbewerbsposition und Ressourcenbasis eines Unternehmens. Dies bewirkt eine veränderte strategische Ausgangssituation für die nächste Strategieentwicklung. Diese sog. **Pfadabhängigkeit** bedeutet, dass vergangene strategische Entscheidungen die zukünftigen Handlungsmöglichkeiten eines Unternehmens prägen.

Pfadabhängigkeit

4.2 Strategische Planung und Kontrolle

Da die Phase der Zielbildung (vgl. Kap. 2.3) und der strategischen Analyse (vgl. Kap. 3.3) bereits in anderen Kapiteln erläutert wurde, konzentrieren sich die nächsten Abschnitte auf die Phasen der Strategieformulierung und -umsetzung sowie der strategischen Kontrolle.

Steuerung internationaler Beteiligungen bei der WITTENSTEIN AG

Praxisbeispiel von Bettina Schweizer, Leiterin Konzerncontrolling, WITTENSTEIN AG, Igersheim

Die Unternehmensgeschichte der *WITTENSTEIN AG* begann bereits im Jahr 1949. Die beiden Unternehmer *Walter Wittenstein* und *Bruno Dähn* gründeten die Firma *Dewitta*. Schwerpunkt des kleinen Unternehmens war die Produktion einer Doppelketten-Stichmaschine zur Herstellung von Handschuhen. Heute ist die *WITTENSTEIN AG* ein mittelständisches Unternehmen mit Hauptsitz in Igersheim/Baden-Württemberg. Produkte der *WITTENSTEIN AG* sind überall dort zu finden, wo äußerst präzise angetrieben, gesteuert und geregelt werden muss. Entwickelt, produziert und vertrieben werden unter anderem hochpräzise Planetengetriebe, komplette elektromechanische Antriebssysteme sowie AC-Servosysteme und -motoren. Einsatzgebiete sind Roboter, Werkzeugmaschinen, die Verpackungstechnik, Förder- und Verfahrenstechnik, Papier- und Druckmaschinen, die Medizintechnik sowie die Luft- und Raumfahrt. Die *WITTENSTEIN* AG beschäftigt weltweit rund 1.600 Mitarbeiter an mehr als 60 Standorten und erzielt einen Umsatz von rund 240 Mio. Euro. Für die stark wachsende *WITTENSTEIN* AG wurde es immer bedeutender, weltweit vertreten zu sein. Im Jahre 1989 startete die Internationalisierung und mittlerweile verfügt die *WITTENSTEIN* AG weltweit über 28 Tochterunternehmen sowie zahlreiche Vertretungen in mehr als 35 Ländern.  Die Exportquote beläuft sich auf ca. 60 Prozent. Daher wurden auch die internationalen Beteiligungen aktiv in den Strategieprozess eingebunden.

Ausgangspunkt des Strategieprozesses ist die Unternehmensstrategie und deren Konkretisierung in einer sog. „5-Jahres-Roadmap". Darin sind die Konzernziele durch den Vorstand ausgearbeitet. Die Roadmap umfasst das Gesamtunternehmen und die Beiträge der Business Units mit Tochtergesellschaften. Die Überprüfung dieser Aktivitäten auf Zielkongruenzen und -indifferenzen zwischen den Geschäftsbereichen, zwischen Mutter- und Tochtergesellschaften sowie auch zwischen einzelnen Tochtergesellschaften mündet in die abgestimmte 5-Jahresplanung.

Mittels der Balanced Scorecard werden in der *WITTENSTEIN AG* die Konzernziele auf die Ziele der Business Units und einzelnen Tochtergesellschaften herunter gebrochen. Im Rahmen von jährlich durchgeführten eintägigen Workshops zur Ausarbeitung der Balanced Scorecards für die Einheiten werden Strategien konkretisiert und die Unternehmensstrategie unternehmensweit kommuniziert. Dabei werden zahlreiche gemeinsame Diskussionen zwischen der Konzernzentrale und den Geschäftsbereichen sowie den internationalen Beteiligungen geführt, um die Konzernstrategie zu erläutern. Andererseits haben die Geschäftsführer der Beteiligungen und Bereiche die Möglichkeit, strategische Zielsetzungen und Unterstützungsbedarf direkt an die Zentrale zu kommunizieren. Das gemeinsame Erarbeiten der Zielsetzungen motiviert die dezentralen Entscheidungsträger, vereinbarte Strategien und Ziele zu erreichen.

Im Anschluss an die Ausarbeitung der Ziele erstellen die Bereiche und Beteiligungen ihre Jahresplanung. Sie dient der frühzeitigen Erkennung von Trends und der richtigen Allokation der Ressourcen und Investitionen. Die Jahresplanung besteht aus der Planung der Gewinn- und Verlust-Rechnung, der Bilanz sowie der Investitions- und Personalplanung. Ergänzt wird die Jahresplanung durch eine Risikoanalyse, welche die Chancen- und Risikosituation strukturiert darstellt.

4 Planung und Kontrolle

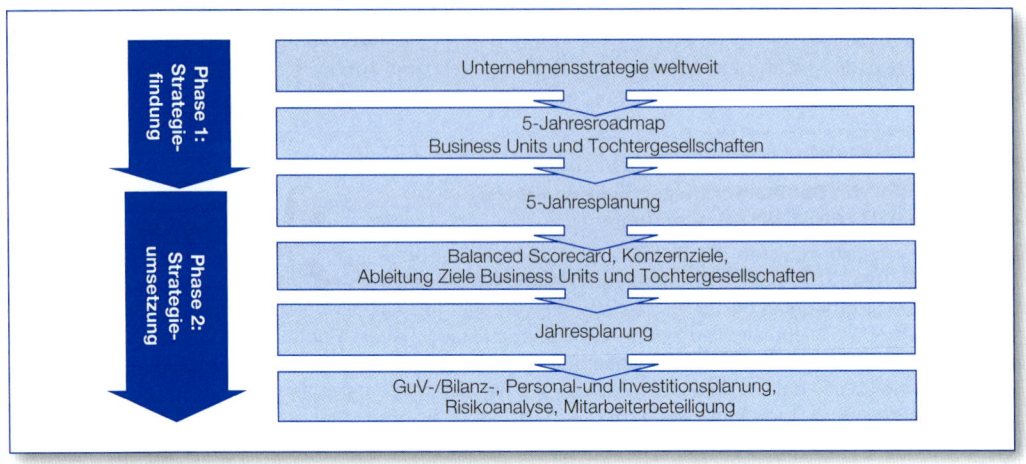

Abb. 4.2.5: Weltweite strategische Landkarte der WITTENSTEIN AG

Die strategischen Ziele werden zusammen mit der Risikoanalyse und der Jahresplanung vom Vorstand mit dem jeweiligen Geschäftsführer diskutiert, gegebenenfalls angepasst und dann verabschiedet. In der Folge werden die Balanced Scorecards der Bereiche und Beteiligungen in Abteilungs- und teilweise Team-Balanced Scorecards herunter gebrochen. Die weltweite, vom Vorstand unterschriebene Balanced Scorecard der *WITTENSTEIN AG* wird in allen Tochterfirmen über Aushänge bekannt gemacht und um die jeweilige Scorecard des Bereichs ergänzend auf Informationstafeln veröffentlicht.

4.2.1.2 Strategieformulierung

Im Anschluss an die Phase der strategischen Analyse und den daraus hervorgehenden Strategiealternativen schließt sich die Phase der Strategieformulierung an. Dabei werden die strategischen Alternativen zur Erreichung der Unternehmensziele bewertet. Auf dieser Basis werden die zu realisierenden Strategiealternativen ausgewählt.

> **!** Die **Strategieformulierung** umfasst die Bewertung und Auswahl der strategischen Alternativen.

Der erste Teilschritt zur Strategieformulierung ist die **Strategiebewertung**. Ihre Aufgabe ist es, den Beitrag der Strategiealternativen zur Erreichung der Unternehmensziele zu bestimmen (vgl. *Hungenberg*, 2011, S. 265). Im ersten Schritt wird hierzu jede Strategiealternative isoliert auf ihre Zielwirksamkeit überprüft. Anschließend werden mehrere Strategiealternativen zu einer konsistenten Gesamtstrategie gebündelt.

Strategiebewertung

Die **Bewertung einer Strategiealternative** erfolgt hinsichtlich ihres Beitrags zur Erreichung der Unternehmensziele. Zunächst werden dafür Daten über die einzelnen Auswirkungen gesammelt, Werte zugeordnet und schließlich diejenige Strategiealternative mit dem höchsten Wert ausgewählt (vgl. *Dillerup*, 1998b, S. 9). Die Strategiebewertung wird wesentlich durch die Art und Menge der verfügbaren Informationen, die Bewertungsmethode sowie subjektive Meinungen und Erfahrungen beeinflusst. Zudem ist sie immer mit Unsicherheiten über die prognostizierten Konsequenzen behaftet (vgl. *Dillerup* et al., 1994, S. 247 ff.; *Zahn* et al., 1988, S. 260; Kap. 7.2.2).

4.2 Strategische Planung und Kontrolle

Häufig werden strategische Alternativen **intuitiv** beurteilt. Zwar verfügen Entscheidungsträger meist über umfangreiche Erfahrungen, doch kann dieses Wissen nur schwer untersucht und überprüft werden. Auch kann implizites Wissen (vgl. Kap. 8.2.3) unterschiedlich interpretiert werden und widersprüchlich sein. Nach *Forrester* beruhen letztlich alle menschlichen Entscheidungen auf den gedanklichen Vorstellungen des Entscheidungsträgers (vgl. *Forrester*, 1971, S. 213). Die Strategiebewertung sollte deshalb möglichst objektiv sowie transparent und überprüfbar erfolgen (vgl. Kap. 4.2.3).

Hierzu eignet sich eine systematische und logische Darstellung von Strategiealternativen in Modellen (vgl. *Zahn*, 1991, S. 49). Nach dem Strukturierungsgrad können folgende **Strategiebewertungsmethoden** unterschieden werden (vgl. *Dillerup*, 1998b, S. 12 ff.; *Johnson* et al., 2011, S. 365 ff.; *Welge/Al-Laham*, 2012, S. 730 ff.):

- Die **finanzielle Strategiebewertung** wird am häufigsten angewandt. Sie betrachtet die Konsequenzen einer Strategiealternative im Hinblick auf die Erreichung eines monetären Ziels. Folgende Methoden stehen zur Auswahl: — Finanzielle Bewertung

    - **Wertbeiträge:** Die finanzielle Strategiebewertung kann auf die Methodik der wertorientierten Unternehmensführung (vgl. Kap. 3.2) zurückgreifen. Mit ihrer Hilfe lassen sich die Steigerungen des Unternehmenswerts aufgrund einer Strategiealternative berechnen. — Wertbeiträge

    - **Investitionsrechnungsverfahren:** Strategiealternativen werden als Investitionen betrachtet und alle damit in Verbindung stehenden Zahlungsströme bewertet. Statische Methoden rechnen mit durchschnittlichen Kosten und Leistungen über alle Perioden. Zu unterscheiden sind Kostenvergleichs-, Gewinnvergleichs-, Rentabilitäts- und Amortisationsrechnung. Zur Bewertung mehrperiodiger Strategiealternativen sind diese jedoch nicht geeignet. Dynamische Verfahren berücksichtigen deshalb den Zeitwert des Geldes und die prognostizierten Ein- und Auszahlungen in den einzelnen Planperioden. Die gebräuchlichsten Verfahren sind die Kapitalwertmethode, die Methode des internen Zinsfußes und die Annuitätenmethode. Exemplarisch wird das Discounted Cashflow-Verfahren als Variante der Kapitalwertmethode im Kap. 3.2.3.4 näher erläutert. — Investitionsrechnungsverfahren

    - **Realoptionsmodelle** eignen sich für die Beurteilung von Strategien, die durch Unsicherheit, Irreversibilität und Flexibilitätsbedarf gekennzeichnet sind. Die Anwendung der Optionspreistheorie kann strategische Alternativen identifizieren und ein Portfolio an Alternativen (Optionsportfolio) aktiv gestalten. Da die Optionspreistheorie mathematisch anspruchsvoll ist, erfordert deren Anwendung leicht verständliche und bedienbare Werkzeuge, mit denen auch Szenarien abgebildet werden können (vgl. *Mehler-Bicher*, 2001). Bis derartige Instrumente zur Verfügung stehen, ist der Einsatz zwar theoretisch sinnvoll, in der Praxis jedoch schwer umsetzbar. Die Grundidee kann vereinfacht mit einer finanzwirtschaftlichen Optionsschuldverschreibung verglichen werden (vgl. *Pritsch/Weber*, 2001, S. 13 ff.). Diese besteht aus einer Schuldverschreibung mit einem trennbaren Anwartschaftsrecht (Optionsschein). Es ermöglicht dem Inhaber, innerhalb eines bestimmten Zeitraums, eine festgelegte Zahl von Aktien zu einem bestimmten Kurs zu beziehen. Optionselemente sind die Optionsfrist, der Bezugskurs und das Bezugsverhältnis der Aktien. Es können dabei Verkaufs- und Kaufoptionen unterschieden werden. Der Wert einer Option ermittelt sich aus dem Vorteil bei sofortiger Ausübung und einem Zinsanteil. Eine Realoption überträgt diese Logik — Realoptionen

besonders wichtig sind (vgl. *Forrester*, 1972, S. 85). Ein Beispiel dazu folgt im Kap. 4.2.2 mit der dynamischen Balanced Scorecard.

Konsistenz-
prüfungen

An die Bewertung der Zielerreichung jeder einzelnen Strategiealternative schließt sich die Bündelung von Strategievorschlägen zu einer stimmigen Gesamtstrategie an. Teilweise wird dies auch als Bündelung eines **Strategieprogramms** bezeichnet. Dies kann beispielsweise ein Wachstumsprogramm aus Einzelstrategien wie z. B. Markteintritt in Land A, Marktpenetration in Land B und Akquisition in Markt C sein. Dabei
steht die Widerspruchsfreiheit (**Konsistenz**) der einzelnen Strategien im Mittelpunkt (vgl. *Müller-Stewens/Lechner*, 2011, S. 329). Die strategischen Maßnahmen sollen nach *Müller-Stewens* und *Lechner* möglichst gut zusammenpassen (Strategic Fit). Dabei können drei **Arten** von Konsistenz unterschieden werden (vgl. *Welge/Al-Laham*, 2012, S. 733 f.):

Intra-
Strategie-
Fit

- **Intra-Strategie-Fit** prüft, ob die einzelnen Elemente und Maßnahmen einer Strategie zusammenpassen. So können z. B. bei einer Marktschließungsstrategie die Einzelmaßnahmen zeitlich und hinsichtlich der Ressourcen aufeinander abgestimmt werden.

Intra-
System-
Fit

- **Intra-System-Fit** ist die Widerspruchsfreiheit der Elemente und Maßnahmen einer Strategie mit anderen Strategien. In diesem Fall lassen sich die Strategien bündeln. So kann eine Marktschließung mit der Strategie zur Produkterneuerung nicht nur widerspruchsfrei sein, sondern sich in ihrer Wirkung sogar gegenseitig verstärken.

Strategie-
System-
Fit

- **Strategie-System-Fit** bezeichnet die Übereinstimmung der Strategie mit normativen Vorgaben. So kann eine Strategie zur Zielerreichung geeignet, aber nicht mit den Werten eines Unternehmens vereinbar sein. Dies kann z. B. der Fall sein, wenn zur Marktschließung ein Unternehmenskauf ausgeschlossen wird, da dies aus normativen Risiko- und Entwicklungsüberlegungen oder aufgrund der Unternehmenskultur abgelehnt wird.

Strategische
Programme

Die auf diese Weise koordinierten Strategien werden dann zu einer Gesamtstrategie gebündelt. Dies wird auch als **strategisches Programm** oder **strategische Initiative** bezeichnet. Die Vielzahl der Strategievorschläge kann qualitativ in verschiedene Kategorien,

Härtegrade

den sog. **Härtegraden**, eingeteilt werden (vgl. Kap. 5.4.4). Der Härtegrad einer Strategie drückt deren inhaltliche Konkretisierung aus. Abhängig von der unternehmensspezifischen Aufteilung werden unterschiedliche Härtegrade gebildet (vgl. *Becker*, 2008, S. 253 ff.; *Seidenschwarz*, 2012, S. 17):

- **Härtegrad eins:** Ausgangspunkt ist eine Idee oder ein strategischer Handlungsbedarf. Dabei ist lediglich das Problem, nicht jedoch das exakte Ziel oder das Vorgehen zur Zielerreichung bekannt. Beispielsweise hat ein Konkurrent ein technisch besseres Produkt auf den Markt gebracht und die Umsatzentwicklung des Unternehmens ist deshalb rückläufig.

- **Härtegrad zwei** beinhaltet neben einer Problembeschreibung auch eine Zieldefinition. Im Beispiel soll ein neues Produkt des Unternehmens nicht nur dem Konkurrenzprodukt gleichwertig sein, sondern weitere Innovationen beinhalten.

- **Härtegrad drei** ergänzt die Problem- und Zieldefinition um eine ausgearbeitete Strategie zur Zielerreichung. Um schnell ein technisch überlegenes Produkt zu entwickeln, kann z. B. mit Hochschulen, Entwicklungspartnern oder Lieferanten zusammengearbeitet werden. Dazu existiert ein detaillierter Maßnahmenplan.

4.2 Strategische Planung und Kontrolle

- **Härtegrad vier** ist eine bewertete und entscheidungsreife Strategie. Die Strategie zur Produktentwicklung wurde z. B. auf deren Wertbeitrag und Konsistenz bewertet.
- **Weitere Härtegrade** setzen die Systematik fort, indem z. B. für ausgewählte Strategien, für Strategien mit geplanter Umsetzung, für Strategien in der Umsetzung sowie für vollständig umgesetzte Strategien ein Härtegrad vergeben wird.

Für die Bündelung von Strategiealternativen zu einer Gesamtstrategie ist es wichtig, dass sämtliche Alternativen eindeutig nach ihrem Härtegrad bezeichnet und ausreichend Strategievorschläge mit niedrigerem Härtegrad vorhanden sind. Somit können ggf. Strategien ergänzt werden, wenn die Wirksamkeit der ausgewählten Strategien nicht ausreicht.

Ein Instrument zur Untersuchung eines Bündels an Strategiealternativen ist die **strategische Lückenanalyse** (GAP-Analyse; vgl. vertiefend Kap. 3.4). Dabei wird die unter gegebenen Umständen zu erwartende Entwicklung einer Größe mit dem angestrebten Ziel verglichen. Die festgestellte Lücke wird in einen operativen und einen strategischen Bereich aufgeteilt. Der operative Bereich kann durch verbesserte Ausschöpfung bestehender Erfolgspotenziale im Rahmen der operativen Unternehmensführung geschlossen werden. Die verbleibende strategische Lücke erfordert dagegen neue Strategien. Die Lückenanalyse macht deutlich, welche strategischen Alternativen miteinander zu kombinieren sind, um ein vorgegebenes Ziel zu erreichen. Abb. 4.2.7 zeigt ein Beispiel für die strategische Lückenanalyse.

Lückenanalyse

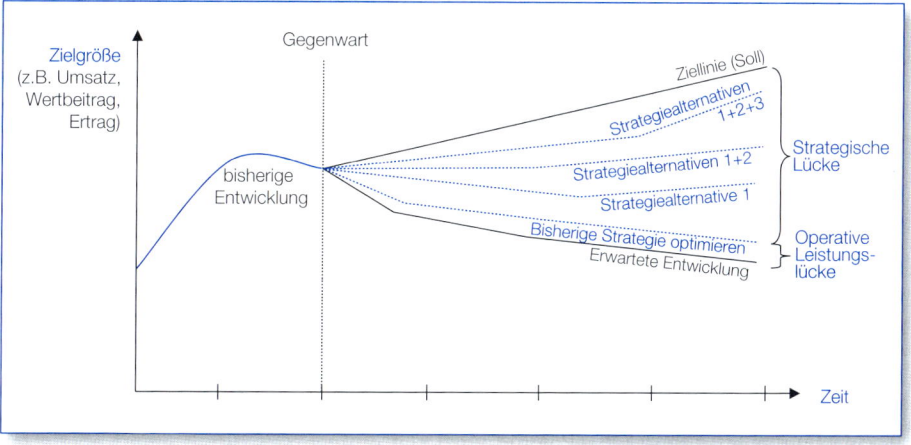

Abb. 4.2.7: Strategische Lückenanalyse (in Anlehnung an Baum et al., 2011, S. 18)

Ist die Zielwirksamkeit aller Strategiealternativen beurteilt, dann ist eine **Auswahlentscheidung** (Strategic Choice) zu treffen. Dabei sind diejenigen Alternativen mit der bestmöglichen Zielerreichung auszusuchen (vgl. *Hungenberg*, 2011, S. 265). Das Vorgehen entspricht der Festlegung der Unternehmensziele und ist in Kap. 2.4.3 beschrieben. Die Auswahl von Strategien aus einer Anzahl möglicher Alternativen gehört somit zu jedem wirtschaftlichen Handeln. Sie schafft Klarheit darüber, was strategisch erreicht werden soll. Dies mobilisiert die Fähigkeiten und Kräfte eines Unternehmens und soll Orientierung und Ansporn für jeden einzelnen Mitarbeiter geben. Die Ergebnisse der Strategieauswahl sind verabschiedete Strategiepläne mit Maßnahmen, Terminen, Verantwortlichen und Kosten.

4 Planung und Kontrolle

> **Strategieumsetzung** umfasst die Bestimmung und Ausführung operativer Maßnahmen zur Erreichung der strategischen Ziele und damit zur Realisation der Strategie.

Erst die koordinierte Ausrichtung des gesamten Unternehmens, seiner Funktionen und seiner strategischen Geschäftsbereiche auf die gemeinsame Strategie ermöglicht eine erfolgreiche Strategieumsetzung. Die Unternehmensführung übernimmt dabei die Rolle eines Steuermanns in einem Ruderboot. Obwohl der Steuermann zusätzliches Gewicht bedeutet und nicht selbst rudert, kann auch die beste Mannschaft ohne seine Hilfe kein Rennen gewinnen. Ein guter Steuermann kennt die Stärken und Schwächen jedes Ruderers, die Rennstrecke, die Konkurrenten und die Wetterbedingungen. Daraus legt er einen eindeutigen Kurs und eine Strategie für das Rennen fest. Im Rennen sorgt er dafür, dass jeder einzelne Athlet synchron im Einklang mit der gesamten Mannschaft und im Sinne der Strategie mit maximaler Leistung rudert. Viele Unternehmen sind wie ein unkoordiniertes Ruderboot, bei denen zwar die strategischen Geschäftseinheiten und deren Mitarbeiter ihr Bestes geben, aber aufgrund mangelnder strategischer Ausrichtung die Ergebnisse des Unternehmens hinter den Erwartungen zurück bleiben (vgl. *Kaplan/Norton*, 2006, S. 1 ff.).

Balanced Scorecard

Ein in der Praxis erfolgreiches Konzept des Performance Measurements (vgl. Kap. 7.2.3.3) zur Verbesserung der strategischen Ausrichtung und der Strategierealisierungskompetenz ist die **Balanced Scorecard**. Sie beurteilt die Leistung des Unternehmens mit Hilfe mehrdimensionaler Kennzahlen aus unterschiedlichen Perspektiven. Die Balanced Scorecard wurde Anfang der 1990er Jahre von *Robert Kaplan* und *David Norton* entwickelt, um die betriebliche Leistungsmessung zu verbessern (vgl. *Kaplan/Norton*, 2009, S. 71 ff.). Der Name „Balanced Scorecard" verdeutlicht die Intention des Konzeptes: Eine „Scorecard" ist (in Anlehnung an eine Zählkarte aus dem Boxsport) ein Berichtsbogen, mit dem erzielte Ergebnisse erfasst werden. Die Messung soll sich dabei auf die wichtigsten Größen beschränken und ausgewogen („balanced") sein. Sie basiert nicht nur auf rein finanziellen Maßgrößen, sondern erfolgt aus unterschiedlichen Perspektiven und mit mehrdimensionalen Kennzahlen. Die verwendeten Kennzahlen sollen über die Vergangenheit, Gegenwart und Zukunft des Unternehmens Auskunft geben. Deshalb besteht eine Balanced Scorecard sowohl aus Ergebniskennzahlen, die als Spätindikatoren die Resultate von Prozessen oder Aktivitäten messen (z. B. Umsatz, Marktanteil, Kundenrentabilität, Mitarbeiterzufriedenheit etc.), als auch aus Leistungstreiberkennzahlen, die als Frühindikatoren auf zukünftige Entwicklungen und Potenziale hinweisen (z. B. Schulungstage pro Mitarbeiter, Umsatzanteil neuer Produkte etc.). Die Leistungsmessung mit Hilfe dieses „ausgewogenen Berichtsbogens" soll einen engeren Strategiebezug aufweisen als die kurzfristig und operativ ausgerichteten traditionellen Kennzahlensysteme. Die Ableitung der verwendeten Perspektiven, Ziele und Maßgrößen erfolgt auf Basis der Strategie und Vision des Unternehmens.

Perspektiven

Die Balanced Scorecard betrachtet das Unternehmen, wie in Abb. 4.2.10 dargestellt, aus vier Blickwinkeln. Diese grundlegenden **Perspektiven einer Balanced Scorecard** sind (vgl. *Kaplan/Norton*, 2009, S. 9 ff.):

- Die **Lern- und Entwicklungsperspektive** (auch als Potenzialperspektive oder Innovations- und Wissensperspektive bezeichnet) soll zeigen, ob das Unternehmen dazu in der Lage ist, seine Leistungen zu steigern und neue Innovationen hervorzubringen. Eine wichtige Rolle spielen dabei die Mitarbeiter.

- Die **interne Geschäftsprozessperspektive** soll Auskunft über die betrieblichen Abläufe geben, die wesentlichen Einfluss auf die Erfüllung der Kundenbedürfnisse haben.
- Die **Kundenperspektive** soll darstellen, wie die Erwartungen der Kunden an das Unternehmen durch seine Produkte und Dienstleistungen erfüllt werden.
- Die **finanzwirtschaftliche Perspektive** soll zeigen, welche finanziellen Ergebnisse durch die Umsetzung der Unternehmensstrategie erreicht werden.

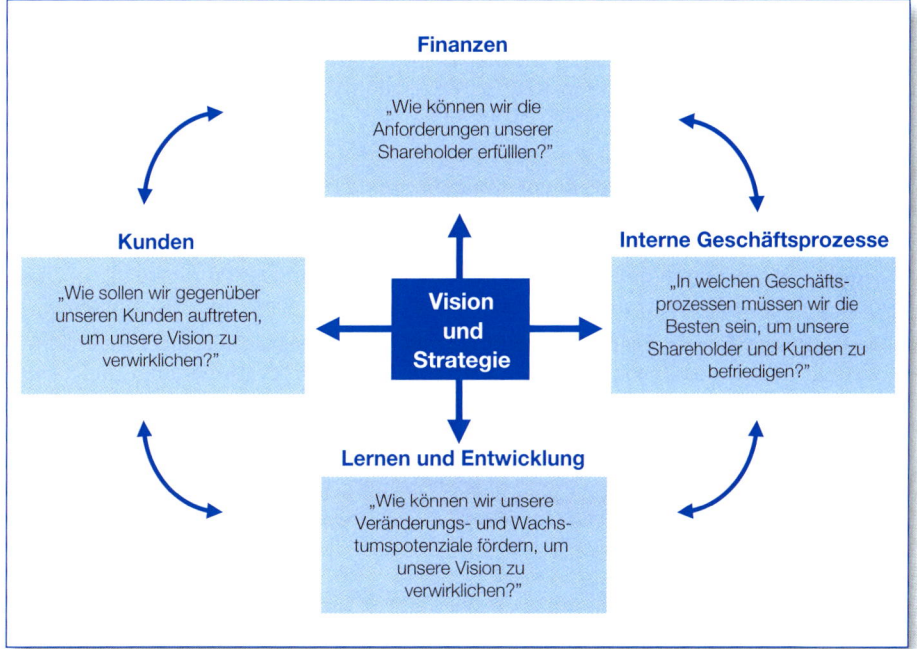

Abb. 4.2.10: Die vier Perspektiven der Balanced Scorecard (vgl. Kaplan/Norton, 2009, S. 9)

Aufgrund ihres Strategiebezugs ist jede Balanced Scorecard individuell auf das Unternehmen zugeschnitten. Die genannten Perspektiven sind deshalb keine strikte Vorgabe, sondern können unternehmensspezifisch ergänzt oder angepasst werden. Spielt beispielsweise die Zusammenarbeit mit den Lieferanten im Sinne einer Wertschöpfungspartnerschaft eine wichtige Rolle, kann eine zusätzliche Lieferantenperspektive sinnvoll sein (vgl. *Weber/Schäffer*, 2011, S. 195). Ist dagegen vor allem das Humankapital wie z. B. bei vielen Dienstleistern von Bedeutung, dann lässt sich dies in einer Mitarbeiterperspektive abbilden. Diese ersetzt dann in vielen Fällen die Lern- und Entwicklungsperspektive.

<small>Perspektivenauswahl</small>

Ausgangspunkt der Strategieumsetzung ist immer die Vision und Strategie des Unternehmens bzw. der strategischen Geschäftseinheit, für welche die Balanced Scorecard aufgestellt wird. Die **Operationalisierung der Strategie** erfolgt, wie in Abb. 4.2.11 dargestellt, in fünf Schritten (vgl. *Gaiser/Greiner*, 2002, S. 199 ff.; *Kaplan/Norton*, 2009, S. 8 ff.; 42 ff.):

<small>Strategieoperationalisierung</small>

- **Aufteilung in Perspektiven:** Die Strategie wird in der Balanced Scorecard aus unterschiedlichen Blickwinkeln betrachtet. Dies verhindert einseitiges Denken bei der Ableitung und Verfolgung von Zielen und stellt den Zusammenhang der verschiedenen Aspekte im Rahmen der Strategieumsetzung dar.

- **Ableitung strategischer Zielsetzungen:** Im nächsten Schritt werden für jede Perspektive aus der Strategie mehrere strategische (Teil-)Ziele abgeleitet. Verfolgt das Unternehmen z. B. die Strategie der Kostenführerschaft, könnte deshalb in der Perspektive der internen Geschäftsprozesse eine Senkung der Durchlaufzeiten angestrebt werden.
- **Bestimmung von Maßgrößen:** Um die Erreichung der Ziele beurteilen zu können, sind diese messbar zu machen. Deshalb werden für alle strategischen Ziele finanzielle und nicht-finanzielle Maßgrößen bestimmt, mit denen die Zielerreichung quantifiziert werden kann. Soll z. B. die Prozessqualität in der Fertigung verbessert werden, wären hierfür Fehlerquoten (parts-per-million) oder die Anzahl an Garantiefällen denkbare Maßgrößen. Die gewählten Kennzahlen sollen von der Unternehmensführung beeinflussbar sein und große Auswirkungen auf die Erreichung der strategischen Ziele haben.
- **Festlegung von Zielwerten:** Bevor über die anzustrebenden Zielwerte diskutiert werden kann, sind zunächst die Ausgangswerte der Maßgrößen zu bestimmen. Im Anschluss werden Zielwerte abgeleitet, die in einem festgelegten Zeitraum erreicht werden sollen. Durch die Gegenüberstellung von Soll- und Ist-Werten wird im Laufe der strategischen Kontrolle auf den Grad der Strategieumsetzung geschlossen.
- **Aufstellung strategischer Maßnahmen:** Um die Erreichung strategischer Ziele sicherzustellen, werden für jedes Ziel strategische Aktionsprogramme aufgestellt. Jeder Maßnahme werden hierfür Termine, Ressourcen und Verantwortliche zugewiesen.

Abb. 4.2.11: Strategieoperationalisierung in der Balanced Scorecard

Das systematische Herunterbrechen der Gesamtstrategie zu strategischen (Teil-)Zielen, die Verknüpfung mit geeigneten Maßgrößen und Zielvorgaben sowie die Ableitung strategischer Aktionsprogramme ermöglicht eine schrittweise Strategieumsetzung. Diese wird anschließend durch die Zuweisung von Verantwortlichkeiten und Ressourcen sowie die laufende Messung der Zielerreichung mit Hilfe der festgelegten Kennzahlen sichergestellt. *Kaplan/Norton* bezeichnen dieses Vorgehen als „**Translating Strategy into Action**" (1996a). Abb. 4.2.12 zeigt diesen Prozesses der Strategieumsetzung am Beispiel eines Kopiergeräteherstellers und enthält Beispiele für mögliche strategische Ziele, Maßgrößen, Zielwerte und Aktionen.

4.2 Strategische Planung und Kontrolle

Perspektiven	Strategische Ziele	Messgrößen	Zielwerte	Strategische Aktionen
Finanzielle Perspektive Welche Zielsetzungen leiten sich aus den Erwartungen der Kapitalgeber ab?	CFROI deutlich steigern	CFROI	18%	In den folgenden Perspektiven definiert
	Konkurrenzfähige Kostenstruktur aufbauen	% Gesamtkosten vom Umsatz % Vertriebs- und Verwaltungskosten	80% 7%	In den folgenden Perspektiven definiert
	Internationales Wachstum vorantreiben	Gesamtumsatz % Umsatz nicht EU/ nicht USA	2 Mrd.€ 90 Mio.€	Marktstudie „Mittel-Ost-Europa" Task Force
Kundenperspektive Welche Ziele sind aus Kundensicht zu setzen, um die finanziellen Ziele zu erreichen?	Attraktive Einfach-Geräte am Markt positionieren	Marktanteil im Massensegment Bewertungsindex Händler	12% 75 Indexpunkte	Marketingoffensive Einrichtung Händlerforum
	Im Hochpreissegment mit Qualität überzeugen	Marktanteil im Hochpreissegment Imagewerte Zielkunden	16% 88 Indexpunkte	Designstudie Überarbeitung Marketingmaterial
	Funktionssicherheit erhöhen	Anzahl Störfälle	-45%	Technikumstellung Projektgruppe „No excuses"
	Kundenbetreuung aktiver gestalten	Wiederverkaufsquote Besuche/Zielkunde	75% 2 p.a.	Key Account Management Ausrichtung Vertriebsmeeting
Prozessperspektive Welche Ziele sind aus Unternehmenssicht zu setzen, um die Ziele der Finanz- und Kundenperspektive zu erfüllen?	Produkte standardisieren	Gleichteilkosten in Relation zu den gesamten Materialkosten	65%	Benchmarking mit ABC AG Baukastenanlage
	Synergien nutzen	Personalkosten in % vom Umsatz Synergiebericht	8,5% Kein Zielwert	Synergieleitfaden erarbeiten Synergiezirkel initiieren
	Fertigungstiefe an Kernkompetenzen anpassen	Kerntechnologiequote	80%	Definition der Kernkompetenzen Anpassung Fertigungslayout
	Interne Kundenorientierung erhöhen	Schnittstellenbefragungsindex	75 Indexpunkte	Synergiezirkel initiieren Einführung Prozessmanagement
Potenzialperspektive Welche Potenziale sind aufzubauen, um sich auf zukünftige Anforderungen vorzubereiten?	Entwicklungskompetenz steigern	Assessmentwerte (durch F&E, Vertrieb, Produktion, Management)	80 Indexpunkte	Rekrutierungsoffensive Partnerschaft mit Uni Stuttgart
	Neue Medien nutzen	Bestellvorgänge über Internet	+125%	Neugestaltung Homepage Webauftritt intensiv bewerben
	Mitarbeitermotivation erhöhen	Austritte von Key Employees Mitarbeiterbefragungswerte	3% 85% Indexwerte	Einführung Mitarbeiterbefragung Feedbacksysteme überarbeiten

Abb. 4.2.12: Die Überführung in Aktionen konkretisiert die Strategie (vgl. Horváth & Partners, 2007, S. 4)

Die Balanced Scorecard als Methode zur Strategieumsetzung ist laut empirischen Studien sehr weit verbreitet. Neben dem „klassischen" Ansatz mit den vier beschriebenen Dimensionen, der laut Studien von ca. 50 Prozent der Unternehmen im deutschsprachigen Raum eingesetzt wird, kommen ca. 30 Prozent an Unternehmen hinzu, die eine an die Balanced Scorecad angelehnte Methodik mit abgewandelten Dimensionen verwenden (vgl. *Matlachowsky*, 2008, S. 36 ff.; *Schäffer/Matlachowsky*, 2008, S. 207 ff.). So werden z. T. weitere Dimensionen hinzugefügt oder diese angepasst.

Die Methodik wird nicht nur in klassischen Unternehmen, sondern auch in anderen wirtschaftlichen Betrieben wie Vereinen, Non-Profit-Organisationen oder kulturellen Einrichtungen eingesetzt. Ein Beispiel für eine solche modifizierte Balanced Scorecard ist der Fußballverein *VfB Stuttgart 1893 e.V.*

4 Planung und Kontrolle

Balanced Scorecard beim VfB Stuttgart 1893 e.V.

Der *VfB Stuttgart 1893 e.V.* ist ein Sportverein mit Sitz in Stuttgart und mehr als 46.000 Mitgliedern. Er unterteilt sich in die Abteilungen Fußball, Faustball, Hockey, Leichtathletik, Tischtennis und besitzt auch eine Garde. Insbesondere wegen seiner Fußballabteilung ist der *VfB Stuttgart* bekannt und verfügt dort über Mannschaften in der Bundesliga, der 3. Liga und bei den Junioren sowie auch über Schiedsrichter. Der von 2003 bis 2011 amtierende Präsident *Erwin Staudt* war zuvor Vorsitzender der Geschäftsführung der *IBM Deutschland GmbH*. Fußballvereine sind heute Wirtschaftsunternehmen, die somit auch eine strategische Planung benötigen. Um den Profifußballverein *VfB Stuttgart* ebenso professionell wie ein Unternehmen zu führen, wurde eine Balanced Scorecard eingeführt (vgl. *Staudt*, 2006, S. 127).

Die klassische Balanced Scorecard wurde dafür auf die Besonderheiten des Profifußballs angepasst. Ein Fußballverein sieht sich bei der Ziel- und Entscheidungsfindung vielen Anspruchsgruppen gegenüber. Zudem ist das primäre Produkt des Fußballspiels maßgeblich für den Erfolg der sekundären Produkte, wie z. B. Merchandising, TV-Rechte etc. Diese sekundären Produkte erzielen jedoch die Haupteinnahmen. Auch das Primärprodukt „Fußballspiel" hat einige Besonderheiten. Es kann nicht alleine angeboten werden, sondern die Attraktivität hängt von der Existenz attraktiver Wettbewerber ab. Diese sind zur Erbringung eines Spiels erforderlich, befinden sich gleichzeitig aber in einer Wettbewerbssituation um die Tabellenplätze. Es besteht daher eine hohe Unsicherheit hinsichtlich des sportlichen Erfolgs bzw. des Saisonausgangs.

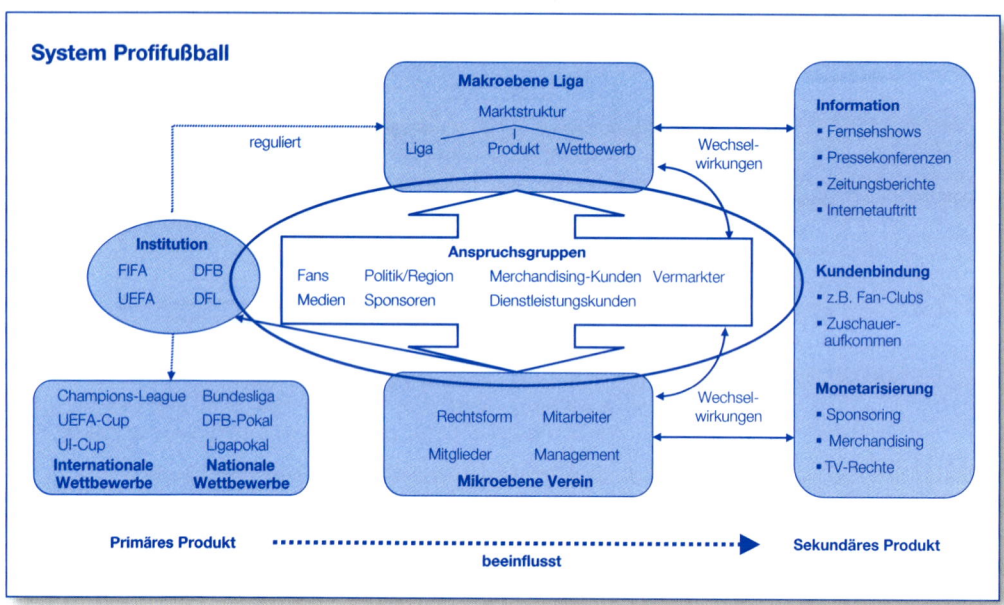

Abb. 4.2.13: Das System Profifußball (vgl. Staudt, 2006, S. 127)

Das für den *VfB Stuttgart* entwickelte „Balanced Scorecard Planning System" (BalPlan) umfasst insgesamt 130 Kennzahlen, wovon 100 Kennzahlen auf die einzelnen Abteilungen und 30 Kennzahlen auf den Vorstand entfallen. Ausgangspunkt sind die Ziele des Vereins, die als Leitbild offen kommuniziert werden. Sie umfassen u. a. sportlichen Erfolg, Wirtschaftlichkeit als Basis oder eine attraktive Marke. Zusammenfassend kann von einer nachhaltigen Sicherung des sportlichen und wirtschaftlichen Erfolgs als Basis ausgegangen werden. Für die Balanced Scorecard wurden die Perspektiven auf eine wirtschaftliche, eine sportliche, eine Kunden- und eine Prozess- und Potenzialperspektive angepasst. Abb. 4.2.14 gibt einen Einblick in wesentliche Steuerungsgrößen.

4.2 Strategische Planung und Kontrolle

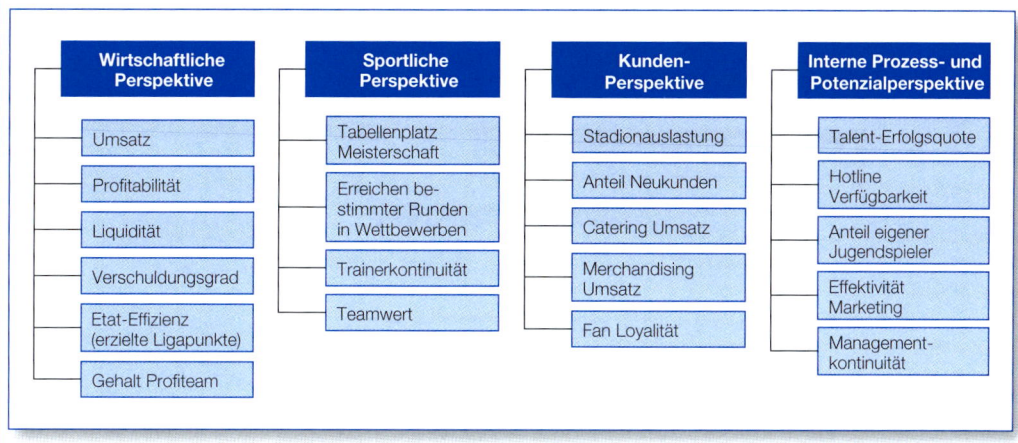

Abb. 4.2.14: Perspektiven und wesentliche BalPlan-Steuerungsgrößen des VfB Stuttgart
(vgl. Kraaz, 2005)

Die Scorecard des *VfB Stuttgart* ist IT-gestützt und liefert entscheidungsrelevante Informationen per Knopfdruck. Die Zahlen werden ständig aktualisiert und auf wöchentlichen Vorstandssitzungen analysiert. So kann schnell und flexibel auf Veränderungen reagiert werden. Die höhere Transparenz und das Verständnis für wesentliche Zusammenhänge führten zu einer gemeinsamen Sprache, besserer Zielausrichtung bei Entscheidungen und sind damit wichtiger Bestandteil des Führungssystems geworden.

Die strategischen Ziele sowie deren Maßgrößen, Vorgaben und Aktionen sind in einer Balanced Scorecard nicht unabhängig voneinander, sondern durch eine Vielzahl von Ursache-Wirkungsbeziehungen verbunden. Die Umsetzung eines Ziels beeinflusst die Erreichung von Zielen der gleichen oder einer anderen Perspektive. Somit beschreibt erst die Verknüpfung der Ziele die Strategie vollständig (vgl. *Gaiser/Greiner*, 2002, S. 200).

Ursache-Wirkungs-beziehung

Abb. 4.2.15 zeigt die Sichtweisen der Balanced Scorecard mit Beispielen für strategische Ziele und Maßgrößen. Darin wird sowohl das Herunterbrechen der Vision und Strategie auf die einzelnen Perspektiven als auch der zwischen den Perspektiven bestehende **Ursache-Wirkungszusammenhang** sichtbar. Die Grundlage für den zukünftigen Unternehmenserfolg und die Ausgangsbasis jeglicher Zielerreichung bildet die Potenzialperspektive. Ein ausgeprägtes Lern- und Entwicklungspotenzial ermöglicht es, in den internen Geschäftsprozessen exzellente Prozesse zu realisieren, mit denen die Kundenanforderungen erfüllt werden können. Die daraus resultierende Kundenzufriedenheit und -bindung soll die Erreichung der finanziellen Zielsetzungen des Unternehmens sicherstellen.

Die Identifikation und Darstellung der strategisch relevanten Ursache-Wirkungsketten erfolgt durch eine sog. **Strategy Map** (strategische Landkarte). Darin werden die Strategie und die dahinter stehenden Annahmen als Ursache-Wirkungs-Netzwerk

Strategy Map

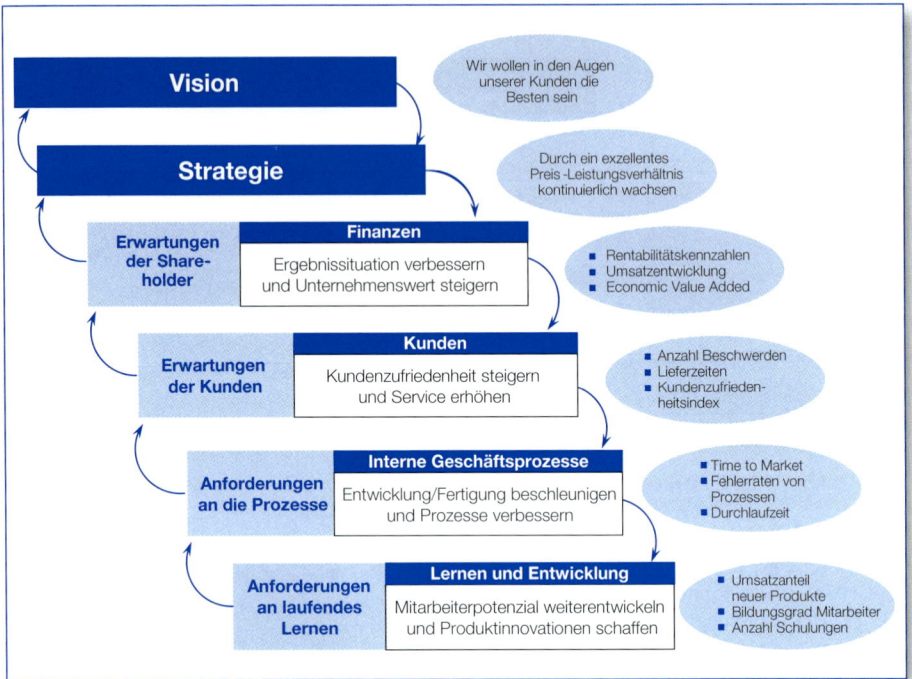

Abb. 4.2.15: Ursache-Wirkungszusammenhang der Balanced Scorecard (in Anlehnung an Maisel, 1992, S. 49)

grafisch dargestellt und offen gelegt. Bei der Erstellung einer Strategy Map sollte sich die Unternehmensführung auf die wesentlichen strategischen Zusammenhänge konzentrieren. Es geht nicht um die Abbildung aller denkbaren Verknüpfungen, sondern um das Erkennen des Zusammenspiels zwischen den strategischen Zielen. Dadurch wird die Logik der Strategie im Sinne einer sog. „Strategic Story" verdeutlicht und ihre Komplexität auf die zentralen Wirkungszusammenhänge reduziert. Im Idealfall wird dabei auch der Einfluss immaterieller Werttreiber berücksichtigt (vgl. Kap. 8.3.6). Durch die Übersetzung der Strategie in die schlüssige Struktur einer Strategy Map wird ein gemeinsamer und verständlicher Rahmen für sämtliche Organisationseinheiten und Mitarbeiter geschaffen. Dies macht sie zu einem wirkungsvollen Instrument zur unternehmensweiten Kommunikation der Strategie (vgl. *Kaplan/Norton*, 2001, S. 12 f.).

Die Erarbeitung der Strategy Map geschieht in einem möglichst interdisziplinär zusammen gesetzten Kreis an Führungskräften und basiert vor allem auf Erfahrung und Intuition. Die stattfindende Diskussion fördert das gemeinsame Verständnis über die wesentlichen strategischen Handlungsfelder (vgl. *Horváth & Partners*, 2007, S. 53 ff.; *Weber/Schäffer*, 2011, S. 196). Da die Aussagen über die Zusammenhänge zwischen den strategischen Zielen sehr subjektiv sind, ist soweit möglich deren Überprüfung mit Hilfe empirischer Verfahren ratsam. In der Praxis unterbleibt dies jedoch meistens (vgl. *Hügens*, 2008, S. 5). Die Gültigkeit der Beziehungen zeigt sich auch im Laufe der strategischen Kontrolle, die ggf. eine Überarbeitung der Strategy Map erforderlich macht oder sogar die Strategie selbst auf den Prüfstand stellt. Die vereinfachte Darstellung kann allerdings die Erkennung langfristiger strategischer Wirkungen erschweren (vgl. *Friedag/ Schmidt*, 2002, S. 21 f.). Abb. 4.2.16 zeigt die Strategy Map für das vorherige Beispiel des Kopiergeräteherstellers.

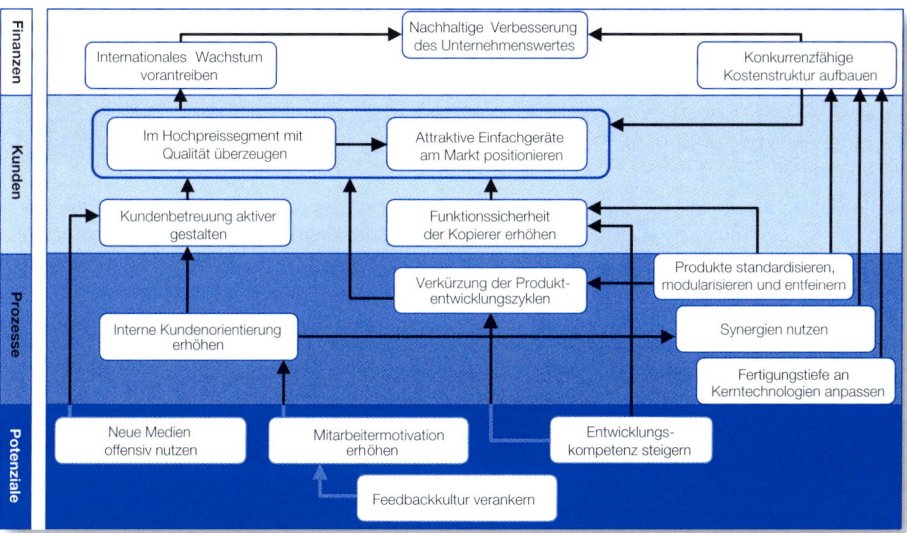

Abb. 4.2.16: Beispiel einer Strategy Map (Horváth & Partners, 2007, S. 4)

Dynamische Balanced Scorecards überwinden die Schwächen des klassischen Ansatzes und kombinieren die Ursache-Wirkungsketten der Strategy-Maps mit der Dynamisierung und ganzheitlichen Betrachtung der System-Dynamics-Methode. Sie erweitern das Anwendungsspektrum von der Strategieumsetzung auf den gesamten Strategieprozess. System Dynamics wurde von *Jay W. Forrester* am *Massachusetts Institute of Technology* in den 1950er Jahren entwickelt (vgl. *Forrester*, 1961). Die Methodik betrachtet Rückkopplungsbeziehungen als elementare Bestandteile sozioökonomischer Systeme, berücksichtigt nichtlineare Verknüpfungen sowie Zeitverzögerungen zwischen Ursache und Wirkung und nutzt Computersimulationen zur Entscheidungsunterstützung. So werden die wesentlichen dynamischen Zusammenhänge sozioökonomischer Systeme in die Entwicklung einer dynamischen Balanced Scorecard einbezogen.

Dynamische Balanced Scorecard

Dynamische Balanced Scorecard eines europäischen Automobilherstellers

Praxisbeispiel von Prof. Dr. Florian Kapmeier

Das Unternehmen *PA Consulting Group* ist eine international führende Management-, System- und Technologieberatung, die System Dynamics zur Analyse strategischer Entscheidungsoptionen in komplexen Märkten und Wertschöpfungsprozessen nutzt.

Die Einführung von Performance Measurement Systemen wie der Balanced Scorecard stellt im Vergleich zu traditionellen Kennzahlensystemen einen wichtigen Fortschritt zur Beurteilung betrieblicher Leistungserstellung dar (vgl. Kap. 7.2.3.3). Mehr als 40 Prozent aller Fortune 500-Unternehmen nutzen sie als strategisches Ziel- und Führungssystem zur Strategieumsetzung. Dennoch schlagen laut *Kaplan* und *Norton* (vgl. *Kaplan/ Norton*, 2006) rund 90 Prozent aller strategischen Initiativen fehl. Eine bedeutende Ursache hierfür ist nach *Norton* (2001, S. 14) das Vernachlässigen von Rückkopplungsschleifen, Nichtlinearität und Zeitverzögerungen, die alle sozioökonomischen Systeme charakterisieren:

- Die Strukturen eines Unternehmens werden mit Rückkopplungsschleifen realistischer beschreiben als mit gleichlaufenden Kausalbeziehungen mit nur einer übergeordneten Kennzahl in der Finanzperspektive.
- Selten liegen in diesen Strukturen ausschließlich lineare Ursache-Wirkungsbeziehungen vor, was bedeuten würde, dass sich ein Effekt proportional zur Wirkung verhält. Daraus resultiert das Risiko, dass Entscheider das Ausmaß von strategischen Initiativen falsch einschätzen.
- Bleiben Zeitverzögerungen in diesen Strukturen unberücksichtigt, resultiert daraus die Gefahr, dass Entscheider fehlerhafte Annahmen zum zeitlichen Verlauf strategischer Initiativen treffen.

Folglich ist die Berücksichtigung dieser Eigenschaften für die Beurteilung strategischer Entscheidungsalternativen essentiell, da sie häufig zu überraschendem und kontraintuitivem Systemverhalten führen (vgl. *Sterman*, 2009, S. 22). Auf der System-Dynamics-Methode basierende dynamische Balanced Scorecards können diesen Facetten in adäquater Weise entgegengetreten.

Die Entwicklung dynamischer Balanced Scorecards in enger Zusammenarbeit mit Kunden zählt zum Beratungsgebiet der *PA Consulting Group*. Das Anwendungsbeispiel beschreibt eine dynamische Balanced Scorecard eines europäischen Automobilherstellers. Dieser verfolgt von jeher das Ziel, internationale Standards bei Technologie, Stil, Design und Leistung zu setzen. Das Unternehmen sah sich allerdings einem zunehmenden asiatischen Wettbewerb ausgesetzt, dem es mit neu entwickelten Fahrzeugen begegnen wollte. Um diese vor der Konkurrenz in den Markt einzuführen, sollten die Entwicklungsprozesse beträchtlich gestrafft werden. Zugleich sollten die Fahrzeuge zu attraktiven Preisen mit wettbewerbsfähiger und qualitativ hochwertiger Ausstattung angeboten und die unternehmensweiten Profitabilitätsziele erreicht werden.

Als ausschlaggebenden Faktor zur Erreichung dieser Ziele hatte die Unternehmensführung die erfolgreiche Steuerung des Entwicklungsprogrammportfolios identifiziert. Als besonders kritisch wurde die Abschätzung von Wechselwirkungen innerhalb eines Entwicklungsprogramms und zwischen zeitlich versetzten Entwicklungsprogrammen gesehen. Die Führungskräfte forderten daher ein innovatives, dynamisches Berichtssystem, das sämtliche Perspektiven einer Balanced Scorecard miteinander verknüpft und zeitliche Entwicklungen abbildet. Um diesen Anforderungen gerecht zu werden, wurde eine simulationsgestützte dynamische Balanced Scorecard entwickelt.

Die Entwicklung der dynamischen Balanced Scorecard erfolgte in einem iterativen Prozess der Erstellung, Validierung und Kalibrierung anhand realer Daten. Aus einer hohen Übereinstimmung des Verhaltens wesentlicher Simulationsvariablen mit dem realen historischen Verlauf konnten Aussagen über die hohe Güte der dynamischen Balanced Scorecard bzw. des entwickelten Computersimulationsmodells abgeleitet werden.

Das Modell ermöglicht der Unternehmensführung, ein gemeinsames Verständnis über das dynamische Zusammenspiel relevanter Größen zwischen den Entwicklungsprogrammen und dem Markt zu erlangen. Abb. 4.2.17 fasst die Beziehungen der vier Perspektiven (Kästen) und ihre Beziehungen (Pfeile) vereinfacht zusammen. Gut zu erkennen sind die Rückkopplungsschleifen, welche die dynamische Balanced Scorecard charakterisieren. Dabei ist zu berücksichtigen, dass nicht alle Beziehungen abgebildet sind. Innerhalb eines Entwicklungsprogramms und zwischen den Programmen herrschen Beziehungen, auf deren Darstellung aus Gründen der Übersichtlichkeit verzichtet wird. Zeitlich parallel und versetzt laufende Entwicklungsprogramme sind in der dynamischen Balanced Scorecard berücksichtigt und in Abb. 4.2.17 durch hintereinander liegende Kästen dargestellt. Jede Perspektive beinhaltet Variablen bzw. Kennzahlen, von denen einige relevante aufgeführt sind. So umfasst „Operationelle Exzellenz & Innovation" unter anderem Kennzahlen zu Programmkosten, Prozess- und Designqualität, marktgetriebenen Innovationen, Programmplan und Nacharbeit.

4.2 Strategische Planung und Kontrolle

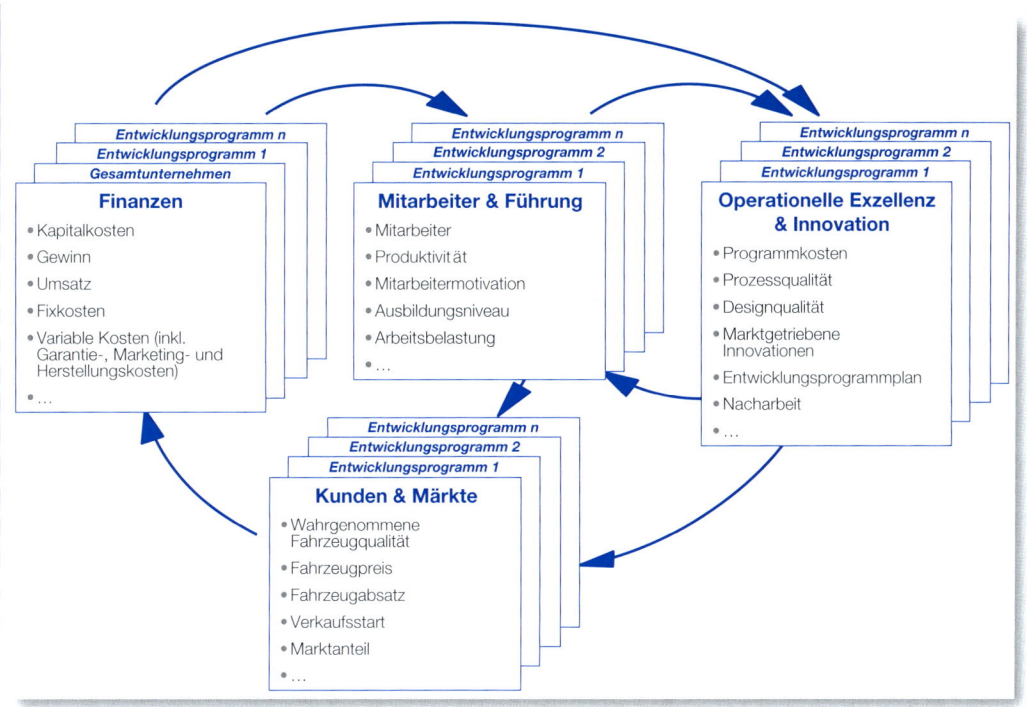

Abb. 4.2.17: Die dynamische Balanced Scorecard zur Analyse von Wechselwirkungen innerhalb eines Entwicklungsprogrammportfolios bei einem europäischen Automobilhersteller

Die Unternehmensführung nutzt die dynamische Balanced Scorecard in der Strategieentwicklung und -umsetzung (vgl. Abb. 4.2.18). Während der Strategieentwicklung werden strategische Unternehmensziele auf ihre Plausibilität getestet. Strategieszenarien werden mit Monte-Carlo-Analysen in Sekundenschnelle simuliert und ihre kurz-, mittel- und langfristigen Auswirkungen auf die unterschiedlichen Perspektiven der dynamischen Balanced Scoredcard getestet und bewertet. Daraus gewonnene Erkenntnisse bieten der Unternehmensführung die Gelegenheit, strategische Ziele zu überdenken und gegebenenfalls anzupassen. Während der Strategieumsetzung wird die dynamische Balanced Scorecard zum Überprüfen von Programmannahmen und zum Risikomanagement genutzt.

Strategieentwicklung	Strategieumsetzung	
Strategische Ziele	Programmannahmen	Risikomanagement
- Testen strategischer Ziele hinsichtlich ihrer Plausibilität	- Testen von Prozessänderungen auf Entwicklungsprogramme und das Entwicklungsprogrammportfolio	- Auswirkungen einer möglichen Prozessreorganisation auf das Entwicklungsprogrammportfolio
- Testen alternativer Maßnahmen zum Erreichen der strategischen Ziele	- Testen von Prozessänderungen auf Entwicklungsprogrammbudgets	- Auswirkungen von Terminverschiebungen auf ein Entwicklungsprogramm und das Entwicklungsprogrammportfolio
- Identifikation kritischer Pfade	- Testen von Designänderungen auf Entwicklungsprogramm und das Entwicklungsprogrammportfolio	- Auswirkungen von Ressourcenengpässen auf das Entwicklungsprogrammportfolio

Abb. 4.2.18: Auswahl der mit der dynamischen Balanced Scorecard behandelten Themenfelder

4 Planung und Kontrolle

Charakteristisch für eine dynamische Balanced Scorecard ist die dynamische Rückkopplung zwischen den Perspektiven mit ihren Zeitverzögerungen und nichtlinearen Zusammenhängen. Zwei anonymisierte Beispiele zeigen im Folgenden, wie die Konsequenzen einer Fragestellung durch die Perspektiven der dynamischen Balanced Scorecard wandern. Die Darstellungsform der Antwort auf die Fragestellungen veranschaulicht die hohe Bandbreite der möglichen Entscheidungsunterstützung.

Ausgangspunkt für ein Beispiel ist das Testen einer Programmannahme, wenn in einem vorangeschrittenen Entwicklungsstadium das Fahrzeugdesign verändert werden soll. Fraglich ist dabei, ob die Änderung zugelassen werden sollte. Abb. 4.2.19 zeigt auf, welche zusätzlichen Fragen entstehen und worauf die dynamische Balanced Scorecard Antworten liefern kann.

Ausgangsfragestellung …	Betroffene Perspektiven der dynamischen Balanced Scorecard
Wie stark verzögert eine aus Marktsicht notwendige Änderung am Fahrzeugdesign im fortgeschrittenen Entwicklungsstadium den Programmfortschritt?	• Operationelle Exzellenz & Innovation Entwicklungsprogramm 1
… und die sich daran jeweils anschließenden Fragen und betroffenen Perspektiven	
Welche Auswirkungen hat die Verzögerung des Entwicklungsprogramms auf das Programmportfolio?	• Operationelle Exzellenz & Innovation Entwicklungsprogramme (EP) 2-n
Wie stark verschiebt sich der Verkaufsstart des neuen Fahrzeugs bei einer Verzögerung des Entwicklungsprogramms?	• Operationelle Exzellenz & Innovation EP1 • Kunden & Märkte EP1
Wie beeinflusst die Verzögerung des Entwicklungsprogramms die kurz-, mittel- und langfristige Umsatzentwicklung?	• Operationelle Exzellenz & Innovation EP1-n • Kunden & Märkte EP1-n • Finanzen EP1-n • Gesamtunternehmen
Wie wirken sich alternative Strategien auf parallel laufende und zukünftige Programme und auf die Umsatz- und Gewinnentwicklung aus?	• Operationelle Exzellenz & Innovation EP1-n • Kunden & Märkte EP 1-n • Finanzen EP1-n • Gesamtunternehmen
Mit welchen Auswirkungen auf das Entwicklungsprogrammportfolio ist zu rechnen, wenn zusätzliche Fachkräfte eingestellt werden, um die Zeitverzögerung aufzuholen?	• Mitarbeiter & Führung EP1-n • Operationelle Exzellenz EP1-n
Wie wirken sich unterschiedliche Ausbildungsniveaus zusätzlicher Fachkräfte auf den Programmfortschritt aus?	• Mitarbeiter & Führung EP 1 • Operationelle Exzellenz EP 1
Wie werden Entwicklungsproduktivität, Designqualität und Produktqualität dieses Programms und der anderen Programme dadurch beeinflusst?	• Operationelle Exzellenz EP1-n • Kunden & Märkte EP1-n
Wie viel müsste bei weniger gut ausgebildeten Fachkräften in zusätzliche Ausbildung investiert werden, damit kurz- und langfristige Produktivität sowie Qualität nicht leiden?	• Mitarbeiter & Führung EP1-n • Operationelle Exzellenz EP1-n
Wie beeinflussen die Alternativen die kurz-, mittel- und langfristige Profitabilität und den Kapitalwert?	• Finanzen • EP1-n • Gesamtunternehmen

Abb. 4.2.19: Fragestellungen und Konsequenzen in der dynamischen Balanced Scorecard

4.2 Strategische Planung und Kontrolle

Ein zweites Beispiel ist die Beurteilung eines Risikos mit der dynamischen Balanced Scorecard. Es wird geprüft, wie sich eine Prozessreorganisation im Entwicklungs- und Fertigungsbereich auf den langfristigen Unternehmensgewinn auswirkt. Das in Abb. 4.2.20 gezeigte „Referenzszenario", welches das „Business as usual" verkörpert, dient der Kalibrierung der dynamischen Balanced Scorecard. Die hohe Übereinstimmung zwischen Firmendaten und der Simulation lässt darauf schließen, dass im Computermodell die kurz- bis langfristigen Wechselwirkungen zwischen Variablen richtig bewertet sind und die dynamische Balanced Scorecard die Entwicklung von Unternehmens- und Marktdaten realistisch abbildet. Diese Konformität lässt auf eine hohe Validität der Szenarios schließen. Das gezeigte Szenario „Mit Reengineering" zeigt die Konsequenzen, wenn nach vier Jahren ein 2,5-jähriges Prozessreorganisationsprogramm durchgeführt wird. Aufgrund der durch eine Prozessänderung anfallenden Mehrarbeit bei den Mitarbeitern erhöht sich für einen gewissen Zeitraum die Arbeitsbelastung, weshalb die erforderliche Zahl der Mitarbeiter gegenüber dem Referenzszenario steigt (oben links). Die Änderung der Prozesse beeinflusst die Fahrzeugqualität zunächst nicht (oben rechts) – dies lässt sich auf die Zeitverzögerung zwischen Einführung der Prozessänderung und einem sichtbaren Effekt dieser Veränderung zurückführen, wodurch die Fahrzeugqualität zunächst weiter sinkt. Nach Abschluss des Reeingineeringsprogramms setzt sich allerdings die Fahrzeugqualität vom Referenzszenario ab und steigt.

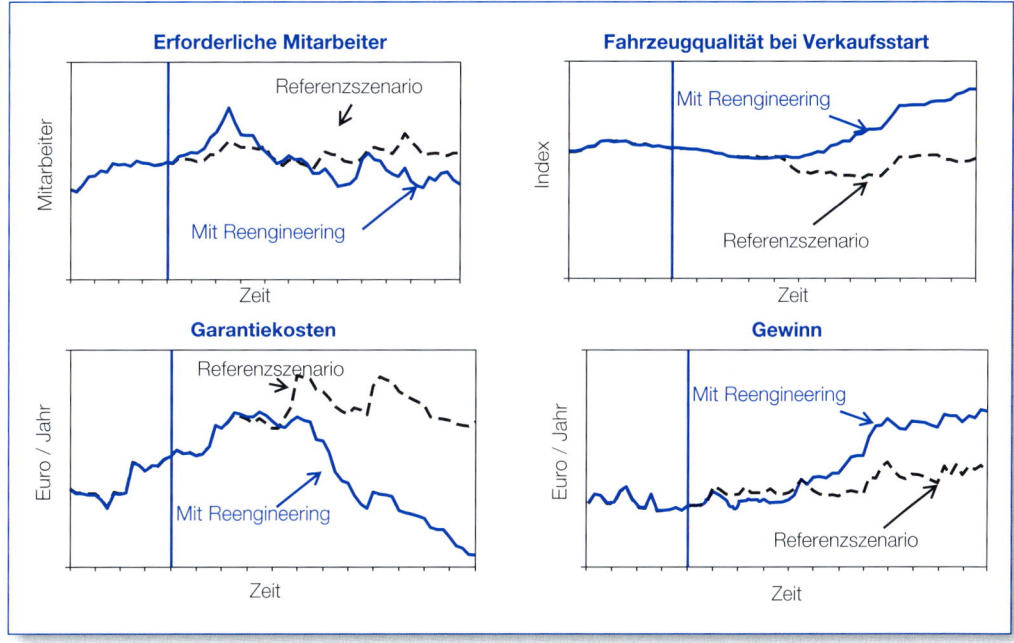

Abb. 4.2.20: Simulationsverläufe eines anonymisierten Strategieszenarios
(Die blaue Linie stellt den Startzeitpunkt der Prozessveränderung dar)

Die entworfene und produzierte Fahrzeugqualität beeinflusst die Garantiekosten aufgrund einer sinkenden Zahl zurückgerufener Fahrzeuge – allerdings auch wieder mit Zeitverzögerung (unten links): Die Garantiekosten sinken nach einer gewissen Zeit fast kontinuierlich und nähern sich einem niedrigen Wert an. Der Anstieg der von den Kunden wahrgenommenen Qualität spricht sich aufgrund positiver „Mundpropaganda" herum, weshalb das Vertrauen in die Fahrzeuge steigt und mehr Einheiten verkauft werden. In der Zwischenzeit laufen die neuen Entwicklungs- und Fertigungsprozesse reibungslos und es werden im Vergleich zum Referenzszenario wieder weniger Mitarbeiter benötigt (oben links). Der Unternehmensgewinn (unten rechts) entwickelt sich aufgrund der mit der Prozessänderung einhergehenden Kosten zunächst schlechter als im Referenzszenario. Wegen der in der zweiten Hälfte des abgebildeten Zeitraums gestiegenen Fahrzeugqualität, gefallen

Garantiekosten und des gesteigerten Absatzes mit einem höheren Marktanteil sinken die Gesamtkosten und der Unternehmensgewinn steigt weit über den des Referenzszenarios – dieses sogenannte „Schlechter-vor-besser"-Verhalten ließe sich ohne eine ganzheitliche, dynamische Betrachtung schwer erfassen.

Rückblickend konnte der Automobilhersteller die Fahrzeugentwicklungsprogramme nach Einführung der dynamischen Balanced Scorecard mit mehr Sicherheit planen sowie schneller und kostengünstiger durchführen als zuvor. Eine dynamische Balanced Scorecard ist allerdings nicht als ein weiteres „Werkzeug" für den Strategieprozess zu verstehen. Sie ist eine Methode zur Integration verschiedener Sichtweisen von Entscheidern unterschiedlicher Fachbereiche. Sie unterstützt die Beantwortung strategischer Fragestellungen in der Strategieentwicklung und -umsetzung. Manager schätzen die dynamische Balanced Scorecard als Instrument zur effizienten und objektiven Kommunikation zwischen den Programmteams, Top-Management und weiteren Stakeholdern, frei von Bauchentscheidungen und Machtgefügen im Unternehmen. Über Bereichsgrenzen hinweg entsteht ein Dialog auf Basis eines gemeinsamen Geschäftsverständnisses. Die simulationsbasierte dynamische Balanced Scorecard stützt die Intuition der Entscheidungsträger bezüglich langfristiger Entscheidungskonsequenzen. Dies ermöglicht dem Management mehr als nur graduelle Anpassungen an bisher gewählte Strategien, was den Top-Managern langfristig besonders hohen Mehrwert bietet.

Stufen des Regelkreises

Durch die Balanced Scorecard werden die Vision und Strategie dargestellt, kommuniziert, auf untergeordnete Ebenen herunter gebrochen und Umsetzungserfolge gemessen. Sie kann somit als Führungssystem angesehen werden, das auf allen Ebenen des Unternehmens strategisches Denken und Handeln gewährleistet (vgl. *Kaplan/Norton*, 2004). In diesem Zusammenhang wird die Balanced Scorecard deshalb auch als **Performance-Management-System** (vgl. Kap. 7.2.3.3) bezeichnet. Dieses strategische Führungssystem kann wie in Abb. 4.2.21 als ein **Regelkreis** mit folgenden Stufen dargestellt werden (vgl. *Kaplan/Norton*, 1993, S. 134 ff.; *Kaplan/Norton*, 2009, S. 10 ff.; 191 ff.):

- **Klärung und Vermittlung von Vision und Strategie:** Die eindeutige Beschreibung der Strategie geschieht in der Balanced Scorecard durch Aufspaltung in unterschiedliche Perspektiven und strategische Teilziele. Die Strategy Map veranschaulicht die Ursache-Wirkungsbeziehungen zwischen diesen Perspektiven und Zielen. Mit Hilfe von Kennzahlen lassen sich vage und unkonkret formulierte Strategien eindeutig beschreiben und ein Konsens in der Unternehmensführung herstellen. Durch ein einheitliches Verständnis der strategischen Annahmen können alle Organisationseinheiten und Ressourcen auf die Strategieumsetzung ausgerichtet werden. Dabei wird jedem einzelnen Mitarbeiter deutlich, welchen Beitrag er zur Erreichung der strategischen Ziele leistet.

- **Kommunikation und Verknüpfung mit der Strategie:** Nur wenn alle Mitarbeiter über die Strategie richtig informiert sind, können sie zu einer erfolgreichen Strategieumsetzung beitragen. Die Konkretisierung erfolgt durch die Ableitung individueller Ziele für die Mitarbeiter und Abteilungen aus den strategischen Unternehmenszielen. Um die Umsetzung sicherzustellen, sollte die strategische Zielerreichung mit dem Anreizsystem verknüpft werden. Auf diese Weise lässt sich die Leistung der Mitarbeiter zur Strategieerreichung beurteilen.

- **Planung und Zielvorgaben:** Aus den strategischen Zielen werden Zielvorgaben abgeleitet und für deren Umsetzung strategische Aktionsprogramme aufgestellt. Die strategische und operative Planung wird durch die Verbindung der strategischen Zielvorgaben mit dem jährlichen Budgetierungsprozess verknüpft. Auf diese Weise wird sichergestellt, dass die knappen Ressourcen im Sinne der Strategie eingesetzt werden.

- **Strategisches Feedback und Lernprozess:** Aufgrund ständiger Veränderungen im Wettbewerbsumfeld können gegenwärtig erfolgreiche Strategien zukünftig in eine

4.2 Strategische Planung und Kontrolle

Sackgasse führen. Durch die laufende Messung der Strategieumsetzung wird die Strategie ständig auf ihre Gültigkeit geprüft. Dabei werden Abweichungen ermittelt und Hinweise auf eine erforderliche Anpassung bzw. grundlegende Änderung der Strategie abgeleitet. Haben sich z.B. erwartete Ergebnisse trotz der Erreichung von Zielvorgaben nicht eingestellt, so signalisiert dies falsche Annahmen über strategische Zusammenhänge. Aufgrund dessen sind im Sinne eines strategischen Lernprozesses die Prämissen unter den veränderten Umweltbedingungen immer wieder in Frage zu stellen. Eine Änderung der Strategie erfordert zwangsläufig auch eine Anpassung der Balanced Scorecard. Der Regelkreis beginnt von neuem und die Ziele aus den verschiedenen Perspektiven werden überdacht, aktualisiert und ersetzt.

Abb. 4.2.21: Die Balanced Scorecard als strategisches Führungssystem (vgl. Kaplan/Norton, 2009, S. 191)

Strategische Änderungen erfordern auch eine Anpassung der Balanced Scorecard. Im Rahmen der strategischen Planung wären verschiedene **Ursache-Wirkungs-Modelle** denkbar, mit denen strategische Neuausrichtungen unterstützt werden können (vgl. *Kaplan/Norton*, 2001, S. 271 ff.). Voraussetzung für die rasche Anpassung der Balanced Scorecard ist eine flexible, integrierte informationstechnische Umsetzung. Business-Intelligence-Anwendungen unterstützen die Unternehmensführung bei der Analyse der einzelnen Kennzahlen. OLAP-Werkzeuge ermöglichen eine mehrdimensionale Auswertung und mit Hilfe von Data-Mining können Interdependenzen zwischen den Kennzahlen bestimmt werden (vgl. Kap. 7.3). Darüber hinaus lassen sich auch die Auswirkungen der Variation einer oder mehrerer Maßgrößen auf andere Kennzahlen simulieren. Es bietet sich an, die Balanced Scorecard in das Berichtssystem aufzunehmen. Auf diese Weise können sich Führungskräfte und Mitarbeiter (eventuell nach Zugangsrecht mit unterschiedlichen Sichten) jederzeit ein Bild über die Unternehmenssituation und die Erreichung der strategischen Ziele machen (vgl. *Schwab/Weich*, 2001, S. 159 ff.).

Business Intelligence

4 Planung und Kontrolle

Vorteile Die Balanced Scorecard stellt die strategischen Zielsetzungen und Zusammenhänge konzentriert und für alle Beteiligten leicht verständlich dar. Die Zuordnung zu unterschiedlichen Perspektiven verhindert ein einseitiges Denken bei der Aufstellung und Verfolgung der Ziele. Allerdings ist es nicht leicht, geeignete Kennzahlen zur Messung *Probleme* der strategischen Ziele zu finden. Schwierigkeiten bereitet auch das Herunterbrechen von Zielen und Maßgrößen auf nachgeordnete Ebenen bei hierarchischer Verknüpfung mehrerer Scorecards (vgl. *Gaiser/Greiner*, 2002, S. 216 ff.). Kritisiert wird an der Balanced Scorecard, dass sie abgesehen von den Kunden keinen Bezug zur Unternehmensumwelt aufweist und nicht besonders ausgewogen erscheint. Bei Betrachtung der Ursache-Wirkungsbeziehungen stehen die Interessen der Eigner im Vordergrund, während andere Stakeholder wie z. B. Mitarbeiter oder Lieferanten eher vernachlässigt werden. Deshalb wird die Erweiterung um zusätzliche Perspektiven empfohlen. Die teilweise kritisierte Einfachheit stellt auf der anderen Seite auch eine ihrer Stärken dar und ist ein Grund für ihre Verbreitung in der Unternehmenspraxis (vgl. *Grüning*, 2002, S. 29; *Klingebiel*, 1998, S. 8; *Schreyer*, 2007, S. 52).

Einführung einer BSC Wesentliche Erfolgsfaktoren für die **Einführung** einer Balanced Scorecard sind die Unterstützung durch die Unternehmensführung, der rechtzeitige Einbezug aller Beteiligten sowie ein effektives Projektmanagement (vgl. *Bourne* et al., 2003, S. 245 ff.; *Hügens*, 2008, S. 106; *Schreyer*, 2007, S. 289). Ebenso muss zuvor die Aufstellung der Strategie (vgl. Kap. 3.3) erfolgt sein, denn die Balanced Scorecard ist kein Instrument zur Strategieentwicklung. In der Praxis scheitert sie meist an einem falschen Verständnis. Wird sie lediglich als mehrdimensionales, operatives Kennzahlensystem verwendet, kann naturgemäß die Strategieumsetzung nicht unterstützt werden. In diesem Fall wird der „Kennzahlenfriedhof" nur um zusätzliche Felder erweitert (vgl. *Weber/Schäffer*, 2011, S. 384 ff.).

Merkmale strategiefokussierter Organisationen Richtig eingesetzt kann die Balanced Scorecard zu einer konsequenten Ausrichtung auf die Strategie genutzt werden. Je besser dies gelingt, umso erfolgreicher wird das Unternehmen langfristig sein (vgl. *Kaplan/Norton*, 2006, S. 3 ff.). Folgende Merkmale kennzeichnen eine solche **strategiefokussierte Organisation** (vgl. *Kaplan/Norton*, 2001, S. 8 ff.):

- **Beschreibung und Operationalisierung der Strategie:** Voraussetzung der Strategieumsetzung ist deren eindeutige und verständliche Beschreibung. Die Übersetzung der Strategie in die Balanced Scorecard und die Darstellung der Zusammenhänge in einer Strategy Map ermöglichen eine solche eindeutige und verständliche Beschreibung.

- **Gemeinsame strategische Ausrichtung dezentraler Einheiten:** In einem dezentral organisierten Unternehmen sollten Geschäfts- und Funktionsbereichsstrategien integriert sein, um Konflikte zu vermeiden und Synergien sicherzustellen. Dazu sind aus einer gemeinsamen Strategie abgeleitete und abgestimmte Teilziele für die Untereinheiten zu bilden. Dies kann durch den Aufbau dezentraler Scorecards geschehen, die aus der zentralen Scorecard des Gesamtunternehmens entwickelt werden.

- **Strategieumsetzung als Aufgabe jedes Mitarbeiters:** Eine erfolgreiche Strategierealisierung erfordert das Engagement aller Mitarbeiter. Sie sollten die Strategie verinnerlicht haben und sich in ihrer täglichen Arbeit stets fragen, ob ihre Entscheidungen und Handlungen einen Beitrag zur Erreichung der strategischen Ziele leisten. Die Strategie soll zur tagtäglichen Aufgabenstellung eines jeden Mitarbeiters werden: „Make Strategy Everyone's Everyday Job" (*Kaplan/Norton*, 2001, S. 211). Hierzu sollten die strategischen Ziele in die Zielvereinbarung und Leistungsbeurteilung der Mitarbeiter einfließen.

4.2 Strategische Planung und Kontrolle

- **Strategische Planung als kontinuierlicher Prozess:** In vielen Unternehmen wird die strategische und operative Planung voneinander getrennt, wobei Fragen der Strategieumsetzung vernachlässigt werden. Um eine strategiegerechte Ressourcenverteilung sicherzustellen, sind strategische und operative Planung miteinander zu verknüpfen. Regelmäßige Sitzungen der Unternehmensführung dienen dazu, über die Gültigkeit der Strategie und den Stand der Umsetzung zu diskutieren. Änderungen sollten umgehend in der Balanced Scorecard und den enthaltenen Zielen, Maßgrößen, Zielwerten und strategischen Aktionen berücksichtigt werden. Die Strategie entwickelt sich ständig weiter und die strategische Planung wird zu einer kontinuierlichen Aufgabe der Unternehmensführung.

- **Strategie erfordert eine Führung des Wandels:** Ein strategiefokussiertes Unternehmen benötigt Leadership, das die Mitarbeiter für Veränderungen mobilisiert (vgl. Kap. 6.3). Strategische Planung als kontinuierlicher Prozess bedeutet nicht, dass die Strategie ständig geändert werden soll. Dadurch würde die Unternehmensführung unglaubwürdig und die Mitarbeiter wären verunsichert. Die Kunst der Führung des Wandels liegt in der Gratwanderung zwischen Stabilität und Wandel (vgl. Kap. 6.4).

Abb. 4.2.22: Merkmale einer strategiefokussierten Organisation
(in Anlehnung an Kaplan/Norton, 2001, S. 9)

4.2.3 Strategische Kontrolle

Die strategische Kontrolle befasst sich mit der Frage, ob die strategischen Zielsetzungen erreicht werden konnten und ob es erforderlich ist, die Strategie anzupassen (vgl. *Müller-Stewens/Lechner*, 2011, S. 581). Aufgabe der strategischen Kontrolle ist es, im Rahmen der Strategieumsetzung auftretende Abweichungen von der strategischen Planung zu erkennen und gegebenenfalls Korrekturmaßnahmen einzuleiten. Die Erkenntnisse aus der strategischen Abweichungsanalyse ermöglichen die Verbesserung des nächsten Strategieprozesses. Zeigt eine Strategie nicht die gewünschte Wirkung, kann dies an unrealistischen Annahmen, einer fehlerhaften Strategie oder Problemen der Strategieumsetzung liegen. Daher findet die strategische Kontrolle nicht nur am Ende, sondern auch während des Strategieprozesses statt (vgl. *Hahn*, 2006, S. 452). Strategische Kontrolle begleitet somit die gesamte strategische Planung und Umsetzung (vgl. Abb. 4.2.23).

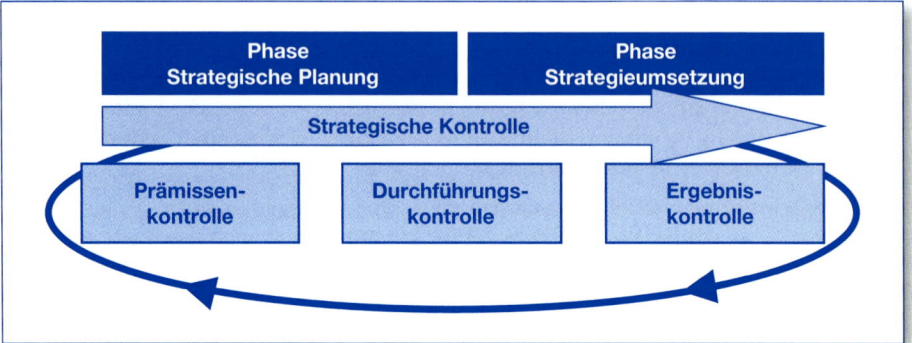

Abb. 4.2.23: Formen der strategischen Kontrolle

> **!** **Strategische Kontrolle** überprüft die strategischen Planungsprämissen, den strategischen Planungs- und Umsetzungsprozess sowie die strategischen Ergebnisse.

Es lassen sich, wie in Abb. 4.2.23 dargestellt, drei **Formen** der strategischen Kontrolle unterscheiden (vgl. *Hahn*, 2006, S. 452 ff.; *Müller-Stewens/Lechner*, 2011, S. 580 ff.):

Prämissenkontrolle
- **Prämissenkontrolle** (Wird-Ist-Vergleich) überwacht die zugrunde gelegten strategischen Annahmen und überprüft sie an der Wirklichkeit. Die Planungsprämissen sollten deshalb für die Unternehmensführung transparent sein. Während der Planung und Umsetzung der Strategien ist die Gültigkeit der Prämissen laufend zu prüfen. Beispielsweise kann eine Marktstrategie auf Annahmen über das Marktwachstum, die Inflationsrate und/oder über Konkurrentenverhalten beruhen. Neben den einzelnen Prämissen sind dabei auch die unterstellten strategischen Zusammenhänge zu prüfen. Dies umfasst die Wirkungsbeziehungen zwischen strategischen Zielen und Maßnahmen, die z. B. in einer Strategy Map dargestellt sind. Dadurch lässt sich feststellen, ob die Ziele einer Strategie noch realistisch sind. Beispielsweise kann sich herausstellen, dass eine Zielvorgabe in einem Geschäftsfeld nicht mehr erfüllt werden kann oder der Zeitraum zu deren Erreichung unrealistisch ist. Hierzu werden Prognosen und Früherkennungssysteme eingesetzt (vgl. Kap. 7.2.2.1).

Durchführungskontrolle
- **Durchführungskontrolle** (Soll-Wird-Vergleich) überprüft den Prozess der Strategieumsetzung. Es soll insbesondere die Konsistenz der strategischen Planung sichergestellt werden. Hierfür wird formal auf den logischen Aufbau, die Verwendung geeigneter Methoden und die Vollständigkeit der Informationsgrundlagen geachtet. Die materielle Konsistenzkontrolle beschäftigt sich mit der inhaltlichen Widerspruchsfreiheit der strategischen Pläne. Untersucht werden folgende Aspekte:
    - **Prinzipienkontrolle**: Werden die Planungsgrundsätze eingehalten?
    - **Verfahrenskontrolle**: Werden die eingesetzten Methoden korrekt angewendet?
    - **Ablaufkontrolle**: Wird der Strategieprozess ordnungsgemäß durchgeführt?
    - **Verhaltenskontrolle**: Sind die richtigen Personen mit der Planung betraut?

4.2 Strategische Planung und Kontrolle

- **Ergebniskontrolle** (Soll-Ist-Vergleich) erfasst Abweichungen zwischen den erreichten Ergebnissen und den strategischen Zielen. Sie wird nicht nur am Ende, sondern bereits während der Strategieumsetzung durchgeführt. Hierfür werden Meilensteine mit festgelegten Zwischenergebnissen definiert, an denen Kontrollen durchgeführt werden. Durch diese Planfortschrittskontrolle werden Abweichungen vom gewählten strategischen Kurs aufgezeigt. Daraus können sowohl Gegensteuerungsmaßnahmen als auch die Anpassung der strategischen Ziele folgen.

Ergebniskontrolle

Die strategische Kontrolle sollte in das Performance Measurement System des Unternehmens integriert werden (vgl. Kap. 7.2.3.3). Häufig kommt dabei die Balanced Scorecard zum Einsatz. Alternativ kann die strategische Kontrolle auch mit Hilfe strukturierter Fragenkataloge durchgeführt werden. Ein Beispiel dazu zeigt Abb. 4.2.24.

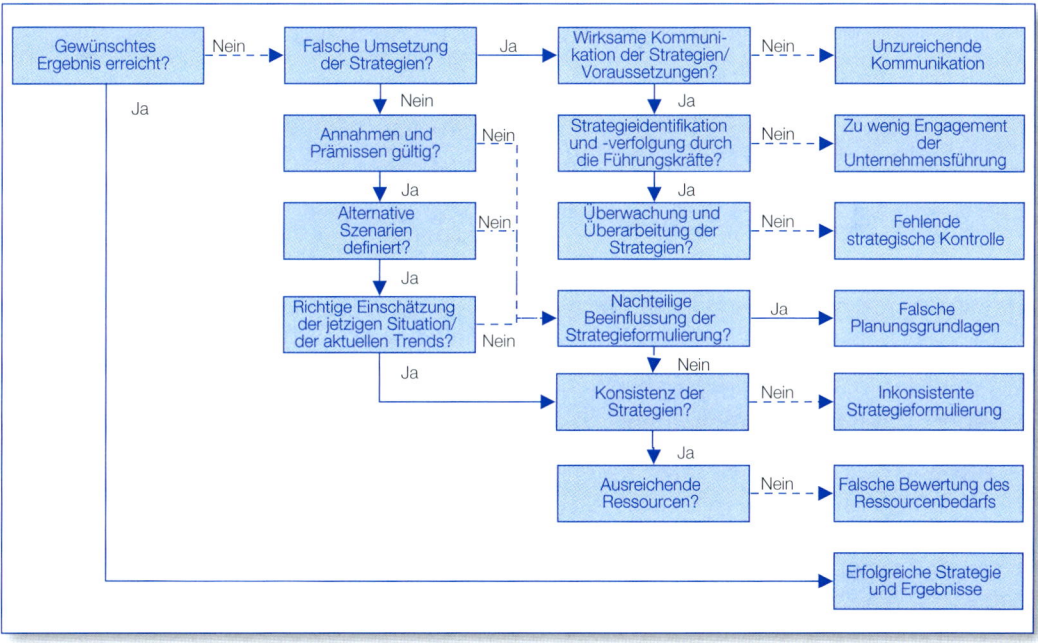

Abb. 4.2.24: Fragenkatalog zur strategischen Kontrolle (vgl. Wheelen/Hunger, 2010, S. 264)

Die strategische Kontrolle ist eine begleitende Phase zur Überwachung des Planungsprozesses (vgl. *Alter*, 2011, S. 350). Dabei stehen die Strategieprämissen, -konsistenz und -umsetzung im Vordergrund. Ein **strategisches Controlling** kann diese prozessbegleitende Kontrollfunktion als Führungsunterstützungsfunktion übernehmen. Eine solche Arbeitsteilung ist zweckmäßig, da die Führung selbst maßgeblich an den Inhalten der Strategie beteiligt sein sollte und daher eine unabhängig Kontrollfunktion nicht gewährleistet werden kann. Als Ergebnis der strategischen Kontrolle sind Abweichungen von der Strategie und deren Ursachen zu bestimmen, Vorschläge für eventuell erforderliche Maßnahmen zu erarbeiten und notwendige Anpassungen zu initiieren.

Strategisches Controlling

Management Summary

- Die strategische Planung und Kontrolle beschreibt den Prozess der Aufstellung, Umsetzung und Kontrolle der Strategie.
- Nach dem präskriptiven Verständnis lässt sich die Strategieentwicklung planen und der Strategieprozess ist eine systematische Abfolge von Teilschritten. Deskriptive Ansätze werden durch empirische Beobachtung konkreter strategischer Planungsprozesse aufgestellt und beschreiben, wie Strategien tatsächlich zustande kommen.
- In einem idealtypischen Prozess der Strategieentwicklung werden Ziele gebildet, strategische Analysen durchgeführt, Strategien bewertet, formuliert, umgesetzt und der strategischen Kontrolle unterworfen.
- Die Strategieformulierung umfasst die Bewertung und Auswahl der Strategiealternativen.
- Strategieumsetzung bedeutet die Bestimmung und Ausführung operativer Maßnahmen zur Erreichung der strategischen Ziele und damit zur Realisation der Strategie
- Mit Hilfe der Balanced Scorecard können Strategien wirkungsvoll umgesetzt werden. Sie unterstützt die Operationalisierung der Strategie und beschreibt durch eine Strategy Map die strategisch relevanten Ursache-Wirkungsketten. Auf diese Weise richtet sie das gesamte Unternehmen auf die Strategie im Sinne einer strategiefokussierten Organisation aus.
- Strategische Kontrolle überprüft die strategischen Planungsprämissen, den strategischen Planungs- und Umsetzungsprozess sowie die strategischen Ergebnisse.

Literaturempfehlungen

Hungenberg, H.: Strategisches Management im Unternehmen, 6. Aufl., Wiesbaden 2011.

Kaplan, R./Norton, D.: Balanced Scorecard, Stuttgart 1997; Die strategiefokussierte Organisation, Stuttgart 2001; Strategy Maps, Stuttgart 2004; Alignment, Stuttgart 2006.

Müller-Stewens, G./Lechner, C.: Strategisches Management, 4. Aufl., Stuttgart 2011.

Welge, M.K./Al-Laham, A.; Strategisches Management: Grundlagen – Prozess – Implementierung, 6. Aufl., Wiesbaden 2012.

4.3 Operative Planung und Kontrolle

> **Leitfragen**
>
> - Wozu dient die operative Planung und Kontrolle?
> - Was ist Budgetierung und wie wird sie durchgeführt?
> - Wie wird das Verhalten der Mitarbeiter durch die Budgetierung beeinflusst?
> - Welche Probleme und Lösungsansätze gibt es?

Während die strategische Planung und Kontrolle die Sicherung bestehender und die Schaffung neuer Erfolgspotenziale zur Aufgabe hat, soll die operative Planung und Kontrolle für die bestmögliche Nutzung der bestehenden Erfolgspotenziale eines Unternehmens sorgen. Sie verfügt über einen hohen Detaillierungsgrad und weist meist einen kurzfristigen Planungshorizont auf. *Aufgaben*

In der Praxis erfolgt die Planung des folgenden Geschäftsjahres meist detailliert auf Monats- oder Quartalsbasis. Diese wird i.d.R. um ein oder zwei grob geplante Folgejahre auf Quartals- oder Jahresbasis ergänzt (vgl. Kap. 4.1.5.4.4). Im Vordergrund der operativen Planung und Kontrolle steht die Effizienz der ausführenden Tätigkeiten. Von besonderer Bedeutung ist dabei die in Kapitel 4.1.4.3 vorgenommene Unterscheidung nach den Zieldimensionen in die sachzielorientierte Planung und Kontrolle (Aktionsplanung und -kontrolle) und die wertzielorientierte Planung und Kontrolle (Budgetierung). Die Stellung operativer Planung und Kontrolle im System der Unternehmensführung zeigt Abb. 4.3.1. *Formen*

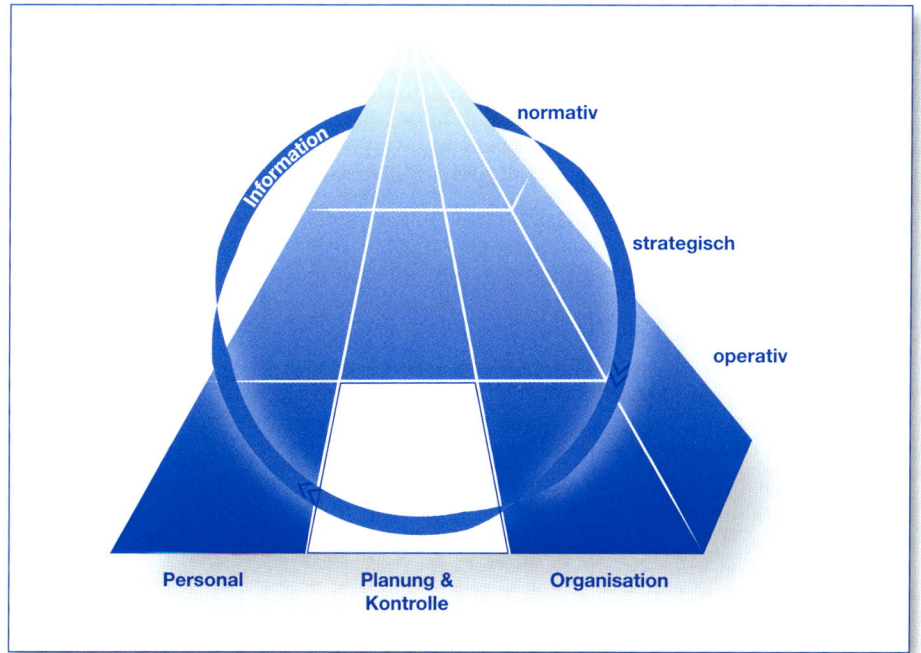

Abb. 4.3.1: Operative Planung und Kontrolle im System der Unternehmensführung

4.3.1 Aktionsplanung und -kontrolle

> ❗ Die **Aktionsplanung und -kontrolle** beinhaltet die detaillierte Festlegung zukünftiger Aktivitäten und der dabei eingesetzten Personen, Verfahren, Objekte und Gegenstände. Sie bestimmt, wer, was, wann, wie, womit und wo tun soll, um angestrebte Sachziele zu erreichen.

Sachzielorientierte PuK

Ist ein solches Sachziel z. B. die Entwicklung eines neuen Produktes, dann umfasst die Aktionsplanung u. a. die beteiligten Ingenieure, die Produktspezifikation, die Entwicklungsdauer, die eingesetzten Verfahren, Technologien und Systeme. Im Rahmen der Aktionskontrolle wird dann geprüft, ob das Sachziel realisiert wurde. Im Beispiel wäre das die termingerechte Entwicklung des Produktes mit den gewünschten Eigenschaften. Die Aktionsplanung schränkt somit den Entscheidungsspielraum der ausführenden Einheiten erheblich ein. Dieser besteht lediglich darin, die zu realisierenden Alternativen stärker zu detaillieren. Sie bezieht sich häufig auf die einzelnen Mitarbeiter, beispielsweise einen Mechaniker am Fließband, der genaue Anweisungen für die Herstellung eines Produkts zu befolgen hat (vgl. *Mintzberg*, 1992, S. 12 ff.).

Einer zentral durchgeführten Aktionsplanung und -kontrolle sind deshalb auf der operativen Ebene enge Grenzen gesetzt. Gründe hierfür sind die Vielzahl an durchzuführenden Aktionen, unvorhergesehene Ereignisse bei der Planausführung sowie die demotivierende Wirkung detaillierter Vorgaben und geringer Autonomie. Aus diesem Grund dominiert auf der operativen Ebene die wertzielorientierte Planung und Kontrolle. Für die Verbindung zwischen strategischer und operativer Planung ist dies jedoch häufig problematisch.

Zusammenhang mit der Budgetierung

Mit der Aktionsplanung und -kontrolle eng verbunden ist die **Budgetierung**. Auf der einen Seite lassen sich wertmäßige Ziele nur durch entsprechende Maßnahmen realisieren, auf der anderen Seite resultieren monetäre Ergebnisse aus den durchgeführten Maßnahmen. Aktionspläne und Budgets müssen deshalb grundsätzlich miteinander vereinbar und aufeinander abgestimmt sein (vgl. *Küpper*, 2008, S. 360 ff.). Die bestehenden Kopplungsmöglichkeiten wurden in Kapitel 4.1.4.3 dargestellt.

Aktionsplanung

Den Zusammenhang zwischen sach- und wertzielorientierter Planung in Industrieunternehmen zeigt Abb. 4.3.2. Den Ausgangspunkt der **Aktionsplanung** bildet dabei in aller Regel die Absatzplanung als Engpass des Unternehmens. Die Festlegung des Leistungsprogramms geschieht meist auf Basis von Marktforschungsergebnissen und Erfahrungswerten. Die Absatzplanung bestimmt die Planung des Produktionsprogramms, bei dem festgelegt wird, welche Produkte in welchen Mengen hergestellt werden sollen. In welcher Form diese Produktion stattfindet, wird in der Produktionsablaufplanung bestimmt. Ausgangspunkt hierfür sind Arbeitsgangpläne, die für jedes Produkt detailliert die einzelnen Arbeitsschritte, Bearbeitungszeiten sowie die eingesetzten Werkzeuge und Maschinen beschreiben. Im Rahmen der Produktionsablaufplanung wird festgelegt, wie die Herstellung des Produktionsprogramms optimal auf die bestehenden Kapazitäten verteilt wird. Daraus leitet sich die Planung der Beschaffung und Bereitstellung von Betriebsmitteln, Personal sowie Material und Vorprodukten ab. Ein wichtiges Hilfsmittel sind dabei Stücklisten, die für jedes einzelne Produkt beschreiben, welche Materialien und Bauteile in das Produkt eingehen. Darüber hinaus werden im Rahmen der Aktionsplanung auch die Tätigkeiten in administrativen und dispositiven Bereichen wie beispielsweise dem Marketing, der Personalabteilung oder dem Rechnungswesen geplant. Dies lässt sich jedoch nicht ohne weiteres analytisch aus der Absatzplanung ableiten. Deshalb weist die Planung dieser indirekten Bereiche einen wesentlich geringeren Detaillierungsgrad auf (vgl. *Weber/Schäffer*, 2011, S. 283 ff.).

Im Rahmen der **Aktionskontrolle** wird ermittelt, ob die in der Aktionsplanung festgelegten Zielsetzungen hinsichtlich Terminen, Leistungsmengen, Qualitätsanforderungen sowie der Zufriedenheit der Anspruchsgruppen (Kunden, Lieferanten, Mitarbeiter etc.) erreicht wurden. Die Zielerreichung ist jedoch aufgrund der teilweise unzureichenden Quantifizierbarkeit qualitativer Ziele nicht immer eindeutig feststellbar. Im operativen Bereich dominiert deshalb die wertzielorientierte Planung und Kontrolle, welche im Folgenden ausführlich dargestellt wird.

Aktionskontrolle

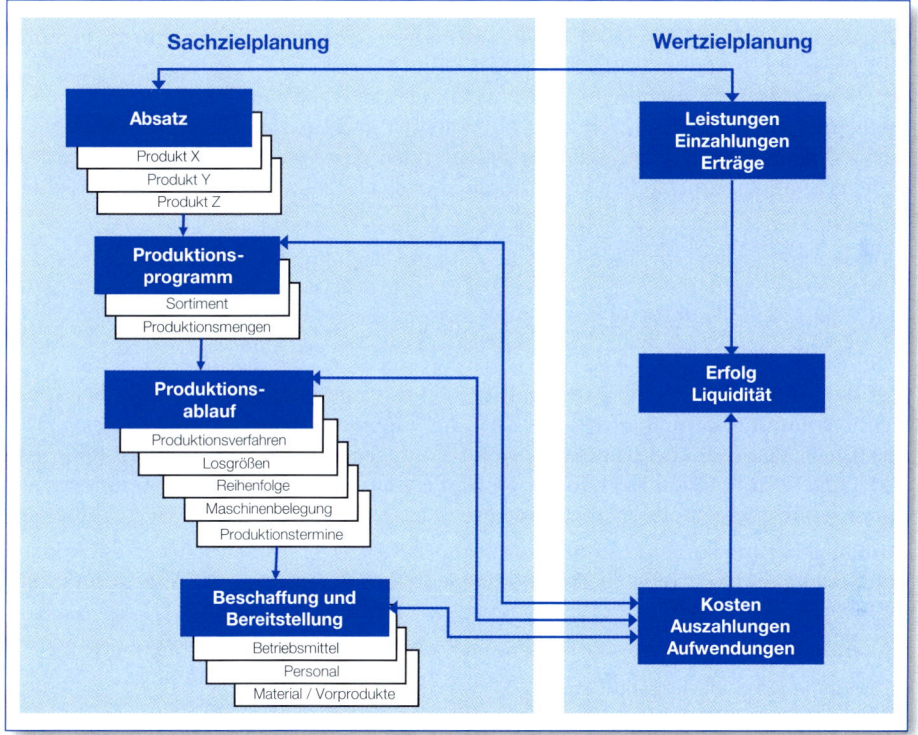

Abb. 4.3.2: Zusammenhang zwischen sach- und wertzielorientierter Planung
(in Anlehnung an Weber/Schäffer, 2011, S. 284)

4.3.2 Budgetierung

4.3.2.1 Gegenstand und Merkmale

Im Gegensatz zur Aktionsplanung und -kontrolle legt die Budgetierung nicht die Maßnahmen, sondern die hierfür zur Verfügung stehenden finanziellen Ressourcen bzw. die zu erreichenden monetären Ergebnisse fest. Auf welche Art und Weise diese wertmäßigen Ziele erreicht werden, bleibt den Entscheidungsträgern dabei weitgehend selbst überlassen. Die Budgetierung setzt somit nicht an den Handlungen, sondern an deren

Konsequenzen an. Sie gibt einen **Rahmen** vor, innerhalb dessen die Verantwortlichen mehr oder weniger frei entscheiden können (vgl. *Dambrowski*, 1986, S. 23 ff.; *Horváth*, 2011, S. 171 f.; *Küpper*, 2008, S. 360 ff.). Diese **Entscheidungs- und Handlungsspielräume** bewirken grundsätzlich eine höhere Motivation, Eigeninitiative und Leistungsbereitschaft sowie schnellere Reaktionen auf kurzfristige Veränderungen. Darüber hinaus sinkt gegenüber der Aktionsplanung der Planungs- und Kontrollaufwand, da weniger Größen geplant und kontrolliert werden müssen. Die Verantwortlichen werden zum Nachdenken über die zukünftig erzielbaren Erfolge angeregt und somit gehen mehr Erfahrung und Wissen in den Planungsprozess und in die Entscheidungen ein. Zudem wird die Kommunikation und Abstimmung zwischen den Bereichen während der Budgetaufstellung gefördert. Auf diese Weise lassen sich Probleme oder Engpässe frühzeitig erkennen und beseitigen. Budgets dienen häufig auch zur personenbezogenen Kontrolle und Leistungsbeurteilung (vgl. *Rieg*, 2001, S. 572). Die Budgetierung ermöglicht somit die Planung und Kontrolle „undurchsichtiger" und schwer zu beurteilender organisatorischer Bereiche. Beispiele sind Forschung und Entwicklung oder die Rechtsabteilung. Eine exakte Festlegung der durchzuführenden Aktivitäten ist in diesen Bereichen kaum möglich, da die Unternehmensführung die dort ablaufenden Prozesse zu wenig kennt, sich diese laufend verändern und zudem hohe Unsicherheiten bestehen (vgl. *Küpper*, 2008, S. 360 ff.).

> Die **Budgetierung** umfasst die Vorgabe, Konkretisierung und Kontrolle wertmäßiger Ergebnisse. Sie bezieht sich auf die monetären Auswirkungen geplanter Handlungen und dient der Erreichung wertorientierter Ziele.

Auf der strategischen Ebene beschränkt sich die Budgetierung wegen hoher Unsicherheiten und eher qualitativer Ziele auf die Vorgabe globaler Rahmenwerte. Bei der operativen Planung und Kontrolle nimmt sie dagegen eine dominierende Rolle ein. Die Budgetierung bezieht sich in der Regel nicht auf einzelne Mitarbeiter, sondern auf organisatorische Verantwortungsbereiche.

Der Budgetierung kommen grundsätzlich alle in Kapitel 4.1.2 beschriebenen Funktionen der Planung und Kontrolle zu. Wesentliche **Aufgaben** der operativen Budgetierung sind (vgl. *Michel*, 1991, S. 81):

- Verbindliche Festlegung der monetären Ziele für die nächste Geschäftsperiode,
- Vorgabe von Leistungsmaßstäben,
- Koordination der verschiedenen Teilbereiche und
- Prognose der finanziellen Situation und Ergebnisse des Unternehmens.

Die Budgetierung ist somit eine **multifunktionale Mischung** aus Prognose, Zielsetzung, Leistungsmessung und Koordination.

4.3.2.2 Budget

Der Budgetbegriff wird in Theorie und Praxis nicht einheitlich verwendet. Ursprünglich wurde er für die Erstellung öffentlicher Haushalte gebraucht und bezeichnet dabei die Gegenüberstellung von Einnahmen und Ausgaben im Sinne eines Finanzplans oder Etats. Eine daran angelehnte betriebswirtschaftliche Auslegung versteht unter einem Budget die Zuordnung finanzieller Ressourcen zu bestimmten organisatorischen Bereichen (vgl. z. B. *Szyperski/Winand*, 1980, S. 22). Zur Erfüllung der genannten Funktionen der Budgetierung ist diese Begriffsauffassung jedoch zu eng. Eine Gleichsetzung von Budget

4.3 Operative Planung und Kontrolle

und Plan ist ebenfalls nicht sinnvoll, denn die Planung umfasst nicht nur die finanziellen Ziele des Unternehmens. Als Ausdruck und Ergebnis der wertzielorientierten Planung und Kontrolle wird das Budget deshalb wie folgt definiert (vgl. *Dambrowski*, 1986, S. 23 ff.; *Horváth*, 2011, S. 201 f.; *Wild*, 1974, S. 325):

> Ein **Budget** ist ein in wertmäßigen Größen formulierter und wertzielorientierter Plan, der einem Verantwortungsbereich für einen gewissen Zeitraum verbindlich vorgegeben wird.

Merkmale von Budgets sind (vgl. *Horváth*, 2011, S. 204; *Michel*, 1991, S. 81):

Budgetmerkmale

- **Verantwortungsbereich:** Horizontal lassen sich Budgets nach Funktionen, Prozessen, Produkten, Regionen, Projekten und vertikal nach hierarchischen Ebenen differenzieren.
- **Geltungsdauer** z. B. Monats-, Quartals-, Jahres- oder Mehrjahresbudgets.
- **Wertdimension** z. B. Ausgaben-, Kosten- oder Deckungsbeitragsbudgets.
- **Verbindlichkeitsgrad:** Es existieren sowohl starre Budgets mit einer fixen Ober- bzw. Untergrenze als auch flexible Budgets, bei denen sich die Zielgrößen an bestimmte Veränderungen wie z. B. die Kapazitätsauslastung automatisch anpassen. Verbindlichkeit bedeutet einerseits, dass die Budgetverantwortlichen die Zielvorgaben der operativen Teilpläne akzeptieren und andererseits, dass für die Unternehmensführung die Erreichung der budgetierten Ziele zufriedenstellend ist.

Budgets bleiben nach dieser Definition **auf wertmäßige Größen beschränkt**; mengenbezogene Größen sind somit nicht Bestandteil eines Budgets (vgl. *Jung*, 1985, S. 25). Mengen und Zeiten werden zwar für die Aufstellung der Budgets herangezogen, aber nicht bei der Budgetierung, sondern im Rahmen der Aktionsplanung ermittelt (vgl. *Greiner*, 2004, S. 58).

Wertorientierung

Budgetangaben können sowohl inputbezogen den **Ressourceneinsatz** (in Form von Auszahlungen, Aufwand oder Kosten) als auch outputbezogen die zu erzielenden **wertmäßigen Ergebnisse** umfassen. Beispiele hierfür sind der Wert der hergestellten Produkte, Umsatz oder Gewinn. Eine Beschränkung auf den Ressourceneinsatz ist nur dann sinnvoll, wenn die Ergebnisse nicht wertmäßig erfasst werden können. Beispielsweise für eine Marketingmaßnahme zur Verbesserung der Kundenzufriedenheit oder für die betriebliche Rechtsabteilung. In diesen Fällen sollte das Budget jedoch im Rahmen der Aktionsplanung durch qualitative Angaben ergänzt werden (vgl. *Dambrowski*, 1986, S. 34 f.; *Wild*, 1974, S. 326).

4.3.2.3 Budgetierungssystem

> Das **Budgetierungssystem** ist der Teil des Planungs- und Kontrollsystems, in dem die wertzielorientierte Planung und Kontrolle stattfindet (vgl. *Horváth*, 2011, S. 205 f.).

Das Budgetierungssystem hat großen Einfluss auf die Erfüllung der Budgetierungsfunktionen. Nach der Einteilung in Kapitel 4.1.5.1 kann das Budgetierungssystem aus **drei Blickrichtungen** beschrieben werden (vgl. *Dambrowski*, 1986, S. 22; *Horváth*, 2011, S. 207):

4 Planung und Kontrolle

Funktional, institutional, instrumental

- **Funktional** betrachtet geht es um die Bestimmung der **Budgetierungsaktivitäten** und die Frage, welche **Budgets** erstellt werden sollen und wie diese zueinander in Beziehung stehen (**Budgetsystem**).

- **Institutional** gesehen wird bestimmt, welche Personen bzw. Stellen in welcher Form an der Budgetierung mitwirken (**Budgetierungsorgane**) und in welcher zeitlichen und sachlichen Reihenfolge die Budgetierungsaktivitäten durchzuführen sind (**Budgetierungsprozess**).

- **Instrumental** ist zu klären, welche methodischen und informationstechnischen Hilfsmittel bei der Budgetierung eingesetzt werden.

Die einzelnen Aspekte des Budgetierungssystems werden im Folgenden dargestellt, wobei die Budgetierungsaktivitäten im Rahmen des Budgetierungsprozesses erläutert werden.

4.3.2.3.1 Budgetsystem

> Das **Budgetsystem** ist die geordnete Gesamtheit aufeinander abgestimmter Teilbudgets, die untereinander in Beziehung stehen (vgl. *Dambrowski*, 1986, S. 20 ff.; *Horváth*, 2011, S. 205 f.).

Bestandteile

Es besteht aus unterschiedlichen, sich gegenseitig ergänzenden **Teilbudgets** sowie den zusammenfassenden **Ergebnisbudgets**. Ein wesentliches Unterscheidungsmerkmal sind die Funktionsbereiche des Unternehmens. Häufige Teilbudgets sind z. B. Umsatz-, Produktions-, Beschaffungs-, Verwaltungs-, F&E- oder Vertriebsbudget. Diese können wiederum weiter unterteilt werden. So wird z. B. das Umsatzbudget nach den einzelnen Produkten, Kunden oder Regionen differenziert. Ist ein Unternehmen in mehrere Geschäftsbereiche oder rechtliche Einheiten gegliedert, so verfügen diese in aller Regel über eigene Budgetsysteme, die zu einem Gesamtbudgetsystem konsolidiert werden. Budgets unterschiedlicher Fristigkeiten sind meist zeitlich geschachtelt.

Ergebnisbudgets

Die Verdichtung der Teilbudgets erfolgt in drei integrierte **Ergebnisbudgets**:

- **Finanzbudget:** Gegenüberstellung der sich aus den Teilbudgets ergebenden Ein- und Auszahlungen der Planperiode. Das Finanzbudget ist ein wichtiges Hilfsmittel zur Sicherstellung der Liquidität.

- **Budgetierte Erfolgsrechnung / Plan-GuV:** Gegenüberstellung der sich aus den Teilbudgets ergebenden geplanten Aufwendungen und Erträge der Periode zur Bestimmung des zu erwartenden Periodenerfolgs.

- **Budgetierte Bilanz / Planbilanz:** Zusammenfassende Darstellung der Auswirkungen aller Teilbudgets sowie des Finanzbudgets und der Plan-GuV auf die Bilanzpositionen des Unternehmens. Die Planbilanz bildet den Abschluss der Budgeterstellung.

Um das kurzfristige Betriebsergebnis zu bestimmen, wird der Plan-GuV meist eine budgetierte Betriebsergebnisrechnung vorgeschaltet. Darin werden die in den Teilbudgets enthaltenen Kosten und Leistungen gegenübergestellt. Finanzbudget bzw. Plan-GuV geben häufig Anlass zur Überarbeitung der Teilbudgets, um die Liquidität sicherzustellen bzw. den erwarteten Periodenerfolg zu verbessern. Maßnahmen hierzu können z. B. die Senkung der Auszahlungen durch Verschiebung von Investitionen sowie die Erhöhung der Einzahlungen und Erlöse durch anspruchsvollere Umsatzziele sein. Überarbeitungen und Anpassungen der Teilbudgets werden solange vorgenommen,

4.3 Operative Planung und Kontrolle

bis Periodenerfolg und Liquidität als zufriedenstellend bzw. nicht weiter optimierbar angesehen werden. Dieser iterative Prozess wird als **"Budgetknetphase"** bezeichnet (vgl. Kap. 4.3.2.3.2). Die Planbilanz liefert an sich keine neuen Erkenntnisse, ermöglicht jedoch die Analyse der zu erwartenden Vermögens- und Kapitalstruktur und ist z. B. für Banken oder Investoren interessant.

Budgetknetprozess

Da die Budgetierung überwiegend sukzessiv vorgenommen wird, bestimmt der Aufbau des Budgetsystems auch die **Reihenfolge** der Erstellung der Teilbudgets. Nach dem in Kapitel 4.1.5.4.2 erläuterten Ausgleichsgesetz der Planung stellt auch bei der Budgetierung der Engpassbereich den Ausgangspunkt der Budgeterstellung dar. Da dies in aller Regel die zu einem bestimmten Preis absetzbaren Produkte sind, beginnt die Budgetierung meist mit dem Umsatzbudget. Daraus wird dann das Budget für Produktion und Beschaffung sowie für die indirekten Bereiche und Investitionen abgeleitet.

Sukzessive Erstellung

Beim Entwurf des Budgetsystems ist darauf zu achten, dass jedes Teilbudget eindeutig in die **Verantwortung** einer bestimmten Person fällt. Aus diesem Grund leitet sich die Struktur des Budgetsystems häufig aus der Organisationsstruktur des Unternehmens ab. Die Geschlossenheit des Budgetsystems ist erforderlich, um die Teilbudgets zu Ergebnisbudgets konsolidieren zu können. Die Gliederungstiefe der Teilbudgets ist unternehmensspezifisch. In Industrieunternehmen wird z. B. das Produktionsbudget häufig nach Produktionsstufen unterteilt (vgl. *Weber/Schäffer*, 2011, S. 285 ff.).

Verantwortlichkeiten

Ein einfaches Beispiel für ein Budgetsystem zeigt Abb. 4.3.3. Darin sind auch die weitere Unterteilung der Teilbudgets sowie die Verdichtung zum Finanzbudget, zur Plan-GuV und zur Planbilanz zu erkennen. Am Ende des Kapitels 4.3.2 werden das Budgetsystem und die Budgeterstellung anhand eines konkreten Zahlenbeispiels eingehend erläutert.

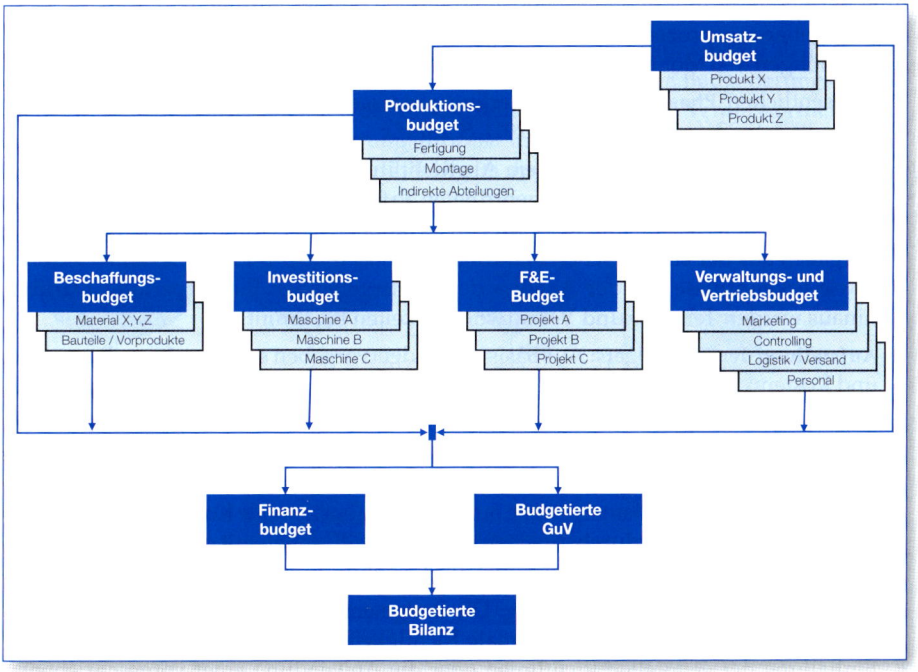

Abb. 4.3.3: Beispielhafter Aufbau eines Budgetsystems (in Anlehnung an Dambrowski, 1986, S. 34)

4 Planung und Kontrolle

des Verkaufspreises zu 15,– € und 12,– € verkauft. Beide Tische haben einen Röhrenstahlrahmen, auf dem die Tischplatte aufliegt und aus dem auch die Tischbeine geformt sind. Die Oberteile bestehen aus einer mit Vinyl bezogenen Sperrholzplatte. Das Modell Luxus ist etwas höher und hat eine etwas größere Tischplatte als das Modell Standard. Beide Modelle verursachen in der Herstellung und in der Verwaltung in etwa den gleichen Zeitaufwand.

Die Budgetierung findet im Herbst eines jeden Jahres in einem Gegenstromverfahren mit Top-down-Eröffnung statt. *Erwin Eder*, Inhaber und Geschäftsführer des Unternehmens, teilt Anfang September den Leitern der Bereiche Beschaffung, Produktion, Vertrieb und Verwaltung die generellen Zielsetzungen bezüglich Umsatzentwicklung, Umsatzrentabilität und Marktanteil mit. Im Anschluss erstellen die Bereichsleiter bis Mitte Oktober die Budgets für ihre jeweiligen Verantwortungsbereiche. Dies erfolgt in enger Abstimmung mit *Paul-Uwe Mukl*, dem Controller des Unternehmens. Er koordiniert auch den gesamten Budgetierungsprozess. Die Budgets werden durch Herrn *Mukl* verdichtet und mit Herrn *Eder* besprochen. Danach werden je nach Bedarf erforderliche Verbesserungen mit den Bereichsleitern diskutiert und nach Abschluss dieser „Budgetknetphase" wird das Budget Mitte November verabschiedet. Es stellt den verbindlichen wertzielorientierten Plan für das nächste Geschäftsjahr und die Basis für die Leistungsbeurteilung der Bereichs- und Abteilungsleiter nach Ablauf des Geschäftsjahres dar. Das **Budgetsystem** in Abb. 4.3.8 veranschaulicht den Zusammenhang der Teilbudgets. Die Budgeterstellung wird nun Schritt für Schritt dargestellt.

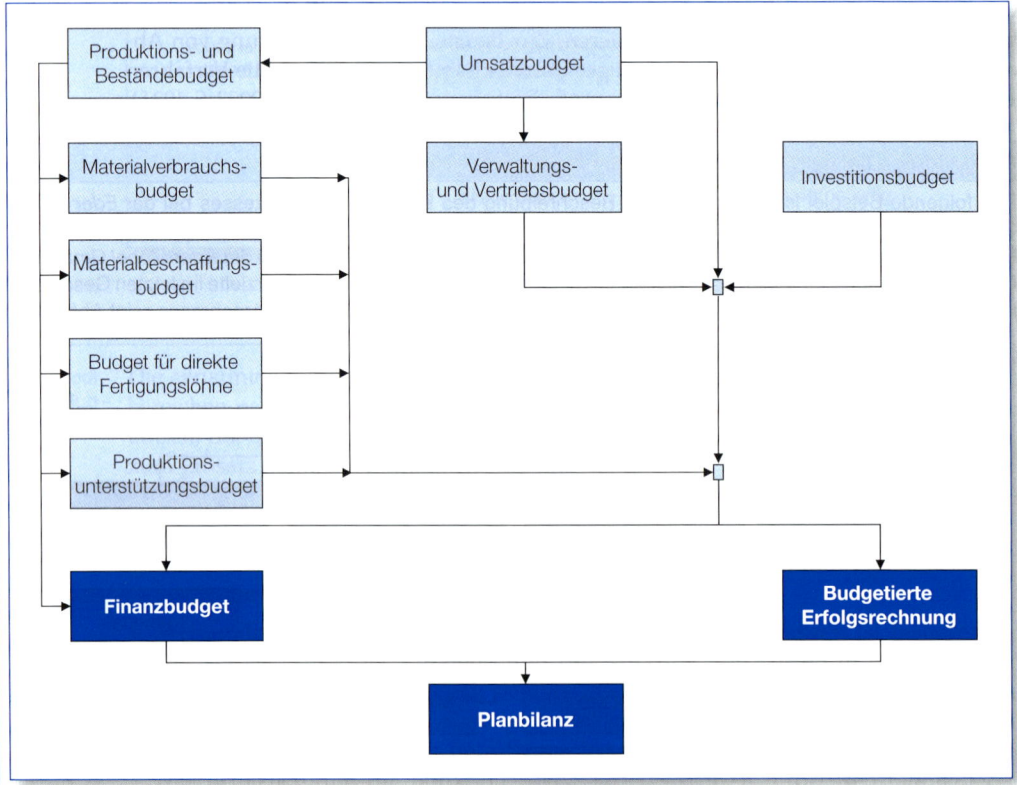

Abb. 4.3.8: Das Budgetsystem der Eder Möbel GmbH

Wie in Abb. 4.3.8 zu sehen, bildet auch bei der *Eder Möbel GmbH* das **Umsatzbudget** den Ausgangspunkt für die Budgeterstellung. Es ist, wie in Tab. 1 (Abb. 4.3.9) dargestellt, nach den beiden Vertriebsregionen Nord- und Süddeutschland, den Produkten sowie den zu budgetierenden Monaten unterteilt. Im Umsatzbudget werden der Absatz der Produkte sowie der dabei zu erzielende Preis in den einzelnen Monaten und Vertriebsregionen geplant. Preisunterschiede in den Vertriebsregionen und Preisänderungen in den einzelnen Monaten sind in

4.3 Operative Planung und Kontrolle

der Praxis keine Seltenheit, werden aber hier aus Vereinfachungsgründen vernachlässigt. Die Umsatzzahlen der einzelnen Monate werden zum Quartalsumsatz verdichtet. Auf diese Weise ergibt sich ein geplanter Umsatz für das erste Quartal in Höhe von 11.250.000 €.

Umsatzbudget
(1. Quartal) — Eder Möbel GmbH

Region	Produkte	Stückpreis (Euro)	Januar Absatz (TStück)	Januar Umsatz (TEuro)	Februar Absatz (TStück)	Februar Umsatz (TEuro)	März Absatz (TStück)	März Umsatz (TEuro)	1. Quartal Absatz (TStück)	1. Quartal Umsatz (TEuro)
Norden										
	Luxus	15,00	60	900	60	900	50	750	170	2.550
	Standard	12,00	100	1200	100	1200	110	1320	310	3.720
	Gesamt									**6.270**
Süden										
	Luxus	15,00	40	600	50	750	50	750	140	2.100
	Standard	12,00	80	960	80	960	80	960	240	2.880
	Gesamt									**4.980**
Deutschland										
	Luxus	15,00	100	1500	110	1650	100	1500	310	4.650
	Standard	12,00	180	2160	180	2160	190	2280	550	6.600
Umsatz für GuV- und Finanzbudget										**11.250**

geplante Absatzzahlen für **April** in TStück
(notwendig für das Produktionsbudget):

Region	Luxus	Standard
Norden	60	100
Süden	40	80
Summe	**100**	**180**

Abb. 4.3.9: Umsatzbudget der Eder Möbel GmbH (Tab. 1)

Zeitgleich zur Budgeterstellung erfolgt die **Planung und Kalkulation der Herstellkosten**. Die Ergebnisse gehen beispielsweise in die Preisfindung, Bestandsbewertung oder die betriebliche Erfolgsrechnung ein. Bei der *Eder Möbel GmbH* wird in den Abteilungen Fertigung und Montage eine Vollkostenkalkulation durchgeführt.

Wie in Abb. 4.3.10 dargestellt, werden die anfallenden Lohnkosten auf Basis der direkten Arbeitsstunden (DAS) kalkuliert. Dies ist die geplante Arbeitszeit in den Abteilungen Fertigung und Montage. Die direkten Arbeitsstunden sind auch die Verteilungsbasis für die **Produktionsgemeinkosten**. Der Produktionsgemeinkostensatz beträgt 60 €/DAS. Berechnet wird er durch Division des Produktionsunterstützungsbudgets durch die direkten Arbeitsstunden. Die Aufstellung des Produktionsunterstützungsbudgets (Tab. 6) wird später noch dargestellt.

In der **Abteilung Fertigung** werden die Stahlrohre gebogen und verschweißt sowie die Sperrholzplatten gesägt. Das Modell Luxus benötigt 10 m Stahlrohr sowie 1,2 m² Sperrholzplatte und das Modell Standard 9 m Stahlrohr und 0,9 m² Sperrholzplatte. Multipliziert mit dem Einstandspreis von 0,20 €/m Stahlrohr bzw. 1 €/m² Sperrholzplatte ergeben sich Materialkosten von 3,20 € (Luxus) bzw. 2,70 € (Standard). Da die Fertigung weitgehend automatisiert ist, fallen hierfür pro Tisch nur ca. 36 Sekunden bzw. 0,01 direkte Arbeitsstunden an. Der Stundensatz je Mitarbeiter in der Fertigung einschließlich Lohnnebenkosten beträgt 60 €/DAS. Daraus ergeben sich 0,6 € Lohnkosten pro Stück. Der Werkgemeinkostensatz beträgt (zufälligerweise) ebenfalls 60 €/DAS. Die Werkgemeinkosten werden auf Basis der direkten Arbeitsstunden verteilt, woraus sich Werkgemeinkosten von 0,6 €/Stück ergeben. Somit betragen die Herstellkosten pro Stück in der Abteilung Fertigung 4,40 € (Luxus) bzw. 3,90 € (Standard).

In der **Abteilung Montage** wird die Sperrholzplatte mit einer Vinyloberfläche überzogen und der Stahlrohrrahmen mit der Tischplatte verschraubt. Die erforderlichen Materialien werden von einem Lieferanten als Montagesatz zum Preis von 1,- € geliefert. Addiert man hierzu die Kosten für die Vinyloberfläche von 0,5 €/m² ergeben sich daraus die Materialkosten von 1,60 € (Luxus) bzw. 1,45 € (Standard). In der Montage sind pro

4 Planung und Kontrolle

Tisch ca. 72 Sekunden bzw. 0,02 direkte Arbeitsstunden erforderlich. Bei einem Stundensatz von 50 €/DAS ergeben sich 1 € Lohnkosten und 1,20 € Werkgemeinkosten pro Stück.

Die Herstellkosten in der Abteilung Montage betragen pro Stück 3,80 € (Luxus) bzw. 3,65 € (Standard). Insgesamt ergeben sich **Herstellkosten pro Stück** von 8,20 € für das Modell Luxus und von 7,55 € für das Modell Standard.

Plankalkulation (je Tisch) — Eder Möbel GmbH

Abteilung Fertigung	Menge	Preis	Geplante Kosten je Tisch Luxus	Standard
Materialkosten				
Stahlrohr	10,0 m	0,20 Euro/m	2,00 Euro	
	9,0 m	0,20 Euro/m		1,80 Euro
Sperrholzplatte	1,2 m²	1,00 Euro/m²	1,20 Euro	
	0,9 m²	1,00 Euro/m²		0,90 Euro
Gesamte Materialkosten			**3,20 Euro**	**2,70 Euro**
	DAS*	Stundensatz**		
Lohn	0,01	60,00 Euro/DAS	0,60 Euro	0,60 Euro
Produktionsgemeinkosten	0,01	60,00 Euro/DAS	0,60 Euro	0,60 Euro
Herstellkosten/Stück			**4,40 Euro**	**3,90 Euro**

Abteilung Montage	Menge	Preis	Geplante Kosten je Tisch Luxus	Standard
Materialkosten				
Vinyloberfläche	1,2 m²	0,50 Euro/m²	0,60 Euro	
	0,9 m²	0,50 Euro/m²		0,45 Euro
Montagesatz	1 St.	1,00 Euro/St.	1,00 Euro	1,00 Euro
Gesamte Materialkosten			**1,60 Euro**	**1,45 Euro**
	DAS*	Stundensatz**		
Lohn	0,02	50,00 Euro/DAS	1,00 Euro	1,00 Euro
Produktionsgemeinkosten	0,02	60,00 Euro/DAS	1,20 Euro	1,20 Euro
Herstellkosten/Stück			**3,80 Euro**	**3,65 Euro**
Gesamte Herstellkosten/Stück			**8,20 Euro**	**7,55 Euro**

* DAS = direkte Arbeitsstunden
** Die Produktionsgemeinkosten werden in Tab. 6 kalkuliert
Gesamte budgetierte Produktionsunterstützung: 1.548.000,00 Euro
Gesamte budgetierte DAS (8.600 h + 17.200 h) 25.800 h
Produktionsgemeinkostensatz je DAS 60,00 Euro

Abb. 4.3.10: Plan-Kalkulation der Eder Möbel GmbH

Das Umsatzbudget (Tab. 1) enthält die geplanten Absatzzahlen der beiden Produkte. Um im nächsten Schritt auf die Produktionszahlen der einzelnen Monate zu kommen, müssen die Bestände an Fertigerzeugnissen und die produktionstechnischen Gegebenheiten in die Planung einbezogen werden. **Bestandspolitik** der *Eder Möbel GmbH* ist es, aus Gründen der Liefersicherheit am Monatsende Fertigerzeugnisse in Höhe des erwarteten Absatzes im Folgemonat auf Lager zu haben.

Um die in einem Monat zu produzierenden Einheiten zu bestimmen, wird zunächst der geplante monatliche Absatz zum geforderten Endbestand addiert. Dieser folgt aus dem Absatz des Folgemonats. Der Anfangsbestand entspricht somit immer dem Absatz des jeweiligen Monats. Aus der Differenz von geplantem Anfangs- und Endbestand ergeben sich die monatlich zu produzierenden Einheiten. Diese bilden die Basis für die Planung der Materialbeschaffung, des Materialverbrauchs und des direkten Personalaufwands. Werden die gesamten zu produzierenden Einheiten im ersten Quartal aufsummiert und mit den Herstellkosten bewertet, so erhält man das in Tab. 2 (Abb. 4.3.11) dargestellte **Produktionsbudget**. Die *Eder Möbel GmbH* plant einen Produktionsaufwand von 6.694.500 €, der vom Produktionsleiter verantwortet wird.

4.3 Operative Planung und Kontrolle

Produktionsbudget
(1. Quartal) — Eder Möbel GmbH

Produkt		Januar	Februar	März	1. Quartal	Herstellkosten je Stück	Produktionsbudget (TEuro)
Luxus							
Verkaufte Einheiten (aus Tab. 1)		100.000	110.000	100.000	310.000		
zzgl. geplanter Endbestand	+	110.000	100.000	100.000	100.000		
Benötigte Einheiten für Verkäufe und Bestände	=	210.000	210.000	200.000	410.000		
abzgl. geplanter Anfangsbestand	-	100.000	110.000	100.000	100.000		
Zu produzierende Einheiten	=	**110.000**	**100.000**	**100.000**	**310.000**	8,20	2.542,0
Standard							
Verkaufte Einheiten (aus Tab. 1)		180.000	180.000	190.000	550.000		
zzgl. geplanter Endbestand	+	180.000	190.000	180.000	180.000		
Benötigte Einheiten für Verkäufe und Bestände	=	360.000	370.000	370.000	730.000		
abzgl. geplanter Anfangsbestand	-	180.000	180.000	190.000	180.000		
Zu produzierende Einheiten	=	**180.000**	**190.000**	**180.000**	**550.000**	7,55	4.152,5
Poduktionsbudget 1. Quartal							**6.694,5**

Abb. 4.3.11: Produktionsbudget der Eder Möbel GmbH (Tab. 2)

Nachdem die Produktionszahlen geplant wurden, kann im nächsten Schritt das **Materialverbrauchsbudget** aufgestellt werden (vgl. Tab. 3; Abb. 4.3.12). Dieses bestimmt den für die Herstellung der zu produzierenden Stückzahlen erforderlichen Materialaufwand. Hierzu sind zunächst die Verbrauchsmengen der einzelnen Materialarten (Stahlrohre, Sperrholzplatten, Vinylfolie und Montagesätze) zu ermitteln. Dies geschieht durch Multiplikation der geplanten Produktionszahlen mit dem Materialbedarf je Stück. Der Materialaufwand ergibt sich durch Multiplikation mit den Einstandspreisen der Materialarten. In Summe ergibt sich ein Materialverbrauch für das erste Quartal von 3.770.500 €, der in die budgetierte Erfolgsrechnung (Tab. 9) eingeht. Während der Produktionsleiter für die Einhaltung des mengenmäßigen Materialverbrauchs gem. Arbeitsplan verantwortlich ist, hat der Beschaffungsleiter für die Einhaltung der geplanten Einkaufspreise der Materialarten zu sorgen. Materialdisposition und Logistik werden aus Vereinfachungsgründen in diesem Beispiel nicht näher dargestellt.

Materialverbrauchsbudget
(1. Quartal) — Eder Möbel GmbH

		Luxus			Standard			Gesamt		
Material	Monat	geplante Produktion (TStück)	Menge je Einheit (Stück)	Benötigte Menge (TStück)	geplante Produktion (TStück)	Menge je Einheit (Stück)	Benötigte Menge (TStück)	Bedarf Produktion (TStück)	Preis je Einheit (Euro)	Materialaufwand (TEuro)
Stahlrohr (m)										
	Januar	110	10	1.100	180	9	1.620	2.720	0,20	544,00
	Februar	100	10	1.000	190	9	1.710	2.710	0,20	542,00
	März	100	10	1.000	180	9	1.620	2.620	0,20	524,00
	Gesamt	310		3.100	550		4.950	8.050		1.610,00
Sperrholzplatte (m²)										
	Januar	110	1,2	132	180	0,9	162	294	1,00	294,00
	Februar	100	1,2	120	190	0,9	171	291	1,00	291,00
	März	100	1,2	120	180	0,9	162	282	1,00	282,00
	Gesamt	310		372	550		495	867		867,00
Vinyl (m²)										
	Januar	110	1,2	132	180	0,9	162	294	0,50	147,00
	Februar	100	1,2	120	190	0,9	171	291	0,50	145,50
	März	100	1,2	120	180	0,9	162	282	0,50	141,00
	Gesamt	310		372	550		495	867		433,50
Montagesatz (Stück)										
	Januar	110	1	110	180	1	180	290	1,00	290,00
	Februar	100	1	100	190	1	190	290	1,00	290,00
	März	100	1	100	180	1	180	280	1,00	280,00
	Gesamt	310		310	550		550	860		860,00
Gesamter Materialverbrauch (in budgetierte GuV):										**3.770,50**

Abb. 4.3.12: Materialverbrauchsbudget der Eder Möbel GmbH (Tab. 3)

4 Planung und Kontrolle

Aufwandswirksam ist Material dann, wenn es verbraucht wird. Zahlungswirksam ist es hingegen bereits bei der Beschaffung. Aus diesem Grund ist ein separates Materialbeschaffungsbudget erforderlich. Im **Materialbeschaffungsbudget** wird geplant, zu welchem Zeitpunkt und in welchem Umfang das für die Produktion erforderliche Material zu beziehen ist. Das Materialbeschaffungsbudget ist in Tab. 4 (Abb. 4.3.13) dargestellt. Auch hier spielt die Bestandspolitik wieder eine wichtige Rolle. Analog zum Fertigwarenlager verfolgt die *Eder Möbel GmbH* auch im Materiallager das Ziel, am Monatsende bei jeder Materialart einen Bestand in Höhe des Materialbedarfs des Folgemonats zu haben. Die im Januar zu beschaffende Menge an Stahlrohr von 2.710.000 m errechnet sich z. B. wie folgt: Zum Materialbedarf im Januar von 2.720.000 m wird der Materialbedarf des Februars von 2.710.000 m addiert. Dieser stellt gleichzeitig den geforderten Endbestand im Januar dar. Im nächsten Schritt wird davon der Anfangsbestand des Januars in Höhe von 2.720.000 m abgezogen. Dieser entspricht dem Materialbedarf im Januar und wurde somit bereits im Dezember bevorratet.

Der Beschaffungsleiter hat dafür zu sorgen, dass diese Materialmengen in den einzelnen Monaten eingekauft werden. Werden diese mit den Einstandspreisen bewertet, so ergibt sich ein Materialbeschaffungsbudget von insgesamt 3.722.500 €, das in der Verantwortung des Beschaffungsleiters liegt. Unter der Annahme, dass die Materialbeschaffung im selben Monat voll zahlungswirksam ist (Skonti, Rabatte, Zahlungsziele etc. werden vernachlässigt), gehen diese Werte als Auszahlungen (Tab. 8b) in das Finanzbudget (Tab. 8) ein.

Materialbeschaffungsbudget (1. Quartal) — Eder Möbel GmbH

Material	Monat	Mat.bedarf Produktion (TStück)	zzgl. Endbestand (TStück)	Gesamtbedarf (TStück)	abzgl. Anfangsbestand (TStück)	Einkaufsmenge (TStück)	Preis je Einheit (Euro)	Gesamt (TEuro)
Stahlrohr (m)								
	Januar	2.720	2.710	5.430	2.720	2.710	0,20	542,00
	Februar	2.710	2.620	5.330	2.710	2.620	0,20	524,00
	März	2.620	2.620	5.240	2.620	2.620	0,20	524,00
	Gesamt	8.050	7.950	16.000	8.050	7.950		1.590,00
Sperrholzplatte (m²)								
	Januar	294	291	585	294	291	1,00	291,00
	Februar	291	282	573	291	282	1,00	282,00
	März	282	282	564	282	282	1,00	282,00
	Gesamt	867	855	1.722	867	855		855,00
Vinyl (m²)								
	Januar	294	291	585	294	291	0,50	145,50
	Februar	291	282	573	291	282	0,50	141,00
	März	282	282	564	282	282	0,50	141,00
	Gesamt	867	855	1.722	867	855		427,50
Montagesatz (Stück)								
	Januar	290	290	580	290	290	1,00	290,00
	Februar	290	280	570	290	280	1,00	280,00
	März	280	280	560	280	280	1,00	280,00
	Gesamt	860	850	1.710	860	850		850,00

Materialbeschaffungsbudget im ersten Quartal

	Stahlrohr (TEuro)	Sperrholz (TEuro)	Vinyl (TEuro)	Montagesatz (TEuro)	Gesamt (TEuro)
Januar	542,00	291,00	145,50	290,00	**1.268,50**
Februar	524,00	282,00	141,00	280,00	**1.227,00**
März	524,00	282,00	141,00	280,00	**1.227,00**
Gesamt	**1.590,00**	**855,00**	**427,50**	**850,00**	**3.722,50**

Abb. 4.3.13: Materialbeschaffungsbudget der Eder Möbel GmbH (Tab. 4)

Ebenfalls auf Basis des Produktionsbudgets erfolgt die **Planung des direkten Personalaufwands** in den Abteilungen Fertigung und Montage. Die Beschäftigung in den Abteilungen wird ermittelt, indem die geplante Produktionsmenge aus dem Produktionsbudget (Tab. 2) mit dem Zeitaufwand je Stück multipliziert wird. Die Multiplikation der Fertigungs- und Montagestunden mit den jeweiligen Stundensätzen von 60 €/DAS bzw. 50 €/DAS ergibt den Lohnaufwand in den einzelnen Monaten und Abteilungen. Dabei wird vereinfachend un-

4.3 Operative Planung und Kontrolle

terstellt, dass die Vergütung der Mitarbeiter ausschließlich variabel ist und anhand der gefertigten Stückzahlen bzw. der tatsächlichen Arbeitsstunden erfolgt. Eventuell fixe Anteile bzw. Aufwendungen für nicht ausgelastete Kapazitäten werden vernachlässigt. Der Lohnaufwand im ersten Quartal in den Abteilungen Fertigung und Montage und somit das **Lohnbudget** beträgt 1.376.000 €. Es geht in die budgetierte Erfolgsrechnung (Tab. 9) ein. Der Lohnaufwand ist darüber hinaus als Auszahlung (Tab. 8b) im Finanzbudget (Tab. 8) zu berücksichtigen.

Die geplante **Kapazitätsauslastung** in den Abteilungen Fertigung und Montage im ersten Quartal beträgt insgesamt 25.800 direkte Arbeitsstunden. Sie geht in die Berechnung des Produktionsunterstützungszuschlagssatzes zur Kalkulation der Herstellkosten und in die Personalkapazitätsplanung ein. Das Lohnbudget ist in Tab. 5 (Abb. 4.3.14) dargestellt.

Lohnbudget (1. Quartal) — Eder Möbel GmbH

Monat	Abteilung	Luxus geplante Produktion (TStück)	DAS je Stück	Stunden	Standard geplante Produktion (TStück)	DAS je Stück	Stunden	Gesamtstunden	Gesamt Lohn je DAS (Euro)	Lohnaufwand (TEuro)
Januar										
	Fertigung	110	0,01	1.100	180	0,01	1.800	2.900	60,00	174
	Montage	110	0,02	2.200	180	0,02	3.600	5.800	50,00	290
	Gesamt			3.300			5.400	8.700		464
Februar										
	Fertigung	100	0,01	1.000	190	0,01	1.900	2.900	60,00	174
	Montage	100	0,02	2.000	190	0,02	3.800	5.800	50,00	290
	Gesamt			3.000			5.700	8.700		464
März										
	Fertigung	100	0,01	1.000	180	0,01	1.800	2.800	60,00	168
	Montage	100	0,02	2.000	180	0,02	3.600	5.600	50,00	280
	Gesamt			3.000			5.400	8.400		448
Quartal										
	Fertigung	310	0,01	3.100	550	0,01	5.500	8.600	60,00	516
	Montage	310	0,02	6.200	550	0,02	11.000	17.200	50,00	860
	Gesamt			9.300			16.500	25.800		
Lohnbudget für die budgetierte GuV:										**1.376**

Abb. 4.3.14: Lohnbudget der Eder Möbel GmbH (Tab. 5)

Die Produktionsunterstützung befasst sich mit den planenden, steuernden und kontrollierenden Tätigkeiten im Produktionsbereich und ist für den Betrieb und die Instandhaltung der Produktionsanlagen zuständig. Aufwendungen entstehen insbesondere für Meistergehälter, Abschreibungen, Logistik und Energie. Darüber hinaus existiert eine Instandhaltungsabteilung für die Wartung und Reparatur des Maschinenparks, für die im **Produktionsunterstützungsbudget** direkte Instandhaltungsstunden (DIS) eingeplant werden.

Ein Großteil des in Abb. 4.3.15 dargestellten Produktionsunterstützungsbudgets wird flexibel in Abhängigkeit der direkten Arbeitsstunden aus dem Lohnkostenbudget (Tab. 5) bzw. in Abhängigkeit der direkten Instandhaltungsstunden eingeplant. Die direkten Instandhaltungsstunden werden separat geplant und sind in diesem Beispiel vorgegeben. Der Produktionsunterstützungsaufwand von 1.548.000 € geht in die budgetierte Erfolgsrechnung (Tab. 9) ein und wird über die direkten Arbeitsstunden (25.800 DAS) in der Kalkulation auf die Produkte mit einem Satz von 60 €/DAS verrechnet (vgl. Kalkulation in Abb. 4.3.10). Die zahlungswirksamen Bestandteile des Produktionsunterstützungsaufwands gehen in das Finanzbudget (Tab. 8) ein.

Das **Investitionsbudget** enthält die geplanten Investitionen nach Zeitpunkt und Höhe. Die *Eder Möbel GmbH* plant Ende März die Anschaffung von zehn neuen Stahlrohrbiegemaschinen im Wert von insgesamt 3.477.500 €. Die Maschinen müssen bei Lieferung bezahlt werden und sollen ab 1. April alte Maschinen ersetzen. Ansonsten sind keine weiteren Investitionen im ersten Quartal vorgesehen.

4 Planung und Kontrolle

Podukstionsunterstützungsbudget
(1. Quartal) — Eder Möbel GmbH

Abteilung	Kostenart	Flexibles Budget fix		variabel		Januar (Euro)	Februar (Euro)	März (Euro)
Fertigung					DAS*	2.900	2.900	2.800
	Meistergehälter	30.000	+	0,00	/DAS	30.000	30.000	30.000
	Abschreibung	12.000	+	0,00	/DAS	12.000	12.000	12.000
	Logistik	0	+	10,00	/DAS	29.000	29.000	28.000
	Energie	20.000	+	1,00	/DAS	22.900	22.900	22.800
	Sonstiger Aufwand	4.000	+	9,00	/DAS	30.100	30.100	29.200
	Gesamt	**66.000**	**+**	**20,00**	**/DAS**	**124.000**	**124.000**	**122.000**
Montage					DAS*	5.800	5.800	5.600
	Meistergehälter	48.000	+	0,00	/DAS	48.000	48.000	48.000
	Abschreibung	10.000	+	0,00	/DAS	10.000	10.000	10.000
	Logistik	0	+	20,00	/DAS	116.000	116.000	112.000
	Energie	10.000	+	2,00	/DAS	21.600	21.600	21.200
	Sonstiger Aufwand	6.000	+	8,00	/DAS	52.400	52.400	50.800
	Gesamt	**74.000**	**+**	**30,00**	**/DAS**	**248.000**	**248.000**	**242.000**
Instandhaltung					DIS*	3.000	3.000	4.000
	Meistergehälter	11.000	+	0,00	/DIS	11.000	11.000	11.000
	Indirekte Arbeitslöhne	4.000	+	1,00	/DIS	7.000	7.000	8.000
	Sonstiger Aufwand	0	+	2,50	/DIS	7.500	7.500	10.000
	Gesamt	**15.000**	**+**	**3,50**	**/DIS**	**25.500**	**25.500**	**29.000**
Allg. Produktionsunterstützung (fix)								
	Gehälter					60.000	60.000	60.000
	Abschreibungen					40.000	40.000	40.000
	Sonstiger Aufwand					20.000	20.000	20.000
	Gesamt					**120.000**	**120.000**	**120.000**
Summe						**517.500**	**517.500**	**513.000**
Produktionsunterstützungsbudget 1. Quartal								**1.548.000**

* DIS = Direkte Instandhaltungsstunden   DAS = Direkte Arbeitsstunden

Abb. 4.3.15: Produktionsunterstützungsbudget der Eder Möbel GmbH (Tab. 6)

Das **Verwaltungs- und Vertriebsbudget** wird hier nicht näher dargestellt. Es wird für die ersten drei Monate geplant und besteht aus fixen Gehältern, Abschreibungen und einem variablen Anteil von 10 % des geplanten Umsatzes. Der variable Anteil fällt insbesondere für Vertriebsaufwendungen an. Abb. 4.3.16 zeigt die Zusammensetzung des Verwaltungs- und Vertriebsbudgets in Höhe von 1.575.000 €.

Verwaltungs- und Vertriebsbudget
(1. Quartal) — Eder Möbel GmbH

	Januar (TEUR)	Februar (TEUR)	März (TEUR)
variable Aufwendungen (10% v. Umsatz)	366	381	378
fixe Gehälter	120	120	120
Abschreibungen	30	30	30
Summe	**516**	**531**	**528**
Verwaltungs- und Vertriebsbudget			**1.575**

Abb. 4.3.16: Verwaltungs- und Vertriebsbudget der Eder Möbel GmbH (Tab. 7)

4.3 Operative Planung und Kontrolle

Für die Aufstellung des **Finanzbudgets** sind die ein- und ausgehenden Zahlungen im Budgetierungszeitraum zu ermitteln. Die Einzahlungen der *Eder Möbel GmbH* im ersten Quartal stammen aus dem geplanten Umsatz (Tab. 1). Nach Erfahrungen der *Eder Möbel GmbH* wird die Hälfte der Verkäufe im laufenden Monat bezahlt und der Rest im Folgemonat. Zur Vereinfachung wird von Forderungsausfällen, Erlösschmälerungen und Finanzeinnahmen abgesehen. Die **Zahlungseingänge** im ersten Quartal sind in Tabelle 8a (Abb. 4.3.17) dargestellt. Die Forderungen aus Lieferungen und Leistungen belaufen sich am 31.03. auf 1.890.000 €. Diese entsprechen dem halben März-Umsatz und gehen in die Planbilanz ein (Abb. 4.3.21).

Zahlungseingänge (1. Quartal)				Eder Möbel GmbH
Verkaufsmonat	**Umsatz** (TEuro)	**Januar** (TEuro)	**Februar** (TEuro)	**März** (TEuro)
Dezember	3.500	1.750		
Januar	3.660	1.830	1.830	
Februar	3.810		1.905	1.905
März	3.780			1.890
Monatliche Einzahlungen		**3.580**	**3.735**	**3.795**

Abb. 4.3.17: Betriebliche Zahlungseingänge im 1. Quartal (Tab. 8a)

Die betrieblichen **Zahlungsausgänge** des ersten Quartals in Tab. 8b (Abb. 4.3.18) stammen aus unterschiedlichen Teilbudgets. Die jeweiligen Referenztabellen sind dabei in Klammern aufgeführt. Die Auszahlungen für Fertigungsmaterial werden im Materialbeschaffungsbudget (Tab. 4) und für Fertigungslöhne im Lohnbudget (Tab. 5) geplant. Beim Budget für die Produktionsunterstützung (Tab. 6) sowie für Verwaltung und Vertrieb (Tab. 7) muss die Zahlungswirksamkeit der Aufwendungen berücksichtigt werden. Beide Budgets werden deshalb um die nicht zahlungswirksamen Abschreibungen korrigiert.

Zahlungsausgänge (1. Quartal)			Eder Möbel GmbH
	Januar (TEuro)	**Februar** (TEuro)	**März** (TEuro)
Material (Tab. 4)	1.268,5	1.227,0	1.227,0
Lohn (Tab. 5)	464,0	464,0	448,0
Prod.unterstützung (Tab. 6)	517,5	517,5	513,0
abzgl. Abschreibungen	62,0	62,0	62,0
= Prod.unterstützung ohne AfA	455,5	455,5	451,0
Allg. Verw./Vertrieb (Tab. 7)	516,0	531,0	528,0
abzgl. Abschreibungen	30,0	30,0	30,0
= Allg. Verw./Vertrieb ohne AfA	486,0	501,0	498,0
Gesamte Auszahlungen	**2.674,0**	**2.647,5**	**2.624,0**

Abb. 4.3.18: Betriebliche Zahlungsausgänge im 1. Quartal (Tab. 8b)

Im **Finanzbudget** (Tab. 8; Abb. 4.3.19) werden sämtliche Zahlungseingänge und -ausgänge im Budgetierungszeitraum gegenüber gestellt. Auf diese Weise wird erkennbar, ob in der betrachteten Periode ein Liquiditätsengpass auftritt oder ob überschüssige liquide Mittel z. B. für eine vorzeitige Kredittilgung zur Verfügung stehen. Das Finanzbudget ist deshalb ein wichtiges Instrument zur Liquiditätsplanung und -sicherung. Der geforderte Mindestbestand an liquiden Mitteln der *Eder Möbel GmbH* beträgt 50.000 €. Zu Beginn des Budgetjahres verfügt das Unternehmen über einen Anfangsbestand von 50.050 €, der durch die geplanten Ein- und Auszahlungen verändert wird. Der Bestand am Monatsende entspricht jeweils dem Anfangsbestand des Folgemonats. Für das langfristige Darlehen in Höhe von 1 Mio. € sind jeweils am Quartalsende Zinsen zu entrichten. Bei einem Darlehenszins von 9 % p.a. ergeben sich somit vierteljährliche Zinszahlungen von 22.500 €. Trotz des Zuflusses an liquiden Mitteln aus dem Umsatzprozess ist der für Ende März geplante Kauf

4 Planung und Kontrolle

von zehn Stahlrohrbiegemaschinen nicht aus eigenen Mitteln zu finanzieren. Um einen Liquiditätsengpass zu vermeiden sowie den Mindestbestand an liquiden Mitteln sicherzustellen, ist deshalb im März die Aufnahme eines Bankkredits über 335.450 € erforderlich. Der Endbestand an liquiden Mitteln sowie die Aufnahme des Bankkredits gehen in die Planbilanz ein (vgl. Tab. 10; Abb. 4.3.21).

Finanzbudget (1. Quartal)			Eder Möbel GmbH
	Januar (in Euro)	Februar (in Euro)	März (in Euro)
Anfangsbestand	50.050	956.050	2.043.550
zzgl. Einzahlungen (Tab. 8a)	3.580.000	3.735.000	3.795.000
Gesamte liquide Mittel	**3.630.050**	**4.691.050**	**5.838.550**
Auszahlungen			
aus gew. Geschäftstätigkeit (Tab. 8b)	2.674.000	2.647.500	2.624.000
Investition in neue Maschinen	0	0	3.477.500
Zinszahlung Darlehen	0	0	22.500
Gesamte Auszahlungen	**2.674.000**	**2.647.500**	**6.124.000**
Saldo	**956.050**	**2.043.550**	**-285.450**
Finanzierung			
Kreditaufnahme	0	0	335.450
Kredittilgung	0	0	0
Liquide Mittel	**956.050**	**2.043.550**	**50.000**

Abb. 4.3.19: Finanzbudget der Eder Möbel GmbH (Tab. 8)

Die Gegenüberstellung der in den Teilbudgets enthaltenen Erträge und Aufwendungen erfolgt in der **budgetierten Erfolgsrechnung**. Sie ermittelt das aus den Teilbudgets resultierende Geschäftsergebnis und ist deshalb ein wichtiges Hilfsmittel zur Erfolgsplanung. Die *Eder Möbel GmbH* verwendet hierzu wie in Abb. 4.3.20 dargestellt das Gesamtkostenverfahren. Die Referenztabellen sind wiederum in Klammern angegeben. Die Umsatzerlöse stammen aus dem Umsatzbudget. Bestandsveränderungen sind im ersten Quartal nicht aufgetreten, sonst würden sie mit den kalkulierten Herstellkosten bewertet. Der Materialaufwand entstammt dem Materialverbrauchsbudget, der direkte Personalaufwand dem Lohnbudget, der Produktionsunterstützungsaufwand dem Produktionsunterstützungsbudget und der Vertriebs- und Verwaltungsaufwand dem Vertriebs- und Verwaltungsbudget. Das Finanzergebnis besteht aus den Zinszahlungen für das Darlehen, die aus dem Finanzbudget stammen. Daraus resultiert ein **Ergebnis vor Steuern** im ersten Quartal von 2.958.000 €. Unter Annahme eines Ertragssteuersatzes von 50 % verbleibt ein Ergebnis nach Steuern von 1.479.000 €.

Budgetierte Erfolgsrechnung (in Euro) (1. Quartal)		Eder Möbel GmbH
	Umsatz (Tab. 1)	11.250.000
+/–	Bestandsveränderungen	–
–	Materialaufwand (Tab. 3)	3.770.500
–	direkter Personalaufwand (Tab. 5)	1.376.000
–	Produktionsunterstützungsaufwand (Tab. 6)	1.548.000
–	Vertriebs-/Verwaltungsaufwand (Tab. 7)	1.575.000
=	**Betriebsergebnis**	**2.980.500**
–	Finanzergebnis (Darlehenszins)	22.500
=	**Gewinn vor Steuern**	**2.958.000**
–	Ertragssteuer (50%)	1.479.000
=	**Gewinn nach Steuern**	**1.479.000**

Abb. 4.3.20: Budgetierte Erfolgsrechnung nach dem Gesamtkostenverfahren (Tab. 9)

4.3 Operative Planung und Kontrolle

Die Aufstellung der **Planbilanz** in Abb. 4.3.21 bildet den Schlusspunkt der Budgeterstellung. Sie stellt die aus den einzelnen Teilbudgets resultierenden Veränderungen der Aktiv- und Passivposten des Unternehmens dar. Die angegebenen Referenztabellen bestimmen die Herkunft der einzelnen Werte.

- Der Bestand an Fertigprodukten basiert auf dem Produktionsbudget (Tab. 2). Der Lagerendbestand des Monats März multipliziert mit den Herstellkosten je Stück ergibt den Wert der Bestände an Fertigerzeugnissen:

$$100.000 \text{ Luxus} \cdot 8{,}20 \text{ €/St}$$
$$+\ 180.000 \text{ Standard} \cdot 7{,}55 \text{ €/St}$$
$$=\ 2.179.000 \text{ €.}$$

- Der Bestand an Material basiert auf dem Materialbeschaffungsbudget (Tab. 4). Der Lagerendbestand des Monats März multipliziert mit dem Einstandspreis der Materialarten ergibt den Wert der Materialbestände:

$$2.620.000 \text{ m Stahlrohr} \cdot 0{,}20 \text{ €/m}$$
$$+\ 282.000 \text{ m}^2 \text{ Sperrholzplatte} \cdot 1{,}- \text{€/m}^2$$
$$+\ 282.000 \text{ m}^2 \text{ Vinylfolie} \cdot 0{,}50 \text{ €/m}^2$$
$$+\ 280.000 \text{ Montagesätze} \cdot 1{,}- \text{€/St.}$$
$$=\ 1.227.000 \text{ €.}$$

- Der Forderungsbestand entspricht der Hälfte des Umsatzes im Monat März und entstammt der Aufstellung der Einzahlungen im ersten Quartal (Tab. 8a).
- Die liquiden Mittel und der Bankkredit entstammen dem Finanzbudget (Tab. 8).
- Jahresüberschuss und Ertragssteuer wurden in der Plan-GuV (Tab. 9) ermittelt.

Planbilanz zum 31. März
(in Euro) — Eder Möbel GmbH

	Aktiva	Planbilanz zum 31. März (Euro)		Passiva		
	Anlagevermögen			**Eigenkapital**		
	Grundstücke*	500.000		Grundkapital*	10.000.000	
	Gebäude*	9.000.000		Kapitalrücklage*	4.000.000	
	Maschinen*	5.727.500		Gewinnrücklage*	2.280.050	
				Jahresüberschuss	1.479.000	Tab. 9
	Umlaufvermögen			**Verbindlichkeiten**		
				langfristige Verbindlichkeiten		
Tab. 2	Bestand Fertigprodukte	2.179.000		Darlehen*	1.000.000	
Tab. 4	Bestand Material	1.227.000				
Tab. 8a	Forderungsbestand	1.890.000		*kurzfristige Verbindlichkeiten*		
Tab. 8	Liquide Mittel	50.000		Bankkredit	335.450	Tab. 8
				Steuerschuld	1.479.000	Tab. 9
		20.573.500			**20.573.500**	

* Diese Werte stellen im Fallbeispiel gegebene Größen dar und werden nicht näher betrachtet

Abb. 4.3.21: Planbilanz der Eder Möbel GmbH zum 31. März (Tab. 10)

Zum besseren Verständnis der Zusammenhänge wurden im Fallbeispiel der *Eder Möbel GmbH* nur die ersten drei Monate der Budgetplanung für ein relativ kleines Unternehmen mit zwei sehr ähnlichen Produkten betrachtet. Trotz dieser starken Vereinfachungen ist das Beispiel bereits recht komplex. Die Komplexität der Budgetierung in diversifizierten, globalen Unternehmen ist ungleich größer und verursacht deshalb einen entsprechenden Koordinationsaufwand (vgl. das Beispiel der *Robert Bosch GmbH* in Kap. 4.1.5).

4 Planung und Kontrolle

4.3.3 Wirksamkeit und Fortentwicklung der Budgetierung

In diesem Kapitel werden die Auswirkungen von Budgets auf das Verhalten der Mitarbeiter diskutiert. Daraus werden Grundsätze abgeleitet, die bei der Budgeterstellung zu beachten sind. Im Anschluss wird auf häufig in der Praxis auftretende Probleme der Budgetierung und hierfür aktuell diskutierte Lösungsansätze eingegangen.

4.3.3.1 Verhaltenswirkungen von Budgets

Budgets stellen für die dezentralen Entscheidungsträger Vorgaben dar, die deren **Verhalten** bei der Budgeterstellung, -erreichung und -kontrolle beeinflussen. Sie sollten so gestaltet werden, dass sich die Entscheidungsträger mit den budgetierten Zielen identifizieren. Förderlich für die Zielakzeptanz sind die Beteiligung der Verantwortlichen an der Zielfindung und eine möglichst exakte Zielvorgabe. Anreize bzw. Konsequenzen bei der Erreichung bzw. Nicht-Erreichung der Ziele wirken motivierend. Wird die Zielerreichung mit Anreizen verbunden, dann beeinflusst der Schwierigkeitsgrad der Zielvorgabe entscheidend die Anstrengungen und Ergebnisse der Verantwortungsbereiche (vgl. *Friedl*, 2003, S. 347 ff.; *Locke/Latham*, 1984, S. 21 ff.).

Einfluss der Vorgabe auf die Leistung

Die Frage ist, wie anspruchsvoll die budgetierten Ziele sein sollen. Die in Abb. 4.3.22 dargestellten beobachteten **Zusammenhänge zwischen der budgetierten Vorgabe und der erzielten Leistung** sind (vgl. *Dambrowski*, 1986, S. 39 ff.; *Hofstede*, 1968; *Stedry*, 1960):

- Unterschreitet die Vorgabe ein von den Verantwortlichen erwartetes Ergebnis, so wird das Ziel zwar meist erreicht, allerdings wäre die erzielte Leistung ohne die Vorgabe höher ausgefallen. Das Ziel wirkt in diesem Falle leistungsmindernd. Es wird als so einfach angesehen, dass sich die Verantwortlichen nicht mehr anstrengen („Das schaffen wir mit links").

- Liegt die Vorgabe über dem erwarteten Ergebnis, dann steigt die Leistung mit zunehmender Vorgabenhöhe so lange an, wie sie von den Verantwortlichen noch als

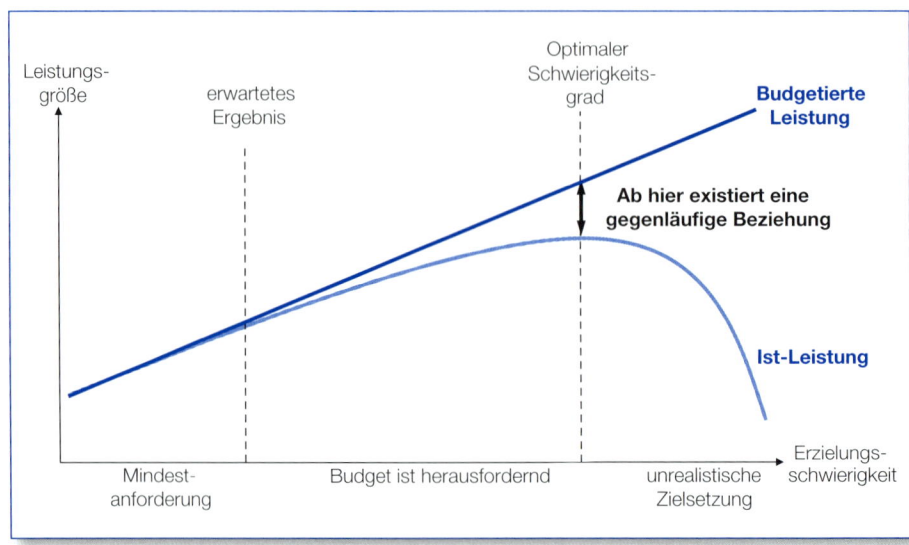

Abb. 4.3.22: Leistungswirkungen von Vorgaben (vgl. Posselt, 1986, S. 136)

realisierbar angesehen wird. Das Ziel wirkt in diesem Falle leistungssteigernd, da es zwar als schwierig, aber auch erreichbar angesehen wird („Packen wir's an").

- Wird die Vorgabe nicht mehr als realisierbar angesehen, dann wirkt sie demotivierend und leistungsmindernd. Die Verantwortlichen fühlen sich überfordert und resignieren („Was soll's, das schaffen wir sowieso nicht").

Die Höhe der erwarteten bzw. realisierbaren Ergebnisse ist vom individuellen Anspruchsniveau des Entscheidungsträgers und dessen Leistungsfähigkeit abhängig. Es wird deutlich, dass es eigentlich zwei Budgets geben müsste. Zum einen eine möglichst realistische Prognose der Unternehmensaktivitäten. Zum anderen eine herausfordernde Zielvorgabe zur Motivation der Mitarbeiter. Bislang versuchen die meisten Unternehmen, hier einen Kompromiss zu finden. Lösungsansätze für diese Problematik können zum einen die Trennung von Prognose und Zielsetzung sowie zum anderen die Vorgabe sog. relativer Ziele sein, bei denen die Leistung z. B. im Vergleich zum stärksten Konkurrenten beurteilt wird (vgl. Kap. 4.3.3.2 und Kap. 6.3.3).

In der Praxis haben Budgets häufig unerwünschte, sog. **dysfunktionale Wirkungen**. Sie treten auf, wenn die persönlichen Ziele der dezentralen Verantwortlichen wie z. B. Sicherheit oder Karriere sich von den Unternehmenszielen unterscheiden und die Verantwortlichen Informationsvorsprünge gegenüber der Unternehmensführung besitzen. Falsche oder unvollständige Angaben über erreichbare Ziele, erforderliche Ressourcen oder Budgetabweichungen führen zu Budgetverschwendung und dem Aufbau von Budgetreserven (vgl. *Friedl*, 2003, S. 347 ff.; *Höller*, 1978, S. 227 ff.; *Horváth*, 2011, S. 215).

Unerwünschte Wirkungen von Budgets

Im Rahmen von **Budgetverhandlungen** existiert ein Spannungsfeld zwischen den Interessen vor- und nachgelagerter Einheiten. Während die vorgesetzte Instanz ein hohes Anspruchsniveau durchsetzen möchte, versuchen nachgelagerte Instanzen Budgetziele zu vereinbaren, die auch bei unvorhergesehenen Schwankungen erreichbar bleiben und hieran gekoppelte Anreize sicher stellen. Experimentelle Forschungen zum menschlichen Verhalten in Budgetverhandlungen lieferten hierzu interessante Einsichten. Zunächst unterliegen Menschen in Verhandlungen sozialen Normen, die auch ohne Zwang zu Zugeständnissen an den Verhandlungspartner führen. Der Vorgesetzte geht in der Budgetverhandlung von einem vermuteten, allgemeinen Leistungsniveau aus, da er die tatsächliche Leistungsfähigkeit des Mitarbeiters nur schwer einschätzen kann. Der Mitarbeiter hingegen verhandelt strategisch, in dem er ausgehend von seinem ihm bekannten Leistungsniveau einen deutlich niedrigeren Budgetvorschlag macht. Dabei kalkuliert er aus der Verhandlung resultierende Auf- bzw. Abschläge bereits im Vorfeld mit ein (vgl. *Fisher* et al., 2000, S. 93 ff.; *Schäffer/Kramer*, 2009, S. 254 ff.).

Budgetverhandlungen

Diese **Reserven** erleichtern die Erreichung der Budgetziele und schaffen Handlungsspielräume für die Verantwortlichen. Diese können aber auch die Flexibilität und Innovation der Verantwortungsbereiche fördern. Allerdings sollten sie dann auch als solche ausgewiesen und nicht verdeckt gebildet werden. Das Problem heimlicher Budgetreserven tritt insbesondere dann auf, wenn die Verantwortlichen an der Budgeterreichung gemessen werden und damit positive oder negative Sanktionen verknüpft sind. Die Verbindung der Budgeterreichung mit Anreizen führt auch häufig zu **verstärktem Bereichsdenken** und **kurzfristiger Unternehmenspolitik**. In diesem Fall versuchen die Verantwortlichen, ihre Ziele zu Lasten anderer organisatorischer Einheiten bzw. durch Unterlassung von langfristig notwendigen Maßnahmen zu erreichen.

Reserven

Kurzfristiges Denken

Die **Budgetverschwendung** (Budget Wasting) tritt vor allem gegen Ende einer Periode auf. Dabei werden bis dato noch nicht benötigte Mittel ohne zwingende Notwendigkeit verbraucht. Ursachen dieses sog. „Dezemberfiebers" sind die Abhängigkeit der Neube-

Verschwendung

willigung inputorientierter Budgets aufgrund der tatsächlichen Ausschöpfung früherer Budgets sowie ein typisches Etatdenken der Verantwortlichen. Häufige Maßnahmen gegen die Budgetverschwendung sind das überraschende Einfrieren, Streichen oder Herabsetzen der Restbudgets vor dem erwarteten Verschwendungsbeginn. Ein solches Vorgehen ist jedoch unsinnig, da es Verantwortliche bestraft, die realistisch geplant haben. Im Endeffekt führt es zu weiteren Budgetreserven und zur zeitlich vorgezogenen Budgetverschwendung bereits vor der zu erwartenden Sperrung. Sinnvoller ist es, die Neubewilligung nicht von der Ausschöpfung der alten Budgets abhängig zu machen, sondern ausschließlich vom glaubhaften Nachweis des erforderlichen Mitteleinsatzes. Ebenfalls unter die Budgetverschwendung fällt das Unterlassen von Möglichkeiten zur Ergebnissteigerung bei outputorientierten Budgets (z. B. Umsatzbudget). Dies liegt daran, dass die Verantwortlichen bei einer Übererfüllung der Budgetziele zukünftig höhere Leistungsanforderungen befürchten. Auch in diesem Falle sollte das Budget nicht auf Grundlage der Vorperiode, sondern anhand der als realistisch eingeschätzten zukünftigen Ergebnisse erstellt werden.

Erfahrungsgemäß fallen die Leistungen der Mitarbeiter am geringsten aus, wenn in den Budgetverhandlungen keine Einigung erzielt wurde und deshalb der Vorgesetzte das Budget vorgibt. In diesem Fall fühlen sich die Mitarbeiter unfair behandelt und ihre Motivation sinkt. Die besten Verhandlungsergebnisse werden erzielt, wenn beide Seiten mit gemäßigten Forderungen auftreten und sich gegenseitig aufgrund vergangener Verhandlungen bereits vertrauen (vgl. *Fisher* et al., 2000, S. 93 ff.; *Schäffer/Kramer*, 2009, S. 254 ff.).

Budgetkontrollen werden von den Betroffenen häufig als Beurteilung ihrer Persönlichkeit empfunden und wirken sich auf deren Selbsteinschätzung und auf die Beziehung zu den Kontrolleuren aus. Deshalb besteht gegenüber Kontrollen bei vielen Mitarbeitern eine (bewusst oder unbewusst) ablehnende Haltung und ein hohes Konfliktpotenzial. Dies kann zu unerwünschten Reaktionen der Kontrollierten führen. Die ausgelösten **Verhaltenswirkungen der Budgetkontrollen** werden durch die folgenden Faktoren bestimmt (vgl. *Höller*, 1978, S. 189 ff.; *Küpper*, 2008, S. 297 ff.; *Siegwart/Menzl*, 1978, S. 192 ff.; *Thieme*, 1982, S. 81 ff.):

Verhaltenswirkung von Kontrollen

- **Aufgabe:** Die auszuführenden Aufgaben haben großen Einfluss auf die bestehenden Kontrollmöglichkeiten. Für schlecht strukturierte Aufgaben gibt es keinen eindeutigen Lösungsweg. Aus diesem Grund lässt sich auch die Qualität der gefundenen Lösung nicht exakt beurteilen. Je höher die Unsicherheit der Informationen und Lösungsmöglichkeiten und je geringer die Beeinflussbarkeit der Ergebnisse, umso weniger ist der Kontrollierte bereit, Verantwortung für die Ergebnisse zu übernehmen. In diesen Fällen sind Verhaltenskontrollen besser geeignet, weil dabei die Anstrengung des Kontrollierten unter Berücksichtigung externer Einflüsse beurteilt wird. Je höher der Kontrollierte die Bedeutung seiner Aufgabe einschätzt, umso eher akzeptiert er Kontrollen.

- **Art und Weise:** Kontrollen sollten möglichst präzise, nachvollziehbar und objektiv sein, um die Gleichbehandlung aller Mitarbeiter zu gewährleisten. Durch die Beteiligung der Mitarbeiter an den Kontrollen erhalten sie direkte Informationen über die Ergebnisse ihres Handelns. Dadurch können sie ihre eigene Leistung besser beurteilen. Diese Verbindung von Eigen- und Fremdkontrolle fördert auch die Beziehung zum Kontrolleur. Je eindeutiger die Vergleichsbasis, umso eher werden die Kontrollergebnisse akzeptiert. Deshalb werden Kontrollen auf Basis prognostizierter Werte häufig in Frage gestellt, wenn sie zu unerwünschten Ergebnissen führen. Verhaltenskontrollen können die spezifischen Umstände der Zielerreichung besser berücksichtigen als Ergebniskontrollen. Allerdings besteht dabei die Gefahr, dass der Mitarbeiter die Kontrollen auf seine Persönlichkeit bezieht und sich dies negativ auf sein Selbstwertgefühl und seine Leistungsmotivation ausübt. Zu häufige Kontrollen erhöhen den Druck auf die Mitarbeiter und provozieren Abwehrreaktionen. Allerdings fördern regelmäßige Kontrollen die Akzeptanz, da diese nicht mehr als außergewöhnlich angesehen werden. Werden die Kontrollergebnisse nicht zur Überwachung der Mitarbeiter, sondern für betriebliche Verbesserungen verwendet, dann wird ihre Zweckmäßigkeit leichter anerkannt.

- **Arbeitssituation:** Je besser sich der Mitarbeiter in seinem Aufgabenbereich auskennt, desto sicherer kann er seine Aufgaben erledigen und umso geringer ist seine Furcht vor Kontrollen. Mit zunehmendem Wettbewerbs- und Konkurrenzdruck akzeptieren die Mitarbeiter ein höheres Maß an Kontrollen. Allerdings nehmen in solchen Situationen die emotionale Anspannung der Mitarbeiter und die Sensibilität gegenüber Kontrollen zu. In diesem Falle ist die Art und Weise der Kontrolle besonders wichtig.

- **Betriebsklima:** Ein positives Betriebsklima fördert die Kontrollakzeptanz. Misstrauen und Sensibilität gegenüber Kontrollen sind in diesem Fall geringer und auch die Beziehung zwischen Kontrolleur und Kontrolliertem ist besser.

- **Kontrollierter:** Die Einstellung der Mitarbeiter zu Kontrollen hängt stark von deren Motivation, Persönlichkeit und ihren bisherigen Erfahrungen mit Kontrollen ab. Personen, die eher extrinsisch (z. B. durch Bonuszahlungen) motiviert sind, lassen sich durch Kontrollen gezielt beeinflussen. Sie sind darauf bedacht, Misserfolge zu vermeiden und empfinden Kontrollen als unangenehm. Die Angst vor Fehlern und deren Aufdeckung durch Kontrollen führt häufig zu einem übervorsichtigen und rechtfertigenden Verhalten. Anders reagieren dagegen Mitarbeiter, die intrinsisch motiviert sind und aus eigenem Antrieb handeln. Erfolgsorientierte Mitarbeiter haben gegenüber Kontrollen weniger Furcht, empfinden diese aber eher als Einschränkung ihrer Selbstbestimmtheit. Die Einstellung hängt auch davon ab, welche Erfahrungen die Mitarbeiter in der Vergangenheit mit Kontrollen gemacht haben.

- **Kontrolleur:** Mit Ausnahme maschineller Kontrollen werden die Verhaltenswirkungen auch durch die Persönlichkeit und das Verhalten des Kontrolleurs beeinflusst. Diese können eher emotional oder rational geprägt sein. Emotionale Führungskräfte können Mitarbeiter zwar begeistern, neigen auf der anderen Seite aber auch eher zu Aggressionen. Dies löst bei den Mitarbeitern Abwehr- und Gegenreaktionen aus. Sachliche Kontrollen und konstruktive Kritik wirken dagegen leistungsfördernd. Die Führungseigenschaften des Kontrolleurs zeigen sich darin, wie er seine Mitarbeiter von den Zielen seines Verantwortungsbereichs überzeugen kann. Wenn die Mitarbeiter die fachliche Qualifikation des Vorgesetzten anerkennen und ein gutes persönliches Verhältnis mit ihm pflegen, dann akzeptieren sie auch seine Kontrolle. Generell sollte der Kontrolleur darauf achten, dass durch die Kontrollen nicht das Selbstwertgefühl der Mitarbeiter verletzt wird.

Aufgrund der genannten Verhaltenswirkungen der Budgetierung sollten folgende **Budgetierungsgrundsätze** beachtet werden (vgl. *Friedl*, 2003, S. 361 ff.; *Göpfert*, 1993, Sp. 599 ff.; *Höller*, 1978, S. 129 ff.; *Küpper*, 2008, S. 281 ff.):

Grundsätze

- **Verantwortung:** Für jedes Budget sollte es einen eindeutigen Verantwortlichen geben, um die Zielerreichung nicht dem Zufall zu überlassen.

- **Zielniveau:** Das Budget sollte herausfordernd, aber auch erreichbar sein. Erst die Ausgewogenheit motiviert zur Einhaltung. Die Zielvorgaben sollten eine am Leistungsvermögen des Verantwortlichen ausgerichtete Schwierigkeit aufweisen.

- **Beeinflussbarkeit:** Es sollten nur solche Ziele vorgegeben werden, die vom Verantwortlichen aufgrund seiner Kompetenzen auch beeinflusst werden können. Er sollte das Gefühl haben, dass die Zielerreichung primär von ihm abhängt. Ist sie dagegen stark von äußeren Umständen geprägt, dann wirkt dies demotivierend.
- **Partizipation:** Der Budgetverantwortliche sollte an der Erarbeitung des Budgets beteiligt sein, damit er sich mit den budgetierten Zielen identifiziert und dafür verantwortlich fühlt. Der Motivationswirkung und dem Einbezug des Fachwissens vor Ort steht jedoch die Gefahr der Manipulation von Informationen gegenüber. Aus diesem Grund ist hier ein praktikabler Mittelweg zu finden.
- **Eindeutigkeit:** Das Budget ist ein vereinbartes Ziel. Deshalb sollte es für einen Verantwortungsbereich auch nur ein gültiges Budget geben. Schatten- oder Notbudgets sind unzulässig, denn bei mehreren Budgets wird keines richtig ernst genommen. Die Budgetvorgabe sowie die Abweichungstoleranzen sollten inhaltlich und zeitlich genau bestimmt sein, damit der Verantwortliche die Auswirkungen seiner Handlungen auf die Zielerreichung und die damit verbundenen Anreize möglichst gut abschätzen kann.
- **Differenzierung:** Um der Gefahr des kurzfristigen, bereichsorientierten und rein monetären Denkens zu begegnen, sollten die Zielvorgaben möglichst differenziert sein. Diese können sich beispielsweise auf unterschiedliche Zeiträume oder hierarchische Ebenen beziehen und durch Ziele der Aktionsplanung ergänzt werden.
- **Aufstellung:** Das Budget sollte im Gegenstromverfahren mit Top-down-Zielvorgaben und einem dezentralen Bottom-up-Rücklauf erstellt werden. Es sollte nicht auf Grundlage der Vorperiode fortgeschrieben, sondern stets anhand der zukünftig erforderlichen Aktivitäten bzw. der realisierbaren Ergebnisse vollständig neu erstellt werden.
- **Flexibilität:** Das Budget als Zielvorgabe und Maßstab der Zielerreichung sollte während der Budgetperiode grundsätzlich unverändert bleiben. Anpassungen sollten nur dann vorgenommen werden, wenn sich grundlegende Budgetprämissen nachhaltig verändern. Häufige Anpassungen haben einen ungünstigen Einfluss auf die Akzeptanz der Ziele. Zur Ausschaltung externer Einflüsse eignet sich eine flexible Budgetgestaltung, bei der sich der budgetierte Wert automatisch an die Entwicklung bestimmter Einflussgrößen wie z. B. der Kapazitätsauslastung in der Budgetperiode anpasst.
- **Kontrollen:** Die Zielerreichung sollte möglichst zeitnah kontrolliert werden. Kontrollen sollten regelmäßig, aber nicht übertrieben häufig stattfinden. Die Budgetverantwortlichen sollten in die Kontrolle einbezogen werden und die Kontrollergebnisse zuerst erhalten. Bei Überschreitung festgelegter Abweichungstoleranzen sollte der Budgetverantwortliche seinen Vorgesetzten verständigen. Kontrollen sollten möglichst sachlich und konstruktiv durchgeführt werden. Bei Abweichungen sollte nicht nach Schuldigen, sondern gemeinsam nach Lösungen gesucht werden.

4.3.3.2 Ansätze für eine moderne Budgetierung

Budgets haben viele Funktionen

Operative Planung und Kontrolle und dabei insbesondere die Budgetierung haben viele unterschiedliche Aufgaben: Vorgänge in den unterschiedlichen hierarchischen Ebenen und Verantwortungsbereichen sollen koordiniert, die Mitarbeiter zu einer hohen Leistung motiviert und die zu erwartenden Ergebnisse des nächsten Geschäftsjahres vorhergesagt werden. Die Erfüllung all dieser Funktionen wird in dynamischen, volatilen Märkten immer schwieriger. Deshalb steht die traditionelle Budgetierung, auch aufgrund der genannten unerwünschten Verhaltenswirkungen, zunehmend in der Kritik. Der erforderliche Ressourcenaufwand wird als zu hoch angesehen und der erzielte Nutzen in Frage gestellt.

Wesentliche **Problemfelder der Budgetierung** sind (vgl. *Gleich/Kopp*, 2001, S. 429 ff.; *Kopp/Leyk*, 2004a, S. 4 ff.): *Kritikpunkte*

- **Mangelnde Verbindung zwischen strategischer und operativer Planung:** Strategische und operative Planung werden in vielen Unternehmen getrennt voneinander erstellt. Die Strategien werden dadurch in der operativen Planung zu wenig in konkrete Maßnahmen umgesetzt und nur selten wertmäßig abgebildet (vgl. Kap. 4.2.2).

- **Eindimensionalität:** Die Budgetierung ist in vielen Unternehmen nur auf monetäre Größen ausgerichtet, während qualitative, nicht-monetäre Bestandteile wie z. B. Kundenzufriedenheit oder Servicegrad kaum Berücksichtigung finden.

- **Geringe Aktualität und Flexibilität:** Ursache sind vor allem eine lange Erstellungsdauer und die Festschreibung der Budgets während des Planungshorizonts. Viele Unternehmen stellen zu Beginn eines Geschäftsjahrs fest, dass ihre Budgets bereits nicht mehr ausreichend aktuell und kaum noch zur Steuerung geeignet sind. Trotzdem finden oft keine Zielanpassungen an die geänderten Rahmenbedingungen statt.

- **Hoher Ressourcenaufwand:** Die Budgetierung gilt als Zeitfresser, denn sie verursacht bei den Linienverantwortlichen, der Unternehmensführung und insbesondere im Controlling erheblichen Aufwand. Experteninterviews in elf deutschen Großkonzernen ergaben, dass diese im Durchschnitt 120 Kalendertage für die Budgetierung aufwenden (vgl. *Nevries* et al., 2009, S. 238). Nach einer empirischen Studie, in der 280 Manager und Controller befragt wurden, wenden Führungskräfte für die Budgetierung durchschnittlich 12,8 % und Controller sogar 31,4 % ihrer Arbeitszeit auf (vgl. *Zyder*, 2007, S. 152). Die Befragung von 400 Controllern im Rahmen des Controllerpanels der *WHU Koblenz* ergab, dass diese durchschnittlich 11 Wochen mit der Budgetierung beschäftigt sind. 14 % brauchen dafür sogar mehr als 16 Wochen (vgl. *Weber* et al., 2010, S. 325). Gründe für den hohen Zeitaufwand sind Planungsschleifen, langwierige Budgetverhandlungen, starre Periodenfixierung, unzureichende Informationssysteme sowie eine zu geringe Abstimmung der Teilpläne. Der größte Ressourcenfresser ist jedoch der hohe Detaillierungsgrad der Pläne.

- **Fehlende Akzeptanz:** Vor allem Controller klagen häufig über Vorurteile gegenüber der Budgetierung bei den dezentralen Linienverantwortlichen. Deren geringe Kooperationsbereitschaft äußert sich z. B. in Verzögerungen bei der Abgabe der Teilpläne oder in geringer Sorgfalt bei der Erstellung der Planentwürfe.

Mit zunehmender Kritik wurden in den letzten Jahren vermehrt Möglichkeiten zur Neugestaltung der operativen Planung und Kontrolle diskutiert. Grundsätzlich lassen sich drei **Verbesserungsansätze** unterscheiden (vgl. *Fanning*, 2000): *Verbesserungsansätze*

- Stärkere Unterstützung durch Informationssysteme,
- schrittweise Effizienzsteigerung („Better Budgeting") oder
- radikaler Ersatz von Budgets durch einen neues Führungsmodell („Beyond Budgeting").

Die **Unterstützung durch Informationssysteme** beschränkt sich in vielen Unternehmen auf den Einsatz von Tabellenkalkulationsprogrammen wie z. B. *Microsoft Excel*. Den vermeintlichen Vorteilen eines geringen Anschaffungspreises und der flexiblen und ein- *IT-Unterstützung* fachen Handhabung, stehen jedoch schwerwiegende Nachteile wie Fehleranfälligkeit, mangelnde Transparenz, Inkonsistenzen und ein hoher Pflegeaufwand gegenüber. Für komplexe Planungsaufgaben sind Tabellenkalkulationen daher kaum geeignet. Abhilfe verspricht die Einführung einer speziellen Planungssoftware, mit der sich Planung und Kontrolle nicht nur effizienter, sondern auch qualitativ besser durchführen lassen. Diese Programme ermöglichen z. B. die Durchführung von Simulationen, Bewertung von Planungsalternativen, Visualisierung von Ergebnissen oder Steuerung des Planungsablaufs. Der Einsatz von Planungssoftware allein ist jedoch keine ausreichende Lösung. Der Einführung sollte stets eine Reorganisation der Budgetierungsprozesse vorangehen. Ansonsten werden die mit unzureichenden Abläufen und Strukturen verbundenen Probleme durch die Software zementiert (vgl. *Oehler*, 2002, S. 155 ff.; *Pohl*, 2003, S. 11 ff.; *Rieg*, 2008, S. 105 ff.). 15 % der Teilnehmer des Controllerpanels der *WHU Koblenz* gaben an, grundlegende Veränderungen ihrer Budgetierung vornehmen zu wollen. Am häufigsten wurde dabei die Einführung neuer Informationssysteme genannt, von denen sich die Controller eine stärkere Automatisierung ihrer Planungsaufgaben versprechen (vgl. *Weber* et al., 2010, S. 323 ff.).

Better Budgeting

Der Begriff „**Better Budgeting**" steht für eine Reihe unterschiedlicher Verbesserungsmaßnahmen, um die operative Planung und Kontrolle schneller, einfacher und damit effizienter zu machen. Die Rolle und Stellung der Budgetierung werden allerdings nicht in Frage gestellt. Das bestehende Planungs- und Kontrollsystem soll in kleinen, evolutionären Schritten verbessert werden. Die Vorschläge beziehen sich vor allem auf zwei Bereiche (vgl. *Kopp/Leyk*, 2004b, S. 16 ff.; *Nevries* et al., 2009, S. 238 ff.; *Schentler* et al., 2010, S. 11):

- **Planungs- und Kontrollablauf:** Die Planungs- und Kontrollprozesse sollen einfacher und flexibler werden. Um die Notwendigkeit zeitaufwendiger Planungsschleifen zu reduzieren, sollen Ausmaß und Verbindlichkeit von Top-down-Vorgaben verstärkt werden. In der Praxis ist deshalb ein Trend zur Zentralisierung zu beobachten. Frequenz und Anzahl von Fremdkontrollen sollen dagegen zugunsten der Selbstkontrolle zurückgefahren werden. Abweichungen sind nur bei Überschreitung vereinbarter Toleranzen an die vorgesetzte Ebene zu melden. Budgetvereinbarung und -verabschiedung sollen vereinfacht werden.

- **Planungs- und Kontrollinhalte:** Durch Konzentration auf wenige, dafür aber wesentliche Zielgrößen soll der Detaillierungsgrad der Planung gesenkt werden. Statt detailliert einzelne Maßnahmen zu planen, stehen die beabsichtigten Wirkungen im Vordergrund. Da jede geplante Größe kontrolliert werden muss, wirkt sich dies auch positiv auf den Umfang der Kontrolle und des Berichtswesens aus. Beispielsweise werden im Umsatzbudget nur noch wesentliche Produkte detailliert geplant, während alle anderen gemeinsam und im Durchschnitt z. B. auf Ebene der Produktgruppen betrachtet werden. Die Bedeutung eines Produkts bemisst sich dabei z. B. anhand des Deckungsbeitrags, des Umsatzvolumens oder der Marktposition. Ebenso können viele Kostenarten und Kostenstellen z. B. aufgrund geringen Volumens oder eingeschränkter Beeinflussbarkeit zusammengefasst werden. Der Detaillierungsgrad der Pläne und Kontrollen sollte generell an der spezifischen Komplexität des Verantwortungsbereichs ausgerichtet werden. Je dynamischer und komplizierter ein Verantwortungsbereich ist, umso geringer sollte der Detaillierungsgrad sein. Fokussierung und Verschlankung der Planung ermöglichen eine höhere Flexibilität und Prognosegenauigkeit.

Better Budgeting in der Bosch-Gruppe

Die *Bosch-Gruppe* hat ihren Planungszyklus (vgl. Kap. 4.1.5) in den vergangenen Jahren in vielerlei Hinsicht verbessert. Im Rahmen des Projekts **„Business Plan Quick"** wurden die operative Wirtschaftsplanung und die strategische Geschäftsfeldentwicklungsplanung zeitlich und inhaltlich eng miteinander verzahnt. Während die Geschäftsfeldentwicklungsplanung vorher bereits im Januar begann und der Wirtschaftsplanung vorgelagert war, werden beide heute soweit möglich parallel durchgeführt. Auch im Rahmen der Wirtschaftsplanung werden die einzelnen Teilpläne soweit möglich und sinnvoll parallel erstellt. Zum anderen wurden sämtliche Zeitpuffer im Planungsprozess eliminiert und es wird strikt auf die Einhaltung der Abgabetermine der einzelnen Teilpläne geachtet. Wesentlich für die Verkürzung des Planungsprozesses war auch die stärkere Betonung der Top-down-Planung, bei der die Ziele der Geschäftsführung in einem Zielentfaltungsprozess systematisch auf die Geschäftsbereiche und deren Einheiten kaskadenförmig verfeinert werden. Zeitaufwendige Rückkopplungen zwischen den zentralen und dezentralen Einheiten wurden dadurch reduziert.

Allerdings begannen im Laufe der Zeit u. a. auch wegen der Finanzkrise manche Einheiten wieder früher als vorgesehen mit der Planerstellung. Aufgrund der zunehmenden Volatilität der Unternehmensumwelt und der globalen Vernetzung der Wirtschaft galten viele Pläne bei ihrer Verabschiedung bereits als veraltet. Um die Planung nachhaltig zu verbessern, wurde daraufhin von der Geschäftsführung das Folgeprojekt **„Smart Business Plan"** ins Leben gerufen. Ziel war es, den Planungsprozess deutlich zu verkürzen und den damit verbundenen Planungsaufwand erheblich zu reduzieren. Darüber hinaus sollte die Aktualität der Planungsinformationen erhöht werden, um schneller auf unvorhergesehene Entwicklungen reagieren zu können. In die Neukonzeption wurden die Planungsverantwortlichen aus den Geschäftsbereichen stärker als zuvor einbezogen. Folgende Änderungen wurden im Rahmen des Smart Business Plans erarbeitet:

- Der Planungshorizont wurde ausgehend von einem Plan- und zwei Vorschaujahren auf zwei Jahre reduziert. Das zweite Vorschaujahr wurde abgeschafft und im ersten Vorschaujahr werden nur noch wesentliche Eckdaten ohne weitere Detaillierung geplant. Zudem wurde die Berichterstattung der Tochter- und Regionalgesellschaften an die Geschäftsbereiche vereinfacht sowie die Detaillierung der Produktkostenkalkulation reduziert.
- Um zeitaufwendige Rekursionsschleifen im Planungsablauf zu vermeiden, werden bei der Vereinbarung der operativen Ziele im Rahmen des Group Executive Meetings Anpassungsregeln definiert, wie sich die Ziele bei Änderung bestimmter Eckdaten verhalten. Sinkt oder steigt z. B. der realisierte Umsatz folgt daraus, wie sich die jeweiligen Ergebnisse entwickeln sollen. Werden diese Regeln von den Verantwortlichen eingehalten, dann sind keine nachträglichen Zielanpassungen mehr erforderlich.
- Vereinfachung des wertorientierten Steuerungskonzepts und Fokussierung auf verständliche und aussagekräftige Kenngrößen
- Stärkere Parallelisierung der Abläufe durch frühzeitigere Weitergabe von Planungsinformationen und Verringerung von Wartezeiten in Genehmigungsprozessen
- Standardisierung der Planung interner Lieferungen und Leistungen

Durch diese Maßnahmen sank die Dauer für die Erstellung des Wirtschaftsplans um rund 40 % auf 16 Wochen (vgl. Bosch-Planungskalender in Kap. 4.1.5). Aufgrund des kürzeren Planungszyklus beginnt Bosch nun erst zwischen Ende Juni und Anfang Juli und damit rund zwei Monate später als vorher zu planen. Dadurch lassen sich bei der Planerstellung aktuellere Informationen berücksichtigen und somit auch die Planungsqualität erhöhen.

Die Maßnahmen des Better Budgeting können zur Beschleunigung der Planung, zur Reduktion des Planungsaufwands und zu höherer Aktualität beitragen. Grundsätzliche Probleme, wie z. B. die Verbindung zwischen strategischer und operativer Planung, die

4 Planung und Kontrolle

Beyond Budgeting

Eindimensionalität der Budgets sowie die unerwünschten Verhaltenswirkungen werden dadurch allerdings nicht beseitigt. Die Verfechter des **Beyond Budgeting** fordern deshalb, die Budgetierung durch ein neues Führungskonzept zu ersetzen. Dabei geht es im Kern nicht um eine Neugestaltung der Budgetierung, sondern vielmehr um eine Abkehr vom traditionellen Führungsprinzip der „Weisung und Kontrolle". Flexible, adaptive Führungsprozesse und die Dezentralisierung von Verantwortung sollen die Mitarbeiter zu unternehmerischem Denken und Handeln befähigen. Entgegen der etwas irreführenden Bezeichnung geht es sich hierbei also nicht vordergründig um den Verzicht auf Budgets, sondern um ein alternatives Führungsmodell. Diese **adaptiv-dezentrale Führung** wird deshalb in Kap. 6.3.2.4 ausführlich mit Praxisbeispielen erläutert.

Praktikable **Ansätze für eine moderne, wirksame Budgetierung** sind (vgl. *Fraser/Hope*, 2001; *Gleich/Kopp*, 2001, S. 429 ff.; *Kopp/Leyk*, 2004a, S. 11 ff.; *Pfläging*, 2011; *Rieg*, 2008, S. 67 ff.; *Schentler* et al., 2010, S. 6 ff.):

Integration strategische und operative Planung

- **Strategische und operative Planung integrieren statt trennen:** Die Strategie bildet den Rahmen für die operative Planung. Dort soll wiederum konkret gezeigt werden, wie die strategischen Ziele zu erreichen sind. Die Abstimmung zwischen diesen Ebenen ist eine laufende Aufgabe und kein einmaliger jährlicher Vorgang. Wie in Kap. 4.2.2 dargestellt, kann die Balanced Scorecard einen wertvollen Beitrag zur Integration von strategischen und operativen Plänen leisten.

Dynamisch rollierende Planung

- **Dynamisch rollierende Planung statt reinem Jahresbezug:** Starre Jahreshorizonte verhindern den Einbezug unterjährig auftretender, unvorhergesehener Ereignisse. Durch eine dynamisch rollierende Planung lassen sich dagegen Umweltänderungen zeitnah integrieren. Bei einer Unterteilung des Planungshorizonts in Quartale können die Pläne somit beispielsweise alle vier Monate überprüft und angepasst werden. Die Planung wird dadurch aktueller und realistischer, allerdings kann dies auch zu einem höheren Planungsaufwand führen.

Marktorientierte Ziele

- **Marktorientierte statt intern ausgerichtete Ziele:** Operative Planziele sind häufig das Ergebnis langwieriger Verhandlungen und reduzieren sich deshalb meist auf das intern Machbare als kleinstem gemeinsamen Nenner. Für die Motivation der Mitarbeiter und damit auch die erzielbare Leistung besser geeignet sind jedoch anspruchsvolle, herausfordernde und gleichzeitig realistische Ziele (vgl. Kap. 4.3.3.1). Idealerweise sollten die Ziele am Wettbewerb ausgerichtet werden, wobei dieser auch innerhalb des Unternehmens stattfinden kann. Zur Ableitung solcher Ziele eignet sich das Benchmarking.

Trennung zw. Prognose und Ziel

- **Trennung von Prognose und Zielsetzung statt Verknüpfung beider Funktionen:** Budgets dienen sowohl zur Prognose der zukünftigen Unternehmensentwicklung als auch zur Zielvorgabe für die Verantwortungsbereiche. Ziele sollen jedoch herausfordernd und Prognosen möglichst realistisch sein. Beide Funktionen lassen sich durch die Budgetierung nicht gleichzeitig befriedigend erfüllen. Prognose und Zielsetzung sind deshalb voneinander zu trennen. Idealerweise sollten auch die Prognosen rollierend durchgeführt werden („Rolling Forecast"). Die Prognose bezieht sich dabei stets auf den gleichen Zeitraum von beispielsweise sechs Quartalen und wird dann z. B. alle vier Monate unter Berücksichtigung aktueller Informationen überarbeitet sowie um ein weiteres Quartal erweitert. Da die Linienverantwortlichen nicht an der Erreichung der prognostizierten Werte gemessen werden, gibt es auch keinen Grund mehr für Manipulationen. Dies gewährleistet ein realistisches und aktuelles Bild der zukünftigen Entwicklung des Unternehmens und damit eine verlässliche Basis für Entscheidungen der Unternehmensführung.

4.3 Operative Planung und Kontrolle

- **Mehrdimensionale Ziele statt alleinige Ausrichtung auf monetäre Größen:** Während im Rahmen der strategischen Planung qualitative, nicht-monetäre Faktoren eine hohe Bedeutung besitzen, dominieren bei der operativen Planung und Kontrolle vor allem finanzielle Aspekte. Budgets sollen in Geldeinheiten detailliert über die betrieblichen Vorgänge im nächsten Geschäftsjahr Auskunft geben. Damit lassen sich zwar Soll-Ist-Abweichungen feststellen, deren Ursachen werden jedoch kaum ersichtlich. Waren beispielsweise die Kunden unzufrieden oder gab es Schwierigkeiten bei der Auftragsabwicklung? Die operative Planung und Kontrolle sollte deshalb stärker auch nicht-monetäre Größen wie z. B. Qualitäten, Zeiten, Mengen oder Zufriedenheitswerte einbeziehen. Durch deren leichte Verständlichkeit eignen sie sich auch besser zur Steuerung unterer hierarchischer Ebenen. Ein Meister in der Fertigung kann z. B. mit Ausschussquoten und Durchlaufzeiten mehr anfangen als mit Rentabilitätskennzahlen und Wertbeiträgen. Budgetziele sollten auch kein alleiniger Leistungsmaßstab sein, sondern für jeden Mitarbeiter um individuelle Ziele ergänzt werden. Im Fokus der operativen Planung und Kontrolle sollte die Koordinationsfunktion und nicht die Verhaltenssteuerung der Mitarbeiter stehen.

    Mehrdimensionale Ziele

- **Sich selbst anpassende, relative Ziele statt fixer, absoluter Vorgaben:** Im Gegensatz zu fixen, absoluten und am Ressourceneinsatz (Input) orientierten Zielen sind relative Ziele am erzielten Ergebnis (Output) orientiert. Dadurch passen sie sich selbstständig an veränderte Umweltentwicklungen an. Bei fixen, absoluten Zielen besteht die Gefahr, dass sich während des Planungshorizonts ohne Zutun der Verantwortlichen der Schwierigkeitsgrad der Zielerreichung verändert. Ein Beispiel ist die Vorgabe eines bestimmten Umsatzes als Zielgröße. Dessen Realisierung kann durch entsprechende Entwicklungen wie z. B. Qualitätsprobleme des Konkurrenten oder konjunkturelle Einbrüche entweder sehr einfach oder auch unmöglich werden. Relative Ziele sind dagegen meist an bestimmte Umweltfaktoren wie z. B. das Marktwachstum gekoppelt. Sie lassen sich aber auch auf Basis von Vergleichen mit anderen internen Verantwortungsbereichen oder mit externen Wettbewerbern aufstellen. Ein Beispiel wäre eine Umsatzsteigerung über dem Marktdurchschnitt oder über dem des stärksten Wettbewerbers. Relative Ziele passen sich an veränderte Bedingungen kontinuierlich selbst an und garantieren somit einen gleich bleibenden Schwierigkeitsgrad. Die Linienverantwortlichen kennen zwar die Beurteilungskriterien ihrer Leistung, deren Höhe im Vergleich zu den anderen internen Einheiten bzw. den Wettbewerbern steht jedoch erst nach Ablauf der Periode fest. Dieser Wettbewerb soll die Verantwortungsbereiche zu einer höheren Leistung anspornen. Relative Ziele werden ausführlich in Kapitel 6.3.2.4 erläutert.

    Adaptive, relative Ziele

- **Dezentralisation von Verantwortung statt detaillierter Pläne und Kontrollen:** In vielen Unternehmen wird versucht, das gesamte betriebliche Geschehen detailliert vorauszuplanen und anschließend die Planeinhaltung zu kontrollieren. Diese hohe Detaillierung führt auf der einen Seite zu einem entsprechend hohen Planungs- und Kontrollaufwand, auf der anderen Seite wird dadurch die Handlungs- und Reaktionsfähigkeit der Linienverantwortlichen stark eingeschränkt. Zweckmäßiger ist eine globalere Betrachtung, die durch dezentrale Leistungsverantwortung und erweiterte Handlungsspielräume gekennzeichnet ist. Die dezentralen Entscheidungsträger werden dadurch in die Lage versetzt, schneller auf Marktereignisse reagieren zu können, ohne an starre, zentrale Regelungen gebunden zu sein. Regelmäßige, systematische Vergleiche anhand festgelegter Kenngrößen, erzeugen zwischen den dezentralen Verantwortungsbereichen einen anspornenden internen Wettbewerb.

    Dezentralisation

4.3.4 Fazit: Was leisten Planung und Kontrolle?

Kein „One size fits all"

Planung und Kontrolle sind stets im Hinblick auf die spezifischen Merkmale, Gegebenheiten und Anforderungen eines Unternehmens individuell zu gestalten. Eine allgemein gültige, für alle Unternehmen ideale Planung und Kontrolle im Sinne eines „One size fits all" kann es daher nicht geben. Beispielsweise ist ein Stromerzeuger auf einem oligopolistischen, reifen Markt tätig. Seine Kapitalbindung ist u. a. durch Investitionen in Kraftwerke außerordentlich langfristig und die laufenden Kosten hängen vor allem von den Rohstoffpreisen ab. Ein solches Unternehmen und damit auch dessen Planung und Kontrolle ist zentralistisch geprägt. Die Planung erfolgt dann einmal jährlich Top-down und umfasst einen langen Planungshorizont. Geplant wird dabei vor allem durch die Fortschreibung bisheriger Entwicklungen. Ein Automobilzulieferer, der für einen polypolistischen Markt kundenindividuelle Serienprodukte fertigt, benötigt dagegen eine stärker kundenorientierte Planung. Entscheidungen werden dort dezentral in enger Abstimmung mit den Kunden getroffen. Die Planung sollte deshalb in diesem Fall stärker partizipativ, also z. B. Bottom-up erfolgen. Die Planungshorizonte sind dabei relativ kurz und die Planungsfrequenz hoch. Fortschreibungen sind kaum möglich, denn sämtliche Änderungen bei Produkten und Projekten müssen gänzlich neu geplant werden (vgl. *Rateike/Lindner*, 2009, S. 231 ff.). Die Unternehmensführung hat in Zusammenarbeit mit dem Controlling zu entscheiden, wie die Planung und Kontrolle bestmöglich zu gestalten ist. Mit ihrer Hilfe sollen mit vertretbarem Ressourcen- und Zeitaufwand dezentrale Entscheidungen koordiniert und auf übergeordnete Ziele ausgerichtet werden.

Unternehmensspezifische PuK

Vorbereitung auf die Zukunft

Pläne werden in der Praxis dazu verwendet, die begrenzten Ressourcen des Unternehmens im Sinne der Erreichung der Unternehmensziele bestmöglich zu verteilen. Maßnahmen und Handlungen werden im Vorfeld durchdacht und aufeinander abgestimmt. Planung und Kontrolle können aber weder die Zukunft vorhersagen, noch das unternehmerische Risiko beseitigen. Sie leisten dennoch einen entscheidenden Beitrag für die Unternehmensführung: Sie bereiten das Unternehmen auf eine mögliche Zukunft vor und zeigen, wie darauf mit welchen Folgen reagiert werden kann (vgl. *Rieg*, 2008, S. 179 f.). *Peter Drucker* dazu treffend: „Der Zufall belohnt denjenigen, der darauf vorbereitet ist" (*Krames*, 2009, S. 34).

Management Summary

- Die operative Planung und Kontrolle dient zur bestmöglichen Nutzung der bestehenden Erfolgspotenziale eines Unternehmens. Sie ist meist sehr detailliert und hat einen kurzfristigen Planungshorizont.

- Die Aktionsplanung und -kontrolle bestimmt, wer, was, wann, wie, womit und wo tun muss, um ein angestrebtes Sachziel zu erreichen. Die Budgetierung bezieht sich auf die monetären Auswirkungen geplanter Handlungen und dient der Erreichung wertorientierter Ziele. Beide sind eng miteinander verbunden.

- Ein Budget ist ein in wertmäßigen Größen formulierter und wertzielorientierter Plan, der einem Verantwortungsbereich für einen gewissen Zeitraum verbindlich vorgegeben wird.

- Das Budgetierungssystem ist der Teil des Planungs- und Kontrollsystems, in dem die wertzielorientierte Planung und Kontrolle stattfindet.

4.3 Operative Planung und Kontrolle

- Die aufeinander abgestimmten Teilbudgets eines Unternehmens sowie deren Beziehungen untereinander bilden das Budgetsystem. Die Verdichtung der Teilbudgets erfolgt in drei Ergebnisbudgets: Finanzbudget, budgetierte Erfolgsrechnung und Planbilanz.
- Der Budgetierungsprozess beschreibt den zeitlichen und sachlichen Ablauf der Budgetierungsaktivitäten.
- Die Budgetierung ist einer der wesentlichen Aufgabenbereiche des Controllings.
- Ohne informationstechnische Instrumente ist die Budgetierung meist nicht praktikabel. Welche Budgetplanungsinstrumente eingesetzt werden, hängt vor allem vom Wiederholungsgrad der Prozesse und der monetären Quantifizierbarkeit der Prozessergebnisse ab. Wesentliches Budgetkontrollinstrument ist die Abweichungsanalyse.
- Budgets beeinflussen das Verhalten der dezentralen Entscheidungsträger. Dabei gibt es auch unerwünschte, dysfunktionale Wirkungen wie z. B. Budgetverschwendung oder der Aufbau von Budgetreserven. Deshalb sollten Budgetierungsgrundsätze beachtet werden.
- Problemfelder der Planung und Kontrolle sind die mangelnde Verbindung zwischen strategischer und operativer Planung, Eindimensionalität, unzureichende Aktualität und Flexibilität, hoher Ressourcenaufwand sowie fehlende Akzeptanz.
- Verbesserungsansätze sind eine stärkere Unterstützung durch Informationssysteme, die schrittweise Steigerung der Effizienz („Better Budgeting") oder der vollständige Ersatz der Budgetsteuerung durch ein neues Führungsmodell („Beyond Budgeting").

Literaturempfehlungen

Dambrowski, J.: Budgetierungssysteme in der deutschen Unternehmenspraxis, Darmstadt 1986.

Friedl, B.: Controlling, Stuttgart 2003, S. 275–393.

Rieg, R.: Planung und Budgetierung – Was wirklich funktioniert, Wiesbaden 2008.

Empfehlenswerte Fallstudien zum Kapitel 4.3 aus Dillerup, R./Stoi, R. (Hrsg.)

4.3 Planung und Kontrolle bei der Automotive GmbH *(Binder, B.)*

4.4 Operative Planung bei der Leisetreter GmbH *(Schiess, H.-F.)*

4.5 Operative Planung bei der Paul Zwerg KG *(Schiess, H.-F.)*

6.4 Personalführung bei der Hans Herrlich oHG *(Posselt, S.)*

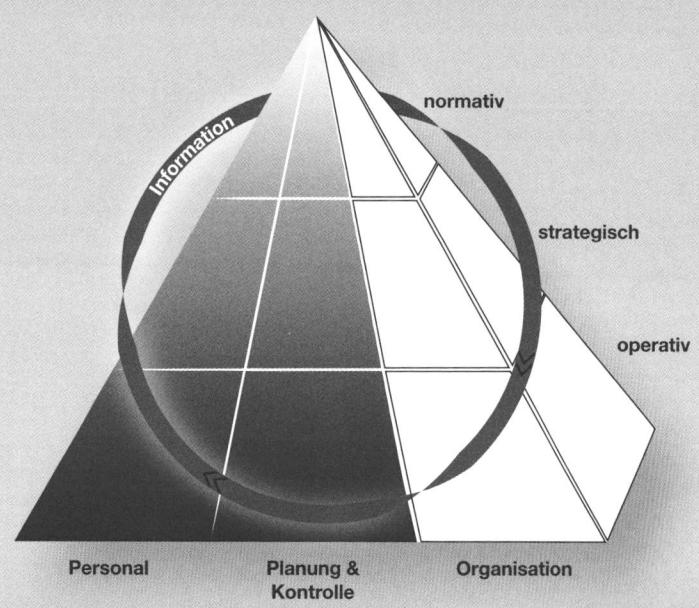

5. Organisation

5.1	**Grundlagen**	441
	5.1.1 Organisationsbegriff	441
	5.1.2 Organisationsgestaltung	443
	5.1.3 Gestaltungsparameter der Organisation	445
	5.1.4 Formen der Aufbauorganisation	452
5.2	**Strategie und Organisation**	463
	5.2.1 Zusammenhang von Strategie und Struktur	464
	5.2.2 Holding- und Center-Konzepte	468
	5.2.3 Selbstorganisation und fraktale Unternehmen	475
	5.2.4 Kooperationen, Allianzen und Netzwerke	479
	5.2.5 Mergers & Acquisitions	500
5.3	**Projektmanagement**	519
	5.3.1 Bausteine und Ziele des Projektmanagements	519
	5.3.2 Projektorganisation	524
	5.3.3 Projektführung	532
	5.3.4 Projektplanung	537
	5.3.5 Projektcontrolling	542
	5.3.6 Multi-Projektmanagement	546
	5.3.7 Erfolgsfaktoren	550
5.4	**Prozessmanagement**	555
	5.4.1 Kennzeichen und Merkmale von Prozessen	558
	5.4.2 Geschäftsprozesse	561
	5.4.3 Zielgrößen	565
	5.4.4 Prozessgestaltung	573
	5.4.5 Bewertung	580

5.1 Grundlagen

> **Leitfragen**
> - Was ist eine Organisation?
> - Wie wird organisiert?
> - Wodurch lässt sich eine Organisation gestalten?
> - Welche grundlegenden Organisationsmodelle gibt es?

5.1.1 Organisationsbegriff

Die Unternehmensführung ist mit vielfältigen, arbeitsteiligen Aufgaben befasst. Um diese effizient bearbeiten zu können, ist ein **Ordnungsrahmen** erforderlich. Dessen Gestaltung ist Gegenstand der Unternehmensorganisation. Sie schafft Strukturen für das Zusammenwirken von Personen, Sachmitteln und Informationen. Das Ergebnis der organisatorischen Gestaltung ist eine bestimmte Unternehmensstruktur (Konfiguration). Diese **Strukturen** bilden die Sichtweise der Unternehmensführung (Managementsicht) ab. Sie können sich von den Strukturen und Organen im juristischen Sinne (legale Sicht) unterscheiden. Auf diese wird im Zusammenhang mit Fragen zur Corporate Governance in Kapitel 2.6 näher eingegangen.

Ordnungsrahmen

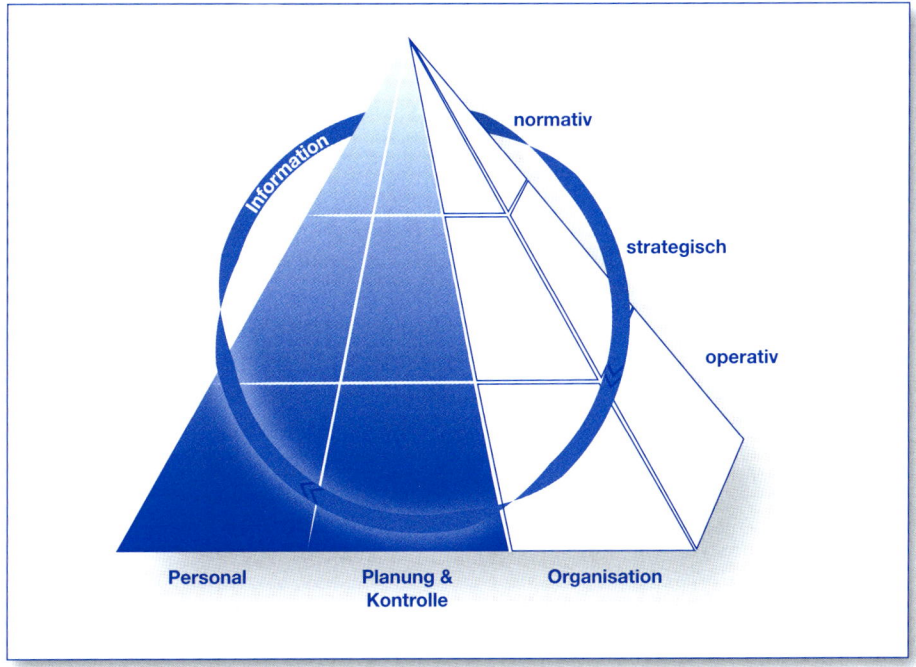

Abb. 5.1.1: Organisation im System der Unternehmensführung

5 Organisation

Organisation und Disposition
Organisation legt dauerhafte Regeln zur Aufgabenerfüllung fest. Im Gegensatz dazu bezieht sich die **Disposition** auf eine fallweise, situationsbezogene Ordnung. Diese kann frei von Rahmenbedingungen (freie Disposition) oder unter Berücksichtigung von übergreifenden Vorschriften und Regeln (gebundene Disposition) erfolgen. Für die Bearbeitung einer Aufgabe werden einem Mitarbeiter innerhalb vorgegebener Grenzen Spielräume eingeräumt, die nach eigenen Vorstellungen im Einzelfall genutzt werden können. Dies wirkt auf die Mitarbeiter motivierend und ermöglicht kreative und innovative Lösungen.

Improvisation
Während die Disposition eine fallweise Ordnung schafft, bedeutet **Improvisation** nur eine vorläufige Ordnung für einen begrenzten Zeitraum. Dies kann sinnvoll sein, wenn sich Bedingungen schnell ändern und daher dauerhafte Regelungen nicht effizient sind. Improvisation wird ebenfalls angewandt, wenn die Erfahrungen für eine organisatorische Regelung nicht ausreichen oder eine zu starke Festlegung vermieden werden soll.

Die drei Instrumente Organisation, Disposition und Improvisation bilden den **strukturellen Rahmen** eines Unternehmens (vgl. *Olfert/Rahn*, 2009, S. 24 f.; *Schulte-Zurhausen*, 2010, S. 3). Die Grenze zwischen diesen Instrumenten ist jedoch fließend. Organisatorische Regelungen sind auf Dauer angelegt, müssen sich aber veränderten Bedingungen anpassen. Nach dem „**Substitutionsgesetz der Organisation**" von *Gutenberg* wird mit zunehmender Gleichartigkeit und Wiederholungsrate Improvisation durch Disposition und Disposition durch Organisation ersetzt (vgl. *Gutenberg*, 1983, S. 239 ff.). Dies erhöht die Stabilität und Effizienz, wobei sich gleichzeitig die Elastizität bzw. Flexibilität verringert. Regeln und Strukturen werden durch die handelnden Personen verändert. Daher sind Organisationen dynamisch zu betrachten und ein, den sich wandelnden Anforderungen entsprechend ausgewogenes Verhältnis von Organisation, Disposition und Improvisation zu gestalten. Auf diese Weise soll Über- bzw. Unterorganisation vermieden und ein optimaler **Organisationsgrad** gefunden werden. Die dazu gehörenden **organisatorischen Gestaltungsaufgaben** sind:

Aufbauorganisation
- **Aufbauorganisation** legt fest, wer (welche Personen), was (welche Aufgaben), unter Einsatz welcher Sachmittel und Informationen erledigt. Hierzu wird die Gesamtaufgabe des Unternehmens zunächst zerteilt. Dann wird sie anhand bestimmter Kriterien wieder zusammengefasst und einzelnen Aufgabenträgern zugewiesen. Dadurch wird die Unternehmensstruktur festgelegt. Im Vordergrund stehen die Zuständigkeiten von Organisationseinheiten für bestimmte Aufgaben und deren Kommunikationsbeziehungen.

Ablauforganisation
- **Ablauforganisation** definiert, in welcher Reihenfolge und an welchen Orten die Aufgaben erfüllt werden. Die Ablauforganisation strukturiert Prozesse zeitlich und räumlich.

Fremd- & Selbstorganisation
- **Fremd- und Selbstorganisation**: Bestimmung des Ausmaßes an Formalisierung, bei dem es darum geht, neben formalen Regelungen auch ungeregelte, implizit festgelegte Verhaltensweisen sowie informelle organisatorische Strukturen und Prozesse zu berücksichtigen.

Der **Begriff Organisation** wird unterschiedlich definiert. Organisation kann danach als Institution, als Instrument oder als Funktion der Unternehmensführung verstanden werden (vgl. *Olfert/Rahn*, 2009, S. 18; *Schulte-Zurhausen*, 2010, S. 1; sowie Abb. 5.1.2).

> ! Nach dem **institutionalen Organisationsbegriff** werden Unternehmen und Organisation gleichgesetzt: „Das Unternehmen ist eine Organisation".

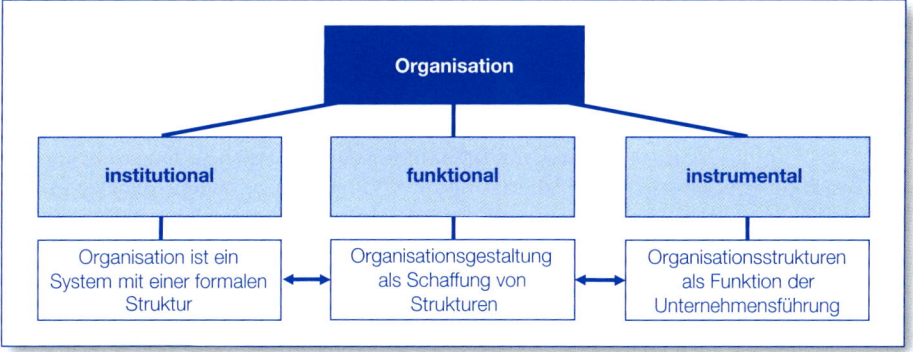

Abb. 5.1.2: Kategorien von Organisationsbegriffen

Dieser Organisationsbegriff wird vor allem in der sozialwissenschaftlichen und angelsächsischen Organisationsliteratur verwendet. Eine Organisation wird als ein soziales Gebilde mit mehreren Mitgliedern angesehen (vgl. *Laux/Liermann*, 2005).

> Nach dem **funktionalen Organisationsbegriff** ist Organisation das durch die Gestaltung entstehende Ordnungsmuster eines Unternehmens: „Das Unternehmen hat eine Organisation".

In dieser funktionalen Definition steht das dauerhafte Ordnen bzw. Strukturieren eines Unternehmens, d.h. die Tätigkeit des Organisierens, im Vordergrund.

> Nach dem **instrumentalen Organisationsbegriff** ist Organisation eine Führungsfunktion: „Das Unternehmen nutzt Organisation als Führungsinstrument".

Diese Definition ordnet Organisation als ein Teilsystem der Unternehmensführung ein. In diesem Buch wird dieses Verständnis verwendet.

5.1.2 Organisationsgestaltung

Zunächst wird im Sinne des funktionalen Organisationsbegriffs der Prozess der Schaffung von Strukturen erläutert. Dabei kann Organisation nach der institutionalen Struktur von Aufgabenträgern **(Aufbaustruktur/Aufbauorganisation)** und nach der zeitlichen sowie räumlichen Struktur der Aufgabenerfüllung **(Ablauf- oder Prozessstruktur/Prozessorganisation)** unterschieden werden. Dabei wird nach *Kosiol* die arbeitsteilige Aufgabenerfüllung im Unternehmen aus verschiedenen Blickwinkeln betrachtet (vgl. *Kosiol*, 1976, S. 32).

Ab einer Mindestbetriebsgröße erfüllen Unternehmen ihre Aufgaben arbeitsteilig. Damit alle Mitarbeiter eines Unternehmens trotz dieser Arbeitsteilung auf gleiche Ziele ausgerichtet sind, ist ihr Handeln zu koordinieren. **Arbeitsteilung** und **Koordination** sind untrennbar verbunden und eine zentrale Aufgabe der Organisation.

Arbeitsteilung & Koordination

5 Organisation

Organisationsgrad

Bei der Gestaltung von Organisationsstrukturen wird die Gesamtaufgabe des Unternehmens in Teilaufgaben unterteilt (Arbeitsteilung/Differenzierung). Wie stark diese Unterteilung sein soll, ist eine Frage des **Organisationsgrads**. Er umschreibt die Detaillierung, Ausführlichkeit, Einheitlichkeit, Strenge und Dauerhaftigkeit von organisatorischen Regelungen sowie deren schriftliche Dokumentation in Organisationshandbüchern. Besteht bereits eine Organisation, so kann im Rahmen einer **Reorganisation** auf Erfahrungen der Fachexperten sowie auf bisherige organisatorische Regelungen zurückgegriffen werden. Eine **Neuorganisation** muss auf derartige Informationsquellen verzichten und aus theoretischen Überlegungen abgeleitet werden.

Aufgabenkomplexe

Die auf diese Weise definierten Teilaufgaben werden zu Aufgabenkomplexen zusammengefasst und an organisatorische Einheiten (Stellen) übertragen. Diese werden anschließend zu größeren Einheiten (Gruppen, Abteilungen, Hauptabteilungen etc.) gebündelt und aufeinander abgestimmt (Koordination/Integration). Die Zusammenfassung von Teilaufgaben zu **Aufgabenkomplexen** orientiert sich sowohl an sachlichen Zusammenhängen, als auch am Leistungspotenzial **(Kapazität)** der Aufgabenträger. Da organisatorische Regelungen dauerhaft sind, sollte bei der Integration vom einzelnen Aufgabenträger abstrahiert und von einem durchschnittlichen Leistungspotenzial ausgegangen werden. Als Hilfsmittel zur Bestimmung der Kapazitäten dienen z.B. Arbeitszeitstudien wie das REFA-Verfahren oder die Multimomentaufnahme.

Ablaufstruktur

Während die Aufbaustruktur die institutionellen Beziehungen von Aufgabenträgern festlegt, ist die **Ablaufstruktur** das Resultat der Gestaltung der zeitlichen und räumlichen Aufgabenerfüllung. Die Gestaltung von Abläufen ist der zweite Aufgabenbereich der Organisation. Zwischen beiden bestehen zahlreiche Wechselwirkungen. Sie bilden quasi zwei Seiten einer Medaille.

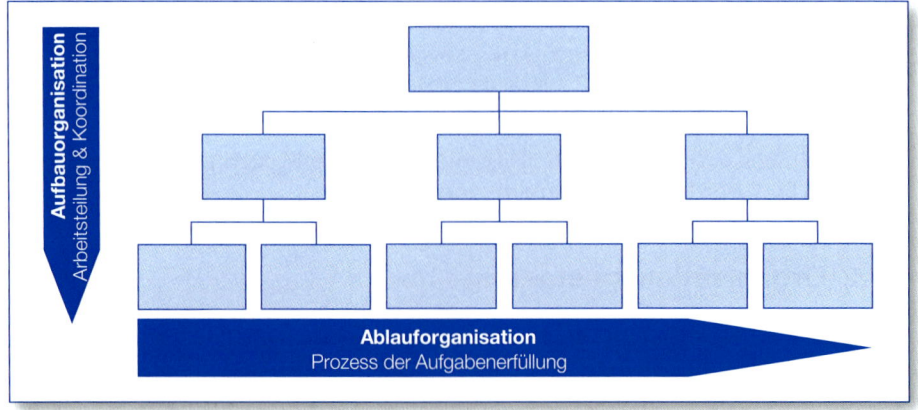

Abb. 5.1.3: Zusammenhang von Aufbau- und Ablauforganisation
(vgl. Hungenberg, 2011, S. 336 ff.)

Der **traditionelle organisatorische Denkansatz** geht von der Vorstellung aus, dass zuerst Aufbaustrukturen zu gestalten sind. Innerhalb der bestehenden Aufbaustruktur werden die notwendigen Abläufe und Prozessschritte geregelt. Dabei stehen operative Ziele wie Kapazitätsauslastung und Durchlaufzeit im Vordergrund. Die Prozessorganisation ist dann der Aufbauorganisation nachgelagert. Die Arbeitsteilung in den Prozessen wird somit durch die Aufbaustruktur vorgegeben. Die Festlegung von Stellen und Abteilungen ist demnach eine strategische Aufgabe, der sich die Prozesse unterordnen (vgl. *Kosiol*, 1976, S. 187 ff.). Da Prozessen und deren Geschwindigkeit, Flexibilität und Kundenfreundlichkeit eine steigende Bedeutung im Wettbewerb zukommt, hat sich die traditionelle Sichtweise gewandelt (vgl. Kap. 5.4). Um durchgängige Material- und Informationsflüsse schnell, kostengünstig und qualitativ abzuwickeln, sind Prozesse ganzheitlich zu betrachten und zu gestalten. Das **Prozessdenken** gewinnt an Bedeutung, weshalb Prozesse zunehmend zum Ausgangspunkt organisatorischer Gestaltung werden. Prozesse werden dann zum bestimmenden Faktor für die Aufbaustruktur, um abteilungsübergreifende Geschäftsprozesse zu gestalten (vgl. *Gaitanides* et al., 1994, S. 62; Kap. 5.4).

Zusammenfassend beinhaltet die Führungsfunktion Organisation die Gestaltung der Strukturen eines Unternehmens. Dies umfasst folgende **Aufgaben** (vgl. *Olfert/Rahn*, 2009, S. 26 f.):

- Bildung von Stellen, Gruppen und Bereichen,
- Gestaltung von Kommunikationswegen,
- Ausstattung der Aufgabenträger mit Kompetenzen und Verantwortung,
- Gestaltung der Aufbauorganisation,
- Gestaltung der Ablauforganisation sowie
- Einführung und Dokumentation neuer Systeme.

Organisatorische Aufgaben

Die Unternehmensführung ist in der Praxis durch vielfältige organisatorische Lösungen gekennzeichnet. Diese lassen sich jedoch auf einige strukturelle Grundmuster zurückführen. Sie entstehen aus unterschiedlichen Ausprägungen und Kombinationen der organisatorischen Gestaltungsparameter, welche deshalb im nächsten Kapitel erläutert werden.

5.1.3 Gestaltungsparameter der Organisation

Zum Lösen der organisatorischen Aufgaben stehen einige grundlegende Gestaltungsparameter zur Verfügung. Je nachdem wie diese ausgeprägt sind, entstehen unterschiedliche Organisationsstrukturen. Die Parameter organisatorischer Gestaltung sind Spezialisierung, Kompetenzverteilung und Zentralisierung (vgl. *Krüger*, 1994, S. 95; *Picot* et al., 2008, S. 238).

Gestaltungsparameter

5.1.3.1 Spezialisierung

Durch die **Verteilung** von Aufgaben auf Aufgabenträger entsteht **Arbeitsteilung** im Unternehmen. Dieser Prozess der organisatorischen **Differenzierung** führt zur **Spezialisierung**, wenn sich Personen auf bestimmte Aufgaben konzentrieren (vgl. *Grochla*, 1991, S. 32 ff.; *Kieser/Kubicek*, 1992, S. 50 ff.; *Kieser/Walgenbach*, 2010, S. 72 ff.; *Robbins*, 2001, S. 486 f.).

> **Spezialisierung bzw. Differenzierung** umfasst sowohl die Verteilung von Aufgaben bzw. Arbeiten (Pflichten, Lasten, Verantwortung) als auch die Zuweisung der organisatorischen Kompetenzen (Rechte, Befugnisse, Macht, Einfluss, Autorität). **!**

Nach dem **Kongruenzprinzip** sollte für jede Organisationseinheit eine Balance zwischen ihren Aufgaben und ihren Rechten und Pflichten bestehen. Bei der einfachsten Form der

Kongruenz

Aufgabenverteilung erfüllt jeder Aufgabenträger eine Teilaufgabe. Sind die Aufgaben mehrerer Mitarbeiter inhaltlich identisch, dann wird dies als **Mengenteilung** bezeichnet. Sie ist immer dann erforderlich, wenn Teilaufgaben zu umfangreich sind, um von einem Aufgabenträger allein erfüllt zu werden. Echte Spezialisierung liegt vor, wenn es zu einer inhaltlichen Arbeitsteilung kommt und verschiedene Aufgabenträger unterschiedliche Teilaufgaben erfüllen. Diese **Artenteilung** kann durch Spezialisierung auf Funktionen (Verrichtungen), Objekte, Arbeitsmittel, Rang oder Phase erfolgen. Daraus lassen sich folgende **Grundformen der Spezialisierung** unterscheiden (vgl. *Kosiol*, 1976, S. 45 ff.):

Funktional
- **Funktionale Spezialisierung:** Die zu erfüllenden Aufgaben werden so auf die Aufgabenträger verteilt, dass jeder von ihnen nur eine bestimmte Funktion oder Verrichtung erfüllt. Diese übt er an unterschiedlichen Objekten aus. Ein Aufgabenträger oder eine Gruppe gleichartiger Aufgabenträger erfüllt dann eine Funktion, wenn gleichartige Verrichtungen in einem Unternehmen zusammengefasst werden. Ein Beispiel ist die Montage von Produkten.

Objektorientiert
- **Objektorientierte Spezialisierung:** Dabei orientiert sich die Arbeitsteilung an unterschiedlichen Objekten, an denen verschiedene Tätigkeiten vollbracht werden. Objekte können z. B. die Produkte des Unternehmens sein. Dann ist ein Aufgabenträger nur für einen Teil der Produkte verantwortlich und übernimmt dafür unterschiedliche Funktionen (produktorientierte Spezialisierung). Alternativ kann auch eine Aufgabenverteilung nach regionalen oder kundenorientierten Gesichtspunkten stattfinden.

Arbeitsmittel
- **Arbeitsmittelorientierte Spezialisierung:** Analog zur funktionalen Spezialisierung kann nach den zu verwendenden Arbeitsmitteln differenziert werden. In diesem Fall werden z. B. alle Tätigkeiten an einer bestimmten Maschine von einem Mitarbeiter durchgeführt.

Hierarchisch
- **Hierarchische Spezialisierung:** Zerlegung einer Aufgabe nach der hierarchischen Stellung. Es wird zwischen Führungsaufgaben und ausführenden Tätigkeiten getrennt.

Phasen
- **Phasenorientierte Spezialisierung:** Unterscheidung der Aufgaben in Planung, Durchführung und Kontrolle.

Arbeitsteilung
Die Stärken und Schwächen der Arbeitsteilung hängen von ihrer konkreten Ausgestaltung ab. Spezialisierung bietet einige Vorteile, die *Smith* bereits 1776 beschrieb (vgl. *Smith*, 1976, S. 9). So ist eine erhöhte Wirtschaftlichkeit der Aufgabenerfüllung zu erwarten, da die Anforderungen an eine spezialisierte Stelle reduziert werden, Übungs- und Lerneffekte auftreten und Verantwortlichkeiten klar abgegrenzt werden. Eine zu starke Arbeitsteilung kann jedoch auch zu Monotonie, Entfremdung, Flexibilitätsverlust und einseitiger Belastung der Mitarbeiter führen.

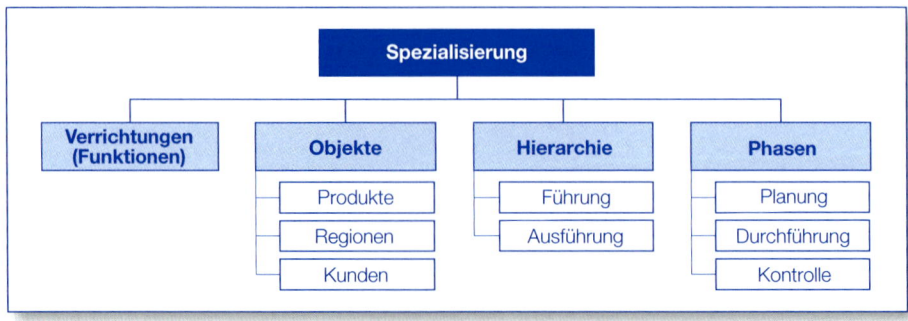

Abb. 5.1.4: Formen organisatorischer Spezialisierung

5.1 Grundlagen

In Unternehmen können auf verschiedenen Hierarchieebenen mehrere Gliederungsprinzipien zur Anwendung kommen. Dadurch werden die Aufgaben des Unternehmens auf verschiedene Aufgabenträger verteilt. Als Ergebnis werden aus organisatorischer Sicht **Stellen** und **Abteilungen** gebildet:

- Eine **Stelle** ist eine organisatorische Einheit, der ein Aufgabenkomplex zugewiesen wird, welcher von einer qualifizierten Person unter normalen Umständen bewältigt werden kann. Eine Stelle ist damit grundsätzlich vom jeweiligen Stelleninhaber unabhängig. *(Stelle)*

- Eine **Abteilung** entsteht durch die Zusammenfassung mehrerer Stellen, die nach einem gemeinsamen Spezialisierungsmerkmal gebildet worden sind. Sie werden von einer Stelle mit Weisungsbefugnissen geleitet, die als Instanz bezeichnet wird. *(Abteilung)*

Die Differenzierung bzw. Arbeitsteilung legt fest, wie Gesamtaufgaben in einzelne Pakete zerteilt und einzelnen Stellen zugeteilt werden. Sie führt daher zu verschiedenen Organisationsformen, die z. B. nach Funktionen, Objekten oder Regionen gegliedert sein können.

5.1.3.2 Kompetenzverteilung

Aufgrund der bestehenden Abhängigkeiten zwischen einzelnen Stellen ist im Anschluss an die Differenzierung eine Integration erforderlich. Die Arbeitsteilung bewirkt neben der Spezialisierung auch, dass der einzelne Aufgabenträger nicht mehr alle Aktivitäten im Unternehmen vollständig überblicken kann. Zudem verfolgen die Mitarbeiter auch eigene Interessen. Organisatorische **Integration** bedeutet daher, einzelne Arbeitspakete wieder zusammenzufassen und die Zusammenarbeit zwischen den betroffenen Stellen zu regeln. Sie ist daher das Gegenstück zur Differenzierung (vgl. *Kieser/Walgenbach*, 2010, S. 93 ff.).

> Organisatorische **Integration** bezeichnet die Zusammenfassung von Menschen, Aufgaben und Stellen zu einer Organisationseinheit.

Neben der Integration, die neue Organisationseinheiten bildet, kann auch eine Ausrichtung bestehender Strukturen erforderlich sein.

> Organisatorische **Koordination** bezeichnet die Abstimmung mehrerer bestehender Organisationseinheiten auf ein gemeinsames Ziel.

Die hierarchische Ausgestaltung der **Entscheidungs- und Weisungsbefugnisse** ist das wichtigste organisatorische Instrument (vgl. *Grochla*, 1991, S. 37 ff.). Die vertikale Integration bezieht sich auf die Leitungsbeziehungen sowie das Ausmaß der Standardisierung. Die horizontale Integration beschreibt das Ausmaß der Selbstabstimmung zwischen den organisatorischen Einheiten (vgl. *Robbins*, 2001, S. 487).

> **Kompetenz** steht im organisatorischen Sinne für Befugnis, Lizenz, Verfügungsrecht. Sie drückt die Autonomie einer Organisationseinheit aus. Die **Kompetenzteilung** regelt die Aufteilung organisatorischer Kompetenzen auf mehrere Organisationseinheiten.

5 Organisation

Grundformen der Gestaltung von Weisungsbefugnissen sind Ein-, Stab-Linien- und Mehrliniensysteme (vgl. *Kieser/Kubicek*, 1992, S. 105; *Picot* et al., 2008, S. 247 ff.).

> **!** In einem **Einliniensystem** haben die Organisationseinheiten jeweils eine übergeordnete Instanz. Diese verfügt gegenüber der untergeordneten Einheit über Kompetenzen zur Entscheidung, Genehmigung, Anweisung und zum Veto.

Einliniensystem
Das **Einliniensystem** oder Liniensystem gestaltet die Weisungsbefugnis nach dem Prinzip der Einheit der Auftragserteilung (Unité de Commande). Mitarbeiter unterstehen damit stets nur einem Vorgesetzten, dem sie allein verantwortlich sind. Umgekehrt hat jeder Vorgesetzte eine begrenzte Anzahl von direkt Untergebenen. Die Anzahl an untergeordneten Einheiten wird als **Kontroll- oder Leitungsspanne** bezeichnet.

Die Weisungsbeziehungen sind bei dieser Organisationsform einheitlich und klar geregelt. Die Eindeutigkeit der Kompetenzregelung bzw. Verantwortlichkeit sowie die guten Kontrollmöglichkeiten sind **Vorteile.** Bei Unstimmigkeiten wird das Anliegen bis zu der hierarchischen Stufe weitergeleitet, auf der sich der gemeinsame Vorgesetzte der betroffenen Parteien befindet. Auf Grund seiner Weisungsbefugnisse kann dieser dann Probleme regeln. Dies führt jedoch häufig zu einer starken Belastung der Instanzen mit Koordinationsaufgaben.

Die streng hierarchische Ordnung kann zu einer Vielzahl von Hierarchieebenen führen. Daraus entstehen folgende **Nachteile:**

- Lange Kommunikationswege, die zu langwierigen Entscheidungsprozessen bei bereichsübergreifenden Problemstellungen führen.
- Streng arbeitsteilige Aufgabenerfüllung fördert die Rivalität zwischen den Stelleninhabern und begrenzt Kreativität und Engagement.
- Einliniensysteme fördern eine Risikovermeidungs- und Sicherheitshaltung bei den Mitarbeitern, indem Entscheidungen nach oben delegiert werden. Insbesondere bei Veränderungen in der Unternehmensumwelt wird flexibles, informelles und eigenverantwortliches Handeln durch eine starre Kompetenzverteilung blockiert.

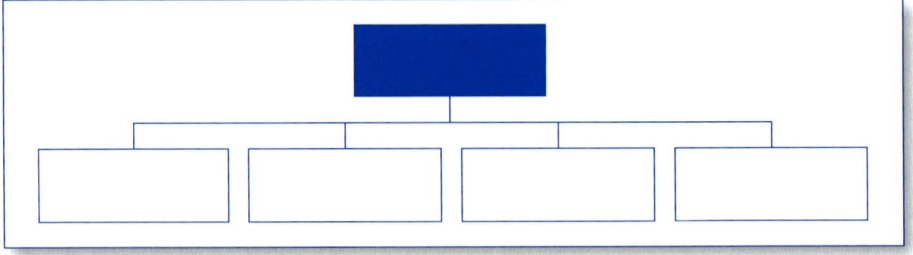

Abb. 5.1.5: Einlinien-Organisation

Stab-Linien-System
Um diese Probleme zu entschärfen, kann das Einliniensystem zum **Stab-Linien-System** weiterentwickelt werden. Dann werden die Entscheidungsträger von Stabsstellen unterstützt, die Informations- und Beratungsaufgaben ohne Weisungsbefugnisse übernehmen. Die Stäbe bringen ihre spezialisierten Fachkenntnisse in komplexe Entscheidungsprobleme ein. Stabseinheiten sind daher mit Fachleuten besetzt, die über spezielle Kenntnisse verfügen. Es sind z. B. juristische oder technische Experten oder

auch verschiedene Unterstützungsfunktionen der Unternehmensführung wie Marketing oder Controlling. Sie treffen keine Entscheidungen, sondern bereiten diese vor. Ihre Aufgaben sind z. B. Sammlung von Informationen, Suche nach Lösungsalternativen oder die Empfehlung von Maßnahmen.

> Eine **Stab-Linien-Organisation** delegiert die Entscheidungsvorbereitung auf Stabsstellen, während die Entscheidungskompetenzen bei den Linieneinheiten verbleiben.

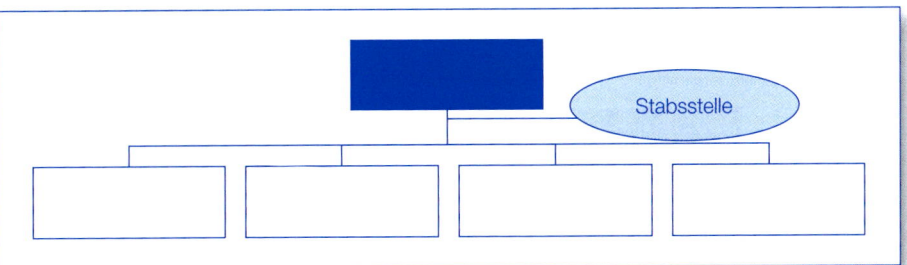

Abb. 5.1.6: Stab-Linien-Organisation

Bei der Stab-Linien-Organisation sind folgende **Ausprägungen** möglich:

Stab-Linien-Ausprägungen

- **Stab-Linien-System mit Führungsstab:** Nur die oberste Instanz, z. B. Vorstand oder Geschäftsführung, besitzt einen Stab.
- **Stab-Linien-System mit zentraler Stabsstelle:** Der Stab übernimmt Beratungs- und Unterstützungsfunktionen für alle untergeordneten Instanzen.
- **Stab-Linien-System mit Stäben auf mehreren hierarchischen Ebenen:** Stäbe können auf mehreren Ebenen existieren. Sie übernehmen dabei Beratungs- und Unterstützungsfunktionen für die jeweilige Instanz, der sie zugeordnet sind.
- **Stab-Linien-System mit Stabshierarchie:** Dabei besteht zwischen den Stäben der verschiedenen Hierarchieebenen ebenfalls ein hierarchisches Gefüge (Sekundärhierarchie). So kann es z. B. eine Controllinghierarchie geben, wobei ein zentrales Controlling als Stab der Unternehmensführung über Kompetenzen gegenüber Controlling-Stäben untergeordneter Instanzen verfügt. Im Organigramm werden fachliche Weisungsbefugnisse von Stäben mit gestrichelten Linien verdeutlicht. Deshalb wird die Trennung fachlicher und disziplinarischer Kompetenzen auch als „Dotted-Line-Prinzip" bezeichnet.

Während Stäbe i. d. R. keine Weisungsbefugnisse besitzen, verfügen sie in der Praxis häufig über informelle Autorität. Die Macht eines Stabes ergibt sich aus seinem Wissens- und Informationsvorsprung. Darüber hinaus spielt auch dessen enger Kontakt zur Linieneinheit, der er zugeordnet ist, eine Rolle. Der Übergang zu einem Mehrliniensystem ist deshalb fließend.

> In einem **Mehrliniensystem** haben Organisationseinheiten zwei oder mehrere übergeordnete Stellen. Deren Weisungskompetenzen können sowohl gleich als auch unterschiedlich stark sein.

5 Organisation

Mehrliniensystem

Beim **Mehrliniensystem** kommt es zu einer gewollten Überschneidung von Weisungsbefugnissen. Es wurde 1911 von *Taylor* entwickelt, der im Produktionsbereich mehrere spezialisierte Meister als Vorgesetzte empfahl (vgl. *Taylor*, 1911). Die Verallgemeinerung dieses Prinzips zur Stärkung der Fachkompetenz führt zum Mehrliniensystem. Dabei erhalten einzelne Stellen von mehreren Instanzen Weisungen, die unter Umständen widersprüchlich sein können. Dies kann zu unklaren Verhältnissen, Reibungsverlusten und Konflikten sowie zusätzlichem Abstimmungsaufwand führen. Auf der anderen Seite lassen sich durch die Spezialisierung der Vorgesetzten Entscheidungsprozesse verbessern und beschleunigen.

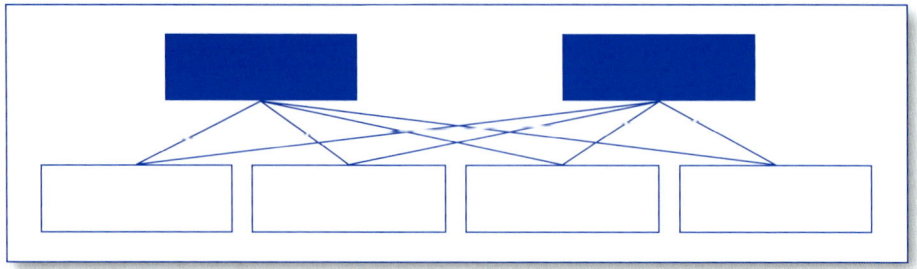

Abb. 5.1.7: Zweilinien-Organisation als Beispiel für ein Mehrliniensystem

Primär- und Sekundärorganisation

Diese grundlegenden Organisationsformen regeln die **Primärorganisation**. Sie umfasst dauerhaft eingerichtete Stellen und Abteilungen. Ergänzt wird sie häufig durch eine **Sekundärorganisation**. Dies sind temporäre, die Primärorganisation überlagernde Organisationseinheiten. Sie werden für neuartige Aufgabenbereiche oder zur Koordination gebildet. Beispiele sind Projektgruppen, Gremien, Ausschüsse, Kommissionen, Beiräte, Zirkel und Arbeitskreise (vgl. z. B. zur Projektorganisation Kap. 5.3). Für einzelne Mitarbeiter kann sich eine **Dualorganisation** ergeben, d. h. eine Kombination von Primärorganisation und überlagernder Sekundärorganisation. Unterschiedliche Aufgaben sind dann unter verschiedenen organisatorischen Bedingungen zu leisten. Regelaufgaben werden z. B. im Rahmen der Linientätigkeit durchgeführt und Sonderaufgaben durch hierarchiefreie, vom Alltagsgeschäft abgekoppelte Teams erfüllt.

Neben der Kompetenzverteilung wird in der Unternehmenspraxis noch eine Vielzahl weiterer organisatorischer Instrumente zur Integration und Koordination eingesetzt. So können organisatorische Regelungen z. B. in Form von Stellenbeschreibungen, Datenflussplänen, Entscheidungstabellen, Netzplänen und Organisationsanweisungen eingesetzt werden. Dies sind Formen der **Fremdkoordination**, bei der die Koordination durch Dritte erfolgt. Dabei handelt es sich in der Regel um eine übergeordnete hierarchische Instanz. Dies lässt sich auch mit Elementen der **Selbstkoordination** kombinieren. Dabei erfolgt die Abstimmung über direkte Kommunikation zwischen den zu koordinierenden Organisationseinheiten. Beispielsweise durch informellen Informationsaustausch, Kollegien oder Teamarbeit.

Fremd- und Selbstkoordination

Partizipation

Eine weitere Form der Kompetenzteilung ist die **Partizipation**. Dabei werden Rechte von mehreren Personen bzw. Stellen gemeinsam ausgeübt, die sich eigenständig koordinieren. Partizipation macht Betroffene zu Beteiligten. Für die Ausübung von Kompetenzen ist die Entscheidungsfindung zuvor zu regeln. Dies kann z. B. durch Mehrheitsbeschlüsse oder durch Einstimmigkeit (Konsensprinzip) geschehen. Bei der direkten Partizipation sind die Mitglieder selbst an den Entscheidungsprozessen beteiligt. Bei indirekter Partizipation werden hingegen die individuellen Interessen über Interessenvertreter eingebracht. Dies können z. B. Betriebsräte, Sprecher der leitenden Angestellten oder Gruppensprecher sein.

5.1.3.3 Zentralisierung

Der dritte organisatorische Gestaltungsparameter betrifft die Verteilung der Entscheidungsaufgaben. Es handelt sich dabei um einen speziellen Aspekt der Verteilung, nämlich die Bestimmung des **Autonomiegrads** von Organisationseinheiten (vgl. *Hungenberg*, 2011, S. 337 ff.; *Kieser/Walgenbach*, 2010, S. 160 f.; *Robbins*, 2001, S. 490).

Autonomie

> Organisatorische **Autonomie** bezeichnet die Ausstattung einer Organisationseinheit mit Entscheidungskompetenzen.

Die Autonomie ist nicht mit der **Autarkie** einer Einheit zu verwechseln. Diese bezeichnet die Ausstattung einer Organisationseinheit mit eigenen Ressourcen, wie z. B. Know-how, Mitarbeitern oder Anlagen. Die Verteilung von Entscheidungsaufgaben auf verschiedene Führungsebenen eines Unternehmens wird auch unter dem Stichwort **Zentralisation versus Dezentralisation** diskutiert. Werden die Kompetenzen bei einer Person oder wenigen Personen konzentriert, so bezeichnet dies eine hohe Entscheidungszentralisation; werden sie an einen größeren Personenkreis delegiert, so liegt Entscheidungsdezentralisation vor. Die beiden Begriffe stehen nicht nur für die Richtung der Kompetenzverteilung, sondern auch für deren maximale Ausprägung:

Autarkie

- **Dezentralisation** steht für die vollständige Aufteilung von Entscheidungskompetenzen auf untergeordnete Einheiten.
- **Zentralisation** steht für die vollständige Bündelung von Entscheidungskompetenzen in der Unternehmensspitze.

Beide Extreme sind lediglich theoretisch vorstellbar. Praktisch geht es bei der Verteilung von Entscheidungsaufgaben um die Bestimmung des **Dezentralisationsgrads**. Unterschiedliche Ausprägungen von Zentralisation und Dezentralisation unterscheiden sich durch das Ausmaß der Verteilung von Entscheidungsbefugnissen. Abb. 5.1.8 zeigt einige Ausprägungen unterschiedlicher Dezentralisationsgrade.

Dezentralisationsgrad

Die Unternehmensführung fällt …					
… alle wesentlichen Entscheidungen	…alle Entscheidungen zur Koordination der Bereiche	… alle Entscheidungen zur Zielsetzung	… Entscheidungen für den Zusammenhalt der Bereiche	… keine Entscheidungen, sie sichert den Informationsaustausch
Führung	**Koordination**	**Direktion**	**Kohäsion**	**Information**

Zentralisation → **Dezentralisation**

Abb. 5.1.8: Dezentralisationsgrade

5.1.4 Formen der Aufbauorganisation

Ideal- und Realtypen

Aus den unterschiedlichen Ausprägungen der organisatorischen Gestaltungsparameter können idealtypische Aufbauorganisationen gebildet werden. Diese Grundformen sind in der Praxis kaum zu beobachten, doch lassen sich die realen Organisationen auf diese **Idealtypen** zurückführen. Variationen von Idealtypen sind Versuche, einzelne Elemente der verschiedenen Organisationsformen so miteinander zu vereinigen, dass sich ihre Schwächen vermeiden und ihre Stärken nutzen lassen. Die Beschreibung und Beurteilung der idealtypischen Organisationsformen ist daher Voraussetzung, um die **Realtypen** der Unternehmenspraxis verstehen und gestalten zu können. Diese hängen vom Kontext und der Geschichte des Unternehmens ab. **Grundformen** der Aufbauorganisation sind die funktionale Organisation, die divisionale Organisation und die Matrixorganisation (vgl. *Frese*, 2010, S. 382 ff.; *Krüger*, 1994, S. 95 ff.; *Müller-Stewens/Lechner*, 2011, S. 543 ff.; *Schreyögg*, 2008, S. 93 ff.).

5.1.4.1 Funktionale Organisation

Funktionale Spezialisierung

Die funktionale Organisation geht von den zentralen Funktionen eines Unternehmens aus. Prägend ist die **funktionale Aufgabenspezialisierung.** Dies bedeutet, dass die Gliederung der zweiten Führungsebene nach den Funktionen (Verrichtungen) erfolgt. Diese bestimmen den Leistungserstellungsprozess des Unternehmens. In einem Industrieunternehmen sind dies z. B. Forschung und Entwicklung, Produktion, Absatz oder Verwaltung (vgl. Abb. 5.1.9). Auf den weiteren Gliederungsebenen lassen sich dann organisatorische Einheiten wiederum nach verschiedenen Tätigkeitsbereichen bilden. So kann z. B. der Beschaffungsbereich weiter in Beschaffungsmarktforschung, Einkauf und Disposition unterteilt werden. Die Funktionsbereiche können intern auch nach Objekten gegliedert werden. Ein Beispiel ist die Unterteilung der Beschaffung nach Warengruppen.

> **!** **Funktionale Organisation** strukturiert das Unternehmen nach Funktionen bzw. Verrichtungen.

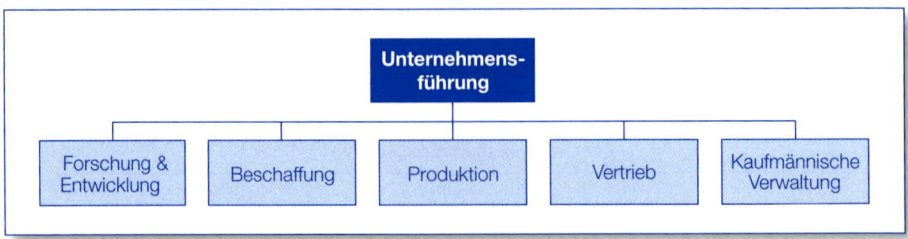

Abb. 5.1.9: Funktionale Organisation

Einliniensystem

Die Führung der Funktionsbereiche erfolgt nach dem **Einliniensystem**, d. h. sie sind der Unternehmensführung unmittelbar unterstellt. Jeder Mitarbeiter erhält nur von seinem direkten Vorgesetzten Weisungen. Zwischen den Funktionen bestehen allerdings vielfältige Abhängigkeiten, da kein Bereich eine eigenständige Marktleistung erbringt. Alle Bereiche müssen zusammenwirken, um die Kundenanforderungen zu erfüllen. Nur die Unternehmensführung verfügt über den Gesamtüberblick, weshalb die Funktionsbereiche intensiv koordiniert werden müssen. Daraus ergibt sich insbesondere bei strategischen Entscheidungen eine Tendenz zur **Zentralisation** von Entscheidungsaufgaben. Funktionale Organisationen haben folgende **Vorteile**: *Zentralisation*

Vorteile

- **Spezialisierung und Aufbau funktionsspezifischer Fähigkeiten:** Einzelne Bereiche können sich ausschließlich auf die ihnen gestellte Teilaufgabe konzentrieren und ihr Wissen dort ständig auf dem aktuellsten Stand halten.
- **Lern- und Erfahrungskurveneffekte:** Je mehr Aufgaben routinemäßig zu erbringen sind, desto besser können Abläufe verbessert und die Effizienz gesteigert werden.
- **Klare Verantwortlichkeiten:** Es ist unmittelbar ersichtlich, wer für welche Funktion zuständig und verantwortlich ist. Die Leiter der Funktionsbereiche berichten meist auch direkt an die Unternehmensführung. Auf diese Weise lassen sich Planung und Kontrolle zentralisieren und die Strategie in den jeweiligen Funktionen direkt umsetzen.

Nachteile der funktionalen Organisation sind: *Nachteile*

- **Hoher Koordinationsaufwand zwischen Bereichen und Funktionen:** Alle übergreifenden Entscheidungen müssen von der Unternehmensführung getroffen werden. Ein breites und relativ heterogenes Leistungsspektrum macht die Vorteile der Spezialisierung durch den erhöhten Koordinationsaufwand leicht zunichte.
- **Rivalitäten zwischen den Funktionsbereichen:** Auseinandersetzungen sind aufgrund unterschiedlicher funktionaler Interessen häufig unvermeidlich. Ein klassisches Konfliktfeld besteht z. B. zwischen den Wünschen der Produktion nach möglichst gleichmäßiger Auslastung und dem Vertrieb, der flexibel auf die Nachfrage reagieren möchte.
- **Bereichsegoismen:** Funktionale Strukturen lenken den Blickwinkel von Führungskräften auf ihre Bereiche und verstellen den Blick für die Anforderungen des gesamten Unternehmens. Dies kann durch Anreizsysteme verschärft werden, welche auf die Ergebnisse der einzelnen Funktionsbereiche abzielen. Die funktionale Spezialisierung erschwert zudem den Wechsel von Führungskräften und Mitarbeitern auf andere Bereiche.
- **Fehlende Ergebnisverantwortung:** Die Ergebnisverantwortung liegt ausschließlich bei der Unternehmensführung. Ihre hohe Leitungsspanne birgt die Gefahr der Überlastung und langwieriger Entscheidungsprozesse.

Die funktionale Organisation ist die älteste Organisationsform und für **kleine und mittlere Unternehmen** typisch. Sie ermöglicht Spezialisierungsvorteile und effiziente Ressourcennutzung. Prozesse innerhalb einzelner Funktionen sind durch die Arbeitsteilung effizient, bereichsübergreifende Prozesse allerdings nicht. Ihre wesentliche Schwäche liegt in der geringen Marktorientierung. Die funktionale Organisation ist für Unternehmen geeignet, die über eine begrenzte Produktpalette verfügen und nur in einem Geschäftsfeld tätig sind. *Anwendungsbereich*

Keiner der Funktionsbereiche überblickt das gesamte Leistungsspektrum des Unternehmens. Dies behindert das wechselseitige Verständnis der Bereiche und führt zum Entstehen von Bereichsegoismen. Flexibilität ist daher nur bedingt gegeben, denn die Veränderung der Organisation ist nur schwer möglich. Bei Anpassungen sind wegen der ausgeprägten Abhängigkeiten alle Funktionsbereiche einzubeziehen. Eine **Variante** der funktionalen Organisationsstruktur ist die Orientierung an Produkten statt an Tätigkeiten. So kann eine Stab-Produkt-Organisation die Unternehmensführung produktorientiert unterstützen. Dies kann auch durch die produktorientierte Untergliederung eines Funktionsbereichs erreicht werden. Dabei wird der Funktionsbereich, z. B. das Marketing, nach Produktgruppen unterteilt. *Varianten*

5 Organisation

Funktionale Organisation bei der Eder Möbel GmbH

Das Unternehmen *Eder Möbel GmbH* ist das Fallbeispiel, an dem bereits die operative Planung und Kontrolle (vgl. Kap. 4.3) erläutert wurde. Das eigentümergeführte kleine Unternehmen entwickelt, produziert und vertreibt Gartentische. Diese werden direkt an den Einzelhandel vertrieben. Das Unternehmen ist funktional gegliedert in die Bereiche Beschaffung, Produktion, Vertrieb und Verwaltung. Jede dieser Abteilungen wird jeweils von einer Führungskraft in einem Einliniensystem geleitet. Abb. 5.1.10 zeigt das Organigramm der *Eder Möbel GmbH* als typisches Beispiel einer funktionalen Organisation.

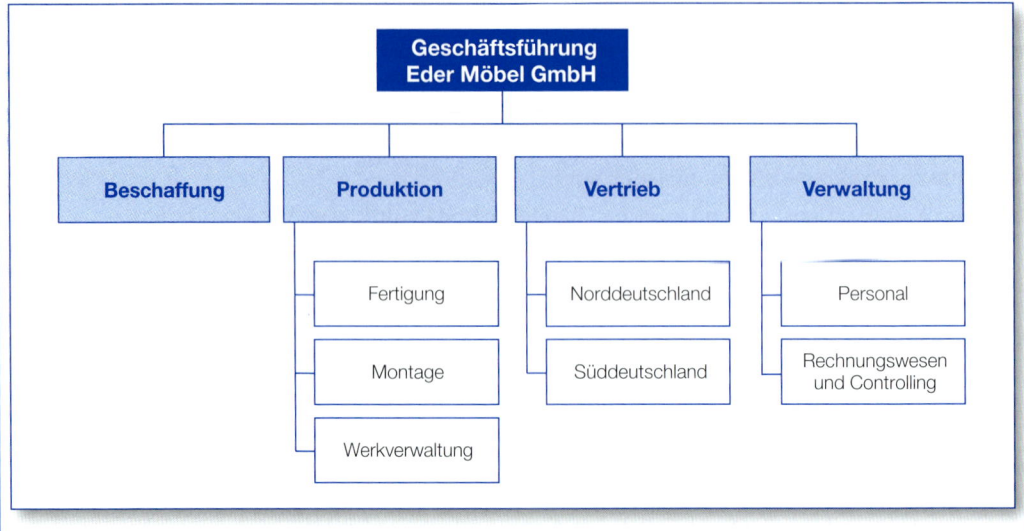

Abb. 5.1.10: Organigramm der Eder Möbel GmbH

5.1.4.2 Divisionale Organisation

> **Divisionale Organisation** strukturiert ein Unternehmen nach Objekten wie Produktgruppen, Kundengruppen oder Regionen. Die entstehenden Organisationseinheiten werden Divisionen, Bereiche oder Sparten genannt.

Differenzierungsmöglichkeiten der divisionalen Organisation sind (vgl. *Frese*, 2010, S. 381 ff.; *Hungenberg*, 2011, S. 339 ff.; *Müller-Stewens/Lechner*, 2011, S. 544 ff.):

Produktgruppen
- **Produktgruppen:** Dies ist die häufigste Form der divisionalen Organisation. Sie bietet sich an, wenn die Produkte sich hinsichtlich Kunden, Wettbewerberstrukturen und Leistungserstellungsprozessen deutlich voneinander unterscheiden. Dies ist oft bei Industrieunternehmen der Fall, die über ein heterogenes Produktprogramm verfügen. So entwickelt, produziert und vertreibt z. B. die *Robert Bosch GmbH* u. a. Automobilkomponenten, Haushaltsgeräte, Hydrauliksysteme und Heizungen. Diese Geschäftsbereiche sind hinsichtlich Marktanforderungen, Technologie, Produktion und Beschaffung so unterschiedlich, dass getrennt voneinander agierende Divisionen eingerichtet wurden (vgl. Fallbeispiel in Kap. 4.1).

Kundengruppen
- **Kundengruppen:** Bedient das Unternehmen heterogene Kundensegmente mit unterschiedlichen Bedürfnissen, so kann eine Aufteilung nach Kundengruppen sinn-

voll sein. Exemplarisch bietet die WITTENSTEIN AG hochpräzise wartungsarme Antriebstechnik an, die sowohl im Maschinenbau, der Medizintechnik und der Luftfahrt eingesetzt wird. Diese Kundengruppen unterscheiden sich hinsichtlich Losgrößen, Marketing, Vertriebskanal etc. voneinander. Deshalb wurden separate Sparten gebildet.

- **Regionen:** Insbesondere für international tätige Unternehmen kann die Regionalorganisation zweckmäßig sein. Auf diese Weise lassen sich bestehende Unterschiede z. B. im Nachfrageverhalten, in gesetzlichen Bestimmungen, den Wettbewerbsbedingungen oder Kulturen besser berücksichtigen. Als Beispiel dient die *Ford Motor Company*, die als Unternehmen der Automobilindustrie auf sechs Kontinenten aktiv ist. Neben einigen Zentralbereichen gibt es die Geschäftsbereiche Amerika, Asien Pazifik und Afrika, China sowie Europa.

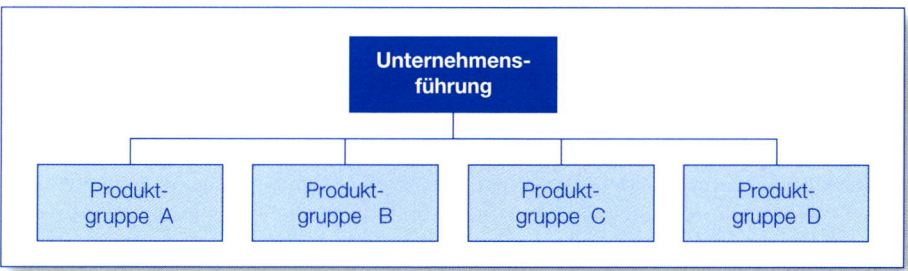

Abb. 5.1.11: Divisionale Organisation

Bei der divisionalen Organisation sind die Weisungsbeziehungen nach dem **Einliniensystem** gestaltet. Jeder Mitarbeiter erhält nur von seinem direkten Vorgesetzten Weisungen. Da in den einzelnen Divisionen weitgehend vollständige Marktleistungen erbracht werden, gibt es deutlich weniger bereichsübergreifende Interdependenzen als in der funktionalen Organisation. Die Divisionen sind gewissermaßen „Unternehmen im Unternehmen", die unabhängig voneinander handeln. Damit verringert sich auch der Koordinationsbedarf an der Unternehmensspitze. Es besteht eine Tendenz zu relativ großer Autonomie der Divisionen und damit zur **Dezentralisation** von Entscheidungen. Dennoch unterliegen die Divisionen einer einheitlichen Führung durch die Unternehmensspitze. Innerhalb einer Sparte kann wiederum eine funktionale oder eine objektorientierte Struktur gewählt werden. Die Divisionen sind mit allen Funktionen auszustatten, die zur Erfüllung ihrer Marktaufgabe erforderlich sind.

Von dieser Regel sind zumeist solche Funktionen ausgenommen, die nicht unmittelbar der Leistungserbringung dienen. Zudem auch Funktionen, die in allen Divisionen in ähnlicher Form anfallen, wie z. B. das Personalwesen. Auch können durch Bündelung besondere Vorteile für das Gesamtunternehmen erzielt werden, wie z. B. in der Beschaffung. Darüber hinaus auch Funktionen, die der divisionsübergreifenden Koordination des Unternehmens dienen, wie z. B. das Controlling.

Diese Aufgaben werden in sog. **Zentralbereichen** gebündelt, die für ihren Aufgabenbereich fachliche Richtlinienkompetenzen gegenüber den Divisionen besitzen. Dadurch werden die Autonomie der Divisionen und die Eindeutigkeit der Weisungsbeziehungen eingeschränkt. Auf der anderen Seite lassen sich Größen- und Spezialisierungsvorteile nutzen, die bei einer Aufteilung der Aufgaben auf die einzelnen Divisionen nicht zu realisieren wären. Typische Querschnittsfunktionen wie Personalwesen, Organisation,

5 Organisation

Finanzierung oder Controlling werden dann in den Geschäftsbereichen durchgeführt, aber in der Unternehmenszentrale organisatorisch verankert. Zentralbereiche haben die Aufgabe, Rahmenbedingungen für die Funktionserfüllung in den Geschäftsbereichen zu setzen. Nach dem Ausmaß der **Erfolgsverantwortung** der Divisionen werden auch **Center-Konzepte** unterschieden (vgl. Kap. 5.2).

Ursachen Die Entstehung und Verbreitung der Spartenorganisation als Antwort auf die Nachteile der funktionalen Struktur hat mehrere **Ursachen:**

- Mit zunehmender **Diversifikation** und **Internationalisierung** von Unternehmen verliert die funktionale Organisation an Effizienz. So sind bereits 1930 einige amerikanische Mischkonzerne wie z. B. *DuPont* zur Spartenorganisation übergegangen.
- Eine weitere Ursache für die Entwicklung der Spartenorganisation ist das **Größenwachstum** eines Unternehmens. Funktionale Strukturen führen ab einer kritischen Größe zu Funktionsbereichen, die aufgrund ihrer Komplexität kaum noch zu beherrschen sind.
- Bei steigender **Umweltdynamik**, z. B. durch Markt- und Technologieentwicklungen, sind funktionale Strukturen weniger flexibel als Spartenorganisationen.

Vorteile **Vorteile** der divisionalen Organisation sind:

- **Marktorientierung:** Mit den Divisionen werden überschaubare, eigenständige Einheiten gebildet, die sich vollständig auf die Besonderheiten eines bestimmten Produktes, einer Region oder einer Kundengruppe konzentrieren können.
- **Flexibilität:** Durch größere Marktnähe werden Umfeldentwicklungen schneller erkannt und es ist möglich, rasch und selbstständig darauf zu reagieren.
- **Autonomie:** Da die Divisionen relativ autonome Einheiten sind, können divisionale Entscheidungen rasch getroffen und realisiert werden. Die Spartenleitung trägt unternehmerische Verantwortung. Dies erhöht die Motivation der Führungskräfte und ermöglicht eine gezielte Bearbeitung der jeweiligen Aufgaben.
- **Entlastung der Unternehmensführung:** Ein Großteil der erforderlichen Koordination in einer funktionalen Organisation entfällt. Die Ergebnisverantwortung liegt bei den Objektbereichen, während sich die Unternehmensleitung der übergreifenden, strategischen Ausrichtung zuwendet.

Nachteile Wesentliche **Nachteile** der divisionalen Organisation sind:

- **Bereichsegoismen:** Der Einfluss auf die einzelnen Objektbereiche ist geringer als in der funktionalen Organisation. Die Sparten verfolgen nur ihre eigenen Ziele, auch wenn dies zu Lasten des Gesamtunternehmens geschieht. Die Schaffung von Synergien obliegt der Unternehmensführung.
- **Konflikte:** Für den Fall gemeinsam genutzter Ressourcen sowie der Betreuung gemeinsamer Kunden können zwischen den Divisionen Konflikte entstehen. Dies erfordert eine übergreifende Koordination.
- **Geringe Ressourceneffizienz:** Spezialisierungsvorteile gehen verloren, da die Divisionen ihre Aufgaben unabhängig voneinander erfüllen. Die Dezentralisierung kann zu Doppelarbeiten und Redundanzen führen. Gleichartige Funktionsbereiche werden u. U. mehrfach im Unternehmen gebildet. So ist es z. B. denkbar, dass jede Sparte eine eigene Personalabteilung hat. Dies erhöht auch den Bedarf an qualifizierten Führungskräften.

5.1 Grundlagen

Divisionale Organisation bei der Rio Tinto Group

Das Unternehmen *Rio Tinto* ist eine 1873 gegründete multinationale Bergbaugesellschaft. Mit einem Umsatz von rund 44 Mrd. USD ist sie neben *Anglo American* und *BHP Billiton* eines der drei größten Abbauunternehmen der Welt sowie der weltweit führende Aluminiumproduzent. Seit 1995 ist das Unternehmen als Konzern organisiert, der juristisch aus zwei börsennotierten Unternehmen besteht. Die *Rio Tinto plc* mit Sitz und Börsennotierung in London und die *Rio Tinto Limited* mit Sitz in Melbourne und Notierung an der Australischen Börse. Beide Gesellschaften werden bei gleichen Stimmrechten und Dividenden von einem gemeinsamen Vorstand geführt. Unterhalb der gemeinsamen Unternehmensführung gliedert sich die Gruppe in fünf globale Produktbereiche sowie Zentralbereiche u. a. für Exploration und Technologie. Die fünf Produktgruppen haben ihrerseits Zentralen mit globaler Verteilung: Zwei in Australien, zwei in London und eine in Montreal. Alle Geschäftsbereiche haben die Mission, natürliche Ressourcen zu finden, zu erschließen, auszubeuten und zu verarbeiten:

- **Aluminium:** Als globaler Weltmarktführer werden Bauxit abgebaut und Aluminium erzeugt.
- **Kupfer:** Ein der weltgrößten Kupferproduzenten mit Nebenprodukten wie z. B. Gold, Silber und Nickel.
- **Energie:** Dieser Geschäftsbereich gewinnt Kohle und Uran.
- **Eisenerz:** Als weltweit zweitgrößter Produzent wird Eisenerz gefördert, aufgearbeitet und zu den Stahlproduzenten transportiert.
- **Diamanten & Mineralien:** Diese Produktgruppe wurde aus den anderen vier Divisionen herausgelöst, um dieses Geschäftsfeld stärker zu fokussieren und neues Wachstum zu generieren. Sie konzentriert sich auf die Produkte Diamanten und Mineralien wie z. B. Titan und Talk.

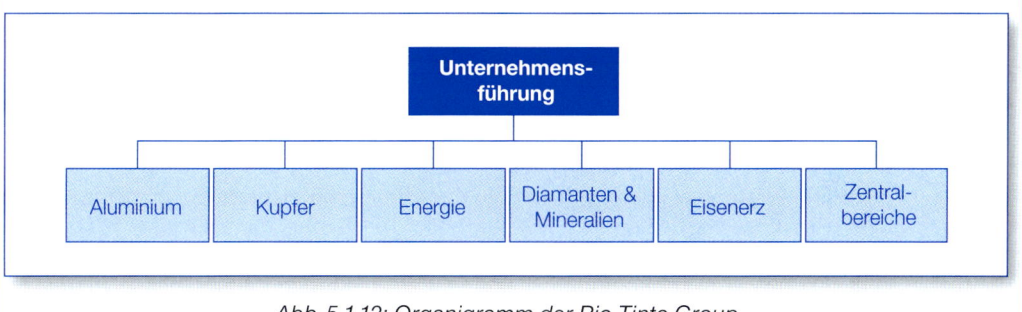

Abb. 5.1.12: Organigramm der Rio Tinto Group

5.1.4.3 Matrixorganisation

Matrixstrukturen wurden erstmals bei amerikanischen Großprojekten der Luft- und Raumfahrt eingesetzt (vgl. *Grochla*, 1991, S. 140). Sie sind eine Kombination von funktionaler und divisionaler Organisation. Es handelt sich daher um eine **mehrdimensionale Organisationsstruktur** bzw. ein Mehrliniensystem. Häufig wird die funktionale Gliederung weiter nach Produkten oder Regionen differenziert. In Frage kommen auch Kombinationen zwischen mehreren Objektbereichen, z. B. Regionen und Produktgruppen. Somit kann die Strukturierung durch Kombinationen von Funktionen, Produkten, Regionen oder Projekten erfolgen (vgl. *Davis/Lawrence*, 1977; *Robbins*, 2001, S. 494).

Mehrliniensystem

5 Organisation

> ! Eine **Matrixorganisation** ist ein Zweiliniensystem, bei dem gleichzeitig nach zwei Kriterien differenziert wird. Die Mitarbeiter sind somit zwei Instanzen unterstellt.

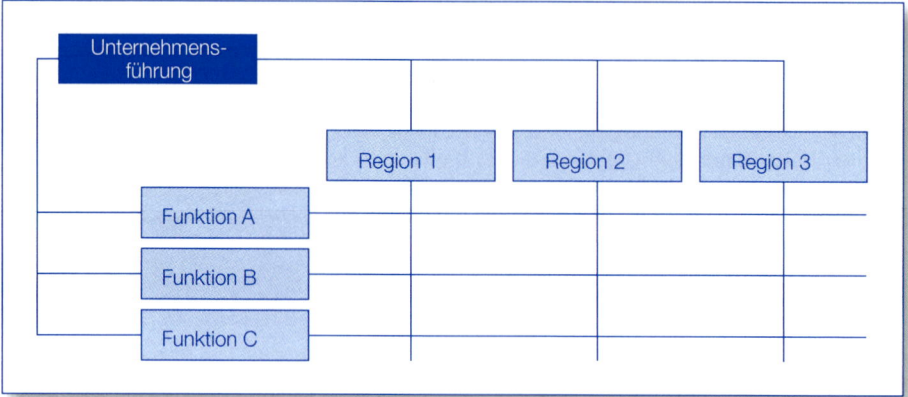

Abb. 5.1.13: Matrixorganisation

Matrixstellen & -schnittstellen

Eine Matrixorganisation besteht aus der Matrixleitung, den Matrixstellen sowie den Matrixschnittstellen. An der Schnittstelle kommt es zur absichtlichen Überkreuzung von Zuständigkeiten. Zwei Matrixstellen, die je nach Gliederung mit Funktions- oder Objektaufgaben betraut sind, müssen sich für die Aufgabenerfüllung an der Schnittstelle miteinander abstimmen. Die Schnittstelle wird als Mehrliniensystem von zwei übergeordneten Einheiten geführt.

Balancierte Matrix

Im **Grundmodell** der Matrixorganisation, der balancierten Matrix, werden Weisungsbefugnisse gleichberechtigt auf die beiden Führungsebenen verteilt. Die betroffenen Mitarbeiter der untergeordneten Ebene bekommen von beiden Instanzen gleichberechtigte Weisungen. Hierdurch soll die Koordination im Unternehmen gefördert werden. Allerdings werden so auch Konfliktfelder geschaffen, die nach einer produktiven Konfliktlösung verlangen. Die ausgewogene Berücksichtigung von Funktions- und Objektinteressen soll zu qualitativ besseren Entscheidungen führen. Diese werden insbesondere aufgrund der „produktiven" Konflikte zwischen den beiden Linienmanagern erwartet. Im Verhältnis zwischen der ersten und der zweiten Führungsebene geht die Matrixorganisation dabei von einer dezentralen Verteilung von Entscheidungsaufgaben aus. Angesichts der Mehrfachunterstellung der Mitarbeiter ist jedoch eine weitergehende Dezentralisation kaum noch möglich.

Asymmetrische Matrix

Das zentrale Gestaltungsproblem der Matrixorganisation besteht in der Kompetenzabgrenzung zwischen den beiden Linienstellen. Abweichend vom Grundmodell kann jeweils einer Führungsebene mehr Kompetenz eingeräumt werden. Dann entsteht eine **asymmetrische Matrixorganisation**, die auch als unbalancierte oder abgeschwächte Matrixorganisation bezeichnet wird. Darin verwischen allerdings die Unterschiede zu den eindimensionalen Organisationsformen, z. B. zur divisionalen Organisation mit Zentralbereichen. Die Kompetenzverteilung kann so aussehen, dass eine Linie entscheidet, was und wann etwas zu tun ist, während die zweite Linie über die Ressourcen (wie und wer) bestimmt.

5.1 Grundlagen

Die Doppelunterstellung bringt hohe Anforderungen für die beteiligten Stellen mit sich. Daher ist sie nur zu empfehlen, wenn folgende **Bedingungen** erfüllt sind:

- Die Aufgabenstellung ist so komplex, dass mindestens zwei Gliederungskriterien erforderlich sind. Andernfalls rechtfertigt sich der hohe Abstimmungsaufwand nicht.
- Die beteiligten Stellen haben mit der Doppelunterstellung potenzielle Konflikte zu lösen. Jede Aufgabenstellung wird zwangsläufig aus unterschiedlichen Blickwinkeln analysiert. Dadurch wird die Entscheidungsfindung komplexer, sachgerechter, aber auch langwieriger.
- Zur bestmöglichen Erfüllung der unternehmerischen Aufgabe ist die gemeinsame Nutzung von Ressourcen durch Funktionen und Objekte erforderlich. Sind die Ressourcen problemlos aufteilbar, dann ist jedoch keine Matrixstruktur erforderlich.

Voraussetzungen

Die Matrixorganisation ist entstanden, um die Stärken der beiden eindimensionalen Organisationsformen zu kombinieren und ihre Schwächen zu vermeiden. Daher gelten die Stärken der beiden anderen Idealtypen hier analog. Ergänzend weist die Matrixstruktur eine Reihe weiterer **Vorteile** auf:

Vorteile

- Sie ermöglicht eine mehrdimensionale Entscheidungsfindung, da zwei oder mehrere Ausrichtungen in der Organisation verankert und mit Prioritäten versehen sind.
- Ein System gegenseitiger Kontrolle („checks and balances") führt verschiedene Sichtweisen zusammen.
- Innerbetriebliche Kooperation und der Aufbau von Konsens wird unterstützt. Dies trägt zur Koordination komplexer Aufgabenstellungen bei.

Die Matrixorganisation besitzt aber auch einige **Nachteile**, die weder in der funktionalen noch der divisionalen Organisation auftreten. Sie werden vor allem durch die institutionalisierten Konflikte hervorgerufen, die aus der Mehrfachunterstellung der Mitarbeiter folgen:

Nachteile

- Das Konfliktpotenzial zwischen den einzelnen Stellen ist relativ hoch. Unterschiedliche Interessen prallen aufeinander und sollen zu kreativen und produktiven Problemlösungen führen. Es kann aber auch zu Machtkämpfen kommen, die Entscheidungs- und Anpassungsprozesse verlangsamen und wenig sachgerechte Kompromisslösungen hervorbringen. Dies fördert eine Innenorientierung, da interne Verhandlungsprozesse und Absicherungsbedarf die Folge sind.
- Es besteht die Gefahr einer Überlastung der Unternehmensführung. Können sich beide Matrixstellen nicht einigen, so hat die Matrixleitung eine Entscheidung zu treffen. Die Doppelunterstellung kann dabei auch zu unklaren Verantwortlichkeiten führen. Je mehr Konflikte auftreten und je gespannter der Umgang ist, desto mehr hat sie folglich zu tun.
- Die Leitungsspanne der Unternehmensführung ist groß, da zwei Linien zu führen sind. Dies bedeutet auch einen hohen Bedarf an Führungskräften, um den Koordinationsaufwand zu leisten. Dies macht die Matrixorganisation relativ kostspielig.

Die Beurteilung des Grundmodells der Matrixorganisation ist aufgrund der Schwachstellen eher negativ (vgl. *Reiß*, 1994, S. 152 ff.). Reine Matrixstrukturen sind daher nur in wenigen Unternehmen zu finden. Meist dominiert eine Dimension über die andere und kann Entscheidungen letztendlich in ihrem Sinne fällen.

Sehr häufig wird eine Matrixdimension als Verbindung von Funktionen und Projekten gebildet (vgl. auch Kap. 5.3). Sie findet Anwendung im Entwicklungsbereich von

Anwendung

Unternehmen, die eine Linie nach Funktionen im Entwicklungsprozess und eine nach Projekten unterteilen. So wird z. B. der Entwicklungsbereich der *Daimler AG* nach funktionalen Entwicklungsabteilungen und nach Projekten für die zu entwickelnden Fahrzeuge organisiert. Ähnlich wird eine Matrixorganisation auch im Maschinenbau, in Beratungs- und Softwareunternehmen oder Wirtschaftsprüfungen genutzt.

Tensororganisation

Als besondere Variante eines Mehrliniensystems ist es auch möglich, nach mehr als zwei Dimensionen zu spezialisieren. Eine dreidimensionale Struktur wird als **Tensororganisation** bezeichnet. Sie wird meist nach den Kriterien Funktion, Produkt bzw. Projekt und Region gegliedert (vgl. *Bleicher*, 1991, S. 593 ff.). Sie ist in einigen Großunternehmen zu finden. Beispielsweise verwendet die *VW AG* die Marken, Funktionen und Regionen als Gliederungsmerkmale. Große Wirtschaftsprüfungsgesellschaften gliedern nach den drei Dimensionen Regionen, Klientengruppen bzw. Branche und Produkt bzw. Dienstleistung. Die Tensororganisation erscheint vor allem für international tätige Unternehmen interessant, die in vergleichsweise heterogenen Märkten und Regionen operieren. Sie ist eine Erweiterung der Matrixorganisation, weshalb sie in ihren Stärken und Schwächen mit dieser vergleichbar ist. Deren Nachteile werden allerdings durch die zusätzliche Dimension noch verstärkt, insbesondere hinsichtlich der Konflikt- und Koordinationsprobleme.

5.1.4.4 Beurteilung der Aufbaustrukturen

Welche Strukturen den Unternehmenserfolg in welcher Weise beeinflussen, wurde durch zahlreiche **empirische Forschungen** untersucht. Diese liefern einige interessante Ergebnisse:

Abhängig von der Unternehmensumwelt

- **Umweltdynamik und Organisationsstruktur:** Die Gestaltung der Organisation ist abhängig von der Dynamik der Unternehmensumwelt. In relativ stabilen Umwelten eignen sich eher bürokratische Strukturen, während flexible Strukturen bei dynamischen Umwelten mehr Erfolg versprechen (vgl. *Burns/Stalker*, 1971, S. 147 ff.).

- **Umweltdifferenzierung und Organisationsstruktur:** Strukturen sind von der Dynamik und Unsicherheit ihrer Umwelten geprägt. Bereiche, die dynamischen und unsicheren Umweltsegmenten gegenüber stehen, weisen weniger Hierarchieebenen auf und besitzen einen geringeren Formalisierungsgrad (vgl. *Lawrence/Lorsch*, 1976, S. 23 ff.).

- **Umweltunsicherheit und Organisationsstruktur:** Unternehmen, die eine durch den Wettbewerb bedingte Umweltunsicherheit erleben, bevorzugen personale Spezialisierung und Koordinationsmechanismen. Bei vorwiegend technischem Wandel wird eher über Pläne und Regelungen koordiniert (vgl. *Khandwalla*, 1974, S. 74 ff.).

Abhängig von der Unternehmensgröße

- **Unternehmensgröße und Organisationsstruktur:** Mit steigender Größe und damit struktureller Komplexität einer Organisation nimmt der Grad an Dezentralisation zu. Zudem haben größere Unternehmen ein höheres Maß an Spezialisierung, Standardisierung und Formalisierung als kleine Unternehmen (vgl. *Blau/Schoenherr*, 1971; *Pugh/Hickson*, 1976).

Es ist methodisch schwierig, Organisationen empirisch zu beurteilen. Dennoch liefern diese empirischen Ergebnisse Hinweise darauf, dass die organisatorischen Gestaltungsparameter stark von der Unternehmensumwelt und der Strategie abhängig sind. Dies verdeutlicht die Notwendigkeit zur engen Abstimmung der Funktionen der Unternehmensführung. Die Eignung einer Organisationsform kann daher nur vor dem Hintergrund der Unternehmensziele beurteilt werden. Sie richten ein Unternehmen aus und findet ihre Ausgestaltung in Strategien. Die Beurteilung von Organisationsstrukturen erfolgt daher durch die Untersuchung auf ihre **Ziel-** und **Strategieauswirkung** und ist abhängig von der Unternehmenssituation.

Als **Anforderungen** an die Organisation können folgende Kriterien verwendet werden. Sie stehen in Beziehung zu den übergeordneten Unternehmenszielen und erlauben eine differenzierte Beurteilung der Organisationsformen (vgl. *Hungenberg*, 1995, S. 119 ff.):

Organisationsziele

- **Marktorientierung:** Wie gut unterstützt die Organisation das Unternehmen bei der Ausrichtung auf die Marktanforderungen, der dort herrschenden Wettbewerbsbedingungen und Kundenbedürfnisse?
- **Ressourceneffizienz:** Wie gut unterstützt die Organisation die Nutzung sachlicher, personeller und finanzieller Ressourcen?
- **Qualifikation und Motivation:** Wie gut unterstützt die Organisation die Ausschöpfung und Entwicklung des Mitarbeiterpotenzials?
- **Flexibilität:** Wie gut unterstützt die Organisation die Fähigkeit zur Anpassung an Veränderungen des Unternehmensumfelds?

Funktionale und divisionale Organisationen besitzen gegensätzliche Stärken: Die funktionale Organisation zielt auf die Ressourceneffizienz ab, während die divisionale Organisation die Marktorientierung betont. Diese beiden Anforderungen sind konfliktär (vgl. *Frese*, 2010, S. 338 ff.). Welche Stärke für ein Unternehmen wichtig ist, kann vor dem Hintergrund der Wettbewerbsstrategie (vgl. Kap. 3.4) beantwortet werden. Werden die generischen **Wettbewerbsstrategien** der Kostenführerschaft bzw. Differenzierung nach *Porter* verwendet, dann lassen sich folgende Schlüsse ziehen (vgl. *Hungenberg*, 2011, S. 200 ff.):

Strategieunterstützung

- Die Strategie der **Kostenführerschaft** legt die Priorität auf effizienten Ressourcenumgang. Dies wird durch eine **funktionale Organisation** unterstützt. Die Bündelung von Funktionen ermöglicht Skaleneffekte und fördert das Kostenmanagement. Dies gilt für ein relativ homogenes Produktprogramm, in dem bereichsübergreifende Aufgaben überschaubar sind. In dynamischen Umfeldern kommt die funktionale Organisation an ihre Grenzen. Dort ist aber auch eine Kostenführerschaft generell problematisch.
- Bei einer **Differenzierungsstrategie** bezieht sich ein Unternehmen konsequent auf den Kunden, um sich in dessen Augen von den Konkurrenten abzuheben. Diese Marktorientierung wird durch die **divisionale Organisation** am besten unterstützt. Sie richtet alle Funktionen auf die jeweiligen Produkte, Märkte oder Kunden aus und schafft hierfür eine ganzheitliche Verantwortung. Durch die dezentralen Entscheidungskompetenzen verbessert sie auch die Flexibilität des Unternehmens.
- Die **Matrixorganisation** passt zu keinem der beiden Strategietypen nach *Porter*. Für eine Strategie der Kostenführerschaft ist sie zu aufwendig. Für eine Differenzierungsstrategie bindet sie zu viel Energie in internen Abstimmungsprozessen, um eine konsequente Marktorientierung zu erreichen. Werden **dynamische oder simultane Wettbewerbsstrategien** verfolgt, bei denen mehrere Erfolgsfaktoren gleichzeitig zu erfüllen sind, dann kann die Matrixorganisation geeignet sein. Diese Anforderungen können z. B. in Unternehmen der Luft- und Raumfahrt oder Unternehmensberatungen erfüllt sein. Teilweise ist eine Matrixorganisation auch nur für einzelne Teilbereiche eines Unternehmens, wie z. B. die Forschung und Entwicklung, sinnvoll.

5 Organisation

Abb. 5.1.14 zeigt die Eignung der Organisationsformen in Abhängigkeit der Strategie.

Kriterien	Funktionale Organisation	Divisionale Organisation	Matrix-organisation	
Marktorientierung	○	●	◐	● voll erfüllt
Ressourceneffizienz	●	○	◐	
Qualifikation und Motivation	○	◐	◐	◐
Flexibilität	○	●	◐	○ kaum erfüllt
Strategieeignung	Kostenführerschaft	Differenzierung	Dynamische und simultane Strategien	

Abb. 5.1.14: Strategieorientierte Beurteilung von Organisationsformen

Management Summary

- Nach dem institutionalen Organisationsbegriff werden Unternehmen und Organisation gleichgesetzt: „Das Unternehmen ist eine Organisation".
- Nach dem funktionalen Organisationsbegriff ist Organisation das durch die Gestaltung entstehende Ordnungsmuster eines Unternehmens: „Das Unternehmen hat eine Organisation".
- Nach dem instrumentalen Organisationsbegriff ist Organisation eine Funktion der Unternehmensführung: „Das Unternehmen nutzt Organisation als Führungsinstrument".
- Die Zuteilung von Aufgaben und Kompetenzen auf organisatorische Einheiten ist Gegenstand der Aufbauorganisation.
- Die Ablauforganisation regelt den Prozess der Aufgabenerfüllung.
- Für die Gestaltung einer Organisation ist die Arbeitsteilung meist verrichtungs- oder objektorientiert vorzunehmen, um Spezialisierungsvorteile zu erzielen. Die gebildeten Stellen sind zu integrieren und zu koordinieren, wozu Kompetenzen verteilt werden. Daraus lassen sich Ein-, Stab-Linien- und Mehrliniensysteme bilden.
- Durch die Ausgestaltung der organisatorischen Parameter lassen sich drei grundlegende Organisationsformen für die Aufbauorganisation unterscheiden.
- Eine funktionale Organisation gliedert ein Unternehmen nach betrieblichen Funktionen. Es schafft eindeutige Verantwortungsbereiche und eine effiziente Ressourcennutzung. Der Marktbezug bleibt dagegen auf die Unternehmensführung beschränkt.
- Eine divisionale Organisation gliedert ein Unternehmen nach Produktgruppen, Kundengruppen oder Regionen. Die Divisionen sind flexible und marktorientierte Einheiten. Die Ressourceneffizienz und Synergien bilden den Schwerpunkt der Unternehmensführung.
- Eine Matrixorganisation ist ein Mehrliniensystem, bei dem das Unternehmen gleichzeitig nach zwei Kriterien strukturiert wird. Auf diese Weise wird versucht, die Vorteile von funktionaler und divisionaler Organisation zu kombinieren. Allerdings steigt auch die Komplexität der Organisation und die institutionalisierten Konflikte können zu Problemen führen.

Literaturempfehlungen

Kieser, A./ Walgenbach, P.: Organisation, 6. Aufl., Stuttgart 2010.
Schulte-Zurhausen, M.: Organisation, 5. Aufl., München 2010.
Picot, A./ Dietl, H./ Franck, E.: Organisation, 5. Aufl., Stuttgart 2008.

5.2 Strategie und Organisation

> **Leitfragen**
> - Wie hängen Strategie und Organisation zusammen?
> - Was sind Holding-, Center- und Shared Service-Modelle?
> - Wie lassen sich selbstorganisatorische Potenziale nutzen?
> - Was sind Kooperationen, Allianzen und Netzwerke und was macht sie erfolgreich?
> - Welche Formen von Mergers und Acquistions gibt es und was ist dabei zu beachten?

Die Organisation hat auf der strategischen Ebene wesentlichen Einfluss auf die Erreichung der Unternehmensziele. Wie diese zu erreichen sind, ist eine Frage der Strategie. Die Organisation beeinflusst die Strukturen eines Unternehmens, die wiederum Auswirkungen auf die Strategie haben. Ebenso hängt die Umsetzung von Strategien auch von den handelnden Personen und strukturellen Rahmenbedingungen ab. So sind die Teilsysteme der Unternehmensführung auch auf der strategischen Ebene zu einem integrierten Gesamtsystem abzustimmen.

Als **strategische Aspekte** der Organisation werden im Folgenden behandelt:

- Das Zusammenwirken von Strategie und Struktur (Kap. 5.2.1),
- Holding- und Center-Konzepte (Kap. 5.2.2) und Selbstorganisation (Kap. 5.2.3),
- Kooperationen, Allianzen und Netzwerke (Kap. 5.2.4) sowie
- Übernahmen und Fusionen (Mergers and Acquisitions) (Kap. 5.2.5).

Strategische Aspekte

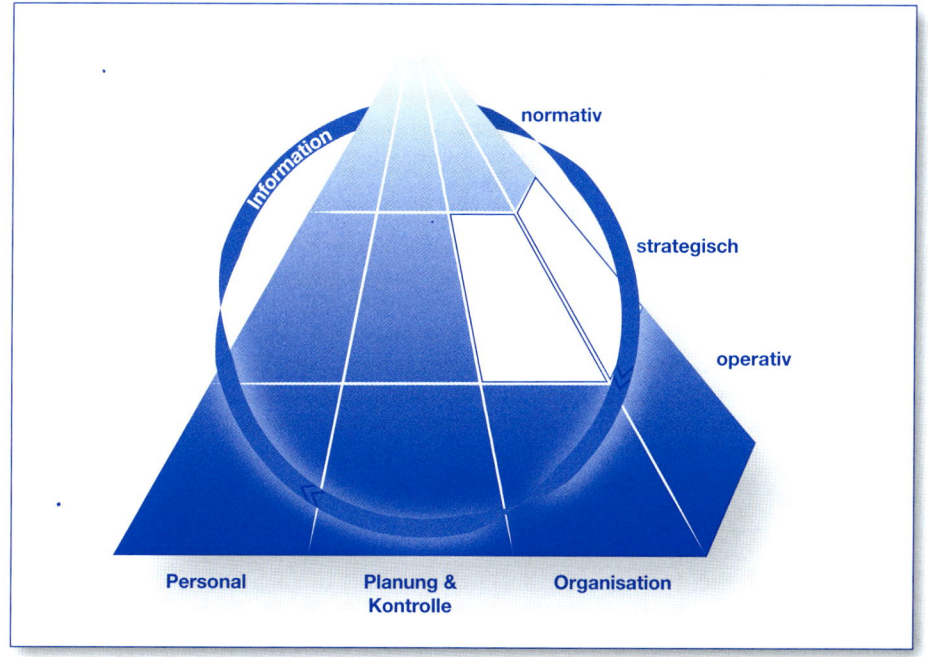

Abb. 5.2.1: Strategische Organisation im System der Unternehmensführung

5.2.1 Zusammenhang von Strategie und Struktur

Strategien und Strukturen stehen in engem Zusammenhang. *Chandler* machte dazu bereits Anfang der 1960er Jahre eine Langzeituntersuchung über die Entwicklung US-amerikanischer Unternehmen (vgl. *Chandler*, 1962). Diese zeigte, dass Veränderungen von Strategien mit Anpassungen der Organisationsstrukturen einhergingen. Beispielsweise gingen Unternehmen mit zunehmender Diversifikation von einer funktionalen zu einer divisionalen Organisationsstruktur über. Auf Basis dieser Untersuchung formulierte *Chandler* seine berühmte These **„Structure follows Strategy"**. Ihre Gültigkeit wurde auch in 156 deutschen Unternehmen von 1955 bis 1995 über einen Zeitraum von 40 Jahren untersucht. Folgende **Zusammenhänge** wurden dabei entdeckt (vgl. *Wolf*, 2011):

Strategie und Struktur

- Divisionale Organisationen richten sich immer weniger an Regionen und Kunden aus, dafür steigt die Produktorientierung an.
- Zentralbereiche und Holding-Strukturen gewinnen an Bedeutung.
- Aufgrund gestiegener Komplexität werden häufiger Matrixstrukturen angewendet.
- Die Strukturen deutscher und angelsächsischer Unternehmen nähern sich an.
- Reorganisationen und Strategiewechsel finden häufiger statt.

Grundthesen

In vielen weiteren theoretischen und empirischen Arbeiten wurde der Strategie-Struktur-Zusammenhang überprüft. Die Ergebnisse können in zwei **Grundaussagen** zusammengefasst werden (vgl. *Hungenberg*, 2011, S. 321):

- Strategie ist neben vielen weiteren beeinflussenden Faktoren eine wesentliche Einflussgröße auf die Organisation („**Structure follows Strategy**").
- Die Gegenthese „**Strategy follows Structure**" verdeutlicht, dass die Aufgaben- und Machtverteilung einer Organisationsstruktur aber auch die Strategie beeinflussen kann.

Strategiegerechte Organisation

Beide Grundthesen sind nicht unabhängig voneinander. Strukturen und Strategien bedingen sich wechselseitig und wirken aufeinander ein (vgl. *Müller-Stewens/Lechner*, 2011, S. 439 ff.). Obwohl die Strukturen eines Unternehmens die Wahl von Strategien beeinflussen, sollte die in der Strategie formulierte sachliche Aufgabe die Struktur dominieren. Daher ist die Strategie eines Unternehmens eine der wichtigsten Einflussgrößen auf die Organisation. Umgekehrt gilt eine **strategiegerechte Organisation** als maßgebliche Erfolgsbedingung für die Umsetzung einer Strategie. Strukturen sind dafür so zu gestalten, dass die Mitarbeiter ihr Verhalten bestmöglich auf die strategischen Anforderungen ausrichten. Organisation wird als Rahmenbedingung für das Handeln der Menschen gesehen. Somit beeinflusst die Gestaltung der Strukturen das Verhalten der Mitarbeiter. Da eine Änderung der Strategie auch ein anderes Verhalten erfordert, zieht eine strategische Veränderung meist auch eine Anpassung der **Aufbauorganisation** nach sich (vgl. *Hinterhuber*, 2004, S. 109).

Welche Strukturen zu welchen Strategien passen bzw. diese unterstützen, lässt sich erst im Zusammenhang mit Einflussgrößen wie z. B. der Dynamik der Unternehmensumwelt, dem Produktportfolio, den Technologien oder der Eigentümerstruktur sagen. Anforderungen des Markt- und Wettbewerbsumfelds und die Wettbewerbsstrategie spiegeln sich nicht nur in der Aufbauorganisation, sondern auch in der Gestaltung erfolgskritischer **Geschäftsprozesse** wider. So legt z. B. in der Automobilindustrie der

Kernprozess „Produktentwicklung" sowohl die Kundenakzeptanz als auch das Kostenniveau der Produkte fest und ist daher ein Erfolgsfaktor.

Neben Fragen der Aufbau- und der Ablauforganisation können Organisationsstrukturen noch weiter differenziert und mehrdimensional betrachtet werden. Auf diese Weise lässt sich eine Organisation auf die Anforderungen der Strategie abstimmen. Für eine solche ganzheitliche Koordination der Organisation eignet sich das **Klassifikationsraster** aus dem integrierten *St. Galler Management-Modell* (vgl. Kap 1.3). Es besteht aus den in Abb. 5.2.2 dargestellten acht **Dimensionen** (vgl. *Gomez/Zimmermann*, 1999; *Müller-Stewens/Lechner*, 2011, S. 453):

Dimensionen des Klassifikationsrasters

- **Sach- versus Personenorientierung:** Strukturen können an sach-rationalen Aspekten ausgerichtet sein. Beispiele sind Optimierungs- und Funktionalitätsgesichtspunkte. Alternativ kann die Prägung durch die Motivation und Macht einzelner Personen erfolgen.

- **Formalisierung versus Symbolorientierung:** Einerseits ist die formale Organisation durch schriftliche Regelungen, Verteilung von Aufgaben, Kompetenzen und Arbeitsprozessen geformt. Andererseits sind in der organisatorischen Gestaltung auch informelle Handlungen, verbale Kommunikation sowie Normen und Werte bedeutsam.

- **Effizienz- versus Effektivitätsorientierung:** Eine Organisation lässt sich auf Effizienz ausrichten, wobei z. B. Rationalisierungs- und Kostensenkungspotenziale im Vordergrund stehen. Der Gegenpol dazu ist die Orientierung an der Effektivität im Sinne einer zielgerichteten, einzelfallspezifischen und flexiblen Strukturierung strategischer Einheiten.

- **Organisation auf Dauer versus auf Zeit:** Strukturen können zeitlich befristet oder dauerhaft angelegt sein.

- **Monolithische versus polyzentrische Strukturen:** Die Entscheidungsmacht kann in Organisationen unterschiedlich verteilt sein. In einer monolithischen Struktur konzentriert sich die Entscheidungsgewalt auf die höchstmögliche Instanz. Polyzentrische Strukturen dezentralisieren Verantwortung dagegen auf die Stellen mit der jeweils höchsten Sachkompetenz.

- **Steile versus flache Konfiguration** bezeichnet die Anzahl der Hierarchieebenen. Eine flache Konfiguration bedeutet wenige und eine steile Konfiguration viele Ebenen.

- **Kontextuelle Anpassung versus Identitätsentwicklung:** Analog zur Strategieentwicklung können Strukturen gemäß der Umweltbedingungen und folglich stark außengerichtet gestaltet werden (kontextuelle Anpassung). Im Gegensatz dazu kann sich das Unternehmen auch nach innen gerichtet strukturieren und sich dabei an eigenständigen Prinzipien, Normen und Fähigkeiten orientieren (Identitätsentwicklung).

- **Fremd- versus Eigengestaltung:** Das letzte Spannungsfeld betrifft die Fremd- und Selbstorganisation (vgl. Kap. 5.2.3).

Das Raster kann zur Analyse einer bestehenden Organisation oder auch zur Gestaltung eines Soll-Profils verwendet werden. Die acht Dimensionen stellen Spannungsfelder dar, zwischen deren Polen die jeweilige Organisation positioniert wird. Die im Innenkreis liegenden Ausprägungen stehen für eine stabile, robuste Organisation und die außen stehenden Ausprägungen für flexible, entwicklungsfähige Strukturen (vgl. *Müller-Stewens/Lechner*, 2011, S. 454). Liegen die Ausprägungen der Dimensionen auf einer Kreislinie, dann sind die Strukturen homogen. Weichen einzelne Dimensionen von der Kreislinie ab, sind Koordinationsprobleme zu erwarten. In Phasen des Wandels emp-

Ausprägungen

5 Organisation

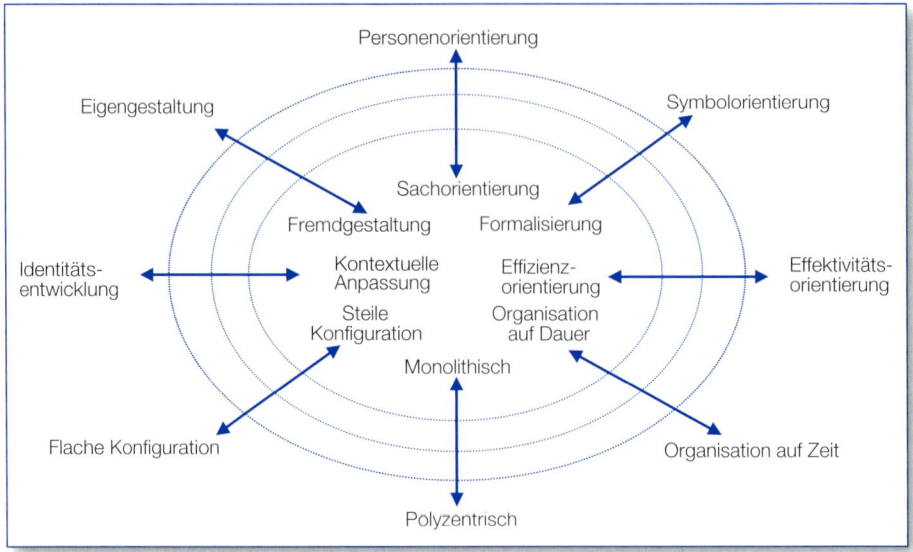

Abb. 5.2.2: Organisationsprofil (vgl. Müller-Stewens/Lechner, 2011, S. 453)

fehlen sich nach außen weisende Ausprägungen, während in Phasen relativer Stabilität innen liegende Gestaltungen besser geeignet sind.

Aus den organisatorischen Gestaltungsoptionen (vgl. Kap. 5.1), der erforderlichen Abstimmung mit den weiteren Teilsystemen der Unternehmensführung und der Strategie (vgl. Kap. 2.2.1) lassen sich Organisationsstrukturen gestalten. Sie beeinflussen den Erfolg eines Unternehmens und bestimmen dessen Fähigkeit, auf Veränderungen und Entwicklungen der Umwelt zu reagieren. Da sich aus den Kontextbedingungen und Strategien immer wieder **neue Anforderungen an die Organisation** ergeben, unterliegt diese ebenfalls einer evolutionären Veränderung. Neue und innovative Organisationskonzepte sind eine Reaktion auf geänderte Anforderungen an die Unternehmensführung. Sie unterscheiden sich in der Ausgestaltung der hierarchischen Organe, der Prozessgestaltung sowie deren Koordination und Kooperation.

Strategieorientierte Organisation

Mit der Zunahme von Markt- und Wettbewerbsanforderungen im Zeitablauf hat sich die Zielsetzung der Organisation von rationeller Aufgabenerfüllung über Prozess- und Produktqualität zu Markt- und Kundenorientierung verlagert. Dieser **Zielevolution** von operativer Effizienz über kontinuierliche Verbesserung zur strategischen Erneuerung tragen innovative Organisationskonzepte Rechnung (vgl. *Zahn/Dillerup*, 1995, S. 42).

Zielevolution

In den 1980er Jahren antworteten Unternehmen auf die zunehmenden Herausforderungen ihrer Aufgabenumwelt durch rationellere Ausführung von Aufgaben im Rahmen eines **Produktivitätsmanagements.** Aus der wachsenden Individualisierung von Kundenwünschen und den daraus folgenden Anforderungen an die Flexibilität und Schnelligkeit der Unternehmen, erfolgte die Notwendigkeit zur besseren Integration der betrieblichen Funktionen. Daher rückte das **Integrationsmanagement** in den Vordergrund. Exemplarisch wurden informationstechnische Möglichkeiten genutzt und integrierte Informationssysteme bestimmten die Organisation. Mit den 1990er Jahren wurde eine Welle des **Lean Managements** ausgelöst. Diese konzentrierte sich auf die Beseitigung von Ressourcenverschwendungen und die Suche nach Potenzialen zur Kostensenkung und

Entwicklung von Organisationskonzepten

5.2 Strategie und Organisation

Leistungsverbesserung. Damit ging eine stärkere Prozessorientierung einher. Im Zuge des Lean Managements wurden auch **gruppen- und teamorientierte Strukturen** stärker betont. Dabei werden Entscheidungen nicht von Einzelpersonen, sondern von Gruppen getroffen. Die bekanntesten Formen sind z. B. das Modell sich überlappender Gruppen nach *Likert* oder das Kollegien-Modell. Aufbauend auf dem **Prozessmanagement** (vgl. Kap. 5.4) entwickelte sich das **Total Quality Management** (TQM) als Führungsphilosophie, bei der Qualität zum Mittelpunkt der Unternehmensführung wird (vgl. Kap. 8.1.2.2).

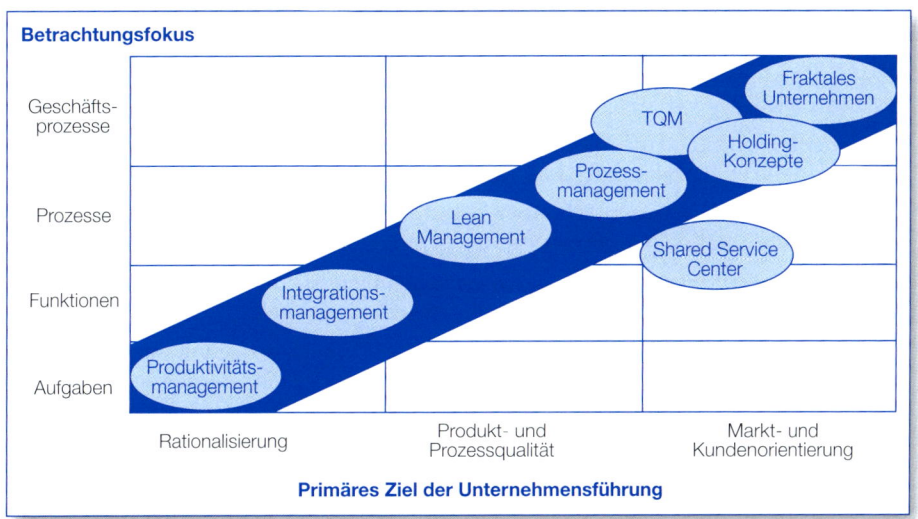

Abb. 5.2.3: Evolution von Organisationskonzepten

Eine Vielzahl **strategieorientierter Organisationskonzepte** hat sich in der Praxis bewährt. Davon werden folgende Konzepte erläutert:

- **Holding- und Center-Konzepte** erfreuen sich in diversifizierten Unternehmen zunehmender Beliebtheit. Sie führen auch in kleinen und mittleren Unternehmen zu konzernähnlichen Strukturen. Shared Service Center ermöglichen in dezentralisierten Unternehmen Standardisierungsvorteile bei der Abwicklung von Dienstleistungen (vgl. Kap. 5.2.2)
- **Selbstorganisation und fraktale Unternehmen** versuchen, die Potenziale selbstorganisatorischer Prozesse zu nutzen (vgl. Kap. 5.2.3).
- Organisationsmodelle, die neben hierarchischer Koordination auch Kooperationsformen beinhalten, werden in Kap. 5.2.4 erläutert. Darunter fallen **strategische Allianzen**, **Joint Ventures**, **Netzwerke** und **virtuelle Unternehmen**.
- Eine radikale Umgestaltung der Organisation ist mit **Übernahmen und Fusionen** verbunden, die in Kap 5.2.5 dargestellt sind.
- **Projektmanagement** wird für zeitlich befristete Formen der Zusammenarbeit eingesetzt, um komplexe, einzigartige oder neuartige Aufgaben zu bewältigen (vgl. Kap. 5.3).
- Das **Prozessmanagement** bezieht sich zwar primär auf die Verbesserung der operativen Abläufe, die Beherrschung der Geschäftsprozesse als kritische Erfolgsfakoren hat jedoch auch strategische Bedeutung (vgl. Kap. 5.4).

5.2.2 Holding- und Center-Konzepte

Die organisatorische Gestaltung von Geschäftsfeldern in diversifizierten Unternehmen hat durch Fusionen und Übernahmen (vgl. Kap. 5.2.5), durch Kooperationen (vgl. Kap. 5.2.4) und durch Internationalisierung (vgl. Kap. 8.5) zu einer zunehmenden Bedeutung von Center- und Holding-Konzepten geführt.

Konzern Nach dem Aktienrecht ist ein **Konzern** ein unter einheitlicher Leitung stehendes Unternehmen mit mindestens zwei rechtlich selbstständigen Teilgesellschaften (vgl. §18 AktG). Beim Umfang der Verbindung von Unternehmen kann in Abhängigkeit der *Einfluss-* Gesetzeslage und der Rechnungslegungsvorschriften zwischen folgenden **Formen** unterschieden werden (vgl. *Schulte-Zurhausen*, 2010, S. 279):

- **Minderheitseinfluss** auf ein Unternehmen besteht, wenn die Mehrheit der Unternehmensanteile eine Abhängigkeit zu einem anderen Unternehmen begründet.

- **Beherrschender Einfluss** beschreibt eine Situation, bei der ein herrschendes Unternehmen unmittelbar oder mittelbar auf ein Unternehmen einwirkt.

- **Konzernzugehörigkeit** bezeichnet ein Unternehmen, das unter einheitlicher Leitung steht. Dies ist meist in einem Beherrschungsvertrag geregelt.

Meist wird der Konzernbegriff jedoch weiter gefasst und auch für Verbindungen rechtlich selbstständiger Teilgesellschaften und unselbstständig operierender Unternehmens- oder Geschäftsbereiche verwendet (vgl. *Bleicher*, 1992, S. 1152 f.). 90 Prozent der Aktiengesellschaften und mehr als die Hälfte der Personengesellschaften verfügen in Deutschland über konzernähnliche Verbindungen mit weiteren Gesellschaften. Daher soll der Konzernbegriff nicht als Rechts-, sondern als **Organisationsform** der Holding betrachtet werden.

> **!** Eine **Holdingorganisation** ist ein Verbund mehrerer, rechtlich selbstständiger Unternehmen unter einer einheitlichen Leitung.

In einer Holdingorganisation erfolgt die Gliederung des Unternehmens objektorientiert in Divisionen (vgl. Kap. 5.1.4.2). Im Unterschied zur divisionalen Organisation sind in der Reinform einer Holding die einzelnen Divisionen gesellschaftsrechtlich selbstständig (vgl. *Bühner*, 1993, S. 41). Die **Rollenverteilung** zwischen der Holding als Obergesellschaft und den Teilgesellschaften (z. B. den Geschäftsbereichen, Beteiligungen oder Auslandsgesellschaften) kann unterschiedlich sein. Als Extrempunkte kann zwischen Management- und Finanzholding unterschieden werden. In der Praxis existieren jedoch zahlreiche Zwischenstufen:

Finanz-Holding
- **Finanz-Holding:** Die Holding betrachtet die Teilbereiche als Beteiligungen oder Investitionsobjekte. Sie beschränkt sich auf die juristische Verwaltung, Finanzierung und ggf. die Kontrolle der untergeordneten Unternehmen oder Unternehmenseinheiten. Die strategische, operative und teilweise auch normative Unternehmensführung obliegt den Teilbereichen.

Management-Holding
- **Management-Holding:** Die übergeordnete Holding nimmt inhaltlichen Einfluss auf die Führung der Teilbereiche. Sie bestimmt die Rechtsform, legt die Gesamtstrategie fest, trifft Entscheidungen über Ressourcen, besetzt wichtige Führungspositionen und überwacht einzelne Bereiche. Diese Organisationsform realisiert organisatorisch die strategische Zweiteilung in Geschäftseinheiten und Gesamtunternehmen. Die Führung der Obergesellschaft trägt die Gesamtverantwortung und legt übergeord-

5.2 Strategie und Organisation

nete Ziele und Strategien fest. Die Holding vollzieht die unternehmensweite Kapital-, Liquiditäts- und Erfolgsplanung sowie Kauf und Verkauf von Unternehmen oder Unternehmensteilen. Die Ziele und Strategien der Holding bilden den Handlungsrahmen für das Management der Teilgesellschaften. Diese sind für die Produktions-, Absatz- und Vertriebsstrategien, das Technologie- und Personalmanagement sowie das Tagesgeschäft zuständig. Die Management-Holding wird häufig bei größeren diversifizierten Unternehmen angewandt und erlaubt ein hohes Maß an Flexibilität. Beispielsweise fungiert die *Daimler AG* als Managementholding. Die Konzernzentrale führt die Sparten, welche z. T. unabhängig von der rechtlichen Struktur ein Geschäftssegment verantworten. So ist z. B. die *Evobus GmbH* für das Geschäft mit Bussen nach Vorgaben der Holding verantwortlich.

Aufgaben und Kompetenzen der	
Holding	**Bereichsleitung**
• Gruppenziele und -strategie • Genehmigung der Bereichsziele und -strategien • Genehmigung operativer Pläne und Budgets • Beschaffung und Zuordnung des Kapitals • Bestellung von Führungskräften der Bereiche • Führungskräftenachwuchs • Zentralbereiche mit Richtlinienkompetenz z.B. Finanzen, Personal, Controlling • Konzernstäbe mit Beratungsfunktionen z.B. Ökologie, Öffentlichkeitsarbeit	• Bereichsziele und -strategien • Operative Geschäftsführung • Erstellung und Umsetzung operativer Pläne • Ergebnisverantwortung • Verantwortung für Schlüssel- und Querschnittsfunktionen

Abb. 5.2.4: Aufgaben und Kompetenzen einer Management-Holding (vgl. Bleicher, 1994, S. 405)

Die **Erfolgsverantwortung** kann unabhängig von der rechtlichen Struktur eines Unternehmens unterschiedlich stark delegiert werden. Daraus folgen unterschiedliche **Center-Konzepte** als organisatorische Gestaltungsvarianten und als Instrumente strategieorientierter Organisation. Sie erlauben eine klare Zielorientierung und Zuordnung von Kompetenzen (vgl. *Krüger*, 1994).

> **Center** sind Organisationseinheiten, die Aufgaben bereichsübergreifend wahrnehmen. Sie erbringen Leistungen für mehrere interne Kunden und sind für einen bestimmten Leistungsumfang verantwortlich.

Center sind relativ autarke und autonome unternehmerische Organisationseinheiten. Sie können nach der erwarteten Leistung unterschieden werden (vgl. Abb. 5.2.5; *Schulte-Zurhausen*, 2010, S. 268):

Centerarten

- **Cost-Center:** Die Leitung eines Bereichs ist lediglich für die Einhaltung von Kostenbudgets verantwortlich. Dies kann auch als Kosten-Leistungsverhältnis definiert sein, z. B. in der Buchhaltung als Kosten je Buchungsvorgang. Cost Center sind die häufigste Centervariante.
- **Umsatz-Center:** Eine organisatorische Einheit ist für den Umsatz verantwortlich, der unter gegebenen Bedingungen z. B. durch den Vertriebsregionalleiter zu erreichen ist.

- **Profit-Center:** Die Führung einer Sparte hat Ergebnisverantwortung. Dies kann bis zur eigenverantwortlichen Festlegung des Produktprogramms ohne Rücksprache mit der Unternehmensführung reichen.
- **Investment-Center:** Das Spartenmanagement trägt neben der Ergebnisverantwortung auch die Verantwortung für die Investitionsentscheidungen des Geschäftsbereichs.

Center	Merkmale und Befugnisse	Erfolgsmaßstab
Discretionary Expense Center	- Keine eindeutig messbare Leistung - Entscheidung über den Ressourcenverbrauch - Vorgegebene, bestehende Kapazitäten	Kosten- oder Budgeteinhaltung
Standard Cost Center	- Eindeutig messbare Leistung - Entscheidung über den Ressourcenverbrauch - Vorgegebene, bestehende Kapazitäten	Kosten-Leistungs-Relation
Umsatzcenter (Revenue Center)	- Leistung des Centers sind Erlöse - Entscheidung über den Ressourcenverbrauch in einer feststehenden Kosten-Erlös-Relation - Vorgegebene, bestehende Kapazitäten	Umsatz
Profit Center	- Entscheidung über den Ressourcenverbrauch - Entscheidung über Erlöse - Vorgegebene, bestehende Kapazitäten	Gewinn oder Deckungsbeitrag
Investment Center	- Entscheidung über den Ressourcenverbrauch - Entscheidung über Erlöse - Entscheidung über Kapazitäten (Investitionen)	ROI, Wertbeitrag

Abb. 5.2.5: Arten von Centern (vgl. Coenenberg et al., 2012, S. 531 ff.)

Der globale Wettbewerb erhöht in Hochlohnländern den **Kostendruck**, so dass Effizienzvorteile durch Standardisierung auch für dezentrale Unternehmen an Bedeutung gewinnen (vgl. *Campenhausen/Rudolf*, 2001, S. 82 ff.; *Keuper/Oecking*, 2008, S. 477). Dezentrale Einheiten ermöglichen zwar Markt- und Kundenorientierung, dafür führen lokal angepasste Prozesse und Systeme zu einem Anstieg der Gemeinkosten (vgl. *Deimel/Quante*, 2003, S. 301 f.). Im Vergleich zu zentralisierten Einheiten entstehen höhere Personal- und Infrastrukturkosten sowie geringere Skaleneffekte. Darüber hinaus verfügen die dezentralen Einheiten häufig über nicht standardisierte Informationssysteme und redundante Prozesse (vgl. *Wißkirchen/Mertens*, 1999, S. 79 ff.). Um dennoch Effizienzvorteile aus standardisierten Prozessabläufen und Systemen zu erzielen, werden Shared Service Center gegründet.

Shared Service Center

> **Shared Service Center** führen zuvor durch verschiedene Organisationseinheiten wahrgenommene interne Dienstleistungen in einer wirtschaftlich und z. T. auch rechtlich eigenständigen Einheit zusammen, um Kosten einzusparen und die Geschäftseinheiten besser zu unterstützen.

Kerngeschäft

Dienstleistungen sind das Kerngeschäft für Shared Service Center. Diese werden den Geschäftsbereichen und teilweise auch externen Dritten unter marktähnlichen Bedingungen und zu wettbewerbsorientierten Preisen angeboten. Daher werden Shared Service Center auch als internes Outsourcing oder Ausgliederung bezeichnet (vgl. *Keuper/Oecking*, 2006, S. VIII; *Riedl*, 2003, S. 7). Sie eignen sich insbesondere für administrative und unterstützende Prozesse mit hohem Transaktionsvolumen. Beispiele sind Personalabrechnung, Finanzbuchhaltung oder Datenverarbeitung (vgl. *Breuer/Breuer*, 2008, S. 98; *Wißkirchen*, 2002a, S. 26).

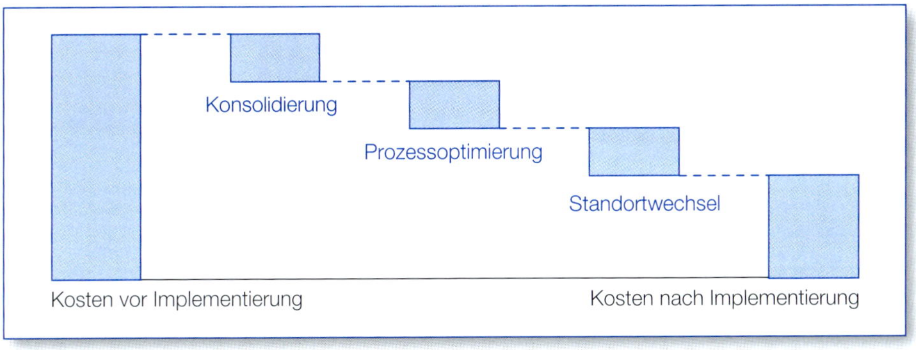

Abb. 5.2.6: Kosteneinsparungen durch Shared Service Center (vgl. Campenhausen/Rudolf, 2001, S. 82 ff.)

Vorteile

Shared Service Center entlasten die Geschäftseinheiten von Aufgaben, die nicht zu ihren Kernprozessen gehören. Dies ermöglicht **Prozessverbesserungen** durch Standardisierung und Optimierung des Ressourceneinsatzes. Die Bündelung des Transaktionsvolumens kann weitere **Synergie- und Skaleneffekte** mit sich bringen (Konsolidierung). Kostensenkungen können auch über Personalkosteneinsparungen durch die Verlagerung des Standorts z. B. nach Osteuropa oder Indien erzielt werden. Ein **Wechsel des Standorts** oder der Rechtsform kann auch Änderungen in den Tarifverträgen ermöglichen (vgl. *Dillerup/Foschiani*, 1996, S. 39).

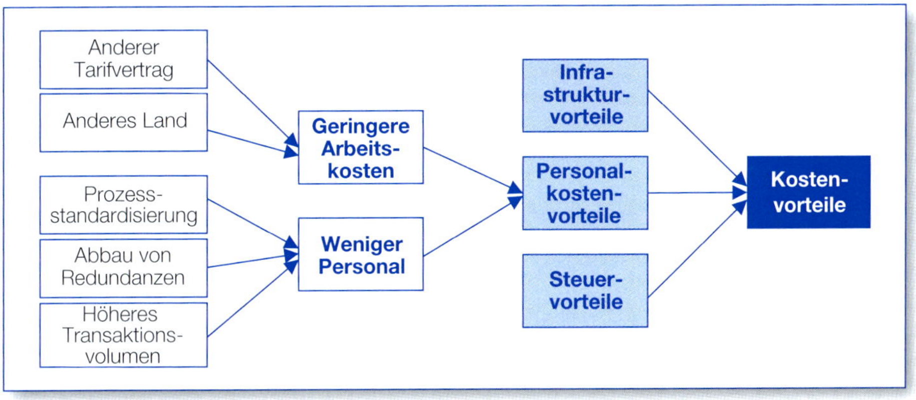

Abb. 5.2.7: Ursachen von Kostenvorteilen in Shared Service Centern

Die Quellen der Kostenvorteile sind in Abb. 5.2.7 dargestellt. Häufig sind somit Kostensenkungen von 25 bis 30 Prozent erzielbar (vgl. *Deimel/Quante*, 2003, S. 301 f.). Zudem lassen sich die Kosten den Kostenstellen und -trägern leichter zurechnen. Dies hat positiven Einfluss auf die Transparenz und Kalkulation.

Shared Service Center versus Corporate Center

Prozesse mit Unterstützungscharakter können alle indirekten Bereiche betreffen. So kommen für Shared Service Center die Funktionen Logistik, Einkauf, Kundenservice, IT, Personal, Finanzen, Rechnungswesen oder Controlling in Betracht. Manche Prozesse unterstützen die Unternehmensführung auch unmittelbar. In diesem Fall ist eine Stabsfunktion **(Corporate Center)** besser geeignet. Dies gilt z. B. für die interne Revision (vgl. *Schimank*, 2004, S. 171). Die Unterschiede verdeutlicht Abb. 5.2.8.

5 Organisation

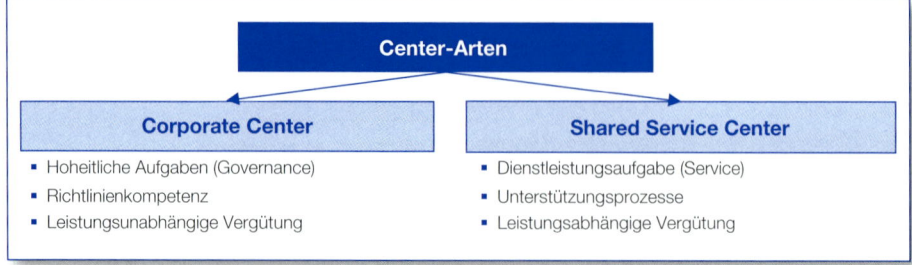

Abb. 5.2.8: Corporate versus Shared Service Center

Ob in einem Shared Service Center die o.g. Potenziale realisiert werden können, lässt sich mit Hilfe des **Prüfschemas für Prozesse** aus Abb. 5.2.9 feststellen. Daraus kann bestimmt werden, ob ein Prozess entfallen kann, besser in einer dezentralen Einheit verbleibt oder die Einrichtung eines Shared Service Centers sinnvoll ist.

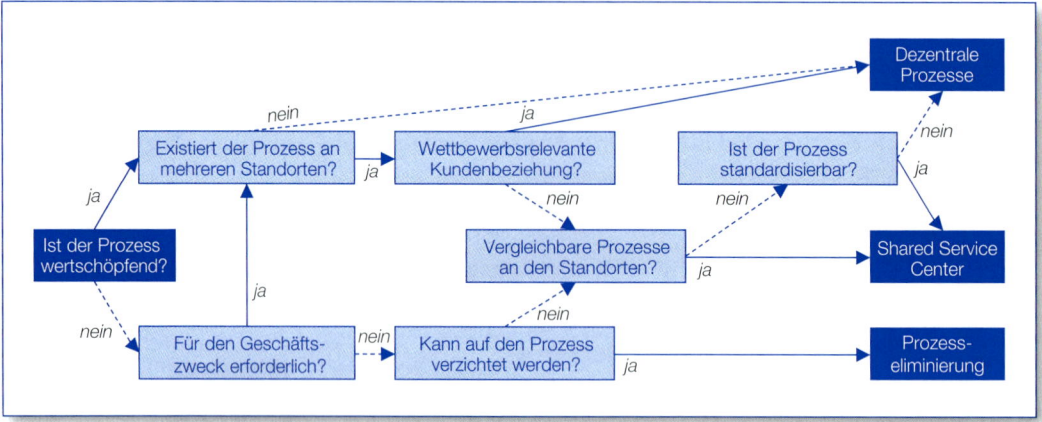

Abb. 5.2.9: Schema zur Auswahl geeigneter Prozesse für ein Shared Service Center

Die Gestaltung eines Shared Service Centers orientiert sich an drei **Gestaltungsbereichen** (vgl. *Campenhausen/Rudolf*, 2001, S. 82 ff.; *Schulman/Hammer*, 1999, S. 11; *The Economist*, 2003, S. 16 f.; *Wißkirchen*, 2002a, S. 26 ff.):

Prozessumfang
(1) Prozessumfang
- **Funktionen:** Ein Shared Service Center kann sich über einen Funktionalbereich, mehrere Funktionen oder alle unterstützenden Prozesse erstrecken.
- **Funktionsumfang:** Es ist festzulegen, in welchem Umfang eine Funktion oder ein Prozess in ein Shared Service Center eingebracht werden soll. Das Spektrum reicht von einzelnen Aktivitäten über Prozesse bis hin zum gesamten Funktionsbereich.

Standort
(2) Standort
- **Standortanzahl:** Ein Shared Service Center kann für das gesamte Unternehmen zentral an einem Standort oder an mehreren Standorten aufgebaut werden. Werden mehrere Einheiten mit einer hierarchischen Struktur untereinander verknüpft, dann entsteht ein **Center of Excellence.** Dieses führt die jeweils unterstellten Satelliten-Einheiten.

5.2 Strategie und Organisation

- **Reichweite:** Es wird festgelegt, für welche geografische Region das Shared Service Center seine Leistungen erbringt. Regionale Center können auf regionale Besonderheiten eingehen. Ein regionales Call Center kann z. B. Mitarbeiter mit regionalem Dialekt beschäftigen. Nationale Center können Besonderheiten eines Landes berücksichtigen. Dies ist z. B. in der Buchführung wichtig. Darüber hinaus können kontinentale oder sogar globale Center mit weltweiter Reichweite eingerichtet werden.

- **Länderorientierung:** Ein Standort kann im Heimatland des Unternehmens angesiedelt oder im Ausland aufgebaut werden. Für eine Standortverlagerung ins Ausland sprechen insbesondere steuerliche Aspekte und geringere Personalkosten.

(3) Organisatorische und juristische Ausgestaltung

Organisatorisch/juristisch

- **Rechtliche Eigenständigkeit:** Shared Service Center können virtuelle Organisationseinheiten sein, die räumlich oder zeitlich verteilt zusammenarbeiten. Die Aufgaben können durch Heimarbeitsplätze bearbeitet werden oder Mitarbeiter verschiedener Standorte bilden ein virtuelles Shared Service Center

- **Vertragliche Fixierung:** Ein Shared Service Center kann mit seinen internen Kunden auch ohne Verträge zusammenarbeiten. Ist es rechtlich selbständig, werden Verträge über die Leistungserstellung abgeschlossen. Diese sog. Service Level Agreements stellen die vertragliche Basis einer internen Lieferanten-Kunden-Beziehung dar. Darin werden die Leistungen nach Art, Qualität, Menge, Preis sowie die Zuständigkeiten beider Seiten festgehalten und Sanktionen bei Vertragsverletzungen vereinbart.

Abb. 5.2.10 fasst die Ausgestaltungsalternativen von Shared Service Centern zusammen.

Kriterium	Ausprägungen			
Umfang an Funktionen	Eine Funktion	Mehrere Funktionen		Alle Unterstützungsfunktionen
Funktionsbreite	Einzelne Funktionen	Partieller Funktionalbereich		Vollständiger Funktionsumfang
Standortzahl	Ein Standort	Center of Excellence und Satelliten		Mehrere Standorte
Reichweite	Regional	National	Kontinental	Global
Standort	Inland		Ausland	
Rechtliche Form	Virtuelle Organisation	Abteilung	Rechtlich unabhängig, wirtschaftlich abhängig	Rechtlich und wirtschaftlich unabhängig
Verträge	Keine	Service Level Agreements		Outsourcing-Vertrag

Abb. 5.2.10: Ausprägungen von Shared Service Centern

Beispiele für Shared Service Center

Der Automobilzulieferer *Getrag* (vgl. auch Kap. 5.3.2.3) hat ein Shared Service Center als Profit Center am Konzernstandort in Heilbronn-Untergruppenbach aufgebaut. Dies ist der einzige Standort, an dem mehrere Funktionalbereiche wie z. B. Personal, IT, Buchhaltung und Finanzen, zusammengefasst sind (vgl. *Boschen/Möller*, 2004, S. 97).

Der Softwarehersteller *Oracle* verfolgt bei seinen Shared Service Centern eine Multi-Standort-Strategie mit weltweit drei Standorten. In Dublin, den USA und in Australien werden Aufgaben aus dem Finanzbereich als gemeinsame Dienstleistung angeboten.

Im Gegensatz dazu hat *Rhodia* in Prag den gesamten Finanzbereich vereint und konnte damit eine Kostensenkung von über 15 Prozent erzielen (vgl. *Deimel/Quante*, 2003, S. 301 ff.).

5 Organisation

Erfolgsfaktoren Erfolgsfaktoren für Shared Service Center sind (vgl. *Campenhausen/Rudolf*, 2001, S. 82 ff.; *Deimel/Quante*, 2003, S. 301 ff.):

- **Markt- und Wettbewerbsbedingungen:** Marktähnliche Verhältnisse lassen sich durch Benchmarks oder die Teilnahme am externen Wettbewerb erzielen. Wettbewerbsbedingungen werden auch dadurch geschaffen, dass die internen Kunden auch Leistungen von externen Lieferanten beziehen dürfen.

- **Performance Measurement:** Die Leistungen des Shared Service Centers sind mit geeigneten Maßgrößen zu planen und zu kontrollieren, um den Vergleich mit externen Leistungsanbietern zu ermöglichen.

- **Prozessauswahl und -gestaltung:** Wird ein Dienstleistungszentrum aufgebaut, so sind zunächst die hierfür geeigneten Aktivitäten zu identifizieren und an die Kundenanforderungen anzupassen.

- **Vertragsvereinbarungen:** Ohne vertragliche Festlegung fehlt der Anreiz, Kostenstrukturen zu überprüfen und die Prozesse am externen Markt auszurichten. Die Service Level Agreements sind das zentrale Steuerungsinstrument eines Shared Service Centers.

- **Strategieorientierung:** Das Betreiben eines Dienstleistungszentrums bringt langfristige Verpflichtungen mit sich und reduziert die Flexibilität z. B. beim Verkauf von Unternehmenseinheiten. Daher sind Shared Service Center nicht nur aus Kostengründen, sondern auch in strategischer Hinsicht sinnvoll.

Vorteile im globalen Kontext Für global agierende Unternehmen bieten Shared Service Center die Chance, Kostensenkungen und Transparenz in den Gemeinkostenbereichen zu erzielen. Ausschlaggebend hierfür sind die Bündelung von Unternehmensressourcen sowie die Restrukturierung und Verbesserung interner Abläufe. Neben der Kostenkomponente erhöht sich die Kunden- und Marktorientierung, da das Shared Service Center seine Leistungen an die Geschäftseinheiten verkaufen muss.

Holding- und Centerstrukturen bei der Siemens AG

In der *Siemens AG* entwickeln und fertigen rund 370.000 Mitarbeiter in über 190 Ländern weltweit Systeme und Anlagen und bieten so maßgeschneiderte Lösungen. *Siemens* ist mit seinen Aktivitäten auf den Gebieten Industrie, Energie, Gesundheit sowie Infrastruktur und Städte ein weltweit führendes Unternehmen und erzielt einen Umsatz von mehr als 78 Mrd. Euro. Das Unternehmen hat seinen Firmensitz in Berlin und München. Das Portfolio an Geschäftssektoren umfasst:

- Der **Industry Sector** bietet ein komplettes Spektrum an Produkten, Dienstleistungen und Lösungen, mit denen sich Ressourcen und Energie effizienter nutzen und die Produktivität von Industrie und Infrastruktur steigern lassen. Mit seinen ganzheitlichen Lösungen richtet sich der Sektor in erster Linie an Industriekunden, z. B. aus der Prozess- und Fertigungsindustrie sowie Infrastrukturkunden, z. B. aus dem Transportwesen, dem Gebäudemanagement oder dem Versorgungsbereich. Das Portfolio umfasst Produkte und Dienstleistungen für die Industrieautomatisierung und Antriebstechnik sowie Gebäude-, Beleuchtungs- und Transportlösungen. Systemintegration und Lösungen für das produzierende Gewerbe sind ebenfalls enthalten.

- Der **Energy Sector** bietet ein weites Spektrum an Produkten, Dienstleistungen und Lösungen für das Erzeugen, Übertragen und Verteilen von elektrischer Energie sowie für das Gewinnen, Umwandeln und den Transport von Öl und Gas. Der Sektor bedient vor allem den Bedarf von Energieversorgungsunternehmen. Auch Industrieunternehmen, insbesondere der Öl- und Gasindustrie, gehören zu seinen Kunden.

- Der **Healthcare Sector** bietet seinen Kunden ein umfassendes Portfolio medizinischer Lösungen entlang der Wertschöpfungskette, von medizinischer Bildgebung über In-vitro-Diagnostik bis zu interventionellen Verfahren und klinischer IT – alles aus einer Hand. Außerdem übernimmt der Sektor für seine Kunden die technische Wartung, professionelle Dienst- und Beratungsleistungen sowie Finanzierungsleistungen durch *Siemens Financial Services*.
- Der **Infrastructure & Cities Sector** bietet nachhaltige Technologien für urbane Ballungsräume und deren Infrastrukturen. Dazu gehören Mobilitätslösungen, Gebäude- und Sicherheitstechnik, Smart-Grid-Applikationen sowie Nieder- und Mittelspannungsprodukte.

Jeder dieser Sektoren besteht wiederum aus mehreren Geschäftsbereichen und besitzt eine übergeordnete Führung bzw. eigene Holdingstrukturen. So besteht z. B. *Infrastructure & Cities* aus den Divisionen Rail Systems, Mobility and Logistics, Low and Medium Voltage, Smart Grid und Building Technologies.

Die zentrale Holdingstruktur beinhaltet einige **Corporate Center**, welche die Aufgaben der Holding wahrnehmen. Dies sind die Zentralbereiche Development, Finance and Controlling, Legal and Compliance, Human Resources, Technology, Communications and Government Affairs, Information Technology und Supply Chain and Procurement.

Zusätzlich gibt es einige **Shared Service Center:**
- So entwickelt, integriert und betreibt die *Siemens IT Solutions and Services* Informations- und Kommunikationsinfrastrukturen für interne und externe Kunden.
- Der Bereich *Siemens Financial Services* ist ein bankenunabhängiger, internationaler Finanzanbieter im Business-to-Business-Geschäft. Auch dieser Bereich ist sowohl für *Siemens* als auch für externe Kunden tätig und finanziert Infrastruktur, Anlagen sowie Betriebsmittel. *Siemens Financial Services* unterstützt und berät das Unternehmen bei Finanzinvestitionen und -risiken.
- *Siemens Real Estate* verantwortet weltweit alle Immobilienaktivitäten. Dies umfasst den Betrieb der Immobilien, immobilienbezogene Dienstleistungen sowie die Verwertung und Durchführung aller konzernweiten Bauprojekte.

5.2.3 Selbstorganisation und fraktale Unternehmen

Organisation wird traditionell gleichgesetzt mit Fremdorganisation, d. h. der Organisator als fremde Instanz gestaltet die Strukturen und Abläufe. Daneben gibt es aber auch die Möglichkeit der Selbstorganisation. Sie verspricht besonders in dynamischen Umfeldern schnelle, flexible und kreative Strukturen. Organisatorische Flexibilität kann aus einem **Spannungsfeld von Selbst- und Fremdorganisation** entstehen. Hier einen Mittelweg zwischen perfekter Ordnung und völliger Unordnung, zwischen Flexibilität und Stabilität zu finden, ist die Herausforderung der Organisation (vgl. *Boyton/Victor*, 1994, S. 46; *Zahn/Dillerup*, 1995, S. 53).

Im Alltagsverständnis bilden **Chaos und Ordnung** zwei gegensätzliche Pole. Chaos wird als Regellosigkeit aufgefasst. Wo Chaos herrscht, ist unmittelbare Ordnung nicht erkennbar (vgl. *Haken* et al., 1993, S. 20). Naturwissenschaftlich ist Chaos jedoch der Grenzbereich zwischen Unordnung und Ordnung (vgl. *Feichtinger/Kopel*, 1994, S. 26). Jedes dynamische System durchläuft eine bestimmte Entwicklung, bei der zu bestimmten Zeitpunkten Gleichgewichtslagen (Attraktoren) eingenommen werden. Das Verhalten komplexer Systeme ist nur begrenzt vorhersehbar und kleinste Änderungen in den Anfangswerten (Anfangswertsensibilität) führen zu unvorhersehbarem, chaotischem

Chaos und Ordnung

Verhalten (vgl. *Mainzer*, 1992, S. 265; *Schnabl*, 1991, S. 556). An instabilen Punkten der Entwicklung treten Verzweigungspunkte (Bifurkationen) auf. Dort kann die weitere Entwicklung in die eine oder andere Richtung erfolgen. Dies ist gleichsam der Übergang zwischen Ordnung und Chaos. Änderungen eines Parameters bewirken, dass die alte Struktur instabil und dadurch in eine neue Struktur überführt wird. Diese Prozesse werden naturwissenschaftlich durch die **Synergetik** beschrieben. Dort werden Phänomene, bei denen durch das Zusammenwirken von Subsystemen spontan geordnete Strukturen entstehen, als **Selbstorganisation** bezeichnet (vgl. *Dillerup*, 1998b, S. 172; *Haken/Wunderlin*, 1991, S. 55 f.).

In der Naturwissenschaft werden die Übergänge zwischen Ordnung und Chaos mit Hilfe der **fraktalen Geometrie** beschrieben. *Mandelbrot* prägte den Begriff des Fraktals zur Beschreibung von Organismen und Gebilden in der Natur, die aus wenigen, sich wiederholenden Bausteinen komplexe Lösungen bilden (vgl. *Mandelbrot*, 1991, S. 13). Fraktale sind mathematische Objekte, die eine detaillierte Struktur besitzen, unabhängig davon, wie stark sie vergrößert werden (vgl. *Wegner* et al., 1993, S. 25). Allgegenwärtige geometrische Naturphänomene, z. B. Wolken, Berge oder Küstenlinien, können mit Hilfe der fraktalen Geometrie beschrieben werden. Diese Unregelmäßigkeit wird in der fraktalen Dimension mit einem nicht ganzzahligen Wert zwischen eins und zwei gemessen. Mathematisch lassen sich Fraktale durch Rekursivformeln konstruieren und als Computergrafik visualisieren. Ein Beispiel ist das in Abb. 5.2.11 dargestellte „Apfelmännchen". Zentrale Merkmale der fraktalen Geometrie sind die Selbstähnlichkeit und -organisation. Diese beschreiben den Prozess der Konstruktion von Fraktalen aus selbstähnlichen Strukturelementen (vgl. *Dillerup*, 1998b, S. 171).

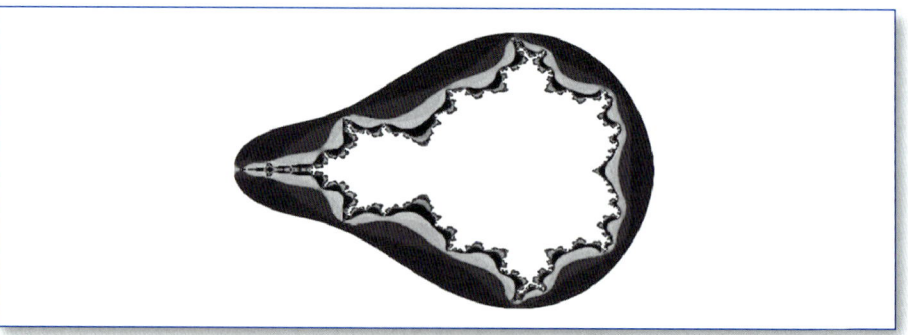

Abb. 5.2.11: Darstellung eines Fraktals als „Apfelmännchen"

Unternehmen sind soziale Systeme (vgl. Kap. 1.2.3) und unterscheiden sich in wesentlichen Aspekten von rein physikalischen Systemen. Im übertragenen Sinne bedeutet **Selbstorganisation sozialer Systeme** nicht Regellosigkeit, sondern ist durch folgende **Merkmale** gekennzeichnet (vgl. *Probst*, 1992, S. 225 ff.):

- **Redundanz** beschreibt das mehrfache Vorhandensein von Ressourcen, Fähigkeiten und Verfügungsmöglichkeiten einer Organisationseinheit.
- **Selbstreferenz** ist die Geschlossenheit eines Systems, welches aus selbstähnlichen Elementen besteht, die sich aufeinander beziehen.
- **Autonomie** charakterisiert den Handlungsspielraum einzelner Organisationseinheiten. Sie wird durch eine ausreichende Ausstattung mit Kompetenzen und Verantwortung für die zu erbringende Leistung definiert.

5.2 Strategie und Organisation

- **Komplexität** resultiert aus den genannten Merkmalen sowie selbstorganisatorischen Prozessen. Das System beinhaltet eine Vielzahl an Elementen (Kompliziertheit), die sich laufend verändern (Dynamik).

> **Selbstorganisation** umfasst nicht hierarchisch kontrollierte (selbst gesteuerte) und nicht extern angetriebene (selbst generierte) Prozesse. Durch spontane Systemänderungen, die auf zufälligen und unerwarteten Ereignissen beruhen, werden neue Muster erzeugt. Die Selbstorganisation führt zu neuen, stabilen Strukturen (vgl. *Goldstein*, 1994, S. 33 ff.).

Merkmale und Empfehlungen zur **Gestaltung von Prozessen der Selbstorganisation** sind (vgl. *Goldstein*, 1994, S. 36 f.; *Zahn/Dillerup*, 1995, S. 48 ff.):

- **Spontane Prozessauslösung:** Selbstorganisation wird durch externe Faktoren in Gang gesetzt. So kann verschärfter Wettbewerb zu Strategiewechseln und zu Reorganisationen führen. Dies kann durch neue Einsichten, z. B. in Strategieworkshops, Krisensitzungen und Beratungsprozessen, ausgelöst werden.

- **Entfernung vom alten Gleichgewicht:** Durch nichtlineare Prozesse, d. h. ungewohnte Maßnahmen, kann ein System aus seinem ursprünglichen Gleichgewichtszustand gebracht werden. Beispielsweise kann freier Informationszugang oder Delegation von Verantwortung das Potenzial der Selbstorganisation entfesseln. Dabei gilt es, einen Rückfall in herkömmliche Verhaltensweisen bzw. den alten Gleichgewichtszustand zu verhindern. Diese „Fernab-vom-Gleichgewicht"-Bedingungen ermöglichen Veränderungen im Denken und führen so zu neuen Gleichgewichtssituationen.

- **Errichtung fester, aber durchlässiger Systemgrenzen:** Selbstorganisation findet im Rahmen von Grenzen statt. Diese stellen sicher, dass das System als Ganzes intakt bleibt. So kann z. B. ein Unternehmensbereich als feste Grenze bestehen, aber seine Durchlässigkeit durch Unternehmensübernahmen oder Auf- und Abbau von Aktivitäten gegeben sein. Dadurch können neue Gleichgewichte mit veränderten Aufgaben, Kulturen, Rollen und Verantwortlichkeiten folgen.

- **Gelenkte Selbstorganisation:** Selbstorganisation ist ein evolutionärer und damit auch zufälliger Vorgang. Er generiert unvorhersehbare Ereignisse. Richtung und Geschwindigkeit von Veränderungen werden maßgeblich durch das Auftreten neuer Chancen und Risiken beeinflusst. Dies macht eine Vorhersage und Planung der Prozessverläufe und Ergebnisse unmöglich. Die Ergebnisse entstehen aus spontaner Selbstregelung, die zwar schnell ist, aber nicht immer zu einem Gesamtoptimum führt. Insofern bewirkt Selbstorganisation Flexibilität, die jedoch nicht unbedingt effektiver und effizienter als fremdorganisatorische Lösungen sein muss. Nach der Idee spontaner Ordnung soll die Unternehmensführung geeignete Bedingungen schaffen, um die Selbstorganisation zu ermöglichen. Beispielsweise erfordern selbstorganisatorische Prozesse Informationen, weshalb eine offene und freie Informationsversorgung im Unternehmen gewährleistet sein sollte. Um diese Voraussetzungen zur Selbstorganisation zu schaffen, ist jedoch Fremdorganisation erforderlich.

Eine stärkere Berücksichtigung selbstorganisatorischer Prozesse ist insbesondere in Unternehmen in turbulenten Umfeldern sinnvoll. Unter solchen Bedingungen kann Marktorientierung nur mit flexiblen, dynamisch stabilen Organisationen erreicht werden (vgl. *Zahn* et al., 1997, S. 185). Ein Führungsansatz, der auf der Problemlösungskraft selbstorganisatorischer Prozesse basiert, ist die **fraktale Fabrik** (vgl. *Warnecke*, 1993).

5 Organisation

Fraktale In Übertragung der fraktalen Geometrie gliedert sich ein Unternehmen in **Fraktale** als selbstorganisierende, teilautonome, dynamische und selbstähnliche Gebilde. In ihnen werden möglichst ganzheitliche Tätigkeiten wahrgenommen und Verantwortung weitgehend delegiert. Die Freiräume der Einheiten sind Voraussetzung zur Selbstorganisation, Selbstoptimierung und -steuerung sowie zur Zielorientierung. Sie verfügen über Leistungspotenziale z. B. in Form von Ressourcen, Fähigkeiten, Kompetenzen oder Qualifikationen. Darüber hinaus werden ihnen durch eine übergeordnete Führungseinheit Entwicklungsfreiräume zugestanden. Die Fraktale agieren weitgehend eigenständig. Sie wirken an ihrer eigenen Entstehung, Veränderung und Auflösung aktiv mit und richten ihre Ziele an den übergeordneten Unternehmenszielen aus.

Ausprägungen Die Fraktale bieten ihre Leistungen den unternehmensinternen oder -externen Kunden an. Sie beziehen erforderliche Vorleistungen ebenfalls aus einem internen oder externen **Netzwerk** (vgl. Kap. 5.2.4). Im Verbund mit anderen Fraktalen kooperieren sie bei der gemeinsamen Leistungserstellung über intensive Informations- und Kommunikationsbeziehungen miteinander. Andererseits verfolgen sie ihre individuellen Interessen und konkurrieren z. B. um Ressourcen. Das Zusammenwirken der Fraktale erfolgt nach Regeln der Kooperation und des Wettbewerbs (vgl. *Zahn/Schmid*, 1996, S. 102 f.). Die einzelnen Fraktale und deren Netzwerk sollen durch die Unternehmensführung im Sinne einer **geplanten Evolution** fortentwickelt werden. Fraktale Unternehmen lassen sich auch als eigenständig agierende Fraktale um einen starken Kern der **Unternehmensführung** interpretieren. Diese nimmt normative Aufgaben wahr, indem sie z. B. über grundsätzliche Werte entscheidet. Aber auch strategische Entscheidungen, wie z. B. die zu betreibenden Geschäftsfelder, werden dort getroffen. Sie muss organisatorisch dann eingreifen, wenn andere Koordinationsmechanismen versagen. Die hierarchische Koordination wird daher umso strenger, je weniger selbstbewusst und erfolgreich die Fraktale operieren (vgl. *Reichwald/Koller*, 1996, S. 121). Die Unternehmensführung hat dafür Sorge zu tragen, dass die Fraktale über Entscheidungsfreiheit verfügen und Verantwortung für das Gesamtunternehmen übernehmen.

Mettler-Toledo als Beispiel für fraktale Unternehmen

Die Unternehmensgruppe *Mettler-Toledo* ist der weltgrößte Hersteller von Präzisionswaagen für den professionellen Gebrauch mit einem Wägebereich von 0,0001 Milligramm bis 1.000 Tonnen. *Mettler-Toledo* zählt zudem zu den Marktführern in verschiedenen komplementären Messtechnologien. Zum Angebot zählen analytische Instrumente, Systeme für die automatisierte Arzneimittelforschung und Wirkstoffentwicklung, Instrumente zur Prozessanalytik sowie Kontrollsysteme für die Verpackungsindustrie. Weltweit beschäftigt *Mettler-Toledo* mehr als 12.000 Mitarbeiter und erwirtschaftet einen Umsatz von über 2,3 Mrd. US-Dollar (vgl. www.de.mt.com).

Am Standort in Albstadt werden seit fast 150 Jahren Waagen nach einem Konzept der „Absatzgesteuerten Produktion" hergestellt. Produziert werden nur Waagen, für die bereits eine Bestellung vorliegt. Dazu setzte *Mettler-Toledo* auf eine betont einfache, flache Hierarchie nach dem Vorbild der fraktalen Fabrik. Die Teams agieren sehr autonom und haben weitgehende Entscheidungsbefugnisse. Wachstum wird nach dem Prinzip der Redundanz begegnet, indem immer wieder neue, weitgehend autonome und selbstähnliche Teams zur Lösung einer Aufgabe, wie z. B. der Montage von Waagen, gebildet werden. Jedes Team versucht dabei die Komplexität soweit als möglich innerhalb der Gruppe zu lösen. In ähnlicher Weise sind neben dem Produktionsprozess auch die Produktentstehung und die Bereitstellung von Basisdiensten wie z. B. EDV, Personalwesen, Kantine oder Geschäftsleitung strukturiert. Der Waagenhersteller *Mettler-Toledo* führt seinen Erfolg maßgeblich auf diese Freiräume zur Selbstorganisation zurück (vgl. *Braun* et al., 1995, S. 26 ff.; *Hüser/Kaun*, 1995, S. 315 ff.).

5.2 Strategie und Organisation

Die eindrucksvollen Erfolgsbeispiele fraktaler Unternehmen zeigen, wie selbstorganisatorische Potenziale genutzt werden können. Selbstorganisation ist auch ein wesentliches Prinzip der adaptiv-dezentralen Führung, die in Kap. 6.3.2.4 vorgestellt wird

5.2.4 Kooperationen, Allianzen und Netzwerke

Koordination ist die wechselseitige Abstimmung einzelner Organisationseinheiten auf ein gemeinsames Ziel. Dafür stehen grundsätzlich die Mechanismen **Markt** und **Hierarchie** zur Verfügung (*Williamson*, 1990). **Kooperation** steht zwischen Markt und Hierarchie als Mischform bzw. kombinierte Struktur, die auch als **Hybridmodell** bezeichnet wird (vgl. *Sydow/Möllering*, 2009, S. 187). Wird diese Mischform als Koordinationsmechanismus auf die Zusammenarbeit zwischen zwei oder mehreren Unternehmen angewandt, so ist dies eine **Kooperation** im engeren Sinne. Sie ermöglicht neue Formen der Zusammenarbeit im und zwischen Unternehmen.

Hybridmodell

> Eine **Kooperation** ist eine längerfristige Zusammenarbeit mit gemeinsamer Nutzung von Ressourcen zwischen rechtlich selbstständigen Unternehmen.

Damit ist jede Art der Zusammenarbeit, die nicht durch reine Markttransaktionen oder unter einheitlicher Leitung stattfindet, eine Kooperation. Im Unterschied zu einem Unternehmenskauf oder -zusammenschluss (vgl. Kap. 5.2.5) bleiben die betroffenen Unternehmen selbstständig und sind meist gleichberechtigt (vgl. *Welge/Al-Laham*, 2012, S. 667 ff.). Abb. 5.2.12 veranschaulicht die Kooperation als Mischform zwischen Hierarchie und Markt.

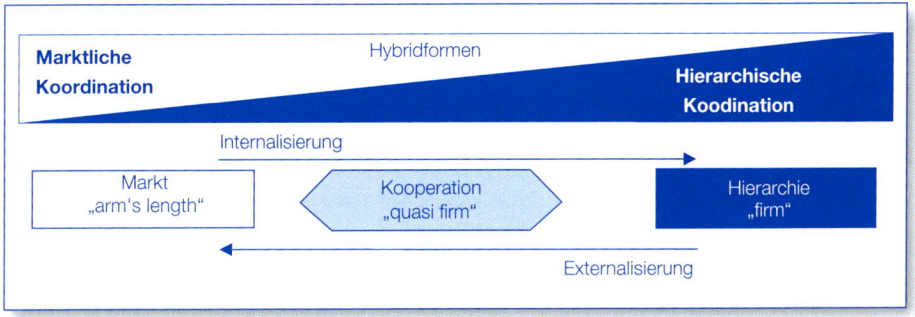

Abb. 5.2.12: Kooperation als Mischform (vgl. Sydow/Möllering, 2009, S. 187)

Im Rahmen innovativer Organisationsstrukturen kann Kooperation auch **unternehmensintern** sinnvoll sein. Dies ist der Fall, wenn Teilbereiche eines Unternehmens, wie z. B. Abteilungen oder Sparten, in sehr unterschiedlichen Umwelten agieren. Dabei wäre eine durchgängige Organisationsstruktur hinderlich (vgl. *Bartlett/Ghoshal*, 1987, S. 57 f.). Dann können neben Hierarchie und Markt kooperative Koordinationsmechanismen wie z. B. Komitees, Intranet, Newsletter oder persönliche Treffen genutzt werden.

Unternehmensinterne Kooperation

Traditionelle Organisationen sind i. d. R. hierarchisch orientiert. Die Tiefe der **hierarchischen Struktur** und die Anzahl der einer Ebene unterstellten Einheiten können in der Praxis recht unterschiedlich sein. Viele Bemühungen zielen auf die Abflachung der

Organisationsstrukturen durch Verringerung der Leitungsebenen und die Ausweitung der Leitungsspannen. Damit sollen Strukturen einfacher und flexibler werden. Exemplarisch hierfür stehen teilautonome Gruppenstrukturen oder Informationssysteme zum effizienten Informationsaustausch.

Marktliche Koordination

Marktliche Koordination bildet die Austauschbeziehungen über standardisierte Schnittstellen ab. Für diese wird am Markt über Kaufverträge und Preisverhandlungen ein Leistungsaustausch gestaltet. **Kooperationen** sind durch die Verknüpfung von marktlichen und hierarchischen Prinzipien gekennzeichnet. Kooperationen ermöglichen somit die Zusammenarbeit von Unternehmen, indem Schnittstellen zur gemeinsamen Aufgabenerfüllung gestaltet werden (vgl. *Dillerup*, 1998b, S. 250). Wird eine ursprünglich marktliche Koordination mit hierarchischen Mechanismen verknüpft, so findet eine **Internalisierung** statt. Dies ist z. B. der Fall, wenn bislang unabhängige Unternehmen in einem Joint Venture zusammenarbeiten. **Externalisierung** ist dagegen der Ersatz hierarchischer Koordination durch den Markt (vgl. *Brockhoff/Hauschildt*, 1993, S. 400). Dies erfolgt z. B. beim **Outsourcing**, wenn Aktivitäten entweder rechtlich verselbstständigt, ausgegliedert oder an einen Partner übertragen werden. Auf diese Weise werden sie aus der eigenen hierarchischen Struktur herausgelöst.

Erklärungsansätze

Für die Existenz von Kooperationen gibt es unterschiedliche **theoretische Erklärungsansätze** (vgl. *Picot* et al., 2010, S. 293 f.; *Welge/Al-Laham*, 2012, S. 685):

- **Transaktionskostentheoretische Erklärung** (vgl. Kap 1.2.3.4): Die Anbahnung, Vereinbarung, Kontrolle und Anpassung von Austauschprozessen zwischen Marktteilnehmern verursacht Transaktionskosten, die minimiert werden sollten. Marktliche Beziehungen sind sinnvoll, wenn die Marktpartner weitgehend über gleiche Informationen verfügen und die transaktionsspezifischen Investitionen gering sind. Kooperationen eignen sich, wenn die Kosten der Eigenerstellung die des Fremdbezugs übersteigen. Sind die Transaktionskosten geringer als die Kosten der Eigenerstellung, dann ist eine Kooperation aus ökonomischer Sicht eine sinnvolle Alternative (quasi Externalisierung).

- **Marktorientierte Erklärungen** gehen davon aus, dass sich der Erfolg von Unternehmen durch ihre Position in den Gütermärkten bestimmt. Um erfolgreich zu sein, versucht ein Unternehmen Wettbewerbsvorteile gegenüber seinen Konkurrenten aufzubauen und zu verteidigen (vgl. Kap. 3.3 und 3.4). Bei entsprechenden Marktstrukturen lässt sich dies durch eine Kooperation mit anderen Unternehmen erreichen. Kooperation ist dann eine Antwort auf Markt- und Wettbewerbsstrukturen, die bessere Ergebnisse im Wettbewerb verspricht. Umgekehrt lassen sich die Marktstrukturen durch Kooperationen auch beeinflussen. Empirische Untersuchungen belegen, dass Kooperationen zur Verringerung von Unsicherheiten über die Nachfrage- und Wettbewerbsentwicklung sowie zur Verringerung der Wettbewerbsintensität eingegangen werden. In diesen Fällen sind Kooperationen dadurch gekennzeichnet, dass zwei oder mehrere Unternehmen Teile ihrer Aktivitäten zusammenlegen, um ein bestimmtes Geschäftsfeld gemeinsam zu bearbeiten. Dies stellt eine Mischform der internen und externen Entwicklung eines Geschäfts dar. Aus Sicht der beteiligten Unternehmen wird ein Geschäftsfeld teilweise selbst entwickelt, indem Prozesse aus dem eigenen Unternehmen in eine Kooperation eingebracht werden. Zugleich wird aber auch auf die Unterstützung anderer Unternehmen zurückgegriffen.

- **Ressourcenorientiert** lassen sich Kooperationen durch die unterschiedliche Ressourcenausstattung der beteiligten Partner erklären (vgl. Kap. 3.3). Der wesentliche Vorteil einer Kooperation wird dabei in der gemeinsamen Nutzung einer oder mehrerer

Ressourcen gesehen. Im Wettbewerb sind dabei vor allem solche Kooperationen attraktiv, die sich auf besonders wertvolle oder schwer substituierbare bzw. imitierbare Ressourcen beziehen. Eine Kooperation kann auch den Zugang zu einer erfolgsrelevanten Ressource ermöglichen. Es kann aber auch sinnvoll sein, eigene überlegene Ressourcen durch eine Kooperation im Wettbewerb auf einer breiteren Basis einzusetzen. Dies kann insbesondere in unsicheren, dynamischen Umfeldern mit hoher Wettbewerbsintensität oder bei neuartiger technologischer Ausrichtung wichtig sein. Beispielsweise lässt sich durch Lizenzvergabe ein neuer technologischer Standard etablieren.

Kooperationen haben in der Praxis erheblich an Bedeutung gewonnen (vgl. *Hungenberg*, 2011, S. 530 ff.). Dies gilt insbesondere in Branchen mit raschem technologischem Wandel. Beispiele sind Luft- und Raumfahrt, Biotechnologie oder Informationstechnik (vgl. *Welge/Al-Laham*, 2012, S. 667 ff.). Darüber hinaus trägt die Entwicklung der Informationstechnik durch die Senkung der entstehenden Transaktionskosten wesentlich zur wachsenden Zahl an Kooperationen bei (vgl. *Picot* et al., 2010, S. 296 ff.). *Praxisbedeutung*

Wesentliche **Vorteile** bietet eine Kooperation in folgenden Punkten (vgl. *Hungenberg*, 2011, S. 522; *Müller-Stewens/Lechner*, 2011, S. 422 f.; *Welge/Al-Laham*, 2012, S. 669 ff.): *Vorteile*

- **Markt:** Marktzugang oder größere Marktmacht in bestehenden Märkten, z. B. um Standards zu etablieren.
- **Kompetenz:** Transfer eigener Kompetenzen auf neue Aktivitäten oder Zugang zu Kompetenzen eines anderen Unternehmens.
- **Ressourcen und Kosten:** Verbreiterung der finanziellen oder personellen Ressourcen oder bessere Auslastung bestehender Kapazitäten.
- **Zeit:** Schnellerer Zugang zu neuen Geschäften, z. B. Verkürzung von Entwicklungszeiten durch Produkte, Know-how oder Technologien der Kooperationspartner.
- **Flexibilität:** Die Bindung an ein neues Geschäftsfeld ist im Vergleich zu einer Akquisition wesentlich geringer.
- **Risiko:** Kosten und Risiko werden auf die Kooperationspartner verteilt.

Den Vorteilen stehen auch gewichtige **Probleme** gegenüber: *Problematik*

- **Abhängigkeit:** In Kooperationen verfügt das Unternehmen über weniger Freiheiten bzw. ist auf die Kooperationspartner angewiesen. Ein Unternehmen kann die Kooperation nicht vollständig in seinem Sinne beeinflussen und überwachen. Jeder Kooperationspartner versucht, seine eigenen Interessen durchzusetzen.
- **Stabilitätsrisiko:** Ein Konfliktfeld ist die Aufteilung der Kooperationsergebnisse auf die Partner. Dies gilt besonders dann, wenn sie in einem Wettbewerbsverhältnis stehen, sich ihre Interessen auseinander entwickeln oder die ursprünglichen Kooperationsziele unterschiedlich schnell erreicht werden. Daher gelten Kooperationen oft nur als Zwischenstufe bei der Entwicklung eines neuen Geschäftsfelds. Sie sind in der Praxis häufig instabil und werden oft von einer organischen Entwicklung oder einer Akquisition abgelöst.
- **Führungsrisiko:** Strukturelle, politische und kulturelle Unterschiede können trotz gemeinsamer Ziele einen hohen Steuerungsaufwand sowie zeitraubende Abstimmungen mit sich bringen. In internationalen Kooperationen kommen Sprachbarrieren und weitere kulturelle Unterschiede hinzu.

Es gibt sehr viele unterschiedliche Formen der Zusammenarbeit von Unternehmen, die unter dem Begriff Kooperation zusammengefasst werden. Die nahezu unüberschaubare

Kooperationsformen nach der Richtung

Vielfalt an Formen und rechtlichen Ausprägungen wird nachfolgend systematisiert (vgl. *Welge/Al-Laham*, 2012, S. 667). In der Praxis ist eine Typisierung von Kooperationen nach den Beziehungen zwischen den beteiligten Kooperationspartnern entlang der Wertschöpfungskette (**Kooperationsrichtung**) üblich (vgl. *Picot* et al., 2010, S. 305):

- **Vertikale Kooperation:** Partner sind Unternehmen, deren Wertschöpfung als Lieferant oder Abnehmer unmittelbar miteinander in Beziehung steht. Die Kooperation erstreckt sich über verschiedene Wertschöpfungsstufen und verfestigt bzw. vertieft bestehende Partnerschaftsverhältnisse. Grundidee derartiger Kooperationen ist es, Schnittstellen zwischen vor- und nachgelagerten Wertschöpfungsstufen zu optimieren. So arbeiten z. B. Automobilhersteller mit ihren Zulieferern in der Produktentwicklung zusammen.

- **Horizontale Kooperation:** Horizontale Kooperationen verbinden Unternehmen der gleichen Wertschöpfungsstufe. Bestehende oder potenzielle Wettbewerber arbeiten dabei zusammen, um ihre Kräfte im Wettbewerb zu bündeln. Die Zusammenarbeit kann sich auf alle Tätigkeiten oder auf einzelne Bereiche erstrecken. Beispielsweise kooperieren Automobilhersteller in der Entwicklung des Hybridantriebs oder zur politischen Interessenvertretung.

- **Konglomerate (laterale/diagonale) Kooperation:** Hierunter wird die Zusammenarbeit von Unternehmen verstanden, die weder in einer Wertschöpfungsbeziehung zueinander stehen, noch unmittelbar miteinander konkurrieren. Solche Kooperationen werden gebildet, wenn Unternehmen komplementäre Produkte anbieten, deren gemeinsame Vermarktung sinnvoll ist. So werden z. B. in einer Tankstelle neben Kraftstoffen auch Lebensmittel vertrieben.

Kooperationsformen nach deren Institutionalisierung

Kooperationen können auch nach deren **Institutionalisierung**, d. h. ihrer juristischen und organisatorischen Gestaltung unterschieden werden. Dies führt zu den in Abb. 5.2.13 dargestellten **Kooperationsformen** (vgl. *Hungenberg*, 2011, S. 512 f.; *Picot* et al., 2010, S. 304 ff.; *Sydow/Möllering*, 2009, S. 187):

- **Vertragslose Zusammenarbeit:** Die einfachste Kooperationsform liegt vor, wenn zwei oder mehr Unternehmen lediglich durch Absprachen und ohne vertragliche Bindung zusammenarbeiten. Diese Form der Zusammenarbeit ist einfach, kann aber instabil sein.

- **Vertragliche Zusammenarbeit:** Wird die Zusammenarbeit der beteiligten Unternehmen durch Verträge abgesichert, gewinnt die Kooperation an Stabilität. Hierzu zählen Kooperationsverträge, die Verhalten und Strategie der Zusammenarbeit festlegen. Beispiele sind langfristige Lieferverträge, die über den Zeitraum eines Produktlebenszyklus reichen.

- **Lizenzverträge:** Sie sind eine besondere Form der vertraglichen Zusammenarbeit. Eine Lizenzvereinbarung räumt das Recht auf Nutzung bestimmter Schutzrechte, Patente oder Marken ein. Dafür erhält der Lizenzgeber eine Gebühr. Eine besondere Form der Lizenzvereinbarung ist das **Franchising**. Der Franchisegeber arbeitet mit mehreren rechtlich selbstständigen Partnern zusammen. Das Franchise-Paket besteht aus den Rechten an einem Beschaffungs-, Marketing- und Organisationskonzept sowie Finanzierungs- und Führungsunterstützung. Häufig wird noch eine Marke mit Gebietsschutz überlassen. Die Franchisegeber verfügen meist über umfangreiche Kontrollrechte zur Sicherung des Qualitätsstandards. So kann das Unternehmen mit wenig Kapitaleinsatz und Risiko expandieren. Franchising-Modelle sind z. B. durch *McDonalds*, Tiefkühlkostbetriebe wie *Eismann* oder Baumärkte wie *Obi* bekannt.

- **Kapitalbeteiligungen:** Gehen Unternehmen ein- oder wechselseitige Kapitalbeteiligungen ein, so wird die Institutionalisierung der Kooperation weiter verstärkt. Die Unternehmen gewinnen durch die Beteiligung stärkeren Einfluss auf den Partner und stabilisieren so die Kooperation.
- **Joint Ventures:** Die stärkste Institutionalisierung wird durch eine Ausgliederung betroffener Tätigkeiten aus den Unternehmen und die Eingliederung in ein neues, eigenständiges Unternehmen erreicht.
- **Akquisition:** Eine vollständige Institutionalisierung eines anderen Unternehmens erfolgt bei Übernahmen und Fusionen (vgl. Kap. 5.2.5). Da in diesem Fall die Koordination hierarchisch erfolgt, handelt es sich hierbei nicht mehr um eine Kooperationsform.

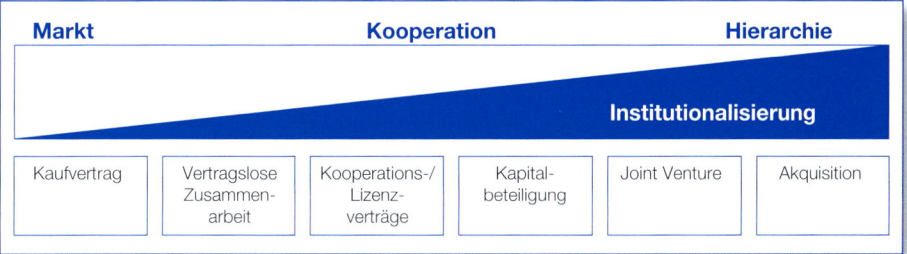

Abb. 5.2.13: Formen der Institutionalisierung zwischen Markt und Hierarchie (vgl. Dillerup, 1998b, S. 250)

Weitere **spezielle Kooperationsformen** sind (vgl. *Picot* et al., 2008, S. 186 ff.):

Spezielle Kooperationsformen

- **Kartelle** sind horizontale Kooperationen, um den Wettbewerb zu beschränken oder die Marktmacht der beteiligten Partner zu erhöhen. In Deutschland sind Kartelle prinzipiell verboten bzw. werden durch das Gesetz gegen Wettbewerbsbeschränkungen (GWB) eingegrenzt. Es gibt z. B. Preiskartelle, bei denen gleiche Preise oder Preisuntergrenzen festgelegt werden. Alternativ legen Kontingentkartelle die Produktion oder die Absatzmengen fest. Ein Beispiel ist die *Vereinigung Erdöl exportierender Staaten (OPEC)*.
- **Konsortien** sind Gemeinschaften für eine begrenzte Dauer und werden z. B. für Bauprojekte in Arbeitsgemeinschaften oder für Großkredite in Bankenkonsortien genutzt.

Kooperationen lassen sich nach einer Vielzahl weiterer Kriterien systematisieren. Die **Intensität** einer Kooperation kann von Erfahrungsaustausch, Abstimmung der Aufgaben, wechselseitiger Spezialisierung von Aufgaben und Funktion bis hin zu Gemeinschaftsunternehmen reichen. Abb. 5.2.14 zeigt zusammenfassend Unterscheidungskriterien und deren Ausprägungen (vgl. *Dillerup*, 1998b, S. 235; *Welge/Al-Laham*, 2012, S. 666 ff.).

Von besonderer praktischer Relevanz sind dabei strategische Allianzen, Joint Ventures, Netzwerke und virtuelle Unternehmen. Sie werden in den nachfolgenden Kapiteln näher erläutert.

> Eine **strategische Allianz** ist eine Zusammenarbeit rechtlich selbstständiger Unternehmen, die gemeinsam eine Strategie verfolgen, um ihre Wettbewerbsposition zu verbessern. Es handelt sich um eine formalisierte, längerfristige Beziehung mit dem Ziel, eigene Schwächen durch Stärken anderer Partner zu kompensieren (vgl. *Schulte-Zurhausen*, 2010, S. 290).

5 Organisation

Institutio-nalisierung	Vertragslose Zusammenarbeit	Vertragliche Zusammenarbeit		Kapital-beteiligung		Joint Ventures
Kooperations-richtung	Vertikale Kooperation	Horizontale Kooperation		Konglomerate (laterale/diagonale) Kooperation		
Intensität	Erfahrungs-austausch	Aufgaben-abstimmung		Wechselseitige Spezialisierung		Gemeinschafts-unternehmen
Kooperations-gegenstand	Beschaffung/Einkauf	Produk-tion	Absatz/Vertrieb	Markt-forschung	Forschung & Entwicklung	Sonstige
Partneranzahl	Bilaterale Kooperation (zwei Partner)			Netzwerk (mehr als zwei Partner)		
Machtrelation	Partnerschaft			Führerschaft		
Zeitperspektive	Vorübergehend	Mittelfristig			Dauerhaft	
Partnerherkunft	Lokal	Regional			International	

Abb. 5.2.14: Kooperationsformen

Strategische Allianzen bzw. Partnerschaften sind horizontale Kooperationen, die durch die Zusammenarbeit von Wettbewerbern in einer Branche gekennzeichnet sind. Sie sind eine lockere Form der Zusammenarbeit, die auf Absprachen und vertraglichen Regelungen basieren. Darin wird das Verhalten und die Strategie untereinander abgestimmt (vgl. *Welge/Al-Laham*, 2012, S. 675). In der Praxis haben strategische Allianzen durch Globalisierung und intensiveren Wettbewerb stark an Bedeutung gewonnen (vgl. *Hungenberg*, 2011, S. 520).

> **!** **Joint Ventures** bezeichnen die wirtschaftliche Zusammenarbeit zwischen zwei oder mehreren Unternehmen, für die ein rechtlich selbstständiges Unternehmen gemeinsam gegründet oder erworben wird.

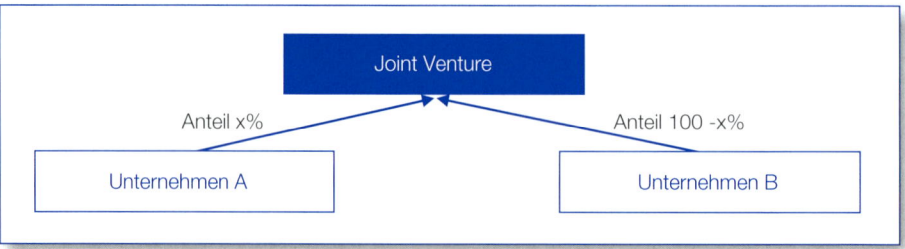

Abb. 5.2.15: Joint Venture als Gemeinschaftsunternehmen

Joint Ventures können durch eine Ausgliederung betroffener Aktivitäten aus den kooperierenden Unternehmen entstehen. Dazu werden die Tätigkeiten in ein eigenständiges Unternehmen eingebracht, welches das Geschäftsfeld im Interesse der beteiligten Partner fortführt. Die Gründung kann durch eine Beteiligung an einem bestehenden Unternehmen, durch eine Neugründung oder durch die gemeinsame Übernahme eines dritten Unternehmens erfolgen. Die häufigste Form des Joint Ventures ist das Gemeinschaftsunternehmen, bei dem die Anteile unter den beteiligten Unternehmen gleich verteilt sind. In diesem Fall ist eine hierarchische Beherrschung durch einen Kooperationspartner ausgeschlossen. Das Joint Venture wird somit gemeinsam geleitet (vgl. *Schulte-Zurhausen*, 2010, S. 290). Es sind aber auch Formen mit ungleichmäßiger Anteilsverteilung denkbar.

5.2 Strategie und Organisation

Joint Venture bei Brüggemann

**Praxisbeispiel von Joachim Hofmann
(Geschäftsbereichsleiter Industriechemikalien der
Brüggemann Chemical und ehem. Geschäftsführer
des Joint Ventures Brüggemann Alcohol)**

Der Name *Brüggemann* steht seit mehr als 140 Jahren für höchste Qualität und Kundenorientierung. *Brüggemann Chemical* umfasst das Chemiegeschäft der *Brüggemann Gruppe*, welches sich in die Geschäftsbereiche Basischemikalien, Industriechemikalien und Kunststoffadditive unterteilt. Am Stammsitz Heilbronn (Baden-Württemberg) produziert *Brüggemann Chemical* seit 1868. Von dort aus wird das weltweite Vertriebsnetz gesteuert und ein Jahresumsatz von über 120 Millionen Euro erzielt. Rund 220 Mitarbeiter sind bei der *Brüggemann Gruppe* tätig mit Tochtergesellschaften in den USA und Hong Kong. Eigene Forschungs- und Entwicklungsaktivitäten sowie die überdurchschnittliche Ausbildungsquote sind ein klares Bekenntnis zur Zukunftssicherung und prägen die Firmenkultur ebenso, wie kompromissloses Qualitäts- und Umweltmanagement.

Auch für *Brüggemann* ist die Fähigkeit zu kooperieren aus Sicht des Vertriebs und der Rohstoffversorgung immer wichtiger geworden. Wichtige Motive sind steigender internationaler Wettbewerb, die Öffnung von Märkten und die Verschmelzung von Marktteilnehmern. Die Aktivitäten der *Brüggemann KG* im ehemaligen Unternehmensbereich Alkohol waren durch die Struktur des Branntweinmonopols geprägt. Über Jahrzehnte hinweg war es in Deutschland nur möglich im Namen und Auftrag der *Bundesmonopolverwaltung für Branntwein* Ethylalkohol zu veredeln. Mit der Öffnung der Märkte zunächst für chemisch technische Anwendungen wurde die unternehmerische Initiative gefordert. Da in der Vergangenheit Rohalkohol vom Monopol bereitgestellt und im Unternehmen nur veredelt wurde, gab es keine anderen Lieferanten für den Rohstoff. Mit der Auflösung des Branntweinmonopols wurde daher die Suche nach Partnern für eine Rückwärtsintegration immer wichtiger. Die Unternehmensführung von *Brüggemann* trug dieser Entwicklung Rechnung und suchte nach Partnern, um den Zugang zu den Rohstoffen zu gewährleisten. Dem Wachstum aus eigener Kraft waren durch Ressourcenengpässe Grenzen gesteckt, weshalb eine Kooperation angestrebt wurde. So sollten die Ressourcen zugänglich gemacht werden, welche das Unternehmen alleine weder besaß noch zukaufen konnte.

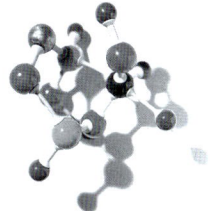

Aus der Kooperation sollte eine Einheit entstehen, die mit einer überlebensfähigen Größe die erforderlichen Technologien beherrschen und die Märkte bearbeiten konnte. Dazu sollten alle notwendigen Ressourcen von den Allianzpartnern gebündelt werden. Die Akquisition eines Rohstofflieferanten schied aus finanziellen Gründen aus, so dass ein komplexeres, aber ressourcenschonenderes 50:50 Joint Venture des Veredlers *Brüggemann* mit einem Rohstofflieferanten angestrebt wurde. Die Bildung eines Joint Ventures ist mit erheblichen Risiken verbunden. Studien weisen Misserfolgsquoten von mehr als 50 Prozent bei dieser Kooperationsform aus. Das Scheitern ist dabei nur zu etwa 30 Prozent auf technische, finanzielle und strategische Probleme zurückzuführen, während mit etwa 70 Prozent kulturelle Konflikte bzw. mangelnde interkulturelle Kompetenz den Ausschlag geben (vgl. *Harrigan*, 1988, S. 141 ff.) Neben diesen Misserfolgsfaktoren waren noch die Risiken aus unterschiedlichen Unternehmensgrößen sowie hohem Kommunikationsaufwand und der Erfolgsaufteilung zu berücksichtigen. Die erwarteten Vorteile aus der Rückwärtsintegration, insbesondere Zeitersparnis, Know-how-Zufluss, Marktzutritt sowie Kostensenkung sollten diese Risiken überwiegen.

So wurde von *Brüggemann* die Suche nach Partnern aufgenommen. Ausgehend von einer Bestandsaufnahme des Marktes und der Marktteilnehmer wurden folgende Kriterien berücksichtigt:

- Unternehmensgröße
- Rückwärtsintegration
- Regionale Stärken/Schwächen
- Stärken/Schwächen in den Produkten und Anwendungen, z. B. Schwerpunkt auf Trinkalkohol oder technischem Alkohol
- Kultureller Fit

5 Organisation

Eine Kooperation sollte unter keinen Umständen aus der Position der Schwäche heraus eingegangen werden. So sollten allen Partnern die in das Gemeinschaftsunternehmen einzubringenden Erfolgspotenziale transparent sein. Kritisch war insbesondere die unterschiedliche Unternehmensgröße mit dem späteren Joint Venture Partner *Nedalco*. Zum Zeitpunkt der Gründung des Joint Ventures war *Nedalco* selbst ein Gemeinschaftsunternehmen der *Royal Cosun* und der *CSM* in den Niederlanden. *Nedalco* selbst war von der Größe her mit *Brüggemann* vergleichbar. Allerdings hatte der Hintergrund des niederländischen Großkonzerns als Gesellschafter Einfluss auf das Miteinander. Zu große Unterschiede können Auswirkungen auf den Umgang der Mitarbeiter und den damit verbunden Kulturen und Organisationsformen haben. Die Analyse der Ausgangssituation für eine Kooperation ergab folgendes Ergebnis:

	Nedalco	Brüggemann
Rückwärtsintegration	Ja	Nein
Stärken	Bereich Trinkalkohol	Bereich technischer Alkohol
Marktposition in Deutschland	Schwach	Stark
Tradition	Über 100 Jahre	Über 100 Jahre
Unternehmensgröße	ca. 200 Mitarbeiter	ca. 200 Mitarbeitor

Abb. 5.2.16: Ausgangssituation für die Kooperation

Die Stärken und Schwächen der Partner hatten sich gut ergänzt und die Zugehörigkeit von *Nedalco* zu einer großen Organisation ermöglichte die Nutzung des dortigen Management-Know-hows. Die Kontaktaufnahme zu *Nedalco* war aufgrund der bestehenden Geschäftsbeziehungen einfach. Daher bestand auch schon eine Vertrauensbasis für das gemeinsame Engagement. Dies war der wichtigste Faktor und maßgeblich für den gegenseitigen Umgang, die Kulturen und die Kommunikation untereinander. Für die Vertragsverhandlungen wurden Personen in den einzelnen Disziplinen Technik, Labor, Administration und Controlling ausgetauscht und es bestand beiderseits Bereitschaft, voneinander zu lernen.

Der **Verhandlungsprozess** vollzog sich in folgenden Schritten:

1. Klare Definition der Unternehmensziele
2. Festlegung der Besitzverhältnisse und finanzielle Ausstattung des Joint Ventures
3. Organisation und Festlegung des Managements und der Schlüsselpersonen
4. Kontrollgremien, Zuständigkeiten und Wahrnehmung der Aufgaben
5. Unternehmensbewertung und die Regelung bei Übernahme durch einen der Partner
6. Sperrvermerk „Verkauf von Anteilen an Dritte"
7. Besprechungen der Anteilseigner und Beschlussfassung ohne Managementbeteiligung

Eine Schiedsstelle in der Zusammensetzung des Kontrollgremiums wurde nicht vorgesehen, was jedoch jedem 50:50-Joint Venture zu empfehlen ist. Die Schiedsstelle sollte eine dritte Person sein, welche das Vertrauen beider Parteien genießt und letztlich akzeptiert ist. Auch die Bewertung des Unternehmens für den Fall einer Trennung bzw. Auflösung wäre ratsam und vereinfacht einen möglichen Trennungsprozess erheblich.

Die Ziele und Planungen wurden in einem Businessplan gebündelt. Dieser gab komprimiert auf einer Seite die Ergebnisziele wieder und beschrieb die entsprechenden Maßnahmen. Dadurch konnte die Verbindlichkeit ausgedrückt und die gemeinsamen Ziele manifestiert werden. Nach Gründung des Joint Ventures wurde innerhalb eines Jahres selbständig und integriert gearbeitet. Nach der Integration wurde die Wichtigkeit einer gemeinsamen Strategie erkannt. Aus der Analyse des Umfelds (Wettbewerber, Märkte, ordnungspolitische Trends und neue Applikationen bzw. technologischer Fortschritt) wurden Ziele und Maßnahmen abgeleitet. Die Erwartungen des Businessplans wurden voll erfüllt und die Positionierung des Joint Ventures im Markt konnte erfolgreich umgesetzt werden. Die Synergien wurden genutzt und die Stärken/Schwächen-Analyse traf in der Realität zu 100 Prozent zu. Die Umsetzung der strategischen Ziele wurde schneller als geplant erreicht. Aus Sicht des Joint Venture Managements war das Joint Venture ein Erfolg und sollte somit fortgeführt werden. Daher war es kaum vorstellbar, solch ein erfolgreiches Geschäftsmodell aufzugeben.

5.2 Strategie und Organisation

Umso überraschender war die Beendigung des Joint Ventures durch den Gesellschafter *Nedalco*. Dieser übte die vertraglich festgelegte Option zur Übernahme der 50 Prozent-Anteile von *Brüggemann* am Joint Venture aus. Wenig später wurden die Motive deutlich, da *Nedalco* selbst von der *Cargill Gruppe* übernommen wurde. Aus der Erfahrung mit dem *Brüggemann – Nedalco* Joint Venture lassen sich folgende Erfolgsfaktoren internationaler Joint Ventures ableiten:

Sicht der Partner	Sicht des Joint Venture
Gemeinsame Strategie	Managementfähigkeit
Kultureller Fit	Operative Autonomie
Vertrauen zwischen den Partnern	Lernfähigkeit
Marktsituation	Human Resources
Gemeinsames Controllingsystem	Performance
Rechtliche Rahmenbedingungen	Struktureller Fit
Commitment	Anreizsystem

Abb. 5.2.17: Erfolgsfaktoren internationaler Joint Ventures

Das nachfolgende Unternehmen unter der alleinigen Führung von *Nedalco* konnte die Erfolgsgeschichte des Joint Ventures nicht fortführen. *Brüggemann* gründete ebenfalls ein Unternehmen mit dem Zweck der Vermarktung von Alkohol. So konnte die Tradition der *L. Brüggemann KG* im Bereich Alkohol gewahrt, die Erfolgsfaktoren des Joint Ventures jedoch nicht wieder hergestellt werden. Insofern bleibt die Frage offen: Ist Erfolg oder Misserfolg der Grund für die Auflösung eines Joint Ventures? In diesem Falle war es der Erfolg, welcher Begehrlichkeiten weckte und die Basis für eine weitere tiefgreifende Restrukturierung bei dem Gesellschafter *Nedalco* sein sollte.

Die Bedeutung von Joint Ventures ist durch die Globalisierung gestiegen. Politische Rahmenbedingungen und protektionistische Regelungen erfordern für den Eintritt in einen ausländischen Markt häufig einen regionalen Partner. Dieser kann sein marktspezifisches Know-how einbringen und den Kapitalbedarf senken. Darüber hinaus kann dadurch das Gemeinschaftsunternehmen im jeweiligen Land auch als inländisches Unternehmen in Erscheinung treten. Empirisch sind Joint Ventures wenig erfolgreich. Ursachen sind Zielkonflikte zwischen den Partnern, personalpolitische Probleme, die Gefahr von Wissensverlusten und kulturelle Integrationsprobleme (vgl. *Welge/Al-Laham*, 2012, S. 674 ff.).

> **Netzwerke** sind unternehmensübergreifende Kooperationen von mehr als zwei rechtlich selbständigen Unternehmen, die zur Erreichung gemeinsamer Ziele freiwillig und koordiniert zusammenarbeiten (vgl. *Richardson*, 1972, S. 883). **!**

Die Unternehmen eines Netzwerks, die auch als **dynamische oder strategische Netzwerke** bezeichnet werden, können in der Form von Joint Ventures oder sonstigen Allianzen miteinander verbunden sein. Beispiele sind Lizenz-, Technologie- oder Managementverträge (vgl. *Welge/Al-Laham*, 2012, S. 672 ff.). Netzwerke gelten als eine der erfolgsversprechendsten Formen der unternehmensübergreifenden Zusammenarbeit (vgl. *Prahalad/Hamel*, 1994, S. 34). Sie haben ihren Ursprung in gestiegenen Markt- und Wettbewerbsanforderungen. Dadurch werden traditionelle Strategien der Wettbewerbspositionierung zunehmend durch dynamische Strategien mit wechselnden Wettbewerbsvorteilen verdrängt (vgl. Kap. 3.4). Dies erfordert die Mobilisierung aller strategischen Potenziale und Ressourcen sowie die Suche nach Wettbewerbsvorteilen durch unternehmensübergreifende

Netzwerke

5 Organisation

Kooperationen (vgl. *Zahn*, 1996, S. 4). Netzwerke sind demnach eine strategisch motivierte Kooperationsform. Ziel ist es, die Wertschöpfung effizienter zu erbringen als dies durch ein Unternehmen allein oder die Kooperation mit nur einem Partner möglich wäre.

Partnership: Das GETRAG Erfolgsmodell

Das Unternehmen *GETRAG Getriebe- und Zahnradfabrik Hermann Hagenmeyer GmbH & Cie KG* wurde 1935 von *Hermann Hagenmeyer* in Ludwigsburg gegründet und hat seinen Sitz in Untergruppenbach. Es entwickelt, fertigt und vertreibt manuelle und automatisierte Schaltgetriebe sowie Doppelkupplungsgetriebe für die Automobilindustrie. Dem Wandel in der Branche begegnete GETRAG durch eine Wachstumsstrategie. Das Unternehmen erwirtschaftet weltweit einen Umsatz von mehr als 3,0 Mrd. Euro und beschäftigt rund 12.500 Mitarbeiter. Beide Zahlen zeigen ein starkes Wachstum, welches auf das Joint Venture mit *Ford Europa* zurückführt. Das Joint Venture gilt als Ausgangspunkt der internationalen Wachstumsstrategie.

Zum 1. Februar 2001 wurde das Joint Venture *GETRAG FORD Transmissions GmbH* gegründet. Das Gemeinschaftsunternehmen stellt eine 50:50-Partnerschaft zwischen *GETRAG* und *Ford* dar. Die operative Führung liegt jedoch bei *GETRAG*. Das Unternehmen mit Sitz in Köln umfasst den europäischen Unternehmensbereich „Manuelle Getriebe" von *Ford*, der über mehrere Produktions-, Entwicklungs-, Konstruktions- und Testanlagen verfügt. Das Gemeinschaftsunternehmen entwickelt und produziert manuelle und automatisierte Schaltgetriebe für PKW's, Vans und leichte Nutzfahrzeuge an insgesamt sechs Standorten in Europa. Die rund 4.600 Mitarbeiter sollen durch das Joint Venture eine führende Position im Bereich Technologie, Produktentwicklung und Fertigung einnehmen. Hierzu bringt *GETRAG* zukunftsweisende Technologien und Investitionen ein. *Ford* als Hauptkunde des Gemeinschaftsunternehmens profitiert von der Gründung eines langfristig konkurrenzfähigen Schaltgetriebeherstellers. Dies trägt auch dazu bei, die fixen Kosten von *Ford* zu senken und die Anlagen besser auszulasten. Nach 10 Jahren erfolgreicher Zusammenarbeit wurde das Joint Venture zwischen GETRAG und Ford im Jahr 2012 auf unbestimmte Zeit verlängert.

Am 1. Januar 2007 setzte *GETRAG* das Erfolgsmodell auch auf dem asiatischen Markt um und gründete ein Joint Venture mit der *Jiangling Motors Company Group*. *GETRAG* und der Partner *Ford* sind mit zwei Dritteln an *GETRAG (Jiangxi) Transmission Co. Ltd.* mit Sitz in Nanchang beteiligt. Der asiatische Partner hält ein Drittel und bringt drei Produktionsstätten ein. Das Unternehmen mit rund 3.700 Mitarbeitern fertigt rund 640.000 Getriebe pro Jahr für den chinesischen Markt.

Im Oktober 2012 wurde eine weitere Partnerschaft im asiatischen Markt gestartet. Gemeinsam mit dem zweitgrößten chinesischen Autobauer, der *Dongfeng Motor Group Co. Ltd.*, wurde das 50:50-Joint Venture *Dongfeng GETRAG Transmission Co. Ltd.* gegründet. Es soll Getriebe für PKW und leichte Nutzfahrzeuge von *Dongfeng* entwickeln und produzieren. Die Produktion soll Ende 2015 anlaufen.

Vorteile Netzwerkverbindungen Durch die koordinierte Zusammenarbeit sollen **Spezialisierungsvorteile** und Synergien erzielt werden. Diese folgen aus der Arbeitsteilung der Partner. Dabei können sich die Unternehmen eines Netzwerks auf einzelne Aufgaben spezialisieren. Netzwerke bieten somit eine Alternative zur vertikalen oder horizontalen Integration sowie zur reinen Markttransaktion. Im Gegensatz zum unternehmerischen Alleingang oder einer Akquisition bzw. Fusion (vgl. Kap. 4.2.3), können sich die Partner bei einer Kooperation ausschließlich auf die wettbewerbsrelevanten Aktivitäten und die hierzu erforderlichen Ressourcen konzentrieren.

Ein Netzwerk bietet die Möglichkeit, für einzelne Projekte die jeweils **optimale Betriebsgröße** zu wählen. Dies wird auch als Überwindung des sog. Groß-Klein-Paradoxons bezeichnet (vgl. *Erhardt*, 1993). Vor dem Hintergrund der Globalisierung ist internationale Präsenz und damit Unternehmensgröße ebenso wichtig wie die Konzentration auf Kernkompetenzen und die Flexibilität kleiner Einheiten. Ein Netzwerk bzw. eine strategische Partnerschaft kann hier einen Ausweg bieten, indem die Größennachteile einzelner Unternehmen durch den Verbund kompensiert werden. Beispielsweise haben sich Fluggesellschaften in Netzwerken organisiert, um weltweit Flüge anzubieten sowie um Synergien in Wartung, Service und Einkauf zu realisieren. Dabei geben sie ihre Eigenständigkeit als Unternehmen nicht auf, sondern bringen ihre spezifischen Fähigkeiten, wie z. B. ihre regionale Präsenz, in das Netzwerk ein.

Netzwerke verknüpfen demnach **Flexibilitätsvorteile** kleiner Organisationen mit den **Integrationsvorteilen** großer Unternehmen (vgl. *Hinterhuber/Levin*, 1994, S. 43). Sie bieten sowohl für große als auch für kleinere Unternehmen Chancen. Großunternehmen können ihre einzelnen Einheiten mit ihren spezifischen Kompetenzen vernetzen und kleinere Unternehmen Größennachteile überwinden.

Die Grundidee von Netzwerken ist die Bildung einer „Best-of-everything"-Organisation. In diese bringt jeder Netzwerkpartner seine jeweilige **Kernkompetenz** ein, um eine gemeinsame Gesamtleistung zu erstellen (vgl. Abb. 5.2.18). Die Wettbewerbsvorteile von Unternehmen beziehen sich meist auf unterschiedliche Bereiche der Wertschöpfungskette. Die Netzwerkkonstruktion erlaubt es, dass sich die Unternehmen auf diese Bereiche konzentrieren. Da die Netzwerkunternehmen ihre spezialisierten Leistungen für mehrere Netzwerkpartner erbringen, können sie hohe Skalen- und Flexibilitätseffekte erzielen. Die Erfolgsverantwortung der einzelnen Netzwerkunternehmen bleibt dabei erhalten. Dies schafft optimale Kompetenz und Effizienz, auch weil redundante Kompetenzen bzw. Ressourcen vermieden werden (vgl. *Zahn*, 1997, S. 4).

„Best-of-everything"

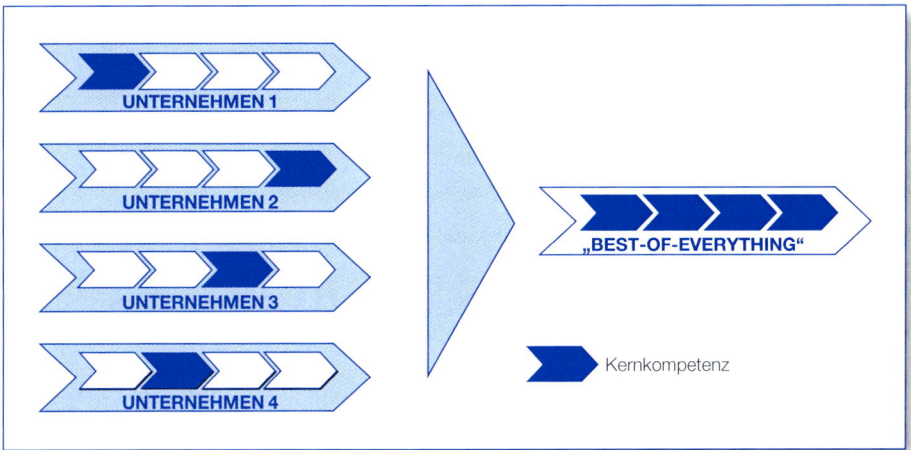

Abb. 5.2.18: Netzwerke als „Best-of-everything"-Kooperation (vgl. Dillerup, 1998b, S. 233)

5 Organisation

Erfolgsformel für Netzwerke

Die **Erfolgsformel für Netzwerke** lautet: Minimierung der Organisation bei Maximierung der Anpassungsfähigkeit und Kompetenz (vgl. *Sydow/Well*, 1996, S. 194). Um diese potenziellen Vorteile realisieren zu können, bedarf es einer Reihe von **Voraussetzungen** (vgl. *Picot* et al., 2008, S. 210 ff.):

- **Koordinationsmechanismen:** Die Abstimmung in einem Netzwerk erfolgt in erster Linie durch Marktmechanismen. Im Vordergrund steht dabei der Preis. Bei längerer Zusammenarbeit wird die Kooperation auf eine gemeinsame Planung ausgeweitet. Häufig wird ein Vermittler eingesetzt, der als sog. Broker oder Fokal die Leistungen der spezialisierten Netzwerkunternehmen aufeinander abstimmt. Er ist z. B. im Finanz-, Versicherungs- und Informationsmarkt weit verbreitet.

- **Geringe Transaktionskosten** zwischen den Netzwerkpartnern sind erforderlich, um den wirtschaftlichen Vorteil der Zusammenarbeit sicherzustellen. Hierfür bedarf es eines netzwerkumspannenden Informationssystems. Die drastische Verringerung der Transaktionskosten, insbesondere durch das Internet, eröffnet viele neue Anwendungsmöglichkeiten. Netzwerke stellen keine organisatorische Innovation dar, da es unternehmensübergreifende Verflechtungen schon in frühkapitalistischen Verlagssystemen und projektartigen Partnerschaften gab. Ein Beispiel sind die Arbeitsgemeinschaften (ARGEN) im Baugewerbe. Neu an heutigen Netzwerken ist, dass durch moderne Informationstechnik die Ressourcen nicht aus den partizipierenden Unternehmen ausgliedert werden müssen und dennoch einem Netzwerk zur Verfügung gestellt werden können.

- **Beziehungen und Vertrauen** zwischen den Partnern bilden die Basis eines Netzwerks. Sofern sich ein konkretes Vorhaben ergibt, kann aus dem Beziehungsgeflecht eine nicht dauerhafte, projektbezogene Kooperation entstehen. Somit kann ein Netzwerk durch Arbeitsteilung unter den Netzwerkbeteiligten eine hohe Flexibilität erreichen (vgl. *Miles/Snow*, 1993, S. 71).

- **Netzwerkbereitschaft** ist eine unabdingbare Voraussetzung, da die Unternehmen ihre wirtschaftliche Selbstständigkeit im Netzwerk einschränken. Dafür erhalten sie Zugriff auf die Netzwerkressourcen. Die strikte Abgrenzung zwischen eigenen und fremden Ressourcen verliert an Bedeutung und verringert die Autonomie der Netzwerkpartner.

Charakteristika

Netzwerke weisen zusammenfassend folgende **Charakteristika** auf (vgl. *Miles/Snow*, 1986, S. 64 f.; *Müller-Stewens/Lechner*, 2011, S. 307):

- Projektbezogene Zusammenarbeit, deren Dauer sich nach der (Projekt-)Aufgabe richtet
- Spezialisierungsvorteile durch Arbeitsteilung
- Aufgabenspezifische Zusammenstellung in einer optimalen Betriebsgröße
- Nutzung der Kernkompetenzen aller Netzwerkpartner
- Netzwerkweites Informationssystem

Netzwerke sind nicht nur zur Koordination unternehmensinterner Aktivitäten, sondern auch zur Abstimmung der Beziehungen zwischen den Marktpartnern zweckmäßig. Sie ergänzen oder überlagern dabei die vorhandene Organisationsstruktur, ohne diese zu ersetzen. Dadurch erhöht sich die Komplexität für die Unternehmensführung. Deshalb ist der erreichbare Nutzen mit den entstehenden Autonomieverlusten und Koordinationskosten abzuwägen.

Die allgemeine Definition eines Netzwerks als multilaterale Kooperation umfasst eine Fülle unterschiedlicher Formen. In Abgrenzung zu internen, informellen oder technik-

5.2 Strategie und Organisation

basierten Netzwerken wird häufig von **strategischen Netzwerken** gesprochen, wenn eine unternehmensübergreifende Zusammenarbeit auf die Erschließung von Wettbewerbsvorteilen gerichtet ist (vgl. *Sydow*, 1995, Sp. 1622 ff.). Häufig wird auch nach der **Lebensdauer** eines Netzwerks in stabile bzw. längerfristige sowie dynamische bzw. temporäre Netzwerke unterschieden. Als Netzwerk gelten auch die japanischen **Keiretsu-Strukturen** (vgl. *Picot* et al., 2008, S. 212). Sie bestehen aus finanziellen Überkreuzbeteiligungen führender Industrieunternehmen, großer Handelshäuser und Großbanken.

Strategische Netzwerke

In Abhängigkeit davon, ob die Netzwerkpartner durch gleichberechtigte Kommunikation oder durch eine zentrale Einheit koordiniert werden, lassen sich grundlegende **Formen von Netzwerken** unterscheiden (vgl. *Albers/Wolf*, 2003, S. 53; *Dillerup*, 1998b, S. 328; Abb. 5.2.19):

Netzwerkformen

- **Paritätische Netzwerke** bestehen aus gleichgestellten Akteuren. Häufig finden sich solche Strukturen in regionalen oder überregionalen Verbänden. Sie stimmen sich ab und verfolgen so ihre Interessen. Die Partner können dabei in Größe, Beteiligung und Entscheidungsfindung unterschiedlich sein. Als Beispiel können lokale Verbände von Gewerbetreibenden dienen, die aus unterschiedlichen Branchen zusammengesetzt sind und gemeinsame Ziele wie z. B. die Verbesserung der Infrastruktur verfolgen.

- **Comissioner Netzwerke/Unterstützungsnetzwerke** sind im Handel bekannt geworden und erbringen gemeinsam eine ergänzende (Dienst-)Leistung. Es kooperieren Partner mit komplementären Kernkompetenzen. Da die Leistungsprozesse bei diesem Typ stark voneinander abhängig sind, ist eine intensive Koordination erforderlich. So kann z. B. ein Recyclingsystem von den Herstellern kooperativ aufgebaut und den Händlern angeboten werden. Koordiniert werden solche Servicenetzwerke häufig über eigens dafür eingerichtete Einheiten, welche die Koordination und Kommunikation ermöglichen.

- **Fokale/geführte Netzwerke** werden von mindestens einem Unternehmen als Fokal strategisch geführt. Dieser definiert den Markt, die Ziele und die Rollenverteilung im Netzwerk. Je nach Kernkompetenzverteilung kann weiter unterschieden werden. Bei Generalunternehmen sind die Kernkompetenzen der Netzwerkpartner über verschiedene Wertschöpfungsstufen verteilt. Um die Kapazitäten schnell anpassen zu können, kommt ein Verteilungsnetzwerk durch Kooperation von Partnern mit ähnlichen Kernkompetenzen zustande.

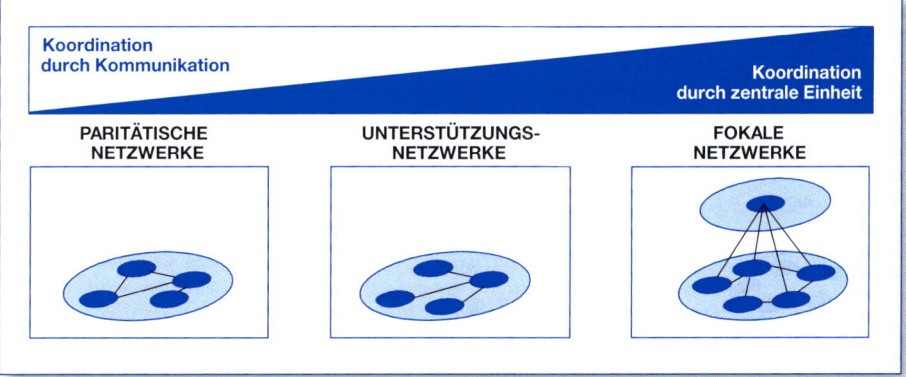

Abb. 5.2.19: Netzwerktypen in Abhängigkeit der Koordinationsform

5 Organisation

Fokales Netzwerk

Fokale Netzwerke sind z. B. in Form von Wertschöpfungsnetzwerken in der Automobilindustrie weit verbreitet (vgl. *Sydow/Möllering*, 2009, S. 187). Dort sind die Kraftfahrzeughersteller in der Rolle des Fokals. Sie kombinieren eigen- und fremdbezogene Leistungen zu einem marktfähigen Produkt, das sie im Anschluss vertreiben. Die Automobilzulieferer sind selbstständige Unternehmen, die aber in ihrer Zielsetzung und Rolle durch den Kraftfahrzeughersteller koordiniert werden. Nach der Stellung im Wertschöpfungsprozess lassen sich **Lieferanten der ersten Ebene** („First-Tier"-Lieferanten), die mit dem Fahrzeughersteller direkt in Kontakt stehen und **Lieferanten nachfolgender Ebenen** („Second-Tier" usw.) unterscheiden. Die Zulieferer der ersten Ebene übernehmen die Gesamtverantwortung für die Entwicklung, Produktion und Logistik ihrer Produkte. Abb. 5.2.20 veranschaulicht diesen pyramidenförmigen Aufbau.

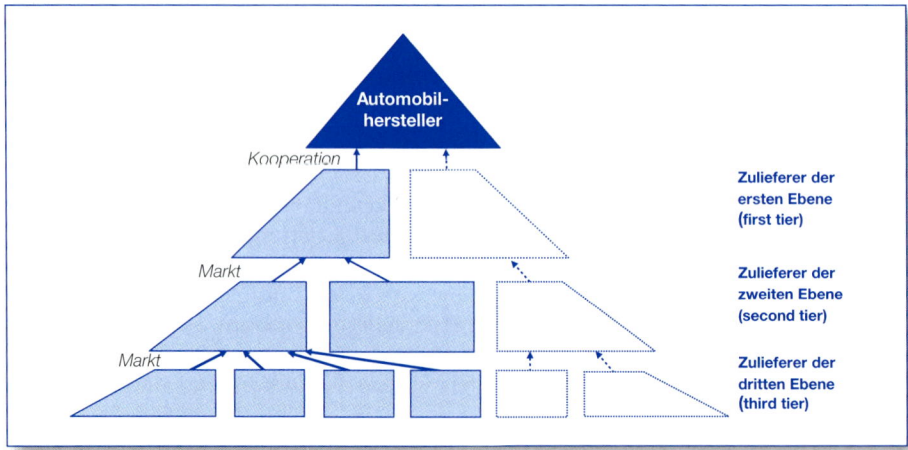

Abb. 5.2.20: Zulieferpyramide in der Automobilindustrie

Netzwerk der STAR ALLIANCE

Das *Star Alliance* Netzwerk wurde 1997 als erste globale Allianz von Fluglinien gegründet, um Reiseziele auf der ganzen Welt abdecken zu können und den Kunden eine angenehme Reise zu ermöglichen. Die Star Alliance besteht aus 27 Fluggesellschaften, die täglich mehr als 22.000 Flüge durchführen und über 1.300 Ziele in mehr als 190 Ländern anfliegen. Die Mitglieder des Netzwerks sind *Adria Airways, Aegean Airlines, Air Canada, Air China, Air New Zealand, ANA (Japan), Asiana Airlines, Austrian, Avianca, TACA Airlines, Brussels Airlines, Copa Airlines, Croatia Airlines, EGYPTAIR, Ethiopian Airlines, LOT Polish Airlines, Lufthansa, Scandinavian Airlines, Shenzhen Airlines, Singapore Airlines, South African Airways, SWISS, TAM Airlines, TAP Portugal, THAI, Turkish Airlines, United* und *US Airways*.

Ein einheitliches Code Sharing System ermöglicht aufeinander abgestimmte Linienflüge in einem weltweiten Netzwerk und verbessert die Kapazitätsauslastung, indem die Kunden der unterschiedlichen Unternehmen mit denselben Flugzeugen befördert werden. Zudem kann durch die Kooperation das Einkaufsvolumen gebündelt und Verbundeffekte durch wechselseitige Pflege- und Wartungsdienste erreicht werden. Die Marketingaktivitäten zeichnen sich durch gemeinsame Markenwerbung und Kundenbindungsprogramme aus. So sind die Bonusmeilen-Programme, Reservierungssysteme und die Angebote für Kunden der First und Business Class aufeinander abgestimmt. Um Mitgliedsgesellschaft zu werden, muss jede Fluglinie die Standards der Allianz in Bezug auf Kundendienst, Sicherheit und technischer Infrastruktur erfüllen (vgl. www.staralliance.de).

Ein noch weiter gehendes Konzept sind virtuelle Netzwerke bzw. virtuelle Unternehmen (vgl. *Davidow/Malone*, 1992).

> **Virtuelle Unternehmen** sind temporäre Netzwerke unabhängiger Unternehmen oder autonom handelnder Unternehmensteile. Sie organisieren und optimieren ihre Geschäftsprozesse mit Hilfe moderner Informationstechnik. Gegenüber den Kunden treten sie als eigenständiges Unternehmen auf.

Virtuelle Unternehmen sind Netzwerke mit besonders hoher struktureller Veränderlichkeit. Da ihre Strukturen einem fortwährenden Wandel unterworfen sind, verfügen sie weder über ein Entscheidungszentrum noch eine Organisationsstruktur (vgl. *Schulte-Zurhausen*, 2010, S. 294). Organisatorische Strukturen existieren im Grunde nicht, weshalb diese Netzwerke als virtuell bezeichnet werden. Der Begriff virtuell stammt aus der Informationstechnik. Ursprünglich stand er für die scheinbare Vergrößerung von Arbeitsspeichern durch die Auslagerung und Einbeziehung von Daten in periphere Speicher. Für den Anwender war dieser Vorgang allerdings nicht offenkundig. Er hatte den Eindruck, mit einem großen, einheitlichen Speicher zu arbeiten. Dieser existiert jedoch nur scheinbar und nicht wirklich. Virtualität bezeichnet eine latente Eigenschaft (Potenzial) ohne physische Substanz, die unter gewissen Umständen realisiert werden kann (vgl. *Goldman* et al., 1995, S. 87).

Virtuelle Unternehmen

Auf Unternehmen übertragen wird den Kunden ein Produkt scheinbar aus einer Hand angeboten, welches jedoch tatsächlich aus einer temporären Kooperation mehrerer Unternehmen zur Erstellung dieser Leistung entstanden ist. Die Kooperation nimmt gemeinsam Chancen wahr und arbeitet bis zur Erreichung ihrer Ziele zusammen. Die beteiligten Unternehmen verzichten weitgehend auf die Institutionalisierung von Funktionen und bringen ihre spezifischen Kompetenzen ein. Im Extremfall kann es vorkommen, dass alle Funktionen von Partnern übernommen werden und ausschließlich die Koordination der Leistung sowie die Schnittstelle zum Kunden von einer Stelle wahrgenommen wird. Dieser sog. Broker übernimmt selbst keinen primären Beitrag zur Leistungserstellung und ist das Herzstück einer sog. **„Hollow Organization"** (vgl. *Miles/Snow*, 1986).

Die Koordination der Partnerunternehmen erfolgt durch den Einsatz leistungsfähiger **Informationstechnik** (vgl. Kap. 7.3). Nach deren Einsatzbereich werden verschiedene Dimensionen der Virtualisierung unterschieden:

- **Business to Customer (B2C):** Arbeiten eigenständige Unternehmen zusammen (Inter-Business), so kann die Zusammenarbeit in Richtung Kunde ausgerichtet sein. Technisch können hier Marketing-, Verkaufs- oder Servicetätigkeiten miteinander vernetzt werden.

  B2C

- **Business to Business (B2B):** Wird mit anderen Unternehmen ohne Kundenintegration kooperiert, steht die technische Zusammenarbeit im Bereich Einkauf, Disposition und Logistik im Vordergrund.

  B2B

Aufgrund ihrer technischen Voraussetzungen gilt die Internet-Branche als Vorzeigemodell der Virtualisierung. Auch bei wissensintensiven Dienstleistern, wie z. B. Softwarehäusern oder Beratungen, sind bereits virtuelle Teams in der täglichen Arbeit üblich (vgl. *Niemeier*, 2005).

5 Organisation

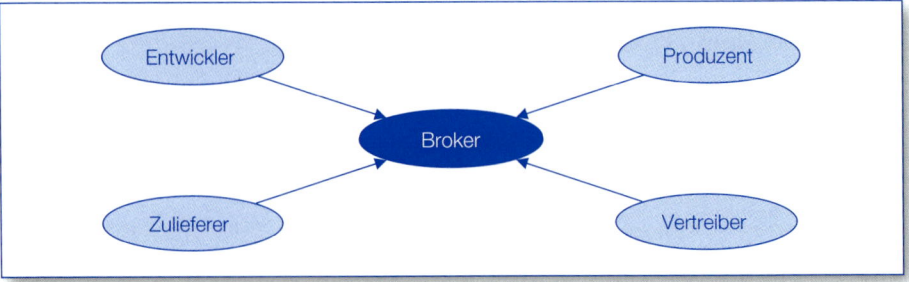

Abb. 5.2.21: Grundmuster virtueller Organisationen (vgl. Miles/Snow, 1986, S. 65)

Praxisbeispiel Linux

Ein **Extrembeispiel** für wenig koordinierte virtuelle Netzwerke ist die Softwareentwicklung in Open Source Communities. Dabei entwickeln Unternehmen oder einzelne Personen eine Software und machen deren Quellcode offen zugänglich (sog. Open Source). Diese Open Source-Software kann von jedem Nutzer angepasst und verbessert werden. Der Austausch und die Diskussion in den Communities ermöglichen gemeinsame Softwareentwicklungen. Auf diese Weise entstand das PC-Betriebssystem *Linux*. 1991 begann *Linus Torvalds* in Helsinki mit der Entwicklung einer Terminal-Emulation, um unter anderem seinen eigenen Computer besser zu verstehen. Mit der Zeit merkte er, dass sich das System immer mehr zu einem Betriebssystem entwickelte und kündigte es daraufhin in der Usenet-Themengruppe als Betriebssystem an. *Torvalds* entschied sich dazu, allen Entwicklern deutlich mehr Freiraum zu geben und es als erstes freies Betriebssystem zu vertreiben. Dies machte das System für eine noch größere Zahl von Entwicklern interessant, da somit dessen Modifikation und weitere Verbreitung erleichtert wurde. 1996 ging aus einem Wettbewerb der Pinguin *Tux* als Maskottchen für *Linux* hervor (vgl. www.linux.de).

Das modular aufgebaute Betriebssystem wird von Softwareentwicklern auf der ganzen Welt weiterentwickelt, die gemeinsam an verschiedenen Projekten arbeiten. Es sind sowohl kommerzielle Unternehmen, Non-Profit-Organisationen als auch Einzelpersonen beteiligt. Meist werden sog. *Linux*-Distributionen genutzt, in denen verschiedene Programme zu einem fertigen Paket zusammengestellt sind. Es gibt eine Vielzahl von

Linux-Distributionen, die jeweils eine stabile, aktiv gepflegte und weiter entwickelte Version der Software bereitstellen. Allerdings passen viele Distributoren und versierte Benutzer den Betriebssystemkern mehr oder weniger für ihre Zwecke an. Die Einsatzbereiche von *Linux* sind vielfältig und umfassen unter anderem die Nutzung auf Desktop-Rechnern, Servern, Mobiltelefonen, Routern, Netbooks, Multimedia-Endgeräten und Supercomputern. Dabei variiert die Verbreitung von *Linux* in den einzelnen Bereichen drastisch. So ist *Linux* im Server-Markt eine feste Größe, während es auf dem Desktop bisher kaum eine Rolle spielt. Ebenfalls spielen wirtschaftliche und geografische Unterschiede eine Rolle. So planen viele südamerikanische Schwellenländer den verstärkten Einsatz von *Linux*.

Diese virtuelle Kooperation ist trotz fehlender Koordinationsinstrumente erfolgreich und bildet eine konkurrenzfähige Alternative zum lange unangefochtenen Marktführer *Microsoft Windows*. Explizite Regeln und Erfordernisse für eine Aufnahme in die Community bestehen nicht. Die Qualität der aktiven Mitglieder wird über einen Selbstselektionsprozess erreicht. Die Zusammenarbeit basiert auf Freiwilligkeit und jeder verfolgt dabei eigene Ziele. Die Mitglieder unterwerfen sich allerdings einer Qualitätskontrolle durch Kollegen (Peers) und den *Linux*-Gründer *Linus Torvalds*. Die Zusammenarbeit in virtuellen Organisationen wie *Linux* folgt somit primär dem Prinzip des Vertrauens. Die Entwicklung des *Linux*-Kerns wird noch immer von *Torvalds* organisiert. Dieser ist dafür bei der gemeinnützigen *Linux Foundation* angestellt. Andere Entwickler werden oft von Unternehmen bezahlt, wie z. B. *Andrew Morton* im Auftrag von *Google*. Mittlerweile wird *Linux* von weltweit mehr als zehn Millionen Anwendern erfolgreich eingesetzt, u. a. auch von Firmen wie z. B. *Sixt, Cisco Systems Inc.* oder der *Software AG*.

5.2 Strategie und Organisation

Virtuelle Organisationen zeichnen sich durch folgende **Merkmale** aus (vgl. *Niemeier*, 2005; *Schulte-Zurhausen*, 2010, S. 294):

- Die beteiligten Unternehmen beschränken sich auf die Bereiche, die sie besser bewältigen können als andere Einheiten. Alle anderen Tätigkeiten werden Partnern überlassen.
- Da es keine organisatorische Regelung gibt, wird von den Beteiligten ein hohes Maß an Kreativität, Lernfähigkeit und Eigeninitiative gefordert. Handlungsnotwendigkeiten und Maßnahmen sind stets neu zu definieren.
- Planungsaufgaben werden auf ein Mindestmaß reduziert und arbeitsteilig erbracht.
- Dynamische Prozesse sind dezentralisiert und beherrschen die Organisation. Auf eine formale Organisationsstruktur wird weitgehend verzichtet.
- Führungskräfte wirken nicht hierarchisch, sondern personenorientiert als „Moderatoren", „Katalysatoren" oder „Netzverstärker". Es werden kaum Verträge geschlossen, die Zusammenarbeit basiert auf Vertrauen und losen Übereinkünften.

Merkmale

Für temporäre Kooperationen wird insbesondere die erforderliche Vertrauensbasis und der geringe Planungs- und Organisationsaufwand leicht zum Mythos (vgl. *Niemeier*, 2005). Virtuelle Netzwerke sind daher in den meisten Branchen eher eine visionäre Vorstellung als Realität.

Wesentlich häufiger finden sich Formen der Virtualisierung, bei der die technischen Vernetzungsmöglichkeiten unternehmensintern **(Intra-Business)** genutzt werden. Virtuelle Organisationsformen nutzen keine gängigen, zeitkonstanten Strukturierungsformen, sondern verändern problemorientiert fortwährend ihre Strukturen. Sie sind damit eine Variante der flexiblen Arbeitsgestaltung. Dabei können folgende organisatorische **Dimensionen der Virtualität** unterschieden werden (vgl. *Niemeier*, 2005):

Dimensionen

- **Institutionelle Virtualisierung:** Zusammenarbeit im Sinne virtueller Netzwerke über Unternehmensgrenzen hinweg.
- **Räumliche Virtualisierung:** Die Informationstechnik ermöglicht z. B. Heim- oder Telearbeit (vgl. *Picot* et al., 2010, S. 403 ff.). Telearbeit bezeichnet die mediengestützte verteilte Aufgabenbewältigung und kann sowohl die Aufgabenkoordination (Telemanagement), als auch die Aufgabenerfüllung (Teleleistung) umfassen. Ebenso können z. B. an einer Produktentwicklung Personen an unterschiedlichen Orten auf der ganzen Welt zusammenarbeiten.
- **Zeitliche Virtualisierung:** Die Aufgabendurchführung kann durch moderne Informationstechnik individualisiert werden. Beispiele sind der Wegfall fester Arbeitszeiten durch Informationszugang und elektronische Kommunikationsmöglichkeiten.

Unterschiedliche Ausprägungen der beiden Dimensionen sind in Abb. 5.2.22 dargestellt.

Beispiel zur Virtualisierung

Beratungsunternehmen stellen projektbezogen ein Expertenteam zusammen, das sich am Lösungsprozess und nicht an aufbauorganisatorischen Gegebenheiten orientiert. Ist das Ziel erreicht, so löst sich das Team wieder auf. Dabei werden häufig auch Formen der räumlichen Virtualisierung genutzt. Beispielsweise kann das Projektteam durch Mitarbeiter eines Büros unterstützt werden, ohne das diese beim Kunden präsent sind. Zudem ist auch eine zeitliche Virtualisierung möglich, indem z. B. Präsentationen über Nacht in anderen Kontinenten und Zeitzonen erstellt werden.

5 Organisation

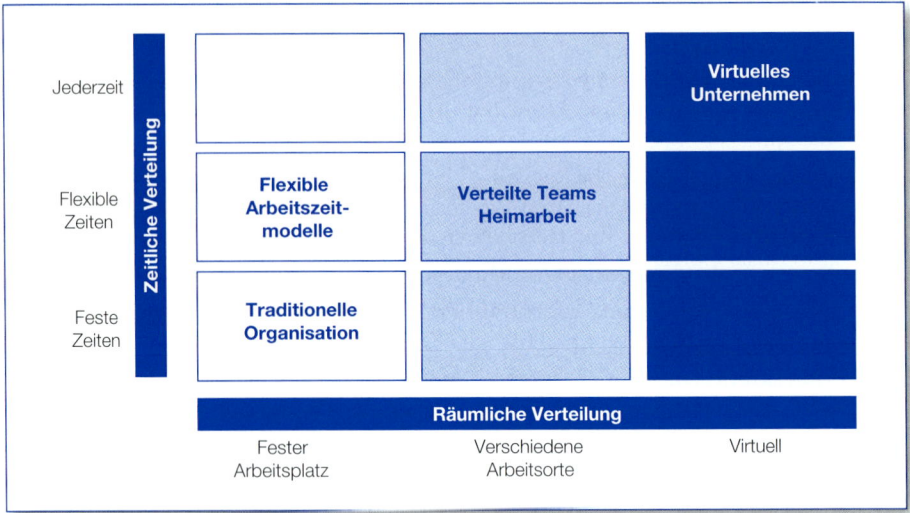

Abb. 5.2.22: Dimensionen der Virtualisierung (vgl. Niemeier, 2005)

Kooperationslebenszyklus

Kooperationen weisen einen **Lebenszyklus** auf und durchlaufen darin unterschiedliche Phasen. Anhand der Verflechtungsintensität der Kooperationspartner kann der Gesamtlebenszyklus in folgende Phasenabschnitte unterteilt werden. Diese stellen jeweils spezifische Anforderungen an die Unternehmensführung (vgl. *Dillerup*, 1998b, S. 239 ff.):

- **Gründung:** Die Entscheidung für das Mitwirken in einer Kooperation basiert für jeden Teilnehmer auf einer Abwägung von Chancen und Risiken. Der Trend zur Dezentralisierung in relativ autonome Unternehmenseinheiten fördert das Entstehen von Kooperationen. Die Dezentralisierung, Ausgliederung oder Externalisierung betrieblicher Funktionen in kleinere Einheiten führt zu einer Vernetzung der so entstehenden Segmente und Einheiten (vgl. *Sydow*, 1995, Sp. 1622 ff.). Motive einer Kooperation können z. B. eine flexible Ressourcennutzung oder eine transparente Kostenverteilung sein.

- **Wachstum:** Um Wertschöpfung in eine Kooperation einzubringen, bedarf es eines Pools an Kooperationskandidaten. Sie bilden einen informellen Markt potenzieller Partner, die untereinander eine Vertrauensbasis besitzen. Basis eines Partnerpools sind daher häufig informelle, soziale Beziehungen, aus denen sich Kooperationen bilden. Vertrauen kann auch aus finanziellen, informationstechnischen oder anderen Verflechtungen entstehen. Je größer die Vertrauensbasis und die Partneranzahl, umso mehr Chancen für gemeinsame Aktivitäten und damit für Wachstum bietet eine Kooperation.

- **Verfestigung und Reife:** Mit der Zeit sind die Prozesse der Rollenfindung, der Positionierung und des Eintritts bzw. Austritts der Akteure abgeschlossen. Die Kooperation erreicht einen produktiven Status und verfügt über geeignete Koordinationsmechanismen. Um die Vorteile einer Kooperation sicher zu stellen und eine wettbewerbsfähige Gesamtleistung zu erbringen, ist eine Koordination erforderlich. Häufig bildet sich hierfür eine koordinierende Einheit, ein sog. Fokal oder Broker. Er hat die Aufgabe, die Potenziale der Kooperation mit den Marktanforderungen in Einklang zu bringen. Häufig wird diese Funktion von einem Unternehmen wahrgenommen, das entweder direkten Zugang zu den Absatzmärkten besitzt oder die Kooperation aufgrund des höchsten Wertschöpfungsanteils dominiert. Beide Voraussetzungen ermöglichen es, eine Kooperation zu beherrschen und vermeiden Opportunismus zwischen den Partnern (vgl. *Picot* et al., 2010, S. 286).

- **Abschluss:** Das Ende einer Kooperation ist gekommen, wenn der Geschäftszweck des Verbundes bzw. die gemeinsamen Ziele erreicht sind. Dann können die bestehenden Beziehungen aufgelöst oder in einem Gemeinschaftsunternehmen weiter verfestigt werden. Eine Kooperation kann aber aus verschiedensten Gründen bereits zuvor enden. Beispielsweise wenn die Leistung nicht wirtschaftlich erbracht wird, Imageverluste eintreten oder einseitiger Know-how-Verlust droht (vgl. *Porter/Fuller*, 1991, S. 329).

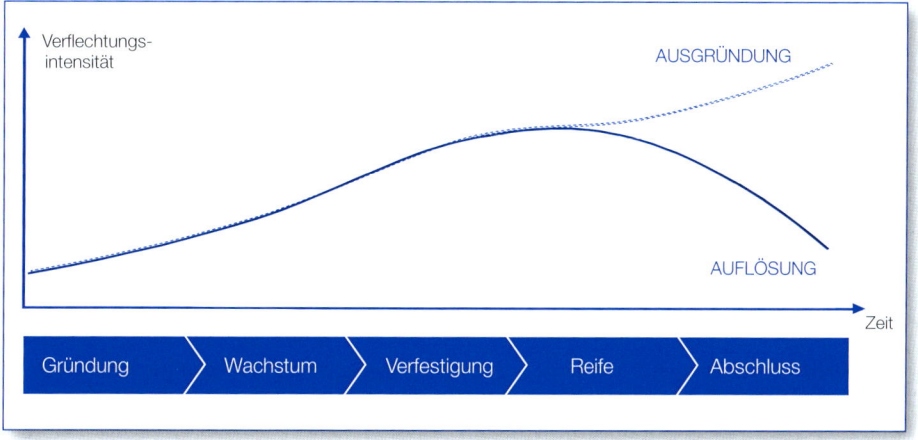

Abb. 5.2.23: Lebenszyklus einer Kooperation (vgl. Dillerup, 1998b, S. 239)

Die Anforderungen in den Phasen einer Kooperation zeigen eine Reihe potenzieller **Probleme** (vgl. *Dillerup*, 1998b, S. 241 f.):

- **Fluktuationskosten:** Scheidet ein Kooperationsteilnehmer aus, dann kann die Suche nach einem neuen Partner und dessen Einbindung in die Kooperation hohe Kosten verursachen. Fluktuationsgefahr besteht, wenn die Beiträge und Ergebnisse für die Partner aus dem Gleichgewicht geraten und kaum Sanktionsmöglichkeiten gegen einen vorzeitig ausscheidenden Partner bestehen.
- **Egoistische Ziele** der Teilnehmer können die Gesamteffizienz mindern, indem z. B. kurzfristig nicht ausgelastete Ressourcen in einer Kooperation beschäftigt werden.
- **Abstimmung der Individualziele** und Rücksichtnahme auf die Interessen der Partner schränkt den unternehmerischen Entscheidungsspielraum ein und behindert die Handlungsfreiheit.
- **Komplexitätserhöhung und Planungsunsicherheit** entsteht, wenn heterogene Mitglieder zusammenarbeiten. Dies gilt insbesondere in offenen Kooperationen und bei hoher Umweltdynamik.
- Potenzielle **Konzentrationsprozesse** gefährden eine Kooperation durch Vorwärts- oder Rückwärtsintegration.

Um diese Gefahren zu umgehen, hat die Führung einer Kooperation folgende **Funktionen** (vgl. *Picot* et al., 2010, S. 265 ff.; *Sydow/Möllering*, 2009, S. 188 f.):

- **Selektionsfunktion:** Um eine Kooperation zu bilden, sind die erforderlichen wettbewerbsrelevanten Kompetenzen zu bestimmen, die zu einer koordinierten Zusammenarbeit entwickelt werden sollen. Kompetenzen, die unter Wettbewerbsaspekten eine nachrangige Bedeutung besitzen, sind abzugrenzen und werden über den Markt ausgetauscht. Aktive Marktbeobachtung ist erforderlich, um potenzielle neue Partner zu gewinnen. Im Falle fehlenden Konkurrenzdrucks besteht die Gefahr der Degeneration einer Kooperation. Die gleichzeitige Existenz von Kooperation und Konkurrenz, von Autonomie und Abhängigkeit sowie von Vertrauen und Wandel erschwert die Führung einer Kooperation. Daher sind auftretende Kompetenzlücken über weitere Kooperationen zu schließen.

- **Regulationsfunktion:** Die erforderlichen Abstimmungs- und Integrationsmechanismen sind zu entwickeln. Der Einsatz hierarchischer Koordinationsinstrumente wird aufgrund der partnerschaftlichen Basis erschwert. Eine große Bedeutung haben daher miteinander zu vereinbarende Kulturen, Philosophien und Führungsstile. Zielbewusstes Handeln einer Kooperation erfordert einen strategischen Grundkonsens über Spielregeln und eine übergreifende strategische Ausrichtung. Eine gemeinsame strategische Planung der Geschäftsbeziehungen, -felder und -prozesse sowie die Definition der Ziel- und Aktionsräume der Kooperation sind daher erforderlich.

- **Allokationsfunktion:** Aufgrund einer realistischen Einschätzung der Aufgaben und Kapazitäten der Partner sind die gemeinsam genutzten Ressourcen im Sinne der Kooperation aufzuteilen. Um Kosten und Nutzen möglichst gerecht zu verteilen, sind vertrauliche Informationen wie z. B. Kalkulationsunterlagen offen zu legen. Der so entstehende Informationsvorsprung sowie die Marktkenntnis der koordinierenden Einheit wirken integrierend auf die Kooperationspartner. Dies legitimiert die Koordinations- und Führungskompetenz. Als Gegenleistung erhalten die Kooperationspartner oftmals besondere Zusagen wie z. B. Abnahmegarantien oder Preisanpassungen bei Erhöhung der Faktoreinsatzkosten.

- **Evaluationsfunktion:** Die Ermittlung von Kosten und Nutzen einer Kooperation und deren Verteilung ist eine wichtige Stabilisierungsfunktion. Das Ausbalancieren der verschiedenartigen und u. U. wandelnden Interessen ist Aufgabe des Fokals. Er ist bemüht, die Kooperationspartner fair zu behandeln, um austrittsbedingte Verluste wertvoller Ressourcen zu vermeiden. Andererseits kennen die Kooperationsmitglieder aufgrund ihres Informationsnachteils ihre strategische Bedeutung für die Kooperation häufig nicht. Sie werden deshalb motiviert sein, ihre Leistungsfähigkeit und ein kooperatives Verhalten zu demonstrieren. Eine solche Stabilisierung kann auch durch vertragliche Bindung einzelner Mitglieder, das Versperren des Zugangs zu alternativen Partnerschaften oder durch Absprachen erfolgen.

Meist übernehmen diese Führungsaufgaben fokale Unternehmen. So wird z. B. die *Star-Alliance* durch den dominanten Akteur *Lufthansa* oder das Joint Venture *GETRAG FORD Transmissions GmbH* von *GETRAG* geführt.

Vorteile Abschließend sind wesentliche **Vorteile** von Kooperationen:

- Sie ermöglichen strategische **Flexibilität** und erlauben rasche Strategiewechsel. Die Zusammenarbeit mit anderen Unternehmen gestattet schnelleren Wandel und Fortschritt.

- Die Konzentration auf eigene Stärken bzw. **Kernkompetenzen** ist möglich, ohne das Angebot am Markt einschränken zu müssen. Die eingebrachten Kernkompetenzen können jedoch anderen Geschäftsbereichen fehlen oder an Einzigartigkeit und damit an Wert verlieren. Die Bündelung und Integration externer Funktionen und Leistungen kann jedoch selbst zu einer neuen Kernkompetenz werden.

- Eine koordinierte Kooperation kann die **Effizienz erhöhen**, wodurch sich die individuellen Wettbewerbspositionen der Partner und auch die der Kooperation verbessern. Dies kann durch Vermeidung von Leerkapazitäten, wirtschaftlichen Einsatz knapper Ressourcen, Nutzung von Verbundvorteilen oder durch verbesserten Zugang zu Märkten und Ressourcen geschehen. Ebenfalls lassen sich Größennachteile überwinden, wodurch kleinere Unternehmen ähnliche Skaleneffekte wie Großunternehmen erzielen können.
- Der **Kundennutzen** kann durch die bessere Erfüllung kritischer Erfolgsfaktoren gesteigert werden. Zudem ermöglicht die Integration unterschiedlicher Leistungen maßgeschneiderte Kundenlösungen.
- Ist ein Unternehmen gleichzeitig in mehreren Kooperationen aktiv oder findet eine Verfestigung und Standardisierung der Kooperationsprozesse statt, dann lassen sich **geringe Transaktionskosten** insbesondere durch Informationstechnik realisieren.

Daneben beinhalten Kooperationen auch **Nachteile** bzw. Risiken:

Nachteile

- Mitarbeiter betrachten Kooperationen durchaus kritisch, da die Arbeitsplatzsicherheit traditioneller **Beschäftigungsverhältnisse** oft nicht mehr vorhanden ist. Vielmehr spielen häufig neue und flexiblere Beschäftigungsformen eine Rolle. Beispiele sind Scheinselbstständigkeit oder Zeitarbeit (vgl. *Picot* et al., 2010, S. 451 ff.).
- Abhängigkeiten von anderen Unternehmen schränken die unternehmerischen Freiräume ein. Das **Risiko von Autonomieverlusten** besteht besonders dann, wenn ein Unternehmen sich einem fokalen Kooperationspartner unterordnet.
- Kooperationen bringen eher **kurzfristige Effizienzsteigerungen** mit sich. Diese beziehen sich auf die Erbringung einer definierten Leistung, eines Auftrags oder eines Projektes. Da die Stabilität einer Partnerschaft nicht auf lange Sicht gewährleistet ist, lassen sich die strategischen Potenziale eines Unternehmens meist nicht dauerhaft stärken.
- Die Gefahr der **Instabilität und Komplexität** ist abhängig von der Vertrauensbasis und dem Rechtsstatus einer Kooperation und kann zu hohem Koordinationsaufwand führen.

Die Effizienzvorteile aus einer unternehmensübergreifenden Vernetzung hängen von der Stärke der eingebrachten Kernkompetenzen ab. Die **Fitness der beteiligten Akteure** bestimmt die Leistungsfähigkeit der Kooperation. Kooperationen werden aber auch eingegangen, wenn ein geschwächter Partner dadurch fehlende Kompetenzen kompensieren möchte.

Kooperationen sind in der Praxis weit verbreitet und werden immer beliebter. Die Nutzung der Möglichkeiten moderner Informationstechnik zur räumlichen und zeitlichen Entkoppelung sowie zur Verteilung der Wertschöpfung sind hierzu eine wesentliche Triebfeder (vgl. *Picot* et al., 2010, S. 327 f.). Die gemeinsame Ressourcennutzung und die Einbringung spezifischer Stärken rechtlich selbstständiger Unternehmen scheinen Kooperationen zum **Organisationsdesign der Zukunft** zu machen. Doch die Realisierung der potenziellen Vorteile birgt auch Risiken und bedarf einer sorgfältigen Führung. Abb. 5.2.24 stellt die Vor- und Nachteile nochmals zusammenfassend gegenüber.

5 Organisation

Vorteile	Nachteile
Strategische Flexibilität	Risiko von Autonomieverlusten
Konzentration auf Kernkompetenzen	Fehlende Sicherheit für Mitarbeiter
Effizienzvorteile	Keine dauerhafte Effizienzverbesserung
Gesteigerter Kundennutzen	Instabilität und Komplexität
Geringe Transaktionskosten	Abhängigkeit eingebrachter Kompetenzen

Abb. 5.2.24: Kritische Würdigung von Kooperationen

5.2.5 Mergers & Acquisitions

Der aus dem US-amerikanischen Investment Banking stammende Begriff Mergers & Acquisitions (Fusionen und Übernahmen, kurz: M&A) umschreibt den Handel mit Unternehmensbeteiligungen. In den USA als der Wiege des M&A gibt es immer wieder Zeiten, in denen ein signifikanter Anstieg an Fusionen und Übernahmen zu verzeichnen ist. Die bislang fünf **M&A-Wellen** in den USA waren dabei durch unterschiedliche Auslöser und Motive gekennzeichnet (vgl. *Müller-Stewens/Lechner*, 2011, S. 299 f.; *Müller-Stewens/Schäfer*, 1999, S. 1305 ff.):

- **1. Welle:** Als Reaktion auf den 1893 erlassenen *Shermann Act*, der Absprachen zwischen Unternehmen untersagte, kam es zwischen 1898 und 1904 zur Bildung großer monopolistischer Anbieter. Dies war die Geburtsstunde vieler Großkonzerne wie z. B. *General Electric*.

- **2. Welle:** Durch die Antitrustgesetzgebung wurden Übernahmen auf gleicher Wertschöpfungsstufe erschwert. Daher integrierten von 1926 bis 1929 Unternehmen die vor- bzw. nachgelagerten Wertschöpfungsstufen. Auf diese Weise entstanden marktbeherrschende Konzerne wie z. B. *General Motors* oder *IBM*. Der Zusammenbruch der Börsen und die darauf folgende Weltwirtschaftskrise beendete diese Welle abrupt.

- **3. Welle:** Diversifikations- und Portfolioüberlegungen brachten die dritte Welle von 1965 bis 1969 hervor. Dabei wurden Unternehmen aus anderen Wertschöpfungsketten übernommen und so entstand z. B. *ITT*.

- **4. Welle:** Das Streben nach Kernkompetenzen und die Unterbewertung vieler Unternehmen löste in der Zeit von 1984 bis 1990 die vierte Welle aus. Unterbewertete Unternehmen wurden zerschlagen und einzeln an Investoren veräußert. Diese wollten dadurch ihre Kernkompetenzen stärken oder ausbauen.

- **5. Welle:** Die Welle von 1993 bis 2000 wurde durch die Globalisierung der Wirtschaft und das Internet getrieben. Weltweite Marktpräsenz war z. B. ein wesentlicher Grund für die Fusion von *Daimler-Benz* und *Chrysler* im Jahr 1998.

- **6. Welle:** In der vorläufig letzten Welle von 2002 bis 2005 prüften viele Konzerne die Profitabilität bzw. Wachstumsstärke ihrer Geschäftsbereiche. In der Folge trennten sie sich von Bereichen, die nicht zum Kerngeschäft gehörten oder unprofitabel waren. Beispiele sind der Verkauf der *Siemens*-Handysparte an den taiwanesischen Elektronikkonzern *BenQ* im Jahr 2005 oder die Aufspaltung der *DaimlerChrysler AG* im Jahr 2007.

Auch in Europa ist die Bedeutung von Unternehmensübernahmen in den letzten Jahren gewachsen. Die Zahl der beim deutschen Bundeskartellamt angezeigten Unternehmenszusammenschlüsse ist in Abb. 5.2.25 dargestellt. Dabei ist zu berücksichtigen, dass seit dem Jahr 2005 die Regeln zur Bekanntmachung vollzogener Zusammenschlüsse geändert wurden und daher weniger Transaktionen zu melden sind.

5.2 Strategie und Organisation

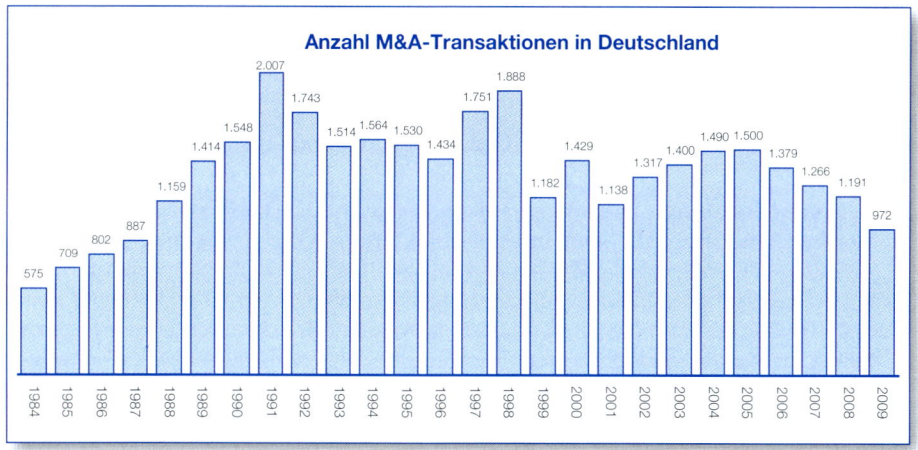

*Abb. 5.2.25: Unternehmenszusammenschlüsse in Deutschland
(vgl. M&A DATABASE, Universität St. Gallen, 2010)*

Seit 2006 ist der **M&A-Markt in Deutschland** rückläufig und wurde von 2008 bis 2010 durch die Finanzmarktkrise geprägt. Die nach Transaktionsvolumen größten Deals in den vergangenen Jahren waren die Übernahme des Stromkonzerns *Exxent N.V* durch die *RWE AG*, der *Deutsche Postbank AG* durch die *Deutsche Bank AG* und der *Porsche AG* durch die *Volkswagen AG*. Auf den nächsten Plätzen folgt der *Sonderfonds Finanzmarktstabilisierung (SoFFin)* der Bundesrepublik und damit der Staat als Akteur im M&A-Markt mit der Übernahme des Immobilienfinanzierers *Hypo Real Estate* und der Bank *WestLB*.

M&A-Markt

Die Entwicklung des **Marktes** für **Fusionen und Übernahmen** ist aufgrund unterschiedlicher Rahmenbedingungen und Voraussetzungen von Land zu Land verschieden. Die Angebots- und Nachfrageverhältnisse werden durch folgende **Faktoren** bestimmt (vgl. *Achleitner/Dresig*, 2001, Sp. 1559 ff.; *Müller-Stewens/Schäfer*, 1999, S. 1307 ff.):

Einflussfaktoren

- **Mikro- und makroökonomische Einflussgrößen** bestimmen das Wertschöpfungspotenzial industrieller Restrukturierungen. Bei raschem Technologie- und Strukturwandel kann eine schnelle Anpassung an die Marktanforderungen durch Kauf- und Verkaufstransaktionen von Unternehmenseinheiten erreicht werden. Dabei spielen Zukunfts- und Wachstumsaussichten der Branchen sowie Finanzierungsmöglichkeiten eine Rolle.

- **Anteilseigner** sind primär an der Steigerung des Wertes ihrer Investition interessiert und wirken deshalb auf wertschaffende Fusionen und Übernahmen hin. Dabei sind die Ansprüche institutioneller Anleger und der Unternehmensführung ausschlaggebend. Insbesondere Anreizsysteme z.B. in Form von Aktienoptionsprogrammen, aber auch die Preistransparenz am Kapitalmarkt sind dabei von Bedeutung.

- **Rechtliche Rahmenbedingungen** beeinflussen M&A-Transaktionen durch vielfältige gesellschafts-, arbeits- und kartellrechtliche Bestimmungen auf nationaler und internationaler Ebene. Neben den gesetzlichen Regelungen grenzen Wertpapierbestimmungen und freiwillig akzeptierte Übernahmeregelungen die Handlungsoptionen ein. Dazu zählen Handlungsverbote wie z.B. Insiderregelungen, Handlungspflichten wie z.B. Pflichtangebote an Minderheitsaktionäre und Informationsregeln wie z.B. Offenlegungspflichten bei Überschreiten bestimmter Kapitalanteile.

5 Organisation

- **Steuerliche Aspekte** von M&A-Aktivitäten betreffen die Einkommens-, Gewerbeertrags- und Körperschaftssteuer. Zudem ist die Auswirkung auf den einzelnen Investor wie z. B. die Versteuerung von Dividenden und Kursgewinnen möglichst vorteilhaft zu gestalten.
- **Politischer Einfluss** durch Medien, Gewerkschaften und öffentliche Entscheidungsträger.
- **Eigentumsverhältnisse** beeinflussen in ihrer Struktur die Häufigkeit und Ausgestaltung von M&A-Transaktionen. In Deutschland führen die vielen mittelständischen (Familien-)Unternehmen und Tochtergesellschaften diversifizierter Großfirmen zu einer relativ starken Bedeutung privater gegenüber öffentlicher Übernahmen (Private versus Public Transactions). Im Vergleich zu börsennotierten Unternehmen bestehen dabei Unterschiede hinsichtlich der Rechnungslegung, der Anwendbarkeit einzelner Bewertungsmethoden und der vertraglichen Gestaltungsfreiheiten. Private Übernahmen sind wesentlich schneller und flexibler durchführbar.

Der **deutsche M&A-Markt** liegt hinsichtlich der Transaktionszahlen nach den USA und Großbritannien weltweit seit mehreren Jahren auf Rang drei. Aufgrund der Vielzahl mittelständischer Transaktionen steht Deutschland bei den Transaktionsvolumina lediglich auf Rang acht. In den 1990er Jahren wurde der Markt in Deutschland noch durch die Wiedervereinigung verstärkt, da die Treuhandanstalt allein über 2.000 Verkäufe tätigte. Die aktivsten **Käuferbranchen** sind die Computer-, Telekommunikations- und Finanzdienstleistungsindustrie. Die aktivsten **Käuferunternehmen** sind große börsennotierte Konzerne. Bei länderübergreifenden Transaktionen ist sowohl auf der Käufer- als auch auf der Verkäuferseite die USA wichtigster Partner Deutschlands (vgl. *Jansen*, 2008, S. 22 ff.; *Müller-Stewens/Schäfer*, 1999, S. 1312 ff.).

Käuferbranchen/unternehmen

Übernahmen und Fusionen haben eine große Bedeutung für das jeweilige Unternehmen. **Motive** dabei sind (vgl. *Hungenberg*, 2011, S. 498 f.; *Müller-Stewens/Lechner*, 2011, S. 300):

Motive

- **Zeit:** Durch den Kauf eines Unternehmens lassen sich fehlende Kompetenzen, Fähigkeiten oder Ressourcen schneller erwerben, als wenn ein Unternehmen sich diese selbst aneignen würde. Damit gilt eine Übernahme als schnellster Weg zur Diversifikation.
- **Markt:** Unternehmenszusammenschlüsse können die Marktpräsenz verbessern und den Marktanteil eines Unternehmens erhöhen. Auch die Markenstärke kann durch Zukauf einer etablierten Marke gesteigert werden. Zudem ist die Übernahme eine schnelle und eventuell auch kostengünstige Form, um neue Absatzmärkte zu gewinnen und Markteintrittsbarrieren zu überwinden.
- **Kosten:** Kostensynergien auf der Leistungserstellungs- und der Vermarktungsseite können durch Aufgabenspezialisierung und Auslastungsoptimierung erzielt werden. Auch kritische Mengengrößen können übersprungen und somit eine günstige Position auf der Erfahrungskurve und Skaleneffekte erzielt werden.
- **Wettbewerb:** Durch M&A-Aktivitäten kann der Wettbewerb sowohl vertikal als auch horizontal beeinflusst werden. Ein Zusammenschluss mit Konkurrenten beeinflusst wiederum die Struktur der Branche sowie die Stellung gegenüber Kunden und Lieferanten.
- **Produkt und Technologie:** Der Erwerb von Know-how und Innovationskraft bzw. der Zugang zu neuen Technologien und Entwicklungen stärkt das Zukunftspotenzial eines Unternehmens. Der Zukauf von Ressourcen, Fähigkeiten und Kompetenzen spielt z. B. in der Pharmabranche bei der Übernahme kleinerer, aber besonders innovativer

Unternehmen z. B. der Biotechnologie eine Rolle. Die Abrundung bzw. Ergänzung der bestehenden Produkt- und Leistungspalette kann ebenfalls ein Motiv sein.

- **Portfoliomanagement:** Übernahmen können zur Diversifikation beitragen und das Portfolio eines Unternehmens verbessern. So können Schwächen beseitigt, Risiken verringert und/oder neue Geschäftsfelder aufgenommen werden.
- **Finanzen und Steuern:** Gründe können auch steuerliche Aspekte wie die Verrechnung von Verlustvorträgen, Währungsrisikoaspekte oder komplementäre Cashflow-Zyklen sein. Zudem kann ein kapitalstarker Mutterkonzern in neuen oder stark wachsenden Märkten für Investitionen erforderlich sein.
- **Marktchancen:** Nicht immer erfolgt eine Übernahme geplant. M&A-Transaktionen können aufgrund eines günstigen Preises für ein zu kaufendes Unternehmen oder eines attraktiven Angebots für einen zu veräußernden Bereich motiviert sein. Auch das Ausnutzen von Chancen am M&A-Markt kann unvorhersehbare Möglichkeiten eröffnen.

Die Bedeutung dieser Gründe ist abhängig davon, in welcher Lebenszyklusphase sich ein Markt oder eine Branche befindet (vgl. Kap. 3.3). Während in jungen Branchen der Kapitalzugang zur Finanzierung von Investitionen ein wesentliches Motiv sein kann, rücken in der Wachstumsphase marktorientierte Motive in den Vordergrund. In reifen und schrumpfenden Branchen sind dagegen Wettbewerbs- und Kostenmotive ausschlaggebend.

Lebenszyklus Markt/Branche

> Bei **Übernahmen (Acquisitions)** werden Unternehmen oder Unternehmenseinheiten durch ein anderes Unternehmen ganz oder teilweise aufgekauft. Diese können dabei unter ihrem neuen Eigentümer ihre rechtliche Selbstständigkeit bewahren.

Der Kauf von Anteilen umfasst prinzipiell jede Form von Beteiligungen an einem Unternehmen. Der Beteiligungsgrad kann von knapp über Null bis zu einhundert Prozent reichen. In Abgrenzung zu reinen Finanzinvestitionen werden bei Übernahmen (Acquisitions, Takeovers) bestehende Informations-, Einfluss- und Kontrollrechte gezielt zur Umgestaltung der Geschäftsstruktur ausgeübt. Auf diese Weise sollen die Risiko- und Ertragspotenziale der Unternehmen aktiv verändert werden (vgl. *Hungenberg*, 2011, S. 498 f.).

Übernahme

Ein gekauftes Unternehmen kann in das akquirierende Unternehmen wie folgt integriert werden (vgl. Abb. 5.2.26):

Integrationsformen

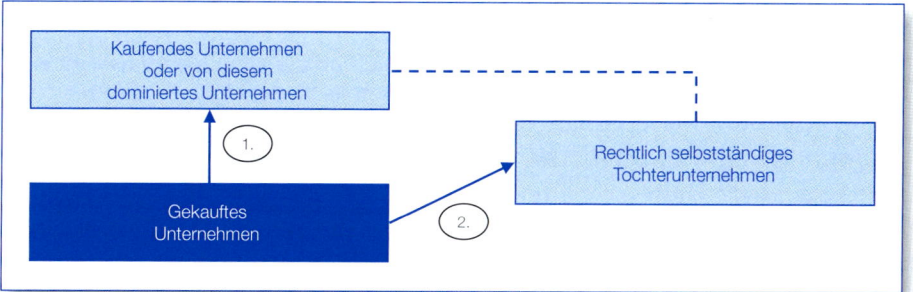

Abb. 5.2.26: Übernahmeformen

- Es kann seine rechtliche Selbstständigkeit verlieren und in das kaufende Unternehmen oder ein von diesem dominierten Unternehmen aufgehen.
- Es kann als rechtlich selbstständiges Tochterunternehmen des kaufenden Unternehmens oder eines von diesem dominierten Unternehmen weiter bestehen.

Eine besondere Form von Übernahmen bilden Zusammenschlüsse von Unternehmen in Form einer Fusion (Merger) (vgl. *Ernst/Häcker*, 2011, S. 2).

> **!** Eine **Fusion (Merger)** ist ein Zusammenschluss zweier rechtlich selbstständiger Unternehmen zu einer rechtlichen und wirtschaftlichen Einheit.

Fusion Das wesentliche Merkmal einer Fusion besteht darin, dass zumindest eines der beteiligten Unternehmen seine rechtliche Selbstständigkeit verliert und beide Unternehmen dabei in ein neues Unternehmen aufgehen. Abb. 5.2.27 veranschaulicht dies. Bei einer Fusion kauft entweder ein Unternehmen ein anderes und gliedert es in das neue Unternehmen ein oder beide Unternehmen gründen ein neues Gemeinschaftsunternehmen.

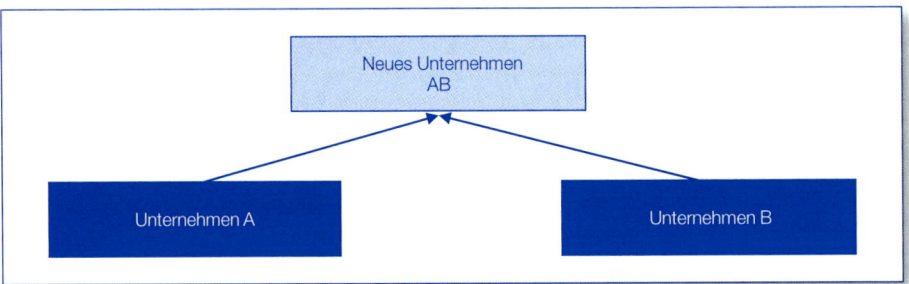

Abb. 5.2.27: Struktur eines Mergers

Merger of Equals Eine besondere Form der Fusion sind die **Merger of Equals** (vgl. *Achleitner/Dresig*, 2001, Sp. 1559 ff.). Dabei handelt es sich um eine freiwillige Fusion unabhängiger und tendenziell gleich starker Unternehmen. Wenn eine Fusion bestimmte technische Voraussetzungen wie z. B. Größen-, Wert- und Eigentumsverhältnisse erfüllt, dann kann das sog. „Pooling of Interests" angewendet werden. Dabei erhalten die Eigentümer der ursprünglichen Unternehmen Anteile an der fusionierten Einheit. Auf diese Weise kann durch Anteilsaustausch der Kaufpreis finanziert und auch die Entstehung von Goodwill vermieden werden.

Fusionen und Übernahmen betreffen den Kauf und Verkauf von Eigentumsrechten an Unternehmen oder Unternehmensteilen (vgl. *Achleitner/Dresig*, 2001, Sp. 1559 ff.). Nach dem **Umfang der erworbenen oder veräußerten Eigentumsrechte** kann in verschiedene Formen unterschieden werden (vgl. *Hungenberg*, 2011, S. 497):

Umfang an Eigentumsrechten
- **Beherrschender Einfluss** bezeichnet einen Eigentumsanteil von über 50 Prozent.
- **Maßgeblicher Einfluss** besteht, wenn mit weniger als 50 Prozent Eigentumsanteil auf die Unternehmensführung eines Unternehmens eingewirkt werden kann.
- **Minderheitsbeteiligungen** werden als Finanzbeteiligung ausgewiesen, da sie keine besonderen Einflussrechte wie z. B. Sperrminoritäten ermöglichen. Die Grenzen

zwischen den Formen sind abhängig von handelsrechtlichen und betriebswirtschaftlichen Vorgaben sowie von den Rechnungslegungsvorschriften. Meist liegt die Schwelle zwischen Finanzinvestition und maßgeblichem Einfluss bei einem Anteil von fünf Prozent.

Fusion von United und Continental Airlines

Die Fluggesellschaften *United* und *Continental* litten 2009 beide stark unter den Auswirkungen der Finanzkrise in der Luftfahrtbranche. *United* kürzte seine Kapazität um 7,4 Prozent, *Continental* um 5,2 Prozent. Beide Unternehmen schrieben rote Zahlen: *Continental* verbuchte 2009 bei einem Umsatz von 12,6 Mrd. US-Dollar einen Verlust von 282 Mio. US-Dollar. Bei der *United*-Muttergesellschaft UAL waren es bei einem Umsatz von 16,3 Mrd. US-Dollar sogar ein Verlust von 651 Mio. US-Dollar (vgl. www.unitedcontinentalmerger.com).

Beide Unternehmen können auf eine lange Firmengeschichte zurückblicken. Sowohl *United* als auch *Continental* haben ihre Wurzeln in Unternehmen des amerikanischen Luftfahrtpioniers *Walter Varney* in den 1920er- und 1930er-Jahren. *United* war bis in die 1980er-Jahre hinein nur in den USA aktiv, bis es die Pazifikrouten der *PanAm* übernahm. *Continental* bekam 1987 einen Wachstumsschub, als es die Unternehmen *Frontier*, *People Express* und *New York Air* übernahm. Erst im Jahr 2008 schlossen sich die Wettbewerber *Delta* und *Northwest Airlines* zusammen und überholten damit *American Airlines* als weltgrößte Fluggesellschaft. *United* und *Continental* arbeiten bereits beide in der *Star Alliance* zusammen. Gemessen am Verkehrsaufkommen war *United* vor der Fusion die drittgrößte Fluggesellschaft der USA, *Continental* folgte auf Platz vier. Mit ihrem Zusammenschluss wurden sie 2010 zur größten Airline der Welt.

Das neue Unternehmen heißt *United Continental Holdings Inc.* und ist am bisherigen *United*-Stammsitz in Chicago beheimatet. *Continental*-Chef *Jeffery Smisek* leitet die Tagesgeschäfte, während der bisherige *United*-Chef *Glenn Tilton* die Rolle des Chairman übernimmt. Die Fusion wurde im vierten Quartal 2010 über einen Aktientausch als Merger of Equals abgewickelt. Die Aktionäre von *Continental* bekamen für jede alte Aktie 1,05 Aktien des neuen Unternehmens. Die Aktionäre von *United* repräsentierten dabei rund 55 Prozent des Eigenkapitals der neuen Gesellschaft. Von der Fusion werden jährliche Synergieeffekte von 1 Mrd. US-Dollar erwartet, die aus zusätzlichen Umsätzen durch das verbesserte Flugnetz und Kosteneinsparungen aufgrund von Synergien stammen sollen. 2013 wurde *United Continental* als größte Fluggesellschaft der Welt durch eine weitere Megafusion im amerikanischen Luftverkehr zwischen *American Airlines* und *US Airways* von der Spitzenposition verdrängt.

Ein weiteres Unterscheidungsmerkmal sind die **Beziehungen zwischen den Geschäftsfeldern** der beteiligten Unternehmen. Dementsprechend können die in Abb. 5.2.28 veranschaulichten drei **Arten von Übernahmen** unterschieden werden (vgl. *Hungenberg*, 2011, S. 497 f.; *Mertens* et al., 2005, S. 161 ff.):

Übernahmearten

- **Horizontale M&A:** Zusammenschluss von ehemaligen Konkurrenten der gleichen Branche. Hauptmotiv ist meist die Stärkung der Wettbewerbsposition.

- **Vertikale M&A:** Zusammenschlüsse von Unternehmen auf angrenzenden Wertschöpfungsstufen. Sie stehen vor der Transaktion zumindest potenziell in einem Kunden-/Lieferantenverhältnis. Ziel ist eine bessere Abstimmung der Wertschöpfung durch eine einheitliche Leitung. Vorwärtsintegration bedeutet die Akquisition eines aktuellen oder potenziellen Kunden, Rückwärtsintegration die Übernahme eines Lieferanten.

- **Konglomerate oder laterale M&A:** Die Transaktionspartner stehen weder in einer horizontalen noch vertikalen Beziehung zueinander. Es handelt sich demnach also um Zusammenschlüsse von Unternehmen, die in unterschiedlichen Branchen operieren. Hierfür sprechen insbesondere finanz- sowie risikopolitische Überlegungen.

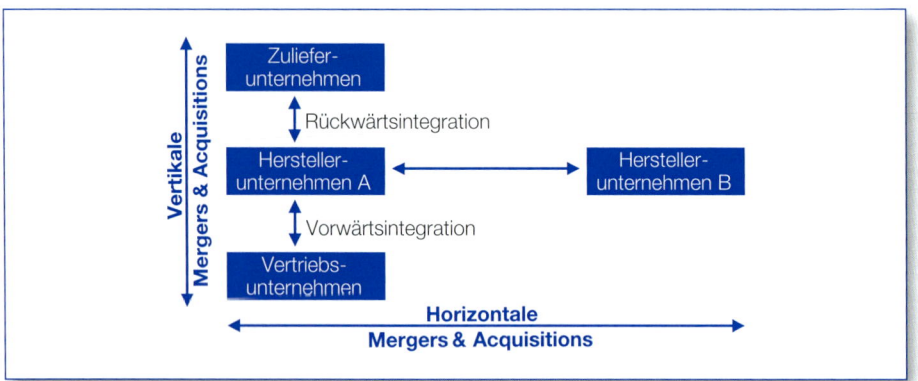

Abb. 5.2.28: Arten von Übernahmen nach den Wertschöpfungsbeziehungen

Käufer-
interessen

Nach den **Käuferinteressen** werden unterschieden (vgl. *Welge/Al-Laham*, 2012, S. 592 ff.):

- **Strategische Investoren** sind bereits im selben Geschäftsfeld aktiv und an der Kombination mit den erworbenen Unternehmenseinheiten interessiert. Motive können sein: Synergien (Economies of Scope), Größendegressionseffekte (Economies of Scale), der schnellere bzw. kostengünstigere Aufbau von Kapazitäten gegenüber organischem Wachstum, Globalisierung bzw. regionale Diversifikation, Diversifikation in andere Geschäftsfelder, Unterbewertung des Kaufobjekts oder auch steuerliche Einsparungen (z. B. Verlustvorträge).

- **Finanzinvestoren** nutzen Unterbewertungen oder finanzwirtschaftliche bzw. operative Restrukturierungspotenziale eines Unternehmens aus. Es sind in der Regel Fondsgesellschaften bzw. Private Equity-Firmen. Sie finanzieren die Übernahmen aus Fondsmitteln sowie aus Fremdkapital und damit letztlich aus dem Cashflow der gekauften Unternehmen. Nach i. d. R. zwei bis fünf Jahren realisiert der Finanzinvestor seinen Gewinn über eine Weiterveräußerung (Exit) an einen strategischen Investor oder durch einen Börsengang (Initial Public Offering, Going Public). In seltenen Fällen kann er auch eine Rekapitalisierung mit Fremdkapital (Leveraged Buy Out) vornehmen. Dabei wird dem Unternehmen Eigenkapital entzogen und durch Fremdkapital ersetzt.

- Sonderformen sind der **Management Buy Out** (MBO) und der **Management Buy In** (MBI). In diesen Fällen wird ein Unternehmen durch die bestehende Unternehmensführung (MBO) oder von externen Führungskräften (MBI) aufgekauft. Durch die Zusammenlegung von Eigentums- und Führungsrechten soll die Unternehmensführung effektiver und der Wert des Unternehmens gesteigert werden. Diese Übernahmeformen werden häufig mit einem Leveraged Buy Out kombiniert und der Kaufpreis überwiegend fremdfinanziert. Ein Beispiel für einen MBO ist der in Kap. 6.4 beschriebene Kauf des Sportartikelherstellers *Erima* von *Adidas* durch den damaligen Geschäftsführer *Wolfram Mannherz* im Jahr 2000.

5.2 Strategie und Organisation

Nach der **Kooperationsbereitschaft** der beteiligten Unternehmen lassen sich unterscheiden (vgl. *Welge/Al-Laham*, 2012, S. 606):

- **Freundliche Übernahmen** (friendly takeover): Die Führung des Übernahmekadidaten stimmt der Akquisition zu und arbeitet mit dem Käufer zusammen. Derartige Übernahmen sind weniger spektakulär und effizienter als unfreundliche Übernahmen, da die Integration des gekauften Unternehmens einfacher ist. *(Freundliche Übernahme)*

- **Feindliche Übernahmen** (hostile takeover): Die Führung der Zielgesellschaft wehrt sich gegen die Übernahme. Unfreundliche Übernahmen sind mit schwerwiegenden Problemen verbunden. Sie reichen von der anfänglichen Informationsverfügbarkeit bis zu späteren Integrationsnachteilen. Ein Beispiel ist die Übernahme von *Mannesmann* durch *Vodafone*. *(Feindliche Übernahme)*

Ein Unternehmensverkauf bzw. ein Verkauf von Firmenanteilen kann von Einzelaktionären an börsennotierten Unternehmen, von kontrollierenden Finanzinvestoren oder von ursprünglich strategisch motivierten Eigentümern durchgeführt werden. Die jeweiligen **Verkaufsmotive** können unterschiedlich sein. Grundsätzlich wird durch den Eigentümerwechsel die Erreichung einer höheren zukünftigen Wertschöpfung erwartet, so dass durch den Verkauf eine Prämie erzielt werden kann. Bei Konzernen lässt sich z. B. durch die Aufgabe defizitärer Geschäftsbereiche und die Konzentration auf ertragsstarke Kerngeschäfte die Gesamtbewertung des Unternehmens verbessern. Privatisierungen staatlich kontrollierter Wirtschaftsaktivitäten tragen zu einer verbesserten Wertschöpfung und zu einer Sanierung der Haushalte bei. Insbesondere im Mittelstand können private Eigentümer über den Anteilsverkauf ein fortgesetztes Wachstum und eine Lösung der Unternehmensnachfolge erreichen. **Formen** des Unternehmensverkaufs sind (vgl. Abb. 5.2.29; *Achleitner/Dresig*, 2001, Sp. 1559 ff.): *(Verkaufsformen)*

- Ursprünglich strategische Eigentümer bieten eine Unternehmenseinheit an einen anderen Investor zum **vollständigen Verkauf** an.

- Bei **Spin-offs** werden Unternehmensteile abgespalten und die Anteile am neuen Unternehmen anteilsmäßig an die Eigentümer der ursprünglichen Muttergesellschaft verteilt.

- Beim **Equity Carve-Out** findet eine teilweise bzw. vollständige Veräußerung von Tochtergesellschaften eines Konzerns statt. Die neuen Eigentumsrechte werden vermarktet und die Erlöse aus dem Verkauf fließen an die Muttergesellschaft.

- Der **Split-up** stellt den fundamentalsten Einschnitt bei stark diversifizierten Firmen dar. Dabei wird das gesamte Unternehmen in zwei oder mehrere Teile zerschlagen.

Kriterium	Formen		
Umfang gehandelter Eigentumsrechte	Beherrschender Einfluss	Maßgeblicher Einfluss	Minderheitsbeteiligung
Wertschöpfungsbeziehung	Horizontale Übernahme	Vertikale Übernahme	Konglomerate Übernahme
Käuferinteresse	Strategischer Investor	Finanzinvestor	Management Buy Out/In
Finanzierung	Eigenkapital	Aktientausch	Fremdkapital (Leveraged Buy Out)
Freiheitsgrad	Freundliche Übernahme		Feindliche Übernahme

Abb. 5.2.29: Arten von Mergers & Acquisitions

5 Organisation

Aufgaben beteiligter Akteure

M&A-Transaktionen gehören zu den komplexesten und risikoreichsten Entscheidungen der Unternehmensführung (vgl. *Welge/Al-Laham*, 2012, S. 607). Daher sind eine systematische und frühzeitige Planung sowie ein effektives Projektmanagement von größter Bedeutung. Dies betrifft insbesondere die Analyse, Verhandlungsführung und Entscheidungsfindung. Aufgrund der Komplexität und Vielzahl unterschiedlicher geschäftspolitischer, finanzieller, rechtlicher und steuerlicher Aspekte ist eine Bandbreite an **Akteuren** beteiligt (vgl. *Jansen*, 2008, S. 16 ff.). Zielsetzung, Gesamtsteuerung und Kontrolle des M&A liegt in der Verantwortung der Unternehmensführung. Bei inhaltlichen Fragen wird sie von Mitarbeitern aus den Bereichen Finanzen, Revision/Controlling, Steuern, Recht, Unternehmensentwicklung/-strategie sowie Unternehmenskommunikation/Pressearbeit unterstützt. Häufig ist der Einsatz externer Berater nützlich, die über Erfahrung im Bereich M&A verfügen. Hierfür sind in erster Linie Investmentbanken prädestiniert. Unternehmensberater können geschäftsspezifische Erkenntnisse beisteuern. Rechtsanwälte, Steuerberater und Wirtschaftsprüfer sind für die Ausarbeitung von Fachfragen meist unerlässlich. Schließlich sind in Abhängigkeit der Situation weitere Spezialisten wie z. B. PR-Agenturen hinzuzuziehen.

Phasen

Die generellen **Phasen** eines M&A-Prozesses verdeutlicht Abb. 5.2.30. Sie werden nachfolgend erläutert (vgl. *Ernst/Häcker*, 2011, S. 21 ff.; *Jansen*, 2008, S. 164 ff.).

Abb. 5.2.30: Phasen im Übernahmeprozess

Entscheidungsfaktoren der Übernahme

Eine Übernahme kann die Wettbewerbsposition und finanzielle Situation eines Unternehmens durch sog. **externe Entwicklung** verbessern. Auch können Stärken ausgebaut, Risiken abgeschwächt oder Chancen wahrgenommen werden. Darauf aufbauend werden beim Kauf von Unternehmen **Handlungsoptionen** identifiziert, verglichen und abgegrenzt. So entstehen Auswahlkriterien für passende Kaufobjekte wie z. B. Mindest- und Maximaleigenschaften oder Eigentümerstrukturen.

Unternehmensverkauf

Im Falle eines **Unternehmensverkaufs** ist auch die Interessenlage der ursprünglichen Eigentümer zu klären. Daraus lässt sich die geplante Art der Veräußerung festlegen, z. B. eine direkte Übertragung an einen einzelnen neuen Eigentümer. In diesem Fall sind organisatorische Voraussetzungen zu schaffen, wie z. B. die Herstellung rechtlicher und wirtschaftlicher Einheiten. Schließlich ist der Verkaufsprozess vorzubereiten. Dazu wird Informationsmaterial für potenzielle Käufer zusammengestellt **(Information Memorandum)**. Es ist das zentrale Verkaufsdokument und sollte alle wesentlichen Fragen eines Käufers beantworten. Einerseits sollten Käufer ein ausreichendes Bild des zu veräußernden Unternehmens bekommen. Hierfür erhalten sie eine vollständige strategische Analyse sowie Unternehmensdaten bis hin zu finanziellen Kennzahlen. Andererseits sollte keine vertrauliche Information preisgegeben werden, die im Wettbewerb schädlich sein könnte.

Unternehmenskauf

Im Falle eines **Unternehmenskaufs** folgt eine Identifikation und Beschreibung der Kandidaten (company-profiles). Für die möglichen Zielunternehmen werden Prioritäten festgelegt, indem die Kandidaten mit den Auswahlkriterien abgeglichen werden. Oft wird

5.2 Strategie und Organisation

dazu die Unterstützung von professionellen Beteiligungsvermittlern und insbesondere Investmentbanken in Anspruch genommen. Im Falle eines Unternehmensverkaufs stehen unterschiedliche **Verfahren** zur Verfügung (vgl. *Ernst/Häcker*, 2011, S. 26; Abb. 5.2.31):

Verfahren

- **Exklusivverhandlungen (Negotiated Sale)**: Besonders geeignete Käufer werden einzeln angesprochen und individuelle Verhandlungen geführt.
- **Simultane bilaterale Verhandlungen** dienen dazu, aus mehreren Interessenten den Käufer mit den höchsten Wertvorstellungen herauszufinden.
- **Kontrollierte Auktionen** sind ein standardisierter Verhandlungsrahmen mit der rechtlichen Verpflichtung zur Wertmaximierung beim Verkauf (Fiduciary Duty). In Abhängigkeit der notwendigen Geheimhaltungserfordernisse wird eine ausgewählte Gruppe potenzieller Interessenten direkt angesprochen. Mit diesen wird eine Vereinbarung über die Vertraulichkeit von Informationen, den informierten Personenkreis sowie ein zeitlich befristetes Wettbewerbsverbot vereinbart (Letter of intent, memorandum of understanding). Durch erste Abgabe eines Angebots, dem sog. Indicative offer (Richtangebot, non-binding offer), erhalten die Interessenten Zugang zu weiteren Informationen. Anschließend werden in mehreren Runden weitere Gebote abgegeben. Bei jeder Runde wird die Anzahl der zugelassenen Interessenten reduziert und deren Zugang zu vertraulichen Unternehmensinformationen erhöht. Dadurch sollen die Käufergebote gesteigert und gleichzeitig mögliche spätere Haftungsansprüche an den Verkäufer vermieden werden.
- **Öffentliche Auktionen:** Im Gegensatz zur kontrollierten Auktion wird eine offene Ausschreibung durchgeführt.

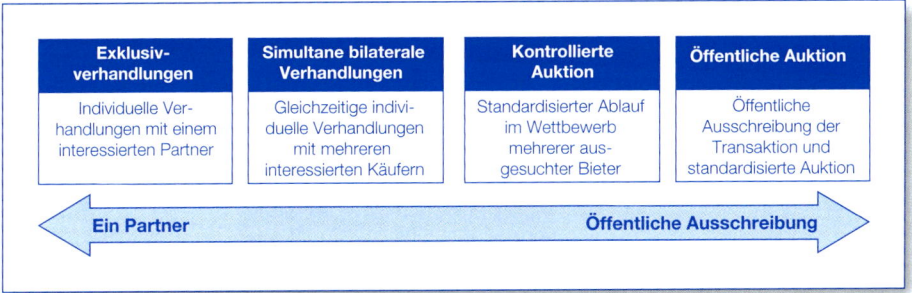

Abb. 5.2.31: Verhandlungsformen beim Unternehmensverkauf

Jeder Kaufinteressent ist um einen möglichst tiefen Einblick in alle relevanten geschäftspolitischen, finanziellen, rechtlichen und steuerlichen Aspekte bemüht. Er wird deshalb das Unternehmen unter Nutzung aller intern und extern verfügbaren Informationen einer genauen Analyse unterziehen. Bei freundlichen Unternehmensübernahmen wird hierfür eine sog. **Due Diligence** (Pre Acquisition Audit) durchgeführt. Die Versorgung der potenziellen Käufer mit bewertungs- und transaktionsrelevanten Fakten erfolgt anhand der zur Verfügung gestellten Dokumente (Dataroom), Führungspräsentationen und Unternehmensbesichtigungen. Die Due Diligence arbeitet systematisch Stärken, Schwächen und Risiken als Vorbereitung für Übernahmeverhandlungen aus. Eine Due Diligence gliedert sich in fünf **Teilbereiche**:

Beteiligungsprüfung

Teilbereiche einer Due Diligence

- **Strategische Due Diligence:** Entwicklung von Szenarien der zukünftigen Geschäftsentwicklung für das Zielobjekt mit Annahmen zur Kosten-, Markt-, Produkt- und

Wettbewerbsentwicklung. Daraus werden GuV, Bilanz und Kapitalflussrechnung prognostiziert, auf denen die Unternehmensbewertung basiert.

- **Juristische Due Diligence:** Prüfung der rechtlichen Voraussetzungen und Risiken des Zielunternehmens. Dazu werden alle vertraglichen Verpflichtungen analysiert wie z. B. Eigentumsverhältnisse, Organe, Gremien, Handelsregistereinträge, Zustimmungspflichten, Arbeitsverträge der Schlüsselmitarbeiter oder anhängige Rechtsstreitigkeiten.
- **Steuerliche Due Diligence:** Um steuerliche Auswirkungen des Unternehmenserwerbs zu bestimmen, wird insbesondere auf Steuererklärungen, Berichte der Wirtschafts- und Steuerprüfer sowie Steuerplanungen zurückgegriffen.
- **Umwelt Due Diligence:** Untersuchung auf eventuelle ökologische Risiken durch Verunreinigungen, die Erfüllung von Auflagen und Haftungsansprüche. Dies gilt z. B. für aus Immobilien stammenden Altlasten.
- **Finanzielle Due Diligence:** Ermittlung des Unternehmenswerts aus den Geschäftsberichten der letzten Jahre, der Finanzplanung und der Bilanzpolitik. Die finanzwirtschaftlichen Auswirkungen des Unternehmenskaufs auf den Erwerber werden umfassend betrachtet (Financial Modelling). Veränderungen zukünftiger Bilanzen, Gewinn- und Verlust-Rechnungen sowie Cashflows werden im Hinblick auf alternative Kaufpreise sowie auf finanzwirtschaftliche und steuerliche Szenarien hin untersucht.

Voraussetzung Voraussetzung der Due Dilligence ist die vertrauliche Behandlung der ausgetauschten Informationen. Dazu werden Geheimhaltungsverpflichtungen (Confidentiality Agreements) und Unterlassungsvereinbarungen hinsichtlich der Weitergabe von Informationen (Statements of Non-Disclosure) oder auch Verbote unfreundlicher Übernahmeangebote (Stand-Still Agreements) unterzeichnet. Die Bestimmung bzw. Eingrenzung von Verhandlungspositionen wird in einem gemeinsamen **Letter of Intent** (LOI) vereinbart.

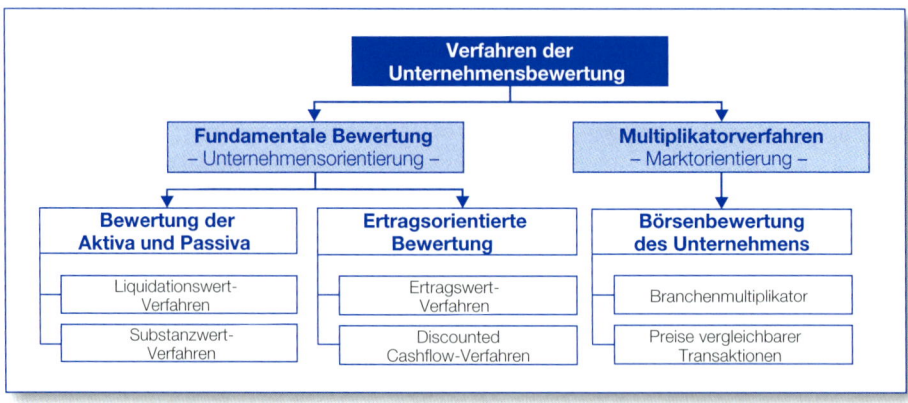

Abb. 5.2.32: Verfahren der Unternehmensbewertung

Unternehmensbewertung Als zusammenfassendes Ergebnis der Due Dilligence fließen alle verfügbaren Informationen und die individuellen Zukunftseinschätzungen in die **Unternehmensbewertung** ein. Darin sind auch qualitative Faktoren wie z. B. Führungsqualität und Markenreputation enthalten. Die quantitativen Merkmale wie z. B. Marktanteil und Marktwachstum

5.2 Strategie und Organisation

werden in einer Wertvorstellung zusammengefasst. Dazu können folgende **Bewertungsverfahren** verwendet werden (vgl. *Ernst/Häcker*, 2011, S. 366 ff.; Abb. 5.2.32):

Bewertungsvefahren

- **Multiplikatorverfahren:** Der Wert eines Unternehmens errechnet sich aus dem Produkt einer Bezugsgröße mit einem Multiplikator. Dieser wird aus unternehmensexternen Daten ermittelt. Es können historische Preise vergleichbarer Übernahmen (Recent Deal Comparisons), branchenübliche Relationen oder auch Börsenwerte (Common Stock Comparisons) herangezogen werden. Als Bezugsgröße dienen meist Umsatz oder Gewinn. Als Beispiel werden die Börsendurchschnittspreise von vergleichbaren Unternehmen geteilt durch deren jeweiligen Umsatz als Multiplikator verwendet. Dieser Marktpreis kann als Orientierung und Plausibilisierung für einen geplanten Unternehmenskauf verwendet werden. Ungeachtet möglicher Schwierigkeiten aufgrund mangelnder Vergleichbarkeit, werden Multiplikatoren in der Praxis häufig eingesetzt. Sie können ohne unternehmensinterne Daten einfach ermittelt werden und spiegeln die Marktverhältnisse wider. Dennoch ist die Methode sehr vereinfachend und kann deshalb keine alleinige Entscheidungsgrundlage sein.

- **Fundamentale Bewertungsverfahren:** Der Unternehmenswert wird systematisch auf Basis aller verfügbaren internen und externen Daten errechnet. Meist werden zukunftsorientierte Bewertungsansätze verwendet, welche die Ergebnispotenziale eines Unternehmens bewerten. Dazu können Erträge, Cashflows oder auch Dividenden herangezogen werden. Diese Verfahren werden in Kap. 3.2 ausführlich dargestellt.

Aus der Gegenüberstellung der Ergebnisse verschiedener Bewertungsverfahren bildet sich der Käufer eines Unternehmens eine angemessene Wertvorstellung **(fair value)**. Um daraus den Kaufpreis für ein Unternehmen zu bestimmen, sind folgende Sachverhalte einzubeziehen:

Einflussfaktoren auf den Unternehmenswert

- **Preispremium:** Beim Unternehmenskauf ist meist ein Zuschlag an den Verkäufer zu bezahlen, um diesen zum Verkauf zu motivieren. Dies können z. B. Paketzuschläge an große Anteilseigner sein, die als maßgebliche Akteure auf einen Verkauf einwirken. Dieser mindert den Wert des gekauften Unternehmens aus Sicht des Käufers.

- **Restrukturierungs- oder Kostensenkungsaktivitäten** bieten Wertsteigerungspotenziale nach einer erfolgreichen Übernahme. Dabei wird unterstellt, dass das gekaufte Unternehmen unabhängig weitergeführt wird (stand-alone value). Bislang unausgeschöpfte Potenziale können z. B. Kapazitätsanpassungen sein, welche die Ertragssituation eines Unternehmens nachhaltig verbessern.

- **Synergieeffekte:** Wertsteigerungen können erzielt werden, wenn ein strategischer Investor spezifische Fähigkeiten und Kompetenzen einbringt. Dies können z. B. günstigere Einkaufskonditionen, besondere Fähigkeiten oder der Zugang zu einem neuen Markt sein. Synergien zu schaffen ist eine anspruchsvolle und oft unterschätzte Aufgabe. Sie bewirken günstigere Kosten, höhere Erlöse oder niedrigere Kapitalkosten. Dafür ist jedoch ein hoher Integrationsaufwand erforderlich wie z. B. für Investitionen in Informationssysteme.

Ergebnis ist die **Preisvorstellung des Käufers** (fair price). Der tatsächliche Kaufpreis resultiert dann aus der Verhandlung mit dem Verkäufer (vgl. *Hungenberg*, 2011, S. 514 f.).

Parallel zur Bewertung des Unternehmens ist die **Finanzierung** einer Übernahme zu klären. Sie ist für den Käufer eine zentrale Fragestellung, denn Finanzierungseffekte sind Teil der Unternehmensbewertung und bestimmen den maximalen Kaufpreis. Auch für den Verkäufer ist die Finanzierung von Interesse, um die Seriosität eines potenziellen Käufers einschätzen und bei der Auswahl potenzieller Käufer berücksichtigen zu können.

Finanzierung

5 Organisation

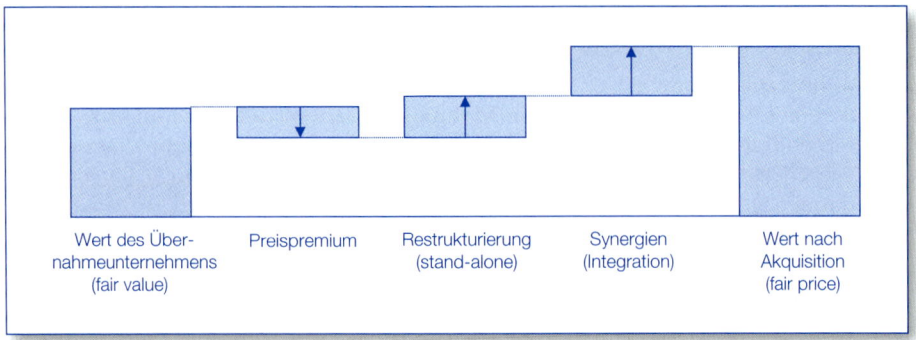

Abb. 5.2.33: Investitionskalkül des Käufers bei Übernahmen (vgl. Hungenberg, 2011, S. 515)

Problematik Es gibt viele Gründe, warum die Führung eines Übernahmekandidaten mit einem Verkauf in manchen Fällen nicht einverstanden ist. Zunächst haben Führungskräfte ein persönliches Interesse an der Erhaltung ihrer Macht und ihres Besitzstandes. Darüber hinaus ist die Unternehmensführung häufig der Ansicht, dass der gebotene Kaufpreis nicht den Wert des Unternehmens widerspiegelt. Auch die Möglichkeit einer zusätzlichen Wertschöpfung durch den Eigentümerwechsel wird oft bezweifelt. Zur **Abwehr feindlicher Übernahmen** (vgl. *Achleitner/Schiereck*, 2004, S. 2035) gilt gemeinhin eine wertorientierte Unternehmensführung (vgl. Kap. 3.2) als wirksamster Schutz. Weitere **Abwehrmaßnahmen** lassen sich wie folgt unterteilen:

Abwehrmaßnahmen

- **Präventive Abwehrmaßnahmen** bestehen in der Kontrolle bzw. Blockade von Eigentumsrechten, z. B. durch Stimmrechtsbeschränkungen, vinkulierte Namensaktien, Höchststimmrechten oder Überkreuzbeteiligungen. Ähnliche Wirkung haben Kaufpreisverteuerungen für den Erwerber (Poison Pills, Golden Parachutes), die Einschränkung der Umstrukturierungsmöglichkeiten (Asset Lock-up) und die Ungültigkeit von wesentlichen Lieferkontrakten bei Eigentümerwechseln (Change of Control Contract).

- **Ad-hoc-Maßnahmen** werden durchgeführt, wenn ein Übernahmeangebot vorliegt. Dazu zählen der Verkauf besonders attraktiver bzw. aller Unternehmensteile, Rekapitalisierungen (z. B. Sonderdividenden), rechtliche Gegenschritte, Gegenangebote und die Suche nach einem alternativen Unternehmenskäufer (White Knight).

Die ökonomische Wirkungsweise und juristische Zulässigkeit der einzelnen Maßnahmen hängt von der jeweiligen Situation und dem anwendbaren Rechtsrahmen ab. Während die Unternehmensführung in Deutschland zur Neutralität verpflichtet ist, hat sie in den USA die Interessen der Aktionäre zu wahren.

Verhandlungen Kommt es zur Aufnahme von Verhandlungen, so versuchen sich die Parteien über den Kaufpreis, die Beteiligungshöhe, die Übernahme des Führungspersonals etc. zu einigen. Dabei muss die Vertraulichkeit der Gespräche gewährleistet sein. Bei den Verhandlungen sind komplexe Einzelaspekte und divergierende Interessenlagen zwischen den Parteien zu berücksichtigen. Daher kommt der **Verhandlungstaktik** entscheidende Bedeutung zu. Die Verhandlungsführung sollte problemorientiert die Interessen der Parteien berücksichtigen und dabei an möglichst objektiven Kriterien orientiert sein. Persönliche Auseinandersetzungen und Positionierungen stehen einer Einigung entgegen, da es dabei am Ende häufig Gewinner und Verlierer gibt.

Bereits während der Verhandlungen sollten erzielte Einigungen festgehalten werden. Dafür eignen sich Milestone- und Position-Papers, Entwicklung von Kaufvertragsentwürfen, Term Sheets und Memorandums of Understanding (MoU). Handelt es sich um ein öffentliches Verhandlungsverfahren, werden verbindliche Angebote (Binding offer) abgegeben. Sie enthalten eine rechtliche Verpflichtung zu den im Angebot konkretisierten Aspekten. Bei der **juristischen Festschreibung** sind alle Merkmale der Übernahme festzulegen:

Merkmale juristischer Festschreibungen

- **Vorgehen und Termine:** Hierzu zählen die einzelnen Durchführungsschritte und die Zeitpunkte der Übernahme.
- **Kaufumfang:** Es können entweder einzeln abgegrenzte Aktiv- bzw. Passivposten eines Unternehmens (Asset Deal) oder Anteile an der Rechtsgesamtheit der Firma (Share Deal) erworben werden.
- **Kaufpreis:** Sollte zum Vertragszeitpunkt noch keine eindeutige Preisfestlegung möglich sein, so kann auf Preisformeln (Earn-Out bzw. Contingent Price) zurückgegriffen werden. Daraus wird dann zu einem späteren Zeitpunkt der Kaufpreis in Abhängigkeit der eingetretenen Unternehmensentwicklung bestimmt. Unsicherheiten zum Zeitpunkt des Vertragsabschlusses lassen sich durch Termin- und Optionskomponenten vermindern.
- **Gewährleistungs- und Haftungszusagen** (Representations and Warranties): Der Verkäufer räumt verschiedene Zusagen ein, um damit in der Due Diligence enthaltene Risiken und kritische Annahmen abzusichern.
- **Zahlungsmodalitäten:** Der Verkäufer erhält als Gegenleistung für seine Unternehmensanteile Geld (Cash Offer), Wertpapiere (Share Offer) oder eine Kombination beider Komponenten. Finanziert wird eine Übernahme durch den Käufer durch vorhandene liquide Mittel, die Aufnahme von Fremdkapital oder die Ausgabe eigener Aktien. Wenn der Unternehmenskauf durch eine öffentliche Übernahme erfolgt, dann kann entweder ein schrittweiser Aufkauf oder ein öffentliches Angebot (Tender Offer) durchgeführt werden.
- **Weiteres Vorgehen:** Für die Zeit bis zur Gültigkeit eines Vertrags werden die Aktivitäten geplant, die erforderlichen Zustimmungen eingeholt und ggf. das Wettbewerbsverhalten in dieser Zeit festgelegt (Non-Compete Clause).

Mit der Abgabe eines öffentlichen Angebots bzw. der Unterzeichnung eines Vertrags (Signing) ist eine Übernahme allerdings noch nicht abgeschlossen. Bis zum Übergangsstichtag (**Closing**) sind i.d.R. noch rechtliche Voraussetzungen zu schaffen. So kann z. B. eine kartellrechtliche Genehmigung erforderlich sein oder die Eigentümer müssen dem Kauf z. B. in einer außerordentlichen Gesellschafter- oder Hauptversammlung zustimmen. Auch die vertraglichen Verhältnisse mit Kunden und Lieferanten sind zu prüfen und ggf. anzupassen. So können Lizenzgeber, Lieferanten kritischer Ressourcen oder Kundenverträge zu verhandeln sein. Als flankierende Maßnahme sind Mitarbeiter, Investoren und die Öffentlichkeit über die verfolgte strategische Zielsetzung (Equity Story) zu informieren.

Finale Übernahme

5 Organisation

Übernahme von Cadbury durch Kraft Foods

Der britische Süßwarenhersteller *Cadbury* wurde im Januar 2010 vom US-amerikanischen Lebensmittelkonzern *Kraft* übernommen (vgl. *Slodczyk* et al., 2010, S. 22 f.). Im Bereich der Süßwaren war *Kraft* vor der Übernahme weltweit die Nummer drei mit einem Marktanteil von 8,3 Prozent. In Deutschland ist der US-Konzern vor allem durch die Schokoladenmarke *Milka* bekannt.

Für einen Kaufpreis von umgerechnet ca. 13 Mrd. Euro entstand damit der größte Süßwarenproduzent der Welt. Bei Süßwaren hatte *Cadbury* einen Weltmarktanteil von 6,9 Prozent. Gemeinsam kommen beide Konzerne auf 15,2 Prozent und überholten damit den vorherigen Marktführer *Nestlé*. *Kraft* hatte seit September 2009 aggressiv um den britischen Traditionskonzern geworben. Um sein Wachstum anzukurbeln, bezahlte *Kraft* 850 Pence je *Cadbury*-Aktie, davon 60 % in bar und den Rest in Aktien. Zusätzlich übernahm *Kraft* die Schulden von *Cadbury* in Höhe von knapp 1,4 Mrd. Pfund. Der Preis entsprach etwa dem 13-fachen des *Cadbury*-Ergebnisses vor Steuern, Zinsen und Abschreibungen (EBITDA) im Jahr 2009. Er enthielt einen Aufschlag von 50 % auf den *Cadbury*-Aktienkurs im Spätsommer 2009, bevor der Übernahmekampf begann. Damit zahlte *Kraft* deutlich weniger für *Cadbury* als bei anderen Zukäufen in der Lebensmittelbranche üblich. Bei der Übernahme von *Wrigley* durch *Mars* im Jahr 2008 lag der Preis z. B. beim 18-fachen des EBITDA. Um die Übernahme zu finanzieren, hatte *Kraft* sein Geschäft mit Tiefkühlpizzen an den Schweizer Rivalen *Nestlé* verkauft. Das brachte *Kraft* umgerechnet 2,6 Mrd. Euro ein. Der Konzern gab zudem 265 Mio. neue Aktien aus, um genügend liquide Mittel für die Übernahme zu erhalten.

Kraft rechnete durch den Kauf mit jährlichen Synergien von mehr als 600 Mio. Dollar. *Kraft* erhoffte sich von der Übernahme aber insbesondere den Zugang zu Wachstumsmärkten außerhalb Amerikas und Europas. Im Hauptgeschäft des Unternehmens, das Fertigprodukte, Salatsaucen und Käse herstellt, stagnierten die Umsätze. *Cadbury* dagegen glänzte mit zweistelligen Zuwachsraten in Ländern wie Indien, Brasilien und Mexiko. *Kraft* kam 2009 gemeinsam mit *Cadbury* auf 36 Mrd. Euro Jahresumsatz und rückt damit an den Schweizer *Nestlé*-Konzern und Weltmarktführer bei Lebensmitteln heran. Dadurch werden die Verhältnisse in der weltweiten Süßwarenbranche neu geordnet:

- Bei Süßigkeiten überholte Kraft nach der Übernahme den bisherigen Marktführer *Mars-Wrigley*, der über einen Marktanteil von 14,6 Prozent verfügte. *Mars-Wrigley* sind bekannt durch den gleichnamigen Schokoriegel sowie Marken wie *Snickers*, *M&M* und *Orbit*. Im Jahr 2009 setze der Konzern mit 64.400 Mitarbeitern pro Jahr ca. 27 Mrd. US$ um.

- Mit einem Marktanteil von 12,6 Prozent ist *Nestlé* insbesondere mit der Marke *Smarties* die Nummer Zwei in der Süßwarenbranche und Marktführer in der gesamten Lebensmittelbranche. Eine Zeit lang galten die Schweizer auch als möglicher Käufer von *Cadbury*. Durch den Kauf der Tiefkühl-Pizza-Sparte hatte *Nestlé* dem US-Konzern *Kraft* die Mittel für die Übernahme bereitgestellt.

- Als sog. „weißer Ritter" gegen eine feindliche Kraft-Übernahme von *Cadbury* wurde zwischenzeitlich der italienische *Ferrero*-Konzern gehandelt. Bekannt ist er unter anderem durch seine Marke *Kinderschokolade*. *Ferrero* verfügt über starke Marken, hatte aber für eine *Cadbury*-Übernahme keine ausreichende Finanzkraft. Der italienische Konzern kam bei Süßwaren im Jahr 2009 auf einen Marktanteil von 7,3 Prozent und beschäftigte 21.600 Mitarbeiter.

Integrationsplanung In der **Post-Merger-Phase** wird maßgeblich über Erfolg oder Misserfolg einer Übernahme entschieden. Untersuchungen über das Scheitern von Übernahmen zeigen, dass die Ursachen vielfach in einer mangelhaften Integration liegen. Daher sollte die Integration möglichst frühzeitig geplant und umgesetzt werden (vgl. *Jansen*, 2008, S. 227 ff.). Die Integration erfordert die Koordination bislang unabhängiger Bereiche, den Transfer von Ressourcen und Fähigkeiten sowie die Zusammenfassung von Aktivitäten und Investitionen. Diese Aspekte sollten bereits in der Unternehmensbewertung berücksichtigt werden (vgl. *Hungenberg*, 2011, S. 514 ff.).

5.2 Strategie und Organisation

Festzulegen sind

- der **Integrationsgrad** des erworbenen Unternehmens, z. B. Autonomie, partielle Integration oder vollständige Integration,
- der **Integrationszeitpunkt** und die **Integrationsgeschwindigkeit**, z. B. schnell oder schrittweise sowie
- die **Organisation**, z. B. hinsichtlich Projektmanagement und Beraterunterstützung.

Fixierungskomponenten

Die Integration umfasst drei **Dimensionen**:

Dimensionen

- **Strategische Integration**: Die strategische Grundausrichtung ist gemeinsam neu zu definieren sowie Ressourcen und Fähigkeiten zu transferieren. Die Realisierung kurzfristiger Effekte, wie z. B. Kosteneinsparungen, darf die strategische Integration nicht gefährden.
- **Strukturelle Integration:** Prozesse sind abzustimmen und die Aufbauorganisation anzupassen. Dazu ist die Übernahme der Best-Practices beider Unternehmen zweckmäßig. Darüber hinaus sind gemeinsam neue Strukturen und Prozesse zu entwickeln. Eine Herausforderung stellt meist die Harmonisierung der Informationssysteme dar.
- **Personelle und kulturelle Integration:** Naturgemäß haben die Mitarbeiter des gekauften Unternehmens Angst, ihren Arbeitsplatz, Einfluss oder Besitzstand zu verlieren. Um Blockaden und Widerstände abzubauen, ist eine offene Darstellung des Integrationsablaufs und der Auswirkungen auf die Belegschaft erforderlich. Besonders wichtig ist dabei die Identifikation und Motivation des neuen Führungsteams. Sowohl bei einer Übernahme, als auch bei einer Fusion, treffen zwei unterschiedliche Unternehmenskulturen aufeinander. Diese stoßen auf der jeweils anderen Seite häufig auf Unverständnis. In den meisten Fällen ist es kontraproduktiv, dem gekauften Unternehmen die Kultur des Käuferunternehmens aufzuzwingen. Dann ist mit starken Widerständen, Verunsicherung und dem Weggang der besten Mitarbeiter zu rechnen.

Die Integration wird von den Führungskräften, den Mitarbeitern, aber auch von Kunden und anderen Wertschöpfungspartnern genau verfolgt. Zudem verändert jeder Zusammenschluss fundamentale Rahmenbedingungen, so dass auch bislang problemlos funktionierende Strukturen und Abläufe eventuell einer Anpassung bedürfen (vgl. *Jansen*, 2008, S. 238).

Obwohl es in der Wirtschaft viele Übernahmen gibt, erfüllen sie oft nicht die mit ihnen verbundenen hohen Erwartungen. Empirische Studien in USA, Großbritannien und Deutschland kommen weitgehend zu ähnlichen Ergebnissen (vgl. *Bamberger*, 1994, S. 178 ff.; *Hungenberg*, 2011, S. 513 f.; *Welge/Al-Laham*, 2012, S. 607). Als Erfolgsmaßstab werden dabei z. B. Desinvestitionsraten, Reaktionen des Kapitalmarkts oder finanzielle Kennzahlen verwendet. In der Tendenz sind die Ergebnisse alarmierend und weisen in bestimmten Branchen der USA **Misserfolgsraten** bis zu 85 Prozent aus. In Deutschland kann branchenübergreifend eine durchschnittliche Erfolgswahrscheinlichkeit von rund 40 Prozent angenommen werden (vgl. *Jansen*, 2008, S. 240). Dabei ist der Erfolg unabhängig von der Unternehmensgröße. Eine Wertsteigerung tritt häufig für die Eigentümer eines verkauften Unternehmens sowie bei Fusionen ein. Bei horizontalen und konglomeraten Zusammenschlüssen wird dagegen meist Wert vernichtet.

Erfolgsmaßstab

5 Organisation

Praxisbeispiel BorgWarner BERU Systems GmbH

Die *BorgWarner BERU Systems GmbH* ist mit einem geschätzten Weltmarktanteil von über 40 Prozent bei Glühkerzen für Dieselmotoren einer der weltweit führenden Anbieter in der Dieselkaltstarttechnologie. Im Bereich der Zündungstechnik für Benzinmotoren zählt die Gesellschaft ebenfalls zu den vier führenden Anbietern in Europa. *BorgWarner BERU Systems GmbH* expandiert stark in den Elektronikbereich mit dem Schwerpunkt auf kompletten, elektronischen Systemlösungen für die Fahrzeugindustrie. Außerdem entwickelt und produziert das Unternehmen Sensortechnologie und Zündsysteme für die Öl- und Gasbrennerindustrie. Die *BorgWarner BERU Systems GmbH* zählt nahezu alle Automobil- und Motorenhersteller der Welt zu seinen Kunden.

Durch den Börsengang der *BERU AG* im Oktober 1997 wurde die Internationalisierungs- und Wachstumsstrategie beschleunigt. Die neuen finanziellen Möglichkeiten wurden von der Unternehmensführung dazu genutzt, bestehende Joint Ventures zu integrieren und zusätzliche Unternehmen zu akquirieren. Im Jahr 2000 wurde die Expansionsstrategie durch den Einstieg des Private Equity Funds *Carlyle Group* erneut beschleunigt. Der Finanzinvestor erwarb zunächst 26 Prozent an der *BERU AG* und erhöhte seine Anteile bis 2004 auf 37 Prozent. Das zusätzliche Kapital wurde einerseits in die Entwicklung neuer Produkte wie z. B. einem Reifendruckkontrollsystem und anderseits in weitere Akquisitionen wie beispielsweise der Übernahme der Zündkerzen-Division *Eyquem* von *Johnson Controls Automotive* in Frankreich investiert.

Am 1. November 2004 teilte der US-Zulieferer *BorgWarner* mit, dass er die *BERU*-Aktienpakete der *Carlyle Group* (37 Prozent) und der Familien *Birkel* (21 Prozent) und *Rupprecht* (5 Prozent) zu 59 Euro je Aktie kaufen möchte. Dies repräsentierte insgesamt 63 Prozent des Grundkapitals von 26 Mio. Euro, eingeteilt in 10 Mio. Stückaktien. *BorgWarner* unterbreitete am 8. Dezember 2004 allen Aktionären der *BERU AG* ein freiwilliges Übernahmeangebot für die *BERU* Aktie. Den verbleibenden Aktionären wurden 67,50 Euro pro Aktie in bar geboten. Dies entspricht einer Prämie von 14,7 Prozent gegenüber dem gewichteten, durchschnittlichen Aktienkurs der letzten zwölf Monate vor Angebotsabgabe bzw. 252,1 Prozent gegenüber dem Emissionspreis der Aktie 1997. Nach Ablauf der weiteren Annahmefrist am 10. Februar 2005 hielt *BorgWarner* insgesamt 69 Prozent des Grundkapitals. *BorgWarner* beabsichtigte durch die Übernahme der *BERU AG* Zugang zum wachsenden Markt der Dieselmotoren zu erhalten (horizontale Übernahme). Durch die Verhandlungen mit den beiden Hauptaktionären konnte sich *BorgWarner* im Vorfeld des öffentlichen Angebots  bereits einen beherrschenden Einfluss von 63 Prozent der Anteile sichern. Somit wurde eine Image schädigende Übernahmeschlacht verhindert. Zum anderen wurde ebenfalls sichergestellt, dass eine aufgeschlossene und kooperative Zusammenarbeit zwischen der Führung beider Unternehmen möglich ist (friendly takeover).

Im Jahr 2008 wurde ein Beherrschungs- und Gewinnabführungsvertrag mit dem Mehrheitsaktionär *BorgWarner* abgeschlossen. In der Hauptversammlung der *BERU AG* im Mai 2009 wurde die Übertragung der Aktien der Minderheitsaktionäre auf die *BorgWarner Germany GmbH* beschlossen. Nach diesem erfolgreichen Squeeze-out gehört *BERU* seitdem vollständig zum amerikanischen Automobilzulieferer. Die Börsennotierung der *BERU AG* wurde eingestellt und das Unternehmen in eine GmbH umgewandelt. Seit Dezember 2009 firmiert das Unternehmen unter dem Namen *BorgWarner BERU Systems GmbH* und ist eine 100-prozentige Tochtergesellschaft des US-amerikanischen Automobilzulieferers *BorgWarner*. Im Jahr 2011 verkaufe *BorgWarner* den Geschäftsbereich Reifendruckkontrollsysteme an die *Huf Electronics* und im Jahr 2012 den Geschäftsbereich Zündkerzen an die amerikanische Firma *Federal-Mogul*.

Ursachen des Scheiterns

Aufgabe der Unternehmensführung ist es, die wesentlichen **Ursachen des Scheiterns** von M&A zu vermeiden (vgl. *Jansen*, 2008, S. 240; *Müller-Stewens/Lechner*, 2011, S. 301):

- **Unternehmensbewertung:** Mangelnde Informationen, unzureichende Markt- und Unternehmensanalysen, unrealistische Einschätzung der Synergiepotenziale sowie

Zeitdruck führen zu falschen, meist überhöhten Erwartungen. In Kombination mit der Komplexität der Bewertung führt dies zu überhöhten Wertvorstellungen und somit oft zu einem überteuerten Kaufpreis. Damit kann ein strategisch sinnvolles M&A ökonomisch unrentabel werden. Eine realistische Unternehmensbewertung ist daher erfolgskritisch.

- **Integration:** Kulturelle Unterschiede, Unsicherheiten in den Belegschaften, fehlender Einbezug von Schlüsselpersonen und mangelnde Kommunikation sind häufig unterschätze Problemfelder. Ausreichend Zeit und eine intensive Betreuung der Post-Merger-Phase sind erforderlich, um nicht an organisatorischen Widerständen zu scheitern. Zudem ist nach der Transaktion eine neue strategische Ausrichtung des Gesamtunternehmens erforderlich.

- **Steuerung des M&A-Prozesses:** Vertraulichkeit, eindeutige Positionsbestimmung, Inhaltsfokus und Prozesskontrolle sind die prozessualen Erfolgsfaktoren (vgl. *Achleitner/Dresig*, 2001, Sp. 1559 ff.). Mangelnde Geheimhaltung gefährdet den Verhandlungsprozess und beeinflusst fundamentale Unternehmensmerkmale wie z. B. Börsenreaktionen, Geschäftsbetrieb oder Wettbewerbsposition. Dann beginnt eine spekulationsgetriebene, politische Diskussion und die Kontrolle über den M&A-Prozess geht verloren. Entscheidungsträger sollten über klare Zielvorstellungen verfügen, um eine gute Verhandlungsposition einnehmen zu können. Soll eine Transaktion zustande kommen, so ist gleichzeitig Kompromissbereitschaft in Einzelfragen unerlässlich. Das Zusammenspiel von Zielverfolgung und Kompromissfähigkeit bestimmt die Glaubwürdigkeit der Verhandlungspartner und damit die Erfolgswahrscheinlichkeit des M&A. Der Gefahr eines emotionalen „Dealfiebers" bzw. „Dealfrusts" bei den Beteiligten sollte durch regelmäßige Rückbesinnung auf die ökonomische Logik und die Wichtigkeit der Transaktion für die beteiligten Unternehmen erreicht werden.

Management Summary

- Strategie und Organisation bedingen sich wechselseitig und wirken aufeinander ein. Sowohl die These „Structure follows Strategy" als auch die Gegenthese „Strategy follows Structure" haben somit ihre Gültigkeit. Strategiegerechte Organisation ist ein maßgeblicher Erfolgsfaktor des Unternehmens.
- Eine Holdingorganisation ist ein Verbund mehrerer rechtlich selbstständiger Unternehmen unter einer einheitlichen Leitung.
- Center sind Organisationseinheiten, die Aufgaben bereichsübergreifend wahrnehmen. Sie erbringen Leistungen für mehrere interne Kunden und sind für einen bestimmten Leistungsumfang verantwortlich.
- Shared Service Center führen zuvor durch verschiedene Organisationseinheiten wahrgenommene interne Dienstleistungen in einer wirtschaftlich und z. T. auch rechtlich eigenständigen Einheit zusammen, um Kosten einzusparen und die Geschäftseinheiten besser zu unterstützen.
- Selbstorganisation ist nicht hierarchisch kontrolliert, nicht extern angetrieben und bringt spontane Systemveränderungen nach neuen Mustern hervor. Sie basiert auf zufälligen und unerwarteten Ereignissen und erzeugt eine neue, stabile Struktur.
- Kooperationen bezeichnen die Zusammenarbeit selbstständiger Unternehmen. Netzwerke sind Kooperationen mit mehr als zwei Partnern. Strategische Allianzen sind lockere horizontale Kooperationen, um Wettbewerbsvorteile zu erzielen.
- Kooperationen sind eine Koordinationsform zwischen Markt und Hierarchie.

5 Organisation

- Es gibt eine Vielzahl an Kooperationsformen, die sich nach der Institutionalisierung und der Kooperationsrichtung unterscheiden lassen.
- Kooperationen bieten Flexibilität, Kompetenz- und Effizienzvorteile und erlauben kundenspezifische Angebote. Dem stehen jedoch Autonomieverluste, Instabilität und erhöhter Führungsaufwand gegenüber.
- Zusätzliche Führungsaufgaben entstehen in der Ziel-, Markt- und Kompetenzfestlegung sowie in der Suche nach geeigneten Partnern. Eine bestehende Kooperation muss partnerschaftliche Abstimmungs- und Integrationsmechanismen entwickeln und zu einer gerechten Aufgaben- und Ressourcenverteilung kommen. Schließlich ist ein angemessenes Verhältnis von Beiträgen und Ergebnissen der Partner für die Stabilität einer Kooperation wichtig.
- Der Markt für M&A ist länderspezifisch und unterliegt zyklischen Schwankungen.
- Übernahmen werden aus vielfältigen Gründen durchgeführt. Die Motive reichen von Markt-, Wettbewerbs- und Kostenüberlegungen bis hin zur Wahrnehmung von Chancen.
- M&A's können nach dem Umfang der Eigentumsrechte, der Wertschöpfungsbeziehung, dem Käuferinteresse und der Kooperationsbereitschaft unterschieden werden.
- Der M&A-Prozess durchläuft sechs Phasen. Zunächst ist die Übernahmestrategie festzulegen und die Zielsetzung zu definieren. Anschließend sind geeignete Partner auszuwählen und die Transaktionsart zu bestimmen. Zur Analyse und Bewertung wird die Due Diligence durchgeführt und der Unternehmenswert errechnet. In den Verhandlungen wird die Transaktion durchgeführt und vertraglich fixiert. Die abschließende Integrationsphase kann langwierig sein und entscheidet maßgeblich über den Erfolg.
- M&A sind häufig nicht erfolgreich. Ursachen hierfür sind eine zu optimistische Unternehmensbewertung und eine ineffektive Integration.

Literaturempfehlungen

Achleitner, P./Dresig, T.: Mergers & Acquistions, in: *Gerke, W.* (Hrsg.): Handwörterbuch des Bank- und Finanzwesens, 3. Aufl., Stuttgart 2001, Sp. 1559–1570.

Dillerup, R.: Strategische Optionen für vertikale Wertschöpfungssysteme, Frankfurt u. a. 1998.

Jansen, S.A.: Mergers & Acquisitions, 5. Aufl., Wiesbaden 2008.

Müller-Stewens, G./Schäfer, M.: Merger & Acquisition: Grundlagen, in: *Thießen, F.* (Hrsg.): Lexikon des Geld-, Bank- und Börsenwesens, Bd. 2, 4. Aufl., Frankfurt 1999, S. 1305–1330.

Picot, A./Reichwald, R./Wigand, R.T.: Die grenzenlose Unternehmung, 5. Aufl., Wiesbaden 2010.

Schulte-Zurhausen, M.: Organisation, 5. Aufl., München 2010.

Sydow J./Möllering, G.: Produktion in Kooperationen, 2. Aufl., München 2009.

Empfehlenswerte Fallstudien zum Kapitel 5.2 aus Dillerup, R./Stoi, R. (Hrsg.)

5.1 Kooperationsnetzwerke für das Produktionsunternehmen MAZ AG *(Will, T.)*

5.2 Logistik-Outsourcing am Beispiel eines internationalen Automobilherstellers *(Hartel, D.H.)*

5.3 Projektmanagement

> **Leitfragen**
> - Was ist ein Projekt?
> - Welche Bausteine hat das Projektmanagement?
> - Wie ist mit einer Vielzahl an parallelen Projekten umzugehen?
> - Was sind die erfolgskritischen Faktoren des Projektmanagements?

Projekte sind **temporäre Organisationseinheiten**, die für besondere Anlässe gebildet und anschließend wieder aufgelöst werden. Die Anlässe können sowohl strategischer als auch operativer Natur sein. Für die Organisation eines Unternehmens verändern Projekte die Primärorganisation jedoch nicht grundlegend. Deshalb ist Projektmanagement ein Element der operativen Organisation im System der Unternehmensführung (vgl. Abb. 5.3.1).

Temporäre Organisation

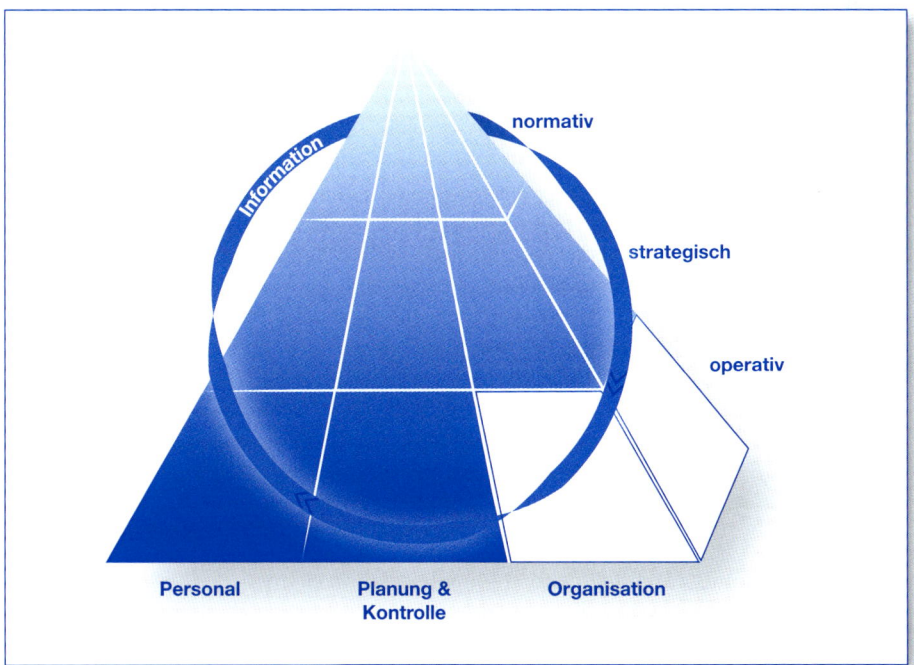

Abb. 5.3.1: Projektmanagement im System der Unternehmensführung

5.3.1 Bausteine und Ziele des Projektmanagements

Die Notwendigkeit des Projektmanagements folgt u. a. aus zunehmenden überbetrieblichen Kooperationen, steigender Komplexität oder dem Trend zu kundenspezifischen Systemlösungen. Auch steigende Ansprüche an die Transparenz gegenüber internen und externen Auftraggebern spielen eine Rolle. In dauerhaften Organisationsformen

Praxisrelevanz

5 Organisation

bewirken solche interdisziplinären Aufgaben komplizierte und langwierige Entscheidungsprozesse. Hierarchische Organisationsformen sind durch starre Entscheidungs- und Kompetenzaufteilung gekennzeichnet. Ist ein stellenübergreifendes Problem zu lösen, so ist die jeweils übergeordnete hierarchische Ebene zuständig. Für interdisziplinäre Fragestellungen folgt daraus die Trennung zwischen fachlicher Kompetenz und Entscheidungsbefugnis. Für bestimmte Vorhaben ist die Durchführung als Projekt daher die bessere Alternative (vgl. *Süß/Eschlbeck*, 2002, S. 11 ff.). Projekte besitzen das Potenzial zur Steigerung der organisatorischen Flexibilität, zur Dezentralisierung von Führungsfunktionen und Verantwortung sowie zur ganzheitlichen Lösung einer Aufgabe (vgl. *Dillerup*, 1998a, S. 148).

Historie Projektmanagement wurde bereits in der frühen Menschheitsgeschichte betrieben. Heute würde z. B. der Bau der ägyptischen Pyramiden oder der chinesischen Mauer als (Groß-)Projekt bezeichnet. Die Geburtsstunde des Projektmanagements im heutigen Sinne ist das 1941 gestartete *Manhattan Engineering District Project* (vgl. *Madauss*, 2006, S. 12 ff.). Die Entwicklung der Atombombe in den USA erschien mit traditionellen Organisationsformen undurchführbar, so dass dabei erstmals Projektmanagement als **neue Organisationsform** zum Einsatz kam. Nachfolgend wurde es in Rüstungs- und Raumfahrtprojekten verwendet und breitete sich auch in Europa aus.

Definition nach DIN Für Projekte existiert eine Vielzahl an Definitionen. Zur Vereinheitlichung wurde in der *DIN 69901* folgende Festlegung vorgenommen: Ein Projekt ist ein „Vorhaben, das im Wesentlichen durch Einmaligkeit der Bedingungen in ihrer Gesamtheit gekennzeichnet ist, wie z. B. projektspezifische Organisation, Zielvorgabe, zeitliche, finanzielle, personelle oder andere Begrenzungen". Diese Begriffsauffassung ist durch eine unscharfe Umschreibung der „Einmaligkeit der Bedingungen" gekennzeichnet. Daher wird folgende Begriffsbestimmung zugrunde gelegt:

 Ein **Projekt** bezeichnet ein einmaliges, zeitlich begrenztes und komplexes Vorhaben, zu dessen Bewältigung mehrere Mitarbeiter aus unterschiedlichen Organisationseinheiten und Fachbereichen erforderlich sind (vgl. *Madauss*, 2006, S. 9).

Merkmale Ein Projekt ist damit durch folgende **Merkmale** gekennzeichnet:

- **Einmaligkeit:** Die zu lösende Aufgabe ist keine wiederkehrende Routinetätigkeit. Die verschiedenartigen Bedingungen würden die Abwicklung im Rahmen der klassischen Linienorganisation sehr aufwendig machen. Aufgrund topografischer Anforderungen und den Wünschen der Bauherren sind z. B. Bauvorhaben so unterschiedlich, dass diese als einmalig angesehen werden können und eine eigenständige Organisation erfordern.
- **Terminierung:** Ein Projekt besitzt einen definierten Start- und Endtermin.
- **Komplexität:** Projekte sind durch eine hohe Anzahl der zu berücksichtigenden Elemente (Kompliziertheit) und starke Veränderlichkeit im Zeitablauf (Dynamik) gekennzeichnet (vgl. *Litke*, 2007, S. 44). Dies erhöht den Koordinationsaufwand und spricht gegen die Eingliederung der Aufgaben in eine dauerhafte Organisationsstruktur.

5.3 Projektmanagement

- **Interdisziplinarität:** Ein Projekt erfordert die Beteiligung mehrerer Stellen und Ressourcen aus unterschiedlichen Disziplinen, welche zur effizienten Problemlösung organisatorisch zusammengefasst werden.
- **Optionale Merkmale:** Zu diesen grundlegenden Merkmalen eines jeden Projekts können auch noch andere spezifische Merkmale hinzukommen. So sind einmalige Vorhaben häufig auch innovativ und bergen daher besondere wirtschaftliche Risiken. Dies gilt z. B. hinsichtlich der Realisation, Verwertbarkeit, Termine oder der Kosten. Die Aufgabenstellung ist nur lösbar, wenn die gegenseitige Abhängigkeit (Interdependenz) der Mitwirkenden berücksichtigt wird. Projekte unterliegen einem Lebenszyklus, da sie zu einem bestimmten Zeitpunkt begonnen werden und das Projekt an einem definierten Termin endet. Während dieser Zeit ist das Projekt ausschließlich auf die Zielerreichung ausgerichtet. Daraus ergeben sich auch Konflikte z. B. im Zusammenwirken mit der dauerhaften Linienorganisation. Derartige ergänzende Merkmale resultieren aus den vier konstituierenden Merkmalen.

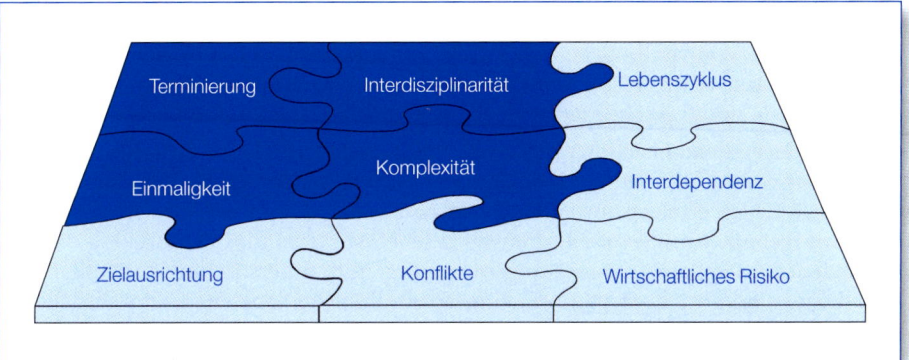

Abb. 5.3.2: Merkmale von Projekten

Die Definition von Projekten ist sehr umfassend und trifft für eine Vielzahl an Vorhaben zu. Deshalb werden Projekte nach folgenden Kriterien **klassifiziert** (vgl. *Keßler/Winkelhofer*, 2004, S. 32 ff.):

Klassifikationen

- **Reichweite**, z. B. International, National, Konzern, Unternehmen, Werk, Bereich
- **Fachlicher Inhalt**, z. B. Strategie, Struktur, Produkt, Bau, Kooperation, Markt, IT
- **Größe**, z. B. hinsichtlich Zeitdauer, Kosten, Kapazitäten, Bedeutung
- **Vorgehen**, z. B. nach den Ablaufschritten der Prozessgestaltung
- **Strukturelemente**, z. B. Vorprojekte, Analyse, Konzeption, Implementierung

Neben diesen Einteilungen werden Projekte oftmals auch nach der Art und Konkretisierbarkeit der Ziele in **offene** und **deterministische Projekte** unterschieden (vgl. *Diethelm*, 2000, S. 14 ff.). Bei einigen Projekten, z. B. bei Rationalisierungsprojekten, lässt sich sowohl Zielsetzung als auch Nutzen im Vorfeld exakt bestimmen. Von diesen deterministischen Projekten unterscheiden sich offene Projekte, bei denen die Ziele während des Vorhabens laufend angepasst werden und der Erfolg nicht exakt ermittelbar ist. In solchen Projekten, wie z. B. der Grundlagenforschung, ist das Risiko sehr hoch. Sie unterscheiden sich auch in der Vorgehensweise, im Zeitrahmen sowie in den Kosten. Hier können exakte Zielvorgaben sogar den Weg zu unerwarteten Lösungen verbauen.

5 Organisation

Spezifisches Projektmanagement

Für die unterschiedlichen Projektarten wurden spezifische Methoden entwickelt, die unter dem Begriff **spezifisches Projektmanagement** zusammengefasst werden. Exemplarisch hierfür sind folgende **Projektarten** (vgl. *Nehlsen/Gatzmaga*, 2001, S. 239 f.):

- **Bauprojekte:** In Bauprojekten spielen Verträge eine wichtige Rolle. Umfang, Ziele und Risiken des Projekts sind darin bereits vor Projektstart bis ins Detail festgehalten. Es ist eine Vielzahl an gewerblichen Mitarbeitern beteiligt. Die den Bauprojekten zugrunde liegenden Prozesse sind bekannt und die ausführenden Mitarbeiter meist sehr erfahren. Während sich der Zeitdruck häufig in Grenzen hält, kommt den Kosten entscheidende Bedeutung zu.

- **Produktentwicklungsprojekte** sind äußerst risikoreich, da sie den State-of-the-Art verändern. Die Zeitspanne bis zur Markteinführung hat oft eine höhere Bedeutung als die Projektkosten. Ein weiterer kritischer Faktor im Bereich der Produktentwicklung ist die Qualität. Der Projektumfang kann sich während der Projektrealisierung verändern.

- **Forschungsprojekte** sind offene Projekte und erstrecken sich über längere Zeiträume. Im Vordergrund steht die Qualität der Projektergebnisse. Charakteristisch ist ein zeitintensiver, kreativer Prozess, wobei Projektumfang und -ziele meist zu Beginn nicht eindeutig feststehen. Häufige, radikale Änderungen des Projektumfangs und der Projektziele sind typische Merkmale dieser Projektart. Hieraus folgt ein hohes Risiko.

Projekte unterscheiden sich grundlegend von **dauerhaften Organisationsformen** (vgl. *Heche*, 2004, S. 8 ff.). Abteilungen sind auf sich wiederholende Leistungen und Prozesse ausgerichtet. Sie verfolgen fortlaufend mehrere Ziele, die mit größerer Sicherheit bezüglich Ergebnis, Kosten und Terminen versehen sind, als dies in Projekten der Fall ist. Zudem sind Systeme zur Leistungsintegration und -unterstützung vorhanden. Die Mitarbeiter sind eher homogen und eingespielt. Projekte konzentrieren sich dagegen auf die Erreichung einer Zielsetzung mit begrenzter Dauer. Dazu sind Mitarbeiter unterschiedlicher Disziplinen erforderlich, die deshalb in ihrer Zusammensetzung heterogen sind. Die Prozesse und Systeme zur Leistungsintegration sind erst zu definieren. Wegen dieser Unterschiede hat sich für Projekte ein **eigenständiger Führungstypus** etabliert.

> **!** **Projektmanagement** bezeichnet die Gesamtheit aller für die Abwicklung eines Projekts erforderlichen Führungsbausteine. Dies umfasst Projektziele, Aufbau- und Ablauforganisation, Projektplanung und -controlling sowie Mitarbeiterführung (in Anlehnung an *DIN 69901*).

Bausteine

Das Projektmanagement kann in sechs **Bausteine** aufgeteilt werden (vgl. *Litke*, 2007, S. 20):

- **Projektziele:** Eindeutige Vorgabe von Zielen hinsichtlich Zeit, Kosten und Ergebnisqualität. Diese Vorgaben beeinflussen alle anderen Bausteine, weshalb der Zielsetzung eine übergeordnete Rolle zukommt.

- **Aufbauorganisation:** Aufbau einer zeitlich befristeten, für die Aufgabe geeigneten Projektorganisation mit personifizierter Verantwortung.

- **Ablauforganisation:** Bestimmung des technisch und wirtschaftlich geeigneten Projektablaufs mit eindeutigen Zwischenergebnissen.

- **Führung:** Motivation, Engagement und Zusammenarbeit aller Betroffenen.

5.3 Projektmanagement

- **Projektplanung:** Planung von realistischen und abgestimmten Leistungen, Terminen, Kapazitäten und Kosten.
- **Projektcontrolling:** Laufende Überwachung und sofortige Gegensteuerung bei Abweichungen für alle Rahmenbedingungen, Ziele und Ergebnisse.

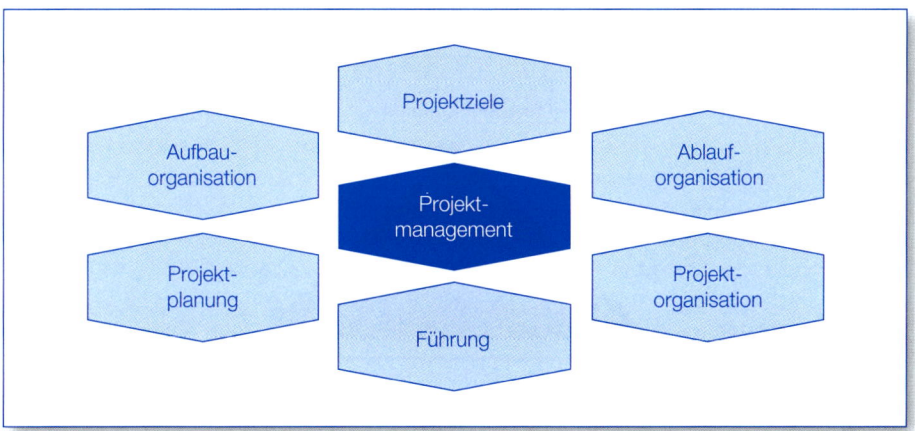

Abb. 5.3.3: Bausteine des Projektmanagements

Projekte dienen der Erreichung einer bestimmten Zielsetzung. Dies unterscheidet sie von dauerhaften Organisationsstrukturen, in denen gleichzeitig eine Reihe unterschiedlicher Ziele zu erfüllen sind. Die ausschließliche Zielausrichtung eines Projekts erfordert es, alle anderen Bausteine des Projektmanagements konsequent darauf auszurichten. Die **Ziele** eines Projekts sind dabei dreifach zu spezifizieren:

Projektziele

- **Ergebnisqualität:** Das gewünschte Projektergebnis wird durch Qualitätsmerkmale beschrieben. Dies wird häufig in einem Pflichten- oder Lastenheft dokumentiert. Darin werden die zu erfüllenden Merkmale soweit festgelegt, dass die Ergebnisse messbar und in Zwischenschritten überprüfbar sind. So kann z. B. ein Produktentwicklungsprojekt eindeutige Beschreibungen des zu entwickelnden Produktes enthalten.
- **Kosten/Aufwand:** Zur Erfüllung des Projektauftrags ist entweder ein Kosten- oder ein Aufwandsrahmen festzulegen. Welche Wertekategorie verwendet wird, ist dabei abhängig vom Entwicklungsstand des Rechnungswesens. Dieses Budget an verfügbaren Ressourcen steht zur Erreichung der angestrebten Ergebnisqualität zur Verfügung und steckt den Ressourcenrahmen für ein Projekt ab.
- **Zeit/Termine:** Als dritte Zieldimension ist der Zeitrahmen festzulegen. Dies betrifft insbesondere Start- und Endtermine sowie Meilensteine als Zwischenetappen.

Da zwischen diesen Zielen häufig Konflikte auftreten, liegt die Herausforderung des Projektmanagements in der gleichzeitigen Erreichung aller drei Zieldimensionen. So lässt sich meist die Ergebnisqualität steigern, indem erhöhte Kosten oder mehr Zeit zur Verfügung gestellt werden. Die Einhaltung von Terminen kann oftmals durch vermehrten Ressourceneinsatz erreicht werden, wodurch jedoch die Kosten steigen. Da Projekte ausschließlich für eine Zielsetzung definiert werden, kann kein Ausgleich der Zieldimensionen durch Prioritätensetzung mit anderen Aufgaben erfolgen, wie dies in dauerhaften Strukturen machbar ist. Daher ist die Widersprüchlichkeit der Zielbeziehungen unmittelbar spürbar und nur durch eindeutige Prioritätensetzung zwischen

Zielkonflikte

den Zieldimensionen zu lösen. So kann bei einer Produktenwicklung ein Lastenheft zu erfüllen sein, wofür ein Zeit- und Kostenrahmen gegeben wird. Der Qualität wird jedoch Vorrang eingeräumt. Handelt es sich um ein zu entwickelndes Produkt, welches zu einem bestimmten Termin fertig gestellt sein muss, so kann dieses Ziel priorisiert werden. Die kumulative Erreichung der drei Zieldimensionen wird daher auch als **„magisches Dreieck"** bezeichnet, das in Abb. 5.3.4 dargestellt ist (vgl. *Meredith/Mantel*, 2010, S. 3).

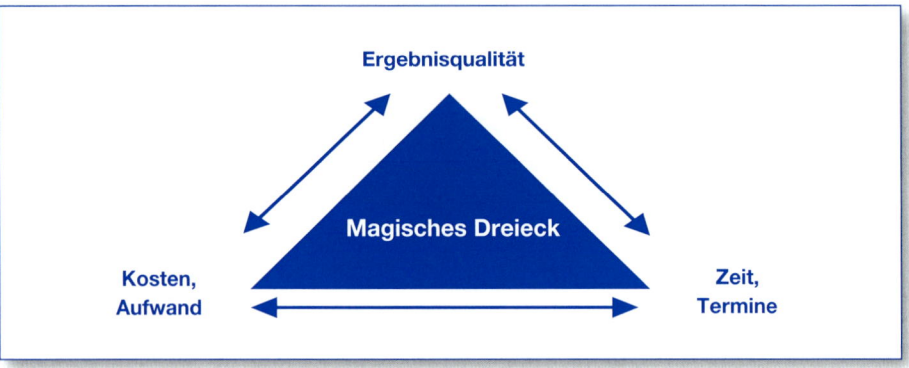

Abb. 5.3.4: Magisches Zieldreieck des Projektmanagements

5.3.2 Projektorganisation

Strukturelle Organisation

Die Projektorganisation schafft Strukturen zur Projektdurchführung. Projekte sind temporäre Organisationseinheiten und müssen daher zunächst strukturell festgelegt werden. Von zentraler Bedeutung ist es, die von einem Projekt betroffenen Einheiten und deren Mitwirkung am Projekt zu definieren. Dies sind z. B. die zur Problemlösung erforderlichen Mitarbeiter, deren Linienvorgesetzte, die von den Projektergebnissen betroffenen Personen sowie Kunden, Berater etc. Ihr Einfluss kann sehr unterschiedlich sein. Das Spektrum reicht von direkter Einwirkung über mittelbare Beeinflussung bis zu rein informativem Interesse. Zudem können die einzelnen **Projektbetroffenen** und **-beteiligten** gegenüber dem Projekt unterschiedliche Einstellungen haben. Dies kann von Unterstützung bis zum massiven Widerstand reichen. Somit sollten die Interessen der betroffenen Gruppen im Vorfeld analysiert und ausreichend berücksichtigt werden (vgl. *Boos/Heitger*, 1996, S. 177).

Sachliche Strukturierung

Dies erfolgt zusammen mit der sachlichen Strukturierung des Problems im Vorfeld eines Projekts. Hierzu wird häufig eine Vorstudie erstellt. Die Ergebnisse werden in einem Projektantrag zusammengefasst, der die Projektziele festschreibt und als Entscheidungsgrundlage für die Durchführung des Projekts dient (vgl. *Hansel/Lomnitz*, 2003, S. 31 f.). Die Entscheidungsträger, welche auf Basis eines Projektantrags ein Projekt ins Leben rufen, werden **Auftraggeber** genannt. Diese Rolle können eine oder mehrere Personen gemeinsam als Steuerungsgremium erfüllen. Sie stammen stets aus dem Unternehmen, verfügen über die erforderlichen Ressourcen und nehmen das Projektergebnis entgegen. Die Rolle des Auftraggebers unterscheidet sich vom externen Kunden, der z. B. einem Spezialmaschinenbauer einen Auftrag erteilt. Die Auftragsbearbeitung erfolgt dann unternehmensintern z. B. durch ein Projekt, das vom internen Auftraggeber verantwortet wird (vgl. *Litke*, 2007, S. 35).

5.3 Projektmanagement

Der Auftraggeber hat dabei folgende **Aufgaben** zu erfüllen (vgl. *Kraus/Westerman*, 2010, S. 28 f.; *Möller/Dörrenberg*, 2003, S. 8):

<small>Aufgaben Auftraggeber</small>

- Formulierung des **Projektauftrags** mit einer detaillierten Zielformulierung der Randbedingungen sowie Zuteilung der für ein Projekt erforderlichen Ressourcen
- Ernennung eines **Projektleiters** und Festlegung einer Projektorganisation
- Festlegung von **Prioritäten und Kompetenzen** zwischen verschiedenen Projekten sowie zwischen Projekt und Linie
- Festlegung von **Projektphasen und Zwischenergebnissen** (Meilensteine) sowie Genehmigung der Teilergebnisse
- **Unterstützung** (**Promotion**) des Projekts gegenüber der Linie und anderen Projekten sowie Durchsetzung übergeordneter Unternehmensinteressen
- **Mitwirkung bei der Steuerung** des Projekts zusammen mit dem Projektleiter

Die Mitwirkung eines Auftraggebers ist **abhängig von der Art des Projekts** (vgl. *Aggteleky/Bajna*, 1992, S. 43). Bei deterministischen Projekten ist zu Beginn und im Vorfeld eine starke Mitwirkung zur Zielfestlegung erforderlich. In einem laufenden Projekt wird der Auftraggeber lediglich für Meilensteinentscheidungen benötigt. Im Gegensatz dazu ist bei offenen Projekten eine laufende Mitwirkung des Auftraggebers bei der Planung und der fortlaufenden Projektüberwachung gefordert. Partner des Auftraggebers sind die Auftragnehmer, nämlich Projektleiter und -mitarbeiter (vgl. *Kraus/Westerman*, 2010, S. 28 ff.).

<small>Mitwirkungsgrad</small>

Die **Projektmitarbeiter** werden für die Dauer der Projektarbeit ganz oder teilweise aus der dauerhaften Organisation herausgelöst. Sie übernehmen ihre Rollen im Rahmen einer temporären Projektorganisation. Ein Projekt kann dabei Mitarbeiter verschiedener Hierarchiestufen unter der Leitung eines Projektleiters beinhalten. In Abb. 5.3.5 ist auch die Rolle des Auftraggebers dargestellt, die von einer oberen Führungsebene wahrgenommen wird.

<small>Projektmitarbeiter</small>

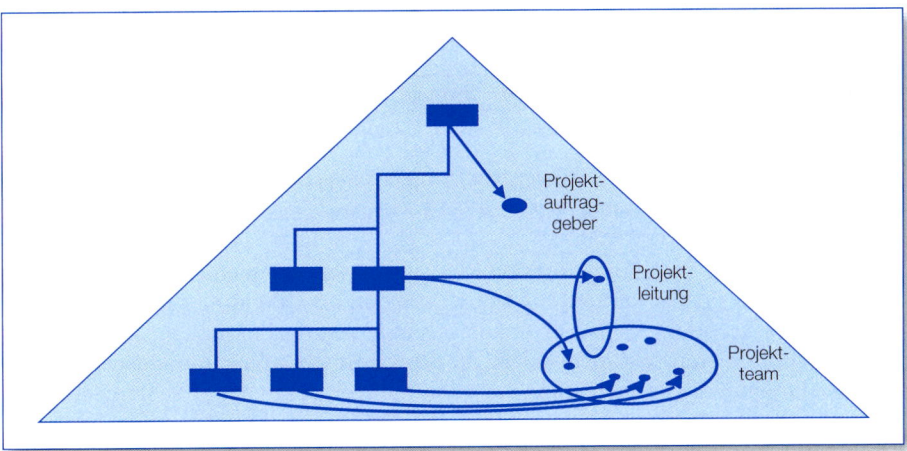

Abb. 5.3.5: Projektbeteiligte in der temporären Projektorganisation (vgl. Keßler/Winkelhofer, 2004, S. 95)

Die **aufbauorganisatorischen Gestaltungsformen** von Projekten unterscheiden sich in der Ausrichtung auf die Projektziele und den Weisungsbefugnissen (vgl. *Zijl* et al., 1988,

5 Organisation

S. 12). Die Ausprägungen reichen von Fachabteilungs-Projektorganisation bis hin zur reinen Projektorganisation. Bei der ersten Form verfügt die Projektleitung kaum über Weisungsbefugnisse, wodurch die Ausrichtung auf die Projektziele meist gering ist. Die reine Projektorganisation zeichnet sich dagegen durch volle Weisungsbefugnisse und maximale Ausrichtung auf die Projektziele aus. Dazwischen liegen die Stabs- und die Matrix-Projektorganisation (vgl. *Rinza*, 1998, S. 133). Diese Gestaltungsformen stellen Grundmuster dar, die in der Praxis in ihrer Ausprägung differenziert und zu Mischformen kombiniert werden.

> ! Als **Fachabteilungs-Projektorganisation** wird eine Organisationsform bezeichnet, bei der eine Fachabteilung zusätzlich zu den bestehenden Linienaufgaben noch die Leitung für ein Projekt übernimmt.

Fach-
abteilung
Die Fachabteilung mit gleichzeitiger Projektleitung koordiniert Teilaufträge an andere Fachabteilungen. Die Unternehmensführung ermächtigt sie, Aufgaben an andere Abteilungen zu delegieren. Diese Organisationsform verändert die bestehende Organisation kaum. Daher entstehen nur geringe zusätzliche Personalkosten und die Akzeptanz der Linie ist hoch.

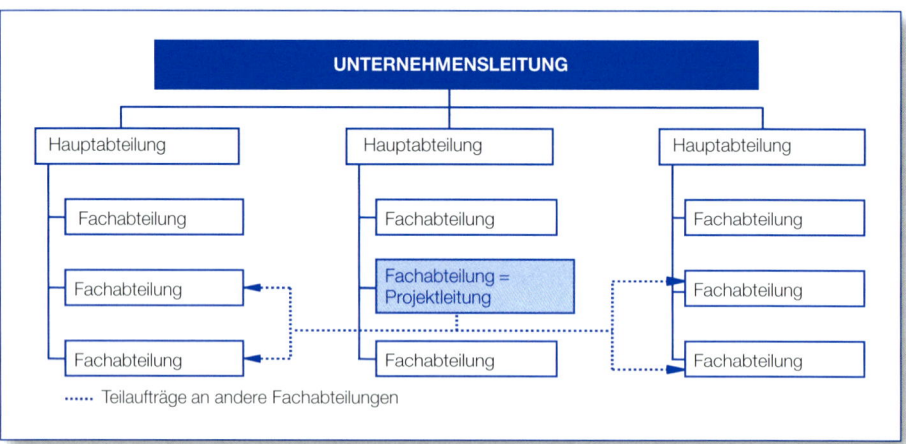

Abb. 5.3.6: Fachabteilungs-Projektorganisation

Nutzen
Die Fachabteilungs-Projektorganisation ist zweckmäßig, wenn eine Abteilung großen Anteil an einem Projekt hat und die Mitwirkung anderer Bereiche gering ist. Zudem sollte der Projektumfang klein sein und die eigentliche Aufgabenstellung der Fachabteilung nicht dominieren. In diesem Fall ist die direkte Abstimmung und Entscheidung in der Abteilung mit der Projektleitung vorteilhaft. Zudem kann das Projektergebnis und das dort entstandene Know-how nach Ende des Projekts direkt in den Linienbereichen genutzt werden.

Schwierig-
keiten
Schwierigkeiten können bei abteilungsübergreifenden Informations- und Entscheidungsprozessen auftreten. Die Projektleitung verfügt lediglich über projektbezogene Weisungsbefugnisse ohne direkten Zugriff auf die erforderlichen Ressourcen anderer Abteilungen. Im Konfliktfall kann es zu unklaren Kompetenz- und Weisungsbefugnissen sowie zu Zeitverzögerungen kommen. Zudem liegt die Aufgabe der Projekt-

5.3 Projektmanagement

überwachung und -kontrolle bei der Instanz, die den größten Anteil an der Umsetzung hat. Somit ist keine neutrale Projektkontrolle gewährleistet (vgl. *Kraus/Westerman*, 2010, S. 43 ff.; *Rinza*, 1998, S. 123 ff.).

> **!** Bei der **Stabs-Projektorganisation** bzw. dem **Einfluss-Projektmanagement** wird für die Projektleitung eine eigenständige Stabsstelle eingerichtet. Alle weiteren Projektbeteiligten verbleiben jedoch in ihren Fachabteilungen.

Die Stabsstelle koordiniert die Projektarbeit, welche in Form von Teilaufgaben an die bestehenden Organisationseinheiten delegiert werden. Der Projektleiter besitzt projektbezogene und keine disziplinarischen Weisungsbefugnisse. Damit hat das Projekt eine eigenständige Leitung, die den Projektzielen verpflichtet ist und als neutrale Instanz über das Projektgeschehen wacht. Auch bei dieser Organisationsform wird die bestehende Organisation nicht wesentlich verändert. Durch die einzurichtende Stabsstelle entstehen allerdings zusätzliche Personalkosten. Am Ende des Projekts ist die Integration der Projektergebnisse in die Linie und auch die Akzeptanz der Projektergebnisse zu gewährleisten. Die Stabs-Projektorganisation eignet sich für viele Arten von Projekten. Die Identifikation mit dem Projekt ist durch die auf eine Person übertragene Projektleitung hoch und die erforderlichen organisatorischen Änderungen überschaubar. Die Durchsetzungsfähigkeit des Projektleiters ist abhängig von der Unterstützung der Stabsstelle durch die hierarchisch vorgesetzte Führungskraft. Mit der Unterstützung und Einbeziehung des Projektauftraggebers kann der Projektleiter eine hohe Wirkung erzielen. Fehlt diese Rückendeckung für die Projektleitung, dann eignet sich die Stabs-Projektorganisation kaum bzw. eher für kleinere Projekte mit geringem Zeitdruck.

Stabsstelle

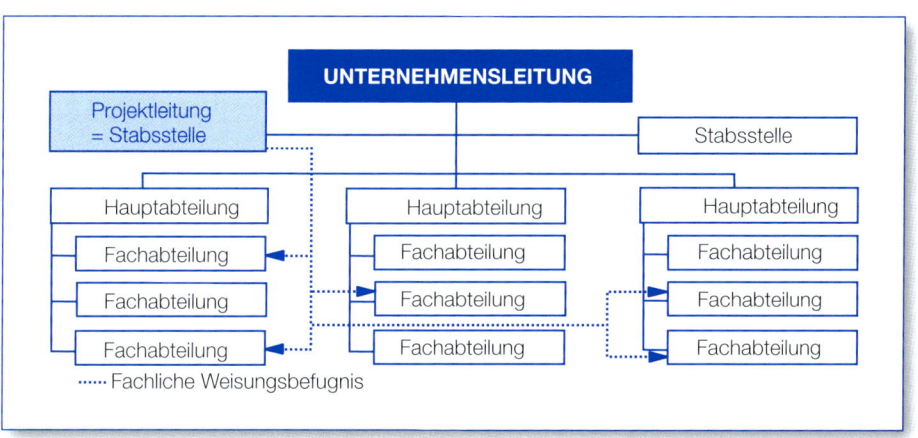

Abb. 5.3.7: Stabs-Projektorganisation

Die Vorteile der Stabs-Projektorganisation liegen darin, dass eine neutrale Instanz hierarchisch getrennte Bereiche koordiniert und die bestehende Organisation kaum geändert wird. Die Nachteile liegen in der eingeschränkten Weisungsbefugnis des Projektleiters, der somit keine umfassende Verantwortung übernehmen kann. Bei Störungen im Projektablauf ist der Koordinationsaufwand hoch und die Reaktionsgeschwindigkeit gering. Diese Nachteile kommen insbesondere dann zum Tragen, wenn die Unterstüt-

Bewertung

zung der Projektleitung durch den Auftraggeber nicht ausreichend ist (vgl. *Heeg*, 1993, S. 79; *Rinza*, 1998, S. 126 f.).

> **!** Bei der **Matrix-Projektorganisation** werden für Projekte eigene Linieneinheiten geschaffen. Sie ergänzt die bestehende Organisation und bildet so eine Zwei-Linien-Organisation. Die untergeordneten Stellen sind beiden Linien unterstellt.

Matrix

Die fachlichen und disziplinarischen Kompetenzen haben sowohl eine Projektdimension als auch eine andere, z. B. funktionale Ausprägung. Beide Linien treffen auf der untergeordneten hierarchischen Ebene zusammen, so dass diese Einheiten „Diener zweier Herren" sind. Voraussetzung für eine effiziente Matrixorganisation ist ein demokratischer Führungsstil sowie Toleranz und Diskussionsfähigkeit der doppelt unterstellten Mitarbeiter (vgl. *Rinza*, 1998, S. 130). Von der Projekt-Matrixorganisation kann es drei unterschiedliche **Ausprägungen** geben:

Ausprägungen

- Die **balancierte Matrix** besteht aus zwei gleichbedeutenden Linien, die beide mit gleichen Kompetenzen ausgestattet sind. Jede Linie koordiniert ihre Belange. Die untergeordneten Stellen sollen gleichzeitig die Anforderungen des Projekts und der anderen Linie erfüllen. Dies erfordert hohen Abstimmungsaufwand.
- Bei der **projektdominierten Matrix** ist die Projektdimension mit stärkeren Befugnissen ausgestattet.
- Umgekehrt verhält es sich mit der **funktionsdominierten Matrix**. Dort verfügen die Funktionen über stärkere Befugnisse.

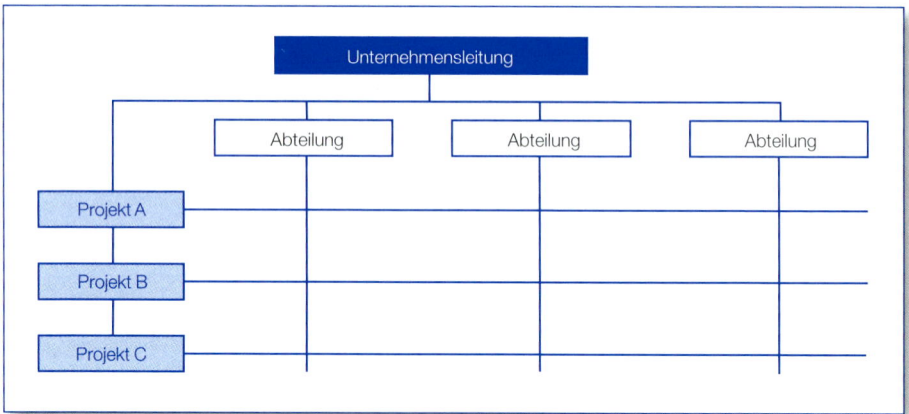

Abb. 5.3.8: Matrix-Projektorganisation

Voraussetzungen

Je nach Organisationsziel kann mit einer projekt- oder funktionsdominierten Matrix der hohe Koordinationsaufwand einer Matrix reduziert werden. Eine weitere Voraussetzung für diese Organisation ist, dass ständig mehrere Projekte parallel vorhanden sind. Dies ist z. B. für die Produktentwicklung im Automobilbau der Fall. Dort werden laufend komplexe Produktprojekte mit hohem Koordinationsaufwand sowohl hinsichtlich der Projekte als auch in funktionaler Hinsicht durchgeführt. Auch in Beratungsunternehmen, bei denen laufend neue Projekte bzw. Projektteams mit variablem Bedarf an Mitarbeitern über die Projektlaufzeit gebildet werden, eignet sich diese Organisations-

5.3 Projektmanagement

form. Die Projekte integrieren alle zur Problemlösung erforderlichen Mitarbeiter. Die funktionale Linie achtet auf methodische Qualität oder effektive Ressourcennutzung und bietet den Mitarbeitern Konstanz sowie fachliche Heimat.

Aus der Matrix-Konstruktion ergeben sich Nachteile aus der Doppelunterstellung der Projektmitarbeiter. Diese organisatorisch angelegte Konfliktträchtigkeit zwischen Projekt und Linie erfordert eine hohe Kommunikations- und Informationsbereitschaft der Beteiligten und führt zu hohen Kosten. Dafür bietet das Modell auch eine Reihe von Vorteilen. Ein unabhängiger Projektleiter verfügt über klare Aufgaben, Kompetenzen und Verantwortungsbereiche. Projekt-Matrixorganisationen können interdisziplinäre Gruppen schnell und flexibel zusammenfassen, ohne am Projektbeginn und -ende Versetzungsprobleme der Mitarbeiter lösen zu müssen. Für die Mitarbeiter bietet die zweite, fachliche Linie eine dauerhafte Heimat und sowohl fachlich als auch projektbezogen kurze Informationswege (vgl. *Heeg*, 1993, S. 79).

Bewertung

> In der **reinen Projektorganisation** werden Projektleiter und Projektmitarbeiter für die Projektdauer zu einer eigenständigen Organisationseinheit zusammengefasst.

Während der Projektlaufzeit besitzt der Projektleiter volle disziplinarische und fachliche Weisungsbefugnisse und kann über die erforderlichen Ressourcen entscheiden. Damit ist die maximale Verantwortung und Identifikation mit dem Projekt gewährleistet. Die reine Projektorganisation ist für große, bedeutende Projekte zu empfehlen, die zu einem schnellen Ergebnis kommen sollen. Da die Projektleitung über volle Kompetenz und Verantwortung verfügt, kann auf Störungen schnell reagiert werden. Die Kommunikationswege im Projekt sind kurz und daher ist der Koordinationsaufwand gering.

Reine Projektorganisation

Vorteile

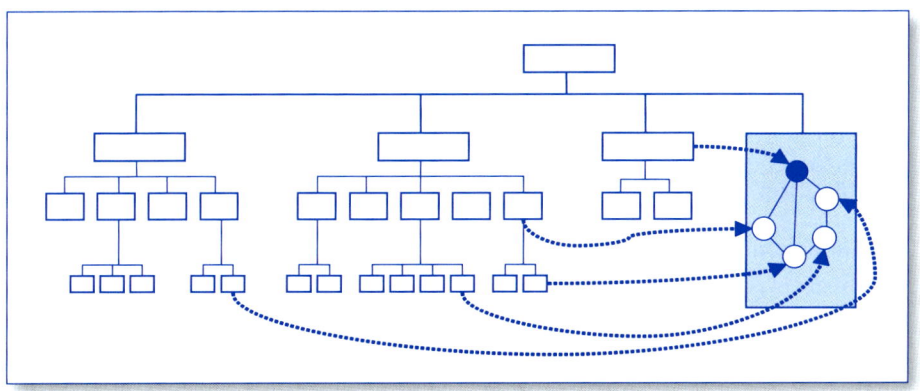

Abb. 5.3.9: Reine Projektorganisation

Diesen Vorteilen der reinen Projektorganisation stehen jedoch auch Nachteile gegenüber. So bewirkt die Eigenständigkeit des Projekts die Gefahr von Parallelarbeit und Redundanzen zwischen Projekt und Linie. Die Ressourcen werden vollständig in das Projekt integriert. Dadurch sollen temporär schlecht ausgelastete Kapazitäten vermieden werden. Dies birgt aber auch Konflikte, wenn nur sporadisch für ein Projekt erforderliche Ressourcen außerhalb des Projektteams beschafft werden. Weitere Probleme sind die Sicherung des Know-hows am Ende eines Projekts sowie der Transfer von Resultaten der Projektarbeit in die Linie. Auch für die Mitarbeiter sind die beruflichen Perspekti-

Nachteile

ven nach Projektende zu klären und Versetzungsprobleme zu lösen. Das ausgeprägte Eigenleben einer Projektgruppe birgt das Risiko, dass sich Projekte gegenüber der Linienorganisation verselbstständigen. Deshalb ist eine neutrale Projektüberwachung erforderlich, um auch die Akzeptanz eines Projekts in der Linie sicherzustellen (vgl. *Kraus/Westerman*, 2010, S. 39 f.).

Wahl der Organisationsform

Welche Organisationsform für ein Projekt sinnvoll ist, wird durch die Projektanzahl und -größe bestimmt. Grundsätzlich ist für kleine und wenig komplexe Projekte eher eine Fachabteilungs-Projektorganisation oder eine Stabs-Projektorganisation geeignet. Mit steigender Größe und Komplexität eines Projekts kommt die reine Projektorganisation in Betracht. Gibt es ständig viele komplexe Projekte im Unternehmen, so kommen die Vorteile der Projekt-Matrix-Organisation am besten zur Geltung (vgl. *Diethelm*, 2000, S. 202). Abb. 5.3.10 stellt die unterschiedlichen Projektorganisationsformen zusammenfassend gegenüber.

Projektmerkmale	Fachabteilungs-Projektorganisation	Matrix-Projektorganisation	Reine Projektorganisation
Bedeutung	gering	mittel	hoch
Umfang	gering	mittel	hoch
Komplexität	gering	mittel	hoch
Risiko	gering	mittel	hoch
Zeitdruck	gering	mittel	hoch
Dauer	kurz	mittel	lang
Mitarbeitereinsatz	nebenamtlich (Stab)	teilzeit (variabel)	hauptamtlich

Abb. 5.3.10: Anwendungskriterien verschiedener Projektorganisationsformen (vgl. Keßler/Winkelhofer, 2004, S. 30; Rinza, 1998, S. 132 ff.)

Da Projekte einmalig sind, ist ihr Ablauf ebenfalls am Projektziel zu orientieren. Dazu wird ein Gesamtvorhaben in Teilaktivitäten zerlegt und in eine sachliche und zeitliche Reihenfolge gebracht. Dies bietet die Grundlage zur Planung und Überwachung von Terminen, Kapazitäten und Kosten. Die Festlegung des Projektablaufs erfolgt mit Hilfe sog. **Phasenmodelle** (vgl. *Keßler/Winkelhofer*, 2004, S. 124). Die Einteilung in Phasen mit klar definierten Zwischenzielen ermöglicht eine transparente Planung und Überwachung, die Optimierung der Teilschritte sowie Rückkopplungen. Darüber hinaus dienen die Phasen als Ansatzpunkte für Zwischenentscheidungen und zur Einflussnahme durch Projektleitung und Auftraggeber.

Phasenmodelle

Projekte folgen einem allgemeinen Muster. Alle Phasenmodelle können deshalb als spezifische Anpassungen **genereller Projektphasenmodelle** betrachtet werden. Für die Einteilung in Projektphasen gibt es viele verschiedene Vorschläge. Das Spektrum reicht von einer Zweiteilung in Planung und Realisierung über eine Dreiteilung in Planung, Realisierung und Projektabschluss bis hin zu vier und fünf Projektphasen (vgl. *Boy* et al., 2006, S. 35 ff.; *Möller/Dörrenberg*, 2003, S. 22). Die Inhalte über die Projektlebensdauer sind dabei weitgehend identisch, lediglich die Differenzierung in unterschiedliche Abschnitte unterscheidet sich. Generell besteht ein Projekt aus folgenden **Phasen** (vgl. *Keßler/Winkelhofer*, 2004, S. 117 ff.):

Phasen

- **Projektdefinition** (Phase 0, Anlaufphase, Vorprojekt): In der ersten Projekthase sind die Voraussetzungen des Projekts zu prüfen. Darauf aufbauend werden die Aufgaben und Ziele grob mit Vorgaben, Prioritäten und zu berücksichtigenden Randbedingungen definiert. Im Anschluss erfolgt ein erster Vorschlag zur Projektaufbauorganisation und zum Projektablauf. Dies dient zur Planung von Anlaufmaßnahmen und zur Auswahl des Schlüsselpersonals, insbesondere des Projektleiters. Zusammenfassend werden Kosten und Nutzen sowie der Zeitrahmen abgeschätzt. Die Ergebnisse der Definitionsphase dienen als Projektantrag, der die Basis für die Genehmigung des Auftraggebers ist. Die Freigabe des Projektantrags ist der Startpunkt für die nächste Phase. Er sollte als Projektauftrag schriftlich fixiert sein.

- **Konzeption** (Grobkonzeption, Analysephase): Nachdem in der Projektdefinition ein grober Rahmen für das Projekt abgesteckt wurde, werden nun alternative Lösungswege ausgearbeitet und beurteilt. Ziel ist es, die beste Problemlösungsalternative zu finden und das Lösungskonzept festzulegen. Dazu ist die Ausgangssituation zu analysieren und mögliche Problemfelder zu untersuchen. Auf dieser Basis ist die Zielsetzung präzise festzulegen. Alternative Lösungen sind zu erarbeiten und hinsichtlich ihrer Chancen, Risiken und Wirtschaftlichkeit zu prüfen. Der Auftraggeber genehmigt in seiner Meilensteinentscheidung das Konzept und erteilt die Freigabe für die folgende Phase.

- **Gestaltung** (Planungsphase, Feinkonzeption): Auf der Basis des festgelegten Lösungskonzepts wird das Projekt inhaltlich spezifiziert. Die endgültige Leistungsbeschreibung wird in Arbeitspakete gegliedert und daraus der Ablauf im Detail geplant. Dem Projekt werden Kapazitäten und Ressourcen zugeordnet. Nach Lösung von Kapazitäts- und Terminkollisionen kann daraus eine Kosten- und Finanzplanung abgeleitet sowie eine detaillierte Wirtschaftlichkeitsanalyse erstellt werden. Das Ergebnis ist die operative Projektplanung, welche im nachfolgenden Kapitel näher erläutert wird. Sie bildet die Basis für das Projektcontrolling. Die Meilensteinentscheidung des Auftraggebers teilt die Ressourcen verbindlich zu und schreibt eine Planvariante fest.

- **Realisierung** (Umsetzungsphase): Die Umsetzung eines Projekts beinhaltet die Bearbeitung der Arbeitspakete und ist meist die zeit- und kostenintensivste Phase. Die Projektleitung ist mit der Überwachung und Steuerung der Leistungserbringung hinsichtlich Terminen, Kosten und der Ergebnisqualität beschäftigt. Für diesen Projektabschnitt ist ein effizientes und maßgeschneidertes Projektcontrolling erforderlich. Die Realisierungsphase wird durch inhaltlich geprägte Meilensteinentscheidungen begleitet, welche die Arbeitspakete abschließen.

- **Implementierung** (Projektabschluss, -auslauf, -ende): Jedes Projekt sollte am Ende ausführlich dokumentiert werden. Ansonsten würde das im Projekt erworbene Wissen verloren gehen. Die Projektergebnisse sollten für die arbeitenden Linieneinheiten nachvollziehbar sein. Schließlich ist kritisch zu prüfen, ob die Projektziele erreicht wurden. Bevor die Projektorganisation aufgelöst wird, sind Maßnahmen zur Sicherstellung des Projekterfolgs zu bestimmen (Post-Project-Aktivitäten). Dies könnten z. B. Pflege- und Wartungsarbeiten für eine neu entwickelte Software sein. Zudem sollte aus einem Projekt heraus noch festgehalten werden, welche neuen Erkenntnisse das Projekt erbracht hat. Dies kann dazu führen, dass weitere Projekte oder Maßnahmen an den Auftraggeber herangetragen werden (Follow-up-Aktivitäten). So könnte sich z. B. die Nutzung einer neuen Software auch für Unternehmensbereiche eignen, die im ursprünglichen Projektumfang nicht enthalten waren. Diese Aspekte werden in einem Abschlussbericht zusammengefasst und dem Auftraggeber übergeben. Dieser löst dann bei erfolgreichem Projektabschluss die Projektorganisation auf.

5 Organisation

Projektverlauf
Die sequentielle Darstellung der Projektphasen bedeutet nicht, dass diese immer streng nacheinander ablaufen. Um Zeit einzusparen, kann es durchaus sinnvoll sein, einzelne Projektphasen überlappend durchzuführen. Die Bedeutung der einzelnen Phasen für den Projekterfolg ist unterschiedlich. Frühe Phasen haben großen Einfluss, ohne jedoch den Umsetzungsstand voranzubringen. In späteren Phasen wird dagegen der Bearbeitungsstand beeinflusst, die Tragweite der Entscheidungen nimmt jedoch kontinuierlich ab. Mit anderen Worten wird zu Projektbeginn über die strategischen Elemente eines Projekts entschieden. Es geht um die Lösung des richtig definierten Problems und die Minimierung des Projektrisikos. In den nachfolgenden Phasen wird dann nicht mehr auf die **Projekteffektivität**, sondern über die **operative Qualität** bzw. die **Projekteffizienz**

Projekteffizienz
entschieden (vgl. *Zijl* et al., 1988, S. 9). Dies zeigt sich auch in einem relativen Kostenvergleich der einzelnen Projektphasen (vgl. *Madauss*, 2006, S. 67). Die Phasen vor der Realisierung verursachen häufig weniger als 10 % der gesamten Projektkosten, beeinflussen aber maßgeblich das gesamten Kostenvolumen. Daher ist den frühen Phasen große Bedeutung zuzumessen. Erst nach einer wohlüberlegten Projektplanung sollte mit der Umsetzung begonnen werden. Mit dem Übergang von der Planung zur Umsetzung ändern sich die Aufgaben des Projektmanagements und die konsequente Realisierung rückt in den Vordergrund (vgl. *Corsten*, 2000, S. 12).

Spezifische Phasenmodelle
Da es viele unterschiedliche Projektarten gibt und für bestimmte Branchen Besonderheiten zu berücksichtigen sind, gibt es eine Vielzahl von **spezifischen Phasenmodellen**. Abb. 5.3.11 zeigt exemplarisch einige Beispiele. In manchen Branchen, wie z.B. der Baubranche, dienen die Phasenmodelle als Standard. Danach werden alle Vorhaben einheitlich gegliedert. Sie werden für die Bestimmung des Auftragsumfangs und die Abrechnung verbindlich festgelegt. Die Phasenmodelle werden dabei nicht nur für deterministische, sondern auch für offene Projekte verwendet. Beispiele sind Forschungs- oder Kreativprojekte.

Investitionsprojekte	F&E-Projekte	Organisationsprojekte	
Anlagenbau Bauwirtschaft	**Produktentwicklung**	**Verwaltungsprojekt**	**IT-Projekt**
Grundlagenvermittlung	Problemanalyse	Vorstudie	Problemanalyse
Vorplanung	Konzeptfindung	Konzeption	Systemplanung
Entwurfsplanung	Produktdefinition	Detailplanung	Detailorganisation
Genehmigungsplanung	Produktentwicklung	Realisierung	Realisierung
Ausführungsplanung	Realisierung		
Ausschreibung und Vergabe		Einführung	Installation
Bauausführung	Produktion		Abnahme
Objektverwaltung	Außerdienststellung	Abnahme	Pflege

Abb. 5.3.11: Übersicht von Projektphasenmodellen (vgl. Möller/Dörrenberg, 2003, S. 49)

5.3.3 Projektführung

Ebenen der Projektführung
Die Führung der Projektmitarbeiter kann nach sachlichen, methodischen und personellen Aspekten differenziert werden. Die Sachebene beschäftigt sich mit der inhaltlichen Lösung der Projektaufgabe, während die Methodenebene das Vorgehen und die angewandten Prozesse beschreibt. Die Personenebene beinhaltet die Führungsaspekte

5.3 Projektmanagement

auf der Personenebene. Damit ergeben sich die in Abb. 5.3.12 aufgeführten Ebenen der Projektführung.

Reichweite	Projektmitarbeiter	Projektleiter
Sachebene (Inhalte, Ziele)	Realisierung der Projektaufgaben	Koordination der Projektelemente
Methodenebene (Vorgehen, Prozess)	Projektstrukturierung, Projektorganisation, Controlling	Planung und Kontrolle, Beauftragung, Steuerung
Personenebene (Beziehungen)	Konfliktmanagement, Gruppenprozesse	Motivation, Information, Teamentwicklung

Abb. 5.3.12: Ebenen der Projektführung (vgl. Keßler/Winkelhofer, 2004, S. 12)

Projektmitarbeiter sind sämtliche Personen, die einen Beitrag zur Erreichung der Projektergebnisse leisten. Diese weite Begriffsfassung, häufig auch als Projektteam im weiteren Sinne bezeichnet, beinhaltet u. U. sehr viele Personen. Deshalb erfolgt eine weitere Unterscheidung nach der **Art der Mitarbeit**.

Direkten Einfluss auf ein Projekt hat zunächst der **Projektleiter**, welcher im folgenden Abschnitt betrachtet wird. Nach dem Umfang der Projektbeeinflussung kann um den Kern der Projektleitung das **Projektteam** angeordnet werden (vgl. *Stern/Jaberg*, 2010, S. 227; *Zielasek*, 1999, S. 50). Es beschäftigt sich als Gruppe mit der Projektumsetzung und arbeitet intensiv zusammen. Das Projektteam wird durch **zeitweilig Beteiligte** unterstützt. Dies sind z. B. spezifisch hinzugezogene Experten, Auftraggeber oder ein begleitendes Steuerungsgremium. Zudem können Dienstleistungen aus der Linie und von **Unternehmensexternen** erbracht werden. Beispiele sind logistische oder administrative Aufgaben.

<small>Arten von Projektmitarbeitern</small>

Welche **Beteiligte und Betroffene** in welcher Form einzubinden sind, ist eine wesentliche Frage der Projektführung (vgl. *Möller/Dörrenberg*, 2003, S. 40). Sämtliche unmittelbar am Projekt beteiligte Know-how-Träger sollten Teil des Projektteams sein. Mittelbar Beteiligte sind z. B. vom Projektergebnis Betroffene oder Vorgesetzte der Teammitglieder. Sie sollten regelmäßig informiert werden, um ihre Unterstützung sicherzustellen. Andere an einem Projekt interessierte Personen sollten laufend informiert werden. Dies kann z. B. durch Auftaktveranstaltungen (Kick-off) oder Informationsbroschüren geschehen (vgl. *Stern/Jaberg*, 2010, S. 275).

<small>Einbindung</small>

Die Anzahl der Mitwirkenden ist sorgfältig abzuwägen. Die Größe eines Projektteams ist erfolgskritisch, da sie hohen Einfluss auf die Effizienz der Projektarbeit hat. Die **Anzahl der Projektmitarbeiter** eines Projektteams hängt insbesondere davon ab, wie intensiv sich die Teammitglieder untereinander abstimmen müssen. Sind die Teammitglieder aufgrund eindeutig abgrenzbarer Teilaufgaben weitgehend unabhängig voneinander, so kann durch Verteilung der Aufgaben auf ein größeres Projektteam das Ergebnis schneller erzielt werden. Ist jedoch eine intensive Kommunikation unter den Teammitgliedern erforderlich, dann ist die Gruppengröße begrenzt (vgl. *Zielasek*, 1999, S. 53). Kommunizieren alle Gruppenmitglieder direkt miteinander, ergibt sich die Anzahl der **Kommunikationsbeziehungen** aus der folgenden Formel:

<small>Anzahl der Projektmitarbeiter</small>

$$N = n \cdot \frac{(n-1)}{2}$$

N = Anzahl der Kommunikationsbeziehungen
n = Anzahl der Teammitglieder

<small>Kommunikationsbeziehungen</small>

5 Organisation

Effizientes Projektteam

Aus der Formel folgt, dass drei Teammitglieder drei Kommunikationsbeziehungen haben. Vier Partner benötigen bereits sechs Beziehungen und bei acht Personen steigt die Anzahl auf 28. Ist eine intensive direkte Abstimmung erforderlich, dann liegt die ideale Gruppengröße zwischen sechs und neun Personen. Allerdings werden nicht in jedem Projekt alle Kommunikationsbeziehungen benötigt. Dieses theoretische Modell dient deshalb nur als Anhaltspunkt.

Teammitglieder	3	4	5	10
Kommunikationsstruktur	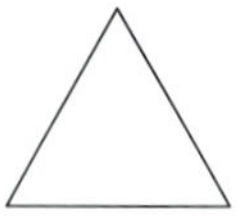 △	 ⊠	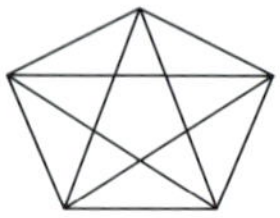 ⬠	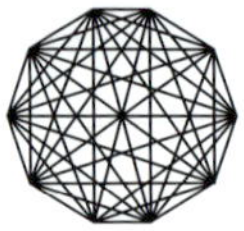 ⬟
Anzahl der Kommunikationsmöglichkeiten	3	6	10	45

Abb. 5.3.13: Kommunikationsstrukturen und -beziehungen

Für jedes Projekt ist die Kommunikationsintensität in Abhängigkeit der Aufgaben und ihrer Dynamik zu bestimmen. Die aufgabenbezogene Zusammenstellung und die richtige Größe eines Projektteams sind zwei Erfolgsfaktoren für effiziente Teams. Um aus einer Arbeitsgruppe ein wirkliches Team zu formen, bedarf es aber weiterer Aspekte.

Merkmale

Merkmale effizienter Projektteams sind (vgl. *Diethelm*, 2000, S. 32):

- **Eindeutige Ziele:** Die Teammitglieder haben ein klar definiertes Ziel, das auch von allen verstanden und geteilt wird. Die Identifikation mit dem Projektziel stiftet Klarheit über die Rollen, Verantwortung und Beiträge der Teammitglieder.
- **Hohe gegenseitige Abhängigkeit:** Da die Projektaufgabe ohne die Zusammenarbeit in der Gruppe nicht gelöst werden kann, sind die Mitglieder aufeinander angewiesen.
- **Teamgeist:** Aus intensiver Zusammenarbeit und dem Verbinden von Eigeninteressen zu einem Gruppenkonsens entsteht Identität und Zusammengehörigkeit der Gruppe.
- **Vertrauen:** Meinungsverschiedenheiten sollten offen angesprochen und konstruktiv gelöst werden. Ein offener, respektvoller Umgang kann ein Team beflügeln.
- **Überzeugung:** Ein kollektiver Glaube an die Erreichung der Projektziele ist eine wichtige Motivationsquelle. Deshalb sind schnelle Anfangserfolge von Vorteil.

> ❗ Ein **effizientes Projektteam** ist eine kleine Arbeitsgruppe mit gemeinsamer Zielsetzung, intensiven, wechselseitigen Beziehungen, einem ausgeprägten Gemeinschaftsgeist und einer relativ hohen Zusammengehörigkeit.

Phasen der Teamentwicklung

Um eine Gruppe von Mitarbeitern zu einem effizienten Projektteam zu formen, durchlaufen die Projektmitglieder einen gruppendynamischen Prozess. Da ein Projektteam für eine Aufgabenstellung zusammengestellt wird, fehlt im Gegensatz zur Linienorganisation zunächst die Vertrautheit mit den Personen und der Aufgabe. In Abb. 5.3.14 sind die zu durchlaufenden **Phasen der Teamentwicklung** beschrieben.

5.3 Projektmanagement

Phase	Emotionales Verhalten	Aufgabenbezogenes Verhalten
Formierungsphase (Forming)	<ul><li>Unsicherheit</li><li>Gegenseitiges Abtasten</li><li>Abhängigkeit von der Führung</li><li>Akzeptables Verhalten testen</li><li>Hohe Erwartung und Abwarten</li></ul>	<ul><li>Mitglieder definieren Aufgaben, Regeln u. Methoden</li><li>Informationsbedarfe decken</li><li>Verständnisbildung</li></ul>
Konfliktphase (Storming)	<ul><li>Konflikte zwischen Untergruppen</li><li>„Aufstand" gegen die Führung</li><li>Polarisierung der Meinungen</li><li>Ablehnung von Kontrolle</li><li>Konflikte um Einsatz der Mittel</li></ul>	<ul><li>emotionale Ablehnung der Aufgabenanforderungen</li><li>„Konfliktregelung" abhängig von der Kommunikation</li></ul>
Normierungsphase (Norming)	<ul><li>Gruppenzusammengehörigkeit und Gruppennormen entstehen</li><li>Abbau von Widerständen</li><li>Gruppe wird arbeitsfähig</li></ul>	<ul><li>offener Austausch von Meinungen und Gefühlen</li><li>Kooperation entsteht</li><li>Neudefinition von Aufgaben</li></ul>
Arbeitsphase (Performing)	<ul><li>Interpersonelle Probleme gelöst</li><li>Funktionale Gruppenstruktur</li><li>Flexible funktionale Rollen</li><li>Vertrauen, Zielbewusstsein, Kommunikation und Kooperation in der Gruppe</li></ul>	<ul><li>Problemlösungen tauchen auf</li><li>konstruktive Aufgabenbearbeitung</li><li>Energie wird ganz der Aufgabe gewidmet</li></ul>
Auflösungs-/ Trauerphase (Mourning)	<ul><li>Rollenverhalten wird verlassen</li><li>Eigeninteressen werden wichtiger</li><li>Perspektivfragen</li></ul>	<ul><li>Zeitdruck der Abschlussarbeiten</li><li>Neudefinition von Aufgaben</li></ul>

Abb. 5.3.14: Phasen der Teamentwicklung (vgl. Keßler/Winkelhofer, 2004, S. 57f.)

Die Gruppendynamik und das unterschiedliche Verhalten der Projektmitarbeiter bei der Teamentwicklung stellen den Projektleiter immer wieder vor neue Herausforderungen. Mit den Phasen der Teamentwicklung wandelt sich der angemessene **Führungsstil** von einem direktiven über einen beratenden zu einem delegativen Führungsstil (vgl. Kap. 6.3.1.3). Ebenso verändern sich im Laufe der Zeit die erfolgskritischen Teammerkmale. Während zu Beginn eindeutige Zielvorgaben dominieren, ist in der Konfliktphase ein Verständnis für die gegenseitige Abhängigkeit zu erzeugen. Gegen Ende eines Projekts wird der Glaube an die Erreichung des Ziels wichtiger. Somit verändert sich die **Rolle der Projektleitung** (vgl. *Kraus/Westerman*, 2010, S. 157). Sie ist im Projektverlauf sowohl als Berater, Stratege, Moderator, Teamentwickler aber auch als Macher mit Umsetzungsqualitäten gefordert.

Führungsstile

Aus diesem Grund unterscheidet sich die **Leitung von Projekten** von einer **Führungsaufgabe in der Linie**. In einer dauerhaften Organisationseinheit sind Prozesse definiert, Zuständigkeiten festgelegt und Abhängigkeiten im Zusammenhang mit anderen Abteilungen oder im Jahresablauf zu berücksichtigen. Die Führung einer Linieneinheit erfordert sowohl fachliches Spezialwissen als auch Kontinuität. In Projekten hingegen stehen nicht kontinuierliche Abläufe, sondern die Motivation zur Erreichung des Projektziels im Vordergrund. Prozesse und Abhängigkeiten sind somit erst zu etablieren. Da die Projektarbeit interdisziplinär und ganzheitlich zu lösen ist, sollten Projektleiter eher Generalisten sein. Ein Projektleiter ähnelt einem Trainer für Kurzstreckenläufer. Es gilt, alle Kraft schnellstmöglich zu entfalten, um ein Ziel zu erreichen. Linienführungskräfte trainieren dagegen eher Marathonläufer, bei denen die Ausdauer im Vordergrund steht.

Projekte vs. Linie

Eine wichtige Aufgabe des Projektleiters ist die **Lösung von Konflikten**. Im Umgang mit Projektmitarbeitern, aber auch mit Linienmanagern gibt es viele Konfliktursachen. Abb. 5.3.15 stellt Ursachen, Quellen und Intensität von Konflikten gegenüber. Mögliche

Konfliktlösung

5 Organisation

Reaktionen auf Konflikte sind Flucht, Rückzug, Druckausübung, Einigung oder Konsensfindung bis hin zur Schlichtung (vgl. *Boy* et al., 2006, S. 64; *Möller/Dörrenberg*, 2003, S. 152).

Konfliktursachen	Quellen: Konflikte traten meistens auf mit				
	Linien-managern	Linien-mitarbeitern	Zwischen Projekt-mitarbeitern	Vor-gesetzten	Mit-arbeitern
Zeitpläne	X	X			
Prioritäten	X	X	X		
Arbeitskräfte	X	X			
Technik	X	X	X		
Verfahren	X	X		X	X
Persönlichkeit	X	X	X	X	X
Kosten	X	X		X	

Abb. 5.3.15: Konflikte im Projektmanagement (in Anlehnung an Kerzner, 2004, S. 256)

Anforderungen Um Projekte erfolgreich zu führen, sollte ein Projektleiter vor allem über soziale Fähigkeiten verfügen. Die Fachkompetenz spielt im Vergleich zum Linienmanagement eine untergeordnete Rolle. Wichtig ist die Persönlichkeit des Projektleiters, der über ganz bestimmte **Qualifikationen** verfügen sollte (vgl. *Keßler/Winkelhofer*, 2004, S. 86 ff.). Er sollte in der Lage sein, die Projektkomplexität zu beherrschen, was Erfahrung, strategisches Denken, Gestaltungs- und Interventionskompetenz erfordert. Darüber hinaus sollte er auch mit Krisen umgehen können. Eine weitere Schlüsselqualifikation ist ein dem Team angepasstes, flexibles Führungsverhalten. Dazu gehören ausgeprägte kommunikative Fähigkeiten sowie unternehmerisches Denken und Handeln. Diese Führungsfähigkeiten sollten je nach Projekt mit fachlichen Kenntnissen und speziellen Fähigkeiten für die Projektaufgabe einhergehen.

Aufgaben Ein Projekt ist dadurch gekennzeichnet, dass unterschiedliche Disziplinen zusammengeführt werden, um eine ganzheitliche Problemlösung zu erzielen. Der Projektleiter hat deshalb die Aufgabe, Spezialisten aus verschiedenen Bereichen zu führen und ein geeignetes Umfeld für die gemeinsame Arbeit zu schaffen. Die wichtigste Aufgabe ist die **Motivation der Mitarbeiter**. Motivierend wirken z. B. die Projektarbeit selbst und die mit ihr verbundene Herausforderung. Häufig spielt auch die willkommene Abwechslung zur Routine des Tagesgeschäfts eine Rolle. Vorteilhaft ist zudem ein erkennbarer Arbeitsfortschritt, die Anerkennung der Leistung sowie selbstständiges Arbeiten. Sichtbare Fortschritte, häufige und intensive Projektaktivitäten sowie rasche Konfliktlösung verstärken die Motivation der Projektmitarbeiter. Demotivierend wirken dagegen z. B. ausbleibende Projektfortschritte, fehlende Anerkennung und Zeitverzögerungen.

Projektkultur Für den Projekterfolg ist auch eine entsprechende **Projektkultur** bedeutend. Im Gegensatz zur historisch gewachsenen Unternehmenskultur wird die Kultur eines Projekts gezielt gestaltet. Die Projektkultur umfasst die Gesamtheit der in einem Projekt gelebten, z. T. über Symbole und Rituale erfahrbaren gemeinsamen Wertvorstellungen, Grundprämissen, Normen und Verhaltensweisen. Diese prägen das Denken und Verhalten der Teammitglieder (vgl. *Grasl* et al., 2004, S. 278) Abb. 5.3.16 zeigt die Aspekte der Projektkultur ergänzend zu den allgemeinen Elementen einer Unternehmenskultur (vgl. Kap. 2.6).

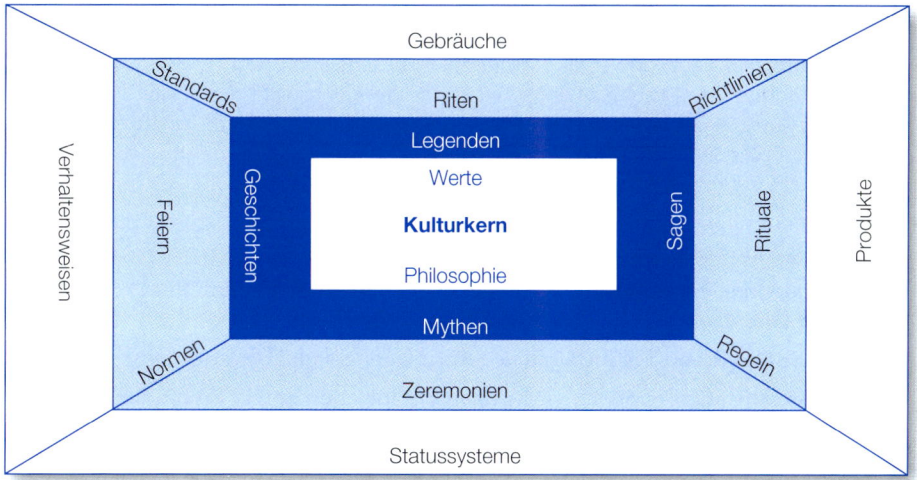

Abb. 5.3.16: Elemente einer Projektkultur (vgl. Grasl et al., 2004, S. 278)

Zu einer guten Projektkultur gehört auch, dass der Projektleiter nach Abschluss des Projekts die Verantwortung für die Zukunft der Teammitglieder übernimmt. Im Falle einer reinen Projektorganisation sind diese wieder in die Linie zu **integrieren**. Meist kehren sie auf ihre alten Arbeitsplätze zurück oder arbeiten in einem Folgeprojekt weiter. Projektleiter kehren meist nicht in ihre alte Funktion zurück, sondern übernehmen in der Regel die Leitung eines weiteren Projekts. Aufgrund unterschiedlicher Anforderungen gibt es für Projektleiter eigene Karrierewege, die sich von Linienkarrieren unterscheiden.

5.3.4 Projektplanung

Folgende **Ziele** werden in der Projektplanung angestrebt (vgl. *Zielasek*, 1999, S. 119):   Ziele

- Prognose des Projektgeschehens aufgrund einer systematischen Analyse
- Aufzeigen von Handlungsmöglichkeiten und deren Folgen
- Wirtschaftliche Gestaltung des Projektablaufs
- Vorgabe von Planzielen für einzelne Projektschritte und -mitarbeiter als Voraussetzung der Projektkontrolle
- Risikoreduktion, da in den frühen Projektphasen das Projektergebnis noch stark beeinflussbar ist

Die Projektplanung soll die widersprüchlichen **Ziele des magischen Dreiecks** (vgl. Abb. 5.3.4) in Einklang bringen (vgl. *Horsch*, 2003, S. 21; *Möller/Dörrenberg*, 2003, S. 4). Generell führt Zeitmangel zu höheren Kosten. Umgekehrt lassen sich die Kosten senken, wenn mehr Zeit für ein Projekt zur Verfügung steht. Die Ergebnisqualität verhält sich gegensätzlich zu den Kosten: Zu hohe Qualität, z. B. durch Überdimensionierung, verursacht ebenso erhöhte Kosten wie erforderliche Nachbesserungen im Falle von zu

Zielharmonisierung

geringer Qualität. Auch zwischen Terminen und der Qualität gilt es, ein Optimum zu finden. Zu großer Zeitdruck führt zu hektischem Arbeiten, worunter die Qualität leidet. Ist jedoch zu viel Zeit verfügbar, so senkt dies die Ergebnisqualität ebenfalls, da die Konzentration fehlt oder gebummelt wird (vgl. *Diethelm*, 2000, S. 61 f.).

Wird die Projektplanung im Gegenstromverfahren durchgeführt, dann wird zunächst das Gesamtprojekt Top-down als Rahmenplan beschrieben und in einem Projektauftrag festgehalten. Im Anschluss daran wird das Gesamtprojekt durch das Projektteam strukturiert und in Arbeitspakete unterteilt. Diese sind dann Bottom-up durch Experten detailliert zu planen. Schließlich sind die beiden Planansätze aufeinander abzustimmen (vgl. *Diethelm*, 2000, S. 224 ff.).

Projektantrag

Der zu genehmigende **Projektantrag** fasst die Planungsergebnisse zusammen und beinhaltet folgende Bestandteile (vgl. *Heche*, 2004, S. 31 ff.):

- **Projektmerkmale:** Festlegung der Projektziele und Klassifikation des Projekts nach Art und Größe
- **Beteiligte Instanzen:** Bestimmung des Auftraggebers und der erforderlichen Stellen
- **Projektorganisation:** Aufbau- und Ablauforganisation sowie Einbindung weiterer Stellen
- **Termine:** Definition von Anfangs- und Endtermin sowie von zentralen Zwischenabschnitten (Meilensteine)
- **Personal- und Sachressourcen:** Bedarfsermittlung, Auswahl der Projektmitarbeiter und Vergabe der Projektleitung
- **Wirtschaftlichkeitsschätzung:** Gegenüberstellung von Kosten und Nutzen

Planungsschritte

Die Projektplanung basiert auf dem Projektauftrag und läuft in folgenden **Schritten** ab (vgl. *Burghardt*, 2006, S. 15):

(1) Strukturplanung

(2) Terminplanung

(3) Kapazitäts- und Einsatzmittelplanung

(4) Kostenplanung

(5) Planung des Qualitätsmanagements

(6) Planung des Risikomanagements

(7) Erstellung der Projektpläne

Netzplantechnik

Die ersten vier Schritte werden durch die für Projekte entwickelte **Netzplantechnik** unterstützt und können mit entsprechenden Software-Werkzeugen durchgeführt werden. Die Netzplantechnik vereinfacht große Projekte durch Aufspaltung in kleinere Teilaufgaben. Dies zwingt zum detaillierten Durchdenken des Projekts. Auf diese Weise lassen sich Abhängigkeiten oder Engpässe erkennen. Das Instrumentarium ist leicht verständlich und basiert auf dem **Projektablaufplan** (vgl. *Fiedler*, 2010, S. 107; *Süß/Eschlbeck*, 2002, S. 137 ff.).

Projektstrukturplan

Der Projektablauf ist das Ergebnis der **Strukturplanung.** Dabei wird das Projekt in kleinere Einheiten, Teilprojekte, Arbeitspakete und einzelne Vorgänge zerlegt. Neben den Aktivitäten werden auch Ereignisse, wie z. B. Meilensteinentscheidungen, geplant. Dieses Modell der Ablaufstruktur (Projektstrukturplan) wird hinsichtlich der Abhängigkeiten zwischen den Vorgängen bzw. Ereignissen analysiert. Daraus ergeben sich Anordnungsbeziehungen, die Reihenfolge sowie zeitliche Mindest- und Höchstabstände zwischen den Vorgängen. Die Projektstruktur wird häufig in Form eines Projektstrukturplans dargestellt (vgl. Abb. 5.3.17).

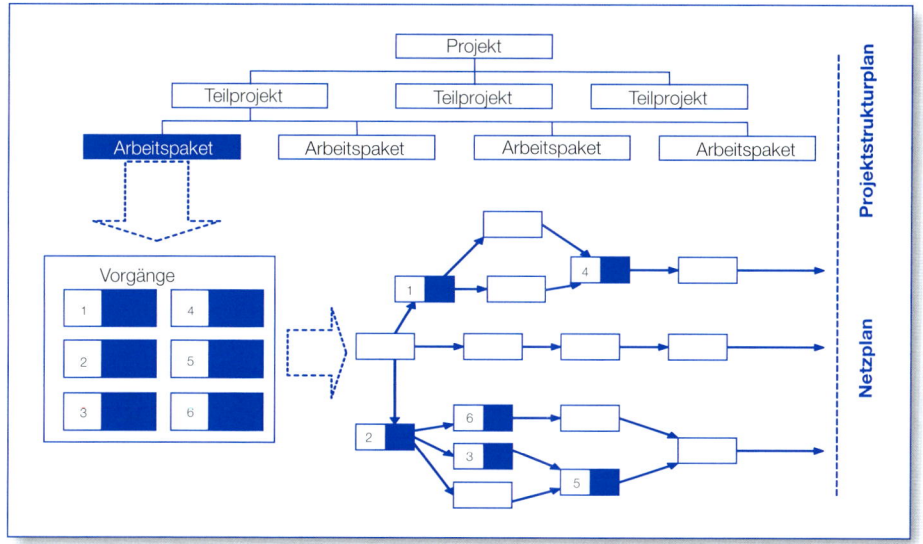

Abb. 5.3.17: Projektstrukturplanung (vgl. Schwarze, 2010, S. 35)

Aufbauend auf der Strukturplanung wird die **Terminplanung** vorgenommen. Dazu werden die einzelnen Vorgangsdauern geschätzt. Ausgehend von einem Starttermin wird unter Berücksichtigung der zeitlichen Abfolge das Ende des Projekts errechnet (Vorwärtsterminierung). Alternativ kann von einem Projektendtermin der rechnerische Starttermin ermittelt werden (Rückwärtsterminierung). Wichtig ist die Bestimmung der Vorgänge, von denen die Gesamtdauer des Projekts abhängt (kritische Vorgänge bzw. kritischer Pfad). Dies ermöglicht bei Störungen die Bestimmung der Auswirkungen auf die Einhaltung des Projektendtermins. In Abb. 5.3.18 ist die zeitliche Anordnung von Vorgängen in einem *Gantt*-Diagramm dargestellt, welches die Tage mit Wochenenden (Tage sechs und sieben) zeigt.

Terminplan

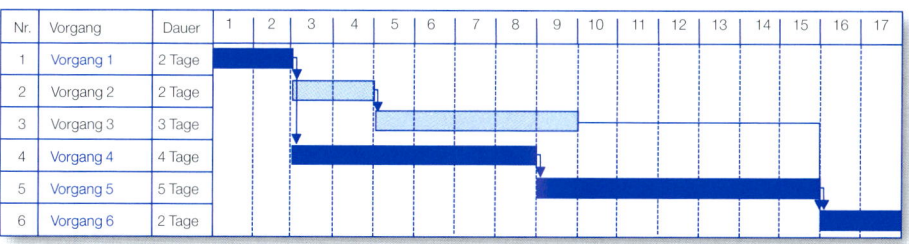

Abb. 5.3.18: Gantt-Diagramm zur Terminplanung

Sind die Termine eines Projekts geplant, dann werden den Vorgängen die erforderlichen Kapazitäten zugeordnet. Die **Kapazitäts- und Ressourcenplanung** bestimmt den Bedarf an Ressourcen hinsichtlich Kapazitätshöhe und Einsatzzeitpunkt (Kapazitätsbereitstellungsplanung). Entstehen im Zeitverlauf Kapazitätsengpässe oder ungleiche Kapazitäts-

Kapazitäts- und Ressourcenplan

belastungen, dann kann ein Kapazitätsausgleich vorgenommen werden. Dazu lassen sich nicht zeitkritische Vorgänge verschieben und Pufferzeiten nutzen. Reicht dies nicht aus, so kann über eine Verlängerung der Projektdauer bzw. über den Einsatz zusätzlicher Ressourcen ein Kapazitätsausgleich herbeigeführt werden. Die gleichmäßige Auslastung aller Ressourcen ist umso schwerer, je mehr Ressourcen und Vorgänge zu planen sind. Abb. 5.3.19 zeigt hierfür ein Beispiel.

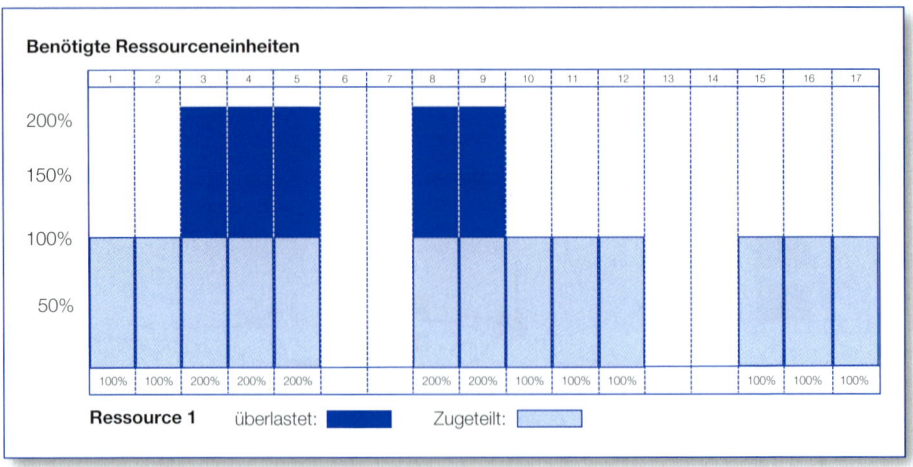

Abb. 5.3.19: Ressourcenplanung

Kostenplan Die **Kostenplanung** erfolgt durch die monetäre Bewertung der Ressourcen aus der Kapazitätsplanung. Sie kann zur Ermittlung des Angebotspreises sowie zur Kostenplanung und -kontrolle dienen. Darüber hinaus können auch die benötigten liquiden Mittel im Rahmen einer Finanzplanung festgelegt werden. Die Kostenplanung verwendet folgende **Methoden** (vgl. *Diethelm*, 2000, S. 326):

Methoden

- **Kalkulationsmethoden** setzen an den einzusetzenden Faktoren an. Sie errechnen die Projektkosten auf Basis der Zeiten und bekannter Faktorkosten je Zeiteinheit.
- **Befragungen von internen oder externen Experten** eignen sich, sofern solche verfügbar sind und die Aufgabenstellung ausreichend genau beschrieben werden kann. Solche Schätzungen sind allerdings immer subjektiv.
- **Analogie-Methoden** basieren auf empirischen Vergleichen mit ähnlichen, bereits abgeschlossenen Projekten. Die Vergleichbarkeit ist jedoch nicht immer ausreichend erfüllt.
- **Parametrische Methoden** setzen auf historischen Daten auf und ermitteln die Kosten für ein Projekt statistisch, analytisch oder aufgrund von Prognosemodellen.

Qualitätsmanagement Für jedes Projekt ist darüber hinaus das **Qualitätsmanagement** zu planen (vgl. Kap. 8.1). Hierfür sind überprüfbare Qualitätsmerkmale festzulegen, welche im laufenden Projektcontrolling kontrolliert und geprüft werden können. Diese Merkmale sind auf jedes Projekt spezifisch anzupassen (vgl. *Burghardt*, 2006, S. 388).

Risikomanagement Ebenso ist ein individuelles **Risikomanagement** vorzusehen. Da Projekte einmalige Vorhaben sind, bergen sie viele Risiken (vgl. *Zijl et al.*, 1988, S. 58). Risiken entstehen auch aus Mängeln in der Planung, z. B. bei unpräziser Zielformulierung, bei falscher Bewertung von Alternativen oder unklaren Planungsgrundlagen. Wichtig sind hierbei insbesondere die der Projektplanung zugrunde liegenden Planungsprämissen. Um diese später überwachen zu können, sind sie transparent zu machen. Der Schwerpunkt liegt auf den Annahmen, welche für die Erreichung der Projektziele wichtig sind. Die Überwachung dieser kritischen Annahmen ermöglicht frühzeitige Steuerungsmaßnahmen und verringert das Projektrisiko.

Bei der **Planung der Projektrisiken** sind folgende Aufgaben zu erfüllen (vgl. *Burghardt*, 2006, S. 302; *Stern/Jaberg*, 2010, S. 240):

Risikoplanung

- **Risikoanalyse:** Projektrisiken werden identifiziert und bewertet
- **Risikoabsicherung:** Festlegung von Maßnahmen zur Risikoreduktion und Aufbau eines Risiko-Controllings
- **Risikoeintrittsmanagement:** Planungen zur Reaktion auf Störungen und Krisen

Die Projektplanung wird in den **Projektplänen** dokumentiert. Sie lassen sich in zwei Kategorien einteilen (vgl. *Möller/Dörrenberg*, 2003, S. 119):

Arten von Projektplänen

- Die **Produktdokumentation** beschreibt das Ergebnis eines Projekts. Beispielsweise als Pflichtenheft, Leistungsbeschreibung, Spezifikation, Programmlisting, Bauunterlagen, Test- und Prüfunterlagen oder Benutzerhandbuch.
- Die **Projektdokumentation** beschreibt den Projektablauf. Sie umfasst z. B. Projektauftrag, Projektstrukturplan, Terminplan, Kostenplan, Qualitätssicherungsbericht, Fortschrittsbericht, Projektkalkulation und Projektabschlussbericht.

Zur Erstellung der Projektpläne stehen softwaregestützte Projektmanagement-Werkzeuge zur Verfügung. Sie vereinfachen die Erstellung, Dokumentation und Steuerung erheblich und erhöhen so die Flexibilität und Effizienz des Projektmanagements (vgl. *Süß/Eschlbeck*, 2002, S. 137 ff.). Die Qualität der gesamten Projektplanung ist abhängig von einer Vielzahl an Faktoren, die in Abb. 5.3.20 zusammengefasst sind. Wesentlich sind die Qualität der Plandaten, Erfahrung und Planungs-Know-how sowie die Zusammensetzung der Planungsträger. Da Projekte stets auch innovativ sind, ist jede Planung mit Unsicherheiten behaftet.

Qualitätsbeeinflussende Faktoren

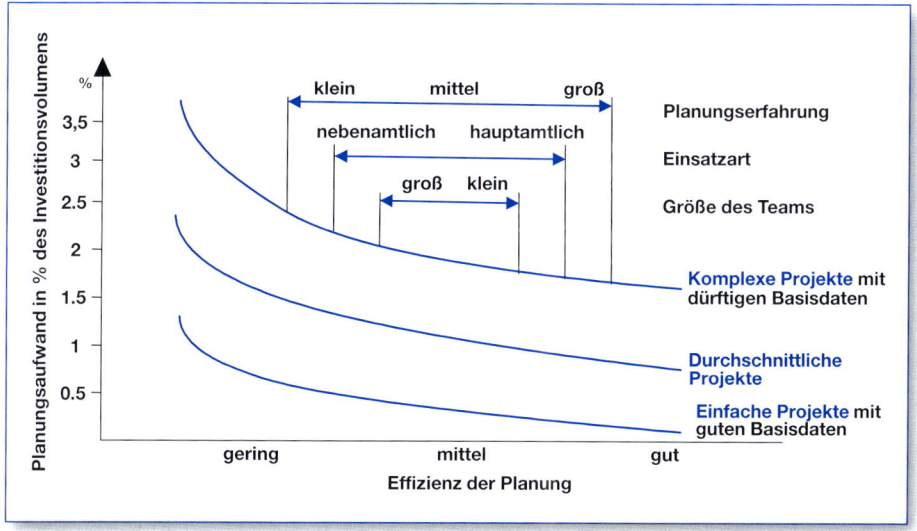

Abb. 5.3.20: Einflussfaktoren auf den Planungsaufwand (vgl. Aggteleky/Bajna, 1992, S. 207)

5.3.5 Projektcontrolling

Aufgaben

Aufgaben des Projektcontrollings sind die Projektberichterstattung, Informationsversorgung sowie die Koordination der Projektplanung und -kontrolle. Das Projektcontrolling ist damit funktional im Sinne von Controllingaufgaben und nicht institutional im Sinne der Projektinstitution Controlling definiert. Die Projektkontrolle umfasst die Sammlung der Ist-Werte und die Durchführung von Soll-Ist-Vergleichen. Die Abweichungen sind zu analysieren und gegebenenfalls korrigierende Maßnahmen aufzuzeigen (vgl. *Patzak/Rattay*, 2009, S. 321). Die **Projektüberwachung und -steuerung** vollzieht sich in folgenden Schritten (vgl. *Horsch*, 2003, S. 258):

Projektüberwachung und -steuerung

(1) **Freigabe von Arbeitspaketen** auf Basis der Projektplanung, sofern die geplanten Ressourcen zur Verfügung stehen und im Arbeitspaket eingesetzt werden
(2) **Regelmäßige Überwachung** des Projekts durch Sammlung und Aufbereitung von Ist-Daten für die Projektparameter Qualität, Zeit und Kosten
(3) **Erfassung und Dokumentation von Abweichungen** durch den Vergleich von Soll- und Istwerten der einzelnen Parameter
(4) **Analyse von Abweichungen**
(5) **Maßnahmen** zur Projektsteuerung vorschlagen
(6) **Aktualisierung der Projektstruktur** hinsichtlich Ablauf-, Termin-, Kapazitäts- und Kostenplanung sowie Prognose des weiteren Projektverlaufs
(7) **Kontrolle der Wirksamkeit** beschlossener Maßnahmen

Überwachung

Die regelmäßige **Projektüberwachung** dient der Bestimmung des Projektfortschritts (vgl. *Zielasek*, 1999, S. 168 f.). Bei der Terminüberwachung sollte besonders auf kritische Vorgänge geachtet werden. Die Kostenüberwachung stellt laufend die angefallenen den geplanten Kosten gegenüber. Die Kapazitätsüberwachung dient der Überprüfung der geplanten Auslastung.

Abweichungsursachen

Abweichungen treten aus vielfältigen Gründen auf. Es kann sich um Planungsfehler handeln, z. B. weil Tätigkeiten vergessen wurden, Kapazitäten überlastet sind oder die Mitarbeiter nicht die passende Qualifikation aufweisen. Darüber hinaus können auch im Rahmen der Projektdurchführung Probleme auftreten. Teilweise genügen z. B. die von außen bezogenen Leistungen nicht den Anforderungen oder treffen verspätet ein.

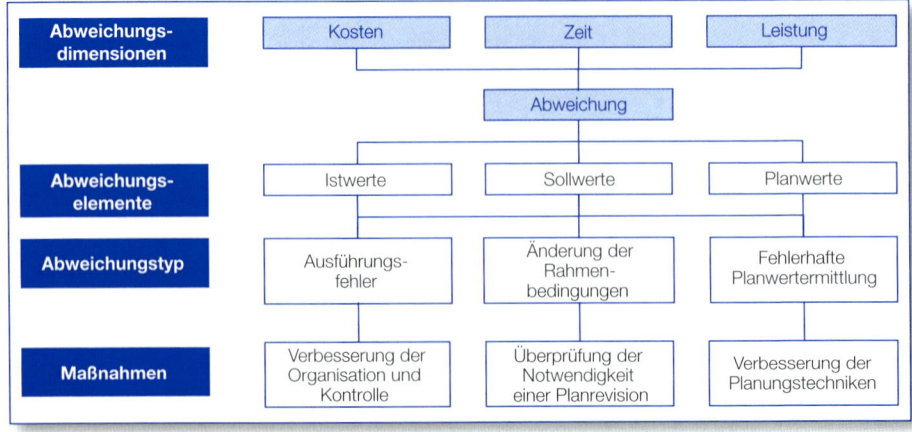

Abb. 5.3.21: Projekt-Abweichungen (vgl. Horsch, 2003, S. 257)

5.3 Projektmanagement

Auch die Rahmenbedingungen können sich im Lauf eines Projekts ändern. Beispiele sind neue Kundenanforderungen, Ausfall von Kapazitäten oder veränderte Prioritäten des Auftraggebers. Schließlich ist es auch möglich, dass die geplanten Maßnahmen nicht die erwarteten Wirkungen zeigen. Abb. 5.3.21 stellt mögliche Projektabweichungen dar.

Für die Messung und Feststellung von Abweichungen werden in der Praxis häufig Checklisten und Formulare eingesetzt. Zudem können auch Indizes aufgestellt werden. Der Projektfortschritt wird mit dem **Fortschrittsindex** gemessen. Er gibt an, zu welchem Prozentsatz ein Arbeitspaket, ein Teilprojekt oder das Gesamtprojekt abgeschlossen ist. Die Einschätzung erfolgt durch die für die Durchführung verantwortlichen Mitarbeiter. Die Ermittlung des Fortschrittsindex ist zwar recht einfach, aber auch sehr subjektiv. Das Beispiel in Abb. 5.3.22 zeigt den geschätzten Fortschritt im Verhältnis zur Bearbeitungszeit für einen Vorgang. Es wird deutlich, dass die Schätzwerte häufig sehr optimistisch sind. Der Zeitaufwand zur Erfüllung der letzten 5 Prozent der zu erbringenden Leistung kann durchaus 50 Prozent der Bearbeitungszeit erfordern. Dieses Phänomen wird auch als das „95%-Syndrom" bezeichnet.

$$\text{Fortschrittsindex} = \frac{\text{Istfortschritt in \%}}{\text{Sollfortschritt in \%}}$$

Fortschrittsindex

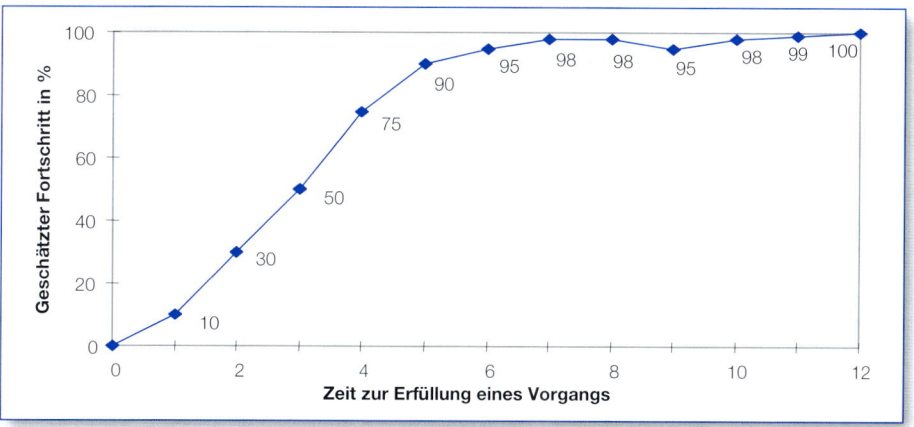

Abb. 5.3.22: 95%-Syndrom (in Anlehnung an Riedl, 1990)

Eine weitere Methode zur Terminverfolgung stellt die **Meilenstein-Trend-Analyse** dar (vgl. *Fiedler*, 2010, S. 180 ff.). Dabei werden die Termine jedes einzelnen Meilensteins verfolgt. Zu den festgelegten Berichtszeiträumen werden Schätzungen darüber abgegeben, zu welchen Zeitpunkten die Meilensteinergebnisse voraussichtlich erreicht werden. Wie das Beispiel in Abb. 5.3.23 zeigt, bedeutet in der grafischen Darstellung eine waagerechte Linie, dass der Meilenstein planmäßig verläuft. Werden die Termine unterschritten, ist der Meilenstein-Trend abfallend. Ein steigender Verlauf deutet auf einen drohenden Terminverzug.

Meilenstein-Trend-Analyse

Die Kostenkontrolle und -überwachung kann anhand des **Kostenindex** erfolgen. Dabei werden zu einem bestimmten Stichtag die Istkosten (Actual Cost of Work Performed) den Sollkosten (Budgeted Cost of Work Performed) gegenüber gestellt. Die Sollkosten beschreiben die Kosten, die für den erreichten Projektstand nach der Planung zu erwarten sind (vgl. *Patzak/Rattay*, 2009, S. 339 f.). Bei der Erfassung der Istkosten ist insbesondere die Zuordnung der indirekten Kosten auf ein Projekt problematisch. Neben dem Kostenindex lassen sich folgende weitere Indizes jeweils für einen Stichtag bilden:

Kostenkontrolle und -überwachung

5 Organisation

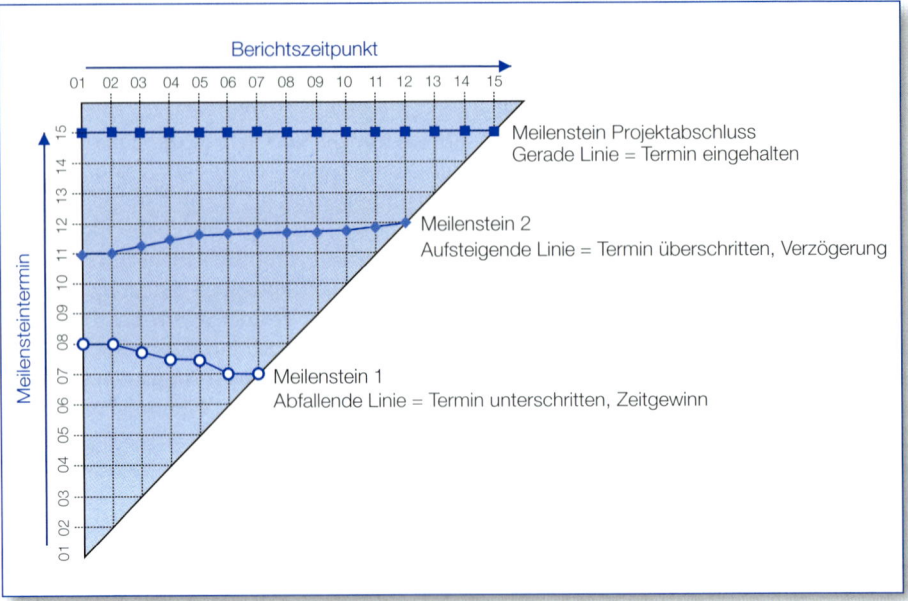

Abb. 5.3.23: Meilenstein-Trend-Analyse

Projekt-Kennzahlen

$$\text{Kostenindex} = \frac{\text{Istkosten zum Stichtag}}{\text{Sollkosten zum Stichtag}} \cdot 100$$

$$\text{Kostenabweichung} = \text{Istkosten} - \text{Sollkosten}$$

$$\text{Leistungsabweichung} = \text{Sollkosten} - \text{Plankosten}$$

$$\text{Gesamtabweichung} = \text{Istkosten} - \text{Plankosten}$$

$$\text{Leistungsfaktor} = \frac{\text{Sollkosten zum Stichtag}}{\text{Plankosten zum Stichtag}} \cdot 100$$

Kosten-Zeit-Diagramm

Häufig wird die Kosten- und Zeitdimension zu einem **zweidimensionalen Kosten-Zeit-Diagramm** zusammengefasst (vgl. *Patzak/Rattay*, 2009, S. 339 f.). Im Rahmen dieser in Abb. 5.3.24 dargestellten sog. **Earned Value-Analyse** werden die Kosten im Zeitablauf erfasst. Die Plankostenkurve zeigt die Kosten des geplanten Projektverlaufs. Die Sollkostenkurve weicht im Schaubild davon ab, da das Projekt im Zeitverzug ist und für die nicht erbrachte Leistung auch keine Kosten angefallen sind. Aus dem Vergleich der drei Kostenwerte können die Abweichungsursachen ermittelt werden. Die oben stehenden Formeln zeigen die Berechnungslogik.

Abweichungsmaßnahmen

Treten wesentliche Abweichungen auf, so sind **Gegenmaßnahmen** erforderlich. Ansatzpunkte sind z. B. eine intensivere Koordination von Teilaufgaben oder die Förderung der Kooperation aller Projektbeteiligten. Darüber hinaus können eine striktere Führung der Projektmitarbeiter oder Entscheidungen durch Projektleiter oder Auftraggeber erforderlich sein. Mögliche konkrete Maßnahmen zeigt Abb. 5.3.25.

5.3 Projektmanagement

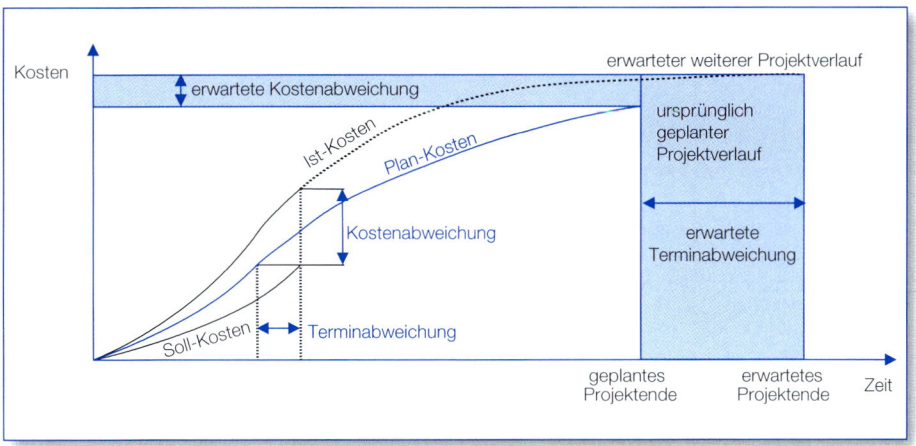

Abb. 5.3.24: Kosten-Zeit-Diagramm (vgl. Litke, 2007, S. 166)

Projektcontrolling am Beispiel der Großprojekte Elbphilharmonie und Gotthard-Tunnel

Ein Beispiel für gerade bei öffentlichen Bauprojekten häufig zu beobachtende Kostensteigerungen und Terminverzögerungen ist das seit 2007 im Bau befindliche Konzerthaus Elbphilharmonie in Hamburg. Entgegen der ursprünglich geplanten Eröffnung im Jahre 2010 zu Kosten von 77 Mio. Euro wird die Fertigstellung frühestens im Jahre 2016 stattfinden, und die Kosten werden den Plan um ca. 500 Mio. Euro übersteigen.

Ein Positivbeispiel ist dagegen der neue Gotthard-Eisenbahntunnel. Das Projekt für den mit 57 Kilometern längsten Tunnel der Welt soll wie geplant im Jahr 2016 fertig werden. An dem Projekt arbeiten 1.800 Menschen und es liegt seit fünf Jahren im Kostenplan von insgesamt 18,7 Mrd. SFR. Ursprünglich waren die Kosten rund 50 Prozent geringer, die Zusatzkosten sind aber nicht auf Pannen und Versäumnisse, sondern auf erhöhte Sicherheitsstandards zurückzuführen. Die neue Alpentransversale (Neat) besteht aus zwei Tunneln: Dem Gotthard- und dem Ceneri-Tunnel, der 15,4 Kilometer lang ist. Die Pläne für den Ceneri-Tunnel wurden von einer Röhre mit zwei Gleisen auf zwei Röhren mit je einem Gleis geändert. Für den vergleichsweise reibungslosen Verlauf war auch das strenge Projektcontrolling mitverantwortlich. Die operative Projektsteuerung der beteiligten Baufirmen liegt bei der Projektgesellschaft *Alptransit*. Diese unterliegt der direkten Aufsicht durch das *Schweizer Bundesamt für Verkehr*. Daneben gibt es eine politische Aufsicht durch einen zwölfköpfigen Parlamentsausschuss. Diese Projektstruktur sorgt für klare Verantwortlichkeiten. Planänderungen und Zusatzkosten müssen sich die Bauherren durch die Aufsichtsgremien genehmigen lassen (vgl. *Alich*, 2012, S. 24).

Das Projektcontrolling ist auch für das **Projektberichtswesen** verantwortlich. Es bestimmt die Berichtszeitpunkte und legt Informationsbedürfnisse und Informationskanäle fest. Projektberichte sind „an einen bestimmten Empfänger oder Empfängerkreis gerichtete Darstellungen über Entwicklung und Stand eines Projekts" (*DIN 69901*). Sie sind auch ein wichtiger Bestandteil der **Projektdokumentation**, als einer „Zusammenstel-

Projektberichtswesen

5 Organisation

Leistung unterschritten	Zeit überschritten	Kosten überschritten	Teamarbeit gestört
• Höherer Ressourceneinsatz • Leistungsanreize, Prämien, Motivation, Teamentwicklung • Projektmitarbeiter auswechseln • Höherqualifizierte Lieferanten • Stärkere Kontrolle • Stärkere Projektfokussierung	• Kritischen Pfad verkürzen (z.B. Abstände verringern, Vorgänge splitten, Rationalisierung ausschöpfen etc.) • Höherer Ressourceneinsatz • Einsatz externer Ressourcen • Verringerung von Abhängigkeiten/Parallelarbeit • Änderungen im Projektumfang für Terminverschiebungen	• Kosten überwälzen • Teilleistungen an kostengünstigere Subauftragnehmer vergeben • Qualität reduzieren, Leistungsreduktion • Nutzung von günstigeren Varianten • Zusatzwünsche für verschleierte Budgetausweitung nützen	• Projektmarketing verstärken • Beziehungspflege intensivieren • Spielregeln entwickeln und vereinbaren • Identifikationsmaßnahmen entwickeln

Abb. 5.3.25: Gegenmaßnahmen bei Projektabweichungen
(vgl. Patzak/Rattay, 2009, S. 342)

lung ausgewählter, wesentlicher Daten über Konfiguration, Organisation, Mitteleinsatz, Lösungswege, Ablauf und erreichte Ziele des Projekts" (*DIN 69901*).

IT-Unterstützung Diese Aufgaben werden meist durch softwaregestützte **Projektinformationssysteme** übernommen (vgl. *Grasl* et al., 2004, S. 175). Sie gestatten einen integrierten Zugang zu allen Projektergebnissen und machen Zusammenhänge zwischen den Projektergebnissen deutlich. Die Projektdokumentation ist entscheidend für die laufende Verbesserung des Projektmanagements und der zukünftigen Abwicklung von Projekten. Mit ihrer Hilfe soll aus Erfahrungen gelernt und auf bisherige Erkenntnisse zurückgegriffen werden. Projektübergreifende Systeme bieten die Basis für den Wissenstransfer zwischen Projekten und Linie. Abb. 5.3.26 zeigt ein Beispiel für einen Projektfortschrittsbericht. Der Fortschrittsindex wird grafisch als Balken dargestellt, der im Vergleich zur Länge der Vorgänge den aktuellen Status des Projekts veranschaulicht.

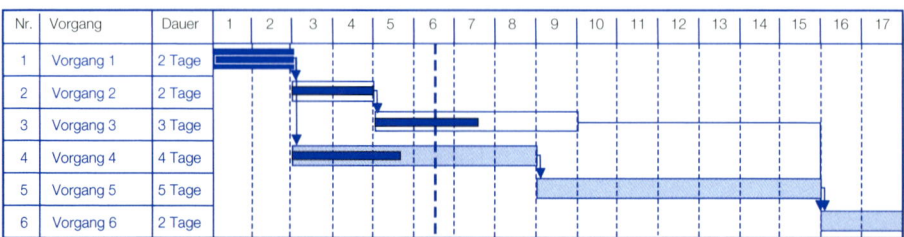

Abb. 5.3.26: Projektplan mit Fortschrittsüberwachung

5.3.6 Multi-Projektmanagement

Projektmanagement Projektmanagement kann sich sowohl auf ein einzelnes Projekt, als auch auf eine Vielzahl von Projekten beziehen. Das Management eines Projekts wird auch als klassisches Projektmanagement und das Multi-Projektmanagement als strategisches Projektmanagement bezeichnet.

> ❗ Das **Multi-Projektmanagement** bezeichnet das Management mehrerer gleichzeitiger Projekte.

5.3 Projektmanagement

Es ist erforderlich, da bei parallelen Projekten eine Reihe von **Problemen** auftreten können (vgl. *Dillerup*, 1998a, S. 149):

- **Unzureichende Transparenz** über die laufenden Projekte. Dies kann z.B. zu Redundanzen zwischen Projektaufgaben und Linientätigkeiten führen.
- **Komplexität:** Die Vielzahl an Projektaktivitäten erschwert eine zielgerichtete und effiziente Koordination.
- **Überforderte Gremien und Ausschüsse** sind der Komplexität der Koordinationsaufgabe als Mittler zwischen Projekt und Linie häufig nicht gewachsen.

Probleme

Multi-Projektmanagement dient der Effizienzsteigerung aller Projekte (vgl. *Balzer*, 1998, S. 32). Es soll integriert und ganzheitlich eine Vielzahl von Projekten steuern und die Beziehungen zwischen den Projekten und der Linienorganisation im Sinne des Gesamtunternehmens gestalten (vgl. *Dillerup*, 1998a, S. 149). Zur **Verankerung der Projekte mit der Linie** sind die Unternehmensstrategie in die Projekte sowie die Projektergebnisse in die Linie zu integrieren. Hierfür werden Führungsaufgaben für Projekte auch aus der Linie erfüllt. Beispielsweise als Projektauftraggeber oder durch Zuteilung von Ressourcen. Weitere Aufgaben des Multi-Projektmanagements sind die Gestaltung der Projektfreigabe und die Priorisierung von Projekten (vgl. *Fiedler*, 2010, S. 13 ff.). Darüber hinaus legt es Regeln, Methoden und Werkzeuge für das Projektmanagement fest. Als Instrumente können Portfolios, Risikoanalysen, Wirtschaftlichkeitsberechnungen oder auch Nutzwertanalysen verwendet werden.

Strategische Ausrichtung

Damit nimmt das Multi-Projektmanagement eine Mittlerrolle zwischen der Unternehmensführung und der Leitung einzelner Projekte ein (vgl. Abb. 5.3.27). Diese **zweite Steuerungsebene** übersetzt die Unternehmensstrategie in das Projektmanagementsystem. Darin werden die Beziehungen zwischen Projekt und Linie, aber auch zwischen den Projekten geregelt. Das Multi-Projektmanagement kann aus Gremien und Ausschüssen bestehen, in denen die Projektebenen verknüpft werden. Sie werden als Fach- oder Lenkungsausschuss bzw. als Steering Committee bezeichnet Der Projektleiter kann darin seine Erfahrungen aus den laufenden Projekten einbringen (vgl. *Krawczyk*, 1998, S. 86). Dies ermöglicht eine schnelle Durchsetzung von Entscheidungen zur inhaltlichen und zeitlichen Abstimmung der einzelnen Projekte. Durch laufenden Erfahrungsaustausch können Synergien zwischen Projekten erzielt werden.

Funktion

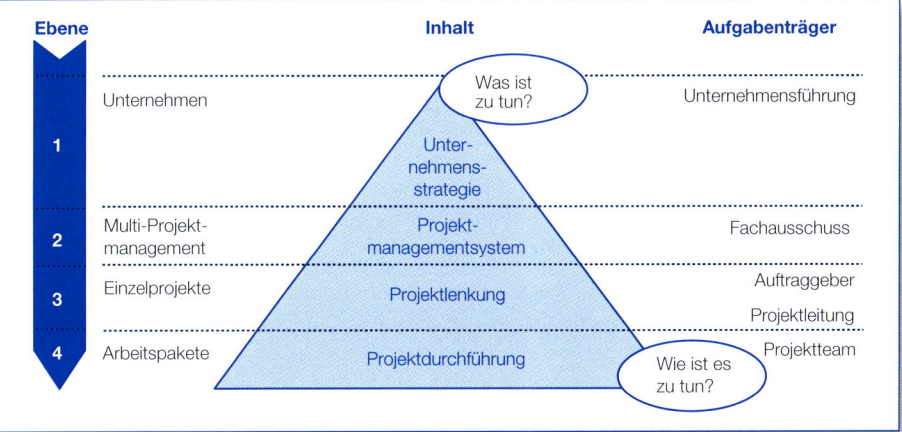

Abb. 5.3.27: Aufgaben und Ebenen des Multi-Projektmanagements

5 Organisation

Weiteres Aufgabenspektrum

Das Multi-Projektmanagement hat für die effektive Gestaltung des Projektportfolios zu sorgen („doing the right projects"). Dabei übernimmt es z. B. die Formulierung des Projektauftrags, die Förderung einzelner Projekte oder die Durchsetzung übergeordneter Unternehmensinteressen (vgl. *Dillerup*, 1998a, S. 150). Darüber hinaus hat das Multi-Projektmanagement folgende **Aufgaben** (vgl. *Balzer*, 1998, S. 33 f.; *Dillerup*, 1998a, S. 150; *Madauss*, 2006, S. 431 ff.):

- **Projektantragswesen:** Gestaltung des Projektfreigabeprozesses von der Projektinitialisierung über den Entwurf bis zum Projektantrag.

- **Projekttransparenz:** Zusammenfassung aller Projektideen, Anträge und Projekte in einem Projektpool und Analyse ihrer gegenseitigen Abhängigkeiten.

- **Prioritätsmanagement:** Prioritäten und Abhängigkeiten zwischen den Projekten und zwischen Projekt und Linie sind als Rahmenbedingung für ein Projekt zu bestimmen und zu prüfen. Damit werden im Projektportfolio aus Projektideen, Anträgen und Projekten die Prioritäten und Ressourcen vergeben. Daraus sind Entscheidungen über Auswahl, Freigabezeitpunkt und ggf. Abbruch von Projekten zu treffen.

- **Qualifikationsmanagement:** Die Projektleiter sind in geeigneter Form zu qualifizieren. Damit entsteht auch ein „Heimathafen" für Projektleiter. Für die Projektmitarbeiter ist Teamfähigkeit und die Qualität der Kommunikation sicherzustellen.

- **Projektmitarbeiter:** Unterstützung der Projektleiter bei der Zusammensetzung und Auflösung des Projektteams. Zudem ist die Projektarbeit in das Anreiz- und Karrieresystem des Unternehmens zu integrieren.

- **Organisation:** Definition der Schnittstelle zwischen Multi-Projektmanagement, strategischer Planung und Initialisierung von Projekten. Für die Projekte sind Kategorien und die jeweils passende Organisationsform vorzugeben. Auch die Schnittstellen zwischen Projekt und Linie sind zu gestalten.

- **Methoden des Projektmanagements:** Standardisierung der im Projektmanagement einzusetzenden Methoden und Schulung bzw. Unterstützung der Projektleiter in deren Anwendung. Es können Projektmanagement-Handbücher erstellt werden, die z. B. Phasenkonzepte, Strukturierungsrichtlinien, Zeitmanagement, Planungstechniken oder Richtlinien für die Projektdokumentation vorgeben.

- **Software:** Bereitstellung leistungsfähiger Projektmanagement-Software, die in das Informationssystem des Unternehmens integriert sind.

Instrumente

Instrumente des Multi-Projektmanagements sind z. B. Portfolios, Risikoanalysen, Wirtschaftlichkeitsrechnungen oder Nutzwertanalysen (vgl. *Fiedler*, 2010, S. 14). Spezifische Anpassungen sind durch das Multi-Projektmanagement vorzunehmen. Hierzu können z. B. die Methode der Wirtschaftlichkeitsrechnung oder die Kriterien zur Priorisierung von Projekten vereinheitlicht werden.

Abb. 5.3.28 zeigt das **Leistungs-Kosten-Portfolio** als Instrument des Multi-Projektcontrollings. Der mit dem Fortschrittsindex gemessenen Leistungsabweichung wird die Kostenabweichung gegenübergestellt, die durch den Kostenindex quantifiziert wird. Projekte werden als Kreis dargestellt, wobei die Größe des Kreises der Projektgröße entspricht. Diese kann z. B. anhand des Budgets oder der Personentage gemessen werden. Die Positionierung eines Projekts im Portfolio liefert **Handlungsempfehlungen für die Projektsteuerung:**

5.3 Projektmanagement

- **Katastrophen-Projekte** sind im Leistungsverzug und haben ihre Kosten überschritten. Hier sind unverzügliches Handeln und einschneidende Maßnahmen erforderlich. Gegebenenfalls ist sogar ein Projektabbruch vorzunehmen.

Projektarten

- **Ideal-Projekte** sind hingegen in der Optimalposition. Das Projekt kommt schneller als geplant voran und die Kosten werden unterschritten. Die Projektleitung sollte gelobt werden. Darüber hinaus ist zu prüfen, ob Erkenntnisse und Methoden auf andere Projekte übertragen werden können.

- Bei **Bummel- und Express-Projekten** ist jeweils eine Dimension über- und eine untererfüllt. Hier kann versucht werden, einen Ausgleich zu erzielen. Beispielsweise könnte ein Projekt beschleunigt und dafür ein anderes verlangsamt werden.

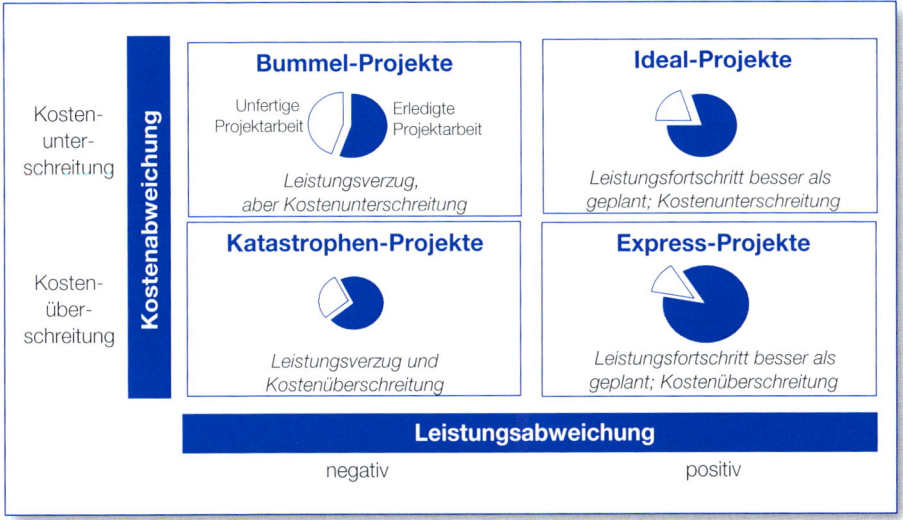

Abb. 5.3.28: Leistungs-Kosten-Portfolio

Alternativ können als Portfoliodimensionen auch Wirtschaftlichkeit, Wettbewerbsrelevanz oder der betriebliche Nutzen verwendet werden (vgl. *Balzer*, 1998, S. 36 f.).

Das Multi-Projektmanagement kann auch andere **Zielsetzungen** verfolgen. So kann es die Aufgabe haben, strategische Projekte zu steuern sowie organisationales Lernen oder unternehmerischen Wandel zu initiieren (vgl. *Dillerup*, 1998a, S. 158). Gerade bei der Führung des Wandels (vgl. Kap. 6.4) werden in den Phasen der Mobilisierung und Umsetzung eine Reihe von Teilprojekten in Gang gesetzt, die sich mit spezifischen Aufgaben oder organisatorischen Teilbereichen beschäftigen. Die zeitliche und sachliche Abhängigkeit der Teilprojekte erfordert einen hohen Abstimmungsbedarf und macht eine wie in Abb. 5.3.29 dargestellte differenzierte, mehrstufige Projektorganisation erforderlich. Als Experten sind Change Agents einzusetzen, welche das Multi-Projektmanagement in diesem Sinne ausrichten.

Weitere Ziele

5 Organisation

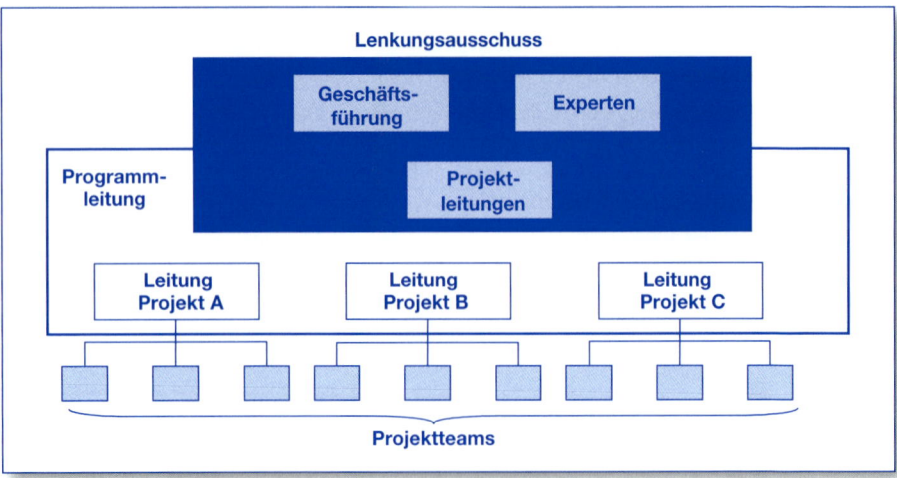

Abb. 5.3.29: Mehrstufige Projektorganisation (vgl. Brehm et al., 2009, S. 248)

5.3.7 Erfolgsfaktoren

Erfolgsmessung

Für die **Messung des Projekterfolgs** gibt es mehrere Ansätze. Der Erfolg kann sich auf die Größen Kosten, Zeit und Qualität, aber auch z. B. auf die Zufriedenheit der Beteiligten erstrecken (vgl. *Corsten*, 2000, S. 44). Kritisch sind dabei die Personen und der Zeitpunkt der Messung. Deshalb ist es nicht verwunderlich, dass sehr unterschiedliche Erfolgsfaktoren des Projektmanagements genannt werden. Exemplarisch zeigt Abb. 5.3.30 das Modell der *Deutschen Gesellschaft für Projektmanagement e.V.* zur Messung des Projekterfolgs.

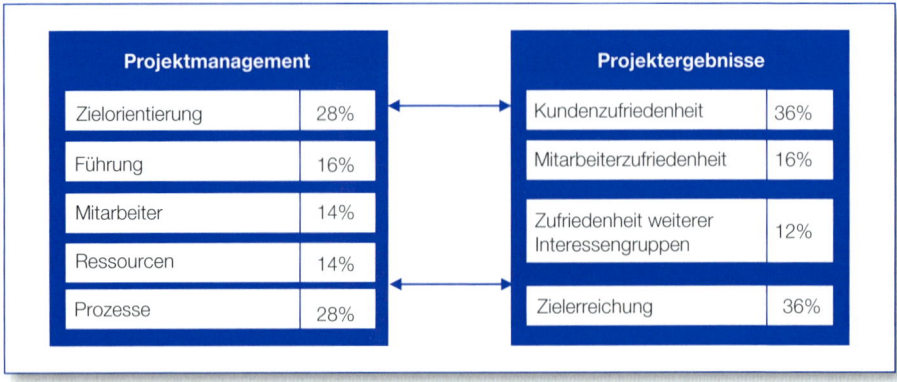

Abb. 5.3.30: Project Excellence der Deutsche Gesellschaft für Projektmanagement e.V. (vgl. www.gpm-ipma.de)

Auf dessen Basis werden jährlich für besonders erfolgreiche Projekte Auszeichnungen verliehen. Dazu werden unterschiedliche Kriterien miteinander kombiniert. Diese sind in die Dimensionen Projektmanagement und Projektergebnisse eingeteilt und werden unterschiedlich gewichtet. Die höchste Bedeutung haben die Zielerreichung und die Kundenzufriedenheit.

5.3 Projektmanagement

Aus der Analyse erfolgreicher Projekte können Erfolgsfaktoren abgeleitet werden. Exemplarisch sind sie in Abb. 5.3.31 dargestellt. Unabhängig von der Projektart ist der wichtigste Erfolgsfaktor die **Motivation der Projektmitarbeiter**. Sie ist in allen Projektphasen die dominierende Einflussgröße auf den Projekterfolg.

Erfolgsfaktoren

Einflussfaktoren	Deterministische Projekte	Offene Projekte
Projektziele	• Eindeutige Zielsetzung • Unterstützung der Unternehmensführung	
	• Strukturierte Methoden • Netzplantechnik	• Einsatz von Kreativitätstechniken
Organisation	• Häufig Fachabteilungs- oder Stabsorganisation • Strukturierte Projektphasenmodelle	• Häufig reine Projektorganisation • Flexible Projektphasenmodelle z.B. Versionenkonzept
Mitarbeiter	• Standardisierte Information und Kommunikation	• Heterogene Teams • Weitgehende Entscheidungs- und Handlungsspielräume
	• Personalauswahl	
Projektleitung	• Konfliktbewältigung • Motivation sowie soziale Fähigkeiten • Integrationsfördernde und leistungsorientierte Projektkultur	• Zur Projektorganisation passende Führung und Motivation • Kreativitäts- und innovationsfördernde Projektkultur • Karriereplanung für die aus der Linie herausgelösten Mitarbeiter
	• Realisierungskompetenz • Konfliktbewältigung • Straffe Überwachung und Steuerung	
Projektergebnis	• Einbindung/Akzeptanz durch Projektbetroffene • Aktive Unterstützung der Implementierung	

Abb. 5.3.31: Erfolgsfaktoren des Projektmanagements nach Projekttypen (in Anlehnung an Hansel/Lomnitz, 2003, S. 23 f.; Mühlfelder/Nippa, 1989, S. 380; Slevin/Pinto, 2006, S. 194 ff.; Zielasek, 1999, S. 201 ff.)

Projektmanagement „Warenfluss-Optimierung"

Praxisbeispiel von Dr. Harald Balzer, Vorstandsvorsitzender

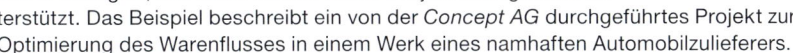

Die *Concept AG* ist ein spezialisiertes Beratungsunternehmen mit Sitz in Stuttgart, das seine Kunden beim Projektmanagement unterstützt. Das Beispiel beschreibt ein von der *Concept AG* durchgeführtes Projekt zur Optimierung des Warenflusses in einem Werk eines namhaften Automobilzulieferers.

Der Automobilzulieferer produziert mit rund 1.800 Mitarbeitern auf über 50 Fertigungslinien elektronische Fahrzeugbauteile für fast 300 Kunden. Die Serienproduktion umfasst dabei ein breites Variantenspektrum. Dazu wurden über 650 Mio. unterschiedliche Teile von ca. 250 Lieferanten bezogen. Aufgrund des hohen Liefervolumens stellt die Logistik in diesem Unternehmen eine wesentliche Herausforderung dar. Die Optimierung der Lieferkette verspricht deshalb ein beträchtliches Einsparungs- und Verbesserungspotenzial. Da das Unternehmen zukünftig mit erheblichen Mengensteigerungen rechnet, haben die Logistikkosten zunehmend an Bedeutung gewonnen. Dies verstärkt sich noch dadurch, dass aufgrund des Preisdrucks in der Zulieferindustrie trotz des Mengenwachstums keine Umsatzsteigerungen erwartet werden. Zur Sicherstellung der Wettbewerbsposition waren deshalb Kostensenkungen erforderlich. Im Logistikbereich wurden Kosteneinsparungen um 30 % innerhalb von 18 Monaten angestrebt.

Hierfür wurde ein Projekt ins Leben gerufen, um den gesamten logistischen Ablauf zu optimieren. Das **Projektziel** war nur mit einschneidenden Maßnahmen und gravierenden Änderungen realisierbar. So wurden z. B. die Lager des Unternehmens beim Kunden (Konsignationslager) abgeschafft und für A-Artikel hinsichtlich des Teilewertes Anliefersysteme mit häufiger Lieferfrequenz aufgebaut. Die Aufgaben des zuvor eingesetzten Logistikdienstleisters wurden selbst übernommen und ein eigenes Lager errichtet. Die Beherrschung der Logistikprozesse wurde auf diese Weise zu einem Wettbewerbsvorteil.

Die **Projektorganisation** bestand aus den Ebenen Projektpromotor, Lenkungsausschuss, Projektleitung sowie Bereichsprojektleitung (BPL) und Querschnittsfunktionen (QF). Die wesentlichen Projektaufgaben wurden gemäß den wesentlichen Hauptprozessen entlang der Lieferkette in sog. Bereichsprojekten angeordnet. Diese unterteilen sich in Lieferanten (L), Produktion (P) und Kunden (K). Zudem wurden Querschnittsfunktionen zur Koordination der Bereichsprojekte definiert. Beispiele waren Lagerinfrastruktur, bauliche Maßnahmen oder Schulung. Für alle Bereichsprojekte wurden 14 Teilprojektteams (TPL) aus jeweils maximal drei bis vier Mitarbeitern gebildet, die eng mit der Linienorganisation des Unternehmens verknüpft waren. Darin wurden inhaltliche Konzepte erstellt, geprüft, Tests durchgeführt und die Umsetzung der Projektergebnisse in den Linienbereichen koordiniert und inhaltlich begleitet. Die Querschnittsfunktionen übernahmen für die Bereichs- und Teilprojekte übergreifende Aufgaben. Abb. 5.3.32 fasst die Projektorganisation zusammen.

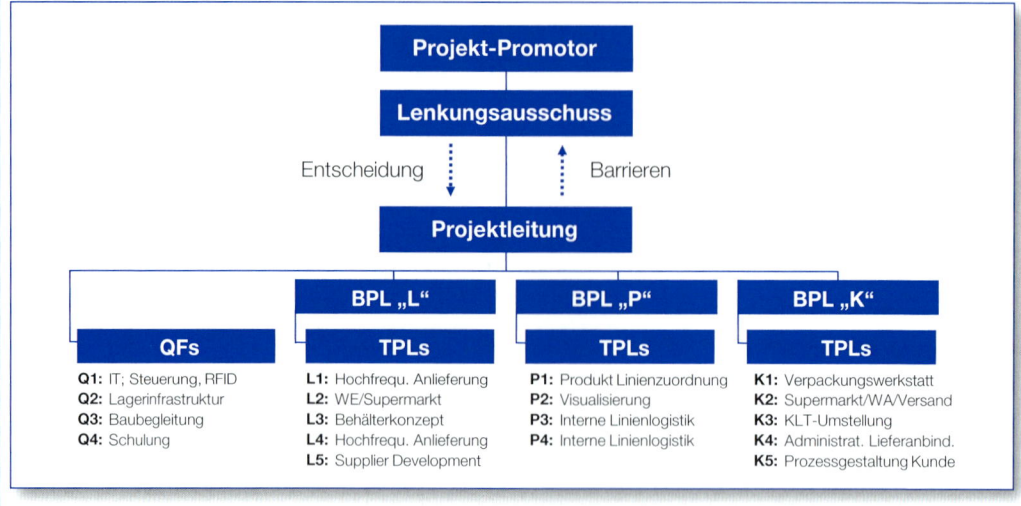

Abb. 5.3.32: Projektorganisation

Einige Teilprojekte verdeutlichen exemplarisch die **Planung** und die definierten Maßnahmen:

- In den **Querschnittsfunktionen** wurden alle Aktivitäten durchgeführt, die ausgehend vom Kundenbedarf zur Einführung einer verbrauchsorientierten Logistiksteuerung erforderlich waren. Dabei wurde der Informationsfluss im *SAP*-System übergreifend optimiert. Die Steuerungssysteme wurden festgelegt und in verschiedenen Ausprägungen auf die 51 Linien angepasst. Eine weitere Querschnittsfunktion bildete der Aufbau einer neuen Infrastruktur der Lager mit der gesamten Warenabwicklung und der damit verbundenen Informationstechnik. Zudem wurden bauliche Maßnahmen im Gesamtprojekt übergreifend bearbeitet.

- Im **Bereichsprojekt Produktion** wurde die Logistiksteuerung verbrauchsorientiert umgestellt. Dies erforderte neue Organisationsformen und Abläufe in der Produktion. Warenan- und -ablieferungen werden nun nicht mehr durch die Fertigung, sondern durch die Logistik gesteuert. Die eigentliche Warenversorgung erfolgt weitgehend ohne IT-Einsatz durch selbststeuernde Regelkreise.

- Das **Bereichsprojekt Lieferanten** beschäftigt sich mit der logistischen Anbindung der Lieferanten. Dabei wurden z. B. die Konsignationsläger aufgelöst, für die A-Teile Anliefersysteme realisiert sowie die informationstechnischen Veränderungen vorgenommen.

- Im **Bereichsprojekt Kunde** wurde die Belieferung der Kunden gemäß deren Abrufen und Abholzyklen optimiert. Hier ging es insbesondere um die Realisierung zahlreicher Verpackungsvarianten und das Handling der verschiedenen Anlieferstellen.

5.3 Projektmanagement

Für eine erfolgreiche Projektarbeit war eine intensive **Kommunikation** zwischen allen Projektbeteiligten sicherzustellen. Dazu wurden Kommunikationsstrukturen aufgebaut. Projektleitung und Lenkungsausschuss trafen sich z. B. alle zwei Wochen. Die Projektleitung hatte einen wöchentlichen Termin mit den Bereichsprojektleitern und den Querschnittsfunktionen. Die Bereichsprojektleiter trafen sich wiederum wöchentlich mit ihren Teilprojektverantwortlichen und den anderen Bereichsprojekt- und Querschnittsfunktionsleitern. Um unzählige Besprechungen zu vermeiden, wurde insbesondere in der Planungsphase des Projektes große Aufmerksamkeit auf eine effiziente Terminorganisation gelegt. Die fixen Projekttermine wurden auf zwei feste Wochentage konzentriert. An den restlichen Tagen wurden Arbeitssitzungen und Umsetzungsaktivitäten durchgeführt. Zudem wurden Verhaltensrichtlinien für die Projektarbeit festgelegt, wie z. B. der „kleine Projekt-Knigge" (vgl. Abb. 5.3.33).

„Kleiner Projekt-Knigge"

- Falls ich an einem Projekttreffen nicht teilnehmen kann, sende ich einen Stellvertreter.
- Die Erledigung der Aufgaben und deren Ausarbeitung mache ich vor den Projekttreffen.
- Unsere Projekttreffen dienen zur Ergebnisvorstellung bzw. zur Diskussion der Ergebnisse.
- Jedes Teilprojekt-Meeting eröffnen wir mit der Durchsprache der „offenen Punkte"-Liste.
- Ergebnisse und Änderungen sind eine Bringschuld an meine Projektkollegen.
- Informationsbeschaffung ist für mich als Projektmitglied eine Holschuld.

Abb. 5.3.33: „Kleiner Projekt-Knigge"

Für das **Projektcontrolling** wurden Kennzahlensysteme definiert, die monatlich über die Projektleitung an den Lenkungsausschuss berichtet wurden. Die Datenerhebung erfolgte in den operativen Bereichen, welche die Informationen an das Projektteam weiterleitete. Die verwendeten Berichte wurden bereits standardisiert für die Linieneinheiten erstellt. Das Projektcontrolling nutzte die bestehenden Informationen und Berichte (vgl. Abb. 5.3.34), um den zusätzlichen Aufwand für das Projektcontrolling so gering wie möglich zu halten.

Wesentliche Komponente eines leistungsfähigen Projektmanagements ist der Aufbau kleiner und schlagkräftiger **Teams** mit drei bis vier Personen. Die Trennung nach Prozessabschnitten und die Abgrenzung nach Querschnittsfunktionen brachte Klarheit in die Arbeitspakte. Dadurch konnte die Überschneidungsfreiheit von Arbeitspaketen weitgehend erreicht werden. So wurde die Arbeitszeit bestmöglich genutzt und der Kommunikationsaufwand reduziert.

Wesentliche Antriebsfeder war die Motivation der Mitarbeiter. Durch die Übertragung hoher Eigenverantwortung auf die Projektmitglieder konnte ein sehr hohes Engagement erreicht werden. Dies zeigte sich z. B. darin, dass die Mitarbeiter bemüht waren, gesetzte Termine nicht nur zu halten, sondern zu unterschreiten. Dadurch wurden Zeitreserven geschaffen und das Projekt konnte in der zeitlichen Zielvorgabe bleiben.

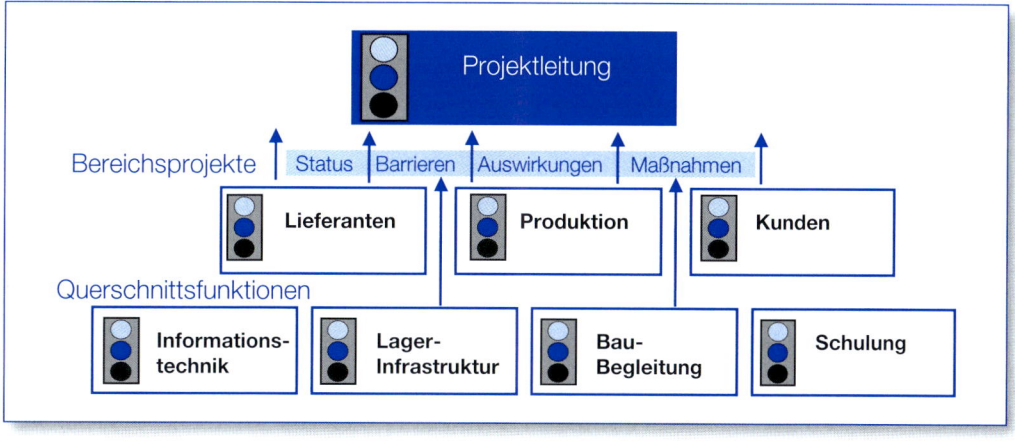

Abb. 5.3.34: Berichts- und Controlling-Stufen

5 Organisation

Management Summary

- Ein Projekt ist ein einmaliges und komplexes Vorhaben, zu dessen Bewältigung eine interdisziplinäre und institutionelle Bearbeitung erforderlich ist.
- Komplexe und interdisziplinäre Aufgaben, welche hierarchische Entscheidungs- und Organisationsformen ineffizient werden lassen, können in Projekten gelöst werden.
- Neue Aufgaben sind in etablierten Strukturen schlechter abzubilden als in Projekten. Auch Lernprozesse sind in Projektteams besser zu erzielen.
- Projektmanagement ist ein auf das Projektziel abgestimmtes Zusammenwirken von Aufbau- und Ablauforganisation, Projektleiter und Projektteam sowie Projektplanung und -kontrolle.
- Die Projektplanung soll die widersprüchlichen Ziele des magischen Dreiecks (Ergebnisqualität, Kosten/Aufwand und Zeiten/Termine) in Einklang bringen.
- Aufbauorganisatorische Gestaltungsformen von Projekten unterscheiden sich in der Ausrichtung auf die Projektziele und den Weisungsbefugnissen. Gestaltungsmöglichkeiten sind die Fachabteilungs-, Stabs-, Matrix- und die reine Projektorganisation.
- Ein effizientes Projektteam ist eine kleine Arbeitsgruppe mit gemeinsamer Zielsetzung, intensiven, wechselseitigen Beziehungen, einem ausgeprägten Gemeinschaftsgeist und einer relativ hohen Zusammengehörigkeit.
- Aufgaben des Projektcontrollings sind die Projektberichterstattung, Informationsversorgung sowie die Koordination der Projektplanung und -kontrolle.
- Multi-Projektmanagement schafft Transparenz über die Vielzahl von Projekten und steuert diese übergreifend.
- Der Schlüssel zum Erfolg von Projekten ist die Motivation der Projektmitarbeiter, die maßgeblich durch das Zusammenspiel von Projektleiter und -team beeinflusst wird.

Literaturempfehlungen

Burghardt, M.: Projektmanagement: Leitfaden für die Planung, Überwachung und Steuerung von Entwicklungsprojekten, 7. Aufl., Berlin/München 2006.

Diethelm, G.: Projektmanagement, Bd. 1, Herne/Berlin 2000.

Madauss, B.J.: Handbuch Projektmanagement, 7. Aufl., Stuttgart 2006.

Zielasek, G.: Projektmanagement: Erfolgreich durch Aktivierung aller Unternehmensebenen, 2. Aufl., Berlin u. a. 1999.

Empfehlenswerte Fallstudien zum Kapitel 5.3 aus Dillerup, R./Stoi, R. (Hrsg.)

3.4 Strategiegeleitetes Wandlungsprogramm der FLEXITEC GmbH *(Brehm, C./Steinhaus, H.)*

5.2 Logistik-Outsourcing am Beispiel eines internationalen Automobilherstellers *(Hartel, D.H.)*

5.5 Projektmanagement der Firma Häußler GmbH & Co. KG *(Haas, M.)*

5.6 Projektmanagement am Beispiel einer Studienabschlussfeier *(Stoi, R. et al.)*

7.3 Prozessmanagement und Electronic Business *(Roth, G.)*

5.4 Prozessmanagement

> **Leitfragen**
> - Was bedeutet es, ein Unternehmen prozessorientiert zu organisieren?
> - Welche Kennzeichen und Merkmale hat ein Prozess?
> - Welche Ziele werden beim Prozessmanagement verfolgt?
> - In welchen Schritten wird Prozessmanagement durchgeführt?

Die Ablauforganisation befasst sich mit den betrieblichen Prozessen. Nach traditionellem Organisationsverständnis (vgl. Kap. 5.1) orientiert sie sich dabei an der Aufbauorganisation (Process follows Structure). Prozessorientierte Unternehmen richten ihre Organisationsstruktur dagegen an den Abläufen aus (Structure follows Process). Da die Beherrschung der Geschäftsprozesse für viele Unternehmen einen kritischen Erfolgsfaktor darstellt, sollten diese an der Strategie ausgerichtet werden. Die Leitmaxime prozessorientierter Unternehmen lautet deshalb: Structure follows Process follows Strategy (vgl. *Bach* et al., 2012, S. 133). Der Aufgabenschwerpunkt des Prozessmanagements liegt vor allem bei der laufenden Verbesserung der operativen Abläufe. Die Einordnung in das System der Unternehmensführung zeigt Abb. 5.4.1.

Structure follows Process follows Strategy

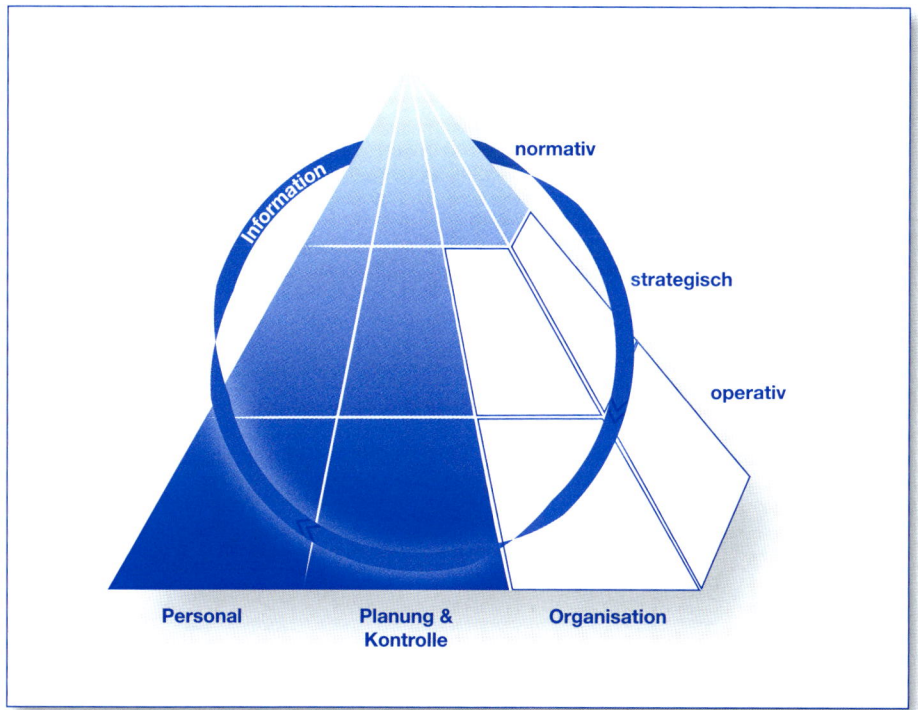

Abb. 5.4.1: Prozessmanagement im System der Unternehmensführung

5 Organisation

Taylors Theorie

Die arbeitsteilige Produktion prägt seit Beginn des 20. Jahrhunderts maßgeblich die Leistungserstellung von Unternehmen. Nach *Taylors* Theorie der wissenschaftlichen Betriebsführung (Scientific Management; vgl. Kap. 1.2) wird die Produktivität durch Spezialisierung und Aufgabenteilung erhöht. Die betrieblichen Abläufe richten sich dabei an der Aufbauorganisation mit ihren Hierarchien und Instanzen aus.

Probleme der Arbeitsteilung

Die Zerlegung betrieblicher Abläufe in Teilaufgaben und die Trennung von Entscheidung, Ausführung und Kontrolle erzeugt jedoch eine Vielzahl an Schnittstellen. Diese verursachen einen hohen Koordinationsaufwand und verlangsamen dadurch die Vorgänge im Unternehmen. Doch nur Unternehmen, die sich konsequent am Markt ausrichten und schnell an veränderte Anforderungen anpassen, werden langfristig erfolgreich sein. Die Zuweisung spezialisierter Arbeitsschritte auf hierarchisch gegliederte Stellen ist im heutigen Wettbewerbsumfeld vieler Unternehmen nicht mehr zeitgemäß.

Nachteile funktionaler Organisation

Wesentliche **Nachteile** dieser **funktionalen Organisationsformen** sind (vgl. *Bullinger* et al., 1995, S. 780; *Hammer/Champy*, 2003; *Kosiol*, 1976, S. 187):

- Reibungsverluste durch viele Schnittstellen. Dies führt z. B. zu Bereichsegoismus, Suboptima oder Kommunikationsdefiziten.
- Mangelnde Kundenorientierung: Die Bedürfnisse des Kunden sind entweder nicht bekannt oder werden zu wenig berücksichtigt.
- Inflexibilität und langwierige Bearbeitungszeiten durch eine Vielzahl an Abstimmungsvorgängen, um Fehler und Redundanzen zu vermeiden.
- Übertriebene Standardisierung und lange Entscheidungswege (Dienstwegprinzip).
- Intransparenz der Leistungserstellung erschwert das Erkennen von Zusammenhängen.
- Mangelhafte informationstechnische Unterstützung, die z. B. aufgrund von Medienbrüchen dazu führt, dass Daten mehrmals erfasst werden müssen.
- Geringe Motivation der Mitarbeiter durch eintönige Arbeit, fehlenden Leistungszusammenhang und seltene Erfolgserlebnisse.

Prozesse ganzheitlich sehen

Durch Ausrichtung des Unternehmens am Ablauf der Leistungserstellung lassen sich Abteilungsgrenzen überwinden und die erforderliche Flexibilität und Kundenorientierung erreichen. Dies wird bei der Betrachtung des in Abb. 5.4.2 dargestellten typischen

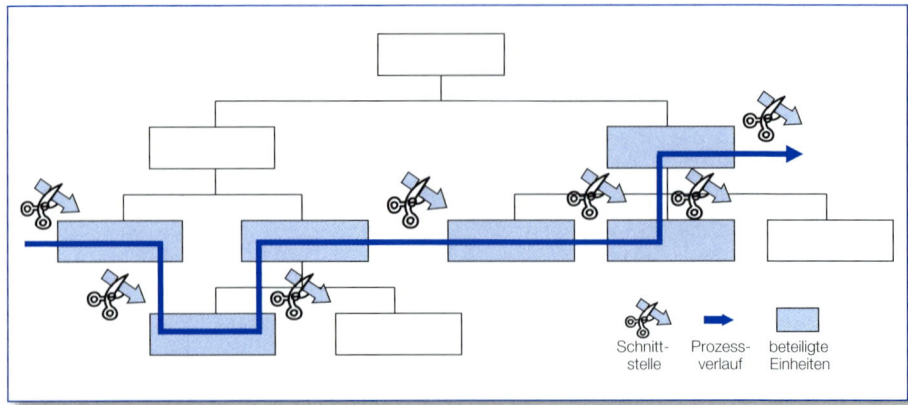

Abb. 5.4.2: Prozessverlauf in einer funktionalen Organisationsstruktur

5.4 Prozessmanagement

Verlaufs eines Prozesses in einer funktionalen Organisation deutlich. Die Vielzahl der beteiligten Organisationseinheiten und die dabei zu überwindenden Schnittstellen führen zu den oben beschriebenen Problemen. Eine rein funktionale Arbeitsteilung vernachlässigt, dass die meisten betrieblichen Prozesse stellenübergreifend ablaufen und deshalb als Ganzes gesehen und gestaltet werden sollten (vgl. *Schulte-Zurhausen*, 2010, S. 43 ff.). Beispiele hierfür sind Auftragsabwicklung oder Produktentwicklung.

Während die traditionelle Organisationsgestaltung versucht, gleichartige Tätigkeiten zu Funktionsbereichen zusammenzufassen, geht die **prozessorientierte Organisationsgestaltung** von zusammenhängenden Abläufen aus, die als Ganzes optimiert werden sollen (vgl. *Gaitanides*, 2012, S. 34 f.). Durch ablauforientierte Strukturen sollen Schnittstellen entlang der betrieblichen Prozesse weitgehend vermieden und überschaubare, transparente organisatorische Einheiten geschaffen werden. Doch nicht die Abschaffung, sondern eine andere Form der Arbeitsteilung ist das eigentliche Ziel der prozessorientierten Organisation. Entscheidung und Ausführung sachlich zusammenhängender Aktivitäten werden ganzheitlich zusammengefasst und auf eine oder wenige beteiligte Stellen übertragen.

Vorteile prozessorientierter Organisation

Hierdurch sollen folgende **Verbesserungen** realisiert werden (vgl. *Bea/Göbel*, 2010, S. 422 f.):

- Reduzierung hierarchischer Strukturen („flache Organisation"),
- erweiterter Arbeitsinhalt und höhere Motivation durch Selbststeuerung,
- Abbau nicht-wertschöpfender Tätigkeiten,
- verbesserter Informationsaustausch,
- ständige Ausrichtung an den Erfordernissen des Marktes,
- hohe Flexibilität und Reaktionsfähigkeit auf geänderte Anforderungen,
- höhere Kundenzufriedenheit durch Ausrichtung an den Kundenwünschen.

Die prozessorientierte Gestaltung und Organisation eines Unternehmens wird als Prozessmanagement bezeichnet (in Anlehnung an *Gaitanides* et al., 1994, S. 3):

> **Prozessmanagement** umfasst die ganzheitliche Planung, Steuerung und Kontrolle der betrieblichen Abläufe im Hinblick auf deren Kosten, Zeit und Qualität. Ziel ist die bestmögliche Erfüllung der Kundenanforderungen durch das Prozessergebnis.

Das Prozessmanagement beinhaltet auch ein neues Verständnis administrativer Tätigkeiten. Diese sind meist nicht auf einen Funktionsbereich beschränkt, sondern durchdringen verschiedene Bereiche eines Unternehmens. Im Gegensatz zu Fertigungsprozessen, bei denen die Kontrolle der hergestellten Mengen, der Kostenvorgaben und der Qualitätskriterien die Eckpfeiler aller planenden und ausführenden Maßnahmen bilden, werden administrative Tätigkeiten meist nur sehr vage geplant und kontrolliert. Hier besteht deshalb häufig ein hohes Rationalisierungspotenzial (vgl. *Striening*, 1988, S. 16 ff.).

Prozessmanagement

Prozessmanagement eignet sich vorwiegend für **repetitive bzw. strukturierte Aufgaben**, wie z. B. Finanzbuchhaltung, Kostenrechnung oder Auftragsbearbeitung. Repetitive administrative Prozesse unterscheiden sich nicht grundlegend von den Abläufen in der Fertigung und können somit ebenfalls optimiert werden. Viele im Fertigungsbereich bewährte Praktiken lassen sich somit auf den administrativen Bereich übertragen. Dies gilt insbesondere für die Analyse der Arbeitsabläufe und -inhalte sowie deren Strukturierung und die Messung der Ergebnisse (vgl. *Mayer/Stoi*, 2003, S. 625 ff.). Im Folgenden werden hierfür zunächst die Kennzeichen und Merkmale von Prozessen erläutert.

Einsatzbereich

5.4.1 Kennzeichen und Merkmale von Prozessen

> ❗ Ein **Prozess** ist eine Folge logisch zusammenhängender Aktivitäten zur Erstellung einer kundenbezogenen Leistung.

Prozessmerkmale

Ein Prozess weist die in Abb. 5.4.3 dargestellten **Merkmale** auf (vgl. *Fischermanns*, 2010, S. 13 ff.; *Schulte-Zurhausen*, 2010, S. 50 ff.; *Vahs*, 2012, S. 236 ff.):

- Der Prozess wird von einem **Ereignis** (Trigger) ausgelöst. Dies kann z. B. der Anruf eines Kunden, die Anfrage eines Vorgesetzten oder ein bestimmter Termin sein.
- Der Prozess hat eine **Eingabe** (Input), die von mindestens einer **Quelle** stammt. Eingaben können z. B. eine Bestellung, Rohstoffe oder ein defektes Produkt sein. Die Quelle wird auch als **Lieferant** bezeichnet. Ereignis und Eingabe können auch identisch sein.
- Der Prozess hat ein festgelegtes **Ergebnis** (Ausgabe oder Output). Dies kann z. B. die Warenübergabe an den Kunden oder eine abgeschlossene Dienstleistung wie z. B. ein repariertes Produkt sein. Diese Ergebnisse können wiederum andere Prozesse auslösen, in die sie dann als Input eingehen.
- **Kunden** sind Personen oder Organisationseinheiten, welche das Prozessergebnis empfangen. Sie werden im Prozess auch als Senke bezeichnet.
- Die **Leistungsanforderungen** des Kunden bestimmen das zu erzielende Ergebnis hinsichtlich Zeit, Termin, Qualität und Kosten.
- Zwischen Quellen und Senken bestehen **Kunden-Lieferanten-Beziehungen**. Kunden und Lieferanten können von innerhalb oder außerhalb des Unternehmens stammen.
- Die wertschöpfende Umwandlung der Eingabe in das Ergebnis erfolgt durch inhaltlich und logisch miteinander verknüpfte **Aktivitäten**. Diese können von Menschen oder Sachmitteln sowohl sukzessive als auch parallel durchgeführt werden. Die Aktivitäten werden durch das Objekt (Woran?) und die Verrichtung (Was?) eindeutig beschrieben.

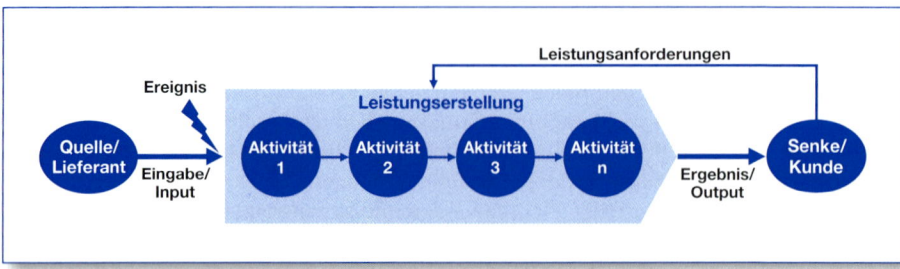

Abb. 5.4.3: Merkmale eines Prozesses (in Anlehnung an Schulte-Zurhausen, 2010, S. 50)

Prozessabgrenzung

Welche Aktivitäten zusammen als Prozess angesehen werden, hängt vom jeweiligen Sachverhalt ab. Eine Vorgangskette wird als inhaltlich abgeschlossen angesehen, wenn sie zur Erstellung oder Verwertung einer betrieblichen Leistung führt und isoliert von vor-, neben- oder nachgelagerten Vorgängen betrachtet werden soll (vgl. *Gaitanides*, 2012, S. 34 ff.). Um Anfang und Ende des Prozesses eindeutig bestimmen zu können, sind dessen Ein- und Ausgabe festzulegen. Während des Prozesses auftretende Ein- und

Ausgaben werden als Schnittstellen bezeichnet (vgl. *Fischermanns*, 2010, S. 14). Abb. 5.4.4 zeigt am Beispiel der Auftragsabwicklung eines Versandhauses die wesentlichen Merkmale eines Prozesses.

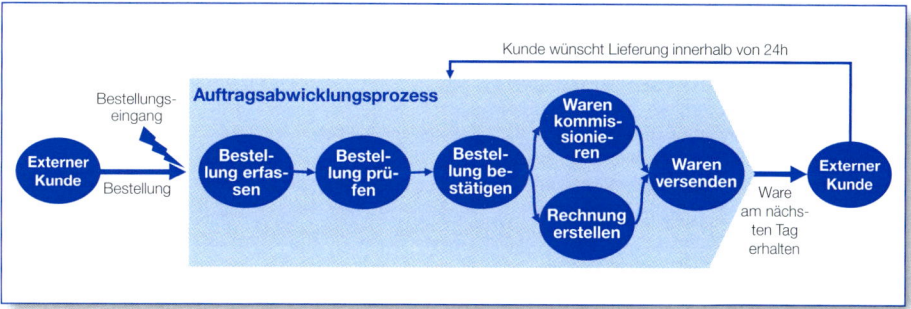

Abb. 5.4.4: Merkmale der Auftragsabwicklung in einem Versandhaus

Als wesentliche **Prozessarten** lassen sich unterscheiden (vgl. *Bach* et al., 2012, S. 137 ff.; *Schulte-Zurhausen*, 2010, S. 51 ff.; *Vahs*, 2012, S. 238 ff.):

- **nach dem Prozessgegenstand**
  - **Materielle Prozesse** beinhalten die Bearbeitung und den Transport von körperlichen Gegenständen (Güterströme) und lassen sich i. d. R. gut strukturieren.
  - **Informationsprozesse** beinhalten den Austausch und die Verarbeitung von Informationen sowie die Handhabung materieller Informationsträger wie z. B. Disketten. Sie verlaufen häufig verzweigt und sind deshalb nicht bzw. schwer strukturierbar.

- **nach der Tätigkeit bzw. dem Beitrag zur Wertschöpfung**
  - **Leistungsprozesse** dienen zur Erstellung und Verwertung materieller oder immaterieller Leistungen. Direkte Leistungsprozesse (Ausführungsprozesse) tragen direkt zur Erstellung von Produkten oder Dienstleistungen bei und erbringen so eine Wertschöpfung für den externen Kunden. Indirekte Leistungsprozesse (Unterstützungsprozesse) sollen dafür sorgen, dass die Ausführungsprozesse reibungslos ablaufen.
  - **Führungsprozesse** dienen zur Planung, Steuerung und Kontrolle der Leistungsprozesse. Sie können strategisch oder operativ ausgerichtet sein.

  Diese häufig verwendete Kategorisierung wird auch als **FAU**-Prinzip (Führungs-, Ausführungs-, Unterstützungsprozesse) bzw. **SOS**-Konzept (Steuerungsprozesse, operative Prozesse, Serviceprozesse) bezeichnet (vgl. *Bach* et al., 2012, S. 138).

- **nach dem Marktbezug**
  - **Primäre Prozesse** entsprechen den direkten Leistungsprozessen und erbringen eine Wertschöpfung für den externen Kunden.
  - **Sekundäre Prozesse** entsprechen den indirekten Leistungsprozessen. Sie stellen die Betriebsbereitschaft sicher und unterstützen die Ausführung der primären Prozesse.
  - **Innovative Prozesse** dienen der Entwicklung und Einführung neuer Produkte, Verfahren und Strukturen (Produkt-, Prozess-, Strukturinnovationen).

Abb. 5.4.5 zeigt einige praktische Beispiele für die einzelnen Prozessarten.

Unterteilung nach dem Prozessgegenstand	
Prozessarten	**Beispiele**
Materielle Prozesse	• Einlagerung von Rohstoffen • Montage eines Produktes • Auslieferung eines Produktes
Informationsprozesse	• Analyse von Verwaltungstätigkeiten • Aufstellung einer Planung • Beratung eines Kunden
Unterteilung nach der Tätigkeit bzw. dem Wertschöpfungsbeitrag	
Prozessarten	**Beispiele**
Direkte Leistungsprozesse (Ausführungsprozesse/ operative Prozesse)	• Erfassung eines Kundenauftrags • Zusägen eines Werkstücks • Beladung des LKWs zur Auslieferung
Indirekte Leistungsprozesse (Unterstützungsprozesse/ Serviceprozesse)	• Einstellung eines neuen Mitarbeiters • Verbuchung der Eingangsrechnung • Bewachung des Werksgeländes
Strategische Führungs- bzw. Steuerungsprozesse	• Erarbeitung einer Unternehmensstrategie • Aufbau einer Vertriebsstruktur in Asien • Akquisition eines Zulieferers
Operative Führungs- bzw. Steuerungsprozesse	• Aufstellung eines Fertigungsbudgets • Produktionsplanung und -steuerung • Kontrolle der Mitarbeiterleistung
Unterteilung nach dem Marktbezug	
Prozessarten	**Beispiele**
Primäre Prozesse	• vgl. Beispiele direkte Leistungsprozesse
Sekundäre Prozesse	• vgl. Beispiele indirekte Leistungsprozesse
Innovative Prozesse	• Entwicklung eines neuen Produktes • Reorganisation des Vertriebsbereichs • Einführung einer neuen Software

Abb. 5.4.5: Beispiele für Prozessarten in einem Industrieunternehmen

Das Prozessergebnis kann wiederum die Eingabe für einen nachfolgenden Prozess als internen Kunden darstellen und diesen auch auslösen. Auf Basis der Eingabe erfolgt die wertschöpfende Leistungserstellung mit anschließender Weitergabe des Ergebnisses an den nächsten internen bzw. schlussendlich an den externen Kunden. Mehrere inhaltlich zusammenhängende Prozesse bilden gemeinsam eine **Prozesskette**. Jeder Prozess ist somit als ein Glied dieser Kette gleichzeitig Kunde, Produzent und Lieferant. Lieferant und Kunde sind nicht nur externe Marktpartner, sondern häufig auch Abteilungen, Stellen oder Bereiche innerhalb des Unternehmens. Diese stehen miteinander in vielfältiger Beziehung und bilden so ein **Lieferanten-Kunden-Netzwerk**. Zwischen ihnen existieren Schnittstellen, die koordiniert werden müssen. Hierfür werden verantwortliche Mitarbeiter bestimmt, die auf die Erfüllung der Kundenanforderungen an die jeweilige Prozessleistung achten (vgl. *Schulte-Zurhausen*, 2010, S. 59 f.). Prozessorientierung ist deshalb immer mit **Kundenorientierung** verbunden. Diese erstreckt sich dabei nicht nur auf den Absatz- und Beschaffungsmarkt, sondern auch auf unternehmensinterne Lieferanten-Kunden-Beziehungen. Diesen Zusammenhang verdeutlicht Abb. 5.4.6.

Beziehung Lieferant – Kunde

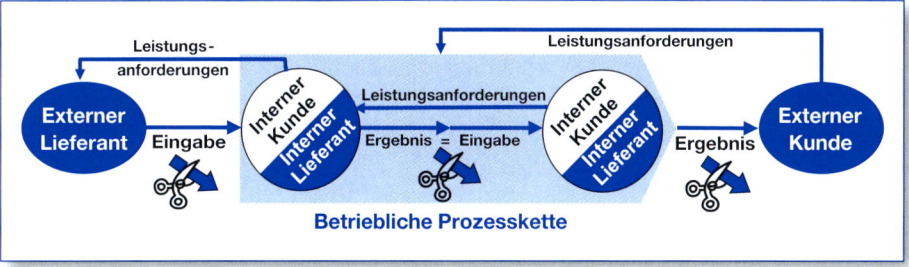

Abb. 5.4.6: Prozesskette und Prozessschnittstellen
(in Anlehnung an Schulte-Zurhausen, 2010, S. 60)

5.4.2 Geschäftsprozesse

Die Gesamtheit der in einem Unternehmen ablaufenden Prozesse bildet die **Prozessstruktur**. Horizontal gesehen haben die Prozesse einen Anfang und ein Ende. An diesen Schnittstellen sind sie mit anderen Prozessen zu einer Vielzahl unterschiedlicher Prozessketten verknüpft. Vertikal lassen sich die Prozesse mit einem unterschiedlichen Detaillierungsgrad betrachten und bilden somit eine **Prozesshierarchie** (vgl. *Kajüter*, 2002, S. 252 f.).

Prozesshierarchie

Die oberste hierarchische Ebene bilden die **Geschäftsprozesse**, mit denen die grundlegenden Aufgabenfelder des Unternehmens beschrieben werden. Sie werden auch als Kern- oder Schlüsselprozesse bezeichnet und leisten einen wesentlichen Beitrag zum Kundennutzen und zur betrieblichen Wertschöpfung. Ihre Prozessergebnisse gehen unmittelbar an externe Kunden bzw. sind – wie im Fall des Produktentstehungsprozesses – für diese bestimmt. Da die Unternehmen über ihre Geschäftsprozesse miteinander konkurrieren, kommt ihnen strategische Bedeutung zu. Sie werden unternehmensspezifisch festgelegt, wobei das Leistungsspektrum eines Unternehmens i. d. R. mit nicht mehr als zehn Geschäftsprozessen abgedeckt wird (vgl. *Gleich*, 2002, S. 313 ff.; *Schmelzer/Sesselmann*, 2010, S. 61 ff.; *Scholz/Vrohlings*, 1994a, S. 45 ff.). Grundlegende Geschäftsprozesse eines Industrieunternehmens zeigt Abb. 5.4.7.

Geschäftsprozesse

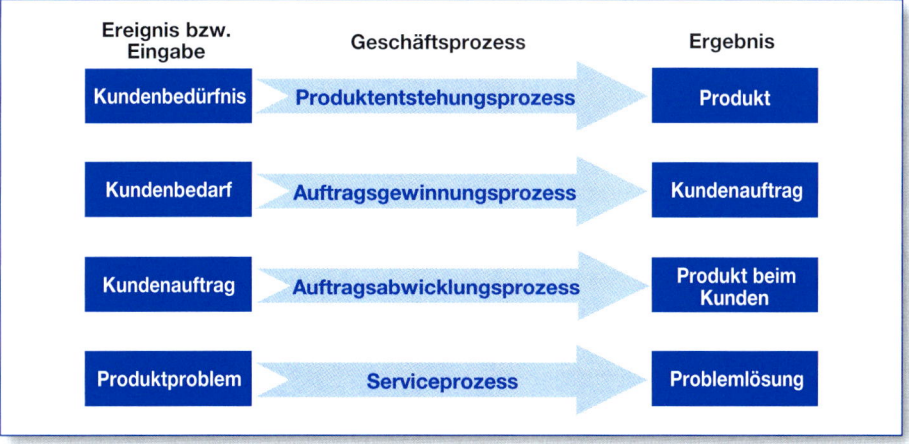

Abb. 5.4.7: Grundlegende Geschäftsprozesse eines Industrieunternehmens
(in Anlehnung an Schmelzer/Sesselmann, 2010, S. 66)

5 Organisation

Zerlegung der Prozesse

Die **Prozesshierarchie** folgt aus der schrittweisen Zerlegung der Geschäftsprozesse in **Teilprozesse**, bis eine weitere Unterteilung nicht mehr möglich oder sinnvoll ist. Auf der untersten hierarchischen Ebene befinden sich die **Elementarprozesse**. Diese weisen noch alle aufgeführten Prozessmerkmale auf. Sie lassen sich an einem Arbeitsplatz ohne Unterbrechungen und ohne Schnittstellen mit anderen Prozessen oder Arbeitsplätzen durchführen. Der Detaillierungsgrad und die Anzahl der hierarchischen Ebenen hängen von der Art und vom Umfang des Geschäftsprozesses und seiner Teilprozesse ab. Generell sollten häufig wiederkehrende Prozesse zur Optimierung des Prozessablaufs eher tiefer gegliedert werden. Für selten auftretende Prozesse bzw. solche mit einer geringen Wertschöpfung ist dagegen eine grobe Unterteilung ausreichend (vgl. *Scholz/Vrohlings*, 1994a, S. 45 ff.; *Schulte-Zurhausen*, 2010, S. 89 ff.; *Vahs*, 2012, S. 258 ff.). Die Aufteilung eines Geschäftsprozesses in seine Teilprozesse zeigt Abb. 5.4.8 am Beispiel der Auftragsabwicklung.

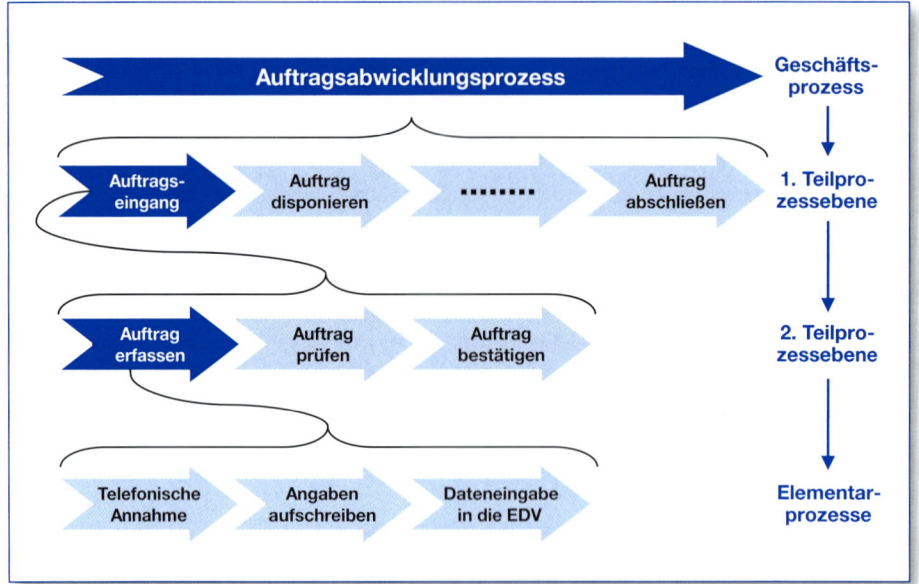

Abb. 5.4.8: Hierarchische Struktur des Geschäftsprozesses „Auftragsabwicklung"

Prozesslandkarte

Die Prozessarchitektur eines Unternehmens lässt sich mit einer **Prozesslandkarte** übersichtlich darstellen. Sie veranschaulicht die Geschäftsprozesse und deren logische Zusammenhänge. Prozesslandkarten sind stets unternehmensspezifisch. Bei ihrer Gestaltung orientierten sich viele Unternehmen an generischen **Referenzmodellen** (vgl. Kap. 7.3.1.1), welche idealtypische Geschäftsprozesse beschreiben (vgl. *Bach* et al., 2012, S. 142 f.). Abb. 5.4.9 zeigt die Prozesslandkarte der *Christian Bürkert GmbH*.

5.4 Prozessmanagement

Prozessmanagement bei der Christian Bürkert GmbH

Praxisbeispiel von Heribert Rohrbeck (Geschäftsführer)

 Das Unternehmen *Bürkert Fluid Control Systems* mit Hauptsitz in Ingelfingen gehört zu den führenden Anbietern von Mess-, Steuerungs- und Regelungssystemen für Flüssigkeiten und Gase. Die Produkte und Systeme werden von der Brauereitechnik über Labor- und Medizintechnik bis hin zur Raumfahrttechnik in über 300 unterschiedlichen Branchen vielfältig eingesetzt. Das Unternehmen beschäftigt weltweit über 2.200 Mitarbeiter in einem Netz von Tochtergesellschaften in 35 Ländern sowie vier Werken im In- und weiteren drei im Ausland.

Das Unternehmen hat sich bereits vor knapp zwanzig Jahren entschieden, seine Verantwortlichkeiten nach Prozessen aufzuteilen. Um seinen Kunden messbaren Mehrwert zu bieten, konzentrierte sich *Bürkert* auf die Lösung der eigentlichen Probleme: Verkrustete Strukturen und Machtbereiche, die dem Kunden nicht helfen, mussten aufgebrochen und aufgelöst werden. Dies geschah durch konsequente Zusammenlegung von Arbeitsfeldern zu übergreifenden Prozessen bei gleichzeitiger Weitergabe der Verantwortung an die Stellen, an welchen die Arbeitspakete bearbeitet werden.

Dazu Geschäftsführer *Heribert Rohrbeck*: „Eine klassische Ausrichtung des Unternehmens wird den zukünftigen Anforderungen im Hinblick auf Reaktionsschnelligkeit und globaler Vernetzung der Märkte nicht gerecht. Zudem steigen auch die Anforderungen zukünftiger Mitarbeiter an die Führungskultur. Gefragt sind vernetzte Perspektiven und nicht durchsetzungsstarke Einzelentscheider, da diese allein die Komplexität der Aufgabenstellung nicht mehr beherrschen können. Zudem kann auf dieser Basis niemals eine lernende Organisation entstehen."

Im Gegensatz zur vertikalen, hierarchischen Sichtweise ermöglicht das Prozessmanagement einen horizontalen, ganzheitlichen Blick auf die betrieblichen Abläufe. Da kundenorientierte Prozesse schwer zu imitieren sind, kann sich das Unternehmen dadurch entscheidend von seiner Konkurrenz differenzieren.

Das Grundprinzip der prozessorientierten Organisation bei *Bürkert*: Damit der Kunde zufrieden ist, muss eine Abfolge von Aufgaben erledigt werden. Ein solcher Prozess wird durch verschiedene Funktionen an verschiedenen Standorten umgesetzt. Es gibt bei *Bürkert* strategische und operative Funktionen. Strategische Funktionen sind verantwortlich für die Entwicklung von strategischen Vorgaben und werden auch in den Prozessen selbst eingesetzt. Sie spiegeln die Ziele des Unternehmens wider. Operative und strategische Funktionen übernehmen gemeinsam die Aufgaben in den Prozessen.

Es gibt drei **Arten von Prozessen**, an denen je nach Aufgabenstellung verschiedene Funktionen beteiligt sind:

- **Führungsprozesse:** z. B. ist „Budget und Umsatzplanung" ein Führungsprozess, an dem alle Funktionen beteiligt sind. Die Verantwortung liegt bei Finance & Controlling.

- **Geschäftsprozesse:** z. B. ist „Entwicklung und Markteinführung für Serienprodukte" ein Geschäftsprozess, in dem viele Funktionen zusammenarbeiten. Die Verantwortung für den Prozess tragen die Funktionsverantwortlichen aus den Funktionen Entwicklung, Global Marketing und Produktion gemeinsam. Im Geschäftsprozess „Abwicklung von Reklamationen und Retouren" arbeiten die Funktionen Verkauf, Produktion, Corporate Quality etc. zusammen. Die gebündelte Verantwortung liegt im Verkauf und in Corporate Quality.

- **Unterstützungsprozesse:** z. B. ist die Stellenbesetzung ein Unterstützungsprozess, bei dem die Funktion Human Resources als Spezialist und Verantwortungsträger eine maßgebliche Rolle spielt. Dabei arbeitet sie mit den entsprechenden Funktionsbereichen zusammen, die eine Stelle zu besetzen haben, um die besten Mitarbeiterinnen und Mitarbeiter für uns zu gewinnen.

Wichtig ist hierbei der Vernetzungsgedanke. Prozesse bestehen aus dem Zusammenspiel verschiedener Funktionen, die auch an unterschiedlichen Standorten ausgeführt werden können. Der Prozess sorgt dafür, dass wir das Richtige tun, die Funktion sorgt dafür, dass wir es richtig tun. Abb. 5.4.9 zeigt die Organisationsstruktur des Unternehmens als Prozesslandkarte.

5 Organisation

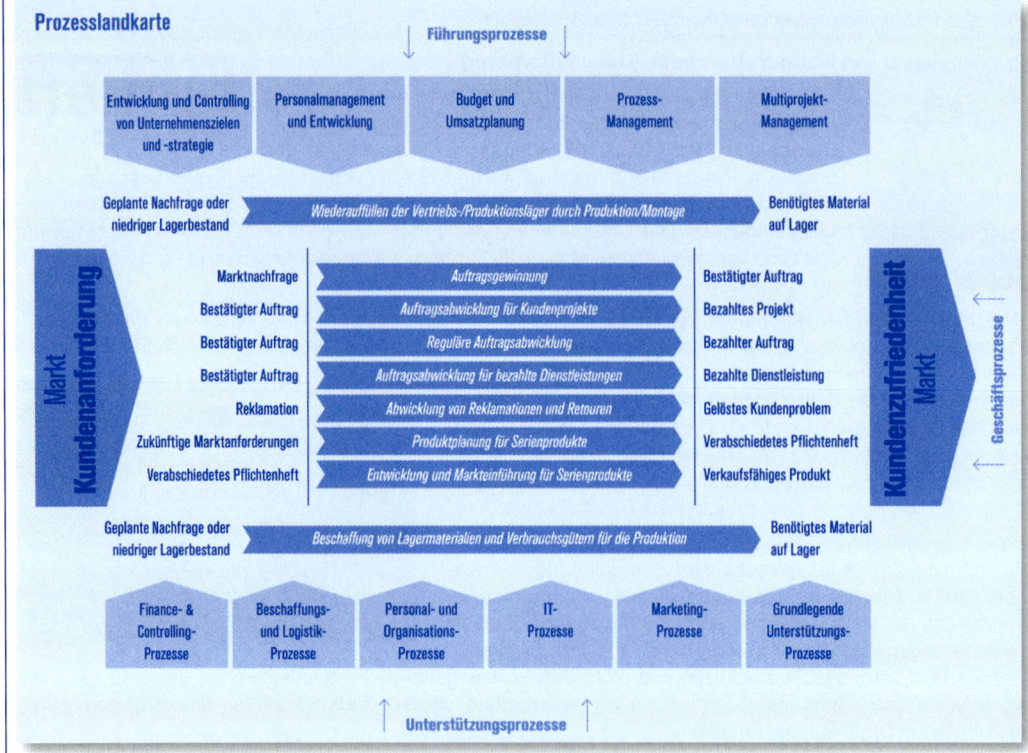

Abb. 5.4.9: Prozesslandkarte der Christian Bürkert GmbH

Die Grundidee bei diesem horizontalen, ganzheitlichen Ansatz besteht in der Beseitigung von Schnittstellen durch Zusammenfassung von Arbeitsfeldern und anstehenden (Teil-)Aufgaben in einem Prozess, wodurch Abstimmungsprobleme auf ein Minimum reduziert werden. Auf diese Weise gelingt es, Kompetenzen zu bündeln, indem alle Beteiligten der Wertschöpfungskette in ein Team integriert und in den Prozess einbezogen werden. Verantwortung wie auch Budget werden dorthin delegiert, wo die Arbeit letztendlich geleistet wird. Jeder, der an dieser Kette von Aufgaben, also am Prozess, beteiligt ist, trägt Verantwortung. Auch hier lässt sich noch eine Hierarchie erkennen, aber anders als im klassischen, vertikalen Organisationsmodell handelt es sich um eine Hierarchie der Bereitschaft, echte Verantwortung zu übernehmen. Dies gilt einschließlich aller Konsequenzen, die daraus resultieren. Offenheit im Umgang miteinander ist hierfür absolute Voraussetzung.

Die Gehälter aller Mitarbeiter wurden bei *Bürkert* konsequent an die Erreichung individuell vereinbarter, messbarer Ziele gekoppelt und dadurch die Beteiligung der Mitarbeiter am gemeinsam erwirtschafteten Erfolg gewährleistet. Im gleichen Zuge wurden jedoch auch alle Statussymbole abgeschafft. Beispielsweise werden Firmenwagen ausschließlich als Arbeitsmittel für Außendienstmitarbeiter gesehen und nicht als Gehaltsbestandteil. Führungskräfte arbeiten ebenfalls im Großraumbüro, der Grundsatz der offenen Türen bestimmt den Arbeitsalltag.

Die wesentlichen **Vorteile** des Prozessmanagements sind nach den Erfahrungen von *Bürkert*:

- Alle Aktivitäten sind über einen durchgängigen Leistungsfluss miteinander verbunden und stehen in einer klar definierten Beziehung zueinander. Dies verbessert die Kommunikation und Koordination, da Schnittstellen minimiert und somit bei der Abstimmung qualitativ bessere Ergebnisse erzielt werden können. Die Konzentration liegt auf einer klaren Ausrichtung der Abläufe auf den Kunden (Kundenzentrierung). Dies geschieht auf Basis einer hochgradig vernetzten, flexiblen Organisation, um den zukünftigen Anforderungen gerecht werden zu können (globale Perspektive, Krisen).

5.4 Prozessmanagement

- Die Mitarbeiter sind das wichtigste Kapital von *Bürkert*. In der Prozessorganisation können sie so eingesetzt werden, dass sie ihre Talente, ihre Kompetenz, Kreativität, Innovativität, Eigeninitiative und Verantwortung einbringen und ausschöpfen können. Leistungen können selbstständig erbracht und den jeweiligen Teams zugerechnet werden. Transparenz, abwechslungsreiche Tätigkeiten sowie Vertrauensklima und Freiräume tragen zur Motivation der Mitarbeiter bei.
- Durch klar definierte Verantwortlichkeiten lassen sich Fehlerquellen auf ein Minimum reduzieren und die Durchlaufzeiten beträchtlich verkürzen. Außerdem bringt die Zusammenfassung in Prozesse eine höhere Übersichtlichkeit mit sich. Erst dann, wenn Spezialisten aus verschiedenen Funktionsbereichen perfekt zusammenspielen und ihr Wissen bestmöglich zusammenbringen, können richtig gute Teams entstehen. Das bessere Ergebnis kommt z. B. dann heraus, wenn Produktion und Marketing frühzeitig in den Prozess „Entwicklung und Markteinführung für Serienprodukte" einbezogen werden. Dafür braucht es Offenheit und den Willen zum Austausch.

Kürzere Entwicklungszeiten, veränderte Erwartungen und permanente Erreichbarkeit sind nur einige Beispiele für unsere heutigen Marktbedingungen. Vorne wird nicht mehr alleine der sein, der den ausgefeiltesten Plan hat. Vorne ist, wer seine Fähigkeiten einsetzt, um geschickt auf neue Situationen zu reagieren. Dazu gilt es, beweglich zu sein. Wir müssen eine lernende Organisation sein, in der Prozesse und Abläufe keine Grenzen von Standort und Funktion kennen und in der alle die Verantwortung mittragen, so dass am Ende alles reibungslos abläuft. Nicht zuletzt gelang es *Bürkert*, das Problem mangelnder Kundenorientierung und fehlenden Problemlösungsdenkens innerhalb von wenigen Jahren erfolgreich zu bekämpfen. Neben beachtlichem Wachstum konnte *Bürkert* so eine große Zahl an neuen Geräten und Anwendungen generieren und vor allem viele neue Kunden gewinnen.

5.4.3 Zielgrößen

Im Vordergrund des Prozessmanagements steht nicht nur die Optimierung der **Prozesseffizienz** („Die Prozesse *richtig* durchführen"), sondern insbesondere die Konzentration auf die wertschöpfungserhöhenden Prozesse, d. h. die Erhöhung der **Prozesseffektivität** („Die *richtigen* Prozesse durchführen"). Die Effizienz eines Prozesses folgt aus dessen Zeitdauer, Termintreue, Qualität und Kosten. Diese Parameter beeinflussen auch die Prozesseffektivität, die durch die Zufriedenheit der Kunden mit dem Prozessergebnis bestimmt wird.

Prozesseffizienz & -effektivität

Die **Kundenzufriedenheit** prägt maßgeblich die Kundenbindung und -loyalität und ist damit die Basis eines langfristigen Unternehmenserfolgs. Um eine hohe Kundenzufriedenheit zu erreichen, müssen dem Unternehmen die Kundenanforderungen bekannt sein und diese im Prozess der Leistungserstellung umgesetzt werden. Die Kundenanforderungen lassen sich nach dem in Kap. 3.4.2.3 dargestellten Kundenzufriedenheitsmodell differenzieren. Dabei wird zwischen den vom Kunden als selbstverständlich angesehenen **Basisanforderungen**, ausdrücklich von ihm geforderten **Leistungsanforderungen** und von ihm nicht erwarteten **Begeisterungsanforderungen** unterschieden (vgl. *Kano*, 1993, S. 12 ff.).

Kundenzufriedenheit und -anforderungen

Die **Messung der Kundenzufriedenheit** kann durch direkte Befragung des Kunden bestimmt werden. Sie lässt sich jedoch auch indirekt durch Befragung der Mitarbeiter mit Kundenkontakt bzw. durch Analyse interner Daten wie z. B. Lieferzeiten, Kundenbeschwerden oder Garantiefälle ermitteln. Die unmittelbare Befragung des Kunden nach Übergabe der Prozessergebnisse ermöglicht eine schnelle Reaktion auf Beanstandungen. Dies ist häufig der beste Weg, um die Zufriedenheit des Kunden sicherzustellen.

5 Organisation

 Die **Prozessleistung** wird durch Prozesszeit, Termintreue, Prozessqualität, Prozesskosten und Kundenzufriedenheit bestimmt. Diese wesentlichen Zielgrößen des Prozessmanagements sollten stets ganzheitlich betrachtet werden.

Merkmale Prozessleistung

Eine Fokussierung auf eine Zielgröße zu Lasten der anderen Parameter ist nicht zu empfehlen. In vielen Fällen stehen die Ziele sogar in einem komplementären Verhältnis. Beispielsweise wirkt sich eine Verringerung der Prozesszeit auch positiv auf die Termintreue und die Prozesskosten aus (vgl. im Folgenden *Schmelzer/Sesselmann*, 2010, S. 227 ff.; *Scholz/Vrohlings*, 1994b, S. 58 ff.; *Schulte-Zurhausen*, 2010, S. 72 ff.).

Die Anforderungen der externen Kunden bestimmen, welche Prozesse erforderlich sind und welche Leistungen dabei in welcher Form zu erbringen sind. Dabei wird untersucht, ob die Prozesse einen Beitrag zum Kundennutzen leisten und somit wertschöpfend sind.

Leistungsarten

Danach lassen sich vier **Arten von Prozessleistungen** unterscheiden (vgl. *Füermann*, 2001, S. 880 f.; *Tomys*, 1994, S. 64 ff.):

- **Nutzleistungen** sind geplant und für den Kunden wertschöpfend. Beispiele sind Montage, Materialbeschaffung oder Kundenberatung. Nutzleistungen gilt es zu **optimieren**.

- **Unterstützungsleistungen** („Stützleistungen") sind geplant, aber selbst nicht wertschöpfend. Sie dienen der Unterstützung der Nutzleistungen und tragen somit nur indirekt zur Wertsteigerung bei. Vom Kunden werden sie nicht wahrgenommen. Beispiele sind Rüstvorgänge, Personalplanung oder innerbetrieblicher Transport. Unterstützungsleistungen gilt es möglichst wirtschaftlich zu erbringen und auf das für die Nutzleistungen unbedingt erforderliche Ausmaß zu **reduzieren**.

- **Blindleistungen** sind nicht geplant und tragen weder direkt noch indirekt zur Wertschöpfung bei. Für die Leistungserstellung sind sie unnötig und werden vom Kunden weder wahrgenommen noch honoriert. Beispiele sind Wartezeiten, Doppelarbeiten oder Rückfragen. Blindleistungen gilt es zu **eliminieren**.

- **Fehlleistungen** sind ursprünglich geplante, aber fehlerhaft erstellte Nutz- oder Unterstützungsleistungen, deren Ergebnisse unbrauchbar sind. Für den Kunden sind sie wertmindernd und er verlangt deshalb häufig eine Entschädigung, die teilweise sogar über die ursprüngliche Leistung hinausgeht. Beispiele sind defekte Produkte, Fehllieferungen oder Ausschuss. Fehlleistungen gilt es zu **vermeiden**.

Die Zielgrößen der Prozessleistung und deren Messung werden im Folgenden erläutert.

5.4.3.1 Prozessqualität

Erfüllung der Anforderungen

Die Kundenzufriedenheit ist eng mit der Prozessqualität verbunden. Wird unter Qualität im Allgemeinen die Erfüllung der Kundenanforderungen verstanden (vgl. Kap. 8.1.1), dann stellt die Kundenzufriedenheit ein Maß für die Qualität dar. Im Prozessmanagement steht die **Kundenzufriedenheit** für die subjektive Sicht des Kunden auf die Qualität des Prozesses, d. h. wie zufrieden er mit dem Prozessergebnis ist (kundenorientiertes Qualitätsverständnis).

Die **Prozessqualität** drückt aus, inwieweit die für das Prozessergebnis definierten Anforderungen erreicht wurden und ob die Leistungserstellung im Rahmen des Prozessablaufs fehlerfrei war (technisches Qualitätsverständnis). Die Prozessqualität setzt sich aus vielen einzelnen Aspekten zusammen. Deshalb sollte sie nicht nur am Ende des Prozesses, sondern bereits während des Prozessablaufs gemessen und kontrolliert werden (vgl. *Schmelzer/Sesselmann*, 2010, S. 260 f.). Um eine hohe Prozessqualität zu gewährleisten, müssen Fehler, Beanstandungen, Terminverzögerungen und sonstige Abweichungen von den Kundenanforderungen weitgehend vermieden werden. Gemessen werden kann die Prozessqualität durch die Kennzahl **First Pass Yield** (FPY). Diese sog. Ersttrefferquote drückt aus, welcher Anteil an Prozessergebnissen bereits im ersten Prozessdurchlauf korrekt war und keine Nacharbeit wie z. B. Rückfragen, Korrekturen oder Vervollständigungen erforderlich machte (vgl. *Thomas*, 1991, S. 117 f.):

First Pass Yield

$$\text{FPY} = \frac{\sum \text{Prozessergebnisse ohne Nacharbeit}}{\sum \text{aller Prozessergebnisse}} \%$$

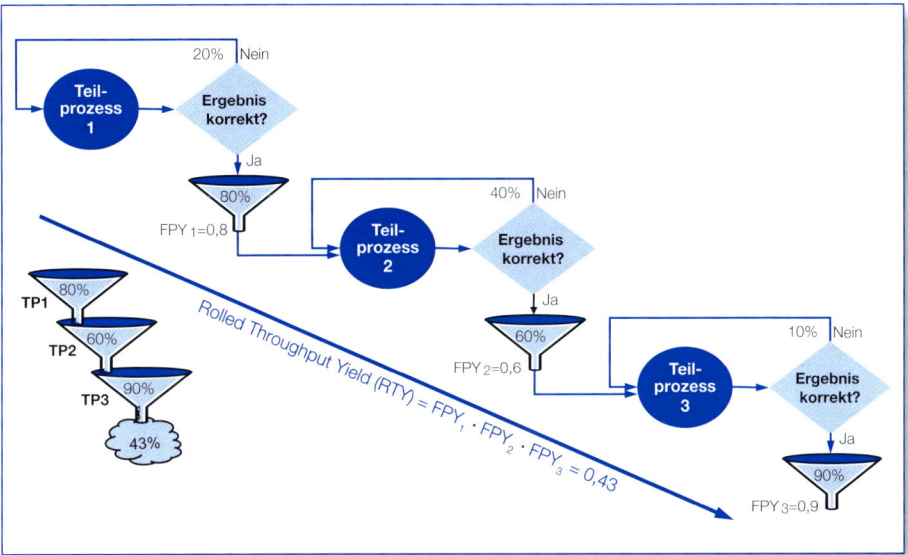

Abb. 5.4.10: Aus der Qualität der Teilprozesse resultiert die Qualität des Gesamtprozesses (RTY)

Die Qualität eines Gesamtprozesses (**Rolled Throughput Yield** = RTY) ergibt sich wie in Abb. 5.4.10 dargestellt aus der Multiplikation der Ersttrefferquoten seiner Teilprozesse (vgl. *Bach* et al., 2012, S. 217 f.; *Schmelzer/Sesselmann*, 2010, S. 263 f.). Obwohl im Beispiel die drei Teilprozesse mittlere bis hohe Ersttrefferquoten aufweisen, ist mit 43 % nicht einmal die Hälfte der Prozessergebnisse im ersten Durchlauf fehlerfrei. Bereits ein unzureichender Teilprozess kann somit in Summe die Prozessqualität gefährden. Dies verdeutlicht die Notwendigkeit einer integrativen Betrachtung des gesamten Prozessablaufes und einer Minimierung von Schnittstellen als potenziellen Fehlerquellen.

Rolled Throughput Yield

5.4.3.2 Prozesszeiten und -termine

Die Zeitdauer der Geschäftsprozesse hat großen Einfluss auf die Effektivität, Effizienz, Reaktionsfähigkeit und Flexibilität des Unternehmens. Verzögert sich beispielsweise die Produktentwicklung und ein Konkurrent kommt dem Unternehmen zuvor, so gehen wichtige Pioniererträge und Marktanteile verloren. Darüber hinaus führen Verzögerungen in den Geschäftsprozessen meist zur Unzufriedenheit der Kunden.

Durchlaufzeit

5 Organisation

> ❗ Die **Durchlaufzeit** (Total Cycle Time) ist die Zeitspanne von der Auslösung eines Prozesses bis zur Übergabe des Prozessergebnisses an den Kunden (vgl. *Schulte-Zurhausen*, 2010, S. 76).

Die Durchlaufzeit setzt sich nach Abb. 5.4.11 zusammen aus:

Bearbei-
tungs-,
Transport-,
Liegezeit

- **Bearbeitungszeit** besteht aus
  - **Rüstzeit** zur Vorbereitung der eigentlichen Arbeitsgänge und
  - **Ausführungszeit** zur unmittelbaren Erstellung des Prozessergebnisses.
- **Transportzeit:** Zeitbedarf, um ein unfertiges Prozessergebnis an den nächsten Bearbeiter weiterzuleiten bzw. das fertige Prozessergebnis dem Kunden zu überbringen.
- **Liegezeit:** Verweildauer eines unfertigen oder fertigen Prozessergebnisses im Prozessablauf, während der es weder bewegt noch bearbeitet wird.

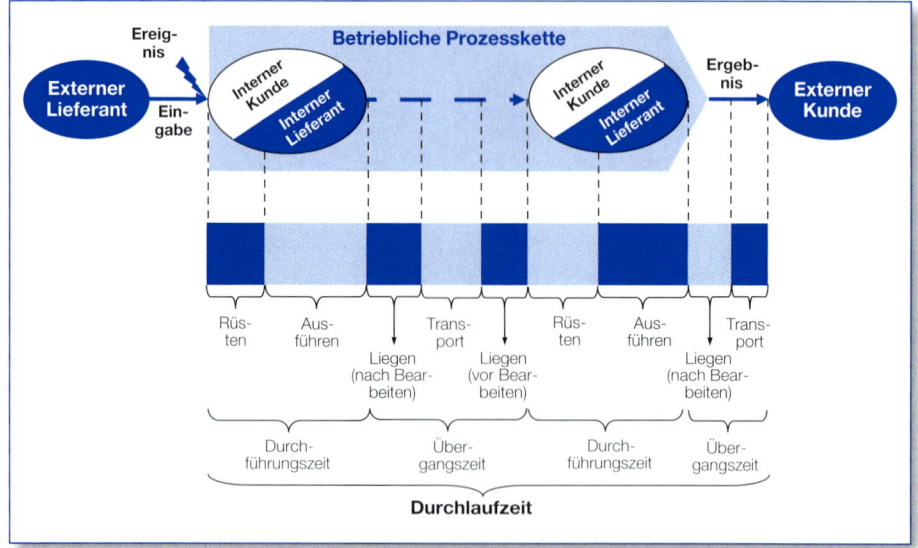

Abb. 5.4.11: Durchlaufzeitanteile eines Prozesses (in Anlehnung an Schulte-Zurhausen, 2010, S. 77)

Nur die im Rahmen der Ausführungszeit erbrachte Nutzleistung ist wertschöpfend. Rüstzeiten sind dagegen häufig durch redundante Bearbeitungsschritte an den Schnittstellen erforderlich, da sich z. B. der nachfolgende Mitarbeiter wieder neu in den Vorgang einarbeiten muss. Rüst- und Transportzeiten (Stützleistungen) sowie Liegezeiten (Blindleistungen) sind soweit als möglich zu reduzieren.

Zeiteffizienz

Das Verhältnis der Ausführungszeit zur gesamten Durchlaufzeit wird als **Zeiteffizienz** bezeichnet. Statt der Ausführungszeit wird teilweise auch die Bearbeitungszeit zur Berechnung herangezogen. Weil die Rüstzeiten jedoch nicht direkt wertschöpfend sind, ist die Ausführungszeit als Bezugspunkt sinnvoller. Da Liegezeiten in der Praxis häufig ein Vielfaches der Ausführungszeit betragen, liegt bei vielen Geschäftsprozessen die Zeiteffizienz unter 5 %. Die Durchlaufzeiten lassen sich somit nicht etwa durch schnellere

Bearbeitung, sondern vor allem durch Reduktion der Warte- und Liegezeiten signifikant reduzieren (vgl. *Gaitanides*, 2012, S. 218 f.).

$$\text{Zeiteffizienz} = \frac{\text{Ausführungszeit}}{\text{Durchlaufzeit}} \%$$

Die **Zykluszeit** macht Aussagen über den gesamten Zeitbedarf der Leistungserstellung. Dafür werden die Durchlaufzeiten aller Teilprozesse aufsummiert, d. h. auch die der parallel ablaufenden Teilprozesse. Eine Verringerung der Zykluszeit verbessert die Zeiteffizienz. Die Zykluszeit bestimmt auch, wie lange die Ressourcen in einem Prozess gebunden sind (vgl. *Bach* et al., 2012, S. 216; *Schmelzer/Sesselmann*, 2010, S. 160).

Zykluszeit

Der Prozesstermin gibt an, wann das Prozessergebnis dem Kunden vereinbarungsgemäß übergeben werden soll. Ein Überschreiten der Prozesstermine kann zu Verzögerungen in nachfolgenden Prozessen sowie insbesondere zur Beeinträchtigung der Kundenzufriedenheit führen. Die Termineinhaltung kann mit der Kennzahl **Termintreue** gemessen werden, die den Anteil der rechtzeitig fertig gestellten Ergebnisse ausdrückt. Da sich die Termintreue eines Prozesses aus der Termintreue seiner Teilprozesse ergibt, sollte die Terminverfolgung ganzheitlich über den gesamten Prozessablauf durchgeführt werden (vgl. *Schmelzer/Sesselmann*, 2010, S. 162 ff.).

Termintreue

$$\text{Termintreue} = \frac{\sum \text{termingerechte Prozessergebnisse}}{\sum \text{aller Prozessergebnisse}} \%$$

5.4.3.3 Prozesskosten

Für die Gestaltung und Steuerung der Prozesse muss die Unternehmensführung wissen, wie viele Ressourcen die Prozesse erfordern und welche Kosten sie verursachen. In der Fertigung lassen sich diese Prozesskosten mit der traditionellen Kostenrechnung relativ gut ermitteln. Ein Beispiel ist die Bestimmung der Herstellkosten für ein Karosserieteil. In den indirekten Bereichen ist dies jedoch nicht so leicht möglich. Dies liegt daran, dass sich die für Fertigungsunternehmen entwickelte Kostenrechnung ebenfalls an den betrieblichen Funktionen orientiert.

Als indirekte Bereiche werden diejenigen Teile des Unternehmens bezeichnet, die sich mit vorbereitenden, planenden, steuernden, überwachenden und koordinierenden Aufgaben beschäftigen. Sie sind somit nicht unmittelbar an der eigentlichen Leistungserstellung beteiligt. Beispiele sind Forschung und Entwicklung, Beschaffung, Produktionsplanung oder Vertrieb. Die dort entstehenden Kosten sind den Produkten zum überwiegenden Teil nicht direkt zurechenbar. Traditionelle Verfahren verrechnen diese Gemeinkosten mit Hilfe von Schlüsselungen und somit wenig verursachungsgerecht. In einem prozessorientierten Unternehmen kann das betriebliche Geschehen damit häufig nicht zutreffend abgebildet werden. Nur wenn die Kostenrechnung diese veränderten Wertschöpfungsstrukturen berücksichtigt, kann sie weiterhin ihre Abbildungs- und Steuerungsfunktion erfüllen.

Fokus auf indirekte Bereiche

Aus diesem Grund wurde für die indirekten Leistungsbereiche die **Prozesskostenrechnung** entwickelt. Mit ihrer Hilfe sollen die Mängel der Kostenrechnung bei der Prozessbewertung sowie der Analyse und Verrechnung der Gemeinkosten ausgeglichen werden. Sie baut auf der traditionellen Kostenarten- und Kostenstellenrechnung auf. Dabei geht es nicht darum, diese zu ersetzen, sondern bei der Verrechnung der

Prozesskostenrechnung

Gemeinkosten sinnvoll zu ergänzen. Die Methodik der Prozesskostenrechnung wird im Folgenden anhand ihrer Einführung im Unternehmen kurz erläutert (vgl. *Horváth* et al., 1993, S. 609 ff.; *Stoi*, 1999b, S. 24 ff.).

Die **Einführung** läuft generell in **fünf Schritten** ab (vgl. *Horváth/Mayer*, 1993, S. 19 ff.):

Bereiche/ Ziele
(1) **Bestimmung der relevanten Unternehmensbereiche und Zielsetzungen:** Die Prozesskostenrechnung erfordert eine neue, prozessorientierte Betrachtung der Vorgänge in den indirekten Bereichen. Um Erfahrungen zu sammeln, wird die Einführung häufig zunächst auf einen abgegrenzten Unternehmensbereich beschränkt. Die Prozesskostenrechnung eignet sich besonders für Bereiche mit hohem Gemeinkostenvolumen sowie undurchsichtigen Strukturen. Neben den Bereichen sind auch die verfolgten Zielsetzungen festzulegen, d. h. ob neben der Erhöhung der Leistungstransparenz auch die Planung der Gemeinkostenbereiche oder die Kalkulation prozessorientiert durchgeführt werden soll.

Hypothetische Hauptprozesse
(2) **Ermittlung hypothetischer Hauptprozesse:** Die wesentlichen Prozesse eines Unternehmens werden bei der Prozesskostenrechnung als Hauptprozesse bezeichnet. Sie setzen sich aus mehreren homogenen Aktivitäten zusammen, die idealerweise dem gleichen Kosteneinflussfaktor unterliegen. Maßgrößen der Prozesse sind die sog. Kostentreiber (Cost Driver). Der Kostentreiber des Hauptprozesses „Auftragsabwicklung" ist z. B. die „Anzahl der Aufträge". Zu Beginn der Einführung der Prozesskostenrechnung sind Hypothesen über mögliche Hauptprozesse und deren Kostentreiber aufzustellen, um ein strukturiertes Vorgehen zu gewährleisten. Die Hauptprozesse lassen sich wiederum zu Geschäftsprozessen verdichten (vgl. Kap. 5.4.2).

Tätigkeitsanalyse
(3) **Tätigkeitsanalyse:** Nachdem die hypothetischen Hauptprozesse festgelegt sind, wird in allen einbezogenen Kostenstellen eine Tätigkeitsanalyse durchgeführt. Dies geschieht insbesondere durch Interviews, aber auch durch Dokumentenanalysen und Selbstaufschreibungen. Die Aktivitäten werden zunächst ermittelt, strukturiert und zu Teilprozessen verdichtet. Danach wird geprüft, ob sich die Teilprozesse in Abhängigkeit vom Arbeitsvolumen der Kostenstelle mengenvariabel verhalten oder nicht. Ändert sich der Ressourcenverbrauch mit steigendem Leistungsanfall, dann bezeichnet man den Prozess als leistungsmengeninduziert (lmi). Ist der Ressourcenverbrauch vom Leistungsvolumen der Kostenstelle unabhängig, handelt es sich um einen leistungsmengenneutralen (lmn) Prozess. Typische leistungsmengenneutrale Prozesse sind Führungstätigkeiten oder Sekretariatsaufgaben. Im Anschluss sind für die lmi-Prozesse deren Kostentreiber als Maßgrößen zu finden, mit denen diese quantifiziert werden können. Bereits in der Prozessanalyse werden häufig Rationalisierungspotenziale wie beispielsweise Redundanzen oder Prozessschleifen deutlich.

Prozesskostenstellenanalyse
(4) **Durchführung der Prozesskostenstellenrechnung:** Im nächsten Schritt werden den einzelnen Teilprozessen die in Anspruch genommenen Ressourcen und damit die Kostenstellenkosten zugeordnet. Da der Personalaufwand im Gemeinkostenbereich vorherrschend ist, wird häufig eine Verteilung nach dem Zeitbedarf der Mitarbeiter zur Durchführung der Teilprozesse vorgenommen. Für jeden Teilprozess ist hierbei die benötigte Mitarbeiterkapazität in Personenjahren (PJ) zu ermitteln. Ein Personenjahr ist dabei die pro Jahr tatsächlich zur Verfügung stehende Arbeitszeit eines Mitarbeiters (also ohne Pausen, Urlaub und Feiertage). Sie variiert in Deutschland je nach Unternehmen, Bundesland, Branche und Jahr. Durchschnittlich können beispielsweise bei einer 38-Stunden-Woche hierfür ca. 1.650 Arbeitsstunden angenommen werden. Durch Multiplikation der eingesetzten Mitarbeiterkapazität der

5.4 Prozessmanagement

Teilprozesse mit den Kosten pro Personenjahr in der jeweiligen Kostenstelle ergeben sich die für die Teilprozesse jährlich aufgewendeten **Prozesskosten**. Die Kosten der leistungsmengenneutralen Tätigkeiten werden i. d. R. auf die leistungsmengeninduzierten Prozesse im Verhältnis ihrer Kosten verteilt. Die anschließende Division der Prozesskosten durch die Prozessmenge der Kostentreiber ergibt die **Prozesskostensätze**. Sie geben an, wie viel die einmalige Ausführung eines Teilprozesses kostet.

Der Ablauf der **Prozesskostenstellenrechnung** lässt sich anhand eines Beispiels verdeutlichen. In Abb. 5.4.12 ist das Ergebnis der Untersuchung einer Kostenstelle im sog. Prozesskostenblatt dargestellt. Es enthält die Gesamtkapazität der Kostenstelle in Personenjahren und die Kostenstellenkosten. Daraus ergeben sich die Kosten pro PJ dieser Kostenstelle. Im Beispiel sind dies in der Kostenstelle Vertrieb 60 T€ je PJ. Die Maßgrößen der leistungsmengeninduzierten Teilprozesse und die Kostentreibermengen wurden durch Interviews mit den Mitarbeitern der Kostenstelle ermittelt. Die Multiplikation der Zeitdauer für die einmalige Ausführung der Prozesse mit der Anzahl der Maßgrößen ergibt die leistungsmengeninduzierten Teilprozesskosten. Im Beispiel dauert die Annahme einer Kundenanfrage in der Kostenstelle Vertrieb durchschnittlich 14,16 Minuten. Kostentreiber des Prozesses „Kundenanfrage entgegennehmen" ist die Anzahl der Kundenanfragen. Bei einer jährlichen Menge von 10.000 Kundenanfragen verwenden die zuständigen Sachbearbeiter für diesen Prozess somit 10.000 · 14,16 min = 2.360 Stunden pro Jahr. Die Division durch 1.650 Stunden ergibt 1,43 Personenjahre.

Prozesskostenstellenrechnung

Die Kosten der leistungsmengenneutralen Tätigkeiten werden anschließend wie beschrieben umgelegt, woraus sich die Gesamtprozesskosten (lmi + lmn) ergeben. Durch Multiplikation der benötigten Mitarbeiterkapazität mit den Kosten pro PJ der Kostenstelle ergeben sich die jeweiligen Teilprozesskosten. Werden diese durch die Anzahl der Maßgrößen dividiert, folgen daraus die Prozesskostensätze. Dabei wird häufig zwischen induzierten Prozesskostensätzen (lmi) und Gesamtprozesskostensätzen (lmi + lmn) unterschieden. Die Annahme einer Kundenanfrage kostet im Beispiel von Abb. 5.4.12 somit 9,54 Euro.

Kostenstelle Vertrieb		Kapazität: 10 PJ Kosten: 600 T€		Kosten pro PJ: 60 T€						
Teilprozess		Kostentreiber	Prozess-menge	Mitarbeitereinsatz (PJ)			Teilprozesskosten (T€)			PK-Satz(€)	
Nr.	Bezeichnung	Anzahl der		lmi	Umlage lmn	lmi+lmn	lmi	Umlage lmn	lmi+lmn	lmi	lmi+lmn
1	Kundenanfrage entgegennehmen	Kunden-anfragen	10.000	1,43	0,16	1,59	85,80	9,60	95,40	8,58	9,54
2	Kundenanfrage prüfen	Kunden-anfragen	10.000	7,10	0,79	7,89	426,00	47,40	473,40	42,60	47,34
3	Kundenauftrag bestätigen	Kunden-aufträge	1.500	0,47	0,05	0,52	28,20	3,00	31,20	18,80	20,80
				9,00	1,00	10,00	540,00	60,00	600,00		
	lmn-Prozesse	Aufwand (PJ)									
	Abteilung leiten	1									
	Umlage im Verhältnis der lmi-Prozesse										

Abb. 5.4.12: Beispiel für ein Prozesskostenstellenblatt (Stoi, 1999b, S. 30)

(5) Verdichtung der Teilprozesse zu übergreifenden Hauptprozessen: In der Verdichtung der Teilprozesse der Kostenstellen zu übergreifenden Hauptprozessen liegt der eigentliche Innovationsgrad der Prozesskostenrechnung. Die Hauptprozesse sind von Kostenstellen und Organisationsstrukturen unabhängig und beschreiben die wesentlichen Abläufe in den untersuchten indirekten Bereichen. Die Hauptprozesse und ihre Kostentreiber verdeutlichen die Ursachen der Kostenentstehung im Unternehmen. Dies liefert wichtige Anstöße für die Prozessgestaltung (vgl. Kap. 5.4.3).

Verdichtung zu Hauptprozessen

Das Prinzip der Hauptprozessverdichtung zeigt Abb. 5.4.14. Dort ist beispielhaft der Hauptprozess „Kundenauftrag bearbeiten" dargestellt. Dieser setzt sich aus mehreren Teilprozessen der Kostenstellen „Vertrieb" und „Datenverarbeitung" zusammen. Für diesen Hauptprozess wird ein gemeinsamer Kostentreiber festgelegt. Im Beispiel ist das die Anzahl der Aufträge. Die Mitarbeiterkapazität und Kosten der Teilprozesse werden den jeweiligen Kostenstellen entnommen und kumuliert. Aus der Division der kumulierten Teilprozesskosten mit der Menge des Kostentreibers folgt der Hauptprozesskostensatz. Er drückt die Kosten einer einmaligen Hauptprozessdurchführung aus. Die Bearbeitung eines Kundenauftrags kostet im Beispiel 453,20 Euro.

Hauptprozess Kundenauftrag bearbeiten		\multicolumn{6}{c}{Kostentreiber: Anzahl Kundenaufträge Menge: 1500}				
Teilprozesse	Herkunft Kostenstelle	Mitarbeitereinsatz (PJ)			Prozesskosten (T€)			PK-Satz (€)	
		lmi	Umlage lmn	lmi+lmn	lmi	Umlage lmn	lmi+lmn	lmi	lmi+lmn
Kundenanfr. entgegennehmen	Vertrieb	1,43	0,16	1,59	85,80	9,60	95,40	57,20	63,60
Kundenanfrage prüfen	Vertrieb	7,10	0,79	7,89	426,00	47,40	473,40	284,00	315,60
Kundenauftrag erfassen	DV	1,05	0,09	1,14	73,50	6,30	79,80	49,00	53,20
Kundenauftrag bestätigen	Vertrieb	0,47	0,05	0,52	28,20	3,00	31,20	18,80	20,80
Summe		10,05	1,09	11,14	613,50	66,30	679,80	409,00	453,20

Abb. 5.4.13: Beispiel für eine Hauptprozessverdichtung (Stoi, 1999b, S. 30)

Empirische Ergebnisse

Nach den Ergebnissen einer Ende der 1990er Jahre in Deutschland durchgeführten empirischen Studie ermöglicht die Prozesskostenrechnung eine verbesserte Planung und Steuerung der indirekten Bereiche sowie Prozessoptimierungen und Komplexitätsreduktionen. Die Prozesskostenrechnung konnte bei den Befragten zur Senkung der Gemeinkosten und zur Verbesserung der Produkt- und Kundenrentabilität beitragen (vgl. ausführlich *Stoi*, 1999b, S. 137 ff.).

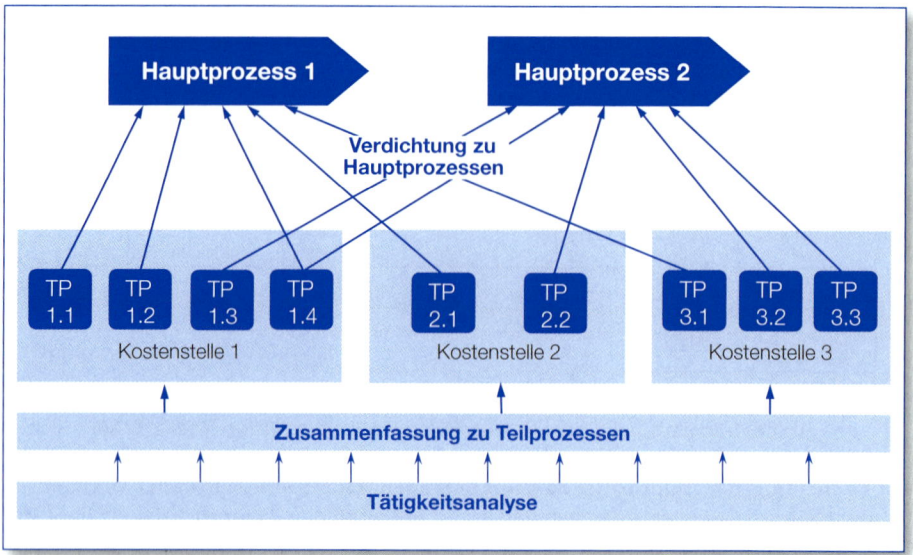

Abb. 5.4.14: Prinzip der Hauptprozessverdichtung (vgl. Mayer, 1991, S. 86)

Die Prozesskostenrechnung ist dem Wesen nach eine Vollkostenrechnung. Kritiker bemängeln deshalb, dass die Kostenermittlung über Prozessmengen und Prozesskostensätze die tatsächliche Kostenveränderbarkeit ignoriert und eine proportionale Kostenveränderung ohne die Berücksichtigung sachlicher und zeitlicher Abhängigkeiten unterstellt (vgl. *Glaser*, 1992; *Kloock*, 1992; *Küpper*, 1991; *Küting/Lorson*, 1991). Die geplanten Prozesskosten zeigen jedoch das „bewertete Arbeitsvolumen" an. Stellt man diese den Istkosten gegenüber, ergeben sich wertvolle Aussagen über die Auslastung der Bereiche und die Möglichkeiten einer Kapazitätsanpassung. Die Ermittlung der Prozesskosten ist zu deren Beeinflussung jedoch nicht ausreichend. So führt eine Reduzierung der Prozessmengen oder eine Verkürzung der Durchlaufzeiten kurzfristig nicht zu einer Senkung der Prozesskosten. Dies liegt daran, dass die hinter den Prozessen stehenden Kapazitäten und damit die meisten in der Prozesskostenrechnung erfassten Kostenbestandteile kurzfristig nicht beeinflussbar sind.

Kritik

Der Einsatzschwerpunkt der Prozesskostenrechnung liegt deshalb vor allem im strategischen Entscheidungsbereich mit lang- bis mittelfristigem Planungshorizont. Zur Senkung der Prozesskosten ist es erforderlich, durch ein **Prozesskostenmanagement** die hinter den Kosten stehenden Prozessstrukturen und Kostentreiber zu beeinflussen (vgl. *Horváth* et al., 1993, S. 623; *Lorson*, 1993, S. 257; *Stoi*, 1999b, S. 36 ff.).

Prozesskostenmanagement

5.4.4 Prozessgestaltung

Die Beherrschung der wesentlichen wertschöpfenden Aktivitäten eines Unternehmens und deren konsequente Ausrichtung an den Kundenanforderungen ist eine permanente Aufgabe der Unternehmensführung. Bei der Gestaltung der Geschäftsprozesse können generell die folgenden **Phasen** unterschieden werden (in Anlehnung an *Bach* et al., 2012, S. 202; *Bea/Haas*, 2009, S. 405; *Schulte-Zurhausen*, 2010, S. 75 ff.):

Phasen der Prozessgestaltung

(1) Prozessidentifikation und -analyse

(2) Prozesskonzeption und -erneuerung

(3) Prozessumsetzung

(4) Prozesskontrolle und kontinuierliche Verbesserung

Das Prozessmanagement beginnt meist Top-down mit der **Bestimmung der erfolgskritischen Aufgabenfelder** eines Unternehmens. Daraus ergeben sich die Geschäftsprozesse als oberste Prozessebene, die z. B. in einer Prozesslandkarte veranschaulicht wird (vgl. Kap. 5.4.2). Die Geschäftsprozesse werden dann je nach Bedarf in ihre Teilprozesse zerlegt und hierarchisch strukturiert. Dabei wird analysiert, welche Leistungen erstellt werden und dokumentiert, welche Aktivitäten hierzu in welcher Form ablaufen. Im Anschluss wird dann Bottom-up die Ist-Situation auf der untersten Prozessebene erarbeitet und dokumentiert. Diese **Prozessaufnahme** erfolgt nur so detailliert wie nötig, um den Erhebungsaufwand in Grenzen zu halten. Techniken zur Prozesserhebung sind Beobachtung, Zeitaufnahme, Multimomentaufnahme, Fragebogen, Interview und Workshop.

Definition/Analyse

Besonders bei komplexen Prozessen hat sich in der Praxis die Durchführung eines Workshops mit den beteiligten Organisationseinheiten bewährt. Bei der **Prozessmodellierung** wird die Prozessstruktur unter Berücksichtigung der Prozessverknüpfungen erfasst und formal z. B. mit festgelegten Symbolen und nach bestimmten Regeln abgebildet. Dies kann z. B. in Form von ereignisgesteuerten Prozessketten (vgl. Kap. 7.3.1.1) erfolgen. In den Workshops werden die Prozesse oft im Rahmen eines sog. **Brown-Paper-Mappings** model-

Prozessmodellierung

liert. Hierfür wird zunächst eine große, meist braune Papierrolle an der Wand befestigt, woher die Methode ihren Namen hat. Darauf wird der Prozess dann mit Hilfe eines **Schwimmbahnendiagramms** (Swimlane-Chart) visualisiert. Hierfür werden zunächst waagrechte Linien als Bahnen für jede der am Prozess beteiligten Organisationseinheiten aufgezeichnet. Im Anschluss werden die einzelnen Prozessschritte z. B. mit Hilfe von angepinnten Kärtchen dargestellt und der Ist-Prozessablauf diskutiert. Oftmals kommt es bei den Prozessbeteiligten dabei zu „Aha-Erlebnissen" über Struktur, Schnittstellen und Ablauf des Geschäftsprozesses, woraus Ideen zur Prozessverbesserung entstehen (vgl. *Bach* et al., 2012, S. 203 ff.). Abb. 5.4.15 zeigt ein Beispiel für ein Schwimmbahnendiagramm.

In einer weitergehenden Prozessanalyse wird dann die Prozessleistung anhand der Aspekte Kundenzufriedenheit, Prozessqualität, Prozesszeit, Termintreue und Prozesskosten beurteilt. So lassen sich Fehl- und Blindleistungen im Prozessablauf identifizieren und erforderliche Verbesserungsbedarfe bestimmen.

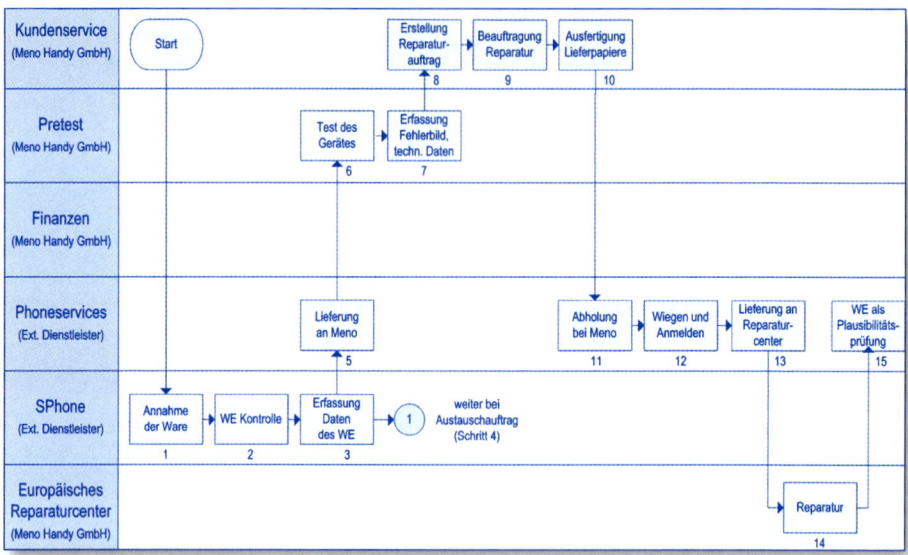

Abb. 5.4.15: Ausschnitt aus dem Schwimmbahnendiagramm für den Reparaturprozess eines Handyherstellers (Schwarz et al., 2012, S. 269)

Konzeption/ Erneuerung

Ausgehend von den Ergebnissen der Prozessanalyse werden **idealtypische Geschäftsprozesse** (Soll-Prozesse) aufgestellt. Hierzu werden Aufgabe, Umfang und Verantwortlichkeiten festgelegt. An den Prozessschnittstellen können die Erwartungen der externen, aber auch der internen Kunden in Form von Leistungsvereinbarungen (**Service Level Agreements**) fixiert werden. Diese beinhalten z. B. Gegenstand, Termin, Umfang und Preis des Prozessergebnisses sowie Sanktionen bei Nichterfüllung der Vereinbarung. Oberstes Gebot der **Prozesserneuerung** ist die Ausrichtung auf den Kunden. Die „Kunden übernehmen das Kommando" (*Hammer/Champy*, 2003, S. 30). Deshalb sollten alle nicht wertschöpfenden Aktivitäten, die keinen Beitrag zum Kundennutzen leisten, so weit als möglich eliminiert werden. Die Prozessgestaltung kann durch Einbezug von Lieferanten und Kunden sogar unternehmensübergreifendend stattfinden (Supply Chain Management; vgl. Kap. 3.4.3.1). Werden die Geschäftsprozesse bei der Prozesserneuerung fundamental umgestaltet, so wird dies als Prozessreorganisation (Business Process Reengineering) bezeichnet. Diese „Radikalkur" wird als Top-down-Projekt durchgeführt und soll die Geschäftsprozesse grundlegend verbessern (vgl. *Hammer/ Champy*, 2003). Diese Radikalität kann jedoch organisatorische Widerstände erzeugen, die das Erreichen der angestrebten Leistungssteigerungen verhindern. Dabei sollten stets alle Zielgrößen in die Betrachtung einbezogen werden. Abb. 5.4.16 zeigt Möglichkeiten zur Prozesserneuerung.

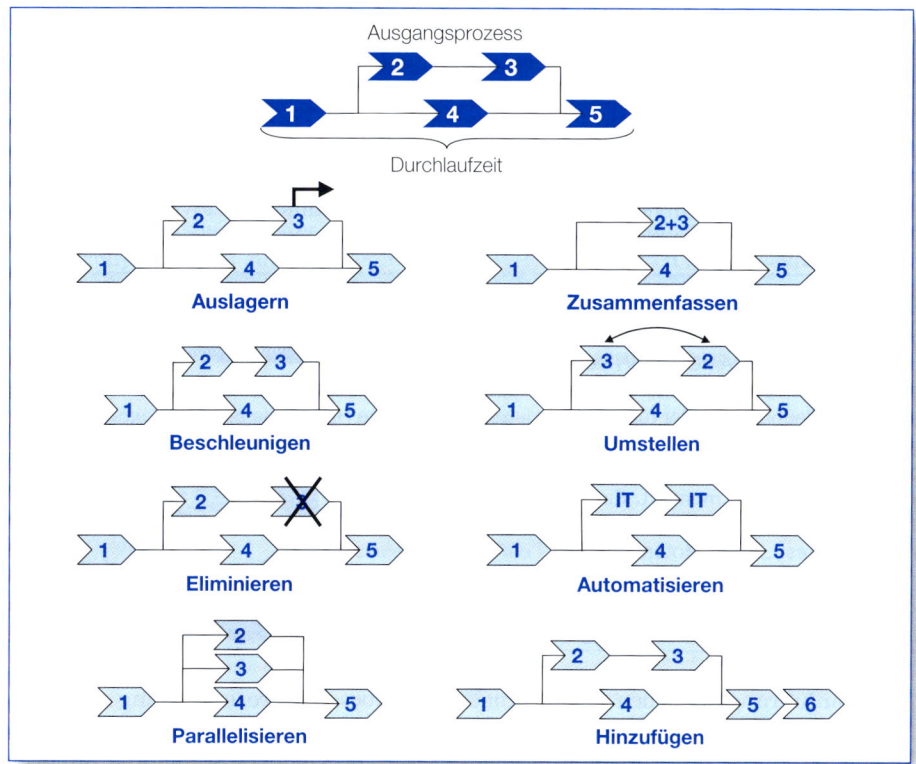

Abb. 5.4.16: Möglichkeiten zur Prozesserneuerung und -verbesserung
(in Anlehnung an Bleicher, 1991, S. 196)

Im Anschluss an die Prozesserneuerung erfolgt die **Implementierung** der neuen Geschäftsprozesse. Je nach Ausmaß der Prozesserneuerung können solche Veränderungen eine systematische Führung des Wandels erforderlich machen, um die Akzeptanz der Mitarbeiter sicherzustellen (vgl. Kap. 6.4). Eine hohe Prozessleistung lässt sich dauerhaft vor allem durch klare Verantwortlichkeiten für den Prozessablauf und das Prozessergebnis erreichen. **Prozessverantwortliche** (Process Owner, Prozesseigentümer) sind für die ganzheitliche und funktionsübergreifende Planung, Steuerung und Kontrolle der jeweiligen Geschäftsprozesse zuständig und verantworten deren Gestaltung und Aktualisierung. Darüber hinaus lenken sie die **Prozessbearbeiter bzw. -teams** (Case-Worker bzw. -Teams). Diese teilautonomen Mitarbeiter bzw. Arbeitsgruppen führen den Prozess ganzheitlich aus und übernehmen hierfür die operative Verantwortung. Für eine kundenorientierte „Rundumbearbeitung" werden ihnen sämtliche prozessbezogenen Tätigkeiten als ganzheitliche Bearbeitungssequenz übertragen. Ein Prozessbearbeiter in der Auftragsabwicklung kann z. B. bei einem bestimmten Auftrag die

Umsetzung/ Kontrolle

- **Potenzialabschätzung (Härtegrad 2):** Das Verbesserungspotenzial der Idee wird messbar gemacht und grob quantifiziert.
- **Maßnahmenklärung (Härtegrad 3):** Die Realisierungsschritte werden mit Terminen und Meilensteinen geplant, Verantwortliche festgelegt und das Verbesserungspotenzial möglichst genau bestimmt.
- **Maßnahmenrealisierung (Härtegrad 4):** Die Verbesserungsmaßnahme wird umgesetzt und ihre Wirksamkeit laufend verfolgt.
- **Maßnahmenwirkung (Härtegrad 5):** Diesen Grad erreicht die Maßnahme dann, wenn sie nachweisbar zu einer Prozessverbesserung geführt hat. Hierfür wird die Zielerreichung der Maßnahme gemessen und ihre Wirksamkeit abschließend beurteilt.

Workflow-Management

Bei der Gestaltung administrativer Prozesse kommt der Informationstechnik (vgl. Kap. 7.3) hohe Bedeutung zu. Vorgangssteuerungs- oder auch **Workflow-Management-Systeme** unterstützen die Modellierung, Analyse, Simulation und Steuerung der Geschäftsprozesse. Sie ermöglichen die Einbindung anderer zur Vorgangsbearbeitung benötigter computergestützter Hilfsmittel. Dies können z. B. Anwendungssoftware, Dokumentenmanagement- und Gruppenunterstützungssysteme sowie Kommunikationsmittel sein. Aufgrund vorgegebener Ablauf- und Entscheidungsregeln bestimmt das Workflow-Management-System über den Verlauf eines Vorgangs. Die zu bearbeitenden Dokumente werden vom System auf elektronischem Wege termingerecht an die zuständigen Mitarbeiter und Stellen weitergeleitet. Automatische Erinnerungen, Wiedervorlagen und Weiterleitungen tragen dazu bei, Verzögerungen in der Vorgangsbearbeitung zu vermeiden. Durch Zusammenfassung einzelner Vorgangsschritte eines Geschäftsprozesses zu ganzheitlichen Aufgabenkomplexen wird zudem die Arbeitsteilung reduziert. Auf diese Weise kann eine erhebliche Verringerung der Durchlaufzeit erzielt werden. Anwendungsgebiet sind vor allem papierintensive, arbeitsteilige Geschäftsprozesse, bei denen die beteiligten Stellen zeitlich und räumlich getrennt sind (vgl. *Heilmann*, 1994, S. 8 ff.).

Wie in Abb. 5.4.18 dargestellt, ergänzen sich Prozesserneuerung und -verbesserung. Erfolgreiches Prozessmanagement beinhaltet stets einen regelmäßigen Wechsel zwischen

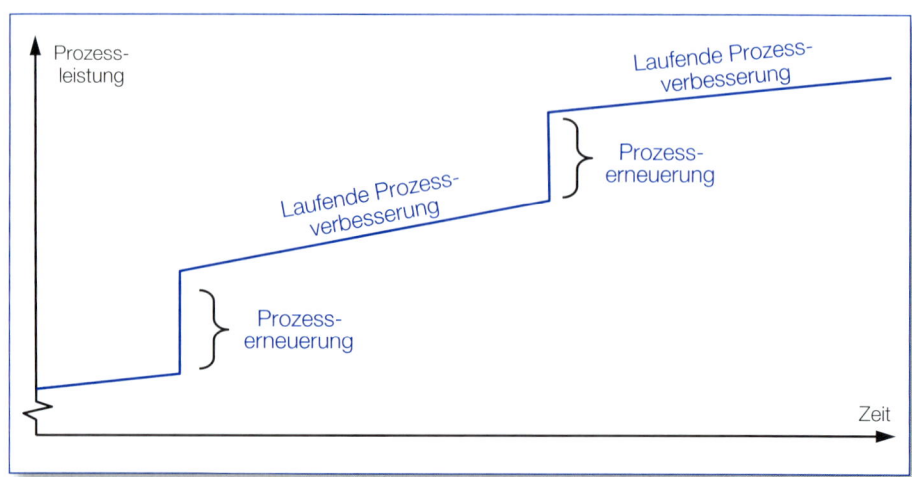

Abb. 5.4.18: Wechsel zwischen kontinuierlicher Verbesserung und Prozesserneuerung (vgl. Imai, 1997, S. 50)

kontinuierlicher Verbesserung und grundlegender Prozesserneuerung. Eine Prozesserneuerung ist spätestens dann erforderlich, wenn ein Prozess gravierende Mängel aufweist oder das Ergebnis deutlich von den Anforderungen des Kunden abweicht. Inwieweit bei einer unbefriedigenden Prozessleistung oder geänderten Kundenwünschen eine kontinuierliche Verbesserung ausreicht oder eine Prozesserneuerung erforderlich ist, entscheidet meist der Prozessverantwortliche.

Reifegradmodelle (Business Process Maturity Model) drücken aus, inwieweit ein Geschäftsprozess beherrscht wird. Sie sollen über den Leistungsstand der Prozesse und die Wirksamkeit des Prozessmanagements informieren. Die Bewertung erfolgt mit Checklisten, in denen der Reifegrad nach festgelegten Kriterien auf einer Punkteskala ermittelt wird. Dies gewährleistet eine nachvollziehbare und vergleichbare Bewertung. Abb. 5.4.19 zeigt ein Beispiel für ein siebenstufiges Reifegradmodell (vgl. *Schmelzer/Sesselmann*, 2010, S. 197 ff.).

Prozessreifegrad

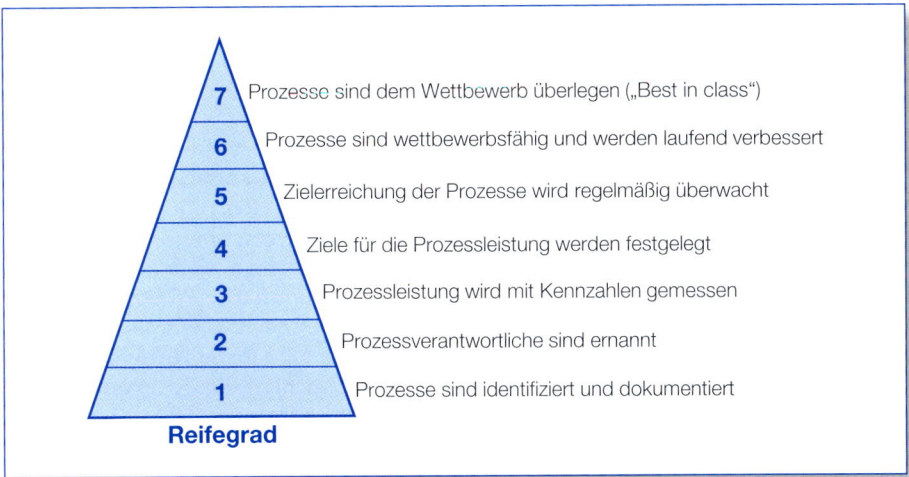

Abb. 5.4.19: Reifegrade von Prozessen
(in Anlehnung an Schmelzer/Sesselmann, 2010, S. 198)

Modulare Produktion und standardisierte Fabrik der Volkswagen AG

Der Automobilhersteller *VW* bietet seinen Kunden ein breites Sortiment vom Kleinstwagen *Up* bis zur Limousine *Phaeton* oder dem Sportwagen *Lamborghini Gallardo*, um jede Nische besetzen und sämtliche Kundenwünsche bedienen zu können. Der *VW*-Konzern verfügt über zwölf Marken und mehr als 220 Modelle mit einer Vielzahl an Varianten. Um eine solche Angebotspalette wirtschaftlich herzustellen, sind Technik, Produktion und Antriebe soweit als möglich zu standardisieren (vgl. im Folgenden *VW AG*, 2012, S. 22).

Hierfür wurde 2012 im *VW*-Konzern mit dem **modularen Querbaukasten** (MQB) eine einheitliche Fahrzeugarchitektur eingeführt, auf der nach dem Baukastenprinzip verschiedene Fahrzeugteile immer wieder neu kombiniert werden können. Der MQB ergänzt den seit 2007 bei der Tochter *Audi* verwendeten **modularen Längsbaukasten** (MLB). Die Bezeichnung bezieht sich darauf, ob der Motor längs oder quer zum Fahrwerk eingebaut wird.

Zukünftige Modelle werden sich zwar äußerlich unterscheiden, aber alle diese einheitliche Plattform aus Achsen, Fahrwerk und Getriebe verwenden. Da Radstand und Spurbreite variabel bleiben, sind differenzierte Aufbauten möglich. Darauf basieren z. B. die Geländewagen *VW Touareg*, *Audi Q7* und *Porsche Cayenne* oder die „New Small Family" aus *VW Up*, *Seat Mii* und *Skoda Citigo*. Durch den MQB wird die Einbaulage der Motoren vereinheitlicht und dadurch die Anzahl an Motor- und Getriebevarianten um rund 90 Prozent reduziert. Die Einbaulage ermöglicht auch alternative Antriebskonzepte. Durch gewichtsoptimierte Bauteile sind die neuen Modelle auf Basis des MQB 40 bis 60 kg leichter als ihre Vorgänger.

Die Vereinheitlichung bezieht sich aber nicht nur auf die Baugruppen, sondern auch auf den kompletten Fertigungsprozess vom Presswerk bis zur Montage. Auf Basis des sog. **modularen Produktionsbaukastens** (MPB) werden alle Werke des Konzerns auf ein einheitliches Produktionssystem umgestellt. Die neuen Produktionslinien sind in der Lage, unterschiedliche Marken und Modelle auf dem gleichen Band zu fertigen. Auf jeder Fertigungslinie können 30 Fahrzeuge pro Stunde produziert werden. Die Kapazität lässt sich bei Bedarf durch zusätzliche Roboter auf bis zu 60 Fahrzeuge pro Stunde verdoppeln. Der MPB verringert die Fertigungszeiten und Produktionskosten. Darüber hinaus ermöglicht er eine flexible Produktion, einen vereinfachten Serienanlauf und die weltweite Sicherstellung der Qualitätsstandards.

5.4.5 Bewertung

Kundenorientierung und ganzheitliche Sicht

Grundsätzlich ist die Forderung nach der Ausrichtung der Organisation am Leistungsprozess nicht neu. Das Prozessmanagement hat jedoch zu einer Rückbesinnung auf die Bedeutung der Ablauforganisation geführt. Gründe hierfür sind die Ausrichtung an der betrieblichen Machbarkeit, neue technologische Möglichkeiten zur Abbildung und Steuerung von Prozessen sowie nicht zuletzt die verschärfte Wettbewerbs- und Kostensituation, in der sich viele Unternehmen heute befinden. Die Besonderheit des Prozessmanagements ist die durchgehende Orientierung am Kunden, in deren Rahmen auch interne Kunden-Lieferanten-Beziehungen berücksichtigt werden. Neu ist auch die übergreifende, ablauforientierte Sichtweise, die sogar Prozesse bei vor- und nachgelagerten Unternehmen beinhalten kann. Ergänzt wird das Konzept durch laufende Verbesserungen, die sinnvollerweise für die Mitarbeiter mit entsprechenden Anreizen verbunden sind (vgl. *Picot/Franck*, 1996, S. 13 ff.).

Kein Verzicht auf Arbeitsteilung

Das Prozessmanagement stellt einen umfassenden Ansatz dar, um insbesondere das Rationalisierungspotenzial der indirekten Bereiche aufzuspüren sowie die Kundenorientierung zu steigern. Doch eine völlige Abschaffung funktionaler Bereiche und Hierarchien kann daraus nicht abgeleitet werden. Bei einfachen, relativ autonomen Tätigkeiten können die Spezialisierungsvorteile der funktionalen Arbeitsteilung die Flexibilitätsvorteile der prozessorientierten Organisation übersteigen. Bei einer reinen Prozessorganisation, die sich ausschließlich an den Abläufen orientiert, würden diese Spezialisierungsvorteile verloren gehen. Dies führt zu Redundanzen und ineffizienter Ressourcennutzung. Ist beispielsweise der Projektleiter auch für die Projektdokumentation verantwortlich, so kann dies aufgrund mangelnder Kenntnisse im Umgang mit der dabei eingesetzten Software viel Zeit in Anspruch nehmen. Ein darin geübter Sachbearbeiter könnte dies schneller und besser erledigen. Eine Spezialisierung kann motivierend sein, wenn sie den Interessen des Mitarbeiters entspricht. Die Aufgabenintegration kann dagegen demotivieren, wenn der Mitarbeiter mit den unterschiedlichen Tätigkeiten überfordert ist. Problematisch ist auch die Integration von Tätigkeiten, die nicht dem hierarchischen Status oder der Qualifikation angemessen sind (vgl. *Bea/Göbel*, 2010, S. 424; *Fischermanns*, 2010, S. 145 ff.).

5.4 Prozessmanagement

Um das Prozessmanagement organisatorisch zu verankern, kann die funktionale Hierarchie durch die Einrichtung von Prozessverantwortlichen im Rahmen einer **abgeschwächten bzw. kompetenzreduzierten Matrixorganisation** (vgl. Kap. 5.1.4.3) überlagert werden. Dadurch lassen sich die in einer Matrixorganisation auftretenden Kompetenzkonflikte und Machtkämpfe vermeiden. In der Praxis sind die Prozessverantwortlichen gegenüber den Prozessbearbeitern meist nur mit fachlichen Weisungsbefugnissen ausgestattet. Diese sind erforderlich, um den Prozessablauf effektiv steuern zu können. Sie sind in Abb. 5.4.20 durch gestrichelte Linien symbolisiert. Schlussendlich dominiert aber in der Regel weiterhin die funktionale Hierarchie, da die Prozessbearbeiter den Linienverantwortlichen disziplinarisch unterstellt bleiben. Das letzte Wort hat somit der Linienverantwortliche. Der Prozessverantwortliche muss deshalb die beteiligten funktionalen Einheiten bei der Prozessgestaltung mit ins Boot holen, um erfolgreich arbeiten zu können (vgl. *Fischermanns*, 2010, S. 148 f.; *Kajüter*, 2002, S. 250; *Kieser*, 1996, S. 183). Alternativ können auch den Prozessverantwortlichen bevorzugte Kompetenzen eingeräumt werden. In diesem Falle besteht zwischen den Geschäftsprozessen und Funktionen ein Kunden-Lieferanten-Verhältnis. Die funktionalen Einheiten handeln im Auftrag der Prozesse und stellen diesen die erforderlichen Ressourcen zu festgelegten Verrechnungspreisen zur Verfügung. Die Zusammenarbeit wird dabei in Leistungsvereinbarungen (Service Level Agreements) geregelt (vgl. *Bach* et al., 2012, S. 281 f.).

Organisatorische Umsetzung

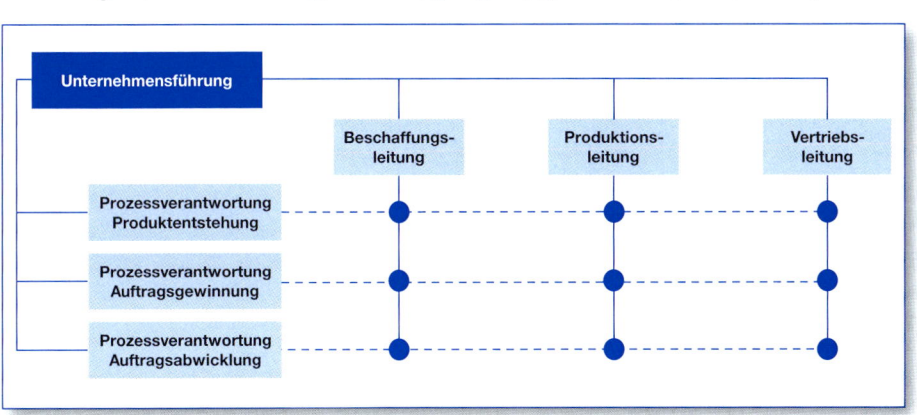

Abb. 5.4.20: Kompetenzreduzierte Matrix mit Vorrang der Funktionen vor den Prozessen

Die Einführung des Prozessmanagements soll zu einer ablauforientierten Ausrichtung an den Kundenanforderungen und einer ganzheitlichen Sichtweise führen. Dies bedingt einen Veränderungsprozess im Unternehmen, der sich nicht allein durch eine neue Organisationsstruktur erreichen lässt. Hierfür sollten die Prozessbearbeiter entsprechend qualifiziert und von den Führungskräften mit den notwendigen Kompetenzen und Handlungsspielräumen ausgestattet werden. Sind diese Voraussetzungen erfüllt, dann kann das Prozessmanagement zu einer höheren Motivation der Mitarbeiter beitragen. Die Einführung sollte zuerst bei den Geschäftsprozessen erfolgen, die ein hohes Rationalisierungspotenzial versprechen und bei denen die beteiligten Bereiche und Abteilungen ein gemeinsames Interesse an einer Verbesserung der Abläufe haben. Sobald positive Ergebnisse vorliegen, kann das Prozessmanagement schrittweise auf andere Geschäftsprozesse ausgeweitet und dadurch der Wandel zu einem prozessorientierten Unternehmen vollzogen werden. Ein derart fundamentaler Wandel erfordert allerdings eine entsprechende Führung (vgl. Kap. 6.4).

5 Organisation

Management Summary

- Eine funktionale Organisation erzeugt viele Schnittstellen, die einen hohen Koordinationsaufwand verursachen und dadurch die Vorgänge im Unternehmen verlangsamen.
- Prozessmanagement umfasst die ganzheitliche Planung, Steuerung und Kontrolle der betrieblichen Abläufe im Hinblick auf deren Kosten, Zeit und Qualität. Ziel ist die Erfüllung der Kundenanforderungen durch das Prozessergebnis.
- Ein Prozess ist eine Folge logisch zusammenhängender Aktivitäten zur Erstellung einer kundenbezogenen Leistung.
- Die Geschäftsprozesse bilden als oberste hierarchische Prozessebene die grundlegenden Aufgabenfelder des Unternehmens ab. Ihre Prozessergebnisse gehen an externe Kunden und sie leisten einen wesentlichen Beitrag zur betrieblichen Wertschöpfung.
- Die stets ganzheitlich zu betrachtenden Zielgrößen des Prozessmanagements sind Prozesszeit, Termintreue, Prozessqualität, Prozesskosten und Kundenzufriedenheit.
- Während die Kundenzufriedenheit die subjektive Sicht des Kunden auf die Qualität ausdrückt, bezeichnet die Prozessqualität die objektive Sicht im Hinblick auf die vollständige Umsetzung der definierten Anforderungen sowie die fehlerfreie Leistungserstellung.
- Die Durchlaufzeit eines Prozesses ist die Zeitspanne von seiner Auslösung bis zur Übergabe des Prozessergebnisses an den Kunden. Sie setzt sich aus Bearbeitungs-, Transport- und Liegezeit zusammen.
- Das Prozessmanagement benötigt Informationen darüber, welche Ressourcen die Prozesse erfordern. Diese Prozesskosten lassen sich mit Hilfe der Prozesskostenrechnung ermitteln.
- Die Schritte zur Prozessgestaltung sind: 1) Prozessdefinition und -analyse, 2) Prozesserneuerung und 3) Prozessrealisation und -kontrolle sowie kontinuierliche Verbesserung.
- Kontinuierliche Verbesserung und grundlegende Prozesserneuerung wechseln laufend ab.

Literaturempfehlungen

Bach, N./Brehm, C./Buchholz, W./Petry, T.: Wertschöpfungsorientierte Organisation, Wiesbaden 2012.

Fischermanns, G.: Praxishandbuch Prozessmanagement, 9. Aufl., Gießen 2010.

Gaitanides, M.: Prozessorganisation, 3. Aufl., München 2012.

Hammer, M./Champy, J.: Business Reengineering, 7. Aufl., Frankfurt 2003.

Schulte-Zurhausen, M.: Organisation, 5. Aufl., München 2010.

Schmelzer, H./Sesselmann, W.: Geschäftsprozessmanagement in der Praxis, 7. Aufl. München/Wien 2010.

Empfehlenswerte Fallstudien zum Kapitel 5.4 aus Dillerup, R./Stoi, R. (Hrsg.)

5.3 Prozessoptimierung bei der Meno Handy GmbH (*Schwarz, S.* et al.)

5.4 Prozessmanagement im ext. Rechnungswesen der Motoren AG (*Augenstein, F.*)

5.7 Prozessmanagement bei der Heizthermen GmbH (*Fröhlich, M.*)

7.3 Prozessmanagement und Electronic Business bei der Informasoft GmbH (*Roth, G.*)

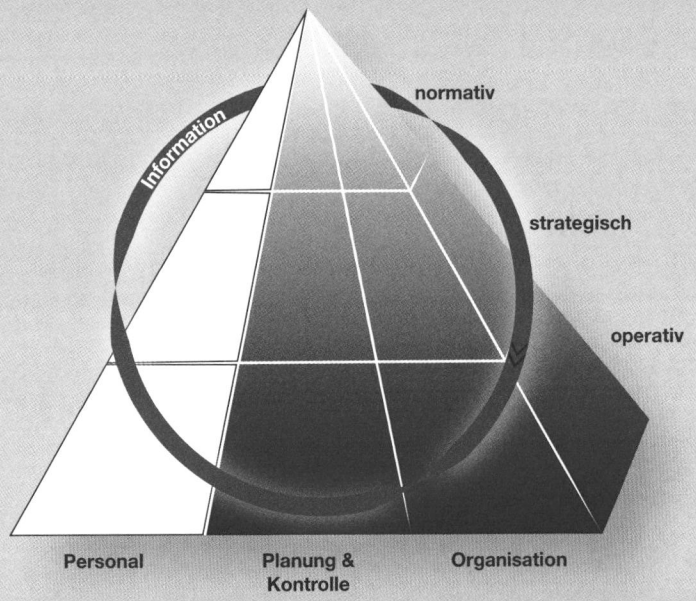

6. Personal

6.1 Grundlagen 585
    6.1.1 Gegenstand und Ebenen 585
    6.1.2 Personalmanagement 586

6.2 Aufgabenfelder des Personalmanagements 597
    6.2.1 Personalbedarfsbestimmung 598
    6.2.2 Personalentwicklung 601
    6.2.3 Personalbeschaffung 606
    6.2.4 Personalfreisetzung 613
    6.2.5 Personaleinsatzplanung 616
    6.2.6 Personalbeurteilung 622
    6.2.7 Personalvergütung 624
    6.2.8 Unterstützungsfunktionen 631

6.3 Personalführung und Leadership 638
    6.3.1 Personalführung 639
    6.3.2 Leadership 654

6.4 Führung des Wandels 680
    6.4.1 Ursachen und Formen des Wandels 681
    6.4.2 Funktionsweise und Ablauf des Wandels 686
    6.4.3 Widerstände gegen den Wandel 691
    6.4.4 Steuerung des Wandels 699
    6.4.5 Grundsätze erfolgreichen Wandels 711

6.1 Grundlagen

> **Leitfragen**
> - Welche Aufgabenfelder umfasst die Personalfunktion der Unternehmensführung?
> - Welche Rolle spielt das Personalmanagement?
> - Welche Aufgaben hat das Personalmanagement auf den Führungsebenen zu erfüllen?

6.1.1 Gegenstand und Ebenen

Mission und Strategie eines Unternehmens können noch so brillant sein, letztendlich sind es die ausführenden Mitarbeiter, die über eine erfolgreiche Umsetzung entscheiden. Nicht ohne Grund werden die Mitarbeiter heute vielfach als „Humankapital" bezeichnet und als Vermögenswert angesehen (vgl. Kap. 8.3.2). Mitarbeiter setzen die geplanten Handlungen um und sind die Träger des organisationalen Wissens eines Unternehmens (vgl. Kap. 8.2). Obwohl immer noch viele Unternehmen auf Krisen vor allem mit Entlassungen reagieren, breitet sich das Verständnis vom Personal als wertvolle Ressource auch in der Praxis immer weiter aus. Mitarbeiter sind nicht mehr nur „Mittel zum Zweck", sondern die Basis jeglichen Erfolgs. Die Personalfunktion der Unternehmensführung hat deshalb wesentlichen Einfluss auf die Erreichung der Unternehmensziele. Sie lässt sich unterteilen in die Aufgabenbereiche Personalmanagement und Personalführung. Ihre Stellung im System der Unternehmensführung zeigt Abb. 6.1.1.

Wertvolle Ressource Personal

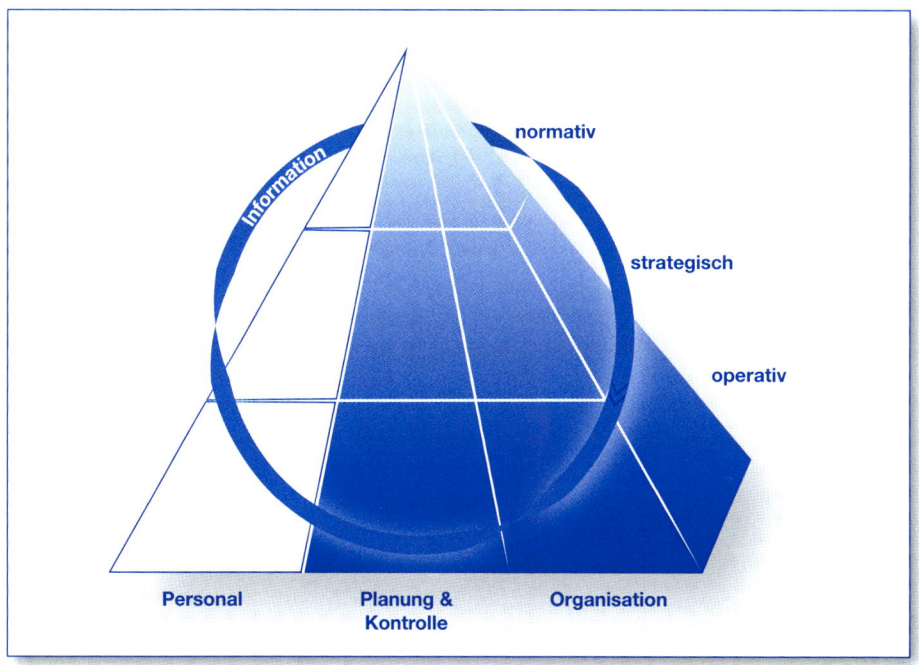

Abb. 6.1.1: Die Personalfunktion der Unternehmensführung

6 Personal

> ! Die **Personalfunktion** der Unternehmensführung umfasst alle mitarbeiterbezogenen Planungs-, Steuerungs- und Kontrollaufgaben (**Personalmanagement**) sowie die Beeinflussung des Mitarbeiterverhaltens im Hinblick auf die Erreichung der Unternehmensziele (**Personalführung**).

Personalführung — Die **Personalführung** bestimmt das Verhältnis zwischen Vorgesetzten und unterstellten Mitarbeitern. Aspekte der Personalführung spielen in sämtlichen Aufgabenfeldern und auf allen Ebenen der Unternehmensführung eine Rolle. Normative Entscheidungen sind die Art und Weise der Personalführung und die damit verbundene Beeinflussung der Unternehmenskultur. Dabei werden organisatorische Regeln, Normen und Strukturen festgelegt, um das Führungsverhalten der Vorgesetzten zu regulieren. Auf der strategischen Ebene wird die Anwendung der Führungsgrundsätze im Rahmen der Personalstrategie und der darin enthaltenen generellen Entscheidungen zur Personalveränderung, zum Personaleinsatz und zur Gestaltung von Anreizsystemen konkretisiert. Die individuelle, direkte Personalführung findet auf der operativen Ebene in der täglichen Zusammenarbeit zwischen Vorgesetzten und Mitarbeitern im Rahmen der Steuerung und Kontrolle der ausführenden Handlungen statt. Die operative Personalführung wird von den normativen und strategischen Rahmenbedingungen geprägt. Anforderungen und Gestaltungsmöglichkeiten einer erfolgreichen Personalführung sind in Kap. 6.3 dargestellt.

6.1.2 Personalmanagement

> ! Das **Personalmanagement** umfasst alle im Zusammenhang mit den Mitarbeitern eines Unternehmens anfallenden Planungs-, Steuerungs- und Kontrollaufgaben.

Ziele — Die **Ziele des Personalmanagements** leiten sich aus den Unternehmenszielen ab und lassen sich grundsätzlich in wirtschaftliche und soziale Ziele unterteilen. Im Rahmen **wirtschaftlicher Ziele** soll die Arbeitsleistung der ausführenden Handlungen verbessert werden. **Soziale Ziele** beziehen sich auf die Gestaltung der Arbeitsbedingungen sowie die Erfüllung der Bedürfnisse der Mitarbeiter. Beispiele sind eine leistungsgerechte Bezahlung, ein sicherer Arbeitsplatz oder die Erhaltung der Gesundheit (vgl. *Domsch*, 2005, S. 389 f.).

Ebenen — Das **normative Personalmanagement** betrifft die Gestaltung und Auswahl der Führungsphilosophie und -grundsätze sowie die aus den Unternehmenszielen abgeleiteten Personalziele und die Personalpolitik. Darauf basiert das **strategische Personalmanagement**, in dessen Rahmen die Personalstrategie als Weg zur Realisierung der Personalziele aufgestellt wird. Das **operative Personalmanagement** übernimmt die detaillierte Planung und Umsetzung konkreter Maßnahmen zur Umsetzung dieser Personalstrategie und damit zur Erreichung der Personalziele.

Aufgaben — Das sich daraus ergebende breite Spektrum des Personalmanagements erstreckt sich auf die folgenden **Aufgabenfelder** (vgl. *Bröckermann*, 2009, S. 15 ff.; *Domsch*, 2005, S. 434; *Holtbrügge*, 2010, S. 95 ff.; *Jung*, 2011, S. 4 ff.; *Scholz*, 2000, S. 83 ff., 2011, S. 41 ff.):

- **Personalbedarfsbestimmung:** Ermittlung, wie viele Mitarbeiter mit welcher Qualifikation wann, wo und wofür benötigt werden.
- **Personalbeschaffung:** Deckung eines qualitativen, quantitativen, zeitlichen oder örtlichen Personalbedarfs.

6.1 Grundlagen

- **Personalentwicklung:** Planmäßige Aus-, Fort- und Weiterbildung zur individuellen beruflichen Qualifikation und Förderung der Mitarbeiter.
- **Personalfreisetzung:** Beseitigung einer qualitativen, quantitativen, zeitlichen oder örtlichen Personalüberdeckung.
- **Personaleinsatzplanung:** Sicherstellung eines anforderungs- und eignungsgerechten Einsatzes der Mitarbeiter.
- **Personalbeurteilung:** Erfassung von Leistung, Verhalten und Potenzial der Mitarbeiter als Basis für eine leistungsgerechte Vergütung sowie einen bestmöglichen Personaleinsatz und eine gezielte Personalentwicklung.
- **Personalvergütung:** Materielle und immaterielle Gegenleistungen des Unternehmens im Austausch für die Arbeitskraft der Mitarbeiter.

Zwei wesentliche **Funktionen zur Unterstützung** des Personalmanagements sind: *Unterstützungsfunktionen*

- **Personalcontrolling:** Querschnittsfunktion zur Informationsversorgung und Koordination des Personalmanagements.
- **Personalverwaltung:** Servicefunktion, welche administrative Personalaufgaben erledigt.

Personalentwicklung, Personalfreisetzung und Personalbeschaffung verändern den quantitativen, qualitativen, zeitlichen oder örtlichen Personalbestand. Die Abstimmung der dabei verfolgten Maßnahmen wird unter dem Begriff **Personalveränderungsmanagement** zusammengefasst. Die Aufgabenfelder des Personalmanagements sind vielfach miteinander vernetzt und umfassen planende, steuernde und kontrollierende Tätigkeiten. Sie werden mit verschiedenen Schwerpunkten von unterschiedlichen hierarchischen Einheiten wahrgenommen (vgl. *Scholz*, 2000, S. 83 ff.). *Veränderungsmanagement*

Personalmanagement umfasst normative, strategische und operative Fragestellungen. Abb. 6.1.2 gibt einen Überblick über die generelle Zuordnung der Aufgaben zu den Ebenen des Personalmanagements. Darin ist zu erkennen, auf welchen Ebenen die einzelnen *Zuordnung Aufgaben zu Ebenen*

Aufgabenfelder des Personalmanagements	Ebenen des Personalmanagements	normativ	strategisch	operativ
Führungsphilosophie / Personalpolitik		■		
Ableitung der Personalstrategie			■	
Personalbedarfsbestimmung			■	
Personalentwicklung			■	
Personalbeschaffung			■	
Personalfreisetzung			■	
Personaleinsatzplanung				■
Personalbeurteilung				■
Personalvergütung				■
Personalcontrolling			■	■
Personalverwaltung				■

Abb. 6.1.2: Zuordnung der Aufgabenfelder zu den Ebenen des Personalmanagements

6 Personal

Aufgabenfelder schwerpunktmäßig bearbeitet werden. Eine eindeutige Zuordnung ist aufgrund der Überschneidungen und Breite der Aufgabenfelder nicht möglich.

Nachfolgend werden die Inhalte des normativen Personalmanagements dargestellt und die strategische und operative Ebene voneinander abgegrenzt. Die Aufgabenfelder und die darin enthaltenen strategischen und operativen Fragestellungen werden in Kap. 6.2 behandelt.

6.1.2.1 Normatives Personalmanagement

> **!** Das **normative Personalmanagement** umfasst grundsätzliche Entscheidungen über die generellen Ziele, Werte, Einstellungen, Richtungen und Regeln im Umgang mit den Mitarbeitern.

Das normative Personalmanagement stellt für die Mitarbeiter und Vorgesetzten eine Richtschnur für ihr individuelles und kollektives Verhalten dar und liefert Gestaltungsempfehlungen für das Führungshandeln. Auf diese Weise hat das normative Personalmanagement wesentlichen Einfluss auf die Unternehmensidentität. Den Rahmen des normativen Personalmanagements bilden die Mission (vgl. Kap. 2.6), Kultur (vgl. Kap. 2.4) und Verfassung (Kap. 2.5) des Unternehmens. Das normative Personalmanagement prägt die **Führungsphilosophie** als Bestandteil der Unternehmensphilosophie (vgl. Kap. 2.2). Sie verkörpert die grundsätzlichen ethischen, moralischen und sozialen Einstellungen und Werthaltungen gegenüber den Mitarbeitern. Ihren Ausdruck findet die Führungsphilosophie in der Personalpolitik und den Führungsgrundsätzen des Unternehmens.

Führungsphilosophie

Führungsphilosophie der Siemens AG

„Dialog und Commitment – nach diesem Prinzip führen wir unsere Mitarbeiter weltweit. Im jährlichen Gespräch mit der Führungskraft vereinbaren unsere Mitarbeiter individuelle, verbindliche Ziele, an denen sie gemessen werden. So führen wir die Interessen beider Seiten zusammen und motivieren unsere Mitarbeiter zu Spitzenleistungen. Dies ist die Grundlage der *Siemens*-Unternehmenskultur, die geprägt ist von der Vielfalt der Menschen und Kulturen, von offenem Dialog, gegenseitigem Respekt, klaren Zielen und entschlossener Führung" (*www.siemens.de*).

Die **Personalpolitik** konkretisiert und präzisiert die in der Führungsphilosophie enthaltenen Grundsätze und Richtlinien im Umgang mit den Mitarbeitern. Sie ist Bestandteil der Unternehmensmission und sollte für eine unternehmenseinheitliche Umsetzung schriftlich fixiert sein. Die Personalpolitik beschreibt damit, wie das Personalmanagement grundsätzlich betrieben werden soll. Ein Beispiel ist das Prinzip der internen Stellenbesetzung, nach dem Führungspositionen möglichst durch interne Mitarbeiter besetzt werden sollen. Die Personalpolitik sollte im Einklang mit der Unternehmenskultur stehen, da ansonsten Widerstände und Konflikte bei den Mitarbeitern drohen (vgl. *Jung*, 2011, S. 21 ff.; *Olfert*, 2010, S. 35 ff.).

Personalpolitik

Führungsgrundsätze sind verbindliche und schriftlich fixierte Vorschriften zum Handeln und Verhalten von Führungskräften. Sie sind Bestandteil der Personalpolitik und bestimmen die Art und Weise der Personalführung im Unternehmen. Dafür regeln sie die Beziehung zwischen Vorgesetzten und Mitarbeitern und legen die zu verfolgenden Führungsprinzipien sowie den gewünschten Führungsstil fest. Auf diese Weise sollen

Führungsgrundsätze

sie für ein einheitliches Führungsverhalten aller Vorgesetzten sorgen und die Stabilität und Effizienz des Unternehmens sicherstellen. Sie regeln die Art und Weise der Zielvereinbarung, Delegation, Information, Entscheidung, Motivation, Weiterbildung, Förderung, Beurteilung, Kontrolle, Konfliktbewältigung und Zusammenarbeit. Für ihre Anwendung sind entsprechende Instrumente des Personalmanagements (z. B. ein standardisiertes System zur Personalbeurteilung) zu entwerfen und den Führungskräften zur Verfügung zu stellen. Führungsgrundsätze geben der einzelnen Führungskraft mehr Sicherheit in ihrem Führungsverhalten und können sie von Rechtfertigungszwängen entlasten. Aus Sicht des Mitarbeiters können sie zu einer besseren Berechenbarkeit des Führungsverhaltens und zur Vermeidung von Diskriminierung beitragen. Allerdings besteht auch die Gefahr, dass einzelne Führungskräfte in der Umsetzung überfordert sind. In diesem Fall wird die Führung von den Mitarbeitern als unflexibel, bürokratisch und unpersönlich empfunden. Aufgrund ihrer stabilisierenden Funktion sollten die Führungsgrundsätze längerfristig Bestand haben (vgl. *Domsch*, 2005, S. 406; *Jung*, 2011, S. 518 ff.). Ein Beispiel ist das „Prinzip der offenen Tür", nach dem jeder Mitarbeiter direkt auf Vorgesetzte zugehen kann, um Anliegen und Probleme persönlich anzusprechen.

Die Führungsgrundsätze legen den von der Unternehmensführung gewünschten Umgang mit seinen Mitarbeitern fest. In der **Führungskultur** zeigt sich, wie das Personalmanagement tatsächlich betrieben wird. Wesentlicher Bestandteil ist dabei die von den Führungskräften gelebte Personalführung. Sie prägt maßgeblich die Unternehmenskultur (vgl. Kap. 2.4) und das Betriebsklima. Der Umgang mit den Mitarbeitern beeinflusst deren Verhalten gegenüber Vorgesetzten, Kollegen, Lieferanten, Kunden, Geschäftspartnern und der Öffentlichkeit. Abb. 6.1.3 stellt die Zusammenhänge des normativen Personalmanagements dar.

Führungskultur

Abb. 6.1.3: Inhalte des normativen Personalmanagements

6.1.2.2 Strategisches Personalmanagement

> **!** Das **strategische Personalmanagement** umfasst alle im Rahmen der strategischen Unternehmensführung anfallenden personellen Aufgaben. Es bezieht sich auf das gesamte Unternehmen und abstrahiert von einzelnen Mitarbeitern und Stellen (vgl. *Scholz*, 2000, S. 90).

Erfolgsfaktor Personal

Das strategische Personalmanagement basiert auf den normativen Zielen, Richtungen und Regeln im Umgang mit den Mitarbeitern. Zeitgemäße Unternehmen sehen das Personal als **strategischen Erfolgsfaktor** an. Auf die Realisierung dieses Anspruchs hat die strategische Personalführung wesentlichen Einfluss. Es gilt, den Mitarbeitern die strategischen Ziele zu verdeutlichen. Bei der Ableitung konkreter Maßnahmen zur Umsetzung der Strategie ist auf die Kompetenzen der ausführenden Ebene zurückzugreifen und die Mitarbeiter sind zu befähigen und zu motivieren, die strategischen Ziele zu erreichen. Hierbei spielen Personalführung und Leadership eine wesentliche Rolle (vgl. Kap. 6.3).

Rolle der Personalstrategie

Das strategische Personalmanagement ist für die Aufstellung der **Personalstrategie** verantwortlich, die insbesondere den strategischen Personalbedarf sowie die strategische Personalentwicklung und -veränderung bestimmt. Für die **Rolle der Personalstrategie** innerhalb der strategischen Unternehmensführung gibt es prinzipiell vier Möglichkeiten (vgl. *Scholz*, 2000, S. 91 ff., 2011, S. 43):

- **Kein Bezug zur Unternehmensstrategie:** Aufgabe des Personalmanagements ist es, ein Klima für die Strategieumsetzung zu schaffen. Der fehlende Zusammenhang zwischen Personal- und Unternehmensstrategie führt meist zu Problemen bei der Strategieumsetzung (vgl. Kap. 4.2.2).
- **Abhängigkeit von der Unternehmensstrategie:** In der Praxis folgt die Personalstrategie häufig den Anforderungen der Unternehmensstrategie und wird aus dieser abgeleitet. Damit ist jedoch nicht sichergestellt, ob das zur Umsetzung der Unternehmensstrategie erforderliche Mitarbeiterpotenzial auch tatsächlich aufgebaut oder beschafft werden kann.
- **Vorgabe für die Unternehmensstrategie:** Die Unternehmensstrategie richtet sich nach dem in der Personalstrategie festgelegten Mitarbeiterpotenzial. Dies kann jedoch die strategischen Handlungsmöglichkeiten deutlich einengen und ist deshalb eher selten.
- **Integrativer Teil der Unternehmensstrategie:** Im Idealfall ergibt sich die Unternehmensstrategie aus der Integration der funktionalen Teilstrategien, die unter Berücksichtigung wechselseitiger Abhängigkeiten aufgestellt, umgesetzt und kontrolliert werden.

Da nur das letzte Prinzip das Zusammenspiel der Funktionsbereiche bei der Strategieumsetzung sicherstellt, sollte die **Personalstrategie ein integrativer Bestandteil der Unternehmensstrategie** sein.

Strategische Aufgaben

Wesentliche **Aufgabenfelder des strategischen Personalmanagements** sind:

- **Personalbedarfsbestimmung:** Grobplanung der durch die strategische Absatz- und Produktionsplanung langfristig zu erwartenden Veränderungen des qualitativen, quantitativen, zeitlichen oder örtlichen Personalbedarfs (vgl. *Scholz*, 2000, S. 91).
- **Personalbeschaffung:** Grundlegende Entscheidungen über die generelle und langfristige Deckung eines qualitativen, quantitativen, zeitlichen oder örtlichen Personalbedarfs sowie Aufbau und Gestaltung des Personalmarketings.

- **Personalentwicklung:** Langfristige Gestaltung des Mitarbeiterpotenzials zum Aufbau der zur Erreichung der strategischen Ziele erforderlichen zukünftigen Kompetenzen. Die strategische Personalentwicklung kann zum Aufbau von Wettbewerbsvorteilen genutzt werden.
- **Personalfreisetzung:** Weitreichende Entscheidungen zur grundsätzlichen Beseitigung einer qualitativen, quantitativen, zeitlichen oder örtlichen Personalüberdeckung.
- **Personaleinsatzplanung:** Sicherstellung eines strategiegerechten Mitarbeitereinsatzes, um Flexibilität und Leistung unter Berücksichtigung humaner Aspekte zu steigern.
- **Personalanreizsysteme:** Gestaltung entsprechender Anreize zur Motivation der Mitarbeiter im Hinblick auf die Strategieumsetzung.
- **Personalcontrolling:** Koordination der Personalstrategie mit den anderen Funktionsbereichsstrategien, Aufbau und Implementierung eines Personalinformationssystems sowie langfristige Gestaltung der Personalkostenstruktur.

Nach der Bestimmung des strategischen Personalbedarfs wird über die Personalbeschaffung, -entwicklung oder -freisetzung als Optionen der Personalveränderung entschieden. Das strategische Personalmanagement ist abhängig von der Unternehmensstrategie und bildet den Rahmen für das operative Personalmanagement. Die Beschreibung der strategischen Aufgaben des Personalmanagements erfolgt in Kap. 6.2.

Personalstrategie der Geutebrück GmbH

Die *Geutebrück GmbH* fertigt Systeme zur Videoüberwachung. Das Unternehmen mit Sitz in *Windhagen/Nordrhein-Westfalen* hat rund 200 Mitarbeiter.

„Unsere Personalstrategie zielt darauf ab, vor dem Hintergrund unserer werteorientierten Unternehmenskultur fachlich als auch persönlich überzeugende Mitarbeiter zu rekrutieren und unsere Mitarbeiter langfristig an unser Unternehmen zu binden.

Geutebrück – Wir sind der Maßstab! Diesen Anspruch stellen wir nicht ausschließlich an unsere Produkte, sondern auch an unsere Mitarbeiter. Deshalb ist es unser Bestreben, alle Mitarbeiter effizient zu beschäftigen und zu Profis auf ihrem jeweiligen Fachgebiet zu entwickeln.

Schlanke und transparente Personalprozesse, sowie moderne und nachhaltige Recruiting- und Personalentwicklungsmaßnahmen unterstützen unsere tägliche Arbeit.

Geutebrück – Mit Sicherheit der beste Arbeitsplatz!" (*www.geutebrueck.com*)

6.1.2.3 Operatives Personalmanagement

> Das **operative Personalmanagement** umfasst die detaillierte Planung und Umsetzung konkreter personeller Maßnahmen zur Realisierung der in der Personalstrategie festgelegten Ziele sowie die administrative Abwicklung der personalwirtschaftlichen Abläufe.

Gegenstand des operativen Personalmanagements sind primär die einzelnen Mitarbeiter und Abteilungen sowie deren Zusammenspiel bei der Aufgabenerfüllung. Es ist kurz- bis mittelfristig ausgerichtet und stark reglementiert. Letzteres liegt auch an den weitreichenden Mitbestimmungsrechten des Betriebsrats bei personellen Einzelmaßnahmen. Aufgabenträger des operativen Personalmanagements sind neben der Personalabteilung vor allem die unmittelbaren Vorgesetzten (vgl. *Scholz*, 2000, S. 110 ff.). Die Beschreibung der operativen Aufgaben des Personalmanagements erfolgt in Kap. 6.2.

Operative Aufgaben

Wesentliche **Aufgabenfelder des operativen Personalmanagements** sind:

- **Personalbedarfsbestimmung:** Konkrete und detaillierte Ermittlung, welche Mitarbeiter mit welcher Qualifikation für welche Stelle wann und wofür benötigt werden.
- **Personalbeschaffung:** Durchführung von Maßnahmen zur Beseitigung eines qualitativen, quantitativen, zeitlichen oder örtlichen Personalbedarfs, insbesondere die Personalsuche sowie die Personalauswahl und -einstellung.
- **Personalfreisetzung:** Durchführung von Maßnahmen zur Beseitigung einer qualitativen, quantitativen, zeitlichen oder örtlichen Personalüberdeckung unter besonderer Beachtung rechtlicher und sozialer Aspekte.
- **Personalentwicklung:** Durchführung von Maßnahmen zur Förderung sowie Aus-, Fort- und Weiterbildung der Mitarbeiter.
- **Personaleinsatzplanung:** Anforderungs- und eignungsgerechter Einsatz der Mitarbeiter durch Planung von Arbeitsaufnahme, -inhalt, -ort und -zeit.
- **Personalbeurteilung:** Detaillierte und zeitnahe Erfassung der Leistung und des Verhaltens der Mitarbeiter mit Hilfe geeigneter Maßgrößen.
- **Personalvergütung:** Auswahl der Vergütungsform und Festsetzung des individuellen Arbeitsentgelts für die einzelnen Mitarbeiter.
- **Personalcontrolling:** Laufende Informationsversorgung und Koordination des Personalmanagements mit dem Schwerpunkt auf der Budgetierung der Personalkosten.
- **Personalverwaltung:** Abwicklung administrativer Personalaufgaben wie z. B. Lohn- und Gehaltsabrechnung, Erfassung von Fehlzeiten oder Pflege von Personaldaten.

Die Personalfunktion bei der Wittenstein AG

Die *Wittenstein AG* ist ein mittelständisches Unternehmen mit Hauptsitz in *Igersheim/Baden-Württemberg*. Die Produkte der *Wittenstein AG* sind überall dort zu finden, wo äußerst präzise angetrieben, gesteuert und geregelt werden muss. Entwickelt, produziert und vertrieben werden unter anderem Planetengetriebe, komplette elektromechanische Antriebssysteme sowie AC-Servosysteme und -motoren. Einsatzgebiete sind Roboter, Werkzeugmaschinen, die Verpackungstechnik, Förder- und Verfahrenstechnik, Papier- und Druckmaschinen, die Medizintechnik sowie die Luft- und Raumfahrt. Die *Wittenstein AG* beschäftigt rund 1.600 Mitarbeiter in den acht deutschen und den über 60 internationalen Tochtergesellschaften und Vertretungen.

Die *Wittenstein AG* wurde im Jahr 2003 unter 118 Unternehmen als **bester Arbeitgeber des deutschen Mittelstands** ausgezeichnet. Ausschlaggebend dafür war und ist die Ausrichtung des Personalmanagements an den Mitarbeitern. Dahinter steht auch die Notwendigkeit zur Gewinnung und Bindung qualifizierter Mitarbeiter an einem ländlich geprägten Firmenstandort wie *Igersheim*.

Das **normative Personalmanagement** ist durch gegenseitiges Vertrauen geprägt. Die Eigenverantwortung der Mitarbeiter und die Identifikation mit dem Unternehmen und dessen Zielen stehen im Mittelpunkt. Auch die sowohl bei Führungskräften als auch bei Mitarbeitern unterdurchschnittliche Fluktuation und geringe Fehlzeiten lassen auf ein gesundes Betriebsklima schließen. Maßgeblichen Anteil am Unternehmenserfolg hat das in Abb. 6.1.4 aufgeführte Leitbild, das die Mitarbeiter in den Mittelpunkt stellt. Der Führungsstil ist von kooperativen und situativen Grundsätzen geprägt und zeichnet sich durch eine sehr flache Hierarchie aus.

6.1 Grundlagen

Unsere Vision

Wittenstein will dauerhaft für seine Kunden weltweit ein exzellenter Partner sein mit intelligenten Komponenten und beherrschbaren Servosystemen auf dem Gebiet der mechatronischen Antriebstechnik.

Unsere Werte

Wir orientieren uns an Werten, die von uns nach innen und außen gelebt werden und dadurch feste Bestandteile unserer Identität sind:

Verantwortung

Wir bekennen uns zur Verantwortung gegenüber unserer Zukunft und der Gesellschaft:

- Wir entwickeln, produzieren und verkaufen hochwertige Produkte und Lösungen für die Bedürfnisse unserer Kunden in einem sich ständig wandelnden Markt
- Wir fördern Eigenverantwortung und Teamgeist. Wir erwarten von uns Bereitschaft zur Leistung, Kooperation und Überprüfung unserer Arbeit auf Regeln, Effizienz und Wirtschaftlichkeit. Unser unternehmerischer Erfolg sichert unser soziales Handeln.

Vertrauen

Wir schaffen Vertrauen durch menschliche Beziehungen, die auf gegenseitiger Wertschätzung beruhen:

- Wir wollen mit unseren Kunden, Partnern und Mitarbeitern Bindungen eingehen, die Vielfalt und Kreativität fördern zum Wohl einer gewinnbringenden Partnerschaft.
- Wir sind stolz auf unsere beflügelnde Unternehmenskultur. Bei uns bedeutet Führung Vorbild sein und Raum schaffen, damit jeder seine Fähigkeiten optimal entfalten und das Unternehmen mitgestalten kann.

Offenheit

Wir leben Offenheit vor und pflegen eine transparente Kommunikation, damit unsere Antworten nicht einseitig, sondern allseitig sind:

- Wir gestalten Beziehungen und bilden mit allen Mitwirkenden Netzwerke, die fruchtbar und werthaltig sind.
- Wir sorgen innerhalb des Unternehmens für eine Kommunikation, die aufrichtig und respektvoll ist.

Innovation

Wir lassen uns jeden Tag aufs Neue von unserem Erfindergeist inspirieren und streben nach stetiger Innovation:

- Wir denken an Lösungen, die noch nicht existieren und schlagen neue Wege ein, damit die Vision von heute zur Realität von morgen wird.
- Wir bringen mit unserem Wissen, Forschen und Weiterbilden eine Geisteshaltung hervor, die uns und unseren Partnern neue Horizonte eröffnet. Aus den wechselseitigen Impulsen entsteht eine Dynamik, die zukunfts- und erfolgsweisend ist.

Wandel

Wir begegnen dem Wandel mit Zuversicht. Wir sehen die Veränderung als Chance zur Weiterentwicklung, die uns und unseren Kunden nachhaltigen Erfolg sichert:

- Wir beteiligen uns aktiv am fortwährenden Prozess der technologischen und gesellschaftlichen Veränderung. Der Schlüssel unseres gemeinsamen Handelns bleibt immer der Mensch. Die Würde des Menschen steht bei uns daher im Mittelpunkt.
- Wir orientieren uns am Erhalt der Lebensgrundlage künftiger Generationen. Unsere Lernbereitschaft öffnet neue Wege und macht uns fähig für die Zukunft.

Wittenstein – eins sein mit der Zukunft

Abb. 6.1.4: Leitbild der Wittenstein AG

6 Personal

Im Rahmen des **strategischen Personalmanagements** der *Wittenstein AG* steht die langfristige Bindung qualifizierter Mitarbeiter an das Unternehmen und den Standort im Vordergrund. Hierfür werden vor allem Maßnahmen der Personalentwicklung eingesetzt. Auch Aufgabenerweiterung mit ähnlichen Tätigkeiten (Job-Enlargement), Arbeitsplatzwechsel (Job-Rotation) und Arbeitsbereicherung durch Integration höherwertiger Arbeitsinhalte (Job-Enrichment) werden angeboten. Hohen Stellenwert hat dabei die Teamarbeit.

Die Entwicklungschancen sind für jeden Mitarbeiter gleich. Beispielsweise begann der ehemalige Personalvorstand als Mechanikerlehrling. Mit der Gründung der *Wittenstein-Akademie* wird die Möglichkeit des lebenslangen Lernens für Mitarbeiter, Lieferanten, Kunden aber auch bestimmte Bereiche der Öffentlichkeit geboten. Da das Unternehmen sehr forschungsintensiv ist, stellt die permanente Fortbildung einen wichtigen Erfolgsfaktor dar. Alle Mitarbeiter haben die Möglichkeit, kostenlos und freiwillig verschiedene Seminare, Kurse, Workshops und Vorträge z. B. zu Betriebswirtschaft, Technik oder Sprachen zu besuchen. Sie können auch Bücher in der eigens eingerichteten Bibliothek bestellen, die den Mitarbeitern jederzeit zugänglich ist. Neben der hauseigenen Akademie gibt es weitere Möglichkeiten zur berufsbegleitenden Weiterbildung. Ist eine externe Bildungsmaßnahme überwiegend von betrieblichem Interesse, so beteiligt sich das Unternehmen an den Kosten. Jeder Mitarbeiter verfügt über ein Bildungsbudget in Höhe von 1 % seines jährlichen Bruttogehalts, welches er über drei Jahre hinweg ansammeln und bei einer entsprechenden Weiterbildungsmaßnahme abrufen kann. Dieses Budget ermöglicht z. B. die Teilnahme an Meister- und Technikerkursen. Der Gefahr der Betriebsblindheit soll durch intensive Kooperation mit externen Bildungsträgern, Lehraufträgen der Mitarbeiter an Hochschulen und einem kontinuierlichen Verbesserungsprozess begegnet werden. Mitarbeiter der *Wittenstein AG* sollen Kritik und Fehler nicht als Manko, sondern als Verbesserungschancen ansehen.

„Karriere" im Sinne der *Wittenstein*-Philosophie heißt nicht primär, hierarchisch aufzusteigen, sondern bedeutet, eigene Potenziale zugunsten des Unternehmens und der Mitarbeiter weiterzuentwickeln und einzubringen. Besonderen Wert legt die *Wittenstein AG* in diesem Zusammenhang auf die Auswahl und Qualifizierung von Schlüsselpersonen wie Führungskräfte und Fachexperten. Als eines unter sehr wenigen Unternehmen im Mittelstand verfügt die *Wittenstein AG* über zwei gleichwertige Karrierewege: Die Führungs- und die Fachlaufbahn. Für beide Laufbahnen wurden ein Potenzialanalyseverfahren und ein maßgeschneidertes umfassendes Trainingsprogramm konzipiert, das sich am jeweiligen Kompetenzmodell orientiert. Damit schafft *Wittenstein* die Basis dafür, dass jeder seine Fähigkeiten optimal entfalten und das Unternehmen mitgestalten kann.

Die *Wittenstein AG* bildet in 25 verschiedenen Berufen aus. Der Anteil Auszubildender an der Gesamtbelegschaft liegt bei etwa 13 %. Zudem engagiert sich das Unternehmen als Mitbegründer des *Campus Bad Mergentheim* der *Dualen Hochschule Baden-Württemberg Mosbach* und Initiator des Studiengangs Mechatronik an der *Hochschule Heilbronn*. Abb. 6.1.5 stellt die Personalstrategie des Unternehmens dar.

Wittenstein möchte dauerhaft für seine Mitarbeiter ein exzellenter Partner sein:

- Die Unternehmensgruppe Wittenstein schafft eine beflügelnde, gemeinsam getragene Firmenkultur, innerhalb der hoch motivierte Mitarbeiter nach dem richtigen Weg suchen und entsprechend handeln.
- Die Mitarbeiter sind die wichtigste Ressource unseres Unternehmens. Unser Unternehmenserfolg ist somit das Ergebnis hoch motivierter und qualifizierter Mitarbeiter. Wir verstehen uns als ein lernendes, innovatives und freundliches Unternehmen, in dem die Mitarbeiter ihre Arbeit in offener und intensiver Teamarbeit mitplanen, mitdenken, mitverantworten und mitgestalten.
- Für das gesamte Unternehmen, wie auch für einzelne Teams werden Ziele entwickelt, formuliert und kommuniziert. Gemeinsam mit jedem Mitarbeiter werden ergänzend dazu in Mitarbeitergesprächen persönliche Ziele vereinbart. Die Mitarbeiter begreifen somit ihre Arbeit als ihren persönlichen Beitrag zur Zielerreichung des Unternehmens.

- Die Teamarbeit bildet das Fundament, auf dem unser lernendes, innovatives und freundliches Unternehmen aufbaut. Alle Mitarbeiter sollen im Sinne des kontinuierlichen Verbesserungsprozesses ihre Ideen einbringen und in hohem Maße selber umsetzen können. Dazu wollen wir Entscheidungen delegieren und die Mitarbeiter in Teams befähigen, in weitgehender Eigenverantwortung und Zusammenarbeit ihre Arbeit zu gestalten.

Um so im Unternehmen arbeiten zu können, müssen folgende Voraussetzungen gegeben sein:
- Bei der Personalauswahl ist darauf zu achten, dass Mitarbeiter eingestellt werden, die sich durch Eigeninitiative, Verantwortungsbereitschaft, Teamfähigkeit, Engagement, Lernbereitschaft und Flexibilität auszeichnen.
- Eine weitere wichtige Voraussetzung ist ein kooperativer und situativer Führungsstil. Deshalb legen wir großen Wert auf die Auswahl und das Training unserer Führungskräfte.
- Die Anpassungsfähigkeit des Mitarbeiters und unseres Unternehmens ist zu erhalten und auszubauen. Hohe Qualität, Innovation und sinnvolle Mitgestaltung sind nur möglich mit hoch qualifizierten Mitarbeitern. Deshalb legen wir auf eine strategisch ausgerichtete Bildung großen Wert und schaffen mit unserer *Wittenstein*-Akademie entsprechende Bildungseinrichtungen und Förderinstrumente für die Qualifikation der Mitarbeiter.

Abb. 6.1.5: Personalstrategie der Wittenstein AG

Wichtige Instrumente des **operativen Personalmanagements** sind Zielvereinbarungsgespräche und Feedback. Aufgrund der wenigen Hierarchiestufen ist ein direkter Kontakt zwischen Führungskräften und Mitarbeitern möglich. Die Kommunikation findet sowohl Top-down als auch Bottom-up statt und kann als persönlich, systematisch und offen charakterisiert werden. Instrumente der täglichen internen Kommunikation sind z.B. Mitarbeiterbesprechungen, E-Mails, Telefonate, Bildschirme mit Unternehmensinformationen sowie das Intranet. Die Förderung der Kommunikation zwischen Vorgesetzten und Mitarbeitern wird weiterhin durch eine positive Gesprächskultur gewährleistet. So informiert beispielsweise der Vorstand alle Mitarbeiter in quartalsweise stattfindenden Vorstandsinformationen direkt.

Als attraktiver Arbeitgeber achtet das Unternehmen auf die **Arbeitsplatzgestaltung**. Büro- und Produktionsräume sind hell und modern eingerichtet. Arbeitsplätze im Produktionsbereich sollen genauso sauber und ansprechend sein wie Büroräume. Auf dem Firmengelände sind mehrere Snack- und Kaffeeautomaten aufgestellt, Mineralwasser ist kostenlos aus Wasserspendern erhältlich. Offenheit und Transparenz werden auch durch die Gestaltung der Arbeitsplätze deutlich. Glastüren finden sich nicht nur in Großraumbüros, sondern auch in den Büros der Vorgesetzten. Kunstwerke in Form von Bildern oder Skulpturen sollen die Entfaltung der Mitarbeiter fördern. Deshalb befindet sich in jedem Raum der *Wittenstein AG* mindestens ein Kunstobjekt und im Atrium haben regionale Künstler die Möglichkeit, Ausstellungen durchzuführen. Für die Erholung der Mitarbeiter ist durch Massagen, einen Grillplatz, einen Weltgarten, einen Fitnessraum, einen Beachvolleyballplatz und Kommunikationsecken gesorgt.

Das **Arbeitszeitmodell** des Unternehmens besteht aus einem Zeitkonto mit flexibler Arbeitszeit. Eine Kernzeit existiert nicht, d.h. es gibt keine festgelegte Arbeitszeit. Der Mitarbeiter legt seine tägliche Arbeit selbstverantwortlich und nach dem Arbeitsanfall in Absprache mit dem Vorgesetzten fest. Das Gleitzeitmodell ermöglicht die Ansammlung von bis zu 200 Stunden bzw. den Abbau von bis zu 200 Stunden. Es ist für alle Mitarbeiter über 18 Jahre in einem Gleitzeitrahmen von Montag bis Freitag zwischen 6:00 und 20:00 Uhr gültig. Für Schichtmitarbeiter gibt es entsprechende Sonderregelungen, auf eine Nachtsicht wird aber aus Rücksicht auf die Mitarbeiter komplett verzichtet.

Um Informationen weiterzugeben, Verantwortlichkeiten festzulegen, Mitarbeiter zu motivieren und Konflikten vorzubeugen, werden jährlich strukturierte **Mitarbeitergespräche** durchgeführt. Dabei werden neben der Überprüfung des Zielerreichungsgrades und der Vereinbarung neuer Ziele auch das Verhalten der Mitarbeiter gegenüber Kollegen, Vorgesetzten und Kunden besprochen. Mitarbeiter haben in diesen Gesprächen auch die Möglichkeit, über ihre Zusammenarbeit mit Kollegen sowie über ihre Arbeitsumgebung Stellung zu neh-

men. Dabei werden auch Verbesserungsvorschläge diskutiert. Bestandteil dieser Gespräche sind sowohl Bildungsmaßnahmen als auch die Karriereplanung.

Die **Integration neuer Mitarbeiter** wird durch feste Ansprechpartner und den Vorgesetzten gefördert. Neue Mitarbeiter und Führungskräfte durchlaufen zu Beginn ihrer Tätigkeit mehrere Abteilungen. Besonders bei Auszubildenden wird auf die Gemeinschaft Wert gelegt. Für neue Auszubildende findet eine „Kennlernwoche" statt und die Eltern können an einem Informationstag Fragen zur Ausbildung ihrer Kinder stellen.

Das Unternehmen bringt seinen Mitarbeitern ein hohes **soziales Engagement** entgegen. In der Kinderbetreuung wird mit umliegenden Kindergärten kooperiert. Eine Initiative junger Eltern trifft sich regelmäßig zu gemeinsamen Veranstaltungen. Auch Wettbewerbe zur Förderung des kreativen und technischen Nachwuchses werden ins Leben gerufen. So wurde vor 10 Jahren der Wettbewerb „kreative Köpfe" im Taubertal ins Leben gerufen, bei dem Schüler Ihre kreativen Ideen mit Unterstützung regionaler Unternehmen in die Tat umsetzen. Ein weiteres Beispiel ist der europäische Gesangswettbewerb „Debut" für junge Opernsänger. Die *Wittenstein AG* zeichnet sich auch durch eine hohe Arbeitsplatzsicherheit aus. Seit über zwanzig Jahren fanden keine betriebsbedingten Kündigungen mehr statt und auf eine vertraglich fixierte Probezeit wird gänzlich verzichtet.

Management Summary

- Die Personalfunktion der Unternehmensführung umfasst alle mitarbeiterbezogenen Planungs-, Steuerungs- und Kontrollaufgaben (Personalmanagement) sowie die Beeinflussung des Mitarbeiterverhaltens im Hinblick auf die Erreichung der Unternehmensziele (Personalführung).
- Die Aufgabenfelder des Personalmanagements sind: Bedarfsbestimmung, Beschaffung, Entwicklung, Freisetzung, Einsatz, Beurteilung und Vergütung des Personals.
- Unterstützende Funktionen für das Personalmanagement übernehmen das Personalcontrolling und die Personalverwaltung.
- Normatives Personalmanagement umfasst grundsätzliche Entscheidungen über generelle Ziele, Richtungen und Regeln im Umgang mit den Mitarbeitern. Es prägt die Führungsphilosophie, die in der Personalpolitik konkretisiert und schriftlich fixiert wird und beinhaltet die Führungsgrundsätze zum Handeln und Verhalten von Führungskräften.
- Strategisches Personalmanagement zielt auf die Gestaltung des Personalmanagements als strategischen Erfolgsfaktor des Unternehmens ab. Die Personalstrategie sollte integrativer Bestandteil der Unternehmensstrategie sein.
- Operatives Personalmanagement umfasst die detaillierte Planung und Umsetzung konkreter personeller Maßnahmen zur Realisierung der in der Personalstrategie festgelegten Ziele sowie die administrative Abwicklung der personalwirtschaftlichen Aufgaben.

Literaturempfehlungen

Bühner, R.: Personalmanagement, 3. Aufl., München 2005.

Jung, H.: Personalwirtschaft, 9. Aufl., München 2011.

Scholz, C.: Personalmanagement, 5. Aufl., München 2000.

Empfehlenswerte Fallstudien zum Kapitel 6.1 aus Dillerup, R./Stoi, R. (Hrsg.)

2.4 Unternehmensnachfolge der Manufaktur für Druckstoffe GmbH (*Schrumpf, R./Posselt, S.*)

6.4 Personalführung bei der Hans Herrlich oHG (*Posselt, S.*)

6.5 Motivation und Personalentwicklung bei der Eder Möbel GmbH (*Kronawitter, K.*)

6.2 Aufgabenfelder des Personalmanagements

> **Leitfragen**
> - Welche Aufgabenfelder umfasst das Personalmanagement?
> - Wie hängen diese Aufgabenfelder zusammen?
> - Welche Instrumente werden dabei eingesetzt?

In diesem Kapitel werden die grundlegenden Aufgabenfelder des Personalmanagements erläutert. Darüber hinaus werden das Personalcontrolling und die Personalverwaltung als wesentliche Unterstützungsfunktionen des Personalmanagements vorgestellt.

Den **Zusammenhang** der Aufgabenfelder zeigt Abb. 6.2.1. Die Personalbedarfsbestimmung erfolgt auf Grundlage der in der Personalstrategie festgelegten Zielsetzungen. Unter Rückgriff auf die Ergebnisse der Personalbewertung wird im Anschluss festgelegt, wie der bestehende Personalbedarf gedeckt und eventuelle Personalüberdeckungen abgebaut werden sollen. Dies kann durch Personalentwicklung, -beschaffung oder -freisetzung erfolgen, die in aller Regel kombiniert eingesetzt werden. Die Personaleinsatzplanung ordnet dann die Mitarbeiter den Stellen im Unternehmen zu, wobei auch die wesentlichen Rahmenbedingungen der Vergütung festgelegt werden. Dabei wird auch auf die Einschätzung der Leistung und des Potenzials der Mitarbeiter im Rahmen der regelmäßig erfolgenden Personalbeurteilung zurückgegriffen. Diese bildet die Grundlage für eine leistungsgerechte Personalvergütung.

Aufgabenzusammenhang

In Kap. 6.1 wurde dargestellt, dass sämtliche Aufgabenfelder strategische und operative Aspekte beinhalten. Die unterschiedlichen **Aufgabenschwerpunkte** zeigt Abb. 6.2.1. Während sich das Personalcontrolling auf sämtliche Aufgabenfelder sowie operative

Ebenen

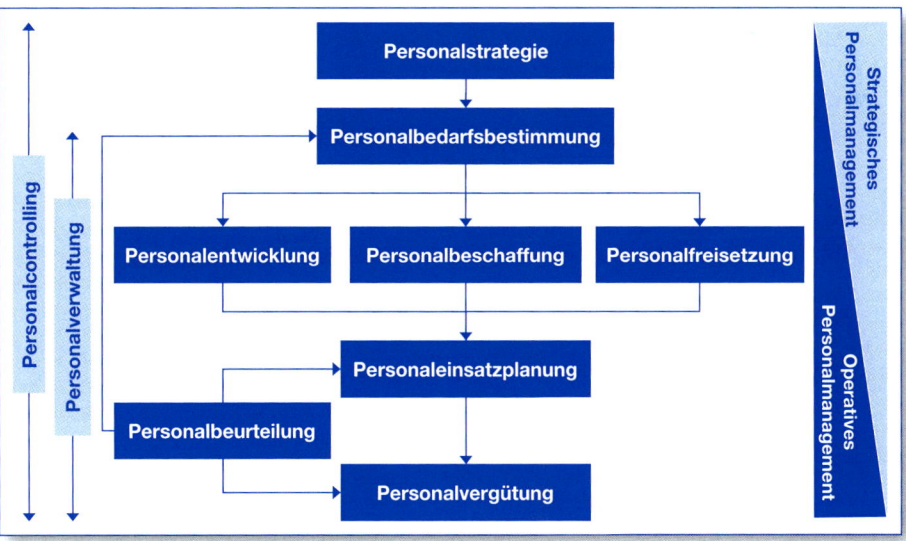

Abb. 6.2.1: Zusammenhang und Schwerpunkte der Aufgabenfelder des Personalmanagements

und strategische Fragestellungen bezieht, liegt der Schwerpunkt der Personalverwaltung vor allem auf der administrativen Unterstützung des operativen Personalmanagements.

6.2.1 Personalbedarfsbestimmung

> **!** Die **Personalbedarfsbestimmung** ermittelt den qualitativen, quantitativen, zeitlichen und örtlichen Bedarf an Mitarbeitern, die zur Realisierung gegenwärtiger und zukünftiger Leistungen erforderlich sind (vgl. *Drumm*, 2008, S. 203).

Unter- oder Überdeckungen beim Personal wirken sich unmittelbar auf das Unternehmensergebnis aus. Die Personalbedarfsbestimmung steht deshalb am Anfang des Personalmanagementprozesses (vgl. *Scholz*, 2000, S. 251). Folgende **Arten des Personalbedarfs** sind zu klären (vgl. Holtbrügge, 2010, S. 82 f.):

Arten des Personalbedarfs

- **Örtlicher Personalbedarf:** Bestimmt die Einsatzorte der Mitarbeiter.
- **Zeitlicher Personalbedarf:** Gibt an, wann und wie lange die Mitarbeiter benötigt werden. Geplant werden die Zeitpunkte sowie die Dauer des Personalbedarfs. Die Planung des örtlichen und zeitlichen Personalbedarfs dient vor allem dazu, Personalengpässe festzustellen und im Vorfeld zu vermeiden.
- **Qualitativer Personalbedarf:** Bezeichnet die Fähigkeiten und Kenntnisse, über die ein Mitarbeiter für eine bestimmte Stelle verfügen soll. Im Rahmen der qualitativen Personalbedarfsbestimmung werden die Arbeitsanforderungen erfasst und mit den vorhandenen Mitarbeiterqualifikationen verglichen, um bestehende Defizite zu erkennen. Die qualitative Personalbedarfsbestimmung kann auf zwei Arten erfolgen:
  - **Stellenbeschreibungen:** Diese enthalten ein detailliertes Anforderungsprofil einer organisatorischen Stelle mit deren Aufgaben und Kompetenzen sowie Stellvertretungsregelungen und Kommunikationsbeziehungen.
  - **Nach Berufsgruppen:** Ähnliche Anforderungsprofile einzelner Stellen werden zu Berufsgruppen, wie z. B. Sekretärin oder Controller, zusammengefasst. Für diese wird dann der qualitative Personalbedarf gemeinsam ermittelt.
- **Quantitativer Personalbedarf:** Gibt die Anzahl der benötigten Mitarbeiter an. Generelles Ziel ist die Erhöhung der Wirtschaftlichkeit, d. h. bestehende Aufgaben sollen mit möglichst wenigen Mitarbeitern realisiert werden. Dem stehen jedoch die Ziele der Leistungssicherung (Vermeidung von Kapazitätsengpässen bei konjunkturellen oder saisonalen Schwankungen), der Anpassungsfähigkeit an veränderte Umweltbedingungen und der Innovationsfähigkeit des Unternehmens entgegen. Zudem soll eine angemessene und gleichmäßige Arbeitsbelastung der Mitarbeiter gewährleistet werden, um Überbeanspruchungen und Unterauslastungen zu vermeiden. Es wird unterschieden (vgl. *Berthel/Becker*, 2012, S. 301 ff.; *Beschorner/Hajduk*, 2011, S. 123 f.):

  Brutto-/Netto-Personalbedarf

  - **Brutto-Personalbedarf:** Anzahl und Qualität der Arbeitskräfte, die erforderlich sind, um die Vorgaben der Produktions- und Absatzplanung zu realisieren (Soll-Personalbestand). Er besteht aus dem arbeitsbedingten Einsatzbedarf und dem aufgrund zeitweiliger Abwesenheiten (z. B. wegen Fehlzeiten, Urlaub, Weiterbildung, etc.) entstehenden Reservebedarf.
  - **Personalbestand:** Anzahl und Qualität der zu einem bestimmten Zeitpunkt vorhandenen Arbeitskräfte (Ist-Personalbestand).

- **Netto-Personalbedarf:** Anzahl und Qualität der zu beschaffenden bzw. freizusetzenden Arbeitskräfte. Er ergibt sich aus dem Brutto-Personalbedarf abzüglich des Personalbestands. Der Netto-Personalbedarf setzt sich zusammen aus dem aufgrund von ausscheidenden Mitarbeitern entstehenden Ersatzbedarf und dem darüber hinausgehenden Neubedarf. Ein positiver Netto-Personalbedarf bedeutet eine Personalunterdeckung, ein negativer eine Personalüberdeckung.

Zur quantitativen Ermittlung des Brutto-Personalbedarfs stehen die folgenden, in Abb. 6.2.2 dargestellten **Verfahren** zur Verfügung (vgl. *Beschorner/Hajduk*, 2011, S. 126 ff.; *Bühner*, 2005, S. 57 ff.; *Hentze/Kammel*, 2001, S. 202 ff.; *Jung*, 2011, S. 122 ff.; *Oechsler*, 2011, S. 161 ff.):

- **Schätzverfahren:** Abschätzung des Personalbedarfs durch Intuition und Erfahrung.
  - **Einfache Schätzung:** Subjektive Einschätzung der jeweiligen Personalbedarfe durch die Führungskräfte. Die Personalabteilung prüft auf Plausibilität und fasst die Schätzungen zum Personalbedarf des Unternehmens zusammen.
  - **Normale Expertenbefragung:** Bedarfsermittlung aufgrund subjektiver Einschätzung einer Expertengruppe.
  - **Systematisierte Expertenbefragung:** Bedarfsermittlung aufgrund einer strukturierten, mehrstufigen Befragung einer Expertengruppe nach der Delphi-Methode.

- **Organisatorische Verfahren:** Die Bedarfsermittlung erfolgt nicht aufgrund leistungsbezogener Merkmale, sondern auf Basis organisatorischer Gesichtspunkte wie z. B. gesetzlicher Bestimmungen oder der Organisationsstruktur. Die Methoden werden vor allem dann eingesetzt, wenn die zu besetzenden Stellen weitgehend unabhängig von der quantitativen Arbeitsleistung sind. Ein Beispiel ist der Datenschutzbeauftragte. Bei der weit verbreiteten Stellenplan- oder Arbeitsplatzmethode erfolgt die Bedarfsermittlung aufgrund des Stellenplans. Dort sind alle Stellen des Unternehmens ausgewiesen, unabhängig davon, ob diese besetzt sind oder nicht. Die unbesetzten Stellen zeigen den aktuellen Personalbedarf. Dieser wird systematisch durch Berücksichtigung von Stellenzugängen, -veränderungen und -abgängen fortgeschrieben, um den zukünftigen Personalbedarf zu erhalten.

- **Statistische Verfahren:** Personalbedarfsermittlung mit Hilfe statistischer Verfahren auf Basis von Vergangenheitswerten.
  - **Kennzahlenmethode:** Es wird ein direkter Zusammenhang zwischen dem Personalbedarf und einer historischen Kennzahl unterstellt, welche angibt, wie viele Mitarbeiter bislang für die Erbringung einer bestimmten Arbeitsleistung erforderlich waren. Aus der prognostizierten Arbeitsleistung wird dann auf die zukünftige Personalbedarfsentwicklung geschlossen. Eine häufig verwendete Kennzahl ist die Arbeitsproduktivität. Diese setzt eine Ertragsgröße (z. B. Produktionsmenge oder Umsatz) in Beziehung zum Arbeitseinsatz (z. B. Arbeitszeit oder Mitarbeiterzahl). Mit Hilfe der Arbeitsproduktivität lässt sich dann aus der geplanten Ertragsgröße der Personalbedarf ableiten, wie nachfolgendes Beispiel zeigt:

    $$\text{Bruttopersonalbedarf} = \frac{\text{Personalbestand}}{\text{Umsatz abgelaufenes Jahr}} \cdot \text{Umsatz nächstes Jahr}$$

  - **Trendextrapolation/Trendanalogie:** Der Personalbedarf wird aufgrund von Vergangenheitsdaten fortgeschrieben, wobei für die Zukunft eine kontinuierliche bzw. analoge Entwicklung angenommen wird.

- **Regressions-/Korrelationsrechnungen:** Der Personalbedarf wird als abhängige Variable in einen funktionalen Zusammenhang mit einer oder mehreren Einflussgrößen gesetzt, woraus dann Aussagen über den Personalbedarf abgeleitet werden.

■ **Personalbemessungsverfahren (Kapazitätsrechnung):** Um den Personalbedarf zu bestimmen, wird die insgesamt für das Leistungsprogramm erforderliche Arbeitszeit durch die pro Mitarbeiter zur Verfügung stehende Arbeitszeit geteilt. Die erforderliche Arbeitszeit ergibt sich aus der Multiplikation der Anzahl der Arbeitsvorgänge mit den Bearbeitungszeiten je Arbeitsvorgang. Diese kann nach den folgenden Methoden ermittelt werden:

Personalbemessungsverfahren

- **Selbstaufschreibungen:** Die Mitarbeiter erfassen die während ihrer Arbeitszeit ausgeführten Tätigkeiten. Aus diesen Angaben werden dann die durchschnittlichen Arbeitszeiten je Tätigkeit ermittelt.
- **Multi-Moment-Verfahren:** Erfassung der Tätigkeiten in einem festgelegten Untersuchungsbereich durch eine systematische Folge von Arbeitsplatzbeobachtungen. Aus der Häufigkeit der Einzeltätigkeiten wird auf deren Zeitaufwand geschlossen.
- **REFA-Zeitaufnahmeverfahren:** Die Arbeitsvorgänge werden in Rüst-, Ausführungs- und Verteilzeitanteile zerlegt und zu einer Normalleistung pro Zeiteinheit zusammengefasst.
- **Elementarzeitverfahren (Systeme vorbestimmter Zeiten):** Sämtliche Arbeitsvorgänge werden in kleinste Teilvorgänge zerlegt. Die Dauer dieser sog. Elementartätigkeiten lässt sich vorgegebenen Zeittabellen entnehmen. Die Zeiten aller in einem Arbeitsvorgang anfallenden Elementartätigkeiten werden anschließend aufsummiert und unter Berücksichtigung von Zuschlagsfaktoren wird daraus die Gesamtvorgabezeit ermittelt. Die Zuschlagsfaktoren berücksichtigen z. B. die Leistungsfähigkeit eines Mitarbeiters. Die Elementarzeitverfahren dienen vor allem zur Planung manueller Abläufe in der industriellen Massenfertigung. In der Praxis gebräuchlich sind:

  Methods-Time-Measurement-Analyse (MTM) unterscheidet neun Grundbewegungen (z. B. Greifen oder Drehen), zwei Blickfunktionen (Augen bewegen und richten) und verschiedene Körper-, Bein und Fußbewegungen. Für diese sind empirisch ermittelte Durchführungszeiten vorhanden, mit denen die Zeiten der Arbeitsvorgänge als Kombination der standardisierten Bewegungen bestimmt werden.

  Work-Factor-Analyse (WFS) ist wesentlich aufwendiger, da sämtliche Bewegungen weitestgehend aufgeschlüsselt und zeitlich erfasst werden.

Verfahrenswahl

Alle genannten Verfahren haben spezifische Vor- und Nachteile. Die **Wahl eines Verfahrens** hängt auch vom qualitativen Personalbedarf ab. Die Schätzverfahren sind aufgrund ihrer Einfachheit insbesondere bei kleinen und mittleren Unternehmen sehr verbreitet. Allerdings mangelt es ihnen an objektiven Maßstäben, so dass der Personalbedarf häufig falsch eingeschätzt wird. Bei den statistischen Verfahren wird angenommen, dass sich zukünftige Entwicklungen aus der Vergangenheit ableiten lassen. Vorteile sind die Nachvollziehbarkeit der Ergebnisse und der geringe Erhebungsaufwand. Nachteile sind die teilweise komplizierte und schwer durchschaubare Berechnung sowie die unreflektierte Fortschreibung von Entwicklungen der Vergangenheit in die Zukunft. Die organisatorischen Verfahren haben den Vorteil, dass die einzelnen Stellen mit einer detaillierten Stellenbeschreibung versehen werden, die den qualitativen Personalbedarf beschreiben. Allerdings beschränkt sich ihr Einsatzfeld auf Verwaltungs- und Dienstleistungsbereiche. Die Personalbemessungsverfahren werden vor allem im

6.2 Aufgabenfelder des Personalmanagements

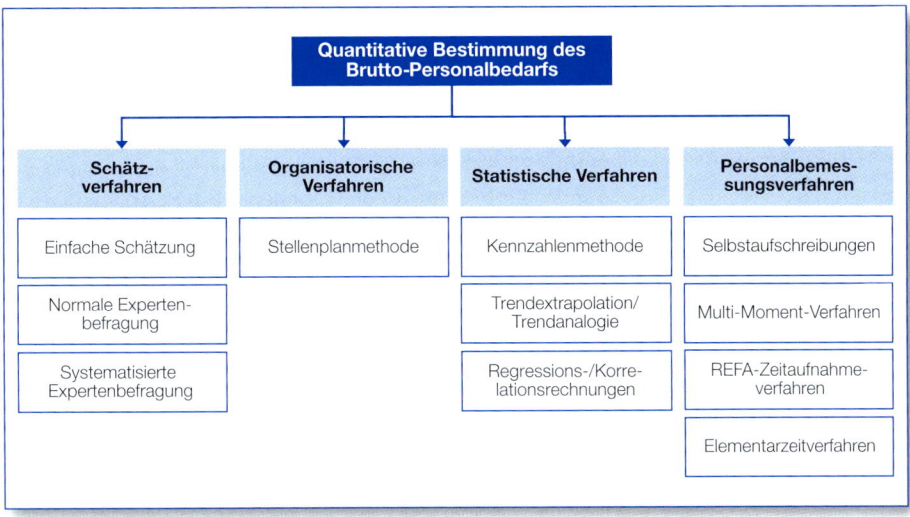

Abb. 6.2.2: Verfahren zur quantitativen Ermittlung des Brutto-Personalbedarfs

Fertigungsbereich eingesetzt, da hier die Voraussetzung einer quantitativ messbaren Leistung gegeben ist. Kritisch dabei ist die objektive Bestimmung der erforderlichen Bearbeitungszeiten, da die Messungen z. B. durch bewusste oder unbewusste Verhaltensänderungen der beobachteten Mitarbeiter beeinflusst werden.

Die in der Praxis vor allem bei kleinen und mittleren Unternehmen häufig grobe oder gar intuitive Schätzung des Personalbedarfs steht oft in keinem Verhältnis zu ihrer Bedeutung. So besteht bei einer Personalunterdeckung die Gefahr, dass Aufträge nicht oder nur unzureichend erledigt werden können, während eine Personalüberdeckung zu hohe oder gar existenzgefährdende Personalkosten zur Folge haben kann (vgl. *Beschorner/Hajduk*, 2011, S. 126).

Ergibt die Personalbedarfsbestimmung qualitative, quantitative, zeitliche oder örtliche Personalunterdeckungen, so sind diese durch Maßnahmen der Personalentwicklung oder -beschaffung zu beheben. Im Falle einer Personalüberdeckung sind entsprechende Maßnahmen der Personalfreisetzung erforderlich. In den meisten Fällen hat das Unternehmen in einigen Bereichen zu hohe und in anderen zu niedrige Personalbestände. Diese werden dann durch eine Kombination aus Personalentwicklung, -freisetzung und -beschaffung ausgeglichen, auf die in den folgenden Abschnitten eingegangen wird.

6.2.2 Personalentwicklung

Die **Personalentwicklung** beinhaltet alle geplanten Aus-, Fort- und Weiterbildungsmaßnahmen zur individuellen beruflichen Qualifikation und Förderung von Mitarbeitern (vgl. *Hentze/Kammel*, 2001, S. 339; *Holtbrügge*, 2010, S. 124).

Unter Beachtung ihrer persönlichen Interessen und Bedürfnisse sollen den Mitarbeitern die erforderlichen fachlichen, methodischen, sozialen und persönlichen Qualifikationen zur Bewältigung derzeitiger und zukünftiger Aufgaben vermittelt werden.

Arten Es lassen sich drei berufsbezogene **Personalentwicklungsarten** unterscheiden:

- **Ausbildung** als berufsvorbereitende Personalentwicklung,
- **Fortbildung** als berufsbegleitende Personalentwicklung zur Vertiefung und Aktualisierung der Mitarbeiterqualifikation und
- **Weiterbildung** als berufsverändernde Personalentwicklung.

Bedarf Die Grenzen zwischen Fort- und Weiterbildung sind oft fließend. Ein **Personalentwicklungsbedarf** entsteht bei Differenzen zwischen den Arbeitsanforderungen und dem Qualifikationsprofil der Mitarbeiter, die nicht durch Personalbeschaffung ausgeglichen werden können oder sollen. Der Entwicklungsbedarf hängt von externen Einflüssen wie z. B. Bildungssystem, Arbeitsmarkt oder Wettbewerbern sowie internen Faktoren wie z. B. Branche, Größe, Strategie und den Mitarbeitern selbst ab (vgl. *Bühner*, 2005, S. 96 f.; *Holtbrügge*, 2010, S. 124 ff.).

Vorgehen Zur Bestimmung des Personalentwicklungsbedarfs ist zunächst das aktuelle Potenzial der Mitarbeiter einzuschätzen. Stärken und Schwächen werden ermittelt und daraus individuelle Entwicklungsziele abgeleitet. Im Anschluss werden Entwicklungsmaßnahmen ausgewählt, vereinbart und durchgeführt. Nach den Maßnahmen ist eine Kontrolle der erzielten Erfolge sinnvoll. Die Veränderung der individuellen Qualifikation entzieht sich jedoch häufig einer direkten Bewertung und zeigt sich erst im Laufe der Zeit in der Qualität der Arbeitsergebnisse oder in einer Verhaltensänderung. Die Kontrolle der Entwicklungsmaßnahmen findet deshalb i. d. R. langfristig im Rahmen der Beurteilung des Mitarbeiterpotenzials z. B. durch Mitarbeitergespräche statt und fällt in den Aufgabenbereich des direkten Vorgesetzten. Um die Rentabilität von Investitionen in die Personalentwicklung zu gewährleisten, sollten sie durch entsprechende Maßnahmen zur Mitarbeiterbindung (Retention) flankiert werden. Ansonsten geht dem Unternehmen nicht nur die Arbeitskraft, sondern auch das Wissen des Mitarbeiters verloren (vgl. hierzu Kap. 8.2 sowie das Beispiel in Kap. 6.2.7.2).

6.2.2.1 Ziele und Inhalte

Die Personalentwicklung berücksichtigt sowohl die Ziele des Unternehmens (Organisationsziele) als auch der Mitarbeiter (Individualziele). Zwischen diesen Zielen können auch Konflikte bestehen. Die Vernachlässigung der Mitarbeiterinteressen führt z. B. zu Widerständen und mangelnder Motivation, so dass wiederum die betriebs- bzw. arbeitsplatzbezogenen Ziele nicht erreicht werden können (vgl. *Bühner*, 2005, S. 95; *Hentze/Kammel*, 2001, S. 347).

Betriebliche Ziele Die **betrieblichen Ziele der Personalentwicklung** leiten sich aus den Unternehmenszielen ab. Exemplarische Ziele eines mitarbeiterorientierten Personalmanagements sind z. B. (vgl. *Staehle*, 1999, S. 875):

- Sicherung eines qualifizierten Mitarbeiterbestands,
- Leistungsverbesserung der Beschäftigten,
- Erhaltung und Verbesserung der Wettbewerbsfähigkeit,
- Erhöhung der fachlichen Qualifikation der Mitarbeiter,
- Erhöhung der Mitarbeiterzufriedenheit,
- Bindung der Mitarbeiter an das Unternehmen,
- Unabhängigkeit vom externen Arbeitsmarkt,
- Anpassung an veränderte Technologien und Marktverhältnisse.

6.2 Aufgabenfelder des Personalmanagements

Die Mitarbeiter erwarten von der Personalentwicklung i.d.R. die Verbesserung ihrer beruflichen Fähigkeiten. Beispielhafte **Anforderungen der Mitarbeiter** an die Personalentwicklung sind (vgl. *Berthel/Becker*, 2012, S. 424 f.; *Bühner*, 2005, S. 95):

Persönliche Ziele

- Entfaltung der Persönlichkeit,
- Schaffung von Voraussetzungen für einen beruflichen Aufstieg,
- Erhöhung des persönlichen Prestiges,
- Übertragung neuer und erweiterter Aufgaben und Kompetenzen,
- Steigerung des Einkommens,
- Breitere Einsatz- und Karrieremöglichkeiten.

Die im Rahmen der Personalentwicklung vermittelten **Qualifikationen** lassen sich in drei Gruppen unterscheiden (vgl. *Berthel/Becker*, 2012, S. 420 f.; *Holtbrügge*, 2010, S. 126 ff.; *Olfert*, 2010, S. 386 ff.; *Staehle*, 1999, S. 884):

Qualifikationsarten

- **Vermittlung von Fachwissen (Knowledge)**
    - Wissen über das Unternehmen wie z.B. Produkte oder Prozesse sowie dessen Umwelt wie z.B. Kunden, Lieferanten oder Wettbewerber.
    - Betriebswirtschaftliche oder technische Kenntnisse für berufliche Aufgaben.
- **Erweiterung der Fähigkeiten (Skills)**
    - **Methodische Fähigkeiten:** Eigenständige Anwendung des Wissens auf praktische Problemstellungen.
    - **Analytische Fähigkeiten:** Systematische Annäherung an eine Aufgabe sowie konzeptionelles und strukturiertes Denken.
    - **Soziale Fähigkeiten:** Offener und partnerschaftlicher Umgang mit Kollegen und Vorgesetzten, wirksame Kommunikation und Zusammenarbeit sowie konstruktive Lösung von Konflikten. Bei Führungskräften fällt hierunter auch die Wahl eines geeigneten Führungsstils (vgl. Kap. 6.3.1.3).
- **Bildung neuer Einstellungen (Attitudes):** Beispiele für wünschenswerte Einstellungen von Mitarbeitern sind Toleranz, Streben nach permanentem Lernen, unternehmerisches Denken sowie Offenheit gegenüber Veränderungen.

Die erforderlichen Qualifikationen einer Stelle werden durch den qualitativen Personalbedarf bestimmt. Aus dem Vergleich mit den Qualifikationen des jeweiligen Mitarbeiters ergeben sich die individuell vorzusehenden Maßnahmen der Personalentwicklung.

6.2.2.2 Methoden

Zur Personalentwicklung steht eine Vielzahl unterschiedlicher Methoden zur Verfügung. Nach dem Einbezug der Teilnehmer lassen sich aktive und passive Methoden unterscheiden. Personalentwicklung kann von internen oder externen Trägern sowie für einzelne Personen oder eine Gruppe von Mitarbeitern durchgeführt werden. Eine gängige Klassifizierung ist die Einteilung nach der Nähe zur Arbeitsaufgabe bzw. dem Ort des Lernens.

Klassifikationsmerkmale

Nach diesen Kriterien lassen sich die in Abb. 6.2.3 dargestellten **Methoden** unterscheiden (vgl. *Berthel/Becker*, 2012, S. 470 ff.; *Bühner*, 2005, S. 111 ff.; *Hentze/Kammel*, 2001, S. 376 ff.; *Holtbrügge*, 2010, S. 128 ff.; *Stock-Homburg*, 2010, S. 228 ff.):

6 Personal

Into the Job
- **Into the Job:** Vorbereitung auf zukünftige berufliche Aufgaben.
  - **Berufsausbildung:** Vermittlung systematischer beruflicher Kenntnisse und Fähigkeiten in staatlich anerkannten Ausbildungsberufen. Nach dem dualen System der Berufsausbildung in Deutschland erfolgt der praktische Teil der Ausbildung im Unternehmen, während in der Berufsschule vor allem theoretische Kenntnisse vermittelt werden.
  - **Anlernausbildung:** Diese wird bei Mitarbeitern eingesetzt, die einfache, überwiegend manuelle und ausführende Tätigkeiten mit geringem Anspruchsniveau wahrnehmen. Es erfolgt keine theoretische Ausbildung in der Berufsschule, sondern praktische Unterweisungen, bei denen die Entwicklung von Fertigkeiten im Vordergrund stehen.
  - **Trainee-Programme:** Maßnahmen zur systematischen Einarbeitung von Hochschulabsolventen, bei denen mehrere betriebliche Stationen durchlaufen werden.

On the Job
- **On the Job:** Vermittlung praktischer Kenntnisse und Erfahrungen am Arbeitsplatz. Das Lernfeld der Mitarbeiter entspricht ihrem Aufgabenbereich. Die Mitarbeiter lernen während ihrer laufenden Tätigkeit schrittweise und häufig unbewusst.
  - **Systematische Unterweisung:** Der Vorgesetzte zeigt und erklärt das neue Aufgabengebiet und/oder macht die Arbeit vor. Anschließend probiert der Mitarbeiter unter Anleitung des Vorgesetzten die Tätigkeiten aus. Danach wird die Arbeit selbstständig eingeübt, bis sie vollständig beherrscht wird.
  - **Coaching:** Unterstützung und Training einzelner Mitarbeiter oder Mitarbeitergruppen in einer begrenzten Entwicklungsphase durch geschulte Trainer bei der Lösung fach- und personenbezogener Problemstellungen.
  - **Qualifikationsfördernde Arbeitsgestaltung**

    Job rotation (Arbeitsplatzwechsel): Systematischer Tausch des Arbeitsplatzes verbunden mit einer Veränderung von Aufgaben, Kompetenzen und Verantwortung.

    Job enlargement (Arbeitserweiterung): Horizontale Erweiterung des Aufgabenspektrums mit qualitativ gleichwertigen Arbeitsanforderungen.

    Job enrichment (Arbeitsbereicherung): Vertikale Erweiterung des Aufgabenspektrums mit qualitativ höherwertigen Arbeitsanforderungen und mehr Verantwortung.

Near the Job
- **Near the Job:** Maßnahmen, die in enger räumlicher, zeitlicher und inhaltlicher Nähe zum Arbeitsplatz stattfinden. Die Personalentwicklung bezieht sich nicht auf die eigentliche Arbeitsaufgabe, sondern erfolgt durch zeitlich befristete Sonderaufgaben.
  - **Projektarbeit:** Die Mitarbeit in einem zeitlich befristeten Projekt (vgl. Kap. 5.3) kann den fachlichen Horizont und soziale Fähigkeiten erweitern. Sie dient häufig zur Führungskräfteentwicklung.
  - **Stellvertretung/Assistenz:** Durch vorübergehende oder schrittweise Übernahme von Aufgaben, Kompetenzen und Verantwortung einer ranghöheren oder gleichgestellten Position werden Mitarbeiter für anspruchsvollere oder neue Tätigkeiten qualifiziert.
  - **Qualitätszirkel:** Gesprächsrunden, die sich meist wöchentlich mit einem Moderator treffen, um Schwachstellen zu identifizieren und Verbesserungen bei der Produktqualität und in den Arbeitsabläufen zu erreichen.
  - **Lernstatt:** Selbstorganisiertes Lernen in Gruppen, um Erfahrungen auszutauschen und das Wissen über betriebliche Zusammenhänge zu verbessern.

6.2 Aufgabenfelder des Personalmanagements

- **Action Learning:** Gemeinsame Bearbeitung einer konkreten betrieblichen Problemstellung innerhalb einer Gruppe, sowohl zur Lösung des Problems als auch zur Weiterentwicklung der individuellen Fähigkeiten der Gruppenmitglieder.

■ **Off the Job:** Maßnahmen, die von der eigentlichen Arbeitsaufgabe losgelöst sind und i. d. R. nicht am Arbeitsplatz durchgeführt werden. Ziele sind die Vermittlung von theoretischem Wissen und das Erlernen von Verhaltensweisen.

- **E-Learning:** Multimediales Lernen mit Hilfe von Schulungssoftware am Computer (Computer-based Training, CBT) oder durch Nutzung von Angeboten im Intra- bzw. Internet (Web-based Training, WBT).
- **Konferenzen/Workshops/Fachseminare:** Spezifische Inhalte werden innerhalb oder außerhalb des Unternehmens durch Fachexperten dargestellt bzw. in Gruppen erarbeitet und diskutiert.
- **Corporate Universities:** Unternehmenseigene Bildungseinrichtung, die ein speziell auf die Bedürfnisse eines Unternehmens abgestimmtes Angebot zur Vermittlung theoretischer Kenntnisse bietet.
- **Blended Learning:** Integriertes Lernen, bei dem E-Learning-Angebote didaktisch sinnvoll mit Präsenzveranstaltungen kombiniert werden.
- **Erlebnispädagogik** (Outdoor bzw. Survival Trainings): Die Teilnehmer werden außerhalb ihres alltäglichen Arbeitsumfelds mit überraschenden Problemstellungen konfrontiert, die im Team zu bewältigen sind. Vorwiegendes Ziel ist die Entwicklung sozialer Fähigkeiten und die Verbesserung der Zusammenarbeit.

■ **Along the Job:** Gestaltung der zukünftigen beruflichen Laufbahn des Mitarbeiters.

- **Beratungs- und Fördergespräche:** Klärung des Bedarfs und der Entwicklungsmöglichkeiten zwischen Vorgesetztem, Personalabteilung und Mitarbeiter.
- **Coaching**: Individuelle, meist über einen längeren Zeitraum erfolgende Beratung einzelner Mitarbeiter oder eines Teams. Ziel ist z. B. der Abbau von Leistungsdefiziten, die Lösung eines Konflikts oder die Entwicklung persönlicher Stärken.
- **Karriere- und Nachfolgeplanung:** Gedankliche Vorwegnahme der zukünftigen beruflichen Laufbahn des Mitarbeiters bzw. der Besetzung freiwerdender Positionen. Häufig existieren festgelegte Entwicklungspfade in Form von Fach- bzw. Führungslaufbahnen. Sie sollen berufliche Perspektiven aufzeigen, die Leistungsbereitschaft steigern und Beförderungen objektiver machen.
- **Mentoring:** Erfahrene Mitarbeiter oder Führungskräfte unterstützen und fördern neue Mitarbeiter bzw. vielversprechende Nachwuchstalente. Damit eine Vertrauensbasis aufgebaut werden kann, sollte der Mentor kein unmittelbarer Vorgesetzter sein.

■ **Out of the Job:** Vorbereitung des Austritts von Mitarbeitern aus dem Unternehmen.

- **Ruhestandsvorbereitung:** Erleichterung des Übergangs in den beruflichen Ruhestand für ältere Mitarbeiter, wie z. B. Altersteilzeit (vgl. Kap. 6.2.5).
- **Outplacement:** Maßnahmen für gekündigte Mitarbeiter zur Verringerung sozialer Härten und zur Unterstützung bei der Suche nach einem neuen Arbeitsplatz (vgl. Kap. 6.2.4).

6 Personal

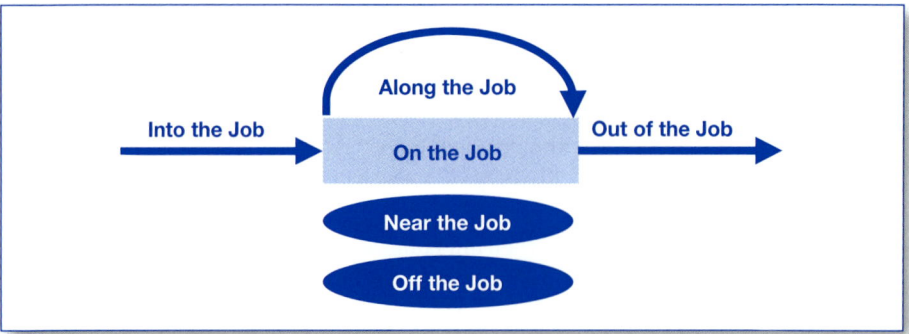

Abb. 6.2.3: Methoden der Personalentwicklung (vgl. Holtbrügge, 2010, S. 128)

Aus der Vielzahl an Methoden ist für jeden einzelnen Mitarbeiter je nach dessen individuellem Entwicklungsbedarf eine Kombination geeigneter Maßnahmen auszuwählen. Dies geschieht auf Basis der Personalbeurteilung (vgl. Kap. 6.2.6) im Austausch zwischen Vorgesetztem und Mitarbeiter sowie mit fachlicher Unterstützung des Personalbereichs.

Führungskräfteentwicklung bei General Electric

General Electric ist ein globales Technologie-, Service- und Finanzunternehmen in den Bereichen Energie, Gesundheitswesen, Transport und Infrastruktur mit mehr als 300.000 Mitarbeitern in über 100 Ländern (wwww.ge.com). Unter *Jack Welch*, der das Unternehmen von 1981 bis 2001 leitete, war der Wechsel von Führungskräften zwischen Geschäftsbereichen bis Anfang der 2000er Jahre ein wichtiges Element der Personalentwicklung. Diese sollten  möglichst viele Sparten kennenlernen und wurden alle zwei bis drei Jahre in einen anderen Geschäftsbereich versetzt, um sich auf höhere Aufgaben vorzubereiten. Auf diese Weise wurden flexible Generalisten ausgebildet, die jedoch über weniger fundierte Fachkenntnisse in den jeweiligen Sparten verfügten. Eine zunehmend komplexer gewordene Welt mit vielen Interdependenzen erfordert jedoch mehr Expertenwissen. Auch sollten die Führungskräfte lernen, langfristiger zu denken und den Erfolg ihrer Planungen und Strategien in verschiedenen Konjunkturzyklen selbst mitzuerleben. CEO *Jeff Immelt* brach deshalb mit der Philosophie seines Vorgängers und fordert von seinen Führungskräften Tiefe und „domain expertise" zu entwickeln, nicht zuletzt auch durch längeren Verbleib in ihrer jeweiligen Rolle. Gerade im Geschäft mit High-Tech-Produkten setzt er auf eine hohe fachliche Expertise und vor allem in den Schwellenländern auf lokale Kompetenz. Dieser Führungswandel vom Generalisten zum Spezialisten in bestimmten Fachbereichen bedeutete einen Paradigmenwechsel in der Entwicklung von Führungskräften bei *General Electric*.

6.2.3 Personalbeschaffung

> **!** **Personalbeschaffung** ist die Suche und Bereitstellung von Mitarbeitern zur Deckung eines qualitativen, quantitativen, zeitlichen oder örtlichen Personalbedarfs (vgl. *Berthel/Becker*, 2012, S. 322).

Die Deckung des Personalbedarfs kann nicht nur durch neue Mitarbeiter erfolgen, sondern auch innerbetrieblich auf Basis der beschäftigten Mitarbeiter erreicht werden. Einen Überblick über die zur Verfügung stehenden Wege der Personalbeschaffung gibt

6.2 Aufgabenfelder des Personalmanagements

Kap. 6.2.3.1. Im Anschluss wird in Kap. 6.2.3.2 auf das Personalmarketing eingegangen, das sich sowohl auf die Suche nach Mitarbeitern am externen Arbeitsmarkt als auch die Retention bestehender Mitarbeiter positiv auswirken soll.

6.2.3.1 Beschaffungswege

Je nachdem, ob der Personalbedarf durch bereits beschäftigte oder durch neue Mitarbeiter gedeckt wird, lassen sich **interne** (innerbetriebliche) und **externe** (außerbetriebliche) Personalbeschaffung unterscheiden. Die Entscheidung zwischen interner und externer Personalbeschaffung ähnelt grundsätzlich einer Make-or-Buy-Entscheidung im Produktionsbereich (vgl. *Bühner*, 2005, S. 69). Dabei sind vielfältige rechtliche Bestimmungen zu beachten. Die Vor- und Nachteile der Personalbeschaffungswege zeigt Abb. 6.2.4.

Intern vs. Extern

	Interne Personalbeschaffung	Externe Personalbeschaffung	
Vorteile	• Motivationswirkung und Mitarbeiterbindung durch Aufstiegschancen • geringe Beschaffungskosten • geringes Risiko aufgrund der Bekanntheit des Mitarbeiters • Betriebskenntnis • schnelle Stellenbesetzung • freie Stellen für Nachwuchs	• Demotivation durch fehlende interne Aufstiegschancen • hohe Beschaffungskosten • höheres Risiko durch Unbekanntheit des Mitarbeiters („Katze im Sack") • betriebliche Einarbeitung erforderlich • zeitaufwendig • Blockierung für Nachwuchs	**Nachteile**
Nachteile	• geringe Auswahl • Gefahr der Betriebsblindheit • quantitativer Personalbedarf wird nur verlagert und nicht gedeckt • qualitativer Personalbedarf erfordert Personalentwicklungsmaßnahmen • Spannungen bei Aufrücken eines Mitarbeiters in Vorgesetztenposition	• breite Auswahl • neue Person bringt neue Impulse • quantitativer Personalbedarf wird direkt gedeckt • qualitativer Personalbedarf wird direkt gedeckt • externer Mitarbeiter wird leichter als neuer Vorgesetzter anerkannt	**Vorteile**

Abb. 6.2.4: Vor- und Nachteile der Personalbeschaffungswege (vgl. Bühner, 2005, S. 70)

Interne Personalbeschaffung bedeutet die Besetzung freier Stellen aus den eigenen Reihen. Sie kann entweder mit oder ohne Personalbewegung erfolgen. Bei der Bedarfsdeckung ohne Personalbewegung erfolgt keine Änderung der bestehenden Arbeitsverhältnisse. Sie eignet sich, wenn der Personalbedarf nur vorübergehend ist (vgl. *Berthel/Becker*, 2012, S. 323 ff.; *Bühner*, 2005, S. 71 ff.; *Hentze/Kammel*, 2001, S. 261 ff.).

Interne Beschaffung

- Möglichkeiten der **Bedarfsdeckung ohne Personalbewegung** sind:
    - **Mehrarbeit/Überstunden:** Deckung kurzfristiger Bedarfsspitzen.
    - **Arbeitszeitverlängerung:** Deckung saisonaler Bedarfsschwankungen.
    - **Urlaubsverschiebungen:** Deckung saisonaler Bedarfsschwankungen.
    - **Personalentwicklung:** Bedarfsdeckung durch Qualifikation von Mitarbeitern.
- Möglichkeiten der **Bedarfsdeckung mit Personalbewegung** sind:
    - **Versetzung:** Dem Mitarbeiter wird eine gleich-, höher- oder geringerwertige Stelle zugewiesen. Bei einer horizontalen Versetzung bleibt der Mitarbeiter auf der gleichen hierarchischen Stufe, die vertikale Versetzung bedeutet meist einen Aufstieg.

- **Innerbetriebliche Stellenausschreibungen** ermöglichen den Mitarbeitern berufliche Veränderungen, ohne dafür das Unternehmen verlassen zu müssen. Die Besetzung von Führungspositionen aus den eigenen Reihen bedeutet hohe Anreize und fördert die Leistungsbereitschaft. Externe Besetzungen sollten deshalb sorgfältig überlegt und genau begründet werden, da sie demotivierend auf die Belegschaft wirken können.
- **Umschulung:** Qualifikation von Mitarbeitern mit anschließender Versetzung.
- **Umwandlung** von Teilzeit- in Vollzeitarbeitsverträge oder von befristeten in unbefristete Arbeitsverhältnisse.
- **Übernahme** z. B. von Auszubildenden nach Abschluss ihrer Berufsausbildung.

Externe Beschaffungswege

Bei der **externen Personalbeschaffung** wird der Personalbedarf von außen entweder durch Abschluss neuer Arbeitsverträge oder durch Inanspruchnahme von Fremdarbeitnehmern gedeckt. **Externe Personalbeschaffungswege** sind (vgl. *Berthel/Becker*, 2012, S. 325 ff.; *Bühner*, 2005, S. 71 ff.; *Fröhlich/Holländer*, 2004; *Hentze/Kammel*, 2001, S. 263 ff.; *Jung*, 2011, S. 142 ff.; *Olfert*, 2010, S. 112 ff.):

- **Arbeitsvermittlung:** Unternehmen können bei der Suche und Auswahl von Bewerbern durch staatliche oder private Arbeitsvermittler unterstützt werden. Die staatliche Vermittlung übernimmt in Deutschland die *Bundesagentur für Arbeit* sowie private Agenturen. Private Vermittler werden meist bei der Besetzung hochrangiger Positionen eingesetzt (sog. Headhunter).
- **Stellenanzeigen:** Stellenangebote werden vor allem in Tages- und Wochenzeitungen sowie Fachzeitschriften unter Angabe der spezifischen Anforderungen der zu besetzenden Position veröffentlicht. Zunehmende Bedeutung gewinnen Stellenanzeigen im Internet z. B. auf der Homepage des Unternehmens oder in speziellen Jobbörsen.
- **College-Recruiting:** Mit Hilfe von Werbeaktionen an Schulen und Hochschulen wie z. B. Firmenpräsentationen, Kontaktmessen oder Praktikantenstellen sollen potenzielle Bewerber für das Unternehmen gewonnen werden.
- **Anwerbung durch eigene Mitarbeiter:** Informationen über freie Stellen werden im persönlichen Umfeld der Mitarbeiter verteilt.
- **Initiativbewerbungen:** Die Bewerbung erfolgt nicht auf eine konkrete ausgeschriebene Stelle, sondern auf Eigeninitiative des Bewerbers (sog. Blindbewerbung).
- **Bewerberkartei:** Interessante Kandidaten, denen zum Zeitpunkt ihrer Bewerbung kein Angebot gemacht werden konnte, werden in einer Datenbank erfasst. Aus Gründen des Datenschutzes bedarf dies der Zustimmung der Bewerber.
- **Auswertung von Stellengesuchen** z. B. in Tageszeitungen oder Internet-Jobbörsen.
- **Personalleasing** (Arbeitnehmerüberlassung): In den letzten Jahren wird diese Möglichkeit bei den Unternehmen immer beliebter, weil sie ihnen eine hohe Flexibilität bei der Personalbedarfsdeckung bietet. Das Beschäftigungsrisiko wird auf die Zeitarbeitsfirma ausgelagert, die ihre Arbeitnehmer gegen Gebühr zeitweise an das Unternehmen verleiht. Die Leiharbeitnehmer haben einen Arbeitsvertrag mit der Zeitarbeitsfirma. Sie werden allerdings meist deutlich schlechter vergütet als fest angestellte Mitarbeiter mit ähnlichen Aufgaben.
- **Inanspruchnahme von Fremdarbeitnehmern:** Die Durchführung von Tätigkeiten durch unternehmensexterne Personen kann über einen Werk- oder Dienstleistungsvertrag vollzogen werden. Bei einem Dienstleistungsvertrag verpflichtet sich der Fremdarbeitnehmer zur Durchführung vertraglich vereinbarter Tätigkeiten wie z. B.

Beratung oder Schulung. Dies entspricht den Pflichten aus dem Arbeitsvertrag der beschäftigten Arbeitnehmer. Beim Werkvertrag schuldet der Fremdarbeitnehmer hingegen die Erzielung eines bestimmten Erfolges. Beispiele sind die Gebäudereinigung oder Reparaturarbeiten eines Handwerkers.

Eine Übersicht über die Beschaffungswege gibt Abb. 6.2.5. Welcher davon im Einzelfall geeignet ist, hängt von der Bedeutung der zu besetzenden Stelle, der Situation am Arbeitsmarkt und der geforderten Qualifikation des zu beschaffenden Mitarbeiters ab (vgl. *Olfert*, 2010, S. 112). Auf das Personalmarketing als übergeordnete und vorgeschaltete Maßnahme der externen Personalbeschaffung und der internen Personalretention wird im nächsten Kapitel eingegangen.

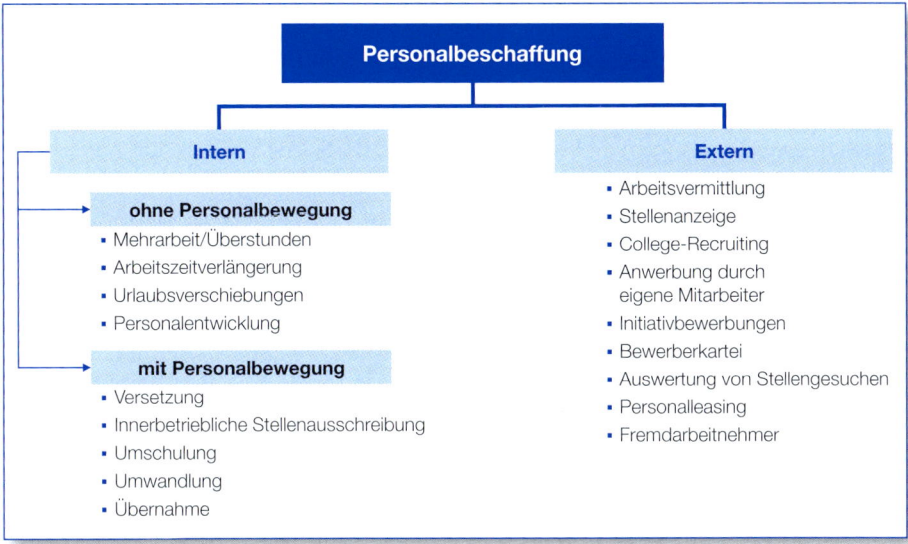

Abb. 6.2.5: Personalbeschaffungswege

6.2.3.2 Personalmarketing

> **Personalmarketing** soll ein positives Image des Unternehmens auf den relevanten Arbeitsmarktsegmenten aufbauen, um dadurch qualifizierte Mitarbeiter beschaffen und langfristig an das Unternehmen binden zu können (vgl. *Becker*, 2002, S. 437).

Das Personalmarketing überträgt die Ziele und Verfahren des Absatzmarketings auf das Personalmanagement. Zielsetzung ist nicht die unmittelbare Personalbeschaffung, sondern die Erschließung des externen Arbeitsmarktes. Dadurch sollen sich auf freie Stellen möglichst viele Personen bewerben. Das Personalmarketing hat darüber hinaus auch positive Auswirkungen auf die Einstellung und Motivation der bereits beschäftigten Mitarbeiter und soll dabei helfen, diese langfristig an das Unternehmen zu binden (vgl. *Dietmann*, 1993; *Scholz*, 2000, S. 420 f.).

Ziele

Funktionen des Personalmarketings sind (vgl. *Beschorner/Hajduk*, 2011, S. 180 f.):

Funktionen

- **Akquisition:** Durch ein positives Unternehmensimage soll bei möglichst vielen geeigneten Kandidaten das Interesse geweckt werden, sich auf freie Stellen zu bewerben.

- **Motivation:** Die bestehenden Mitarbeiter sollen für das Unternehmen begeistert werden, um auf diese Weise einen hohe Leistungsbereitschaft zu erzeugen.
- **Profilierung:** Durch Aufbau einer Arbeitgebermarke (Employer Brand) soll sich das Unternehmen von der Konkurrenz am Arbeitsmarkt abheben. Alleinstellungsmerkmale als Arbeitgeber schaffen eine „Employee Value Proposition", welche das Unternehmen sowohl für aktive als auch potenzielle Mitarbeiter attraktiv macht.

Employee Value Proposition

Sowohl für die Akquisition als auch die Fähigkeit, gute Mitarbeiter im Unternehmen zu halten, spielt die **Employee Value Proposition** eine zentrale Rolle. Sie spiegelt das wahrgenommene Austauschverhältnis zwischen der Leistung des Arbeitnehmers und der Gegenleistung des Unternehmens wider und macht somit deutlich, warum es sich lohnt, für das Unternehmen zu arbeiten. Sie wird vor allem durch die materiellen und immateriellen Anreize bestimmt (vgl. Kap. 6.2.7.2). Branding soll dem Unternehmen eine Markenidentität als Arbeitgeber **(Employer Brand)** verleihen. Dies kann durch ein einheitliches und markantes Erscheinungsbild sowie eine klare, unverwechselbare Botschaft erreicht werden (vgl. *Beschorner/Hajduk*, 2011, S. 183 f.).

Stufen

Die **Stufen** des Personalmarketings sind (vgl. *Scholz*, 2000, S. 424 ff.):

1. **Situationsanalyse:** Ermittlung von Engpässen und Problemen bei der Personalbeschaffung. Ursachen hierfür sind z. B. ein bestehender Facharbeitermangel oder ein schlechtes Image des Unternehmens auf dem Arbeitsmarkt.
2. **Bestimmung von Ansatzpunkten des Personalmarketings:** In Abhängigkeit der Problemstellung und Konstellation auf dem Arbeitsmarkt ist der Ansatzpunkt des Personalmarketings zu bestimmen:
   - **Anreizmarketing:** Bei fehlenden Stellenbewerbern soll am Arbeitsmarkt bei vielen Personen der Wunsch geweckt werden, im jeweiligen Unternehmen zu arbeiten.
   - **Entwicklungsmarketing:** Erhöhung eines latent vorhandenen Arbeitsplatzwunsches bei potenziellen Stellenbewerbern auf das gewünschte Ausmaß.
   - **Revitalisierungsmarketing:** Anpassung der Anreize an veränderte Bedürfnisse potenzieller Stellenbewerber bei stockender Bewerberzahl.
   - **Erhaltungsmarketing:** Stabilisierung eines günstigen Verhältnisses zwischen Personalbedarf und der Zahl an Stellenbewerbern.
   - **Reduktionsmarketing:** Bewusste Eingrenzung der Zielgruppe bei zu hoher Anzahl an Bewerbern.
3. **Festlegung der Personalmarketingstrategie**
   - **Intensivstrategie:** Geeignet zur Entwicklung, Revitalisierung und Erhaltung der Bewerberzahlen. Es lassen sich drei Intensivstrategien unterscheiden:

     Pushstrategie: Intensivierung der Ansprache der bisherigen Zielgruppen bzw. Arbeitsmarktsegmente mit den vorhandenen Anreizen des Unternehmens.

     Relaunchstrategie: Ansprache bisheriger Zielgruppen bzw. Arbeitsmarktsegmente mit neuen Anreizen wie z. B. einem speziellen Arbeitszeitmodell.

     Zielgruppenstrategie: Ansprache neuer Zielgruppen bzw. Arbeitsmarktsegmente (z. B. Mitarbeiter aus Indien) mit den vorhandenen Anreizen.
   - **Integrativstrategie:** Das Arbeitsplatzangebot wird verändert, indem auch Mitarbeiter eingestellt werden, die eine geringere oder gerade noch die geforderte Qualifikation aufweisen.

Expansionsstrategie: Entwicklungsmarketing durch Ausdehnung auf Zielgruppen mit niedrigerer Qualifikation und anschließender Personalentwicklung.

Akquisitionsstrategie: Reduktionsmarketing durch ausschließliche Beschaffung von Mitarbeitern, die ohne Personalentwicklung dem Anforderungsprofil entsprechen.

- **Diversifikationsstrategie:** Erhöhung der Vielfältigkeit des Personalbestands durch Einstellung von Mitarbeitern aus neuen Zielgruppen bzw. Arbeitsmarktsegmenten.
4. **Positionierung am Arbeitsmarkt durch Einsatz von Personalmarketinginstrumenten:** Die Umsetzung der Personalmarketing-Strategie erfolgt durch die Auswahl und den Einsatz geeigneter Instrumente. Das Unternehmen kann auf dem Arbeitsmarkt durch sachliche Information und/oder emotionale Botschaften in Erscheinung treten. Einen Überblick über das Spektrum der Instrumente zeigt Abb. 6.2.6. Zunächst präsentiert sich das Unternehmen dabei durch Kontakte zum Arbeitsmarkt und zu Ausbildungsinstituten sowie generell durch das Auftreten nach außen. Darauf aufbauend wird versucht, den Bewerber für das Unternehmen zu begeistern. Dies gilt auch, wenn seine Bewerbung keinen Erfolg hat. Die Bereitstellung von Anreizen für die bestehenden Mitarbeiter stellt eine Art von „After Sales Service" dar. Abschließend prägt auch die Art und Weise des Ausscheidens von Mitarbeitern das Image des Unternehmens auf dem Arbeitsmarkt.
5. **Erfolgskontrolle:** Überprüfung des Erfolgs der Personalmarketingstrategie anhand der Änderungen bei der Qualität und Quantität der eingehenden Bewerbungen. Aufschlussreich können auch eigene Imagestudien oder das Abschneiden in Arbeitgeberrankings sein.

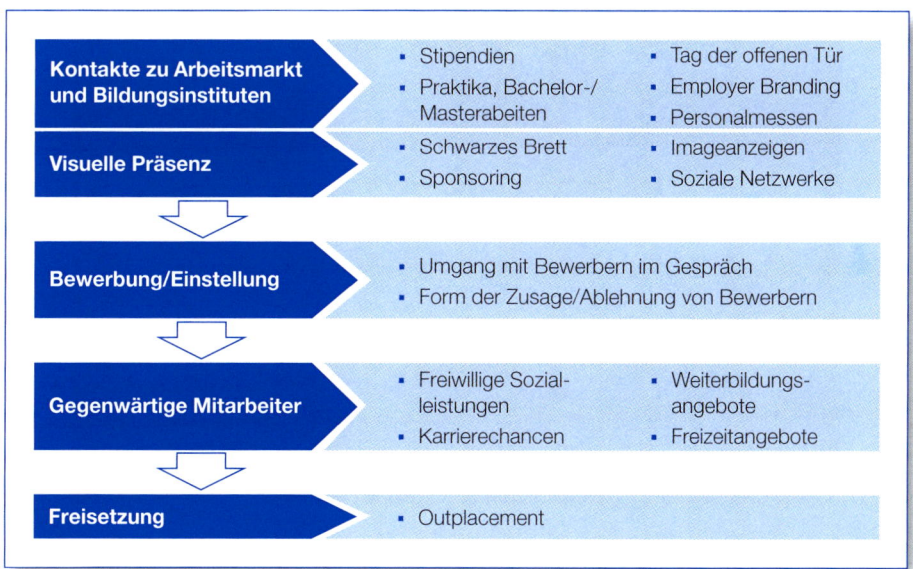

Abb. 6.2.6: Überblick und Zusammenhang der Instrumente des Personalmarketings (in Anlehnung an Scholz, 2000, S. 429)

Für das Personalmarketing gewinnen die elektronischen Medien eine zunehmende Bedeutung. Insbesondere das sog. Web 2.0, bei dem Inhalte durch die Nutzer selbst mitgestaltet werden, ermöglicht den Unternehmen eine partizipative und interaktive Kommunikation mit potenziellen Bewerbern (vgl. Kap. 8.2.5.3.4). Beispiele hierfür sind Weblogs, Wikis, Podcasts, Online-Jobbörsen oder sogar Online-Spiele (Recruiting Games). Soziale Netzwerke (Online-Communities) ermöglichen als Kommunikationsplattform die Pflege und den Aufbau persönlicher Kontakte. Für die Personalakquisition sind vor allem Business Communities wie z. B. *Xing* oder *LinkedIn* interessant, in denen die Nutzer ihr Qualifikationsprofil anlegen, Stellen suchen und berufliche Kontakte aufbauen können. Unternehmen bietet dies die Möglichkeit, gezielt nach Bewerbern zu suchen und diese direkt anzusprechen (vgl. *Beschorner/Hajduk*, 2011, S. 195 ff.). Abb. 6.2.7. zeigt beispielhaft, wie sich Unternehmen im weltweit größten sozialen Netzwerk *Facebook* präsentieren.

Abb. 6.2.7: Beispiele für Personalmarketing im sozialen Netzwerk Facebook

6.2.4 Personalfreisetzung

> Die **Personalfreisetzung** dient dem Abbau von Personalressourcen aufgrund einer qualitativen, quantitativen, zeitlichen oder örtlichen Personalüberdeckung (vgl. *Hentze/Graf*, 2005, S. 349 f.; *Jung*, 2011, S. 314).

Ursachen der Personalfreisetzung sind (vgl. *Berthel/Becker*, 2012, S. 389 ff.; *Hentze/Graf*, 2005, S. 356 ff.): Ursachen

- **Konjunkturelle Entwicklung:** Rückläufige konjunkturelle Entwicklungen wirken sich auf Branchen und Betriebe einer Volkswirtschaft unterschiedlich aus. Sie haben in vielen Fällen Absatz- und Produktionsrückgänge und damit einen geringeren Personalbedarf zur Folge.
- **Strukturelle Veränderungen:** Nationale oder internationale Bedarfsverschiebungen in bestimmten Betrieben und Branchen können örtliche Personalbedarfsänderungen auslösen.
- **Saisonale Schwankungen:** In vielen Branchen ergibt sich aufgrund saisonal unterschiedlicher Nachfrage das Problem eines zeitlich schwankenden Personalbedarfs.
- **Technologischer Wandel:** Der technologische Wandel kann sowohl das Arbeitsvolumen (z. B. durch die Erledigung von menschlicher Arbeit durch Maschinen) als auch die Anforderungen an die Qualifikation der Mitarbeiter beeinflussen.
- **Betriebsstillegung/Betriebsvernichtung:** Die Schließung von Betrieben führt zur Freisetzung der dort beschäftigten Mitarbeiter.
- **Standortverlagerungen:** Die Verlagerung des Unternehmens oder einzelner Bereiche an einen anderen Standort führt zur örtlichen Personalüberdeckung. Deutsche Unternehmen versuchen insbesondere durch Verlagerung manueller Arbeit an Produktionsstandorte im Ausland Personalkosten einzusparen.
- **Reorganisation:** Änderung der Aufbau- oder Ablauforganisation z. B. durch den Abbau von Hierarchien (Lean-Management) oder die Auslagerung bestimmter Aufgaben auf externe Unternehmen (Outsourcing).
- **Rationalisierung:** Reduzierung des Personalbedarfs durch erhöhte Arbeitseffizienz.

Personalfreisetzung kann sowohl **intern** durch Änderung bestehender Arbeitsverhältnisse als auch **extern** durch Beendigung bestehender Arbeitsverhältnisse durchgeführt werden. Interne Personalfreisetzung führt zu keinem Personalabbau, während bei der externen Personalfreisetzung eine Reduktion des Personalbestands erfolgt. Der Personalabbau kann dabei mit und ohne Kündigung erfolgen (vgl. im Folgenden *Berthel/Becker*, 2012, S. 395 ff.; *Hentze/Graf*, 2005, S. 354 ff.; *Oechsler*, 2011, S. 28 ff.; *Scholz*, 2000, S. 546 ff.). Eine Übersicht über die nachfolgend erläuterten Maßnahmen der Personalfreisetzung gibt Abb. 6.2.8. Formen

Maßnahmen der **internen Personalfreisetzung** ohne Personalabbau sind: Intern: qualitativ, örtlich, zeitlich

- **Qualitativ (Personalentwicklung):** Änderung der Mitarbeiterqualifikation durch Anpassungs- und Aufstiegsfortbildung sowie Umschulung. Danach erfolgt eine horizontale oder vertikale Versetzung des Mitarbeiters auf eine andere Stelle.
- **Örtlich:** Entsendung oder Versetzung an andere Standorte dienen vor allem dem Kapazitätsausgleich innerhalb des Unternehmens.

6 Personal

- **Zeitlich**
  - **Allgemeine Arbeitszeitverkürzung:** Reduktion der täglichen, wöchentlichen oder monatlichen Arbeitszeit für alle Mitarbeiter. Eine Verkürzung ohne Lohnausgleich führt zur Senkung der Personalkosten, aber auch zu Einkommensverlusten der Mitarbeiter. Aufgrund von Tarifverträgen und Betriebsvereinbarungen ist dies nur begrenzt realisierbar.
  - **Kurzarbeit:** Vorübergehende Verkürzung der betrieblichen Arbeitszeit. Hierbei kann ein Unternehmen seinen Personalbestand erhalten und gleichzeitig Personalkosten senken. Der Einkommensausfall der Mitarbeiter wird zu einem Teil durch Entgeltersatzleistungen der *Bundesagentur für Arbeit* ausgeglichen. Das Kurzarbeitergeld beträgt für kinderlose Arbeitnehmer 60 % bzw. ansonsten 67 % der Nettoentgeltdifferenz. In den letzten Jahren haben in Deutschland viele Unternehmen dieses Instrument eingesetzt, um betriebsbedingte Kündigungen zu vermeiden.
  - **Arbeitszeitflexibilisierung:** Die Umwandlung von Voll- in Teilzeitarbeitsverhältnisse oder Job Sharing erfordern eine Teilbarkeit von Stellen und Aufgaben. Sie sind in der Regel nur mit Zustimmung der Mitarbeiter realisierbar.
  - **Abbau von Überstunden:** Abbau angesammelter Mehrarbeitszeit, welche die tarif- oder arbeitsvertraglich vereinbarte Arbeitszeit übersteigt. Durch Wegfall von Überstundenzuschlägen ist ein deutlicher Abbau der Personalkosten möglich, der für Mitarbeiter mit finanziellen Einbußen verbunden ist.
  - **Urlaubsplanung:** Ausgleich kurzfristiger Personalüberdeckungen z. B. aufgrund saisonaler Beschäftigungsschwankungen. Denkbar sind eine Verlagerung der Betriebsferien, Gewährung von unbezahltem Urlaub oder Verlagerung von Urlaubsansprüchen in beschäftigungsschwache Zeiten. Die Wirkung dieser Maßnahme hängt stark von der Bereitschaft der Mitarbeiter ab.

Extern: Ohne/mit Kündigung

Möglichkeiten der **externen Personalfreisetzung** mit Personalabbau sind:

- **Ohne Kündigung** („weicher" Personalabbau):
  - **Einstellungsbeschränkung:** Durch natürliche Fluktuation kann im Zeitablauf eine Reduktion des Personalbestands erreicht werden. Dabei werden die aufgrund des Ausscheidens von Mitarbeitern freiwerdenden Arbeitsplätze nicht oder nur teilweise neu besetzt.
  - **Nichtverlängerung befristeter Arbeitsverträge:** Ein befristeter Arbeitsvertrag endet automatisch nach einer festgelegten Zeitspanne oder der Erreichung eines bestimmten Zwecks, ohne dass er gekündigt werden muss. Der Abschluss befristeter Arbeitsverträge bietet dem Unternehmen einen beachtlichen Flexibilitätsspielraum.
  - **Aufhebungsverträge:** Beendigung eines Arbeitsvertrags in beiderseitigem Einverständnis von Mitarbeiter und Arbeitgeber gegen Zahlung einer Abfindung.
  - **Altersteilzeit/Frühpensionierung:** Reduktion der Arbeitszeit bzw. Verrentung älterer Mitarbeiter. Dadurch verjüngt sich die Altersstruktur der Belegschaft, aber es geht auch Know-how verloren.
- **Mit Kündigung** („harter" Personalabbau): Führen die weichen Abbaumaßnahmen nicht zu einer ausreichenden Senkung des Personalbestands, dann sind Kündigungen meist unausweichlich. Es handelt sich hierbei um eine einseitige empfangsbedürftige und rechtsgestaltende Willenserklärung, durch welche ein Arbeitsverhältnis aufgelöst wird. Es gibt ordentliche und außerordentliche Kündigungen:
  - **Ordentliche Kündigung:** Entlassung unter Beachtung gesetzlicher, tarifvertraglicher und betrieblicher Kündigungsfristen. Sie kann folgende Gründe haben:

Personenbedingte Kündigung: Kündigungsgrund ist die mangelnde Leistungsfähigkeit des Mitarbeiters. Sie erfolgt meist aus Krankheitsgründen.

Verhaltensbedingte Kündigung: Kündigungsgrund ist das Verhalten des Mitarbeiters, das eine Weiterbeschäftigung ausschließt. Pflichtverletzungen sind z. B. fehlerhafte Leistungen, Diebstahl oder Störungen des Betriebsablaufs.

Betriebsbedingte Kündigung: Kündigungsgrund ist eine Änderung der Personalbedarfsstruktur. Eine Kündigung ist nur dann gerechtfertigt, wenn sie aufgrund von Rationalisierung, Umsatzrückgängen oder Betriebsstilllegungen unvermeidbar ist. Bei einer betriebsbedingten Kündigung mehrerer Mitarbeiter muss der Arbeitgeber bei der Auswahl der zu kündigenden Arbeitnehmer soziale Aspekte berücksichtigen (Sozialauswahl). Hierzu zählen z. B. das Lebensalter, der Familienstand, die Dauer der Betriebszugehörigkeit oder etwaige Unterhaltspflichten.

– **Außerordentliche Kündigung:** Die Entlassung erfolgt fristlos oder mit einer Auslauffrist. Sie ist allerdings nur dann zulässig, wenn eine Fortführung des Arbeitsverhältnisses für den Arbeitgeber aus schwerwiegenden Gründen unzumutbar ist. Gründe für eine außerordentliche Kündigung können z. B. dauernde Arbeitsunfähigkeit, Betrug oder Diebstahl von Betriebseigentum sein.

Vor einer Kündigung ist in Deutschland der Betriebsrat anzuhören und es bedarf einer umfangreichen Begründung. Bei außerordentlichen Kündigungen besitzt der Betriebsrat lediglich ein Anhörungsrecht. Bei der ordentlichen Kündigung kann er Widerspruch einlegen, wodurch der Arbeitnehmer bis zur rechtskräftigen Entscheidung einen Weiterbeschäftigungsanspruch hat (vgl. *Jung*, 2011, S. 90).

Die sozialen Folgen einer Kündigung für den Mitarbeiter lassen sich durch das sog. **Outplacement** mildern. Dabei hilft ihm das Unternehmen bei der Suche nach einem neuen Arbeitsplatz. Dies soll die Trennungskosten für Arbeitnehmer und Arbeitgeber reduzieren, die verbleibenden Mitarbeiter und das Image positiv beeinflussen sowie

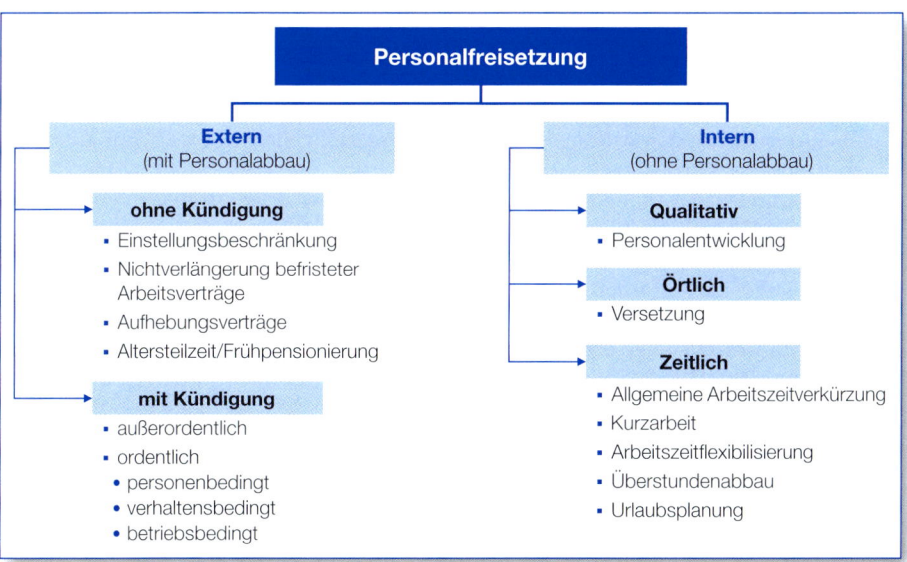

Abb. 6.2.8: Maßnahmen der Personalfreisetzung (in Anlehnung an Berthel/Becker, 2012, S. 396)

den Abschluss von Aufhebungsverträgen fördern. Outplacement-Maßnahmen sind z. B. Bewerbertraining, psychologische Betreuung oder bezahlte Freistellung für Bewerbungsgespräche.

6.2.5 Personaleinsatzplanung

> **!** Bei der **Personaleinsatzplanung** werden die Mitarbeiter den Stellen des Unternehmens zugeordnet, um ihren anforderungs- und eignungsgerechten Einsatz sowie die Betriebsbereitschaft zu gewährleisten.

Ziele Die Planung des Personaleinsatzes liefert auf der einen Seite Hinweise auf erforderliche Maßnahmen zur **Anpassung des Personals an die Arbeitsaufgabe** durch Personalbeschaffung und -entwicklung. Auf der anderen Seite soll eine an ökonomischen und sozialen Zielsetzungen ausgerichtete Gestaltung der Arbeitsbedingungen für eine **Anpassung der Arbeit an den Menschen** sorgen (vgl. *Bühner*, 2005, S. 148 f.). Um einen optimalen betrieblichen Ablauf zu gewährleisten, sollen die Stellenanforderungen mit den Fähigkeiten, Bedürfnissen und Entwicklungspotenzialen der Mitarbeiter in Einklang gebracht werden. Aus der Fülle der Personaleinsatzmöglichkeiten sind hierzu für jeden Mitarbeiter individuelle, maßgeschneiderte Lösungen zu entwickeln.

Fragen Die Personaleinsatzplanung erfolgt quantitativ, qualitativ, zeitlich und örtlich. Dabei sind folgende **Fragen** zu beantworten (vgl. *Jung*, 2011, S. 186):

- **Wie viele** Mitarbeiter braucht das Unternehmen?
- **Welche Qualifikationen** sind für die zukünftig anfallenden Tätigkeiten erforderlich?
- **Ab wann** und **für welchen Zeitraum** sollen Mitarbeiter eingesetzt werden?
- **Wo** sollen die Mitarbeiter eingesetzt werden?

Im Rahmen der **Personaleinsatzplanung** sind somit Arbeitsaufnahme, -inhalt, -ort und -zeit festzulegen (vgl. *Beschorner/Hajduk*, 2011, S. 250 f., 276 ff.; *Olfert*, 2010, S. 176 ff.; *Scholz*, 2000, S. 617 ff.):

Arbeits-aufnahme
- **Arbeitsaufnahme:** Am Anfang des Personaleinsatzes steht die Einführung und Einarbeitung des Mitarbeiters. Die Einarbeitung kann entweder durch systematische Einarbeitungsprogramme vor Übernahme der Tätigkeit oder durch das schrittweise Einlernen während der Tätigkeit erfolgen. Der Ablauf der Einarbeitung sollte systematisch geplant werden. Der Einarbeitungsplan enthält die Reihenfolge der zu erledigenden Aufgaben, die erforderlichen Bearbeitungszeiten, Kriterien für die Beherrschung der Arbeitsaufgabe sowie zusätzlich angestrebte Qualifikationen. Unterstützend kann neuen Mitarbeitern eine erfahrene Führungskraft als Mentor zur Seite gestellt werden. Dieser leistet individuelle Hilfestellung zur langfristigen Karriereentwicklung und führt seinen Mentee in die Unternehmenskultur und informelle Netzwerke ein.

Arbeits-inhalt
- **Arbeitsinhalt:** Ziel der inhaltlichen Arbeitsgestaltung ist die stärkere Anpassung des Arbeitsinhalts an die physischen und psychischen Bedürfnisse des Menschen. Auf diese Weise soll die Arbeit humaner gestaltet werden. Um die Arbeitszufriedenheit zu erhöhen, sind abwechslungsreiche und interessante Tätigkeiten sowie Mitgestaltung und Verantwortung anzustreben. Bei der Vergrößerung von Arbeitsinhalten können zwei Dimensionen unterschieden werden: Die horizontale Dimension beschreibt den Umfang der operativen Aufgaben und die vertikale Dimension den Umfang des Ent-

6.2 Aufgabenfelder des Personalmanagements

scheidungs- und Kontrollspielraums des Mitarbeiters. Abb. 6.2.9 stellt Möglichkeiten zur Vergrößerung des Arbeitsinhaltes dar (vgl. zur Erläuterung Kap. 6.2.2). Eine teilautonome Arbeitsgruppe ist ein Team aus drei bis zehn Mitgliedern, die selbstständig eine in sich weitgehend abgeschlossene Aufgabe bearbeitet. Die Gruppe regelt sowohl die Vergabe der Aufgaben an die Gruppenmitglieder, als auch innerhalb gewisser Grenzen die Einteilung von Arbeitszeiten und Pausen.

Vergrößerung des Aufgabeninhalts	Individuell	Kollektiv
Horizontal/Quantitativ	Job Enlargement	Job Rotation
Vertikal/Qualitativ	Job Enrichment	Teilautonome Gruppen

Abb. 6.2.9: Formen der Vergrößerung des Arbeitsinhalts (Jung, 2011, S. 212)

- **Arbeitsort**: Der Arbeitsplatz kann sich an folgenden Orten befinden:
  - **Innerhalb des Unternehmens:** Die meisten Arbeitsplätze befinden sich in Deutschland innerhalb der Unternehmen. Diese haben den Arbeitsplatz so zu gestalten, dass die Bedingungen menschengerecht sind und die Mitarbeiter ihre Tätigkeit bestmöglich ausführen können. Gegenstand der Arbeitsplatzgestaltung ist die wechselseitige Anpassung von Arbeitsplatz und Mensch. Diese sollte ergonomisch sein, d. h. arbeitswissenschaftliche, -psychologische und -medizinische Anforderungen erfüllen. Gesichtspunkte sind dabei:

    Anthropometrische Arbeitsplatzgestaltung: Die Anthropometrie ist die Lehre der durchschnittlichen menschlichen Körpermaße. Ziel ist die menschengerechte Gestaltung der Arbeitsplatzabmessungen sowie der Arbeitsmittel. Die Anpassung des Arbeitsplatzes bezieht sich auf die Arbeitsplatzhöhe, den Griffbereich und das Gesichtsfeld. Bei der Anpassung der Arbeitsmittel geht es z. B. um die Gestaltung von Griffen, Pedalen, Druckknöpfen oder Schaltern.

    Physiologische Arbeitsplatzgestaltung: Die Physiologie beschäftigt sich mit der körperlichen und geistigen Beanspruchung sowie der daraus resultierenden Ermüdung des menschlichen Körpers. Die Arbeitsmethoden und -bedingungen sollen so gestaltet werden, dass die Gesundheit und Leistungsfähigkeit der Mitarbeiter auf Dauer erhalten bleibt. Dies betrifft vor allem die Verbesserung des Wirkungsgrads der menschlichen Arbeit als Quotient aus dem Arbeitsergebnis und der dadurch verursachten Beanspruchung. Hierfür sollen günstige Umgebungseinflüsse geschaffen werden. Dazu zählen insbesondere das Klima, der Geräuschpegel sowie die Beleuchtung am Arbeitsplatz.

    Sicherheitstechnische Arbeitsplatzgestaltung: Maßnahmen zur Unfallvermeidung.

    Psychologische Arbeitsplatzgestaltung: Schaffung einer angenehmen Arbeitsatmosphäre z. B. durch farbliche Gestaltung des Arbeitsraums, Bilder oder Pflanzen.

    Informationstechnische Arbeitsplatzgestaltung: Festlegung, welche Informationen wie übertragen werden sollen, damit sie von den Mitarbeitern wahrgenommen werden. Dies betrifft die Auswahl und Stärke der Signale, deren zeitliche Abfolge und räumliche Anordnung wie z. B. Hinweistafeln, Lautsprecherdurchsagen oder Warnsignale.

  - **Außerhalb des Unternehmens:** Der Arbeitsplatz liegt nicht in den Räumlichkeiten des Unternehmens.

Heimarbeitsplatz: Heimarbeiter sind arbeitnehmerähnliche Personen, die ihre Arbeit in der eigenen Wohnung durchführen. Wenn sie hauptsächlich für ein Unternehmen arbeiten, gelten sie unter Umständen als Arbeiter bzw. Angestellter.

Telearbeitsplatz: Oberbegriff für dezentrale, durch Informationstechnik (vgl. Kap. 7.3) unterstützte Arbeitsplätze. Die Telearbeit kann an einem Heimarbeitsplatz (Tele-Heimarbeit), in einem ausgelagerten Telearbeitsbüro (Telecenter) oder an wechselnden Orten (mobile Telearbeit) stattfinden.

- **Arbeitszeit** bezeichnet den Zeitraum, in dem ein Arbeitnehmer seine Arbeitskraft dem Unternehmen zur Verfügung stellt. Die tägliche Arbeitszeit umfasst die Zeitspanne vom Beginn bis zum Ende der Arbeitstätigkeit abzüglich der Ruhepausen. Ihre flexible Gestaltung hat für die Wettbewerbsfähigkeit vieler Unternehmen hohe Bedeutung. Bei der Gestaltung der Arbeitszeit ist festzulegen, wie viel (chronometrisch) und wann (chronologisch) gearbeitet werden soll. Zum einen geht es also um die Dauer, zum anderen um die Lage der Arbeitszeit (Zeitfolge). Bei kombinierten Arbeitszeitmodellen vermischen sich diese beiden Aspekte. Einen Überblick gibt Abb. 6.2.10 (vgl. *Sietz*, 2008, S. 41 ff.).

    – **Bestimmung des Arbeitszeitvolumens (Chronometrische Arbeitszeitmodelle)**

    Normale Regelarbeitszeit: Tarif- bzw. arbeitsvertraglich vereinbarte Arbeitszeit.

    Teilzeitarbeit: Im Vergleich zu einem vollzeitbeschäftigten Arbeitnehmer fest vereinbarte Verkürzung der Regelarbeitszeit. Teilzeitarbeit kann halbtags, stunden-, tages- oder wochenweise, kontinuierlich sowie in Intervallen erfolgen.

    Altersteilzeit: Sonderform der Teilzeitarbeit, bei dem ältere Mitarbeiter während eines bestimmten Zeitraums vor Eintritt in den Ruhestand nur noch verkürzt arbeiten. Dies soll einen gleitenden Übergang in den Ruhestand ermöglichen und wird der sinkenden Belastbarkeit älterer Mitarbeiter insbesondere bei körperlicher Beanspruchung gerecht.

    Vorruhestand: Vorgezogener Eintritt in den Ruhestand durch Verkürzung der Lebensarbeitszeit des Mitarbeiters.

    Mehrarbeit: Über die Regelarbeitszeit hinausgehende Zeitspanne („Überstunden"), für die in der Regel ein Zuschlag gewährt wird.

    Kurzarbeit: Wirtschaftlich begründete, vorübergehende Herabsetzung der betriebsüblichen regelmäßigen Arbeitszeit zur Erzielung von Personalkosteneinsparungen.

    Sabbatical: Der Mitarbeiter unterbricht seine Berufstätigkeit für einen bestimmten Zeitraum z. B. zur Weiterbildung oder für eine private Auszeit.

    – **Bestimmung der Arbeitszeitverteilung (Chronologische Arbeitszeitmodelle)**

    Feste Arbeitszeit: Die Tagesarbeitszeit ist zu festgelegten Anfangs- und Endzeiten zu erbringen, also z. B. von 8:00 bis 16:00 Uhr.

    Gleitende Arbeitszeit (Gleitzeit): Der Arbeitnehmer kann den Beginn und bei der Gewährung eines Zeitausgleichs auch die Dauer seiner täglichen Arbeitszeit um eine Kernzeit herum selbst bestimmen. Die Kernzeit ist ein festgelegter Zeitrahmen (z. B. von 10:00 bis 15:00 Uhr), innerhalb dessen alle Mitarbeiter anwesend sein sollen.

    Versetzte/gestaffelte Arbeitszeit: Im Unterschied zur gleitenden Arbeitszeit werden Arbeitsbeginn und -ende nicht täglich individuell gewählt, sondern für einen bestimmten Zeitraum von einer Arbeitsgruppe in gegenseitigem Einverständnis festgelegt.

6.2 Aufgabenfelder des Personalmanagements

Variable Arbeitszeit: Die Mitarbeiter können selbst entscheiden, wann sie ihre Arbeitszeit erbringen, d. h. es handelt sich um eine gleitende Arbeitszeit ohne festgelegten Zeitrahmen. Dieses Modell eignet sich z. B. für Telearbeitsplätze.

Schichtarbeit: Gegenüber der normalen Tagesarbeitszeit versetzte Arbeitszeit, um die Betriebszeiten des Unternehmens oder einzelner Bereiche zu erhöhen. Das Zwei-Schicht-System besteht meist aus einer Früh- und Spätschicht, das Drei-Schicht-System aus Früh-, Spät- und Nachtschicht. Bei kontinuierlicher Schichtarbeit wird auch am Wochenende gearbeitet, ansonsten handelt es sich um diskontinuierliche Schichtarbeit.

Mehrfachbesetzungssysteme: Spezielle Form der Schichtarbeit, bei der mehr Mitarbeiter beschäftigt werden, als Arbeitsplätze vorhanden sind. Auf diese Weise lassen sich Betriebs- und Arbeitszeiten entkoppeln. Die Arbeitszeit der Mitarbeiter wird so eingeteilt, dass an einem Arbeitsplatz jeweils ein Mitarbeiter zur Verfügung steht. Durch Variation der Mitarbeiterzahl lässt sich jede gewünschte Betriebszeit mit jeder Arbeitszeitdauer der Mitarbeiter kombinieren. Mit drei Arbeitnehmern pro Arbeitsplatz und einer individuellen täglichen Arbeitszeit von acht Stunden lässt sich dadurch die Betriebszeit im Dreischichtbetrieb auf 24 Stunden pro Tag ausweiten.

Arbeitszeitkontenmodelle: Die Arbeitszeitverteilung lässt sich flexibilisieren, indem Unterschiede zwischen der vertraglichen und der geleisteten Arbeitszeit auf Arbeitszeitkonten erfasst werden. Zeitguthaben oder -defizite müssen in der Regel von den Mitarbeitern innerhalb einer bestimmten Frist ausgeglichen werden. Bei der sog. Freie-Tage-Regelung erfolgt dies durch freie Tage bzw. Freischichten. Im Rahmen von Lebensarbeitszeitmodellen kann der Mitarbeiter solche Arbeitszeitguthaben hingegen langfristig ansparen, um damit z. B. ein Sabbatical, Altersteilzeit oder Vorruhestand zu bestreiten.

- **Kombinierte Arbeitszeitmodelle** *Kombiniert*

Kapazitätsorientierte variable Arbeitszeit (KAPOVAZ): Mit dem Mitarbeiter wird das Arbeitszeitvolumen vereinbart, aber nicht, wann es konkret erbracht wird. Die Lage und Dauer der Arbeitszeit wird durch den Arbeitgeber gemäß den betrieblichen Erfordernissen und dem Arbeitsanfall angepasst. Bei dieser sog. „Arbeit auf Abruf" verpflichtet sich der Mitarbeiter dem Unternehmen zur Verfügung zu stehen, wird jedoch i. d. R. nur für die tatsächlich geleistete Arbeitszeit vergütet. Obwohl der Gesetzgeber diesbezüglich gesetzliche Regelungen zum Schutz der Arbeitnehmer erlassen hat, wird diese Form der Arbeitszeitverteilung von manchen Unternehmen zur Flexibilisierung auf dem Rücken der Mitarbeiter missbraucht.

Vertrauensarbeitszeit: Es steht die Erfüllung vorgegebener Aufgaben und Ziele im Vordergrund und nicht die physische Präsenz des Mitarbeiters am Arbeitsplatz. Der Mitarbeiter kann, unter Einhaltung gesetzlicher und tariflicher Bestimmungen, die Lage und Dauer seiner Arbeitszeit frei wählen.

Jahresarbeitszeitmodelle: Die jährliche Dauer sowie die ungefähre Verteilung der Arbeitszeit eines Mitarbeiters werden mit dem Unternehmen in beiderseitigem Interesse vereinbart. Auf diese Weise kann z. B. auf saisonale Schwankungen oder persönliche Wünsche des Mitarbeiters eingegangen werden.

Job Sharing: Sonderform der Teilzeitarbeit, bei der sich zwei oder mehrere Mitarbeiter eine Vollzeitstelle teilen und dabei Lage und Verteilung der Arbeitszeit untereinander absprechen.

Baukastenmodelle: Die Betriebszeit wird in Rastereinheiten oder Blöcke (z. B. Früh-, Spät- und Nachtschichten) aufgeteilt, aus denen sich die Mitarbeiter unter Berücksichtigung betrieblicher Vorgaben die Lage und Dauer ihrer individuellen Arbeitszeit zusammenstellen können.

Zeitautonome Arbeitsgruppen: Die Teammitglieder legen Dauer und Lage ihrer Arbeitszeit innerhalb betrieblicher Vorgaben für ihre Gruppe gemeinsam fest.

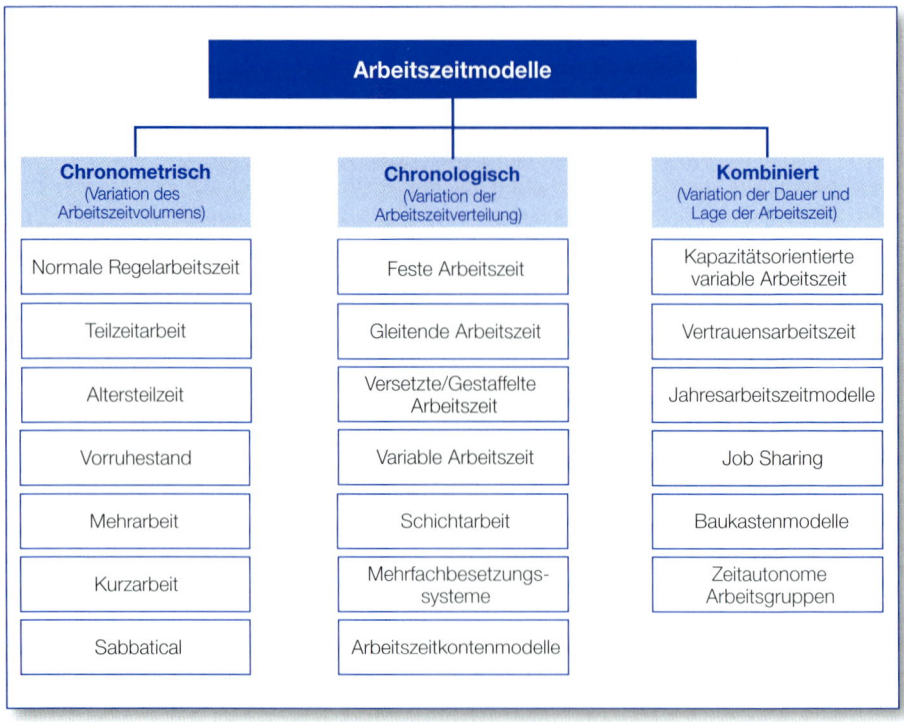

Abb. 6.2.10: Arbeitszeitmodelle im Überblick

Digitale Arbeitswelt

Das klassische Modell einer festen Regelarbeitszeit verliert in unserer Zeit moderner Kommunikationstechnik und globalen Wettbewerbs immer mehr an Bedeutung. Die Mitarbeiter können heute ihre elektronischen Tätigkeiten mit Hilfe von Smartphones, Laptops und Tablets von fast jedem Ort der Welt aus erledigen und sind rund um die Uhr erreichbar. Damit ist weder der Arbeitsplatz ein klar abgegrenzter Ort, noch lassen sich Beginn und Ende der Arbeit eindeutig bestimmen. Diese **digitale Arbeitswelt** bietet Chancen und Risiken. Sie eröffnet den Mitarbeitern auf der einen Seite mehr Freiheit und Selbstbestimmtheit, auf der anderen Seite führt die ständige Erreichbarkeit und mangelnde Abgrenzung zwischen Arbeit und Freizeit auch zu psychischen Problemen und Überlastungen. Zum Schutz der Arbeitnehmer wird deshalb von Gewerkschaftern und Politikern ein Recht auf Nichterreichbarkeit außerhalb bestimmter Arbeitszeitkorridore gefordert (vgl. *Jänicke*, 2010, S. 29). Neben der Verantwortung der Unternehmen für ihre Mitarbeiter wird es zukünftig aber auch vor allem Aufgabe jedes Einzelnen sein, einen Ausgleich zwischen Arbeit und Erholungsphasen im Sinne einer „Work Life Balance" sicherzustellen, um dauerhaft leistungsfähig und gesund zu bleiben.

6.2 Aufgabenfelder des Personalmanagements

Maßgeschneiderte Arbeitszeiten bei der Trumpf GmbH & Co. KG

Der Maschinenbauer *Trumpf GmbH & Co. KG* hat mit dem Gesamtbetriebsrat und der *IG Metall* als Bestandteil des sog. **„Bündnis für Arbeit 2016"** ein Modell zur lebensphasenorientierten Arbeitszeit vereinbart, dessen Bestandteile in Abb. 6.2.11 dargestellt sind. *Trumpf* geht damit auf die individuellen Bedürfnisse seiner Mitarbeiter ein, auch um am Arbeitsmarkt für Fachkräfte attraktiver zu werden (vgl. *Trumpf*, 2011). In Form eines Cafeteria-Systems (vgl. Kap. 6.2.7.2) stehen den Mitarbeitern eine Reihe flexibler Wahlmöglichkeiten zur Verfügung.

Grundsätzlich hat jeder Mitarbeiter von *Trumpf* eine vertragliche **Basisarbeitszeit** zwischen 15 und 40 Stunden. Darüber hinaus kann er sich alle zwei Jahre für eine abweichende **Wahlarbeitszeit** mit entsprechender Entgeltanpassung entscheiden. Für mehr Flexibilität wurde über die bestehende Gleitzeit hinaus das ***Trumpf*-Familien- und Weiterbildungszeitkonto (TFW)** eingerichtet, auf dem die Mitarbeiter bis zu 1.000 Stunden ansammeln und später in Freizeitblöcken ausgleichen können. Dies kann in Form einer Auszeit von bis zu sechs Monaten oder einer Arbeitszeitverkürzung erfolgen. Im Rahmen des **Sabbaticalprogramms** kann der Mitarbeiter bis zu einem Jahr für die Hälfte seines Entgelts in Vollzeit arbeiten, um anschließend oder zuvor den gleichen Zeitraum unter Bezug der anderen Entgelthälfte frei zu nehmen.

Durch das **Regelarbeitszeitkonto** kann *Trumpf* auf Schwankungen im Auftragseingang flexibel reagieren, indem die Regelarbeitszeit innerhalb bestimmter Rahmenbedingungen erhöht oder abgesenkt werden kann, ohne dass sich das Einkommen der Mitarbeiter verändert. Als Bestandteil ihrer **betrieblichen Altersversorgung** können die Beschäftigten bis zu zwei Stunden wöchentlich länger arbeiten. Dieses Guthaben wird am Jahresende in eine Altersversorgung umgewandelt und mit 12,5 % vom Arbeitgeber bezuschusst sowie mit 4,25 % verzinst. Zur beruflichen und persönlichen **Qualifizierung** hat jeder Mitarbeiter einen Weiterbildungsanspruch von 25 Stunden, bei Bedarf auch darüber hinaus.

Als Gegenleistung für eine gewährte Beschäftigungsgarantie erbringt jeder Mitarbeiter mit einer Wahlarbeitszeit zwischen 35 und 40 Wochenstunden unentgeltlich 70 Arbeitsstunden zusätzlich pro Jahr. Diese **Bündnisstunden** sollen der Sicherung der Wettbewerbsfähigkeit und der Verbesserung der Standortbedingungen dienen und werden für Investitionen in die deutschen Standorte und das Gesundheits- und Bildungsprogramm verwendet. Darüber hinaus leistet *Trumpf* eine erfolgsabhängige **Gewinnbeteiligung**, die sich an der erzielten Umsatzrendite des abgelaufenen Geschäftsjahrs orientiert.

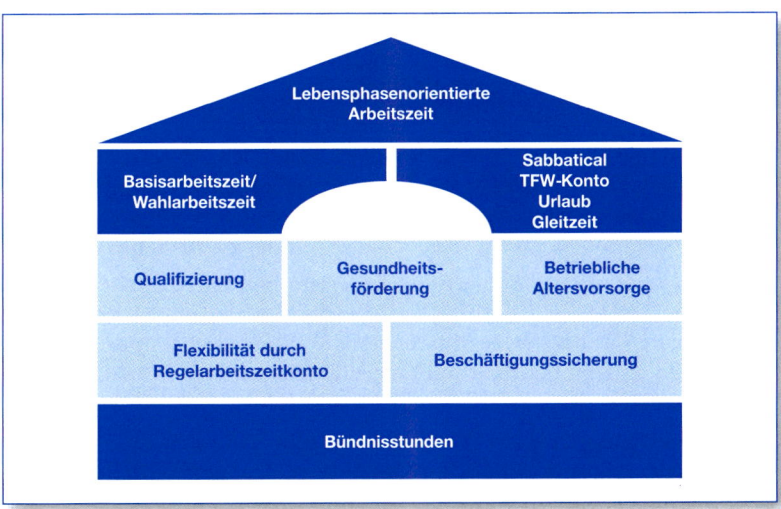

Abb. 6.2.11: Bausteine des Trumpf-Arbeitszeitmodells (vgl. Trumpf, 2011, S. 4)

6 Personal

Nicola Leibinger-Kammüller, Vorsitzende der Geschäftsführung der *Trumpf GmbH & Co. KG*, ist von den Chancen des neuen Arbeitszeitmodells überzeugt: „Mit diesem Modell stellen wir unsere Innovationskraft unter Beweis. Und die gilt seit jeher nicht nur für unsere Produkte und unsere Verfahren, sondern auch für den Umgang mit unseren Mitarbeitern. Ich glaube, dass wir mit diesem Modell heute schon eine Antwort auf den großen Trend der kommenden Jahre haben: dass sich die Wünsche und Forderungen von Arbeitnehmern immer weiter individualisieren." (*Trumpf*, 2011, S. 12).

6.2.6 Personalbeurteilung

> ❗ Bei der **Personalbeurteilung** werden die Leistung und das Potenzial der Mitarbeiter eingeschätzt. Sie bildet die Grundlage einer leistungs- und verhaltensgerechten Vergütung sowie eines bestmöglichen Personaleinsatzes und einer gezielten Personalentwicklung (vgl. *Becker*, 2002, S. 412).

Bereiche Die **Personalbeurteilung** gliedert sich in zwei Bereiche (vgl. *Hentze/Kammel*, 2001, S. 279 f.; *Jung*, 2011, S. 738 ff.):

- Bei der **Leistungsbeurteilung** handelt es sich um eine vergangenheitsorientierte Erfassung und Bewertung des Leistungsergebnisses und -verhaltens eines Mitarbeiters. Während bei der Beurteilung des Leistungsergebnisses das Ausmaß der Zielerreichung betrachtet wird, geht es bei der Beurteilung des Leistungsverhaltens um die Art und Weise der Zielerreichung. Die Leistungsbeurteilung ist Grundlage einer leistungs- und verhaltensgerechten Personalvergütung (vgl. Kap. 6.2.7).

- Die **Potenzialbeurteilung** dient der Einschätzung der Eignung eines Mitarbeiters für die Erfüllung höherwertiger Aufgaben. Vorhandene Fähigkeiten sollen erkannt und mit den erforderlichen Anforderungen abgeglichen werden. Daraus lassen sich Personalentwicklungsmaßnahmen (vgl. Kap. 6.2.2) ableiten. Dies bildet auch die Grundlage für Auswahlentscheidungen wie z. B. Beförderung, Versetzung oder Entlassung sowie zur Überprüfung getroffener Auswahlentscheidungen.

Leistungsbeurteilungsverfahren Die **Verfahren der Leistungsbeurteilung** lassen sich unterscheiden nach (vgl. *Hentze/Kammel*, 2001, S. 283; *Jung*, 2011, S. 753 f.; *Olfert*, 2010, S. 253 ff.):

- **Beurteilungskriterien:** Bei quantitativen Methoden erfolgt die Beurteilung mit Hilfe quantifizierbarer Größen wie z. B. Anzahl hergestellter Produkte oder erreichter Umsatz. Bei qualitativen Methoden wird der Mitarbeiter anhand qualitativer Kriterien wie z. B. Verhalten, Zuverlässigkeit oder Kundenzufriedenheit eingeschätzt.

- **Differenzierung der Beurteilungskriterien:** Bei der summarischen Mitarbeiterbeurteilung wird die Leistung des Mitarbeiters als Ganzes beurteilt. In der Praxis dominiert die analytische Mitarbeiterbeurteilung. Dabei werden mehrere Leistungskriterien einzeln beurteilt und anschließend zu einer Gesamtbeurteilung zusammengefasst.

- **Beurteilungsumfang:** Die Personalbeurteilung kann sich auf einzelne (Einzelbeurteilung) oder mehrere Mitarbeiter (Team- oder Gruppenbeurteilung) beziehen.

- **Beurteilungshäufigkeit:** Beurteilungen können regelmäßig in festen Zeitabständen z. B. zur Personalvergütung oder aus bestimmten Anlässen durchgeführt werden.

6.2 Aufgabenfelder des Personalmanagements

Solche Anlässe können z. B. das Ausscheiden eines Mitarbeiters oder der Ablauf einer Probezeit sein.

- **Beurteiler:** Die Personalbeurteilung kann durch Vorgesetzte, Kollegen, Untergebene oder den Mitarbeiter selbst erfolgen (vgl. *Domsch/Gerpott*, 2004, Sp. 1434 ff.; *Jung*, 2011, S. 754 ff.; *Scholz*, 2000, S. 444 f.):

  – **Untergebenenbeurteilung:** Bei der Mitarbeiterbeurteilung durch den Vorgesetzten können Verfahren, Kriterien und Maßstab der Beurteilung entweder durch das Unternehmen festgelegt sein (systematische bzw. gebundene Beurteilung) oder dem Beurteiler überlassen werden (systemlose bzw. freie Beurteilung). Die gebundene Beurteilung soll die Objektivität der Beurteilung erhöhen. Dennoch sind Beurteilungen, die nicht durch Messungen der Quantität (Arbeitsmenge) oder Zeit (Arbeitsgeschwindigkeit) eindeutig überprüft werden können, immer sehr subjektiv. Die Vorgesetzten können gleiche Leistungen unterschiedlich einschätzen, obwohl sie die gleiche Skala wie z. B. ein Schulnotensystem benutzen. Gebundene Beurteilungen weisen daher lediglich eine Scheinobjektivität auf (vgl. *Jöstingmeier*, 2012a). Zu den gebundenen Beurteilungsverfahren zählen:

    Einstufungsverfahren: Qualitative Beurteilung verschiedener Merkmale mit Hilfe einer mehrstufigen Skala. Die Skalenwerte werden durch Zahlen (z. B. 1 bis 10), Adjektive (z. B. gut, mittel oder schlecht) oder Verhaltensbeschreibungen (z. B. „arbeitet fleißig und konzentriert" bis „ist faul und unkonzentriert") ausgedrückt.

    Rangordnungsverfahren: Mitarbeiter werden gemäß einzelnen Beurteilungskriterien bzw. nach ihrer Gesamtleistung in eine Rangfolge gebracht.

    Polaritätsprofile: Paarweise Gegenüberstellung mehrerer gegensätzlicher Attribute wie z. B. „fleißig" und „faul". Der Vorgesetzte ordnet den Mitarbeiter bei jedem Attribut durch Ankreuzen auf einer Skala ein. Die Verbindung der untereinander stehenden Merkmale durch eine Linie ergibt das Eigenschaftsprofil des Mitarbeiters, das mit einem idealen Eigenschaftsprofil verglichen wird.

    Vorgabevergleichsverfahren: Prozentuale Beurteilung einer quantitativ messbaren Leistung im Verhältnis zur vorgegebenen Leistung. Ein Zielerreichungsgrad über 100 % bedeutet eine Übererfüllung, Werte darunter eine Untererfüllung.

    Methode der kritischen Ereignisse: Erfolgreiche und nicht erfolgreiche Verhaltensweisen und Merkmale des Mitarbeiters werden vom Vorgesetzten in regelmäßigen Zeitabständen schriftlich erfasst. Nach einem bestimmten Zeitraum werden die aufgezeichneten Ereignisse mit dem Mitarbeiter durchgesprochen. Auf dieser Basis wird gemeinsam nach Maßnahmen zur Leistungsverbesserung und Personalentwicklung gesucht. Im Gegensatz zur freien Beurteilung sind die Merkmale nicht frei wählbar, sondern einem Kriterienkatalog zu entnehmen.

  – **Selbstbeurteilung:** Die eigene Einschätzung der Leistung stimmt häufig nicht mit der Beurteilung durch Vorgesetzte bzw. Untergebene überein. Dennoch ist eine Selbstbeurteilung hilfreich, um Abweichungen und Übereinstimmungen zwischen Fremd- und Selbstbild zu analysieren und darauf aufbauend entsprechende Maßnahmen einzuleiten.

  – **Vorgesetztenbeurteilung:** Bei der Personalbeurteilung durch Untergebene beurteilen die Mitarbeiter ihre direkten Vorgesetzten bezüglich ihres Führungsverhaltens und/oder ihrer Kenntnisse und Fähigkeiten.

  – **Gleichgestelltenbeurteilung:** Hierarchisch gleichrangige Mitarbeiter beurteilen sich gegenseitig, da sie durch gemeinsame Tätigkeiten einen guten Einblick in die

Leistungen und das Leistungsverhalten ihrer Kollegen haben. Sie dient vor allem der Beeinflussung des Sozialverhaltens.

Eine Weiterentwicklung von Vorgesetzten- und Gleichgestelltenbeurteilung ist das **360°-Feedback**. Dabei werden Führungskräfte unternehmensintern durch Kollegen, Vorgesetzte und unterstellte Mitarbeiter sowie unternehmensextern durch Kooperationspartner, wie z. B. Kunden und Lieferanten beurteilt. Diese vier Gruppen decken jeweils eine 90°-Perspektive ab, wodurch sich ein 360°-Feedback-Kreis und dadurch ein differenziertes Leistungsbild ergeben. Die Verlässlichkeit der Beurteilung kann durch den Einbezug unterschiedlicher Rückmeldungen höher sein als bei anderen Verfahren, allerdings gewährleistet die Summe subjektiver Eindrücke noch keine objektive Beurteilung (vgl. *Scholz*, 2000, S. 445 f.).

Zum Abschluss der Personalbeurteilung ist durch den Vorgesetzten ein **Beurteilungsgespräch** mit dem Mitarbeiter zu führen, in dem ihm die Ergebnisse seiner Leistungsbewertung unter vier Augen dargelegt und erörtert werden. Es soll dem Mitarbeiter seine Schwachstellen aufzeigen und ihn dazu motivieren, seine Leistung zu verbessern. Das Beurteilungsgespräch dient auch der Kontrolle des Beurteilungsverfahrens durch den Mitarbeiter. Nach dem Betriebsverfassungsgesetz hat der Mitarbeiter das Recht auf eine Begründung der Beurteilungsergebnisse durch den Vorgesetzten. Hierzu kann er auch ein Mitglied des Betriebsrats hinzuziehen. Deshalb sollte dem Mitarbeiter eine Möglichkeit zur Stellungnahme gegeben werden. Die Beurteilung wird meist schriftlich festgehalten und von beiden Parteien unterzeichnet (vgl. *Hentze/Kammel*, 2001, S. 296; *Scholz*, 2000, S. 745 f.).

Um die Effizienz des Beurteilungsgesprächs zu verbessern, sind die folgenden **Gestaltungsempfehlungen** zu beachten (vgl. *Domsch*, 2004, Sp. 1438):

- Beurteiler und Beurteilter sollten das Gespräch gut vorbereiten und es unterbrechungsfrei ohne Zeitdruck führen.
- Das Gespräch sollte offen und im Dialog geführt werden.
- Gegenstand sollte grundsätzlich die Leistung und nicht die Person des Beurteilten sein.
- Kritik sollte kurz, konkret und konstruktiv sein.
- Im Gespräch sollten klare Aussagen über Leistungen, Entwicklungsperspektiven und die Entgelthöhe des Beurteilten getroffen werden.
- Personalbeurteilungsgespräche sollten häufiger als einmal pro Jahr und bei Bedarf zeitlich flexibel stattfinden.

6.2.7 Personalvergütung

> Durch die **Personalvergütung** erhält ein Mitarbeiter für seine Arbeitsleistung vom Arbeitgeber materielle und immaterielle Gegenleistungen. Diese bilden Anreize für die Leistungserbringung des Mitarbeiters.

Der wesentliche materielle Anreiz für den Mitarbeiter sind **monetäre Zahlungen**. Sie bestehen aus den arbeitsvertraglich vereinbarten Vergütungen, betrieblichen Sozialleistungen sowie Erfolgs- und Kapitalbeteiligungen (vgl. *Jung*, 2011, S. 562 ff.). Darüber hinaus können den Mitarbeitern noch andere Anreize geboten werden, um ihre Leistungsbereitschaft und Zufriedenheit zu steigern. Auf die Ermittlung des Entgelts, die Formen der Vergütung sowie die Gestaltung von Anreizsystemen wird im Folgenden eingegangen.

6.2.7.1 Entgeltermittlung

Bei der Ermittlung des Entgelts in Form von Lohn bzw. Gehalt sollten folgende **Verteilungsprinzipien** berücksichtigt werden, um der Forderung nach **Entgeltgerechtigkeit** zu entsprechen (vgl. *Domsch*, 2005, S. 411 ff.). Die Vergütung sollte erfolgen nach:

Entgeltgerechtigkeit

- der Schwierigkeit der Arbeit und des Arbeitsaufwands **(anforderungsgerecht)**,
- dem Arbeitsergebnis und der Leistung des Arbeitnehmers **(leistungsgerecht)**,
- sozialen Aspekten wie z. B. Familienstand, Alter etc. **(sozial gerecht)**,
- der erforderlichen Qualifikation des Mitarbeiters **(qualifikationsgerecht)** und
- dem Verhalten des Mitarbeiters wie z. B. Betriebszugehörigkeit, Zusammenarbeit mit Kollegen oder Kunden **(verhaltensgerecht)**.

Darüber hinaus wird die Vergütung auch durch **Angebot und Nachfrage auf dem Arbeitsmarkt** bestimmt. Beispielsweise herrscht in Deutschland seit geraumer Zeit ein Mangel an Ingenieuren, die bei vielen Unternehmen attraktive Stellenangebote vorfinden. Für Geisteswissenschaftler, Architekten oder Soziologen sieht die Welt dagegen völlig anders aus. Sie müssen sich vielfach zunächst als unbezahlte Praktikanten verdingen, um überhaupt eine Chance auf eine Anstellung zu haben.

Relative Entgeltgerechtigkeit

Die Höhe der Managergehälter steht in Deutschland zunehmend in der öffentlichen Kritik. Im Jahr 2011 erhielt beispielsweise *Martin Winterkorn*, Vorstandsvorsitzender des *VW*-Konzerns, ein Jahresgehalt von 17,5 Mio. Euro und damit das Sechshundertfache des deutschen Durchschnittsverdienstes. Die Relation zwischen einer solchen Vergütung und beispielsweise dem Lohn eines Straßenarbeiters lässt sich nicht ausschließlich auf Unterschiede in der Qualifikation, Arbeitsleistung oder Arbeitsschwierigkeit zurückführen. Der Straßenarbeiter gefährdet täglich seine Gesundheit durch den Umgang mit krebserregenden Stoffen wie z. B. Teer und physischen Belastungen z. B. durch schlechte Witterungsbedingungen oder die Arbeit mit einem Presslufthammer. Ein Vorstandsvorsitzender ist solchen gesundheitsgefährdenden Arbeitsbedingungen nicht ausgesetzt. Der Unterschied ihrer Vergütung erklärt sich, neben der Angebots- und Nachfragesituation auf dem Arbeitsmarkt für Straßenarbeiter bzw. Vorstandsvorsitzende, vor allem durch ihre Verantwortung und ihr Schadensverursachungspotenzial. Ein Fehler des Straßenarbeiters verursacht dem Unternehmen eventuell einen Schaden von einigen tausend Euro. Begeht dagegen der Vorstandsvorsitzende einen Fehler, so kann dies Milliardenverluste oder gar den Konkurs des Unternehmens zur Folge haben (vgl. *Jöstingmeier*, 2012b). Als weitere Begründung dieser enormen Einkommensunterschiede wird der sog. „Boss-Effekt" genannt (vgl. *Lazear* et al., 2012). Danach beeinflusst die Leistung eines Vorgesetzten nicht nur seine eigenen Arbeitsergebnisse, sondern die seines gesamten Teams. Aus diesem Grund wird es als angemessen angesehen, wenn ein Vorgesetzter zwischen 50 und 100 Prozent mehr verdient als seine direkten Untergebenen. Über mehrere Hierarchiestufen hinweg vervielfacht sich dieser Effekt, so dass die Vergütung von Herrn *Winterkorn* bei einem operativen Ergebnis des *VW*-Konzerns von 11,3 Mrd. Euro im Jahr 2011 doch gerechtfertigt sein könnte (vgl.

Gminder, 2005, S. 37). 2013 beschloss der *VW*-Aufsichtsrat jedoch eine Reform der Vorstandsbezüge, nach der die Vergütung des Vorstandsvorsitzenden trotz des operativen Rekordergebnisses 2012 von 11,5 Mrd. Euro auf „nur" noch 14,5 Mio. Euro sank.

Aus den genannten Zusammenhängen folgt, dass es keine absolute Entgeltgerechtigkeit geben kann. Es lässt sich lediglich eine bezüglich bestimmter Kriterien **relative Entgeltgerechtigkeit** erreichen. Im Folgenden werden die Kriterien einer anforderungs- und leistungsgerechten Vergütung erläutert.

Anforderungsgerecht

Für eine **anforderungsgerechte Vergütung** werden mit Hilfe der Arbeitsbewertung Unterschiede in der Arbeitsschwierigkeit gemessen. Diese entstehen durch verschieden hohe Anforderungen an einzelne Arbeitsplätze oder Arbeitsvorgänge.

Arbeitsbewertung

Die **Arbeitsbewertung** vollzieht sich in vier Schritten (vgl. *Bühner*, 2005, S. 143 ff.):

(1) Beschreibung der Arbeit oder des Arbeitsplatzes,

(2) Analyse und Bewertung der Anforderungen anhand der Arbeits- oder Arbeitsplatzbeschreibungen,

(3) Ermittlung des Gesamtarbeitswertes und

(4) Zuordnung der Löhne und Gehälter zu den Gesamtarbeitswerten.

Bewertungsverfahren

Zur Bestimmung der Arbeitsschwierigkeit und den daraus resultierenden Anforderungen dienen folgende **Arbeitsbewertungsverfahren** (vgl. *Hentze/Graf*, 2005, S. 99 ff.; *Jung*, 2011, S. 565 ff.):

- **Summarisch:** Die einzelnen Anforderungen einer Arbeit werden gleichzeitig erfasst und als Ganzes bewertet.
- **Analytisch:** Die Arbeit wird in einzelne Anforderungsarten oder -merkmale unterteilt. Diese werden einzeln bewertet und dann zu einem Arbeitswert zusammengefasst.

Bewertungsprinzipien

Beide Bewertungsverfahren können dabei nach einem der folgenden **Bewertungsprinzipien** vorgehen (vgl. *Becker*, 2002, S. 26 f.):

- **Reihung:** Wechselseitiger Vergleich, bei dem die Arbeitsplätze nach ihrem Schwierigkeitsgrad sortiert und dadurch in eine Rangfolge gebracht werden.
- **Stufung:** Vergleich mit vorher festgelegten Anforderungsstufen, bei dem die Arbeitsplätze festgelegten Klassen zugeordnet werden, die jeweils verschiedene Schwierigkeitsbereiche beschreiben.

Leistungsgerecht

Eine **leistungsgerechte Vergütung** erfolgt entsprechend der in einem bestimmten Zeitraum tatsächlich erbrachten quantitativen und/oder qualitativen Leistung eines Mitarbeiters. Schwer quantifizierbare Leistungen können durch Leistungsbeurteilungen bewertet werden (vgl. Kap. 6.2.6). Zur Bestimmung des Arbeitsentgelts gemäß der Arbeitsleistung stehen bei Tätigkeiten mit gleicher Arbeitsschwierigkeit folgende Vergütungsgrundsätze bzw. **Entgeltformen** zur Auswahl (vgl. *Berthel/Becker*, 2012, S. 578 ff.; *Bühner*, 2005, S. 143 ff.; *Drumm*, 2008, S. 492 ff.; *Jung*, 2011, S. 584 ff.):

Entgeltformen

Zeitlohn

- **Zeitlohn:** Die Vergütung erfolgt unabhängig von der erbrachten Leistung nach dem Umfang der Arbeitszeit. Für eine Zeiteinheit (Stunde, Tag, Woche, Monat) wird ein fester Lohnsatz bezahlt. Die Vergütung des Mitarbeiters berechnet sich wie folgt:

$$\text{Zeitlohn} = \text{Lohnsatz pro Zeiteinheit} \cdot \text{Anzahl der Zeiteinheiten}$$

Der Zeitlohn ist dann sinnvoll, wenn sich die Leistung nicht oder nur schwer quantifizieren lässt. Das Gehalt als Vergütung für Angestellte sowie die Besoldung für Beamte sind Zeitlöhne. Da der Lohn pro Zeiteinheit konstant ist, bleibt aus Sicht des

6.2 Aufgabenfelder des Personalmanagements

Mitarbeiters die Höhe seines Lohns von der Leistungsmenge unabhängig. Dennoch enthält der Zeitlohn einen mittelbaren Leistungsbezug, da vom Mitarbeiter erwartet wird, dass er die vertraglich vereinbarte und durchschnittlich zu erwartende Leistung (Normalleistung) während seiner Arbeitszeit erbringt. Aus Sicht des Unternehmens sinken die Lohnkosten pro Stück mit zunehmender Leistungsmenge. Die über die vertraglich vereinbarte Arbeitszeit hinausgehende Mehrarbeit („Überstunden") wird meist separat und mit Zuschlägen vergütet. Um zusätzliche Leistungsanreize zu schaffen, wird der Zeitlohn oft um eine Leistungszulage ergänzt. Sie wird in größeren Zeitabständen auf Basis einer Leistungsbeurteilung ermittelt. Beispiele sind Qualitätsprämien oder Prämien für die Dauer der Betriebszugehörigkeit.

- **Akkordlohn:** Die Vergütung orientiert sich an der erbrachten quantitativen Leistung. Diese wird in Stück oder anderen quantifizierbaren Mengeneinheiten gemessen. Es werden zwei **Formen** des Akkordlohns unterschieden: *Akkordlohn*
    - **Geldakkord (Stückakkord):** Für die erbrachte Arbeitsleistung wird ein fester Betrag pro Leistungsmenge (Akkordsatz) bezahlt.

        Geldakkord = Leistungsmenge · Akkordsatz je Mengeneinheit (Stücklohn)

    - **Zeitakkord:** Für die Herstellung einer Leistungseinheit wird eine bestimmte Zeit in Minuten vorgegeben, die dem Mitarbeiter mit einem festen Betrag pro Minute (Minutenfaktor) vergütet wird.

        Zeitakkord = Leistungsmenge · Vorgabezeit je Mengeneinheit · Minutenfaktor

    Im Gegensatz zum Geldakkord ist beim Zeitakkord die Zeitvorgabe unmittelbar erkennbar und bei Tariferhöhungen muss lediglich der Minutenfaktor korrigiert und nicht der gesamte Akkordsatz neu berechnet werden. Beim Akkordlohn variiert aus Sicht des Mitarbeiters der Lohn pro Zeiteinheit mit der Leistungsmenge, während aus Sicht des Unternehmens die Lohnkosten pro Leistungseinheit (z. B. pro Stück) konstant bleiben.

- **Prämienlohn:** Diese Vergütung setzt sich aus einem leistungsunabhängigen Grundlohn und einer leistungsabhängigen Prämie zusammen. Die Prämie wird i. d. R. auf Basis quantifizierbarer Größen in jeder Periode neu berechnet. Abhängig von der Bezugsgröße werden Mengenleistungs-, Qualitäts-, Ersparnis- oder Nutzungsgradprämien gewährt. Die Mehrleistung wird einem Mitarbeiter nicht wie beim Akkordlohn in allen Fällen voll vergütet, sondern teilweise zwischen Unternehmen und Arbeitnehmer aufgeteilt. Im Vergleich zum Akkordlohn ist der Prämienlohn flexibler, da nicht nur die Mengenleistung, sondern auch andere Leistungsfaktoren einbezogen werden können. Der Prämienlohn wird häufig verwendet, wenn die Ermittlung von Akkordvorgaben nicht möglich oder unwirtschaftlich ist. *Prämienlohn*

    Prämienlohn = Grundlohn + Prämie

Aufgrund der direkten Beziehung zwischen der Höhe des Entgeltes und der Leistung werden Akkord- und Prämienlohn unter dem Begriff **Leistungslohn** zusammengefasst. Im Gegensatz zum Zeitlohn mit Leistungszulage ist dabei die Leistung meist quantitativ messbar (vgl. *Jung*, 2011, S. 585).

Die Höhe des Entgelts bestimmt die **Personalbasiskosten**. Sie stehen in unmittelbarem Zusammenhang mit der Leistungserstellung der Mitarbeiter. Darüber hinaus gewähren Unternehmen ihren Mitarbeitern betriebliche Sozialleistungen. Diese führen zu *Basiskosten*

6 Personal

Zusatzkosten: gesetzliche, tarifliche, freiwillige

Personalzusatz- oder Personalnebenkosten, die nicht in direktem Zusammenhang mit der eigentlichen Arbeitsleistung stehen. Die **Personalzusatzkosten** setzen sich wie folgt zusammen (vgl. *Domsch*, 2005, S. 415 f.; *Oechsler*, 2011, S. 504 f.; *Olfert*, 2010, S. 364 ff.):

- **Gesetzliche Sozialleistungen:** Arbeitgeberanteil zur Sozialversicherung (Arbeitslosen-, Kranken-, Renten- und Pflegeversicherung), Beiträge zur Betriebsunfallversicherung, Lohnfortzahlung im Krankheitsfall, Mutterschutzgesetz, bezahlte Feiertage etc.

- **Tarifliche Sozialleistungen:** Gesetzliche Vorschriften können durch tarifvertragliche oder betriebliche Regelungen ausgeweitet werden. Diese beziehen sich z. B. auf bezahlten Urlaub, 13. Monatsgehalt, Urlaubs- und Weihnachtsgeld oder über die gesetzliche Dauer von sechs Wochen hinausgehende Lohnfortzahlung im Krankheitsfall.

- **Freiwillige Sozialleistungen:** Über gesetzliche und tarifliche Sozialleistungen hinaus bieten viele Arbeitgeber zusätzliche Leistungen wie z. B. Betriebsrente, Bildungsangebote, Arbeitskleidung oder Essensgeld an.

Da beim Akkordlohn meist ein garantiertes Mindestentgelt tarifvertraglich festgelegt ist, sind reine Akkordlöhne heutzutage nur noch selten. Generell ist in der Vergütung ein Trend zu einer stärker erfolgsabhängigen Bezahlung zu beobachten. Diese wird häufig als Prämienlohn realisiert, bei dem zusätzlich zum Zeit- oder Akkordlohn eine erfolgsabhängige Entgeltkomponente einbezogen wird. Auf diese Weise sollen bestimmte Leistungen oder Verhaltensweisen der Mitarbeiter gefördert werden.

6.2.7.2 Anreizsysteme

Bei der Gestaltung von **Anreizsystemen** zur Motivation der Mitarbeiter sollte darauf geachtet werden, dass sie transparent, individuell, flexibel und gerecht sind (vgl. *Bleicher*, 1992, S. 19). Anreize werden nach ihrer **Herkunft** unterteilt in (vgl. *Frey/Osterloh*, 1997, S. 308 ff.):

Extrinsisch
- **Extrinsische Anreize** werden dem Mitarbeiter für gewünschte Verhaltensweisen und Ergebnisse gewährt und können materiell oder immateriell sein.
    - **Materielle Anreize** sind direkte monetäre Zuwendungen oder Leistungen mit materiellem Wert wie z. B. ein Firmenwagen. Ihr Vorteil liegt darin, dass sie variabel und leicht steuerbar sind. Für einen Mitarbeiter stellen sie ein nahezu universelles Mittel zur Bedürfnisbefriedigung dar.
    - **Immaterielle Anreize** werden hierzu ergänzend eingesetzt, da die Wirkung materieller Anreize mit zunehmender Höhe des Entgelts abnimmt. Immaterielle Anreize beziehen sich auf die Bereiche Karriere, persönliches Umfeld, Führungsverhalten, Arbeitsumfeld und Qualifikation. Beispiele sind die Einladung des Vorgesetzten zum Segeln oder die Möglichkeit, Überstunden für einen mehrmonatigen Urlaub anzusparen. Immaterielle Anreize sind situationsabhängig und werden von den Mitarbeitern unterschiedlich wahrgenommen und beurteilt.

Intrinsisch
- **Intrinsische Anreize** haben ihren Ursprung im persönlichen, emotionalen Erleben der Arbeit, des Arbeitsumfelds und des gesamten Unternehmens durch den Mitarbeiter. Ihre Motivationswirkung folgt insbesondere aus dem Arbeitsinhalt, der übertragenen Verantwortung und dem Arbeitsergebnis. Die Gestaltung intrinsischer Anreize ist Aufgabe der Personalführung und hängt maßgeblich vom Führungsstil des Vorgesetzten ab (vgl. Kap. 6.3.1.3). Bei der Wahrnehmung des Unternehmens als Arbeitgeber (Employer Brand) spielt auch das Personalmarketing eine wichtige Rolle (vgl. Kap. 6.2.3.2).

6.2 Aufgabenfelder des Personalmanagements

Einen Überblick über das breite Spektrum möglicher Anreize für die Mitarbeiter zeigt Abb. 6.2.12. Wichtig sind dabei das richtige Zusammenspiel der einzelnen Anreize und die Berücksichtigung der individuellen Bedürfnisse der Mitarbeiter. Materielle und immaterielle Anreize prägen gemeinsam die **Employee Value Proposition**, d.h. das wahrgenommene Austauschverhältnis zwischen der Leistung des Arbeitnehmers und der Gegenleistung des Unternehmens (vgl. Kap. 6.2.3.2). Sie bestimmt auch die **Retention** des Unternehmens, d.h. dessen Fähigkeit, wertvolle Fach- und Führungskräfte (auch mental) zu binden (vgl. *Beschorner/Hajduk*, 2011, S. 183 f., 459 ff.).

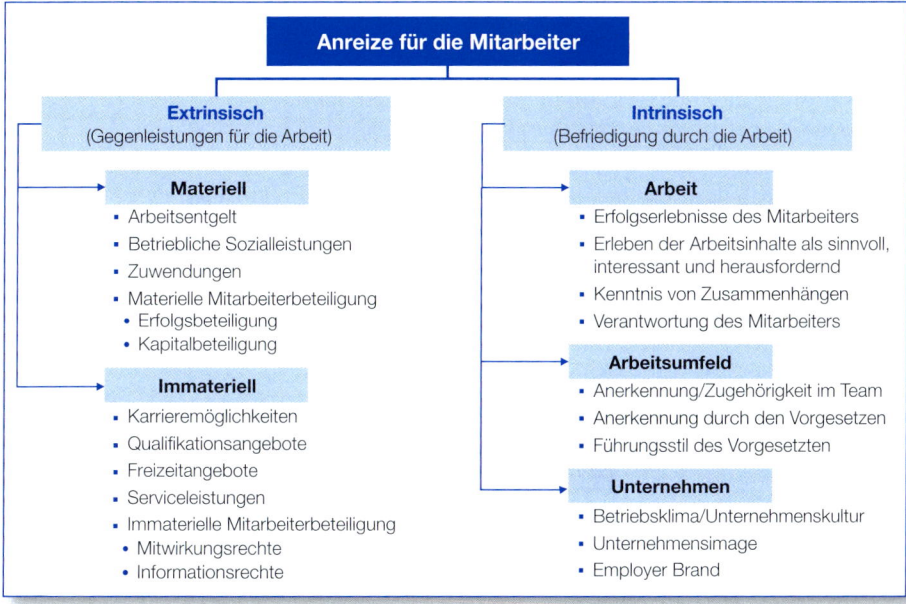

Abb. 6.2.12: Anreize für die Mitarbeiter

Ausgangsbasis für die Vergütung der Arbeitsleistung sind materielle extrinsische Anreize. Ihre Wirkung sinkt jedoch mit zunehmender Höhe und für die dauerhafte Erzielung eines erwünschten Leistungsverhaltens reichen sie meist nicht aus. Deshalb sind sie durch immaterielle extrinsische sowie durch intrinsische Anreize zu ergänzen. Die Eignung und Auswahl der Anreize ist abhängig von den Anforderungen des Unternehmens und den individuellen Bedürfnissen des Mitarbeiters.

Neue Herausforderungen als Anreiz am Beispiel Kia Motors Corp.

Im Jahre 2006 verließ der Chefdesigner *Peter Schreyer* nach 26 Jahren den *VW*-Konzern und nahm das Angebot der *Kia Motors Corp.* an, weltweit das Erscheinungsbild der aufstrebenden Marke zu verantworten. Als Gründe für seinen Wechsel gab er den „Reiz des Neuen, die völlig andere Kultur und die sehr freie Hand in seiner Arbeit" an. Innerhalb weniger Jahre hat er es geschafft, der Marke ein neues Gesicht zu geben, worauf er spürbar stolz ist: „Der Erfolg ist richtig sichtbar, wenn man unsere Autos auf der Straße sieht". Das attraktive Design wird als ein wesentlicher Grund für den rasanten Aufstieg der koreanischen *Hyundai-Kia Automotive Group* zum fünftgrößten Autobauer der Welt angesehen, der damit zu einem ernstzunehmenden Konkurrenten für *VW* herangewachsen ist (vgl. *Lamparter*, 2012, S. 22).

6 Personal

Mitarbeiterbeteiligung

Eine besondere Form der Anreizgewährung ist die **Mitarbeiterbeteiligung**. Die Mitarbeiter sollen dadurch zu unternehmerischem Denken und Handeln bewegt werden und mehr Ergebnisverantwortung tragen. **Immaterielle Mitarbeiterbeteiligung** bedeutet die Gewährung von Mitwirkungs- und Informationsrechten für die Belegschaft. Die **materielle Mitarbeiterbeteiligung** kann sich auf den Erfolg oder das Kapital des Unternehmens beziehen. Eine Übersicht über die Formen der materiellen Mitarbeiterbeteiligung gibt Abb. 6.2.13.

Erfolgs- und Kapitalbeteiligung

Die **materielle Mitarbeiterbeteiligung** lässt sich grundsätzlich unterteilen in (vgl. *Berthel/Becker*, 2012, S. 601 f.; *Bühner*, 2005, S. 162 ff.; *Domsch*, 2005, S. 416):

- **Erfolgsbeteiligungen** sind materielle Beteiligungen der Mitarbeiter an einer betrieblichen Erfolgsgröße wie z. B. dem Jahresüberschuss. Sie werden zusätzlich zu anderen Vergütungen (Direktvergütung, Sozialleistungen) gewährt. Nach der Erfolgsgröße lassen sich Leistungs-, Ertrags- und Gewinnbeteiligung unterscheiden.

- **Kapitalbeteiligungen:** Mitarbeiter werden am Eigen- oder Fremdkapital des Unternehmens beteiligt. Die Beteiligung erfolgt entweder direkt durch den Mitarbeiter selbst oder durch Zuwendungen des Arbeitgebers. Eine gebräuchliche Form der Eigenkapitalbeteiligung ist die Ausgabe von Belegschaftsaktien. Die Fremdkapitalbeteiligung erfolgt meist über Mitarbeiterschuldverschreibungen. Diese können bei einer Wandelschuldverschreibung nach einem gewissen Zeitraum in Aktien umgetauscht werden bzw. bei einer Gewinnschuldverschreibung einen Gewinnanteil beinhalten.

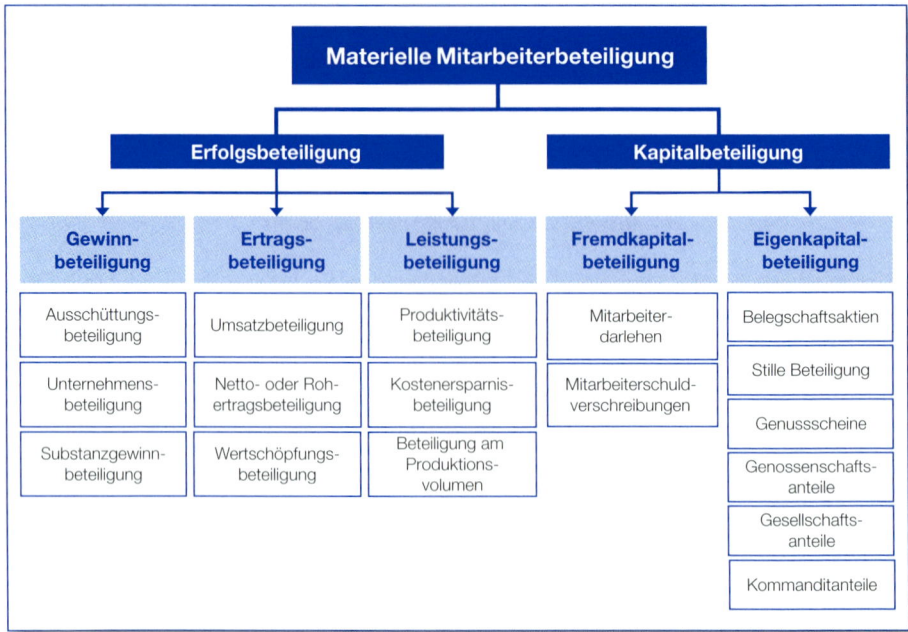

Abb. 6.2.13: Formen der materiellen Mitarbeiterbeteiligung

Cafeteria-Systeme

Eine Möglichkeit, Anreize flexibel und gleichzeitig individuell zu gewähren, sind sog. **Cafeteria-Systeme**. Dabei können Mitarbeiter innerhalb eines festgelegten finanziellen Rahmens, vergleichbar mit der Wahl von Hauptspeisen, Beilagen und Getränken in einer Kantine, nach ihren Präferenzen aus verschiedenen Anreizen auswählen. Auf diese Weise kann auf die persönlichen Bedürfnisse der Mitarbeiter eingegangen werden, die u.a. von deren Alter und Lebenssituation geprägt sind. Während für einen älteren Mitarbeiter eine höhere Altersversorgung oder ein früherer Ausstieg aus dem Arbeitsleben attraktiv sind, interessiert sich ein junger Mitarbeiter eher für eine qualifizierte Weiterbildung (z.B. Masterstudium) oder eine befristete Auszeit (Sabbatical). Zu bestimmten Zeitpunkten können die Mitarbeiter ihre Wahlentscheidungen revidieren und somit an ihre neuen Lebensumstände anpassen. In Abhängigkeit der zur Wahl stehenden Komponenten und Leistungen lassen sich die in Abb. 6.2.14 aufgeführten Ausprägungsformen unterscheiden. Cafeteria-Systeme werden insbesondere bei außertariflichen Fach- und Führungskräften eingesetzt, da dort der Anteil gewinn- oder leistungsabhängiger Entgeltbestandteile einen entsprechenden Spielraum bietet (vgl. *Oechsler*, 2011, S. 506; *Olfert*, 2010, S. 352 f.).

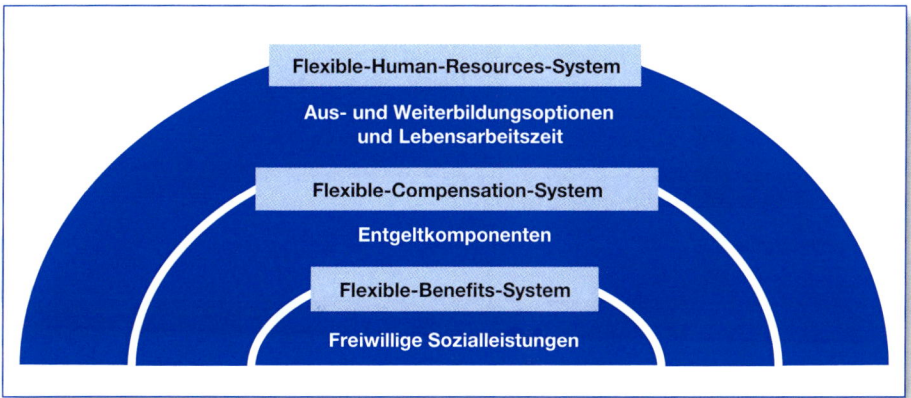

Abb. 6.2.14: Cafeteria-Systeme nach dem Umfang des Wahlangebots
(in Anlehnung an Langmeyer, 1999, S. 15 f.)

6.2.8 Unterstützungsfunktionen

Das Personalmanagement wird in seinen Aufgaben durch das Personalcontrolling und die Personalverwaltung unterstützt. Diese werden im Folgenden dargestellt.

6.2.8.1 Personalcontrolling

> Das **Personalcontrolling** ist eine Unterstützungs- und Querschnittsfunktion des Personalmanagements, welche die Planung und Kontrolle sowie die Informationsversorgung im Personalbereich mitgestaltet und koordiniert (vgl. *Metz*, 1995, S. 17).

Aufgrund des steigenden Bedarfs an frühzeitigen und entscheidungsorientierten Informationen, bildet das Personalcontrolling eine eigenständige Teilfunktion des Personalmanagements (vgl. *Scholz*, 2003, S. 534) Es soll das Personalmanagement durch eine konsequente ökonomische Betrachtung und Ausrichtung unterstützen (vgl. *Berthel*, 2004, Sp. 1441 f.).

6 Personal

Ebenen | Entsprechend dem Entwicklungsstand des Personalcontrollings können die in Abb. 6.2.15 dargestellten **Ebenen** unterschieden werden (vgl. *Oechsler*, 2011, S. 188; *Scholz*, 2003, S. 534; *Wunderer/Jaritz*, 2007, S. 12 ff.; *Wunderer/Sailer*, 1987, S. S. 602 f.):

- **Personalkosten-Controlling:** Budgetierung der Personalkosten sowie der Kosten der Personalabteilung.
- **Wirtschaftlichkeitscontrolling:** Bewertung und Analyse der Effizienz des Personalmanagements sowie des Einsatzes der Personalressourcen.
- **Effektivitätscontrolling:** Bewertung und Analyse des Beitrags des Personalmanagements zum Unternehmenserfolg.

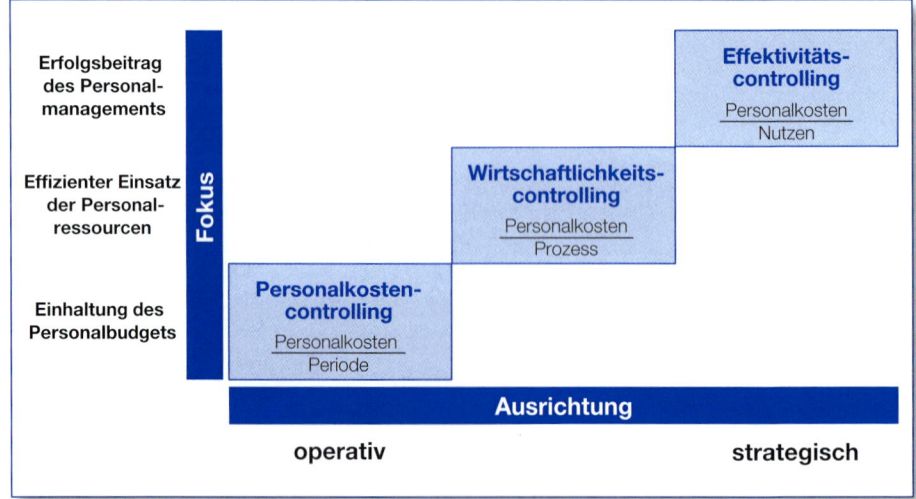

Abb. 6.2.15: Ebenen des Personalcontrollings

Aufgaben | Die wesentlichen **Aufgaben** des Personalcontrollings sind (vgl. *Küpper*, 2008, S. 498 ff.):

- **Koordination des Personalmanagements** umfasst die Berücksichtigung der vielfältigen Abhängigkeiten zwischen den Aufgabenfeldern des Personalmanagements. Dies betrifft insbesondere die Abstimmung zwischen der personellen Bedarfsbestimmung, Beschaffung, Entwicklung und Freisetzung sowie zwischen Personalplanung und -kontrolle. Darüber hinaus ist die Informationsversorgung mit der Planung und Kontrolle des Personalmanagements zu koordinieren.
- **Verknüpfung des Personalmanagements mit anderen Funktionsbereichen**, um personelle Aspekte durchgängig zu berücksichtigen und die Personalplanung mit den anderen betrieblichen Teilplanungen abzustimmen.
- **Einbindung in das strategische Personalmanagement** zur Unterstützung der Erarbeitung und Umsetzung der Personalstrategie sowie deren Abstimmung mit der Unternehmensstrategie.
- **Ökonomische Transparenz und Ausrichtung des Personalmanagements:** Das Controlling soll die wirtschaftlichen Auswirkungen der Personalentscheidungen bestimmen und den Beitrag des Personalmanagements zur Erreichung der Unternehmensziele beurteilen. Auf diese Weise soll es die wirtschaftliche Ausrichtung des Personalmanagements und den effizienten Einsatz der Personalressourcen sicherstellen.

6.2 Aufgabenfelder des Personalmanagements

Die Informationsversorgung des Personalmanagements und die Erfüllung der genannten Aufgaben des Personalcontrollings erfordern ein rechnergestütztes **Personalinformationssystem**. Es stellt quantitative, qualitative, regionale und zeitliche Daten über den Personalbestand und die Arbeitsplätze des Unternehmens zur Verfügung. Beispiele für personenbezogene Daten sind Bildungsstand, Berufserfahrung, physische und psychische Merkmale sowie Lohn oder Gehalt. Diese werden unter Berücksichtigung der Anforderungen an den Datenschutz und in Abstimmung mit dem Betriebsrat laufend erfasst. Darüber hinaus beinhaltet das Personalinformationssystem Verfahren und Methoden zur Durchführung von Verwaltungsaufgaben, zur Analyse von Personal- und Arbeitsplatzdaten sowie für die Planung des Personalbedarfs, des Personaleinsatzes und der Personalkosten.

Personalinformationssystem

Einen wesentlichen Bestandteil des Personalinformationssystems bildet die **Personalkostenrechnung**. Sie dient der Erfassung der Personalkosten in allen Unternehmensbereichen und zur Bewertung des wirtschaftlichen Erfolgs des Personalmanagements (vgl. *Domsch*, 2005, S. 418 f.). Da der Anteil der Personalkosten an den betrieblichen Gesamtkosten meist erheblich ist, kommt dem **Personalkostenmanagement** für den Erfolg des Unternehmens maßgebliche Bedeutung zu. Die aktive Beeinflussung der Personalkosten ist vor allem über die Mitarbeiterzahl und nur eingeschränkt über die Form und Höhe der Vergütung möglich. Die Personalkostenstruktur ergibt sich überwiegend aus den Tarifabschlüssen und gesetzlichen Änderungen der Sozialversicherung. Personalkostensenkungen erfolgen in der Praxis deshalb meist durch Personalabbau. Zur Vermeidung unnötiger Belastungen des Betriebsklimas wird dieser vorzugsweise über Fluktuation mit Verzicht auf betriebsbedingte Kündigungen durchgeführt. Je nach Lage am Arbeitsmarkt können von den Unternehmen auch Abstriche in der Vergütung wie z. B. die Streichung des Weihnachtsgelds oder Arbeitszeiterhöhungen ohne Lohnausgleich durchgesetzt werden. Im Gegenzug wird den Mitarbeitern häufig eine befristete Arbeitsplatzgarantie eingeräumt.

Personalkostenmanagement

Es lassen sich drei **Personalkostengruppen** unterscheiden (vgl. *Scholz*, 2000, S. 689 ff.):

- **Bestandskosten** entstehen für die Bereitstellung des Personals. Bestandskosten sind die Summe der zu zahlenden Mitarbeitervergütung.
- **Aktionskosten** entstehen für Maßnahmen des Personalmanagements zur:
    - **Personalbeschaffung:** Kosten für Personalmarketing, -auswahl sowie -einstellung und -einarbeitung. Beispiele sind Zeitungsanzeigen, Personalberaterhonorar, Reisekosten von Bewerbern oder Umzugskosten.
    - **Personalentwicklung:** Kosten der Aus- und Weiterbildung. Beispiele sind Schulungsmaterial, Trainee-Programme oder Seminargebühren.
    - **Personalfreisetzung:** Kosten zur Vermeidung oder Begrenzung nachteiliger Folgen eines Personalabbaus. Beispiele sind Vorruhestandsgeld, Outplacementberatung oder Abfindungen.
- **Reaktionskosten** entstehen nicht aus eigenem Antrieb. Sie fallen an z. B. aufgrund von:
    - **Fluktuation:** Kosten durch Austritt eines Mitarbeiters. Dabei geht das im Laufe der Beschäftigung angehäufte Humanvermögen verloren. Weitere Kosten können für die administrative Abwicklung des Mitarbeiterabgangs, sinkende Leistungsbereitschaft austretender Arbeitnehmer und die Neubesetzung der Stelle anfallen.
    - **Fehlzeiten:** Kosten durch Abwesenheit vom Arbeitsplatz, z. B. wegen Krankheit, Unfall, Demotivation (Absentismus), Urlaub, Feiertagen oder Mutterschutz.

Bestands-, Aktions-, Reaktionskosten

6 Personal

Personalbudget
Das **Personalbudget** ist in den direkten Unternehmensbereichen i. d. R. leistungsbezogen und flexibel. In den Material- und Fertigungsbereichen wird es beschäftigungsabhängig aufgestellt (vgl. Fallstudie in Kap. 4.3.2.4). In indirekten Bereichen wie z. B. Vertrieb oder Forschung und Entwicklung überwiegt die starre Budgetierung. Sie geht nicht von den zu erstellenden Leistungen, sondern von Personalplänen und dem geplanten Personalbedarf aus. Grund für dieses aus Planungs- und Steuerungsgesichtspunkten unbefriedigende Vorgehen ist die Vielfalt und Verschiedenartigkeit der Leistungen indirekter Bereiche (vgl. *Küpper*, 2008, S. 502 f.). Abhilfe kann eine Budgetierung auf Basis der Prozesskostenrechnung schaffen (vgl. Kap. 5.4.3.3).

Nutzen schwer quantifizierbar
Während sich die Personalkosten detailliert erfassen lassen, bereitet die objektive **Bewertung des Nutzens** des Personalmanagements große Schwierigkeiten. Meist lassen sich monetäre Wirkungen nicht quantifizieren, da qualitative und nicht-monetäre Aspekte überwiegen. Um dem Personalmanagement dennoch eine Grundlage für die Planung, Steuerung und Kontrolle zu liefern, werden die steuerungsrelevanten Aspekte mit Hilfe von **Personalkennzahlen** dargestellt und quantifiziert. Neben der Analyse der Personalkosten beziehen sich diese vor allem auf die Mitarbeiterstruktur und den Arbeitseinsatz. Der Vergleich der Kennzahlen im Zeitablauf, zwischen verschiedenen Organisationseinheiten und mit anderen Unternehmen liefert Hinweise auf bestehende Schwachstellen und Verbesserungsbedarf (vgl. *Küpper*, 2008, S. 503 f.).

Personalkennzahlen

Personalkennzahlensystem
Die einzelnen Maßgrößen lassen sich zu einem **Personalkennzahlensystem** verknüpfen, um ein umfassendes Bild über die Kosten und Leistungen des Personalmanagements zu erhalten. Ein Beispiel für ein Kennzahlensystem zeigt Abb. 6.2.16 (zur Berechnung vgl. *Schulte*, 2011, S. 183 ff.) Es besteht insgesamt aus 61 Kennzahlen, die nach den Funktionen

Funktion	Ausgewählte Kennzahlen	
Personalbedarf und Personalstruktur	• Netto-Personalbedarf • Qualifikationsstruktur • Altersstruktur	• Frauenquote • Vertragsstruktur • Einkommensstruktur
Personalbeschaffung	• Anzahl Bewerber pro Stelle • Vorstellungsquote • Beschaffungskosten je Eintritt	• Grad der Personaldeckung • Frühfluktuationsrate • Effizienz der Beschaffungswege
Personaleinsatz	• Leistungsgrad • Arbeitsproduktivität • Überstundenquote	• Arbeitsplatzstruktur • Leitungsspanne • Entsendungsquote
Personalerhaltung und Leistungsstimulation	• Fehlzeiten • Fluktuationsrate • Unfallhäufigkeit	• Lohngruppenstruktur • Erfolgsbeteiligung je Mitarbeiter • Altersversorgungsanspruch
Personalentwicklung	• Ausbildungsquote • Übernahmequote • Weiterbildungszeit je Mitarbeiter	• Bildungsrendite • Kostenanteil Personalentwicklung • Weiterbildungskosten
Betriebliches Vorschlagswesen	• Vorschlagsrate • Annahmequote • Realisierungsquote	• Durchschnittsprämie • Einsparungsquote • Erzielte Einsparungen
Personalfreisetzung	• Sozialplankosten je Mitarbeiter	• Abfindungsaufwand je Mitarbeiter
Personalkostenplanung und -kontrolle	• Personalkosten je Mitarbeiter • Personalkosten je Stunde • Personalkostenintensität	• Personalkostenarten • Personalkostenanteil an der Wertschöpfung

Abb. 6.2.16: Ausgewählte Kennzahlen für die Funktionen des Personalmanagements (vgl. Schulte, 2011, S. 182)

6.2 Aufgabenfelder des Personalmanagements

des Personalmanagements unterteilt sind. Durch den Vergleich ausgewählter Maßgrößen mit Konkurrenten oder Unternehmen mit besonders guter Personalarbeit lässt sich das Personalmanagement darüber hinaus auch wettbewerbsorientiert gestalten.

Im Rahmen des **strategischen Personalmanagements** bietet sich zur Umsetzung der Personalstrategie der Einsatz einer Balanced Scorecard an (vgl. Kap. 4.2.2). Um darüber hinaus auch nicht quantifizierbare Aspekte des Personalmanagements zu berücksichtigen, werden ergänzend qualitative Beurteilungsmethoden eingesetzt. Hierzu zählen vor allem **Mitarbeiterbefragungen** zur Bestimmung der Stärken und Schwächen des Personalmanagements (vgl. *Domsch*, 2005, S. 421). Ein Instrument des strategischen Personalcontrollings zur Berücksichtigung qualitativer Faktoren sind **Personal-Portfolios**. Sie dienen vor allem dazu, Stärken und Schwächen der Personalstruktur sowie einzelner Mitarbeiter zu analysieren. Durch die Einstufung in das Portfolio lassen sich normative Handlungsempfehlungen für das Personalmanagement ableiten. In dem in Abb. 6.2.17 dargestellten Portfolio wird z. B. die derzeitige Leistung (Performance) der Mitarbeiter ihrem Entwicklungspotenzial gegenübergestellt. Es dient vor allem zur Bestimmung des Personalentwicklungsbedarfs von Führungskräften (vgl. *Odiorne*, 1984, S. 65 ff.):

Personalportfolio

- **Leistungsschwache Mitarbeiter** sind auf weniger anspruchsvolle Stellen zu versetzen.
- **Fachkräfte** sind individuell zu führen, um ein Absinken auf ein schwaches Leistungsniveau zu verhindern.
- **Nachwuchskräfte** sind zur Verbesserung von Motivation und Leistung verstärkt zu integrieren.
- **Spitzenkräfte** sind als herausragende Leistungsträger besonders zu fördern.

Portfolios sind in der Praxis aufgrund ihrer Anschaulichkeit sehr beliebt. Aufgrund ihrer starken Vereinfachung lassen sich jedoch die vielfältigen Mitarbeitermerkmale nicht ausreichend berücksichtigen. Portfolios sind deshalb keine ausreichende Grundlage für Personalmanagemententscheidungen (vgl. *Becker*, 2002, S. 254 f.).

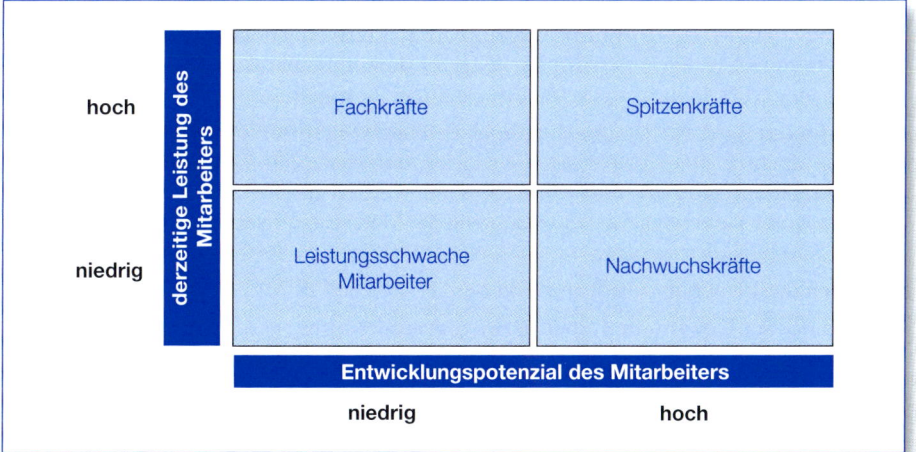

Abb. 6.2.17: Personal-Portfolio (vgl. Odiorne, 1984, S. 66)

Das Personalcontrolling soll die Wirtschaftlichkeit des Personalmanagements gewährleisten und Indikatoren für dessen Erfolg ermitteln. Dabei ist vor allem darauf zu achten, dass die Mitarbeiter nicht nur unter wirtschaftlichen Gesichtspunkten betrachtet werden. Ansonsten ist aus Angst vor dem „gläsernen Mitarbeiter" mit Widerständen zu rechnen und das Personalcontrolling kann seine wichtige Unterstützungs- und Querschnittsfunktion nicht ausreichend wahrnehmen (vgl. *Küpper*, 2008, S. 501 ff.; *Scholz*, 2003, S. 538).

6.2.8.2 Personalverwaltung

> **!** Die **Personalverwaltung** übernimmt als Unterstützungsfunktion des Personalmanagements administrative Serviceaufgaben im Personalbereich.

Organisation der Personalabteilung

Die Ausführung dieser routinemäßig ablaufenden Tätigkeiten erfolgt meist in der Personalabteilung als eigenständiger Organisationseinheit. Diese kann funktions- oder objektorientiert strukturiert werden (vgl. *Bröckermann*, 2009, S. 5 f.; *Holtbrügge*, 2010, S. 56 f.; *Scholz*, 2011, S. 74 ff.):

- **Funktionsorientiert** wird sie nach den einzelnen Aufgabenfeldern unterteilt. Dabei werden Organisationseinheiten innerhalb der Personalabteilung gebildet, die jeweils für die Unterstützung der unterschiedlichen Felder des Personalmanagements zuständig sind. Die Vorteile der funktionsorientierten Organisation liegen zum einen in der Gewährleistung gleicher Regelungen für alle Mitarbeiter und zum anderen in der hohen fachlichen Spezialisierung. Zu den Nachteilen zählen erschwerte Koordination der einzelnen Aufgabenfelder sowie das Problem, dass die Mitarbeiter bei Personalfragen mehrere Ansprechpartner haben. Aus diesem Grund eignet sich die funktionsorientierte Gliederung eher für kleinere und gering diversifizierte Unternehmen.

- **Objektorientiert** erfolgt eine Spezialisierung der Personalabteilung nach unterschiedlichen Mitarbeitergruppen, z. B. in kaufmännische Mitarbeiter, technische Mitarbeiter, Führungskräfte und Auszubildende. Der Vorteil der objektorientierten Organisation besteht in der Spezialisierung der Personalverantwortlichen auf die besonderen Belange der einzelnen Mitarbeitergruppen. Kritisch ist jedoch das häufig geringere Expertenwissen der Personalmitarbeiter in den einzelnen Aufgabenfeldern, wenn diese eine Mitarbeitergruppe in allen Belangen betreuen.

- **Kombiniert** wird die Personalabteilung als Matrixorganisation sowohl nach funktionalen als auch objektorientierten Kriterien unterteilt. Für Querschnitts- und Spezialaufgaben (z. B. Diversity Management) werden häufig zusätzlich Stabsstellen eingerichtet. Generelle Vor- und Nachteile der Matrixorganisation gelten dabei analog (vgl. Kap. 5.1.4.3).

Aufgaben

Aufgaben der Personalverwaltung sind (vgl. *Berthel/Becker*, 2012, S. 645 ff.):

- **Information:** Gewinnung, Speicherung, Aufbereitung, Verdichtung und Auswertung von Informationen über einzelne Mitarbeiter, Mitarbeitergruppen oder die Belegschaft.

- **Abrechnung:** Hierzu zählt die Lohn- und Gehaltsabrechnung sowie andere Abrechnungsaufgaben wie z. B. von Reisekosten, Werksverkäufen, privaten Telefongesprächen oder Essensgeld. Bei der Lohn- und Gehaltsabrechnung handelt es sich um eine Nebenbuchhaltung, die sowohl der Personalabteilung als auch dem Rechnungswesen zugeordnet werden kann.

- **Abwicklung:** Vorbereitung und Durchführung personalbezogener Vorgänge wie z. B. Einstellung, Versetzung, Beförderung oder Veränderung.

6.2 Aufgabenfelder des Personalmanagements

- **Meldung:** Meldeaufgaben der Personalverwaltung umfassen sowohl interne als auch externe Meldungen. Externe Meldungen sind z. B. Arbeitsagenturmeldungen, Lohnnachweise für die Berufsgenossenschaften oder Lohnsteueranmeldungen beim Finanzamt. Interne Meldungen beziehen sich z. B. auf Versetzungen oder Jubiläen.
- **Überwachung:** Die Personalverwaltung beaufsichtigt personelle Vorgänge wie z. B. Fluktuation, Krankenstand, Arbeitszeiten oder Überstunden. Sie hat dabei für die Einhaltung von Terminen und arbeitsrechtlichen Vorschriften zu sorgen. Beispiele sind Kündigungsfristen oder die gesetzlich zulässige tägliche Arbeitszeit.

Da die Personalverwaltung vor allem operative Tätigkeiten ausführt, wird sie in einigen Unternehmen oft ganz oder teilweise auf externe Dienstleister übertragen.

Management Summary

- Die Personalbedarfsbestimmung ermittelt, wie viele Mitarbeiter mit welcher Qualifikation wann, wo und wofür benötigt werden.
- Die Personalentwicklung umfasst die planmäßige Aus-, Fort- und Weiterbildung zur individuellen beruflichen Qualifikation und Förderung der Mitarbeiter.
- Die Personalbeschaffung deckt einen qualitativen, quantitativen, zeitlichen oder örtlichen Personalbedarf und die Personalfreisetzung eine qualitative, quantitative, zeitliche oder örtliche Personalüberdeckung.
- Der Personaleinsatz soll anforderungs- und eignungsgerecht sein.
- Die Personalbeurteilung schätzt die Leistung und das Potenzial der Mitarbeiter ein und bildet die Grundlage für Personalvergütung, -einsatz und -entwicklung.
- Die Personalvergütung beschäftigt sich mit der Bestimmung des Entgelts für die Arbeitsleistung der Mitarbeiter.
- Unterstützungsfunktionen des Personalmanagements sind das Personalcontrolling zur Informationsversorgung und Koordination sowie die Personalverwaltung zur Durchführung administrativer Serviceaufgaben.

Literaturempfehlungen

Berthel, J./Becker. F.G.: Personalmanagement, 10. Aufl., Stuttgart 2012.
Bröckermann, R.: Personalwirtschaft, 5. Aufl., Stuttgart 2009.
Bühner, R.: Personalmanagement, 3. Aufl., München 2005.
Holtbrügge, D.: Personalmanagement, 4. Aufl., Berlin u. a. 2010.
Jung, H.: Personalwirtschaft, 9. Aufl., München 2011.
Scholz, C.: Grundzüge des Personalmanagements, München 2011.

Empfehlenswerte Fallstudien zum Kapitel 6.2 aus Dillerup, R./Stoi, R. (Hrsg.)

6.2   Leistungsentgelt im indirekten Bereich bei der Schroff GmbH (*Eisele, D./Kritikos, W.*)
6.3   Mitarbeitergespräch zum Ende der Probezeit (*Blumenstock, H.*)
6.5   Motivation und Personalentwicklung bei der Eder Möbel GmbH (*Kronawitter, K.*)

6.3 Personalführung und Leadership

Leitfragen

- Welche Rolle spielt die Personalführung?
- Wie lässt sich Motivation erklären?
- Welche Führungstheorien und -prinzipien gibt es?
- Worin liegen die Unterschiede zwischen Leadership und Management?
- Welche Merkmale kennzeichnen eine adaptiv-dezentrale Führung?

Der Personalführung kommt eine zentrale Bedeutung für die Arbeitsleistung und Zufriedenheit der Mitarbeiter und damit für die Erreichung der Unternehmensziele zu. Sie stellt deshalb den Kern der Personalfunktion der Unternehmensführung dar. Die Anforderungen an eine erfolgreiche Personalführung werden zunehmend unter dem Begriff **Leadership** als „Führung im eigentlichen Sinne" (*Kotter*, 1991, S. 8) diskutiert. Leader sind danach Visionäre, die dem Unternehmen eine neue Richtung geben, Veränderungen herbeiführen und ihre Mitarbeiter aktivieren. Manager sorgen dagegen durch Planung, Organisation und Kontrolle für eine effiziente Zielerreichung. Leadership sucht nach neuen Möglichkeiten und Wegen („Die richtigen Dinge tun") und Management soll diese dann realisieren („Die Dinge richtig tun"). Erfolgreiche Unternehmensführung braucht beides – sowohl das Management zur Sicherstellung von Ordnung und Beständigkeit als auch das Leadership zur Einleitung und Gestaltung des Wandels (vgl. *Kotter*, 1988, S. 36 ff.; 1991, S. 35 ff.). Diesen Zusammenhang verdeutlicht Abb. 6.3.1.

Randnotiz: Leader sind Visionäre

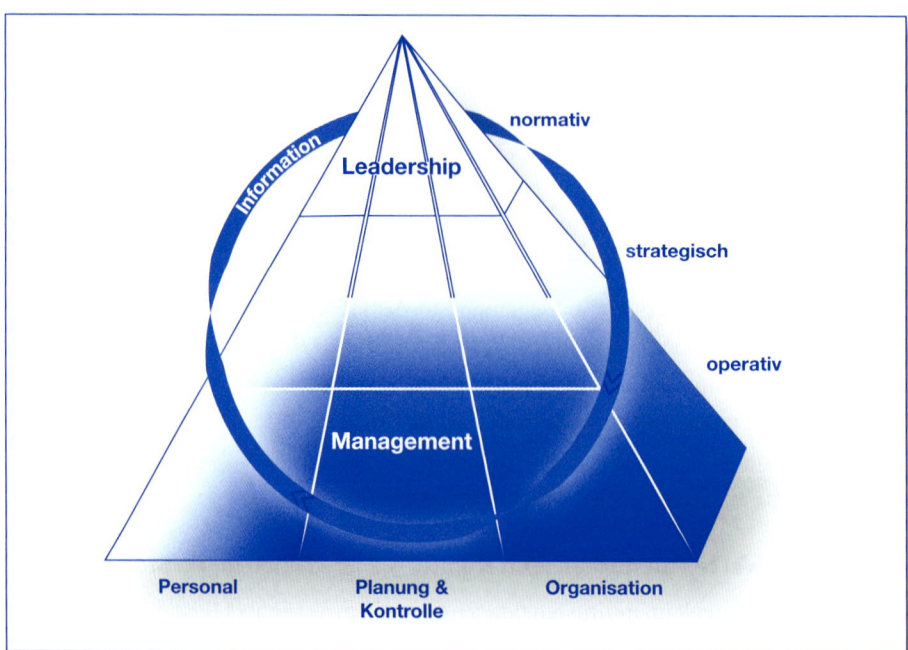

Abb. 6.3.1: Leadership und Management im System der Unternehmensführung

6.3 Personalführung und Leadership

Zu Beginn erfolgt ein Überblick über wesentliche theoretische Grundlagen der Personalführung. Danach werden die Ziele, Aufgaben und Inhalte des Leaderships gegenüber dem Management abgegrenzt. Dabei wird auch veranschaulicht, wie Unternehmen für Veränderungen aktiviert werden. Mit der adaptiv-dezentralen Führung wird abschließend ein modernes Führungsmodell vorgestellt.

6.3.1 Personalführung

> **Personalführung** ist die zielorientierte Verhaltensbeeinflussung der Mitarbeiter durch Vorgesetzte (vgl. *Drumm*, 2008, S. 409; *Hentze/Graf*, 2005, S. 261).

Durch Personalführung sollen die Mitarbeiter ihr Leistungspotenzial voll ausschöpfen. Personalverantwortliche sollen jedoch auch für das Wohl und die Gesundheit ihrer Mitarbeiter sorgen. Darüber hinaus sind sie für Aufbau, Entwicklung und Sicherstellung eines qualifizierten Mitarbeiterstamms verantwortlich. Anzustreben ist eine „gesunde" Führungsbeziehung zwischen Mitarbeiter und Vorgesetzten, die auf gemeinsamen Werten beruht und möglichst keinen Belastungen ausgesetzt ist (vgl. *Richter*, 1999, S. 17 f., S. 243 f.). Abb. 6.3.2 gibt einen Überblick über Aufgaben und Ziele der Personalführung. — Aufgaben

Aufgaben	Mögliche Ziele	Führungsinhalte
Informieren	Integration, Auskunft, Mitsprache, Flexibilität, Mobilität	Mitarbeiter einführen, unterrichten, auf Veränderung einstellen
Leiten und anweisen	Mitarbeiterqualifikation, rationelle Arbeitsweise, Personalkostensenkung, Entlohnungsgerechtigkeit, Konfliktminimierung, Leistungsanreize	Mitarbeiter auswählen, einsetzen, auslasten, anerkennen, entlohnen und mit Kompetenzen versehen
Kontrollieren	Leistungsbewertung, Verhaltenssteuerung, Förderung, Mitverantwortung, Disziplinierung	Mitarbeiter beurteilen, kritisieren, loben, beaufsichtigen
Anspornen und motivieren	Einsatzbereitschaft, Qualifikationssteigerung, Leistungsanreiz, Flexibilität, Verständnis für Zusammenhänge, Solidarität, Kooperation	Mitarbeiter fordern und fördern sowie zum Mitdenken, gemeinschaftlichen Handeln und zur Mitwirkung anregen

Abb. 6.3.2: Aufgaben und Ziele der Personalführung (in Anlehnung an Stopp, 2006, S. 151)

Personalführung ist heutzutage keine elitäre Aufgabe mehr, die nur auf oberen Hierarchieebenen stattfindet. Vielmehr ist jeder der führt, auch eine Führungskraft. Führung findet in einem Unternehmen somit durch viele Personen und Stellen statt – vom Meister oder Teamleiter bis zum Vorstand (vgl. *Malik*, 2009a, S. 65 ff.).

Die Kombination direkter und indirekter Personalführung ermöglicht es, sowohl auf individuelle Besonderheiten einzugehen, als auch dem Grundsatz der Gleichbehandlung zu entsprechen (vgl. *Jung*, 2011, S. 414 f.): — Direkte und indirekte Führung

- **Direkte bzw. interaktive Personalführung** beruht auf der zwischenmenschlichen, wechselseitigen Beziehung zwischen dem Vorgesetzten als Führenden und dem Mitarbeiter als Geführtem. Die Verhaltensbeeinflussung erfolgt durch persönliche Einflussnahme des Vorgesetzten wie z. B. durch ein Gespräch. Sie ist besonders geeignet, um auf die Besonderheiten einer Führungssituation einzugehen.
- **Indirekte bzw. strukturelle Personalführung** erfolgt durch feste organisatorische Regeln, Normen und Strukturen. Beispiele sind Stellenbeschreibungen oder die hierarchische Organisationsstruktur. Sie bilden einen für alle Mitarbeiter verbindlichen Rahmen.

6 Personal

Formelle und informelle Führung

Die Verhaltensbeeinflussung von Mitarbeitern kann sowohl formal als auch informal erfolgen. **Formelle Personalführung** basiert auf der hierarchischen Struktur des Unternehmens, in der die Vorgesetzten zur Führung der ihnen unterstellten Mitarbeiter formal autorisiert werden. Diese formale, auf Autorität und Macht basierende Unternehmensstruktur wird in der Praxis durch informelle Beziehungen ergänzt. **Informelle Personalführung** erfolgt durch Personen, denen eine Gruppe aufgrund persönlicher Merkmale eine besondere Autorität einräumt. Ursachen hierfür können z. B. deren langjährige Erfahrung, fachliche Kompetenzen, persönliche Bindungen, Sympathien oder Überzeugungskraft sein (vgl. *Hentze/Graf*, 2005, S. 261; *Holtbrügge*, 2010, S. 207 f.). Diese sog. „grauen Eminenzen" ziehen meist im Hintergrund die Fäden, indem sie Meinungen bilden und die Stimmung der Gruppe beeinflussen. Dies kann unterstützend und stabilisierend wirken, aber auch die Kompetenz des Vorgesetzten als formelle Führungskraft untergraben. Deshalb kommt es für den Vorgesetzten darauf an, diese informellen Führungskräfte zu kennen und sie für die gemeinsamen Ziele zu gewinnen.

In der Praxis richten sich Führungskräfte bei der Personalführung oft an grundsätzlichen Führungsprinzipien aus. Diese basieren auf Führungstheorien, die aus Menschenbildern und Motivationstheorien abgeleitet sind. Für ein besseres Verständnis werden im Folgenden zunächst die Menschenbilder und bekanntesten Motivationstheorien erläutert. Darauf aufbauend werden die grundlegenden Führungstheorien und wesentlichen Führungsprinzipien dargestellt.

6.3.1.1 Menschenbilder

> **!** Ein **Menschenbild** ist eine Theorie über die Natur des Menschen. Es enthält Annahmen über die Bedürfnisstrukturen und Werthaltungen der Mitarbeiter und prägt dadurch das Führungsverhalten (vgl. *Drumm*, 2008, S. 410 ff.).

XY-Theorie

McGregor (1970) unterscheidet in seiner **XY-Theorie** zwei gegensätzliche Menschenbilder:

- **Theorie X:** Der Mensch ist arbeitsscheu und vermeidet Verantwortung. Er strebt nach Sicherheit und hat keinen Ehrgeiz. Ein solcher Mitarbeiter muss zur Arbeit gezwungen werden und erfordert deshalb einen eher autoritären Führungsstil.

- **Theorie Y:** Der Mensch arbeitet gerne und zieht Befriedigung aus seiner Arbeit. Er sucht Verantwortung und verfolgt die Ziele des Unternehmens, wenn er dadurch seine eigenen Ziele erreichen kann. Typ Y erfordert einen eher kooperativen Führungsstil.

McGregor propagiert, dass Führungskräfte stets vom Typ Y ausgehen sollten. Die Anwendung der Theorie X würde zwangsläufig dazu führen, dass sich die Mitarbeiter auch tatsächlich so verhalten. Ob ein großer Autonomiespielraum aber für jeden Mitarbeiter immer sinnvoll ist, bleibt nach wie vor umstritten.

Wandel des Menschenbildes

Schein (1965) unterscheidet **vier Grundtypen**, die den Wandel des Menschenbildes im Laufe der Zeit widerspiegeln:

- **Der rational-ökonomische Mensch** („Rational Man", ca. 1900 bis 1930) wird hauptsächlich durch materielle Anreize gesteuert und strebt nach der Erhöhung seines Nutzens („Homo Oeconomicus"). Er lässt

6.3 Personalführung und Leadership

sich nicht von Emotionen leiten. In den Zeitraum dieses Menschenbildes fällt auch das von *Taylor* geprägte Scientific Management.

- **Der soziale Mensch** („Social Man", ca. 1930 bis 1950) leitet seine Identität aus seinen sozialen Beziehungen zu anderen Menschen ab. Er hat soziale Bedürfnisse und will diese befriedigen. Erfährt dieser Mensch Anerkennung und Aufmerksamkeit, ist er bereit, eine höhere Leistung zu erbringen. Dieses Bild geht auf die durch den Psychologen *Mayo* geprägte Human-Relations-Bewegung zurück.
- **Der sich selbst verwirklichende Mensch** („Self-actualising Man", ab ca. 1950) versucht, seine Fähigkeiten so weit wie möglich zu entfalten. Nur selten benötigt er äußere Anreize und Kontrolle. Er strebt nach Unabhängigkeit und Partizipation. Dieses Bild entspricht dem Y-Typ von *McGregor*.
- **Der komplexe Mensch** („Complex Man", ab ca. 1950) ist vielschichtig, wandlungsfähig und von verschiedensten Faktoren beeinflusst. Dieses Bild drückt die Individualität der menschlichen Natur aus, wonach sich der Mensch nicht in ein Schema pressen lässt. Führung hat danach situativ zu erfolgen. Sie soll sowohl die individuellen Merkmale des Mitarbeiters, als auch die jeweilige Führungssituation einbeziehen.

Sowohl die Bilder des rational-ökonomischen als auch des sozialen Menschen gelten heute als überholt. Menschen funktionieren (wie das rational-ökonomische Bild unterstellt) nicht wie Maschinen, die nur durch Geld zu einer höheren Leistung bewegt werden können. Das Gegenmodell des sozialen Menschen überbetont jedoch den Einfluss der Arbeitszufriedenheit auf die Effizienz der Mitarbeiter und basiert auf einem realitätsfernen Harmoniedenken. Die beiden ab ca. 1950 entstandenen Bilder des sich selbst verwirklichenden bzw. komplexen Menschen haben auch heute noch Gültigkeit und bilden die Basis für die im folgenden Kapitel dargestellten Motivationstheorien.

6.3.1.2 Motivationstheorien

> **Motivationstheorien** versuchen, menschliches Verhalten und die hierfür bestimmenden Faktoren zu erklären. **!**

Sie lassen sich grundsätzlich in **zwei Gruppen** unterscheiden (vgl. *Jung*, 2011, S. 381 ff.):

- **Inhaltstheorien** beziehen sich auf die Inhalte von Motiven und versuchen, diese zu klassifizieren. Sie sind statisch und versuchen zu erklären, *was* Menschen motiviert, aber nicht *wie* sie motiviert werden. *(Inhalts- und Prozesstheorien)*
- **Prozesstheorien** beziehen sich nicht auf den Inhalt der Motive, sondern auf den Vorgang der Motivation. Sie sind dynamisch und versuchen zu erklären, *wie* das Zusammenwirken verschiedener Variablen ein bestimmtes Verhalten des Mitarbeiters auslöst.

Aus der Vielzahl an Motivationstheorien werden nachfolgend einige wesentliche Ansätze kurz erläutert. Dies sind bei den Inhaltstheorien die Bedürfnispyramide, die ERG-Theorie und die Zwei-Faktoren-Theorie und bei den Prozesstheorien die Erwartungstheorie und die Flow-Theorie (vgl. *Domsch*, 2005, S. 400 ff.; *Jung*, 2011, S. 382 ff.; *Scholz*, 2011, S. 370 ff.).

- **Bedürfnishierarchie:** *Maslow* (1970) unterscheidet in seinem 1942 vorgestellten Modell die in Abb. 6.3.3 aufgeführten hierarchisch angeordneten fünf Bedürfnisklassen: *(Bedürfnispyramide)*

- **Physiologische Grundbedürfnisse** richten sich auf die Selbsterhaltung des Menschen wie z. B. Essen, Trinken, Kleidung oder Wohnung.
- **Sicherheitsbedürfnisse** beziehen sich auf den Schutz vor physischen, psychischen oder wirtschaftlichen Gefahren wie z. B. Gesetze, Altersversorgung oder Sicherheit des Arbeitsplatzes.

- **Soziale Bedürfnisse** kennzeichnen den Wunsch nach Kontakt zu anderen Menschen wie z. B. Gemeinschaft, Zugehörigkeit, Zuneigung, Liebe etc.
- **Wertschätzungsbedürfnisse** umfassen die Achtung und Anerkennung durch andere Menschen (Fremdbestätigung) und die Achtung vor sich selbst (Selbstbestätigung). Beispiele sind Lob, Erfolgserlebnisse oder Kompetenzen.
- **Selbstverwirklichungsbedürfnisse** betreffen den Wunsch nach bestmöglicher Entfaltung und Realisierung der eigenen individuellen Ziele. Beispiele sind das Streben nach Macht, das Schreiben eines Buches oder die Teilnahme an einem Langdistanztriathlon.

Bedürfnis-erfüllung in Stufen

Die Befriedigung der menschlichen Bedürfnisse erfolgt nach ihrer Dringlichkeit in einer festgelegten hierarchischen Reihenfolge. Hierarchisch höher stehende Bedürfnisse gewinnen nach dieser **Stufentheorie** erst dann an Bedeutung, wenn die niedriger positionierten Bedürfnisse ausreichend befriedigt sind. Ein erfülltes Bedürfnis führt nicht mehr zu verstärkter Anstrengung. Aufgrund seiner leichten Verständlichkeit ist das Modell weit verbreitet. Die getroffenen Annahmen werden allerdings häufig kritisiert. Weder die Auswahl der Bedürfnisklassen noch deren Rangfolge sind eindeutig. Auch nach Auffassung von *Maslow* selbst gibt es viele Ausnahmen. Übereinstimmung besteht darin, dass ohne eine ausreichende Befriedigung der ersten drei sog. Defizitbedürfnisse den beiden an der Spitze stehenden sog. Wachstumsbedürfnissen keine hohe Bedeutung beigemessen wird. Die Existenz einer Rangordnung bei den höheren Bedürfnissen gilt allerdings nach herrschender Meinung als widerlegt. Das Modell eignet sich für ein grundlegendes Verständnis der motivierenden

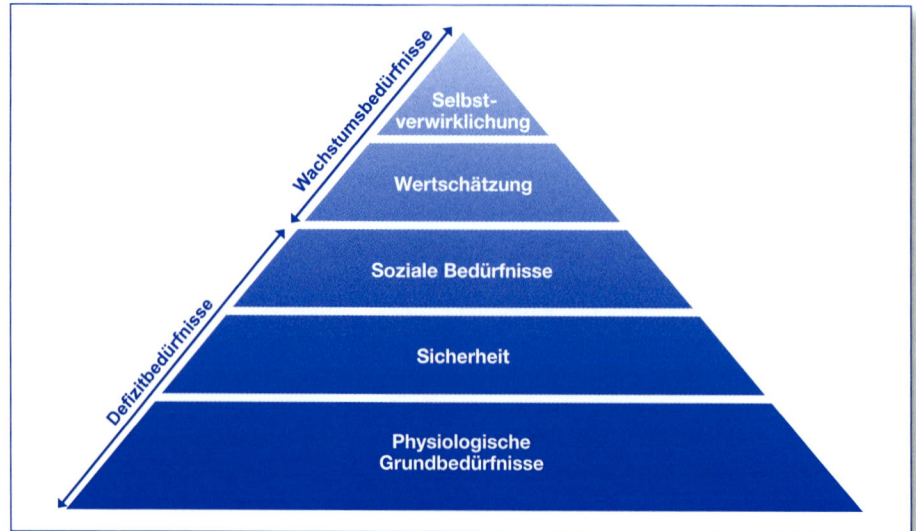

Abb. 6.3.3: Bedürfnishierarchie nach Maslow (1970)

6.3 Personalführung und Leadership

Faktoren sowie deren zeitlicher Entwicklung, denn befriedigte Bedürfnisse verlieren sukzessive ihre Motivationswirkung.

- **ERG-Theorie:** *Alderfer* (1972) reduziert die Bedürfnishierarchie von *Maslow* auf drei Bedürfnisklassen:
  - **Existence Needs** (Existenzbedürfnisse): Physiologische Bedürfnisse, Sicherheit, Bezahlung etc.
  - **Relatedness Needs** (Beziehungsbedürfnisse): Kontakt, Ansehen, Einfluss etc.
  - **Growth Needs** (Wachstumsbedürfnisse): Entfaltung, Selbstverwirklichung etc.

  Die Bedürfnisklassen sind aus den oben genannten Gründen nicht mehr hierarchisch gestaffelt, sondern werden als gleichzeitig wirksam angesehen. Beziehungs- und Wachstumsbedürfnisse verstärken sich dabei gegenseitig.

- **Zwei-Faktoren-Theorie:** *Herzberg* et al. (1959) identifizierten durch Befragung von 203 Ingenieuren und Buchhaltern mehrere Einflussfaktoren, die sich auf die Arbeitszufriedenheit der Mitarbeiter auswirken. Sie wurden in zwei Gruppen unterteilt, von denen unterschiedliche Motivationseffekte ausgehen. **Motivatoren** (z. B. Anerkennung, Verantwortung oder interessante Arbeitsinhalte) bilden dauerhafte Leistungsanreize, ohne sich im Laufe der Zeit abzunutzen. **Hygienefaktoren** (z. B. Bezahlung, Status, soziale Beziehungen oder Führungsqualität) sind notwendige Rahmenbedingungen für die Leistungserbringung. Fehlen bestimmte Hygienefaktoren, dann führt dies zu Unzufriedenheit. Haben sie aber ein gewisses Niveau erreicht, dann erzeugen sie keinen weiteren Leistungsanreiz (z. B. ab einem bestimmten Einkommen wirkt dessen Erhöhung nicht mehr besonders motivierend). Bei der Untersuchung wurden auch Überschneidungen zwischen Motivatoren und Hygienefaktoren und individuelle Unterschiede festgestellt.

- **Erwartungstheorie:** Nach der Erwartungstheorie von *Vroom* (1964) ist die Motivation eines Menschen abhängig von der subjektiven Bedeutung eines bestimmten Ziels und der Erwartung, mit einer bestimmten Handlung dieses auch zu erreichen. Ein Mensch, der ein bestimmtes Ziel anstrebt, bildet sich zunächst ein Urteil darüber, wie wünschenswert dieses Ziel ist (Valenz). Anschließend prüft er, inwieweit er dieses Ziel mit den verfügbaren Mitteln erreichen kann (Instrumentalität) und wie groß seine subjektive Einschätzung der Wahrscheinlichkeit ist, es zu erreichen (Erwartung). Diese Erwartung ist abhängig von der individuellen Persönlichkeit des Menschen. Die Leistungsbereitschaft stellt dann das Produkt aus den drei Faktoren Valenz, Instrumentalität und Erfolgserwartung dar. Die Erwartungstheorie wurde durch empirische Untersuchungen gestützt, dennoch ist ihre praktische Anwendbarkeit aufgrund der schwierigen Messbarkeit der Faktoren begrenzt.

- **Flow-Theorie:** *Csikszentmihalyi* (2010) beschreibt in seiner Theorie den menschlichen Gemütszustand des „Flow". Dabei gehen Mitarbeiter so in ihrer Arbeit auf, dass sie sich dieser voll hingeben und alles um sich herum vergessen. Diese Form der Begeisterung verursacht Glücksgefühle. Wer z. B. eine anstrengende Bergtour unternommen oder ein spannendes Buch gelesen hat, kennt diesen Zustand sicher aus eigener Erfahrung. In einen

solchen Flusszustand können Mitarbeiter aber nur dann gelangen, wenn sie von ihrer Aufgabe weder über- noch unterfordert werden. Denn Überforderung würde zu blockierender Angst und Unterforderung zu demotivierender Langeweile führen. Dazwischen jedoch kann der Mitarbeiter höchste Begeisterung und damit auch maximale Leistung erzielen. Da sich die Fähigkeiten der Mitarbeiter weiterentwickeln, werden die Aufgaben im Laufe der Zeit zur Routine. Um wieder in den Flusszustand zu gelangen, müssen die Mitarbeiter mit neuen, herausfordernden Aufgaben betreut werden. In der Praxis ist dies sicherlich nicht immer realisierbar und die Stärke des Flow-Effekts hängt auch von der individuellen Persönlichkeit des Mitarbeiters ab.

Letztlich existiert keine allgemeingültige Theorie darüber, wodurch Menschen motiviert werden. Die dargestellten Ansätze versuchen auf unterschiedliche Weise, menschliches Leistungsverhalten zu erklären. Da die Motivation jedes einzelnen Mitarbeiters aber aus einer Vielzahl individueller Faktoren entsteht, liefern sie lediglich Hinweise auf bestehende Motivationsmöglichkeiten. Konkrete Gestaltungshinweise zur Personalführung sollen die im Folgenden dargestellten Führungstheorien und -modelle liefern.

6.3.1.3 Theorien, Prinzipien und Modelle der Führung

> **Führungstheorien** erklären, wie Vorgesetzte ihre Mitarbeiter beeinflussen sollen, um eine gewünschte Leistung oder ein gewünschtes Verhalten zu erreichen (vgl. *Drumm*, 2008, S. 409).

Die bedeutendsten **Gruppen von Führungstheorien** sind (vgl. *Bühner*, 2005, S. 275 ff.; *Holtbrügge*, 2010, S. 217 ff.; *Jöstingmeier*, 2012; *Jung*, 2011, S. 415 ff.):

Verhalten
- **Verhaltenstheorien:** Führungserfolg wird als das Ergebnis des Führungsverhaltens angesehen. Bezieht der Vorgesetzte beispielsweise seine Mitarbeiter in seine Entscheidungsfindung ein, kann er dadurch eventuell bessere Leistungen erzielen.

Situation
- **Situationstheorien:** Führungserfolg wird nicht nur auf das Führungsverhalten, sondern auf weitere situative Faktoren, wie z. B. die Aufgabenstellung, die Fähigkeiten und Erwartungen der Mitarbeiter oder externe Einflüsse zurückgeführt.

Eigenschaften
- **Eigenschaftstheorien:** Führungserfolg hängt danach primär von den persönlichen Eigenschaften der Führungskraft ab. Um diese Führungseigenschaften zu identifizieren, wurden zahlreiche Untersuchungen, wie z. B. Interviews, Analyse von Biographien oder Verhaltensbeobachtungen, durchgeführt. Die am häufigsten genannten Führungseigenschaften sind: Intelligenz, Durchsetzungs- und Einfühlungsvermögen, Energie, Selbstbewusstsein, Ausdauer, Belastbarkeit und Verantwortungsbewusstsein. An der Eigenschaftstheorie wird vor allem die Überbewertung der Rolle des Führenden kritisiert. Führungserfolg hängt nicht nur von persönlichen Eigenschaften, sondern auch von anderen Faktoren ab.

Attribution
- **Attributionstheorien:** Führung existiert nach dieser Theorie nicht unabhängig von den Geführten, sondern wird insbesondere durch deren Wahrnehmung beeinflusst. Erhält beispielsweise eine Abteilung einen neuen Vorgesetzten, dann beobachten die Mitarbeiter dessen Verhalten. Diese Beobachtungen werden mit den eigenen Erwartungen verglichen, wobei auch die Meinung Dritter berücksichtigt wird. Auf dieser Basis beurteilen die Mitarbeiter die Führungsqualitäten des Vorgesetzten. Dies führt zur Akzeptanz oder Ablehnung der neuen Führungskraft, die durch die Mitarbeiter verdeckt oder offen zum Ausdruck gebracht werden.

6.3 Personalführung und Leadership

- **Interaktionstheorien:** Der Führungserfolg hängt von der wechselseitigen Beeinflussung (Interaktion) zwischen Vorgesetzten und Mitarbeitern ab. Erst eine erfolgreiche Beeinflussung führt zur Unterscheidung zwischen Führendem und Geführtem. Durch rationale Argumente, freundliches bzw. aggressives Verhalten oder durch Einschalten übergeordneter Instanzen kann sogar „Führung von unten" oder „Führung durch Gleichgestellte" erfolgen.

Interaktion

> **Führungsmodelle** stellen das gesamte Führungshandeln im Sinne einer ganzheitlichen Führungskonzeption dar.

Verhaltens- und Situationstheorien gehören zu den **transaktionalen Führungsmodellen**. Dabei findet im Sinne eines „Gebens und Nehmens" ein wechselseitiger Austausch (Transaktion) zwischen der Leistung des Mitarbeiters und der Gegenleistung des Führenden in Form einer Belohnung oder Bestrafung statt. Der Mitarbeiter erfüllt die Wünsche der Führungskraft, wenn er eine aus seiner Sicht angemessene Gegenleistung dafür erhält. Bei den transformationalen bzw. **transformierenden Führungsmodellen** soll dagegen die Einstellung der Mitarbeiter durch die Persönlichkeit des Führenden beeinflusst werden. Sie gibt allen Mitarbeitern eine gemeinsame Richtung hinsichtlich höherstehender Ziele, welche von diesen dann als eigene Ziele verinnerlicht werden. Dabei können Aspekte der Eigenschafts-, Attributions- und Interaktionstheorien eine Rolle spielen. Bei transformierenden Führungsmodellen geht es um die Frage des **Leaderships** der Unternehmensführung, das in Kap. 6.3.2 betrachtet wird (vgl. *Scholz*, 2000, S. 948 f.). Im Folgenden werden zunächst einige wesentliche Verhaltens- und Situationstheorien kurz erläutert.

Transaktionale vs. transformierende Führung

6.3.1.3.1 Verhaltenstheorien

Im Rahmen der Verhaltenstheorien wird der **Führungsstil** des Vorgesetzten als wichtigster Einflussfaktor auf den Führungserfolg angesehen.

> Der **Führungsstil** ist ein konstantes persönliches Verhaltensmuster eines Vorgesetzten, in dem sich dessen individuelle Grundhaltungen ausdrücken.

Der Führungsstil bestimmt, wie Entscheidungen getroffen, Anweisungen übermittelt sowie Aufgaben zugeordnet und überprüft werden. Da er von vielen Faktoren abhängt, lassen sich nur idealtypische Führungsstile beschreiben. In der Praxis sind dagegen meist Mischformen dieser idealtypischen Führungsstile anzutreffen. Generell gibt es keinen universell einsetzbaren und in allen Situationen geeigneten Führungsstil. Im Rahmen des normativen Personalmanagements sollte ein Führungsstil ausgewählt werden, der dem jeweiligen Unternehmen und seinen Mitarbeitern gerecht wird.

Führungsstil

Nach der Anzahl der betrachteten Beurteilungskriterien lassen sich **ein-, zwei- und mehrdimensionale Ansätze** idealtypischer Führungsstile unterscheiden. Im Folgenden werden exemplarisch mit dem Führungsstilkontinuum von *Tannenbaum/Schmidt* eine eindimensionale und mit dem Verhaltensgitter von *Blake/Mouton* eine zweidimensionale Führungsstiltypologie vorgestellt. Mehrdimensionale Ansätze kategorisieren den Führungsstil anhand unterschiedlicher Kriterien. Die Darstellung erfolgt meist in Form eines Führungsprofils, bei dem das Ausmaß der jeweiligen Dimensionen auf einer Skala

Ein-, zwei-, mehrdimensional

abgetragen wird. Beispielsweise wird die Einstellung des Vorgesetzten zwischen den Polen „Misstrauen" und „Vertrauen" kategorisiert. Sie eignen sich zur Analyse einer Führungssituation z. B. im Rahmen einer Mitarbeiterbefragung (vgl. *Bühner*, 2005, S. 277 ff.).

Führungsstil-Kontinuum

- **Das Führungsstil-Kontinuum von Tannenbaum/Schmidt:** *Tannenbaum/Schmidt* (1958) differenzieren das Führungsverhalten nach dem Einbezug der Mitarbeiter in die Entscheidungsfindung als Kontinuum sieben idealtypischer Verhaltensweisen:
  - **autoritär:** Der Führende entscheidet ohne Einbezug der Mitarbeiter und ordnet an.
  - **patriarchalisch:** Der Führende versucht die Mitarbeiter von seinen Entscheidungen zu überzeugen, bevor er sie anordnet.
  - **informativ:** Der Führende lässt zu seinen Entscheidungen Fragen zu, mit deren Beantwortung er die Akzeptanz seiner Entscheidungen erreichen will.
  - **beratend:** Der Führende informiert seine Mitarbeiter über seine beabsichtigten Entscheidungen. Die Mitarbeiter haben die Möglichkeit, ihre Meinung zu äußern und Vorschläge zu machen, bevor der Vorgesetzte seine endgültige Entscheidung trifft.
  - **kooperativ:** Der Führende stellt das Problem dar und lässt seine Mitarbeiter Lösungsvorschläge entwickeln, von denen er dann eine Lösung auswählt.
  - **partizipativ:** Der Führende zeigt das Problem auf und legt den Spielraum fest, in dessen Rahmen sich die Gruppe autonom für eine Lösung entscheiden kann.
  - **demokratisch:** Der Führende entwickelt gemeinsam mit der Gruppe eine Lösung.

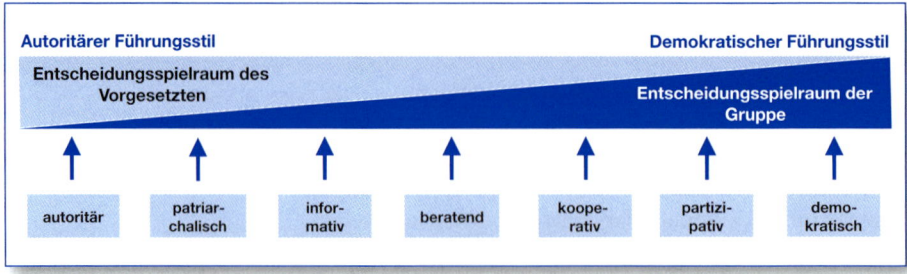

Abb. 6.3.4: Führungsstil-Kontinuum (vgl. Tannenbaum/Schmidt, 1958, S. 96)

Situationsabhängiger Führungsstil

Nach *Tannenbaum/Schmidt* ist keiner der sieben Führungsstile zu bevorzugen, sondern der Führungsstil ist stets situationsabhängig auszuwählen. Die Eignung hängt von der Konstellation der in Abb. 6.3.5 genannten Faktoren und der dadurch beschriebenen Führungssituation ab. Eine erfolgreiche Führungskraft muss die unterschiedlichen Einflussfaktoren richtig einschätzen und ihr Führungsverhalten der gegebenen Situation anpassen. Hauptkritikpunkt an dieser Typologie ist, dass lediglich die Entscheidungsbeteiligung als Unterscheidungskriterium herangezogen wird (vgl. *Albert*, 2011, S. 180 ff.; *Jung*, 2011, S. 424 f.).

Verhaltensgitter

- **Das Verhaltensgitter von Blake/Mouton:** Das Führungsverhalten wird durch das Ausmaß der Aufgaben- und Mitarbeiterorientierung des Führenden beschrieben. Diese zwei Dimensionen werden als voneinander unabhängig betrachtet und ihre Ausprägung in neun Stufen unterteilt. Dadurch entsteht das in Abb. 6.3.6 dargestellte **Verhaltensgitter** (Managerial Grid). Es enthält 81 Kombinationsmöglichkeiten, die jeweils ein bestimmtes Führungsverhalten charakterisieren. *Blake* und *Mouton* konzentrieren sich vereinfachend auf fünf Idealtypen, die sie als die **fünf Grundtheorien**

6.3 Personalführung und Leadership

	Eigenschaften	
des Führenden	der Mitarbeiter	der Situation
• Wertesystem • Vertrauen in die Mitarbeiter • Führungsqualitäten • Selbstsicherheit in einer bestimmten Situation	• Erfahrung in der Entscheidungsfindung • Engagement • Persönliche Ansprüche und Bedürfnisse	• Art der Organisation und des Problems • Gruppeneigenschaften • Zeitlicher Abstand zur Handlung

Abb. 6.3.5: Einflussfaktoren auf die Wahl des Führungsstils (vgl. Bühner, 2005, S. 277)

bezeichnen (vgl. *Blake/Mouton*, 1968, S. 21 ff.; *Drumm*, 2008, S. 446 ff.; *Jung*, 2011, S. 425 ff.; *Scholz*, 2000, S. 939 ff.):

Fünf Idealtypen

- **Führungsstil 1–1 („Überlebensmanagement"):** Minimale Einwirkung auf Arbeitsleistung und Mitarbeiter. Die Anstrengung zur Erledigung der geforderten Arbeit genügt gerade noch, sich im Unternehmen zu halten. Die erbrachte Leistung ist gering und Konflikte werden vermieden. Folge können Resignation und Apathie sein.

- **Führungsstil 1–9 („Glacéhandschuh-Management"):** Die Rücksichtnahme auf die zwischenmenschlichen Bedürfnisse der Mitarbeiter bewirkt ein gemächliches Arbeitstempo und freundliches Betriebsklima. Die erbrachte Leistung ist gering und Konflikte werden vermieden. Die Führungskraft übernimmt Meinungen und Ideen anderer, statt eigene Ideen durchzusetzen und selbst aktiv zu werden. Bei Konflikten versucht sie, die Parteien zu versöhnen.

- **Führungsstil 5–5 („Organisationsmanagement"):** Kompromisslösung, die auf durchschnittliche Leistungen bei durchschnittlicher Mitarbeiterzufriedenheit abzielt. Die Führungskraft handelt nach der Devise „leben und leben lassen". Meinungen und Ideen anderer kommt sie entgegen. Bei Konflikten sucht sie nach einer für alle Beteiligten fairen Lösung. Bei Spannungen ist sie unsicher und weiß nicht genau, wie sie die Erwartungen anderer erfüllen soll.

- **Führungsstil 9–1 („Befehl-Gehorsam-Management"):** Starke Betonung der Arbeitsleistung bei geringer Beachtung zwischenmenschlicher Beziehungen. Der Betriebserfolg beruht darauf, die Arbeitsbedingungen so einzurichten, dass der Einfluss persönlicher Faktoren auf ein Minimum beschränkt wird. Die Führungskraft fordert von ihren Mitarbeitern absoluten Gehorsam. Sie ist Antreiber und behält über jede Situation die Kontrolle. Ihre Ideen und Meinungen setzt sie konsequent durch. Konflikte erstickt sie im Keim oder versucht, diese für sich zu entscheiden.

- **Führungsstil 9–9 („Team-Management"):** Die gleichzeitige Betonung von Aufgaben- und Mitarbeiterorientierung ermöglicht eine hohe Arbeitsleistung durch engagierte Mitarbeiter. Ergebnisse werden gemeinsam erreicht, Konflikte gemeinschaftlich gelöst. Die Führungskraft hört zu und sucht nach Alternativen. Sie besticht durch feste Überzeugungen, nimmt aber plausible Vorschläge ihrer Mitarbeiter auf. Bei Konflikten sucht sie nach Ursachen und gemeinsamen Lösungen. Der Führende handelt als Vorbild für seine Mitarbeiter.

Mit Hilfe des Verhaltensgitters bilden *Blake/Mouton* ein breites Spektrum an Führungsverhalten ab. Situative Einflüsse werden jedoch vernachlässigt, da nur der Führungsstil 9–9 als erfolgversprechend angesehen wird. Dies ist jedoch nicht immer der Fall. Die Wahl des Führungsstils hängt auch von anderen Faktoren ab, wie z. B. den betroffenen

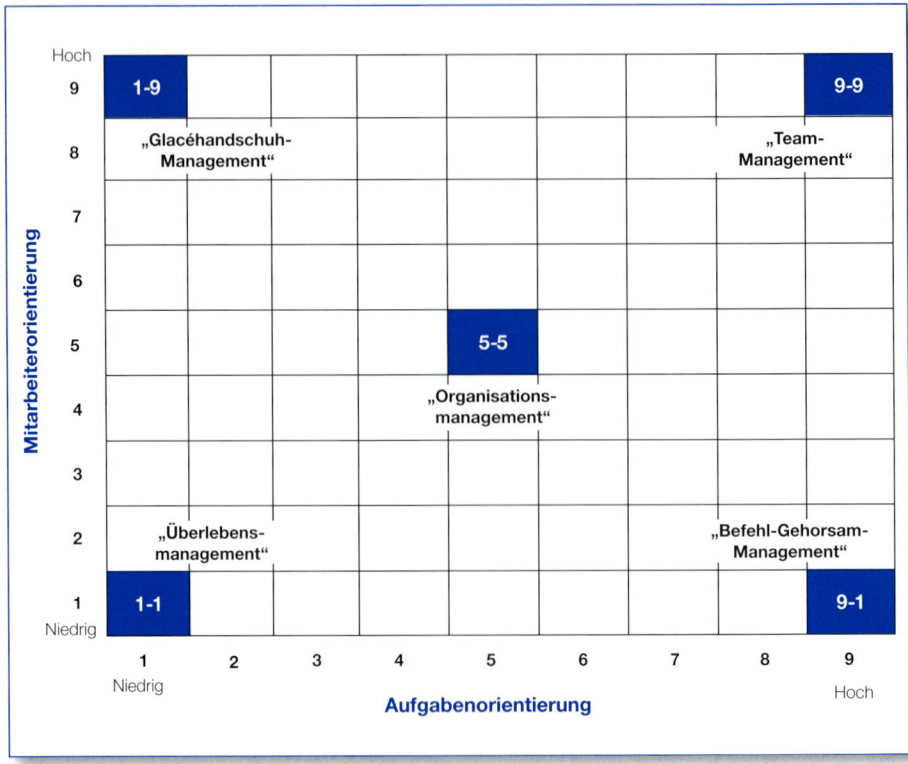

Abb. 6.3.6: Führungsstile im Verhaltensgitter (vgl. Blake/Mouton, 1968, S. 33)

Mitarbeitern oder der Aufgabe. Weitere Kritik wird an der Einstufung des Führungsverhaltens in das Gitter geübt, da hierfür keinerlei anwendbare Regeln existieren (vgl. *Albert*, 2011, S. 181 ff.; *Holtbrügge*, 2010, S. 221 f.; *Jung*, 2011, S. 428 f.).

6.3.1.3.2 Situationstheorien

Führung ist situationsabhängig

Der Grundgedanke der Situationstheorie besteht darin, dass Führungsverhalten und -erfolg vor allem von situativen Gegebenheiten abhängen. Je nach Situation wird somit eher aufgaben- oder mitarbeiterorientiert geführt. Der Zusammenhang zwischen den unterschiedlichen Situationsmerkmalen, Führungsstilen und dem Führungserfolg wird z. B. in den Modellen von *Reddin*, *Fiedler* oder *Hersey/Blanchard* thematisiert (vgl. *Holtbrügge*, 2010, S. 222 ff.).

3-D-Theorie

- **3-D-Theorie von Reddin:** Das dreidimensionale Modell von *Reddin* erweitert das Verhaltensgitter von *Blake/Mouton* um eine situative Komponente. Neben den beiden Dimensionen Mitarbeiter- und Aufgabenorientierung verwendet er zusätzlich den Faktor Führungseffektivität. Dieser ergibt sich aus dem Führungsverhalten und der Führungssituation. Die Wahl des besten Führungsstils ist demnach situationsabhängig. *Reddin* unterscheidet vier **Grundstile** mit jeweils zwei Ausprägungen (vgl. *Jung*, 2011, S. 430 ff.; *Reddin*, 1981; *Scholz*, 2000, S. 940 ff.; *Staehle*, 1999, S. 843 ff.):
    - **Verfahrensstil:** Die Führungskraft bevorzugt stabile Umweltsituationen und verlässt sich auf Verfahren, Methoden und Systeme. Der „**Bürokrat**" beherrscht in

statischen Situationen Routineprozesse, da er sich an vorgegebene Regeln hält. Der „**Kneifer**" beharrt in dynamischen Situationen auf veraltete Vorschriften.
- **Beziehungsstil:** Die Führungskraft betont zwischenmenschliche Beziehungen und berücksichtigt Mitarbeiterbedürfnisse. Der „**Förderer**" delegiert so viel wie möglich, da er sich von der Entwicklung der Mitarbeiter langfristig eine bessere Aufgabenerfüllung erwartet. Der „**Gefälligkeitsapostel**" vernachlässigt die Aufgabenorientierung, da er der Auffassung ist, dass zufriedene Mitarbeiter leistungsfähiger sind.
- **Aufgabenstil:** Die Führungskraft betont Leistungsergebnisse und denkt dabei produktivitätsorientiert. Der „**Macher**" überzeugt durch sein Expertenwissen und setzt seinen Mitarbeitern anspruchsvolle, aber erreichbare Ziele. Der „**Autokrat**" beharrt auf seiner Autorität und überfordert seine Mitarbeiter. Dies führt zu Widerständen, die z. B. durch Fluktuation oder Fehlzeiten zum Ausdruck kommen.
- **Integrationsstil:** Die Führungskraft strebt nach gleichwertiger Mitarbeiter- und Aufgabenorientierung. Der „**Integrierer**" führt kooperativ und fördert seine Mitarbeiter zielorientiert. Der „**Kompromissler**" versucht, Konflikte zu vermeiden und es allen recht zu machen.

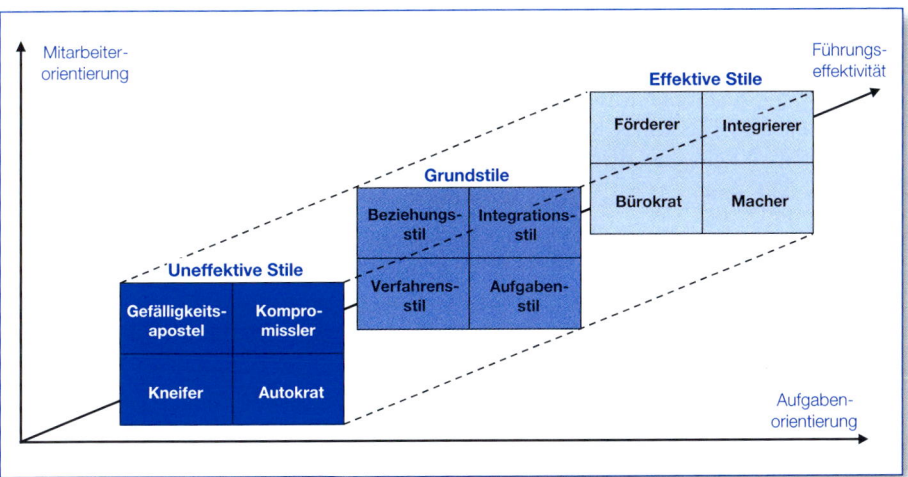

Abb. 6.3.7: 3-D-Modell der situativen Effektivität der Führungsstile (in Anlehnung an Reddin, 1981, S. 28)

Reddin favorisiert keinen Führungsstil. Für die Effektivität des Führungsverhaltens ist nach seiner Ansicht die richtige Analyse und Einschätzung der Führungssituation entscheidend. Die konkrete Situation bestimmt den Grundstil, der für eine effektive Führung angewendet werden sollte. *Reddins* Ansatz wird als relativ vage kritisiert. Insbesondere die Messung der Führungseffektivität bleibt unklar. Darüber hinaus muss der Vorgesetzte die Führungssituation laufend analysieren und sollte alle vier Grundstile beherrschen. Die meisten Führungskräfte dürften hiermit überfordert sein (vgl. *Ridder,* 2009, S. 314 ff.).

- **Das Kontingenzmodell von Fiedler** entstand aus einer empirischen Untersuchung zur Wirkung von alternativen Führungsstilen auf die Effektivität von Gruppen in verschiedenen Situationen. *Fiedler* geht davon aus, dass der Einfluss einer Führungs-

Kontingenzmodell

kraft auf die Leistung der Gruppe von seinem Verhalten und der jeweiligen Situation abhängt. Die Verhaltensweise der Führungskraft wird durch den LPC-Wert (Least prefered Co-Worker) gemessen, der mit Hilfe eines Fragebogens ermittelt wird. Er quantifiziert die Einstellung des Vorgesetzten zu seinem am wenigsten geschätzten Mitarbeiter, wobei dabei nicht die persönliche Wertschätzung, sondern die jeweilige Aufgabenerfüllung beurteilt wird. Die Führungssituation wird durch die Führer-Geführten-Beziehung, Aufgabenstruktur und Positionsmacht beschrieben. *Fiedler* fand heraus, dass aufgabenorientierte Vorgesetzte in sehr vorteilhaften und sehr unvorteilhaften Situationen erfolgreich führen, während mitarbeiterorientierte Vorgesetzte in mittleren Führungssituationen größere Erfolge haben (vgl. *Fiedler*, 1967, S. 164 ff.). Prämissen, Methodik und empirisches Vorgehen des Kontingenzmodells werden allerdings scharf kritisiert. Die Situationsvariablen des Modells sind wegen mangelnder Eindeutigkeit und Operationalität zur Erklärung einer effektiven Führung nicht ausreichend (vgl. *Hentze* et al., 2005, S. 311 f.). Die Problematik des Modells wird deutlich, wenn der am wenigsten geschätzte Mitarbeiter entlassen wird. Bei einer erneuten Befragung wird die Führungskraft einen neuen „Least prefered Co-Worker" besser einschätzen und der LPC-Wert dadurch steigen (vgl. *Jöstingmeier*, 2012). Deshalb kann das Kontingenzmodell zur Wahl des Führungsverhaltens nur wenig beitragen. Dennoch erkannte *Fiedler* bereits den Einfluss der Führungssituation auf den Führungserfolg (vgl. *Drumm*, 2008, S. 422).

Situative Reifegrad-Theorie

■ **Die situative Reifegrad-Theorie von Hersey/Blanchard** betrachtet ebenfalls die Aufgaben- und Mitarbeiterorientierung sowie die situationsabhängige Effektivität des Führungsstils. Zentrales Kriterium für die Wahl des effektiven Führungsstils ist der situative Reifegrad des Mitarbeiters, der von zwei Eigenschaften bestimmt wird:

– Die **Fähigkeit** des Mitarbeiters, die **Aufgabe zu erfüllen** und

– seiner **psychologischen Reife**, die sich in dessen Selbstbewusstsein, Motivation und Verantwortungsbereitschaft widerspiegelt.

Der **Reifegrad** wird in vier Stadien (M1 bis M4) eingeteilt und hierfür jeweils ein adäquater Führungsstil vorgeschlagen (vgl. *Hersey/Blanchard*, 1982, S. 151 ff.; *Jung*, 2011, S. 432 ff.; *Ridder*, 2009, S. 314 ff.; *Scholz*, 2000, S. 942 ff.):

– **Reifegrad M1:** Unreife Mitarbeiter verfügen für die Lösung der Aufgabensituation nicht über ausreichende Fähigkeiten und es fehlt ihnen meist auch an Motivation. Dies erfordert einen autoritären Führungsstil, bei der die Aufgabenorientierung im Vordergrund steht. Der Vorgesetzte erteilt klare Anweisungen, wie eine Aufgabe durchzuführen ist.

– **Reifegrad M2:** Die Meinung von Mitarbeitern mit geringer bis mäßiger Reife kann bei einem integrierenden Führungsstil berücksichtigt werden, wobei der Vorgesetzte die Entscheidung trifft. Er versucht jedoch, die Mitarbeiter von seinen Entscheidungen argumentativ zu überzeugen.

– **Reifegrad M3:** Mitarbeiter mit mäßiger bis hoher Reife können bei der Entscheidungsfindung und Durchführung eine aktivere Rolle einnehmen. Ein partizipativer Führungsstil fördert deren Motivation.

– **Reifegrad M4:** Reife Mitarbeiter sollten möglichst selbstständig arbeiten können. Beim delegativen Führungsstil überlässt der Vorgesetzte die Aufgabenerfüllung dem Mitarbeiter und beschränkt sich lediglich auf fallweise Kontrollen.

Die in Abb. 6.3.8 dargestellte Kurve beschreibt den optimalen Führungsstil in Abhängigkeit vom Reifegrad des Mitarbeiters. Ein neu eingestellter Mitarbeiter mit entsprechendem Potenzial entwickelt sich idealerweise im Laufe der Zeit vom Reifegrad M1 bis zu M4. *Hersey* und *Blanchard* haben mit der Betrachtung des Reifegrads einen wesentlichen Einflussfaktor auf den Führungserfolg identifiziert. Allerdings bleiben in ihrem Modell andere situationsbezogene Faktoren unberücksichtigt (vgl. *Hentze* et al., 2005, S. 300). Der Reifegrad des Mitarbeiters ist außerdem nur schwer zu ermitteln. Ein Mensch kann bei einer bestimmten Aufgabenstellung über eine hohe Reife verfügen, während er   bei einer anderen Aufgabe nur eine geringe Reife besitzt (vgl. *Albert*, 2011, S. 184 f.). Nach der **situativen Reifegrad-Theorie** müssten deshalb Vorgesetzte ihr Führungsverhalten gegebenenfalls mehrmals täglich ändern, je nachdem, welche Aufgabe ein Mitarbeiter gerade erfüllen soll. Dies mag vielleicht für die Aufgabenorientierung noch sinnvoll erscheinen, ist aber für die Mitarbeiterorientierung wenig geeignet. Ein ständiger Wechsel in der Beziehungsorientierung würde die betroffenen Mitarbeiter eher verwirren und demotivieren (vgl. *Jöstingmeier*, 2012).

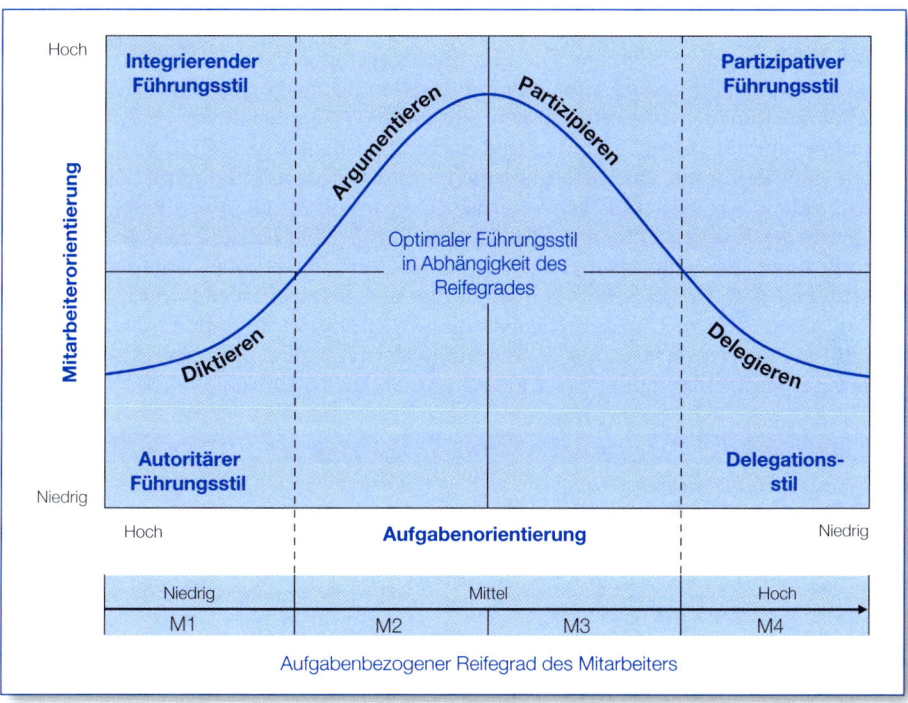

Abb. 6.3.8: Abhängigkeit des Führungsstils vom Reifegrad des Mitarbeiters (vgl. Hersey/Blanchard, 1982, S. 152)

Den dargestellten Führungstheorien liegen unterschiedliche Annahmen zu Grunde, worauf eine erfolgreiche Personalführung basiert. Sie beziehen sich entweder auf das Führungsverhalten, situative Faktoren, persönliche Eigenschaften der Führungskraft oder den wechselseitigen Beziehungen zwischen Vorgesetzten und Mitarbeitern. Aufgrund der Komplexität der Führungssituation und der Individualität der Mitarbeiter

Keine allgemeingültige Führungstheorie

existiert keine allgemein gültige Führungstheorie. Die unterschiedlichen Theorien liefern jedoch Hinweise für die Lösung praktischer Führungsaufgaben und bilden die Grundlage für die Formulierung von Führungsprinzipien und -modellen.

6.3.1.4 Führungsprinzipien

> **!** **Führungsprinzipien** sind Gestaltungsregeln für die Personalführung, die meist als „Management-by-Ansätze" formuliert sind.

Management by …

Einige der bekanntesten Konzepte der betrieblichen Praxis werden nachfolgend exemplarisch mit ihren Vor- und Nachteilen erläutert (vgl. *Albert*, 2011, S. 188 ff.; *Hentze* et al., 2005, S. 583 ff.; *Jung*, 2011, S. 496 ff.; *Oechsler*, 2011, S. 422 ff.):

Zielvereinbarungen (MbO)

- **Management by Objectives (MbO)** geht auf *Drucker* (1954) zurück und beschreibt die Führung durch Zielvereinbarungen. Die Ziele sollten zusammen mit dem Mitarbeiter kooperativ erarbeitet und nicht autoritär durch den Vorgesetzten bestimmt werden. Dies wirkt sich positiv auf die Akzeptanz und Leistungsmotivation aus. Die Mitarbeiter verfügen über  einen Entscheidungsspielraum, innerhalb dessen sie die vorgegebenen Ziele nach ihren Vorstellungen realisieren können. Auf diese Weise sollen Kreativität, Motivation und Flexibilität sowie Ergebnisverantwortung gesteigert werden. Zielvereinbarungen sind häufig mit einer leistungsorientierten Vergütung verknüpft. Ziele sollten nach Inhalt, Ausmaß und Termin eindeutig formuliert und an den Fähigkeiten des Mitarbeiters ausgerichtet sein. Die Zielerreichung sollte objektiv messbar sein und im Einfluss des Mitarbeiters liegen. MbO erfordert einen hohen organisatorischen Aufwand und qualifizierte Mitarbeiter, die selbstständig arbeiten und Verantwortung übernehmen. Die Zurechenbarkeit der Zielerreichung auf Einzelleistungen kann problematisch sein und die einseitige Konzentration auf Leistungsziele kann zu einer Vernachlässigung der Mitarbeiterorientierung führen.

Vorteile	Nachteile
• Entlastung des Managements • Förderung von Eigeninitiative, Verantwortung und Leistungsmotivation • Identifikation mit den Unternehmenszielen • Höhere Objektivität bei der Mitarbeiterbeurteilung als Grundlage für eine leistungsgerechte Entlohnung	• Bestimmung eindeutiger und messbarer Ziele für alle Ebenen problematisch • Zeitintensive Planung und Zielbildung • Gefahr überhöhten Leistungsdrucks • Vernachlässigung qualitativer Aspekte durch Fokus auf messbare Größen • Nicht für alle Mitarbeiter geeignet

Abb. 6.3.9: Bewertung des Management by Objectives

Aufgabenübertragung (MbD)

- **Management by Delegation (MbD)** bezeichnet die Führung durch Aufgabenübertragung, d. h. die weitgehende Delegation von Kompetenzen und Aufgaben an untergeordnete Hierarchieebenen. Den Mitarbeitern wird die Verantwortung für einen definierten Aufgabenbereich eingeräumt. Nur wenn Probleme auftreten, die der Mitarbeiter nicht alleine lösen kann, greift der Vorgesetzte ein. Der Mitarbeiter übernimmt die Handlungsverantwortung, die Führungsverantwortung verbleibt beim Vorgesetzten.

6.3 Personalführung und Leadership

Vorteile	Nachteile
- Entlastung des Managements - Förderung von Eigeninitiative und Leistungsmotivation - Transparenz durch klare Aufgabenbereiche und Stellenbeschreibungen - Nutzung der Mitarbeiterkompetenzen - Schnelle Entscheidung durch Dezentralisierung von Entscheidungsbefugnissen - Schlanke Führungsebenen	- Zusammenarbeit der Mitarbeiter wird nicht gefördert - Gefahr, dass nur unattraktive Aufgaben delegiert werden - Gefahr bürokratischer Überregulierung und Hierarchieverfestigung - Starke Aufgabenorientierung zu Lasten der Mitarbeiterorientierung

Abb. 6.3.10: Bewertung des Management by Delegation

- **Management by Exception (MbE)** bedeutet Führung durch Abweichungskontrolle. Es stellt eine spezielle Form des Managements by Delegation dar, bei dem Vorgesetzte vor allem von Routineaufgaben entlastet werden. Die Mitarbeiter können innerhalb eines vorgegebenen Handlungsrahmens selbstständig entscheiden, solange sie vorgeschriebene Toleranzgrenzen nicht überschreiten oder Ausnahmefälle bzw. unvorhersehbare Ereignisse eintreten. Die Festlegung der Toleranzgrenzen und Ausnahmen erfolgt durch den Vorgesetzten.

Abweichungskontrolle (MbE)

Vorteile	Nachteile
- Entlastet Führungskräfte von Routineaufgaben - Verbesserung der Mitarbeitermotivation durch selbständiges Arbeiten - Erleichterung der Mitarbeiterbeurteilung durch objektive Bewertungskriterien	- Gefahr von Fehleinschätzungen der Mitarbeiter bei Ausnahmefällen - Toleranzgrenzen sind schwierig festzulegen - Kaum Lerneffekte und Gefahr der Demotivation, da anspruchsvolle Aufgaben dem Vorgesetzten vorbehalten bleiben

Abb. 6.3.11: Bewertung des Management by Exception

- **Management by Results (MbR)** beschreibt die Führung durch Ergebnisüberwachung, bei der nur die erzielten Ergebnisse zählen. Die zu erreichenden Ziele, wie z. B. Umsätze oder Stückzahlen, werden von der Führungsebene festgelegt und laufend kontrolliert. Die Mitarbeiter werden dabei vor allem kontrolliert, statt auf Vertrauensbasis geführt. Der Leistungswille der Mitarbeiter hängt u. a. von der Erreichbarkeit der Resultate ab. Dieses Führungsprinzip wird häufig zur Steuerung von Center-Organisationen (vgl. Kap. 5.2.2) verwendet.

Ergebnisüberwachung (MbR)

Vorteile	Nachteile
- Klare Zielvorgaben - Einfache Kontrolle	- Bereichsegoismus - Reine Zahlenorientierung - Bei unrealistischen Zielvorgaben Gefahr der Demotivation der Mitarbeiter

Abb. 6.3.12: Bewertung des Management by Results

Die genannten Punkte sind nur eine kleine Auswahl aus der Vielzahl existierender Führungsprinzipien. Bereits hier wird jedoch deutlich, dass diese aufgrund vieler Überschneidungen nicht eindeutig voneinander abgrenzbar sind. Führungsprinzipien sind leicht verständlich, aber dafür oftmals recht pauschal und plakativ. Für die Gestaltung

Kritik

einer einheitlichen Personalführung sind sie dennoch hilfreich. Allerdings sollten sie von den Führungskräften auch tatsächlich gelebt werden und nicht nur auf dem Papier stehen. Ansonsten laufen sie Gefahr, ins Lächerliche gezogen zu werden. So existieren in der Praxis eine Reihe zynischer Formulierungen, mit denen die Mitarbeiter ihre Unzufriedenheit mit der Personalführung ausdrücken. Beispiele sind **Management by Helicopter** („Von oben herein schweben, viel Staub aufwirbeln und wieder verschwinden") oder **Management by Crocodile** („Immer das Maul aufreißen und wenn's brenzlig wird, abtauchen").

Harzburger Führungsmodell

Eine Ausweitung und Verknüpfung von Führungsprinzipien sind **Führungsmodelle**. Eines der ersten bekannten Führungsmodelle ist das sog. **Harzburger Modell**. Es wurde in den 1950er Jahren an der Führungsakademie von Bad Harzburg entwickelt. Die Aufgabendelegation erfolgt dabei nach dem Grundsatz der Subsidiarität, wonach übergeordnete Ebenen nur solche Aufgaben übernehmen, zu deren Wahrnehmung untergeordnete Ebenen nicht mehr in der Lage sind. Die untergeordnete Ebene gibt eine Aufgabe erst dann an eine übergeordnete Ebene ab, wenn sie Hilfe benötigt oder dazu nicht berechtigt ist. Jeder Mitarbeiter trägt die volle Verantwortung für seinen Aufgabenbereich, der in einer Stellenbeschreibung festgehalten wird. Der Vorgesetzte greift nur in Ausnahmefällen ein und beschränkt sich ansonsten auf die Kontrolle (Management by Exception). Die Zusammenarbeit von Vorgesetzten und Mitarbeitern erfolgt nach festgelegten Regeln, die als „Grundsätze der Führung im Mitarbeiterverhältnis" formuliert sind. Das Modell eignet sich jedoch lediglich für Routineaufgaben (vgl. *Höhn*, 1986).

Vorteile	Nachteile
• Stellenbeschreibung zeigt jedem Mitarbeiter, was er zu tun und zu lassen hat • Entlastung der Führungskräfte • Selbstständiges Arbeiten wird gefördert	• Umfangreiches, wenig flexibles Regelwerk • Kreative Lösungen werden erschwert • Fördert Ressortdenken und Bürokratie • Informelle Aspekte werden vernachlässigt • Autoritäre Züge, da Mitarbeiter auf wichtige Entscheidungen keinen Einfluss haben

Abb. 6.3.13: Bewertung des Harzburger Modells

Zusammenfassend lässt sich feststellen, dass Führungsprinzipien und -modelle aufgrund der Individualität der Mitarbeiter und der Komplexität der Führungssituation meist relativ pauschal bleiben. Sie bilden deshalb lediglich einen Rahmen, innerhalb dessen die Personalführung unter Berücksichtigung der situativen Einflüsse und individuellen Bedürfnisse stattfinden soll. Mit der adaptiv-dezentralen Führung wird im folgenden Kapitel ein modernes Führungsmodell vorgestellt (vgl. Kap. 6.3.2.4).

6.3.2 Leadership

Leadershipverständnis

Peter Drucker fasste den Unterschied zwischen Management und Leadership in einem viel zitierten Satz zusammen: „Management is doing things right; leadership is doing the right things" (*Krames*, 2008, S. 127).

Maßgeblich geprägt wurde das Leadership-Konzept Ende der 1980er Jahre durch *John Kotter* im Zusammenhang mit seinen Arbeiten zu Veränderungsprozessen in Unternehmen (vgl. *Kotter*, 1988; 1991; Kap. 6.4). Das Interesse an Leadership nimmt jedoch gerade in den letzten Jahren immer mehr zu. Insbesondere im populärwissenschaftlichen Bereich existiert eine Vielzahl an Büchern, in denen

6.3 Personalführung und Leadership

basierend auf autobiographischen Erfahrungen einzelner Führungskräfte oder einer Reihe anschaulicher Beispiele pragmatische Führungsprinzipien abgeleitet werden (z. B. *Lundin* et al., 2005; *Maxwell*, 2011; *Williams*, 2006). Hinzu kommen philosophisch, psychologisch, historisch, politisch, militärisch oder sogar esoterisch geprägte Beiträge (z. B. *Caruso/Salovey*, 2005; *Greene*, 2001; *Grün*, 2012; *Orell/Schwanfelder*, 2006). Wissenschaftliche Ansätze beziehen sich u. a. auf den Charakter, die Kompetenzen, den Führungsstil und die Rolle einer Führungskraft oder auf die Führungssituation und das Führungssystem. All dies hat in der Folge zu einer großen Unbestimmtheit des Begriffs „Leadership" geführt (vgl. *Löffler*, 2009, S. 98 ff.). Im Folgenden soll der Kern des Leadership dargestellt werden, das weit über die Beeinflussung des Mitarbeiterverhaltens hinausgeht.

> **!** **Leadership** umfasst die Entwicklung von Visionen und Strategien, die dem Unternehmen neue Richtungen geben. Leader befähigen ihre Mitarbeiter, bei der Umsetzung von Veränderungen herausragende Leistungen zu vollbringen.

Durch eine emotionale Zukunftsvision (vgl. Kap. 2.3) stiftet Leadership bei den Mitarbeitern einen Sinn und führt zur Identifikation mit den gemeinsamen Aufgaben und Zielen (vgl. *Bruch* et al., 2012, S. 4). Das Management ist dagegen vor allem für die Entwicklung und Umsetzung strategischer Maßnahmen und die Lösung dabei auftretender Probleme zuständig. Dort dominieren die Führungsfunktionen Planung und Kontrolle sowie Organisation, während beim Leadership die Personalführung im Vordergrund steht.

Leadership vs. Management

Solche Leader-Persönlichkeiten können ihre Mitarbeiter mit ihren Visionen zu erstaunlichen Erfolgen führen. Der 2011 verstorbene *Steve Jobbs* entwickelte *Apple* durch innovative Ideen zu einem hochprofitablen Unternehmen mit Kultstatus und revolutionierte durch das *iPhone* den Markt für Mobiltelefone. Der Fußballtrainer *Jürgen Klopp* führte den Bundesligisten *Borussia Dortmund* seit

seiner Verpflichtung im Juli 2008 vom 13. Tabellenplatz in der Saison 2007/08 zur Deutschen Meisterschaft in der Saison 2010/11. In der folgenden Spielzeit 2011/12 konnte er diesen Erfolg sogar wiederholen und schaffte mit dem gleichzeitigen Gewinn des DFB-Pokals das erste Double der über hundertjährigen Vereinsgeschichte.

6.3.2.1 Management versus Leadership

Beim Management dominiert die **transaktionale Führung**, die auf dem Eigeninteresse des Geführten basiert (vgl. Kap. 6.3.1.3). Im Tausch (Transaktion) für eine bestimmte Leistung des Mitarbeiters erhält dieser durch die Führungskraft eine individuelle Belohnung oder Bestrafung. Dies gewährleistet eine erwartungsgemäße Anstrengung und Leistung des Geführten und stellt eine verlässliche Planungsgrundlage dar. Leadership erfordert dagegen **transformierende Führung**. Diese verfolgt kollektive Ziele und spricht tiefere Sehnsüchte des Geführten wie z. B. Gemeinschaftsgefühl oder grundlegende Überzeugungen an. Dadurch sollen die Mitarbeiter zu außergewöhnlichen, gemeinsamen Leistungen befähigt werden (vgl. *Neuberger*, 2002, S. 197 ff.; *Stock-Homburg*, 2010, S. 386 ff.). Management und Leadership schließen sich aber nicht aus, sondern sollten sich

Transaktionale vs. transformierende Führung

	Management	Leadership
Führungsebene	Operativ/Strategisch	Normativ/Strategisch
Führungsfunktion	Lenken/Gestalten	Entwickeln/Gestalten
Führungstypus	Transaktional (Belohnung und Bestrafung)	Transformierend (Gemeinschaft und Überzeugung)
Ziel	Effizienz („Die Dinge richtig tun").	Effektivität („Die richtigen Dinge tun")
Zielhorizont	Erreichung vereinbarter (überwiegend kurzfristiger) Ziele	Unternehmenswert nachhaltig steigern und Zukunft sichern
Denken und Handeln	Operational	Evolutionär/Revolutionär
Aufgabenfelder	Optimierung, Ordnung und Beständigkeit sicherstellen	Wirksamkeit, Energien aktivieren, Wandel einleiten und gestalten
Teilaufgaben	Probleme lösen, Aktivitäten planen, organisieren und kontrollieren	Visionen entwerfen, Mitarbeiter inspirieren/aktivieren, Sinn stiften
Komplexitätsdimension	Beherrschung der Kompliziertheit (Elementevielzahl)	Beherrschung der Dynamik (Veränderlichkeit)
Risikosicht	Risiken minimieren/eliminieren	Risiken eingehen/Chancen nutzen
Hierarchieebene	Steht bei unteren Führungskräften im Vordergrund	Steht bei oberen Führungskräften im Vordergrund
Kompetenzen	Schwerpunkt auf Fachkompetenz	Schwerpunkt auf Sozialkompetenz

Abb. 6.3.14: Gegenüberstellung von Management und Leadership

gegenseitig ergänzen. In der Unternehmenspraxis wird jedoch häufig die Dominanz des Managements und der Mangel an Leadership beklagt. Viele Unternehmen seien „overmanaged and underled" (*Kotter*, 1991, S. 35). Abb. 6.3.14 verdeutlicht die Unterschiede zwischen Management und Leadership.

Leader oder Manager?

Da sich Leadership und Management im Idealfall ergänzen, liegt die Überlegung nahe, dass eine Führungskraft sowohl ein guter Leader als auch ein guter Manager sein sollte. *Kotter* widerspricht sich hier jedoch selbst, in dem er zum einen keinen Grund sieht, „warum jemand nicht die Eigenschaften haben sollte, die in einigen Situationen sowohl für effektives Management als auch für effektive Führung erforderlich sind" (1988, S. 49), zum anderen aber feststellt, dass „niemand Leader und Manager in einem sein [kann]" (1991, S. 36).

Leadership ist nicht nur auf der obersten Führungsebene wichtig, sondern jede Führungskraft sollte sowohl über Managementkompetenzen als auch Leadership-Fähigkeiten verfügen (vgl. *Bruch* et al., 2012, S. 323; *Löffler*, 2009, S. 101). Der individuelle Schwerpunkt hängt dagegen von der hierarchischen Ebene und der Führungssituation, aber auch von den persönlichen Stärken des Führenden ab. Während z. B. die eine Führungskraft ein analytischer, introvertierter Planer und Denker ist, verfügt die andere über besonders visionäre Ideen und kann gut mit Menschen umgehen. Während auf den oberen Führungsebenen starke Leader gefragt sind, ist auf den unteren Führungsebenen häufiger der Managertyp anzutreffen. In Zeiten wirtschaftlichen Wachstums sorgt der Manager für Ordnung und Beständigkeit, während z. B. in einer Krise der charismatische Leader das Ruder herumreißen soll. Deshalb wird in Unternehmenskrisen auch häufig die Führungsspitze ausgetauscht – vergleichbar mit einem Trainerwechsel im Abstiegskampf der Fußball-Bundesliga.

Merkmale eines Leaders

Es stellt sich die Frage, was einen Leader auszeichnet und ob sich Leadership erlernen lässt. Einigkeit herrscht heute darüber, dass kaum ein Mensch zum Leader geboren wird (vgl. *Bruch* et al., 2012, S. 323; *Löffler*, 2009, S. 101). Vielfach werden in diesem Zusammenhang auch ideale Eigenschaften einer Führungskraft genannt, wie z. B. zielorientiert, informiert, charismatisch, entschlossen, verantwortungsbewusst oder intelligent. Nach dieser eigenschaftsorientierten Sichtweise (vgl. Kap. 6.3.1.3) hängt der Führungserfolg von den Persönlichkeitsmerkmalen des Führenden ab. Die Ergebnisse der hierzu zahlreich durchgeführten empirischen Studien (vgl. den Überblick bei *Neuberger*, 2002, S. 231) unterscheiden sich jedoch stark, weisen nur schwache Zusammenhänge mit dem (schwer messbaren) Führungserfolg auf und sind teilweise auch widersprüchlich (vgl. *Neuberger*, 2002, S. 234 f.).

6.3.2.2 Merkmale effektiver Führung

Eine Aufzählung von Führungsmerkmalen wäre für die Unternehmenspraxis wenig nützlich, denn sie entwirft das Bild eines Universalgenies, das in der realen Welt nicht existiert. Bereits *Drucker* (1967) stellte deshalb die Frage, wodurch jemand zu einer effektiven Führungskraft wird. Entscheidend für **effektive Führung** sind nach Auffassung von *Malik* nicht die persönlichen Merkmale einer Führungskraft, sondern deren Arbeitsweise. Diese basiert auf Führungsgrundsätzen und -regeln, den zu erfüllenden Führungsaufgaben und den dabei eingesetzten Führungswerkzeugen. Effektive Führung und somit auch Leadership zeichnet sich durch handwerkliche Professionalität aus, die niemandem angeboren ist, sondern erlernt werden muss. Für effektives Führen spielt deshalb die Erfahrung einer Führungskraft eine große Rolle (vgl. *Malik*, 2009a, S. 34 ff.). Abb. 6.3.15 fasst die Grundsätze und Aufgaben effektiver Führung zusammen.

Effektive Führung

Führungsgrundsätze	
Resultatorientierung	Ausrichtung auf Ergebnisse. Nicht die Arbeit muss Freude machen, sondern deren Ergebnisse und die Effektivität, mit der sie getan wird.
Beitrag zum Ganzen	Führungskräfte sollen das große Ganze sehen und dafür sorgen, dass sie und ihre Mitarbeiter hierzu einen Beitrag leisten.
Konzentration auf Weniges	Erfolg und Wirksamkeit des Führens hängt davon ab, sich auf wenige, sorgfältig ausgewählte Schwerpunkte zu konzentrieren.
Stärken nutzen	Mitarbeiter sollen nach ihren Stärken eingesetzt und gefördert werden, statt sich um die Beseitigung ihrer Schwächen zu kümmern.
Vertrauen	Führungserfolg basiert auf gegenseitigem Vertrauen, denn sonst wird die Motivation der Mitarbeiter zerstört.
Positiv denken	Eine positive, konstruktive Einstellung richtet die Aufmerksamkeit auf Chancen statt Problemen. Sie motiviert dazu, sein Bestes zu geben.
Führungsaufgaben	
Für Ziele sorgen	Führung soll dafür sorgen, dass wenige, dafür aber wesentliche Ziele vorhanden sind. Diese sollten realistisch und individuell sein.
Organisieren	Kleinstmögliche Zahl von Ebenen und kürzestmögliche Wege
Entscheiden	Systematische und gründliche Entscheidungsfindung
Kontrollieren	Kontrollen sind zwar erforderlich, sollen jedoch auf Vertrauen basieren und darauf konzentriert sein, was unbedingt kontrolliert werden muss.
Menschen entwickeln und fördern	Entwicklung muss individuell auf den Menschen und dessen Stärken ausgerichtet sein. Geeignet hierfür sind insbesondere neue und anspruchsvolle Aufgaben.

Abb. 6.3.15: Grundsätze und Aufgaben effektiver Führung (vgl. Malik, 2009a, S. 70 ff.)

6 **Personal**

Leadership ist keine Kunst

Leadership ist somit weder eine Kunst, noch erfordert es besonderes Charisma. Die Erarbeitung einer neuen Vision ist keine Zauberei, sondern basiert bei aller Kreativität auch auf nüchterner Analyse der vorhandenen Möglichkeiten. Visionen müssen auch nicht besonders originell sein, sondern erfolgreich in eine realistische Wettbewerbsstrategie umsetzbar sein (vgl. *Kotter*, 1991, S. 38 ff.; *Malik*, 2012, S. 317).

Vertrauen als Basis

Sich führen lassen bedeutet, sich jemandem anzuvertrauen. Um Energie für Veränderungen im Unternehmen freizusetzen, ist deshalb **Vertrauen** erforderlich (vgl. *Sprenger*, 2012, S. 77). Glaubwürdigkeit und Vertrauen werden geprägt durch die persönliche Integrität, das Ansehen und die Erfolgsbilanz einer Führungskraft sowie die Übereinstimmung zwischen ihren Worten und Taten (vgl. *Kotter*, 1991, S. 40). Idealerweise ist das Vertrauen wechselseitig, das heißt auch die Führungskräfte vertrauen ihren Mitarbeitern. In vielen Märkten bleibt häufig keine Zeit für hierarchische Abstimmungen und die Mitarbeiter müssen selbst entscheiden. Wird dabei auf Sicherungsmaßnahmen verzichtet, dann spürt der Mitarbeiter, dass sich die Führung auf ihn verlässt. Ein solches Vertrauen verpflichtet, denn der Mitarbeiter möchte diesem entsprechen, um es nicht zu verlieren. Auch wenn Vertrauensbrüche nicht auszuschließen sind und sanktioniert werden müssen, ist Vertrauen die entscheidende Voraussetzung, um andere zu führen (vgl. *Sprenger*, 2012, S. 81 f.).

Bedeutung in der Krise

Die Bedeutung von Leadership ist umso größer, je schwieriger die wirtschaftlichen Rahmenbedingungen sind. Dies lässt sich am Beispiel des Segelns verdeutlichen: Bei guten Windverhältnissen kann jeder Mensch segeln, erst bei Sturm oder Flaute ist der erfahrene Kapitän gefordert. Er bestimmt den Kurs und wie die Segel gesetzt werden. Der Kapitän spürt, woher der Wind kommt und wann er dreht. Er bereitet sich in der Flaute auf den nächsten Windstoß vor, um dann die anderen Schiffe zu überholen. Die Führungsstärke eines Unternehmens zeigt sich erst in wenig attraktiven Märkten oder schlechten, konjunkturellen Phasen. Das Leadership wird somit zum wesentlichen Erfolgsfaktor und schwer zu imitierenden Wettbewerbsvorteil. Die erfolgreiche Auswahl und Entwicklung seiner Führungskräfte und Mitarbeiter ist für ein Unternehmen die beste Möglichkeit, sich auf eine unsichere Zukunft vorzubereiten (vgl. *Hinterhuber/Raich*, 2012, S. 51 ff.).

Leadership als Erfolgsfaktor

Leadership entscheidet letztendlich, welche Unternehmen erfolgreich sind und welche nicht (vgl. *Hinterhuber/Stadler*, 2005, S. 535 ff.). Auf allen hierarchischen Ebenen sind starke, gut ausgebildete Führungskräfte erforderlich. Leadership-Kompetenzen sollten deshalb möglichst breit im Unternehmen verteilt sein und gezielt entwickelt werden (vgl. *Bruch* et al., 2012, S. 323). Um Nachwuchskräfte anzuziehen, benötigen Unternehmen eine eigene Identität (Employer Brand; vgl. Kap. 6.2.3.2), mit der sie sich von der Konkurrenz am Arbeitsmarkt abheben. In anspruchsvollen Aufgaben können Mitarbeiter ihre individuellen Stärken zeigen. Führungskräfte sollen talentierte Mitarbeiter fordern und fördern, ihnen die handwerkliche Basis effektiver Führung vermitteln und sie zu wirksam Führenden entwickeln (vgl. *Malik*, 2009a, S. 59 ff.).

6.3.2.3 Strategien zur zielführenden Aktivierung

Aktivierung des Unternehmens

Leadership bedeutet, den im Unternehmen erforderlichen Wandel rechtzeitig zu erkennen, richtig einzuleiten und gezielt zu gestalten. Veränderungen können dabei nur gelingen, wenn möglichst alle Beteiligten an einem Strang ziehen und auf die Verwirklichung gemeinsamer Ziele hinarbeiten. Diese **Aktivierung eines Unternehmens** zeigt sich in der Vitalität, Intensität und Geschwindigkeit seiner betrieblichen Veränderungs- und Innovationsprozesse. Sie hängt nicht nur vom Engagement jedes Einzelnen ab, sondern

6.3 Personalführung und Leadership

wird auch durch synergetische und emotionale Wechselwirkungen zwischen seinen Mitgliedern beeinflusst (vgl. *Bruch/Vogel*, 2006, S. 181 f.). Folgende **Aktivierungsbereiche** lassen sich, wie in Abb. 6.3.16 dargestellt, nach dem Ausmaß der Aktivierung (Intensität) und der Auswirkung auf die Erreichung der Unternehmensziele (Richtung) unterscheiden (vgl. *Bruch/Ghoshal*, 2006, S. 195 ff.; *Bruch/Vogel*, 2009, S. 39 ff.):

- **Resignationszone:** Lange Phasen schlechter Unternehmensergebnisse, fehlende Transparenz in Wandelprozessen oder das Scheitern von Veränderungen können zu kollektivem Pessimismus, Frustration und Zynismus führen. Bei den Mitarbeitern entsteht der Eindruck, das Unternehmen sei einfach nicht gut genug und daran sei auch nichts mehr zu ändern. Sie verlieren das Selbstvertrauen und finden sich passiv mit ihrem Schicksal ab oder verlassen das Unternehmen, sobald sie die Chance dazu haben. Bedrohungen von außen oder auftretende Probleme verstärken diese Negativspirale der Hoffnungslosigkeit. In solch einer Situation befinden sich beispielsweise viele Lehrer, die aufgrund schwieriger Schüler, schlechter Schulausstattung, ständigen bildungspolitischen Änderungen und hoher Stundenzahlen unzufrieden sind und an Burn-out-Symptomen leiden. <!-- Resignationszone -->

- **Korrosionszone:** Interne Konflikte und politische Machtspiele erzeugen starke, negative Emotionen wie z. B. Angst oder Wut, die produktive Arbeit verhindern. Ein Unternehmen kann in diesen äußerst ungünstigen Bereich geraten, wenn die Initiative der Mitarbeiter und Führungskräfte in Veränderungsprozessen z. B. aufgrund interner Barrieren, Bürokratie und mangelndem Handlungsspielraum zu keinen Ergebnissen führt. Ein wesentlicher Grund ist auch mangelnde Unterstützung durch die Führung sowie ein eigennütziges und als unfair empfundenes Führungsverhalten. Beispielsweise erzeugen Erhöhungen der Vorstandsgehälter trotz schlechter Geschäftsergebnisse bei den Mitarbeitern den Eindruck, dass Sparmaßnahmen nur für „den kleinen Mann" gelten. Aus Enttäuschung und Wut über das Verhalten der Führungskräfte verfolgen die Mitarbeiter dann vermehrt ihre eigenen Interessen. Dieses destruktive Verhalten kann sich gegenseitig verstärken und schnell zu einer vernichtenden Kraft im Unternehmen werden (Korrosionsfalle). <!-- Korrosionszone -->

Abb. 6.3.16: Aktivierungsbereiche (in Anlehnung an Bruch/Ghoshal, 2006, S. 195)

6 Personal

Komfortzone: Unternehmen, die über einen längeren Zeitraum erfolgreich sind, werden häufig träge und unflexibel. Die vorherrschende Ruhe und Zufriedenheit verhindert die Erkennung sowohl existenzbedrohender als auch chancenreicher Entwicklungen. Deshalb erfolgen erforderliche Maßnahmen häufig erst, wenn es schon zu spät ist. Dem Unternehmen fehlt der Antrieb zu radikalen Veränderungen (Komfortfalle). Ein Beispiel ist das über viele Jahrzehnte marktführende Versandhaus *Quelle*, das den Wandel vom Katalogversand zum Onlinehandel nicht rechtzeitig erkannte und nach 80-jähriger Firmengeschichte im Jahr 2009 Insolvenz anmelden musste.

Produktive Zone: Im Unternehmen überwiegen intensive positive Emotionen wie z. B. Begeisterung, Freude oder Stolz. Diese befähigen die Mitarbeiter zu außergewöhnlichen Leistungen, um die gemeinsamen Ziele zu erreichen. Bei *Google* können beispielsweise die Mitarbeiter 20 Prozent ihrer Arbeitszeit an einem frei gewählten Projekt arbeiten. Das Unternehmen fördert so deren Kreativität und erzeugt dadurch ein hohes Innovationspotential.

Der Führende hat die Aufgabe, korrosive Energien abzubauen, das Unternehmen zielführend zu aktivieren sowie produktive Energien zu erhalten und zu fördern. **Korrosive Energie** wirkt äußerst destruktiv und zerstört langfristig die Basis für gemeinsame Leistungen. Deshalb sollte sie möglichst vorausschauend vermieden bzw. frühzeitig erkannt und vermindert werden. Hierfür sollte der Führende zunächst die nicht zielgerichtete Aktivierung eindämmen. Dazu sollten z. B. individuelle Interessen zugunsten der Unternehmensziele zurückgestellt sowie interne Konflikte thematisiert und systematisch aufgelöst werden. Danach gilt es, das Unternehmen durch die Förderung positiver, wenig intensiver Emotionen wie z. B. Zufriedenheit oder Gelassenheit etwas zu beruhigen. Dies kann durch die Betonung von Gemeinsamkeiten oder einen Appell an die übergeordneten Ziele erreicht werden. Diese Maßnahmen beugen langfristig auch dem Aufbau korrosiver Energie vor. Auf individueller Ebene kann es sinnvoll sein, einzelne Mitarbeiter in direkten Gesprächen mit den Konsequenzen ihres destruktiven Verhaltens zu konfrontieren. Kooperative Mitarbeiter können als Multiplikatoren eingesetzt werden, um die Stimmung im Unternehmen zu verbessern. Nach Abbau der korrosiven Energie ist das Unternehmen zielführend zu aktivieren (vgl. *Bruch/Vogel*, 2009, S. 173 ff.).

Strategien zur zielführenden Aktivierung sind (vgl. *Bruch/Ghoshal*, 2006, S. 205 ff.; *Bruch/Vogel*, 2009, S. 83 ff., 113 ff.):

- **Aktivierung durch Bedrohungen („Den Drachen töten"):** Diese Strategie ist besonders geeignet, um Unternehmen aus der Komfortzone hochzuschrecken und ihre gesamte Aufmerksamkeit auf die Bewältigung einer Bedrohung auszurichten. Aktivierende Bedrohungen können z. B. konjunkturelle Krisen, aggressive Konkurrenten oder technologische Entwicklungen sein, die das Unternehmen ernsthaft gefährden. Sie sollten für die Mitarbeiter realistisch und emotional greifbar dargestellt werden. Der so entstehende Energieschub ist anschließend in kollektives Handeln umzusetzen. Hierfür müssen die Führungskräfte glaubhaft vermitteln, wie sich der „Drachen" gemeinsam besiegen lässt. Ansonsten besteht die Gefahr, dass das Unternehmen aufgrund von unkoordiniertem Aktivismus und einem Gefühl der Überforderung in die Resignationszone abrutscht. Für Unternehmen, die sich dort bereits befinden, ist diese Strategie deshalb nicht geeignet.

- **Aktivierung durch Zukunftschancen („Die Prinzessin erobern"):** Um Unternehmen aus der Resignationszone zu führen, können aktivierende Zukunftschancen den Glauben an die Fähigkeiten des Unternehmens wieder herstellen. Dies können z. B.

neue Produkte, Absatzmärkte oder Technologien sein. Die Führung muss hierzu eine Vision entwerfen, welche die Mitarbeiter für ein neues, positives Zukunftsbild begeistert. Dies ist erfahrungsgemäß weitaus schwieriger, als die Aktivierung der Mitarbeiter durch die Angst vor einer Bedrohung. Deshalb sollte den Mitarbeitern deutlich gemacht werden, wie die „Eroberung der Prinzessin" gelingen und was jeder selbst dazu beitragen kann.

Ist das Unternehmen in der **produktiven Zone** angekommen, dann steht es vor der Herausforderung, seine Schwungkraft zu erhalten. Führungskräfte sollten darauf achten, dass sie die Grenzen der Belastbarkeit nicht dauerhaft überschreiten. Exzessives Wachstum und ständiger Wandel kann das Unternehmen derart belasten, dass es seine Leistungsfähigkeit verliert. Zur Vermeidung einer solchen Beschleunigungsfalle ist die aktivierte Energie auf die wesentlichen Ziele und Aufgaben des Unternehmens zu fokussieren. Nicht wertschöpfende Aktivitäten und bürokratische Strukturen sind zu beseitigen. Um produktive Energie langfristig sicherzustellen, sollte stets ein Wechsel zwischen hoher Aktivierung und Regeneration stattfinden. Nach tief greifenden Veränderungen sollte die Organisation erst zur Ruhe kommen, bevor ein neuer Wandel angestoßen wird. Auch für den einzelnen Mitarbeiter ist langfristig ein Wechsel zwischen herausfordernden Projektaufgaben und routiniertem Tagesgeschäft sinnvoll (vgl. *Bruch/Vogel*, 2006, S. 189). Abb. 6.3.17 fasst die strategischen Handlungsempfehlungen für die Aktivierungsbereiche zusammen. Auf die Führung des Wandels wird ausführlich in Kap. 6.4 eingegangen.

Produktive Energie sicherstellen

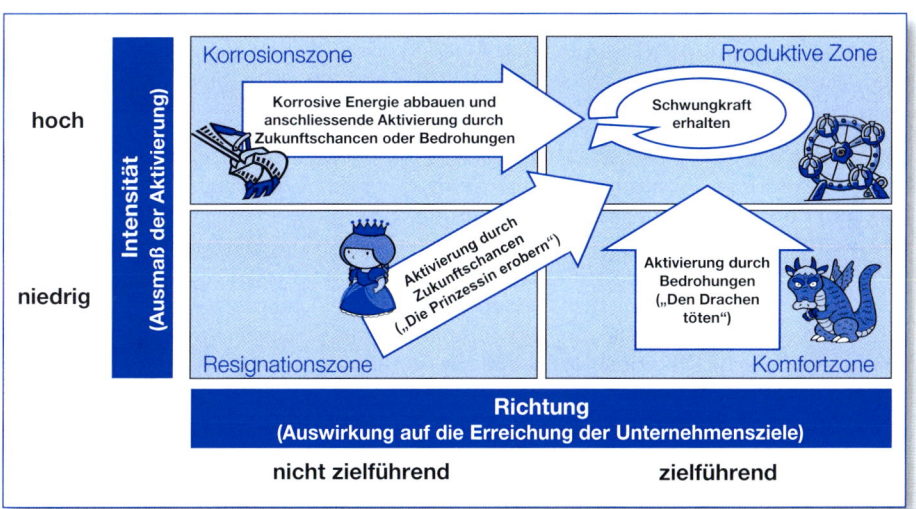

Abb. 6.3.17: Strategische Handlungsempfehlungen (in Anlehnung an Bruch/Ghoshal, 2006, S. 205 ff.)

Eine zentrale Rolle bei der Aktivierung und Fokussierung produktiver Energie kommt der Ermächtigung der Mitarbeiter zu eigenverantwortlichem Handeln zu **(Empowerment)**. Für eine zielführende Aktivierung sind dabei jedoch nicht nur die einzelnen Mitarbeiter, sondern ganze Teams mit Entscheidungskompetenzen auszustatten. Diese müssen erkennen und erleben, dass sie über Handlungsspielräume verfügen und dadurch Einfluss auf den Unternehmenserfolg besitzen. Nur wenn sie auch wichtige Entscheidungen selbst treffen und umsetzen können, empfinden sie sich nicht als fremd-

Empowerment durch Dezentralisierung

bestimmt. Eine wesentliche Quelle zielführender Aktivierung besteht darin, dass Teams ihre Aufgaben und Ziele als sinnvoll, wichtig und wertvoll erachten. Langfristig ist eine auf Vertrauen und Zusammengehörigkeit basierende Unternehmenskultur anzustreben, in der gemeinsame Werte und der Glaube an die eigenen Fähigkeiten geteilt werden. Aktivität und Veränderungsimpulse sollten nicht nur von der Unternehmensspitze, sondern von allen Führungskräften und Mitarbeitern ausgehen. Um diese Innovationskraft und unternehmerisches Handeln zu stärken, bietet sich eine weitreichende und systematische Dezentralisierung von Entscheidungskompetenz im gesamten Unternehmen an (vgl. *Bruch/Vogel*, 2006, S. 20 ff.; 2009, S. 203 ff.; *Kirkman/Rosen*, 1999, S. 58 ff.). Ein modernes Führungskonzept, das diese Anforderungen erfüllt, ist die adaptiv-dezentrale Führung.

6.3.2.4 Adaptiv-dezentrale Führung

Kritik an PuK

Planung und Kontrolle sind eine Führungsfunktion, um Unternehmen gestalten, lenken und entwickeln zu können (vgl. Kap. 1.3.2.3). Gerade operative Pläne und Kontrollen sind aber in der Praxis häufig einseitig auf finanzielle Ziele gerichtet, nicht mit der Strategie verknüpft, unflexibel und zeitaufwendig. Sie führen damit zu kurzfristigem Denken und Handeln (vgl. Kap. 4.3.3). Obwohl sich derzeit viele Unternehmen bemühen, ihre Planung zu verbessern, ändert dies nichts an der eigentlichen Ursache. Dahinter steht die weit verbreitete tayloristische Führungsphilosophie der „Weisung und Kontrolle". Information und Führung erfolgen dabei streng hierarchisch. Ziele werden den Mitarbeitern in Form von Plänen vorgegeben und die Zielerreichung danach als Soll-Ist-Vergleich gemessen. Daraus wird die individuelle Leistung beurteilt und entsprechend vergütet. Diese Führungsphilosophie ist in einem dynamischen Wettbewerb zu unflexibel (vgl. *Hope/Fraser*, 2003, S. 6 ff.; *Pfläging*, 2011b, S. 11 ff.).

Beyond Budgeting

1997 wurde von der britischen Zweigstelle der internationalen Forschungsvereinigung *CAM-I* (*Consortium for Advanced Manufacturing – International*) mit dem **„Beyond Budgeting"** ein Konzept zur Unternehmenssteuerung ohne Budgets vorgestellt. Im folgenden Jahr wurde zusammen mit 33 Unternehmen der Arbeitskreis *Beyond Budgeting Round Table (BBRT)* gegründet. Das *BBRT* ist heute ein weltweites Netzwerk, um Erfahrungen mit dem Beyond Budgeting auszutauschen und es weiterzuentwickeln. Das populärste Praxisbeispiel ist das schwedische Kreditinstitut *Svenska Handelsbanken*, eine der größten Banken in Nordeuropa. Das Unternehmen wird seit den 1970er Jahren erfolgreich ohne Budgets gesteuert. Initiator hierfür war der damalige Vorstandsvorsitzende *Jan Wallander* (vgl. *Grevelius*, 2001, S. 443 ff.; *Wallander*, 1995).

Grundprinzipien

Die beiden **Grundprinzipien des Beyond Budgeting** sind (vgl. *Fraser/Hope*, 2001):

- **Flexible und adaptive Führungsprozesse:** Relative Ziele, rollierende Prognosen und der Verzicht auf fixe Ressourcenpläne ermöglichen eine schnelle, marktorientierte Anpassung an neue Kundenanforderungen und Marktentwicklungen.

- **Dezentralisierung von Verantwortung als neue Führungskultur:** Autonomie und Entscheidungsbefugnisse der Linienverantwortlichen führen zu schnelleren Entscheidungen und mehr Handlungsflexibilität. Auf diese Weise kann das Potenzial der Mitarbeiter besser genutzt werden. Dies erfordert einen kulturellen Wandel in der Unternehmensführung. Statt den dezentralen Einheiten Weisungen zu erteilen und deren Umsetzung zu kontrollieren („Command & Control"), werden marktori-

6.3 Personalführung und Leadership

entierte Teams zu Entscheidungen befähigt und bestmöglich unterstützt („Coach & Support").

Diese Prinzipien basieren auf dem Menschenbild der Theorie Y von *McGregor* (vgl. Kap. 6.3.1.1): Menschen arbeiten gerne und sind dazu intrinsisch motiviert. Die Unternehmensführung soll danach für Arbeitsbedingungen sorgen, in denen der Mitarbeiter seine Leistung voll entfalten kann. Traditionelle, tayloristisch geprägte Führung geht dagegen vom gegensätzlichen Menschenbild der Theorie X aus: Mitarbeiter sind antriebslos und müssen zur Arbeit motiviert werden. Eine daran ausgerichtete Führung der „Weisung und Kontrolle" mit fixierten Zielen und damit verknüpften Anreizen ruft allerdings ein derartiges Verhalten oft erst hervor. Abb. 6.3.18 verdeutlicht die Unterschiede zwischen beiden Führungsansätzen.

Menschenbild nach Theorie Y

Merkmale	Führungsprozesse	
	Tu dies! (Beyond Budgeting)	Nicht das! (Traditionelle Führung)
Zielsetzung	Hochgesteckte, relative Ziele zur kontinuierlichen Verbesserung	Inkrementelle, fixierte Jahresziele
Vergütung	Gemeinsamen Erfolg anhand relativer Ist-Leistung belohnen	Erreichen individueller, vorab fixierter Ziele
Planung	Planung als einbeziehender, kontinuierlicher und aktionsorientierter Prozess	Planung als jährlicher Top-Down-Prozess
Kontrolle	Relativer Leistungsvergleich zum Markt, zw. internen Teams oder zu Vorperioden	Plan-Ist-Abweichungen
Ressourcen	Ressourcen bedarfsbezogen und „ad hoc" verfügbar machen	Jährliche Budgetzuweisungen, Allokationen und Umlagen
Koordination	Dynamische, horizontale und möglichst marktliche Koordination	Jährliche Planungszyklen

Merkmale	Führungskultur	
	Tu dies! (Beyond Budgeting)	Nicht das! (Traditionelle Führung)
Kundenfokus	Fokussierung aller auf die Verbesserung von Kundenergebnissen	Erreichen vertikal verhandelter Ziele
Verantwortung	Schaffung eines Netzwerks vieler kleiner, ergebnisverantwortlicher Einheiten	Zentralisierende Hierarchien
Leistungsklima	Hochleistungsklima, basierend auf relativem Teamerfolg am Markt	Erreichen innengerichteter Ziele „koste es, was es wolle"
Handlungsfreiheit	Dezentralisierung von Entscheidungsautorität & -fähigkeit an kundennahe Teams	Eingriffe von oben und strikte Planeinhaltung („Mikromanagement")
Führung	Steuerung durch klar formulierte Ziele, Werte und Begrenzungen	Detaillierte Regelwerke und Budgets
Transparenz	Offene und geteilte Information für alle	Restriktiver Informationszugang und Status durch Information

Abb. 6.3.18: Beyond Budgeting versus traditionelle Führung (vgl. Pfläging, 2003, S. 95 ff.)

Beim Beyond Budgeting geht es somit nicht primär um den Verzicht auf die Budgetierung, sondern um ein neues Führungsmodell. Um diese irreführende Bezeichnung zu vermeiden, wird im Folgenden von der **adaptiv-dezentralen Führung** gesprochen.

Adaptivdezentrale Führung

Adaptiv-dezentrale Führung ist ein Führungsmodell, das auf flexiblen, sich selbst anpassenden Führungsprozessen basiert und die Mitarbeiter durch eine Kultur dezentraler Verantwortung zu unternehmerischem Denken und Handeln befähigen soll.

6 Personal

Die **Prinzipien einer adaptiv-dezentralen** Führung sind (vgl. *Pfläging*, 2011a; 2011b):

Sinn-
kopplung

- **Sinnkopplung:** Die Unternehmensführung sollte dafür sorgen, dass die Mitarbeiter in ihrer Arbeit einen Sinn sehen und daraus auch persönliche Ziele ableiten. Ist diese Sinnkopplung mit der individuellen Aufgabe und mit der Mission des Unternehmens vorhanden, dann geben die Mitarbeiter ihr Bestes. Ein Beispiel für solch eine sinnstiftende Vision ist *Google*: „Das Wissen der Welt für jeden zugänglich machen". Leistungsanreize wie z. B. Prämienzahlungen sind dagegen für die langfristige Motivation eher schädlich. Sie konditionieren die Mitarbeiter darauf, nur noch solche Ziele zu verfolgen, die eine Belohnung versprechen. Dies provoziert darüber hinaus taktisches und manipulatives Verhalten.

Dezentrale
Verant-
wortung

- **Dezentrale Verantwortung:** An die Stelle einer funktional gegliederten Hierarchie tritt ein dezentrales Netzwerk aus ergebnisverantwortlichen, funktionsübergreifenden Einheiten. Diese sog. Zellen bilden Unternehmen im Unternehmen. Sie integrieren Funktionen und Aufgaben, die bei einer herkömmlichen Organisation auf Abteilungen, Bereiche oder Geschäftsfelder verteilt sind. Die Zellen steuern sich in einem solchen fraktalen Unternehmen (vgl. Kap. 5.2.3) selbst und können somit effizient, flexibel und schnell handeln. Um dies dauerhaft sicherzustellen, werden wachsende Zellen wieder zerteilt, wenn sie eine festgelegte Größe überschritten haben. Dies ermöglicht ein organisches Wachstum des Unternehmens, ohne negative Einflüsse auf dessen Steuerbarkeit. Durch den direkten Marktkontakt wissen die Zellen am besten, was ihre Kunden wollen und können sich daran ausrichten. Kundenrelevante Entscheidungen sollen deshalb so dezentral wie möglich getroffen werden. Die Kunden werden den Zellen eindeutig (z. B. regional) zugeordnet, um interne Konkurrenzkämpfe zu vermeiden. Eine solche fraktale Organisationsstruktur zeigt Abb. 6.3.19.

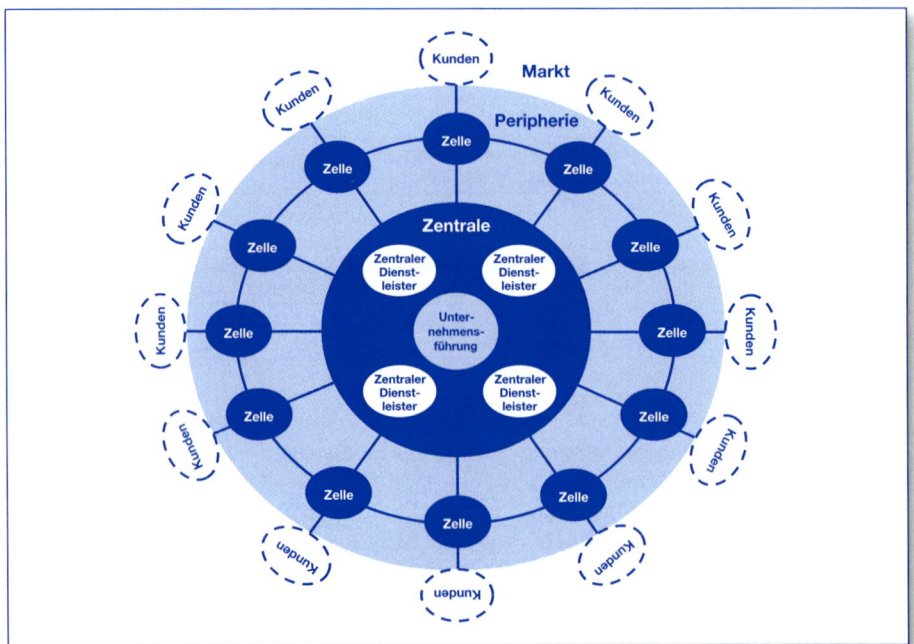

Abb. 6.3.19: Fraktale Organisation als dezentrales Netzwerk ergebnisverantwortlicher Zellen

6.3 Personalführung und Leadership

Die Unternehmenszentrale übt in dieser Organisationsform keine Macht aus, sondern soll die Zellen durch geeignete Rahmenbedingungen in ihren Entscheidungen unterstützen. Spezielle Funktionen sind ebenfalls zentral als interne Dienstleister angesiedelt. Diese stellen den Zellen übergreifende oder spezifische Organisations- und Informationsleistungen zur Verfügung. Beispiele sind EDV, Recht oder Finanzen. Die Koordination zwischen den Zellen erfolgt durch Selbstabstimmung auf internen Märkten. Angebot und Nachfrage werden dort mit Hilfe von Verrechnungspreisen aufeinander ausgerichtet. Da Gewinne nur in den Zellen mit direktem Kundenkontakt entstehen sollen, werden die Verrechnungspreise der zentralen Dienste auf Kostenbasis gebildet.

Zentrale Dienstleister

Die Entscheidungskompetenz wird in der dezentralen Organisation zu den marktnahen Einheiten verlagert. Dabei gilt das sog. **Konsultationsprinzip:** Je größer die Tragweite einer Entscheidung, umso mehr Kollegen sind in die Meinungsbildung einzubeziehen. Die Entscheidung und deren Verantwortung übernimmt jedoch derjenige Mitarbeiter, der ein Problem identifiziert hat. Entscheidungen zu treffen und damit zu führen ist somit nicht an Personen gebunden, sondern Aufgabe jedes Mitarbeiters. Durch diesen sog. „kollektiven Einzelentscheid" werden die konsultierten Ratgeber und deren Wissen ohne großen Zeitaufwand in die Entscheidung einbezogen. Über Investitionen und Ressourcen wird erst dann entschieden, wenn sie erforderlich sind und nicht im Rahmen einer jährlichen Gesamtplanung. Fehlentscheidungen werden als unternehmerisches Risiko und als Chance zur Verbesserung gesehen. Auf diese Weise werden die Mitarbeiter dazu ermutigt, unternehmerisch zu handeln – also Entscheidungen zu treffen und Verantwortung zu übernehmen.

Konsultationsprinzip

- **Transparenz:** Um unternehmerische Entscheidungen zu treffen, können die Mitarbeiter leicht, schnell und unbeschränkt auf sämtliche Informationen im Unternehmen zugreifen. Schlüsselindikatoren, erzielte Ergebnisse, Prognosen und Leistungsvergleiche sind für alle Mitarbeiter zugänglich. Diese Transparenz führt innerhalb des Unternehmens auch zu gegenseitiger Kontrolle, ob jede Zelle im Sinne der gemeinsamen Ziele handelt.

Transparenz

- **Relative Ziele:** Fixe, absolute Planziele wie z. B. Umsatz, Gewinn oder Wertbeitrag basieren auf einer Reihe von Annahmen im Planungszeitpunkt. Diese Ziele sind meist das Ergebnis eines langwierigen internen Verhandlungsprozesses. Die Leistung der Verantwortlichen wird an der Zielerreichung gemessen und häufig auch danach vergütet. Eine solche fixe Leistungsvereinbarung ist nicht nur zeitaufwendig und unflexibel, sondern verleitet auch zu kurzfristigem und dysfunktionalem Denken und Handeln (vgl. Kap. 4.3.3.1). Relative Ziele sind dagegen flexibel und passen sich automatisch an Veränderungen an. Sie orientieren sich an externen oder internen Benchmarks oder an realisierten Ergebnissen der Vergangenheit. Externe Vergleiche relativieren die Leistung zum Markt oder zum Konkurrenten. Ein relatives Ziel könnte z. B. sein, rentabler als der stärkste Wettbewerber zu sein.

Relative Ziele

6 Personal

Dezentrale Organisation und Führung bei ALDI

Die Lebensmitteleinzelhandelsgruppe ALDI besteht aus den beiden rechtlich und organisatorisch selbstständigen Unternehmen ALDI NORD und ALDI SÜD. Zusammen betreiben sie mit über 120.000 Mitarbeitern mehr als 9.550 Filialen in Europa, Australien und den USA.

Der Discounter konzentriert sich in seinem Sortiment auf eine relativ geringe Anzahl von Artikeln des täglichen Bedarfs – ca. 900 bei ALDI NORD und ca. 970 bei ALDI SÜD. Darüber hinaus werden zweimal wöchentlich wechselnde Aktionsartikel verkauft. Das Unternehmen verzichtet auf breite und tiefe Sortimente und auf aufwendige Warenpräsentation in den Filialen. Statt Markenerzeugnisse werden weitgehend Eigenmarken mit hohem Preis-Leistungs-Verhältnis angeboten. Preise werden nicht nach Absatzgebieten, Standorten oder verkaufspsychologischen Überlegungen differenziert. Der Qualitätsanspruch ist dagegen hoch.

Nach dem Prinzip der Einfachheit richtet sich auch die Führung, die auf klaren Zielen, Delegation, Vertrauen und Komplexitätsreduktion basiert. Die Unternehmensziele werden im sog. „ALDI-Prinzip" für jeden Mitarbeiter verständlich ausgedrückt: „Wir wollen, dass die Verbraucher die wichtigsten Lebensmittel ganz in der Nähe, immer frisch, immer von hoher Qualität und immer zum günstigen Preis kaufen können. Daraus haben wir ein Prinzip gemacht: Qualität ganz oben – Preis ganz unten."

Hohe Dezentralisierung und die konsequente Delegation von Verantwortung charakterisieren die Organisation von ALDI. In Deutschland gibt es 35 rechtlich selbstständige ALDI NORD Regionalgesellschaften sowie 31 rechtlich selbstständige ALDI SÜD Regionalgesellschaften mit jeweils ca. 50 bis 70 Filialen. Wächst eine solche dezentrale Einheit darüber hinaus, dann wird sie wieder geteilt, um ihre Steuerbarkeit sicherzustellen. Sortiments- und Preispolitik werden in den zentralen Einkaufsabteilungen festgelegt, alles andere wird den regionalen Gesellschaften überlassen. Diese dezentrale Struktur ermöglicht flache Hierarchien, Autonomie, Gemeinschaftsgefühl und Flexibilität. Die Notwendigkeit zentraler Koordination und Kommunikation wird auf ein Mindestmaß reduziert und dadurch zeitaufwendige, bürokratische Abläufe vermieden.

Die Konzentration auf das Wesentliche steht auch in der Führung im Vordergrund. Jede Führungskraft analysiert, interpretiert und bewertet ihren Verantwortungsbereich selbst und entscheidet auch darüber, welche Informationen sie benötigt. Generell werden bei ALDI nur wenige und einfache Kennzahlen wie z. B. Umsatz pro Filiale oder Umsatz und Marge pro Artikel verwendet. Kennzahlen werden nur dann erhoben, wenn sie auch sinnvolle Steuerungsinformationen liefern. So wird z. B. auf die im Einzelhandel übliche Kenngröße „Umsatz pro m^2" verzichtet, da die Filialgröße unveränderbar und somit lediglich der Umsatz beeinflussbar ist. Somit reicht also die Kennzahl „Umsatz" als Steuerungsgröße aus. Der Vergleich gemeinsam festgelegter Kennzahlen findet sowohl zeitlich als auch mit anderen Filialen und dezentralen Einheiten statt. Auf Budgets wird dagegen bei ALDI seit jeher verzichtet. Die Leistung einer Filiale oder Region wird stattdessen auf Basis der erzielten Ergebnisse, interner Vergleiche und der zeitlichen Entwicklung beurteilt. Rankings der Filialen ergeben einen internen Wettbewerb, der die Beurteilungsmaßstäbe setzt. Die Ermittlung von Planvorgaben und Soll-Werten wird als überflüssig angesehen.

Ein Beispiel für den Unterschied zwischen absoluten und relativen Zielen zeigt Abb. 6.3.20. Ein absolutes Ziel wäre die Erreichung eines ROCE (Return on Capital Employed) von 15%, der auf Basis der Annahmen über die Marktentwicklung geplant wurde. Das relative Ziel orientiert sich dagegen an der tatsächlichen Entwicklung des Gesamtmarktes, die erst nach Ablauf des Geschäftsjahres bekannt ist. Im Beispiel führt der Plan-Ist-Vergleich zu falschen Schlüssen: Die deutliche Planüberschreitung um 6% wird als Erfolg gewertet und die Verantwortlichen z. B. mit Bonuszahlungen belohnt. Der bessere ROCE des Marktdurchschnittes (25%) und des wichtigsten Wettbewerbers (28%) werden dabei nicht berücksichtigt. Erst bei relativer Betrachtung wird die Leistung richtig beurteilt, denn sie bleibt um 4% hinter dem Markt und um 7% hinter dem wichtigsten Wettbewerber zurück. Bei relativen Zielen spielen somit Planungsprämissen über die Entwicklung des Marktes keine Rolle. Auf diese Weise bleiben relative Ziele stets aktuell, herausfordernd und relevant. Bezüglich des Weges zur Zielerreichung gewähren sie den dezentralen Einheiten große Freiheiten. Das zentrale, hierarchische Jahresbudget wird somit durch eine Vielzahl an zeitnahen, lokalen Maßnahmenplänen ersetzt. Relative Ziele müssen nicht jedes Jahr neu verhandelt werden, sondern sind im Idealfall zeitlos gültig. Den Konkurrenten zu schlagen ist beispielsweise immer ein herausforderndes Ziel.

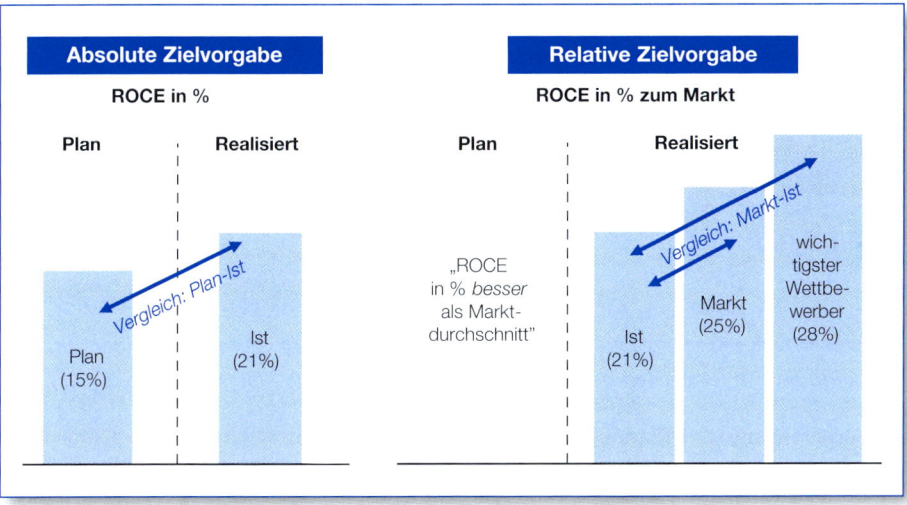

Abb. 6.3.20: Absolute vs. relative Zielvorgabe (vgl. Pfläging, 2011b, S. 112)

Interne Vergleichsmaßstäbe können die Ergebnisse anderer Zellen, Filialen, Standorte oder Teams sein. Interne Vergleiche bieten sich bei relativ homogenen Leistungseinheiten an. So werden z. B. bei *Aldi* regelmäßig Rankings zwischen allen Filialen und Regionen durchgeführt. Die Aufstellung unternehmensweiter Ranglisten oder Liga-Tabellen führt zu einem sportlichen Wettbewerb und hoher Leistungstransparenz. Abb. 6.3.21 zeigt die Verwendung von Ranglisten am Beispiel von *Svenska Handelsbanken*. Um Manipulationen und schädliche Konkurrenz zwischen den dezentralen Einheiten zu vermeiden, sollten solche Vergleiche nicht an finanzielle oder andere Anreize gekoppelt sein.

- **Teamorientierung:** Bei der adaptiv-dezentralen Führung richten sich die Ziele grundsätzlich nur an Gruppen und nicht an Individuen. Dahinter steckt die Überzeugung, dass es in einem Unternehmen keine wirklich individuellen Leistungen gibt, sondern Erfolge immer durch die Zusammenarbeit im Team entstehen. Deshalb wird die Vorgabe und Fremdkontrolle individueller Ziele auch nicht als sinnvoll angesehen. Variable Vergütungsbestandteile orientieren sich z. B. an den finanziellen Ergebnissen des gesamten Unternehmens. Sie sollten für jeden Mitarbeiter gleichermaßen gelten. Beispielsweise erhalten alle die gleiche Prämie oder den gleichen prozentualen Anteil am Grundgehalt. Die individuelle Leistungsfähigkeit sollte sich im Grundgehalt und nicht in der variablen Vergütung widerspiegeln.

Teamorientierung

6 Personal

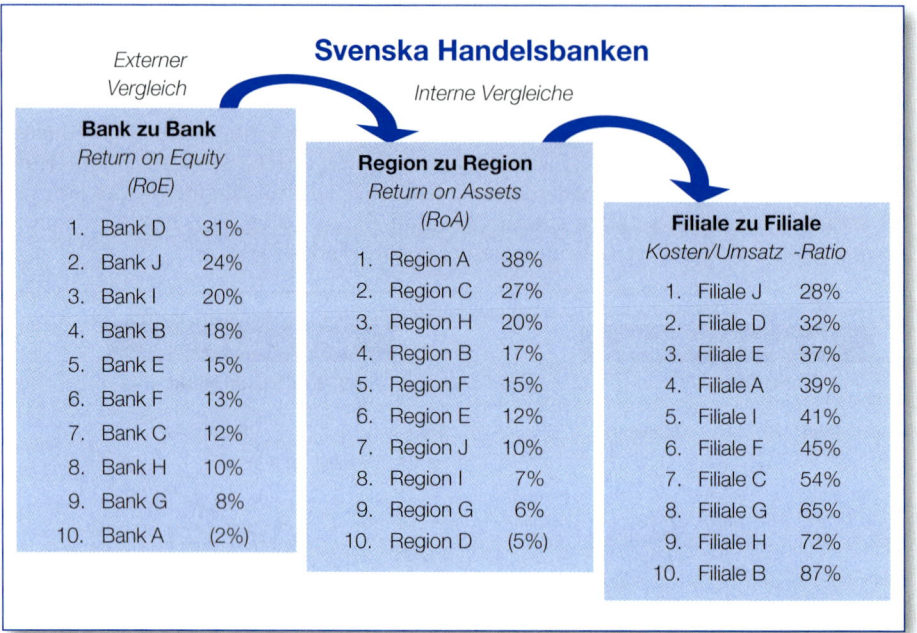

Abb. 6.3.21: Ranglisten bei Svenska Handelsbanken (vgl. Pfläging, 2011b, S. 116)

Vorbereitung statt Planung

Vorbereitung statt Planung: Zwischen Entscheidung und Umsetzung sollte möglichst wenig Zeit vergehen. Statt die Zukunft weit voraus zu planen, sollte sich das Unternehmen auf Eventualitäten vorbereiten, um in einer möglichen Zukunft handlungsfähig zu sein. Die hierfür erforderliche Flexibilität soll das dezentrale Netzwerk gewährleisten. Rollierende Prognosen und Szenarien sollen dabei für ein besseres Verständnis möglicher Entwicklungen sorgen. Sie setzen im Gegensatz zur Planung keine vorherige Auswahl bestimmter Entscheidungsalternativen voraus. Die Zellen folgen somit keinem Plan, sondern treffen ihre Entscheidungen erst in der jeweiligen Situation auf Basis der zu diesem Zeitpunkt verfügbaren Informationen.

Drei Unternehmensstrukturen

Eine adaptiv-dezentrale Führung konzentriert sich auf die betriebliche **Wertschöpfungsstruktur**, innerhalb der Leistungen generiert und Werte für den externen Markt geschaffen werden. Die Wertschöpfung findet in den Zellen als funktional integrierten Teams statt, welche durch Wertflüsse miteinander verbunden sind. Dabei erzeugt eine Zelle entweder einen Nutzen für andere Zellen oder für den externen Kunden, der die Leistungserbringung von außen anstößt. Die **formelle Struktur** aus hierarchischen Weisungs- und Berichtsbeziehungen sollte diese Marktkräfte und damit die Wertschöpfung nicht durch interne Zentralisierung behindern. Um Bürokratie zu vermeiden und die Kundenwünsche nicht aus den Augen zu verlieren, richtet sich die Weisungshierarchie deshalb möglichst an der Wertschöpfungsstruktur und damit den am Markt agierenden Einheiten aus. Hohen Einfluss auf die Leistungserbringung haben darüber hinaus die in jedem Unternehmen vorhandenen **informellen Strukturen**. Diese sozialen betrieblichen Netzwerke bestehen aus den zwischenmenschlichen Beziehungen, informellen Macht- und Einflussstrukturen und der Unternehmenskultur. Sie beeinflussen die organisationale und individuelle Leistungsfähigkeit sowie das Wohlbefinden der Mitarbeiter. Daraus können z.B. ein gemeinschaftliches Wir-Gefühl und gegenseitiges Miteinander, aber auch interne Konflikte und Widerstände entstehen. Die Unternehmensführung sollte sich diesen nach außen kaum sichtbaren informellen Strukturen bewusst sein. Ihre positiven Effekte lassen sich z. B. durch Transparenz, Dezentralisierung und geteilte Werte beeinflussen und sinnvoll nutzen. Abb. 6.3.22 zeigt das Zusammenwirken der drei internen Strukturen eines Unternehmens (vgl. *Pfläging*, 2011b, S. 276 ff.). Im Anschluss wird mit dem Unternehmen *dm-drogerie markt* ein praktisches Beispiel für eine adaptiv-dezentrale Führung vorgestellt.

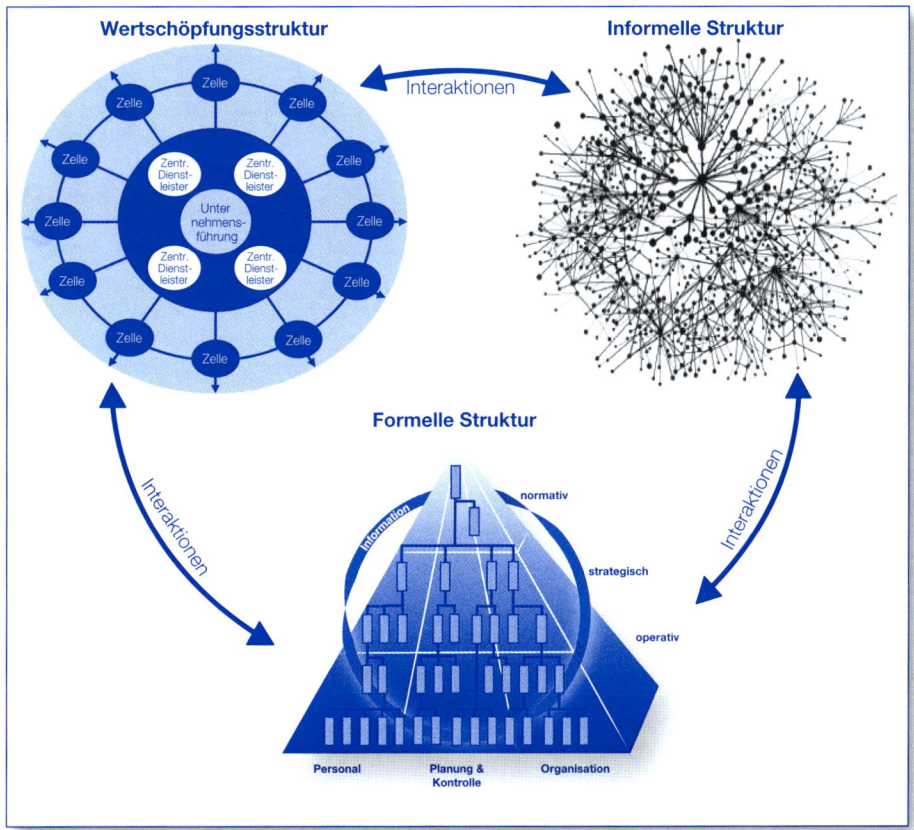

Abb. 6.3.22: Das Zusammenwirken der drei Unternehmensstrukturen (in Anlehnung an Pfläging, 2011, S. 279)

Die Beispiele von *Aldi* und *dm-drogerie markt* machen deutlich, dass die adaptiv-dezentrale Führung auch wirtschaftlich sehr erfolgreich sein kann. Dennoch ist die Anwendung der genannten Prinzipien in der Unternehmenspraxis noch wenig verbreitet und es überwiegt Zurückhaltung und Skepsis (vgl. *Hacket Group*, 2005; *PriceWaterhouseCoopers*, 2006; *Suhr/Ewert*, 2005). Die Forderung nach einer Abschaffung der Planung oder gar des Managements verursacht oft ungläubiges Kopfschütteln. Die Radikalität des Führungswandels ist eine herausfordernde Aufgabe und nicht ohne Risiko.

6 Personal

Adaptiv-dezentrale Führung bei dm-drogerie markt

Die *dm-drogerie markt GmbH & Co. KG* (kurz: *dm*) ist die größte deutsche Drogeriemarktkette und betreibt europaweit mit ca. 44.000 Mitarbeitern rund 2.700 Drogeriemärkte (www.dm-drogeriemarkt.de).

Das Unternehmen wurde im Jahr 1973 von *Götz W. Werner* in Karlsruhe gegründet und wuchs seitdem rasant. Daraus folgte zunächst eine ausgeprägte Führungshierarchie mit den Stufen Geschäftsführung, Gebietsverkaufs-, Bezirks- und Filialleiter. Das Unternehmen verfügte Ende der 1980er Jahre bereits über 350 Filialen, die nach der Auffassung „oben wird gedacht, unten wird gemacht" (*Dietz/Kracht*, 2011, S. 35) zentralistisch geführt wurden. Zu dieser Zeit war das Unternehmen jedoch mit stagnierendem Wachstum und unselbständigem, regelkonformem Mitarbeiterverhalten konfrontiert. Es wurde deutlich, dass ein Umdenken in der Führung erforderlich war, um durch mehr Mitarbeiterinitiative das weitere Wachstum und die Steuerbarkeit des Unternehmens sicherzustellen (vgl. *Dellbrügger*, 2007, S. 66 ff.; *Scheytt*, 2004, S. 71 f.).

Götz W. Werner stellte sich die Frage: „Wie kann man den Filialen dabei helfen, dass sie selbst erkennen, was notwendig ist und das nützen, was im Unternehmen vorhanden ist? Und zwar so, wie es für die Filiale richtig ist?" (*Dietz/Kracht*, 2011, S. 40). 1991 wurde deshalb die Hierarchieebene der Gebietsverkaufsleiter abgeschafft und die Leitungsspanne der Bezirksleiter dadurch von durchschnittlich sechs auf über zwanzig Filialen drastisch erhöht. Dies hatte zur Folge, dass die Bezirksleiter nicht mehr in der Lage waren, jede Filiale einzeln zu steuern. Nach dem Motto „Filialen an die Macht!" mussten die Filialleiter nun viele Entscheidungen selbst treffen. Für die Filialleiter bedeutete das einerseits mehr Eigeninitiative und Verantwortung, andererseits mussten sie auch erst selbst lernen, dieses neue Führungsverständnis mit ihren Mitarbeitern aufzubauen (vgl. *Scheytt*, 2004, S. 72).

Die Führung von *dm* ist seither dafür verantwortlich, den Mitarbeitern Entscheidungsfreiräume zu schaffen. Sie sollen nicht nur entscheiden können, wie sie etwas tun, sondern auch warum es und was getan werden soll (vgl. *Selders*, 2007, S. 85 f.). Aufgrund dieser sog. **dialogischen Führung** können Mitarbeiter aus eigener Initiative, eigener Einsicht und in eigener Verantwortung tätig werden. Um ein solches unternehmerisches Denken und Handeln zu ermöglichen, werden die Mitarbeiter vor allem über Empfehlungen geführt. In anderen Unternehmen werden den Mitarbeitern meist hierarchische Anweisungen gegeben, was zu tun ist. Die Mitarbeiter haben auf diese Anweisungen keinen Einfluss und sollen sie lediglich pflichtgemäß ausführen. Die Verantwortung liegt beim Vorgesetzten, der auch die Umsetzung seiner Anweisung kontrolliert. **Vereinbarungen** finden dagegen auf gleicher Augenhöhe statt und teilen die Verantwortung auf. Sie werden gemeinsam getroffen und beziehen das Wissen des Mitarbeiters mit ein. Die gegenseitige Vereinbarung wird festgehalten und ist verbindlich. **Empfehlungen** überlassen dagegen die Entscheidung, wie im konkreten Fall zu handeln ist, dem Mitarbeiter. Er verantwortet die Entscheidung alleine, auch wenn er lediglich eine Empfehlung umsetzt. Er kann sich deshalb auch dagegen entscheiden, wenn er dies für sinnvoll hält und begründen kann. Niemand kann sich mehr hinter der pflichtgemäßen Ausführung einer Anweisung oder Vereinbarung „verstecken", wenn er es hätte besser wissen können. Dieser Verlust an Sicherheit für den Vorgesetzten und die höhere Verantwortung für den ausführenden Mitarbeiter stellen für beide eine Herausforderung dar und erfordern einen gemeinsamen Lernprozess. Je besser dialogische Führung gelingt, umso geringer wird der Unterschied zwischen Führen und Geführt werden (vgl. *Dellbrügger*, 2007, S. 72 ff.).

Ein solches dezentral organisiertes Zusammenwirken wird erst möglich, wenn der Einzelne aus eigener Einsicht handeln kann. Hierzu muss er über den gleichen Informationsstand wie sein Vorgesetzter verfügen. Dadurch wird er in die Lage versetzt, selbstständig und intelligent im Sinne des Unternehmens handeln zu können. *Götz W. Werner* ist der Überzeugung: „Je mehr der Einzelne selbst sieht, was für andere notwendig ist, desto unternehmerischer wird er in seiner Arbeit sein" (*Werner*, 2006, S. 40).

Hierfür brauchen die Mitarbeiter Informationen und Kennzahlen, welche die wirtschaftlichen Vorgänge des Unternehmens wahrnehmbar machen. Diese Transparenz schafft dm mit Hilfe der sog. **Wertbildungsrechnung**. Dabei handelt es sich um eine monatliche Ergebnisrechnung für das gesamte Unternehmen, differenziert nach Regionen, Gebieten, Filialen und einzelnen Zentralbereichen. Sie stellt die Leistungsströme transparent und verständlich dar und unterstützt damit viele Entscheidungen in den Filialen. Hierarchische Einschränkungen in den Zugriffsrechten gibt es nicht. Zwischen den Regionen, Gebieten und Filialen sind vielfältige Vergleiche möglich, die von allen Verantwortlichen intensiv genutzt werden. Die Filialen können darüber hinaus selbstständig Mitarbeiter einstellen und entlassen. Außerdem führte dm ein Warenwirtschaftssystem ein, das eine flexible Preisbildung in den Filialen zulässt. Das Verhältnis zwischen Zentrale und Filialen hat sich dadurch massiv gewandelt. Die Zentrale sieht sich heute als Dienstleister, der den Alltag der Filialen so einfach wie möglich gestaltet, damit diese mehr Zeit für ihre Kunden haben (vgl. *Kaletta/Gerhard*, 1998, S. 404 ff.; *Kolodziej/Mostberger*, 2008, S. 82; *Scheytt*, 2004, S. 73).

Da jeder Mitarbeiter aus eigener Einsicht handeln kann, folgen daraus auch ein authentisches Zusammenwirken und ein positives Arbeitsklima im Unternehmen. Da Kundenfreundlichkeit sich nicht anordnen lässt, sondern nur authentisch vermittelbar ist, fördert die dialogische Führung ein kundenfreundliches Verhalten der Mitarbeiter in den Filialen (vgl. *Werner*, 2006, S. 27 f.). Dies ist sicher einer der Gründe, warum dm unter den überregionalen Drogeriemärkten bei der Verbraucherstudie „Kundenmonitor Deutschland" bei der Kundenzufriedenheit seit Jahren die Spitzenposition einnimmt (vgl. *www.kundenmonitor.de*). *Götz W. Werner* wurde 2012 in die „Business Hall of Fame" aufgenommen. Mit dieser Auszeichnung ehrt das *manager magazin* jedes Jahr herausragende Persönlichkeiten der deutschen Wirtschaft (vgl. *www.manager-magazin.de*).

Wesentliche **Kritikpunkte** der adaptiv-dezentralen Führung sind (vgl. *Rieg*, 2008, S. 152 ff.; *Schäffer/Zyder*, 2005, S. 247 ff.):   Kritik

- **Teamorientierung:** Relative, gruppenorientierte Ziele sollen die Mitarbeiter zu höherer Leistung stimulieren. Die Beschaffung von Informationen über die Ergebnisse der Konkurrenten und die Vergleichbarkeit mit dem eigenen Unternehmen ist in der Praxis aber schwierig. Bei internen Vergleichen können der Wettbewerb zwischen den Zellen und der daraus resultierende Gruppendruck dazu führen, dass leistungsschwächere Teammitglieder aus der Zelle herausgedrängt werden. Die Leistungsfähigkeit der Teammitglieder ist aber in der Realität unterschiedlich und schwankt im Zeitverlauf. Hoher Leistungsdruck und interner Wettbewerb können sich auf den Austausch und die Zusammenarbeit zwischen den Zellen nachteilig auswirken. Es ist wenig wahrscheinlich, dass erfolgreiche Zellen ihre Ideen mit anderen teilen, da sie dadurch langfristig ihre gute Platzierung im Ranking gefährden würden. Dadurch besteht die Gefahr, dass die Zellen nur in ihrem Sinne handeln und das gesamte Unternehmen aus den Augen verlieren. Gruppen tendieren darüber hinaus sowohl zu riskanteren Entscheidungen als Individuen als auch zur Unterdrückung abweichender Meinungen und Konformität. Gruppenentscheidungen sind also nicht zwangsläufig besser als Einzelentscheidungen. Insgesamt kann sich das Betriebsklima verschlechtern und ein schädlicher interner Wettbewerb entstehen. Dies würde sich negativ auf das Leistungsvermögen der Mitarbeiter auswirken und könnte ähnliche dysfunktionale Verhaltensweisen wie die traditionelle Führung hervorrufen.

- **Ressourcen:** Kurzfristige, dezentrale Investitionen der Zellen könnten unbemerkt zu Liquiditätsproblemen führen. Viele Ressourcen, wie z. B. qualifiziertes Personal oder komplexe Bauteile, lassen sich nicht in beliebiger Anzahl und kurzer Zeit beziehen. Ihre Beschaffung erfordert einen zeitlichen und damit planerischen Vorlauf. Dezentrale Ressourcenanforderungen erschweren die Realisierung von Verbundeffekten und Synergien innerhalb des Unternehmens. Beispielsweise kann die Wirtschaftlichkeit einer Investition von der gemeinsamen Nutzung durch mehrere Zellen abhängen. Wirklich flexibel lassen sich somit von den Zellen voraussichtlich nur Ressourcen beziehen, die entweder bereits ausreichend im Unternehmen vorhanden sind oder nur in geringer Zahl und mit begrenztem Wert beschafft werden.

- **Informationen:** Die Informationstransparenz kann dazu führen, dass die Mitarbeiter mit Informationen überflutet werden. Dies erschwert dann die Auswahl der wirklich entscheidungsrelevanten Informationen. Je dezentraler die Informationen verarbeitet werden, umso größer ist auch die Gefahr von Widersprüchen und Inkonsistenzen. Dies erfordert ein einfach zu bedienendes und für die dezentrale Koordination geeignetes Informationssystem, das in den meisten Unternehmen bislang nicht vorhanden ist.

Bewertung

Adaptiv-dezentrale Führung basiert auf einigen erfolgreichen Fallbeispielen, aus denen ein generell für alle Unternehmen geeignetes Führungsmodell abgeleitet werden soll (vgl. *Rieg*, 2008, S. 167). Empirische Forschung bedeutet jedoch, aufgrund praktischer Erfahrungen entwickelte gedankliche Konzepte an der Realität auf ihre Gültigkeit und Verlässlichkeit zu prüfen. Hierzu muss sich der Forscher konkrete Vorstellungen über die zu gewinnenden Aussagen bilden. Erst wenn sich diese Annahmen empirisch nicht falsifizieren lassen, dann ist bis zum Beweis des Gegenteils von der Gültigkeit der Hypothesen auszugehen (vgl. *Atteslander*, 2010, S. 24 ff.; *Kubicek*, 1975, S. 34 ff.). Eine solche Hypothese wäre beispielsweise, dass eine adaptiv-dezentrale Führung in einem dynamischen Wettbewerbsumfeld zu einer überdurchschnittlichen Rendite führt. Ein solcher empirischer Nachweis der Vorteilhaftigkeit der adaptiv-dezentralen Führung ist jedoch bislang nicht erfolgt. Zusammen mit dem recht dogmatischen Wahrheitsanspruch ihrer Verfechter folgern manche Kritiker daraus, dass es sich nur um eine betriebswirtschaftliche Modewelle handeln könnte (vgl. *Schäffer/Zyder*, 2005, S. 247 ff.).

Situative Führung

Nach der Situationstheorie (vgl. Kap. 6.3.1.3.2) kann es **kein allgemein gültiges Führungsmodell** geben. Der Führungserfolg hängt vielmehr von situativen Faktoren wie z. B. Führungsverhalten, Mitarbeiterfähigkeiten oder Marktverhältnissen ab. Ein für alle Unternehmen und Branchen geeignetes Führungsmodell im Sinne eines „One size fits all" existiert nicht. Die Frage nach der optimalen Planung und Kontrolle lässt sich deshalb ebenfalls nicht allgemeingültig beantworten. Planung und Kontrolle sind vielmehr ausgehend von den spezifischen Gegebenheiten und Anforderungen eines Unternehmens individuell zu gestalten (vgl. *Rateike/Lindner*, 2009, S. 231 ff.). In dynamischen und begrenzt komplizierten Unternehmen ist die adaptiv-dezentrale Führung ein viel versprechender Ansatz. In vielen, durch hohe Kompliziertheit und mittlere Dynamik gekennzeichnete Großunternehmen wird allerdings eher durch Ansätze des Better Budgetings versucht, die Planung und Kontrolle sowohl effizienter durchzuführen, als auch effektiver zu gestalten (vgl. Kap. 4.3.3.2). In einem weitgehend stabilen Umfeld kann auch eine traditionelle Führung weiterhin angemessen sein (vgl. *Weber/Lindner*, 2003, S. 59 f.) Tatsächlich sind nur wenige Unternehmen in hochdynamischen Märkten tätig und selbst dort lässt sich ein völliges Versagen der traditionellen Führung bislang nicht empirisch bestätigen (vgl. *Zyder*, 2007, S. 172 ff.).

6.3 Personalführung und Leadership

Adaptiv-dezentrale Führung bietet sich vor allem für **Dienstleistungs- und Handelsunternehmen** an. Diese verfügen meist über relativ homogene Leistungseinheiten wie z. B. Filialen oder Niederlassungen, aus denen sich leicht eigenverantwortliche Zellen mit relativen Zielen und internem Wettbewerb bilden lassen. Dies zeigen auch die bekannten Beispiele von *Svenska Handelsbanken*, *Aldi*, *Ikea*, *dm-drogeriemarkt*, *Dell*, *Southwest Airlines* oder der Personalberatung *Egon Zehnder International*. Dienstleistungen entstehen erst im Kundenkontakt und sind meist von kurzer Dauer. Sie profitieren deshalb von der flexiblen und eigenverantwortlichen Handlungsweise eines kleinen Teams, das bestmöglich auf die Kundenwünsche eingehen kann.

Anwendungsfelder

Industrieunternehmen sind durch hohe Stückzahlen, Produktstandardisierung, mittlere bis lange Produktlebenszyklen und hohe, langfristige Investitionen geprägt. Entwicklungs- und Produktionsentscheidungen mit langer Gültigkeit und hohen Investitionssummen würden in einer dezentralen Netzwerkstruktur ohne zentrale Planung einen hohen Koordinations- und Abstimmungsaufwand erfordern. Dezentrale Selbstabstimmung und interne Märkte sind zur Beherrschung komplexer Produktionsprozesse und zur Realisierung von Verbundeffekten und Synergien somit wenig geeignet. Diese erfordern zentrale „Leitplanken", an denen sich die dezentralen Bereiche ausrichten können (vgl. *Rateike/Lindner*, 2009, S. 234; *Rieg*, 2008, S. 161; *Rieg/Oehler*, 2009, S. 103 f.). Wie das folgende Praxisbeispiel der *B. Braun Melsungen AG* zeigt, ist es allerdings auch in Industrieunternehmen durchaus möglich, eine adaptiv-dezentrale Führung zu realisieren. Inwieweit sich dieses Führungsmodell in der Unternehmenspraxis bewährt und weiter ausbreitet, wird die Zukunft zeigen.

Bedingte Eignung für Industrieunternehmen

Adaptiv-dezentrale Führung bei der B. Braun Melsungen AG

Das Unternehmen *B. Braun Melsungen AG* gehört zu den weltweit führenden Gesundheitsversorgern mit einem breiten Angebot an Produkten und Dienstleistungen für unterschiedliche medizinische Bereiche. Das Unternehmen erzielt

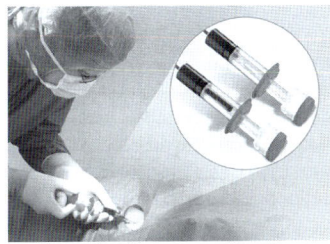

weltweit mit ca. 44.000 Mitarbeitern einen Umsatz von über 4,6 Mrd. Euro. Die *B. Braun Melsungen AG* besteht aus vier Sparten: „Hospital Care" versorgt Krankenhäuser mit Infusions- und Injektionslösungen sowie mit Produkten zur medizinischen Einmalversorgung, „Out Patient Market" bietet Produkte zur Patientenversorgung für den niedergelassenen Arzt und die Pflege, „B. Braun Avitum" umfasst Produkte und Dienstleistungen zur extrakorporalen Blutbehandlung und Dialyse und die Sparte „Aesculap" produziert chirurgische Medizinprodukte und -technik (vgl. im Folgenden *Stoi et al.*, 2011, S. 33 ff.; *Stoi et al.*, 2012, S. 16 ff.).

Die bisherige Budgetierung – zu detailliert, unflexibel und arbeitsintensiv

Früher sah die Controlling-Welt bei *B. Braun* wie in den meisten Unternehmen aus. In einem zirkulären Planungsprozess wurden die Budgetziele zunächst in der Konzernzentrale von den jeweiligen Spartenvorständen auf Basis der strategischen Zielsetzungen Top-down festgelegt und anschließend unter Berücksichtigung der Einschätzungen der Tochtergesellschaften Bottom-up überarbeitet, konsolidiert und schließlich vom Vorstand verabschiedet. Sämtliche Budgets bauten dabei weitgehend aufeinander auf und legten die Ressourcenverwendung bis ins kleinste Detail fest. Sie waren die verbindliche Zielsetzung für das kommende Jahr und deren Erreichung in einigen Fällen mit Anreizen für die verantwortlichen Planungsträger verbunden.

Dieses jährliche Ritual gab sowohl den Geschäftsführern der lokalen Gesellschaften als auch dem zentralen Controlling einen klaren Rahmen vor, mit welchen Mitteln für Personal, Material und Vertrieb das vereinbarte Ziel zu erreichen ist – ihr Budget. Doch für den damaligen Vorstandsvorsitzenden *Ludwig Georg Braun* war dies „reiner Selbstbetrug", denn der hohe Detaillierungsgrad war nur scheinbar das Ergebnis sorgfältiger Planung. Tatsächlich basierten die Budgets auf pauschal fortgeschriebenen Vorjahreswerten und grobe Schätzungen mutierten auf diese Weise zu verlässlichen Planzahlen. Der schwerfällige Planungsprozess verhinderte rasche Reaktionen auf aktuelle Entwicklungen, wie z. B. den Markteintritt neuer Wettbewerber oder den Ausfall wichtiger Kunden (vgl. *Schmalholz*, 2011, S. 7 ff.). Die Budgets zementierten die Kosten und erschwerten so eine flexible und schnelle Anpassung. Darüber hinaus waren „Budgetspielchen" zu beobachten, bei denen die Verantwortlichen Puffer einplanten, um in den folgenden Verhandlungsrunden noch Spielraum für zu erwartende Kürzungen zu haben.

Der Planungsprozess war für alle Beteiligten außerordentlich zeit- und arbeitsintensiv. Der hohe Detaillierungsgrad und die vielen Abstimmungsschleifen erforderten enorme personelle Kapazitäten. Offiziell dauerte die Budgetierung von August bis November, doch tatsächlich begannen viele lokale Gesellschaften bereits im Frühjahr mit der Überarbeitung der strategischen Planung. Nach Meinung von *Ludwig Georg Braun* „reine Verschwendung", denn trotz dieses Engagements galten viele Budgetansätze im Jahresverlauf schnell als überholt. Bei unterjährigen Planabweichungen verabschiedeten sich die Verantwortlichen vom Plan, da sinnvolle ökonomische Entscheidungen oft gerade nicht den Vorgaben entsprachen. So war zu beobachten, dass leistungsfähige Organisationen selbst entschieden, wann der Plan noch relevant war und wann nicht. Kosten und Nutzen der Budgetierung standen somit in keinem Verhältnis zueinander. Der Vorstand beschloss deshalb, die operative Konzernsteuerung neu auszurichten. Ab 2006 wollte man ohne starre Budgets und Ressourcenverteilung auskommen und auf eine ausformulierte und integrierte Jahresplanung verzichten.

Dazu *Ludwig Georg Braun* in einem Interview mit dem *Handelsblatt* (16.07.2009): „All dieses Zahlen sammeln, dieses Reporting, das ist eine umfangreiche Tätigkeit, die man vom Schreibtisch aus machen kann und die dem Mitarbeiter einen guten Grund gibt, nicht beim Kunden zu sein. Um Ziele vorzugeben, tragen wir jetzt zusammen, wie es in den Märkten der Welt aussieht. Was sich dort verändert, wie der Trend der letzten Monate ist, ob sich das mit unseren Hochrechnungen deckt und wie wir weiter steuern müssen. Aber Pläne wie früher, wie viele Produkte man mit welchen Maßnahmen in welchen Ländern absetzen kann, das machen wir nicht mehr. Die Manager sollten stattdessen beim Kunden sein. Das ist ja ihre große Aufgabe, dass sie draußen sind, um zu sehen, welche Veränderungen stattfinden. Welche Probleme die Verwender unserer Produkte haben und welche neuen Lösungen sie brauchen."

Rollierende Forecasts als Führungsinstrument

Die operative Steuerung erfolgt bei *B. Braun* nicht mehr durch Plan-Ist-Vergleiche, sondern auf Basis der prognostizierten Entwicklung im Vergleich zum Vorjahr (Wird-Ist). Den Kern dieses neuen Führungsprozesses bilden rollierende Forecasts, sog. Latest Estimates. Die Kontinuität des Marktes hilft dabei, verlässliche Prognosen zu erstellen und sich auf die Markttrends wie z. B. neue Produkte oder Wettbewerbsaktivitäten zu konzentrieren. Die Jahresbilanz, die bereits bis Mitte Januar erstellt wird, bildet die Basis für die Bestimmung der Ziele auf Ebene des Konzerns, der Sparten und der Vertriebsorganisationen. In sog. Review Meetings werden zweimal jährlich (im April und Oktober) die Erwartungen für das laufende Geschäftsjahr sowie im Oktober auch für das kommende Geschäftsjahr abgeschätzt. Hierfür füllen die Länder- und Spartenverantwortlichen im Vorfeld eine einseitige Abfrage über wenige, wesentliche Kenngrößen aus, die durch die Einschätzungen des Vorstands ergänzt wird. Durch die unterjährige Überprüfung der Prognosen kann sehr zeitnah auf Marktveränderungen reagiert werden. Dadurch wird die Flexibilität bei geringerem Zeitaufwand deutlich erhöht. Der Review-Prozess bildet einen Regelkreis, der innerhalb von vier Wochen abläuft. Er ist in Abb. 6.3.23 veranschaulicht und wird im Folgenden erläutert.

Zu Beginn der Reviews erstellen die lokalen Spartenverantwortlichen in Zusammenarbeit mit den Regionalleitern innerhalb von zwei Wochen aggregierte Umsatz-, Kosten- und Deckungsbeitragsprognosen (Schritt 1). Im April erfolgt dies nur für das laufende Jahr und in der zweiten Runde im Oktober auch für das Folgejahr. Die Erwartungen der einzelnen strategischen Geschäftsfelder (SGF) werden anschließend für die Gesellschaften und Sparten zusammengeführt, konsolidiert, kommentiert und mit den Verantwortlichen abgestimmt (Schritt 2). Ergebnis ist die erste Version des Latest Estimates. Dieser wird in einem Zeitraum von zwei Wochen in einem Komitee, bestehend aus Regionalleiter, Spartenleitung Vertrieb/Marketing und den Sparten-Controllern, in einem Review Meeting besprochen und bewertet (Schritt 3).

6.3 Personalführung und Leadership

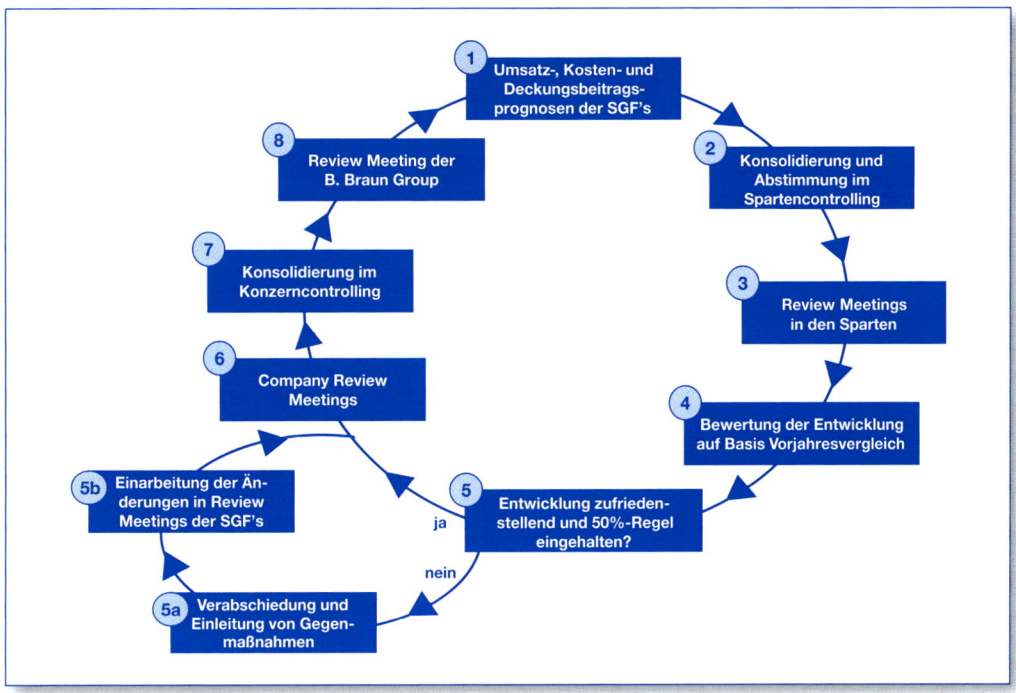

Abb. 6.3.23: Review-Prozess der B. Braun Melsungen AG

Die Diskussion bezieht sich dabei auf den Vergleich zwischen den zu erwartenden Ergebnissen für das laufende Jahr (Wird) und den Werten des Vorjahres (Ist). Ebenfalls betrachtet wird die kumulierte Entwicklung bis zum Berichtsmonat (Year to date) im Vergleich zum jeweiligen Vorjahreszeitraum (Schritt 4). Darüber hinaus fließen auch strategische Zielsetzungen mit ein. Aus der Entwicklung der Umsätze und Kosten der strategischen Geschäftsfelder wird auf Basis der nachfolgend näher erläuterten „50%-Regel" ein eventueller Handlungsbedarf abgeleitet. Die Einleitung konkreter Maßnahmen wird dabei innerhalb des Komitees gemeinsam entschieden (Schritt 5). Dadurch ist es möglich, auch in volatilen Märkten unterjährig schnell und flexibel korrigierend einzugreifen. Auf Korrekturen an der Datenbasis wird aber weitgehend verzichtet, die Prognosen stellen vielmehr die Einschätzung des lokalen Managements dar. Die in den Review Meetings vereinbarten Änderungen werden anschließend von den strategischen Geschäftsfeldern in ihren Prognosen berücksichtigt und umgesetzt.

Der ursprüngliche Ansatz des Review-Prozesses lag darin, die vertriebs- und kostenorientierten Planungsaktivitäten effizienter zu gestalten und Budgets durch Prognosen zu ersetzen. Daher war dieser Prozess anfangs sehr stark durch die Abstimmung der Erwartungen zwischen Vertriebsorganisationen und Sparten getrieben. Durch die Wirksamkeit dieser Steuerung entstand aber auch zunehmend der Wunsch nach einer ganzheitlicheren Steuerung der Tochtergesellschaften. Daher werden seit Ende 2011 in Ergänzung zu den Review Meetings der Sparten auch Company Review Meetings mit den einzelnen Gesellschaften durchgeführt (Schritt 6). Diese sind durch den Finanzbereich getrieben und haben neben den Zentralbereichskosten auch die Entwicklung von Working Capital und Cash Flow im Fokus. Diese Company Reviews sind grundsätzlich den Prognosen der Sparten nachgelagert, um deren Maßnahmen in einer ganzheitlichen Betrachtung berücksichtigen zu können. Dabei wird geprüft, ob die Prognosen der Sparten zu denen der Gesellschaften passen und ob sich daraus besondere Erfordernisse z.B. an die Kapazitätsplanung oder die Liquiditätssituation einer Gesellschaft ergeben. Im Anschluss an die Company Reviews erfolgen die Konsolidierung im Konzerncontrolling (Schritt 7) und die Erstellung des endgültigen Latest Estimate der gesamten *B. Braun Group* (Schritt 8).

Adaptiv führen ohne fixierte Budgetziele

Nach den Erfahrungen der *B. Braun Melsungen AG* ist im Vergleich zur Budgetierung die Unternehmenssteuerung durch den Review-Prozess nun schneller und wesentlich flexibler als zuvor. Meist wird bereits im ersten Review Meeting erkannt, ob die Umsatzentwicklung in strategischen Geschäftsfeldern hinter den Erwartungen zurückbleibt. Zeigt sich auf diese Weise ein Handlungsbedarf, dann werden statt den früheren pauschalen Budgetkürzungen nun konkrete Maßnahmen zur Ergebnissicherung beschlossen. Diese richten sich dabei insbesondere auf die kurzfristig beeinflussbaren Sachkosten wie z. B. für Reisen oder Beratungs- und Instandhaltungsleistungen. Basierend auf dem Niveau des Vorjahrs werden klare Reduktionsziele vorgegeben und Maßnahmenprogramme verabschiedet. Personalkosten sind nur begrenzt beeinflussbar und kurzfristiger Personalabbau entspricht nicht der Unternehmenskultur von *B. Braun*.

Um den notwendigen kulturellen Wandel zu erreichen, war es hilfreich, den Review-Prozess in den ersten fünf Jahren dreimal jährlich durchzuführen. Nachdem eine adäquate Prognosequalität erreicht und der Prozess entsprechend eingeübt war, wird seit dem Jahr 2011 der Latest Estimate nur noch zweimal jährlich erstellt. Zum ursprünglich zweiten Termin im Juli wird nur mit fallweise ausgewählten Gesellschaften eine Überarbeitung der Prognose durchgeführt. Die Notwendigkeit eines dritten Reviews wird im Rahmen der Diskussion des ersten Latest Estimate im April beschlossen. Dies kann z. B. dann der Fall sein, wenn die Gesellschaften eine besondere Dynamik aufweisen oder die Ergebniserwartungen nicht erfüllen. So ist auf Konzernebene im Juli eine überarbeitete Vorschau verfügbar, ohne dass in allen Gesellschaften dadurch Kapazitäten gebunden werden.

Ludwig Georg Braun pochte bis zu seinem Ruhestand im Frühjahr 2011 bei seinen Managern stets auf ein neues, unternehmerisches Denken (vgl. *Schmalholz*, 2011, S. 8 ff.). Er forderte mehr Eigenverantwortung und legte den Fokus auf den Markt statt auf das Erreichen von Planzielen: „Die Mitarbeiter sollen sich selbst fragen, ob Projekte sinnvoll und die Kosten dafür angemessen sind und ob sie wirklich etwas zur Wertschöpfung beitragen", so *L. G. Braun*.

Zwar müssen die verantwortlichen Manager nun mehrmals im Jahr ihre Erwartungen für Umsatz, Kosten, Deckungsbeitrag und Ergebnis melden. Allerdings erfordert das heute nur ein paar Stunden, während dafür früher mehrere Wochen erforderlich waren. Die Verantwortlichen müssen nicht mehr um ein möglichst vorteilhaftes Budget feilschen. Mit Hilfe der Latest Estimates ist das Unternehmen nun näher am Marktgeschehen, was durch die hohe Qualität der Prognosewerte der Vergangenheit bestätigt wird. Da *B. Braun* bereits am zweiten Arbeitstag eines Monats über den konsolidierten Umsatz und eine konsistente Ergebnisabschätzung des Vormonats verfügt, kann das Controlling daran die Güte der Latest Estimates zeitnah beurteilen. Bei markanten Abweichungen werden die Ursachen mit den verantwortlichen Sparten und Gesellschaften analysiert und mögliche Reaktionen darauf gemeinsam beschlossen. Nach Einschätzung des Vorstandsvorsitzenden *Heinz-Walter Große* „geben die Manager uns jetzt realistische Zahlen, weil sie wissen, dass wir sie nicht darauf festnageln werden, wenn sich die Verhältnisse vor Ort ändern. Diese Angaben sind für uns eine verlässliche Vorschau und nicht wie bisher nur eine vage Absichtserklärung. Dadurch können wir viel schneller auf Änderungen im Markt reagieren."

Flexible Genehmigungsprozesse statt fixierter Budgetansätze

Der Verzicht auf Budgets erfordert unterjährige Genehmigungsprozesse, um die Kostenentwicklung im Tagesgeschäft im Auge zu behalten. In den Sparten sind beispielsweise Personalanforderungen in den indirekten Bereichen von einem Leitungsgremium aus Spartenvorstand und zentralen Bereichsleitern zu genehmigen.

Dies erfolgt aber erst dann, wenn tatsächlich ein Personalbedarf besteht und nicht wie in der Vergangenheit durch Verabschiedung von Planstellen im Rahmen der Budgetierung. Die lange im Voraus budgetierten Planstellen führten erfahrungsgemäß dazu, dass diese nachträglich nicht mehr hinterfragt wurden, auch wenn sich der Personalbedarf in der Zwischenzeit verändert hatte. Das heutige Vorgehen ermöglicht eine flexible Personalpolitik und eine bessere Beeinflussbarkeit der Personalkosten. Solche unterjährigen Genehmigungsprozesse existieren auch für Projekte, Marketingveranstaltungen, Ersatzinvestitionen und Instandhaltungen.

Auch hierfür werden Maßnahmen und Kosten ad hoc geplant und durch das Leitungsgremium zeitnah verabschiedet. Einzig bei Großprojekten wie z. B. dem Bau eines neuen Werks oder der Entwicklung eines neuen Produkts wird noch ein verbindlicher Kostenrahmen vorgegeben.

Kosten im Griff mit der 50 %-Regel

Auch ohne Budgets und detaillierte Kostenstellenplanung wird die Entwicklung der Kosten bei B. Braun nicht dem Zufall überlassen. Um beim Kostenmanagement nicht lediglich reaktiv wirken zu können, gibt es die sog. „50 %-Regel", die ein profitables Wachstum sicherstellen soll. Danach sollen bei Umsatzsteigerungen die Funktionskosten aus Vertrieb und Verwaltung um nicht mehr als 50 % der prozentualen
Erhöhung des Bruttoergebnisses (Umsatz abzgl. Herstellungskosten) steigen. Erhöht sich also z. B. das Bruttoergebnis um 8 %, dann dürfen die Funktionskosten (ohne F&E) maximal um 4 % zunehmen. Dieser Zielwert dient dazu, die Kostenentwicklung der strategischen Geschäftsfelder immer an der Umsatzentwicklung auszurichten und damit unter Kontrolle zu halten. Im Rahmen des Review Meetings werden die Kostenerwartungen mit dem Vorjahr verglichen. Wird dabei deutlich, dass Kosten relativ zur Umsatzentwicklung „aus dem Ruder" laufen, können unmittelbar konkrete Gegenmaßnahmen eingeleitet werden. Verstößt die prognostizierte Kostenentwicklung einer Gesellschaft gegen diese Regel, dann wird im Review Meeting diskutiert, ob dies z. B. aus strategischen Gründen sinnvoll ist oder aber entsprechende Korrekturen durchzuführen sind. Auf Konzernebene wird diese Zielgröße deshalb in der Summe bewusst überschritten. Das Ziel der 50 %-Regel gibt allen Gesellschaften, mit denen keine besonderen Vereinbarungen getroffen werden, eine grundsätzliche Richtung vor.

Effektiver steuern ohne Budgets

Die Wirksamkeit der adaptiv-dezentralen Führung auf Basis rollierender Prognosen hat sich in der Praxis der B. Braun Melsungen AG bestätigt. Latest Estimates und Review Meetings liefern in nur vier Wochen ein realistisches Bild der geschäftlichen Entwicklung und einen Ausblick in die Zukunft. Ziele und Maßnahmen lassen sich unterjährig prüfen und flexibel an volatile Marktgegebenheiten anpassen. Die Vereinbarung konkreter Maßnahmen fördert Umsatz- sowie Effizienzverbesserungen und die Gesamtkostensteigerung wird durch die 50 %-Regel begrenzt. Da die individuellen Ziele aus den Ergebnissen des Vorjahres abgeleitet werden, findet eine klare Trennung zwischen Prognosen und Zielen statt. Der eingeführte Review-Prozess erkennt Trendbrüche schneller, wird allerdings auch durch eine gewisse Kontinuität im Geschäft begünstigt.

Budgetpolitik gehört bei B. Braun der Vergangenheit an. Die Verbindung mit unterjährigen Genehmigungsprozessen und konsequenten Vorjahresvergleichen macht das Unternehmen handlungsfähiger und flexibler, ohne dabei das Ziel profitablen Wachstums aus den Augen zu verlieren. Besser zu sein als im Vorjahr ist schließlich immer ein wichtiges Ziel. Das Controlling wurde von vielen Routineaufgaben entlastet. Die Controller sind in den Review Meetings nun viel stärker mit den Inhalten, als mit der Verarbeitung von Zahlen beschäftigt. Sie konzentrieren sich auf die Analyse der Prognosen und die Beratung der Beteiligten und werden so ihrer Rolle als serviceorientierte, mitverantwortliche Dienstleister besser gerecht.

„Für B. Braun war der Übergang von der formalen Jahresplanung auf den Review-Prozess damals sicher ein mutiger Schritt. Doch die frühzeitigen Steuerungsinformationen, über die wir heute verfügen, die partnerschaftliche Diskussion der Entwicklung unseres Geschäfts in den Review Meetings, die hohe Güte der abgegebenen Prognosen und die breite Akzeptanz im Management zeigen, dass es sich für uns gelohnt hat. Wir sehen jetzt viel früher, wo die Reise hingeht und entscheiden dann schnell und im Dialog mit den Sparten und Gesellschaften, welche Maßnahmen erforderlich sind, um unsere Ziele zu erreichen", so das Fazit des Vorstandsvorsitzenden Heinz-Walter Große.

Management Summary

- Personalführung ist die zielorientierte Verhaltensbeeinflussung der Mitarbeiter durch den Vorgesetzten.
- Führungsprinzipien basieren auf unterschiedlichen Führungstheorien, die wiederum aus Menschenbildern und Motivationstheorien abgeleitet sind.
- Ein Menschenbild ist ein grundlegendes Verständnis von der Natur des Menschen und prägt dadurch das Führungsverhalten.
- Motivationstheorien versuchen, menschliches Verhalten und die hierfür bestimmenden Faktoren zu erklären. Es lassen sich Inhalts- und Prozesstheorien unterscheiden.
- Führungstheorien erklären, wie Vorgesetzte ihre Mitarbeiter beeinflussen können, um ein gewünschtes Leistungs- oder Verhaltensniveau zu erreichen. Es lassen sich Eigenschafts-, Verhaltens-, Situations-, Attributions- und Interaktionstheorien unterscheiden.
- Führungsmodelle stellen das gesamte Führungshandeln im Sinne einer ganzheitlichen Führungskonzeption dar. Transaktionale Führungsmodelle gehen von einem wechselseitigen Austausch zwischen Mitarbeiter und Führendem aus. Transformierende Führungsmodelle beziehen sich dagegen auf die Veränderung der Einstellung der Mitarbeiter.
- Führungsprinzipien sind Gestaltungsregeln für die Personalführung, die meist als „Management-by-Ansätze" formuliert sind.
- Leadership umfasst die Entwicklung von Visionen und Strategien, die dem Unternehmen neue Richtungen geben. Leader befähigen ihre Mitarbeiter, bei der Umsetzung von Veränderungen herausragende Leistungen zu vollbringen.
- Leadership sucht nach neuen Möglichkeiten und Wegen („Die richtigen Dinge tun") und Management soll diese dann realisieren („Die Dinge richtig tun").
- Grundsätze effektiver Führung sind: Resultatorientierung, Beitrag zum Ganzen, Konzentration auf Weniges, Stärken nutzen, Vertrauen sowie Positiv denken.
- Nach der Intensität und Richtung der Aktivierung lassen sich vier Aktivierungsbereiche unterscheiden: Resignations-, Korrosions-, Komfort- und Produktive Zone. Je nach Ausgangssituation lässt sich das Unternehmen durch Bedrohungen oder Zukunftschancen zielführend aktivieren.
- Adaptiv-dezentrale Führung ist ein Führungsmodell, das auf flexiblen, sich selbst anpassenden Führungsprozessen basiert und die Mitarbeiter durch eine Kultur dezentraler Verantwortung zu unternehmerischem Denken und Handeln befähigen soll.
- Prinzipien einer adaptiv-dezentralen Führung sind Sinnkopplung, dezentrale Verantwortung, Transparenz, relative Ziele, Teamorientierung sowie Vorbereitung statt Planung.

Literaturempfehlungen

Bruch, H./Krummaker, S./Vogel, B. (Hrsg.): Leadership – Best Practises und Trends, 2. Aufl., Wiesbaden 2012.

Malik, F.: Führen Leisten Leben: Wirksames Management für eine neue Zeit, Frankfurt 2009.

Pfläging, N.: Führen mit flexiblen Zielen, Frankfurt 2011 und Die 12 neuen Gesetze der Führung, Frankfurt 2011.

Empfehlenswerte Fallstudien zum Kapitel 6.3 aus Dillerup, R./Stoi, R. (Hrsg.)

2.4 Unternehmensnachfolge der Manufaktur für Druckstoffe GmbH *(Schrumpf, R./Posselt, S.)*
6.1 Führungsstile und ihre Auswirkungen bei der CARSIM GmbH *(Jöstingmeier, B.)*
6.3 Mitarbeitergespräch zum Ende der Probezeit *(Blumenstock, H.)*
6.4 Personalführung bei der Hans Herrlich oHG *(Posselt, S.)*
6.5 Motivation und Personalentwicklung bei der Eder Möbel GmbH *(Kronawitter, K.)*
6.6 Beyond Budgeting bei dm-drogerie markt *(Pfläging, N./Selders, J.)*

6.4 Führung des Wandels

> **Leitfragen**
> - Warum wandeln sich Unternehmen?
> - Wie finden Veränderungen in Unternehmen statt?
> - Welche Widerstände sind zu erwarten und wie kann mit ihnen umgegangen werden?
> - In welchem Ausmaß und wie lässt sich Wandel steuern?

Unternehmen sind ständigen Veränderungen ihrer Rahmenbedingungen ausgesetzt. Märkte, Kundenbedürfnisse, Konkurrenzverhältnisse, gesetzliche Regelungen und sogar gesellschaftliche Werte und Normen ändern sich immer häufiger, drastischer und schneller. Unternehmen sind deshalb gezwungen, sich stets an neue Rahmenbedingungen anzupassen, können aber auch selbst Veränderungen auslösen. Wandel findet deshalb permanent auf allen betrieblichen Ebenen mit unterschiedlicher Ausprägung und Intensität statt. Für Unternehmen bedeutet er immer sowohl Chance als auch Risiko. Die Entwicklungsfähigkeit eines Unternehmens wird somit zu einem entscheidenden Wettbewerbsfaktor. Einleitung, Gestaltung und Steuerung von Veränderungen sind aus diesem Grund ein zentrales Aufgabengebiet der Unternehmensführung.

> **!** Die **Führung des Wandels** hat die Aufgabe, den zur Erreichung der Unternehmensziele erforderlichen Wandel zu erkennen, aktiv zu fördern und systematisch zu gestalten sowie die realisierten Veränderungen sicherzustellen und im Unternehmen zu verankern.

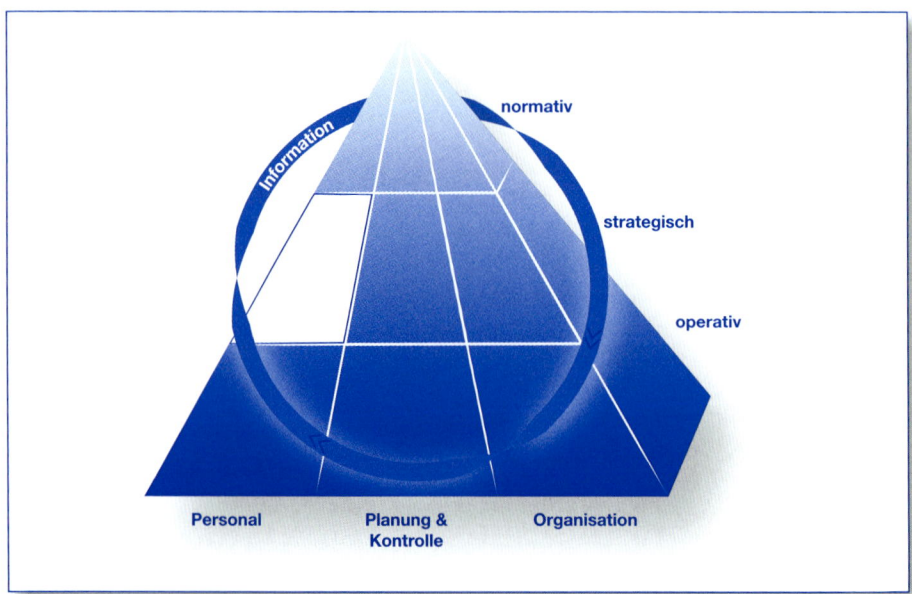

Abb. 6.4.1: Einordnung der Führung des Wandels

6.4 Führung des Wandels

Auf den ersten Blick scheint Wandel vor allem eine Frage der Organisation zu sein. Bei näherer Betrachtung entscheiden jedoch die Mitarbeiter über den Erfolg von Veränderungsprozessen. Wandel erfolgreich einzuleiten, zu gestalten und dauerhaft sicherzustellen ist deshalb eine der Kernaufgaben des Leaderships (vgl. Kap. 6.3). Da es beim Management dagegen um die Sicherstellung von Ordnung und Beständigkeit geht, wird deshalb im Folgenden die weit verbreitete Bezeichnung „Change Management" nicht verwendet. Abb. 6.4.1. zeigt die Einordnung der Führung des Wandels in das System der Unternehmensführung.

Wandel erfordert Leadership

6.4.1 Ursachen und Formen des Wandels

Wandel beschreibt den Wechsel von einem Zustand in einen anderen. Nach dem **Umfang der Zustandsänderung** wird zwischen inkrementalem und fundamentalem Wandel unterschieden. **Inkrementaler Wandel** (Wandel erster Ordnung) findet laufend in kleinen Schritten statt, wobei die grundlegenden Werte, Einstellungen und Verhaltensweisen des Unternehmens unverändert bleiben. Die Führung dieses inkrementalen Wandels ist deshalb vorrangig eine Managementaufgabe. Im Idealfall erfolgt er im Unternehmen aus eigenem Antrieb und ohne explizite Steuerung im Rahmen einer lernenden Organisation (vgl. Kap. 8.2.4). Bei **fundamentalem Wandel** (Wandel zweiter Ordnung) handelt es sich dagegen um grundlegende und tiefgreifende Veränderungen, deren Gelingen ein starkes Leadership (vgl. Kap. 6.3) erfordert (vgl. *Krüger*, 2009a, S. 25 f.; *Staehle*, 1999, S. 900 f.). Abb. 6.4.2 fasst die Unterschiede zwischen beiden Wandelarten zusammen (vgl. *Staehle*, 1999, S. 901).

Inkremental vs. fundamental

	Inkrementaler Wandel	**Fundamentaler Wandel**
Paradigmen	Beibehaltung	Wechsel
Veränderungsintensität	Evolutionär	Revolutionär
Führungssystem	Optimierung	Umbruch
Ablauf	Kontinuierlich	Diskontinuierlich
Dimensionen	Auf einzelne beschränkt	Mehrdimensional
Unternehmensebenen	Auf einzelne beschränkt	Umfasst alle Ebenen
Risiko und Unsicherheit	Gering	Hoch
Stellung des Wandels	Normalfall	Sonderfall
Geforderte Führungskompetenz	Management	Leadership

Abb. 6.4.2: Arten des Wandels nach dem Umfang der Zustandsänderung

Inkrementaler und fundamentaler Wandel vollziehen sich im Wechsel. Dies ist in Abb. 6.4.3 durch überlappende **S-Kurven** dargestellt. Jede S-Kurve stellt die Entwicklung der Leistungsfähigkeit des gültigen Führungssystems des Unternehmens dar. Im Rahmen des bestehenden Führungssystems versucht das Unternehmen, durch inkrementalen Wandel seine Leistungsfähigkeit ständig zu verbessern. Der Zuwachs an Leistungsfähigkeit wird jedoch ab einem gewissen Punkt immer geringer. Die Leistungsfähigkeit des Unternehmens kann sogar sinken, wenn der inkrementale Wandel nicht mehr ausreicht, sich an die geänderten Rahmenbedingungen anzupassen. Spätestens dann wird ein fundamentaler Wandel stattfinden müssen, der ein neues Führungssystem hervorbringt. Dieses neue Führungssystem ist jedoch zunächst weniger leistungsfähig als das alte System, da es sich erst noch voll entwickeln muss. Neues und altes System

S-Kurve

existieren deshalb zunächst parallel nebeneinander. Dies ist solange der Fall, bis das neue System entweder eine höhere Leistungsfähigkeit erreicht hat und das alte System ablöst oder als ungeeignet verworfen wird (vgl. *Müller-Stewens/Lechner*, 2011, S. 455 ff.). Die Unterschiede lassen sich an einem einfachen Beispiel aus der Natur verdeutlichen: Nach dem Schlüpfen fressen Raupen enorme Mengen an Blättern, wodurch die Raupen sehr schnell wachsen. Dabei durchlaufen sie verschiedene Entwicklungsstadien, in denen sie sich mehrmals häuten und manche sogar die Farbe wechseln. Das ist inkrementaler Wandel. Danach verpuppt sich die Raupe und durchläuft eine fundamentale Veränderung, in deren Verlauf sie zum Schmetterling wird.

Im Prozessmanagement (vgl. Kap. 5.4) entspricht inkrementaler Wandel dem kontinuierlichen Verbesserungsprozess, während im Rahmen des Business Process Reengingieering fundamentaler Wandel stattfindet. Im Idealfall folgt somit auf eine umbruchartige Änderung ein steter Strom evolutionärer Verbesserungen (vgl. *Krüger*, 2009a, S. 26). Ständiger fundamentaler Wandel würde langfristig Verwirrung stiften, die Mitarbeiter überfordern und die Leistungsfähigkeit des Unternehmens schwächen.

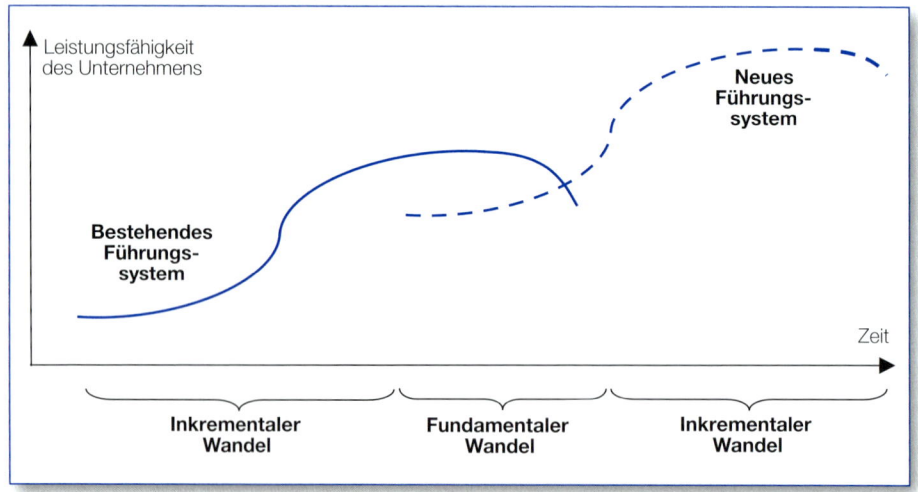

Abb. 6.4.3: Inkrementaler und fundamentaler Wandel vollziehen sich im Wechsel

Die Feststellung eines **Wandlungsbedarfs**, der die sachlich erforderlichen Veränderungen eines Unternehmens aufzeigt, bildet den Ausgangspunkt des Wandlungsprozesses. Erfolgreiche Unternehmen passen sich jedoch nicht nur reaktiv an, sondern gestalten ihre Rahmenbedingungen proaktiv selbst (vgl. *Krüger*, 2009a, S. 27 ff.). Es lassen sich externe und interne **Wandlungsursachen** unterscheiden (vgl. *Bea/Göbel*, 2010, S. 468 ff.):

Externe und interne Ursachen

- **Externe Ursachen**
  - **Markt:** Veränderungen des Marktes, wie beispielsweise der Wettbewerbsstruktur oder der Kundenanforderungen, sollten sich in der Struktur des Unternehmens und den Verhaltensweisen seiner Mitarbeiter niederschlagen. Diese Veränderungen stellen neue Anforderungen an die Steigerung der Flexibilität, Kundenorientierung und Innovationsfähigkeit des Unternehmens.
  - **Gesellschaft:** Entwicklungen gesellschaftlicher Normen und Werte sollten im Umgang mit den Stakeholdern (Kunden, Lieferanten, Mitarbeiter etc.) und somit

auch in der Gestaltung des Unternehmens berücksichtigt werden. Beispiele sind das Streben nach positiven Erlebnissen (Spaßgesellschaft) oder die zunehmende Bedeutung des Wissens (Wissensgesellschaft; vgl. Kap. 8.2.1).

– **Recht:** Der Erlass neuer Gesetze sowie Regelungen, Normen und Richtlinien öffentlicher Institutionen erfordert häufig ebenfalls organisatorische Anpassungen. Ein Beispiel sind die Reformen des Bundesnaturschutz- (BNatSchG) und des Wasserhaushaltsgesetzes (WHG). Diese habe beispielsweise für Unternehmen, die auf die Nutzung von Gewässern angewiesen sind, weitreichende Konsequenzen.

- **Interne Ursachen**
  – **Zielsystem:** Gravierende Änderungen des Zielsystems erfordern auch grundlegende organisatorische Anpassungen. Dies ist z. B. beim Wandel von einer Non-Profit-Organisation in ein gewinnorientiertes Unternehmen der Fall. Beispiele für neue Zielsysteme sind die *Deutsche Bahn AG* oder die *Deutsche Post AG*.
  – **Strategie:** Strategieänderungen erfordern häufig einen organisatorischen Wandel. Dieser Zusammenhang wurde vor allem von *Chandler* (1962) mit der Aussage „Structure follows Strategy" beschrieben, die jedoch kontrovers diskutiert wurde (vgl. *Bea/Göbel*, 2010, S. 483 ff.; Kap. 5.2.1). Marktorientierung kann z. B. eine dezentrale Organisation oder neue Vertriebsstrukturen erfordern.
  – **Technologie:** Der Einsatz neuer Fertigungs- und Informationstechnologien bewirkt meist auch organisatorischen Wandel. Neue Technologien können auch als externe Ursache den Wandel in das Unternehmen tragen. Beispielsweise führte das Internet in vielen Unternehmen zu Veränderungen in der Beschaffung (z. B. E-Procurement) oder im Vertrieb (z. B. Business-to-Business oder Business-to-Consumer).
  – **Unternehmenskultur:** Kulturelle Änderungen werden oft von personellen Wechseln an der Spitze des Unternehmens ausgelöst. Dabei gelangen mit den neuen Führungskräften auch neue Wertvorstellungen in das Unternehmen. Änderungen der Unternehmenskultur sind aber nicht nur Ursache, sondern häufig auch notwendige Folge organisatorischen Wandels. Dadurch sollen kontraproduktive Konflikte zwischen Organisationsstruktur und Unternehmenskultur vermieden werden.

Die aufgeführten Wandlungsursachen bestimmen den erforderlichen **Wandlungsbedarf**. Nur wer versteht, warum er sich verändern muss, kann diese Veränderung auch gezielt beeinflussen. Ob tatsächlich ein Wandel eingeleitet und erfolgreich durchgeführt wird, hängt entscheidend davon ab, ob der Wandlungsbedarf im Unternehmen erkannt und akzeptiert wird.

Wandlungsbedarf

Dem Wandel stehen viele **Barrieren** gegenüber, die ihn verzögern oder gar verhindern. Der Wandlungsbedarf nimmt dadurch aber immer mehr zu (Reformstau). Für die Einleitung des Wandels ist in diesen Fällen oft ein durch krisenhafte Entwicklungen hervorgerufener hoher Leidensdruck erforderlich (vgl. *Krüger*, 2009a, S. 30 ff.). Eine Krise als Auslöser des Wandels sollte jedoch möglichst vermieden werden. Sie engt den sachlichen und zeitlichen Gestaltungsspielraum stark ein und drängt die Führung in eine passive, reaktive Position. Wesentlich besser ist ein proaktiv vollzogener Wandel. Die frühzeitige Erkennung und Einleitung erforderlicher Veränderungen gilt als wesentliches Merkmal erfolgreicher Führung (vgl. *Müller-Stewens/Lechner*, 2011, S. 486 f.). Die bestmögliche Strategie zur Einleitung von Veränderungen hängt auch von der Intensität und Wirkungsrichtung der Aktivierung des Unternehmens ab. Während aufgrund eines lang

Barrieren

anhaltenden Erfolgs träge Unternehmen eher durch Bedrohungen mobilisiert werden können, sind dagegen bei wenig erfolgreichen Unternehmen aktivierende Zukunftschancen besser geeignet (vgl. *Bruch/Ghoshal*, 2006, S. 205 ff.; *Bruch/Vogel*, 2009, S. 83 ff., S. 113 ff.). Die Strategien zur zielführenden Aktivierung sind in Kap. 6.3.2 erläutert.

Schichtenmodell

Unterschiedliche Wandlungsbedarfe und daraus resultierende Formen des Wandels lassen sich nach der Reichweite der zu bewältigenden Änderungen in einem **Schichtenmodell** (4R-Modell) darstellen (vgl. *Krüger*, 2009c, S. 56 ff.). Ähnlich wie bei einer Zwiebel sind dabei die äußeren Schichten relativ schnell zu erreichen und abzutragen, während die weiter innen liegenden Schichten für tiefgreifenden Wandel stehen, der nur langfristig und nicht ohne Tränen realisierbar ist. Abb. 6.4.4 veranschaulicht die vier **Schichten und Formen des Wandels**:

- **Restrukturierung:** Auf der bestehenden Strategie basierende Anpassung von Strukturen, Prozessen und Systemen, um die Leistungsfähigkeit zu verbessern. Diese Form des inkrementalen Wandels zielt vor allem auf die Erhöhung der Effizienz. Dadurch wird das Unternehmen zwar besser, aber nicht anders.

- **Reorientierung:** Fundamentaler Wandel durch strategische Neuausrichtung. Strategische Stoßrichtungen werden geändert, bestehende strategische Geschäftsfelder aufgegeben und neue in das Portfolio des Unternehmens aufgenommen.

- **Revitalisierung:** Grundlegende Änderung personeller Fähigkeiten und Verhaltensweisen sowie des Führungs- und Kooperationsverhaltens. Zielsetzungen können z. B. die Ausrichtung der Mitarbeiter an den Bedürfnissen der Kunden oder unternehmerisches Denken und Handeln sein.

- **Remodellierung:** Veränderung der Werte und Überzeugungen im Rahmen der Unternehmenskultur mit dem Ziel eines neuen Selbstverständnisses.

Revitalisierung und Remodellierung erfolgen nicht schlagartig. Änderungen von Denk- und Verhaltensweisen sowie Wertvorstellungen benötigen Zeit, weshalb sich hierfür eher kontinuierliche Verbesserungsprozesse eignen. Ist eine bestimmte Unternehmenskultur realisiert, muss sie anschließend bewahrt werden. Grundsätzlich gilt: Strategien, Werte und Überzeugungen bilden die langfristige Basis des Unternehmens und den Ausgangspunkt für kontinuierliche Verbesserungen der Strukturen, Prozesse, Systeme und Realisationspotenziale sowie der Fähigkeiten und des Verhaltens (vgl. *Krüger*, 2003, S. 358 ff.). Unternehmen sollten sich nicht ausschließlich auf eine Form des Wandels konzentrieren, denn dadurch können die für andere Wandelformen erforderlichen Fähigkeiten verloren gehen (vgl. *Müller-Stewens/Lechner*, 2011, S. 526). Eine Überbetonung effizienzsteigernder Maßnahmen im Rahmen von Restrukturierungsprogrammen erschwert z. B. die Förderung von Innovation und unternehmerischem Denken (Revitalisierung). Ein Beispiel für eine Maßnahme zur Erreichung eines solchen Denkens ist die „Bootleg Rule" der Firma 3M. Danach kann jeder Forschungsmitarbeiter 15 % seiner Arbeitszeit für Projekte eigener Wahl verwenden. Auf diese Weise ist z. B. das Post-it entstanden (vgl. *Fry*, 1987, S. 4 ff.).

Führungsaufgaben

In der unteren Hälfte des Schichtenmodells in Abb. 6.4.4 sind die unterschiedlichen **Aufgaben der Führung** im Rahmen der Wandelarten dargestellt (vgl. *Krüger*, 2009c, S. 53 ff.):

- **Restrukturierung:** Es geht primär um Sachfragen, die sich meist rational begründen lassen. Beispielsweise kann in einem Rationalisierungsprojekt die Verkürzung der Auftragsabwicklung durch eine Reduktion von Warte-, Transport- und Liegezeiten erreicht werden. Diese Vorteile können quantifiziert und somit den Betroffenen klar verständlich gemacht werden.

- **Reorientierung:** Diese Veränderung lässt sich ebenfalls sachlich begründen, erfordert aber darüber hinaus auch den Einbezug politisch-verhaltensorientierter Aspekte. Diese dienen dem Ausgleich unterschiedlicher Interessen oder der Beseitigung von personellen Widerständen. Eine Reorientierung kann z. B. der Rückzug aus bestehenden Geschäftsfeldern sein. Dies lässt sich z. B. durch sinkende Umsätze sachlich rechtfertigen, allerdings kollidiert diese Entscheidung mit den Zielen und Wünschen der Mitarbeiter dieses Geschäftsbereichs. Hierfür ist somit ein politischer Interessenausgleich z. B. in Form des Angebots adäquater Positionen in anderen Geschäftsbereichen erforderlich.
- **Revitalisierung:** Sollen Fähigkeiten oder das Verhalten von Mitarbeitern grundlegend verändert werden, dann treffen verschiedene Vorstellungen aufeinander. Im Rahmen der Veränderung spielen Macht und Einfluss eine wichtige Rolle. Da der Wandel auch grundlegende Werte und Überzeugungen betrifft, erfordert er meist ein neues Bewusstsein. Eine Revitalisierung könnte z. B. sein, dass die Filialleiter und deren Mitarbeiter zukünftig nicht nur Anweisungen der Zentrale ausführen, sondern auch selbstständig Entscheidungen treffen sollen. Hierfür müssen auf der einen Seite Bedenken in der Zentrale im Hinblick auf die Kompetenz der Filialen ausgeräumt und auf der anderen Seite die erforderlichen Fähigkeiten in den Filialen aufgebaut werden. Entscheidend für den Erfolg eines solchen Wandels ist es jedoch, den Mitarbeitern der Filiale unternehmerisches Denken und Handeln zu vermitteln.
- **Remodellierung:** Die Veränderung von Werten und Überzeugungen stellt den tiefgreifendsten Wandel dar. Dabei geht es primär um die Gestaltung von Bewusstseinslagen, weshalb dieser nur sehr schwer und langwierig umzusetzen ist. Ein Beispiel ist die Privatisierung einer staatlichen Organisation, bei der aus einem Beamtenapparat ein wettbewerbsfähiges Unternehmen entstehen soll. Ein historisches Beispiel war die Postreform von 1994 zur Auflösung der *Deutschen Bundespost*. Die staatliche Behörde wurde in die Aktiengesellschaften *Deutsche Post*, *Deutsche Telekom* und *Deutsche Postbank* umgewandelt.

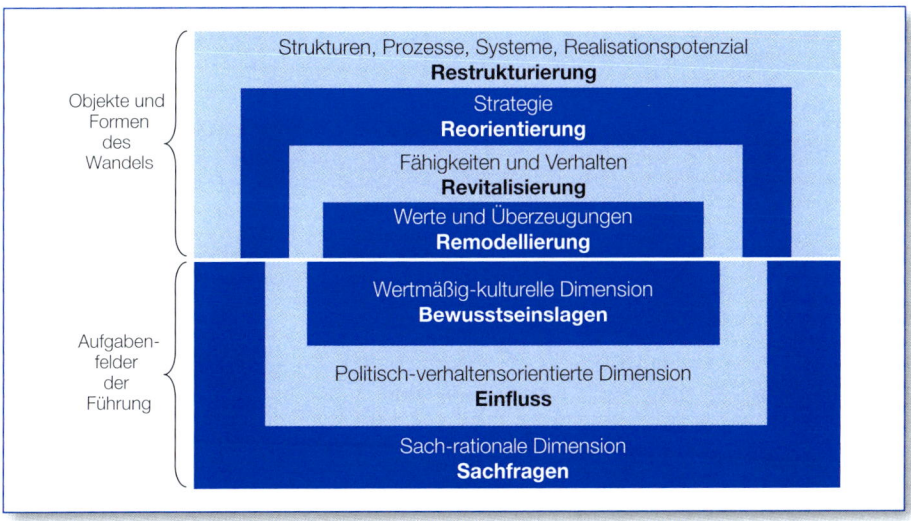

Abb. 6.4.4: Schichtenmodell des Wandels (vgl. Krüger, 2003, S. 359)

6.4.2 Funktionsweise und Ablauf des Wandels

6.4.2.1 Wandel im Wechselspiel der Kräfte

Kräfte im Wandel

Nach der Feldtheorie von *Lewin* wirken auf den betrieblichen Wandel zwei Kräfte ein. **Akzelerierende Kräfte** (driving forces) drängen auf Veränderungen, während sie durch **retardierende Kräfte** (restraining forces) behindert werden. Um die Existenz des Unternehmens zu sichern, sollten sich diese Kräfte langfristig die Waage halten. Überwiegen die veränderungsbefürwortenden Kräfte, dann kommt das Unternehmen nie zur Ruhe. Dadurch entstehen innere Unsicherheiten und Instabilitäten. Ein Übergewicht der veränderungsablehnenden Kräfte verzögert oder verhindert dagegen notwendigen Wandel (vgl. *Lewin*, 1963; *Staehle*, 1999, S. 591).

Wandlungszyklus

Nach *Lewin* befinden sich diese Kräfte im Ausgangspunkt des Wandels im Gleichgewicht. Zur Einleitung eines Wandels muss dieses Gleichgewicht entweder durch Verstärkung der akzelerierenden oder durch Verminderung bzw. Umkehr der retardierenden Kräfte gestört werden. Der Schwerpunkt liegt vor allem auf dem Abbau von Widerständen. Der eingeleitete Veränderungsprozess wird somit als **zyklischer Übergang** zwischen zwei Gleichgewichtszuständen verstanden. Da Unternehmen jedoch nicht statisch sind und sich permanent verändern, sollte die Vorstellung weniger von einer im Gleichgewicht befindlichen Waage, sondern eher von einem Kraftfeld widerstreitender Kräfte ausgehen (vgl. *Krüger*, 2009a, S. 26).

In Abb. 6.4.5 wird deutlich, dass es beim fundamentalen Wandel gegenüber der Ausgangssituation zunächst zu einem Abfall der Leistungsfähigkeit des Unternehmens kommt. Ursachen sind die Bindung betrieblicher Ressourcen im Veränderungsprozess und kräftezehrende Widerstände. Erst wenn der Wandel erfolgreich abgeschlossen ist, kann sich das Unternehmen wieder auf einem höheren Leistungsniveau einpendeln, das wiederum stabilisiert werden muss (vgl. *Lewin*, 1963; *Staehle*, 1999, S. 591 ff.).

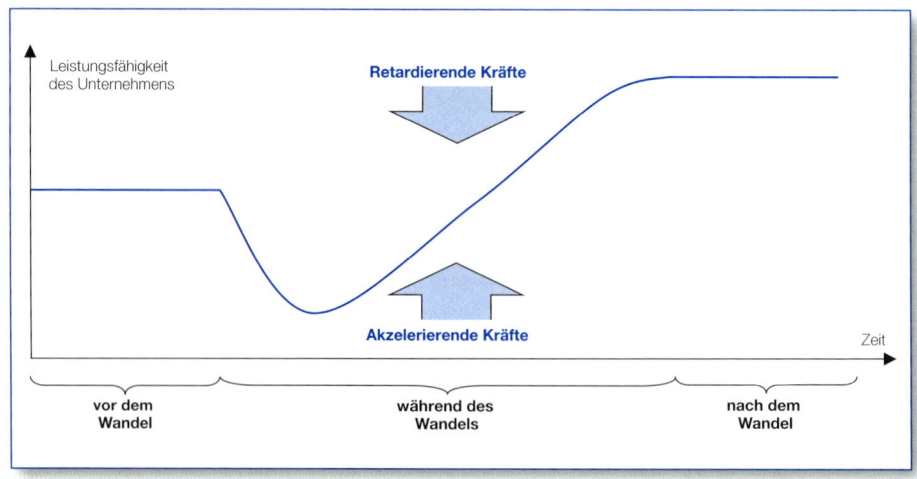

Abb. 6.4.5: Wandel im Wechselspiel der Kräfte (vgl. Lewin, 1963; Staehle, 1999, S. 592)

6.4.2.2 Phasen des Wandels

Unternehmen als komplexe Systeme aus Zielen, Mitgliedern und Aktivitäten verfügen über eine hohe Eigendynamik und lassen sich somit nur bedingt beherrschen (vgl. Kap. 1.2.4). Daraus folgen zwei grundsätzliche Vorstellungen über die Steuerbarkeit betrieblicher Veränderungsprozesse. **Intendierter Wandel** geht davon aus, dass Veränderungen rational geplant, implementiert und kontrolliert werden können. Im Gegensatz dazu steht der spontane und unvorhersehbare **emergente Wandel**, der sich aus Impulsen von inner- und außerhalb des Unternehmens ergibt (vgl. *Krüger*, 2009a, S. 25).

Intendierter vs. emergenter Wandel

Nach dem klassischen Verständnis planbaren Wandels unterscheidet *Lewin* (1963) **drei Phasen** (vgl. u. a. *Müller-Stewens/Lechner*, 2011, S. 475; *Steinmann/Schreyögg*, 2005, S. 496):

Phasen: Auftauen, Verändern, Einfrieren

(1) **Auftauen (Unfreezing):** Damit ein System seinen Gleichgewichtszustand aufgibt, muss zunächst der Status Quo „aufgetaut" werden. Bei den Mitarbeitern muss Wandlungsbereitschaft geschaffen werden, um alte Gewohnheiten in Frage zu stellen und den bestehenden Wandlungsbedarf zu erkennen. Der Anstoß hierzu kann sowohl von innen (Prozessanalyse, Verbesserungsvorschläge etc.) als auch von außen (Kundenreklamationen, sinkende Aktienkurse etc.) kommen. Um die Unterstützung des Wandels sicherzustellen, müssen die Mitarbeiter einsehen, dass Änderungen erforderlich sind. Eine zu schnelle Einleitung einer Veränderung, wie z. B. eine Reorganisation ohne vorheriges „Auftauen", ist häufig für das Scheitern von Wandlungsprojekten verantwortlich.

(2) **Verändern (Moving):** In der zweiten Phase geht es um die Durchführung des Wandels und die Bewegung zu einem neuen Gleichgewicht auf einem höheren Leistungsniveau. Im Rahmen dieser Phase werden unterschiedliche Alternativen erprobt und bewertet, bis sich neue, geeignete Verhaltensweisen herausbilden. Durch Einbezug der Mitarbeiter sollen in dieser Phase Betroffene zu Beteiligten gemacht werden.

(3) **Einfrieren (Refreezing):** Damit das neue Gleichgewicht und somit die durchgeführten Veränderungen dauerhaft Bestand haben, muss das System im Anschluss „wieder eingefroren", d. h. stabilisiert werden. Geschieht dies nicht, dann können auftretende Schwierigkeiten oder die „Macht der Gewohnheit" zu einem Rückfall in alte Verhaltensweisen führen. Zum Einpendeln des Gleichgewichts und zur Beseitigung von Unsicherheiten kann insbesondere die Kommunikation der bereits erzielten Erfolge beitragen.

An dieser Einteilung wird kritisiert, dass sich Unternehmen nicht wie ein „Eiswürfel" nach festen Ursache-Wirkungsbeziehungen gestalten lassen. Beim **prozessorientierten Verständnis** des Wandels werden Unternehmen nicht als statische Einheiten, sondern als sich permanent verändernde Systeme angesehen. Wandel ist somit nichts Außergewöhnliches, sondern der Normalfall. Die durch zwischenmenschliche Beziehungen, Netzwerke und die Unternehmenskultur geprägte informelle Struktur eines Unternehmens kann dabei Veränderungen sowohl unterstützen als auch behindern (vgl. Kap. 6.3.2.4). Veränderungsprozesse haben deshalb eigene Gesetze und ihre Ergebnisse lassen sich nicht eindeutig vorhersehen. Nach diesem Verständnis lässt sich Wandel zwar z. B. durch Abbau von Hindernissen fördern, aber nur bedingt durch die Unternehmensführung steuern. Im Fokus steht somit die Gestaltung der Entwicklungsfähigkeit und Selbstorganisation des Unternehmens. Das **verantwortungsorientierte Verständnis** des Wandels (Responsible Change Management) versucht, die unterschiedlichen Interessen und Ansprüche aller Betroffenen gleichermaßen zu berücksichtigen. Wandel muss danach ethisch gerechtfertigt sein. Es wird bestimmt, wer von einer Veränderung in welchem Ausmaß betroffen

Prozess- und verantwortungsorientiertes Verständnis

ist und welche Handlungsspielräume bestehen, um Veränderungen verantwortlich umzusetzen und kollidierende Interessen auszugleichen (vgl. *Ungericht*, 2012, S. 364 ff.).

Die verschiedenen Sichtweisen sollten nicht dogmatisch verstanden werden. Veränderungen in Unternehmen können nicht allein sich selbst und damit dem Zufall überlassen werden. Insbesondere fundamentale Veränderungen sind durch die Unternehmensführung soweit als möglich gezielt zu steuern. Natürlich dürfen dabei weder unvorhergesehene, eigendynamische Entwicklungen und informelle Strukturen noch menschlich-ethische Konsequenzen außer Acht gelassen werden.

Phasenmodelle

Zur gezielten Beeinflussung von Veränderungsprozessen ist es hilfreich, diese in unterschiedliche Phasen zu unterteilen. Jede Phase umfasst jeweils spezifische Aufgaben und Anforderungen, um den Wandel erfolgreich zu gestalten. Die Phaseneinteilung gibt dem Wandel einen Rhythmus vor, der diesen vorantreibt. Auch wenn die Konzepte meist eine lineare Abfolge beschreiben, verlaufen die Phasen in der Praxis weit weniger geradlinig oder überlappen sich. Die zahlreichen Phasenmodelle aus der Literatur (vgl. z. B. *French/Bell*, 1994; *Greiner*, 1967; *Kotter*, 2012; *Krüger*, 2009c; *Seidenschwarz*, 2003) unterscheiden sich hinsichtlich der Anzahl der betrachteten Phasen sowie deren Strenge und Struktur ihres Ablaufes (sequenziell, iterativ oder simultan). Gemeinsame Basis der meisten Modelle zu

Grundsätze von Lewin

Veränderungsprozessen sind folgende **grundlegenden Aussagen von *Lewin*** (vgl. *Lewin*, 1963; *Müller-Stewens/Lechner*, 2011, S. 475 f.):

- Einteilung des Wandels in klar abgrenzbare Phasen,
- Notwendigkeit eines ausdrücklichen Einstiegs in den Wandlungsprozess,
- Wandel erzeugt Widerstände, die zu überwinden sind,
- Notwendigkeit der Stabilisierung der Veränderung.

Wandelprozess nach Kotter

Aus der Analyse von mehr als hundert Veränderungsprozessen empfiehlt *Kotter* die in Abb. 6.4.6 aufgeführten acht Schritte für erfolgreichen Wandel. Nach seiner Auffassung ist dabei jeder dieser Schritte zwingend erforderlich und braucht ausreichend Zeit. Das Auslassen einzelner Schritte führe nur zur Illusion eines schnellen Fortschritts, aber nicht zu erfolgreichem Wandel (vgl. *Kotter*, 2008, S. 141; 2012, S. 17 ff.).

Schritt	Wesentliche Aufgaben und Aspekte
(1) Gefühl für die Dringlichkeit erzeugen	Analyse von Markt und Wettbewerb, Chancen und Risiken erkennen und diskutieren
(2) Führungskoalition aufbauen	Team bilden, das mächtig und kompetent genug ist, den Wandel voranzubringen
(3) Vision und Strategie entwickeln	Eine richtungsweisende Vision aufstellen und eine Strategie entwickeln, um diese zu verwirklichen
(4) Vision des Wandels kommunizieren	Bei allen Betroffenen für Verständnis und Akzeptanz werben, Leitungsteam soll Vision vorleben
(5) Mitarbeiter auf breiter Basis befähigen	Handlungsspielräume schaffen, neues Verhalten fördern und Mitarbeiter ermutigen, Hindernisse beseitigen
(6) Schnelle Erfolge erzielen	Kurzfristig sichtbare Verbesserungen planen, realisieren, hervorheben und Mitarbeiter dafür auszeichnen
(7) Erfolge konsolidieren und weitere Veränderungen einleiten	Gestiegenes Vertrauen nutzen, um weitere Veränderungen konsequent voranzutreiben
(8) Neue Ansätze in der Kultur verankern	Zusammenhang zw. Wandel und Unternehmenserfolg herausstellen, neues Verhalten festigen

Abb. 6.4.6: Wandelprozess nach Kotter (vgl. Kotter, 2012, S. 23)

6.4 Führung des Wandels

Ebenfalls sehr anschaulich und praxisrelevant ist das in Abb. 6.4.7 dargestellte **Vorgehensmodell von *Krüger*** (vgl. 2009c, S. 68 ff.):

Vorgehensmodell von *Krüger*

(1) **Initialisierung:** Nachdem ein sachlich erforderlicher Wandlungsbedarf identifiziert und verbindlich festgelegt wurde, löst die Führung den Wandlungsprozess aus. Die Promotoren sind zu identifizieren und für den Wandel zu gewinnen. Sie haben als Träger des Wandels maßgeblichen Einfluss auf dessen Verlauf und Erfolg.

(2) **Konzeption:** Wandel ist kein Selbstzweck und bedarf einer klaren und eindeutigen Zielsetzung. Nach Auslösung des Wandlungsprozesses müssen deshalb konkrete Ziele und Stoßrichtungen des Wandels festgelegt werden. Daran schließt sich die Suche und Bewertung von Alternativen und die Festlegung eines Maßnahmenprogramms zur Zielerreichung an. Ziele und Maßnahmen bilden als Wandlungskonzept den Rahmen für das weitere Vorgehen.

(3) **Mobilisierung:** Ist das Wandlungskonzept verabschiedet, wird es im nächsten Schritt an den Kreis der Beteiligten und Betroffenen möglichst umfassend, differenziert und glaubwürdig kommuniziert. Auf diese Weise soll die Wandlungsbereitschaft der Mitarbeiter gefördert und Widerstände überwunden werden. Dies ist für den Wandlungserfolg äußerst kritisch. Parallel dazu sind die notwendigen Voraussetzungen für den Wandel durch personelle, technische und organisatorische Maßnahmen zu schaffen. Die Wandlungsfähigkeit kann z. B. durch Schulungen und die Einrichtung einer Projektorganisation sowie geeignete Anreizsysteme oder Personalpläne erreicht werden.

(4) **Umsetzung:** Ein fundamentaler Wandel ist eine komplexe Aufgabe, bei der nicht alle Probleme gleichzeitig gelöst werden können. Aus diesem Grund müssen Teilprojekte festgelegt und priorisiert werden, um Schritt für Schritt die Wandlungsbedarfe zu decken und die Wandlungsziele zu erreichen. Priorisierungskriterien sind z. B. sachliche Abhängigkeiten, zeitliche Dringlichkeit, Risiken, Ressourcenverfügbarkeit oder kurzfristig erzielbare Erfolge. Nach Abschluss der kritischen Aufgaben wird durch eine Reihe von Folgeprojekten der Wandel komplettiert. Die Koordination der Projekte ist in dieser Phase eine wesentliche Aufgabe der Führung des Wandels.

(5) **Verstetigung:** Um die Nachhaltigkeit der Wandlungsergebnisse sicherzustellen, sind diese im Unternehmen zu verankern. Dies geschieht, indem schrittweise Verantwortung von der Projektleitung auf die Linienverantwortlichen übertragen wird. Aufgaben und Ziele müssen für jeden Mitarbeiter angepasst werden. Darüber hinaus soll die erworbene Wandlungs- und Lernfähigkeit langfristig erhalten und gepflegt werden. Auf diese Weise kann das Unternehmen zukünftigen Wandlungsbedarf proaktiv angehen, statt sich nur reaktiv anzupassen.

Die einzelnen Phasen stellen unterschiedliche Anforderungen an die Unternehmensführung. Erfolgreicher Wandel erfordert sowohl Management- als auch Leadership-Kompetenz (vgl. Kap. 6.3.2). Während zu Beginn eine visionäre, mitarbeiterorientierte Führung wichtig ist, kommt im Verlauf des Wandels dem effizienten, sachzielorientierten Management wachsende Bedeutung zu (vgl. *Krüger*, 2012, S. 103 f.).

6 Personal

Abb. 6.4.7: Phasen und Aufgaben des Wandels (vgl. Krüger, 2009c, S. 69)

6.4.2.3 Spannungsfeld des Wandels

Bedarf, Bereitschaft, Fähigkeit

Wandel bewegt sich im **Spannungsfeld** von (vgl. *Krüger*, 2009a, S. 27 ff.)

- **Wandlungsbedarf:** Ausmaß sachlich notwendiger Veränderung des Unternehmens und seiner Teilbereiche und Mitglieder.
- **Wandlungsbereitschaft:** Einstellung und Verhalten der Betroffenen bzw. Beteiligten gegenüber den Zielen und Maßnahmen des Wandels.
- **Wandlungsfähigkeit:** Organisatorische und personelle Kompetenzen zur erfolgreichen Durchführung von Veränderungen.

Probleme

Aufgabe der Führung des Wandels ist es, eine möglichst hohe Übereinstimmung zwischen diesen Aspekten zu erreichen. Jedes Missverhältnis erzeugt, wie in Abb. 6.4.8 dargestellt, zwangsläufig **Schwierigkeiten im Wandlungsprozess** (vgl. *Krüger*, 2009a, S. 34 ff.):

- **Reformstau:** Zur Deckung des Wandlungsbedarfs fehlen sowohl der Wille als auch die Fähigkeiten oder der vorhandene Wandlungsbedarf wird nicht erkannt. Der Wandlungsbedarf wird dadurch nach und nach immer größer.
- **Fähigkeitsdefizite:** Wenn sich Bedarf und Bereitschaft decken, dann sind die nicht vorhandenen Fähigkeiten in geeigneter Weise z. B. durch Schulungen oder externe Berater zu erwerben.
- **Unbefriedigter Veränderungsdrang:** Eine latente Wandlungsbereitschaft, der kein entsprechender Bedarf und auch keine Fähigkeiten gegenüberstehen, kann viele Ursachen wie z. B. Machtstreben oder eine generelle Unzufriedenheit haben.
- **Fehlgeleitete Aktivitäten:** Im Unternehmen gibt es unterschiedliche Ansichten über den vorhandenen Wandlungsbedarf. Dies kann zu Richtungskämpfen führen, die den Wandel blockieren.
- **Ungenutztes Fähigkeitspotenzial:** Ruhende Fähigkeiten, denen weder eine Bereitschaft noch ein Bedarf gegenübersteht.
- **Willensbarrieren:** Auftretende Widerstände müssen überwunden werden, damit die vorhandenen Fähigkeiten für die erforderliche Veränderung eingesetzt werden.

Stimmigkeit

Bedarf, Bereitschaft und Fähigkeiten sollten sich weitgehend decken. Dazu sollte der Wandel sowohl sachbezogen als auch personell stimmig sein. Die **sachbezogene Stimmigkeit** bezieht sich auf die Organisation des Wandlungsprozesses und das Zusammenspiel von Personalführung, Kommunikation, Projektmanagement und Controlling. Die zu erfüllenden Aufgaben sind zu beschreiben und Kompetenzen festzulegen („Wer macht was bis wann?"). Die **personelle Stimmigkeit** betrifft das Zusammenspiel der

6.4 Führung des Wandels

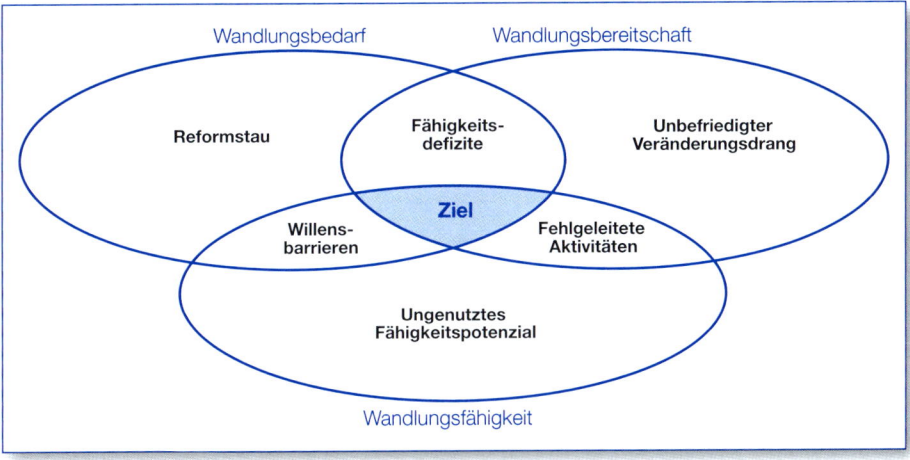

Abb. 6.4.8: Missverhältnisse und Schwierigkeiten im Spannungsfeld des Wandels (vgl. Krüger, 2009a, S. 36)

Führung mit den beteiligten und betroffenen Mitarbeitern. Die Führung ist als Promotor die entscheidende Schubkraft des Wandels und sollte sich stets glaubwürdig und verantwortlich verhalten (vgl. *Krüger*, 2009d, S. 143 ff.).

6.4.3 Widerstände gegen den Wandel

Wandel erzeugt Widerstände. Diese können innerhalb und außerhalb des Unternehmens sowie offen oder verdeckt auftreten. Sie können den Wandel verlangsamen oder sogar verhindern. Offener Widerstand äußert sich z. B. durch Streik oder Kündigungen. Verdeckte Widerstände sind z. B. „Dienst nach Vorschrift" oder ein höherer Krankenstand. Stärke und Intensität der Widerstände variieren dabei im Verlauf des Wandels erheblich (vgl. *Staehle*, 1999, S. 977).

Eine wirkungsvolle Führung des Wandels erkennt diese Widerstände und weiß mit ihnen umzugehen. Im Rahmen einer **Kraftfeldanalyse** werden die Kräfte, die den Wandel unterstützen, den zu erwartenden Widerständen in tabellarischer Form einander gegenüber gestellt. Auf diese Weise lassen sich die wesentlichen Aufgabenbereiche der Unternehmensführung für eine erfolgreiche Gestaltung des Wandels identifizieren (vgl. *Johnson*

Kraftfeldanalyse

Unterstützende Aspekte	Blockierende Aspekte
Know-how der DB bei Großprojekten	Über 10.000 Einwendungen gegen das Projekt
Hohes Auftragsvolumen für lokale Bauwirtschaft	Verfehlte Informationspolitik der DB
Schnellere Verbindungen für Fahrgäste der DB	Breite Demonstrationen Stuttgarter Bürger
Neuer Stadtteil mit Wohnungen für die Bürger	Kostenüberschreitungen/Planungsunsicherheiten
Bündnis der Befürworter („Wir sind Stuttgart 21")	Organisierte Gegner (Aktionsbündnis gegen S21)
Politische Unterstützung der bis 2011 amtierenden Landesregierung (CDU/FDP) und bis 2012 des Oberbürgermeisters der Stadt Stuttgart (CDU)	Politischer Umbruch in Baden-Württemberg in der Landesregierung (B90-Grüne/SPD) und beim Stuttgarter Oberbürgermeister (B90-Grüne)
Volksentscheid 2011 spricht für das Projekt	Geologische Risiken

Abb. 6.4.9: Kraftfeldanalyse am Beispiel des Bahn-Projekts Stuttgart 21

et al., 2011, S. 649 f.). Abb. 6.49 zeigt eine solche Kraftfeldanalyse am Beispiel des Projekts Stuttgart 21 der *Deutschen Bahn* zur Modernisierung des Stuttgarter Hauptbahnhofs.

Arten — Neben **unternehmensinternen Widerständen** kann der Wandel auch von außen, das heißt von **unternehmensexternen Widerständen** beeinträchtigt werden (vgl. *Bea/Göbel*, 2010, S. 516 f.). Unternehmensinterne Widerstände können **personell** oder **organisatorisch** bedingt sein (vgl. *Watson*, 1975, S. 415 ff.).

6.4.3.1 Personelle interne Widerstände

Psychologische Ursachen — Veränderungen entsprechen nicht dem **menschlichen Bedürfnis nach Stabilität und Kontinuität**. Es liegt in der Natur des Menschen, Vertrautes bewahren zu wollen. Deshalb entstehen in Veränderungsprozessen bei vielen Mitarbeitern heftige Emotionen wie z. B. Angst und Verunsicherung, die zu massiven Widerständen führen können. Psychologische Untersuchungen haben ergeben, dass bei den meisten Menschen die Trauer über einen erlittenen Verlust größer ist als die Freude über einen erzielten Gewinn. Entscheidungen werden deshalb mehr von der Gefahr des Verlusts als von der Aussicht auf Gewinn beeinflusst. Verluste durch falsches Handeln werden als schmerzvoller empfunden als durch Untätigkeit verpasste Gewinne. Damit sich die Mitarbeiter freiwillig auf einen Wandel einlassen, müssen deshalb aus ihrer Sicht die möglichen Vorteile weitaus höher sein als die Risiken. Daraus resultiert eine (häufig unbewusste) Trägheit vieler Mitarbeiter. Sie halten an alten Denkmustern und Gewohnheiten fest, weil sie die Geborgenheit des Vertrauten schätzen (vgl. *Bea/Göbel*, 2010, S. 518; *Lütge*, 2002, S. 177 ff.; *Schein*, 1993, S. 85 ff.).

Emotionen berücksichtigen — **Widerstände der Mitarbeiter** äußern sich in vielerlei Hinsicht. Beispiele sind sinkende Leistungsbereitschaft, steigender Krankenstand, höhere Fehlerquoten oder auch Aggression. Ursache dieser Widerstände ist häufig die Vernachlässigung emotionaler Folgen, da sich die Führung zu sehr auf Sachfragen konzentriert. Doch **Emotionen** sind ein wichtiger Bestandteil eines jeden Wandels und zeugen davon, dass Mitarbeiter die Veränderung wahrnehmen. Jeder Einzelne fragt sich, was der Wandel für ihn persönlich bedeutet. Fundamentaler Wandel setzt deshalb die Betroffenen mehr oder weniger unter Stress. Das Spektrum an Emotionen kann von Begeisterung und Neugier bis Ärger und Frustration reichen. Eine sehr dominante Emotion ist die Angst vor negativen Folgen. Dies kann z. B. der Verlust von Status und Anerkennung, sozialen Kontakten oder sogar des Arbeitsplatzes als Existenzgrundlage sein. Eine zentrale Führungsaufgabe ist es deshalb, den Mitarbeitern Sicherheit und Orientierung zu vermitteln. Es gilt, bei den Mitarbeitern eine Bereitschaft zum Wandel und zur aktiven Mitwirkung an der Veränderung zu erzeugen (vgl. *Müller-Stewens/Lechner*, 2011, S. 494 f.; *Rosenstiel*, 2011, S. 145 f.; *Schmidt*, 1996, S. 89 f.).

Negativ empfundener Wandel — Je nachdem, ob eine Veränderung als positiv oder negativ wahrgenommen wird, reagieren die Mitarbeiter unterschiedlich. Eine **negativ empfundene Veränderung** kann folgende in Abb. 6.4.10 dargestellte exemplarische **Stufen der emotionalen Reaktion** zwischen Passivität und Aktivität auslösen (vgl. *Conner/Clements*, 1999; *Connor*, 1992; *Dobléy/Wargin*, 2001, S. 30 ff.; *Haiss*, 2001, S. 64 ff.):

(1) **Status Quo:** Vor Bekanntgabe der Veränderung sind die Mitarbeiter emotional stabil und ausgeglichen.

(2) **Schock:** Erste Reaktion auf eine negativ empfundene Veränderung, die durch Ängste, Unsicherheiten und Verwirrung hervorgerufen wird und durch hohe Passivität der Betroffenen (Lähmung) gekennzeichnet ist.

(3) **Verweigerung:** Die Veränderung wird als inakzeptabel angesehen, die Beteiligung verweigert und rationale Gründe verleugnet. Die bisherigen Vorgehensweisen werden verstärkt beibehalten („Das haben wir schon immer so gemacht").

(4) **Wut:** Die Frustration darüber, den Wandel nicht aufhalten zu können, drückt sich durch ein hohes Aktivitätsniveau und starke, ablehnende Emotionen zur Wiedererlangung der Kontrolle über die „Normalität" aus.

(5) **Verhandlung:** Die Betroffenen versuchen, durch aktive Verhandlungen negative Auswirkungen der Veränderung für sich zu vermeiden („Feilschen"). Die Veränderung wird z. T. auch durch sog. Coping-Strategien umgangen. Dabei entspricht das Verhalten zwar formal der Veränderung, aber nicht der Intention und Zielsetzung des Wandels. Beispielsweise kann die Beschränkung des Kaffeekonsums auf eine Tasse pro Tag dazu führen, dass sich die Mitarbeiter größere Tassen kaufen. Generell besteht in dieser Phase die Gefahr einer schrittweisen Demontage der angestrebten Veränderung.

(6) **Depression:** Die Mitarbeiter nehmen den vollen Umfang des Wandels wahr. Sie fühlen sich machtlos und sehen sich als Opfer. Deshalb verhalten sie sich äußerst passiv. Dies ist eine natürliche Reaktion auf eine größere, negativ empfundene Veränderung.

(7) **Test:** Die Mitarbeiter probieren die Möglichkeiten des neuen Systems aus und versuchen, die Kontrolle wieder herzustellen und persönliche Ziele neu zu definieren.

(8) **Akzeptanz:** Die Mitarbeiter nehmen die neue Situation an. Dies ist jedoch nicht gleichbedeutend mit einer positiven Wahrnehmung oder Begeisterung. Im Idealfall identifizieren sich die Mitarbeiter mit der Veränderung und internalisieren deren Ziele. Es bildet sich eine neue, emotional stabile und ausgeglichene Situation auf einem im Vergleich zum Ausgangspunkt höheren Aktivitätsniveau.

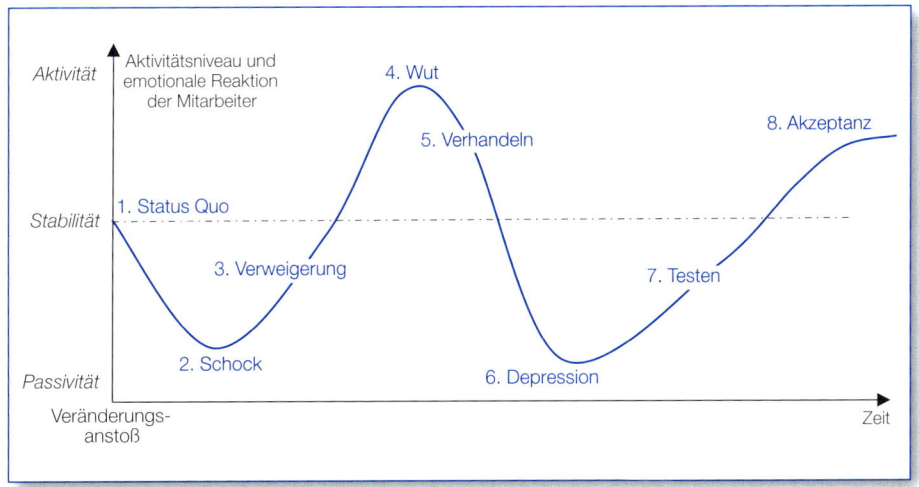

Abb. 6.4.10: Emotionale Reaktionen auf negativ empfundene Veränderungen (in Anlehnung an Conner/Clements, 1999, S. 40; Haiss, 2001, S. 65)

6 Personal

Die Führung sollte sich diesen emotionalen Reaktionen bewusst sein und ihnen mit geeigneten Maßnahmen vorausschauend und wirkungsvoll begegnen. Einen Überblick möglicher Maßnahmen bei negativ empfunden Veränderungen gibt Abb. 6.4.11.

Phasen	Mögliche Maßnahmen
Schock	• Frühzeitige und offene Information aller Betroffenen • Beteiligung der Betroffenen bei der Vorbereitung des Wandels
Verweigerung	• Hilfestellungen anbieten; Vertrauensklima schaffen • Verständnis zeigen; Mitarbeiter an die Veränderung heranführen
Wut	• Offene Aussprache und Versachlichung • Grenzen setzen und gezielte Reaktion auf Wandlungsgegner
Verhandeln	• Zielsetzung des Wandels unterstreichen • Kritische Anmerkungen so weit als möglich berücksichtigen
Depression	• Aktive Mitarbeit und Unterstützung anbieten • Mitwirkung fördern und Motivation wecken
Testen	• Erfolgserlebnisse schaffen und erste Erfolge kommunizieren • Vollzug des Wandels belohnen
Akzeptanz	• Selbstständige Anpassung und gemeinsames Lernen fördern • Erfolg des Wandels deutlich machen und stabilisieren

Abb. 6.4.11: Maßnahmen zur Beeinflussung emotionaler Reaktionen auf negativ empfundene Veränderungen (in Anlehnung an Haiss, 2001, S. 64 ff.; Streich, 2003, S. 22 ff.)

Positiv empfundener Wandel
Wandel kann bei den Mitarbeitern auch positive Emotionen verursachen. Dies ist z. B. der Fall, wenn ein Reformstau aufgelöst, ein allgemeiner Missstand beseitigt oder die Veränderung als zukunftsweisend angesehen wird. Allerdings erzeugt auch eine als **positiv empfundene Veränderung** bei den Mitarbeitern nicht nur angenehme Gefühle. Folgende **Stufen der emotionalen Reaktion** zwischen Optimismus und Pessimismus sind zu beobachten (vgl. *Conner/Clements*, 1999, S. 41 ff.; Abb. 6.4.12):

(1) **Status Quo:** Vor Bekanntgabe der Veränderung sind die Mitarbeiter emotional stabil und ausgeglichen.

(2) **Begeisterung:** Erste Reaktion auf eine positiv empfundene Veränderung, die durch „uninformierten Optimismus" hervorgerufen wird. Dies kann zu einem „Hype" führen, d. h. einer realitätsfernen Euphorie gegenüber dem Wandel. Ein solcher Hype war z. B. in den Jahren 1998 bis 2000 in der damaligen sog. New Economy zu beobachten.

(3) **Zweifel:** Die Realisierung stellt sich komplizierter und schwieriger dar als ursprünglich angenommen. Manche Ideen werden als nicht realisierbar erkannt und wieder verworfen. In dieser Phase des „informierten Pessimismus" besteht die Gefahr, dass sich die Mitarbeiter wieder zurückziehen und die Veränderung an massiven Zweifeln scheitert (in der New Economy war dies ab Mitte 2000 zu beobachten).

(4) **Hoffnung:** Kann die Führung die Zweifel ausräumen, dann entsteht ein realistischeres Verständnis und ein gemeinsames Hoffen auf eine erfolgreiche Veränderung.

(5) **Vertrauen:** Erste Erfolge machen die Beteiligten zuversichtlicher. Dies wird als Phase des „informierten Optimismus" bezeichnet.

(6) **Zufriedenheit:** Die mit dem Vollzug der Veränderung eintretenden Erfolge lösen bei den Betroffenen ein Gefühl der Zufriedenheit aus.

Emotionale Achterbahn
Ursache für die **emotionale Berg- und Talfahrt** der Mitarbeiter in Veränderungsprozessen ist die menschliche Natur. Während der Mensch kurzfristig realisierbare Erfolge

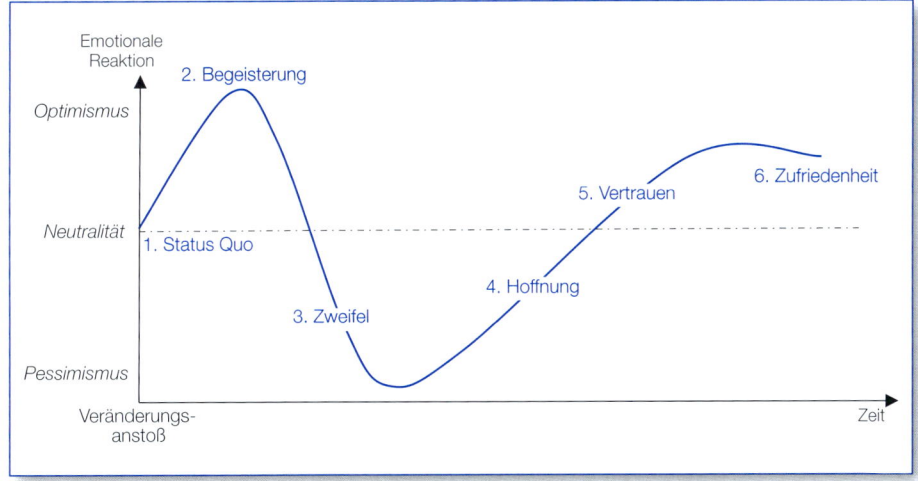

Abb. 6.4.12: Emotionale Reaktionen auf positiv empfundene Veränderungen
(in Anlehnung an Conner/Clements, 1999, S. 42)

überbewertet, unterschätzt er oft langfristig erreichbare Ergebnisse. Deshalb folgt auf die anfängliche Begeisterung häufig eine Phase der Ernüchterung und Enttäuschung. Diese lässt sich z. B. mit den in Abb. 6.4.11 für die Phasen Depression und Testen vorgeschlagenen Maßnahmen wieder umkehren. Generell sollte die Führung den Wandel so steuern, dass weder zu pessimistische noch unrealistisch optimistische Haltungen bei den Mitarbeitern entstehen. Auf der einen Seite sollte übertriebene Euphorie gebremst und auf der anderen Seite Widerstände möglichst frühzeitig erkannt und soweit möglich aufgelöst werden (vgl. *Dobléy/Wargin*, 2001, S. 35 f.).

Bei jedem Wandel gibt es unter den Mitarbeitern sowohl Gegner (**Opponenten**) als auch Befürworter (**Promotoren**). Doch dies sind nicht die einzigen Akteure des Wandels. Eine große Zahl von Mitarbeitern ist meist ambivalent eingestellt, d. h. weder eindeutig für noch gegen die Veränderung. Diese **Ambivalenz** kann zur Quelle von latenten und offenen Widerständen werden (vgl. *Schirmer/Luzens*, 2003, S. 316 f.). Sie resultiert aus einem Gegensatz zwischen (vgl. *Piderit*, 2000, S. 783 ff.):

Akteure im Wandel

- **Denken** (kognitiv): Vernunftmäßige Beurteilung der Veränderung,
- **Fühlen** (affektiv): Emotionen durch die Veränderung und
- **Handeln** (konativ): Verhalten der Person.

Ambivalenzen können sowohl zwischen als auch innerhalb dieser Dimensionen auftreten. So kann ein Mitarbeiter die Notwendigkeit des Wandels erkannt und verstanden haben (positive kognitive Einschätzung), aber trotzdem Angst vor den Auswirkungen auf seine Person empfinden (negative affektive Reaktion). Es ist z. B. auch denkbar, dass ein Mitarbeiter sowohl Begeisterung für neue Aufgaben (positive affektive Reaktion) als auch Verunsicherung bezüglich der auf ihn zukommenden Anforderungen empfindet (negative affektive Reaktion) (vgl. *Schirmer/Luzens*, 2003, S. 317).

Denken und Fühlen bestimmen die **Einstellung des Mitarbeiters** gegenüber der geplanten Veränderung. Diese basiert auf den vermuteten und subjektiv eingeschätzten Vor- und Nachteilen des Wandels für den Mitarbeiter selbst. Je schlechter die Betroffenen über den geplanten Wandel informiert sind, umso eher werden sie von negativen

Einstellungen der Mitarbeiter

Konsequenzen ausgehen. Darüber hinaus besitzt jeder Mitarbeiter eine eigene, **generelle Haltung** zum Wandel. Diese grundsätzliche Einstellung zu Veränderungen basiert vor allem auf individuellen Persönlichkeitsmerkmalen wie z. B. Neugierde, Risikobereitschaft oder Alter. Darüber hinaus wird sie auch durch die persönlichen Erfahrungen des Mitarbeiters mit bisherigen Veränderungsprozessen geprägt. Die generelle Haltung ist nur sehr schwer und über einen langen Zeitraum zu beeinflussen. Die Einstellung prägt zusammen mit der generellen Haltung das **Verhalten des Mitarbeiters im Veränderungsprozess**. Abb. 6.4.13 zeigt die zu beobachtenden Verhaltensweisen (vgl. *Veil*, 1999, S. 273 ff.).

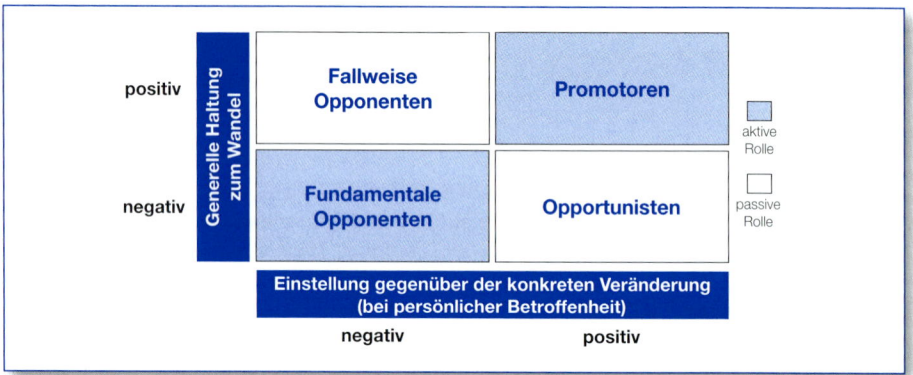

Abb. 6.4.13: Verhaltensweisen der Mitarbeiter (in Anlehnung an Bach, 2009, S. 206)

Verhalten der Akteure

Sowohl bei **Promotoren** als auch **fundamentalen Opponenten** stimmen Überzeugung und Einstellung überein. Sie werden sich deshalb aktiv für bzw. gegen die Veränderung einsetzen. Opportunisten und fallweise Opponenten sind dagegen ambivalent. Sie verhalten sich deshalb eher passiv und abwartend. **Opportunisten** sind häufig Pragmatiker, die zwar grundsätzlich eine negative Einstellung gegenüber Veränderungen haben, sich aber am konkreten Wandel beteiligen. Sie tun dies jedoch nur aufgrund eigener persönlicher Vorteile und werden bei deren Einschränkung oder anfänglichen Misserfolgen gegen den Wandel opponieren. **Fallweise Opponenten** sind häufig Perfektionisten, die grundsätzlich Veränderungen begrüßen, jedoch aufgrund persönlicher Nachteile oder erforderlicher Kompromisse den konkreten Wandel ablehnen. Sie sind nur sehr schwer zu beeinflussen und können den Wandlungsfortschritt stark verzögern. Sowohl die Promotoren als auch die fundamentalen Opponenten versuchen, die ambivalenten Mitarbeiter von ihrer Einstellung zu überzeugen und somit ihre Position zu stärken (vgl. *Bach*, 2009, S. 205 ff.).

Die Existenz von **Promotoren** ist ein entscheidender Faktor für erfolgreiche Wandlungsprojekte. Besonders hilfreich ist eine Koalition von Macht- und Fachpromotoren. Machtpromotoren legitimieren durch ihre hierarchische Stellung den Wandlungsbedarf und können für die Bereitstellung der erforderlichen Ressourcen sorgen. Die Wandlungsfähigkeit wird dann durch den Einsatz von Fachpromotoren mit entsprechender Expertise sichergestellt. Ergänzt werden können diese durch Prozess- oder Beziehungspromotoren, die zwischen Fach- und Machtpromotoren moderieren und die Beziehungen zu Marktpartnern, externen Beratern und Opponenten aufrechterhalten. Prozesspromotoren werden deshalb auch häufig als Agenten des Wandels bzw. **Change Agents** bezeichnet (vgl. Kap. 6.4.4.5 sowie *Hauschildt*, 2001; *Staehle*, 1999, S. 974).

6.4.3.2 Organisatorische interne Widerstände

Nicht nur Individuen, sondern auch Unternehmen als organisatorische Systeme streben nach Kontinuität (vgl. *Willke*, 1993, S. 189 ff.). Diese organisatorische Trägheit gegenüber Veränderungen ist grundsätzlich beabsichtigt. Die Organisation dient ja gerade dazu, dem Unternehmen **Stabilität** und eine eigene Identität zu verleihen. Darüber hinaus soll das Unternehmen sowohl für die Systemmitglieder (Mitarbeiter, Führungskräfte, Abteilungen, Geschäftsbereiche etc.) als auch für die Umwelt (Kunden, Lieferanten, Staat, Gesellschaft etc.) berechenbar und verlässlich sein. Jede Änderung bedeutet deshalb eine Störung des einmal erreichten Gleichgewichts und das System versucht, dieses wiederherzustellen (vgl. *Bea/Göbel*, 2010, S. 516 ff.).

Ist jedoch ein Wandel erforderlich, so sind die daraus resultierenden organisatorischen Widerstände umso größer, je stabiler das Unternehmen zum Zeitpunkt des Wandels ist. Insbesondere sehr erfolgreiche und (scheinbar) gut funktionierende Führungssysteme erweisen sich als besonders änderungsresistent. Der Erfolg von gestern kann deshalb eines der größten Hindernisse für den Wandel und damit für den Erfolg von morgen sein. In diesen Fällen wird der Wandlungsbedarf häufig weder erkannt noch akzeptiert (vgl. *Bea/Göbel*, 2010, S. 518 f.; *Kieser* et al., 1998, S. 126 f.). Das Unternehmen befindet sich, wie bereits in Kap. 6.3.2 dargestellt, in einer sog. Komfortfalle und ist deshalb träge und inflexibel.

Ursachen organisatorischer Widerstände sind (vgl. *Staehle*, 1999, S. 978; *Watson*, 1975):

- **Verfestigte Unternehmenskultur:** Normen, Werte und Denkhaltungen sind nur langfristig und in einem breiten Konsens der Mitarbeiter zu beeinflussen.
- **Privilegien:** Der Abbau von Privilegien, wie z. B. dem Firmenwagen oder dem eigenen Büro, verursacht starke Widerstände bei den Privilegierten.
- **Organisatorische Abhängigkeiten:** Fundamentale Änderungen lassen sich nicht auf einzelne Teilbereiche beschränken, sondern haben aufgrund bestehender Interdependenzen Auswirkungen auf das gesamte Unternehmen. Eine Beschränkung auf einen zu verändernden Teilbereich kann den gesamten Wandel gefährden.
- **Macht:** Die Gefährdung der Macht, wie z. B. die Einschränkung von Entscheidungsbefugnissen oder die Verringerung der Anzahl der unterstellten Mitarbeiter, verursacht starke Widerstände bei den Betroffenen. Diese versuchen, den Wandel zu verhindern, auch wenn er für das Unternehmen insgesamt vorteilhaft ist. Daraus kann eine Polarisierung der Führung in „Angreifer" und „Verteidiger" resultieren.
- **Tabus:** Werden durch den Wandel tabuisierte Bereiche des Unternehmens tangiert, dann ist mit äußerst starken Widerständen zu rechnen.
- **Ablehnung organisationsfremder Eingriffe:** Obwohl Wandel häufig von Unternehmensexternen eingeleitet oder unterstützt wird, verursacht dies oft massive Ablehnung bei den Organisationsmitgliedern („Not-invented-here-Syndrom").

Organisatorische Ursachen

6.4.3.3 Externe Widerstände

Unternehmen sind nicht völlig selbstbestimmt, sondern weisen mehr oder weniger starke Abhängigkeiten von ihrer Umwelt auf. Diese bestehen z. B. gegenüber Kunden, Lieferanten, Eigentümern, Banken, Geschäftspartnern oder der Gesellschaft. Das Ausmaß dieser Abhängigkeiten hängt von vielen Faktoren ab. Beispiele sind Branche, Unternehmensgröße, Stellung in der Wertschöpfungskette oder Marktposition. Der Wandel eines Unternehmens hat immer auch **Auswirkungen auf die Unternehmensum-**

welt. Je größer die Abhängigkeiten des Unternehmens von der Unternehmensumwelt, umso häufiger und ausgeprägter werden deshalb unternehmensexterne Widerstände auftreten. Die Führung muss diese aufmerksam berücksichtigen, denn sie sind häufig nicht oder nur schwer zu beeinflussen. In diesem Sinne stellen sie Rahmenbedingungen des Wandels dar, die frühzeitig erkannt und soweit möglich bereits im Vorfeld positiv gestaltet werden sollten.

Quellen externer Widerstände

Unternehmensexterne Widerstände können sein (vgl. *Bea/Göbel*, 2010, S. 519; *Kieser* et al., 1998, S. 131 ff.):

- **Kunden:** Der Wandel kann für die Kunden Einschränkungen im Leistungs- und Serviceangebot zur Folge haben. Ein Beispiel ist die Schließung von Filialen und das Abmontieren von Briefkästen durch die *Deutsche Post AG*. Widerstände der Kunden sind äußerst kritisch, da sie zu Umsatzeinbußen und Kundenverlusten führen können. Die Wünsche, Bedenken und Hinweise der Kunden sollten deshalb im Wandelprozess berücksichtigt werden. Darüber hinaus sollten die geplanten Veränderungen und die damit beabsichtigten Ziele den Kunden möglichst frühzeitig und offen kommuniziert werden.

- **Recht:** Gesetze, Regelungen und Vorschriften sowie die damit verbundene Bürokratie können den Wandel verhindern oder verzögern. Beispiele sind das Verbot einer Fusion durch die Kartellbehörde, der Zeitaufwand bis zur Erteilung einer Baugenehmigung oder arbeitsrechtliche Vorschriften, die eine flexiblere Gestaltung der Arbeitszeiten und Entgeltsysteme einschränken.

- **Marktpartner und Lieferanten:** Kooperierende Unternehmen und Lieferanten können sich gegen den betrieblichen Wandel aussprechen. Beispielsweise könnte der Wandel auch bei den Marktpartnern und Lieferanten Veränderungen erforderlich machen, zu denen diese nicht bereit sind.

- **Kapitalgeber:** Eine Vielzahl an Anteilseignern und Fremdkapitalgebern weisen eine äußerst konservative und zurückhaltende Einstellung gegenüber dem Wandel auf. Dieser wird eher als Risiko denn als Chance gesehen. Die Legitimation des Wandels gegenüber den Kapitalgebern fällt in der Regel schwer. Seine Auswirkungen lassen sich nicht genau prognostizieren und meist auch kaum quantifizieren.

- **Staat:** Verursacht der Unternehmenswandel größere gesellschaftliche Auswirkungen, wie z. B. Massenentlassungen aufgrund von Produktionsverlagerungen ins Ausland, dann versuchen staatliche Organe häufig direkt oder indirekt Einfluss auf das Unternehmen auszuüben.

- **Gesellschaft:** Gesellschaftliche Normen, Werte und Einstellungen können hinderlich sein, wenn das Unternehmen versucht, neue Wege zu gehen. Beispielsweise kann ein ausgeprägter Individualismus die Einführung von gruppenorientierten Konzepten erschweren. Ein anderes Beispiel ist die Auffassung, dass Karriere immer mit einer hierarchischen Position, Untergebenen, Titeln und Statussymbolen verbunden ist. Deshalb kann die Einführung einer flachen Hierarchie oder die Abschaffung von Titeln und Einzelbüros viel Überzeugungsarbeit erfordern.

Bereitschaft fördern

Für erfolgreiche Veränderungen ist es entscheidend, die **Wandlungsbereitschaft** der betroffenen Mitarbeiter, Organisationseinheiten und unternehmensexternen Parteien sicherzustellen. Hierfür muss die Führung den Blick von den als negativ empfundenen Begleiterscheinungen auf die Ursachen und positiven Folgen der Veränderung lenken. Das breite Spektrum an emotionalen Reaktionen sowie die vielfältigen Ambivalenzen bei den Mitarbeitern sollten bei der Steuerung des Wandels berücksichtigt werden.

6.4 Führung des Wandels

Wandelprozesse bei IBM

Auch marktbeherrschende Unternehmen können in existenzgefährdende Krisen geraten. In einer solchen Situation befand sich Anfang der 1990er Jahre die Firma *IBM*, nachdem sie lange Zeit den Rechnermarkt dominiert hatte und als profitabelstes Unternehmen der Welt galt. „Big Blue", 1987 noch als wertvollste US-amerikanische Firma gefeiert, musste 1992 einen Verlust von fast fünf Milliarden US-Dollar ausweisen. Ursache der Krise war die damalige Abhängigkeit des Unternehmens vom Großrechnermarkt, dessen sinkende Bedeutung durch die zunehmende Verbreitung dezentraler Server falsch eingeschätzt wurde. Auch mit der Entwicklung des Personal-Computers zur Massenware

und dem zunehmend preisorientierten Vernichtungswettbewerb konnte das Unternehmen nicht Schritt halten. Erzielte *IBM* Anfang der 1980er Jahre als Marktführer mit PC's noch hohe Gewinne, erklärte das Unternehmen 2004 durch den Verkauf der Sparte an den chinesischen Computerhersteller *Lenovo* seinen Ausstieg aus dem PC-Geschäft. Als *Louis Gerstner* 1993 als CEO und Chairman das Ruder übernahm, stand das Unternehmen „in Flammen". Während seiner Amtszeit bis Ende 2002 vollzog er einen fundamentalen Wandel von einem bürokratischen, technikzentrierten „Dinosaurier" zu einem kundenorientierten Anbieter von Informationstechnik und Dienstleistungen.

Sein Nachfolger *Samuel Palmisano* stand bei der Fortführung des Wandels während seiner Amtszeit von 2003 bis 2012 vor anderen Herausforderungen. Herrschte Anfang der 1990er Jahre noch die Angst vor dem Untergang, musste er die Mitarbeiter jetzt mit Hoffnung und Ehrgeiz motivieren. Er baute dabei auf eine werteorientierte Führung (vgl. Kap. 2.2). Hierfür beteiligte er Bottom-up mit Hilfe von Online-Diskussionen alle Mitarbeiter an der Neugestaltung der Unternehmenswerte. Dabei wurden ein vorhandener Wertestau und die fehlende Authentizität der Führungskräfte deutlich. Die abgeleiteten neuen Werte wurden daraufhin unter aktiver Mitwirkung der Mitarbeiter in die Unternehmensprozesse verankert, so dass diese auch wirklich gelebt wurden. Beispielsweise wurde die Preisbildung grundlegend verändert, so dass die Preise für den Kunden transparenter wurden (vgl. *Hemp*, 2004). Durch Zukäufe und Integration von Unternehmen der Software- und Beratungsbranche konzentrierte *Palmisano* das Geschäft von *IBM* auf die Bereiche Beratung und Dienstleistung.

Ende 2012 wurde mit *Ginni Rometty* erstmals eine Frau zum CEO des Unternehmens ernannt. Dies belegt eindrücklich die erzielten Fortschritte des Wertewandels von *IBM*. Heute beschäftigt *IBM* über 430.000 Mitarbeiter und ist eines der weltweit führenden IT-Unternehmen mit einem Umsatz von weit über 100 Mrd. US-Dollar.

6.4.4 Steuerung des Wandels

Aufgrund der vielfältigen personellen Aspekte ist die Steuerung des Wandels eine wesentliche Führungsaufgabe. In diesem Kapitel wird erläutert, in welchem Ausmaß und in welcher Form die Steuerung betrieblicher Veränderungsprozesse möglich ist.

6.4.4.1 Steuerbarkeit des Wandels

Die Auffassungen über den Einfluss der Führung auf betriebliche Veränderungsprozesse gehen weit auseinander (vgl. Kap. 6.4.2.2). Die Anhänger des **Determinismus** gehen davon aus, dass die Entwicklung des Unternehmens vollständig durch dessen Umwelt und Eigendynamik bestimmt wird und deshalb nicht beeinflussbar ist. Dagegen resultiert das organisatorische Verhalten nach dem **Voluntarismus** ausschließlich aus dem Willen und den Absichten der Führung. Die Wahrheit liegt vermutlich dazwischen (**gemäßigter**

Begrenzte Steuerbarkeit des Wandels

Voluntarismus): Die Führung hat zwar Einfluss auf organisatorische Veränderungen, aber nur in begrenztem Maße. Einschränkungen können sich aus einer **Selbstbegrenzung** der Führungskräfte ergeben. Dies sind z. B. deren Vorstellungen und Werte oder ihre begrenzte Informationsverarbeitungskapazität. Eine **Fremdbegrenzung** kann z. B. durch die Unternehmensumwelt oder die organisatorische Eigendynamik verursacht sein (vgl. *Müller-Stewens/Lechner*, 2011, S. 437 ff.).

Organisation

Ein Unternehmen ist kein beliebig formbares Objekt, sondern organisiert sich zu einem großen Teil selbst. Es kann deshalb auch nur durch sich selbst verändert werden. Die Führung kann sowohl durch direkte Intervention den Wandel anstoßen („Was soll sich ändern?") oder dessen Rahmenbedingungen verbessern („Wie können Voraussetzungen dafür geschaffen werden, dass sich etwas ändert?"). Führungsinterventionen sollten nur dann erfolgen, wenn die **Selbstorganisation** versagt. Sie sind aber stets ein Versuch, das Unternehmen zu einer neuen Form der Selbstorganisation anzuregen. Ihre Wirkungen müssen laufend beobachtet werden, um frühzeitig neue und eventuell korrigierende Impulse geben zu können. Sieht sich das Unternehmen durch die Intervention in seiner Identität bedroht, ist mit Abwehrreaktionen zu rechnen. Der **Eigendynamik** des Unternehmens sollte deshalb bei der Gestaltung von Veränderungsprozessen ausreichend Rechnung getragen werden (vgl. *Müller-Stewens/Lechner*, 2011, S. 445 ff., 464 ff.).

Organisationsentwicklung

Praktische Hinweise für die Steuerung des Wandels liefern die aus der Verhaltenspsychologie stammenden Erkenntnisse der **Organisationsentwicklung** (OE). Diese beschäftigt sich mit der Erforschung organisationsweiter, geplanter Veränderungsprozesse. Durch direkte Mitwirkung und praktische Erfahrung der Betroffenen sollen sowohl die Leistungsfähigkeit der Organisation als auch die Arbeitszufriedenheit der Mitarbeiter mittel- bis langfristig verbessert werden. Hierfür sollen in einem organisationsweiten Entwicklungs- und Veränderungsprozess zum einen die Unternehmenskultur und Organisationsstruktur sowie zum anderen die individuellen Verhaltensweisen verändert werden. Neben der Anwendung geeigneter Interventionsmethoden wird auch der Einsatz von **Change Agents** als speziell ausgebildete Spezialisten propagiert (vgl. *Cummings/Worley*, 2006; *Staehle*, 1999, S. 924 ff., 588 ff.). Die Kritik an der Organisationsentwicklung bezieht sich neben der geringen empirischen und theoretischen Fundierung vor allem auf die Annahme der Harmonie zwischen den Interessen der Mitarbeiter und des Unternehmens. Organisationsentwicklung und Beauftragung von Change Agents gehen von der Führung aus. Deshalb liegt die Vermutung nahe, dass die Organisationsentwicklung vor allem zur Durchsetzung der Führungsinteressen dient (vgl. *Müller-Stewens/Lechner*, 2011, S. 478 f.; *Staehle*, 1999, S. 925).

6.4.4.2 Implementierungsstrategien

> **!** Die **Implementierungsstrategie** beschreibt die grundsätzliche Vorgehensweise zur erfolgreichen Umsetzung des Wandels im Unternehmen.

Die Implementierung umfasst alle in den Wandelphasen auftretenden Aufgaben sowie eingesetzten Methoden und Techniken. Sie soll sicherstellen, dass die Zielsetzung der Veränderung erreicht wird (vgl. im Folgenden *Krüger*, 2009d, S. 171 ff.). Dabei sollten insbesondere die emotionalen Wirkungen bei der Belegschaft sowie die zu erwartenden Widerstände berücksichtigt werden.

6.4 Führung des Wandels

Die Implementierungsstrategie hängt von der **Stoßrichtung des Wandels** ab (vgl. *Krüger*, 2009c, S. 60 ff.):

- **Aufbau:** Schaffung oder Erwerb neuer Erfolgspotenziale. Aufbaumaßnahmen sind oft mit Engpässen z. B. bei qualifizierten Mitarbeitern oder finanziellen Mitteln verbunden.
- **Umbau:** Umgruppierung und Erneuerung vorhandener Erfolgspotenziale, ohne diese grundsätzlich in Frage zu stellen. Diese Stoßrichtung besteht in der Regel aus einer Kombination von Abbau- und Aufbaumaßnahmen.
- **Abbau:** Freiwillige oder erzwungene Rückführung oder Aufgabe von Erfolgspotenzialen. Abbaumaßnahmen sind häufig mit Personalfreisetzungen verbunden.

Stoßrichtungen: Aufbau, Umbau, Abbau

Betrieblicher Wandel wird in aller Regel von der Führung angestoßen **(Top-down)**. Dies kann sowohl strikt direktiv als auch partizipativ geschehen. Veränderungen können aber auch durch Mitarbeiterinitiative eingeleitet werden **(Bottom-up)**. Daraus ergeben sich folgende **generischen Implementierungsstrategien** (vgl. *Bach*, 2009, S. 208 ff.; *Krüger*, 2009d, S. 171 ff.):

Strategien

- **Bombenwurf-Strategie** (Strikt direktive Top-down-Implementierung): Der Wandel wird von der Führung ohne vorherige Information der Mitarbeiter eingeleitet. Auf diese Weise sollen rasche Ergebnisse erzielt und durch Geheimhaltung und Überraschungseffekte eine mangelnde Wandlungsbereitschaft der Mitarbeiter kompensiert werden. Mitarbeiter und Öffentlichkeit nehmen den Wandel erst in der Umsetzungsphase wahr („Überrumplungstaktik"). Zur Mobilisierung wird der Wandel nicht kommuniziert, sondern gezielt konforme Einstellungen und Verhaltensweisen der Mitarbeiter gefördert. Dies kann z. B. durch Aufbau von Feindbildern oder Krisenszenarien geschehen. Die Umsetzung erfolgt zentral abgestimmt und mit hohem Tempo. Zur Verstetigung muss abschließend die unterlassene Kommunikation nachgeholt werden. Dabei muss den Mitarbeitern sowohl der Wandlungsbedarf als auch das direktive Vorgehen als einzig möglicher Weg z. B. zur Bewältigung einer Krise verdeutlicht werden. Auf diese Weise soll die notwendige Einstellungsakzeptanz und Identifikation nachträglich erreicht werden. Der gesamte Wandlungsprozess wird von der Führung bestimmt. Bei dieser Wandlungskonzeption erfolgt keine Berücksichtigung von Reaktionen oder Anregungen der Mitarbeiter. Ein strikt direktives Vorgehen wird nicht nur in Krisen, sondern häufig auch bei Akquisitionen oder Fusionen gewählt.

Bombenwurf

- **Schneeball-Strategie** (Partizipative Top-down-Implementierung): An der Konzeption des Wandels werden Schlüsselpersonen unterer hierarchischer Ebenen beteiligt. Dadurch lässt sich trotz eines Top-down-Vorgehens deren aufgabenspezifisches Fachwissen einbeziehen. Die beteiligten Mitarbeiter werden als Multiplikatoren zur Kommunikation des Wandlungskonzeptes eingesetzt, wodurch sich ein Schneeballeffekt erzielen lässt. Es soll keine Überraschung, sondern eine hohe Wandlungsbereitschaft als Basis für eine rasche Konzeptumsetzung ausgelöst werden. Der Zeitbedarf für die Mobilisierung ist aber verhältnismäßig hoch und schwer einzuschätzen. Der Einbezug der Mitarbeiter nimmt viel Zeit in Anspruch und kann darüber hinaus zu einer aus Sicht der Führung unerwünschten Änderung der Wandlungskonzeption führen. Dafür lässt sich durch die Mitarbeiterpartizipation das Risiko des Scheiterns deutlich verringern.

Schneeball

- **Entrepreneur-Strategie** (Bottom-up-Implementierung): Die Initiative des Wandels geht von den Mitarbeitern aus. Voraussetzungen hierfür sind vor allem unterneh-

Entrepreneur

merisches Denken der Mitarbeiter und die Offenheit der Führung gegenüber Initiativen aus unteren Hierarchieebenen. Beides sollte entsprechend gefördert und auch honoriert werden. Auf diese Weise können völlig neue und von der Führung nicht erkannte Möglichkeiten zur strategischen Erneuerung gefunden werden. Prinzipiell kann jeder Mitarbeiter dadurch Veränderungen ins Leben rufen. In einem iterativen Vorgehen wird nach und nach durch Diskussion der vorgeschlagenen Initiative eine Wandlungskoalition aus Mitarbeitern und Führungskräften gebildet. Wird die Initiative dabei nicht verworfen, dann wird sie der Führung vorgestellt. Ist sie beschlossen, dann sollten die Mitglieder der Wandlungskoalition als Promotoren aktiv in die Umsetzung einbezogen werden. Die Beteiligung der Mitarbeiter an der Erstellung der Wandlungskonzeption ist in aller Regel sehr zeitaufwendig. Sie führt aber zu einer positiven Einstellung und Identifikation mit dem Wandel. Allerdings besteht die Gefahr, dass konkurrierende Wandlungsvorhaben unterschiedlicher Mitarbeitergruppen sich gegenseitig blockieren oder Teilbereiche des Unternehmens sich ungewollt in verschiedene Richtungen entwickeln.

Auswahlkriterien

Die **Wahl der Implementierungsstrategie** ist von der konkreten Wandlungssituation abhängig. In Situationen mit hoher Dringlichkeit, die schnelles Handeln notwendig machen, ist eine zentrale Steuerung erforderlich. In solchen, oft mit Personalfreisetzung verbundenen Krisensituationen, wird deshalb häufig eine strikt direktive Top-down-Implementierung gewählt. Dies gilt auch für Wandlungsmaßnahmen, die aus wichtigen Gründen, wie z. B. der Reaktion des Aktienmarktes, geheim gehalten werden sollen. Da die Beteiligung der Mitarbeiter an der Konzeption die Wandlungsbereitschaft erhöht, ist diese in allen anderen Fällen sicherzustellen. Für Aufbau- und Erweiterungsvorhaben bietet sich eine partizipative Top-down-Implementierung an. Umbau und Erneuerung lassen sich durch Nutzung der Wandlungsfähigkeit und -bereitschaft der Mitarbeiter im Rahmen einer Bottom-up-Implementierung realisieren. Abb. 6.4.14 fasst die Unterschiede zwischen den generischen Implementierungsstrategien zusammen.

6.4.4.3 Kommunikation

Kommunikationsstrategie

Die Kommunikation ist eine zentrale **Querschnittsaufgabe**, mit der die Wandlungsbereitschaft und -fähigkeit der Mitarbeiter verbessert werden kann. Sie hat wesentlichen Einfluss auf die Einstellungen und das Verhalten der Mitarbeiter (vgl. im Folgenden *Brehm* et al., 2009, S. 281 ff.). Die **Kommunikationsstrategie** beschreibt die Ziele und Maßnahmen der Kommunikation und ist spätestens in der Phase der Konzeption des Wandels festzulegen. Entscheidend ist dabei die richtige Mischung aus informeller und formaler sowie persönlicher und medialer Kommunikation. Diese ist auf die einzelnen Phasen des Wandels und die Zielgruppen (Beteiligte, Betroffene, Promotoren, Opponenten, Führungskräfte etc.) abzustimmen. Zur Beeinflussung von Einstellungen und Verhalten eignen sich vor allem persönliche Kommunikationsformen. Hierunter fallen z. B. Mitarbeitergespräche, Workshops oder Versammlungen. Der Sender hat dabei eine hohe Bedeutung. Er sollte möglichst glaubwürdig sein, eine hohe hierarchische Stellung besitzen und im Idealfall auch über ein gewisses Charisma verfügen.

In der Phase der **Mobilisierung** soll eine Aufbruchstimmung bei den Mitarbeitern erzeugt werden. Transparenz, Vertrauen, Überzeugung und positive Emotionen lassen sich insbesondere durch gelungene Auftaktveranstaltungen wie z. B. Kick-offs oder Roadshows erreichen. Dabei sollen möglichst viele Mitarbeiter persönlich angesprochen werden. Die Informationen sollten unmittelbar von der Führung stammen und der Wandel z. B. mit Hilfe von Führungsdialogen erlebbar gemacht werden. Im Rahmen dieser

6.4 Führung des Wandels

	Bombenwurf-Strategie	Schneeball-Strategie	Entrepreneur-Strategie
Vorgehen	Strikt direktives Top-down	Partizipatives Top-down	Bottom-up
Wandelimpuls	Führung	Führung	Betroffene Mitarbeiter
Konzeption	Überwiegend durch Führung	Zusammenarbeit von Führung und Schlüsselpersonen	Überwiegend durch betroffene Mitarbeiter
Hauptproblem	Erzielung der zur Umsetzung erforderlichen Akzeptanz der Mitarbeiter	Beibehaltung des grundsätzlich verfolgten Konzepts der Führung	Bewilligung und Unterstützung des Konzepts durch die Führung
Vorteile	• Schnelles, abgestimmtes Vorgehen • Überraschungseffekte durch Geheimhaltung	• Positive Einstellung durch Beteiligung am Wandlungskonzept • Schnelle Umsetzung	• Vorhandene Wandlungsbereitschaft wird genutzt • Positive Einstellung durch Beteiligung am Wandlungskonzept
Nachteile	• Positive Einstellung nur schwer erzielbar • Vorhandenes Wissen bleibt ungenutzt	• Hoher Zeitbedarf für Mobilisierung • Gefahr der Konzeptionsänderung	• Hoher Zeitbedarf • Gefahr der Blockade und unkoordinierter Entwicklungen
Eignung	Abbau/Krise, Fusionen & Akquisitionen	Aufbau/Erweiterung	Umbau/Erneuerung

Abb. 6.4.14: Generische Implementierungsstrategien (in Anlehnung an Krüger, 2009d, S. 171 ff.)

Mehrweg-Kommunikation ist ein direkter Dialog zwischen der Führung und den betroffenen Mitarbeitern möglich. Ergänzende Informationen können als **Einweg-Kommunikation** über Medien (z. B. Intranet, E-Mail, Mitarbeiterzeitschrift, Rundschreiben etc.) zur Verfügung gestellt werden. Die in Abb. 6.4.15 dargestellte Einteilung in Kern- und nur fallweise eingesetzte Randinstrumente basiert auf einer Befragung von 54 Change Agents. Im Wandel erfolgt die Kommunikation entweder im Rahmen der vorhandenen

Ein- und Mehrwegkommunikation

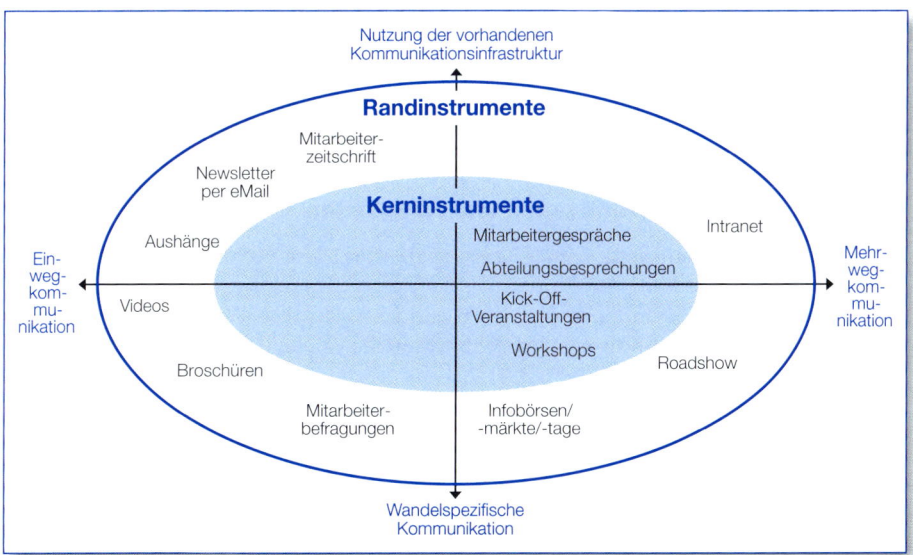

Abb. 6.4.15: Kommunikationsinstrumente im Wandel (vgl. Bernecker/Reiss, 2003, S. 38)

Kommunikationsinfrastruktur oder über spezielle wandelspezifische Veranstaltungen und Medien (vgl. *Bernecker/Reiss*, 2003, S. 37 ff.).

Auswahlkriterien
Die **Kommunikationsstrategie** muss grundsätzlich auf den Inhalt und die Implementierungsstrategie (vgl. Kap. 6.4.4.2) abgestimmt sein. In einer Abbausituation ist eine sachliche und offene Kommunikation erforderlich, die wahrheitsgemäß das tatsächliche Ausmaß und die Notwendigkeit der geplanten Veränderung darstellt. In einer Um- oder Aufbausituation soll dagegen mit Hilfe von Visionen und Leitbildern die Identifikation der Mitarbeiter mit der Veränderung sichergestellt werden. Dies lässt sich erreichen, indem für die Veränderung ein einprägsamer und emotional ansprechender Markenname geschaffen wird. In Verbindung mit einem entsprechenden Logo (z. B. auf Kaffeetassen, Kugelschreibern, Schreibblöcken oder in Präsentationsunterlagen) kann das Wandlungsprojekt im ganzen Unternehmen für alle sichtbar gemacht werden (vgl. *Esch*, 2005, S. 535 ff.).

Umsetzung
In der **Umsetzungsphase** ermöglichen Dialogveranstaltungen ein direktes Feedback der Mitarbeiter. Für die Motivation aller Beteiligten spielt die Kommunikation erster Erfolge eine wichtige Rolle. Misserfolge werden in der Praxis häufig verschwiegen. Besser ist es aber, auch diese offen zu kommunizieren. Dies sollte jedoch stets in Verbindung mit einem Lösungsansatz geschehen. Auf diese Weise können alle Betroffenen aus den gemachten Fehlern lernen und die Glaubwürdigkeit der Verantwortlichen steigt.

Verstetigung
In der **Verstetigungsphase** geht es auf der einen Seite darum, ein Fazit zu ziehen. Auf der anderen Seite gilt es, dauerhafte Kommunikationsmöglichkeiten für die Mitarbeiter einzuräumen. Dies können z. B. Intranet-Foren oder regelmäßige Workshops und Meetings zu speziellen Themen sein. Auf diese Weise soll fließend zur laufenden Verbesserung übergegangen werden.

Kommunikation des Wandels bei Bosch

BeQIK
- Qualität
- Innovation
- Kundenorientierung

Be Better Be Bosch

Ein fundamentales Wandlungsprojekt bei der *Robert Bosch GmbH* zur Verbesserung der Qualität, Innovation und Kundenorientierung wurde konzernweit unter dem Namen „BeQIK" und dem nebenstehenden Logo kommuniziert. Das Motto wird als „be quick" ausgesprochen, womit ein weiteres Ziel des Wandels ausgedrückt werden soll: die Beschleunigung der internen Prozesse und die Verkürzung der Time-to-Market. Zur besseren Identifikation der Mitarbeiter wurde der Slogan „BeQIK – Be Better – Be Bosch" entwickelt.

6.4.4.4 Förderung von Motivation und Fähigkeiten

Umfangreiche Kommunikationsmaßnahmen allein reichen nicht aus, um die für den Wandel erforderliche Motivation und die benötigten Fähigkeiten bei den Mitarbeitern sicherzustellen. Um diese zu mobilisieren, sind sowohl ihre Wandlungsbereitschaft (**Wollen**) als auch ihre Wandlungsfähigkeit (**Können**) gezielt zu fördern (vgl. Kap. 6.4.2.3 sowie im Folgenden *Becker*, 2009, S. 295 ff.).

Bereitschaft fördern
Der **Aufbau von Wandlungsbereitschaft** soll vor allem durch die Schaffung geeigneter **Anreize** (vgl. Kap. 6.2.7.2) erreicht werden. Sie sollen die Zustimmung für den Wandel erhöhen bzw. Widerstände reduzieren. Mitarbeiter, die sich an der Veränderung beteiligen, können auf diese Weise belohnt und Opponenten bestraft werden (vgl. *Witte*, 1973, S. 7). Verhaltensänderungen werden stabilisiert und der Rückfall in alte Gewohnheiten durch negative Sanktionen verhindert. Die Wirkung der Anreize wird verstärkt, in dem diese entsprechend begründet und kommuniziert werden. Je transparenter ein Anreizsystem

ist, umso größer ist seine verhaltenssteuernde Wirkung. Die Mitarbeiter sollen verstehen, warum es Anreize gibt und wie diese erreicht werden können.

Bei der **Gestaltung des Anreizsystems** ist zwischen dem Nutzen für die individuellen Ziele der Mitarbeiter, den entstehenden Kosten und dem Nutzen für das Unternehmen abzuwägen. Dies lässt sich wie in Abb. 6.4.16 als **Anreiz-Matrix** veranschaulichen (vgl. *Picot* et al., 1999a, S. 53 f.):

- **Verschwendung**, z. B. aufwendige Hochglanzbroschüren oder Marketingaktionen,
- **Fragezeichen**, z. B. Kick-off-Wochenenden oder materielle Anreize,
- **Ausbeutung**, z. B. höherer Leistungsdruck ohne entsprechenden Ausgleich,
- **Win-Win-Anreize**, z. B. mehr Eigenverantwortung oder Karriereförderung.

Anreize

Anreize müssen für die Mitarbeiter attraktiv sein, sonst führen sie zu keinen positiven Auswirkungen. Ihr Nutzen für das Unternehmen sollte jedoch mindestens so hoch sein wie deren Kosten. Erstrebenswert sind Win-Win-Anreize, die für beide Parteien einen hohen Nutzen erzielen.

Abb. 6.4.16: Anreiz-Matrix mit Beispielen (in Anlehnung an Picot et al., 1999a, S. 53 f.)

Bei Anreizen ist prinzipiell zwischen intrinsischer und extrinsischer Motivation zu unterscheiden (vgl. Kap. 6.2.7.2). Unter **extrinsischer Motivation** ist die Befriedigung durch äußere Belohnungen zu verstehen, während sich **intrinsische Motivation** aus der Aufgabe selbst ergibt. Extrinsische Motivation lässt sich v. a. durch materielle Anreize wie z. B. Dienstwagen oder Gehaltserhöhung erzeugen. Intrinsische Motivation kann dagegen insbesondere durch immaterielle Anreize gefördert werden. Durch Delegation von Verantwortung können z. B. dem Mitarbeiter mehr Entscheidungsfreiraum und bessere Entfaltungsmöglichkeiten eingeräumt werden. Die Führung sollte eine Vorbildfunktion einnehmen und den Wandel aktiv vorleben (vgl. *Peddinghaus*, 1997, S. 89 ff.). Bei der Gestaltung des Anreizsystems sollten materielle und immaterielle Anreize stets kombiniert werden.

Motivation

Zur **Verbesserung der Wandlungsfähigkeit** dienen vor allem Maßnahmen der Personalentwicklung (vgl. Kap. 6.2.2). Die Mitarbeiter sollen dadurch im Wandel unterstützt und auf Veränderungen eingestimmt werden. Langfristiges Ziel ist die Schaffung einer „Kultur des Wandels". Fach-, Sozial- und Methodenkompetenzen sollten individuell

Fähigkeit zum Wandel verbessern

gefördert werden. Den Mitarbeitern muss klar sein, was sie erwartet. Sie sollen sich auch mit anderen Betroffenen austauschen können. Dies kann helfen, Barrieren abzubauen und die Akzeptanz zu erhöhen. Die Maßnahmen sollen bereits zu Beginn der Mobilisierungsphase einsetzen. Um neue Einstellungen und Verhaltensweisen zu vermitteln, können Plan- und Rollenspiele oder gruppendynamische Veranstaltungen wie z. B. ein Outdoor-Training durchgeführt werden. Die Vermittlung von Fachwissen in Seminaren und Schulungen ist am Ende der Umsetzungs- bzw. zu Beginn der Verstetigungsphase sinnvoll, um das Gelernte unmittelbar anwenden zu können.

Personalentwicklung

Die Auswahl der **Personalentwicklungsmaßnahmen** (vgl. Kap. 6.2.2.2) hängt in erster Linie von den verfolgten Zielen und den zu vermittelnden Inhalten ab. Stellengebundene Personalentwicklung (On-the-job) und stellenübergreifende Personalentwicklung (Near-the-job) stoßen wegen ihres engen Bezugs zur Aufgabenerfüllung bei einem Unternehmenswandel schnell an ihre Grenzen. Deshalb sind vor allem stellenungebundene Personalentwicklungsmaßnahmen (Off-the-job) empfehlenswert. Die Teilnahme an Personalentwicklungsmaßnahmen kann durch die Verbesserung der eigenen Qualifikation und der damit verbundenen Aufstiegschancen auch einen motivationsfördernden Anreiz bieten.

6.4.4.5 Projektmanagement und -controlling

Fundamentaler Wandel ist für Unternehmen ein umfassendes und tiefgreifendes Projekt, das deshalb auch einer entsprechenden Organisation bedarf (vgl. Kap. 5.3 sowie im Folgenden *Brehm* et al., 2009, S. 231 ff.). Auf Grund der Breite und strategischen Relevanz des Wandels wird vor allem in den Phasen der Mobilisierung und Umsetzung eine Reihe von Teilprojekten in Gang gesetzt. Diese befassen sich jeweils mit spezifischen Aufgaben oder organisatorischen Teilbereichen. Die zeitliche und sachliche Abhängigkeit der Teilprojekte erfordert einen hohen Abstimmungsbedarf. Das Wandlungsprojekt wird aus

Projektorganisation

diesem Grund meistens mehrstufig organisiert. Die **mehrstufige Projektorganisation** (vgl. Kap. 5.3.6) besteht in der Regel aus folgenden Bausteinen:

- **Lenkungsausschuss:** Er initialisiert und konzipiert den Wandel und überwacht das gesamte Wandlungsprojekt. Der Lenkungsausschuss bestimmt auch Vision, Leitbild, Ziele und Strategie des Wandels. Mitglieder sollten Promotoren aus der Führung und ggf. externe Wandlungsexperten wie z. B. Berater, Kunden oder Lieferanten sein.
- **Projektleitung:** Sie hat für einen reibungslosen Ablauf, die Überwindung von Widerständen und Schnittstellen sowie für die Erzielung von Synergien zu sorgen. Sie ist für die sachliche und zeitliche Koordination der Teilprojekte zuständig. Der Projektleiter ist der „Change Manager". In Abstimmung mit dem Lenkungsausschuss bestimmt er die Teilprojekte und legt die einzelnen Teilprojektleiter fest.
- **Projektteams:** Die eigentliche Projektarbeit wird in den Projektteams geleistet, die für konkrete Aufgaben im Wandlungsprozess zuständig sind. Der Teamleiter entscheidet in Abstimmung mit dem Projektleiter über die Zusammensetzung und Organisation seines Teams und ist für die Erreichung der Projektziele verantwortlich.

Change Agents

Eine besondere Rolle in Veränderungsprozessen spielen die bereits angesprochenen „Agenten des Wandels" **(Change Agents)**. Sie sind auf Wandlungsprozesse spezialisiert und übernehmen unterstützende und beratende Aufgaben. Sie können je nach Bedarf in allen Phasen und auf allen Ebenen des Wandlungsprojekts eingesetzt werden. Besondere Bedeutung kommt ihnen bei der Konzeption des Projekts sowie bei der Lösung von Konflikten zu. Change Agents können sowohl interne Mitarbeiter als auch externe

6.4 Führung des Wandels

Berater sein. Beides hat Vor- und Nachteile (vgl. *Staehle*, 1999, S. 974). Für den Einsatz eines **externen Beraters** sprechen dessen Unbefangenheit, seine breite Erfahrung aus verschiedenen Projekten, seine bessere Akzeptanz in der Führung sowie seine Bereitschaft zu einschneidenden Veränderungen. **Interne Mitarbeiter** sind dagegen mit der Struktur und den Werten des Unternehmens besser vertraut und treffen bei ihren Kollegen auf eine höhere Akzeptanz. Sie eignen sich deshalb insbesondere als **Multiplikatoren** des Wandels, um Wandlungsbereitschaft aufzubauen. Auswahl und Einsatz der Change Agents erfolgen je nach Aufgabenstellung und Art des Wandels.

Eine unterstützende Funktion übernimmt auch das **Projektcontrolling**. Im Rahmen der Projektplanung ist der Controller für die Durchführung von Kostenschätzungen und die Aufstellung eines realistischen Projektbudgets verantwortlich. Darüber hinaus hat er auf die Quantifizierbarkeit und klare Beschreibung der mit dem Wandel verfolgten Ziele zu achten. Dies bildet die Basis der Projektsteuerung und der Beurteilung des Projekterfolgs im Rahmen der Projektkontrolle. Dabei geht es nicht nur um monetäre **Wertziele**. Sie eignen sich aufgrund ihrer Vergangenheitsorientierung nur bedingt zur Projektsteuerung und sind nur äußerst schwer prognostizierbar. Zur zeitnahen Steuerung der Wandlungsprozesse sind **Leistungsziele** erforderlich, mit denen die angestrebten Veränderungen in den einzelnen Phasen festgelegt werden. Ergänzend sollten **Sozialziele** bestimmt werden, mit denen die Akzeptanz des Wandels bei den Mitarbeitern verbessert wird. Im Rahmen der Umsetzung des Projekts sowie nach Abschluss des Wandels beurteilt der Projektcontroller die Erreichung der verfolgten Zielsetzungen mit Hilfe geeigneter Maßgrößen. Die Auswahl der Ziele und Maßgrößen hängt in hohem Maße von der Stoßrichtung des Wandels ab (vgl. *Bach/Steinhaus*, 2009, S. 340 ff.). Abb. 6.4.17 zeigt eine Auswahl von Projektkennzahlen für Aufbau-, Umbau- und Abbaumaßnahmen.

Projektcontrolling

Ziele

	Aufbau	**Umbau**	**Abbau**
Wertziele	- Investitionsvolumen - F&E-Aufwand - Umsatz Neugeschäft	- EVA - Marktkapitalisierung - Schulungsaufwand	- Rentabilität - Gewinn - Einsparungen
Leistungsziele	- Anzahl Neukunden - Anzahl neue Produkte - Entwicklungsdauer	- Anzahl Versetzungen - Qualitätskennzahlen - Kundenzufriedenheit	- Anzahl Mitarbeiter - Anzahl Standorte - Produktionskapazität
Sozialziele	- Anz. Neueinstellungen - Betriebszugehörigkeit	- Anzahl Schulungen - Fluktuationsrate	- Personalabbau ohne betriebsbed. Kündigung

Abb. 6.4.17: Mögliche Projektkennzahlen in Abhängigkeit der Stoßrichtung des Wandels (vgl. Bach/Steinhaus, 2009, S. 350)

Die im Rahmen des Wandlungsprojekts auftretenden Probleme sollten von der Projektleitung genau analysiert werden. Sie geben Hinweise für während des Veränderungsprozesses erforderliche Steuerungsmaßnahmen sowie für das Lernen für zukünftige Vorhaben. Wandlungsprojekte erhöhen die **Wandlungserfahrung** des Unternehmens. Sie sollte im Sinne einer lernenden Organisation (vgl. Kap. 8.2.4) und zur Verbesserung der organisationalen Wandlungsfähigkeit und -bereitschaft permanent erweitert und gepflegt werden. Da Initiativen des Wandels überall im Unternehmen entstehen können und auf der anderen Seite Wandel das gesamte Unternehmen betrifft, sollten die Fähigkeit und Bereitschaft hierzu möglichst breit verteilt sein. Auf diese Weise wird das Unternehmen in die Lage versetzt, erforderliche Veränderungen zu erkennen und umzusetzen.

Erfahrung aufbauen

6 Personal

Begrenzte Steuerbarkeit

Wandel ist durch die Führung **nur begrenzt steuerbar**. Er ist deshalb mit hohen Unsicherheiten und Risiken verbunden. Bei Wandlungsprojekten sollte die Führung deshalb stets auf unerwartete Entwicklungen und Auswirkungen vorbereitet sein. Sie gehören bei komplexen Wandlungsprozessen zur Normalität. Doch gerade die mangelnde Prognostizierbarkeit und Unbestimmtheit erfordert eine fundierte Planung und ein professionelles, mehrstufiges Projektmanagement. Nur auf diese Weise wird der Wandel nicht dem Zufall überlassen, sondern gezielt angegangen.

Wandel beim Sportartikelhersteller ERIMA

Die *ERIMA GmbH* in Pfullingen entwickelt und produziert qualitativ hochwertige Sportbekleidung für Mannschaften und Vereine, die über den Sportfachhandel europaweit vertrieben werden. Das Unternehmen erzielt heute mit mehr als 230 Mitarbeitern einen Umsatz von über 50 Mio. Euro. Die Firmenhistorie zeigt eindrucksvoll, wie das Unternehmen aus einer Krise durch tief greifende Veränderungen wieder wettbewerbsfähig wurde.

Der Aufstieg von ERIMA

Remigius Wehrstein gründete 1900 in Reutlingen die *Sportbekleidungsfabrik von Wirkwaren für Gymnastik, Turnen, Leichtathletik und Fechtsport*. 1928 wurde das Unternehmen an zwei ortsansässige Geschäftsleute verkauft, die 1936 Insolvenz anmeldeten. Daraufhin übernahm *Erich Mak* das Unternehmen. Aus dessen Initialen entstanden 1951 der neue Firmenname und die Marke *ERIMA* – ebenso wie bereits 1949 *Adi Dassler* seinem Unternehmen den Namen *Adidas* gegeben hatte.

Bereits Anfang der 1950er Jahre entwickelte *Erich Mak* moderne Kollektionen, die im Fuß- und Handball richtungsweisend waren. *ERIMA* begann daraufhin mit der breiten Ausstattung von Sportmannschaften und -verbänden. Zur damaligen Zeit wurde fast die gesamte Fußballbundesliga von *ERIMA* eingekleidet. Ab 1962 war *ERIMA* auch Partner des *DFB* und rüstete die deutsche Fußball-Nationalmannschaft aus, die 1974 in *ERIMA*-Trikots Weltmeister wurde. Darüber hinaus stattete *ERIMA* die deutschen Teams bei den olympischen Spielen zwischen 1960 und 1972 aus. Durch dieses Engagement stieg das Unternehmen zum bedeutendsten Hersteller von Sporttextilien in Deutschland auf. Die Ausstattung der Spitzenteams im Fuß- und Handball und bei den olympischen Spielen ließ sich bis dahin an den Trikots jedoch nicht erkennen, denn Trikotwerbung war damals noch verboten. *ERIMA* hatte auch noch kein Logo, das erst 1976 eingeführt wurde. Bei der Fußball-WM 1978 trug die deutsche Fußball-Nationalmannschaft erstmals das *ERIMA*-Logo mit den beiden Schwingen auf seinen Trikots. Dies wurde, wie in Abb. 6.4.18 zu sehen, auch durch eine Werbekampagne unterstrichen. Es sollte allerdings die letzte Fußball-WM sein, bei der *ERIMA*-Trikots getragen wurden.

Abb. 6.4.18: Die deutsche Fußball-Nationalmannschaft in ERIMA-Trikots bei der WM 1978

6.4 Führung des Wandels

1976 ist *ERIMA* als führende deutsche Qualitätsmarke für Mannschaftssporttextilien auf dem Zenit der Firmengeschichte. Das Unternehmen produzierte selbst und beschäftigte über 600 Mitarbeiter. Mit einem Umsatz von 48 Mio. DM und einer Eigenkapitalquote von 50 % war *ERIMA* kerngesund. *Adidas* gehörte inzwischen zu seinen Kunden und ließ dort Bademoden und Fußball-Trikots produzieren. 1976 war aber auch das Jahr, in dem sich das Blatt für *ERIMA* wendete. *Erich Mak* verkaufte mit 75 Jahren aus Altersgründen und mangels Nachfolger das Unternehmen an *Adidas*. Auch *Schiesser* und *Puma* waren damals an *ERIMA* interessiert.

ERIMA gerät in die Krise

Der Niedergang von *ERIMA* beginnt 1980. *Adidas* zieht sämtliche Sponsorenverträge, darunter die Fußball-Bundesligisten, die Fußball-Nationalmannschaft und die olympischen Mannschaften, von *ERIMA* ab und nutzt diese fortan selbst. Dadurch verliert das Unternehmen nach und nach an Bekanntheit. Im Jahr 1987 verlagert *Adidas* die Produktion seiner Bademoden und Fußball-Trikots nach Asien. Dadurch bricht bei *ERIMA* fast die Hälfte des Produktionsvolumens ein und das Unternehmen schrieb seit 50 Jahren erstmals rote Zahlen.

In dieser Situation versäumte es die damalige Führung, sich mehr um das Kerngeschäft des Mannschaftssports zu kümmern und dort um Marktanteile zu kämpfen. Stattdessen versuchte *ERIMA*, seine Produkte nun auch im Branchensegment „Sportmode" zu vermarkten. Mangelnde Erfahrung und eine missglückte Kollektion machten diesen Versuch, trotz der in Abb. 6.4.19 zu sehenden Werbekampagne mit *Thomas Gottschalk*, unweigerlich zum Misserfolg. Die Verluste stiegen dramatisch und die Situation erschien aussichtslos.

Abb. 6.4.19: Werbekampagne mit Thomas Gottschalk zum Einstieg ins Branchensegment Sportmode

Adidas entsendete 1995 seinen Manager *Wolfram Mannherz* in die Geschäftsführung von *ERIMA*, um das Unternehmen zu sanieren. „Es war ein Bauchladen mit Kraut und Rüben" erinnert sich *Mannherz*. „Die Kollektion war ein Sammelsurium verschiedenster Sportarten und die Produkte waren zu teuer. Es gab zu viele Segmente und kein Segment war rentabel. Neue Kollektionen wurden zu spät ausgeliefert und von den Fachhändlern deshalb häufig wieder zurückgeschickt." Darüber hinaus belasteten das Unternehmen hohe Fixkosten, insbesondere für Personal, Abschreibungen auf Lagerbestände sowie Mietverträge für ungenutzte Lagerräume. Durch die Schwäche von *ERIMA* hatten die Wettbewerber das Geschäft mit Fußballvereinen übernommen. Neben den beiden Marktführern *Adidas* und *Nike* waren darunter auch neue Konkurrenten wie *Jako* oder *Uhlsport*.

ERIMA wandelt sich

Der Wandel wurde durch die Rückbesinnung auf die einstige Kernkompetenz von *ERIMA* eingeleitet – den Mannschaftssport Fußball. Ziel war es, dort wieder der Beste zu sein. Alle anderen Geschäftsbereiche wurden eingestellt. Zunächst musste die neue Führung verstehen, wie das Teamsportgeschäft funktioniert und sich *ERIMA* dort gegenüber seinen Wettbewerbern differenzieren kann. Hierzu wurden die Fachhändler als Geschäftspartner einbezogen, um die spezifischen Kundenanforderungen in dieser Nische des Sportartikelmarkts kennenzulernen.

Das **Teamsportgeschäft** umfasst die komplette Ausstattung von Sportvereinen mit Trikots, Trainingsbekleidung, Bällen und Regenjacken mit einheitlichem Design. Da Vereine zwar laufend Bedarf, aber wenig finanzielle Mittel haben, sind sie auf Sponsoren wie z. B. lokale Banken oder Handwerksbetriebe angewiesen. Die Abwicklung erfolgt über den örtlichen Sportfachhändler. Die Vereine erwarten dabei eine schnelle Lieferung und die Möglichkeit zur Ersatzbeschaffung über mehrere Jahre. Alle internen Prozesse bei *ERIMA* wurden in der Folge auf die speziellen Anforderungen des Fußball-Teamsports konzentriert: Es wurden neue Produkte entwickelt, die Fertigung ins Ausland verlagert, Vertriebsanstrengungen zur Wiedereinführung der Marke bei den Fachhändlern gestartet, ein Kundenservice zur schnellen Auftragsabwicklung geschaffen sowie Lager und Logistik auf kurze Lieferzeiten ausgerichtet. Innerhalb dieses schwierigen, fünfjährigen Restrukturierungsprozesses mussten nicht nur die Strukturen und Abläufe erneuert, sondern auch die Denk- und Verhaltensweisen der Mitarbeiter verändert werden. Nachdem *ERIMA* 1998 noch ca. 4 Mio. DM Verlust gemacht hatte, erreichte es 1999 erstmals wieder ein ausgeglichenes Ergebnis – die Sanierung war erfolgreich. Da *ERIMA* für *Adidas* aber keine strategische Bedeutung besaß, sollte das Unternehmen nun gewinnbringend verkauft werden.

ERIMA verstetigt den Wandel und gewinnt zu neuer Stärke

Ausländische Investoren wie z. B. ein US-amerikanisches Kaufhaus interessierte nur der Warenbestand und das Unternehmen sollte liquidiert werden. Der damalige Geschäftsführer *Wolfram Mannherz* hatte aber eine andere Vision. Er wollte das Unternehmen zum führenden Spezialisten für den Mannschaftssport in Europa machen. Deshalb entschloss er sich im Jahr 2000, *ERIMA* selbst zu kaufen. Zunächst übernahm er von *Adidas* in einem Management-Buy-Out 49 % der Anteile und 2005 dann die restlichen 51 %.

In der Folge trieb er den eingeleiteten Wandel konsequent voran. Als Quelle für weiteres Wachstum wurde das Angebotsspektrum von Fußball zum **„Multi-Teamsport"** auf die Bereiche Tennis, Handball, Turnen und Laufen ausgeweitet. Hierfür wurde eine zentrale Trainingskollektion bestehend aus Trainingsanzügen, Polos, T-Shirts und Shorts entwickelt, die für alle Mannschaftssportarten genutzt werden kann. Dies ermöglichte höhere Bestellmengen, niedrigere Beschaffungspreise sowie geringere Gesamtlagerbestände. Spezifische Ausstattungen für einzelne Sportarten, wie z. B. Schienbeinschoner im Fußball, vervollständigen das Angebot. Durch die Ausweitung auf andere Sportarten wurde die Bekanntheit der Marke gesteigert und das Geschäftsrisiko reduziert. Das Multi-Teamsport-Geschäftsmodell ist darüber hinaus beliebig auf weitere Sportarten erweiterbar. Die Kollektionen sind in allen Größen vier Jahre lang vorrätig. Rund 10.000 Einzelartikel lagern auf 12.000 m² in *Pfullingen* und sind innerhalb von 48 Stunden lieferbar. Hinzu kommen 150.000 Hand-, Fuß- und Volleybälle auf weiteren 5.000 m² im Ball-Kompetenzzentrum in *Reutlingen*. Wesentlich für den erfolgreichen Wandel war auch die Aufstellung und Kommunikation der Unternehmenswerte im Jahr 2002 (vgl. Abb. 6.4.20).

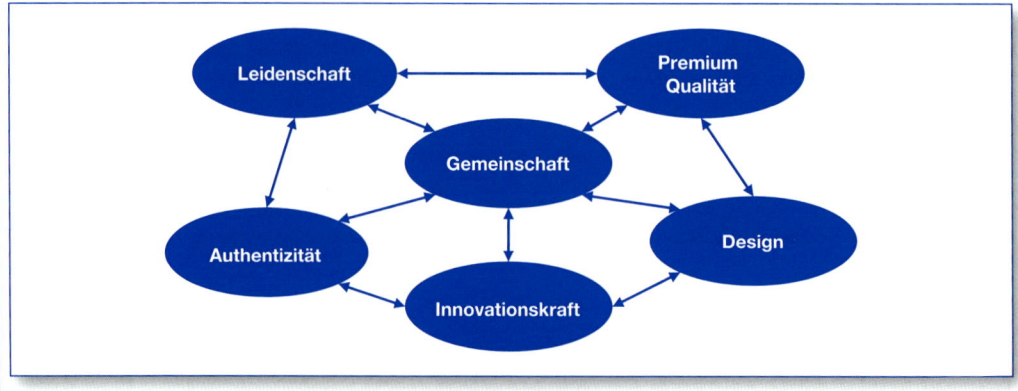

Abb. 6.4.20: Die neuen Werte von ERIMA

Produktbezogen setzt ERIMA auf hohe Qualität, innovative Textilien sowie moderne Designs. Personenbezogen stehen Gemeinschaft, Leidenschaft und Authentizität im Vordergrund. Beispielsweise informiert *Mannherz* seine Mitarbeiter in monatlichen Betriebsversammlungen persönlich und offen über Ziele, Fortschritte und die aktuelle Situation des Unternehmens. Das Gemeinschaftsgefühl wird auch durch Feiern wie z. B. dem Sommerfest, bei Jubiläen oder der Weihnachtsfeier gepflegt. Mit den Fachhändlern als direkten Kunden wird regelmäßig kommuniziert, um noch besser auf deren Wünsche eingehen zu können. Die Geschäftsführung lebt die Werte glaubhaft vor und dadurch können sich auch die Mitarbeiter damit identifizieren. Diese Werte werden im neuen Leitbild **„Gemeinsam gewinnen"** gebündelt. Ziel soll sein, dass Unternehmen, Mitarbeiter, Kunden und Lieferanten stets zusammen vom Erfolg profitieren.

Eine weitere Stufe zum Erfolg war die Steigerung des Bekanntheitsgrads von *ERIMA* als Teamsport-Marke. Hierfür wurde das Corporate Design durch ein neues Logo und eine aus der Markenhistorie abgeleitete grasgrüne Leitfarbe modernisiert. Mit dieser farblichen Positionierung hebt sich das Unternehmen auch deutlich von seinen Konkurrenten ab. Zunehmend wurden auch Partnerschaften mit Sportmannschaften, Vereinen und Spitzensportlern unter dem Firmenleitbild „Gemeinsam gewinnen" eingegangen. Darunter u. a. der Fußballverein *TSV 1860 München*, der Volleyballverein *TV Rottenburg*, der Handballverein *TBV Lemgo*, der deutsche Volleyball-Verband und der deutsche Turner-Bund. Aushängeschild des Unternehmens ist der mehrfache Europa- und Weltmeister im Kunstturnen *Fabian Hambüchen*. Mit der Saison 2012/13 kehrte *ERIMA* in die Fußball-Bundesliga zurück und wurde neuer Ausrüster des *1. FC Köln*. Darüber hinaus baut das Unternehmen seine Bekanntheit durch verstärktes Marketing weiter aus. In einer Kooperation mit dem TV-Sender *SPORT 1* präsentiert *ERIMA* seit 2011 u. a. die Handball-Bundesliga, die Sendung „HATTRICK – Die 2. Bundesliga" und schaltet Splitscreen-Spots in reichweitenstarken Fußball-Formaten wie „Bundesliga Pur".

ERIMA ist heute europaweit in über 6.000 Sportfachgeschäften vertreten. Nach *Mannherz* „spricht sich die Marke Mund zu Mund und über Platzhirsche auch ohne große Ladenpräsenz herum". Der Erfolg gibt ihm Recht: Seit 1998 hat er den Umsatz mehr als verdoppelt und der Marke *ERIMA* zu neuem Glanz verholfen.

6.4.5 Grundsätze erfolgreichen Wandels

Fehler, die Veränderungen scheitern lassen und mühsam erzielte Fortschritte im Wandelprozess wieder zunichtemachen, sind (vgl. *Kotter*, 2009, S. 141 ff.; 2012, S. 3 ff.):

Häufige Fehler

- **Kein Gespür für die Brisanz der Lage:** Wird die Notwendigkeit des Wandels nicht klar veranschaulicht, dann wird sich kaum jemand für die Veränderung einsetzen. Herrscht im Unternehmen Selbstgefälligkeit vor, dann können Transformationen nicht ihr Ziel erreichen.

- **Kein schlagkräftiges Leitungsteam:** Veränderungen benötigen eine ausreichend starke Führungskoalition mit Führungskompetenz, Fachwissen, Einfluss und Beziehungen. Tiefgreifender Wandel ist ohne die Unterstützung der obersten Führung nicht realisierbar.

- **Fehlende Vision und Strategie:** Wandel erfordert eine klare, emotional ansprechende Vision, welche dessen Ziele verständlich macht sowie eine Strategie zur Umsetzung. Die Vision spielt eine Schlüsselrolle, denn sie hilft, die Aktionen der Beteiligten zu inspirieren und in die gleiche Richtung zu lenken.

- **Mangelhafte Kommunikation:** Wandel ist nur möglich, wenn er von einer breiten Basis getragen wird. Die Mitarbeiter müssen die Vision verstehen und akzeptieren sowie von deren Umsetzbarkeit überzeugt sein. Passt das Verhalten des Leitungsteams und der obersten Führungskräfte nicht zur Vision, dann wird dadurch jegliches Engagement untergraben und Zynismus macht sich breit.

- **Kein Abbau von Hindernissen:** Damit engagierte Mitarbeiter an der Veränderung mitwirken können, müssen sie über die erforderlichen Handlungsfreiräume verfügen, um nicht nach erfolgloser Anstrengung frustriert aufzugeben.
- **Keine schnellen Erfolge:** Da Veränderungen häufig viel Zeit benötigen, sind kurzfristige Erfolgserlebnisse wichtig, um den Schwung des Wandels zu erhalten. Ohne solche Erfolge geben während eines langen Wandelprozesses viele Mitarbeiter auf oder treten in den aktiven Widerstand.
- **Zu frühe Siegeserklärung:** Der zur Erreichung eines grundlegenden Wandels erforderliche Zeitraum darf nicht unterschätzt werden. Entsteht nach den ersten Erfolgen der Eindruck, die Arbeit wäre schon getan, dann gerät der Veränderungsprozess leicht ins Stocken. Die erzielten Verbesserungen sind jedoch fragil und können schnell wieder verloren gehen.
- **Keine Verankerung in der Unternehmenskultur:** Sind neue Verhaltensweisen nicht durch gemeinsame Wertvorstellungen abgesichert, dann besteht bei nachlassendem Veränderungsdruck die Gefahr, dass sie verfälscht und lächerlich gemacht werden und sich alte Verhaltensweisen nach und nach wieder einschleichen.

Erfolgsgrundsätze

Zusammenfassend lassen sich daraus einige Grundsätze ableiten, die für eine erfolgreiche Durchführung von Veränderungsprozessen von Bedeutung sind. Da es in der Unternehmensführung keine „Kochrezepte" gibt, kann im Einzelfall auch ein bewusstes Abweichen hiervon sinnvoll sein. Obwohl einige dieser Regeln bereits aus den Anfängen der Erforschung des Wandels stammen, haben sie bis heute nichts an ihrer praktischen Relevanz verloren. **Grundsätze erfolgreichen Wandels** sind (vgl. *Lawrence*, 1954; *Lewin*, 1963; *Lippitt* et al., 1991):

- **Konsens:** Die Umsetzung des Wandels sollte auf Basis einer möglichst breiten Übereinstimmung in der Belegschaft über den erforderlichen Wandlungsbedarf erfolgen. Diese sollte deshalb im Vorfeld durch entsprechende Maßnahmen geschaffen werden.
- **Betroffene zu Beteiligten machen:** Der Einbezug in die Konzeption sowie die frühzeitige Beteiligung an der Umsetzung wirkt sich positiv auf die Wandlungsbereitschaft der Mitarbeiter aus.
- **Verpflichtung:** Die Mitarbeiter sollten zur Anwendung der neuen Verhaltensweisen formell verpflichtet werden.
- **Anreize:** Die Unterstützung des Wandels sollte mit positiven Anreizen und das Opponieren mit negativen Sanktionen belegt werden.
- **Wandelmedium Gruppe:** Veränderungen sollten immer auf Gruppen bezogen werden. Sie geben dem Einzelnen Kraft und Schutz, wodurch vor allem Ängste reduziert und der Wandel beschleunigt werden kann.
- **Kooperation:** Partnerschaftliches Verhalten in und zwischen Gruppen fördert den Zusammenhalt („Wir-Gefühl") und damit die Wandlungsbereitschaft.
- **Projektmanagement und -controlling:** Ein komplexes Wandlungsprojekt sollte in einzelne aufgabenspezifische, dezentrale Teilprojekte zerlegt und diese zentral koordiniert werden. Die Definition von Meilensteinen mit laufender Fortschrittskontrolle und schnellem Feed-back beschleunigen die Veränderung.
- **Wandelzyklus:** Veränderungsprozesse folgen einem verallgemeinerbaren Zyklus. Zu Beginn sollte eine Auflockerung („Unfreezing") erfolgen, in der die Wandlungs-

bereitschaft erzeugt wird. Nach Abschluss der Veränderung ist eine Stabilisierung („Refreezing") erforderlich, die den Wandel verstetigt.

- **Kommunikation:** Durch eine frühzeitige und authentische Information der Betroffenen über die Ursachen und Ziele des Wandels lassen sich Ängste und damit verbundene Widerstände abbauen. Auf diese Weise soll ein Klima des Vertrauens geschaffen werden.
- **Erfolgserlebnisse:** Die Schaffung und Kommunikation frühzeitiger Erfolgserlebnisse fördert die Motivation der Beteiligten und ist für die Stabilisierung des Wandels hilfreich.
- **Treiber des Wandels:** Die Führung ist ein wichtiger Promotor des Wandels. Ihre Aufgabe ist es, die Veränderung voranzutreiben und neue Verhaltensweisen vorzuleben.

Die Führung steht heute nicht mehr vor der Entscheidung, ob betriebliche Veränderungen stattfinden oder nicht. Sie kann aber bestimmen, in welcher Form und mit welchem Erfolg der Wandel vollzogen wird. Ein agierendes, gestaltendes Vorgehen ist dabei einer reagierenden, passiven Anpassung vorzuziehen, um den langfristigen Unternehmenserfolg sicherzustellen.

Management Summary

- Wandel findet permanent auf allen Ebenen mit verschiedener Ausprägung und Intensität statt. Nach dem Umfang der Zustandsänderung wird zwischen inkrementalem und fundamentalem Wandel unterschieden, die sich meist abwechseln.
- Die Führung des Wandels hat die Aufgabe, den zur Erreichung der Unternehmensziele erforderlichen Wandel zu erkennen, aktiv zu fördern und systematisch zu gestalten sowie die realisierten Veränderungen sicherzustellen und im Unternehmen zu verankern.
- Formen des Wandels sind nach der Reichweite der zu bewältigenden Änderungen: Restrukturierung, Reorientierung, Revitalisierung und Remodellierung.
- Wandel ist ein zyklischer Prozess mit den Phasen Auftauen (Unfreezing), Verändern (Moving) und Einfrieren (Refreezing).
- Wandel bewegt sich im Spannungsfeld von Wandlungsbedarf, -bereitschaft und -fähigkeit.
- Wandel verursacht interne und externe Widerstände. Unternehmensinterne Widerstände können personell oder organisatorisch bedingt sein.
- Die generelle Haltung zum Wandel und die Einstellung gegenüber der jeweiligen Veränderung prägen das Verhalten der Mitarbeiter. Diese gruppieren sich in Promotoren, fundamentale Opponenten, Opportunisten und fallweise Opponenten.
- Mitarbeiter erleben in Veränderungsprozessen eine emotionale Berg- und Talfahrt.
- Wandel lässt sich nur in begrenztem Umfang gezielt gestalten.
- Stoßrichtungen des Wandels sind Aufbau, Umbau und Abbau.
- Die Implementierungsstrategie beschreibt die grundsätzliche Vorgehensweise zur erfolgreichen Umsetzung des Wandels im Unternehmen. Optionen sind die Bombenwurf-Strategie (strikt direktiv Top-down), Schneeball-Strategie (partizipativ Top-down) und Entrepreneur-Strategie (Bottom-up).

6 Personal

- Die Kommunikation ist eine zentrale Querschnittsaufgabe, mit der die Wandlungsbereitschaft und -fähigkeit der Mitarbeiter verbessert werden kann.
- Wandel findet in komplexen Projekten mit hoher Unsicherheit statt. Dies erfordert eine fundierte Planung und ein professionelles, meist mehrstufiges Projektmanagement.

Literaturempfehlungen

Krüger, W. (Hrsg.): Excellence in Change, 4. Aufl., Wiesbaden 2009.

Kotter, J.: Leading Change, München 2012, und *Kotter, J./Rathgeber, H.:* Das Pinguin-Prinzip: Wie Veränderung zum Erfolg führt, München 2006.

Lewin, K.: Feldtheorie in der Sozialwissenschaft, Bern/Stuttgart 1963.

Empfehlenswerte Fallstudien zum Kapitel 6.4 aus Dillerup, R./Stoi, R. (Hrsg.)

3.4 Strategiegeleitetes Wandlungsprogramm der FLEXITEC GmbH *(Brehm, C./Steinhaus, H.)*

5.5 Projektmanagement der Firma Häußler GmbH & Co. KG *(Haas, M.)*

6.6 Beyond Budgeting bei dm-drogerie markt *(Pfläging, N./Selders, J.)*

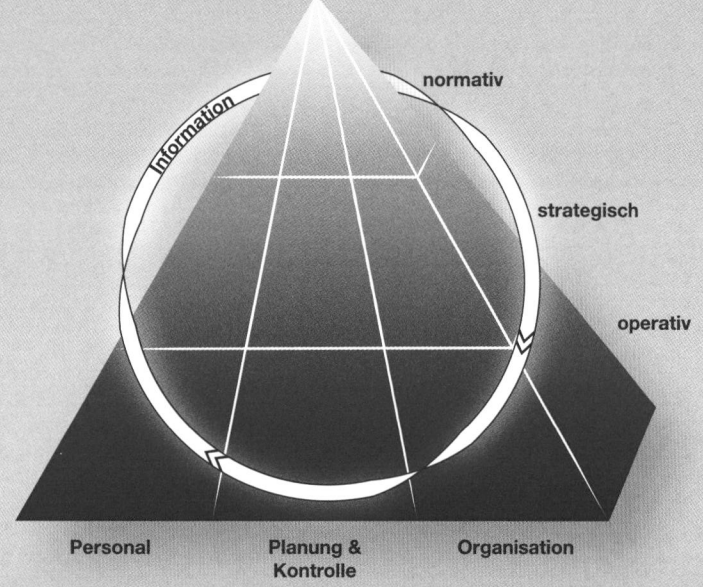

7. Informationsmanagement

7.1 Grundlagen 717
    7.1.1 Bedeutung von Information und Kommunikation 718
    7.1.2 Aufgabenbereiche des Informationsmanagements 720

7.2 Informationswirtschaft 724
    7.2.1 Informationsbedarfsermittlung 726
    7.2.2 Informationsbeschaffung 728
    7.2.3 Informationsübermittlung 734
    7.2.4 Informationsverwendung 750

7.3 Informationssysteme und -technik 755
    7.3.1 Informationssysteme 756
    7.3.2 Informationstechnik 764

7.4 Koordination des Informationsmanagements 768
    7.4.1 Organisation und personelle Verantwortung 769
    7.4.2 Strategische Rolle des Informationsmanagements 771
    7.4.3 IT-Controlling 776

7.1 Grundlagen

> **Leitfragen**
> - Welche Rolle spielen Information und Kommunikation für die Unternehmensführung?
> - Welche Aufgaben hat das Informationsmanagement?
> - Wie wird das Informationsmanagement im Unternehmensführungssystem eingeordnet?

Informationen sind das Rohmaterial für die Entscheidungen der Unternehmensführung. Führungsentscheidungen sind nur so gut, wie die Informationen, auf denen sie beruhen. Informationen werden auf allen Ebenen und in allen Phasen der Unternehmensführung benötigt (vgl. Kap. 1.3.2.3). Sie ermöglichen, verbinden und koordinieren die Führungsfunktionen Personal, Planung und Kontrolle sowie Organisation. Zudem verknüpfen sie das Führungssystem mit dem Ausführungssystem. Im Führungskreislauf werden Informationen aufgenommen, zur Entscheidungsfindung interpretiert und verarbeitet sowie in Form von Zielen, Plänen und Anweisungen weitergegeben. Erfolgreiche Unternehmensführung zeichnet sich durch systematisches Erkennen und konsequentes Ausnutzen von Informationsvorsprüngen im Wettbewerb aus (vgl. *Kemper* et al., 2011, S. 448 ff.). Unternehmensführung ist somit ohne Informationsversorgung nicht möglich.

Informationen

Führungsinformationen sollen in der richtigen Menge, in der richtigen Qualität, zum richtigen Zeitpunkt und am richtigen Ort vorliegen. Dies ist Aufgabe des **Informationsmanagements** als zentraler **Unterstützungsfunktion** der Unternehmensführung. Das Informationsmanagement ist für den Informationsfluss verantwortlich, der im Führungssystem als umlaufender Kreis symbolisiert wird (vgl. Abb. 7.1.1).

Informationsmanagement

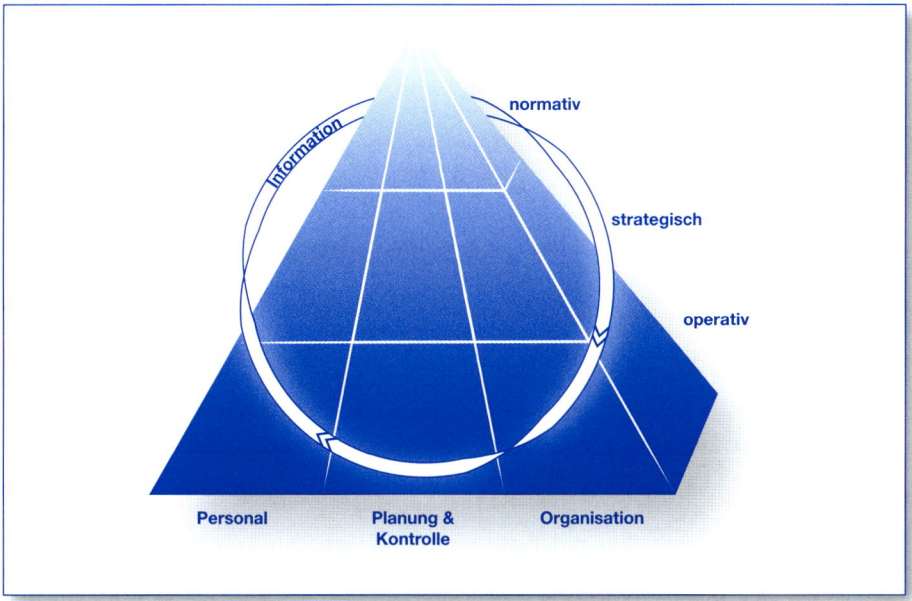

Abb. 7.1.1: Der Informationsfluss im System der Unternehmensführung

7 Informationsmanagement

Im Folgenden werden zunächst die Bedeutung von Information und Kommunikation sowie die Aufgaben des Informationsmanagements beschrieben. Danach werden die Informationswirtschaft (Kap. 7.2) und die Informationssysteme und -technik (Kap. 7.3) als wesentliche Aufgabenbereiche des Informationsmanagements dargestellt. Abschließend wird in Kap. 7.4 auf die Koordination des Informationsmanagements durch die Unternehmensführung eingegangen.

7.1.1 Bedeutung von Information und Kommunikation

Obwohl häufig von Information und Kommunikation gesprochen wird, sind diese Begriffe nicht eindeutig definiert. Nachfolgend wird deshalb zunächst erläutert, was unter Information und Kommunikation verstanden werden soll. Im Anschluss wird auf deren Bedeutung für die Unternehmensführung eingegangen.

Informationsbegriff

Informationen können je nach Kontext und Interpretation von unterschiedlicher Bedeutung sein. In einem umgangssprachlichen Verständnis ist Information eine Mitteilung, die in einem bestimmten Moment vom jeweiligen Adressaten als wichtig angesehen wird (vgl. *Seiffert*, 1971, S. 24). Für eine führungsorientierte Betrachtung ist die in Abb. 7.1.2 dargestellte schrittweise **Annäherung an den Informationsbegriff** besser geeignet (vgl. *Hopfenbeck*, 2002, S. 111 ff.; *North*, 2011, S. 36 ff.; *Probst* et al., 2010, S. 22 ff.):

- **Zeichen** sind zusammenhanglose Elemente einer Gesamtmenge, die Zeichenvorrat genannt wird. Sie dienen zur Darstellung und Beschreibung von Daten. Beispiele für Zeichen sind Buchstaben und Ziffern.
- **Daten** bestehen aus Zeichen, die nach bestimmten Regeln (Syntax) angeordnet sind. Sie entstehen bei allen betrieblichen Aktivitäten, haben aber ohne die Einbindung in einen Kontext keine Bedeutung für unternehmerische Entscheidungen. Daten lassen sich speichern, bearbeiten und übermitteln. Sie sind der Rohstoff für Informationen.
- **Informationen** sind Daten, die als Grundlage von Entscheidungen dienen und damit einen Verwendungszweck oder Problembezug erhalten.

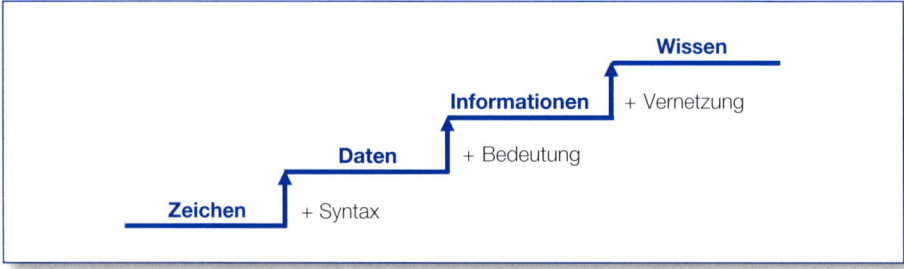

Abb. 7.1.2: Zusammenhang von Zeichen, Daten, Informationen und Wissen (vgl. North, 2011, S. 36)

Wissen

Werden Informationen miteinander verknüpft und vom Entscheidungsträger bewusst interpretiert, dann entsteht daraus **Wissen**. Hierzu muss der Entscheidungsträger die Informationen verstehen, d. h. mit seinem Entscheidungskontext, seinen individuellen Erfahrungen und den verfolgten Zielen verknüpfen. Ansonsten sind die Informationen

7.1 Grundlagen

für die Entscheidungsfindung wertlos. Im Gegensatz zu Informationen ist Wissen an Personen gebunden und verbessert deren Kenntnisse und Fähigkeiten, Probleme zu lösen. Wissen ist allgemein die Gesamtheit von Kenntnissen und Fähigkeiten zur Lösung von Problemen (vgl. *Probst* et al., 2010, S. 22).

Durch **Wissensmanagement** soll das intern vorhandene Wissen zum Nutzen des Unternehmens verwendet und gesteigert werden. Das in einem Unternehmen verfügbare Wissen stellt zunehmend einen bedeutenden Wettbewerbsfaktor dar. Da Wissen personenbezogen ist, bezieht sich das Wissensmanagement insbesondere auf die Mitarbeiter des Unternehmens. Das Wissensmanagement wird ausführlich in Kap. 8.2 dargestellt.

Wissensmanagement

Eine weit verbreitete Definition bezeichnet Informationen als „zweckbezogenes Wissen" (vgl. *Wittmann*, 1993, S. 14). Als Zweck wird dabei die Vorbereitung von Handlungen oder Entscheidungen angesehen. Da Wissen aber erst durch die Vernetzung von Informationen entsteht, ist die Beschreibung der Information als zweckbezogener Anteil des Wissens nicht sinnvoll. Darüber hinaus ist Wissen an Menschen gebunden, während Informationen z. B. auch in schriftlichen Aufzeichnungen oder Datenbanken enthalten sein können. Informationen sind deshalb die Bausteine menschlichen Wissens.

Informationen sind immaterielle Güter, die aber nicht kostenlos zur Verfügung stehen (vgl. *Witte*, 1972, S. 64). Es sind **Wirtschaftsgüter**, wenn sie (vgl. *Bode*, 1993, S. 61 f.)

Wirtschaftsgüter

- entsprechend der Zielsetzung des Unternehmens für den Zweck geeignet,
- im Wirkungsbereich des Unternehmens vorhanden und verfügbar,
- zwischen verschiedenen Wirkungsbereichen übertragbar und
- relativ knapp sind sowie
- nachgefragt werden.

Für ein Unternehmen können Informationen zugleich Rohstoff, Betriebsmittel oder Endprodukt sein. Die Verarbeitung von Informationen ist für das Unternehmen wertschöpfend (vgl. *Reichwald*, 2005, S. 249 ff.). Deshalb lassen sich Informationen auch als **Produktionsfaktor** ansehen (vgl. *Pietsch* et al., 2004, S. 39).

Produktionsfaktor

Aufgrund ihres immateriellen Charakters verfügen Informationen über besondere **Eigenschaften** (vgl. *Picot/Franck*, 1988b, S. 608 ff.; *Pietsch* et al., 2004, S. 46 f. sowie Kap. 8.3):

Immaterielles Gut

- Sie werden durch ihre Nutzung nicht verbraucht,
- Sie lassen sich in digitaler Form ohne Wertverlust und fast beliebig teilen,
- Ihre Vervielfältigung und Weitergabe verursacht keine oder nur geringe Kosten,
- Ihr Wert ist nur schwer bestimmbar und von Zeit und Kontext abhängig,
- Ihre Sicherheit und ihr Schutz ist problematisch,
- Sie können gleichzeitig im Besitz mehrerer Personen sein und
- das Erweitern, Weglassen, Auswählen und Verdichten verändert ihre Qualität.

Der Austausch und die Übermittlung von Informationen erfolgt durch **Kommunikation**. Diese kann zwischen Personen, zwischen Personen und Computern (Mensch-Maschine-Kommunikation) oder zwischen Computern stattfinden. Bei der Kommunikation werden Informationen in Form von Nachrichten ausgetauscht. Der Adressat empfängt die Nachricht, welche für seine Zwecke relevante Daten enthält und dementsprechend für ihn eine Information darstellt (vgl. *Reichwald*, 2005, S. 257).

Kommunikation

7 Informationsmanagement

> **!** **Kommunikation** ist der Austausch von Informationen zur aufgabenbezogenen Verständigung (vgl. *Reichwald*, 2005, S. 257).

Für die Unternehmensführung ist Kommunikation die Basis für die Koordination arbeitsteiliger Prozesse. Ohne Kommunikation können weder innerhalb des Unternehmens noch über die Unternehmensgrenzen hinweg Leistungen ausgetauscht werden. Darüber hinaus dient sie auch dem Aufbau und der Pflege zwischenmenschlicher Beziehungen, wobei teilweise der Informationsinhalt in den Hintergrund tritt. Ein Beispiel ist eine Unterhaltung über das Wetter. Besonders im Rahmen der Personalfunktion (vgl. Kap. 6) gestaltet die Unternehmensführung durch die Kommunikation das Betriebsklima und nimmt damit Einfluss auf die Arbeitszufriedenheit und Motivation der Mitarbeiter (vgl. *Reichwald*, 2005, S. 249 ff.).

Rolle der Kommunikation

Die Tätigkeit der Unternehmensführung besteht somit zu einem wesentlichen Teil aus Kommunikation. Führungskräfte nehmen z. B. Informationen in Form von Ergebnisberichten oder Marktstudien entgegen, diskutieren diese mit Kollegen und Fachleuten z. B. aus dem Marketing oder Controlling und treffen daraufhin Entscheidungen, die sie an die nachgeordneten Ebenen kommunizieren.

> **!** **Information und Kommunikation** bilden die Grundlage für die Führung eines Unternehmens als arbeitsteilige Organisation. Sie sind zentrale Bestandteile wirtschaftlichen Handelns (vgl. *Reichwald*, 2005, S. 249).

7.1.2 Aufgabenbereiche des Informationsmanagements

Aus der Bedeutung der Information und Kommunikation für die Unternehmensführung folgt, dass die betrieblichen Informationsflüsse und Kommunikationsprozesse innerhalb und zwischen den Führungsfunktionen und -ebenen aktiv zu gestalten sind. Dies ist Gegenstand des Informationsmanagements. Es soll die Entscheidungsprozesse der Unternehmensführung durch organisatorische, personelle und technische Maßnahmen der Informationsversorgung unterstützen. Das Informationsmanagement stellt somit selbst keine Funktion der Unternehmensführung dar. Es dient vielmehr auf allen Führungsebenen der Unterstützung der grundlegenden Führungsfunktionen Personal, Planung und Kontrolle sowie Organisation.

Informationsmanagement

> **!** **Informationsmanagement** umfasst die Planung, Steuerung und Kontrolle der Information und Kommunikation in einem Unternehmen sowie der hierzu erforderlichen Informationssysteme und -technik (vgl. *Heinrich/Stelzer*, 2011, S. 1; *Krcmar*, 2010, S. 1).

Diese Unterstützungsfunktion umfasst nicht nur Aspekte der Information, sondern bezieht stets die Kommunikation mit ein. Sie soll eine effektive und effiziente Gestaltung und Verwendung von Informationen und der dazugehörigen Informations- und Kommunikationsinfrastruktur im Unternehmen sicherstellen (vgl. *Horton*, 1981). Richtigerweise müsste deshalb vom Informations- und Kommunikationsmanagement

7.1 Grundlagen

gesprochen werden. Da die Bezeichnung Informationsmanagement jedoch allgemein gebräuchlich ist, wird sie auch im Folgenden verwendet.

Bei der Beschreibung des Aufgabenspektrums lassen sich drei **Ansätze des Informationsmanagements** unterscheiden (vgl. *Krcmar*, 2010, S. 31 ff.):

- **Problem- und aufgabenorientierte Ansätze** (vgl. *Benson/Parker*, 1985; *Cash* et al., 1992; *Griese*, 1990; *Heinrich/Stelzer*, 2011; *Seibt*, 1990) sind an den Problemen bzw. Aufgaben des Informationsmanagements ausgerichtet. Sie verzichten meist auf zusammenhängende Darstellungen betriebswirtschaftlicher und technischer Aspekte. Stattdessen beinhalten sie überwiegend Aufzählungen und detaillierte Beschreibungen der zu lösenden Probleme bzw. Aufgaben. Durch ihre in der Regel geringe Strukturierung sind sie für eine ganzheitliche Darstellung des Informationsmanagements kaum geeignet. Die darauf aufbauenden prozessorientierten Konzepte (vgl. *Österle* et al., 1992) fassen deshalb Aufgaben zu Informationsmanagementprozessen zusammen.

- **Architekturorientierte Ansätze** (vgl. *Scheer*, 2002; *Zachman*, 1987) beschäftigen sich mit der technischen Gestaltung von Informationssystemen. Der Aufbau des betrieblichen Informationssystems soll ganzheitlich erfasst und strukturiert werden. Besonders bekannt ist das Architekturmodell *ARIS* (Architektur integrierter Informationssysteme) von *Scheer*.

- **Ebenenorientierte Ansätze** beschreiben den hierarchischen Zusammenhang zwischen den Aufgaben des Informationsmanagements und der hierfür eingesetzten Informations- und Kommunikationstechnik. Das von *Wollnik* (1988) entwickelte Referenzmodell unterscheidet die drei Ebenen Informations- und Kommunikationsinfrastruktur, Informationssysteme und Informationseinsatz.

Ansätze

Im Folgenden wird das Informationsmanagement nach seinen Aufgabenschwerpunkten in zwei **Bereiche** unterteilt (in Anlehnung an *Krcmar*, 2010, S. 50 ff.; *Wollnik*, 1988, S. 38 ff.):

Aufgabenbereiche

- Die **Informationswirtschaft** beinhaltet die fachlichen Aufgaben der Informationsversorgung der Unternehmensführung. Die Informationswirtschaft bedient sich zur Erfüllung ihrer Aufgaben der Informationssysteme und -technik.

- **Informationssysteme und -technik** umfasst die technischen Aufgaben der Gestaltung der Informationsinfrastruktur und der darauf aufbauenden Informationssysteme. Aufgrund ihrer technischen Ausrichtung werden die von *Wollnik* unterschiedenen Ebenen Informations- und Kommunikationsinfrastruktur und Informationssysteme hierunter zusammengefasst.

Die Aufgabenbereiche des Informationsmanagements betreffen alle Führungsfunktionen und -ebenen. Es ist somit wie in Abb. 7.1.3 als **unterstützende Querschnittsfunktion** in das System der Unternehmensführung einzuordnen. Darin sind die zwei Bereiche des Informationsmanagements als dritte Dimension dargestellt, die sich auf alle Ebenen und Funktionen der Unternehmensführung bezieht. Aufgrund des Stellenwertes der Information und der daraus resultierenden Bedeutung des Informationsmanagements muss es auf die Anforderungen der Unternehmensführung abgestimmt sein.

Der Unternehmensführung kommen folgende Aufgaben der **Koordination des Informationsmanagements** zu:

Koordinationsaufgabe

- **Organisatorische Gestaltung** des Informationsmanagements zur Abstimmung der Informationssysteme und -technik auf die Anforderungen der Informationswirtschaft sowie zur Festlegung der hierarchischen Stellung, Strukturierung und personellen Verantwortung des Informationsmanagements.

7 Informationsmanagement

- **Strategische Ausrichtung** des Informationsmanagements im Bezug auf die Unternehmensstrategie. Dabei ist insbesondere die strategische Rolle der Informationssysteme und -technik für das Unternehmen zu bestimmen.
- **IT-Controlling** zur Sicherstellung der Effektivität und Wirtschaftlichkeit des Informationsmanagements.

Die Aufgabenbereiche des Informationsmanagements und deren Koordination werden in den folgenden Kapiteln dargestellt.

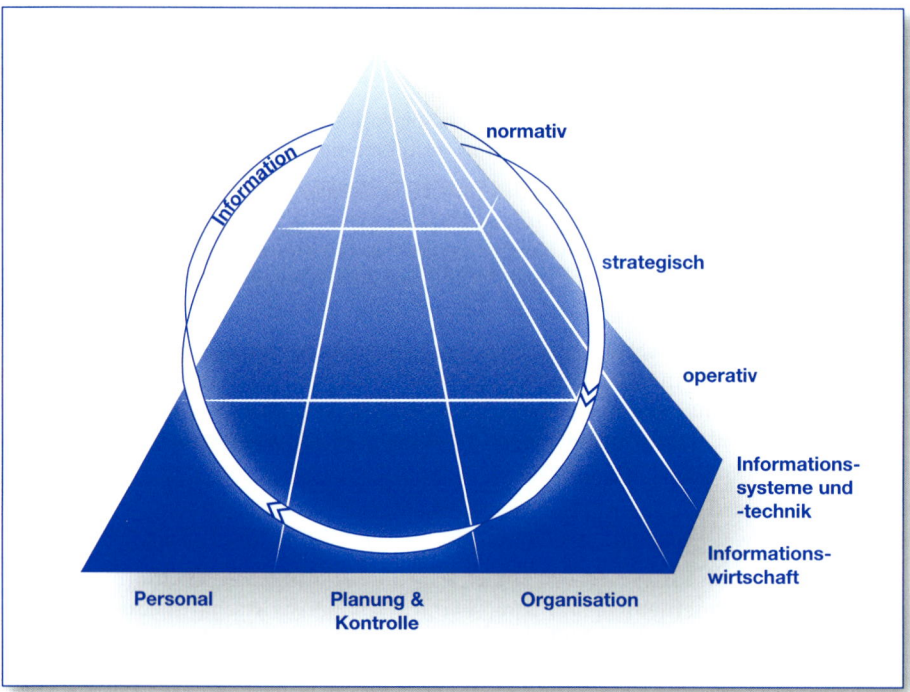

Abb. 7.1.3: Informationsmanagement als unterstützende Querschnittsfunktion der Unternehmensführung

Management Summary

- Information und Kommunikation sind für die Aufgaben der Unternehmensführung unverzichtbar. Sie sind zentrale Bestandteile wirtschaftlichen Handelns.
- Informationen sind Daten, die zur Grundlage von Entscheidungen dienen und damit einen Verwendungszweck oder Problembezug haben.
- Kommunikation ist der Austausch von Informationen zur aufgabenbezogenen Verständigung.
- Informationsmanagement umfasst die Planung, Steuerung und Kontrolle der Information und Kommunikation sowie der hierzu erforderlichen Informationssysteme und -technik eines Unternehmens.

- Informationswirtschaft betrifft die fachlichen Aufgaben der Informationsversorgung.
- Informationssysteme und -technik umfassen die technischen Aufgaben der Gestaltung der Informationsinfrastruktur und der darauf aufbauenden Informationssysteme.
- Die Koordination des Informationsmanagements beinhaltet die Festlegung der Strategie und Organisation sowie die Sicherstellung der Wirtschaftlichkeit durch das Controlling.

Literaturempfehlungen

Heinrich, L.J./Stelzer, D.: Informationsmanagement, 10. Aufl., München u. a. 2011.

Krcmar, H.: Informationsmanagement, 5. Aufl., Berlin u. a. 2010.

Empfehlenswerte Fallstudien zum Kapitel 7.1 aus Dillerup, R./Stoi, R. (Hrsg.)

7.1 Kommunikationskultur der Technohype AG *(Griesfelder, R.)*
7.2 Datenmanagement für die Projektorganisation der Informasoft GmbH *(Roth, G.)*
7.3 Prozessmanagement und Electronic Business bei der Informasoft GmbH *(Roth, G.)*
7.4 Online-Marketing bei der epubli GmbH *(Dörnemann, J.)*

7 Informationsmanagement

7.2 Informationswirtschaft

Leitfragen
- Welche Führungsinformationen sind erforderlich?
- Woher stammen Führungsinformationen?
- Wie werden Führungsinformationen am besten übermittelt?

Aufgaben Die Informationswirtschaft soll die für sämtliche Entscheidungen der Unternehmensführung relevanten Informationen ermitteln, beschaffen und bereitstellen. Der Informationsbedarf der Unternehmensführung soll durch ein adäquates Informationsangebot gedeckt und somit ein **informationswirtschaftliches Gleichgewicht** erreicht werden. Die Herausforderung ist dabei heutzutage eher die Flut an Informationen, der die Entscheidungsträger oft gegenüberstehen.

! Die **Informationswirtschaft** soll die von der Unternehmensführung benötigten Informationen dem richtigen Empfänger mit angemessener Genauigkeit und Verdichtung rechtzeitig und wirtschaftlich zur Verfügung stellen.

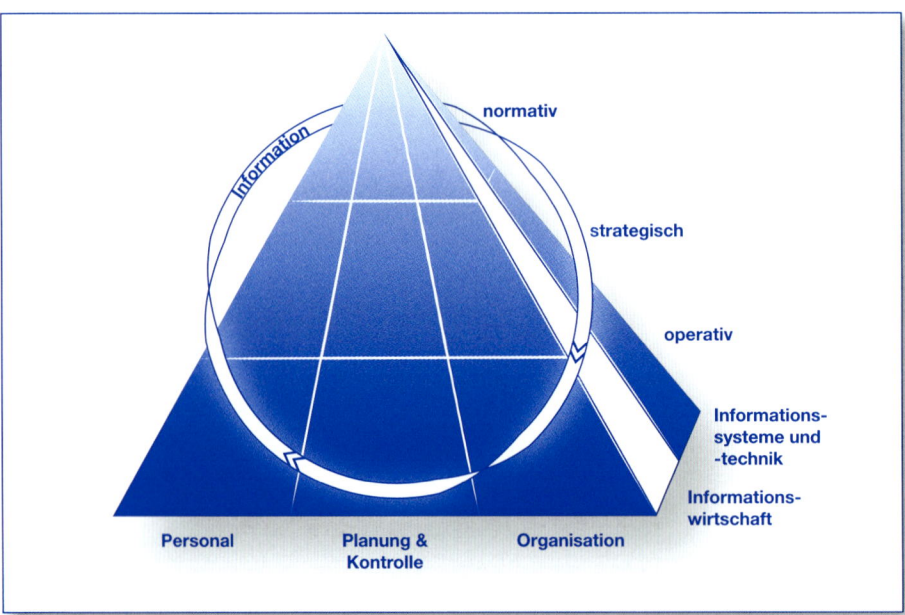

Abb. 7.2.1: Informationswirtschaft im System der Unternehmensführung

Zur Erfüllung ihrer Aufgaben greift die Informationswirtschaft auf Informationssysteme und -technik zurück. Sie bestimmt daher die Anforderungen an deren Gestaltung, Funktion und Struktur. Die Informationsversorgung soll möglichst effektiv und effizient erfolgen. Die Beschaffung, Verarbeitung und Weitergabe von Informationen ist jedoch

7.2 Informationswirtschaft

mit Kosten verbunden. Aus diesem Grund muss die Informationswirtschaft auch eine Betrachtung der Wirtschaftlichkeit von Informations- und Kommunikationsprozessen und eine Bewertung des Nutzens von Informationen beinhalten.

Die Informationswirtschaft soll folgende **Fragen** beantworten:

- Welche Informationen sind für eine Entscheidung erforderlich?
- Wie und woher lassen sich diese Informationen beschaffen?
- Wie sollen diese Informationen an die Unternehmensführung übermittelt werden?
- Welche Bedeutung haben diese Informationen für die Entscheidung?

Ziel der Informationswirtschaft ist es, den **Informationsstand** des Entscheidungsträgers zu optimieren. Hierzu sind Informationsangebot, -nachfrage und -bedarf in Einklang zu bringen. Der Informationsstand ist der Teil des nachgefragten Informationsangebots, der objektiv zur Entscheidungsfindung erforderlich ist. Die Optimierung des Informationsstandes soll vor allem durch ein Informationsangebot erreicht werden, das am Informationsbedarf ausgerichtet ist (vgl. *Reichwald*, 2005, S. 267 f.).

> Der **Informationsbedarf** bezeichnet die Art, Menge und Qualität an Informationen, die ein Entscheidungsträger aus objektiver Sicht für die Durchführung einer Entscheidung benötigt (vgl. *Picot* et al., 2010, S. 81; *Szyperski*, 1980, S. 904).

Der Informationsbedarf wird somit durch die zu treffende Entscheidung bestimmt. Bekommt der Entscheidungsträger diesen zur Verfügung gestellt, dann hat er prinzipiell alle Informationen, um sich richtig entscheiden zu können. Dem Informationsbedarf steht jedoch das **subjektive Informationsbedürfnis** des Empfängers gegenüber. Das sind diejenigen Informationen, von denen der Empfänger glaubt, dass sie für seine Entscheidung von Bedeutung sind. Ein Teil des subjektiven Informationsbedarfs wird vom Entscheidungsträger als **Informationsnachfrage** angefordert. Das **Informationsangebot** stellt schließlich die Informationen dar, welche dem Entscheidungsträger durch die Informationswirtschaft bereitgestellt werden (vgl. *Picot* et al., 2010, S. 81). Abb. 7.2.2 veranschaulicht diesen Zusammenhang.

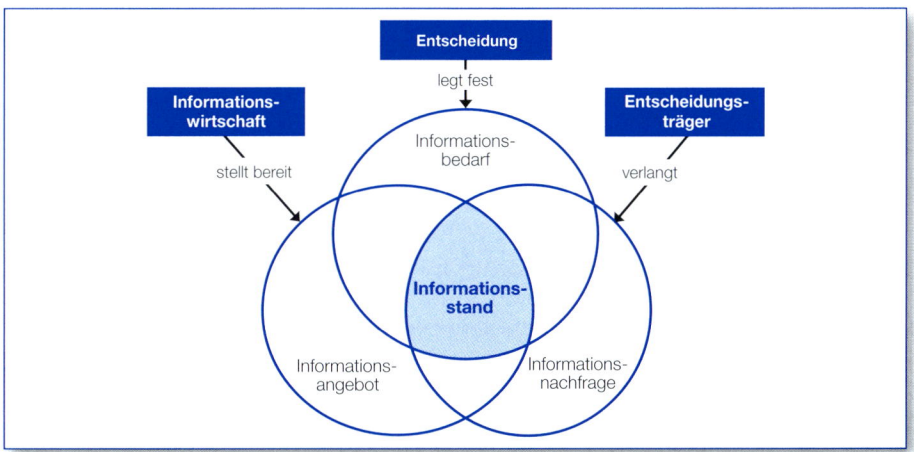

Abb. 7.2.2: Zusammenhang und Bestimmungsfaktoren von Informationsangebot, -nachfrage und -bedarf (in Anlehnung an Picot et al., 2010, S. 82)

Der Entscheidungsträger fällt seine Entscheidung auf Basis der Schnittmenge aus Informationsangebot und -nachfrage. Zwischen objektivem Informationsbedarf und subjektiven Informationsbedürfnis bestehen oft große Unterschiede. Dies ist in zweierlei Hinsicht problematisch: Zum einen werden entscheidungsrelevante Informationen nicht als solche erkannt. Zum anderen kann dies dazu führen, dass die Entscheidung auf irrelevanten Informationen basiert. Je größer die Diskrepanz zwischen Informationsbedarf und subjektivem Informationsbedürfnis, umso höher ist die Gefahr einer Fehlentscheidung.

Informationsversorgungsprozess

Die Aufgaben der Informationswirtschaft lassen sich in folgende **Phasen des Informationsversorgungsprozesses** aufteilen (in Anlehnung an *Berthel*, 1992, Sp. 872 ff.; *Krcmar*, 2010, S. 59 ff.; *Picot/Franck*, 1988a, S. 544 ff.):

- **Informationsbedarfsermittlung:** Ausgangspunkt der Informationsversorgung ist die Bestimmung der für eine Entscheidung objektiv erforderlichen Informationen. Auf Basis von Informationsbedarf und -nachfrage wird das Informationsangebot festgelegt.
- **Informationsbeschaffung:** Das Informationsangebot wird aus internen und externen Quellen beschafft.
- **Informationsübermittlung:** Das Informationsangebot wird den Entscheidungsträgern anforderungsgerecht zur Verfügung gestellt.
- **Informationsverwendung:** Die Entscheidungsträger fragen die Informationen nach und basieren darauf ihre Entscheidung.

Fällt die Beschaffung und Verwendung von Informationen zeitlich auseinander, dann sind diese in geeigneter Form zu speichern. Diese Aufgabe kommt überwiegend den Informationssystemen zu, die hierzu die Informationstechnik nutzen (vgl. Kap. 7.3). Die Phasen des Informationsversorgungsprozesses werden im Folgenden erläutert.

7.2.1 Informationsbedarfsermittlung

> **!** Bei der **Informationsbedarfsermittlung** werden die für eine Entscheidung objektiv erforderlichen Informationen bestimmt.

Abhängig von Aufgabenstruktur

Die Bestimmbarkeit des objektiven Informationsbedarfs hängt von der jeweiligen Aufgabe und den dabei zu treffenden Entscheidungen ab. Maßgeblich hierfür ist die **Strukturiertheit** der Aufgabe. Sie gibt an, inwieweit das angestrebte Ergebnis (Was soll erreicht werden?) sowie die dafür erforderlichen Lösungsschritte (Wie soll es erreicht werden?) im Voraus bekannt sind (vgl. *Reichwald*, 2005, S. 265 ff.):

- Bei **gut strukturierten Aufgaben** kann der Informationsbedarf grundsätzlich ermittelt und das Informationsangebot darauf abgestimmt werden. Beispiele sind die Bestellung von Rohstoffen oder die Verbuchung von Rechnungen. Fallen diese Aufgaben häufig in ähnlicher Form an, lässt sich die Informationsversorgung planen und automatisieren. Bei komplexen oder sich laufend ändernden Aufgaben ist dies aus Zeit- und Kostengründen nicht sinnvoll.
- Bei **schlecht strukturierten Aufgaben** kann der Informationsbedarf nur schwer oder gar nicht bestimmt werden. Beispiele sind Grundlagenforschung oder normative Unternehmensführung. Problematisch ist dabei, dass gerade schlecht strukturierte

Aufgaben häufig einen hohen Informationsbedarf haben. In diesem Fall sollte deshalb die Informationsbeschaffung weitgehend dem Entscheidungsträger überlassen und ihm dafür geeignete Informationssysteme zur Verfügung gestellt werden. Die Entscheidungsqualität hängt in hohem Maße davon ab, ob der Entscheidungsträger die relevanten Informationen bestimmen und richtig interpretieren kann. Er sollte deshalb durch organisatorische und personelle Maßnahmen unterstützt werden. Beispiel für eine organisatorische Maßnahme ist die Entscheidungsfindung durch ein interdisziplinäres Team. Eine personelle Maßnahme ist z. B. die Schulung des Entscheidungsträgers in der Anwendung der Informationssysteme und der Interpretation der dort enthaltenen Informationen.

Bei gut strukturierten Aufgaben kann der Informationsbedarf grundsätzlich mit folgenden **Verfahren** bestimmt werden (vgl. *Horváth*, 2011, S. 313; *Küpper*, 2008, S. 180 ff.):

- **Dokumentenanalyse:** Der Informationsbedarf wird aus den Dokumenten wie z. B. Statistiken oder Berichten abgeleitet, die dem Entscheidungsträger für einzelne Entscheidungen zur Verfügung stehen.
- **Befragung:** Der Informationsbedarf wird mit Hilfe von Interviews, Fragebögen oder Berichten aus den Einschätzungen und Wünschen der Entscheidungsträger bestimmt.
- **Aufgabenanalyse:** Der Informationsbedarf wird durch die Analyse des Ablaufs einer Aufgabenlösung ermittelt. Daraus wird ein Informationskatalog erstellt, der typische Informationen zur Erfüllung der anstehenden Aufgabe enthält. Dies sind z. B. Informationen über Unternehmen, Markt, Zulieferer oder Wettbewerber. Darüber hinaus lassen sich Planungsmodelle erstellen, die den Informationsbedarf zur Lösung eines bestimmten Entscheidungsproblems zeigen, wie z. B. die Bestimmung der optimalen Losgröße.

Das Problem der Aufgabenanalyse liegt in der erforderlichen Vereinfachung und Generalisierung. Dadurch lässt sich der Informationsbedarf einer konkreten Entscheidung in vielen Fällen nicht ausreichend genau ermitteln. Dokumentenanalyse und Befragung unterstellen, dass sich die vorhandenen Dokumente im Laufe der Zeit an den Informationsbedarf annähern bzw. die Entscheidungsträger eine Einschätzung des Informationsbedarfs treffen können. Der objektive Informationsbedarf wird dadurch nicht ermittelt, sondern mit dem Informationsangebot bzw. dem subjektiven Informationsbedürfnis gleichgesetzt. In der Praxis werden häufig mehrere Verfahren der Informationsbedarfsermittlung verwendet, um durch die Kombination der Ergebnisse eine möglichst gute Einschätzung zu erhalten (vgl. *Horváth*, 2011, S. 313 ff.).

Für die Unternehmensführung sind **strategische Informationen** von besonderer Bedeutung. Sie sollen frühzeitig Signale für zukünftige Chancen und Risiken liefern sowie Stärken und Schwächen des Unternehmens aufdecken. Strategische Informationsvorsprünge können Wettbewerbsvorteile ermöglichen. Aus diesem Grund sollten die relevanten Beobachtungsbereiche nicht eingeschränkt werden. Die strategische Bedeutung einer Information kann sich schnell ändern bzw. auch erst im Laufe der Zeit ergeben. Während operative Informationen für konkrete Entscheidungen ermittelt werden, geht es beim strategischen Informationsbedarf um die Suche nach Entscheidungsmöglichkeiten. Strategische Informationen sind deshalb unsicher, überwiegend qualitativer Natur und damit wenig präzise. Besondere Schwierigkeiten ergeben sich bei der Prognose der Auswirkungen strategischer Entscheidungen. Da strategische Aufgaben meist schlecht strukturiert sind, lässt sich der strategische Informationsbedarf mit den oben genannten Verfahren nicht bestimmen (vgl. *Bea/Haas*, 2009, S. 281 ff.; *Horváth*, 2011, S. 319 ff.).

7 Informationsmanagement

Kritische Erfolgsfaktoren

Eine Möglichkeit zur Ermittlung des strategischen Informationsbedarfs ist die **Methode der kritischen Erfolgsfaktoren** (vgl. Kap. 3.1.2.3). Dabei wird unterstellt, dass für jedes Unternehmen einige wenige kritische Erfolgsfaktoren (KEF) existieren, die über Erfolg oder Misserfolg entscheiden. Beispiele sind Image, Produktionskosten oder Innovationsfähigkeit. Die Ermittlung dieser Faktoren und ihrer Zusammenhänge erfolgt durch Befragung von Führungskräften. Im Anschluss daran werden Maßgrößen für die kritischen Erfolgsfaktoren und die hierfür erforderlichen Informationen abgeleitet. Auf diese Weise wird der Kern des strategischen Informationsbedarfs festgelegt. Die Subjektivität der Ermittlung soll durch Befragung einer möglichst großen Zahl an Führungskräften und dem Einbezug von Methodenspezialisten verringert werden. Die Methode der kritischen Erfolgsfaktoren macht den Entscheidungsträgern diejenigen Faktoren bewusst, denen die größte Aufmerksamkeit gewidmet werden soll. Dadurch steuert sie die Suche und Auswahl von strategisch relevanten Informationen (vgl. *Picot* et al., 2010, S. 81; *Rockart*, 1979, S. 85 ff.).

7.2.2 Informationsbeschaffung

> ! Auf Basis der Ergebnisse der Informationsbedarfsermittlung wird bei der **Informationsbeschaffung** festgelegt, welche Informationen zu welchem Zeitpunkt, aus welchen Quellen und für welche Entscheidungsträger beschafft werden sollen.

Ermittlung des Informationswerts

Informationsbeschaffung verursacht Kosten. Generell sind diese umso höher, je genauer, aktueller und exklusiver die Informationen sein sollen. Aus Gründen der Wirtschaftlichkeit sollten Informationen deshalb nur dann beschafft werden, wenn ihr zu erwartender Nutzen diese Kosten übersteigt. Deshalb sollte vor der Beschaffung von Informationen deren **Informationswert** ermittelt werden. Dabei steht die Informationswirtschaft jedoch vor einigen grundsätzlichen **Problemen** (vgl. *Berthel*, 1975, S. 54 ff.; *Horváth*, 2011, S. 324; *Reichwald*, 2005, S. 253 f.):

- **Informationsparadoxon/Zirkelproblem:** Für eine exakte, quantitative Bestimmung des Nutzens einer Information muss diese bekannt sein. Ist die Information aber bekannt, dann muss sie nicht mehr beschafft werden.

- **Prognoseunsicherheit:** Eine Informationsbewertung auf Grundlage von Prognosen setzt voraus, dass zukunftsbezogene Informationen sich aus der Vergangenheit ableiten lassen. Dies ist jedoch meist nicht möglich. Das Problem wird dadurch verschärft, dass nicht nur die Informationen selbst, sondern auch deren Wirkungen prognostiziert werden müssen.

- **Zurechnungsproblem:** Entscheidungen der Unternehmensführung und die damit erwirtschafteten Erträge beruhen auf einer Vielzahl von Informationen. Eine Bestimmung des Erfolgsanteils einzelner Informationen ist deshalb kaum möglich.

- **Detaillierungsproblem:** Je höher der Detaillierungsgrad einer Information, umso größer ist ihr potenzieller Nutzen. Allerdings erfordert die Erhebung detaillierter Informationen einen höheren Zeitaufwand, wodurch die Aktualität und dadurch auch der Informationswert sinkt.

In der Praxis werden die angesprochenen Probleme pragmatisch gelöst, indem der erwartete Informationsnutzen wie z. B. Kosteneinsparungen oder Ertragssteigerungen nach Wahrscheinlichkeit und Quantifizierbarkeit unterteilt wird. Diese Aspekte werden dann bei der Entscheidung über die Informationsbeschaffung abgewogen (vgl. *Horváth*, 2011, S. 324).

Die Informationsbeschaffung kann einmalig oder in regelmäßigen Abständen erfolgen. Informationen können dabei grundsätzlich aus internen oder externen Quellen beschafft werden. Externe Quellen sind z. B. Lieferanten, Kunden, Geschäftspartner oder das Internet. Interne Quellen sind z. B. eigene Mitarbeiter oder betriebliche Informationssysteme. Im Folgenden werden exemplarisch Prognosen und Früherkennungssysteme für die Beschaffung strategischer Informationen sowie das Rechnungswesen als interne Informationsquelle dargestellt.

Informationsquellen

7.2.2.1 Prognosen und Früherkennungssysteme

Die Beschaffung strategischer Informationen erfolgt durch die Analyse des Unternehmens und seiner Umwelt sowie durch die Prognose ihrer zukünftigen Entwicklung. Strategische Informationen beziehen sich auf Stärken und Schwächen des Unternehmens sowie Chancen und Risiken der Unternehmensumwelt (vgl. Kap. 3.3.1).

> **Prognosen** sind Aussagen über zu erwartende Ereignisse, die auf Beobachtungen der Vergangenheit und Annahmen über deren Zustandekommen basieren (vgl. *Brockhoff*, 2011, S. 785).

Es handelt sich um Voraussagen, dass bestimmte Sachverhalte in der Zukunft vorliegen oder eintreten werden. Prognosen beschreiben mögliche zukünftige Zustände des Unternehmens und der Unternehmensumwelt. Sie können kurz-, mittel- oder langfristig sein. Es ist aber nicht sichergestellt, dass bisherige Erfahrungen und beobachtete Entwicklungen auch für die Zukunft bzw. den zu prognostizierenden Sachverhalt gültig sind. Aus diesem Grund sind Prognosen immer mit **Unsicherheit** verbunden (vgl. *Berthel*, 1975, S. 265 f.; *Klein/Scholl*, 2011, S. 281).

Prognosen können fehlschlagen, wenn (vgl. *Brockhoff*, 2011, S. 786 ff.):

- die Hypothesen über die zu berücksichtigenden Größen und deren Einfluss auf den zu prognostizierenden Sachverhalt nicht ausreichend zutreffen oder veraltet sind,
- die verfügbaren empirischen Daten zu ungenau oder fehlerhaft sind,
- unvorhersehbare Ereignisse eintreten,
- methodische Fehler bei der Erstellung gemacht oder
- wesentliche Zusammenhänge übersehen wurden.

Fehlerursachen

Für die Durchführung von Prognosen existiert eine Vielzahl an **Prognoseverfahren**. Diese lassen sich grundsätzlich nach der Art der Datengewinnung und -verarbeitung einteilen in (vgl. *Klein/Scholl*, 2011, S. 283):

Verfahren

- **Quantitative Verfahren** werden mit statistischen und mathematischen Methoden erstellt. Es sind weitgehend rationale, bedingte Vorhersagen, die sich logisch aus quantitativen Daten ableiten. Beispiele sind Zeitreihenanalysen oder Indikatormodelle.
- **Expertengestützte Verfahren** sind subjektive Einschätzungen auf Basis der Erfahrung oder Intuition von Experten. Beispiele sind Vorhersagen von Wissenschaftlern über zukünftige technologische Entwicklungen oder die Delphi-Methode.

- **Simulationsverfahren** spielen Umweltentwicklungen und/oder Wirkungen von Handlungsalternativen durch, um eine Einschätzung der Zukunft abgeben zu können. Ein Beispiel ist die auf Stichprobenexperimenten basierende Monte-Carlo-Simulation.

Zur Prognose gesamtwirtschaftlicher oder branchenbezogener Entwicklungen können externe Quellen wie z. B. Branchenverbände oder statistische Bundes- und Landesämter herangezogen werden. Prognosen der Markt- oder Technologieentwicklung und deren Bedeutung für das Unternehmen sind vor allem Aufgabe interner Organisationseinheiten wie z. B. Marketing oder Forschung und Entwicklung.

Self fulfilling prophecy

Prognosen verfügen auch über eine gewisse **Eigendynamik**. Sie können sich selbst erfüllen oder auch widerlegen. Ein Beispiel für eine selbst erfüllende Prognose (self fulfilling prophecy) ist die Vorhersage eines steigenden Aktienkurses eines bekannten Börsenexperten, die eintritt, weil viele Menschen dessen Kaufempfehlung folgen. Eine sich selbst widerlegende Prognose könnte die Vorhersage einer negativen Geschäftsentwicklung sein, die so viel Initiative und Einsatz bei den Mitarbeitern freisetzt, dass die prognostizierte Situation verhindert wird. Die Eigendynamik von Prognosen eröffnet somit für die Unternehmensführung auch die Chance, zukünftige Entwicklungen in gewünschte Bahnen zu lenken (vgl. *Brockhoff*, 2011, S. 788 f.).

Szenariotechnik

Zur Beschaffung strategischer Informationen kommt häufig als ein expertengestütztes Prognoseverfahren die **Szenariotechnik** zum Einsatz. Dabei werden qualitative Expertenschätzungen quantitativ aufbereitet und analysiert. Als Szenarien werden mögliche zukünftige Zustände von Unternehmen und der Unternehmensumwelt bezeichnet, die aus der gegenwärtigen Situation systematisch und nachvollziehbar abgeleitet werden. Die große Zahl möglicher Szenarien wird zu wenigen repräsentativen Szenarien verdichtet. Diese potenziell in der Zukunft auftretenden Entwicklungen stellen Rahmenbedingungen dar, für die strategische Handlungsalternativen erarbeitet werden. Die Szenarien zeigen nicht nur mögliche Bilder der Zukunft, sondern auch die Entwicklung dorthin. Dabei ist es nicht erforderlich, alle möglichen Szenarien zu betrachten. Zweckmäßig sind zwei aussagekräftige, konträre und stabile Szenarien, welche zum Denken in Alternativen anregen. Die Szenariotechnik dient nicht vorrangig Prognosezwecken, sondern soll vielmehr erklären, wie zukünftige Entwicklungen zustande kommen. Die Schwankungsbreite zukünftiger Situationen bildet wie in Abb. 7.2.3 dargestellt einen Trichter, der sich aufgrund der zunehmenden zukünftigen Entscheidungsmöglichkeiten immer weiter öffnet. Die Grenzen des Trichters ergeben sich aus den Szenarios, welche die beiden Entwicklungsrichtungen abbilden. Die optimistische Betrachtung wird als „Best Case" und die pessimistische als „Worst Case" bezeichnet. Ausgehend vom wahrscheinlichsten Szenario werden die Auswirkungen möglicher Störungen und die bestehenden Reaktionsmöglichkeiten analysiert (vgl. *Geschka/Hammer*, 1990, S. 314 ff.; *Klein/Scholl*, 2011, S. 329 ff.).

Früherkennung

Chancen und Risiken werden in der Praxis häufig zu spät erkannt. Um Krisen abzuwenden und Chancen nicht zu verpassen, werden **Früherkennungssysteme** eingesetzt.

> **Früherkennungssysteme** sollen potenzielle Chancen und Risiken durch die Beobachtung und Analyse relevanter und noch nicht allgemein wahrnehmbarer Sachverhalte frühzeitig signalisieren (vgl. *Horváth*, 2011, S. 339 f.).

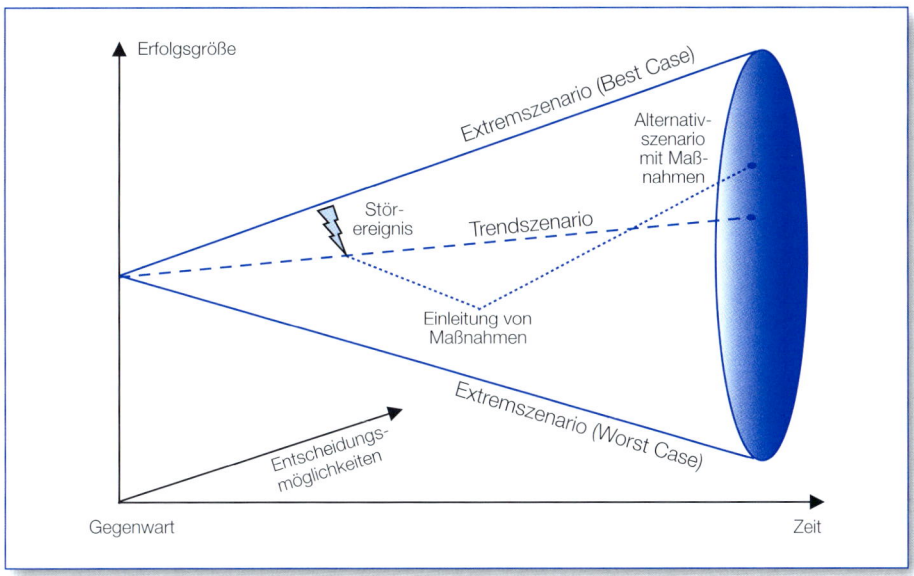

Abb. 7.2.3: Szenariotechnik (in Anlehnung an Geschka/Hammer, 1990, S. 315)

Nach ihrer Leistungsfähigkeit werden folgende **Generationen** von Früherkennungssystemen unterschieden (vgl. *Bea/Haas*, 2009, S. 316 ff.; *Krystek/Müller-Stewens*, 2006, S. 181 ff.):

- **1. Generation: Kennzahlenmodelle** basieren auf Informationen des traditionellen Rechnungswesens wie z. B. Umsatz- oder Gewinnentwicklung. Die Früherkennung erfolgt durch Vergleich zwischen geplanten und realisierten bzw. prognostizierten Größen. Unerwartete Veränderungen lassen sich auf diese Weise nicht erkennen.

- **2. Generation: Indikatorenmodelle** signalisieren zukünftige Veränderungen auf Basis statistischer Zusammenhänge mit Hilfe quantitativer Indikatoren. Ein Beispiel ist die Prognose des Auftragseingangs bei einem Windelhersteller auf Basis der Geburtenrate. Entscheidend für die Früherkennung ist es, dass die Indikatoren auch tatsächlich einen Zusammenhang mit der zu prognostizierenden Größe aufweisen und einen entsprechend hohen zeitlichen Vorlauf haben. Beispielsweise dürfte die Populationsentwicklung der Störche als Auftragseingangsindikator für den Windelhersteller ungeeignet sein. Durch die Fokussierung auf ausgewählte Zusammenhänge besteht die Gefahr, dass Chancen und Risiken übersehen und unvorhergesehene Entwicklungen nicht erkannt werden.

- **3. Generation:** Der **strategische Radar** basiert auf der Annahme, dass strategisch relevante Veränderungen von Menschen initiiert werden und auf Meinungen oder Äußerungen von Schlüsselpersonen oder -organisationen beruhen. Grundlage ist das Konzept der schwachen Signale von *Ansoff* (1976). Danach können unerwartete Entwicklungen der Unternehmensumwelt durch schwache Signale im Vorfeld erkannt und in der strategischen Planung berücksichtigt werden. Diese Anzeichen sollen möglichst breit erfasst und ihre Auswirkung auf das Unternehmen interpretiert werden. Ein Beispiel hierfür wäre die Äußerung des deutschen Umweltministers, den CO_2-Ausstoß langfristig reduzieren zu wollen. Dies könnte für einen Automobilhersteller ein schwaches Signal sein, über die Entwicklung eines umweltfreundlicheren Motors nachzudenken.

Drei Generationen: Kennzahlen, Indikatoren und strategisches Radar

7.2.2.2 Informationen aus dem Rechnungswesen

> **!** Aufgabe des **Rechnungswesens** ist die mengen- und wertmäßige Erfassung vergangener, gegenwärtiger und zukünftiger wirtschaftlicher Abläufe (vgl. *Coenenberg* et al., 2012, S. 7).

Internes/ externes Rechnungswesen

Das Rechnungswesen dient sowohl für externe als auch interne Adressaten als Informationsquelle. Nach den **Informationsempfängern** lässt sich unterscheiden (vgl. *Ewert/ Wagenhofer*, 2008, S. 3 ff.; *Weber/Schäffer*, 2011, S. 105 f., S. 133 ff.):

- Das **interne Rechnungswesen** ist nur betriebsinternen Informationsempfängern zugänglich. Um entscheidungsrelevante Informationen zu liefern, sollen die betrieblichen Vorgänge so realistisch und wahrheitsgemäß wie möglich abgebildet werden. Wesentliche Bestandteile sind die Kosten- und Leistungsrechnung sowie die Investitions- und Finanzrechnung.

- Das **externe Rechnungswesen** dient der Rechenschaftslegung für unternehmensexterne Informationsempfänger wie z. B. Anteilseigner, Staat oder Banken. Es dokumentiert betriebliche Vorgänge und Ergebnisse aufgrund gesetzlicher oder vertraglicher Verpflichtungen. Bestandteile sind die Finanzbuchhaltung als Datenbasis sowie die Bilanz und Gewinn- und Verlust-Rechnung als Auswertungsrechnungen. Das externe Rechnungswesen soll die Vermögens-, Finanz- und Ertragslage des Unternehmens darstellen.

Aufgrund handels- und steuerrechtlicher Bilanzierungs- und Bewertungsvorschriften sowie durch den Einfluss bilanzpolitischer Überlegungen stellt das externe Rechnungswesen die betriebliche Realität meist nur unzureichend dar. Für Entscheidungen der Unternehmensführung ist es deshalb keine geeignete Basis. Hierfür dienen die Informationen des internen Rechnungswesens. Es ist nicht durch externe Vorgaben geregelt, sondern wird nach den Anforderungen des Unternehmens erstellt. Darüber hinaus ist es wesentlich differenzierter und bietet die Möglichkeit, unterschiedliche Betrachtungsobjekte wie z. B. einzelne Geschäftsbereiche oder Produkte zu analysieren (vgl. *Weber/ Schäffer*, 2011, S. 105 f., S. 133 ff.).

Integration

Aufgrund der unterschiedlichen Empfänger des internen und externen Rechnungswesens haben sich diese in den vergangenen Jahrzehnten immer weiter auseinander entwickelt. Doppelarbeiten, komplexe Rechnungssysteme und schwere Interpretierbarkeit der unterschiedlichen Ergebnisse waren die Folge. Daher gibt es Bemühungen, das externe und interne Rechnungswesen wieder zu harmonisieren. Diese Entwicklung wird durch die zunehmende Internationalisierung des Rechnungswesens begünstigt. Die internationalen Rechnungslegungsnormen wie z. B. IFRS (*International Financial Reporting Standards*) sind vor allem auf die Informationsbedürfnisse der Anleger ausgerichtet. Die Wirtschaftlichkeit der Informationsbeschaffung wird durch die **Integration des Rechnungswesens** verbessert, da die Informationen nur einmal erfasst, aber mehrfach verwendet werden. Das externe Rechnungswesen führt zu finanziellen Folgen in Form von Gewinnausschüttungen und Steuerzahlungen. Darüber hinaus beeinflussen die Informationen des externen Rechnungswesens die Entscheidungen externer Anspruchsgruppen wie z. B. Kapitalgeber. Aus diesen Gründen sind sie auch für die Unternehmensführung von hoher Bedeutung. Konkret bedeutet die Reintegration, dass intern orientierte Bilanzen bzw. Ergänzungsrechnungen erstellt werden, die die Aussagefähigkeit der bisherigen Buchhaltung und Bilanz für die internen Entscheidungen verbessern.

7.2 Informationswirtschaft

Dazu werden insbesondere vorausschauende Planbilanzen und Plan-Gewinn- und Verlust-Rechnungen aufgestellt. Auf diese Weise lassen sich bilanzielle Auswirkungen von Entscheidungsalternativen verdeutlichen, Maßnahmen der Bilanzpolitik bewerten und externe Empfänger frühzeitig informieren. Gegen eine vollständige Integration sprechen jedoch spezifische interne Anforderungen an die Entscheidungsunterstützung durch das Rechnungswesen. Hierfür kann z. B. der Einbezug von Planwerten oder Opportunitätskosten sinnvoll sein (vgl. *Ewert/Wagenhofer*, 2008, S. 64 ff.; *Hax*, 2002, S. 758 ff.; *Horváth*, 2011, S. 362 f., 366 ff.).

Das interne Rechnungswesen dient vor allem zur Beschaffung **operativer Informationen**. Im Vordergrund stehen die Zielgrößen Periodenerfolg und Liquidität sowie die Abbildung des zugrunde liegenden Ressourcenverbrauchs (vgl. *Ewert/Wagenhofer*, 2008, S. 5 ff.):

- **Investitions- und Finanzrechnungen** sind der liquiditätsorientierte Teil des betrieblichen Rechnungswesens. Sie stellen periodisierte Ein- und Auszahlungen bzw. Einnahmen und Ausgaben gegenüber. Investitionsrechnungen sollen die Wirtschaftlichkeit von Investitionen beurteilen und Finanzrechnungen die Liquidität sicherstellen. Die Finanzrechnung verfolgt neben der Vermeidung einer Zahlungsunfähigkeit auch weitere finanzwirtschaftliche Zielsetzungen. Beispiele sind der Abbau unrentabler Überliquidität oder die Absicherung von Währungsrisiken. *Investitions- und Finanzrechnung*

- Die **Kosten- und Leistungsrechnung** bildet den betrieblichen Prozess der Leistungserstellung ab. Der bewertete Güterverzehr (Kosten) und die bewertete Güterausbringung (Leistung) wird durch Vorgabe, Prognose, Ermittlung und Kontrolle gesteuert. Betrachtet werden Produkte, Produktionsverfahren oder Organisationseinheiten und die damit verbundenen Entscheidungen. Beispiele sind Make or Buy-Entscheidungen oder die Ermittlung von Preisuntergrenzen. Die kurzfristige Erfolgsrechnung ermittelt den betrieblichen Erfolg für unterjährige Zeiträume. Dies können z. B. Wochen, Monate oder Quartale sein. Auf diese Weise können die Ursachen des betrieblichen Erfolgs oder Misserfolgs analysiert werden. Die Kosten- und Leistungsrechnung unterscheidet zwischen den tatsächlich angefallenen Kosten (Istkosten), den durchschnittlich anfallenden Kosten (Normalkosten) und den geplanten Kosten (Plankosten). Die Analyse der Abweichungen zwischen diesen Kostengrößen ermöglicht die Bestimmung von Abweichungsursachen. Auf dieser Grundlage kann die Unternehmensführung Maßnahmen zu deren Beseitigung einleiten. *Kosten- und Leistungsrechnung*

Das Rechnungswesen bildet den Verbrauch an Produktionsfaktoren ab und bestimmt die Wirtschaftlichkeit betrieblicher Abläufe. Es ist für den gesamten Führungsprozesses (vgl. Kap. 1.3.2.1) eine wichtige Informationsbasis. Die Informationen der Planung in Form von Problemdefinitionen, Prognosen und Entscheidungsalternativen werden durch das Rechnungswesen mengen- und wertmäßig abgebildet. Dadurch werden Entscheidungen der Unternehmensführung fundiert und zugleich die zu erreichenden Sollwerte festgelegt. Diese werden im Rahmen der Kontrolle mit den tatsächlich erreichten Ergebnissen verglichen. Die Erhebung dieser Kontrollinformationen sollte institutionalisiert und in festgelegten Zeitabständen durchgeführt werden. Auf diese Weise kann eine vollständige, überschneidungsfreie, zielkonforme und aktuelle Informationsversorgung sichergestellt werden (vgl. *Horváth*, 2011, S. 367 ff.).

Die Beschaffung von entscheidungsorientierten Informationen aus dem Rechnungswesen hat jedoch auch ihre **Grenzen** (vgl. *Horváth*, 2011, S. 373 f.): *Grenzen*

- Das Rechnungswesen beschreibt nur Auswirkungen von Entscheidungen, macht aber keine Aussagen zu deren Ursachen.

- Die ausschließlich mengen- und wertmäßige Erfassung vernachlässigt wichtige Sachverhalte wie z. B. zeitliche oder qualitative Aspekte von Entscheidungen.
- Traditionelle Verfahren des Rechnungswesens sind in der ersten Hälfte des 20. Jahrhunderts entstanden und auf die industrielle Massenproduktion ausgerichtet. Die unternehmerische Realität sieht heute jedoch anders aus. Dies betrifft beispielsweise veränderte Kostenstrukturen durch steigende Gemeinkosten, zunehmende Produktvarianten oder auch betriebliche Kooperationen. Für den stark an Bedeutung gewonnen Dienstleistungssektor leisten die traditionellen Verfahren kaum Entscheidungsunterstützung.

Der Ende der 1980er Jahre beklagte Verlust an Entscheidungsrelevanz der Informationen aus dem Rechnungswesen („Relevance lost"; vgl. *Johnson/Kaplan*, 1987) führte in der Folge zur Entwicklung einer Reihe neuer Verfahren und Instrumente des Rechnungswesens und Controllings. Beispiele für solche Instrumente des **strategischen Kostenmanagements** sind Shareholder Value-Analyse (vgl. Kap. 3.2), Lebenszykluskostenrechnung, Zielkostenmanagement oder Prozesskostenmanagement (vgl. Kap. 5.4.3.3).

7.2.3 Informationsübermittlung

> Die **Informationsübermittlung** soll dem Entscheidungsträger das Informationsangebot anforderungsgerecht, d. h. in qualitativ, quantitativ, zeitlich und räumlich geeigneter Form, zur Verfügung stellen (vgl. *Picot/Franck*, 1988b, S. 611).

Anforderungen

Die Bereitstellung des Informationsangebots muss den Anforderungen des Entscheidungsträgers entsprechen. Bei der Informationsübermittlung ist darauf zu achten, dass ein Entscheidungsträger nur eine begrenzte Anzahl an Informationen verarbeiten und damit bei seiner Entscheidung berücksichtigen kann. In der Praxis stellt die Flut an Informationen für viele Entscheidungsträger ein Problem dar, so dass maßgebliche Informationen übersehen werden.

Entscheidend bei der Festlegung des Informationsangebots ist deshalb die **Selektion** der entscheidungsrelevanten Informationen. Aus der Vielzahl der meist unter Zeitdruck zu treffenden Führungsentscheidungen ergeben sich die in Abb. 7.2.4 zusammengefassten **Anforderungen** an die Informationsübermittlung. Diese bestimmen auch die Form der Informationsübermittlung.

Je höher die Komplexität und Vertraulichkeit der Information und je wichtiger der Beziehungsaspekt in der Kommunikation, umso größere Bedeutung hat die direkte individuelle Übermittlung. Diese erfolgt im persönlichen Gespräch oder per Telefon. Sollen dagegen lediglich Daten übermittelt werden, dann sind schriftliche Dokumente besser geeignet. Eine Führungskraft nimmt Informationen generell besser auf, wenn diese schnell und bequem greifbar, zusammengefasst, mündlich überbracht sowie ansprechend und verständlich aufbereitet sind (vgl. *Reichwald*, 2005, S. 254 f.).

Zwischenmenschliche Kommunikationsebenen

Bei der Übermittlung von Informationen ist darauf zu achten, dass zwischenmenschliche Kommunikation sowohl beim Sender als auch beim Empfänger nach *Schulz von Thun* auf vier unterschiedlichen psychologischen **Ebenen** stattfindet (vgl. *Schulz von Thun*, 1993, S. 25 ff.):

7.2 Informationswirtschaft

Anforderungen der Unternehmensführung an die Informationsübermittlung	
richtig und genau	• Objektiv • Korrekt und unverfälscht • Übertragung des exakten Wortlauts • Überprüfbarkeit und Dokumentierbarkeit • Einfache Weiterverarbeitung
verständlich	• Wunsch nach eindeutigem Verstehen des Inhalts • Schwierige Sachzusammenhänge aufbereiten • Klärung von Kontroversen • Problemlösungsorientiert
vertraulich	• Kein Einblick für Unbefugte • Schutz vor Verfälschung • Identifizierbarkeit des Absenders
schnell und bequem	• Kurze Übermittlungszeit • Wunsch nach schneller Rückantwort • Einfache Informationsübermittlung • Übertragung kleiner Informationsmengen

Abb. 7.2.4: Anforderungen an die Informationsübermittlung (vgl. Picot/Reichwald, 1987, S. 47)

- **Sachinhalt** (Worüber informiert wird): Auf der Sachebene geht es um die inhaltlichen Fakten, die gemäß den dargestellten Anforderungen übermittelt werden sollten. Da es in der betrieblichen Kommunikation in der Regel vor allem um die Sache geht, sollte der Sachinhalt im Vordergrund stehen. Ein Beispiel wäre die Information des Geschäftsführers an den Vertriebsleiter: „Der Umsatz ist im letzten Quartal um 10 % gefallen".

- **Selbstoffenbarung** (Was der Sender von sich selbst mitteilt): In jeder Nachricht stecken implizit oder explizit auch Informationen über die Person des Senders, wodurch sich wiederum der Empfänger ein Urteil über den Sender bildet. Im Beispiel könnte der Tonfall oder die Gestik des Geschäftsführers darauf hindeuten, dass er aufgrund der Umsatzentwicklung besorgt oder verärgert ist.

- **Appell** (Wozu der Sender den Empfänger veranlassen möchte): Offen oder verdeckt geht es auf dieser Ebene darum, beim Empfänger eine bestimmte Reaktion auszulösen. Im Beispiel möchte der Geschäftsführer vermutlich zusammen mit dem Vertriebsleiter nach Maßnahmen suchen, um etwas gegen den rückläufigen Umsatz zu unternehmen.

- **Beziehung** (Wie Sender und Empfänger zueinander stehen): Formulierungen, Tonfall, Gestik und Mimik zeigen, welche Wertschätzung der Sender dem Empfänger entgegenbringt. Häufig ist der Empfänger auf dieser persönlichen Ebene besonders sensibel. Welche Beziehungsbotschaft der Empfänger wahrnimmt, hängt auch von dessen eigener Persönlichkeit ab. Im Beispiel könnte der Vertriebsleiter die Information als Vorwurf interpretieren, er sei schuld an dieser Umsatzentwicklung. Trotz eines wahrheitsgetreuen Sachinhalts, kann die empfangene Beziehungsbotschaft somit zu heftigen Ablehnungsreaktionen führen.

Diese vier Kommunikationsebenen werden auch als **TALK-Modell** bezeichnet (vgl. von Rosenstiel, 2011, S. 317): **T**atsachendarstellung („Es ist"), **A**usdruck („Ich bin"), **L**enkung („Du sollst") und **K**ontakt („Wir sind").

TALK-Modell

7 Informationsmanagement

Störungen vermeiden

Die Qualität des Informationsaustauschs hängt davon ab, wie diese Ebenen auf beiden Seiten miteinander harmonieren. Kommunikationsstörungen auf einer Ebene können unter anderem dazu führen, dass relevante Informationen durch den Entscheidungsträger nicht verwendet werden (vgl. Kap. 7.2.4). Insgesamt lässt sich die Kommunikation verbessern, wenn der Sender darauf achtet, dass die Informationen für den Empfänger einfach verständlich, stimulierend, kurz und strukturiert sind (vgl. von *Rosenstiel*, 2011, S. 318). Missverständnisse zwischen dem was gesagt und dem was verstanden wurde, können leicht auftreten. Sie sollten beispielsweise durch gezieltes Nachfragen aufgedeckt und schnellstmöglich beseitigt werden. Abb. 7.2.5 verdeutlicht mögliche Unterschiede zwischen der gesendeten und der empfangenen Nachricht auf den vier Kommunikationsebenen (in Anlehnung an *Schulz von Thun*, 1993, S. 63).

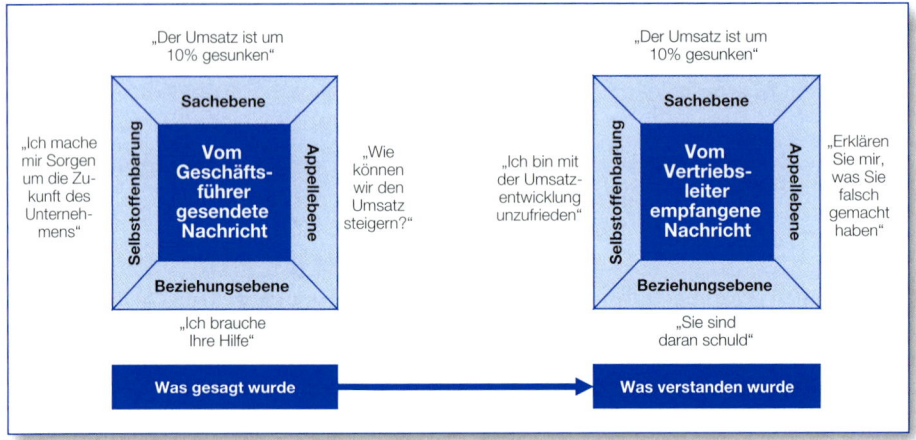

Abb. 7.2.5: Beispiel für die Unterschiede zwischen gesendeter und empfangener Nachricht

Möglichkeiten der Informationstechnik

Durch die wachsenden Möglichkeiten moderner Informationstechnik kommt auch der Flexibilität der Informationsübermittlung zunehmende Bedeutung zu. So können Führungskräfte heutzutage fast überall auf der Welt Informationen z. B. per Smartphone oder Tablet-PC empfangen, bearbeiten und versenden. Die Form der Informationsübermittlung wird daneben insbesondere durch die **Strukturiertheit** der Aufgabe geprägt, die den Informationsbedarf auslöst. Bei schlecht strukturierten Aufgaben (vgl. Kap. 7.2.1) lässt sich der Informationsbedarf kaum bestimmen. Deshalb erfolgt die Informationsübermittlung vor allem durch die Bereitstellung von Informationssystemen, die dem Entscheidungsträger den schnellen Zugriff auf verschiedene Informationsquellen erlauben. Auswahl und Verdichtung der relevanten Informationen führt er dann über Zugriffs- und Suchfunktionen selbst durch. Diese computergestützten Informationssysteme zur Unterstützung schlecht strukturierter Aufgaben werden als **Managementinformationssysteme** (MIS) bezeichnet. Die Informationsübermittlung bei gut strukturierten Aufgaben lässt sich dagegen standardisieren und automatisieren. Hierzu werden die betrieblichen Abläufe und zugehörigen Informationsstrukturen analysiert, modelliert und mit Hilfe einer Software abgebildet. Modellierung und Programmierung lohnen sich aber nur bei Aufgaben, die häufig und in ähnlicher Form anfallen und nicht zu komplex sind (vgl. *Reichwald*, 2005, S. 268 ff.). Im Folgenden wird die Informationsübermittlung im Unternehmen dargestellt.

7.2.3.1 Berichtswesen

> Das **Berichtswesen** soll führungsrelevante Informationen anforderungsgerecht an betriebliche Entscheidungsträger übermitteln (vgl. *Franz*, 2004, S. 127).

Die Entstehung von Informationen und der Informationsbedarf fallen häufig zeitlich, sachlich, räumlich oder organisatorisch auseinander. Die Informationsübermittlung an die Unternehmensführung erfolgt deshalb durch **Berichte**. Sie dienen vor allem zur Vorbereitung und Kontrolle von Entscheidungen, zur Auslösung betrieblicher Vorgänge und zur Dokumentation von Ereignissen. Je genauer sich der jeweilige **Berichtszweck** bestimmen lässt, umso besser kann der Informationsbedarf befriedigt werden. Zur Gestaltung der internen Berichte ist dafür folgende Frage zu beantworten: **Was soll wann an wen berichtet werden?**

Berichte

Das Berichtswesen orientiert sich am Führungsprozess (vgl. Kap. 1.3.2.1). Es versorgt die Entscheidungsträger der unterschiedlichen Führungsebenen entsprechend ihrer Aufgaben in der angemessenen Häufigkeit und Verdichtung mit Informationen. Diese können dabei aus internen und externen Quellen stammen. Eine der wichtigsten internen Informationsquellen ist die Kosten- und Leistungsrechnung. In der Regel werden die Berichtsinformationen mit zunehmender Führungshierarchie stärker verdichtet, sind umfassender und werden seltener aktualisiert. Die Einrichtung und Pflege des Berichtswesens ist eine wesentliche Aufgabe des Controllings (vgl. *Franz*, 2004, S. 127; *Horváth*, 2011, S. 534; *Küpper*, 2008, S. 194 ff.).

Nach dem Erstellungsgrund und der Erscheinungshäufigkeit lassen sich folgende **Berichtsarten** unterscheiden (vgl. *Horváth*, 2011, S. 535 f.; *Küpper*, 2008, S. 195 f.):

- **Standardberichte** werden in regelmäßigen Zeitabständen erstellt und sollen einen wiederkehrenden Informationsbedarf befriedigen. Form, Inhalt und Erstellungszeitpunkt der Berichte sind genau festgelegt. Die Entscheidungsträger müssen die für sie relevanten Informationen aus einer standardisierten Menge an Daten selbst erkennen und auswählen. Die Berichterstellung ist wirtschaftlich, da die Berichte in der Regel einer großen Zahl an Entscheidungsträgern zur Verfügung gestellt werden. Individuelle und aktuelle Informationsbedürfnisse werden jedoch nicht berücksichtigt.

Standardberichte

- **Abweichungsberichte** werden nur dann erstellt, wenn vorgegebene Grenzwerte über- oder unterschritten werden. Auf diese Weise lässt sich die Überflutung der Entscheidungsträger mit Informationen verhindern. Abweichungsberichte weisen auf bestehende Probleme hin und sollen Anpassungsmaßnahmen auslösen.

Abweichungsberichte

- **Bedarfsberichte** werden ergänzend zu den Standardberichten erstellt, wenn eine detaillierte Analyse eines Sachverhalts erforderlich ist. Wird z. B. im monatlichen Standardverkaufsbericht ein Umsatzeinbruch in einer bestimmten Verkaufsregion sichtbar, dann kann der Vertriebsleiter zur Bestimmung der Ursache einen Bedarfsbericht anfordern. Darin werden dann z. B. die Umsätze der einzelnen Kunden und Produkte in der Region genau aufgeschlüsselt. Bedarfsberichte sind somit direkt auf den Entscheidungsträger und dessen Informationsnachfrage ausgerichtet. Sie werden fallweise angefordert und sind somit kaum standardisierbar. Da sie nur von einem oder wenigen Entscheidungsträgern genutzt werden und ihre Erstellung recht aufwendig sein kann, sind sie relativ teuer. Allerdings können sie die Informationsnachfrage des Entscheidungsträgers unmittelbar erfüllen.

Bedarfsberichte

Berichtssysteme

Die Funktionalität von **Berichtssystemen** reicht von vordefinierten Zusammenstellungen für Standard- oder Abweichungsberichte bis zur Unterstützung von Bedarfsberichten. Diese können durch selbstständige Systemabfragen des Entscheidungsträgers oder im Dialog mit dem Informationssystem unter Nutzung von Prognose- und Entscheidungsmodellen erstellt werden. Bedarfsberichte gewinnen mit der steigenden Leistungsfähigkeit der Informationssysteme und -technik zunehmend an Bedeutung. Sie versetzen die Entscheidungsträger immer mehr in die Lage, selbstständig die von ihnen benötigten Informationen aus Datenbanken direkt abzurufen bzw. ihre Berichte individuell zu gestalten. Voraussetzung für die Akzeptanz bei den Führungskräften ist eine einfach zu bedienende Benutzeroberfläche. Auf diese Weise kann die Informationsnachfrage sowohl wirtschaftlich als auch individuell auf den Entscheidungsträger abgestimmt erfolgen (vgl. *Küpper*, 2008, S. 196; *Mertens/Griese*, 2009, S. 1 f.). Da Berichte für die Unternehmensführung häufig aus einer Vielzahl an Kennzahlen bestehen, wird auf diese im nächsten Abschnitt näher eingegangen.

7.2.3.2 Kennzahlen und Kennzahlensysteme

> **Kennzahlen** stellen betriebliche Sachverhalte und Zusammenhänge in verdichteter und quantitativ messbarer Form dar (vgl. *Horváth*, 2011, S. 499).

Funktionen

Kennzahlen geben über viele betriebliche Themenstellungen schnell und prägnant Auskunft. Sie dienen nicht nur der Informationsversorgung, sondern unterstützen den gesamten Führungsprozess. Sie ermöglichen die Operationalisierung von Zielen und der Zielerreichung, die Vereinfachung und Anregung von Steuerungsprozessen sowie die Erkennung von Soll-Ist-Abweichungen. Eine wesentliche Funktion von Kennzahlen ist die Vorgabe kritischer Werte als Ziele für betriebliche Teilbereiche (vgl. *Weber/Schäffer*, 2011, S. 171 ff.). Die maßgeblichen Schlüsselkennzahlen eines Unternehmens zur Steuerung seiner kritischen Erfolgsfaktoren werden als sog. **Key Performance Indicators** (KPI) bezeichnet.

Absolute und relative Kennzahlen

Kennzahlen lassen sich nach unterschiedlichen Gesichtspunkten differenzieren. Besondere praktische Bedeutung kommt der Unterscheidung nach der statistischen Form in absolute und relative Kennzahlen zu. **Absolute Kennzahlen** sind einzelne Werte, Summen oder Differenzen. Beispiele sind Preise, Kosten, Umsatz oder Gewinn. **Relative Kennzahlen** setzen absolute Größen ins Verhältnis, um diese miteinander zu vergleichen. Sie lassen sich in drei **Arten** unterscheiden (vgl. *Küpper*, 2008, S. 389 f.; *Reichmann*, 2011, S. 25 ff.):

Gliederungszahlen
- **Gliederungszahlen** drücken den Anteil einer Zahl an einer übergeordneten Größe aus. Die Eigenkapitalquote ist z. B. der Anteil des Eigenkapitals am Gesamtkapital.

Beziehungszahlen
- **Beziehungszahlen** setzen begrifflich unterschiedliche Größen ins Verhältnis, um Aussagen über deren Zusammenhang abzuleiten. Die Umsatzrentabilität drückt beispielsweise die Relation zwischen Gewinn und Umsatz aus. Sie beschreibt die Gewinnspanne des Unternehmens und dessen Spielraum, Preisrückgänge und Kostensteigerungen auffangen zu können.

Indexzahlen
- **Indexzahlen** beschreiben das Verhältnis gleichartiger Kennzahlen, die zu unterschiedlichen Zeitpunkten oder an verschiedenen Orten gemessen werden. Einem der Werte wird der Indexwert 100 zugewiesen. An dieser Basis wird die Entwicklung der anderen Größen gemessen und deren Abweichungen dargestellt. Beispiele sind Lohn-, Kosten- oder Preisindizes.

7.2 Informationswirtschaft

Besondere Bedeutung kommt dem **Vergleich von Kennzahlen** zu. Um Entwicklungen darzustellen, können sie zu verschiedenen Zeitpunkten verglichen werden **(Zeitvergleich)**. Zur Beurteilung der Zielerreichung werden geplante und realisierte Kennzahlenwerte einander gegenübergestellt **(Soll-Ist-Vergleich)**. Ein Kennzahlenvergleich kann sowohl innerbetrieblich zwischen Organisationseinheiten des Unternehmens als auch zwischenbetrieblich mit anderen Unternehmen erfolgen.

Kennzahlenvergleiche

Eine Weiterentwicklung des Betriebsvergleichs ist das **Benchmarking**. Dabei werden Produkte, Funktionsbereiche oder Prozesse mit Unternehmen verglichen, die auf dem jeweiligen Feld besonders ausgezeichnete Leistungen erzielen („Vergleich mit den Besten der Besten"). Auf diese Weise soll von den Erfahrungen, Methoden und Ergebnissen erfolgreicher Unternehmen gelernt werden. Wettbewerbsvorteile lassen sich insbesondere aus dem Vergleich mit branchenfremden Unternehmen erzielen (vgl. *Horváth*, 2011, S. 354 ff.).

Benchmarking

Bei der Informationsversorgung wird den Entscheidungsträgern eine Vielzahl unterschiedlicher Kennzahlen zur Verfügung gestellt. Um dabei keine widersprüchlichen und verwirrenden Aussagen zu erhalten, sollten die einzelnen Kennzahlen im Rahmen eines **Kennzahlensystems** untereinander geordnet und in eine sinnvolle sachliche Beziehung gesetzt werden. Die Einzelkennzahlen ergänzen sich dabei oder erklären einander. Sie informieren dann gemeinsam über einen übergeordneten Sachverhalt wie z. B. den Wertbeitrag des Unternehmens. Dies ermöglicht eine vollständigere und übersichtlichere Informationsversorgung der Entscheidungsträger (vgl. *Küpper*, 2008, S. 389; *Reichmann*, 2011, S. 26 f.).

Kennzahlensystem

Nach ihrem Aufbau lassen sich grundsätzlich zwei **Arten** von Kennzahlensystemen unterscheiden, wobei in der Praxis auch Mischformen eingesetzt werden (vgl. *Horváth*, 2011, S. 500 f.; *ZVEI*, 1993, S. 23):

Arten: Ordnungs- und Rechensysteme

- **Ordnungssysteme** bestehen aus einer Sammlung von Kennzahlen zu einer bestimmten Thematik, die meist zu Gruppen zusammengefasst werden. Die Kennzahlen hängen nicht unmittelbar zusammen und sind nicht rechnerisch verknüpft. Ein Beispiel ist ein Vertriebskennzahlensystem mit Kennzahlen zu Vertriebsregionen, Händlern und Vertriebsergebnis.

- **Rechensysteme** bestehen aus einer Spitzenkennzahl, die rechnerisch in mehreren Schritten in ihre Bestandteile zerlegt wird. Daraus ergibt sich eine hierarchische, pyramidenförmige Struktur. Auf diese Weise sollen die Ursachen von Veränderungen und Ergebnissen systematisch analysiert werden. Die Spitzenkennzahl stellt die übergeordnete Zielsetzung des Unternehmens dar. Das bekannteste Beispiel ist der Return-on-Investment (RoI). Er bildet die Spitze des bereits 1919 entwickelten und auch heute noch weit verbreiteten *DuPont-System of Financial Control* (vgl. Abb. 7.2.6). Die ausschließliche Ausrichtung auf das Rentabilitätsziel ist allerdings heute nicht mehr zeitgemäß. Moderne Kennzahlensysteme orientieren sich eher an wertorientierten Zielgrößen wie z. B. dem Economic Value Added (EVA). Wertorientierte Kennzahlensysteme sind in Kap. 3.2 dargestellt.

Die hohe Informationsverdichtung von Kennzahlen und Kennzahlensystemen verursacht jedoch auch Probleme. Da die Leistung der Mitarbeiter an der Erreichung der Kennzahlenwerte gemessen wird, besteht die Gefahr, dass diese ihr Handeln nur an diesen Größen ausrichten. Weitere wichtige Aspekte wie z. B. strategische oder bereichsübergreifende Wirkungen werden nicht erfasst und bleiben deshalb unberücksichtigt. Traditionelle Kennzahlensysteme bestehen überwiegend aus finanziellen Kennzahlen.

Problematik

7 Informationsmanagement

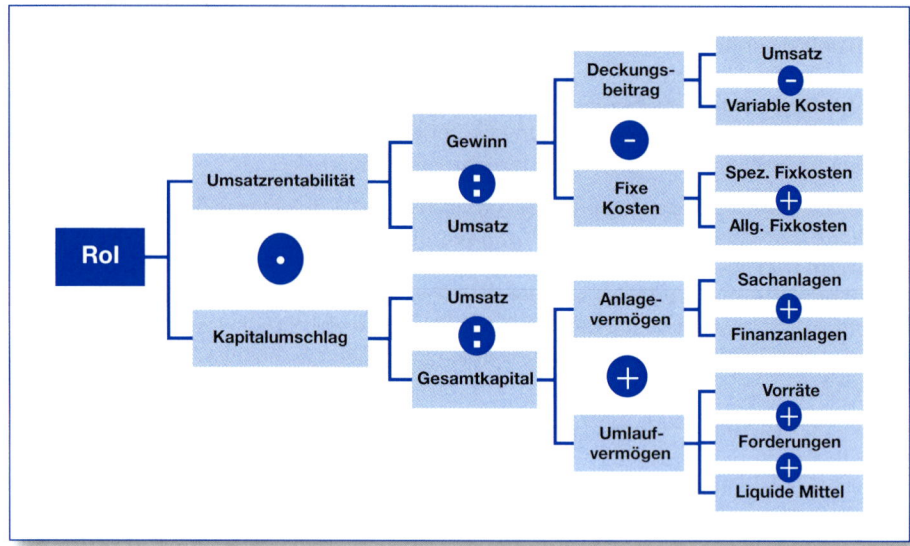

Abb. 7.2.6: DuPont-System of Financial Control (in Anlehnung an Davis, 1950, S. 7)

Sie informieren vergangenheitsorientiert über das Ergebnis früherer Leistungen und lassen Fehlentwicklungen deshalb erst spät erkennen. Finanzielle Kennzahlen wie z. B. der Return on Investment fördern somit ein kurzfristiges Denken und Handeln der Mitarbeiter. Die in der Praxis vorherrschenden Rechensysteme können auch keine qualitativen Zusammenhänge abbilden. Dadurch besteht die Gefahr, dass strategische Erfolgspotenziale zu Gunsten kurzfristiger Ergebnisse vernachlässigt werden (vgl. *Weber/Schäffer*, 2011, S. 204 f.).

7.2.3.3 Performance Measurement und Management

Die Kritik an traditionellen Kennzahlensystemen führte ab den 1980er Jahren zur Entwicklung des Performance Measurement, das eine umfassende, zielgerichtete und zukunftsbezogene Informationsversorgung der Unternehmensführung ermöglichen soll.

> **!** **Performance Measurement** bezeichnet die ganzheitliche Beurteilung betrieblicher Leistungen mit Hilfe quantifizierbarer Maßgrößen, die über unterschiedliche Leistungsaspekte Auskunft geben und damit zur Leistungsverbesserung beitragen sollen.

Ganzheitliche Leistungsmessung

Die Leistung wird dabei beispielsweise nach den Aspekten Zeit, Kosten, Qualität, Flexibilität oder Zufriedenheit beurteilt. Dabei kommen insbesondere auch nicht-finanzielle Kennzahlen zum Einsatz. Die Leistungsmessung kann sich auf unterschiedliche Bezugsobjekte wie z. B. Organisationseinheiten beziehen (vgl. *Gleich*, 2011, S. 9 ff.). Die Leistung wird beim Performance Measurement auf unterschiedlichen Ebenen beurteilt. Ausgangspunkt ist die Betrachtung der Leistung des gesamten Unternehmens bzw. der strategischen Geschäftseinheiten. Daran schließt sich die Bewertung der Prozesse an (vgl. Kap. 5.4), die dann in die Leistungsmessung der prozessausführenden Mitarbeiter auf der Arbeitsplatzebene mündet (vgl. *Klingebiel*, 1998, S. 6). Diese Leistungstransparenz soll auf allen Ebenen Ansatzpunkte zur Leistungsverbesserung aufzeigen. Die

7.2 Informationswirtschaft

Gesamtheit der verwendeten Maßgrößen zur ganzheitlichen Leistungsbeurteilung eines Unternehmens wird als **Performance-Measurement-System** bezeichnet. Die Unterschiede zu traditionellen Kennzahlensystemen verdeutlicht Abb. 7.2.7.

Performance Measurement System

Traditionelle Kennzahlensysteme	Performance-Measurement-Systeme
Finanzieller Fokus	**Strategischer Fokus**
• vergangenheitsorientiert	• zukunftsorientiert
• eindimensional	• mehrdimensional
• operativ ausgerichtet	• strategisch ausgerichtet
• finanzielle Maßgrößen	• finanzielle und nicht-finanzielle Maßgrößen
• geringe Flexibilität	• hohe Flexibilität
• standardisiert/einheitlich aufgebaut	• unternehmensindividuell aufgebaut
• Kostensenkung	• Strategieumsetzung/Leistungsverbesserung
• fragmentiert	• integriert
• isoliert bewertete Leistungsmerkmale	• gemeinsam bewertete Leistungsmerkmale
• individuelle Leistungsanreize	• gruppenbezogene Leistungsanreize

Abb. 7.2.7: Vergleich von Kennzahlensystemen und Performance-Measurement-Systemen (in Anlehnung an Lynch/Cross, 1995, S. 38)

In der Praxis werden mit dem Einsatz von Performance-Measurement-Systemen unterschiedliche Zielsetzungen verfolgt, die in Abb. 7.2.8 aufgeführt sind. Viele dieser Ziele gelten allerdings auch für traditionelle Kennzahlensysteme. Beim Performance Measurement steht insbesondere die Strategieoperationalisierung im Vordergrund. Hierfür werden die strategischen Ziele messbar gemacht und verständlich kommuniziert (vgl. Kap. 4.2.2). Performance-Measurement-Systeme sollen sich auf die wesentlichen Erfolgsfaktoren konzentrieren und deshalb nur eine überschaubare Menge an Kennzahlen beinhalten.

Ziele

Kritisch für die Wirksamkeit eines Performance-Measurement-Systems ist insbesondere die Auswahl der **relevanten Maßgrößen**. Sie müssen nicht nur einfach quantifizierbar sein, sondern insbesondere eine verlässliche und realistische Aussage über den betrachteten Sachverhalt ermöglichen. So wird beispielsweise die Mitarbeiterzufriedenheit häufig mit der Fluktuationsrate gemessen. Da Mitarbeiter jedoch nicht nur aus Unmut, sondern auch einer Reihe anderer Gründe ein Unternehmen verlassen, gibt die Fluktuationsrate nur begrenzt Auskunft über die Mitarbeiterzufriedenheit. Problematisch ist auch die Bestimmung der Zusammenhänge zwischen den betrachteten Maßgrößen. Dies gilt insbesondere für die Relevanz und Ergebniswirksamkeit nicht-monetärer Kennzahlen. Beispielsweise ist unklar, wie und in welchem Ausmaß sich die Verbesserung der Mitarbeiterzufriedenheit in den finanziellen Ergebnissen eines Unternehmens niederschlägt.

Es gibt eine Vielzahl an unterschiedlichen Performance-Measurement-Systemen. Beispiele sind das französische *Tableau de Bord* (vgl. *Epstein/Manzoni*, 1997), das *Quantum-Performance-Measurement* (vgl. *Hronec*, 1996), das *Performance Measurement Framework* (vgl. *Fitzgerald* et al., 1991) oder die *Performance Pyramid* (vgl. *Lynch/Cross*, 1993). Manche dienen einem spezifischen Zweck, wie z. B. das *EFQM-Excellence-Modell* zur Bewertung von Qualitätsmanagementsystemen (vgl. Kap. 8.1.) oder der *Skandia-Navigator* zur Steuerung immaterieller Vermögenswerte (vgl. Kap. 8.3.5.1).

Beispiele

Das bekannteste und in deutschen Unternehmen verbreitetste Performance-Measurement-System ist die **Balanced Scorecard** (vgl. *Günther/Grüning*, 2002, S. 6). Sie wird in Kap. 4.2.2 ausführlich als strategisches Führungssystem dargestellt. Eine derartige Ver-

Balanced Sorecard

7 Informationsmanagement

Abb. 7.2.8: Ziele von Performance-Measurement-Systemen (vgl. Schomann, 2001, S. 118; Schreyer, 2007, S. 31 ff.)

Performance Management

wendung zur besseren strategischen Ausrichtung des Unternehmens wird zunehmend als **Performance Management** bezeichnet (vgl. *Jetter*, 2004, S. 41). Dieser Begriff ist jedoch äußerst unscharf und wird vor allem in der Beratungspraxis verwendet. Teilweise wird er sehr weit gefasst, so dass er eher allgemeine Aufgaben der Unternehmensführung umschreibt wie z. B. strategische Entscheidungsprozesse auf Ebene des Gesamtunternehmens (vgl. *Klingebiel*, 1998, S. 1).

 Performance Management umfasst die systematische Planung, Steuerung und Kontrolle der betrieblichen Leistungen, um das gesamte Unternehmen an der Strategie auszurichten sowie dessen Leistungspotenzial zu erhöhen und voll auszuschöpfen.

Aufgaben

Während beim Performance Measurement die Leistungsmessung im Vordergrund steht, ist das Performance Management umfassender als ein integriertes Führungssystem zur Leistungssteigerung anzusehen. Die strategische Ausrichtung des Unternehmens und die Koordination der erforderlichen Aktivitäten soll die Erreichung der strategischen Ziele sicherstellen. Dies erfordert ein Instrument, das den erreichten Leistungsgrad aussagekräftig misst und Ansatzpunkte zum Abbau von Leistungsdefiziten aufzeigt. Kern des Performance Managements ist deshalb ein aus der Strategie abgeleitetes, unternehmensspezifisches Performance-Measurement-System (vgl. *Klingebiel*, 1998, S. 4). Die Unternehmensführung soll sich dadurch auf die wirklich wesentlichen Aufgaben und Themen fokussieren. Die Mitarbeiter wissen durch klare Zielvorgaben und regelmäßiges Feedback, was von ihnen erwartet wird und welchen Beitrag sie zur Strategieumsetzung

7.2 Informationswirtschaft

leisten. Diese Leistungstransparenz ermöglicht in Verbindung mit entsprechenden Anreizen, dass die Mitarbeiter ihre Leistungspotenziale voll ausschöpfen können. Abb. 7.2.9 verdeutlicht die Aufgaben des Performance Managements unterteilt nach den Ebenen und Phasen der betrieblichen Leistungserstellung (vgl. *Jetter*, 2004, S. 41 ff., S. 65 f.).

Leistungs-phasen	Leistungsebenen		
	Unternehmen	Strategische Geschäftsfelder	Mitarbeiter
Leistungs-planung	▪ Strategiefindung für das Unternehmen ▪ Performance Measurement aufbauen bzw. pflegen	▪ Strategie kaskadenförmig in dezentrale Ziele herunterbrechen ▪ Strategische Maßnahmen festlegen	▪ Individuelle Ziele vereinbaren ▪ Aufgaben und Verantwortung der Mitarbeiter vereinbaren
Leistungs-steuerung	▪ Strategieumsetzung im Unternehmen sicherstellen	▪ Strategische Maßnahmen/Projekte initiieren und verfolgen	▪ Effiziente Aufgabenerfüllung sicherstellen und verfolgen
Leistungs-kontrolle	▪ Strategische Kontrolle der Gesamtzielerreichung und ggf. Gegenmaßnahmen einleiten	▪ Ergebnisse strategischer Maßnahmen prüfen und ggf. Gegenmaßnahmen einleiten	▪ Mitarbeitergespräche führen und mit Anreizen und Konsequenzen verknüpfen

Abb. 7.2.9: Aufgaben des Performance Managements

Den **Performance-Management-Prozess** veranschaulicht Abb. 7.2.10 (vgl. *Bedrup*, 1995, S. 87; *Klingebiel*, 1998, S. 5). Die Leistungsziele werden auf Basis der Vision und Strategie, der Leistungsansprüche der Stakeholder (Kunden, Lieferanten, Mitarbeiter etc.) sowie ggf. auch den Ergebnissen eines Benchmarkings festgelegt. Durch das Benchmarking werden die eigenen Leistungen mit besonders herausragenden internen und externen Leistungen verglichen. Daraus lässt sich das bestehende Leistungspotenzial beurteilen und Ideen zur Leistungsverbesserung ableiten. Nach Festlegung der Leistungsziele wird geplant, wie die Leistungen erstellt werden sollen. Die bei der anschließenden Leistungssteuerung angestrebte Leistungsverbesserung erfolgt je nach Bedarf kontinuierlich in kleinen Schritten oder radikal erneuernd (vgl. Kap. 5.4.4).

Prozess

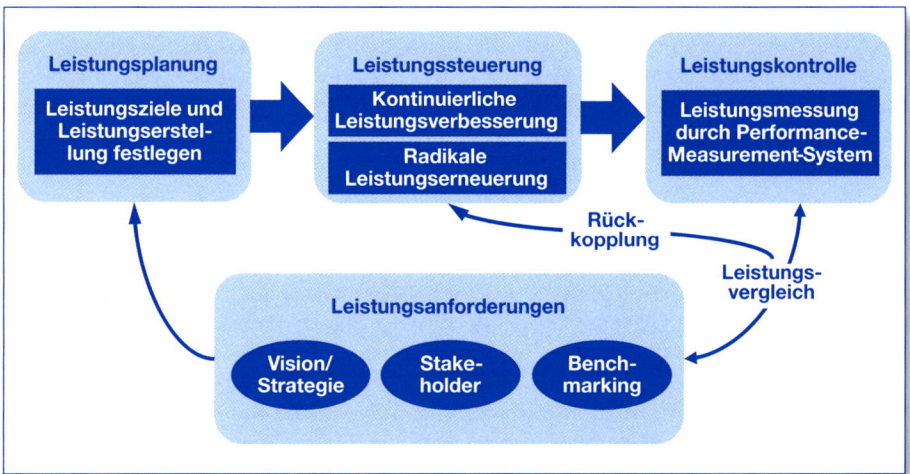

Abb. 7.2.10: Performance-Management-Prozess

7 Informationsmanagement

Die erzielte Leistung wird mit Hilfe des Performance-Measurement-Systems gemessen und mit den Leistungszielen verglichen. Leistungsdefizite (Performance Gaps) führen als Rückkopplung zur Einleitung von Gegenmaßnahmen. Ein solcher Performance-Management-Prozess entspricht inhaltlich allerdings weitgehend dem allgemeinen Führungsprozess (vgl. Kap. 1.3.2.1). Er beschreibt somit eine generelle Aufgabe der Unternehmensführung.

7.2.3.4 Informationsdesign

Die Informationsübermittlung soll die Unternehmensführung in die Lage versetzen, die relevanten Informationen aus dem breiten Angebot rasch aufnehmen und erfassen zu können. Um Zusammenhänge kurz, prägnant und plausibel darzustellen, sind dabei Regeln zur Aufbereitung und Darstellung der Informationen zu beachten. Auf diese Weise können sie von den Empfängern besser verstanden und richtig interpretiert werden. Die entscheidungsorientierte Aufbereitung und Darstellung von Informationen wird als Informationsdesign bezeichnet (vgl. *Few*, 2006, S. 6 f.).

> **!** Durch **Informationsdesign** werden Informationen so aufbereitet und dargestellt, dass sie von den Informationsempfängern möglichst schnell aufgenommen, eindeutig verstanden, richtig interpretiert und entscheidungsbezogen genutzt werden können (in Anlehnung an *Horn*, 2000, S. 15; *Raskin*, 2000, S. 342 f.; *Shedroff*, 2000, S. 291).

Das **Informationsdesign** befasst sich mit folgenden Leitfragen:

- **Was** soll dargestellt werden? (Inhalt)
- **Wozu** soll die Darstellung dienen? (Ziel)
- **Wer** soll informiert werden? (Zielgruppe)

Das Informationsdesign versucht, die Entscheidungsträger zum Handeln zu bewegen. Im Rahmen der externen Berichterstattung werden zum Informationsdesign sogar Wettbewerbe veranstaltet. Beispielsweise wählt das *manager magazin* jedes Jahr unter den börsennotierten Aktiengesellschaften in Deutschland den besten Geschäftsbericht aus. Neben der inhaltlichen und sprachlichen Qualität spielt das Informationsdesign dabei eine entscheidende Rolle. Sieger 2012 war die *Adidas AG*, deren Geschäftsbericht für die gelungene Darstellung der Vermögens- und Ertragslage, die eigenständige Farb- und Formensprache sowie die Veranschaulichung der Vision, Mission und Strategie ausgezeichnet wurde.

Konzepte des Informationsdesigns

Die Grundsätze, Gesetzmäßigkeiten und Methoden zur effizienten Nutzung von Informationen gehen auf die frühen statistischen Darstellungen von *William Playfair* (1759–1823) zurück. Ihm wird die Erfindung des Linien-, Balken- und Kreisdiagramms als Formen verständlich gestalteter Informationsgrafiken zugeschrieben (vgl. *Playfair*, 2005). Das 1983 erschiene Standardwerk „The Visual Display of Quantitative Information" von *Edward Tufte* greift auf die Beispiele aus dem 18. Jahrhundert zurück und beschreibt Regeln zur Informationsaufbereitung. Wesentliche **Konzepte zur Gestaltung, Aufbereitung und Analyse von Informationen** sind (vgl. *Few*, 2006, S. 112; *Tufte*, 1990, 2001):

7.2 Informationswirtschaft

- **Miniaturgrafiken** (Sparklines) kommen fast ohne Beschriftungen aus, ergänzen einen Text und ermöglichen dem Betrachter einen schnellen Überblick. Sie dienen der Visualisierung von Textaussagen und um z. B. aktuelle Daten in Relation zur Vergangenheit zu setzen. Dadurch wird ein Kontext für bessere Analysen und Entscheidungen hergestellt. Miniaturgrafiken können z. B. wie in Abb. 7.2.11 zur Darstellung der Entwicklung der Umsatzrendite verwendet werden.

Abb. 7.2.11: Beispiel einer Miniaturgrafik

- **Kleine Multiplikate** (Small Multiples) sind eine grafische Darstellungsform, bei der eine einheitliche Darstellung in mehreren Diagrammen verwendet wird. Diese Struktur ermöglicht es, sich auf Veränderungen der Informationen zu konzentrieren, sofern der Aufbau eines Diagramms verstanden wurde. Es wird ein Vergleichsmaßstab gesetzt, der es ermöglicht, absolute Zahlen in relative Beziehungen zu setzen und ihnen dadurch unter Umständen zu einer neuen und veränderten Bedeutung zu verhelfen. Small Multiples können aber auch in Tabellen- bzw. Matrixform dargestellt werden. In einer Matrix ist es möglich, verschiedene Merkmale schnell und übersichtlich einander gegenüberzustellen. Abb. 7.2.12 zeigt z. B. die Entwicklung der Umsatzrenditen in verschiedenen Ländern.

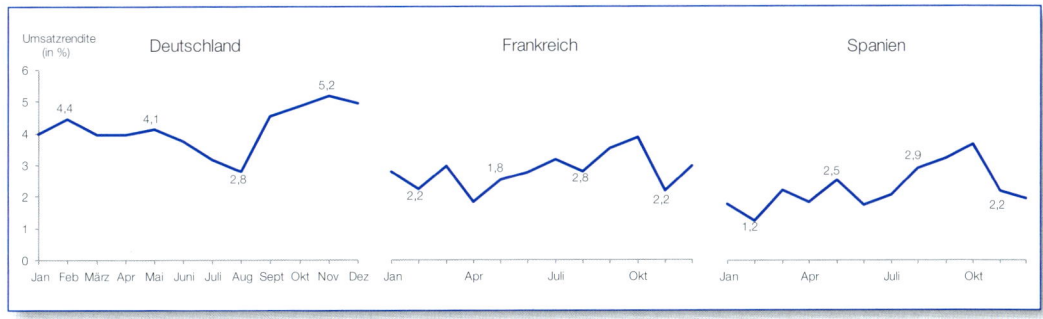

Abb. 7.2.12: Beispiel für kleine Multiplikate

- **Grafikgerümpel** (Chartjunk) bezeichnet alle Elemente einer Darstellung, welche für das Verständnis der dargestellten Informationen nicht von Bedeutung und rein dekorativ sind. Grafikgerümpel verringert den Informationsgehalt einer Darstellung. Beispiele sind Muster, Gitternetzlinien, dreidimensionale Effekte oder schraffierte Flächen. Häufig wird versucht, mit Grafikgerümpel einen Mangel an Informationsgehalt zu kaschieren. Durch das Weglassen nicht erforderlicher grafischer Elemente wird der Fokus auf die Information gerichtet.

- **Informationsanteil** (Data-Ink-Ratio, Schwärzungsgrad): Um Informationen und deren Botschaft so einfach und direkt wie möglich zu vermitteln, sollte auf alle dekorativen Elemente verzichtet werden. Der Informationsanteil beschreibt den Prozentsatz der für relevante Informationen enthaltenen Druckzeichen („Tintenpunkte") einer Dar-

7 Informationsmanagement

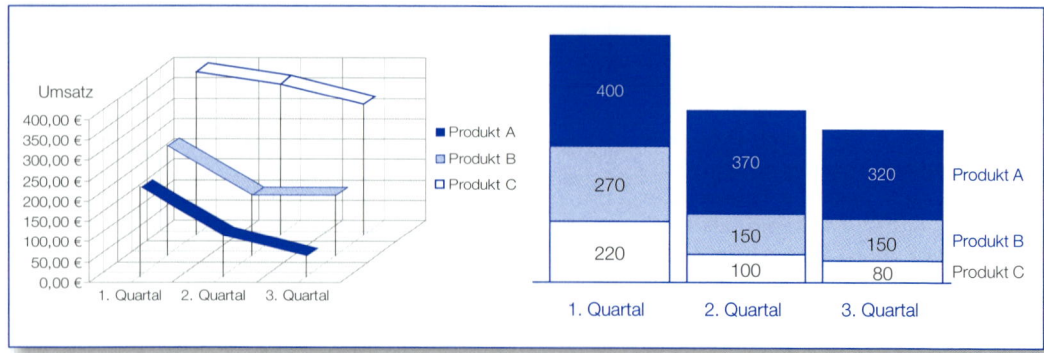

Abb. 7.2.13: Beispiel für Grafikgerümpel (links) und verbesserte Darstellung (rechts)

stellung an der Gesamtzahl an Druckzeichen. Ein Informationsanteil von 1,0 wäre somit ideal, da nichts weggelassen werden kann, ohne relevante Informationen zu verlieren. Die in Abb. 7.2.13 links dargestellte Grafik hat somit einen geringen Informationsanteil. Dagegen wurden in Abb. 7.2.12 bei den Ländern Frankreich und Spanien die Y-Achse sowie teilweise die Einteilung der X-Achse weggelassen. Außerdem werden in den Grafiken nur ausgewählte Zahlenwerte angezeigt, was für den Vergleich zwischen den Ländern völlig ausreichend ist. Damit wurde der Informationsanteil erhöht und die Übersichtlichkeit deutlich verbessert. Grundsätzlich sollte nur so viel wie nötig bzw. so wenig wie möglich dargestellt werden.

Lügenfaktor
- **Lügenfaktor** (Lie-Factor): Die Darstellung von Werten sollte stets korrekt skaliert und nicht verzerrt sein. Das Ausmaß der Verzerrung lässt sich mit Hilfe des sog. Lügenfaktors quantifizieren. Er ist das Verhältnis der optisch dargestellten zur wertmäßigen Veränderung. In Abb. 7.2.14 ist z. B. die linke Darstellung nicht richtig skaliert, da die Y-Achse abgeschnitten wurde. Die dargestellte Höhe des Umsatzrückgangs wird optisch als −70 % der Gesamtlänge angezeigt und damit stark übertrieben. Wird die Y-Achse wie im rechten Bild vom Nullpunkt aus vollständig angezeigt, dann wird der Umsatzrückgang in Höhe von −8,4 % korrekt skaliert und dargestellt. Daraus folgt ein Lügenfaktor von 8,3.

Informationsdichte
- **Informationsdichte** (Data Density) ist ein Maß für den Informationsgehalt einer Darstellung, d. h. wie viel relevante Informationen auf einer Seite abgebildet sind. Das visuelle Gedächtnis des Menschen ist relativ begrenzt. Um Vergleiche anstellen zu können, braucht er deshalb möglichst alle relevanten Informationen auf einen Blick. Die Verteilung von Informationen auf unterschiedliche Seiten ist somit zu vermeiden. Verschnörkelte Grafiken mit niedrigem Informationsanteil, welche überdimensioniert dargestellt werden, haben eine geringe Informationsdichte. Dies wäre z. B. der Fall, wenn die in Abb. 7.2.13 links dargestellte Grafik eine ganze Berichtsseite füllen würde. Eine hohe Informationsdichte ermöglicht es dem Betrachter, die für ihn relevanten Informationen auszuwählen und eine Darstellung damit gewissermaßen zu personalisieren. Die Kontrolle über die Informationen wird dann vom Sender an den Empfänger übertragen. Eine geringe Informationsdichte vermindert auch die Glaubwürdigkeit einer Quelle. Der Empfänger fragt sich in diesem Fall, ob relevante Informationen weggelassen oder bewusst versteckt wurden. Ein Beispiel mit hoher Informationsdichte ist die Informationstafel in Abb. 7.2.16, welche die Lage eines Geschäftsbereichs im Überblick darstellt.

7.2 Informationswirtschaft

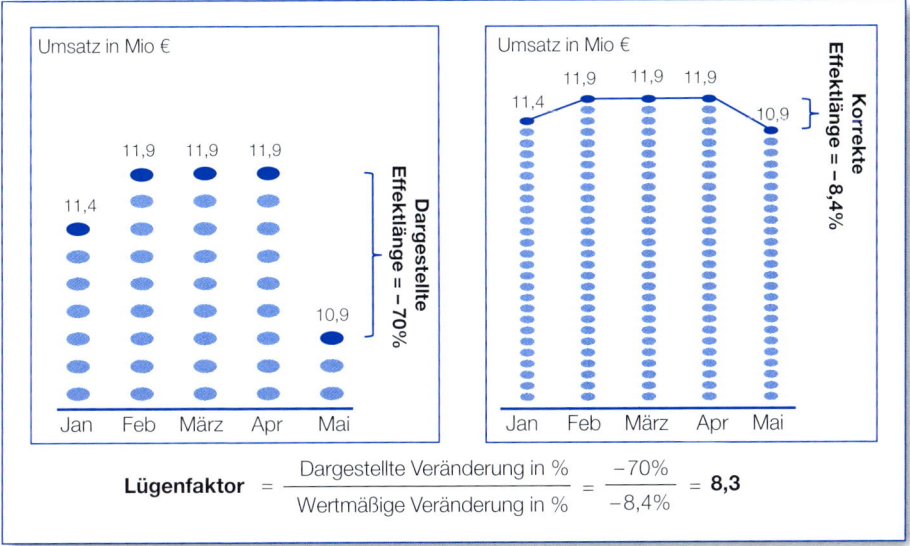

Abb. 7.2.14: Beispiel für einen hohen Lügenfaktor (links) und korrekte Darstellung (rechts)

Aus diesen Leitsätzen des Informationsdesigns lassen sich **Empfehlungen** ableiten. Kreisdiagramme und dreidimensionale Effekte sind trotz ihrer weiten Verbreitung häufig zur Aufbereitung von Informationen ungeeignet. Dies zeigt auch das Beispiel der Verteilung des Marktanteils in Abb. 7.2.15. Es ist nicht möglich, alle relevanten Informationen abzulesen. Der Empfänger des Diagramms könnte zwar abschätzen, wie groß der jeweilige Marktanteil jedes Unternehmens ist, aber diese Zeit sollte besser für die Interpretation des Sachverhalts verwendet werden. Die Lesbarkeit wird durch die dreidimensionale Darstellung zusätzlich erschwert. Ein einfaches Balkendiagramm wäre in diesem Fall wirkungsvoller und effizienter. Hierfür wurden die Werte absteigend sortiert und das eigene Unternehmen hervorgehoben. Die Marktanteile der Unternehmen G und B wurden zusammengefasst, da sie unwesentlich sind.

Gene Zelazny prägte als „Director of Visual Communications" das Informationsdesign des Beratungsunternehmens *McKinsey*. Sein Ziel war es, eine „Orientierungshilfe [...] im Gewirr der Balken, Kreise und Säulen" zu geben, um die „in Zahlenfriedhöfen und Wortwüsten versteckten, interessanten Informationen zu finden" (*Zelazny*, 2009, S. 5). Bei der Erstellung von Berichten sollte die Reihenfolge **Aussage-Vergleich-Darstellung** eingehalten werden. Ausgehend von den zur Verfügung stehenden Informationen ist zunächst die daraus folgende zentrale Aussage zu formulieren. Diese führt dann zur Wahl einer passenden Vergleichsform, aus der wiederum die hierfür geeignete Darstellungsweise folgt (vgl. *Zelazny*, 2009, S. 20 ff.):

Empfehlungen

Reihenfolge: Aussage, Vergleich, Darstellung

- **Aussage:** Erst nachdem die Aussage formuliert wurde, ist es möglich, eine geeignete Vergleichsform auszuwählen. Der Titel einer Abbildung kann dazu genutzt werden, ein Diagramm direkt mit der Aussage zu überschreiben. Dadurch wird das Risiko minimiert, dass der Betrachter das Diagramm falsch interpretiert und sichergestellt, dass er sich auf die relevante Information konzentriert. Ein Aussagetitel lässt sich mit einer guten Überschrift in einer Zeitung vergleichen: Kurz und treffend fasst er zusammen, was den Leser erwartet. Ein Beispiel wäre: „Unsere Konkurrenten wachsen schneller als wir".

7 Informationsmanagement

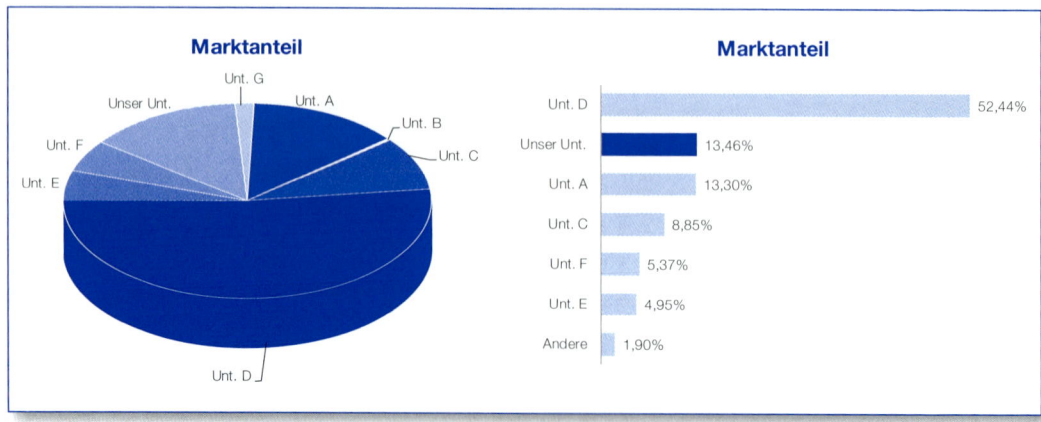

Abb. 7.2.15: Ineffizientes 3-D Kreisdiagramm (links) und effizientes Balkendiagramm (vgl. www.hichert.com)

- **Vergleich:** Der Schritt von der Aussage zum Vergleich ist gewissermaßen die Brücke zum Schaubild. Jede Aussage und damit jeder Ausschnitt aus den Daten enthält immer einen Vergleich. Die Grundtypen von Vergleichen sind Zeitreihen, Strukturen, Rangfolgen, Häufigkeitsverteilungen und Korrelationen. Schlüsselwörter der Aussage führen jeweils zu einem bestimmten Vergleichstyp. Für das Beispiel könnte ein Zeitreihenvergleich der letztjährigen Umsätze des Unternehmens mit den drei größten Wettbewerbern geeignet sein.

- **Darstellung:** Die Wahl der Darstellungsform hängt von der Art des Vergleichs ab. Die Grundformen von Diagrammen sind Kreis-, Balken-, Säulen-, Kurven- sowie Punktediagramm. Jede dieser Schaubildformen ist zur Darstellung der jeweiligen Vergleichstypen unterschiedlich gut geeignet. Im Beispiel könnte der Zeitreihenvergleich durch kleine Multiplikate in Form von Balkendiagrammen übersichtlich dargestellt werden.

SUCCESS-Regeln

Im deutschsprachigen Raum wird das Informationsdesign maßgeblich durch *Rolf Hichert* geprägt. Seine Maxime lautet: „Wenn man nicht sagt, was man zu sagen hat, wird man auch nicht verstanden" (*Hichert*, 2008, S. 5). Wirksame Berichterstattung und Kommunikation basiert demnach auf verbindlichen Regeln zur Standardisierung und Reduktion auf das Wesentliche. Diese fasst er unter dem Schlagwort **SUCCESS** zusammen (vgl. *Hichert*, 2008, S. 4 ff.; 2011; www.hichert.com/de/success):

- **Say** (Botschaft verfassen): Berichte sollten nicht nur aus Feststellungen bestehen, sondern auch Erklärungen und Empfehlungen enthalten. Fehlt die Botschaft, dann wird nichts berichtet. Zudem sollte diese durch geeignete Hervorhebungen verdeutlicht und damit schneller auffindbar sein. Der Titel eines Diagramms sollte um die wiedergegebenen Dimensionen wie die organisatorische Einheit, Messgröße mit Einheit sowie Zeiträume als Legende ergänzt werden. Ein einheitliches und durchgängiges Konzept erleichtert das Verständnis. Erklärende Hinweise und Kommentare sollen die Botschaft des Berichts verständlicher machen, Unklarheiten beseitigen, Quellenangaben nennen oder Abweichungen erläutern. Sie erhöhen die Glaubwürdigkeit der dargestellten Inhalte.

- **Unify** (Inhalt vereinheitlichen): Ebenso wie bei Landkarten oder technischen Zeichnungen sollte auch bei Berichten der Grundsatz gelten: Alles was gleich aussieht, stellt auch den gleichen Inhalt dar. So sollte z. B. Farbe nicht zu dekorativen Zwecken verwendet werden. Auf nichtssagende grafische Gestaltungselemente ist ebenfalls zu verzichten. Generell erleichtern klare, einheitliche Darstellungsformen das Verständnis des Sachverhalts.
- **Condense** (Informationen verdichten): Eine hohe Informationsdichte sorgt dafür, dass Schaubilder und Berichte einfacher zu verstehen sind. So ist es leichter, mehrere Diagramme auf einer Seite zu analysieren und miteinander zu vergleichen, als diese auf verschiedenen Seiten betrachten zu müssen. Extremwerte und Ausreißer sollten nicht weggelassen werden, da gerade diese Details wichtig sein können und die Glaubwürdigkeit erhöhen.
- **Check** (Richtigkeit verlangen): Berichte sollten korrekt sein. In vielen Unternehmen sind allerdings z. B. manipulierte Diagramme an der Tagesordnung. Quantitative Informationen sind hinsichtlich der Maßgrößen, Einheiten, Skalierungen und Dimensionen formal richtig darzustellen. So sollte z. B. ein Lügenfaktor oder die Verwendung unterschiedlicher Skalen bei Diagrammen mit vergleichbaren Inhalten vermieden werden. Richtigkeit umfasst auch die inhaltliche Botschaft, die treffend und präzise formuliert sein sollte.
- **Enable** (Konzept umsetzen): Die Umgestaltung des Berichtswesens nach den SUCCESS-Regeln verändert die Kultur der Unternehmenskommunikation. Hierfür ist zunächst bei Mitarbeitern und Führungskräften ein Problembewusstsein zu schaffen, damit diese die Notwendigkeit einer Veränderung erkennen. Die Einführung ist als Projekt zu realisieren, bei dem auch über die Softwareumsetzung entschieden wird. Die Anwender sollten unterstützt und das System im Rahmen eines Erfahrungsaustauschs weiterentwickelt werden.
- **Simplify** (Darstellung vereinfachen): Dieses Prinzip befasst sich mit dem Informationsanteil und dem Grafikgerümpel. Es geht darum, vermeidbare Angaben und dekorative Darstellungen zu Gunsten der Information wegzulassen. Information ist das, was zwischen Unverständlichem und Unnötigem („Rauschen") und Doppeltem bzw. bereits Bekanntem (Redundanz) liegt. Beispiel für „Rauschen" sind dreidimensionale Darstellungen, Hintergrundmuster, Schatten, Rahmen oder unnötige Farben.
- **Structure** (Strukturen verdeutlichen): Berichte sollten logisch strukturiert sein. Überschneidungen und unvollständige Darstellungen bei Auflistungen, Hierarchien und Strukturierungen sind zu vermeiden, denn sie erschweren das Verständnis. Sachverhalte sollten stets erschöpfend ausgeführt werden, d. h. alle Bestandteile müssen vollständig durch die enthaltenen Unterpunkte abgedeckt sein. Beispielsweise sollten prozentuale Angaben in Diagrammen oder Tabellen immer in Summe hundert Prozent ergeben. Unwesentliche Anteile sind nicht wegzulassen, sondern können z. B. unter „Sonstiges" zusammengefasst werden.

Stephen Few propagiert das „Information Dashboard" als eine visuelle Zusammenstellung der entscheidungsrelevanten Informationen auf einer Seite (vgl. *Few*, 2006, S. 34). Solche Informationstafeln werden auch als „One-Pager" oder „Cockpit-Chart" bezeichnet und sollen den Entscheidern alle Informationen auf einen Blick liefern. Sie erfüllen ihren Zweck, wenn Entscheidungserfordernisse klar erkennbar werden. Idealerweise bieten sie auch die Möglichkeit, sich sofort Zu-

Dashboards, One-Pager & Cockpits

gang zu weiterführenden Informationen zu verschaffen. Informationstechnisch lässt sich dies z. B. über Datenbanken oder OLAP-Technologien realisieren (vgl. Kap. 7.3). Abb. 7.2.16 zeigt ein Beispiel für eine solche Informationstafel.

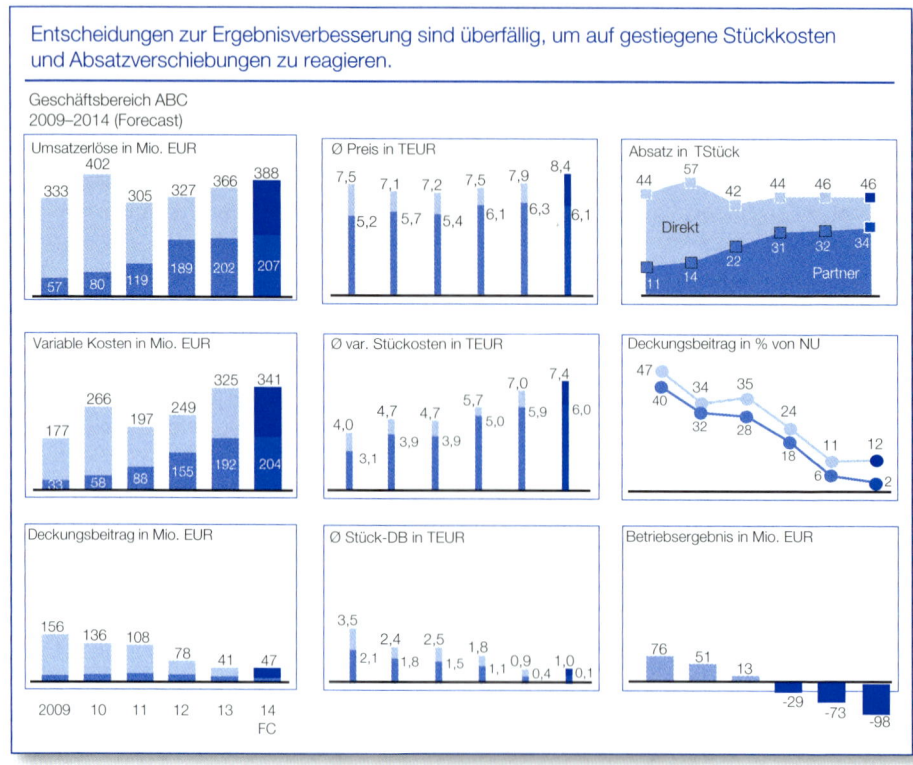

Abb. 7.2.16: Beispiel für ein Information Dashboard
(vgl. www.hichert.com/de/consulting/dashboards)

7.2.4 Informationsverwendung

> ❗ Im Rahmen der **Informationsverwendung** nutzen Entscheidungsträger die angebotenen Informationen und basieren darauf ihre Entscheidung.

Entscheidungsträger oft nicht rational

Ein rationaler Entscheidungsträger würde seine Nachfrage am Informationsbedarf ausrichten, sämtliche verfügbaren und relevanten Informationen auswerten und bei seiner Entscheidungsfindung berücksichtigen. In der Praxis sind Entscheidungsträger oft weniger rational. Beispielsweise werden vorhandene Informationen nicht in die Entscheidung einbezogen oder es wird nachträglich nach Informationen gesucht, um bereits getroffene Entscheidungen zu rechtfertigen. Dies ist auch der Entscheidungssituation geschuldet, da die Unternehmensführung sich meist unter Zeitdruck und hoher Unsicherheit entscheiden muss. Ein gutes Informationsangebot führt deshalb nicht zwangsläufig auch zu einer sachlich fundierten Entscheidung (vgl. *Picot* et al., 2010, S. 80 f.).

7.2 Informationswirtschaft

Dieses **irrationale Verhalten** hat viele Ursachen. Sowohl die geistigen Fähigkeiten eines Menschen zur Verarbeitung von Informationen als auch die im Rahmen der Entscheidungsfindung zur Verfügung stehende Zeit sind begrenzt. Entscheidungsträger sind deshalb gezwungen, aus einem breiten Informationsangebot die relevanten Informationen auszuwählen. Die meisten Entscheidungen basieren deshalb auf unvollständigen Informationen. Die erforderliche **Selektion** findet nach subjektiven Kriterien statt. Ursachen

Informationen werden eher für eine Entscheidung verwendet, wenn sie (vgl. *O'Reilly*, 1983, S. 103 ff.; *Reichwald*, 2005, S. 254 f.):

- für die Aufgabenerfüllung des Entscheidungsträgers von hoher Bedeutung sind,
- die persönlichen Ziele des Entscheidungsträgers begünstigen,
- leicht verständlich und zugänglich sind,
- von einer hierarchisch höheren Stelle stammen,
- nicht konfliktträchtig sind,
- von einer vertrauenswürdigen Quelle übermittelt werden,
- quantitativer Natur sind (z. B. Kennzahlen, Statistiken),
- eindeutig sind und
- die Meinung des Entscheidungsträgers bestätigen.

Insgesamt werden Informationen umso eher verwendet, je geringer die für den Entscheidungsträger mit ihrer Nutzung verbundenen Kosten und Anstrengungen sind und je höher der erwartete Nutzen aus ihrer Verwendung ist bzw. je stärker ihre Nichtbeachtung sanktioniert wird (vgl. *Picot* et al., 2010, S. 84). Aus diesem meist unbewusst irrationalen Verhalten resultierende Fehlfunktionen werden als **Informationspathologien** bezeichnet. Sie resultieren aus den individuellen Eigenschaften oder Einstellungen der Entscheidungsträger. Menschen empfinden z. B. widersprüchliche Wahrnehmungen grundsätzlich als unangenehm. Sie versuchen deshalb, diese sog. **kognitive Dissonanzen** abzubauen, indem sie bestätigende Informationen verstärkt aufnehmen, während widersprechende Informationen ignoriert, verdrängt oder vergessen werden. Informationspathologie

Weitere Fehler der Informationsverwendung entstehen durch **Störungen der Kommunikation** (vgl. *Picot* et al., 2010, S. 87; *Reichwald*, 2005, S. 256 f.; *Scholl*, 1992, Sp. 901 ff.): Kommunikationsstörungen

- Menschen neigen dazu, bevorzugt mit Gleichgesinnten Informationen auszutauschen. Allerdings bietet die Kommunikation mit Personen, die über andere Kenntnisse oder Auffassungen verfügen, die größten Möglichkeiten, sein eigenes Wissen zu erweitern.
- Unterschiedliche Denkweisen, Begriffsauffassungen und Fachsprachen einzelner Personengruppen können den Informationsaustausch behindern. Dies ist beispielsweise bei der Kommunikation zwischen Kaufleuten und Ingenieuren zu beobachten.
- Hierarchische Strukturen können dazu führen, dass Informationen nicht weitergegeben werden („Information ist Macht"). Darüber hinaus behindern sie die Aufnahme neuer und unvorhergesehener Informationen, die strukturelle Anpassungen nach sich ziehen.
- Lange und bürokratische Kommunikationswege führen zu Verzerrungen („Stille Post").
- Der Informationsaustausch wird auch durch starkes Bereichs- und Konkurrenzdenken erschwert. Probleme werden verschwiegen oder verharmlost, um nicht dafür verantwortlich gemacht zu werden.

7 Informationsmanagement

Übermittlungsprobleme

Die Informationsverwendung kann auch durch **Probleme der Informationsübermittlung** beeinträchtigt oder verhindert werden (vgl. *Koch*, 1994, S. 98 ff.; *Küpper*, 2008, S. 203 ff.):

- Es werden für den Entscheidungsträger irrelevante Informationen übermittelt.
- Die Informationsübermittlung erfolgt zu spät, in ungeeigneter Form oder fehlerhaft.
- Informationen werden vom Empfänger nicht verstanden oder falsch interpretiert.
- Ein Entscheidungsträger ist nicht bereit, Informationen wahrzunehmen, weil sie für ihn unangenehm sind oder gegen seine Einstellungen verstoßen.

Akzeptanzerhöhung

Um die Informationsverwendung der Entscheidungsträger zu verbessern, gibt es mehrere Ansatzpunkte. Die **Akzeptanz von Informationen** lässt sich durch die Erhöhung des Vertrauens in das Informationsangebot steigern. Um dies zu erreichen, sollte das Informationsangebot zuverlässig zur Verfügung gestellt und der Berichtersteller als objektiv und fachlich qualifiziert wahrgenommen werden. Hierbei hilft z. B. die Einhaltung der im vorherigen Kapitel dargestellten Regeln des Informationsdesigns. Die Mitwirkung des Entscheidungsträgers bei der Beschaffung der Informationen sowie bei der Festlegung von Inhalt, Zeitpunkt und Frequenz der Berichte wirkt sich ebenfalls positiv auf die Informationsverwendung aus. Grundsätzlich ist eine Informationsübermittlung im Rahmen eines persönlichen Gespräches wirkungsvoller als die Weitergabe schriftlicher Informationen (vgl. *Koch*, 1994, S. 169 ff.; *Küpper*, 2008, S. 205 ff.). Um sicherzustellen, dass übermittelte Informationen richtig verstanden und verwendet werden, sind die in Kap. 7.2.3 genannten vier Kommunikationsebenen einer Nachricht zu beachten.

Abhängig von der Strukturiertheit

Generell lässt sich die Qualität von Entscheidungen bei gut strukturierten, administrativen Aufgaben durch ein möglichst breites und am Informationsbedarf ausgerichtetes Informationsangebot steigern. Schlecht strukturierte Entscheidungen werden dagegen in der Regel auf Basis unsicherer und unscharfer Informationen getroffen. Eine Ausweitung des Informationsangebots führt deshalb in diesen Fällen meist nicht zu besseren Entscheidungen. Eine Informationsflut kann bei einer Führungskraft sogar Unsicherheiten und zunehmende Informationsnachfrage auslösen. Daraus kann ein Teufelskreis entstehen, der zu einer Entscheidungshemmung führen kann und damit das Ziel der Informationswirtschaft in Frage stellt (vgl. *Krcmar*, 2010, S. 97).

Gestaltungsregeln

Zur Verbesserung der Informationsverwendung lassen sich aus den genannten Aussagen folgende **Regeln für die Gestaltung von Berichten** ableiten (vgl. *Koch*, 1994, S. 115 ff.; *Küpper*, 2008, S. 203 ff.; *Mertens/Griese*, 2009, S. 86 ff.):

- **Empfängerorientierung:** Informationen sollten entsprechend den Anforderungen der Entscheidungsträger aufbereitet werden. Um eine Überfrachtung zu vermeiden, sollte eine Abstimmung auf den individuellen Bedarf des Empfängers erfolgen und die wesentlichen Informationen in den Mittelpunkt gestellt werden.
- **Kontinuität:** Aufbau und Gestaltung von Berichten sollten einheitlich sein und möglichst nicht verändert werden.
- **Verständlichkeit:** Berichtsinhalte sollten für den Entscheidungsträger leicht zu verstehen sein. Hierfür sind z. B. eindeutige Begriffe zu verwenden, Zusammenhänge und Bedeutungen zu erklären, verwendete Abkürzungen aufzulisten und eine einfache Sprache zu nutzen.
- **Relevanz:** Der Empfänger sollte die entscheidungsrelevanten Informationen leicht erkennen. Auf irrelevante und redundante Informationen sollte verzichtet werden. Bei Standardberichten ist dies aufgrund der Vielzahl an Informationsempfängern nur bedingt möglich.

- **Erfassbarkeit:** Die in den Berichten enthaltenen Informationen sollten für den Entscheidungsträger im Sinne des Informationsdesigns (Kap. 7.2.3) leicht zu erfassen sein. Hierfür sind z. B. Übersichts- und Detailinformationen zu trennen, geeignete Grafiken anstelle von Tabellen zu verwenden oder wichtige Aspekte hervorzuheben. Zur Übersichtlichkeit trägt auch eine Informationsverdichtung bei.

Neue Informationssysteme und -techniken können das Informationsverhalten der Mitarbeiter effizienter und effektiver machen sowie die Probleme der beschränkten Rationalität und Informationsverarbeitungskapazität verringern (vgl. *Picot* et al., 2010, S. 139). Durch webbasierte Berichtssysteme lassen sich z. B. weltweit Daten dezentral vor Ort erfassen und pflegen. Die Führungskräfte können dadurch jederzeit ortsunabhängig auf den aktuellen Informationsstand zugreifen und auf dieser Basis schneller und vielfach auch besser entscheiden (vgl. *Erben*, 2001, S. 235 ff.). Informationssysteme und -technik werden im nächsten Kapitel dargestellt.

Management Summary

- Die Informationswirtschaft soll die von der Unternehmensführung benötigten Informationen dem richtigen Empfänger mit angemessener Genauigkeit und Verdichtung rechtzeitig und wirtschaftlich zur Verfügung stellen.
- Der Informationsbedarf bezeichnet die Art, Menge und Qualität an Informationen, die ein Entscheidungsträger aus objektiver Sicht für die Durchführung einer Entscheidung benötigt.
- Der Informationsversorgungsprozess besteht aus den Phasen Informationsbedarfsermittlung, -beschaffung, -übermittlung und -verwendung.
- Bei der Informationsbedarfsermittlung werden die für eine Entscheidung objektiv erforderlichen Informationen bestimmt.
- Bei der Informationsbeschaffung wird festgelegt, welche Informationen zu welchem Zeitpunkt, aus welchen Quellen und für welchen Entscheidungsträger beschafft werden sollen.
- Die Informationsübermittlung soll dem Entscheidungsträger das Informationsangebot anforderungsgerecht, d. h. in qualitativ, quantitativ, zeitlich und räumlich geeigneter Form, zur Verfügung stellen.
- Zwischenmenschliche Kommunikation umfasst die vier psychologischen Ebenen Sachinhalt, Selbstoffenbarung, Beziehung und Appell.
- Das Berichtswesen soll führungsrelevante Informationen anforderungsgerecht an betriebliche Entscheidungsträger übermitteln.
- Kennzahlen stellen betriebliche Sachverhalte und Zusammenhänge in verdichteter und quantitativ messbarer Form dar.
- Performance Measurement bezeichnet die ganzheitliche Beurteilung betrieblicher Leistungen mit Hilfe quantifizierbarer Maßgrößen, die über unterschiedliche Leistungsaspekte Auskunft geben und damit zur Leistungsverbesserung beitragen sollen.
- Performance Management umfasst die systematische Planung, Steuerung und Kontrolle der betrieblichen Leistungen, um das gesamte Unternehmen an der Strategie auszurichten sowie dessen Leistungspotenzial zu erhöhen und voll auszuschöpfen.

7 Informationsmanagement

- Durch Informationsdesign werden Informationen so aufbereitet und dargestellt, dass sie von den Informationsempfängern möglichst schnell aufgenommen, eindeutig verstanden, richtig interpretiert und entscheidungsbezogen genutzt werden können.
- Im Rahmen der Informationsverwendung nutzen Entscheidungsträger die angebotenen Informationen und basieren darauf ihre Entscheidung.
- Wichtige Regeln für die Gestaltung von Berichten sind: Empfängerorientierung, Kontinuität, Verständlichkeit, Relevanz und Erfassbarkeit.

Literaturempfehlungen

Picot, A./Reichwald, R./Wigand, R.: Die grenzenlose Unternehmung, 5. Aufl., Wiesbaden 2010.

Weber, J./Schäffer, U.: Einführung in das Controlling, 13. Aufl., Stuttgart 2011.

Few, S.: Now You See It, Oakland 2009.

Tufte, E.: The Visual Display of Quantitative Information, 2. Aufl., Cheshire 2001.

Empfehlenswerte Fallstudien zum Kapitel 7.2 aus Dillerup, R./Stoi, R. (Hrsg.)

7.1 Kommunikationskultur der Technohype AG *(Griesfelder, R.)*

7.3 Informationssysteme und -technik

> **Leitfragen**
> - Was sind Informationssysteme und welche Informationstechnik verwenden sie?
> - Welche Bedeutung haben Informationssysteme für das Informationsmanagement?
> - Wie stellt das Informationsmanagement den anforderungsgerechten und effizienten Einsatz der Informationssysteme und -technik sicher?

Die Informationswirtschaft benötigt zur Erfüllung ihrer Aufgaben **Informationssysteme**, die aus personellen, organisatorischen und technischen Elementen bestehen. Die technischen Bestandteile werden unter dem Begriff **Informationstechnik** zusammengefasst (vgl. *Stahlknecht/Hasenkamp*, 2005, S. 11 f.).

In diesem Kapitel wird zunächst das Unterstützungspotenzial der Informationssysteme und -technik für das Informationsmanagement erläutert. Darauf aufbauend werden die Aufgaben des Informationsmanagements zur Sicherstellung eines anforderungsgerechten und wirtschaftlichen Einsatzes von Informationssystemen und -technik dargestellt. Die Einordnung von Informationssystemen und -technik in das Unternehmensführungssystem veranschaulicht Abb. 7.3.1.

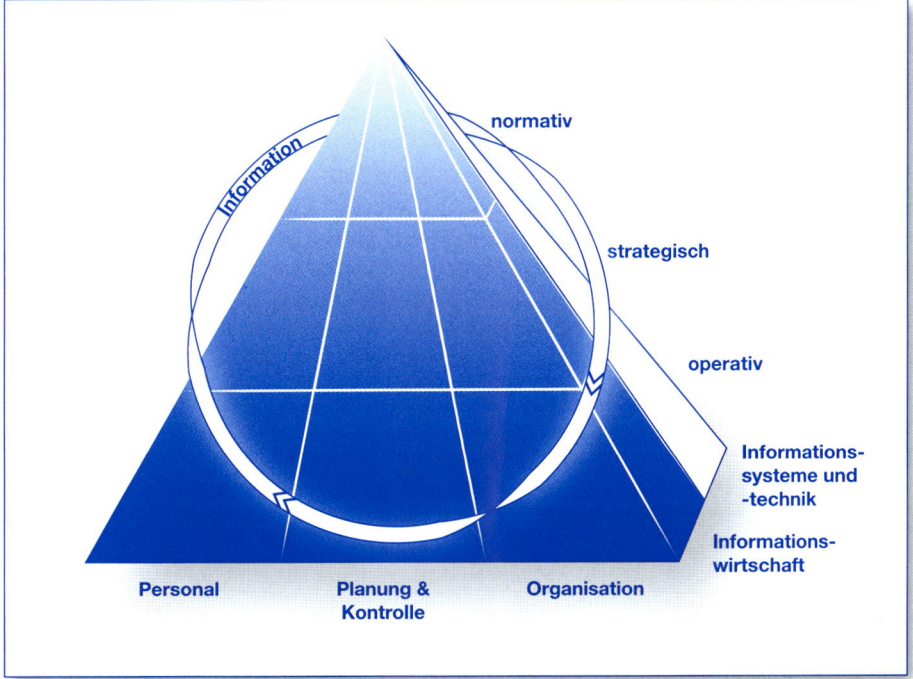

Abb. 7.3.1: Informationssysteme und -technik im System der Unternehmensführung

7.3.1 Informationssysteme

> **!** **Informationssysteme** bestehen aus Menschen und Maschinen, die Informationen erzeugen, nutzen und über Kommunikationsbeziehungen untereinander austauschen (*Hansen/Neumann*, 2009, S. 131 f.).

IuK-Systeme

Synonym wird hierfür auch der erweiterte Begriff der **Informations- und Kommunikationssysteme (IuK-Systeme)** verwendet (vgl. *Krcmar*, 2010, S. 28). Aus Gründen der Konsistenz mit dem Begriff Informationsmanagement wird hier ebenfalls nur von Informationssystemen gesprochen, auch wenn stets Informations- und Kommunikationssysteme gleichermaßen gemeint sind (vgl. Kap. 7.1.2).

Arten von Informationssystemen

Da nicht alle Informationsverarbeitungsprozesse programmierbar sind, ist ein vollkommen automatisiertes Informationssystem (Maschine-Maschine-System) nicht realisierbar. Allerdings können Informationssysteme ausschließlich aus Personen bestehen (Mensch-Mensch-Systeme). Dies ist z. B. bei einer Strategietagung der Fall, bei der die Führungskräfte die strategischen Handlungsmöglichkeiten des Unternehmens diskutieren. Da diese Vorgänge sehr unternehmensspezifisch sind, werden im Folgenden nur weitgehend standardisierbare **rechnergestützte Informationssysteme** (Mensch-Maschine-Systeme) betrachtet. Diese nutzen Informationstechnik zur Erfassung, Verarbeitung, Speicherung und Übermittlung von Informationen (vgl. *Hansen/Neumann*, 2009, S. 133).

Nach ihrem **Verwendungszweck** lassen sich unterscheiden (vgl. *Hansen/Neumann*, 2009, S. 138 ff.; *Stahlknecht/Hasenkamp*, 2005, S. 326):

Administrations-, Dispositions-, Führungs-, Querschnittssysteme

- **Administrationssysteme** zur Speicherung und Verarbeitung von standardisierten und in großen Mengen anfallenden Massendaten wie z. B. ein Finanzbuchhaltungssystem.
- **Dispositionssysteme** unterstützen operative Tätigkeiten, indem sie kurzfristige Entscheidungen vorbereiten oder selbst treffen. Ein Beispiel sind Bestellvorschläge oder eine automatische Bestellung durch ein Beschaffungssystem.
- **Führungssysteme** übernehmen Analyse-, Planungs- und Kontrollfunktionen und dienen der Entscheidungsunterstützung der Unternehmensführung. Planungssysteme ermöglichen z. B. Simulationen, Szenarioanalysen oder Optimierungsrechnungen. Managementinformationssysteme (MIS) versorgen die Unternehmensführung mit entscheidungsrelevanten Informationen. Führungssysteme beziehen ihre Daten sowohl aus externen Quellen als auch aus betrieblichen Administrations- und Dispositionssystemen.
- **Querschnittssysteme** lassen sich unabhängig von der Unternehmenshierarchie an jedem Arbeitsplatz verwenden. Sie werden in Kombination mit Administrations-, Dispositions- und Führungssystemen eingesetzt. Im Vordergrund stehen Büroinformationssysteme zur Unterstützung von Verwaltungstätigkeiten. Hierunter fallen Endbenutzerwerkzeuge wie z. B. Tabellenkalkulationen oder Präsentationsprogramme, Kommunikationsdienste wie z. B. E-Mail, Systeme zur Unterstützung von Gruppenarbeit oder Vorgangsbearbeitungssysteme (Workflow-Management). Zu den Querschnittssystemen gehören auch wissensbasierte Systeme wie z. B. Expertensysteme.

Operative Informationssysteme

Administrations- und Dispositionssysteme werden als **operative Informationssysteme** bezeichnet, da sie der Abwicklung des laufenden Geschäftsbetriebs dienen. Sie können sowohl branchenneutral als auch branchenspezifisch sein. Branchenneutrale Informationssysteme werden z. B. in der Finanzbuchhaltung oder Fakturierung eingesetzt.

7.3 Informationssysteme und -technik

Branchenspezifische Informationssysteme unterstützen spezielle Aufgaben wie z. B. die Kreditüberwachung bei Banken oder die Warendisposition im Handel. Informationssysteme können sowohl auf das Unternehmen begrenzt als auch unternehmensübergreifend sein (vgl. *Stahlknecht/Hasenkamp*, 2005, S. 328 f.). Die Gesamtheit der Informationssysteme lässt sich wie in Abb. 7.3.2 als Pyramide darstellen, bei der die operativen Systeme die betrieblichen Funktionsbereiche unterstützen. Die Führungssysteme greifen zu Zwecken der Analyse, Planung und Kontrolle auf die operativen Systeme zu (vgl. *Gabriel/Beier*, 2003, S. 174).

Bei einem **integrierten Informationssystem** sind die einzelnen Teilsysteme inhaltlich aufeinander abgestimmt, über einheitliche Schnittstellen miteinander verbunden und bauen auf einer gemeinsamen Datenbasis auf (vgl. *Stahlknecht/Hasenkamp*, 2005, S. 329). Wie in der Pyramide der Informationssysteme zu sehen, kann die Integration dabei sowohl in vertikaler als auch in horizontaler Richtung erfolgen. Bei der **horizontalen Integration** sollen unterschiedliche operative Informationssysteme miteinander verbunden werden, um die ablaufenden Geschäftsprozesse besser zu unterstützen. Die **vertikale Integration** soll den Zusammenhang zwischen den operativen Systemen und den Führungssystemen sicherstellen. Sie ist erforderlich, damit die Führungssysteme auf die operativen Daten zugreifen und diese verdichten und analysieren können (vgl. *Gabriel/Beier*, 2003, S. 174). Ein integriertes Informationssystem, das alle wesentlichen Funktionen der Administration, Disposition und Führung unterstützt, wird als **Enterprise Resource Planning-System** (ERP-System) bezeichnet (vgl. *Stahlknecht/Hasenkamp*, 2005, S. 327). Ein in der Praxis weit verbreitetes ERP-System ist *SAP Business Suite*.

Integrierte Informationssysteme

ERP-Systeme

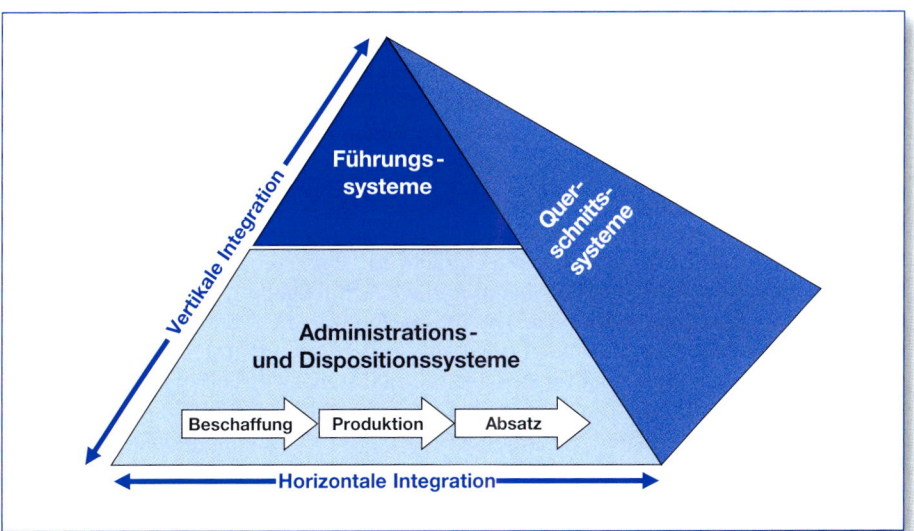

Abb. 7.3.2: Zusammenhang und Integrationsrichtung von Informationssystemen

Informationssysteme dienen vor allem der Unterstützung und Automatisierung betrieblicher Abläufe. Hierfür müssen diese Prozesse zunächst formal beschrieben werden. Die im Prozessablauf anfallenden Daten werden gespeichert, verarbeitet und daraus Informationen zur Unterstützung betrieblicher Entscheidungen generiert. Wesentliche Aufgabenfelder des Informationsmanagements sind deshalb das Datenmanagement, die Prozessmodellierung und die betrieblichen Anwendungen.

7 Informationsmanagement

7.3.1.1 Datenmanagement und Prozessmodellierung

> **!** Das **Datenmanagement** sorgt für die optimale Bereitstellung und Nutzung der Unternehmensdaten. Es sichert ihre Richtigkeit, Aktualität, Konsistenz sowie ihren Aufgabenbezug und Zusammenhang (vgl. *Krcmar*, 2010, S. 129).

Datenmanagement

Das Datenmanagement legt fest, welche Daten für welche Aufgaben zur Verfügung gestellt werden sollen, wer für die Erfassung und Pflege der Daten verantwortlich ist und in welcher Form diese bereitzustellen sind (vgl. *Krcmar*, 2010, S. 129 f.). Da Unternehmensdaten für unterschiedliche Entscheidungen und Aufgaben genutzt werden, sollten sie zentral verwaltet werden. Ansonsten besteht die Gefahr, dass gespeicherte Daten inkonsistent, d. h. nicht vollständig, korrekt und widerspruchsfrei sind. In diesem Fall kann die Abfrage der gleichen Daten zu unterschiedlichen Ergebnissen führen. Werden z. B. Kundenadressdaten in mehreren Fachabteilungen getrennt erfasst, ist es möglich, dass für den gleichen Kunden verschiedene Adressen gespeichert sind. Außerdem sind in diesem Falle die Daten auch redundant, d. h. die gleiche Information ist in mehreren Datenbeständen enthalten. Deshalb werden Daten und Anwendungen voneinander getrennt. Die Datenbestände werden hierfür in einer zentralen Datenbank abgelegt. Die Verarbeitung und Auswertung der Daten erfolgt dann durch Anwendungen, die auf diese Datenbank zugreifen und die dort gespeicherten Daten verändern können.

Datenintegration

Durch die **Datenintegration** in einer zentralen Datenbank werden Daten nur einmal und damit konsistent und ohne Redundanz gespeichert. Mehrere Programme und Anwender können dieselben Daten zur gleichen Zeit nutzen (vgl. *Hansen/Neumann*, 2009, S. 1017 ff.). Ein Datenbankmanagementsystem verwaltet und steuert den Zugriff auf die Datenbasis. Auf diese Weise können Anwendungen geändert oder ausgetauscht werden, ohne dass eine Anpassung der Datenbank erforderlich ist. Ebenso lassen sich die Daten ohne Änderung der Anwendungen umorganisieren (vgl. *Reichwald*, 2005, S. 283 f.).

Data Warehouse

Für Zwecke der Entscheidungsunterstützung werden relevante Daten aus internen Datenbanken und externen Quellen ausgewählt und in einem **Data Warehouse** („Datenlagerhaus") zusammengefasst. Dies geschieht auch aus Zeitgründen, da ein direkter Zugriff auf die einzelnen Datenbanken und die anschließende Aufbereitung zu lange dauern würde. Das Data Warehouse ist eine speziell für die Anforderungen der Entscheidungsunterstützung dienende Datenbank, in der Daten in unterschiedlichen Verdichtungsstufen bereitgehalten werden. Ihre Aktualisierung erfolgt nicht laufend, sondern zu festen Zeitpunkten. Die Auswertung erfolgt mit Hilfe von OLAP-Anwendungen (Online Analytical Processing). Sie ermöglichen es, mehrdimensionale Datenbestände in Echtzeit nach verschiedenen Dimensionen zu betrachten und zusammenzufassen. Die Umsatzzahlen lassen sich damit z. B. nach Kunden, Vertriebsregionen und Produkten analysieren. Die systematische Sammlung, Auswertung und Darstellung der in einem Data Warehouse gespeicherten Unternehmensdaten zum Zwecke der Entscheidungsunterstützung wird als **Business Intelligence** bezeichnet. Business Intelligence Systeme verfügen über interaktive Benutzeroberflächen, mit denen die Entscheider z. B. auf OLAP-Anwendungen oder Systeme zur Datenmustererkennung (Data Mining) zugreifen und sich individuelle Berichte erstellen können (vgl. *Hansen/Neumann*, 2009, S. 1015 ff.; *Krcmar*, 2010, S. 91 f.; *Stahlknecht/Hasenkamp*, 2005, S. 387 f.).

Business Intelligence

Im Rahmen geschäftlicher Transaktionen sammeln Unternehmen eine Vielzahl an Daten z. B. über Produkte, Kunden, Lieferanten oder Wettbewerber. Diese rasant wachsende Flut an digitalen Daten wird mit dem Begriff „**Big data**" umschrieben. Durch die Verknüpfung von statistischen Verfahren mit moderner Informationstechnik sollen aus diesen unstrukturierten Datenmassen unterschiedlichster Quellen neue Zusammenhänge erkannt und für das Unternehmen wirtschaftlich nutzbar gemacht werden. Die daraus gewonnenen Einblicke, z.B. in die Bedürfnisse der Kunden oder die Funktionsweise der Märkte, lassen sich für Prognosen verwenden oder ermöglichen sogar die Entwicklung neuer Dienstleistungen und Produkte (vgl. das Beispiel in Kap. 7.4.2.2). Auf Basis von Big data können Führungsentscheidungen fundierter als bislang üblich und damit langfristig vermutlich auch erfolgreicher getroffen werden (vgl. *McAfee/Brynjolfsson*, 2012, S. 24 ff.).

Big data

Voraussetzung für die Nutzung einer Datenbank durch mehrere Anwendungen ist ein anwendungsunabhängiges Datenmodell. Die formale Beschreibung der logischen Struktur von Unternehmensdaten in einem Modell wird als **Datenmodellierung** bezeichnet. Dabei werden alle relevanten Datenobjekte wie z. B. Kundenname, Straße oder Postleitzahl und die zwischen diesen bestehenden Beziehungen erfasst. Dies geschieht meist in Form von Tabellen, die über gleiche Datenobjekte miteinander verknüpft sind. So erhält z. B. eine Tabelle Angaben über die Kundenadresse und eine andere Tabelle die Auftragsdaten des Kunden. Beide Tabellen sind über die Kundennummer miteinander verknüpft. Mit Hilfe dieser sog. **relationalen Datenbanken** lassen sich beispielsweise die Kundenaufträge nach bestimmten Verkaufsregionen auswerten. Die Datenmodellierung fördert die Transparenz und Kommunikation, vermeidet Redundanz in der Datenhaltung und schafft ein unternehmensweites, ganzheitliches Verständnis für die Unternehmensdaten (vgl. *Stahlknecht/Hasenkamp*, 2005, S. 163 f.).

Datenmodellierung

Relationale Datenbanken

Viele Daten eines Unternehmens sind vertraulich und sollten deshalb nur von wenigen Mitarbeitern eingesehen und verändert werden können. Beispiele sind strategische Pläne, Entwicklungsprojekte oder Kundeninformationen. Darüber hinaus erfordert die Erfassung und Verarbeitung von Daten häufig einen hohen Arbeitsaufwand. Aus diesem Grund ist die **Datensicherheit** von zentraler Bedeutung. Sie soll den Verlust, Diebstahl oder die Verfälschung von Daten vermeiden. Die Datensicherheit kann z. B. durch defekte Geräte und Speichermedien, Brand- und Wasserschäden, Einbruch, Spionage oder Computerviren gefährdet sein. Aus diesem Grund sind betriebliche **Maßnahmen zur Datensicherheit** erforderlich (vgl. *Hansen/Neumann*, 2009, S. 384):

Datensicherheit

Maßnahmen

- **Physikalische** Maßnahmen sind z. B. Einbruchsicherung oder Brandschutz.
- **Technische** Maßnahmen sind z. B. Sicherungskopien, die Verschlüsselung von Daten oder Virenabwehrprogramme.
- **Organisatorische** Maßnahmen sind z. B. die Vergabe von Zugriffsberechtigungen, die festlegen, wer zu welchen Daten Zugang hat. Die Autorisierung wird durch Passwörter und verstärkt auch durch biometrische Daten wie z. B. einen Fingerabdruck sichergestellt.

Maßnahmen zur Vermeidung des unberechtigten Zugriffs und Missbrauchs von personenbezogenen Daten fallen unter den Bereich des **Datenschutzes**. In Deutschland sind die Rechte auf die Vertraulichkeit personenbezogener Daten durch das Bundesdatenschutzgesetz (BDSG) geregelt. Dort ist festgelegt, wer über wen welche Daten speichern darf (vgl. *Reichwald*, 2005, S. 288). Beispielsweise darf die Adresse und Telefonnummer eines Kunden nicht ohne dessen Zustimmung an Dritte weitergegeben werden.

Datenschutz

Informationssysteme dienen zur Automatisierung betrieblicher Abläufe. Sie beziehen sich vor allem auf gut strukturierte Aufgaben, da diese ausreichend standardisierbar sind (vgl. Kap. 7.2.1). Um betriebliche Abläufe zu automatisieren, sind sie formal zu

Automatisierung von Abläufen

7 Informationsmanagement

beschreiben. Hierzu werden sie analysiert und in ihre Bestandteile zerlegt. Da es nicht sinnvoll ist, ineffiziente oder unwirksame Prozesse zu automatisieren, werden sie zuvor meist einem Prozessmanagement (vgl. Kap. 5.4) unterzogen. Auf diese Weise sollen sie ganzheitlich im Hinblick auf ihre Kosten, Zeit, Qualität und Kundenzufriedenheit optimiert werden. Die optimierten Prozesse werden im Anschluss modelliert und programmiert, um deren Planung, Durchführung und Kontrolle weitgehend dem Informationssystem zu überlassen (vgl. *Reichwald*, 2005, S. 272 ff.).

> **!** **Prozessmodellierung** ist die formale Abbildung betrieblicher Abläufe, um diese im Anschluss durch ein Informationssystem unterstützen bzw. automatisieren zu können (vgl. *Reichwald*, 2005, S. 272 f.).

Ereignisgesteuerte Prozesskette

Zur Prozessmodellierung dienen Beschreibungssprachen wie z. B. die Abbildung als sog. **ereignisgesteuerte Prozesskette**. Dabei wird bestimmt, aus welchen Aktivitäten die Prozesse bestehen und welche Ereignisse diese Aktivitäten auslösen und beenden. Die Darstellung des Prozessablaufs erfolgt durch standardisierte grafische Symbole. Abb. 7.3.3 zeigt ein Beispiel für eine ereignisgesteuerte Prozesskette.

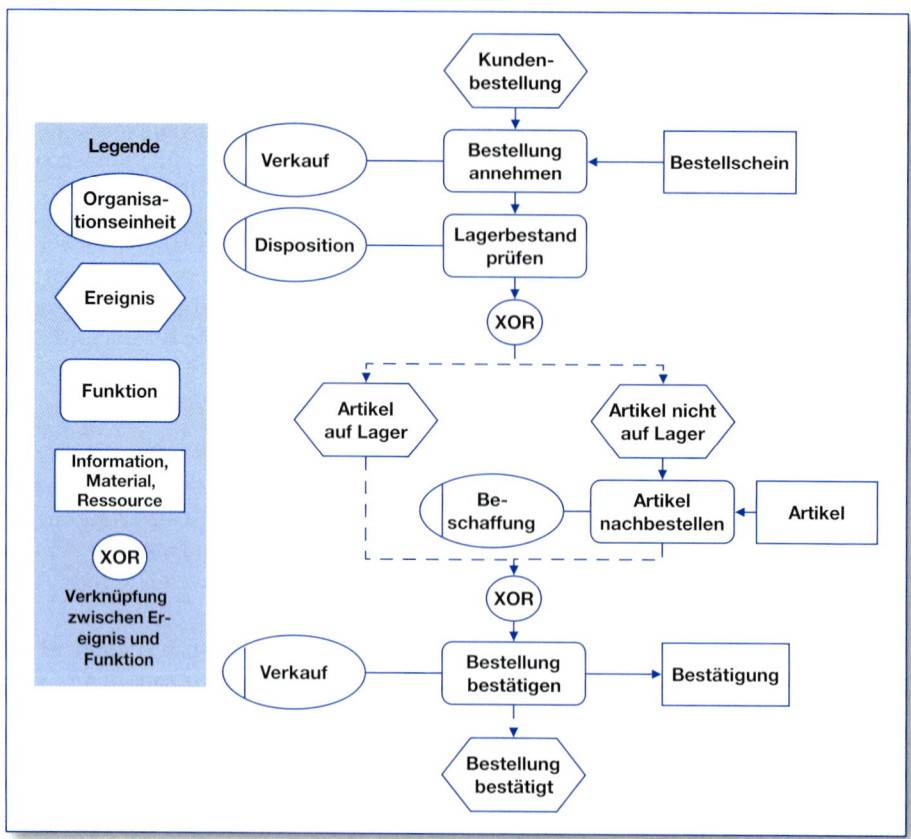

*Abb. 7.3.3: Beispiel für eine ereignisgesteuerte Prozesskette
(in Anlehnung an Hansen/Neumann, 2009, S. 333)*

7.3 Informationssysteme und -technik

Eine in der Praxis weit verbreitete Methode zur ganzheitlichen Modellierung von Geschäftsprozessen ist die von *Scheer* entwickelte *Architektur Integrierter Informationssysteme* (ARIS). Neben der Darstellung des Prozessablaufs als ereignisgesteuerter Prozesskette werden die ausführenden Organisationseinheiten und die erforderlichen Daten und informationstechnischen Ressourcen festgelegt. Die Prozessmodellierung erfolgt auf unterschiedlichen Ebenen. Ausgangspunkt ist die Fachkonzept-Ebene, auf der zunächst die betriebswirtschaftliche Problemstellung des Geschäftsprozesses beschrieben wird. Auf der DV-Konzept-Ebene wird das Informationssystem zur Umsetzung des Fachkonzepts erarbeitet und auf der Ebene der Implementierung die hierzu erforderliche Informationstechnik festgelegt (vgl. *Gabriel/Beier*, 2003, S. 107 f.; *Hansen/Neumann*, 2009, S. 279 ff.; *Scheer*, 2002).

Die Erstellung von Prozessmodellen ist sehr aufwendig und erfordert fundiertes Knowhow. Aus diesem Grund werden von den Unternehmen häufig sog. **Referenzmodelle** verwendet. Dabei handelt es sich um allgemeine Beschreibungen typischer Bestandteile und Abläufe von betrieblichen Funktionen wie z. B. der Finanzbuchhaltung oder branchenbezogener Aufgabenfelder wie z. B. der Warendisposition im Großhandel. Referenzmodelle sind für Unternehmen nicht nur kostengünstiger und schneller verfügbar, sondern auch häufig qualitativ besser als selbst erstellte Prozessmodelle. Zudem sind für Referenzmodelle meist bereits standardisierte Anwendungen am Markt erhältlich. Die Verwendung eines Referenzmodells kann jedoch eine Neugestaltung der Geschäftsprozesse und Anpassungen der betrieblichen Ablauforganisation erforderlich machen (vgl. *Curran/Ladd*, 2000, S. 63; *Krcmar*, 2010, S. 122 f.). Dies kann zu Verbesserungen der Geschäftsprozesse beitragen. Der mit der Standardisierung verbundene Verzicht auf betriebsindividuelle Regelungen birgt aber bei strategischen Geschäftsprozessen die Gefahr des Verlusts von Wettbewerbsvorteilen.

Referenzmodelle

7.3.1.2 Anwendungen

> **Anwendungen** bzw. Anwendungssoftware sind Programme zur Bearbeitung fachlicher Aufgaben (vgl. *Hansen/Neumann*, 2009, S. 36 f.). **!**

Zu den Anwendungen zählen technisch-wissenschaftliche Programme wie z. B. CAD-Software, Programme zur Unterstützung allgemeiner betrieblicher Funktionen wie z. B. Finanzbuchhaltungssoftware und Branchenprogramme wie z. B. ein Buchungssystem im Reisebüro. Das Informationsmanagement sorgt für die wirtschaftliche und anforderungsgerechte Entwicklung und Nutzung dieser betrieblichen Anwendungen. Die Anforderungen an eine Anwendung sind vielfältig und hängen von ihren Aufgaben ab. Die **Anwendungsqualität** lässt sich mit folgenden Kriterien beurteilen (vgl. *Rauh*, 1990, S. 110 ff.; *Stahlknecht/Hasenkamp*, 2005, S. 309 ff.):

Qualitätskriterien

- **Funktionalität:** Erfüllung aller geforderter Funktionen.
- **Zuverlässigkeit:** Fehlerfreies und korrektes Arbeiten sowie dauerhafte Verfügbarkeit.
- **Benutzerfreundlichkeit:** Vom Benutzer leicht zu erlernen und zu bedienen.
- **Effizienz:** Vertretbare Beanspruchung der Hardwareressourcen sowie für den Benutzer befriedigende Antwort- und Laufzeiten.

7 Informationsmanagement

- **Zugriffsschutz** vor unberechtigtem Zugang zu Daten und Programmen.
- **Robustheit** bei unsachgemäßer Bedienung oder Hardwaredefekten.
- **Wartungsfreundlichkeit:** Einfache Anpassung an geänderte Anforderungen.
- **Übertragbarkeit:** Einsetzbarkeit in anderen oder veränderten Systemumgebungen.

Lebenszyklus

Der Zeitraum von der Entwicklung bis zur Ablösung einer Anwendung wird als **Anwendungslebenszyklus** (Software Life Cycle) bezeichnet. Er wird in die beiden Abschnitte Systementwicklung und Systembetrieb unterteilt. Bei der Systementwicklung werden allgemein die Phasen Analyse, Entwurf/Design, Realisierung und Einführung unterschieden. Die Systementwicklung erfolgt in aller Regel als Projekt und erfordert deshalb ein entsprechendes Projektmanagement und -controlling (vgl. Kap. 5.3 und Kap. 7.4.3). Danach beginnt der Systembetrieb, der den größten zeitlichen Anteil am Anwendungslebenszyklus ausmacht. Während dieser Nutzungszeit unterliegt eine Anwendung ständiger Wartung, um sie an veränderte Anforderungen anzupassen, zu erweitern und qualitativ zu verbessern. Entspricht eine Anwendung nicht mehr den Anforderungen und ihre Wartung ist aus wirtschaftlichen und/oder technischen Gründen nicht mehr sinnvoll, dann wird sie abgeschafft bzw. durch eine neue Anwendung ersetzt (vgl. *Stahlknecht/Hasenkamp*, 2005, S. 213 ff.). Den typischen Verlauf von Kosten und Nutzen einer Anwendung in den Phasen Entwicklung, Einführung, Betrieb und Ablösung zeigt Abb. 7.3.4.

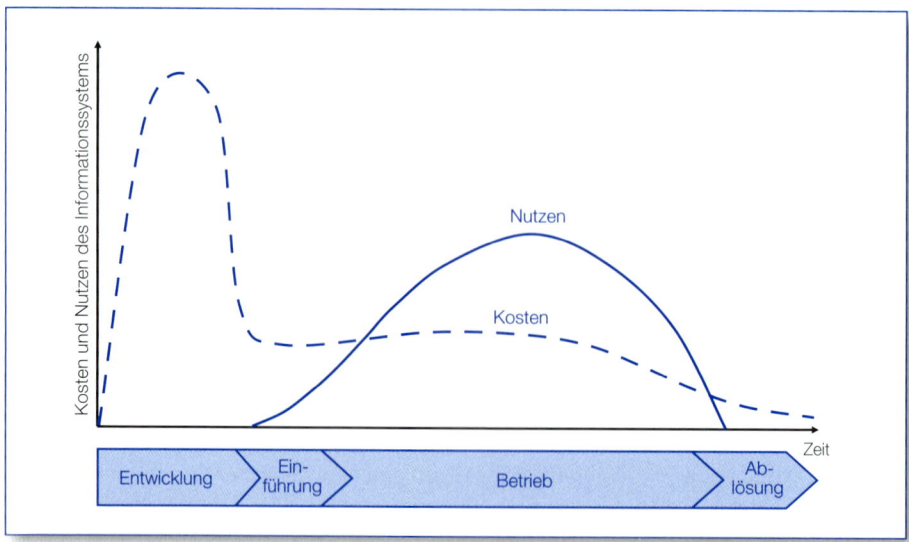

Abb. 7.3.4: Kosten und Nutzen im Lebenszyklus einer Anwendung
(in Anlehnung an Heinrich/Stelzer, 2011, S. 264; Krcmar, 2010, S. 191)

Individual- vs. Standardsoftware

Anwendungen können spezifisch für ein Unternehmen als **Individualsoftware** durch interne oder externe Mitarbeiter entwickelt werden. Alternativ dazu wird vor allem bei Administrations- und Dispositionssystemen häufig **Standardsoftware** eingesetzt. Diese Programme sind auf typische Anforderungen und mehrfache Nutzung ausgelegt. Sie decken entweder vollständige Geschäftsprozesse wie z. B. die Auftragsabwicklung ab oder umfassen abgeschlossene betriebliche Aufgabengebiete wie z. B. die Produktionsplanung und -steuerung (vgl. *Stahlknecht/Hasenkamp*, 2005, S. 295 ff.).

7.3 Informationssysteme und -technik

Für den Einsatz von Standardsoftware sprechen viele **Vorteile** (vgl. *Hansen/Neumann*, 2009, S. 260; *Krcmar*, 2010, S. 170; *Reichwald*, 2005, S. 281):

- **Kostenersparnis:** Da Standardsoftware an viele Abnehmer verkauft wird, kann der Softwareanbieter seine Entwicklungskosten umlegen. Die Anschaffungskosten einer Standardsoftware sind meist wesentlich günstiger als die Entwicklungskosten für Individualsoftware.
- **Zeitersparnis:** Die Zeit für die Anpassung der Standardsoftware an die Anforderungen des Unternehmens ist meist kürzer als die Entwicklungszeit für Individualsoftware.
- **Qualitätsvorteil:** Softwareanbieter sind aufgrund ihrer Erfahrung und ihrer spezialisierten Mitarbeiter besser in der Lage, eine hohe Anwendungsqualität zu realisieren. Bei der Eigenentwicklung sind auch aus Zeit- und Kostengründen meist nur weniger anspruchsvolle Lösungen möglich. Die Qualität der Standardsoftware wird zudem durch den Wettbewerb unter den Anbietern gefördert.
- **Standardisierung:** Der Einsatz einer Standardsoftware erleichtert die unternehmensübergreifende Zusammenarbeit durch gemeinsame Schnittstellen und Datenstrukturen.
- **Zukunftssicherheit:** Die meisten etablierten Softwareanbieter bieten für ihre Anwendungen Servicedienstleistungen sowie eine laufende Wartung und Weiterentwicklung. Ein Unternehmen ist damit nicht von wenigen internen oder externen Mitarbeitern abhängig, die für die Eigenentwicklung verantwortlich waren. Ein Weggang dieser Mitarbeiter kann ein Unternehmen vor große Probleme stellen, da mit ihnen auch das Wissen über die Software verloren geht. Darüber hinaus ist das Unternehmen häufig nicht in der Lage, seine Individualsoftware an die rasche Entwicklung der Informationstechnik anzupassen.
- **Personalunabhängigkeit:** Qualifizierte Mitarbeiter zur Entwicklung von Individualsoftware sind knapp und entsprechend teuer.

Vorteile Standard-Software

Mögliche **Nachteile** von Standardsoftware sind dagegen (vgl. *Krcmar*, 2010, S. 170; *Reichwald*, 2005, S. 282):

- Hoher Anpassungs- und Einführungsaufwand.
- Fehlende Abdeckung unternehmensspezifischer Anforderungen.
- Mangelnde Integration in vorhandene betriebliche Systeme.
- Gefahr der Abhängigkeit des Unternehmens vom Softwareanbieter, die zu unvorhergesehenen, kaum kalkulierbaren Zusatzkosten führen kann.
- Fehlendes internes Know-how zur Wartung und Anpassung der Systeme erzwingt den Einsatz teurer externer Experten.
- Verlust von Wettbewerbsvorteilen aus unternehmensindividuellen Lösungen. Dies gilt insbesondere dann, wenn die Einführung der Standardsoftware auch eine Anpassung der Unternehmensorganisation erfordert.

Nachteile Standard-Software

Die Entscheidung für eine Standardsoftware kann nur mit erheblichem Aufwand wieder rückgängig gemacht werden. Deshalb sollte die Auswahl sehr sorgfältig erfolgen. Insbesondere kleine Unternehmen stehen dabei vor dem Problem, dass sie nicht über das erforderliche Know-how für die Auswahl aus dem nahezu unüberschaubaren Angebot an Standardsoftware verfügen. **Auswahlkriterien** für die Anschaffung einer Standardsoftware richten sich generell nach den bereits beschriebenen Merkmalen der Anwendungsqualität. Ein Unternehmen sollte seine Anforderungen bezüglich dieser Merkmale

Auswahlkriterien

vorab genau in einem Pflichtenheft festlegen und die Eignung der am Markt erhältlichen Anwendungen daraufhin gegebenenfalls mit Hilfe externer Experten überprüfen.

Total Cost of Ownership

Bei der Anschaffung einer Anwendung sollte das Unternehmen nicht nur auf deren Kaufpreis, sondern auf sämtliche über den Lebenszyklus entstehenden Einführungs-, Betriebs- und Ablösungskosten achten. Diese werden auch als **Total Cost of Ownership** (TCO) bezeichnet. Eine solch umfassende Betrachtung ist wichtig, weil gerade die Einführungs- und Betriebskosten häufig um ein Vielfaches über dem Kaufpreis der Software liegen. Beispielsweise ist die Anpassung der Software *SAP Business Suite* an die spezifischen Anforderungen des Unternehmens und die dabei erforderliche Reorganisation von Geschäftsprozessen meist aufwendig und damit teuer (vgl. *Stahlknecht/Hasenkamp*, 2005, S. 32, S. 472 f.). Um die Vorteile beider Alternativen zu nutzen, wird Standardsoftware häufig so konzipiert, dass sie über Programmparameter an die spezifischen Anforderungen der Kunden angepasst werden kann (Customizing). Die meisten Unternehmen beschränken heute die Eigenentwicklung auf strategisch bedeutsame Anwendungen und verwenden in allen anderen Fällen standardisierte Softwarekomponenten, die in das Unternehmen integriert werden (vgl. *Reichwald*, 2005, S. 282).

Individuelle Datenverarbeitung

Die Entwicklung einfacher Anwendungen kann auch durch die Anwender selbst erfolgen. Diese sog. **individuelle Datenverarbeitung** wird durch benutzerfreundliche Standardsoftware unterstützt. Ein Beispiel ist ein Controller, der eine Finanzplanung mit Hilfe von *Microsoft Excel* erstellt. Problematisch bei der individuellen Datenverarbeitung ist die Gefahr von Wildwuchs und Insellösungen. Dies kann zu ineffizienten Doppelentwicklungen für identische Problemstellungen und inkonsistenten Daten führen. Darüber hinaus sind die selbst entwickelten Programme bei Ausscheiden des betreffenden Mitarbeiters aufgrund mangelnder Dokumentation meist schwer zu pflegen oder anzupassen (vgl. *Krcmar*, 2010, S. 168 f.).

Cloud Computing

Beim **Cloud Computing** werden Anwendungen und Daten nicht mehr lokal, sondern auf einer externen Infrastruktur (der sog. „Wolke") bearbeitet und gespeichert. Die Ressourcen des Anbieters sind an einem oder mehreren Standorten zentralisiert. Darauf kann über ein Netzwerk jederzeit und überall bequem zugegriffen werden. Dies ermöglicht ein dynamisch an den Bedarf angepasstes Anbieten, Nutzen und Abrechnen von IT-Dienstleistungen wie z. B. Infrastruktur (Rechenleistung, Speicherplatz, etc.), Plattformen und Software (vgl. *BSI*, 2012, S. 14 ff.).

7.3.2 Informationstechnik

> **!** **Informationstechnik** bezeichnet die zur Verarbeitung, Speicherung und Übermittlung von Informationen erforderlichen Anwendungen (Software), Rechner (Hardware) und Kommunikationstechniken (vgl. *Krcmar*, 2010, S. 30; *Stahlknecht/Hasenkamp*, 2005, S. 11 f.).

Infrastruktur

Die Kommunikationstechniken umfassen u. a. die verwendeten Übertragungsverfahren, Geräte und Netze. Um Anwendungen betreiben zu können, muss eine entsprechende **Infrastruktur** im Unternehmen vorhanden sein. Die **technische Infrastruktur** besteht aus der erforderlichen Hard- und Software. Die Installation eines Programms benötigt z. B. einen dafür geeigneten Computer und ein bestimmtes Betriebssystem. Für die Installation und den Betrieb der Anwendungen ist darüber hinaus eine **organisato-**

rische Infrastruktur in Form von Menschen und Dienstleistungen erforderlich (vgl. *Krcmar*, 2010, S. 272). Dies könnte z. B. ein IT-Mitarbeiter sein, der ein Programm in einer Fachabteilung installiert und dem Benutzer die Programmfunktionen erklärt. Für eine detaillierte Beschreibung der Informationstechnik wird auf die Literaturempfehlungen am Ende dieses Kapitels verwiesen.

Das **Management der Informationstechnik** betrifft die strategische und operative Ebene (vgl. *Heinrich/Stelzer*, 2011, S. 160 ff.; *Krcmar*, 2010, S. 278 ff.):

Management der Informationstechnik

- **Strategisch** geht es um die Entwicklung einer informationstechnischen Strategie. Darin werden der langfristige Bedarf an Informationstechnik und ihr Einsatz im Unternehmen festgelegt. Hierfür sind Entwicklungen und Trends zu beobachten und ihr Potenzial für das Unternehmen zu beurteilen. Neue Informationstechniken können sich z. B. als teure Fehlinvestition erweisen, wenn deren zukünftige Weiterentwicklung und Unterstützung durch den Anbieter nicht sichergestellt ist. Darüber hinaus ist der Umfang und Zeitpunkt der Einführung neuer Informationstechniken festzulegen.

- **Operativ** ist die Funktionalität und effiziente Nutzung der Informationstechniken sicherzustellen. Hierzu zählen Anschaffung, Betrieb, Wartung und Ablösung von Hard- und Software sowie die Unterstützung und Schulung der Anwender. Der Einsatz der Informationstechnik wird durch Aufzeichnung und Auswertung der Nutzungsdaten wie z. B. Anzahl der Zugriffe, Häufigkeit von Systemabstürzen oder Programmlaufzeiten beurteilt. Dies liefert Hinweise auf den langfristigen Entwicklungsbedarf der Informationstechnik und geht in die strategische Planung ein. Wesentliche operative Aufgaben sind auch die Gewährleistung von Datenschutz und -sicherheit (vgl. Kap. 7.3.1.1).

Die Informationstechnik dient der Verarbeitung, Speicherung und Übermittlung von Informationen. Das Management der Informationstechnik hat die Aufgabe, die informationstechnische Infrastruktur zu planen sowie deren effiziente und effektive Implementierung, Nutzung und Weiterentwicklung sicherzustellen. Das Management der Informationstechnik umfasst somit die folgenden **Aufgabenbereiche** (vgl. *Krcmar*, 2010, S. 307 ff.; *Stahlknecht/Hasenkamp*, 2005, S. 437 ff.):

- **Verarbeitungsmanagement** schafft einen Ausgleich zwischen den Anforderungen der Anwender und den technischen Möglichkeiten der Datenverarbeitung. Dies betrifft z. B. die zeitliche Abwicklung der Verarbeitung, die Herkunft der Daten sowie die gleichzeitige Nutzung durch mehrere Anwender. Dabei kann z. B. zwischen Stapel- und Dialogverarbeitung gewählt werden. Bei der Stapelverarbeitung muss der Verarbeitungsauftrag vollständig beschrieben sein, bevor er abgewickelt werden kann. Bei der Dialogverarbeitung erteilt der Anwender dagegen Teilaufträge, die vom Informationssystem sofort abgewickelt werden. Die Stapelverarbeitung wird überwiegend in Rechenzentren eingesetzt, während die Dialogverarbeitung die typische Verarbeitungsform an Bildschirmarbeitsplätzen ist. Für das Informationsmanagement sind insbesondere wirtschaftliche Aspekte der Datenverarbeitung von Bedeutung. Beispielsweise kann die höhere Auslastung kostenintensiver Hardware für eine Stapelverarbeitung sprechen.

Verarbeitung

- **Speichermanagement** stellt das Ablegen und Wiederfinden von Daten sicher. Hierfür ist zu klären, welche Speichertechnik eingesetzt werden soll, welche Daten wann und wo bereitgehalten werden müssen und wie die Datensicherheit zu gewährleisten ist. Die ansteigenden Datenmengen erfordern eine strukturierte Speicherung mit

Speicherung

schneller Zugriffsmöglichkeit, denn die physische Datenhaltung beeinträchtigt die Leistungsfähigkeit aller darauf basierenden Anwendungen.

Kommunikation
- **Kommunikationsmanagement** zielt auf die wirtschaftliche und anforderungsgerechte Übermittlung von Daten und Informationen. Kommunikationstechnik ist erforderlich, wenn die Beteiligten an unterschiedlichen Orten oder zu unterschiedlichen Zeitpunkten miteinander kommunizieren wollen. Dies erfordert geeignete Kommunikationsmittel und eine entsprechende Infrastruktur. Im Vordergrund stehen dabei Netzwerke zur Sprach- und Datenkommunikation. Deren Gestaltung, Verwaltung und Betrieb sind operative Aufgaben des Kommunikationsmanagements. Im Netzwerkbetrieb hat es für die laufende Instandhaltung und den Benutzerservice zu sorgen. Die allumfassende Kommunikationsplattform für Unternehmen und private Nutzer ist heute das Internet. Viele Unternehmen verfügen auch über ein Intranet als unternehmensinterne, geschlossene Benutzergruppe für den innerbetrieblichen Informationsaustausch. Dieses lässt sich zu einem Extranet erweitern, in dem externe Gruppen wie z. B. Kunden oder Lieferanten darin integriert werden. Ihnen wird dabei der Zugriff auf bestimmte Inhalte wie z. B. Produktdatenbanken oder das Bestellwesen gewährt. In einer solchen teilgeschlossenen Benutzergruppe lassen sich vertrauliche Informationen austauschen, ohne dass unberechtigte Dritte diese einsehen können.

Die rasante Entwicklung der Informationstechnik liefert den Unternehmen vielfältige Möglichkeiten zur Unterstützung eigener und unternehmensübergreifender Geschäftsprozesse. Daraus können auch, wie z. B. beim E-Business oder Cloud Computing, neue Geschäftsmodelle entstehen (vgl. Kap. 7.4.2.2).

Management Summary

- Informationssysteme bestehen aus Menschen und Maschinen, die Informationen erzeugen, nutzen und untereinander austauschen.
- Bei rechnergestützten Informationssystemen erfolgt die Erfassung, Verarbeitung, Speicherung und Übermittlung von Informationen mit Hilfe der Informationstechnik.
- Nach dem Verwendungszweck lassen sich Administrations-, Dispositions-, Führungs- und Querschnittssysteme unterscheiden.
- Datenmanagement soll für die optimale Nutzung der Unternehmensdaten durch die Sicherstellung ihrer Richtigkeit, Aktualität, Konsistenz sowie ihres Aufgabenbezugs und Zusammenhangs sorgen.
- Prozessmodellierung ist die formale Abbildung betrieblicher Abläufe, die durch ein Informationssystem unterstützt bzw. automatisiert werden sollen.
- Anwendungen sind Programme zur Bearbeitung fachlicher Aufgaben.
- Der Zeitraum von der Entwicklung bis zur Ablösung einer Anwendung wird als Anwendungslebenszyklus bezeichnet, der sich aus Systementwicklung und -betrieb zusammensetzt.
- Kriterien der Anwendungsqualität sind Funktionalität, Zuverlässigkeit, Benutzerfreundlichkeit, Effizienz, Zugriffsschutz, Robustheit, Wartungsfreundlichkeit und Übertragbarkeit.

7.3 Informationssysteme und -technik

- Informationstechnik bezeichnet die zur Verarbeitung, Speicherung und Übermittlung von Informationen erforderlichen Anwendungen, Rechner und Kommunikationstechniken.
- Das Management der Informationstechnik hat die Aufgabe, die informationstechnische Infrastruktur zu planen sowie deren effiziente und effektive Implementierung, Nutzung und Weiterentwicklung sicherzustellen.

Literaturempfehlungen

Hansen, H.R./Neumann, G.: Wirtschaftsinformatik I, 10. Aufl., Stuttgart 2009.

Krcmar, H.: Informationsmanagement, 5. Aufl., Berlin u. a. 2010.

Stahlknecht, P./Hasenkamp, U.: Einführung in die Wirtschaftsinformatik, 11. Aufl., Berlin u. a. 2005.

Empfehlenswerte Fallstudien zum Kapitel 7.3 aus Dillerup, R./Stoi, R. (Hrsg.)

7.2 Datenmanagement für die Projektorganisation der Informasoft GmbH *(Roth, G.)*

7.3 Prozessmanagement und Electronic Business bei der Informasoft GmbH *(Roth, G.)*

7 Informationsmanagement

7.4 Koordination des Informationsmanagements

> **Leitfragen**
> - Wie ist das Informationsmanagement organisatorisch zu gestalten?
> - Welche strategische Bedeutung hat das Informationsmanagement?
> - Wie wird die Effektivität und Effizienz des Informationsmanagements sichergestellt?

Koordinationsaufgaben

Damit das Informationsmanagement seine Unterstützungsfunktion wahrnehmen kann, sollte es auf die Anforderungen der Unternehmensführung ausgerichtet sein. Allerdings befindet es sich dabei in einem Spannungsverhältnis: Auf der einen Seite soll es einen strategischen Beitrag zum Unternehmenserfolg leisten, auf der anderen Seite sollen die informationstechnischen Ressourcen möglichst effizient und kostengünstig sein. Die Unternehmensführung muss für das Informationsmanagement grundsätzlich entscheiden, welche (IT-)Leistungen von wem und wie erbracht werden sollen (vgl. *Krcmar*, 2010, S. 355 ff.). Hierzu sind die organisatorische Gestaltung, die personelle Verantwortung sowie die strategische Rolle des Informationsmanagements festzulegen. Durch das IT-Controlling sollen Wirtschaftlichkeit und Effektivität des Informationsmanagements sichergestellt werden.

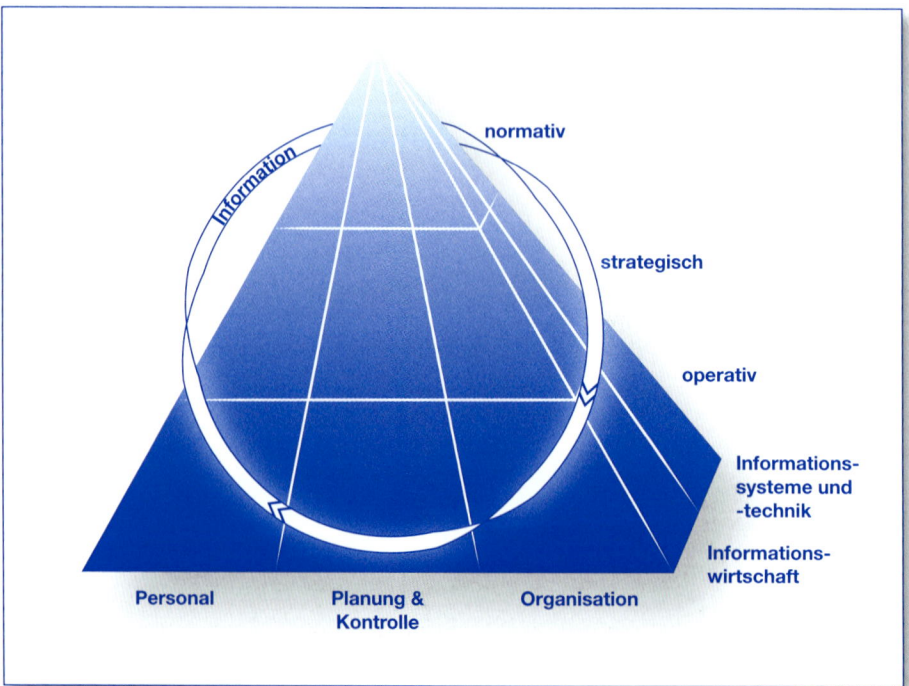

Abb. 7.4.1: Koordination des Informationsmanagements im System der Unternehmensführung

7.4 Koordination des Informationsmanagements

7.4.1 Organisation und personelle Verantwortung

Die Frage der organisatorischen Gestaltung des Informationsmanagements betrifft sowohl dessen Aufbau als auch seine Stellung im Unternehmen. Historisch gesehen lassen sich vier **Phasen der Entwicklung des Informationsmanagements** unterscheiden. Sie verdeutlichen die zunehmende betriebliche Bedeutung von Informationssystemen und damit den steigenden Stellenwert des Informationsmanagements (vgl. *Gabriel/Beier*, 2003, S. 154 ff.; *Rockart*, 1988):

Historische Entwicklung

- **Zeitalter des Rechnungswesens** (Accounting Era): Die Ausbreitung betrieblicher Informationssysteme begann im Finanz- und Rechnungswesen. Ursache hierfür waren die dort anfallenden großen Datenvolumen sowie der hohe Anteil an formalisierten und wiederkehrenden Aufgaben. Der Einsatz von Informationssystemen ermöglichte hohe Effizienzsteigerungen. Ein Beispiel ist die monatliche Lohn- und Gehaltsabrechnung.

- **Betriebszeitalter** (Operational Era): Die Ausweitung des Einsatzes auf andere Bereiche mit hohem Formalisierungs- und Wiederholungsgrad führte zu einer stark wachsenden Zahl unterschiedlicher Informationssysteme. Um Probleme wie Redundanzen oder Inkonsistenzen zu vermeiden, wurden die Informationssysteme bereichsübergreifend integriert. Es entstanden eigenständige IT-Abteilungen bzw. Stabsstellen.

- **Informationszeitalter** (Information Era): Der Anwendungsbereich von Informationssystemen wurde auf schlecht strukturierte und wenig formalisierbare Aufgaben ausgeweitet. Beispiele sind Planungs- und Steuerungstätigkeiten oder die Entscheidungsunterstützung der Unternehmensführung. Ausschlaggebend für diese Entwicklung war die zunehmende Verbreitung und wachsende Leistungsfähigkeit von Computern. Um die Anforderungen der Fachabteilungen zu berücksichtigen, wurden dezentrale Lenkungsausschüsse außerhalb der IT-Abteilungen gebildet.

- **Vernetzte Gesellschaft** (Wired Society): Informationssysteme sind heute auf die Bedürfnisse der Anwender ausgerichtet und miteinander vernetzt. Endnutzer sind selbst für die Verarbeitung und Speicherung der Informationen verantwortlich und greifen lediglich auf die von der IT-Abteilung zur Verfügung gestellten technischen Lösungen zurück. Informationssysteme werden zunehmend auch über die Unternehmensgrenzen hinweg ausgedehnt. Die Informationsversorgung und hierzu erforderliche Informationssysteme erfordern eine ganzheitliche Planung, Steuerung und Kontrolle, wozu das Informationsmanagement als Querschnittsfunktion dient.

In der Praxis wird die **Verantwortung für das Informationsmanagement** häufig organisatorisch getrennt. Während Entwicklung, Betrieb und Wartung der Informationssysteme und -technik durch die IT-Abteilung erfolgen, wird die Informationswirtschaft (vgl. Kap. 7.2) häufig von einem oder mehreren Fachbereichen wahrgenommen. Dies kann z. B. die Organisationsabteilung, das Marketing oder auch eine spezielle Stabsstelle der Unternehmensführung sein. Aufgrund der Dominanz finanzieller Informationen liegt die Verantwortung über die Informationswirtschaft in der Praxis meist beim Controlling. Eine zielgerichtete Informationsversorgung der Unternehmensführung erfordert allerdings wiederum leistungsfähige Informationssysteme und -technik. Die inhaltlichen Anforderungen an die Informationssysteme werden deshalb vom verantwortlichen Fachbereich festgelegt, während die technische Umsetzung durch die IT-Abteilung erfolgt. Umfang und Aufgaben der **IT-Abteilung** hängen überwiegend von der Unternehmensgröße sowie der betrieblichen Bedeutung der Informationssysteme ab. In einer vernetz-

Organisation

7 Informationsmanagement

ten Gesellschaft mit dezentralen Strukturen spielt insbesondere der Endbenutzerservice eine zunehmende Rolle. Die IT-Abteilung unterstützt dabei als sog. **Information Center** die Benutzer bei Problemen nach dem Prinzip der Hilfe zur Selbsthilfe. Eine Aufstellung der wesentlichen Aufgaben der IT-Abteilung gibt Abb. 7.4.2 (vgl. *Heilmann*, 1990, S. 690 ff.).

Aufgabenbereich	Inhalt
Infrastrukturelle Bereitstellungsaufgaben	• Auswahl und Anpassung von Standardsoftware • Entwicklung und Wartung von Informationssystemen • Methoden zur internen/externen Datenbeschaffung • Standardisierung eingesetzter Hard- und Software • Standardisierung der Softwareentwicklung • Erteilung und Verwaltung von Zugriffsberechtigungen • Betrieb des Rechenzentrums • Zentrale Datenerfassung und Datenpflege
Benutzerorientierte Dienstleistungsaufgaben	• Beratung bei der Auswahl von Hard- und Software • Unterstützung bei Beschaffung, Installation und Wartung von Hard- und Software sowie Verbrauchsmaterial • Planung und Durchführung von Benutzerschulungen • Gewährleistung der Datensicherheit • Beratung bei auftretenden Problemen
Interne und externe Marketingaufgaben	• Förderung der individuellen, dezentralen Datenverarbeitung • Durchführung und Betreuung von Pilotprojekten • Publikation von IS-Projekterfolgen • Kommunikation und Erfahrungsaustausch zw. Benutzern • Marktbeobachtung, Test, Auswahl und Beschaffung von Hard- und Software
Administrative Aufgaben	• Kostenermittlung und -verrechnung • Steuerung und Kontrolle des Datenaustausches • Bereitstellung von Datenbeschaffungsmethoden • Sicherstellung des Datenschutzes

Abb. 7.4.2: Aufgaben der IT-Abteilung (in Anlehnung an Heilmann, 1990, S. 692)

Chief Information Officer (CIO)

Da das Informationsmanagement eine Querschnittsfunktion darstellt, betrifft es nicht nur die IT-Abteilung, sondern alle Fachabteilungen des Unternehmens. Der Leiter des Informationsmanagements wird deshalb oft als **Chief Information Officer (CIO)** bezeichnet. Er ist für die Informationssysteme und -technik im Unternehmen verantwortlich und soll deren Befähigungs- und Unterstützungsmöglichkeiten für die Unternehmensführung erkennen und nutzen. Teilweise übernimmt er auch Aufgaben der Organisationsgestaltung, da informationstechnologische Veränderungen häufig organisatorische Auswirkungen wie z. B. die Neugestaltung von Arbeitsabläufen oder ganzen Geschäftsprozessen nach sich ziehen. Entsprechend der zunehmenden Bedeutung der Informationssysteme bewegt sich die hierarchische Position des CIO je nach Größe des Unternehmens und der strategischen Rolle des Informationsmanagements zwischen der Leitung der IT-Abteilung bis zum Mitglied des Vorstands oder der Geschäftsführung (vgl. *Krcmar*, 2010, S. 386 ff.; *Werner*, 2001, S. 409 f.).

Outsourcing

Aufgaben des Informationsmanagements werden in der Praxis häufig ausgelagert. Für das **Outsourcing** kommen insbesondere infrastrukturelle Bereitstellungsaufgaben wie z. B. Wartung und Betrieb von Rechnern und Netzen, benutzerorientierte Dienstleistungen wie z. B. Schulung und Unterstützung der Anwender oder die Entwicklung und Pflege von Software in Frage. Trotz vieler potenzieller Vorteile wie z. B. niedrigeren Kosten oder einer professionelleren Betreuung ist die Entscheidung für ein Outsourcing insbesondere bei Informationssystemen mit strategischer Bedeutung sorgfältig abzuwägen. Neben der Gefahr der Abhängigkeit des Unternehmens vom Outsourcing-Partner geht dabei wichtiges Know-how verloren. Ist das Unternehmen nicht mehr in der Lage, die strategische Bedeutung neuer technologischer Entwicklungen ausreichend zu beurteilen, kann dies die Wettbewerbsfähigkeit gefährden. Outsourcing-Entscheidungen sind deshalb grundsätzlich strategischer Natur. Sie sollten nicht nur der kurzfristigen Kostensenkung, sondern der langfristigen und anforderungsgerechten Versorgung mit Informationssystemen und -technik dienen. Eine funktionierende Zusammenarbeit zwischen internen Mitarbeitern und dem externen Outsourcing-Anbieter kann im Vorfeld insbesondere mit Hilfe exakter Leistungsvereinbarungen (sog. Service Level Agreements) sichergestellt werden (vgl. Kap. 5.2.2; *Reichwald*, 2005, S. 279 ff.; *Saunders* et al., 1997, S. 63 ff.).

Im Vergleich zum klassischen Outsourcing bietet das Cloud Computing (vgl. Kap. 7.3.1.2) eine Reihe von Vorteilen. **Cloud Services** sind dynamisch und können rasch an den tatsächlichen Bedarf des Kunden angepasst werden. Die Steuerung der in Anspruch genommenen Dienste kann meist durch den Nutzer selbst erfolgen und automatisiert auf dessen Bedürfnisse zugeschnitten werden. Da sich beim Cloud Computing viele Nutzer eine gemeinsame Infrastruktur teilen, sind die Leistungen in der Regel relativ kostengünstig. Bei der Inanspruchnahme von Cloud Services ist jedoch darauf zu achten, dass der Serviceanbieter die Vertraulichkeit, Integrität, Sicherheit, Verfügbarkeit und den Schutz der gespeicherten Daten garantieren kann (vgl. *BSI*, 2012, S. 18 ff.).

Cloud Services

7.4.2 Strategische Rolle des Informationsmanagements

Um die strategische Rolle des Informationsmanagements festzulegen, muss zunächst dessen Leistungspotenzial abgeschätzt werden. Die Informationssysteme können dann unterschiedliche strategische Funktionen übernehmen. Die rasante technologische Entwicklung ermöglicht den Unternehmen dabei auch neue Geschäftsmodelle.

7.4.2.1 Leistungspotenzial und strategische Funktionen

Eine Möglichkeit, um das Leistungspotenzial des Informationsmanagements für das Unternehmen zu bestimmen, bietet die in Abb. 7.4.3 abgebildete **Bedeutungsmatrix**. Darin wird die operative und strategische Bedeutung der Informationssysteme gegenübergestellt. Je kritischer die Informationssysteme für den Fortbestand des Unternehmens sind, umso höher ist ihre Bedeutung. Danach lassen sich vier **Typen von Informationssystemen** unterscheiden (vgl. *Gabriel/Beier*, 2003, S. 94 f.; *McFarlan* et al., 1983, S. 145 ff.):

Bedeutungsmatrix

- **Unterstützung:** Informationssysteme unterstützen die Bearbeitung operativer Aufgaben. Sie sind weder für das operative Geschäft erfolgskritisch, noch verfügen sie über strategische Bedeutung. Ein Beispiel ist eine Finanzbuchhaltungssoftware.

Informationssystemtypen

- **Fabrik:** Die Informationssysteme sind für die operativen Abläufe äußerst kritisch, denn ihr Ausfall kann zum Zusammenbruch der betrieblichen Aktivitäten führen. Investitionen beziehen sich vor allem auf die Wartung und Weiterentwicklung zur Effizienzsteigerung der Systeme. Sie verfügen jedoch über kein strategisches Potenzial. Ein Beispiel ist das Kundentransaktionssystem einer Bank.

- **Durchbruch:** Die Informationssysteme haben zwar derzeit für die Abwicklung der operativen Tätigkeiten noch keine vorrangige Bedeutung, sie werden aber

7 Informationsmanagement

Ertrag abzüglich des Aufwands. Ein weiteres Beispiel ist das Umfeldportfolio, mit dem die Unterstützung der Informationsmanagementstrategie durch die IS-Projekte (Projekt-Strategie-Fit) und die Übereinstimmung mit innovativer und verfügbarer Informationstechnik (Projekt-Technik-Fit) dargestellt werden soll. Die Portfolios bilden die Grundlage zur Priorisierung und Auswahl der IS-Projekte (vgl. *Krcmar/Buresch*, 2000, S. 7 ff.).

Projektcontrolling Aufgabe des **Projektcontrollings** ist die Unterstützung des Projektmanagements bei der Planung, Steuerung und Kontrolle der Entwicklung von Informationssystemen (vgl. Kap. 5.3). Aufgabenschwerpunkte sind die Aufstellung und phasenbezogene Überwachung des Projektbudgets sowie die Analyse von Abweichungen. Zur Informationssystem-Projektplanung existieren verschiedene Vorgehensmodelle. In der Praxis werden vor allem Phasenkonzepte verwendet, die das Projekt in mehrere Abschnitte unterteilen (vgl. Kap. 7.3.1.2). Projektablauf und -budget werden in einer ersten Grobplanung grundsätzlich festgelegt. Basis für die Kapazitäts-, Termin- und Kostenplanung sowie die abschließende Projektkontrolle ist die Aufwandsschätzung des Projekts. Sie wird durch das Projekt-Controlling sowohl zu Beginn als auch während des Projekts durchgeführt. In der Detailplanung erfolgt die Konkretisierung für die jeweils anstehende und darauf folgende Projektphase. Dies ist erforderlich, da bei Informationssystem-Projekten die Anforderungen der Benutzer meist zu Projektbeginn nicht vollständig bekannt sind und sich erst im Projektverlauf nach und nach konkretisieren. Das Projekt-Controlling führt während des Projektverlaufs Wirtschaftlichkeitsanalysen durch und überwacht die Einhaltung des Projektbudgets und die Erreichung der Projektziele. Darüber hinaus ist es für die Projektdokumentation verantwortlich. Der Aufbau einer Erfahrungsdatenbank ermöglicht die Verbesserung der Planung und Steuerung nachfolgender Projekte (vgl. *Horváth*, 2011, S. 646 f.; *Krcmar*, 2010, S. 546 ff.; *Krcmar/Buresch*, 2000, S. 10 ff.).

IT-Infrastrukturcontrolling Das **IT-Infrastrukturcontrolling** bezieht sich auf die gesamte informationstechnologische Infrastruktur des Unternehmens. Diese besteht insbesondere aus den Rechnern und Netzen sowie dem Rechenzentrum. Das Infrastrukturcontrolling unterstützt zum einen die Planung, Steuerung und Kontrolle der Infrastruktur und versorgt andererseits die Unternehmensführung mit Informationen über technologische Entwicklungen und Benutzeranforderungen. Während des laufenden Systembetriebs steht die Sicherstellung der Wirtschaftlichkeit der Informationsinfrastruktur im Vordergrund. Aufgaben des Controllings sind dabei die Budgetierung der Infrastruktur sowie die verursachungsgerechte Verrechnung der im Rahmen der Nutzung entstandenen Kosten. Auswahl und Bewertung alternativer Hardware- und Softwarekonfigurationen sowie Schwachstellenanalyse erfolgen vor allem mit Hilfe des Benchmarking (vgl. *Krcmar*, 2010, S. 551 ff.; *Krcmar/Buresch*, 2000, S. 15 ff.).

Produktcontrolling Das **Produktcontrolling** schließt direkt an das Projekt-Controlling an und bezieht sich auf den laufenden Betrieb von Informationssystemen. Seine Hauptaufgabe ist die Sicherstellung der effektiven und effizienten Nutzung, Wartung, Pflege sowie Fortentwicklung der Informationssysteme. Die Bedeutung des Produkt-Controllings ergibt sich aus den hohen Folgekosten von Informationssystemen. Sie betragen bis zu 80 % der gesamten Lebenszykluskosten des Informationssystems. Dieser Zusammenhang wird oft mit einem Eisberg verglichen, bei dem nur die Spitze über der Wasseroberfläche herausragt. Die Höhe der „unter der Oberfläche" liegenden Kosten ist häufig bei der Entwicklung und Einführung eines Informations-

Abb. 7.4.6: „Eisberg-Modell" der IT-Kosten

insbesondere bei Informationssystemen mit strategischer Bedeutung sorgfältig abzuwägen. Neben der Gefahr der Abhängigkeit des Unternehmens vom Outsourcing-Partner geht dabei wichtiges Know-how verloren. Ist das Unternehmen nicht mehr in der Lage, die strategische Bedeutung neuer technologischer Entwicklungen ausreichend zu beurteilen, kann dies die Wettbewerbsfähigkeit gefährden. Outsourcing-Entscheidungen sind deshalb grundsätzlich strategischer Natur. Sie sollten nicht nur der kurzfristigen Kostensenkung, sondern der langfristigen und anforderungsgerechten Versorgung mit Informationssystemen und -technik dienen. Eine funktionierende Zusammenarbeit zwischen internen Mitarbeitern und dem externen Outsourcing-Anbieter kann im Vorfeld insbesondere mit Hilfe exakter Leistungsvereinbarungen (sog. Service Level Agreements) sichergestellt werden (vgl. Kap. 5.2.2; *Reichwald*, 2005, S. 279 ff.; *Saunders* et al., 1997, S. 63 ff.).

Im Vergleich zum klassischen Outsourcing bietet das Cloud Computing (vgl. Kap. 7.3.1.2) eine Reihe von Vorteilen. **Cloud Services** sind dynamisch und können rasch an den tatsächlichen Bedarf des Kunden angepasst werden. Die Steuerung der in Anspruch genommenen Dienste kann meist durch den Nutzer selbst erfolgen und automatisiert auf dessen Bedürfnisse zugeschnitten werden. Da sich beim Cloud Computing viele Nutzer eine gemeinsame Infrastruktur teilen, sind die Leistungen in der Regel relativ kostengünstig. Bei der Inanspruchnahme von Cloud Services ist jedoch darauf zu achten, dass der Serviceanbieter die Vertraulichkeit, Integrität, Sicherheit, Verfügbarkeit und den Schutz der gespeicherten Daten garantieren kann (vgl. *BSI*, 2012, S. 18 ff.).

Cloud Services

7.4.2 Strategische Rolle des Informationsmanagements

Um die strategische Rolle des Informationsmanagements festzulegen, muss zunächst dessen Leistungspotenzial abgeschätzt werden. Die Informationssysteme können dann unterschiedliche strategische Funktionen übernehmen. Die rasante technologische Entwicklung ermöglicht den Unternehmen dabei auch neue Geschäftsmodelle.

7.4.2.1 Leistungspotenzial und strategische Funktionen

Eine Möglichkeit, um das Leistungspotenzial des Informationsmanagements für das Unternehmen zu bestimmen, bietet die in Abb. 7.4.3 abgebildete **Bedeutungsmatrix**. Darin wird die operative und strategische Bedeutung der Informationssysteme gegenübergestellt. Je kritischer die Informationssysteme für den Fortbestand des Unternehmens sind, umso höher ist ihre Bedeutung. Danach lassen sich vier **Typen von Informationssystemen** unterscheiden (vgl. *Gabriel/Beier*, 2003, S. 94 f.; *McFarlan* et al., 1983, S. 145 ff.):

Bedeutungsmatrix

- **Unterstützung:** Informationssysteme unterstützen die Bearbeitung operativer Aufgaben. Sie sind weder für das operative Geschäft erfolgskritisch, noch verfügen sie über strategische Bedeutung. Ein Beispiel ist eine Finanzbuchhaltungssoftware.

Informationssystemtypen

- **Fabrik:** Die Informationssysteme sind für die operativen Abläufe äußerst kritisch, denn ihr Ausfall kann zum Zusammenbruch der betrieblichen Aktivitäten führen. Investitionen beziehen sich vor allem auf die Wartung und Weiterentwicklung zur Effizienzsteigerung der Systeme. Sie verfügen jedoch über kein strategisches Potenzial. Ein Beispiel ist das Kundentransaktionssystem einer Bank.

- **Durchbruch:** Die Informationssysteme haben zwar derzeit für die Abwicklung der operativen Tätigkeiten noch keine vorrangige Bedeutung, sie werden aber zukünftig wettbewerbsentscheidend sein (z. B. das Flottenmanagement einer Spedition).

- **Waffe:** Die Informationssysteme sind sowohl für die operativen Abläufe als auch für die zukünftige Wettbewerbsposition von hoher Bedeutung. Dies gilt für E-Business-Unternehmen wie z. B. den Internethändler *Amazon* oder die Suchmaschine *Google*.

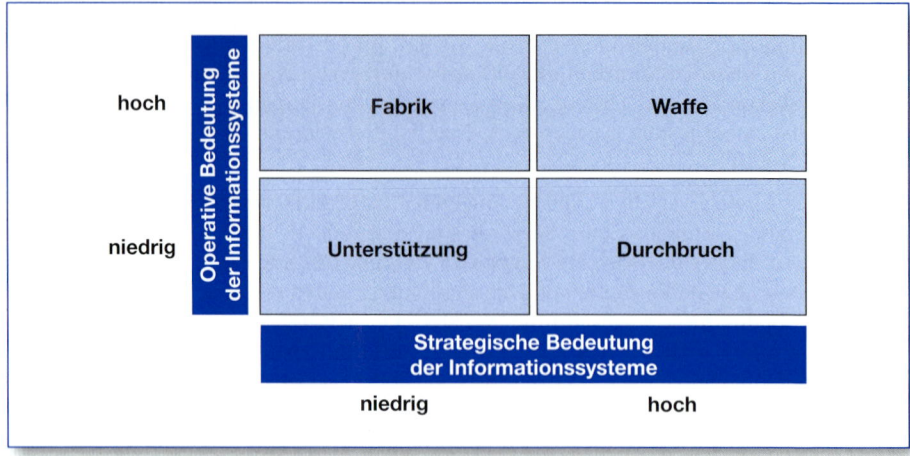

Abb. 7.4.3: Bedeutungsmatrix für Informationssysteme
(in Anlehnung an McFarlan et al., 1983, S. 150)

Die Bedeutungsmatrix verdeutlicht den betrieblichen Entwicklungsstand der Informationssysteme. Unterschiedliche Geschäftsbereiche eines Unternehmens können sich durchaus in verschiedenen Entwicklungsstadien befinden. Innerhalb eines Geschäftsbereichs sollte sich die Unternehmensführung für eine der vier strategischen Rollen des Informationsmanagements entscheiden. Die Bedeutungsmatrix liefert keine Aussage, welche Wettbewerbsvorteile durch ein spezielles Informationssystem erreicht werden können und wie diese zu erreichen sind. Hierfür sollte das Informationssystem auf die Unternehmensstrategie ausgerichtet werden. Der strategische Wert eines Informationssystems kann erst im Zusammenhang mit der Unternehmensstrategie beurteilt werden (vgl. *Krcmar*, 2010, S. 407 ff.; *Pietsch* et al., 2004, S. 104 ff.).

Unterstützung vs. Befähigung

Im Rahmen der strategischen Unternehmensführung können Informationssysteme entweder eine **Unterstützungsfunktion** (Alignment) bei der Strategieumsetzung wahrnehmen oder neue strategische Handlungsmöglichkeiten im Sinne einer **Befähigungsfunktion** (Enabler) eröffnen (vgl. *Krcmar*, 2010, S. 399). Im Bankensektor kann z. B. das Online-Banking zur Verbesserung des Kundenservice eingesetzt werden (Unterstützungsfunktion). Informationssysteme können aber auch die Basis für das Geschäftsmodell einer Direktbank sein (Befähigungsfunktion). Ein Beispiel ist die in Deutschland führende *comdirect bank AG*.

Nachdem festgestellt wurde, welches Leistungspotenzial die Informationssysteme für ein Unternehmen derzeitig und zukünftig haben, wird über deren Beibehaltung bzw. Realisierung und ihre strategische Aufgabe entschieden. Informationssysteme können auf der einen Seite die Organisationsstruktur und Geschäftsprozesse oder die Übersetzung der Unternehmensstrategie unterstützen. Auf der anderen Seite können sie zur Optimierung und Reorganisation der Geschäftsprozesse oder aber als Waffe im Wettbe-

7.4 Koordination des Informationsmanagements

werb eingesetzt werden. Danach lassen sich wie in Abb. 7.4.4 dargestellt vier **strategische Funktionen von Informationssystemen** unterscheiden (vgl. *Henderson/Venkatraman*, 1993, S. 472 ff.; *Krcmar*, 2010, S. 400 ff.):

Strategische Funktionen

- **Strategieausführung** (Strategy Execution): Die Unternehmensstrategie bestimmt die Gestaltung der Organisationsstruktur und Geschäftsprozesse. Diese legen die Anforderungen an die Informationssysteme fest, um die Strategieumsetzung zu unterstützen. Informationssysteme zur Strategieausführung spielen heute in jedem Unternehmen eine wichtige Rolle. Eine Kostenführerschaftsstrategie erfordert z. B. einen effizienten Produktionsablauf, der durch ein PPS-System zur Produktionsplanung und -steuerung sichergestellt werden soll.
- **Strategieübersetzung** (Strategy Transformation): Die Unternehmensstrategie wird in strategische Anforderungen an das Informationsmanagement übersetzt und hierfür geeignete Informationssysteme ausgewählt. Dies kann eine Anpassung der Organisationsstruktur und Geschäftsprozesse nach sich ziehen. Eine Kostenführerschaftsstrategie kann beispielsweise durch Einführung eines Workflow-Management-Systems unterstützt werden, welches Verwaltungsabläufe organisiert, unterstützt und steuert.
- **Wettbewerbspotenzial** (Competitive Potential): Die Unternehmensstrategie folgt aus dem Potenzial der Informationssysteme und -technik, neue Produkte oder Dienstleistungen herzustellen bzw. neue Wettbewerbsstrategien zu verfolgen. Die Unternehmensstrategie wird in diesem Fall aus der Informationsmanagementstrategie abgeleitet und danach ausgerichtet. Beispielsweise könnte die Entwicklung eines Autopilotsystems eines Kfz-Herstellers dazu führen, dass auch Menschen ohne Führerschein oder mit einer Behinderung ein Fahrzeug kaufen. Auf diese Weise könnten somit neue Marktsegmente erschlossen werden. Eine solche Rolle hat das Informationsmanagement z. B. bei der Auktionsplattform *ebay*.
- **Optimierung und Reorganisation** (Service): Die aus der Informationsmanagementstrategie resultierenden Informationssysteme bieten neue Möglichkeiten zur Verbesserung und Reorganisation der Organisationsstruktur und Geschäftsprozesse. Die Einführung eines Managementinformationssystems führt z. B. dazu, dass die

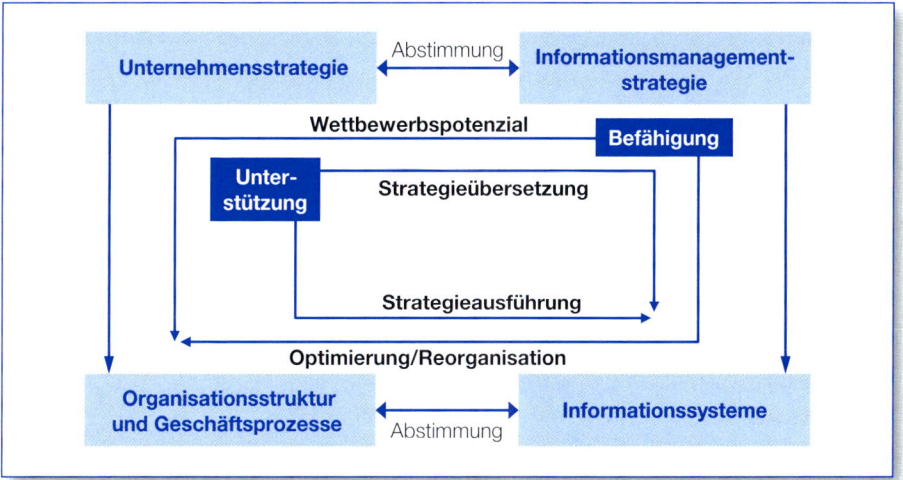

Abb. 7.4.4: Strategische Funktionen von Informationssystemen (in Anlehnung an Henderson/Venkatraman, 1993, S. 476)

Führungskräfte ihren Informationsbedarf selbst decken und das formalisierte Berichtswesen stark reduziert werden kann. Ein weiteres Beispiel ist die durch Gruppenarbeitssysteme (Groupware) unterstützte Zusammenarbeit eines internationalen Projektteams, das aus Mitarbeitern unterschiedlicher Standorte in verschiedenen Ländern zusammengesetzt ist.

7.4.2.2 Neue Geschäftsmodelle durch moderne Informationssysteme

E-Business

Die rasante Entwicklung der Informationssysteme und -technik hat einen wirtschaftlichen und gesellschaftlichen Strukturwandel ausgelöst. Computer und Internet sind heute in den entwickelten Ländern ein Massenmedium. Das „elektronische Geschäft" bzw. **E-Business** eröffnet den Unternehmen neue Möglichkeiten und Geschäftsmodelle (vgl. *Kollmann*, 2011, S. 1 ff.; *Krcmar*, 2010, S. 434 ff.). Diese werden geprägt durch (vgl. *von Pierer*, 2001, S. 2):

- die Internettechnologie und die elektronische Vernetzung der Unternehmen,
- neue Formen der Zusammenarbeit mit Lieferanten und Kunden,
- die Entstehung neuer Produkte und Dienstleistungen und
- der zunehmenden Mobilität des Informationsaustauschs.

Gesellschaftlicher Wandel

Im weitesten Sinne steht E-Business für den Wandel von der Industrie- und Dienstleistungsgesellschaft zu einer Wissens- und Informationsgesellschaft, in der physische Dinge und räumliche Entfernung an Bedeutung verlieren. Getrieben wurde dieser Wandel durch Quantensprünge in der Informationstechnik und Internettechnologie, die heute eine durchgängige und effiziente Verknüpfung von Geschäftsprozessen ermöglichen. Doch die elektronische Abbildung und Vernetzung der bestehenden Abläufe reicht nicht aus. Für das E-Business müssen die Geschäftsprozesse grundlegend neu gestaltet und ausgerichtet werden. Die enorme Transparenz von Angeboten und Preisen im Internet erhöht den Wettbewerbsdruck und führt zu einem Machtzuwachs des Kunden (Phänomen des reversen Marktes). Auf der anderen Seite ermöglicht das Internet auch kleinen Unternehmen, ihre Produkte und Dienstleistungen weltweit anzubieten (vgl. *von Pierer*, 2001, S. 2).

> **!** **E-Business** bezeichnet die vernetzte, elektronische Anbahnung, Unterstützung, Abwicklung und Aufrechterhaltung von Leistungsaustauschprozessen (vgl. *Wirtz*, 2001, S. 34).

E-Business wird hier relativ umfassend als „doing business electronically" (*Bullinger/Berres*, 2000, S. 29) verstanden. Die elektronische Durchführung von Geschäftstransaktionen (elektronischer Handel, E-Commerce) stellt somit nur eine von vielen Möglichkeiten des E-Business dar (vgl. *Krcmar*, 2010, S. 602).

Die Abwicklung und Integration von Geschäftsprozessen kann innerhalb des Unternehmens, zwischen verschiedenen Unternehmen (**Business-to-Business**; B2B) oder zwischen Unternehmen und Endkunden (**Business-to-Consumer**; B2C) erfolgen. E-Business ermöglicht neue Vertriebswege und führt zu grundlegenden Veränderungen der Wertschöpfungskette (vgl. *Hermanns/Sauter*, 2001, S. 18).

E-Business-Geschäftsmodelle

Das Geschäftsmodell reiner **E-Business-Unternehmen** basiert auf dem Internet. Nach deren Leistungsangebot werden im sog. 4C-Net-Business-Modell folgende vier **Geschäftsmodelltypologien** unterschieden (vgl. *Krcmar*, 2010, S. 439 f.; *Wirtz*, 2001, S. 217 f.; *Wirtz/Kleineicken*, 2000, S. 629):

7.4 Koordination des Informationsmanagements

- **Content:** Sammlung, Selektion, Systematisierung, Verdichtung und Bereitstellung von Inhalten, die den Nutzern personalisiert, einfach, ansprechend und bequem zugänglich gemacht werden. Beispiele sind Nachrichtenmagazine wie z. B. *Spiegel-Online* oder das Videoportal *YouTube*.
- **Commerce:** Elektronische Anbahnung, Verhandlung und/oder Abwicklung von Geschäftstransaktionen. Hierdurch spart das Unternehmen gegenüber der manuellen Abwicklung vor allem Zeit und Kosten. Beispiele sind der Internethändler *Amazon*, der Computerhersteller *Dell* oder die Auktionsplattform *ebay*.
- **Context:** Klassifikation und Systematisierung der im Internet verfügbaren Informationen sowie deren personalisierte Aufarbeitung und Präsentation. Durch die sehr hohen Zugriffsraten dominieren hierbei indirekte Erlösformen wie z. B. Bannerwerbung. Beispiele sind die Suchmaschine *Google* oder das Internetportal *Yahoo!*.
- **Connection:** Ziel ist die Herstellung von Kommunikationsverbindungen zum Informationsaustausch zwischen Marktakteuren. Beispiele sind Zugangsanbieter wie *T-Online* oder *AOL*.

Die **Geschäftsmodelle des Cloud Computing** (vgl. Kap. 7.3.1.2) lassen sich in drei Kategorien unterteilen (vgl. *BSI*, 2012, S. 16):

Cloud-Computing-Geschäftsmodelle

- **Infrastructure as a Service (IaaS):** Das Angebot umfasst IT-Ressourcen wie z. B. Rechenleistung, Datenspeicher oder Netze. Der Kunde kauft diese virtualisierten, standardisierten Leistungen und baut darauf eigene Dienste auf. Beispielsweise kann der Kunde Rechenleistung, Arbeits- und Datenspeicher mieten und darauf ein Betriebssystem mit seinen Anwendungen laufen lassen.
- **Platform as a Service (PaaS):** Es wird eine komplette Infrastrukturplattform mit standardisierten Schnittstellen angeboten, die von Diensten des Kunden genutzt werden kann.
- **Software as a Service (SaaS):** Bereitstellung von Anwendungen in der Cloud, auf die der Kunde zugreifen kann. Beispiele sind Finanzbuchhaltung oder Textverarbeitung.

Die Leistungen werden vom Serviceanbieter in der Regel nutzungsabhängig abgerechnet. Sie können entweder in einer **Private Cloud** exklusiv, z. B. nur einem einzigen Unternehmen, oder aber in einer **Public Cloud** vielen Kunden angeboten werden.

In einem transparenten elektronischen Markt mit minimalen Wechselkosten der Nachfrager und geringen physischen Ein- und Austrittsbarrieren kommt dem Aufbau einer engen Kundenbeziehung zentrale Bedeutung zu. Im Vordergrund steht dabei nicht das sofortige Erreichen eines Kaufabschlusses, sondern die Gestaltung der Kundenbeziehungen in Form eines **1:1-Marketings** (vgl. *Peppers/Rogers*, 1993). Dabei werden die Kunden nicht mehr in Segmente eingeteilt, die aus einer aggregierten, anonymen Masse bestehen. Prinzipiell wird jeder einzelne (potenzielle) Kunde als eigenständiges Marktsegment betrachtet. Kundenkontakte im Internet liefern eine Fülle an wertvollen Informationen über die Bedürfnisse und das Verhalten der Kunden (vgl. *Frenko*, 2000, S. 178 f.; *Gürtler*, 2000, S. 151).

1:1-Marketing

Die daraus resultierenden Datenberge, welche die Unternehmen aus unterschiedlichsten Quellen zusammentragen, werden auch als „Big data" bezeichnet (vgl. Kap. 7.3.1.1). Die bei deren Analyse entdeckten Zusammenhänge ermöglichen es, die Produkte kundenindividueller zu gestalten und die Veränderungen der Kundenbedürfnisse besser zu prognostizieren. Auf dieser Basis können sogar neue Geschäftsmodelle entstehen.

Big data

7 Informationsmanagement

Big data bei Vestas Wind Systems

Das dänische Unternehmen *Vestas Wind Systems* ist mit einem Umsatz von über 5,5 Mrd. Euro. und mehr als 16.000 Mitarbeitern einer der weltweit führenden Hersteller von Windkraftanlagen. Das Unternehmen verwendet Big data zur Standortoptimierung neuer Windräder und bietet seinen Kunden damit eine wertvolle zusätzliche Serviceleistung an. Auf Basis von 160 Faktoren u.a. über Temperatur, Feuchtigkeit, Niederschläge, Windrichtungen, Gezeiten oder Satellitendaten sowie der Leistungsdaten und Laufzeiten seiner 50.000 bereits installierten Windräder kann *Vestas* für jeden beliebigen Standort der Erde bestimmen, wie viel Wind dort in den nächsten Jahrzehnten geerntet werden kann. Diese datenbasierte Unterstützung der Standortplanung seiner Kunden stellt für *Vestas* einen wichtigen Wettbewerbsvorteil dar (vgl. *Fischermann/Hamann*, 2013, S. 17).

Netzwerkeffekt
: Der individuelle Nutzen von Informationssystemen hängt stark von der Zahl der Anwender ab. Der Nutzwert eines Netzwerkes nimmt für den Einzelnen mit zunehmender Verbreitung und Ausdehnung zu. Nach dem Gesetz von *Metcalfe*, steigt der Wert mit der Anzahl seiner Nutzer im Quadrat an. Eine Verdopplung der Nutzerzahl z. B. in einem sozialen Netzwerk wie *XING* vervierfacht somit den Nutzen für den Einzelnen bei der Suche und Pflege geschäftlicher Kontakte. Aus diesem Grund bieten viele E-Business-Unternehmen ihre Produkte kostenlos an, um möglichst rasch die kritische Masse an Nutzern zu erreichen und De-facto-Standards zu etablieren. Der Anbieter mit den meisten Anwendern bietet auch den höchsten Nutzen und kann sich demzufolge am Markt

Möglichkeiten
: durchsetzen. Dies impliziert die Tendenz zum natürlichen Monopol, wobei der ständige technologische Wandel dafür sorgt, dass auch Monopole in vielen Fällen nur von kurzer Dauer sind (vgl. *Weiber*, 2002). Durch E-Business kann ein Unternehmen seine Stärken ausbauen, seine Effizienz steigern und neue Märkte und Kunden erschließen. Darüber hinaus unterstützt es eine unternehmensübergreifende Zusammenarbeit und Kooperation (vgl. *Porter*, 2001, S. 78; *von Pierer*, 2001, S. 3).

7.4.3 IT-Controlling

Bei der rasanten technologischen Entwicklung, den exponentiell wachsenden Datenmengen und der Komplexität betrieblicher Informationssysteme ist es keine leichte Aufgabe, die Wirtschaftlichkeit und Effektivität des Informationsmanagements sicherzustellen. Das Informationsmanagement wird bei dieser Aufgabe deshalb meist durch ein darauf ausgerichtetes Controlling unterstützt. Im deutschsprachigen Raum ist hierfür die Bezeichnung **IT-Controlling** üblich. Es soll für Transparenz, betriebswirtschaftliches Denken und systematische Planung im Informationsmanagement sorgen.

Ziele
: Das IT-Controlling bezieht sich sowohl auf den Informationsfluss im Unternehmen, als auch auf die Informationssysteme und -technik, die diesen ermöglichen (vgl. *Horváth*, 2011, S. 607; *Krcmar*, 2010, S. 542; *Reichmann*, 2011, S. 451).

Aufgrund der Querschnittsfunktion des Informationsmanagements durchdringen Informationssysteme und -technik das gesamte Unternehmen. Das Controlling des Informationsmanagements sollte sich deshalb nicht nur auf die IT-Abteilung beschränken, sondern funktions- und unternehmensübergreifend alle informationswirtschaftlichen Aktivitäten unterstützen. Operativ stellt es die Effizenz der Informationsversorgung

7.4 Koordination des Informationsmanagements

und die Wirtschaftlichkeit der Informationssysteme und -technik sicher. Strategisch trägt es zur besseren Versorgung der Entscheidungsträger mit Informationen bei und wirkt bei der Bestimmung der strategischen Rolle des Informationsmanagements mit (*Horváth*, 2011, S. 608 f.; *Ruthekolck*, 1990, S. 28 ff.).

> **!** Das **IT-Controlling** koordiniert und unterstützt das Informationsmanagement, um Effizienz und Effektivität aller informationswirtschaftlichen Aktivitäten sowie der Informationssysteme und -technik sicherzustellen (vgl. *Krcmar/Buresch*, 2000, S. 3 f.).

Das IT-Controlling soll die Wirtschaftlichkeit der Prozesse, Ressourcen und Infrastruktur des Informationsmanagements sicherstellen. Darüber hinaus soll es über die Gestaltung und den Betrieb der Informationssysteme und -technik informieren (vgl. *Mertens* et al., 2005, S. 188). Zur Entscheidungsunterstützung des Informationsmanagements ermittelt das Controlling eine Reihe an Kennzahlen, die häufig in ein **IT-Kennzahlensystem** integriert werden. Eine mögliche Strukturierung und Beispiele solcher Kennzahlen zeigt Abb. 7.4.5 (zur Erläuterung vgl. *Reichmann*, 2011, S. 458 ff.).

IT-Kennzahlen

Bereich	Kennzahlen
Management	• IT-Effizienz = Nutzen / Kosten • Servicegrad = Termingerechte Aufträge / Auftragszahl • IT-Verfügbarkeit = Tatsächliche Verfügbarkeit / Technisch mögliche Verfügbarkeit
Technische Infrastruktur	• IT-Kapazitätsauslastungsgrad = Effektive Nutzung / Technisch mögliche Nutzung • IT-Ausfallzeiten = Reparaturbedingte Down-Time / Geplante Verfügbarkeit • Wartungskostenanteil = Wartungskosten / IT-Kosten
Software- und Systemstruktur	• Systemleistung in Million Instructions per Second (MIPS) • Benutzerfreundlichkeit = Bearbeitungszeit / Eingabezeit • Standardsoftwareanteil = Anzahl Standardsoftware / Gesamtzahl Anwendungen
IT-Personal	• Anteil der IT-Mitarbeiter an der Gesamtmitarbeiterzahl • Ausbildungskosten je IT-Mitarbeiter • Fluktuationsrate der IT-Mitarbeiter

Abb. 7.4.5: IT-Kennzahlensystem (vgl. Reichmann, 2011, S. 458 ff.)

Die **Aufgaben des IT-Controllings** lassen sich nach den Phasen des Anwendungslebenszyklus (vgl. Kap. 7.3.1.2) unterteilen. Zu Beginn unterstützt das **Portfoliocontrolling** die Unternehmensführung bei der Auswahl der zu realisierenden Informationssysteme und -technik. Daran schließt sich das **Projektcontrolling** im Rahmen der Entwicklungs- und Einführungsphase an. Das **Produktcontrolling** soll die effiziente und effektive Nutzung der Informationssysteme und -technik sicherstellen. Das **Infrastrukturcontrolling** bezieht sich auf die gesamte informationstechnologische Infrastruktur des Unternehmens (vgl. *Krcmar*, 2010, S. 543 ff.; *Krcmar/Buresch*, 2000, S. 1 ff.). Im Folgenden werden diese Aufgabenfelder kurz erläutert.

Aufgaben

Das **Portfolio- bzw. Ideencontrolling** unterstützt auf Basis der Portfolio-Analyse bei der Bewertung und Auswahl neuer, geplanter oder laufender IS-Projekte. Es soll sicherstellen, dass die Projekte strategisch relevant und wirtschaftlich sinnvoll sind. In einem Projektportfolio werden z. B. Risiko und Nutzen der IS-Projekte gegenübergestellt. Merkmale zur Einschätzung des Risikos sind z. B. Projektdauer und -größe oder die Verfügbarkeit der erforderlichen Ressourcen. Kriterien zur Abschätzung des Projektnutzens sind z. B. der über den Lebenszyklus des Informationssystems zu erwartende

Portfolio- bzw. Ideencontrolling

7 Informationsmanagement

Ertrag abzüglich des Aufwands. Ein weiteres Beispiel ist das Umfeldportfolio, mit dem die Unterstützung der Informationsmanagementstrategie durch die IS-Projekte (Projekt-Strategie-Fit) und die Übereinstimmung mit innovativer und verfügbarer Informationstechnik (Projekt-Technik-Fit) dargestellt werden soll. Die Portfolios bilden die Grundlage zur Priorisierung und Auswahl der IS-Projekte (vgl. *Krcmar/Buresch*, 2000, S. 7 ff.).

Projektcontrolling
Aufgabe des **Projektcontrollings** ist die Unterstützung des Projektmanagements bei der Planung, Steuerung und Kontrolle der Entwicklung von Informationssystemen (vgl. Kap. 5.3). Aufgabenschwerpunkte sind die Aufstellung und phasenbezogene Überwachung des Projektbudgets sowie die Analyse von Abweichungen. Zur Informationssystem-Projektplanung existieren verschiedene Vorgehensmodelle. In der Praxis werden vor allem Phasenkonzepte verwendet, die das Projekt in mehrere Abschnitte unterteilen (vgl. Kap. 7.3.1.2). Projektablauf und -budget werden in einer ersten Grobplanung grundsätzlich festgelegt. Basis für die Kapazitäts-, Termin- und Kostenplanung sowie die abschließende Projektkontrolle ist die Aufwandsschätzung des Projekts. Sie wird durch das Projekt-Controlling sowohl zu Beginn als auch während des Projekts durchgeführt. In der Detailplanung erfolgt die Konkretisierung für die jeweils anstehende und darauf folgende Projektphase. Dies ist erforderlich, da bei Informationssystem-Projekten die Anforderungen der Benutzer meist zu Projektbeginn nicht vollständig bekannt sind und sich erst im Projektverlauf nach und nach konkretisieren. Das Projekt-Controlling führt während des Projektverlaufs Wirtschaftlichkeitsanalysen durch und überwacht die Einhaltung des Projektbudgets und die Erreichung der Projektziele. Darüber hinaus ist es für die Projektdokumentation verantwortlich. Der Aufbau einer Erfahrungsdatenbank ermöglicht die Verbesserung der Planung und Steuerung nachfolgender Projekte (vgl. *Horváth*, 2011, S. 646 f.; *Krcmar*, 2010, S. 546 ff.; *Krcmar/Buresch*, 2000, S. 10 ff.).

IT-Infrastrukturcontrolling
Das **IT-Infrastrukturcontrolling** bezieht sich auf die gesamte informationstechnologische Infrastruktur des Unternehmens. Diese besteht insbesondere aus den Rechnern und Netzen sowie dem Rechenzentrum. Das Infrastrukturcontrolling unterstützt zum einen die Planung, Steuerung und Kontrolle der Infrastruktur und versorgt andererseits die Unternehmensführung mit Informationen über technologische Entwicklungen und Benutzeranforderungen. Während des laufenden Systembetriebs steht die Sicherstellung der Wirtschaftlichkeit der Informationsinfrastruktur im Vordergrund. Aufgaben des Controllings sind dabei die Budgetierung der Infrastruktur sowie die verursachungsgerechte Verrechnung der im Rahmen der Nutzung entstandenen Kosten. Auswahl und Bewertung alternativer Hardware- und Softwarekonfigurationen sowie Schwachstellenanalyse erfolgen vor allem mit Hilfe des Benchmarking (vgl. *Krcmar*, 2010, S. 551 ff.; *Krcmar/Buresch*, 2000, S. 15 ff.).

Produktcontrolling
Das **Produktcontrolling** schließt direkt an das Projekt-Controlling an und bezieht sich auf den laufenden Betrieb von Informationssystemen. Seine Hauptaufgabe ist die Sicherstellung der effektiven und effizienten Nutzung, Wartung, Pflege sowie Fortentwicklung der Informationssysteme. Die Bedeutung des Produkt-Controllings ergibt sich aus den hohen Folgekosten von Informationssystemen. Sie betragen bis zu 80 % der gesamten Lebenszykluskosten des Informationssystems. Dieser Zusammenhang wird oft mit einem Eisberg verglichen, bei dem nur die Spitze über der Wasseroberfläche herausragt. Die Höhe der „unter der Oberfläche" liegenden Kosten ist häufig bei der Entwicklung und Einführung eines Informations-

Abb. 7.4.6: „Eisberg-Modell" der IT-Kosten

systems nur schwer abschätzbar. Aus diesem Grund ist die Begleitung des laufenden Betriebs durch ein Produkt-Controlling erforderlich. Die Beurteilung der Wirtschaftlichkeit des Einsatzes durch das Produkt-Controlling ist auch maßgeblich für die Entscheidung über den Ersatz eines Informationssystems (vgl. *Krcmar*, 2010, S. 548 ff.; *Krcmar/Buresch*, 2000, S. 13 ff.).

Management Summary

- Bei der Entwicklung des Informationsmanagements lassen sich das Zeitalter des Rechnungswesens, des Betriebs, der Information und der vernetzten Gesellschaft unterscheiden.
- Der Leiter des Informationsmanagements wird Chief Information Officer (CIO) genannt.
- Die Verantwortung für das Informationsmanagement wird häufig organisatorisch getrennt. Entwicklung, Betrieb und Wartung der Informationssysteme und -technik erfolgen durch die IT-Abteilung, während die Informationswirtschaft von einem oder mehreren Fachbereichen wie z. B. dem Controlling wahrgenommen wird.
- Informationssysteme lassen sich nach ihrer Bedeutung in die Gruppen Unterstützung, Fabrik, Durchbruch und Waffe unterteilen.
- Informationssysteme können die strategische Unternehmensführung bei der Strategieumsetzung unterstützen oder zu neuen strategischen Handlungsmöglichkeiten befähigen.
- Strategische Funktionen von Informationssystemen sind: Strategieausführung, Strategieübersetzung, Wettbewerbspotenzial sowie Optimierung und Reorganisation.
- E-Business bezeichnet die vernetzte, elektronische Anbahnung, Unterstützung, Abwicklung und Aufrechterhaltung von Leistungsaustauschprozessen.
- Das Informationsmanagement wird durch das IT-Controlling koordiniert und unterstützt. Auf diese Weise soll die Effizienz und Effektivität aller informationswirtschaftlichen Aktivitäten sowie der Informationssysteme und -technik sichergestellt werden.

Literaturempfehlungen

Heinrich, L.J./Stelzer, D.: Informationsmanagement, 10. Aufl., München u. a. 2011.

Krcmar, H.: Informationsmanagement, 5. Aufl., Berlin u. a. 2010.

Empfehlenswerte Fallstudien zum Kapitel 7.4 aus Dillerup, R./Stoi, R. (Hrsg.)

7.4   Online-Marketing bei der epubli GmbH *(Dörnemann, J.)*

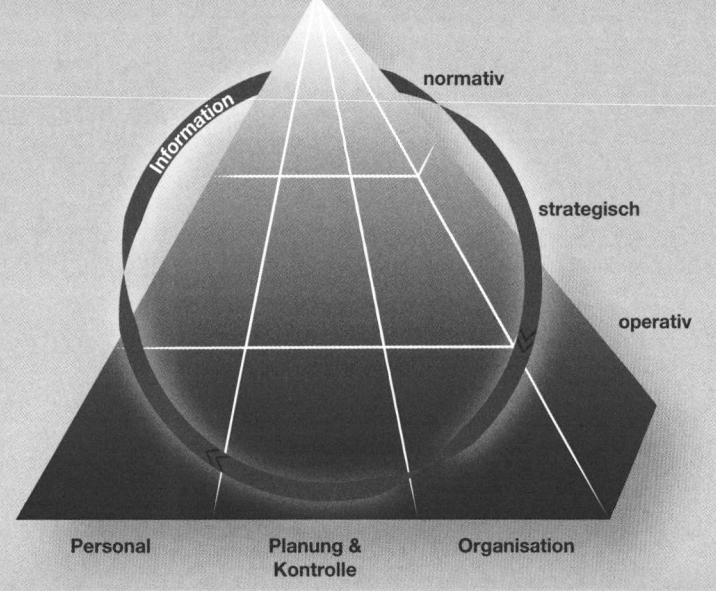

8. Ausrichtungen der Unternehmensführung

8.1 Qualitätsorientierte Unternehmensführung 783
    8.1.1 Qualitätsbegriff 783
    8.1.2 Evolution qualitätsorientierter Unternehmensführung 786
    8.1.3 Wirtschaftlichkeit des Qualitätsmanagements 793
    8.1.4 Qualitätstechniken und -werkzeuge 803
    8.1.5 Erfolgsfaktor Qualität 822

8.2 Wissensorientierte Unternehmensführung 825
    8.2.1 Die Wissensgesellschaft 825
    8.2.2 Wissen als Wettbewerbsfaktor 826
    8.2.3 Was ist Wissen? 828
    8.2.4 Individuelles und organisationales Lernen 829
    8.2.5 Wissensmanagement 834
    8.2.6 Erfolgsfaktor Mensch 850

8.3 Immateriell orientierte Unternehmensführung 853
    8.3.1 Immaterielle Werte werden zu Erfolgsfaktoren 853
    8.3.2 Begriff und Arten immaterieller Werte 855
    8.3.3 Besonderheiten immateriellen Vermögens 858
    8.3.4 Messung und Bewertung immaterieller Werte 861
    8.3.5 Steuerung immaterieller Ressourcen 869
    8.3.6 Immaterielle Ressourcen als zentrale Werttreiber 876

8.4 Chancen- und risikoorientierte Unternehmensführung 883
    8.4.1 Begriffe und Bedeutung 883
    8.4.2 Führungsprozess des Chancen- und Risikomanagements ... 885
    8.4.3 Integrierte Führung von Chancen und Risiken 891

8.5 Internationale Unternehmensführung 899
    8.5.1 Begriffe, Entwicklung und Bedeutung 899
    8.5.2 Theorien der Internationalisierung 907
    8.5.3 Internationalisierungsformen 919
    8.5.4 Internationalisierungsstrategien 931

8.1 Qualitätsorientierte Unternehmensführung

Leitfragen

- Was ist Qualität und was bedeutet qualitätsorientierte Unternehmensführung?
- Welche Kosten und welcher Nutzen sind mit Qualitätsmanagement verbunden?
- Welche Techniken und Werkzeuge werden zur Steigerung der Qualität eingesetzt?
- Wie kann die Unternehmensführung auf Qualität ausgerichtet werden?

8.1.1 Qualitätsbegriff

Umgangssprachlich wird der Begriff Qualität nach seinem lateinischen Ursprung als **Beschaffenheit** eines Produkts verwendet. Auch durch den Einfluss der Werbung verbinden viele Menschen mit Qualität vor allem eine besonders gute Ausprägung der Leistungsmerkmale von Gütern oder Dienstleistungen. Dies ist jedoch in zweifacher Hinsicht irreführend. Zum einen kann Qualität nicht als besondere Güte verstanden werden, denn es gibt auch Produkte mit Qualitätsmängeln, bei denen dann konsequenterweise von „Unqualität" gesprochen werden müsste. Zum anderen ist in der umgangssprachlichen Verwendung völlig unklar, wie und von wem diese Beschaffenheit bewertet werden soll. Für unternehmerische Zwecke wird deshalb Qualität ausschließlich als wertneutraler **Maßstab** für die Übereinstimmung zwischen geforderter und tatsächlicher Beschaffenheit eines Objekts verstanden. Das Betrachtungsobjekt wird häufig auch als „Einheit" bezeichnet und kann beispielsweise ein Produkt in Form eines Gutes oder einer Dienstleistung, ein Prozess, eine Abteilung oder auch das ganze Unternehmen sein (vgl. *Geiger*, 2001, S. 801 ff.).

Qualität als Beschaffenheit

Qualität als Maßstab

> **Qualität im allgemeinen Sinne** ist das Ausmaß der Übereinstimmung der geforderten mit der tatsächlich realisierten Beschaffenheit eines Betrachtungsobjekts.

Die Beschaffenheit des Betrachtungsobjekts wird durch die Gesamtheit seiner Merkmale und Eigenschaften beschrieben. Bei der geforderten Beschaffenheit sind zwei Sichtweisen zu unterscheiden, die für unterschiedliche **Qualitätsauffassungen** stehen (vgl. *Sakurai*, 1997, S. 161 ff.; *Wendehals*, 2000, S. 11 ff.):

- **Technischer Qualitätsbegriff:** Die geforderte Beschaffenheit wird durch technische, objektiv messbare Merkmale beschrieben. Hohe Qualität bedeutet somit, dass die realisierten Merkmalsausprägungen innerhalb festgelegter Toleranzbereiche liegen. Ein Beispiel wäre eine geforderte Blechdicke zwischen 3–4 mm. Diese Qualität kann objektiv beurteilt und gezielt beeinflusst werden. Qualität bedeutet somit Fehlerfreiheit. Sie lässt sich z. B. durch die Fehlerquote bei einer Million produzierter Einheiten (PPM = Parts per Million) messen.

- **Kundenorientierter Qualitätsbegriff:** Die geforderte Beschaffenheit wird durch die subjektiven Anforderungen der Kunden bestimmt. Um eine hohe Qualität zu erreichen, sind die Erwartungen des Kunden bestmöglich zu erfüllen. Der Kunde

Technische vs. kundenorientierte Qualität

nimmt jedoch nur diejenigen Eigenschaften des Betrachtungsobjekts war, die für seinen individuellen Gebrauch einen Nutzen haben. Diese wahrgenommene Qualität ist nicht nur von den Eigenschaften des Betrachtungsobjekts abhängig, sondern auch von anderen Faktoren, welche die Wahrnehmung des Kunden beeinflussen. Einen solchen Einfluss können z. B. das Image des Unternehmens, bislang gemachte Produkterfahrungen oder Marketingmaßnahmen ausüben. Die kundenorientierte Qualität ist somit relativ und nicht objektiv messbar, denn sie hängt sowohl von den individuellen Ansprüchen als auch der Wahrnehmung des Kunden ab. Deshalb ist die kundenorientierte Qualitätssicht zur Steuerung und Kontrolle der Leistungserstellung weniger geeignet. Sie bestimmt jedoch die Kundenzufriedenheit und ist deshalb für den Markterfolg ausschlaggebend. Kundenorientierte Qualitätsmerkmale bei einem Rasierapparat wären beispielsweise: Liegt er gut in der Hand, wie fühlt er sich an, welche Geräusche gibt er von sich oder ist die Rasur angenehm und gründlich?

Beide Qualitätsbegriffe verfolgen unterschiedliche **Zielsetzungen**. Die technische Qualität ist fertigungs- bzw. prozessorientiert und dient der Steuerung der Leistungserstellung. Sie stellt die Fehlerfreiheit des Produkts sicher, garantiert aber noch keinen Verkaufserfolg. Hierfür hat ein Produkt die subjektiven Kundenwünsche zu erfüllen, d. h. es muss auch über eine hohe kundenorientierte Qualität verfügen. Da der Kunde die Fehlerfreiheit des Produkts voraussetzt, wird er technische Mängel nur in geringem Maße akzeptieren. Somit stellt die Sicherstellung der technischen Qualität eine notwendige, aber keine hinreichende Bedingung für eine hohe kundenorientierte Qualität dar. Ein aussagekräftiger Qualitätsbegriff sollte deshalb sowohl subjektive, kundenorientierte als auch objektive, technische Aspekte beinhalten (vgl. *Wendehals*, 2000, S. 16 f.). Diese finden sich in der international einheitlichen Definition der Qualitätsnorm DIN EN ISO 9000 wieder. Danach steht Qualität für den „Grad, in dem ein Satz inhärenter Merkmale Anforderungen erfüllt". Inhärent bedeutet, dass diese Merkmale der Einheit innewohnen.

> ! **Qualität im betriebswirtschaftlichen Sinn** ist ein Maßstab für die Erfüllung von Anforderungen durch die Merkmale eines Betrachtungsobjekts.

Qualitätsbegriff
Qualität drückt somit den Erfüllungsgrad der an ein Betrachtungsobjekt gestellten Anforderungen aus. Sie bezieht sich sowohl auf die Wünsche des Kunden als auch auf technische Merkmale. Wie in Abb. 8.1.1 dargestellt, bezeichnet Qualität das Ergebnis des Vergleichs sowohl der technischen als auch der kundenorientierten Anforderungen mit der Beschaffenheit eines Betrachtungsobjekts. Während die kundenorientierten Anforderungen die Wünsche der Kunden widerspiegeln, werden die technischen Anforderungen vom Unternehmen festgelegt (vgl. *Masing*, 2007, S. 4 f.).

Die tatsächlich realisierte Qualität stellt somit die **Schnittmenge aus kundenorientierter und technischer Qualität** dar. Die Schwierigkeit für die Unternehmensführung besteht zunächst darin, die Anforderungen der Kunden zu bestimmen. Sie werden von den Kunden häufig nicht ausdrücklich gefordert, sondern als selbstverständlich vorausgesetzt oder sind den Kunden selbst nicht bewusst. Aus den Kundenanforderungen werden die objektiv messbaren, technischen Anforderungen abgeleitet, deren Einhaltung die Erfüllung der Kundenwünsche sicherstellen soll.

Für die Kaufentscheidung des Kunden ist neben der Qualität auch der **Preis** des Produkts ausschlaggebend. In aller Regel besteht hier eine **Austauschbeziehung**: Bei einem geringen Preis sind die Anforderungen des Kunden an das Produkt niedriger und

8.1 Qualitätsorientierte Unternehmensführung

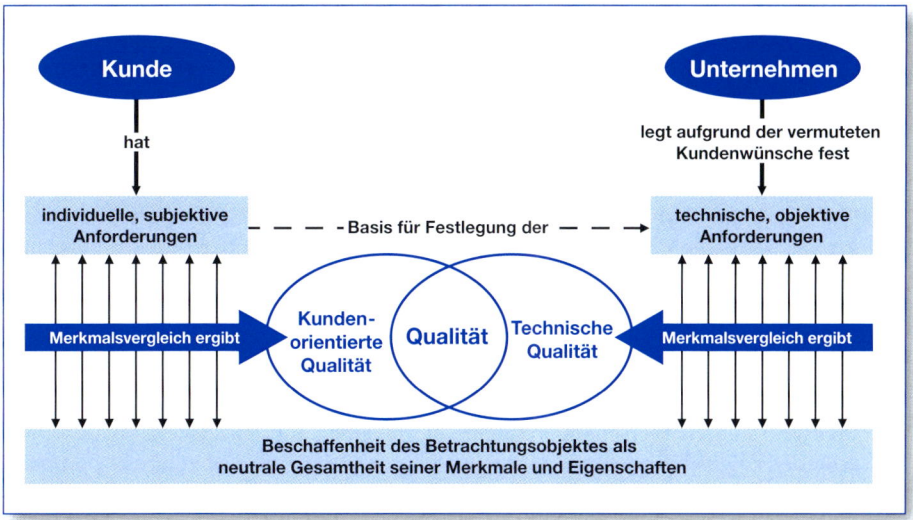

Abb. 8.1.1: Qualität als Übereinstimmung der Anforderungen mit der Beschaffenheit

somit einfacher zu erfüllen. Aus einem im Vergleich zu ähnlichen Produkten hohen Preis resultieren im Umkehrschluss auch hohe Kundenerwartungen. Die Qualität ist in diesem Falle nur mit großen Anstrengungen zu erfüllen. Deshalb zählt der Preis nicht zu den Qualitätsmerkmalen, sondern wird gesondert betrachtet (vgl. Kap. 8.1.3). Das Unternehmen hat auch die Kosten der Erfüllung der Kundenanforderungen zu berücksichtigen. Je nach strategischer Zielsetzung ist dabei die für das Unternehmen geeignete Positionierung festzulegen. Eine Hochpreisstrategie ist nur dann erfolgreich, wenn die hohen Kundenanforderungen auch mit vertretbaren Kosten erfüllt werden können. Eine Niedrigpreisstrategie zielt meist auf die Erstellung eines Standardprodukts, das vor allem grundlegende Anforderungen erfüllt. Wegen des geringen Preises verzichtet der Kunde auf außergewöhnliche Produktmerkmale. Um konkurrenzfähig zu sein, müssen die dabei entstehenden Kosten niedrig gehalten werden (vgl. Kap. 3.4.2.1).

Werden die Anforderungen aus Sicht des Kunden nicht ausreichend erfüllt, dann wird er wenn überhaupt nur mit einem Preisabschlag bereit sein, das Produkt zu kaufen. Werden seine Anforderungen dagegen übererfüllt, dann stört ihn das zwar nicht, aber er ist auch nicht bereit, dafür mehr zu bezahlen (vgl. *Masing*, 2007, S. 6). Da die Ansprüche der Kunden sehr unterschiedlich sind, werden sie deshalb häufig in sog. **Anspruchsklassen** eingeteilt. Für diese werden dann spezifische Produktvarianten angeboten. So bieten beispielsweise Luftfahrtgesellschaften ihren Kunden die Möglichkeit, bei einem Flug zwischen Economy und Business Class zu wählen. Die Beförderungsleistung ist in beiden Fällen gleich. Die Passagiere in der Business Class erhalten jedoch gegen höhere Bezahlung mehr Platz und einen besseren Service als die Economy-Passagiere. Bei letzteren steht vor allem der Flugpreis im Vordergrund und ihre Qualitätsanforderungen sind deshalb geringer. Durch Variation der Basisleistung lassen sich somit unterschiedliche Kundenanforderungen realisieren, für die der Kunde auch bereit ist zu bezahlen.

Anspruchsklassen

8.1.2 Evolution qualitätsorientierter Unternehmensführung

8.1.2.1 Historische Entwicklung

Seit Güter und Dienstleistungen erstellt werden, spielt deren Qualität eine wichtige Rolle. Bereits ca. 1.700 v. Chr. drohte Baumeistern in Babylon der Tod, wenn durch den Einsturz ihrer Gebäude jemand ums Leben kam. Im Mittelalter gab es amtlich bestellte, vereidigte Sachverständige, die Prüfungen durchführten und Qualitätssiegel in Form des jeweiligen Stadtwappens vergaben. Mit zunehmender Industrialisierung erlangten im 19. Jahrhundert Qualitätsaspekte immer mehr an Bedeutung (vgl. *Ebel*, 2003, S. 26).

Historische Entwicklung

Eine umfassende Qualitätskonzeption stellte bereits der Ende der 1950er Jahre entwickelte Ansatz des Total Quality Control („umfassende Qualitätssteuerung") von *Feigenbaum* (1961) dar. Die Übersetzung seines gleichnamigen Buches stieß in Japan aufgrund der dort zu dieser Zeit vorherrschenden Qualitätsprobleme auf breites Interesse. Es wurde im Laufe der Folgejahre insbesondere von *Ishikawa* (1976) zum Konzept des Company Wide Quality Control („unternehmensweite Qualitätssteuerung") weiterentwickelt. Als maßgebliche Pioniere des Qualitätsmanagements gelten vor allem die beiden US-Amerikaner *Juran* (1974) und *Deming* (1982). Durch zahlreiche Vortragsreisen verbreiteten sich ihre Ideen zunächst vor allem in Japan. Der wirtschaftliche Erfolg japanischer Unternehmen steigerte das Interesse der westlichen Welt an den dort eingesetzten Führungstechniken. Dies trug dazu bei, dass seit den 1980er Jahren vermehrt auch amerikanische und europäische Unternehmen qualitätsorientiert geführt werden.

Wie in Abb. 8.1.2 dargestellt, lassen sich folgende **Evolutionsstufen** qualitätsorientierter Unternehmensführung unterscheiden (vgl. *Ebel*, 2003, S. 26 ff.; 63 f.; *Geiger*, 2001, S. 806 f.; *Haist/Fromm*, 1991, S. 7 ff.; *Schwickert* et al., 1995a, S. 127 ff.):

Qualitätskontrolle

■ **1. Stufe: Qualitätskontrolle (bis zu den 1960er Jahren)**

Zu Beginn der Industrialisierung beschränkten sich die Unternehmen meist auf die Kontrolle technischer Merkmale der fertigen Produkte. Fehler wurden dadurch erst am Ende des Herstellungsprozesses erkannt, wodurch erhebliche Kosten aufgrund von Nacharbeit und Ausschuss entstanden. Deshalb wurden im Arbeitsablauf nach und nach Kontrollstellen eingerichtet, an denen Inspektoren die Qualität durch Stichproben beurteilen sollten. Tolerierbare Abweichungen von den geforderten Qualitätsmerkmalen wurden zuvor als sog. „Acceptable Quality Level" genau festgelegt. Betrachtungsgegenstand war ausschließlich das Produkt und nicht die dahinter stehenden Abläufe. Darüber hinaus führten die durch *Taylor* ausgelöste zunehmende Arbeitsteilung und die Trennung zwischen Ausführung und Kontrolle dazu, dass die gering qualifizierten Mitarbeiter sich nicht mit der Qualität ihrer Arbeit identifizierten. Sie wurden nicht mit den Auswirkungen ihrer Handlungen konfrontiert und hatten auch kein Interesse an Verbesserungsvorschlägen. Die Qualitätskontrolle ermöglichte somit zwar das Erkennen und Beseitigen von Produktfehlern, aber nicht deren Ursachen.

Qualitätssicherung

■ **2. Stufe: Qualitätssicherung (1960er und 1970er Jahre)**

Endprüfungen sind teuer und die Kosten von Fehlern umso höher, je später diese erkannt werden. Deshalb wurde versucht, Fehler nicht am Ort ihrer Entdeckung, sondern bereits bei ihrer Entstehung zu beseitigen bzw. durch präventive Maßnahmen gar nicht erst entstehen zu lassen. Hierzu wurden verstärkt Prüf-, Mess- und Analyseverfahren eingesetzt. Die Qualitätssicherung beschränkte sich vor allem auf

8.1 Qualitätsorientierte Unternehmensführung

die Vermeidung und Beseitigung von Fehlern in der Entwicklung und Fertigung. Auf diese Weise sollte eine hohe technische Qualität erreicht werden. Die Erfüllung der Kundenanforderungen bezog sich auf die Funktionalität und Zuverlässigkeit der Produkte.

- **3. Stufe: Qualitätsmanagement (1980er und 1990er Jahre)**

  Der Fokus wandelte sich von der technischen zur kundenorientierten Qualität. Deren Erreichung wird dabei als die wesentliche strategische Zielsetzung des Unternehmens angesehen. Qualitätsaspekte spielen nicht nur für die Entwicklung und Herstellung, sondern bei sämtlichen Tätigkeiten im Unternehmen eine Rolle. Da sich das Qualitätsdenken auf das gesamte Unternehmen und alle dort ablaufenden Prozesse erstreckt, wird diese Ausrichtung der Unternehmensführung als integriertes bzw. umfassendes Qualitätsmanagement oder auch als Total Quality Management (TQM) bezeichnet. Es wird in Kap. 8.1.2.2 dargestellt.

Qualitätsmanagement

- **4. Stufe: Business Excellence (seit 2000er Jahre)**

  Bei der Verbreitung des Qualitätsdenkens in Europa spielt die *European Foundation for Quality Management* (EFQM) und das von ihr entwickelte *EFQM Excellence-Modell* eine zentrale Rolle. Es ist in Europa bei über 30.000 Unternehmen im Einsatz. Das Qualitätsmanagement wurde durch das *EFQM* zu einem Führungsansatz ausgebaut, bei dem neben der Ausrichtung auf die Kunden auch die Erfüllung der Anforderungen von Mitarbeitern, der Gesellschaft und der Shareholder angestrebt wird. Eine derart „exzellente Organisation" erzielt somit für alle Stakeholder herausragende Geschäftsergebnisse. Dieser Business Excellence-Ansatz wird in Kap. 8.1.2.3 erläutert.

Business Excellence

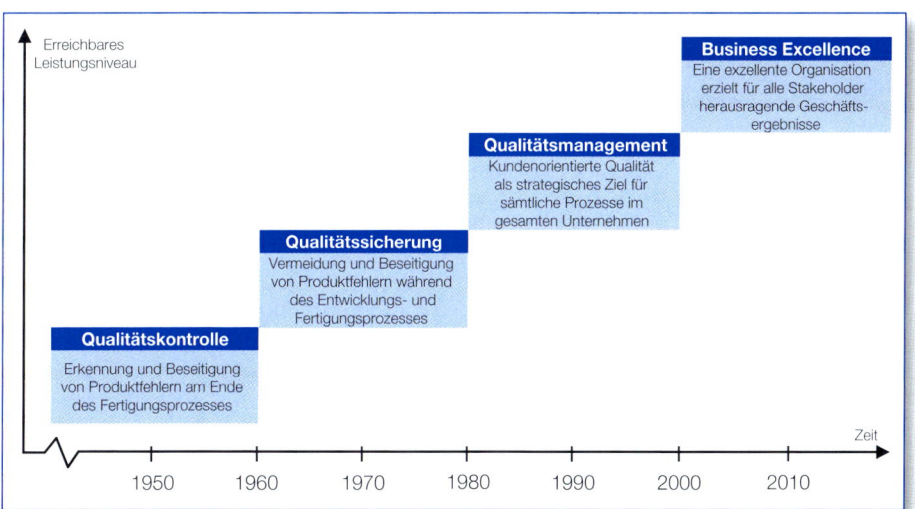

Abb. 8.1.2: Evolutionsstufen qualitätsorientierter Unternehmensführung

In den 1960er und 1970er Jahren entstanden zahlreiche internationale, nationale und sogar branchen- und firmenspezifische **Qualitätsnormen**. Um die Qualitätsfähigkeit der Lieferanten sicherzustellen, wurde die Einhaltung der Qualitätsnormen zunehmend vertraglich vereinbart und überprüft. Die Vielzahl unterschiedlicher Vorschriften und Regeln wurde vor allem für international tätige Unternehmen schnell zu einem Handelshemmnis. Deshalb wurden allgemein anerkannte und einheitliche Vorschriften zur

Qualitätsnormen

8 Ausrichtungen der Unternehmensführung

ISO 9000 ff.

Beurteilung von Qualitätssicherungssystemen gefordert. Dies führte Ende der 1970er Jahre auf Bestreben des *Deutschen Instituts für Normung e.V.* (DIN) zur Erarbeitung international einheitlicher Normen. Hierfür wurde 1979 von der *International Organization for Standardization* (ISO), der weltweiten Dachorganisation nationaler Normungsinstitute, ein technisches Komitee eingesetzt. Die daraus entstandene **Normenreihe ISO 9001–9004** (kurz: ISO 9000 ff.) wurde 1987 verabschiedet und im gleichen Jahr in Deutschland (DIN 9000 ff.) sowie 1993 in Europa (EN 9000 ff.) zur Norm erhoben. Sie stellt seitdem eine wesentliche Grundlage des Qualitätsmanagements dar (vgl. im Folgenden *Petrick*, 2001, S. 969 ff.; *Petrick/Reihlen*, 2007, S. 103 ff.; *Schwickert* et al., 1995a, S. 127 ff.; 1995b, S. 207 ff.; *Wagner*, 2007, S. 175 ff.).

Zertifizierung

Um Unternehmen durch eine neutrale Institution auf die Normerfüllung überprüfen zu können, wurde 1985 die *Deutsche Gesellschaft zur Zertifizierung von Qualitätssicherungssystemen mbH* (DQS) gegründet. Dort können Unternehmen seit 1987 ihr Qualitätssicherungssystem zertifizieren lassen. Der **Zertifizierung** kam für die Wettbewerbsfähigkeit der Unternehmen schnell eine bedeutende Rolle zu. Viele Unternehmen sehen die Zertifizierung ihrer Lieferanten heute als Bedingung für eine Zusammenarbeit an (vgl. Kap. 8.1.4.3.3).

In den folgenden Jahren wurden die Normen mehrfach überarbeitet sowie laufend weiter detailliert und erweitert. Als Oberbegriff aller qualitätsbezogenen Tätigkeiten wurde die Bezeichnung „Qualitätssicherung" durch den Begriff „Qualitätsmanagement" abgelöst. Sie beinhaltet nun eine prozessorientierte Betrachtung des Unternehmens, an der sich das Qualitätsmanagement ausrichten soll. Heute tragen die Normen den zusammenfassenden Namen **DIN EN ISO 9000-Familie**. Die wichtigsten **Teilnormen** sind:

- **DIN EN ISO 9000:** Beschreibung der Grundlagen und Begriffe des Qualitätsmanagements, um ein einheitliches Verständnis sicherzustellen.

- **DIN EN ISO 9001:** Darstellung der Anforderungen an ein Qualitätsmanagementsystem, deren Erfüllung sich das Unternehmen zertifizieren lassen kann.

- **DIN EN ISO 9004:** Leitfaden zur Einführung und Verbesserung von Qualitätsmanagementsystemen.

- **DIN EN ISO 19011:** Leitfaden für das Auditieren von Qualitäts- und Umweltmanagementsystemen.

Normierung der Qualitätsfähigkeit

Sinn und Zweck der Normierung ist nicht, die Produktmerkmale und -eigenschaften festzulegen oder die Qualität der Endprodukte zu prüfen. Vielmehr werden in den Normen Regeln und Hilfestellungen für den Aufbau eines Qualitätsmanagementsystems und die Anwendung von Qualitätsverfahren getroffen. Dabei wird angenommen, dass ein normgerechtes Qualitätsmanagementsystem das Unternehmen befähigt, qualitativ hochwertige Produkte herzustellen. Die Zertifizierung dient somit in erster Linie der Schaffung von Vertrauen in die **Qualitätsfähigkeit** eines Unternehmens.

8.1.2.2 Total Quality Management

Beim umfassenden Qualitätsmanagement bzw. Total Quality Management (TQM) wird Qualität zur ersten Priorität des gesamten Unternehmens und aller Mitarbeiter („Quality first"). DIN EN ISO 9000 beschreibt es als eine „auf der Mitwirkung aller ihrer Mitglieder basierende Managementmethode einer Organisation, die Qualität in den Mittelpunkt stellt und durch Zufriedenstellung der Kunden auf langfristigen Geschäftserfolg sowie auf Nutzen für die Mitglieder der Organisation und für die Gesellschaft zielt". Dahinter

8.1 Qualitätsorientierte Unternehmensführung

steht die Überzeugung, dass der Kunde letztendlich die Qualität der Produkte bestimmt und zur Erfüllung seiner Anforderungen alle Mitarbeiter im gesamten Unternehmen ihren Beitrag leisten müssen (vgl. im Folgenden *Benz/Becker-Flügel*, 1997, S. 2 f.; *Ebel*, 2003, S. 46 ff.; *Kamiske*, 2001, S. 1163 ff.; *Oess*, 1994, S. 89 ff.).

- **Total** steht für den umfassenden Einbezug der Mitarbeiter, Kunden und Lieferanten.
- **Quality** steht für eine ganzheitliche Betrachtung, bei der die Qualität der Produkte aus der Qualität der Prozesse und Arbeitsbedingungen resultiert.
- **Management** steht für die Erreichung hoher Qualität als zentraler Führungsaufgabe.

Total Quality Management

> **Total Quality Management** bezeichnet die ganzheitliche Ausrichtung des gesamten Unternehmens auf die Erfüllung der Kundenbedürfnisse.

Wesentliche **Prinzipien** des Total Quality Managements sind (vgl. *Kamiske*, 2001, S. 1163 f.):

TQM-Prinzipien

- **Kundenorientierung:** Qualitätsmaßstab sind die Anforderungen der Kunden. Die Ausrichtung am Kunden wird dabei auch innerhalb des Unternehmens vollzogen, denn jeder Mitarbeiter im Leistungsprozess kann als Kunde seines vorgelagerten Kollegen angesehen werden („The next process is your customer").
- **Gesellschaftliche Orientierung:** Da Unternehmen in der Öffentlichkeit stehen, müssen sie auch gesellschaftliche Interessen wie z. B. den Umweltschutz berücksichtigen.
- **Prozessorientierung:** Eine hohe Produktqualität entsteht erst dann, wenn alle am Prozess der Leistungserstellung beteiligten Mitarbeiter optimal zusammenarbeiten und die betrieblichen Abläufe ganzheitlich gestaltet werden (vgl. Kap. 5.4).
- **Mitarbeiterorientierung:** Verankerung eines hohen Qualitätsbewusstseins in den Köpfen der Beschäftigten durch gezielte Schulungsmaßnahmen und Einbezug aller Mitarbeiter in die Qualitätsverbesserung.
- **Kontinuierliche Verbesserung:** Die Qualitätsverbesserung ist eine laufende Aufgabe mit der Zielsetzung „Null-Fehler". Grundlage hierfür ist eine möglichst exakte und begleitende Messung der relevanten Qualitätsmerkmale.
- **Fehlervermeidung:** Präventive Maßnahmen stehen im Vordergrund, damit Fehler nach dem Prinzip „Do it right the first time" (*Crosby*, 1979) gar nicht erst entstehen. Fehler werden systematisch auf ihre Ursachen untersucht, um diese zu beseitigen.
- **Verpflichtung der Unternehmensführung:** Die Verantwortung für die Qualität trägt nicht mehr allein das Qualitätswesen, sondern jede Führungskraft für ihren Bereich. Qualitätskultur und kontinuierliche Verbesserung sind von der Unternehmensführung zu gestalten und vorzuleben.

Als Rahmen für die Umsetzung des Total Quality Managements benötigt das Unternehmen ein **Qualitätsmanagementsystem**. Es beschreibt den Aufbau und Ablauf des Qualitätsmanagements, die Qualitätsaufgaben und die hierfür verantwortlichen Mitarbeiter sowie die einzusetzenden gedanklichen und informationstechnischen Instrumente. **Bestandteile** sind (vgl. *Geiger*, 1998, S. 51 ff.):

Qualitätsmanagementsystem

- **Qualitätsplanung:** Festlegung der Qualitätspolitik und Qualitätsziele sowie der Maßnahmen und Verantwortlichkeiten, um diese zu erreichen. Die Qualitätsziele der *Deutschen Post AG* sind z. B. Schnelligkeit, Zuverlässigkeit, korrekte Zustellung, Beschädigungsfreiheit und Verlustfreiheit.

- **Qualitätslenkung:** Durchführung der in der Qualitätsplanung festgelegten Maßnahmen zur Erreichung der Qualitätsziele. Dies kann beispielsweise die Analyse und Beseitigung von Fehlerursachen, die Optimierung von Geschäftsprozessen oder die Schulung von Mitarbeitern sein.
- **Qualitätssicherung:** Darstellung aller Bestandteile und Maßnahmen des Qualitätsmanagements, um Vertrauen in die Qualitätsfähigkeit zu schaffen. Sie wird auch als Qualitätsdarlegung bezeichnet und kann beispielsweise durch eine Zertifizierung erfolgen.
- **Qualitätsprüfung:** Feststellung der Qualitätserreichung durch Vergleich von geplanten und realisierten Ausprägungen der Qualitätsmerkmale. Für das Qualitätsziel Schnelligkeit der *Deutschen Post AG* gilt z. B. die Maßgabe, dass 95 % aller Briefe ihren Empfänger am folgenden Werktag erreichen sollen. Geprüft wird dies durch den regelmäßigen Versand von Testbriefen.
- **Qualitätsverbesserung:** Bestimmung und Umsetzung von Maßnahmen, um die Qualität einer Einheit oder die Qualitätsfähigkeit des Unternehmens kontinuierlich zu steigern.

Ein Gestaltungs- und Beurteilungsrahmen für ein Qualitätsmanagementsystem ist das europäische Modell für Total Quality Management der *European Foundation for Quality Management* (EFQM). Es führte in den letzten Jahren zur Weiterentwicklung hin zur Business Excellence.

8.1.2.3 Business Excellence

EFQM

Die *European Foundation for Quality Management* (EFQM) ist eine gemeinnützige Organisation, die 1988 von 14 europäischen Unternehmen gegründet wurde. Sie soll die Ausbreitung des Qualitätsmanagements in Europa vorantreiben und verfügt europaweit über mehr als 500 Mitglieder. Um eine qualitätsorientierte Führungskultur zu fördern, zeichnet die EFQM jährlich besonders leistungsfähige TQM-Systeme mit dem europäischen Qualitätspreis *EFQM Excellence Award* aus (vgl. Kap. 8.1.4.3.3). Die Bewertung der teilnehmenden Organisationen erfolgt anhand des sog. **EFQM Excellence-Modells.** Viele Unternehmen führen auf seiner Basis auch eine Selbstbewertung ihres Qualitätsmanagements oder einen Vergleich mit anderen Unternehmen durch. Es beschreibt die für die Umsetzung eines umfassenden Qualitätsmanagements zu beachtenden Elemente und Bereiche sowie deren Zusammenhänge. Die konkrete Ausgestaltung des Qualitätsmanagements muss stets unternehmensindividuell erfolgen, da dabei Faktoren wie Produktprogramm, Branche oder Marktstellung zu berücksichtigen sind (vgl. *EFQM*, 2012, S. 2 ff.; *Felchlin*, 2009, S. 11 ff.).

Excellence Modell

Das in Abb. 8.1.3 dargestellte *EFQM Excellence-Modell* unterscheidet fünf Befähigungsfaktoren und vier Ergebniskategorien (vgl. *EFQM*, 2012, S. 9 ff.; *Felchlin*, 2009, S. 11 ff.):

Befähiger

- **Befähiger (Enablers)** sind Mittel und Wege des Qualitätsmanagements. Sie beschreiben, wie ein Unternehmen vorgeht, um die Anforderungen seiner Stakeholder zu erfüllen. Die Befähiger entscheiden somit über den zukünftigen Erfolg:
    - **Führung:** Die Führungskräfte sollen die Vision, Mission, Werte und ethischen Grundsätze entwickeln und Vorbilder sein.
    - **Mitarbeiter:** Freisetzung des gesamten Mitarbeiterpotenzials z. B. durch Mitarbeiterentwicklung, offene Kommunikation, Zielvereinbarungen und deren Einbindung in den Prozess der ständigen Verbesserung.
    - **Strategie:** Konsequente Ausrichtung an der Qualität und durchgängige Umsetzung in Plänen, Maßnahmen und eindeutigen Zielvorgaben.

8.1 Qualitätsorientierte Unternehmensführung

- **Partnerschaften und Ressourcen:** Die Zusammenarbeit mit anderen Unternehmen, Kunden oder Lieferanten, der Einsatz finanzieller und materieller Ressourcen sowie Informationen und Technologie dienen zur Erreichung der Qualitätsziele.
- **Prozesse, Produkte und Dienstleistungen:** Identifikation, Bewertung, Erneuerung und kontinuierliche Verbesserung der Leistungserstellung für den Kunden.

■ **Ergebnisse (Results)** beziehen sich darauf, was das Unternehmen erreicht hat bzw. in Zukunft noch erreichen wird. Sie bezeichnen das Ausmaß der Erfüllung der Bedürfnisse und Erwartungen seiner Stakeholder und deren Zufriedenheit mit den Leistungen des Unternehmens: *Ergebnisse*

- **Mitarbeiter** (Mitarbeiterbezogene Ergebnisse)
- **Kunden** (Kundenbezogene Ergebnisse)
- **Öffentlichkeit** (Gesellschaftliche Ergebnisse)
- **Shareholder** (Wirtschaftliche Ergebnisse)

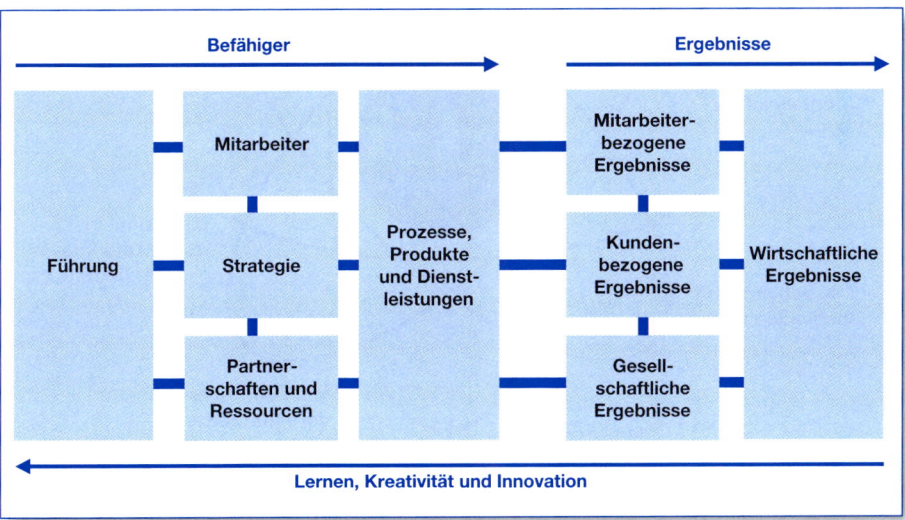

Abb. 8.1.3: Das EFQM-Excellence-Modell (vgl. EFQM, 2012, S. 4)

Ziel des *EFQM Excellence-Modells* ist die Erreichung von **Business Excellence**. Über die Gestaltung der Befähigungsfaktoren sollen für alle Anspruchsgruppen herausragende Ergebnisse erzielt werden. Auf dem Weg zu einer exzellenten Organisation befindet sich das Unternehmen in einem ständigen Prozess des Lernens, der Kreativität und der Innovation.   *Business Excellence*

> **Exzellente Organisationen** erzielen herausragende Leistungen, mit denen sie die Erwartungen ihrer Anspruchsgruppen dauerhaft erfüllen bzw. übertreffen.

Grundlegende Eigenschaften exzellenter Organisationen sind deshalb nicht nur die Orientierung an den Kundenwünschen, sondern auch konsequentes Prozessmanagement, die Nutzung des Mitarbeiterpotenzials, die Förderung von Kreativität und Innovation sowie die Nutzung wertschöpfender Partnerschaften mit Kunden, Gesellschaft, Liefe-   *Exzellente Organisationen*

8 Ausrichtungen der Unternehmensführung

ranten und sogar Wettbewerbern. Die Unternehmensführung soll auf Vision, Inspiration und Integrität basieren und die Ansprüche der Stakeholder kennen und verstehen. Exzellente Organisationen wirtschaften nachhaltig und übernehmen gesellschaftliche Verantwortung (vgl. Kap. 2.2). Abb. 8.1.3 zeigt die Grundkonzepte exzellenter Organisationen. Die einem Atom nachempfundene Darstellung mit dem *EFQM-Excellence-Modell* als Kern soll die Verknüpfung der Grundkonzepte veranschaulichen (vgl. *EFQM*, 2012, S. 3; *Felchlin*, 2009, S. 11 ff.).

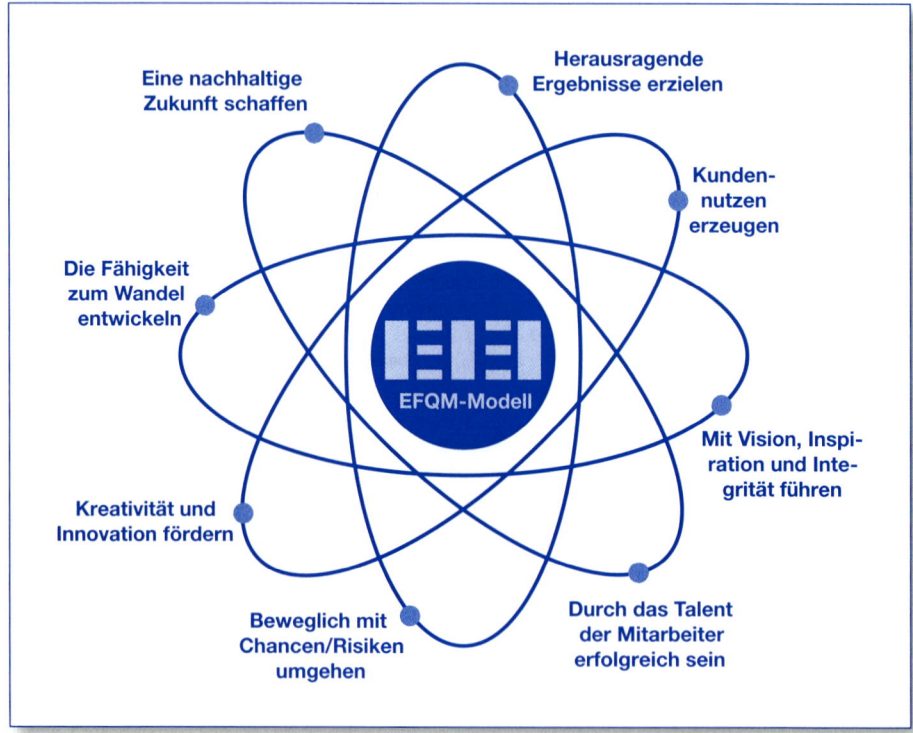

Abb. 8.1.4: Die acht Grundkonzepte exzellenter Organisationen (vgl. EFQM, 2012, S. 3)

Bewertung Beim *EFQM-Excellence-Modell* und der dabei angestrebten Business Excellence wird die Ausrichtung an den Kundenwünschen durch den Einbezug weiterer Anspruchsgruppen erweitert. Die aufgeführten Grundkonzepte exzellenter Organisationen beschreiben Erfolgsfaktoren der Unternehmensführung, die bereits in ähnlicher Form in der Vergangenheit mehrfach diskutiert wurden. Stellvertretend sei hier das 7-S-Modell von *Peters/Watermann* (vgl. Kap. 3.1) genannt. Die Erweiterung des Qualitätsmanagements zu einem allgemeinen Führungsansatz verwässert allerdings das ursprüngliche Ziel der ganzheitlichen Qualitätsorientierung. Die Anforderungen der Mitarbeiter, Öffentlichkeit oder Shareholder beziehen sich auf andere Aufgabenbereiche der Unternehmensführung und sollten deshalb auch gesondert betrachtet werden. Die Führung der Mitarbeiter ist Bestandteil der Personalfunktion (vgl. Kap. 6). Die Ausrichtung an den Shareholdern bezieht sich auf die wirtschaftliche Zielsetzung des Unternehmens (vgl. Kap. 3.2). Die Interessen der Gesellschaft sollten im Rahmen einer auf ethischen Prinzipien basierenden normativen Unternehmensführung im Unternehmen verankert werden (vgl. Kap. 2.2).

8.1 Qualitätsorientierte Unternehmensführung

An dieser Stelle wird deshalb für die qualitätsorientierte Unternehmensführung zu einer **Rückbesinnung auf die Erfüllung der Kundenbedürfnisse** plädiert. Die im Folgenden dargestellten Ausführungen zur Wirtschaftlichkeit und zu den Techniken und Werkzeugen beziehen sich deshalb auf ein in diesem Sinne verstandenes Qualitätsmanagement.

Qualitätsmanagement im Grand Hotel Les Trois Rois

Das 5-Sterne-Superior-Grand-Hotel *Les Trois Rois* in Basel ist eines der ältesten Stadthotels in Europa und nach DIN EN ISO 9001 zertifiziert. In einem 5-Sterne-Hotel werden die Gäste besonders verwöhnt, weshalb die Qualitätsstandards ausgesprochen hoch sind. Das Urteil des Gastes kann hart sein und das Hotelimage z. B. über Internet-Bewertungsplattformen schnell geschädigt werden. Erfüllte Qualitätsanforderungen führen aber nicht automatisch zu einem begeisterten Gast, dazu bedarf es schon ein bisschen mehr.

LES TROIS ROIS

Die Qualitätsmanagerin des Hotels *Sarah Gfeller* unterscheidet deshalb auch drei Qualitätsstufen (vgl. Kap. 8.1.4.1.1). Die Basisqualität setzt der Gast voraus und die Erwartungsqualität beschreibt dessen Vorstellungen bezüglich Preis, Image und Kategorie. Die Überraschungsqualität stellt dagegen das „i-Tüpfelchen" dar. Am Ende muss alles zum richtigen Zeitpunkt perfekt inszeniert sein. Ein Dienstleistungsprodukt ist eine Summe vieler Einzelfaktoren, das sich nur bedingt kontrollieren lässt. Beispiele sind der Küchenpass beim Menü-Teller oder die Zimmerinspektion nach der Reinigung. Die Professionalität und Freundlichkeit des Personals können nur über die Vermittlung von Werten und kontinuierliches Training gefördert werden. Dabei spielt auch die Unternehmenskultur eine wichtige Rolle (vgl. *Häfliger*, 2009, S. 12 f.).

8.1.3 Wirtschaftlichkeit des Qualitätsmanagements

Viele Unternehmen gehen davon aus, dass eine Erhöhung der Qualität ausschließlich mit höheren Kosten zu erreichen ist. Doch dies muss nicht sein, denn durch Qualitätsverbesserungen lassen sich oft sogar Kosten einsparen. Nach Ansicht von *Crosby* (1979) rechnen sich Qualitätsverbesserungen dadurch von selbst **("Quality is free")**. Obwohl dies sicher nicht in allen Fällen zutrifft, kann die Steigerung der Qualität generell auf zwei Arten zur **Erhöhung der Wirtschaftlichkeit** beitragen: Auf der einen Seite ist für höhere Qualität ein höherer Marktpreis und dadurch höhere Erlöse zu erzielen. Auf der anderen Seite lassen sich bei gleichem Preis durch Qualitätsverbesserungen der Marktanteil und damit auch die Absatzmenge steigern. Die mit den höheren Produktionszahlen verbundenen Skaleneffekte führen zu geringeren Herstellkosten und ebenfalls zu einer höheren Gewinnmarge (vgl. *Brunner/Wagner*, 2011, S. 251 f.). Qualitätsmanagement kann auch fehlerbedingte Kosten einsparen und weitere nicht monetäre Verbesserungen zur Folge haben. Auf der anderen Seite fallen für die Implementierung und Durchführung des Qualitätsmanagements wiederum Kosten an. Die Analyse von Kosten und Nutzen des Qualitätsmanagements ist Aufgabe des Qualitätscontrollings.

Kosten und Nutzen der Qualität

8.1.3.1 Qualitätscontrolling

> **Qualitätscontrolling** ist eine Unterstützungsfunktion des Qualitätsmanagements und dient zur ergebniszielorientierten Koordination aller qualitätsbezogenen Aktivitäten des Unternehmens.

Aufgaben

Zu den Aufgaben des Qualitätscontrollings gehört die Mitwirkung beim Aufbau, der Gestaltung und Weiterentwicklung des Qualitätsmanagementsystems, die Koordination der Qualitätsplanung und -kontrolle sowie die ganzheitliche Erfassung und Analyse der im Unternehmen erstellten Qualität. Das Qualitätscontrolling leistet auch betriebswirtschaftlichen Service in allen Qualitätsfragen und bietet Unterstützung bei der Auswahl und Anwendung von Qualitätstechniken und -werkzeugen. Zielsetzung des Qualitätscontrollings ist es, die Effektivität und Wirtschaftlichkeit des Qualitätsmanagements sicherzustellen (vgl. im Folgenden *Benz*, 2001, S. 883 ff.; *Bruhn*, 2003, S. 629 ff.; *Bruhn/Georgi*, 1999, S. 17 ff.; *Wendehals*, 2000, S. 39 ff., S. 84 ff.).

Qualitätsberichtswesen

Die Realisierung von Qualitätsverbesserungen erfordert zunächst die Bestimmung und Analyse der Qualität der Produkte und Prozesse als Ausgangspunkt für Verbesserungsmaßnahmen. Eine der wichtigsten Aufgaben des Qualitätscontrollings ist es, die Qualität durch geeignete Maßgrößen regelmäßig zu erheben und deren Entwicklung im Rahmen eines **Qualitätsberichtswesens** laufend zu verfolgen. Ohne Quantifizierung lassen sich weder Ziele setzen noch die Zielerreichung bestimmen. Das Controlling muss hierzu ein qualitätsbezogenes Informationssystem aufbauen. Mit dessen Hilfe sollen die Kundenanforderungen in die Gestaltung der Produkte und Prozesse integriert, Schwachstellen in den Produkten und Prozessen deutlich gemacht und die Zufriedenheit der Anspruchsgruppen mit den Leistungen des Unternehmens erkannt werden. Die Messung erfolgt durch geeignete **Qualitätskennzahlen**, die in verdichteter Form Aussagen über die qualitätsrelevanten Merkmale von Produkten und Prozessen geben. Diese Kennzahlen sollten vom Ausmaß der Qualität abhängig sein und nicht durch andere Störgrößen beeinflusst werden. Daneben sollten sie möglichst frei von subjektiven Bewertungen und zuverlässig sein, d.h. bei wiederholter Messung zum gleichen Ergebnis führen. Für die Qualitätsmessung werden Indikatoren verwendet, die entweder auf eine hohe oder niedrige Qualität hinweisen. Die Messung kann beim Lieferanten, im Unternehmen oder beim Kunden erfolgen und sich auf den Input, den Prozess oder den Output der Leistungserstellung beziehen (vgl. *Wendehals*, 2000, S. 41 ff.). Abb. 8.1.5 zeigt einige Beispiele für mögliche Qualitätskennzahlen.

Qualitätskennzahlen

Zufriedenheitsmessung

Die **Messung der Zufriedenheit** der Mitarbeiter und Kunden erfolgt in der Regel durch schriftliche oder mündliche Befragung und die Bildung daraus abgeleiteter quantitativer Indizes. Problematisch dabei ist, dass die Urteile der Befragten subjektiv sind und bei wiederholter Befragung aufgrund veränderter Wahrnehmung unterschiedlich ausfallen können. Darüber hinaus hängt die Beurteilung von einer Reihe von Faktoren ab, die das Unternehmen teilweise nicht beeinflussen kann. Bei der Kundenzufriedenheit sind dies z. B. die Erfahrungen mit Konkurrenzprodukten, die Veränderung der Wahrnehmung durch Werbemaßnahmen oder die Anzahl an alternativen Produkten. Die Kundenzufriedenheit stellt deshalb ein meist längerfristig geprägtes Stimmungsbild dar, das Hinweise auf generellen Handlungsbedarf liefert (vgl. *Bruhn*, 2012, S. 88 ff.; *Wendehals*, 2000, S. 43).

Besser als bei den Lieferanten oder Kunden lässt sich die Qualität im Unternehmen selbst beurteilen. Hierzu eignen sich insbesondere prozessorientierte Kennzahlen (vgl.

8.1 Qualitätsorientierte Unternehmensführung

Messung hoher Qualität		Messung niedriger Qualität	
▪ Kundenzufriedenheit ▪ Kundenbindung z.B. Anzahl der Wiederholkäufe ▪ Erreichte Punktzahl beim Qualitätsaudit ▪ Erhalt einer Qualitätsauszeichnung		▪ Anzahl an Reklamationen ▪ Absolute Höhe der Fehlerkosten ▪ Anteil der Fehlerkosten an den qualitätsbezogenen Kosten ▪ Anzahl an Nacharbeitsstunden	
Lieferanten	**Unternehmen**		**Kunden**
▪ Anzahl fehlerhafter Lieferungen ▪ ISO 9000ff-Zertifikat	▪ Anzahl an Verbesserungsvorschlägen ▪ Mitarbeiterzufriedenheit		▪ Anzahl an verlorenen Kunden ▪ Kundenzufriedenheit
Input	**Prozess**		**Output**
▪ Anzahl Mitarbeiter in Qualitätszirkeln ▪ Alter der Maschinen	▪ Ersttrefferquote/First Pass Yield (vgl. Kap. 5.4) ▪ Zeiteffizienz (vgl. Kap. 5.4)		▪ Prozentualer Anteil an Garantiefällen ▪ Fehlerkosten je Produkt

Abb. 8.1.5: Qualitätskennzahlen (in Anlehnung an Wendehals, 2000, S. 42)

Kap. 5.4). Fehlerbezogene Kennzahlen können meist relativ einfach und detailliert quantitativ erfasst werden. Im Rahmen der Ursachenanalyse ist von den festgestellten Produktfehlern auf die dahinter stehenden Prozesse zu schließen. Die systematische Erfassung und Analyse der Garantiefälle und Reklamationen ermöglicht Rückschlüsse auf die Kundenzufriedenheit. Ebenso können Fehlerursachen aufgezeigt und Maßnahmen zu deren Beseitigung bestimmt werden. Um ein zuverlässiges, gültiges und umfassendes Bild der Qualität zu erhalten, ist ein unternehmensspezifisches **Qualitätskennzahlensystem** aufzubauen. Es soll die vielfältigen Aspekte der Qualität abbilden (vgl. *Wendehals*, 2000, S. 46 ff.). Zur vergleichenden Beurteilung der Qualität und zur Suche nach Wegen zur Optimierung der eigenen Produkte und Prozesse eignet sich das **Benchmarking** (vgl. Kap. 7.2.3). Dabei können durch Gegenüberstellung mit internen Unternehmensbereichen, mit Wettbewerbern oder auch mit branchenfremden Unternehmen Schwachstellen aufgedeckt und grundlegende Verbesserungen initiiert werden.

Benchmarking

Qualitätsbezogene Kosten (vgl. Kap. 8.1.3.2) spielen bei der Beurteilung der Qualität eine wesentliche Rolle, da sie die aktuelle Qualitätsleistung aufzeigen und monetär bewerten. Sie ermöglichen einen Soll-Ist-Vergleich und die Messung von Verbesserungsfortschritten. Da die traditionelle Kosten- und Leistungsrechnung hierzu keine Informationen liefert, ist der Aufbau einer **Qualitätskostenrechnung** erforderlich. Dort werden die qualitätsbezogenen Kosten periodisch erfasst, strukturiert und analysiert. Die Qualitätskostenrechnung soll aufzeigen, aus welchen Kostenarten die qualitätsbezogenen Kosten bestehen, wie sich diese beeinflussen lassen und welche Maßnahmen die höchsten Einsparungen versprechen. Darüber hinaus fördert sie das Qualitätsbewusstsein der Mitarbeiter. Hierzu werden die qualitätsbezogenen Kosten den verursachenden Bereichen, Prozessen und Produkten zugerechnet sowie Betriebs- und Zeitvergleiche durchgeführt. Die Abgrenzungsprobleme bei der Erfassung der qualitätsbezogenen Kosten (vgl. Kap. 8.1.3.2) sind beim Aufbau der Qualitätskostenrechnung durch eine klare und eindeutige Festlegung der zu berücksichtigenden Kostenbestandteile zu vermeiden. Hierzu ist zunächst zwischen qualitätsbezogenen und qualitätsneutralen Kosten zu unterscheiden. **Qualitätsbezogene Kosten** entstehen durch die Verhütung, Entdeckung und Beseitigung von Fehlern. Die verbleibenden Kosten sind qualitätsneutral und werden nicht in der Qualitätskostenrechnung erfasst. Zu den qualitätsbezogenen Kosten können auch Opportunitätskosten gezählt werden. Sie entstehen z. B. durch den Verlust eines

Qualitätsbezogene Kosten

Kunden oder qualitätsbedingte Erlösschmälerungen, z. B. durch Preisnachlässe (vgl. *Bruhn/Georgi*, 1999, S. 44 ff.; *Coenenberg* et al., 2012, S. 632 f.; *Wendehals*, 2000, S. 55 f., 91 ff.).

Qualitätscontrolling geht alle an

Da nach der Philosophie des Qualitätsmanagements alle im Unternehmen für die Qualität verantwortlich sind, kann auch das **Qualitätscontrolling nicht nur Aufgabe der Controller** sein. Deshalb ist prinzipiell jeder Mitarbeiter dazu angehalten, die Qualität seiner Arbeit und der von ihm verantworteten Prozesse laufend zu erfassen, zu bewerten und weiterzuverfolgen. Zentrale Service- und Koordinationsaufgaben wie beispielsweise die Gestaltung des Qualitätsmanagementsystems, Aufbau und Pflege des unternehmensweiten Qualitätsberichtswesens, die Koordination der Qualitätsplanung und -kontrolle sowie Hilfestellung beim Einsatz von Qualitätstechniken werden dagegen vom Controlling bzw. in größeren Unternehmen meist von einem spezialisierten Qualitätscontroller übernommen (vgl. *Benz*, 2001, S. 885). Eine zentrale Aufgabe des Qualitätscontrollings ist die **Analyse und Sicherstellung der Wirtschaftlichkeit des Qualitätsmanagements** durch Gegenüberstellung von qualitätsbezogenen Kosten und Nutzen (vgl. *Bruhn*, 2003, S. 631). Diese beiden Aspekte werden im Folgenden näher betrachtet.

8.1.3.2 Qualitätsbezogene Kosten

Qualitätskosten

Historisch gesehen geht der Begriff „**Qualitätskosten**" vor allem auf *Juran* zurück, der darunter die Kosten aller derjenigen Aktivitäten versteht, die für den Kunden einen „Fitness for use" erzeugen (vgl. *Juran*, 1974). Die Bezeichnung Qualitätskosten kann allerdings zu einer Denkweise verleiten, bei der Qualitätssteigerungen immer automatisch mit höheren Kosten assoziiert werden. In der internationalen Normung hat sich deshalb der Begriff **„qualitätsbezogene Kosten"** durchgesetzt.
Hierunter fallen jedoch nicht nur Kosten im betriebswirtschaftlichen Sinn, sondern auch neutrale, außergewöhnliche Aufwendungen z. B. für Gewährleistungen oder Rückrufaktionen. Insofern ist die Bezeichnung nach wie vor unglücklich, denn eigentlich soll damit der **qualitätsbezogene Güterverzehr** ausgedrückt werden. Dieser kann außerordentlich, aus der gewöhnlichen Geschäftstätigkeit oder kalkulatorisch bedingt sein (z. B. Opportunitätskosten durch verlorene Kunden). Eine klare und eindeutige Bezeichnung hat sich jedoch nicht durchgesetzt. Ein Grund hierfür ist auch die mangelnde Abgrenzbarkeit des qualitätsbezogenen Güterverzehrs. Deshalb wird auch im Folgenden von qualitätsbezogenen Kosten gesprochen (vgl. im Folgenden *Bruhn/Georgi*, 1999, S. 44 ff.; *Füermann*, 2001, S. 876 ff.; *Kamiske*, 2007, S. 93 ff.; *Wendehals*, 2000, S. 50 ff.).

Tätigkeitsorientierte Unterteilung

Die tätigkeitsorientierte **Sichtweise** nach *Feigenbaum* unterteilt die qualitätsbezogenen Kosten in drei Kategorien (vgl. *Feigenbaum*, 1961):

- **Fehlerverhütungskosten** (Prevention Costs) entstehen für vorausschauende Maßnahmen, um das Entstehen von Fehlern zu vermeiden. Hierunter fallen beispielsweise Qualitätsplanung, Qualitätsschulungen, Lieferantenbeurteilungen oder die Aufrechterhaltung des Qualitätsmanagementsystems.

- **Prüfkosten** (Appraisal Costs) entstehen für die Beurteilung der Erfüllung von Qualitätsforderungen und sollen die Weiterverarbeitung fehlerhafter Produkte oder deren Auslieferung an den Kunden vermeiden. Beispiele sind Wareneingangskontrollen, Zwischenprüfungen in verschiedenen Fertigungsstufen, Qualitätsaudits, Warenendkontrollen oder Verpackungsprüfungen.

8.1 Qualitätsorientierte Unternehmensführung

- **Fehlerkosten** (Failure Costs) entstehen durch die mangelhafte Erfüllung von Qualitätsforderungen. Nach dem **Ort der Fehlerentdeckung** werden unterschieden:
  - **Interne Fehlerkosten** durch Fehler, die *vor* der Auslieferung der Produkte entdeckt werden. Sie dienen der Beseitigung von gefundenen Qualitätsmängeln und fallen z. B. für Ausschuss, Wertminderung oder Nacharbeit an.
  - **Externe Fehlerkosten** durch Fehler, die *nach* der Auslieferung, d. h. erst beim Kunden entdeckt werden. Sie treten auf, weil diese Fehler im Rahmen der Qualitätsprüfung nicht gefunden wurden. Beispiele sind die Abwicklung von Reklamationen sowie Produkthaftungs- oder Gewährleistungsansprüche.

Diese Dreiteilung unterstellt, dass die Fehlerverhütungs- und Prüfkosten mit den Fehlerkosten in einer **Austauschbeziehung** stehen. Diesen Zusammenhang verdeutlicht Abb. 8.1.6 (vgl. *Juran/Gryna*, 1993). Im linken Kurvenabschnitt sind Fehlerverhütungs- und Prüfkosten gering und die Fehlerkosten entsprechend hoch. Es werden kaum Anstrengungen unternommen, um Fehler zu vermeiden bzw. zu entdecken. Durch verstärkte Maßnahmen der Fehlerverhütung und die Erhöhung der Anzahl an Prüfungen steigen die damit verbundenen Kosten. Gleichzeitig sinken die Fehlerkosten, da die Anzahl der auftretenden bzw. nicht gefundenen Fehler zurückgeht. Im rechten Kurvenabschnitt steigen Fehlerverhütungs- und Prüfkosten stark an, da die Wirksamkeit der zusätzlichen Bemühungen abnimmt und eine weitere Senkung der Fehlerrate nur mit großen Anstrengungen möglich ist. Nach dieser Auffassung existiert eine **kostenoptimale Fehlerrate**, bei der die Summe der qualitätsbezogenen Kosten minimal ist. Sie befindet sich dort, wo die Steigungen der beiden Kostenkurven identisch sind. An diesem Punkt entspricht die Erhöhung der Fehlerverhütungs- und Prüfkosten der dadurch erreichten Senkung der Fehlerkosten. In der verbreiteten grafischen Darstellung nach Abb. 8.1.6 befindet sich das Minimum der qualitätsbezogenen Kosten im Schnittpunkt beider Kostenkurven. Dies ist jedoch nicht zwingend der Fall. Beispielsweise können die Qualitätskosten auch nach dem Schnittpunkt weiter sinken, wenn die Fehlerkosten durch zusätzliche Präventionsmaßnahmen stärker sinken als die Fehlerverhütungs- und Prüfkosten ansteigen. Dann befände sich die kostenoptimale Fehlerrate rechts des Schnittpunkts (vgl. *Brunner*, 1988, S. 41; *Wendehals*, 2000, S. 73 ff.).

Kostenoptimale Fehlerrate

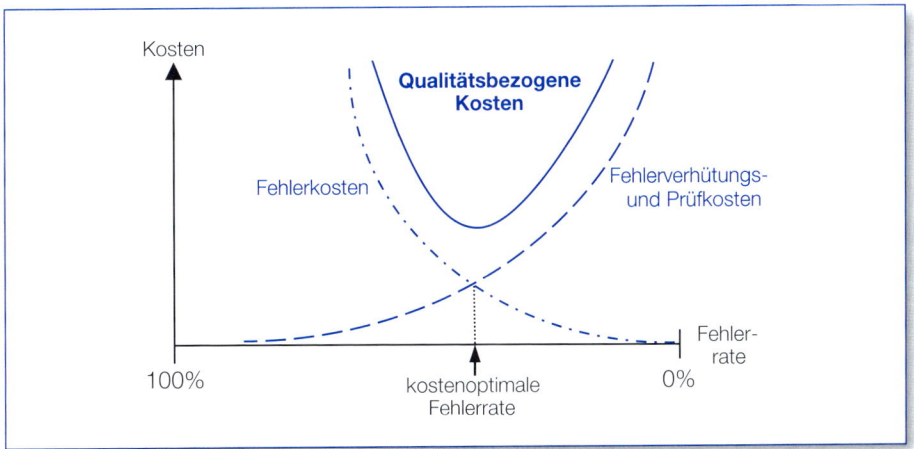

Abb. 8.1.6: Tätigkeitsorientierte Unterteilung der qualitätsbezogenen Kosten (in Anlehnung an Gryna, 1988, S. 19)

Kritik Obwohl diese klassische Dreiteilung der qualitätsbezogenen Kosten in der Praxis weit verbreitet ist, sind dabei folgende **Kritikpunkte** zu beachten (vgl. *Bruhn/Georgi*, 1999, S. 68 ff.; *Füermann*, 2001, S. 878 f.; *Wildemann*, 1992, S. 762):

- **Lage des Qualitätsoptimums:** Da die Prüfkosten vollständig zu den Fehlerverhütungs- und Prüfkosten gezählt werden, liegt das optimale Qualitätsniveau bei einer Fehlerrate von über 0 %. Demnach wäre es sinnvoll, eine gewisse Anzahl an Fehlern zu tolerieren. Dies widerspricht der beim Qualitätsmanagement generell angestrebten Fehlerfreiheit.

- **Fehlende Austauschbeziehung:** Der wechselseitige Zusammenhang zwischen den Fehlerkosten und den Fehlerverhütungs- und Prüfkosten ist in vielen Fällen nicht gegeben. So resultieren Qualitätsverbesserungen z. B. nicht aus höheren Planungs- oder Schulungskosten, sondern aus kontinuierlichen Verbesserungsmaßnahmen der Mitarbeiter. Dadurch entstehen häufig keine zusätzlichen Kosten. Qualitätssteigerungen tragen darüber hinaus nicht nur zur Senkung der Fehlerkosten bei, sondern führen auch zu monetären sowie qualitativen Verbesserungen. Beispielsweise kann sich eine Erhöhung der Kundenzufriedenheit oder der Flexibilität positiv auf das Unternehmensergebnis auswirken. In dem Modell sind aber nur die Fehlerkosten berücksichtigt.

- **Mangelnde zeitliche Abgrenzung der qualitätsbezogenen Kosten:** Während die Fehlerkosten einer Periode genau zugerechnet werden können, sollten die Fehlerverhütungskosten als Investition in die Zukunft gesehen und deshalb über mehrere Perioden verteilt werden. Fehlerverhütungsmaßnahmen haben häufig erst nach einiger Zeit Auswirkungen auf die Fehlerkosten.

- **Mangelnde inhaltliche Abgrenzung der qualitätsbezogenen Kosten:** Dies gilt besonders für die Fehlerverhütungskosten, denn im Rahmen des Qualitätsmanagements dient quasi jede Tätigkeit der Fehlerverhütung. Bei den Prüfkosten werden zwei grundlegend verschiedene Sachverhalte zusammengefasst. Zum einen fallen Prüfkosten für das Aussortieren fehlerhafter Produkte an, die folglich eigentlich den Fehlerkosten zugerechnet werden müssten. Zum anderen überprüfen Mitarbeiter die Qualität ihrer Tätigkeit während der Leistungserstellung selbst oder Prüfungen werden im Fertigungsprozess automatisch maschinell durchgeführt. Diese durch prozessimmanente Prüfungen verursachten Kosten können (wenn überhaupt) meist nur schwer ermittelt werden und sind eher der Fehlerverhütung zuzurechnen. Bei den Fehlerkosten ist ebenfalls unklar, ob darin auch Opportunitätskosten einbezogen werden. Gegen den Einbezug spricht vor allem deren mangelhafte objektive Quantifizierbarkeit.

Wirkungsorientierte Unterteilung Aufgrund der vielfältigen Kritikpunkte nimmt *Crosby* (1995, S. 86) eine **wirkungsorientierte Unterteilung** der qualitätsbezogenen Kosten vor:

- **Kosten der Übereinstimmung** (Konformitätskosten) sind geplant und entstehen für die Verringerung der Fehlerwahrscheinlichkeit oder das Vermeiden von Fehlerwiederholungen. Nach der klassischen Einteilung fallen hierunter die Fehlerverhütungskosten und die geplanten Prüfkosten für prozessimmanente Prüfungen. Diese Kosten tragen zum langfristigen Erfolg des Unternehmens bei.

- **Kosten der Abweichung** (Nichtkonformitätskosten) sind nicht geplant und entstehen durch Abweichungen von den Qualitätsanforderungen. Nach der klassischen Einteilung fallen hierunter die Fehlerkosten und die ungeplanten Prüfkosten für

Prüfungen, die aufgrund von Fehlleistungen oder Problemen in den betrieblichen Abläufen entstehen. Diese Kosten bedeuten eine Verschwendung von Ressourcen.

Abb. 8.1.7 zeigt, dass bei der wirkungsorientierten Gliederung die Prüfkosten nach ihrer Ursache auf die Konformitäts- und Nichtkonformitätskosten aufgeteilt werden.

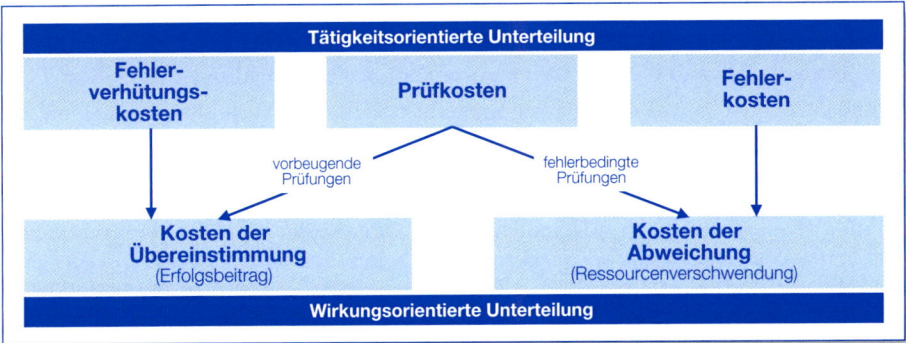

Abb. 8.1.7: Einteilungsmöglichkeiten qualitätsbezogener Kosten (in Anlehnung an Wildemann, 1992, S. 763)

Die kostenoptimale Fehlerrate liegt bei der wirkungsorientierten Betrachtung wie in Abb. 8.1.8 dargestellt bei vollkommener Fehlerfreiheit (vgl. *Wildemann*, 1992, S. 762 ff.). Da jedoch eine reine Neugliederung am Kurvenverlauf der qualitätsbezogenen Kosten nichts ändern würde, fließen weitere Kosten in diese Betrachtung ein. Beispielsweise werden zu den Nichtkonformitätskosten auch Opportunitätskosten gezählt, die sich allerdings nur schätzungsweise quantifizieren lassen. Da die kostenoptimale Fehlerrate bei null liegt, scheint jede noch so teure Fehlerverhütungsmaßnahme wirtschaftlich sinnvoll zu sein. Zur Beurteilung der Wirtschaftlichkeit von Qualitätsverbesserungsmaßnahmen ist diese Betrachtung kaum geeignet. Obwohl vollkommene Fehlerfreiheit ein erstrebenswertes Ziel ist, lässt sie sich in der Praxis so gut wie nie erreichen. Fehler sind schon aufgrund des Faktors Mensch nicht zu vermeiden und auch bei intensivster Prüfung bleiben manche unentdeckt. Die Fehler- oder Abweichungskosten werden deshalb realistisch gesehen nie gleich null sein. Das Optimum kann aber nahe an der Fehlerfreiheit liegen (vgl. *Wendehals*, 2000, S. 76 ff.).

Bewertung

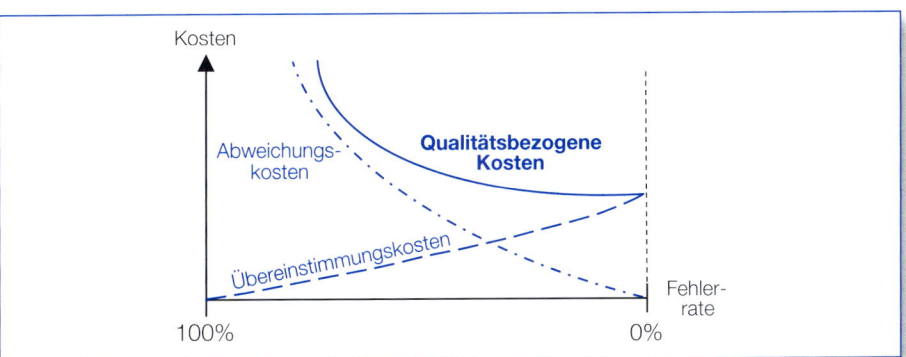

Abb. 8.1.8: Wirkungsorientierte Unterteilung der qualitätsbezogenen Kosten (vgl. Wildemann, 1992, S. 764)

8 Ausrichtungen der Unternehmensführung

Unabhängig von der gewählten Unterteilung der qualitätsbezogenen Kosten sollten im Rahmen der Qualitätskostenanalyse die Kostenarten klar festgelegt und abgegrenzt werden. Insbesondere die Fehlerkosten lassen Rückschlüsse auf Qualitätsprobleme und Verbesserungspotenziale zu. Welche Kosten schließlich in welcher Differenzierung betrachtet werden, hängt auch von der Zielsetzung der Untersuchung ab. Nachdem die qualitätsbezogenen Kosten erfasst und analysiert wurden, ist es Aufgabe des Qualitätscontrollings, die Wirtschaftlichkeit der dahinter stehenden betrieblichen Abläufe zu optimieren. Hierfür bietet sich eine **prozessbezogene Betrachtung** an (vgl. Kap. 5.4).

80/20-Regel

Zehnerregel

Grundsätzlich ist es wesentlich kostengünstiger, Fehler im Vorfeld zu vermeiden, als diese im Nachhinein mühevoll zu suchen und zu beseitigen. In den frühen Phasen des Produktlebenszyklus sind Fehlerverhütungsmaßnahmen deshalb besonders wirkungsvoll. Nach der **80/20-Regel** sind am Ende der Konstruktionsphase nur 20 % der Produktlebenszykluskosten aufgelaufen, aber 80 % der Kosten und 70 % der Produktqualität bereits festgelegt (vgl. *Bolwijn/Kumpe*, 1991, S. 136; *Tanaka*, 1992, S. 49). Je später also ein Fehler erkannt wird, umso höhere Kosten verursacht er. Als Faustformel gilt die in Abb. 8.1.9 dargestellte **„Zehnerregel der Fehlerkosten"** (vgl. *Pfeiler/Schmitt*, 2010, S. 58). Danach steigen die zur Fehlerbehebung erforderlichen Kosten mit jeder Produktlebensphase um das Zehnfache an. In der Konzeptionsphase genügt die Änderung einer Konstruktionszeichnung. In der Entwicklungsphase müssen bereits z. B. neue Modelle entworfen oder zusätzliche Tests durchgeführt werden. Die Fehlerbehebung während der laufenden Fertigung ist schon ungleich teurer. Ein Mangel am ausgelieferten Produkt kann dagegen astronomische Summen kosten. Die weltweite Rückrufaktion von *Toyota* im Jahr 2010 verursachte beispielsweise einen Schaden von ca. 4 Mrd. Euro (vgl. Kap. 8.1.4). Das Qualitätsmanagement muss deshalb vor allem in den frühen Phasen des Produktlebenszyklus ansetzen (vgl. *Masing*, 2007, S. 11 f.).

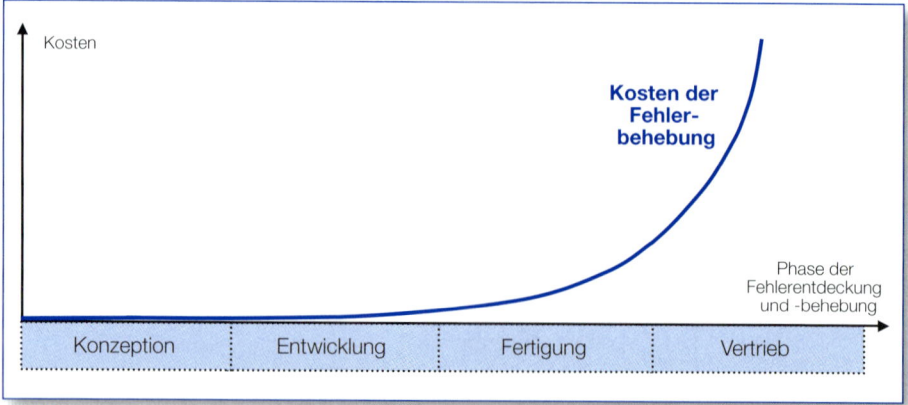

Abb. 8.1.9: Zehnerregel der Fehlerkosten (in Anlehnung an Pfeiler/Schmitt, 2010, S. 11)

8.1.3.3 Nutzen des Qualitätsmanagements

Nutzen

Der potenzielle **Nutzen** des Qualitätsmanagements ist vielfältig und lässt sich in finanzielle und nicht-finanzielle Auswirkungen unterscheiden (vgl. *Bruhn/Georgi*, 1999, S. 73 ff.):

- **Finanzielle Auswirkungen** beziehen sich auf die Senkung der Kosten und die Steigerung der Erlöse des Unternehmens. Kostensenkungspotenziale ergeben sich beispielsweise durch die Reduktion von Ausschuss, Nacharbeit, Prüf- und Kontrollvorgängen, Entwicklungskosten, Lagerbeständen, Produktänderungen, Reklamationen sowie die Optimierung der Nutzleistungen und den Abbau von Unterstützungs-, Blind- und Fehlleistungen. Auf die Erlöse kann eine verbesserte Qualität wie einleitend beschrieben durch höhere Marktpreise oder Absatzsteigerungen positiven Einfluss haben.

- **Nicht-finanzielle Auswirkungen** sind auf der einen Seite Zeiteinsparungen beispielsweise durch Vermeidung von Nacharbeiten, Abbau von Kontrollen, Reduktion von Warte-, Transport- und Liegezeiten oder eine auf die Kundenanforderungen ausgerichtete Produktentwicklung. Auf der anderen Seite kann sich das Qualitätsmanagement z. B. auch positiv auf Unternehmens- und Produktimage, Kundenbindung, Mitarbeitermotivation, Lieferantenbeziehungen und die Erfüllung der Kundenanforderungen auswirken.

Zur **Beurteilung des Nutzens** sollte das Qualitätscontrolling sämtliche für das Unternehmen relevanten internen und externen Auswirkungen genau erfassen und möglichst finanziell quantifizieren. In vielen Fällen ist dies, wie z. B. bei Erlöswirkungen oder Opportunitätskosten, nur schätzungsweise möglich. Häufig lassen sich die Auswirkungen, wie z. B. bei der Kundenzufriedenheit oder Mitarbeitermotivation, auch nur indirekt bzw. subjektiv ermitteln.

Bewertung

Im Qualitätsmanagement gilt eine hohe Qualität als Voraussetzung für einen langfristigen wirtschaftlichen Erfolg. *Deming* (1994) stellt die Verbesserung des finanziellen Ergebnisses nach Abb. 8.1.10 als **Kettenreaktion** der Qualitätsverbesserung dar. Danach wirken sich die aus Qualitätsverbesserungen resultierenden Produktivitätssteigerungen kostensenkend aus. Werden diese durch niedrigere Verkaufspreise an die Kunden weitergegeben, lässt sich der Marktanteil steigern und dadurch die Marktposition sichern. Dies bewirkt sichere Arbeitsplätze und langfristigen wirtschaftlichen Erfolg. Dieses Resultat folgt jedoch nur, wenn Qualitätsverbesserungen am Anfang stehen. Viele Unternehmen versuchen, durch reine Kostensenkung zum Erfolg zu kommen. Allerdings übersehen sie, dass Rationalisierungsmaßnahmen häufig die Leistungen für die Kunden verschlechtern und damit zur Verringerung der Kundenzufriedenheit führen. Die Folge sind Marktanteilsverluste und letztendlich die Gefährdung der Zukunft des Unternehmens. Qualitätsmanagement verspricht dagegen, **Kostensenkungen und Marktanteilssteigerungen vereinen** zu können (vgl. *Frehr*, 1999, S. 37).

Reaktionskette

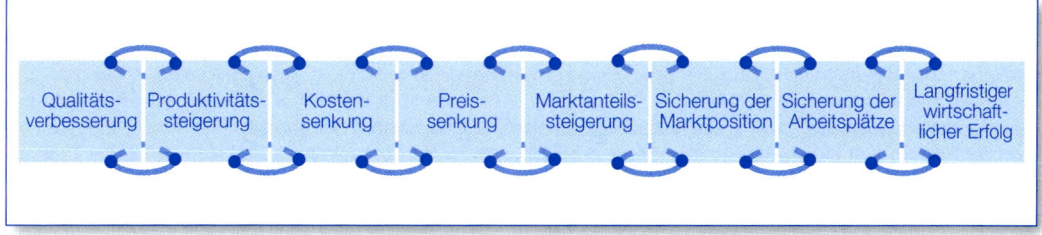

Abb. 8.1.10: Reaktionskette der Qualitätsverbesserung (in Anlehnung an Deming, 1994)

Innovation und Qualität in Prozessen am Beispiel TRUMPF

Die *Trumpf GmbH & Co. KG* zählt zu den führenden Unternehmen der Fertigungs- und Medizintechnik und beschäftigt weltweit über 9.500 Mitarbeiter. Bis *TRUMPF* die Vision vom synchronen Produktionssystem in seinem Stammhaus in Ditzingen realisierte, schienen ganzheitliche Produktionssysteme nur Sache der Automobilindustrie zu sein. Ziel des Verbesserungsprozesses bei *TRUMPF* ist es, den Arbeitseinsatz der Mitarbeiter, die Produktionsmittel und das Produkt aufeinander abzustimmen, um mit möglichst wenig Verschwendung die bestmöglichen Produkte herzustellen. Dieses systematische Vorgehen wird als synchrones Produktionssystem – oder kurz SYNCHRO bezeichnet. SYNCHRO steht bei *TRUMPF* heute für Innovationskraft und Verbesserungskultur bei der Gestaltung von Prozessen sowie für Leistungsfähigkeit und Flexibilität – und dies nicht nur in der Produktion. Die systematische Suche nach und die Beseitigung von Verschwendung in allen Bereichen ist Voraussetzung für das grundlegende Ziel von SYNCHRO: die ständige Verbesserung. Zentrales Prinzip dafür ist die synchronisierte Produktion: Hergestellt wird nur, was sofort benötigt wird. Das vermeidet Überproduktion und Lagerhaltung. Dies gelingt nur, wenn in sicheren Prozessen stets einwandfreie Qualität hergestellt wird. Wichtig sind hierzu informierte und engagierte Mitarbeiter, die ihr Wissen über Probleme und Verbesserungen aktiv einbringen. Standardisierte Arbeitsabläufe, einfache Logistik und intelligente Betriebsmittel sorgen für reibungslose Abläufe. Durch Transparenz und Visualisierung werden Abweichungen identifiziert und durch nachhaltige Problemlösung beseitigt. Die wesentlichen Bestandteile von SYNCHRO verdeutlicht Abb. 8.1.11.

Abb. 8.1.11: Das SYNCHRO-Haus von TRUMPF

In Europa, Asien und Amerika besitzt *TRUMPF* Produktionsstätten, die durch einen Produktionsverbund miteinander verbunden sind. Dies ermöglicht eine große Marktnähe und Flexibilität einerseits, verbunden mit der Konzentration von Kompetenzen in Fertigung und Montage andererseits. SYNCHRO gewährleistet ein ideales Ineinandergreifen der Prozesse an unterschiedlichen Standorten. Der gleichzeitige Sieg zweier Werke im Wettbewerb „Fabrik des Jahres" bestätigte den Einführungserfolg von SYNCHRO. Bereits Ende der 1990er Jahre wechselte das Unternehmen seine Montagephilosophie von der statischen Standplatzmontage hin zu einer getakteten Fließmontage. Dies ermöglichte z. B. bei der Montage der Stanz-Laser-Maschine *TruMatic 6000* eine Halbierung der Bestände und Durchlaufzeiten sowie eine Verdopplung der Flächenproduktivität in Maschinen pro m^2 und Jahr.

Die Wünsche der Kunden hinsichtlich Schnelligkeit, Flexibilität und ständiger Verbesserung sollen aber nicht nur in der Produktion erfüllt werden. *TRUMPF* bezieht seine kundennahen Verwaltungsbereiche wie Vertrieb und Service ebenfalls mit ein. Die in der Produktion gewonnenen Erfahrungen waren eine gute Basis für die Einführung von SYNCHRO im Büro.

8.1 Qualitätsorientierte Unternehmensführung

Die Installation einer Maschine ist ein wichtiger zeitlicher Faktor für den Kunden und seine Wettbewerbsfähigkeit. Grund genug für *TRUMPF*, diesen Prozess genau unter die Lupe zu nehmen und zu optimieren. Vom Verpacken der Maschinenkomponenten bis zur Instruktion des Kunden – in allen Prozessschritten konnte Zeit gespart werden. Gemeinsam wird dabei durch direkten Einbezug des Kunden im kontinuierlichen Verbesserungsprozess mehr erreicht. SYNCHRO erfordert auf allen Ebenen und in allen Bereichen engagierte Mitarbeiter. Hierfür wurden unterschiedliche Teams mit spezifischen Aufgaben gebildet. „Spezialisten" sind in der Anwendung der Elemente und Methoden eingehend geschult. Die Führungskräfte legen die Verbesserungsziele fest und verantworten die Umsetzung. Die Spezialisten unterstützen diese dabei mit ihrem Methodenwissen. Die Optimierung findet gemeinsam mit den Mitarbeitern statt. Das „Betriebsmittelteam" nimmt innovative Lösungen auf und macht sie standortübergreifend zugänglich. „Grundlagenteams" entwickeln die Methodik inhaltlich weiter und stellen den Mitarbeitern und Spezialisten neue Instrumente zur Verfügung. Oberstes Gremium ist das „Kernteam", das die Leitlinien festlegt, neue Themen anstößt, das Produktionssystem weiterentwickelt und die Umsetzung in den Werken koordiniert. Es wird vom Produktionsgeschäftsführer geleitet und besteht aus den Werkleitern der vier Geschäftsfelder, dem Leiter der Organisationsentwicklung und der SYNCHRO Consulting.

Laufende Veränderungen und Verbesserungen eröffnen täglich neue Möglichkeiten, das Vorhandene weiter zu optimieren. Kennzahlen machen deutlich, wo steuernd eingegriffen werden muss und Verbesserungen werden messbar. Die Herausforderungen der nächsten Jahre liegen in der Erfüllung der Kundenwünsche an die Schnelligkeit und Flexibilität in allen Bereichen der Wertschöpfungskette. Die Erkenntnisse von SYNCHRO fließen in das Design und die Funktionalität der Produkte ein, so dass auch die Kunden in ihrer eigenen Fertigung davon profitieren.

8.1.4 Qualitätstechniken und -werkzeuge

> **Qualitätstechniken und -werkzeuge** sind Instrumente des Qualitätsmanagements zur systematischen Lösung spezifischer Qualitätsprobleme.

Mit ihrer Hilfe sollen Qualitätsprobleme bestimmt und analysiert sowie darauf aufbauend Lösungsalternativen ermittelt, ausgewählt und umgesetzt werden. Auch wenn viele Qualitätstechniken und -werkzeuge relativ komplex erscheinen, lassen sie sich meist auf wenige elementare Prinzipien zurückführen. Allen gemeinsam ist eine systematische Vorgehensweise nach festen Grundregeln. Im Laufe der Zeit wurden sie abgewandelt und ergänzt, so dass dem Qualitätsmanagement heute eine breite Auswahl an Qualitätstechniken und -werkzeugen zur Verfügung steht (vgl. *Theden*, 2001, S. 1004 ff.). Ziel ihres Einsatzes sind Fehler vorausschauend zu vermeiden, auftretende Fehler zu erfassen und zu analysieren sowie die Qualitätsverbesserung kontinuierlich voranzutreiben.

Breites Spektrum

Die in der Praxis gebräuchlichsten Qualitätstechniken und -werkzeuge sind nach ihrem **Einsatzschwerpunkt** in Abb. 8.1.12 systematisiert dargestellt. Für die im Rahmen der Suche nach Alternativen zu Qualitätsverbesserung eingesetzten Kreativitätstechniken ist stellvertretend das Brainstorming aufgeführt, da diese nicht nur im Qualitätsma-

Einsatzbereiche

nagement verwendet werden. Der Einsatz der Qualitätstechniken und -werkzeuge wird durch ein breites Angebot an **informationstechnischen Qualitätsmanagementinstrumenten** unterstützt. Informations- und Kommunikationstechnik entlastet auf der einen Seite die Mitarbeiter von zeitintensiven Routineaufgaben (z. B. Erfassung und Analyse von Prüfdaten) und unterstützt auf der anderen Seite den Einsatz der Methoden und Verfahren des Qualitätsmanagements. Die Qualitätstechniken und -werkzeuge werden nicht isoliert eingesetzt, sondern entfalten ihre volle Wirkung bei ineinander verzahnter und kombinierter Anwendung. Sie sind ein unverzichtbares Hilfsmittel des Qualitätsmanagements. Ihre Anwendungsbereiche und Funktionsweise werden in den folgenden Abschnitten erläutert.

Abb. 8.1.12: Übersicht über wesentliche Qualitätstechniken und -werkzeuge

8.1.4.1 Fehlervermeidung

Der Schwerpunkt des Qualitätsmanagements liegt wie bereits erwähnt darin, Fehler möglichst gar nicht erst entstehen zu lassen. Dies ist wirtschaftlicher als bereits aufgetretene Fehler und deren Folgen nachträglich zu beseitigen. Als **Fehlerursachen** lassen sich grundsätzlich **personenbedingte** Fehler aufgrund von Unwissenheit und Unaufmerksamkeit und **systembedingte** Fehler aufgrund der Arbeitsbedingungen und des Arbeitsumfelds unterscheiden (vgl. *Frehr*, 1999, S. 45).

Fehlerursachen

Qualitätstechniken und -werkzeuge zur Fehlervermeidung werden vor allem eingesetzt, um die Ursachen von Fehlern zu finden und zu beseitigen (vgl. *Brunner/Wagner*, 2011, S. 113 ff.; *Ebel*, 2003, S. 249 ff.; *Oess*, 1994, S. 179 ff.):

Fehlervermeidung

- **Quality Function Deployment (QFD: Qualitätsfunktionen-Darstellung):** Instrument zur Planung und Entwicklung von Produkten entsprechend den vom Kunden geforderten Qualitätsanforderungen (vgl. Kap. 8.1.4.1.1).
- **Fehlermöglichkeits- und -einflussanalyse (FMEA: Failure Mode and Effects Analysis):** Formalisierte Methode zur vorausschauenden Vermeidung von Fehlern und deren Risiken bei Produkten, Bauteilen und Prozessen (vgl. Kap. 8.1.4.1.2).
- **Entwicklungs- und Konstruktionsprüfung (Design Reviews):** Mehrfache Überprüfung der Konstruktionsergebnisse im Rahmen der Produktentwicklung durch ein interdisziplinäres Team aus unterschiedlichen Bereichen wie z. B. F&E, Marketing und Controlling. Auf diese Weise soll sichergestellt werden, dass Produktanforderungen erfüllt sowie potenzielle Fehler vor Beginn der Serienproduktion erkannt und beseitigt werden.
- **Statistische Versuchsplanung (DoE: Design of Experiments):** Ziel ist es, das Produkt möglichst robust, d. h. störungsunanfällig zu konstruieren. Hierzu werden unterschiedliche Konstruktions- und Produktionsalternativen systematisch erprobt und optimiert.
- **Poka-Yoke:** Vermeidung bzw. sofortige Entdeckung unbeabsichtigter menschlicher Fehler durch technische oder konstruktive Vorkehrungen am Arbeitsplatz oder Produkt. Fehler in der Montage lassen sich beispielsweise dadurch ausschalten, dass vorhandene Steckverbindungen immer nur an der jeweils richtigen Stelle passen. Wie am Namen zu erkennen, stammt das Konzept aus Japan („Poka" = unbeabsichtigter Fehler; „Yoke" = Vermeidung).
- **Produktivitätsorientierte Instandhaltung (TPM: Total Productive Maintainance):** Vorbeugende Beseitigung sämtlicher maschinenbedingter Störungen und Fehler durch Einbezug aller Mitarbeiter sowie dem Einsatz einfach und schnell zu wartender Maschinen. Es erfolgt keine organisatorische Trennung zwischen Anlagenbediener und Instandhaltungsmitarbeiter, sondern die Instandhaltung wird durch die Anlagenbediener selbst vorgenommen. In den Produktionsstätten wird dabei besonderer Wert auf Ordnung und Sauberkeit gelegt („Wohnzimmer-Fabrik").
- **Design for Six Sigma:** Six Sigma (vgl. Kap. 8.1.4.3.1) ist eine umfassende Methode zur kontinuierlichen Qualitätsverbesserung durch Abbau der Variation und Verbesserung der Durchschnittsleistung von Prozessen. Beim präventiven „Design for Six Sigma" wird bereits im Entwicklungsprozess versucht, neue Produkte so zu gestalten, dass möglichst keine Fehler auftreten.
- **Sieben Managementwerkzeuge (M7):** Auf die Anforderungen des Qualitätsmanagements bezogene Auswahl an sieben allgemeinen Problemlösungstechniken zur Datenanalyse sowie Lösungsfindung und -realisierung (vgl. Kap. 8.1.4.1.3).

Im Folgenden werden exemplarisch das Quality Function Deployment, die Fehlermöglichkeits- und -einflussanalyse sowie die sieben Managementwerkzeuge näher erläutert.

8.1.4.1.1 Quality Function Deployment

Das Quality Function Deployment (Qualitätsfunktionen-Darstellung, kurz: QFD) wurde 1966 in Japan von *Akao* (1990) entwickelt. Es dient dazu, Produkte gemäß den Qualitätsanforderungen der Kunden zu entwickeln. Dabei werden verschiedene Kommunikations- und Problemlösungstechniken eingesetzt. Der Schwerpunkt dieser qualitätsgerechten Produktplanung liegt in den frühen Phasen der Produktentwicklung (vgl. im

Quality Function Deployment

Folgenden *Boutellier/Biedermann*, 2007, S. 493 ff.; *Saatweber*, 1999, S. 445 ff.; *Theden/Colsman*, 2005, S. 68 ff.).

Ziel Ziel ist es, die bewussten und unbewussten Wünsche der Kunden so in ein Produkt umzusetzen, dass dessen Markterfolg weitgehend sichergestellt ist. Hierfür sollten die Kundenanforderungen aber nicht nur erfüllt, sondern sogar übertroffen werden. Diese werden nach dem

Kano-Modell **Kundenzufriedenheitsmodell** (vgl. Kap. 3.3.3.3) des japanischen Qualitätsforschers *Kano* unterteilt in (vgl. *Kano*, 1984, S. 39 ff.; 1993, S. 12 ff.):

- **Basisanforderungen:** Sie werden von Kunden nicht ausdrücklich gefordert, sondern als selbstverständlich vorausgesetzt. Werden sie nicht erfüllt, resultiert daraus hohe Unzufriedenheit. Basisanforderungen an einen PKW sind z. B. dass er fährt, es nicht hereinregnet oder die Tankanzeige funktioniert.

- **Leistungsanforderungen:** Ihre Erfüllung wird vom Kunden ausdrücklich gefordert und mit anderen Anbietern genau verglichen. Gelingt es dem Unternehmen, die gewünschten Leistungsanforderungen zu übertreffen, so steigt dadurch die Kundenzufriedenheit. Beim PKW wäre dies beispielsweise PS-Zahl, Brems- und Beschleunigungswerte, Benzinverbrauch oder Kofferraumvolumen.

- **Begeisterungsanforderungen:** Durch positive Überraschungen in Form einzigartiger und unerwarteter Leistungen kann die Kundenzufriedenheit stark verbessert werden. Bei einem PKW könnte dies z. B. eine automatische Türentriegelung bei Annäherung des Fahrers oder ein Bremsassistenzsystem sein.

Diese Kundenanforderungen sind nicht statisch, sondern ändern sich im Laufe der Zeit. Ein Leistungsmerkmal, das heute noch Begeisterung auslöst, kann in naher Zukunft schon eine Basisanforderung sein. Ein Beispiel für ein solches Merkmal ist die Möglichkeit, mit einem Mobiltelefon im Internet zu surfen. Um Kunden dauerhaft zu begeistern, muss das Unternehmen deshalb ständig nach neuen und innovativen Leistungsmerkmalen suchen. Während Leistungsanforderungen und ihre Bedeutung üblicherweise durch Befragung der Kunden ermittelt werden, obliegt die Bestimmung der Basis- und insbesondere der Begeisterungsanforderungen einem interdisziplinären Team z. B. aus F&E, Marketing und Controlling.

QFD-Phasen Die Umsetzung der Kundenanforderungen in ein Produkt erfolgt dann mit Hilfe des QFD in vier aufeinander aufbauenden **Phasen** (vgl. *Saatweber*, 1999, S. 449 ff.):

(1) **Produktplanung**: Ableitung der Qualitätsmerkmale des Produkts aus den Kundenanforderungen.

(2) **Teileplanung**: Ableitung der Qualitätsmerkmale der einzelnen Produktkomponenten aus den Qualitätsmerkmalen des Gesamtprodukts.

(3) **Prozessplanung**: Ableitung der Anforderungen an den Produktionsprozess aus den Qualitätsmerkmalen der einzelnen Produktkomponenten.

(4) **Produktionsplanung**: Ableitung der Arbeitsschritte und qualitätssichernder Maßnahmen in der Fertigung aus den Anforderungen an den Produktionsprozess.

Qualitätshäuser Ein Hilfsmittel bei der Durchführung des QFD sind die vom *American Supplier Institute* für jede Phase entwickelten „**Qualitätshäuser**" (Houses of Quality). Dabei handelt es sich um miteinander kombinierte Matrizen, mit denen die Beziehungen zwischen Anforderungen und Qualitätsmerkmalen bestimmt und veranschaulicht werden (vgl. Abb. 8.1.13).

8.1 Qualitätsorientierte Unternehmensführung

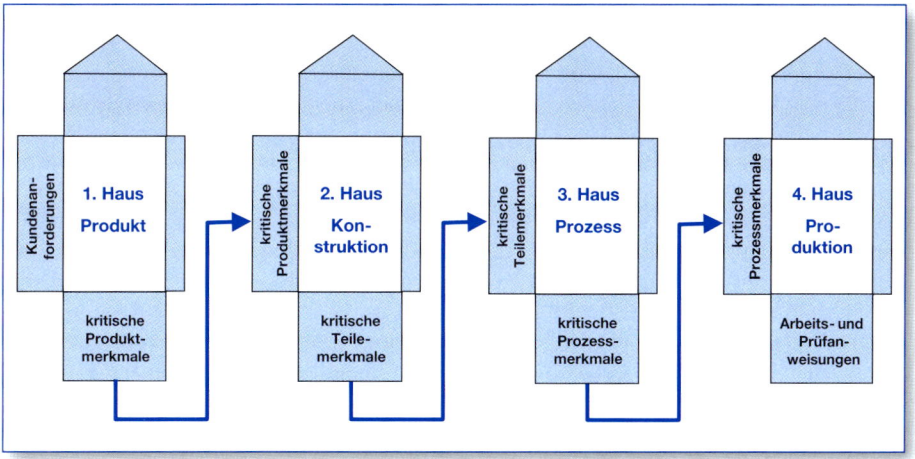

Abb. 8.1.13: Zusammenhang der Phasen und Qualitätshauser des QFD (vgl. Theden/Colsman, 2005, S. 70)

Abb. 8.1.14 zeigt das für die Produktplanung verwendete **erste Qualitätshaus**. Es beginnt mit der Auflistung und Gewichtung der ermittelten Kundenanforderungen. Die Gewichtung erfolgt meist auf einer Skala von eins bis zehn. Danach wird die Erfüllung dieser Kundenanforderungen durch das geplante Produkt aus Sicht des Kunden mit den Konkurrenzprodukten verglichen. Im nächsten Schritt werden die in der Sprache der Kunden formulierten Kundenanforderungen als technische Merkmale in die Sprache der Entwicklungsingenieure übersetzt und durch Maßgrößen quantifiziert. Beispielsweise

Ablauf

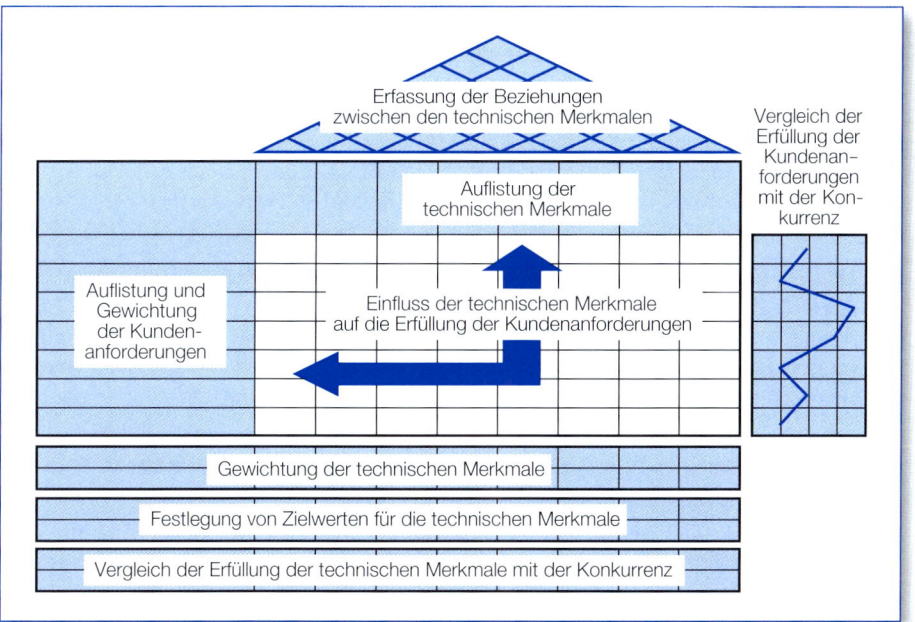

Abb. 8.1.14: Das erste Qualitätshaus (vgl. Saatweber, 1999, S. 451)

wird bei einem Rasierapparat die Kundenanforderung „leises Geräusch" in das technische Merkmal „Lautstärke unter 20 Dezibel" übersetzt. Im Dach des Hauses werden die Beziehungen zwischen den technischen Merkmalen dargestellt, die positiv, neutral oder negativ sein können. Hier werden Konflikte deutlich, die aus gegenläufigen Kundenanforderungen wie beispielsweise „hohe Leistung" und „geringer Verbrauch" herrühren. Im Zentrum des Qualitätshauses wird der Einfluss der technischen Merkmale auf die Erfüllung der Kundenanforderungen eingetragen und mit Hilfe von Beziehungsfaktoren bewertet. Üblicherweise stehen die Faktoren „9" für starken, „6" für mittleren, „3" für geringen und „0" für keinen Einfluss des technischen Merkmals auf die Erfüllung der Kundenanforderung. Die Gewichtung der einzelnen technischen Merkmale ergibt sich durch Multiplikation der Beziehungsfaktoren mit der Gewichtung der Kundenanforderungen und Addition aller Ergebnisse innerhalb einer Spalte. Das Ergebnis zeigt, welche technischen Merkmale für den Kunden von hoher Bedeutung und somit für den Markterfolg des Produkts kritisch sind. Im Anschluss werden die zu erreichenden Zielwerte für die einzelnen technischen Merkmale geplant und im Rahmen von Versuchen mit den Werten von Konkurrenzprodukten verglichen (vgl. *Benz*, 1997, S. 126 ff.).

Target Costing

Um nicht nur eine optimale Umsetzung der Kundenanforderungen, sondern auch einen konkurrenzfähigen Marktpreis für das neue Produkt zu gewährleisten, wird das Quality Function Deployment häufig mit dem **Zielkostenmanagement** (Target Costing) kombiniert. Dabei steht am Beginn der Produktentwicklung nicht die Frage im Vordergrund, was das Produkt kosten wird, sondern was es kosten darf, um am Markt erfolgreich zu sein (vgl. *Seidenschwarz*, 1997).

8.1.4.1.2 Fehlermöglichkeits- und -einflussanalyse

FMEA

Die Fehlermöglichkeits- und -einflussanalyse (Failure Mode and Effects Analysis, kurz: FMEA) ist eine formalisierte Methode, um Fehler und deren Risiken bei Produkten, Bauteilen und Prozessen vorausschauend zu vermeiden. Hierfür werden potenzielle Fehler möglichst umfassend erfasst, beschrieben und hinsichtlich ihrer Auswirkungen, der Häufigkeit ihres Auftretens sowie der Möglichkeit ihrer Entdeckung bewertet. Es ist eine wirksame Methode der Fehlervermeidung, die Mitte der 1960er Jahre durch die *NASA* im Rahmen der Apollo-Projekte entwickelt wurde. Sie hat sich international und in vielen Branchen bewährt und ihre Anwendung ist europaweit genormt (vgl. im Folgenden *Brunner/Wagner*, 2011, S. 128 ff.; *Herb/Herb*, 2001, S. 244 ff.; *Kersten*, 1999, S. 469 ff.; *Theden/Colsman*, 2005, S. 80 ff.).

Betrachtungsobjekte

Nach dem **Betrachtungsobjekt** wird unterschieden zwischen (vgl. *Kersten*, 1999, S. 474 ff.):

- **System-FMEA:** Ziel ist die Sicherstellung des funktionsgerechten Zusammenwirkens der einzelnen Komponenten eines gesamten Produkts als System aus Teilen und Baugruppen. Die Sicherheit und Zuverlässigkeit des Produkts soll gewährleistet werden. Untersuchungsgegenstand können auch Prozesssysteme sein.
- **Konstruktions-FMEA:** Ziel ist die vorausschauende Vermeidung möglicher Ausfälle und Fehler einzelner Teile oder Baugruppen eines Produkts bzw. Systems. Dies soll vor allem durch die Beseitigung konstruktiver Fehlerursachen erreicht werden.
- **Prozess-FMEA:** Ziel ist die vorausschauende Vermeidung möglicher Ausfälle und Fehler im Fertigungs- und Montageprozess. Durch entsprechende Gestaltung soll die Qualitätsfähigkeit der Prozesse gewährleistet werden.

System-, Konstruktions- und Prozess-FMEA bauen aufeinander auf. Ausgehend vom gewünschten Gesamtergebnis wird zunächst das gesamte Produkt bzw. System betrachtet, dann dessen Teile und Baugruppen und schließlich die zu deren Erstellung und Montage erforderlichen Prozesse. Alle Formen der FMEA laufen nach demselben Prinzip ab. Ihr Vorgehen ist in einem **FMEA-Arbeitsplan** standardisiert.

Für eine **System-FMEA** besteht er aus folgenden Schritten (vgl. *Herb/Herb*, 2001, S. 245 ff.; *Kersten*, 1999, S. 475 ff.; *Theden/Colsman*, 2005, S. 80 ff.):

Ablauf System-FMEA

(1) **Vorbereitung und Planung:** Aufgabenstellung, Zielsetzung und Ablauf des FMEA-Projektes werden festgelegt. Darüber hinaus wird die Zusammensetzung des interdisziplinären Projektteams bestimmt. Es sollte aus mehreren, mit dem Produkt vertrauten Fachleuten unterschiedlicher Bereiche und einem neutralen Moderator bestehen.

(2) **Systemanalyse:** Das zu untersuchende System wird in seine Elemente aufgeteilt und ihre logischen Zusammenhänge beschrieben. Ein Produkt wird beispielsweise in seine Module, Bauteile und Komponenten unterteilt.

(3) **Funktionsanalyse:** Beschreibung der Funktionen und Wechselwirkungen der einzelnen Systemelemente. Die Funktionsstruktur wird z. B. durch einen Funktionsbaum dargestellt.

(4) **Fehleranalyse:** Mit Hilfe eines FMEA-Formblatts werden alle denkbaren potenziellen Fehler sowie deren Folgen und Ursachen ermittelt. Das Ergebnis ist ein detaillierter Fehler-Folgen-Ursachen-Baum. Darüber hinaus werden für jeden möglichen Fehler die bereits existierenden Maßnahmen zu dessen Vermeidung und Entdeckung erfasst. Abb. 8.1.15 zeigt ein Beispiel für ein solches FMEA-Formblatt.

(5) **Risikobewertung:** Für jeden potenziellen Fehler wird durch das FMEA-Team auf einer Skala von eins bis zehn die Wahrscheinlichkeit seines *Auftretens* (A: 1 = selten, 10 = häufig) und seiner *Entdeckung* (E: 1 = immer, 10 = nie) sowie der *Bedeutung* seiner Auswirkungen aus Sicht des Kunden (B: 1 = gering, 10 = gravierend) bewertet. Die Multiplikation der drei Kenngrößen ergibt die *Risikoprioritätszahl* als relatives Maß für das mit dem Fehler verbundene Risiko: RPZ = A · E · B. Sie kann zwischen 1.000 (= maximales Risiko) und 1 (= minimales Risiko) variieren. Fehler mit einer Risikoprioritätszahl über 100 werden normalerweise als nicht mehr tolerierbar angesehen und erfordern deshalb Verbesserungsmaßnahmen. Darüber hinaus sind aber auch die Fehler näher zu betrachten, die trotz geringer Risikoprioritätszahl in einer der drei Kategorien einen hohen Wert aufweisen.

(6) **Suche nach Qualitätsverbesserungsmaßnahmen:** Insbesondere für die Fehler mit hohem Risikopotenzial erarbeitet das FMEA-Team Maßnahmen, um deren Ursachen zu vermeiden, die Auftrittswahrscheinlichkeit (A) bzw. die Fehlerfolgen (B) zu minimieren sowie die Entdeckungswahrscheinlichkeit (E) zu erhöhen.

(7) **Bewertung und Auswahl:** Es wird bewertet, welche Reduktion des Risikopotenzials die vorgeschlagenen Maßnahmen versprechen, in welchem Zeitraum sie umsetzbar sind und welcher Realisierungsaufwand dem entgegensteht. Auf dieser Basis erfolgt die Auswahl der zu realisierenden Alternativen.

(8) **Optimierung:** Für die Umsetzung der geeigneten Verbesserungsvorschläge werden Ablauf, Termine und Verantwortlichkeiten festgelegt. Nach deren Realisierung wird die FMEA erneut durchgeführt.

Die umfassende Bestimmung der potenziellen Fehler und die möglichst objektive Bewertung der damit verbundenen Risiken sind für den erfolgreichen Einsatz der FMEA wichtig. Problematisch ist, dass die Konstrukteure und Prozessplaner ihre eigene Arbeit

Bewertung

8 Ausrichtungen der Unternehmensführung

Kompo-nente/Bauteil	Poten-zieller Fehler	Potenzielle Fehler-folgen	Potenzielle Fehler-ursachen	Derzeitige Prüfmaß-nahmen	Auftreten (A)	Bedeutung (B)	Entdeckung (E)	Risiko-prioritäts-zahl RPZ = A·B·E	Empfohlene Abstell-maßnahmen	Termine und Verant-wortung	Getroffene Abstell-maßnahmen	Auftreten (A)	Bedeutung (B)	Entdeckung (E)	Risiko-prioritäts-zahl RPZ = A·B·E
Fahrrad-gabel	Gabel-bruch	Fahrer stürzt und verletzt sich	Material-ermüdung	Kontrolle der Schweiß-naht Bruch der Schweiß-naht	3	9	7	189	Belastungs-test durch führen - Schweiß-naht verstärken	KW 40 Abt. Qualitäts-sicherung & Montage	Belastungstest mit Stoßbe-lastung 900 N doppelte Schweißnaht	2	9	2	36

Risikoanalyse — Risikobewertung — Risikominimierung

Abb. 8.1.15: Formblatt für eine Konstruktions-FMEA am Beispiel eines Fahrrads

kritisieren müssen, was den meisten Menschen schwer fällt. Dies ist einer der Gründe, warum für die Methode der Einsatz eines Moderators sinnvoll ist. Damit die FMEA nicht nur oberflächlich durchgeführt wird und ohne nennenswerten Nutzen versandet, ist eine detaillierte Untersuchung erforderlich. Auch aufgrund des recht hohen Zeitaufwands beschränkt man sich meist auf wesentliche Funktionen des Untersuchungsobjekts. Um ein offenes Arbeitsklima zu schaffen, hat die Unternehmensführung dafür Sorge zu tragen, dass den Verantwortlichen für die entdeckten Fehler keine negativen Konsequenzen entstehen (vgl. *Kersten*, 1999, S. 488 f.).

8.1.4.1.3 Sieben Managementwerkzeuge

Bei den „sieben Managementwerkzeugen" handelt es sich um eine für das Qualitätsmanagement getroffene Zusammenstellung allgemeiner Methoden und Techniken der Unternehmensführung. Sie werden überwiegend im Rahmen der Qualitätsplanung und Produktentwicklung verwendet, da dort häufig noch kein bzw. nur sehr geringes Zahlenmaterial vorliegt. Im Problemlösungsprozess werden sie eingesetzt, um Informationen zu strukturieren und zu veranschaulichen. Auf diese Weise unterstützen sie die Problemerkennung, das Finden, Ordnen und Bewerten von Lösungsalternativen sowie die Lösungsumsetzung. Ihre Anwendung baut, wie in Abb. 8.1.16 dargestellt, logisch aufeinander auf und wird deshalb häufig miteinander kombiniert. Hierfür wird meist ein interdisziplinäres Team gebildet.

Sieben Managementwerkzeuge

Die **sieben Managementwerkzeuge** unterteilen sich in **drei Gruppen** (vgl. *Theden/Colsman*, 2005, S. 43 ff.; *Zollondz*, 2001b, S. 513 ff.):

- **Datenanalyse:** Veranschaulichung des vorliegenden Problems, Verdeutlichung der Problemzusammenhänge und Festlegung der Untersuchungsschwerpunkte.
    - **Affinitätsdiagramm:** Moderationstechnik zur Strukturierung komplexer Problemfelder. Die gemeinsam von den Teilnehmern erarbeiteten Stichworte und Ideen werden in Gruppen (sog. „Cluster") eingeteilt und mit Oberbegriffen versehen.
    - **Relationendiagramm** (Beziehungsdiagramm): Strukturierte Darstellung der Ursache-Wirkungs-Beziehungen innerhalb komplexer Problemstellungen.

8.1 Qualitätsorientierte Unternehmensführung

- **Lösungsfindung:** Bestimmung und Bewertung von Alternativen zur Problemlösung.
  - **Matrixdiagramm:** Übersichtliche, tabellarische Darstellung wechselseitiger Abhängigkeiten zwischen verschiedenen Faktoren.
  - **Portfolio** (Matrix-Daten-Diagramm): Positionierung von Objekten, wie z. B. Produkten oder strategischen Geschäftsfeldern, innerhalb von zwei Koordinaten.
  - **Baumdiagramm** (Ziel-Mittel-Diagramm): Hierarchische Darstellung der Zusammenhänge zwischen Zielen und den zu ihrer Erreichung geeigneten Maßnahmen, die weiter in einzelne Aktivitäten unterteilt werden.
- **Lösungsrealisierung:** Umsetzung der ausgewählten Lösungsalternative.
  - **Netzplan** (Pfeildiagramm): Festlegung der zeitlichen Reihenfolge der innerhalb eines Qualitätsprojekts anfallenden Tätigkeiten zur Optimierung des Ablaufs und der Überwachung zeitkritischer Vorgänge.
  - **Problem-Entscheidungs-Plan:** Vorbeugende Ermittlung von Gegenmaßnahmen für Umsetzungsschwierigkeiten. Die Darstellung erfolgt meist als Baumdiagramm, das sich in Vorgänge, mögliche Probleme und Gegenmaßnahmen aufteilt.

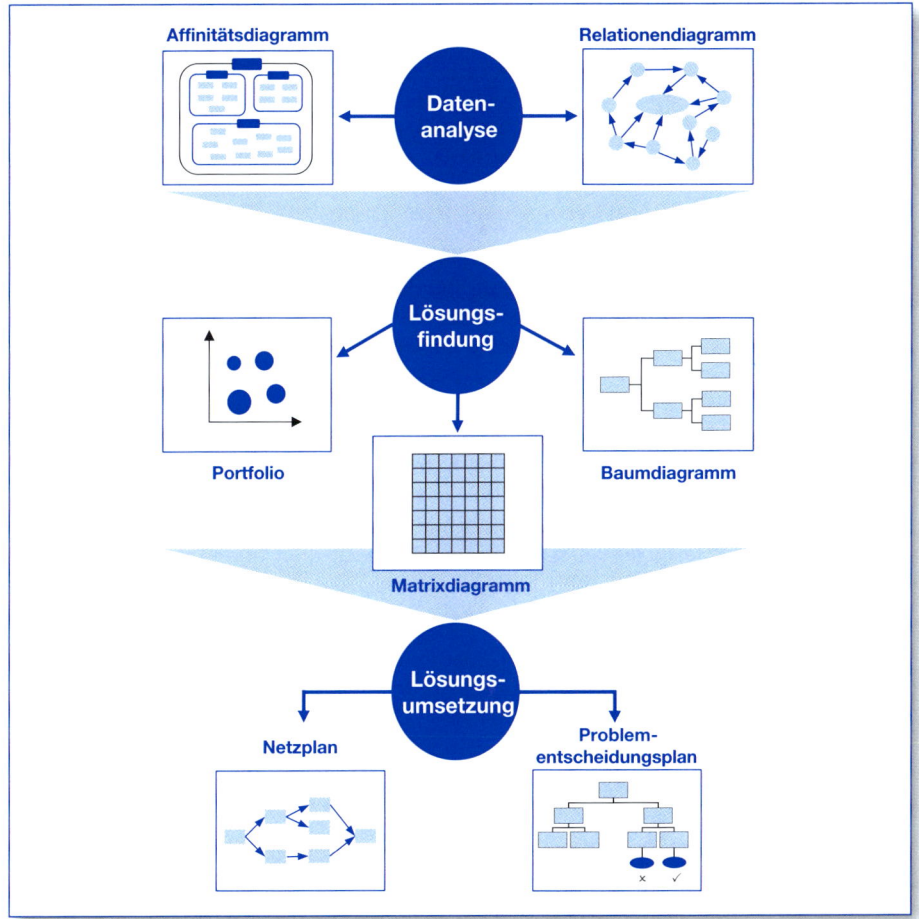

Abb. 8.1.16: Die sieben Managementwerkzeuge (vgl. Theden/Colsman, 2005, S. 44)

8 Ausrichtungen der Unternehmensführung

> **Fehlervermeidung bei der Volkswagen AG**
>
> Primäre Qualitätsziele des *Volkswagen*-Konzerns sind höchste Zuverlässigkeit, gefolgt von hoher Anmutungsqualität und nicht zuletzt robusten Produktionsprozessen. Hierzu *Joachim Rothenpieler*, Leiter Qualitätssicherung: „Wir haben weltweit etwa 4.500 Lieferanten mit etwa 10.000 Fertigungsstätten, in denen mehr als 1 Million Menschen für uns arbeiten. Zudem haben wir im Unternehmen *Volkswagen* mit den zwölf Marken eine hohe Anzahl von Fahrzeug- und Komponentenwerken. Es ist sehr komplex, an allen einzelnen Standorten mit der großen Anzahl Menschen jeden Tag Teile herzustellen, die den spezifizierten Qualitätsanforderungen entsprechen. Mein Anspruch ist es, die Prozesse präventiv so zu gestalten, dass es zu keinen Fehlern kommt. Dazu sind überall stabile und robuste Prozesse erforderlich. Wir wollen dem Kunden einwandfreie, qualitativ hochwertige Autos ausliefern, also müssen wir die Prozesse so früh wie möglich stabil und robust gestalten. Fehlerbehaftete Teile dürfen uns gar nicht erst erreichen." *(Funck, 2008, S. 20)*

8.1.4.2 Fehlererfassung und -analyse

Das Auftreten von Fehlern lässt sich in der Praxis nicht vollständig ausschließen. Deshalb ist es wichtig, entstandene Fehler systematisch zu erfassen und ihre Ursachen im Rahmen einer eingehenden Fehleranalyse festzustellen. Durch das „Lernen aus Fehlern" soll eine Fehlerwiederholung verhindert werden. Hierfür kommen u. a. die statistische Prozessregelung und die sog. sieben Qualitätswerkzeuge zum Einsatz.

Statistische Prozessregelung
Die **statistische Prozessregelung** (Statistical Process Control) dient insbesondere in der Fertigung zur Überwachung und Lenkung standardisierter Prozesse. Dabei werden die wesentlichen Qualitätsmerkmale eines Prozesses regelmäßig gemessen und in Qualitätsregelkarten (s. u.) eingetragen. Dadurch sollen unerwünschte Entwicklungen und die Notwendigkeit korrigierender Eingriffe bei Über- bzw. Unterschreitung festgelegter Grenzwerte bestimmt werden. Es wird somit direkt in den Produktionsprozess eingegriffen. So soll sichergestellt werden, dass die Produkte nach Durchlauf des Prozesses den Qualitätsanforderungen entsprechen. Systematische, auf bestimmte Ursachen zurückzuführende Einflüsse, sollen beseitigt werden, um Abweichungen vom definierten Standard auf ein Minimum zu reduzieren. Die Prozesse gelten als beherrscht, wenn sie stets innerhalb der festgelegten Schwankungsbreite bleiben und Abweichungen nur noch auf zufälligen Einflüssen beruhen (vgl. *Osanna*, 2001, S. 1101 ff.).

Sieben Qualitätswerkzeuge
Die **sieben Qualitätswerkzeuge** sind, wie in Abb. 8.1.17 dargestellt, eine Auswahl an Methoden zur Unterstützung von gruppenbasierten Problemlösungsprozessen. Mit ihrer Hilfe können Fehler strukturiert erfasst und untersucht werden. Sie sind anschaulich, leicht verständlich und einfach durchführbar. Die sieben Qualitätswerkzeuge bauen aufeinander auf und werden deshalb meist miteinander kombiniert. Sie unterteilen sich in **zwei Gruppen** (vgl. *Ebel*, 2003, S. 249 ff.; *Theden/Colsman*, 2005, S. 9 ff.; *Zollondz*, 2001c, S. 775 ff.):

Fehlererfassung und -analyse
- **Fehlererfassungstechniken** dienen der Aufzeichnung und grafischen Darstellung von Fehlern nach Art, Ort und Häufigkeit.
    - **Fehlersammelliste**: Erfassung der Häufigkeit des Auftretens bekannter Fehlerarten in einer Strichliste, durch die Fehlerschwerpunkte deutlich werden.

8.1 Qualitätsorientierte Unternehmensführung

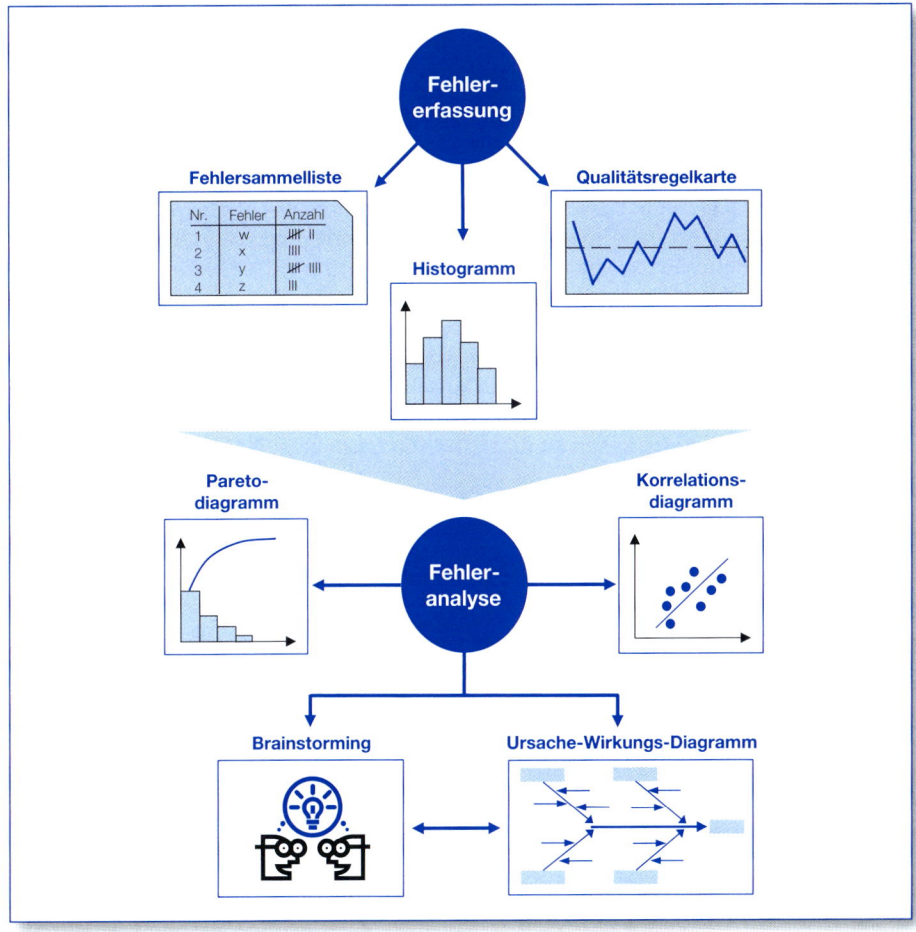

Abb. 8.1.17: Die sieben Qualitätswerkzeuge (vgl. Theden/Colsman, 2005, S. 10)

- **Histogramm**: Grafische Darstellung von Häufigkeitsverteilungen als Säulendiagramm, die Hinweise auf die Streuung von Prozessen gibt.
- **Qualitätsregelkarte**: Diagramm, in das regelmäßig gemessene Qualitätsmerkmale von Prozessen fortlaufend eingetragen werden. Die Qualitätsregelkarte dient vor allem zur Überwachung von Fertigungsprozessen und zeigt, ob ein Prozess beherrscht wird. Sie wird insbesondere zur statistischen Prozessregelung verwendet.

■ **Fehleranalysetechniken** dienen der Bestimmung von Fehlerursachen.
- **Pareto-Diagramm** (ABC-Analyse, Lorenz-Verteilung): Ermittlung der Bedeutung einzelner Fehlerursachen durch grafische Darstellung in absteigender Reihenfolge nach ihrem Beitrag zu einer bestimmten Fehlerauswirkung wie z. B. Ausschuss, Reklamationen oder Risiko. Nach der Pareto-Regel sind die meisten Fehler auf wenige Ursachen zurückzuführen: 20 % der Fehlerursachen führen häufig zu 80 % der Fehler. Bei der ABC-Analyse werden die Fehlerursachen zusätzlich in drei Gruppen unterteilt. Die Darstellung soll zu einer Fokussierung auf die wesentlichen Fehlerursachen führen.

- **Korrelationsdiagramm** (Streudiagramm): Grafische Darstellung von Merkmalswerten in einem Koordinatensystem. Es wird untersucht, ob zwischen den betrachteten Variablen ein Zusammenhang besteht. Auf diese Weise lassen sich vermutete Ursache-Wirkungs-Beziehungen überprüfen.
- **Brainstorming:** Kreativitätstechnik zur Generierung von Ideen, z. B. wie sich Fehlerursachen beseitigen lassen.
- **Ishikawa-Diagramm** (Ursache-Wirkungs-Diagramm, Fischgräten-Diagramm): Visuelle Darstellung in Form einer Fischgräte zur Zerlegung eines Qualitätsproblems in seine möglichen Ursachen. Der Fischkopf bezeichnet das Qualitätsproblem und die großen Gräten die möglichen Fehlerquellen. Diese werden meist in die sog. 5M-Kategorien Mensch, Maschine, Material, Methode und Mitwelt (= Umwelt) eingeteilt. Teilweise werden auch 7Ms verwendet, wobei dann noch Management und Messbarkeit dazu kommen. Im Anschluss werden zu den Fehlerquellen die vermuteten Fehlerursachen an den kleinen Gräten eingetragen. Eine weitere Differenzierung der Ursachen ist möglich. Abb. 8.1.18 zeigt ein Ishikawa-Diagramm am Beispiel eines Pizza-Services.

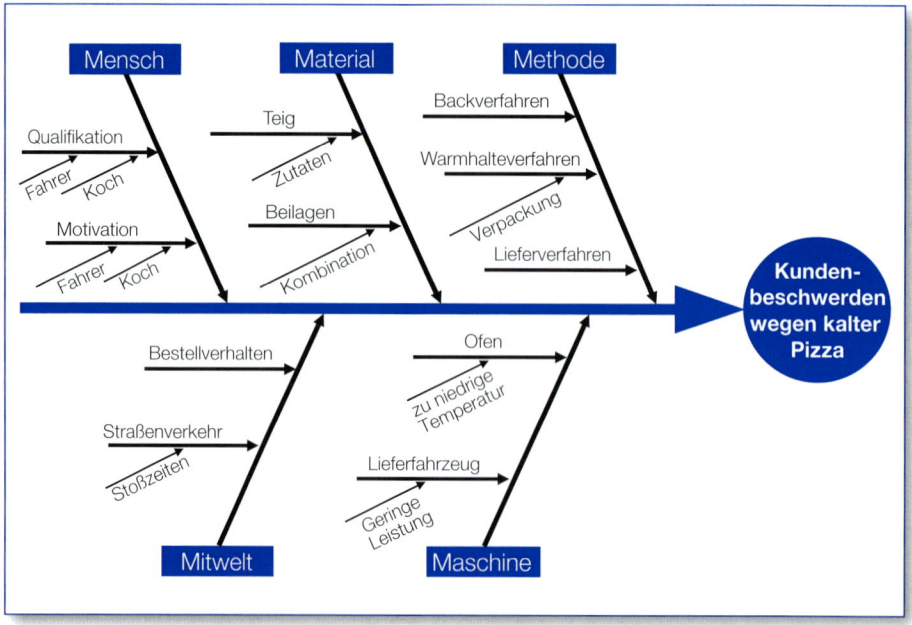

Abb. 8.1.18: Ishikawa-Diagramm am Beispiel eines Pizza-Service

8.1.4.3 Kontinuierliche Qualitätsverbesserung

Eine der Zielsetzungen des Qualitätsmanagements ist die Implementierung eines **kontinuierlichen Verbesserungsprozesses (KVP)** für alle Leistungen und Tätigkeiten des Unternehmens. In Japan steht hierfür der Begriff „Kaizen". Basis ist eine Unternehmenskultur, in der alle Mitarbeiter ständig nach Verbesserungen streben (vgl. *Frehr*, 1999, S. 46 ff.).

Da Verbesserungen meist an den betrieblichen Abläufen ansetzen, kommt dem Prozessmanagement beim KVP eine wesentliche Rolle zu (vgl. Kap. 5.4). Eine universelle

Vorgehensbeschreibung zur kontinuierlichen Prozessverbesserung ist der in Kap. 5.4.4 dargestellte Plan-Do-Check-Act-Zyklus (**PDCA-Zyklus**). In der Planungsphase (Plan) wird das Qualitätsproblem identifiziert, analysiert und hierfür eine Lösung gesucht. In der Ausführungsphase (Do) wird die Lösung in kleinerem Maßstab versuchsweise umgesetzt. In der Kontrollphase (Check) wird dann untersucht, ob die Veränderungsmaßnahme das Qualitätsproblem beseitigt hat. Ist dies der Fall, dann wird in der anschließenden Verbesserungsphase (Act) die Veränderung weitreichend eingeführt. Außerdem wird dafür gesorgt, dass das Problem nicht wieder auftritt (vgl. *Fischermanns*, 2010, S. 395). Jeder weitere Durchlauf des PDCA-Zyklus führt zu einer schrittweisen, kontinuierlichen Verbesserung.

PDCA-Zyklus

Zur Realisierung einer hohen kundenorientierten Qualität müssen die Unternehmensprozesse wertschöpfend sein, d. h. einen Beitrag zum Kundennutzen leisten (vgl. Kap. 5.4.3). Diese geplanten und für den Kunden wertschöpfenden Prozesse erbringen **Nutzleistungen**, die optimiert werden sollten. Sind die Prozesse selbst nicht wertschöpfend, aber für die Unterstützung der Nutzleistungen erforderlich, dann werden sie als **Unterstützungsleistungen** („Stützleistungen") bezeichnet. Beispiele sind Rüst- oder innerbetriebliche Transportvorgänge. Sie sollten so weit als möglich reduziert werden. Unnötige Prozesse und Aktivitäten, die keinen Beitrag zum Kundennutzen leisten, sind als nicht wertschöpfende **Blindleistungen** zu identifizieren und soweit als möglich abzubauen. Die fehlerhafte Durchführung von Prozessen und Aktivitäten wird als **Fehlleistung** bezeichnet, die es gilt zu vermeiden.

Leistungsarten

Im Folgenden werden mit dem Six Sigma-Konzept und dem Qualitätszirkel zwei Ansätze zur kontinuierlichen Verbesserung exemplarisch vorgestellt. Nützlich ist auch die regelmäßige Durchführung von Qualitätaudits, die im Anschluss erläutert werden.

8.1.4.3.1 Six Sigma

Six Sigma ist eine umfassende Methode zur kontinuierlichen Qualitätsverbesserung durch Abbau der Variation und Verbesserung der Durchschnittsleistung von Fertigungs- und zunehmend auch Verwaltungsprozessen. Die Streuung der Prozessergebnisse gilt dabei als wesentliche Fehlerursache, die auf ein absolutes Minimum reduziert werden soll. Six Sigma wurde im Jahr 1987 von der amerikanischen Firma *Motorola* entwickelt und machte es im folgenden Jahr zum ersten Gewinner des amerikanischen Qualitätspreises *Malcolm Baldrige National Quality Award*. International bekannt wurde Six Sigma insbesondere durch *Jack Welch*, den langjährigen CEO von *General Electric*, der die Methode dort 1995 mit großem Erfolg eingeführt hat (vgl. *Kroslid* et al., 2003, S. 11 ff.; *Reißiger* et al., 2007, S. 252 ff.; *Töpfer/Günther*, 2007, S. 3 ff.).

Six Sigma

In der Statistik drückt die Standardabweichung σ (Sigma) die Streuung von Merkmalswerten um den Mittelwert μ aus. Bei den in Abb. 8.1.19 dargestellten normalverteilten Merkmalswerten liegen zwei Drittel davon im Intervall μ ± σ, im Intervall μ ± 3σ bereits 99,73 % und im Intervall μ ± 6σ schließlich 99,99999999 %.

Statistische Grundlagen

Da der Mittelwert betrieblicher Abläufe jedoch im Zeitverlauf beispielsweise aufgrund unterschiedlicher Umgebungsbedingungen nicht konstant ist, gilt eine Schwankung des Mittelwerts um ± 1,5σ als tolerierbar. Unter dieser Bedingung liegen im Intervall μ ± 6σ noch 99,99966 % aller Merkmalswerte. Statistisch gesehen entspricht dies einem Intervall von μ ± 4,5σ (vgl. *Schipp*, 2007, S. 198), wie Abb. 8.1.20 zeigt.

6σ

8 Ausrichtungen der Unternehmensführung

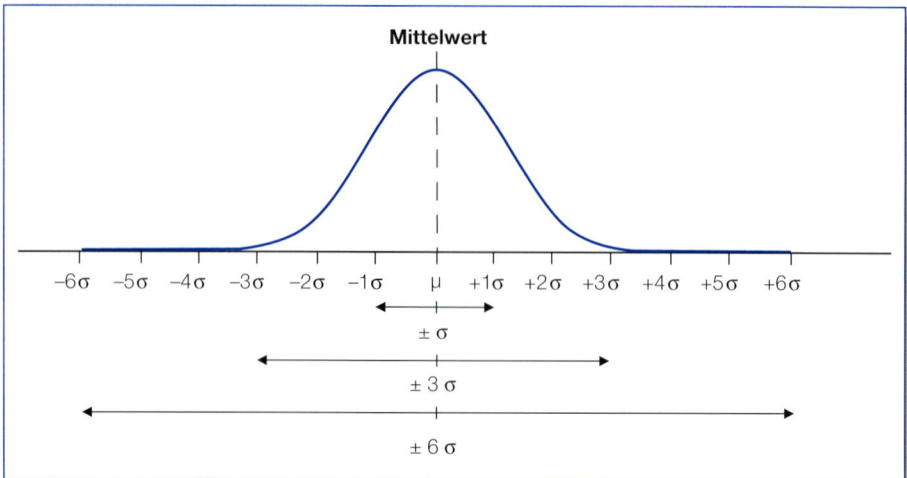

Abb. 8.1.19: Standardabweichung σ um den Mittelwert μ

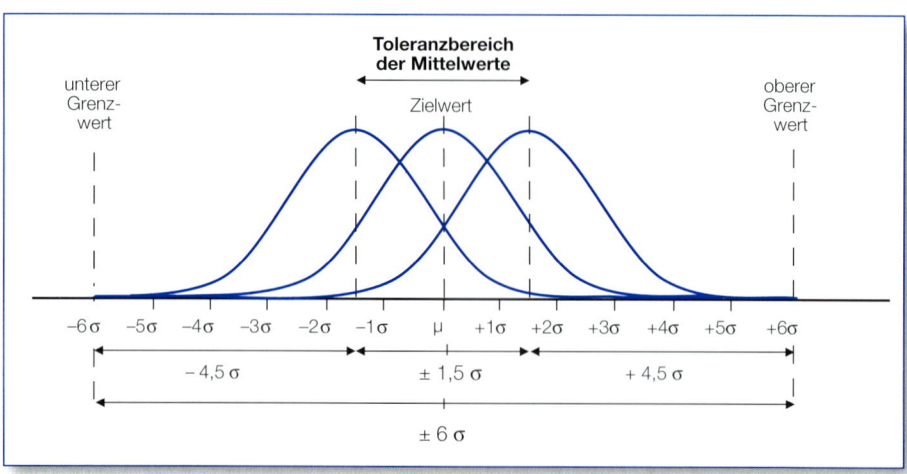

Abb. 8.1.20: Das Six Sigma-Konzept (vgl. Zollondz, 2011, S. 395)

Bedeutung Die Forderung nach Six Sigma bedeutet, dass die Merkmalswerte eine so kleine Streuung um ihren Mittelwert aufweisen, dass nur 0,00034 % außerhalb der festgelegten Grenzwerte liegen. Das bedeutet, dass **bei einer Million Prozesse nur 3,4 fehlerhafte Ergebnisse** auftreten dürfen. Der Sigma-Wert ist somit ein Maß für die Fehlerfreiheit eines Prozesses. Um ihn zu bestimmen, wird zunächst die Fehlerrate als Quotient der fehlerhaften Prozesse durch die gesamte Prozessanzahl ermittelt. Wird diese durch die Anzahl der Fehlerquellen geteilt, folgt daraus die Fehlerquote. Multipliziert mit einer Million erhält man die Fehler pro einer Million Fehlermöglichkeiten (DPMO = Defects per Million Opportunities). In der Fertigung wird häufig alternativ die Fehlerquote bei einer Million produzierter Einheiten (ppm = Parts per Million) verwendet. Einer Konversionstabelle lässt sich dann wie in Abb. 8.1.21 das entsprechende Sigma-Niveau entnehmen (vgl. *Reißiger* et al., 2007, S. 258; *Schipp*, 2007, S. 198).

8.1 Qualitätsorientierte Unternehmensführung

DPMO	Sigma-Niveau	Fehlerfreiheit
691.000	1 σ	31%
309.000	2 σ	69,1%
66.800	3 σ	93,32%
6.210	4 σ	99,379%
233	5 σ	99,9767%
3.4	6 σ	99,99966%

Abb. 8.1.21: Tabelle zur Bestimmung des Sigma-Niveaus (www.eurosixsigma.com)

Deutsche Industrieunternehmen liegen im Schnitt bei ca. 3,8σ (vgl. *Töpfer*, 2007, S. 46). Das bedeutet eine Fehlerfreiheit von 98,93 %. Das klingt zwar gut, reicht aber im Wettbewerb vieler Branchen nicht aus. Beispielsweise würde dieses Qualitätsniveau für die *Deutsche Post AG* bei rund 65 Mio. Briefen pro Werktag bedeuten, dass täglich fast 700.000 Briefe falsch zugestellt würden oder verloren gingen. Noch anschaulicher wird die Bedeutung eines fehlerfreien Qualitätsniveaus in den Bereichen, in denen Fehler für die Kunden schwerwiegende Folgen haben. Bei jährlich rund 100.000 Herzoperationen in Deutschland würde z. B. ein Qualitätsniveau von 3,8σ bedeuten, dass mehr als 1.000 Operationen fehlerhaft wären. Da dies lebensbedrohliche Folgen haben kann, ist ein solches Qualitätsniveau nicht hinnehmbar.

Sigma-Niveau in der Praxis

Bei der Verknüpfung von Prozessen folgt die Fehlerrate des Gesamtprozesses aus der Multiplikation der einzelnen Fehlerraten (vgl. Kap. 5.4.3.1). Ein Prozess aus 30 Teilprozessen mit einer Fehlerrate von je 98,9 % hat beispielsweise nur noch eine Ausbeute von $0,989^{30} = 71,8\,\%$. Der gleiche Zusammenhang gilt für unterschiedliche Bauteile, die gemeinsam eine Produktfunktion erfüllen. Für ein komplexes Produkt, wie beispielsweise den aus vier Millionen Einzelteilen bestehenden *Airbus A 380*, wäre ein solches Qualitätsniveau nicht akzeptabel. Die Zielsetzung vieler Unternehmen und Organisationen ist deshalb die Erreichung des Qualitätsniveaus von sechs Sigma, das für eine nahezu fehlerfreie Produktion steht. Six Sigma gilt als eines der maßgeblichen Konzepte im Rahmen einer Null-Fehler-Strategie.

Verknüpfung

Six Sigma-Projekte zur Prozessverbesserung werden in den folgenden **Phasen** durchgeführt (vgl. *Töpfer*, 2007, S. 79 ff.):

DMAIC-Zyklus

- **Define** (Projektdefinition): Projektplanung, Bestimmung des Projektteams und Abbildung des zu verbessernden Prozesses.
- **Measure** (Messung): Bestimmung qualitätskritischer Prozessmerkmale aus Kundensicht (CTQ = Critical to Quality Characteristics) und der Prozessleistung.
- **Analyze** (Analyse): Bestimmung der Abweichung von den Kundenanforderungen und Suche nach den Fehlerursachen.
- **Improve** (Verbesserung): Aufstellung und Umsetzung von Verbesserungsmaßnahmen.
- **Control** (Steuerung): Stabilisierung der optimierten Prozesse durch Kontrolle der Wirksamkeit der Maßnahmen und, falls nötig, Einleitung von Korrekturen.

Dieser sog. **DMAIC-Zyklus** ist eine Erweiterung des PDCA-Zyklus (vgl. Kap. 5.4.4). Zu Beginn einer Six Sigma-Initiative steht meist die kontinuierliche Verbesserung in abgegrenzten Bereichen im Vordergrund. Um ein Qualitätsniveau von fünf Sigma und mehr zu erreichen, sollte auch die Produktentwicklung mit einbezogen werden. Durch ein **„Design for Six Sigma"** wird versucht, neue Produkte von Beginn an so zu gestalten, dass möglichst wenige Fehler auftreten können. In diesem Fall dient Six Sigma auch der präventiven Fehlervermeidung.

Entscheidend für den Erfolg von Six Sigma-Projekten ist die breite Einbindung der Mitarbeiter auf allen Ebenen des Unternehmens. Hierfür sind umfangreiche Schulungsmaßnahmen bei erfahrungsgemäß ca. 10 % der Belegschaft erforderlich. Die Mitarbeiter nehmen dabei unterschiedliche **Funktionen** wahr, die nach den Graden asiatischer Kampfsportarten bezeichnet sind (vgl. *Harry/Schroeder*, 2005, S. 213 f.; *Kroslid* et al., 2003, S. 33 ff.):

Projektbeteiligte

- **Champions** sind Mitglieder der Unternehmensführung. Sie dienen als Machtpromotoren und entscheiden über die Durchführung und Besetzung eines Six Sigma-Projekts.
- **Master Black Belts** beraten, schulen und unterstützen die einzelnen Projektmanager (Black Belts) und sind die Schnittstelle zu den Champions.
- **Black Belts** sind für das Projektmanagement verantwortlich und üblicherweise von ihren anderen Aufgaben freigestellt.
- **Green Belts** arbeiten als Teammitglied zeitweilig an der Durchführung des Six Sigma-Projekts mit und sind hierfür teilweise von ihren anderen Aufgaben freigestellt.

Six Sigma-Projekte versprechen im Allgemeinen hohe Kosteneinsparungen. Während bei einem durchschnittlichen Qualitätsniveau von vier Sigma die Qualitätskosten erfahrungsgemäß noch einen Anteil zwischen 15 und 25 % vom Umsatz ausmachen, liegen diese bei fünf Sigma zwischen 5 und 15 % und bei sechs Sigma sogar unter 1 % (vgl. *Töpfer/Günther*, 2007, S. 12 f.). Die realisierten Verbesserungen haben auch qualitative Auswirkungen. Aufgrund der schweren Bewertbarkeit werden diese jedoch meist nicht ausdrücklich in die Kosten-Nutzen-Analyse von Six Sigma-Projekten einbezogen.

Six Sigma bei den Dabba Wallahs in Mumbai

Die indische Stadt Mumbai mit über 20 Mio. Einwohnern besteht aus den unterschiedlichsten religiösen Gruppen. Um deren verschiedene Vorlieben und religiöse Regeln bei der Ernährung einzuhalten, schwören die meisten Inder auf Hausmannskost. Deshalb lassen sich viele Angestellte im Geschäftszentrum der Stadt ihr Mittagessen von zu Hause an den Arbeitsplatz liefern. Das Essen wird vormittags in der Regel von den Ehefrauen zubereitet und in mehrere Warmhaltebehälter aus Blech (den sog. Dabbas) gefüllt. Diese werden dann von einem der insgesamt mehr als 5.000 Dabba Wallahs abgeholt. Die Bezeichnung „Wallah" steht in Indien für Dienstleister (vgl. im Folgenden *Waldherr*, 2005, S. 120 ff.).

Damit jede Lunch-Box ihr Ziel erreicht, ist sie mit Farben, Zahlen und Buchstaben gekennzeichnet. Dieser Code bestimmt Stadtteil, Gebäude, Stock und Büro, wohin jedes Essen geliefert werden soll. Bei der Essensauslieferung arbeiten die Dabba Wallahs in Gruppen, die jeweils verschiedene Aufgaben von der Abholung über den Transport bis zur Auslieferung übernehmen. Nach der Mittagspause wird die Lieferkette in umgekehrter Reihenfolge durchlaufen und die Essensbehälter werden wieder zurück gebracht. Trotz mehrfacher Übergaben kommt es dabei kaum zu Fehlern. Bei 250.000 Essenslieferungen täglich geht nur eins von 16 Mio. Essen verloren. Das Wirtschaftsmagazin *Forbes* hat deshalb bereits 1998 den Dabba Wallahs das Qualitätssiegel Six Sigma verliehen. Diese logistische Leistung ist umso erstaunlicher, da die meisten Dabba Wallahs Analphabeten sind.

Die Dabba Wallahs sind nicht nur ein logistisches, sondern auch ein soziales Phänomen. Die Essensausträger sind selbstständige Unternehmer, die in Kooperativen organisiert sind und durch einen zentralen Interessenverband vertreten werden. Dieser handelt die Preise aus, kümmert sich um Schwierigkeiten und garantiert eine soziale Absicherung. Jeder Dabba Wallah zahlt dafür einen Monatsbeitrag von 15 Rupien (ca. 22 Eurocent). Fehler, wie z. B. der Verlust einer Essensbox, werden mit 100 Rupien geahndet und wer die Codes nicht schnell genug versteht, wird ersetzt. Ein Dabba Wallah verdient monatlich bis zu 6.000 Rupien (ca. 90 Euro) und damit sechsmal mehr als ein indischer Bauarbeiter. Die Dienstältesten springen ein, wenn ein Kollege ausfällt und kümmern sich um verirrte Essensboxen, damit die hohe Lieferqualität der Dabba Wallahs gewährleistet wird.

8.1.4.3.2 Qualitätszirkel

Verbesserungsmöglichkeiten lassen sich im Team meist besser finden und umsetzen. Der einzelne Mitarbeiter ist aufgrund seiner Spezialisierung und der komplexen Abläufe in heutigen Unternehmen hierzu oft nicht mehr in der Lage. In der Gruppe werden die unterschiedlichen Fähigkeiten eingebracht und die Zusammenarbeit fördert Initiative und Motivation. Gruppenarbeit kann deshalb wichtige Impulse für kontinuierliche Verbesserungsprozesse liefern. Ein wirkungsvoller Ansatz hierzu sind Qualitätszirkel (vgl. *Breisig*, 2001, S. 1024 ff.; *Deppe*, 1986, S. 15 ff.; *Schubert*, 1999, S. 1075 ff.). Qualitäts-zirkel

Qualitätszirkel sind kleine Gruppen von durchschnittlich vier bis acht Mitarbeitern, die sich während der Arbeitszeit regelmäßig auf freiwilliger Basis treffen, um selbst gewählte Probleme des eigenen Arbeitsbereichs zu diskutieren. Die Mitglieder stammen aus unteren Hierarchieebenen und sind vor allem mit ausführenden Tätigkeiten beschäftigt. Diese Mitarbeiter wissen selbst am besten, welche Schwierigkeiten in ihrer täglichen Arbeit auftreten und wie sich diese beseitigen lassen. Das auf dieser Ebene häufig ungenutzte Mitarbeiterpotenzial soll im Qualitätszirkel unter Anleitung eines geschulten Moderators und mit Hilfe verschiedener Problemlösungstechniken aktiviert und genutzt werden. Die Treffen finden regelmäßig z. B. einmal wöchentlich mit einer Dauer von meist ein bis zwei Stunden statt. Die Umsetzung der erarbeiteten Verbesserungsvorschläge erfolgt entweder durch die Mitglieder des Qualitätszirkels selbst oder wird über den Vorgesetzten eingeleitet, da der Qualitätszirkel über keine Entscheidungsbefugnisse verfügt. Ergebnisse und Verlauf der Verbesserungsmaßnahmen werden vom Qualitätszirkel verfolgt (vgl. *Schubert*, 1999, S. 1075 ff.). Funktion

Qualitätszirkel breiteten sich in den 1960er Jahren im Rahmen einer landesweiten Qualitätsoffensive explosionsartig in Japan aus. Dies wurde auch durch die dort ausgeprägte Gruppenkultur begünstigt. Heute sind schätzungsweise ein Drittel aller japanischen Mitarbeiter in einem Qualitätszirkel aktiv. Erst Mitte der 1970er Jahre wurden auch in den USA und Europa verstärkt Qualitätszirkel eingeführt. In der Zwischenzeit sind sie in deutschen Unternehmen weit verbreitet. Dabei werden sie heute nicht nur in der Industrie, sondern auch in Dienstleistung und Handel eingesetzt (vgl. *Breisig*, 2001, S. 1025). Ursprung in Japan

Qualitätszirkel lassen sich relativ leicht einführen, da sie keine Veränderung der bestehenden Organisationsstrukturen erfordern. Fachlich werden sie vor allem von den jeweiligen Vorgesetzten sowie gegebenenfalls von Experten aus den Fachabteilungen Ablauf unterstützt. Die unternehmensweite Abstimmung der Qualitätszirkel und die methodische Unterstützung erfolgt durch einen aus verschiedenen Führungskräften zusammengesetzten Lenkungskreis. Dieser wird häufig durch einen speziell eingerichteten Qualitätszirkel-Koordinator unterstützt. Die Vorgesetzten sind dafür zuständig, die Qualitätszirkelarbeit zu fördern. Sie sollten hierzu die notwendigen Voraussetzungen wie z. B. Freistellung der Mitarbeiter oder Bereitstellung eines Raumes schaffen. Darüber hinaus sollen sie die Umsetzung der erarbeiteten Verbesserungsmaßnahmen unterstützen. Der Moderator leitet die Teamsitzungen und unterstützt die Gruppe methodisch bei der Erarbeitung von Verbesserungsmaßnahmen. Qualitätszirkel ermöglichen nicht nur eine Steigerung der betrieblichen Effizienz durch Optimierung der Arbeitsabläufe, sondern dienen insbesondere der Personalentwicklung. Auf diese Weise soll bei den Mitarbeitern langfristig ein qualitätsbewusstes Denken und Handeln erreicht werden. Darüber hinaus fördern sie das Betriebsklima und die Motivation. Sie geben den Mitarbeitern die Möglichkeit, über ihre Probleme zu reden, Zusammenhänge zu erkennen, Lösungsvorschläge einzubringen und bessere Arbeitsbedingungen zu erreichen (vgl. *Deppe*, 1986, S. 15 ff.; *Schubert*, 1999, S. 1098).

8.1.4.3.3 Qualitätsaudits

Qualitätsaudit

Bei einem Qualitätsaudit handelt es sich um eine systematische und unabhängige Untersuchung der Wirksamkeit qualitätsbezogener Aktivitäten eines Unternehmens. Eine derartig fundamentale Bestandsaufnahme soll Schwachstellen deutlich machen sowie Verbesserungen anregen und überwachen. Qualitätsaudits dienen der kontinuierlichen Verbesserung des Unternehmens und seines Qualitätsmanagements (vgl. *Ebel*, 2003, S. 152 ff.; *Herrmann*, 2007, S. 333 ff.; *Kamiske/Brauer*, 2008, S. 5 ff.).

Gegenstand

Nach dem **Gegenstand des Qualitätsaudits** sind zu unterscheiden (vgl. *Herrmann*, 2007, S. 333 ff.; *Kamiske/Brauer*, 2008, S. 5 ff.):

- **Produktaudit:** Überprüfung der Übereinstimmung der Produkte und Bauteile mit den festgelegten Anforderungen.
- **Verfahrensaudit (Prozessaudit):** Überprüfung der Wirksamkeit und Zweckmäßigkeit einzelner betrieblicher Abläufe und Verfahren.
- **Systemaudit:** Nachweis der Wirksamkeit und Funktionsfähigkeit des gesamten Qualitätsmanagementsystems.

Arten

Qualitätsaudits können intern von **eigenen Mitarbeitern** (first party audit) und extern von **Kunden** (second party audit) oder **neutralen Stellen** (third party audit) durchgeführt werden (vgl. *Ebel*, 2003, S. 152 ff.). Abb. 8.1.22 gibt einen Überblick.

Interne Audits

Interne Audits werden in regelmäßigen Abständen durchgeführt. Sie sollen feststellen, wie das Qualitätsmanagement im Unternehmen umgesetzt wird und ob es zu den gewünschten Ergebnissen insbesondere hinsichtlich Kundenzufriedenheit und Wirtschaftlichkeit führt. Um ihre Objektivität zu wahren, sollten die internen Auditoren keine Verantwortung für die geprüften Bereiche tragen. Interne Audits werden häufig im Vorfeld einer externen Überprüfung durchgeführt, um negative Beurteilungen zu vermeiden.

Externe Audits

Externe Audits beziehen sich im Normalfall auf das gesamte Qualitätsmanagementsystem (Systemaudit). Früher wurden sie häufig zur Beurteilung der Qualitätsfähigkeit von Lieferanten durchgeführt. Aufgrund der damit verbundenen Vielzahl zeitaufwändiger Prüfungen erfolgt die externe Auditierung heute üblicherweise von einer anerkannten neutralen Zertifizierungsstelle. Im Auftrag des Unternehmens überprüft diese, ob die

8.1 Qualitätsorientierte Unternehmensführung

Abb. 8.1.22: Formen von Qualitätsaudits nach der Herkunft des Auditors

in DIN EN ISO 9001 festgelegten Anforderungen an ein Qualitätsmanagementsystem erfüllt sind und erteilt bei erfolgreicher Prüfung dafür ein zeitlich befristetes Zertifikat. In vielen Branchen, wie z. B. der Automobilindustrie, wird die **Zertifizierung** heute vielfach von den Lieferanten zwingend gefordert. Allerdings wird dabei lediglich die formale Übereinstimmung des Qualitätsmanagementsystems mit der Norm attestiert. Über die Qualität der Produkte gibt ein solches Zertifikat keine Auskunft.

Die Anforderungen an ein Qualitätsmanagementsystem zur Verleihung einer **Qualitätsauszeichnung** (Quality Award) sind wesentlich höher. Dabei versuchen neutrale Institutionen, die Leistungsfähigkeit von Unternehmen anhand bestimmter Kriterien und Bewertungsmaßstäbe zu beurteilen. Um einen solchen Qualitätspreis zu erhalten, muss sich das Unternehmen mit den entsprechenden Unterlagen bewerben und einer eingehenden Begutachtung unterziehen. Die Teilnahme an einem solchen Bewerbungsprozess und die Ergebnisse der Begutachtung können wichtige Hinweise für die Verbesserung des Qualitätsmanagements liefern. Gewinner von Qualitätspreisen nutzen die positiven Imagewirkungen häufig für Marketingmaßnahmen.

<small>Qualitätsawards</small>

Die **bekanntesten Qualitätsauszeichnungen** sind in Japan der *Deming Application Prize*, der in den USA durch den US-Präsidenten verliehene *Malcolm Baldrige National Quality Award* und in Europa der *EFQM Excellence Award* (vgl. Kap. 8.1.2.3). Darüber hinaus gibt es auch nationale Auszeichnungen wie z. B. in Deutschland den *Ludwig-Erhard-Preis* (seit 1997) und auch regionale Qualitätspreise wie z. B. den *Bayerischen Qualitätspreis* (seit 1993). Zielsetzung all dieser Auszeichnungen ist es, die Ausbreitung des Qualitätsmanagements in den betroffenen Ländern und Regionen zu fördern (vgl. *Ebel*, 2003, S. 63 ff.). Das nachfolgende Beispiel *Toyota* zeigt eindrücklich, welche dramatischen Auswirkungen Qualitätsprobleme haben können.

<small>Qualitätspreise</small>

8 Ausrichtungen der Unternehmensführung

Qualität als ständige Herausforderung am Beispiel Toyota

Die *Toyota Motor Corporation* verkauft jährlich mehr als 8,5 Millionen Fahrzeuge und beschäftigt weltweit über 320.000 Mitarbeiter. Bis zur größten Rückrufaktion der Firmengeschichte im Jahr 2010 galt der Autohersteller als Musterbeispiel für hohe Qualität und Zuverlässigkeit. Viele Hersteller und Zulieferer orientierten sich am *Toyota*-Produktionssystem, das für die ganze Branche als schlanke und qualitativ hochwertige Produktion wegweisend war. Doch 2010 musste *Toyota* weltweit mehr als zwölf Millionen Fahrzeuge vor allem wegen Mängeln an Gaspedal und Bremsen zurückrufen. In den USA und damit dem größten Markt für *Toyota* brach der Absatz aufgrund der negativen Medienberichterstattung und dem damit verbundenen Imageverlust ein. Die Pannenserie verursachte durch Umsatzrückgänge und Rabattaktionen einen Schaden von mehr als 4 Mrd. Euro (vgl. im Folgenden *Handelsblatt* 10.10.2012; *Focus* 30.3.2010).

„*Toyota* ist zu schnell, zu groß geworden" räumte *Akio Toyoda*, der Konzernchef und Gründerenkel ein. Seit dem Jahr 2000 steigerte *Toyota* die Produktion jährlich um über 500.000 Fahrzeuge und stellte zehntausende neue Arbeiter ein. Traditionell achtet *Toyota* auf langfristige Beziehungen zu den Zulieferern, die eingehend geschult werden und immer mehr die *Toyota*-Philosophie übernehmen sollen. Während des rasanten Wachstums waren Grundsätze wie „Keine neuen Teile in neuen Werken mit neuer Belegschaft" aber nicht mehr zu halten. Der amerikanische Zulieferer *Chicago Telephone Supply (CTS)*, der die Gaspedale für fast alle deshalb zurückgerufenen Modelle lieferte, arbeitete erst seit wenigen Jahren mit *Toyota* zusammen.

„Wir wollen alle Qualitätsabläufe neu überprüfen und das Vertrauen der Kunden zurückgewinnen", sagte *Toyoda*. Er startete eine Qualitätsoffensive und gründete ein Sonderkomitee zur globalen Qualität. Sämtliche Qualitätsstandards und alle Prozesse einschließlich Fahrzeugdesign, Produktion und Verkauf wurden überprüft und teilweise radikal erneuert. Die jeweiligen Qualitätschefs in den Weltregionen informieren die japanische Konzernzentrale direkt über Kundenbeschwerden. Im *Toyota*-Qualitätszentrum werden die beanstandeten Teile unter unterschiedlichen Bedingungen eingehend untersucht. *Toyoda* räumt ein, dass im Zuge der weltweiten Expansion die Schulung der Mitarbeiter vernachlässigt wurde. Deshalb wurden weltweit neue Trainingszentren unter dem Leitmotiv „Customer first" gegründet, um dort Qualitätssicherungsexperten auszubilden. Im Oktober 2012 musste *Toyota* allerdings erneut 7,4 Millionen Fahrzeuge aufgrund von Problemen mit den elektrischen Fensterhebern zurückrufen. Doch die Qualitätsfortschritte sind sichtbar: Im *TÜV-Report 2012* erreichte *Toyota* in den fünf Wertungsklassen insgesamt 18 Top-Ten-Platzierungen. Bei den Fahrzeugen bis zu drei Jahren belegten die Modelle *Prius* und *Auris* unter allen Herstellern die ersten beiden Plätze.

8.1.5 Erfolgsfaktor Qualität

Quality first   Qualitätsmanagement ist kein kurzfristig wirkendes Patentrezept, sondern erfordert langen Atem und ausreichende Investitionen in Schulung und Kommunikation. Doch die Anstrengung lohnt sich, denn schlechte Qualität verursacht nicht nur Kosten, sondern führt vor allem zur Unzufriedenheit der Kunden. Im schlimmsten Fall kaufen diese zukünftig bei der Konkurrenz. Außerdem sorgen unzufriedene Kunden durch Mundpropaganda an Freunde und Verwandte für ein schlechtes Image des Unternehmens. Vereinfacht ausgedrückt bedeutet somit Qualität, „dass der Kunde zurückkommt und nicht das Produkt" (*Schnetzer/Soukup*, 2001, S. 11).

8.1 Qualitätsorientierte Unternehmensführung

Für eine langfristige Kundenbindung reicht es aber nicht aus, die vorhandenen Kundenanforderungen zu erfüllen. Kunden sind durch Produkte mit neuen Merkmalen oder auch besondere Serviceleistungen zu begeistern. Da alle Mitarbeiter direkt oder indirekt Einfluss auf die Kundenzufriedenheit haben, muss sich auch jeder für die Qualität des Unternehmens verantwortlich fühlen. Erfolgreiche Unternehmen vermitteln ihren Mitarbeitern, dass sie Teil einer Gemeinschaft sind, die etwas Besonderes leistet. Japanische Unternehmen, von denen viele schon ein halbes Jahrhundert qualitätsorientierte Unternehmensführung betreiben, werden von ihren Mitarbeitern häufig als „große Familie" angesehen. In solch einer Unternehmenskultur ist das Streben nach besseren Leistungen in den Köpfen aller Mitarbeiter.

Kundenzufriedenheit

Heute kann im Grunde kein Unternehmen mehr auf eine qualitätsorientierte Unternehmensführung verzichten. Für eine erfolgreiche Umsetzung ist eine langfristige Perspektive ohne kurzfristigen Erfolgsdruck notwendig. Qualität lässt sich nicht verordnen, sondern ist das Ergebnis einer Denkweise, die Qualität nicht zwangsweise mit höheren Kosten verbindet (vgl. *Walsh*, 1995, S. 21 ff.). Qualitätsbewusstsein und der Wunsch nach kontinuierlicher Verbesserung bei allen Mitarbeitern erfordert einen kulturellen Wandel. Aufgabe der Unternehmensführung ist es, diesen durch eine Führung des Wandels zielorientiert zu gestalten (vgl. Kap. 6.4). Dies erfordert auch ein starkes Leadership (vgl. Kap. 6.3) im Sinne einer visionären und begeisternden Führung, die das Unternehmen klar auf die Erreichung der Kundenanforderungen ausrichtet.

Qualitätsbewusstsein verankern

Management Summary

- Qualität ist ein Maßstab für die Erfüllung von Anforderungen durch die Merkmale eines Betrachtungsobjekts.
- Total Quality Management ist eine qualitätsorientierte Ausrichtung der Unternehmensführung, die alle Mitarbeiter und Unternehmensbereiche einbezieht. Auf diese Weise soll das Unternehmen sowohl die Anforderungen der Kunden als auch die der Beschäftigten und der Gesellschaft erfüllen.
- Begriffe und Anforderungen an ein Qualitätsmanagementsystem sind in der Normenreihe DIN EN ISO 9000 ff. international einheitlich festgelegt.
- Ein Gestaltungs- und Beurteilungsrahmen für ein Qualitätsmanagementsystem ist das EFQM Excellence-Modell der European Foundation for Quality Management.
- Exzellente Organisationen erzielen herausragende Leistungen, mit denen sie die Erwartungen ihrer Anspruchsgruppen dauerhaft erfüllen bzw. übertreffen.
- Qualitätscontrolling dient als Unterstützungsfunktion des Qualitätsmanagements zur ergebniszielorientierten Koordination aller qualitätsbezogenen Aktivitäten des Unternehmens.
- Traditionell werden qualitätsbezogene Kosten tätigkeitsorientiert in Fehlerverhütungs-, Prüf- und Fehlerkosten unterteilt. In der wirkungsorientierten Sichtweise wird zwischen den Kosten der Übereinstimmung (Konformitätskosten) und den Kosten der Abweichung (Nichtkonformitätskosten) unterschieden.
- Beim Nutzen des Qualitätsmanagements lassen sich monetäre und nicht-monetäre Auswirkungen erkennen.

8 Ausrichtungen der Unternehmensführung

- Qualitätstechniken und -werkzeuge sind Instrumente des Qualitätsmanagements zur systematischen Lösung spezifischer Qualitätsprobleme. Mit ihrer Hilfe lassen sich Fehler vorausschauend vermeiden, auftretende Fehler erfassen und analysieren sowie die Qualitätsverbesserung kontinuierlich vorantreiben.

- Zur Fehlervermeidung dienen Quality Function Deployment (QFD), Fehlermöglichkeits- und -einflussanalyse (FMEA), Entwicklungs- und Konstruktionsprüfung, Statistische Versuchsplanung, Poka-Yoke, Produktivitätsorientierte Instandhaltung, Design for Six Sigma und die sieben Managementwerkzeuge.

- Zur Fehlererfassung und -analyse werden die statistische Prozessregelung und die sieben Qualitätswerkzeuge eingesetzt.

- Zur kontinuierlichen Qualitätsverbesserung dienen PDCA-Zyklus, Six Sigma, Qualitätszirkel und Qualitätsaudits.

- Qualitätsaudits sind systematische und unabhängige Untersuchungen der Wirksamkeit qualitätsbezogener Aktivitäten eines Unternehmens. Sie werden intern von eigenen Mitarbeitern und extern von Kunden oder neutralen Stellen durchgeführt.

Literaturempfehlungen

Zollondz, H.-D.: Grundlagen Qualitätsmanagement, 3. Aufl., München/Wien 2011.

Pfeiler, T./Schmitt, R. (Hrsg.): Masing Handbuch Qualitätsmanagement, 4. Aufl., München/Wien 2010.

Ebel, B.: Qualitätsmanagement, 2. Aufl., Herne/Berlin 2003.

Empfehlenswerte Fallstudien zum Kapitel 8.1 aus Dillerup, R./Stoi, R. (Hrsg.)

8.1   Quality Function Deployment am Beispiel iCall (*Müller-Wiegand, M.* et al.)

8.2 Wissensorientierte Unternehmensführung

> **Leitfragen**
> - Welche Bedeutung hat das Wissen für ein Unternehmen im Wettbewerb?
> - Was ist Wissensmanagement?
> - Wie lässt sich Wissen entwickeln, einsetzen, bewerten und sichern?

8.2.1 Die Wissensgesellschaft

Wir leben heute in einer Informations- und Wissensgesellschaft, in der nicht mehr Arbeit und Kapital, sondern Informationen und daraus erzeugtes Wissen die wertvollsten Ressourcen darstellen. Die rasante Entwicklung der Informationstechnik (vgl. Kap. 7.3) und insbesondere das Internet ermöglichen es, Information zu geringen Kosten und über weite Entfernungen auszutauschen. Diese Entwicklung hat maßgeblich zum Anstieg des Welthandels beigetragen. Die bisherigen Industrienationen werden zu **Wissensgesellschaften**, die sich auf die Entwicklung und Vermarktung innovativer Produkte und anspruchsvoller Dienstleistungen konzentrieren. Die Erstellung einfacher Produkte und wissensarmer Dienstleistungen verlagert sich in die Schwellenländer als neue Industrienationen (vgl. *North*, 2011, S. 14; 21 f.). — Gesellschaftlicher Wandel

Wissen bezeichnet interpretierte und vernetzte Informationen, die es einem Träger ermöglichen, Handlungskompetenzen aufzubauen und unternehmerische Ziele zu erreichen (vgl. *Götz/Schmid*, 2004, S. 199). Grundlage der Wettbewerbsfähigkeit ist damit weniger die physische Produktion, sondern vielmehr die Entwicklung und Nutzung organisationalen Wissens. Durch die wachsende Wissensintensität der Produkte und Dienstleistungen wird es zu einem wesentlichen Differenzierungsmerkmal im Wettbewerb. Der Wert eines Unternehmens wird zunehmend von immateriellen Werten bestimmt, wobei das Wissens- oder Humankapital eine zentrale Rolle spielt (vgl. ausführlich Kap. 8.3). — Wettbewerbsfaktor Wissen

Das verfügbare menschliche Wissen wächst exponentiell an. Mit dieser explosionsartigen Vermehrung ist eine verstärkte Spezialisierung der wissenschaftlichen Disziplinen, aber auch jedes Einzelnen verbunden. Manche Aufgaben, die früher von einem Mitarbeiter ausgeführt werden konnten, erfordern heute ein Expertenteam. Die Globalisierung hat sich auch auf das Wissen ausgewirkt, denn die Zentren wissenschaftlichen und technologischen Fortschritts sind auf die ganze Welt verteilt. Diese globale Konkurrenz um neues Wissen hat den internationalen Wettbewerb weiter verschärft. Kürzere Lebenszyklen erfordern immer schnellere Innovationen und qualifizierte Mitarbeiter werden dabei zum größten Engpass. Auf der anderen Seite entstehen „intelligente Produkte", die sich selbstständig an wechselnde Umweltbedingungen und die spezifischen Bedürfnisse des Nutzers anpassen (vgl. *Krcmar*, 2010, S. 624; *Probst* et al., 2010, S. 6 ff.). Sie bewerten und entscheiden selbstständig, um unser Leben sicherer, einfacher und bequemer zu machen. Ein Beispiel ist ein Fahrassistenzsystem für PKW's, das Hindernissen selbstständig ausweicht oder in kritischen Situationen das Fahrzeug abbremst. — Wissensverbreitung/-wachstum

Diese Entwicklungen haben auch Einfluss auf die Arbeitsverhältnisse. Fest angestellte Mitarbeiter, die über einen langen Zeitraum in einem Unternehmen hierarchisch einge- — Qualifikation bunden sind und eine bestimmte Tätigkeit durchführen, werden durch hierarchiearme Prozessorganisationen ersetzt. Darin bieten die Mitarbeiter ihr Know-how als unabhängige Partner an. Das Wissen einer Organisation und seiner Mitarbeiter veraltet heute schneller als je zuvor und erfordert den kontinuierlichen Aufbau neuen Wissens. Weiterbildung und Qualifikation gehen zunehmend in die Eigenverantwortung eines jeden Mitarbeiters über. **Stetiges Lernen** („Life long learning") wird in Zukunft für alle Menschen eine unabdingbare Voraussetzung zur Sicherung ihrer Beschäftigungsfähigkeit sein.

> **!** Eine **wissensorientierte Unternehmensführung** betrachtet das organisationale Wissen als strategische Ressource und Quelle von Wettbewerbsvorteilen. Sie entwickelt und betreibt ein systematisches Wissensmanagement und schafft die erforderlichen Rahmenbedingungen, damit es im Unternehmen seine volle Wirkung entfalten kann.

8.2.2 Wissen als Wettbewerbsfaktor

Wettbewerbsvorteil Wissen

Wissen stellt für viele Unternehmen einen maßgeblichen Faktor dar, um **Wettbewerbsvorteile** zu erzielen (vgl. *North*, 2011, S. 61 ff.):

- **Marktorientiert** betrachtet entstehen Wettbewerbsvorteile aus ungleich verteiltem Wissen. Auf diese Weise können manche Unternehmen zukünftige Chancen und Risiken früher erkennen und dadurch entsprechende Erfolgspositionen aufbauen. Diese sind jedoch meist nicht von langer Dauer, da sich Märkte dynamisch entwickeln und erfolgreiche Strategien von der Konkurrenz nachgeahmt werden (vgl. Kap. 3.4.2).

- **Ressourcenorientiert** gesehen bietet Wissen einen Wettbewerbsvorteil, wenn es im Vergleich zur Konkurrenz einzigartig ist, sich nur schwer imitieren oder substituieren lässt und es einen Beitrag zum Kundennutzen generiert, für den dieser bereit ist zu bezahlen.

Der Erfolg eines Unternehmens hängt zunehmend von seiner Fähigkeit ab, das vorhandene individuelle Wissen verfügbar zu machen, bestmöglich zu nutzen und zu entwickeln sowie ständig neues Wissen durch Lernen zu generieren. Dieses Wissen kann dabei sowohl im Rahmen der Geschäftsprozesse (Prozessintelligenz) als auch für das Produkt oder die Dienstleistung selbst (Produktintelligenz) von Bedeutung sein (vgl. North, 2011, S. 23; Porter/Millar, 1985, S. 153 f.). Einerseits nimmt das Wissen also eine zentrale Rolle im Prozess der Leistungserstellung ein, während es andererseits auch ein Ergebnis der Leistungserstellung sein kann (vgl. Pawlowsky, 1998b, S. 13):

Prozessintelligenz

- **Prozessintelligenz** entsteht durch den Einsatz von Wissen bei der Konzeption und Abwicklung von Geschäftsprozessen (vgl. Kap. 5.4). Dies kann zum Beispiel eine schnelle Auftragsabwicklung, eine integrierte Gestaltung der Wertschöpfungskette oder eine effiziente Produktionsplanung und -steuerung sein. Durch den Wissenseinsatz werden diese Geschäftsprozesse besser beherrscht oder anders durchgeführt als bei den Konkurrenten. Dadurch entsteht für den Kunden ein zusätzlicher Nutzen. Beim Express- und Logistikunternehmen *DHL* kann der Kunde beispielsweise seine Paketsendung auf dem weltumspannenden Distributionsnetz per Internet oder Call-Center jederzeit verfolgen. Weitere Beispiele für Prozessintelligenz sind Just-in-Time-Fertiger oder Unternehmensnetzwerke.

Produktintelligenz

- **Produktintelligenz** entsteht, wenn zur Erstellung eines Produkts oder einer Dienstleistung viel oder auch spezielles Wissen benötigt wird. Dies gilt z. B. für High-Tech-

8.2 Wissensorientierte Unternehmensführung

Produkte wie ein modernes Smartphone oder forschungsintensive Produkte wie Medikamente. Produktintelligenz ist aber auch für Dienstleistungen wichtig, die eine wissensintensive Qualifikation voraussetzen. Dies gilt z. B. für die Leistungen einer Unternehmensberatung. In diesem Falle stellt das Wissen selbst das eigentliche Produkt dar bzw. hat daran einen hohen Anteil. Diesem steht kein oder nur ein geringer physischer Wert gegenüber. Der Verkaufspreis eines Medikaments wird z. B. in hohem Maße durch den erforderlichen Forschungsaufwand bestimmt. Dieser entsteht für den Aufbau des zur Herstellung erforderlichen Wissens. Weitere Beispiele für Produktintelligenz sind Software, Smartphones, Funktionsfaser-Textilien oder Beratungsleistungen.

Unternehmen können also Wettbewerbsvorteile durch die Intelligenz ihrer Produkte oder Prozesse generieren. Kombiniert ein Unternehmen beide Aspekte, dann handelt es sich um ein **wissensintensives Unternehmen**. In einem solchen Unternehmen sind für die Herstellung der angebotenen wissensintensiven Leistungen entweder besonders intelligente Prozesse erforderlich oder es versucht, sich über die Produktintelligenz hinaus durch wissensintensive Geschäftsprozesse im Wettbewerb zu differenzieren. Beispiele für wissensintensive Organisationen sind virtuelle Softwarehersteller oder Unternehmensnetzwerke in der Genforschung.

Wissensintensive Unternehmen

Das Wissen spielt jedoch nicht in jedem Unternehmen eine zentrale strategische Rolle. Es wird immer Branchen und Unternehmen geben, bei denen die Produktionsfaktoren Arbeit und Kapital weiter im Vordergrund stehen, auch wenn deren Zahl zurückgeht. Derartige **wissensschwache Unternehmen** sind nicht nur im primären Sektor zu finden. Es gibt sie auch im sekundären Sektor bei industrieller Massenfertigung standardisierter, technisch einfacher Produkte und im tertiären Sektor bei Dienstleistungen, die keine besondere Qualifikation erfordern. Beispiele für wissensschwache Unternehmen sind Friseur, Supermarkt, Bäcker, Fischerei, Restaurant, Kaufhaus oder industrielle Massenfertiger.

Wissensschwache Unternehmen

Eine Darstellung der strategischen Optionen zeigt Abb. 8.2.1. Die Einordnung des Unternehmens findet danach statt, in welchen Bereichen es seine Wettbewerbsvorteile erzielt.

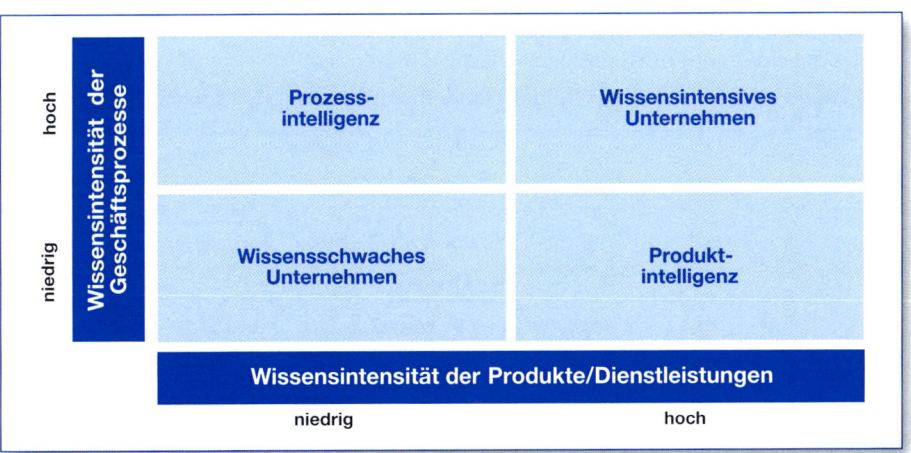

Abb. 8.2.1: Die Bedeutung des Wissens im Wettbewerb (in Anlehnung an North, 2011, S. 24; Porter/Millar, 1985, S. 152 ff.)

8 Ausrichtungen der Unternehmensführung

8.2.3 Was ist Wissen?

Im Allgemeinen wird unter **Wissen** eine Erkenntnis verstanden, die aus Informationen gewonnen wird (vgl. *Bürgel*, 1998, S. 53). Doch was bedeutet dies konkret? Die Vorstellungen hierüber gehen weit auseinander. Je nach Fragestellung und Kontext existieren unterschiedliche, teils philosophische Auffassungen, was Wissen ist.

Wissenstreppe

Unter dem Aspekt einer führungsorientierten Betrachtung ist eine schrittweise Annäherung an den Begriff des Wissens zweckmäßig. Dabei wird diese **„Wissenstreppe"** von Zeichen über Daten und Informationen bis zum Wissen durchschritten. Durch die Addition weiterer Attribute lässt sich das Wissen schrittweise in die Begriffe Können, Handeln, Kompetenz und Wettbewerbsfähigkeit überführen (vgl. *North*, 2011, S. 36 ff.). Diese begriffliche Hierarchie verdeutlicht Abb. 8.2.2:

- **Zeichen** sind zusammenhanglose Elemente einer Gesamtmenge, die als Zeichenvorrat bezeichnet wird. Beispiele für Zeichen sind Buchstaben und Ziffern.
- **Daten** bestehen aus Zeichen, die nach bestimmten Regeln (Syntax) angeordnet sind. Sie entstehen bei allen betrieblichen Aktivitäten, haben aber ohne die Einbindung in einen Kontext keine Bedeutung für unternehmerische Entscheidungen. Daten lassen sich speichern, bearbeiten und übermitteln. Sie sind der Rohstoff für Informationen.
- **Informationen** sind Daten, die zur Grundlage von Entscheidungen dienen und damit einen Verwendungszweck oder Problembezug erhalten. Werden die Informationen vom Entscheidungsträger aber nicht verstanden, d. h. mit dem Entscheidungskontext, individuellen Erfahrungen und den verfolgten Zielen verknüpft, dann sind Sie für die Entscheidungsfindung wertlos. Informationen sind der Rohstoff für Wissen und die Form, in der Wissen weitergegeben und gespeichert wird.
- **Wissen** basiert auf Informationen, die miteinander verknüpft und vom Entscheidungsträger bewusst interpretiert werden. Sie können dadurch zur Lösung eines Entscheidungsproblems dienen. Im Gegensatz zu Informationen ist Wissen an Personen gebunden und verbessert deren Fähigkeiten, Probleme zu lösen.
- **Fähigkeiten** sind anwendungsbezogenes Wissen, das vom Mitarbeiter zur Lösung von betrieblichen Problemstellungen angewendet werden kann.
- **Handeln** wird erreicht, wenn der Mitarbeiter dazu motiviert ist, seine Fähigkeiten zur Lösung einer konkreten Problemstellung einzusetzen.
- **Kompetenzen** entstehen, wenn das Handeln zur Lösung des Problems geeignet ist.

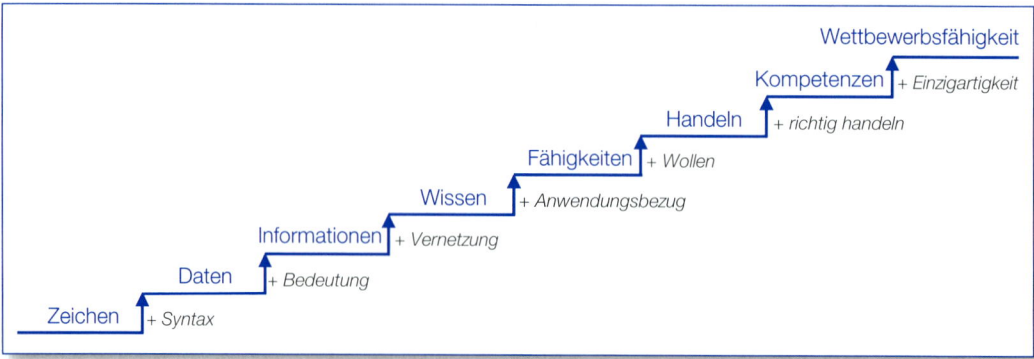

Abb. 8.2.2: Wissenstreppe (vgl. North, 2011, S. 36)

- **Wettbewerbsfähigkeit** (vgl. Kap. 3.4.3.2) erlangt ein Unternehmen, wenn seine Kompetenzen schwer imitierbar, einzigartig und für den Kunden von Nutzen sind.

Wissen lässt sich nach mehreren Kriterien differenzieren (vgl. *Romhardt*, 1998, S. 27 ff.). Nach der Verbreitung des Wissens wird unterschieden zwischen dem **individuellen Wissen** einer Person und dem von mehreren Personen geteilten **kollektiven Wissen**. **Organisationales Wissen** umfasst das von allen Organisationsmitgliedern geteilte Wissen, das problemlos zugänglich gemacht und von allen Mitarbeitern genutzt werden kann. Die organisationale Wissensbasis setzt sich somit aus allen individuellen und kollektiven Wissensbeständen zusammen, auf die eine Organisation zurückgreifen kann.

Organisationales Wissen

Nach dem Träger des Wissens wird unterschieden zwischen **internem Wissen**, welches innerhalb des Unternehmens vorhanden ist und **externem Wissen**, welches von Quellen außerhalb des Unternehmens wie z. B. Kunden, Lieferanten, Beratern oder Hochschulen stammt.

Internes und externes Wissen

Bedeutsam ist auch die Unterscheidung des Wissens nach seiner **Strukturiertheit, Transparenz und Verfügbarkeit** in (vgl. *Nonaka/Takeuchi*, 1997, S. 71 ff.):

- **Implizites Wissen** („Tacit Knowledge") beruht auf den subjektiven Erfahrungen, Werten und Fertigkeiten einer Person oder Gruppe. Es ist persönlich, kontextspezifisch und zu einem großen Teil unbewusst. Deshalb lässt es sich nur schwer dokumentieren und weitergeben. Implizites Wissen ist z. B. die Fähigkeit eines Kochs, aus verschiedenen Zutaten ein schmackhaftes Gericht zuzubereiten.

- **Explizites Wissen** („Explicit Knowledge") hingegen ist objektiv, systematisiert und lässt sich formal dokumentieren. Es ist bewusst mit dem Verstand erfassbar und kann verarbeitet, beliebig rekonstruiert und übertragen werden. Explizites Wissen sind z. B. Kochrezepte, die genau beschreiben, wie aus verschiedenen Zutaten ein Essen zubereitet wird.

Implizites und explizites Wissen

Im Gegensatz zu physischen Rohstoffen wird Wissen als immaterielles Gut **durch seine Nutzung nicht verbraucht**. Es verliert somit nicht an Wert, sondern kann sich sogar durch Austausch zwischen Personen vermehren. Bei Kreativitätstechniken werden z. B. auf diese Weise neue Ideen generiert. Wissen kann aber auch veralten sowie abrupten Änderungen unterliegen (vgl. allgemein zu den Merkmalen immaterieller Vermögenswerte Kap. 8.3.3).

Eigenschaften

8.2.4 Individuelles und organisationales Lernen

> **Lernen** ist ein Prozess zum Erwerb neuen Wissens. Es erhöht bzw. verändert die Wissensbasis von Individuen und verbessert deren Problemlösungsfähigkeit und Handlungskompetenz (vgl. *Probst/Büchel*, 1998, S. 18).

Lernen findet in allen Unternehmen statt, unabhängig ob Lernprozesse unbewusst oder bewusst ablaufen. Eine systematische Förderung des **organisationalen Lernens** schafft Potenziale zur kontinuierlichen Selbsterneuerung und ist damit eine fundamentale Aufgabe der wissensorientierten Unternehmensführung (vgl. *Reinhardt*, 1995, S. 30 f.).

Organisationen lernen, indem ihre einzelnen Mitglieder lernen. Dieses **individuelle Lernen** ist schon lange Gegenstand psychologischer Lerntheorien. Vereinfachend lassen sich zwei **lerntheoretische Ansätze** unterscheiden, die auf unterschiedlichen Grundpositionen basieren (vgl. *Bower/Hilgard*, 1984; *Götz/Schmid*, 2004, S. 184 f.):

8 Ausrichtungen der Unternehmensführung

Lerntheorien

- **Behavioristische Lerntheorien** stellen die Verknüpfung von Reizen und Reaktionen in den Vordergrund. Lernen bedeutet nach diesem Verständnis, dass ein Individuum auf einen bestimmten Reiz (Stimulus) anders reagiert als zuvor. So werden z. B. einem Hund durch Belohnungen bestimmte Verhaltensweisen antrainiert.

- **Kognitive Lerntheorien** beziehen das Bewusstsein bzw. das menschliche Gehirn als Ort des Lernens mit ein. Sie interpretieren Lernen weniger als einen Versuchs-Irrtums-Prozess, sondern als Vorgang zunehmender Einsicht in Beziehungszusammenhänge. Wesentliche Quelle des Wissens ist somit im Gegensatz zur behavioristischen Theorie nicht die Erfahrung, sondern das Denken (Rationalismus). Verbrennt sich ein Kind z. B. an einer heißen Herdplatte die Finger (= Erfahrungswissen), dann kann die erlernte Einsicht in den Zusammenhang zwischen Hitze und Verletzung auf andere heiße Gegenstände übertragen werden.

Individuelles Lernen

Für das **individuelle Lernen** sind beide Ansätze von Relevanz: Lernen wird zu einem erheblichen Teil durch Umwelteinflüsse und durch die wahrgenommenen Konsequenzen des bisherigen Verhaltens geprägt. Menschen reagieren aber nicht mechanisch auf solche Reize, sondern selektieren und interpretieren die ihnen zur Verfügung stehenden Informationen. Reize werden aufgenommen, verarbeitet und je nach Ergebnis werden daraus neue Verhaltensweisen abgeleitet oder nicht (vgl. *Zahn/Dillerup*, 1995, S. 62 f.). Wie Abb. 8.2.3 zeigt, finden diese Lernprozesse in **individuellen Lernzyklen** statt. Zunächst wird eine Situation wahrgenommen, reflektiert und bewertet. Daraus werden Handlungskonzepte abgeleitet und anschließend umgesetzt. Die Ergebnisse des Handelns werden beobachtet und wiederum bewertet. Dies kann in der Folge zu einer erneuten Überarbeitung des Handlungskonzepts und damit einem weiteren Lernzyklus führen. So kann z. B. ein Läufer seine Leistung nach und nach sowohl durch regelmäßiges Training als auch durch die Optimierung seines Laufstils verbessern.

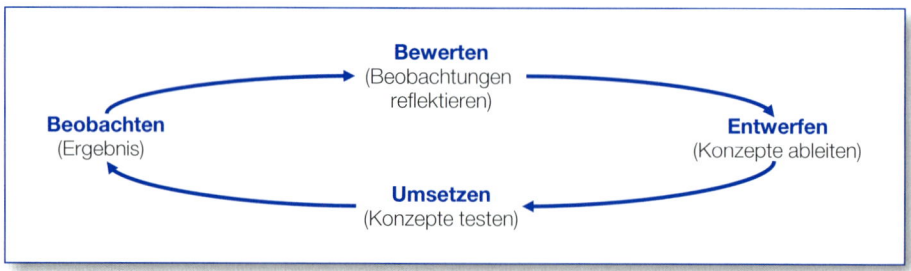

Abb. 8.2.3: Individueller Lernzyklus (in Anlehnung an Kim, 1993, S. 39)

Mentale Modelle

Mentale Modelle bezeichnen vereinfachte Bilder der Wirklichkeit, die jedem Verstehen und Entscheiden zugrunde liegen. Diese Vorstellungen dienen dazu, beobachtete Abläufe und Zusammenhänge zu erklären. Sie werden auch zur Selektion relevanter Umweltinformationen und zur Interpretation von Verhaltenswirkungen benötigt. Damit bilden sie das zugrunde liegende Erklärungsmodell. Im Sport sind das beispielsweise die Regeln (z. B. Abseitsregel im Fußball). Darauf aufbauend lässt sich Lernen – entsprechend dem individuellen Lernzyklus – auch als das Einordnen von Informationen in bestehende mentale Modelle verstehen (vgl. *Greschner/Weidler*, 1996). Individuelle mentale Modelle basieren auf der Erziehung, den Erfahrungen und der Persönlichkeit eines Menschen. Dies führt dazu, dass Situationen unterschiedlich interpretiert und bewertet werden. Während für den einen Mitarbeiter eine Präsentation vor der Geschäftsführung

8.2 Wissensorientierte Unternehmensführung

eine interessante Herausforderung darstellt, verursacht dies bei einem anderen Mitarbeiter dagegen Versagensängste.

Nach dem Ausmaß der Veränderung geteilter mentaler Modelle wird Lernen unterschiedlich typologisiert (vgl. *Pawlowsky*, 1992). Grundsätzlich lassen sich die in Abb. 8.2.4 dargestellten drei **Ebenen des Lernens** unterscheiden (vgl. *Argyris/Schön*, 1978, S. 10 ff.; *Götz/Schmid*, 2004, S. 190 f.):

Ebenen

- **Lernen erster Ordnung (Single-Loop-Learning)** bezeichnet reines Anpassungslernen (Einkreislernen). Dabei werden Soll-Ist-Abweichungen durch die Bestimmung und Vermeidung von Fehlerquellen beseitigt. Dieses adaptive Lernen findet auf der Basis der bestehenden mentalen Modelle statt. So kann z. B. ein Triathlet durch regelmäßiges Training seine Technik beim Brustschwimmen verbessern und dadurch schneller schwimmen.

Single-Loop

- **Lernen zweiter Ordnung (Double-Loop-Learning)** ist erforderlich, wenn sich Störungen durch Lernvorgänge der ersten Ebene nicht mehr beseitigen lassen. Hierzu müssen die Organisationsmitglieder bereit sein, ihre bislang erfolgreich eingesetzten mentalen Modelle aufzugeben und neue Wege zu gehen (Zweikreislernen). Beispielsweise kann der Triathlet seinen Schwimmstil mit Hilfe eines Trainers auf die Kraultechnik umstellen und einen modernen Neoprenanzug nutzen, um im nächsten Wettkampf erfolgreicher zu sein.

Double-Loop

- **Lernen dritter Ordnung (Deutero-Learning)** bezeichnet das „Lernen des Lernens". Die bisherigen Lernprozesse erster und zweiter Ordnung werden analysiert und daraus lernhinderliche und -fördernde Faktoren bestimmt. Auf diese Weise soll die Lernfähigkeit verbessert werden. Dies geschieht insbesondere durch die Beseitigung von Lernbarrieren und das Stimulieren von Lernbereitschaft (Problemlösungs- bzw. Prozesslernen). Beispielsweise könnte es dem Triathlet an der erforderlichen Offenheit mangeln, die Verbesserungsvorschläge seines Trainers umzusetzen, oder er fragt sich, warum er es nicht schafft, zweimal die Woche Schwimmen zu gehen.

Deutero

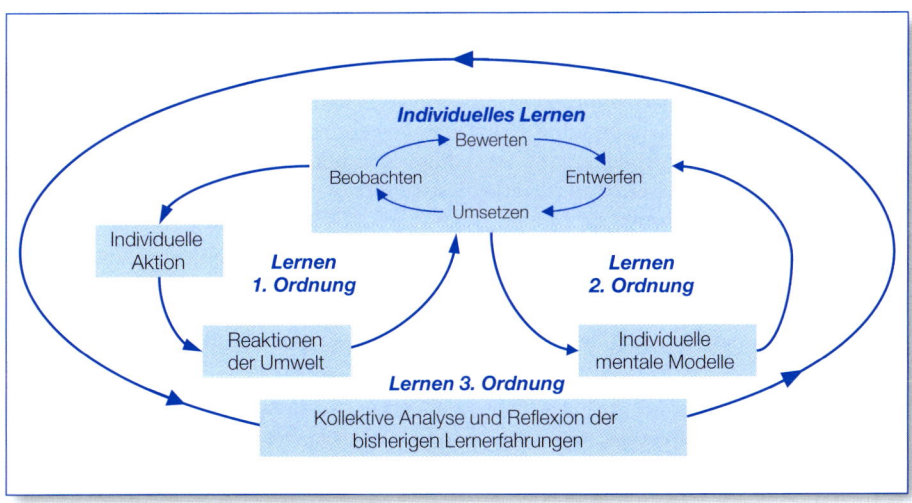

*Abb. 8.2.4: Die drei Ebenen des Lernens
(in Anlehnung an Götz/Schmid, 2004, S. 190; Kim, 1993, S. 44)*

8　Ausrichtungen der Unternehmensführung

Organisationales Lernen

Da Unternehmen durch ihre Mitglieder lernen, lässt sich das Modell des individuellen Lernens auf das Lernen von Organisationen erweitern. So besitzen Personen einer Organisation Erwartungen über die Konsequenzen ihres Handelns, eine sog. organisationale Handlungstheorie (Theory of Action). Im Rahmen ihrer Wahrnehmung überprüfen die Organisationsmitglieder diese Erwartungen und lernen bzw. verlernen, indem sie ihre mentalen Modelle konstruieren, testen und rekonstruieren (vgl. *Argyris/Schön*, 1978, S. 10 ff.). **Organisationales Lernen** bezeichnet dabei die Fähigkeit einer Organisation, neue Problem- und Handlungskompetenzen zu generieren. Dies geschieht zum einen durch systematische Erkennung und Beseitigung von Fehlern und zum anderen durch laufende Anpassung der organisationalen Werte und des organisationalen Wissens (vgl. *Götz/Schmid*, 2004, S. 191).

Organisationales Lernen im Sinne des kollektiven Lernens einer Vielzahl von Unternehmensmitgliedern erfordert die Bildung und Weiterentwicklung geteilter mentaler Modelle. Unternehmen benötigen zur Gestaltung und Optimierung ihrer Geschäftsprozesse ein breites Spektrum an Wissen, das sie zur Erfüllung von Aufgaben und für Problemlösungen verwenden. Dieser Bestand an Wissen repräsentiert die organisationale Wissensbasis, die durch organisationale Lernvorgänge genutzt, geändert und weiterentwickelt wird (vgl. *Pautzke*, 1989, S. 63 ff.). Das individuelle Wissen einzelner Mitarbeiter muss dazu soweit wie möglich offen gelegt und im Hinblick auf seinen Erklärungswert einer kritischen Prüfung unterzogen werden. Auf diese Weise kann überprüftes individuelles Wissen Eingang in organisationale Handlungsroutinen wie z. B. Standardprozesse finden (vgl. *Kim*, 1993, S. 46 f.).

Integriertes Modell

In Abb. 8.2.5 ist ein vereinfachtes **Modell des organisationalen Lernens** dargestellt. Organisationales Lernen basiert darin zunächst auf individuellen Lernprozessen. Reaktionen und Informationen der Umwelt werden auf Basis der individuellen mentalen Modelle beobachtet, bewertet und daraus neue Handlungen entworfen und umgesetzt. Die persönliche Interaktion mit der Umwelt kann dazu führen, dass Mitarbeiter ihre mentalen Modelle und Verhaltensweisen anpassen. Wenn Kollegen dies wahrnehmen und ihre eigenen Verhaltensweisen ebenfalls ändern, dann geht individuelles in kollektives Lernen über. In diesem Fall werden Verhaltensweisen und mentale Modelle von mehreren Organisationsmitgliedern geteilt (vgl. *De Geus*, 1989). Beispielsweise kommt ein Vorgesetzter zu der Einsicht, dass er seinen Mitarbeitern aufgrund des schlechten Klimas in seiner Abteilung mehr Vertrauen schenken sollte. Führt der neue Führungsstil zu höherer Motivation und Leistung seiner Mitarbeiter, dann wird dies nach außen hin sichtbar. Das kann dazu führen, dass auch andere Führungskräfte diesen Führungsstil für sich übernehmen und dieser sich im Unternehmen ausbreitet. Auch eine individuelle Aktion kann das organisationale Verhalten beeinflussen. Beispielsweise beschließt ein Vorgesetzter, in seiner Abteilung einen „Casual Friday" einzuführen. Aufgrund der erzielten Aufmerksamkeit kann es passieren, dass auch Mitarbeiter anderer Abteilungen freitags in Freizeitkleidung zur Arbeit kommen und sich dies im gesamten Unternehmen einbürgert.

Lernbarrieren

Lernprozesse laufen nur dann wirkungsvoll ab, wenn die Rückkopplungsbeziehungen im Lernzyklus intakt sind. Abb. 8.2.6 zeigt sieben **Lernbarrieren**, die Lernzyklen unterbrechen und den Lernprozess behindern können (vgl. *March/Olsen*, 1975, S. 147 ff.):

Rollenbeschränkt

- **Rollenbeschränktes Lernen** liegt vor, wenn individuelle Handlungskonzepte nicht in Handlungen umgesetzt werden, da auferlegte Rollenbeschränkungen dies verhindern. Beispielsweise kann der Wunsch eines Abteilungsleiters, Aufgaben an seine Mitarbeiter zu delegieren, daran scheitern, dass seine Stellenbeschreibung (= Rolle) dies nicht zulässt.

8.2 Wissensorientierte Unternehmensführung

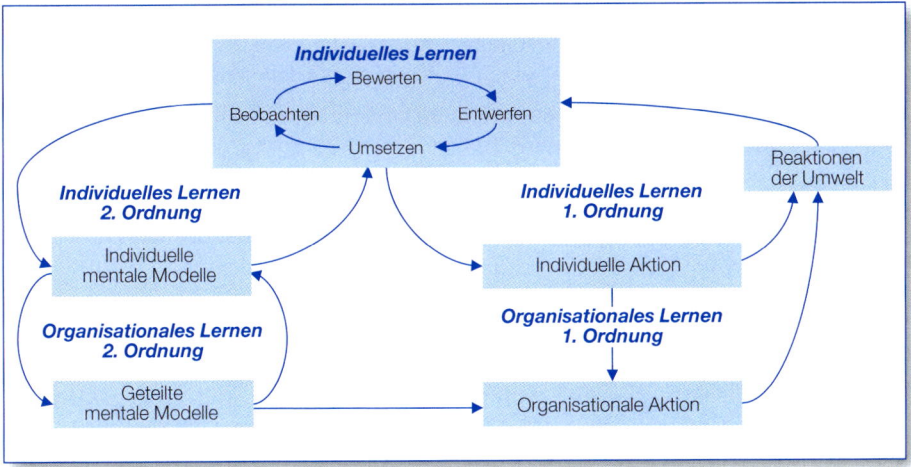

Abb. 8.2.5: Integriertes Modell des organisationalen Lernens (in Anlehnung an Kim, 1993, S. 44)

- Beim **Gehörschenkenden Lernen** findet zwar eine individuelle Aktion statt, aber diese hat keine organisationale Aktion zur Folge. Dies kann daran liegen, dass die individuelle Aktion von der Organisation mehrdeutig aufgenommen wird oder Widerstände hervorruft. So kann z. B. die Einführung eines Casual Fridays in einer Abteilung sich nicht im ganzen Unternehmen verbreiten, wenn andere Führungskräfte dies nicht unterstützen.
  Gehörschenkend

- **Abergläubiges Lernen** liegt vor, wenn Umweltreaktionen als Folge organisationaler oder individueller Aktionen beobachtet werden, aber Ursache und Wirkung nicht objektiv nachvollziehbar sind. Die Beziehung zwischen Aktion und Reaktion wird in diesem Fall subjektiv interpretiert. Dies kann der Fall sein, wenn in einem komplexen Problemkontext mehrere Aktionen objektiv zu einer gewünschten Reaktion führen, diese aber subjektiv lediglich als Ergebnis einer einzigen Aktion interpretiert wird. Beispielsweise kann eine Vielzahl von Maßnahmen zu einer Steigerung der Kundenzufriedenheit führen. Ein Mitarbeiter, der nur an einer Maßnahme beteiligt war, wird diese als Ursache ansehen, obwohl tatsächlich das Zusammenwirken des gesamten Bündels an Maßnahmen dafür verantwortlich war.
  Abergläubig

- **Mehrdeutiges Lernen** beruht auf einer unklaren Beziehung zwischen der Umweltreaktion und daraus abgeleiteten individuellen Handlungskonzepten. Der Zusammenhang von Ursache und Wirkung ist mehrdeutig und unsicher. Ein Beispiel ist ein steigender Absatz von Alarmanlagen, der sich im Unternehmen verschieden interpretieren lässt. Ursachen könnten eine Werbemaßnahme, die zunehmende Kriminalitätsrate oder die Insolvenz eines Konkurrenten sein.
  Mehrdeutig

- **Situatives Lernen** liegt vor, wenn das individuelle Handeln eine Änderung des individuellen mentalen Modells zwar nahe legt, diese aber unterlassen wird. Hoher Arbeitsdruck kann beispielsweise dazu führen, dass bereits alt hergebrachte Vorgehensweisen angewendet werden, obwohl ein anderes Vorgehen sinnvoller wäre.
  Situativ

- **Fragmentarisches Lernen** bedeutet, dass individuelle mentale Modelle nicht in kollektive mentale Modelle eingehen, weil sie in der Organisation nicht bekannt sind. Beispielsweise wird implizites Wissen eines Mitarbeiters nicht weitergegeben, weil
  Fragmentarisch

8 Ausrichtungen der Unternehmensführung

es nicht dokumentiert ist oder der Mitarbeiter es für sich behält. Dies ist z. B. der Fall, wenn ein Vertriebsmitarbeiter auf einem Seminar neue Verkaufstechniken erlernt hat und erfolgreich anwendet, aber seinen Kollegen nichts davon erzählt.

Opportunistisch
- **Opportunistisches Lernen** tritt auf, wenn im Unternehmen nicht nach den geteilten, mentalen Modellen gehandelt wird. Es kann erforderlich sein, um Chancen wahrzunehmen, Risiken abzuwenden oder Veränderungen einzuleiten. Es kann aber auch auf organisatorische Widerstände gegen die geteilten, mentalen Modelle zurückzuführen sein. Verabschiedete und anerkannte Verhaltensregeln sollten konsequent umgesetzt werden.

Jede dieser Lernbarrieren bietet Ansatzpunkte zur Verbesserung der betrieblichen Lernprozesse. Sie machen aber auch deutlich, warum eine Veränderung kollektiven Wissens und Verhaltens erheblich schwerer und langwieriger ist als auf der individuellen Ebene. Das zeigt sich z. B. darin, dass die Lernintensität von Gruppen häufig nur dem kleinsten gemeinsamen Nenner entspricht (vgl. *De Geus*, 1989, S. 28). Daraus entsteht die Gefahr einer unzureichenden Veränderungsfähigkeit des Unternehmens. Zur Förderung des organisationalen Lernens sollten deshalb Unterbrechungen und Störungen der Lernprozesse systematisch identifiziert und möglichst rasch beseitigt werden.

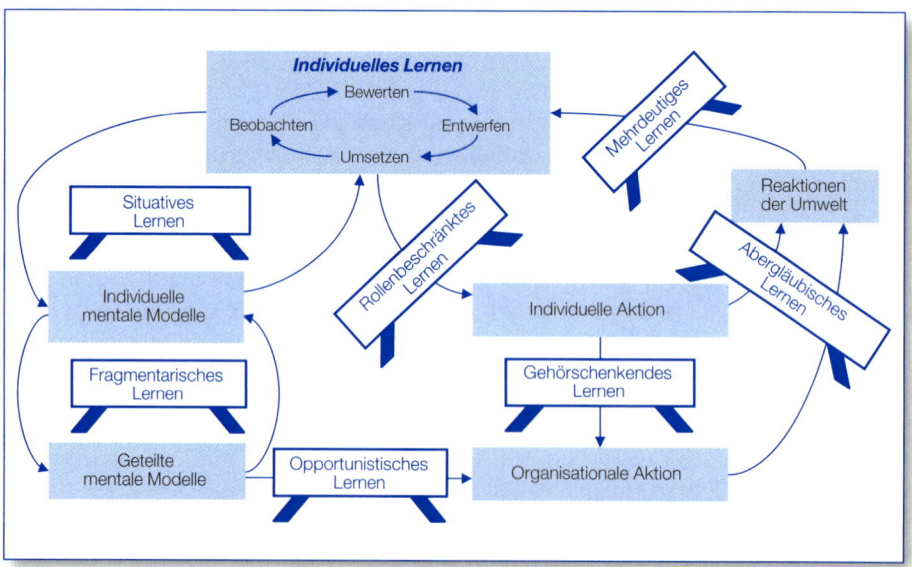

Abb. 8.2.6: Lernbarrieren im Unternehmen (in Anlehnung an Kim, 1993, S. 47)

8.2.5 Wissensmanagement

Aufgaben

Wissen hat für viele Unternehmen eine hohe strategische Bedeutung. Deshalb stellt sich für die Unternehmensführung die Frage, wie sich das organisationale Wissen optimal nutzen, weiterentwickeln und in Geschäftsprozessen und Produkten umsetzen lässt. Diese Aufgaben werden unter dem Begriff Wissensmanagement zusammengefasst (vgl. *Bullinger* et al., 1998, S. 23 f.; *North*, 2011, S. 184 ff.; *Probst* et al., 2010, S. 27 ff.).

8.2 Wissensorientierte Unternehmensführung

> **Wissensmanagement** bezeichnet die systematische Identifikation, Beschaffung, Entwicklung, Verteilung, Nutzung und Bewahrung des organisationalen Wissens mit dem Ziel, die Wettbewerbsfähigkeit des Unternehmens zu steigern.

Der Nutzen des Wissensmanagements ergibt sich aus seinem Beitrag zur Erreichung der betrieblichen Zielsetzungen. Es bezieht sich nicht nur auf das Unternehmen, sondern auch auf externe Wissensquellen wie z. B. Kunden, Lieferanten oder Geschäftspartner.

8.2.5.1 Konzeptionen des Wissensmanagements

Die unterschiedlichen Wissensmanagementkonzepte lassen sich grundsätzlich in folgende **Denkrichtungen** unterscheiden (vgl. *North*, 2011, S. 181 ff.):

- Das **technokratische Wissensmanagement** betrachtet Wissen als Objekt und geht davon aus, dass dessen Aufbau und Nutzung genau geplant, gesteuert und gemessen werden kann. Dies soll vor allem durch den Einsatz von Informationssystemen erreicht werden.
- Die **Wissensökologie** versteht Wissen als Prozess. Ihr Schwerpunkt liegt in der Gestaltung der Rahmenbedingungen, um Mitarbeiter zu motivieren, organisationales Wissen aufzubauen und zu nutzen. Unternehmen werden dabei als dynamisch lernende Systeme verstanden, die nicht beliebig steuerbar sind.
- **Phasenmodelle** integrieren beide Sichtweisen. Wissen wird situativ als Objekt bzw. Prozess angesehen und das Wissensmanagement in Phasen unterteilt.

Im Folgenden werden wesentliche Konzepte vorgestellt, welche das Wissensmanagement ganzheitlich betrachten. Organisationales Wissen wird dabei als eigenständiges Objekt der Unternehmensführung mit hohem Stellenwert angesehen (Holistische Ansätze). Daneben existieren Konzepte, die nur auf einzelne Teilaspekte des Wissensmanagements eingehen (Partialansätze). Diese werden nachfolgend soweit erforderlich im Rahmen der jeweiligen Themenstellung behandelt (vgl. Al-Laham, 2003, S. 79 ff.).

- **Kontextgestaltung organisationaler Lernprozesse nach** *Pawlowsky* **(1994):** Wissensmanagement wird als zielgerichtete Gestaltung organisationaler Lernprozesse angesehen. Dies erfolgt auf Basis der Identifikation, Erzeugung und Entwicklung des erfolgsrelevanten Wissens. Es soll im Unternehmen verfügbar gemacht und in Verhalten umgesetzt werden. Da jeder Lernprozess auf der einen Seite durch das dabei verwendete Wissen bestimmt wird und auf der anderen Seite die Wissensbasis verändert, entsteht ein Kreislauf organisatorischen Lernens. Die vier grundlegenden Phasen organisatorischer Lernprozesse bilden die Ansatzpunkte des Wissensmanagements. Die erste Phase bezieht sich auf die Identifikation und Generierung relevanten Wissens. Im Anschluss findet in der zweiten Phase die Diffusion des Wissens in der Organisation statt. In der dritten Phase wird das Wissen integriert und die organisationale Wissensbasis angepasst. In der vierten Phase der Aktion und Nutzung ist es entscheidend, inwieweit das neue Wissen zu einer Änderung des Verhaltens der Mitarbeiter führt. Personelle Führungsaspekte stehen bei diesem Ansatz im Vordergrund.
- **Wandlungsorientierte Konzeption nach** *Schüppel* **(1996):** Wissensmanagement wird als Ansatz verstanden, um komplexe Wandlungsprozesse im Unternehmen zu beherrschen. Durch vier Akte soll das prinzipiell erreichbare Lern- und Wissenspo-

8 Ausrichtungen der Unternehmensführung

tenzial ausgeschöpft sowie Wissens- und Lernbarrieren beseitigt werden. Im ersten Akt findet die Rekonstruktion der Wissensbasis statt, die einen Überblick über das Wissen der Organisation und die vorhandenen Wissensträger liefern soll. Im zweiten Akt erfolgt die Analyse der eigenen Lernprozesse. Daraufhin folgt im dritten Akt die Identifikation von Wissens- und Lernbarrieren, die potenziell in jedem Lernprozess vorhanden sind. Erst nachdem in diesen drei Akten die Wissenssituation des Unternehmens genau analysiert ist, kann im vierten Akt die Gestaltung des Wissensmanagements zur Überwindung der Lern- und Transferbarrieren erfolgen.

- **Lebenszyklusorientiertes Wissensmanagement nach *Rebhäuser/Krcmar* (1996):** Während die ersten beiden Ansätze der Wissensökologie zuzuordnen sind, ist dieses Konzept ein Vertreter des technokratischen Wissensmanagements. Es unterscheidet fünf Managementphasen. Der Zyklus beginnt mit dem „Management der Wissens- und Informationsquellen", d. h. dem Erkennen und Erheben von Wissen, das noch keinen Eingang in die Wissensträger und Informationsressourcen gefunden hat. Das „Management der Wissensträger und Informationsressourcen" beschäftigt sich mit der Darstellung und Speicherung des Wissens sowie der Bereitstellung und Pflege geeigneter Wissensträger. Beim anschließenden „Management des Wissensangebots" geht es um die Bereitstellung des Wissens zur Lösung konkreter Probleme. In der Phase des „Managements des Wissensbedarfs" wird das bereitgestellte Wissen vom Nutzer interpretiert und angewandt. Die letzte Phase des „Managements der Infrastrukturen" zielt auf die Schaffung einer personellen, organisatorischen und technologischen Infrastruktur ab. Dieser Zyklus wird im Unternehmen ständig durchlaufen, wobei jeder neue Zyklus auf einer höheren Wissensebene stattfindet. Wissen wird als ein sich selbst produzierendes und aufrechterhaltendes Netzwerk von Strukturen angesehen. Das Modell beschäftigt sich vor allem mit explizitem Wissen, das durch Informationssysteme genutzt werden soll.

- **Führungskreislauforientierte Konzeption nach *Probst* et al. (2010):** Das Wissensmanagement wird in diesem Phasenmodell in folgende Bausteine unterteilt: Wissensziele, -identifikation, -erwerb, -entwicklung, -verteilung, -nutzung, -bewahrung und -bewertung. Diese Bausteine sind miteinander vernetzt und bilden in Anlehnung an den klassischen Führungsprozess (vgl. Kap. 1.3.2.1) den **Kreislauf des Wissensmanagements**. Er ist in Abb. 8.2.7 dargestellt. Identifikation, Erwerb, Entwicklung, Verteilung,

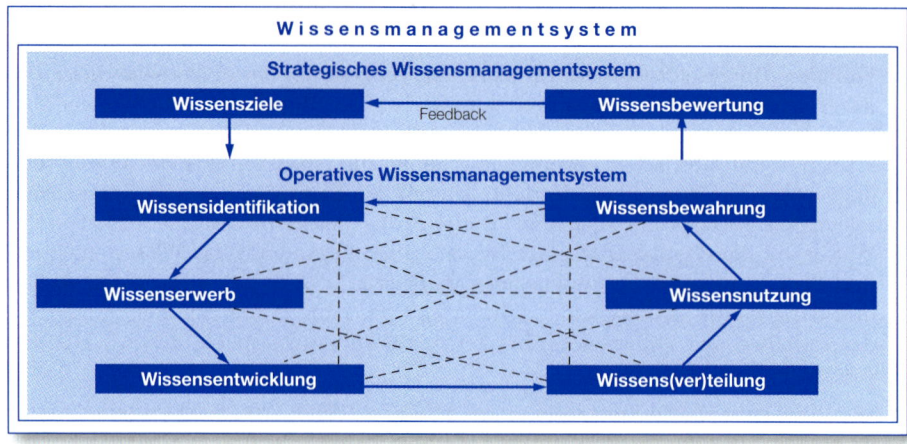

Abb. 8.2.7: Kreislauf des Wissensmanagements (vgl. Probst et al., 2010, S. 32)

Nutzung und Bewahrung stellen die operativen Aufgabenbereiche des Wissensmanagements dar. Sie fallen laufend an, beeinflussen sich gegenseitig und bauen aufeinander auf. Um aber ein wirkungsvolles Wissensmanagement betreiben zu können, benötigen diese operativen Tätigkeiten durch Wissensziele und Wissensbewertung eine strategische Ausrichtung als Orientierungsrahmen. Das anwendungsorientierte, integrative Modell von *Probst* et al. ist im deutschsprachigen Raum weit verbreitet und bildet im Folgenden die Basis der weiteren Darstellung des Wissensmanagements (vgl. im Folgenden *Probst* et al., 2010, S. 35 ff.).

8.2.5.2 Strategisches Wissensmanagement

8.2.5.2.1 Wissensziele

Ausgangspunkt des Wissensmanagements ist die Festlegung der Wissensziele, die das Unternehmen verfolgt. Diese bestimmen, auf welcher Zielebene welches Wissen und welche Kompetenzen aufzubauen sind. Alle weiteren Aktivitäten sind darauf gerichtet, diese Wissensziele zu erreichen. Auf diese Weise laufen organisationale Lernprozesse zielgerichtet ab und der Erfolg des Wissensmanagements kann beurteilt werden. Ihre Definition wird in der Praxis jedoch häufig vernachlässigt (vgl. *Probst* et al., 2010, S. 35 ff.).

- **Normative Wissensziele** bilden die Basis für die Bereitschaft des Unternehmens und seiner Mitarbeiter, sich mit Aspekten des Wissens auseinander zu setzen. Hierzu gehört insbesondere die Schaffung einer wissensorientierten Unternehmenskultur. Diese soll bei Führungskräften und Mitarbeitern ein Bewusstsein dafür schaffen, dass Wissen eine zentrale Größe für den Unternehmenserfolg darstellt. Ohne ein derartiges Bewusstsein haben die Maßnahmen des Wissensmanagements auf nachfolgenden Ebenen nur geringe Aussicht auf Erfolg.

- **Strategische Wissensziele** beschreiben den zukünftigen Kompetenzbedarf und das notwendige organisationale Kernwissen des Unternehmens. Dadurch soll festgelegt werden, welche Kompetenzen bewahrt oder neu entwickelt werden müssen und welche in Zukunft nicht mehr erforderlich sind. Darauf aufbauend lassen sich Wissensstrategien formulieren. Sie beschreiben, wie die Führungssysteme und Organisationsstrukturen gestaltet werden müssen, um diese Wissensziele zu erreichen. Die Ausgestaltung der Wissensstrategie hängt insbesondere von der Bedeutung des Wissens zur Differenzierung im Wettbewerb ab.

- **Operative Wissensziele** übersetzen die strategischen Wissensziele in messbare und detaillierte Teilziele. Sie sollen die Umsetzung des Wissensmanagements sicherstellen und verhindern, dass die Verfolgung der Wissensstrategie dem operativen Tagesgeschäft zum Opfer fällt. Dafür müssen die operativen Wissensziele äußerst konkret formuliert und deren Umsetzung im gesamten Unternehmen konsequent unterjährig verfolgt werden.

Probleme in der Praxis bereiten vor allem die Quantifizierbarkeit der Wissensziele, interne Verständigungsschwierigkeiten bei der Diskussion um das Thema Wissen sowie Konflikte zwischen den Wissenszielen der Mitarbeiter und denen des Unternehmens.

Marginalie: Wissensziele

8.2.5.2.2 Wissensbewertung

Wissensbewertung

Um zu einem geschlossenen Kreislauf des Wissensmanagements zu gelangen, ist in regelmäßigen Abständen eine Bewertung des organisationalen Wissens erforderlich. Darunter soll jedoch keine monetäre Bewertung verstanden werden. Vielmehr ist zu prüfen, ob die Wissensziele erreicht wurden. Aus diesem Grund sollte die Messung entsprechend den normativen, strategischen und operativen Wissenszielen erfolgen. Dabei wird ein **Zielerreichungsgrad** ermittelt, der den Erfolg des Wissensmanagements beurteilbar macht. Daraus werden dann Maßnahmen abgeleitet bzw. Ziele angepasst. Um dies zu erreichen, sollte bereits bei der Festlegung der Wissensziele auf die Operationalisierbarkeit und Umsetzbarkeit in konkrete Maßnahmen geachtet werden (vgl. *Probst* et al., 2010, S. 215 ff.). Die Darstellung der erzielten Ergebnisse kann darüber hinaus auch einen Beitrag zur Rechtfertigung des Bedarfs an finanziellen und personellen Ressourcen liefern.

Wissensindikatoren

Eine direkte Quantifizierung der personengebundenen Ressource „Wissen" scheint weder möglich noch sinnvoll. Deshalb wird in aller Regel eine indirekte Bewertung mit Hilfe von **Wissensindikatoren** durchgeführt. Durch die Messung ihrer Veränderung werden Rückschlüsse auf die Entwicklung der organisationalen Wissensbasis gezogen. Diese Indikatoren sind für jedes Unternehmen auf Basis der Wissensstrategie und der Wissensziele individuell festzulegen. Beispiele sind Anzahl und Wert von Patenten, Lizenzen und Urheberrechten, die Zahl umgesetzter Verbesserungsvorschläge oder Schulungstage. Darüber hinaus sind auch personelle Aspekte wie z. B. die Zufriedenheit und Motivation der Mitarbeiter, deren Erfahrungen und Kompetenzen in einem Wissensgebiet und die Wertschöpfung pro Mitarbeiter in die Bewertung einzubeziehen.

Klassen

Wissensindikatoren lassen sich in folgende aufeinander aufbauende und zusammenhängende **Klassen** einteilen (vgl. *North* et al., 1998, S. 160 ff.):

- **Bestandsindikatoren** sollen darstellen, woraus sich die organisationale Wissensbasis zu einem bestimmten Zeitpunkt zusammensetzt. Beispiele sind Kompetenzprofile der Mitarbeiter oder die Zahl an Patenten. Sie lassen sich zu einer Wissensbilanz ausbauen.

- **Interventionsindikatoren** beschreiben die Aktivitäten zur Veränderung der Wissensbasis. Beispiele sind die Durchführung von Schulungen oder die Erstellung von Expertenprofilen.

- **Übertragungsindikatoren** sollen die direkten Ergebnisse der Wissensaktivitäten messen. Beispiele sind die Anzahl an Verbesserungsvorschlägen oder die Antwortzeiten auf Kundenanfragen.

- **Finanzielle Indikatoren** messen die Geschäftsergebnisse am Ende der Betrachtungsperiode. Sie werden ergänzend zu den Wissensindikatoren ermittelt. Inwieweit die Wissensaktivitäten jedoch Auswirkungen auf die finanziellen Ergebnisse genommen haben, ist nicht eindeutig feststellbar.

Wissensbilanz

Die Darstellung der organisationalen Wissensbasis in Form einer **Wissensbilanz** bildet den Anfangs- und Endpunkt der Wissensbewertung (vgl. Kap. 8.3.4.1). Die Veränderungen des organisationalen Wissens lassen sich im Rahmen einer Bewegungsbilanz analysieren. Durch die Wissensbewertung soll vor allem ein Verständnis für Ursache-Wirkungs-Zusammenhänge zwischen den Bausteinen des Wissensmanagements und der Erreichung unternehmerischer Zielsetzungen hergestellt werden.

Die Frage der Wissensbewertung ist noch nicht abschließend gelöst. Definition und Auswahl geeigneter Indikatoren stoßen in der Praxis auf erhebliche Schwierigkeiten. Problematisch sind insbesondere deren standardisierte und objektive Messbarkeit sowie ihr Aussagegehalt (vgl. *Grübel* et al., 2004, S. 26 f.). Generell ist die Bewertung des Wissens ohne den Einbezug anderer immaterieller Vermögenswerte wenig sinnvoll. Deshalb wird auf die bestehenden Bewertungsansätze erst in Kapitel 8.3.4 ausführlicher eingegangen.

Aus der Wissensbewertung folgt ein Feedback, inwieweit die Wissensziele erreicht wurden. Dies bildet den Ausgangspunkt für die Überarbeitung und Festlegung neuer Wissensziele. So wird aus einer Kette von Bausteinen ein geschlossener **Wissensmanagementkreislauf**. — Kreislauf

8.2.5.3 Operatives Wissensmanagement

8.2.5.3.1 Wissensidentifikation

Die fehlende Transparenz über das innerhalb und außerhalb der Organisation vorhandene Wissen stellt in vielen Unternehmen gegenwärtig ein Problem dar. Eine immer größer werdende Informationsflut erschwert es vielen Führungskräften, die zur Zielerreichung erforderlichen Informationen zu finden und auszuwählen (vgl. Kap. 7.2).

Die Identifikation der für das Unternehmen relevanten Wissensträger und -inhalte bildet deshalb die Grundlage für ein effektives Wissensmanagement. Sie ermöglicht es dem einzelnen Mitarbeiter, Wissensträger zu finden und mit ihnen Kontakte zu knüpfen, kooperativ zusammenzuarbeiten und Synergien zu erzielen. Interne und externe Wissensressourcen lassen sich somit besser nutzen (vgl. *Probst* et al., 2010, S. 61 ff.).

Wissens(land)karten sind graphische Verzeichnisse von Wissensträgern, -strukturen, -beständen, -quellen oder -anwendungen. Sie stellen das Wissen und die betreffenden Wissensträger strukturiert dar und erleichtern das Auffinden von Wissensträgern oder -quellen. Auf diese Weise erhöhen sie die Transparenz über das vorhandene Wissen. Die wichtigsten **Arten** von Wissenslandkarten sind: — Wissenslandkarten

- **Wissensträgerkarten** geben Auskunft darüber, welches Wissen in welcher Ausprägung bei welchem Wissensträger vorhanden ist.
- **Wissensbestandskarten** zeigen, wo und in welcher Form bestimmte Wissensbestände gespeichert sind.
- **Wissensstrukturkarten** veranschaulichen die Zusammenhänge im Rahmen eines Wissensgebiets bzw. zwischen unterschiedlichen Wissensgebieten.

Eine effektive und mit relativ geringem Aufwand verbundene Möglichkeit der Wissensidentifikation ist die Erstellung von Wissensträgerkarten in Form von Expertenverzeichnissen. Sie enthalten die internen Experten mit ihren betrieblichen Kontaktdaten und beschreiben, auf welchen Themengebieten diese über spezielles Wissen verfügen. Deshalb werden diese Verzeichnisse häufig auch die „**Gelben Seiten**" des Unternehmens genannt. Eine Integration in das betriebliche Intranet bietet sich an. — Gelbe Seiten

Eine wirksame Unterstützung zur Erfassung, Verarbeitung und Auffindung von Dokumenten liefern **Dokumentenmanagementsysteme**. Mit ihrer Hilfe lassen sich Dokumentensammlungen inhaltlich strukturieren und ordnen. Die Arbeit mit den Dokumenten wird dabei z. B. durch eine Versionsverwaltung oder die Benachrichtigung über neue Dokumente erleichtert. Noch schwieriger als die Bestimmung des unternehmenseigenen Wissens ist es, einen Überblick über das relevante externe Wissen zu erhalten. — Dokumentenmanagement

8 Ausrichtungen der Unternehmensführung

Wissensmanagement bei Porsche Engineering Services

Die *Porsche Engineering Services GmbH* mit Sitz in Bietigheim-Bissingen ist eine Tochtergesellschaft der *Porsche AG*. *Porsche Engineering* bietet Entwicklungsdienstleistungen für Automobilhersteller und -zulieferer, aber auch für Unternehmen anderer Branchen. Die Kunden werden von der Konzeptphase bis in die Serienproduktion entlang des gesamten Produktentstehungsprozesses bei der Entwicklung von Komponenten, Systemen, Modulen und Gesamtfahrzeugen unterstützt.

Die Gelben Seiten von *Porsche Engineering Services* sind für alle Mitarbeiter in *Lotus Notes* zugänglich. Diese Lösung wurde gewählt, da auf diese Weise die Zugriffsrechte besser zuordenbar sind als im Intranet. Die **Mitarbeiter-Stammdaten** (Name, Lichtbild, Telefonnummer etc.) werden bei Eintritt eines neuen Mitarbeiters von der IT-Abteilung eingepflegt. Zusätzlich werden die im Laufe der Betriebszugehörigkeit durchgeführten **Schulungen** von der Personalabteilung eingetragen. Die **Qualifikationsdaten** wie z.B. Ausbildung, Tätigkeitsbeschreibung, Sprachkenntnisse, EDV-Kenntnisse sowie Projekterfahrungen und spezielle Qualifikationen werden von den Mitarbeitern selbst eingepflegt und regelmäßig aktualisiert. Die Mitarbeiter können ihrerseits mit Hilfe einer standardisierten Suchmaske nach einem geeigneten Ansprechpartner in der Datenbank suchen. Den Aufbau eines solchen Mitarbeiterprofils zeigt Abb. 8.2.8.

Mitarbeiterprofil

Name:	Elvira Musterfrau
Alter:	36
Sprachkenntnisse:	Yugoslawisch, Italienisch, Englisch
Funktion in der PES GmbH:	OTL
Fachbereich in PES GmbH:	EKR
Ausbildungs-/Studiengänge:	techn. Zeichnerin
	Dipl.-Ing. Maschinenbau
	Projektmanagement-Fachfrau RKW/GPM

Berufserfahrung:	Technische Zeichnerin im Maschinenbau	Mitarbeit in Fachabteilungen:	
	Konstruktion im Sondermaschinenbau	EGX 3, EKX, EKX	
	Konstruktion im Automobilbau		
„Know-how"-Schwerpunkte:	Zeichnungskontrolle	Erstellen von Montageanweisungen	
	Stücklistenerstellung-/Pflege	Kunststoffanbindungen	
	Technische Dokumentation	Konstruktion mit Kunststoffen	
	Projektmanagement		
Projekterfahrung:	Porsche Sportwagenvariante	Frontend	
	Porsche Strassenrennwagen	Anbauteile	
	Porsche SUV	Frontend	
	Daimler VAN	Frontend	
PC/DV/CAD-Kenntnisse:	Corel Draw, Lotus Notes, MS Office, MS Project, MS Mindmanager, CATIA, Pro Engineer		

Abb. 8.2.8: Mitarbeiterprofil in den Gelben Seiten der Porsche Engineering Services GmbH

Die Einführung des Wissensmanagements bei der *Porsche Engineering Services GmbH* führte zu einer Vereinfachung der täglichen Informationssuche und half dadurch, Fehler und Doppelarbeiten zu vermeiden. Eine interne Untersuchung ergab, dass auf diese Weise pro Tag und Mitarbeiter ca. 40 Minuten bei der Wissenssuche eingespart werden konnten. Dadurch ließ sich die Effizienz der Entwicklungsprojekte um ca. 10 % steigern.

Dabei geht es vor allem darum, sich über Markttrends zu informieren und die maßgeblichen externen Wissensträger und -quellen zu kennen. Dies können z. B. Professoren, Berater, Lieferanten oder Kunden sein. Diese verfügen über spezielles Wissen, welches im Unternehmen nicht vorhanden ist. Ein enormes Potenzial bietet heutzutage das Internet. Die dortige Fülle an Informationen erschwert jedoch das Auffinden und Selektieren der wirklich relevanten Inhalte. **Recherchesysteme** helfen den Mitarbeitern bei der Suche nach Informationen in unterschiedlichen Datenquellen. Ein bekanntes Beispiel hierfür sind Suchmaschinen wie z. B. *Google* (vgl. *Krcmar*, 2010, S. 654 ff.). Bei der Suche nach externem Wissen wird in der Praxis häufig unnötiger Aufwand betrieben. Dies liegt vor allem daran, dass nicht die richtigen Wissensträger befragt werden, die Suchziele unklar formuliert sind und die Mitarbeiter zu wenig Erfahrung im Umgang mit externen Wissensquellen haben.

Recherchesysteme

Zur Verbesserung der Transparenz über das im Unternehmen vorhandene Wissen können alle Mitarbeiter ihren Beitrag leisten. Jeder sollte seinen Kollegen seine Fähigkeiten kommunizieren und ihnen den Zugriff auf sein Wissen erleichtern. Die infrastrukturellen Voraussetzungen hierfür sind durch das Unternehmen zu schaffen. Dabei sollte jedoch stets auf bestehende Wissensstrukturen aufgebaut und auf ein angemessenes Kosten-Nutzen-Verhältnis geachtet werden (vgl. *Roehl*, 2000, S. 240 f.). Die Identifikation des vorhandenen Wissens zeigt auch bestehende Wissensdefizite auf. Um sie zu beseitigen, sind Lernprozesse erforderlich (vgl. Kap. 8.2.4). Wissenslücken können entweder durch die Nutzung externer Quellen (Wissenserwerb) oder die Schaffung neuen Wissens durch das Unternehmen selbst (Wissensentwicklung) geschlossen werden.

8.2.5.3.2 Wissenserwerb

Unternehmen sind meist nicht in der Lage, sämtliches Wissen selbst zu entwickeln. Ein effektiver Weg, um Wissenslücken zu schließen, ist deshalb der Erwerb des Wissens von externen Wissensträgern (vgl. *Probst* et al., 2010, S. 91 ff.). Dies kann z. B. durch Einstellung eines neuen Mitarbeiters geschehen, der über das erforderliche Wissen verfügt. Externe Experten lassen sich aber auch zeitweise „mieten". Ein Beispiel hierfür sind Unternehmensberater. Weitere Möglichkeiten sind Kooperationen mit anderen Organisationen (z. B. Universitäten) oder die Akquise von Unternehmen, die über das relevante Wissen verfügen.

Wissenserwerb

Besonders nützlich ist das **Wissen von Interessengruppen** (Stakeholdern), mit denen das Unternehmen in Beziehung steht. Dies kann z. B. ein gemeinsames Entwicklungsprojekt mit einem Lieferanten oder die Zusammenarbeit mit der Hausbank bei der Finanzierung eines Investitionsprojekts sein. Im Vordergrund steht das Wissen über den Kunden und dessen Bedürfnisse sowie die von ihm gemachten Erfahrungen mit den Leistungen des Unternehmens. Diesem Wissen kommt für die gezielte Entwicklung und Vermarktung der Produkte eine Schlüsselrolle zu. Darüber hinaus kann das Unternehmen auch **Wissensprodukte** erwerben. Dies können z. B. Lizenzen und Patente, Blaupausen oder Software sein. Da das Wissen hier personenunabhängig als Information gespeichert ist, bezeichnet man diese auch als Wissenskonserven.

Problematisch beim Wissenserwerb ist die geringe Markttransparenz, die den Vergleich und die Bewertung des zu erwerbenden Wissens erschwert. Darüber hinaus sind interne Barrieren zu beseitigen, die bei den Mitarbeitern gegenüber erworbenem Wissen bestehen. Beispiele sind das „Not-invented-here"-Syndrom, Mobbing gegen neue Mitarbeiter oder Widerstand gegen Konzepte von Unternehmensberatern.

Problematik

8 Ausrichtungen der Unternehmensführung

Die Schließung von Wissenslücken durch Wissenserwerb reicht jedoch nicht, um langfristig Wettbewerbsvorteile zu erzielen. Das hat den einfachen Grund, dass die meisten dieser Möglichkeiten auch der Konkurrenz offen stehen. Der Aufbau schwierig imitierbaren, organisationalen Wissens erfordert die Entwicklung durch das Unternehmen selbst.

8.2.5.3.3 Wissensentwicklung

Wissensentwicklung

Die Eigenentwicklung von Wissen kann für das Unternehmen sowohl aus wirtschaftlichen als auch aus strategischen Gesichtspunkten sinnvoll sein. Für die Differenzierung im Wettbewerb ist die Entwicklung neuen Wissens entscheidend. Es lässt sich nicht extern erwerben und steht damit auch nicht der Konkurrenz zur Verfügung. Angestrebt wird neues Wissen, das zu innovativeren Produkten, höherem Kundennutzen oder leistungsfähigeren Prozessen führt (vgl. *Pawlowsky*, 1998b, S. 25; *Probst* et al., 2010, S. 111 ff.).

Nach *Nonaka* und *Takeuchi* (vgl. im Folgenden 1997, S. 72 ff.) ist nur der Mensch als Individuum in der Lage, neues Wissen zu entwickeln. Dies geschieht durch das Zusammenwirken von implizitem und explizitem Wissen (vgl. Kap. 8.2.3). Die Entwicklung neuen Wissens erfolgt, wie in Abb. 8.2.9 dargestellt, in Form einer **Wissensspirale**.

Wissensspirale

Dabei werden vier verschiedene **Stufen der Wissensumwandlung** durchlaufen:

Sozialisation

- **Sozialisation** (Implizites Wissen aus implizitem Wissen): Die Sozialisation ist ein Erfahrungsaustausch zwischen Individuen, bei dem aus dem impliziten Wissen eines Mitarbeiters bei einem anderen Mitarbeiter neues implizites Wissen entsteht. Dieses neue Wissen wird von den Kollegen oder Vorgesetzten nicht durch Anweisungen, sondern vor allem durch Beobachtung, Nachahmung und praktische Anwendung erworben. Voraussetzung der Sozialisation ist jedoch ein gemeinsamer Erfahrungskontext, denn ansonsten ist es für den Mitarbeiter schwer, die Denk- und Handlungsweisen des Kollegen nachzuvollziehen. Dies gilt z. B. für das Erlernen von kulturellen Normen, Richtlinien und Werten des Unternehmens. Die Sozialisation findet z. B. im Handwerk zwischen Meister und Geselle statt.

Externalisierung

- **Externalisierung** (Explizites Wissen aus implizitem Wissen): Durch die Externalisierung wird das implizite Wissen in eine kommunizierbare und transferierbare Form gebracht. Dadurch kann es von vielen Mitarbeitern genutzt werden. Dies lässt sich z. B. durch Aufschreiben erreichen. Ein Beispiel hierfür ist ein Personalvorstand, der auf Basis seiner eigenen langjährigen Erfahrungen als Führungskraft (= implizites Wissen) schriftlich Personalführungsgrundsätze verfasst, die er den anderen Führungskräften in einem Rundschreiben bekannt macht (= explizites Wissen).

Kombination

- **Kombination** (Explizites Wissen aus explizitem Wissen): Bei der Kombination wird das explizite Wissen eines Mitarbeiters mit anderem expliziten Wissen verbunden, in einen anderen Kontext gestellt und neu geordnet. Eine individuelle Problemlösung eines Mitarbeiters lässt sich zum Beispiel auf andere Abteilungen übertragen. Allerdings wird die Wissensbasis der Organisation dadurch nicht vergrößert, sondern lediglich bestehendes Wissen in eine andere Form und in einen anderen Kontext gebracht. Häufig lässt es sich dadurch jedoch besser nutzen als zuvor. Ein

Beispiel ist die Erstellung eines Projektleitfadens auf Basis der Dokumentation einzelner Projekte.

- **Internalisierung** (Implizites Wissen aus explizitem Wissen): Die Internalisierung stellt die Verinnerlichung und Anwendung des neuen expliziten Wissens dar („Learning by doing"). Die Mitarbeiter ergänzen, erweitern und ordnen ihr eigenes implizites Wissen neu und vergrößern auf diese Weise ihre Problemlösungs- und Handlungskompetenz. Dies geschieht beispielsweise, wenn ein Mitarbeiter die dokumentierten Erfahrungen vergangener Unternehmensprojekte dazu nutzt, die Planung eines neuen Entwicklungsvorhabens durchzuführen und auf diese Weise seine Planungsfähigkeit verbessert.

Internalisierung

Nach der Internalisierung wird die Wissensspirale auf einem höheren Wissensniveau erneut durchlaufen. In der graphischen Darstellung erhält man deshalb einen spiralförmigen Verlauf. Die beiden kritischen Teilschritte sind die Externalisierung und die Internalisierung, da diese das persönliche Engagement der Mitarbeiter erfordern.

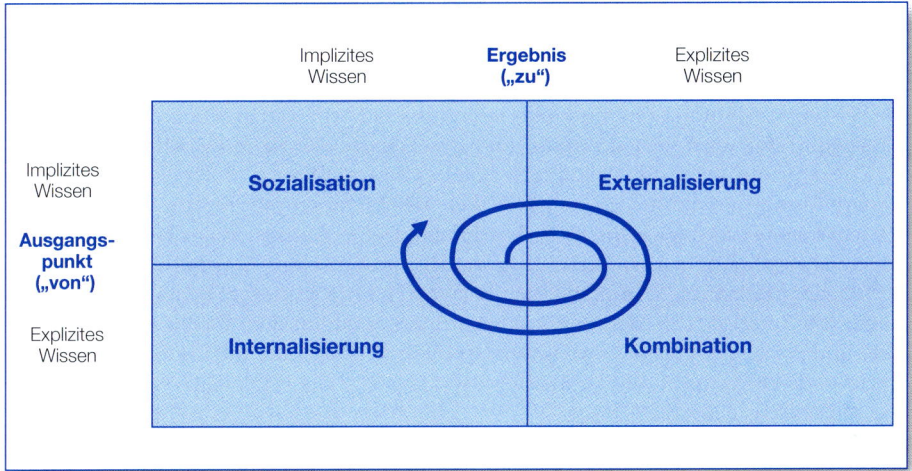

Abb. 8.2.9: Die Spirale des Wissens (vgl. Nonaka/Takeuchi, 1997, S. 75)

Wissensentwicklung kann auf individueller und kollektiver Ebene stattfinden. **Individuelle Lernprozesse** erfordern Kreativität und systematische Problemlösungskapazität. Sie führen zu neuem, persönlichem Wissen. Aus Sicht des Unternehmens sind jedoch individuelle Lernprozesse erforderlich, die neues organisationales Wissen und Innovationen hervorbringen. Die meisten Innovationen werden aber nicht von einzelnen Mitarbeitern, sondern von Teams entwickelt, die aus Mitarbeitern unterschiedlicher Funktionsbereiche bestehen. In diesem Rahmen kommen Instrumente der **kollektiven Wissensentwicklung** wie z. B. Kreativitätstechniken, Think tanks oder Lernarenen zum Einsatz. Ein **Think tank** ist eine Gruppe spezialisierter Mitarbeiter, die mit der Schaffung neuen kritischen Wissens beauftragt wird. Ein Beispiel ist ein Genforschungsteam in einem Pharma-Unternehmen. In einer **Lernarena** treffen sich die Mitarbeiter regelmäßig. Durch Erfahrungsaustausch und den Einsatz geeigneter Lernprozesse soll entweder das Wissen der Gruppe weiterentwickelt oder im Rahmen eines bestimmten Zeitraums vorgegebene Lernziele erreicht werden (vgl. *Romhardt*, 1995, S. 13 ff.).

Wege zur Wissensentwicklung

8 Ausrichtungen der Unternehmensführung

Widerstände — Innovationen bedeuten Veränderung und treffen deshalb auf individuelle und kollektive **Widerstände** (vgl. Kap. 6.4.3). Alte Vorgehensweisen sollen durch neue Lösungen ersetzt werden, deren Leistungsfähigkeit sich erst noch zeigen muss. Oft spielen dabei auch Machtstrukturen eine Rolle. Auf individueller Ebene äußern sich diese Widerstände z. B. durch geringe Aufgeschlossenheit gegenüber abweichenden Auffassungen und Einstellungen sowie dem Denken in Gefahren und Problemen statt in Chancen und Lösungen. Auf kollektiver Ebene besteht wegen mangelnder Wissenstransparenz die Gefahr von Redundanzen in der Wissensentwicklung. In diesen Fällen wird „das Rad immer wieder neu erfunden". Dies ist eine Verschwendung unternehmerischer Ressourcen (vgl. *Romhardt*, 1995, S. 173 ff.).

8.2.5.3.4 Wissens(ver)teilung

Wissensverteilung — Im nächsten Schritt soll das beschaffte bzw. entwickelte Wissen den Mitarbeitern zur Verfügung gestellt werden. Es ist auf diejenigen Mitarbeiter zu übertragen, die nicht am Prozess der Wissensgenerierung beteiligt waren (vgl. *Güldenberg*, 2003, S. 290 ff.). Die (Ver)teilung ist erforderlich, um isoliert vorhandenes Wissen für das gesamte Unternehmen nutzbar zu machen. Es ist zu entscheiden, welche Mitarbeiter über welches Wissen verfügen sollen und auf welche Weise dies geschehen kann (vgl. *Probst* et al., 2010, S. 139 ff.).

Direkter und indirekter Transfer — Die Wissensverteilung ist in direkter oder indirekter Form durchführbar. Beim **direkten Wissenstransfer** wird gezielt organisationales Wissen auf die Mitarbeiter übertragen. Im Vordergrund steht die Weitergabe von explizitem Wissen. Beispiele hierfür sind Weiterbildungsmaßnahmen, Qualitätszirkel oder Mentorenprogramme. Der **indirekte Wissenstransfer** verfolgt nicht ausdrücklich das Ziel, organisationales Wissen zu übertragen. Dies ist lediglich ein mehr oder weniger erwünschter Nebeneffekt bestimmter personeller Maßnahmen. Implizites Wissen wird häufig in dieser Form weitergegeben. Durch Job-Rotation, d. h. den planmäßigen und systematischen Wechsel von Arbeitsplatz und Arbeitsaufgaben, wird beispielsweise ein Mitarbeiter mit der Unternehmenskultur vertraut gemacht und kann sukzessive sein eigenes Wissensnetzwerk aufbauen (vgl. *Güldenberg*, 2003, S. 290 ff.).

Push- vs. Pull-Prinzip — Die organisatorische Wissensverteilung lässt sich entweder nach dem Push- oder dem Pull-Prinzip gestalten (vgl. *Romhardt*, 1998, S. 209 f.). Beim **Push-Prinzip** werden die Mitarbeiter mit dem für sie notwendigen Wissen von einer oder mehreren zentralen Stellen versorgt. Dies kann von Vorteil sein, wenn es sich um einen standardisierten und laufend wiederkehrenden Wissens- und Informationsbedarf handelt. Es ist auch dann sinnvoll, wenn der einzelne Mitarbeiter nicht in der Lage ist, eigene Wissensdefizite rechtzeitig zu bemerken. Generell sollte der Mitarbeiter jedoch das für seine Aufgabe erforderliche Wissen gezielt auf eigene Initiative nachfragen, wenn er ein Defizit bei sich festgestellt hat **(Pull-Prinzip)**. Auf diese Weise ist am ehesten gewährleistet, dass der Mitarbeiter das zur Verfügung gestellte Wissen auch aktiv nutzt.

Soziale Software — Für eine erfolgreiche Wissensverteilung sind technologische, organisatorische und personelle Anforderungen zu erfüllen. Aus **technologischer Sicht** erfordert die betriebliche Verteilung des Wissens geeignete Informationssysteme. Mit ihrer Hilfe lassen sich räumliche und zeitliche Distanzen zwischen den Mitarbeitern überwinden und die gemeinsame Arbeit unterstützen. Mittlerweile gibt es bereits ein breites Angebot, das von Intranet- und Extranet-Lösungen bis zu Groupware-Systemen reicht. Besonders moderne Webtechnologien dienen als „**soziale Software**" der menschlichen Kommuni-

8.2 Wissensorientierte Unternehmensführung

kation und Zusammenarbeit und ermöglichen den Aufbau von **Wissensnetzwerken** (vgl. *Krcmar*, 2010, S. 654 ff.; *Probst* et al., 2010, S. 242 ff.):

- **Community-Support-Systeme** erleichtern die Zusammenarbeit von Gruppen, deren Mitglieder räumlich verteilt sind. Dabei können z. B. Dokumente gemeinsam bearbeitet oder Projekte über einen zentralen Terminkalender geplant werden. Zudem lassen sich Beziehungen oder ähnliche Profile zwischen den Mitgliedern aufdecken. Vereinfachte Beispiele sind Kaufempfehlungen des Internethandelsunternehmens *Amazon*, die auf dem Kaufverhalten anderer Kunden mit ähnlichen Interessen basieren oder der Aufbau neuer Geschäftskontakte mit Hilfe des Qualifikationsprofils der Teilnehmer des sozialen Netzwerks *XING*. — Community-Support-Systeme

- **Wikis** (hawaiianisch für „schnell") sind Wissenssammlungen, die von allen Mitarbeitern gemeinsam erstellt und gepflegt werden. Jeder Nutzer kann dabei auf das gespeicherte Wissen zugreifen und es korrigieren oder ergänzen. Daraus resultiert eine organisch wachsende, aktuelle und lebendige Wissenssammlung. Das bekannteste Beispiel für ein Wiki ist die Internet-Enzyklopädie *Wikipedia*. Im Unternehmen können beispielsweise häufig gestellte Fragen (FAQ/Frequently Asked Questions) für bestimmte Themen als Wiki geführt werden. — Wikis

- **Blogs** (Kunstwort aus Web und Logbuch) sind Webseiten, denen regelmäßig neue Einträge hinzugefügt werden. Diese werden in chronologisch umgekehrter Reihenfolge angezeigt, so dass der aktuellste Eintrag jeweils am Anfang steht. Blogs werden von ihren Lesern abonniert, die dann automatisch über neue Einträge benachrichtigt werden. Dem Autor ermöglicht der Blog ein einfaches und schnelles Publizieren von Informationen. Die Leser können den Inhalt nicht ändern, sind aber aufgefordert, diesen zu kommentieren. Für das Wissensmanagement können Blogs zur Förderung des aktiven Wissensaustauschs und zur Mitarbeiterbindung genutzt werden. Darüber hinaus lassen sich interne Experten über deren fachlich qualifizierte Kommentare ausfindig machen. Mit Hilfe öffentlich zugänglicher „Corporate Blogs" kann sich ein Unternehmen gezielt mit seinen Kunden austauschen. Der Tiefkühlwarenproduzent *Frosta* hat beispielsweise seine Kunden dazu aufgefordert, unter neuen Verpackungsentwürfen ihren Favoriten auszuwählen. Denkbar wäre auch ein persönlich gestalteter Blog der Unternehmensführung, in dem neue Informationen verbreitet und durch die Mitarbeiter kommentiert werden können. Eine weitere Variante sind „Microblogs", die kurze Nachrichten über eine zentrale Plattform wie z. B. *Twitter* versenden. Auf diese Weise informiert z. B. die *Deutsche Bahn* ihre Kunden über Zugverspätungen. — Blogs

Soziale Software unterstützt die Bildung von **Wissensgemeinschaften** (Communities of Practice). Darin können sich Mitarbeiter über ein bestimmtes Wissensgebiet informell und dezentral untereinander austauschen. Unternehmen nutzen diese internen Netzwerke, um neues Wissen zu entwickeln und zu verbreiten. Bei *IBM* informieren sich beispielsweise Berater gegenseitig über entwickelte Kundenlösungen und bei *ORACLE* diskutieren Softwareentwickler Optimierungsmöglichkeiten von Datenbanken. Auf diese Weise kann bei neuen Projekten und Aufgaben auf bestehende Lösungen und das organisationale Wissen zurückgegriffen und darauf aufgebaut werden (vgl. *Probst* et al., 2010, S. 168). **Portalsysteme** fassen hierfür die im Unternehmen verfügbaren Wissenssammlungen, Expertenverzeichnisse, Wissensgemeinschaften und weitere unterstützende Wissensdienste unter einer einheitlichen und benutzerfreundlichen Oberfläche zusammen (vgl. *Krcmar*, 2010, S. 659). — Wissensgemeinschaften / Portalsysteme

Organisatorische Voraussetzungen schaffen

Informationssysteme können die Verteilung des Wissens im Unternehmen jedoch lediglich unterstützen. Entscheidend sind die Fähigkeit und Bereitschaft der Mitarbeiter, ihr Wissen mit ihren Kollegen zu teilen. Die individuelle Fähigkeit zur Wissensteilung basiert auf der sozialen und kommunikativen Kompetenz des einzelnen Mitarbeiters. Die Bereitschaft der Mitarbeiter hängt dagegen von den **organisatorischen Rahmenbedingungen** ab (vgl. *Schuller*, 1998, S. 29 f.). Die Wissensverteilung erfolgt häufig in Wissensnetzwerken, die auf Vertrauen basieren. Jeder Mitarbeiter baut sich aus eigenem Interesse ein individuelles und informelles Netzwerk aus Kollegen, Vorgesetzten oder Geschäftspartnern auf. Auf deren Wissen kann er dann im Bedarfsfall aufgrund persönlicher Beziehungen zurückgreifen. Für das Unternehmen ist es sinnvoll, eine solche Wissensverteilung bewusst und systematisch zu gestalten. Anstelle einer automatisierten zentralen Wissensverteilung wird dadurch ein bedarfsgerechter, fallweiser Zugriff auf dezentral im Unternehmen vorhandenes Wissen ermöglicht. Auf diese Weise kann die aktive Wissensnachfrage der Mitarbeiter gefördert werden (vgl. *Seufert* et al., 2002, S. 140 f.; *Wiemann*, 1998, S. 24 f.).

Der Wissensaustausch basiert vor allem auf dem persönlichen Kontakt zwischen den Mitarbeitern. Deshalb kann er durch **personelle Maßnahmen** zur Förderung der Kommunikation wie z. B. die räumliche Gestaltung der Arbeitsplätze, Besprechungsecken oder Pausenräume begünstigt werden. Die Wissensteilung lässt sich auch durch Anreizsysteme fördern, welche die Weitergabe und Inanspruchnahme von Wissen honorieren.

Hindernisse

Die Verteilung des organisationalen Wissens trifft in der Praxis auf eine Reihe von **Hindernissen und Barrieren** (vgl. *Bendt*, 2000, S. 53 f.):

- **Transferiertes Wissen:** Implizites Wissen ist durch seine begrenzte Kodifizierbarkeit nur schwer übertragbar. Probleme können auch dadurch entstehen, dass das transferierte Wissen in einem anderen Kontext nicht mehr verwendet werden kann.

- **Wissenssender:** Ein potenzieller Wissenssender kann sich weigern, sein Wissen mit seinen Kollegen zu teilen. Dies gilt umso mehr, je stärker die Mitarbeiter bestimmte Teile ihres Wissens als persönlichen Vorteil ansehen („Wissen ist Macht"). Teilweise haben Mitarbeiter auch Angst, sich durch die Weitergabe ihres Wissens überflüssig zu machen und so ihren Arbeitsplatz oder Status zu gefährden. Aufgrund des erforderlichen Zeitaufwands zur Wissensdokumentation besteht bei Fehlen entsprechender Anreize häufig keine Motivation, das Wissen anderen zugänglich zu machen. Die Wissensverteilung hängt auch davon ab, inwieweit der Mitarbeiter in der Lage ist, sein Wissen zu beschreiben und anderen verständlich mitzuteilen.

- **Wissensempfänger:** Auch potenzielle Wissensempfänger können nicht dazu bereit sein, das zur Verfügung gestellte Wissen aufzunehmen. Dies kann durch die generelle Ablehnung von neuem Wissen, die Angst vor Veränderung oder die Gefahr von Reputations- und Machtverlusten begründet sein. Darüber hinaus können deren Fähigkeiten zur Aufnahme und Anwendung des Wissens begrenzt sein.

- **Kontext des Wissenstransfers:** Das organisationale Umfeld ist die Basis des Wissenstransfers. Kommunikationshindernisse wie z. B. Konflikte zwischen Sender und Empfänger oder eine transferfeindliche Kultur können die Wissensverteilung behindern.

Lösungsansätze

Die Beseitigung dieser Hindernisse ist Aufgabe der Unternehmensführung. Die Mitarbeiter können grundsätzlich nicht dazu gezwungen werden, ihr Wissen mit anderen Kollegen zu teilen und oft haben sie dadurch auch kaum Vorteile. Durch die Weitergabe schmälern die Mitarbeiter den individuellen Wert ihres Wissens als Alleinstellungsmerkmal und dadurch auch den Wert ihrer Arbeitskraft. Deshalb werden sie hierzu meist nicht ohne Gegenleistung bereit sein. Da Wissen durch die Teilung nicht verbraucht, sondern vermehrt und verbessert wird, profitiert das Unternehmen als Ganzes von einer gemeinsamen Wissenssammlung. Daher sind Anreize und Rahmenbedingungen erforderlich, welche die Mitarbeiter zur Wissensteilung anregen und befähigen. Wenig sinnvoll ist ein organisatorischer Zwang zur Wissensteilung. Dies führt oft zu einer geringen Qualität des geteilten Wissens, da nur oberflächliche oder bereits bekannte Informationen ausgetauscht werden. Eine wirksame Motivation kann die Aussicht auf eine Gegenleistung des Wissensnachfragers sein oder das sich der Mitarbeiter dadurch eine Reputation als Experte erwirbt, die für seine Karriere förderlich ist (vgl. *Krcmar*, 2010, S. 629 f.).

8.2.5.3.5 Wissensnutzung

Wissen schafft erst dann einen Nutzen, wenn es für konkrete Handlungen oder für unternehmerische Entscheidungen eingesetzt wird. Durch die Wissensnutzung soll Wissen verwertet, d. h. in konkrete, messbare Resultate und wirtschaftlichen Nutzen umgewandelt werden. Diese Wissensverwertung kann sowohl direkt als auch indirekt erfolgen. Bei der direkten Wissensverwertung stellt das Wissen selbst das eigentliche Produkt dar. Es wird z. B. in Form von Lizenzrechten, Schulungen oder Beratungsleistungen vertrieben. Eine indirekte Wissensverwertung findet statt, wenn es zur Entwicklung entsprechender Produkte und Dienstleistungen bzw. zur Verbesserung von Geschäftsprozessen dient (vgl. *Güldenberg*, 2003, S. 301 f.). *Wissensnutzung*

Der produktive Einsatz des Wissens wird jedoch ebenfalls von einer Reihe von Barrieren beschränkt. Insbesondere zunehmende Routine senkt die Nutzungsbereitschaft neuen Wissens (sog. Betriebsblindheit). Darüber hinaus begibt sich der Nutzer fremden Wissens in eine Position der Verwundbarkeit, da er eigene Wissenslücken eingesteht. Deshalb ist es erforderlich, die Bereitschaft zur Nutzung des Wissens auf individueller und kollektiver Ebene zu fördern. Folgende **Nutzungsbarrieren** sind dabei zu überwinden (vgl. *Probst* et al., 2010, S. 179 f.): *Nutzungsbarrieren*

- **Individuelle Barrieren** erfordern Überzeugungsarbeit bei den potenziellen Anwendern. Diesen sollten die Vorteile der Wissensnutzung klar gemacht werden. Dies kann insbesondere durch nutzerfreundliche Gestaltung der Infrastrukturen erreicht werden. Die individuelle Wissensnutzung sollte vor allem einfach und bequem sein. Wesentliche Anforderungen dabei sind Aktualität und Zeitnähe sowie die unkomplizierte Anwendung und Weiterverwendbarkeit des Wissens. Beispiele hierfür sind die Aufbereitung von Dokumenten durch grafische Elemente, übersichtliche Zusammenfassungen und eine logische Strukturierung. Die Kompatibilität des Speichermediums mit der Bearbeitungssoftware des Mitarbeiters sollte sichergestellt sein. Nutzungsbarrieren, die auf zu großen Distanzen zwischen den Mitarbeitern und dem für sie relevanten Wissen beruhen, lassen sich z. B. durch die räumliche Gestaltung und Anordnung der Arbeitsplätze beseitigen. *Individuell*

- **Kollektive Barrieren** erfordern häufig eine Veränderung der Unternehmenskultur. Bestehende Verhaltensnormen, Denkhaltungen und Vorgehensweisen sollten hierfür laufend überprüft werden. Fragen dürfen nicht als Zeichen von Inkompetenz, sondern als Bereitschaft zum Lernen und zur Veränderung angesehen werden. *Kollektiv*

8.2.5.3.6 Wissensbewahrung

Wissens-bewahrung — Damit das organisationale Wissen nicht verloren geht, ist es in geeigneter Form sicherzustellen. Diese Wissensbewahrung erfolgt in den folgenden **Schritten** (vgl. *Güldenberg*, 2003, S. 274 ff.; *Probst* et al., 2010, S. 191 ff.):

Selektion
(1) **Selektion:** Wissensbewahrung kostet Geld und das organisationale Wissen wächst prinzipiell mit jedem unternehmerischen Ereignis. Deshalb ist es weder möglich noch sinnvoll, sämtliches Wissen zu bewahren. Somit muss zunächst jenes Wissen ausgewählt werden, das zukünftig von Nutzen ist. Dabei kommt es darauf an, das vorhandene Wissen auf Kernaussagen zu konzentrieren und einen Bezug zu konkreten Problemstellungen herzustellen. Beispiele sind Erfahrungsberichte („Lessons learned"), Abweichungsanalysen oder Prozessbeschreibungen („Best practices").

Speicherung
(2) **Speicherung:** Organisationales Wissen kann je nach Ausprägung personenbezogen oder elektronisch gespeichert werden. Die personenbezogene Speicherung lässt sich individuell oder kollektiv durchführen:

– **Individuell personenbezogen:** Da nur Menschen in der Lage sind, neues Wissen zu erzeugen, ist das vorhandene Wissen zunächst immer in den Köpfen der Mitarbeiter gespeichert. Das menschliche Gehirn ist jedoch kein besonders verlässliches Speichermedium. Darüber hinaus besteht die Gefahr des Wissensverlustes beim Ausscheiden eines Mitarbeiters. Diese lässt sich bis zu einem gewissen Grad durch Austrittsbarrieren und Anreizsysteme vermeiden.

– **Kollektiv personenbezogen:** Das Verlustrisiko des individuellen Wissens lässt sich durch dessen Verteilung auf eine Gruppe von Personen reduzieren. Im Falle impliziten Wissens ist dies jedoch nur in begrenztem Umfang möglich, da ein Mensch nicht sein gesamtes Wissen anderen zugänglich machen kann. Die kollektive Bewahrung kann durch Dokumentation von Erfahrungen, die Bildung einer gemeinsamen Sprache sowie kollektiven Erfahrungen erreicht werden. Eine mögliche Form ist die Unternehmenskultur, die den Kern des organisationalen Wissens dauerhaft sicherstellt.

– **Elektronisch:** In elektronischen Speichersystemen lässt sich explizites Wissen in kodierter Form abspeichern. Dadurch kann organisationales Wissen relativ sicher, dauerhaft und zu geringen Kosten sichergestellt werden. Das Risiko des Wissensverlusts sowie der persönliche Interpretationsspielraum werden auf ein Minimum reduziert. In den meisten Unternehmen geschieht dies in Form relationaler Datenbanken und zunehmend auch im Intranet mit Hilfe von Hypertext-Verbindungen. Für das spätere Auffinden von Informationen ist auf eine möglichst strukturierte Ablage nach festgelegten Klassifikationsmerkmalen zu achten. Darüber hinaus existieren Expertensysteme, die das abgespeicherte Wissen auch zu Schlussfolgerungen heranziehen und kombinieren können. Zukünftig sollen neuronale Netze in der Lage sein, Wissensbestände aufgrund von Problemlösungen verbessern und weiterentwickeln zu können.

Aktualisierung
(3) **Aktualisierung:** Wissen ist nur dann sinnvoll gespeichert, wenn es erneut in angemessener Qualität abrufbar ist. Da Wissen veraltet und die Wissensbasis laufend anwächst, sollte der Umfang des gespeicherten Wissens begrenzt und das Wissen laufend aktualisiert werden. Elektronische Wissenssysteme werden von den Anwendern nur dann genutzt und auch gepflegt, wenn neben einer einfachen Bedienung vor allem die Qualität der hinterlegten Informationen gewährleistet ist.

8.2 Wissensorientierte Unternehmensführung

Durch die Schritte der Wissensbewahrung soll der Gefahr des organisationalen Vergessens entgegengewirkt werden. Insbesondere bei Restrukturierungsmaßnahmen und Entlassungen beklagen viele Unternehmen eine „kollektive Amnesie". Sie wird durch eine unbedachte Zerstörung informeller Netzwerke und dem Verlust wertvollen Know-hows von Schlüsselpersonen hervorgerufen. Trotz aller Fortschritte bei elektronischen Speichermedien bleiben die Mitarbeiter die zentralen Wissensspeicher. Um Wissen zu bewahren ist es deshalb am besten, die zentralen Know-how-Träger zu bestimmen und langfristig an das Unternehmen zu binden.

Wissensmanagement bei Roland Berger

Die *Roland Berger Strategy Consultants GmbH* ist eine führende internationale Strategieberatung. Das Unternehmen beschäftigt weltweit 2.700 Mitarbeiter in 51 Büros in 36 Ländern. Bei Unternehmensberatungen ist das Wissen in Form von Beratungsleistungen das eigentliche Produkt. Die organisationale Wissensbasis bildet deren Kernkompetenz. Sie besteht aus selbstentwickelten Strategie-Konzepten, -Modellen und -Methoden sowie der praktischen Erfahrung der Mitarbeiter. Beratungsunternehmen sind deshalb darauf angewiesen, die Qualität ihres Wissens sicherzustellen und allen Mitarbeitern weltweit zugänglich zu machen. Dafür hat *Roland Berger* durch eine zentrale Corporate Knowledge Management-Abteilung und die Bündelung aller wissensrelevanten Systeme im unternehmensweiten Intranet BRAIN („Berger Research and Information Network") die organisatorische und technische Basis geschaffen.

BRAIN umfasst zum einen klassische Intranet-Inhalte wie Unternehmensnachrichten oder administrative Informationen. Zum anderen vielfältige Zugangsmöglichkeiten zu geschäftsprozessunterstützenden Tools (z. B. Kunden-, Projekt-, Research-, Mitarbeiter- oder Mediendatenbanken) und vor allem zu umfangreichen Wissensdatenbanken. Diese enthalten interne Best-Practice-Ansätze für unterschiedliche Beratungsthemen, anonymisierte Fallstudien zu abgeschlossenen Beratungsprojekten sowie industriespezifische Inhalte und volkswirtschaftliche Daten. Die BRAIN-Suche basiert auf der Google Search Appliance-Technologie. Die Relevanz des Systems bestätigen die Zugriffszahlen – im Schnitt greift jeder Mitarbeiter weltweit pro Tag mehrfach auf BRAIN zu.

Aktuell arbeitet *Roland Berger* an einer Weiterentwicklung von BRAIN in Richtung eines vollkommen integrierten „Social Intranets". Dabei werden die bestehenden Inhalte und Funktionen um ein umfangreiches Bündel von anwendungsorientierten Funktionalitäten sozialer Software angereichert. Diese umfassen beispielsweise für alle Mitarbeiter die Möglichkeit, Informationen über einen Klick mit Kollegen weltweit zu teilen, sich mit ihnen in Intranet-basierten Communities zu vernetzen oder individuell mit den für sie relevanten Informationen versorgt zu werden. Dies wird möglich, indem der Mitarbeiter bestimmten Kollegen, Communities oder einfach nur Themen „folgt".

Für den Erfolg des Wissensmanagements ist nach den Erfahrungen von *Roland Berger* die technische Umsetzung aber nur ein Aspekt. Entscheidend ist das richtige Zusammenspiel von Unternehmenskultur, Organisation, Prozessen und Technologie. Das Wissensmanagementsystem soll nicht nur der Bereitstellung von Wissen dienen, sondern auch den Wissensaustausch zwischen den Mitarbeitern fördern. Jeder Mitarbeiter hat beispielsweise die Möglichkeit, virtuelle Teamräume in BRAIN einzurichten. Auf diese Weise wird die Arbeit von Projektteams unterstützt, die globale Unternehmen an unterschiedlichen Standorten beraten. Die Mitarbeiter stellen ihren Kollegen Wissen zur Verfügung und dokumentieren durchgeführte Projekte.

Die Weiterentwicklung und Pflege des weltweiten Wissensmanagements wird von einer zentralen Abteilung unter der Leitung eines Chief Knowledge Officers koordiniert. Dieses Corporate Knowledge Management Team greift auf ein flächendeckendes Netzwerk von verantwortlichen Knowledge Management Partnern und Knowledge Managern in den einzelnen Länderorganisationen und Competence Center von *Roland Berger* zurück. KM-Partner und Knowledge Manager stehen den Mitarbeitern als lokale Ansprechpartner für alle relevanten Themen zur Verfügung und unterstützen die Umsetzung von firmenweiten Wissensinitiativen auf Landes- oder Abteilungsebene.

8.2.6 Erfolgsfaktor Mensch

Da Wissen an Menschen gebunden ist, stehen die Mitarbeiter im Zentrum der wissensorientierten Unternehmensführung. Zentrale Bedeutung hat dabei die Unternehmenskultur. Anspruch und Wirklichkeit klaffen in der Praxis jedoch häufig auseinander, wie folgende **Paradoxien im Umgang mit Wissen** zeigen (vgl. *Probst* et al., 2010, S. 246):

Paradoxien

- Mitarbeiter werden zwar gründlich ausgebildet, haben aber keine Möglichkeit, ihr Wissen anzuwenden.
- In Projekten wird viel gelernt, die gemachten Erfahrungen aber nicht weitergegeben.
- Für jede Frage gibt es einen Experten, aber nur die wenigsten wissen, wo er zu finden ist.
- Alles wird gründlich dokumentiert, aber das gespeicherte Wissen ist nicht verfügbar.
- Nur die hellsten Köpfe werden eingestellt, wechseln aber irgendwann zur Konkurrenz.
- Das Unternehmen weiß alles über seine Konkurrenten, aber wenig über sich selbst.
- Jeder wird zur Wissensteilung aufgefordert, aber Geheimnisse behält die Unternehmensführung für sich.

Offenes Klima schaffen

Moderne Informationssysteme können zwar Wissensprozesse im Unternehmen unterstützen, aber sie nützen ohne die entsprechenden Rahmenbedingungen wenig. Nur in einem **Klima des Vertrauens und der Offenheit** sind Mitarbeiter bereit, ihr Wissen zu teilen, neues Wissen zu nutzen sowie von- und miteinander zu lernen. Wissen darf in den Führungsebenen nicht als Macht- und Herrschaftsfaktor missbraucht werden. Die Mitarbeiter sollten einen Sinn darin sehen, ihr Wissen an andere weiterzugeben. Sie können hierzu auch für bestimmte Wissensgebiete verantwortlich gemacht werden. Manche Mitarbeiter erarbeiten sich z. B. aus eigenem Interesse einen Expertenstatus. Für die investierte Zeit in die Dokumentation und Weitergabe ihres Wissens sollten sie z. B. durch bessere Karrierechancen und soziale Anerkennung belohnt werden. Die Mitarbeiter profitieren von neuen Kompetenzen, da sie auf diese Weise ihre Beschäftigungsfähigkeit sichern.

Organisation

Eine ideale **Organisationsstruktur** für wissensorientierte Unternehmen gibt es nicht, denn sämtliche strukturellen Entscheidungen haben für das Wissensmanagement ambivalente Auswirkungen. So verbessert eine dezentrale Unternehmensstruktur zwar die interne Wissensentwicklung, reduziert aber gleichzeitig die Transparenz und Nutzungsmöglichkeit der dezentralen Wissensbestände (vgl. *Probst* et al., 2010, S. 240). Um das Wissensmanagement organisatorisch zu verankern, könnte sich der Leiter des Informationsmanagements zukünftig vom Chief Information Officer (vgl. Kap. 7.4.1) zum **Chief Knowledge Officer** entwickeln. Dieser hat sich dann nicht nur um die betrieblichen Informationssysteme, sondern vor allem um die zwischenmenschlichen Aspekte des Wissensmanagements zu kümmern (vgl. *Krcmar*, 2010, S. 661). Gerade wegen ihrer hohen Bedeutung sollten diese personellen Aspekte aber besser Aufgabe der Unternehmensführung bleiben (vgl. Kap. 6.3.2).

Rolle der Informationstechnologie

Bei der wissensorientierten Unternehmensführung standen zunächst die Erfassung und Speicherung expliziten Wissens und die technologische Unterstützung durch Informationssysteme im Vordergrund. Diese **Kodifizierungsstrategie** des Wissensmanagements ging fälschlicherweise von einer Omnipotenz der Informationstechnologie aus und scheiterte vielfach an organisatorischen Widerständen. Gegenwärtig besinnen sich die Unternehmen darauf zurück, dass der Erfolg des Wissensmanagements von den Mitarbeitern abhängt. Die **Personifizierungsstrategie** stellt deshalb die Gestaltung menschlicher Beziehungen und die Interaktion in den Vordergrund (vgl. Thobe, 2003, S. 36 ff.). Unterstützt wird dies durch **soziale Software**, die es den Mitarbeitern ermöglicht, informelle Gemeinschaften zu bilden und sich zu vernetzen. Auf diese Weise können sie ihr Wissen selbst organisiert teilen und verknüpfen (vgl. Krcmar, 2010, S. 663 f.).

Wissenorientierte Unternehmensführung hört nicht am Werkstor auf, sondern reicht über das Unternehmen hinaus bis zu den Kunden und Lieferanten. Auch durch den Erfahrungsaustausch mit anderen Unternehmen lassen sich Verbesserungspotenziale aufdecken und Innovationen generieren. Für viele Unternehmen wird das organisationale Wissen zu einer strategischen Ressource, die neue Wettbewerbsvorteile ermöglicht. Der Erfolg wissensorientierter Unternehmensführung hängt dabei vom Zusammenspiel zwischen Unternehmenskultur, Organisation und Informationssystemen ab.

Wissen als strategische Ressource

Management Summary

- Wissensorientierte Unternehmensführung betrachtet das organisationale Wissen als strategische Ressource und Quelle von Wettbewerbsvorteilen. Sie entwickelt und betreibt ein systematisches Wissensmanagement und schafft die erforderlichen Rahmenbedingungen, damit es seine volle Wirkung entfalten kann.

- Wissen besteht aus Informationen, die miteinander verknüpft sind und vom Entscheidungsträger bewusst interpretiert werden. Es ist an Personen gebunden und verbessert deren Kenntnisse und Fähigkeiten, Probleme zu lösen.

- Lernen geschieht durch verbessern bestehender Konzepte und durch verändern zugrunde liegender Erklärungsmodelle. Auf organisationaler Ebene geschieht dies durch gemeinsame mentale Modelle und letztlich immer über die individuellen und organisationalen Aktionen eines Unternehmens.

- Wissensmanagement bezeichnet die systematische Identifikation, Beschaffung, Entwicklung, Verteilung, Nutzung und Bewahrung des organisationalen Wissens mit dem Ziel, die Wettbewerbsfähigkeit des Unternehmens zu steigern.

- Wissensziele legen fest, auf welcher Ebene welches Wissen und welche Kompetenzen aufgebaut werden sollen.

- Die Wissensidentifikation schafft Transparenz über die relevanten Wissensträger und -inhalte.

- Da nicht sämtliches Wissen selbst entwickelt werden kann, wird ein Teil des Wissens von externen Wissensträgern erworben.

- Die Entwicklung neuen Wissens erfolgt durch Wissensumwandlung von implizitem und explizitem Wissen in der Wissensspirale: Sozialisation, Externalisierung, Kombination und Internalisierung.

- Wissens(ver)teilung ist erforderlich, um isoliert vorhandenes Wissen für das gesamte Unternehmen nutzbar zu machen.

- Durch die Wissensnutzung soll das Wissen in konkrete, messbare Resultate und wirtschaftlichen Nutzen umgewandelt werden.

- Die Wissensbewahrung erfolgt durch Selektion, Speicherung sowie Aktualisierung des organisationalen Wissens.

8 Ausrichtungen der Unternehmensführung

- Im Rahmen der Wissensbewertung wird überprüft, ob die Wissensziele erreicht wurden.
- Wissensorientierte Unternehmensführung ist eine Frage des optimalen Zusammenspiels zwischen Unternehmenskultur, Organisation und Informationssystemen.
- Die Mitarbeiter sollten dazu motiviert werden, ihr Wissen zu teilen, neues Wissen zu nutzen sowie von- und miteinander zu lernen. Dies erfordert eine von Vertrauen und Offenheit geprägte Unternehmenskultur.

Literaturempfehlungen

Probst, G./Raub, S./Romhardt, K.: Wissen managen: Wie Unternehmen ihre wertvollste Ressource optimal nutzen, 6. Aufl., Frankfurt a. M./Wiesbaden 2010.

North, K.: Wissensorientierte Unternehmensführung: Wertschöpfung durch Wissen, 5. Aufl., Wiesbaden 2011.

Nonaka, I./Takeuchi, H.: Die Organisation des Wissens: Wie japanische Unternehmen eine brachliegende Ressource nutzbar machen, Frankfurt a. M./New York 1997.

Empfehlenswerte Fallstudien zum Kapitel 8.2 aus Dillerup, R./Stoi, R. (Hrsg.)

8.2 Wissensmanagement bei der Manufaktur Brettel GmbH *(Saatkamp, J./Spreitzer, T.)*

8.3 Immateriell orientierte Unternehmensführung

> **Leitfragen**
> - Was sind immaterielle Vermögenswerte?
> - Was ist an immateriellen Werten so besonders?
> - Wie lässt sich immaterielles Vermögen messen und steuern?
> - Welche Rolle spielen immaterielle Werttreiber bei der Wertschöpfung?

8.3.1 Immaterielle Werte werden zu Erfolgsfaktoren

Die Wertschöpfung vieler Unternehmen basiert zunehmend auf immateriellen Ressourcen wie z. B. Mitarbeiterkompetenzen, Führungsstrukturen, Kundenbeziehungen oder Marken. Diese immateriellen Werte werden damit zur Quelle nachhaltiger Wettbewerbsvorteile, während materielles Vermögen immer mehr an Bedeutung verliert. Die Führungssysteme der Unternehmen sind häufig jedoch auf industrielle Massenfertigung ausgerichtet, immaterielle Produktionsfaktoren werden dagegen oft zu wenig beachtet.

Viele Unternehmen verfügen über beachtliche immaterielle Werte, ohne dies zu wissen oder nach außen hin zu zeigen. Einen ersten Anhaltspunkt liefert die Differenz zwischen Markt- und Buchwert börsennotierter Unternehmen. Der Marktwert des Eigenkapitals errechnet sich aus der Anzahl der Aktien multipliziert mit dem Börsenkurs. Der Buchwert beziffert das bilanziell ausgewiesene Eigenkapital. Wie in Abb. 8.3.1 bei den 500 größten börsennotierten US-amerikanischen Unternehmen zu sehen, fiel der Buch-

Immaterielle Werte dominieren den Börsenwert

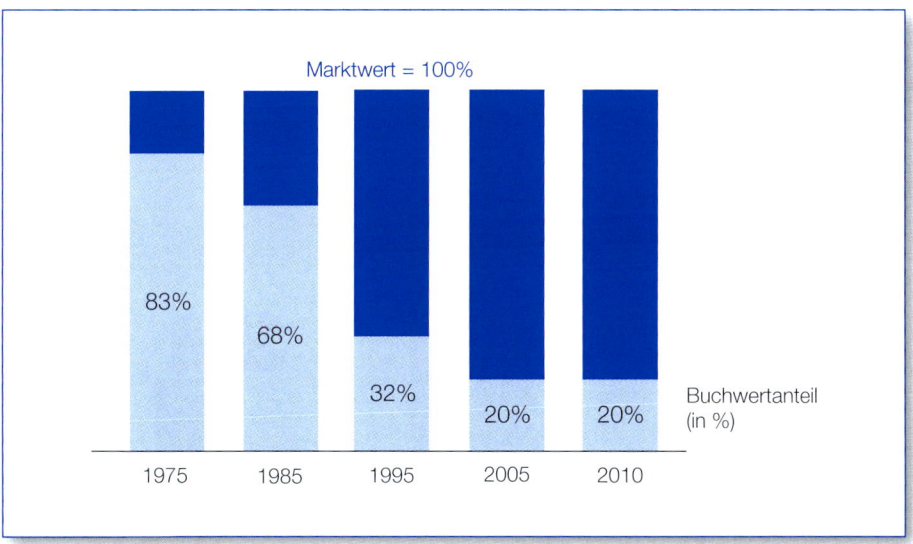

Abb. 8.3.1: Entwicklung des Buchwertanteils am Marktwert im S&P 500 (vgl. Ocean Tomo, 2011)

8 Ausrichtungen der Unternehmensführung

wertanteil am Marktwert von 83% im Jahr 1975 bis auf 20% in 2010 (vgl. *Ocean Tomo*, 2011). Offensichtlich scheint heute ein Großteil des Unternehmenswerts nicht mehr in der Bilanz der Unternehmen ersichtlich zu sein.

Abb. 8.3.2 verdeutlicht den Zusammenhang zwischen Markt- und Buchwert am Beispiel folgender drei Unternehmen:

Praxisbeispiele

- **SAP:** Die wesentlichen Werte des Weltmarktführers für Unternehmenssoftware sind nicht Grundstücke, Gebäude oder Hardware. Im Vordergrund stehen das Knowhow in der Anwendungsentwicklung, die innovative Unternehmenskultur, die über 100.000 Kunden und eines der weltweit größten Partnernetzwerke im Bereich Technologie, Vertrieb und Service.

- **Procter & Gamble:** Der amerikanische Konsumgüterkonzern verfügt über ein breites Portfolio führender und weltweit bekannter Marken, zu denen unter anderem *Ariel*, *Gilette*, *Oral-B*, *Duracell*, *Wella*, *Wick* und *Braun* gehören. Auf diese Weise kann das Unternehmen für seine Produkte höhere Preise am Markt durchsetzen als seine Wettbewerber.

- **3M** ist ein Multi-Technologieunternehmen mit über hundert Jahren Erfahrung mit Beschichtungen. Daraus entstanden eine Vielzahl an Innovationen, die heute in nahezu allen Lebensbereichen zu finden sind. Beispiele sind Cellophan-Klebebänder (1930), Reflexfolien für Verkehrsschilder (1939), Magnetbänder für Tonaufnahmen (1947) und Videos (1954), Tageslichtprojektoren (1960), Post-it-Haftnotizzettel (1980), das Digital Wall Display für Präsentationen (2002), der Mikro-Beamer (2008) oder Folien für 3D-Displays portabler Geräte (2010). Neben der Dachmarke verfügt *3M* über eine Reihe strategischer Marken wie z. B. *Scotch* (Klebebänder, Reinigungsmittel), *Futuro* (Bandagen), *Thinsulate* (wärmeisolierende Kleidung) oder *Nexcare* (Pflaster, Kompressen).

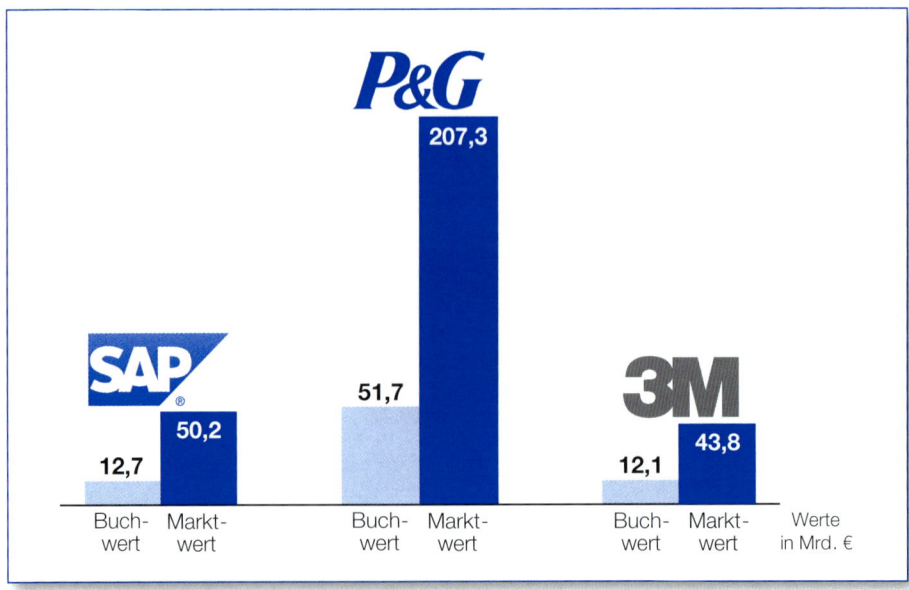

Abb. 8.3.2: Buch- und Marktwerte des Eigenkapitals ausgewählter Unternehmen (Stand: 31.12.2011)

Auch wenn die Differenz zwischen Markt- und Buchwert nicht mit dem immateriellen Vermögen gleichzusetzen ist (vgl. Kap. 8.3.4.2), werden offensichtlich immer größere Vermögensanteile in der herkömmlichen Rechnungslegung nicht mehr erfasst. Der Unternehmensführung fehlen dadurch Informationen über weite Teile des Unternehmenswerts und die wirklichen Werttreiber bleiben verborgen. Daraus resultiert die Forderung nach einer integrierten Berichterstattung, die sowohl materielle und immaterielle Erfolgsfaktoren als auch die Fähigkeit des Unternehmens, nachhaltig Wert zu schaffen, zuverlässig abbildet (vgl. *PwC*, 2012, S. 6).

8.3.2 Begriff und Arten immaterieller Werte

Immaterielle Werte werden in aller Regel negativ abgegrenzt als „alle Vermögenswerte, die einen Wert für das Unternehmen besitzen und keine materiellen Güter oder monetären Werte darstellen" (*Lev*, 2001, S. 5). Zur Konkretisierung dieser recht vagen Definition lässt sich festhalten, dass Finanz- und Sachanlagen nicht zu den immateriellen Werten gehören. Der verbleibende Unternehmenswert lässt sich somit auf immaterielle Ressourcen zurückführen (vgl. *Haller*, 2009, S. 99). Der Wert immaterieller Ressourcen resultiert vor allem aus dem daraus erzielbaren wirtschaftlichen Nutzen. Immaterielle Werte werden auch als immaterielles Vermögen, Intangible Assets, Intangibles oder intellektuelles Kapital bezeichnet.

Begriff

> Das **immaterielle Vermögen** eines Unternehmens umfasst alle nicht-monetären Werte ohne physische Substanz.

Nach den Quellen lassen sich die in Abb. 8.3.3 dargestellten **Bestandteile des intellektuellen Kapitals** unterscheiden (vgl. *Stoi*, 2004, S. 189 f.):

Bestandteile

- **Humankapital:** Wissen, Fach- und Sozialkompetenz sowie die Motivation der Mitarbeiter.
- **Kundenkapital:** Kundenstamm, -beziehungen und -potenzial sowie die über den Kunden gesammelten Informationen.
- **Beziehungskapital** (Partner-/Allianzkapital): Anzahl und Potenzial von Beziehungen und Partnerschaften in der gesamten Wertschöpfungskette. Hierzu zählen insbesondere Lieferanten, Entwicklungs-, Service- und Vertriebspartner sowie Kapitalgeber.
- **Strukturkapital** besteht aus zwei Teilen:
  - Das **Imagekapital** drückt sich im Bekanntheitsgrad, der Reputation und den Marken des Unternehmens aus.
  - Das **Organisationskapital** bestimmt die Leistungsfähigkeit der internen Organisation und unterteilt sich in Prozess-, Innovations-, Standort- und Führungskapital. Das Prozesskapital besteht aus den betrieblichen Strukturen, Systemen und Prozessen. Das Innovationskapital steht für die geschaffenen Produkt-, Dienstleistungs- und Verfahrensinnovationen. Das Standortkapital resultiert aus den vorteilhaften Merkmalen des Unternehmensstandorts. Das Führungskapital wird von der Personalführung und der Unternehmenskultur bestimmt.

Neben diesen Kapitalarten sind auch noch andere Kategorisierungen gebräuchlich. Der Arbeitskreis „Immaterielle Werte im Rechnungswesen" der *Schmalenbach*-Gesellschaft schlägt z. B. eine Einteilung in Innovations-, Human-, Kunden-, Lieferanten-, Investoren-, Prozess- und Standortkapital vor (vgl. *Haller*, 2009, S. 99 f.; *Will*, 2009, S. 216 ff.). Die im Auftrag des *Bundesministeriums für Wirtschaft und Technologie (BMWi)* entwickelte „Wissensbilanz – Made in Germany" (vgl. Kap. 8.3.5.3) unterscheidet zwischen Human-, Beziehungs- und Strukturkapital (vgl. *Alwert* et al., 2008, S. 10). Das oben genannte Kundenkapital wird dabei dem Beziehungskapital zugeordnet. Aufgrund der zentralen Bedeutung der Kunden für den Unternehmenserfolg sollte es allerdings besser separat betrachtet werden.

Am umfassendsten ist die vom *International Integrated Reporting Committee (IIRC)* vorgeschlagene Einteilung, die auch soziale und ökologische Aspekte der Unternehmensaktivitäten beinhaltet (vgl. Kap. 8.3.5.3 sowie Kap. 2.2). Das *IIRC* unterscheidet sechs **Kapitalarten** (vgl. *IIRC*, 2011, S. 10):

- **Finanzkapital**
- **Produktionskapital:** Neben den Sachanlagen fällt hierunter auch die betrieblich genutzte öffentliche Infrastruktur wie z. B. Straßen, Häfen, Brücken, Müll- und Kläranlagen etc.
- **Humankapital**
- **Intellektuelles Kapital:** Entspricht weitgehend dem oben genannten Strukturkapital.
- **Umweltkapital:** Soll die Auswirkungen der Unternehmenstätigkeit auf die natürlichen Ressourcen und das Öko-System wie z. B. Wasser, Land, Wälder, Luft etc. erfassen.
- **Sozialkapital:** Entspricht weitgehend dem oben genannten Kunden- und Beziehungskapital.

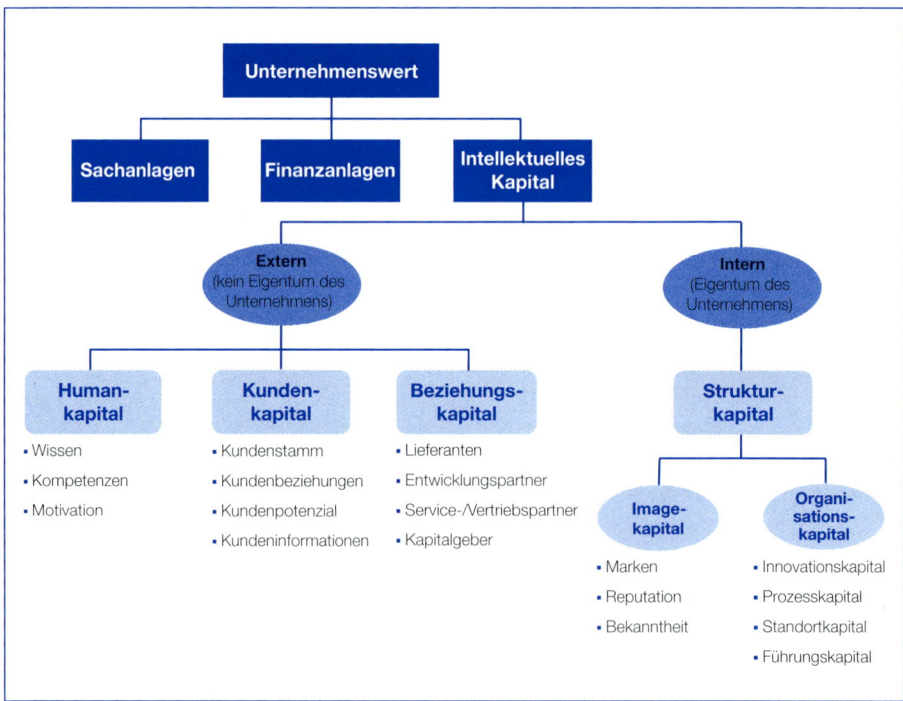

Abb. 8.3.3: Differenzierung des intellektuellen Kapitals (in Anlehnung an Stoi, 2004, S. 190)

8.3 Immateriell orientierte Unternehmensführung

Das **Humankapital** stellt die Basis für die Innovations- und Wandlungsfähigkeit des Unternehmens dar. Das eigentliche Humankapital bilden diejenigen Mitarbeiter, die aufgrund ihrer Kompetenzen nur schwer ersetzbar sind und somit einen hohen Wertschöpfungsbeitrag leisten.

Humankapital

Beim **Kundenkapital** sind hohe Kundenzufriedenheit und -bindung entscheidend. Sie bestimmen das zukünftige Ertragspotenzial und damit den Wert des Kundenstamms. Die Gewinnung eines Neukunden ist stets wesentlich teurer als der Erhalt einer Kundenbeziehung. Zum Kundenkapital gehören auch die Informationen über die Bedürfnisse und das Kaufverhalten der Kunden. Unternehmen wie *Google*, *Facebook* oder *Amazon* beobachten die Besucher ihrer Websites sehr genau. Auf diese Weise entstehen riesige digitale Datenberge (sog. Big data, vgl. Kap. 7.3.1.1). Sie lassen sich für Produktentwicklung, Werbung oder im Service einsetzen, teilweise werden sie auch anonymisiert weiterveräußert. Das Online-Netzwerk *Facebook* kam mit weltweit einer Milliarde Nutzern bei seinem Börsengang im Jahr 2012 auf einen Marktwert von über 100 Mrd. US-Dollar und war damit höher bewertet als die *Siemens AG* (ca. 90 Mrd. US-Dollar).

Kundenkapital

Kundenkapital am Beispiel von Amazon.com

Amazon vertreibt als marktführendes Internethandelsunternehmen unter anderem Bücher, Musik, Software und Filme. Das Unternehmen generiert aus dem Kaufverhalten der Kunden Produktinformationen, die sich verkaufsfördernd auswirken.  Hierzu gehören kundenindividuelle Kaufempfehlungen sowie die Empfehlung ergänzender Produkte („Kunden, die diesen Artikel gekauft haben, haben auch jene Artikel gekauft"). Außerdem werden die Kunden aktiv am Marketing beteiligt, in dem sie z. B. Produktbewertungen für andere Kunden abgeben.

Ein Netzwerk von **Beziehungen** in Form von Partnerschaften und Allianzen ist heute angesichts neuer Technologien und steigender Kundenerwartungen erforderlich, um sich auf seine Kernkompetenzen konzentrieren zu können. Neue Informationstechniken ermöglichen einen einfachen, kostengünstigen Kontakt zwischen Käufer und Verkäufer. Ein Beispiel ist der Handel in elektronischen Märkten. Dies hat dazu geführt, dass die Unternehmen ihre Fertigungstiefe immer weiter reduzieren und auf externe Partner zurückgreifen. Im Rahmen derartiger Allianzen konzentriert sich jeder Partner auf die Teile des Wertschöpfungsprozesses, die er am besten beherrscht (vgl. Kap. 5.2.4). Daraus resultiert ein höherer Marktwert für sämtliche Partner einschließlich der Endkunden. Beziehungen zu Kapitalgebern sind wichtig, um ausreichend Eigen- und Fremdkapital zu günstigen Konditionen beschaffen zu können (vgl. *Haller*, 2009, S. 100).

Beziehungen

Basis für den Aufbau und die Nutzung immaterieller Vermögenswerte ist das **Strukturkapital**. Damit Mitarbeiter überlegenes Wissen erwerben, Innovationen schaffen oder die Beziehungsnetzwerke nutzen können, bedarf es einer leistungsfähigen Organisationsstruktur. Unternehmenskultur und Führung entscheiden unter anderem darüber, ob das Wissenskapital der Mitarbeiter genutzt und vor Verlust z. B. durch Kündigung geschützt werden kann. Ohne entsprechende Geschäftsprozesse z. B. der Auftragsabwicklung lässt sich kein loyaler Kundenstamm aufbauen. Ein hoher Bekanntheitsgrad und Reputation machen es leichter, strategische Geschäftspartner zu finden und Beziehungen aufrecht zu halten. Standortvorteile sind beispielsweise eine gute Verkehrsinfrastruktur und die Verfügbarkeit qualifizierter Arbeitskräfte. Das Strukturkapital bestimmt die Wandlungs- und Innovationsfähigkeit des Unternehmens.

Strukturkapital

Nur das Strukturkapital gehört zum Unternehmen und kann reproduziert und geteilt werden (vgl. *Renzl* et al., 2005, S. 235). Die Verfügungsrechte an den übrigen immateri-

Beziehungskapital am Beispiel der PUMA SE

Das Sportlifestyle-Unternehmen *PUMA* erwirtschaftet mit weltweit rund 11.000 Mitarbeitern einen Umsatz von über drei Mrd. Euro. Im Fokus stehen dabei die Kernkompetenzen der Marke: Produktentwicklung, Design und Marketing. PUMAs Schuhe, Textilien und Accessoires werden weltweit von unabhängigen, regelmäßig geprüften  Herstellern produziert – mit Schwerpunkt in Asien. Die Firmenzentralen befinden sich in Herzogenaurach, Boston, London und Hongkong, das Entwicklungszentrum „*PUMA* Village" in Vietnam. Dort sind Bereiche von *PUMA*s Beschaffungsorganisation „World Cat" sowie rund 40 Schuhlieferanten untergebracht. Auf diese Weise wird eine enge Zusammenarbeit von *PUMA*s Entwicklungs- und Ingenieursteams mit den Fabriken gewährleistet. Neben Herstellern von Prototypen und Musterteilen sowie Material- und Komponentenherstellern beherbergt der World Cat-Komplex auch Teile der Bereiche Einkauf, Entwicklung und Materialwirtschaft.  Darüber hinaus sind vor Ort auch Mitarbeiter der Nachhaltigkeitsabteilung „*PUMA*.Safe", die unter anderem die Einhaltung sozialer und ökologischer Standards bei den Lieferanten kontrolliert. Die Zusammenführung von eigenen Teams und externen Lieferanten unter einem Dach beschleunigt den Produktentwicklungszyklus, optimiert die Kostenstruktur im Bereich Forschung und Entwicklung und gewährleistet den hohen Qualitätsanspruch der Produkte. Zusätzlich fördert sie eine effizientere Kommunikation und engere Partnerschaft zwischen *PUMA* und seinen Lieferanten (www.puma.com).

Verfügungsrechte

ellen Ressourcen sind dagegen begrenzt und nur im Rahmen vertraglicher Regelungen durchsetzbar. Nach dem **Verfügungsrecht** des Unternehmens kann also unterschieden werden zwischen:

- **Externes intellektuelles Kapital:** Human-, Kunden-, Beziehungskapital und
- **Internes intellektuelles Kapital:** Strukturkapital

> **!** Nur das **Strukturkapital** ist Eigentum des Unternehmens. An seinen Mitarbeitern, Kunden und Geschäftspartnern kann es kein Eigentum erwerben und somit auch nur begrenzt über die damit verbundenen immateriellen Werte verfügen.

8.3.3 Besonderheiten immateriellen Vermögens

Immaterielles Vermögen hat im Vergleich zu materiellen Werten einige besondere **Merkmale**:

Kostenstruktur

- **Kostenstruktur:** Der Aufbau immaterieller Werte erfordert meist hohe Investitionen. Beispiele sind die Etablierung eines Markennamens, die Entwicklung von Software oder die Qualifikation eines Mitarbeiters. Die Nutzung dieser Werte verursacht dagegen kaum Kosten. Bei den genannten Beispielen wären dies also die Verwendung des Markennamens, der Einsatz der Software oder die Nutzung des Mitarbeiterwissens. Bei immateriellen Produkten wie z. B. einer Software bedeutet dies, dass jedes verkaufte Produkt quasi einen Deckungsbeitrag in Höhe des Verkaufserlöses erzielt, da die Grenzkosten nahezu Null sind. Bei der Herstellung immaterieller Produkte lassen sich somit kaum Effizienzgewinne erzielen und die Gemeinkosten nehmen zu.

Nutzung ohne Wertverlust

- **Nutzung bedingt keinen Wertverlust:** Materielle Produktionsfaktoren – (manuelle) Arbeit, Betriebsmittel und Werkstoffe – werden bei der Herstellung von Gütern und Dienstleistungen verbraucht. Die meisten immateriellen Werte werden dagegen durch ihre Nutzung nicht verbraucht, sondern können dadurch wertvoller werden. Beispielsweise erhöht sich das Wissen eines Mitarbeiters, das im Rahmen eines Projekts genutzt wird, durch die dabei gemachten Erfahrungen. Andere Beispiele sind der Bekanntheitsgrad eines Produkts oder der Markenwert eines Unternehmens, die mit steigender Absatzmenge zunehmen.

- **Nicht-Rivalität der Nutzung:** Materielle Gegenstände, wie z. B. eine Maschine, können zu einem Zeitpunkt jeweils nur für einen Zweck verwendet werden. Deshalb wird versucht, diese möglichst effizient zu nutzen und optimal auszulasten. Immaterielle Werte können dagegen gleichzeitig mehrfach eingesetzt werden. Somit entstehen keine Opportunitätskosten, das heißt, die Nutzung für einen bestimmten Zweck bedeutet keinen Nutzenverzicht an anderer Stelle. Die Kapazität vieler immaterieller Ressourcen ist deshalb auch nicht beschränkt. Ein Beispiel ist die Nutzung eines positiven Firmenimages zur Neukundengewinnung durch die Vertriebsmitarbeiter.

  Mehrfache Nutzung

- **Netzwerkeffekte:** Der Kundennutzen immaterieller Produkte hängt oft auch von der Zahl der Anwender ab. Nach dem Gesetz von *Metcalfe* (1995) steigt der Nutzen eines Netzwerkes mit dessen Nutzeranzahl im Quadrat an. Dies gilt z. B. im Internet für eine Partnervermittlung wie *PARSHIP* oder eine geschäftliche Kontaktplattform wie *XING*. Aus diesem Grund bieten viele Softwareunternehmen z. B. Basisversionen ihrer Programme oder Zugänge zu ihrem Internetangebot kostenlos an, um möglichst rasch die kritische Masse an Nutzern zu erreichen. Dabei geht es häufig auch darum, de-facto-Standards zu etablieren. Der Anbieter mit den meisten Anwendern bietet den höchsten Nutzen und kann sich demzufolge wie z. B. das Online-Netzwerk *Facebook* am Markt durchsetzen.

  Netzwerkeffekte

- **Schaffung immaterieller Vermögenswerte:** Bei der Erzeugung materieller Vermögenswerte lassen sich die Produktionsmenge und damit der Wert der erzeugten Güter durch vermehrten Einsatz der Produktionsfaktoren steigern. Beispielsweise kann die Produktion von Kraftfahrzeugen durch zusätzliche Rohstoffe, Maschinen und Arbeiter erhöht werden. Zur Schaffung immaterieller Vermögenswerte ist jedoch nicht die Anzahl der Produktionsfaktoren oder die Höhe der Investitionen entscheidend. Ein Beispiel ist die Verbesserung der Auftragsabwicklung durch Einführung einer neuen Standardsoftware. Der Umfang der Verbesserung hängt davon ab, ob sich die Software für die Bedürfnisse des Unternehmens eignet und ob die Implementierung durch einen kompetenten Berater unterstützt wird. Eine ungeeignete Software oder eine mangelhafte Implementierung können trotz hoher Investitionen die Auftragsabwicklung verschlechtern und somit das Strukturkapital reduzieren.

  Vermögensaufbau

- **Verfügungsrechte:** Die Verfügungsrechte des Unternehmens (vgl. Kap. 1.2.3.2) an seinen immateriellen Werten sind sehr unterschiedlich. Nur in den wenigsten Fällen, wie z. B. bei Marken, Urheberrechten oder Patenten, lassen sie sich rechtlich schützen und auch einzeln veräußern. An immateriellen Werten aus externen Quellen wie Mitarbeitern, Kunden, Lieferanten oder Geschäftspartnern kann ein Unternehmen kein Eigentum erwerben. Sie lassen sich lediglich zeitweise an das Unternehmen vertraglich binden. Beispiele sind Arbeitsverträge mit den Mitarbeitern, Lieferverträge mit Kunden oder Lieferanten sowie Joint Ventures. In den meisten Fällen kann die Unternehmensführung nur durch die positive Gestaltung der Beziehungen zu den externen Quellen immaterieller Werte dafür sorgen, dass diese dem Unternehmen erhalten bleiben. Beispiele sind ein gutes Betriebsklima, der Aufbau langfristiger Geschäftsbeziehungen oder die Erhöhung der Kundenzufriedenheit mit Hilfe von Qualitätsmaßnahmen. Das implizite Wissen der Mitarbeiter sollte soweit möglich

  Verfügungsrechte

8 Ausrichtungen der Unternehmensführung

dokumentiert und damit in Strukturkapital umgewandelt werden. Auf diese Weise bleibt es dem Unternehmen beim Ausscheiden eines Mitarbeiters erhalten (vgl. Kap. 8.2.5.3.3).

Handelbarkeit

- **Handelbarkeit:** Aufgrund der begrenzten Verfügungsrechte sind die meisten immateriellen Werte nicht frei handelbar. Zudem lassen sich andere Parteien oft nicht vollständig von deren Nutzung ausschließen (partielle Exkludierbarkeit). Chinesischen Unternehmen wird z. B. oft vorgeworfen, Design und Technik ausländischer Hersteller zu imitieren. Ein anderes Beispiel ist der Wechsel eines erfahrenen Mitarbeiters zu einem Konkurrenten. Diese sog. Spillover-Effekte begrenzen oder gefährden den potenziellen Nutzen von immateriellen Werten und vergrößern das Investitionsrisiko. Das Fehlen eines freien Marktes für immaterielle Ressourcen erschwert auch deren objektive Bewertung.

Immaterielle Erlöse

- **Immaterielle Erlöse:** Jedes Unternehmen erzielt nicht nur finanzielle, sondern auch immaterielle Erlöse. Beispiele sind Imagegewinne durch Referenzkunden oder die Erhöhung der Innovationskraft und Mitarbeiterkompetenz in anspruchsvollen Kundenprojekten. Diese immateriellen Erlöse erhöhen das intellektuelle Kapital, sie werden aber bislang weder qualitativ noch quantitativ erfasst. Dadurch kann die Unternehmensführung deren Bedeutung für die zukünftige Ertragskraft nicht erkennen, denn monetäre Erlöse allein reichen langfristig nicht aus. Diese resultieren stets aus der Nutzung immateriellen Vermögens, das in der Vergangenheit aufgebaut wurde. Beispiele sind Forschung und Entwicklung, Geschäftsprozesse, Markennamen oder Mitarbeiterkompetenzen. Immaterielle Erlöse stellen somit Erfolgspotenziale dar, aus denen zukünftige monetäre Erlöse entstehen. Ein Ansatz für die Erfassung immaterieller Erlöse wird in Kapitel 8.3.4.2 vorgestellt.

Immaterielle Investitionen

- **Immaterielle Investitionen:** Investitionen in (aktivierungsfähige) materielle Vermögenswerte werden in den Unternehmen einer eingehenden Beurteilung unterzogen. Hierfür stehen der Unternehmensführung eine Reihe an Instrumenten und Verfahren (wie z. B. die Kapitalwertrechnung) zur Verfügung. Der Aufbau immaterieller Vermögenswerte wird jedoch bilanziell (mit wenigen Ausnahmen, vgl. Kap. 8.3.4.1) nicht als Investition betrachtet. Durch die Verbuchung immaterieller Investitionen als Aufwand entziehen sich diese einer investitionsrechnerischen Beurteilung. Beispiele sind die Grundlagenforschung, der Aufbau einer Marke oder die Ausbildung eines Mitarbeiters. Um solche Investitionen beurteilen zu können, wären sowohl eine Bewertung des immateriellen Vermögensaufbaus als auch eine Prognose des daraus resultierenden Erfolgsbeitrags erforderlich. Zu klären wäre zunächst, wann die Investition zu einer Zunahme des immateriellen Vermögens führt und anschließend, in wie fern sich dies auch erfolgswirksam auswirkt. Der Zusammenhang zwischen immateriellen Investitionen und den betrieblichen Erfolgsgrößen ist nicht eindeutig feststellbar, da sich viele unterschiedliche Faktoren auf den Unternehmenserfolg auswirken. Darüber hinaus lässt sich auch die Wirksamkeit und Wirkungsrichtung einer solchen Investition meist nicht objektiv bestimmen. Bei immateriellen Investitionen besteht immer die Gefahr, dass sie zu keiner Steigerung des immateriellen Vermögens bzw. zu keinen positiven Erfolgswirkungen führen. Zudem entfalten sie ihre Wirkung erst mit zeitlicher Verzögerung, teilweise sogar erst nach Jahren. Den Zusammenhang zwischen Investitionen in immaterielle Ressourcen und dem Unternehmenswert veranschaulicht Abb. 8.3.4.

Da der Wert immateriellen Vermögens stark schwanken kann, ist das Investitionsrisiko höher als bei materiellen Vermögenswerten. Während der Wert einer Maschine

z. B. linear über die Nutzungsdauer abnimmt, kann beispielsweise das Wissen eines Anwendungsentwicklers durch eine neue Version der Programmiersprache recht plötzlich an Wert verlieren. Investitionen in immaterielle Werte werden zudem vor allem am Beginn des Innovations- bzw. Produktentwicklungsprozesses durchgeführt. In dieser Phase ist die Unsicherheit über den Erfolg der Investition am höchsten. Deshalb ist auch die Gefahr eines totalen Verlustes größer als bei Investitionen in materielle Werte.

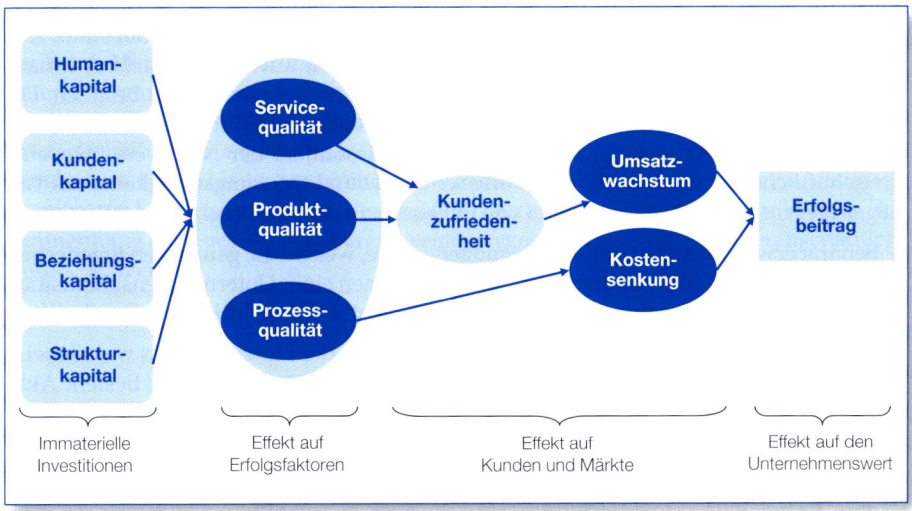

Abb. 8.3.4: Zusammenhang zwischen immateriellen Investitionen und dem Unternehmenserfolg (in Anlehnung an Wulf et al., 2009, S. 147)

Die genannten Merkmale und Besonderheiten stellen die Unternehmensführung bei der Planung, Steuerung und Kontrolle immateriellen Vermögens vor große Herausforderungen. Um immaterielles Vermögen gezielt gestalten und zur Erreichung der Unternehmensziele einsetzen zu können, müssen immaterielle Werte zunächst identifiziert, messbar gemacht und bewertet werden. Im nächsten Abschnitt werden die existierenden Regelungen des externen Rechnungswesens sowie die Möglichkeiten zur Erfassung für interne Steuerungszwecke erläutert.

8.3.4 Messung und Bewertung immaterieller Werte

8.3.4.1 Externe Rechnungslegung

Die externe Rechnungslegung ist vor allem auf die Erfassung und Abbildung materieller Werte ausgerichtet. Während der durch den Aufbau des immateriellen Vermögens verursachte Aufwand in Bilanz und GuV erfasst wird, erscheinen immaterielle Werte dort in der Regel nur dann, wenn sie entgeltlich erworben wurden. Investitionen in immaterielles Vermögen erhöhen aber die Ertragskraft, d.h. das Potenzial zur Erwirtschaftung zukünftiger Einzahlungsüberschüsse und damit den Wert des Unternehmens. Die Schwierigkeiten ihrer objektiven Erfassung und Bewertung führt zu einer Vernachlässigung immaterieller Werte in der externen Rechnungslegung und macht

Problematik

immateriellen Ressourcen ermöglicht (vgl. *Haller/Zellner*, 2011, S. 528). In den USA gibt es seit längerem Bestrebungen, den Jahresabschluss durch qualitative Informationen zu ergänzen. So hat beispielsweise die US-Börsenaufsicht *SEC* (*Securities and Exchange Commission*) die Empfehlung ausgegeben, zusätzlich einen sog. Supplement report zu erstellen. Darin sollen die Unternehmen über ihre Geschäftsstrategie, ihr Geschäftsmodell sowie über wesentliche immaterielle Schlüsselgrößen Auskunft geben.

Integrated Reporting

Eine weitreichende Initiative zur weltweiten Neuausrichtung der Unternehmensberichterstattung ist das vom *International Integrated Reporting Committee* (*IIRC*) konzipierte **Integrated Reporting** (vgl. Kap. 2.2). Das *IIRC* besteht aus einer Reihe von öffentlichen und privaten Institutionen. Darunter u. a. das *International Accounting Standards Board* (*IASB*), das *Financial Accounting Standards Board* (*FASB*), Regierungs- und Nichtregierungsorganisationen (z. B. *UNCTAD*, *Transparency International*, *WWF* etc.), Vorstände internationaler Großunternehmen, Wissenschaftler sowie Vertreter der größten Wirtschaftsprüfungsgesellschaften. Im Rahmen der integrierten Berichterstattung sollen sämtliche Informationen über Strategie, Geschäftsmodell, Corporate Governance und betriebliche Ergebnisse miteinander verzahnt dargestellt werden. Die Kombination finanzieller, ökologischer und sozialer Aspekte soll aufzeigen, wie das Unternehmen seiner Verantwortung gegenüber den Stakeholdern gerecht wird. Die Leistung des Unternehmens umfasst dabei nicht nur die Schaffung und Erhaltung finanzieller und materieller Werte, sondern bezieht ausdrücklich immaterielle Werte sowie Auswirkungen auf öffentliche und natürliche Ressourcen mit ein. Die Zusammensetzung des IIRC verdeutlicht die hohe Bedeutung, die einer solchen integrierten Berichterstattung beigemessen wird und spricht für die zukünftige Verbreitung des Konzepts in der Praxis (vgl. *Haller/Zellner*, 2011, S. 523 ff.; *PwC*, 2012, S. 6).

Wissensbilanz

Im deutschen Sprachraum wird die Berichterstattung über immaterielle Werte meist als **Wissensbilanz** bezeichnet. Dieser erstmals in Österreich verwendete Begriff ist allerdings äußerst unglücklich und führt häufig zu Verwechslungen mit dem Wissensmanagement (vgl. Kap. 8.2). Die Bezeichnung suggeriert, es ginge ausschließlich um die Darstellung des Humankapitals oder des organisationalen Wissens. Tatsächlich soll aber eine Wissensbilanz über alle immateriellen Vermögenswerte ein umfassendes Bild liefern. Zum anderen handelt es sich tatsächlich nicht um eine Bilanz mit Aktiva und Passiva, in der Vermögen und Kapital gegenübergestellt wird. Die Wissensbilanz ist vielmehr eine tabellarische Aufstellung von Kennzahlen, welche die immateriellen Werte messbar machen sollen. Wesentlich besser ist deshalb die englische Bezeichnung **Intellectual Capital Statement**, da es sich tatsächlich um einen Bericht über das immaterielle Vermögen handelt (vgl. *Günther*, 2005, S. 67; *Hofmann/Walter*, 2009, S. 231).

Intellectual Capital Statement

Die in Deutschland verbreitetste Methode zur strukturierten Darstellung immaterieller Werte ist die sog. „**Wissensbilanz – Made in Germany**" des *BMWi*. Sie soll als externes Berichtsinstrument strukturierte Informationen über die Zukunfts- und Innovationsfähigkeit eines Unternehmens liefern (vgl. *Alwert* et al., 2008, S. 4 ff.). Es gibt jedoch bislang wenige Unternehmen, welche ihre Wissensbilanzen veröffentlichen. Ein Beispiel ist die *Energie Baden-Württemberg AG*, deren Wissensbilanz nachfolgend vorgestellt wird. Bei den meisten Unternehmen dominiert der Einsatz als internes Steuerungsinstrument, der in Kap. 8.3.5.3 erläutert wird.

8.3 Immateriell orientierte Unternehmensführung

Wissensbilanz der EnBW AG

Mit rund sechs Millionen Kunden und *über* 20.000 Mitarbeitern ist die *EnBW Energie Baden-Württemberg AG* das drittgrößte Energieversorgungsunternehmen Deutschlands. Seit 2005 bewertet die *EnBW* ihr intellektuelles Kapital nach der Methode „Wissensbilanz – Made in Germany" (vgl. im Folgenden *Geschäftsbericht EnBW AG*, 2011, S. 75 ff.). Sie macht damit Einflussfaktoren auf den Unternehmenserfolg greifbar, die von der Finanzberichterstattung nicht erfasst werden. „Nicht alle Faktoren, die zum Erfolg eines Unternehmens beitragen, lassen sich in Euro und Cent ausdrücken. Unternehmer oder Manager, die dies verstanden haben, sind dem Wettbewerb einen Schritt voraus", so *Dr. Alexander Serfas*, der als externer Dienstleister die Investor Relations der *EnBW* berät.

Jedes Jahr werden zur Aufstellung der Wissensbilanz in den Kerngesellschaften regelmäßig Workshops durchgeführt. Dabei werden die Einflussfaktoren des intellektuellen Kapitals von fachlich und hierarchisch repräsentativ zusammengesetzten Mitarbeitergruppen im Rahmen einer systematischen Selbsteinschätzung beurteilt. Anhand von 27 Fragen werden die Qualität und Quantität der einzelnen Faktoren wie beispielsweise Unternehmenskultur, Motivation und Kundenbeziehungen sowie die Systematik, mit der diese entwickelt werden, beurteilt.

Jede Gesellschaft leitet aus den Ergebnissen ihrer Wissensbilanz für die einzelnen Faktoren Verbesserungsmaßnahmen ab, um Stärken zu festigen und Schwächen auszuräumen. Ein Beispiel ist die „*Initiative life@SIS*" der *EnBW Systeme Infrastruktur Support GmbH (SIS)* zur Weiterentwicklung der Führungskultur. Aus Rückmeldungen der Belegschaft wurde hierfür ein Führungsselbstverständnis entwickelt und eingeführt. Die Mitarbeiter werden seitdem regelmäßig befragt, inwieweit es im Arbeitsalltag wahrgenommen wird.

In einem rollierenden Verfahren werden darüber hinaus die Wissensbilanzen der Gesellschaften zu einer Konzern-Wissensbilanz konsolidiert. Eine der daraus resultierenden konzernweiten Maßnahmen ist das Teamleiter-Entwicklungsprogramm, welches die Rolle und Verantwortung der Teamleiter stärkt und deren gesellschaftsübergreifende Vernetzung fördert. Die Teamleiter durchlaufen ein modulares Pflichtprogramm, ergänzt durch optionale Einzelangebote und ein Feedback-Gespräch. Ebenfalls wurden Maßnahmen zur Verbesserung der Top-down- bzw. Bottom-up-Kommunikation eingeführt. Dies hat in den letzten Jahren wesentlich zur Verbesserung der Unternehmenskultur beigetragen, die von den Mitarbeitern nun als offen sowie durch Hilfsbereitschaft, Teamarbeit und Wir-Gefühl geprägt, wahrgenommen wird.

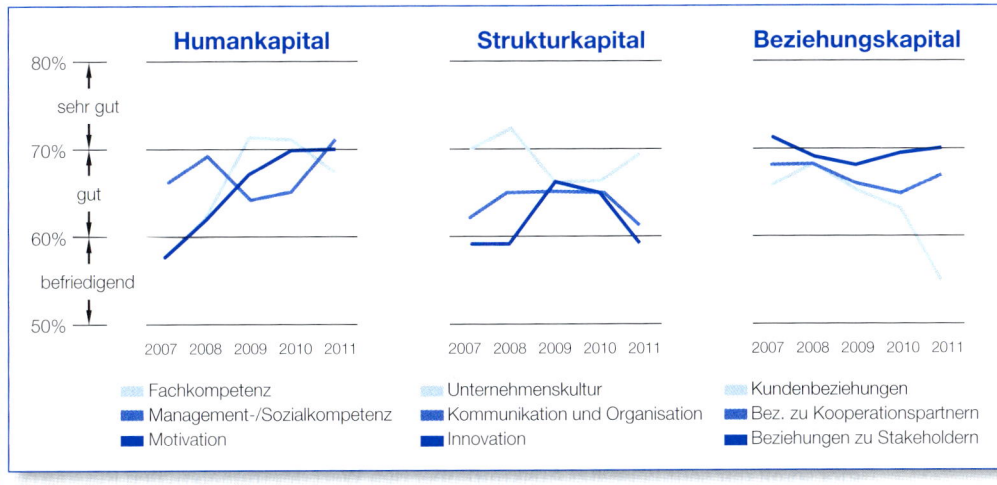

Abb. 8.3.6: Entwicklung der immateriellen Faktoren der Energie Baden-Württemberg AG (Geschäftsbericht EnBW AG, 2011, S. 75 f. und S. 86)

8 Ausrichtungen der Unternehmensführung

als Herzstück – der Mitarbeiterfokus. Er soll als aktive Kraft die anderen Dimensionen verbinden. Kunden-, Prozess-, Mitarbeiter- sowie Erneuerungs- und Entwicklungsfokus bilden das intellektuelle Kapital ab. Für jede Perspektive wurden Indikatoren aufgestellt, mit denen die immateriellen Werte mess- und damit steuerbar gemacht werden.

Intangible Asset Monitor

Ein weiteres Multiindikatorverfahren, das in mehreren skandinavischen Unternehmen wie z. B. *WM-data* oder *Ericsson* angewendet wird, ist der von *Sveiby* entwickelte *Intangible Asset-Monitor* (vgl. Sveiby, 1998). Das intellektuelle Kapital wird dort unterteilt in:

- **Externe Struktur:** Beziehungen zu Kunden und Lieferanten sowie Markennamen, Warenzeichen und Image des Unternehmens,

- **Interne Struktur:** Patente, Konzepte, Modelle, Computer- und Verwaltungssysteme sowie die Unternehmenskultur und die

- **Kompetenz der Mitarbeiter**.

Diese drei Bestandteile des intellektuellen Kapitals werden mit Hilfe unternehmensspezifischer Indikatoren nach ihrem Beitrag zu den Kategorien „Wachstum und Erneuerung", „Effizienz" sowie „Stabilität" des Unternehmens beurteilt. Die Effizienz der Mitarbeiter wird z. B. durch die Wertschöpfung pro Mitarbeiter abgebildet. Die Stabilität der externen Struktur wird z. B. durch den Anteil an Wiederholungsaufträgen gemessen. Die Abgrenzung zwischen den verwendeten Kategorien ist jedoch bei der Auswahl der Indikatoren problematisch.

Heilbronner Verfahren

Abb. 8.3.9 zeigt ein **integriertes Bewertungs- und Steuerungsverfahren** für intellektuelles Kapital, das an der *Hochschule Heilbronn* für den Maschinenbau entwickelt wurde (vgl. *Dillerup/Ramos*, 2005, S. 37 f., 2006, S. 116 ff.). Es erfasst relevante immaterielle Werttreiber mit Hilfe von branchenüblichen Kennzahlen, die in Kooperation mit mehreren Unternehmen und dem *Branchenverband VDMA* festgelegt wurden. Auf dieser Basis kann sowohl eine interne Steuerung als auch eine externe Berichterstattung erfolgen. Zeit- und

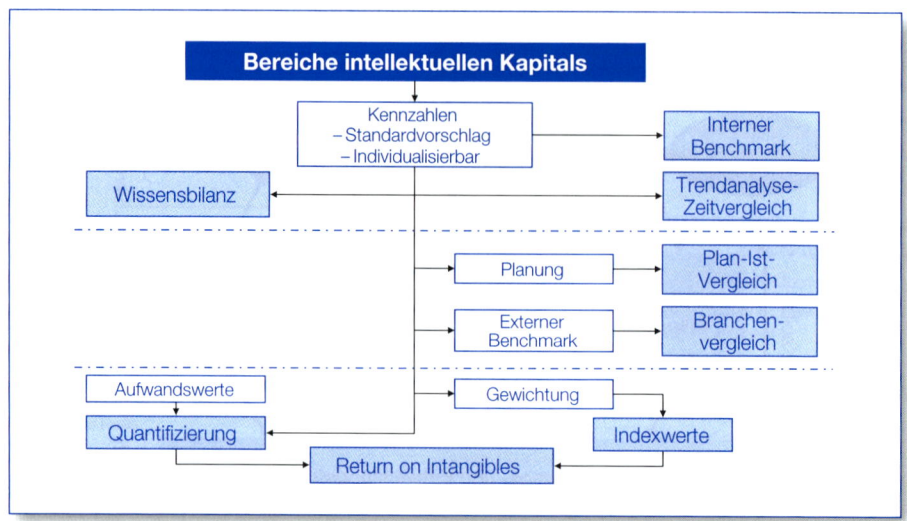

Abb. 8.3.9: Heilbronner Steuerungsverfahren für intellektuelles Kapital (vgl. Dillerup/Göttert, 2005, S. 60)

870

8.3 Immateriell orientierte Unternehmensführung

Trendanalysen, Planwerte und externe Benchmarks liefern die Basis für die Steuerung des intellektuellen Kapitals. Durch Plan-Ist-Vergleiche können Zielabweichungen frühzeitig festgestellt und angegangen werden. Unterstützend kann ein externer Branchenvergleich Stärken und Schwächen aufdecken und dem Unternehmen wertvolle Impulse für langfristige Investitionsentscheidungen geben. Die Kennzahlen lassen sich nach deren strategischer Relevanz gewichten und als Indexwerte darstellen. Daraus lässt sich dann ein „Return on Intangibles" ableiten. Die Anwendung verdeutlicht nachfolgendes Fallbeispiel.

> **Fallbeispiel SiCo GmbH zur Messung des intellektuellen Kapitals**
>
> Die *SiCo GmbH* ist mit der Herstellung und dem Vertrieb von Maschinen für die Automobil- und Automobilzuliefererindustrie beschäftigt (vgl. *Dillerup* et al., 2005, S. 58 ff.). Die Maschinen basieren alle auf einem Grundmodul, welches kundenspezifisch angepasst wird. Die *SiCo*-Produkte haben eine Lebensdauer von etwa fünf Jahren. Die Kunden sind loyal und schätzen die qualitativ hochwertigen Produkte. Für das Unternehmen ist deshalb die Beziehung zu seinen Stammkunden sehr wertvoll. Die *SiCo GmbH* bearbeitet jährlich rund 10.000 Aufträge mit 900 Mitarbeitern. Im laufenden Jahr konnte bei einem Umsatz von 150 Mio. Euro ein Gewinn von 12 Mio. Euro erwirtschaftet und der Marktanteil auf 30 % ausgebaut werden. Mit einer durchschnittlichen Produktentwicklungszeit von 24 Monaten werden jährlich zwei Produktinnovationen auf den Markt gebracht. Die in den letzten drei Jahren neu eingeführten Produkte haben einen Umsatzanteil von etwa 75 %.
>
> Die *SiCo GmbH* erstellt jährlich ein Intellectual Capital Statement. Diese freiwillige Berichterstattung dient der frühzeitigen Einbindung der Stakeholder in die Unternehmensentwicklung. Für die interne Steuerung werden unterjährig Vergleichsdaten erhoben und mit Vergleichswerten des *VDMA* ein Branchenvergleich durchgeführt. Die *SiCo GmbH* hatte sich für das laufende Jahr Ziele für das intellektuelle Kapital gesetzt. Als Auszug daraus folgende zwei Kennzahlen:
>
> - Die **Time to market** umfasst die Zeitspanne von der Produktentwicklung bis zum Produktionsstart. Die *SiCo GmbH* sichert ihren Wettbewerbsvorteil und somit ihren Umsatz durch Produktinnovationen. Für die Abschöpfung von Pioniergewinnen ist eine schnelle Markteinführung der Produkte erforderlich. Aufgrund einer Verzögerung im Rahmen des Patentierungsprozesses lag das Unternehmen beim Time to Market im laufenden Jahr um vier Monate über den angestrebten 20 Monaten.
>
> - Der **Umsatzanteil der in den letzten drei Jahren neu eingeführten Produkte** repräsentiert den Markterfolg der Produktinnovationen. Trotz der Zielabweichung bezüglich der Produktentwicklungszeit übertraf die *SiCo GmbH* ihr Ziel von 70 % leicht. Dies verdeutlicht sowohl die gestiegene Nachfrage als auch den andauernden Erfolg der neuen Produkte.
>
> Die Zielerreichung jeder Kennzahl wird mit maximal 10 Punkten bewertet. Der Indexwert der Kennzahl „Time to market" errechnet sich durch die Division eines Planwertes von 20 Monaten durch den Ist-Wert von 24 Monaten. In Punkten ausgedrückt bedeutet dies einen Zielerreichungsgrad von 8,3. Aus der gewichteten Zielerfüllung der einzelnen Kennzahlen wird anschließend ein Gesamtindex ermittelt. Die Kennzahlen „Time to market" und „Ersttrefferquote" werden jeweils mit 50 % gewichtet und bilden die Komponente „Produktentstehungsprozess". Diese ist mit 15 % in der Dimension „Prozesse" gewichtet, die noch aus den Komponenten „Auftragsgewinnungsprozess" (15 %), „Auftragserfüllungsprozess" (30 %) und „Prozessstandardisierung" (40 %) besteht. Die Dimension „Prozesse" bildet wiederum 40 % des Strukturkapitals ab, die verbleibenden 60 % setzen sich aus den „Innovationen" (40 %) und dem „Markenimage" (20 %) zusammen. Insgesamt ergibt sich für das intellektuelle Kapital des Unternehmens ein Indexwert von 4,17 Punkten. Diese dimensionslose Zahl fasst die unterschiedlichen Einheiten, Komponenten und Dimensionen zusammen und vereinfacht die Kommunikation der Steuerungsgrößen.
>
> Um die Wirtschaftlichkeit transparenter zu machen und dadurch die Aufmerksamkeit der Unternehmensführung zu erhöhen, fließen die Komponenten des intellektuellen Kapitals als immaterielle Werttreiber in den Unternehmenswert ein. Bei einem innovationsgetriebenen Unternehmen wie der *SiCo GmbH* hängt der Wettbewerbsvorteil maßgeblich vom Erfolg der Produktinnovationen ab. Die Monetarisierung der immateriellen Komponenten setzt an den Innovationsumsätzen und den zugehörigen Aufwandswerten an. Zu einem Großteil sind diese auf Personalaufwendungen aus der Forschungs- und Entwicklungsabteilung zurückzuführen. Die

Innovationsgewinne werden über die Lebensdauer der betrachteten Produktinnovationen prognostiziert und mit einem risikoadäquaten Zinssatz diskontiert. Die *SiCo GmbH* legt einen gewichteten Kapitalkostensatz (WACC; vgl. Kap. 3.2.3.2) von 8,5 % zugrunde. Der Wert der Produktinnovation ergibt sich aus der Summe der Barwerte der Produktinnovationsgewinne für einen fünfjährigen Zeithorizont in Höhe von 581 Mio. Euro. Dieser Betrag stellt das Erfolgspotenzial aus den Innovationen der *SiCo GmbH* dar. Allerdings wird dieser voraussichtlich nur teilweise realisierbar sein, da volkswirtschaftliche, branchenübliche und unternehmensspezifische Faktoren den Transfer in tatsächlichen Erfolg begrenzen.

8.3.5.2 Messung und Steuerung immaterieller Erlöse

Immaterielle Erlöse quantifizieren

Zur langfristigen Sicherung seiner Wettbewerbsfähigkeit ist ein Unternehmen nicht nur auf finanzielle, sondern auch auf **immaterielle Erlöse** angewiesen. Viele dieser immateriellen Erlöse lassen sich jedoch nicht monetär bewerten. Um sie gezielt beeinflussen und steuern zu können, sollten sie aber dennoch in einer geeigneten Form erfasst werden.

Eine Möglichkeit zur **Quantifizierung** immaterieller Erlöse stellt die Zuordnung der monetären Umsätze zu denjenigen immateriellen Vermögenskategorien dar, zu denen sie einen Beitrag leisten. Dabei werden, wie in Abb. 8.3.10 dargestellt, die Kunden zunächst absteigend nach den erzielten Umsätzen sortiert. Anschließend wird für jeden Kunden untersucht, ob er zur Steigerung des Humankapitals, Kundenkapitals, Beziehungskapitals oder des Strukturkapitals beiträgt und dies in der entsprechenden Spalte vermerkt. Beispiele für mögliche Zuordnungskriterien sind in Abb. 8.3.10 in Klammern aufgeführt.

Kunde	Umsatz	Kunde leistet einen Beitrag zum ...			
		Human-kapital	Kunden-kapital	Beziehungs-kapital	Struktur-kapital
A	€ 100.000				€ 100.000
B	€ 90.000		€ 90.000		
C	€ 70.000	€ 70.000		€ 70.000	
D	€ 60.000				
E	€ 50.000				€ 50.000
F	€ 30.000		€ 30.000	€ 30.000	€ 30.000
Rest	€ 100.000				
Summe	**€ 500.000**	**€ 70.000**	**€ 120.000**	**€ 100.000**	**€ 180.000**
Anteil am Gesamtumsatz*		14%	24%	20%	36%
Soll-Verteilung		50%	40%	15%	20%
Abweichung		−36%	−16%	+5%	+16%

* Die Spaltensummen entsprechen nicht 100 Prozent

Abb. 8.3.10: Quantifizierung und Struktur immaterieller Erlöse

Im Beispiel wird zwar Kundenkapital aufgebaut, aber die Mitarbeiter scheinen bei den Aufträgen zu wenig zu lernen, wodurch langfristig die Innovationskompetenz des Unternehmens gefährdet ist. Die Unternehmensführung sollte sich daher um innovative Kundenprojekte bemühen, die zu einem Ausbau der Mitarbeiterkompetenzen führen. Außerdem leistet nur ein Kunde einen Beitrag zum Humankapital. Solche Abhängigkeiten von einem oder wenigen Kunden sollten ebenfalls langfristig vermieden werden.

8.3 Immateriell orientierte Unternehmensführung

Kunden, die zu keiner Kategorie beitragen, sind nur bei entsprechender Profitabilität beizubehalten. Darüber hinaus ist deren immaterielles Erlöspotenzial zu beurteilen und zukünftig entsprechend besser zu nutzen. Auf der anderen Seite macht diese Betrachtung deutlich, dass auch vermeintliche Verlustkunden für das Unternehmen einen hohen Stellenwert einnehmen können, wenn sie einen entsprechenden Beitrag zum immateriellen Vermögen leisten. Gerade diese Sichtweise wird bisher in der Unternehmensführung vernachlässigt, deren Schwerpunkt auf dem (kurzfristigen) monetären Erfolg liegt.

Dieser Vorschlag basiert auf einem Ansatz von *Sveiby* (1998), der eine andere Kategorisierung verwendet und auch den Beitrag des Umsatzes zum Finanzkapital einbezieht. Dieser Beitrag ist jedoch weder eindeutig definiert noch für die Beurteilung der immateriellen Erlöse erforderlich. Auch die geforderte prozentuale Gleichverteilung in allen Erlöskategorien ist in den meisten Fällen keine geeignete Zielsetzung. Um keine Kategorie des intellektuellen Kapitals langfristig zu vernachlässigen, sollte zunächst ein prozentualer Mindestanteil festgelegt werden. Darauf aufbauend ist die optimale Verteilung der immateriellen Erlöse abhängig von der Strategie des Unternehmens und sollte deshalb daraus abgeleitet werden. Auf diese Weise wird sichergestellt, dass strategisch relevante immaterielle Vermögenswerte aufgebaut werden, die zur Strategieumsetzung beitragen. Die in Abb. 8.3.10 dargestellte Soll-Verteilung könnte z. B. von einer kleinen Unternehmensberatung stammen, deren Wettbewerbsvorteil vor allem auf der Erfahrung und Qualifikation ihrer Berater und deren Kundenbeziehungen beruht.

Strategiebezogene Erlöse

8.3.5.3 Die Wissensbilanz als Führungsinstrument

Die Methode der „**Wissensbilanz – Made in Germany**" wurde sowohl zur externen Berichterstattung (vgl. Kap. 8.3.4.1) als auch als internes Führungsinstrument entwickelt. Mit ihrer Hilfe sollen insbesondere kleine und mittelständische Unternehmen Transparenz über deren immaterielles Vermögen erhalten, die Wirkung immaterieller Ressourcen auf die Leistungserstellung bewerten und daraus die richtigen Maßnahmen zur gezielten und systematischen Entwicklung ihrer wichtigsten Erfolgsfaktoren ableiten. Hierfür wurde ein genereller Leitfaden sowie die unterstützende Software „Wissensbilanz-Toolbox" entwickelt. (vgl. *Alwert* et al., 2008, S. 4 f.). Beides steht jedem Interessierten auf der Homepage des *BMWi* (www.bmwi.de) kostenlos zur Verfügung. 2012 wurde mit dem *Bundesverband Wissensbilanzierung* ein Netzwerk aus Wissenschaftlern und Praktikern gegründet, das über die Wissensbilanz informieren und den Erfahrungsaustausch zwischen den Anwendern fördern soll. Ziel ist es, die Wissensbilanz langfristig als strategisches Führungsinstrument in deutschen Unternehmen zu etablieren.

Wissensbilanz – Made in Germany

Die Wissensbilanz wird durch möglichst repräsentativ ausgewählte Mitarbeiter unterschiedlicher Funktionsbereiche in mehreren Workshops gemeinsam erstellt. Dabei werden die folgenden **acht Schritte** durchlaufen (vgl. *Alwert* et al., 2008, S. 11 ff.):

8 Schritte

1. **Beschreibung des Geschäftsmodells:** Zunächst wird dargestellt, welche Teile des Unternehmens mit der Wissensbilanz betrachtet werden sollen. Danach werden die Chancen und Risiken des Geschäftsumfelds erarbeitet sowie die Vision und Strategie beschrieben. Abschließend werden die zentralen wertschöpfenden Geschäftsprozesse identifiziert und die angestrebten materiellen und immateriellen Geschäftsergebnisse dargestellt.

2. **Identifikation des intellektuellen Kapitals:** Für die drei Kategorien Human-, Struktur- und Beziehungskapital werden jeweils unternehmensspezifische Einflussfaktoren identifiziert, die für das Geschäftsmodell relevant sind. Beim Humankapital könnten dies z. B. die Fachkompetenz oder Motivation sein.

3. **Bewertung des intellektuellen Kapitals:** Um ein Stärken-Schwächen-Profil der immateriellen Ressourcen zu erhalten, wird jeder Einflussfaktor von den Teammitgliedern in dreierlei Hinsicht auf seinen Einfluss auf die Erreichung der strategischen Ziele bewertet:
   - **Quantität:** Ist der Einflussfaktor in ausreichender Menge vorhanden?
   - **Qualität:** Ist der Einflussfaktor in der richtigen Ausprägung vorhanden?
   - **Systematik:** Wird der Einflussfaktor ausreichend gepflegt und weiterentwickelt?

   Diese sog. „QQS-Bewertung" erfolgt auf einer fünfstufigen Skala von 0–120 %. Ein Wert über 100 % weist dabei auf Rationalisierungspotenzial hin, da die Faktordimension besser ist als erforderlich.
4. **Messung des intellektuellen Kapitals:** Für die Einflussfaktoren werden Indikatoren gesucht, mit denen diese quantifiziert werden können. Beispielsweise lässt sich der Einflussfaktor „Kundenbeziehungen" durch den Indikator „Kontaktfrequenz" über die Anzahl der Kundenkontakte pro Tag einschätzen. Diese Maßgrößen erhöhen die Aussagekraft der Wissensbilanz und ermöglichen die Überwachung von Verbesserungsmaßnahmen.
5. **Erfassung der Wirkungszusammenhänge:** Auf vierstufigen Skalen werden die Wechselwirkungen unter den Einflussfaktoren abgebildet. Dabei werden sowohl die Stärke als auch die Geschwindigkeit der Wirkung einer Faktoränderung auf die anderen Einflussfaktoren bestimmt und in einer Matrix abgebildet.
6. **Auswertung und Interpretation der Analyseergebnisse:** Die Wissensbilanz-Toolbox bietet eine Reihe an Möglichkeiten, um die Stärken und Schwächen als auch die Zusammenhänge zwischen den Einflussfaktoren zu visualisieren. Mit Hilfe von Portfolios, Balkendiagrammen und Wirkungsnetzen lassen sich die Einflussfaktoren mit dem größten Verbesserungspotenzial und der stärksten Wirkung auf den Geschäftserfolg identifizieren.
7. **Ableitung von Maßnahmen:** Für die wesentlichsten Einflussfaktoren werden Verbesserungsmaßnahmen abgeleitet, um auf diese Weise das intellektuelle Kapital strategisch weiterzuentwickeln und den Geschäftserfolg zu steigern.
8. **Zusammenstellung und Aufbereitung der Wissensbilanz:** Die Analyseergebnisse werden abschließend für interne und externe Adressaten aufbereitet und dokumentiert. Auf diese Weise lassen sich im Zeitverlauf der Erfolg von Verbesserungsmaßnahmen und die Entwicklung des intellektuellen Kapitals empfängerorientiert darstellen.

Das folgende Praxisbeispiel der *beo Gesellschaft für Sprachen und Technologie mbH* verdeutlicht die Gestaltung einer Wissensbilanz.

Wissensbilanz der beo Gesellschaft für Sprachen und Technologie

Die *beo Gesellschaft für Sprachen und Technologie mbH* hat sich auf Übersetzungen und datenbankgestützte technische Dokumentation spezialisiert. Bereits 2005 und damit nur zwei Jahre nach ihrer Gründung stellte *beo* die erste Wissensbilanz auf. Diese wurde von allen damals 43 Mitarbeitern innerhalb von neun Wochen in drei zweitägigen Workshops gemeinsam erstellt. Dabei wurden zunächst die immateriellen Werte des Unternehmens systematisch erfasst und quantifiziert. Darauf aufbauend wurden Erfolgsfaktoren bestimmt und jeweils konkrete Entwicklungsziele festgelegt. Die folgenden Abbildungen zeigen einige exemplarische Ergebnisse der Wissensbilanz von *beo*. Das QQS-Diagramm des Beziehungskapitals veranschaulicht die Quantität, Qualität und Systematik der Einflussfaktoren und zeigt damit bestehenden Handlungsbedarf auf. Daraufhin wurde beispielsweise beschlossen, zukünftig Netzwerke zu Multiplikatoren und Ausbildungsstätten systematischer zu entwickeln.

8.3 Immateriell orientierte Unternehmensführung

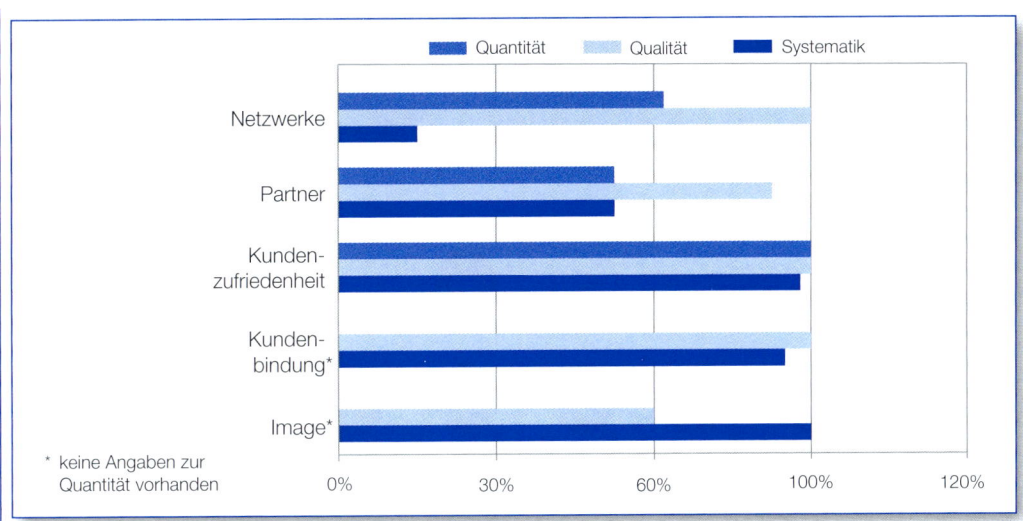

* keine Angaben zur Quantität vorhanden

Abb. 8.3.11: QQS-Diagramm des Beziehungskapitals von beo

Das in Abb. 8.3.12 dargestellte Einflussdiagramm zeigt die Wechselwirkungen zwischen den Leistungsprozessen und immateriellen Einflussfaktoren. Je dunkler das Feld schraffiert ist, umso stärker beeinflusst der Einflussfaktor in der jeweiligen Spalte die in den Zeilen aufgeführten Leistungsprozesse und Faktoren.

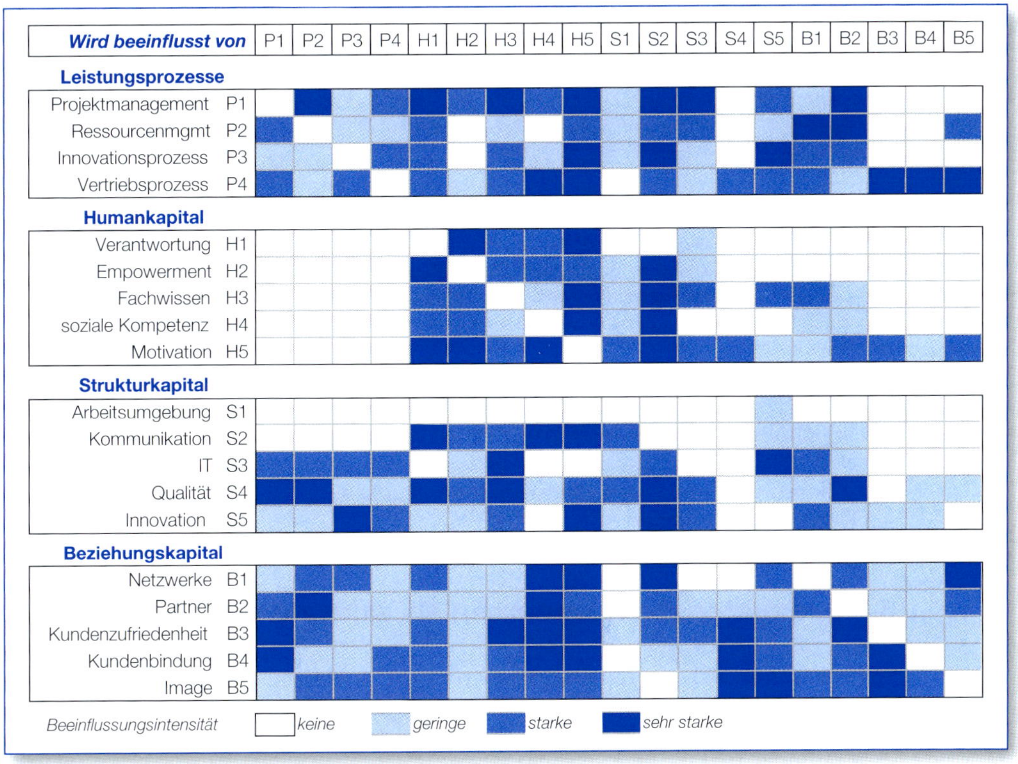

Abb. 8.3.12: Einflussdiagramm des Unternehmens beo

Die Zusammenhänge zwischen den Leistungsprozessen und Einflussfaktoren lassen sich auch in einem Wirkungsnetz darstellen. Abb. 8.3.13 zeigt dies beispielhaft für die Kundenzufriedenheit. Die verwendeten Abkürzungen sind im vorherigen Einflussdiagramm aufgeführt. Es wird deutlich, dass der Faktor Kundenzufriedenheit (B3) durch die soziale Kompetenz der Mitarbeiter (H4) und die Dienstleistungsqualität (S4) direkt beeinflusst wird. Die Güte des Projektmanagements (P1) und die Kundenzufriedenheit bedingen sich dabei gegenseitig.

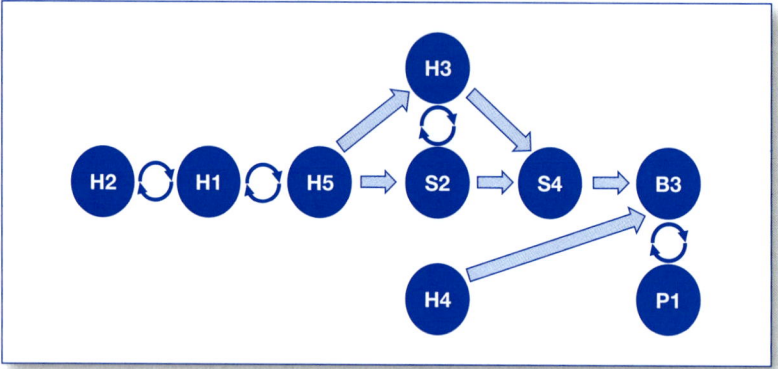

Abb. 8.3.13: *Wirkungsnetz der Kundenzufriedenheit des Unternehmens beo*

In Arbeitsgruppen wurden Verbesserungsmaßnahmen entwickelt, die zum *beo*Wiki, dem Firmen-Chat und der Umstellung der Schulungen auf sog. Webinare führte. Das positive Echo der Mitarbeiter zeigt sich auch in der steigenden Teilnehmerzahl der Webinare. Beispielhafte Schulungsthemen waren u. a. veränderte Kundenanforderungen, Qualitätsmanagement oder neue Übersetzungstools. Neben den Wissensmanagement-Seminaren führten auch die Themenvorschläge der Projekt- und Ressourcenmanager bis 2012 zu einer Verdopplung der Webinare gegenüber den früheren Schulungen.

Die Wissensbilanz wird einmal jährlich im Rahmen einer Firmenkonferenz aktualisiert. Dabei tauschen sich alle Mitarbeiter über die gemachten Fortschritte aus und bestimmen gemeinsam die neuen Ziele für die Wissensbilanz. Dies erfolgt sowohl in Problemanalysen und Initiativen-Workshops, als auch informell in den Pausen und auf der After-Work-Party. *Michael Schneider*, Mitglied der Geschäftsführung von *beo*, ist überzeugt, „dass die in der Wissensbilanz dargestellten immateriellen Einflussfaktoren einen wesentlichen Einfluss auf die Qualität unserer Arbeit und somit auch auf unser Geschäftsergebnis haben."

Die Erstellung einer Wissensbilanz liefert dem Unternehmen einen fundierten Einblick in seine Wertschöpfungsstrukturen und zentralen immateriellen Ressourcen, welche den zukünftigen Erfolg bestimmen. Dieser wesentliche Zusammenhang wird im nächsten Kapitel näher erläutert.

8.3.6 Immaterielle Ressourcen als zentrale Werttreiber

Für eine erfolgreiche Unternehmensführung ist es entscheidend, die Bedeutung der immateriellen Ressourcen in der Wertschöpfungskette zu erkennen und sie als Erfolgspotenziale zu nutzen. Die Frage nach den immateriellen Werttreibern ist dabei unternehmensindividuell zu beantworten. Für manche Unternehmen nimmt z. B. der Markenwert eine zentrale Stellung ein. Beispielsweise schätzt das Schweizer Markenberatungsun-

8.3 Immateriell orientierte Unternehmensführung

ternehmen *Interbrand* für das Jahr 2012 den Markenwert von *Coca-Cola* auf 78 Mrd. US$, knapp gefolgt von *Apple* (77 Mrd. US$), *IBM* (76 Mrd. US$) und *Google* (70 Mrd. US$). Auf den weiteren Plätzen der wertvollsten Marken liegen: *Microsoft*, *General Electric*, *McDonald's*, *Intel*, *Samsung*, *Toyota*, *Mercedes-Benz* und *BMW* (vgl. www.interbrand.com).

Bei einem Unternehmen wie *McKinsey* steht dagegen das Wissen der Mitarbeiter im Vordergrund. Es können jedoch auch andere immaterielle Ressourcen ausschlaggebend sein. Bei *Adobe* sind dies z. B. Netzwerkeffekte und bei *Cisco* dessen Organisationskapital. Sind diese zentralen immateriellen Werttreiber identifiziert, kann sich die Unternehmensführung auf deren Gestaltung, Steuerung und weiteren Ausbau konzentrieren.

Immaterielle Werttreiber generieren keinen Wert aus sich heraus, sondern erst in Kombination mit anderen materiellen und immateriellen Produktionsfaktoren. Sie sind deshalb immer im Zusammenhang und unter Berücksichtigung ihrer Wechselwirkungen zu betrachten. Die Rolle immaterieller Werttreiber ist vom Unternehmen, dessen Geschäftsmodell und seiner Wertschöpfungsstruktur abhängig. Die Analyse der Ressourcen und des Wertschöpfungssystems macht transparent, wie das Unternehmen funktioniert und Kundennutzen erzeugt wird. Schlussendlich gilt es zu verstehen, wie der Unternehmenswert bestehend aus materiellen und immateriellen Ressourcen gesteigert werden kann. Hierzu sind die Stellhebel für die Verbesserung der Unternehmensleistung zu identifizieren (vgl. *Daum*, 2005, S. 14 f.). Abb. 8.3.14 verdeutlicht das Vorgehen bei der Analyse der Wertsteigerung.

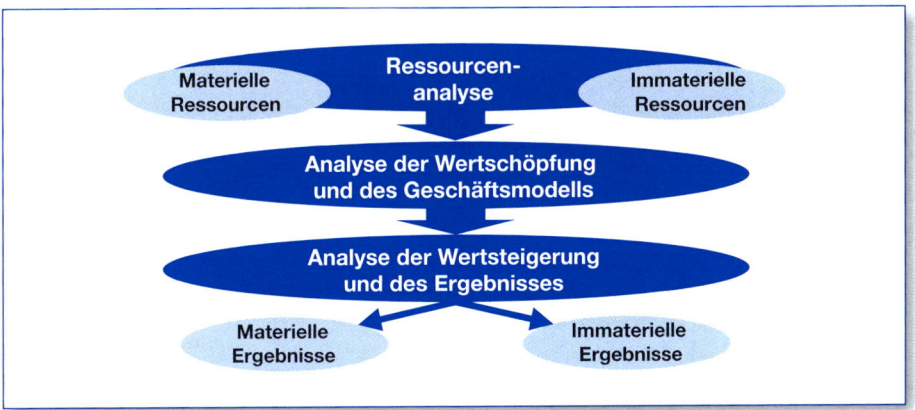

Abb. 8.3.14: Prozess der Wertsteigerungsanalyse

Folgende **Wertschöpfungsstrukturen** lassen sich unterscheiden (vgl. *Daum*, 2005, S. 12 ff.):

- **Value Shop (Werkstatt):** Es werden komplexe, individuelle Kundenlösungen erstellt. Dabei hat vor allem das Humankapital einen hohen Anteil an der Wertschöpfung. Ein Beispiel ist ein Friseur oder ein Schreiner.
- **Value Chain (Wertkette):** Durch Standardisierung von festgelegten, sequentiellen Prozessschritten sollen standardisierte Produkte und Dienstleistungen möglichst effizient hergestellt werden. Ein Beispiel ist die Möbelproduktion bei *IKEA*.
- **Value Network (Wertenetzwerk):** Wert wird dadurch geschaffen, dass Kunden zusammengebracht oder verbunden werden. Beispiele sind elektronische Handelsplattfor-

men wie z. B. *ebay* oder auch Versicherungen, die durch kollektive Risikoübernahme (risk pooling) das individuelle Risiko des einzelnen Kunden reduzieren.

Je nach Wertschöpfungsstruktur stehen unterschiedliche immaterielle Werttreiber im Vordergrund. Jedes Unternehmen sollte seine Wertschöpfungsstruktur, die darin relevanten immateriellen Werttreiber und deren Zusammenhang eingehend analysieren. Ursache-Wirkungs-Beziehungen der Wertschöpfung lassen sich wie in Abb. 8.3.15 mit einer immateriellen Landkarte (Intangible Value Map) veranschaulichen.

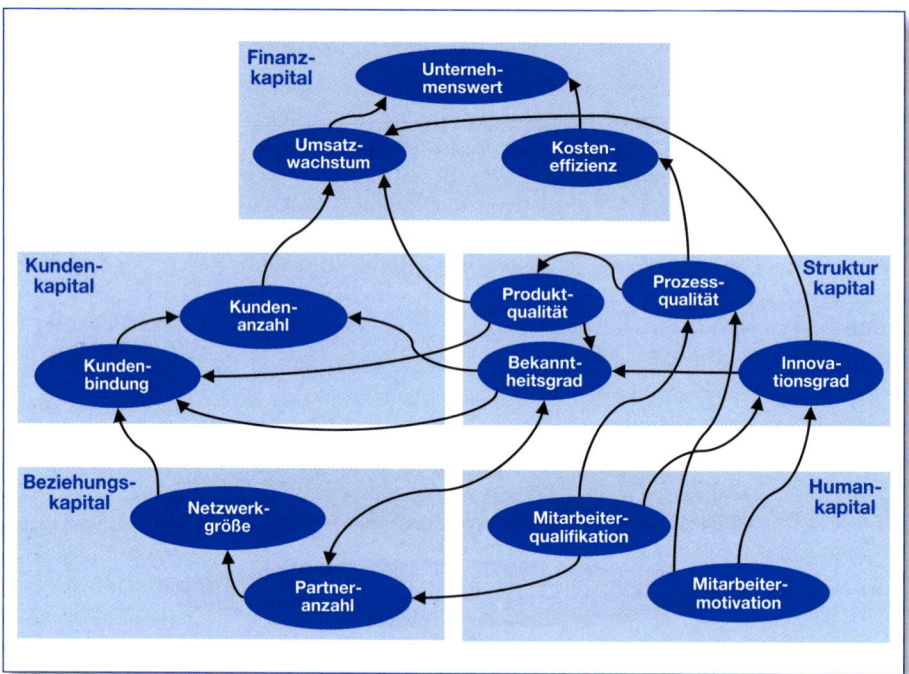

Abb. 8.3.15: Beispiel für eine immaterielle Landkarte

Fallbeispiel zu Wertschöpfungsstrukturen in der Unternehmensberatung

Die Wertgenerierung und die Bedeutung von immateriellen Werttreibern soll am Beispiel von zwei Unternehmensberatungen verdeutlicht werden (in Anlehnung an *Daum*, 2005, S. 12 ff.; *Roos* et al., 2004, S. 130 f.):

- **Unternehmensberatung A** arbeitet mit der Wertschöpfungsstruktur des Value Shops. Im Zentrum stehen hoch spezialisierte Fachleute, die über mehrjährige Berufserfahrung als Führungskräfte aus ihren bisherigen Tätigkeiten verfügen. Alle Berater sind starke Persönlichkeiten mit hoher Kompetenz. Sie haben ein breites Netzwerk an Beziehungen zu Führungskräften anderer Unternehmen, von denen eine Vielzahl ihre Kunden sind. Formalisierte Prozesse und Strukturen existieren nicht. Aus diesem Grund wird für jedes Projekt „das Rad neu erfunden". Wert wird dadurch generiert, dass für die Berater aufgrund ihrer Kompetenz und Erfahrung hohe Stundensätze fakturierbar sind. Darüber hinaus ermöglicht die enge persönliche Beziehung zu den Kunden die Gewinnung neuer Beratungsprojekte.

- **Unternehmensberatung B** verfolgt dagegen die Wertschöpfungsstruktur der Value Chain. Es werden vor allem junge Hochschulabsolventen eingestellt, die nach einem Methodik-Crashkurs standardisierte Beratungslösungen bei den Kunden umsetzen. Die Qualität der Beratungsleistung wird durch interne Strukturen und Prozesse sowie umfassender Dokumentation sichergestellt. Die Beziehung der Kunden ist stärker auf das Unternehmen als Organisation und dessen Reputation und weniger auf den einzelnen Berater ausgerichtet. Für die unerfahrenen Berater können nur moderate Stundensätze berechnet werden. Wert wird vor allem durch die Standardisierung der Beratungsleistung und die organisationale Beziehung zwischen Unternehmensberatung und Kunden generiert.

Der Unterschied in der Wertgenerierung beider Unternehmen wird deutlich, wenn die Rolle der immateriellen Faktoren innerhalb der Wertschöpfungsstruktur betrachtet wird. Unternehmen A schöpft, wie in Abb. 8.3.16 dargestellt, seinen Wert aus seinem Humankapital, das darüber hinaus Kundenkapital generiert. Die Verfügungsrechte an den immateriellen Werttreibern sind jedoch begrenzt. Es besteht die Gefahr, dass beim Weggang von Beratern nicht nur Humankapital, sondern auch damit verbundenes Kundenkapital verloren geht. Dies gilt insbesondere für den Fall, dass Berater sich selbstständig machen oder zu einem Konkurrenten wechseln. Das Unternehmen hat auch Probleme zu wachsen, da die erforderlichen Kompetenzen und Ressourcen kaum oder nur sehr zeitaufwendig multiplizierbar sind. Für die Konkurrenten ist es andererseits aber auch schwerer, die Wettbewerbsvorteile des Unternehmens A zu imitieren.

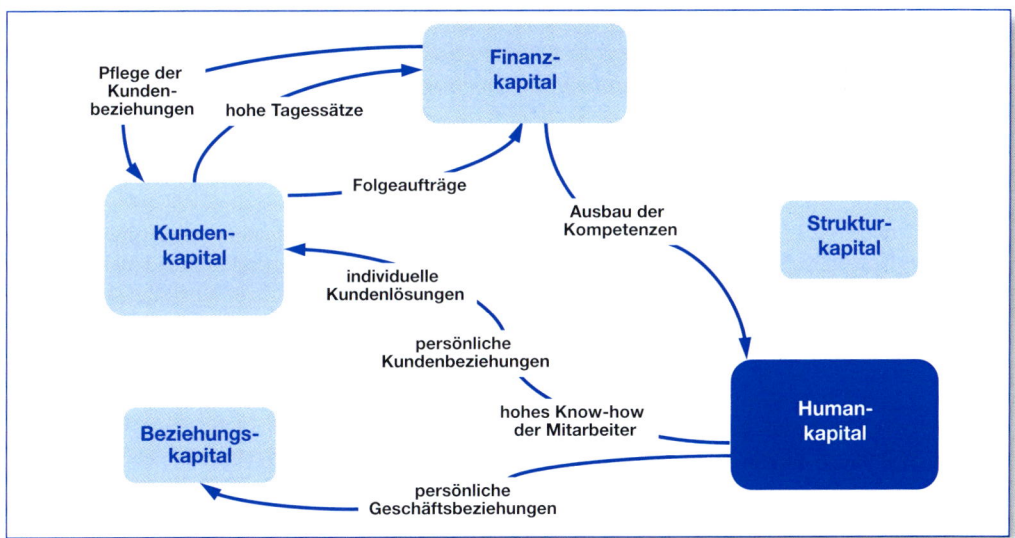

Abb. 8.3.16: Wertschöpfungsstruktur der Unternehmensberatung A (Value Shop)

Die Wertschöpfung des Unternehmens B basiert vor allem auf seinem Strukturkapital, welches Eigentum des Unternehmens ist. Wie in Abb. 8.3.17 zu sehen, nimmt das Humankapital keine dominante Stellung wie beim Unternehmen A ein. Die Mitarbeiter sind aufgrund des Organisationskapitals (Strukturen, Prozesse, Führung) mehr oder weniger leicht austauschbar. Das Kundenkapital wird überwiegend durch das Imagekapital generiert. Ein laufender Wechsel von Mitarbeitern ist relativ unproblematisch und dient der Auswahl von Führungskräften („Up or out"). Das Unternehmen B muss zur Kundenakquisition allerdings Werbung betreiben und benötigt auch einen zentralen Entwicklungsbereich, um neue standardisierte Lösungen zu generieren. Daraus resultiert ein höherer Gemeinkostenaufwand für diese indirekten Bereiche. Das Unternehmen kann leichter wachsen, ist allerdings im Vergleich zur Beratung A weniger flexibel.

8 Ausrichtungen der Unternehmensführung

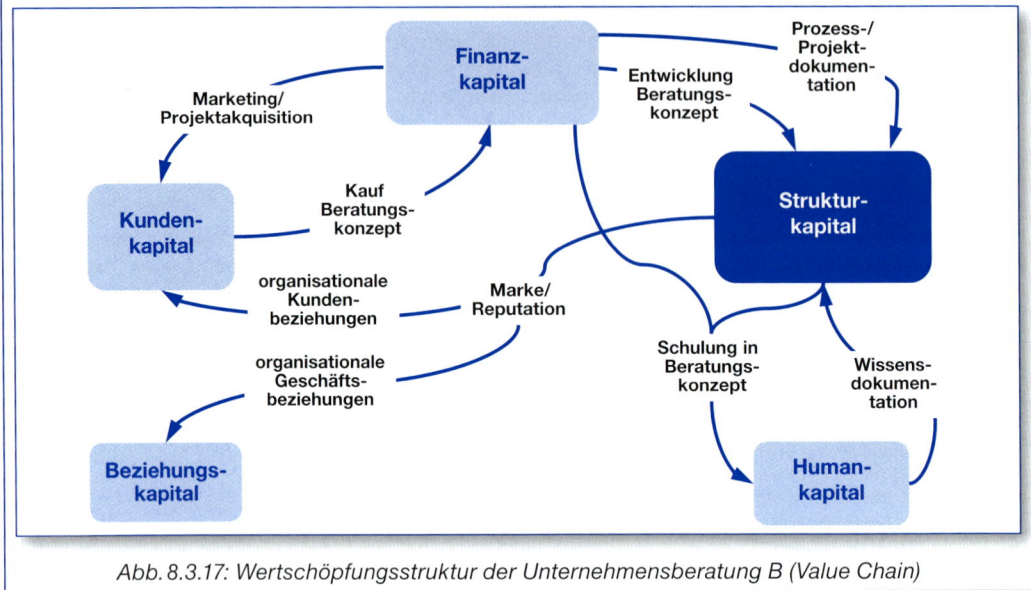

Abb. 8.3.17: Wertschöpfungsstruktur der Unternehmensberatung B (Value Chain)

Die Wertschöpfung von Unternehmen und daraus resultierend auch die Führungsanforderungen unterscheiden sich somit je nach deren immateriellen Werttreibern. Diese heraus zu finden und ihre Beziehungen und Wirkungsrichtungen im Hinblick auf den Unternehmenswert zu verstehen, wird somit zur herausragenden Aufgabe der Unternehmensführung. Jedes Unternehmen sollte deshalb seine immateriellen Werttreiber möglichst umfassend identifizieren, die kausalen Zusammenhänge im Hinblick auf eine nachhaltige Wertsteigerung bestimmen und dann zielgerecht gestalten.

Führungskreislauf
Der **Führungskreislauf für immaterielle Ressourcen** ist in Abb. 8.3.18 zusammenfassend veranschaulicht. Die Unternehmensführung sollte wissen, wie die immateriellen Ressourcen zusammen wirken und welche Rolle sie bei der Steigerung des Unternehmenswerts spielen. Dies erfordert ein integratives Denken, um den Wertschöpfungsprozess des Unternehmens besser verstehen und steuern zu können. Hierfür sind zunächst die immateriellen Ressourcen möglichst umfassend und systematisch zu identifizieren und messbar zu machen. Dabei geht es in der Regel nicht um eine monetäre Bewertung, die meist sowieso nicht objektiv möglich ist. Die Bedeutung eines solchen monetären Wertes ist unter dem Gesichtspunkt der Unternehmenssteuerung ohnehin fraglich. Die Messung erfolgt deshalb meist recht pragmatisch mit Hilfe mehrdimensionaler Kennzahlen, um die Unternehmensführung in die Lage zu versetzen, die immateriellen Ressourcen besser steuern zu können. Danach ist zu klären, wie sie zur Wertschöpfung beitragen und ob auch andere Nutzungsmöglichkeiten denkbar sind. Beispielsweise hat *General Electric* in seinem Geschäftsbereich Flugzeugtriebwerke erkannt, dass für die Wartung und Reparatur der Triebwerke die gleichen Kompetenzen erforderlich sind wie im Triebwerksbau, auf den sich das Unternehmen bis dahin spezialisiert hatte. In der Folge wurde das wesentlich profitablere Produktservicegeschäft massiv erweitert und somit das Ergebnis deutlich verbessert (vgl. *Daum*, 2005, S. 9). Schlussendlich ist zu bestimmen, welche immateriellen Ressourcen in der Zukunft erforderlich sind, wie diese entwickelt werden können und wie dies finanzierbar ist (vgl. *Günther*, 2005, S. 72). Die Ausrichtung

auf die Entwicklung immaterieller Erfolgspotenziale ist langfristig wirkungsvoller als die einseitige, kurzfristige Orientierung auf monetäre Ergebnisse.

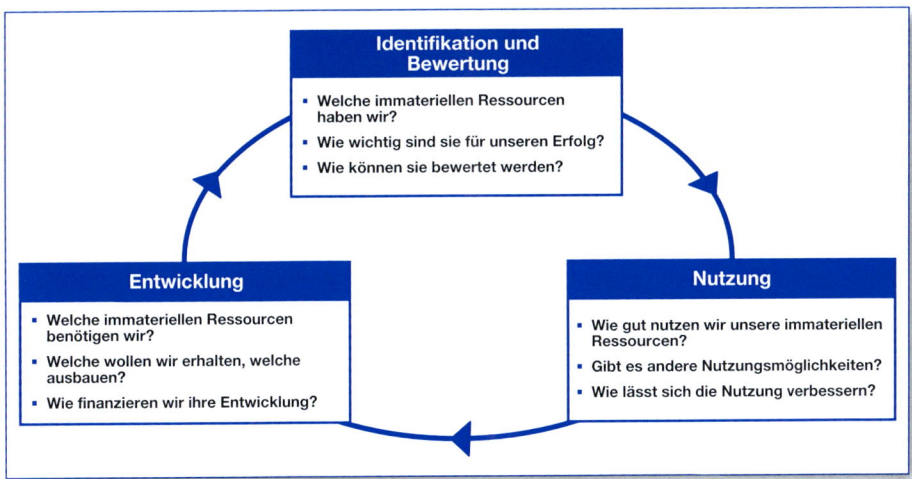

Abb. 8.3.18: Führungskreislauf für immaterielle Ressourcen
(in Anlehnung an Günther, 2005, S. 72)

Management Summary

- Die immateriellen Ressourcen haben heute einen hohen Anteil am Unternehmenswert und an der Wertschöpfung.
- Das immaterielle Vermögen umfasst alle nicht-monetären Werte ohne physische Substanz.
- Nach den Quellen des intellektuellen Kapitals lassen sich Human-, Kunden-, Beziehungs- und Strukturkapital unterscheiden.
- Nur das Strukturkapital ist Eigentum des Unternehmens. An seinen Mitarbeitern, Kunden und Geschäftspartnern kann es kein Eigentum erwerben und somit auch nur begrenzt über die damit verbundenen immateriellen Werte verfügen.
- Immaterielle Werte unterscheiden sich in Kostenstruktur, Nutzbarkeit, Verfügungsrechten und Handelbarkeit von materiellen Vermögenswerten.
- Investitionen in immaterielles Vermögen sind riskant und schwer zu beurteilen.
- Unternehmen erzielen auch immaterielle Erlöse.
- Der Großteil der immateriellen Werte ist nicht in der Bilanz ersichtlich.
- Eine strukturierte Erfassung und Messung ist notwendig, um die immateriellen Ressourcen steuern zu können.
- Bei den Monoindikatorverfahren werden die immateriellen Ressourcen monetär bewertet, während Multiindikatorverfahren (Sorecards) diese kategorisieren und anschließend mit Hilfe mehrdimensionaler Kennzahlen quantifizieren.

- Der Schwerpunkt der Multiindikatorverfahren liegt auf der Gestaltung und Steuerung der immateriellen Ressourcen.
- Die „Wissensbilanz – Made in Germany" wurde sowohl zur externen Berichterstattung als auch als internes Führungsinstrument entwickelt.
- Für die Unternehmensführung steht das Verständnis über die Bedeutung und den Zusammenhang der immateriellen Werttreiber im Vordergrund.
- Generell lassen sich die Wertschöpfungsstrukturen Value Shop (Werkstatt), Value Chain (Wertkette) und Value Network (Wertenetzwerk) unterscheiden.
- Die Wertschöpfungsstruktur des Unternehmens und die relevanten immateriellen Werttreiber sind zu identifizieren und die kausalen Zusammenhänge zu verdeutlichen. Zur Veranschaulichung kann eine immaterielle Landkarte dienen.
- Die drei Phasen des Führungskreislaufs für immaterielle Ressourcen sind: Identifikation und Bewertung, Nutzung sowie Entwicklung.

Literaturempfehlungen

Lev, B.: Intangibles – Management, Measurement and Reporting, Washington 2001.

Edvinsson, L./Brünig, G.: Aktivposten Wissenskapital, Wiesbaden 2000.

Matzler, K./Hinterhuber, H./Renzl, B./Rothenberger, S. (Hrsg.): Immaterielle Vermögenswerte: Handbuch der Intangible Assets, Berlin 2005.

Daum, J.: Intangible Assets, Bonn 2005.

8.4 Chancen- und risikoorientierte Unternehmensführung

> **Leitfragen**
> - Was bedeutet chancen- und risikoorientierte Führung?
> - Warum stellen Ungewissheiten nicht nur Risiken für Unternehmen dar?
> - Wie kann ein Unternehmen seine Chancen und Risiken beherrschen/steuern?
> - Wie lässt sich ein effektives Chancen- und Risikomanagement gestalten?

Über die gesetzliche Verpflichtung zur Betrachtung von Risiken für die Vermögens-, Finanz- und Ertragslage hinaus, sollte die Unternehmensführung auch Chancen einbeziehen (vgl. *Weber* et al., 2006). Chancen zu nutzen und dabei auch Risiken einzugehen, ist der Kern unternehmerischen Handelns. Unternehmen agieren in dynamischen Umwelten, die laufend Änderungen mit sich bringen. Daraus entwickeln sich Chancen und Risiken, welche die ständige Aufmerksamkeit der Unternehmensführung erfordern. Der Umgang mit Chancen und Risiken ist somit eine funktions- und ebenenübergreifende Aufgabe der Unternehmensführung.

8.4.1 Begriffe und Bedeutung

Spektakuläre Unternehmenskrisen haben im Zusammenhang mit der Diskussion um die **Corporate Governance** (vgl. Kap. 2.5) die Betrachtung von Risiken immer mehr in den Vordergrund gerückt. Das Risikomanagement befasst sich als Teil der Corporate Governance mit dem Umgang eines Unternehmens mit seinen Risiken. Seit dem Jahr 1998 ist das Risikomanagement in Deutschland durch das Gesetz zur Kontrolle und Transparenz im Unternehmensbereich (KonTraG) für börsennotierte Gesellschaften vorgeschrieben. Darüber hinaus wurden mit dem US-amerikanischen *Sarbanes Oxley Act* und dessen Ausstrahlungswirkung sowie der Modernisierung der 8. EU Richtlinie (EuroSox) und dessen Umsetzung im deutschen Bilanzrechtsmodernisierungsgesetz (BilMoG) die Regulierungen weiter verschärft (vgl. Kap. 2.5). Unternehmen sind demnach gesetzlich verpflichtet, ein Risikomanagementsystem zu betreiben und dessen Wirksamkeit sicherzustellen.

Gesetzliche Verpflichtung

Neben der gesetzlichen Verpflichtung ist auch aus unternehmerischer Sicht eine intensive Auseinandersetzung und ein bewusster Umgang mit Risiken sinnvoll (vgl. *Wolke*, 2007, S. 3). Aufgrund der zunehmenden Komplexität des Unternehmensumfelds verkürzen sich die Entscheidungs- und Reaktionszeiten der Unternehmensführung. Diese Ungewissheit bedarf einer Auseinandersetzung mit Risiken, um die **Existenz** des Unternehmens zu sichern und dessen **Planbarkeit** zu erhöhen. Die Auseinandersetzung mit Ungewissheit beinhaltet nicht nur Risiken, die dem Unternehmen potenziell schaden, sondern kann sich als Chance auch positiv auswirken. Insofern beeinflussen Chancen und Risiken den Erfolg eines Unternehmens (vgl. *Filipiuk*, 2008, S. 19). Dies kommt z. B. auch in der wertorientierten Unternehmensführung zum Ausdruck, in dem Erfolg unter Risikoaspekten bewertet wird (vgl. Kap. 3.2). In einem solchen Verständnis handelt es sich beim Umgang mit Chancen und Risiken um eine **Ausrichtung** der gesamten Unternehmensführung. Abb. 8.4.1 veranschaulicht die steigende Bedeutung und

Planbarkeit

Ausrichtung

Ausrichtungen der Unternehmensführung

den Fokus einer chancen- und risikoorientierten Führung. Sie kann von der Erfüllung gesetzlicher Vorgaben bis hin zu einem integrierten Steuerungsinstrument im Rahmen der Unternehmensführung reichen.

> **!** Eine **chancen- und risikoorientierte Unternehmensführung** soll die Chancen und Risiken eines Unternehmens systematisch erkennen und analysieren, um so Chancen zu nutzen und Risiken zu steuern.

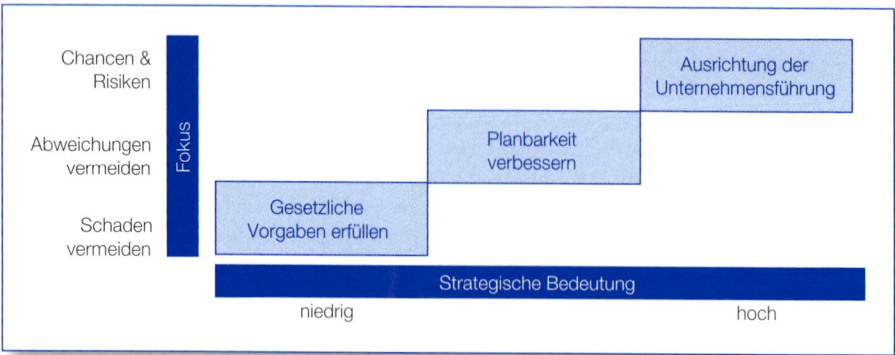

Abb. 8.4.1: Bedeutung chancen- und risikoorientierter Führung
(in Anlehnung an Filipiuk, 2008, S. 19)

Der Begriff Risiko leitet sich aus dem frühitalienischen Wort „risicare" ab, was „wagen" bedeutet (vgl. *Wolke*, 2007, S. 1). Risiko bedeutet demnach das Eingehen von Wagnissen. In jedem Wagnis steckt aber auch die Möglichkeit, dass neben dem gewünschten Effekt auch positive oder negative Abweichungen folgen (vgl. *Keitsch*, 2000, S. 5). Negative Abweichungen bezeichnen im Sinne eines Risikos die Gefahr eines Schadens oder Verlustes, während positive Abweichungen im Sinne einer Chance zu einer besseren Zielerreichung führen können.

> **!** **Chancen und Risiken** sind positive bzw. negative Abweichungen von einem erwarteten Wert.

Dimensionen

Chancen und Risiken haben folgende **Dimensionen** (vgl. *Weber* et al., 1999, S. 14):

- **Intensität** bezeichnet die Stärke der Unsicherheit und somit die Prognostizierbarkeit der Entwicklung. Unsicherheiten können z. B. durch finanzwirtschaftliche Berechnungen quantifiziert oder durch subjektive Schätzungen beurteilt werden.
- Der **Erscheinungsort** betrifft die Stelle, an der Chancen und Risiken für das Unternehmen auftreten. Dies kann z. B. in Beschaffung, Produktion oder Absatz sein.
- **Symmetrie:** Eine Veränderung des aktuellen Zustands kann eine einseitige Abweichung beinhalten (asymmetrische Unsicherheit). Dann handelt es sich entweder um eine Chance oder ein Risiko, wie z. B. eine Steuersenkung oder ein Diebstahl. Eine Veränderung kann auch Abweichungen in beide Richtungen beinhalten (symmetrische Unsicherheit) und damit sowohl Chance als auch Risiko sein. Ein Beispiel ist eine Produktentwicklung.

8.4 Chancen- und risikoorientierte Unternehmensführung

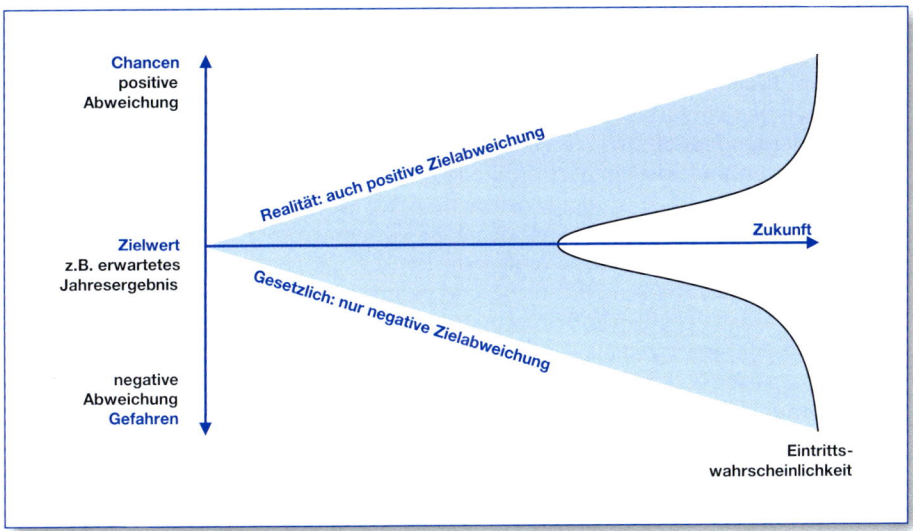

Abb. 8.4.2: Risiken als mögliche Planabweichung (vgl. Romeike/Hager, 2009, S. 107)

8.4.2 Führungsprozess des Chancen- und Risikomanagements

Unternehmerisches Chancen- und Risikomanagement ist keine einmalige Maßnahme, sondern ein fortlaufender Prozess. Die einzelnen Prozessschritte sind in Abb. 8.4.3 dargestellt.

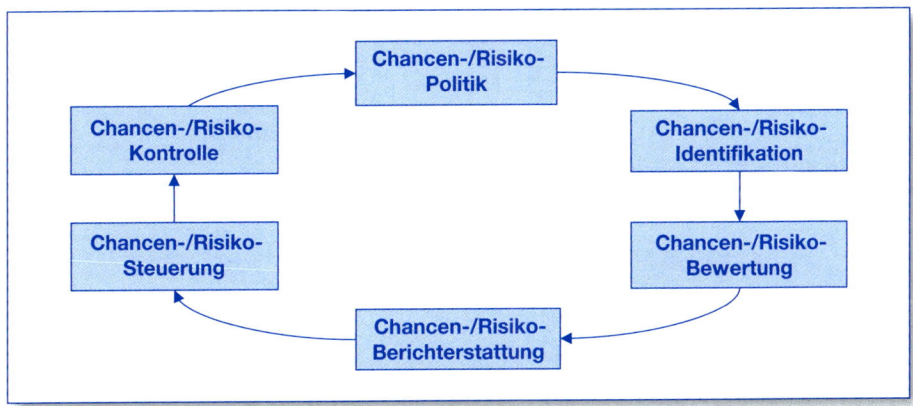

Abb. 8.4.3: Chancen- und Risikomanagement (vgl. Füser et al., 1999, S. 753 ff.)

Die **Prozessschritte** des Chancen und Risikomanagements sind (vgl. *Lück*, 1998, S. 1926 f.; *Rahardjo/Dowling*, 1998, S. 44 ff.; *Weber* et al., 2006):

- **Chancen/Risiko-Politik** bildet den Start- und Schlusspunkt des Chancen- und Risikomanagements. Als Teil der Unternehmenspolitik (vgl. Kap. 2.3.3) beinhaltet sie normative Aussagen darüber, welche Chancen und maximale Risiken eingegangen werden sollen. Als Beispiel kann ein Unternehmen festlegen, dass aufgrund der Ge-

Politik

winnchancen in China mit jährlichen Deckungsbeiträgen von 2 Mio. Euro bewusst Verlustrisiken von bis zu einer Mio. Euro eingegangen werden.

Identifikation
- **Chancen/Risiko-Identifikation** erfasst systematisch und kontinuierlich die auf das Unternehmen einwirkenden Unsicherheiten. Dies erfolgt im Rahmen der Umwelt- und Unternehmensanalysen (vgl. Kap. 3.3). Neben den strategischen Analysen können Chancen und Risiken auch in hierfür durchgeführten Gesprächskreisen bzw. Workshops gesammelt werden. Bestimmte Arten von Risiken lassen sich am besten im Rahmen eines Risikoworkshops (Risk Assessment) durch kritische Diskussionen erfassen. Hierzu gehören insbesondere die Risiken aus den Leistungserstellungsprozessen (operative Risiken), rechtliche und politische Risiken sowie Risiken aus den Unterstützungsprozessen (z. B. Informationstechnik). Dabei können viele Instrumente des Qualitätsmanagements genutzt werden, wie z. B. die Fehler-Möglichkeits- und Einflussanalyse (vgl. hierzu Kap. 8.1.4). Dabei werden die erkannten Unsicherheiten auf operative Aufgaben- bzw. Entscheidungsträger des Unternehmens zugeordnet. In Abhängigkeit von der Größe einzelner Chancen bzw. Risiken kann es erforderlich sein, Entscheidungen auf höhere Ebenen zu verlagern. Dazu sind sog. Wesentlichkeitsgrenzen als Schwellenwerte festzulegen, um die Relevanz von Risiken einzuordnen. Diese bestimmen, ob eine Chance bzw. ein Risiko selbst getragen werden kann oder ob eine höhere Ebene einzubeziehen ist. So können Einzelrisiken z. B. nach ihrer Auswirkung auf den Jahresgewinn des Unternehmens in die Kategorien unbedeutendes, mittleres, bedeutsames, schwerwiegendes und bestandsgefährdendes Risiko eingeteilt werden. Um den gesetzlichen Anforderungen zu genügen, ist das Ergebnis der Identifikation als sog. Chancen-/Risiko-Inventar zu dokumentieren.

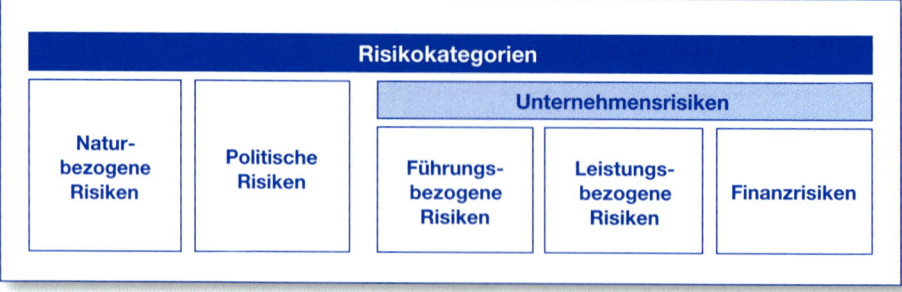

Abb. 8.4.4: Kategorien von Risiken
(vgl. Deutsche Gesellschaft für Risikomanagement, 2008, S. 80).

Induktionsproblem
Die Identifikation von Chancen und Risiken ist eine der schwierigsten Aufgaben. Dabei ist unklar, welche Schlüsse aus einzelnen Erfahrungen und Beobachtungen auf das generelle Funktionsprinzip gezogen werden können (vgl. *Russell*, 1948). Dieses sog. **Induktionsproblem** kann am Beispiel eines Truthahns veranschaulicht werden: Ein Truthahn wird jeden Tag gefüttert, im Frühjahr, Sommer und im Herbst. Dies veranlasst den Truthahn zu folgender, verallgemeinerten Schlussfolgerung: „Das Leben ist wunderbar. Ich werde täglich gefüttert, muss nichts arbeiten und werde von Tag zu Tag immer fetter". Leider stellt sich diese Verallgemeinerung an Weihnachten als falsch heraus. Der Truthahn landet im Backofen. Mit anderen Worten folgt dem langsamen Anstieg des Wohlbefindens durch tägliches Füttern ein jäher Absturz. *Russell* (1948, S. 524) fasst dies in der folgenden Aussage zusammen: „Either, therefore, we know something independently of experience, or science is moonshine." Bei der

8.4 Chancen- und risikoorientierte Unternehmensführung

Identifikation von Chancen- und Risiken geht es also darum, ein tieferes Verständnis für offenkundige und versteckte Chancen und Risiken zu entwickeln.

- **Chancen/Risiko-Bewertung** beurteilt die erwarteten Entwicklungen auf ihre Beeinflussbarkeit und finanzielle Tragweite. Die Intensität der Unsicherheit wird durch die Eintrittswahrscheinlichkeit gemessen. Dies kann qualitativ oder quantitativ erfolgen. Qualitativ erfolgt z.B. eine Unterscheidung der Eintrittshäufigkeit in die Kategorien „oft", „häufig" oder „selten". Ein quantitatives Maß sind z.B. statistische Eintrittswahrscheinlichkeiten. Zudem ist das mögliche Gewinn- oder Verlustpotenzial einer Entwicklung zu bestimmen. Um alle Risiken hinsichtlich ihrer Bedeutung miteinander vergleichen zu können, bietet sich die Definition eines einheitlichen Risikomaßes an. Ein Beispiel hierfür ist ein sogenannter Value at Risk. Dies bezeichnet einen realistischen Höchstschaden, der mit einer bestimmten vorgegebenen Wahrscheinlichkeit innerhalb einer Planperiode nicht überschritten wird. Aufgrund des Induktionsproblems ist die Bewertung alleine auf Basis historischer Daten in der Regel unzureichend und erfordert Zukunftsprognosen. Als Instrument kann z.B. das in Abb. 8.4.5 dargestellte Chancen- und Risiko-Portfolio eingesetzt werden. Es ermöglicht die Festlegung von Prioritäten für die Unternehmensführung und Berichterstattung. [Bewertung]

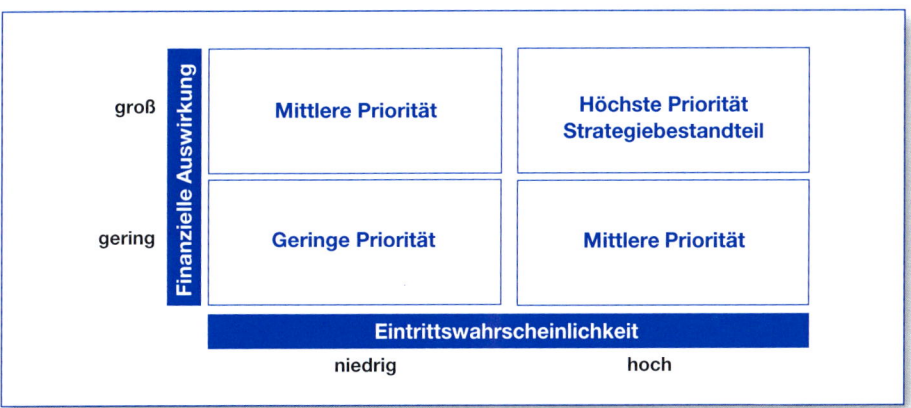

Abb. 8.4.5: Chancen-Risiko-Portfolio (vgl. Helmke/Risse, 1999, S. 278f.)

- Die **Chancen/Risiko-Berichterstattung** kommuniziert den Verantwortlichen die identifizierten und bewerteten Chancen und Risiken. Dies kann durch eigenständige Berichtssysteme oder die Integration in bestehende Systeme (z.B. der Balanced Scorecard; vgl. Kap. 4.2.2) erfolgen. Neben der periodischen Berichterstattung ist zusätzlich für neu auftretende risikobehaftete Veränderungen ein sog. Ad-hoc-Risikoberichtswesen aufzubauen. Da sich die Risiken und Chancen im Zeitverlauf ständig verändern, ist eine kontinuierliche Überwachung notwendig und gesetzlich gefordert. Danach muss die Verantwortlichkeit für die Überwachung der wesentlichen Risiken, einschließlich der Angaben zum Überwachungsturnus und -umfang, klar zugeordnet und dokumentiert werden. Einzelne Risiken werden Risikoeignern zugewiesen. Sie sind Ansprechpartner für die jeweiligen Risiken, für deren Überwachung zuständig und berichten regelmäßig sowie ad hoc über deren Entwicklung. [Berichterstattung]

- **Chancen/Risiko-Steuerung** optimiert die Chancen-/Risikostruktur eines Unternehmens. Aus der Kenntnis über die relative Bedeutung einzelner Risiken und Chancen [Steuerung] lässt sich der Handlungsbedarf für eine **Risikobewältigung** ableiten. Diese können auf das Vermeiden von Risiken, auf die Begrenzung der Schadenshöhe oder die Verminderung der Eintrittswahrscheinlichkeit abzielen. Eine hohe Bedeutung im Rahmen der Risikobewältigung hat der Risikotransfer auf Dritte, mit dem wichtigen Spezialfall der Versicherung gegenüber dem Eintritt bestimmter Risiken. Welche Steuerungsaktivitäten gewählt werden, hängt von der Chancen- und Risikopolitik des Unternehmens ab. Grundsätzlich sollten Risiken gemindert oder beseitigt werden, ohne dadurch die Chancen zu verringern. Das Risikomanagement verfügt über die in Abb. 8.4.6 dargestellten **Steuerungsmöglichkeiten**:

- **Vermeidung** von Risiken bedeutet, dass z. B. auf besonders risikobehaftete Geschäfte und damit auch auf die darin enthaltenen Chancen bewusst verzichtet wird. Die Risikovermeidung erhält damit Priorität vor anderen Zielen wie z. B. Wachstum oder Gewinn.
- **Verminderung der Auswirkungen** von Risiken umfasst Maßnahmen zur Senkung des Schadens oder der Eintrittswahrscheinlichkeit. Beispiele hierfür sind Richtlinien, Kontrollen oder Schutzmaßnahmen wie z. B. Zäune oder Alarmanlagen.
- **Überwälzung** von Risiken kann sowohl auf Versicherungsunternehmen als auch durch vertragliche Regelung auf Geschäftspartner erfolgen. Beispiele sind eine Feuerversicherung oder ein Haftungsausschluss für Transportschäden.
- **Kompensation** beinhaltet Maßnahmen zum Ausgleich der vom Unternehmen getragenen Risiken. So können z. B. Währungsrisiken im Vertrieb in Nordamerika durch den Bezug von Rohstoffen aus den USA kompensiert werden. Viele Konzerne versuchen, Marktrisiken durch Diversifikation auszugleichen. Beispielsweise umfasst das Angebotsspektrum der *Voith AG* Papiermaschinen, Turbinen und Generatoren für Wasserkraftwerke, Antriebselemente sowie technische Dienstleistungen.
- **Akzeptanz** bedeutet die bewusste Inkaufnahme eines Risikos ohne Sicherungsmaßnahmen. Dies ist nur bei Risiken mit geringem Verlustpotenzial zweckmäßig. Ein Beispiel ist die Diebstahlgefahr bei Büromaterial.

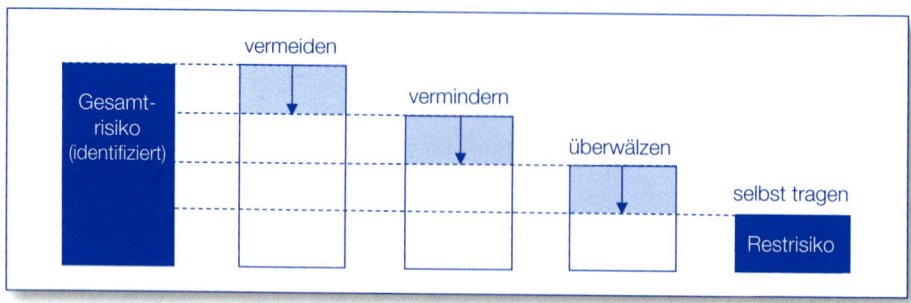

Abb. 8.4.6: Alternative Strategien der Risikosteuerung
(in Anlehnung an Gleißner/Romeike, 2005, S. 36)

Die Chancen- und Risikosteuerung sollte auch die Reaktionsmöglichkeiten beim Eintreten eines Risikos oder einer Chance beinhalten. Existenzbedrohende Risiken erfordern eine Krisenplanung, die in einem Maßnahmenkatalog zusammengefasst ist. Dies ist nicht nur gesetzlich vorgeschrieben, sondern eine wichtige Voraussetzung, um auch in extremen Situationen überlegt handeln zu können.

8.4 Chancen- und risikoorientierte Unternehmensführung

Risikomanagement bei der Wolff & Müller GmbH & Co. KG

Eine Branche mit außerordentlich hohen Risiken ist die Bauwirtschaft. Das Baugewerbe führt die Insolvenzstatistik an und weist die höchste Insolvenzhäufigkeit aller Branchen auf. Dies hat mehrere **Ursachen**:

- **Marktrisiko:** Die Nachfrage in der Bauwirtschaft unterliegt starken konjunkturellen Schwankungen. Darüber hinaus verschieben sich die Marktanteile der Unternehmen häufig, da bei Ausschreibungen vor allem der Angebotspreis ausschlaggebend ist. Die Kalkulation eines Bauvorhabens birgt zudem erhebliche Unsicherheiten, wie z. B. witterungsbedingte Verzögerungen bei der Baudurchführung.
- **Leistungsrisiko:** Bauprojekte werden immer häufiger an Generalunternehmer übertragen, die für die rechtzeitige Fertigstellung in der geforderten Qualität und zu den kalkulierten Kosten verantwortlich sind sowie die Koordination der an dem Bauvorhaben beteiligten Subunternehmer durchführen. Verzögerungen und Mängel führen in der Regel zu Vertragsstrafen und Schadensersatzforderungen gegenüber dem Generalunternehmer. Da Subunternehmer häufig von einem Generalunternehmer abhängig sind, führt dessen Insolvenz meist zu einer Reihe von Folgeinsolvenzen.
- **Kostenstrukturrisiko:** Aufgrund des hohen Anteils an Fixkosten liegt die Gewinnschwelle bei den meisten Bauunternehmen bei einer relativ hohen Kapazitätsauslastung. Bei rückläufiger Nachfrage wird aufgrund dessen schnell die Verlustzone erreicht.
- **Finanzstrukturrisiko:** Die geringe Eigenkapitalausstattung vieler deutscher Bauunternehmen kann in Verbindung mit dem Kostenstrukturrisiko rasch zur Insolvenz führen.

In einem solchen Umfeld spielt das Risikomanagement eine wesentliche Rolle für die langfristige Existenzsicherung des Unternehmens. Ein erfolgreiches Beispiel ist die Firma *Wolff & Müller GmbH & Co. KG*. Das Stuttgarter Familienunternehmen hat sich seit seiner Gründung im Jahre 1936 zu einem der fünfzehn größten Bauunternehmen in Deutschland entwickelt. Während die Kernkompetenzen in den klassischen Baugeschäftsfeldern Hoch- und Ingenieurbau, Tief- und Straßenbau sowie Altbaumodernisierung liegen, bietet *Wolff & Müller* seinen Kunden zusätzlich ein breites Spektrum an baunahen Dienstleistungen an.

Um die **Risikoidentifikation** langfristig zu systematisieren und keine Risiken bei einem Projekt zu übersehen, werden bei *Wolff & Müller* alle identifizierten Risiken in einer Datenbank erfasst. Für jedes neue Projekt lässt sich damit über spezifische Selektionskriterien ein individuelles Risikoinventar erstellen. So sind manche Risiken z. B. nur in einem bestimmten Geschäftsfeld relevant, treten nur in manchen Ländern auf oder resultieren aus der Zusammenarbeit verschiedener Niederlassungen (Gemeinschaftsbaustellen) oder mit einer anderen Baufirma in einer Arbeitsgemeinschaft (Arge). Darüber hinaus wird jedes Projekt auf individuelle Risiken geprüft. Aus dem umfangreichen Risikoinventar von über 200 Einzelrisiken wurden sieben Hauptrisiken ermittelt, die existenzgefährdende Auswirkungen haben können: Einhaltung der Segmentstrategie, Bonitätsprüfung der Auftraggeber, Vertragsprüfung der Auftraggeber, Gesamtrisiko der Kalkulation, Anwendung der Regelungen im Managementhandbuch, Nachunternehmerprüfung und die Wirtschaftlichkeitsberechnung. Abb. 8.4.7 skizziert den Aufbau der Risiko-Datenbank.

Die **Risikobewertung** erfolgt qualitativ: Für jedes Risiko werden Checklisten erarbeitet, in denen die Bedingungen und Maßnahmen zu seiner Vermeidung und Handhabung aufgeführt sind. Jede Bedingung wird analysiert, ob sie vollständig, teilweise oder überhaupt nicht erfüllt ist und entsprechend mit dem Punktwert 1, 2 oder 3 bewertet. Aus dem Mittelwert aller einer Risikokategorie zugeordneten und bewerteten Bedingungen ergibt sich eine mittlere Bewertung zwischen 1 (= kein Risiko) und 3 (= hohes Risiko). Je Niederlassung werden drei ausgewählte aktuelle Baustellen anhand der sieben Kategorien bewertet und aus den Ergebnissen wird auf das Risiko geschlossen. Die Bewertung wird in festgelegten Abständen durch den Risikobeauftragten und

8 Ausrichtungen der Unternehmensführung

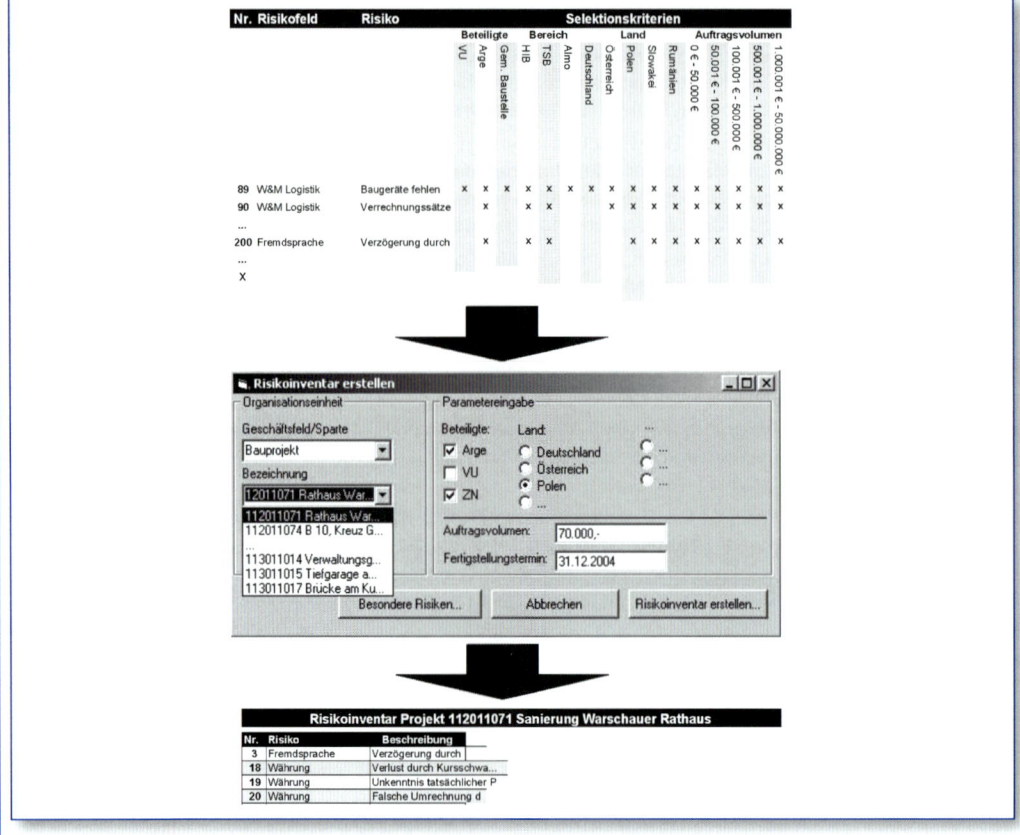

Abb. 8.4.7: Risikoinventur mit Hilfe der Risiko-Datenbank

die Niederlassungsleitung vorgenommen. Der Risikobeauftragte ist für die Anwendung, Pflege und Weiterentwicklung des Risikomanagements zuständig und berichtet die Ergebnisse der einzelnen Niederlassungen halbjährlich an die Geschäftsleitung. Langfristig soll auf Basis der in der Risiko-Datenbank gespeicherten Projektinformationen ermittelt werden, mit welcher Häufigkeit und mit welchem Schadensausmaß ein Risiko durchschnittlich eintritt. Das Schema der Risikobewertung bei *Wolff & Müller* zeigt Abb. 8.4.8.

Abb. 8.4.8: Risikobewertung am Beispiel der Nachunternehmerprüfung

8.4 Chancen- und risikoorientierte Unternehmensführung

Auf der Grundlage des Risikoinventars und der Risikobewertung ist für jedes einzelne Risiko in Zusammenarbeit von Geschäftsführung und Niederlassung ein Maßnahmenkatalog zur **Risikohandhabung** aufzustellen. Ein Großteil der Risiken ist vor Ort in den verbundenen Unternehmen bzw. in den Projekten in Zusammenarbeit mit der jeweiligen Niederlassung zu bearbeiten. Erst wenn sich abzeichnet, dass ein Risiko von der Niederlassungsleitung nicht bewältigt werden kann, ist das Problem an die Geschäftsleitung zu berichten.

Insgesamt versucht *Wolff & Müller* durch Expansion nach Mittel- und Osteuropa sowie durch ein breites Leistungsspektrum eine Risikostreuung zu erreichen. Das Kostenstruktur- und Finanzrisiko soll durch die Verringerung der Fixkosten und die Schaffung auftragsbezogener Kapazitäten reduziert werden. Darüber hinaus werden soweit möglich und sinnvoll bestehende Risiken an Nachunternehmer abgewälzt oder versichert. Langfristig sollen Risiken durch die Verfolgung einer Segmentstrategie vermieden werden. Gleichartige Bauprojekte werden hierzu zunächst in Segmenten zusammengefasst. Aufgrund der abgeschlossenen Projekte wird daraufhin ermittelt, in welchen dieser Segmente *Wolff & Müller* bisher besonders erfolgreich war. Daraus folgt eine Einteilung in aktive Segmente (mit vorzugsweise zu akquirierenden Projekten), in neutrale Segmente (mit gegebenenfalls zu akquirierenden Projekten) und passive Segmente (mit nicht oder nur in Ausnahmefällen zu akquirierenden Projekten). Durch die Konzentration auf Erfolg versprechende Segmente sollen Risiken im Vorfeld vermieden werden.

- Die **Chancen/Risiko-Kontrolle** beinhaltet die fortlaufende Überwachung der Entwicklungen sowie der Wirksamkeit und Angemessenheit von Steuerungsmaßnahmen. Um rechtzeitig gegensteuern zu können, sind Abweichungen zwischen der gewollten und der tatsächlichen Chancen- bzw. Risikolage des Unternehmens festzustellen. Dazu sollten Chancen und Risiken sowie deren Entwicklung im Rahmen eines Früherkennungssystems kontinuierlich erfasst und kontrolliert werden.

Kontrolle

8.4.3 Integrierte Führung von Chancen und Risiken

Ein Problem des Chancen- und Risikomanagements ist, dass die Prognosen der Zukunft meist auf Vergangenheitswerten basieren. Aus historischen Fakten entsteht so ein Modell für die Zukunft. Die Realität ist jedoch oft chaotisch, überraschend und unberechenbar. Dies zeigt die Metapher vom „**Schwarzen Schwan**" (vgl. Taleb, 2010). Bis ins 17. Jahrhundert waren die Europäer davon überzeugt, dass alle Schwäne weiß sind. Dann wurde Australien entdeckt, wo es auch schwarze Schwäne gibt. Der schwarze Schwan ist seitdem ein Sinnbild für etwas, das nicht vorstellbar ist oder nicht sein kann.

Schwarze Schwäne

Er ist eine Metapher für extrem unwahrscheinliche Ereignisse. Solche Ereignisse sind kaum vorhersehbar, haben aber im Nachhinein großen Einfluss auf unser Denken und Handeln. Schwarze Schwäne gibt es immer wieder. Beispiele sind der Erfolg von *Google*, der Terroranschlag vom 11. September 2001, die globale Finanzkrise des Jahres 2008 oder der Siegeszug des Internets. Die Beispiele zeigen, dass derartige Extremereignisse häufiger auftreten als in den gängigen, auf statistischen Normalverteilungen basierenden Risikomodellen angenommen. Die Folgen derartiger Extreme werden daher meist systematisch unterschätzt.

Das Chancen- und Risikomanagement sollte daher sowohl normale Entwicklungen als auch extreme Ereignisse möglichst weitgehend erfassen und damit so gut wie möglich umgehen. Wer weiß, dass es schwarze Schwäne gibt, sollte Unvorhergesehenes nicht

8 Ausrichtungen der Unternehmensführung

Monte-Carlo-Simulation

außer Acht lassen. Eine Risikobewertung auf Basis bisheriger Erfahrungen ist daher problematisch. Als Lösungsansätze bieten sich statistische Methoden und Simulationstechniken an. So kann zur Bewertung von Chancen und Risiken z. B. die **Monte-Carlo-Simulation** eingesetzt werden (vgl. *Romeike/Hager*, 2009, S. 150 ff.). Dabei werden die Wirkungen einzelner Ereignisse bestimmten Positionen etwa der Plan-Erfolgsrechnung oder der Plan-Bilanz zugeordnet. Beispielsweise wirkt sich eine ungeplante Erhöhung der Rohstoffpreise auf die Position Materialaufwand aus. Ein seltener, hoher Produkthaftpflichtschaden bedeutet einen außerordentlichen Aufwand. Eine Voraussetzung für die Bestimmung des Gesamtrisikoumfangs ist die Zuordnung von Risiken und Chancen zu einzelnen Positionen der Unternehmensplanung. Mit Simulationstechniken werden die möglichen Ursachen einer Planabweichung dargestellt. Dabei können Chancen und Risiken mit einer Schwankungsbreite um einen Planwert berücksichtigt werden (z. B. +/– 8 % Absatzmengenschwankung). Zudem können auch ereignisorientierte Chancen und Risiken, wie z. B. eine Betriebsunterbrechung durch Maschinenschaden, eingebunden werden. Diese beeinflussen dann den Gewinn über ein außerordentliches Ergebnis. Ein Blick auf verschiedene Simulationsszenarien zeigt, dass bei jedem Simulationslauf andere Kombinationen an Risikoausprägungen auftreten. Daraus folgen in jedem Schritt neue Werte für die betrachtete Zielgröße. Die Gesamtheit aller Simulationsläufe liefert eine repräsentative Stichprobe aller möglichen Chancen- und Risiko-Szenarien des Unternehmens. Aus den ermittelten Realisationen der Zielgröße ergeben sich aggregierte Wahrscheinlichkeitsverteilungen (Dichtefunktionen), die dann für weitere Analysen genutzt werden (vgl. Abb. 8.4.9).

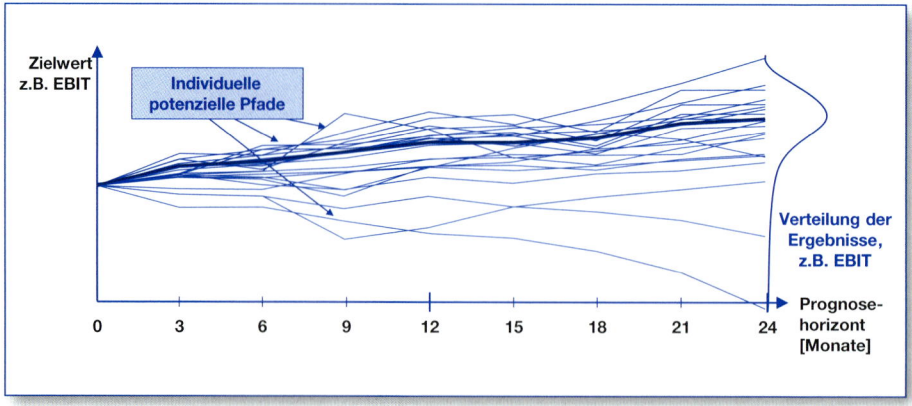

Abb. 8.4.9: Chancen- und Risikoprofile (vgl. Kempf/Romeike, 2010, S. 175)

Ausgehend von Wahrscheinlichkeitsverteilungen kann auf den Eigenkapitalbedarf (Risk-Adjusted-Capital, RAC) eines Unternehmens geschlossen werden (vgl. Abb. 8.4.10). Um eine Überschuldung zu vermeiden, wird so viel Eigenkapital benötigt, dass das Verlustrisiko aus den aggregierten Wahrscheinlichkeitsverteilungen kompensiert werden kann. Analog lässt sich auch mit Hilfe einer Verteilungsfunktion der Zahlungsflüsse ein Bedarf an Liquiditätsreserven ermitteln. Ergänzend können Risikokennzahlen abgeleitet werden. Ein Beispiel ist die Eigenkapitaldeckung, also das Verhältnis des verfügbaren Eigenkapitals zum risikobedingten Eigenkapitalbedarf. Abb. 8.4.10 verdeutlicht, dass erwartete bzw. kalkulierte Verluste, z. B. Forderungsausfälle, in der Planung und Preiskalkulation berücksichtigt werden. In einem nächsten Schritt können statistische

8.4 Chancen- und risikoorientierte Unternehmensführung

Verluste beobachtet werden, die auf Basis von Expertenschätzungen und historischen Erfahrungen berechnet werden. Auch hier werden eingetretene Verluste durch liquide Mittel aufgefangen. Bei weiteren Verlusten (rechter Bereich in Abb. 8.4.10) reicht irgendwann die Liquidität nicht mehr aus, so dass das Eigenkapital für die Deckung von Verlusten herangezogen wird. Die **Risikotragfähigkeit** eines Unternehmens als Summe aus Eigenkapital und liquiden Mitteln begrenzt die Fähigkeit, Verluste zu verkraften. Reicht diese nicht aus, ist das Unternehmen zahlungsunfähig (Insolvenz) (vgl. *Kempf/Romeike*, 2010, S. 175).

Risikotragfähigkeit

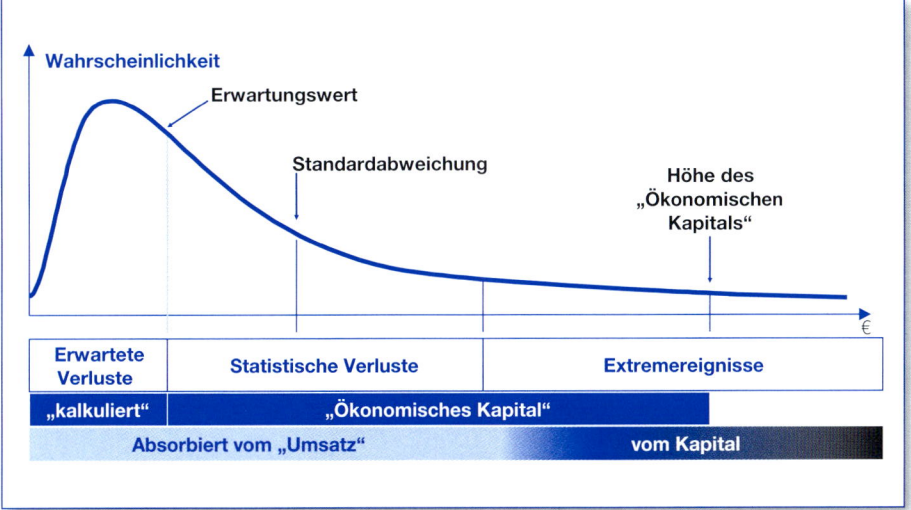

Abb. 8.4.10: Absorbieren von Verlusten durch Liquidität und Eigenkapital (vgl. Kempf/Romeike, 2010, S. 175)

Das Chancen- und Risikomanagement sollte in das Gesamtsystem der Unternehmensführung integriert sein. Wie dies aussehen kann, zeigt das folgende Beispiel der *Carl Zeiss Gruppe*.

Integrierter Führungsansatz

Integriertes Risikomanagement in der Carl Zeiss Gruppe

Frank Romeike, Geschäftsführender Gesellschafter der *RiskNET GmbH* und **Andreas Kempf**, Leiter Risikomanagement der *Carl Zeiss Gruppe*

Im Jahr 1846 eröffnete *Carl Zeiss* in Jena eine Werkstätte für Feinmechanik und Optik. Hieraus entwickelte sich ein weltweit agierendes Optik- und Hochtechnologieunternehmen. Heute ist *Carl Zeiss* auf den Märkten Medical and Research Solutions, Industrial Solutions und Lifestyle Products aktiv. Die *Carl Zeiss Gruppe* ist international führend in der Optik und Optoelektronik. Die rund 24.000 Mitarbeiter erwirtschaften einen Umsatz von ca. 4,3 Mrd. Euro. Technologieführerschaft und Innovation sind hierbei die Hebel zur Wertgenerierung und die Schlüssel zum Erfolg der *Carl Zeiss Gruppe*. Aus diesem Grund wird stets ein erheblicher Anteil des Jahresumsatzes in Forschung und Technologie investiert, um eine nachhaltige Unternehmensentwicklung zu sichern. Weltweit präsent ist *Carl Zeiss* mit rund 30 Produktions- sowie über 50 Service- und Vertriebsstandorten in über 30 Ländern. Die *Carl-Zeiss-Stiftung* ist alleinige Anteilseignerin des Unternehmens. Im Zuge einer Stiftungsreform im Jahr 2004 entstanden aus dem Stiftungsunternehmen *Carl Zeiss* die *Schott AG* und die *Carl Zeiss AG*.

Unabhängig von regulatorischen Anforderungen (KonTraG etc.) hatte der Vorstand von *Carl Zeiss* bereits vor mehr als zehn Jahren die Einführung eines Risikomanagement-Systems beschlossen und für das Stiftungsunternehmen *Carl Zeiss* und die Tochterunternehmen umgesetzt. Dies erfolgte mit der Zielsetzung, das Instrument des Risikomanagements in das bestehende Führungsrahmenwerk zur wert- und erfolgsorientierten Unternehmenssteuerung zu integrieren und damit einen Managementnutzen zu schaffen, der über eine reine Erfüllung grundsätzlicher Organisationspflichten und genereller Governance-Anforderungen hinaus geht.

Aus diesem Grund legte der Vorstand bereits in der Entwurfsphase Wert auf eine einheitliche und verbindliche Systematik, die Schaffung einer wirkungsvollen Risikokultur und ein angemessenes Risikobewusstsein als wesentliche Elemente eines effektiven Risikomanagementsystems. Risiken frühzeitig zu erkennen und bewusst mit ihnen umzugehen, stellt die eigentliche Zielsetzung des Risikomanagements der *Carl Zeiss AG* dar. Damit wird mit der Etablierung des Risikomanagements ein Führungswerkzeug eingeführt, das die Organisation bei der Erreichung der jeweiligen Geschäftsziele und der Abwendung von Schaden unterstützt.

Als Portfoliounternehmen bedient die *Carl Zeiss AG* eine Vielzahl unterschiedlicher Märkte mit Produkten und Lösungen (vgl. Abb. 8.4.11). Hierfür finden sich im dezentral organisierten Unternehmensverbund unterschiedliche strategische Geschäftseinheiten mit heterogenen rechtlichen und organisatorischen Strukturen. Je nach Geschäftsmodell, Beteiligungsstruktur, Markt, Produkt, Geschäftsmodell oder auch Rechtsform ergeben sich spezifische Anforderungen für die jeweiligen Tochterunternehmen, denen ein wirksames, da akzeptiertes, Risikomanagement Rechnung tragen muss.

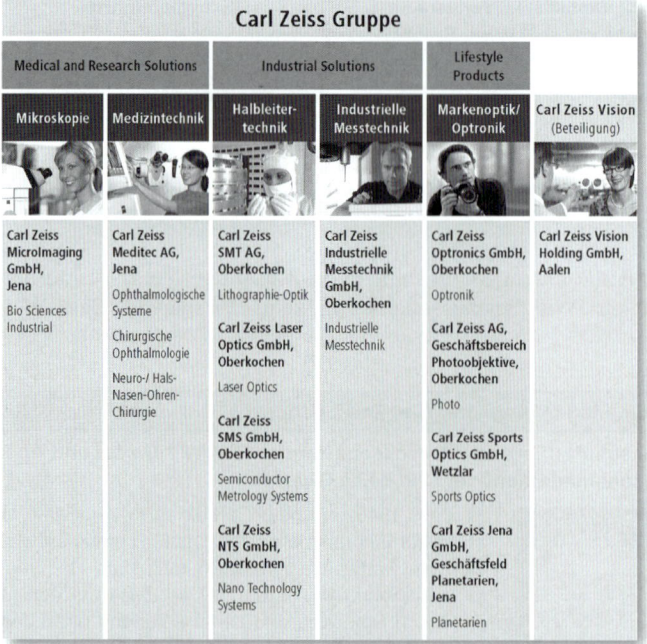

Abb. 8.4.11: Märkte und Unternehmensbereiche bei Carl Zeiss

Dieses herausfordernde Geschäftsumfeld mit heterogenen Kunden, Märkten und Geschäftsfeldern erfordert ein spezifisches, auf diese Struktur angepasstes Risikomanagement. Es muss ungeachtet dieser Heterogenität in der Lage sein, Risiken in einer einheitlichen Systematik im Sinne eines homogenen und kontinuierlichen Prozesses abzubilden und auf eine konkrete Bewertungsgrundlage zurückzuführen.

8.4 Chancen- und risikoorientierte Unternehmensführung

Neben der Schaffung eines einheitlichen Grundverständnisses zum Risikomanagement im Konzern wurden weitere, für ein wirksames Risikomanagement wichtige Aspekte bereits bei der Konzeption berücksichtigt. So wurden die einheitliche Definition des Risikos getroffen und die Verantwortlichkeiten im Rahmen des Risikomanagements eindeutig festgelegt. Darüber hinaus erfolgten eine Konkretisierung wesentlicher Inhalte des Risikomanagement-Prozesses und der Mindestanforderungen für die Risikoberichterstattung und -dokumentation. Ferner wird bei der Umsetzung des Risikomanagements darauf geachtet, dass regelmäßig und rechtzeitig effektive Steuerungsmaßnahmen definiert und umgesetzt werden.

Grundsätzlich werden die inhärenten, geschäftstypischen Risiken im Rahmen der Business-Planung zum Geschäftsjahr bewertet. Sie finden ihre Berücksichtigung in ihrer finanziellen Konsequenz und in ihrer Abbildung in den Positionen der Gewinn- und Verlustrechnung der jeweiligen Einheit. Diese weist ein geplantes Ergebnis der gewöhnlichen Geschäftstätigkeit aus: die Earnings before Interest and Taxes (EbIT). Dieser geplante EbIT bildet die einheitliche Grundlage für die folgende Bewertung der Risiken im Rahmen des eigentlichen Risikomanagements, das somit die geschäftstypischen, geplanten Risiken nicht mehr separat betrachtet.

Im Rahmen des eigentlichen Risikomanagements werden in einem nachgelagerten Schritt ausschließlich mögliche Ereignisse aufgenommen, die potenziell in der Lage wären, das geplante Ergebnis (EbIT) negativ zu beeinflussen. Hierbei hatte sich der Vorstand darauf verständigt, auf eine Berücksichtigung potenzieller Chancen als „Upside"-Risiken und deren positiven Einfluss auf das EbIT zu verzichten. Dies liegt zum einen in der kaufmännischen Vorsicht begründet, die eine Bewertung auf eine „worst-case"-Betrachtung abstellt. Darüber hinaus legte der Vorstand großen Wert auf eine transparente Risikodarstellung und frühzeitige Kommunikation kritischer Sachverhalte. In der Unternehmensrichtlinie zum Risikomanagement der *Carl Zeiss AG* heißt es dazu: „Grundlage für ein wirkungsvolles Risikomanagement ist die Schaffung und Fortentwicklung eines angemessenen Risikobewusstseins auf allen Ebenen des Unternehmens. Risiken frühzeitig zu erkennen und bewusst mit ihnen umzugehen, stellt die eigentliche Zielsetzung von Risikomanagement dar."

Risiko ist im Unternehmen als unvermeidbare Konsequenz unternehmerischen Handelns akzeptiert. Das Risikomanagement in der *Carl Zeiss Gruppe* wird hierbei in erster Linie als ein Führungswerkzeug gesehen, das den Schwerpunkt auf die frühe Identifizierung, Kommunikation und Transparenz möglicher Risiken legt. Dies ermöglicht eine frühzeitige Diskussion und die rechtzeitige Einleitung von risikoreduzierenden Gegenmaßnahmen und sichert auf diese Weise die risikoadäquate Erreichung der unternehmerischen Geschäftsziele ab.

Bei *Carl Zeiss* wird die komplette Risikolandschaft mit Hilfe von 108 Einzelkategorien abgebildet, die auf der einen Seite die strategischen und auf der anderen Seite die operativen Aspekte des komplexen und heterogenen Risikoumfelds abbilden (vgl. Abb. 8.4.12).

1. Level	2. Level	3. Level				
Strategische Risikofelder	Brand/Trademarks	Collapse	Erosion	…		
	Business Portfolio	Investment	M&A	Ownership Structure	Product Portfolio	Structure of B. Fields
	Customer	Customer Behavior	Customer Demand	Lose of Customer	Customers Power	…
	Economics Environment	Capital Availability	Demographics	Economic Trends	Exchange Rate	Funding
	Human Resource	Recruiting/People Dev.	Temp. Staff	Working council	…	
	Market/Industry	Competition	Market Intelligence	Market perception	Sales channels	…
	Political Environment	Gov./Political Changes	Legislation/Regulation	Public Policy	…	
	Supplier	Roadmap	Supplier/Strategic Sourcing	Supplier Behavior	…	
	Technology	Innovation	Roadmap	Technology/Availability	…	
	Other Strategic Risks	Legal/Tax	Organization/Gov.& Compl.	Pensions	…	

8 Ausrichtungen der Unternehmensführung

1. Level	2. Level	3. Level				
Operative Risikofelder	Communication	Corporate Citizenship	Environmental Relationship	Publicity	...	
	Financials	Accounts/ Receivables	Forecast	Liquid Pay	...	
	Op. Human Resource Risks	Health and Safety	Integrity	Job-Skill-Match	Judgment	...
	Information/ Infrastructure	Access	Bus. Interruption/Continuity	Information Security	Property Damage	Rental and Lease
	Legal/Tax/ Export Control	Administrative Approval	Dispute/ Liability	Files	Import/ Export	Insider Trading
	Organization/ Process	Certification	Customer workflow integration	Documentation	Inefficiency	Marketing & Sales
	Products/ Projects	Acceptance Test	License Agreement	Loss of Sales	Margin Erosion	Market Access
	Regulatory/ External Impact	Business Fraud	Regulative Disclosures	Terrorism	...	
	Op. Technology Risks	Access/ Availability	Industry Standards	Stability	...	
	Other Operational Risks	Others				

Abb. 8.4.12: Strategische und operative Risikofelder

In Abb. 8.4.13 ist die zeitliche Abfolge der Risikoidentifikation und -bewertung sowie des Risikoreportings innerhalb der *Carl Zeiss Gruppe* skizziert.

Abb. 8.4.13: Zeitlicher Ablauf des Risikomanagements bei Carl Zeiss

8.4 Chancen- und risikoorientierte Unternehmensführung

Zielsetzung der Risikoaggregation ist schließlich die Bestimmung der Gesamtrisikoposition eines Unternehmens sowie eine Ermittlung der relativen Bedeutung der Einzelrisiken unter Berücksichtigung von Wechselwirkungen (Korrelationen) zwischen diesen Einzelrisiken.

Eine Aggregation aller relevanten Risiken ist erforderlich, weil sie auch in der Realität zusammen auf Liquidität und Eigenkapital wirken. Es ist damit offensichtlich, dass alle Risiken gemeinsam die Risikotragfähigkeit der *Carl Zeiss AG* belasten. Diese Risikotragfähigkeit wird letztendlich von zwei Größen bestimmt, nämlich zum einen vom Eigenkapital und zum anderen von den Liquiditätsreserven. Die Beurteilung des Gesamtrisikoumfangs ermöglicht eine Aussage darüber, ob die oben bereits erwähnte Risikotragfähigkeit ausreichend ist, den Risikoumfang des Unternehmens tatsächlich zu tragen und damit dessen Bestand zu gewährleisten. Sollte der vorhandene Risikoumfang gemessen an der Risikotragfähigkeit zu hoch sein, werden zusätzliche Maßnahmen der Risikobewältigung erforderlich. Die Kenntnis der relativen Bedeutung der Einzelrisiken (Sensitivitätsanalyse) ist für ein Unternehmen in der Praxis wichtig, um Risikomanagementmaßnahmen zu priorisieren.

Für ein gelebtes und erfolgreiches Risikomanagement bildet eine entsprechende Unternehmens- bzw. Risikokultur die Basis. Konsequenterweise kann eine (gelebte) Risikokultur nur auf einer entsprechenden Unternehmenskultur aufbauen. Der Erfolg von *Carl Zeiss* basiert auf einer mehr als 160-jährigen Unternehmenskultur, die vor allem durch Innovation, Kompetenz und Teamgeist gekennzeichnet ist. So ist im aktuellen „Code of Conduct" der *Carl Zeiss Gruppe* zusammengefasst, dass Kompetenz, Leistungsbereitschaft und verantwortliches Handeln der Mitarbeiter eine wesentliche Voraussetzung für den Erfolg von *Carl Zeiss* darstellen: „Das Vertrauen unserer Geschäftspartner, Kunden, Aktionäre, von Behörden und der Öffentlichkeit sowie der Wettbewerber in ein verantwortungsbewusstes, gesetzestreues und moralisch integres Verhalten aller Mitarbeiter des Konzerns ist von höchster Bedeutung für das Ansehen und den wirtschaftlichen Erfolg unseres Unternehmens und die Wirkung unserer Marke. Den Führungskräften kommt dabei eine Vorbildfunktion zu; von Ihnen wird ein hohes Maß an sozialer und ethischer Kompetenz erwartet. Wert und Werte, Ökonomie und Moral, Ökonomik und Ethik gehören zusammen. Nachhaltige wirtschaftliche Wertschöpfung ist nur unter Wahrung moralisch/ethischer Werte möglich." (www.zeiss.de)

Bezogen auf das Risikomanagement ist im „Code of Conduct" klargestellt, dass vor allem auch ein sorgsamer Umgang mit Risiken eine wesentliche Basis für den Unternehmenserfolg darstellt. In Abb. 8.4.14 sind einige wesentliche Elemente für die (Weiter-)Entwicklung einer Unternehmens- bzw. Risikokultur zusammengefasst.

Abb. 8.4.14: Elemente zur Entwicklung einer Risikokultur (vgl. Kempf/Romeike, 2010, S. 180)

8 Ausrichtungen der Unternehmensführung

Innerhalb der *Carl-Zeiss-Gruppe* wird Risikomanagement als ein (strategisches) Führungswerkzeug verstanden und gelebt, welches auf einem einheitlichen und integrierten Rahmenwerk für alle Gesellschaften basiert. Risiko wird innerhalb der Gruppe als unvermeidbare Konsequenz unternehmerischen Handelns akzeptiert. Eine Bewertung erfolgt grundsätzlich nicht auf historischen Daten, sondern auf zukünftigen Antizipationen bzw. Szenarien. Das integrierte Risikomanagement ermöglicht eine frühzeitige Diskussion und die rechtzeitige Einleitung von risikoreduzierenden Maßnahmen und sichert auf diese Weise die (risikoadäquate) Erreichung der unternehmerischen Geschäftsziele ab.

Mathematische Modelle sowie die Dokumentation der Risiken sind hierbei eher eine Randbedingung. Entscheidend für den Erfolg ist eine gelebte Risikokultur im gesamten Unternehmen. Denn Risikomanagement versteht sich nicht als Kunst der Prophezeiung, sondern liefert Prognosen zur besseren Steuerung von Risiken sowie des Unternehmens insgesamt.

Management Summary

- Eine chancen- und risikoorientierte Unternehmensführung soll die Chancen und Risiken eines Unternehmens systematisch erkennen und analysieren, um so Chancen nutzen und Risiken zu steuern.
- Chancen und Risiken stellen positive bzw. negative Abweichungen von einem erwarteten Wert dar.
- Ein effektives Chancen- und Risikomanagement ist ein fortlaufender Führungsprozess, der Induktionsprobleme berücksichtigt. Dabei sollten extreme Ereignisse möglichst gut erfasst und Möglichkeiten zum Umgang damit aufgezeigt werden.

Literaturempfehlungen

Gleißner, W.: Grundlagen des Risikomanagements im Unternehmen, München, 2011

Erben, R.F./Romeike, F.: Allein auf stürmischer See – Risikomanagement für Einsteiger, 2. Aufl., Weinheim 2006.

Empfehlenswerte Fallstudien zum Kapitel 2.3 aus Dillerup, R./Stoi, R. (Hrsg.)

8.3 Risikomanagement, Rating und risikogerechte Investitionsbewertung bei der Hofer Kunststoffteile GmbH *(Gleissner, W./Berger, T.)*

8.4 Risikoadjustierte Unternehmensplanung bei der Inntal AG *(Romeike, F.)*

8.5 Internationale Unternehmensführung

> **Leitfragen**
> - Was bedeuten Internationalisierung und Globalisierung?
> - Welche Theorien erklären die Internationalisierung von Unternehmen?
> - Welche Formen und Strategien zur Internationalisierung gibt es?
> - Welche Besonderheiten und Charakteristika hat eine internationale Unternehmensführung?

Unternehmen betreiben ihre Geschäfte zunehmend international und häufig sogar weltweit. Dabei konkurrieren sie in verschiedenen Ländern mit unterschiedlichen Wettbewerbern. Deutsche Unternehmen erwirtschaften einen überwiegenden Anteil ihrer Umsätze im Ausland, weshalb die Internationalisierung einen hohen Stellenwert für die Unternehmensführung besitzt.

Die besonderen Aufgaben aus der Internationalisierung erfordern eine Ausrichtung der gesamten Unternehmensführung. Aufbauend auf der Erläuterung zur Globalisierung und dem daraus entstehenden Globalisierungsdruck auf Unternehmen, wird durch verschiedene Theorien erklärt, warum Unternehmen sich international betätigen. Darauf aufbauend wird dargestellt, in welcher Art und Weise und mit welchen Strategien die Unternehmen eine Internationalisierung erreichen können.

8.5.1 Begriffe, Entwicklung und Bedeutung

Der Begriff **Internationalisierung** wird in Literatur und Praxis unterschiedlich verwendet (vgl. *Glaum*, 1996, S. 11; *Perlitz*, 2004, S. 8):

- **Funktionale Internationalisierung:** Internationalisierung wird häufig auf eine den Absatz und das Marketing eines Unternehmens betreffende Ausrichtung reduziert. Dann wird Internationalisierung als Form des Markteintritts und der Marktbearbeitung im Ausland angesehen, wie z. B. Export, Direktinvestition oder Lizenzvergabe. Unternehmen können neben der Internationalisierung des Absatzes auch andere Funktionen mit internationaler Ausrichtung haben, wie z. B. Finanzierung, Beschaffung, Produktion, Forschung und Entwicklung oder Personalmanagement. Die Internationalisierung eines Unternehmens ist deshalb funktionsübergreifend zu betrachten. *(Funktionale Internationalisierung)*

- **Internationalisierung als Zustand:** Internationalisierung von Unternehmen kann als die geografische Verteilung der unternehmerischen Aktivitäten über mehrere Länder verstanden werden. Ein Unternehmen mit Aktivitäten in mehreren Ländern ist demnach internationaler als ein Unternehmen mit der Fokussierung auf ein Land. Diese Maßgröße ist allerdings nicht eindeutig, da ein Unternehmen in einem sehr großen Land, wie z. B. China, sehr wohl einen großen Markt, unterschiedliche sprachliche und kulturelle Bedingungen etc. handhaben muss und dennoch nicht als internationales Unternehmen gelten würde. Andererseits wären Unternehmen mit ihrem Stammsitz, z. B. in Luxemburg, als international einzustufen, wenn sie einen *(Internationalisierung als Zustand)* regionalen Markt im Umkreis von z. B. 300 km bearbeiten und damit in Luxemburg, Frankreich, Deutschland, Belgien, Niederlande und Großbritannien aktiv wären.

Internationalisierung als Prozess

- **Internationalisierung als Prozess** befasst sich mit der länderübergreifenden Ausdehnung des unternehmerischen Aktionsfelds. In diesem Verständnis wird Internationalisierung im Folgenden verstanden.

> **Internationalisierung** ist die länderübergreifende Ausdehnung des unternehmerischen Aktionsfelds (vgl. *Perlitz*, 2004, S. 10).

Die Wissenschaftsdisziplin der internationalen Unternehmensführung beschäftigt sich daher mit den besonderen Problemen und Gestaltungsfeldern grenzüberschreitender Unternehmenstätigkeit. Im deutschsprachigen Raum begann die inhaltliche Auseinandersetzung in den 1960er Jahren. Heute ist die Querschnittsfunktion zwar in der Betriebswirtschaftslehre etabliert, dennoch hat die begriffliche Normierung noch keinen allgemeinen Konsens erreicht (vgl. *Schmid/Oesterle*, 2009, S. 5 ff.; 41 ff.). Für internationale Unternehmen werden Begriffe wie multinationales, transnationales, globales und supranationales Unternehmen oder Weltunternehmen unterschiedlich interpretiert und teilweise synonym verwendet (vgl. *Borrmann*, 1970, S. 23). Die Internationalität eines Unternehmens wird dabei an unterschiedlichen **Merkmalen** festgemacht. So kann Internationalisierung durch Exportgeschäfte ohne ausländische Niederlassungen oder Produktionsstätten erfolgen (vgl. *Grünärml*, 1975, S. 242). Weitergehend können Unternehmen in mehreren Staaten als Produzent tätig sein, unabhängig von den Absatzformen (vgl. *Glaum*, 1996, S. 10). Nach Ansicht von *Vernon, Wells* und *Rangan* verfügen internationale Unternehmen über Tochterunternehmen in mehreren Ländern, die gleiche Eigenschaften, wie z. B. Eigentum, Strukturen, sowie gemeinsame Ressourcen und Strategien verbinden (vgl. *Vernon*, 1996, S. 28).

Kriterien und Begriffsauffassungen internationaler Unternehmen unterscheiden sich also erheblich. Eine weite Begriffsauslegung über die Form der Auslandstätigkeit eines international agierenden Unternehmens erscheint zweckmäßig, wenn unterschiedliche Aspekte der Unternehmensführung solcher Unternehmen einbezogen werden sollen (vgl. *Kobrin*, 2009, S. 183; *Kutschker/Schmid*, 2012, S. 244).

> **Internationale** bzw. **multinationale Unternehmen** haben ihre Heimat in einem Land, sind aber auch in anderen Ländern aktiv, deren Gesetzen und Gebräuchen sie ebenfalls unterliegen (vgl. *Lilienthal*, 1975, S. 119).

Die Zahl internationaler Unternehmen ist stark angestiegen. Gemäß der United Nations Conference on Trade and Development (UNCTAD) gab es im Jahr 2008 bereits 82.100 internationale Unternehmen, zu denen weitere 807.000 Tochterunternehmen gehören. Dabei stammt ein wachsender Anteil aus Schwellen und Entwicklungsländern (vgl. *Bundeszentrale für politische Bildung*, 2011, S. 2 und Abb. 8.5.1).

Immer mehr Unternehmen errichten Produktionsstätten im Ausland oder beteiligen sich an ausländischen Unternehmen. Die dadurch entstehenden weltweiten Handelsnetze tragen mit dazu bei, dass die Wirtschaft immer mehr zusammenwächst. Die steigende Anzahl an internationalen Unternehmen wird als bedeutender Indikator der wirtschaftlichen Globalisierung gesehen (vgl. *Neumair*, 2006, S. 41). Unternehmen sind daher

8.5 Internationale Unternehmensführung

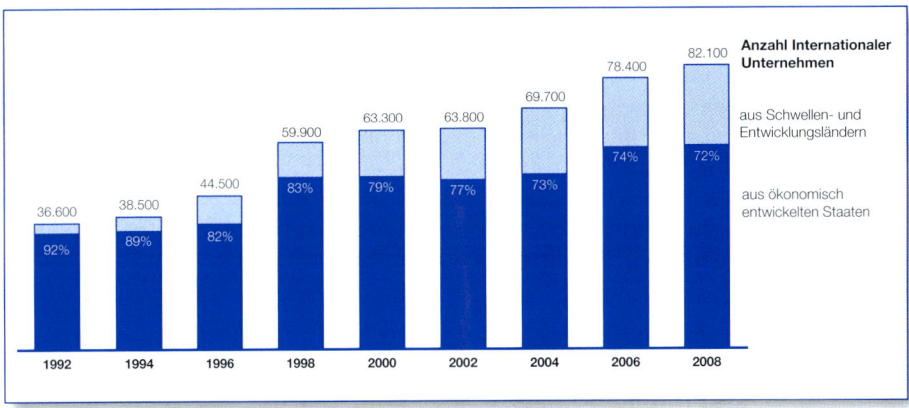

Abb. 8.5.1: Anzahl internationaler Unternehmen
(vgl. Bundeszentrale für politische Bildung, 2011, S. 2)

selbst wichtige Treiber der Globalisierung und üben Einfluss auf die Globalisierung der Märkte, Branchen, Volkswirtschaften und der Weltwirtschaft aus. Sie sind aber auch in ihrer Unternehmensaktivität betroffen, indem sie mit ihren Strategien, Strukturen und Kulturen auf die Auswirkungen der Globalisierung reagieren (vgl. *Bamberger/Wrona*, 1997, S. 713 ff.; *Kutschker/Schmid*, 2012, S. 167).

Der Begriff „Global" bedeutet „die ganze Erde betreffend". Globalisierung ist damit eine weltweite wirtschaftliche Verflechtung der Wirtschaftssubjekte (vgl. *Germann* et al., 1996, S. 24; *Scherrer/Kunze*, 2011, S. 7 ff.). Diese makroökonomische Definition von Globalisierung beinhaltet die wirtschaftliche Verflechtung sowie daraus resultierende Abhängigkeiten verschiedener Länder und ihrer Wirtschaftssubjekte in unterschiedlichen Gesellschafts- und Wirtschaftsbereichen. Wird die Globalisierung auf die betriebswirtschaftliche Ebene eingeschränkt und die Unternehmen als Betrachtungsobjekte gewählt, so kann Globalisierung wie folgt definiert werden:

> **Globalisierung** bedeutet, dass Unternehmen ihr Aktionsfeld nicht nur auf ihr Heimatland beschränken, sondern auf die gesamte Welt ausdehnen (in Anlehnung an *Kutschker/Schmid*, 2012, S. 172).

Globalisierung ist die geografisch weitreichendste Form und damit eine spezielle Ausprägung der Internationalisierung (vgl. *Welge* et al., 1998, S. 1). Auf dem Spektrum zwischen internationaler Unternehmenstätigkeit in zwei Ländern und auf der gesamten Welt sind unterschiedlichste Ausprägungen vorstellbar.

Die Globalisierung ist keineswegs ein neuartiges Phänomen. Bereits in der Frühzeit und der Antike gab es Wirtschaftsbeziehungen zwischen den Staaten der damals bekannten Welt. So zeugt die Seidenstraße von globalen Wirtschaftsbeziehungen, und auch die Römer hatten einen globalen Wirtschaftsraum geschaffen. Die moderne Globalisierung entfaltet sich seit rund 200 Jahren. Dieser Zeitraum kann vereinfacht in folgende **Globalisierungsphasen** eingeteilt werden (vgl. *Fäßler*, 2007, S. 46 ff., S. 168 f.; *Germann* et al., 1996, S. 26 f.; *Kutschker/Schmid*, 2012, S. 164 ff., S. 183 ff.; *Scherrer/Kunze*, 2011, S. 33 ff.; *Wagner*, 2009, S. 90 ff., S. 228 f.):

Globalisierungsphasen

- **1. Globalisierungsphase (1840–1914):** Bereits *Karl Marx* und *Friedrich Engels* hatten sich dem damaligen weltweiten Vernetzungsprozess von Politik, Wirtschaft, Gesellschaft und Kultur gewidmet. Zu den Treibern der ersten Globalisierungsphase zählten u. a. Innovationen in der Produktion, bei Kommunikationssystemen und beim Transport (Eisenbahn). Darüber hinaus wurden internationale Rechts-, Währungs- und Technologiestandards eingeführt. Es entstanden die ersten internationalen Unternehmen und interkontinentale Preisangleichungen für Massengüter. Unterstützt wurde die Entwicklung durch die Hegemonialmacht Großbritannien als Welthandels- und Finanzzentrum sowie eine weltweite kulturelle Integration, wie z. B. die Entstehung internationaler Literatur, Musik oder Ehrungen (z. B. Einführung des Nobelpreises).

- **Desintegration und Integration (1914–1945):** In der ersten Hälfte des 20. Jahrhunderts bremsten die beiden Weltkriege und die Weltwirtschaftskrise die Globalisierung und kehrten den Globalisierungsprozess teilweise ins Gegenteil um. Mit dem Ausbruch des ersten Weltkriegs versiegten die internationalen Geschäftsbeziehungen. In der Zeit zwischen den Weltkriegen nahm die Globalisierung wieder an Fahrt auf. Durch das Aufkommen des Rundfunks, des Films und des weltweiten Luftverkehrs wurde die globale Vernetzung in den Bereichen Transport, Verkehr, Kommunikation und Kultur trotz der wirtschaftlichen und politischen Entflechtungsprozesse vorangetrieben. Aufgrund der Weltwirtschaftskrise von 1929 und des zweiten Weltkriegs zerfielen die globalen Netzwerke in allen gesellschaftlichen Teilbereichen.

- **2. Globalisierungsphase (1945–1989/90):** Als wirtschaftlicher Gewinner des zweiten Weltkriegs übernahmen die USA die hegemoniale Stellung Großbritanniens mit der Absicht, eine tragfähige Weltordnung zu schaffen und dafür erforderliche Institutionen einzurichten. Wichtige Organisationen der neuen Weltordnung sind u. a. die *OECD (Organisation for Economic Co-operation and Development)*, die *UNO (United Nations Organization)*, der *IWF (Internationaler Währungsfonds)* und das *GATT (General Agreement on Tariffs and Trade)*. Diese Organisationen wirkten maßgeblich auf die Fortsetzung der Globalisierung. Neue Technologien wie beispielsweise Langstreckenflugzeuge, Supertanker oder Kommunikationssatelliten beeinflussen zudem die weltweiten Interaktionen. Der Welthandel und die Weltproduktion stiegen erheblich an. Mit zunehmender Vernetzung zeigten aber die Ölkrisen von 1973 und 1978 die Risiken der Globalisierung auf. Ebenso charakteristisch für die zweite Globalisierungsphase war der sog. „Kalte Krieg" zwischen den USA und der Sowjetunion, der eine Zweiteilung der Globalisierung zur Folge hatte.

- **3. Globalisierungsphase (seit 1990):** Unsere heutige Zeit ist durch einen starken Globalisierungsschub geprägt. Dieser wird wesentlich durch drei sich gegenseitig verstärkende Entwicklungen getrieben. Mit dem Kollaps der sozialistischen Systeme in Osteuropa und der Auflösung der Sowjetunion wurde die Zweiteilung der Globalisierung aufgehoben. Die ehemals sozialistischen Staaten wandten sich rasch nach Westen und öffneten ihre Märkte. Auch die Volkswirtschaften in China, Indien und Vietnam öffneten sich wirtschaftlich. Aus einer bipolaren wurde eine multipolare Weltordnung mit unterschiedlichen Zusammenschlüssen von Staaten zu Wirtschaftsregionen, die miteinander im Wettbewerb stehen. Als zweite Entwicklung wurden die Liberalisierung und Deregulierung durch die 1995 in Kraft getretene WTO (World Trade Organization) ausgelöst. Diese Sonderorganisation der UNO arbeitet an der Liberalisierung des Welthandels und dem Abbau von Handelsschranken zwischen verschiedenen Ländern. Weiterhin wurde die Liberalisierung des Kapitalverkehrs stark vorangetrieben und der weltweite Zugang zu Kapital erleichtert. Als Folge stiegen der

8.5 Internationale Unternehmensführung

Welthandel und überproportional sowie mit hoher Volatilität auch die Kapitalflüsse an. Das Internet ist eine der treibenden Kräfte der aktuellen Globalisierungsphase und trägt maßgeblich zur Geschwindigkeitszunahme bei. Die Nutzung des Internets durch Unternehmen verändert interne Geschäftsabläufe und deren Beziehungen zur Umwelt. Hier sind z. B. der Onlinehandel oder das Onlinebanking zu nennen.

Die Globalisierung hat u. a. zur **Regionalisierung** geführt. Dies bezeichnet den Zusammenschluss einzelner Länder zu Ländergruppen und die Verdichtung internationaler Wirtschaftsbeziehungen innerhalb dieser Länder (vgl. *Bergemann/Bergemann*, 2005, S. 9; *Lee*, 2008, S. 22 ff.). Wichtige **Wirtschaftsregionen** sind: *(Regionalisierung)*

- **EU – Europäische Union** ist ein aus 27 europäischen Staaten bestehender Verbund, dessen Bevölkerung über eine halbe Milliarde Einwohner umfasst. Der von den EU-Mitgliedstaaten gebildete Europäische Binnenmarkt ist, gemessen am nominalen Bruttoinlandsprodukt von über 12.500 Mrd. Euro, der größte gemeinsame Markt der Welt. Innerhalb der EU bilden 17 Staaten die Europäische Wirtschafts- und Währungsunion, die seit 2002 mit dem Euro eine gemeinsame Währung besitzen. *(EU)*

- **NAFTA – North American Free Trade Agreement** bezeichnet einen seit 1994 definierten Wirtschaftsverbund zwischen Kanada, den USA und Mexiko. Er fügt die drei Länder des nordamerikanischen Kontinents zu einer Freihandelszone zusammen. Die NAFTA umfasst einen Wirtschaftsraum von rund 390 Mio. Einwohnern mit einem Bruttoinlandsprodukt von 7.700 Mrd. US-$. *(NAFTA)*

- **ASEAN – Association of Southeastern Asian Nations** ist eine internationale Organisation südostasiatischer Staaten, die sich 2009 zu einem gemeinsamen Wirtschaftsraum nach europäischem Vorbild zusammengeschlossen haben. Mitgliedsländer sind Thailand, Indonesien, Malaysia, Philippinen, Singapur, Brunei, Vietnam, Myanmar, Laos sowie Kambodscha. Die ASEAN hat rund 575 Mio. Einwohner und ein Bruttoinlandsprodukt von rund 1.200 Mrd. US-$, das allerdings stark zunimmt. *(ASEAN)*

- **Triade** bezeichnet die drei größten Wirtschaftsräume der Welt, nämlich die NAFTA, die EU und die ASEAN-Staaten. *(Triade)*

Weitere Wirtschaftsregionen, z. B. in Süd- und Lateinamerika, befinden sich derzeit im Aufbau. Neben den Wirtschaftsregionen haben auch **Ländergruppen** ihre Interessen in Gruppen gebündelt:

- **G8** steht für die Gruppe der acht größten Industrienationen der Welt. Dazu gehören Deutschland, die USA, Japan, das Vereinigte Königreich, Kanada, Frankreich, Italien und Russland. Die Gruppe ist keine internationale Organisation, sondern vielmehr ein Abstimmungsforum für Fragen der Weltwirtschaft. Die G8-Länder repräsentieren zwar nur 14 Prozent der Weltbevölkerung, sind aber für ca. 50 Prozent des Welthandels verantwortlich. *(G8)*

- **BRICS** steht für die Anfangsbuchstaben der Staaten Brasilien, Russland, Indien, China und seit 2010 auch Südafrika. Die Staaten treffen sich ähnlich wie die G8 jährlich zu Abstimmungen. Diese fünf Staaten, vier von ihnen sog. Schwellenländer, haben jährliche Zuwachsraten ihrer Wirtschaftsleistung von 5 bis 10 Prozent. Aufgrund der wirtschaftlichen Stagnation in den Industrienationen hat die Wachstumsdynamik der BRICS-Staaten steigende weltwirtschaftliche Bedeutung. In ihnen leben mit rund 3 Mrd. Menschen ca. 40 Prozent der Weltbevölkerung, und ihr Anteil am weltweiten Bruttoinlandsprodukt liegt bei ca. 24 Prozent. Für Unternehmen der Industrieländer sind die BRICS-Staaten aufgrund des Wachstumspotenzials, aber auch der dort verfügbaren Rohstoffe, von zentraler Bedeutung. Brasilien ist ein bedeutender Roh- *(BRICS)* stofflieferant (z. B. Eisenerz) mit landwirtschaftlichem Potenzial (z. B. Orangensaft) und einem großen Binnenmarkt. Russland verfügt über beträchtliche Vorräte an Öl und Erdgas. Indien ist in der Softwareindustrie sowie Generika-Herstellung führend und besitzt wie China einen riesigen Binnenmarkt. China ist als Werkbank der Welt die größte Exportnation. Südafrika versteht sich als Tor zum afrikanischen Kontinent.

Tigerstaaten

- **Tigerstaaten** sind die sich wirtschaftlich schnell entwickelnden Staaten Südkorea, Taiwan und Singapur sowie die Stadt Hongkong. Den Ländern ist gemein, dass sie mit einem hohen Wirtschaftswachstum schnell den Sprung vom Entwicklungs- zum Industriestaat geschafft haben. Ihre hohe Dynamik erinnert an die kraftvolle Energie des Tigers, der zum Sprung ansetzt, woraus sich die Bezeichnung als Tigerstaaten erklärt. In Analogie dazu werden die südostasiatischen Staaten Indonesien, Malaysia, Thailand und die Philippinen als sogenannte Pantherstaaten bezeichnet, welche dem Beispiel der Tigerstaaten nachfolgen wollen.

Bemerkenswert ist, dass die wichtigsten Länder der Triade ein Großteil der Weltexporte und -importe tätigen und somit den Welthandel unter sich aufteilen. Das gleiche trifft auch bei Direktinvestitionen zu, da diese nur in wenige Länder fließen. Neben der Globalisierung ist daher auch häufig von einer Regionalisierung die Rede (vgl. *Fuchs/ Apfelthaler*, 2009, S. 41 ff.; *Kutschker/Schmid*, 2012, S. 173). Einen Überblick der wichtigsten Handelsströme gibt Abb. 8.5.2.

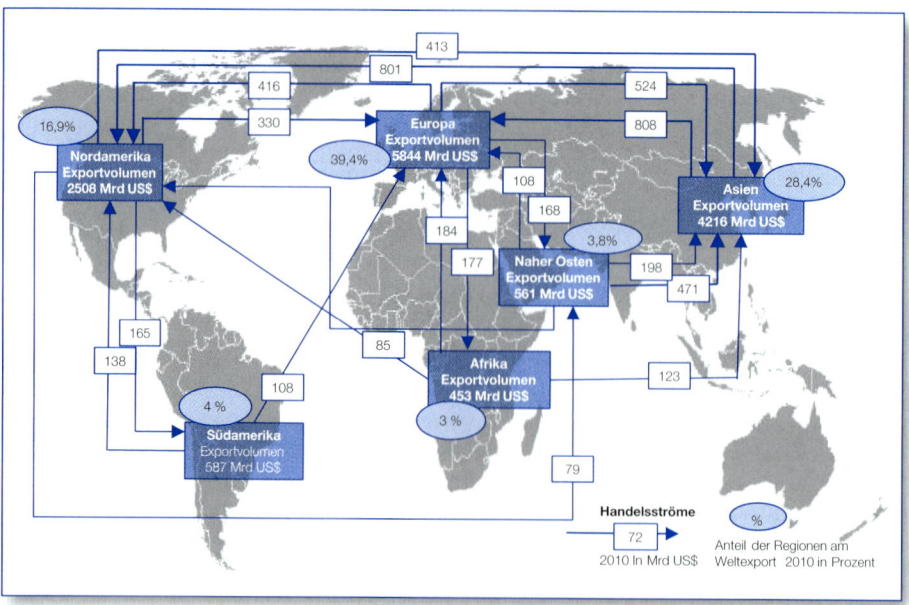

Abb. 8.5.2: Weltweite Im- und Exporte nach Regionen (vgl. World Trade Organization, 2011, S. 205 ff.)

Auch bei den Branchen ist ein Globalisierungsprozess zu beobachten. Dabei werden zunächst unabhängige Branchen in verschiedenen Ländern im Laufe der Zeit immer gleichartiger bzw. verbundener und wachsen so länderübergreifend zusammen (vgl. *Wrona*, 1999, S. 123).

8.5 Internationale Unternehmensführung

> **Globale Branchen** sind dadurch gekennzeichnet, dass die Wettbewerbsposition eines Unternehmens in einem Land erheblich von dessen Stellung in anderen Ländern beeinflusst wird (vgl. *Porter*, 1989, S. 20).

Das **Globalisierungspotenzial** einer Branche bestimmt den Grad, zu dem ein Unternehmen von der Globalisierung betroffen ist (vgl. *Wrona*, 1999, S. 124). Das Ausmaß der Globalisierung von Branchen wird maßgeblich von den vier **Globalisierungstreibern** Markt, Kosten, Regierungen und Wettbewerb beeinflusst.

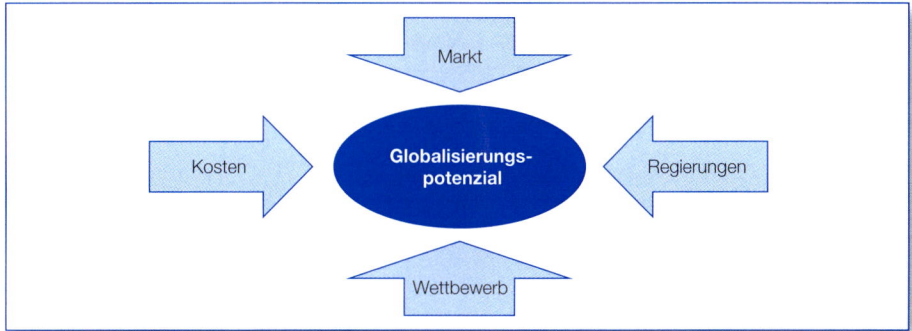

Abb. 8.5.3: Globalisierungspotenzial von Branchen (in Anlehnung an Yip, 2003, S. 10)

Diese vier Treiber bedingen das Globalisierungspotenzial von Branchen und determinieren dadurch auch die Notwendigkeit der Verfolgung von Globalisierungsstrategien (vgl. *Porter*, 1989, S. 21). Die Markttreiber der Branche sind vom Kundenverhalten, von der Struktur der Absatzkanäle und dem Marketing abhängig. Die Kostentreiber hängen vom jeweiligen Geschäft ab. Die Regierungstreiber werden von den politischen Rahmenbedingungen der einzelnen Länder determiniert, während die Wettbewerbstreiber wiederum von den Aktivitäten der Wettbewerber abhängig sind.

Die Globalisierungstreiber unterscheiden sich hinsichtlich der Branchen. Manche Branchen haben daher ein höheres Potenzial zur Globalisierung (vgl. *Yip*, 2003, S. 9 f.). Abb. 8.5.4 zeigt Veränderungen der einzelnen Globalisierungstreiber, welche insgesamt das Globalisierungspotenzial einer Branche und damit den Internationalisierungsdruck eines Unternehmens erhöhen.

Aus den Veränderungen lässt sich ableiten, dass immer mehr globale Branchen entstehen. Dabei kann die Globalisierung auf Unternehmen in unterschiedlicher Weise und Intensität einwirken. Auf diese Weise sind manche Unternehmen stärker als andere von der Globalisierung betroffen. Wesentliche **Globalisierungswirkungen** auf Unternehmen sind (vgl. *Kurbel*, 2005, S. 15; *Meffert/Bolz*, 1998, S. 62; *Müller/Kornmeier*, 2001, S. 76; *Porter*, 1989, S. 21; *Wrona/Schell*, 2005, S. 329 ff.; *Yip*, 2003, S. 49 ff.):

- **Standardisierung**
  - von Vorleistungen auf globalen Märkten,
  - des Absatzes, insbesondere im Industriegüterbereich. Aber auch im Konsumgüterbereich findet eine Homogenisierung der Kundenbedürfnisse statt.
  - von Verträgen, Handelsklauseln und -normen,
  - von Technologien.

8 Ausrichtungen der Unternehmensführung

Treiber	Änderungen
Markt	• Annäherung des Pro-Kopf-Einkommens unter den Industriestaaten • Konvergenz der Lebensstile und der Geschmäcker • Zunehmender Tourismus schafft globale Konsumenten • Globale Organisationen beginnen sich wie globale Kunden zu verhalten • Zunahme globaler und regionaler Märkte • Schaffung von Weltmarken, z.B. Coca-Cola, Microsoft • Entwicklung von globaler Werbung • Ausbreitung weltweiter Medienunternehmen, z.B. CNN oder MTV
Kosten	• Streben nach Economies of Scale • Beschleunigung von Technologieinnovationen • Verbesserung der Transportsysteme • Auftreten aufstrebender Industriestaaten mit geringen Löhnen • Ansteigen der Entwicklungskosten bei sich verkürzenden Produktlebenszyklen
Regierungen	• Abbau von Handelshemmnissen • Abbau von nicht-tarifären Beschränkungen • Wirtschaftliche Zusammenschlüsse von Ländern • Privatisierung ehemals staatlicher Industrien • Öffnung ehemaliger Planwirtschaften • Wachsende Teilnahme der BRICS-Staaten an der Weltwirtschaft
Wettbewerb	• Stetige Zunahme des Welthandels • Zunahme der Unternehmen in ausländischem Besitz • Aufkommen neuer Wettbewerber als globale Konkurrenten, z.B. aus Japan (1970er), Korea (1980er), Taiwan (1990er), China (2000er), Indien und Russland (2010er) • Aufkommen von „born global"-Firmen, z.B. im Internet • Zunahme globaler Netzwerke führt zur Interdependenz bestimmter Branchen in verschiedenen Ländern (z.B. die Elektronikbranche) • Bildung internationaler strategischer Allianzen
Andere	• Revolution der Informations- und Kommunikationstechnologien • Globalisierung der Finanzmärkte • Verbesserung des Geschäftsreiseverkehrs

Abb. 8.5.4: Änderungen der Globalisierungstreiber (vgl. Yip, 1996, S. 27 ff.; 2003, S. 11 f.)

Kostendruck
- **Kostendruck** aufgrund intensiveren internationalen Wettbewerbs und homogenerer Produkte in globalen Massenmärkten. Dies macht es erforderlich, Skaleneffekte aufgrund großer Stückzahlen in Produktion und Beschaffung zu erzielen. Zudem können Standortkosten durch Produktionsverlagerungen oder Outsourcing realisiert werden.

Differenzierungsdruck
- **Differenzierungsdruck:** Soll dem Kostendruck, der häufig zu Preiswettbewerb führt, entgangen werden, so verschärft sich auch der Differenzierungswettbewerb. Er resultiert aus der Erosion von Handelsbarrieren und der Vergrößerung des Marktes. Der Wettbewerb betrifft zunehmend auch Innovationen, Technologien und Qualität.

Innovationsdruck
- **Innovationsdruck:** Differenzierungsdruck bewirkt in vielen technologiegetriebenen Branchen einen Innovationsdruck. Insbesondere in Ländern mit hohen Faktorkosten erfolgt eine Differenzierung häufig über Innovationen als Ausweg aus dem Kostendruck. Da Innovationen mit hohem F&E-Aufwand verbunden sind, müssen diese Innovationen wiederum über möglichst hohe Stückzahlen amortisiert werden. Hierzu ist es meist nicht ausreichend, nur den Heimatmarkt zu beliefern.

Technologielebenszyklen
- **Technologielebenszyklen:** In Branchen mit kurzen bzw. sich verkürzenden Lebenszyklen von Technologien ist analog zum Innovationsdruck ein geografisch größerer

Absatzmarkt anzustreben, um die kürzere Zeit für die Produktvermarktung schnell alternder Technologien auszugleichen.

- **Wettbewerbsdruck:** Befindet sich ein Unternehmen in einer globalen Branche mit internationalen Wettbewerbern, dann muss es ebenfalls in verschiedenen Ländern tätig werden, um ausreichende Skalenvorteile erzielen zu können.

Wettbewerbsdruck

Um die zunehmende Globalisierung von Branchen und ihre Wirkungen auf die Unternehmen besser zu verstehen, werden im Folgenden unterschiedliche Erklärungsansätze der Internationalisierung betrachtet.

8.5.2 Theorien der Internationalisierung

Internationale Unternehmenstätigkeit kann durch eine Vielzahl von Theorien erklärt werden. Einige erklären Gründe, andere den Prozess, die Geschwindigkeit oder die Orte der Internationalisierung. Einzelne Theorien sind daher Partialansätze, die gemeinsam die Internationalisierung von Unternehmen umfassend erklären.

8.5.2.1 Klassische Außenhandelstheorie

Die klassische Außenhandelstheorie erklärt den internationalen Handel volkswirtschaftlich. Internationalisierung erfolgt nicht durch Staaten, sondern durch die Unternehmen darin. Daher sind die Erkenntnisse der Volkswirtschaft für die sich darin bewegenden Unternehmen wesentlich.

Ein **natürlicher Grund** für internationalen Handel besteht, wenn ein bestimmtes Gut im eigenen Land nicht existiert oder durch das Fehlen von Produktionsfaktoren nicht produziert werden kann. Solche notwendigen Produktionsfaktoren sind z. B. Natur, Arbeit, Wissen und Kapital. Eine wesentliche Rolle spielt dabei die weltweite Verteilung der Rohstoffe bzw. Energieträger oder Klimabedingungen. Deutschland verfügt beispielsweise nicht über Goldminen und auch Kiwis reifen unter den hiesigen klimatischen Bedingungen schlecht.

Natürliche Gründe

Fehlen bestimmte Güter in einem Land, so kann der Gütermangel einfach durch Verzicht auf nicht verfügbare und entbehrliche Güter behoben werden. Ebenso kann ein Produkt ersetzt werden, indem es z. B. synthetisch hergestellt wird. Am einfachsten ist es jedoch, das benötigte Gut zu importieren. Im Gegenzug sind inländische Güter zu exportieren, um die Handelsbilanz auszugleichen. Daher kann auch eine Überversorgung mit Rohstoffen oder anderen Faktoren einen Grund für internationalen Handel darstellen. Ein Überangebot an Gütern in einem Land führt dann zum Absatz der Überschüsse im Ausland („**vent-for-surplus**"-Theorie = Ventil für Überschüsse). Ein Beispiel dafür sind die Agrarüberschüsse der Europäischen Union z. B. an Getreide, Rindfleisch und Butter, die zu subventionierten Dumpingpreisen exportiert werden. Unternehmen produzieren in einem solchen Fall über die Nachfrage im eigenen Land hinaus und benötigen den Weltmarkt als Ventil für ihre Überschussproduktion. Auf diese Weise können Kapazitäten ausgelastet und Kostendegressionen genutzt werden.

Überangebot an Gütern

- Auch wenn bestimmte Güter in einem Land vorhanden sind, so kann es **kostenbedingte Motive** geben, die für den Import sprechen. Beispielsweise können Kosten- und Preisvorteile die Güter ausländischer Anbieter attraktiv machen. Bestimmte Produkte können im Ausland günstiger produziert werden als im Inland. Umgekehrt bieten Kostenvorteile im Inland bei anderen Produkten einen Anreiz für eine auslän-

Kostenbedingte Motive

dische Nachfrage. Kostenunterschiede ergeben sich hinsichtlich der Quantität und Qualität der verfügbaren **Produktionsfaktoren**:

- **Umwelt/Boden:** In welchem Ausmaß und in welcher Qualität stehen Bodenschätze, Rohstoffe und Energiequellen zur Verfügung? Welche Klimabedingungen herrschen vor, von welcher Qualität sind die Böden?
- **Arbeitskraft/Wissen:** Welches Arbeitskräftepotenzial und welche Leistungsbereitschaft sind vorhanden? Auf welche Weise kommen neue Informations- und Kommunikationstechnologien zur Anwendung?
- **Kapitalausstattung:** Wie ist der technische Stand der Produktionsanlagen? Welche Investitionsbedingungen sind in einem Land gegeben?

Absolute Kostenvorteile

Die Vorteilhaftigkeit des internationalen Handels liegt üblicherweise in **absoluten Kostenvorteilen.** Diese Begründung geht auf *Adam Smith* zurück. Er zeigte, dass Außenhandel als auch die Aufteilung der Arbeit auf die Weltwirtschaft für alle Beteiligten vorteilhaft ist. Dabei soll jeder Akteur diejenigen Güter produzieren, die er billiger herstellen kann als andere. Diese kostengünstig hergestellten Güter können dann gegen die Güter anderer Unternehmen und Länder gehandelt werden. Die Vorteile bestehen vor allem in der Spezialisierung eines Akteurs auf die Produktion bestimmter Güter und dem daraus resultierenden Handel. Auf diese Art können die vorhandenen Arbeitskräfte produktiver eingesetzt werden. Würde jedes Land alle Güter selbst produzieren, müssten die Arbeitskräfte eine Vielzahl von Gütern herstellen und es könnte für kein Gut ein Kostenvorteil erwirtschaftet werden. Internationale Arbeitsteilung ermöglicht demnach eine Steigerung der Produktivität. Der Wohlstand eines Landes oder analog eines Unternehmens erreicht dann den höchsten Stand, wenn die absoluten Kostenvorteile genutzt werden. Dazu ist die Produktion auf jene Güter zu spezialisieren, die am kostengünstigsten hergestellt werden können.

Komparative Kostenvorteile

Mit der Theorie der absoluten Kostenvorteile lässt sich jedoch nicht erklären, weshalb auch solche Güter exportiert werden, die über keine absoluten Vorteile verfügen. Dazu bedarf es der Weiterentwicklung durch *David Ricardo*, der das Theorem der **komparativen Kostenvorteile** formuliert hat. Demnach kann ein Land die Vorteile internationaler Arbeitsteilung für sich nutzen, indem es sich auf jene Güter mit sog. komparativen Kostenvorteilen konzentriert. Es kommt demnach nicht auf die absolut günstigste Position an, sondern lediglich darauf, dass ein Akteur bestimmte Produkte kostengünstiger herstellen kann als sein Handelspartner. Anschaulich wird dies am Beispiel des Nobelpreisträgers für Wirtschaftswissenschaften *Paul A. Samuelson* (vgl. *Samuelson/Nordhaus*, 1998, S. 778): Ein Rechtsanwalt ist zugleich der beste Anwalt und der beste Schreibmaschinen-Schreiber seiner Stadt. Dann wird er sich auf seine Anwaltstätigkeit spezialisieren und das Maschineschreiben seiner Sekretärin überlassen. Er kann es sich nicht leisten, in seiner knappen Zeit Schreibarbeiten zu erledigen. Aus der Anwaltstätigkeit erzielt er aufgrund der besseren Vergütung einen komparativen Vorteil. Beim Tippen hat er als schnellster Schreiber der Stadt zwar einen absoluten, aber keinen komparativen Nutzenvorteil. Aus Sicht der Sekretärin ist sie ihrem Chef in beiden Tätigkeiten unterlegen und verfügt über keinen absoluten Vorteil. Dennoch ist ihr Nachteil beim

Tippen relativ am geringsten, weshalb sie dabei über einen komparativen Vorteil verfügt.

Das *Ricardo*-Theorem basiert auf Produktivitätsunterschieden. Als Weiterentwicklung erklärt das **Faktor-Proportionen-Theorem** (vgl. *Heckscher/Ohlin*) den Einfluss der Faktorausstattung eines Landes auf die komparativen Kostenvorteile. Die Faktorproportionen-Theorie beschäftigt sich mit den Proportionen, in denen unterschiedliche Produktionsfaktoren in verschiedenen Ländern verfügbar sind und in der Produktion eingesetzt werden. Verfügt ein Land mehr von einem bestimmten Faktor, dann werden die Preise des Faktors relativ günstiger. Demnach wird ein Land z. B. kapitalintensivere Produkte exportieren, wenn Kapital relativ reichlich vorhanden ist. Dagegen sind arbeitsintensive Produkte bei relativ reichlich vorhandenen Arbeitskräften vorteilhaft.

Faktor-Proportionen-Theorem

8.5.2.2 Monopolistische Vorteilstheorie

Eine weitere Erklärung der Internationalisierung liefert die Theorie der monopolistischen Vorteile von *Hymer* und *Kindleberger* (vgl. *Hymer*, 1960; *Kindleberger*, 1969). Die Theorie basiert auf Marktunvollkommenheiten auf Faktor- oder/und Gütermärkten, durch interne und externe Größenvorteile sowie durch Markteintrittsbarrieren und staatliche Hemmnisse (vgl. *Kindleberger*, 1969, S. 13 f.). Diese zeigen sich in **Hindernissen** (Barriers to international Operations), welchen sich ein internationales Unternehmen im Vergleich zu nationalen Unternehmen gegenüber sieht (vgl. *Hymer*, 1960, S. 38 ff.):

- **Informationsbarrieren** können bestehen, wenn die nationalen Unternehmen bessere Informationen über die Wirtschaft, das Rechtssystem, die Sprache sowie die Politik in dem jeweiligen Land besitzen. Solche Informationen sind für ausländische Unternehmen häufig schwierig zu erhalten und deren Erwerb ist mit Transaktions- und Informationskosten verbunden.

Informationsbarrieren

- **Handelsbarrieren** sind eine politisch gewollte Diskriminierung ausländischer Unternehmen zum Schutz der nationalen Unternehmen. Dies kann die Bevorzugung durch die Regierung, Kunden und Zulieferer sein, welche sich in bürokratischen Verfahren, Zulassungsbestimmungen, Zöllen oder Ausschlussregelungen ausdrücken.

Handelsbarrieren

- **Wechselkursrisiken** aufgrund von Währungsschwankungen entfallen für nationale Unternehmen.

Wechselkursrisiken

Internationalisierung und insbesondere Direktinvestitionen im Ausland erfolgen demnach dann, wenn die **monopolistischen Vorteile** eines internationalen Unternehmens diese Barrieren übertreffen. Solche Vorteile stammen aus drei Bereichen (vgl. *Hymer*, 1960, S. 3 ff.; *Kutschker/Schmid*, 2012, S. 412; *Peng*, 2013, S. S. 83 ff.):

Monopolistische Vorteile

- **Beseitigung des Wettbewerbs:** Die Akquisition ausländischer Unternehmen ermöglicht es, diese als Konkurrenten aus anderen Ländern „auszuschalten". Voraussetzung dafür sind Wettbewerb zwischen den Ländern und hohe Markteintrittsbarrieren. Die Kontrolle ausländischer Unternehmen reduziert dann den Wettbewerb und kann zu monopolistischen Vorteilen führen.

Beseitigung des Wettbewerbs

- **Spezifische Kompetenzen** oder Fähigkeiten können Unternehmen dazu bewegen, ihre Vorteile aus kompetenzbasierten Strategien (vgl. Kap. 3.4.3.3) nicht nur im Inland, sondern auch auf ausländischen Märkten zu nutzen. Ebenso ermöglicht die Kontrolle eines ausländischen Unternehmens mit Kompetenzvorteilen die Nutzung eines monopolistischen Vorteils im Inland. Solche Vorteile können z. B. günstigere

Spezifische Kompetenzen

Einkaufsmöglichkeiten von Produktionsfaktoren, Wissensvorsprünge, effizientere Prozesse, bessere Distributionskanäle oder überlegene Produkte sein.

Diversifikation

- **Diversifikation** durch Aktivitäten in verschiedenen Ländern kann das Risiko eines Unternehmens senken und auf diese Weise Vorteile erzeugen. Ein Beispiel hierfür wäre eine internationale Beschaffung, welche Wechselkursrisiken aus unterschiedlichen Beschaffungs- und Absatzwährungen reduzieren kann.

Diesen monopolistischen Vorteilen stehen neben den Barrieren auch Anpassungskosten gegenüber. Diese resultieren aus den unternehmensspezifischen Änderungen, um im Ausland aktiv sein zu können. So sind z. B. Technologien, Produkte und Prozesse an die Erfordernisse des fremden Landes anzupassen.

8.5.2.3 Standorttheorien

Standorttheorie

Die **Standorttheorie** befasst sich mit länderspezifischen Faktoren, welche erklären, in welchen Ländern und Standorten ein Unternehmen international aktiv wird. Die geografische Dimension der Internationalisierung ist dabei unabhängig davon, ob es um die Internationalisierung der Beschaffung bzw. der Importe, der Wertschöpfung oder des Absatzes, z. B. durch Export, Lizenzvergabe oder Direktvertrieb, geht. Die Standortwahl hängt neben unternehmensinternen auch von länderspezifischen Faktoren ab, welche sich in eine globale Umwelt (vgl. Kap. 2.3) und eine Wettbewerbsumwelt unterscheiden lassen. Abb. 8.5.5 führt exemplarisch wesentliche Standortfaktoren auf.

Ein Unternehmen kann die Standortfaktoren branchenspezifisch ausgestalten und vor dem Hintergrund der Motive zur Internationalisierung in ihrer Bedeutung gewichten. Eine unternehmensspezifische Bewertung ist dann für jede Internationalisierungsentscheidung vorzunehmen. Berücksichtigung findet bei der Wahl des Standorts auch die Erfahrung aus internationaler Geschäftstätigkeit sowie geografische, kulturelle und psychische Unterschiede (vgl. *Koch*, 2012, S. 17 ff.; *Kutschker/Schmid*, 2012, S. 442 ff.; *Steers* et al., 2011, S. 155 ff.). Schwierig ist die Informationsbeschaffung, die Bewertung

Umwelten	Standortfaktoren
Global	• Natürliche bzw. ökologische Faktoren, z.B. Klima, Meereszugang • Politik, z.B. Stabilität, Enteignungsgefahr • Recht, z.B. Rechtssicherheit, Auflagen • Staatliche Faktoren, z.B. Investitionsanreize, Subventionen • Steuerliche Faktoren, z.B. Steuersätze, Steuergerechtigkeit • Makroökonomische Faktoren, z.B. Inflation, Konjunktur • Technologie, z.B. technologischer Entwicklungsstand • Demographie, z.B. Altersstruktur der Bevölkerung • Ausbildung, z.B. Niveau der Schul- und Hochschulausbildung • Kultur, z.B. Werte • Sprache, z.B. Schwierigkeit und Einheit der Sprache • Religion, z.B. Bedeutung der Religion • Sozio-psychologische Faktoren, z.B. Einstellung zu Arbeit, Konsum oder Familie • …
Wettbewerb	• Absatzmarkt, z.B. Marktgröße, Marktwachstum, Handelshemmnisse • Produktionskosten, z.B. Lohnkosten • Beschaffung, z.B. Verfügbarkeit von Rohstoffen, Know-how-Erwerb • Branchenkonkurrenz, z.B. Zahl und Art der Konkurrenten, Existenz von Clustern • …

Abb. 8.5.5: Standortfaktoren (vgl. Kutschker/Schmid, 2012, S. 441; Peng, 2013, S. S. 84 ff.)

der Vielzahl an relevanten Standortfaktoren sowie deren Gewichtung. Empirische Untersuchungen zeigen allerdings, dass absatzmarktbezogene Standortfaktoren eine dominante Rolle bei Internationalisierungsentscheidungen spielen (vgl. *Pausenberger*, 1994, S. 48 ff.; S. 67 f.).

8.5.2.4 Internalisierungstheorie

Um zu erklären, auf welche Weise eine Internationalisierung am besten umgesetzt wird, sind die Transaktionskosten (vgl. Kap. 1.2.3.4) zu vergleichen. **Transaktionskosten** entstehen bei der Übertragung von Verfügungsrechten auf Märkten. Dies sind Kosten der Information und Kommunikation zur Anbahnung, Vereinbarung, Abwicklung, Kontrolle und Anpassung von Transaktionen (vgl. *Welge/Al-Laham*, 2012, S. 44). Diese Kosten unterscheiden sich je nach Aufgabe und Form der Institution. Sie werden maßgeblich durch die Spezifität, z. B. von Standorten, Sach- oder Humankapital, geprägt. Für spezifische Transaktionen ist eine Abwicklung über kurzfristige Marktbeziehungen aufwändig, solche Austauschbeziehungen sind daher stärker hierarchisch zu gestalten. Dies gilt ebenso für sich schnell ändernde Bedingungen, welche hohen Koordinationsbedarf mit sich bringen. Schließlich ist noch die Häufigkeit von Transaktionen wesentlich. Aus Sicht der Transaktionskostentheorie ist eine Koordinationsform vom Zusammenspiel der Einflussgrößen auf die Transaktionskosten abhängig (vgl. *Picot* et al., 2010, S. 53).

Transaktionskosten

In Bezug auf die Internationalisierung von Unternehmen können grenzüberschreitende Transaktionen über unterschiedliche Formen erfolgen. Das Spektrum reicht von Markttransaktionen in Form von Export über fremde Distributionsorgane und Lizenzvergabe bis hin zu Direktinvestitionen (vgl. ausführlich Kap. 8.5.3). Für jeden Transaktionstyp ist die passende Koordinationsform zu finden (vgl. *Müller-Stewens/Lechner*, 2011, S. 133).

Die Transaktionskosten internationaler Aktivitäten sind höher als die inländischer Transaktionen. Ursachen sind die Unvollkommenheit von Märkten und die hohe Spezifität, z. B. durch Rechtsform oder Kultur. Bei einer externen Abwicklung über den Markt entstehen Kosten für die Suche nach geeigneten Vertragspartnern, für die Verbreitung von Informationen, Verhandlungen, Vertragsgestaltung sowie gegebenenfalls Kosten für eine gerichtliche Durchsetzung von Rechtsansprüchen. Transaktionskosten, die bei einer internen Abwicklung entstehen, umfassen Kosten der Koordination der unternehmensinternen Arbeitsteilung, der Motivation und Bewertung von Mitarbeitern sowie der Zerlegung eines externen in mehrere interne Märkte. Wenn die Transaktionskosten, die bei der Abwicklung über den externen Markt entstehen, höher sind als die Kosten der unternehmensinternen Abwicklung, ist die hierarchische Gestaltung vorzuziehen. Dann wird der Markt in das Unternehmen geholt und Wertschöpfungsaktivitäten werden internalisiert. Eine Internationalisierung ausschließlich über Markttransaktionen durchzuführen ist meist nicht oder nur schwer durchführbar (vgl. *Kutschker/Schmid*, 2012, S. 454 f.; *Peng*, 2013, S. S. 85 ff.; *Welge/Holtbrügge*, 2006, S. 73; *Zentes* et al., 2010, S. 223 ff.). Problematisch ist die Operationalisierbarkeit der Transaktionskosten, da insbesondere der Koordinations- und Informationsbedarf grenzüberschreitender Aktivitäten schwierig abschätzbar und daher Entscheidungen meist unter hoher Unsicherheit zu treffen sind. Dies erschwert die Ableitung von Handlungsempfehlungen mit Hilfe der Internalisierungstheorie (vgl. *Kreikebaum* et al., 2002, S. 74; *Kutschker/Schmid*, 2012, S. 457; *Welge/Holtbrügge*, 2006, S. 75). Zudem stellen die Transaktionskosten und die Koordination von Auslandsaktivitäten nur ein auf den Kostenvorteil als Internationalisierungsmotiv ab, während z. B. Risiko und Flexibilität unberücksichtigt bleiben.

Internalisierung

8.5.2.5 Eklektisches Paradigma

Das eklektische Paradigma von *Dunning* (1988) verknüpft die Theorie des monopolistischen Vorteils, der Standorttheorie und der Internalisierungstheorie zu einem umfassenden Ansatz zur Erklärung internationaler Unternehmenstätigkeit. Der Begriff „eklektisches Paradigma" soll die Verschmelzung der drei Ansätze zum Ausdruck bringen (vgl. *Kutschker/Schmid*, 2012, S. 485). Danach wird die Auslandstätigkeit von Unternehmen von bestimmten Bedingungen abhängig gemacht (vgl. *Al-Laham*, 2008, S. 542). Damit eine Internationalisierung erfolgreich durchgeführt werden kann, soll ein Unternehmen über folgende drei Voraussetzungen (**Vorteilskategorien**) verfügen (vgl. *Dunning*, 2001, S. 176; *Kreikebaum* et al., 2002, S. 77; *Welge/Holtbrügge*, 2006, S. 76):

- **Eigentumsvorteile** (ownership advantages) können einem Unternehmen zu einem Wettbewerbsvorteil verhelfen, wenn das Eigentum den Zugang zu besonderen Erfolgspotenzialen ermöglicht. Dies können Vorteile sein, welche unabhängig von einer internationalen Tätigkeit sind, wie z. B. eine etablierte Marktposition, Monopolmacht, Patente oder Skaleneffekte durch effizienten Ressourceneinsatz. Einige Eigentumsvorteile steigen jedoch in ihrem Erfolgspotenzial, wenn die Aktivitäten international betrieben werden. Dies können z. B. Risikodiversifikation, F&E-Potenzial und -kapazität oder günstige Beschaffungskonditionen sein.

- **Standortvorteile** (location advantages) bestehen, wenn Unternehmen gemäß der Standorttheorie (vgl. Kap. 8.5.2.3) ihre Tätigkeiten ins Ausland verlagern und dort die standortspezifischen Vorteile nutzen.

- **Internalisierungsvorteile** (internalisation advantages) ergeben sich gemäß der Internalisierungstheorie (Kap. 8.5.2.4) aus günstigeren Transaktionskosten durch die Internalisierung von Aktivitäten im Ausland.

Kategorien	Internationalisierungsvorteile
Eigentum	• Intensivierung internationalisierungsunabhängiger Vorteile • Informationsvorteile aus größerem Marktüberblick • Vorteile aus internationalen Unterschieden in Faktorausstattungen und Märkten • Risikostreuung durch Unternehmenstätigkeit in verschiedenen Währungsräumen • Zugriff auf Kapazitäten der Zentrale: Management, F&E, Marketing, Finanzen • Skalenerträge aus gemeinsamer Beschaffung
Standort	• Marktgröße, Marktwachstum, Rohstoffvorkommen, Rohstoffzugriff • Faktorkosten, Faktorqualität, Faktorproduktivität • Transport- und Kommunikationskosten • Importkontrollen, Steuersystem, Investitionsanreize, politische Stabilität • Staatliche Eingriffe, geschützte Märkte • Standortnähe, Sprache, Landeskultur, Geschäftsgepflogenheiten • Infrastruktur • Skalenerträge aus F&E, Produktion, Marketing
Internalisierung	• Vermeidung von Transaktions- und Verhandlungskosten • Vermeidung von Kosten der Durchsetzung von Eigentumsrechten • Keine Preisdiskriminierung marktlichen Ursprungs • Käuferunsicherheit • Ausschöpfung von Synergien aus interdependenten Geschäftsaktivitäten • Kontrolle über Zulieferungen und Beschaffungsbedingungen (einschließlich Technologien) • Bessere Kontrolle über die Erfüllung von Qualitätsstandards • Kontrolle über Distributionskanäle • Umgehung oder Nutzbarmachung staatlicher Eingriffe (z.B. Handelskontingente, Zölle, Preiskontrollen, Steuerdifferenzen)

Abb. 8.5.6: Vorteile der Internationalisierung (vgl. Kreikebaum et al., 2002, S. 77 ff.)

8.5 Internationale Unternehmensführung

Eine Übersicht der möglichen Wettbewerbsvorteile der Internationalisierung zeigt Abb. 8.5.6. Aus diesen Vorteilen lässt sich ein Entscheidungsbaum ableiten (vgl. *Kreikebaum* et al., 2002, S. 459 f.; *Welge/Holtbrügge*, 2006, S. 77). Demnach sollten Unternehmen, die über keinen dieser Vorteile verfügen, keine Internationalisierung anstreben. Bestehen nur Eigentumsvorteile, sind internationale Aktivitäten durch vertragliche Ressourcenübertragungen in Form von Lizenz-, Management- oder Technologieverträgen möglich. Bestehen neben Eigentums- auch Internalisierungsvorteile, so empfiehlt sich eine Internationalisierung durch Export. Verfügt ein Unternehmen über alle drei Vorteile, ist eine Direktinvestition im Ausland am zweckmäßigsten. Abb. 8.5.2.7 zeigt die Zusammenhänge und die empfohlene Marktbearbeitungsform nach dem eklektischen Ansatz.

Der dargestellte Entscheidungsprozess ist rational und sequentiell. Bei den Schritten zur Entscheidungsfindung bestehen jedoch Beziehungen zwischen den einzelnen Vorteilen. Diese sollten in Zusammenhang gesetzt werden. So hängen beispielsweise manche Eigentumsvorteile von der Internalisierung und vom Standort ab (vgl. *Itaki*, 1991, S. 445 ff.; *Kutschker/Schmid*, 2012, S. 461; *Perlitz*, 2004, S. 129). Zudem finden normative und strategische Aspekte in der Theorie keinen Eingang. Dennoch werden die Partialansätze, nämlich die Theorie des monopolistischen Vorteils, die Standorttheorie sowie die Internalisierungstheorie, zusammengeführt und durch zahlreiche empirische Untersuchungen bestätigt (vgl. *Perlitz*, 2004, S. 128; *Welge/Holtbrüge*, 2006, S. 78).

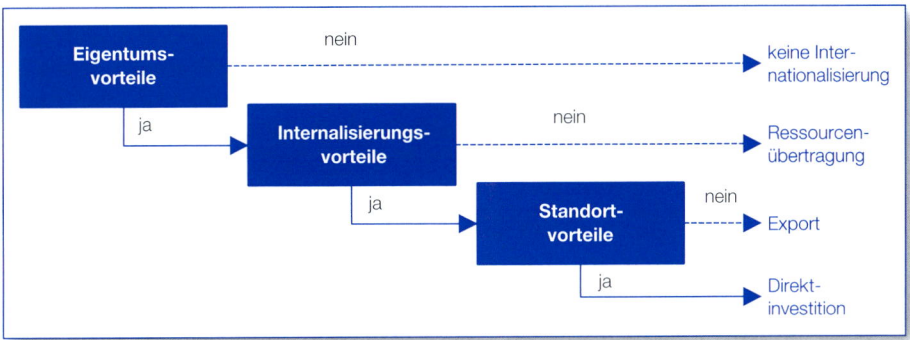

Abb. 8.5.7: Entscheidungsbaum der Auslandsmarktbearbeitung nach der eklektischen Theorie (in Anlehnung an Welge/Holtbrügge, 2006, S. 77)

8.5.2.6 Diamantansatz der Internationalisierung

Der **Diamantansatz** stellt nicht den Markteintritt oder die Marktbearbeitung und auch nicht Standortfaktoren im Gastland in den Vordergrund, sondern erklärt vielmehr, welche Faktoren in den Heimatländern der Unternehmen für eine erfolgreiche Internationalisierung wesentlich sind (vgl. *Perlitz*, 2004, S. 173; *Verbeke*, 2009, S. 101 ff.). Die Theorie basiert auf empirischen Untersuchungen in zehn Ländern und mehr als 100 Unternehmen. Untersucht wurde die internationale Wettbewerbsfähigkeit von Unternehmen in acht Industrieländern und zwei Schwellenländern. Dabei wurde erforscht, warum weltweit wettbewerbsfähige Unternehmen einer Branche häufig aus dem gleichen Land stammen. Die

Nationale Vorteile

Grundlage der Studie von *Porter* ist daher die Branche und die Untersuchung **nationaler Vorteile**. Demnach bilden bestimmte länderspezifische Eigenschaften die Voraussetzung für den internationalen Erfolg von Unternehmen. Insbesondere Branchenanhäufungen bzw. Cluster spielen eine wichtige Rolle, damit Unternehmen günstige länderspezifische Eigenschaften in ihrem Heimatland nutzen können, um im Ausland Wettbewerbsvorteile zu erzielen. Insbesondere vier wesentliche Faktoren bestimmen den nationalen Vorteil. Darüber hinaus wird das nationale Wirtschaftssystem durch zwei weitere Größen beeinflusst. Diese sechs Faktoren sind (vgl. *Kutschker/Schmid*, 2012, S. 445; *Porter*, 1991, S. 93 ff.; *Verbeke*, 2009, S. 101 ff.):

- **Faktorbedingungen** sind die Ausstattung eines Landes mit Produktionsfaktoren wie Arbeit, Boden und Kapital. Sie werden unterschieden in Grundfaktoren und fortschrittliche Faktoren. Zu den Grundfaktoren werden natürliche Ressourcen, Klima, Lage, ungelernte und angelernte Arbeitskräfte sowie Fremdkapital gerechnet. Sie können relativ einfach erworben werden und verlieren deshalb zur Erzielung nationaler Vorteile zunehmend an Bedeutung. Ein Überfluss an Grundfaktoren lässt deren Einfluss sinken und verleitet Unternehmen zum Ausruhen auf solchen Vorteilen. Dieser fehlende Druck kann dann z. B. dazu führen, dass Unternehmen moderne Technologien nicht anwenden. Ein Beispiel für Vorteile aus Grundfaktoren ist die Industrie in den arabischen Ländern, welche vor allem auf den Ressourcen Öl und Gas basiert (vgl. *Kutschker/Schmid*, 2012, S. 450). Neben den Grundfaktoren sind auch die sog. fortschrittlichen Faktoren eine Quelle für betriebliche Wettbewerbsvorteile. Zu diesen zählen Infrastruktur, hochqualifizierte Arbeitskräfte sowie Forschungsinstitute. Ihre Entwicklung erfordert langfristige Investitionen in Human- und Sachkapital, denn diese lassen sich auf dem Weltmarkt nur schwer beschaffen. Sie sind für die Entwicklung innovativer Produkte und Prozesse erforderlich. Aus ihnen folgen häufig außergewöhnlich fortschrittliche Faktoren. Eine unterdurchschnittliche Grundfaktorenausstattung eines Landes kann somit durch Innovationen kompensiert werden, wie dies z. B. in Deutschland oder Japan der Fall ist.

- **Nachfragebedingungen** im Inland können in Bezug auf Größe und Qualität einer Branche zu Vorteilen führen. Insbesondere die Qualitätsanforderungen im Inland sind entscheidend, da anspruchsvolle und schwierige Käufer einheimische Unternehmen unter Druck setzen und zu Verbesserungen und Innovationen drängen. Wettbewerbsvorteile von Unternehmen eines Landes entstehen, wenn einheimische Käufer zu den weltweit anspruchsvollsten Nachfragern zählen und Unternehmen dadurch schneller Innovationen hervorbringen als ausländische Konkurrenten. Somit können Kundenbedürfnisse in anderen Ländern vorweggenommen bzw. auf diese früher und innovativer als die ausländische Konkurrenz reagiert werden.

- **Verwandte und unterstützende Branchen:** Zulieferer in einem Land können entscheidend zum Vorteil einer Branche beitragen, wenn diese selbst international wettbewerbsfähig sind. Einheimische Zulieferer können nachgelagerten Branchen zu Vorteilen verhelfen, indem sie einen schnellen, frühen, wirksamen oder privilegierten Zugang zu Produktionsmitteln verschaffen. Zudem können Verbesserungen und Innovationen von Zulieferern eine Branche unterstützen. Neben den Zulieferern sind verwandte Branchen von Bedeutung. Sie erbringen gemeinsame Aktivitäten entlang der Wertschöpfungskette, stellen ergänzende Produkte her oder kooperieren in Funktionalbereichen. Mit verwandten Branchen können Informationen gemeinsam genutzt und technische Informationen oder Kundenerwartungen ausgetauscht werden. Dies gilt besonders, wenn eine geringe geografische und kulturelle Distanz besteht. Im Zusammenwirken mit verwandten Branchen können neue Geschäftsmöglichkeiten entstehen. Zudem lässt sich die internationale Wettbewerbsfähigkeit durch komplementäre Produkte oder Dienstleistungen erhöhen. Die Vorteile aus der Existenz einheimischer Zulieferer und verwandter Branchen sind allerdings nur dann wirksam, wenn sie durch andere Bestimmungsfaktoren begünstigt werden. Bei fehlendem Zugang zu wichtigen Faktoren oder einer anspruchslosen Inlandsnachfrage liefert z. B. die Existenz einheimischer Zulieferer keinen wesentlichen Vorteil.

- **Strategie, Struktur und Wettbewerb:** Der vierte Bestimmungsfaktor nationaler Wettbewerbsvorteile beruht auf der Unternehmensführung inländischer Unternehmen sowie deren Konkurrenz untereinander. Es existieren länderspezifische Unterschiede hinsichtlich der normativen Ausgestaltung (vgl. Kap. 2), Strategie und Organisation der Unternehmen. Dies wirkt sich auf deren Führungs- und Entscheidungsverhalten aus. Beispielsweise beeinflussen Besitzstrukturen, Kapitalmarktbedingungen, die Art der Unternehmenskontrolle oder die Motivation von Arbeitgebern und Arbeitnehmern die Branchenbedingungen. Nationale Wettbewerbsvorteile entstehen in den Branchen eines Landes, die besonders hohes Engagement und Einsatz der Unternehmen erfordern. Dies wird maßgeblich auch durch die Intensität des Inlandswettbewerbs bestimmt. Dieser treibt Unternehmen einer Branche gegenseitig an und führt zu Verbesserungen und Innovationen. Führt der heimische Wettbewerb zum Wachstum des Inlandsmarktes, so entsteht daraus auch ein Treiber zur Internationalisierung der Unternehmen.

Strategie, Struktur & Wettbewerb

- **Die Rolle des Staates** beeinflusst die ersten vier Bestimmungsfaktoren positiv oder negativ. Dies kann beispielsweise durch Subventionen oder durch die Einführung von Produktnormen geschehen. Tritt der Staat selbst als Käufer auf, kann er Branchen direkt helfen oder schaden. Die Strategien von Unternehmen werden ebenfalls vom Staat durch Gesetzgebung sowie Steuer-, Kartell- und Kapitalmarktbestimmungen beeinflusst.

Staat

- **Die Rolle des Zufalls** in Form von Entdeckungen, technologischen Durchbrüchen, politischen Entscheidungen ausländischer Regierungen oder Naturereignissen können die Wettbewerbsposition einer Branche verändern. Zufallsereignisse hängen weder von Eigenschaften des Landes ab, noch liegen sie im Einflussbereich der Unternehmen. Ihr Eintreten kann die anderen Bestimmungsfaktoren verändern und dadurch die Unternehmen zu Innovation zwingen, welche zu Wettbewerbsvorteilen führen können. Einem Land, welches vor dem Eintreten eines Zufallsereignisses über günstige Bestimmungsfaktoren verfügt, gelingt es meist am ehesten, daraus neue Vorteile zu erzielen.

Zufall

Diese Bestimmungsfaktoren werden von *Porter* als ein sich wechselseitig verstärkendes System in Form eines Diamanten versinnbildlicht (siehe Abb. 8.5.8). Die Wirkung eines Bestimmungsfaktors hängt vom Zustand der anderen Faktoren ab. Vorteile aufgrund eines Faktors können bei anderen Bestimmungsfaktoren verstärkend wirken. Wettbewerbsvorteile ergeben sich so aus dem **Zusammenspiel der Bestimmungsfaktoren** und sind für ausländische Unternehmen nur schwer imitierbar. Unternehmen einer Branche haben dann internationalen Erfolg, wenn der nationale Diamant sehr günstig ist, d. h. wenn ein Unternehmen innerhalb eines Landes die Fähigkeit besitzt, in einer bestimmten Branche Wettbewerbsvorteile zu erzielen (vgl. *Porter*, 1991, S. 93 ff.). Die wechselseitigen Beziehungen zwischen den vier Bestimmungsfaktoren bestimmen den Diamanten. Die Mehrdeutigkeit der Beziehungen, die Komplexität der Interaktionen und die wechselseitigen Abhängigkeiten erlauben ein vertieftes Verständnis der Internationalisierung, machen jedoch eine klare Vorhersage schwierig (vgl. *Grant*, 1991, S. 542 f.).

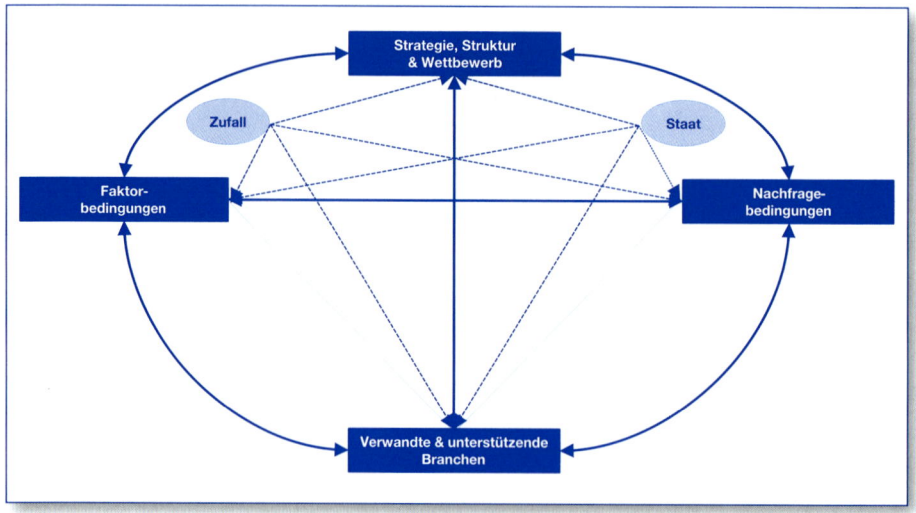

Abb. 8.5.8: Diamantansatz (vgl. Porter, 1991, S. 151)

Porterschen Diamantansatz

Der **Diamantansatz** hebt die Bedeutung des Heimatlands für den Erfolg der Internationalisierung von Unternehmen hervor. Es werden nicht nur einzelne Faktoren der Internationalisierung aufgezählt, sondern diese in ihrer Bedeutung und ihrem Zusammenspiel erklärt. Wird diese Branchenbetrachtung noch mit Standortfaktoren im Gastland verknüpft, so können branchenspezifische Vorteile von einzelnen Unternehmen gestärkt oder geschwächt werden (vgl. *Kutschker/Schmid*, 2012, S. 450 ff.).

8.5.2.7 Unternehmenslebenszyklus

Unternehmenslebenszyklus

Nach der Theorie des Unternehmenslebenszyklus stellt die Internationalisierung eine Phase in der Unternehmensentwicklung dar. In einem Lebenszykluskonzept (vgl. Kap. 3.4.4) werden die Entwicklungsphasen eines Lebewesens auf wirtschaftliche Objekte übertragen. Dabei wird auf die Evolutionstheorie (vgl. Kap. 1.2.4) zurückgegriffen und unterstellt, dass auch wirtschaftliche Objekte in ihrem Leben typischen Entwicklungen unterworfen sind. Neben den Lebenszyklen für Produkte, Technologien, Märkte und Branchen kann auch ein **Unternehmenslebenszyklus** (Corporate Life Cycle) definiert werden (vgl. *Daft*, 2007; *Greiner*, 1972).

Unternehmen durchlaufen demnach charakteristische Lebensphasen mit typischen Konflikten und Krisen. Bleiben diese Konflikte im Rahmen eines organisatorischen Wandels ungelöst, so entwickelt sich ein Unternehmen nicht in die nächste Evolutionsstufe und fällt im Markt zurück. Nach *Mintzberg* (1978, S. 242 ff.) wird der Unternehmenslebenszyklus durch die zunehmende Größe und das Alter des Unternehmens bestimmt. Die Entwicklung des Unternehmens wird dabei maßgeblich von der Veränderung der Produktstruktur vorangetrieben (vgl. *Wrighley*, 1970). Beim Übergang der Phasen wechseln sich kurze revolutionäre Phasen (Krisen) mit evolutionären Phasen (Unternehmenswachstum) ab (vgl. *Greiner*, 2004, S. 37 ff.). Die revolutionären Umbruchphasen führen zu charakteristischen Problemen der Unternehmensführung. Deren Lösung führt ein Unternehmen in einer Evolution in eine neue Wachstumsphase. Überspringt ein Unternehmen eine der nachfolgend aufgeführten Lebenszyklusphasen, so besteht die Gefahr, dass kollektive Lernprozesse nicht durchlaufen werden und ein Unternehmen daher wichtige Erkenntnisse, Kompetenzen oder Fähigkeiten für eine gesunde Entwicklung fehlen.

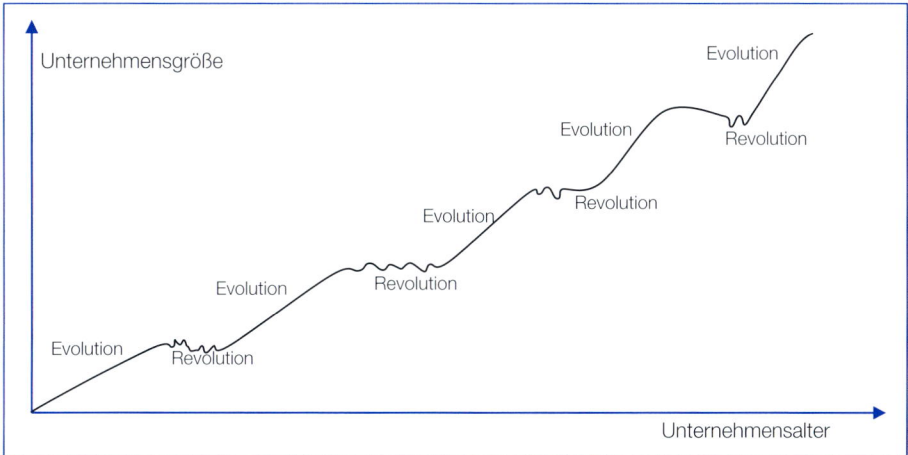

Abb. 8.5.9: Revolution und Evolution der Unternehmensentwicklung (vgl. Greiner, 2004, S. 37)

In der Organisationsentwicklung werden typische **Entwicklungsstufen** eines Unternehmens unterschieden (in Anlehnung an *Glasl/Houssaye*, 1975; *Goerke*, 1981, S. 79 ff.; *Lievegoed*, 1974). Diese Phasen sind teilweise mehr oder weniger stark differenziert, einige ergänzen den Marktzyklus um vorgelagerte Gründungsphasen. Andere Unternehmenslebenszyklen gehen davon aus, dass Unternehmen stagnieren, erstarren sowie ihre Anpassungsfähigkeit verlieren und schließlich absterben. Die Phasen im Leben eines Unternehmens sind zwar idealtypisch, aber keineswegs naturgesetzlich. Schließlich handelt es sich bei Unternehmen um Gebilde, die Menschen erdacht und erschaffen haben. An genau diesen Menschen liegt es somit, das Überleben des Unternehmens zu sichern. Wandel sollte deshalb nicht nur als Reaktion auf Krisen erfolgen, sondern kontinuierlich stattfinden. Dadurch werden Krisen vermieden und der Eintritt in die Phasen Stagnieren und Absterben verhindert. Der Unternehmenslebenszyklus ist daher eher ein Wachstumsphasenmodell als ein biologischer Lebenszyklus.

Die folgenden Lebenszyklusphasen der Unternehmensentwicklung sind idealtypisch und in der Praxis nicht trennscharf voneinander abzugrenzen (vgl. *Bartunek/Louis*, 1988; *Bea* et al., 2011, S. 192 f.; *Greiner*, 1972; *Lievegoed*, 1974, S. 34 ff.; *Quinn/Cameron*, 1983):

(1) **Gründungsphase – Wachstum durch Kreativität:** Am Anfang jedes Unternehmens steht eine Geschäftsidee. Daraus wird ein Geschäftsmodell entwickelt und in einem Businessplan beschrieben. Überzeugt dieser die Gründer, Geschäftspartner und Kapitalgeber, dann schlägt die Geburtsstunde des Unternehmens. In der Umsetzung wird ein Unternehmen etabliert sowie Produkte oder Dienstleistungen entwickelt

Gründungsphase

und erstellt. Mit diesen wird schließlich in einen Teilmarkt eingetreten. Ist dies erfolgreich, so wurde der Beweis geliefert, dass sich die Erzeugnisse und Leistungen verkaufen lassen („proof of concept"). Die Realisierung der Geschäftsidee und der Markteintritt sind oft schwieriger als erwartet. Dieses Krisenpotenzial liegt insbesondere darin, dass innovatives Denken und visionäres Unternehmertum (Leadership) in diesem Stadium in den Hintergrund tritt. Es sind Strukturen und Prozesse zu entwickeln, die ausgeprägte Managementqualitäten erfordern (vgl. Kap. 6.3). Wächst das Unternehmen zu stark, überfordert dies oft die Unternehmensgründer. Somit besteht die Gefahr einer ersten Unternehmenskrise, der sog. Leadershipkrise.

Markterschließungsphase

(2) **Markterschließungsphase – Wachstum durch Richtung:** Die Leadershipkrise kann durch Aufteilung der Führung auf mehrere Personen sowie durch Standardisierung, Prozess- und Aufbauorganisation überwunden werden. Es entstehen funktionale Strukturen mit verteilen Kompetenzen, Zuständigkeiten und Budgets. Formale Strukturen ersetzen die gründerfokussierte Unternehmensführung. Darüber hinaus wird das Pionierprodukt um weitere Produkte ergänzt und zudem eine Markterweiterung von Teilmärkten auf nationale Märkte vorgenommen. Dies treibt das Wachstum an. Die ökonomische Stabilisierung drückt sich im Erreichen der Gewinnschwelle (Break-Even) aus. Aus der funktionalen Spezialisierung resultieren bei weiterem Wachstum Inflexibilität, Ressortegoismen sowie Kompetenzprobleme und es kommt zur sog. Autonomiekrise.

Programmerweiterungsphase

(3) **Programmerweiterungsphase – Wachstum durch Delegation:** Auf die Autonomiekrise kann durch dezentralisierte Strukturen, Delegation von Verantwortung und verstärkte Koordination reagiert werden. Die Unternehmensmitglieder entwickeln ein starkes Wir-Gefühl (Kohäsion) mit intensiver Kommunikation, welche jedoch eher informellen Charakter hat („Flurfunk"). Das Wachstum wird durch die Erweiterung des Produktprogramms mittels Produktvariation, -differenzierung und -diversifikation erzeugt. Dies führt zu immer komplexeren Produkten und in Verbindung mit komplexeren formalen Strukturen wie Matrixorganisationen zu ineffizienten Abläufen, mangelndem Informationsaustausch und einem Kontrollverlust der Linienverantwortlichen (Kontrollkrise).

Internationalisierungsphase

(4) **Internationalisierungsphase – Wachstum durch Koordination:** Zur Überwindung der Kontrollkrise wird eine Professionalisierung der Unternehmensführung in allen Bereichen angestrebt. Dies erfolgt durch Informationssysteme, Planungs- und Kontrollsysteme sowie verstärkter Zentralisierung der Organisation und Personalfunktion. Die Produkte etablieren sich am heimischen Markt und werden auch im Ausland angeboten. Die durch das Mengenwachstum erforderliche Ausweitung der Produktionskapazität benötigt einen vergleichsweise großen Kapitaleinsatz. Alte und neue Konkurrenten im In- und Ausland erhöhen den Wettbewerbsdruck auf das Unternehmen. Dem kann durch die Errichtung zusätzlicher Produktionsstätten und unterstützender Funktionen im In- und Ausland sowie stärkerer Bürokratisierung begegnet werden. Diese birgt die Gefahr der Bürokratiekrise.

Globalisierungsphase

(5) **Globalisierungsphase – Wachstum durch Internationalisierung:** Im Rahmen der internationalen Tätigkeit entwickelt ein Unternehmen neue dezentrale Formen der Zusammenarbeit mit leistungsfähigeren Informationssystemen, länderübergreifender Teamarbeit und umfassenden Kontrollmechanismen. Es entstehen globale Produkte, die im internationalen Verbund entwickelt, produziert und vertrieben werden. Die Unternehmen können ihre Vertriebs- und Produktionsstandorte bis

zur globalen Präsenz und Wertschöpfung ausweiten. Damit endet dann die Wachstumsmöglichkeit durch Internationalisierung (Wachstumskrise).

(6) **Netzwerkphase – Wachstum durch Partnerschaften:** Dabei streben globalisierte Unternehmen neue organisatorische Lösungen in Form von Netzwerken, Akquisitionen oder Partnerschaften an, um durch die Erweiterung ihrer Wertschöpfungsaktivitäten neue Geschäftsfelder zu erschließen (vgl. Kap. 6.2).

Netzwerkphase

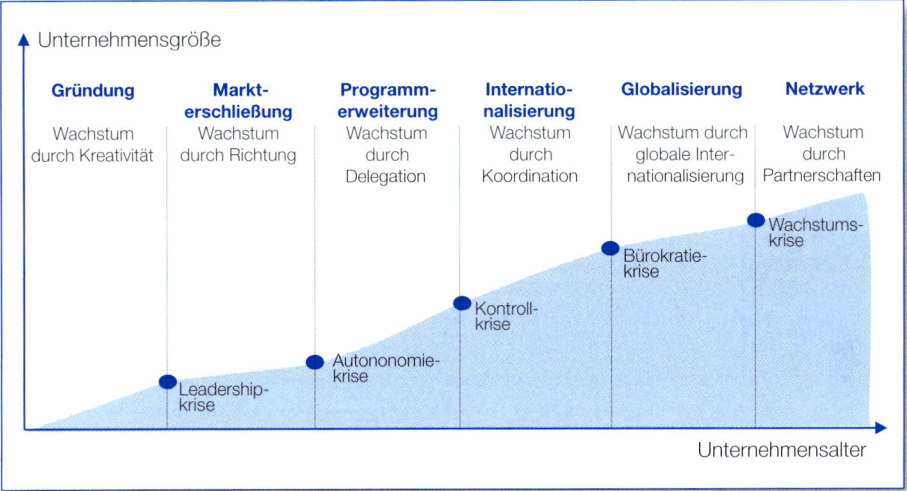

Abb. 8.5.10: Unternehmenslebenszyklus

In Abb. 8.5.11 sind die **Gestaltungsempfehlungen** für die Internationalisierung gemäß der Theorie des Unternehmenslebenszyklus zusammengefasst (vgl. *Bea/Haas*, 2009, S. 125). Dabei handelt es sich um keine allgemein gültigen Gesetzmäßigkeiten, sondern vielmehr um einen häufig zu beobachtenden Verlauf. Daher kann ein Unternehmen sich im Einzelfall auch ganz anders entwickeln oder es können Schwierigkeiten bei der Phasenabgrenzung auftreten.

Aus den Theorien zur Internationalisierung lassen sich Erklärungen für deren Motive und Ausgestaltung ableiten. Im Folgenden wird erläutert, wie das Unternehmen eine geeignete Form zur Internationalisierung auswählt.

8.5.3 Internationalisierungsformen

Eine fundamentale Frage bei der Internationalisierung eines Unternehmens ist, in welcher Art und Weise die Betätigung im Ausland erfolgen soll. Dabei werden Markteintritt und -bearbeitung unterschieden.

> Der **Markteintritt** bezeichnet den Erstzugang eines Unternehmens in einen ausländischen Markt. Die **Marktbearbeitung** beschreibt die erforderlichen Anpassungen oder den Wechsel der Betätigungsform eines Unternehmens, das bereits im Ausland tätig ist (vgl. *Zentes* et al., 2010, S. 217).

Ausrichtungen der Unternehmensführung

	Phase 1 Gründung	Phase 2 Markt-erschließung	Phase 3 Programm-erweiterung	Phase 4 Internationali-sierung	Phase 5 Globalisierung
Produkte	Eins	Mehrere	Komplex	Standardisiert	Global
Spezialisierung	Gering	Funktional	Objektorientiert	Länderorientiert	Weltweit
Führung	Charismatischer Gründer	Mehrere Geschäftsführer	Matrix-organisation	Regionale Führung	Dezentralisierte Führung
Organisation	Improvisation	Funktional	Mehrdimensional	Akquisition	Netzwerk
Koordination	„Große Familie"	Stabsstellen	Divisional	Holdingstruktur	Partnerschaften
Typische Krisen	• Überforderung des Gründers • Liquiditätseng-pässe	• Kompetenz-probleme • Termin- und Qualitätspro-bleme	• Kontrollverlust der Linie • Konflikte Stab-Linie • Ineffiziente Prozesse	• Interkulturelle Konflikte • Normative Ebene zu national	• Synergien nicht erkennbar • Trägheit des Unternehmens
Lösungsansätze für Wachstum	• Delegation an Bereichsleiter	• Kompetenzen differenzieren • Prozess- & Qualitätsma-nagement	• Professionali-sierung der Unternehmens-führung	• Prozessstan-dardisierung • Globale Füh-rungskräfte	• Konzentration auf Kernkom-petenzen • Expansion durch Ausgrün-dungen

Abb. 8.5.11: Entwicklungsphasen im Unternehmenslebenszyklus (vgl. Bea et al., 2011, S. 193; Haas, 2012, S. 295 ff.)

Die Vielzahl an Internationalisierungsformen kann nach dem geografischen Schwerpunkt der Wertschöpfung und der Notwendigkeit eines Kapitaltransfers untergliedert werden (vgl. *Zentes* et al., 2010, S. 217 f.). Abb. 8.5.12 zeigt die daraus resultierenden Markteintritts- und -bearbeitungsalternativen, die im Folgenden beschrieben werden.

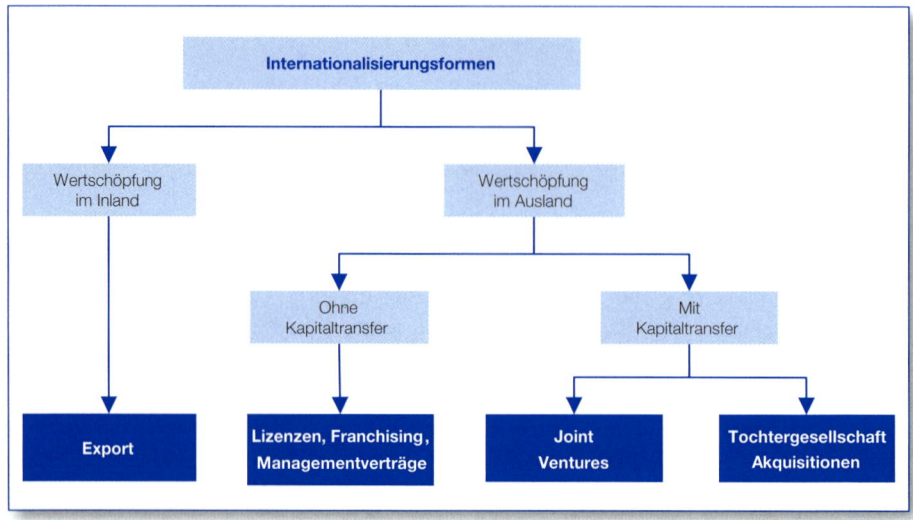

Abb. 8.5.12: Formen der Internationalisierung (in Anlehnung an Zentes et al., 2010, S. 218)

8.5.3.1 Export

Exporte benötigen keinen Kapitaltransfer und keine ausländische Wertschöpfung und sind somit die einfachste Form der Internationalisierung. Dieses Vorgehen ist dann zu bevorzugen, wenn nur eine geringe Auslandsnachfrage besteht, die politischen und rechtlichen Umweltbedingungen des Gastlandes instabil sind oder ein Unternehmen eine monopolähnliche Marktstellung innehat. Exporte werden daher häufig zum Eintritt in einen Auslandsmarkt gewählt, da sie nur geringe Kenntnisse über den Auslandsmarkt erfordern und weniger riskant sind.

> **Export** ist eine Form der Internationalisierung, bei der Produkte und Dienstleistungen im Inland erzeugt und im Ausland abgesetzt werden, ohne dass dafür zusätzliches Kapital im Ausland investiert wird.

Der Export lässt sich in die Ausprägungen des indirekten und direkten Exports unterteilen (vgl. *Cavusgil* et al., 2008, S. 392; *Meffert/Bolz*, 1998, S. 125; *Walldorf*, 1987, S. 32 ff.; *Zentes* et al., 2010, S. 223 ff.):

- **Indirekter Export** ist die einfachste Form der Auslandsmarktbearbeitung, bei der ein inländisches Unternehmen einem anderem unabhängigen Unternehmen den Absatz seiner Produkte im Ausland überlässt. Die Bearbeitung des Auslandsmarkts wird von einem Zwischenhändler übernommen, der im Heimatland angesiedelt ist. Dies können z. B. inländische Exporthandelsunternehmen, internationale Handelsgesellschaften oder Einkaufsniederlassungen ausländischer Unternehmen sein. Den Zwischenhändler zeichnet insbesondere die Marktkenntnis über die Auslandsmärkte aus. Er übernimmt die Kosten und Risiken der Außenhandelsgeschäfte. Dazu gehören unter anderem der Aufbau von Geschäftsbeziehungen zu ausländischen Abnehmern sowie der Transport und die Bezahlung der exportierten Ware. Vor allem für den Markteintritt bietet sich der indirekte Export an, da das Absatzvolumen bei geringen Startkosten und niedrigem Risiko vergrößert werden kann. *Indirekter Export*

- **Direkter Export** bedeutet, dass keine inländischen Zwischenhändler eingeschaltet werden, sondern dass das Unternehmen selbst im Ausland tätig wird. Daher bedarf es einer eigenständigen Exportorganisation, welche für die Bearbeitung der ausländischen Märkte zuständig ist. Dies kann über fremde oder eigene Organe abgewickelt werden. Fremde Distributionsorgane sind z. B. Großhändler, Importgemeinschaften und ausländische Handelsvermittler. Die indirekten Exporteure sind meist auf Länder oder Regionen spezialisiert und haben dort Niederlassungen. Durch deren Beteiligung erleichtert sich oftmals die Bearbeitung ausländischer Märkte, und die mit dem Export verbundenen Risiken werden verringert. Dies ist insbesondere für kleinere und mittlere Unternehmen wichtig, die nur in geringem Ausmaß exportieren. Alternativ können auch eigene Organe, wie z. B. angestellte Auslandsreisende, ausländische Verkaufsrepräsentanzen, rechtlich unselbstständige Exportniederlassungen oder rechtlich-selbstständige Vertriebsgesellschaften eingerichtet werden. Der Vorteil des direkten Exports besteht in der größeren Kontrolle des Exportprozesses, einer höheren Gewinnspanne sowie engeren Beziehungen zu den ausländischen Abnehmern und Märkten. Dafür beansprucht der direkte Export auch mehr Unternehmensressourcen, Zeit und Personal. *Direkter Export*

- **Exportkooperation** ist eine spezielle Form des Exports, bei dem mehrere Unternehmen zur Abwicklung des Exports miteinander kooperieren. Die damit verbundenen *Exportkooperation*

8 Ausrichtungen der Unternehmensführung

Aufgaben und Probleme werden gemeinsam gelöst und Größenschwellen und Skaleneffekte genutzt. Die Partner einer Exportkooperation können dabei aus unterschiedlichen Ländern stammen.

Der Export ist in der Praxis eine beliebte Internationalisierungsstrategie. Es ist die am stärksten verbreitete Form der Marktbearbeitung zur Erschließung internationaler Märkte (vgl. *Meier/Roehr*, 2004, S. 18). Da sich die rechtlich unselbstständigen Einheiten flexibel führen lassen und weniger Ressourcen benötigen als andere Formen, werden sie den Risiken beim Start insbesondere in Emerging Markets am besten gerecht. Vor- und Nachteile des Exports sind in Abb. 8.5.13 zusammengefasst.

Vorteile	Nachteile
• Vergrößerung des Absatzvolumens • Chance auf größere Gewinnspannen als auf dem Heimatmarkt • Realisierung von Skalenerträgen bzw. geringere Stückkosten pro Einheit • Reduzierung der Abhängigkeit vom Heimatmarkt und Diversifizierung des Kundenstamms • Ausgleich der Volatilität im Absatz bei unterschiedlichen Konjunktur- und Saisonzyklen • Überschaubare Kosten für den Markteintritt ohne Investitionen und Ressourcenbindung • Einfache Möglichkeit zum Rückzug aus einem Markt • Geringeres Risiko und höhere Flexibilität im Vergleich zu anderen Internationalisierungsformen	• Fehlende physische Präsenz und Kundennähe • Informationszugang über Markt und Wettbewerb erschwert • Chancen und Risiken werden ggf. nicht rechtzeitig erkannt • Neue Fähigkeiten und Ressourcen sind erforderlich, z.B. Personal mit Fremdsprachenkenntnissen • Risiko von Wechselkursschwankungen • Protektionistische Handelsmaßnahmen wirken sich direkt auf den Export aus • Potenziell schlechteres Image als bei anderen Formen der Internationalisierung • Erhöhte Transportkosten

Abb. 8.5.13: Beurteilung des Exports (vgl. Cavusgil et al., 2008, S. 389f.; Detroy et al., 2007, S. 675; Kutschker/Schmid, 2012, S. 862; Wildmann, 2010, S. 82)

8.5.3.2 Kooperationen

Kooperationen können zur Internationalisierung genutzt werden, wenn durch die Zusammenarbeit zwischen anderen Unternehmen die internationale Aktivität gesteigert werden kann. Somit geht diese über den Export hinaus. Im Gegensatz zur Direktinvestition (vgl. Kap. 8.5.3.3) gibt es keine einheitliche Leitung und geringeren Einfluss auf die anderen Unternehmen. Die internationale Kooperation ist somit eine Spezialform der Kooperation mit grenzüberschreitender Reichweite. Daher gelten für diese ebenfalls die in Kap. 5.2.4 dargestellten Merkmale von Kooperationen.

> **!** **Kooperation** ist eine Form der Internationalisierung, bei der Produkte und Dienstleistungen zwischen einem Unternehmen im Inland durch eine längerfristige Zusammenarbeit mit einem rechtlich selbstständigen Unternehmen im Ausland abgesetzt, produziert oder beschafft werden.

Kooperationen zur Internationalisierung lassen sich in folgende **Ausprägungen** unterteilen (vgl. *Cavusgil* et al., 2008, S. 392; *Meffert/Bolz*, 1998, S. 125; *Walldorf*, 1987, S. 32 ff.; *Zentes* et al., 2010, S. 223 ff.):

Lizenzvergabe
- Bei der **Lizenzvergabe** stellt der inländische Lizenzgeber dem ausländischen Lizenznehmer bestimmte Vermögenswerte, wie z.B. Urheberrechte oder Wissen, unter ver-

einbarten Bedingungen zur Verfügung (vgl. *Schmid*, 2006, S. 15). Mit einem Lizenzvertrag erteilt der Inhaber eines geschützten Rechts dem Lizenznehmer ein definiertes Nutzungsrecht. Dies können einfache oder exklusive bzw. ausschließliche Rechte sein, welche den Lizenzgegenstand, die freigegebene Marktregion, Laufzeit, Entgelt und gegebenenfalls auch Vertragsstrafen festlegen. Der Lizenzgeber erhält für den Transfer meist eine Pauschale (down payments) oder bekommt laufende Gebühren in Abhängigkeit des wirtschaftlichen Erfolgs (royalties). Angewendet werden Lizenzen vor allem für die Nutzung von Patenten, Gebrauchsmustern, Marken, Know-how oder Software mit Schwerpunkt auf den Bereichen Produktion und Vertrieb (vgl. *Meier/Roehr*, 2004, S. 65). Beispiele für Lizenzvergaben sind z. B. die Produktion von Autos und Flugzeugen. Dabei werden dem Lizenznehmer Kopien der Konstruktionspläne überlassen und der Lizenzgeber übernimmt die Produktion. Für den Lizenzgeber stellt dies eine zusätzliche Einnahmequelle dar und es soll der ungewollte Abfluss von eigenem Know-how verhindert werden. Zudem können Lizenznehmer nicht als zukünftige Wettbewerber am Markt auftreten. Gegenüber dem Export entstehen geringere Transportkosten und Wechselkursrisiken. Darüber hinaus wird die Marktnähe und Akzeptanz im Gastland vergrößert. Ein Beispiel ist der *Verlag Franz Vahlen GmbH*, der die Urheberrechte ausländischer Titel über Lizenzverträge nutzt und diese in deutscher Übersetzung vertreibt. Ein Beispiel ist der Klassiker „Leading Change" von *John Kotter* (vgl. Kap. 6.4).

- **Franchising** ist eine enge Form der Zusammenarbeit zwischen Franchisegebern und -nehmern. Die Franchisenehmer sind rechtlich selbstständige Unternehmen, welchen der Franchisegeber in einem genau festgelegten Rahmen die Erlaubnis zur Nutzung bestimmter Rechte einräumt. Solche Rechte sind z. B. Marken- oder Firmennamen, Produktions- oder Vertriebssysteme oder Erzeugung bzw. Vertrieb einer Warengruppe. Neben der Vermittlung von Know-how sind die Rechte an Warenzeichen, Warenmustern oder Geschmacksmustern oft ein wichtiger Bestandteil der Franchisegeberleistungen. Dabei unterstützt der Franchisegeber die Franchisenehmer beim Aufbau sowie der laufenden Führung des Betriebs, wodurch sich das Franchising von der Lizenzvergabe unterscheidet. Je nach Vertragsinhalt lassen sich verschiedene Formen unterscheiden:

    - Das **Waren- und Produktionsfranchising** (product and tradename franchising) umfassen die Produktion und den Absatz einer bestimmten Warengruppe oder einzelner Waren. Ein Beispiel für ein solches Franchisesystem sind Abfüller von Getränken, wie z. B. *Coca-Cola,* oder die Zusammenarbeit zwischen Groß- und Einzelhändlern in Fachhandelssystemen, wie z. B. *Fressnapf* oder *OBI*.
    - Beim **System- und Dienstleistungsfranchising** (business product franchising) wird das gesamte Geschäftsmodell genutzt. Beispiele finden sich in der Gastronomie, wie z. B. *McDonald's, Burger King, BackWerk* oder *Subway,* in der Hotelbranche, u. a. bei *Accor* mit den Hotels *Ibis, Mercure, Sofitel* und *Pullman* oder bei der Autovermietung *Hertz*.

Weitere Formen von Kooperationen können in **Strategischen Allianzen** und **Joint Ventures** liegen. Diese Kooperationsformen werden in Kap. 5.2.4 näher betrachtet.

8.5.3.3 Ausländische Direktinvestitionen

Ausländische Direktinvestitionen (Foreign Direct Investment, kurz FDI) werden mit dem Ziel der dauerhaften Beteiligung eines inländischen Unternehmens an einem ausländischen Unternehmen erworben und betonen eine langfristige Geschäftsbeziehung. Sie ermöglichen dem Unternehmen, Einfluss auf ein ausländisches Unternehmen auszuüben (vgl. *OECD*, 2010, S. 84). Die Voraussetzung, um eine Direktinvestition durchzuführen, ist ein gewisser Einfluss auf die Unternehmensführung. Hierfür müssen mindestens 10 Prozent der Stimmrechte des inländischen Investors an ein ausländisches Unternehmen übergehen (vgl. *OECD*, 2010, S. 48).

> **!** **Direktinvestitionen** sind eine Form der Internationalisierung, bei der Produkte und Dienstleistungen im In- oder Ausland erzeugt und im Ausland durch eigene Einheiten abgesetzt werden. Dafür sind Kapitalinvestitionen im Ausland erforderlich.

Ein wesentliches Merkmal von Direktinvestitionen ist der Kapitaltransfer ins Ausland und das damit verbundene Übernahmerisiko für dortige Aktivitäten. Nach der Höhe der unternehmerischen Beteiligung lassen sich Mehrheits- oder Minderheitsbeteiligungen sowie nach internem und externem Wachstum unterscheiden (vgl. *Büter*, 2010, S. 112; *Zentes* et al., 2010, S. 240).

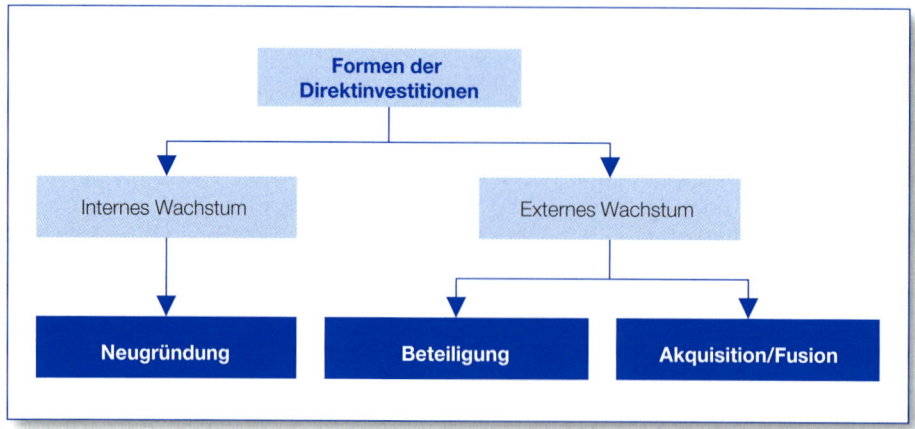

Abb. 8.5.14: Formen der Direktinvestitionen (in Anlehnung an Büter, 2010, S. 112)

Direktinvestitionen entstehen durch Neugründung oder Akquisition. Akquisitionen und Fusionen werden in Kap. 5.2.5 ausführlich beschrieben. Über internes oder externes Wachstum entstehen folgende Ausgestaltungen von Direktinvestitionen (vgl. *Hill/Jones*, 2008, S. 495; *Kutschker/Schmid*, 2012, S. 904; *Meier/Roehr*, 2004, S. 73; *Peng/Meyer*, 2011, S. 163 ff.; *Schmid*, 2006, S. 16; *Zentes* et al., 2010, S. 240 ff.):

Tochtergesellschaften

- **Tochtergesellschaften** sind rechtlich selbstständige Organisationseinheiten eines inländischen Unternehmens im Ausland. Sie beinhalten hinsichtlich Haftung und investiertem Kapital ein intensiveres Engagement im Vergleich zu Betriebsstätten, Niederlassungen und Repräsentanzen. Sie können sich auf einzelne Funktionen spezialisieren, wie z. B. auf den Vertrieb oder Einkauf oder auch eine vollständige Wertkette mit Einkauf, Produktion, Entwicklung, Vertrieb und Finanzierung umfassen. Tochterunternehmen können neu gegründet (Greenfield-Investments) oder akquiriert werden (Brownfield-Investments). Beim Unternehmenskauf kann nach der Beteiligungshöhe in vollbeherrschte (100 Prozent der Stimmrechte oder des Kapitals) und mehrheitlich bestimmte Unternehmen sowie Minderheitsbeteiligungen unterteilt werden (vgl. Kap. 5.2.5). Akquisitionen ermöglichen einen schnellen Eintritt in neue Märkte. Zudem wird der Wettbewerb im Gastland nicht erhöht, da durch die Übernahme eines Konkurrenten der Wettbewerber eliminiert wird. Bei internationalen Akquisitionen spielen vor allem der Erwerb von Distributionskanälen sowie der Zugang zu Ressourcen und Kunden eine bedeutende Rolle. Wesentliche Vorteile von Tochterunternehmen sind die Nutzung eigener Fähigkeiten und Fertigkeiten im Ausland sowie hohe Einfluss- und Kontrollmöglichkeiten. Dem stehen ein großer Kapitaleinsatz und hohes Risiko gegenüber. Abb. 8.5.15 fasst die Vor- und Nachteile zusammen.

- **Equity-Joint-Venture** ist eine Partnerschaft zweier oder mehrerer Unternehmen, die gemeinsam ein eigenständiges Unternehmen mit einer eigenen Rechtspersönlichkeit gründen. Dabei wird das neue Unternehmen durch eine Beteiligung oder Vermögenszusammenführung der gemeinsamen Eigentümer errichtet. Vertieft werden Joint Ventures in Kap. 5.2.4. Bei Equity-Joint-Ventures handelt es sich oftmals um eine langfristige Form der Partnerschaft. Bei internationalen Equity-Joint-Ventures stammen die beteiligten Unternehmen aus verschiedenen Ländern, wobei oftmals das neu gegründete Joint Venture im Land des Zielabsatzmarkts liegt. Häufige Gründe für die Wahl des Joint-Ventures als Markteintrittsstrategie liegen in politischen Restriktionen für Unternehmen ohne lokale Präsenz und der Nutzung der Marktkenntnis des lokalen Partners.

Equity-Joint-Venture

Vorteile	Nachteile
- Handelsbarrieren wie Importbeschränkungen können umgangen werden - Standortvorteile und Faktorunterschiede zwischen Ländern sind nutzbar - Entfall von Transportkosten - Kontrolle monopolistischer Vorteile - Physische Präsenz vor Ort ermöglicht Kundennähe und länderspezifische Produktanpassung - Die Wettbewerbsfähigkeit im Ausland lässt sich steigern, da sich die Marktchancen verbessern - Steuervergünstigungen - Globale Skaleneffekte durch komparative Funktionsvorteile	- Bindung von finanziellen und personellen Ressourcen - Risikoreichste Internationalisierungsform mit längster Amortisationsdauer - Größter Einfluss politischer Risiken im Gastland - Anpassung an ökonomische, soziale und kulturelle Bedingungen des Gastlands erforderlich - Hoher Informations- und Kommunikationsaufwand

Abb. 8.5.15: Beurteilung von Direktinvestitionen (vgl. Cavusgil et al., 2008, S. 424; Czech-Winkelmann/Kopsch, 2008, S. 220; Kutschker/Schmid, 2012, S. 906)

8.5.3.4 Internationalisierungsgrad und Länderrisiken

Die einzelnen Internationalisierungsformen können hinsichtlich des Kapitaleinsatzes und der Führungsleistungen im Stamm- bzw. Gastland unterschieden werden. Daraus ergibt sich das in Abb. 8.5.16 dargestellte Stufenmodell, das vom Export bis hin zum Tochterunternehmen reicht (vgl. *Cavusgil* et al., 2008, S. 424; *Pausenberger*, 1994b, S. 10).

Die Internationalisierungsformen unterscheiden sich durch den Grad der Kapitalbindung, der Führung im Gastland und auch hinsichtlich des Risikos. Die Bewertung von

8 Ausrichtungen der Unternehmensführung

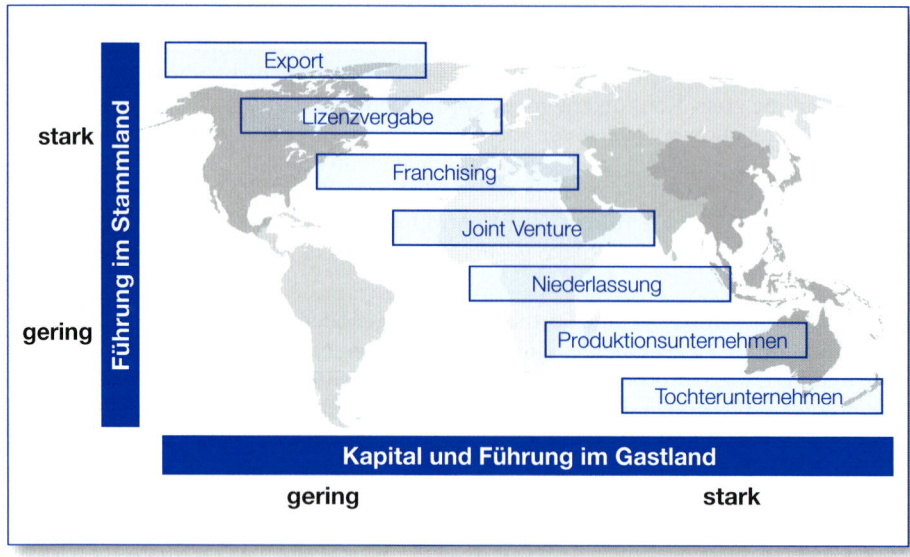

Abb. 8.5.16: Internationalisierungsgrade (vgl. Swoboda, 2002, S. 107)

Internationalisierungsstrategien sollte daher unter Abwägung der Chancen der Auslandsmärkte und der damit verbundenen Risiken stattfinden. Grenzüberschreitende Aktivitäten weisen im Gegensatz zu inländischen Aktivitäten höhere Risiken auf, u. a. auch solche, die im Heimatland nicht oder kaum auftreten. Zudem verändern sich die Eintrittswahrscheinlichkeiten bekannter Risiken und die Risikoeinschätzung über die Auslandsmärkte ist aufgrund von Informationsdefiziten schwieriger (vgl. *Büter*, 2010, S. 73 f.; *Pausenberger*, 1994, S. 10; *Strunz/Dorsch*, 2009, S. 263).

> **!** **Länderrisiken** ergeben sich aus der politischen und ökonomischen Situation von Staaten, welche die Geschäftsbeziehungen mit dort ansässigen Unternehmen beeinflussen.

Politische und ökonomische Risiken

Die Länderrisiken umfassen demnach alle Faktoren, die in der Zusammenarbeit mit einem ausländischen Unternehmen nicht beeinflussbar sind. Der Einfluss dieser speziellen Auslandsrisiken richtet sich nach Art und Intensität der Internationalisierungsform (vgl. *Büter*, 2010, S. 74). Länderrisiken betreffen nicht das unternehmensspezifische Kreditrisiko eines ausländischen Schuldners, sondern die allgemeine wirtschaftliche und politische Situation des Staates, in dem er seinen Sitz hat. Die Länderrisiken unterteilen sich in **politische und ökonomische Risiken** (vgl. *Büter*, 2010, S. 118 f. und Abb. 8.5.17).

Wechselkurs

Die Veränderung der **Wechselkurse** ist exemplarisch als eines der Risiken internationaler Aktivitäten zu nennen, welche die Wettbewerbsposition der Länder beeinflussen. Zeitweilige und insbesondere dauerhafte Veränderungen der Währungsverhältnisse bergen erhebliche Risiken für die Profitabilität internationaler Geschäfte. Interventionen und Kapitalverkehrsbeschränkungen in verschiedenen Ländern sind deshalb häufig die Folge (vgl. *Deutsche Bundesbank*, 2010, S. 41). Abb. 8.5.18 veranschaulicht die effektive

8.5 Internationale Unternehmensführung

Internationalisierung der Ziehl-Abegg Gruppe

Peter Fenkl, Vorstandsvorsitzender Ziehl-Abegg AG

Ziehl-Abegg (Künzelsau, Baden-Württemberg) ist ein international führendes Unternehmen im Bereich der Luft- und Antriebstechnik mit darauf abgestimmter Regeltechnik. Beispiele für Einsatzgebiete der Produkte sind Wärme- und Kälteanlagen oder Reinraum- und Agraranlagen. *Ziehl-Abegg* hat schon in den 1950er Jahren die Basis für moderne Ventilatorenantriebe gesetzt: Außenläufermotoren, die noch heute weltweit Stand der Technik sind. Ein weiterer Bereich sind elektrische Motoren, die beispielsweise in Aufzügen, medizinischen Anwendungen (Computertomographen) oder Tiefsee-Unterwasserfahrzeugen für Antrieb sorgen. Das Thema Elektromobilität im Straßenverkehr wurde 2012 im Tochterunternehmen *Ziehl-Abegg Automotive* gebündelt.

Das High-Tech-Unternehmen beschäftigt 1.700 Mitarbeiter in süddeutschen Produktionswerken. Weltweit arbeiten für das Unternehmen 3.100 Mitarbeiter. Diese verteilen sich global auf 8 Produktionsstätten sowie 7 Montage- und 30 Vertriebsstandorte. Rund 30.000 Produkte werden in mehr als 100 Ländern verkauft und damit ein Umsatz von über 358 Mio. Euro erzielt. Zwei Drittel des Umsatzes werden im Export erzielt. Die *Ziehl-Abegg AG* ist nicht börsennotiert und befindet sich in Familienbesitz.

Emil Ziehl hat die Firma 1910 in Ost-Berlin als Hersteller von Elektromotoren gegründet. Nach Kriegsende und Demontage durch die Besatzungsmächte wurde der Firmensitz nach Süddeutschland verlegt. Seit dem Jahr 1973 wurde die Internationalisierung vorangetrieben. Neben den Exportaktivitäten über fremde Organe wurden die ersten Verkaufsniederlassungen in Schweden, England und Italien gemeinsam mit einem komplementären Unternehmen gegründet. 1996 folgte die Gründung der ersten ausländischen Produktionsstätte in Marcali/Ungarn. 1998 wurden die Produkte bereits in mehr als 50 Ländern verkauft. Im Jahr 1999 wurde das französische Unternehmen *FMV Lamel* akquiriert und in die *Ziehl-Abegg*-Gruppe integriert. 2002 wurde mit der Produktion in China begonnen. Der weltweite Vertrieb wird seit 2001 durchgehend auf eigene Gesellschaften ohne Kooperationspartner umgestaltet, da sich diese zu Wettbewerbern entwickelt hatten. So wurden jährlich mehrere eigene Verkaufsniederlassungen gegründet und das weltweite Vertriebsnetz schrittweise verdichtet: Polen (2001), China, Singapur und Russland (2002), Tschechien, USA und Kanada (2003), Schweden (2004), Großbritannien, Finnland, Italien, Australien und Spanien (2005), Schweiz, Südafrika, Benelux, Japan und Ukraine (2006), Türkei und Indien (2007), Dänemark (2008) und Brasilien (2010). Dabei wurden in einigen Ländern nach der Auflösung der Kooperationen auch Gesellschaften, wie z. B. in Schweden und Italien, wieder neu gegründet. Derzeit liegt der Fokus weltweiter Expansion auf Asien, wo ausgehend von Singapur neue Niederlassungen u. a. in Indonesien und Thailand eröffnet werden. Ein weiterer Schwerpunkt ist der amerikanische Kontinent mit Kolumbien und Mexiko. *Ziehl-Abegg* legt großen Wert auf den direkten Kundenkontakt über eigene Niederlassungen, um schnell auf Kundenwünsche beziehungsweise Marktentwicklungen eingehen zu können.

Wechselkursentwicklung wichtiger Währungen und zeigt die Volatilitäten in den Wechselkursbeziehungen im Vergleich zum Euro.

Die Bedeutung der Wechselkursrisiken lässt sich am Beispiel des Im- und Exports von Kraftfahrzeugen zeigen (vgl. *Weeber*, 2011b, S. 3). Bei der Einfuhr von Autos aus den USA führt die Abwertung des Euro dazu, dass amerikanische Autos teurer werden. Wird dieser Preiseffekt an die Käufer weitergegeben, dann sinkt die Nachfrage nach amerikanischen Autos und damit gehen auch die deutschen Importe zurück.

8 Ausrichtungen der Unternehmensführung

Risiken	Risikofaktoren
Politisch	• Politische Risiken im engeren Sinne, z.B. Diktatur, Unruhen, Krieg, Boykott • Konvertierungs- und Transferrisiken, sog. KT-Risiken • Risiko des Zahlungsverbots und Moratoriums, sog. ZM-Risiken • Enteignungsrisiken, sog. CEN-Risiken: confiscation, expropriation, nationalization • Dispositionsrisiken, z.B. Auflagen und Gesetze zur Begrenzung der Handlungs- und Verfügungsfreiheit • Wechselkursrisiken, z.B. Transaktionsrisiko, bilanzielles und ökonomisches Wechselkursrisiko • Inflationsrisiken • Substitutionsrisiko, z.B. Maßnahmen, um Direktinvestitionen zu erzwingen • Fiskalische Risiken, z.B. Entzug von Steuerbegünstigungen • Sicherheitsrisiken, z.B. Bedrohung von Leben, Gesundheit oder Freiheit
Ökonomisch	• Sozioökonomische Marktrisiken, z.B. fehlerhafte Einschätzung der Nachfrageentwicklung und des Konkurrenzverhaltens • Delkredererisiko, z.B. Zahlungsunwilligkeit, -unfähigkeit, -verzug • Lieferrisiken, z.B. Falschlieferung, Lieferverzögerungen • Transportrisiken, z.B. Beschädigung oder Verlust der Ware, Transportverzögerung • Annahmerisiko, z.B. Nichtannahme von Außenhandelsdokumenten, welche die Zahlungsverpflichtung auslösen

Abb. 8.5.17: Länderrisiken (vgl. Büter, 2010, S. 73; Kutschker/Schmid, 2012, S. 931 f.; Meffert/Bolz, 1998, S. 69)

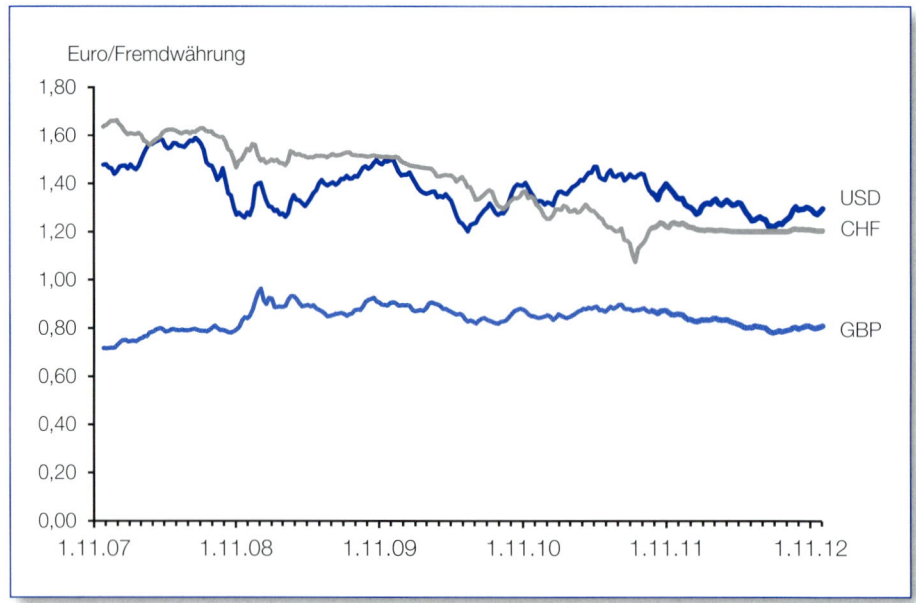

Abb. 8.5.18: Wechselkursentenwicklungen wichtiger Währungen im Vergleich zum Euro (vgl. www.oanda.com)

8.5 Internationale Unternehmensführung

Gleichzeitig wird es für europäische Hersteller einfacher, ihre Fahrzeuge in den USA zu verkaufen, so dass die Exporte steigen. Daraus wird deutlich, wie Wechselkursentwicklungen die internationale Arbeitsteilung beeinflussen (vgl. *Cowen/Tabarrok*, 2010).

Die Länderrisikoanalyse ermöglicht eine systematische Untersuchung vorhersehbarer Zukunftsentwicklungen, um das Risiko bestimmter Länder im Sinne eines Früherkennungssystems beurteilen zu können. Somit sollen Ausfallwahrscheinlichkeiten von Auslandsinvestitionen und Krediten an ausländische Schuldner bei einer Exportfinanzierung transparent werden. Dazu werden risikorelevante und staatspezifische Kriterien beurteilt, um die Bonitätsrisiken auf Staatsebene zu bestimmen. Diese risikoverursachenden Maßgrößen sollen auf Basis angenommener Ursache-Wirkungs-Beziehungen eine Prognose des zu erwartenden Risikos erlauben.

Länderrisikoanalyse

Kriterien zur Länderbeurteilung	
Freiheitsgrad	• Begrenzungen für Auslandsinvestitionen • Freiheit der Wirtschaftsordnung • Zugänglichkeit des inländischen Kapitalmarkts für Ausländer • Liberalität der Kapitaltransferbestimmungen • Auflagen für Beteiligungen • Beschäftigungsangebot für ausländische Arbeitskräfte • Rechtssicherheit im Land • Exportmöglichkeiten • Importpolitik
Grundsätzliche Voraussetzungen	• Arbeitsklima, sozialer Frieden • Verkehrs- und Kommunikationssystem • Marken- und Produktschutz • Bruttosozialprodukt pro Kopf der Bevölkerung • Stabilität des politischen Systems (inkl. Gefahr innerer/äußerer Konflikte) • Verfügbarkeit von Energie • Umweltschutzbestimmungen • Staat als Wirtschaftspartner
Volkswirtschaftliche Rahmenbedingungen/ Entwicklungstendenzen	• Inflation in den vergangenen zwei Jahren • Tendenzen in der Zahlungsbilanz (einschl. internationaler Zahlungsfähigkeit) • Wachstum in den vergangenen fünf Jahren und Wachstumsprognose • Belastungen durch Öl- und Energieimporte • Konvertibilität der Landeswährung

Abb. 8.5.19: Kriterien zur Beurteilung von Länderrisiken (vgl. Kutschker/Schmid, 2012, S. 931 ff.)

Die aufgeführten Kriterien (vgl. Abb. 8.5.19) münden in ein **Länder-Rating**, in dem die Länder nach ihrer relativen Kreditwürdigkeit aufgeführt sind. Dies wird von internationalen Ratingagenturen, internationalen Kreditinstituten, Exportkreditversicherern und darauf spezialisierten Dienstleistern vorgenommen. Besonders etabliert sind die globalen Indizes *BERI (Business Environment Risk Index)* und *Peren-Clement*. Der BERI-Index zur Länderrisikoanalyse wird vom US-Unternehmen *Business Environment Risk Intelligence S.A.* erstellt. Darin werden 140 Länder auf ihre Risiken untersucht und eine Rangliste der Investitionsfreundlichkeit verschiedener Länder erstellt. Das Länderrisiko wirkt sich auch am Kapitalmarkt durch Zinsaufschläge auf Kredite oder Anleihen aus. Ratingorganisationen, wie z. B. *Fittch Ratings*, *Moody's* und *Standard & Poor's* ermitteln länderspezifische Prämien, die in Punkten quantifiziert werden. Dabei bedeuten jeweils

Länderrating

8 Ausrichtungen der Unternehmensführung

100 Punkte einen Zinsaufschlag von einem Prozent. Der historisch höchste Wert war am 10. Oktober 2001 mit 1.916 Punkten das Landesrisiko von Argentinien. Als Vergleich dazu hatte im November 2012 Spanien ein Risiko von 615 und Deutschland ein Risiko von 67 Punkten.

Zielländer Welche **Zielländer** unter Risikogesichtspunkten, aber auch unter Chancenaspekten die Internationalisierung eines Unternehmens prägen, ist je nach Einschätzung und Historie sehr unterschiedlich. Dies veranschaulicht das Beispiel des Einzelhändlers *Wal-Mart*.

Zielländer globaler Internationalisierung am Beispiel Wal-Mart und Metro

Das US-Unternehmen *Wal-Mart Stores Inc.* ist der weltweit größte Einzelhandelskonzern (www.walmart.com). Das Unternehmen beschäftigt über 2,2 Mio. Angestellte und ist der größte private Arbeitgeber der Welt. Wöchentlich kaufen bei *Wal-Mart* mehr als 200 Millionen Kunden für rund 444 Mrd. US-Dollar ein. Am 2. Juli 1962 eröffnete *Sam Walton* einen kleinen Discountladen in der Kleinstadt Rogers/Arkansas. Ab 1987 weitete das Unternehmen seine Geschäfte auf die gesamte USA aus. Die erste Filiale außerhalb der USA wurde 1991 in Mexiko-Stadt eröffnet. Heute ist *Wal-Mart* in 27 Ländern tätig, wobei die Schwerpunkte in Amerika, China und Indien liegen. Dies wird in der nebenstehenden Grafik ersichtlich. Aus einigen Ländern, wie z. B. Südkorea und Deutschland, hat sich das Unternehmen auch wieder zurückgezogen. Die weltweit bedeutendsten Wettbewerber von *Wal-Mart* sind *Carrefour S.A.* (Frankreich) und die *Tesco PLC* (Großbritannien), jedoch mit völlig anderen Zielländern.

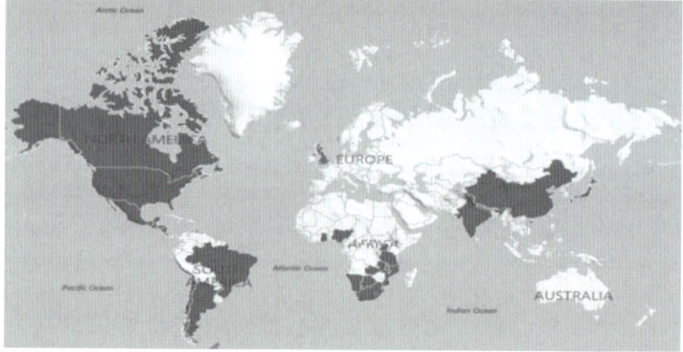

Die *METRO GROUP* ist der größte Einzelhändler Deutschlands (www.metro.com). Das Unternehmen ist an über 2.100 Standorten in 33 Ländern Europas, Afrikas und Asiens vertreten und beschäftigt insgesamt rund 300.000 Mitarbeiter. Die Zielregionen der *METRO Group* sind Europa, China und Indien. Das Unternehmen unterscheidet sich damit bei der Länderauswahl, wie die nebenstehende Darstellung verdeutlicht, zu *Wal-Mart* erheblich.

8.5 Internationale Unternehmensführung

Der Entscheidung für eine Internationalisierungsform kommt eine strategische Bedeutung zu, da sie nur mit hohen finanziellen Verlusten sowie mit erheblichem Zeitaufwand wieder rückgängig gemacht werden kann (vgl. *Agarwal/Ramaswami*, 1992, S. 1 f.; *Anderson/Coughlan*, 1987, S. 71; *Sarkar/Cavusgil*, 1996, S. 826). Wodurch im Einzelfall die Wahl einer bestimmten Internationalisierungsform beeinflusst wird, hängt von einer Vielzahl an Faktoren ab. Zusammenfassend stellt Abb. 8.5.20 Export und Direktinvestitionen unter Risikoaspekten sowie unter den Aspekten Entscheidungsautorität, Kontrolle, Ressourcenbindung und Flexibilität gegenüber.

Kriterien		Export	Direktinvestition
Risiken	Politisch	X	X
	Konvertierung und Transfer	X	X
	Zahlungsverbote und Moratorium	X	X
	Enteignung		X
	Disposition		X
	Wechselkurs	X	
	Substitution	X	
	Fiskalisch		X
	Sicherheit		X
Entscheidungsautorität/Kontrolle		Niedrig bis Hoch	Mittel bis Hoch
Ressourcenbindung		Niedrig	Mittel bis Hoch
Flexibilität		Hoch	Niedrig

Abb. 8.5.20: Gegenüberstellung des Exports und der ausländischen Direktinvestitionen (in Anlehnung an Morschett, 2007, S. 76)

8.5.4 Internationalisierungsstrategien

Neben der Internationalisierungsform und Länderauswahl ist die Internationalisierungsstrategie und die daraus folgende Gestaltung der Unternehmensführung die zentrale Fragestellung der Internationalisierung. Die Internationalisierungsstrategie ist einerseits abhängig von den Vorteilen der Nutzung lokaler, länderspezifischer Besonderheiten und anderseits von den Vorteilen globaler, standardisierter Produkte und der Unternehmensführung.

Aus diesen beiden Dimensionen ergeben sich die in Abb. 8.5.21 aufgeführten generischen **Internationalisierungsstrategien** (vgl. *Bartlett/Ghoshal*, 1989; *Heenan/Perlmutter*, 1979; *Hofstede*, 2006, S. 313 ff.; *Holtbrügge/Welge*, 2010, S. 96 ff.):

- **Internationale Unternehmen** (from home into the world) betreiben eine Strategie selektiver Auslandsgeschäfte. Im Mittelpunkt der Geschäftsstrategie stehen der Heimatmarkt und die dortige Konkurrenz. Ein solches Unternehmen versteht sich primär als nationales Unternehmen, welches seinen Erfolg durch die zusätzliche Bearbeitung von Auslandsmärkten mit geringen Anpassungen bei Produkten und Unternehmensführung vergrößern möchte.

Internationalisierung

Internationale Unternehmen

8 Ausrichtungen der Unternehmensführung

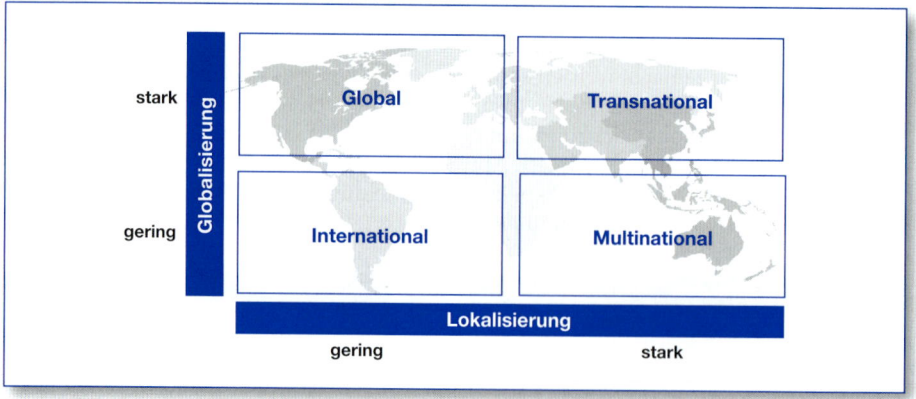

Abb. 8.5.21: Internationalisierungsstrategien
(in Anlehnung an Bartlett/Ghoshal, 1989; Heenan/Perlmutter, 1979)

Internationales Unternehmen Nespresso

Das Unternehmen *Nestlé Nespresso AG* mit Sitz in Lausanne gehört zum *Nestlé-Konzern*, agiert jedoch am Markt selbstständig. *Nespresso* ist die Marke für ein System portionierten Kaffees in Aluminiumkapseln, der in speziellen Kaffeemaschinen zubereitet wird. Die Kaffeemaschinen werden im Fachhandel verkauft, während die Kapseln längere Zeit ausschließlich direkt durch *Nespresso* vertrieben wurden.  Die Kaffeemaschinen werden mit unterschiedlichen Vertriebsmarkenpartnern in den Ländern vermarktet, z. B. in Deutschland als *Krups-Geräte*, in Österreich und der Schweiz unter dem Namen *Turmix*. Alle Geräte werden beim weltweit größten Produzenten von Kaffeemaschinen, dem Schweizer Unternehmen *Eugster/Frismag AG* hergestellt. Die Kaffeemaschinen funktionieren nur mit *Nespresso*-Kapseln, deren  Form patentiert ist. Diese Kapseln werden ausschließlich von *Nespresso* in zwei Fabriken in der Schweiz produziert und sind überall im Geschmack gleich. Weltweit werden die Kapseln in etwa 220 *Nespresso*-Boutiquen verkauft (vgl. www.nestle-nespresso.com).

Multinationale Unternehmen

- **Multinationale Unternehmen** (at home abroad) sind in mehreren Ländern aktiv und dort mit ausländischen Produktionsstätten und Tochtergesellschaften vertreten. Die Unternehmensführung ist weitgehend dezentral und die Tochterunternehmen agieren auf ihren eigenen Märkten mit spezifischen Produkten und einer darauf angepassten Strategie und Unternehmensführung. Jeder Markt agiert eigenständig mit hoher Reaktionsfähigkeit auf lokale Anforderungen. Die Unternehmen verstehen sich als nationale Unternehmen in ihren Heimatmärkten mit einer eigenen Strategie und dem Ziel, den eigenen Erfolg zu maximieren.

Transnationale Unternehmen

- **Transnationale Unternehmen** (multiple homes at once) haben sich mit zunehmendem weltweiten Wettbewerb meist aus multinationalen Unternehmen entwickelt. Sie sind weiterhin an den Länderspezifika ausgerichtet, ihre Unternehmensführung ist aber nicht mehr national, sondern global ausgerichtet. Dadurch werden sie zu Weltunternehmen, deren Leistungen immer weniger einem Land zuzuordnen sind. Die Kunden

8.5 Internationale Unternehmensführung

> **Multinationales Unternehmen Unilever**
>
> *Unilever* ist einer der weltweit bedeutendsten Markenartikelhersteller mit 264 Werken in etwa 60 Ländern. Über 163.000 Mitarbeiter erwirtschaften einen Umsatz von knapp 50 Mrd. Euro. Das Unternehmen mit seinen Zentralen in den Niederlanden und Großbritannien führt 400 Marken in verschiedenen Geschäftsfeldern und Ländern. Darunter befinden sich länderübergreifende Marken wie *Lipton*, *Knorr*, *Dove* und *Omo* sowie lokale Marken wie *Blue Band* und *Suave*. Die Organisation zeichnet sich durch lokale Verantwortung und flache Hierarchien aus, um große Handlungsfähigkeit zu ermöglichen. Innerhalb des Nahrungsmittelbereichs ist *Knorr* die größte Marke in mehr als 80 Ländern und einer Produktpalette von Suppen, Soßen, Brühen, Nudeln und Fertiggerichten. Dabei werden die Produkte in der Entwicklung auf lokale Geschmacksanforderungen angepasst (vgl. www.unilever.de).

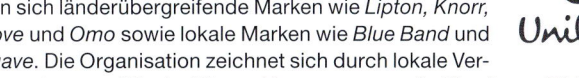

sollen die Produkte nicht mehr mit einem Land, sondern mit dem Unternehmen selbst identifizieren. Organisatorisch nehmen transnationale Unternehmen die Form einer Netzwerkorganisation an. Die Unternehmensführung führt die Tochtergesellschaften teilautonom und verpflichtet sie zu strategischen Zielen und funktionalen Aufgaben. Dabei werden die Produkte möglichst an die jeweiligen lokalen Anforderungen (Kundenwünsche, Vertriebswege, Verfügbarkeit von Ressourcen etc.) zur Erzielung von Vorteilen angepasst, welche jedoch auf gemeinsamer Forschung und Entwicklung der Gesamtunternehmung basieren.

> **Transnationales Unternehmen Daimler AG**
>
> Die *Daimler AG* vertreibt ihre Produkte und Dienstleistungen in nahezu allen Ländern der Welt mit Produktionsstätten auf fünf Kontinenten und rund 7.300 Vertriebsstandorten. Das Unternehmen beschäftigt rund 270.000 Mitarbeiter und erzielt einen Umsatz von über 110 Mrd. Euro. Mit den Geschäftsbereichen *Mercedes-Benz* Cars, *Daimler* Trucks, *Mercedes-Benz* Vans, *Daimler* Buses und *Daimler* Financial Services gehört der Fahrzeughersteller zu den größten Anbietern von Premium-Pkw und ist der weltweit größte Nutzfahrzeughersteller.
>
>
>
> Zum Markenportfolio des Geschäftsbereichs *Mercedes-Benz* Cars gehören die PKW-Marken *Mercedes-Benz*, *Maybach* und *Smart*. Die Nutzfahrzeuge der Marke *Mercedes-Benz* gehören zum Geschäftsbereich *Daimler* Trucks. Weitere Marken des Daimler-Konzerns sind *Freightliner, Detroit, Western Star, Fuso, BharatBenz, Setra* und *Thomas Built Buses*.
>
> Als Erfinder des Automobils wurde vom Unternehmen lange Zeit das international bekannte Qualitätssiegel „Made in Germany" betont. Seit 1994 wird im Sinne eines transnationalen Unternehmens dagegen im Geschäftsbereich *Mercedes-Benz* Cars von
>
>
>
> Weltprodukten „Made by Mercedes-Benz" gesprochen. Die Produkte werden in weltweiten Produktionsverbünden hergestellt, welche kontinentübergreifend fertigen. So werden z. B. im Werk *Mercedes-Benz Argentina* in Buenos Aires neben PKW's auch der Kleintransporter Sprinter hergestellt (vgl. www.daimler.com).

- **Globale Unternehmen** (Global Player; at home in the world) sind weltweit mit standardisierten Produkten aktiv. Der Fokus globaler Unternehmen liegt auf der Zentrale, welche die komplette Planung und Kontrolle für alle ausländischen Einheiten übernimmt. Diese fungieren lediglich als Distributionskanäle, um den gesamten

Globale Unternehmen

8 Ausrichtungen der Unternehmensführung

Weltmarkt mit einem einheitlichen Leistungsprogramm zu bedienen. Forschung und Entwicklung sind häufig auf wenige Länder konzentriert und die Wertschöpfung im Produktionsbereich wird nach Ressourcenverfügbarkeit bzw. in Ländern mit niedrigem Lohnniveau erbracht. Um den Erfolg weltweit zu optimieren, werden Wertketten global koordiniert. Die Vermarktung erfolgt aufgrund der Produktspezialisierung mehr nach Marktsegmenten als nach geografischen Gegebenheiten. Globale Unternehmen profitieren in besonderem Maße von Standort- und Globalisierungsvorteilen, da sie weitgehend homogene Bedürfnisse mit standardisierten Leistungen bedienen. Ressourcen und Fähigkeiten sind zentralisiert und über Ländergrenzen hinaus übertragbar. Daher können globale Unternehmen Skalenvorteile nutzen und ausgesprochen effizient sein.

> **Globales Unternehmen Exxon Mobil**
>
> Die *Exxon Mobil Corporation* ist ein US-amerikanischer Mineralölkonzern, der 1999 durch den Zusammenschluss von *Exxon* (Standard Oil of New Jersey) und *Mobil Oil* (Standard Oil Company of New York) entstanden ist. *Exxon-Mobil* ist das größte Öl- und Gasunternehmen der Welt mit einem Jahresumsatz von über 480 Mrd. US-Dollar. Als größter Förderer, Verarbeiter und Vertreiber von petrochemischen Produkten zählt das Unternehmen zu den größten Konzernen der Welt. Dabei sind die Produkte standardisiert und weisen kaum lokale Unterschiede auf. Lediglich in der Vermarktung werden teilweise lokale Marken genutzt, wie z. B. in Deutschland mit *ESSO* (vgl. www.exxonmobil.com).
>
>

Uppsala-Modell

Die Internationalisierungsstrategien folgen typischen Mustern. So ist bei europäischen und amerikanischen Unternehmen zu beobachten, dass diese sich ausgehend von einer internationalen Strategie über multinationale und transnationale Formen zu globalen Unternehmen wandeln. Nach dem sog. **Uppsala-Modell** verstärken Unternehmen ihre Internationalisierungsaktivitäten schrittweise (vgl. *Elgar*, 2003, S. 293 ff.). Zeitlich werden zunächst Erfahrungen im Heimatmarkt gesammelt, um dann über den Export eine internationale Strategie zu forcieren. Ist dieser Schritt erfolgreich, so folgt die Gründung von Auslandsvertretungen und ggf. die Verlagerung der Produktion ins Ausland. Häufig wagen sich Unternehmen zuerst an die geografisch angrenzenden Märkte heran. Erst anschließend folgen kulturell oder geografisch entferntere Märkte. Im Gegensatz zum typischen Internationalisierungsablauf verfolgen Unternehmen aus Japan und zunehmend auch aus den Schwellenländern einen Entwicklungspfad von internationalen direkt auf globale Strategien. Die Expansion geht somit wesentlich schneller, ist allerdings auch riskanter; unter Berücksichtigung der Lehren aus der internationalen Expansion europäischer und amerikanischer Unternehmen jedoch vielfach mit beachtlichem Erfolg (vgl. *Guillén/Garcia-Canal*, 2012, S. 62 ff.). Dabei werden insbesondere Zielländer mit starkem Marktwachstum (die sog. „Emerging Markets") bearbeitet, um dort eine Pionierrolle einzunehmen und diese Märkte vor der Konkurrenz zu besetzen.

Die Wahl der Internationalisierungsstrategie („Going International") sollte neben den Marktgegebenheiten auch auf die normative Unternehmensführung abgestimmt sein (vgl. *Schmid*, 2006, S. 6). Zudem spielt nicht jedes Land und jede Internationalisierungsform dieselbe Rolle. Unterschiede in den Kulturen und der strategischen Bedeutung machen die weltweit einheitliche Führung aller Geschäfte zum Sonderfall (vgl. *Bartlett/Ghoshal*, 1989). Die Ausgestaltung der internationalen Unternehmensführung orientiert sich demnach nicht nur an der Bedeutung der Märkte, dem Kapitaleinsatz und dem Länderrisiko, sondern auch an der Qualifikation, den Fähigkeiten und der internationalen Erfahrung des Unternehmens und seiner Führungskräfte. Diese Faktoren können auch als **Internationalisierungskultur** zusammengefasst werden.

Internationalisierungskultur

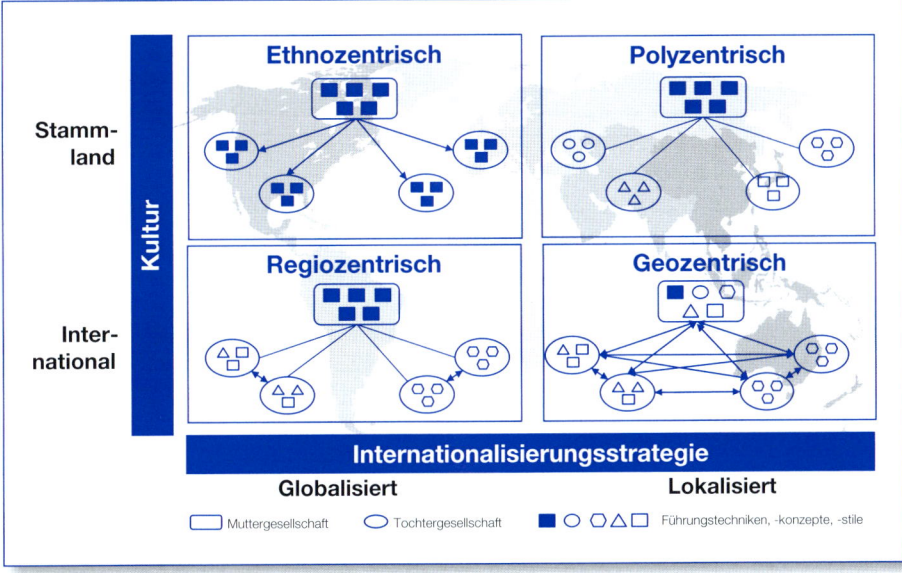

Abb. 8.5.22: *Unternehmensphilosophien internationaler Unternehmen nach dem EPRG-Modell (in Anlehnung an Perlmutter, 1969)*

Folgende **Unternehmensphilosophien internationaler Unternehmen** lassen sich nach *Perlmutter* in Abhängigkeit der Internationalisierungsstrategie und -kultur unterscheiden (vgl. Abb. 8.5.22; *Beschorner/Hajduk*, 2011, S. 135 ff.; *Dülfer/Jöstingmeier*, 2008, S. 417 ff.; *Perlitz*, 2004, S. 137 ff.; *Perlmutter*, 1969, S. 9 ff.; *Schmid*, 2006, S. 8):

- **Ethnozentrische Unternehmen** werden von der Muttergesellschaft als vorrangiges Entscheidungszentrum geprägt. Im Ausland soll genau wie im Heimatland gehandelt werden. Die Schlüsselpositionen ausländischer Tochtergesellschaften werden bevorzugt durch Angehörige aus dem Stammland besetzt. Solche Company-Manager verkörpern im Ausland die Kultur des Mutterunternehmens und sollen die Erwartungen der Unternehmenszentrale umsetzen. Die Gastlandaktivitäten werden von ihrer Bedeutung den Stammlandaktivitäten eher untergeordnet und analog zu denen im Stammland geführt. Die Unternehmensführung wird als Stammhauskultur auf die Tochtergesellschaften übertragen, welche gleiche Techniken, Konzepte und Stile anwenden sollen.

Ethnozentrisch

- **Polyzentrische Unternehmen** berücksichtigen Unterschiede in den verschiedenen Ländern und Märkten durch Differenzierung der jeweiligen Unternehmensführung und Strategie. Das Unternehmen versucht, sich den lokalen Gepflogenheiten anzupassen und sich danach zu verhalten. Die Führung im Gastland wird mit inländischen Führungskräften besetzt, die über große Entscheidungskompetenzen verfügen. Diese sog. Country-Manager sind landeskulturelle Spezialisten, die auf ein bestimmtes Land fokussiert sind. Dabei sind nicht nur fundierte Kenntnisse der

Polyzentrisch

8 Ausrichtungen der Unternehmensführung

Sprache und landesspezifischer Besonderheiten erforderlich, sondern deren Verhalten und Persönlichkeit sollte zur Kultur des Landes passen. Die einzelnen Tochtergesellschaften arbeiten unabhängig voneinander und angepasst an ihre Länder und Märkte. Das Ziel dieser Ausrichtung der Unternehmensführung sind bestmögliche Ergebnisse in den jeweiligen Märkten.

Geozentrisch
- **Geozentrische Unternehmen** versuchen, unterschiedliche Länder und Märkte im Rahmen eines globalen Ansatzes zu integrieren. In einer symbiotischen Unternehmensführung verschmelzen die Erfahrungen, Werte, Konzepte und Techniken diesseits und jenseits der Landesgrenzen. Die Führungskräfte sind Global-Manager bzw. landeskulturelle Universalisten, die in verschiedenen Ländern und Unternehmen einsetzbar sind. Abhängigkeiten der einzelnen Tochtergesellschaften untereinander und mit der Muttergesellschaft werden berücksichtigt. So sollen Ressourcen optimal genutzt und Synergieeffekte auf globaler Ebene abgeschöpft werden.

Regiozentrisch
- **Regiozentrische Unternehmen** gestalten ihre Unternehmensführung zwischen dem polyzentrischen und dem geozentrischen Ansatz. Unternehmensführung und Strategien werden hierbei innerhalb einzelner Regionen, häufig innerhalb eines Kontinents, einheitlich ausgestaltet und aufeinander abgestimmt. Die einzelnen Regionen arbeiten jedoch weitgehend unabhängig voneinander. So entstehen regionale Zentralen unter dem Dach einer Gesamtleitung und einer gemeinsamen Unternehmenskultur.

Internationalisierte Führung der SAP AG

SAP mit Stammsitz in Walldorf hat sich seit der Gründung im Jahr 1972 durch Innovation und Wachstum mit mehr als 183.000 Kunden zum weltweit führenden Anbieter von Unternehmenssoftware entwickelt. Rund 56.000 Mitarbeiter in mehr als 130 Ländern erwirtschaften einen Jahresumsatz von mehr als 14 Mrd. Euro. *SAP* unterhält derzeit Vertriebs- und Entwicklungsstandorte in über 75 Ländern und ist an mehreren Börsen notiert, unter anderem in Frankfurt und New York.

Der siebenköpfige Vorstand der *SAP AG* ist mit fünf Nationalitäten besetzt und repräsentiert die Internationalität des Unternehmens. Den Vorsitz des ursprünglich deutschen Unternehmens teilen sich der Däne *Jim Hagemann Snabe*, der am Hauptsitz der *SAP AG* in Walldorf tätig ist und der Amerikaner *Bill McDermott*, der in der nordamerikanischen Zentrale in Newtown Square, Pennsylvania arbeitet.

Internationale Unternehmensführung

Die Unternehmensführung in internationalen Unternehmen ist stets individuell abzustimmen. Dabei sind folgende **Faktoren** zu berücksichtigen:

- Globalisierungsdruck einer Branche und die daraus entstehenden Chancen und Internationalisierungsvorteile,
- Wahl der Länder, hierfür gewählte Eintrittsstrategien (vgl. Implementierungsstrategien Kap. 6.4.4.2) und die daraus resultierenden Länderrisiken,
- Internationalisierungsformen und der daraus entstehende Kapitaleinsatz,

8.5 Internationale Unternehmensführung

- Internationalisierungsstrategie und die daraus entstehende Mischung aus Lokalisierung und Globalisierung der Führung.

Die Führungsfunktionen Personal, Planung und Kontrolle sowie Organisation und die Unterstützungsfunktion des Informationsmanagements sind je nach Ausprägung dieser vier Faktoren konsistent aufeinander abzustimmen. Die Konfiguration der Unternehmensführung internationaler Unternehmen weist damit eine höhere Komplexität auf, die in einer spezifischen Konfiguration der Führungsteilsysteme angemessen zu berücksichtigen ist.

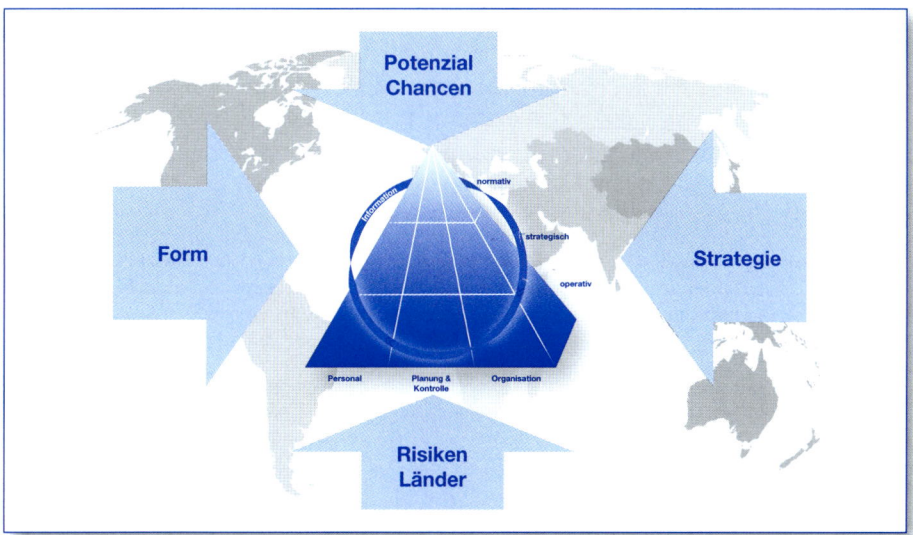

Abb. 8.5.23: Faktoren der internationalen Unternehmensführung

Management Summary

- Internationalisierung ist die länderübergreifende Ausdehnung des unternehmerischen Aktionsfelds. Globalisierung bedeutet, dass Unternehmen ihr Aktionsfeld nicht nur auf ihr Heimatland beschränken, sondern auf die gesamte Welt ausdehnen.

- Globale Branchen sind dadurch gekennzeichnet, dass die Wettbewerbsposition eines Unternehmens in einem Land erheblich von dessen Stellung in anderen Ländern beeinflusst wird.

- Unternehmen sowie Branchen verzeichnen einen Globalisierungsprozess. Zunächst unabhängige Branchen in verschiedenen Ländern wachsen im Laufe der Zeit zusammen. Der Globalisierungsgrad eines Unternehmen hängt von Markt-, Kosten-, Regierungs- und Wettbewerbstreibern ab.

- Theorien der Internationalisierung sind die klassische Außenhandelstheorie, die monopolistische Theorie, die Standorttheorie und die Verknüpfung all dieser Theorien zum eklektischen Paradigma.

- Transaktionskosten aus der Übertragung von Verfügungsrechten auf Märkten erklären, auf welche Weise eine Internationalisierung am besten umgesetzt wird.

- Der Diamantansatz der Internationalisierung erklärt die Bedeutung des Heimatlands für den Erfolg der Internationalisierung von Unternehmen.

8 Ausrichtungen der Unternehmensführung

- Nach der Theorie des Unternehmenslebenszyklus stellt die Internationalisierung eine Phase in der Unternehmensentwicklung dar.

- Internationalisierung erfolgt in unterschiedlichen Formen, die vom Export bis zur Direktinvestition reichen.

- Export ist eine Form der Internationalisierung, bei der Produkte und Dienstleistungen im Inland erzeugt und im Ausland abgesetzt werden, ohne dafür zusätzliches Kapital im Ausland zu investieren.

- Kooperation ist eine Form der Internationalisierung, bei der Produkte und Dienstleistungen zwischen einem Unternehmen im Inland durch eine längerfristige Zusammenarbeit mit einem rechtlich selbstständigen Unternehmen im Ausland abgesetzt, produziert oder beschafft werden.

- Direktinvestitionen sind eine Form der Internationalisierung, bei der Produkte und Dienstleistungen im In- oder Ausland erzeugt und im Ausland durch eigene Einheiten abgesetzt werden. Dafür sind Kapitalinvestitionen im Ausland erforderlich.

- Länderrisiken ergeben sich aus der politischen und ökonomischen Situation von Staaten, welche die Geschäftsbeziehungen mit dort ansässigen Unternehmen beeinflussen.

- Die Internationalisierungsstrategie ist einerseits abhängig von den Vorteilen der Nutzung lokaler, länderspezifischer Besonderheiten und anderseits von den Vorteilen globaler, standardisierter Produkte und einer Unternehmensführung. Daraus ergeben sich die Ausprägungen internationaler, multinationaler, transnationaler und globaler Unternehmen.

- Internationale Unternehmen lassen sich in Abhängigkeit der Internationalisierungsstrategie und -kultur unterscheiden in ethnozentrisch, polyzentrisch, geozentrisch und regiozentrisch geführte Unternehmen.

Literaturempfehlungen

Perlitz, M.: Internationales Management, 5. Aufl., Stuttgart 2004.

Kutschker, M./Schmid, S.: Internationales Management, 7. Aufl., München 2012.

Yip, G.S.: Die globale Wettbewerbsstrategie, Wiesbaden 1996.

Literaturverzeichnis

Achleitner, A.-K./Schiereck, D.: Mergers & Acquistions, 16. Aufl., Wiesbaden 2004.
Achleitner, P./Dresig, T.: Mergers & Acquistions, in: Gerke, W./Steiner, M. (Hrsg.): Enzyklopädie der Betriebswirtschaftslehre, 3. Aufl., Stuttgart 2001, Sp. 1559–1570.
Ackhoff, R. L.: Systems Thinking and Thinking Systems, in: System Dynamics Review, 10, 2/3, 1994, pp. 175–188.
Agarwal, S./Ramaswami, S. N.: Choice of Foreign Market Entry Mode: Impact of Ownership, Location and Internalization Factors, in: Journal of International Business Studies, 23, 1, 1992, pp. 1–27.
Aggteleky, B. l./Bajna, N.: Projektplanung: Ein Handbuch für Führungskräfte: Grundlagen, Anwendung, Beispiele, München 1992.
Akao, Y.: Quality Function Deployment: Integrating Customer Requirements Into Product Design, Cambridge 1990.
Akerlof, G. A.: The Market for „Lemons": Quality Uncertainty and the Market Mechanism, in: Quarterly Journal of Economics, 84, 3, 1970, pp. 488–500.
Albach, H.: Unternehmensethik: Ein subjektiver Überblick, in: Albach, H. (Hrsg.): Unternehmensethik und Unternehmenspraxis, Wiesbaden 2005, S. 3–35.
Albers, S./Wolf, J.: Management virtueller Unternehmen, Wiesbaden 2003.
Albert, G.: Betriebliche Personalwirtschaft, 11. Aufl., Ludwigshafen am Rhein 2011.
Alderfer, C. P.: Existence, Relatedness, and Growth: Human Needs in Organizational Settings, New York 1972.
Alich, H.: Groß, größer, Gotthard, in: Handelsblatt, Nr. 215, 6.11.2012, S. 24.
Al-Laham, A.: Internationales Management, in: Corsten, H./Reiß, M. (Hrsg.): Betriebswirtschaftslehre, Band 2, 4. Aufl., München 2008, S. 529–592.
Al-Laham, A.: Organisationales Wissensmanagement: Eine strategische Perspektive, München 2003.
Al-Laham, A.: Strategieprozesse in deutschen Unternehmungen: Verlauf, Struktur und Effizienz, Wiesbaden 1997.
Alter, R.: Strategisches Controlling: Unterstützung des strategischen Managements, München 2011.
Alwert, K./Bornemann, M./Will, M.: Wissensbilanz – Made in Germany. Leitfaden 2.0 zur Erstellung einer Wissensbilanz, Berlin 2008.
Amit, R./Schoemaker, P. J. H.: Strategic Asset and Organizational Rent, in: Strategic Management Journal, 14, 1, 1993, pp. 33–46.
Amshoff, B.: Controlling in deutschen Unternehmungen: Realtypen, Kontext und Effizienz, 2. Aufl., Wiesbaden 1994.
Anderson, E./Coughlan, A. T.: International Market Entry and Expansion via Independent or Integrated Channels of Distribution, in: The Journal of Marketing, 51, 1, 1987, pp. 71–82.
Andrews, K. R.: The Concept of Corporate Strategy, Homewood 1971.
Ansoff, H. I.: Corporate Strategy: An Analytical Approach to Business Policy for Growth and Expansion, New York 1965.
Ansoff, H. I.: Management-Strategie, München 1966.
Ansoff, H. I.: Managing Surprise and Discontinuity, in: ZfbF, 28, Nr. 3, 1976, S. 129–152.
Anthony, R. N.: The Management Control Function, 2. Aufl., Boston 1989.
Arbeitskreis „Integrierte Unternehmensplanung" der Schmalenbach-Gesellschaft: in: Schmalenbachs Zeitschrift für betriebswirtschaftliche Forschung, 43, Nr. 9, 1991, S. 811–829.
Arbeitskreis „Wertorientierte Führung in mittelständischen Unternehmen" der Schmalenbach-Gesellschaft für Betriebswirtschaft e.V.: Möglichkeiten zur Ermittlung periodiger Erfolgsgrößen in Kompatibilität zum Unternehmenswert, in: Finanzbetrieb, 6, Nr. 4, 2004, S. 241–253.
Arbeitskreis: Erfassung immaterieller Werte in der Unternehmensberichterstattung vor dem Hintergrund handelsrechtlicher Rechnungslegungsnormen, in P. Horváth/K. Möller (Hrsg.): „Immaterielle Werte im Rechnungswesen" der Schmalenbach-Gesell-

Literaturverzeichnis

schaft für Betriebswirtschaft. Intangibles in der Unternehmenssteuerung: Strategien und Instrumente zur Wertsteigerung des immateriellen Kapitals, München 2004, S. 221–250.

Argyris, C./Schön, D. A.: Organizational Learning: A Theory of Action Perspective, Reading 1978.

Atteslander, P.: Methoden der empirischen Sozialforschung, 13. Aufl., Berlin 2010.

Bach, N.: Einstellungen und Verhalten der betroffenen Mitarbeiter, in: Krüger, W. (Hrsg.): Excellence in Change: Wege zur strategischen Erneuerung, 4. Aufl., Wiesbaden 2009, S. 193–229.

Bach, N./Brehm, C./Buchholz, W./Petry, T.: Wertschöpfungsorientierte Organisation, Wiesbaden 2012.

Bach, N./Steinhaus, H.: Controlling der strategischen Erneuerung, in: Krüger, W. (Hrsg.): Excellence in Change: Wege zur strategischen Erneuerung, 4. Aufl., Wiesbaden 2009, S. 337–366.

Backhaus, K./Voeth, M.: Industriegütermarketing, 8. Aufl., München 2007.

Bain, J. S.: Barriers to new Competition: Their Character and Consequences in Manufacturing Industries, Cambridge 1993.

Balzer, H.: Unternehmenserfolg durch Multi-Projekt-Management, in: Balzer, H. (Hrsg.): Den Erfolg im Visier: Unternehmenserfolg durch Multi-Projekt-Management, Stuttgart 1998, S. 23–50.

Bamberger, B.: Der Erfolg von Unternehmensakquisitionen in Deutschland, Hochschulschrift, Bergisch Gladbach, 1994.

Bamberger, I./Wrona, T.: Der Ressourcenansatz im Rahmen des Strategischen Managements, in: Wirtschaftswissenschaftliches Studium, 25, Nr. 8, 1996, S. 386–391.

Bamberger, I./Wrona, T.: Globalisierungsbetroffenheit und Anpassungsstrategie von Klein- und Mittelunternehmen: Ergebnisse einer empirischen Untersuchung, in: Zeitschrift für Betriebswirtschaft, 67, 7, 1997, S. 713–735.

Bamberger, I./Wrona, T.: Strategische Unternehmensführung: Strategien, Systeme, Prozesse, München 2004.

Bandmann, M. Wie viel Bio ist in Biokleidung?, abrufbar unter: http://www.br.de/fernsehen/bayerisches-fernsehen/sendungen/unser-land/themen-rubriken/verbraucher-und-ernaehrung/biomode100.html.

Barney, J. B.: Gaining and Sustaining Competitive Advantage, 2. Aufl., New York 2002.

Barney, J. B.: Firm Resources and Sustained Competitive Advantage, in: Journal of Management, 17, 1, 1991, pp. 99–120.

Barney, J. B./Hesterly, W. S.: Strategic management and competitive advantage : concepts and cases, 3. edn., Boston 2010.

Bart, C. K.: Sex, Lies, and Mission Statements, in: Business Horizons, 40, 6, 1997, pp. 9–18.

Bartlett, C. A./Ghoshal, S.: Arbeitsteilung bei der Globalisierung, in: Harvard Manager, 9, Nr. 2, 1987, S. 49–59.

Bartlett, C. A./Ghoshal, S.: Beyond the M-form: Toward a Managerial Theory of the Firm, in: Strategic Management Journal, 14, Special Issue, 1993, pp. 23–46.

Bartlett, C./Ghoshal, S.: Managing Across Borders: The Transnational Solution, in: Segal-Horn, S. (Hrsg.): International Strategy: Competing Across Borders, London 1989.

Bartunek, J. M./Louis, M. L.: The interplay of organizational development and organizational transformation, in: Research in Organizational Change and Development, 2, 1988, pp. 97–134.

Bassok, Y./Bixby, A./Srininvasan, R./Wiesel, H.: Design of Component Supply Contract with Forecast Revision Flexibility, in: IBM Journal of Research & Development, 41, 11, 1997, pp. 693–703.

Baum, H.-G./Coenenberg, A. G./Günther, T.: Strategisches Controlling, 5. Aufl., Stuttgart 2011.

BDU: Grundsätze ordnungsgemäßer Planung (GoP), 3. Aufl., 2009.

Bea, F. X./Friedl, B./Schweitzer, M. (Hrsg.): Allgemeine Betriebswirtschaftslehre Band 2: Führung, 10. Aufl., Stuttgart 2011.

Bea, F. X./Göbel, E.: Organisation: Theorie und Gestaltung, 4. Aufl., Stuttgart 2010.

Bea, F. X./Haas, J.: Strategisches Management, 5. Aufl., Stuttgart 2009.

Becker, F. G.: Lexikon des Personalmanagements, 2. Aufl., München 2002.

Literaturverzeichnis

Becker, L.: Human Ressource Management im Wandel, in: Krüger, W. (Hrsg.): Excellence in Change: Wege zur strategischen Erneuerung, 4. Aufl., Wiesbaden 2009, S. 275–306.

Becker, T.: Prozesse in Produktion und Supply Chain optimieren 2. Aufl., Berlin 2008.

Beckmann, H.: Supply Chain Management: Strategien und Entwicklungstendenzen in Spitzenunternehmen, Berlin 2004a.

Bedrup, H.: Background for Performance Management, in A. Rolstadas (Hrsg.): Performance Management: A Business Process Benchmarking Approach, Glasgow 1995, S. 61–88.

Beer, S.: Kybernetik und Management, 4. Aufl., Frankfurt a. M. 1970.

Bendt, A.: Wissenstransfer in multinationalen Unternehmen, Wiesbaden 2000.

Benson, R. J./Parker, M. M.: Enterprise-wide Information Management: An Introduction to the Concepts, in IBM Los Angeles Scientific Center (Hrsg.): Report No. G320–2768, Los Angeles 1985.

Benz, C.: Kundenorientierung Stufe 3: Kundenanforderungen erheben und in Unternehmensprozesse integrieren, in: Horváth & Partner (Hrsg.): Qualitätscontrolling: Ein Leitfaden zur betrieblichen Navigation auf dem Weg zum Total Quality Management, Stuttgart 1997, S. 113–148.

Benz, C.: Qualitätscontrolling, in: Zollondz, H.-D. (Hrsg.): Lexikon Qualitätsmanagement: Handbuch des modernen Managements auf der Basis des Qualitätsmanagements, München 2001, S. 883–885.

Benz, C./Becker-Flügel, J.: Einführung, in: Horváth & Partner (Hrsg.): Qualitätscontrolling: Ein Leitfaden zur betrieblichen Navigation auf dem Weg zum Total Quality Management, Stuttgart 1997, S. 1–18.

Bergemann, B./Bergemann, N.: Interkulturelle Managementkompetenz: Anforderungen und Ausbildung, Heidelberg 2005.

Bernasconi, M./Galli, P.: Der Business-Plan – für KMU immer noch ein Thema, in: Der Schweizer Treuhänder, 4/1999, S. 345–348.

Bernecker, T./Reiss, M.: Den Wandel kommunizieren, in: io management, 72, Nr. 2, 2003, S. 32–41.

Berni, M./Herz, C.: Daimler will es in Asien alleine schaffen, in: Handelsblatt, Nr. 45, 04.03.2005, S. 15.

Bertalanffy, L. v.: General System Theory: Foundations, Development, Applications, Harmondsworth 1973.

Berthel, J.: Betriebliche Informationssysteme, Stuttgart 1975.

Berthel, J.: Informationsbedarf, in E. Frese (Hrsg.): Handwörterbuch der Organisation, 3. Aufl., Stuttgart 1992, S. 872–886.

Berthel, J.: Personalcontrolling, in E. Gaugler/W. A. Oechsler/W. Weber (Hrsg.): Handwörterbuch des Personalwesens, Stuttgart 2004, S. 1441–1455.

Berthel, J./Becker, F. G.: Personal-Management: Grundzüge für Konzeptionen betrieblicher Personalarbeit, 9. Aufl., Stuttgart 2010.

Beschorner, T./Hajduk, T.: Der ehrbare Kaufmann – Unternehmensverantwortung „light"?, in: CSR MAGAZIN, 3, 2011, S. 6–8.

Beyhs, O./Barth, D.: Integrated Reporting – Aktuelle Entwicklungen auf dem Weg zu einer integrierten Unternehmensberichterstattung in: Der Betrieb, 51/52, 23.12.2011, Berlin 2011, S. 2857–2863.

Bilgri, A.: Herzensbildung: Ein Plädoyer für das Kapital in uns, München 2009.

Bircher, B.: Langfristige Unternehmungsplanung : Konzepte, Erkenntnisse und Modelle auf systemtheoretischer Grundlage, Bern 1976.

Bircher, B.: Planungssystem, in N. Szyperski/U. Winand (Hrsg.): Handwörterbuch der Planung, Stuttgart 1989, S. 1503–1515.

Blake, R. R./Mouton, J. S.: Verhaltenspsychologie im Betrieb, Düsseldorf 1968.

Blau, P. M./Schoenherr, R. A.: The Structure of Organizations, New York 1971.

Bleicher, K.: Aufgaben der Unternehmensführung, in: Corsten, H./Reiß, M. (Hrsg.): Handbuch für Unternehmensführung: Konzepte, Instrumente, Schnittstellen, Wiesbaden 1995, S. 19–32.

Bleicher, K.: Das Konzept Integriertes Management, 7. Aufl., Frankfurt a. M. 2004.

Bleicher, K.: Das Konzept Integriertes Management: Visionen – Missionen – Programme, 8. Aufl., Frankfurt a. M. 2011.

Literaturverzeichnis

Bleicher, K.: Normatives Management: Politik, Verfassung und Philosophie des Unternehmens, Frankfurt a. M. 1994.
Bleicher, K.: Organisation: Strategien, Strukturen, Kulturen, 2. Aufl., Wiesbaden 1991.
Bleicher, K.: Strategische Anreizsysteme: Flexible Vergütungssysteme für Führungskräfte, Stuttgart 1992.
BMU: Megatrends der Nachhaltigkeit: Unternehmensstrategien neu denken, 2. Aufl., Berlin 2008.
BMW Sustainability Report: BMW Sustainability Value Report, München 2011.
Böcker, F./Thomas, L.: Marketing, 7. Aufl., Stuttgart 2003.
Bode, J.: Betriebliche Produktion von Information, Wiesbaden 1993.
Bolwijn, P./Kumpe, T.: The Success of Flexible, Low-Cost, Quality Competitors, in: European Management Journal, 9, 2, 1991, pp. 135–144.
Boos, F./Heitger, B.: Kunst oder Technik, in: Balck, H. (Hrsg.): Networking und Projektorientierung: Gestaltung des Wandels in Unternehmen und Märkten, Berlin 1996, S. 165–182.
Borrmann, W. A.: Managementprobleme internationaler Unternehmungen, Wiesbaden 1970.
Boschen, T./Möller, K.: Controlling von Shared Service Centern durch Service Level Agreements am Beispiel der GETRAG, in: Die Strategieumsetzung erfolgreich steuern: Strategien beschreiben, messen und organisieren, Stuttgart 2004, S. 83–105.
Boston Consulting Group: Vision und Strategie, Die 34. Kronberger Konferenz, Düsseldorf, 1988.
Bourne, M./Neely, A./Mills, J. F./Platts, K. W.: Why Some Performance Measurement Initiatives Fail: Lessons From the Change Management Literature, in: International Journal of Business Performance Management, 5, 2/3, 2003, pp. 245–269.
Boutellier, R./Biedermann, A.: Qualitätsgerechte Produktplanung, in: Schmitt, R./Pfeifer, T. (Hrsg.): Masing Handbuch Qualitätsmanagement, 5. Aufl., München 2007, S. 491–516.
Bower, G. H./Hilgard, E. R.: Theorien des Lernens II, 3. Aufl., Stuttgart 1984.
Boy, J./Dudek, C./Kuschel, S.: Projektmanagement: Grundlagen, Methoden und Techniken, Zusammenhänge, 12. Aufl., Offenbach 2006.
Boyton, A. C./Victor, B.: Beyond flexibility: Building and Managing the Dynamically Stable Organization, in: California Management Review, 37, 4, 1994, pp. 53–66.
Brandenburger, A./Nalebuff, B.: Co-opetition, New York 1996.
Braun, H.-J./Kristof, R./Leisinger, J.: Das fraktale Unternehmen – Aufbruch zu neuen Ufern, in: VDI-Zeitschrift 137/138, Nr. 10, 1995, S. 26–30.
Brehm, C./Hackmann, S./Jantzen-Homp, D.: Projekt- und Programmmanagement, in: Krüger, W. (Hrsg.): Excellence in Change: Wege zur strategischen Erneuerung, 4. Aufl., Wiesbaden 2009, S. 231–274.
Brehm, C./Hackmann, S./Jantzen-Homp, D.: Projekt- und Programmmanagement, in: Krüger, W. (Hrsg.): Excellence in Change: Wege zur strategischen Erneuerung, 4. Aufl., Wiesbaden 2009, S. 231–274.
Breisig, T.: Qualitätszirkel, in: Zollondz, H.-D. (Hrsg.): Lexikon Qualitätsmanagement: Handbuch des modernen Managements auf der Basis des Qualitätsmanagements, München 2001, S. 1025–1027.
Breuer, C./Breuer, W.: Shared Services in Unternehmensverbünden und Konzernen, in: Keuper, F./Oecking, C. (Hrsg.): Corporate Shared Services: Bereitstellung von Dienstleistungen im Konzern, 2. Aufl., Wiesbaden 2008, S. 95–116.
Brink, S./Wallau, F.: BDI Mittelstandspanel – Institut für Mittelstandsforschung: Bonn 2011.
Bröckermann, R.: Personalwirtschaft, 5. Aufl., Stuttgart 2009.
Brockhoff, K./Hauschildt, J.: Schnittstellen-Management: Koordination ohne Hierarchie, in: Zeitschrift Führung + Organisation, 62, Nr. 6, 1993, S. 396–403.
Brockhoff, K.: Prognosen, in F. X. Bea/B. Friedl/M. Schweitzer (Hrsg.): Allgemeine Betriebswirtschaftslehre, 9. Aufl., Stuttgart 2011, S. 785–825.
Bronner, R./Appel, W. P.: Evolution steuern – Revolution planen: Über die Beherrschbarkeit von Veränderungsprozessen, Bonn 1999.
Bruch, H./Ghoshal, S.: Entschlossen führen und handeln, Wiesbaden 2006.
Bruch, H./Vogel, B./Krummaker, S.: Leadership: Best Practises und Trends, in: Bruch, H./Krummaker, S./Vogel, B. (Hrsg.): Leadership: Best Practises und Trends, 2. Aufl., Wiesbaden 2012, S. 3–24.

Bruch, H./Vogel, B.: Die Organisationale Energie steigern: Wie Führungskräfte die Potenziale eines Unternehmens mobilisieren können, in: Personalführung, 39, Nr. 9, 2006, S. 20–26.

Bruch, H./Vogel, B.: Organisationale Energie: Wie Sie das Potenzial ihres Unternehmens ausschöpfen, 2. Aufl., Wiesbaden 2009.

Bruhn, M.: Marketing, 11. Aufl., Wiesbaden 2012.

Bruhn, M.: Qualitätscontrolling, in: Horváth, P./Reichmann, T. (Hrsg.): Vahlens Großes Controllinglexikon, 2. Aufl., München 2003, S. 629–631.

Bruhn, M./Georgi, D.: Kosten und Nutzen des Qualitätsmanagements: Grundlagen, Methoden, Fallbeispiele München 1999.

Brunner, F.: Höherer Unternehmensgewinn dank „Totalem Qualitätssystem", in: io management, 57, Nr. 1, 1988, S. 41–44.

Brunner, F./Wagner, K.: Taschenbuch Qualitätsmanagement, 5. Aufl., München 2011.

Bruton, J.: Unternehmensstrategie und Verantwortung: Wie ethisches Handeln Wettbewerbsvorteile schafft, Berlin 2011.

BSI: Eckpunktepapier- Sicherheitsempfehlungen für Cloud Computing Anbieter, Bonn 2012.

Buchhorn, E.: Mode und Mahnung, in: Manager Magazin, Nr. 9, 2005, S. 126.

Buchner, H.: Planung im turbulenten Umfeld: Konzeption idealtypischer Planungssysteme für Unternehmenskonfigurationen, München 2002.

Bühner, R.: Personalmanagement, 3. Aufl., München 2005.

Bühner, R.: Strategie und Organisation: Analyse und Planung der Unternehmensdiversifikation mit Fallbeispielen, 2. Aufl., Wiesbaden 1993.

Bullinger, H.-J./Berres, A. (Hrsg.): E-Business: Handbuch für den Mittelstand, Berlin 2000.

Bullinger, H.-J./Kugel, R./Ohlhausen, P./Stanke, A.: Integrierte Produktentwicklung: Zehn erfolgreiche Praxisbeispiele, Wiesbaden 1995.

Bullinger, H.-J./Wörner, K./Prieto, J.: Wissensmanagement Modelle und Strategien für die Praxis, in H. D. Bürgel (Hrsg.): Wissensmanagement: Schritte zum intelligenten Unternehmen, Berlin 1998, S. 21–39.

Bundeszentrale für politische Bildung. Zahlen und Fakten: Globalisierung, Transnationale Unternehmen, http://www.bpb.de/files/92FAHN.pdf.

Bürgel, H. D.: Wissensmanagement: Schritte zum intelligenten Unternehmen, Berlin 1998.

Burghardt, M.: Projektmanagement: Leitfaden für die Planung, Überwachung und Steuerung von Entwicklungsprojekten, 7. Aufl., Berlin 2006.

Burns, T./Stalker, G. M.: Mechanistische und organische Systeme des Managements, in: Mayntz, R. (Hrsg.): Bürokratische Organisation, 2. Aufl., Köln 1971, S. 147–154.

Busch, A./Dangelmaier, W. (Hrsg.): Integriertes Supply Chain Management: Theorie und Praxis effektiver unternehmensübergreifender Geschäftsprozesse, 2. Aufl., Wiesbaden 2004.

Büter, C.: Außenhandel: Grundlagen globaler und innergemeinschaftlicher Handelsbeziehungen, 2. Aufl., Berlin/Heidelberg 2010.

Buzzell, R. D./Gale, B. T.: Das PIMS-Programm: Strategien und Unternehmenserfolg, Wiesbaden 1989.

Camillus, J.: Budgeting for Profit: How to Exploit the Potential of Your Business, Radnor 1984.

Camp, R.: Benchmarking, Milwaukee 1994.

Campenhausen, v. C./Rudolf, A.: Shared Services – profitabel für vernetzte Unternehmen, in: Harvard Business Manager, 23, Nr. 1, 2001, S. 82–93.

Carlowitz, H. C. v.: Sylvicultura oeconomica. Anweisung zur wilden Baum-Zucht, Leipzig 1732.

Caruso, D./Salovey, P.: Managen mit emotionaler Kompetenz, Frankfurt a. M. 2005.

Cash, J. I./McFarlan, F. W./McKenney, J. L.: Corporate Information Systems Management, 3. Aufl., Boston 1992.

Cavusgil, S. T./Knight, G./Riesenberger, J. R.: International Business: Strategy, Management, and the new Realities, Upper Saddle River 2008.

Chandler, A. D.: Strategy and Structure: Chapters in the History of the American Industrial Enterprise, 20. Aufl., Cambridge 1962.

Clausewitz, C.: Vom Kriege, Frankfurt am Main 2005.

Coase, R. H.: The Nature of the Firm, in: Economica, 4, 16, 1937, pp. 386–405.

Coase, R. H.: The Problem of Social Cost, in: The Journal of Law and Economics, 3, 1960, pp. 1–44.

Literaturverzeichnis

Coenenberg, A. G./Baum, H.-G./Günther, T.: Strategisches Controlling, 5. Aufl., Stuttgart 2011.
Coenenberg, A./Fischer, T. M./Günther, T.: Kostenrechnung und Kostenanalyse, 8. Aufl., Landsberg 2012.
Coenenberg, A. G./Salfeld, R.: Wertorientierte Unternehmensführung: Vom Strategieentwurf zur Implementierung, 2. Aufl., Stuttgart 2007.
Collins, J. C./Porras, J. I.: Built to Last: Successful Habits of Visionary Companies, London 2005.
Connor, D. R.: Managing at the Speed of Change: How Resilient Managers Succeed and Prosper Where Others Fail, New York 1992.
Conner, D. R./Clements, E.: Die strategischen und operativen Gestaltungsfaktoren für erfolgreiches Implementieren, in: Spalink, H. (Hrsg.): Werkzeuge für das Change Management Frankfurt a. M. 1999, S. 22–64.
Copeland, T./Koller, T./Murrin, J.: Unternehmenswert: Methoden und Strategien für eine wertorientierte Unternehmensführung, 3. Aufl., Frankfurt a. M. 2002.
Corsten, D./Gabriel, C.: Supply Chain Management erfolgreich umsetzen: Grundlagen, Realisierung und Fallstudien, 2. Aufl., Berlin 2004.
Corsten, D./Gössinger, R.: Einführung in das Supply Chain Management, 2. Aufl., München 2008.
Corsten, H.: Projektmanagement: Einführung, München 2000.
Corsten, H./Will, T.: Ansatzpunkte zu einer strategiegerechten Produktionsorganisation bei simultanen Strategieanforderungen, in: Zeitschrift Führung + Organisation, 61, Nr. 5, 1992, S. 293–298.
Covey, S. M. R./Merrill, R.: Schnelligkeit durch Vertrauen: Die unterschätzte ökonomische Macht, 2. Aufl., Offenbach 2009.
Cowen, T./Tabarrok, A.: Modern Principles of Economics, New York 2010.
Crosby, P. B.: Quality is Free: The art of Making Quality Certain, New York 1979.
Crosby, P. B.: Quality Without Tears: The art of Hassle-Free Management, New York 1995.
Csikszentmihalyi, M.: Das flow-Erlebnis, 11. Aufl., Stuttgart 2010.
Cube, v. F.: Die Naturgesetze der Führung, 15. Aufl., München 2011.
Cummings, T./Worley, C.: Organization Development and Change, 8. Aufl., Minneapolis 2006.
Curran, T. A./Ladd, A.: SAP R/3 Business Blueprint: Understanding Enterprise Supply Chain Management, 2. Aufl., Upper Saddle River, NJ 2000.
Cyert, R. M./March, J. G.: A Behavioral Theory of the Firm, 2. Aufl., Englewood Cliffs 1964.
Czech-Winkelmann, S./Kopsch, A.: Handbuch International Business: Strategie, Praxis, Fallbeispiele, Berlin 2008.

Daft, R. L.: Understanding the Theory and Design of Organizations, Mason 2007.
Dambrowski, J.: Budgetierungssysteme in der deutschen Unternehmenspraxis, Darmstadt 1986.
Daum, J.: Intangible Asset Management: Wettbewerbskraft stärken und den Unternehmenswert nachhaltig steigern – Ansätze für das Controlling, in: Zeitschrift für Controlling & Management, Sonderheft 3, 2005, S. 4–18.
Däumler, K.-D./Grabe, J.: Kostenrechnung 1: Grundlagen, 10. Aufl., Herne 2008.
D'Aveni, R. A.: Hyperwettbewerb: Strategien für die neue Dynamik der Märkte, Frankfurt a. M. 1995.
David, F. R.: Strategic Management: Concepts and Cases, 13. Aufl., New York 2011.
Davidow, W. H./Malone, M. S.: The Virtual Corporation: Structuring and Revitalizing the Corporation for the 21st Century, New York 1992.
Davis, M. D.: Spieltheorie für Nichtmathematiker, 4. Aufl., München 2005.
Davis, S./Lawrence, P.: Matrix, Reading 1977.
Davis, T. C.: How the Du Pont Organization Appraises its Performance, in: Financial Management Series, 94, 1950, pp. 3–11.
Day, R. A.: How to write & publish a scientific paper, 5th edn., Phoenix 1998.
De Geus, A. P.: Unternehmensplaner können Lernprozesse beschleunigen, in: Harvard Manager, 11, Nr. 1, 1989, S. 28–34.
De Saint-Exupéry, A.: Die Stadt in der Wüste, München 1948.
Deal, T. E./Kennedy, A. A.: Culture: A new Look Through old Lenses, in: Journal of Applied Behavioral Science, 19, 4, 1983, pp. 498–505.

Literaturverzeichnis

Deimel, K.: Businessplan: Tipps zur Aufstellung, Der Businessplan, in: Praxis des Rechnungswesens, Nr. 3, 2005, S. 377–410, Haufe-Index: 1372080.

Deimel, K./Quante, S.: Prozessoptimierung durch Shared Service Center, in: Controlling, 15, Nr. 6, 2003, S. 301–307.

Dellbrügger, P.: Gestaltungselemente für eine unternehmerische Führungskultur: Das Beispiel der „Dialogischen Führung" bei dem Unternehmen dm-drogerie markt GmbH & Co. KG Karlsruhe, in: Raich, M./Pechlaner, H./Hinterhuber, H. (Hrsg.): Entrepreneurial Leadership, Wiesbaden 2007, S. 65–79.

Deming, W. E.: Out of the Crisis: Quality, Productivity and Competitive Position, 19. Aufl., Cambridge 1994.

Deming, W. E.: Quality, productivity, and competitive position, Cambridge, Mass. 1982.

Deppe, J.: Qualitätszirkel – Ideenmanagement durch Gruppenarbeit: Darstellung eines neuen Konzepts in der deutschsprachigen Literatur, Bern 1986.

Detroy, E.-N./Behle, C./Hofe, R.: Handbuch Vertriebsmanagement : Vertriebsstrategie, Distribution und Kundenmanagement: Mitarbeitersuche, Motivation und Förderung, Profitsteuerung, Effizienzerhöhung und Controlling, Landsberg am Lech 2007.

Deutsche Bundesbank. Monatsbericht Juli 2010: Nominale und reale Wechselkursentwicklung während der Finanzkrise, http://www.bundesbank.de/download/volkswirtschaft/mba/2010/201007mba_wechselkurs.pdf.

Deutsche Gesellschaft für Risikomanagement: Risikoaggregation in der Praxis: Beispiele und Verfahren aus dem Risikomanagement von Unternehmen, Berlin 2008.

Deutsches Global Compact Netzwerk: Verbindung schaffen: Die GRI-Leitlinien und die Fortschrittsmitteilung des UN Global Compact: Berlin 2008.

Dierks, S.: Product Carbon Footprint: Einführung und Umsertzung am Besipiel der Tschibo GmbH, in: Gleich, R./Bartels, P./Breisig, V. (Hrsg.): Nachhaltigkeitscontrolling: Konzepte, Instrumente und Fallbeispiele zur Umsetzung, Freiburg 2012, S. 195–209.

Diethelm, G.: Projektmanagement, Band 1, Herne/Berlin 2000.

Dietmann, E.: Personalmarketing: Ein Ansatz zielgruppenorientierter Personalpolitik, Wiesbaden 1993.

Dietz, K.-M./Kracht, T.: Dialogische Führung: Grundlagen, Praxis, Fallbeispiel: dm-drogerie markt, 3. Aufl., Frankfurt a. M. 2011.

Dietzfelbinger, D.: Praxisleitfaden Unternehmensethik: Kennzahlen, Instrumente, Handlungsempfehlungen, Wiesbaden 2008.

Dillerup, R.: Controlling, in: Pepels, W. (Hrsg.): Allgemeine Betriebswirtschaftslehre, 4. Aufl., Stuttgart 2009b, S. 395–441.

Dillerup, R.: Das intelligente Unternehmen: Multiprojektmanagement und organisationales Lernen, in: Balzer, H. (Hrsg.): Den Erfolg im Visier: Unternehmenserfolg durch Multi-Projekt-Management, Stuttgart 1998a, S. 145–159.

Dillerup, R.: Erfolgsfaktor integrierte Unternehmensführung, in: Dillerup, R./Haberlandt, K./Vogler, G. (Hrsg.): Heilbronner Beiträge zur Unternehmensführung, München 2009a, S. 31–44.

Dillerup, R.: Strategische Optionen für vertikale Wertschöpfungssysteme, Frankfurt a. M. 1998b.

Dillerup, R.: Wertorientierte Unternehmensführung, in: Ernst, D./Häcker, J./Moser, U./Auge-Dickhut, S. H. (Hrsg.): Praxis der Unternehmensbewertung und Akquisitionsfinanzierung, München 2006, S. 81.1–8.1.56.

Dillerup, R./Albrecht, T.: Interne Zinsfußmethode, in: Haufe Controlling Office, Vers. 3.2, Haufeindex 1349882, Freiburg 2005a.

Dillerup, R./Albrecht, T.: Kapitalwertmethode, in: Haufe Controlling Office, Vers. 3.2, Haufeindex 1349882, Freiburg 2005b.

Dillerup, R./Albrecht, T.: Kapitalwertmethode, in: Haufe Rechnungswesen Office, Vers. 3.2, Haufeindex 1288477, Freiburg 2005c.

Dillerup, R./Foschiani, S.: Outsourcing als strategische Option zur Optimierung der Leistungstiefe, in: Beschaffung aktuell, 52, Nr. 1, 1996, S. 39–41.

Dillerup, R./Göttert, S.: Quantifizierung und Steuerung immaterieller Vermögensgegenstände, in: VDMA Nachrichten, Nr. 12, 2005, S. 59–60.

Dillerup, R./Greschner, J./Weidler, A.: Flexible Montagesysteme auf dem Prüfstand: Wirtschaftlichkeitsbeurteilung auf der Basis harter und weicher Entscheidungskriterien, in:

Literaturverzeichnis

Warnecke, H. J. (Hrsg.): Die Montage im flexiblen Produktionsbetrieb: Technik, Organisation, Betriebswirtschaft, Stuttgart 1994, S. 243–274.
Dillerup, R./Hannss, S.: Bewertung immateriellen Vermögens – Steuerung, Bewertung und eine Frage strategischer Unternehmensführung, in: Horizonte, Nr. 29, 2006, S. 28–32.
Dillerup, R./Ramos, J.: Controlling immaterieller Vermögenswerte, in: Horizonte, Nr. 26, 2005, S. 37–38.
Dillerup, R./Ramos, J.: Steuerung und Bilanzierung immaterieller Vermögenswerte, in: Controller Magazin, 31, Nr. 2, 2006, S. 116–119.
Dinkelbach, W.: Flexible Planung, in N. Szyperski/U. Winand (Hrsg.): Handwörterbuch der Planung, Stuttgart 1989, S. 507–512.
Dobléy, D./Wargin, J.: Management of Change, Bonn 2001.
Domsch, M.: Personal, in M. Bitz/M. Domsch/F. Ewert/W. Wagner (Hrsg.): Vahlens Kompendium der Betriebswirtschaftslehre, 5. Aufl., München 2005, S. 385–447.
Domsch, M.: Personal, in: Bitz, M./Domsch, M./Ewert, F./Wagner, W. (Hrsg.): Vahlens Kompendium der Betriebswirtschaftslehre, 5. Aufl., München 2005, S. 385–447.
Domsch, M./Gerpott, J.: Personalbeurteilung, in E. Gaugler/W. A. Oechsler/W. Weber (Hrsg.): Handwörterbuch des Personalwesens, Stuttgart 2004, S. 1431–1441.
Donlon, J. D./Weber, A.: Wertorientierte Unternehmensführung im DaimlerChrysler-Konzern, in: Controlling, Nr. 8/9, 1999, S. 381–388.
Dörner, D./Wader, D.: Ausstrahlung des Kodex auf den Mittelstand, in: Pfitzer, N./Oser, P. (Hrsg.): Deutscher Corporate Governance Kodex: Ein Handbuch für Entscheidungsträger, 2. Aufl., Stuttgart 2003, S. 355–369.
Drucker, P. F.: The Frontiers of Management: Where Tomorrow's Decisions are Being Shaped Today, New York 1986.
Drucker, P. F.: The Effective Executive: The Definitive Guide to Getting the Right Things Done, New York 1967.
Drucker, P. F.: The Practice of Management, New York 1954.
Drumm, H. J.: Personalwirtschaft, 6. Aufl., Berlin 2008.
Dülfer, E./Jöstingmeier, B.: Internationales Management in unterschiedlichen Kulturbereichen, 7. Aufl., München 2008.
Dunning, J. H.: The Eclectic (OLI) Paradigm of International Production: Past, Present and Future, in: International in: Journal of the Economics of Business, 8, 2, 2001, pp. 173–190.
Dunning, J. H.: The Eclectic Paradigm of International Production: A Restatement and Some Possible Extensions, in: Journal of International Business Studies, 19, 1, 1988, pp. 1–31.
Dunning, J. H./Rugman, A. M.: The Influence of Hymer's Dissertation on the Theory of Foreign Direct Investment, in: American Economic Review, 75, 2, pp. 228–232.
Dürolf, P.: Das Planungshandbuch als Controllinginstrument: Theoretische und praktische Perspektiven der Dokumentation von Planungs- und Kontrollsystemen, Darmstadt 1988.
Düwell, M. (Hrsg.): Handbuch Ethik, 3. Aufl., Stuttgart 2011.
DVFA: KPIs und ESG: Guidline for the Integration of ESG into Financial Analysis and Corporate Valuation, 3. Aufl., Frankfurt am Main 2010.
Dyllick, T.: Management der Umweltbeziehungen: Öffentliche Auseinandersetzungen als Herausforderung, Wiesbaden 1992.

Ebel, B.: Qualitätsmanagement: Konzepte des Qualitätsmanagements, Organisation und Führung, Ressourcenmanagement und Wertschöpfung, 2. Aufl., Herne/Berlin 2003.
Eberle, M.: McDonald's düpiert Coca-Cola, in: Handelsblatt, Nr. 55, 19.03.2007, S. 11.
Edvinsson, L./Brünig, G.: Aktivposten Wissenskapital: Unsichtbare Werte bilanzierbar machen, Wiesbaden 2000.
EFQM: European Foundation for Quality Management: An Overview of the EFQM Excellence Model, Brüssel 2012.
Eichholz, R.: Unternehmens- und Mitarbeiterführung, München 1998.
Elgar, E.: Learning in the Internationalisation Process of Firms, in: Blomstermo, A./Sharma, D. (Hrsg.): Learning in the Internationalisation Process of Firms, Massachusetts 2003.
Enderle, G.: Die Goldene Regel für Manager?, in: Lattmann, C. (Hrsg.): Management Forum: Ethik und Unternehmensführung, Wien 1988, S. 130–148.
Epstein, M./Manzoni, J.-F.: The Balanced Scorecard and Tableau de Bord: Translating Strategy into Action, in: Management Accounting, 79, 8, 1997, pp. 28–36.

Erben, R. F.: e-controlling – Anforderungen an das Controlling im e-business, in: Kostenrechnungspraxis, 45, Nr. 4, 2001, S. 235–241.
Erhardt, J.: Integrale Kommunikation, in: Datacom, Nr. 2, 1993, S. 15–28.
Ernst, D./Häcker, J.: Applied Interantional Corporate Fiance, 2. Aufl., München 2011.
Esch, F.-R.: Aufbau starker Marken durch integrierte Kommunikation, in: Esch, F.-R. (Hrsg.): Moderne Markenführung, 4. Aufl., Wiesbaden 2005, S. 535–574.
European Management Forum: Davoser Manifest, in: Lenk, H. (Hrsg.): Wirtschaft and Ethik, Stuttgart 1992, S. 397–401.
Ewert, R./Wagenhofer, A.: Interne Unternehmensrechnung, 7. Aufl., Berlin 2008.

Fanning, J.: Current Approaches to Budgeting, The ICAEW 21st Century Budgeting Conference, Arbeitspapier, 28th November 2000.
Fäßler, P. E.: Globalisierung: Ein historisches Kompendium, Stuttgart 2007.
Feichtinger, G./Kopel, M.: Nichtlineare dynamische Systeme und Chaos: Neue Impulse für die Betriebswirtschaftslehre?, in: Zeitschrift für Betriebswirtschaft, 64, 1994, S. 7–34.
Feifel, S./Walk, W./Wursthorn, S./Schebek, L.: Ökobilanzierung 2009 Ansätze und Weiterentwicklungen zur Operationalisierung von Nachhaltigkeit, Tagungsband Ökobilanz-Werkstatt 2009, Freising, 5. bis 7. Oktober 2009.
Feigenbaum, A. V.: Total Quality Control: Engineering and Management: The Technical and Managerial Field for Improving Product Quality, Including its Reliability, and for Reducing Operating Costs and Losses, New York 1961.
Feitzinger, E./Lee, H.: Mass Customization at Hewlett Packard, in: Harvard Business Review, 75, 1/2, 1997, pp. 116–121.
Felchlin, W.: Das EFQM-Modell 2010, in: MQ Management und Qualität, 5, Nr. 12, 2009, S. 11–13.
Fenner, D.: Ethik: Wie soll ich handeln?, Tübingen 2008.
Ferber, R.: Philosophische Grundbegriffe, 8. Aufl., München 2008.
Few, S.: Information Dashboard Design: The Effective Visual Communication of Data, Sebastopol 2006.
Few, S.: Now You See it: Simple Visualization Techniques for Quantitative Analysis, Oakland 2009.
Fiedler, F. E.: A Theory of Leadership Effectiveness, New York 1967.
Fiedler, R.: Controlling von Projekten, 5. Aufl., Wiesbaden 2010.
Filipiuk, B.: Transparenz der Risikoberichterstattung : Anforderungen und Umsetzung in der Unternehmenspraxis, Wiesbaden 2008.
Fischermanns, G.: Praxishandbuch Prozessmanagement, 9. Aufl., Gießen 2010.
Fisher, J. G./Frederickson, J. R./Peffer, S. A.: Budgeting: An Experimental Investigation of the Effects of Negotiation, in: The Accounting Review, 75, 1, 2000, pp. 93–114.
Fitzgerald, L./Johnston, R./Brignall, S./Silvestro, R./Voss, C.: Performance Measurement in Service Business, Chartered Institute of Management Accountants, Cambridge 1991.
Forrester, J. W.: Gründzüge einer Systemtheorie: Deutsche Übersetzung von Principles of Systems, Wiesbaden 1972.
Forrester, J. W.: Industrial Dynamics, Cambridge 1971.
Forrester, J. W.: Industrial Dynamics, Cambridge 1961.
Forrester, J. W.: The Beginning of System Dynamics, in: The McKinsey Quarterly, 4, 1995, pp. 4–16.
Fraenkel, E.: Die Wissenschaft von der Politik und die Gesellschaft, in: Schneider, H. (Hrsg.): Aufgabe und Selbstverständnis der politischen Wissenschaft, Darmstadt 1967, S. 228–247.
Franz, K.-P.: Rechnungswesen und Berichtswesen als Grundlage des Controllings, in H. Grob/J. v. Brocke/N. Lahme/M. Wahn (Hrsg.): Controlling: Lerneinheiten zum Wissensnetzwerk Controlling, München 2004, S. 59–134.
Fraser, R./Hope, J.: Beyond Budgeting, in: Controlling, 13, Nr. 8/9, 2001, S. 437–442.
Frehr, H.-U.: Total Quality Management, in: Masing, W. (Hrsg.): Handbuch Qualitätsmanagement, 4. Aufl., München 1999, S. 31–48.
French, W./Bell, C.: Organisationsentwicklung: Sozialwissenschaftliche Strategien zur Organisationsveränderung, 4. Aufl., Bern 1994.
Frenko, A. T.: Was ist und welche Möglichkeit bietet das 1:1-Marketing?, in New Business Network (Hrsg.): E-Business für alle: So funktionieren die elektronischen Märkte, Stuttgart 2000, S. 174–182.

Literaturverzeichnis

Frese, E.: Grundlagen der Organisation: Entscheidungsorientiertes Konzept der Organisationsgestaltung, 10. Aufl., Wiesbaden 2010.

Frese, E.: Kontrolle und Unternehmensführung: Entscheidungs- und organisationstheoretische Grundfragen, Wiesbaden 1968.

Frey, B. S./Osterloh, M.: Sanktionen oder Seelenmassage?: Motivationale Grundlagen der Unternehmensführung, in: DBW Die Betriebswirtschaft, 57, Nr. 3, 1997, S. 307–321.

Friedag, H. R./Schmidt, W.: Balanced Scorecard: Mehr als ein Kennzahlensystem, 4. Aufl., Planegg 2002.

Friedl, B.: Controlling, Stuttgart 2003.

Fröhlich, W./Holländer, K.: Personalbeschaffung und -akquisition, in E. Gaugler/W. A. Oechsler/W. Weber (Hrsg.): Handwörterbuch des Personalwesens, Stuttgart 2004, S. 1403–1419.

Frontinus, Sextus Iulius: Kriegslisten: Lateinische und Deutsch von Gerhard Bendz, 2. Aufl., Berlin 1978.

Fry, A.: The Post-It Note: An Intrapreneurial Success, in: SAM Advanced Management Journal, 52, 3, 1987, pp. 4–9.

Fuchs, M./Apfelthaler, G.: Management internationaler Geschäftstätigkeit, Wien/New York 2009.

Fuchs, W./Unger, F.: Management der Marketing-Kommunikation, 4. Aufl., Heidelberg 2007.

Füermann, T.: Qualitätsbezogene Kosten (QK), in: Zollondz, H.-D. (Hrsg.): Lexikon Qualitätsmanagement: Handbuch des modernen Managements auf der Basis des Qualitätsmanagements, München 2001, S. 876–882, Sp. 876–882.

Funck, T.: Dem Kunden verpflichtet, in: QZ Qualität und Zuverlässigkeit, 53, Nr. 2, 2008, S. 18–21.

Fürtjes, H.-T.: Planungsorgane, in N. Szyperski/U. Winand (Hrsg.): Handwörterbuch der Planung, Stuttgart 1989, S. 1464–1468.

Füser, K./Gleißner, W./Meier, G.: Risikomanagement (KonTraG) – Erfahrungen aus der Praxis, in: Der Betrieb, 52, Nr. 15, 1999, S. 753–758.

Gabriel, R./Beier, D.: Informationsmanagement in Organisationen, Stuttgart 2003.

Gadiesh, O./Gilbert, J.: Profit Tools: A Fresh Look at Strategy, in: Harvard Business Review, 76, 3, 1998, pp. 133–141.

Gaiser, B./Greiner, O.: Von der Balanced Scorecard zur strategiefokussierten Organisation, in: Gleich, R./Möller, K./Seidenschwarz, W./Stoi, R. (Hrsg.): Controllingfortschritte, München 2002, S. 193–222.

Gaiser, B./Kieninger, M.: Budgetkontrollinstrumente, in P. Horváth/T. Reichmann (Hrsg.): Vahlens Großes Controllinglexikon, 2. Aufl., München 2003, S. 103–104.

Gaitanides, M./Scholz, R./Vrohlings, A./Raster, M. (Hrsg.): Prozessmanagement: Konzepte, Umsetzungen und Erfahrungen des Reengineering, München 1994.

Gaitanides, M./Scholz, R./Vrohlings, A.: Prozeßmanagement Grundlage und Zielsetzungen, in M. Gaitanides/R. Scholz/A. Vrohlings/M. Raster (Hrsg.): Prozessmanagement: Konzepte, Umsetzungen und Erfahrungen des Reengineering, München 1994, S. 1–20.

Gaitanides, M./Westphal, J.: Strategische Gruppen und Unternehmenserfolg, in: Zeitschrift für Planung, 2, 3, 1991, S. 247–265.

Gaitanides, M.: Prozessorganisation, 3. Aufl., München 2012.

Galli, A./Wagner, M.: Bewertung immaterieller Güter, in: WISU Das Wirtschaftsstudium, 35, Nr. 12, 2006, S. 1531–1535.

Gälweiler, A.: Strategische Unternehmensführung, 3. Aufl., Frankfurt a. M. 2005.

Gälweiler, A.: Strategische Unternehmensführung, Frankfurt a. M. 1987.

Gehrke, G.: Kundenbindungsstrategien industrieller Zulieferer, Aachen 2003.

Geiger, W.: Qualität als Fachbegriff des QM, in: Zollondz, H.-D. (Hrsg.): Lexikon Qualitätsmanagement: Handbuch des modernen Managements auf der Basis des Qualitätsmanagements, München 2001, S. 801–810.

Geiger, W.: Qualitätslehre: Einführung, Systematik, Terminologie, 3. Aufl., Frankfurt a. M. 1998.

Germann, H./Rürup, B./Setzer, M.: Globalisierung der Wirtschaft: Begriff, Bereiche, Indikatoren,, in: Steger, U. (Hrsg.): Globalisierung der Wirtschaft: Konsequenzen für Arbeit, Technik und Umwelt, Berlin/Heidelberg 1996, S. 18–55.

Literaturverzeichnis

Geschka, H./Hammer, R.: Die Szenario-Technik in der Unternehmensplanung, in D. Hahn/B. Taylor (Hrsg.): Strategische Unternehmensplanung – Strategische Unternehmensführung, 5. Aufl., Heidelberg 1990, S. 311–336.

Ghemawat, P.: Games businesses play : cases and models, Cambridge, Mass. [u. a.] 1997.

Gilbert, X./Strebel, P.: Developing Competitive Advantages, in: Guth, W. D. (Hrsg.): Handbook of Business Strategy, 1986/1987 Yearbook, Boston 1986, S. 4–1 bis 4–14.

Glaser, H.: Prozesskostenrechnung: Darstellung und Kritik, in: Schmalenbachs Zeitschrift für betriebswirtschaftliche Forschung, 44, Nr. 3, 1992, S. 275–288.

Glasl, F./Houssaye, L. d. l.: Organisationsentwicklung, Bern/ Stuttgart 1975.

Glaum, M.: Internationalisierung und Unternehmenserfolg, Wiesbaden 1996.

Gleich, R.: Performance Measurement. Konzepte, Fallstudien und Grundschema für die Praxis, 2. Aufl., München 2011.

Gleich, R.: Prozessorientiertes Performance Measurement, in P. Franz/P. Kajüter (Hrsg.): Kostenmanagement: Wertsteigerung durch systematische Kostensteuerung, 2. Aufl., Stuttgart 2002, S. 311–327.

Gleich, R./Kopp, J.: Ansätze zur Neugestaltung der Planung und Budgetierung, in: Controlling, 13, Nr. 8/9, 2001, S. 429–436.

Gleißner, W./Presber, R.: Die Grundsätze ordnungsgemäßer Planung – GOP 2.1 des BDU: Nutzen für die betriebswirtschaftliche Steuerung, in: Controller Magazin, 35, Nr. 6, 2010, S. 82–86.

Gleißner, W./Romeike, F.: Risikomanagement: Umsetzung, Werkzeuge, Risikobewertung, Freiburg 2005.

Global Reporting Initiative: Leitfaden zur Nachhaltigkeitsberichterstattung, 3. Aufl., Amsterdam 2006.

Gminder, C.: Nachhaltigkeitsstrategien systematisch umsetzen: Exploration der Organisationsaufstellung als Managementmethode, Diss., St. Gallen, 2005.

Göbel, E.: Unternehmensethik: Grundlagen und praktische Umsetzung, 2. Aufl., Stuttgart 2010.

Goerke, W.: Organisationsentwicklung als ganzheitliche Innovationsstratgie, Berlin/New York 1981.

Goldman, S. L./Nagel, R. N./Preiss, K.: Agile Competitors and Virtual Organizations: Strategies for Enriching the Customer, New York 1995.

Goldstein, J.: The Unshackled Organization: Facing the Challenge of Unpredictability Through Spontane-ous Reorganization, Portland 1994.

Gomez, P./Zimmermann, T.: Unternehmensorganisation: Profile, Dynamik, Methode, 4. Aufl., Frankfurt/New York 1999.

Göpfert, I.: Budgetierung, in W. Wittmann (Hrsg.): Handwörterbuch der Betriebswirtschaft, 5. Aufl., Stuttgart 1993, S. 1305–1317.

Göpfert, I.: Einführung, Abgrenzung und Weiterentwicklung des Supply Chain Managements, in: Busch, A./Dangelmaier, W. (Hrsg.): Integriertes Supply Chain Management: Theorie und Praxis effektiver unternehmensübergreifender Geschäftsprozesse, 2. Aufl., Wiesbaden 2004, S. 25–44.

Goronzy, F.: Praxis der Budgetierung, Heidelberg 1975.

Götz, K./Schmid, M.: Praxis des Wissensmanagements, München 2004.

Grant, R. M.: Porter's 'Competitive Advantage of Nations': An Assessment, in: Strategic Management Journal, 12, 7, 1991, pp. 535–548.

Grasl, O./Rohr, J./Grasl, T.: Prozessorientiertes Projektmanagement: Modelle, Methoden und Werkzeuge zur Steuerung von IT-Projekten, München 2004.

Greene, R.: Power: Die 48 Gesetze der Macht, 6. Aufl., München 2001.

Greiner, L. E.: Evolution and revolution as organizations grow, in: Harvard Business Review, July-August, 1972, pp. 37–46.

Greiner, L. E.: Patterns of Organizational Change, in: Harvard Business Review, 45, 3, 1967, pp. 119–130.

Greiner, O.: Strategiegerechte Budgetierung: Anforderungen und Gestaltungsmöglichkeiten der Budgetierung im Rahmen der Strategierealisierung, München 2004.

Greschner, J./Weidler, A.: Betriebswirtschaftliche Planung und Kostenrechnung, in H. J. Warnecke (Hrsg.): Die Montage im flexiblen Produktionsbetrieb: Technik, Organisation, Betriebswirtschaft, Berlin 1996, S. 432–473.

Grevelius, S.: Thirty Successful Years Without Budget, in: Controlling, 13, 8/9, 2001, pp. 443–446.

Literaturverzeichnis

Griese, J.: Ziele und Aufgaben des Informationsmanagements, in K. Kurbel/H. Strunz (Hrsg.): Handbuch Wirtschaftsinformatik, Stuttgart 1990, S. 641–657.

Grochla, E.: Einführung in die Organisationstheorie, 2. Aufl., Stuttgart 1991.

Grübel, D./North, K./Szogs, G.: Intellectual Capital Reporting: Ein Vergleich von vier Ansätzen, in: Zeitschrift Führung + Organisation, 73, Nr. 1, 2004, S. 19–27.

Grün, A.: Menschen führen – Leben wecken, 7. Aufl., München 2012.

Grünärml, F.: Kritische Anmerkungen zu einer merkmalspezifischen Typologie multinationaler Unternehmen, in: Jürgensen, H./Littmann, K./Rose, K. (Hrsg.): Jahrbuch der Sozialwissenschaft, Göttingen 1975, S. 228–243.

Grüning, M.: Performance-Measurement-Systeme: Messung und Steuerung von Unternehmensleistung, Wiesbaden 2002.

Gryna, F.: Quality Costs, in: Juran, J. M./Gryna, F. (Hrsg.): Juran's Quality Control Handbook, 4. Aufl., New York 1988.

Guillén, M./Garcia-Canal, E.: Die jungen Wilden, in: Harvard Business Manager, 12, 2012, S. 62–68.

Güldenberg, S.: Wissensmanagement und Wissenscontrolling in lernenden Organisationen: ein systemtheoretischer Ansatz, 4. Aufl., Wiesbaden 2003.

Günterberg, B./Wolter, H.-J.: Unternehmensgrößenstatistik 2001/2002: Daten und Fakten, Hrsg. vom Institut für Mittelstandsforschung, IfM-Materialien Nr. 157, Kap. 1, Bonn 2002.

Günther, E./Prox, M.: ISO 14051 – die Norm zur Materialflusskostenrechnung, 2012.

Günther, T.: Immaterielle Werte aus Sicht des Controllings, in K. Möller/M. Piwinger/A. Zerfaß (Hrsg.): Immaterielle Vermögenswerte: Bewertung, Berichterstattung und Kommunikation, Stuttgart 2009, S. 333–348.

Günther, T.: Unternehmenssteuerung mit Wissensbilanzen – Möglichkeiten und Grenzen, in: Zeitschrift für Controlling & Management, Sonderheft 3, 2005, S. 66–75.

Günther, T.: Unternehmenswertorientiertes Controlling, 2. Aufl., München 2000.

Günther, T./Grüning, M.: Performance Measurement-Systeme im praktischen Einsatz, in: Controlling, 14, Nr. 1, 2002, S. 5–13.

Gürtler, D.: Welchen Produkttyp wird uns die Economy bescheren?, in New Business Network (Hrsg.): E-Business für alle, Stuttgart 2000, S. 151–153.

Gutenberg, E.: Grundlagen der Betriebswirtschaftslehre, Band 1, 24. Aufl., Heidelberg 1983.

Gutenberg, E.: Grundlagen der Betriebswirtschaftslehre, Band 2, 17. Aufl., Heidelberg 1984.

Haas, M.: Projektmanagement der Firma Häußler GmbH & Co. KG in: Dillerup, R./Stoi, R. (Hrsg.): Fallstudien zur Unternehmensführung, 2. Aufl., München 2012.

Habermas, J.: Erläuterungen zur Diskursethik, Frankfurt a. M. 2001.

Hacket Group (Hrsg.): Planning on the Move!, Eschborn 2005.

Häfliger, B.: Qualitätsmanagerin im Grand Hotel Les Trois Rois, in: MQ Management und Qualität, 5, Nr. 11, 2009, S. 12–13.

Hahn, D.: Planungs- und Kontrollrechnung, 5. Aufl., Wiesbaden 1996.

Hahn, D.: Strategische Kontrolle, in: Hahn, D./Taylor, B. (Hrsg.): Strategische Unternehmensplanung – Strategische Unternehmensführung: Stand und Entwicklungstendenzen, 9. Aufl., Berlin 2006, S. 451–464.

Hahn, D./Hungenberg, H.: PuK: Wertorientierte Controllingkonzepte, 6. Aufl., Wiesbaden 2001.

Hahn, D./Taylor, B. (Hrsg.): Strategische Unternehmensplanung – Strategische Unternehmensführung: Stand und Entwicklungstendenzen, 9. Aufl., Berlin 2006.

Hahn, K.: BilMoG Kompakt, 3. Aufl., Weil im Schönbuch 2011.

Hails, C./Humphrey, S./Loh, J./Goldfinger, S.: Living Planet Report. WWF, Gland, Schweiz 2008.

Haiss, P.: Monitoring Change: Die Messung von Veränderungsmaßnahmen und -prozessen, in: Gattermeyer, W./Al-Ani, A. (Hrsg.): Change Management und Unternehmenserfolg: Grundlagen, Methoden, Praxisbeispiele, 2. Aufl., Wiesbaden 2001, S. 57–80.

Haist, F./Fromm, H.: Qualität im Unternehmen: Prinzipien, Methoden, Techniken, 2. Aufl., München 1991.

Haken, H./Lorenz, W./Schanz, M./Wunderlin, A.: Fragestellungen und Resultate der modernen Chaosforschung, Arbeitspapier des Institutes für Theoretische Physik und Synergetik der Universität Stuttgart, 1993.

Haken, H./Wunderlin, A.: Die Selbststrukturierung der Materie – Synergetik in der unbelebten Welt, Braunschweig 1991.
Haller, A.: Erfassung immaterieller Werte in der Unternehmensberichterstattung, in K. Möller/M. Piwinger/A. Zerfaß (Hrsg.): Immaterielle Vermögenswerte: Bewertung, Berichterstattung und Kommunikation, Stuttgart 2009, S. 97–111.
Haller, A./Zellner, P.: Integrated Reporting – ein Vorschlag zur Neugestaltung der Unternehmensberichterstattung, in: Zeitschrift für internationale und kapitalmarktorientierte Rechnungslegung KoR, 11, 2011, S. 523–529.
Hamel, G./Prahalad, C. K.: Wettlauf um die Zukunft: Wie sie mit bahnbrechenden Strategien der Kontrolle über ihre Branche gewinnen und die Märkte von morgen schaffen, 2. Aufl., Frankfurt a. M. 1997.
Hammer, M./Champy, J.: Business Reengineering, 7. Aufl., Frankfurt 2003.
Hank, R.: Vertrauen: Anmerkungen zu einem schlüpfrigen Begriff zwischen Markt, Moral und Recht, in: Kersting, W. (Hrsg.): Moral und Kapital: Grundfragen der Wirtschafts- und Unternehmensethik, Paderborn 2008.
Hansel, J./Lomnitz, G.: Projektleiter-Praxis: Erfolgreiche Projektabwicklung durch verbesserte Kommunikation und Kooperation, 4. Aufl., Berlin 2003.
Hansen, H. R./Neumann, G.: Wirtschaftsinformatik I, 10. Aufl., Stuttgart 2009.
Hardtke, A./Prehn, M.: Perspektiven der Nachhaltigkeit: Vom Leitbild zur Erfolgsstrategie, Wiesbaden 2001.
Harrigan, K. R.: Joint Ventures and Competitive Strategy, in: Strategic Management Journal, 9, 2, 1988, pp. 141–158.
Harry, M./Schroeder, R.: Six Sigma: Prozesse optimieren, Null-Fehler Qualität schaffen, Rendite radikal steigern, 3. Aufl., Frankfurt a. M. 2005.
Hauff, M. v./Kleine, A.: Nachhaltige Entwicklung: Grundlagen und Umsetzung, München 2009.
Hauschildt, J.: Promotoren – Erfolgsfaktoren für das Management von Innovationen, in: zfo, 6, 2001, S. 332–337.
Hauschildt, J./Salomo, S.: Innovationsmanagement, 4. Aufl., München 2007.
Hauser, M.: Wertorientierte Betriebswirtschaft, in: Controller Magazin, 24, Nr. 5, 1999, S. 398–403.
Hax, A. C./Wilde, D. L.: The Delta Model: Adaptive Management for a Changing World, in: Sloan Management Review, 40, 2, 1999, pp. 11–28.
Hax, H.: Integration externer und interner Unternehmensrechnung, in H.-U. Küpper/A. Wagenhofer (Hrsg.): Handwörterbuch Unternehmensrechnung und Controlling, 4. Aufl., Stuttgart 2002, S. 758–767.
Hax, H./Laux, H.: Die Finanzierung der Unternehmung, Gütersloh 1975.
Heche, D.: Praxis des Projektmanagements, Berlin 2004.
Heeg, F.-J.: Projektmanagement: Grundlagen der Planung und Steuerung von betrieblichen Problemlösungsprozessen, REFA, München 1993.
Heenan, D./Perlmutter, H.: Multinational Organizaion Development, Massachusetts 1979.
Heilmann, H.: Organisation und Management der Informationsverarbeitung im Unternehmen, in K. Kurbel/H. Strunz (Hrsg.): Handbuch der Wirtschaftsinformatik, Stuttgart 1990, S. 683–702.
Heilmann, H.: Workflow-Management: Integration von Organisation und Informationsverarbeitung, in Handbuch der modernen Datenverarbeitung, 1994, S. 8–21.
Heinen, E.: Grundlagen betriebswirtschaftlicher Entscheidungen: Das Zielsystem der Unternehmung, 3. Aufl., Wiesbaden 1976.
Heinrich, L. J./Stelzer, D.: Informationsmanagement: Planung, Überwachung und Steuerung der Informationsinfrastruktur, 10. Aufl., München 2011.
Helmke, S./Risse, R.: Chancen- und Risikomanagement im Konzern Deutsche Post AG, in: Kostenrechnungspraxis, Nr. 5, 1999, S. 277–283.
Hemel, U.: Wert und Werte: Ethik für Manager – Ein Leitfaden für die Praxis, 2. Aufl., München 2007.
Hemetsberger, G.: Balanced Scorecard & Shareholder Value: Die Umsetzung wertorientierter Unternehmenstrategien, Linz 2001.
Hemp, P.: Leading Change when Business is good, in: Harvard Business Review, 82, Nr. 12, 2004, S. 60–70.

Literaturverzeichnis

Henderson, J. C./Venkatraman, N.: Strategic Alignment: Leveraging Information Technology for Transforming Organizations, in: IBM Systems Journal, 38, 1, 1993, pp. 4–16.
Henderson, P.: Systems engineering for business process change: collected papers from EPSRC research programme, London; Berlin; Heidelberg 2000.
Hentze, J./Brose, P./Kammel, A.: Unternehmensplanung: Eine Einführung, 2. Aufl., Bern 1993.
Hentze, J./Graf, A./Kammel, A./Lindert, K.: Personalführungslehre: Grundlagen, Funktionen und Modelle der Führung, 4. Aufl., Stuttgart 2005.
Hentze, J./Graf, A.: Personalwirtschaftslehre 2: Personalerhaltung und Leistungsstimulation, Personalfreistellung, Personalinformationswirtschaft, Stuttgart 2005.
Hentze, J./Kammel, A.: Personalwirtschaftslehre Band 1, 7. Aufl., Bern 2001.
Henzler, H. A.: Handbuch strategischer Führung, Wiesbaden 1988.
Hepfer, K.: Philosophische Ethik: Eine Einführung, Göttingen 2008.
Herb, R./Herb, T.: FMEA, in: Zollondz, H.-D. (Hrsg.): Lexikon Qualitätsmanagement: Handbuch des modernen Managements auf der Basis des Qualitätsmanagements, München 2001, S. 244–249, Sp. 244–249.
Hermanns, A./Sauter, M. (Hrsg.): Management-Handbuch Electronic Commerce, 2. Aufl., München 2001.
Herrmann, A./Peetz, S./Schönborn, G.: Werte führen zum Erfolg, in: Personal, 54, Nr. 9, 2004, S. 30–33.
Herrmann, J.: Audit, in: Schmitt, R./Pfeifer, T. (Hrsg.): Masing Handbuch Qualitätsmanagement, 5. Aufl., München 2007, S. 331–341.
Hersey, P./Blanchard, K. H.: Management of Organizational Behaviour, 4. Aufl., Englewood Cliffs 1982.
Herzberg, F./Mausner, B. M./Snydermann, B.: The Motivation to Work, 2. Aufl., New York 1959.
Hewitt, F.: Supply Chain Redesign, in: The International Journal of Logistics Management, 5, 2, 1994, pp. 1–9.
Hichert, R.: Gestalten von Berichten und Präsentationen, Kreuzlingen 2008.
Hichert, R.: Regeln zur (einheitlichen) Gestaltung von Managementberichten und Geschäftspräsentationen, in J. Weber/U. Schäffer (Hrsg.): Controlling, Stuttgart 2011, S. 232–237.
Hill, C./Jones, G.: Strategic Management Theory: An Integrated Approach, 8. Aufl., Boston 2008.
Hill, T.: Manufacturing Strategy. Text and Cases, Houndsmills, London 1995.
Hill, W.: Planungsmanagement, in N. Szyperski/U. Winand (Hrsg.): Handwörterbuch der Planung, Stuttgart 1989, S. 1457–1463.
Hinterhuber, H. H.: Strategische Unternehmungsführung, Band 1, 7. Aufl., Berlin 2004.
Hinterhuber, H. H./Levin, B. M.: Strategic Networks: The Organization of the Future, in: Long Range Planning, 27, 3, 1994, pp. 43–53.
Hinterhuber, H./Raich, M.: Leadership als zentrale Kompetenz von und in Unternehmen, in: Bruch, H./Krummaker, S./Vogel, B. (Hrsg.): Leadership: Best Practises und Trends, Wiesbaden 2012, S. 49–56.
Hinterhuber, H./Stadler, C.: Leadership und Strategie als intangible Assets, in: Matzler, K./Hinterhuber, H./Renzl, B./Rothenberger, S. (Hrsg.): Immaterielle Vermögenswerte: Handbuch der Intangible Assets, Berlin 2005, S. 531–548.
Hipp, C.: Agenda Mensch: Warum wir einen neuen Generationenvertrag brauchen, Berlin 2010.
Hipp, N.: Es ist einfach, aber nicht leicht. It is simple, but not easy: Kompendium für Kunststudenten, Wien 2009.
Hofer, C. W./Schende, D.: Strategy formulation : analytical concepts, in: Paul, S. u. a. (Hrsg.): Bibliography, 1978, S. 206–211.
Höffe, O./Aristoteles: Aristoteles: Die Hauptwerke: Ein Lesebuch, Tübingen 2009.
Hoffmann, C. D./Kirchhoff, M.: Wertorientierte Steuerung eines Automobilzulieferers, in: Horváth, P. (Hrsg.): Strategien erfolgreich umsetzen, Stuttgart 2001, S. 107–127.
Hofmann, J./Walter, N.: Vom Immateriellen zur Wertschöpfung: Was Wissensbilanzen abbilden sollten, in K. Möller/M. Piwinger/A. Zerfaß (Hrsg.): Immaterielle Vermögenswerte: Bewertung, Berichterstattung und Kommunikation, Stuttgart 2009, S. 229–251.
Hofstede, G.: Culture's Consequences: International Differences in Work Related Values, 19. Aufl., Newburry Park 2002.
Hofstede, G.: Interkulturelle Zusammenarbeit: Kulturen, Organisationen, Management, Wiesbaden 1993.

Hofstede, G.: Lokales Denken, globales Handeln: Interkulturelle Zusammenarbeit und globales Management, 3. Aufl., München 2006.
Hofstede, G.: The Game of Budget Control, London 1968.
Höhler, G.: Spielregeln für Sieger, 14. Aufl., Düsseldorf 1996.
Höhn, R.: Führungsbrevier der Wirtschaft, 12. Aufl., Bad Harzburg 1986.
Höller, H.: Verhaltenswirkungen betrieblicher Planungs- und Kontrollsysteme: Ein Beitrag zur verhaltensorientierten Weiterentwicklung des betrieblichen Rechnungswesens, München 1978.
Hölscher, R./Kunz, R.: Wertorientierte Unternehmensführung, in: Haufe Controlling Office, Vers. 3.2, Haufeindex 1256670, Freiburg 2005.
Holtbrügge, D.: Personalmanagement, 4. Aufl., Berlin 2010.
Holtbrügge, D./Welge, M. K.: Internationales Management Theorien, Funktionen, Fallstudien, 5. Aufl., Stuttgart 2010.
Homburg, C./Krohmer, H.: Marketingmanagement: Strategie, Instrumente, Umsetzung, Unternehmensführung, 3. Aufl., Wiesbaden 2009.
Homburg, C./Sütterlin, S.: Strategische Gruppen, in: Zeitschrift für Betriebswirtschaft, 62, Nr. 62, 1992, S. 635–662.
Hommelhoff, P./Schwab, M.: Regelungsquellen und Regelungsebenen der Corporate Governance, in: Hommelhoff, P./Hopt, K. J./Werder, A. v. (Hrsg.): Handbuch Corporate Governance: Leitung und Überwachung börsennotierter Unternehmen in der Rechts- und Wirtschaftspraxis, 2. Aufl., Köln 2009, S. 71–122.
Hope, J./Fraser, R.: Beyond Budgeting: Wie sich Manager aus der jährlichen Budgetierungsfalle befreien können, Stuttgart 2003.
Hopfenbeck, W.: Allgemeine Betriebswirtschafts- und Managementlehre : das Unternehmen im Spannungsfeld zwischen ökonomischen, sozialen und ökologischen Interessen, 14. Aufl., München 2002.
Hopt, K./Merkt, H.: Handelsgesetzbuch : mit GmbH & Co., Handelsklauseln, Bank- und Börsenrecht, Transportrecht (ohne Seerecht), 31. Aufl., München 2003.
Horn, R.: Information Design: Emergence of a New Profession, in R. Jacobson (Hrsg.): Information Design, Cambridge 2000, S. 15–33.
Horsch, J.: Innovations- und Projektmanagement: Von der strategischen Konzeption bis zur operativen Umsetzung, Wiesbaden 2003.
Horton, F. W.: The Information Management Workbook, Washington 1981.
Horváth & Partners: Balanced Scorecard umsetzen, 4. Aufl., Stuttgart 2007.
Horváth, P.: Controlling, 12. Aufl., München 2011.
Horváth, P.: Controlling, 11. Aufl., München 2009.
Horváth, P./Herter, R.: Benchmarking – Vergleich mit den Besten der Besten, in: Controlling, 4, Nr. 1, 1992, S. 4–11.
Horváth, P./Kieninger, M./Mayer, R./Schimank, C.: Prozeßkostenrechnung – oder wie die Praxis die Theorie überholt, in: DBW Die Betriebswirtschaft, 53, Nr. 5, 1993, S. 609–628.
Horváth, P./Mayer, R.: Prozeßkostenrechnung: Stand der Entwicklung, in: krp, 37, Sonderheft, Nr. 2, 1993, S. 15–28.
Hronec, S.: Vital Signs: Indikatoren für die Optimierung Ihres Unternehmens, Stuttgart 1996.
Hügens, T.: Balanced Scorecard und Ursache-Wirkungsbeziehungen, Wiesbaden 2008.
Hummel, T. R./Zander, E.: Unternehmensführung, 2. Aufl., Stuttgart 2008.
Hungenberg, H.: Strategisches Management in Unternehmen: Ziele, Prozesse, Verfahren, 6. Aufl., Wiesbaden 2011.
Hungenberg, H.: Zentralisation und Dezentralisation: Strategische Entscheidungsverteilung in Konzernen, Wiesbaden 1995.
Hüser, M./Kaun, R.: Wer wa(a)gt, gewinnt – Wägetechnik nach Wunsch von der Mettler-Toledo GmbH, in: Warnecke, H. J. (Hrsg.): Aufbruch zum fraktalen Unternehmen: Praxisbeispiele für neues Denken und Handeln, Berlin 1995, S. 315–337.
Hymer, S. H.: The International Operations of National Firms: A Study of Direct Foreign Investment, Massachusetts, 1960.

IIRC. International Integrated Reporting Committee, Towards Integrated Reporting – Communicating Value in the 21st Century, abrufbar unter www.theiirc.org/the-integrated-reporting-discussionpaper/.

Literaturverzeichnis

Imai, M.: Gemba Kaizen: Permanente Qualitätsverbesserung, Zeitersparnis und Kostensenkungen am Arbeitsplatz, München 1997.
Isensee, J./Henkel, A.: Challenge Controlling 2015, in: Gleich, R./Klein, A. (Hrsg.): Der Controlling-Berater, München 2010.
Ishikawa, K.: Guide to Quality Control, Tokio 1976.
Itaki, M.: A Critical Assessment of the Eclectic Theory of the Multinational Enterprise, in: Journal of International Business Studies, 22, 3, 1991, pp. 445–460.

Jänicke, N.: Controlling im Nachhaltigkeitsmangement: Unterstützung betrieblicher Entscheidungen, Diss., Lüneburg, 2010.
Janisch, M.: Das strategische Anspruchsgruppenmanagement: Vom Shareholder-Value zum Stakeholder-Value, Bern 1993.
Jansen, S. A.: Mergers & Acquisitions: Unternehmensakquisitionen und -kooperationen, 5. Aufl., Wiesbaden 2008.
Jasch, C.: Environmental and Material Flow Cost Accounting: Principles and Procedures, Wien 2009.
Jetter, W.: Performance Management, 2. Aufl., Stuttgart 2004.
Johnson, G./Scholes, K./Whittington, R.: Exploring Corporate Strategy, 9. Aufl., London 2011.
Johnson, G./Scholes, K./Whittington, R.: Strategisches Management: Eine Einführung, 9. Aufl., München 2011.
Johnson, H. T./Kaplan, R. S.: Relevance Lost: The Rise and Fall of Management Accounting, Boston 1987.
Jonas, H.: Das Prinzip Verantwortung: Versuch einer Ethik für die technologische Zivilisation, Frankfurt a. M. 2003.
Jöstingmeier, B.: Mitarbeiterführung, unveröffentlichtes Manuskript, Stuttgart 2012.
Jöstingmeier, B.: Mitarbeiterführung, unveröffentlichtes Manuskript, Stuttgart 2012a.
Jöstingmeier, B.: Personalwirtschaft, unveröffentlichtes Manuskript, Stuttgart 2012b.
Jünemann, R.: Materialfluß und Logistik: Systemtechnische Grundlagen mit Praxisbeispielen, Berlin 1989.
Jung, H.: Integration der Budgetierung in die Unternehmensplanung, Darmstadt 1985.
Jung, H.: Personalwirtschaft, 9. Aufl., München 2011.
Juran, J. M.: Quality Control Handbook, 3. Aufl., New York 1974.
Juran, J. M./Gryna, F. M.: Quality Planning and Analysis: From Product Development Through use, 3. Aufl., New York 1993.

Kajüter, P.: Prozesskostenmanagement, in P. Franz/P. Kajüter (Hrsg.): Kostenmanagement: Wertsteigerung durch systematische Kostensteuerung, 2. Aufl., Stuttgart 2002, S. 249–278.
Kaletta, B./Gerhard, T.: Innovation in Distribution und Handel: Die Wertbildungsrechnung bei dm-drogeriemarkt, in: Controller Magazin, 23, Nr. 6, 1998, S. 403–406.
Kamiske, G. F.: Qualitätsbezogene Kosten, in: Schmitt, R./Pfeifer, S. (Hrsg.): Masing Handbuch Qualitätsmanagement, 4. Aufl., München 2007, S. 93–100.
Kamiske, G. F.: TQM, in: Zollondz, H.-D. (Hrsg.): Lexikon Qualitätsmanagement: Handbuch des modernen Managements auf der Basis des Qualitätsmanagements, München 2001, S. 1163–1167.
Kamiske, G. F./Brauer, J.-P.: Qualitätsmanagement von A bis Z: Erläuterungen moderner Begriffe des Qualitätsmanagement, 6. Aufl., München 2008.
Kano, N.: A Perspective on Quality Activities in American Firms, in: California Management Review, 1, 1993, pp. 12–31.
Kano, N.: Attractive Quality and Must-be-Quality, in: Hinshitsu, The Journal of Japanese Society for Quality Control, 4, 1984, pp. 39–48.
Kant, I./Weischedel, W.: Kritik der praktischen Vernunft: Grundlegung zur Metaphysik der Sitten, Frankfurt a. M. 2008.
Kaplan, R./Norton, D. P.: Alignment, Stuttgart 2006.
Kaplan, R. S./Norton, D. P.: Balanced Scorecard: Strategien erfolgreich umsetzen, Stuttgart 1997.
Kaplan, R. S./Norton, D. P.: Die strategiefokussierte Organisation: Führen mit der Balanced Scorecard, Stuttgart 2001.

Literaturverzeichnis

Kaplan, R./Norton, D. P.: Putting the Balanced Scorecard to Work, in: Harvard Business Review, 71, 5, 1993, pp. 134–147.

Kaplan, R. S./Norton, D. P.: Strategy Maps: Der Weg von immateriellen Werten zu materiellen Werten, Stuttgart 2004.

Kaplan, R. S./Norton, D. P.: The Balanced Scorecard Measures That Drive Performance, in: Harvard Business Review, 70, 1, 1992, pp. 71–79.

Kaplan, R. S./Norton, D. P.: The Balanced Scorecard: Translating Strategy Into Action, Boston 2009.

Kaplan, R. S./Norton, D. P.: Using the BSC as a Strategic Management System, in: Harvard Business Review, 74, 1, 1996a, pp. 75–85.

Käufer, T.: Ölförderung in Ecuador Ablasshandel im Regenwald, in: Der Spiegel, erschienen am 29.06.2009.

Keitsch, D.: Risikomanagement: Einführung eines Risikomanagementsystems, neue Anforderungen an die Unternehmen aufzeigen, Risk-Flow statt Cash-Flow, Risiken erkennen, mit Risiko-Checkliste absichern, Stuttgart 2000.

Kemper, H.-G./Lasi, H./Zahn, E.: Informationstechnologie und Informationsmanagement, in F. X. Bea/B. Friedl/M. Schweitzer (Hrsg.): Allgemeine Betriebswirtschaftslehre, 9. Aufl., Stuttgart 2011, S. 448–488.

Kempf, A./Romeike, F.: Integriertes Risikomanagement in der Carl Zeiss Gruppe, in: Brühwiler, B./Romeike, F. (Hrsg.): Praxisleitfaden Risikomanagement: ISO 31000 und ONR 49000 sicher anwenden, Berlin 2010.

Kenning, P.: So schaffen Manager wieder Vertrauen, 2010, http://www.harvardbusinessmanager.de/meinungen/blogs/a-695584.html [Stand: 20.05.2010].

Keown, A. J.; Martin, J. W.; Petty, W. D.; Scott, D. F.: Financial Management, 11. Aufl., Upper Saddle River 2011.

Kersten, G.: Fehlermöglichkeits- und Einflussanalyse (FMEA), in: Masing, W. (Hrsg.): Handbuch Qualitätsmanagement, 4. Aufl., München 1999, S. 469–490.

Kerzner, H.: Projektmanagement: Fallstudien, Bonn 2004.

Keßler, H./Winkelhofer, G.: Projektmanagement: Leitfaden zur Steuerung und Führung von Projekten, 4. Aufl., Berlin 2004.

Keuper, F./Oecking, C.: Shared-Service-Center: The First and the Next Generation, in: Keuper, F./Oecking, C. (Hrsg.): Corporate Shared Services: Bereitstellung von Dienstleistungen im Konzern, 2. Aufl., Wiesbaden 2008, S. 475–502.

Keuper, F./Oecking, C.: Vorwort zur 1. Aufl., in: Keuper, F./Oecking, C. (Hrsg.): Corporate Shared Services: Bereitstellung von Dienstleistungen im Konzern, 1. Aufl., Wiesbaden 2006, S. VI-XIII.

Khandwalla, P. N.: Mass Output Orientation of Operations Technology and Organizational Structure, in: Adminsitrative Science Quarterly, 19, 1, 1974, pp. 74–97.

Kieninger, M.: Budgetplanungsinstrumente, in P. Horváth/T. Reichmann (Hrsg.): Vahlens Großes Controllinglexikon, 2. Aufl., München 2003, S. 104.

Kieser, A.: Business Process Reengineering neue Kleider für den Kaiser?, in: Zeitschrift Führung + Organisation, 65, Nr. 3, 1996, S. 179–185.

Kieser, A./Hegele, C./Klimmer, M.: Kommunikation im organisatorischen Wandel, Stuttgart 1998.

Kieser, A./Kubicek, H.: Organisation, 3. Aufl., Berlin/New York 1992.

Kieser, A./Walgenbach, P.: Organisation, 6. Aufl., Stuttgart 2010.

Kieser, A./Woywode, M.: Evolutionstheoretische Ansätze, in: Kieser, A. (Hrsg.): Organisationstheorien, 6. Aufl., Stuttgart 2006, S. 101–132.

Kim, D. H.: The Link Between Individual and Organizational Learning, in: Sloan Management Review, 35, 1, 1993, pp. 37–50.

Kim, W. C./Mauborgne/R.: Blue Ocean Strategy, in: Harvard Business Review, 10, 2004, pp. 70–80.

Kim, W. C./Mauborgne, R.: Der Blaue Ozean als Strategie. Wie man neue Märkte schafft, wo es keine Konkurrenz gibt, München/Wien 2005.

Kindleberger, C. P.: American Business Abroad: Six Lectures on Direct Investment, New Haven 1969.

Kirkman, B./Rosen, B.: Beyond Self-Management: Antecedents and Consequences of Team Empowerment, in: Academy of Management Journal, 42, 1, 1999, pp. 58–74.

Literaturverzeichnis

Kirsch, W.: Die Unternehmensziele in organisationstheoretischer Sicht, in: Schmalenbachs Zeitschrift für betriebswirtschaftliche Forschung, 21, o. Nr., 1969, S. 665–675.

Kirsch, W.: Strategische Unternehmensführug, in: Wittmann, W. K., W.; Köhler, R.; Küpper, R.; Wyosocki, K. (Hrsg.): Handwörterbuch der Betriebswirtschaft, 5. Aufl., Stuttgart 1993, S. 4094 ff.

Kirsch, W.: Strategisches Management: Die geplante Evolution von Unternehmen, München 1997.

Kirsch, W.: Unternehmenspolitik und strategische Unternehmensführung, 2. Aufl., München 1991.

Klein, R./Scholl, A.: Planung und Entscheidung: Konzepte, Modelle und Methoden einer modernen betriebswirtschaftlichen Entscheidungsanalyse, 2. Aufl., München 2011.

Kleine, A.: Operationalisierung einer Nachhaltigkeitsstrategie: Ökologie, Ökonomie und Soziales integrieren, Diss., Kaiserslautern 2008.

Klingebiel, N.: Performance Management – Performance Measurement, in: Zeitschrift für Planung, 9, Nr. 1, 1998, S. 1–15.

Kloock, J.: Prozeßkostenrechnung als Rückschritt und Fortschritt der Kostenrechnung (Teil 1), in: Kostenrechnungspraxis, 36, Nr. 4, 1992, S. 183–191.

Knoche, K. F./Bosnjakovic, F.: Technische Thermodynamik Teil II, 6. Aufl., Leipzig 2012.

Knyphausen, D.: „Why are Firms different?", in: DBW Die Betriebswirtschaft, 53, Nr. 6, 1993, S. 777 ff.

Knyphausen-Aufseß, D.: Theorie der strategischen Unternehmensführung : state of the art und neue Perspektiven, Wiesbaden 1995.

Kobrin, S. J.: Sovereignty@bay: Globalization, Multinational Enterprise, and the International Political System, in: Rugman, A. (Hrsg.): The Oxford Handbook of International Business,, 2. Aufl., Oxford 2009, S. 183–204.

Koch, E.: Interkulturelles Managment, München 2012.

Koch, H.: Aufbau der Unternehmensplanung, Wiesbaden 1977.

Koch, R.: Betriebliches Berichtswesen als Informations- und Steuerungsinstrument, Frankfurt a. M. 1994.

Köhler, J.: Einsatzbedingungen von Planungstechniken, in N. Szyperski/U. Winand (Hrsg.): Handwörterbuch der Planung, Stuttgart 1989, S. 1528–1541.

Kohlöffel, K.: Strategisches Management, München/Wien 2000.

Kollmann, T.: E-Business: Grundlagen elektronischer Geschäftsprozesse in der Net Economy, 4. Aufl., Wiesbaden 2011.

Kolodziej, M. J./Mostberger, P.: „Was können wir gemeinsam besser machen?", in: Zeitschrift für Controlling & Management, 52, Nr. 2, 2008, S. 81–84.

König, M.: Unternehmensethik konkret : gesellschaftliche Verantwortung ernst gemeint, Wiesbaden 2002.

Kopp, J./Leyk, J.: Effizient und effektiv planen und budgetieren, in Horváth & Partners (Hrsg.): Beyond Budgeting umsetzen: Erfolgreich planen mit Advanced Budgeting, Stuttgart 2004a, S. 1–14.

Kopp, J./Leyk, J.: Innovative Planungs- und Budgetierungskonzepte und ihre Bewertung, in Horváth & Partners (Hrsg.): Beyond Budgeting umsetzen: Erfolgreich planen mit Advanced Budgeting, Stuttgart 2004b, S. 15–59.

Kosiol, E.: Die Unternehmung als wirtschaftliches Aktionszentrum: Einführung in die Betriebswirtschaftslehre, Reinbek 1966.

Kosiol, E.: Organisation der Unternehmung, 2. Aufl., Wiesbaden 1976.

Kotler, P./Armstrong, G./Saunders, J./Wong, V.: Grundlagen des Marketing, 4. Aufl., München 2007.

Kotler, P./Armstrong, G./Saunders, J./Wong, V.: Grundlagen des Marketing, 5. Aufl., München 2011.

Kotler, P./Bliemel, F.: Marketing-Management: Analyse, Planung und Verwirklichung, 10. Aufl., Stuttgart 2006.

Kotter, J. P.: Leading Change, München. 2012.

Kotter, J./Rathgeber, H.: Das Pinguin-Prinzip: Wie Veränderung zum Erfolg führt, München 2006.

Kotter, J.: Das Unternehmen erfolgreich erneuern, in: Harvard Business Manager, 30, Nr. 4, 2008, S. 140–151.

Literaturverzeichnis

Kotter, J.: Leadership läßt sich lernen, in: Harvard Business Manager, 13, Nr. 1, 1991, S. 35–43.
Kotter, J.: The Leadership Factor, New York 1988.
KPMG: KPMG International Corporate Sustainability – a progress report, www.kpmg.com 2011.
Krames, J. A.: Inside Drucker's Brain, New York 2008.
Krames, J. A.: Peter F. Druckers kleines Weißbuch, München 2009.
Kraus, G./Westerman, R.: Projektmanagement mit System: Organisation, Methode, Steuerung, 4. Aufl., Wiesbaden 2010.
Krawczyk, U.: Der rote Faden: Ein Leitfaden für Multi-Projekt-Management, in: Balzer, H. (Hrsg.): Den Erfolg im Visier: Unternehmenserfolg durch Multi-Projekt-Management, Stuttgart 1998, S. 51–94.
Krcmar, H./Buresch, A.: IV-Controlling: Ein Rahmenkonzept, in H. Krcmar/A. Buresch/M. Reb (Hrsg.): IV-Controlling auf dem Prüfstand: Konzept, Benchmarking, Erfahrungsberichte, Wiesbaden 2000, S. 1–20.
Krcmar, H.: Informationsmanagement, 5. Aufl., Berlin u. a. 2010.
Kreikebaum, H./Gilbert, D. U./Reinhardt, G. O.: Organisationsmanagement internationaler Unternehmen: Grundlagen und moderne Netzwerkstrukturen, 2. Aufl., Wiesbaden 2002.
Kreikebaum, H.: Organisationsmanagement internationaler Unternehmen: Grundlagen und neue Strukturen, 2. Aufl., Wiesbaden 2002.
Kröger, F. D., G.: Wachstum wagen: Wie Unternehmen ihre Wachstumsreserven entdecken, Weinheim 2004.
Kröger, F./Deans, G.: Wachstum wagen: Wie Unternehmen ihre Wachstumsreserven entdecken, Weinheim 2004.
Kröher, O. R.: Good Company Ranking: Tue Gutes und profitiere davon, in: Manager Magazin, o, Nr. 2, 2005, S. 80–86.
Kroslid, D./Bergman, B./Magnusson, K./Faber, K.: Six Sigma: Erfolg durch Breakthrough-Verbesserungen, München 2003.
Krüger, W./Homp, C.: Kernkompetenz-Management: Steigerung von Flexibilität und Schlagkraft im Wettbewerb, Wiesbaden 1997.
Krüger, W.: Das 3W-Modell: Bezugsrahmen für das Wandlungsmanagement, in: Krüger, W. (Hrsg.): Excellence in Change: Wege zur strategischen Erneuerung, 4. Aufl., Wiesbaden 2009a, S. 19–44.
Krüger, W.: Excellence in Change. Wege zur strategischen Erneuerung, 4. Aufl., Wiesbaden 2009b.
Krüger, W.: Führungsstile für erfolgreichen Wandel, in: Bruch, H./Krummaker, S./Vogel, B. (Hrsg.): Leadership. Best Practices und Trends, Wiesbaden 2012, S. 99–115.
Krüger, W.: Organisation der Unternehmung, 3. Aufl., Stuttgart 1994.
Krüger, W.: Organisation der Unternehmung, 4. Aufl., Stuttgart 2003.
Krüger, W.: Strategische Erneuerung: Programme, Prozesse und Probleme, in: Krüger, W. (Hrsg.): Excellence in Change: Wege zur strategischen Erneuerung, 4. Aufl., Wiesbaden 2009c, S. 45–102.
Krüger, W.: Topmanager als Promotoren und Enabler des Wandels, in: Krüger, W. (Hrsg.): Excellence in Change: Wege zur strategischen Erneuerung, 4. Aufl., Wiesbaden 2009d, S. 143–192.
Krystek, U./Müller-Stewens, G.: Strategische Frühaufklärung, in D. Hahn/B. Taylor (Hrsg.): Strategische Unternehmensplanung – strategische Unternehmensführung: Stand und Entwicklungstendenzen, 9. Aufl., Berlin u. a. 2006, S. 175–194.
Krystek, U./Zumbrock, S.: Planung und Vertrauen: Die Bedeutung von Vertrauen und Misstrauen für die Qualität von Planungs- und Kontrollsystemen, Stuttgart 1993.
Kubicek, H.: Empirische Organisationsforschung, Stuttgart 1975.
Kühlmann, T. M.: Opportunismus, Vertrauen und Kontrolle in internationalen Geschäftsbeziehungen, in: Jammal, E. (Hrsg.): Vertrauen im interkulturellen Kontext, Wiesbaden 2008, S. 51–67.
Kumar, P.: The Economics of Ecosystems and Biodiversity: Ecological and Economic Foundations, London/Washington 2012.
Küng, H./Kuschel, K.-J.: Erklärung zum Weltethos: Die Deklaration des Parlamentes der Weltreligionen, München 1993.
Küng, H.: Verdrängte Sinnfrage – das zentrale Problem, in: Innovation 3–4, 1987, S. 4–8.

Literaturverzeichnis

Kunsleben, A./Tschesche, J.: Resource Cost Accounting (RKR) – A Synthesis of Business Management and Technology, in: Chemical Engineering & Technology 2010, 33, 4, 2010, pp. 589–592.

Kunze, M.: Unternehmensethik und Wertemanagement in Familien- und Mittelstandsunternehmen: Projektorientierte Analyse, Gestaltung und Integration von Werten und Normen, Wiesbaden 2008.

Kunzmann, P./Burkard, F.-P./Wiedmann, F.: dtv-Atlas zur Philosophie: Tafeln und Texte, Dt. Taschenbuch-Verl. (Hrsg.): München 1993.

Küpper, H.-U.: Controlling: Konzeption, Aufgaben und Instrumente, 5. Aufl., Stuttgart 2008.

Küpper, H.-U.: Personalcontrolling aus Sicht des Controllers: Entwicklungschancen?, in K.-F. Ackermann/C. Scholz (Hrsg.): Personalmanagement für die 90er Jahre: Neue Entwicklungen, Neues Denken, Neue Strategien, Stuttgart 1991, S. 224–247.

Kurbel, K.: Produktionsplanung und -steuerung im Enterprise Resource Planning und Supply Chain Management, 6. Aufl., München 2005.

Küting, K./Lorson, P.: Grenzplankostenrechnung versus Prozeßkostenrechnung Quo vadis Kostenrechnung?, in: Betriebs-Berater, 46, Nr. 21, 1991, S. 1421–1433.

Kutschker, M./Schmid, S.: Internationales Management, 7. Aufl., München 2012.

Lacy, P./Cooper, T./Hayward, R./Neuberger, L.: A New Era of Sustainability – CEO reflections on progress to date, challenges ahead and the impact of the journey toward a sustainable economy, United Nations Global Compact, 2010.

Lamparter, D.: Die haben verstanden, in: Die Zeit, Nr. 39 vom 20.09.2012, S. 22.

Langguth, H./Chahed, Y.: Wertorientierte Konzepte am Beispiel eines Brauereikonzerns, in: Controlling, 16, Nr. 7, 2004, S. 399–411.

Langmeyer, H.: Das Cafeteria-Verfahren, München 1999.

Lauer, T.: Change Management – Grundlagen und Erfolgsfaktoren, Aschaffenburg 2009.

Laux, H./Liermann, F.: Grundlagen der Organisation: Die Steuerung von Entscheidungen als Grundproblem der Betriebswirtschaftslehre, 6. Aufl., Berlin 2005.

Lawrence, P. R./Lorsch, J. W.: Organization and Environment: Managing Differentiation and Integration, 6. Aufl., Boston 1976.

Lawrence, P. R.: How to Deal With Resistance to Change, in: Harvard Business Review, 32, 3, 1954, pp. 49–57.

Lay, R.: Ethik für Manager, Düsseldorf 1996.

Lazear, E. P./Shaw, K. L./Stanton, C. T.: The Value of Bosses, Cambridge 2012.

Lee, S. H.: Asiengeschäfte mit Erfolg: Leitfaden und Checklisten für Fern- und Südostasien, 2. Aufl., Heidelberg/Berlin 2008.

Leisinger, K.: Unternehmensethik : globale Verantwortung und modernes Management, München 1997.

Lev, B.: Intangibles: Management Measurement and Reporting, Washington 2001.

Lewin, K.: Feldtheorie in den Sozialwissenschaften, Bern 1963.

Lievegoed, B. C. J.: Organisation im Wandel, Bern/Stuttgart 1974.

Lilienthal, D.: Management of the Multinational Corporation, in: Anshen, M. B., G. L. (Hrsg.): Management and Corporations 1985, A Symposium Held on the Occasion of the Tenth Anniversary of the Graduate School of Industrial Administration, Carnegie Institute of Technology, Westport 1975, S. 119–158.

Lippitt, G. L./Langseth, P./Mossop, J.: Implementing organizational change, 4. Aufl., San Francisco 1991.

Litke, H.-D.: Projektmanagement: Methoden, Techniken, Verhaltensweisen, 5. Aufl., München 2007.

Locke, E. A./Latham, G. P.: Goal Setting a Motivational Technique That Works!, Englewood Cliffs 1984.

Löffler, J.: Leadership im Studium der Unternehmensführung, in: Dillerup, R./Haberlandt, K./Vogler, G. (Hrsg.): Heilbronner Beiträge zur Unternehmensführung: 40 Jahre Erfolgsgeschichten, München 2009, S. 97–108.

Lorson, P.: Straffes Kostenmanagement und neue Technologien: Anforderungen, Instrumente und Konzepte unter besonderer Würdigung der Prozeßkostenrechnung, Herne 1993.

Lück, W.: Der Umgang mit unternehmerischen Risiken durch ein Risikomanagementsystem und durch ein Überwachungssystem, in: Der Betrieb, 51, Nr. 39, 1998, S. 1925–1930.

Luhmann, N.: Soziale Systeme: Grundriss einer allgemeinen Theorie, 12. Aufl., Frankfurt a. M. 2006.

Luhmann, N.: Vertrauen: Ein Mechanismus der Reduktion sozialer Komplexität, 4. Aufl., Stuttgart 2009.

Lundin, S./Paul, H./Christensen, J.: Fish!: Ein ungewöhnliches Motivationsbuch, München 2005.

Lütge, C.: Wissenschaftstheoretische und ethische Aspekte des Wissensmanagements, in: Götz, K. (Hrsg.): Wissensmanagement: Zwischen Wissen und Nichtwissen, 4. Aufl., München 2002, S. 177–194.

Lynch, R. L./Cross, K. F.: Measure Up!: Yardsticks for Continuous Improvement, 2. Aufl., Oxford 1995.

Lynch, R. L./Cross, K. F.: Performance Measurement Systems, in B. J. Brinker (Hrsg.): Handbook of Cost Management, New York 1993, S. E3/1–20.

Macharzina, K./Wolf, J.: Unternehmensführung: Das internationale Managementwissen, 7. Aufl., Wiesbaden 2010.

Macharzina, K./Wolf, J.: Unternehmensführung: Das internationale Managementwissen, 8. Aufl., Wiesbaden 2012.

Madauss, B. J.: Handbuch Projektmanagement: Mit Handlungsanleitungen für Industriebetriebe, Unternehmensberater und Behörden, 7. Aufl., Stuttgart 2006.

Mag, W.: Unternehmensplanung, München 1995.

Magi, G.: 36 Strategeme für Erfolg und Wohlstand: Die altbewährte chinesische Kunst der Strategie, München 2009.

Magyar, K.: Visionen schaffen neue Qualitätsdimension!, in: Thexis, 6, Nr. 6, 1989, S. 3–7.

Mainzer, K.: Chaos, Selbstorganisation und Symmetrie. Bemerkungen zu drei aktuellen Forschungsprogrammen, in: Niedersen, U./Pohlmann, L. (Hrsg.): Selbstorganisation. Jahrbuch für Komplexität in den Natur-, Sozial- und Geisteswissenschaften, Berlin 1992, S. 259–278.

Maisel, L. S.: Performance Measurement: The Balanced Scorecard Approach, in: Journal of Cost Management, 5, 2, 1992, pp. 47–52.

Malik, F.: Führen, Leisten, Leben: Wirksames Management für eine neue Zeit, Frankfurt a. M. 2009a.

Malik, F.: Leadership im Unternehmen: Trends und Perspektiven, in: Bruch, H./Krummaker, S./Vogel, B. (Hrsg.): Leadership: Best Practises und Trends, Wiesbaden 2012, S. 307–319, Sp. 307–319.

Malik, F.: Strategie des Managements komplexer Systeme: Ein Beitrag zur Management-Kybernetik evolutionärer Systeme, 7. Aufl., Bern 2002.

Malik, F.: Systemisches Management, Evolution, Selbstorganisation: Grundprobleme, Funktionsmechanismen und Lösungsansätze für komplexe Systeme, 2. Aufl., Bern 1999.

Malik, F.: Systemisches Management, Evolution, Selbstorganisation: Grundprobleme, Funktionsmechanismen und Lösungsansätze für komplexe Systeme, 5. Aufl., Bern 2009b.

Mandelbrot, B. B.: Die fraktale Geometrie der Natur, Boston, Berlin 1991.

Mann, R.: Das visionäre Unternehmen: Der Weg zur Vision in zwölf Stunden, Wiesbaden 1990.

March, J. G./Olsen, J. P.: The Uncertainty of the Past: Organizational Learning under Ambiguity, in: European Journal of Political Research, 3, 2, 1975, pp. 147–171.

Markowitz, H. M.: Portfolio Selection, in: The Journal of Finance, 7, 1, 1952.

Martin, J. D./Petty, W. J.: Value Based Management, 2. Aufl., Boston 2009.

Martin, R./Kemper, A.: Das Ende der Ideologien: Nachhaltigkeit: Verzicht oder Innovation?, in: Harvard Business Manager, 6, 2012, S. 52–65.

Masing, W.: Das Unternehmen im Wettbewerb, in: Schmitt, R./Pfeifer, T. (Hrsg.): Masing Handbuch Qualitätsmanagement, 5. Aufl., München 2007, S. 3–14.

Maslow, A. H.: Motivation and Personality, New York 1970.

Matlachowsky, P.: Implementierungsstand der Balanced Scorecard: Fallstudienbasierte Analyse in deutschen Unternehmen, Wiesbaden 2008.

Matthes, S./Dürand, D./Gerth, M./Rees, J.: Nachhaltigkeitsranking Deutschlands nachhaltigste Unternehmen, in: Die WirtschaftsWoche, erschienen am 30.11.2009.

Matuschczyk, A.: Kreative Strategeme: Kreatives und systemisches Denken bei der Austragung sozialer Konflikte, Hannover 2009.

Literaturverzeichnis

Matzler, K./Hinterhuber, H./Renzl, B./Rothenberger, S. (Hrsg.): Immaterielle Vermögenswerte: Handbuch der Intangible Assets, Berlin 2005.
Maxwell, J.: Leadership: Die 21 wichtigsten Führungsprinzipien, 5. Aufl., Gießen 2011.
Mayer, R./Stoi, R.: Prozesskostenrechnung, in P. Horváth/T. Reichmann (Hrsg.): Vahlens Großes Controllinglexikon, 2. Aufl., München 2003, S. 623–625.
Mayer, R.: Zero-Base-Budgeting, in P. Horváth/T. Reichmann (Hrsg.): Vahlens Großes Controllinglexikon, 2. Aufl., München 2003, S. 835–836.
McFarlan, F./McKenney, J./Pyburn, P.: The Information Archipelago: Plotting a Course, in: Harvard Business Review, 18, 1, 1983, pp. 145–155.
McGregor, D.: Der Mensch im Unternehmen, Düsseldorf 1970.
Meadows, D.: Die Grenzen des Wachstums: Bericht des Club of Rome zur Lage der Menschheit, New York 1972.
Meadows, D./Meadows, D./Randers, J.: Die neuen Grenzen des Wachstums: Die Lage der Menschheit – Bedrohung und Zukunftschancen, Stuttgart 1992.
Meffert, H.: Marketing, 11. Aufl., Wiesbaden 2012.
Meffert, H./Bolz, J.: Internationales Marketing-Management, 3. Aufl., Stuttgart 1998.
Meffert, H./Bruhn, M.: Dienstleistungsmarketing: Grundlagen, Konzepte, Methoden, 7. Aufl., Wiesbaden 2012.
Mehler-Bicher, A.: Bewertung von e-Business Investitionen mithilfe von Optionspreismodellen, 2001, http://www.competence-site.de [Stand: 08. Oktober 2001].
Meier, H./Roehr, S.: Internationalisierung der Wirtschaft, in: Meier, H./Roehr, S. (Hrsg.): Einführung in das Internationale Management, Berlin 2004, S. 1–32.
Melzer-Riedinger, R.: FAQ Supply Chain Management, Troisdorf 2003.
Meredith, J. R./Mantel, S. J. J.: Project Management: A Managerial Approach, 7. Aufl., New York 2010.
Mertens, P./Bodendorf, F./König, W./Picot, A./Schumann, M.: Grundzüge der Wirtschaftsinformatik, 9. Aufl., Berlin 2005.
Mertens, P./Griese, J.: Integrierte Informationsverarbeitung II: Planungs- und Kontrollsysteme in der Industrie, 10. Aufl., Wiesbaden 2009.
Metcalfe, R.: From the Ether: A Network Becomes More Valuable as it Reaches More Users, in: Info World Magazine, October 1995.
Metz, F.: Konzeptionelle Grundlagen, empirische Erhebungen und Ansätze zur Umsetzung des Personal-Controlling in die Praxis, Frankfurt a. M. 1995.
Meyer, A./Davidson, H.: Offensives Marketing : gewinnen mit POISE: Märkte gestalten, Potenziale nutzen, Freiburg 2001.
Meyer, F. A.: Planungshandbuch und Checklisten für die Planung, in N. Szyperski (Hrsg.): Handwörterbuch der Planung, Stuttgart 1989, S. 1445–1451.
Michel, R.: Know-how der Unternehmensplanung, 2. Aufl., Heidelberg 1991.
Middelmann, U.: Wertsteigerungspotenziale schaffen und realisieren, in: Horváth, P. (Hrsg.): Die Strategieumsetzung erfolgreich steuern: Strategien beschreiben, messen und steuern, Stuttgart 2004, S. 3–32.
Miles, R. E./Snow, C. C.: Internal Markets and Network Organizations, in: Halal, W. E. (Hrsg.): Internal Markets: Bringing the Power of Free Enterprise Inside Your Organization, New York 1993, S. 67–86.
Miles, R. E./Snow, C. C.: New Concepts for new Firms, in: California Management Review, 28, 3, 1986, pp. 62–73.
Mill, J. S.: Of the Logic of Practice, or art: Including Morality and Policy, (1843), Reprinted in: Schneewind, J.B.: Mill's Ethical Writings, New York 1965.
Mintzberg, H./Ahlstrand, B./Lampel, J.: Strategy Safari: Eine Reise durch die Wildnis des strategischen Managements, 2. Aufl., Heidelberg 2012.
Mintzberg, H./Lampel, J./Quinn, J. B./Ghosahl, S.: The Strategy Process: Concepts, Contexts, Cases, 4. Aufl., Upper Saddle River 2003.
Mintzberg, H.: Die Mintzberg-Struktur: Organisationen effektiver gestalten, Landsberg 1992.
Mintzberg, H.: Patterns is strategy formation, in: Management Science, 24, 9, 1978, pp. 934–948.
Möller, K./Stoi, R.: Quo vadis Controlling? Status Quo und Perspektiven der Controlling-Forschung, in: Controlling, 14, Nr. 10, 2002, S. 561–569.
Möller, T./Dörrenberg, F.: Projektmanagement, München 2003.

Morschett, D.: Institutionalisierung und Koordination von Auslandseinheiten: Analyse von Industrie- und Dienstleistungsunternehmen, Wiesbaden 2007.
Mourkogiannis, N.: Purpose: The Starting Point of Great Companies, 2006.
Moxter, A.: Immaterielle Anlagewerte im neuen Bilanzrecht, in: Betriebs-Berater, 34, Nr. 22, 1979, S. 1102–1109.
Mühlfelder, P./Nippa, M.: Erfolgsfaktoren des Projektmanagements, in: Zeitschrift Führung + Organisation, 58, Nr. 6, 1989, S. 368–380.
Müller, A.: Umweltorientiertes betriebliches Rechnungswesen, 3. Aufl., München 2010.
Müller, G./Hirsch, B.: Die Wertorientierung in der Unternehmenssteuerung – Status quo und Perspektiven, in: Zeitschrift für Controlling & Management, 49, Nr. 1, 2005, S. 83–87.
Müller, H.: Kurs halten – aber welchen?, in: Manager Magazin, 34, Nr. 12, 2004, S. 144–154.
Müller, I.: Grundzüge Der Thermodynamik: mit historischen Anmerkungen 3. Aufl., Heidelberg 2001.
Müller, S./Kornmeier, M.: Streitfall Globalisierung, München/Wien 2001.
Müller-Böling, D.: Organisationsformen von Planungssystemen, in N. Szyperski/U. Winand (Hrsg.): Handwörterbuch der Planung, Stuttgart 1989, S. 1310–1320.
Müller-Stewens, G./Lechner, C.: Strategisches Management: Wie strategische Initiativen zum Wandel führen, 4. Aufl., Stuttgart 2011.
Müller-Stewens, G./Schäfer, M.: Merger & Acquisition: Grundlagen, in: Thießen, F. (Hrsg.): Enzyklopädisches Lexikon des Geld-, Bank- und Börsenwesens, 4. Aufl., Frankfurt a. M. 1999, S. 1305–1330.
Munari, S.: Strategische Steuerung: Bedeutung im Rahmen des strategischen Managements, in: Hahn, D./Taylor, B. (Hrsg.): Strategische Unternehmensplanung – Strategische Unternehmensführung, 9. Aufl., Berlin 2006, S. 435–450.

Naturkapital Deutschland – TEEB DE: Der Wert der Natur für Wirtschaft und Gesellschaft – Eine Einführung: München, Leipzig, Bonn 2012.
Nehlsen, T./Gatzmaga, I.: Prospektive Trends in der Disziplin Projektmanagement: Eine Analyse zum Anpassungsbedarf, in: Griesche, D./Meyer, H./Dörrenberg, F. (Hrsg.): Innovative Managementaufgaben in der nationalen und internationalen Praxis, Wiesbaden 2001, S. 226–239.
Neuberger, O.: Führen und führen lassen, 6. Aufl., Stuttgart 2002.
Neumair, S.-M.: Handel und Direktinvestitionen: Eine Bestandsaufnahme, in: Haas, H.-D. N., S.-M. (Hrsg.): Internationale Wirtschaft: Rahmenbedingungen, Akteure, räumliche Prozesse, München/Wien 2006, S. 41–60.
Neumann, J./Morgenstern, O.: Theory of games and economic behavior, 60, Princeton 2004.
Nevries, P./Strauß, E./Goretzki, L.: Zentrale Gestaltungsgrößen der operativen Planung, in: Zeitschrift für Controlling & Management, 53, Nr. 4, 2009, S. 237–241.
Niemeier, J.: Grenzen der Virtualisierung: Wie viel Virtualität ist noch steuerbar?, Vortrag an der Universität Stuttgart am 26.01. 2005.
Nieschlag, R./Dichtl, E./Hörschgen, H.: Marketing, 19. Aufl., Berlin 2002.
Nissing, H.-G./Müller, J.: Grundpositionen philosophischer Ethik: Von Aristoteles bis Jürgen Habermas, Darmstadt 2009.
Nonaka, I./Takeuchi, H.: Die Organisation des Wissens: Wie japanische Unternehmen eine brachliegende Ressource nutzbar machen, Frankfurt a. M. 1997.
North, K./Probst, G./Romhardt, K.: Wissen messen: Ansätze, Erfahrungen und kritische Fragen, in: Zeitschrift Führung + Organisation, 67, Nr. 3, 1998, S. 158–166.
North, K.: Wissensorientierte Unternehmensführung: Wertschöpfung durch Wissen, 5. Aufl., Wiesbaden 2011.
Norton, D. P.: Response to „A New Language for Leveraging Scorecard-Driven Learning", in: Balanced Scorecard Report, 3, 1, January-February 2001.

Odiorne, G. S.: Strategic Management of Human Resources, San Francisco, 1984.
OECD: Measuring Globalisation: OECD Economic Globalisation Indicators, Paris 2010.
Oechsler, W. A.: Personal und Arbeit, 9. Aufl., München 2011.
Oehler, K.: Beyond Budgeting, was steckt dahinter und was kann Software dazu beitragen?, in: Kostenrechnungspraxis, 46, Nr. 3, 2002, S. 151–160.

Literaturverzeichnis

Oess, A.: Total Quality Management: Die ganzheitliche Qualitätsstrategie, 3. Aufl., Wiesbaden 1994.
Olfert, K./Rahn, H.-J.: Kompakt-Training Organisation, 5. Aufl., Ludwigshafen 2009.
Olfert, K.: Personalwirtschaft, 14. Aufl., Ludwigshafen 2010.
O'Reilly, C. A.: The use of Information in Organizational Decision Making, in: Research in Organizational Behaviour, in: Research in Organizational Behaviour, 5, 1983, pp. 103–139.
Orell, F./Schwanfelder, W.: Konfuzius im Management, Frankfurt 2006.
Osanna, H.: SPC – Statistical Process Control, in: Zollondz, H.-D. (Hrsg.): Lexikon Qualitätsmanagement, München 2001, S. 1101–1105.
Österle, H./Brenner, W./Hilbers, K.: Unternehmensführung und Informationssystem: Der Ansatz des St. Gallener Informationssystem-Management, 2. Aufl., Stuttgart 1992.

Pape, U.: Wertorientierte Unternehmensführung und Controlling, 4. Aufl., Sternenfels 2010.
Patzak, G./Rattay, G.: Projektmanagement: Leitfaden zum Management von Projekten, Projektportfolios und projektorientierten Unternehmen, 5. Aufl., Wien 2009.
Pauly, C.: Kybernetik in der Unternehmensfuehrung, in: Wirtschaftswoche, Nr. 050, 07.12.1990, S. 68–72.
Pausenberger, E.: Alternative Internationalisierungsstrategien, in: Pausenberger, E. (Hrsg.): Internationalisierung von Unternehmen: Strategien und Probleme ihrer Umsetzung, Stuttgart 1994b, S. 1–30.
Pausenberger, E.: Die Internationalisierung von Unternehmungen: Strategien und Probleme ihrer Umsetzung, Stuttgart 1994.
Pautzke, G.: Die Evolution der organisatorischen Wissensbasis: Bausteine zu einer Theorie des organisatorischen Lernens, München 1989.
Pawlowsky, P.: Betriebliche Qualifikationsstrategien und organisationales Lernen, in W. Staehle/J. Sydow (Hrsg.): Managementforschung, Berlin 1992, S. 77–238.
Pawlowsky, P.: Integratives Wissensmanagement, in P. Pawlowsky (Hrsg.): Wissensmanagement: Erfahrungen und Perspektiven, Wiesbaden 1998b, S. 9–45.
Pawlowsky, P.: Wissensmanagement in der lernenden Organisation, Habilitationsschrift, Universität Paderborn, 1994.
Peccei, A.: Strategies for a sustainable planet, Aurelio Peccei Centenary Conference Club of Rome 40th Anniversary Meeting, 16–17 Juni 2008.
Pech, J. C.: Bedeutung der Wirtschaftsethik für die marktorientierte Unternehmensführung, Wiesbaden 2008.
Peddinghaus, J.: Kommunikation, Soft Factors, Kultur: Vitalisierung durch wertebasiertes Führungsverhalten, in: Booz Allen & Hamilton (Hrsg.): Unternehmensvitalisierung, Wachstumsorientierte Innovation, Lernende Organisation, Wertebasierte Führung, Stuttgart 1997, S. 85–99.
Peng, M./Meyer, K.: International Business, London 2011.
Peng, M.: Global2, 2013.
Penrose, E. T.: The Theory of the Growth of the Firm, 3. Aufl., Oxford 1995.
Pepels, W.: Kommunikations-Management: Marketing-Kommunikation vom Briefing bis hin zur Realisation, 4. Aufl., Stuttgart 2001.
Pepels, W.: Moderne Marketingpraxis: Eine Einführung in die anwendungsorientierte Absatzwirtschaft, Herne 2002.
Peppers, D./Rogers, M.: The one to one Future: Building Customer Relationships one Customer at a Time, New York 1993.
Perich, R.: Unternehmungsdynamik: Zur Entwicklungsfähigkeit von Organisationen aus zeitlich-dynamischer Sicht, Bern 1993.
Perlitz, M.: Internationales Management, 5. Aufl., Stuttgart 2004.
Perlitz, M.: Organisation des Planungsprozesses, in N. Szyperski/U. Winand (Hrsg.): Handwörterbuch der Planung, Stuttgart 1989, S. 1299–1309.
Perlmutter, H. V.: The Tortuous Evolution of Multinational Enterprises, in: Columbia Journal of World Business, 1, 1969, pp. 9–18.
Peters, T./Waterman, R.: In Search of Excellence, New York 1982.
Peters, T./Waterman, R.: In Search of Excellence, New York 2006.

Petrick, K.: QM-Systeme nach DIN EN ISO 9000 ff., in: Zollondz, H.-D. (Hrsg.): Lexikon Qualitätsmanagement: Handbuch des modernen Managements auf der Basis des Qualitätsmanagements, München 2001, S. 969–976.
Petrick, K./Reihlen, H.: Qualitätsmanagement und Normung, in: Schmitt, R./Pfeifer, T. (Hrsg.): Masing Handbuch Qualitätsmanagement, 5. Aufl., München 2007, S. 101–122, Sp. 101–122.
Pfeiffer, W. D., R. (Hrsg.): Das Technologie-Portfolio-Konzept zur Beherrschung der Schnittstelle Technik und Unternehmensstrategie 7. Aufl. Aufl., Heidelberg 1997, S. 407–435.
Pfeiler, T./Schmitt, R.: Qualitätsmanagement: Strategien, Methoden, Techniken, 4. Aufl., München 2010.
Pfläging, N.: Beyond Budgeting, better Budgeting: Ohne feste Budgets zielorientiert führen und erfolgreich steuern, Freiburg 2003.
Pfläging, N.: Die 12 neuen Gesetze der Führung, Frankfurt a. M. 2011a.
Pfläging, N.: Führen mit flexiblen Zielen, 2. Aufl., Frankfurt/New York 2011b.
Pfohl, H. C.: Logistiksysteme, 7. Aufl., Berlin 2004.
Pfohl, H.-C./Stölzle, W.: Planung und Kontrolle: Konzeption, Gestaltung, Implementierung, 2. Aufl., München 1997.
Picot, A./Dietl, H./Franck, E.: Organisation: Eine ökonomische Perspektive, 5. Aufl., Stuttgart 2008.
Picot, A./Franck, E.: Die Planung der Unternehmensressource Information (I), in: WISU Das Wirtschaftsstudium, 17, Nr. 10, 1988a, S. 544–549.
Picot, A./Franck, E.: Die Planung der Unternehmensressource Information (II), in: WISU Das Wirtschaftsstudium, 17, Nr. 11, 1988b, S. 608–614.
Picot, A./Franck, E.: Prozessorganisationen: Eine Bewertung der neuen Ansätze aus Sicht der Organisationslehre, in M. Nippa/A. Picot (Hrsg.): Prozessmanagement und Reengineering, 2. Aufl., Frankfurt a. M. 1996, S. 13–38.
Picot, A./Freudenberg, H./Gaßner, W.: Die neue Organisation ganz nach Maß geschneidert, in: Harvard Business Manager, 21, Nr. 5, 1999a, S. 46–58.
Picot, A./Reichwald, R./Wigand, R. T.: Die grenzenlose Unternehmung: Information, Organisation und Management, 5. Aufl., Wiesbaden 2010.
Picot, A./Reichwald, R.: Bürokommunikation: Leitsätze für den Anwender, 3. Aufl., Hallbergmoos 1987.
Piderit, S. K.: Rethinking Resistance and Recognizing Ambivalence, in: Management Review, 25, 4, 2000, pp. 783–794.
Pieper, A./Thurnherr, U.: Angewandte Ethik: Eine Einführung, München 1998.
Pietsch, T./Martiny, L./Klotz, M.: Strategisches Informationsmanagement: Bedeutung, Konzeption und Umsetzung, 4. Aufl., München 2004.
Playfair, W.: The Commercial and Political Atlas and Statistical Breviary, Cambridge 2005.
Pohl, A.: E-Business und Wettbewerbsstrategie, in: Scheer, A.-W. (Hrsg.): E-Business: Wer geht? Wer bleibt? Wer kommt?, 21. Saarbrücker Arbeitstagung, Heidelberg 2000, S. 47–63.
Pohl, H.: Ein Performancedialog kann die Mängel der traditionellen Budgetierung beseitigen, in: Zeitschrift für Controlling & Management, 47, Sonderheft 1, 2003, S. 10–12.
Polyaenus: Strategems of war, Edited and translated by Krentz, P./Wheeler, E., 2. Aufl., Chicago 1994.
Porter, M. E./Fuller, M.: Coalitions and Global Strategy, in: Porter, M. E. (Hrsg.): Competition in Global Industries, 7. Aufl., Boston 1991, S. 320–347.
Porter, M. E./Millar, V. E.: How Information Gives you Competitive Advantage, in: Harvard Business Review, 63, 4, 1985, pp. 149–160.
Porter, M. E./Millar, V. E.: Wettbewerbsvorteile durch Information, in: Harvard Manager, 10, 1988, pp. 26–35.
Porter, M. E.: Industry strcture and competitive strategy : Keys to profitability, in: Financial analysts' journal: FAJ. – Charlottesville, Va., 36, 4, 1980, pp. 30–41.
Porter, M. E.: Nationale Wettbewerbsvorteile: Erfolgreich konkurrieren auf dem Weltmarkt, München 1991.
Porter, M. E.: Strategy and the Internet, in: Harvard Business Review, 79, 3, 2001, pp. 63–78.
Porter, M. E.: Wettbewerb und Strategie, München 1999.
Porter, M. E.: Wettbewerbsvorteile: Spitzenleistungen erreichen und behaupten, Sonderausgabe, Frankfurt, New York 1989.

Posselt, S.: Budgetkontrolle als Instrument zur Unternehmenssteuerung, Darmstadt 1986.
Prahalad, C. K./Hamel, G.: Competing for the Future, Boston 1994.
Prahalad, C. K./Hamel, G.: The Core Competence of the Corporation, in: Harvard Business Review, 68, 3, 1990, pp. 79–91.
PriceWaterhouseCoopers (Hrsg.): SMART Planning & Forecasting, Frankfurt a. M. 2006.
Pritsch, G./Weber, J.: Die Bedeutung des Realoptionsansatzes aus Controlling-Sicht, in: Hommel, U./Scholich, M./Vollrath, R. (Hrsg.): Realoptionen in der Unternehmenspraxis: Wert schaffen durch Flexibilität, Berlin 2001, S. 13–44.
Probst, G. J. B./Büchel, B.: Organisationales Lernen: Wettbewerbsvorteil der Zukunft, 2. Aufl., Wiesbaden 1998.
Probst, G. J. B.: Organisation – Strukturen, Lenkungsinstrumente, Entwicklungsperspektiven, Landsberg/Lech 1992.
Probst, G. J. B./Raub, S./Romhardt, K.: Wissen managen: Wie Unternehmen ihre wertvollste Ressource optimal nutzen, 6. Aufl., Wiesbaden 2010.
Proff, H.: Internationales Management in Ostasien, Lateinamerika und Schwarzafrika, München 2004.
Pugh, D. S./Hickson, D. J.: The Aston Programme I: Organizational Structure in its Context, Westmead-Farnborough 1976.
Pümpin, C.: Management strategischer Erfolgspositionen: Das SEP-Konzept als Grundlage wirkungsvoller Unternehmungsführung, 3. Aufl., Bern 1986.
PwC: Auf dem Weg zum Integrated Reporting, Frankfurt am Main 2012.

Quante, M.: Einführung in die allgemeine Ethik, Darmstadt 2003.
Quinn, J. B.: Intelligent Enterprise, New York u. a. 1992.
Quinn, R. E./Cameron, K.: Organisational Life Cycles and Shifting Criteria of Efffectiveness: Some Preliminary Evidence, in: Management Science, 29, 1, 1983, pp. 33–51.

Rahardjo, K./Dowling, M.: A Broader Vision: Strategic Risk Management, in: Risk Management, 9, 1998, pp. 44–50.
Rahn, H.-J.: Unternehmensführung, 8. Aufl., Ludwigshafen a. R. 2012.
Rappaport, A.: Creating Shareholder Value: The New Standard for Business Performance, New York 1986.
Rappaport, A.: Shareholder Value: Ein Handbuch für Manager und Investoren, 2. Aufl., Stuttgart 1999.
Raskin, J.: Presenting Information, in R. Jacobson (Hrsg.): Information Design, Cambridge 2000, S. 341–348.
Rat für Nachhaltige Entwicklung: Auf dem Weg zu einem deutschen Nachhaltigkeitskodex (DNK), Berlin 2011.
Rateike, I./Lindner, S.: Planungssysteme als Maßanfertigung statt „One-size-fits-all", in: Zeitschrift für Controlling & Management, 53, Nr. 4, 2009, S. 231–236.
Rauh, O.: Informationsmanagement im Industriebetrieb: Lehrbuch der Wirtschaftsinformatik auf der Grundlage der integrierten Datenverarbeitung, Herne 1990.
Rebhäuser, J./Krcmar, H.: Wissensmanagement im Unternehmen, in G. Schreyögg/P. Conrad (Hrsg.): Wissensmanagement, Berlin 1996, S. 1–40.
Rebmann, B.: Visionäres Management aus Sicht der Ästhetik, Sankt Gallen 1996.
Reddin, W. J.: Das 3-D-Programm zur Leistungssteigerung des Managements, München 1981.
Reichmann, T.: Controlling mit Kennzahlen und Managementberichten, 8. Aufl., München 2011.
Reichwald, R./Koller, H.: Die Dezentralisierung als Maßnahme zur Förderung der Lernfähigkeit von Or-ganisationen – Spannungsfeld auf dem Weg zu neuen Innovationsstrategien, in: Bullinger, H.-J. (Hrsg.): Lernende Organisationen, Stuttgart 1996, S. 105–153.
Reichwald, R.: Informationsmanagement, in M. Bitz/M. Domsch/F. Ewert/W. Wagner (Hrsg.): Vahlens Kompendium der Betriebswirtschaftslehre, 5. Aufl., München 2005, S. 247–301.
Reinermann, H.: Systemanalytische Implementierungsstrategien, in: Pfohl, H. C./Rürupp, B. (Hrsg.): Anwendungsprobleme moderner Planungs- und Entscheidungstechniken, Königstein 1978, S. 49–78.
Reinhardt, R.: Das Modell Organisationaler Lernfähigkeit und die Gestaltung lernfähiger Organisationen, 2. Aufl., Frankfurt a. M. 1995.

Reiß, M.: Matrixsurrogate, in: Zeitschrift Führung + Organisation, 63, Nr. 3, 1994, S. 152–165.
Reißiger, W./Voigt, T./Schmitt, R.: Six Sigma, in: Schmitt, R./Pfeifer, T. (Hrsg.): Masing Handbuch Qualitätsmanagement, 5. Aufl., München 2007, S. 251–283.
Reitsperger, W. D./Daniel, S. J./Tallman, S. B./Chismar, W. G.: Product Quality and Cost Leadership: Compatible Strategies?, in: Management Internetional Review, 33, Special Issue 1, 1993, pp. 7–22.
Remmel, M.: Budgetierungsprozess, in P. Horváth/T. Reichmann (Hrsg.): Vahlens Großes Controllinglexikon, 2. Aufl., München 2003, S. 102–103.
Renzl, B./Matzler, K./Huemer, E./Rothenberger, S.: Wissensbilanzierung an Universitäten, in K. Matzler/H. Hinterhuber/B. Renzl/S. Rothenberger (Hrsg.): Immaterielle Vermögenswerte: Handbuch der Intangible Assets, Berlin 2005, S. 231–249.
Richardson, G. B.: The Organization of Industry, in: Economic Journal, 82, 2, 1972, pp. 883–896.
Richter, M.: Personalführung: Grundlagen und betriebliche Praxis, 4. Aufl., Stuttgart 1999.
Ridder, H.-G.: Personalwirtschaftslehre, 3. Aufl., Stuttgart 2009.
Riedl, J. E.: Projekt-Controlling in Forschung und Entwicklung: Grundsätze, Methoden, Verfahren, Anwendungsbeispiele aus der Nachrichtentechnik, Berlin 1990.
Riedl, R.: Begriffliche Grundlagen des Business Process Outsourcing, in: Information Management & Consulting, Nr. 18, 2003, S. 7.
Rieg, R./Oehler, K.: Beyond Budgeting: Eine kritische Analyse, in: ICV-Facharbeitskreis „Moderne Budgetierung" (Hrsg.): Moderne Budgetierung, Freiburg 2009, S. 97–114, Sp. 97–114.
Rieg, R.: Beyond Budgeting: Ende oder Neubeginn der Budgetierung?, in: Controlling, 13, Nr. 11, 2001, S. 571–576.
Rieg, R.: Planung und Budgetierung: Was wirklich funktioniert, Wiesbaden 2008.
Rifkin, J.: The Third Industrial Revolution: How lateral power is transforming energy, the economy, and the world, New York 2011.
Rinza, P.: Projektmanagement: Planung, Überwachung und Steuerung von technischen und nichttechnischen Vorhaben, 4. Aufl., Düsseldorf 1998.
Robbins, S. P.: Organisation der Unternehmung, 9. Aufl., München 2001.
Rockart, J. F.: Chief Executives Define Their own Data Needs, in: Harvard Business Review, 14, 2, 1979, pp. 81–93.
Rockart, J. F.: The Line Takes the Leadership – IS Management for the Wired Society, in: Sloan Management Review, 29, 4, 1988, pp. 57–64.
Roehl, H.: Instrumente der Wissensorganisation: Perspektiven für eine differenzierende Interventionspraxis, Wiesbaden 2000.
Romeike, F./Hager, P.: Erfolgsfaktor Risikomanagement 2.0: Lessons learned, Methoden, Checklisten und Implementierung, 2. Aufl., Wiesbaden 2009.
Romhardt, K.: Das Lernarenakonzept: Ein Ansatz zum Management organisatorischer Lernprozesse in der Unternehmenspraxis, Genf 1995.
Romhardt, K.: Die Organisation aus der Wissensperspektive: Möglichkeiten und Grenzen der Intervention, Wiesbaden 1998.
Roos, G./Pike, P./Fernström, L.: Intellectual Capital Management, Measurement and Disclosure, in P. Horváth/K. Möller (Hrsg.): Intangibles in der Unternehmenssteuerung: Strategien und Instrumente zur Wertsteigerung des immateriellen Kapitals, München 2004, S. 127–158.
Rosenstiel, L. v.: Grundlagen der Organisationspsychologie, 7. Aufl., Stuttgart 2011.
Rüegg-Stürm, J./Gomez, P.: From Reality to Vision – From Vision to Reality: An Essay on Vision as Medium for Fundamental Knowledge Transfer, in: International Business Review, Special Issue 4, 1994, pp. 369–394.
Russell, B.: Human Knowledge its Scope and Limits, 2. Aufl., New York 1948.
Ruthekolck, T.: Informations-Controlling, Optionen der organisatorischen Gestaltung, in: Information Management, 5, Nr. 3, 1990, S. 28–33.

Saatweber, J.: Quality Function Deployment, in: Masing, W. (Hrsg.): Handbuch Qualitätsmanagement, 4. Aufl., München 1999, S. 445–468, Sp. 445–468.
Sakurai, M.: Integratives Kostenmanagement: Stand und Entwicklungstendenzen des Controlling in Japan, München 1997.
Salzberger, W.: Sarbanes-Oxley Act of 2002, in: Wirtschaftswissenschaftliches Studium, 2003, S. 165–166.

Literaturverzeichnis

Samuelson, P. A./Nordhaus, W. D.: Volkswirtschaftslehre, 15. Aufl., Wien Ueberreuter 1998.

Sarkar, M./Cavusgil, S. T.: Trends in International Business Thought and Literature: A Review of International Market Entry Mode Research: Integration and Synthesis, in: The International Executive, 38, 6, 1996, pp. 825–847.

Sashkin, M.: The Visionary Leader, in: Conger, J. A./Kanungo, R. N. (Hrsg.): Charismatic Leadership: The Elusive Factor in Organizational Effectiveness, San Francisco 1988, S. 122–160.

Saunders, C./Gebelt, M./Hu, Q.: Achieving Success in Information Systems Outsourcing, in: California Management Review, 39, 2, 1997, pp. 63–79.

Sawczyn, A.: Unternehmerische Nachhaltigkeit und wertorientierte Unternehmensführung: Empirische Untersuchungen der Unternehmen im HDAX, Diss., Erlangen/Nürnberg, 2011.

Schäffer, U./Kramer, S.: Experimentelle Erkenntnisse zu menschlichem Verhalten in Budgetverhandlungen, in: Zeitschrift für Controlling & Management, 53, Nr. 4, 2009, S. 254–256.

Schäffer, U./Matlachowsky, P.: Warum die Balanced Scorecard nur selten als strategisches Managementsystem genutzt wird: Eine fallstudienbasierte Analyse der Entwicklung von Balanced Scorecards in deutschen Unternehmen, in: Zeitschrift für Planung & Unternehmenssteuerung, 19, Nr. 2, 2008.

Schäffer, U./Zyder, M.: Beyond Budgeting: Eine kritische Würdigung, in: Daum, J. (Hrsg.): Beyond Budgeting, München 2005, S. 243–268.

Schaltegger, S.: Nachhaltigkeitsmangement in Unternehmen: Von der Idee zur Praxis: Managementansätze zur Umsetzung von Corporate Social Responsibility und Corporate Sustainability, Berlin/Lüneburg 2007.

Schaltegger, S./Hasenmüller, P.: Nachhaltiges Wirtschaften aus Sicht des „Business Cas of Sustainability": Ergebnispapier zum Fachdialog des Bundesumweltministeriums (BMU) am 17. November 2005.

Schaper, T.: Industriekundenmanagement, Stuttgart 2001.

Scheer, A.-W.: ARIS: Vom Geschäftsprozess zum Anwendungssystem, 4. Aufl., Berlin 2002.

Schein, E. H.: Coming to a new Awareness of Organizational Culture, in: Sloan Management Review, 25, 2, 1984, pp. 3–16.

Schein, E. H.: How can Organizations Learn Faster? The Challenge of Entering the Green Room, in: Sloan Management Review, 35, 1993, pp. 85–92.

Schein, E. H.: Organizational Culture and Leadership, 3. Aufl., San Francisco 2004.

Schein, E. H.: Organizational Psychology, Englewood Cliffs 1965.

Schendel, D.: Knowledge and the Firm, in: Strategic Management Journal, 17, 2, 1996, pp. 1–4.

Schentler, P./Rieg, R./Gleich, R.: Budgetierung im Spannungsverhältnis zwischen Motivation und Koordination, in: Controlling, 22, Nr. 1, 2010, S. 6–11.

Scherrer, C./Kunze, C.: Globalisierung, München/Köln 2011.

Scheytt, S.: Filialen an die Macht, in: McK Wissen, Nr. 8, 2004, S. 68–73.

Schimank, C.: Controlling-Lexicon: Shared Service Center, in: Controlling, 16, 3, 2004, S. 171–172.

Schipp, B. T., A.: Statistische Anforderungen des Six Sigma Konzepts, in: Töpfer, A. (Hrsg.): Six Sigma: Konzeption und Erfolgsbeispiele für praktizierte Null-Fehler-Qualität, 4. Aufl., Berlin 2007, S. 196–205.

Schirmer, F./Luzens, M.-A.: Widerstand und Ambivalenz im Veränderungsprozess am Beispiel eines Flexible-Office-Projektes, in: Zeitschrfift Führung + Organisation, 72, Nr. 6, 2003, S. 316–323.

Schlegel, H.: Computergestützte Unternehmensplanung und -kontrolle, München 1996.

Schmalenbach, E.: Finanzierungen, 3. Aufl., Leipzig 1922.

Schmalholz, C. G.: Planlos-Wirtschaft, in: Enable, 12, Nr. 1, 2011, S. 6–11.

Schmall, T.: Balanced Scorecard als Führungsinstrument: Umsetzung bei der VW-Slovakia, in: Horváth, P. (Hrsg.): Die Strategieumsetzung erfolgreich steuern, Stuttgart 2004, S. 175–204.

Schmelzer, H./Sesselmann, W.: Geschäftsprozessmanagement in der Praxis, 7. Aufl., München 2010.

Schmid, S.: Strategien der Internationalisierung: Fallstudien und Fallbeispiele, München 2006.

Schmid, S./Oesterle, M.-J.: Internationales Managment als Wissenschaft: Herausforderungen und Zukunftsperspektiven, in: Oesterle, M.-J./Schmid, S. (Hrsg.): Internationales Managment: Forschung, Lehre, Praxis, Stuttgart 2009, S. 5–10.

Schmid, U.: Ökologiegerichtete Wertschöpfung in Industrieunternehmungen: Industrielle Produktion im Spannungsfeld zwischen Markterfolg und Naturbewahrung Frankfurt a. M. 1996.

Schmid, U.: Umweltschutz – Eine strategische Herausforderung für das Management, in: Bea, F. X./Zahn, E. (Hrsg.): Schriften zur Unternehmensplanung, Frankfurt 1989.

Schmidt, D.: Strategisches Management komplexer Systeme: Die Potentiale computergestützter Simulationsmodelle als Instrumente eines ganzheitlichen Managements – Dargestellt am Beispiel der Planung und Gestaltung komplexer Instandhaltungssysteme, Frankfurt a. M. 1992.

Schmidt, M.: Widerstände bei organisatorischem Wandel: Mechanismen bei Veränderungsprozessen in Unternehmensorganisationen, Frankfurt a. M. 1996.

Schmidt, O.: Corporate Governance für Familienunternehmen: Mittelständler müssen individuelle Regeln guter Unternehmensführung definieren, in: Going Public, Nr. 8, 2005, S. 38–39.

Schmiedeknecht, M. H./Wieland, J.: ISO 26000, 7 Grundsätze, 6 Kernthemen, in: Schneider, A./Schmidpeter, R. (Hrsg.): Corporate Social Responsibility, Berlin Heidelberg 2012.

Schnabl, H.: Nichtlinearität und Chaos in der Wirtschaft, in: Wirtschaftswissenschaftliches Studium 20, 11, 1991, S. 559–565.

Schnauffer, R./Jung, H.: CRM-Entscheidungen richtig treffen, Heidelberg 2004.

Schneider, W.: Erfahrungen mit IAS/IFRS und Wertorientierung, in: Horváth, P. (Hrsg.): Die Strategieumsetzung erfolgreich steuern, Stuttgart 2004, S. 205–226.

Schneider, W.: Kundenzufriedenheit: Strategie, Messung, Management, Augsburg 2000.

Schnettler, J./Wendt, G.: Marketing und Marktforschung: Lehr- und Arbeitsbuch für die Aus- und Weiterbildung, 2. Aufl., Berlin 2006.

Schnetzer, R./Soukup, M.: Business Excellence effizient und verständlich: Praxisrelevantes Wissen in 24 Schritten, Braunschweig 2001.

Scholl, W.: Informationspathologien, in E. Frese (Hrsg.): Handwörterbuch der Organisation, 3. Aufl., Stuttgart 1992, S. 900–912.

Scholz, C.: Grundzüge des Personalmanagements, München 2011.

Scholz, C.: Organisationskultur: Zwischen Schein und Wirklichkeit, in: Schmalenbachs Zeitschrift für betriebswirtschaftliche Forschung, 40, Nr. 3, 1988, S. 243–272.

Scholz, C.: Personalcontrolling, in P. Horváth/T. Reichmann (Hrsg.): Vahlens Großes Controllinglexikon, 2. Aufl., München 2003, S. 534–538.

Scholz, C.: Personalmanagement, 5. Aufl., München 2000.

Scholz, C.: Planning Procedures in German Companies, in: LRP, 17, 6, 1984, pp. 94–103.

Scholz, R./Vrohlings, A.: Prozeß-Leistungs-Transparenz, in M. Gaitanides/R. Scholz/A. Vrohlings/M. Raster (Hrsg.): Prozessmanagement: Konzepte, Umsetzung und Erfahrungen des Reengineering, München 1994a, S. 57–98.

Scholz, R./Vrohlings, A.: Prozeß-Struktur-Transparenz, in M. Gaitanides/R. Scholz/A. Vrohlings/M. Raster (Hrsg.): Prozessmanagement: Konzepte, Umsetzung und Erfahrungen des Reengineering, München 1994b, S. 37–56.

Scholz-Reiter, B./Jakobza, J.: Supply Chain Management – Überblick und Konzeption, in: HMD – Praxis der Wirtschaftsinformatik, 35, Nr. 207, 1999, S. 7–15.

Schomann, M.: Wissensorientiertes Performance Measurement, Wiesbaden 2001.

Schönborn, G./Peetz, S.: Der Einfluss der Wertekultur auf den Erfolg, in: Frankfurter Allgemeine Zeitung, Nr. Nr. 177, 02.08.2004, S. 16.

Schönsleben, P./Hieber, R.: Gestaltung von effizienten Wertschöpfungspartnerschaften im Supply Chain Management, in: Busch, A./Dangelmaier, W. (Hrsg.): Integriertes Supply Chain Management: Theorie und Praxis effektiver unternehmensübergreifender Geschäftsprozesse, 2. Aufl., Wiesbaden 2004, S. 45–62.

Schreyer, M.: Entwicklung und Implementierung von Performance Measurement Systemen, Wiesbaden 2007.

Schreyögg, G.: Organisation: Grundlagen moderner Organisationsgestaltung, 5. Aufl., Wiesbaden 2008.

Literaturverzeichnis

Schreyögg, G.: Unternehmenskultur und Innovation: Eine schwierige Beziehung auf dem Prüfstand, in: Personal, 41, Nr. 9, 1989, S. 370–373.

Schröder, E. F.: Modernes Unternehmens-Controlling: Handbuch für die Unternehmenspraxis, 8. Aufl., Ludwigshafen 2003.

Schruff, L./Haaker, A.: Immaterielle Werte in der deutschen und internationalen Rechnungslegung, in K. Möller/M. Piwinger/A. Zerfaß (Hrsg.): Immaterielle Vermögenswerte: Bewertung, Berichterstattung und Kommunikation, Stuttgart 2009, S. 49–72.

Schubert, M.: Qualitätszirkel, in: Masing, W. (Hrsg.): Handbuch Qualitätsmanagement, 4. Aufl., München 1999, S. 1075–1100.

Schuller, F.: Wissensaufbau erfordert eine offene Lernkultur, in: Gablers Magazin, 12, Nr. 5, 1998, S. 27–30.

Schulman, D./Hammer, M.: Shared Services: Adding Value to the Business Units, New York 1999.

Schulte, C.: Personal-Controlling mit Kennzahlen, 3. Aufl., München 2011.

Schulte-Zurhausen, M.: Organisation, 5. Aufl., München 2010.

Schulz von Thun, F.: Miteinander reden 1: Störungen und Klärungen, Reinbek 1993.

Schulz, O.: Nachhaltige ganzheitliche Wertschöpfungsketten, in: Schneider, A./Schmidpeter, R. (Hrsg.): Corporate Social Responsibility, Heidelberg 2012.

Schumpeter, J.: Theorie der wirtschaftlichen Entwicklung, Düsseldorf 1911.

Schüppel, J.: Wissensmanagement: Organisatorisches Lernen im Spannungsfeld von Wissen- und Lernbarrieren, Wiesbaden 1996.

Schwab, W./Weich, M.: E-Business-Controlling und die Methodik der Balanced Scorecard, in: Horváth, P. (Hrsg.): Strategien erfolgreich umsetzen, Stuttgart 2001, S. 153–169.

Schwalbach, J./Klink, D.: Der Ehrbare Kaufmann als individuelle Verantwortungskategorie der CSR-Forschung, in: Schneider, A./Schmidpeter, R. (Hrsg.): Corporate Social Responsibility, Berlin Heidelberg 2012, S. 219–240.

Schwaninger, M.: Integrale Unternehmensplanung, Frankfurt a. M. 1989.

Schwaninger, M.: Managementsysteme, Frankfurt a. M. 1994.

Schwarz, G.: Unternehmenskultur als Element des Strategischen Managements, Berlin 1989.

Schwarz, S./Lamprecht, M./Schmidt, D./Markgraf, M.: Prozessoptimierung bei der Meno Handy GmbH, in R. Dillerup/R. Stoi (Hrsg.): Fallstudien zur Unternehmensführung, Stuttgart 2012, S. 265–278.

Schwarze, J.: Projektmanagement mit Netzplantechnik, 10. Aufl., Berlin 2010.

Schwickert, A./Beemelmann, T./Kargl, H.: ISO 9000 – Normung für Qualitätssicherungssysteme (I), in: WISU Das Wirtschaftsstudium, 24, Nr. 2, 1995a, S. 127–131.

Schwickert, A./Beemelmann, T./Kargl, H.: ISO 9000 – Normung für Qualitätssicherungssysteme (II), in: WISU Das Wirtschaftsstudium, 24, Nr. 3, 1995b, S. 207–213.

Seibt, D.: Ausgewählte Probleme und Aufgaben der Wirtschaftsinformatik, in: Wirtschaftsinformatik, 32, Nr. 1, 1990, S. 7–19.

Seidenschwarz, W.: Marktorientiertes Prozessmanagement, 2. Aufl., München 2008.

Seidenschwarz, W.: Nie wieder zu teuer!: 10 Schritte zum Marktorientierten Kostenmanagement, Stuttgart 1997.

Seidenschwarz, W.: Steuerung unternehmerischen Wandels, München 2003.

Seiffert, H.: Information über die Information: Verständigung im Alltag, Nachrichtentechnik, Wissenschaftliches Verstehen, Informationssoziologie, Das Wissen des Gelehrten, 3. Aufl., München 1971.

Selders, J.: Controlling und unternehmerisches Denken – nicht unbedingt ein Widerspruch!: Dialogische Führung und das Instrument der Wertbildungsrechnung bei dm drogerie markt, in: Controller Magazin, 32, Nr. 1, 2007, S. 85–89.

Senge, P. M.: Die fünfte Disziplin: Kunst und Praxis der lernenden Organisation, 11. Aufl., Stuttgart 2011.

Senge, P. M.: The Fifth Discipline: The art and Practice of the Learning Organization, New York 1990.

Senger, H. v.: Die Kunst der List: Strategeme durchschauen und anwenden, 5. Aufl., München 2006.

Servatius, H.-G.: Vom strategischen Management zur evolutionären Führung: Auf dem Wege zu einem ganzheitlichen Denken und Handeln, Stuttgart 1991.

Seufert, A./Back, A./Krogh, G. v.: Wissensnetzwerke: Vision Referenzmodell Archetypen und Fallbeispiele, in K. Götz (Hrsg.): Wissensmanagement: Zwischen Wissen und Nichtwissen, 4. Aufl., München 2002, S. 133–156.

Sharpe, W.: Capital Asset Prices: A Theory of Market Equilibrium Under Conditions of risk, in: Journal of Finance, 1964, pp. 425–442.

Shedroff, N.: Information Interaction Design: A Unified Field Theory of Design, in R. Jacobson (Hrsg.): Information Design, Cambridge 2000, S. 267–292.

Shillinglaw, G.: Managerial Cost Accounting, 5. Aufl., Homewood 1982.

Siegwart, H./Menzl, I.: Kontrolle als Führungsaufgabe: Führen durch Kontrolle von Verhalten und Prozessen, Bern 1978.

Sietz, M.: Nachhaltigkeit, Frankfurt am Main 2008.

Simon, H.: Die heimlichen Gewinner: die Erfolgsstrategien unbekannter Weltmarktführer 5. Aufl., Frankfurt/Main 1998.

Simon, H.: Wettbewerbsvorteile und Wettbewerbsfähigkeit, Stuttgart 1988.

Simon, V.: Management, Unternehmungskultur und Problemverhalten, Wiesbaden 2000.

Slevin, D. P./Pinto, J. K.: Critical success factors in R&D, in: Meredith, J. R./Mantel, S. J. (Hrsg.): Project Management: A Managerial Approach, 6. Aufl., New York 2006.

Slodczyk, K./Hennes, M./Weißenborn, C.: Kraft Foods erobert die Weltspitze, in: Handelsblatt, Nr. 13, 20.01.2010, S. 22–23.

Slywotzky, A.: Value Migration: How to Think Several Moves Ahead to the Competition, Boston 1996.

Smith, A.: An Inquiry Into the Nature and Causes of the Wealth of Nations, London 1776, Nachdruck des Originals, München 1976.

Solow, R. M.: A Contribution to the Theory of Economic Growth, in: The Quarterly Journal of Economics, 70, 1, 1956, pp. 65–94.

Speckbacher, G./Güldenberg, S./Ruthner, R.: Externes Reporting über immaterielle Vermögenswerte, in P. Horváth/K. Möller (Hrsg.): Intangibles in der Unternehmenssteuerung: Strategien und Instrumente zur Wertsteigerung des immateriellen Kapitals, München 2004, S. 435–454.

Spielvogel, V.: CI ganzheitlich gestalten, Götttingen 2004.

Sprenger, R.: Vertrauen: Wichtiger als Strategie!, in: Bruch, H./Krummaker, S./Vogel, B. (Hrsg.): Leadership: Best Practises und Trends, Wiesbaden 2012, S. 77–86.

Staehle, W. H.: Management: Eine verhaltenswissenschaftliche Perspektive, 8. Aufl., München 1999.

Stahlknecht, P./Hasenkamp, U.: Einführung in die Wirtschaftsinformatik, 11. Aufl., Berlin 2005.

Statistisches Bundesamt. Kleine & mittlere Unternehmen, Mittelstand, https://www.destatis.de/DE/ZahlenFakten/GesamtwirtschaftUmwelt/UnternehmenHandwerk/KleineMittlereUnternehmenMittelstand/KleineMittlereUnternehmenMittelstand.html, Zugriff am 17.11.2011.

Staudt, E.: Reporting und strategische Steuerung im Profifußball: Das Projekt BalPlan (Balanced Scorecard Planning System) des VfB Stuttgart 1893 e.V., in: Karagianis, D./Rieger, B. (Hrsg.): Herausforderungen in der Wirtschaftsinformatik, Berlin 2006.

Stedry, A.: Budget Control and Cost Behavior, Englewood Cliffs 1960.

Steers, R. M./Sanchez-Runde, C. J./Nardon, L.: Managment Across Cultures: Challenges and Strategies, 4. Aufl., Cambridge 2011.

Steinmann, H./Löhr, A.: Grundlagen der Unternehmensethik, 2. Aufl., Stuttgart 1994.

Steinmann, H./Schreyögg, G.: Management: Grundlagen der Unternehmensführung: Konzepte, Funktionen, Fallstudien, 6. Aufl., Wiesbaden 2005.

Sterman, J. D.: Business Dynamics: Systems Thinking and Modeling for a Complex World, Boston 2009.

Stern, J. M./Shiely, J. S./Ross, I.: Wertorientierte Unternehmensführung mit Economic Value Added: Strategie, Umsetzung, Praxisbeispiele, München 2002.

Stern, T./Jaberg, H.: Erfolgreiches Innovationsmanagement: Erfolgsfaktoren, Grundmuster, Fallbeispiele, 4. Aufl., Wiesbaden 2010.

Steward, G. B.: The Quest for Value: A Guide for Senior Managers, New York 1990.

Stock-Homburg, R.: Personalmanagement, 2. Aufl., Wiesbaden 2010.

Literaturverzeichnis

Stoi, R.: Management und Controlling von Intangibles auf Basis der immateriellen Werttreiber des Unternehmens, in P. Horváth/K. Möller (Hrsg.): Intangibles in der Unternehmenssteuerung: Strategien und Instrumente zur Wertsteigerung des immateriellen Kapitals, München 2004, S. 187–201.

Stoi, R.: Organisatorische Aspekte des Prozesskostenmanagements, in: Zeitschrift Führung + Organisation, 68, Nr. 5, 1999a, S. 278–283.

Stoi, R.: Prozessorientiertes Kostenmanagement in der deutschen Unternehmenspraxis: Eine empirische Untersuchung, München 1999b.

Stoi, R./Braun, L. G./Große, H.-W.: Unternehmenssteuerung ohne Budgets bei der B. Braun Melsungen AG, in: Zeitschrift für Controlling & Management, 55, 2011, S. 33–39.

Stoi, R./Große, H.-W./Walde, A.: Planlos zum Erfolg. Erfahrungen mit Forecasts als Führungsinstrument bei der B.Braun Melsungen AG, in: Zeitschrift für Controlling & Management, 56, Sonderheft 2, 2012, S. 16–22.

Stölzle, W.: Industrial Relationships, München 1999.

Stoner, J. A. F./Freeman, R. E./Gilbert, D. R.: Management, 6. Aufl., Englewood Cliffs 1995.

Stopp, U.: Betriebliche Personalwirtschaft: Zeitgemäße Personalwirtschaft – Notwendigkeit für jedes Unternehmen, 27. Aufl., Renningen 2006.

Streich, R.: Lust und Frust im Changeprozess, in: io management, 73, Nr. 10, 2003, S. 18–25.

Striening, H.-D.: Prozess-Management: Versuch eines integrierten Konzepts situationsadäquater Gestaltung von Verwaltungsprozessen, Frankfurt a. M. 1988.

Strunz, H./Dorsch, M.: Management im internationalen Kontext: Mit 40 Fallstudien, München 2009.

Studer, T.: Die Eigenkapitalkosten Schwachstelle aller Führungsinstrumente der Wertorientieren Unternehmensführung, in: Bruhn, M./Lusti, M./Müller, W. R./Schierenbeck, H./Studer, T. (Hrsg.): Wertorientierte Unternehmensführung: Perspektiven und Handlungsfelder für die Wertsteigerung von Unternehmen, Wiesbaden 1998, S. 365–390.

Suhr, K.-P./Ewert, M.: Beyond Budgeting in der Praxis – eine Unternehmensumfrage, in: Controller Magazin, 30, Nr. 2, 2005, S. 168–170.

Supply Chain Council: Supply-Chain Operations Reference-Model: Overview of SCOR Version 7.0, Pittsburgh 2005.

Süß, G./Eschlbeck, D.: Der Projektmanagement-Kompass: So steuern sie Projekte kompetent und erfolgreich, Braunschweig 2002.

Sveiby, K. E.: Wissenskapital: Das unentdeckte Vermögen: Immaterielle Unternehmenswerte aufspüren, messen und steigern, Landsberg 1998.

Swoboda, B.: Dynamische Prozesse der Internationalisierung: Managementtheoretische und empirische Perspektiven des unternehmerischen Wandels, Wiesbaden 2002.

Sydow, J.: Netzwerkbildung und Kooperation als Führungsaufgabe, in: Kieser, A./Reber, G./Wunderer, R. (Hrsg.): Enzyklopädie Betriebswirtschaftslehre, 2. Aufl., Stuttgart 1995, Sp. 1622–1635.

Sydow, J./Möllering, G.: Produktion in Netzwerken, 2. Aufl., München 2009.

Sydow, J./Well, B.: Wissensintensiv durch Netzwerkorganisation: Strukturationstheoretische Analyse eines wissensintensiven Netzwerkes, in: Schreyögg, G./Conrad, P. (Hrsg.): Managementforschung, 6. Aufl., Berlin 1996, S. 191–234.

Szyperski, N.: Informationsbedarf, in E. Grochla (Hrsg.): Handwörterbuch der Organisation, 2. Aufl., Stuttgart 1980, S. 904–913.

Szyperski, N./Müller-Böling, D.: Aufgabenspezialisierung in Planungssystemen: Eine konzeptionelle und empirische Analyse, in: Schmalenbachs Zeitschrift für betriebswirtschaftliche Forschung, 36, Nr. 2, 1984, S. 124–147.

Szyperski, N./Winand, U.: Grundbegriffe der Unternehmungsplanung, Stuttgart 1980.

Taleb, N. N.: Der Schwarze Schwan: Die Macht höchst unwahrscheinlicher Ereignisse, München 2010.

Tanaka, M.: Cost Planning and Control Systems in the Design Phase of a new Product, in: Monden, Y./Sakurai, M. (Hrsg.): Japanese Management Accounting: A World Class Approach to Profit Management, 3. Aufl., Cambridge 1992, S. 49–71.

Tannenbaum, R./Schmidt, W. H.: How to Choose a Leadership Pattern, in: Harvard Business Review, 36, 2, 1958, pp. 95–101.

Taylor, W.: The Principles of Scientific Management, New York 1911.

Teece, D./Pisano, G./Shuen, A.: Dynamic Capabilities and Strategic fit, in: Strategic Management Journal, 18, 7, 1997, pp. 510–533.
Teufel, P.: Der Prozess der ständigen Verbesserung (Kaizen) und dessen Einführung, in H.-J. Bullinger/H. Warnecke/E. Westkämper (Hrsg.): Neue Organisationsformen im Unternehmen, 2. Aufl., Berlin 2003, S. 504–525.
The Economist: Shared Services: Moving into Central and Eastern Europe, Wien 2003.
Theden, P./Colsman, H.: Qualitätstechniken: Werkzeuge zur Problemlösung und ständigen Verbesserung, 4. Aufl., München 2005.
Theden, P.: Qualitätstechniken, in: Zollondz, H.-D. (Hrsg.): Lexikon Qualitätsmanagement: Handbuch des modernen Managements auf der Basis des Qualitätsmanagements, München 2001, S. 1003–1007.
Thieme, H.-R.: Verhaltensbeeinflussung durch Kontrolle: Wirkung von Kontrollmaßnahmen und Folgerungen für die Kontrollpraxis, Berlin 1982.
Thobe, W.: Externalisierung impliziten Wissens, Göttingen 2003.
Thomas, P.: Getting Competitive, New York 1991.
Thommen, J.-P.: Lexikon der Betriebswirtschaft: Managementkompetenz von A bis Z, 4. Aufl., Zürich 2008.
Tokarski, K. O.: Ethik und Entrepreneurship: Eine theoretische sowie empirische Analyse junger Unternehmen im Rahmen einer Unternehmensethikforschung, Wiesbaden 2008.
Tomo, O.: Ocean Tomo's Annual Study of Intangible Asset Market Value 2010, 2011.
Tomys, A.-K.: Kostenorientiertes Qualitätsmanagement: Ein Beitrag zur Klärung der Qualität-Kosten-Problematik, München 1994.
Töpfer, A.: Planungs- und Kontrollsysteme industrieller Unternehmungen: Eine theoretische, technologische und empirische Analyse, Berlin 1976.
Töpfer, A.: Planungssystemkonzeptionen, in N. Szyperski/U. Winand (Hrsg.): Handwörterbuch der Planung, Stuttgart 1989a, Sp. 1515–1528.
Töpfer, A.: Planungsträger, in N. Szyperski/U. Winand (Hrsg.): Handwörterbuch der Planung, Stuttgart 1989, S. 1542–1548.
Töpfer, A.: Six Sigma als Projektmanagement für höhere Kundenzufriedenheit und bessere Unternehmensergebnisse, in: Töpfer, A. (Hrsg.): Six Sigma: Konzeption und Erfolgsbeispiele für praktizierte Null-Fehler-Qualität, 4. Aufl., Berlin 2007, S. 45–98, Sp. 45–98.
Töpfer, A./Günther, S.: Steigerung des Unternehmenswertes durch Null-Fehler-Qualität als strategisches Ziel: Überblick und Einordnung der Beiträge, in: Töpfer, A. (Hrsg.): Six Sigma: Konzeption und Erfolgsbeispiele für praktizierte Null-Fehler-Qualität, 4. Aufl., Berlin 2007, S. 3–39.
Trumpf: Bündnis 2016 – Individuell, flexibel, wählbar: Das neue Arbeits-zeitmodell und wie es funktioniert, Ditzingen 2011.
Tufte, E. R.: Envisioning Information, Cheshire 1990.
Tufte, E. R.: The Visual Display of Quantitative Information, 2. Aufl., Cheshire 2001.

Ulrich, H.: Die Unternehmung als produktives soziales System: Grundlagen der allgemeinen Unternehmungslehre, Bern 2001.
Ulrich, H.: Unternehmungspolitik, 3. Aufl., Bern 1990.
Ulrich, H./Probst, G. J. B.: Anleitung zum ganzheitlichen Denken und Handeln: Ein Brevier für Führungskräfte, Bern 2001.
Ulrich, P./Fluri, E.: Management: Eine konzentrierte Einführung, 7. Aufl., Bern 1995.
Ungericht, B.: Strategiebewusstes Management, München 2012.
Uphus, P.: Möglichkeiten zur Koordination von Teilplanungen des Unternehmens unter besonderer Berücksichtigung kybernetischer Aspekte, Aachen 1972.

Vahs, D.: Organisation. Ein Lehr- und Managementbuch, 8. Aufl., Stuttgart 2012.
Veil, P.: Der Zeitfaktor im Change Management, Mering 1999.
Verbeke, A.: International Business Strategy, Cambridge/New York 2009.
Vernon, R. u. a.: The Manager in the International Economy, 7, London 1996.
Vollrath, R.: Die Berücksichtigung von Handlungsflexibilität bei Investitionsentscheidungen: Eine empirische Untersuchung, in: Hommel, U./Scholich, M./Vollrath, R. (Hrsg.): Realoptionen in der Unternehmenspraxis: Wert schaffen durch Flexibilität, Berlin 2001, S. 45–78.

Literaturverzeichnis

von Pierer, H.: E-Business erfordert Effizienz im Unternehmen, in A. Hermanns/M. Sauter (Hrsg.): Management-Handbuch Electronic Commerce, 2. Aufl., München 2001, S. 1–3.
Vroom, V.: Work and Motivation, New York 1964.
VW AG: Baukastenprinzip, in: Viavision, Nr. 2.

Wackernagel, M./Rees, W.: Our Ecological Footprint: Reducing Human Impact on the Earth, Gabriola Island, BC 1996.
Wagner, H.: Einführung in die Weltwirtschaftspolitik: Globalisierung: Internationale Wirtschaftsbeziehungen, Internationale Organisationen, Internationale Politikkoordinierung, 6. Aufl., München 2009.
Wagner, K.: Ausgestaltung von QM-Systemen auf Basis der ISO-9000-Reihe, in: Schmitt, R./Pfeifer, T. (Hrsg.): Masing Handbuch Qualitätsmanagement, 5. Aufl., München 2007, S. 173–205.
Waldherr, G.: Der Weg der vielen Hände, in: brand eins, Nr. 7, 2005, S. 118–123.
Wall, F.: Planungs- und Kontrollsysteme : informationstechnische Perspektiven für das Controlling ; Grundlagen, Instrumente, Konzepte, Wiesbaden 1999.
Wall, F./Leitner, S.: Die Relevanz der Nachhaltigkeit für unternehmerische Entscheidungen, in: Controlling Special, 24, 4/5, 2012, S. 255–260.
Wallander, J.: Budgeten ett onödigt ont, 2. Aufl., Stockholm 1995.
Walldorf, E. G.: Auslandsmarketing: Theorie und Praxis des Auslandsgeschäfts, Wiesbaden 1987.
Walsh, J.: Was Qualität wirklich bedeutet, in: Gablers Magazin, 9, Nr. 6/7, 1995, S. 20–24.
Warnecke, H.-J.: Der Produktionsbetrieb: Organisation, Produkt, Planung, Band 1, 2. Aufl., Berlin 1993.
Watson, G.: Widerstand gegen Veränderungen, in: Bennis, W. G./Benne, K. D./Chin, R. (Hrsg.): Änderung des Sozialverhaltens, Stuttgart 1975, S. 415–429.
WCED, W. C. o. E. a. D.: Our common future, Oxford 1987.
Weber, J.: Logistik- und Supply Chain Controlling, 5. Aufl., Stuttgart 2002.
Weber, J./Georg, J./Janke, R./Mack, S.: Nachhaltigkeit und Controlling, Weinheim 2012.
Weber, J./Lindner, S.: Budgeting, Better Budgeting oder Beyond Budgeting?: Konzeptionelle Eignung und Implementierbarkeit, Vallendar 2003.
Weber, J./Schäffer, U.: Einführung in das Controlling, 13. Aufl., Stuttgart 2011.
Weber, J./Voußem, L./Rehring, J.: Aktuelle Ergebnisse aus dem WHU-Controllerpanel: Benchmarks und Trends in der Budgetierung, in: Zeitschrift für Controlling und Management, Nr. 5, 2010, S. 323–327.
Weber, J./Wallenburg, C. M.: Logistik- und Supply Chain Controlling, 6. Aufl., Stuttgart 2010.
Weber, J./Weißenberger, B. E./Liekweg, A.: Risikomanagement nach dem KonTraG, in: Haufe Controlling Office, Vers. 3.3, Haufeindex 658104–658122, Freiburg 2006.
Weber, J./Weißenberger, B./Liekweg, A.: Risk Tracking and Reporting: Unternehmerisches Chancen- und Risikomanagement nach dem KonTraG, Band 11 der Schriftenreihe Advanced Controlling, Vallendar 1999.
Weeber, J. Unter Druck: Dollar-Abwertung, Wirkungen und Lösungsvorschläge, http://www.economag.de/magazin/2008/4/87+Unter+Druck.
Wegner, T./Tyler, B./Peterson, M./Branderhorst, P.: Fraktale Wellen für Windows: eine Entdeckungs-reise in die Geheimnisse fraktaler Grafiken, München 1993.
Wehrheim, M./Schmitz, T.: Wertorientierte Kennzahlen: Ein zusammenfassender Überblick, in: WiSt Wirtschaftswissenschaftliches Studium, 30, Nr. 9, 2001, S. 495.
Weiber, R.: Die empirischen Gesetze der Netzwerkökonomie. Auswirkungen von IT-Innovationen auf den ökonomischen Handlungsrahmen, in: Die Unternehmung, 56, 5, 2002, S. 269–294.
Weißbach, C.: Lohnt sich Business Ethik?, in: Markt & Technik, o, Nr. 9, 2005, S. 83.
Welch, J./Byrne, J. A.: Was zählt: Die Autobiografie des besten Managers der Welt, 4. Aufl., München 2002.
Welge, M. K./Al-Laham, A.: Planung: Prozesse, Strategien, Maßnahmen, Wiesbaden 1992.
Welge, M. K./Al-Laham, A.: Strategisches Management: Grundlagen, Prozess, Implementierung, 5. Aufl., Wiesbaden 2008.
Welge, M. K./Al-Laham, A.: Strategisches Management: Grundlagen, Prozess, Implementierung, 6. Aufl., Wiesbaden 2012.

Welge, M. K./Böttcher, R./Paul, T.: Management globaler Geschäfte: Grundlagen, Analysen, Handlungsempfehlungen, München/Wien 1998.
Welge, M. K./Holtbrügge, D.: Internationales Management: Theorien, Funktionen, Fallstudien, Stuttgart 2006.
Wendehals, M.: Kostenorientiertes Qualitätscontrolling: Planung, Steuerung, Beurteilung, Wiesbaden 2000.
Werder, A. v.: Internationalisierung der Rechnungslegung und Corporate Governance, Stuttgart 2003.
Werder, A. v./Talaulicar, T.: Kodex Report 2005: Die Akzeptanz der Empfehlungen und Anregungen des Deutschen Corporate Governance Kodex, in: Der Betrieb, 58, Nr. 16, 2005, S. 841–846.
Werner, G. W.: Führung für Mündige: Subsidiarität und Marke als Herausforderungen für eine moderne Führung, Karlsruhe 2006.
Werner, T.: Hat der CIO im Vorstand eine Zukunft?, in: Wirtschaftsinformatik, 43, Nr. 4, 2001, S. 409–410.
Wheelen, T. L./Hunger, J. D.: Strategic Management and Business Policy: Cases, 12. Aufl., Upper Saddle River 2010.
Wieland, J.: Globales Wirtschaftsethos als transkulturelles Management, in: Manifest globales Wirtschaftsethos: Konsequenzen und Herausforderungen für die Weltwirtschaft, München 2010, S. 76–91.
Wiemann, K.: Netzwerke zum Aufbau von neuem Wissen, in: Gablers Magazin, 12, Nr. 2, 1998, S. 22–25.
Wild, J.: Budgetierung: München 1974, S. 325–340.
Wild, J.: Grundlagen der Unternehmensplanung, 4. Aufl., Hamburg 1982.
Wild, J.: Management-Konzeption und Unternehmensverfassung, in: Lohmann, M./Schmidt, R.-B. (Hrsg.): Probleme der Unternehmensverfassung, Gedanken zum 70. Geburtstag von Martin Lohmann, Mohr 1971, S. 57–95.
Wildemann, H.: Kosten- und Leistungsbeurteilung von Qualitätssicherungssystemen, in: Zeitschrift für Betriebswirtschaft, 62, Nr. 7, 1992, S. 761–782.
Wildmann, L.: Makroökonomie, Geld und Währung, 2. Aufl., München 2010.
Will, M.: Kommunikation von Intellectual Capital: Die Sicht der Unternehmenskommunikation, in K. Möller/M. Piwinger/A. Zerfaß (Hrsg.): Immaterielle Vermögenswerte: Bewertung, Berichterstattung und Kommunikation, Stuttgart 2009, S. 211–228.
Williams, A. L.: Das Prinzip Gewinnen, 15. Aufl., München 2006.
Williamson, O. E.: „Strategizing, Economizing, and Economic Organizations", in: Strategic Management Journal, 12, 1991, pp. 75–94.
Williamson, O. E.: Die ökonomischen Institutionen des Kapitalismus: Unternehmen, Märkte, Kooperationen, Tübingen 1990.
Williamson, O. E.: Markets and Hierachies: Analysis and Antitrust Implications, New York 1975.
Willke, H.: Systemtheorie: Eine Einführung in die Grundprobleme der Theorie sozialer Systeme, 4. Aufl., Stuttgart 1993.
Wirtz, B. W.: Electronic Business, Wiesbaden 2001.
Wirtz, B. W./Kleineicken, A.: Geschäftsmodelltypologien im Internet, in: WiSt Wirtschaftswissenschaftliches Studium, 29, Nr. 11, 2000, S. 628–635.
Wißkirchen, F.: Shared Service Center im Personalbereich: Ergebnisse einer Unternehmensbefragung, in: HR Services, o, Nr. 4/5, 2002a, S. 26–28.
Wißkirchen, F./Mertens, H.: Der Shared Service Ansatz als neue Organisation von Geschäftsbereichs-organisationen, in: Wisskirchen, F. (Hrsg.): Outsourcing-Projekte erfolgreich realisieren: Strategie, Konzept, Partnerauswahl, Stuttgart 1999, S. 79–111.
Witt, U.: Wirtschaft und Evolution, in: WiSt Wirtschaftswissenschaftliches Studium, 23, Nr. 10, 1994, S. 503–512.
Witte, E.: Das Informationsverhalten in Entscheidungsprozessen, Tübingen 1972.
Witte, E.: Organisation für Innovationsentscheidungen: Das Promotoren-Modell, Göttingen 1973.
Wittmann, W. (Hrsg.): Handwörterbuch der Betriebswirtschaft, Band 1, 5. Aufl., Stuttgart 1993.
Wöhe, G./Döring, U.: Einführung in die allgemeine Betriebswirtschaftslehre, 24. Aufl., München 2010.

Literaturverzeichnis

Wolf, J.: Organisation, Management, Unternehmensführung, 4. Aufl., Wiesbaden 2011.
Wolke, T.: Risikomanagement, München/Wien 2007.
Wollnik, M.: Ein Referenzmodell des Informationsmanagements, in: Information Management, 3, Nr. 3, 1988, S. 34–43.
Wolter/Hauser: DieBedeutung des Eigentümerunternehmens in Deutschland : eine Auseinandersetzung mit der qualitativen und quantitativen Definition des Mittelstands, in: Jahrbuch zur Mittelstandsforschung/ Institut für Mittelstandsforschung Bonn (Hrsg.), Wiesbaden 2001, S. 25–77.
Womack, J./Jones, D.: From lean production to the lean enterprise, in: Harvard Business Review, 1994, pp. 93–103.
World Trade Organization: International Trade Statistics, Genf 2011.
Wrighley, L.: Divisional Autonomy and Diversification, Boston 1970.
Wrona, T.: Globalisierung und Strategien der vertikalen Integration: Analyse, empirische Befunde, Gestaltungsoptionen, Wiesbaden 1999.
Wrona, T./Schell, H.: Globalisierungsbetroffenheit von Unternehmen und die Potentiale der Kooperation,, in: Zentes, J./Swoboda, B./Morschett, D. (Hrsg.): Kooperationen, Allianzen und Netzwerke: Grundlagen, Ansätze, Perspektiven, 2. Aufl., Wiesbaden 2005, S. 323–349.
Wulf, I./Pfeifer, G./Kivikas, M.: Der Zukunftsfähigkeitsindex (ZFI), in K. Möller/M. Piwinger/A. Zerfaß (Hrsg.): Immaterielle Vermögenswerte: Bewertung, Berichterstattung und Kommunikation, Stuttgart 2009, S. 145–159.
Wunderer, R./Jaritz, A.: Unternehmerisches Personalcontrolling: Evaluation der Wertschöpfung im Personalmanagement, 4. Aufl., Neuwied 2007.
Wunderer, R./Sailer, M.: Instrumente und Verfahren des Personalcontrolling (II), in: Personalführung, 20, Nr. 8/9, 1987, S. 600–606.
Wupperfeld, U.: Der Business-Plan für den erfolgreichen Start: Anforderungen, Aufbau, Gestaltung, Präsentation, Landsberg 1999.
Würth, R.: Visionen setzen ungeahnte Kräfte frei, Vortrag von Reinhold Würth am 22. Januar 2001.

Yip, G. S.: Die globale Wettbewerbsstrategie: Weltweit erfolgreiche Geschäfte, Wiesbaden 1996.
Yip, G. S.: Total Gobal Strategy II: Updated for the Internet and Service era, 2. Aufl., Upper Saddle River 2003.
Young, S. D./O'Byrne, S. F.: EVA and Value-Based Management: A Practical Guide to Implementation, New York 2001.
Yuan, G.: Lock den Tiger aus den Bergen: 36 Weisheiten aus dem alten China für Manager von heute, 2. Aufl., Freiburg 1993.

Zachman, J. A.: A Framework for Information Systems Architecture, in: IBM Systems Journal, 26, 3, 1987, pp. 276–292.
Zahn, E./Foschiani, S./Kleinhans, A.: Strategieunterstützungssysteme für die Planung flexibler Montagesysteme, in: Warnecke, H. J. (Hrsg.): Die Montage im flexiblen Produktionsbetrieb: Technik, Organisation, Betriebswirtschaft, Stuttgart 1988, S. 259–286.
Zahn, E./Schmid, U.: Produktionswirtschaft 1: Grundlagen und operatives Produktionsmangement, Stuttgart 1996.
Zahn, E.: Innovative Strategien für die „New Economy", Arbeitspapier 2/00 des BWI, Abt. IV der Universität Stuttgart, Stuttgart 2000.
Zahn, E.: Rüsten für den Wettbewerb um die Zukunft, in: Zahn, E./Foschiani, S. (Hrsg.): Wettbewerb um die Zukunft, Stuttgart 1997, S. 1–17.
Zahn, E.: Strategieunterstützungssysteme, in: Milling, P. (Hrsg.): Systemmanagement und Managementsysteme, Berlin 1991, S. 43–79.
Zahn, E.: Strategische Erneuerung für den globalen Wettbewerb, in: Zahn, E. (Hrsg.): Strategische Erneuerungen für den globalen Wettbewerb, Tagungsband des Stuttgarter Strategieforum, Stuttgart 1996, S. 1–30.
Zahn, E.: Strategische Planung zur Steuerung der langfristigen Unternehemensentwicklung, Berlin 1979.
Zahn, E.: Strategische Planung, in: Szyperski, N./Winand, U. (Hrsg.): Handwörterbuch der Planung, Stuttgart 1989.

Zahn, E./Dillerup, R.: Beherrschung des Wandels durch Erneuerung, in R. Reichwald/H. Wildemann (Hrsg.): Kreative Unternehmen: Spitzenleistungen durch Produkt- und Prozessinnovationen, Stuttgart 1995, S. 35–76.

Zahn, E./Dillerup, R.: Fabrikstrategien und -strukturen im Wandel, in: Zülch, G. (Hrsg.): Vereinfachen und verkleinern: Die neuen Strategien in der Produktion, Stuttgart 1994, S. 15–51.

Zahn, E./Dillerup, R./Tilebein, M.: Organisationales Lernen im Fraktalen Unternehmen, in: Schwuchow, K./Gutmann, J. (Hrsg.): Jahrbuch Weiterbildung 1997, Düsseldorf, 1997, S. 184–188.

Zeis, J./Naumann, H.: Businesspläne im Lebenszyklus von Unternehmen, Haufe-Index: 659279, 2006.

Zelazny, G.: Wie aus Zahlen Bilder werden, 6. Aufl., Wiesbaden 2009.

Zentes, J./Swoboda, B.: Grundbegriffe des Marketing: marktorientiertes globales Management-Wissen, 5. Aufl., Stuttgart 2001.

Zentes, J./Swoboda, B./Schramm-Klein, H.: Internationales Marketing, München 2010.

Zielasek, G.: Projektmanagement als Führungskonzept: Erfolgreich durch Aktivierung aller Unternehmensebenen, 2. Aufl., Berlin 1999.

Zijl, N. v./Lang, R./Burger, R./Sutter, H./Banthien, C.: Projektmanagement, Nr. 92, Volksbank, Schweiz 1988.

Zollondz, H.-D.: Grundlagen Qualitätsmanagement: Einführung in Geschichte, Begriffe, Systeme und Konzepte, 3. Aufl., München/Wien 2011.

Zollondz, H.-D.: M7-Sieben Managementwerkzeuge, in: Zollondz, H.-D. (Hrsg.): Lexikon Qualitätsmanagement: Handbuch des modernen Managements auf der Basis des Qualitätsmanagements, München 2001b, S. 513–516.

Zollondz, H.-D.: Q7-Sieben Qualitätswerkzeuge, in: Zollondz, H.-D. (Hrsg.): Lexikon Qualitätsmanagement, München 2001c, S. 775–782.

ZVEI: Unternehmens-Controlling, Frankfurt a. M. 1993.

Zyder, M.: Die Gestaltung der Budgetierung: Eine empirische Untersuchung in deutschen Unternehmen, Wiesbaden 2007.

Unternehmensverzeichnis

A

Adidas 744
Adobe Systems 877
Aldi 174, 666
Allianz 144
Amazon 772, 775, 845, 857
American Airlines 505
Anglo American 457
AOL 775
Apple 296, 877
Arthur Andersen 142

B

BASF 144
Bayer Group 144
B. Braun Melsungen 673
beo 874
BHP Billiton 457
BMW 868, 877
BorgWarner BERU Systems 516
Bosch Thermotechnik GmbH 216
Boston Consulting Group 213, 301

C

Cadbury 514
Canon 324
Carl Zeiss Gruppe 893
Celemi 863
Christian Bürkert GmbH 563
Chrysler 500
Cisco 877
Coca-Cola 294, 311, 877
comdirect bank 772
CONCEPT AG 551
Continental 505

D

Dabba Wallah 818
Daimler 143, 207, 460, 469
Deere Company 291
Dell 673, 775
Deutsche Bahn 683, 692, 845
Deutsche Bank 143, 501
Deutsche Lufthansa 498
Deutsche Postbank 501
Deutsche Post DHL 77, 231, 683, 789 f., 817, 826
Deutsche Telekom 143

Dieffenbacher Gruppe 268
dm-drogerie markt 670
Dunlop 325
DuPont 456

E

ebay 773 ff.
Egon Zehnder Intern. 673
Eismann 482
Electronic Arts 294
EnBW 865
Enron 69, 142
Eon 144
ERIMA 708
Evobus 469
ExxonMobil 174

F

Ferrero 514
Fielmann 290
Flextronics 316
Flowtex 69, 142
Ford 455, 488
Frosta 845

G

General Electric 180, 500, 815, 877, 880
General Motors 500
Getrag 473
Geutebrück 591
Google 664, 772, 775, 841, 877, 891

H

Harvard Business School 166
Henkel 87
Hennes & Mauritz 192
Hewlett Packard 158
HiPP 95
Honda 324
HSH Nordbank 142
Hypo Real Estate 501

I

IBM 296, 325, 500, 699, 845, 877
IKEA 264, 673
Infineon 144
Intel 294, 877
ITT 500

Unternehmensverzeichnis

K

Kia Motors 629
Kraft 514

L

Les Trois Rois 793
Lidl 174, 288

M

3M 854
Mars Inc. 514
McDonalds 482, 877
McKinsey & Company 114, 167, 747
Mercedes-AMG 576
Mercedes-Benz 877
Metro 150, 209, 930
Mettler-Toledo 478
Microsoft 231, 284, 294, 296, 877
Miele 174
Motorola 815

N

Nestlé 514
Nokia 192

O

OBI 245, 482
Oracle 473, 845

P

PA Consulting Group 391
Parmalat 142
Pepsi 294
Pfizer 291
Philip Holzmann 142
Porsche 146, 174, 501
Praktiker 245
Procter & Gamble 291, 854
Puma 316
PUMA 205

R

Rhodia 473
Rio Tinto 457
RiskNET 893
Robert Bosch 75, 194, 363, 412, 433, 454, 704
Roland Berger 849
RWE 325, 501

S

Samsung 877
SAP 143, 854
Siemens 143, 325, 474, 588
Skandia 863, 869
Société Générale 142
Sony 326
Southwest Airlines 673
Star Alliance 294, 492
Stern Stewart & Co 197
Svenska Handelsbanken 667, 673

T

ThyssenKrupp 144, 290
T-Online 775
Toyota 293, 822, 877
TRUMPF 802

U

United Airlines 505
United Continental 505

V

VfB Stuttgart 388
Vodafone 507
Voith AG 888
Volkswagen 188, 292, 460, 501, 579, 812, 868

W

Wal-Mart Inc. 930
WestLB 501
Wikipedia 845
Wittenstein 375, 455, 592
Wolff & Müller 889
Würth 131, 192, 295

X

XING 776, 845, 859

Y

Yahoo! 775

Z

Ziehl-Abegg 927

Bildnachweise

Kapitel 1

Henri Fayol	© wikimedia commens
Frederick W. Taylor	© wikimedia commens
Joe S. Bain	© www.amazon.de
Edith Penrose	© www.organizationsandmarkets.com
David Ricardo	© wikimedia commens
Joseph Schumpeter	© wikimedia commens
Ronald Harry Coase	© wikimedia commens
Oliver E. Williamson	© wikimedia commons
Peter Senge	© MIT Sloan Action Learning Conference 2012
Knut Bleicher	© www.campus.de
Charles Darwin	© wikimedia commons

Kapitel 2

Hans Küng	© muesse, wikimedia commons
United Nations Global Compact	© wikipedia
Robert Bosch	© Robert Bosch GmbH
Caux Round Table	© wikipedia
Deutsche Post DHL AG	© Deutsche Post DHL AG
International Integrated Reporting	© wikipedia
Henkel AG & Co. KGaA l	© Henkel AG & Co. KGaA
Club of Rome	© wikipedia
Global Organic Textile	© wikipedia
HiPP GmbH & Co. KG	© HiPP GmbH & Co. KG
Edmund Heinen	© wikimedia commons
General Electric	© wikimedia commons
Jack Welch	© wikimedia commons
Microsoft	© wikimedia commons
Bill Gates	© wikimedia commons
Bosch Thermotechnik GmbH	© Bosch Thermotechnik GmbH
Christian Mosmann	© Freudenberg & Co. KG
Alexander Vogl	© Management Partner
Freudenberg & Co. KG	© Freudenberg & Co. KG
Edgar H. Schein	© www.historiadaadministracao.com.br
Adolf Würth GmbH & Co. KG	© Adolf Würth GmbH & Co. KG
Geert Hofstede	© www.geert-hofstede.com
Porsche Automobil Holding SE	© Porsche Automobil Holding SE
METRO GROUP	© METRO GROUP
Motor Service Gruppe	© www.ms-motor-service.com
Hewlett-Packard	© www.hp.de

Bildnachweise

Kapitel 3

Alfred Chandler	© www.economist.com
Kenneth Richmond Andrews	© www.news.harvard.edu
Harry Igor Ansoff	© www.historiadaadministracao.com.br
Tom Peters	© www.bentley.edu
Robert H. Waterman	© wikimedia commens
Carl von Clausewitz	© www.amazon.de
Henry Mintzberg	© www.campus.de
Hermann Simon	© wikimedia commons
Eugen Schmalenbach	© wikimedia commens
Alfred Rappaport	© www.learnmore.mcgraw-hill.com
William F. Sharpe	© www.news.stanford.edu
Merton H. Miller	© www.nobelprize.org
Harry M. Markowitz	© wikimedia commons
Puma AG	© Puma AG
METRO GROUP	© METRO GROUP
Bosch Thermotechnik GmbH	© Bosch Thermotechnik GmbH
Michael Porter	© www.azudanza.com
Dieffenbacher-Gruppe	© Dieffenbacher-Gruppe
Gary Hamel	© wikimedia commons
Coimbatore Krishnarao Prahalad	© www.salilkallianpur.wordpress.com
Michael Porter	© www.azudanza.com
Henry Mintzberg	© www.campus.de
Würth Industrie	© Würth Industrie Service GmbH & Co. KG
W. Chan Kim	© www.etbc.com.hk
Renée Mauborgne	© www.etbc.com.hk
Starbucks	© wikimedia commons
Ryanair	© wikimedia commons
Cirque du Soleil	© wikimedia commons
Harry Igor Ansoff	© www.historiadaadministracao.com.br
Noritaki Kano	© www.asq.org
D'Aveni	© www.tuck.dartmouth.edu
Coca-Cola	© www.coca-cola-gmbh.de
PepsiCo	© wikimedia commons
Toyota	© wikimedia commons
Canon	© wikimedia commons
Honda	© wikimedia commons
Samsung	© wikimedia commons

Kapitel 4

Robert Bosch GmbH	© Bosch Mediaservice
Erich zu Gutenberg	© www.staufenbiel-personalberatung.de
Henry Mintzberg	© www.campus.de
WITTENSTEIN AG	© WITTENSTEIN AG

Bildnachweise

Jay W. Forrester	© www.teoriageneraldesistemasdavidarroyavep.blogspot.de
Günter Müller–Stewens	© www.egt.de
Christoph Lechner	© www.ifb.unisg.ch
Katze	© wikimedia commons
Ruderer	© wikimedia commons
Robert Kaplan	© www.campus.de
David Norton	© www.campus.de
VfB Stuttgart 1893	© VfB Stuttgart 1893
PA Consulting Group	© PA Consulting Group
Bosch-Gruppe	© Bosch Mediaservice
Peter Drucker	© www.businessinsociety.eu

Kapitel 5

Erich zu Gutenberg	© www.staufenbiel-personalberatung.de
Erich Kosiol	© www.mediadesign.de
Frederick W. Taylor	© wikimedia commens
Rio Tinto	© Rio Tinto
Alfred Chandler	© www.economist.com
Getrag	© GETRAG Getriebe- und Zahnradfabrik Hermann Hagenmeyer GmbH & Cie
Oracle	© wikimedia commens
Rhodia	© wikimedia commens
Siemens AG	© wikimedia commens
Mettler-Toledo	© wikimedia commens
Brüggemann Chemical	© Brüggemann Chemical
Joachim Hofmann	© Brüggemann Chemical
Linus Torvalds	© wikimedia commens
Linux	© wikimedia commens
United und Continental Airlines	© wikimedia commens
Cadbury durch Kraft Foods	© wikimedia commens
BERU	© BorgWarner BERU Systems GmbH
Manhattan Engineering Project	© wikimedia commens
Elbphilharmonie in Hamburg	© wikimedia commens
Alpentransversale (Neat)	© wikimedia commens
Harald Balzer	© Concept AG
Christian Bürkert GmbH	© Christian Bürkert GmbH
Mercedes AMG-GmbH	© Mercedes Benz Presse
Volkswagen AG	© VW Media Services
Frederick W. Taylor	© wikimedia commens
William Edwards Deming	© www.rightwords.eu

Bildnachweise

Kapitel 6

Siemens AG	© Siemens Pressebilder
Geutebrück GmbH	© www.geutebrueck.com
Wittenstein AG	© Wittenstein AG
General Electric	© General Electric Deutschland Holding GmbH Download Library
TRUMPF GmbH & Co. KG	© TRUMPF GmbH & Co. KG Medienservice
Martin Winterkorn	© Volkswagen AG Media Services
Kia Motors Corp.	© Kia Motors Deutschland Presseservice
Douglas McGregor	© www.gestix.wordpress.com
Edgar H. Schein	© www.historiadaadministracao.com.br
Abraham Maslow	© História da Aministracão
Mihaly Csikszentmihalyi	© ehirsch, wikipedia
Ken Blanchard	© www.zeably.com
Paul Hersey	© The Center of Leadership Studies
Peter Drucker	© www.es.wikipedia.org
John Kotter	© www.kotterinternational.com
Wilfried Krüger	© www.wiwi.uni-giessen.de
Steve Jobs	© MetalGearLiquid, wikipedia
Fredmund Malik	© Computerwoche
Aldi	© ALDI Einkauf GmbH & Co. OHG
dm-drogerie markt	© dm-drogerie markt GmbH + Co. KG Presseservice
B. Braun Melsungen AG	© B. Braun Melsungen AG Presseservice
Jürgen Klopp	© Die Presse
Kurt Lewin	© www.vlp.mpiwg-berlin.mpg.de
John Kotter	© www.thinkers50.com
IBM	© IBM Deutschland GmbH
Bosch	© Robert Bosch GmbH Mediaservice
ERIMA	© ERIMA GmbH

Kapitel 7

Edward Tufte	© www.nndb.com
Rolf Hichert	© Hichert + Partner AG
Information Dashboard Design	© O›Reilly Media
Friedemann Schulz von Thun	© www.schulz-von-thun.de

Kapitel 8

Grand Hotel Les Trois Rois	© SPIRITHOTELS Marketing & Communication
Philip B. Crosby	© www.wppl.org
Joseph M. Juran	© www.qualityandprocess.blogspot.de
Armand V. Feigenbaum	© www.working-lean.blogspot.de
William Edwards Deming	© www.williamedwardsdeming.blogspot.de
TRUMPF	© TRUMPF GmbH & Co. KG Medienservice

Bildnachweise

Noritaki Kano	© www.asq.org
Volkswagen AG	© VW Media Services
Dabba Wallahs	© Olaf Krüger
Toyota	© Toyota Deutschland GmbH Presseservice
Porsche Engineering Services	© Dr. Ing. h.c. F. Porsche AG Presseservice
Ikujiro Nonaka	© www.haas.berkeley.edu
Hirotaka Takeuchi	© www.ngmf.com
Roland Berger	© Roland Berger Strategy Consultants GmbH Medien
Amazon.com	© amazon.com
PUMA SE	© PUMA SE Presseservice
IIRC	© www.theiirc.org
EnBW AG	© EnBW Energie Baden-Württemberg AG Medienservice
Eric Sveiby	© www.academic-conferences.org
Leif Edvinsson	© www.speakersbulgaria.com
beo GmbH	© Gesellschaft für Sprachen und Technologie: beo GmbH
Wolff & Müller	© Wolff & Müller GmbH & Co. KG
Schwan	© wikimedia commons
Carl Zeiss Gruppe	© Carl Zeiss Gruppe
Frank Romeike	© RiskNET GmbH
Andreas Kempf	© Carl Zeiss Gruppe
Adam Smith	© wikimedia commens
David Ricardo	© wikimedia commens
Paul A. Samuelson	© www.de.wikipedia.org
Michael Porter	© www.mbamission.com
Peter Fenkl	© Ziehl-Abegg AG
Ziehl-Abegg AG	© Ziehl-Abegg AG
Wal-Mart	© Wal-Mart Stores Inc.
METRO GROUP	© METRO GROUP
Nespresso	© Nestlé Nespresso AG
Unilever	© Unilever
Daimler AG	© Daimler AG
Exxon Mobil Corporation	© Exxon Mobil Corporation
SAP AG	© SAP AG

Leider war es nicht in allen Fällen möglich, die Inhaber der Bildrechte zu ermitteln. Wir bitten deshalb gegebenenfalls um Mitteilung. Der Verlag ist bereit, berechtigte Ansprüche abzugelten.

Stichwortverzeichnis

1:1-Marketing 775
3-D-Theorie 648
80/20-Regel 800
360°-Feedback 624

A

Ablauforganisation 442, 522
Ablaufstruktur 444
Abschöpfungsstrategie 302
Absterben 282
Abusus 23
Abwehr
 – Ad-hoc 512
 – feindlicher Übernahmen 507
 – präventive 512
Abweichung 542
Abweichungsbericht 737
Action Learning 605
Adaptiv-dezentrale Führung 662
 – Anwendung 673
 – Bewertung 672
 – Kritik 671
 – Prinzipien 664
Administrationssysteme 756
Affinitätsdiagramm 810
Agency-Kosten 24
Akkordlohn 627
Akquisition 483
Aktiengesellschaft 139
Aktionskosten 633
Aktionsplanung und -kontrolle 340
Aktivierung 658
 – Aktivierungsbereiche 659
 – Aktivierungsstrategien 660
Akzelerierende Kräfte 686
Akzeptanz 693
Allgemeingültigkeit 155
Along the Job 605
Altersteilzeit 614
Altertümliche Gesellschaften 3
Amerikanische Rechnungslegung 197
Analogie-Methoden 540
Analyseprozess 105
Anbieter 238
Angebotsmonopol 231
Angebotsoligopol 231
Anlernausbildung 604
Anreize 628, 704, 712
Anreizmarketing 610
Anreiz-Matrix 705
Anreizsystem 628, 705, 846

Anspruchsklassen 785
Anwendungen 761 ff.
 – Lebenszyklus 762
 – Qualitätskriterien 761 ff.
Anwerbung 608
Appell 735
Arbeitsbewertung 626
Arbeitspakete 542
Arbeitsplatzmethode 599
Arbeitsteilung 580
 – Probleme 556
Arbeitsvermittlung 608
Arbeitszeit 614
 – feste 618
 – Flexibilisierung 614
 – gestaffelte 618
 – Gestaltungsformen 613
 – gleitende 618
 – kapazitätsorientierte variable 619
 – variable 619
 – Verkürzung 614
 – Verlängerung 607
 – versetzte 618
Arbeitszeitkonten 619
Arbeitszeitmodelle
 – chronologisch 618
 – chronometrisch 618
 – kombiniert 619
Arbeitszeitverteilung 618
Arbeitszeitvolumen 618
Archetypische Strukturen 33
Architekturorientierter Ansatz 721
Arme Hunde 302
Assistenz 604
Association of Southeastern Asian
 Nations (ASEAN) 903
Atomistische Perspektive 29
Attributionstheorien 644
Aufbauorganisation 442 f., 452, 464, 515, 522
Aufgaben
 – repetitive 557
 – strukturierte 557
Aufgabenanalyse 727
Aufgabenorientierter Ansatz 721
Aufgabenstil 649
Aufhebungsvertrag 614
Aufsichtsrat 139
 – Insider-Control-System 140
 – Vergütung 145
 – Zusammensetzung 140
Auftraggeber 525

Stichwortverzeichnis

Auktion 509
Ausgleichsgesetz der Planung 356
Außenhandelstheorie
– absolute Kostenvorteile 908
– komparative Kostenvorteile 908
– kostenbedingte Motive 907
– Produktionsfaktoren 908
Austauschbeziehung 784, 797 f.
Austrittsbarrieren 235
Auswertung von Stellengesuchen 608
Autarkie 451
Autokrat 649
Automatisierung 759
Autonomie 451, 476

B

Balanced Scorecard 384 ff., 741
– dynamische 391
– Einführung 398
– Perspektiven 384
Barrieren
– individuelle 847
– kollektive 847
– Lernbarrieren 832
Basisaktivitäten 262
Basisanforderungen 565
Baukastenmodell 620
Baumdiagramm 811
Bearbeitungszeit 568
Bedarfsbericht 737
Bedeutungsmatrix 771
Bedürfniserfüllung 642
Bedürfnishierarchie 641
Bedürfnispyramide 641
Befehl-Gehorsam-Management 647
Befristeter Arbeitsvertrag 614
Begeisterungsanforderungen 565
Behavioristische Lerntheorien 830
Beherrschbarkeit 48
Benchmarking 256, 739, 795
Beratungs- und Fördergespräche 605
Berichte 737
– Arten 737
– Gestaltungsregeln 752
– Zweck 737
Berichterstattung 863
Berichtsarten 737
Berichtssystem 738
Berichtswesen 737 f.
– Begriff 737
– Berichtsarten 737
– Qualitäts- 796
– Regeln zur Berichtsgestaltung 752
Berufsausbildung 604
Beschaffung 262
Beschwerde 250
Bestandsindikatoren 838

Bestandskosten 633
Best-of-everything 489
Beta-Faktor 200
Betrieb 7
– Verfassung 154
Betriebsverfassung 137
Better Budgeting 431
Beurteilung 622
Bewerberkartei 608
Bewertungsanlass 189
Bewertungsdilemma 868
Beyond Budgeting 662
Beziehung 735
Beziehungskapital 855
Beziehungsnetzwerke 857
Beziehungsstil 649
Beziehungszahlen 738
Big data 775 f.
Bildung neuer Einstellungen 603
Black Belts 818
Blended Learning 605
Blindleistung 815
Blogs 845
Blue Ocean Strategy 297
Board of Directors 138
Board-Verfassung 138
Bombenwurf-Strategie 701
Bottom-up 538, 701
Brainstorming 814
Branche(n) 230
– Abgrenzung 232
– Analyse 228, 231 ff.
– Arten 289
– Attraktivität 231
– Dynamik 289
– Effizienz 178
– Kultur 235
– Verläufe 289
Branchenlebenszyklus 289 f.
Branchenstrukturanalyse 235
Branchenumwelt 103
BRICS Staaten 903
Bruttoinvestitionsbasis 213
Buchwertorientiertes Verfahren 213
Budget 406
– Bereichsdenken 427
– Funktion 430
– Geltungsdauer 407
– Kontrolle 428
– Merkmal 407
– Reserven 427
– Ressourceneinsatz 407
– Verantwortung 409
– Verantwortungsbereich 407
– Verbindlichkeitsgrad 407
– Verhandlung 427
– Verschwendung 427
– Wertdimension 407

Stichwortverzeichnis

Budgetierung 340, 404 f.
- Abstimmung mit Aktionsplänen 340, 404
- Abweichungsanalyse 415
- Aufgaben 406
- dysfunktionale Wirkungen 427
- Entscheidungs- und Handlungsspielräume 406
- Formen der Budgetierung, *siehe* Budgetierung
- Grundsätze 429
- Instrumente 413
- Organe 410
- Phasen 410
- Prozess 410
- Rahmen 406
- Reihenfolge 409
- Verantwortungsbereiche 413
- Verbesserungsansätze 431
- Verhaltenswirkungen 426 ff.
- Vorgehensweise 413
- zeitliche Reihenfolge 340

Budgetierungssystem 407
Budgetsystem 408
Bummel-Projekte 549
Business Excellence 787, 790 ff.
Business Intelligence 397, 758
Businessplan 378
Business-to
- Business (B2B) 493, 774
- Consumer (B2C) 774
- Customer (B2C) 493

C

Cafeteria-System 630
Capability-based View 17 f.
Capital Asset Pricing Model (CAPM) 199
Carbon Accounting 94
Case-Teams 575
Case-Worker 575
Cashflow 211
Cashflow Return on Investment (CFROI) 198, 213 f.
Cashflow-Verfahren 197, 213
Caux Round Table 76
Center 469
- Arten 469
- Corporate 471
- Erfolgsverantwortung 469
- Konzepte 456, 467
- Prüfschemas für Prozesse 472

Champions 818
Chancen 238, 325, 883
Chancen/Risiko 885 ff.
- Berichterstattung 887
- Bewertung 887
- Führung 885

- Identifikation 886
- Induktionsproblem 886
- Politik 885
- Steuerung 887
- Steuerungsmöglichkeiten 888

Chancen- und risikoorientierte Unternehmensführung 883 ff.
- Ausrichtung 883
- Begriffe und Bedeutung 883
- Dimensionen 884
- Führungsprozess 885 ff.
- Integriertes Risikomanagement 893
- Planbarkeit 883
- Prozessschritte 885

Change Agent 696, 700, 706
Chaos 475
Chartjunk 745
Checkliste 235
Chief Information Officer (CIO) 770
Chief Knowledge Officer (CKO) 850
Closing 513
Cloud Computing 764
Club of Rome 89
Coaching 604 f.
Cockpit-Chart 749
College-Recruiting 608
Community-Support-Systeme 845
Company Wide Quality Control 786
Compliance 76, 149
Controlling 54
- des Informationsmanagements 769
- des Personalmanagements 631 ff.
- IT- 722
- Qualitäts- 794 ff.

Co-optition 294
Corporate Citizenship 69
Corporate Governance 142, 883
- Compliance 149
- Interne Revision 149
- Perspektiven 147
- Risikomanagement 149
- Ziele 145

Corporate Social Responsibility 76
COSO Committee of Sponsoring Organizations of the Treadway Commission 147
Cost Driver 570 f.
Customer Relationship Management (CRM) 307

D

Dashboard 749
Data Density 746
Data-Ink-Ratio 745
Data Warehouse 758
Daten 758
- Erhebung 243

Stichwortverzeichnis

- Integration 758
- Management 758 ff.
- Modellierung 759
- Schutz 759
- Sicherheit 759

Datenanalyse 810
Datenbanken 759
Delta-Modell 295 f.
Denkrichtungen 835
Denkschulen 37
Design for Six Sigma 805, 818
Design of Experiments 805
Design Review 805
Desinvestitionsstrategie 302
Deskriptive Ansätze 371
Deskriptive Ethik 64
Determinismus 699
Deutero-Learning 831
Deutsche Corporate Governance-Kodex 144
Deutsche Rechnungslegung 197
Dezentrale Führung 662 ff.
Dezentralisation 451, 456
Dialogische Führung 670
Diamantansatz
- Branchen 914
- Faktorbedingungen 914
- Nachfragebedingungen 914
- Rolle des Staates 915
- Rolle des Zufalls 915
- Strategie/Struktur/Wettbewerb 915

Dienstleistungsunternehmen 673
Differenzierung 288
Differenzierungsgrad 234
Diffusion 297
Digitale Arbeitswelt 620
DIN EN ISO 9000 ff. 788
Direktinvestitionen 924
Discounted Cashflow-Verfahren (DCF) 198, 217 ff.
Diskrepanzmodelle 250
Diskursethik 66
Disposition 442
Dispositionssysteme 757
Distributionszugänge 234
Diversifikation 299, 456, 611, 910
DMAIC-Zyklus 817
Dokumentenanalyse 727
Dokumentenmanagementsysteme 839
Double-Loop-Learning 831
DuPont-System 739
Durchführungskontrolle 400
Durchlaufzeit 567
Dynamik 310
Dynamische Balanced Scorecard 391
Dynamischer Wettbewerb 309
Dynamische Strategien 279, 309, 313

E

Earned Value-Analyse 544
Ebenenorientierter Ansatz 721
E-Business 774
Economic Value Added (EVA) 197, 206 ff.
- Gesamterfolg 209

Effektive Führung 657
Effektivitätscontrolling 632
Effizienz 178
Effizienzverbesserung 91
EFQM Excellence-Modell 790 ff.
- Befähigungsfaktoren 790
- Bewertung 792
- Ergebniskategorien 790

Eigendynamik 730
Eigenkapital 199
Eigenkapitalwert 219
Eigenschaftstheorien 644
Eigentümer 119
Eigentümerinteressen 137
Eindimensionale Innenorientierung 101
Einflussgruppen 118
Einführung 321
Einliniensystem 448, 452, 455
Einstellungsbeschränkung 614
Eintrittsbarrieren 15
Eklektisches Paradigma 912
- Eigentumsvorteile 912
- Internalisierungsvorteile 912
- Standortvorteile 912
- Voraussetzungen 912

E-Learning 605
Elementarzeitverfahren 600
Element der Umwelt 102
Emergenter Wandel 687
Emergente Strategien 172
Emotionale Reaktion 692 ff.
Empfängerorientierung 752
Employee Value Proposition 610
Employer Brand 610, 628
Empowerment 661
Endgames-Kurve 291
Endprodukte 324
Endwert 218
Enterprise Resource Planning-System 757
Entgeltermittlung 625 ff.
Entgeltformen 626
Entgeltgerechtigkeit 625
Entrepreneur-Strategie 701 f.
Entropie 88
Entscheidung 44
Entscheidungsprozess 44
Entscheidungsträger 750
Entscheidungs- und Weisungsbefugnisse 447
Entwickeln 48
Entwicklungsmarketing 610

Stichwortverzeichnis

Entwicklungspfad 127
Entwicklungs- und Konstruktionsprüfung 805
Equity Carve-Out 507
Equity-Joint-Venture 925
Ereignisgesteuerte Prozesskette 760
Erfahrungskurve 284
Erfassbarkeit 753
Erfolgsbeteiligung 630
Erfolgsfaktor 178
– Dynamik 179
Erfolgsfaktormethode 728
Erfolgsgrundsätze 712
Erfolgsplanung 410
Erfolgspotenziale 170, 175 ff., 278
Ergebniskontrolle 401
Ergebnisse 336, 558
ERG-Theorie 643
ERP-System 757
Erscheinungsbild 159
Erwartungstheorie 643
Erweiterter ressourcenorientierter Ansatz 18
Erweiterung der Fähigkeiten 603
Eskalationsleiter 310
Ethik 63
– Antike 64
– des 20. Jahrhunderts 65
– deskriptive 64
– Metaethik 64
– mittelalterlich christliche 65
– neuzeitliche 65
– normative 64
– philosophische 64
– Spezialisierung 66
Ethikkodex 76
Ethische Unternehmensführung 69
Europäische Union 903
Evolution 36, 171, 478
Evolutionäre Unternehmensführung 37, 165
Evolutionstheorie 35
Ewige Rente 218
Exkludierbarkeit, partielle 859
Exklusivverhandlungen 509
Expertenbefragung 599
Expertengestützte Verfahren 729
Export 921
Ex-post-Kontrolle 345
Express-Projekte 549
Externalisierung 480
Externe Berater 707
Externes Rechnungswesen 732 ff.
Exzellente Organisationen 791

F

Fachseminare 605
Fähigkeiten 17, 267, 323
– Integration 326

Fähigkeitenorientierter Ansatz 17, 269, 323
Failure Mode and Effects Analysis (FMEA) 805, 808 ff.
Fair Value 511
Faktor-Proportionen-Theorem 909
Fallstudienansatz 179
Fallweise Opponenten 696
Familie 133
Familienunternehmen 141
Feedback 360° 624
Fehleranalysetechniken 813
Fehlererfassungstechniken 812
Fehlererfassung und -analyse 812 ff.
Fehlerkosten 797
– externe 797
– interne 797
– Zehnerregel 800
Fehlerrate
– kostenoptimale 797
– Kritik 799
Fehlersammelliste 812
Fehlerursachen 804
Fehlervermeidung 789
Fehlgeleitete Aktivitäten 690
Fehlleistung 566
Fehlzeiten 633
Finanzierung 511
Finanzplanung 164
First Pass Yield (FPY) 567
Flexibilität 241, 335
Flow-Theorie 643
Fluktuation 633
FMEA *siehe* Failure Mode and Effects Analysis
Fördergespräche 605
Formale Unternehmensethik 65
Forschungsprojekte 522
Fortschrittsindex 543
FPY *siehe* First Pass Yield
Fragezeichen 301
Fraktale 476, 478
– Fabrik 477
– Geometrie 476
Franchising
– System und Dienstleistung 923
– Waren und Produktion 923
Fremdarbeitnehmer 608
Fremdbegrenzung 700
Fremdkapital 219
Fremdkapitalgeber 119
Fremdkoordination 450
Fremdorganisation 475
Früherkennungssysteme 729 ff.
Frühpensionierung 614
Führung 9, 522
– adaptive 662 ff.
– Arten 652
– Aufgaben 40, 536

Stichwortverzeichnis

- Aufgabenschwerpunkte 684
- des Wandels 680 ff.
- dezentrale 662 ff.
- dialogische 670
- effektive 657
- Funktionen 39, 48 f.
- interkulturelle 133
- Kreislauf 47, 195
- Kultur 589
- Modelle 645 ff.
- nachhaltige 77
- Philosophie 588
- situative 672
- transaktionale 645, 655
- transformierende 645, 655
- werteorientierte 71

Führung des Wandels *siehe* Wandel
Führungsebenen 39 f., 43
Führungskräfte 44, 119
Führungskreislauf immaterieller Werte 880
Führungskultur 662
Führungsmodelle 645
Führungsprinzipien 652 ff.
- Definition 652
- Kritik 653
- Management by Ansätze 652 ff.

Führungsprozess 44 ff., 662
- adaptiver 662
- Analyseinstrumente 361
- Bewertungsinstrumente 361
- Kontrollinstrumente 361
- Phasen 341, 361
- Prognoseinstrumente 361

Führungsstil 535, 645 ff.
- Ansätze 645
- situationsabhängiger 646

Führungssysteme 756
Führungstheorien 644
Functional Strategies 182
Fundamentale Bewertungsverfahren 511
Fünf P's der Strategie 171
Funktionalstrategien 182
Fusion 468, 500, 504
- Motive 502
- Umfang von Eigentumsrechten 504

G

G8-Länder 903
GAP-Analyse 300
Gefangenendilemma 21
Gelbe Seiten 839
Geltungsdauer 338
Gemeinnützige Unternehmen 5
General-Management 10
Generische Wettbewerbsstrategien 289, 313
Geplante Strategie 172

Gerechtigkeit
- intergenerationelle 79
- intragenerationelle 79

Gesamtzufriedenheitsbefragung 250
Geschäftsbereiche 181
Geschäftsbereichsstrategien 182
Geschäftseinheiten 181
Geschäftsfelder 324
Geschäftsführer 142
Geschäftsmodell 229, 260, 774 ff.
Geschäftsmodellorientierte Strategien 279
Geschäftsprozess 561
Gesellschaft 682, 698
Gesellschaft mit beschränkter Haftung 141
Gesellschaftsorgane 138
Gesetz von Metcalfe 776
Gestalten 48
Gestaltungsparameter 445
Gewinnorientierung 101, 191
Glaubwürdigkeit 70
Gliederungszahlen 738
Globales Wirtschaftsethos 72
Globale Umwelt 230
Globale Umweltanalyse 102 ff., 228
Globalisierung 901
- Phasen 901, 918
- Potenzial 905

Globalisierungstreiber 905
- Markt 905

Globalisierungswirkung 905
- Differenzierungsdruck 906
- Innovationsdruck 906
- Kostendruck 906
- Standardisierung 905
- Technologielebenszyklen 906
- Wettbewerbsdruck 907

Goldene Regel 69
GoP *siehe* Grundsätze ordnungsgemäßer Planung
Grafikgerümpel 745
Green Economy 89
Green Washing 87
Grenzen des Wachstums 89
Gresham'sche Gesetz der Planung 121
Größenkriterien 6
Grundsatz der Subsidiarität 654
Grundsätze ordnungsgemäßer Planung 350
Grundsätze von Lewin 688
Gründungsphase 917
Gruppenarbeit 819
Gut geölte Maschinen 133

H

Handelsgesetzbuch 143
Handlungsautonomie 121
Handlungsebenen 41

Stichwortverzeichnis

Handlungsoptionen 508
Härtegrad 380, 577
Harzburger Modell 654
Hauptversammlung 139
Heuristik 378
Hidden action 25
Hidden characteristics 24
Hidden intention 25
Hierarchie 479
Hierarchische Ebenen 181
Hierarchisches Ebenenmodell 41, 43
Hindernisse 712
Histogramm 813
Hoffnung 694
Holding 468
Holistische Perspektive 29
Hollow Organization 493
Horizontale Diversifikation 299
Humanismus 74
Humanität 73
Humankapital 855 ff.
Hybride Wettbewerbsstrategien 292
Hybrid Modell 479
Hygienefaktoren 643
Hyperwettbewerb 310

I

Idealer Markt 20
Ideal-Projekte 549
Idealtypen 452
Ideencontrolling 777
IFRS 197
Imagekapital 855
Immateriell
 – Aktivierungsfähigkeit 862
 – Bewertungsdilemma 868
 – Erlöse 860, 872
 – externe Rechnungslegung 861
 – Investitionen 860
 – Landkarte 878
 – Ressourcen 868
 – Vermögen 855
 – Werte 855 ff.
 – Werttreiber 876
Implementierungsstrategie 700 ff.
Improvisation 442
Indexzahlen 738
Indicative Offer 509
Indikatorenmodelle 731
Individualethik 67
Individualismus 132
Individualsoftware 762
Individuelle Datenverarbeitung 764
Individuelles Lernen 830
Industrieökonomie 13 f.
Information 49, 51, 335, 672, 717 ff., 828
 – Akzeptanzerhöhung 752

 – als Produktionsfaktor 719
 – als Wirtschaftsgut 719
 – Angebot 725
 – Bedarf 725
 – Beschaffung 726
 – Dichte 746
 – Einsatz 721
 – Empfänger 732
 – Infrastruktur 721
 – Nachfrage 725
 – Quellen 729
 – Stand 725
 – Systeme 721
 – Technik 721
 – Übermittlung 726
 – und Kommunikation 720
 – Verwendung 726
 – Wert 728
Information Dashboard 749
Informationsasymmetrien 24
Informationsbedarfsermittlung 726 ff.
Informationsbeschaffung 728 ff.
Informationsdesign 744 ff.
Informationsmanagement 49, 717 ff.
 – Ansätze 721
 – Aufgabenbereiche 721
 – Begriff 720
 – Controlling 769
 – Entwicklungsphasen 769
 – Grundlagen 717 ff.
 – Kennzahlensystem 738 ff.
 – Koordination 721 f., 768 ff.
 – Querschnittsfunktion 721
 – strategische Rolle 771 ff.
 – Verantwortung 768 ff.
Informationsparadoxon 728
Informationspathologien 751
Informationsstand 725
Informationssysteme 756 ff.
 – Arten 756
 – Befähigungsfunktion 772
 – Begriff 756
 – integrierte 757
 – operative 756
 – qualitätsbezogene 794
 – rechnergestützte 756
 – strategische Funktionen 773
 – Typen 771
 – Unterstützungsfunktion 771
 – Verwendungszweck 756
 – Zusammenhang 757
Informationstafel 749
Informationstechnik 736, 755 ff.
 – Aufgaben 765
 – Begriff 764
 – Ebenen 765
 – Infrastruktur 764
 – Management 765

Stichwortverzeichnis

Informationsübermittlung 726, 734 ff.
– Anforderungen 734
– Probleme 752
Informations- und Kommunikationssysteme (IuK) 756
Informationsversorgungsprozess 726
Informationsverwendung 750 ff.
Informationswert 728
Informationswirtschaft 724 ff.
Informationszeitalter 769
Infrastruktur 764
Inhaltstheorien 641
Initialisierung 689
Initiativbewerbungen 608
Innerbetriebliche Stellenausschreibungen 608
Innovation 241, 296, 335, 843
– ökologische 91
Innovationsmanagement 54
Innovationsstrategie 296
Institutionalisierung 482 f.
Institutionen 21
Intangible Asset-Monitor 870
Intangible Management 853 ff.
Intangibles 853 ff., 877 ff.
Integration 50 ff., 326, 447, 514
– Dimensionen 515
– horizontale 757
– kulturelle 515
– personelle 515
– Rechnungswesen 732 ff.
– strategische 515
– strukturelle 515
– vertikale 757
Integrationsmanagement 466
Integrativstrategie 610
Integratoren 316
Integrierer 649
Integrierter Führungsansatz 893
Integriertes Führungssystem 50 ff.
Intellectual Capital Statement 864
Intellektuelles Kapital 858
Intendierter Wandel 687
Intensität 483
Intensivstrategie 610
Interaktionstheorien 645
Interessenkonflikte 119, 142
Internalisierung 843
Internalisierungstheorie
– Transaktionskosten 911
International Integrated Reporting Committee (IIRC) 84
Internationale Unternehmensführung 899
Internationalisierung 456, 468, 899
– Diamantansatz 913
– funktionale 899
– Internalisierungstheorie 911
– klassische Außenhandelstheorie 907

– Markteintritts- und -bearbeitungstrategien 919
– monopolistische Vorteilstheorie 909
– Prozess 900
– Standorttheorien 910
– Theorien 907
– Unternehmenslebenszyklus 916
– Zustand 899
Internationalisierungsformen 919
– ausländische Direktinvestitionen 923
– direkter Export 921
– Export 921
– Exportkooperation 921
– indirekter Export 921
– Kooperationen 922
Internationalisierungsgrad und Länderrisiken 925
Internationalisierungsphase 918
Interner Zinsfuß 213
Internes Rechnungswesen 732
Interventionsindikatoren 838
Into the Job 604
Intra-Business 495
Invention 297
Investitionsgüter 245
Investitionsintensität 180
Investitionsstrategie 302
Investitions- und Finanzrechnung 733
Investoren 506
Irrationales Verhalten 751
Ishikawa-Diagramm 814
IT-Abteilung 769
IT-Controlling 722
IT-Unterstützung 431, 546

J

Jahresarbeitszeitmodelle 619
Job enlargement 604
Job enrichment 604
Job rotation 604
Job Sharing 619
Joint Venture 467, 483, 923
Juristische Festschreibungen 513

K

Kalkulationsmethoden 540
Kano-Modell 806
Kapazitätsauslastung 234
Kapazitätsrechnung 600
Kapazitäts- und Ressourcenplanung 539
Kapitalbedarf 234
Kapitalbeteiligung 630
Kapitalfluss 213
Kapitalisierungsrecht 23
Kapitalkosten 192, 213 ff.
Kapitalrentabilität 188

Stichwortverzeichnis

KAPOVAZ 619
Karriereplanung 605
Kartell 483
Katastrophen-Projekte 549
Käuferbranchen/-unternehmen 502
Käuferinteressen 506
Käuferloyalität 234
Kausalität 30
Keiretsu-Strukturen 491
Kennzahlen 738
   – Anforderungen 222
   – Begriff 738
   – im Informationsmanagement 738 ff.
   – im Personalmanagement 599
   – im Qualitätsmanagement 794 ff.
   – im Wandel 707
   – IT- 777
Kennzahlenmethode 599
Kennzahlenmodelle 731
Kennzahlensysteme 214, 738 ff.
Kennzahlenvergleich 739
Kernkompetenzen 263, 269 ff., 323
   – Entwicklung 325
   – Führungskreislauf 325
   – Handlungsalternativen 325
   – Identifikation 270, 325
   – Nutzung 326
   – orientierte Strategie 322
   – Transfer 326
   – Umsetzung 270
Kernprodukte 324
Key Performance Indicators (KPI) 738
Klassifikationsraster 465
Kleine Multiplikate 745
Kleine und mittlere Unternehmen 146, 453
Kodifizierungsstrategie 850
Kognitive Dissonanzen 751
Kognitive Lerntheorien 830
Kollektivismus 132
Komfortzone 660
Kommunikation 159, 702, 711 ff.
   – Ebenen 734
   – Infrastruktur 721
   – Instrumente 703
   – Störung 751
Kommunikationsmanagement 766
Kommunikationsstrategie 702
Kompetenz 18, 323, 447, 828
   – Arten 270
   – Baum 324
   – Lücken 270
Kompetenzanalyse 229, 269 ff.
Kompetenzorientierte Strategien 280
Kompetenzportfolio 270
Komplexe Systeme 34, 39
Komplexität 33
Konferenzen 605
Konfliktlösung 70, 536

Kongruenzprinzip 445
Konjunkturelle Entwicklung 613
Konkretisierung 156
Konkurrenten 119, 174, 234, 253
Konkurrenzanalyse 229, 253 ff.
Konkurrenzstrategie 256
Konsistenz 380
Konstruktions-FMEA 808
Konsultationsprinzip 665
Konsumgüter 245
Kontingenzmodell 649
Kontingenztheorie 13
Kontinuierliche Verbesserung 789, 814
Kontinuität 692, 752
Kontrolle 49, 334
   – Ablaufkontrolle 400
   – Aktionskontrolle 404
   – Dokumentation 362
   – Ergebniskontrolle (Soll-Ist) 346
   – Ex-post-Kontrolle (Ist-Ist) 345
   – externe 147
   – Formen 345, 400, 403
   – Funktionen 335, 362
   – Handbuch 363
   – Informanten 352
   – normative 339
   – Objekte 346
   – operative 339, 403
   – Organe 348 ff., 363
   – Philosophie 347
   – Planfortschrittskontrolle 344
   – Prämissenkontrolle 345
   – Prinzipienkontrolle 400
   – Prognosekonsistenzkontrolle 345
   – Prozess 344 ff., 353, 363, 409 ff.
   – Realisationskontrolle 344
   – sachzielorientierte 340, 403
   – Verfahrenskontrolle 346, 400
   – Vergleichsgrößen 345
   – Verhaltenskontrolle 346, 400
   – wertzielorientierte 340, 403 ff.
   – Zeitpunkte 344
   – Zielerreichbarkeitskontrolle (Soll-Wird) 345
   – Zielkonsistenzkontrolle (Soll-Soll) 346
Kontroll- und Leitungsspanne 448
Kontroll- und Sanktionsmechanismen 147
Konzentration 289
Konzepte
   – nachhaltige 80
Kooperation 73, 294, 479 ff., 712
   – Bereitschaft 507
   – Fitness der beteiligten Akteure 499
   – Formen 481 f.
   – Franchising 923
   – Führung 497
   – Lizenzvergabe 922
   – Organisationsdesign der Zukunft 499

Stichwortverzeichnis

– Praxisbedeutung 481
– theoretische Erklärungsansätze 480
Kooperationsausrichtung 293
Kooperationslebenszyklus 496 f.
Koopkurrenz 294
Koordination 52, 131, 335, 479
Koordinationsprozesse 52
Korrelationsdiagramm 814
Korrelationsrechnungen 600
Korrosionszone 659
Korrosive Energie 660
Kosten 543
Kostenführerschaft 288
Kostenorientierte Verfahren 867
Kostenplanung 540
Kostensenkung 800
Kostenstruktur 174, 180
Kostentreiber 570
Kosten- und Leistungsrechnung 733
Kosten-Zeit-Diagramm 544
Kreislauf des Wissensmanagements 836
Kritische Erfolgsfaktoren 178, 728
Kunde 119, 233, 244, 558
– Analyse 229
– Anforderungen 308
– Bindung 244, 307
– Erfolgsrechnung 246
– Gruppe 454
– Lebenszyklus 305
– Orientierung 250
– Segmentierung 254
– Strategie 279, 305, 309
– Vision 112
– Wert 245
Kundenbedürfnisse 793
Kundenkapital 855
Kunden-Lieferanten-Beziehung 558, 560
Kundenorientierte Strategien 295
Kundenorientierung 250, 789
Kundenzufriedenheit 250 ff., 307, 565 f., 823
Kündigung 613
Kurzarbeit 614
KVP *siehe* Kontinuierliche Verbesserung
Kybernetik 30, 44

L

Länder-Rating 929
Länderrisiken 926
Länderrisikoanalyse 929
Langfristplanung 164
Laterale Diversifikation 300
Leader 656
Leadership 8, 638, 654 ff., 681
Lean Management 467
Lebensarbeitszeitmodelle 619
Lebens- und Entwicklungsfähigkeit 42

Lebenszyklus 280, 521, 916
– Anwendungsgebiete 283
– Branche 289
– Kunde 305
– Modell 281
– Phasen 241, 281
– Produkt 281
– Technologie 283 f.
– Vision 115
– Zusammenhang 283
Legitimität 59
Leistungsanforderungen 558, 565, 806
Leistungsarten 566, 815
Leistungsbeurteilung 622 ff.
Leistungsindikatoren 85
Leistungslohn 627
Leistungsziele 707
Leitbild 156
Leitidee 109
Leitlinien 123
Leitmotiv 109
Leitsatz 113
Lenken 30, 47 f.
Lenkungsausschuss 706
Lernarena 843
Lernen 826, 829 ff.
Lernprozesse 843
Lernstatt 604
Lerntheorien 829 f.
Lernzyklen 830
Letter of Intent 510
Lie-Factor 746
Lieferanten 119, 233, 492, 558
Liegezeit 568
Linienmanagement 351
Logistik 54
Lückenanalyse 300, 381
Lügenfaktor 746

M

M&A 500
Macht 121
Machtdistanz 132
Magisches Zieldreieck 524
Management 8
– buy in/out 506
– by Modelle 652 ff.
– der Informationstechnik 765
Managementinformationssysteme 736
Managing & Outside Directors 138
Manufakturen 3
Marketing 53, 262
Markt 238, 479
– Attraktivität 180
– Beziehungen 293
– Durchdringung 299
– Dynamik 242

– Eigenschaften 242
– Elemente 238
– Entwicklung 299
– Formen 15
– Forschung 243
– Größe 242
– Identität 234
– Klassifikation 239
– Position 240
– Positionierung 240
– Strategien 279, 287 ff., 298
– Struktur 238, 242
– Vision 111
Marktanalyse 228, 238 ff.
Marktanforderungen 241
Marktattraktivitäts-Wettbewerbsvorteil-Portfolio 303
Markterschließungsphase 918
Marktmechanismen 3
Marktorientierte Strategien 279, 287 ff.
Marktorientierte Verfahren 866
Marktrisikoprämie 200
Marktsegmentierung 239
Marktstrategien 279, 287 ff., 298
Marktwachstums-Marktanteils-Portfolio 301
Maskulinität 132
Mass Customization 319
Maßnahmen 336
Master Black Belts 818
Materialflusskostenrechnung 94
Materielle Unternehmensethik 65
Matrixdiagramm 811
Matrixorganisation 457, 461
– Anwendung 459
– asymmetrische 458
– balancierte 458, 528
– Voraussetzungen 459
– Vorteile/Nachteile 459 f.
Matrix-Projektorganisation 528
Maximalprinzip 4
McKinsey-Portfolio 303
Mechanistische Systeme 34
Mehrarbeit 607
Mehrdimensionale Innenorientierung 101
Mehrdimensionale Wettbewerbsstrategien 294
Mehrliniensystem 450, 457
Mehrstufige Projektorganisation 706
Menschenbilder 640
Menschliche Bedürfnisse 692
Mentale Modelle 830
Mentee 616
Mentoring 605
Merger 504
Mergers & Acquisitions 500
– Akteure 508
– Formen 504
– Phasen 508

Metaethik 64
Metaplanung und -kontrolle 347
Methode der kritischen Ereignisse 250
Methode der kritischen Erfolgsfaktoren 728
Mikroökonomie 15
Mikroökonomische Formen 231
Miniaturgrafiken 745
Minimalprinzip 4
MIS 736
Mission 184
Mitarbeiter 119
– Befragung 635
– Beteiligung 630
– interne 707
– Orientierung 789
– Verhalten 696
Mitbestimmung 141
Mittelalterliche Zünfte 3
Mittlere Unternehmen 6
Mobilisierung 689, 702 f.
Moderne Industrieökonomie 15, 232
Monoindikatorverfahren 866
Monopol 293
Monopolistische Vorteilstheorie
– Diversifikation 910
– Handelsbarrieren 909
– Informationsbarrieren 909
– Kompetenzen 909
– Wechselkursrisiken 909
– Wettbewerb 909
Monte-Carlo-Simulation 892
Moral 63
Motivation 156, 704 f.
Motivationstheorien 641 ff.
Motivatoren 643
Multiattributive Messung 251
Multiindikatorverfahren 868 ff.
Multi-Moment-Verfahren 600
Multiplikatoren 707
Multiplikatorverfahren 511
Multi-Projektmanagement 546

N

Nachfolgeplanung 605
Nachfrager 238
Nachhaltigkeit
– altruistische 83
– compliance-orientierte 81
– defensive 83
– Erfolgsfaktor 81
– offensive 84
– starke und schwache 79
– Überzeugung 82
Nachhaltigkeitsberichte 84
Nachhaltigkeitscompliance 93
Nachhaltigkeitsprinzipien 84

Stichwortverzeichnis

Nachhaltigkeitsstrategien 83
Near the Job 604
Netzwerke 467, 479, 487
Netzwerkeffekte 859
Netzwerkphase 919
Neue Institutionenökonomie 19 ff.
Nichtkonformitätskosten 798 ff.
Normative Unternehmensführung 41, 59 ff., 184
Normen 67, 130
Normenreihe 788
Normstrategien 193
North American Free Trade Agreement (NAFTA) 903
Nutzleistung 566
Nutzwertanalyse 247

O

OECD 902
Off the Job 605
Ökologieorientierte Unternehmensführung 88
Ökologieorientierung
 – Motive 90
Ökologische Basisstrategien 91
Ökologischer Fußabdruck 89
Ökonomische Evolution 36
Ökonomische Prinzipien 4
One-Pager 749
Online-Communities 612
On the Job 604
Operationalisierung 124
Operativ 41
Operative Informationssysteme 756
Operative Unternehmensführung 42 f.
Opponenten 695 f.
Opportunisten 696
Optimierung 773
Optimumprinzip 4
Ordentliche Kündigung 614
Ordnung 475
Ordnungsethik 67
Ordnungsrahmen 441
Ordnungssysteme 739
Organisation 49, 441 f., 548, 681, 769
 – Arbeitsteilung und Koordination 443, 446
 – dauerhafte Form 520
 – divisionale 454 ff., 461
 – funktionale 443, 452, 455, 461
 – lernende 681
 – strategieorientierte 462, 466
 – strukturellen Rahmen 442
 – Strukturen 441
 – traditioneller Denkansatz 444
 – virtuelle 493
 – Ziele 461

Organisationales Lernen 829 ff.
Organisationsentwicklung 700
Organisationskapital 855
Organisationsmanagement 647
Organisatorische
 – Integration 447
 – Koordination 447
Organisatorische Verfahren 599
Organismische Systeme 34
Orientierung 154, 156
Out of the Job 605
Outpacing 292 f.
Outplacement 605
Outsourcing 480, 770

P

Paradigmenwechsel 188, 223
Paradoxien des Wissens 850
Pareto-Diagramm 813
Partizipation 450
Partnerschaft und Vertrauen 319
PDCA-Zyklus 576, 815
Peitscheneffekt 318
Performance Management 740 ff.
Performance-Management-System 396
Performance Measurement 740 ff.
Personal 49, 585 ff.
Personalabteilung 636
Personalanreizsysteme 591
Personalbedarf 598
 – Bestimmung 586, 590, 598 ff.
 – Deckung 606
Personalbemessungsverfahren 600
Personalbeschaffung 586, 590, 606 ff., 633
Personalbestand 598
Personalbeurteilung 587, 592, 622 ff.
Personalbudget 634
Personalcontrolling 591, 631 ff.
Personaleinsatzplanung 587, 591, 616 ff.
Personalentwicklung 587, 591, 601 ff., 607, 611, 633, 706
Personalfreisetzung 587, 591, 613 ff., 633
Personalführung 586, 638 ff.
Personalfunktion 586
Personalinformationssystem 633
Personalkennzahlen 634
Personalkosten 633
 – Management 633
 – Rechnung 633
Personalleasing 608
Personalmanagement 49, 262, 586 ff., 597, 631 f.
 – normatives 586 ff.
 – operatives 586, 591
 – strategisches 586, 590
 – Ziele 586
Personalmarketing 609 ff.
Personalpolitik 588

Stichwortverzeichnis

Personal-Portfolio 635
Personalqualifikationen 603
Personalstrategie 590 f.
Personalveränderungsmanagement 587
Personalvergütung 587, 592, 624 ff.
Personalverwaltung 587, 592, 636 f.
Personalzusatzkosten 628
Personifizierungsstrategie 851
PESTEL-Analyse 103
Phasen 577
– der Teamentwicklung 534
Phasenmodell 530
Philosophie 63 f.
– grundlegende 63
PIMS 179
Pioniere 316
Plan 336
– Änderung 344
– Qualität 352
– System 350
Planung 49
– Abfolge 356
– Aktionsplanung 404
– alternative 344
– Anpassungsmöglichkeiten 343
– anschließende 357
– Aufgaben 403
– Aufschiebung 343
– Ausgleichsgesetz 356
– Bericht 363
– Bestandteile 363
– Betriebsmodell 349
– Bottom-up 354
– Detaillierungsgrad 339
– Dilemma 360
– Dokumentation 362
– Ebenen 339
– empirische Ergebnisse 355
– Engpass 356
– Ergebnis- 349
– fallweise 343
– Finanz- 349
– Flexibilität 343
– Fristigkeit 338
– Funktionen 335 f., 362
– Funktionsbereiche 337
– Gegenstromverfahren 354
– Geltungsbereiche 337
– gleitende 357
– Grenzen 367
– Handbuch 363
– Handlungsspektrum 343
– Hierarchiedynamik 353
– Informanten 352, 362
– inhaltliche Abstimmung 356
– Kollegien 352
– Komitee 352
– Kommission 352

– laufende 343
– Möglichkeiten 343, 356
– normative 339
– operative 339, 403, 406
– Organe 348, 350 f., 363
– Philosophie 347
– Prämissen 336
– Probleme 368
– Prognosefähigkeit 343
– progressive (Bottom-up) 354
– Prozess 348, 353, 363
– Reaktionsgeschwindigkeit 343
– Reihung 356
– rekursive 358
– retrograde (Top-down) 353
– revolvierende 358
– Rhythmus 357
– Richtlinie 362
– Richtung 353
– rollende 357
– rollierende 357, 434
– sachzielorientierte 340, 403
– Schachtelung 356
– simultane 356
– Stäbe 352
– Staffelung 356
– starre 343
– strategische 349
– sukzessive 356
– Teams 352
– Top-down 353
– überlappende 357
– Von-Fall-zu-Fall 344
– Vorgehensweise 353
– wertzielorientierte 340
– zirkuläre (Gegenstromverfahren) 354
Planungsinstrumente 349, 363
Planungskalender 359
Planungskoordination 318
Planung und Kontrolle (PuK) 49, 333 ff., 662
– Ablauf 373, 432
– Aktivitäten 348
– Aufbau 349
– Auswahlkriterien Organe 351
– Blickrichtungen 348
– Controlling 352
– externe Organe 352
– formale Aufgaben 341
– Gegenstände/Objekte 341
– Gestaltungsdimensionen 341
– Gestaltungsmöglichkeiten 336
– Hauptaufgaben 341
– Inhalt 432
– inhaltliche Aufgaben 341
– Lexikon 363
– Linienmanagement 351
– Merkmale und Ausprägungen 336
– operative 371

Stichwortverzeichnis

– optimale Distanz 351
– Planungshäufigkeit 343
– Potenziale 341
– Programme 342
– Prozesse 342
– strategische 339, 370, 434
– Unterstützungsaufgaben 341
– Wertigkeit 351
– wertzielorientierte 340
Planungs- und Kontrollsystem 347, 363
Planungs- und Kontrollzyklus 334
Politik 103
Politische Prozesse 120
Polypol 232
Portalsysteme 845
Porter
– Diamantansatz 913 ff.
– fünf Wettbewerbskräfte 233 ff.
Portfolio 286
– Aufbau 286
– BCG 301
– Controlling 777
– Erstellung 286
– Kunde 247
– Marktattraktivitäts-Wettbewerbs-
 vorteil 303
– Marktwachstums-Marktanteil 301
– McKinsey 303
– Produkt-Markt 300
– Technik 286
– wertorientiert 193
Portfoliozusammensetzung 199
Positionen 325
Positionierung 169 f., 278, 320
Potenziale 175
Potenzialkompetenzen 270
Prämienlohn 627
Präskriptive Ansätze 371
Preis 241
Preisvorstellung der Käufer 511
Primärorganisation 450
Principal-Agent-Theorie 21, 23 ff., 137
Prinzip der Humanität 73
Prinzip der Nachhaltigkeit 73
Prinzip des Respekts 73
Prioritätsmanagement 548
Privilegien 697
Proaktive Orientierung 101
Problem-Entscheidungs-Plan 811
Problemorientierter Ansatz 721
Problemstellung 336
Process Owner 575
Produktaudit 820
Produktcontrolling 777
Produktdifferenzierung 319
Produktentwicklung 299
Produktentwicklungsprojekte 522
Produktgruppen 454

Produktion 262
Produktionsstrategie 182
Produktive Zone 660 f.
Produktivitätsmanagements 466
Produktivitätsorientierte Instandhaltung 805
Produkt-Lebenszyklus 282
Produkt-Markt-Portfolio 298 ff.
Produktorientierte Strategien 295
Produktprogrammgestaltung 282
Professionalität 70
Profitabilität 192
Prognoseverfahren 729 ff.
Programmerweiterungsphase 918
Projekt 520
– Ablaufplan 538
– Antrag 538
– Antragswesen 548
– Arten 522, 549
– Auftrag 538
– Berichtswesen 545
– Controlling 522, 540, 706 f.
– Dokumentation 541, 545
– Effektivität 532
– Effizienz 532
– Erfolgsfaktoren 550
– Führung 532
– Informationssysteme 546
– Kultur 536
– Leitung 706
– Management 519 ff.
– Merkmale 520, 538
– Mitarbeiter 525, 533, 544
– Organisation 529, 537, 706 ff.
– organisatorische Gestaltung 525
– Phasenmodell 530
– Pläne 541
– Planung 523, 537 f.
– Risiken 540
– Risikomanagement 540
– Strukturplan 538
– Team 533 f., 706
– temporäre Organisation 519
– Transparenz 548
– Überwachung und Steuerung 542
– Ziele 522, 537
Projektbeteiligte 818
Projektcontrolling 777
Projektmanagement 467, 519 ff., 546
Projekt Weltethos 72
Promotoren 695 f.
Property-Rights-Theorie 20 f.
Prozess 558
– Analyse 573
– Audit 820
– Blindleistung 815
– Denken 445
– Effektivität 565

- Effizienz 565
- Elementar- 562
- Erneuerung 573
- Fehlleistung 815
- FMEA 808
- Führungs- 559
- Härtegrad 577
- Hierarchie 562
- Informations- 559
- Kontrolle 573
- Leistungs- 559
- Merkmale 558
- Modellierung 758 ff.
- Nutzleistung 815
- Realisation 573
- Referenzmodell 761
- Reifegrad 579
- Struktur 443, 561
- Unterstützungsleistung 815
- Verantwortung 575

Prozessbearbeiter 575
Prozessbezogene Betrachtung 800
Prozessgestaltung 573
Prozessintelligenz 826
Prozesskette 560, 760
Prozesskosten 569 ff.
Prozesskostenmanagement 573
Prozesslandkarte 562
Prozessleistung 566
Prozessmanagement 555, 557
Prozessmodellierung 758 ff.
Prozessorientierung 789
Prozessqualität 566
Prozessregelung 812
Prozessreifegrad 579
Prozesstermine 567
PuK *siehe* Planung und Kontrolle (PuK)
Pull-Prinzip 844
Push-Prinzip 844
Push- und Pull-Prinzip 319

Q

Qualifikation 536, 603
Qualifikationsmanagement 548
Qualität 241, 783 ff.
Qualitätsaudit 820 f.
Qualitätsauszeichnung 821
Qualitätsberichtswesen 794
Qualitätsbewusstsein 823
Qualitätsbezogene Kosten 795 ff.
Qualitätscontrolling 794 ff.
Qualitätsfähigkeit 788
Qualitätshaus 807 f.
Qualitätsinstrumente 804 ff.
  - zur Fehlererfassung und -analyse 812 ff.
  - zur Fehlervermeidung 804 ff.
  - zur kontinuierlichen Verbesserung 814 ff.

Qualitätskennzahlen 794 f.
Qualitätskontrolle 786
Qualitätskosten 796 ff.
Qualitätskostenrechnung 795
Qualitätslenkung 790
Qualitätsmanagement 54, 787
  - Beurteilung 801
  - Entwicklungsstufen 786 f.
  - Instrumente 804 ff.
  - Kosten 796 ff.
  - Prinzipien 789
  - System 789
  - Techniken 803 ff.
  - Wirtschaftlichkeit 793 ff.
Qualitätsnormen 787 f.
Qualitätsorientierte Unternehmensführung *siehe* Qualitätsmanagement
Qualitätsplanung 789
Qualitätsprüfung 790
Qualitätsregelkarte 812
Qualitätssicherung 786, 790
Qualitätstechniken 803 ff.
Qualitätsverbesserung 789, 801, 814
Qualitätszirkel 604, 819
Quality Award 821
Quantitative Verfahren 729
Querschnittsaufgabe 702
Querschnittsfunktion 721
Querschnittssysteme 756

R

Rationalisierung 613
Rationalität 15
Reaktionskette 801
Reaktionskosten 633
Realisierte Strategie 173
Rechensysteme 739
Recherchesysteme 841
Rechnungswesen 732 ff.
Rechte an Gütern 23
Reduktionsmarketing 610
Redundanz 476
REFA-Zeitaufnahmeverfahren 600
Referenzmodelle 761
Regelarbeitszeit 618
Regelkreis 32, 46, 334
Regelung 31
Regionalisierung 903
Regionen 455
Regressionsrechnungen 600
Reife 281
Reifegrad 579
Reine Projektorganisation 529
Reklamation 250
Relationale Datenbanken 759

Stichwortverzeichnis

Relationendiagramm 810
Relative Ziele 665
Relevante Konkurrenten 254
Relevanter Markt 239
Relevanz 752
Remodellierung 684
Rente 16
Reorganisation 613, 773
Reorientierung 684
Resignationszone 659
Resources-Conduct-Performance-
 Paradigma 16, 314
Ressourcen 16, 336, 672
 – Gestaltung 170, 278
 – Identifikation 267
 – immaterielle 266, 317, 869
 – materielle 316
 – strategische 321
Ressourcenanalyse 229, 266 ff.
Ressourcenbasis 169
Ressourceneinsparung 91
Ressourcenorientierter Ansatz 13, 315
Ressourcenorientierte Strategien 279, 322
Ressourcenstärke 322
Restrukturierung 684
Retardierende Kräfte 686
Retention 36
Return on Capital Employed (ROCE) 206
Revitalisierung 684
Revitalisierungsmarketing 610
Ricardo-Rente 16
Ricardo-Theorem 909
Risiko 131, 199, 247, 884
 – Absicherung 541
 – Analyse 541
 – Struktur 200
 – systematisches 200
 – Tragfähigkeit 893
 – unsystematisches 199
 – Vermeidung 132
Risikomanagement 200, 540, 885, 888
 – Steuerungsmöglichkeiten 888
Risikoprioritätszahl 809
Rivalität 234
ROCE 206
Rolled Troughput Yield (RTY) 567
RTY *siehe* Rolled Throughput Yield
Rückkopplung 31
Rückkopplungsschleife 32

S

Saisonale Schwankungen 613
Sarbanes-Oxley Act 143
Sättigung 281
Schätzverfahren 599
Schichtenmodell 684
Schichtenspezialisten 315

Schneeball-Strategie 701
Schulen der Strategieentwicklung 372 ff.
Schumpeter-Rente 18
Schwärzungsgrad 745
Scoring Ansatz 247
Segment 103, 232, 239
Sekundärorganisation 450
Selbstbegrenzung 700
Selbstbeurteilung 623
Selbstkoordination 450
Selbstoffenbarung 735
Selbstorganisation 442, 467, 475 ff., 700
Selbstorganisationstheorie 13
Selbstreferenz 476
Selektion 36
Selektivstrategien 304
Self fulfilling prophecy 730
Sequentielle Ereignismethode 250
Service 262
Service Level Agreements 581
Shared Service Center 470 ff.
Shareholderorientierung 119
Shareholders' Meeting 138
Shareholder Value 77, 120, 187
Sieben Managementwerkzeuge 810 f.
Sieben-S-Modell 167
Simulationsverfahren 730
Simultane bilaterale Verhandlungen 509
Single-Loop-Learning 831
Sinnautonomie 121
Sinnkopplung 664
Situationstheorien 648 ff.
Situative Reifegrad-Theorie 650 f.
Six Sigma 815 ff.
Skaleneffekte 234
Skandia-Navigator 869
S-Kurve 283 f., 681 f.
Slogan 110
Small Multiples 745
SMARTE Ziele 125
Software Life Cycle 762
Soll-Ist-Vergleich 739
Soziale Netzwerke 612
Soziale Software 844, 851
Soziale Systeme 34
Sparklines 745
Speichermanagement 765
Spezialisierung 453
Spezifität 27
Spieltheorie 15, 168
Spillover-Effekte 860
Spin-offs 507
Split-up 507
Stabilität 692, 697
Stab-Linien-Organisation 449
Stabs-Projektorganisation 527
Stakeholder 118
Stakeholderorientierung 119

Stichwortverzeichnis

Stakeholder Value 77
Standardbericht 737
Standardkompetenzen 270
Standardsoftware 762 f.
Standortverlagerung 613
Starbucks 298
Stärken-Schwächen-Profil 253
Statistische Verfahren 599
Statistische Versuchsplanung 805
Stellen 447
– Matrix 458
– Stab 527
Stellenanzeigen 608
Stellenplanmethode 599
Sterne 302
Steuerung 30, 45
Steuerungsverfahren, wertorientierte 196
St.-Galler-Management-Modell 50
Stichprobenansatz 179 f.
Stimmrechte 145
Strategeme 172
Strategic choice 279, 288, 301
Strategie 168, 184, 277 ff., 683, 711
– 5 P's 171
– Ableitung 386
– Analysen 227 ff.
– Ansätze 371
– Arten 181
– Aufstellung strategischer Maßnahmen 386
– Aufteilung in Perspektiven 385
– Bestandteile 170, 278
– Bewertung 220, 376
– Blue Ocean-Strategy 298
– defensive 301
– dynamische 309
– Elemente 278
– Entwicklung 371, 382
– Festlegung von Zielwerten 386
– Formulierung 227, 376
– geplante 172
– Gestaltung 170
– Grundlage 321
– intuitive 377
– klassisches Verständnis 168
– Kommunikation 702
– kompetenzorientierte 322
– kundenorientierte 309
– Markt 298
– marktorientierte 279
– mehrdimensionale 294
– Merkmale 169
– offensive 301
– Operationalisierung 385
– Outpacing 292
– Pfadabhängigkeit 374
– produktorientierte 295
– realisierte 173

– ressourcenorientierte 315
– Schneeball 701
– Struktur 464
– systemorientierte 295
– Top-down 701
– Typen 172
– Übernahme 287
– Umsetzung 227
– ungeplante 173
– Wachstum 298
Strategiealternativen 280, 327
Strategiebewertungsmethoden 377
Strategiefokussiertes Unternehmen 382
Strategiegerechte Organisation 464
Strategien
– hybride 292
– kundenorientierte 295
Strategieumsetzung 227, 382 f.
Strategisch 42
Strategische
– Allianz 467, 484, 923
– Aspekte 463
– Führung 165
– Geschäftsfelder 182
– Gruppe 232
– Informationen 727
– Initiative 380
– Konsequenzen 285
– Kontrolle 227, 399
– Netzwerke 491
– Organisation 184
– Personalfunktion 185
– Planung 164
– Planung und Kontrolle 184
– Programm 380
– Ressourcen 267
– Situation 279
Strategischer Radar 731
Strategisches Controlling 401
Strategisches Kostenmanagement 734
Strategische Unternehmensführung
– Elemente 184 f.
– Entwicklungsstufen 164
– Gründungsväter 164
– Handlungsebenen 163
– Konzepte 167
– Weiterentwicklung 166
– Zentrale Fragestellungen 167
– Zusammenhänge 184
Strategy follows Structure 464, 517
Strategy Map 178, 389
Structure-Conduct-Performance-Paradigma 287
Strukturiertheit von Aufgaben 726
Strukturkapital 855
Stückakkord 627
Stufen der emotionalen Reaktion 694 f.
Stufentheorie 642

Stichwortverzeichnis

Subjektives Informationsbedürfnis 725
Subsidiarität 654
Substanzwert 189
Substitutionsgüter 233
SUCCESS-Regeln 748
Supply Chain Management 317
Supply Chain Operations Reference Modell (SCOR) 320
Sustainability 78
SWOT-Analyse 230, 271 ff.
SYNCHRO 802
Synchrones Produktionssystem 802
System 28
Systemarten 34
Systematisches Risiko 200
Systematische Unterweisung 604
Systemaudit 820
Systeme vorbestimmter Zeiten 600
System-FMEA 808 f.
Systemorientierte Managementlehre 35
Systemorientierte Strategien 295
Systemtheoretische Ansatz 35
Systemtheoretisches Verständnis 50
Systemtheorie 13, 28, 38 f.
Szenariotechnik 730

T

TALK-Modell 735
Target Costing 808
Tätigkeitsschwerpunkte 43
Taylor 556
Team 533
Team-Management 647
Teamorientierung 667
Technologie 683
Technologieattraktivität 322
Technologieportfolio 322
Technologie- und Verfahrensmanagement 262
Teilplanung 349
Tensororganisation 460
Termine 336
Terminplanung 539
Termintreue 569
Theorien der Unternehmensführung 10 ff.
Thermodynamik 88
Thermotechnik 114
Think Tank 843
Tigerstaaten 904
Tochtergesellschaften 924
Top-down 701
Total Productive Maintainance 805
Total Quality Control 786
Total Quality Management 467, 788 ff.
Total Shareholder Return 189
Träger der Planerfüllung 336
Trainee-Programme 604

Transaktion 26
Transaktionshäufigkeit 27
Transaktionskosten 26
 – Internationalisierung 911
 – Theorie 20, 25
Transaktionsmerkmale 26
Transferiertes Wissen 846
Transparenz 665
Transportzeit 568
Trendanalogie 599
Trendextrapolation 599
Trendüberwachung 105
Trennung von Führung und Ausführung 45
Triade 903
Tripple Bottom Line 80

U

Übernahme 468, 500 f., 503, 608
Überschussorientierte Verfahren 866
Überstunden 607, 609
Übertragungsindikatoren 838
Überwachung 542
Umsatzanalyse 246
Umschulung 608
Umsetzung 45, 689
Umsetzungsstärke 177
Umstellungskosten 234 f.
Umwandlung 608
Umweltanalyse 103, 228, 230 ff.
Umweltfaktoren 103
Umweltmanagementsystem 92
Umweltschutzmaßnahmen 93
Umweltvariable 286
UNCED 79
Ungeplante Strategie 173
United Nations Global Compact 72
UNO 902
Unsichtbares Vermögen 863
Unsystematisches Risiko 199
Unternehmen 3, 5, 35, 173
 – Entstehung 3
 – ethische 69
 – ethisch reaktive 69
 – Größenkriterien 6
 – Gruppen 69
 – Lebenszyklus 116
 – privatwirtschaftliche 5
 – unmoralische 69
 – wissensintensive 827
 – wissensschwache 827
Unternehmens-
 – analyse 229, 260 ff.
 – bewertung 510, 514
 – effizienz 178
 – erwartungen 118
 – identität 159
 – kauf 505 ff.

Stichwortverzeichnis

– kommunikation 159
– merkmale 180
– potenzial 189
– stellung 320
– strategien 181
– umwelt 102
– verfassung 154
– vision 109 ff.
– ziele 60, 100 ff., 117, 123
– zweck 154
Unternehmensexterne/-interne Logistik 262
Unternehmensführung 9, 478
   – Begriffsauffassungen 10
   – chancen- und risikoorientierte 883
   – Entwicklung der Theorien 14
   – ethische 69
   – Konzeption 50
   – marktorientierte 281
   – ökologieorientierte 88
   – Perspektiven 101
   – ressourcenorientierte 266
   – System 39 ff.
   – wertorientierte 186 ff.
   – Ziele 47
Unternehmenskultur 60, 129 ff., 154, 683, 712
Unternehmenslebenszyklus
   – Entwicklungsstufen 917
Unternehmensleitlinien 123
Unternehmensmission 61, 153
Unternehmensphilosophie 68
Unternehmenspolitik 117 ff.
Unternehmens-Umwelt-Beziehungen 59
Unternehmensvariable 286
Unternehmensverfassung 60, 136 f.
Unternehmenswerte 60, 63 ff., 153, 510
Unternehmung 4 *siehe* Unternehmen
Unterstützungsfunktionen 772
Urlaubsplanung 614
Urlaubsverschiebungen 607
Ursache-Wirkungsbeziehungen 178
Ursache-Wirkungs-Ketten 30
Ursache-Wirkungsmodelle 397
Ursache-Wirkungs-Zusammenhänge 195, 389
US-GAAP 197
Usus/Usus fructus 23

V

Value-at-Risk 887
Value Chain 317, 877
Value Network 317, 877
Value Shop 317, 877
Variation 36
Veränderlichkeit der Vertragsbeziehung 27
Veränderungsprozess 696
Verankerung 131

Verantwortung 664
Verarbeitungsmanagement 765
Verbreiterung 131
Verdünnte Rechte 23
Verfahrensaudit 820
Verfahrensstil 648
Verfügungsrechte 858
Vergütung, leistungsgerechte 626
Verhaltensgitter 646 f.
Verhaltenstheorie 645 ff.
Verhandlung 693
Verhandlungstaktik 512
Verkaufsformen 507
Vermittlung von Fachwissen 603
Vernetzte Gesellschaft 769
Verständlichkeit 752
Verständnis des Wandels 687
   – prozessorientiertes 687
   – verantwortungsorientiertes 687
Verstetigung 689
Vertikale Diversifikation 299
Vertrag 22
Vertragliche Bindungen 234
Vertrauen 71, 319
Vertrauensarbeitszeit 619
Verzinsung 189
Virtualität 495
Virtuelle Unternehmen 316, 467, 493
Vision 100, 109 ff., 711
   – Anforderungen 110
   – Bedeutung 115
   – Bekanntmachung 114
   – Entwicklung 113
   – Findung 113
   – Funktionen 117
   – Kategorien 111
   – Lebenszyklus 115 ff.
   – Verankerung 114
   – Wechsel 116
Visionäre Persönlichkeiten 113
Volkswirtschaft 177
Voluntarismus, gemäßigter 700
Vorbereitung 668
Vorgehensmodell 689
Vorgesetztenbeurteilung 623
Vorruhestand 618
Vorstand 140
   – Haftungsbegrenzungen 145
   – Vergütung 145

W

WACC 201
Wachstum 192, 281
Wachstumsstrategien 299, 304
Wandel 680 ff.
   – Ablauf 686 ff.
   – Akteure 695

Stichwortverzeichnis

- Anreize 705 f.
- Barrieren 683
- Bedarf 682 f., 690
- Bereitschaft 690, 704
- Change Agent 696, 700, 706
- Emotionen 692 ff.
- Erfahrung 707
- Erfolg 712
- Erfolgsfaktoren 711 ff.
- Fähigkeit 690, 705
- Fehler 711
- Formen 684
- Führung 691 ff.
- fundamentaler 681
- Funktionsweise 686 ff.
- Grundsätze 711
- Implementierungsstrategie 701 f.
- Initialisierung 689
- inkrementaler 681
- Kommunikation 702 ff.
- Konzeption 689, 701
- Management 691
- Medium 712
- Mobilisierung 689, 701 f.
- Motivation 704 ff.
- Phasen 687 ff.
- Projektmanagement 706 ff.
- Prozess 687 ff.
- Richtung 701 ff.
- Schichtenmodell 684
- Spannungsfeld 690 f.
- Steuerbarkeit 699 ff., 708
- Stoßrichtung 701, 707
- Treiber 713
- Umsetzung 689, 711 ff.
- Ursachen 682 f.
- Verbesserung 705
- Verhaltensweisen 696
- Verstetigung 689
- Vorgehensmodell 689
- Widerstände 691 ff.
- Ziele 707
- Zyklus 686, 712

Web 2.0 611
Wechselkurs 926
Wechselwirkungen 262, 335
Weighted Average Cost of Capital (WACC) 201
Weiße Flecken 325
Weiterentwicklung 282
Weltethos 72
Wertbeitrag 191
Wertbildungsrechnung 671
Werte 60, 66, 71
- Implementierung 76
- Kodifizierung 75

Wertekataloge 75
Werteorientierte Führung 75
Werteorientierung 101, 186
- Führungskreislauf 195
- Grundgedanke 187
- Historische Entwicklung 187
- Relevanz 186
- Steuerungssystem 189

Wertewandel 67
Werthebel 192
Wertkettenanalyse 261
Wertmanagement 223
Wertmessung 198
Wertorientierte Führungspyramide 196
Wertorientierte Steuerungsverfahren 196
Wertorientierte Unternehmensführung 186 ff.
Wertorientiertes Portfoliomanagement 193
Wertschätzungsbedürfnisse 642
Wertschöpfung 262
Wertschöpfungs-
- aktivitäten 262
- ketten 93, 263
- netz 264
- strukturen 877
- system 266
- Teilaktivitäten 262
- virtuelle Kette 263

Wertsteigerung 116, 190
Wertsteigerungsanalyse 877
Werttreiber 178, 194
- immaterielle 877

Wesentlichkeit 155
Wettbewerb 292, 309
Wettbewerbsarena 310
Wettbewerbskräfte 233, 291
Wettbewerbsposition 176
Wettbewerbspotenzial 773
Wettbewerbsstrategien 279, 288 ff.
Wettbewerbsvorteile 104, 170, 173, 278, 313
- Akteure 173
- Intention 173
- kombinierte/marktspezifische 175
- konkurrenzbezogene 175
- kundenspezifische 175
- marktorientierte 826
- Quellen 174
- ressourcenbasierte 175, 826
- temporäre 313

Widerstand 691, 697 f.
Wikis 845
Willensbarrieren 690
Willensbildung 334
Win-Win-Anreize 705
Wirkungsbeziehungen 32
Wirkungsorientierte Unterteilung 798
Wirkungsverbund 335
Wirtschaftlichkeit 74
Wirtschaftlichkeitscontrolling 632
Wirtschaftsethik 66

Wirtschaftsethos 72
Wissen 718 ff.
- als Wettbewerbsfaktor 826
- Begriff 718, 828 f.
- Bewertung 838 f.
- Bilanz 838
- Eigenschaften 829
- explizites 829
- externes 829
- Gesellschaft 825
- Identifikation 839
- implizites 829
- individuelles 829
- internes 829
- kollektives 829
- organisationales 829
- Produkte 841
- Strukturiertheit 829
- transferiertes 846
- Transparenz 829
- Verfügbarkeit 829
Wissensbasis
- organisationale 829
Wissensbewahrung 848
Wissensbilanz 864, 873
Wissenschaftliche Betriebsführung 12
Wissensempfänger 846
Wissensentwicklung 842 ff.
Wissenserwerb 825, 841
Wissensgemeinschaften 845
Wissensgesellschaft 825
Wissensidentifikation 839 f.
Wissensindikatoren 838
Wissensintensives Unternehmen 827
Wissenslandkarten 839
Wissensmanagement 719, 825, 834 ff.
- Aufgaben 834
- Denkrichtungen 835
- Konzeptionen 835
- Kreislauf 836
- operatives 839 f.
- Phasenmodelle 835
- strategisches 837 f.
- technokratisches 835
Wissensmanagementkreislauf 836
Wissensnutzung 847
Wissensökologie 835
Wissensorientierter Ansatz 19
Wissensorientierte Unternehmensführung
 siehe Wissensmanagement
Wissensprodukt 841
Wissensschwaches Unternehmen 827
Wissenssender 846
Wissensspirale 842
Wissenstransfer 844
Wissenstreppe 828
Wissensumwandlung 842
Wissensverbreitung 825
Wissensverteilung 844 ff.
Wissensverwertung 847
Wissenswachstum 825
Wissensziele 837
Wochenmarkt 133
Workflow-Management 578
Workshops 605
World Trade Organization (WTO) 904

X

XY-Theorie 640

Z

Zehnerregel der Fehlerkosten 800
Zeichen 718, 828
Zeit 241
Zeitakkord 627
Zeitautonome Arbeitsgruppen 620
Zeiteffizienz 568
Zeitlohn 626
Zeitvergleich 739
Zentralbereiche 455
Zentrale Dienstleister 665
Zentralisation 451
Zentralisierung 451
Zero-Base-Budgeting 414
Zertifizierung 251, 821
Zielbildung 227
Ziele 336
- absolute 435
- der Personalentwicklung 602 f.
- des Personalmanagements 586
- Dimensionen 126
- eines Unternehmens 60, 123
- Harmonisierung 537
- integrative Betrachtung 127
- ökologische 80
- ökonomische 80
- Realisierbarkeit 125
- relative 435, 532, 665
- Sachziele 340
- soziale 80, 707
- Voraussetzungen 125
- Wertziele 340
- wirtschaftliche 707
Zielerreichbarkeitskontrolle 396
Zielerreichungsgrad 838
Zielkonflikte 523
Zielländer 930
Zielsuche 120
Zielsystem 125, 683
Zirkelproblem 728
Zufriedenheitsmessung 794
Zurechnungsproblem 728
Zweck des Unternehmens 154
Zwei-Faktoren-Theorie 643

Über die Autoren

Prof. Dr. Ralf Dillerup

- Professur für Strategie & Controlling an der Hochschule Heilbronn und für Financial Management an der *University of Louisville*, KY
- Lehraufträge u.a. an der *Steinbeis-Hochschule Berlin, Vietnamese-German University* und dem *Dundalk Institute of Technology*
- Direktor am *Zentrum für Betriebswirtschaft und Unternehmensführung,* Institutsleitung an der *Hochschule Heilbronn* und Beiratsfunktionen
- Berufliche Stationen: Wissenschaftlicher Mitarbeiter am Lehrstuhl Strategisches Management der *Universität Stuttgart*, Strategische Planung bei der *Mercedes-Benz AG* und Controlling in der *Robert Bosch GmbH*
- Studium, wissenschaftlicher Mitarbeiter und Promotion an der *Universität Stuttgart*

Prof. Dr. Roman Stoi

- Professur für Unternehmensführung, internes Rechnungswesen und Controlling an der *Dualen Hochschule Baden-Württemberg Stuttgart*
- Wissenschaftlicher Leiter des Masterstudiengangs Controlling & Consulting am *Steinbeis Center of Management and Technology* (www.scmt.com) der *Steinbeis-Hochschule Berlin*
- Ausgezeichnet mit dem *TheoPrax-Preis* 2002 und dem Landeslehrpreis 1996 des Landes *Baden-Württemberg* für besondere Leistungen in der praxisorientierten Lehre
- Berufliche Stationen: Wissenschaftlicher Assistent am Lehrstuhl Controlling der *Universität Stuttgart*, Leitender Redakteur der *Zeitschrift Controlling,* Controlling in der *Robert Bosch GmbH,* freiberufliche Tätigkeit als Unternehmensberater und Dozent, Commercial Officer bei *Siemens-Nixdorf* (Großbritannien)
- Studium, wissenschaftlicher Mitarbeiter und Promotion an der *Universität Stuttgart*